Otto der Große und das Römische Reich

Kaisertum von der Antike zum Mittelalter

Ausstellungskatalog

Otto der Große und das Römische Reich

Kaisertum von der Antike zum Mittelalter

Ausstellungskatalog

Landesausstellung Sachsen-Anhalt
aus Anlass des 1100. Geburtstages Ottos des Großen

Herausgegeben von Matthias Puhle und Gabriele Köster

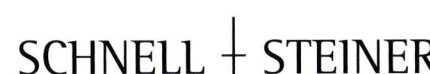

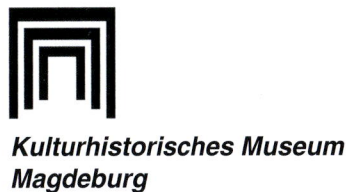

Kulturhistorisches Museum
Magdeburg

Förderer und Sponsoren

Träger

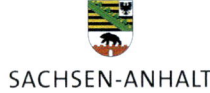

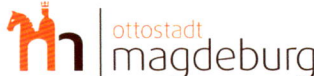

Förderer

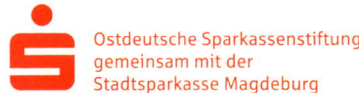

KULTUR STIFTUNG · DER LÄNDER

Kloster
Bergesche
Stiftung

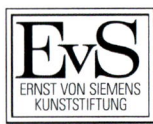

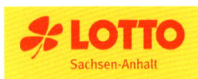

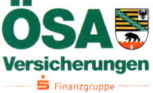

Medienpartner

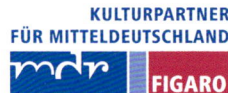

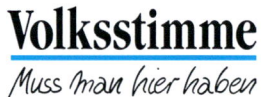

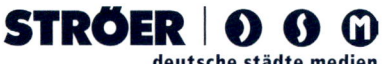

Kooperationspartner Tourismus

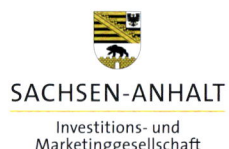

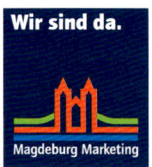

Mobilitätspartner

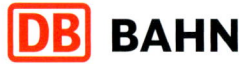

Ausstellungsimpressum

Gesamtleitung
Prof. Dr. Matthias Puhle

Projektleitung
Dr. Gabriele Köster
Dr. Heike Pöppelmann (Feb.–Sept. 2010)

Ausstellungskuratoren
Dr. Gabriele Köster
Dr. Ulrike Theisen

Mitarbeit an der wissenschaftlichen Konzeption
Dr. Ruth Goebel
Dr. Claus-Peter Hasse
Ellen Horstrup M.A.
Dr. Karin Kanter
Dr. Gaby Kuper
Dr. Heike Pöppelmann
Uta Siebrecht M.A.

Leihverkehr
Dr. Ulrike Theisen (Leitung)
Karin Schlegelmilch (Verwaltung Datenbank)
Mitarbeit:
Steffi Bethge
Dr. Ruth Goebel
Dr. Claus-Peter Hasse
Dr. Karin Kanter
Dr. Christina Link
Dr. Elena Orsini

Presse- und Öffentlichkeitsarbeit / Marketing
Ellen Horstrup M.A. (Leitung)
projekt2508, Bonn
Mitarbeit:
Annika Just M.A.
Frank Sahl
Julia Stielow M.A.
Nils Troelenberg M.A.

Graphisches Erscheinungsbild
Homann, Güner, Blum. Visuelle Kommunikation, Hannover
Betreuung:
Ellen Horstrup M.A.

Internetpräsentation
Homann, Güner, Blum. Visuelle Kommunikation, Hannover
Stromauf. Film & Medien, Magdeburg
Konzeption und Redaktion:
Ellen Horstrup M.A

Ausstellungsarchitektur und -graphik
Homann, Güner, Blum. Visuelle Kommunikation, Hannover
Betreuung:
Dr. Gabriele Köster
Dr. Ulrike Theisen
ausführende Firmen:
Funk Möbelwerkstätten GmbH, Lehrte
Bau- und Möbeltischlerei Frank Heine, Magdeburg
Obornik Werbetechnik KG, Hildesheim

Medienstationen
Homann, Güner, Blum. Visuelle Kommunikation, Hannover
werkblende. film + fernsehproduktion, Leipzig
Betreuung:
Dr. Gabriele Köster
Dr. Christina Link
Dr. Ulrike Theisen

Ausstellungstexte
Dr. Ruth Goebel
Dr. Claus-Peter Hasse
Dr. Karin Kanter
Dr. Gabriele Köster
Dipl.-Kunstwiss. Sabine Liebscher
Dr. Christina Link
Dr. Ulrike Theisen

Audioguide
Antenna International, Berlin
Betreuung:
Dr. Christina Link

Virtuelles Kaiserlexikon
Julia Stielow M.A.

Konservatorische Betreuung
Dipl.-Rest. Tilman Krause (Leitung)
Dipl.-Rest. Sebastian Anastasow
Dipl.-Rest. Ernst Thomas Groll
Dipl.-Rest. Cornelia Hanke
Dipl.-Rest. Ulrich Schreinert
Dipl.-Rest. Bernd Staschull
Dipl.-Rest. Cordula Teuffert

Aufbau und Technik
Jens Kutzner (Leitung)
Holger Glossmann
Jörg Mysliwiec
Jens Zuber
Statik:
Dipl.-Ing. Thomas Ungewitter, Möser

Museumspädagogik
Anne Cogan-Krumnow M.A.
Dr. Karlheinz Kärgling
Mitarbeit:
Maximilian Helm
Christian Landrock
Dr. Christina Link

Historisches Spiel „Megedeborch"
Dr. Karlheinz Kärgling
Hartmut Ramme

Korrespondenzortprojekt „Auf den Spuren Ottos des Großen.
Kaiserorte in Sachsen-Anhalt"
Betreuung:
Ellen Horstrup M.A. (bis Mai 2011)
Wiebke Wehling M.A.

Rahmenprogramm und Eröffnungsveranstaltung
Betreuung:
Dr. Christina Link

Verwaltung
Dipl.-Verw.wirt Uwe Korb (Leitung)
Anja Schaubs (seit März 2012)
Dipl.-Betr.wirt Kriemhild Sinde (bis Sept. 2011)
Mitarbeit:
Mary Annoff
Grit Köhler
Melanie Schneider

Sekretariat
Jana Launicke
Carola Lipaczewski
Melanie Schneider
Andrea Storaczek
Rena Valiyeva

Führungsdienst
Schulung und Leitung:
Anne Cogan-Krumnow M.A.
Dr. Christina Link
organisatorische Abwicklung:
Steffi Bethge
Annika Skubich
Julia Stielow M.A.

Informationsservice
Carola Lipaczewski
Melanie Schneider

Museumsservice
Sabine Jeschorek
Astrid Laurent
Janine Paschke
Peter Kirchner
Klaus Möwes
ARLT Wach-, Schließ- und Schutzdienst GmbH, Leipzig

Versicherung
ÖSA Öffentliche Versicherungen Sachsen-Anhalt

Transporte
Hasenkamp Internationale Transporte GmbH, Berlin

Übersetzungen
Krister G. E. Johnson M.A., Magdeburg
Dr. Panagiotis Kourniakos, Berlin
Dr. Karoline Mazurié de Keroualin, Le Pellerin
Ekaterina Kryazhimskaya, Hamburg
Dr. Elena Orsini, Magdeburg

Wegeleitsystem
Jeannette Lieberwirth

Freiwilliges Soziales Jahr / Kultur
Maximilian Helm

Praktika / ehrenamtliche Tätigkeit
Emanuel Anger, Steffi Bethge, Saskia David, Claudia Fritzsche,
Natalie Heinold, Annika Just M.A., Ekaterina Kryazhimskaya,
Christian Landrock, Miriam Neßler, Susan Nowaczyk,
Maren Rolle, Laura Schatzschneider M.A., Katharina Schlömp
M.A., Lea Mara Schmidt, Annika Skubich, Julia Stielow M.A.,
Sara Toschke, Niels Troelenberg M.A.

Ausstellungskatalog

„Otto der Große und das Römische Reich. Kaisertum von der Antike zum Mittelalter."
Landesausstellung Sachsen-Anhalt im Kulturhistorischen Museum Magdeburg vom
27. August bis 9. Dezember 2012

Herausgeber
Prof. Dr. Matthias Puhle
Dr. Gabriele Köster

Redaktion, Lektorat und Koordination
Uta Siebrecht M.A. (Leitung)

Textredaktion
Uta Siebrecht M.A.
Mitarbeit:
Claudia Fritzsche
Dr. Ruth Goebel
Dipl.-Museol. Claudia Lörius-Lukas
Dipl.-Museol. Bernd Proßek
Laura Schatzschneider M.A.
Julia Stielow M.A.

Bildredaktion
Uta Siebrecht M.A.

Bildbeschaffung
Dr. Ruth Goebel
Dipl.-Museol. Claudia Lörius-Lukas
Laura Schatzschneider M.A.
Uta Siebrecht M.A.

Quellen- und Literaturverzeichnis
Claudia Fritzsche
Dipl.-Museol. Bernd Proßek

Wissenschaftliche Kartographie
Prof. Dr. Gyula Pápay, Rostock
Betreuung:
Uta Siebrecht M.A.

Übersetzungen
Krister G. E. Johnson M.A., Magdeburg
Dr. Elena Orsini, Magdeburg

Kurzführer zur Ausstellung
Uta Siebrecht M.A. (Redaktion)
Texte:
Dr. Gabriele Köster
Dr. Christina Link
Uta Siebrecht M.A.
Julia Stielow M.A.
Dr. Ulrike Theisen

Gestaltung Katalog und Kurzführer
Cover:
Homann, Güner, Blum. Visuelle Kommunikation, Hannover
Innenteil:
Erhardi Druck GmbH, Regensburg
Alexandra Bauer

Bibliografische Information der Deutschen Nationalbibliothek
Die Deutsche Nationalbibliothek verzeichnet diese Publikation
in der Deutschen Nationalbibliografie; detaillierte bibliografische Daten sind im Internet über <http://dnb.d-nb.de>
abrufbar.

1. Auflage 2012
© 2012 Schnell & Steiner GmbH,
Leibnizstr. 13, 93055 Regensburg und
© Kulturhistorisches Museum Magdeburg,
Otto-von-Guericke-Straße 68-73
39104 Magdeburg

Satz und Gestaltung: Erhardi Druck GmbH, Regensburg
Umschlaggestaltung: Homann.Güner.Blum, Hannover
Druck: Grafisches Centrum Cuno, Calbe

ISBN 978-3-7954-2491-6

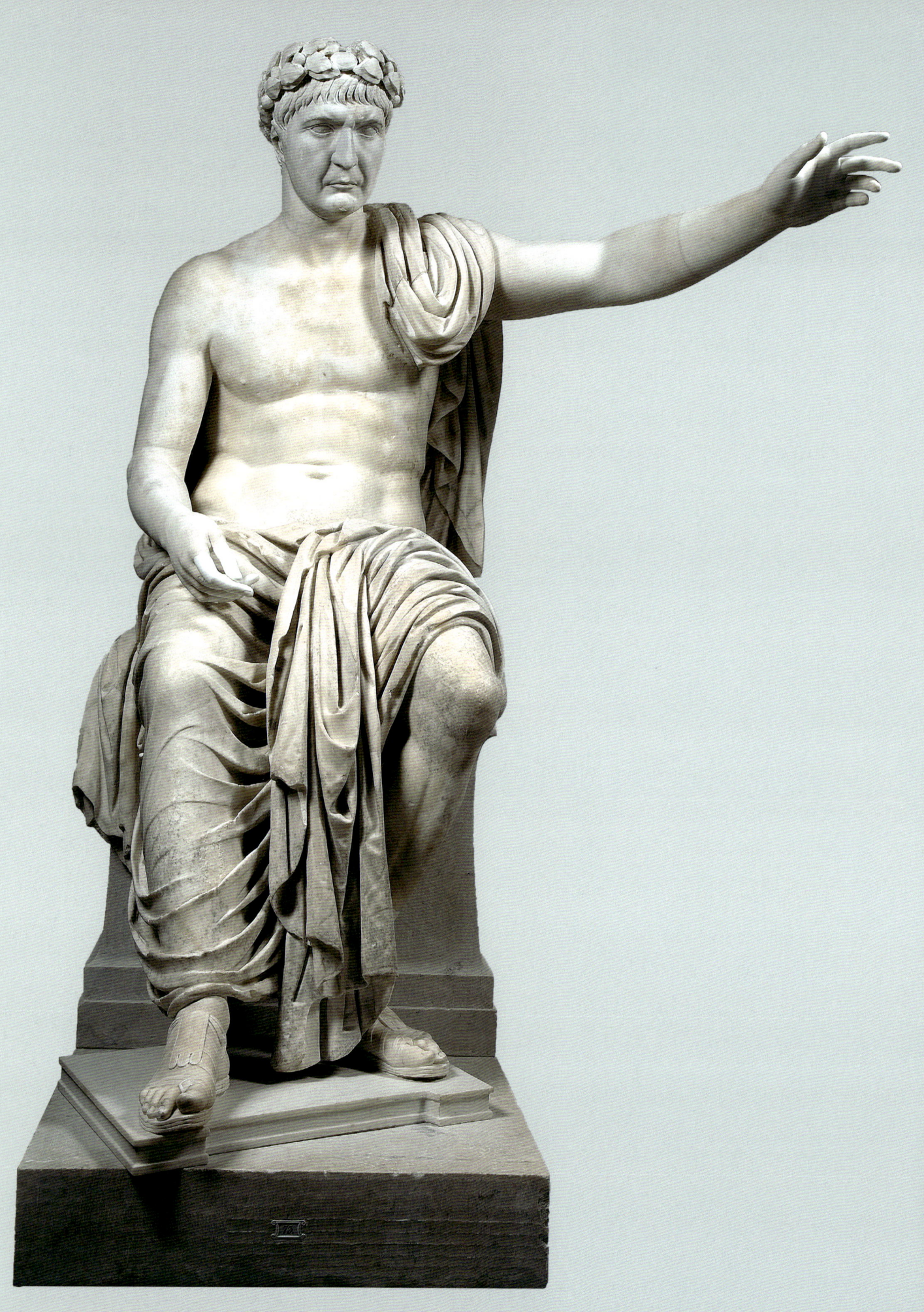

Der Präsident des Deutschen Bundestages

Professor Dr. Norbert Lammert

gewährte der Landesausstellung Sachsen-Anhalt 2012
„Otto der Große und das Römische Reich. Kaisertum von der Antike zum Mittelalter"

die
Schirmherrschaft

Inhalt

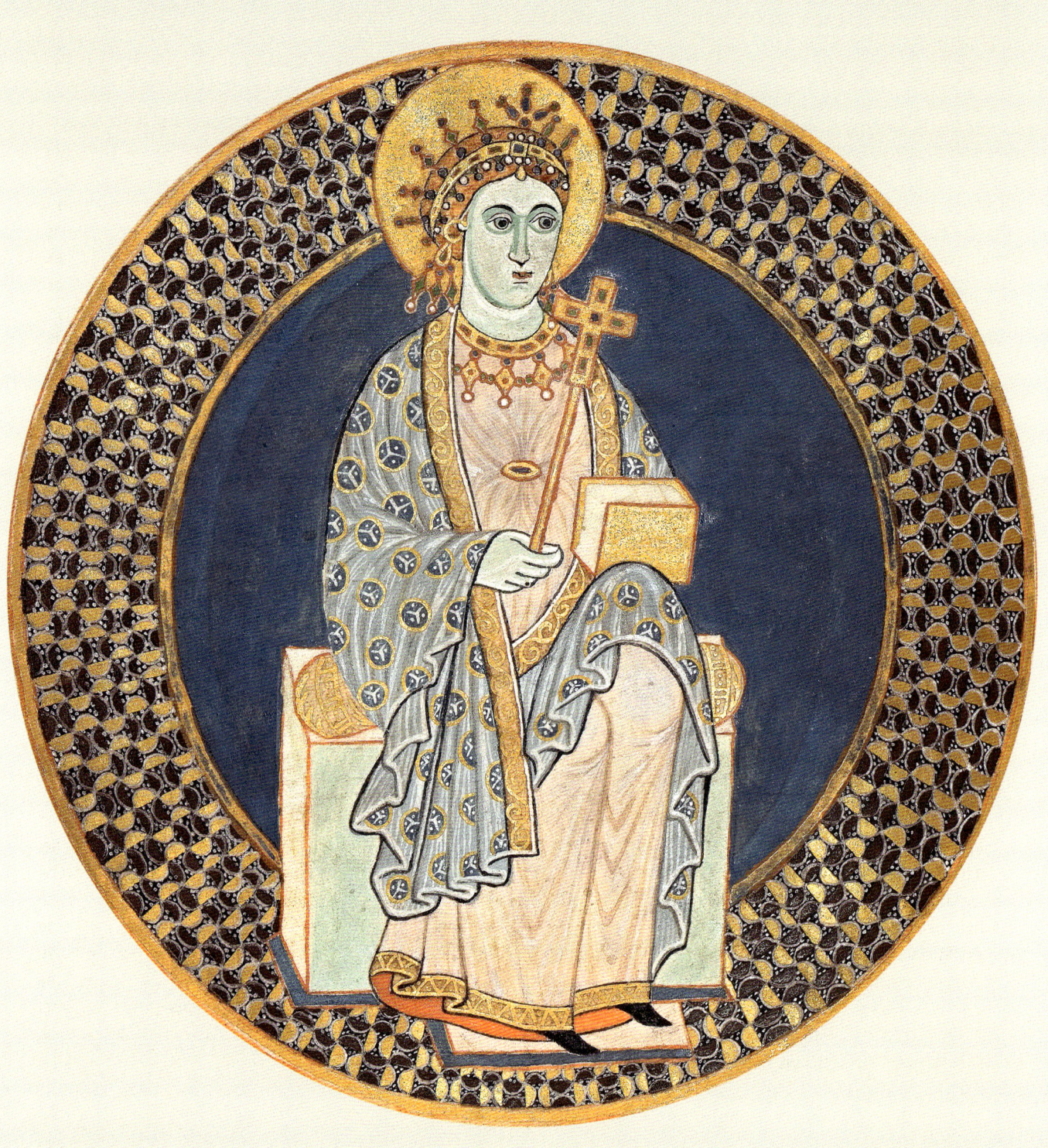

Grußwort

Rund 800 Jahre trennen Kaiser und König, denen die Geschichte den Ehrentitel der „Große" verliehen hat. 2012 ist nicht nur das Jahr des Preußenkönigs Friedrich II., es jähren sich auch der Geburtstag des Sachsenherrschers Ottos I. vor 1100 Jahren und seine Kaiserkrönung fünfzig Jahre später in Rom. Das Zusammenfallen der Gedenktage dieser beiden Großen der Geschichte ist rein zufällig und doch mehr als eine hübsche Pointe, es hat hohe Symbolkraft. Denn die deutsche Geschichte vollzog sich lange zwischen diesen beiden Polen: Stammesvielfalt und partikulare Landesherrschaft einerseits sowie imperiales Sendungsbewusstsein und Kaiserherrlichkeit andererseits. Der Reichsgedanke, längst zum fatalen Mythos deutscher Macht und Stärke verklärt, beeinflusste noch im geltungssüchtigen 19. Jahrhundert nachhaltig den Durchbruch der modernen Nation in Deutschland und führte im 20. Jahrhundert als vollends pervertierter Weltherrschaftsanspruch in die deutsche Katastrophe.

Die Landesausstellung im Kulturhistorischen Museum Magdeburg führt zurück zu den historischen Wurzeln dieser Idee von großer Wirkmacht. Aufstieg und Fall von Imperien faszinieren seit jeher die Menschen. „Imperien sind mehr als große Staaten; sie bewegen sich in einer ihnen eigenen Welt", schreibt der Politikwissenschaftler Herfried Münkler, der das Phänomen und die Logik der Weltherrschaft in der Geschichte vermessen hat. Imperien sind „Schöpfer und Garanten einer Ordnung, die letztlich von ihnen abhängt und die sie gegen den Einbruch des Chaos verteidigen müssen". Davon erzählt die Magdeburger Ausstellung, die ein lebendiges Bild der antik-lateinischen, griechisch-byzantinischen, später fränkischen und schließlich ottonischen Welt zeichnet. Sie verschafft faszinierende Einblicke in ein Kaisertum, das sich über 1000 Jahre hinweg immer auf Rom berief. Dieses Denken in ganz großen historischen Linien erklären hochrangige Exponate aus international bedeutenden Museen, beginnend mit Artefakten noch aus der Zeit des Kaisers Augustus. Sie zeigen das Ausbreiten der folgenreichen Christianisierung in der Spätantike und im Frühmittelalter, mit der eine neue sakrale Begründung von Herrschaft einherging, und die Spaltung in ein Ost- und ein Westrom, sie veranschaulichen die ebenso gewaltigen wie gewalttätigen ethnischen Wanderungsprozesse, und sie dokumentieren schließlich die heilsgeschichtlich begründete *translatio imperii*, also die Reichsübertragung unter Karl dem Großen und die Erneuerung dieser Romidee durch die Ottonen.

Dem mittelalterlichen Cäsarentum waren zur Zeit der sächsischen Herrscherdynastie große Teile Europas unterworfen, von der Nord- und Ostsee bis zum Mittelmeer, und doch zielte diese besondere Form der Herrschaft mental stets weit darüber hinaus auf das christliche Abendland – mit bis heute spürbaren Folgen. Die Darstellung der historischen Entwicklung von der Antike bis ins Mittelalter verdeutlicht Brüche, legt aber auch Kontinuitätslinien frei und führt in dieser außergewöhnlichen Zusammenschau zu geistigen Wurzeln und kulturellen Ausprägungen, die Grundfeste unserer heutigen europäischen Zivilisation bilden. Hierin liegt der ganz besondere Reiz dieser Schau, die nach den Europaratsausstellungen „Otto der Große" 2001 und „Heiliges Römisches Reich" 2006 einen überaus sehenswerten Glanzpunkt setzt. Trilogien kennen wir zwar aus dem Kino viele, kulturhistorische Ausstellungsreihen gibt es hingegen wenige. Noch seltener aber halten Fortsetzungen, was sie versprechen. Nicht so in Magdeburg, wo die diesjährige Landesausstellung den Vorgängerinnen kongenial zur Seite steht und einen weiteren Höhepunkt in der langen Reihe herausragender kulturhistorischer Ausstellungen markiert. Ich danke als Schirmherr allen Institutionen, Partnern und Förderern, die zum Gelingen dieser höchst bemerkenswerten Schau beigetragen haben, und wünsche der Ausstellung zahlreiche Besucher, die der jahrhundertelangen, ebenso spannungsreichen wie wirkmächtigen Ideengeschichte von Kaiser und Reich folgen wollen.

Prof. Dr. Norbert Lammert
Präsident des Deutschen Bundestages

Grußwort

Jede historische Persönlichkeit ist von den Bedingungen ihrer Zeit und den in ihr wirkenden Notwendigkeiten abhängig. Dass es wenige gibt, die trotzdem ihrer Zeit voraus sind, macht nach Georg Wilhelm Friedrich Hegel die historische Größe aus.

Otto der Große hat vor allem der deutschen, aber auch der europäischen Geschichte entscheidende Impulse gegeben. Herausragend waren seine historische Wirkungsmacht und sein Anteil an der politischen und gesellschaftlichen Umgestaltung seines Jahrhunderts. Die Herrschaft Ottos des Großen und vor allem seine Kaiserkrönung vor 1.050 Jahren bildeten historische Kristallisationspunkte für die Geschichte Deutschlands und Europas.

Magdeburg ist die Stadt Ottos des Großen. Für die Frühgeschichte des Reiches war die Bedeutung der „königlichen Stadt" (Widukind von Corvey) herausragend. Keine andere Metropole war enger mit dem Wirken Ottos verbunden. Magdeburg stieg unter Otto I. von einem karolingischen Grenzort zu einem Zentrum von europäischem Rang auf. Unbestritten ist auch Ottos Einfluss auf die europäische Geschichte. Er setzte das vom Frankenreich Karls des Großen übernommene römische Erbe fort und wurde zum zweiten Brückenbauer zwischen Latinitas und Christianitas. Otto der Große war der Erneuerer eines universellen, an die Antike und die Reichsidee Karls des Großen anknüpfenden Kaisertums.

Er schuf damit die politischen Grundlagen für die kommenden Jahrhunderte. Allmählich bildeten sich Gruppenidentitäten und Herrschaftsgebilde heraus. Das Reich Ottos entwickelte sich zu einem einzigartigen mittelalterlichen und frühneuzeitlichen Imperium. Die deutsche und europäische Geschichte sollte das Alte Reich acht Jahrhunderte entscheidend prägen. Auch ist seine Bedeutung für die deutsche Verfassungsgeschichte, das heißt die föderale Organisation Deutschlands, erheblich.

Unsere Zeit betrachtet vor allem die Herrschaftspraxis Ottos des Großen differenzierter und kritischer als vorausgegangene Jahrhunderte. Auch ist vielen Historikerinnen und Historikern der Begriff der geschichtlichen Größe suspekt geworden. Doch sollten wir uns bei der Beurteilung seiner Leistungen und seiner Methoden an die Maxime des bedeutenden deutschen Historikers Thomas Nipperdey (1927–1992) halten: „Die Grundfarben der Geschichte sind nicht Schwarz und Weiß, ihr Grundmuster nicht der Kontrast eines Schachbretts; die Grundfarbe der Geschichte ist grau, in unendlichen Schattierungen."

In diesem Sinne wünsche ich der Ausstellung eine breite Ausstrahlung und einen regen Zuspruch. Mein Dank gilt den Organisatoren, Gelehrten und Institutionen für die Realisierung dieses Projekts, das uns den Blick in einen „fernen Spiegel" ermöglicht.

Dr. Reiner Haseloff
Ministerpräsident des Landes Sachsen-Anhalt

Grußwort

„Otto der Große und das Römische Reich. Kaisertum von der Antike zum Mittelalter" – schon der Titel der Landesausstellung Sachsen-Anhalt 2012 drückt die Dimensionen des Vorhabens im Kulturhistorischen Museum Magdeburg aus. Denn nach Kaiser Karl dem Großen sorgte insbesondere Kaiser Otto der Große für die Verknüpfung der aus der römischen Antike stammenden Kaiseridee mit dem Mittelalter. Deren Gedanken und Bilder vom Kaisertum und von kaiserlicher Herrschaft waren für das christliche Abendland über viele Jahrhunderte bestimmend und wirken bis heute in unserer Vorstellung von Politik und Gesellschaft nach.

Kein anderer Ort ist mit dem Leben und Werk Kaiser Ottos des Großen so verbunden wie Magdeburg. So übergab er 929 seiner ersten Frau Editha diesen Ort als Hochzeitsgeschenk, stiftete 937 hier das Reichskloster St. Mauritius und verlieh ihm das Markt-, Münz- und Zollrecht. Im Jahre 968 erhöhte Otto schließlich Magdeburg zum Sitz eines neuen Erzbistums und schuf damit die Grundlage für den Aufstieg der Stadt zu einer Metropole des Mittelalters. Die von ihm gegründete Domkirche bestimmte er zu seiner Grablege. So ist es nur verständlich, dass Otto der Große das ganze Mittelalter hindurch auch als Gründer der Stadt verehrt wurde, gleichwohl Magdeburg schon im Jahre 805, also in karolingischer Zeit, als bedeutender Grenzhandelsort erstmals schriftliche Erwähnung fand.

Die großen Jubiläen dieses Jahres, der 1100. Geburtstag Ottos des Großen am 23. November 912 und der 1050. Jahrestag seiner Kaiserkrönung in Rom am 2. Februar 962, bieten den Anlass für eine kunst- und kulturgeschichtliche Schau zu Entwicklung und Wesen des Kaisertums. Nach der 27. Ausstellung des Europarats und Landesausstellung Sachsen-Anhalt „Otto der Große, Magdeburg und Europa" im Jahre 2001 und der 29. Ausstellung des Europarats und Landesausstellung Sachsen-Anhalt „Heiliges Römisches Reich Deutscher Nation 962 bis 1806. Von Otto dem Großen bis zum Ausgang des Mittelalters" 2006 bildet die diesjährige Landesausstellung Sachsen-Anhalt „Otto der Große und das Römische Reich. Kaisertum von der Antike zum Mittelalter" nun den kongenialen Abschluss einer Reihe herausragender Expositionen unseres Kulturhistorischen Museums zu Kaiser Otto dem Großen, seiner Stadt Magdeburg und dem mittelalterlichem Reich in Europa.

Die Magdeburgerinnen und Magdeburger sind längst stolz darauf, die Stadt Ottos des Großen zu sein, was sich auch in der seit gut zwei Jahren bestehenden Imagekampagne Magdeburgs als „Ottostadt" niederschlägt. Ich wünsche mir, dass diese Ausstellung zur noch stärkeren Identität der Bürgerinnen und Bürger mit ihrer Heimatstadt beiträgt und ein großes und begeistertes Publikum weit über die Stadtgrenzen hinaus findet. Alle Gäste begrüße ich ganz herzlich in der Landeshauptstadt Sachsen-Anhalts – in der Ottostadt Magdeburg.

Dr. Lutz Trümper
Oberbürgermeister der Landeshauptstadt Magdeburg

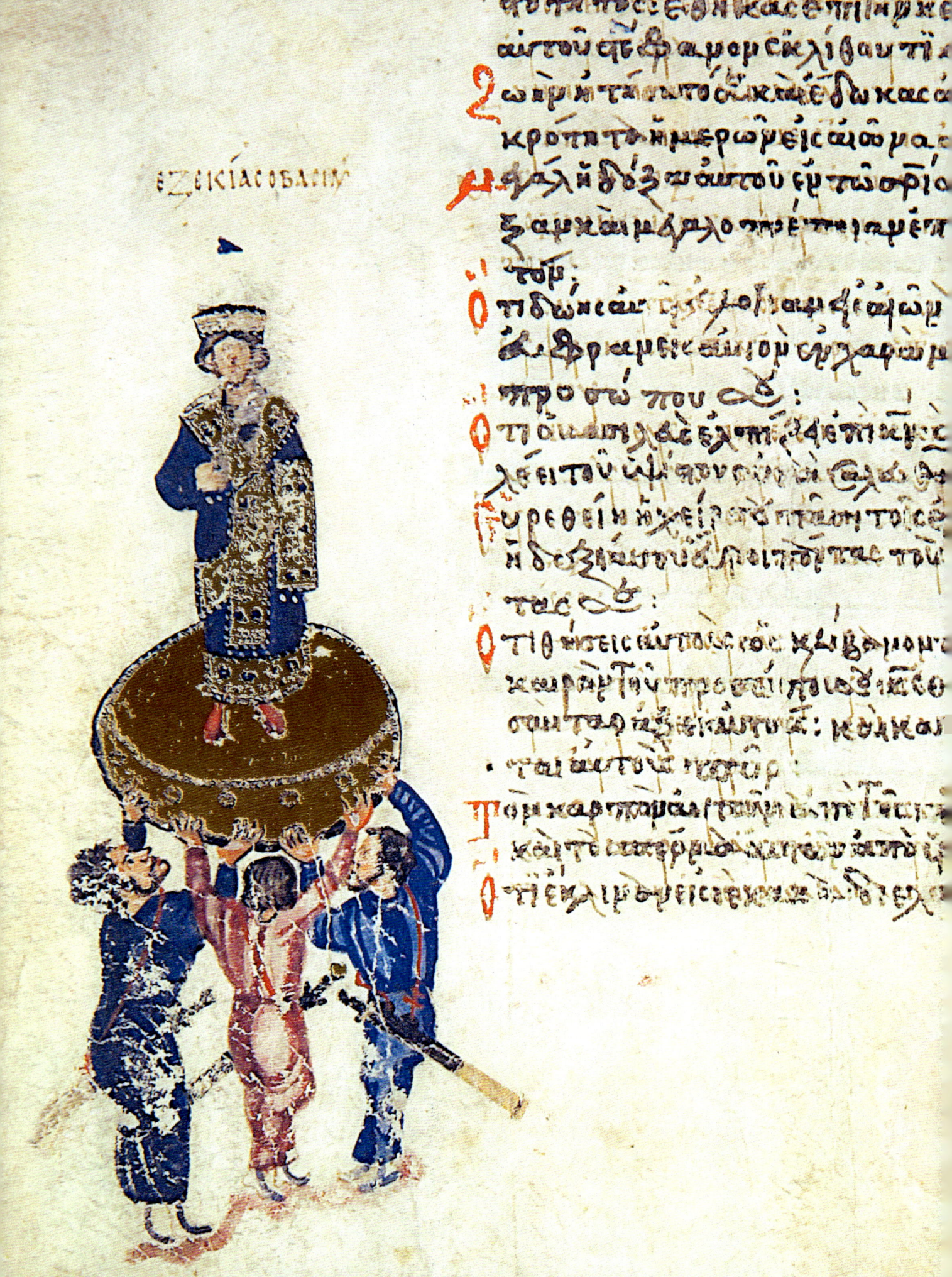

Vorwort der Herausgeber

Zwei Jubiläen gilt es 2012 zu begehen: den 1100. Geburtstag Kaiser Ottos des Großen (geboren 912, König ab 936, Kaiser 962–973) und den 1050. Jahrestag seiner Kaiserkrönung in Rom 962. Magdeburg ist der prädestinierte Ort, sich dieser Jubiläen anzunehmen, verdankt die heutige Landeshauptstadt Sachsen-Anhalts doch diesem großen Gestalter Europas im Mittelalter ihren Aufstieg zur mittelalterlichen Metropole und beherbergt bis heute seine sterblichen Überreste im Dom St. Mauritius und Katharina.

Als sich 1962 die Kaiserkrönung Ottos des Großen zum tausendsten Mal jährte, veranstaltete das Institut für österreichische Geschichtsforschung der Universität Wien eine dreitägige Gedenkfeier, zu der die Krone des Heiligen Römischen Reiches aus der Weltlichen Schatzkammer des Kunsthistorischen Museums Wien in den Großen Festsaal der Universität gebracht wurde. An den Feierlichkeiten nahmen der Präsident der Bundesrepublik Österreich sowie zahlreiche Minister und Botschafter teil. Im geteilten Deutschland fanden hingegen weder dieses Jubiläum, noch die Gründung des Erzbistums Magdeburg 968 oder der Tod Ottos des Großen 973 einen Widerhall. Zu sehr wirkten noch die nationalistischen und nationalsozialistischen Vereinnahmungen König Heinrichs I. und seiner Nachfolger im 19. Jahrhundert und der ersten Hälfte des 20. Jahrhunderts nach. In der DDR wurde Otto der Große zudem als Repräsentant der überwundenen Feudalherrschaft gesehen und in der Bundesrepublik Deutschland erschien der Kaiser fern, dessen Herrschaftszentrum in Mitteldeutschland lag.

Nach der Wende 1989/1990 machte es sich das Kulturhistorische Museum Magdeburg schon bald zur Aufgabe, die Bedeutung des Herrschers und seiner Epoche für Magdeburg, für das heutige Sachsen-Anhalt und für das mittelalterliche Europa aus moderner und europäischer Perspektive wieder in das allgemeine Bewusstsein zu rücken. Dies gelang 2001 mit der sehr erfolgreichen Ausstellung des Europarates und Landesausstellung „Otto der Große, Magdeburg und Europa". Anlässlich des 200jährigen Endes des Heiligen Römischen Reiches wurde 2006 in Kooperation mit dem Deutschen Historischen Museum Berlin in einer großen Doppelausstellung beleuchtet, was aus dem von Otto dem Großen begründeten Reich in den nachfolgenden Jahrhunderten wurde. Das Kulturhistorische Museum zeigte in der Ausstellung des Europarates und Landesausstellung „Das Heilige Römische Reich Deutscher Nation. Von Otto dem Großen bis zum Ausgang des Mittelalters" die

Geschicke dieses Reiches bis ca. 1500, während das Deutsche Historische Museum Berlin die spätere Zeit bis zu seiner Auflösung durch die Abdankung Kaiser Franz II. 1806 vorstellte. Durch die diesjährigen Jubiläen erneut vor die Aufgabe gestellt, sich mit der Person Ottos des Großen zu beschäftigen, wurde bald die Idee geboren, in einer weiteren Ausstellung die Voraussetzungen des Kaisertums Ottos des Großen und damit die Geschichte des europäischen Kaisertums in den Blick zu nehmen.

Als sich Otto der Große 962 in Rom zum Kaiser krönen ließ, knüpfte er bewusst an das römische Kaisertum und die langen und berühmten Traditionen der Ideen von Imperium und Weltherrschaft an, die vor ihm Karl der Große aufgegriffen hatte und die in Byzanz immer fortbestanden. Diese Traditionslinien und Kontinuitäten, aber auch die Brüche und Umdeutungen sollen in fünf Ausstellungsabteilungen zum römisch-antiken und zum spätantik-christlichen Kaisertum, zum mittelalterlichen Kaisertum der Karolinger und der Ottonen sowie zum Kaisertum von Byzanz sichtbar gemacht werden. Wir versprechen uns von der gemeinsamen Schau von Antike und Mittelalter nicht zuletzt die Eröffnung neuer wissenschaftlicher Perspektiven und Akzentsetzungen.

Ein solch ehrgeiziges Unternehmen, das auf herausragenden Leihgaben unterschiedlicher Epochen aus ganz Europa und aus Übersee angewiesen ist, lässt sich nicht ohne die großzügige Hilfe des Museumsträgers und zahlreicher Partner realisieren. Der Oberbürgermeister der Landeshauptstadt Magdeburg, Dr. Lutz Trümper, der Bürgermeister und Beigeordnete für Kultur, Schule und Sport, Dr. Rüdiger Koch, und der Stadtrat in seiner Gesamtheit unterstützten diese Idee und stellten Sondermittel für diese Ausstellung zur Verfügung. Das Land Sachsen-Anhalt trägt zur Finanzierung der Ausstellung in erheblichem Umfang bei. Außerdem wird die Ausstellung durch die Ostdeutsche Sparkassenstiftung gemeinsam mit der Stadtsparkasse Magdeburg, die Kulturstiftung der Länder, die Ernst von Siemens Kunststiftung, die Lotto-Toto GmbH Sachsen-Anhalt und die ÖSA Versicherungen beträchtlich gefördert. Die Ostdeutsche Sparkassenstiftung gemeinsam mit der Stadtsparkasse Magdeburg übernahmen außerdem die Finanzierung des ambitionierten Unternehmens, die überlebensgroße Sitzstatue eines römischen Kaisers aus dem Pergamonmuseum Berlin nach Magdeburg zu holen und in Vorbereitung der Ausstellung zu restaurieren. Die Kloster Bergesche Stiftung stellte erhebliche Sondermittel für besondere Marketingmaßnahmen bereit. Mit dem neu gegründeten Zentrum für Mittelalterausstellungen (ZMA) am Kulturhistorischen Museum Magdeburg, getragen von der Kulturstiftung Kaiser Otto und finanziert vom Land-Sachsen-Anhalt und der Landeshauptstadt Magdeburg wurde eine Kooperation zur Erstellung der Landesausstellung geschlossen.

Durch das Land Sachsen-Anhalt wurde die Ausstellung in den Rang einer Landesausstellung gehoben. Der Präsident des Deutschen Bundestages, Prof. Dr. Norbert Lammert, übernahm die Schirmherrschaft der Ausstellung.

Zu der wissenschaftlichen Vorbereitung der Ausstellung trug eine in Kooperation mit der Johann-Wolfgang-Goethe Universität Frankfurt am Main und der Ruprecht-Karls-Universität Heidelberg im Kulturhistorischen Museum durchgeführte Fachtagung unter der wissenschaftlichen Leitung von Prof. Dr. Hartmut Leppin, Prof. Dr. Bernd Schneidmüller und Prof. Dr. Stefan Weinfurter im Mai 2010 wesentlich bei, deren Ergebnisse in dem wissenschaftlichen Begleitband zur Ausstellung „Kaisertum im ersten Jahrtausend" vorliegen. Außerdem wurden wir bei der Konzeption der Ausstellung entscheidend von unserem wissenschaftlichen Beirat unterstützt. Die epochen- und fächerübergreifenden Diskussionen von Historikern, Kunsthistorikern und Archäologen waren überaus anregend für alle Beteiligten. Sie ermöglichen nun die Beschäftigung und Auseinandersetzung mit der Geschichte des europäischen Kaisertums von der Antike zum Mittelalter in der Ausstellung und mithilfe ihrer Begleitpublikationen auf Grundlage des neuesten Forschungsstandes.

Allen, die sich für unsere Ausstellung und die genannten Projekte eingesetzt haben, gilt unser herzlicher Dank. Besonderer Dank gebührt den Leihgebern, die es uns ermöglicht haben, bedeutende Zeugnisse des Römischen Reiches der Antike und des Mittelalters und einzigartige Kunstwerke im Kulturhistorischen Museum Magdeburg zu versammeln. Mit vielen Leihgebern haben wir in Vorbereitung der Ausstellung angenehme und weiterführende Gespräche geführt. Für ihren Rat, ihr Wohlwollen und ihren Enthusiasmus danken wir sehr. In diesen Dank schließen wir alle Wissenschaftler und Persönlichkeiten ein, die uns vermittelnd im Leihverkehr geholfen haben, insbesondere seine Exzellenz, den Bischof von Magdeburg, Dr. Gerhard Feige, und Frau Kulturattachée Violaine Varin in der Staatskanzlei Sachsen-Anhalt.

Ebenso möchten wir uns auch bei den Autoren des Kataloges bedanken. Früchte jahre- und jahrzehntelanger Forschung kommen hier zum Tragen. Die Zusammenarbeit mit dem Verlag Schnell & Steiner, Regensburg, und seinem Verleger Dr. Albrecht Weiland und ihr großes Engagement für unsere Ausstellungspublikationen waren überaus angenehm.

Die Gestaltung der Ausstellung, ihres Hauptmotives und der Druckmedien lag in den erfahrenen Händen des Gestalterbüros Homann.Güner.Blum. Visuelle Kommunikation, Hannover. Für ihre ideenreichen Entwürfe und ihren beständigen Einsatz sei an dieser Stelle vielmals gedankt.

Weit über das übliche Maß hinaus haben sich die Mitarbeiterinnen und Mitarbeiter des Organisationsbüros der Ausstellung, des Kulturhistorischen Museums und des Zentrums für Mittelalterausstellungen für das Gelingen der Ausstellung und ihrer Begleitpublikationen eingesetzt. Für ihre Arbeit, die von großer Kenntnis und immensem Einsatzwillen geprägt war, und die Ausstellung in dieser Form erst ermöglichte, möchten wir sehr herzlich danken.

Mit der Agentur projekt2508, Bonn, stand uns im Bereich der Presse- und Öffentlichkeitsarbeit ein verlässlicher Partner zur Seite. Für die Bekanntmachung der Landesausstellung in der Öffentlichkeit konnten zahlreiche Synergieeffekte mit der 2010 begonnenen Ottostadt-Kampagne erzielt werden, die Scholz & Friends Berlin im Auftrag der Landeshauptstadt Magdeburg durchführt. In der kulturtouristischen Bewerbung der Ausstellung erhielten wir durch die Kooperation mit der Investitions- und Marketinggesellschaft Sachsen-Anhalt (IMG) und der Magdeburg Marketing, Kongress und Tourismus GmbH (MMKT) wertvolle Unterstützung. Unsere Medienpartner, die Volksstimme und der Mitteldeutsche Rundfunk (MDR) sowie Ströer. deutsche städte medien. haben dafür gesorgt, die Ausstellung in Magdeburg und weit über die Grenzen der Landeshauptstadt hinaus bekannt zu machen. Stadtmarketing Pro Magdeburg e.V. trägt zur öffentlichen Wahrnehmung der Ausstellung im Stadtbild wesentlich bei. Magdeburger Kurzwellenfunker funken anlässlich des Ottojahres das Sonderrufzeichen DA0TTO und Dokumentationskarten der Funkkontakte mit dem Hauptmotiv der Ausstellung in alle Welt. Die Deutsche Bahn ist mit uns eine Premium-Kooperation eingegangen und wurde Mobilitätspartner der Ausstellung.

Wir danken der Landesbischöfin Ilse Junkermann und der Domgemeinde Magdeburg, dass auch die Eröffnung dieser Landesausstellung – wie bereits anlässlich der vorangegangenen Ausstellungen der Trilogie – am Grab Ottos des Großen im Dom zu Magdeburg St. Mauritius und Katharina feierlich begangen werden kann. Es erfüllt uns mit besonderer Freude, dass auf Anregung des Kulturhistorischen Museums Magdeburg weitere Orte in Sachsen-Anhalt, deren Geschichte besonders mit der Ottos des Großen verbunden ist, das Jubiläumsjahr mit eigenen Ausstellungen und weiteren kulturellen Veranstaltungen festlich begehen. Unter dem Namen „Auf den Spuren Ottos des Großen. Kaiserorte in Sachsen-Anhalt" haben sich Gernrode, Halberstadt, Memleben, Merseburg, Quedlinburg, Tilleda und Wallhausen als Korrespondenzorte der Landesausstellung mit der Landeshauptstadt Magdeburg zusammengeschlossen. Das Land Sachsen-Anhalt hat diese Unternehmung erheblich unterstützt. Das Zentrum für Mittelalterausstellungen hat die Koordination des Korrespondenz-ortprojektes übernommen und wird auch in Zukunft an der Seite des Kulturhistorischen Museums Magdeburg die Erforschung und Darstellung der mittelalterlichen Kulturlandschaft in Sachsen-Anhalt unterstützend begleiten.

Mit der Ausstellung „Otto der Große und das Römische Reich. Kaisertum von der Antike zum Mittelalter" findet die Ausstellungstrilogie zu der Person Ottos des Großen ihre Voll-endung. Mit dieser Trilogie wurden wesentliche Bausteine zur Wiederherstellung historischer Identität im heutigen Land Sachsen-Anhalt gesetzt und die starken Wechselbeziehungen zur europäischen Geschichte im Frühen Mittelalter sichtbar gemacht. Die reiche Geschichte dieses Landes bietet jedoch noch zahlreiche Möglichkeiten, dieses Fundament auch in Zukunft beständig zu erweitern.

Prof. Dr. Matthias Puhle
Ltd. Direktor der Magdeburger Museen

Dr. Gabriele Köster
Projektleiterin

Wissenschaftlicher Beirat

Prof. Dr. Christian Antz, Ministerium für Wirtschaft und Arbeit des Landes Sachsen-Anhalt, Magdeburg

Prof. Dr. Albrecht Berger, Institut für Byzantinistik, Ludwig-Maximilians-Universität München

Prof. Dr. Klaus Gereon Beuckers, Kunsthistorisches Institut, Christian-Albrechts-Universität zu Kiel

Prof. Dr. Claus von Carnap-Bornheim, Direktor des Archäologischen Landesmuseums Schloss Gottorf, Schleswig

Dr. Steffen Diefenbach, Fachgruppe Geschichte, Universität Konstanz

Prof. Dr. Martin Dreher, Institut für Geschichte, Otto-von-Guericke-Universität Magdeburg

PD Dr. Caspar Ehlers, Max-Planck-Institut für europäische Rechtsgeschichte, Frankfurt am Main

Prof. Dr. Stephan Freund, Institut für Geschichte, Otto-von-Guericke-Universität Magdeburg

Prof. Dr. Ulrich Gotter, Fachgruppe Geschichte, Universität Konstanz

Prof. Dr. Stefan Hauser, Fachgruppe Geschichte, Universität Konstanz

Prof. Dr. Ulrike Höroldt, Leiterin des Landeshauptarchivs Sachsen-Anhalt, Abteilung Magdeburg

Prof. Dr. Wolfgang Huschner, Historisches Seminar, Universität Leipzig

Rainer Kuhn, Stiftung Dome und Schlösser in Sachsen-Anhalt, Forschungsprojekt „Grabungen im Dom zu Magdeburg"

Dr. Thomas Labusiak, Kustos der Domschätze Halberstadt und Quedlinburg

Prof. Dr. Hartmut Leppin, Historisches Seminar, Goethe-Universität Frankfurt am Main

Prof. Dr. Ralph-Johannes Lilie, Berlin-Brandenburgische Akademie der Wissenschaften, Berlin

Dr. Babette Ludovici, Niedersächsisches Landesmuseum Hannover

Prof. Dr. Harald Meller, Landesarchäologe, Direktor des Landesamtes für Denkmalpflege und Archäologie Sachsen-Anhalt, Halle (Saale)

Ingo Mundt, Kultusministerium des Landes Sachsen-Anhalt, Magdeburg

Prof. Dr. Bernd Päffgen, Institut für Vor- und Frühgeschichtliche Archäo-

logie, Ludwig-Maximilians-Universität München

Dr. Michael Peter, Abegg-Stiftung, Riggisberg (CH)

Dr. Heike Pöppelmann, Direktorin des Braunschweigischen Landesmuseums, Braunschweig

Dr. Dieter Quast, Römisch-Germanisches Zentralmuseum, Mainz

Prof. Dr. Andreas Ranft, Institut für Geschichte, Martin-Luther-Universität Halle-Wittenberg

Prof. Dr. Rudolf Schieffer, Präsident der Monumenta Germaniae Historica, München

Prof. Dr. Michael Schneider, Institut für klassische Archäologie, Ludwig-Maximilians-Universität München

Prof. Dr. Bernd Schneidmüller, Historisches Seminar, Ruprecht-Karls-Universität Heidelberg

Prof. Dr. Stefan Weinfurter, Historisches Seminar, Ruprecht-Karls-Universität Heidelberg

Prof. Dr. Bernhard Weisser, Stellvertretender Direktor des Münzkabinetts, Staatliche Museen zu Berlin

Leihgeber

Aachen, Domschatzkammer
Aachen, Domkapitel
Aalen, Archäologisches Landesmuseum Baden-Württemberg
Amiens, Bibliothèques d'Amiens Métropole
Arles, Musée départemental Arles antique
Athen, Benaki Museum
Athen, Archäologisches Nationalmuseum
Augsburg, Kunstsammlungen und Museen Augsburg, Römisches Museum
Augst, Museum Augusta Raurica

Bamberg, Staatsbibliothek Bamberg
Berlin, Staatliche Museen zu Berlin, Antikensammlung
Berlin, Staatliche Museen zu Berlin, Münzkabinett
Berlin, Staatliche Museen zu Berlin, Skulpturensammlung und Museum für Byzantinische Kunst
Berlin, Staatsbibliothek zu Berlin - Preußischer Kulturbesitz
Biesheim, Musée Gallo-Romain
Bonn, LVR-LandesMuseum
Braunschweig, Braunschweigisches Landesmuseum, Niedersächsische Landesmuseen Braunschweig

Braunschweig, Herzog Anton Ulrich-Museum Braunschweig, Kunstmuseum des Landes Niedersachsen
Brescia, Archivio di Stato di Brescia
Brescia, Brescia Musei-Museo Di Santa Guilia
Budapest, Történeti Múzeum
Budapest, Magyar Nemzeti Múzeum
Coburg, Kunstsammlungen der Veste Coburg
Compiègne, Musée Antoine Vivenel
Darmstadt, Universitäts- und Landesbibliothek
Dortmund, Museum für Kunst und Kulturgeschichte der Stadt Dortmund

Dresden, Staatliche Kunstsammlungen
Dresden, Skulpturensammlung
Dresden, Staatliche Kunstsammlungen
Dresden, Grünes Gewölbe
Eichenzell, Museum Schloss Fasanerie
Erlangen, Universitätsbibliothek
Erlangen
Essen, Domschatzkammer
Florenz, Archivio di Stato di Firenze
Florenz, Museo Nazionale del Bargello
Florenz, Museo Archeologico Nazionale
di Firenze
Frankfurt am Main, Archäologisches
Museum Frankfurt
Frankfurt am Main, Liebieghaus,
Skulpturensammlung
Freiburg, Augustinermuseum, Leihgabe
des Erzbischöflichen Diözesanmuseums
Fulda, Hochschul- und Landesbibliothek
Genf, Bibliothèque de Genève
Genf, Musée d'art et d'histoire
Gießen, Universitätsbibliothek
Göteborg, Röhsska Museet
Gotha, Forschungs- und Landes-
bibliothek
Halberstadt, Stiftung Dome und
Schlösser in Sachsen-Anhalt,
Domschatz Halberstadt
Halle (Saale), Landesamt für Denkmal-
pflege und Archäologie – Landesmuse-
um für Vorgeschichte – Sachsen-Anhalt
Hannover, Museum August Kestner
Heidelberg, Universitätsbibliothek
Helsinki, Finnisches Nationalmuseum
Herning, Museum Midtjylland, Herning
Museum
Herzogenburg, Archiv des Augustiner-
Chorherrenstiftes Herzogenburg
Hildesheim, Dom-Museum Hildesheim
Hojbjerg, Moesgård Museum
Karlsruhe, Badische Landesbibliothek
Karlsruhe, Badisches Landesmuseum
Kassel, Museumslandschaft Hessen
Kassel, Antikensammlung
Koblenz, Generaldirektion Kulturelles
Erbe Rheinland-Pfalz, Landesarchäolo-
gie Außenstelle Koblenz
Köln, Historisches Archiv der Stadt Köln
Köln, Römisch-Germanisches Museum
Lausanne, Archives cantonales vaudoises
Leiden, Rijksmuseum van Oudheden
Leipzig, GRASSI Museum für Ange-
wandte Kunst
Liverpool, The Board of Trustees
of National Museums Liverpool, World
Museum
London, The British Library
London, The British Museum
London, Victoria and Albert Museum

Malibu, The J. Paul Getty Museum,
Villa Collection
Lucca, Biblioteca Capitolare
Maastricht, Basiliek Sint Servaaskerk
Schatkamer
Magdeburg, Landeshauptarchiv
Sachsen-Anhalt
Magdeburg, Kunstmuseum Kloster
Unser Lieben Frauen
Mailand, Archivio di Stato di Milano
Mainz, Generaldirektion Kulturelles Erbe
Rheinland-Pfalz, Landesarchäologie
Mainz, Generaldirektion Kulturelles Erbe
Rheinland-Pfalz, Landesmuseum Mainz
Mainz, Martinus-Bibliothek – Wissen-
schaftliche Diözesanbibliothek
Mainz, Römisch-Germanisches Zentral-
museum – Forschungsinstitut für
Vor- und Frühgeschichte in Mainz
Manchester, The John Rylands Library,
The University of Manchester
Marburg, Hessisches Staatsarchiv
Marburg
Merseburg, Vereinigte Domstifter zu
Merseburg und Naumburg und des
Kollegiatstifts Zeitz
Metz, Musée de la Cour d'Or
Mikulov, Regionální muzeum v Mikulov
Monopoli, Museo della Cattedrale
Montpellier, Bibliothèque Interuniversi-
taire de Montpellier, BU de médecine
Moskau, Staatliches Historisches
Museum
München, Bayerisches Nationalmuseum
München, Bayerische Verwaltung der
staatlichen Schlösser, Gärten und Seen,
Schatzkammer der Münchner Residenz
München, Staatliche Antikensammlun-
gen und Glyptothek
München, Staatliche Münzsammlung
Murrhardt, Carl-Schweizer-Museum
Nancy, Bibliothèque - Médiathèque
de Nancy
Nancy, Cathédrale Notre-Dame-de-
l'Annonciation de Nancy
Neapel, Biblioteca Nazionale di Napoli
Neapel, Museo Archeologico Nazionale
di Napoli
Neuss, Clemens-Sels Museum
Nürnberg, Germanisches National-
museum
Osnabrück, Domschatzkammer
Padua, Biblioteca Capitolare di Padova
Paris, Archives nationales
Paris, Bibliothèque de l'Arsenal
Paris, Bibliothèque nationale de France
Paris, Bibliothèque nationale de France,
Département des monnaies, médailles
et antiques

Paris, Musée National du Moyen Age
thermes et hôtel de Cluny
Pavia, Musei Civici del Castello Visconteo
Piacenza, Biblioteca Passerini-Landi
Puhlheim, LVR-Amt für Denkmalpflege
im Rheinland
Quedlinburg, Stiftskirche St. Servatii,
Domschatz
Ravenna, Basilica di Sant' Apollinare
Nuovo
Rom, Musei Capitolini
Rom, Museo Nazionale Romano
Schaffhausen, Stadtbibliothek
Schleswig, Stiftung Schleswig-Holstei-
nische Landesmuseen Schloss Gottorf,
Archäoligisches Landesmuseum
Sélestat, Bibliothèque Humaniste
Sens, Musée de Sens
Singen, Archäologisches Hegau-
Museum
St. Gallen, Stiftsarchiv
St. Gallen, Stiftsbibliothek
Stuttgart, Landesmuseum Württemberg
Trier, Rheinisches Landesmuseum
Trier, Stadtbibliothek
Vatikanstadt, Archivio Segreto Vaticano
Vatikanstadt, Biblioteca Apostolica
Vaticana
Vatikanstadt, Fabbrica di San Pietro
Vatikanstadt, Musei Vaticani
Venedig, Basilica di San Marco
Vercelli, Biblioteca Capitolare
Verona, Museo di Castelvecchio
Washington DC, Byzantine Collection,
Dumbarton Oaks
Wien, Kunsthistorisches Museum Wien,
Antikensammlung
Wien, Kunsthistorisches Museum Wien,
Münzkabinett
Wien, Österreichische Nationalbiblio-
thek, Sammlung von Handschriften und
alten Drucken
Wien, Österreichische Nationalbiblio-
thek, Papyrussammlung
Wiesbaden, Landesamt für Denkmal-
pflege Hessen-Archäologische und
Paläontologische Denkmalpflege
Wolfenbüttel, Herzog August Bibliothek
Wolfenbüttel, Niedersächsisches Lan-
desarchiv - Staatsarchiv Wolfenbüttel
Würzburg, Staatsarchiv
Würzburg, Universitätsbibliothek
Zeitz, Vereinigte Domstifter zu
Merseburg und Naumburg und
des Kollegiatstifts Zeitz
Zürich, Schweizerisches National-
museum
Zürich, Staatsarchiv des Kantons Zürich
Zürich, Zentralbibliothek

Rat und Unterstützung gewährten

Daniela Adlung, Berlin
Gabriel Adolf, Magdeburg
Olaf Ahrens, Magdeburg
Christina Alpert, Hohenwarsleben
Michel Amandry, Paris
Wolfgang Angenendt, Magdeburg
Mathilde Avisseau-Broustet, Paris
Georg Bandarau, Magdeburg
Dr. Martina Barth, Magdeburg
Alexandra Bauer, Regensburg
Britta Becker, Magdeburg
Gisela Begrich, Magdeburg
Renate Belling, Oschersleben
Rita Berning, Magdeburg
Christine Bethge, Magdeburg
Dr. Winfried Bettecken, Magdeburg
Dr. Christof Biggeleben, Berlin
Dr. Ralf Bleile, Schleswig
Anne Blöss, Berlin
Natalie Boos, Magdeburg
Eva Bromberg, Magdeburg
Jan Böttger, Berlin
Christian Buhtz, Haldensleben
Ingo Bumbke, Magdeburg
Angela Bunge, Magdeburg
Birgit Bursee, Magdeburg
Elke Buschau, Magdeburg
Dott.ssa Tiziana Ceccarini, Rom
Manfred Cuno, Calbe
Anne-Sophie Delhaye, Paris
Charlotte Denoël, Paris
Dott.ssa Elena Bianca Di Gioia, Rom
Horst Eckert, Magdeburg
Dietrich Ecklebe, Blankenburg
Michael Eckstein, Magdeburg
Elise Emery-Creuset, Fleury-les-Aubrais
Susann Einicke, Magdeburg
Guido Erbrich, Magdeburg
Grit Fahrenkampf, Magdeburg
Tobias Fischer, Hannover
Prof. Dr. Joachim Fischer, München
Beate Fohrenkamm, Eggesin
Gerd Gaube, Hannover
Andreas Geiger, Magdeburg
Mathias Geraldy, Magdeburg
Hans-Peter Gerlach, Magdeburg
Doris Giese, Magdeburg
Marion Graß, Magdeburg
Dott. Marco Grilli, Vatikanstadt
Thomas Groll, Magdeburg
Axel Grünwald, Magdeburg
Christian Gubelt, Regensburg
Silke Günnewig M.A., Bonn

Ines Günther, Magdeburg
Elisabeth Handle, Mannheim
Claudia Hartung, Magdeburg
Peter Hansen, Burg
Marco Henschel, Magdeburg
Gabriele Henschke, Magdeburg
Claudia Herrmann, Halle
Dr. Marlene Hiller, Stuttgart
Andreas Höfflin, Magdeburg
Dr. Martin Hoernes, Berlin
Ria Hoffmann, Haldensleben
Kai Holland, Berlin
Claus Friedrich Holtmann, Berlin
Silke Hösemann, Halle
Hans-Jürgen Jerratsch, Magdeburg
Roland Johannknecht, Magdeburg
Harald Kanter M.A., Magdeburg
Dr. Wolfgang Kirkamm, Magdeburg
Dr. Wilhelm Klare, Magdeburg
Dr. Dietmar Kölle, Magdeburg
Heidemarie Köppert, Magdeburg
Susanne Kopp-Sievers, Bernburg
Ilona Krause, Magdeburg
Barbara Kruska, Magdeburg
Nikolaus Kühn, Regensburg
Peter Kükenshöner, Hamburg
Hans-Wulf Kunze, Magdeburg
Astrid Kuscher, Magdeburg
Lothar Lambacher, Berlin
Jana Lange, Leitzkau
Dr. Sabine Lata, Berlin
Dr. Dieter Lerch, Magdeburg
Elke Lüdecke, Magdeburg
Kerstin Lüthke, Magdeburg
Wolfgang Maßmann, Berlin
Judith Metz, Berlin
Barbara Müller, Berlin
Ludger Nagel, Magdeburg
Birke Natemeyer, Frankfurt am Main
Dörte Neßler, Magdeburg
Pfarrerin Siegrid Neumann, Magdeburg
Rainer Nitsche, Magdeburg
Bernd Nygrin, Magdeburg
Sua Ecc. Mons. Sergio Pagano,
Vatikanstadt
Dott.ssa Rita Paris, Rom
Dott. Claudio Parisi Presicce, Rom
Freya Paschen, Magdeburg
Ulf Pasewald, Magdeburg
Sua Ecc. Mons. Cesare Pasini,
Vatikanstadt
Fred Pawlitzki, Berlin
Christiane Peuschel, Magdeburg

Isabel Pfeiffer-Poensgen, Berlin
Martina Pfordte, Magdeburg
Bärbel Pieper, Magdeburg
Dr. Cornelia Poenicke, Magdeburg
Heike Ponitka, Magdeburg
Dr. Ute Poetzsch, Magdeburg
Domprediger Giselher Quast,
Magdeburg
Bettina Quäschning, Magdeburg
Friedrich-Wilhelm von Rauch, Berlin
Ulrike Reichmann, Halle
Stephan Rether, Magdeburg
Rachel Riddell, Berlin
Burkhardt Rokahr, Leitzkau
Claus Rokahr, Magdeburg
Christian Ruddies, Magdeburg
Dr. Christiane Ruhmann, Paderborn
Alexander Salomon, Berlin
Adrien Sarthou, Aubervilliers
Ursula Schild, Magdeburg
Dr. Jürgen Schlemme, Berlin
Andrea Schmidt
Horst Schmidt, Magdeburg
Boje E. Hans Schmuhl, Leitzkau
Antje Schneider, Leipzig
Hartmut Schneider, Ueckermünde
Roswitha Schneider, Calbe
Dr. Wolfgang Schneiß, Magdeburg
Simone Schnorr, Magdeburg
Sebastian Schönfeld, M.A., Naumburg
Prof. Dr. Andreas Scholl, Berlin
Dr. Alexander Schubert, Mannheim
Steffen Schüller, Magdeburg
Jan Siegmeier, Leipzig
Michael Stabenow, Oschersleben
Prof. Dr. Martina Stark, Magdeburg
Ralf Steinmann, Magdeburg
Dieter Stephan, Hamburg
Elisabeth Taburet-Delahaye, Paris
Ute Vollrath, Magdeburg
Caroline Vongries, Hohenerxleben
Dr. Silke Wagener-Fimpel, Wolfenbüttel
Dr. Harriett Watts, Quedlinburg
Nora Wegner M.A., Fellbach
Eckhard Werner, Magdeburg
Dr. Nina Willburger, Stuttgart
Patricia Werner, Berlin
Eva Wesemann, Berlin
Kerstin Wille, M.A., Naumburg
Klaus Wolf, Magdeburg
Dr. Gisela Zander, Magdeburg

Autoren

Rita Amedick, Marburg
Achim Arbeiter, Göttingen
Neslihan Asutay-Effenberger, Bochum
Christiane Benecke, Stuttgart
Albrecht Berger, München
Klaus Gereon Beuckers, Kiel
Markus C. Blaich, Werlaburgdorf
Ruth Blankenfeldt, Kiel
Bruno Bleckmann, Düsseldorf
Dirk Booms, London (GB)
Dietrich Boschung, Köln
Antje Bosselmann-Ruickbie, Mainz
Sylvia Brehme, Berlin
Maja Bettina Bremen, Trier
Vinzenz Brinkmann, Frankfurt am Main
Markus Cottin, Naumburg
Karsten Dahmen, Berlin
Falko Daim, Mainz
Heinrich Dormeier, Kiel
Arne Effenberger, Berlin
Caspar Ehlers, Frankfurt am Main
Michael Embach, Trier
Birgitta Falk, Essen
Antje Fehrmann, Hamburg
Astrid Fendt, Berlin
Stephan Freund, Magdeburg
Jürgen Geiß, Berlin
Karl-Josef Gilles, Trier
Christian Gliwitzky, München
Klaus-Peter Goethert, Trier
Ulrich Gotter, Konstanz
Dagmar Grassinger, Köln
Pia Gremmelspacher, Rom (Italien)
Michael Grünbart, Münster
Manfred Hahn, Augsburg
Claudia Hartung, Magdeburg
Claus-Peter Hasse, Magdeburg
Ernst-Dieter Hehl, Mainz
Birgitt Heide, Mainz
Volker Hilberg, Schleswig
Wolfgang Huschner, Leipzig
Peter Ilisch, Münster
Peter Christian Jacobsen, Erlangen

Corinna Kauth, Berlin
Martin Kemkes, Rastatt
Torsten Kempke, Lübeck
Martin Kintzinger, Münster
Claudia Klages, Bonn
Holger A. Klein, New York (USA)
Bernd Kluge, Berlin
Ulrike Koenen, Zürich (Schweiz)
Jennifer Komp, Bonn
Lydia Konnegen, Aachen
Gabriele Köster, Magdeburg
Martin Kovacs, Berlin
Rainer Kuhn, Magdeburg
Thomas Labusiak, Halberstadt
Manuela Laubenberger, Wien
(Österreich)
Timothy Leonardi, Vercelli
Hartmut Leppin, Frankfurt am Main
Tino Licht, Heidelberg
Ralph-Johannes Lilie, Berlin
Petra Linscheid, Bonn
Salvatore Mancuso, Frankfurt am Main
Martin Maischberger, Berlin
Mischa Meier, Tübingen
Mark Mersiowsky, Innsbruck
Gabriele Mietke, Berlin
Georg Minkenberg, Aachen
Harald Müller, Aachen
Friederike Naumann-Steckner, Köln
Everardus Overgaauw, Berlin
Bernd Päffgen, München
Bernhard Palme, Wien (Österreich)
Clementina Panella, Rom
Alexandra Pesch, Schleswig
Michael Peter, Riggisberg (Schweiz)
Yvonne Petrina, München
Rene Pfeilschifter, Dresden
Tanja Potthoff, München
Matthias Puhle, Magdeburg
Dieter Quast, Mainz
Joachim Raeder, Kiel
Gabriele Rasbach, Frankfurt/Main
Helmut Reimitz, Princeton (USA)

Arne Reinhardt, Berlin
Sebastian Roebert, Leipzig
Ilse Rollé Ditzler, Effretikon (Schweiz)
Thomas Rudi, Leipzig
Beat Rütti, Augst
Rudolf Schieffer, Mainz
Michael Schmauder, Bonn
Gerhard Schmitz, Tübingen
Karl Schmuki, St. Gallen (Schweiz)
Rolf-Michael Schneider, München
Bernd Schneidmüller, Heidelberg
Franziska Schnoor, St. Gallen (Schweiz)
Andreas Scholl, Berlin
Hans Kurt Schulze, Wolfenbüttel
Mechthild Schulze-Dörrlamm, Mainz
Agnes Schwarzmaier, Berlin
Lothar Schwinden, Trier
Anne-Viola Siebert, Hannover
Friedrich Simader, Wien (Österreich)
Friederike Sinn, Würzburg
Markus Späth, Gießen
Frank-Joachim Stewing, Naumburg
Werner Taegert, Bamberg
Ulrike Theisen, Magdeburg
Matthias M. Tischler, Frankfurt am Main
Vasiliki Tsamakda, Mainz
Frank Unruh, Trier
Maaike van Rijn, Stuttgart
Karina Viehmann, Leipzig
Axel von Berg, Koblenz
Claus von Carnap-Bornheim, Schleswig
Klaus Vondrovec, Wien (Österreich)
Wolfgang Eric Wagner, Göttingen
Stefan Weinfurter, Heidelberg
Bernhard Weisser, Berlin
Tobias Weller, Bonn
Susanne Willer, Bonn
Christoph Winterer, Mainz
Ulrike Wulf-Rheidt, Berlin
Karoline Zhuber-Okrog, Wien
(Österreich)

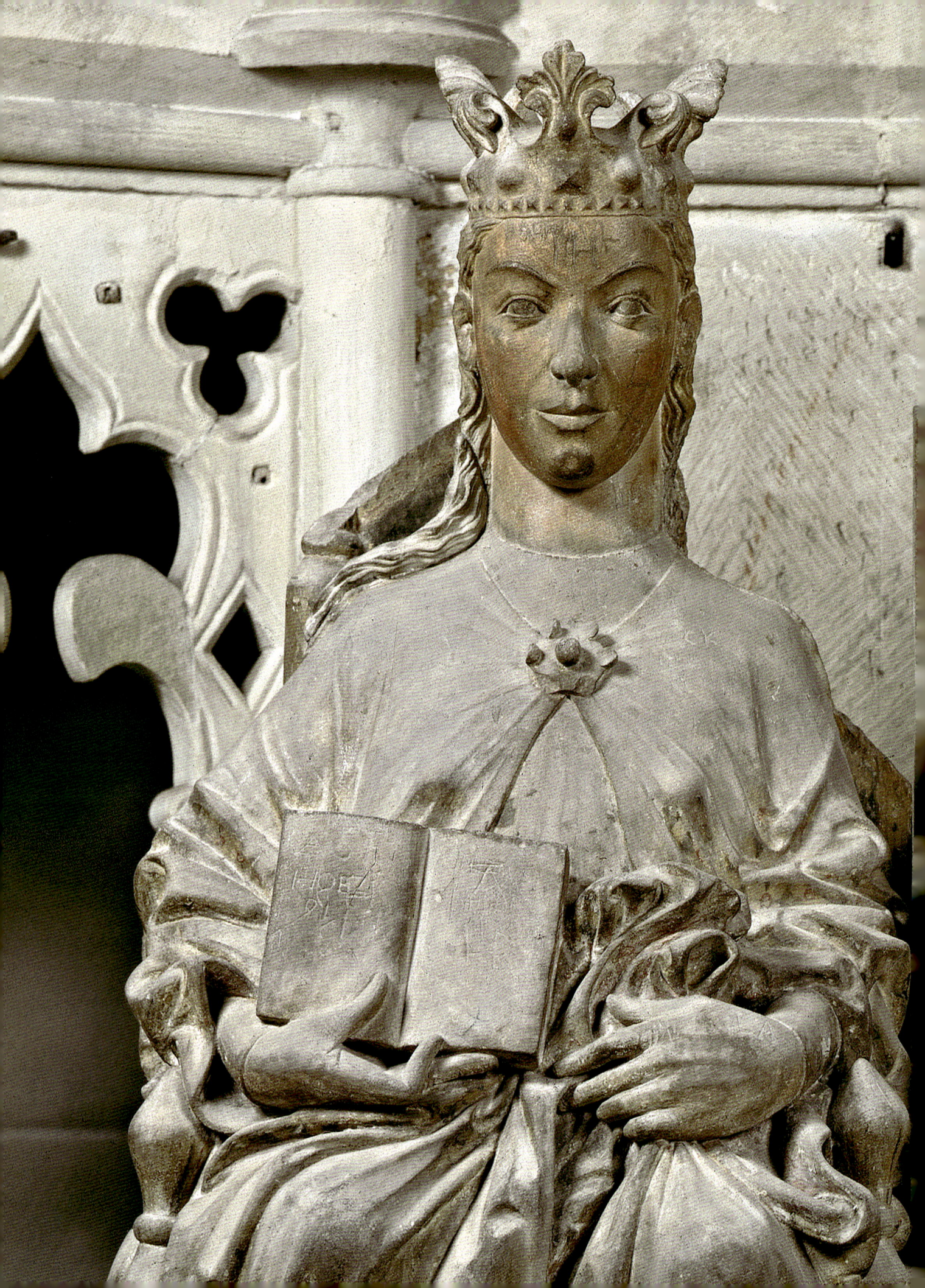

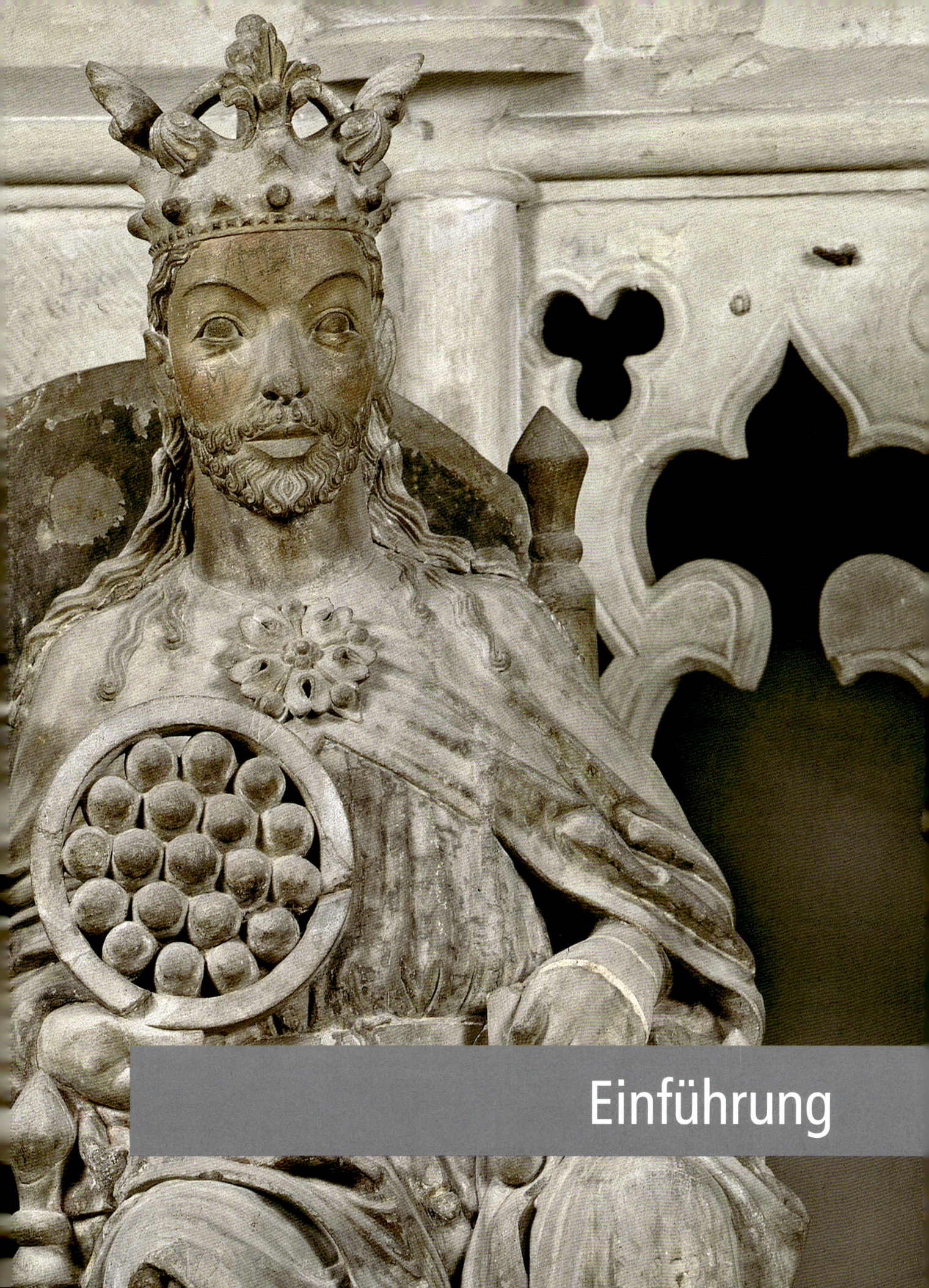

Einführung

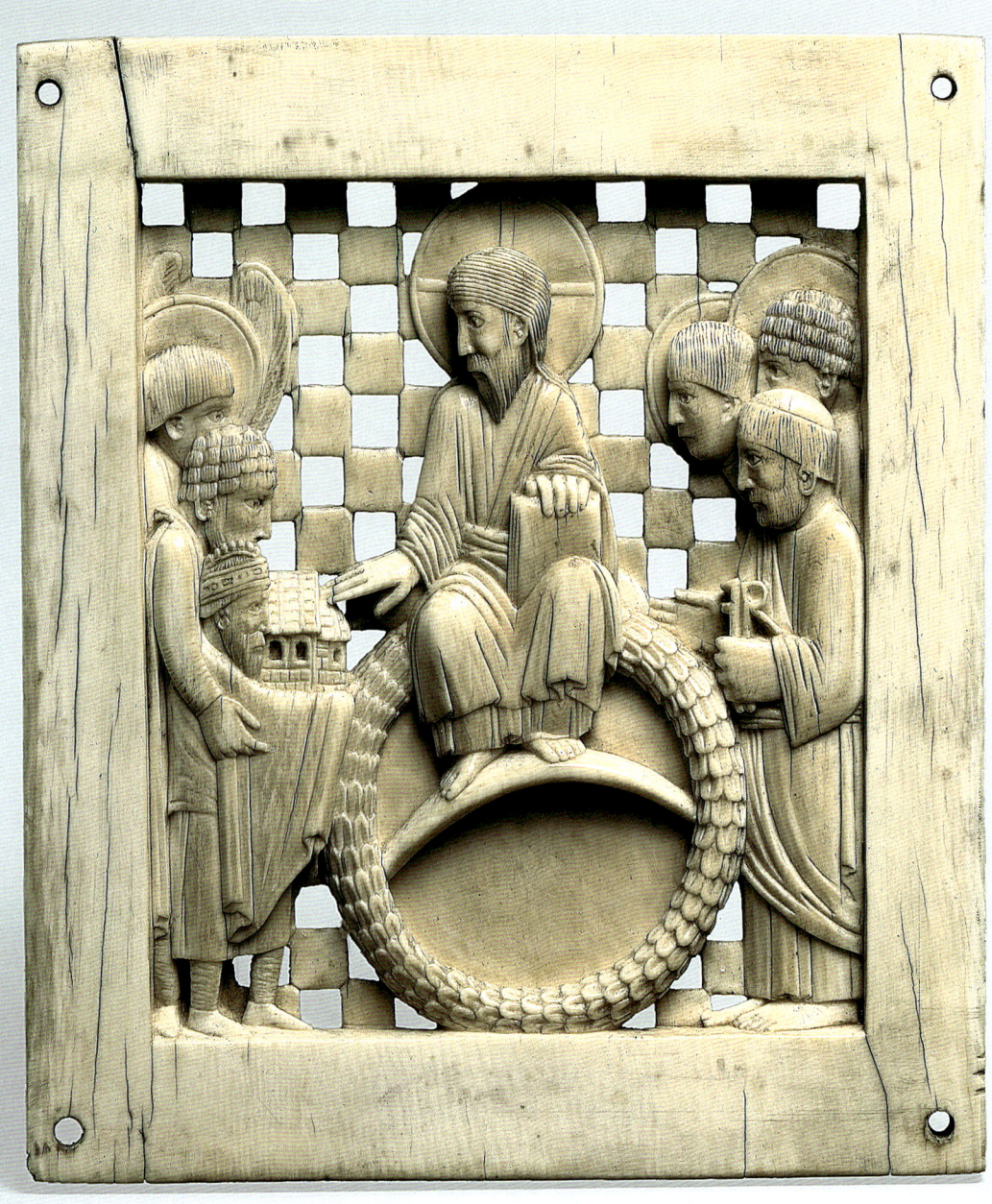

Gabriele Köster und Matthias Puhle

Otto der Große und das Römische Reich. Kaisertum von der Antike zum Mittelalter

Die Magdeburger Ausstellungstrilogie zu Otto dem Großen

Unmittelbar nach seinem Tod am 7. Mai 973 in Memleben wurde der Leichnam Ottos des Großen (936–973), so hatte er es zu Lebzeiten verfügt, nach Magdeburg gebracht, um dort neben seiner schon seit 27 Jahren verstorbenen ersten Gattin Editha († 946) bestattet zu werden. Vieles ist an diesem Vorgang bemerkenswert. Obwohl Otto der Große seit seiner Kaiserkrönung am 2. Februar 962 in Rom sehr viel mehr Zeit in Italien verbrachte als in dem Land seiner Herkunft, in Sachsen, starb er doch unweit von seinem vermuteten Geburtsort, Wallhausen, in Memleben, dort, wo schon sein Vater Heinrich I. 936 gestorben war. Otto war zwar römischer Kaiser geworden und neben dem Basileus von Byzanz mächtigster Herrscher der christlichen Welt des 10. Jahrhunderts, am Ende aber stirbt er wie ein ostfränkisch-sächsischer König dort, wo alles einmal angefangen hatte. Und er wählt seine Grablege nicht in Alt St. Peter in Rom, wo er zusammen mit seiner zweiten Frau Adelheid (*um 931–† 999) während der Kaiserkrönung den erhabensten Moment seines Lebens erlebt hatte, oder in Aachen neben Karl dem Großen (*747, 771–814), dem er im Kaisertum nachgefolgt war, und auch nicht in Quedlinburg neben seinem Vater und seiner Mutter. Es waren Editha und Magdeburg, die seine Grablege bestimmten. Magdeburg war der Ort, der ihn nicht nur wie kein anderer mit ihm und seiner Familie verband, sondern auch wie kein anderer von ihm gefördert und als Zentralort seiner Herrschaft definiert wurde (Abb. 1).

Zwischen 937 und 968 stieg Magdeburg von einem zwar unter Karl dem Großen 805 erstmals genannten, danach aber kaum noch erwähnten Grenzhandelsort zum Zentrum eines neugegründeten Erzbistums und damit zu einer der sechs Metropolen Mitteleuropas nördlich der Alpen auf. Hier wurde das Fundament einer Stadt gelegt, die im weiteren Verlauf des Mittelalters zu einer großen und lebendigen Stadt wurde, die trotz ihrer Verwüstungen im Dreißigjährigen Krieg und im Zweiten Weltkrieg nicht in die Bedeutungslosigkeit versank oder gar von der Landkarte verschwand.

Es ist daher alles andere als verwunderlich, dass Otto und Editha seit mehr als 1000 Jahren einen ganz herausgehobenen Platz im historischen Bewusstsein der Stadt einnehmen. Diese an Verehrung grenzende Erinnerung hat immer eine identitätsstiftende Wirkung in der Bürgerschaft entfaltet und zum Zusammenhalt der Stadt auch in den finsteren Stunden ihrer Geschichte beigetragen. Über Jahrhunderte wurden die Gräber im Magdeburger Dom in Ehren gehalten. Sie befinden sich auch im von 1209 an errichteten gotischen Dom an den prominentesten Orten. Es wurden Skulpturen und Bilder geschaffen, die an das Herrscherpaar oder an einen von beiden erinnern. Der Magdeburger Reiter stellt das bekannteste Beispiel dar (Abb. 4). Darstellungen von Otto und Editha befinden sich auf Putzritzzeichnungen (Abb. 2), Medaillen, Domfenstern, Tafelaufsätzen, Porzellantellern und -tassen etc. Opern machten Otto den Großen zu ihrem Inhalt. Bildwerke wie die drei großen Wandgemälde im Kaiser-Otto-Saal (Abb. 3) des Kulturhistorischen Museums wurden geschaffen, Straßen nach Otto I. und Editha benannt. Die Beispiele lassen sich vermehren.

Dennoch verblasste nach 1945 durch die deutsche Teilung und das lange Zeit gebrochene Verhältnis der Deutschen in Ost und West zu ihrer Geschichte die Erinnerung an Otto den Großen und die Dynastie der Ottonen im Ganzen. Nach der Wende 1989/1990 gehörte es daher zu den wichtigsten kulturellen Anliegen der zur Landeshauptstadt von Sachsen-Anhalt bestimmten Stadt Magdeburg, Otto den Großen mit einer bedeutenden Ausstellung zu ehren und damit einen wichtigen Beitrag zur historischen Identitätsbildung Magdeburgs und Sachsen-Anhalts zu leisten.

1 Maiestas Domini. Mailand, zwischen 962 und 973, wahrscheinlich 968. New York, The Metropolitn Museum of Art, Bequest of George Blumenthal

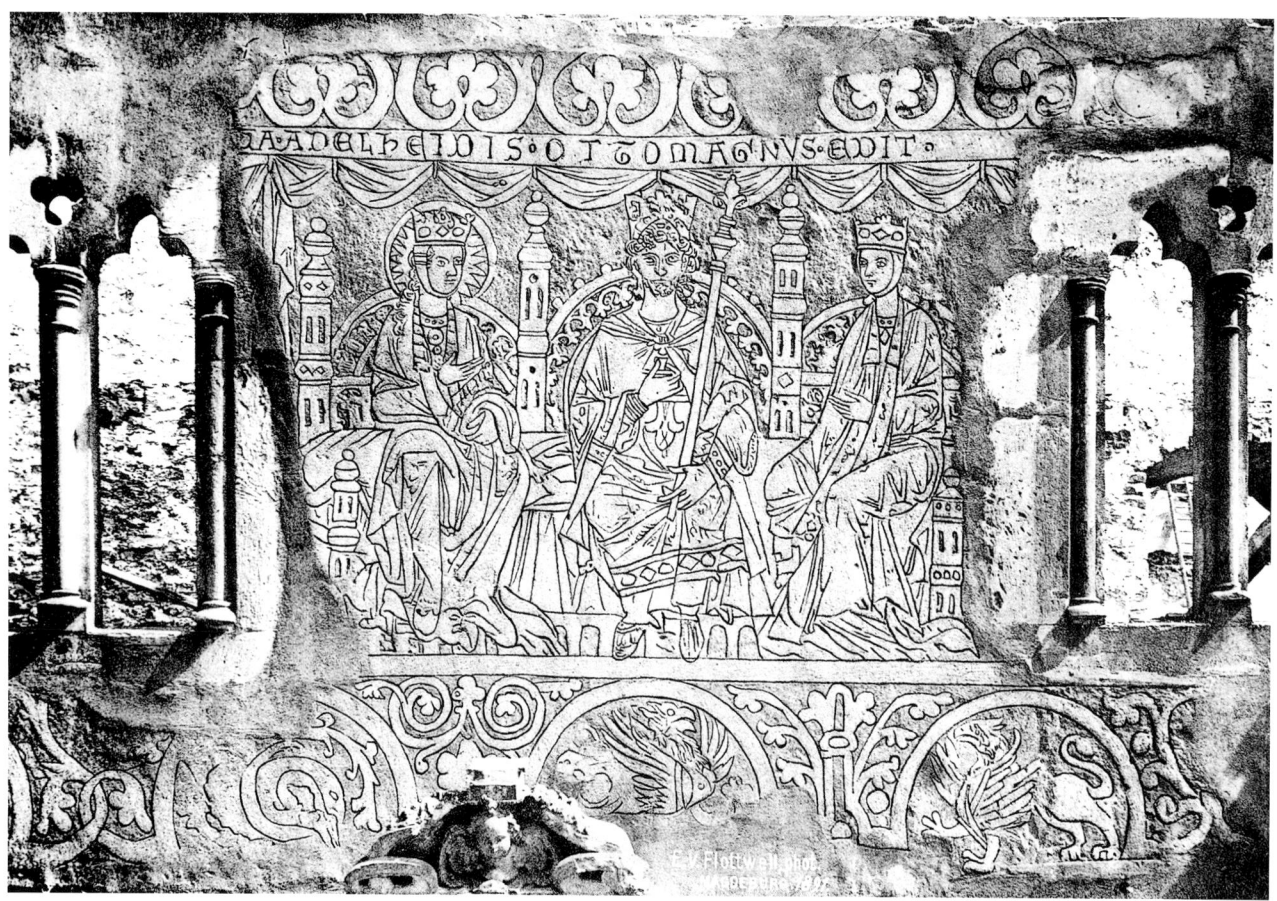

2 Putzritzzeichnung mit Otto dem Großen und seinen Gemahlinnen Edgith und Adelheid. Magdeburg, Dom, östlicher Kreuzgangflügel (E.v. Flottwell, 1891)

Schon Ende der 80erJahre des 20. Jahrhunderts war die Idee einer Ottonenausstellung in Magdeburg entstanden, die auch durch die friedliche Revolution in der DDR im Herbst 1989 und die Wiedervereinigung Deutschlands nicht in Vergessenheit geriet. Dieses Vorhaben erhielt durch die neuen Möglichkeiten, die das vereinigte Deutschland und bald darauf das Europa der offenen Grenzen bot, sogar erheblichen Auftrieb. So wurden ab Mitte der 90er Jahre die Kräfte im Kulturhistorischen Museum gebündelt und eine umfassende Sanierung des Museumsgebäudes mit nachhaltigen Effekten mit dem Ziel begonnen, die Voraussetzungen zu schaffen, eine Ausstellung über Otto den Großen mit hochkarätigen Leihgaben durchführen zu können, die dann im Jahr 2001 mit einem überwältigenden Erfolg stattfand. Die Ausstellung „Otto der Große, Magdeburg und Europa" erhielt nicht nur den Status einer Landesausstellung Sachsen-Anhalt, sondern sogar die hohe Würde einer Ausstellung des Europarates. Der Europarat hatte 1954 mit seiner inzwischen 29 Ausstellungen umfassenden Reihe der Europaratsausstellungen begonnen, um die Vielfalt und Gemeinsamkeit der europäischen Kunst- und Kulturgeschichte anschaulich zu machen und die Völker Europas da-

mit kulturell stärker miteinander zu verbinden. Die erste Otto der Große-Ausstellung erhielt diese hohe Auszeichnung nicht nur für die einmaligen Kunstwerke und Geschichtszeugnisse aus aller Welt, die in Magdeburg zusammenkommen würden, sondern auch für die Veranschaulichung einer grundsätzlichen Frage der europäischen Geschichte, die Walter Schwimmer, der ehemalige Generalsekretär des Europarates, 2001 so formulierte: „Wie ist es möglich, dass nach den so augenfälligen Bestrebungen der Völker Europas zur Gemeinsamkeit, die vor tausend Jahren zu beobachten waren, es danach doch wieder zu Konflikten kam und alles auseinanderbrach?" (Ausst.-Kat. Magdeburg 2001, Band 1, S. XI)

Neben dieser Kardinalfrage europäischer Geschichte ging es in der Ausstellung auch darum, Magdeburg und Sachsen-Anhalt „als Wiege der deutschen Geschichte" zu präsentieren, was dem damaligen Ministerpräsidenten des Landes Sachsen-Anhalt, Reinhard Höppner, besonders am Herzen lag (Ausst.-Kat. Magdeburg 2001, Band 1, S. XII). In den 90er Jahren des 20. Jahrhunderts hatte die oberflächliche und grundsätzlich falsche Einschätzung vom geschichtslosen Land Sachsen-Anhalt die Runde gemacht, die auch aufgrund der Magdeburger

Ausstellungen zum europäischen Mittelalter schon lange nicht mehr zu hören ist. Die erste Otto der Große-Ausstellung sollte identitätsstiftend wirken, Stolz auf die eigene Herkunft und das eigene Land vermitteln und der Landeshauptstadt Magdeburg und dem 1990 neugegründeten Bundesland Sachsen-Anhalt ein unverwechselbares kulturelles Gesicht im deutschen und europäischen Zusammenhang geben.

Dies ist mit deutlicher und langanhaltender Wirkung gelungen. Die über 400 einmaligen Kunstwerke und Geschichtszeugnisse betteten Otto den Großen in seine familiäre und regionale, sächsische Herkunft ein und spannten den Bogen unter Hervorhebung Magdeburgs als „königliche Stadt" über die Herrschaft im Reich bis zum ottonischen Kaisertum in Europa. In der Rückschau wurde die mit über 300.000 Besuchern erfolgreichste Ausstellung aller Zeiten in Magdeburg und Sachsen-Anhalt von der Frankfurter Allgemeinen Zeitung zu den vier wichtigsten europäischen Museumsereignissen des Jahres 2001 gerechnet.

Ein weiteres Ziel der Ausstellung wurde ebenfalls in vollem Umfang erreicht. In der öffentlichen Wahrnehmung wurde Otto der Große von nun an auf eine Stufe mit Karl dem Großen gestellt.

Um diese Wirkung zu festigen, fand 2006 die zweite Ausstellung der großen Otto-Trilogie statt.

Zum 200. Jahrestag des 1806 untergegangenen Heiligen Römischen Reiches Deutscher Nation konzipierten das Kulturhistorische Museum Magdeburg und das Deutsche Historische Museum Berlin die Ausstellung „Heiliges Römisches Reich Deutscher Nation 962–1806". Das Kulturhistorische Museum nahm sich der Erneuerung des Römischen Reiches unter Otto dem Großen im Jahr 962 an und verfolgte die Geschichte dieses Reiches bis zum Ausgang des Mittelalters. Das Deutsche Historische Museum übernahm die weitere Darstellung der Geschichte des Heiligen Römischen Reiches Deutscher Nation bis zu dessen Ende 1806.

Auch diese Ausstellung wurde in die Reihe der Ausstellungen des Europarates aufgenommen, wobei Terry Davis, Generalsekretär des Europarates, die Parallelen zwischen der Entwicklung des Heiligen Römischen Reiches und dem europäischen Einigungsprozess, einer Hauptaufgabe des Europarates seit seiner Gründung 1949, hervorhob. „Das damalige Reich kannte kein Staatsvolk, aber es vereinte viele Völker. Es hatte keine Hauptstadt, aber viele wohlhabende Ortschaften. Es war kein Zentralstaat, sondern ein föderaler Verbund von Regionen. Es war ein politisches Gebilde, das Wege des Konfliktausgleichs suchte und fand, Kulturen nebeneinander erhielt und miteinander verband und trotz der nur losen Bindungen seiner Territorien über einen Zeitraum von fast 850 Jahren eine große Beständigkeit aufwies." (Ausst.-Kat. Magdeburg 2006 (a), Band 1, S. 13)

Der Begründer dieses Reiches, das sich wesentlich von dem Römischen Reich, das Karl der Große 800 geschaffen hatte, unterschied und sich dennoch in seine Kontinuität stellte, war Otto der Große. Die zweite Ausstellung machte ihn selbst, aber auch Magdeburg, zum Ausgangspunkt eines Reiches, das wie nichts Vergleichbares die Geschichte Deutschlands und Europas nachhaltig beeinflusste, was der Oberbürgermeister von Magdeburg, Lutz Trümper, in seinem Vorwort zum Katalog besonders betonte: „Große Kaiser und Könige lenkten mit ihren Taten und Entscheidungen die Geschicke dieses Reiches, führten es durch Wandel und Fortschritt, durch große Krisen und Niederlagen bis hin zu seinem Untergang. Von den Ottonen über die Salier, die Staufer, die Luxemburger und Habsburger präsentiert der Magdeburger Ausstellungsteil deutsche Reichsgeschichte im Kontext des europäischen Mittelalters. Die Kunst der Bronzegießerei und der Buchgestaltung, höfisches Leben und kulturelle Blüte, Münzprägung und Machtverschiebungen, Krönungen und kaiserliche Kirchenbauten – der Spannungsbogen der Ausstellung zeigt die

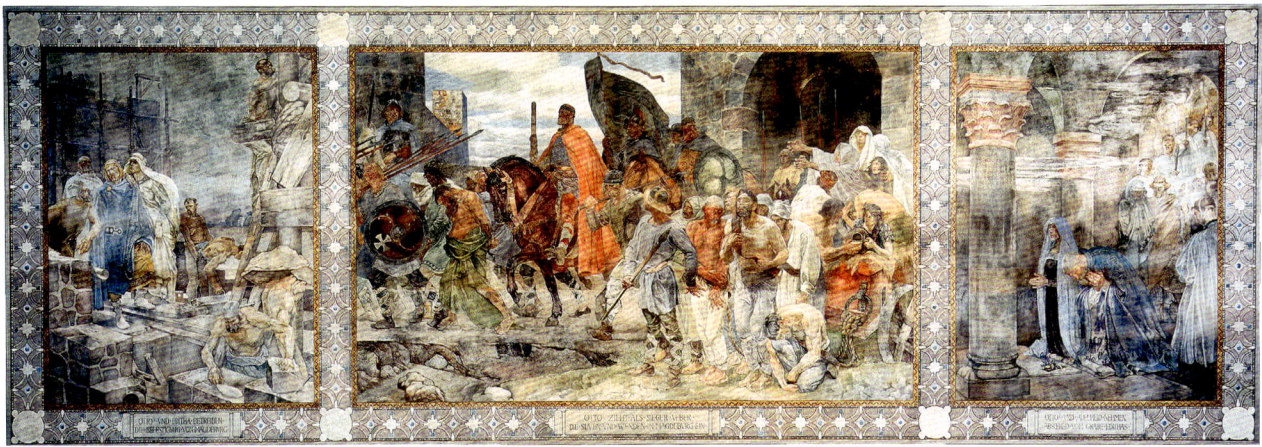

3   Kaiser-Otto-Saal: Arthur Kampf, Drei Wandbilder aus dem Leben Ottos des Großes (1906), restauriert 1999-2001. Magdeburg, Kulturhistorisches Museum

Ausprägung eines Reiches, das die deutsche und europäische Geschichte prägte.

Magdeburg präsentiert sich als bestens geeignet für den mittelalterlichen Teil der Ausstellung, war doch Magdeburg der Ort, an dem dieses Heilige Römische Reich Deutscher Nation seinen Anfang nahm." (Ausst.-Kat. Magdeburg 2006 (a), Band 1, S. 15)

Identitätsstiftung war 2006 nicht mehr das erste Ziel. Selbstbewusst präsentierte sich Magdeburg als ein Zentralort deutscher und wichtiger Erinnerungsort europäischer Geschichte. Die Stadt, so lautete eine Botschaft dieser Ausstellung, hat ihren hervorgehobenen Platz im Gefüge der Städte und Regionen Europas gefunden. Eine andere Botschaft richtete sich an die jüngere europäische Geschichte, was wiederum Terry Davis hervorhob: „Allerdings war der Rückblick auf dieses Heilige Römische Reich lange Zeit durch nationale und nationalsozialistische Sichtweisen des 19. und 20. Jahrhunderts beeinflusst. Nach 1945 war das ‚Dritte Reich' der Nationalsozialisten im Gedächtnis haften geblieben. Doch im beginnenden 21. Jahrhundert, das von der Globalisierung geprägt ist, rückt wieder die positive Bedeutung des Begriffs ‚Reich' in den Vordergrund." (Ausst.-Kat. Magdeburg 2006 (a), Band 1, S. 13)

Rund 450.000 Besucher machten diese Doppelausstellung in Magdeburg und Berlin zu der herausragenden historischen Ausstellung des Jahres 2006.

Die 1050. Wiederkehr der Kaiserkrönung Ottos des Großen und sein 1100. Geburtstag im Jahr 2012 nimmt das Kulturhistorische Museum zum Anlass, die Ausstellungstrilogie mit der Ausstellung „Otto der Große und das Römische Reich. Kaisertum von der Antike zum Mittelalter" zu vollenden. Der dritte entscheidende Aspekt der Herrschaft Ottos des Großen, die *Translatio Imperii* oder *Renovatio Imperii*, wird nun in einer umfassenden Ausstellung, der Landesausstellung Sachsen-Anhalt 2012, dargestellt. Wieder ist der Ausstellungsinhalt europäisch, ja universell ausgerichtet. Otto der Große wurde 962 nicht deutscher, sondern römischer Kaiser. Auf welche Tradition er sich hier berief, welche Ansprüche, aber auch Verantwortung der Kaisertitel beinhaltete, letztlich, auf welchem Fundament, das die Antike hinterlassen hatte, der mittelalterliche Herrscher dabei aufbaute, will diese Ausstellung beleuchten.

Ein König bzw. Kaiser im 10. Jahrhundert herrschte nicht an einem Ort, gleichsam einer „Residenzstadt", sondern musste seine Herrschaft beim Reisen von Pfalz zu Pfalz in seinem Reich ausüben. Im Raum des heutigen Sachsen-Anhalt verdichtet sich diese ottonische Pfalzenlandschaft, weil hier die Ottonen ihre wesentlichen Besitzungen und ihr Herrschaftszentrum besaßen. Sieben herausgehobene Kaiserorte veranschaulichen dieses Reisekönigtum im Land Sachsen-Anhalt in der Hoffnung, dass dieses Land dauerhaft als das „Land der Ottonen" in Europa wahrgenommen wird.

Die Konzeption der Ausstellung „Otto der Große und das Römische Reich. Kaisertum von der Antike zum Mittelalter"

Als Otto der Große am 2. Februar 962 in Rom vom Papst zum Kaiser gekrönt wurde und den Titel *Otto Imperator Augustus* annahm, stellte er sich in eine Reihe mit den antiken römischen Kaisern und damit in eine Tradition, die in der Rückschau mit der Alleinherrschaft des Augustus (27 v. Chr. – 14 n. Chr.) im ersten vorchristlichen Jahrhundert ihren Anfang genommen hatte. Mögen er selbst und seine Zeitgenossen auch nur eine sehr begrenzte historische Kenntnis von der Zeit des Augustus und seiner Nachfolger gehabt haben, so war doch die Idee vom Kaisertum lebendig geblieben und hatte bereits durch die Kaiserkrönung Karls des Großen (768–814) am Weihnachtstag 800 ihre erneute Wirkmächtigkeit in Westeuropa unter Beweis gestellt.

Neben der historischen Erinnerung an das Kaisertum der Antike und seine Größe bot der Kaiserhof von Byzanz, der sich in ungebrochener Tradition vom antiken oströmischen Reich ableiten konnte, ein zeitgenössisches Modell des Kaisertums. In seinem institutionellen Aufbau im mittelalterlichen Westen wohl kaum weniger bekannt als das Kaisertum der Antike, verkörperte Konstantinopel doch den Inbegriff von überhöhter Herrschaft, Reichtum und Luxus. Von ihm berichteten Gesandtschaften, Händler und andere Reisende zwischen den Welten, und er wurde bezeugt durch die Luxusgüter, die ihren Weg in den Westen fanden: byzantinische Seidenstoffe, kostbare Goldschmiedearbeiten und Elfenbeinarbeiten, ganz zu schweigen von den bedeutenden Reliquien, durch deren Vergabe der byzantinische Kaiser seine Vorrangstellung in der Christenheit demonstrierte.

Mit der Antike und dem Kaiserreich von Byzanz standen dem Westen im Mittelalter zwei Modelle zur Verfügung, die sich nicht widersprachen, sondern ergänzten und zu einem Bild vom Römischen Reich verbanden. Denn in Byzanz hatte man im 9. und 10. Jahrhundert den Weg gewählt, das antike Erbe in Literatur, Wissenschaften und Kunst in der sogenannten Makedonischen Renaissance wieder aufleben zu lassen. Dies war der Weg, den auch die Karolinger und Ottonen im Westen beschreiten sollten, um ihre Erneuerung des Römischen Reiches augenscheinlich zu machen. Sie konnten sich hierbei auf die überlieferten Zeugnisse der Antike, sei es im Gebiet der Architektur und Skulptur, sei es im Gebiet der Kleinkunst und spätantiken Buchmalerei besonders in Italien und im Fran-

4   Magdeburger Reiter, 1. Hälfte 13. Jh. Magdeburg, Kulturhistorisches Museum

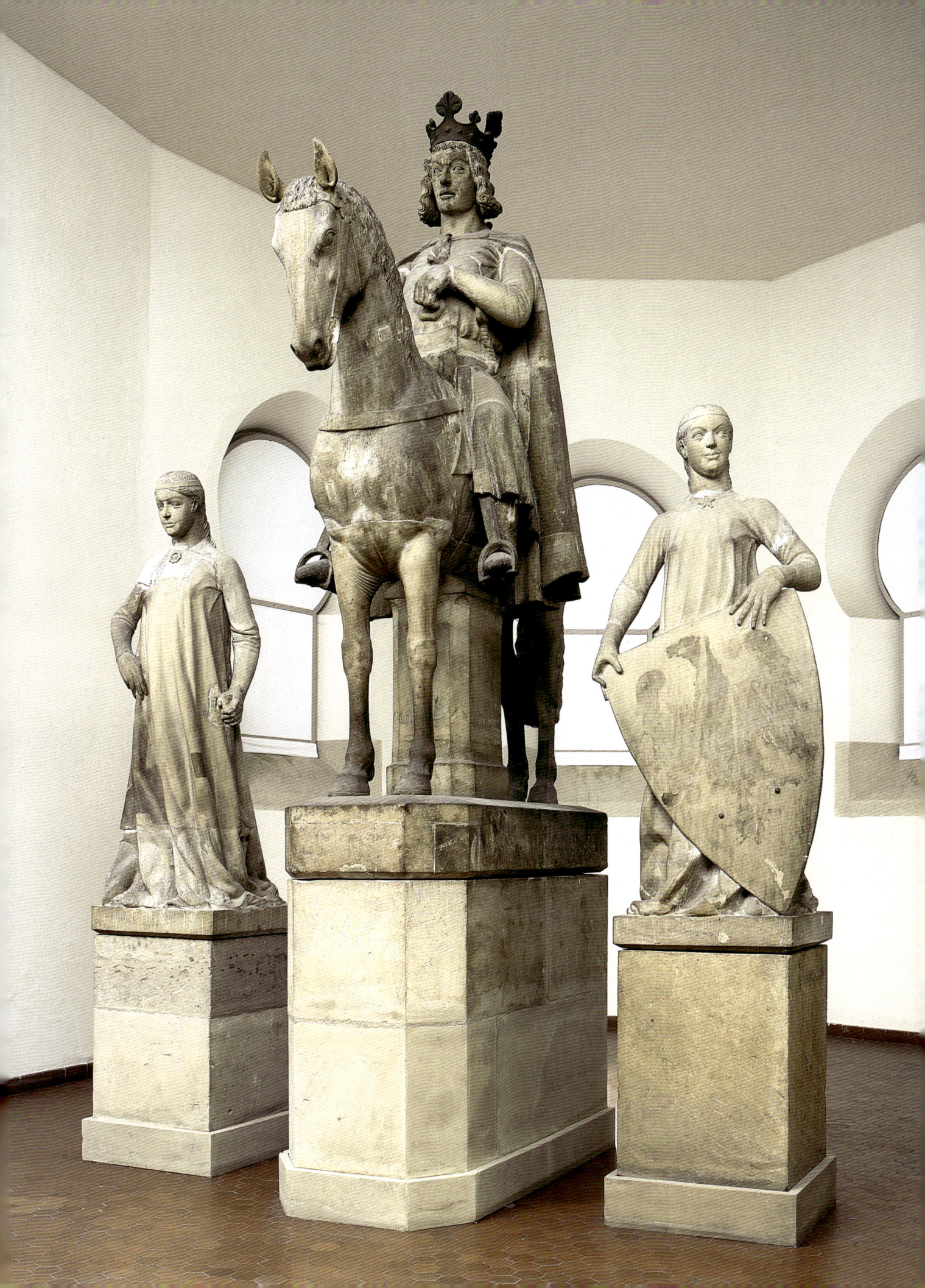

kenreich, aber auch im Gebiet des ostfränkischen Reiches, beispielsweise in Trier, Köln oder Augsburg, berufen. Antike Texte wurden in italienischen Bibliotheken wiederentdeckt oder über Byzanz bzw. das islamische Al-Andalus vermittelt. Dies brachte einen Impuls in Wissenschaften und Künsten mit sich, der in seiner Bedeutung nicht überschätzt werden kann.

Wenn es sich die Kuratoren dieser Ausstellung zur Aufgabe machten, der Frage nachzuspüren, warum der mutmaßlich am 23. November 912 in Wallhausen im heutigen Sachsen-Anhalt geborene ostfränkisch-sächsische König nach Rom zog und sich zum römischen Kaiser krönen ließ, so bedeutet dies, eine Geschichte nachzuzeichnen, die von Ideen und Vorstellungen mehr noch geprägt ist, als vom Verlauf der Realgeschichte. In der Ideengeschichte vom Kaisertum und vom Römischen Reich konnten Verständnis und Missverständnis gleichermaßen produktiv wirksam werden.

Die Ideengeschichte des europäischen Kaisertums wird im Verlauf von ca. 1000 Jahren in chronologischer Abfolge in fünf Abteilungen vorgestellt. Die Reiche, die im Verlauf der Jahrhunderte Anteil an dieser Traditionsbildung hatten, unterschieden sich sehr voneinander. Das Kaisertum des Augustus, das sich in der ausdifferenzierten Gesellschaft der spätrömischen Republik etablierte und sich deren Institutionen und Ämter in ideologischer Abgrenzung zum altrömischen Königtum bediente, hatte *de facto* wohl wenig Ähnlichkeit mit dem Kaisertum Ottos des Großen, das dessen durch beständiges Reisen und personale Verbindungen mit den Großen seines Reiches gefestigtes Königtum überhöhte. Diese verschiedenen Reiche können und sollen in der Ausstellung nicht in ihrer sozialen, wirtschaftlichen und kulturellen Komplexität dargestellt werden. Doch bei dem Durchschreiten der Ausstellung scheinen hinter den Kontinuitäten in Vorstellungen und Darstellungen vom Kaisertum und vom Römischen Reich die starken geschichtlichen Brüche im Verlauf der Jahrhunderte auf.

In den fünf Abteilungen der Ausstellung werden fünf Tableaus der unterschiedlichen Epochen und Reiche entworfen, deren jeweiliger Fokus im Abteilungstitel benannt und mit dem Namen einer historischen Kaiserpersönlichkeit verbunden wird, die bis heute allgemein bekannt ist und als Referenzfigur für eine bestimmte Epoche gelten kann. Intention dieser Verknüpfung ist die Erleichterung und Veranschaulichung der historischen Verortung. Das Thema bringt es mit sich, dass diese Persönlichkeiten allesamt Männer sind. Doch im Rundgang durch die Ausstellung wird auch die Rolle der Frauen an ihrer Seite, seien es Mütter, Schwestern oder Ehefrauen, deutlich.

Manche dieser Frauen konnten große Macht gewinnen, sei es durch ihren Einfluss auf den Kaiser, sei es durch ihre Rolle bei der dynastischen Herrschaftssicherung oder auch durch die Bedeutung und den Einfluss ihrer Herkunftsfamilie, ihr persönliches diplomatisches Geschick oder ihr Vermögen. Selten fand ihre Stellung so prägnanten Ausdruck und offizielle Anerkennung, wie bei den Gemahlinnen der ottonischen Kaiser, die in Urkunden als *consors regni*, als Teilhaberin an der Herrschaft bezeichnet wurden, wie die zweite Gemahlin Ottos des Großen, Kaiserin Adelheid (*um 931 – † 999), oder sogar als Coimperatorin, Augusta und Teilhaberin an der Herrschaft über das Imperium und die Königreiche (Kat.-Nr. V.42) wie Kaiserin Theophanu (*um 960–991), die Gemahlin Ottos II. (*955, 961–983). Zudem übernahmen Kaiserinnen seit der Zeit des Augustus unverzichtbare Funktionen als Integrationsfiguren, auf die familiäre, karitative und religiöse Tugenden projiziert wurden.

Weitere Themen, die in sämtlichen Abteilungen berührt werden, sind der mit dem Kaisertum verbundene Anspruch auf Universalität, auch wenn sich die Herrschaft eines jeden Kaisers in der Antike ebenso wie im Mittelalter auf ein Reich mit Grenzen und Nachbarn bezog, sowie die mit diesem Anspruch eng verknüpfte sakrale Begründung kaiserlicher Herrschaft, die in vorchristlich und christlicher Zeit unterschiedliche Ausprägung erfuhr.

Abteilung I

Augustus und die Anfänge des Kaisertums in der römischen Antike

Wie entwickelt man eine Vorstellung von Kaisertum, bevor es dieses als Begriff geschweige denn als staatsrechtliche Institution gibt? Diese Frage wird in der ersten Abteilung der Ausstellung thematisiert, denn Alleinherrschaft war in der Römischen Republik der Antike nicht vorgesehen. Julius Caesars (100–44 v. Chr.) Versuch, als Diktator eine Monarchie zu errichten, scheiterte. Doch seinem Adoptivsohn Octavian, dem vom Senat der Ehrenname Augustus („der Erhabene") verliehen wurde, gelang es, sich durch Akkumulation politischer Ämter in Verbindung mit wirtschaftlicher und militärischer Macht Alleinherrschaft zu sichern und sich gleichzeitig als derjenige feiern zu lassen, der nach den Wirren eines blutigen Bürgerkrieges die Republik wiederhergestellt hatte (Abb. 5). Das für Augustus gefundene Modell ließ sich auf nachfolgende Generationen übertragen. In der Kaiserzeit erreichte das antike Römische Reich im 2. Jahrhundert n. Chr. unter Trajan (98–117) seine größte Ausdehnung und umfasste schließlich nicht nur das gesamte Mittelmeer, sondern erstreckte sich von der

5 Augustus von Primaporta. Marmor, Kopie des 1. Jh. n. Chr.
Nach einem Original um 20 v. Chr. Rom, Vatikanische Museen, 2290

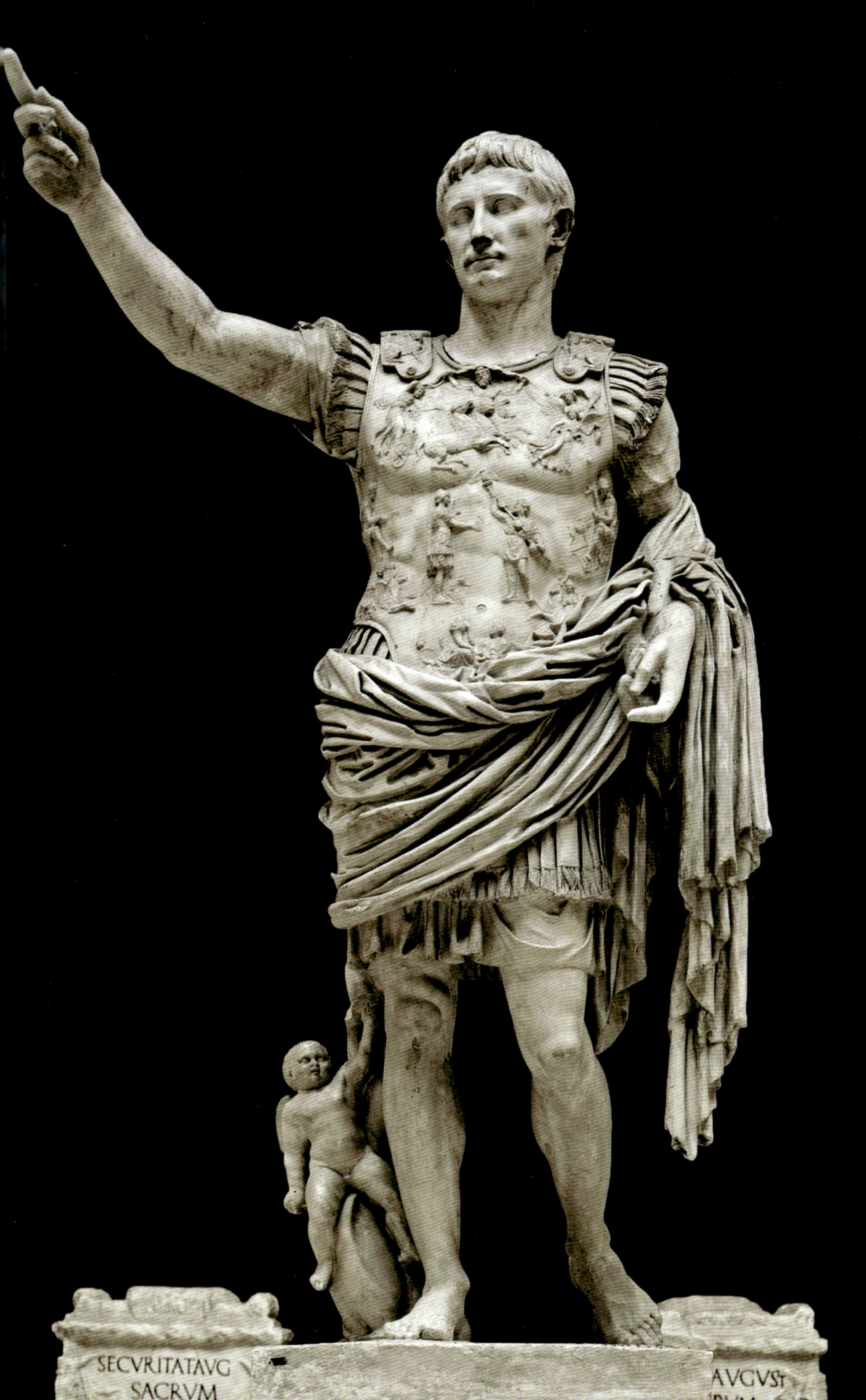

SECVRITATAVG
SACRVM

AVGVSt

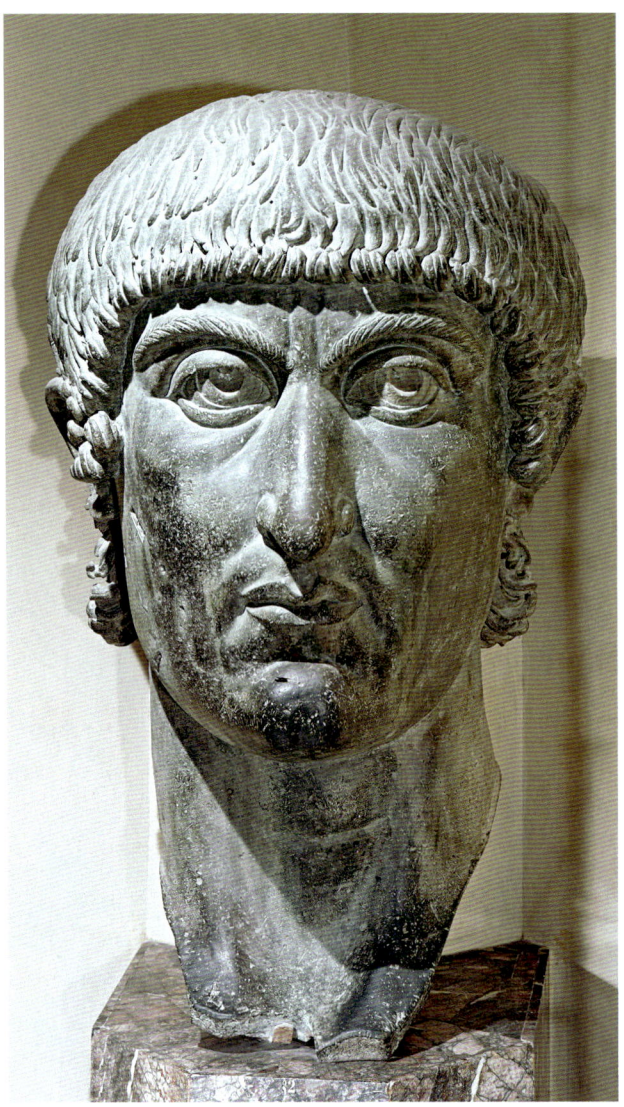

6   Konstantin, Kolossalkopf, um 330 n.Chr. Rom, Pinacoteca Capitolina, 00026475

Abteilung II

Konstantin der Große und das christliche Kaisertum

Die zweite Abteilung beleuchtet schlaglichtartig die fundamentalen kulturellen, sozialen und religiösen Umbrüche in dem Reich um das Mittelmeer zwischen dem 3. und 6. Jahrhundert. Nicht lange ließ sich das Riesenreich von einem Kaiser allein regieren. Die Sicherung der Grenzen gegen Bedrohungen von außen band immer mehr die Kräfte und erforderte die Anwesenheit des Kaisers im Osten wie im Westen. Nur selten hielten sich die immer häufiger wechselnden Kaiser, die ihre Legitimation aus ihrer militärischen Macht bezogen und nicht immer die Anerkennung des Senats suchten, noch in Rom auf. Eine gewisse Stabilität wurde an der Wende vom 3. zum 4. Jahrhundert durch die Überantwortung von Teilen des Reiches an zwei Hauptkaiser (*Augusti*) und zwei Unterkaiser (*Caesares*) erreicht. Konstantin der Große (306–337) war zunächst Caesar gewesen, bevor er nach seinem berühmten Sieg an der Milvischen Brücke 312 – ein weiteres Jubiläum 2012 – vom Senat zum ranghöchsten Augustus des Westens erhoben wurde. Nachdem er 324 auch das Ostreich für sich gewinnen konnte, herrschte erneut ein Kaiser über das gesamte Imperium (Abb. 6).

Zwei folgenreiche Veränderungen verbinden sich mit dem Namen Konstantins des Großen, die in dieser Abteilung in Erinnerung gerufen werden. Zum einen sollte seine Förderung des Christentums, das in den Jahrhunderten zuvor durch seine Unvereinbarkeit mit dem Kaiserkult Verfolgungen erlebt hatte, zu einer religiösen und kulturellen Zeitenwende führen, die auch für das Kaisertum von erheblicher Auswirkung war. So komplex und widersprüchlich der Weg in seinen einzelnen Schritten auch war, so ging doch die monotheistische Religion mit der Alleinherrschaft des Kaisers eine Verbindung ein, die sich über Jahrhunderte als tragfähig erweisen und in der christlichen Bildtradition ihren direkten Niederschlag finden sollte. Dem Kaiser und seinem Hofstaat auf Erden entsprach fortan Christus als Herrscher des Himmels mit seinem Hof.

Zum anderen gründete Konstantin am Bosporus eine zweite Hauptstadt des Römischen Reiches, der er seinen Namen gab: Konstantinopel. Diese Stadt sollte das politische, religiöse und nicht zuletzt kulturelle Zentrum des oströmischen Reiches werden, als seit 395 erneut ein Kaiser als *Augustus* im Westen, ein anderer im Osten herrschte. 476 erlosch das westliche Kaisertum. In seinem Gebiet bildeten sich zahlreiche neue Herrschaften der germanischen Völker der Völkerwanderungszeit. Oft standen sie noch in diplomatischer oder sogar – wenn meist auch nur formaler – Abhängigkeitsbeziehung zu den oströmischen Kaisern. Osten und Westen drifteten nun auseinander, auch wenn im 6. Jahrhundert Kaiser Justinian (527–565) noch

iberischen Halbinsel im Westen bis nach Armenien im Osten und von der britischen Insel im Norden bis weit nach Ägypten hinein im Süden.

Es wurde vermutet, dass gerade das Fehlen einer sprachlichen Begrifflichkeit in der Frühzeit kaiserlicher Herrschaft die Entwicklung einer differenzierten Bildsprache beförderte, die wegweisend für die nachfolgenden Jahrhunderte wurde. In Bildern wurden Vorstellungen der Sieghaftigkeit und universellen Herrschaft über Länder und Meere entwickelt. Porträtbildnisse verdeutlichten die besonderen Tugenden und die Frömmigkeit des Kaisers, seiner Gemahlin und der kaiserlichen Familie, die ihre herausgehobene Stellung und besondere Nähe zu den Göttern begründeten, in deren Kreis sie erhoben werden konnten.

einmal Nordafrika und Italien für das Römische Reich zurück-
eroberte.

Abteilung III

Byzanz: die Kontinuität des römischen Kaisertums im Osten

In dieser Abteilung wird das mittelalterliche Nachfolgereich
des oströmischen Reichsteiles im 9. und 10. Jahrhundert vorgestellt, das bis zu der Eroberung Konstantinopels 1453 fort-
bestehen sollte. Wie der Westen hatte auch Byzanz vor allem
im 7. Jahrhundert Bedrohungen durch ethnische Migrationen
erfahren. Die Ostprovinzen gingen an islamische Araber verloren, auf dem Balkan drangen Slawen und turkstämmige Bulgaren ein. Aus der spätantik-lateinischen Kultur der Römer war
eine griechisch-byzantinische geworden, doch der oströmische
Beamtenstaat mit all seinen Institutionen war erhalten geblieben. Der Kaiser wurde nach wie vor per Wahl und Akklamation
durch Heer, Volk und Senat in sein Amt eingesetzt. Hinzu kam
die Krönung, die in der Hagia Sophia durch den Patriarchen,
oder aber in der Lebenszeit eines Seniorkaisers auch durch diesen, vollzogen werden konnte.

So zeigt diese Abteilung, dass sich auf der einen Seite zahlreiche althergebrachte Rituale bewahrten, deren Wurzeln bis
in die vorchristliche Zeit des Römischen Reiches zurückreichten,
und auf der anderen Seite sich das in der Spätantike angelegte
christozentrische Herrschaftsverständnis weiter ausprägte, das
den Kaiser aus der Sphäre der übrigen Menschen erhob und
ihn eine gleichsam heiligmächtige Herrschaft in Verantwortung für die gesamte Christenheit ausüben ließ (Abb. 7).

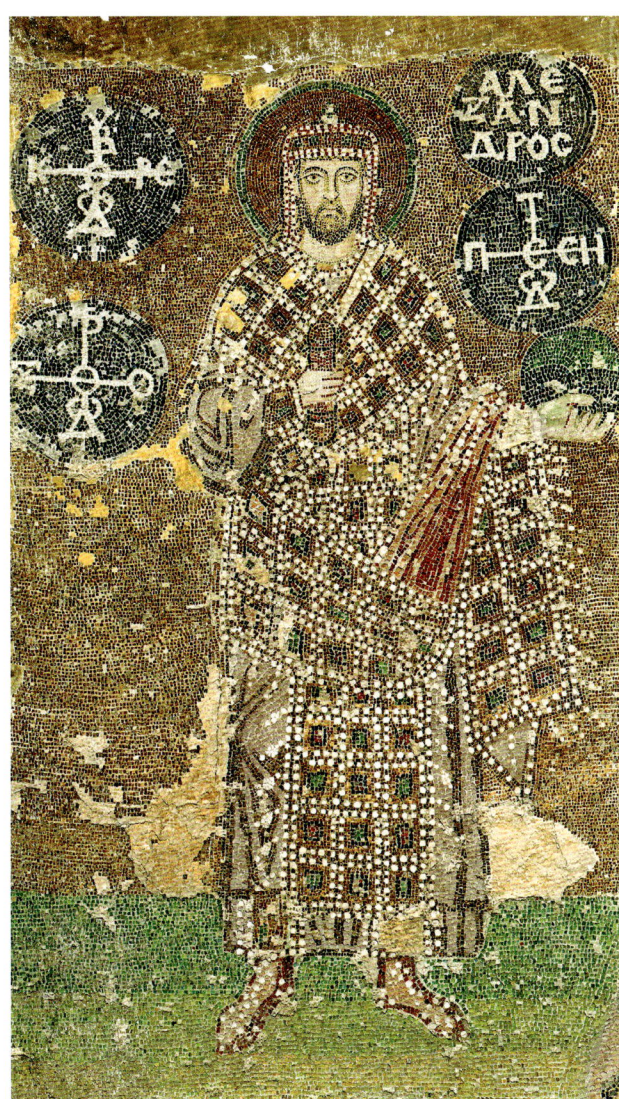

7 Kaiser Alexander. Istanbul, Hagia Sophia, Tympanon des Narthex

Abteilung IV

Karl der Große und die Aneignung des römischen Kaisertums

Mehr als drei Jahrhunderte hatte es allein den Kaiser in Konstantinopel gegeben, als am Weihnachtstag 800 der Frankenkönig Karl der Große in Rom aus der Hand des Papstes die
Kaiserkrone empfing. Die daraus entstandene Situation zeigte
bereits in zeitgenössischen Zeugnissen an zwei Punkten Konfliktpotential: Zum einen gab es nun zwei Kaiser des Römischen
Reiches, einen im Osten und einen im Westen, zum anderen
hatte mit der Figur des Papstes ein neuer Protagonist die Bühne betreten, der nach anfänglichem Hin und Her schließlich
über Jahrhunderte hinweg eine unverzichtbare Rolle bei der
Kaiserkrönung im Westen spielen sollte. Beide Themenfelder

werden in der Abteilung „Karl der Große und die Aneignung
des römischen Kaisertums" behandelt.

Nach seiner Kaiserkrönung führte Karl der Große den Titel
„erhabener Augustus, von Gott gekrönter großer und fried-
fertiger Kaiser, Lenker des römischen Reiches, der durch die
Gnade Gottes auch König der Franken und Langobarden ist".
Sein bis nach Sachsen ausgreifendes fränkisch-langobardisches
Großreich gab seinem Kaisertum auch hegemoniales Gewicht
in Europa. Dies galt nicht mehr für die späteren karolingischen
Teilreiche, von deren Königen immer nur einer den Kaisertitel
erlangte. Schließlich blieb das Kaisertum an die Herrschaft über
das Teilreich Italien gebunden, bis es 924 mit dem Tode Berengars I. (888–924) erneut erlöschen sollte.

Bewusst wurde im Titel dieser Abteilung der Begriff der Aneignung im Zusammenhang mit dem Kaisertum Karls des Gro-

ßen und seiner Nachfolger gewählt. Zum einen wird durch diesen Begriff der Etablierung der Karolinger im Mittelmeerraum Ausdruck gegeben, zum anderen lässt sich in dieser Abteilung die Aneignung der Antike an den überlieferten Werken der Kunst, der Literatur und der Wissenschaften deutlich ablesen (Abb. 8).

Abteilung V

Otto der Große und die Erneuerung des Römischen Reiches

Bei der Kaiserkrönung Ottos des Großen am 2. Februar 962 in Rom konnten er und seine Berater gleichermaßen an antike wie an karolingische Traditionen anknüpfen. Wie vor ihm Karl der Große hatte auch Otto der Große nach der Festigung seines ostfränkisch-sächsischen Reiches auch das *regnum Italiae* für sich gewinnen können. Er hatte Adelheid, die Witwe König Lothars von Italien (931–950), geheiratet und war vom Papst als Schutzmacht nach Rom gerufen worden. Nach der Kaiserkrönung musste erneut auch ein Ausgleich mit Byzanz gefunden werden, was Kaiser Otto I. nach zähen Jahren der Verhandlung durch die Heirat seines Sohnes und seit 967 Mitkaisers Ottos II. mit der byzantinischen Prinzessin Theophanu 972 gelang.

Doch auch sein Reich nördlich der Alpen erlebte in diesen Jahren einen kulturellen Aufschwung von beispiellosem Ausmaß. Die Region im heutigen Sachsen-Anhalt, in der die Familie der Ottonen ihr Herrschaftszentrum hatte, wurde zur kaiserlichen Zentrallandschaft. Hiervon zeugen die Erhebung Magdeburgs zum Erzbistum, die bereits im Jahr der Kaiserkrönung von Otto dem Großen in die Wege geleitet worden war, und schließlich 968 umgesetzt werden konnte, aber auch der prunkvolle Hoftag in Quedlinburg zum Osterfest 973, zu dem polnische, byzantinische, süditalienische, ungarische, bulgarische, dänische und slawische Abgesandte erschienen, wie der Chronist Thietmar von Merseburg (975–1018) schreibt.

Die Abteilung wird beide Aspekte beleuchten, sowohl die Verankerung der Ottonen in der mediterranen Welt, wie auch die wirtschaftliche und kulturelle Blüte im ostfränkisch-sächsischen Reich nördlich der Alpen. Der Rundgang schließt mit der Betrachtung der Zeit Ottos III. (983–1002), des Enkels Ottos des Großen und Sohnes der Byzantinerin Theophanu, da sich in seiner Person die in der Ausstellung aufgezeigten Traditionsstränge verbinden. Otto III. erhob wie kein anderer die Erneuerung des Römischen Reiches zum Programm und nahm seine Residenz erneut am Ort der alten Kaiserpaläste auf dem Palatin in Rom. Berühmt sind die Worte, in denen der Gelehrte Gerbert von Aurillac († 1003), den Otto III. als Berater und

Lehrer an seinen Hof geholt hatte, und der auf Betreiben des Kaisers 999 als Papst Silvester den päpstlichen Thron bestieg, seine Erwartungen formulierte: „Unser, unser ist das Römische Reich! Seine Kräfte schöpft es aus dem an Früchten reiche Italien, den an Kriegern reichen Gallien und Germanien, und die tapferen Reiche der Skythen fehlen nicht. Unser bist Du Caesar, Imperator der Römer und Augustus. Aus edelstem griechischen Blut entsprossen, übertriffst Du die Griechen an Macht, gebietest den Römern kraft Erbrecht und übertriffst beide an Geist und Beredsamkeit." (Gerbert von Aurillac, De rationali et ratione uti, S. 237) (Abb. 9)

Ausblick

Vom Römischen Reich zum Heiligen Römischen Reich Deutscher Nation

Mit der Vertreibung Ottos III. aus Rom 1001 und dem Tod des Kaisers wenige Monate später waren diese Träume einer Erneuerung der Rom-Idee allerdings bald gescheitert. Und doch sollte die Vorstellung von einem Fortbestand und einer Erneuerung des Römischen Reiches noch über Jahrhunderte fortwirken. Während das Kaisertum von Byzanz 1453 mit der Eroberung Konstantinopels durch die Türken endete, sollte mit dem Heiligen Römischen Reich Deutscher Nation ein multiethnisches und vielsprachiges Großreich entstehen, das bis zu der Abdankung Kaiser Franz' II. (*1768, 1792–1806, †1835) 1806 Bestand hatte und zur historischen Vergangenheit zahlreicher heutiger europäischer Staaten gehört. Direkten Anteil an ihm hatte nicht allein Deutschland, sondern auch Belgien, Frankreich, Italien, Luxemburg, die Niederlande, Österreich, Polen, Schweiz, Slowakei, Slowenien und Tschechien, deren Territorien im Laufe der Geschichte teilweise oder vollständig zum Heiligen Römischen Reich gehörten. Aus der Rückschau hat die Kaiserkrönung Ottos des Großen 962 in Rom die Fundierung zu diesem Reich gelegt, dem, wie bereits erwähnt, das Kulturhistorische Museum gemeinsam mit dem Deutschen Historischen Museum in Berlin 2006 eine große Doppelausstellung gewidmet hat.

Römisches Reich und Europa-Idee

Die in der jetzigen Ausstellung dargelegte Geschichte der Aneignung des römischen Kaisertums und der Erneuerung des Römischen Reiches geht Hand in Hand mit der Entwicklung eines neuen Zusammengehörigkeitsgefühls im mittelalterli-

8 Reiterstatuette Karls des Großen, 2. Hälfte des 9. Jhs. Paris, Musée du Louvre

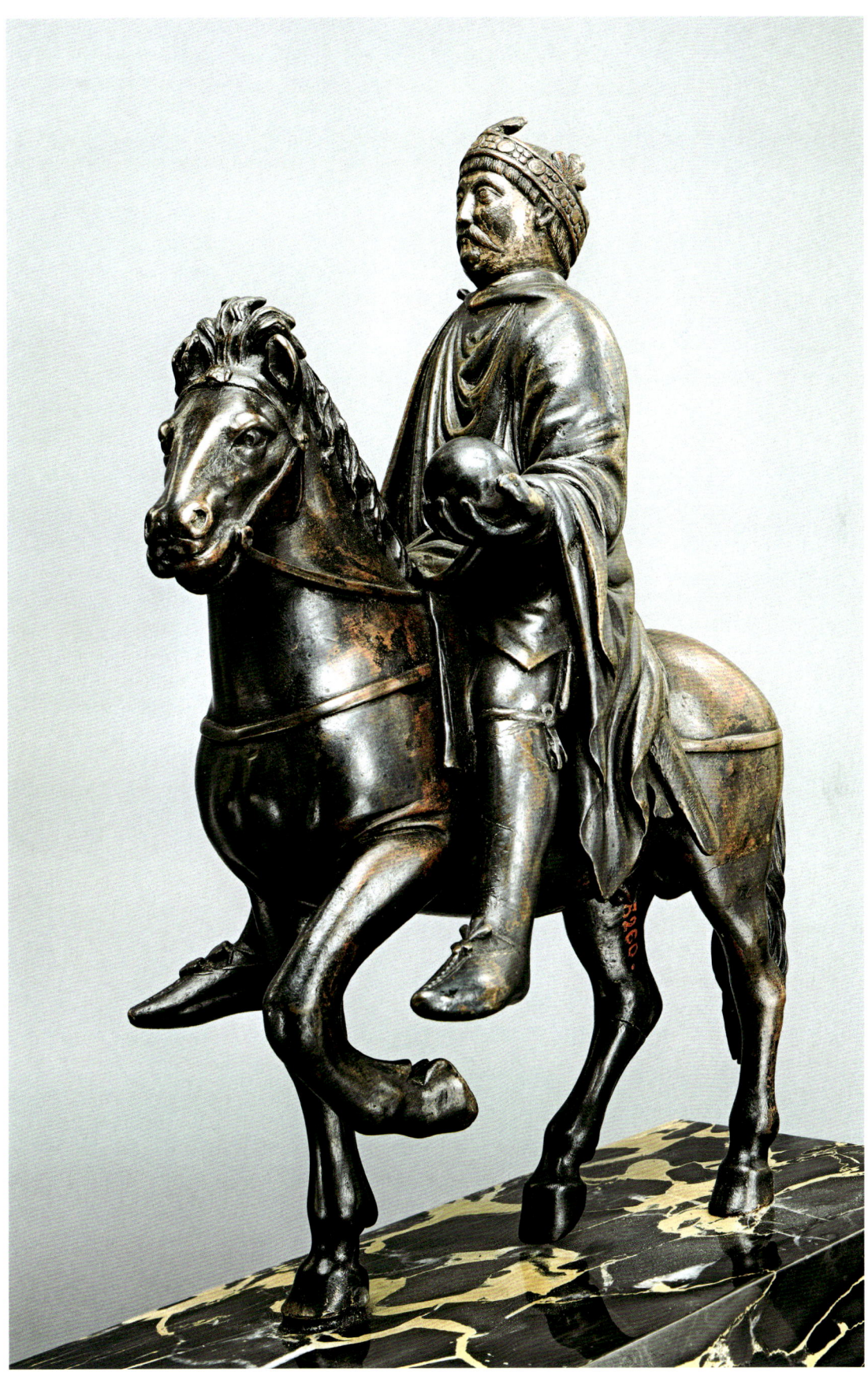

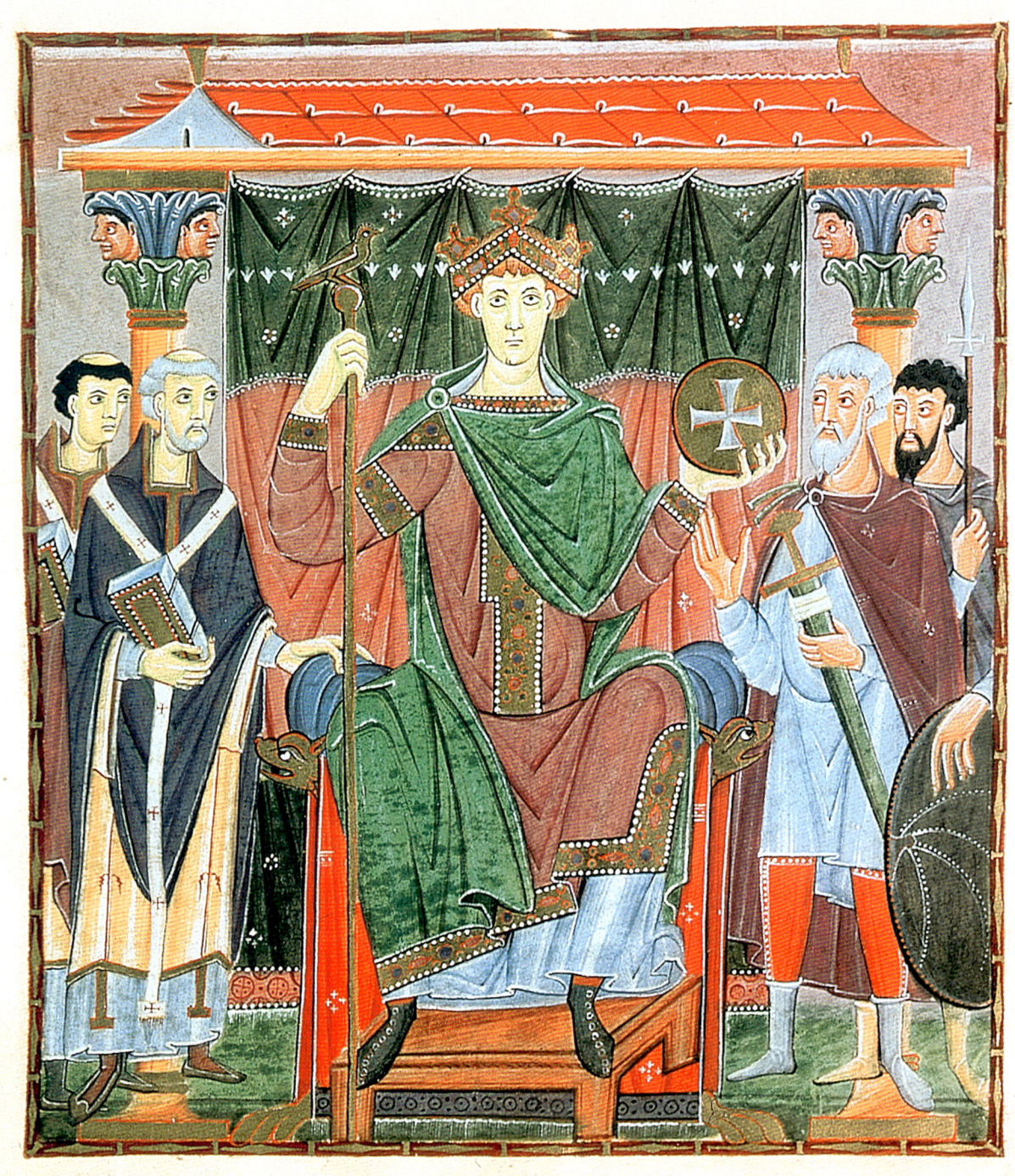

9 Thronbild aus Evangeliar Ottos III. München Bayerische Staatsbibliothek, Clm 4453, fol. 24r

chen Europa. Wenn Karl der Große als ‚Haupt' oder auch ‚Vater' Europas bezeichnet wurde und der Chronist Widukind von Corvey († nach 973) über Otto den Großen sagte, dass für seine Macht weder Germanien, Italien und Gallien, noch fast schon ganz Europa nicht mehr genügen, so wird deutlich, welche Bedeutung Europa als nicht allein geographischer Begriff erlangt hatte. Dieses neue europäische Römische Reich konnte als Orientierungspunkt und Integrationsmodell für neue christliche Nachbarreiche dienen, wie der enge Austausch der dänischen, ungarischen und polnischen Könige mit Otto dem Großen und seinen Nachfolgern zeigt, ohne diese zu dominieren, geschweige denn zu beherrschen.

Ohne Frage beruhte die neue europäische Identität auch auf dem Auseinanderbrechen der römischen Welt in Ost und West seit dem Ende des 4. Jahrhunderts und der Wahrnehmung der kulturellen Andersartigkeit zwischen dem Griechisch sprechenden und schreibenden Osten und dem Westen, dessen Völker mit dem Christentum Latein als ihre Schrift- und Kultursprache wählten, sowie auf der Bedrohung von außen seit dem 7. Jahrhundert durch die sich neu bildenden islamisch-arabischen Reiche in Nordafrika und in Spanien. Und doch sah sich dieses europäische Römische Reich so sehr in der Tradition des Kontinente übergreifenden antiken Römischen Reiches, dass die Suche nach einem Ausgleich und Austausch mit dem byzantinischen Reich für die Kaiser des Westens eine Selbstverständlichkeit darstellte, eine byzantinische Prinzessin wie Kaiserin Theophanu als Regentin für ihren minderjährigen Sohn über Jahre die Geschicke des Reiches lenkte und ein Gelehrter und

nachmaliger Papst wie Gerbert von Aurillac (Silvester II.) einen Großteil seines mathematischen und astronomischen Wissens Kontakten mit der arabischen Wissenschaftswelt in Al-Andalus verdankte.

Wir leben heute in einer Zeit, in der die Europa-Idee entscheidend zu der Überwindung nationaler und nationalpatriotischer Sichtweisen und der Zerrüttung Europas durch die Katastrophe zweier Weltkriege im 20. Jahrhundert beigetragen hat. Wie bei den beiden vorangegangenen Ausstellungen der Trilogie ist es auch Ziel dieser Ausstellung über die Frühgeschichte des europäischen Kaisertums, bei den Ausstellungsbesuchern die Vorstellung von einem gemeinsamen kulturellen Erbe in Europa zu fördern und deutsche Geschichte im europäischen Zusammenhang darzustellen. Darüber hinaus kann diese Ausstellung aber auch den Blick öffnen für ein Stück gemeinsamer Geschichte, das uns mit Teilen Asiens und Afrikas verbindet.

Quellen

Gerbert von Aurillac, De rationali et ratione uti.

Literatur

Ausst.-Kat. Magdeburg 2001; Ausst.-Kat. Magdeburg 2006 (a); Fischer 1957; Le Goff 2004; Leppin 2010; Panofsky 1990; Schieffer 2006 (b); Schieffer 2006 (c); Schieffer 2012; Schneidmüller 2007; Schramm 1975.

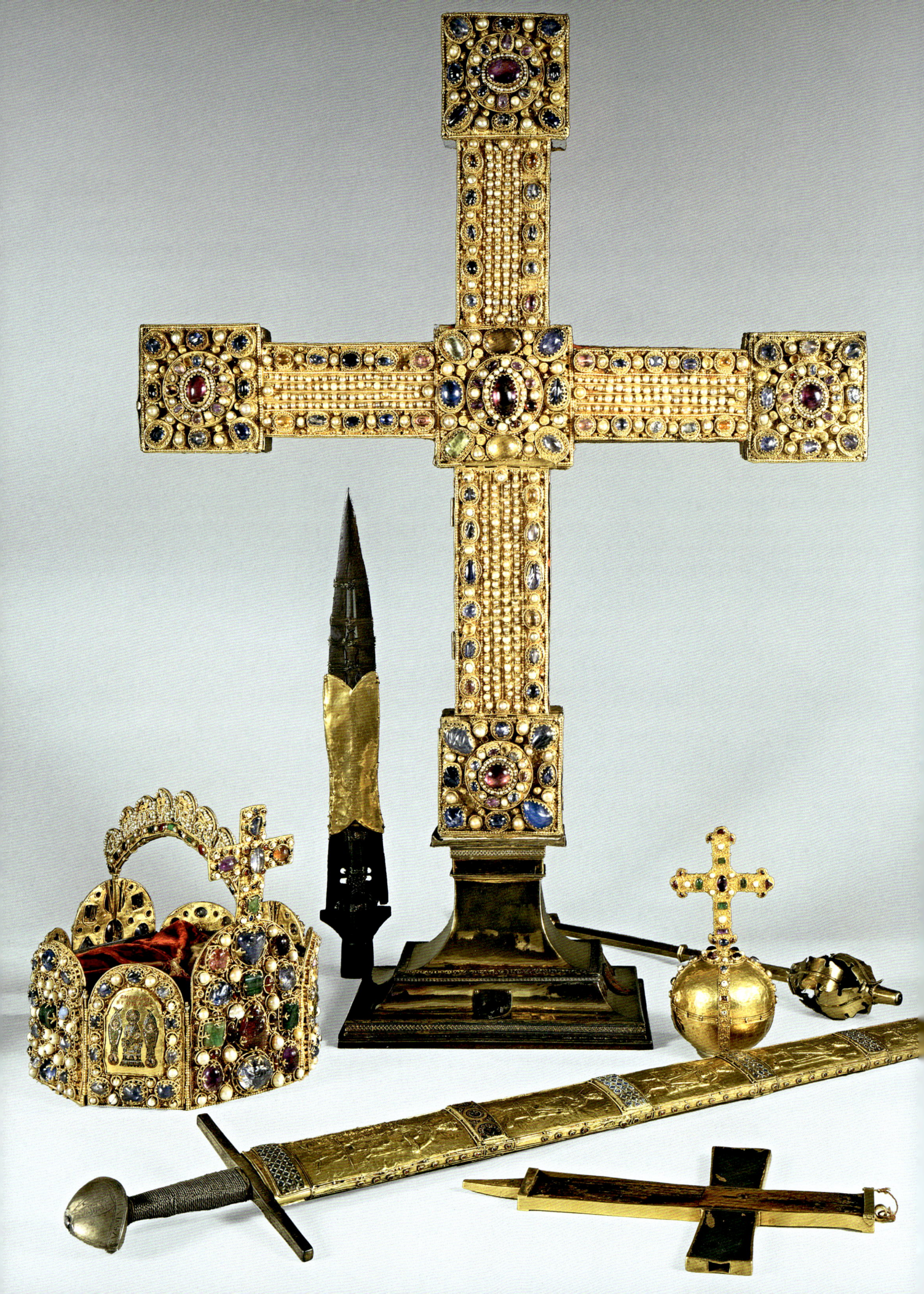

Bernd Schneidmüller

Das Mittelalter erlernt das römische Kaisertum

Mit seiner römischen Kaiserkrönung am 2. Februar 962 trat der ostfränkische König Otto I. (936–973) in eine lange Tradition ein. Ob ihm die Dauer eines knappen Jahrtausends Kaisertum deutlich war, wissen wir nicht. Die wenigen Zeugnisse aus Ottos engster Umgebung lassen eher Bezüge zum Kaisertum Karls des Großen (768–814) und zur Rangkonkurrenz mit den römischen Kaisern in Konstantinopel erkennen. Otto der Große schmückte seine Rangsteigerung, die ihn über alle Könige des lateinischen Westens erhob, freilich mit klingenden Titeln aus der römischen Antike.

Auf den Schultern des kaiserlichen Jahrtausends

Als Imperator und als Augustus ließ Otto eine Würde wiedererstehen, die sich zur christlichen Zeitenwende im Reich der Römer entwickelt hatte. Im Jahr 27 v. Chr. war Caesars Adoptivsohn Octavian vom Senat der Römer mit dem Ehrenprädikat *Augustus* („der Erhabene") ausgezeichnet worden. Caesars Ermordung im Jahr 44 v. Chr. lag 962 etwa 1000 Jahre zurück. Von seinem Drang, in der republikanischen Staatsform der Römer eine permanente Diktatur zu errichten, dürfte der ottonische Hof ebenso wenig genauere Kenntnis besessen haben wie vom Geschick des Augustus (27 v. Chr.–14 n. Chr.), als „Vater des Vaterlands" in der scheinbar wieder hergestellten Republik seine Alleinherrschaft zu begründen. Anders als im Mittelalter war das Königtum im antiken Rom stigmatisiert. Dort hatte sich anstelle der alten Königsherrschaft die Republik (*res publica*) als einzig akzeptable Staatsform etabliert. Doch im ersten vorchristlichen Jahrhundert hebelten Militärbefehlshaber (*imperatores*) die Grundprinzipien der Republik aus,

nämlich die Kollegialität im Amt und den jährlichen Ämterwechsel. Während sich die Worthülsen der republikanischen Ordnung erhielten, wurde alles der Macht eines Einzelnen (*princeps*) unterworfen.

Bis heute bleibt der Beginn des antiken Kaisertums strittig. Im Wechsel von der Republik zum Kaisertum erhielten sich nämlich die Formeln und verwandelten sich die Bedeutungen. Marksteine waren die Wegweisungen des Diktators Gaius Iulius Caesar und die Begründung des Prinzipats durch Augustus. Diese Genese spiegelte sich im Herrschertitel: Neben ihre militärische Kommandogewalt als Imperator stellten die römischen Kaiser die Herrschernamen Caesar und Augustus. Diese Variabilität des Kaisernamens ging in die europäischen Sprachen ein. In den germanischen und slawischen Sprachen wurde ‚Kaiser' als Lehnwort von *Caesar* abgeleitet: im Gotischen *kaisar*, im Althochdeutschen *keisar*, im Mittelhochdeutschen *keiser*, im Frühneuhochdeutschen *kaiser* oder *kayser*, im Russischen *Zar*. Dagegen leiten die romanischen Sprachen oder das Englische ihren Kaiser von der militärischen Kommandogewalt ab: französisch *empereur*, italienisch *imperatore*, englisch *emperor*.

Die Brisanz des Verfassungswandels von der Republik zum Prinzipat bedeutete dem mittelalterlichen Kaisertum nichts mehr. Seit der Bildung von Königreichen auf dem Boden des einstigen *Imperium Romanum* im 5. und 6. Jahrhundert wurde die Pluralität von Monarchien zum bestimmenden Ordnungsprinzip. Nach und nach zerstörte dieses alle alternativen Herrschaftsformen. Völker ohne König gingen unter, die Sachsen gegen die Franken im 8., die Isländer gegen die Norweger im 13. Jahrhundert. Als Islands Autonomie 1262/1264 endete und die Insel an den norwegischen König fiel, begründete der päpstliche Kardinallegat Wilhelm von Sabina das so: „Er nannte es unrichtig, dass dieses Land nicht einem König unterworfen sei wie alle anderen in der Welt." Jetzt erinnerte sich niemand mehr an die alten republikanischen Prinzipien von Kollegialität in der Machtausübung oder Herrschaft auf Zeit.

10 Reichsinsignien: Krone, Apfel, Kreuz, Schwert, Szepter, Kreuzpartikel, Heilige Lanze. Wien, Weltliche Schatzkammer Kunsthistorisches Museum

Römische Kaiser und christliche Geschichte

Doch die Anfänge des ersten kaiserlichen Jahrtausends waren in der Zeit Ottos des Großen nicht völlig vergessen. Das Lukasevangelium erzählte von der Geburt Jesu Christi in der Zeit des Kaisers Augustus (Lk 2,1) und von der Predigt Johannes' des Täufers im 15. Jahr der Regierung des Kaisers Tiberius (14–37), als Pontius Pilatus Statthalter von Judäa war (Lk 3,1). Spätere Schriften stilisierten das römische Weltreich als Voraussetzung für die Geburt des Heilands und für den neuen Bund Gottes mit den Menschen. Im 14. und 15. Jahrhundert machten sich römische Kaiser die berühmten Bibelworte zunutze: „In jenen Tagen erließ Kaiser Augustus den Befehl, alle Bewohner des Reiches in Steuerlisten einzutragen" (Einheitsübersetzung) – oder: „Es begab sich aber zu der Zeit, dass ein Gebot von Kaiser Augustus ausging, dass alle Welt geschätzt würde" (Luther-Übersetzung). War das im Kampf zwischen Kaisern und Päpsten nicht der schlagende Beweis dafür, dass Gott das Kaisertum vor der Kirche geschaffen hatte? Selbstbewusst inszenierten Kaiser Karl IV. (1346–1378) oder sein Sohn Sigmund (1410–1437) ihre Augustus-Nachfolge, als sie in der Weihnachtsmesse diese Passage vorlasen, die Krone auf dem Haupt und ein blank gezogenes Schwert in die Höhe gestreckt.

Augustus und Tiberius als Kaiser zu Lebzeiten Jesu Christi – Imperator und Augustus als römische Titel: Noch mehr Wissen von den Anfängen sucht man in den Quellen aus Ottos Umkreis vergeblich. Die Begegnung mit den imposanten Resten vergangener imperialer Kultur in Italien dürfte freilich ihre Wirkung auf die Heere aus dem Norden nicht verfehlt haben. Wie schon von Karl dem Großen in der Aachener Pfalzkirche vorgeführt, schmückte Otto der Große seine Magdeburger Grabeskirche mit antiken Säulen als Spolien kaiserlicher Pracht.

Der neue Kaiser aus Sachsen orientierte sich an zwei christlichen Vorbildern: an Kaiser Konstantin dem Großen (306–337) und an Kaiser Karl dem Großen. Bei der Begründung des Erzbistums Magdeburg nannte Papst Johannes XIII. (965–972) Otto den Großen „den Allerkaiserlichsten von allen Kaisern" und „den dritten seit Konstantin, der die römische Kirche ganz besonders erhöht hatte" (Schieffer 2012, S. 363). Isidor von Sevilla († 636) hatte nur antike Kaiser wie Konstantin oder Theodosius I. (379–395) als vorbildliche christliche Herrscher gepriesen. Stolz stellten die Wandmalereien der Kaiserpfalz Ingelheim im 9. Jahrhundert die Karolinger Karl Martell († 741), Pippin (751–768) und Karl den Großen in diese Linie, die später mit Otto dem Großen als dem neuen Konstantin fortgeführt wurde. Immer wieder traf das Mittelalter eine bewusste Auswahl beim Rückgriff in die Geschichte, eignete sich das Römische Reich wie dessen Herrscherwürde an und stilisierte große christliche Kaiser der Spätantike zu idealen Vorgängern.

Daneben hielt die religiöse Tradition die Christenverfolgungen durch römische Kaiser wie Nero (54–68) oder Diocletian (284–305) mit ungezählten Blutzeugen und Märtyrern wach. In der Erinnerung verblasste dagegen die Brisanz des welthistorischen Wechsels im 4. Jahrhundert. Er bescherte dem Christentum unter Konstantin dem Großen zunächst die Duldung, unter Julian Apostata (361–363) neue Verfolgungen und erst nach dem Verbot heidnischer Opfer unter Theodosius I. die politische Durchsetzung. Der Kirchenvater Tertullian († um 230) hatte Christentum und Kaisertum noch als einen unüberwindbaren Gegensatz betrachtet: „Doch auch die Kaiser hätten an Christus geglaubt, wenn nicht einerseits die Kaiser für die Welt nötig wären oder andererseits Kaiser zugleich auch hätten Christen sein können." (Leppin 2012, S. 153). Damals standen Glaube und Welt noch unvereinbar gegenüber. Erst die Christianisierung von Kaisertum und Reich veränderte diese Welt der Gegensätze. Mit der Sogkraft des Römerreiches verbreitete sich das Christentum als Herrschaftsreligion über die Reiche des Mittelmeerraumes und später ganz Europas.

Die spätantiken Kaiser arrangierten sich mit den Herausforderungen einer monotheistischen Buchreligion. Dabei mussten sie einen eifernden Gott akzeptieren, der keine anderen Götter neben sich duldete. Zuvor hatten die Kaiser als höchste Priester die Verantwortung für den Kult der Götter getragen und selbst göttliche Verehrung erfahren. Eben dieser Kaiserkult bedeutete den Christen eine unerträgliche Zumutung. Für die Römer, an eine flexible Welt vieler Götter gewöhnt, drückte die Teilhabe an der kultischen Verehrung des Kaisers die Loyalität zum Staat aus. Für die Christen dagegen war das bloßer Götzendienst und damit eine Todsünde. Diese Kluft war nicht zu überwinden.

Als die Kaiser selbst zu Christen wurden, mussten sie wesentliche Grundlagen ihres Amts neu definieren. Sie saßen zwar seit Konstantin den allgemeinen kirchlichen Konzilen vor und nahmen Anteil an der Definition kirchlicher Grundsätze, doch die zentrale Autorität des Christentums blieb die Heilige Schrift und damit ein Buch, das von geistlichen Spezialisten autoritativ ausgelegt wurde. Das nahm den Kaisern ihre alte Funktion als oberste Priester und damit die Verantwortung für den Dienst an Gott. Hierfür waren Bischöfe und Priester zuständig, während der Herrscher ein Mensch und damit auch ein Sünder blieb. Für sein Seelenheil bedurfte er wie alle Christen priesterlicher Fürsorge, während die Kirche auf kaiserlichen Schutz und Schirm vertraute.

Es fehlte in der Spätantike nicht an Versuchen, den Kaiser an Christus anzunähern. Doch hier setzte das Neue Testament enge Grenzen. Letztlich musste sich der Herrscher mit der Nachfolge der Könige aus dem Alten Testament begnügen. Ihre Schuldhaftigkeit und Bußfertigkeit verkündeten die fünf Bücher Moses in beredten Beispielen. Mit der Christia-

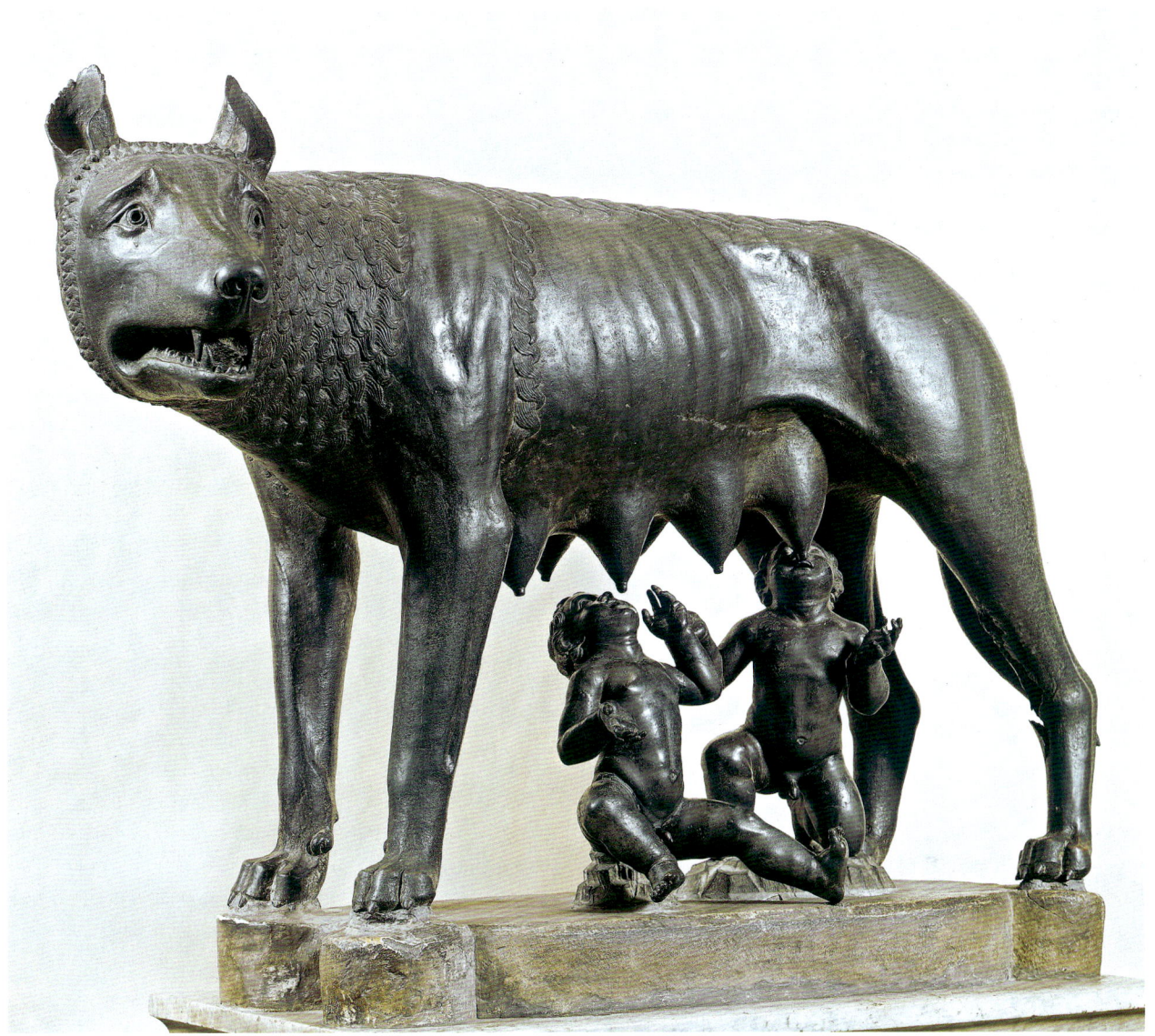

11 Die kapitolinische Wölfin, lange als antikes Original betrachtet, neuerdings als mittelalterliche Arbeit angesprochen (9.–13. Jh. ?) Rom, Museo Nuovo, Palazzo die Conservatori, 00060272

nisierung der Kaiser wurden Konflikte zwischen ihnen und den Priestern möglich. Im römischen Polytheismus wären sie vorher in solcher Grundsätzlichkeit undenkbar gewesen. Weichen stellte 389/390 ein fundamentaler Streit zwischen Kaiser Theodosius I. und Bischof Ambrosius von Mailand († 397) wegen eines Massakers, das kaiserliche Truppen in Thessaloniki angerichtet hatten. Der laute Tadel am Kaiser, der in seinem Ausschluss von der christlichen Mahlgemeinschaft gipfelte, war ohne Vorbild. Solch massiver Erschütterung seiner Autorität setzte Theodosius eine öffentliche Herrscherbuße entgegen, ganz in der Tradition König Davids aus dem Alten Testament, der nach prophetischem Tadel seine Sünden bekannt und bereut hatte.

Auch künftig verkörperte der Kaiser in seinem Amt zwar die von Gott eingesetzte Obrigkeit und beanspruchte Gehorsam, doch als Individuum war er wie alle Menschen ein Sünder. Seit der Spätantike machte diese Spannung Neubestimmungen des Verhältnisses von Reich und Kirche, von Herrscher und Priester nötig. Die Geschichte von König David, der als Gesalbter Gottes schwere Sünden beging und dafür Buße tat, bot die Grundlage, das Kaisertum in neuen kulturellen Kontexten weiterzuentwickeln. Zur Inszenierung von politischer Größe gesellte sich demonstrative Demut.

962 schien das Kaisertum Ottos des Großen noch weit entfernt von grundsätzlichen Konflikten mit jenen Geistlichen, die in liturgischen Weiheakten die christlichen Grundlagen seiner

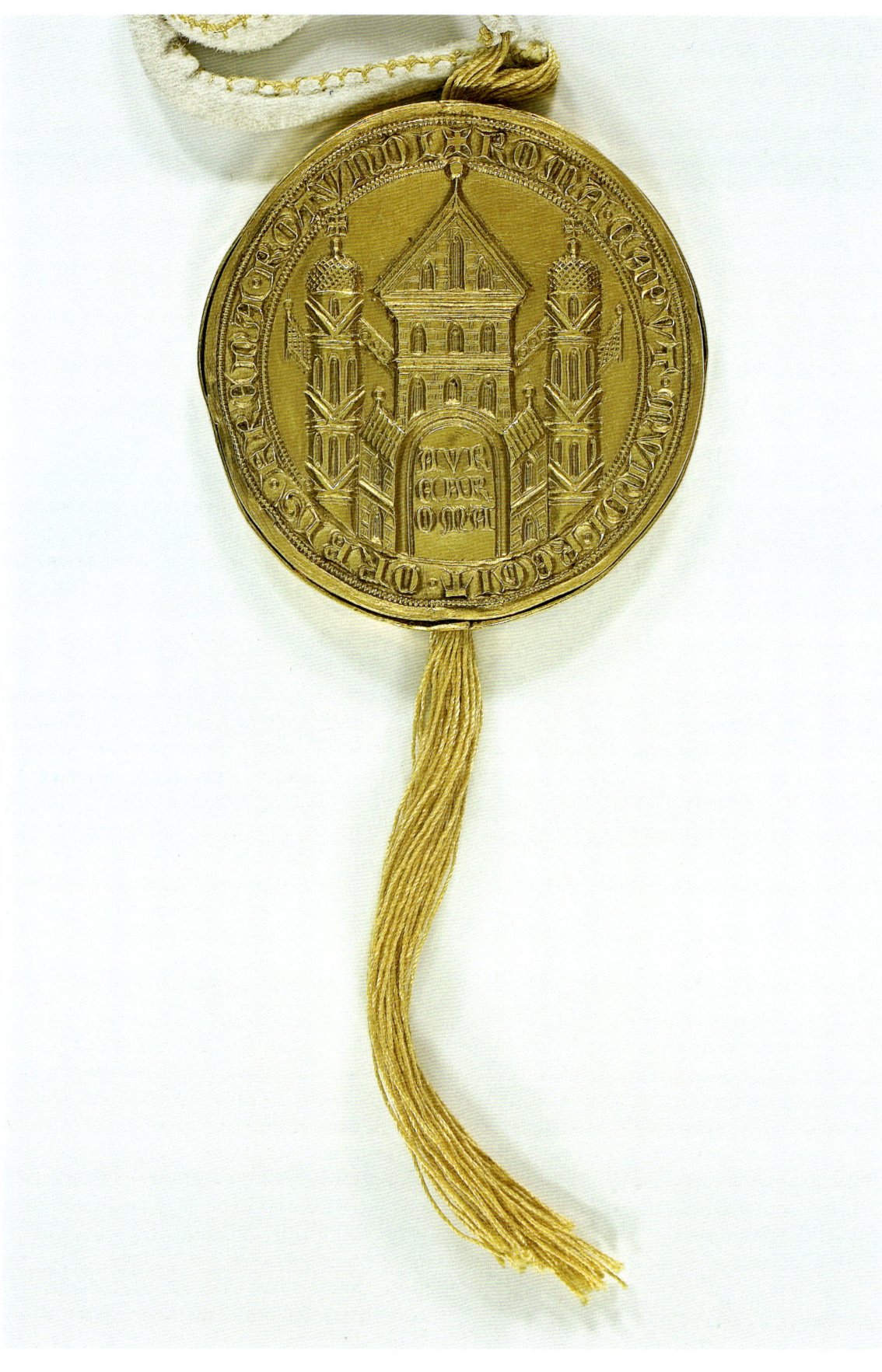

Herrschaft bei der Königskrönung in Aachen 936 und bei der Kaiserkrönung in Rom 962 legitimiert hatten. Die rasche Entfremdung von Papst Johannes XII. (955–963), der Otto und seine Gemahlin Adelheid gerade gekrönt hatte, schien für den siegreichen Heerführer aus dem Land nördlich der Alpen noch beherrschbar. Bereits ein Jahr später ließ Otto seinen einstigen Förderer durch eine Synode als Papst absetzen und mit Leo VIII. (963–965) einen anderen zum Nachfolger des Apostels Petrus wählen. Unter der ottonischen Militärmacht brach der römische Widerstand zusammen. Doch der große Otto benötigte lange Jahre, um seine Macht in Italien durchzusetzen und Päpste zu installieren, die sich seinem Gestaltungswillen beugten. Deshalb markierten die Jahre 962/963 in doppelter Weise eine Zäsur: Einerseits blieb, was niemand ahnen konnte, das römische Kaisertum von 962 bis 1806 mit dem ostfränkisch-deutschen Königtum verbunden, andererseits ließ 963 erstmals ein christlicher Kaiser durch eine Synode einen römischen Papst absetzen, obwohl dieser in seinem Selbstverständnis von niemandem anderen als allein von Gott gerichtet werden durfte.

Im Rückgriff auf die imperiale römische Tradition und auf das christliche Kaisertum seit Konstantin und Karl dem Großen stellte Otto der Große die Eignung des Papstes in Frage. Seine Nachfolger schafften es noch fast ein Jahrhundert lang, die Besetzung des päpstlichen Amts wie die Bestellung von Reichsbischöfen zu steuern oder bei strittigen Papstwahlen als Schiedsrichter aufzutreten. Doch im sogenannten Investiturstreit kehrte das spätantike Szenario von Theodosius und Ambrosius zurück. Heinrich IV. (1056–1106) mochte in seinem Selbstverständnis der höchste Herrscher auf Erden sein. Als Mensch und Sünder brauchte er aber geistliche Wegweisung auf dem Weg zum göttlichen Heil. In der ausgreifenden Christianisierung Europas bot das den Päpsten als den Stellvertretern Gottes auf Erden eine starke Position.

Einzigartigkeit und Rangkonkurrenz

Der doppelte fränkische und ostfränkische Zugriff auf das Kaisertum veränderte die politische Landkarte der Christenheit. Mit den Kaiserkrönungen Karls des Großen 800 und Ottos des Großen 962 wurde nicht das ganze römische Kaisertum, sondern lediglich das weströmische Reich erneuert. Anders als in der Antike oder im Kaiserreich von Konstantinopel begründete ein liturgisches Bündnis mit dem Papst als dem Oberhaupt der lateinischen Christenheit die Legitimität der neuen Herrscher aus dem Volk der Franken oder Sachsen. Karl wie Otto hatten

sich durch große militärische Erfolge, durch Heidensiege und durch hegemoniale Vormacht im Land nördlich wie südlich der Alpen für eine Rangerhöhung zum Kaiser ausgezeichnet. Doch mit dem neuen Titel eröffneten sie die Rivalität zu den Kaisern in Konstantinopel/Byzanz. Dort bestand das antike Imperium Romanum bis zur Eroberung Konstantinopels durch die Osmanen 1453 weiter. Seit der Verlagerung der Hauptstadt von Rom nach Konstantinopel als dem neuen Rom durch Konstantin den Großen im frühen 4. Jahrhundert und vollends nach dem Untergang des weströmischen Reiches 476 präsentierten sich die Kaiser im Osten als alleinige Inhaber des Imperiums. Faktisch akzeptierten sie zwar die Vielfalt mehr oder weniger autonomer Königsherrschaften. Doch in der Herrschaftsidee stand der Kaiser an Rang weit über allen anderen Herrschern auf Erden.

Der westliche Griff nach dem Namen des Kaisers wie nach dem Römischen Reich erschütterte dieses Kontinuitätsbewusstsein, weil eine Pluralisierung des Kaisertums undenkbar erschien. Von der Kaiserkrönung Karls des Großen 800 bis zum Untergang des oströmischen Kaisers Konstantin XI. (1449–1453) mussten zwei Imperien über lange Zeiträume nebeneinander auskommen. Beide dachten oder präsentierten sich in exklusiver Individualität, sowohl das lateinische des Westens als auch das griechische des Ostens.

Seit dem Beginn des Mittelalters gingen die theoretischen Definitionen des Kaisertums von seiner Unteilbarkeit und seinem Vorrang auf Erden aus. Papst Gregor I. der Große (590–604) differenzierte in einem Brief an den oströmischen Kaiser Phokas (602–610) zwischen den Kaisern als Herren über Freie und den Königen der Völker (*reges gentium*) als Herren über Sklaven. Auf diesen kategorialen Rangunterschied hob ein frühmittelalterlicher Lehrtext ab: „König ist, wer über ein Volk oder mehrere regiert; Kaiser ist, wer über die ganze Welt herrscht oder in ihr den Vorrang einnimmt." Solche Ideen brachten noch keine Weltherrschaft im totalitären Sinn hervor, zielten aber auf universale Autorität. Diese musste Vielfalt pragmatisch aushalten, ohne die Hierarchie grundsätzlich in Frage zu stellen. Damit knüpfte sie an die Idee des antiken Römerreiches an, das sich als „Reich ohne Grenzen" (*imperium sine fine*) verstand. Doch in der Realität nahm es die Eigenständigkeit seiner Nachbarn hin. Welt und Weltreich fielen niemals zusammen. Diese Einsicht gehörte zu den Paradoxien aller imperialen Ideen.

Als sich 1054 auch noch die Wege der lateinischen Kirche unter dem römischen Papst und der griechischen Kirche unter dem Patriarchen von Konstantinopel endgültig trennten, begleitete die Spaltung der Christenheit die Doppelung ihrer Imperien. Diese Dualität wurde niemals gelöst, sondern in jedem Jahrhundert neu verhandelt. Kriege an den geographischen Schnittstellen – im Adria-Raum oder in Süditalien – erwiesen im 9. und 10. Jahrhundert, dass kein Imperium das andere

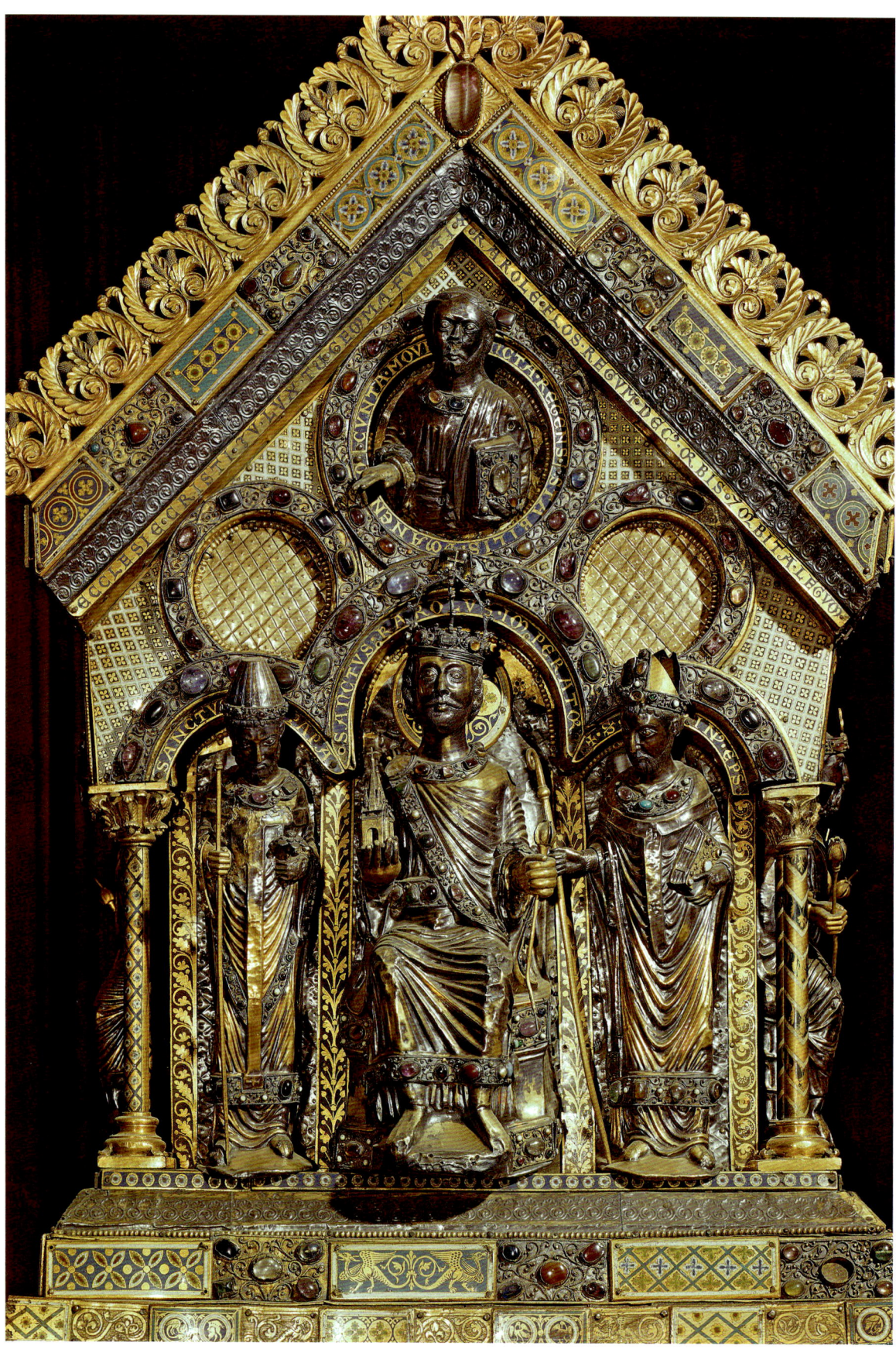

militärisch besiegen konnte. Die Eroberung Konstantinopels durch lateinische Kreuzfahrer 1204 schien die zeitweilige Überlegenheit des Westens zu demonstrieren. Doch das lateinische Kaiserreich von Konstantinopel besaß als Fremdkörper im östlichen Mittelmeerraum – wie auch die Kreuzfahrerreiche im Heiligen Land – keine Überlebenschance. Von Kleinasien aus gelang den Byzantinern 1261 die Rückeroberung Konstantinopels. Mit Kaiserreichen in Nicäa und Trapezunt hatte sich die Zahl der christlichen Imperien im 13. Jahrhundert kurzzeitig verdoppelt, um dann wieder auf die alte Rivalität zwischen den beiden Imperien des Westens und des Ostens zurückzufallen.

Während das Römische Reich in Konstantinopel weiterlebte und seine Idee in der Neuzeit sogar auf die Stadt Moskau als drittes Rom und Hüterin der Orthodoxie übertragen wurde, musste der mittelalterliche Westen das neue Kaisertum erst neu erlernen. Otto der Große griff bei seiner Kaiserkrönung 962 dezidiert auf karolingische Vorbilder des 9. Jahrhunderts zurück. Sie hatten das Westkaisertum neu entworfen, und in solche Bahnen lenkte das ottonische Kaisertum ein. Das war keineswegs selbstverständlich. Reflexe in den spärlichen Quellen des 9. und 10. Jahrhunderts lassen die Widerstände erahnen. Mit den Kaiserkrönungen Karls des Großen 800 und seines Sohnes Ludwigs des Frommen (813/14–840) 813 und 816, die um die angemessene Ausgestaltung der neuen Würde rangen, verband sich noch einiger Stolz. Doch das weitgehende Schweigen über Ottos Kaiserkrönung 962 deutete auf Vorbehalte in der nordalpinen Kriegergesellschaft gegenüber dem neuen Vorrang in fast ganz Europa hin. Die Aneignung des Römischen Reiches entwickelte sich also nicht geradlinig. Die im 12. Jahrhundert entwickelte Denkfigur von der Übertragung des Kaisertums von den Griechen an die Franken unter Karl dem Großen und von den Franken an die Deutschen unter Otto dem Großen wollte diese Spannungen und Widersprüche verkleistern und taugt wenig zum Verständnis der karolingischen oder ottonischen Geschichte.

Zwei Linien formten die Voraussetzungen für das neue Kaisertum der Karolinger und Ottonen:
1) die Durchsetzung der Franken als hegemoniale Macht im lateinischen Westen;
2) die ausgreifende geistliche Autorität der römischen Päpste und ihre Umorientierung vom Kaiserhof in Konstantinopel zu den neuen Schutzherren im Westen.

Das veränderte die alte römische Mittelmeerwelt nachdrücklich. Die neuen Reichsbildungen auf dem Boden des weströmischen Imperiums erlebten vom 5. bis zum 8. Jahrhundert massive Veränderungen. Daraus gingen die Franken als eindeutige Sieger hervor. Ihnen gelangen Siege über Burgunder, Alemannen, Bayern, Sachsen und Langobarden. Um 800 wahrten nur noch die angelsächsischen Königreiche in England ihre Autonomie. Mit dem fränkischen Ausgriff über die Alpen zeichneten sich in der früheren Welt des Imperium Romanum rund ums Mittelmeer drei große Blockbildungen ab:
1) das lateinische Kaiserreich von Konstantinopel im Osten;
2) die muslimischen Reichsbildungen im westlichen Asien, im nördlichen Afrika und in Spanien;
3) das fränkische Herrschaftssystem im westlichen Europa und in Italien.

Im Frankenreich schalteten die Karolinger das alte Königsgeschlecht der Merowinger 751 aus. Der Wechsel stützte sich auf den Konsens der Franken und auf die Autorität der christlichen Kirche. Später begründete die Geschichtsschreibung am Hof Karls des Großen den Beginn des eigenen Königtums sogar mit einer ausdrücklichen päpstlichen Weisung. Die von König Pippin geschaffenen Grundlagen baute sein großer Sohn Karl planmäßig aus. Als Sieger über die heidnischen Sachsen und Awaren, als Förderer der christlichen Mission sowie seit 774 als König der Langobarden und als Schutzherr der Römer drängte er geradezu nach Rangerhöhung und Namenssteigerung. Karls Fürsorge für den bedrängten Papst Leo III. (795–816) diente als Anlass zur fränkischen Ordnungsstiftung an den römischen Apostelgräbern, die seit langem die Aufmerksamkeit fränkischer Pilger gefunden hatten. Bei seinem Zug nach Rom wurde Karl 800 von Papst und Römern wie ein Kaiser empfangen und am Weihnachtstag von Leo III. in der Peterskirche durch die Kaiserkrönung geehrt. Stolz notierte man im Frankenreich, Karl habe den „Namen des Kaisers" (*nomen imperatoris*) empfangen.

Nun sahen sich die Chronisten zur Erklärung der neuen kaiserlichen Konkurrenz genötigt: Weil in Konstantinopel nur eine Frau (Kaiserin Irene, 797–802) regierte, sei das Kaisertum eigentlich vakant gewesen; Karl hätte bereits ohnehin über drei der vier alten kaiserlichen Sitze regiert; eine Nachricht behauptete sogar, dass ihm eine Gesandtschaft aus dem Osten das Kaisertum angeboten habe. In solcher Euphorie wirkte der später geschriebene Satz von Karls Biograph Einhart († 840) erstaunlich: Der Kaiser hätte die Peterskirche zur Weihnachtsmesse nicht betreten, wenn er von der kaiserlichen Ehrung durch Papst und Römer gewusst hätte. War diese Aussage Einharts die fränkische Replik auf die Lobgesänge des römischen Volkes? Wer, wenn nicht die Franken, hatte die neue kaiserliche Würde eigentlich hervorgebracht?

13 Karlsschrein, um 1182-1215. Aachen, Dom und Domschatzkammer, 00062267

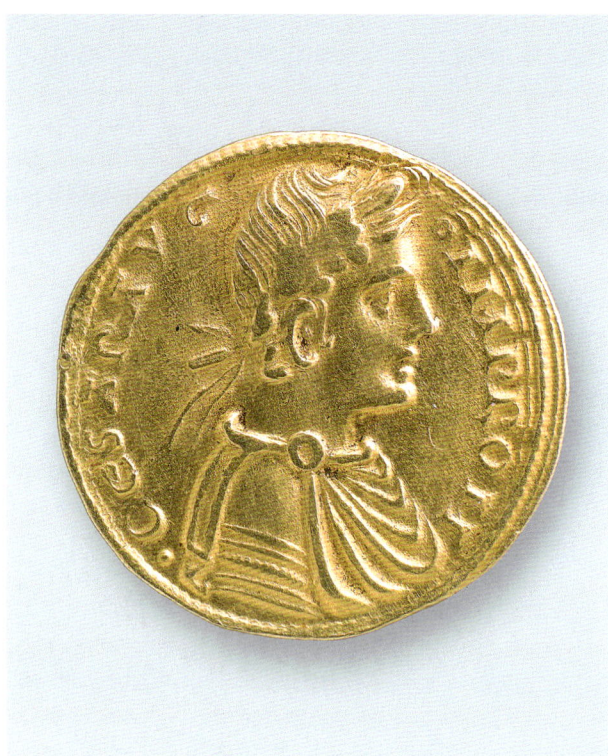

14 Augustalis, Goldmünze Friedrichs II. Berlin, Stiftung Deutsches Historisches Museum, N 2000 / 36

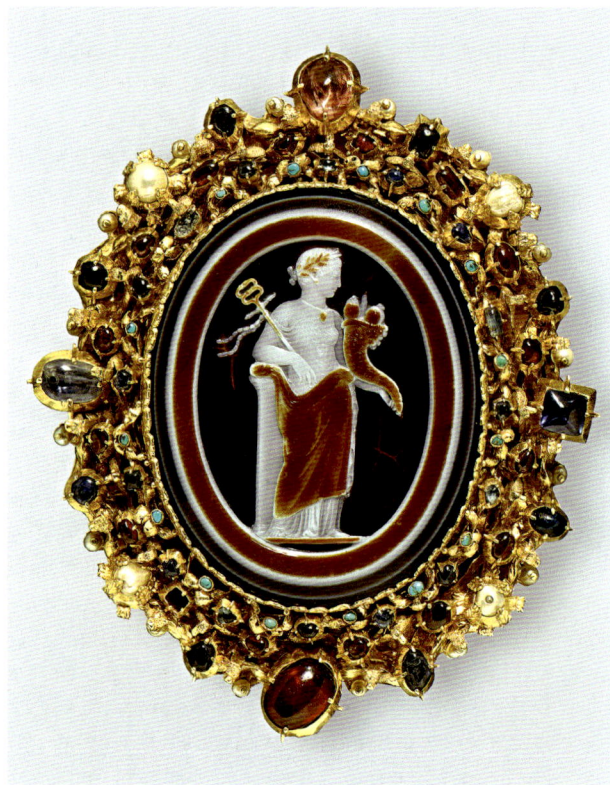

15 Onyx aus Schaffhausen. Kanton Schaffhausen, Museum zu Allerheiligen, 16375: IV 77

Es ist hier nicht der Ort, solche Fragen und die viel diskutierten Quellensplitter im Einzelnen zu gewichten. Entscheidend ist vielmehr die Einsicht, dass in der gärenden Erprobungsphase des karolingischen Kaisertums unterschiedliche Perspektiven von der neuen Würde und vom Umgang mit den Römern existierten. Karls Meinung ist uns nicht überliefert. Immerhin gab seine Kanzlei nach mehrmonatigem Schweigen seit Mai 801 eine ausführliche Antwort, für die sie einen umständlichen Herrschertitel zusammenbaute: „Karl, durchlauchtigster Augustus, von Gott gekrönter großer und Frieden stiftender Kaiser, das römische Imperium lenkend, der auch durch Gottes Barmherzigkeit König der Franken und Langobarden [ist]" (*Karolus serenissimus augustus a deo coronatus magnus et pacificus imperator Romanum gubernans imperium qui et per misericordiam dei rex Francorum et Langobardorum*). Man muss das sehr genau lesen: nicht Kaiser der Römer (*imperator Romanorum*), sondern Lenker des Römischen Reiches (*Romanum gubernans imperium*), ein kleines philologisches Stolpern, das hellhörig macht.

Karl beachtete die höchste geistliche Stellung des Papstes wie seine eigene christliche Herrscherverantwortung. Doch bei der Nachfolge seines Sohnes Ludwig des Frommen probierte er ein anderes Modell aus. Die Kaiserkrönung fand 813 auf Karls Anordnung in der Aachener Marienkirche statt. Es ist nicht widerspruchsfrei überliefert, ob der Vater dem Sohn die Kaiserkrone aufs Haupt setzte oder ob dieser die Krone selbst vom Altar nahm und sich krönte – der Ausschluss geistlicher Gestaltungsmacht am Ritualakt ist jedenfalls sicher. Nach Karls Tod ließ sich Ludwig drei Jahre später von Papst Stephan IV. (816–817) in Reims eine zweite Kaiserkrönung spenden. Eine ähnliche Doppelung erfolgte auch in der nächsten Generation. Ludwigs Sohn Lothar († 855) erlangte seine erste Kaiserkrönung auf Anordnung des kaiserlichen Vaters 817 in Aachen. 823 ließ er sich noch einmal vom Papst in Rom zum Kaiser krönen.

Man muss das erste Vierteljahrhundert karolingischen Kaisertums als Experimentierphase mit der neuen Würde begreifen. Über drei Generationen war nicht verbindlich geregelt, ob der Papst oder der Vater die kaiserliche Würde weitergeben und ob die Krönung in Rom, in Aachen oder in Reims stattfinden sollte. Erst aus der Rückschau wird klar, dass sich mit Lothars Krönung 823 Rom als Krönungsort durchsetzte. Nur 892 fand eine Kaiserkrönung an anderem Ort statt, in Ravenna. Erst die Kaiser der Neuzeit verzichteten seit Maximilian I. (1486/1493–1519), der 1508 in Trient den Titel eines „Erwählten Römischen Kaisers" annahm, auf den Romzug. 1530 spendete letztmals ein Papst die Kaiserkrönung, jetzt für Karl V. (1519–1556, † 1558) in Bologna. Fortan ging die Wahl des römisch-deutschen Königs direkt mit seiner Kaiserkrönung in Frankfurt am Main einher.

Das Kaisertum der fränkischen wie der ostfränkisch-deutschen Könige blieb im ganzen Mittelalter freilich mit Rom und dem Papsttum verbunden. Aus dieser Fundierung erwuchsen nach den Kaiserkrönungen Karls und Ottos gravierende Differenzen zu den Kaisern in Konstantinopel, die ihre römische Würde ausdrücklich im Herrschertitel herausstellten: „Kaiser der Römer" (griech. *Basileus ton Romaion*). Nach 800 und 962 wurde die Konkurrenz unterschiedlich bewältigt. Am Anfang standen militärische Konflikte. Erst als das oströmische Reich gegen die Bulgaren zunehmend unter Druck geriet, erkannte Kaiser Michael I. (811–813) Karls Würde als Basileus an und schickte 812 Gesandte zur Akklamation nach Aachen. Dafür verzichteten Karl der Große und seine Nachfolger bis 982 auf jeglichen Rombezug im Herrschertitel. Auch Otto der Große hielt sich 962 an diese Regel. Wie die Karolinger nannte er sich Imperator und Augustus. Die Würde eines „Kaisers der Römer" blieb zunächst dem Kaiser in Konstantinopel überlassen.

Ein solcher politischer Ausgleich wurde im Mittelalter nicht selten durch eine Eheschließung bekräftigt. Während die karolingische Brautwerbung am östlichen Kaiserhof erfolglos blieb, schmückte Otto der Große sein neues Kaisertum durch die Heirat seines Sohnes und Mitkaisers Otto II. (967/973–983) mit der byzantinischen Prinzessin Theophanu († 991). Auch wenn sie keine im Purpur geborene Kaisertochter war, erschien sie als Nichte Kaiser Johannes' Tzimiskes (969–976) für das ottonische Repräsentationsbedürfnis bedeutend genug.

Otto II. eröffnete die Rangkonkurrenz aufs Neue. Sein Feldzug ins byzantinisch beanspruchte, von Sarazenen beherrschte Süditalien endete 982 in einer militärischen Katastrophe. Im gleichen Jahr hatte die kaiserliche Kanzlei nach einigen Experimenten den bisher vermiedenen Herrschertitel „Kaiser der Römer" eingeführt. Der besiegte Ottone wurde 983 als einziger Kaiser des Mittelalters in der römischen Peterskirche beigesetzt. Sein Sohn Otto III. (983–1002) übernahm die neue Selbstbezeichnung (*imperator Romanorum*) mit seiner Kaiserkrönung 996. Jetzt existierten zwei Kaiser der Römer nebeneinander, der eine im lateinischen Westen, der andere im griechischen Osten, jeder von seiner exklusiven Würde durchdrungen.

Damals eignete sich der Westen das Reich der Römer an, zwei Jahrhunderte nach dem liturgischen Bündnis der Franken mit den römischen Päpsten. Gerbert von Aurillac, der Erzieher Ottos III. und nachmalige Papst Silvester II. (999–1003), brachte das in einen prägnanten Ruf zum Ausdruck: „Unser, unser ist das römische Reich!" Diesen Besitz nutzte Otto III. für eine neue Devise seiner Herrschaft: „Erneuerung der Kaiserherrschaft der Römer" (*Renovatio imperii Romanorum*). Seit 998 zeigten seine Metallsiegel (Bullen) auf der Vorderseite den Kaiser in antikisierender Präsentation, auf der Rückseite die

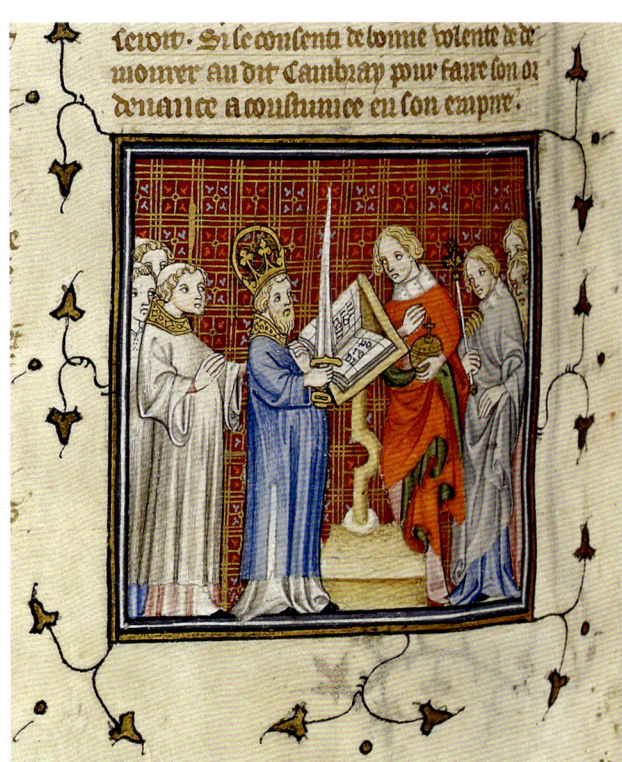

16 Kaiser Karl IV. liest das Weihnachtsevangelium mit gerecktem Schwert. Paris, Bibliothèque nationale de France, FR. 2813, fol. 467v

Waffen tragende Roma als Allegorie der Macht. Rom war wieder das Haupt der Welt und der Ort kaiserlicher Sehnsüchte. Bischof Leo von Vercelli (998–1026) besang in Papst und Kaiser die beiden Himmelslichter, durch die das Römische Reich in seiner Weltherrschaft erstrahlte.

„Rom, das Haupt der Welt, regiert die Zügel des Erdkreises" (*Roma caput mundi / regit orbis frena rotundi*) – so lautete die Umschrift auf dem Metallsiegel Kaiser Konrads II. (1024–1039). Der Satz wurde zur Devise kaiserlicher Bullen in folgenden Jahrhunderten. Jetzt verknüpfte sich das Kaisertum fränkischer und sächsischer Könige endgültig mit Rom und den Römern, auch wenn die Kaiser im Land nördlich der Alpen regierten. Nur wenige wählten freiwillig längere Aufenthalte in Italien oder gar in Rom. Die meisten Züge über die Alpen galten der Aufrechterhaltung monarchischer Ordnung in Oberitalien oder der römischen Kaiserkrönung.

Seit dem 11. Jahrhundert nahmen die von den Fürsten gewählten Könige schon vor ihrer Kaiserkrönung den Titel „König der Römer" (*rex Romanorum*) an. Er eröffnete den Anspruch auf eine spätere imperiale Rangerhöhung und stellte seine Träger vor alle anderen Könige Europas. Rom, das Haupt der Welt, Ort der Apostelgräber, Namen gebendes Zentrum des Imperiums, ewige Stadt – das ließ als Sonne Königtum wie Kaisertum erstrahlen.

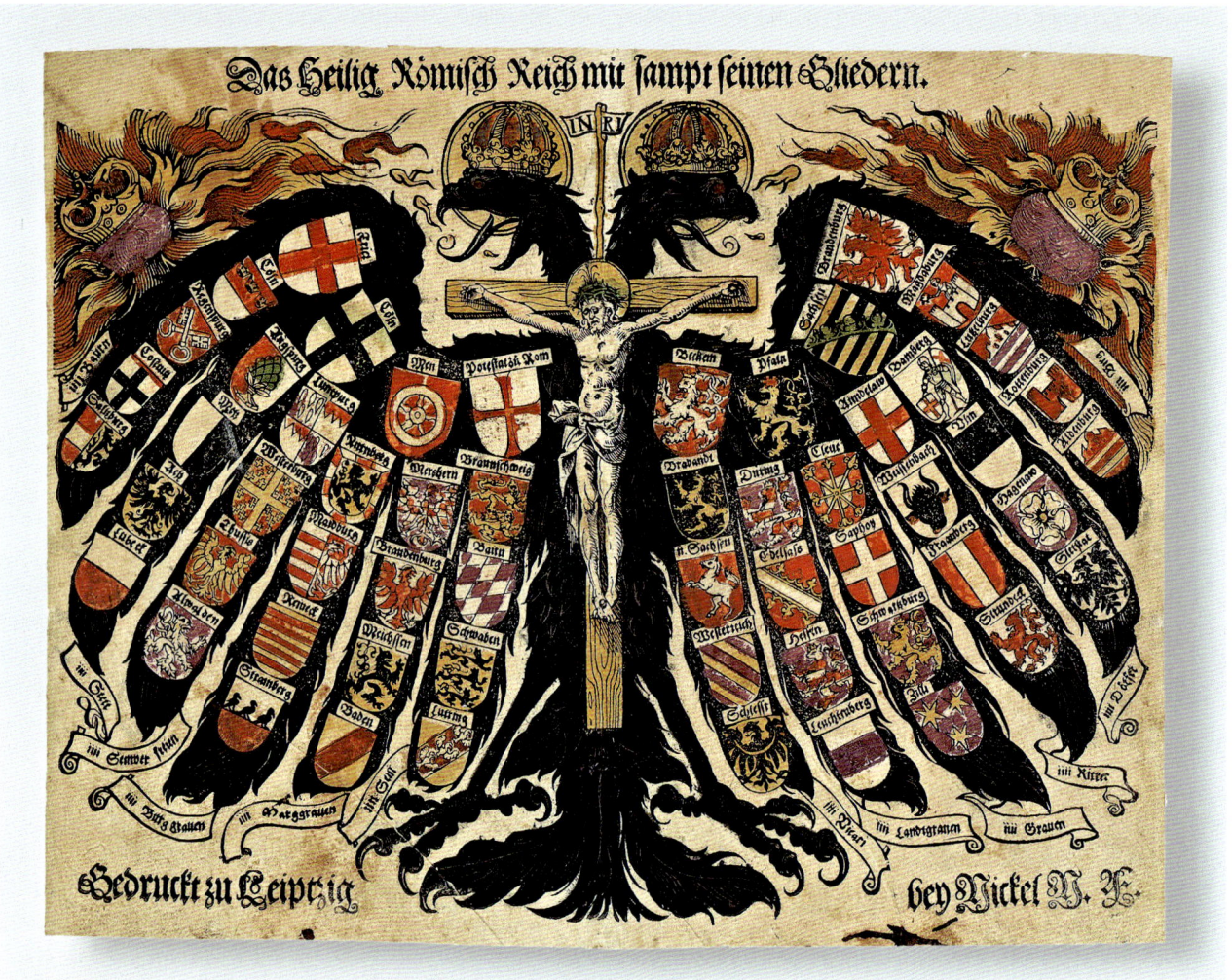

17 Quaternionenadler. Berlin, Staatliche Museen zu Berlin, Kupferstichkabinett, 443-10

Römische Zukunft

Im fundamentalen Konflikt mit dem Reich rüttelte Papst Gregor VII. (1073–1085) gezielt an den römischen Fundamenten der Königsherrschaft. Herabsetzend nannte er Heinrich IV. „König der Deutschen", sein Reich ein „deutsches Reich". Diese Demütigung konnte der Salier nicht ertragen. Sie hätte ihn von römisch-universaler Höhe in die Normalität der anderen europäischen Monarchien gestürzt. Noch 1311 bedrohte Heinrich VII. (1308–1313) die Bürger von Brescia mit der Reichsacht, weil sie ihn nur als König von Deutschland und nicht als König der Römer ansprachen. König- und Kaisertum verstanden sich im Mittelalter römisch, nicht deutsch; lediglich von 1871 bis 1918 regierten drei deutsche Kaiser. Wenn mittelalterliche Chronisten dagegen vom deutschen König oder Kaiser schrieben, stand das konträr zum Selbstbewusstsein der römischen Könige und Kaiser.

Ihren Vorrang vor allen anderen Königen des lateinischen Europa leiteten sie aus der heilsgeschichtlichen Bedeutung des Römischen Reiches ab. Grundlagen hatte der Kirchenvater Hieronymus († 347) formuliert. Im alttestamentlichen Buch Daniel war die Geschichte als Abfolge von vier Weltreichen der Babylonier, Meder, Perser und Griechen gedeutet. Hieronymus zog Meder und Perser zusammen und gewann damit Platz, um das römische Weltreich als letztes in die Viererreihe einzufügen. Solange fränkische Könige das Römische Reich regierten – so behauptete es die mittelalterliche Eschatologie – würde die Schreckensherrschaft des Antichristen hinausgeschoben. Deshalb garantierte der römische Kaiser die irdische Ordnung und konnte als Endkaiser der Menschheitsgeschichte gedacht werden.

Zur Erklärung von Weltgeschichte als Heilsgeschichte dienten die im 12. Jahrhundert propagierten Vorstellungen von der Einheit der römischen Kaisergeschichte und von der Übertragung des Kaisertums (*translatio imperii*). Gottfried von Viterbo († um 1192/1200) entwarf ein einheitliches kaiserliches Geschlecht (*imperialis prosapia*) von Augustus bis zu Kaiser Friedrich I. Barbarossa (1152–1190) und zu Kaiser Heinrich VI. (1190–1197). Den hochmittelalterlichen Geschichtsschreibern war Karl der Große der 69., Otto der Große der 77. Nachfolger des Augustus.

Aus dem Auftrag zur Garantie irdischer Ordnung entwickelte der Hof Kaiser Friedrichs I. Barbarossa ein neues Konkurrenzmodell: Neben die Heilige Römische Kirche (*sancta Romana ecclesia*) trat seit 1157 das Heilige Reich (*sacrum imperium*). Noch in der Stauferzeit festigte sich der offizielle Name: Heiliges Römisches Reich – *Sacrum Romanum Imperium*. Erst ganz am Ende des Mittelalters, im letzten Drittel des 15. Jahrhunderts, trat der präzisierende Hinweis auf die deutsche Nation hinzu. In der humanistischen Nationalisierung Europas wurde registriert, dass die Herrscher des Imperiums seit Jahrhunderten aus der deutschen Nation hervorgegangen waren. Als Heiliges Römisches Reich Deutscher Nation bestand dieses Gebilde in Europas Mitte bis 1806. Seine heilsgeschichtliche Bedeutung trat um 1500 in Wappenbildern hervor, die den doppelköpfigen Adler des Reiches mit dem Kreuz Jesu Christi verbanden (Abb. 17). Getragen wurde das Heilige Römische Reich auch von der Heiligkeit einzelner Herrscher. 1146 und 1165 erhoben die Päpste Kaiser Heinrich II. (1002–1024) und Kaiser Karl den Großen in die Schar der Heiligen, 1200 folgte Heinrichs Gemahlin Kaiserin Kunigunde († 1033). In ihren Grabeskirchen in Bamberg und Aachen entfaltete sich eine imperiale Memoria. Bis zur Reformation zeigte man im spätmittelalterlichen Nürnberg den großen Reliquienschatz des Reiches, in dem die Heilige Lanze mit einem Nagel vom Kreuz Christi herausragte, in öffentlicher Heiltumsschau.

Vorrang und Würde – dieses Selbstbewusstsein der Kaiser musste sich seit der Kaiserkrönung Ottos des Großen 962 und seit dem Zugriff seiner Erben auf das Römische Reich in doppelter Rangkonkurrenz behaupten. Das Problem zweier christlicher Imperien in der Nachfolge des Römischen Reiches wurde bis zum Untergang Konstantinopels 1453 nicht gelöst. Doch auch im lateinischen Europa blieben die Ideen des römischen Kaisertums eher zeremonieller Anspruch als politi-

sche Realität. Die französischen Könige als Nachfolger Karls des Großen im Westen nahmen schon im 10. Jahrhundert die Herausforderung des ottonischen Kaisertums an und betonten dezidiert Gleichrangigkeit wie Unabhängigkeit. Gelehrte Juristen des 13. Jahrhunderts prägten die griffige Formel, dass der König wie ein Kaiser im eigenen Königreich herrschte. So nutzte der König von Frankreich, ebenso wie die römischen Kaiser, die vielfältige Ausdeutbarkeit des römischen Rechts. Seit dem 12. Jahrhundert erschloss sich das lateinische Mittelalter die spätantike Kodifizierung des *Corpus iuris civilis* unter Kaiser Justinian I. (527–565) mit der Idee, dass das römische Volk seine Gesetzgebungsgewalt auf den Prinzeps übertragen hätte.

Diese Bevollmächtigung nützte weniger dem spätmittelalterlichen Kaisertum als der monarchischen Idee. Jetzt formulierten die vielen Königreiche Europas immer klarer die Prinzipien ihrer Eigenständigkeit. Die Einheit der römischen Kirche blieb im Mittelalter noch unbestritten, doch neben das Römische Reich schob sich ein Gefüge unabhängiger Königreiche. Im Streit um den Anspruch Kaiser Heinrichs VII. von 1312, nach göttlicher Ordnung sollten ihm als dem Kaiser alle Menschen gehorchen, formulierten Juristen aus Neapel bissige Attacken gegen das Imperium. Es sei aus Gewalt entstanden, nur Gewalt halte es zusammen, und wegen der moralischen Verderbtheit der Kaiser müsse das Römische Reich endlich verschwinden. Indes: Das Heilige Römische Reich hatte noch fast 500 Jahre vor sich. Es wirkte allerdings nicht als hegemoniale Macht zur Bändigung der Welt, sondern blieb eine bloße Anspruchs- und Ordnungsfigur. Als sich das Mittelalter die Idee von der Einheit des römischen Imperiums aneignete, erlernte es zugleich das Zusammenleben in der Vielfalt seiner Völker und Reiche.

Literatur

Ausst.-Kat. Magdeburg 2006 (a) ; Goez 2009; Leppin 2010; Leppin 2012; Leppin/Schneidmüller/Weinfurter 2012; Mierau 2010; Münkler 2005; Schieffer 2012; Schneidmüller 2010; Schneidmüller 2012; Schneidmüller/Weinfurter 2006; Schreiner 2011 (a); Schulze 1998, Weinfurter 2008.

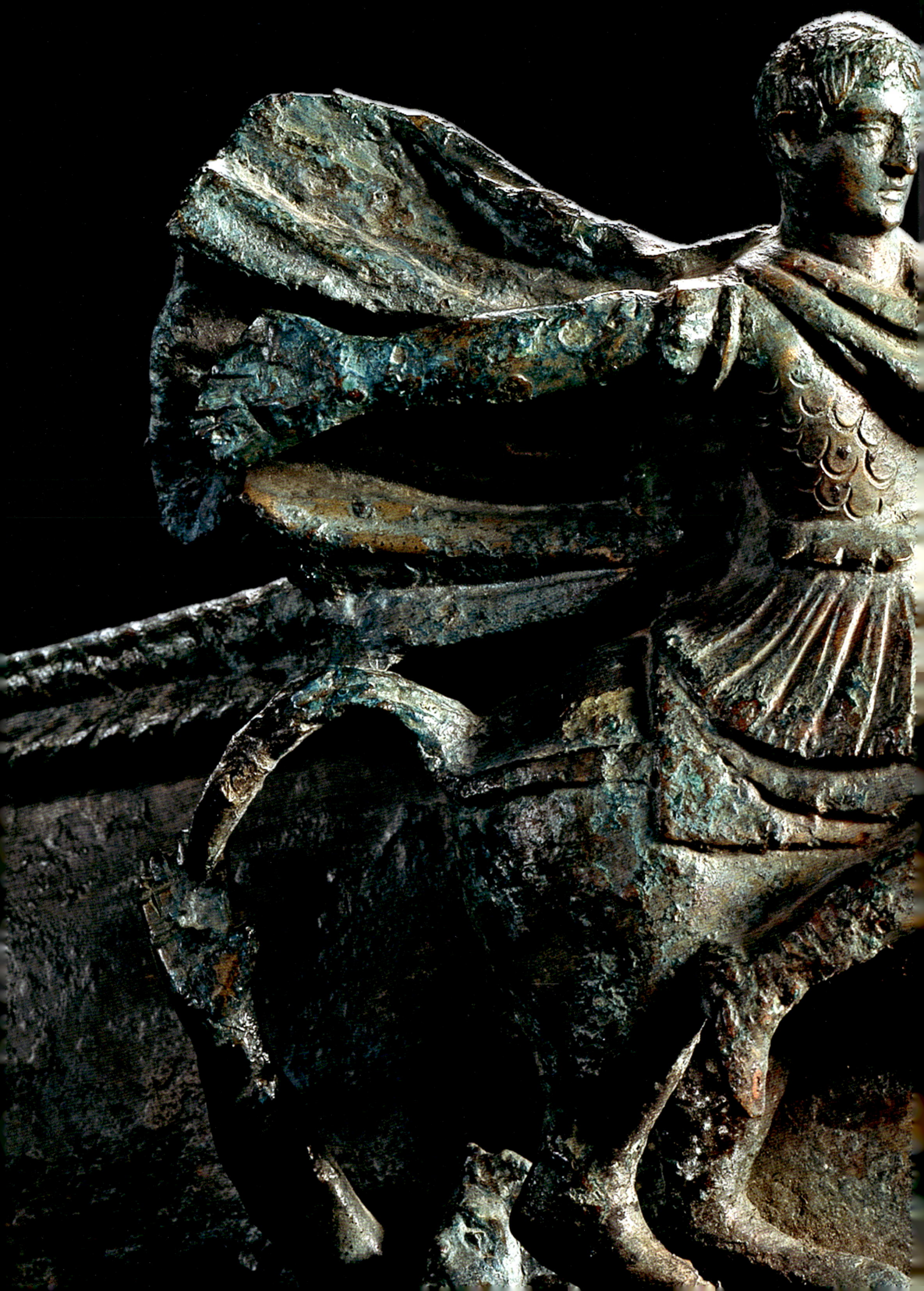

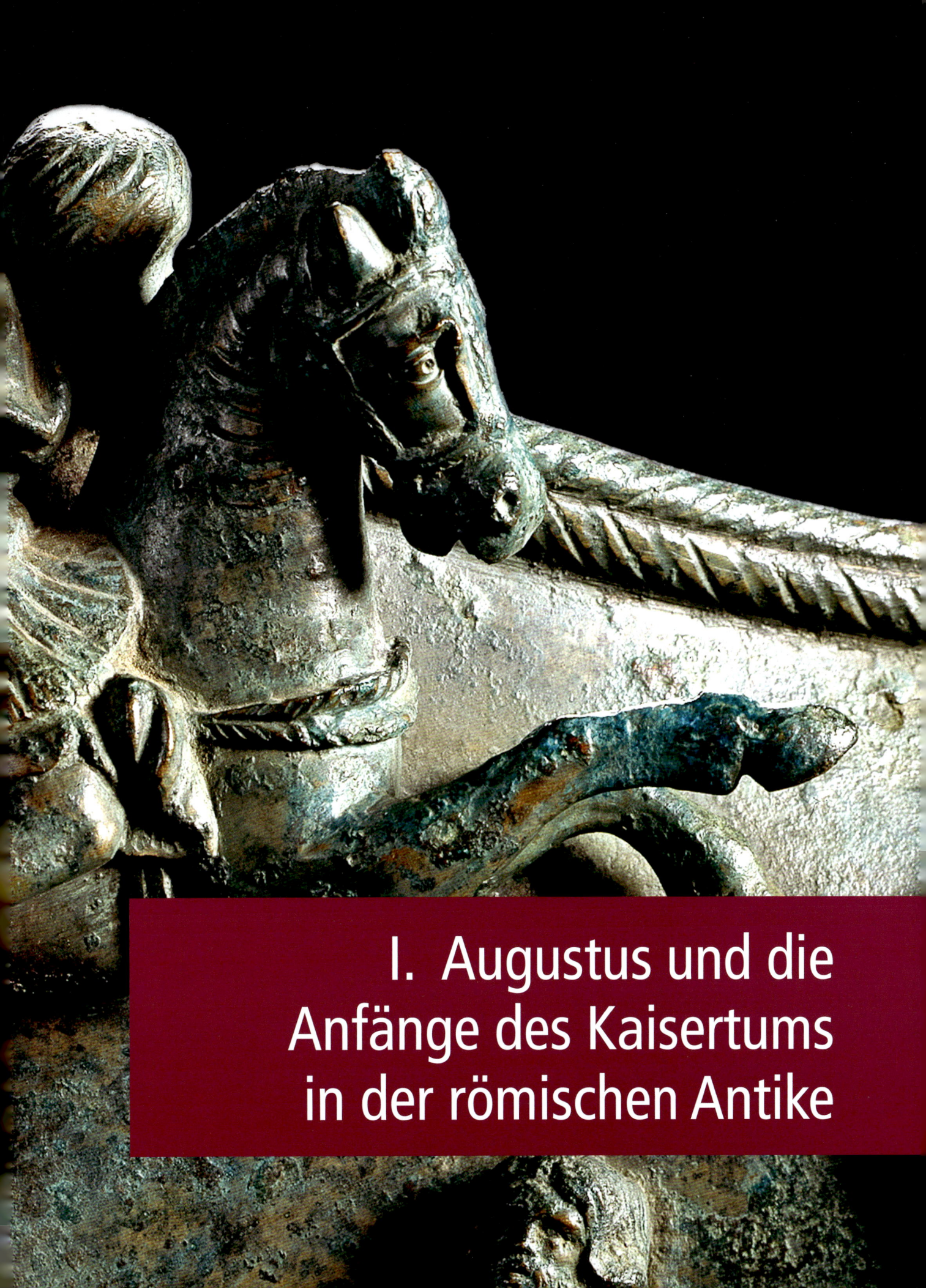

I. Augustus und die Anfänge des Kaisertums in der römischen Antike

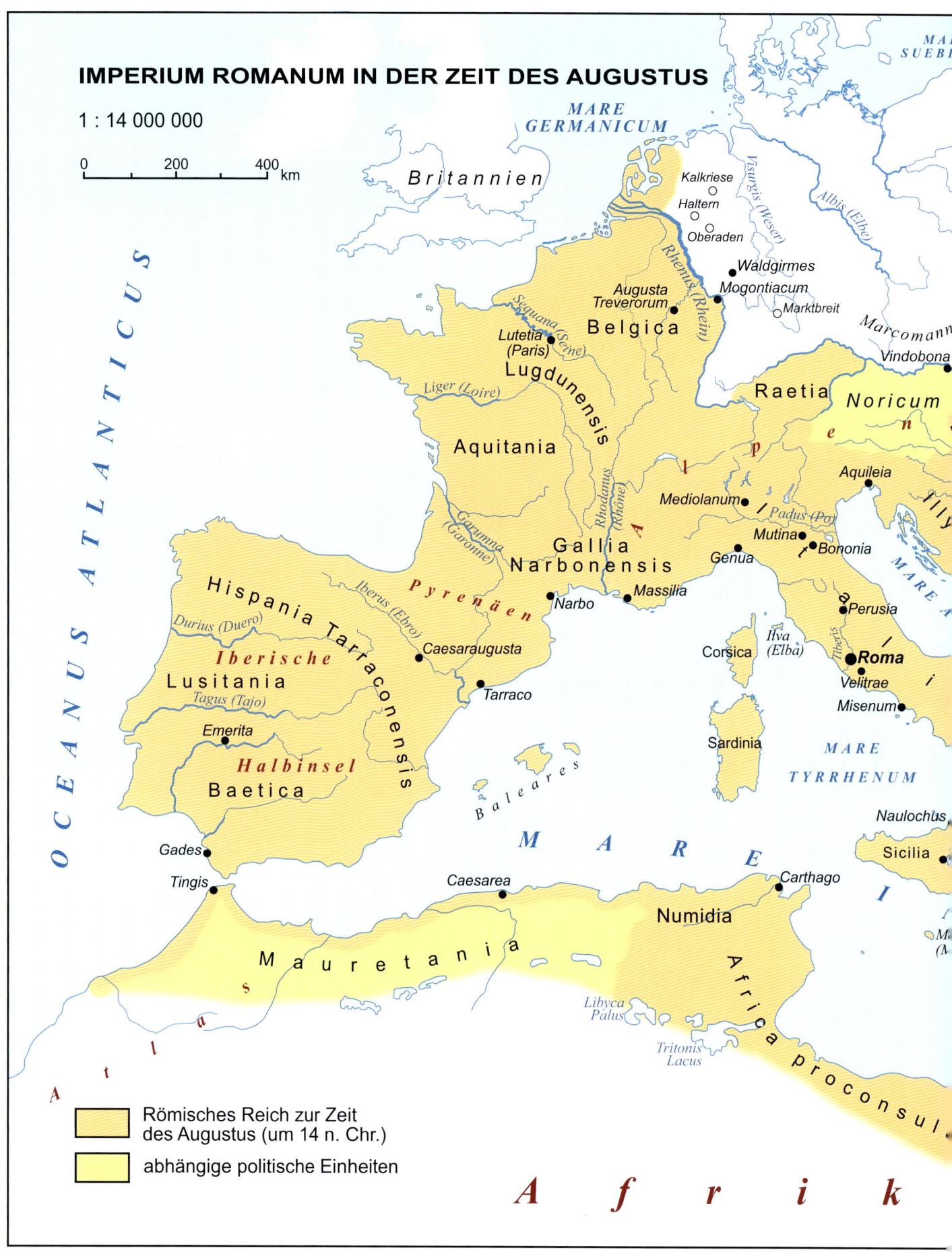

IMPERIUM ROMANUM IN DER ZEIT DES AUGUSTUS

1 : 14 000 000

0   200   400 km

Römisches Reich zur Zeit des Augustus (um 14 n. Chr.)

abhängige politische Einheiten

MARE SUEBI

MARE GERMANICUM

Britannien

Kalkriese
Haltern
Oberaden
Waldgirmes
Mogontiacum
Marktbreit

Visurgis (Weser)
Albis (Elbe)
Rhenus (Rhein)

Augusta Treverorum
Belgica
Marcomann
Vindobona

Lutetia (Paris)
Sequana (Seine)
Lugdunensis
Raetia
Noricum

Liger (Loire)
Aquitania

A l p e n

Mediolanum
Padus (Po)
Aquileia

Rhodanus (Rhône)
Gallia Narbonensis
Garumna (Garonne)
Mutina
Bononia
Genua

Hispania Tarraconensis
Pyrenäen
Narbo
Massilia
Perusia
Tiberis
Roma

Iberische
Iberus (Ebro)
Caesaraugusta
Corsica
Ilva (Elba)
Velitrae
Misenum

Durius (Duero)
Lusitania
Tarraco

Tagus (Tajo)
Emerita
Sardinia
MARE TYRRHENUM

Halbinsel
Baetica
Baleares
Naulochus

Gades
MARE
Sicilia

Tingis
Caesarea
Carthago

Mauretania
Numidia
Africa proconsul.

A t l a s
Libyca Palus
Tritonis Lacus

OCEANUS ATLANTICUS

A f r i k

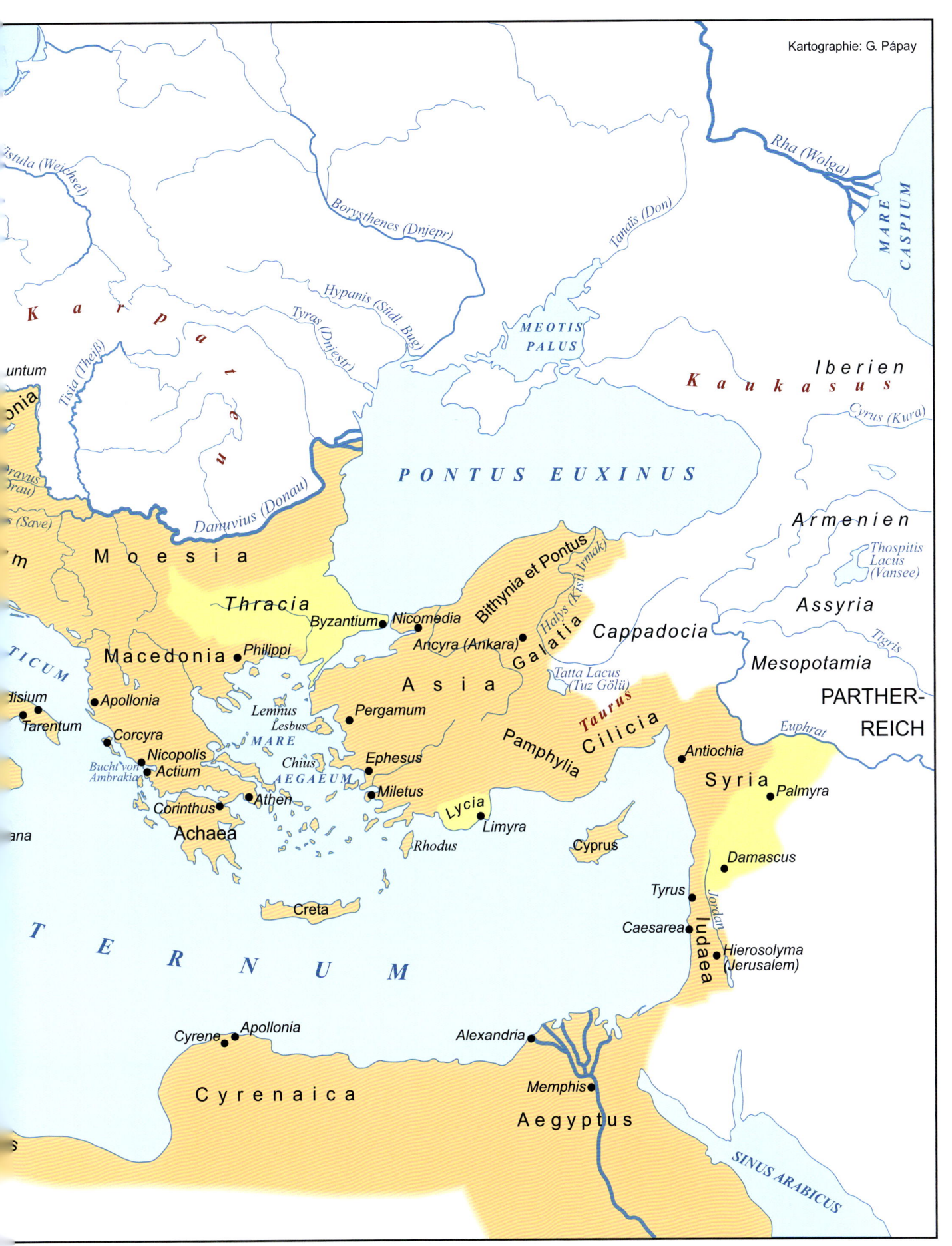

Vistula (Weichsel)

Borysthenes (Dnjepr)

Tanaïs (Don)

Rha (Wolga)

MARE CASPIUM

Hypanis (Südl. Bug)

Tyras (Dnjestr)

MEOTIS PALUS

Karpaten

Iberien

Kaukasus

Tisia (Theiß)

untum

onia

Cyrus (Kura)

PONTUS EUXINUS

ravus (Drau)

Damuvius (Donau)

Armenien

s (Save)

Moesia

Thospitis Lacus (Vansee)

Thracia

Bithynia et Pontus

Halys (Kısıl Irmak)

Byzantium • Nicomedia

Assyria

Cappadocia

Macedonia • Philippi

Ancyra (Ankara) •

Galatia

Tigris

TICUM

Asia

Tatta Lacus (Tuz Gölü)

Mesopotamia

• Apollonia

Pergamum •

PARTHER-REICH

Taurus

disium

Lemnus
Lesbus

Cilicia

• Tarentum

MARE

Pamphylia

Corcyra

Antiochia •

Ephesus •

Nicopolis
Actium

Chius

AEGAEUM

Syria

• Palmyra

Bucht von Ambrakia

Miletus •

Euphrat

• Athen

Corinthus •

Lycia

Achaea

Limyra •

• Damascus

Rhodus

Cyprus

ana

Tyrus •

Jordan

Creta

Caesarea •
Iudaea

TERNUM

Hierosolyma (Jerusalem)

Apollonia
Cyrene •

Alexandria •

Cyrenaica

Memphis •

Aegyptus

SINUS ARABICUS

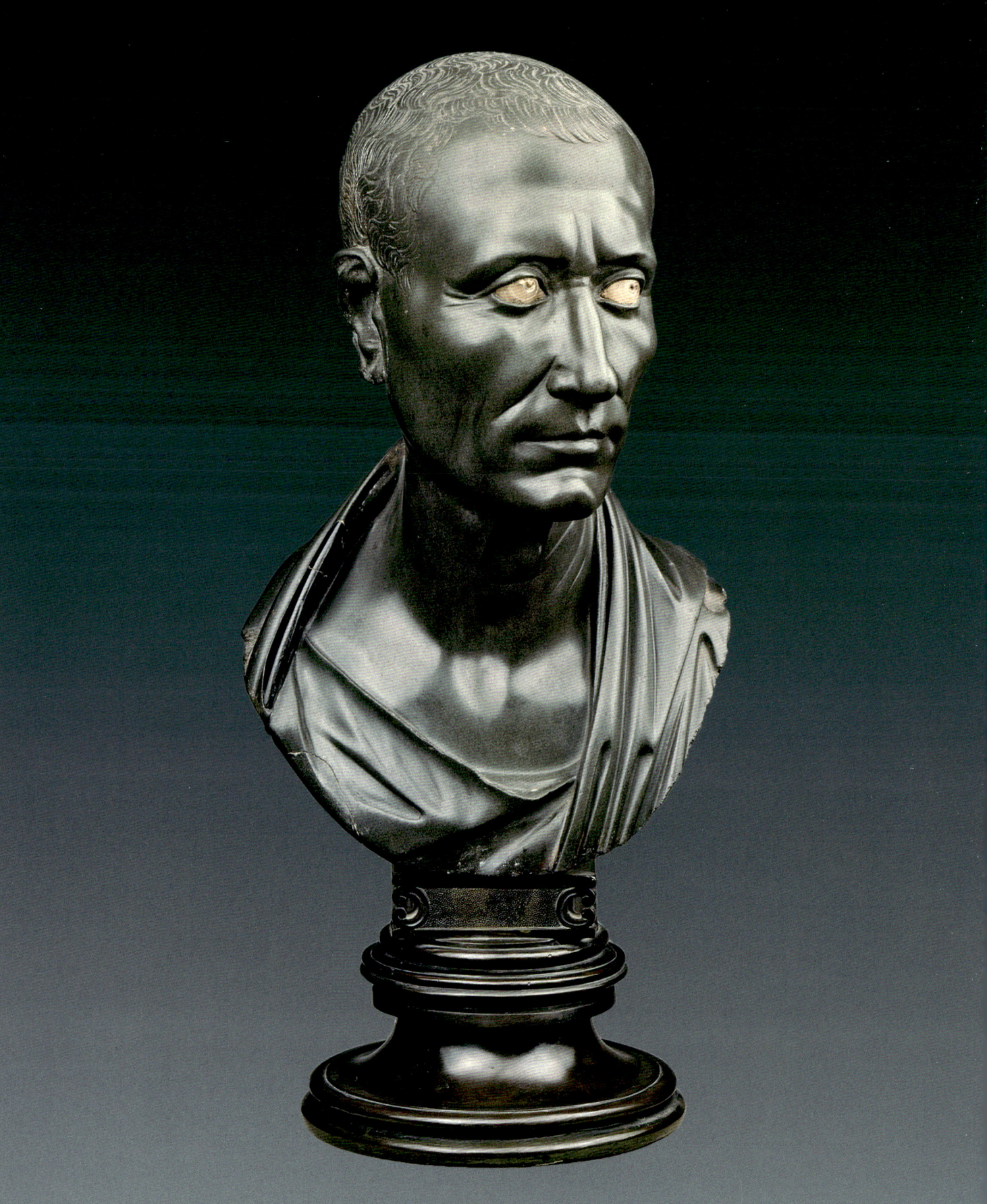

Ulrich Gotter

Monarchen ohne Monarchie: Augustus und die Geburt des ‚Prinzipats'

Aus der Perspektive des Mittelalters war die römische Monarchie zweifellos eine bewundernswerte Erfolgsgeschichte, und dies von Anfang an. Auf den breiten Schultern der exempelschwangeren Republik stehend, prägte sie ihrerseits die Geschichte der bekannten Welt für Jahrhunderte und brachte eine Reihe konkurrenzlos wohlklingender Herrschernamen hervor. Caesar, Augustus, Vespasian, Trajan und Marc Aurel wurden zu Ikonen menschlicher Macht und persönlicher Qualität, das Imperium, das sie beherrschten, zum Fetisch aller späteren Reichsbildungen, die Monumente, die sich mit ihnen verbinden, zu ehrfurchtgebietenden Memorialstätten. Doch ist dies nur die eine Seite der Medaille. Legt man nämlich andere Maßstäbe an, wie etwa die Sicherheit des einzelnen Monarchen oder die Stabilität seines persönlichen Regiments, fällt die Bilanz der römischen Alleinherrschaft wesentlich weniger glänzend aus. So starben von den 21 Herrschern von Caesar (*100, 45–44 v. Chr.) bis zum Machtantritt des Septimius Severus (*146, 193–211 n. Chr.) mindestens elf eines gewaltsamen Todes – sie wurden erstochen, in Stücke gehauen oder brachten sich im Angesicht ihres unvermeidbaren Endes selbst um. Diese Quote ist, zumal im Vergleich mit den Monarchien des frühmodernen Europa, immens und belegt in ihrer Serialität, dass die politische Ordnung Roms in der Kaiserzeit nicht einmal durchschnittlich stabil, sondern vielmehr hochgradig prekär war: Die existentielle Unsicherheit des römischen Monarchen war kein individuelles, sondern ein strukturelles Phänomen. Ebenso bemerkenswert wie die trockene Statistik ist die Tatsache, dass fast die gesamte historiographische Überlieferung jeden Herrscher negativ einfärbte. Auch das Image derjenigen, die nicht gewaltsam endeten, war zumeist in ein mehr oder weniger dunkles Grau getaucht, wie etwa im Fall von Tiberius (*42 v. Chr., 14–37 n. Chr.), Claudius (*10 v. Chr.,

41–54 n. Chr.) oder Hadrian (*76, 117–138 n. Chr.), und selbst die Vita derjenigen, die sich eine enorme Liste von Erfolgen zurechnen konnten, war aus der Perspektive von Zeitgenossen und Nachwelt nicht fleckenlos. Das gilt sogar für Augustus (*63 v. Chr., 27 v. Chr.–14 n. Chr.), auf den sich spätere Imperatoren immer wieder affirmativ bezogen. Nicht nur die Grausamkeit des Bürgerkriegsgenerals, sondern auch die Sittenlosigkeit und Heuchelei des reifen Prinzeps wurden bei seinem Biographen Sueton und in der Geschichtsschreibung der späteren Kaiserzeit rücksichtslos freigelegt. Hinter der antiken Rede über die römische Monarchie lauerte offenbar stets die Delegitimierung des regierenden Kaisers.

Unter diesen Umständen war die Alleinherrschaft in Rom ein elementares Paradox: Auf der einen Seite hatte der jeweils regierende Monarch so viel Macht in den Händen wie kaum ein anderer Herrscher nach ihm; auf der anderen Seite war seine Chance, auf gewaltsame Weise von Leben und Reich getrennt zu werden, konkurrenzlos groß. Erklärbar wird diese Janusköpfigkeit wohl nur, wenn man den Blick stärker auf die dunklen Ursprünge der monarchischen Ordnung in Rom richtet, als dies der mittelalterliche Rezipient getan haben mag. Denn die Alleinherrschaft in Rom war keine plausible Ordnung des Gemeinwesens, sondern ein prinzipiell illegitimer Zustand, der mit dem Normensystem der Republik frontal kollidierte und lediglich immer möglicher wurde, je mehr Blutvergießen die Militarisierung der römischen Politik im ersten vorchristlichen Jahrhundert forderte. Die Selbstausrottung eines beachtlichen Teiles der römischen Aristokratie war die *conditio sine qua non* für die Errichtung der Herrschaft des einen Mannes: Erst die Leichenhaufen des Bürgerkrieges machten den Verlust der aristokratischen Vormacht über die *res publica* überhaupt ansatzweise akzeptabel. Nach fast 20 Jahren nahezu ununterbrochenen Kämpfens (49–31 v. Chr.) war es schließlich so weit, dass die römische Welt mit Caesars Adoptivsohn, dem späteren Augustus, den einen überlebenden Prätendenten ertrug, zu dem es keine Alternative mehr gab (Abb. 5).

18 Büste G. Julius Caesar, 1. Hälfte 1. Jh. n. Chr. Berlin,
Staatliche Museen zu Berlin, Antikensammlung, 00004863

Doch waren auch dessen Handlungsspielräume durch die Konfliktkonstellation der Bürgerkriege begrenzt. Denn den finalen Waffengang mit seinem Rivalen Antonius hatte Caesars Sohn mit einer einzigartigen Propagandakampagne begleitet, die den Zweikampf um die Macht zu einem veritablen Ost-West-Konflikt umdeutete. Sein ständig wiederholter und vielfältig orchestrierter Vorwurf war, Antonius habe sich längst vom Römertum losgesagt und sei politisch, ästhetisch und moralisch unrettbar dem lasziven Orientalismus verfallen. Als programmatisches Gegenbild dazu inszenierte sich Octavian als Ur-Römer, der die Traditionen des republikanischen Staates gegen Dekadenz, Griechentum und monarchische Tyrannei verteidigte. Nachdem er dann unter dieser Fahne gesiegt hatte, konnte er selbstverständlich nicht mehr auf das von ihm inkriminierte Modell der Alleinherrschaft zugreifen, das die griechische Welt bereits seit langem kommunikativ erprobt hatte: das auf charismatischer Qualität beruhende hellenistische Königtum. Octavian war gewissermaßen das Opfer seiner eigenen Parolen geworden und steckte in einem tiefen Dilemma: Einerseits wollte er die einsame Macht unbedingt behalten, die er über Jahre hinweg als Bürgerkriegsgeneral ausgeübt hatte, andererseits durfte er die Ordnung nach dem Ende des Ausnahmezustandes nicht als personalisierte Übermacht formulieren. Das Ergebnis der langwierigen Aushandlungen und Experimente zwischen den Jahren 31–28 v. Chr. war folgerichtig geradezu ein Monument der Uneindeutigkeit. Statt einer monarchischen Ordnung mit einer klaren Hierarchie und abgestuften Funktionsgruppen entstand ein merkwürdiges Kompetenz- und Möglichkeitsgewirr. Der Gründungsakt der neuen Ordnung war eine geradezu theaterreife Inszenierung. Am 13. Januar entließ der amtierende Konsul Octavian im römischen Senat feierlich den römischen Staat, wie er später selber schrieb, aus seinem Machtbereich und überstellte ihn der freien Verfügung von Senat und römischem Volk. Zwei oder drei Tage später fügte er sich dann den inständigen Bitten der Senatoren und akzeptierte die Vormundschaft über die *res publica*. Konkret hieß dies vor allem, dass er sich die Befehlsgewalt über eine ganze Reihe von wichtigen Provinzen – zumeist an den Grenzen des Imperiums – auf 10 Jahre übertragen ließ. Da in diesen Provinzen nahezu alle Truppen stationiert waren, bedeutete dies den faktischen Oberbefehl über das römische Heer, das zugleich zur Berufsarmee ausgebaut wurde. Schließlich ehrte man Octavian wegen seines „Machtverzichts" mit dem Namen *Augustus*, der Erhabene, und erhöhte ihn so weit über das Niveau seiner aristokratischen Mitbürger.

Diese janusköpfigen politischen Akte waren im Nachhinein die Geburtsstunde jener spezifisch römischen Form von Monarchie, wie sie zumindest die ersten beiden nachchristlichen Jahrhunderte dominierte. Eine adäquate Beschreibung des Regimes fällt ausgesprochen schwer. Das beginnt bereits mit der Terminologie: Augustus selbst bestand darauf, seinen Staat ganz wie die aristokratische Vorgängerordnung als *res publica* zu bezeichnen, in welcher er selbst nur erster Bürger war. Offiziell und gewissermaßen staatsrechtlich hieß Rom weiterhin, als ob in den letzten 50 Jahren nichts Dramatisches geschehen wäre, *senatus populusque Romanus* (Senat und Volk von Rom). In der modernen Forschung hingegen wird der Staat des Augustus und seiner Nachfolger ganz überwiegend und ganz selbstverständlich als ‚Monarchie', ‚Kaiserreich' oder ‚Prinzipat', die Herrschaft des ersten Mannes, tituliert. Dabei verweist insbesondere der Kunstbegriff ‚Prinzipat' auf die definitorische Hilflosigkeit gegenüber der römischen Monarchie, deren wesentliche Agenda offensichtlich die systematische Verunklarung von Herrschaftsverhältnissen war. Dass der augusteische Staat in diesem Sinne ein System verhüllter Macht war, ist in der Forschung unstrittig. Aber wer verunklarte sie zu welchem Zweck und gegenüber wem? Und warum blieb das politische System des Augustus und seiner Nachfolger trotz seiner objektiven systemischen Stabilität dauerhaft prekär?

Hauptleidtragende des Regimewechsels von der Republik zur Alleinherrschaft, der sich in nahezu zwanzig Jahren Bürgerkrieg vollzog, waren die römischen Aristokraten – nicht nur weil diese Gruppe den proportional weitaus höchsten Blutzoll zu entrichten hatte, sondern auch, weil von ihr der höchste Grad an normativer Adaption an die neuen Verhältnisse aufgebracht werden musste. Denn die Mythen und *exempla* der Republik hatten über Generationen eine Monarchiephobie in die politische Disposition der Elite eingeschrieben, die auch durch die Macht der gewandelten Umstände nicht einfach zu beseitigen war. Alleinherrschaft in Rom war kollektiv perhorresziert, ‚Staat' war geradezu ein Synonym für ‚Nicht-Alleinherrschaft'. Wenn es daher nun – durch die Dynamik des Prozesses und das Glück der Waffen – einen unverhinderbaren Machthaber gab, musste sein Verhältnis zur Elite von entscheidender Bedeutung für den Charakter und die Stabilität des politischen Systems sein.

Gaius Julius Caesar hatte in dieser Sache neue Maßstäbe gesetzt. (Abb. 18) Er war zwar nicht sehr entschlossen in der Formulierung und Festschreibung einer neuen politischen Ordnung gewesen, doch seine aggressive Rhetorik gegen die Prinzipien des alten Regimes konnte niemand überhören. Er habe gesagt, zitierten ihn Zeitgenossen, die Republik sei ein Nichts, ein Name nur ohne Körper und Gestalt; Sulla sei ein Analphabet gewesen, weil er die Diktatur niedergelegt habe; die Menschen müssten jetzt vorsichtiger reden und seine Worte wie Gesetze achten. Caesars öffentliche Akte entsprachen diesen Formulierungen. Wir hören von Beschlüssen bei Senatssitzungen, die nicht stattgefunden hatten, von willkürlichen Beamteneinsetzungen, Ehrungen jenseits jeglicher republikanischer Tradition und seiner graduellen Entrückung in den Bereich des

Göttlichen. Es fällt schwer, hierin etwas anderes als Demonstrationen zu sehen, die den Weg zu Neuem freimachen sollten, indem sie das Alte systematisch zerstörten: Caesars Worte und Taten waren dazu angetan, das traditionelle politische System und seine Normen unablässig zu diskreditieren und auf diese Weise schleichend zu zersetzen. Es war symptomatisch für die Beharrungskraft des alten Systems, dass ihn dafür eine nicht eben kleine Gruppe von Senatoren, von denen er einige durchaus mit Hingabe gefördert hatte, am 15. März 44 v. Chr. kollektiv abstach.

Augustus hat von Caesar – oder besser: von Caesars Ende – gelernt, indem er sein Regime kompatibler zu den Traditionen der Republik machte. Dazu benutzte er Caesars Image als Klaviatur, auf der sich zwei Register artikulieren ließen: Einerseits beteuerte er seine Anhänglichkeit gegenüber dem Adoptivvater und inszenierte aufwendig das Prestige, das man als *divi filius*, als Sohn des Vergöttlichten, für sich reklamieren durfte; zum anderen zelebrierte er die Differenz zu Caesar in Gesten, Worten und Aktionen. Hatte Caesar die republikanischen Gesetze der alten Ordnung als überholt inszeniert, behauptete Augustus seit dem Ende der Bürgerkriege ebenso penetrant von sich, ganz auf dem Boden der alten Ordnung zu stehen. In den *Res gestae*, seinem nachträglichen Tatenbericht, hat diese Beteuerung ihre programmatische Formulierung gefunden. Dort verkündete er, dass „er zwar allen an Prestige (*auctoritas*) überlegen war, an Amtsgewalt (*potestas*) aber nicht mehr gehabt habe als diejenigen, die jeweils seine Kollegen gewesen seien" (Augustus, Res gestae(a) 34). Und in der Tat bemühte er sich offenbar nach Kräften, jeden Anschein einer prinzipiellen Überlegenheit zu vermeiden. Er habe sich wiederholt und nachdrücklich, so hören wir, gegen die Anrede *dominus* (Herr) verwahrt, in der Öffentlichkeit ohnehin und selbst im eigenen Haus. Im Senat habe er die Senatoren einzeln mit Namen angeredet, ohne dass jemand diese ihm zuflüstern musste; bei seiner Begrüßung seien sie sitzengeblieben. Bis in sein hohes Alter habe er mit seinen Standesgenossen gesellschaftlichen Umgang gepflegt und an den wichtigen Feierlichkeiten im Leben jedes Einzelnen teilgenommen. War diese forcierte Selbsteinordnung des Herrschers tatsächlich die lebenssichernde Camouflage der Verhältnisse gegenüber einer empfindlichen und nervösen Führungsschicht, wie so oft behauptet wurde? Dass Abkömmlinge von Familien mit generationentiefem Herrschaftswissen nicht begriffen haben sollen, was im augusteischen Rom mit ihnen geschah, ist mehr als unwahrscheinlich. Wie einschneidend die Veränderungen waren, die das neue Regime herbeiführte, zeigte sich bereits an zwei elementaren Feldern aristokratischer Betätigung: dem militärischen Komplex und der Senatssitzung.

Sehr bald nach dem finalen Sieg des Augustus über Antonius zeigte sich, was man als Aristokrat unter den neuen Machtverhältnissen um keinen Preis mehr sein durfte: ein Sieger eigenen Rechts. Der Triumph über auswärtige Gegner, die prestigeträchtigste Feier für das Führungspersonal im republikanischen Rom, wurde rasch zum Monopol des Herrschers; diejenigen, die in seinem Namen kommandierten, erhielten allenfalls noch Triumphalabzeichen zugesandt – als generöse Gunsterweise. Einzig Angehörige der kaiserlichen Familie hatten noch Chancen auf die höchste republikanische Ehre. Doch selbst als Augustus' loyaler Adoptivsohn Tiberius im Jahre 12 n. Chr. seinen Triumph über Pannonien (Ungarn) feiern konnte, wurden eindeutige Zeichen in Sachen Hierarchie gesetzt: Bevor er zum Kapitol einbog, heißt es bei Sueton, „stieg er vom Wagen und fiel vor seinem Vater, der bei diesem Festakt den Vorsitz hatte, auf die Knie (Sueton, *Tiberius* 20)." Einen knienden Triumphator aber hatte man in Rom vorher noch nie gesehen; obszöne Bilder wie dieses müssen der Funktionselite die neuen Spielregeln eindrücklich vor Augen geführt haben.

Wie die Dinge im augusteischen Staat wirklich lagen, wurde dem römischen Aristokraten aber nicht nur bei außerordentlichen Ritualen wie dem Triumphzug vor Augen geführt, sondern auch im gewissermaßen alltäglichen Geschäftsgang der senatorischen Entscheidungsfindung. Die Zahl der regulären Senatssitzungen wurde auf zwei im Monat begrenzt, und für die Erntemonate September und Oktober ließ Augustus lediglich ein kleines Quorum von Senatoren durch das Los bestimmen. Ebenfalls durch Los bestimmte er *consilia* (Ausschüsse), die die aktuellen Fragen vorab berieten und autoritative Anträge in die Vollversammlungen einbrachten. Die Meinungsbefragungen, bemerkt der Biograph, habe der Prinzeps „nicht in der üblichen Reihenfolge durchgeführt, sondern wie er es für richtig hielt, damit jeder so aufmerksam war, als hätte er eine Meinung zu formulieren und nicht bloß zuzustimmen" (Sueton, *Augustus* 35,4). Die ‚übliche Reihenfolge', von der Augustus systematisch abwich, war die der traditionellen innersenatorischen Hierarchie, mit dem Ranghöchsten beginnend. Seine Meinung bisweilen nach dem senatorischen Fußvolk abgeben zu müssen, war daher für einen ehemaligen Konsul nicht nur in hohem Maße kränkend, sondern verriet ihm – ebenso wie die willkürliche Zusammensetzung des *consilium* –, dass Augustus an einer echten Mitwirkung der führenden Männer nicht interessiert war. So war der Senat als Institution zweifellos auf kaltem Wege entmachtet. Zugespitzt könnte man formulieren: Caesar hatte republikanische Senatsbeschlüsse fingiert, Augustus imitierte sie. Das politische Ergebnis war in beiden Fällen dasselbe.

Unter diesen Umständen muss die Camouflage der augusteischen Herrschaft einen anderen Adressaten gehabt haben als die senatorische Führungsschicht, am ehesten wohl die Gruppe, für die die Differenz zwischen dem caesarischen und dem augusteischen Herrschaftsstil tatsächlich etwas Entscheiden-

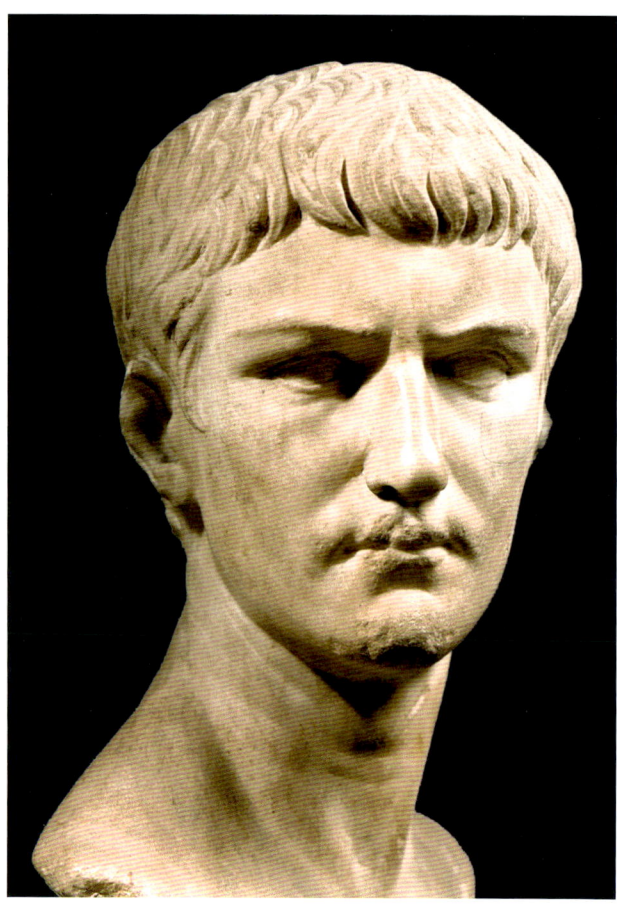

19 Caligula, 37-41 n. Chr. Rom, Musei Capitolini, 00015615

des ausmachte: die vielgestaltigen Klientengruppen nämlich, die an jedem Mitglied der römischen Führungsschicht hingen. Die Position ihnen gegenüber konnte ein römischer Aristokrat in der Tat nur aufrechterhalten, wenn der allgemeine Glaube an seinen Einfluss weiterhin bestand. Rekonstruiert man den kommunikativen Haushalt der frühen römischen Alleinherrschaft aus der Klientenperspektive, kann man das augusteische System als ein gemeinsames Theaterstück von Prinzeps und Aristokratie auffassen, das beiden Seiten reichlichen Profit bescherte: Die Aristokraten konnten so die zentrale Differenzlinie zwischen Patronen und Klienten konservieren, von der ihr Rang abhing. Der Prinzeps wiederum unterzog sich der Mühe wohl nicht nur deshalb, weil die Neigung zu Mordversuchen abnehmen musste, wenn man der Führungsschicht zumindest das patronale Gesicht ließ. Wichtiger war noch, dass ohne die allgegenwärtige Patronage weder das Reich noch der soziale Kosmos Italiens lenkbar und durch die neue Zentrale beeinflussbar gewesen wäre. Keine Ordnung ohne Patronage, keine Patronage ohne Herrschaftsfiktion der Elite. Dass es bei der augusteischen Camouflage genau darum ging, zeigt sich besonders deutlich im Umkehrschluss: Als das Verhältnis zwischen

Kaiser Caligula (*12, 37–41 n. Chr.) und dem Senat zumindest aus der Perspektive des Kaisers irreparabel zerrüttet war, zog dieser radikale kommunikative Konsequenzen. (Abb. 19) Er kündigte gewissermaßen die augusteische Choreographie auf und inszenierte das schärfste Gegenbild. „Einige Männer", schreibt Sueton (Sueton, *Caligula* 2), „die höchste Ämter innegehabt hatten, mussten in der Toga mehrere tausend Doppelschritte neben seinem Wagen herlaufen oder, wenn er zu Abend speiste, mit einem hochgeschürzten Leinengewand bald an der Lehne seines Speisesofas, bald zu seinen Füßen stehen". Die Botschaft war klar: Ein kurzatmiger, im mühsam geschürzten Gewand nach der Pfeife des Prinzeps sprintender ehemaliger Konsul war der echten Macht genauso ausgesetzt wie man selbst; ihn um Hilfe anzugehen, daher sinnlos.

Eine soziopolitische Theater-Ordnung wie der augusteische Staat mag, wenn sie denn funktioniert, effektiv sein, sie ist vor allem aber eines: prekär. Denn die Choreographie des Augustus verlangte von allen Partnern die präzise Kenntnis der eigenen Rolle und eine extrem hohe Disziplin in ihrer Aufführung. Fiel man aus dem Skript, konnte die Bühne rasch unkontrollierbar und phasenweise zum Schlachthaus werden. Das zentrale Problem war für den Prinzeps und seine Elite prinzipiell dasselbe: Er wie sie bewegten sich gleichzeitig in zwei verschiedenen und miteinander nicht kompatiblen Normensystemen.

Für den Prinzeps waren das einerseits die Anforderungen an den *primus inter pares*, zum anderen das Bewusstsein absoluter Macht, für die es jenseits von persönlicher Ethik und vermutungsweiser politischer Opportunität keine institutionellen Schranken gab. Dass Augustus die eigene Übermacht so explizit an seinen Verdienst für den Staat gebunden hatte, verschärfte das kommunikative Problem noch dramatisch. Denn diese Schuhe waren für seine Nachfolger mehr als nur eine Nummer zu groß. Lediglich der erste Prinzeps selbst und – mit Abstrichen – sein Nachfolger Tiberius konnten für sich in Anspruch nehmen, Leistungen erbracht zu haben, die einen Vorrang gegenüber ihren Standesgenossen rechtfertigten. Die übrigen „Kaiser" waren bei ihrem Herrschaftsantritt im Lichte der meritokratischen Idee Niemande, im besten Fall noch unbeschriebene Blätter: Caligula und Nero (*37, 54–68 n. Chr.) waren sehr junge Männer ohne politisches Kapital, Claudius befand sich zwar im richtigen Alter, wurde aber wegen seiner Behinderungen von der gesamten Familie als ungeeignet für eine öffentliche Karriere angesehen. Unter diesen Umständen mussten die frischgebackenen Alleinherrscher rasch ein eigenständiges und unverwechselbares Profil aufbauen. Bei ihrer Jagd nach einer herrschaftslegitimierenden Rolle hatten sie allerdings kaum mehr als die Tatsache der eigenen Macht. Sich hier selbst zu beschränken und innerhalb der augusteischen Verzichtsrhetorik zu bewegen, hätte übermenschlicher Askese bedurft, und so begegnen immer wieder und fast zwangsläufig eigenwillige Überhöhungen, die aus der Außenperspektive den Typus des wahnsinnigen Kaisers erzeugten.

Mindestens ebenso heikel waren die kommunikativen Anforderungen an die römischen Aristokraten: Für die Interaktion mit potentiellen Klienten und Untergebenen war die republikanische Vorbildwelt, in der man nach wie vor sozialisiert wurde, unbedingt funktional; war der Herrscher präsent, sollte man das eigene Verhalten zumindest der unbestreitbaren Tatsache seiner Allmacht anpassen und auf eine allzu penetrante Einforderung von prinzipieller Gleichheit verzichten. Mit der doppelten Normenwelt ließ sich noch am ehesten umgehen, wenn man fernab von der Hauptstadt auf den Gütern weilte oder in den Provinzen die Heere des Herrschers kommandierte. Mochte man sich dabei auch keinen Triumph erwerben können, so galt doch dort der eigene Befehl – fast wie in alten Zeiten. In Rom allerdings waren die Sphären näher beieinander und Interferenzen unvermeidbarer. Wie sich zeigte, konnte der augusteische Theater-Konsens regelmäßig entweder vom Prinzeps oder von Angehörigen der Aristokratie aufgekündigt werden, indem man behauptete, die Wahrheit über das politische System sagen zu wollen. In diesem Sinne ließ sich der Herrscher mit Aussagen vernehmen, wie dass er allen gegenüber alles dürfe (Sueton, *Caligula* 29,1), oder dass bisher kein Herrscher gewusst habe, was ihm erlaubt sei (Sueton, *Nero* 37,3). Auf der Gegenseite wiederum konnte sich der moralphilosophische Bekenner profilieren, der den *primus inter pares* als Tyrannen diffamierte und sich lobend über die Caesarmörder Cato und Brutus äußerte. Durch Enthüllungsgesten dieser Art trat die Angst, die vorher latent war, an die Oberfläche der sozialen Beziehungen, weil sie das jeweilige Gegenüber mehr oder minder offen mit dem Tod bedrohte: Der Gestus des Wahrheitssagens war also die Kriegserklärung an das augusteische System.

Um abschließend zum paradoxalen Charakter des Prinzipats zurückzukehren: Wie lassen sich nun äußerer Glanz und kommunikative Prekarität des monarchischen Regimes in Rom zusammenbringen? Aus der historiographischen Vogelperspektive liegt es durchaus nahe, eine Verbindung zwischen beiden

Facetten zu sehen: Je weniger eindeutig ein politisches System beschreibbar ist, könnte man als Regel formulieren, desto elementarer ist seine mediale Vermittlung. Gegenüber dem expliziten politischen Diskurs weisen Botschaften der Kunst, Texte ebenso wie Bildwerke, willkommene semantische Leerstellen auf, die vom Rezipienten auf verschiedene Weise füllbar bzw. ergänzbar sind. Der große Vorteil des Mediums liegt schlicht darin, dass auf eine umfassende Kohärenz von Aussagen verzichtet werden kann. Kunstwerke machen Punkte, erzeugen Impressionen und Assoziationen, sie diskutieren und erklären nicht lückenlos. Dies war besonders profitabel, wenn es um die Fassung des heiklen Vorranganspruchs des Herrschers ging. Ein Bild, das mit einigen assoziativen Formeln des Göttlichen ausgestattet wird, thematisiert und kommuniziert eine diffuse Überlegenheit des Herrschers, ohne die Frage nach seiner Göttlichkeit konkret zu beantworten (etwa der Augustus von Primaporta; siehe S. 32, Abb. 5). Eine Antwort darauf blieb den Subjekten überlassen, die je nach sozialer Verortung und kulturellem Kontext unterschiedliche Vorstellung darüber hatten. In diesem Sinne bildeten die vielfältigen Bilder, die reichsweit und ohne zentralen Propagandastab von aufstiegswilligen Eliten montiert wurde, nicht nur das Regime ab, sie begründeten ganz wesentlich seine Plausibilität. Die Übermacht des Herrschers war vielleicht nicht formulierbar, aber sie war für jeden, der im Imperium lebte und reiste unübersehbar – und dies über die Zeiten hinweg.

Quellen

Augustus, Res gestae divi Augusti, übers. u. hrsg. v. Ekkehard Weber, Düsseldorf/Zürich 2004; Gaius Suetonius Tranquillus, De vita Caesarum – Kaiserbiographien, lat. u. dt. v. Otto Wittstock, Berlin 1993.

Literatur

Ausst.-Kat. Berlin 1988; Bleicken 2010; Bringmann 2007; Dahlheim 2005; Dahlheim 2010; Eck 2006; Flaig 1992; Kienast 2009; Syme 2003; Wallmann 1989; Winterling 2007; Zanker 1990.

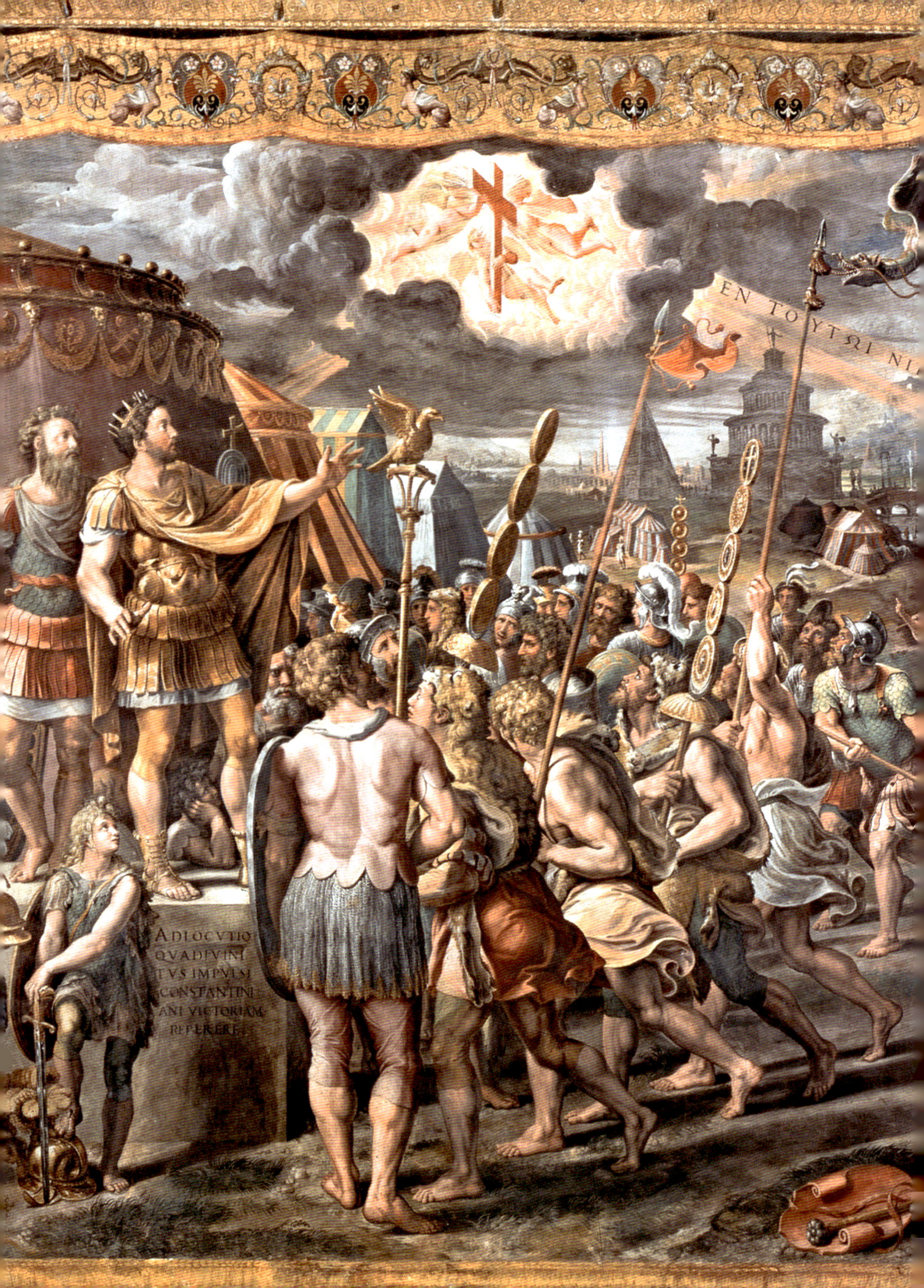

ΕΝ ΤΟΥΤΩΙ ΝΙ[ΚΑ]

ADLOCVTIO
QVA DIVINI
TVS IMPVLSVS
CONSTANTINI
ANI VICTORIAM
REFERRE

Hartmut Leppin

Die Krise des Kaisertums im 3. Jahrhundert

Das 3. Jahrhundert war eine Zeit der Erneuerung, der Erneuerung des Kaisertums und der Erneuerung der Religion. Beides hing nach antiker Vorstellung unlöslich zusammen. Das Ergehen des Kaisers, an dem das Ergehen des Reiches hing, zeigte, ob er in der Gunst der Götter stand oder gar selbst ein wirkmächtiger Gott war. Ein Schlachtensieg ließ sich als ein religiöses Ereignis deuten und ebenso eine Naturkatastrophe als ein Zeichen der Götter. Wie sehr sich aber die Religion ihrerseits wandelte, zeigen zwei Ereignisse, die am Beginn und am Ende des langen 3. Jahrhunderts stehen: 192 trat Commodus (180–192), der sich wie Herkules gebärdete, kämpfend in der Arena des Kolosseums auf: Er wollte vermutlich einen antiken Heros verkörpern, um so seine Göttlichkeit zu erweisen. 312 besiegte im Zeichen des Kreuzes Konstantin der Große (305–326) seinen Rivalen Maxentius an der Milvischen Brücke nahe Rom. (Abb. 20) Damit begann die folgenschwere Verbindung von Christentum und Kaisertum.

Die Verbindung von Christentum und Kaisertum war die Folge einer Krise, denn das 3. Jahrhundert steht nicht nur im Zeichen der Erneuerung, sondern stärker noch im Zeichen von Krisen. An den Grenzen des Reiches – in Britannien, im Rheinland, an der langgestreckten Donau, am Euphrat, in Afrika – suchten blutige Vorstöße von Feinden die Bewohner heim. Immer neue Völker tauchten dort auf und taten ihr zerstörerisches Werk. Weite Teile des Reiches lagen ökonomisch darnieder, die Münzen verloren an Wert, Städte verfielen. Die alten Eliten büßten Teile ihrer Macht ein; Soldaten und soldatische Machthaber drängten so weit in den Vordergrund, dass man, etwas einseitig, von einer Zeit der Soldatenkaiser gesprochen hat. Viele Zeitgenossen, Heiden wie Christen, schilderten eindringlich die Leiden ihrer Welt und verkündeten eine düstere Zukunft. Weitaus weniger Werke der Literatur und der bildenden Kunst sind aus dieser Zeit vorhanden als aus früheren Jahren.

Die jüngere Forschung wiederum hat zu Recht eingewandt, dass von einer allgemeinen Krise nicht die Rede sein könne: Es gab nach wie vor prosperierende Regionen, die christliche Literatur blühte auf, und Klagen über schlimme Zeiten kennt man aus allen Epochen der Antike. Doch unbestreitbar ist, dass es eine Krise des Kaisertums gab. Nur wenigen Kaisern war eine Regierungszeit vergönnt, die über zwei Jahre hinausging – oft blieb es bei wenigen Monaten –, kaum einer starb friedlich. Wer das Amt innehatte, eilte von Krisenherd zu Krisenherd und vermochte doch kaum etwas auszurichten. Für die Zeitgenossen, die nicht auf Instrumente struktureller, ökonomischer oder soziologischer Analysen zurückgreifen und das Vordringen der Steppenvölker nicht unter globalgeschichtlichen Gesichtspunkten erfassen konnten, blieb nur eine Erklärung: die Religion. So überrascht es nicht, dass die Zeit der Krise des Kaisertums auch die Zeit eines beispiellosen Aufstiegs des Christentums war.

Wichtige Etappen der Krise seien hier dargestellt. Manche Leser mag die Zahl der Kaisernamen stören – ihnen sei versichert: Es ist nur eine kleine Auswahl derer, die in diesen Jahren auf dem Thron saßen; es sind jene, deren Wirken zeigt, dass die Zeit der Krise des Kaisertums auch eine Phase des Experimentierens mit verschiedenen Formen des Kaisertums war und damit eben auch eine Zeit der Erneuerung.

Commodus, der in Gestalt des Herkules aufgetreten war, wurde am 31. Dezember 192 ermordet. Eine klare Nachfolgeregelung bestand nicht, so dass blutige Bürgerkriege folgten. Aus ihnen ging Septimius Severus (193–211) als Sieger hervor. Ihm gelang es, eine Dynastie zu begründen, die für fast ein halbes Jahrhundert das Römische Reich lenken sollte.

„Seid einig, macht die Soldaten reich, allen anderen begegnet mit Verachtung!" Diese Worte legt der zeitgenössische Historiker Cassius Dio Septimius Severus als Vermächtnis an seine Söhne in den Mund (Historia romana (b) 77 (76),15,2) – die sich danach heillos zerstritten. (Abb. 22) Auch wenn der Rat nicht ankam, ist er bezeichnend: In der Tat spielten die Soldaten eine wesentliche Rolle für diese Dynastie und wurden deutlich aufgewertet. Die hohen Herren des Senats mussten

20 Kaiser Konstantin erscheint das Kreuz, Fresko von Giulio Romano nach dem Entwurf Raffaels, um 1520/1525. Rom, Vatikan, Sala dei Constantino

dies als Affront erleben, doch andererseits war die Unruhe an den Grenzen so groß, dass sie ein starkes Heer erforderten. Nicht nur Heere wurden indes gefördert, sondern auch andere leistungsbereite Männer: Juristen; das römische Recht blühte in dieser Epoche. Es war überhaupt eine Zeit der kulturellen Öffnung. Namentlich die in die Familie der Severer eingeheirateten Frauen aus dem Osten unterstützten manches, was von dorther kam; so konnte es vorkommen, dass ein christlicher Theologe wie Origenes (185–253/254) zur Kaiserin gebeten wurde. Bei allen Schwierigkeiten – das Römische Reich erlebte noch einmal eine friedliche Zeit, selbst in den meisten Grenzregionen ließ es sich noch leben.

Emblematisch für die Schwierigkeiten ist der Tod des Alexander Severus: Er wurde in Mainz während der Meuterei seiner eigenen Soldaten erschlagen. Sein Nachfolger Maximinus Thrax (235–238) wird nun tatsächlich als ein ungeschlachter Soldatenkaiser niedriger Herkunft verspottet – so etwas hatte es noch nie gegeben. Militärisch ging er energisch vor: Funde, die eine Schlacht am norddeutschen Harzhorn belegen, könnten von seinem Vorstoß nach Germanien stammen. Doch fand er keinen Rückhalt beim Senat; es kam zu Usurpationen – sechs Kaiser(-prätendenten) zählte man im Jahre 238 – und schließlich fand Gordian III. sich als Kaiser (238–244) wieder, immerhin kein Soldat, aber ein dreizehnjähriger Knabe. Entscheidend für sein Schicksal wurde ein Feldzug gegen die Perser. Er kam dabei ums Leben, sei es im Kampf oder durch Mord, ohne einen Nachfolger.

Da sprang vielleicht nicht ganz zufällig Philippus Arabs (244–249) in die Bresche. Ihm lag offenbar an der inneren Einheit des Reiches. Denn die Grenzen beruhigte er vergleichsweise rasch, um dann die große Tausendjahrfeier Roms vorzubereiten, die für 248 anstand. Die Ewige Stadt war ja nach antiken Berechnungen 753 v. Chr. gegründet worden (das Jahr Null wird nicht gerechnet). Der Prunk muss beispiellos gewesen sein: Öffentliche Spiele und Geldgeschenke verwöhnten die Bevölkerung Roms. Der Senat sah seine Stadt, die manch ein früherer Kaiser nur selten aufgesucht hatte, im Glanz der Tradition wiedererstehen. Ein Zeitalter des Friedens schien anzubrechen. Krisenbewältigung durch Traditionsstiftung könnte man sagen, doch auch den erstarkenden Christen, die mit vielen Traditionen brachen, begegnete Philippus so freundlich, dass manche ihn selbst für einen Christen hielten.

Wüsste man nicht, was auf Philipp folgte, so würde man sich scheuen, seine Herrschaft als krisenhaft zu bezeichnen. Die innere Integration schien gelungen, ein enormer Aufwand an Ressourcen schien möglich, nicht nur für den Krieg und die Tausendjahrfeier, sondern auch für die Errichtung einer neuen Stadt, Philippopolis, am Geburtsort des Kaisers in Syrien. Doch die Donaufront fand keine Ruhe. Philippus entsandte Decius dorthin – und dieser hatte tatsächlich Erfolg, so sehr, dass sei-

ne Truppen ihn zum Kaiser ausriefen. In einer Entscheidungsschlacht des Jahres 249 setzte Decius sich gegen Philippus durch, der fiel. Bei allem Prunk war auch dieser Kaiser gefährdet. Es gab keine Dynastie, die die Verhältnisse stabilisiert hätte; die Legitimation des Kaisers hing allein von seinem Erfolg ab – und den garantierten die Götter.

Nichts musste Decius, übrigens wohl ein Mann durchaus vornehmer Herkunft, daher wichtiger sein, als die Gunst der Götter zu gewinnen, wie es Philippus offenbar vergebens versucht hatte. Der Weg des Decius war radikal: Alle Untertanen sollten den Göttern ein Opfer zum Wohl des Staates erbringen und darüber eine Bescheinigung erhalten. Eine solch totale Erfassung der Untertanenschaft in religiösen Dingen war für die Antike ungewöhnlich. Wohl wäre es zu simpel, von Toleranz in der griechisch-römischen Welt zu sprechen, doch unterlagen die Menschen für gewöhnlich keinem Druck, sich religiös zu bekennen, wenngleich sie andererseits nichts tun durften, was das Missfallen der Götter erregt hätte. Für Decius bestand vielleicht das Anstößige gerade in dem Ausbleiben der Opfer.

Eine Gruppe fühlte sich von dem Edikt besonders getroffen, obgleich es wohl nicht speziell gegen sie gerichtet war: die Christen. Viele von ihnen lehnten heidnische Opfer grundsätzlich ab. Sie empfanden das Opferedikt als einen Akt der Christenverfolgung. Tatsächlich erlitten Christen, die das Opfer verweigerten, das Martyrium und ernteten so Ruhm bei ihren Brüdern. Andere erschlichen sich durch Korruption Opferbescheinigungen, wieder andere brachten Opfer dar, ohne darin eine untilgbare Sünde zu sehen. Als der Druck nachließ, entbrannte sofort ein Streit unter den Christen, wie mit den Abtrünnigen umzugehen sei; am Ende wählten die meisten Gemeinden eine milde Lösung, was zu ihrem Wachstum beitrug: Sie hatten ihre Helden, die in der Verfolgung stark geblieben waren, und wussten die Schwächeren zu integrieren.

Decius fand 251 in Kämpfen gegen die Goten den Tod. War dies nicht ein Zeichen Gottes, der den Verfolger vernichtete? Christen konnten sich diesem Gedanken kaum entziehen. Es folgten Jahre des Chaos. Endlich wurde Valerian (253–260) römischer Kaiser, wieder der Spross einer vornehmen italischen Familie. Er entfaltete eine beträchtliche Energie, nach innen wie nach außen. Im Inneren nahm er die Christen aufs Korn, und zwar im Gegensatz zu Decius gezielt: Die Kleriker sollten eliminiert, Gottesdienste unterbunden und christliche Friedhöfe nicht mehr besucht werden. Etwas später verkündete Valerian, dass führende Christen, unter denen es offenbar auch Senatoren gab, sogar ihr Vermögen verlieren und hingerichtet

21 Tafelbild der Familie des Septimius Severus, Ende 2./Anfang 3. Jh. n. Chr. Berlin, Staatliche Museen zu Berlin, Antikensammlung

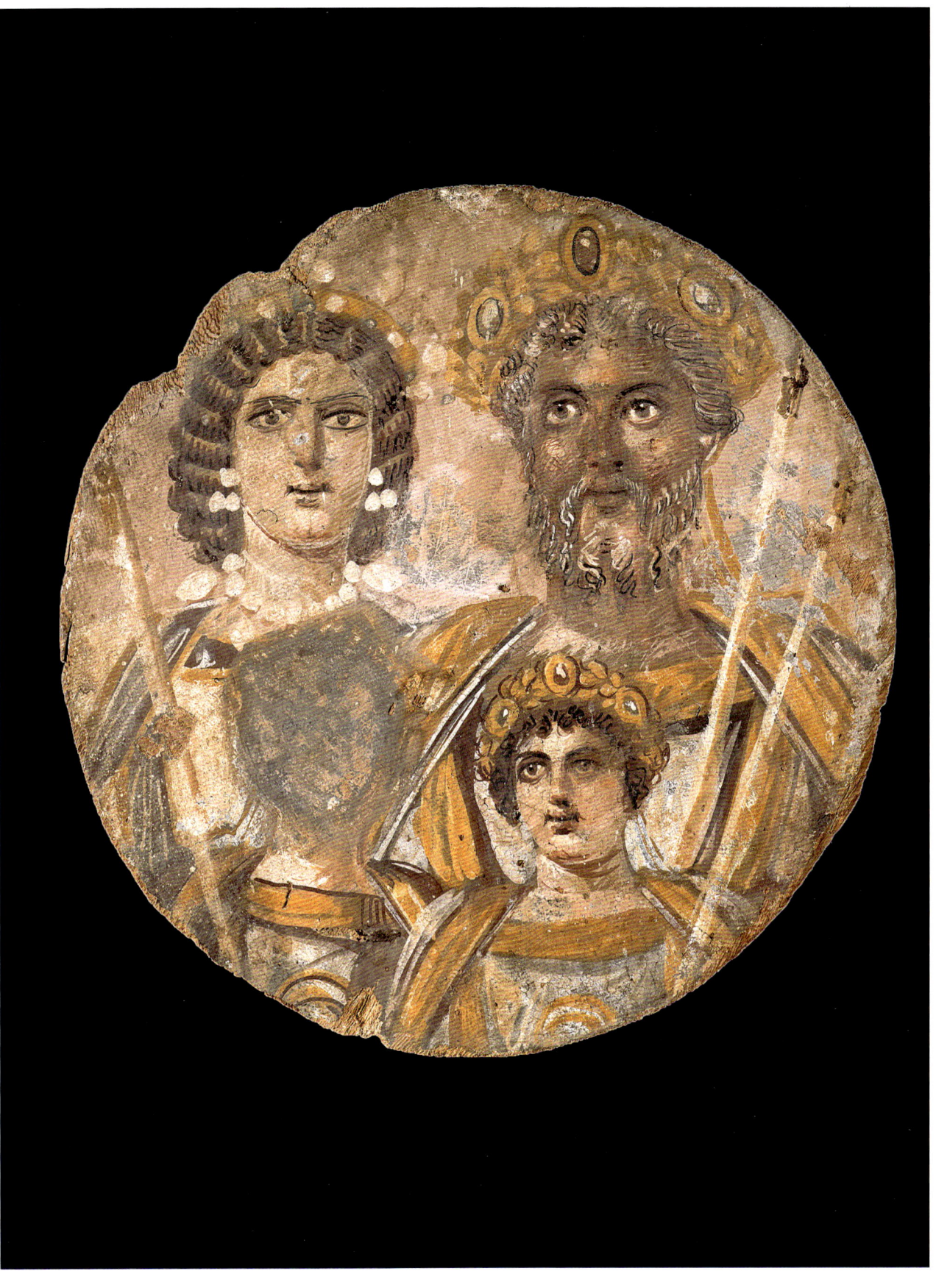

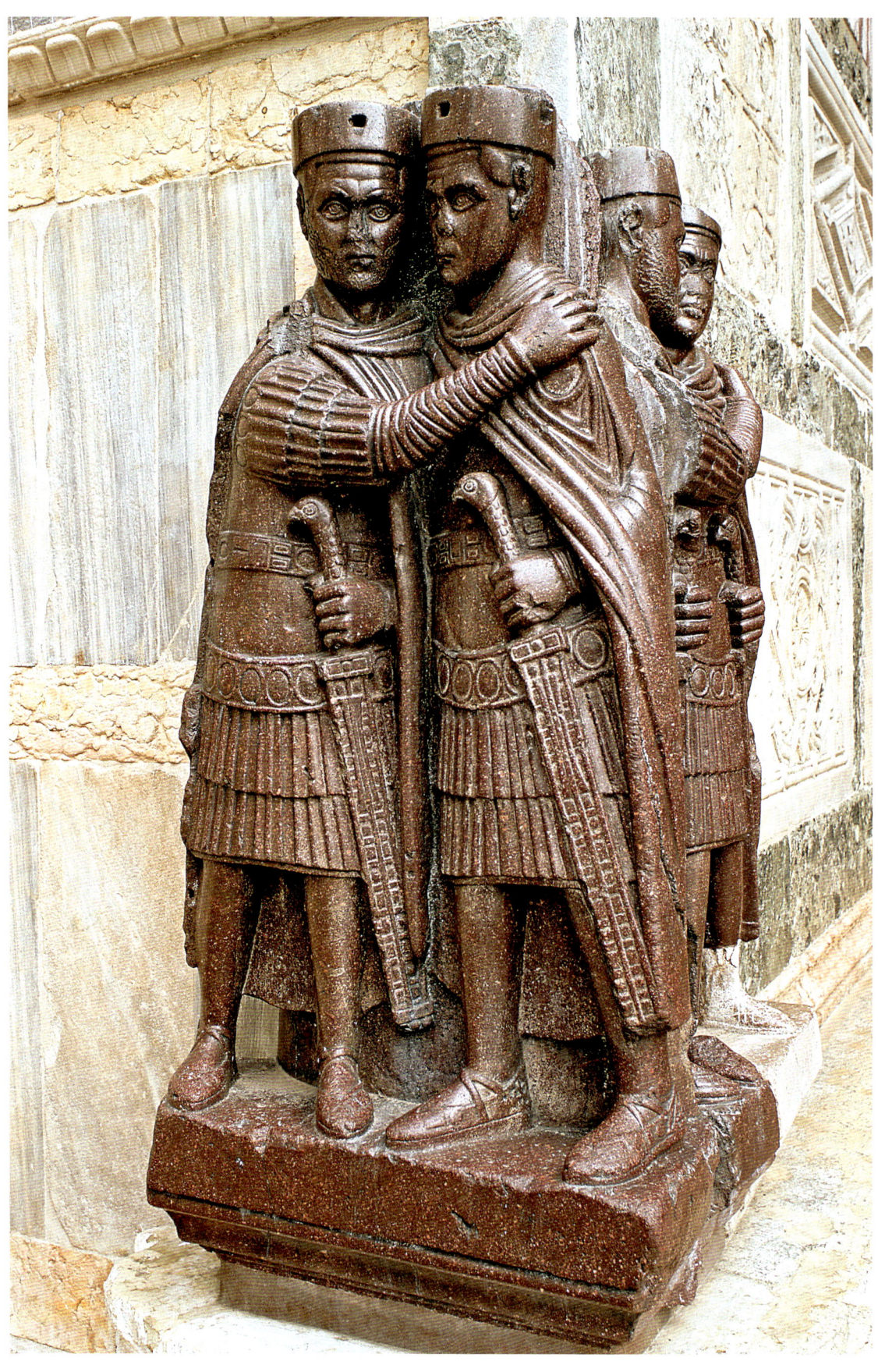

werden sollten, wenn sie auf ihrem Glauben beharrten. Wieder gingen viele Christen ins Martyrium, wieder gab es Abtrünnige, wieder überlebten die christlichen Gemeinden die Verfolgungen, und wieder gelang es, Abtrünnige zu reintegrieren. Erneut waren die Christen durch Verfolgungen gestärkt.

Wenn einige Christen zudem auf ein allgemein sichtbares Zeichen Gottes gehofft hatten, dann nicht vergebens. Die Außenpolitik Valerians, der an fast allen Reichsgrenzen kämpfte, war erfolglos: Gebiete östlich des Rheins gab man gar auf. Vor allem aber erlitt das römische Kaisertum die größte Schmach seiner Geschichte: Der Kaiser wurde vom Perserkönig in Gefangenschaft geführt und kehrte nicht wieder zurück. Höhnisch feierten die Perser ihren Triumph.

Immerhin konnte der Sohn Valerians, Gallienus (260–268), sich für einige Jahre behaupten – aber es wird sich kaum jemand darum gerissen haben, römischer Kaiser zu werden. Gallienus ist eine ungewöhnliche Gestalt, weil er stark auf die griechische Tradition des Römischen Reiches gesetzt zu haben scheint. Mit dem neuplatonischen Philosophen Plotinus soll er eine enge Verbindung unterhalten und Agone im klassischen Stil neu begründet haben – dies zeigt, dass man nicht einmal im Angesicht der tiefsten Krise von einer Verarmung reden kann. Trotz der Förderung traditioneller Feste stellte Gallienus die Verfolgung der Christen ein, für die friedliche Jahrzehnte in einem heidnischen Reich anbrachen.

Als Reformer zeigt Gallienus sich vorausschauend. Er förderte die Ritter so stark, dass es hieß, er habe Senatoren die Bekleidung militärischer Kommanden verboten (Aurelius, Liber de Caesaribus 33,33 f.). Zudem führte er mobile Truppeneinheiten ein, die die wechselnden Krisenschauplätze rasch erreichen konnten. Doch die positiven Effekte dieser Eingriffe traten nicht sofort ein.

Weite Teile und wichtige Regionen des Reiches fühlten sich in diesen Jahren vom Kaiser nicht mehr geschützt. Es bildeten sich Sonderreiche, ein Gallisches im Westen, das Palmyrenische in Syrien. Diese stellten allerdings nicht das römische Kaisertum und das Römische Reich in Frage und drückten auch kein nationales Unabhängigkeitsstreben aus. Provozierender war die Herrscherin des Palmyrenischen Reiches Zenobia, die den Titel der Augusta nicht nur nutzte, um ihre Stellung als kaiserliche Frau zu markieren, sondern auch Regierungsgeschäfte ausübte – für Römer, die streng in Kategorien der Rollentrennung dachten, unvorstellbar. Ein weibliches Kaisertum sollte es auch später in Rom nur als Zwischenlösung geben.

Was auch immer die Römer denken mochten – die Sonderreiche halfen den Kräften des Zentrums, weil sie Feinde fern-

hielten. Es war ein Glück für Rom, dass auch im Kerngebiet energische Herrscher auftraten, die in der Lage waren, sich gegen die Feinde durchzusetzen. Allen voran zu nennen ist Aurelian. Er zerschlug nicht nur die beiden Sonderreiche und führte Zenobia im Triumph nach Rom, sondern bemühte sich, das Römische Reich religiös zu einen, indem er den Kult des Sonnengottes massiv förderte, für den er einen neuen Tempel in Rom errichtete. Es wäre gewiss verfehlt, hier eine Frühform des Monotheismus zu sehen, doch gelegentlich wird von Henotheismus gesprochen, da Aurelian den einen (griech. *heis, henos*) Gott so energisch förderte. Obgleich Aurelian nur von 270 bis 275 regierte und keine Dynastie begründete, trug er entscheidend zur Stabilisierung des Reiches bei. Auch er förderte einen heidnischen Kult und begegnete gleichwohl den Christen duldsam. Als die Gläubigen Antiochias sich darüber stritten, wer die Kirchen nutzen dürfe, wandten sie sich an den Kaiser. Er war so der erste römische Kaiser, von dem bekannt ist, dass er innerchristliche Angelegenheiten regelte.

Seine Nachfolger machten sich mit ähnlicher Energie ans Werk, doch es blieb bei kurzen Regierungszeiten; niemand vermochte abzusehen, wie lange die Krise noch währen würde. Da trat Diocletian auf, ein Mann niedriger Herkunft, wohl ein grobes Naturell, aber ein Mann mit politischem Gespür. Er baute ein Herrschaftssystem auf, das später als Tetrarchie bezeichnet wurde, als Vierherrschaft, wobei nicht ganz klar ist, inwieweit er diese Ordnung systematisch entwickelte oder aus kontingenten Anlässen aufbaute. Es begann damit, dass er selbst 284 zum Kaiser ausgerufen wurde, nachdem ein anderer Herrscher unter geheimnisvollen Umständen ums Leben gekommen war. Rasch setzte er sich gegen Rivalen durch; klugerweise erhob er bereits 285 Maximian, einen Mann ähnlichen Kalibers wie er selbst, zum Mitkaiser im Range eines Caesar, also zum designierten Nachfolger. Im Jahre darauf machte er ihn gar zum Augustus. Die beiden waren damit titulär gleichgestellt, auch wenn der Vorrang des älteren Augustus außer Frage stand. Gründe für diese Herrschaftteilung gab es genug: Die zwei Kaiser konnten in verschiedenen bedrohten Regionen als legitime *Augusti* wirken, ferner war ein Umsturz erschwert, weil ein Usurpator beider Herrscher hätte habhaft werden müssen.

Doppelherrschaften hatte man schon vorher gesehen. Revolutionär war, was Diokletian im Jahr 293 tat. Den beiden Augusti wurden zwei Caesares zur Seite gestellt. Damit war die Vierherrschaft vollendet: Maximian lenkte mit seinem *Caesar* Constantius den Westen, Diokletian mit Galerius den Osten. Bemerkenswert war nach römischen Maßstäben, dass die vier nicht miteinander verwandt waren. Offenbar sollte der Geeignetste ausgewählt werden. Allerdings adoptierten die Augusti die Caesares, so dass eine rechtliche Verwandtschaft hergestellt und eine persönliche Loyalität begründet wurde.

22   Die Tetrarchen, Porphyr, Ende 3./Anfang 4. Jh. n. Chr. Venedig, Basilica di San Marco

Im Prinzip galten für die Vierteilung der Tetrarchie die gleichen Gründe wie für die Zweiteilung: Es war eine noch intensivere Kontrolle des Reiches möglich und Usurpationen wurden noch weiter erschwert. Tatsächlich kehrte für zwei Jahrzehnte Ruhe im Römischen Reich ein, eine machtgeschützte Ruhe, doch für die meisten, gerade für die wehrlosen Bauern gewiss eine große Erleichterung.

Diocletian ging über eine rein pragmatische Neuordnung hinaus; er kleidete sie auch in ein religiöses Gewand: So legte er sich den Beinamen *Iovius* zu, Jupitergleicher, Maximian firmierte als *Herculius*, Herkulesgleicher. Bedenkt man, dass Herkules der Sohn Jupiters war, so zeigt sich, dass auch in der Annäherung an den Heros eine klare Unterordnung unter Diokletian lag. Die Tetrarchen waren nicht diese Götter, aber sie besaßen deren Eigenschaften, so dass sie bisweilen auch als deren Söhne bezeichnet wurden. Die Vierzahl der Tetrarchen in ihrer Eintracht wurde an vielen Orten durch Statuen und Statuengruppen, ja durch ganze Platzanlagen versinnbildlicht. Am bekanntesten ist die Porphyrgruppe der vier Tetrarchen in Venedig. (Abb. 22)

Mit der inneren Stabilität gingen äußere Erfolge einher. Die meisten Grenzen wurden beruhigt, die Perser 298 geschlagen und damit die Schmach Valerians zwar nicht getilgt, aber doch ausgeglichen. Immerhin erbeutete man die Frauen des Großkönigs.

Die Provinzialstruktur wurde grundlegend geändert, vor allem entgegen einer jahrhundertealten Tradition die Militär- von der Zivilverwaltung getrennt. Die Provinzen wurden kleiner und eine mehrstufige Hierarchie zwischen Provinzstatthalter und Kaiser eingeführt. Auch das erschwerte Usurpationen. Das Steuerwesen erhielt eine neue systematische Grundlage, die Elemente einer Grund- und einer Kopfsteuer vereinte; indem Italien in dieses System einbezogen wurde, setzte man sich wieder über eine alte Tradition hinweg. Dem verfallenen Geldwesen verschaffte der Kaiser eine neue Grundlage, als er das neue Nominal des Follis einführte. Für eine Unzahl von Waren setzte er einen Höchstpreis fest. Das sollte allerdings nicht im Sinne einer allgemeinen Wirtschaftssteuerung missverstanden werden. Es ging wohl wesentlich darum, die herumziehenden Soldaten vor überhöhten Preisen zu schützen, die angesichts des Zuwachses an Konsumenten, die die vielen Soldaten ausmachten, leicht entstanden. Traditionsbewusste Römer im Senat müssen mit größter Sorge auf diese Maßnahmen geblickt haben und dürften froh gewesen sein, dass ihr Stand nicht gleich von dem Veränderungsfuror hinweggefegt wurde.

Demonstrativ traditionsorientiert war Diocletian in anderen Bereichen. So untersagte er die Verwandtenehe, die mancherorts verbreitet war. Obgleich Diocletian bereit war, einem nicht zum römischen Pantheon gehörigen Gott wie Mithras zu huldigen, stemmte er sich gegen religiöse Neuerungen. Erstes Opfer waren die Manichäer, eine religiöse Gruppe, die wenige Jahrzehnte zuvor in Persien entstanden war und die neben persischen und buddhistischen auch christliche Elemente aufnahm. Ihre Schriften und ihre Anführer sollten verbrannt, andere Manichäer hingerichtet werden: Es ging um eine vollständige Elimination dessen, was von der Tradition abwich. Etwas später, vermutlich ab 303, wurden die Christen nach mehreren Jahrzehnten der Ruhe verfolgt, wie es scheint in mehreren Wellen und sehr gezielt, aber nicht in allen Reichsteilen. Auch diese Verfolgung überlebten die Christen triumphierend. Seit 311 wurden sie offiziell geduldet.

Zu dem Zeitpunkt war Diocletian allerdings bereits tot. 305 hatte er etwas Überraschendes, von ihm aber wohl Langgeplantes vollzogen: Er verzichtete auf die Kaiserwürde und zwang Maximian, es ihm gleichzutun. Beide zogen sich zurück, Diokletian in seinen berühmten Palast von Split (Abb. 23), wo er gegärtnert haben soll. Eine neue Tetrarchie entstand, mit den bisherigen Caesares als Augusti.

Doch ihr war keine Dauer beschieden. Als der nunmehrige *Augustus* Constantius 306 starb, riss sein Sohn Konstantin, der nach dem tetrarchischen Prinzip leer ausgegangen wäre, unterstützt von seinen Soldaten die Krone an sich. Offenbar war der Verzicht auf das dynastische Prinzip, der für Diocletian so wesentlich war, gerade für die Armee unplausibel. Es folgten Jahre der Wirren und der Bürgerkriege. Eine erste Klärung erreichte Konstantin, als er 312 mit der Schlacht an der Milvischen Brücke seinen letzten Gegner im Westen, Maxentius, besiegte. Dieser Sieg war im Zeichen des Kreuzes errungen und läutete damit eine neue Phase des antiken Kaisertums ein, eine Phase, die durch die immer enger werdende Verbindung zum Christentum gekennzeichnet war. Diese krisenhafte Verbindung sollte mehr als anderthalb Jahrtausende währen.

Quellen
Aurelius, Liber de caesaribus; Cassius Dio, Historia romana (b).

Literatur
Johne 2008; Leppin 2007; Potter 2004; Strobel 1993; Witschel 1999.

23 Split, Diokletianspalast

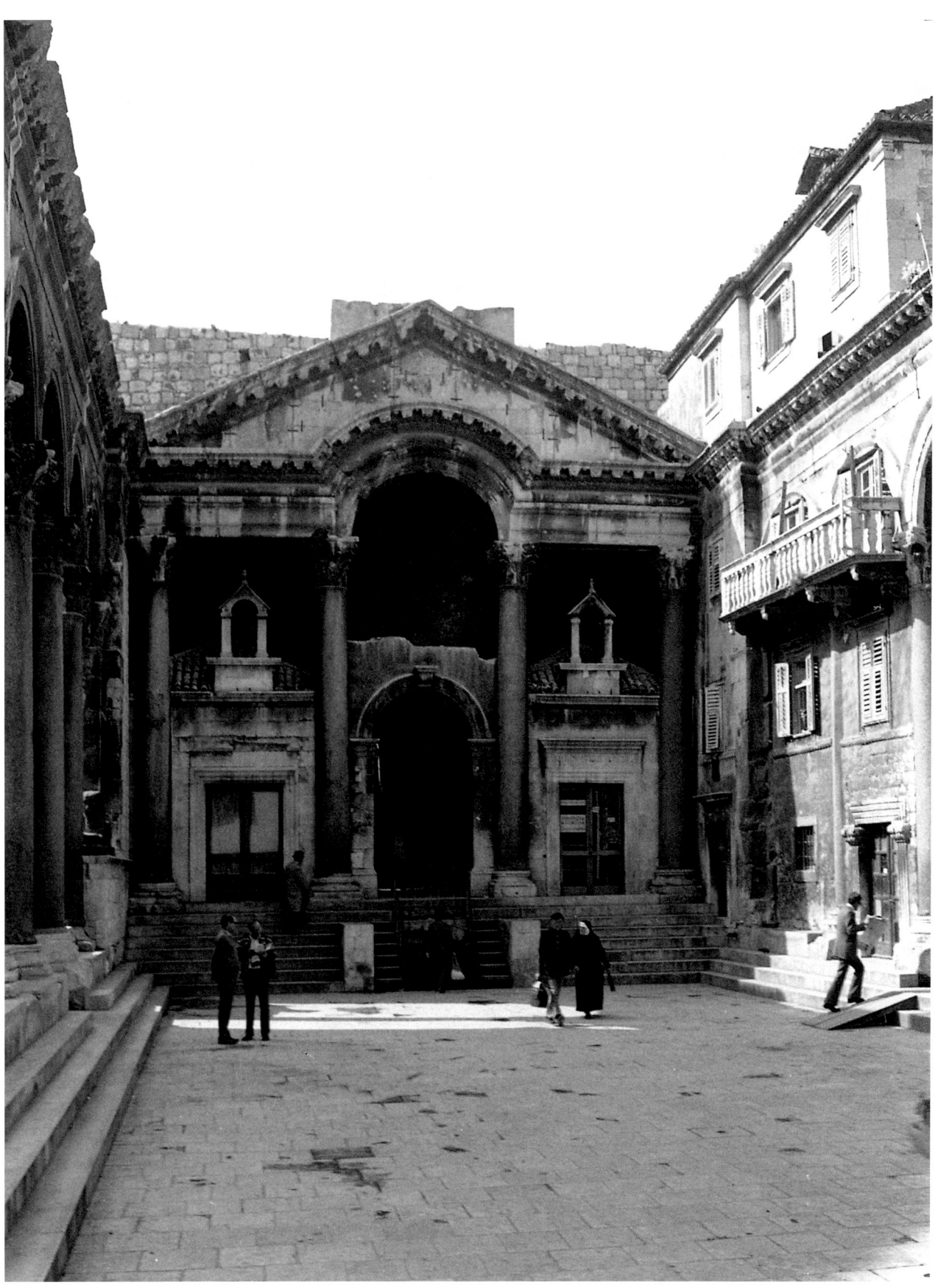

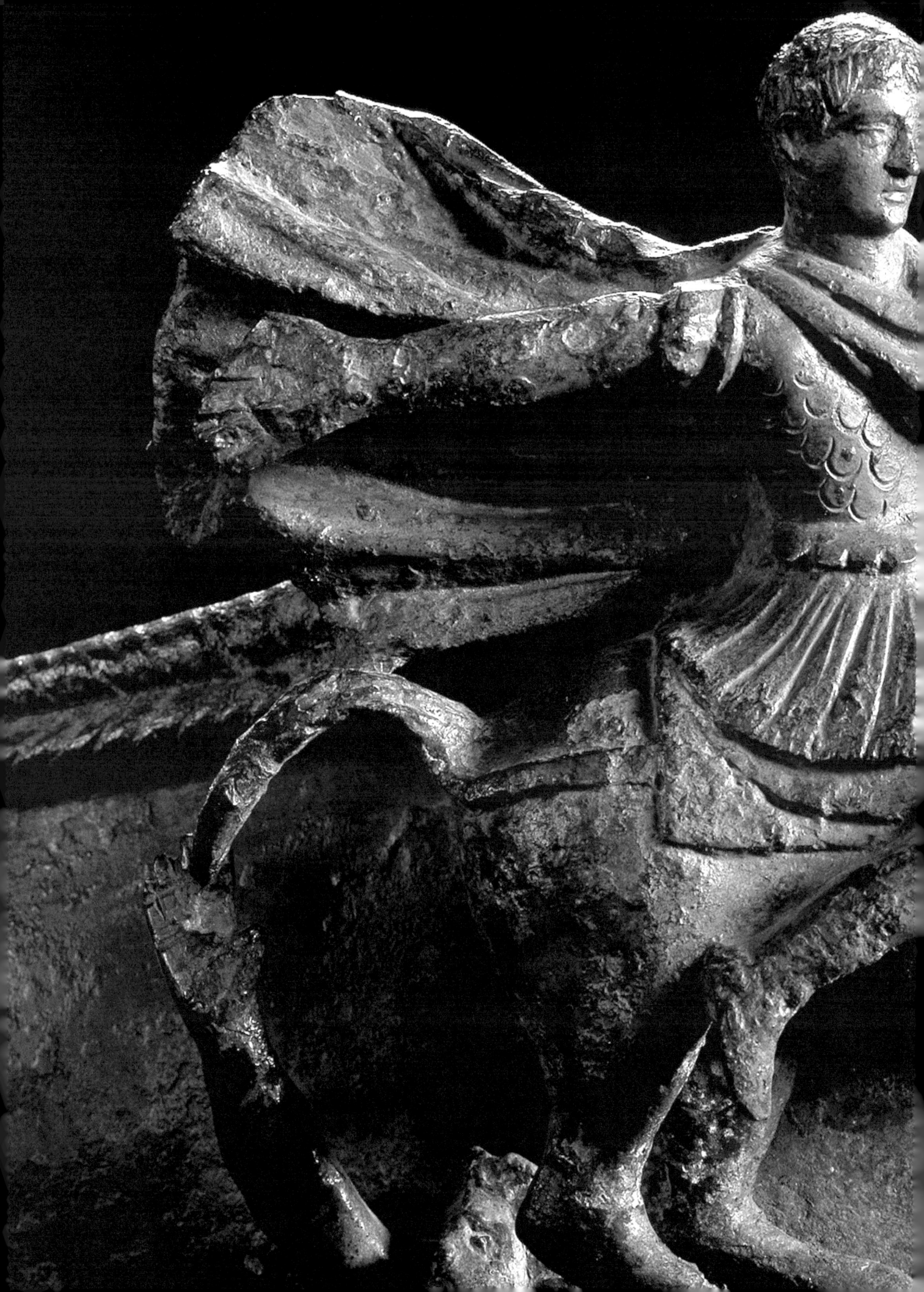

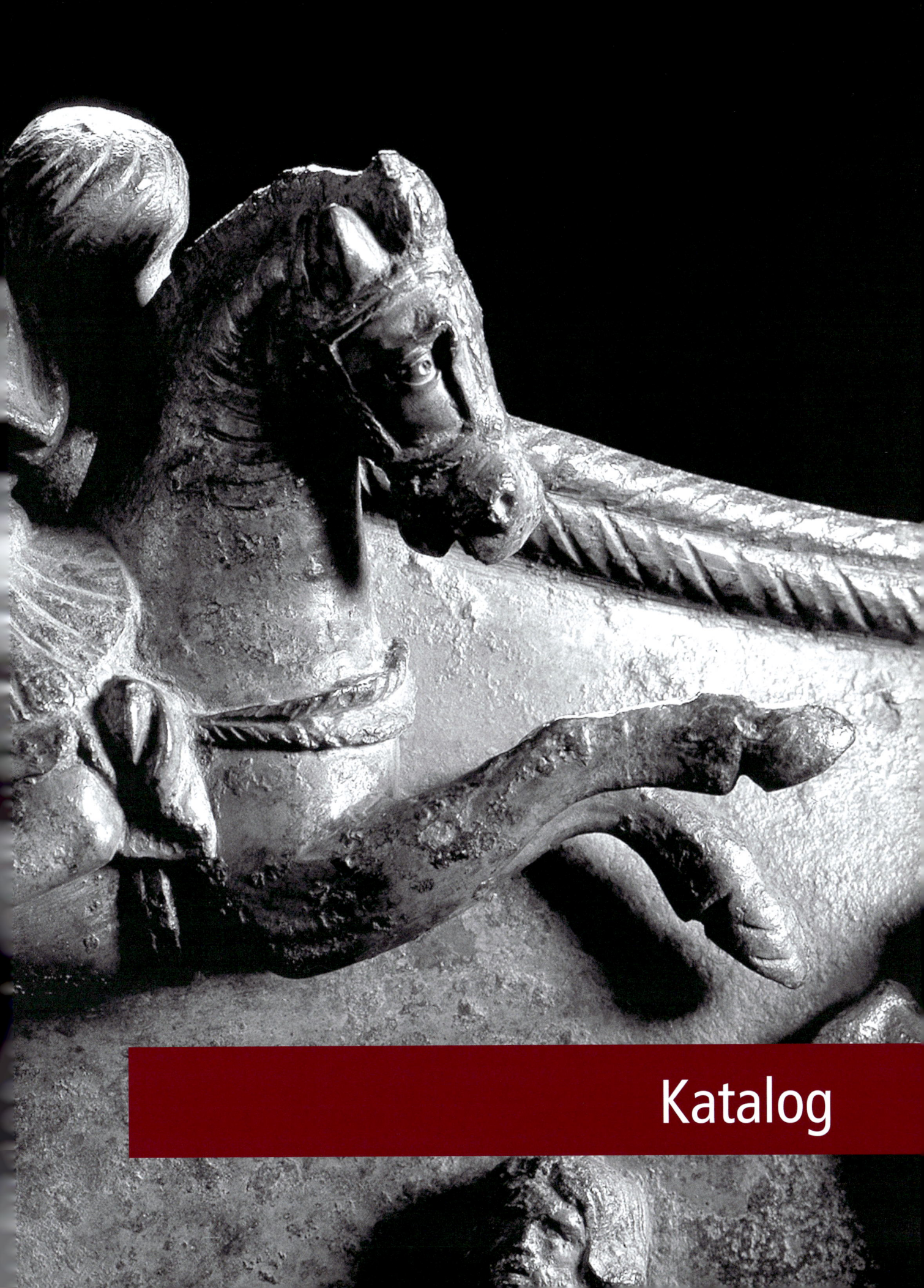

Katalog

Von Octavian zu Augustus – Die Genese des ersten kaiserlichen Bildprogramms

Am Anfang einer Betrachtung der bildlichen Repräsentation der römischen Kaiser stehen unabdingbar die Bildprogramme des Octavian bzw. des späteren Kaiser Augustus. Diese Bilder sind nach der Erringung der Alleinherrschaft sowohl einem formalen wie auch einem inhaltlichen Wandel unterworfen. Anfangs bedient sich der junge Octavian, wie auch seine politischen Gegner Sextus Pompeius und Marcus Antonius, im Kampf um die Vormachtstellung im Staat der Bildsprache der untergehenden Republik mit auftrumpfenden Ehrenstatuen und entsprechenden Münzbildern. Eine ungefähre Vorstellung über das Aussehen der frühen Ehrenstatuen lässt sich heute lediglich anhand der Münzbilder gewinnen, da sich von den Statuen, die in der Regel aus Edelmetall gefertigt waren, selbst keine Reste erhalten haben. Sie überliefern das Bild des Octavian in einer Art und Weise, die eher an die Darstellung von Heroen oder hellenistischen Königen erinnert. So zeigt ein vor 31 v. Chr. entstandener Denar ein Reiterstandbild Octavians, das auf oder neben der Rostra stand (vgl. Beitrag Weisser, S. 85f). Es ist die erste Statuenweihung, die Octavian von Senat und Volk 43 v. Chr. zugesprochen bekam und die ihn bereits wenige Monate, nachdem er die politische Bühne in Rom betreten hatte, durch ihren prominenten Aufstellungsort unter die großen Feldherren Sulla, Pompeius und Caesar einreihte. Eine ähnlich übersteigerte Darstellung findet sich auf einem Denar, der ein mit Schiffsschnäbeln geschmücktes Säulenmonument mit Ehrenstatue wiedergibt, welches Octavian aufgrund seines Sieges in der Seeschlacht von Naulochos zuerkannt und auf dem Forum Romanum aufgestellt wurde. Generell lässt sich bei der Betrachtung der frühen augusteischen Münzen eine starke Fokussierung auf militärische Sieghaftigkeit erkennen. Besonders deutlich wird dies an einer Gruppe von Münzen, die 29/28 v. Chr. nach dem Sieg von Actium ausgegeben wurden. Diese sogenannte Triumphalprägung besteht aus einem doppelten Dreiersatz von Denaren. Eine der Denarreihen zeigt auf der Vorderseite jeweils den Kopf von Venus, Victoria oder Pax. Venus und Pax sind auf der Rückseite mit der Ganzfigur Octavians im Feldherrnpanzer und Victoria mit der heroisch nackten Darstellung Octavians als Neptun mit dem Fuß auf der Weltkugel verbunden. Der andere Münzsatz trägt auf der Vorderseite das Porträt des Octavian, welches wiederum mit den ganzfigurigen Darstellungen von Venus mit den Waffen des Mars,

Victoria auf der Weltkugel und mit Siegerkranz und Pax mit dem Füllhorn korrespondieren (vgl. Beitrag Weisser). Aus der Kombination der verschiedenen Vorder- und Rückseiten ergibt sich nun ein Programm, welches trotz einiger interpretatorischer Variabilität drei Aspekte der Legitimation des Octavian unmittelbar in den Vordergrund stellt: die göttliche Abstammung von Venus als Stammmutter der *Gens Iulia*, die herausragende Sieghaftigkeit zu Lande und zu Wasser durch seine persönliche Siegeshelferin Victoria und die Garantie einer glücklichen Zukunft, denn nur durch seinen Triumph wird der Friede wiederhergestellt und Pax kann regieren.

Nach der Feier seines dreifachen Triumphes im Jahr 29 v. Chr. beginnt Octavian seine Bildsprache verhaltener zu gestalten. Die heroisch übersteigerten Siegesstatuen weichen einem System von abstrakten Bildern, die sich jedoch auf einfache Art und Weise mit den großen Siegen des Octavian verknüpfen lassen: Beutewaffen (*Fries Cumae*), Capricorn oder die Tarentinische Victoria auf der Weltkugel mit Tropaion oder Siegerkranz (vgl. Kat.-Nr. I.4). Diese Umorientierung gipfelt in einer symbolträchtigen Einschmelzung seiner eigenen frühen Ehrenstatuen: „Silberne Standbilder meiner Person, stehend oder zu Pferd und auf Viergespannen gab es in der Stadt etwa achtzig. Ich ließ sie selbst entfernen und aus ihrem Erlös goldene Weihgeschenke im Tempel des Apollo aufstellen, und zwar im eigenen Namen sowie im Namen derer, die mich durch diese Statuen ehren wollten." (Augustus, Res gestae (a) 24).

Schließlich vollzieht Octavian die symbolische Abkehr von der auftrumpfenden Sieghaftigkeit seines Bildnisprogramms auch vordergründig auf politischer Ebene, indem er 27 v. Chr. offiziell auf seine zum Teil sonderrechtlichen Machtbefugnisse verzichtet und den Staat wieder der Regierung durch Senat und Volk übergibt. Daraufhin wird ihm vom Senat der Ehrentitel ‚Augustus' zugesprochen. Begleitet wird diese Maßnahme von der Verleihung der Corona civica, die Augustus für die Rettung aller römischen Bürger durch die Beendigung des Bürgerkrieges und die Wiederherstellung der Res Publica erhält (vgl. Kat.-Nr. I.8). Des Weiteren wird sein Haus auf dem Palatin mit Lorbeerbäumchen und die Curia Iulia mit einem goldenen Clipeus virtutis geschmückt. Die Inschrift auf dem Ehrenschild kommt bei genauerer Betrachtung geradezu einer Legitimierung der sich anschließenden Alleinherrschaft des Augustus gleich (Kat.-Nr. I.1): „Der Senat und das römische Volk grüßen

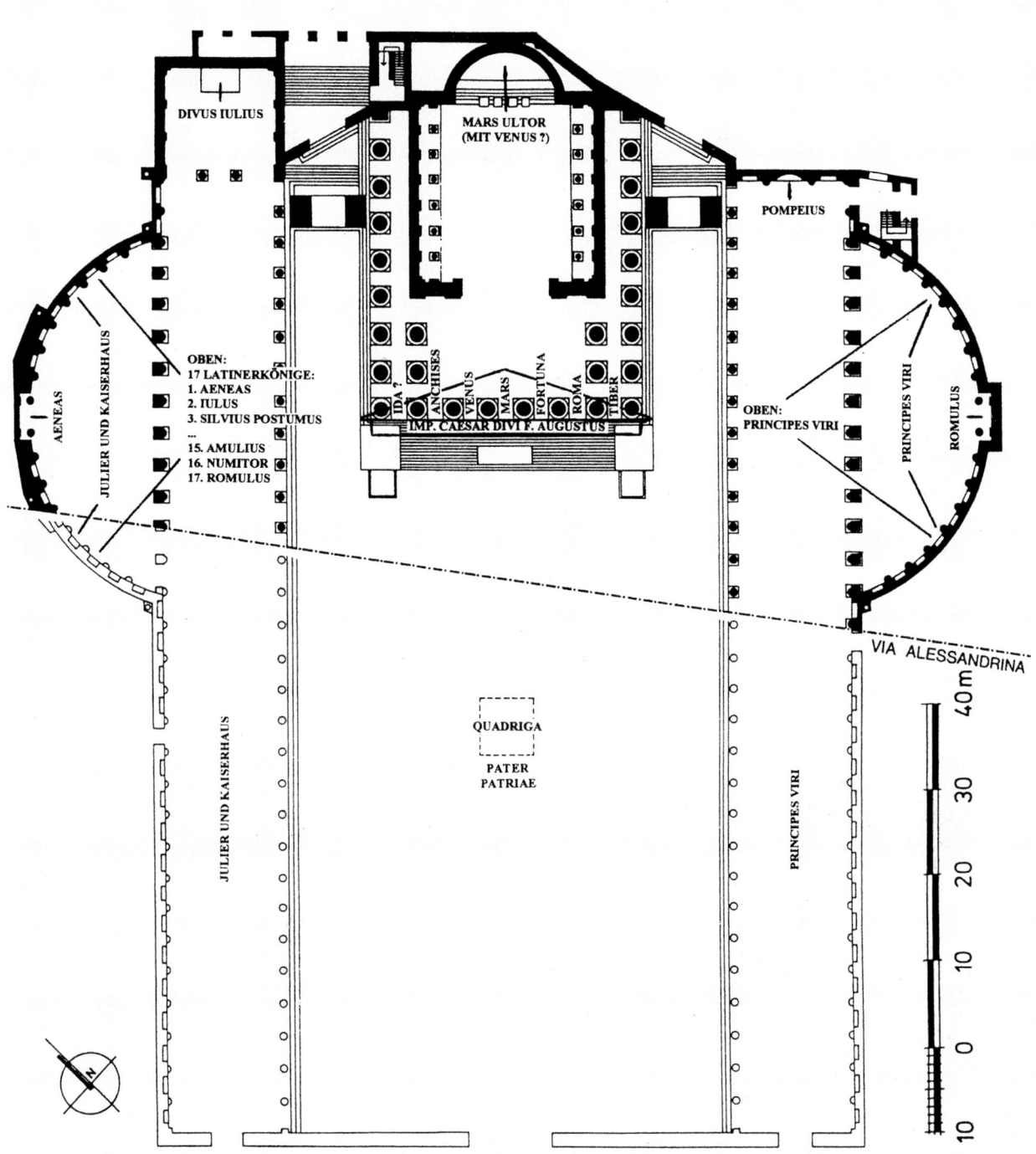

24 Rom, Augustusforum. Rekonstruktionsplan mit Disposition des Statuenprogramms nach Paul Zanker.

den Imperator Caesar Augustus, Sohn des Göttlichen (Iulius), zum achten Mal Konsul, und überreichen ihm diesen Schild in Anerkennung seiner Tapferkeit, seiner Milde, seiner Gerechtigkeit und seiner Ehrfurcht gegenüber den Göttern und dem Vaterland."

Damit ist der Wandel von Octavian zu Augustus endgültig vollzogen. Die bildlichen Symbole der Ehrenbeschlüsse und -weihungen des Senates werden in der Folgezeit zu Leitbildern der Prinzipatsikonographie. Verdeutlichen sie doch die Tugenden, die aufs Engste mit der Person des Augustus verknüpft sind und seinen Herrschaftsanspruch legitimieren: *virtus*, *clementia*, *iustitia* und *pietas*.

Die eindrücklichste Manifestation der Verknüpfung dieser Tugenden mit der Herrschaftslegitimation sowie mit einem dynastischen Grundgedanken des Prinzeps stellt das Ausstattungsprogramm des Augustusforums in Rom dar (Abb. 24). Das neue Forum des Augustus gestaltet sich als geschlossener Baukomplex mit einer bis zu 30 m hohen Umfassungsmauer, in den mehrere, miteinander verbundene Raumeinheiten eingestellt sind, die sich symmetrisch um eine Hauptachse gliedern. Diese zentrale Achse führt in nordöstlicher Orientierung vom Haupteingang im Südwesten über eine offene Platzanlage zu der mit einer großen Freitreppe versehenen Front des Mars-Ultor-Tempels. Der Platz ist von lang gestreckten Portiken eingefasst, die an ihrem nördlichen Ende durch zwei große kreissegmentförmige Exedren erweitert werden.

Neben der Monumentalität der Architektur und der Kostbarkeit der verwendeten Baumaterialien – verschiedenfarbigen Marmorsorten aus dem gesamten römischen Imperium – ist besonders das Statuenprogramm hervorzuheben, mit dem das Augustusforum ausgestattet war. Die Zusammensetzung der Bildnisgalerien ist zum Teil durch antike Schriftquellen, hauptsächlich aber durch Fragmente von Inschriftentafeln belegt, die den einzelnen Statuen zugehörig sind. Deren Auswertung ergibt ein von der Forschung größtenteils akzeptiertes Bild, wonach sich die Statuen einem festen Konzept zuordnen lassen. In den breiteren Mittelädikulen der Exedren standen die beiden zentralen Figuren des Bildnisprogramms: in der Nordexedra Aeneas auf der Flucht aus Troja, der seinen Vater Anchises auf den Schultern trägt und seinen Sohn Ascanius an der Hand führt (Kat.-Nr. I.5), und in der Südexedra Romulus mit den Zeichen seines ersten Sieges, den *Spolia opima*. Sowohl die Fragmente von mehreren Basisinschriften als auch eine kurze Beschreibung des Ovid zeigen, dass sich der Aeneas-Gruppe in der Nordexedra die Ahnenreihe der Könige von Alba Longa anschloss, der in der Portikus die Mitglieder der Gens Iulia folgten. Während in der Nordhalle demnach alle Ahnen des Augustus bis zu den Anfängen seines Geschlechtes aufgestellt waren, schlossen sich an Romulus, Sohn des Mars und Begründer Roms, die herausragenden Persönlichkeiten aus der Geschichte der Stadt an.

Mit den beiden Bildnisgalerien stehen demnach die Vertreter der Gens Iulia den herausragenden Mitgliedern sämtlicher römischer Familien gegenüber. Ausgehend von den Hauptfiguren Aeneas und Romulus ergibt sich daraus ein vielschichtiges Konzept, das sowohl die Herrschaftslegitimation des Augustus durch persönliche Leistung, als auch den dynastischen Anspruch widerspiegelt. Die Aeneas-Gruppe symbolisiert dabei sowohl *pietas* als auch genealogische Aspekte, die tief in der Tradition des römischen Gentilenwesens verankert sind. Die Figur des Romulus mit den Spolia opima repräsentiert dagegen persönliche Leistung. Bezeichnend ist hier, dass das Recht auf Dedikation dieser Trophäen, die Zuerkennung eines Triumphes sowie die Errichtung von Triumphbögen durch den Senat, oder die Verleihung der Corona civica unter Augustus zum Monopol der Kaiser wird.

Zur Unterstützung des komplexen Bildprogramms erließ Augustus eine Reihe von Verfügungen, die ganz unmittelbar mit den römischen Ritualen von Krieg und Sieghaftigkeit verknüpft waren und übertrug diese Rituale und Funktionen von den Tempeln des Kapitols bzw. des Forum Romanum auf das Augustusforum. Auf diese Weise sollte das Augustusforum, das sowohl die Prinzipatsideologie wie auch die dynastische Politik des Augustus vor Augen führte, dauerhaft in die politisch-militärischen Aufgaben der römischen Amtsträger einbezogen werden. Wie tragfähig die Kombination von Bildsprache, politisch-militärischen Zeremonien und übergeordneten Bezugssystemen war und wie deutlich sie mit dem Prinzeps verknüpft wurde, zeigt die schnelle Adaption der augusteischen Leitmotive im Bereich staatlicher Bauprogramme und bei privaten Stiftungen. Durch die Tragfähigkeit der Begriffe von *virtus*, *clementia*, *iustitia* und *pietas*, die mit der Person des Augustus und seinen Nachfolgern verbunden waren, konnte sich erstmalig eine positiv konnotierte dynastische Bildsprache entwickeln. Sie verdeutlicht, dass das ikonographisch wie ideologisch komplexe System des Augustus auch unter seinen Nachfolgern immer noch dazu geeignet war, den jeweiligen Herrschaftsanspruch zu formulieren.

Ulrike Theisen

Quellen

Augustus, Res gestae (a).

Literatur

Ausst.-Kat. Berlin 1988, Nr. 80–92 (Mathias René Hofter); Bauer 1988; Ganzert/Kockel 1988; Gros/Sauron 1988; Köb 2000; Lummel 1991; Rüpke 1990; Spannagel 1999; Trillmich 1988; Trillmich 1994; Zanker 1968, Zanker 1972, Zanker 1990.

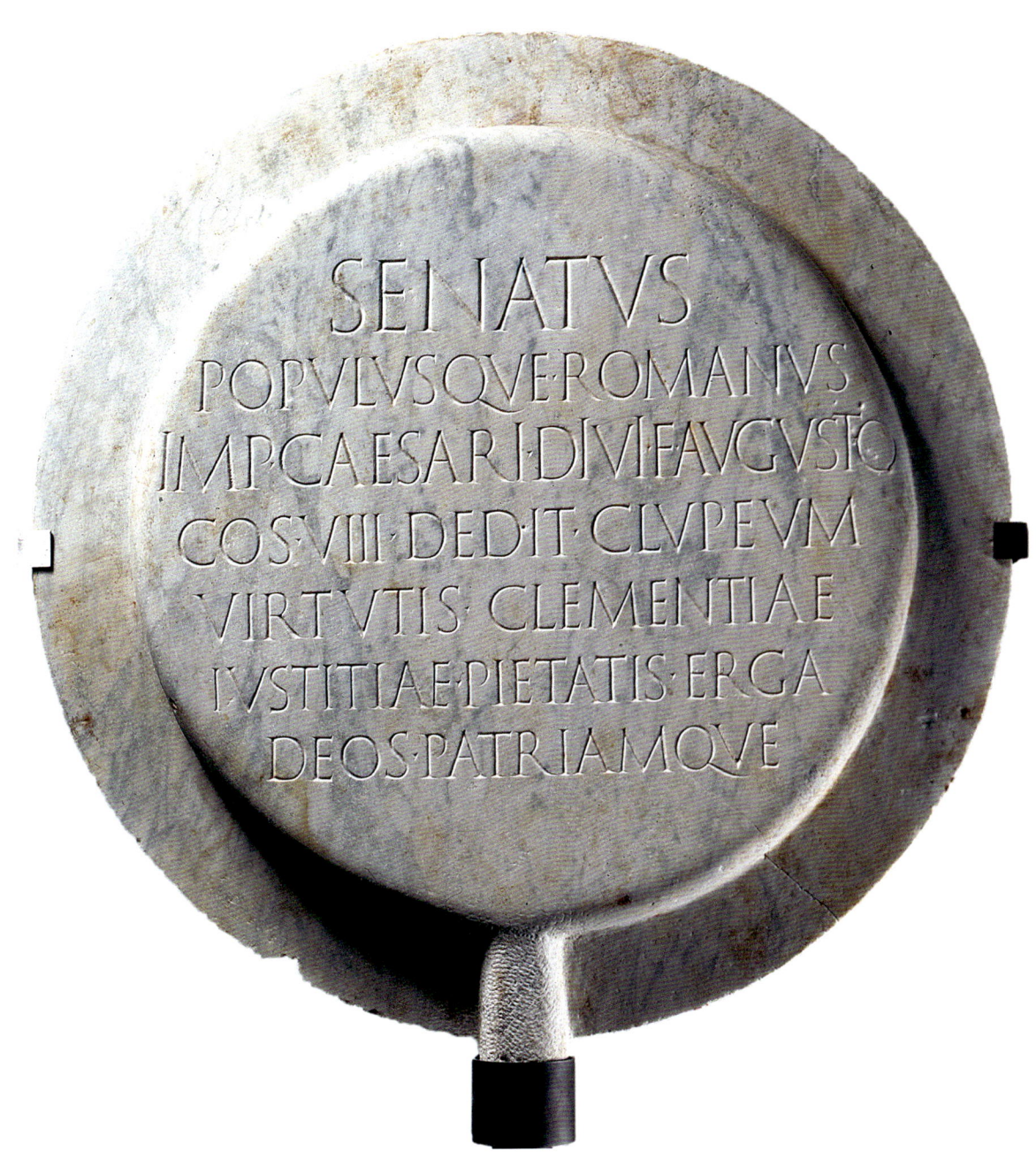

SENATVS
POPVLVSQVE ROMANVS
IMP·CAESARI·DIVI·F·AVGVSTO
COS·VIII·DEDIT·CLVPEVM
VIRTVTIS·CLEMENTIAE
IVSTITIAE·PIETATIS·ERGA
DEOS·PATRIAMQVE

I.1

I.1

Clipeus Virtutis (Ehrenschild) für Augustus

frühestens 26 v. Chr.
Gefunden in Arles (Provinz Gallia Narbonensis),
im Februar 1951 in der Nordgalerie der Kryptopor-
tiken des Forums in einem sekundären Depot von
Marmorobjekten.
Carrara-Marmor. H 110 cm, B 91,5 cm, T 9,5 cm
Arles, Musée départemental Arles antique, CRY 510095

Der marmorne Schild besteht aus einem zentralen, erhabe-
nen Mittelfeld mit Inschrift und einem hiervon abgesetzten
Randstreifen. Im unteren Bereich befindet sich der Rest eines
Zapfens, mit dessen Hilfe der Schild in eine Stütze eingelassen
war. Zudem war der Schild ursprünglich an einer Wand befes-
tigt. Die Inschrift lautet: SENATVS / POPVLVSQVE ROMANVS
/ IMP(eratori) CAESARI DIVI F(ilio) AVGVSTO / CO(n)S(uli) VIII
DEDIT CLVPEVM / VIRTVTIS CLEMENTIAE / IVSTITIAE PIETATIS
ERGA / DEOS PATRIAMQVE. Sie besagt, dass der Senat und

das Volk von Rom Augustus (hier als Imperator und Sohn des vergöttlichen Caesar angesprochen), der zum 8. Mal das Amt des Konsuln innehatte, den Schild verlieh, wegen seiner militärischen Leistungsfähigkeit (*virtus*), seiner Milde (*clementia*), seiner Gerechtigkeit (*iustitia*) sowie seiner frommen Pflichterfüllung (*pietas*) gegenüber Göttern und Vaterland.

Inschrift und Schild führen zunächst weg vom Fundort Arles nach Rom. Dort gab Augustus (27 v. Chr.–14 n. Chr.) nach Beendigung der Bürgerkriege offiziell den Staat wieder dem Senat und Volk zurück. Dies wurde ihm mit verschiedenen Ehren gedankt, die Augustus selbst im Bericht über seine geleisteten Taten, den *Res Gestae* (34,2), anführt. So soll ihm unter anderem in der Curia Julia, dem Versammlungsort des Senats auf dem Forum Romanum, ein goldener Schild aufgestellt worden sein, dessen Inschrift die Eigenschaften des Kaisers als Begründung für die verliehene Ehrung nennt. Diese Tugenden waren vereinzelt bereits zuvor bei anderen (etwa Caesar und seine *clementia*) propagiert worden; mit Augustus wurden sie jedoch zu den geforderten und gelobten Eigenschaften eines Kaisers und dienten als Vorbild und Legitimation für die Nachfolgenden. Der Clipeus war dabei Sinnbild für die Ehrung durch Senat und Volk, aber auch Manifestation seiner Tugenden, die ihn als guten Prinzeps auswiesen. Als Bildmotiv, etwa in der Münzprägung, wurde er vielseitig rezipiert und mit anderen Insignien kombiniert.

Um zum Fundort der marmornen Kopie des Clipeus Virtutis, nach Arles, zurückzukommen: Dieser war vermutlich im Rahmen eines Ehrenmonuments für Augustus und seine Familie im Bereich des Forums aufgestellt – entweder als Geschenk und auf Initiative des Kaisers (Gros 1987, S. 347) oder von der lokalen Elite (etwa Witschel 2008, S. 42–44) veranlasst. In den *Res Gestae* wird die Verleihung des Schildes in Rom für das Jahr 27 v. Chr. erwähnt; auf dem Schild in Arles nennt die Konsulatsangabe jedoch 26 v. Chr. Ob es sich hierbei um ein angepasstes Datum handelt, das auf die Aufstellung in Arles verweist, oder ob der Schild eine getreue Kopie der stadtrömischen Ehrung ist, die vielleicht selbst erst 26 v. Chr. erfolgte (etwa Seston 1954; von Hesberg/Panciera 1994, S. 113–118), ist nicht geklärt. Neben der Aufstellung von Ehrenstatuen bot auch die Wiederholung solcher Ehrenzeichen die Möglichkeit, einen engen Bezug zum Kaiser herzustellen und seine Tugenden, Verdienste und Auszeichnungen im öffentlichen Raum auch außerhalb Roms präsent zu halten.

Corinna Kauth

Quellen

Augustus, Res gestae (b).

Literatur

Ausst.-Kat. Haltern am See u.a. 2009, Nr. 1.28 mit Abb. (Claude Sintes); Benoit 1952, bes. S. 48–53; Droste 2003, bes. S. 24–42, Abb. 40; Gros 1987, hier S. 346–349, Abb. 8; von Hesberg/Panciera 1994, hier S. 113–118; Hölscher 1988, hier bes. S. 387–390, Nr. 216 m. Abb.; Rouquette 1996, hier S. 49, Nr. 25; Seston 1954; Witschel 2008, bes. S. 42–44 u. 51 f.; Zanker 1987, hier S. 96–103, Abb. 79.

I.2

Krieger und Victoria an einem Athena-Bildnis

Rom, 3. Viertel 1. Jahrhundert v. Chr.
Marmor. H 38 cm, B 41,5 cm, G 35 kg
Berlin, Staatliche Museen zu Berlin,
Antikensammlung, 1987.9

Das fast quadratische Relief zeigt eine heraldische Komposition aus zwei Personen, die, von rechts und links kommend, sich einer Säule in der Mitte zuwenden. Die Säule wird von einer Schlange umwunden und trägt ein kleines Standbild der Göttin Athena mit dem Schild am linken Arm und der Lanze in der rechten Hand. Am Fuß der Säule lehnt ein Rundschild. Er gehört dem bärtigen Krieger in Muskelpanzer und korinthischem Helm, der von rechts herangetreten ist, die linke Hand in die Hüfte stützt und rechts seine Lanze schultert. Von links nähert sich auf Zehenspitzen Victoria, die Göttin des Sieges. Mit einem Ei (?) in der ausgestreckten rechten Hand fütterte sie die Schlange der Göttin. Das *aplustre*, die Heckzier eines Schiffes, das sie in der linken Hand vor sich hält, zeigt, dass die Darstellung des Reliefs einen Seesieg feiert. Alle Figuren sind in einer altertümlichen Form wiedergegeben. Das Standbild der Athena ist, mit geschlossenen Füßen, in strenger Vorderansicht und in Bekleidung aus der Zeit der Archaik als *palladion/palladium* – als altehrwürdiges Kultbild der Göttin – dargestellt. Archaische Gewandformen – Schwalbenschwanzenden mit Zickzackfalten – und Haartrachten – Korkenzieherlocken bzw. spitz ausgezogener Bart – kennzeichnen auch Victoria und den Krieger. Das Relief stammt aber aus frühaugusteischer Zeit, die altertümlichen Formen wurden also bewusst eingesetzt, um genau dies – Alter und Ehrwürdigkeit – darzustellen. Das *palladion* mit der Schlange meint das alte Kultbild der Athena auf der Akropolis Athens, der Seesieg, für den Victoria steht, bezieht sich auf den der Griechen über die Perser bei Salamis. In frühaugusteischer Zeit konzipiert, dient der Verweis auf den historischen Sieg auf dem Relief als Vorbild und Parallele für den Sieg Octavians, des späteren Kaisers Augustus (30 v. Chr. –

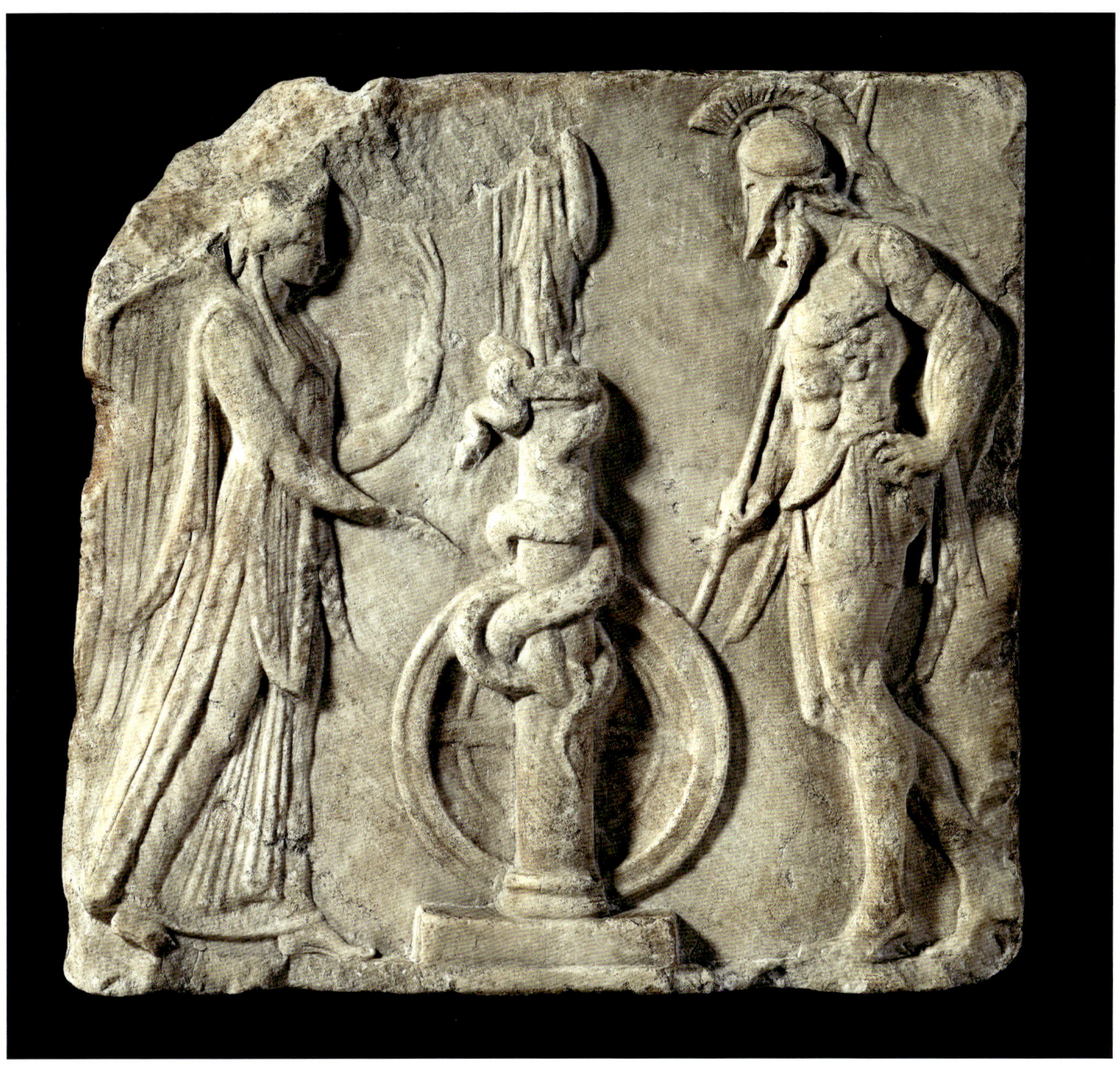

I.2

14 n. Chr.), über seinen Gegenspieler Marcus Antonius in der Seeschlacht bei Actium (31 v. Chr.), durch den er zum ersten Staatsmann im Römischen Reich wurde. Dass Augustus den Sieg der Griechen bei Salamis zu seinem Sieg bei Actium in Beziehung setzte, zeigt sich auch daran, dass er bei der Einweihung seines neuen Forums 2 v. Chr. die Schlacht von Salamis aufführen ließ. Der bärtige Krieger wurde als Feldherr oder Heros gedeutet, könnte aber auch für Ares/Mars stehen. Weitere Reliefs mit gleicher Darstellung haben sich erhalten. Es handelt sich hier also nicht um ein offizielles Staatsdenkmal, sondern um Reliefs zum Schmuck vornehmer Wohnsitze und damit um die Resonanz offizieller Propaganda im privaten Bereich der römischen Oberschicht.

Dagmar Grassinger

Literatur

Ausst.-Kat. Berlin 1988, Nr. 203 (Tonio Hölscher); Hölscher 1985, hier S. 89–94.

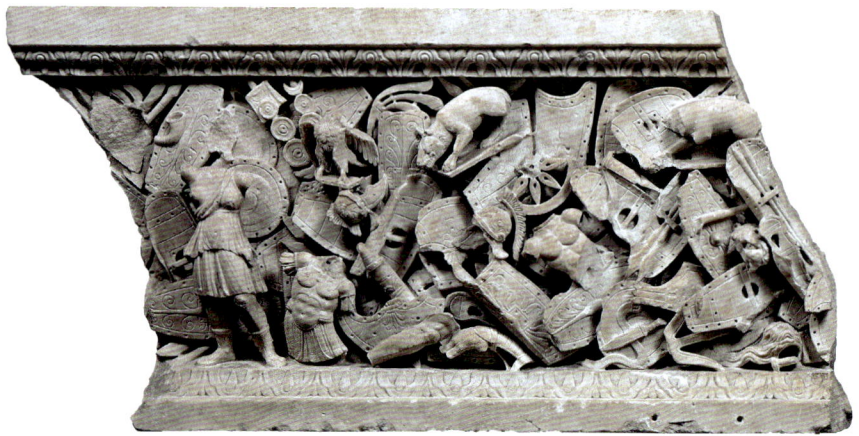
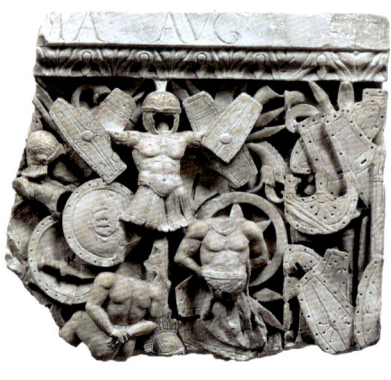

I.3 a–b

I.3 a–b

Fragmente eines Frieses mit Kriegstrophäen

Römisch, Ende 1. Jahrhundert n. Chr.
Gefunden angeblich in Cumae, 1829 durch Eduard Gerhard in Neapel angekauft.
Marmor. a) H 44 cm, B 75 cm; b) H 44 cm (erg.), B 36 cm
Berlin, Staatliche Museen zu Berlin, Antikensammlung, Sk 958a und 958b

Die beiden Bruchstücke eines Frieses aus architektonischem Zusammenhang sind oben und unten durch ein Ornamentband aus stilisierten Blättern, ein sogenanntes lesbisches Kymation, eingefasst. In einem sehr frei gearbeiteten Relief überdecken eine große Zahl von Kriegsgerätschaften den Grund, von denen einige auf dem kleineren Fragment zu einem Tropaion aufgerichtet sind. Vor diesem Siegesmal, das aus einem Baumstamm mit Beutewaffen besteht, sind zwei Gefangene mit auf den Rücken gebundenen Händen wiedergegeben. Der linke, von hinten gesehene Gefangene ist nackt, der andere trägt einen Schurz um die Hüften und einen im Rücken hängenden Mantel. Unter den dargestellten Waffen erscheinen Schilde unterschiedlicher Form am häufigsten. Zweimal sind je zwei Speere unter der Handhabe eines Schildes durchgesteckt und auch sonst ragen Speere mehrfach empor. Hinzu kommen kurze Schwerter, Helme, ein Köcher, Beinschienen, eine Armschiene mit Handschuh und auch ein abgebrochenes Wagenrad. An römischen Feldzeichen ist ein Legionsadler neben zwei Fahnen erkennbar. Ganz rechts unten sind ein Anker und ein Schiffsschnabel mit drei Schwertern als Hinweis auf Kämpfe zur See angebracht, links oben ein Blasinstrument. An der linken Seite des größeren Fragments steht Roma, die Personifikation der Stadt, in Stiefeln und kurzem gegürtetem Chiton, der die rechte Brust freilässt.

Andreas Scholl

Literatur

Conze 1891, S. 389 f., Nr. 958; Grüßinger 2001; Mansuelli 1958, S. 25–27 bei Nr. 2 und 3; Pergamonmuseum Berlin 2005, S. 82 mit Abb. (Andreas Scholl); Polito 1998, S. 209 ff., Abb. 153 u. 154.

I.4

Statuette der römischen Siegesgöttin auf dem Himmelsglobus

„Victoria von Fossombrone"
um 150 n. Chr.
1777 durch Friedrich II., Landgraf von Hessen-Kassel, in Rom erworben, angeblich aus dem Forum Sempronii bei Fossombrone.
Bronze, aus mindestens zwei Teilformen in Hohlgusstechnik zusammengesetzt (Wachsausschmelzverfahren), die Flügel sind massiv gegossen, noch im 18. Jahrhundert (?) der rechte Flügel, Zeige- und Mittelfinger der rechten Hand, der linke Fuß, der Globus (spätestens seit 1836 in schwarzem Marmor, seit 1966/1967 aus lackiertem Holz) ergänzt. H 63,5 cm
Kassel, Museumslandschaft Hessen Kassel, Antikensammlung, BR 121

Die Göttin steht mit durchgestreckten Knien aufrecht über dem linken Bein. Da die erhaltene rechte Fußsohle keine Befestigungsspuren zeigt, balancierte sie von Anfang an allein auf dem verlorenen linken Fuß. Der schräg nach unten gewinkelte rechte Fuß gibt für den linken ein ähnliches Haltungsmotiv vor. Die Arme der Göttin sind unterschiedlich vom Körper abgewinkelt, nach oben genommen und nach rechts aus der Körperachse verschoben. Das verursacht unter Berücksichtigung des asymmetrischen Stands eine gewollte Kippbewegung der Figur nach rechts. Schon der Entwurf betont die von irdischer

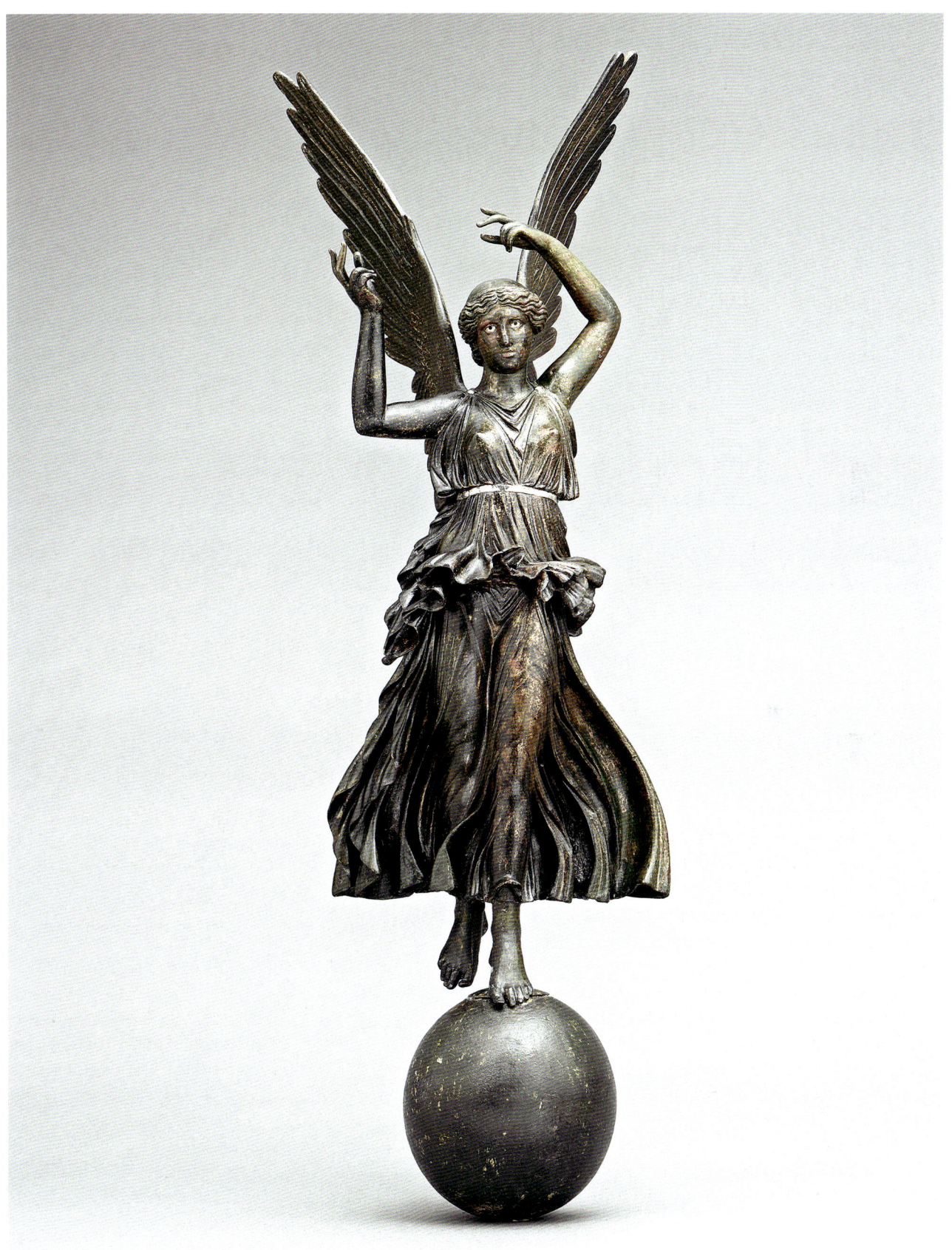

I.4

Schwerkraft befreite Wirkmacht der Siegesgöttin, die in jeder Lage mühelos das Gleichgewicht bewahrt. Ähnliche Bilder der Siegesgöttin legen nahe, dass sie über dem Kopf einen Schild hielt. Die Schutzwaffe rahmte entweder eine Ehreninschrift, die Büste einer Gottheit oder eines Kaisers. Der frontal gerichtete Kopf folgt in seiner leichten Rechtsneigung der asymmetrischen Dynamik der Komposition. Die Augäpfel sind versilbert, Iris und Pupille fehlen. Lange wellenförmige Haarsträhnen einer Mittelscheitelfrisur liegen wie ein Kranz über dem Gesicht. Dahinter sind sie, von einem gedrehten Reif gehalten, flach in die Kalotte geritzt. Die großen Flügel sind in Höhe der Schulterblätter befestigt, vom Körper abgespreizt und nahezu senkrecht aufgestellt. Eindrücklich überragen sie die Figur. Die Göttin ist mit einem stoffreichen Peplos bekleidet. In Versilberung davon abgesetzt sind der Gürtel auf der Vorderseite und die zwei Gewandnadeln auf der Schulter. Hautnah legt der Peplos die Körperformen frei. Vorne ist der Stoff diaphan über den schlanken Oberkörper, die herausmodellierten Brustwarzen und die schönen Beine gespannt; nur im Bereich der Hüften ist er effektvoll aufgewirbelt. Hinten umfangen reiche vertikale Faltenmotive die Siegesgöttin. Dekorativ reagiert der aufgeblähte Peplos auf luftige Winde von vorn, anmutig und souverän beherrscht Victoria die naturgewaltigen Elemente. Darauf nimmt auch die summarische Ausarbeitung der Rückseite Bezug. Die Siegesgöttin sollte von vorne betrachtet werden.

Obwohl eindeutige Hinweise an der Statuette selbst fehlen, kann sie im Horizont der kaiserzeitlichen Ikonographie Roms nur auf einem Himmelsglobus gestanden haben. Schon der auffällige Stand auf einem Bein spricht dafür. Obwohl sie formal steht, schwebt sie über der Kugel. Bis auf Arme und Attribute gleicht die Figur in Stand, Gewand und Flügelhaltung frühen Münzbildern der berühmten Victoria auf dem Himmelsglobus, die der spätere Augustus 29 v. Chr. in den Sitzungssaal des römischen Senats hatte stellen lassen. Stilistisch gehört die Statuette in die Zeit der Kaiser Antoninus Pius (138–161 n. Chr.), Lucius Verus (161–169 n. Chr.) oder Marc Aurel (161–180 n. Chr.). Hier hat sie ihre spezifische Siegesbotschaft entwickelt. Schwieriger ist es, ihre ursprüngliche Funktion zu bestimmen. Der labile Stand auf nur einem Bein lässt am ehesten an eine statische Aufstellung denken. Gut belegt ist die Verbindung der Siegesgöttin auf dem Himmelsglobus mit einer überlebensgroßen Götter- oder Kaiserstatue. Bei ihnen stand sie gerne auf der vorgenommenen rechten Hand. Allerdings hielt die Siegesgöttin in der Regel hier keinen Schild, sondern einen Kranz, den sie ihren Trägern ehrend entgegenstreckte. Und der Betrachter sah sie dabei weniger von vorn als von der Seite. Nach dem lückenhaften Stand der Überlieferung bleibt die Frage nach der Aufstellung offen.

Rolf Michael Schneider

Literatur
Bieber 1915, S. 60–63, Nr. 153, Taf. 41 (ältere Lit.); Böttiger 1850; Hölscher 1967, S. 34–41 (Rezeption der Victoria auf dem Globus in der Curia Iulia); Luchs 2000, S. 58–63, Abb. 6–7; Lullies 1974, S. 319–326, Taf. 108; Vogt 2004; Zanker 1965, hier S. 98–99, Taf. 41,1.

I.5

Trojanische Römer: Aeneas mit Vater und Sohn

vor 79 n. Chr.
1864 in Pompeji, im Haus des M. Gavius Rufus,
Peristyl (VII,2,16) gefunden.
Terrakotta, bemalt. H 17 cm, B 12,6 cm
Neapel, Museo Archeologico Nazionale di Napoli, 110338

Die reliefartige Gruppe ist nur vorne ausmodelliert. Die aus einer eigenen Form genommene Rückseite ist glatt. Drei männliche Figuren sind in frontaler Ausrichtung dargestellt. Am größten ist der barhäuptige Krieger in der Mitte, der kräftig nach rechts ausschreitet. Er ist bärtig und hat die Haare in die Stirn gestrichen. Er trägt einen Muskelpanzer, ein Schwert (links), Stiefel und einen nach links schwingenden Mantel. Dieser dient zugleich als schützende Folie für die kleine bartlose Figur hinter ihm. Der Krieger führt sie an der Hand und bindet sie dadurch eng an sich. Auch ihr Schrittmotiv wiederholt das des Kriegers. Bekleidet ist sie mit phrygischer Mütze, Ärmeljacke und Mantel, vielleicht langen Hosen. Der Krieger trägt auf seiner linken Schulter eine kleine ältere Figur mit überdimensionalem Kopf. Vertraut hat sie ihren rechten Arm auf seine rechte Schulter gelegt. Sie trägt ein fußlanges Gewand und einen über den Hinterkopf gezogenen Mantel. Auf ihrem Schoß hält sie mit der linken Hand einen rundlichen Korb mit Deckel.

Dramatische Erzählungen sind hier in ein einzelnes Gruppenbild umgeformt: radikal, plakativ, nachhaltig. Seine berühmteste Fassung stand auf dem 2 v. Chr. eingeweihten Augustusforum in Rom. Das Original ist verloren. Mehr als 140 erhaltene Wiederholungen erlauben es jedoch, ihr Aussehen in allgemeinen Zügen zu rekonstruieren. Die Gruppe zeigt in extremer Verkürzung die Flucht des trojanischen Helden Aeneas mit seiner männlichen Familie aus dem untergehenden Troja. Auf der Schulter trägt er seinen Vater Anchises mit den trojanischen Penaten (im Korb), an der Hand führt er seinen Sohn Julus Ascanius. Vergil (Aeneis I,267–290) hat Ascanius zum julischen Urvater des Augustus erklärt. Allein auf ihn, den jüngsten der Trojaner, hat der Dichter den kaiserlichen Gentilnamen übertragen. Als adoptierter Julus gewinnt Ascanius für den Adoptierten Julius Augustus genealogisch und ideologisch neue Bedeutung. Das machen Darstellungen

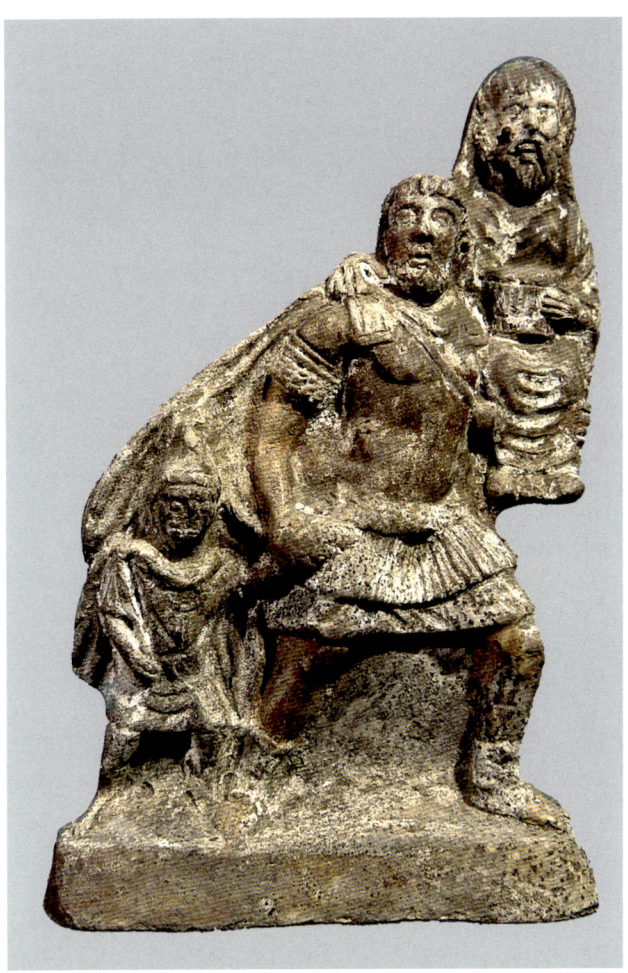

I.5

den Sohn, die (manipulierte) Bedeutung der Vergangenheit für Gegenwart und Zukunft.

Rolf Michael Schneider

Quellen
Vergil, Aeneis.

Literatur
Ausst.-Kat. Haltern am See u.a. 2009, S. 23, Abb. 2 u. S. 218, Nr. 1.1 (Maria Rosaria Borriello); Ausst.-Kat. Rom 2008, Nr. 127 (Maria Rosaria Borriello); Fiorelli 1873, S. 167, Nr. 210; Fuchs 1973, hier S. 629–630, Taf. 56, Abb. 24; Levi 1926, S. 193, Nr. 842; von Rohden 1880, S. 48–49, Taf. 37; Spannagel 1999, S. 369–370, Nr. A 13 (weitere Literatur).

I.6

Opfer für den Genius Augusti auf einem Laren-Altar

2/3 n. Chr.
1889 in Rom, Ecke der Via Arenula und Via San Bartolomeo dei Vaccinari in situ samt seiner Basis aus Travertin gefunden.
Lunensischer Marmor. Erhalten ist der Großteil der unteren Zweidrittel des Altarkörpers und die linke Ecke der Bekrönung über der Opferszene, der Rest ist in Gips ergänzt. H 105 cm, B 66 cm, T 66 cm
Rom, Musei Capitolini, Centrale Montemartini, 855

wie die Aeneas-Gruppe besonders deutlich. Die unterschiedlichen Körperbilder der drei Trojaner spiegeln den Anspruch des Augustus auf Herrschaft über die Welt. Aeneas ist wie ein siegreicher römischer Feldherr in römischem Muskelpanzer dargestellt. Nur sein unzeitgemäßer Bart bezeichnet ihn als mythischen Helden. Anchises trägt griechische Kleidung, hat aber den Mantel nach römischer Religionspraxis über den Kopf gezogen. Er rettet zugleich die trojanischen Penaten, die in Rom als unverzichtbares Unterpfand der Kaiserherrschaft galten. Der junge Trojanerprinz Julus Ascanius tritt im Kostüm des schönen Asiaten auf. Er personifiziert das Fremde in den Ursprungslegenden der Stadt und die notwendige Einbindung loyaler Fremder in die Kaiserstadt Rom. Hier gewinnt die kleine Terrakottagruppe aus Pompeji eigenes historisches Profil. Sie zeigt schlaglichtartig die Strahlkraft der neuen Bilder des kaiserlichen Trojamythos und ihre Funktion, staatstragende Verhaltensweisen der neuen Kaiserordnung vor Augen zu stellen: die Rettung der heimischen Penaten, die gesellschaftliche Verantwortung des Vaters für den Großvater und

Der aus einem Marmorblock herausgeschlagene Altar hat einen quadratischen Grundriss. Reich ausgearbeitete Profile schmücken die vorkragende Basis und Bekrönung, diese schmücken wiederum zusätzlich seitliche Polster und große Doppelvoluten. Das Kyma darunter ist mit Eicheln besetzt. Vier gefasste Bilder dekorieren den Altarkörper. Auf der Hauptseite führen vier Männer mit über den Hinterkopf gezogener Toga ein unblutiges Voropfer aus. Sie stehen zu Seiten eines übereck gesehenen Altars, an dem eine Lorbeergirlande hängt. Von den beiden vorderen hält der linke eine Opferschale, der rechte zwischen den Fingern vielleicht ein Weihrauchkorn. Ihre Hände treffen sich einträchtig über dem Altar. Hinter dem Altar steht ein Doppelflötenspieler mit geblähten Backen. Auch seine Toga bedeckt den Kopf. Am linken Rand schultert ein Barhäuptiger ein langes Rutenbündel (fasces), der sich damit als Lictor erweist. Vorne halten zwei deutlich kleinere Opferdiener im Schurz die festlich mit Opferbinden (dorsuale) geschmückten Opfertiere, Stier und Wildsau. Der hintere hält rechts das Opfermesser (culter) und schultert links den großen Betäubungshammer (malleus). Alle Teilnehmer sind bekränzt. Die vier Opfernden sind hervorgehoben durch

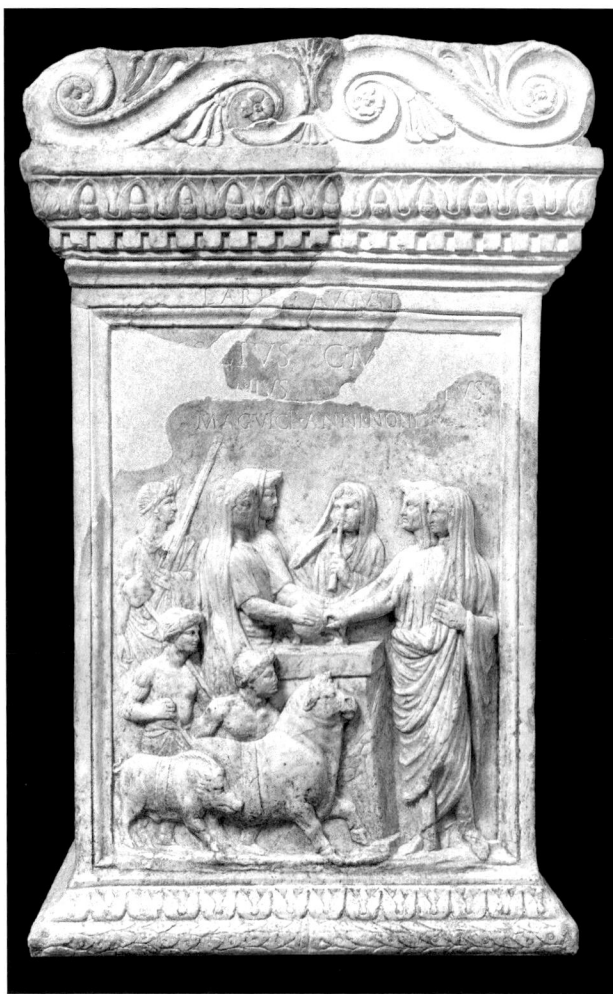

I.6

ihre Namen, die auf der Vorderseite und den Nebenseiten eingemeißelt sind. Die zwei Nebenseiten zeigen Pendants, je eine gesockelte jugendliche Figur in kurzem bewegtem Gewand. Die eine Hand ist erhoben, die andere hält einen großen Lorbeerzweig. Die Rückseite besetzt ein Kranz, von dem sich allein die Binden erhalten haben. Nach Parallelen anderer Altäre war dieser Kranz die Augustus 27 v. Chr. vom Senat verliehene Bürgerkrone, die aus Eichenlaub geflochtene *corona civica*.

Die Inschriften auf der Vorderseite erklären die Darstellung. Auf der oberen Rahmenleiste steht LARIB(us) AVGVST(i), auf der nicht ausgestellten Einbettung des Altars [MA]G(i)STRI VICI AESCLETI ANNI VIIII (CIL VI, 30957). Danach galt das Opfer den Laren des Augustus, ausgeführt von den Magistri des römischen Stadtbezirks (*vicus*) Aescletus im neunten Jahr nach der Kulteinführung, d.h. 2/3 n. Chr. Was war vor neun Jahren geschehen? 7 v. Chr. wurde Rom in vierzehn neue Regionen und diese in 265 neue Kleinbezirke (*vici*) ein-

geteilt. Mit der urbanen Neuordnung ging eine sakrale Neuausrichtung einher, die eine populäre, von den unteren Bevölkerungsschichten getragene Opferpraxis betraf. Im Jahr 7 v. Chr. wurde der alte Volkskult der Lares Compitales mit dem neuen Herrscherkult der Lares Augusti verschmolzen. Die Lares Compitales waren volkstümliche Schutzgeister der Straßenkreuzungen, d.h. göttliche Hüter von Knotenpunkten des öffentlichen Lebens der Stadt. Ihre Funktionen wurden durch die neuen Lares Augusti dem Genius Augusti, der göttlichen Schutz- und Wirkmacht des Kaisers, unterstellt. Es waren vornehmlich Freigelassene (*magistri vici*) und Sklaven (*ministri*), die den Kult ausübten. Hier opferten sie im Verein dem Genius Augusti einen Stier, den Laren ein (Wild-)Schwein. Wichtiger als richtige Maßverhältnisse war eine möglichst vollständige Vorführung des Opferrituals. Die dafür errichteten Kultaltäre aus Marmor zeigen zentrale Bildmotive der Herrschaftsordnung des Augustus: neben dem Opfer vor allem Laren sowie in Auswahl die 27 v. Chr. verliehenen Kaiserinsignien Lorbeer, Tugendschild (*clipeus virtutis*) und Eichenkranz. Bei unserem Beispiel ist der Eichenkranz sogar im Dekor der Kyma (Eicheln) präsent. Der offizielle Rang der Freigelassenen und Sklaven, ihr korrektes, einträchtiges Handeln und ihr loyales Verhalten gegenüber dem Kaiser wird im Bild demonstrativ betont: durch den Lictor mit *fasces*, das vorschriftsmäßige Opferpersonal und das nach römischem Opferritus über den Kopf gezogene Bürgergewand, der Toga. Dazu treten die Statuetten der Laren, die auf ihre Verwendung im Compitalkult verweisen. Die Altäre für die Lares Augusti reichten weit über Rom hinaus und drangen bis in das Privatleben der römischen Bevölkerung vor. Sie zeigen, wie soziale Gruppen unterhalb des Kaisers Bildthemen der neuen Herrschaftsideologie aufgegriffen, weitergegeben und umgeformt haben. Solche Bilder haben dazu beigetragen, die Kaiserordnung des Augustus auch von unten her durch Gesten der Zustimmung zu festigen.

Rolf Michael Schneider

Quellen
CIL VI, 30957.

Literatur
Altmann 1905, S. 176–177, Nr. 232, Abb. 141; Ausst.-Kat. Berlin 1988, Nr. 127 (Tonio Hölscher); Bergmann 2010, S. 16, Abb. 2, S. 308–309, Nr. 30 (weitere Literatur); Fless 1995, S. 105, Nr. 13, Taf. 37,1; Hölscher 1984, S. 27–30, Abb. 35–51; Hülsen 1889, hier S. 265–267 (Abbildung mit der Basis aus Traververtin); Lott 2004, S. 142–144, Abb. 13a–d, S. 199–200, Nr. 26; Niebling 1956, hier S. 310–312 u. 322–323; Schneider 2008 (a), hier S. 157–158, Abb. 13; Simon 1966, S. 518–520, Nr. 1741; Wallace-Hadrill 2003, hier S. 197–206; Zanker 1970/1971,hier S. 149–151, Taf. 55,2.

Die Münzprägung unter Kaiser Augustus – Einblicke in eine Umbruchszeit zwischen später Republik und früher Kaiserzeit

Den Kaiser bekamen im ausgedehnten Römischen Reich nur wenige Menschen je zu Gesicht. Man musste in die Städte mit den Statuen und Verehrungsstätten für den Kaiser gehen, um sich ein Bild vom Regenten machen zu können. Münzen dagegen, das einzige Massenmedium in Antike und Mittelalter, verbreiteten das Bild des Herrschers bis in die entlegenen Winkel seines Reiches. Münzen dienten zur Vermittlung von Botschaften, zur Identitätsstiftung und Selbstvergewisserung.

Bis zum Beginn der Alleinherrschaft

Als der spätere Kaiser Augustus im Jahre 63 v. Chr. geboren wurde, hatten sich in Rom die Münzen als Mittel der Selbstdarstellung der führenden Familien bereits lange etabliert. Münzbilder und -aufschriften priesen die Verdienste dieser Familien um das Gemeinwesen und begründeten damit den Anspruch auf Einfluss und hohe Staatsämter. Feldherren, zu eigenen Münzprägungen im Rahmen ihrer Feldzüge berechtigt, nutzten die Münzen zur Hervorhebung der eigenen Person. Das Streben nach Alleinherrschaft lässt sich auch an der Herstellung von Münzporträts für einzelne Anführer ablesen. Im Jahr 44 v. Chr. hatte Gaius Julius Caesar aufgrund von Sonderrechten eines Diktators auf Lebenszeit (lat. *dictator perpetuum*) eine führende Einzelstellung erlangt. Münzen zeigen ihn kranzgeschmückt mit diesem Titel und weiteren Herrschaftsinsignien (Kat.-Nr. I.07-1). An den Iden des März, am 15. März 44 v. Chr., fiel er einem Mordanschlag zum Opfer. Die Attentäter argumentierten, Caesar habe die Königsherrschaft angestrebt. Einer der Anführer, Marcus Junius Brutus, verbreitete diese Überzeugung auch mit Hilfe von Münzen. Eine Kappe, wie sie die in die Freiheit entlassenen Sklaven erhielten, umgeben von zwei Dolchen, über dem Hinweis auf die Iden des März besagte: „dadurch, dass wir den Tyrannen Caesar mit unseren Dolchen ermordet haben, haben wir dem Staat seine Freiheit wiedergegeben." (Kat.-Nr. I.07-2). Der Caesarmörder Brutus ließ sich aber ebenfalls mit seinem Porträt auf der Münze abbilden. Diese Form der Inszenierung, die zuvor nur bei östlichen Königen üblich war, war nun nicht mehr tabu. In der Situation des Bürgerkrieges nach der Ermordung Caesars, entschied sich sein nunmehr achtzehnjähriger Großneffe Octavian, das Erbe

anzunehmen. Postum adoptiert hieß er nun ebenfalls Gaius Julius Caesar. Sein Weg zur Alleinherrschaft und zum Augustus und ‚Vater des Vaterlandes' begann im Bürgerkrieg zwischen Caesarmördern und Caesaranhängern. Als Rächer hatte Octavian von Anfang an die Anhänger Caesars auf seiner Seite, die er sich mit dem berühmten General Caesars und damaligen Konsul, Marcus Antonius, zu teilen hatte. Am 2. Januar 43 v. Chr. hatte der Senat die Errichtung einer Reiterstatue für Octavian beschlossen. Am 16. April wurde der junge Caesarerbe zum ersten Mal zum Imperator ausgerufen. Beide Ehrungen werden auf einem Denar gefeiert, der kurz danach entstanden sein muss (Kat.-Nr. I.07-3). Eine Reiterstatue war eine herausgehobene Form einer Ehrenstatue. Der Verweis auf Caesar ist die Hauptbotschaft seiner frühen Münzen, wie bei einem Aureus von 43 v. Chr., der das Bildnis des verstorbenen Caesar auf der einen Seite trägt (Kat.-Nr. I.07-4). Neben dem Hinweis auf seinen Vater durch die Namensgleichheit, nennt die Münzlegende C CAESAR COS PONT AVG bereits drei Ämter: Consul, Pontifex und Augur. Die Parallelität zur Münzlegende für Caesar ist unübersehbar: C CAESAR DICT PERP PONT MAX. Zum Pontifex war Octavian bereits unmittelbar nach seiner Volljährigkeit (Annahme der *toga virilis*) 48 v. Chr. mit 15 Jahren ernannt worden. Das Konsulat war dagegen in der Regel das Ergebnis langjähriger Funktionen für den Staat und galt als Höhepunkt einer Ämterlaufbahn. Der junge Octavian erlangte das Amt am 19. August 43 v. Chr. bereits mit 19 Jahren. Am 7. Januar 43 v. Chr. hatte Octavian, dem der Senat zuvor ein prätorianisches Kommando verliehen hatte, das erste Mal in diesem Amt die Götter um Zustimmung für seine Maßnahmen gebeten. Für ihn selbst galt dieser Tag als Beginn seiner ‚Regierung' (*dies imperii*), die bis zu seinem Tode 57 ½ Jahre währte. Bereits an dieser frühen Münze ist erkennbar, dass der Anspruch auf Herrschaft auf einer möglichst breiten Basis von militärischer Anhängerschaft, senatorischer Legitimation und religiöser Autorität beruhte. In der Situation des Bürgerkrieges schloss sich Octavian mit Marcus Antonius und Aemilius Lepidus zu einem Triumvirat zusammen. Seitdem bezeichnete er sich auf Münzen als *IIIvir rei publicae constituendae* (Angehöriger des Dreimännerkollegiums zur Erhaltung des Staates). Gelegentlich wählten die Triumvirn Übereinstimmung suggerierende Münzmotive, wie auf einem Denar des Marcus Antonius, auf dem ihm selbst auf der einen Münzseite der Triumvir Octavian auf der anderen Münzseite gegenübergestellt wird (Kat.-Nr. I.7-5). Auch nach der Vernichtung der Caesarmörder blieb das Bündnis bestehen und wurde im Jahr 37 v. Chr. erneuert. Octavian verweist durch die Münzaufschrift auf die Wahl zum Consul zum dritten Mal. Priesterattribute zeigen seine religiöse Kompetenz. Als Alleinstellungsmerkmal hebt er seine enge Verbindung zu Gaius Julius Caesar hervor, indem er sich als Sohn des vergöttlichten Caesar (CAESAR DIVI F) bezeichnet und den versprochenen und geplanten Tempel für den Großonkel zeigt (Kat.-Nr. I.7-6). Der Machtkampf konzentrierte sich nun zunehmend auf die beiden führenden Triumvirn. Versuche, durch die Hochzeit des Marcus Antonius mit Octavia, der Schwester des Octavian, sowie der Verlobung von Julia, der zweijährigen Tochter Octavians, mit dem Sohn von Marcus Antonius Verbindlichkeiten zu schaffen, bleiben längerfristig ohne Erfolg. Marcus Antonius, der seine Machtbasis im griechischen Osten hatte, wird in der Auseinandersetzung von den Anhängern Octavians zunehmend als Potentat hingestellt, der eine von Rom unabhängige Königsherrschaft anstrebe. Dieser Verdacht hatte schon Caesar das Leben gekostet. Münzen von Marcus Antonius schienen diese Unterstellungen zu bestätigen. So gibt es Goldmünzen, auf denen Marcus Antonius seinen Sohn zeigt, als wolle er eine eigene Herrscherdynastie gründen (Kat.-Nr. I.7-7). Auf anderen Denaren im Zusammenhang mit einem Sieg über die Armenier stellt Antonius sogar Kleopatra auf einer Münzseite dar und bezeichnet sie als ‚Königin der Könige und der Söhne von Königen' (Kat.-Nr. I.7-8). Es gelang Octavian, den Bürgerkrieg gegen Marcus Antonius als Krieg gegen die ptolemäische Königin Kleopatra hinzustellen, für den er sich am Ende sogar einen Triumph gewähren ließ.

Sieg, Frieden und Triumph

Mit dem Tod von Marcus Antonius und Kleopatra im Jahr 30 v. Chr. in Alexandria hatte sich Octavian militärisch durchgesetzt, und das Militär sollte auch zukünftig die wichtigste Machtbasis des jeweiligen römischen Herrschers bilden. Die Aufgabe bestand nun darin, die Akzeptanz für seine Alleinherrschaft zu erreichen und zu bewahren. Zurückhaltend bezeichnet er sich weiterhin nicht mit eigenem Namen, sondern als ‚Sohn des zum Gott gewordenen Caesar' (CAESAR DIVI F). Neu ist die Friedensthematik, die ein wirkungsvolles Argument nach den jahrzehntelangen Bürgerkriegen war. Die Bildprogramme, mit denen die Themen Sieg, Frieden und Prosperität vorgetragen werden, sind teilweise anspruchsvoll und erschließen sich erst, wenn es gelingt, alle Münztypen einer Serie zusammenzustellen. Ein berühmtes Beispiel für eine solche programmatische Emission ist die sogenannte Triumphalserie des Augustus,

welche in den Jahren 31–28 v. Chr. entstand. Die Münzbilder zweier Münztypen der Serie bilden komplementäre Doppeltypen: dabei entspricht jeweils die Büste auf der Vorderseite dem ganzfigurigen Bild auf der Rückseite. Die aus sechs Denartypen bestehende Serie verbindet Octavian eng mit verschiedenen Göttern und Personifikationen und den von ihnen verkörperten Eigenschaften. Drei Paare aus dieser Serie sollen die Vorgehensweise veranschaulichen. Einem Denar mit dem Porträt des Octavian auf der Vorderseite und einer Figur der Friedensgöttin Pax auf der Rückseite (Kat.-Nr. I.7-9) entspricht komplementär ein Denar mit dem Kopf der Pax auf der Vorderseite und Darstellung des Octavian als Feldherr auf der Rückseite (Kat.-Nr. I.7-10). Das zweite Paar besteht einmal aus dem Kopf des Octavian und einer Victoriastatue auf dem einen Denartyp (Kat.-Nr. I.7-11), zum anderen aus dem Kopf der geflügelten Victoria und der Idealstatue des Octavian als siegreicher Admiral auf dem anderen Denar (Kat.-Nr. I.7-12). Beim dritten Paar entspricht einem Denar mit Octavianskopf und Venus (Kat.-Nr. I.7-13) ein Denar mit Venuskopf und Octavian im Panzer (Kat.-Nr. I.7-14). Mit der Venusdarstellung wies Octavian darauf hin, dass sich die Familie der Julier (damit auch Gaius Julius Caesar und er selbst) auf Aeneas als ihren Urahn zurückführte, dessen Mutter Venus war. Nach Bildaussage dieser sechs Denartypen war Octavian als Feldherr erfolgreich zu Lande und auf See. Victoria bekränzt Octavian, und er sorgt mit seinen militärischen Siegen für Frieden im Römischen Reich. Venus, hier mit den Waffen des Mars, zeigt den göttlichen Schutz, in dem Familie und Actiumsieger stehen.

In die frühe Phase der Alleinherrschaft gehören Münzbilder mit Siegesmonumenten und vor allem dem dreifachen Triumph, der Octavian für den August 29 v. Chr. gewährt wurde. Beide Bildtypen waren aus der Triumphalikonographie der Republik vertraut (Kat.-Nr. I.7-15). Die Legende lautet jetzt häufig schlicht IMP(erator) CAESAR. Der erfolgreiche Feldherr schließt seine Feldzüge mit dem Triumph ab und wird selbst während des Triumphes gezeigt (Kat.-Nr. I.7-16).

Augustus:
Etablierung der Macht ab 27 v. Chr.

Eine neue Phase der Herrschaftslegitimierung erfolgte im Januar 27 v. Chr. Augustus übergab offiziell die Macht an den Senat und das Volk von Rom (*restitutio rei publicae*). Der Senat beschloss daraufhin Privilegien, die seine Sonderstellung stärkten. Augenfälliges Zeichen war die Verleihung des Ehrennamens Augustus. Der Name, der ‚der Erhabene' bedeutet, war in der herrscherlichen Repräsentation zuvor nicht verwendet worden. Deshalb war er unbelastet und konnte von Augustus mit neuer inhaltlicher Bedeutung versehen werden. Ein Aureus des Jahres 27 zeigt das neue Programm (Kat.-Nr. I.7-17). Auf der Rückseite steht oben der neue Name AVGVSTVS. Verbunden ist der Name AVGVSTVS mit dem Jupitersymbol Adler, davor ist eine Bürgerkrone (corona civica), im Hintergrund sind zwei Lorbeerbäume angegeben. Die Ehrungen im Januar hatten auch in der Verleihung der Corona civica bestanden, die er aufgrund der Rettung von Bürgern erhielt, wie die Münze auch auf der Vorderseite vermerkt (civibus servateis). Die Bürgerkrone wurde über dem Eingang seines Hauses auf dem Palatin angebracht. Zusätzlich war ihm die Pflanzung von zwei Lorbeerbäumen zu Seiten des Einganges des Hauses gestattet worden. Die Münze vermerkt auf der Rückseite mit dem S C, alle Ehrungen seien vom Senat beschlossen worden. Eine weitere Ehrung vom Januar 27 fehlt auf dem Aureus: Es ist ein goldener Ehrenschild für Augustus, der in der Curia Iulia aufgehängt wurde. Mit dem Hinweis, dieser CL(ipeus) V(irtutis) sei vom Senat und Volk von Rom verliehen worden, S(enatus) P(opulus) q(ue) R(omanus), erscheint er auf den Münzen (Kat.-Nr. I.7-18). Alle Ehrungen sind in der Folgezeit häufig dargestellt worden: einzeln wie der Clipeus virtutis, die beiden Lorbeerbäume (Kat.-Nr. I.7-19), die Corona civica (Kat.-Nr. I.7-20) oder auch zusammen (Kat.-Nr. I.7-21).

Die Ehrungen durch den Senat und das römische Volk waren die sichtbare Anerkennung als Princeps durch die alten republikanischen Institutionen. Seit 27 v. Chr. nimmt aber auch das Bemühen zu, die Herrschaft als gottgewollt hinzustellen. Waren zuvor bereits die Götter genannt worden, in deren Schutz er stand und denen er sich besonders verpflichtet fühlte, so tritt er allmählich als Gegenstand religiöser Verehrung selbst stärker in den Vordergrund. In der Provinz Asia kommt es zu Münztypen, die den Capricornus zeigen, den Ziegenfisch, der von Augustus als sein Navitätszeichen hervorgehoben wurde (Kat.-Nr. I.7-22). Das Fabelwesen verkörpert in seiner Zweigestalt aus Ziege und Fisch die Augustus prophezeite allumfassende Herrschaft zu Lande und über das Meer. Das beigegebene Füllhorn verdeutlicht das mit seiner Herrschaft verbundene Wohlstandsversprechen. Im Jahr 27 v. Chr. hatte Augustus den griechischen Bewohnern der Provinz Asia gestattet, einen Tempel zum Kult für Roma und ihn selbst zu errichten. Dieser wurde erstmals 19 v. Chr. auf Silbermünzen der Provinz Asia geprägt (Kat.-Nr. I.7-23), erschien ebenfalls auf den lokalen Münzen der kleinasiatischen Städte und verdeutlichte den Bewohnern, dass das neue ‚System Augustus' dauerhaft zu sein versprach. Etwas später wurde auch in Lugdunum ein Altar für Roma und Augustus geweiht. Die Kenntnis dieses Altars verbreitete sich im Westen des Römischen Reiches mit Hilfe von Massenemissionen aus Bronze, die bis in claudische Zeit weiter geprägt wurden (Kat.-Nr. I.7-24).

Dynastiebildung und Vergöttlichung

Die Vorstellung, die durch eine Fülle von Machtmitteln erreichte Stellung an die eigenen Nachkommen zu vererben, widersprach der republikanischen Senatsideologie. Augustus betrieb aus seiner gefestigten Stellung heraus aber genau dieses und versuchte, seine Enkel Gaius und Lucius Caesares als Nachfolger zu etablieren. 15 v. Chr. hatte er Gaius und den gerade erst geborenen Lucius adoptiert. Zwei Jahre später erscheinen diese, zusammen mit der Mutter Julia, erstmals auf einer Münze (Kat.-Nr. I.7-25). Im Jahr 2 v. Chr. nahm er den Ehrentitel ‚Vater des Vaterlandes' (pater patriae) an. Jetzt präsentierte er der Öffentlichkeit seine Enkel mit dem Titel der Anführer der Jugend (principes inventutis) auf umfangreichen Münzserien in Gold und Silber (Kat.-Nr. I.7-26). Der ältere Gaius Caesar war zusätzlich designierter Konsul, was ebenfalls auf der Münze vermerkt war und die Rangunterschiede der beiden Enkel verdeutlichte. Nach dem frühen Tod beider Enkel in den Jahren 2 bzw. 4 n. Chr. war Augustus untröstlich. Mit der Adoption des Schwiegersohnes Tiberius erklärte er diesen nun zu seinem Favoriten. Erst spät, ab Juli 13 n. Chr., erscheint das Porträt des Tiberius auf Münzen (Kat.-Nr. I.7-27). Nachdem Augustus am 19. August 14 n. Chr. in Nola gestorben war, wurde Tiberius tatsächlich der Nachfolger des Augustus. Er sorgte dafür, dass es bereits am 17. September zur Consecratio seines Vorgängers kam. Der divinisierte Augustus wurde jetzt mit einem Stern als Zeichen seiner Vergöttlichung dargestellt (Kat.-Nr. I.07-28). Tiberius ist nach Aussage der Münze Sohn des vergöttlichten Augustus und Enkel des vergöttlichten Caesar. Im Jahr 19 n. Chr. weihte Tiberius der Vorhersehung des Augustus einen Altar (Kat.-Nr. I.7-29). Opfer fanden dort mit dem 26. Juni an dem Tag statt, an dem Augustus im Jahre 4 n. Chr. Tiberius adoptiert hatte.

Was blieb?

Die Münzen des Augustus bieten über einen Zeitraum von etwa 50 Jahren einen interessanten und vielschichtigen Einblick in eine Umbruchszeit zwischen später Republik und früher Kaiserzeit. In ihrem Variantenreichtum spiegeln die Münzen auch republikanische Traditionen. Hieraus kann im Rahmen der Ausstellung nur ein kleiner Ausschnitt gezeigt werden. Seit 30 v. Chr. hatte Augustus alle drei Gewalten (Exekutive, Legislative und Judikative) in seiner Hand. Außerdem konnte er, auch wenn er das höchste Amt des Pontifex Maximus erst 12 v. Chr. erlangte, sich aufgrund seiner Erfolge einer besonderen Göttergeliebtheit rühmen. Doch all dies hätte ihn nicht vor einem Attentat bewahrt, dem sein Onkel trotz ähnlicher Machtfülle zum Opfer gefallen war. Es war Aufgabe der

Münzikonographie, eine neue Bildsprache für die Akzeptanz eines neuen Regierungssystems zu schaffen. Dies führte zu unterschiedlichen Ergebnissen, von denen einige sich auch als ein Irrweg erwiesen. Am deutlichsten sichtbar wird dies am Beispiel der Münzmeisterprägungen, die ab 19 v. Chr. wieder in Rom hergestellt wurden. Dieser Versuch, eine republikanische Tradition wieder aufleben zu lassen, erwies sich aber als ungeeignet. Neben Augustus konnte es keine anderen Familien mit eigenen Formen der Selbstdarstellung geben. Etwa 4 v. Chr. wurden die Münzmeisterprägungen endgültig aufgegeben. Einige Bildmotive des Augustus überlebten den ersten Prinzeps nicht. Als Beispiel zu nennen ist der Kaiser, der auf einem erhöhten Podium sitzt und sich von seinen Generälen den Siegeslorbeer überreichen ließ. Dieses Bild, das die Realität spiegelte, widersprach zu sehr der Bildtradition vom Herrscher, der persönlich die Feinde besiegte und auch für die Römer zur festen Herrschertopik werden sollte.

Was blieb bis in die Zeit Ottos des Großen? Die Tendenz zur Dynastiebildung sowie der Versuch, die Legitimation durch den Hinweis auf einen vergöttlichten Vorgänger zu erhöhen, wurde Merkmal des römischen Herrschertums bei vielen Nach-

folgern des Augustus. Der zum Namensbestandteil veränderte militärische Titel IMPERATOR findet sich bei Otto und bis heute in Herrschertiteln wie (engl.) und (franz.). Das ursprüngliche Cognomen CAESAR wurde zur Herrscherbezeichnung von „Zar" und „Kaiser". Die Ehrenbezeichnung Augustus wurde zum Bestandteil der Herrschertitulatur bei den Römern. In dieser Weise wurde er auch im Mittelalter verwendet (vgl. Beitrag Kluge Kat.-Nr. IV.13 u. V.35). Der Lorbeerkranz als Attribut des Kaisers, auch benutzt zur Absetzung gegenüber dem präsumtiven Nachfolger, etablierte sich in der Herrscherikonographie und wurde auch von Karl dem Großen und seinen Nachfolgern bis in das 19. Jahrhundert immer wieder aufgegriffen.

Bernhard Weisser

Literatur
Alföldi 1951; Crawford 1974; Edelmann 2003, hier S. 199–200; Giard 1983; Giard 2002; van Heesch 1993; Lahusen 1989; Liegle 1941; Mattingly 1923; Newman 1990; Overbeck 1978; Rodewald 1976; Simon 1993; Sutherland 1970; Sutherland 1984, Nr. 252; Szaivert 1984; Trillmich 1988; Walburg 2007/2008; Weisser 2005; Weisser 2010; Wolters 1999; Wolters 2000; Woytek 2003.

I.7

Münzprägungen unter Augustus

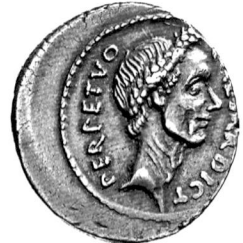
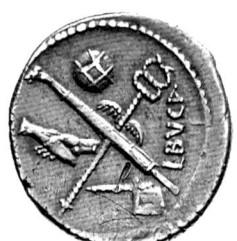
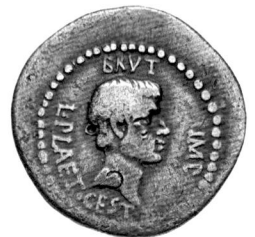
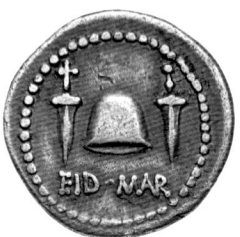

1) Denar des L. Aemilius Buca

Rom, 44 v. Chr.
Vs.: CAESAR DICT – PERPETVO. Bekränzter Kopf des Gaius Julius Caesar nach rechts. – Rs.: L BVCA. Rutenbündel (*fasces*) ohne Axt mit geflügeltem Merkurstab (*caduceus*) gekreuzt, in den Winkeln Globus, Handschlag (*dextrarum iunctio*) und Axt.
Silber. G 3,45 g, D 1,9 cm
Berlin, Staatliche Museen zu Berlin, Münzkabinett, 18217195

2) Denar der L. Plaetorius Cestianus für M. Iunius Brutus

Mobile Feldmünzstätte, 43/42 v. Chr.
Vs.: BRVT IMP – L PLAET CEST. Kopf des M. Iunius Brutus nach rechts. – Rs.: EID MAR. Kappe (*pileus*) zwischen zwei Dolchen.
Silber. G 3,81 g, D 2,0 cm
Berlin, Staatliche Museen zu Berlin, Münzkabinett, 18202198

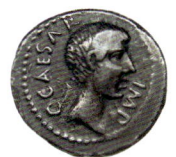 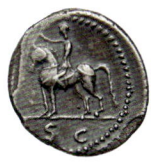

3) Denar des Octavian

Italien, 43 v. Chr.
Vs.: C CAESAR – IMP. Kopf des Octavian nach rechts. –
Rs.: S C. Reiterstatue des Octavian.
Silber. G 3,65 g, D 1,8 cm
Berlin, Staatliche Museen zu Berlin, Münzkabinett,
18206819

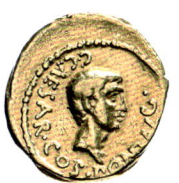 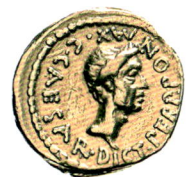

4) Aureus des Octavian

Italien, 43 v. Chr.
Vs.: C CAESAR COS PONT AVG [NT, AV ligiert]. Kopf
des Octavian nach rechts. – Rs.: C CAESAR DICT PERP
PONT MAX [MA ligiert]. Kopf des bekränzten Gaius
Julius Caesar nach rechts.
Gold. G 7,97g, D 2,0 cm
Berlin, Staatliche Museen zu Berlin, Münzkabinett,
18202283

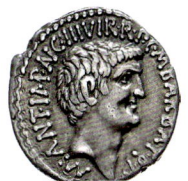 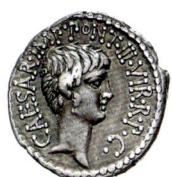

5a–b) Denar des M. Barbatius Pollio

Kleinasien (Ephesos?), 41 v. Chr.
Vs.: M ANT IMP AVG III VIR R P C M BARBAT Q P [MP,
AV ligiert]. Kopf des Marcus Antonius nach rechts. –
Rs.: CAESAR IMP PONT III VIR R P C. Kopf des Octavian
nach rechts.
Silber. G 3,79 g; D 1,9 cm
a) Berlin, Staatliche Museen zu Berlin, Münzkabinett,
18215790 (abgebildet)
b) Berlin, Staatliche Museen zu Berlin, Münzkabinett,
18215792 (G 3,98 g, D 1,8 cm)

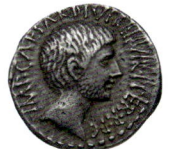 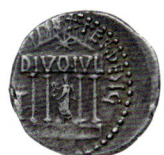

6) Denar des Octavian

Italien, 36 v. Chr.
Vs.: IMP CAESAR DIVI F III VIR ITER R P C. Kopf des
bärtigen Octavian nach rechts. – Rs.: [COS ITER] ET TER
DESIG. Viersäuliger Tempel des vergöttlichten Gaius
Julius Caesar, darin Statue Caesars als Pontifex Maximus
mit Krummstab (lituus). Auf dem Architrav DIVO IVL, im
Giebel ein Stern. Neben dem Tempel links ein Altar.
Silber. G 3,88 g, D 2,0 cm
Berlin, Staatliche Museen zu Berlin, Münzkabinett,
18206972

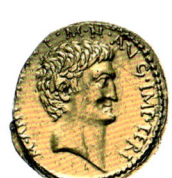 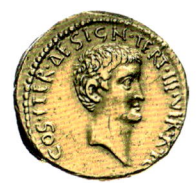

7) Aureus des Marcus Antonius

Kleinasien, 34 v. Chr.
Vs.: M ANTONI M F M N AVG IMP TERT. Kopf des Marcus
Antonius nach rechts. – Rs.: COS ITER ΔESIGN TERT III VIR
R P C. Kopf des Marcus Antonius iunior nach rechts.
Gold. G 8,06 g, D 1,9 cm
Berlin, Staatliche Museen zu Berlin, Münzkabinett,
18215844

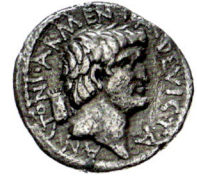 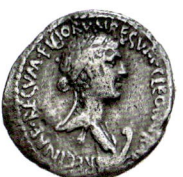

8) Denar des Marcus Antonius

Alexandria, 34 v. Chr.
Vs.: ANTONI ARMENIA DEVICTA. Kopf des Marcus
Antonius nach rechts, dahinter eine armenische Tiara. –
Rs.: CLEOPATRAE – REGINAE REGVM FILIORVM REGVM.
Drapierte Büste der Kleopatra VII. mit Diadem in der
Brustansicht nach rechts, davor ein Schiffsvorderteil
(prora).
Silber. G 3,51 g, D 1,8 cm
Berlin, Staatliche Museen zu Berlin, Münzkabinett,
18215845

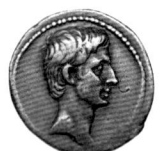 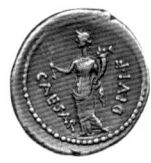

9 a–b)   Denar des Octavian

Rom, 29 v. Chr.
Vs.: Kopf des Octavian nach rechts. – Rs.: CAESAR –
DIVI F. Pax steht in der Vorderansicht, den Kopf nach links
gewandt. Sie hält in der erhobenen rechten Hand einen
Ölzweig und im linken Arm ein Füllhorn (*cornucopiae*).
Silber. G 3,90 g, D 2,0 cm
a) Berlin, Staatliche Museen zu Berlin, Münzkabinett,
18206998 (abgebildet)
b) Berlin, Staatliche Museen zu Berlin, Münzkabinett,
18206999 (G 3,66 g, D 2,0 cm)

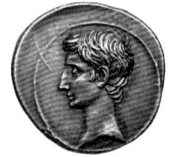 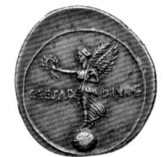

11 a–b)   Denar des Octavian

Rom, 29 v. Chr.
Vs.: Kopf des Octavian nach links. – Rs.: CAESAR – DIVI
F. Victoria steht auf einem Globus nach links. Sie hält
in der rechten Hand einen Kranz, in der Linken einen
Palmzweig.
Silber. G 3,92 g, D 2,1 cm
a) Berlin, Staatliche Museen zu Berlin, Münzkabinett,
18206994 (abgebildet)
b) Berlin, Staatliche Museen zu Berlin, Münzkabinett,
18206993 (G 3,76 g, D 2,0–2,3 cm)

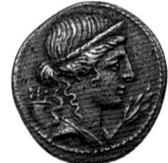 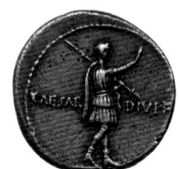

10 a–b)   Denar des Octavian

Rom, 29 v. Chr.
Vs.: Drapierte Büste der Pax mit Diadem nach rechts. Im
rechten Feld ein Ölzweig und im linken Feld ein Füllhorn
(*cornucopiae*). – Rs.: CAESAR – DIVI F. Octavian steht in
Feldherrnpanzer nach rechts. Er hat die rechte Hand zur
Ansprache (*adlocutio*) erhoben und trägt einen Speer
über der linken Schulter.
Silber. G 3,76 g, D 1,9 cm
a) Berlin, Staatliche Museen zu Berlin, Münzkabinett,
18207006 (abgebildet)
b) Berlin, Staatliche Museen zu Berlin, Münzkabinett,
18207005 (G 3,45 g, D 2,1 cm)

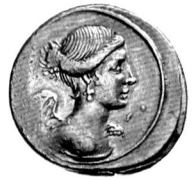 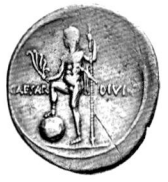

12 a–b)   Denar des Octavian

Rom, 29 v. Chr.
Vs.: Geflügelte Büste der Victoria nach rechts. – Rs.:
CAESAR – DIVI F. Octavian steht nach links, den rechten Fuß auf Globus aufgestellt, in der rechten Hand eine
Schiffszier (*Aphlaston*), in der Linken ein Zepter haltend.
Silber. G 3,65 g, D 2,1 cm
a) Berlin, Staatliche Museen zu Berlin, Münzkabinett,
18202371 (abgebildet)
b) Berlin, Staatliche Museen zu Berlin, Münzkabinett,
18207002 (G 3,77 g, D 1,9 cm)

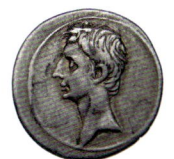 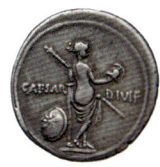

13 a–b) Denar des Octavian

Rom, 29 v. Chr.
Vs.: Kopf des Octavian nach links. – Rs.: CAESAR – DIVI
F. Venus steht in der Rückenansicht nach rechts gewandt
an eine Säule gelehnt. Sie hält in ihrer rechten Hand
einen Helm und in ihrer linken Hand ein Zepter. Unten
links lehnt an der Säule ein Schild mit einem achtstrah-
ligen Stern.
Silber. G 3,53 g, D 2,1 cm
a) Berlin, Staatliche Museen zu Berlin, Münzkabinett,
18207004
b) Berlin, Staatliche Museen zu Berlin, Münzkabinett,
18207003 (Kopf des Octavian nach rechts, G 3,70 g,
D 2,1 cm)

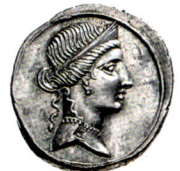 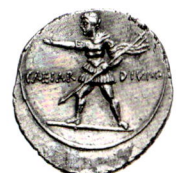

14 a–b) Denar des Octavian

Rom, 29 v. Chr.
Vs.: Kopf der Venus mit Kranz und Diadem nach rechts. –
Rs.: CAESAR – DIVI F. Octavian steht in Feldherrnpanzer
in einem Ausfallschritt nach links, die rechte Hand aus-
gestreckt, in der linken Hand einen Speer schräg vor den
Körper haltend.
Silber. G 3,88 g, D 2,0 cm
a) Berlin, Staatliche Museen zu Berlin, Münzkabinett,
18202445 (abgebildet)
b) Berlin, Staatliche Museen zu Berlin, Münzkabinett,
18202444 (G 4,02, D 2,0 cm)

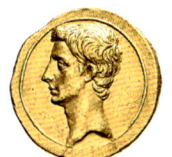 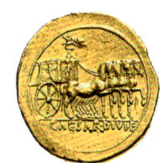

15) Aureus des Octavian

Rom, 30–27 v. Chr.
Vs.: Kopf Octavian nach links. Rs.: CAESAR DIVI F. Vier-
gespann (Triumphalquadriga) mit verzierten Panelen nach
rechts, am Zügelhalter als Zier ein weiteres kleines Vier-
gespann.
Gold. G 7,88 g, D 2,1 cm
Berlin, Staatliche Museen zu Berlin, Münzkabinett,
18202357

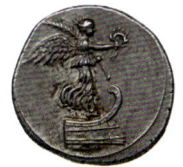 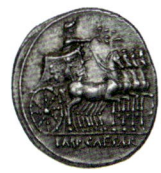

16 a–b) Denar des Octavian

Rom, 29–27 v. Chr.
Vs.: Victoria steht auf Schiffsbug (*prora*) nach rechts. Sie
hält in der rechten Hand einen Kranz und mit der linken
Hand einen geschulterten Palmzweig. – Rs.: IMP CAESAR.
Octavian steht als mit Lorbeer bekränzter Triumphator in
einem figürlich verzierten Wagen eines Viergespannes
(*quadriga*) nach rechts. Mit der linken Hand hält er die
Zügel und mit seiner rechten Hand einen Zweig.
Silber. G 3,98 g, D 1,9 cm
a) Berlin, Staatliche Museen zu Berlin, Münzkabinett,
18207258 (abgebildet)
b) Berlin, Staatliche Museen zu Berlin, Münzkabinett,
18207257 (G 4,17 g, D 2,0)

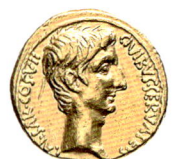 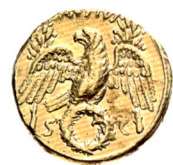

17) Aureus des Augustus

Rom oder Ephesos, 27 v. Chr.
Vs.: CAESAR COS VII – CIVIBVS SERVATEIS. Kopf des Augustus nach r. – Rs.: AVGVSTVS / S – C. Adler mit ausgebreiteten Flügeln in der Vorderansicht, Kopf nach links, davor Eichenkranz, dahinter zu beiden Seiten Lorbeerbäume.
Gold. G 7,77 g, D 1,9 cm
Berlin, Staatliche Museen zu Berlin, Münzkabinett, 18202448

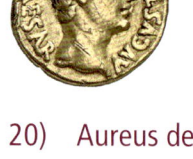 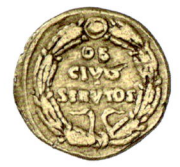

20) Aureus des Augustus

Spanien (Colonia Patricia?), um 19 v. Chr.
Vs.: CAESAR – AVGVSTVS. Kopf des Augustus nach rechts. – Rs.: OB / CIVIS / SERVTOS [sic!]. Eichenkranz, darin Schriftfeld in drei Zeilen.
Gold. G 7,78 g, D 1,8 cm
Berlin, Staatliche Museen zu Berlin, Münzkabinett, 18206798

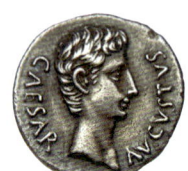 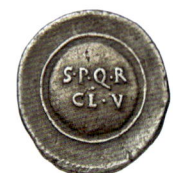

18) Denar des Augustus

Spanien (Colonia Caesaraugusta?), 19–18 v. Chr.
Vs.: CAESAR – AVGVSTVS. Kopf des Augustus nach rechts. – Rs.: S P Q R / CL V [auf dem Schild]. Schild (*clipeus virtutis*), darauf die Aufschrift in zwei Zeilen.
Silber. G 3,66 g, D 2,0 cm
Berlin, Staatliche Museen zu Berlin, Münzkabinett, 18207512

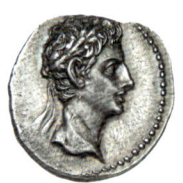 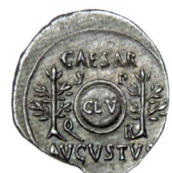

21) Denar des Augustus

Gallien oder Spanien (Colonia Patricia?), 20–19 v. Chr.
Vs.: Kopf des Augustus mit Lorbeerkranz nach rechts – Rs.: CAESAR / AVGVSTVS. Ein von zwei Lorbeerbäumen flankierter Rundschild (*clipeus virtutis*) mit der Aufschrift CL V wird von S P Q R in Quadratform umrahmt.
Silber. G 3,86 g, D 1,9 cm
Berlin, Staatliche Museen zu Berlin, Münzkabinett, 18207578

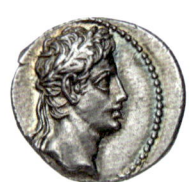 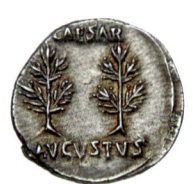

19) Denar des Augustus

Spanien (Colonia Patricia?), 20–19 v. Chr.
Vs.: Kopf des Augustus mit Lorbeerkranz nach rechts. – Rs.: CAESAR / AVGVSTVS. Zwei Lorbeerbäume.
Silber. G 3,92 g, D 1,9 cm
Berlin, Staatliche Museen zu Berlin, Münzkabinett, 18207584

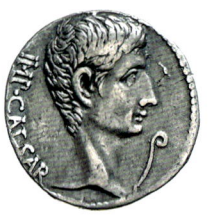 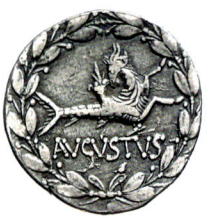

22 a–b) Cistophor der Provinz Asia

Pergamon, 27–26 v. Chr.
Vs.: IMP CAESAR. Kopf des Augustus nach rechts. Im rechten Feld ein Priesterstab (*lituus*). – Rs.: AVGVSTVS. Capricorn mit Füllhorn und zurückgewandtem Kopf in einem Lorbeerkranz nach rechts.
Silber. G 11,93 g, D 2,4 cm
a) Berlin, Staatliche Museen zu Berlin, Münzkabinett, 18213439 (abgebildet)
b) Berlin, Staatliche Museen zu Berlin, Münzkabinett, 18213440 (G 11,92 g, D 2,8 cm)

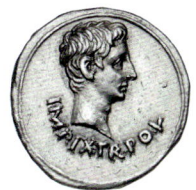 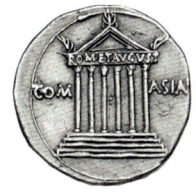

23) Cistophor der Provinz Asia

Pergamon, 19–18 v. Chr.
Vs.: IMP IX TR PO V. Kopf des Augustus nach rechts. –
Rs.: COM – ASIA[E]. Tempel für den Kaiserkult der Griechen für Augustus und Roma in der Provinz Asia. Der Tempel ist als Peripteraltempel mit Unterbau wiedergegeben. Auf dem Architrav ROM ET AVGVST.
Silber. G 12,17 g, D 2,6 cm
Berlin, Staatliche Museen zu Berlin, Münzkabinett, 18200906

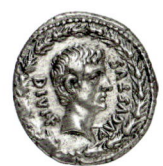 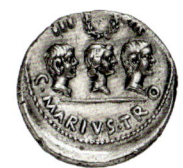

25) Denar des Münzmeisters C. Marius C F

Rom, 13 v. Chr.
Vs.: AVGVSTVS – DIVI F. Kopf des Augustus im Eichenkranz nach rechts.– Rs.: C MARIVS TR-O – III – VIR. Köpfe der Julia und ihrer Söhne Gaius und Lucius Caesares nach rechts, über Julia ein Kranz.
Silber. G 3,78 g, D 1,9 cm
Berlin, Staatliche Museen zu Berlin, Münzkabinett, 18202492

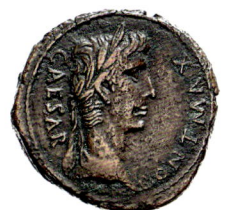 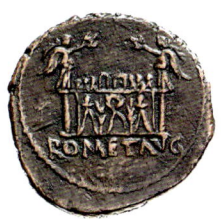

24 a–b) As des Augustus

Lugdunum, 12–10 v. Chr.
Vs.: CAESAR – PONT MAX. Kopf des Augustus mit Lorbeerkranz nach rechts.– Rs.: ROM ET AVG. Der Altar der Roma und des Augustus in Lugdunum (Lyon), flankiert von Säulen, auf denen Victorien einander gegenüberstehen. Die Altarfront ist mit dem Eichenkranz (corona civica) zwischen Lorbeerzweigen und männlichen Gestalten (Lares?) dekoriert.
Bronze. G 11,60g, D 2,6 cm
a) Berlin, Staatliche Museen zu Berlin, Münzkabinett, 18202600
b) Berlin, Staatliche Museen zu Berlin, Münzkabinett, 18205075 (G 10,97 g, D 2,6 cm)

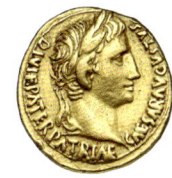 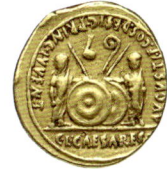

26 a–b) Aureus des Augustus

Lugdunum, 2 v. Chr. – 4 n. Chr.
Vs.: CAESAR AVGVSTVS – DIVI F PATER PATRIAE. Kopf des Augustus mit Lorbeerkranz nach rechts. – Rs.: AVGVSTI F COS DESIG PRINC IVVENT // C L CAESARES. Gaius und Lucius Caesar stehen als Togati nebeneinander in der Vorderansicht. Sie halten je einen Schild und einen Speer. Über ihnen sind links eine Schöpfkelle (simpulum) und rechs ein Priesterstab (lituus) abgebildet.
Gold. G 7,85 g, D 2,0 cm
a) Berlin, Staatliche Museen zu Berlin, Münzkabinett, 18210805 (abgebildet)
b) Berlin, Staatliche Museen zu Berlin, Münzkabinett, 18210802 (G 7,88 g, D 1,9 cm)

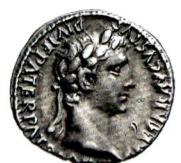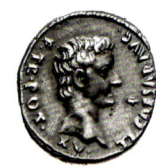

27)   Denar des Augustus

Lugdunum, 13–14 n. Chr.
Vs.: [C]AESAR AVGVSTVS – DIVI F PATER PATR[IAE].
Kopf des Augustus mit Lorbeerkranz nach rechts. –
Rs.: TI CAESAR AVG F TR POT XV. Kopf des Tiberius nach
rechts.
Silber. G 3,73 g, D 1,8 cm
Berlin, Staatliche Museen zu Berlin, Münzkabinett,
18211327

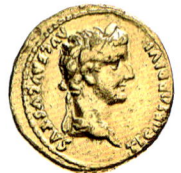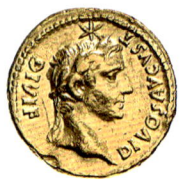

28 a–b)   Aureus des Tiberius

Lugdunum, 14–37 n. Chr.
Vs.: TI CAESAR DIVI – AVG F AVGVSTVS. Kopf des
Tiberius mit Lorbeerkranz nach rechts. – Rs.: DIVOS
AVGVST – DIVI F. Kopf des Augustus mit Lorbeerkranz
nach rechts, darüber ein Stern (*sidus Iulium*).
Gold. G 7,87 g, D 1,9 cm
a) Berlin, Staatliche Museen zu Berlin, Münzkabinett,
18211198 (abgebildet)
b) Berlin, Staatliche Museen zu Berlin, Münzkabinett,
18211192 (G 7,65 g, D 1,9 cm)

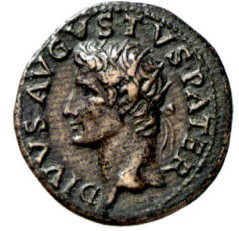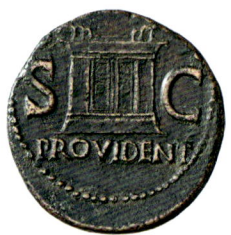

29 a–b)   As des Tiberius

Rom, 22–30 n. Chr.
Vs.: DIVVS AVGVSTVS PATER. Kopf des Divus Augustus
mit Strahlenkrone nach links. – Rs.: PROVIDENT. Altar
samt Einfassung mit geschlossenen Türflügeln. Beiderseits
S – C.
Bronze. G 11,34 g, D 3,0 cm
a) Berlin, Staatliche Museen zu Berlin, Münzkabinett,
18200058 (abgebildet)
b) Berlin, Staatliche Museen zu Berlin, Münzkabinett,
18209830 (G 11,04 g, D 2,9 cm)

Bernhard Weisser

Das Kaiserbildnis

Die Porträts römischer Kaiser und Kaiserinnen sind nicht realistische Abbilder lebender Personen, sondern stilisierte Leitbilder für die Öffentlichkeit: entworfen, angefertigt und aufgestellt im Verhandlungskontext kollektiver Wertbegriffe und gesellschaftlicher Ideologien. Die Kaiserporträts dienten dazu, spezifische ‚Bilder' des regierenden Herrschers in der Öffentlichkeit zu vermitteln. Kaiserporträts sind also erstrangige Zeugnisse politischer, sozialer und ideologischer Herrschaftsansprüche ihrer Zeit. Schriftliche Nachrichten über ihren Entstehungsprozess fehlen. Licht darauf wirft ein Brief, den Plinius der Jüngere 100/101 n. Chr. geschrieben hat. Darin fragt er ein Ehepaar, was er in seinem Nachruf auf ihren kürzlich verstorbenen Sohn ergänzen, ändern und streichen solle, so „wie Ihr einen Bildhauer oder Maler, der ein Porträt Eures Sohnes anfertigen soll, anweisen würdet, was er darin herauszubringen (*exprimere*) und zu verbessern (*emendare*) habe" (Epistolae, 3,10,6).

Aus den erhaltenen Bildnissen können wir Folgendes rekonstruieren: Am Anfang haben entweder der Kaiser und seine Berater und/oder ambitionierte bzw. konkurrierende Werkstätten erste Entwürfe eines neuen Kaiserporträts vorgelegt. Von den Entwürfen wurde (wenigstens) einer offiziell akzeptiert und möglicherweise weiter verfeinert. Besaß der Prototyp eines zukünftigen Kaiserporträts seine endgültige Form, wurde er wohl in Gold oder Silber ausgeführt. Der Prototyp diente als Modell für Gipsabgüsse, die von Werkstätten im ganzen Reich beschafft bzw. vervielfältigt wurden. Rasch spielte sich eine Praxis ein, bei der wenige Kopftypen massenhaft kopiert und umgebildet wurden. Am genauesten ließ sich das Schema der Haarlocken über der Stirn wiedergeben. Es avancierte zum Leitmotiv. Die benannten Kaiserbildnisse der römischen Münze, das distinktive Schema der Stirnlocken und Charakteristika der Physiognomie halfen der Forschung, eine verlässliche Typologie und Chronologie für die zumeist kontextlosen und unbenannten Kaiserporträts zu entwickeln. Auf dieser Grundlage sind sie identifiziert und lassen sich historisch interpretieren.

Wie ist das Kaiserporträt historisch entstanden? Gaius Julius Caesar hatte testamentarisch verfügt, den späteren Augustus als seinen Nachfolger zu adoptieren. Nach der Ermordung Caesars am 15. März 44 v. Chr. nahm der Adoptivsohn das politische Vermächtnis seines Adoptivvaters an. In der darauffolgenden blutigen Bürgerkriegszeit um die Alleinherrschaft in Rom handelte er als der Sohn des vergöttlichten Caesar, profilierte sich als *Caesar Divi filius* und *Imperator Caesar Divi filius*. Hochfliegende politische Ambitionen lässt bereits sein erster Porträttypus erkennen. Demonstrativ übernahm und ak-

tualisierte er Formen hellenistischer Königsbildnisse. Mit dem Sieg in der Seeschlacht von Actium (31 v. Chr.) sicherte sich *Caesar Divi filius* die Alleinherrschaft in Rom. Im Januar 27 v. Chr. verlieh ihm der römische Senat umfassende politische Vollmachten, Insignien der Herrschaft (vgl. Kat.-Nr. I.1) und den Namenstitel *Imperator Caesar Divi filius Augustus*. Form, Struktur und Amtstitel der römischen Kaiserherrschaft waren damit begründet.

Wohl schon etwas früher, um oder bald nach 30 v. Chr., entstand der in über 150 Exemplaren erhaltene Haupttypus des Augustusporträts (vgl. Kat.-Nr. I.10, I.13 u. I.14). Unabhängig vom tatsächlichen Alter propagierte es jugendlich unterlegte Alterslosigkeit als neuen Standard für das Bild des Kaisers. Im 1. Jahrhundert n. Chr. wertete Quintilian (Institutio oratoria 5,12,20) vergleichbare Stilformen als *gravis* (würdevoll) und *sanctus* (erhaben). In seiner klassizistisch zurückgenommenen Konzeption setzte das neue Bildnis sich pointiert vom hellenistisch bewegten Porträt des *Caesar Divi filius* ab, das weiterhin in Umlauf blieb. An dem neuen Bildnis des Kaisers orientierten sich viele (vgl. Kat.-Nr. I.17, I.18 u. I.20). Rasch etablierte sich so ein auf den Kaiser verweisendes ‚Zeitgesicht' als allgegenwärtiger und vielstimmiger Ausdruck von Loyalität. Je nach Kaiser und Porträt bildeten sich danach weitere Zeitgesichter aus. Das war kein einseitiger, von oben her diktierter Prozess. Im Gegenteil, häufig griff das Kaiserporträt bereits vorhandene Stilisierungsformen im nicht-kaiserlichen Bildnis auf und verlieh ihnen imperialen Habitus. Das stärkte und band die Loyalität der politischen und ökonomischen Elite.

Die Bildnisse des Augustus setzten in vieler Hinsicht Maßstäbe. Seit Augustus verbreitete sich das Kaiserporträt in festen Typen und riesiger Zahl im ganzen Reich. Seit Augustus revolutionierten Kaiserporträt und Kaisername das Massenmedium der römischen Münze als das neue und bleibende Motiv der Vorderseite. Der Kaiser wurde durch sein Porträt omnipräsent, in jedem Material, in jeder Größe, in jeder Bildgattung, in jedem Lebensraum. Seit Augustus wurde das Kaiserporträt an seinen jeweiligen Wirkungskontext angepasst, in Hinblick auf lokale Bedürfnisse, lokale Stiltraditionen und lokale Werkstätten. Nur das Grundschema der Frontlocken blieb dabei resistent. Seriöse Schätzungen gehen allein für Augustus von etwa 50.000 rundplastischen Bildnissen aus (Pfanner 1989, S.178–179). Seit Augustus ergriff das Kaiserporträt von allen Körpertypen Besitz, die für die öffentliche Selbstdarstellung zur Verfügung standen. Es zeigte ihn als Feldherr zu Pferd (vgl. Kat.-Nr. I.51 a–c) und im Panzer zu Fuß (vgl. Kat.-Nr. I. 37 u. I.48); als Bürger,

Magistrat, Priester (vgl. Kat.-Nr. I.14) und Triumphator in verschiedenen Formen der Toga (vgl. Kat.-Nr. I.56 a–b); im Habitus mythischer Heroen und olympischer Götter (vgl. Kat.-Nr. I.16, I.39 u. I.44). Im Bild wurde der Kaiser immer wieder als Musterbeispiel religiöser Pflichterfüllung, militärischer Sieghaftigkeit und bürgerlicher Zuwendung vorgeführt, in unterschiedlicher Gewichtung, je nach Ort und Zeit. Seit Augustus galt das Bildnis des Kaisers zugleich als vollgültige Vertretung seiner selbst. Es verlieh rechtlichen Handlungen kaiserliche Legitimation. Es bot Schutz vor rechtlicher Verfolgung. Ausländische Könige unterwarfen sich (vor) ihm. Eine neue staatstragende Funktion erhielt das Kaiserbildnis im Kaiserkult. Er konstituierte sich unter Augustus im ganzen Reich, ohne die Göttlichkeit des Kaisers durch eine kohärente Theologie festzulegen. Der Kaiser erhob Anspruch auf alle gesellschaftlichen Rollen-Bilder, war zugleich Bürger, Alleinherrscher und Gott.

Kaum weniger einflussreich und verbreitet waren die Bildnisse römischer Kaiserinnen. Jugendlich schöne Gesichter, aufwändige Frisuren, reizvoll gewandete Büsten und Körper haben in ständiger Neuformulierung Standards für die Rollen-Bilder der Frau in der Öffentlichkeit beschrieben, auch in ihrer intensiven Rezeption durch den Mann (vgl. Kat.-Nr. I.21–23, I.26 u. I.42). Die Kaiserinnen verkörperten dabei Wertvorstellungen und Verhaltensideale, die der Frau vorbehalten waren. Sie brachten die zukünftigen Kaiser zur Welt. Sie garantierten den Bestand kaiserlicher Familien und Dynastien. Sie gewannen durch ihre Bild-Präsenz in der Öffentlichkeit eigenes Profil und Prestige, gaben der Frau in der Selbstdarstellung der Geschlechter neues gesellschaftliches Gewicht. Im Bild trat die Kaiserin vor allem in Gemeinschaft mit dem Kaiser, seinen Söhnen und dynastischer Gruppen auf (vgl. Kat.-Nr. I.42). Hier war sie, wie der Kaiser, Bürgerin, Heroine und Göttin. Schöne (auch halbnackte) Körper und aphrodisische Motive unterstrichen erotische Attraktivität. Das Bild der Kaiserin ermöglichte neue Formen der Kommunikation, Loyalität und Emotionalität zwischen dem Kaiserhaus und dem nicht-kaiserlichen Publikum. In ihrem unterschiedlichen Habitus ergänzten sich das Bild des Kaisers und der Kaiserin gegenseitig. Seit Augustus entwickelte sich das Porträt beider zu einem Abbild von Herrschaftsmacht, das in seiner chronologischen Beständigkeit, physischen Präsenz und ideologischen Wirkkraft bis heute ohne Parallele ist. Die herausragende Bedeutung des Kaiserporträts spiegelte sich selbst in seiner Vernichtung (Varner 2004; Prusac 2011). Bei Aufständen gegen den Kaiser oder nach seiner Ermordung und öffentlichen Ächtung wurden seine Bildnisse durch den offiziellen Akt einer *damnatio memoriae* (Verdammung des Gedächtnisses) entweder zerschlagen oder in Porträts ‚guter‘ Kaiser umgearbeitet (z.B. Caligula, Nero, Domitian, Commodus, Geta, Caracalla, Elagabal). Verdammte Kaiser konnten in einer danach möglichen *restitutio memoriae* aber auch wieder

rehabilitiert werden (z.B. Caligula, Nero, Commodus). Formen des Erinnerns, Umdeutens, Zerstörens und Vergessens waren fest an das Kaiserporträt gebunden.

Kontinuität, Veränderung und Umbruch prägten seine Entwicklung. Tiberius (14–37 n. Chr.; vgl. Kat.-Nr. I.31) und Caligula (37–41 n. Chr.) folgten mit jeweils eigenen Akzenten dem klassizistischen Modell der jugendlich unterlegten Alterslosigkeit der Bildnisse des Augustus (vgl. Kat.-Nr. I.10 u. I.13). Claudius (41–54 n. Chr.) war der Erste, der konsequent gemäßigte Alterszüge und größere Wirklichkeitsnähe in das Kaiserporträt eintragen ließ (vgl. Kat.-Nr. I.19). Radikale Neuformulierungen unternahm Nero (54–68 n. Chr.). Seit 59 n. Chr. stellte er jugendlichen Habitus, üppige Fettleibigkeit und lange, gegenläufig mit der Brennschere frisierte Haarlockenreihen als Formen imperialer *luxuria* und persönlichen Lebensstils in den Mittelpunkt seiner Porträts (vgl. Kat.-Nr. I.34). Dabei griff er auf Luxusfrisuren nicht-kaiserlicher Bildnisse zurück. Die Folgen waren enorm. Fortan dominierte der kaiserlich geadelte Frisurenluxus das römische Männerbild, bis ins ausgehende 2. Jahrhundert n. Chr.! Es war Nero, der die bis dahin verbindlichen Formen kaiserlicher Selbstdarstellung sprengte, den Weg für neue Porträtentwürfe ebnete und den wohl folgenreichsten Umbruch im römischen Kaiserbildnis auslöste. Nach seinem Selbstmord entstanden in kurzer Folge extreme kaiserliche ‚Gegenbilder‘. Otho (15.1. bis 16.4. 69 n. Chr.) glich sich pointiert an Nero an. Galba (Juni 68 bis 15.1. 69 n. Chr.), Vitellius (2.1. bis 20.12. 69 n. Chr.) und Vespasian (Dezember 69 bis Juni 79 n. Chr.) setzten sich dagegen durch krasse Altersmerkmale von ihren Vorgängern ab – bis hin zum zahnlos eingefallenen Mund im Bildnis Vespasians. Damit war schonungslose Altersschilderung als neue Möglichkeit der Habitus-Stilisierung im Kaiserbildnis etabliert. Das Porträt Trajans (98–117 n. Chr.) widersetzte sich dem Trend zur Luxusfrisur, durch lange, einfach in die Stirn gekämmte Haarsträhnen, ausgeprägte Nasolabialfalten und einen schmallippig zusammengepressten Mund (vgl. Kat.-Nr. I.39). Mit Hadrian (117–138 n. Chr.) kam der Frisurenluxus im Kaiserbildnis endgültig zum Durchbruch. Typische Merkmale sind reiche, raffiniert frisierte (später filigran aufgebohrte) Haarlocken, stark geglättete (polierte) Hautflächen, der neu ins Kaiserporträt aufgenommene Vollbart (vgl. Kat.-Nr. I.40, I.41 u. I.54). Anders verhielten sich die 46 Kaiser und Gegenkaiser des 3. Jahrhunderts n. Chr., die mehrheitlich nicht mehr in Rom, sondern von römischen Truppen in Grenzregionen des Reiches ausgerufen wurden (sog. Soldatenkaiser). Sie profilierten sich bis zu Diocletian (284–305 n. Chr.) in ihren Bildnissen auf denkbar unterschiedliche Weise (vgl. Kat.-Nr. I.49). Gallien (253–268 n. Chr.) verwendete in seinem ersten Bildnistypus sogar Frisurenmotive des Augustus. Neue aufregende Gestaltungsmöglichkeiten wurden entdeckt: die Dominanz des Auges, die Steigerung des Ausdrucks, der Einsatz neuer Stilformen für die Wiedergabe von Haar und Bart, eine vom organischen Befund sich lösende ‚abstrakte' Gliederung des Gesichtes und Modellierung der Haut. Diese Tendenzen gewannen im Zeitgesicht der Tetrarchen starke Konzentration und Verbindlichkeit (vgl. Kat.-Nr. II.2).

In der Summe ist das römische Kaiserporträt konkurrenzlos. Dazu hat vieles beigetragen: die singuläre Vorbildfunktion, die wechselseitigen Formen der Rezeption und die unausweichliche Präsenz sowie die faszinierende Vielseitigkeit der Materialien, Entwürfe, Formen und Ansprüche. Das hat im Herrscherbildnis der Nachantike tiefe Spuren hinterlassen, von der Spätantike über das Mittelalter bis in die Moderne.

Rolf Michael Schneider

Quellen

Plinius, Epistolae; Quintilian, Institutio oratoria.

Literatur

Ausst.-Kat. München 1978; Alexandridis 2004; Boschung 2007; Cain 1993; Ewald/Noreño 2010; Fejfer 2008; Fittschen/Zanker/Cain 2011; Højte 2005; Lahusen 2010; Massner 1982; von Matt/Kühner 1964 (bis heute die besten Abbildungen römischer Kaiser auf Münzen); Pekáry 1985; Pfanner 1989; Prusac 2011; HU Berlin 1982, bes. S. 123–410; Rose 1997; Schneider 2003; Smith 1996; Varner 2004; Zanker

I.8

Porträt des Augustus mit Eichenlaubkranz

um 40 n. Chr.
Wohl in Rom gefunden; erworben 1815 in Paris aus der Sammlung Albani
Marmor, Nase abgebrochen, Fehlstelle am Hinterkopf, Loch über der Nackenbinde des Kranzes; Beschädigungen am Kranz; einzelne Brüche und Bestoßungen. H 35 cm
München, Staatliche Antikensammlung und Glyptothek München, 350WAF

Der leicht nach links gewendete Kopf war wohl einst Teil einer Statue, die den Kaiser in ziviler oder militärischer Funktion zeigte. Er folgt dem Haupttypus des Augustusporträts, der bald nach der Erringung der Alleinherrschaft im Jahr 30 v. Chr. entstand. Charakteristika dieser Bildnisfassung sind die klassisch beruhigten Züge mit ihren ausgewogenen Proportionen, der alterslose Ausdruck und die schlichte, aber gleichwohl effektvolle Anlage des Stirnhaares. Die Strähnen sind über den Schläfen zur Seite gestrichen, während in der Stirn ein dreimaliger Richtungswechsel für Variation sorgt: Über dem linken inneren Augenwinkel streben die Locken in einer Gabel auseinander. Diesem Motiv ist über dem rechten inneren Augenwinkel eine mächtige Zange aus gegenläufigen Strähnen gegenübergestellt. Eine weitere Gabel an der rechten Schläfe vervollständigt das eigentümliche Lockenschema, das – ebenso wie der großflächige Aufbau des Gesichts – an Vorbilder der griechischen Klassik angelehnt ist. Der Kaiser trägt einen Kranz aus Eichblättern, die sogenannte Bürgerkrone (corona civica). Zu Zeiten der römischen Republik war sie nur Bürgern zugesprochen worden, die einen Kameraden unter Einsatz des eigenen Lebens in der Schlacht gerettet und dessen Platz eingenommen hatten. Plinius der Ältere (23–79 n. Chr.) nennt in seiner Naturalis historia (16, 3–5) strenge Bedingungen für die Verleihung der

Bürgerkrone: Man müsse einen Bürger retten, den Feind töten, der Ort, an dem es geschehe, müsse am selben Tag noch vom Feind besetzt gehalten worden sein, der Gerettete selbst müsse römischer Bürger sein und die Tat bezeugen. Allerdings betont Plinius, schon längst hätten auch Herrscher die corona civica allein für ihre Milde erhalten, denn es werde seit der Zeit der Bürgerkriege bereits als Verdienst angesehen, einen Bürger nicht zu töten. In diese Kategorie fiel als erster Augustus. Ihm verlieh man die Bürgerkrone im Jahr 27 v. Chr. dafür, dass er die Bürger in ihrer Gesamtheit gerettet habe.

Das Münchner Bildnis ist nach Ausweis seines Stils nicht mehr zu Lebzeiten des Augustus entstanden: Das Inkarnat hat man hier weniger ebenmäßig und glatt gebildet, als das sonst der Fall wäre. Es zeichnet sich durch eine in der Oberfläche unruhig, ja flimmrig wirkende Modellierung, durch zahlreiche Hebungen und Senkungen und durch eine gesteigerte Fülligkeit aus. All dies sind Züge, die wir auch an Porträts des Kaisers Claudius (41–54 n. Chr., vgl. Kat.-Nr. I.19) beobachten können. Das spricht für eine postume Entstehung dieses Bildnisses des ersten römischen Kaisers in den Jahren um 40 n. Chr. und zeigt die hohe Bedeutung, die Augustus als Begründer des Prinzipats auch in den Augen der Nachwelt noch zukam.

Christian Gliwitzky

Quellen

Plinius, Historia naturalis.

Literatur

Ausst.-Kat. München/Berlin 1978, S. 74, Abb. 6.9; Boschung 1993 (a), S. 48, 73 ff. u. 165, Nr. 135.

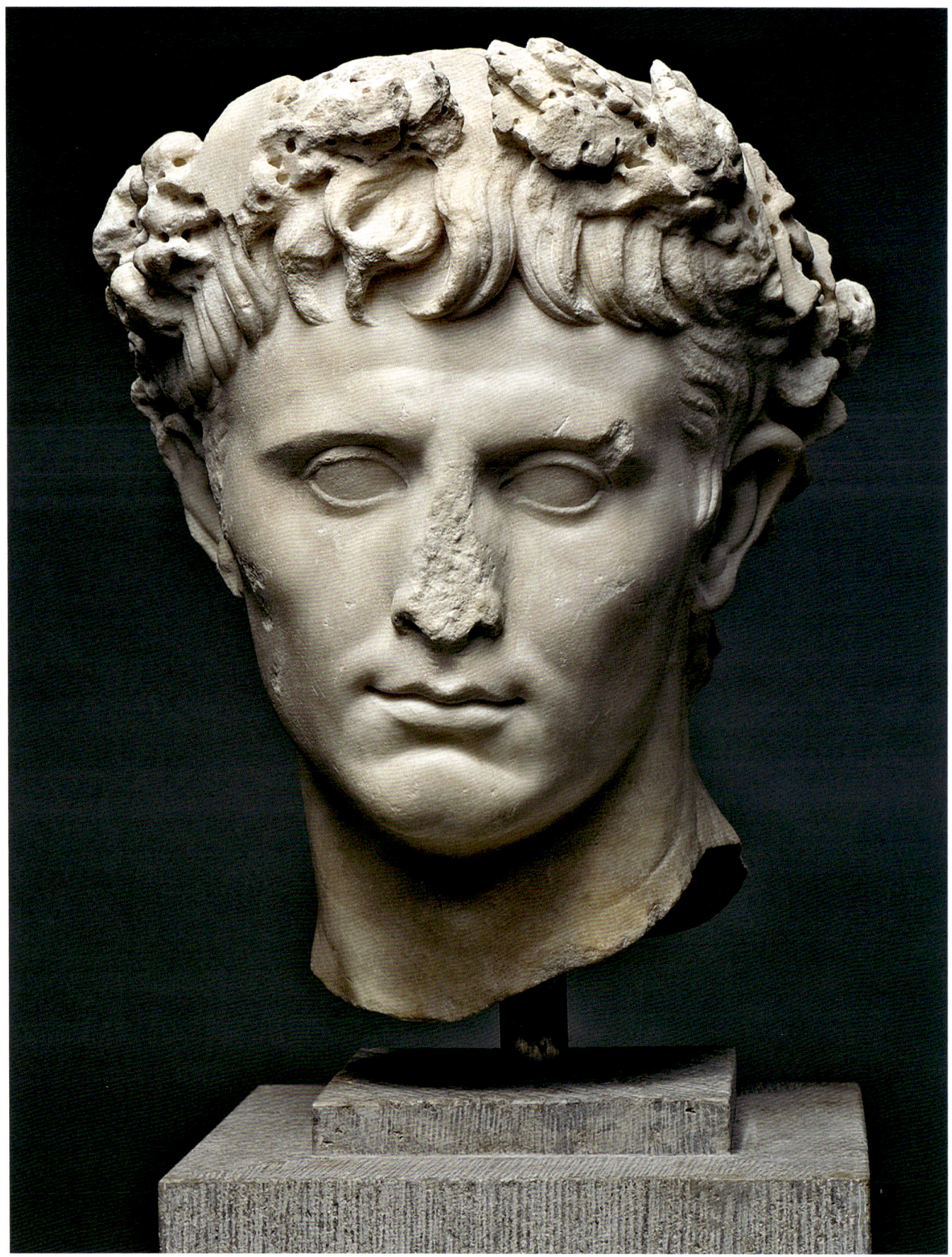

I.9

Porträtbüste des Augustus mit Kranz

20 v.–20 n. Chr.
1889 in Rom auf dem Celio bei der Kirche
Santi Marcellino e Pietro al Laterano
(Via Merulana) gefunden.
Marmor. Nasenspitze und Büstenfuß sind ergänzt,
linkes Ohr, rechter Ohrrand und Nackenbinde des
Eichenkranzes abgebrochen; Bestoßungen.
H 42 cm, H Kinn–Scheitel 26,5 cm
Rom, Musei Capitolini, 495

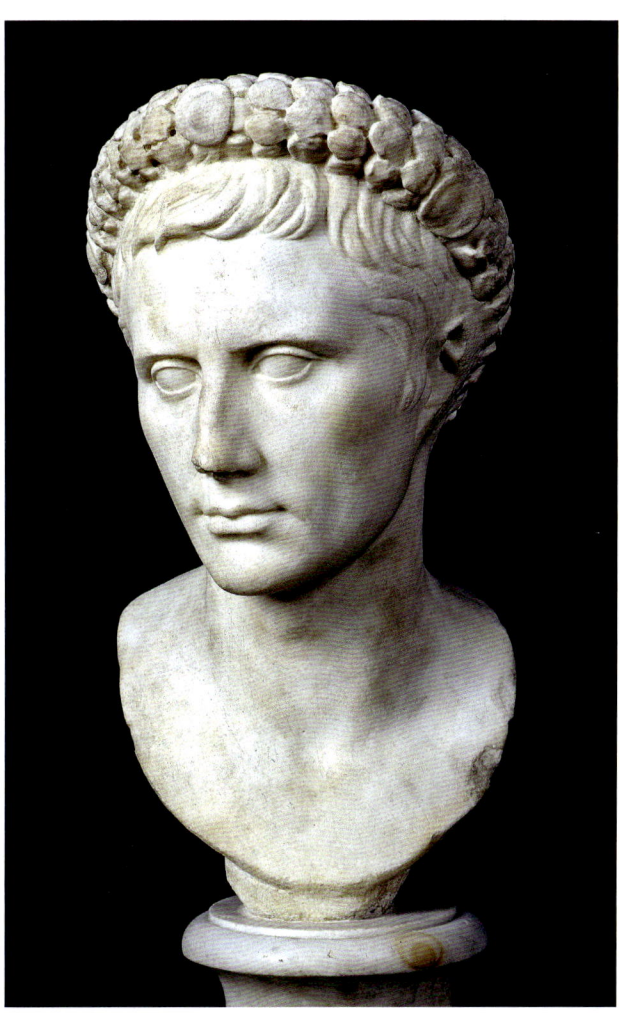

I.9

Der entschieden nach rechts gewandte Kopf zeigt einen bekränzten unbärtigen Mann in jugendlich unterlegter Alterslosigkeit. Die Haut ist straff über die Knochen gezogen, besonders deutlich im Bereich der Schläfen und über den Jochbeinen.
Die Stirn ist schwach kontrahiert, durch eine angedeutete Ho-
rizontalfalte sowie zwei Bogenfalten über der Nasenwurzel.
Die Brauenbögen und Augenlider sind scharf geschnitten und
in knapper Plastizität abgekantet. Die Nase ist eingesattelt und
markant geschwungen. Der volle Mund ist geschlossen, das
Fleisch um die Winkel durch leichte Eintiefungen belebt. Charakteristisch ist die Ordnung der Stirnlocken. Von einer Gabel
über der Außenseite des linken Auges sind die Strähnen einheitlich nach rechts gestrichen. Aus dieser Linie brechen über
dem rechten Auge zwei kleine Haarspitzen nach links hin aus.
Darauf folgt eine weitere Gabel.

Der Kopf geht auf einen vielleicht schon um 30 v. Chr. ent-
worfenen Bildnistypus des Augustus zurück, der durch etwa
30 Repliken belegt ist. Genaue Münzvergleiche für die Stirn-
frisur fehlen. Das unfertige Bildnis des Augustus auf dem Süd-
fries der Ara Pacis liefert den ersten datierten Beleg für den
Kopftypus. Schwierigkeiten bereitet die Bestimmung des Kranzes. Er ist in der Mitte und an den Seiten durch je ein Medaillon
geschmückt. Die kurze, rundliche Form der Blätter scheint sich
zunächst mit keinem der bekannten Kaiserkränze verbinden
zu lassen, weder aus Eiche, Lorbeer, Efeu oder Myrthe. Man
hat deswegen an die Insigne des goldenen Kranzes der Triumphatoren gedacht und die auffälligen Medaillons als gefasste
Edelsteine gedeutet (Zanker 1985, S. 9; Boschung 1993, S.
130). Sie sollten vielleicht auf den dreifachen Triumph anspielen, den der spätere Augustus 29 v. Chr. gefeiert hat. Neueste
Forschungen präzisieren und fundieren diese These. Danach
handelt es sich um die exklusive *corona Etrusca*, den Gold-
Edelsteinkranz der Triumphatoren (Bergmann 2010, S. 87–88,

Abb. 31 a u. b; Bergmann 2012). Stilistisch gehört der Kopf in
die Zeit des Augustus. Er zeigt, dass die *corona Etrusca* bereits
unter Augustus in das Kaiserbildnis aufgenommen wurde. Kaiserbildnisse haben entscheidend dazu beigetragen, Kränze als
imperiale Sieges- und Herrschaftszeichen im ganzen Reich zu
etablieren.

Rolf Michael Schneider

Literatur

Bergmann 2010, S. 49–51 u. 58–92; Bergmann 2012 (im Druck);
Boschung 1993 (a), S. 12–131, Nr. 45, Taf. 38, 252,2, 226,1; Fittschen/
Zanker 1985, S. 7–10, Nr. 8, Taf. 9–10 (Paul Zanker).

I.10

Miniaturporträt des Augustus

augusteisch
aus dem Kunsthandel
Glas. H 4,7 cm
Köln, Römisch-Germanisches Museum der Stadt Köln,
RGM 64,33

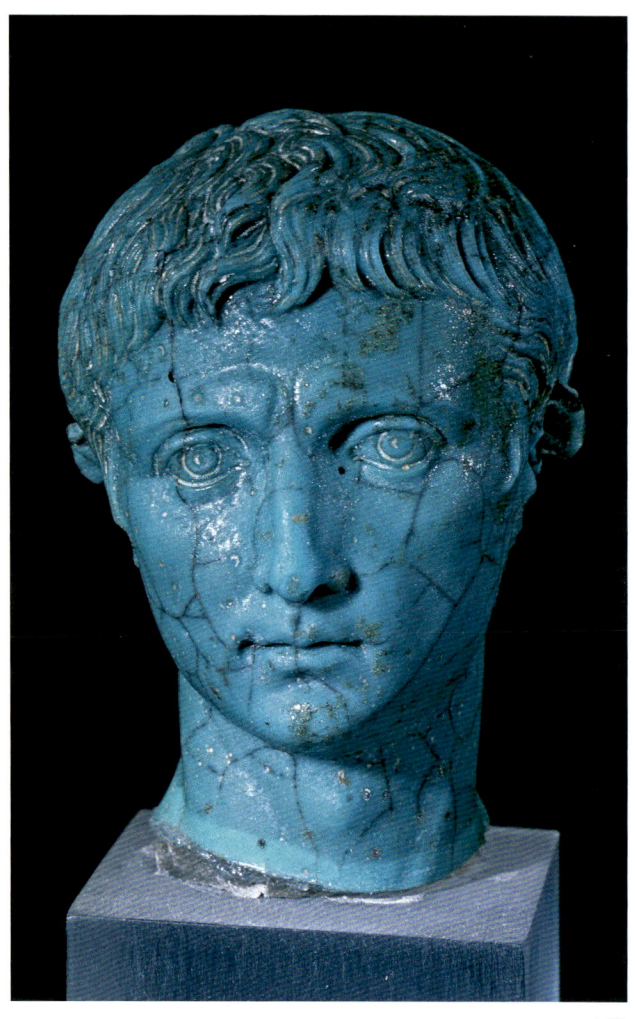

I.10

Das Miniaturporträt des Augustus geht auf eine andere Bildnisfassung zurück als der Marmorkopf aus Köln (Kat.-Nr. I.11). Es entspricht nämlich dem am häufigsten verwendeten Porträttypus des Kaisers, der nach der Panzerstatue aus der Villa der Livia bei Primaporta als „Primaporta-Typus" bezeichnet wird. Dabei ist es von einer ganz außerordentlichen Qualität und Genauigkeit. Trotz seines reduzierten Formats – das Köpfchen ist fast achtmal kleiner als die meisten Exemplare aus Marmor – ist es eine der genausten Wiederholungen des ursprünglichen Entwurfs.

Auffälligstes Kennzeichen des Primaporta-Typus ist die Form der markanten Lockenzange über der Stirnmitte; durch sie sind auch kleinformatige Augustusporträts leicht erkennbar. Aber auch die Anordnung der Strähnen an den Seiten und am Hinterkopf folgt verblüffend genau der Frisur des Kopfes der Panzerstatue von Primaporta, der den ursprünglichen Entwurf am besten vertritt. Dazu kommt die Übereinstimmung der Gesichtszüge mit den leicht zusammengezogenen Brauen, den großen Augen, den kräftigen Jochbeinen, dem leicht geschwungenen Profil der langen Nase und den vollen Lippen. Der Primaporta-Typus blieb bis zum Tod des Augustus und darüber hinaus die verbindliche Fassung seines Porträts.

Der Primaporta-Typus wurde konzipiert, nachdem der Senat dem Prinzeps im Jahre 27 v. Chr. den Ehrennamen „Augustus" (der Erhabene, Ehrwürdige, Heilige) verliehen hatte. Die neue Porträtkonzeption, die sich von den Bildnissen aus der Zeit der Bürgerkriege deutlich unterscheidet, reagierte auf die neue und einzigartige Position des Herrschers. Es ist auffällig, dass sie sich in der Wiedergabe der Gesichtszüge nur noch teilweise an früheren Porträtfassungen des Kaisers orientiert, wie sie etwa vom Kölner Porträt (Kat.-Nr. I.11) vertreten werden: Die Stirnrunzeln sind schwächer angegeben, dafür sind die Augen bei dem neuen Bildnistypus größer, die Wangen und Lippen voller, das Kinn runder geworden. Dies erinnert sehr stark an Kunstformen, mit denen in der griechischen Klassik des 5. Jahrhunderts v. Chr. die Physiognomie von Göttern und Heroen gestaltet worden ist. Der Kaiser erscheint alterslos, mit idealen Zügen, eher mit Göttern und Heroen zu vergleichen als mit seinen Zeitgenossen.

Die Farbe des Köpfchens erinnert an Türkis, und tatsächlich haben sich auch rundplastische Miniaturporträts des Augus-

tus erhalten, die aus kostbaren Steinen wie Chalzedon, Achat, Sardonyx oder Türkis bestehen. Im Falle des Kölner Exemplars lässt die ungewöhnliche Nähe zum ursprünglichen Entwurf des Primaporta-Typus vermuten, dass das Glasköpfchen auf einen Auftrag aus der nächsten Umgebung des Kaisers zurückgeht. Wir wissen nicht, für wen kostbare kleinformatige Kaiserbilder dieser Art bestimmt waren; es sind wohl Geschenke des Kaisers oder seiner unmittelbaren Umgebung an Freunde und hochgestellte Persönlichkeiten, die sie in ihren Hausheiligtümern unter den Hausgöttern aufgestellt und verehrt haben werden.

Dietrich Boschung

Literatur

Boschung 1993 (a), S. 156, Nr. 110, Taf. 203; Dahmen 2001, S. 166, Nr. 71, Taf. 71; Fejfer 2008, S. 173, Taf. 14 a; Salzmann 1990, S. 150–153, Nr. 3, Abb. 28–32 (mit älterer Literatur).

I.11

Porträtkopf des Augustus

augusteisch
aus Privatbesitz erworben.
Marmor. H 38 cm
Köln, Römisch-Germanisches Museum der Stadt Köln,
RGM 74,388

Augustus hat nicht nur das Regierungssystem des Prinzipats geschaffen, sondern auch Formen der Herrscherrepräsentation entwickelt, die über Jahrhunderte hinweg wirksam blieben. Dazu gehörte die systematische Instrumentalisierung des Porträts. Seine zahlreichen Bildnisse aus allen Teilen des Römischen Reiches sind Kopien nach einigen wenigen Entwürfen, die in der unmittelbaren Umgebung des Herrschers geschaffen worden sind. Sie legten Physiognomie, Frisur und Kopfhaltung des Kaiserporträts dreidimensional und bis in kleinste Einzelheiten fest. Sie waren von vornherein für eine reichsweite Verbreitung vorgesehen und konnten mit jedem gewünschten Statuentypus kombiniert werden, sind aber auch als Vorlagen für das Münzporträt verwendet worden. Auf diese Weise wurde eine Normierung im Erscheinungsbild des Kaisers angestrebt und weitgehend auch erreicht. Dieses Vorgehen bot dem Prinzeps die Möglichkeit, seine Darstellungen zu kontrollieren und zumindest in Grundzügen nach Belieben zu bestimmen.

Das gezeigte Bildnis gehört zu einer Gruppe typologisch eng verwandter Köpfe, die alle auf ein gemeinsames Vorbild zurückgehen. Der Zeitpunkt seiner Entstehung ist nicht gesichert, aber es spricht einiges dafür, dass diese Bildnisfassung im Zusammenhang mit dem dreitägigen Triumph im Jahre 29 v. Chr. geschaffen worden ist. Der Kölner Kopf gibt den ursprünglichen Entwurf, der weitgehend rekonstruiert werden kann, nicht in allen, aber doch in vielen Einzelheiten genau wieder. Auffällig ist, dass die Gesichtszüge einem älteren Bildnistypus des Octavian genau gleichen, der bereits um 40 v. Chr. entstanden sein mag. Der Bildhauer, der das neue Bildnis schuf, hat also nicht das damalige Aussehen des Herrschers abgebildet, sondern für die Gesichtszüge eine frühere Fassung übernommen. Gegenüber dem älteren Entwurf wirkt aber die Drehung des Kopfes ruhiger und gelassen; und die Locken über der Stirn sind gleichmäßiger bewegt. Das Gesicht ist ohne Altersmerkmale, ernst und ruhig, aber die zusammengezogenen Brauen und die schmalen, verengten Augen verraten Konzentration und Anspannung. Die Haare schließen die Stirn fast waagerecht ab, aber die einzelnen Strähnen sind ungleichmäßig, wirken lebhaft und bewegt. Dieses Bildnis macht dem Betrachter deutlich, dass der Kaiser ein ernster und besonnener Mann ist, der seine Aufgaben konzentriert und entschlossen meistert.

Der Kopf gehörte zu einer lebensgroßen Togastatue, die Augustus im Gewand der römischen Bürger und der römischen Beamten zeigte. Die Toga ist über den Hinterkopf gezogen, wie es dem römischen Opferbrauch entsprach, nach dem der Opfernde sein Haupt verhüllte. Die Statue beschrieb den Kaiser also als frommen Römer, der sich strikt an die traditionellen Formen der Rituals hielt und damit den Beistand der Götter für den Staat sicherte. Das entsprach dem Selbstverständnis des Augustus, der den Zusammenhang von Frömmigkeit und politischem bzw. militärischem Erfolg bei vielen Gelegenheiten betont hat.

Dietrich Boschung

Literatur

Boschung 1993 (a), S. 126, Nr. 37, Taf. 40 (mit älterer Literatur); Boschung 2002, S. 140, Nr. 70.1.; Eck 2004, S. 105, Abb. 45a; Salzmann 1990, S. 154–157, Nr. 4, Abb. 33–37. Weiterführend: Fejfer 2008; Fittschen/Zanker 1983.

I.12

Porträtbüste des Augustus

vermutlich spätaugusteisch
Großkristallinischer griechischer Marmor. H 46,7 cm
Stuttgart, Landesmuseum Württemberg, Arch 65/12

Augustus (27 v. Chr.–14 n. Chr.) tritt uns heute in einer Fülle von erhaltenen Porträts gegenüber, die sich in verschiedene Typen unterteilen lassen. Obwohl diese Typen in einer zeitlichen Abfolge und aus Anlass herausragender Ereignisse entstanden, lösen sie einander nicht in direkter Folge ab, sondern laufen teilweise über weite Zeiträume nebeneinander her und können je nach Bedarf für die Darstellung unterschiedlicher Rollenbilder des Augustus – vom Feldherrn bis zum obersten Priester – eingesetzt werden. Im Gegensatz zu vielen erhaltenen Porträts des Augustus stellt das Stuttgarter Stück keinen Einsatzkopf in eine Statue dar, sondern überliefert das Bild des Kaisers in Büstenform und ohne Attribute.

Die Büste bildet in ihrem guten Erhaltungszustand die zuverlässigste Überlieferung eines eigenständigen Bildnistypus, der sich in mehreren Repliken erhalten hat. Der Kopf ist zu seiner rechten Seite und nach unten geneigt. Die Haarkappe legt sich relativ dicht an die Kalotte an. Der Gesichtsumriss ist oval, mit leicht eingesenkten Schläfen, vollen Wangen und einem kleinen gerundeten Kinn. Die Augenpartie ist symmetrisch angelegt, die Augen liegen weit auseinander. Unter den leicht geschwungenen Brauenbögen liegen schmale, eingezogene Orbitale. Die Augen sind leicht kugelig ausgebildet, die breiten Oberlider brechen in einer scharfen Kante um und überschneiden außen die Unterlider, die sich wiederum durch eine Kante

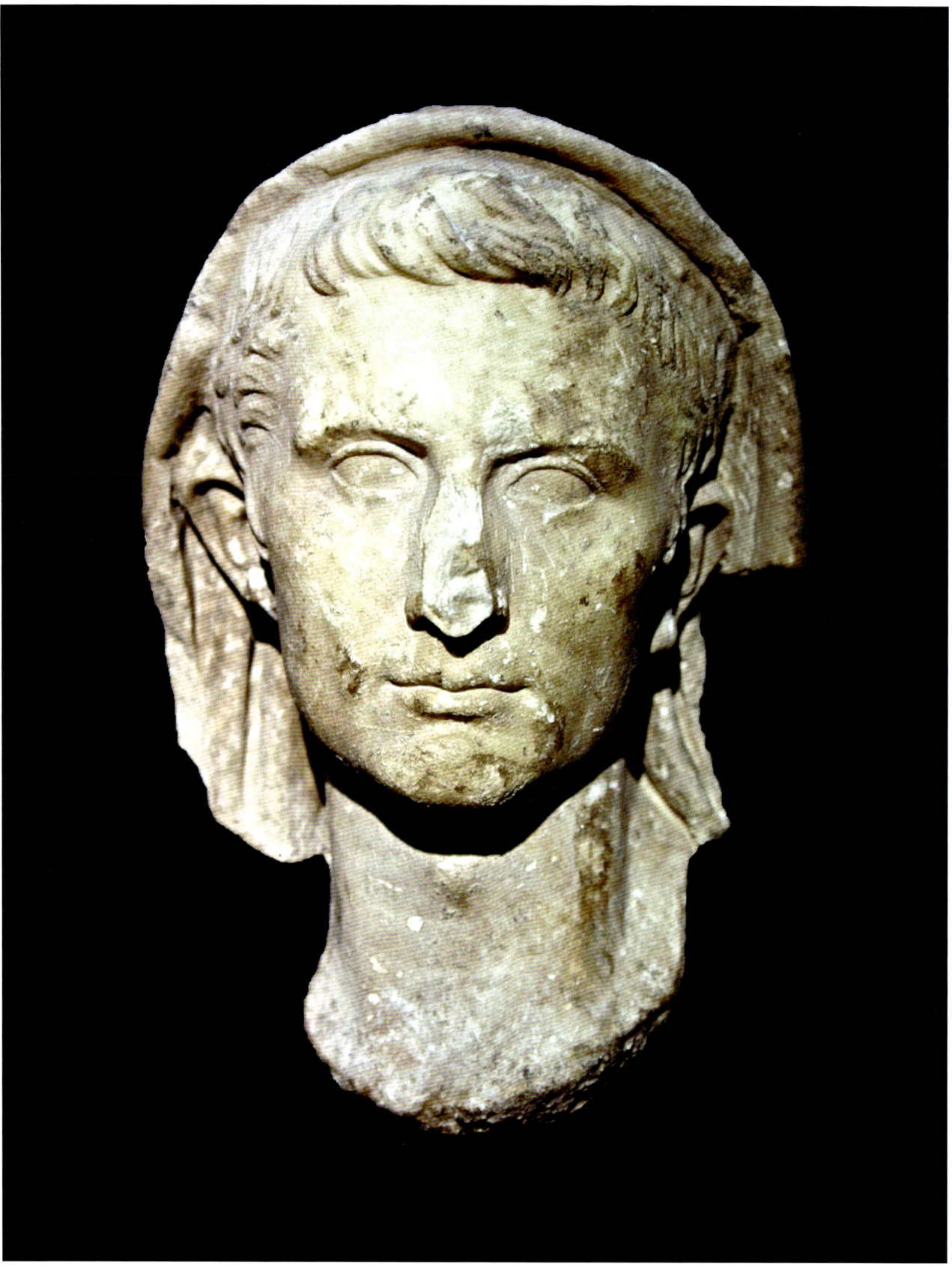

klar von den Wangen absetzen. Zwischen den Brauen bilden sich an der Nasenwurzel zwei kurze, schwache Steilfalten. An den Nasenflügeln und Mundwinkeln entstehen ebenfalls kurze weiche Falten, die in das volle Inkarnat eingesunken sind. Die Unterlippe ist wesentlich voller ausgebildet als die geschwungene Oberlippe. Das gerundete Kinn wird durch eine kleine Falte unterhalb der Unterlippe betont. Durch das volle Inkarnat, unter dem die Jochbeine zurücktreten, und durch die wenig ausgeprägten Stirn- und Nasolabialfalten bzw. fehlenden Wangenfalten wirken die Gesichtszüge beruhigt und alterslos.

Die Entstehungszeit dieses Bildnisses ist ungewiss. Als *terminus ante quem* gilt gemeinhin die Ara Pacis Augustae, die zwischen 13 und 9 v. Chr. in Rom errichtet wurde und auf deren Friesen dieser Typus dargestellt ist. Der Anlass, aus dem heraus der neue Typus geschaffen wurde, war möglicherweise die Rückgabe der Feldzeichen durch die Parther im Jahre 20 v. Chr., oder 17 v. Chr. die Feier zur Einleitung des Goldenen Zeitalters (*saeculum aureum*).

Christiane Benecke und Ulrike Theisen

Literatur

Boschung 1993 (a), Boschung 2002; Christ 2002; Haussmann 1975; Hofter 1988.

I.13

Kameo mit Porträtkopf des Octavian

augusteisch (31–27 v. Chr.)
Weißer Chalcedon mit Opal gemischt.
H 3,4 cm, B 2,8 cm
London, The British Museum, GRA 1996,0612.1

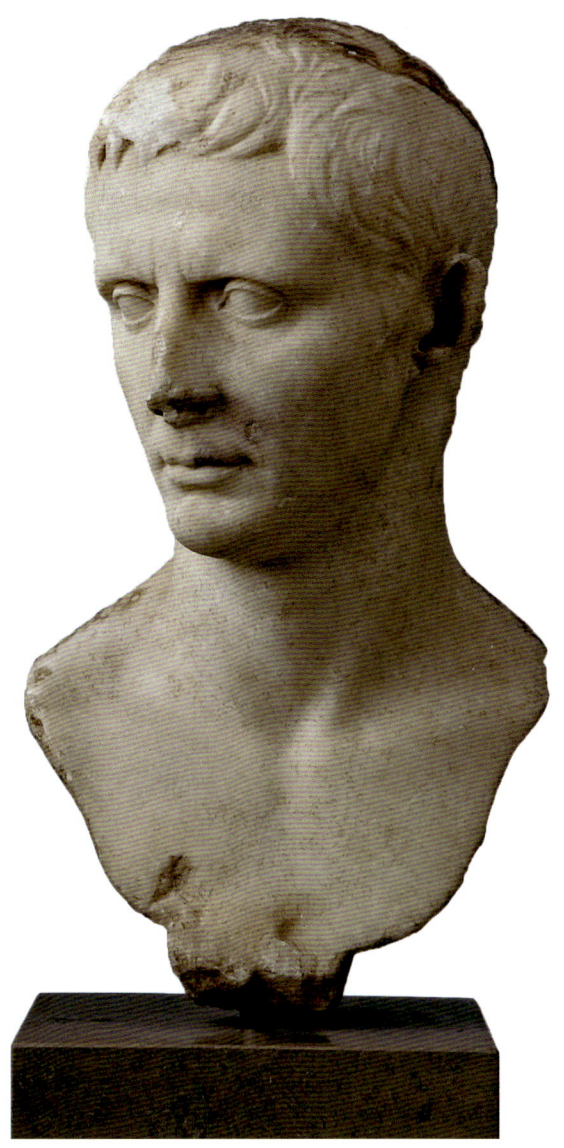

I.12

Diese Kamee mit einer Miniaturbüste stellt einen verschleierten jungen Mann im Dreiviertelprofil nach links (die Nase fehlt), zweifellos Octavian, den jungen Augustus dar, dessen erkennbare Frisur dem des sogenannten 'Actium-Typs' folgt. Allerding muss auf die starken Ähnlichkeiten mit den Gesichtszügen eines ähnlich verschleierten Kopfes einer Statue des sogenannten 'Prima-Porta-Typs' hingewiesen werden, der im archäologischen Museum in Chiusi, Italien, aufbewahrt wird (Inv. 3182). Er trägt eine Tunika und eine Toga, die nach oben gezogen ist, um die Rückseite des Kopfes zu decken, während ein Lorbeerkranz am Vorderteil sichtbar ist. Die Details im Faltenwurf beider Gewänder sowie der kraftvollen Blick und der Gesamteindruck von Gefühl weisen das Feingefühl und die Kunstfertigkeit der Schnitzerei dieser Büste auf. Reste von

Metall, wohl Gold, sind im ganzen Vorderteil des Porträts noch sichtbar, insbesondere in den Haaren und der Gewandung (Thoresen 1996) und bestätigen den vornehmen Charakter des Objekts.

Der Kaiser wird mit verschleiertem Kopf (*capite velato*) dargestellt, was für die Römer ein Zeichen der Pietas während des Opfers und der Bestätigung der Rolle des Augustus als *pontifex maximus* oder höchster Priester war. Die Gestaltung ist indes ungewöhnlich, da sie den Kaiser nach links gewandt zeigt, während seine lebensgroßen plastischen Porträts ihn fast ausschließlich frontal oder nach rechts gewandt zeigen. Da zwei andere Miniaturbüsten desselben Kaisers (Paris, Musee du Louvre Bj 1839, und Paris, Cabinet des Médailles 233) den Kaiser dennoch nach links gewandt zeigen, könnte eine bewusste

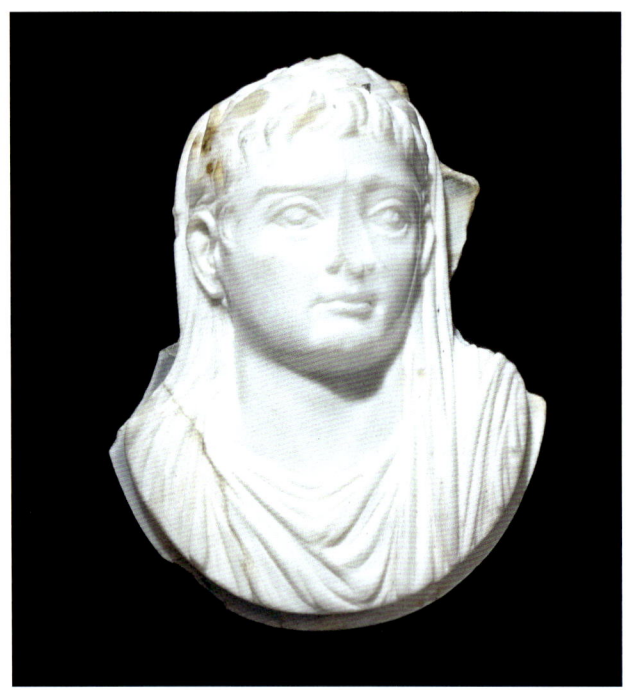

Abwendung von der traditionellen Art der Kaiserdarstellung eventuell auf die Behandlung von Miniaturbüsten als Kameen zurückzuführen sein. Das Porträt ist zudem ungewöhnlich, da es den Kaiser sowohl mit dem Lorbeerkranz als auch mit verschleierten Hinterkopf zeigt, was eine äußerst seltene Darstellung ist, wobei ein weiteres Beispiel an der *Ara Pacis* erscheint.

Ursprünglich war die Kamee geringfügig größer und der ovale Hintergrund wurde zu einem späteren Zeitpunkt abgebrochen oder weggeschnitten. Obwohl kaum mit dem bloßen Auge zu erkennen, hat sie eine geschichtete Struktur, wobei die Vorderteile – Gesicht und Haare – eine cremige durchscheinend weiße, Hals und Gewänder eine durchscheinend grauweiße und die Rückseite auch eine durchscheinend weiße Farbe haben.

Dirk Booms (Übersetzung Krister Johnson)

Literatur

Spencer 1845, VIII; Thoresen 1996 (unpubliziert); http://www.artfund.org/artwork/6314/cameo-bust-of-octavian (ohne Autor, 1996).

I.13

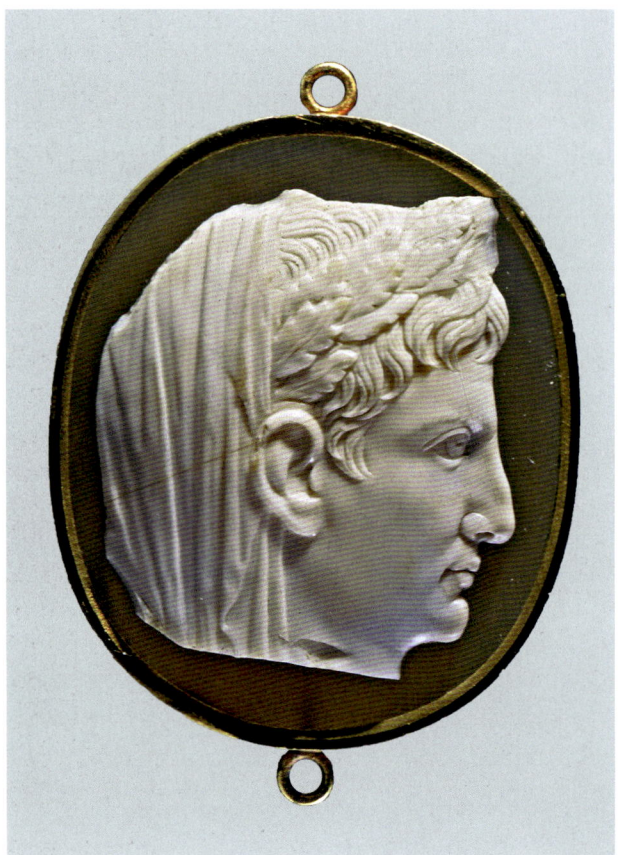

I.14

Kameo mit dem Porträt des Augustus

1. Jahrhundert n. Chr., vermutlich claudisch
(41–54 n. Chr.)
Aus altem Sammlungsbestand, 1736 früheste gesicherte Erwähnung im Inventar.
Weißer Onyx, Goldrahmung mit zwei Ösen, der Kopf ist am Hals abgeschnitten und auf einem sekundären Grund aufgebracht; restauriert möglicherweise im 17. Jahrhundert (Tondo 1990, S. 36);
leichte Beschädigungen am Hals, im Kranz und am Ohr; feiner Riss quer durch den Kopf.
H 4,6 cm, B 3,9 cm
Florenz, Museo Archeologico Nazionale di Firenze, 14522

Die Gemme zeigt den nach rechts gewandten Kopf des Augustus (27 v. Chr.–14 n. Chr.) im Profil, der durch seine Porträtzüge und an der Stilisierung der einzelnen Haarlocken erkenntlich ist: Das Haar ist in Sichellocken unterteilt, deren Strähnen präzise eingekerbt sind. Deutlich arbeitete der Gemmenschneider über der Stirn das Motiv von zwei gegenläufigen Locken heraus. Sein Profil ist markant, besonders betont sind der leicht geöffnete Mund mit deutlicher Absetzung zum vorspringenden Kinn sowie die Nase. In den großen Augen wurden Iris und Pupille separat angegeben. Augustus trägt einen Kranz aus Eichenblättern; sein Hinterkopf ist mit einem Gewand bedeckt. Gerade bei kleinformatigen Werken wie Münzen und

I.14

Gemmen bestand die Schwierigkeit, das Porträt eindeutig erkennbar zu machen. Dies konnte – wie in diesem Fall – etwa durch eine spezifische Frisur erreicht werden. Die Attribute verweisen auf eine präzisere Aussage: Der Kranz aus Eichenblättern (corona civica) wurde Augustus 27 v. Chr. zuerkannt. Eigentlich stellt der Kranz eine militärische Auszeichnung für die Rettung eines Soldaten vor dem Tod dar. Augustus bekam sie jedoch wegen der Errettung der gesamten Bürgerschaft verliehen, eine Bedeutungsebene, die sich bereits vereinzelt vor Augustus nachweisen lässt. Seit der Verleihung an Augustus ist der in dieser Bedeutung verliehene Kranz eng an die Person des Kaisers gebunden und wird allein zu seiner Insignie. Mit der Verleihung einer corona civica bestand auch in der Folge eine enge Verbindung zwischen Retter und Gerettetem – dies ist ideologisch wohl auch für den Kaiser und die „gerettete" Bürgerschaft anzunehmen. (Bergmann 2010, S. 135–188, S. 202–205). Der verhüllte Hinterkopf (capite velato) verweist auf den Habitus des Opfernden, da man während der Opferhandlungen die Toga über den Kopf zog. Augustus, der 12 v. Chr. offiziell Pontifex Maximus (oberster Priester) wurde, lagen die sakralen Angelegenheiten sehr am Herzen. So ließ er etwa alte Kulte erneuern, Priesterschaften einsetzen oder Tempel aufbauen. Seine fromme Pflichterfüllung (pietas) erstreckte sich nicht nur auf die sakrale Sphäre, sondern auch auf sein patronales Verhältnis zum Vaterland. Das Bildmotiv des verhüllten Hinterkopfes stellt somit die pietas des Kaisers auf mehrschichtige Weise heraus (Fejfer 2008, S. 397–400).

Die Qualität und Ausarbeitung dieser Gemme ist mit dem in tiberischer Zeit arbeitenden Gemmenschneider Herophilos (Vollenweider 1966, S. 65) oder einem seiner Schüler (Zwierlein-Diehl 2007, S. 436) in Verbindung gebracht worden. Obwohl Herophilos für das Kaiserhaus arbeitete, lässt sich ein kaiserlicher Auftrag für diese Gemme letztlich nicht belegen. Gemmen mit Kaiserdarstellungen kommen hinsichtlich der Vermittlung antiker Herrscher-Bilder auch für die Nachantike eine besondere Bedeutung zu, da sie in vielen Fällen in Sammlungen tradiert und so bis in die Neuzeit präsent blieben. Ihre Verwendung, etwa in liturgischem Gerät oder in Siegelringen, hielt das Bild der römischen Kaiser und ihrer Eigenschaften weiterhin lebendig.

Corinna Kauth

Literatur

Bergmann 2010, hier S. 135–205; Fejfer 2008, hier S. 397–400; Giuliano 1989, hier S. 224–225, Nr. 147 mit Abb.; Megow 1987, S. 169, Nr. A 26, Taf. 32,3; Tondo 1990, hier S. 36, Nr. 19 u. Abb. S. 113; Vollenweider 1966, hier S. 65 mit Anm. 3, S. 115, Taf. 69,7; Zanker 1987, bes. S. 96–101, u. 108–140; Zwierlein-Diehl 2006; Zwierlein-Diehl 2007, hier S. 436, Taf. 131, Abb. 623.

I.15

Kameo mit Augustus als Alexander-Zeus

Römisch, frühe Kaiserzeit, 30–20 v. Chr.
spätestens seit 1619 in Wien
Sardonyx mit zwei Schichten in neuzeitlicher Goldfassung.
H 7 cm, B 5,5 cm; Fassung: H 9,5 cm, B 6 cm.
Wien, Kunsthistorisches Museum,
Antikensammlung, IXa 54.

Im Zentrum des hochovalen Bildfeldes steht eine heroisch nackte männliche Gestalt, bekleidet mit einer ringsum mit Schlangen besetzten, schuppigen aegis, die wie ein Mantel um die Schultern drapiert ist und im Rücken herabfällt. Um den Oberkopf liegt ein Lorbeerkranz mit einer Schleife im Nacken. Im linken Arm hält der Mann ein dreizackiges Blitzbündel. Er greift mit der rechten Hand oben an den Schaft eines langen Zepters, das an beiden Enden beschädigt ist. Ebenfalls beschädigt ist der Kopf des Adlers, der am linken Bildrand hockt und zu der Hauptfigur aufblickte. Am rechten Bildrand steht ein tropaeum, also ein Baumstamm, an dem Beutewaffen hängen. Davor sitzt ein gefesselter, bärtiger Barbar mit nacktem Oberkörper und langen Hosen. Auf den Beinen des Stehenden und

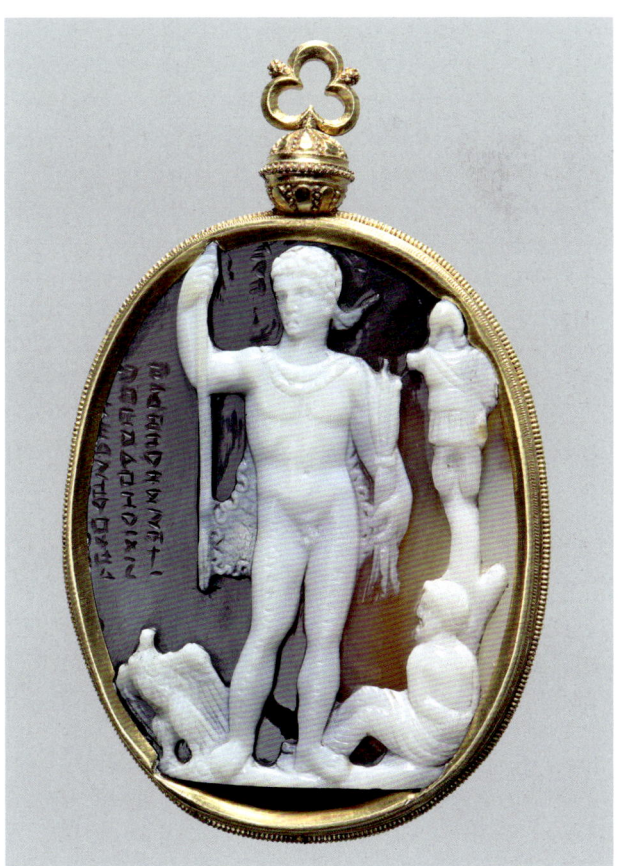

dem Bildgrund ist nachträglich (15. Jahrhundert) eine Inschrift eingeritzt worden.

Die Gesichtszüge und die Frisur der Hauptfigur sind von zahlreichen Bildnissen des Augustus bekannt, der Porträttypus des Kameo wurde wohl um 30 v. Chr. geschaffen. Die Attribute Adler, Blitzbündel und *aegis* sind Darstellungen des Gottes Zeus/Jupiter entlehnt, setzen den jungen Prinzeps also mit dem obersten römischen Staatsgott gleich. Der erste Herrscher, der eine solch exaltierte Selbstdarstellung wagte, war Alexander der Große, der schon auf Münzen, die 326 v. Chr. in Babylon oder Nordindien geprägt wurden, mit einem Blitzbündel in der Hand dargestellt ist. Er tritt in ähnlich selbstbewusster Pose auf, mit hoch erhobener Hand am Zepter, wie die Figur des Augustus auf dem Kameo. Die Darstellung Alexanders als Zeus geht wohl auf einen künstlerisch bedeutenden Entwurf zurück, der noch in der römischen Kaiserzeit berühmt war. Mit Übernahme dieses Bildtypus stellt sich Augustus folglich in die Tradition des größten Eroberers und Kriegshelden der Antike. Die *imitatio Alexandri* spielte für den jungen Augustus eine große Rolle. In den entscheidenden Jahren des Endes der Bürgerkriege und des Beginns der Alleinherrschaft des Augustus führte er ein Siegel mit dem Bildnis Alexanders, bevor er dazu überging, mit dem eigenen Porträt zu siegeln. In seinen späteren Regierungsjahren legte sich Augustus in seinem öffentlichen Erscheinungsbild größere Zurückhaltung auf, das Bild des auftrumpfenden Kriegshelden verschwindet. Darum ist der Kameo wohl bald nach 30 v. Chr. entstanden.

Rita Amedick

Literatur

Boschung 1993 (a), S. 131–132, Nr. 48, Taf. 48,4; Zwierlein-Diehl 2007, S. 149 u. 432, Abb. 609; Zwierlein-Diehl 2008, S. 78–83 u. 250–253, Nr. 3.

I.16

Kameo mit Augustus auf einem Tritonenviergespann

Actium-Kameo
Römisch, frühe Kaiserzeit, nach 27 v. Chr.
spätestens seit 1619 in Wien
Sardonyx in neuzeitlicher Goldfassung mit Email und Perlenanhänger (um 1600). H 6 cm, B 6,6 cm; Stein (ohne Fassung und Hängeperle): H 6 cm, B 6,6 cm
Wien, Kunsthistorisches Museum, Antikensammlung, IXa 56.

Das querovale Bildfeld des Kameo enthält die Darstellung eines von vorn gezeigten Wagens, in dem ein römischer Triumphator

steht. Er wird von vier Tritonen mit schuppenbesetzten Unterkörpern über Meereswellen gezogen, deren Fischschwänze sich neben dem Wagen in die Höhe ringeln und die in einer Reihe nebeneinander auf den Betrachter zukommen. So ist Raum genug für die Attribute, die diese Meermänner in den Händen halten. Der Triton ganz links hebt mit seiner rechten Hand einen Globus empor, auf dem ein Rundschild mit einem Eichenkranz am Rand steht. Flankiert wird dieser Schild von zwei nach außen gerichteten Steinböcken – es handelt sich hier um das Sternzeichen Capricornus. In der linken Hand hält der Triton ein Schwert in seiner Scheide. Der nächste Triton hat ein Muschelhorn im rechten Arm liegen, mit dem linken weist er auf die Gestalt im Wagen. Der Gestus wird von seinem Nachbarn aufgegriffen, der eine entsprechende Bewegung mit seinem rechten Arm vollführt. Im gesenkten linken Arm hält er einen Delfin, dessen Körper zum großen Teil weggebrochen ist. Der Triton rechts außen stemmt mit seiner rechten Hand einen Globus empor, auf dem eine geflügelte Siegesgöttin mit den Fußspitzen steht; sie trägt einen Kranz in der rechten Hand. Dieser Triton hat außerdem ein Steuerruder geschultert. Der Wagenkasten ist mit einer Eichengirlande geschmückt, die Deichsel des Wagens endet in einer Muschelschale, doch bleibt unklar, wie die Tritonen angeschirrt sind und ob der Wagen Räder hat. Die Figur im Wagen ist in eine Tunika und eine voluminöse Toga gekleidet, die ausgestreckte rechte Hand hält einen Lorbeerzweig, die linke ein Zepter, das nur noch in Umrissen zu erkennen ist. Bei der Betrachtung irritiert der Kopf dieser Figur, der, ebenso wie die Köpfe der Tritonen, eine neuzeitliche Ergänzung ist und ein jugendliches Gesicht, umrahmt von langen Haaren, darstellt.

Aus dem Bildzusammenhang wird deutlich, dass der ursprüngliche Kopf ganz anders ausgesehen haben muss: Die Attribute, die die Tritonen tragen, weisen nicht nur allgemein auf einen großen Seesieg hin, sondern auch auf den Sieger Octavian, der in der Schlacht auf dem Meer vor Actium 30 v. Chr. seinen letzten Rivalen um die Macht in Rom, Marcus Antonius, und seine Verbündete, die ägyptische Königin Kleopatra VII., vernichtend geschlagen hatte. Im Anschluss ordnete der Sieger die politischen Verhältnisse in Rom neu, stellte ostentativ die Republik wieder her und ließ sich im Gegenzug 27 v. Chr. vom Senat bitten, als Prinzeps den Staat weiterhin zu führen. Zu den Ehren, die ihm in dieser Zeit zuteilwurden, gehörten sein neuer Name „Augustus", ein Eichenkranz über der Tür seines Hauses und ein Schild mit einer Inschrift zur Aufzählung seiner Verdienste im Senatsgebäude – Motive, auf die das Bild des Kameo anspielt. Die Darstellung des Capricornus, die auf das Horoskop des Augustus verweist, wurde auch auf Münzen und anderen Bildträgern massenhaft verbreitet (vgl. Kat.-Nr. I.7 [22]). Der Übergang von den Bürgerkriegen der späten römischen Republik zum Prinzipat kam in den Triumphfeiern des Jahres 29 v. Chr.

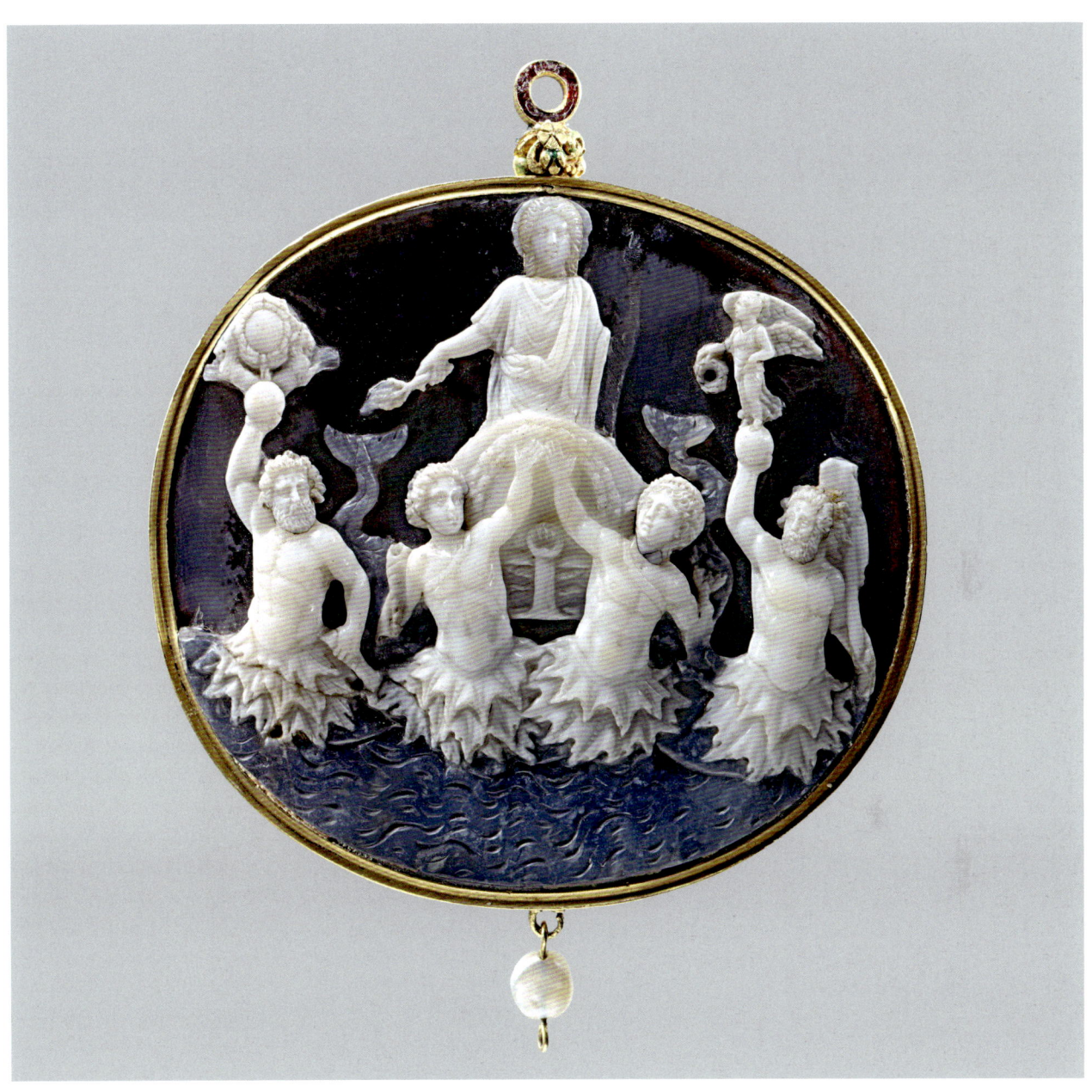

I.16

zum Ausdruck. Daran erinnert der Triumphwagen, auf dem Augustus in der traditionellen Tracht des römischen Triumphators steht. Dazu gehörte ein Lorbeerkranz auf seinem Haupt, der sich im Umriss des Kopfes am Reliefgrund noch abzeichnet. Im Kontrast dazu steht das Tritonengespann, das Augustus als Herrn des Meeres wie den Gott Neptun erscheinen lässt.

Dieser Kameo ist ein besonders frühes und kostbares Zeugnis für die Kombination von göttlichen Attributen mit den Insignien römischer Magistrate in der Repräsentation eines römischen Kaisers. Da solch wertvolle Edelsteinreliefs wohl im Umkreis des kaiserlichen Hofes in Auftrag gegeben wurden

und nur einem exklusiven Kreis von Betrachtern zugänglich waren, konnte man in diesen Bildern in schmeichelhaften, vergöttlichenden Vergleichen zum Herrscherlob weiter gehen als es in der gleichzeitigen öffentlichen Selbstdarstellung opportun schien.

Rita Amedick

Literatur

Maderna-Lauter 1988; Zwierlein-Diehl 2007, S. 147 u. 431, Abb. 603; Zwierlein-Diehl 2008, S. 92–97 u. 259–262, Nr. 5.

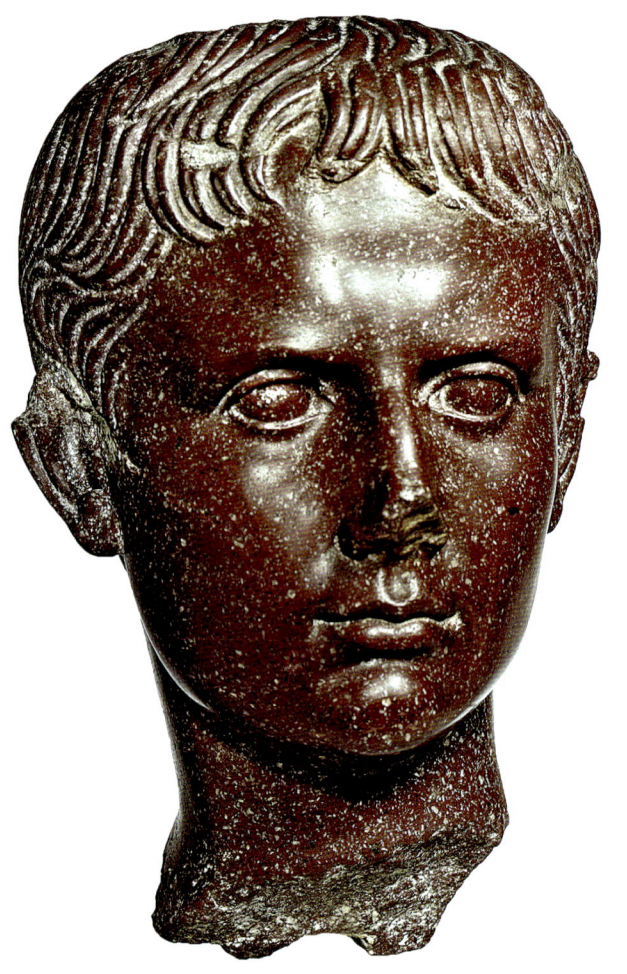

I.17

I.17

Prinzenporträt aus der Zeit des Augustus

um Christi Geburt
Angeblich in den Jahren nach 1930 im Kunsthandel
von Madrid erworben, danach Privatbesitz inTegernsee.
Roter ägyptischer Porphyr.
Fugenloser Bruch vom Haaransatz im Nacken
bis zur Spitze des Kinns, Bestoßungen.
H 28 cm, B 18,22 cm
Karlsruhe, Badisches Landesmuseum, 59/55

Das Bildnis zeigt einen sehr jungen Mann. Große voll gerundete Formen stehen im Wechsel zu nuanciert durchmodellierten Partien an der horizontal leicht eingewölbten Stirn, den Schläfen, den Wangen, unter den Augen und um den Mund. Das Kinn ist kugelig abgesetzt, der Mund geschlossen. Kleine Grübchen begrenzen mäßig volle, sinnlich geschwungene Lippen. Die Brauenbögen und die scharf rechteckig gemeißelten Lider sind plastisch abgekantet. Die flach auf der Kalotte

liegenden Haarsträhnen sind in knapp gerundetem Volumen voneinander abgesetzt, lang geschwungen und vorne klar gegliedert. Über dem rechten Auge formen vier eingeschwungene Locken rechts und zwei gegenläufige links eine offene ‚Zange'. Die zwei gegenläufigen Locken bilden zusammen mit drei nach links gestrichenen über der Stirnmitte eine ‚Gabel', die sich zu beiden Seiten bogenförmig aufbiegt. Die gesamte Oberfläche des Kopfes einschließlich der erhabenen Haarsträhnen ist (neuzeitlich?) poliert. Das Bildnis ist an der Unterseite wie zum Einsetzen ‚zugespitzt' (modern?). Ursprünglich gehörte es wohl zu einer Büste.

Der Porphyrkopf ist in seiner Echtheit umstritten. Er widersetzt sich wissenschaftlichen Vorstellungen der Gegenwart über römische Porträts der frühen Kaiserzeit (s.u.). Stilistisch gehört der Kopf m.E. in die Zeit des Augustus. Die Anordnung der Stirnlocken und die jugendliche Physiognomie folgen einem Porträttypus, den Köpfe in Rom (Vatikan), Paestum (Velia), Karthago und Neapel sowie ein umstrittenes Bildnis in Mainz belegen. Einige Forscher verbinden ihn mit Lucius Caesar (17 v. – 2 n. Chr.; Boschung 2002). Er war einer der zwei Adoptivenkel des Augustus, die der Kaiser als Nachfolger vorgesehen hatte. Früher galt der Typus, namentlich die Replik in Rom (Vatikan), als das einzige Jugendbildnis des Augustus und wurde oft kopiert. Die Unhaltbarkeit dieser Benennung ist längst erkannt. Die betonte Angleichung der Frisur an den Haupttypus des Augustus (vgl. Kat.-Nr. I.10) spricht für das Bildnis eines kaiserlichen Prinzen. Eine sichere Identifizierung ist bis heute jedoch nicht möglich. Einerseits fehlen klärende Inschriften und eindeutige Fundkontexte. Andererseits verhindern die sich überschneidenden Frisurentypen frühkaiserzeitlicher Prinzenporträts eine eindeutige Benennung.

Roter ägyptischer Porphyr ist außergewöhnlich: in der purpurartigen Farbigkeit, der extremen Härte, der entsagungsvollen Bearbeitbarkeit, dem horrenden Aufwand für die Politur und dem exorbitanten Preis. In der Porträtplastik der Augustuszeit ist das Material bisher unbekannt. Deswegen, aufgrund der vielen neuzeitlichen Nachbildungen, der Replik im Vatikan und vermeintlicher ikonographischer Unstimmigkeiten, wird die Echtheit des Karlsruher Kopfes bis heute bezweifelt. Ich meine zu Unrecht. Ein so weitgehender Verdacht lässt sich allein durch belastbare stilistische, ikonographische und antiquarische Gründe erhärten. Doch genau solche fehlen bisher (anders, aber m.E. nicht schlagend Frenz 1992; Breuer 2001). Die angeblich künstlich herbeigeführten Brüche, Bestoßungen und neuzeitlichen (Nach-)Polituren (Breuer 2001) finden sich ähnlich bei antiken Köpfen aus Porphyr und Grünschiefer (Belli Pasqua 1995, z.B. Nr. 6, 10, 11, 14, 16, 23 u. 25). Blöcke roten Porphyrs wurden in Rom unter Augustus bearbeitet, nachweislich für *in situ* verfertigte Verkleidungsplatten von Böden und Wänden. Aus der frühen Kaiserzeit stammt ein Frauenbildnis aus schwarzem Porphyr, das 1930 bei Reggio Calabria gefunden wurde (Sande 1991). Genauso exklusiv wie roter ägyptischer Porphyr war in der frühen Kaiserzeit ägyptischer Grünschiefer. Er ist als Material für Kaiserbildnisse seit Augustus belegt (Belli Pasqua 1995, Nr. 4–6). Die Beispiele mögen genügen, um den bisher nicht gründlich publizierten Karlsruher Kopf zu rehabilitieren und erneut zur Diskussion zu stellen. Bis zum ‚Beweis' des Gegenteils halte ich das Karlsruher Prinzenporträt für das früheste bekannte Beispiel eines Bildnisses der Kaiserfamilie in rotem ägyptischem Porphyr. Es gehört in die dynamische Anfangszeit der materiellen Vereinnahmung Ägyptens durch Rom. Direkt damit verknüpft waren neue Formen der imperialen Repräsentation, die zu einer grundlegenden Romanisierung exotischer Werkstoffe führten. Bunter Marmor aus fremden Ländern war bereits unter Augustus im Haushalt römischer Bild- und Bauwerke heimisch geworden. Damit war ein beispielloser Marmorluxus begründet, der immer wieder neue Formen der Aktualisierung und Ideologisierung hervorgebracht hat, über die Spätantike und das Mittelalter bis auf unsere Zeit.

Rolf Michael Schneider

Literatur

Accardo 2000, S. 173–177, Abb. 99 (Frauenporträt aus schwarzem Porphyr); Ausst.-Kat. Berlin 1980, Nr. 48 mit Abb. (Luca Giuliani); Balty 2009 (zum Typus); Boschung 2002, S. 85, Nr. 24.1, S. 112, Nr. 39.2, Taf. 87,1–2, S. 137, Nr. 61.1; Breuer 2001, S. 101–102, Nr. 137, Abb. 283–286; Fittschen 1977, S. 38, Anm. 25 i (Replikenliste); Fittschen 1991, hier S. 182–186 (zum Typus); Frenz 1992; Maaß/Schneider 1985, S. 94, 179 u. 199 zu Farbabb. XXII; Belli Pasqua 1995; Peacock/Maxfield 2007, S. 414–417 (Steinbruch, Datierung und Entwicklung); Pollini 1987, S. 109, Nr. 7 (nicht antik); Sande 1991, hier S. 45–46, Anm. 10 (Frauenporträt aus schwarzem Porphyr); Thimme 1960, hier S. 46–54, Abb. 6–9.

I.18

Porträtbüste des Germanicus

1. Viertel 1. Jahrhundert n. Chr.
Großkristallinischer griechischer Marmor. H 52,2 cm
Stuttgart, Landesmuseum Württemberg, Arch 66/5

Livias Sohn aus erster Ehe, Tiberius (14–37), wurde nach Augustus' Tod dessen direkter Nachfolger, allerdings unter der Vorgabe, seinerseits Germanicus (*15 v. Chr., † 19 n. Chr.) zu adoptieren und damit seinem eigenen Sohn vorzuziehen. Germanicus war der Sohn des älteren Drusus und der Antonia, der Tochter von Marcus Antonius. Die beeindruckende politische und militärische Karriere des Germanicus sowie seine Ehe mit Augustus' Enkelin Agrippina maior (*um 14 v.

Chr., † 33 n. Chr.) waren gute Vorzeichen für eine künftige Thronbesteigung, doch starb er 19 n. Chr. überraschend in Antiochia.

Von Germanicus sind mehrere Bildnistypen überliefert, von denen die ersten drei zu seinen Lebzeiten entstanden und ihn ohne Bart wiedergeben.

Sein Sohn Caligula (37–41), der Tiberius auf den Kaiserthron folgte, ließ posthum zu Ehren seines Vaters einen weiteren Bildnistyp entwickeln, zu dem auch die Stuttgarter Büste zählt.

Der Kopf ist stark zu seiner rechten Seite gewandt, der große Büstenausschnitt zeigt Germanicus nackt mit einem drapierten Mantelbausch auf der linken Schulter. Der Gesichtsumriss ist länglich-oval, das Inkarnat sehr straff und glatt gebildet. Die Frisur ist mit einem zentralen Gabelmotiv über der Nase und den beiden Zangenmotiven über den äußeren Brauenenden ausgesprochen symmetrisch angelegt. Die einzelnen, sichelförmigen Strähnen sind sichtbar voneinander differenziert, wodurch sich eine volle Haarkappe ergibt, die die Kalotte nach oben hin breiter erscheinen lässt. Die kurzen Sicheln und Locken des gepflegten, kurzen Bartes sind sehr detailreich ausgearbeitet und noch stärker voneinander abgesetzt als die Haarsträhnen. Der Bart entwickelt sich direkt aus seitlichen Haarlocken unterhalb der Schläfen und verläuft nur entlang der äußeren Gesichtskontur. Wangen und Kinn werden so weitgehend frei gelassen. Die Stauchung der rechten Gesichtshälfte bzw. Längung der linken Hälfte werden in der Frontalansicht nahezu aufgehoben und vermitteln so eine sehr symmetrische Anlage des Gesichtes mit relativ großen Augen und einem kleinen vollen Mund. Auffällig ist das extrem glatte und straffe Inkarnat, das einen starken Kontrast zu den gekräuselten Bartlocken bildet, und so den Blick des Betrachters auf die idealisierten und alterslosen Züge des Germanicus lenkt.

Neben den vorangegangenen Bildnistypen der julischen Dynastie lassen sich bei diesem posthumen Typ aber durchaus auch starke Anklänge an Darstellungen Alexanders des Großen (336–323 v. Chr.) feststellen. Auch von Alexander haben sich Porträts erhalten, die ihn in heroischer Nacktheit – angelehnt an Achill – und mit starker Wendung nach rechts zeigen. Diese Parallele ist kein Zufall – genau wie Alexander war auch Germanicus ein überaus erfolgreicher Feldherr und in Kleinasien durch Krankheit ums Leben gekommen.

Christiane Benecke und Ulrike Theisen

Literatur

Boschung 1993 (b); Boschung 2002; Christ 2002; Haussmann 1975; von Heintze 1968; Hofter 1988.

I.19

Portätkopf des Claudius

41–54 n. Chr.
Herkunft unbekannt. Bereits im 18. Jahrhundert in Braunschweig, 1807 mit einem Großteil der herzoglichen Sammlungen als Kriegsbeute Napoleons nach Paris verbracht und von französischen Gelehrten als Claudiusporträt erkannt (galt zuvor als Bildnis des Agrippa); 1815 Rückführung nach Braunschweig (Fink 1967).
Marmor. Nasenspitze und Teil des Hinterkopfs ergänzt, die Ohrmuschelränder bestoßen; hinter dem Gesicht läuft durch den Kopf in steiler Diagonale ein Riss.
H 33,8 cm
Braunschweig, Herzog Anton Ulrich Museum, Kunstmuseum des Landes Niedersachsen, AS 7

Der wenig nach links gewendete Kopf zeigt einen bartlosen Mann mit kurzem Haar. Wirklichkeitsnahe Züge prägen sein Bildnis. Der Kopf lädt oben breit aus und verjüngt sich in deutlicher Dreiecksform zum Kinn. Das fleischige Gesicht ist plastisch stark durchmodelliert. Zwei horizontale Falten gliedern die Stirn. Sie wölbt sich über der eingezogenen Nasenwurzel buckelartig vor. Die Orbitale liegen wulstig über den Oberlidern. Unter den scharf geschnittenen Augenlidern betonen zwei von den Karunkeln wegführende Furchen die Tränensäcke. Der Nasenrücken ist gebogen. Deutlich eingetiefte Nasolabialfalten rahmen den leicht geöffneten Mund. Die Lippen sind mäßig voll. Kleine Grübchen markieren die Winkel. Kinn und Unterkinn sind fett gepolstert. Summarisch ausgebildete Haarlocken überziehen die abgesetzte Kalotte. Sie sind tendenziell kurz und leicht sichelförmig geschwungen. Hoch über der Stirn sind kurze, dickwollig herausgemeißelte Haarlocken in klare Gabel-Zangen-Motive untergegliedert. Gezielt zwischen die Locken gesetzte Bohrungen betonen das Arrangement. Über dem rechten Auge schwingen drei vorne teilweise gespaltene Locken nach links. Sie bilden mit vier nach rechts gestrichenen Locken eine Zange. Über dem linken Auge folgen Gabel und Zange. Letztere begrenzen nach rechts geschwungene Locken.

Haarlockenschema, fleischige Physiognomie, Altersangaben und Gesichtsschnitt sichern die Identifizierung mit Claudius. Das Bildnis folgt dem sogenannten Haupttypus, der bereits kurz nach dem Regierungsantritt des Kaisers in Umlauf kam. Gemeinsam mit Claudiusköpfen in Kopenhagen, Erbach und Rabat auf Malta zählt der Braunschweiger Kopf zu den besten Repliken. Er wurde für eine Umarbeitung aus einem kolossalen Porträt des Kaisers Caligula (37–41 n. Chr.) gehalten (Goette 1985; Goette 1986). Eindeutige Hinweise darauf fehlen jedoch. Weder die fleischigen Gesichtsformen und die vermeintlich verkleinerten Ohrmuscheln, noch der relativ hohe Ansatz der

Stirnhaare und die in dieser Zeit belegten Bohrungen zwischen den Stirnlocken sprechen dafür (gegen Umarbeitung bereits Massner 1994, S. 168, Anm. 40). Die Bildnisse des Claudius im Haupttypus etablieren wirklichkeitsnahe Merkmale wie Fleischigkeit und Altersschilderung in der römischen Kaiserikonographie. Sie knüpfen damit an Tendenzen an, die bereits Porträts des Caligula belegen. Aber anders als seine Vorgänger war Claudius zu Regierungsantritt bereits über fünfzig. Er machte Hinweise auf ein fortgeschrittenes Alter von Kaisern im Bildnis hoffähig und sie damit für das Publikum erfahrbar. So waren für das Gesicht der römischen Kaiserherrschaft neue Möglichkeiten öffentlicher Selbstdarstellung geschaffen. Bezeichnend sind die Stilmittel, die für den Porträtentwurf des Claudius gewählt wurden. Die kurze Gabel-Zangen-Frisur der julischen Kaiserfamilie bleibt, während wirklichkeitsnahe Altersformen das jugendliche Grundgesicht der Dynastie ‚reifen‘ lassen. Angabe von Alter spielt in der Repräsentation römischer Kaiser fortan eine immer wichtigere Rolle.

Rolf Michael Schneider

Literatur

Arndt/Bruckmann 1936, Nr. 1175–1176 mit Taf.; Boschung 1993 (b), hier S. 70–71, Abb. 57.Vb (zum Typus); Fink 1967, S. 92–93 u. 101; Fittschen 1977, S. 55, Nr. 17, Replik 2; Goette 1985, S. 15–16, Abb. 20–21; Goette 1986, hier S. 724–728, Nr. 9, Abb. 11a–d; Massner 1994, hier S. 161–162, Abb. 1–2, S. 168 mit Anm. 40 (nicht umgearbeitet); Osgood 2011 (aktuelle Gesamtdarstellung); Schweitzer 1942, hier S. 111–113 mit Anm. 1 G (1).

I.20

Porträtkopf des Nero

um 50 n. Chr.
Italischer Marmor. H 22 cm
Stuttgart, Landesmuseum Württemberg, Arch 65/11

Agrippina minor (*15 n Chr., † 59 n. Chr.) war in zweiter Ehe mit Kaiser Claudius (41–54) verheiratet. Sie brachte Claudius dazu, ihren Sohn Nero (54–68) zu adoptieren, so dass der letzte Enkel des Germanicus statt des leiblichen Sohnes des Claudius – Britannicus – die Thronfolge antrat. Zudem sorgte sie dafür, dass er mit Claudius´ Tochter Octavia verheiratet wurde. Aus Anlass der Adoption des damals 13-jährigen Nero wurde ein Bildnistyp geschaffen, der dem Stuttgarter Porträt zugrunde liegt.

Der Kopf ist leicht zu seiner rechten Seite gewandt und kaum merklich angehoben. Die Haarkappe legt sich relativ dicht an die Kalotte an. Die Haare sind vom Hinterkopf aus nach vorne und nach hinten gestrichen. Die einzelnen Strähnen sind

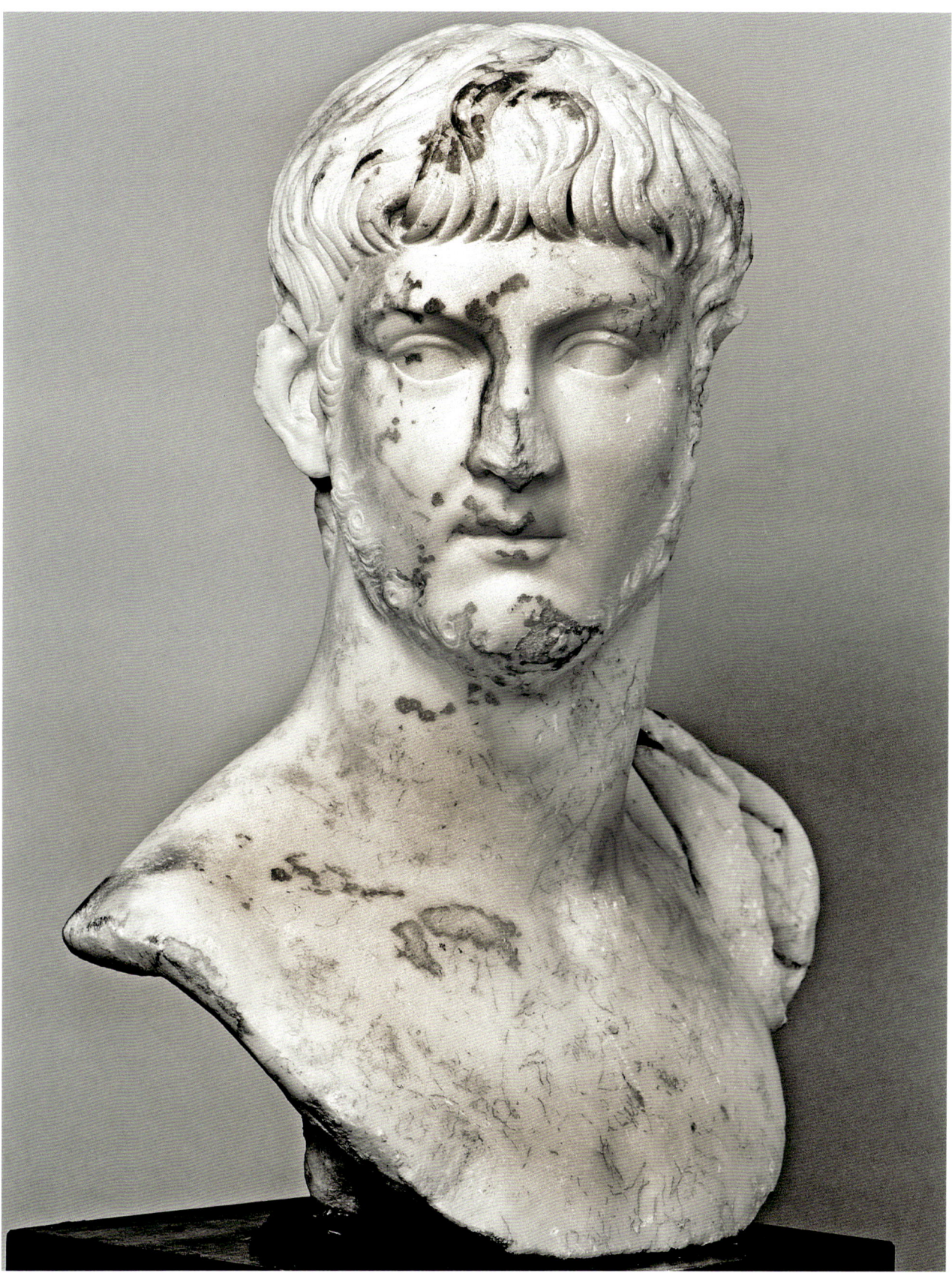

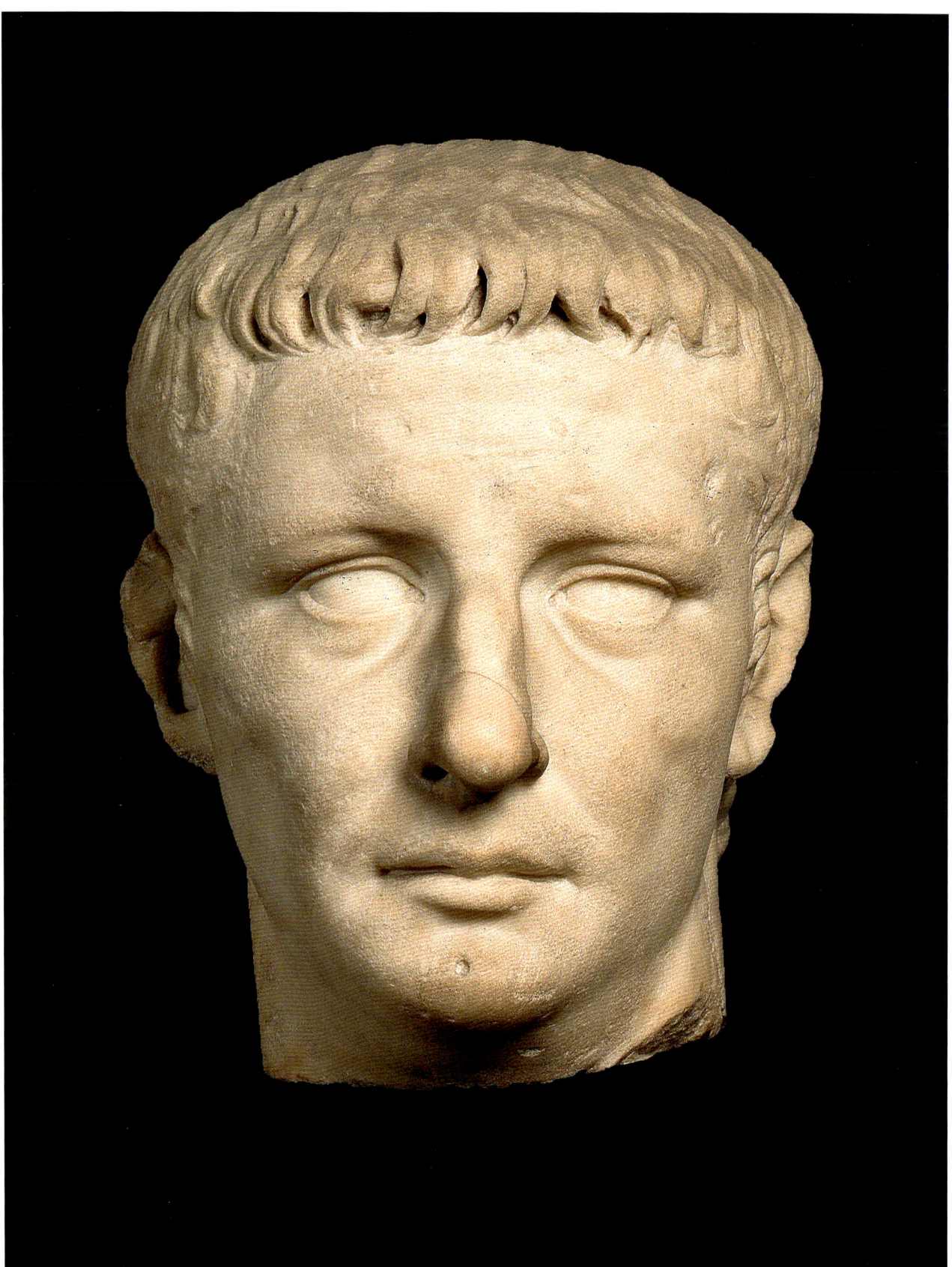

wenig plastisch ausgearbeitet und besonders auf dem Kopf und im Hinterkopfbereich kaum voneinander abgesetzt. Die vorderen Strähnen bilden einen Pony, der die Hälfte der Stirn einnimmt. Die zentrale Gabel ist etwas aus der Achse hin zum linken Brauenansatz verschoben. Der Gesichtsumriss ist rundlich-oval, das Inkarnat fleischig und glatt. Die Augenbildung scheint bei diesem Prinzenporträt insgesamt weicher gestaltet worden zu sein als bei zeitgleichen adulten Porträts. Auffällig ist eine ausgesprochene Ähnlichkeit in der Ausarbeitung des Mundes mit dem Porträt seiner Mutter (Kat.-Nr. I.26). Er zeigt die gleichen vollen und geschwungenen Lippen und die kleinen Grübchen an den Mundwinkeln. Die Ausbildung des Typus entspricht in Gesichtsschnitt und Haaranlage der Bildtradition der julisch-claudischen Dynastie. Erst etwa ab 59 n. Chr. begegnen wir Nero-Porträts, die sich zunehmend von diesen Bildnisschemata lösen. So zeigen ein Porträt vom Palatin (Rom Nationalmuseum) oder ein in Rom geprägter Denar der Jahre 60/61 n. Chr. (Münzkabinett, Staatliche Museen zu Berlin, Inv. 1021/1) deutlich die zunehmende Fettleibigkeit und die Veränderung in der Frisurenanlage. Die Nackenhaare werden in Anlehnung an östliche Herrscher länger, die Stirnhaare fallen nicht mehr in lockeren Sichelsträhnen in die Stirn, vielmehr wirken die steil gestellten, stark akzentualisierten Strähnen wie die Strahlen eines Diadems. Diese Tendenz wird sich in den Porträttypen bis zu Neros Tod 68 n. Chr. noch weiter verdichten. In der Einführung neuer Darstellungsformen wie auch in der späten Amtsführung zeigt sich schließlich eine deutliche Abkehr vom normativen System der julisch-claudischen Dynastie.

Christiane Benecke und Ulrike Theisen

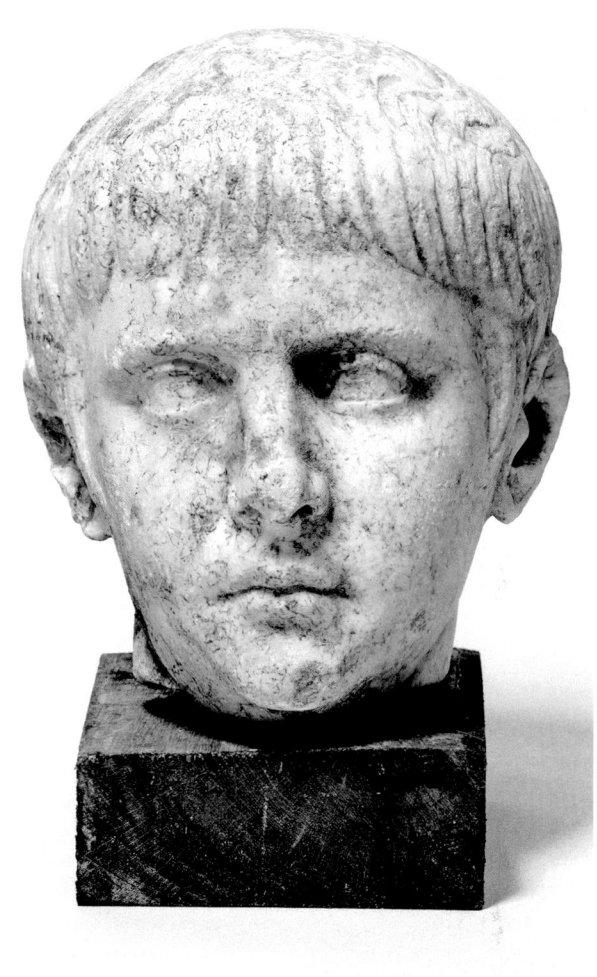

I.20

Literatur
Boschung 1993 (a); Boschung 2002; Christ 2002; Haussmann 1975; von Heintze 1968; Hofter 1988, S. 291–343.

I.21

Porträtkopf der Livia

2. Jahrzehnt 1. Jahrhundert v. Chr.
Griechischer Marmor. H 21,3 cm
Stuttgart, Landesmuseum Württemberg,
Arch 65/14

Das von Augustus neu geschaffene Herrschaftssystem war als Erbmonarchie angelegt; fehlte der leibliche Nachkomme, waren Adoptionen ein probates Mittel, um die Nachfolge zu regeln. Um den dynastischen Anspruch zu betonen, war deshalb auch die Darstellung der weiblichen Familienmitglieder wichtig, denn sie gebaren die Nachkommen und zukünftigen Herrscher. Augustus´ Ehefrau Livia (*58 v. Chr., † 29 n. Chr.) tritt in der öffentlichen Darstellung nicht als individuelle Person auf; stets ist sie in den Kontext des Herrscherhauses gestellt.

Das Stuttgarter Porträt zeigt Livia in ihrem vorherrschenden Bildnistyp mit der charakteristischen Nodusfrisur mit Stirnbausch und Scheitelzopf. Wie an den Ansätzen der Halswender noch gut zu erkennen, ist der Kopf leicht zu ihrer rechten Seite geneigt. Die Gesichtsform ist rundlich-oval mit vollem, glattem Inkarnat. Die Augenpartie ist symmetrisch ausgebildet. Die schmalen Brauenbögen sind gerundet, die darunter liegenden Orbitale wölben sich leicht vor. Die gerundeten Oberlider überschneiden außen die Unterlider und sind durch eine scharfe Einziehung von den Orbitalen abgesetzt. Der Übergang von den Unterlidern zu den Wangen ist weich verschliffen. Stirn-

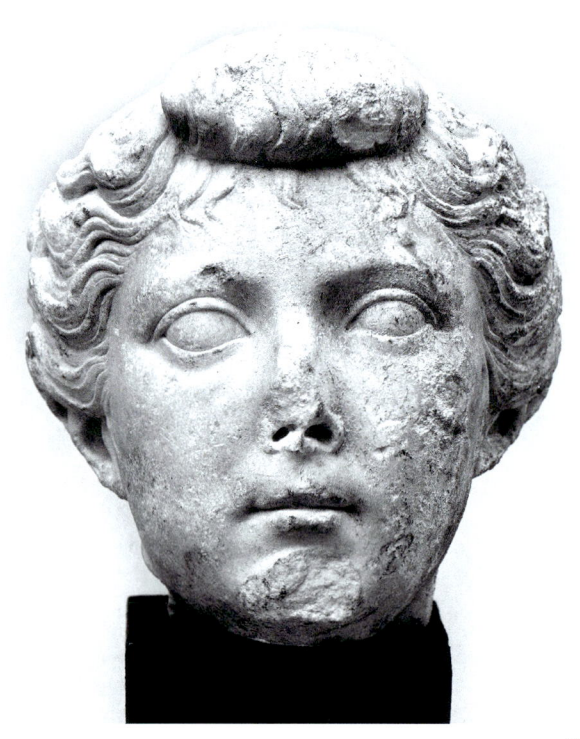

I.21

und Wangenfalten fehlen, Schläfen und Jochbeine zeichnen sich im fleischigen Inkarnat nicht ab. Lediglich die Nasolabialfalten und kleine Grübchen an den Mundwinkeln sind leicht in das weiche Gesicht eingesunken. Der Mund ist klein, die Lippen eher schmal und ohne Absatz zu der sie umgebenden Gesichtshaut gestaltet. Ein gewölbtes Grübchen betont das kleine rundliche Kinn.

Der gerundete Gesichtsumriss, das glatte, volle Inkarnat und das nahezu völlige Fehlen von Falten lassen das Gesicht idealtypisch und alterslos erscheinen. Der Darstellungstypus entspricht damit in hervorragender Weise den prototypischen Idealvorstellungen vom Bild einer vorbildhaften Gattin. Wie überzeugend und tragfähig die Bildsprache gewirkt haben muss, zeigen die vielen Privatporträts, die sich unverkennbar an den kaiserlichen Porträts orientieren. Eine besonders eindrückliche Angleichung eines Privatporträts zeigt eine Unbekannte aus Schloss Fasanerie bei Fulda (Kat.-Nr. I.22), die lange Zeit für Octavia, die Schwester des Augustus, gehalten wurde.

Christiane Benecke und Ulrike Theisen

Literatur

Alexandridis 2004; Boschung 1993 (a); Boschung 2002; Christ 2002; Haussmann 1975; von Heintze 1968; Hofter 1988; Kunst 2008.

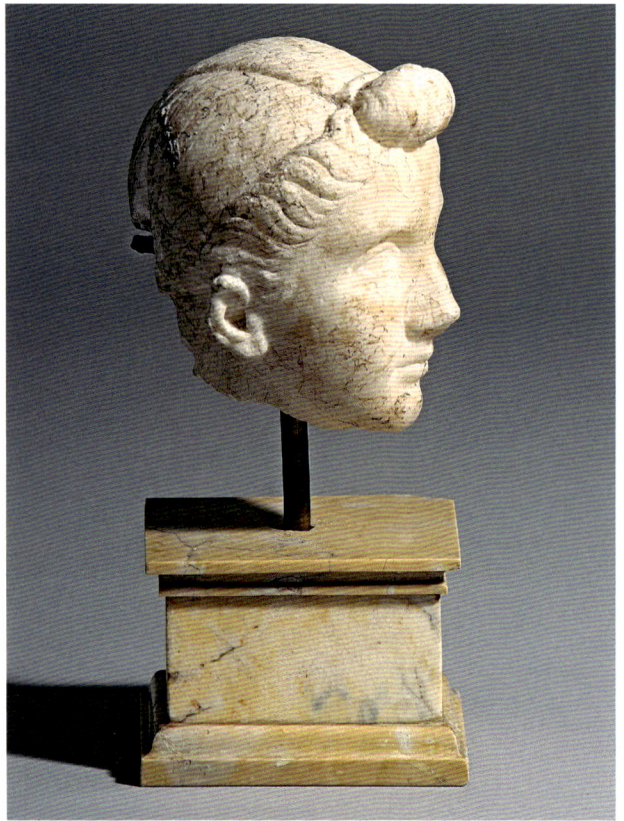

I.22

I.22

Frauenporträt mit Nodus-Frisur

35–20 v. Chr.
aus dem Kunsthandel, vermutlich aus Rom
Marmor. H (Kinn–Scheitel) 14 cm.
Eichenzell, Museum Schloss Fasanerie, FAS, ARP 13

Das Porträt einer jungen Frau mit klaren Gesichtszügen ist mit einer Frisur versehen, die in den letzten Jahren der römischen Republik und in der Regierungszeit des Augustus verbreitete Mode war. Langes, glattes Haar ist über der Stirn in eine Schlaufe – möglicherweise der von Ovid beschriebene *nodus* – gelegt und mit einer Spange fixiert. Der gebündelte Haarstrang mit einer Flechte obenauf läuft über den Kopf in den Nacken, wo sehr wahrscheinlich ein Knoten zusammen mit einem Teil des Hinterkopfes angestückt war. Am Hals schlängeln sich kleine Löckchen. Über den Schläfen ist das Haar zu Strängen gerollt, die von den Seiten ebenfalls in den Nackenknoten münden.

In der Erstpublikation wurde hier ein Bildnis der Schwester des Augustus, Octavia minor vermutet, deren Porträt auf Münzbildern bereits im Jahr 40 v. Chr. mit eben dieser Frisur dargestellt ist. Das Porträt in Schloss Fasanerie entspricht nicht nur in der allgemeinen Anlage der Frisur, sondern auch in der weichen Bildhauerarbeit einer Büste aus Velletri. Diese ist das Kernstück einer Serie, die für Octavia reklamiert wird. Die herbe Physiognomie dieser Porträtbüste kommt der des mächtigen Bruders sehr nahe, außerdem bekräftigen zwei Repliken aus Kleinasien bzw. Griechenland die These, dass es sich hier in jedem Fall um eine Angehörige der politisch Herrschenden – in der späten Triumviratszeit oder der frühen Kaiserzeit – handelt, deren Bildnis weit im Reich verbreitet wurde. Der auf dem Stirnbausch aufgelegte Zopf bei dem Kopf aus Schloss Fasanerie, die Spange auf dem Oberkopf und auch der tiefer ansetzende Knoten weichen allerdings von dem offiziellen Porträttypus der Octavia ab und sprechen gegen diese Identifizierung. Die etwas fortschrittlichere Tragweise des Knotens erscheint ebenfalls bei den ersten Bildnistypen der Livia als junge Ehefrau des Octavian, die im Übrigen die gleiche Frisur mit Stirnbausch trug. Ihre offiziellen Porträts sind ab 35 v. Chr. zu erwarten, als auf Beschluss des Senats Statuen von ihr errichtet wurden. Der Kopf in Schloss Fasanerie erweist sich demnach als Frauenbildnis, das der Repräsentation der ersten Damen im Staat angeglichen war. Seine Datierung ergibt sich aus der Nähe zu deren Bildnissen. Von der großen Strahlkraft der strengen aber kleidsamen Haartracht mit Stirnbausch zeugen zahlreiche Privatporträts, zu denen auch solche auf Grabreliefs aus den Kreisen sozialer Aufsteiger gehören. Sie verlieh der Trägerin das Aussehen einer ehrbaren und würdigen römischen *matrona*.

Das deutlich unterlebensgroße Bildnis in Schloss Fasanerie war ehemals wohl mit einer Büste ergänzt, da das verkleinerte Porträtformat in Rom so gut wie nie für Statuen genutzt wurde. Eine solche Büste war sehr wahrscheinlich im privaten Ambiente aufgestellt, entweder um eine lebende Person, etwa die Hausherrin, zu repräsentieren oder auch um eine Verstorbene in Erinnerung zu halten.

Friederike Sinn

Literatur

von Heintze 1968, S. 19–20 u. 97, Nr. 13, Taf. 20, 21 u. 110 a; Jucker 1971, hier S. 805; Winkes 1995, S. 221, Nr. 266 (Julia?); Wood 1999, S. 55–56, Abb. 16.17 (Octavia?). Zur Nodus-Frisur: Kockel 1993, S. 42–46. Zum Porträt der Octavia minor: Boschung 2002, hier S. 184; Pollini 2002. Zu Bildnissen in kleinen Formaten: Dahmen 2001, hier S. 141.

I.23

Porträtkopf der Livia mit verhülltem Hinterkopf

1889 auf Kreta gefunden
Parischer Marmor. H 40 cm
Athen, Archäologisches Nationalmuseum, 355

Neben der Installierung des Kaisertums kommt der Darstellung der Genese von Herrscherdynastie in der Bildikonographie der augusteischen wie julisch-claudischen Zeit eine tragende Funktion zu, denn die Familie spielte in dieser auf die Person des Herrschers ausgerichteten Ordnungsform eine wichtige Rolle. Von besonderer Bedeutung ist dabei die hervorgehobene Stellung der Frauen der Kaiserfamilie. So erhält Livia Drusilla (*58 v. Chr, † 29 n. Chr.), als Gattin des Augustus, erstmals auf Senatsbeschluss das Cognomen Augusta. Und wie Augustus selbst, begegnet uns auch Livia in verschiedenen Rollenbildern.

Das Athener Porträt diente ursprünglich als Einsatzkopf für eine lebensgroße Statue und zeigt Livia in ihrem Haupttypus mit Nodus-Frisur. Ihr Hinterkopf ist mit dem Saum ihres langen Mantels verhüllt. Der Kopf ist leicht zu ihrer rechten Seite hin gewandt. Ihr Gesichtsumriss ist rundlich-oval, das Inkarnat ist glatt und fleischig. Die Binnenstruktur des Gesichtes ist ausgesprochen symmetrisch aufgebaut, die stark beruhigten Züge wirken mit den großen konturierten Augen, den feinen gerundeten Augenbrauen, der geraden schmalen Nase und dem vollen kleinen Mund nahezu idealtypisch. Beide Ohrläppchen sind durchbohrt und trugen ursprünglich extra gearbeitete Ohrringe. Die relative Schwere des Inkarnats und die drei Venusringe am Hals lassen das Porträt etwas matronaler erscheinen als den Stuttgarter Kopf (Kat.-Nr. I.21). Hierzu passt der Gestus des *Capite coperto*. Dieser Gestus findet sich seit der ausgehenden Republik häufig auf Grabreliefs von Ehepaaren (Grabrelief von der Via Statilia, Musei Capitolini, Inv. Nr. 2142; Grabrelief des Lucius Vibius und der Vecilia Hila, Musei Vaticani, Museum Chiaramonti, Inv. Nr. 2109), bei Opferritualen bzw. Prozessionen wie an der Ara Pacis oder bei Stifterfiguren, auch von Privatleuten (Statue der Eumachia, Museo Nazionale Archeologico, Inv. Nr. 6232). Der Topos des verhüllten Hauptes verkörpert in hervorragender Weise das Ideal der sittsamen Matrone, die ihrem Mann eine treue Gefährtin ist und durch ihre *pietas* die Fortführung römischer Traditionen bewahrt.

Ulrike Theisen

Literatur

Alexandridis 2004; Haussmann 1975; Hofter 1988; Kaltsas 2003, Kleiner 1992.

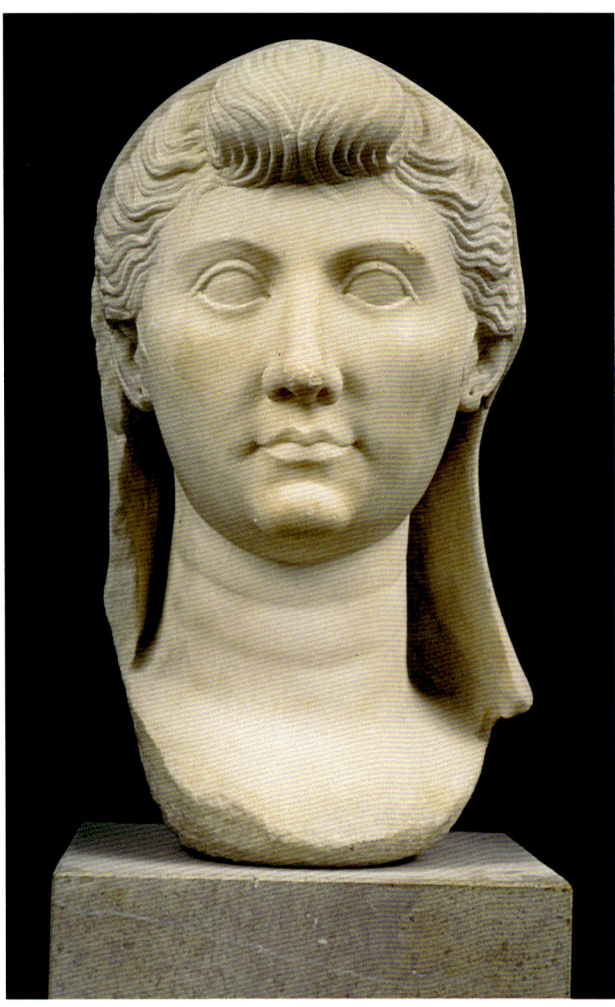

I.23

I.24

Porträtkopf der Livia

mittlere Regierungszeit des Tiberius
aus Privatbesitz
Marmor. H 31 cm
Köln, Römisch-Germanisches Museum der Stadt Köln,
RGM 94,1

Der Kopf gehörte zu einer Gewandstatue und stellt Livia dar, die Frau des Kaisers Augustus. Die Behauptung, die Skulptur sei zusammen mit Kat.-Nr. I.11 und einem dritten Porträt gefunden worden, hat sich bisher nicht bestätigen lassen. Vielmehr zeigen die Unterschiede in der Ausarbeitung von Gesichtszügen und Haar, dass die Köpfe nicht von der gleichen Werkstatt stammen, so dass eine gemeinsame Aufstellung zwar nicht völlig auszuschließen, aber doch wenig wahrscheinlich ist.

Die sichere Benennung der Dargestellten ergibt sich – wie im Falle der Augustusporträts – wiederum durch die Zuge-

hörigkeit zu einem Bildnistypus, in diesem Falle zum „Ceres-Typus" der Livia. Seine Entstehung lässt sich nicht genau datieren, doch dürfte er in die mittlere Regierungszeit des Augustus zurückgehen. Frühere Fassungen des Liviaporträts, die noch während des zweiten Triumvirats spätestens seit den Jahren um 35 v. Chr. entworfen wurden, zeigten die Gemahlin des Herrschers mit aufwendigen und komplizierten Modefrisuren, wie sie ähnlich auch von den vornehmen Frauen des zeitgenössischen Rom getragen wurden. Dagegen ist die Haartracht des hier vertretenen Bildnistypus sehr viel einfacher. Das füllige Haar ist in der Mitte gescheitelt und in gleichmäßig gewellten Strähnen über Schläfen und Ohren nach hinten geführt; sie werden im Nacken – für den Betrachter wegen des hochgezogenen Mantels nicht sichtbar – in einem Knoten zusammengenommen.

Diese vermeintlich schlichte Frisur signalisiert in Wirklichkeit einen überaus hohen Anspruch, entspricht sie doch der Haartracht griechischer Göttinnen. Damit verfolgt das Liviaporträt eine ähnliche Konzeption wie der Primaporta-Typus des Augustus (vgl. hier Kat.-Nr. I.10): Es bezieht sich auf die Ikonographie klassischer Idealfiguren und enthebt die Kaiserin der Konkurrenz mit zeitgenössischen Frauen.

Dazu passt der Kranz in ihren Haaren, der aus Mohnkapseln und Kornähren besteht. Er gleicht die Kaiserin an Ceres an, die Göttin des Ackerbaus und der Fruchtbarkeit. Diese Angleichung ist vielfach nachzuweisen: Auch andere Livia-Bildnisse tragen Kränze aus Ähren; und mehrere Inschriften bezeichnen Livia als „Ceres Augusta" bzw. als Demeter. In eine andere Richtung weisen die Wollbinden, die entlang des Halses herabfallen und die durch Schnürung in perlenartige Abschnitte unterteilt sind. Sie sind durch diese Gliederung als *vitta* zu erkennen, als Abzeichen einer Priesterin, und verweisen auf die Stellung als Priesterin des vergöttlichten Augustus (*sacerdos divi Augusti*), die Livia im Jahre 14 n. Chr. nach dem Tod ihres Gemahls und nach seiner Erhebung zum Staatsgott übernommen hatte. Dem entspricht die Verhüllung des Hinterkopfs durch den hochgezogenen Mantel, die wie bei dem Augustusporträt aus Köln (Kat.-Nr. I.11), die Frömmigkeit der Dargestellten verdeutlicht. Zugleich zeigt die Anspielung auf das Priesteramt, dass das Kölner Liviaporträt erst nach dem Tod des Augustus, wohl in der Regierungszeit ihres Sohnes Tiberius, geschaffen worden ist.

Dietrich Boschung

Literatur

Alexandridis 2004, S. 46–49, 75–77 u. 121, Nr. 15*; Bartman 1999, S. 146, Nr. 2, Abb. 83; Boschung 2002, S. 140, Nr. 70.2; Eck 2004, S. 105, Abb. 45b; Fittschen/Zanker 1983, S. 4, Anm. 9 zu Nr. 3 (Liste von Livia-Köpfen mit Ährenkranz); Megow 1973, S. 216–217, Nr. 357, Taf. 162; Winkes 1995, S. 190–191, Nr. 118.

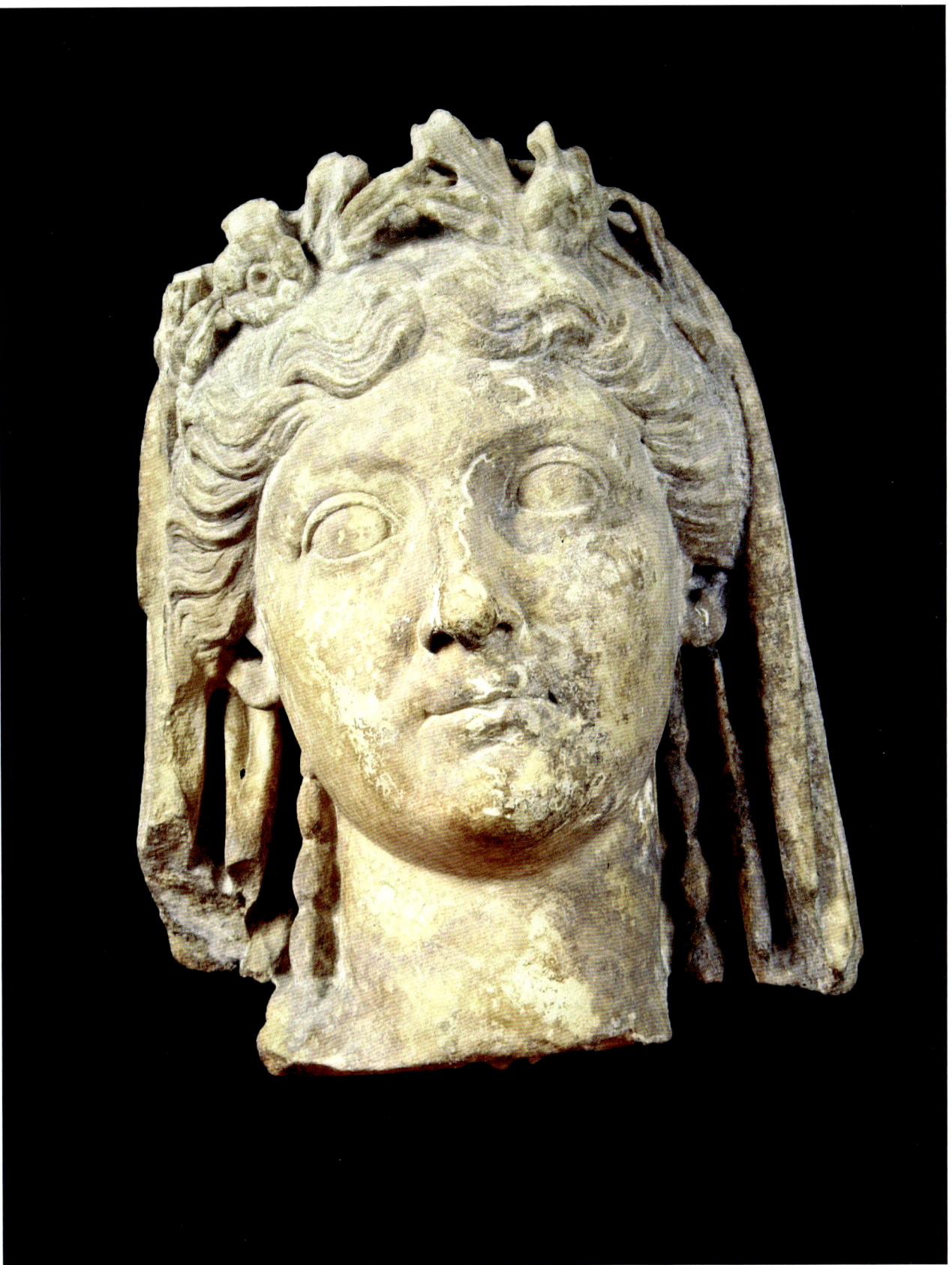

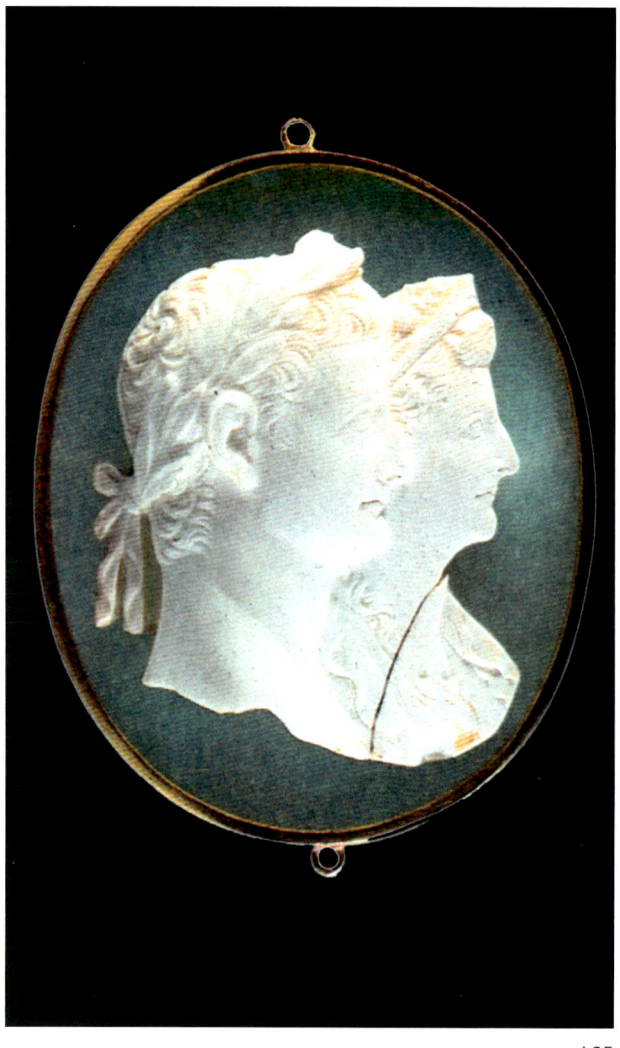

I.25

des sogenannten Iuno-Ceres-Typus, der wahrscheinlich anlässlich des Todes von Augustus geschaffen wurde. Dieser hatte verfügt, dass Livia nach seinem Tod das Amt der Priesterin des Divus Augustus übertragen wurde. Da für die Darstellungen von weiblichen Mitgliedern des Kaiserhauses, anders als bei den Kaisern selbst, nicht auf seit den Zeiten der Republik tradierte öffentliche Funktionen und Ehrentitel zurückgegriffen werden konnte, war die erstmalige Verleihung von Ehrentiteln wie der Ernennung zur Augusta und Priesterämtern wie der Sacerdos divi augusti ein probates Mittel, um die kaiserlichen Frauen in ihrem Status und in ihren differenzierten Rollenbildern und Tugenden hervorzuheben.

Die Darstellung des Tiberius im Alleinherrschertypus, nackt und mit dem Lorbeerkranz und der Livia im Iuno-Ceres-Typus, der auf ihre Funktion als Priesterin des Divus Augustus hinweist, sprechen dafür, dass der Kameo nach dem Tod des Augustus zur Regierungszeit des Tiberius gefertigt wurde und den Dynastiegedanken in besonders eindrücklicher Weise darstellt. Zum einen fungiert Livia hier in der Verbindung mit ihrem leiblichen Sohn als Gebärerin und Mutter des nachfolgenden Kaisers. Zum anderen hebt die besondere Darstellung als Sacerdos divi Augusti in besonderem Maße ihre *pietas* hervor, indem sie sich auch über den Tod hinaus der Pflege und Verehrung ihres Gatten Augustus widmet.

Ulrike Theisen

Literatur
Alexandridis 2004; Boschung 2002; Megow 1987.

I.25

Kameo mit Tiberius und Livia

Sardonyx. H 5,8 cm, B 4,8 cm
Florenz, Museo Archeologico Nazionale di Firenze, 14533

Der zweischichtige Sardonyx aus Florenz zeigt das gestaffelte Büstenpaar von Kaiser Tiberius (14–37 n. Chr.) im Vordergrund und seiner Mutter Livia (*58 v. Chr., † 29 n. Chr.) im Hintergrund im Profil nach rechts gewandt. Nach seinem Stiefvater Augustus (27 v.–14 n. Chr.) war Tiberius der zweite *Kaiser* des Römischen Reiches. Die Büste des Tiberius ist unbekleidet, der Kopf von einem Lorbeerkranz geschmückt. Livia ist in der typischen Kleidung der Matrone – Tunika, Stola und Mantel – bekleidet. Sie trägt eine Nodus-Frisur mit langen Schulterlocken und darüber ein Diadem und einen Mohn-Ährenkranz. Das Diadem und/oder der Mohn-Ährenkranz finden sich als Attribut

I.26

Porträtkopf der Agrippina minor

um 50 n. Chr.
Griechischer Marmor. H 40,5 cm
Stuttgart, Landesmuseum Württemberg, Arch 68/2

Nach der Ermordung Caligulas 41 n. Chr. wurde dessen Onkel Claudius (41-54) zum neuen Kaiser ausgerufen. Das Stuttgarter Porträt stellt seine Ehefrau Agrippina minor (*15 n. Chr., † 59 n. Chr.), die Tochter des Germanicus dar. Das Porträt diente als Einsatzkopf für eine lebensgroße Statue.

Der Kopf ist leicht zu ihrer rechten Seite geneigt. Die Frisur wird im Bereich des Vorderkopfes durch vier durchlaufende, übereinander gestaffelte Löckchenregister gegliedert, die von einem Mittelscheitel ausgehen und zu den Seiten und nach hinten geführt werden. Am Hinterkopf werden die langen Haare bis auf zwei Strähnen von Korkenzieherlocken, die bis

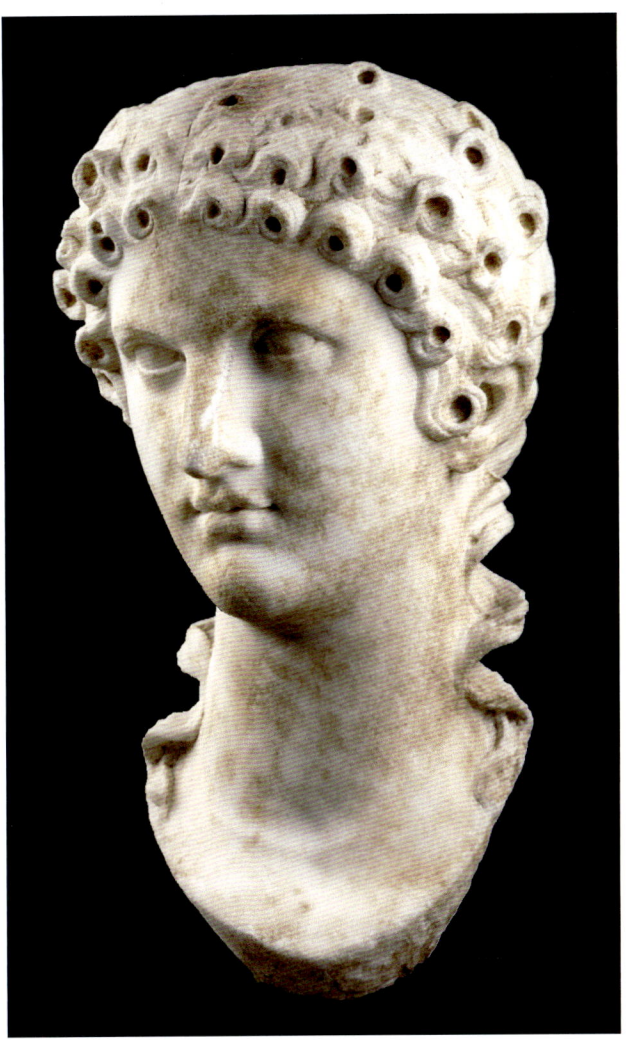

I.26

pisch wird hier die Rolle der Ehefrau und Mutter verkörpert. Diesen Typus findet man bereits in den Porträts der Agrippina maior – ihrer Mutter – und zeitgleich bei den Darstellungen ihrer Schwestern Julia Livilla und Julia Drusilla. Das auch dieses Zeitgesicht ebenso prägend war wie die weiblichen Porträts der Kaiserfamilie zu Zeiten des Augustus, belegen die vielen Angleichungen von Privatporträts, etwa aus dem Liciniergrab in Rom, die sich heute in der Ny Carlsberg Glyptothek Kopenhagen befinden (Inv. 747, Inv. 754).

Christiane Benecke und Ulrike Theisen

Literatur

Alexandridis 2004; Boschung 1993 (a); Boschung 2002; Christ 2002; Haussmann 1975; von Heintze 1968; Hofter 1988; Kunst 2008.

I.27

Kameo mit Porträt des Claudius

41-50 n. Chr.
Sardonyx in drei Schichten. H 6,2 cm, B 5,8 cm
London, The British Museum, GRA 1939,0607.1

Dieses Fragment einer Kamee, die früher der Sammlung des Sir Bernard Oppenheimer gehörte, zeigt den nach rechts gewandten Kopf des Kaisers Claudius, der einen Lorbeerkranz trägt. Die Gesichtszüge sind stark idealisiert, stellen dennoch die charakteristische Merkmale des Profils von Claudius, wie die tiefliegenden Augen, vorstehenden Brauen, den scharfen Winkel zwischen Stirn und Oberkopf sowie den schiefen Winkel zwischen Kinn und Hals noch dar. Der hier verwendete Sardonyxstein wurde kunstvoll geschnitzt, sodass das Inkarnat eine durchscheinende bläulich-weiße, das Haar eine undurchsichtige weiße und der Kranz sowie der Hintergrund eine durchscheinende kastanienbraune Farbe haben.

Die Idealisierung des Bildnisses erschwert eine genaue Datierung. Es werden daher die frühen (Verdi 2003), die mittleren (Megow 1987) oder auch die späten (Haynes 1939, Möbius 1985) Regentschaftsjahre des Kaisers vorgeschlagen. Stilistisch kommt die Ausführung des Gesichtes und der Lorbeerblätter einer Kamee von einer der Schwestern von Caligula – Agrippina der jüngeren, Livilla, oder Drusilla (Trillmich 1983) sehr nahe, die auch im British Museum aufbewahrt wird (1867,0507.510 = Gem 3604), was vermuten lässt, dass sie von derselben Hand geschnitzt worden sind. Eine frühe Theorie führte die Claudius-Kamee vorläufig auf die Hand des Herophilos, Sohn des Dioskourides, zurück, der eine berühmte Kamee mit einer Dar-

auf die Schultern fallen, in einem Zopf zusammengefasst. Der Gesichtsumriss ist rundlich-oval, die Binnengliederung wie die Haare symmetrisch angelegt. Der rundliche Umriss wird durch die von der Frisur hervorgerufene kurze Stirn noch verstärkt. Unter den feinen, leicht ansteigenden Brauenbögen wölben sich die Orbitale zum Außenrand des Auges hin leicht hervor, während der Bereich des Innenauges und der fein modellierten Tränenkarunkel etwas verschattet wirkt. Die gerundeten Oberlider sind durch eine scharfe Einziehung von den Orbitalen abgesetzt. Der Übergang von den Unterlidern zu den Wangen ist weich verschliffen. Der Mund ist im Vergleich zu Augen und gerader Nase relativ klein, mit vollen geschwungenen Lippen, die sich von der umgebenden Gesichtshaut abheben. An den Mundwinkeln und unterhalb der Unterlippe sind kleine Grübchen in das Inkarnat eingezeichnet. Das glatte Inkarnat lässt im oberen Gesichtsbereich gerade noch die Jochbögen erahnen, wird in der unteren Gesichtshälfte aber voller, was dem Bildnistyp einen etwas matronalen Charakter verleiht. Idealty-

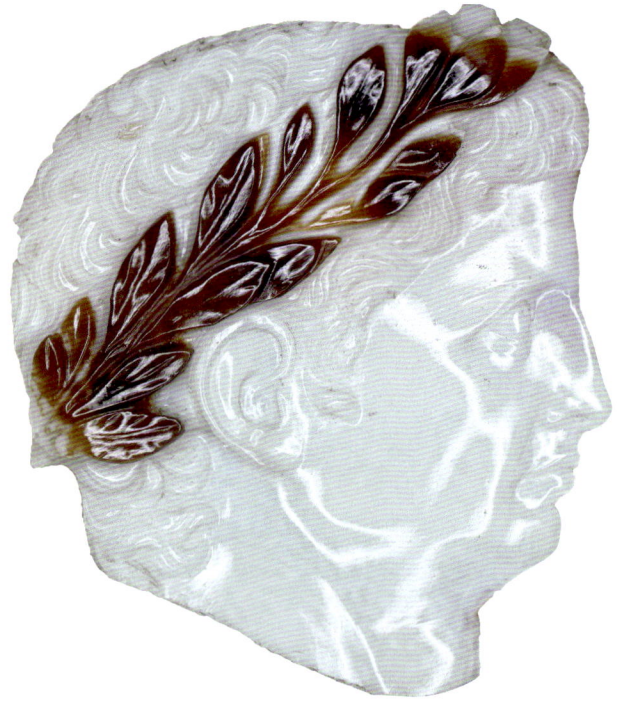

I.27

stellung des Augustus schnitzte, die sich jetzt in Wien (Haynes 1939). Von Plinius (NH 37.23) wissen wir, dass Claudius selbst oft eine Kamee oder *smaragdus* trug, aber natürlich eine, die von einem kleineren Format als die hier gezeigte war.

Ursprünglich war die Tafel der Kamee viel größer, bevor umschließende Teile inklusive die den Kranz am Hinterkopf bindenden Schleifen zu einem späteren Zeitpunkt weggeschnitten wurden. Eine Rekonstruktion (Haynes 1939) gibt an, dass der originale Edelstein dieselbe Größe wie die berühmte Kamee von Claudius (die Köpfe haben eine vergleichbare Größe) auf Schloss Windsor hatte und wir können daher die Möglichkeit nicht ausschließen, dass der Kaiser mit einer Lorica oder einer Aigis (Megow 1987) dargestellt wurde. Kameetafeln wie diese wurden vom Kaiserhaus als Propaganda verwendet, um das idealisierte Bild des Kaisers unter den Eliten zu verbreiten. Sie konnten den engen Freunden des Kaisers als Geschenk oder als Belohnung übergeben werden, sollten aber manchmal auch dafür sorgen, die Sympathie politischer Partner zu gewinnen. Die Kameen zeigen fast immer die idealisierten Porträts eines Mitgliedes der kaiserlichen Familie, was dem Bildnis entsprach, das der allgemeinen Bevölkerung von im Umlauf befindlichen Münzen gut bekannt gewesen sein dürfte.

Dirk Booms (Übersetzung Krister Johnson)

Literatur

Haynes 1939, S. 79–81; Megow 1987, S. 61–62 und S. 194, Nr. A 75; Möbius 1985; Trillmich 1983, bes. S. 24–26; Verdi 2003, S. 127, Nr. 58.

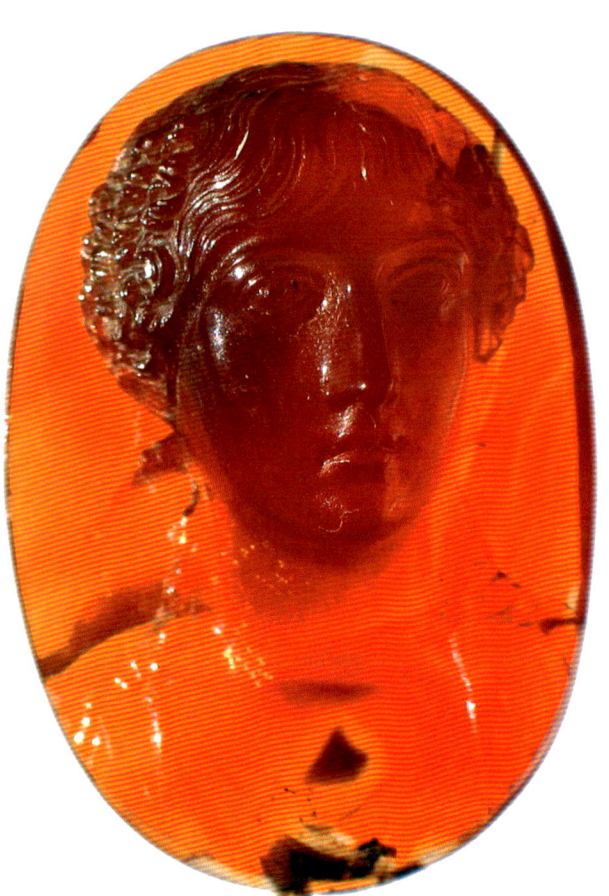

I.28

I.28

Kameo mit Porträt der Agrippina maior

1. Hälfte 1. Jahrhundert n. Chr.
Gefunden in Herculaneum, im Haus des
M. Pilius Primigenius Granianus, Insula orientalis I, 1 a.
Karneol. H 3,18 cm, B 2,27 cm
Neapel, Museo Archeologico Nazionale di Napoli, 155864

Aus dem Oval des Karneols blickt eine in hohem Relief gearbeitete weibliche Büste leicht zu ihrer Linken geneigt den Betrachter an. Der Kopf mit seinem vollen ovalen Gesicht wird von einer Büste getragen, an der drei Kleidungsstücke zu unterscheiden sind. Das Untergewand aus dünnem Stoff wird auf dem rechten Arm mit Steckknöpfen zusammengehalten. Über der linken Schulter bedeckt ein Mantel das Untergewand. Zwischen diesen beiden Gewändern liegt ein drittes, von dem dünne Träger zu beiden Seiten des Halses zu erkennen sind. Bei diesem Kleidungsstück handelt es sich um die

Stola, die in augusteischer Zeit als besonderes Kennzeichen der römischen Matrona eingeführt wurde. Damit ist die Deutung der Darstellung als Porträt einer römischen Dame gesichert. Dafür spricht auch die Frisur mit Haarwellen, die von einem Mittelscheitel aus in Wellen zu den Seiten geführt und dort zu Spirallocken eingedreht sind. Lange gewellte Strähnen hängen auf die Schultern herab. Zu dieser Frisur gehört eine Zopfschlaufe im Nacken, die in der Frontalansicht zwar nicht zu sehen ist, zu der aber die nach hinten gestrichenen Haare an den Seiten des Kopfes hinführen. Eine solche Frisur war in den ersten drei Jahrzehnten nach der Zeitenwende in Mode und wurde auch von der Enkelin des Augustus getragen, Agrippina maior.

Da Augustus keine Söhne hatte, ruhte die Hoffnung einer Fortführung seiner Dynastie auf den Frauen seiner Familie. Deshalb wurden sie, abweichend von republikanischen Sitten, auch in der Öffentlichkeit mit Porträts geehrt, zunächst die Schwester und die Gemahlin des Augustus, Octavia und Livia, dann seine Tochter Julia. In der nächsten Generation war Agrippina die einzige, die nicht schon zu Lebzeiten des Augustus jung starb oder in Ungnade fiel und in der Verbannung endete. Sie wurde 5 n. Chr. im Alter von 19 Jahren mit Germanicus verheiratet, einem Großneffen des Augustus und Enkel der Livia. Aus dieser Ehe gingen bis zum Tod des Germanicus 19 n. Chr. neun Kinder hervor, von denen drei Söhne und drei Töchter das Erwachsenenalter erreichten. Tiberius, der Augustus 14 n. Chr. als Kaiser nachfolgte, war als Sohn der Livia von Augustus nur adoptiert worden. Die leiblichen Nachkommen des Augustus waren darum für ihn eine potentielle Bedrohung. So kam es dazu, dass Agrippina und ihre beiden älteren Söhne Nero und Drusus 29 n. Chr. wegen Verschwörung verbannt wurden, Agrippina starb 33 n. Chr. auf der Insel Pandateria. Zu neuem Ruhm und Ehren kam sie, als 37 n. Chr. ihr Sohn Gaius, genannt Caligula, Kaiser wurde, und später, als ihr Schwager, Kaiser Claudius, 48 n. Chr. seine Nichte Agrippina minor, eine Tochter der Agrippina maior, heiratete. Die meisten Darstellungen der Agrippina maior sind wohl in diesen Jahren entstanden, darunter auch der Kameo aus Herculaneum. Die Bilder zeigen sie so, wie sie auch in der historischen Literatur beschrieben wird: als vorbildliche römische Matrone, die an der Seite ihres Mannes und ihrer Söhne Mut und Standhaftigkeit bewies.

Rita Amedick

Literatur

Ausst.-Kat. Haltern am See u.a. 2009, Nr. 2.6. (Teresa Giove); Megow 1987, S. 292, Nr. D 16, Taf. 20, 2.3; Pannuti 1963, Bd.1, S. 127–128.

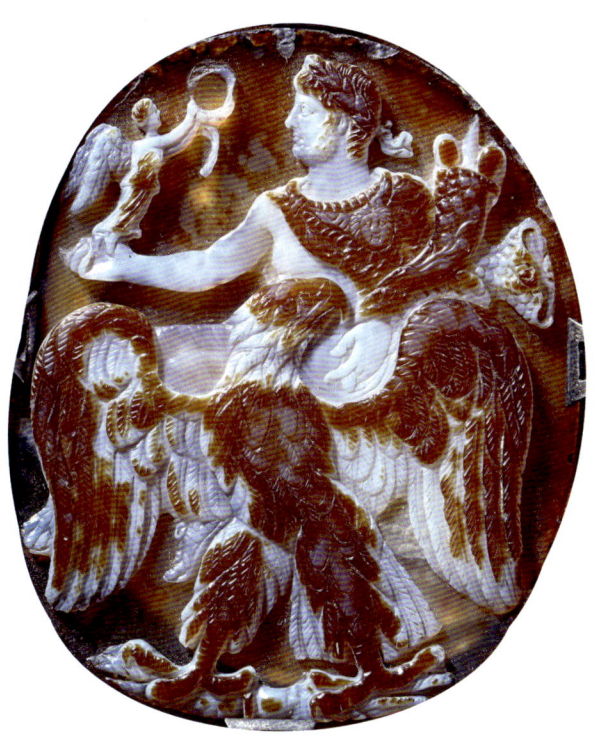

I.29

I.29

Kameo mit Apotheose des Nero

54–59 n. Chr.
Ehemals an einem Armreliquiar, eine Stiftung von König René und seiner Gemahlin 1471 in die Wallfahrtskirche von St.-Nicolas-de-Port, montiert, das während der Französischen Revolution eingeschmolzen wurde.
Sardonyx in drei Schichten. H 7,1 cm, B 6 cm
Nancy, Bibliothèque -Médiathèque de Nancy

Der Kameo zeigt im Vordergrund einen Adler mit ausgebreiteten Flügeln frontal auf einem Blitzbündel stehend. Den Kopf wendet er nach oben zu der männlichen Gestalt hinter ihm, die nach links gewendet sitzt. Dargestellt ist Kaiser Nero (54–68) mit Attributen des Gottes Jupiter, der mit Schuppen besetzten aegis, die schräg über der Brust liegt, einem Lorbeerkranz auf dem Haupt und einer Victoria, die über der ausgestreckten rechten Hand des Kaisers schwebt und einen weiteren Kranz emporhebt. Im linken Arm hält Nero ein mit Ranken verziertes Füllhorn, aus dem oben Früchte quellen.

Nero ist in dem Porträttypus dargestellt, der am Anfang seiner Regierungszeit auf Münzen geprägt wurde. Das Bildnis zeigt den jungen Kaiser mit einer Frisur, die in der Tradition seiner Vorgänger in der julisch-claudischen Dynastie steht. Außerdem ist der erste Bartflaum zu erkennen. Das entspricht

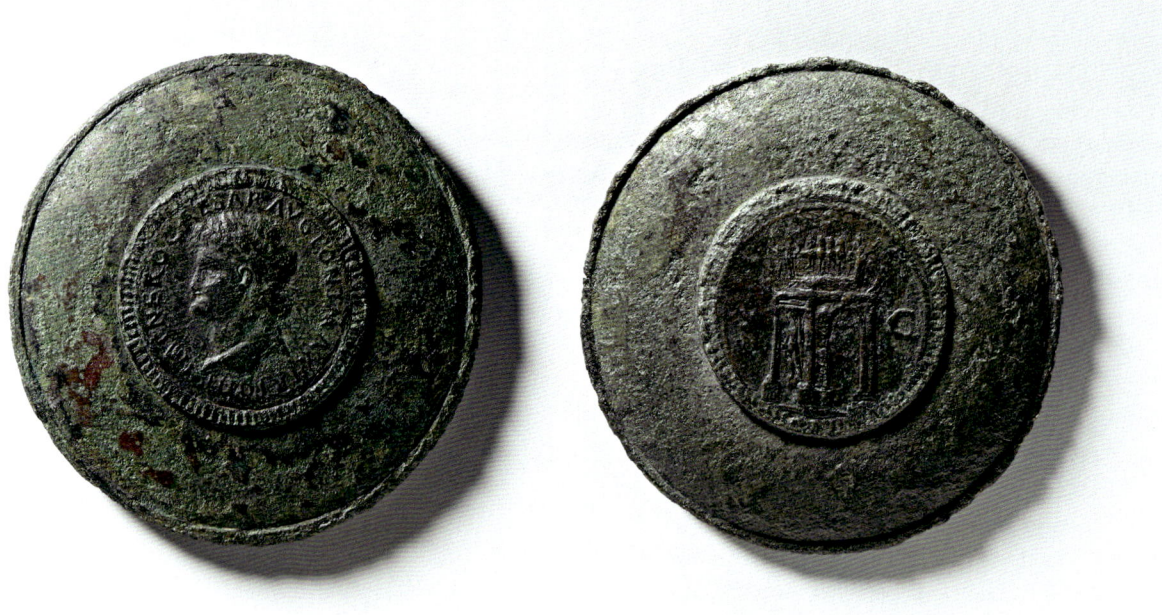

I.30

nicht der glattrasierten Mode der Zeit, soll hier aber wohl deutlich machen, dass Nero, der 54 n. Chr. im Alter von nur 17 Jahren Kaiser wurde, die nötige Reife besaß. Der Kameo entstand also in den ersten Regierungsjahren Neros, noch bevor er seine Berater entmachtete und tötete und auch seine Mutter Agrippina minor 59 n. Chr. ermorden ließ. Erst aus der Zeit danach berichten die historischen Quellen von extravaganten öffentlichen Auftritten Neros, der offenbar ernsthaft an seine übermenschliche Natur glaubte. Auch seine Porträts brechen seitdem mit der julisch-claudischen Tradition und zeigen ihn mit einer aufwendigen Frisur und verfetteten Gesichtszügen. Dieses Verhalten trug dazu bei, dass Nero 68 n. Chr. ermordet wurde und im Anschluss daran der *damnatio memoriae* verfiel: Seine Bildnisse wurden zerstört, neue Porträts oder gar Darstellungen seiner Apotheose wurden nicht mehr geschaffen. Es ist darum bemerkenswert, dass Nero schon auf dem Kameo von Nancy auf den Schwingen des Göttervogels emporgetragen zu werden scheint. In dieser Deutlichkeit war eine Angleichung des Kaisers an den obersten römischen Staatsgott Jupiter zu Lebzeiten wohl nur auf Edelsteinreliefs möglich, die für einen exklusiven Betrachterkreis geschaffen wurden. Doch ist zu bedenken, dass ein siegreicher römischer Imperator schon seit republikanischer Zeit beim Triumph im Kostüm des Jupiter Optimus Maximus auftrat. Außerdem gab es in der Regierungszeit der Vorgänger Neros bereits Statuen von Kaisern, die wie Jupiter in einem großen Mantel und mit einem Adler zu ihren Füßen dargestellt wurden. Auch auf diesem Kameo wird das Thema Sieg

und Triumph mit der Figur der Victoria und dem Lorbeerkranz des Kaisers ins Bild gesetzt. Auf die segensreichen Folgen der Sieghaftigkeit des Kaisers weist das Füllhorn hin, das für Wohlleben im Überfluss steht.

Rita Amedick

Literatur
Bergmann 1998, S. 147–170, Taf. 29,1. 2; Zwierlein-Diehl 2008, S. 173, Abb. 130.

I.30

Dosenspiegel mit Sesterz des Nero

um 66 n. Chr, Sesterz RIC I² Nr. 500 aus Lyon
Münzvorderseite mit Lorbeer geschmücktem Kopf
des Kaisers nach links, Rs. mit der Darstellung eines
Triumphbogens und S C, jeweils von breitem
Deckelteil gefasst.
Bronze, Spiegelflächen aus Weißblech.
D 7,4 cm; Spiegelflächen 6 bzw. 4 cm
Berlin, Staatliche Museen zu Berlin, Antikensammlung,
Misc. 11885.

Dieses Objekt gehört zu einer ganzen Gruppe von bisher rund 40 bekannten handlichen und kleinen sogenannten Dosenspiegeln, bei denen die zusammensteckbaren Ober- und

Unterteile der Deckel aus längs durchgesägten Münzen des Kaisers Nero (54–68 n. Chr.) hergestellt wurden. Diese sind zumeist aus Sesterzen, seltener Dupondien (4 bzw. 2 Assen) gefertigt, die in ihrer großen Mehrheit in der kaiserlichen Münzstätte Lyon (und nicht in der Hauptstadt Rom) geprägt wurden. Sämtliche verwendeten Münzen zeigen das Porträt des Kaisers im 4. Bildnistypus, der 64 n. Chr. eingeführt wurde und bis zu seinem Tode im Jahre 68 Anwendung fand, die Datierung der Münzaufschriften weist auf denselben Zeitraum. Auch die bekannten überlieferten Fundorte zeigen einen deutlichen Schwerpunkt in den Nordwestprovinzen des Reiches, allein je fünf Exemplare stammen aus Gallien und Germanien, nur zwei aus Italien.

Im Innern weist das Dosengehäuse – häufig ist die Münze in einen breiteren Zierrand gefasst – in jedem Deckelteil einen konvexen kleinen Spiegel auf. In einem Fall konnten noch Reste von Wangenrot in der Dose nachgewiesen werden, so dass hier (spätestens bei der zu vermutenden Grablegung) dieser Spiegel auch kosmetischen Zwecken diente. Literarische Quellen aus der Zeit belegen allerdings, dass solche Spiegel durchaus auch von Männern verwendet wurden.

Kennzeichnendes Merkmal dieser Gruppe ist also der Bezug zum Kaiser Nero und Lyon als zu vermutendem Herstellungsort. Auch die Münzrückseiten zeigen (als zugehöriger Teil derselben Münzen) Bezüge zur Herrschaft Neros: Neben dem durch das Berliner Exemplar belegten Triumphbogen erscheinen die Göttin Roma (als häufigster Typ), der Tempel des Ianus, Securitas, die Victoria Augusti sowie Decursio- (Umritt-) und Adlocutio-Darstellungen (Heeresansprachen). Von den bekannten Münzmotiven Neros fehlen aber bisher Belege von Dosenspiegeln für die Darstellungen des Hafens von Ostia, der Annona (Getreidespende) und des Congiarium (Geldspende), also sämtliche mit einem deutlich stadtrömischen Bezug.

Es wurde vorgeschlagen, die gesamte Gattung der neronischen Dosenspiegel (es sind nur ganz vereinzelt Exemplare mit Münzbildnissen des frühen 2. Jhs. bekannt) als ein wohl in privaten Werkstätten entstandenes Requisit zu deuten, welches der zeitgenössischen Popularität des Kaisers Nero (ganz im Gegensatz zur späteren Geschichtsschreibung und senatorischen Kritikern) Ausdruck verleiht. Als geschichtlicher Hintergrund würde sich die kaiserliche Hilfe für die Stadt Lyon anbieten, welche im Jahre 65 n. Chr. einer Feuerbrunst zum Opfer fiel. Rom selbst hatte erst ein Jahr zuvor durch den großen Brand der Stadt großen Schaden erlitten und u.a. von Lyon bedeutende Geldmittel erhalten. Nero wies im Jahr darauf nun Lyon im Gegenzug ebenfalls Hilfsgelder zu. Diese kaiserliche Unterstützung könnte deshalb der Auslöser für die Entstehung dieser Gattung sein.

Karsten Dahmen

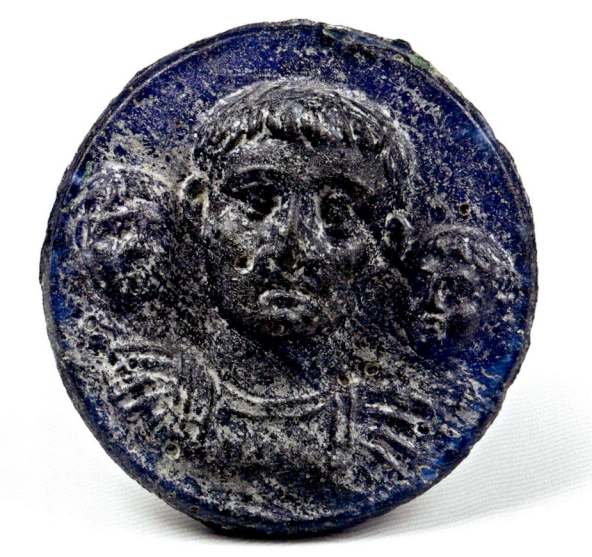

I.31

Literatur

Alföldi 1980; Dahmen 1998, S. 319–345, Nr. 4, Abb. 12; Grierson 1999; Mittag 1997; Schindel/Woytek 2011; Whitting 1973.

I.31

Reliefmedaillon mit Porträt des Tiberius

frühe Regierungszeit des Tiberius
Glas. D 4 cm
Köln, Römisch-Germanisches Museum der Stadt Köln, RGM 67.1508

Das Medaillon gehört zu einer Gruppe frühkaiserzeitlicher Glasreliefs, die Bildnisse von Angehörigen des Kaiserhauses in Frontalansicht zeigen. Sie sind aus Gussformen gewonnen und in größeren Serien produziert worden. So lassen sich mindestens zwölf weitere Exemplare zusammenstellen, die in der gleichen Form wie das Kölner Medaillon gegossen worden sind. Formal entsprechen sie den Kaiserbüsten an den Feldzeichen des römischen Heeres, doch hatten sie eine andere Funktion: Sie sind als militärische Auszeichnung verliehen und von den dekorierten Soldaten als Ausweis ihrer Treue zum Kaiser getragen worden. Mit einer einzigen Ausnahme – die die ältere Agrippina zeigt – ist die Hauptfigur dieser Medaillons stets als Panzerbüste dargestellt. Als Vorlagen dienten auch hier die offiziellen Bildnistypen, die für Statuen und Münzporträts verwendet worden sind; das ermöglicht eine sichere Benennung und damit auch eine zuverlässige Datierung. Es lassen sich mehrere Emissionen in der Regierungszeit der Kaiser Augustus, Tiberius, Caligula und Claudius unterscheiden.

Bei dem hier gezeigten Medaillon stellt die Panzerbüste Kaiser Tiberius (14–37 n. Chr.) dar, wie ein Vergleich mit großformatigen und rundplastischen Bildnissen beweisen kann. Die beiden kleineren Köpfe, die über seinen Schultern erscheinen, sind Germanicus – über der rechten Schulter des Kaisers – und Drusus minor, die als voraussichtliche Nachfolger des Tiberius die Heere in Germanien und Pannonien befehligt hatten. Diese Konstellation ergab sich aus der Nachfolgeregelung, die Augustus im Jahre 4 n. Chr. getroffen hatte. Als er damals seinen Stiefsohn Tiberius adoptierte, nahm dieser – zusätzlich zu seinem leiblichen Sohn Drusus minor – seinen Neffen Germanicus als Adoptivsohn an. Damit wurde eine Dynastie geschaffen, deren Bestand über mehrere Generationen gesichert schien.

Das Glasmedaillon zeigte den Soldaten geradezu ein Idealbild des Kaiserhauses, wie es in den ersten Regierungsjahren des Tiberius bestand: Der Kaiser steht, im Panzer eines hohen Offiziers, als beherrschende Figur im Zentrum; die beiden Prinzen, die in seinem Auftrag und unter seinen Auspizien die Heere in den Provinzen erfolgreich anführen, treten bereitwillig hinter ihn zurück und flankieren ihn einträchtig. Die Eintracht und die hierarchische Abstufung der Kaiserfamilie waren bereits in augusteischer Zeit vielfach beschworen worden, damals mit Augustus als der zentralen Figur. Die Darstellung des Medaillons hatte in den Jahren seiner Entstehung jedoch eine besondere Aktualität: Nach dem Tode des Augustus hatten die Truppen am Rhein gegen Tiberius rebelliert und Germanicus die Herrschaft angeboten; nur seine entschiedene Ablehnung hatte damals die Durchsetzung der von Augustus geplanten Nachfolgeregelung ermöglicht. Das Glasrelief, vielleicht von Germanicus in den Jahren 14–16 n. Chr. selbst an verdiente Soldaten am Rhein verteilt, verdeutlichte seine Loyalität und seine Unterstützung für den regierenden Kaiser Tiberius, aber auch die harmonische Eintracht mit Drusus minor.

Dietrich Boschung

Literatur

Boschung 1987, S. 210–213 u. 235–237, Abb. 53–54 (mit älterer Literatur); Dahmen 2001, S. 216, Mil. 32,1, Taf. 71. Zur Gattung: von Saldern 2004, S. 192–193; Schwarzer 2008.

I.32 a–b

Zwei Beschlagbleche eines Militärgürtels

ca. 30–70 n. Chr.
Ehingen-Rißtissen, Alb-Donau-Kreis,
Bronze, getriebenes Blech. L 5,5 cm, H 4 und 4,8 cm
Aalen, Archäologisches Landesmuseum Baden-Württemberg, 1959-28-73-1 und 1959-28-74-1

Die beiden Bleche wurden 1959/1960 im Donaukastell Rißtissen in einer Brandschicht gefunden, die wohl mit den Unruhen des sogenannten Vierkaiserjahres 69/70 n. Chr. nach dem Tode Kaiser Neros zusammenhängt. Das etwa zwei Hektar große Militärlager entstand um 50 n. Chr. im Zuge des Ausbaus des Donaulimes unter Kaiser Claudius (41–54 n. Chr.). Der Bau dieser durchgehenden Kastellkette entlang der Donau erfolgte dabei weitgehend durch die in Vindonissa (Windisch/Schweiz) stationierten Legionen, die auch zusammen mit Reitersoldaten und Hilfstruppen die Besatzungen der Kastelle stellten.

Die aus gepresstem Bronzeblech bestehenden Beschläge wurden mit jeweils vier Nieten auf dem Militärgürtel, dem Cingulum, befestigt. Sie zeigen zwischen profilierten Zierleisten jeweils ein durch einen Perlstab gerahmtes kreisrundes Bildfeld mit punziertem Bildgrund. Als zentrales Motiv ist auf dem einen Blech ein Kaiserportrait mit einer Priesterbinde im Haar zwischen zwei gekreuzten Füllhörnern über einem Globus dargestellt, wobei es sich wahrscheinlich um ein Bildnis des Kaisers Tiberius (14–37 n. Chr.) handelt. Auf dem anderen Blech ist die römische Wölfin mit Romulus und Remus sowie darüber ein Eber und wohl ein Löwe oder Hund zu sehen.

Beide Beschläge gehören zu einer Gruppe identischer Stücke, von denen die meisten im Legionslager Vindonissa selbst gefunden wurden. Weitere Exemplare mit dem Tiberiusportrait stammen nur noch aus dem Grab eines gallischen Reiteroffiziers in römischen Diensten in Chassenard (Allier/Frankreich). Die Lupa-Bleche streuen dagegen weiter und finden sich von der Schweiz aus in Kastellen entlang des Rheins bis nach Britannien sowie am Bodensee und entlang der Donau. Sie wurden nicht nur zur Dekoration des Militärgürtels, sondern auch zur Verzierung der am Gürtel getragenen Gladiusscheide verwendet.

Durch das Tiberiusportrait lassen sich die Bleche der von ca. 14–45 n. Chr. in Vindonissa stationierten 13. Legion zuweisen, die auf diese Weise ihre Loyalität dem Kaiser gegenüber zum Ausdruck brachte. Die Füllhörner über dem Globus symbolisieren dessen segensreiche Herrschaft über den Erdkreis. Die capitolinische Wölfin mit den Zwillingen Romulus und Remus verweist auf die damals bereits Jahrhunderte zurückliegende Gründung Roms und steht damit zugleich für die immerwährende römische Herrschaft, die durch den Kaiser und die Armee garantiert wird.

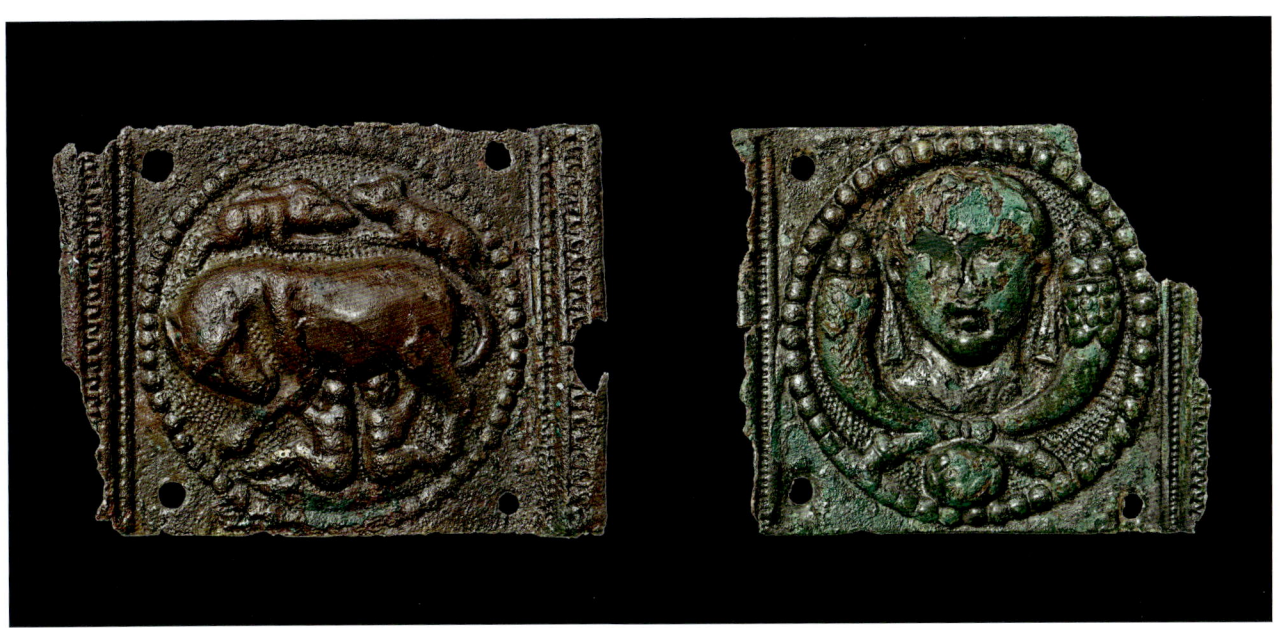

I.32 a–b

Die Gürtelbeschläge zeigen mit dem Kaiser als oberstem Priester, den Füllhörnern und der die Zwillinge säugenden Wölfin zwar hochoffizielle Bildnistypen, wie sie seit Augustus systematisch verbreitet wurden. Allerdings handelt es sich nicht um „staatlich verordnete Ausrüstungen", sondern um eine regional entstandene Waffendekoration, die dadurch aber umso deutlicher anzeigt, wie sehr die römischen Soldaten die Rolle des Kaisers als Garanten der römischen Herrschaft allgemein und damit auch ihres eigenen Wohlergehens verinnerlicht hatten.

Martin Kemkes

Literatur
Ausst.-Kat. Aalen 2009, S. 129, Abb. 170; Deschler-Erb 1999, S. 40–45; Ulbert 1970, S. 20, Taf. 1, 1.2.

I.33

Zierknopf mit Bronzekettchen und Anhänger

ca. 70–110 n. Chr.
Frankfurt-Heddernheim
Bronze. L 11,5 cm
Frankfurt am Main, Archäologisches Museum Frankfurt, α 4820

Der Zierknopf mit dem Bronzekettchen wurde 1929 in Frankfurt-Heddernheim, dem römischen Nida, gefunden. Zwischen etwa 70 und 110 n. Chr. lagen hier im rechtsrheinischen Vorfeld des Legionslagers Mainz in mehreren Kastellen verschiedene Hilfstruppeneinheiten (vgl. Kat.-Nr. I.34). Der Zierknopf, das daran montierte Bronzekettchen sowie der in der Öse des Knopfes befestigte Anhänger gehörten zur Ausrüstung eines Infanteriesoldaten. Sie dienten zusammen mit mehreren anderen als Anhänger des Militärgürtels, die zusammen als eine Art Hängeschurz eine, wenn auch eher symbolische, Schutzfunktion für den Unterleib des Soldaten übernehmen sollten. Anstelle von Bronzekettchen wurden auch dünne Lederriemen mit bronzenen Ziernieten oder Knöpfen am Gürtel befestigt.

Von solchen Knöpfen mit Reliefverzierung konnten bisher in Britannien sowie vor allem entlang der Rhein- und Donaugrenze über 250 Exemplare nachgewiesen werden. Der Verbreitungsschwerpunkt liegt im nördlichen Obergermanien und in Raetien. Die große Mehrzahl zeigt einen männlichen Kopf im Profil in bescheidener Qualität. Anhand der angedeuteten Kränze und Binden lassen sich die meisten Darstellungen als Kaiserportraits deuten, wobei die flavischen Kaiser Vespasian (69–79 n. Chr.) oder Titus (79–81 n. Chr.) manchmal eindeutig zu identifizieren sind. Diese Datierung korrespondiert mit der Verbreitung der Knöpfe, von denen viele an Kastellplätzen zu Tage kamen, die ab den 70er Jahren des 1. Jahrhundert n. Chr. besetzt waren.

Vergleichbare Profilportraits des regierenden Prinzeps erscheinen als Waffendekorationen erstmals unter Augustus (27 v. Chr. – 14 n. Chr.) nach dem Vorbild zeitgleicher Münzprägungen. Sie zeigen den Kaiser manchmal als obersten Priester (*pontifex maximus*), symbolisiert durch einen Priesterstab

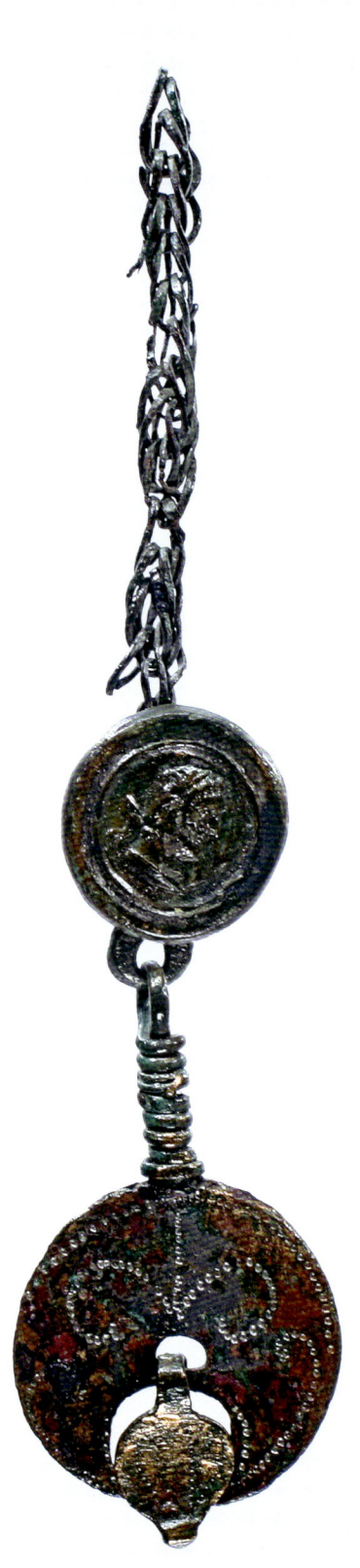

I.33

(*lituus*) oder eine Opferkanne. Ähnliche Portraits in Medaillonform finden sich während der folgenden Jahrzehnte auf Gladiusscheiden wie auch auf Helmen (vgl. Kat.-Nr. I.34). Sind die augusteischen Exemplare in der Regel noch recht qualitätsvoll, so werden die Bildnisse seiner Nachfolger immer schematischer. Dennoch sollten sie alle die Loyalität der Soldaten gegenüber ihrem obersten Heerführer bekräftigen und seine entscheidende Rolle als Patron ihrer Person wie des ganzen Römischen Reiches untermauern.

Das Exemplar aus Frankfurt zeigt in einem Profilrahmen einen Kopf nach rechts mit Kranz und Binde im Haar. Vor dem Gesicht ist noch eine Art Palmzweig zu erkennen, wodurch dieser Bildnistyp an Darstellungen von Wettkampfsiegern erinnert. Direkte Parallelstücke stammen aus London und Malton in England sowie aus dem raetischen Kastell Gnotzheim (Landkreis Weißenburg-Gunzenhausen). Eine eindeutige Zuweisung zu einem bestimmten Kaiser des späten 1. oder frühen 2. Jahrhundert n. Chr., also von Vespasian bis Trajan (98–117 n. Chr.), ist nicht möglich.

Martin Kemkes

Literatur

Ausst.-Kat. Aalen 2009, S. 128, Abb. 169; Kohlert-Németh 1988, S. 71, Nr. 40; Ulbert 1971, S. 278–297.

I.34

Wangenklappe eines Reiterhelmes

ca. 50–70 n. Chr.
Frankfurt-Heddernheim
Eisen mit getriebenem Bronzeblech. H 18 cm B 13 cm
Frankfurt am Main, Archäologisches Museum Frankfurt,
α 23342

Die Wangenklappe wurde 1965 in Frankfurt-Heddernheim, dem römischen Nida, gefunden. Der Ort war zwischen etwa 70 und 110 n. Chr. einer der wichtigsten römischen Militärstützpunkte rechts des Rheins. Als Besatzung sind zwei Kohorten sowie eine 500 Mann starke Reitereinheit, die Ala I Flavia Gemina, überliefert.

Die Wangenklappe gehörte ursprünglich zu einem Reiterhelm. Plastisch aus dem Bronzeblech herausgearbeitet sind die Ohrmuschel und die von einem Perlstab gerahmte Schulterbüste eines jungen Mannes im Profil. Er trägt ein Gewand, um den Hals einen Torques und auf dem Kopf einen Lorbeerkranz. Der Torques, ein gedrehter Halsring, wurde über viele Jahrhunderte von den Kelten als besondere Auszeichnung getragen. In dieser Tradition verlieh auch die römische Armee solche Hals-

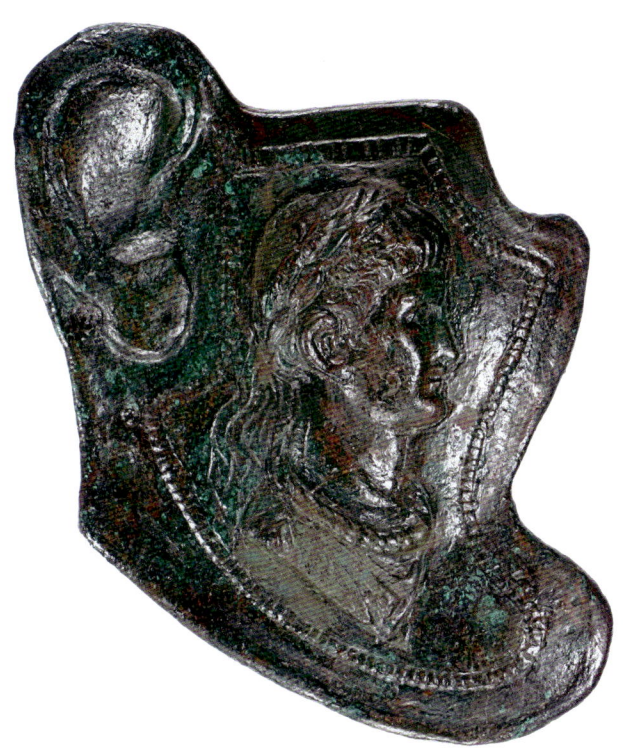

I.34

Die wenig glückliche Regierungszeit des Kaisers endete mit seiner Erklärung zum Staatsfeind (*hostis*) durch den Senat und seinem Selbstmord im Juni 68 n. Chr. Seine Nachfolger verhängten über ihn die sogenannte *damnatio memoriae*. Damit sollte sein Andenken aus dem Gedächtnis der Nachwelt gestrichen werden, was *de facto* zur Zerstörung der Bildnisse und der Tilgung des Namens aus den offiziellen Inschriften im ganzen Reich führte.

Da der ursprüngliche Reiterhelm frühestens um 70 n. Chr., also nach dem Tod Neros, in das erst dann von den Römern besetzte rechtsrheinische Gebiet gelangt sein kann, wird die Wangenklappe wohl im Zuge der Konsolidierungsmaßnahmen der Rheingrenze unter dem neuen Kaiser Vespasian (69–79 n. Chr.) und der Einschwörung der Truppen auf den neuen Herrscher entsorgt worden sein.

Martin Kemkes

Literatur

Ausst.-Kat. Aalen 2009, S. 130, Abb. 171; Fischer 1969/1970, S. 220; Künzl 2008, S. 67–92, Abb. 113, 114 u. 118.

ringe als Orden (*donum militare*) für besondere Verdienste an einzelne Soldaten, wie auch an ganze Einheiten. Zusammen mit dem Lorbeerkranz, der bei Triumphzügen getragen wurde, steht er für den immerwährenden römischen Sieg und charakterisiert den Dargestellten als Garanten dieser von den Römern geschaffenen Ordnung.

Das Bildnis des jungen Mannes steht in der Tradition der zahlreichen Kaiser- und Feldherrndarstellungen auf Waffen der julisch-claudischen Zeit (vgl. Kat.-Nr. I.32 a–b). Diese stellten nicht allein den regierenden Kaiser dar, sondern wurden auch immer wieder dazu genutzt, die potentiellen Nachfolger vorzustellen und bei den Soldaten bekannt zu machen. In diesem Sinne wird auch das qualitätsvolle Portrait auf der Wangenklappe als Bildnis des jungen Neros interpretiert.

Der im Jahre 37 n. Chr. als Lucius Domitius Ahenobarbus geborene spätere Kaiser Nero wurde als Enkel des von den Rheinarmeen besonders verehrten Feldherrn Germanicus (15 v.–19 n. Chr.) von seinem Stiefvater und Vorgänger Claudius (41–54 n. Chr.) am 25. Februar des Jahres 50 n. Chr. adoptiert und bereits ein Jahr zuvor mit dessen Tochter Octavia verlobt. Damit war er offiziell als Nachfolger des Claudius eingeführt. Die Wangenklappe bzw. der zugehörige Helm wird wahrscheinlich zu diesem Anlass entstanden sein, womit der Auftraggeber als Soldat des obergermanischen Heeres seine Loyalität mit dem julisch-claudischen Kaiserhaus zum Ausdruck bringen wollte.

I.35 a–b

Silberscheibe (phalera) und Kohortentäfelchen

Silberscheibe (phalera) und Kohortentäfelchen
1./3. Jahrhundert. n. Chr.
Niederbieber, Kreis Neuwied
a) Reliefscheibe: Silber, teilweise vergoldet. D 19 cm
b) Kohortentäfelchen: Silberblech. H 6,5 cm, B 16,5 cm
Bonn, LVR-LandesMuseum, 77.131 und D 997

Jeder Truppenteil der römischen Armee besaß eigene Feldzeichen (*signa*), die den Soldaten im Kampf als Orientierungshilfe dienten. Sie bestanden in der Regel aus einer Lanze oder Stange mit einem markant gestalteten Aufsatz, darunter einem Querholz, an dem die Kohortentafel mit Namen und Nummer der Einheit angebracht war sowie einer oder mehreren Schmuckscheiben. Sonderformen waren die Feldzeichen auf der Legionsebene mit dem Legionsadler, dem Bildnis des Kaisers (*imago*) oder einem Wappentier auf der Spitze. Die Feldzeichen wurden bei Bedarf vermutlich repariert, ergänzt und überarbeitet, innerhalb des Lagers im Fahnenheiligtum aufbewahrt und kultisch verehrt. Nur sehr wenige originale Feldzeichenreste sind noch erhalten, darunter jene aus Niederbieber, die einzigen *in situ* entdeckten.

Während in das schmale rechteckige Silberblech der Kohortenname COH V […] getrieben ist, der zur 7. berittenen Räterkohorte aus dem Niederbieber benachbarten Kastell Niederberg gehörte, zeigt die größere schildartige Scheibe einen

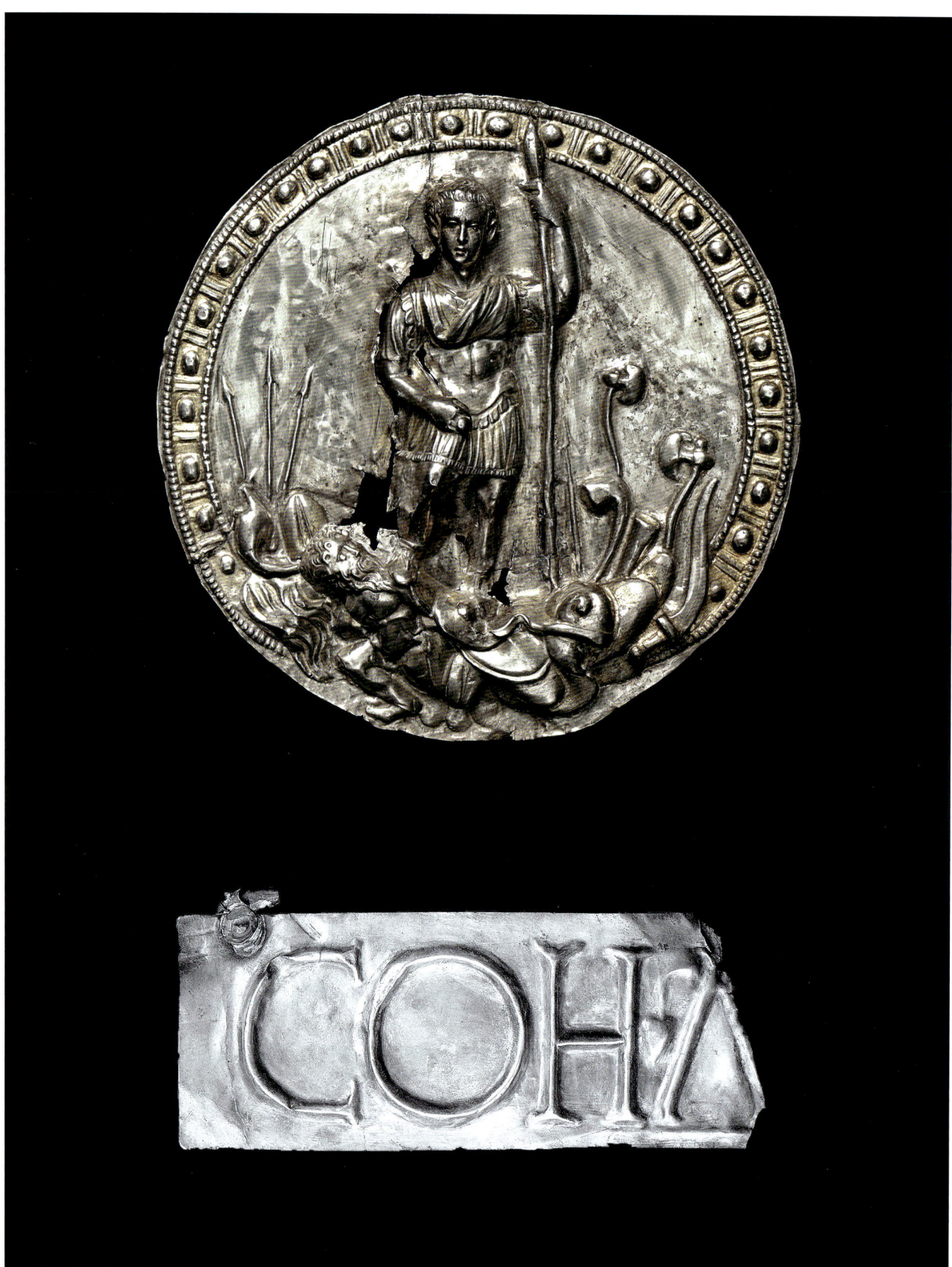

Kaiser in einem beliebten Darstellungstypus: als gepanzerter Feldherr mit umgelegtem Feldherrnmantel, Schwert unter dem Arm und auf seine Lanze gestützt. Er steht auf einem Berg erbeuteter Waffen und triumphiert über die besiegten Gegner, von denen einer, am Boden zusammengekauert, aus dem Waffenberg hervorlugt und zu ihm emporschaut. An seiner Nacktheit und dem langen Bart ist er als Nicht-Römer erkennbar. Während ein breiter Schmuckfries das Bild im oberen Teil umfasst, rahmen den Kaiser unten der Schild- und Menschenberg, seitlich die hochstehenden gegnerischen Lanzen, Krummschwerter, Streitäxte und Signalhörner. Die Scheibe war ursprünglich an einer Art bronzenen Manschette montiert, die zur Befestigung der Scheibe an der Stange diente.

Schwierig ist die Benennung des Dargestellten, wobei beispielsweise sowohl Kaiser des frühen 1. Jahrhunderts (vor allem Tiberius und Caligula) als auch Galliens Sohn Saloninus, der kurz vor dem Untergang des Kastells Feldherr und Statthalter des Kaisers in Niedergermanien war, als Möglichkeiten genannt wurden. Im Fall einer Frühdatierung wäre ein über zweihundert Jahre altes Bildnis eines *princeps* der frühen römischen Kaiserzeit an einem *signum* des mittleren 3. Jahrhunderts zum Einsatz gekommen, ein Zeichen für die Verbundenheit des Heeres mit seinen Kaisern, den lebenden wie den bereits verstorbenen.

Die Signumteile kamen in den *principia*, im Raum östlich des Fahnenheiligtums des 259/260 zerstörten Lagers zum Vorschein, nicht weit entfernt vom Skelett eines gefallenen Soldaten, möglicherweise des Fahnenträgers. Die Ausgräber berichten, dass bei der Auffindung der Scheibe noch eine eiserne gegnerische Lanzenspitze darin steckte.

Claudia Klages

Literatur

Ausst.-Kat. Berlin 1988, Nr. 390 (Ernst Künzel); Ausst.-Kat. Haltern am See u.a. 2009, Nr. 7.32; Heimberg 1999; Künzl 2008, S. 28–29 (mit Rekonstruktionszeichnung); von Prittwitz und Gaffron 2007, hier bes. S. 131; Töpfer 2011, S. 71–72 u. 418–420, AR 1.1–1.3, Taf. 140.

I.36

Augusteisches Schwertscheidenblech

Ende 1. Jahrhundert v. Chr.
Bonn, Heisterbacherhofstraße
Bronzeblech, versilbert, aus zwei anpassenden Fragmenten zusammengesetzt.
H 6,1 cm, B 8,7 cm
Bonn, LVR-LandesMuseum, 4320

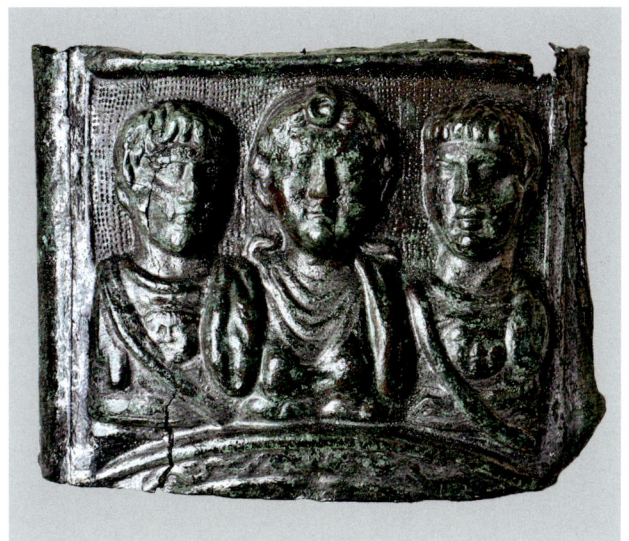

I.36

Das rechteckige, auf der Vorderseite versilberte Bronzeblech war ursprünglich als Zierbeschlag auf der Scheide eines Kurzschwertes vom Typus Mainz angebracht. Vermutlich war es das Mundblech, d.h. der Beschlag, der auf der Vorderseite unmittelbar unterhalb der Öffnung der Schwertscheide saß. Verziert ist das Blech mit einem getriebenen Relief. Dieses zeigt über einem Bogen die Büsten von drei Personen vor einem punktierten Hintergrund: Links und rechts zwei junge Offiziere in Brustpanzern mit Medusenhaupt und Soldatenmänteln über den Schultern, zwischen ihnen eine Frau. Sie trägt eine Frisur mit einem auffälligen Haarbausch auf der Stirn. Während die idealisierten Gesichtszüge aller drei Personen und die Frisuren der Männer nichts über die Identität der Dargestellten verraten, gibt die spezielle Haartracht der Frau einen deutlichen Hinweis darauf. Ein solcher Stirnbausch ist charakteristisch für Livia Drusilla, die dritte Ehefrau des Kaisers Augustus, aber auch für dessen einzige Tochter Julia. Beide Frauen hatten jeweils zwei Söhne, die in den Offizieren zu sehen sein könnten, welche die Frau auf dem Blech flankieren. Handelt es sich um Livia, sind es ihre Söhne Tiberius und Drusus, ist Julia gemeint, ist sie wohl mit ihren Söhnen Lucius und Gaius abgebildet. Leider lässt sich nicht eindeutig entscheiden, welche der beiden Frauen auf dem Blech dargestellt ist. In beiden Fällen jedoch handelt es sich um Angehörige der Familie des Augustus, deren dynastischer Fortbestand propagiert werden sollte.

Entstanden ist das Blech vermutlich in einem der beiden letzten Jahrzehnte vor der Zeitenwende, denn eine Darstellung der Livia mit Tiberius und Drusus hätte wohl mit dem Tod des Drusus im Jahre 9 v. Chr. ihre Aktualität verloren. Ebenso wäre der Schwertschmuck spätestens nach Julias Verbannung im Jahre

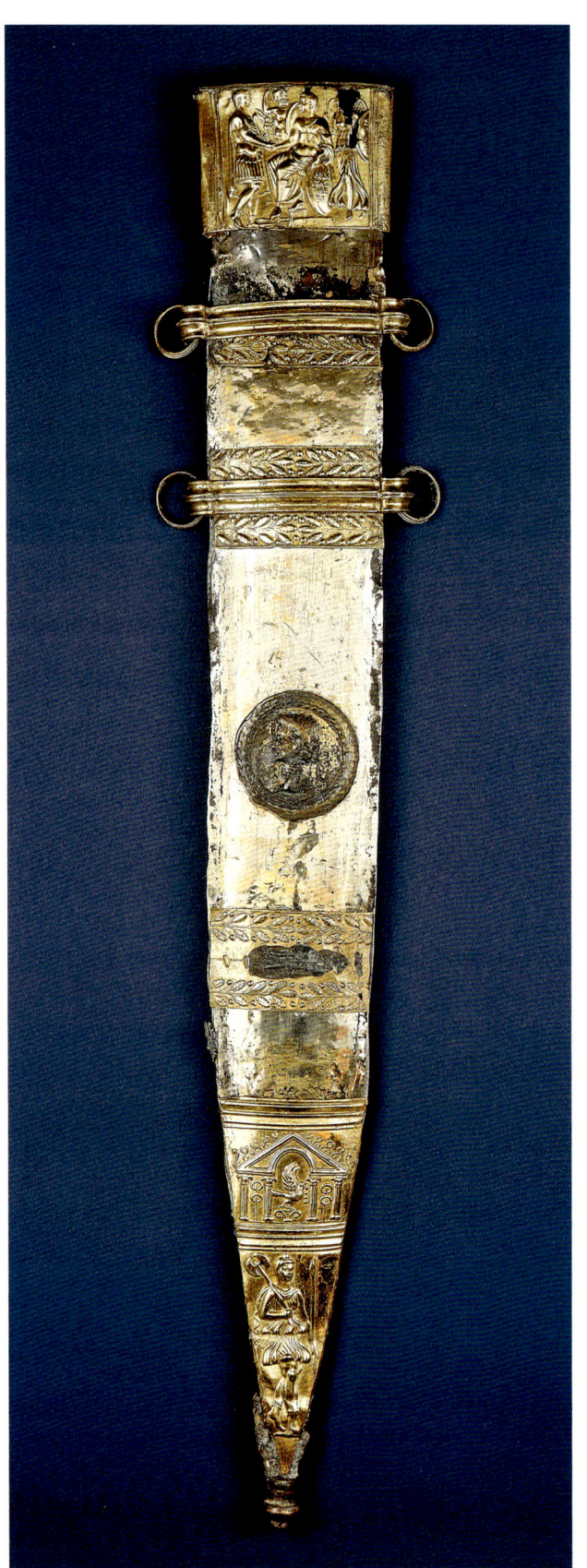

I.37

2 v. Chr. unpassend gewesen, sollte sie die abgebildete Frau sein.

Eine gepunzte Besitzerinschrift auf der Rückseite des Blechs verrät, dass es einem gewissen Valerius gehört hat. Aufgrund der gehobenen Qualität des Schwertscheidenbeschlages und des zugehörigen Schwerttyps ist anzunehmen, dass er als Offizier mit einer der ersten römischen Truppen nach Bonn kam, die hier stationiert waren. Mit der Schwertscheidendekoration wollte er vermutlich seine Loyalität zur Herrscherfamilie unterstreichen. Neben den Angehörigen des Augustus war daher sicherlich auch der Kaiser selbst auf einem anderen Zierblech der Schwertscheide zu sehen.

Jennifer Komp

Literatur
Künzl 2008, S. 72–73; Miks 2007, S. 242–243.

I.37

Der Kaiser auf einer Schwertscheide (sogenanntes Schwert des Tiberius)

ca. 16–19 n. Chr.
1848 beim Bau der Hessischen Ludwigsbahn
in der Nähe des Winterhafens in Mainz gefunden
(Klumbach 1970, S. 123–129, Abb. 1)
Scheidenkern ursprünglich aus Holz, mit Blechen aus
verzinntem Kupfer (Frontplatte) und Bronze ummantelt,
darauf Beschläge aus Kupfer und Messing.
L 58,5 cm, B 8,7 cm
London, The British Museum, GRA 1866,0806.1

Die Schwertscheide ist am Mundblech aus Messing (oben), in der Mitte durch ein Bildnismedaillon aus Kupfer und am Scheidenschuh aus Messing (unten) figürlich dekoriert. Die Hauptperson des Mundblechs ist ein Feldherr mit Hüftmantel und nacktem Oberkörper. Er sitzt auf einem erhöht platzierten Thron mit Fußbank, dessen linke Lehne in eine Tierprotome mündet. Ein separater Fußschemel (?) stützt den rechten Fuß. Sein linker Arm ruht auf einem Schild mit der Inschrift FELICITAS TIBERI(i). Seine Bedeutung ist durch eine eigene Basis verstärkt. Der Thronende streckt seine Rechte einem vor ihm stehenden Krieger entgegen, der Tunika, Muskelpanzer, Feldherrnmantel und halbhohe Schuhe trägt. Der Stehende überreicht dem Thronenden eine kleine, ihm zugewandte Victoria, die in der vorgestreckten Rechten einen Kranz hält. Zwischen beiden steht im Hintergrund ein bärtiger Krieger, vollgerüstet mit Helm, Lanze, Muskelpanzer und Schild. Hinter dem Thronenden schwebt eine große Siegesgöttin mit Lanze heran.

Die Inschrift auf ihrem stark beschnittenen Schild erweist sie als VIC(toria) AVG (Augusta oder Augusti). Auf der Mitte der Scheide ist ein lorbeergefasstes Rundmedaillon befestigt. Es zeigt ein (stark verriebenes) Bildnis mit Lorbeerkranz im Profil nach links. Zwei Bildfelder zieren den Scheidenschuh. Das obere zeigt einen viersäuligen Tempel, dessen Giebel ein Rundbogen sprengt. Seine Dachschrägen schmücken lyraförmige Ornamente. In der Mitte steht auf einem Untersatz ein Adler mit hochgespreizten Schwingen. Er hält ein Perlendiadem im Schnabel. Zwischen den zwei seitlichen Säulenpaaren stehen hohe Stäbe, an denen rundliche, unten teilweise offene Abzeichen befestigt sind. Im unteren Bildfeld tänzelt eine große amazonenhafte Figur, die mit Lanze und Doppelaxt bewaffnet ist. Drei doppelte Reliefbänder mit Eichenlaub laufen horizontal um die Scheide, zwei davon betonen das durch sie gerahmte Bildnismedaillon in der Mitte. Die Besitzerinschrift AVRELI(i) auf der Rückseite des Mundblechs belegt den Einsatz der Scheide und seines (nicht ausgestellten) Eisenschwerts im militärischen Alltag.

Die Deutung der Krieger auf dem Mundblech ist umstritten. Unstrittig sind zwei Punkte. Zum einen, dass ein Feldherr einem in Jupiterpose thronenden Kaiser, der eine Victoria in der Hand hält, einen Sieg überbringt. Zum anderen, dass Augustus in dem Bildnis des Rundmedaillons dargestellt ist. Dazu passt, dass die Frisuren der Krieger, ihre Körpermodellierung und der Faltenstil des Thronenden und der Victoria eine Datierung der Scheide in die Jahrzehnte um Christi Geburt nahelegen. Die Gesichtszüge der Krieger erlauben keine eindeutige Identifizierung. Ausschlaggebend für die Deutung des Thronenden ist die plakative Inschrift auf seinem Schild: es ist der Kaiser Tiberius Julius Caesar Augustus (14–37 n. Chr.), der auch sonst mit Felicitas verbunden worden ist. Der anonym auftretende Feldherr ihm gegenüber ist aus historischen Gründen am ehesten sein Neffe und Adoptivsohn Nero Claudius Germanicus, der 19 n. Chr. in Antiochia am Orontes starb. Angespielt wird hier wohl auf seine Feldzüge in Germanien 15 und 16 n. Chr., für die er ein Jahr später den Triumph feierte. Dabei konnte er zwei der drei in der Varusschlacht verlorenen römischen Legionsadler wieder zurückgewinnen. Tacitus (Annales 2,22) berichtet, dass die siegreichen Truppen des Tiberius 16 v. Chr. einen Waffenhaufen für Mars, Jupiter und Augustus errichtet haben. Alle drei sind auf der Schwertscheide präsent, wobei Tiberius selbst die Jupiterrolle zugewiesen bekommt. Das Bild weist, zumal im Verein mit Felicitas, Mars und Victoria, auf die tragende Bedeutung des Kaiserkults im römischen Militär hin. Signifikant ist der für Mars neue Vollbart. Er trägt ihn als politischer Vater- und Rächergott der Feinde Roms seit Augustus. Als Mars Ultor wurde er auf dem 2 v. Chr. eingeweihten Augustusforum in Rom verehrt. Auf Sieg und Kaiserkult sind auch die Darstellungen der unteren zwei Bildfelder bezogen.

Die Tempelfassade mit dem Legionsadler in der Mitte und den rahmenden Feldzeichen zwischen den Säulen kann nur das Fahnenheiligtum (*principia*) eines Militärlagers bezeichnen. Die lyraförmigen Dachbekrönungen sind ein typisches Merkmal der Mainzer Provinzialkunst dieser Zeit. Die amazonenhafte Figur mit der Doppelaxt darunter personifiziert vielleicht gallische Völker, die bereits unter Augustus von Drusus besiegt worden sind. Eng mit dem Kaiser ist schließlich das Eichenlaub verbunden, vor allem durch den zur Kaiserinsigne aufsteigenden Eichenkranz (*corona civica*). Der Träger der Schwertscheide, der bereits genannte Aurelius, kann ein Soldat bis zum Rang eines Centurio gewesen sein. Er bezeugt, wie verbreitet selbst anspruchsvolle Entwürfe der kaiserlichen Ikonographie bis in untere Bevölkerungsgruppen gewesen sind und welche Rolle Angehörige römischer Truppen dabei gespielt haben. Es waren solche Bilder, die den Kaiser allgegenwärtig und unausweichlich machten.

Rolf Michael Schneider und Dirk Booms

Quellen
CIL XIII, 6796

Literatur
Ausst.-Kat. Berlin 1988, Nr. 383 mit Abb. (Ernst Künzl); Ausst.-Kat. Haltern am See u.a. 2009, Nr. 7.33 mit Abb. (Paul Roberts); Gagé 1930, hier S. 8–23 mit Abb.; Hölscher 1967, S. 112–115, Taf. 15,1; Klein 2003, hier S. 43–44, Abb. 1; Klumbach 1970; Künzl 2008, S. 73–75, Abb. 99–102; Lersch 1849, S. 6–28; Lippold 1952, mit Abb.; Walters 1899, S. 157, Nr. 867.

I.38

Adlerkopfschwert einer Kaiserstatue

1. Hälfte 3. Jahrhundert
Gefunden in Murrhardt.
Bronze, in zwei Teilen gegossen. L 63 cm
Murrhardt, Carl-Schweizer-Museum

Das Bronzeschwert wurde 1954 im Vicus des von ca. 160–260 n. Chr. besetzten Limeskastells Murrhardt, Rems-Murr-Kreis, gefunden. Der vollplastische Griff entwickelt sich aus zwei Voluten, aus deren Schnittpunkt sich ein erst acht-, dann sechsteiliger Blätterkelch erhebt. Aus diesem steigt dann der Adlerkopf mit gefiedertem Kopf und gekrümmtem Schnabel empor. Die flache, nur wenig differenzierte Schwertscheide wurde separat gegossen und am Griff montiert. Das Adlerkopfschwert gehörte zur Panzerstatue eines römischen Kaisers, wobei das Schwert wohl mit dem Griff nach vorn in der angewinkelten Armbeuge

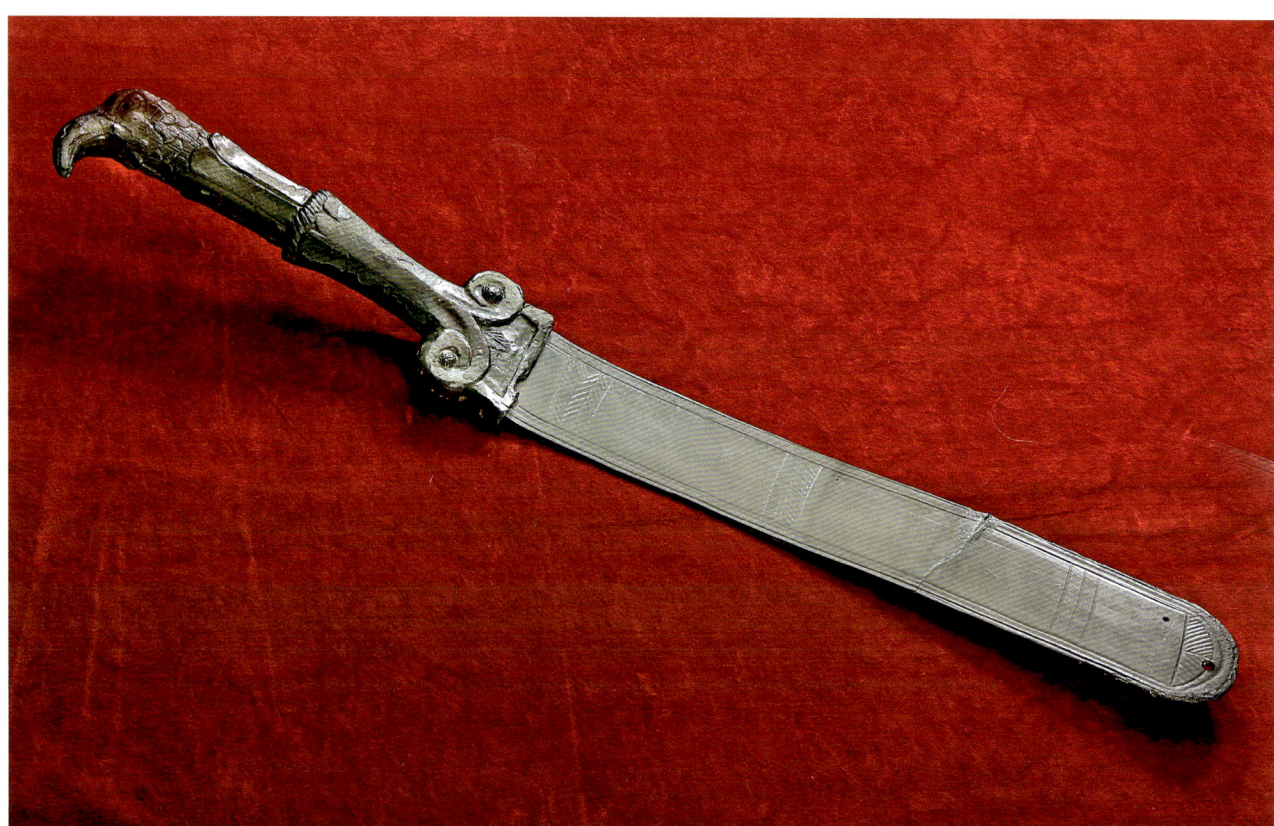

I.38

lag. Der Großteil der wenig differenziert gestalteten Scheide wurde durch den über die linke Schulter herabfallenden Mantel verdeckt. Der Griff gehörte vielleicht zu einer überlebensgroßen bronzenen Statue des Kaisers Severus Alexander (222–235 n. Chr.), deren Sockel mit zugehöriger Inschrift bereits 1885 im Stabsgebäude des Kastells Murrhardt gefunden wurde. Der Adler als Wappentier Jupiters symbolisierte die Rolle des Kaisers als Stellvertreter des höchsten römischen Gottes und weltlichen Garanten der von den Göttern gewollten Weltordnung. Reste solcher bronzenen Kaiserstatuen wurden in beinahe jedem Kastell entlang des Limes entdeckt. Sie dienten als Ehrenstatuen der Einheiten für den jeweiligen Kaiser und sollten die Loyalität und Treue der Armee gegenüber ihrem Oberbefehlshaber bekunden. Eine spezifische Funktion als Kultstatue im Rahmen des Kaiserkultes besaßen sie dagegen nicht. Die Aufstellung erfolgte auch nicht auf Veranlassung des Kaisers, sondern war eine freiwillige Ehrung durch die jeweilige Truppe und wurde von den Kommandeuren koordiniert. Zur Finanzierung wurden alle Soldaten herangezogen, entweder in Form gezielter Sammlungen oder durch vorherige Abzüge vom Sold. Diese

Kaiserstatuen auf dem Lagerforum in den Stabsgebäuden entsprachen damit den auch in Rom oder in den Provinzstädten von der Bevölkerung gestifteten Kaiserbildnissen. Wie die Kaiserdarstellungen auf Waffen, stehen solche Ehrenstatuen für das komplexe wechselseitige Abhängigkeitsverhältnis zwischen dem Kaiser und seinen Soldaten. Nach dem Spektrum der bisher bekannten Bronzefragmente und Statuenbasen vom Limes, wurden nicht für alle Kaiser systematisch solche Ehrenstatuen aufgestellt. Als mögliche Anlässe kamen neben den jährlichen Festtagen, wie der Erneuerung des Treueides auf den Kaiser am 3. Januar, vor allem auch die persönliche Anwesenheit des Kaisers in der Provinz in Frage. Für die Provinzen Obergermanien und Raetien sind solche Besuche für Hadrian (121–122 n. Chr.), Caracalla (213 n. Chr.) und eben für Severus Alexander (234–235 n. Chr.) überliefert.

Martin Kemkes

Literatur

Ausst.-Kat. Aalen 2009, S. 135–148, Abb. 189; Paret 1952–1954; Stoll 1992, S. 400–405.

I.39

Sitzstatue eines römischen Kaisers mit nicht zugehörigem Porträtkopf des Trajan

Rom, Statue: Mitte 1. Jahrhundert n. Chr.; Gesicht:
Anfang 2. Jahrhundert n. Chr.
Marmor. Statue: H 195,8 cm, B 81 cm, T 111,5 cm
Berlin, Staatliche Museen zu Berlin, Antikensammlung,
SK 354

Die bereits antik auf Höhe der Leiste zusammengesetzte Statue ist vielfach modern in Marmor ergänzt und mit einem nicht zugehörigen Porträt des Kaisers Trajan versehen. Von diesem ist nur das Gesicht antik. Der restliche Kopf mit Kranz, die Nase, Teile der Lippen und der Ohren ist ergänzt. Ebenfalls modern ist die linke Schmalseite des Oberkörpers, der linke Arm mit Teilen des Schulterbausches, der rechte Unterarm mit Hand und Teilen des Gewandes. Nachantik ist ferner der linke Oberschenkel mit Gewand, der linke Unterschenkel mit Fuß, der rechte Fuß, sowie der Thron, der Schemel und die gesamte Basis.

Dargestellt ist ein römischer Kaiser im Schema des thronenden Jupiters. Der Herrscher ist halbnackt mit um die Hüften geschlungenem Mantel, der über den Rücken geführt ist und auf der Schulter einen Bausch bildet. Der Mantel bedeckt den Unterkörper und die Beine, lässt aber das linke Knie mit dem Unterschenkel frei. Der linke Arm war ursprünglich angewinkelt erhoben und hielt ein Zepter. Der rechte Arm lag wie heute auf dem Oberschenkel auf. Der Kopf war wohl ehemals leicht gesenkt nach links gewandt. Aufgrund stilistischer Merkmale ist der Statuenkörper um die Mitte des 1. Jahrhunderts n. Chr. zu datieren (wohl claudisch).

Das Motiv des thronenden Kaisers ist seit der Zeit des Augustus in mehrfacher, auch variierender Überlieferung bekannt. Die Statue des römischen Herrschers wird hier in Körperhaltung und Gewanddrapierung an die Kultstatue des Jupiter Capitolinus angeglichen, die sich seit spätrepublikanischer Zeit im Tempel auf dem Kapitolshügel in Rom befand. Der Kaiser gilt somit als irdischer Stellvertreter des höchsten römischen Gottes.

Das ursprünglich nicht zur Statue gehörige Gesicht kann als gesichertes Porträt des Kaisers Trajan (98–117 n. Chr.) gelten. Dargestellt ist der Kaiser im IV. Bildnistypus, dem sogenannten Dezennalientypus. Dieser ist mit 35 Repliken der am meisten verbreitete Bildnistypus Trajans. Er soll zum 10-jährigen Regierungsjubiläum des Kaisers kreiert worden sein. Das Porträt zeigt den Kaiser im mittleren Alter mit glattem, nahezu faltenlosem Gesicht. Es zeichnet sich durch locker bewegte Stirnhaare aus, die nach links gestrichen sind und an den Schläfen durch gegenläufige Lockensicheln über dem Ohr begrenzt werden.

Die Statue stammt aus der im letzten Drittel des 16. Jahrhunderts angelegten Sammlung Mattei in Rom. Sie unterlag mehr-

fachen materiellen Veränderungen. Erstmals nachgewiesen ist eine Restaurierung um 1770 in Rom, bei der die Figur mit einem antiken Porträt wohl des Kaisers Augustus versehen wurde. Eine erneute Restaurierung erfolgte kurz vor ihrem Verkauf nach Preußen, im Zuge derer sie die Gesichtsmaske des Kaisers Trajan sowie die anderen der heute noch bestehenden Ergänzungen erhielt. Friedrich Wilhelm von Erdmannsdorff erwarb die Statue schließlich im August 1790 für König Friedrich Wilhelm II. bei dem Kunsthändler Thomas Jenkins in Rom. Anschließend war sie im Vestibül von Schloss Sanssouci in Potsdam ausgestellt, ab 1830 dann im Alten Museum in Berlin. Für die aktuelle Präsentation in Magdeburg unterzog man die Sitzstatue erneut einer grundlegenden Restaurierung mit bildhauerischer Neuanfertigung der Nase und der Finger der rechten Hand.

Astrid Fendt

Literatur

Gross 1940, S. 128, Nr. 33, Taf. 13b; Hüneke u. a. 2009, S. 471 f., Nr. 313 mit Abb. (Sepp-Gustav Gröschel); Knittelmayer/Heilmeyer 1998, S. 83, Nr. 10 mit Abb. (Huberta Heres); Maderna 1988, S. 177 f., Nr. JT 23, Taf. 7, 3. Zum Statuentypus: Niemeyer 1968, S. 59 f.; Maderna 1988, S. 24–32. Zum Jupiter Capitolinus: Martin 1987, S. 131–144.

I.40

Porträt des Antoninus Pius

150–160 n. Chr.
Vor 1701 vom brandenburgischen Kurfürst Friedrich III.
vermutlich aus Rom für das Antikenkabinett im Berliner
Schloss erworben; zwischen 1723 und 1726 von Friedrich
Wilhelm I. an August den Starken verschenkt.
Marmor. H 35,5 cm, H Kinn–Scheitel 29 cm
Dresden, Staatliche Kunstsammlungen Dresden,
Skulpturensammlung, Hm 385.

Das Bildnis stellt den römischen Kaiser Antoninus Pius (138–161 n. Chr.) dar. Es ist eine Wiederholung des Haupttypus (Formia-Croce Greca 595) dieses mit 51 Jahren durch Adoption an die Herrschaft gelangten Senators T. Aelius Hadrianus Antoninus, der seit ca. 110 n. Chr. mit Annia Galeria Faustina verheiratet war (vgl. Kat.-Nr. I.42). Münzbildnisse und das Reliefbildnis auf der Basis der Antoninus-Pius-Säule sichern die Identifizierung. Es sind etwa 120 Bildnisse des Kaisers erhalten.

Der Prinzeps ließ sich in seinen offiziellen Bildnissen als reifer Mann mit gepflegter Haar- und Barttracht und ruhigen, ausgeglichenen Zügen darstellen und übernahm damit die von seinem Vorgänger und Adoptivvater Hadrian begründete unpathetische und ‚bürgerliche' Porträtauffassung. Für das eben-

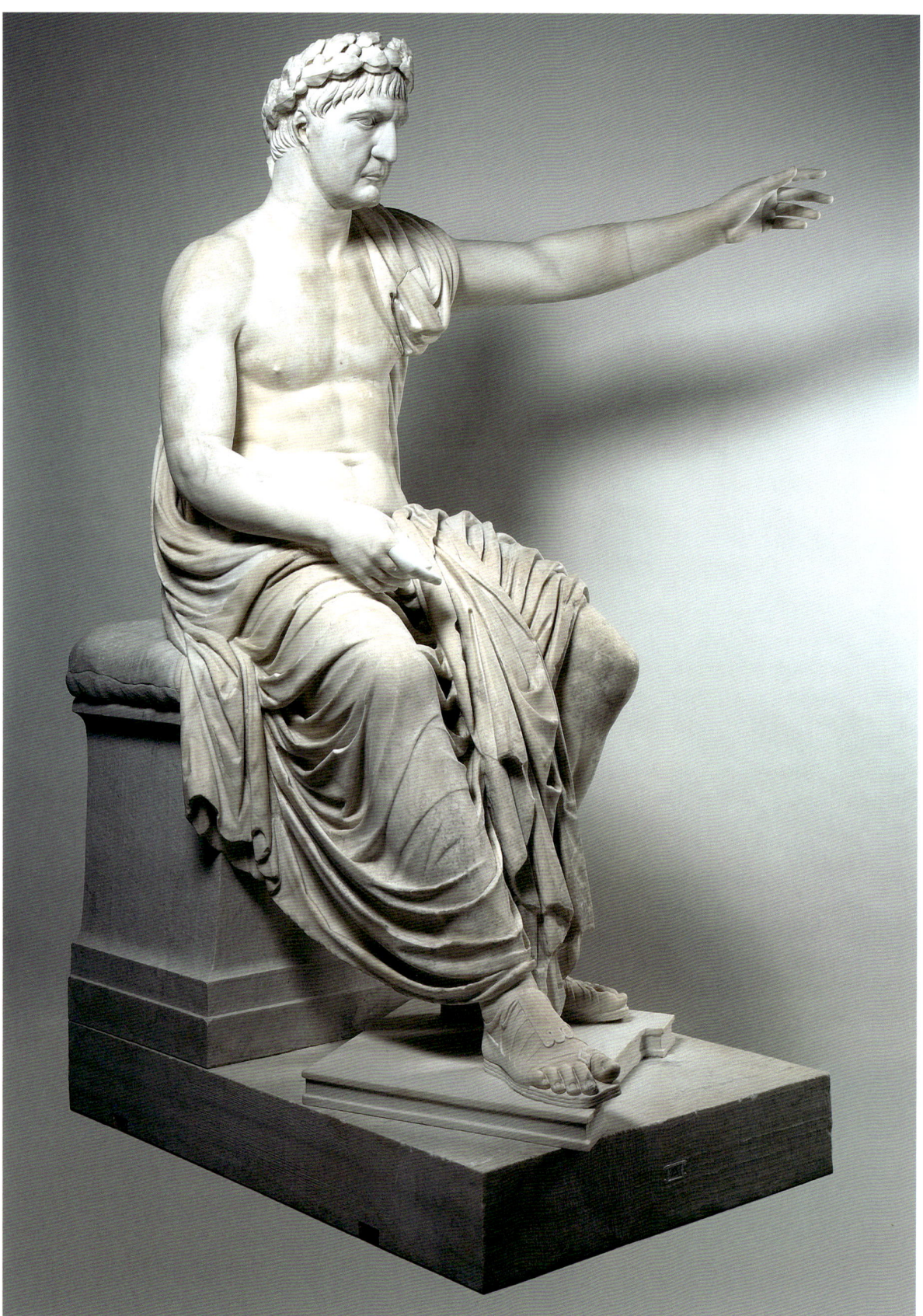

mäßige Gesicht des Kaisers sind die breite Stirn, die buschig die Augen überdachenden Brauenbögen, die schmale Nase und die vom Alter gezeichneten, eingefallenen Wangen kennzeichnend. Ein sorgfältig gestutzter Bart bedeckt in welligem Relief die Wangen, Oberlippe und Kinn. Von einem tief sitzenden waagerechten Scheitel auf dem flachen Hinterkopf ausgehend, ist das Haar in glatten Wellen nach vorn zur Stirn und zu den Seiten gestrichen und nimmt dabei stetig an Volumen zu. Über der Stirn und an den Schläfen lösen sich die Strähnen von der Kalotte und legen sich in einem kunstvoll bewegten Lockenkranz um das Gesicht. Über der Stirnmitte ergibt sich dabei eine diesen Bildnistypus kennzeichnende Anordnung der Locken. Zwischen symmetrisch angeordneten, bogig sich auf die Stirnwinkel legenden Strähnen und jeweils nach innen folgenden, sich spiralig aufrollenden Lockenwellen bilden fast über der Stirnmitte zwei tiefer in die Stirn fallende Mittellocken (hier z. T. zerstört), deren Spitzen schräg zur linken Schläfenseite ausgerichtet sind, ein diese Typusvariante definierendes ‚Leitmotiv'. Das Bildnis stimmt in der Ausgestaltung des Stirnhaares weitgehend mit dem Porträt des Kaisers in Kopenhagen (NCGl. 781) überein und gehört damit zur Typusvariante Croce Greca 595.

Der Haupttypus des Antoninus Pius-Bildnisses dürfte aus Anlass seiner Adoption am 25. Febr. 138 n. Chr. geschaffen worden sein. Diese Bildnisfassung blieb während der gesamten Herrschaft des Kaisers unverändert gültig; in gleicher Weise ist auch das Münzbildnis des Prinzeps keinerlei typologischer Veränderung unterworfen. So scheint die Beständigkeit, die eines der zentralen Motive der Herrschaftsführung des Antoninus Pius war, auch eines der Kennzeichen seiner Bildniskonzeption gewesen zu sein.

Der weitgehend nachantik geglättete Bildniskopf ist am Hinterkopf und im Bart vor allem mit dem Meißel ausgeführt worden, während bei dem Lockenkranz eine zunehmende Zahl von tiefen, längeren und kurzen Bohrkanälen zu bemerken ist, die den einzelnen Haarlocken erheblich an plastischer Substanz nehmen. Anders als bei den meisten Bildnissen des Antoninus Pius umfassen die Brauen die Augen in einem runden Bogen. Die kräftig sich rundenden Augäpfel sind überwölbt von fleischigen, geschwungenen Oberlidern, die an den Seiten weit ausschwingen. Darin ist das Bildnis dem seiner Gemahlin in Dresden Hm 384 (vgl. Kat.-Nr. I.42) sehr ähnlich. Stilistische Verwandtschaft zu Bildnissen des Marc Aurel im 3. Bildnistypus (Rom, Mus. Naz. Inv. 108598; Kopenhagen, NCGl. 1424) machen es wahrscheinlich, dass das Dresdner Bildnis erst gegen Ende der langen Regierungszeit des Kaisers um 150–160 n. Chr. entstanden ist.

Joachim Raeder

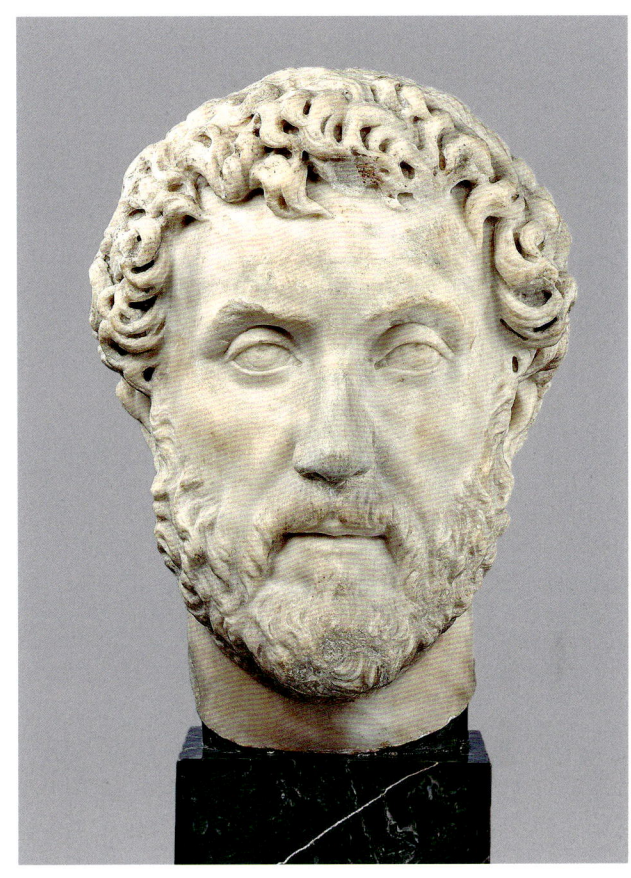

I.40

Literatur

Fittschen/Zanker 1985, S. 66 zu Nr. 59, Anm. 19 Nr. c, Beil. 47 a–b; Gröschel 2009 (a), S. 42, Nr. 20; Herrmann 1925, S. 86, Nr. 385; Wegner 1939, S. 22, 127 u. 279.

I.41

Porträtkopf des Marc Aurel

Römische Werkstatt, nach 169 n. Chr.
Marmor. H 47 cm
Frankfurt am Main, Liebieghaus, Skulpturensammlung,
St. P. 392, Eigentum des Städelschen Museums-Verein e. V.

Schon als kleiner Junge war Marc Aurel durch seine Aufrichtigkeit aufgefallen. Kaiser Hadrian (117–138) nannte seinen Neffen scherzhaft *„verissimus"* und verpflichtete seinen Nachfolger Antoninus Pius (138–161), Marcus zu adoptieren.

Als Marc Aurel 161 die Regierungsgeschäfte übernahm, war er hierfür bestens vorbereitet worden. Darüber hinaus hatte er eine hervorragende Ausbildung in Rhetorik und Philosophie genossen. Trotz der zahlreichen politischen Aufgaben, der

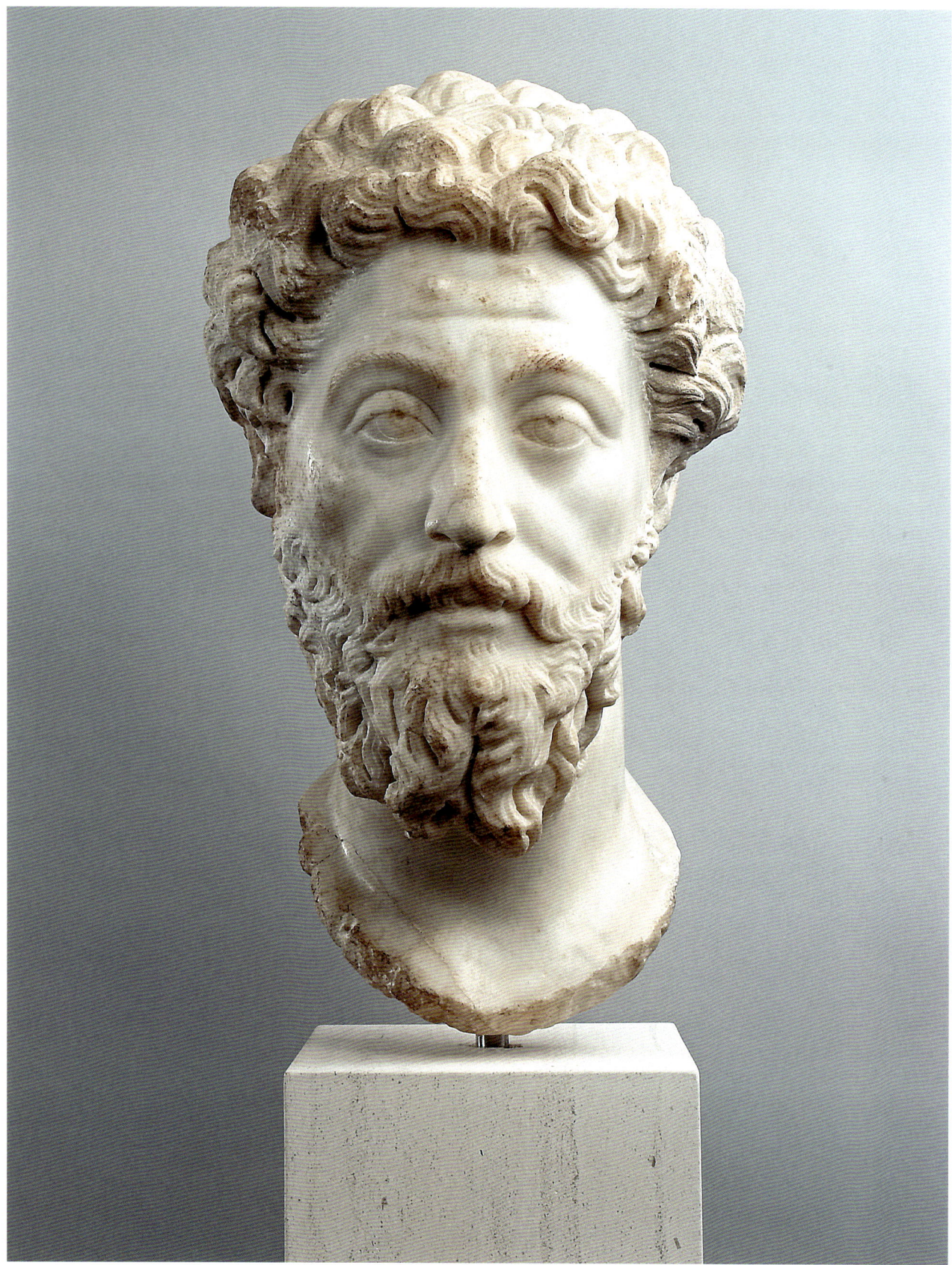

wirtschaftlichen Nöte und der Vielzahl an militärischen Operationen gelang es ihm, eine philosophische Abhandlung in griechischer Sprache zu verfassen. Diese „Selbstbetrachtungen" zählen zur Weltliteratur und erhalten ihre zeitlose Bedeutung durch die Ermahnung zu gerechtem und selbstlosem Handeln, vor allem aber auch durch das hierin vertretene Konzept der Unterordnung des Einzelnen in die Aufgaben einer größeren Gemeinschaft. Das Bildnis des Philosophen auf dem Thron berichtet eindringlich von der inneren Haltung des Kaisers.

An die 500 Jahre älteren Porträts der griechischen Philosophen erinnert das breite Gesicht, das von einem Bart und strähnigem Haar gerahmt ist. Schon Hadrian, der Erneuerer der griechischen Kultur, hatte bewusst auf Elemente dieser Porträts zurückgegriffen und Antoninus Pius war ihm hierin gefolgt. Während die Oberlider sich schwer auf die großen Augen legen, sind die Brauen hochgezogen und die Stirn kontrahiert. Sicherlich verdeutlichen diese Bildformeln das Ringen des Kaisers um aufrichtige Positionen und die Festlegung der Werte.

Drei kleine Warzen auf der Stirn und am Kinn sind keine Elemente der Physiognomie, sondern Messpunkte des Bildhauers. Hier setzte er das sogenannte Punktiergerät an, das beim Kopiervorgang von einem Urbild behilflich war. Als Vorlage diente dem Kopisten wohl die direkte oder indirekte Abformung einer originalen Bildschöpfung, die auch dem Münzporträt des Kaisers zugrunde lag. Auf diese Weise konnte ein neues Kaiserbildnis innerhalb kürzester Zeit im ganzen Römischen Reich Verbreitung finden und in lokalen Werkstätten vervielfältigt werden.

Die Entstehung eines solchen Archetypus war an besondere Ereignisse gebunden. Für Marc Aurel lassen sich insgesamt vier Bildnistypen unterscheiden: Die beiden Jugendbildnisse stehen im Zusammenhang mit seiner Bestimmung zum Thronfolger (138) und seiner Heirat mit Faustina minor (145). Spätestens sein Regierungsantritt war Anlass für ein drittes Bildnis, nunmehr als Kaiser. Der Frankfurter Kopf gehört dem vierten Bildnistypus an, der im Gegensatz zum ersten Porträt des Herrschers die Zeichen des fortgeschrittenen Alters mit dem angestrengten Blick des „Philosophenkaisers" verbindet. Das Porträt ist als Einsatzkopf gearbeitet und war ursprünglich in eine separat gefertigte Statue in wahrscheinlich militärischer Tracht eingelassen. Den zeitlichen Rahmen für die Schaffung dieses Typus bilden der Tod des Mitregenten Lucius Verus (169) und der Triumph gegen die Germanen (176).

Vinzenz Brinkmann und Salvatore Mancuso

Literatur
Bergmann 1978; Bol 1983.

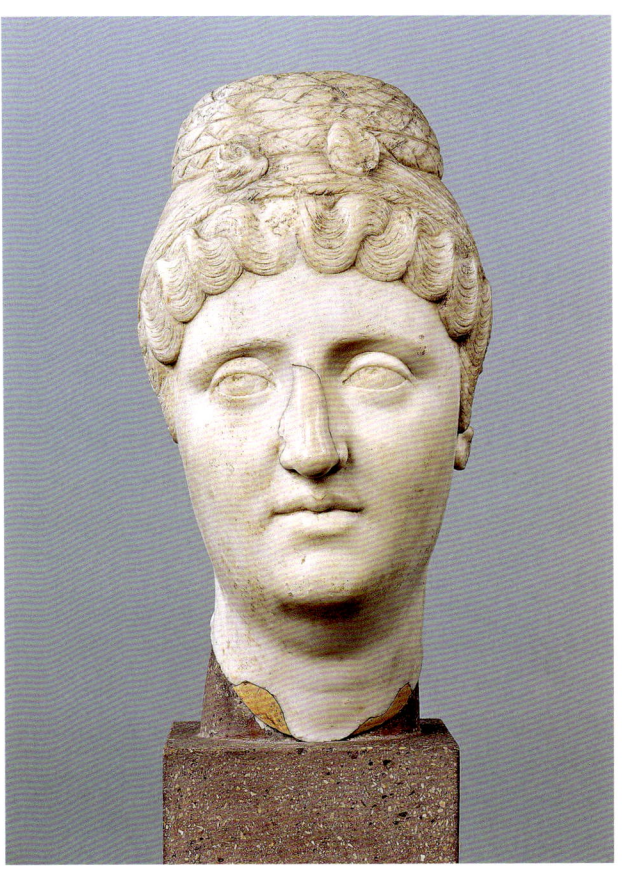

I.42

I.42
Porträtkopf der Faustina maior

um oder bald nach 140 n. Chr.
Vor 1701 vom brandenburgischen Kurfürst Friedrich III. in Rom erworben, zwischen 1723 und 1726 von Friedrich Wilhelm I. an August den Starken nach Dresden verschenkt.
Marmor. H 32 cm, H Kinn–Scheitel 25,1 cm
Dresden, Staatliche Kunstsammlungen Dresden, Skulpturensammlung, Hm 384

Der Porträtkopf stellt die Kaiserin Faustina maior, Ehefrau des Antoninus Pius (vgl. Kat.-Nr. I.40) dar, deren voller Namen Annia Galeria Faustina lautete. Zum Regierungsantritt ihres Mannes 138 n. Chr. erhielt sie den Ehrentitel Augusta, nur zwei Jahre später starb sie im Alter von 35 Jahren. Der verwitwete Kaiser veranlasste ihre Vergöttlichung und ihre anhaltende Ehrung als (Adoptiv-)Mutter der beiden zukünftigen Herrscher Marc Aurel und Lucius Verus. Daneben wurde das Kaiserpaar auch als Vorbild ehelichen Einvernehmens (Concordia) herausgestellt und junge Brautleute zum Opfer vor deren Statuen aufgefordert. Diese Tradition wurde von den Nachfolgern Marc Aurel und

Faustina minor fortgeführt, wie Cassius Dio (Historia romana (b) 72, 31, 1) schildert. Neben zahlreichen Münzprägungen mit dem Bildnis der Faustina waren es vor allem Porträtstatuen in den zahlreichen Galerien der antoninischen Herrscherfamilie, die das Aussehen der Kaiserin im gesamten Reichsgebiet bekannt machten. Dies trug zum Aufgriff ihrer Frisurenmode auch in entfernten Regionen bei (vgl. Kat.-Nr. I.43).

Der Dresdner Kopf ist das qualitätsvollste Exemplar einer Serie von zehn Bildnissen, die sich durch ihre Haargestaltung um die Stirn auszeichnen. Über s-förmig verschlungene Strähnen laufen mehrere feine Haarkordeln, zwei kleine Rosetten über der Stirnmitte kennzeichnen den Porträttypus. Die übrige Frisur gleicht den beiden schlichteren Bildnisvarianten der Kaiserin: an den Seiten des Kopfes gehen drei bzw. vier übereinander ansetzende Zopfstränge ab, die auf dem Hinterkopf umeinander gewunden und zum Wirbel hochgeführt sind. Dort münden sie in ein Nest aus konzentrisch angeordneten Flechten, das den Oberkopf bekrönt. Die Frisur der Faustina variiert die luxuriösen Turbanfrisuren der Damen des trajanischen und hadrianischen Kaiserhauses, in deren Reihe sich die Tochter aus hochrangigem, reichem Hause stellte. Ihre unmittelbare Vorgängerin Sabina griff dagegen zunehmend die klassizistischen Frisuren von Göttergestalten auf, in deren Sphäre sie sich damit einband. Die außerordentliche Haarfülle, die für die Frisur der Faustina maior erforderlich war, lässt vermuten, dass künstliche Haarteile eingeflochten waren. Der am Hals gebrochene Kopf dürfte zu einer Statue gehört haben, von deren Aussehen ein typengleiches Bildnis der Faustina mit dem Körper einer Ceres aus dem Theater von Timgad eine Vorstellung geben kann.

Der Kopf gibt eine Frau mit individuellen Zügen wieder, die für eine Mittdreißigerin auffällig matronal und reif erscheinen. Bedenkt man, dass Faustina bereits zu Lebzeiten in der Münzprägung als mütterliche Garantin des Wohles des Reiches profiliert wurde und ihre Rolle als Stammmutter ohnehin immer im Vordergrund stand, wird die Betonung entsprechender Züge im offiziellen Porträt der Kaiserin als schlüssige Aussage verständlich.

Friederike Sinn

Quellen

Cassius Dio, Historia romana (b).

Literatur

Ausst.-Kat. Dresden/Madrid 2009, S. 304, Nr. 53 (Friederike Sinn); Herrmann 1925, S. 86, Nr. 384; Hünecke u.a. 2009, S. 43, Nr. 21 (Sepp-Gustav Gröschel). Zu Bildnistypen und Münzpropaganda: Alexandridis 2004, S. 23–24; Fittschen 1977, S. 81–82.

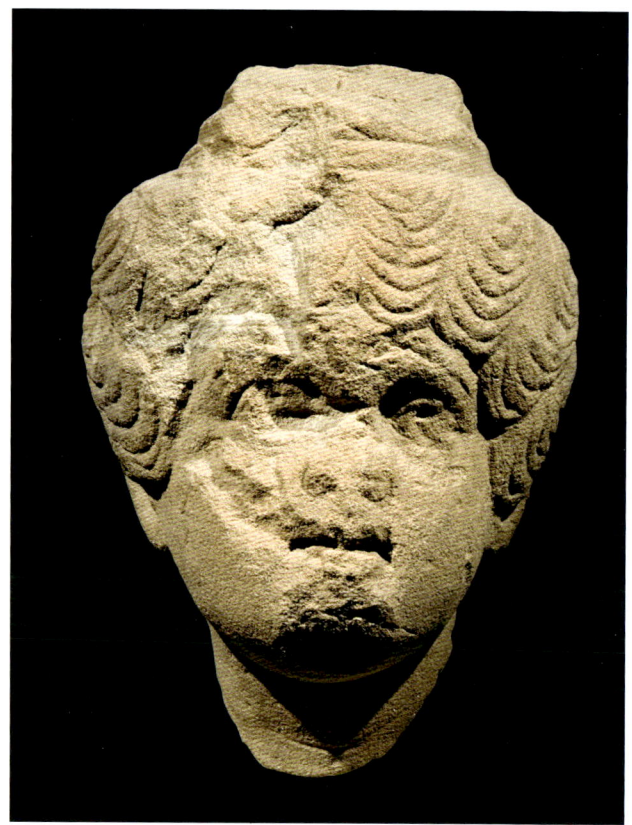

I.43

I.43

Porträt einer Frau

3. Viertel des 2. Jahrhunderts
Briedel, Kreis Cochem-Zell. Sandstein. H 25,6 cm
Bonn, LVR-LandesMuseum, 37.4520,1-1

Der Kopf stammt von einem Grabbau, dessen Überreste in den Jahren 1935/1937 und 1953/1954 bei Ausgrabungen in der Nähe von Briedel, Kreis Cochem-Zell, zutage kamen. Die freigelegten Fundamentreste sowie die erhaltenen Architekturteile und Relieffragmente legen die Rekonstruktion eines mehrstöckigen Aediculagrabmals nahe, das von einem kleinen Grabgarten mit Mauer umschlossen war. Der Frauenkopf, der zu einer nahezu lebensgroßen Figur im Hochrelief gehörte, lässt sich als das Porträt der Verstorbenen identifizieren. Ihr Bildnis war ursprünglich zusammen mit dem ihres Ehemannes und ihres Sohnes in der Figurennische der Grabmalfront platziert.

Der rundliche Kopf ist vom Betrachter aus nach rechts gewendet. Um dies räumlich zu betonen, weist das Gesicht leichte Asymmetrien auf: Die rechte, dem Betrachter zugewandte Gesichtshälfte ist flacher und breiter, die linke biegt schneller zur Seite um und wirkt deshalb stark verkürzt. Entsprechend größer ist auch das rechte Auge als das linke. Die Pupillen sind gebohrt, die Oberlider feingliedrig ausgearbeitet. Die niedrige Stirn wird von einer komplizierten Hochsteckfrisur begrenzt. Das Haar ist mehrfach gescheitelt und in Wellen gelegt. Links sind vier gleichmäßig frisierte, verschlungene Strähnen zu sehen, während rechts nur drei, weniger sorgfältig gekämmt und in veränderter Anordnung erscheinen. Den Oberkopf schmückt ein längsovaler Haarkranz. Er besteht aus dünnen geflochtenen Zöpfen, die in heute noch vier erhaltenen Windungen übereinandergelegt sind. Diese aufwändige Frisur erinnert an die Haarmode antoninischer Zeit. Während sich das auf den Oberkopf gesteckte Haarnest an die Bildnisse der älteren Faustina (um 140 n. Chr.) anlehnt, ist die vom Mittelscheitel ausgehende, bogenförmige Anordnung der Haare vor allem bei den Porträts der jüngeren Faustina (um 150 n. Chr.) geläufig. Der Frauenkopf aus Briedel kombiniert somit Elemente zweier Vorbilder und zeigt, dass man auch in der Provinz bestrebt war, sich der Mode der Zeit anzupassen und dies individuell und selbstbewusst umsetzte. Der Kopf wird um die Mitte, sicher aber nicht später als im 3. Viertel des 2. Jahrhunderts entstanden sein.

Susanne Willer

Literatur

Heimberg 1982, hier bes. S. 201 f.; Willer 2005, S. 126–128, bes. S. 126, Nr. 41b; Willer 2009 (a), S. 98–103, Abb. S. 100.

I.44

Kameo mit Darstellung des Marc Aurel und seiner Frau Faustina als Jupiter und Juno

170/175–185 n. Chr. (Datierung umstritten)
Sardonyx, mehrschichtig, geschnitten und poliert.
H 14,6 cm, B 10,2 cm
Stuttgart, Landesmuseum Württemberg, MK Arch 62/3

Der fein ausgearbeitete mehrschichtige Kameo aus dem Landesmuseum Württemberg zeigt ein Kaiserpaar. Beide Figuren erheben sich hell und mit scharf umrissenen Konturen vor einem dunklen Hintergrund. Sie sind in zwei Schichten, einer weißen mittleren und einer stark gefleckten braunen oberen, geschnitten. Gesicht, Arme, Hände und der Oberkörper des Mannes sind in der hellen, beinahe blau scheinenden Schicht des Onyx geschnitten. Sein Gewand und die Haare, sowie der Schleier der Frau zeigen die Abstufungen des grau-braun gefleckten Steines. Der Hintergrund ist beinahe schwarz und wurde bis in jede Ritze auspoliert. Eine Bruchlinie in der Onyx-

platte, welche sich durch die rechte untere Ecke zieht, wurde bereits 1598 im Inventar der bayerischen herzoglichen Kunstkammer erwähnt.

Während die männliche Figur rechts auf einem kunstvoll gearbeiteten Thron sitzt, ist die linke weibliche Figur stehend dargestellt. Die sitzende Männerfigur trägt einen Mantel um die Hüfte, wobei der Oberkörper nackt bleibt, während die Frau über dem langen Untergewand einen Mantel trägt, der den Kopf bedeckt.

Die Szene stellt die kultisch gefeierte 'Heilige Hochzeit' des obersten Götterpaares, Jupiter und Juno dar. Ein Kaiserpaar hat dabei die Rolle der obersten Götter eingenommen. Das Bild des wie Jupiter thronenden Kaisers ist weit verbreitet. Es findet sich auf für die Oberschicht gefertigten Kunstwerken genauso, wie auf der Scheide des Tiberiusschwertes aus dem British Museum in London (Kat.-Nr. I.37). Während sich die Szene aus der Göttersage anhand des Jupiter mit Zepter und dem Blitzbündel in seiner Rechten leicht bestimmen lässt und in ihrer Komposition einem gängigen Bildprogramm folgt, wird die Identifizierung des Kaiserpaars, das hier als Jupiter und Juno auftritt, kontrovers diskutiert. Zuletzt wurden Marc

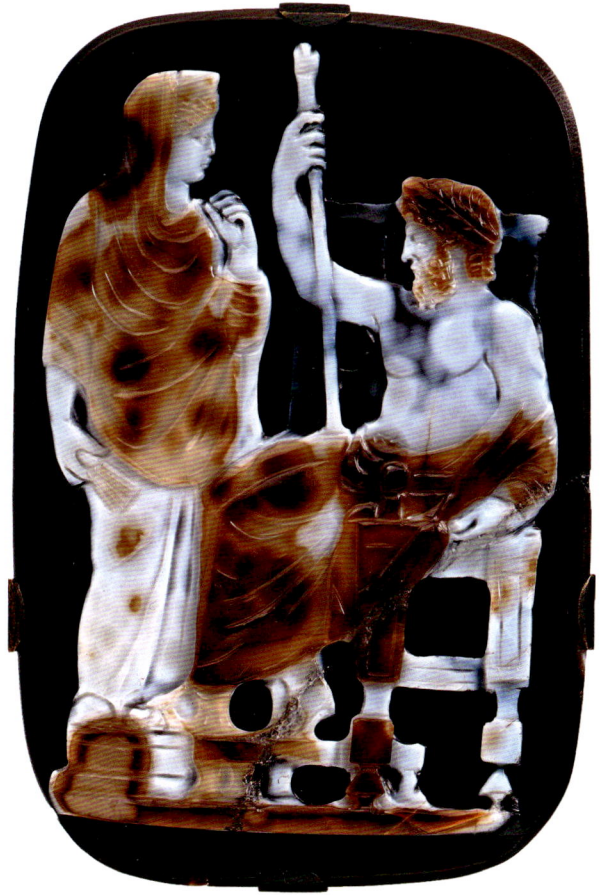

I.44

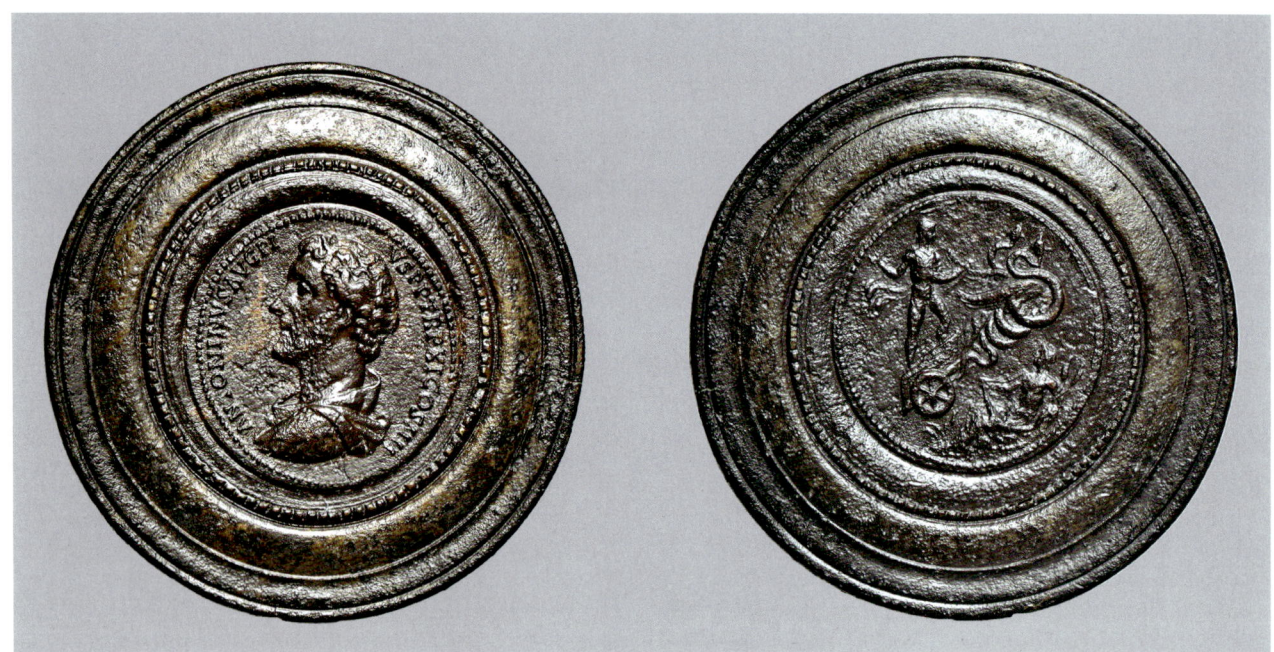

I.45 a–b

Aurel und die wohl zur Entstehungszeit schon verstorbene und vergöttlichte Faustina minor benannt, wofür unter anderem Übereinstimmungen des Profils, sowie der Bart- und Haartracht mit anderen Porträts des Kaisers sprechen.

Der Stuttgarter Kameo ist ein charakteristisches Beispiel für die Sakralisierung kaiserlicher Herrschaft, die nicht selten als visuelle Strategie zur Rechtfertigung des Anspruchs auf Weltgeltung des Kaisertums eingesetzt wurde.

Maaike van Rijn

Literatur

Ausst.-Kat. Aalen 2009, S.69, Abb. 106; Megow 1987, S. 117 f.; Vollenweider 1964; Zwierlein-Diehl 2007, S. 207 f., Abb. 762.

I.45

Medaillon für Antoninus Pius

Rom, 147/148, vermutlich aus Anlass des zehnjährigen Regierungsjubiläums und zur 900-Jahrfeier der Stadt Rom geprägt.
Trier, Heiligkreuz
Bronze. D 7 cm, G 135,6 g
Trier, Rheinisches Landesmuseum, 1921, 124

Bei römischen Medaillons handelt es sich um münzartige Sonderprägungen, die, anders als Münzen, einen breiten, häufig profilierten Schmuckrand aufweisen. Neben ersten Emissionen

unter Nero und Domitian erlangt die Prägung von kaiserlichen Medaillons unter Hadrian einen ersten Höhepunkt und entwickelt sich im Verlauf der nachfolgenden 150 Jahre zu einem wichtigen Medium kaiserlicher Selbstdarstellung. Meist wurden sie anlässlich von Regierungsjubiläen, wiederkehrenden Ereignissen wie Jahrfeiern oder aufgrund konkreter Ereignisse wie siegreichen Feldzügen ausgegeben. Sie dienten als kaiserliche Geschenke an einen kleinen Personenkreis, der dem Kaiserhaus nahestand.

Das Medaillon aus Trier zeigt auf der Vorderseite die Büste des Kaisers Antoninus Pius nach links gewandt, barhäuptig, in Brustpanzer und Paludamentum. Die Inschrift lautet: ANTONINVS AVG(ustus) PIVS P(ater) P(atriae) TR(ibunicia) P(otestate)XI CO(n)S(ul) IIII. (Antoninus Augustus, der sich recht Verhaltende, Vater des Vaterlandes, zum 11. Mal versehen mit der Gewalt und Unverletzlichkeit eines Volkstribunen und zum 4. Mal Konsul).

Auf der schriftlosen Rückseite ist die Ausfahrt des Triptolemos auf dem Schlangenwagen dargestellt, der mit seiner rechten Hand Korn aussät. Darunter lagert am Boden inmitten von Ähren die Erdgöttin Tellus, die die Samen mit ihrem geöffneten Gewand auffängt. Triptolemos ist der griechischen Mythologie nach der Sohn des Keleos von Eleusis und der Metraneira. Er wurde von der Göttin Demeter ausgesandt, um den Menschen den Getreideanbau zu lehren.

Das Medaillon besteht aus zwei Teilen, dem gegossenen münzartigen Mittelteil und dem breiten, profilierten Rand. Beim Zusammensetzen der beiden Teile entstand offenbar ein Steg, der hier als schmuckhafter Zahnschnitt ausgebildet wurde.

Die lange Regierungszeit des Antoninus Pius stellt zwar keine reine Friedenszeit dar, doch blieb das Reich unter seiner Herrschaft von größeren Krisen und Konflikten verschont. Die Zusammenstellung von Kaiserbüste und dem Kornbringer Triptolemos könnte daher programmatisch den Kaiser als Garanten für Gedeihen und Wohlstand des Römischen Reiches in Szene setzen. Wahrscheinlich wurde das Medaillon zum zehnjährigen Regierungsjubiläum von Antoninus Pius, das zusammen mit der 900-Jahrfeier der Stadt Rom begangen wurde, im Jahre 147/148 ausgegeben, und zu diesem Anlass als kaiserliches Geschenk einem hochgestellten Treverer verliehen.

Karl-Josef Gilles

Literatur

Rheinisches Landesmuseum Trier 2009, S. 88 f.; Kenner 1885; Mittag 2012.

I.46

Bronzezier eines Schiffsbuges

Trier, 2. Hälfte 2. Jahrhundert
Trier, Römerbrücke
Bronze mit Silbereinlagen. L 42,5 cm.
Trier, Rheinisches Landesmuseum, 1962,8

Im gesamten Römischen Reich griff die Verehrung des Kaisers – der Kaiserkult – in alle Bereiche des öffentlichen wie privaten Lebens ein. Kaum eine Inschrift kam ohne eine Widmung an die Gottheit des Kaisers (*numini Augusti*) oder eine Ehrbezeugung gegenüber dem „göttlichen Kaiserhaus" (*in honorem domus divinae*), aus. Erst dann folgte der eigentliche religiöse Zweck, im Falle der bronzenen Bugzier eines Votivschiffes aus der Mosel in Trier, die Anrufung an die Schutzgötter der Vorschiffleute. Die Spitze des Schiffsbugs ziert ein Frauenkopf, der durch ein Diadem über dicken, zu den Seiten gezogenen Haarsträhnen, als Göttin ausgewiesen ist. Die Augen sind in Silber eingelegt. Das Bildnis wird u. a. als Personifizierung der später von dem Dichter Ausonius besungenen *dia Mosella*, der „göttlichen Mosel" angesprochen. Die Inschrift drückt nach der Verbeugung vor der Göttlichkeit des Kaisers die enge Bindung der Stifter an den Fluss aus: NUM(ini) AUG(usti) ET GEN(io) PRORETAR(um) LIBONI METTUS ET CRACUNA FR(atres) D(ono) D(ederunt). „Der Gottheit des Kaisers und dem Schutzgott der Vorschiffsleute haben die Libonier-Brüder Mettus und Cracuna das Weihegeschenk gegeben."

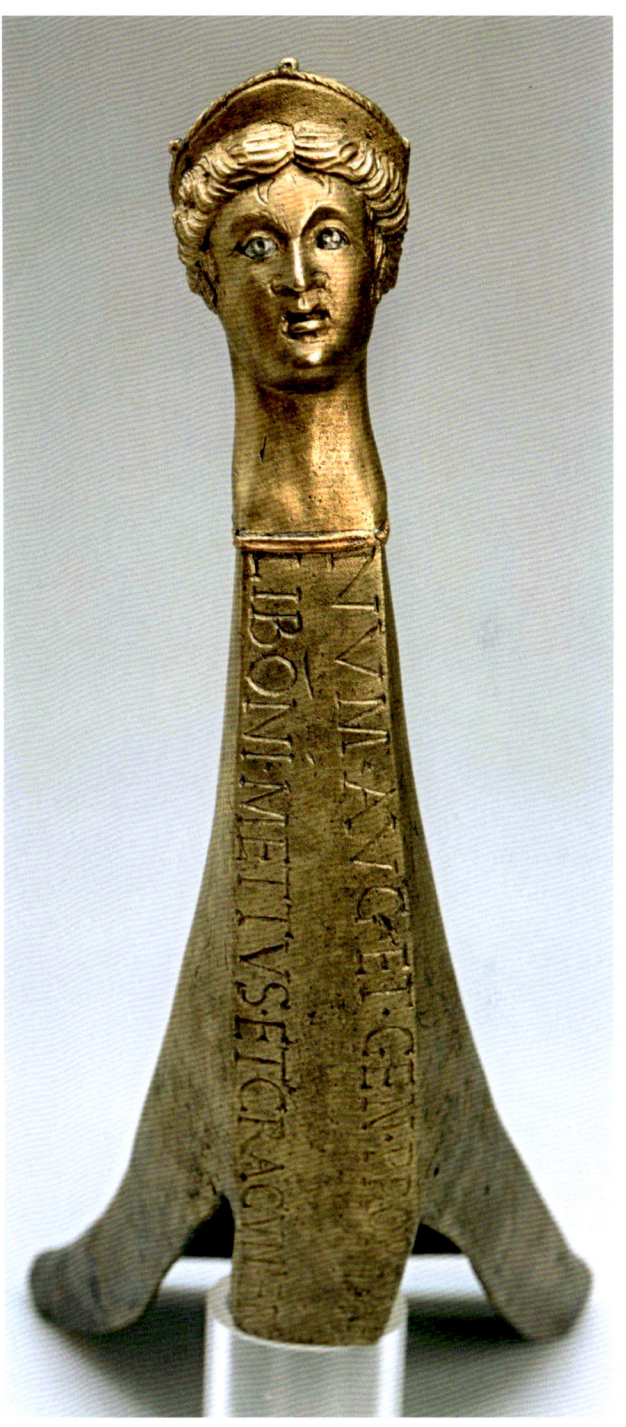

I.46

Die hier opfernden Vorschiffleute, die *Proretarii*, haben eine verantwortungsvolle Aufgabe für ihr Schiff. Auch auf dem römischen Weinschiff von Neumagen finden sie bildliche Erwähnung. Sie sind eine der wenigen Spezialisierungen in der gallischen Binnenschifffahrt, für die eine eigene Berufsbezeichnung überliefert ist.

Die Weihegabe mag bei einer Schiffsprozession auf der Mosel mitgeführt worden sein, aber eindeutige Nachweise für derartige Kulthandlungen gibt es nicht. Repräsentativ könnte sie auch auf der Moselbrücke in einem kleinen Schrein oder in unmittelbarer Nähe in einem kleinen Tempel aufgestellt gewesen sein. Die Inschrift drückt mit ihrer einleitenden Widmungsformel die enge Verzahnung von Kaiserkult und lokalem Kult aus. Dies mag auch in einer unbekannten Zeremonie oder in einem kleinen Kultbau zum Ausdruck gebracht worden sein. Womöglich hat ein Unglücksfall das Votivschiff dann der Mosel anheimgegeben, falls es nicht mit Absicht als Opfergabe in den Fluss versenkt worden ist. Die hölzernen Teile des Schiffes sind vergangen; von den Bronzebeschlägen ist die Bugzier allein übrig geblieben. Denkbar ist, dass auch das Heck kunstvoll ausgestaltet war. Vier Jahrzehnte später ist eine zweite Bugzier aus der Trierer Mosel zu Tage getreten.

Lothar Schwinden

Literatur
Büttner 1964, S. 139–147, Taf. 24–28; Nouwen 2000; Rheinisches Landesmuseum Trier 2009, S. 94 f.

I.47

Kameo mit der Severischen Familie

198–202 n. Chr.
1674 von Ludwig XIV. erworben
Sardonyx mit drei Schichten in Gold-Email-Fassung des 17. Jahrhunderts. H 7,5 cm, L 11,2 cm (mit Fassung).
Paris, Bibliothèque nationale de France, Département des monnaies, médailles et antiques, B 13047 (Babelon, Camées 300)

Auf dem Kameo sind zwei Büstenpaare einander gegenübergestellt. Links im Bild erscheinen der Kaiser Septimius Severus und seine Gemahlin Julia Domna, rechts die beiden Söhne des Paares, Caracalla und Geta. Der Darstellungstypus der im Profil hintereinander angeordneten Herrscherbildnisse folgt einer bis auf den Hellenismus zurückreichenden Tradition von Götter-und Herrscherbildnissen. Es gehört zu den Konventionen dieses Bildtypus, dass die jeweils ranghöhere Person im Vordergrund, die rangniedrigere versetzt dahinter dargestellt wird. Darum verdecken die Büsten von Septimius Severus und Caracalla einen großen Teil der Büsten von Julia Domna und Geta. Die Büsten von Septimius Severus und Caracalla sind in Rückenansicht dargestellt, darüber drehen sich die Köpfe in einer energisch wirkenden Bewegung ins Profil. Septimius Severus trägt einen Brustpanzer, von dem nur die Schulterpartie mit

den Lederlaschen zu sehen ist, und einen auf der Schulter von einer Fibel zusammengehaltenen Mantel, sein Haupt ist mit einer Strahlenkrone mit einer Schleife im Nacken geschmückt. Julia Domna ist bis zum Hals in einen Mantel gehüllt, in ihrem gewellten Haar steckt ein hoch aufragender Stirnreif. In der Darstellung des Prinzenpaares Caracalla und Geta ist nur der im Vordergrund dargestellte ältere Bruder Caracalla mit Attributen versehen. Im Haar trägt er einen Lorbeerkranz mit einer Schleife im Nacken. Über die Büste des Caracalla ist eine *aegis* drapiert, die von Darstellungen der Gottheiten Zeus und Athene bekannt ist: Statt eines Brustpanzers tragen sie dieses Fell, besetzt mit Schuppen, Schlangen und dem furchterregenden Haupt der Medusa, dessen Anblick die Feinde versteinert.

Mit der Übernahme der *aegis* wird Caracalla in metaphorischer Weise mit dem höchsten Staatsgott gleichgesetzt. Die Strahlenkrone seines Vaters Septimius Severus stammt aus der Ikonographie des Sonnengottes. Die Kombination von Strahlenkrone und Panzer rühmt den Kaiser als Sol Invictus, den unbesiegbaren Sonnengott. Ebenso wie auf dem Kameo wird das Kaiserpaar Severus und Julia Domna auf Münzen der Jahre 198–202 n. Chr. dargestellt. Dort bildet eine Mondsichel den unteren Abschluss der Büste der Kaiserin. Wahrscheinlich wurde dieses Attribut auf dem Kameo nachträglich weggearbeitet, jetzt sind die Büsten des Paares vorn abrupt gerade abgeschnitten. Die Darstellung des Kaiserpaares als Sol und Luna wird auf den Münzen von der Inschrift CONCORDIAE AETERNAE begleitet, die die immerwährende Eintracht der kaiserlichen Familie beschwört. Das Bild des Caracalla in dieser Münzserie folgt dem gleichen Porträttypus des jugendlichen Prinzen mit vollem, lockigem Haar wie auf dem Kameo und ist mit der Legende SEVERI INVICTI AVG PII FILI versehen, der Kaiser ist also auch hier *invictus* – „unbesiegbar". In Text und Bild wird ein Herrschaftsanspruch der severischen Dynastie verkündet, der über menschliches Maß hinausgeht, kosmische Dimensionen und ewige Sieghaftigkeit der gottgleichen Mitglieder der Kaiserfamilie postuliert.

Rita Amedick

Literatur
Bergmann 1998, S. 271–272, Taf. 52,1; Megow 1987, S. 239–240, Taf. 48,11; Vollenweider/Avisseau-Broustet 2003, S. 175–176, Nr. 223.

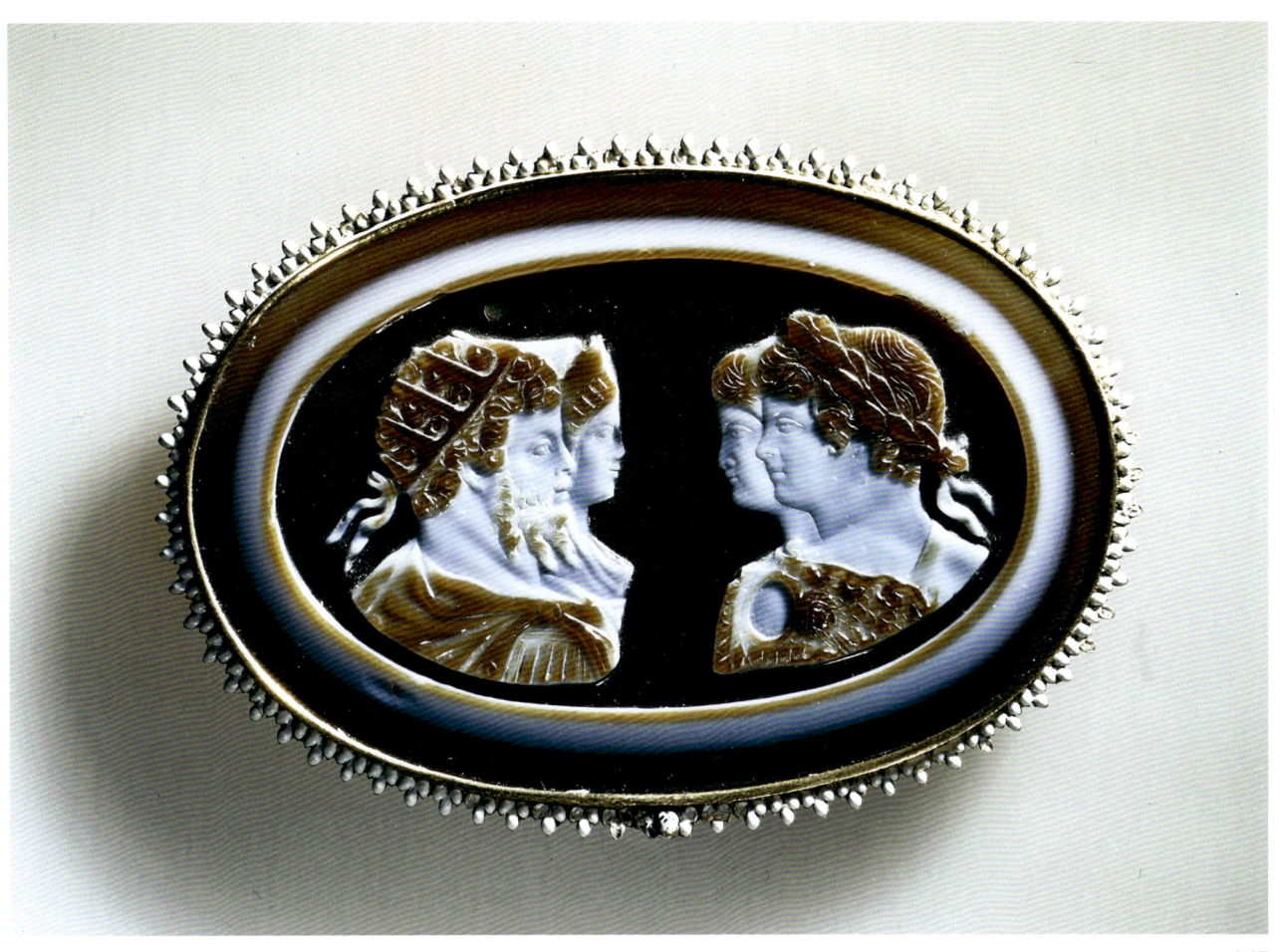

I.47

I.48

Kameo: Opferszene mit Septimius Severus und seinen Söhnen Caracalla und Geta

Severus und seinen Söhnen Caracalla und Geta
205–211 n. Chr.
Sardonyx mit zwei Schichten in moderner Goldfassung.
H 3,1 cm, L 3,2 cm
Paris, Bibliothèque nationale de France, Département des monnaies, médailles et antiques, A 12678 (Babelon, Camées 301)

Im Zentrum der Komposition dieses Kameo steht die Figur des Kaisers Septimius Severus, frontal aus dem Bild herausblickend. Seine Söhne Caracalla (M. Aurelius Severus Antoninus) und Geta (P. Septimius Geta) stehen rechts und links neben ihm und wenden sich ihrem Vater zu. Alle drei sind mit Muskelpanzer, Fellstiefeln und Feldherrnmantel bekleidet. Septimius Severus trägt dazu noch eine Feldherrnbinde um die Brust geschlungen und einen Kranz auf dem Haupt. Er hält ein langes Zepter im linken Arm, ebenso wie sein älterer Sohn Caracalla, rechts im

Bild. Caracalla trägt einen Globus in der rechten Hand, um seinen Kopf liegt ein Band, das im Nacken herabhängt. Zwischen dem Kaiser und seinem jüngeren Sohn Geta steht ein Altar mit einem Feuer, über dem die beiden ein Trankopfer ausgießen. Zum militärischen Auftritt des Kaisers und seiner Söhne passen die Siegesgöttinnen, die die Szene flankieren. Diese Victorien schweben jeweils über einem Globus, Symbol der Weltherrschaft, und halten einen Kranz über das Haupt eines der beiden Kronprinzen; rechts außen ist noch ein Palmwedel im Arm der Siegesgöttin zu erkennen. Das Bild wird durch eine griechische Inschrift erläutert, die in das Segment unter der Standlinie eingeschnitten ist: ΝΕΙΚΗΝ ΤΩΝ ΚΥΡΙΩΝ ΣΕΒΑΣΤΩΝ (für den Sieg der erhabenen [oder kaiserlichen] Herren).

Genauere Angaben zum historischen Anlass fehlen; es bleibt dem Betrachter überlassen, welche kriegerischen Erfolge des Septimius Severus und seiner Söhne er ins Gedächtnis rufen oder noch erhoffen will. Die Darstellung dieses Kameo setzt vielmehr Erwartungen an die Dynastie der Severer ins Bild: Die Autorität des Kaisers gründet darauf, dass er das Wohlwollen der Götter genießt und stets siegreich ist, darum wird er

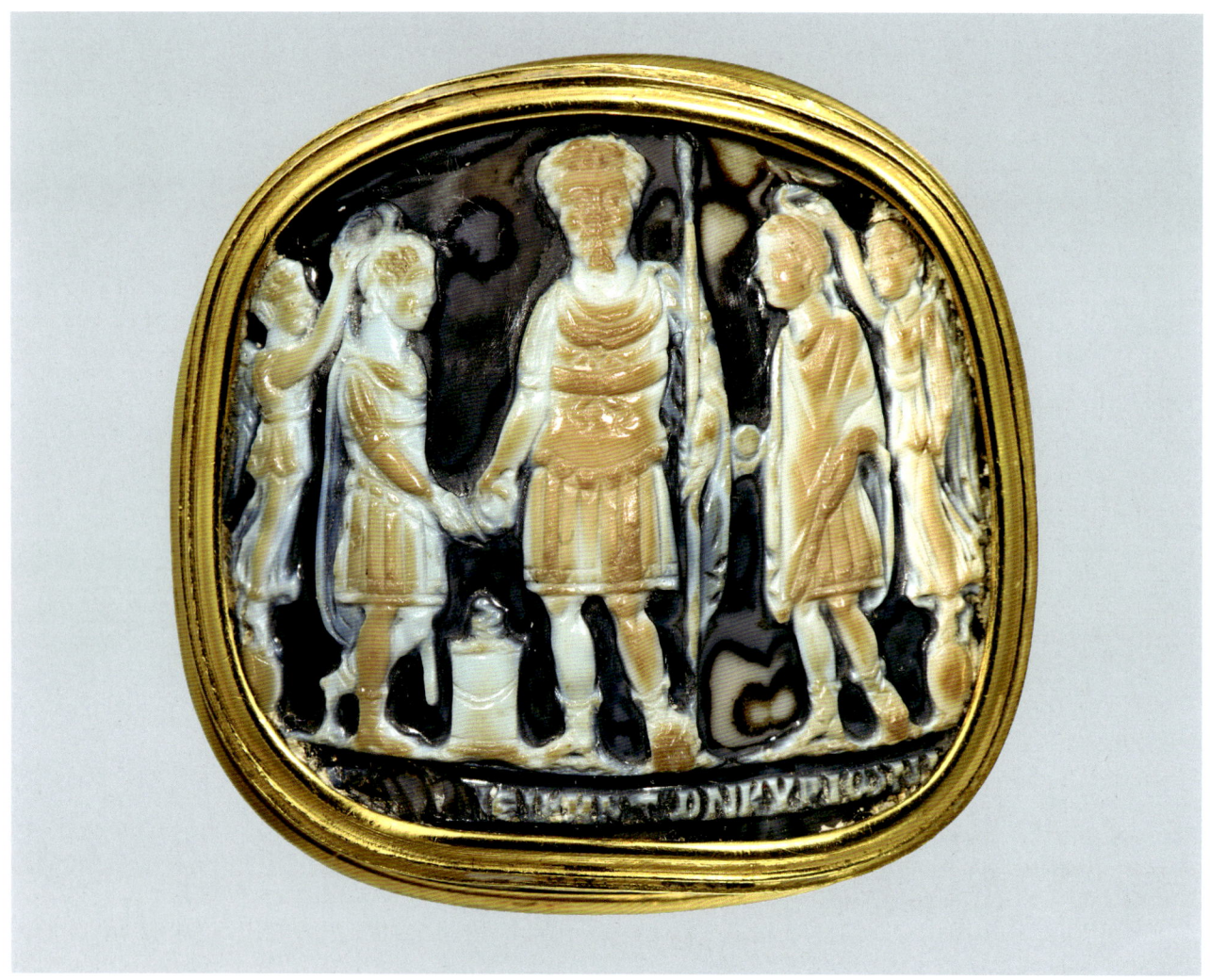

I.48

beim Opfer und mit Attributen eines erfolgreichen Feldherrn gezeigt. Septimius Severus kann zudem zwei Söhne vorweisen, die als Mitregenten und potentielle Nachfolger präsentiert werden. Beide werden nicht mehr als Knaben, sondern als junge Männer dargestellt, was der historischen Situation seit 205 n. Chr. entspricht, dem Jahr, in dem die beiden Brüder erstmals gemeinsam als Konsuln amtierten. Die Ausstattung mit Globus und Zepter auf dem Kameo betont allerdings den höheren Rang des älteren Bruders. Der hier ostentativ vorgeführte Zusammenhalt des Kaiserhauses erinnert an die überlieferten letzten Worte des Septimius Severus an seine Söhne: „Bleibt einträchtig, bereichert die Soldaten und schert euch um all das andere den Teufel!" (Cassius Dio, Historia romana (b)

77,15,2). Wie brüchig diese Einheit war, zeigte sich bald nach dem Tod des Septimius Severus 211 n. Chr. Caracalla setzte sich über den väterlichen Rat hinweg, ermordete seinen Bruder Geta und war fortan Alleinherrscher.

Rita Amedick

Quellen
Cassius Dio, Historia romana (b).

Literatur
Megow 1987, S. 240, Taf. 49,2; Vollenweider/Avisseau-Broustet 2003, S. 179–180, Nr. 228.

I.49

Porträtkopf Gordians III.

240–244 n.Chr.
Niederbieber, Kastellvicus 1893
Bronze, rechte Hinterkopfhälfte mit Ohr und große Teile
des Halses ergänzt. H gesamt 41 cm, Höhe Kopf 31 cm
Bonn, LVR-LandesMuseum, 9132

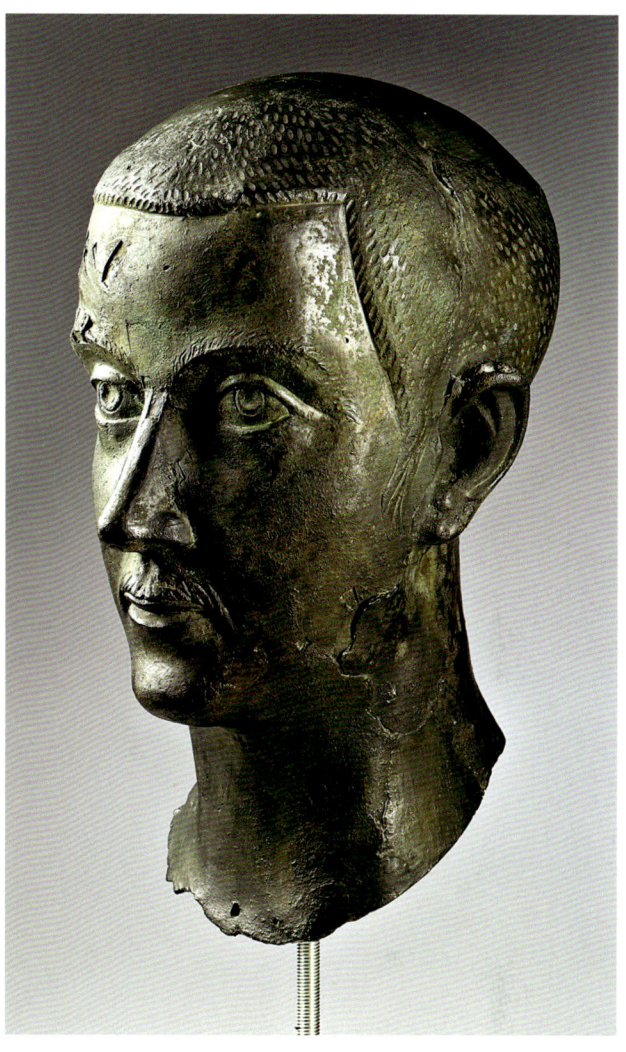

I.49

Der Bronzekopf, heute im LVR-Landesmuseum Bonn, stammt
von einer überlebensgroßen Statue. Das Porträt zeigt einen
jungen Mann mit kurzgeschorenem Haar, kräftiger, vorsprin-
gender Nase, Schnurrbart und angedeutetem Backenbart.

Es ist ein Bildnis des römischen Kaisers Gordian III., der 238 n.
Chr. im Alter von 13 Jahren zum Augustus erhoben und sechs
Jahre später in Persien ermordet wurde. 1893 hatte man den
Kopf bei Ausgrabungen im Lagerdorf des Kastells Niederbieber
gefunden. Die Statue des Kaisers stand dort ursprünglich an
repräsentativer Stelle im Stabsgebäude.

Bald nach 259 n. Chr., weniger als zwei Jahrzehnte nach
dem Tod des Kaisers, wurde das Kastell Niederbieber zerstört.
Ob die Statue Gordians III. zu diesem Zeitpunkt noch aufgestellt war, ist nicht eindeutig zu klären. Ein Einschussloch unterhalb des linken Ohres – nur im Röntgenbild zu sehen – sowie
mehrere Hiebspuren auf der Oberseite, die zu Verzerrungen
einzelner Partien führten, weisen auf eine absichtliche Zerstörung des Kopfes hin.

Die Identifizierung des Kopfes als Gordian III. gelang mit Hilfe der Münzporträts. Gordian hatte bereits als Caesar Münzen
herausgegeben und als Augustus folgten weitere Emissionen,
die das Heranwachsen des Herrschers dokumentieren. Von
vorne gesehen vermutet man in dem Bonner Porträt zunächst
das Bildnis eines gereiften Mannes, erst in der Seitenansicht
wird das jugendliche Alter des Dargestellten erkennbar. Wegen der Angabe eines Schnurr- und Backenbartes, mit dem
Gordian ab 240 n. Chr. auf seinen Münzen dargestellt wurde,
können wir die Bronze in die Jahre zwischen 240 und 244 n.
Chr., dem Todesjahr des Kaisers, datieren.

Aufgrund stilistischer und herstellungstechnischer Merkmale
ist dieses Bronzewerk nicht als stadtrömisches oder italisches
Importstück, sondern als eine provinzielle Arbeit anzusehen. Als
Vorlage dienten vermutlich Münzen oder Medaillons mit dem
Bildnis des Kaisers, denn die Profilansicht des Kopfes stimmt
erstaunlich eng mit diesen überein. Nach dem Guss wurden
die Haare wie auch andere Details des Porträts – Schnurrbart,
Lippenkontur, Pupillenrand und Iris – mit feinen Meißeln, Zise-
liereisen und Punzen überarbeitet. Gussfehler auf Stirn, Nasenrücken und Wangen hat man mit rechteckigen Flickplättchen
aus dünner Bronze – insgesamt 45 Stück – kaschiert.

Susanne Willer

Literatur

Bracker 1965, S. 29 f. u. 72 f.; Bracker 1979, S. 13 ff., S. 21; Driehaus
1968, S. 87 ff.; Gamer 1969, S. 17 ff. u. 96, Nr. D 29; Lahusen/For-
migli 1994, S. 257 ff.; Lahusen/Formigli 2001, S. 301 ff., Nr. 188 (mit
weiterer Lit.); Menzel 1986, S. 52 f., Nr. 109, Taf. 65 ff.; Stoll 1992,
S. 83, 429 ff., Nr. II 2.1.; Willer 1999; Willer 2009 (b); Willer/Willer
2011, S. 84 ff..

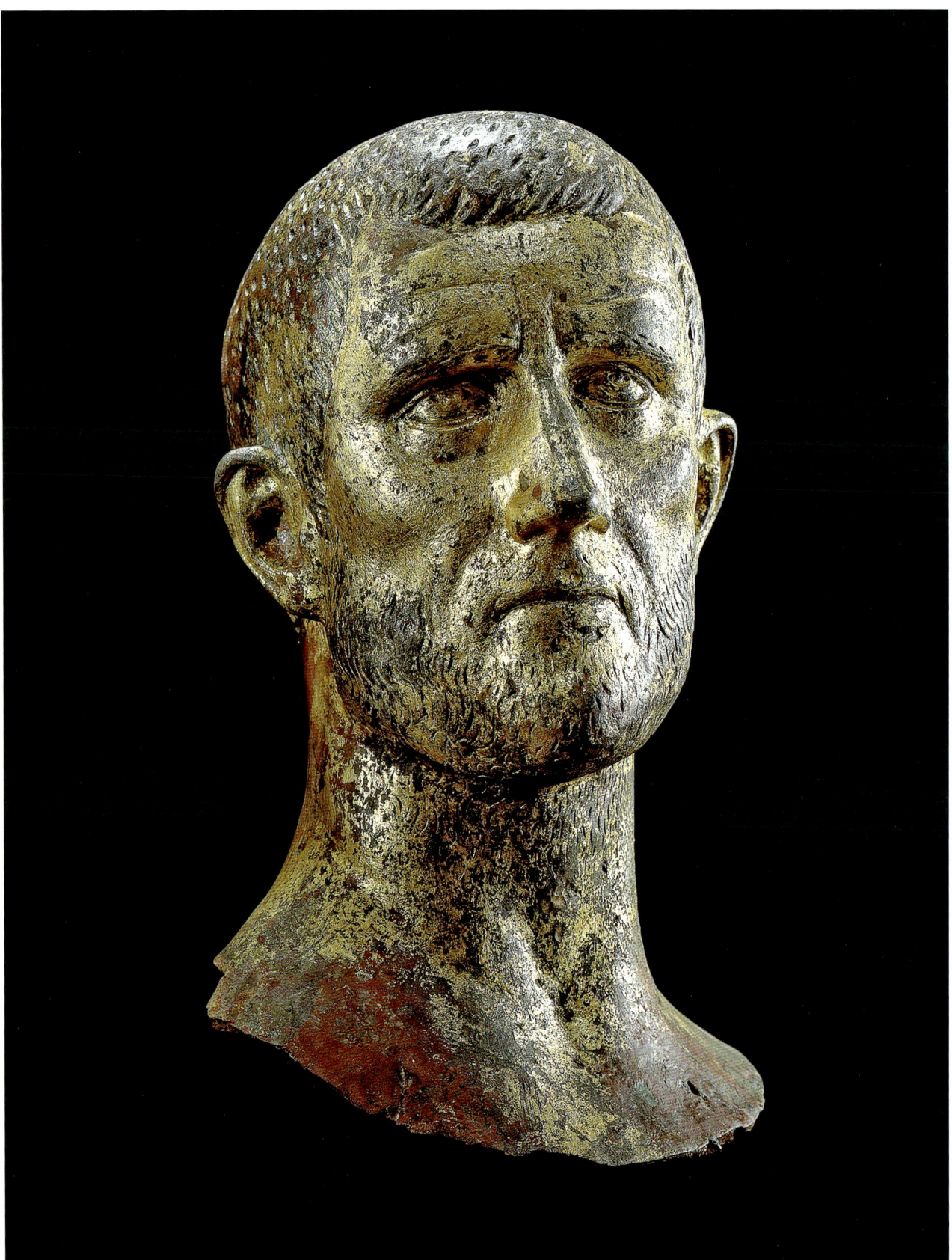

I.50

Porträtkopf: Kaiser oder Zeitgesicht?

Um 260–280 n. Chr.
1826 im Kontext eines in der Spätantike
eingerichteten Depots beim Capitolium
von Brescia gefunden (vgl. Kat.-Nr. I.53).
Bronze, blattvergoldet; Hohlguss (indirektes
Wachsausschmelzverfahren).
H 37 cm, H Kinn–Scheitel 24 cm
Brescia, Brescia Musei-Museo Di Santa Giulia, MR 352

Der deutlich nach rechts gewendete Kopf stammt von einer verlorenen Statue. Große, kubische Formen und unorganisch eingetragene Asymmetrien prägen das Gesicht. Zwei unterschiedlich geschwungene Vertikalfalten über der Nasenwurzel trennen zwei horizontal übereinander liegende Stirnfalten. Die gepickten, verschieden verlaufenden Brauen überschatten die Augen. Das rechte Auge liegt merklich höher als das linke, was der linke Tränensack teilweise ausgleicht. Unter sphärisch hervortretenden Wangenknochen fallen die Wangen dellenartig ein. Isoliert ausmodellierte und markant eingekerbte Nasolabialfalten begrenzen zangenartig den Mund. Die Nase ist annähernd geradlinig und kaum eingesattelt. Der fest geschlossene Mund ist klein, schmallippig und gerade. Er fällt an den Winkeln abrupt ab. Das Haupthaar reduziert sich auf eine geschlossene, flach auf der Kalotte liegende Kappe. Sie ist durch unregelmäßige, etwa reiskorngroße Einschläge gegliedert. Diese Technik der Haarstilisierung entstammt einer Meißelpraxis von Marmor, was gleichzeitige Marmorbildnisse veranschaulichen. Nur vorne, über der Stirnmitte, löst sich aus der Haarkappe eine Reihe von kurz angedeuteten, nach rechts gestrichenen Strähnen. Rechts davon springt die Haarkappe dreieckig zurück, links davon steigt sie hingegen in sanftem Bogen auf. Im Gegensatz zu der einheitlich abgesetzten Haarkappe ist der bis zur Halsgrube wachsende Vollbart durch lange gebogene Kerbungen in das Inkarnat eingetieft.

Der Kopf ist zusammen mit drei anderen Bildnissen in einem Depot der Spätantike gefunden worden. Das schließt gesicherte Rückschlüsse auf den ursprünglichen Ort ihrer Aufstellung aus. Zwei der Bildnisse sind Repliken. Das ausgestellte Porträt und ein weiteres sind sich als Zeitgesichter ähnlich, lassen sich aber, zumindest mit unseren Mitteln, nicht auf dieselbe Person beziehen. Die Benennung der vier Porträts ist bis heute umstritten; ebenso die Frage, ob es sich um Bildnisse von Kaisern oder Angehörigen der Lokal- bzw. Reichselite handelt. Größe, Material, Vergoldung und Duplizität liefern keine Entscheidungshilfe. Unser Kopf wurde unter Verweis auf Münzbilder mit den Kaisern Claudius II. Gothicus (268–270), Aurelian (270–275) und Probus (276–282) identifiziert. Die Münzbildnisse zeigen jedoch entindividualisierte Zeitgesichter, die mit klassizistischen Darstellungstraditionen brechen. Sie erlauben es daher kaum, anonyme Porträts der Rundplastik sicher zu benennen. „Das Verfallen an einen Zeittypus ist dabei die positive Folge der Abwertung des Individuellen" (Bergmann 1977, S. 117). Charakterisierungen des Individuellen beschränken sich nun auf Details, die (uns) im Verhältnis zum Gesamtentwurf zufällig erscheinen und daher als Persönlichkeitsmerkmale schwierig zu bestimmen sind. Kaiser und Nicht-Kaiser unterschieden sich nicht mehr durch Distinktion im Bildnisentwurf, sondern durch Inschrift und unterschiedlich privilegierte Orte der Aufstellung. Auch qualitativ ist der blattvergoldete Bronzekopf in Brescia ein herausragendes Beispiel für den Prozess zunehmender Entindividualisierung im römischen Bildnis – und damit für die Geschichte des Bildnisses überhaupt. An der Schwelle zur Spätantike veranschaulicht der Bronzekopf eine typische Ausprägung des Zeitgesichts, mit dem sich beide in der Öffentlichkeit profilierten: der Kaiser und die politische Elite.

Rolf Michael Schneider

Literatur

Ausst.-Kat. Karlsruhe 2009, S. 53; Bergmann 1977, S. 107–118 u. 132–133; Labus 1838, S. 175, Taf. 50,1; Lahusen/Formigli 2001, S. 298–301 u. 435–437 (Farbabb.), Nr. 187 III; Stella 2003, S. 63 u. 68–69 (Farbabb.).

Der Palast der römischen Kaiser auf dem Palatin in Rom

Als Otto im Jahre 962 zur Kaiserkrönung in Rom weilte, war von der einstigen Pracht der römischen Kaiserpaläste auf dem Palatin nur noch eine vage Vorstellung zu bekommen. Dennoch muss die Ansicht vom Circus Maximus, der schon lange nicht mehr für Wagenrennen oder als Wegstrecke bei den imposanten Triumph- und Festumzügen genutzt wurde, auch im 10. Jahrhundert jeden Besucher der Stadt beeindruckt haben. Denn die teilweise noch über 50 m hoch anstehenden Ziegelruinen bilden bis heute eine imposante Kulisse (Abb. 25). Den wenigsten Betrachtern dürfte damals wie heute aber bewusst sein, dass gerade die spätesten Anbauten aus der Zeit der severischen Kaiser (193–235 n. Chr.) und einer kurzen Blütephase unter Kaiser Maxentius (306–312) das Bild der Paläs-

te prägten. Die Reste der Paläste aus der glanzvollen Zeit des Augustus oder der flavischen Kaiser wurden erst Jahrhunderte später wieder freigelegt und sind bis heute nicht abschließend erforscht. Doch dank zahlreicher neuer Forschungen in den unterschiedlichen Bereichen des Kaiserpalastes in den letzten Jahrzehnten lässt sich die lange Aus- und Umbaugeschichte vor allem von der flavischen bis zur maxentianischen Zeit detaillierter nachzeichnen (Abb. 27). Dies hat zu einem differenzierteren und zum Teil überraschend neuen Bild der langen Entwicklungsgeschichte des Palastes geführt. Klar ist in der Zwischenzeit, dass von einem domitianischen Neubau, mit dem der Herrschersitz auf dem Palatin seine endgültige Form gefunden hat, nicht mehr auszugehen ist. Was in der

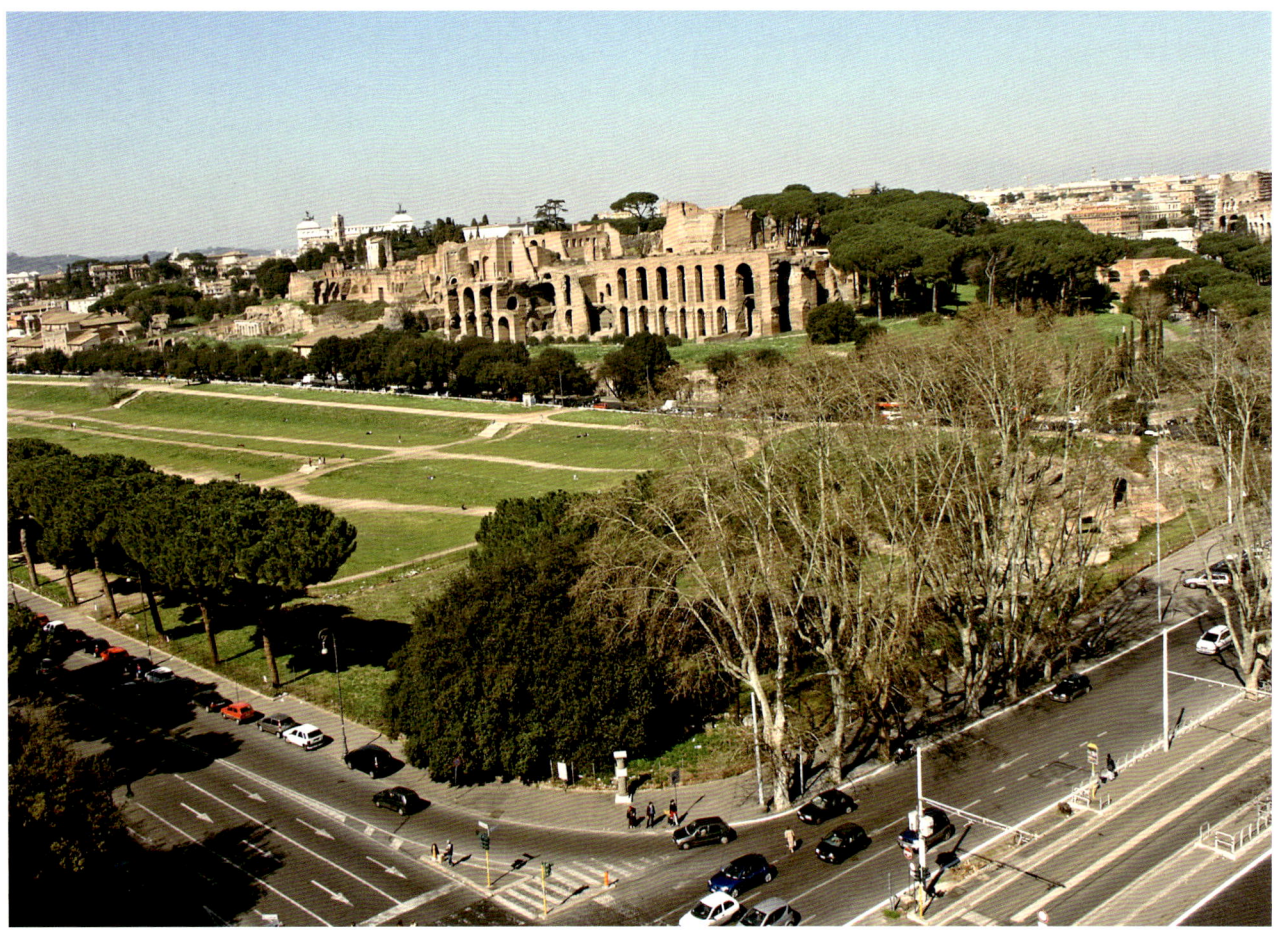

25 Blick auf die Ruinen des Kaiserpalastes in Rom. Besonders beeindruckend sind heute die gewaltigen Substruktionsbauten, die zur Erweiterung des Palastes unter Kaiser Maxentius gehören. Im Vordergrund der Circus Maximus.

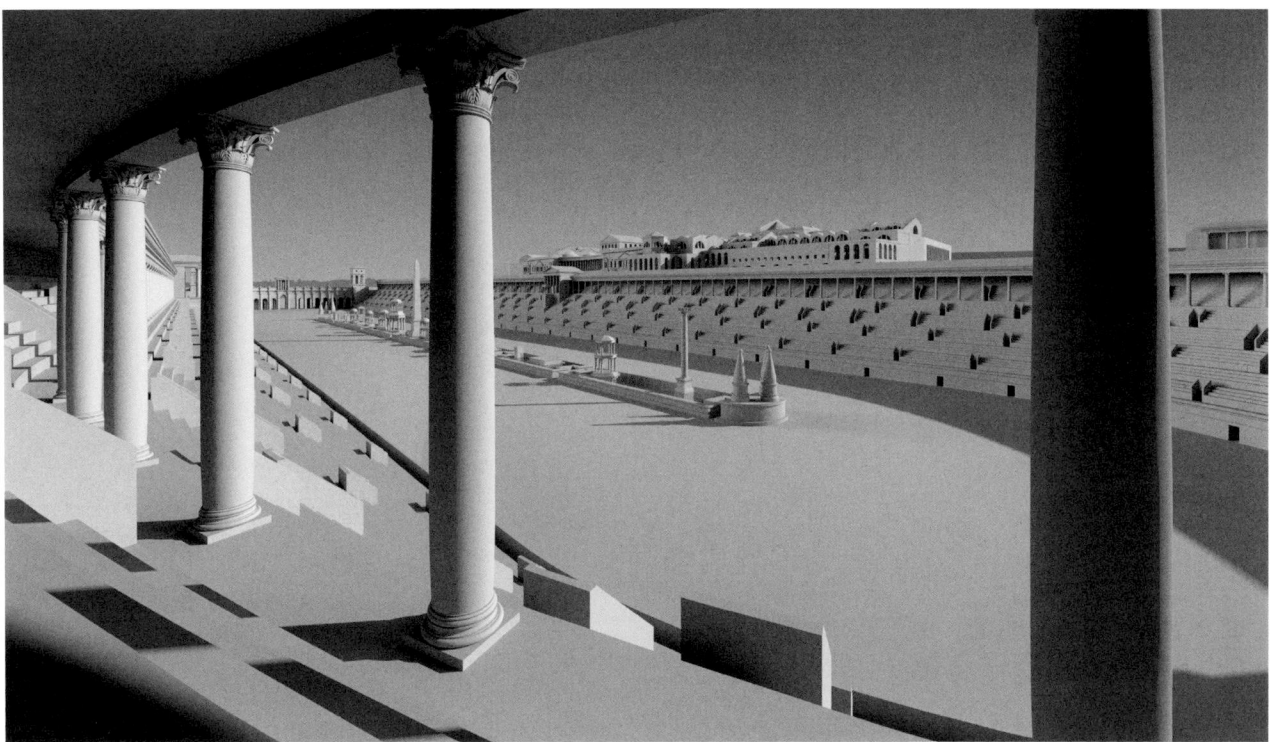

26   Virtuelles Rekonstruktionsmodell der Ansicht des Kaiserpalastes vom Circus Maximus aus maxentianischer Zeit (Anfang 4. Jh.)

Forschung bisher als einheitlicher Entwurf Kaiser Domitians (81–96) und seines Architekten Rabirius galt, stellt sich nun als ein Palast in ständiger Entwicklung von der Mitte des 1. bis zum Anfang des 4. Jahrhunderts n. Chr. dar (Abb. 30 a–d).

In den domitianischen Palast wurde dabei geschickt ein um die Mitte des 1. Jahrhunderts n. Chr., vermutlich in vespasianischer Zeit, entstandener, 'versenkter' Peristylhof mit einem großen Wasserbecken mit Insel integriert. Um diesen gruppierten sich L-förmige Gelageräume, die ihrerseits wiederum um Höfe angeordnet waren. Im Norden gab es eine Reihe mit drei großen Räumen, von denen zwei einen oktogonalen Grundriss und eine aufwändige Schirmkuppel besaßen, die zu den frühsten Kuppeln dieser Art in der römischen Architektur gehören.

In domitianischer Zeit entstand auf der Hauptebene der Gebäudetrakt der sogenannten Domus Flavia, der vermutlich sehr bewusst unmittelbar anschließend an den Augustuskomplex mit dem Apollontempel errichtet wurde (Abb. 30 a). Die Räume sind an vier Seiten um einen Peristylhof gruppiert, der ebenfalls ein großes Wasserbecken besaß. Mit der Aula Regia und der Cenatio Iovis entstanden am Ende des 1. Jahrhunderts n. Chr. Räume mit Dimensionen, die bis dahin so weder aus dem Palastbau noch aus dem aristokratischen Wohnungsbau bekannt waren (Abb. 29). Hier konnten in einem ganz neuen, einem wahrlich ‚kaiserlichen‘ Ambiente mit einer großen Menschenmenge Empfänge, Audienzen und Bankette abgehalten

werden. Den funktionalen Kern des domitianischen Neubaus bildete die sogenannte Domus Augustana mit einem weiteren Peristylhof mit Wasserbecken (Abb. 29). Um diesen gruppierten sich an drei Seiten Räume, die meistens durch eine oder mehrere rechteckige Nischen charakterisiert sind, in denen Klinen aufgestellt gewesen sein dürften. Die einzelnen Zimmer waren zudem durch mehrere Durchgänge untereinander verbunden. Die Räume waren so multifunktional zu nutzen, je nach Tageszeit und Anlass konnten hier von morgendlichen Begrüßungen, über Beratungen bis hin zu Gastmählern unterschiedliche Aktivitäten stattfinden. Schwer interpretierbar sind die wenigen Reste des nördlich anschließenden Bereiches. Mehrere Indizien sprechen dafür, dass an dieser Stelle in flavischer Zeit ein großer Hof geplant war. Auch wenn beim derzeitigen Bearbeitungsstand nicht mit Sicherheit gesagt werden kann, ob der Hof je über die Fundamente hinaus ausgeführt wurde, ist gut vorstellbar, dass er als großes *vestibulum* angelegt war (Abb. 28 u. 29). In diesem Eingangsbereich hätten die auf die Zulassung zur *salutationes* (Morgenempfang) Wartenden in verschiedene Gruppen aufgeteilt, in die nächsten Höfe des Palastes vorgelassen und dann dem Rang entsprechend auf verschiedene Räume verteilt werden können.

Im Osten schloss das sogenannte Gartenstadium an, das nach den neuen Erkenntnissen für die flavische Phase eingeschossig rekonstruiert wird (Abb. 29). Das Untergeschoss, das

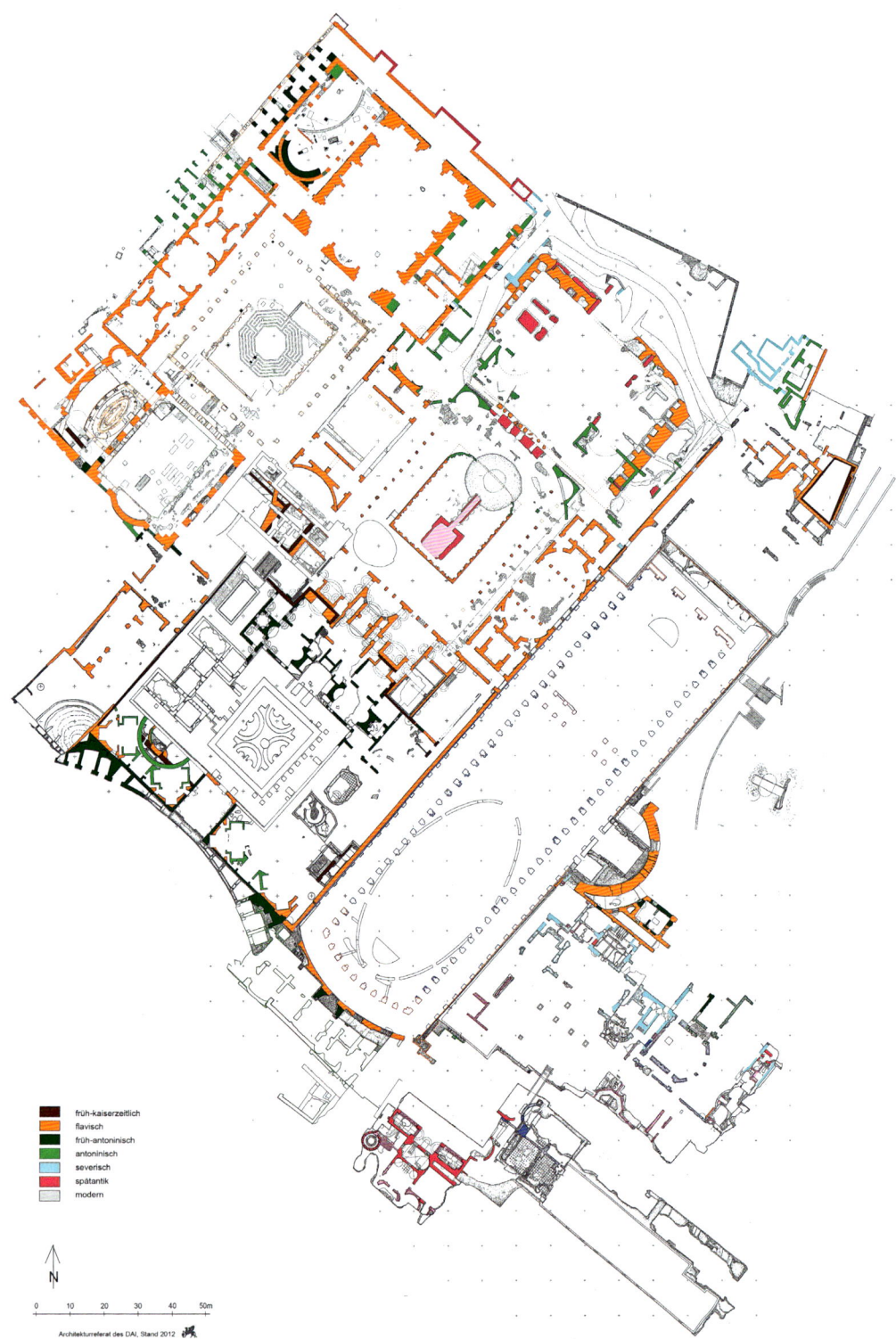

früh-kaiserzeitlich
flavisch
früh-antoninisch
antoninisch
severisch
spätantik
modern

N

0   10   20   30   40   50m

Architekturreferat des DAI, Stand 2012

27 Phasenplan des südöstlichen Bereiches der Kaiserpaläste auf dem Palatin (Domus Flavia, Domus Augustana, Gartenstadium und Domus Severiana). Der Phasenplan macht deutlich, dass der Kaiserpalast von flavischer bis in maxentianische Zeit kontinuierlich aus- und umgebaut wurde

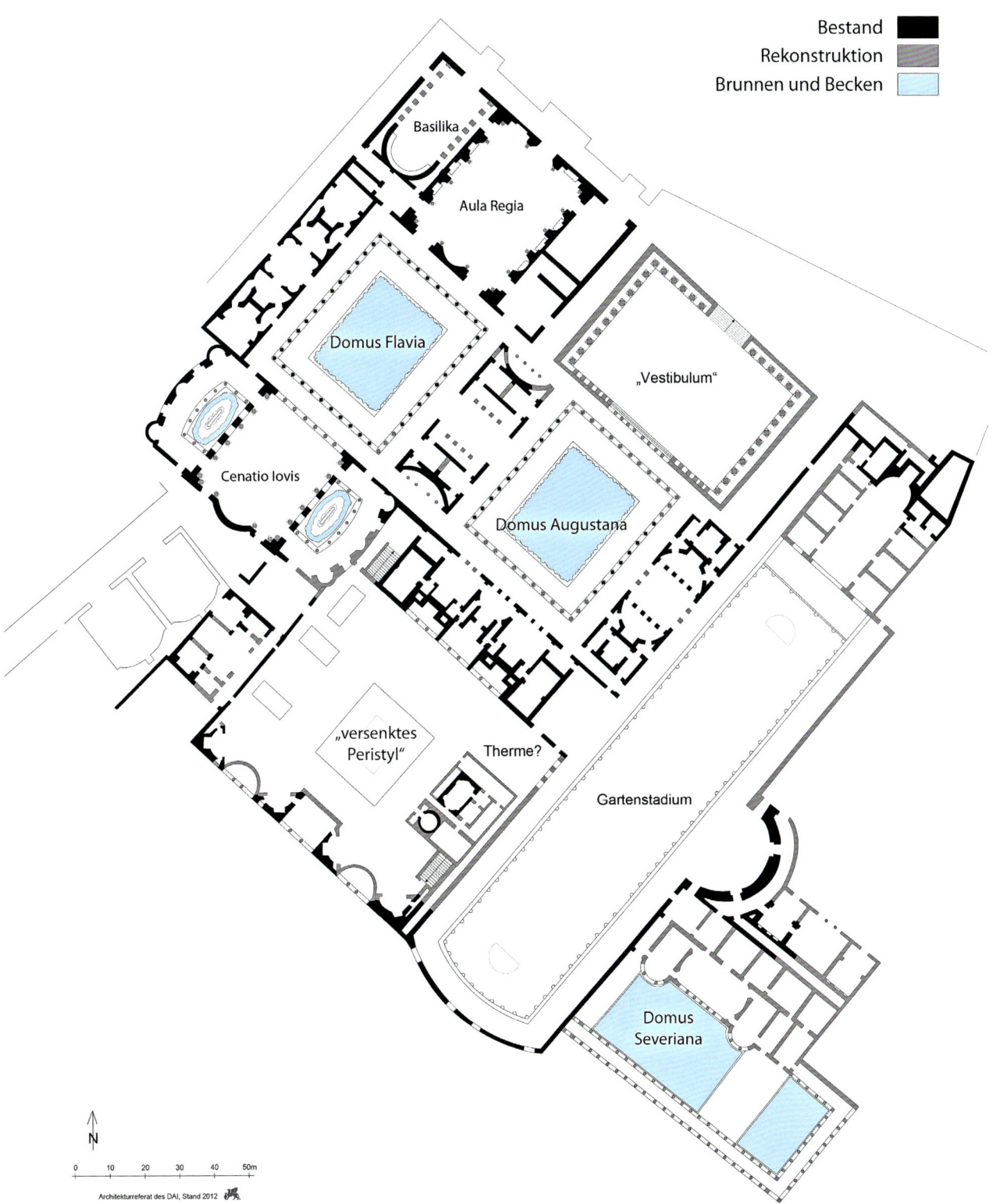

28 Hypothetische Rekonstruktion des Grundrisses im Hauptgeschoss des südöstlichen Bereiches der Kaiserpaläste auf dem Palatin (Domus Flavia, Domus Augustana, Gartenstadium und Domus Severiana) in flavischer Zeit (Ende 1. Jh.)

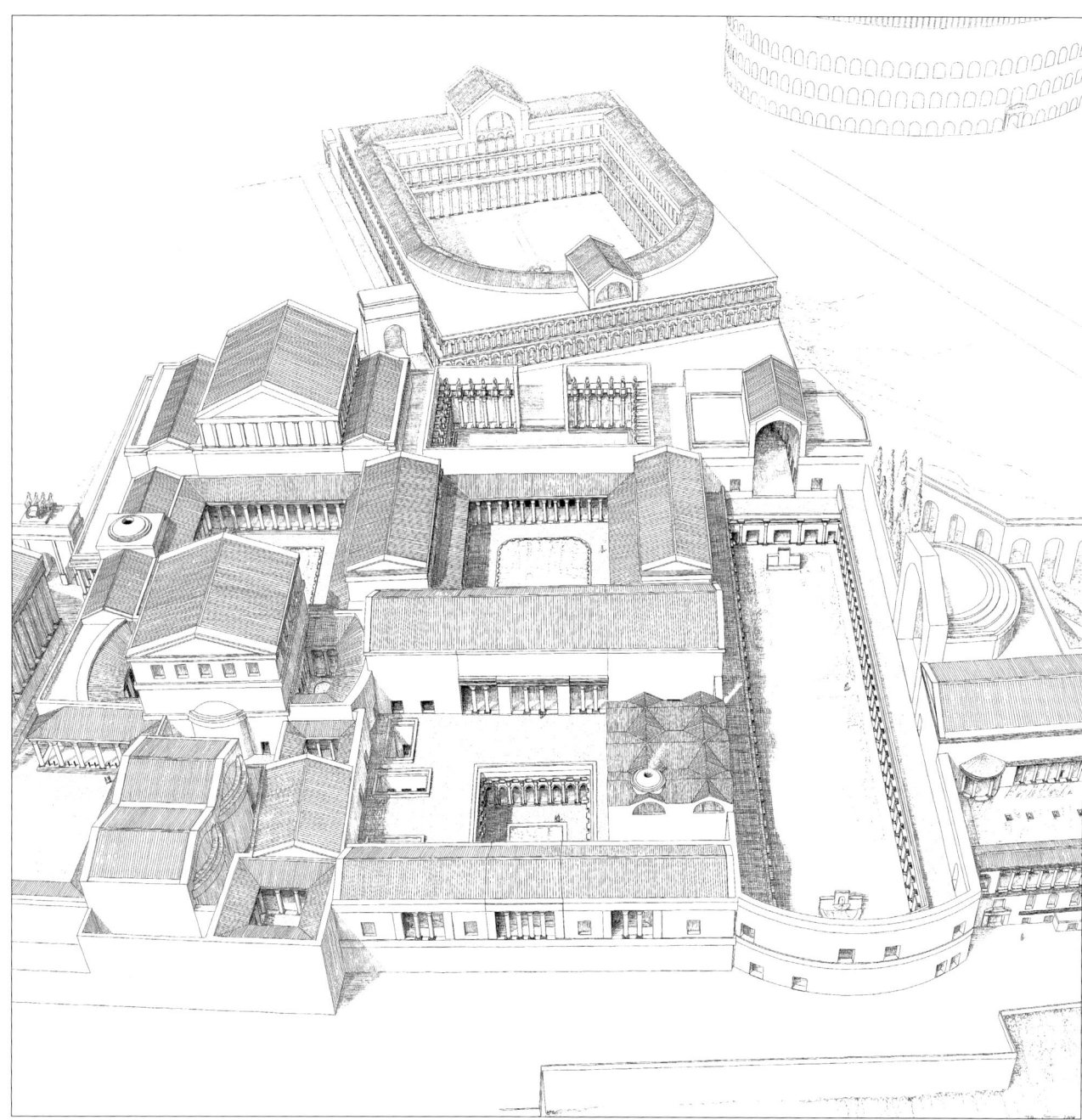

29   Rekonstruktionsversuch des südöstlichen Bereiches der Kaiserpaläste auf dem Palatin in flavischer Zeit (Ende 1. Jh.).

demnach ein weiteres großes, dreiseitiges ‚versenktes' Peristyl gebildet hat, dürfte einen Umgang in Form einer Terrasse getragen haben. Diese hätte auch im Obergeschoss ein Umschreiten sowie vielfältige Einblicke in die große Gartenanlage ermöglicht. Zudem bildete sie den Zugang zu einem weiteren Gebäudetrakt, der sogenannten Domus Severiana (Abb. 27 u. 28). Um das Niveau der Hauptebene zu erreichen waren hier, am Rande des Hügels, hohe Substruktionen notwendig. Der zweigeschossige Unterbau mit zahlreichen Räumen

bildete eine große Plattform, auf der sich zwei Fluchten von symmetrisch angeordneten Räumen erhoben. An diese Räume mit großen Öffnungen schloss unmittelbar ein Wasserbecken an, das von einer Säulenhalle (*porticus*) eingefasst wurde (Abb. 30 a). Wie bei den in dieser Zeit beliebten See- oder Meervillen außerhalb Roms konnten hier, mitten in der Stadt, luxuriöse Gastmähler in einer Otium-Atmosphäre stattfinden, bei denen der Blick der Speisenden über eine weite Wasserfläche schweifte. Einen weiteren hängenden Garten gab es in

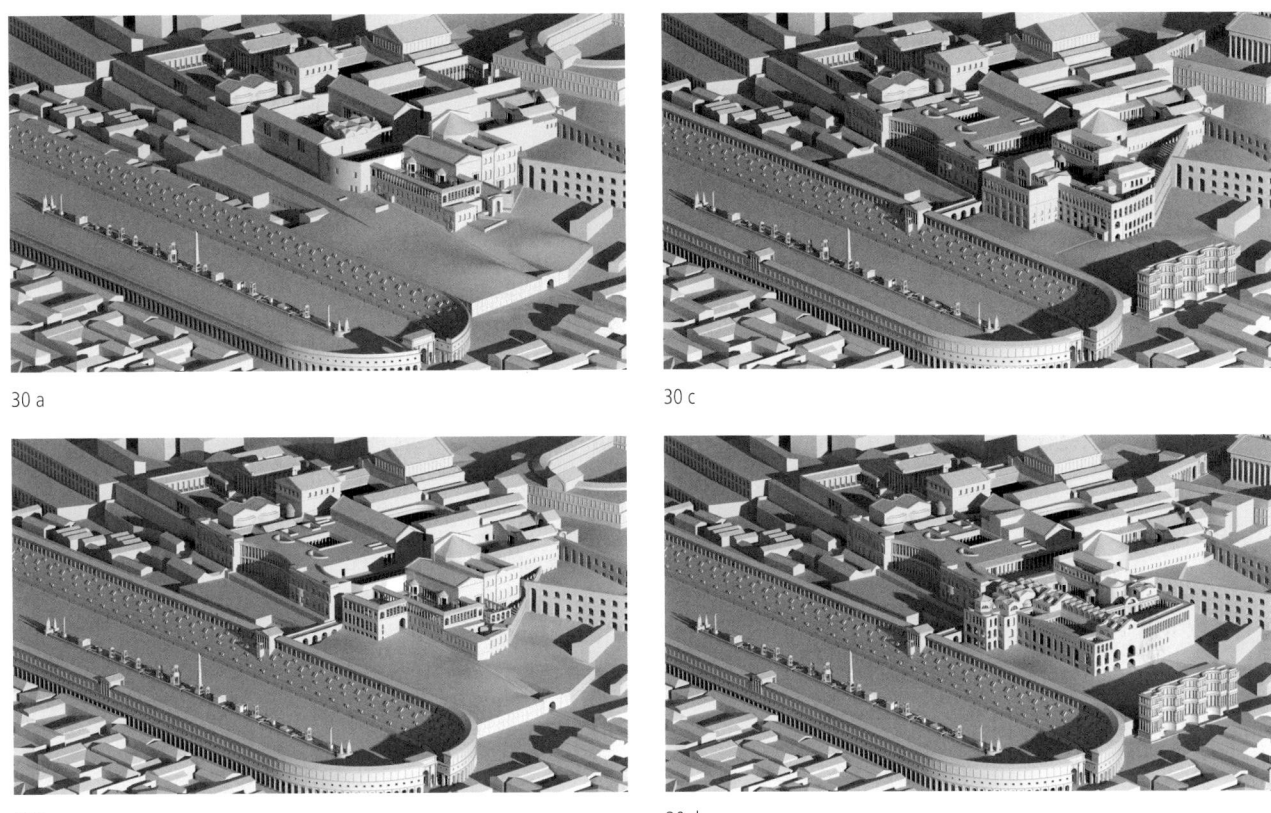

30 a

30 c

30 b

30 d

30 a–d   Virtuelle Rekonstruktionsmodelle der Entwicklung der Kaiserpaläste auf dem Palatin. a: flavisch (Ende 1. Jh.), b: trajanisch-hadrianisch (Anfang bis Mitte 2. Jh.), C: severisch (Anfang 3. Jh.), d: maxentianisch (Anfang 4. Jh.).

flavischer Zeit im Bereich der Vigna Barberini, der sich ebenfalls auf hohen Substruktionen erhob (Abb. 29). Diese Gebäudetrakte machen deutlich, wie wichtig die Integration von Villenelementen und weitläufigen Gartenanlagen ganz nach dem Vorbild des neronischen Palastes auch für den flavischen Neubau waren. Mit dieser ausgedehnten Anlage, die sich auf einer einheitlichen Plattform erhob, war zu Ende des 1. Jahrhunderts n. Chr. das Grundkonzept für den Palast auf dem Palatin gelegt worden. Über vielfältige Bezüge wurden ganz individuell ausgeformte Palasttrakte, wie die Domus Flavia mit ihren großen hallenähnlichen Versammlungs- und Speiseräumen, die Domus Augustana mit ihrer Vielzahl von multifunktional nutzbaren Audienz- und Gelageräumen sowie die Domus Severiana mit ihrem zu einem künstlichen See ausgerichteten Otium-Ensemble mit Gartenelementen vereinigt.

Ein Endpunkt der Entwicklung des römischen Kaiserpalastes war damit noch nicht erreicht. Vielmehr lässt sich heute sagen, dass der flavische Palast nicht in allen Bereichen fertig gestellt war und im 2. Jahrhundert n. Chr. umfangreich um- und ausgebaut wurde. Besonders im Bereich der Domus Augustana gab es Umstrukturierungen (Abb. 27, grüne Phasen). Offen-

sichtlich erst in der Zeit Kaiser Hadrians (117–138) wurde das ,versenkte' Peristyl zweigeschossig ausgeführt und im Hauptgeschoss von weiteren Raumgruppen umgeben (Abb. 30 b). Der Eingangshof wurde durch den Einbau von Räumen tiefgreifend umgestaltet. Das flavische Palastbaukonzept wurde demnach im 2. Jahrhundert modifiziert und um neue Räumlichkeiten erweitert. Hierzu ist auch der Ausbau der Fassade des Palastes zum Circus Maximus zu zählen. Die zweigeschossige Exedra im Süden der Domus Augustana wurde erst Anfang des 2. Jahrhunderts dem Palast vorgeblendet (Abb. 27 u. 30 b). Mauerreste im Westen der Domus Severiana und die Darstellung des *Pulvinars* des Circus Maximus auf einem *Forma Urbis*-Fragment sprechen dafür, dass hier zeitgleich eine Brücke errichtet wurde. Über eine solche Verbindung wäre vom Palast aus die Kaiserloge im Circus, die dem Kaiser und seinem Hof bei den Circusspielen vorbehalten war, direkt zu erreichen gewesen. Erst mit diesen Umbauten in der Zeit des Kaisers Trajan (98–117) besaß der Palast zum Circus Maximus eine fast 300 m lange, gestaltete Fassade und damit ein einheitliches Erscheinungsbild. Gleichzeitig wurde eine engere stadträumliche Verbindung zwischen Palast und dem vorgelagerten Circus erreicht. Der Herrscher konnte sich nun dem im Circus Maximus versammelten Volk an architektonisch wirkungsvoll inszenierten Stellen vom Palast aus zeigen und vielleicht sogar direkt vom Palast aus im Circus erscheinen.

Erst mit den trajanisch-hadrianischen Um- und Ausbauten war über 100 Jahre nach der Einrichtung des Prinzipats unter Kaiser Augustus (31 v.–14 n. Chr.) ein gültiges, ausdifferenziertes Palastkonzept verwirklicht worden, das bis zur Verlegung der Residenz nach Konstantinopel im 4. Jahrhundert in seinen Grundzügen Bestand hatte. Denn im Bereich der Domus Augustana und der Domus Flavia lassen sich keine großen Aus- oder Umbaumaßnahmen im 3. Jahrhundert nachweisen. Diese konzentrieren sich vielmehr auf den Ostteil des Hügels. Das Gartenstadium wurde vermutlich nach dem großen Brand 192 n. Chr. umfassend erneuert und wahrscheinlich erst jetzt mit einem zweiten Geschoss ausgestattet (Abb. 30 c). Die ebenfalls durch das Feuer zerstörten Räume der Domus Severiana wurden in ihrem Grundriss kaum verändert wieder hergestellt, wobei das Wasserbecken aufgegeben wurde. Erweitert wurde das Ensemble um eine Badeanlage, für die die Plattform mit Hilfe von hohen Substruktionen nochmals erweitert wurde (Abb. 27). Der Außenwirkung dieses Palastteiles kam in severischer Zeit offenbar große Bedeutung zu, da der bisher vernachlässigte Abschluss des Palastes nach Südosten nun aufwendig mit dem Bau des *Septizodiums* kaschiert wurde (Abb. 30 c). Für den die Stadt auf der Via Appia betretenden Besucher präsentierte sich der Kaiserpalast vor allem durch diese Schaufassade des dreigeschossigen Nymphäums hinter der sich der Thermenneubau erhob, der regelrecht über der Stadt zu schweben schien. Im Bereich der Vigna Barberini wurde in severischer Zeit ein Tempel für Elagabal (218–222) errichtet, der an Größe den augusteischen Apollontempel übertraf (Abb. 30 c). 200 Jahre nach der Einrichtung der ersten augusteischen Residenz entstand hier ein neues Kultzentrum auf

dem Palatin, das an der Nordostseite einen weiteren städtebaulichen Schwerpunkt setzte.

Ein letzter Glanzpunkt wurde unter Kaiser Maxentius am Anfang des 4. Jahrhunderts gesetzt, in dessen kurzer Regierungszeit die Plattform der Domus Severiana abermals erheblich erweitert und die Fassade des Kaiserpalastes in diesem Bereich fast bis an den Circus Maximus herangeschoben wurde. Die relativ bescheidene severische Therme wurde auf den über 20 m hohen Substruktionen erheblich vergrößert und bildete nun einen glanzvollen Abschluss der Kaiserpaläste im Südosten. Auf einem vorspringenden Gebäuderisalit entstanden in ihrem Grundriss vielfältig und abwechslungsreich gestaltete Aussichtsräume, die dem Baden in dieser extremen Situation hoch über dem Circus Maximus zusätzlichen und ungewöhnlichen Reiz gaben (Abb. 30 d).

Die gewaltigen Neubauten, die Kaiser Maxentius in seiner kurzen Regierungszeit im Südosten des Palatin verwirklichen ließ, bildeten den Endpunkt des Ausbaus der römischen Kaiserpaläste. Dieser war deutlich von dem stetigen Wunsch einer bewussten stärkeren Akzentuierung des Palastes im Stadtbild geprägt. Der Schaufassade zum vorgelagerten Circus Maximus kam dabei besondere Aufmerksamkeit zu. Der Palast auf dem Palatin bildete über Jahrhunderte hinweg das Sinnbild für die höchste Macht im Römischen Reich und die Vorherrschaft Roms in der antiken Welt. Er war eine Metapher für die kaiserliche Präsenz, ja für das Kaisertum ganz allgemein und wurde so auch verstanden und gelesen und dies dürfte auch noch für die Zeit Ottos des Großen gegolten haben.

Ulrike Wulf-Rheidt

Literatur

Allgemein: Hoffmann/Wulf 2006; Royo 1999. Zu den neueren Forschungsergebnissen: Sojc 2005/2006; Wulf 2002/2003; Wulf-Rheidt 2011; Wulf-Rheidt 2012; Wulf-Rheidt/Sojc 2009.

Bilder des Sieges

Römische Bilder des Sieges schufen eigene ideologische Realitäten. In ihrem Mittelpunkt stand der Sieger. Auf ihn bezog sich das Rühmen von individueller Leistung, militärischem Erfolg, kollektiver Glücksverheißung, politischem Führungsanspruch, göttlichem Beistand. Unter keinem anderen Kaiser können wir die Formen der ideologischen Neuausrichtung der Sieges-Bilder und ihrer strukturellen Verankerung in der Kaiser-Herrschaft Roms so gut fassen wie unter Augustus (27 v.–14 n. Chr.). Eine Siegesehrung im 4. Jahrhundert v. Chr. führt darauf hin (Schneider 2008, S. 151–152).

Der römische Feldherr Caius Maenius hatte nach seinem Sieg über die südlich von Rom gelegene Hafenstadt Antium (338 v. Chr.) die Vorderteile von sechs feindlichen Kriegsschiffen (*rostra*) erbeutet. Diese ließ er an einem der prominentesten Orte Roms befestigen, der gebogenen Rednerbühne (*suggestum*) der Volksversammlung, die am Forum Romanum lag (Livius, Ab urbe condita 8,14,12). Eine solche Form individueller Selbstdarstellung im Raum der römischen Politik war bis dahin beispiellos. Sie führte zum ersten uns bekannten politischen Denkmal Roms. Fortan hieß die Rednerbühne nur noch Rostra, „Rammsporne von Kriegsschiffen". 300 Jahre später machte Caesar den altehrwürdigen Ort der Volksversammlung dem Erdboden gleich. Die berühmten *rostra* von Antium bewahrte er jedoch. Für sie ließ er, mitten auf dem Forum, ein neues Monument mit gerader Frontseite errichten. Es war mehr Siegesdenkmal als Rednerbühne und hatte, außer den historischen Rammspornen, nur noch wenig mit den alten Rostra gemein. Kurz danach (42 v. Chr.) und genau gegenüber wurde ein Tempel für den vergöttlichten Caesar (*Divus Iulius*) geplant. Beide Monumente wurden von seinem Adoptivsohn vollendet und 29 v. Chr. eingeweiht. An der Frontseite des Tempelpodiums seines Adoptivvaters ließ der spätere Augustus neue *rostra* befestigen. Sie stammten von den ägyptischen Kriegsschiffen, erbeutet unter seinem Oberbefehl in der berühmten Seeschlacht von Actium (Zachos/Pavlidis 2010). In direkter Fortsetzung der Maßnahmen Caesars wurde das republikanische Herzstück der Stadt, das alte Forum, systematisch umgestaltet: zur neuen Bühne des Siegers und Begründers der Kaiserherrschaft Roms.

In welchem historischen Zusammenhang ist diese außergewöhnliche Siegesrhetorik zu sehen? Durch den Sieg in der Seeschlacht von Actium (31 v. Chr.) und über Ägypten (30 v. Chr.) beendete der spätere Augustus die Bürgerkriege und sicherte sich die Alleinherrschaft in Rom. Die Folge waren Siegesbilder im ganzen Reich (vgl. Kat.-Nr. I.16). Besonders populär wurden

Motive wie die Siegesgöttin auf dem Himmelsglobus, Schiffstrophäen und Meereswesen sowie das Krokodil als Wahrzeichen der Bezwingung Ägyptens. Im August 29 v. Chr. feierte der Sieger mit kaum vorstellbarer Pracht einen dreifachen Triumph, für Siege über illyrische und nördliche Völker, den Seesieg bei Actium und die Unterwerfung Ägyptens (Cassius Dio, Historia romana (a/b) 51,21,5-8). Im Zuge dieses gewaltigen Spektakels weihte der Sieger zwei nach Caesars Ermordung auf dem Forum begonnene Bauten ein, die Curia Iulia für den Senat und den bereits erwähnten Tempel für den Divus Iulius. Der Senat stiftete ein drittes Bauwerk dazu, den Triumphbogen für den Sieger von Actium. Er wurde direkt neben dem Tempel des Divus Iulius errichtet und war von einer Triumphalquadriga bekrönt (vgl. Münzbilder, Kat.-Nr. I.7 [15]). Der überlieferte Bildschmuck der drei Bauten rühmte die Allmacht des Siegers über Land und Meer und die endgültige Vereinnahmung Ägyptens, des ältesten bestehenden Gottkönigtums der Welt.

In den neuen Senatsbau stiftete der Sieger eine hellenistische Statue der Siegesgöttin, die mit Zehenspitzen auf dem Himmelsglobus stand (Hölscher 1967, S. 6–47; Schneider 1997). Die Figur war wahrscheinlich luftig auf einem Pfeiler zur Schau gestellt. Zeitgenössische Münzbilder zeigen die Figur mit der Legende CAESAR DIVI F(ilius) und IMP(erator) CAESAR entweder allein oder als weithin sichtbaren Firstakroter der Curia Iulia. Nach Cassius Dio (Historia romana (a/b) 51,22,2) hatte der Sieger sie mit ägyptischen Beutewaffen geschmückt. Sie war die persönliche Siegesgöttin des späteren Augustus. Ihr Bild propagierte eindringlicher als jeder Text den Anspruch des Siegers auf die Weltherrschaft Roms. Auf zeitnah geprägten Münzbildern nimmt er den Himmelsglobus selbst in Besitz, hält ihn als Zeichen seiner Weltherrschaft entweder in der vorgestreckten Hand oder setzt seinen Fuß darauf (vgl. Kat.-Nr. I.7 [12 a–b]). Mit der Siegesgöttin und dem Himmelsglobus gewannen politische Motive Gestalt, die sich zu den markantesten Herrschaftszeichen der römischen Kaiserikonographie entwickelten (vgl. Kat.-Nr. I.57 oder I.4).

Im Januar 27 v. Chr. platzierten Senat und Volk bei der Siegesgöttin im Senatsbau den *clipeus virtutis*, den goldenen „Schild der Tugend" (vgl. Kat.-Nr. I.1). Aus der Perspektive des Kaiserlobes verkündete seine Inschrift, er sei dem Augustus aufgrund seiner militärischen Tapferkeit, politischen Milde, gesellschaftlichen Gerechtigkeit und religiösen Pflichterfüllung gegenüber den Göttern und dem Vaterland verliehen. Es war ein politisches Grundsatzprogramm, dessen universale Gültigkeit die Siegesgöttin auf dem Himmelsglobus im Bild versicherte. Die universale Sieghaftigkeit des Kaisers und die dauerhafte Einhaltung von vier mit seiner Herrschaft verknüpften Kardinaltugenden bildeten ideologische Eckpfeiler der Kaiserherrschaft Roms. Der politische Anspruch des Ensembles in der Kurie wurde noch einmal gesteigert. Nach einer Verfügung des Augustus im Jahr 12 v. Chr. hatten die Senatoren vor jeder Sitzung an einem bei der Siegesgöttin aufgestellten Altar ein Opfer für sie darzubringen (Hölscher 1967, S. 7). An diesem Altar entzündete sich in der Spätantike eine berühmte Grundsatzdebatte zwischen der christlichen und nicht-christlichen Führungselite Roms. Nachdem der Victoria-Altar mehrmals entfernt und wieder aufgestellt worden war, ließ ihn Theodosius I 394 n. Chr. endgültig zerstören (Cameron 2011, S. 33–51).

Neue Formen, Motive und Ansprüche kaiserlicher Siegesbilder entstanden nach dem sogenannten Parthererfolg von 20 v. Chr. Überall im Reich verherrlichten römische Bilder den auf friedlichem Weg erreichten außenpolitischen Erfolg: als epochalen Sieg Roms über die fernen Räume des Orients und damit über die ganze Welt (Schneider 2008 (b), S. 163–175). Das bekannteste Beispiel (für uns) ist die Statue des Augustus von Prima Porta (um 17 v. Chr., vgl. Abb. 5, S. 33). Im Mittelpunkt ihres figurengeschmückten Panzers stehen zwei Figuren. Ein bärtiger Parther in asiatischer Jacken-Hosen-Tracht überreicht einem gepanzerten Repräsentanten Roms ein von parthischen Truppen erbeutetes römisches Feldzeichen. Um sie herum geordnete göttliche, kosmische und geographische Figuren verleihen der Szene die gewünschte welthistorische Dimension. Populärer war das seit 19 v. Chr. verbreitete Ergebenheitsmotiv des vor der Kaisermacht Roms niederknienden Asiaten. In der römischen Kaisermünze wurde dafür die ethnographische Darstellung als Parther gewählt, der ein erbeutetes römisches Feldzeichen zurückgibt. In der gleichzeitig einsetzenden Skulptur dominierte hingegen das Motiv des jugendlichen schönen Asiaten. Neu waren hier überlebensgroße Statuen. Und neu war das für sie gewählte Material, teuerster Buntmarmor aus dem fernen Phrygien. Der exotisch gefleckte Buntmarmor verfremdete die Statuen selbst zu sensationellen Beutestücken. Aus drei erhaltenen Exemplaren und einer Nachricht bei Pausanias (Graeciae de scriptio 1,18,8) ließen sich die ursprüngliche Funktion, Datierung und Deutung wiedergewinnen. Die Statuen dienten als Träger eines großen Dreifußes aus Bronze, der an den berühmtesten Siegesdreifuß der Antike erinnerte. Griechische Städte hatten ihn als monumentales Siegeszeichen in das Heiligtum des delphischen Apollon geweiht, nachdem sie die Übermacht der Perser bei Plataiai besiegt hatten (479 v. Chr.). Höher ließ sich die ideologische Messlatte nicht hängen. Der Parthererfolg des Augustus und der Sieg der Griechen über die Perser wurden in der Siegesrhetorik Roms für ebenbürtig erklärt (vgl. Kat.-Nr. I.2). Zwei solcher Siegesdenkmäler

sind offenbar bald nach 20 v. Chr. aufgestellt worden, das eine in Rom, das andere in Athen. Die Ikonographie des schönen Asiaten öffnete für den Betrachter neue Lesarten jenseits ideologischer Stereotype wie Feind und Freund, war für Möglichkeiten der Deutung zwischen diesen Polen offen. Bilder des Kaisers, der idealtypisch oder ethnographisch charakterisierte Nicht-Römer immer mühelos besiegte, entwickelten sich zu einem Achsenthema der imperialen Selbstdarstellung Roms (vgl. Kat.-Nr. I.15). Wie bei kaum einem anderen Bildthema wurden für die Darstellung von Nicht-Römern und des Sieges über sie sämtliche Motive der römischen Ikonographie mobilisiert (vgl. Kat.-Nr. I.60 a–b). In dieser Vielfalt von Gestaltung und Deutung lag eine weitere herrschaftsstabilisierende Funktion der Bilder des Fremden, nicht nur im Sinne von Demarkation und Destruktion, sondern auch von Integration, Faszination und Legitimation.

Eine unerhörte Maßnahme war die Aneignung ägyptischer Obelisken. Augustus war der erste, der vier (!) solcher exotischer Giganten von Ägypten nach Rom transportieren ließ (Schneider 2004). Die zwei größeren, je etwa 22 m lang und 230 Tonnen schwer, wurden in Rom nicht wie in Ägypten als Paar, sondern als kaiserliche Siegesbeute einzeln wieder aufgerichtet und an zwei Orten mit höchster Publikumswirkung inszeniert (10/9 v. Chr.). Der eine Obelisk diente, unweit der Ara Pacis und des neuen kaiserlichen Mausoleums, als Zeiger der von Augustus gestifteten Sonnenuhr (horologium). Es war die größte Anlage der Zeitmessung, die wir aus der Antike kennen. Der andere Obelisk stand im Zentrum des Circus Maximus in Rom, der größten (Sieges-)Arena der antiken Welt. Über seiner Nordseite erhob sich die ihm zugewandte Residenz des Augustus, die ihrerseits von drei Sieges-Tempeln umstellt war: denen der römischen Victoria, der siegverheißenden Großen Göttermutter aus Kleinasien und des Apollo Palatinus, des persönlichen Schutzgottes des Kaisers. Die gleichlautenden lateinischen Inschriften erklärten die pharaonischen Obelisken zur persönlichen Siegesbeute des Augustus, „nachdem Ägypten in die Macht des römischen Volkes [sic!] gebracht worden war" (CIL VI 701 u. 702).

Ein vielschichtiges Denkmal kaiserlicher Sieghaftigkeit war das von Augustus im Jahre 2 v. Chr. eingeweihte Forum Augustum, eine der glanzvollsten Anlagen Roms. Es war, wie so viele andere Bauten der Stadt, aus Siegesbeute finanziert (vgl. Kat.-Nr. I.57). Im Mittelpunkt des Forums standen Bilder, die auf Siege des Augustus (besonders den Parthererfolg) und die darauf erfolgten Segnungen für Rom verwiesen (Schneider 2008, S. 152–154, 168 u. 171–172). Darunter waren der gerüstete Kriegs- und Vatergott Mars; die (in der Skulptur zum ersten Mal) auf Waffen sitzende Roma; die Gruppe des Trojaners Aeneas im Panzer (vgl. Kat.-Nr. I.5), der als mythischer Urvater der julischen Kaiserfamilie galt; der legendäre Stadtgründer Romulus als Triumphator mit den geschulterten Beutewaffen des feindlichen Gegners (*spolia opima*), der als erster Römer einen Triumph gefeiert haben soll; und schließlich Augustus in der Triumphalquadriga, gefeiert als erster kaiserlicher Triumphator und Vater des Vaterlands (Augustus, Res gestae(a) 35). Silbermünzen des Augustus, die nach dem Parthererfolg in Spanien geprägt wurden (18 v. Chr.), belegen die zunehmende Monopolisierung des Triumphs durch den Kaiser und seine Siegesideologie (vgl. Kat.-Nr. I.56 a–b). Die Münzen zeigen allein die Triumphalinsignien, sonst nichts (Bergmann 2010, S. 87–88). Das zu dieser Zeit bereits die Münzvorderseite beherrschende Bildnis des Kaisers fehlt. Er ist jedoch durch seinen Namen präsent, CAESARI AVGVSTO. Der auf Münzen ungewöhnliche Dativ oder Ablativ des Kaisernamens unterstreicht, dass *de facto* er über die dargestellten Sieges-Insignien und ihre Verleihung verfügt. Auf der Vorderseite prangt für sich die Triumphalquadriga, deren Wagenkasten das Bild der Siegesgöttin schmückt. Dazu treten auf der Rückseite das Adlerzepter, die Toga des Triumphators (*toga picta*) und die goldene, aus dichten Lorbeerblättern gebildete *corona Etrusca* (vgl. Kat.-Nr. I.9).

Der römische Kaiser war der Prototyp des Siegers. Als Sieger veränderte er wie kein anderer die Räume, Bauten und Bilder der römischen Welt, überall, unausweichlich und alternativlos. Die faktische Macht zum Sieg und die Ideologie kaiserlicher Sieghaftigkeit waren Grundpfeiler der Kaiserherrschaft Roms. Darauf verweist auch die militärische Bezeichnung *imperator*.

In der römischen Republik wurden der oberste militärische Befehlshaber, dann auch der siegreiche Feldherr für begrenzte Zeit *imperator* genannt. Augustus hatte, anstelle des ererbten Praenomens „Gaius", die Bezeichnung „Imperator" seinem eigenen Namen einverleibt. Damit hatte er den Anspruch auf Sieghaftigkeit an seine Person gebunden und die Aufnahme des Praenomens „Imperator" in die römische Kaisertitulatur vorbereitet. Daraus entwickelten sich allmählich neue Kaisertitel wie *invictus*, *maximus victor*, *semper victor*, *ubique victor* und *victor omnium gentium*; sie wurden vor allem im 4. Jahrhundert n. Chr. geläufig. Auf diesen Grundlagen entwickelten sich neue Formen und Ansprüche der Siegesideologie im nachantiken Kaisertum.

Rolf Michael Schneider

Quellen

Augustus, Res gestae (a); Cassius Dio, Historia romana (b); CIL VI; Livius, Ab urbe condita; Pausanias, Graeciae descriptio.

Literatur

Beard 2007; Bergmann 2010; Cameron 2011; Dillon/Welch 2006; Hölscher 1967; Kneissl 1969; Krasser/Pausch/Petrovic 2008; Künzl 1988; Östenberg 2009; Schneider 1986; Schneider 1997; Schneider 2004; Schneider 2008 (a); Zachos/Pavlidis 2010; Zanker 1987.

I.51 a–c

Fragmente einer Bronzestatue aus dem römischen Lahnau-Waldgirmes, Lahn-Dill-Kreis

4 v. Chr. bis ca. 16 n. Chr.
a) Pferdefuß: Bronze, vergoldet.
   G 1392 g, L 27,5 cm, D ca. 9 cm
b) Teil der Anschirrung: Bronze, vergoldet.
   G 1435 g, H 1,5 cm, L 35 cm, B 7 cm
c) Schuh des Reiters: Bronze.
   G 1272 g, H 12 cm, L 18 cm, B 7,5 cm
Wiesbaden, Landesamt für Denkmalpflege Hessen –
Archäologische und Paläontologische Denkmalpflege,
WI EV. 2000/17/Fz.35053, WI EV 1996/20/Fz.14951,
WI EV 2009/40/Fz.61321

Die Ausgrabungen, die zwischen 1996 und 2009 im hessischen Waldgirmes durchgeführt wurden, förderten eine planmäßig errichtete, zivile römische Siedlung zutage. Nach Ausweis der Funde wurde die Siedlung kurz vor der Zeitenwende

gegründet und endete wohl mit dem Rückzug der Römer 16 n. Chr., als der Beschluss erging, den Plan aufzugeben, Germanien rechts des Rheins zu einer Provinz des Römischen Reiches zu machen. Mit der Anlage eines zentralen Forums von 2200 m² Grundfläche und dem Bau von Häusern, die ihre Vorbilder in Italien haben, wurde erstmals in Deutschland die Keimzelle einer römischen Zivilstadt in ihrer Gründungsphase nachgewiesen.

Bis zu den Ausgrabungen in Waldgirmes waren nur militärische Anlagen rechts des Rheines aus der Okkupationszeit bekannt. Es handelte sich um durch Holz-Erde-Mauern geschützte Areale, deren Innenbebauung weitgehend einem festgelegten Muster folgte (Kasernen und die Hauptgebäude Principia und Praetorium). Rein zivile römische Siedlungen aus dieser Zeit waren unbekannt, wiewohl bei Tacitus und Cassius

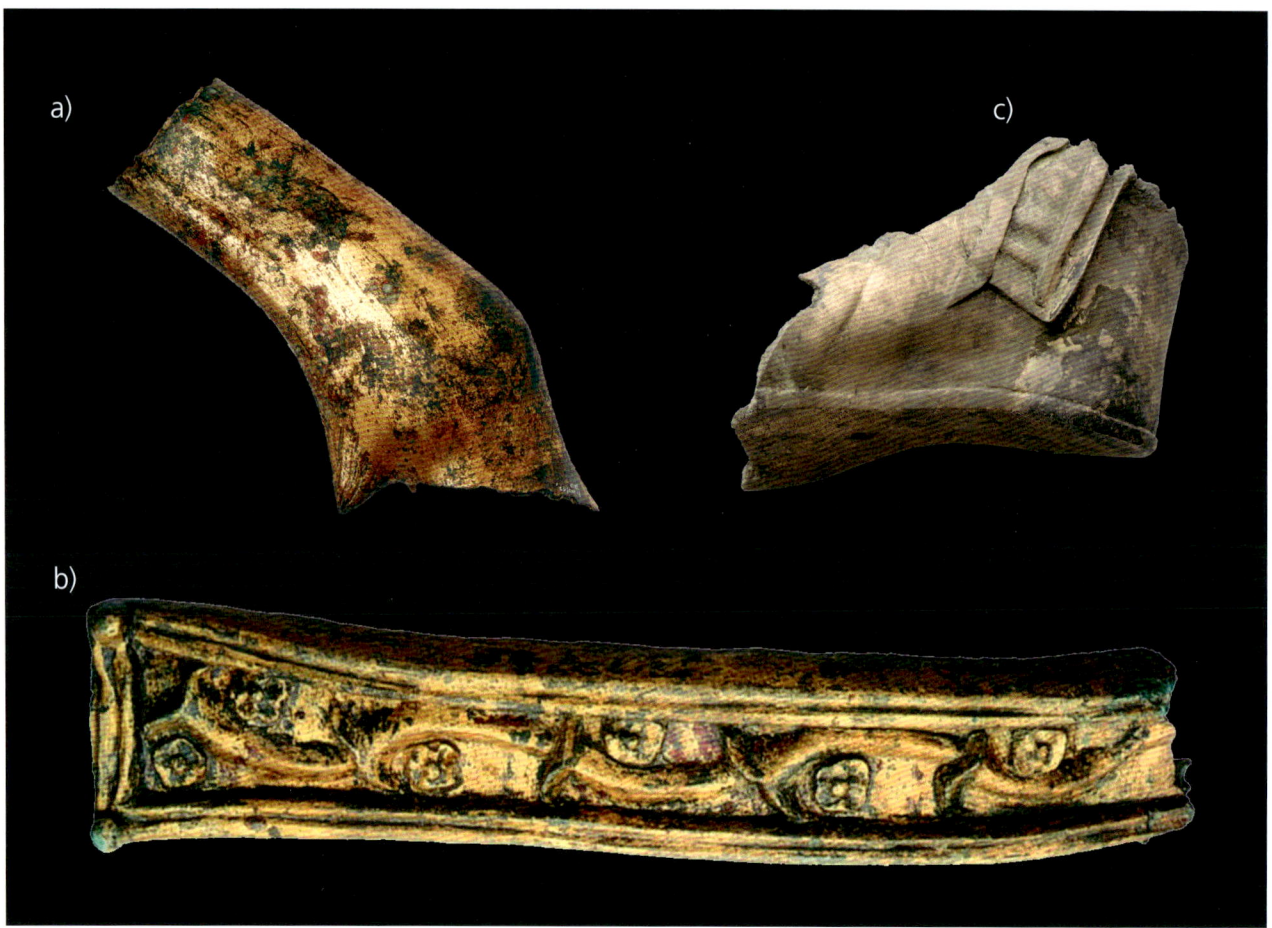

I.51 a–c

Dio Hinweise auf deren Errichtung in den neu eroberten Gebieten überliefert sind.

In Waldgirmes gelang erstmals der archäologische Nachweis einer solchen Siedlung, die in den neu eroberten Gebieten zentralörtliche Funktionen übernehmen sollte (Verwaltung eines Territoriums, Steuerwesen etc.). Hierfür benötigte die Siedlung bestimmte Bauten, wie etwa ein zentrales Gebäude als Sitz der Verwaltung (Forum), das zum festen Baukanon von römischen Städten gehörte. Dort stellten sich auch die Herrscher und Würdenträger mit ihren Abbildern dem Gemeinwesen vor. Dazu errichteten die Römer – in einer in augusteischer Zeit gezielt aufgebauten Bildersprache – Statuen und Reiterstatuen. Offenbar gehörte ein festes Bildprogramm zur Errichtung eines Forums.

Doch nur selten sind Bronzestatuen auf uns gekommen, denn sie fielen Bilderstürmen zum Opfer und das Metall wurde im Verlauf der Jahrhunderte immer wiederverwendet. So ist nur eine einzige Reiterstatue eines römischen Kaisers überliefert, die Statue des Kaisers Marc Aurel in Rom, und nur deshalb, weil sie im Mittelalter als Abbild des ersten christlichen Kaisers Konstantin des Großen galt. Bereits 1994 war in Waldgirmes ein erstes nur 1,5 cm großes Fragment vergoldeter Gussbronze gefunden worden, das aber als eindeutiger Beleg für die Existenz einer Bronzestatue zu interpretieren sind. Im Verlauf der Ausgrabungen kamen rund 160 Fragmente zutage, die jedoch in der Regel nur wenige Zentimeter groß waren. Anhand der wenigen größeren Stücke, z.B. der Brustschirrung eines Pferdes und der Teil eines Pferdefußes, war aber bald klar, dass in Waldgirmes eine blattvergoldete bronzene Reiterstatue gestanden hatte. In der Zeit der verwaltungstechnischen Organisation neu eroberter Gebiet konnte nur Kaiser Augustus dargestellt gewesen sein.

Bei den archäologischen Untersuchungen an einem Brunnen im Jahr 2009 konnte schließlich aus über zehn Metern Tiefe sowohl ein erstes sicheres Fragment des Reiters – ein Schuh – als auch ein etwa lebensgroßer vergoldeter Pferdekopf einer Bronzestatue geborgen werden. Der Fuß des Reiters trägt eine Schuhtracht, die dem senatorischen Rang vorbehalten war – den *calceus*. Typisch für diese Stiefel sind die dreieckig umgelegte Lasche und die lang herabhängenden Schnürungsbänder. Auffallend ist, dass der Schuh keine Reste einer Blattvergoldung zeigt, was als Hinweis darauf gewertet werden kann, dass in Waldgirmes mindestens zwei Reiterstatuen auf dem Innenhof des Forums gestanden haben. Dort waren im Verlauf der Ausgrabungen die ausgeraubten Fundamente von fünf Postamenten für Statuen aufgedeckt worden. Spekulativ könnte man, in Analogie zu anderen Darstellungen, das von Augustus entwickelte dynastische Bildprogramm wie folgt ergänzen: Drusus, Gaius und Lucius, Tiberius.

Dass in Waldgirmes eine Statuengruppe errichtet worden war, zeigt die politische Bedeutung, die die Römer dieser Stadtgründung in den neu gewonnenen germanischen Gebieten zumaßen. Die im Teilgussverfahren hergestellten Statuen wurden möglicherweise in Mainz gefertigt; ihre Vorbilder sind jedoch sicher in Italien zu suchen. Die Möglichkeit Statuen in einzelnen Teilen, d. h. auch einzelnen wieder verwendbaren Formen, zu gießen, eröffnete den Römern die Möglichkeit, Ehrenstatuen der Kaiser bzw. von Mitgliedern des Kaiserhauses in größerer Stückzahl herzustellen. Diese Abbilder waren Träger der von Augustus gezielt aufgebauten politischen Propaganda, führten sie doch die juristische Gewalt der Herrscher vor Augen. Im Falle von Waldgirmes, man kann dies aber exemplarisch auch auf andere Orte an den Rändern des römischen Imperiums übertragen, wendete sich der Kaiser an eine einheimische Bevölkerung, die lebensgroße Abbilder lebender Personen mit Porträtzügen nicht kannte. Praktisch war damit die Gegenwart des Kaisers auf dem Forum in Waldgirmes gewährleistet.

Doch nicht nur die Statuen, auch die Steine für die Sockel auf denen sie standen, kamen von weither. Da im Lahntal kein leicht und fein zu bearbeitender Stein ansteht, transportierten die Römer Muschelkalkquader aus der Umgebung des lothringischen Metz nach Waldgirmes. Dies konnte anhand petrographischer Untersuchungen nachgewiesen werden.

Ob die Statue in Folge der für die Römer verlustreichen Schlacht im Teutoburger Wald 9 n. Chr. oder erst später zerschlagen wurde, ist noch nicht abschließend geklärt. Die römische Siedlung bestand jedoch über das Jahr 9 n. Chr. hinaus, wie einige Befunde und auch dendrochronologische Untersuchungen an verschiedenen Hölzern erwiesen. Denn in dem Brunnen, aus dem 2009 mehrere Teile der Bronzefiguren geborgen wurden, wurden auch mehrere Teile von mindestens einer Leiter gefunden, deren Stangen im Herbst/Winter des Jahres 9 n. Chr. geschlagen wurden.

Gabriele Rasbach

Literatur

Becker 2008, mit Abb.; Becker 2012; Rasbach 2009; Rasbach 2012; Ruffing/Becker/Rasbach 2010.

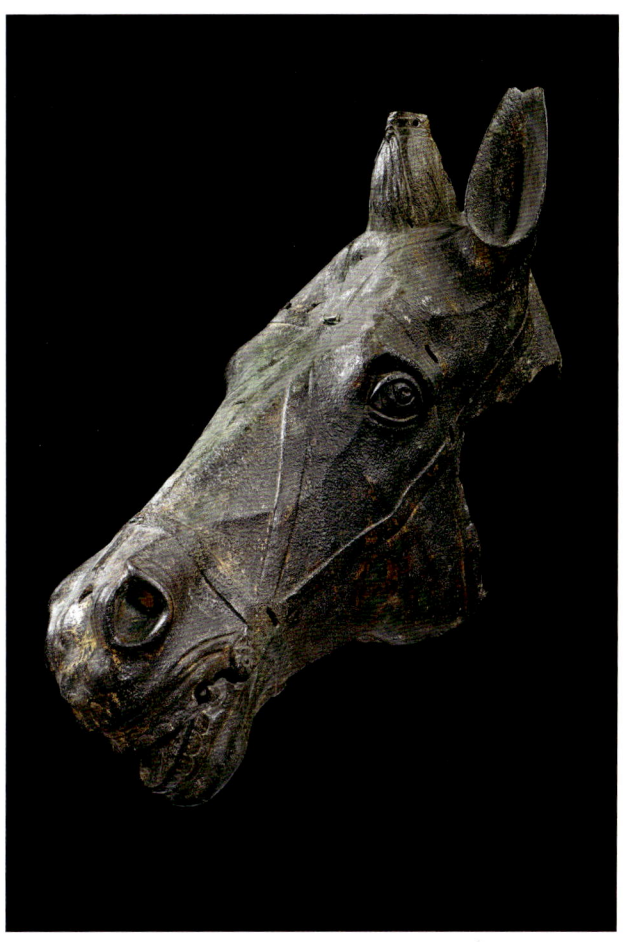

I.52

I.52

Bronzener Pferdekopf

Römisch,
Mitte 1. Jahrhundert bis 1. Hälfte 2. Jahrhundert n. Chr.
1769 in Augsburg am Wertachufer gefunden
Bronze mit Resten der ursprünglichen Vergoldung,
Hohlguss: L 76 cm, H 80 cm
Augsburg, Kunstsammlungen und Museen Augsburg,
Römisches Museum, VF 164

Einer der bedeutendsten Funde zur römischen Repräsentationskunst nördlich der Alpen ist der 1769 in einem Vorort von Augsburg gefundene Pferdekopf. Entdeckt wurde er in einem Ufereinschnitt des Flusses Wertach.

Der in Hohlguss angefertigte Kopf ist bis heute das einzige Fragment dieses Reiterstandbildes aus der römischen Provinzhauptstadt geblieben, weitere Teile wurden, auch im Zuge anderer Grabungstätigkeit, nicht gefunden.

Im deutlich erkennbaren, mitgegossenen Zaumzeug sind neun rechteckige Löcher angebracht, in die ursprünglich Phaleren, also auf der Vorderseite verzierte Riemenverteiler, eingesetzt waren, auch diese Objekte sind verloren.

Zwischen den Nüstern, befestigt an einem Riemenende, befindet sich ein Anhänger in Form einer Mondsichel, dieser hatte apotropäischen (unheilabwehrenden) Charakter. Ein Teil des rechten Ohres sowie die Spitze des Mähnenschopfes waren wohl bereits bei der Auffindung abgebrochen. Die Enden der durch das Maul führenden Trensenstange sind mit Rosetten verziert. Die Darstellung der Zügelführung, die Gestaltung des hochgebundenen Mähnenschopfes und die Stellung der Ohren ähneln stark denjenigen des vollständig erhaltenen Reiterstandbildes des Kaisers Marc Aurel (161–180), das sich heute in den Kapitolinischen Museen in Rom befindet. Vorstellbar wäre auch ein Denkmal für Kaiser Hadrian (117–138), der Augsburg um 122 n. Chr. zum römischen *municipium* erhob.

Eine präzise Aussage, welchem Kaiser das Reiterstandbild zuzuweisen ist, lässt sich wegen fehlender weiterer Fragmente jedoch nicht machen.

Neuere Überlegungen gehen aufgrund der asymmetrischen Gesichtsachse davon aus, dass der Pferdekopf möglicherweise Teil eines Seitenpferdes einer Biga oder Quadriga mit einer darauf befindlichen Kaiserstatue war. Diese hätte auf einem Ehren- oder Triumphbogen ihren Platz gefunden. Jüngste naturwissenschaftliche Untersuchungen im Rahmen des Forschungsprojektes „Römische Großbronzen am UNESCO Welterbe Limes" konnten diese Interpretation noch nicht erhärten, endgültige Ergebnisse werden etwa 2014 vorliegen.

Obwohl eine verbindliche Aussage zu dieser Bronzeplastik somit nicht möglich ist, bleibt gesichert, dass der bronzene Pferdekopf ein wichtiger Teil der Kaiserverehrung in den römischen Provinzen war.

Manfred Hahn

Literatur

Ausst.-Kat. Aalen 2009, S: 82 u. 92 f.; Junkelmann 1990–1992, Bd. 3, S. 76–82; von Raiser 1820, S. 93 f.

I.53

Brustschmuck (Balteus) eines Pferdestandbildes mit Kampfszene

um 20 v. Chr. bis 40 n. Chr.
1826 im Kontext eines in der Spätantike eingerichteten Depots beim Capitolium von Brescia gefunden (vgl. Kat.-Nr. I.50).
Bronze. B 80 cm, H 19 cm
Brescia, Brescia Musei-Museo Di Santa Giulia, MR 340

Die grundsätzliche Komposition des neuzeitlich veränderten Schlachtbildes (s. u.) ist unstrittig. Unten kämpfen und sterben Krieger zu Fuß und zu Pferd, darüber, im Zentrum, ist ein siegreicher Reiter herausgehoben. Der in Dreiviertelansicht gezeigte Sieger ist barhäuptig. Er sitzt auf einer Satteldecke und galoppiert unberührt über das Kampfgeschehen hinweg, seinen rechten Arm in weit ausholender Geste nach hinten durchstreckend. Er trägt Tunika, Schuppenpanzer mit Lederstreifen und den Mantel des Feldherrn. Er ist der Anführer. Zu seiner Partei gehören die drei anderen erfolgreich agierenden Krieger im Panzer. Sie sind, im Gegensatz zu ihm, behelmt. Die barhäuptigen und langhaarigen der Gegenpartei sind typisch charakterisiert. Ein vollbärtiger Gegner zu Fuß ist bis auf einen langen Mantel nackt und dadurch als Vertreter nördlicher bzw. westlicher Völker bezeichnet. Die drei anderen Feinde, zwei bärtige und ein bartloser, sind nach der Tracht (lange Hosen, Ärmelgewand, Mantel) Repräsentanten besiegter Völker des asiatischen Ostens.

Tracht, Rüstung, Verhalten und Zeitgesicht charakterisiert die Partei der Sieger. Sie sind Römer. Die Frisur des herausgehobenen Reiters ist auch im Nacken kurz geschnitten, die kurzen Strähnen über der Stirn gegliedert. Er zeigt ein jugendliches Zeitgesicht, das von Augustus bis Caligula populär gewesen ist. Damit haben wir die Datierung gewonnen. Geschildert ist hier nicht eine bestimmte Schlacht, sondern ein nach ideologischen Vorgaben entworfenes Kampfbild. Es ist durch ethnographische Details und spektakuläre Einzelmotive suggestiv zugespitzt. Der Sieger zu Pferd braucht keine Waffen. Er gibt sich barhäuptig zu erkennen und siegt mit großer Gebärde. Sie ist Ausdruck selbstverständlicher Übermacht und vollkommener Mühelosigkeit. Inszeniert ist die absolute Überlegenheit Roms in krasser Trennung von Sieger und Besiegten, in extremen Bildern von Triumph und Niederlage. Bemerkenswert ist, dass diese radikale Polarisierung bereits in der frühesten Kaiserzeit erfolgt. Sie gewinnt weitere Schärfe, wenn man den vermutlichen Anbringungsort solcher Pektorale bedenkt. Fundkontexte und ikonographische Parallelen deuten darauf, dass sie vor allem Pferdestandbilder von Triumphwagen geschmückt haben.

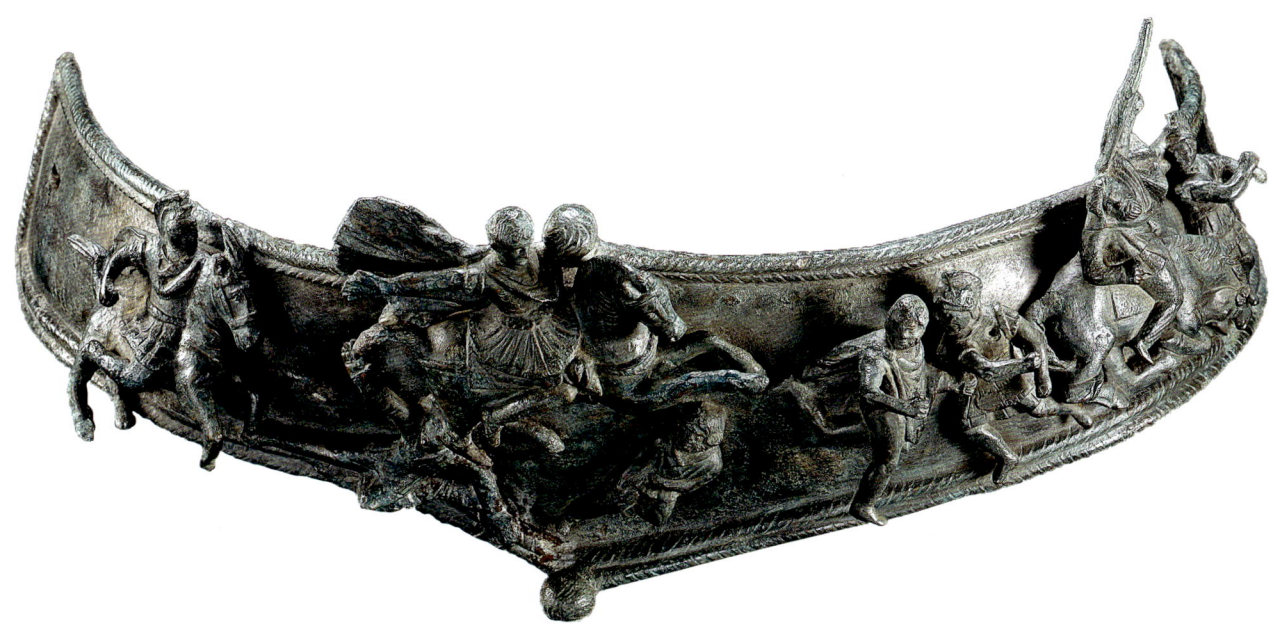

I.53

Das Pektoral wurde mit einem zweiten zeitgleichen (?) Exemplar, neun in der Größe passenden Figuren und anderen Bronzen heterogener Größe, Thematik und Zeitstellung in einem spätantiken Depot gefunden. Mit dem einen Pektoral wurden acht, mit dem anderen eine Figur verbunden. Die Anbringung der acht Figuren auf unserem Pektoral ist in sich unstimmig. Sie muss, zumindest in Teilen, auf neuzeitliche Restaurierungsmaßnahmen zurückgehen. Sie wurden offenbar bald nach der Auffindung zwischen 1826 und 1838 ausgeführt, sind jedoch nicht dokumentiert. Vergleichbare Kampfszenen auf Pektoralen sprechen dafür, die Position vieler Figuren zu verändern (Kreilinger 1996, S. 118–119). Auf der rechten Hälfte sind es drei: der vom gestürzten Pferd fallende Feind gehörte vielleicht in die Nähe des siegreichen Reiters, die zwei weitgehenden motivgleichen römischen Fußsoldaten sind eher auf zwei Pektorale zu verteilen und der tote Feind unter den Vorderhufen liegt dort bezugslos und ungewöhnlich freigestellt. Auf der linken Hälfte ist der gefallene, dialogisch den Arm erhebende Feind nicht hinter, sondern eher vor den siegreichen Reiter zu setzen. Außerdem ist der Abstand zwischen den meisten Figuren ungewöhnlich groß. Wahrscheinlicher ist eine dichtere Verteilung mit möglicherweise mehr Figuren, gerade in der Mittelzone um den Sieger.

Rolf Michael Schneider

Literatur

Kreilinger 1996, S. 25–26, 29, 74, 109–114, 118–122, 147, 171, Taf. 5–7 (Brustschmuck *in toto*); S. 174, Nr. 1, Taf. 11 (reitender Feldherr); S. 179, Nr. 43–44, Taf. 19 (je ein kämpfender Römer nach links); S. 184, Nr. 86, Taf. 25 (gestürzter Feind); S. 187, Nr. 110–111, Taf. 28 (je ein liegender Feind); S. 189, Nr. 123, Taf. 29 (fliehender Feind); S. 191–192, Nr. 140, Taf. 32 (Feind auf gestürztem Pferd nach rechts); Labus 1838, S. 197–199, Taf. 53; Stella 2003, S. 57–60 mit Farbabb. (beste Abb.).

I.54

Gemme mit Kaiser Commodus (?) als Sieger

2. Jahrhundert n. Chr.
Roter Achat in Goldfassung mit blauen Glaseinlagen.
L 5 cm
Biesheim, Musée Gallo-Romain, 91.1250

Die für einen Siegelstein außergewöhnlich große Gemme zeigt einen römischen Imperator auf einem Hengst in der Levade über einem in die Knie gesunkenen Barbaren. Der Reiter zielt mit einer Lanze, die er scheinbar in der linken Hand hält, auf seinen Gegner. Doch weil die Darstellung nicht an der Negativform des Intaglios, sondern am plastisch erhabenen Ausdruck betrachtet werden sollte, ist die Darstellung seitenverkehrt. Gemeint ist, dass der Imperator die Lanze in der rechten Hand hält und der Unterlegene seine rechte Hand flehend erhebt. Der Reiter ist mit einem Metallpanzer bekleidet, von dem Lederlaschen auf die Oberschenkel herabhängen. Als Zeichen der Befehlsgewalt ist ein Band um seinen Leib gelegt und vorne zur Schleife gebunden. Ein Mantel liegt um die Schultern; er wird von einer runden Fibel zusammengehalten und flattert

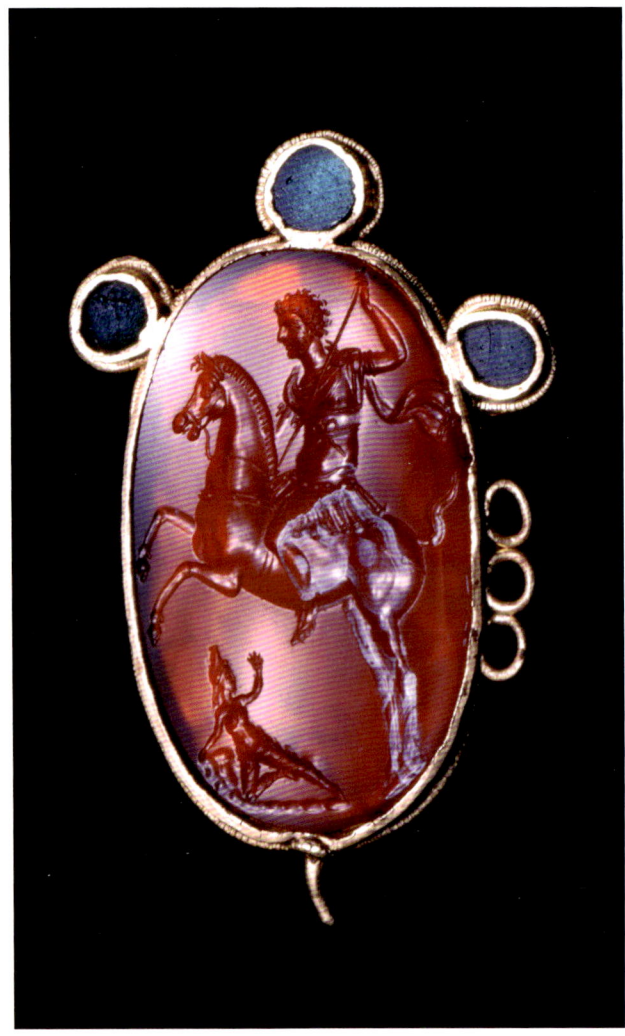

I.54

des Imperators rühmt. Der Reiter der Gemme wurde als der römische Kaiser Commodus identifiziert (180–192). Die Lockenfrisur und der Bart des Reiters entsprechen der Mode seiner Zeit, ähnlich ließen sich schon Marcus Aurelius, der Vater des Commodus (161–180), und dessen Mitregent Lucius Verus (161–169) porträtieren. Doch lässt sich der Kopf des Reiters auf der Gemme keinem offiziellen Porträttypus anschließen. Für einen Kaiser ungewöhnlich sind vor allem die heftig bewegten Haare am Hinterkopf. Unabhängig von einer Benennung der Figuren verstanden antike und mittelalterliche Betrachter den Sinn der Szene als starkes Bild der Abwehr feindlicher Mächte. In frühbyzantinischer Zeit wird der Bildtypus für die Darstellung von Reiterheiligen verwendet, die – wie mehrfach auch Beischriften auf Amuletten erläutern – das Böse besiegen, z.B. bei den Heiligen Theodoros und Georgios.

Rita Amedick

Literatur

Ausst.-Kat. Freising 2001, Nr. II.19–II.30; Ausst.-Kat. Karlsruhe 2005, Nr. 83 (Gabriele Seitz); Biellmann 1988.

I.55

Kameo: Sassanidenkönig Schapur I. nimmt den römischen Kaiser Valerian gefangen

260–270 n. Chr.
1893 für die Bibliothèque nationale erworben.
Sardonyx in drei Schichten.
H 6,8 cm, B 10,3 cm, St 0,9 cm
Paris, Bibliothèque nationale de France,
Département des monnaies, médailles et antiques,
L 3558 (Babelon, Camées 360)

nach hinten. Zur Panzertracht gehört auch der kurze Stiefel, der sich dem Fuß des Reiters anschmiegt. Die Barbarenfigur ist in kleinerem Maßstab dargestellt. Sie ist auf ein Knie gesunken und stützt eine Hand auf einen Felsen, der unten in einen Geländestreifen ausläuft. Sie ist mit einer langen, faltigen Hose bekleidet; das Gewand am Oberkörper ist von einer Schulter gerutscht und lässt eine Brust frei. Auf dem Kopf trägt die Figur eine konische Mütze, darunter fallen die Haare lose auf die Schulter. Diese Tracht kennzeichnet die Figur als einen Barbaren aus den nordöstlichen Grenzgebieten des Römischen Reiches.

Das Gemmenbild steht in einer langen Darstellungstradition von Siegern und Besiegten. So gibt es schon in der Kunst der republikanischen Zeit Roms besiegte Barbaren, die auf die Knie gesunken sind. Auf römischen Münzen erscheint der Bildtypus seit der Regierungszeit des Kaisers Trajan (98–117) mehrfach. Die Szene wird auf Münzen von der Beschriftung VIRTVS begleitet, ein Begriff, der die Tatkraft und Tapferkeit

Der Kameo zeigt in einem ovalen Rahmen zwei Reiter, deren Pferde in gestrecktem Galopp aufeinander zustürmen, so dass sie sich mit ihren Vorderbeinen überschneiden. Der Reiter links im Bild trägt einen Muskelpanzer mit Lederlaschen am unteren Rand und an den Armausschnitten, darüber flattert ein Schultermantel. Die Binde, die um seine Brust geschlungen ist, kennzeichnet ihn als römischen Imperator. In seiner hoch erhobenen rechten Hand schwingt er ein Schwert. Bis hier entspricht die Darstellung der üblichen Ikonographie von Kaisern in der römischen Kunst: als überlegene Sieger werden sie mit triumphal erhobener Hand in einer Bewegung von links nach rechts beim Niederreiten ihrer Feinde gezeigt. Doch auf dem Kameo wird diese Bewegung jäh gebremst, denn der Reiter

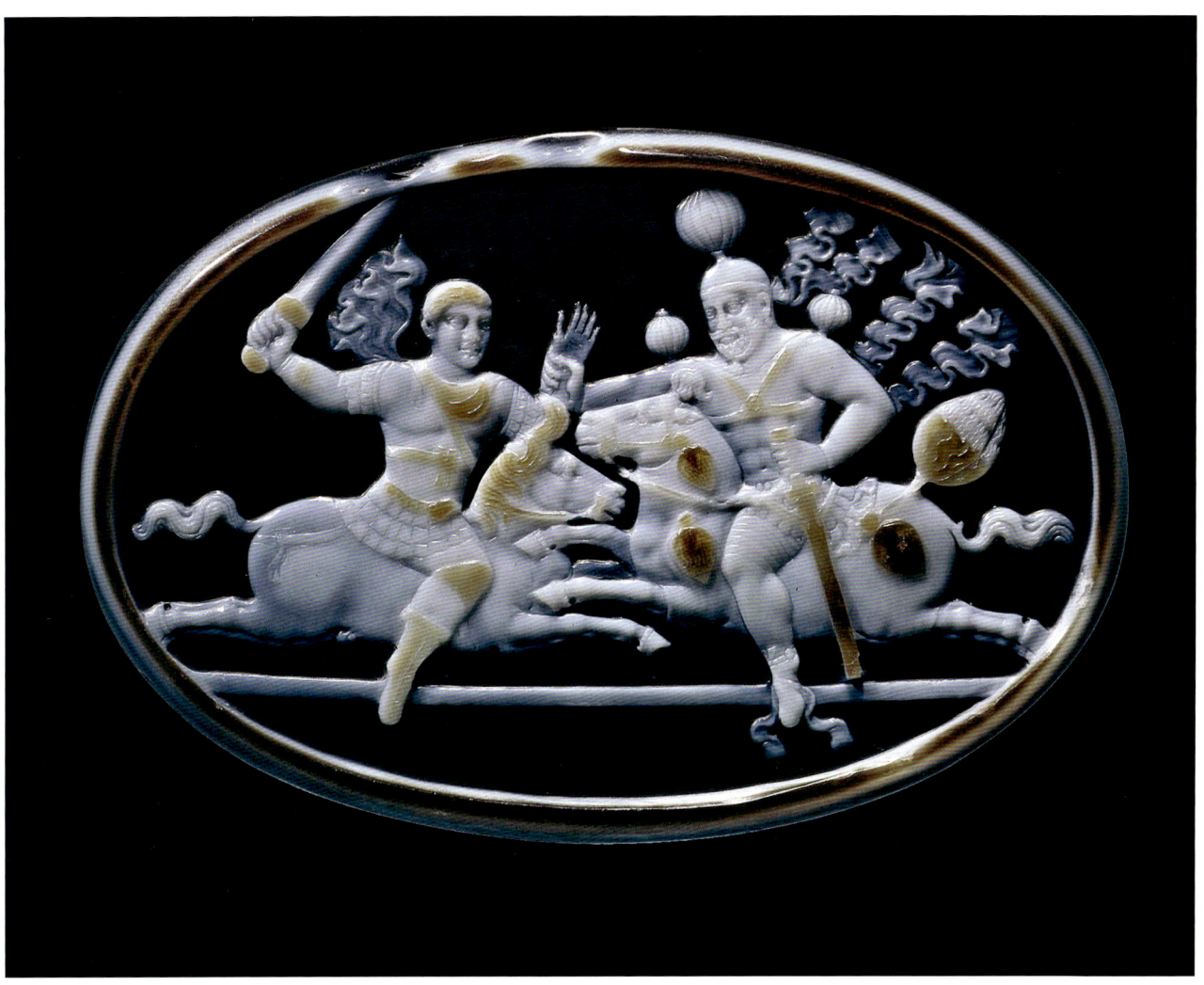

I.55

rechts im Bild packt den Kaiser am linken Handgelenk. Diese besitzergreifende Geste wird im römischen Recht *mancipatio* genannt; sie signalisiert, dass der so ergriffene Mensch nicht mehr Herr seiner selbst ist, sondern Eigentum eines anderen wird. Der einzige römische Kaiser, dem dieses Schicksal widerfuhr, ist Valerian, der 260 n. Chr. in persische Gefangenschaft geriet und dort starb. Das Gemmenrelief setzt diesen einzigartigen Erfolg des Königs Schapur I. mit subtilen Mitteln ins Bild. Zwar scheinen beide Pferde über der Grundlinie zu schweben, die nur von den Füßen der Reiter überschnitten wird, doch das Pferd des Persers trägt seinen Kopf weiter oben und schiebt seine Hufe vor die Brust des römischen Pferdes. Über den miteinander verschränkten Pferdekörpern ragt zentral die geöffnete Hand Valerians empor und zieht die Blicke auf sich. Doch nicht nur der Griff ans Handgelenk des Gegners bezeichnet den Sieger, seine Gestalt nimmt auch mehr Raum ein: Der Kopf Valerians wird vom Haupt Schapurs I. überragt, gesteigert noch

durch den hohen Kopfschmuck des persischen Königs, dessen Haare auf dem Oberkopf in ein Tuch eingeschlagen sind und den kugelförmigen sogenannten *korymbos* bilden. Ähnlicher Zierrat schmückt die Schultern Schapurs, lange Bänder flattern von seinem Kopf, vom Rücken und vom Stiefel. Sein Pferd ist mit Quasten prächtiger geschmückt als sein Gegenüber. Der Gemmenschneider war offenbar in der Technik der Glyptik und in der Bildersprache der römischen Kunst geschult, verwendet hier aber ihre Ausdrucksmittel in sassanidischen Diensten, um nicht den Sieg, sondern die vernichtende Niederlage eines römischen Kaisers ins Bild zu setzen.

Rita Amedick

Literatur

Vollenweider/Avisseau-Broustet 2003, S. 202, Nr. 257; Zwierlein-Diehl 2007, S. 205–206 u. 455, Abb. 758.

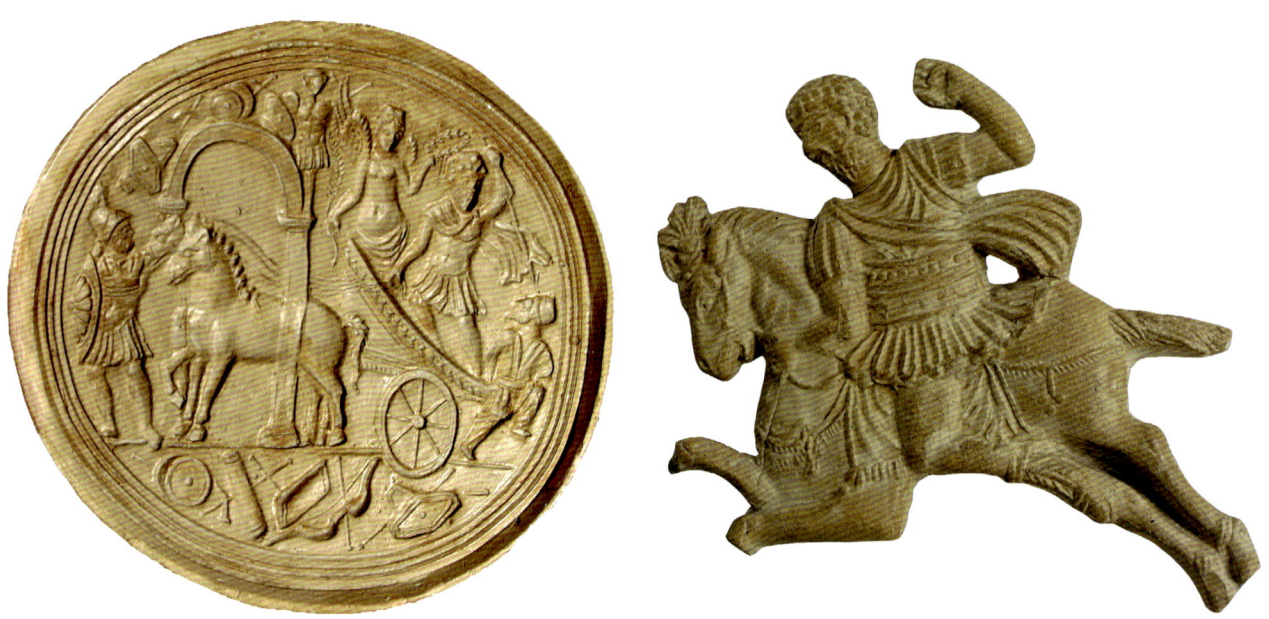

I.56 a–b

I.56 a–b

Triumph des Marc Aurel auf einer Kuchenform und ein Gebäckmodel mit Marc Aurel als Reiter

um 180 n. Chr.
1911–1912 im Töpferviertel von Aquincum (Budapest) gefunden.
Terrakotta.
a) Kuchenform: D 22,5 cm;
b) Gebäckmodel: H 6 cm, B 7 cm
Budapest, Történeti Múzeum, 51595 und 50232

Beschrieben wird das Negativrelief einer flachen Kuchenform. Die Angabe von links und rechts sind in Hinblick auf das erhabene Relief des Kuchenfladens daher vertauscht (Szilágyi 1956, Taf. 11 mit Negativ- und Positivform). Das von drei Profilen gefasste Rundbild ist durch eine horizontale Bodenlinie in eine Haupt- und Randzone geteilt. Eine kunstvoll beschlagene Biga fährt von hinten durch einen Bogen nach links, den Waffen und ein Tropaeum bekrönen. Drei große und eine kleine Figur verleihen der Darstellung historisches Profil. Links außen steht ein bärtiger Mann in voller Bewaffnung (Helm, Brustpanzer mit Binde, Schild), der mit der Linken die ruhig stehenden Gespannpferde hält. Er hält mit dem linken Bein inne und wendet den Kopf der Biga zu, während das vorgestellte rechte Bein ein Weiterschreiten andeutet. Ein barhäuptiger Krieger mit vollen Locken und langem, spitz geschnittenem Bart lenkt die Biga. Er ist mit Brustpanzer und Feldherrnmantel (*paludamentum*) bekleidet. In der gesenkten Rechten hält er locker die Zügel. Mit der machtvoll erhobenen Linken stößt er seine Lanze von

oben auf einen kleinen Gegner, der in Todesangst zum Bildrand flieht. Seine untätigen Arme erscheinen wie gefesselt hinter dem Rücken. Die weiche baschlikförmige Kopfbedeckung, der lange zottelige Bart, eine gegürtete Ärmeljacke mit herabgezogenem V-Ausschnitt und lange Hosen charakterisieren ihn als Asiaten. Vorne in der Biga steht eine halbnackte Frau mit Flügeln, die den Krieger mit der erhobenen Linken bekrönt. In der gesenkten Rechten hält sie einen Palmzweig. In der kleinen unteren Zone liegen verstreut Beutewaffen. Köcher und Reflexbogen weisen in den asiatischen Osten, ein S-förmiges Blasinstrument in den germanischen Norden.

Dargestellt ist ein kaiserlicher Triumph. Die von der Siegesgöttin und dem fliehenden Gegner gerahmte Hauptfigur steht in der Biga. Es ist ein Kaiser, nach Frisur und Bart wahrscheinlich Marc Aurel (für ihn angenommene Aufenthalte in Aquincum sind nicht belegt). Er wird von der römischen Siegesgöttin Victoria bekrönt. Beide sind auffällig aneinander angeglichen, durch das frontale Auftreten, die gemeinsame Kopfwendung und die weitgehend übereinstimmende Haltung der Arme. Das Gespann führt der mächtige Kriegsgott Mars. Der kleine Asiate ihm gegenüber ist in jeder Hinsicht das Gegenbild von Kaiser, Victoria und Mars: motivisch, kompositorisch, ideologisch. Seine gegürtete Ärmeljacke mit V-Ausschnitt erinnert an Darstellungen von Parthern. Gezielt eingesetzte Stilmittel, die der kaiserlichen Ikonographie entlehnt sind, erhöhen die suggestive Botschaft des Bildes: die frontal ausgerichteten Körper, die spannungsvoll gegenbewegten Verhaltensweisen von Mars, Kaiser und Feind, das Todesdrama des fliehenden Feindes, die kaiserliche Biga, der repräsentative Rundbogen und

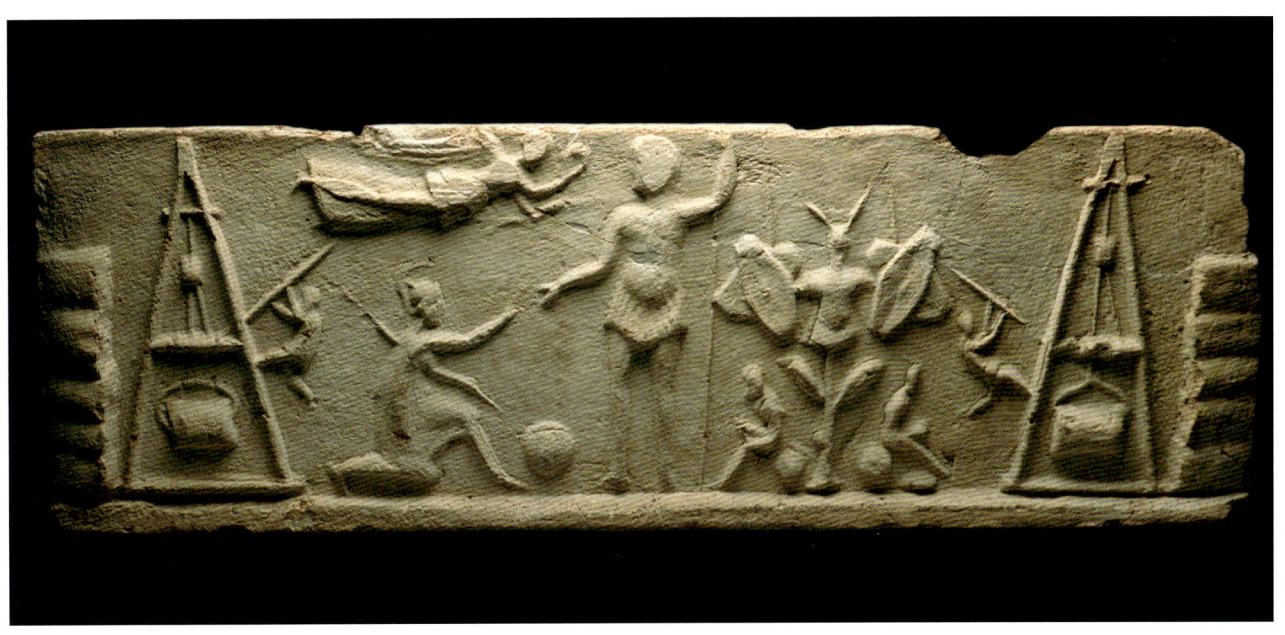

I.57

die reichlich erbeuteten Waffen. Bilder der Allmacht römischer Kaiser prägten selbst festliche Kuchenfladen der Provinzen. Die Bevölkerung hat diese Bilder buchstäblich verinnerlicht. Alltagsobjekte wie die beiden Gebäckformen sind wichtige historische Zeugnisse dafür, wie Bilder des Kaisers die Räume des privaten Lebens durchdrungen und Menschen aller Gesellschaftsschichten darauf reagiert haben.

Rolf Michael Schneider

Literatur

Alföldi 1938, hier S. 5 u. 15, Taf. 51,1; Fähndrich 2005, S. 91–92, Taf. 51; Facsády 1993; Kleiner 1989, hier S. 203–204, Abb. 2; Künzl 1988, S. 128 u. 131, Abb. 92; Kuzsinszky 1924, S. 12–13 (Fundgeschichte), S. 40–41, Abb. 7; Kuzsinszky 1932, S. 226–230, Abb. 237–238, S. 398–400 (deutsche Zusammenfassung); Szilágyi 1956, S. 55 u. 83, Taf. 11; Topál 2002, hier S. 4, Abb. 11.

I.57

Römisches Architekturrelief:
Siegreicher Feldherr neben Hebemaschinen

ca. 60–30 v. Chr.
1935 nordöstlich von Rom, in der Nähe des VI. Meilensteins an der Via Cassia gefunden.
Terrakotta. H 29 cm, B 88 cm, T 30 cm
Rom, Museo Nazionale Romano, 124544

Die Terrakottaplatte ist mehrfach gebrochen, an der Oberfläche zudem beschädigt und stark verrieben. In der Mitte, weitgehend von vorne gesehen, steht ein barhäuptiger Krieger. Er nimmt die volle Höhe der Platte ein. Der Krieger trägt einen Brustpanzer mit herabhängenden Lederstreifen (Pteryges) und stützt die erhobene Linke auf eine Lanze. Er wendet sich mit Kopf und vorgestreckter rechter Hand einer vor ihm knienden Figur zu, die ihm mit entgegengestreckter Rechten antwortet. Ob sich beide ursprünglich berührt haben, ist nicht mehr sicher zu entscheiden. Die kniende Figur ist mit Helm und Lanze gerüstet. Sie trägt ein halblanges Gewand, das nach Amazonenart die rechte Brust freilässt. Über ihr fliegt von links eine geflügelte Figur mit Kranz und Palmzweig auf den Krieger zu. Damit ist die Deutung der Dreiergruppe gesichert. Ein siegreicher Feldherr richtet die vor ihm kniende Göttin Roma wahrscheinlich per Handschlag auf und wird dabei von Victoria bekränzt. Zwischen beiden ‚schwebt' leicht über der Bodenleiste eine große Kugel. Es ist der Himmelsglobus, der als Sieges- und Machtzeichen in der römischen Münzprägung seit dem früheren 1. Jahrhundert v. Chr. belegt ist. Hinter dem Feldherrn steht ein waffengeschmücktes Tropaeum, das je ein sitzender Gefangener flankiert. Die Darstellung wird beidseitig von einer Mauer und einer Hebemaschine gefasst, die zwei kleine Männer unter großem körperlichen Einsatz bedienen. Durch die Doppelung erhalten Mauer und Hebemaschine in der Darstellung besonderes Gewicht.

Die Terrakottaplatte wurde zusammen mit einem Gegenstück gefunden, das dieselbe Darstellung zeigt. Das spricht für Serienherstellung aus derselben Matrize. Ursprünglich haben die Platten wahrscheinlich die Wand oder den Dachrand eines uns nicht bekannten Gebäudes geschmückt, ein Grab, ein Haus oder einen öffentlichen Bau. Mit ikonographischen, kontextuellen und historischen Argumenten konnte die gängige Deutung des Feldherrn auf Caesar widerlegt werden. Überzeugend wurde vorgeschlagen, dass die „Terrakottaplatten vielmehr einem der zahlreichen ambitiösen Feldherrn der späten Republik gegolten haben dürften" (Schäfer 1989, S. 144). Dieser erhebt Roma, die ihm kniend für seine Siege dankt. Das gleiche Motiv zeigt später eine Sesterz-Serie Galbas (Juni 68 bis Januar 69 n. Chr.), die mit ROMA RESTI(tuta) umschrieben ist. Roma hält hier ein kleines Kind, während der Himmelsglobus fehlt. Er weist gemeinsam mit Victoria und dem Tropaeum auf die universale Bedeutung der errungenen Siege. Die Bautätigkeit ist im Zusammenhang mit der Mittelgruppe zu deuten. Sie weist auf große Infrastrukturprojekte, wie sie siegreiche Feldherren während oder nach einem Feldzug immer wieder initiiert haben. Am bekanntesten sind entsprechende Szenen auf der Trajanssäule. In der Verwirklichung einer leistungsfähigen Infrastruktur spiegelten sich der Sieg römischer Feldherrn und die Überlegenheit der Kultur Roms besonders deutlich. Das Terrakottarelief ist das erste bekannte Beispiel, das diesen Zusammenhang im Bild belegt. Das Reliefbild ist in seiner deskriptiven Darstellungsform einer hochfliegenden Ikonographie verpflichtet, die im politischen Schlagabtausch der spätrepublikanischen Elite Roms entstanden war. Im Konkurrenzkampf um die politische Macht in Rom haben sich führende Feldherren mit immer exklusiveren Bildern gegenseitig ausgestochen. Die dabei entwickelten formalen, kompositorischen und ideologischen Entwürfe haben der Ikonographie der Kaiser den Weg bereitet.

Rolf Michael Schneider

Literatur

di Filippo Balestrazzi 1997, S. 1062, Nr. 206, Taf. 718 (Münze des Galba); Fuhrmann 1949, hier S. 23–45; Kraay 1956, S. 41–42 u.112, Nr. P 193, Taf. 33 (Münze des Galba); Michel 1967, S. 86–91; Schäfer 1989, S. 143–146 (ältere Lit., Münzvergleich).

I.58

Sarkophagdeckel (Fragment) mit Wagenfahrt eines hohen Staatsbeamten

Rom, um 280
Marmor. H 49 cm, B 40 cm
Berlin, Staatliche Museen zu Berlin, Antikensammlung,
Sk 967

Das Relieffragment gehört zur Blendleiste des Deckels eines Sarkophags aus Marmor, der in Rom gearbeitet worden ist. Erhalten hat sich ein Teil der Darstellung eines feierlichen Umzugs (*pompa*) mit einem hohen Staatsbeamten im Wagen. Der Magistrat, ein Mann in Tunika und Toga, steht in Vorderansicht in der Tensa und hat den rechten Arm in einer triumphalen Geste erhoben. In der linken Hand hält er in Hüfthöhe ein Zepter, das von einer Büste des höchsten römischen Gottes Jupiter bekrönt wird. Außer auf diesem Büstenzepter ist Jupiter auch auf dem Wagenkasten zu sehen. Hier steht er als Zentrum der kapitolinischen Trias, zwischen Juno links und Minerva rechts, auf sein Zepter mit einem Knauf gestützt und mit nur einem um Unterkörper und linke Schulter gelegten Mantel bekleidet. Die Reste zweier Marmorstege am Wagenkasten stammen von einem heute verlorenen Wagenrad. Ebenfalls verloren sind auch die ehemals wohl zwei Gespannpferde, die links vor dem Wagen zu ergänzen sind. Die Biga wird rechts von einem bartlosen Beireiter in barbarischer Hosentracht begleitet, der Magistrat selbst von zwei bartlosen Männern, einem jüngeren Togatus und einem älteren Amtsdiener mit Stirnglatze.

Büstenzepter und Wagen sind Insignien, die den Gezeigten als hohen Staatsbeamten, *praetor* oder *consul*, und die Wagenfahrt als eine *pompa circensis*, den feierlichen Aufzug des Beamten vor Eröffnung der Spiele, kenntlich machen. Das Büstenzepter ist das Attribut des magistratischen Spielegebers, des *praeses ludorum*. Eigentlich gehörte zu den Insignien einer solchen *pompa circensis* auch ein Kranz auf dem Kopf des Magistraten. Der bekränzte, ehemals zugehörige Kopf ist hier jedoch verloren. Er wurde in der Neuzeit durch einen zwar antiken, aber nicht passenden bärtigen Kopf ergänzt.

Dargestellt ist also der Verstorbene in der Ausführung seines hohen Amtes. Ob es sich hierbei aber um das Konsulat, das höchste Staatsamt, oder das Praetoriat handelt, bleibt unklar. Zu den wesentlichen Amtsaufgaben eines Praetors gehörte die Ausrichtung der Spiele, so dass der Verstorbene hier als *praetor* in seiner Funktion als *editor* oder *curator ludorum* gezeigt worden wäre. Zirkusspiele sind aber auch mit dem Konsulat zu verbinden, das durch die konsularen Spiele eingeleitet wurde, denen der neue Amtsinhaber vorsaß. Bei solchen Spielen wäre der *praeses ludorum* dann *consul* gewesen. Name und Amt

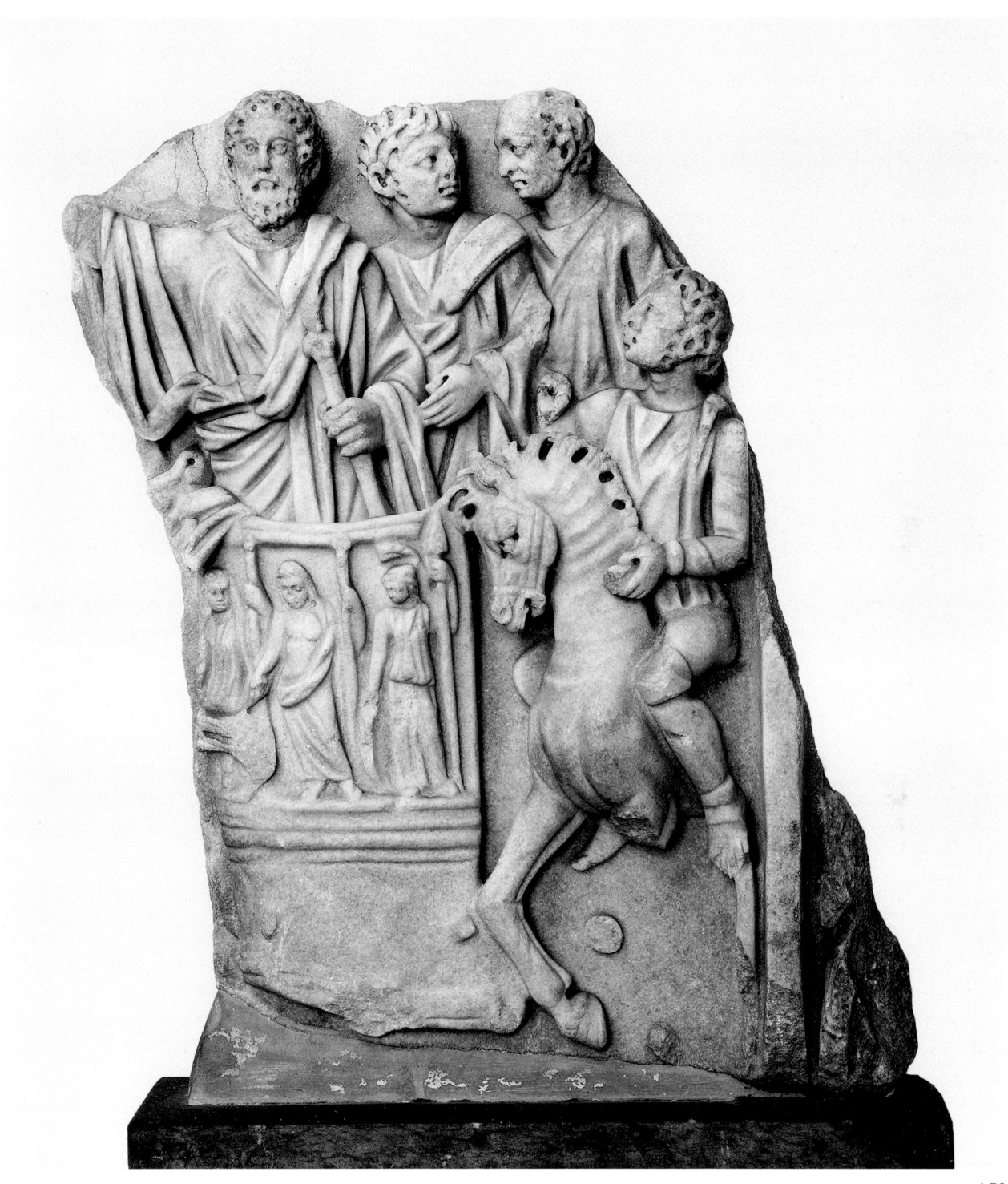

I.58

des Verstorbenen waren auf jeden Fall auf einer Tafel zu lesen, die bei dieser Deckelleiste rechts anschloss.

Dagmar Grassinger

Literatur

Reinsberg 2006, S. 163–165 u.192, Nr. 5, Taf. 102,1; Wrede 2001, S. 80, Taf. 20,1. Zum Büstenzepter: Schäfer 1989, S. 185–188.

Rom und das germanische Barbaricum

Sicherlich gehört die Auseinandersetzung zwischen Rom und dem Barbaricum, zwischen Hochkultur und Randkultur, zwischen juristisch-politischem System und gentil geprägter Stammesgesellschaft zu den Grundkomponenten der historischen Entwicklung Europas im 1.–5. Jahrhundert n. Chr. Doch trotz aller grundlegenden Unterschiedlichkeiten sind beide Systeme enger verknüpft, als dies auf den ersten Blick möglich und denkbar erscheint.

Das Auftauchen Caesars (46–44 v. Chr.) am Rhein in den Jahren 55 und 53 v. Chr. und die damit verbundene Ausweitung des römischen Machtbereiches in die direkte Kontaktzone zwischen Römern und Germanen scheint in germanischen Gesellschaften ganz wesentliche Veränderungen ausgelöst zu haben. Im archäologischen Fundmaterial beobachten wir eine weitaus stärkere soziale Differenzierung, zudem deuten die zahlreichen Waffengräber auf eine zunehmende Militarisierung der Gesellschaft hin. Die militärische Expedition des Drusus (15–9 v. Chr.) an die Elbe im Jahr 9 v. Chr. und nicht zuletzt das Heer des Varus (13 v.–9 n. Chr.) in der Schlacht im Teutoburger Wald im Jahr 9 n. Chr. trafen also auf einen gut organisierten Gegner, der logistische Vorteile mit taktischem Geschick zu verbinden wusste. Der Cherusker Arminius († 21 n. Chr.) kann als Prototyp eines Stammesführers betrachtet werden, der die Zeichen der Zeit zu deuten und neue Potenziale zu nutzen wusste. Nicht zuletzt dürfen wir ihm lateinische Sprachkenntnisse zutrauen, was ihm die Kommunikation mit den Römern und die Erlangung der Deutungshoheit innerhalb seiner Stammesbünde wesentlich erleichtert haben mag.

Das Interesse Roms an den Regionen östlich des Rheins war in den Jahrzehnten um Christi Geburt durchaus auf Nachhaltigkeit angelegt. Ein Schlüsselfund hierfür ist die römische *colonia* von Waldgirmes an der Lahn, die in den letzten Jahren mit großem Erfolg ausgegraben werden konnte. Funde und Befunde deuten auf einen intensiven Kontakt zwischen Römern und Germanen; selbst wenn es zu dieser Anlage bislang kaum Vergleichbares gibt, so müssen es diese Plätze gewesen sein, von denen der zivilisatorische Impuls von den römischen Provinzen in das germanische Barbaricum getragen wurde (vgl. Kat.-Nr. I.51 a–c).

So sind auch an entfernten Küsten der Ostsee die Erschütterungen dieses gesellschaftlichen Bebens spürbar. Ausdruck der zunehmenden sozialen Differenzierung in den germanischen Gesellschaften sind die sogenannten frühkaiserzeitlichen Fürstengräber, in denen sich reiche Männer und Frauen einer ge-

sellschaftlichen Elite insbesondere mit römischem Import für ein Leben nach dem Tod vorbereiteten. Das Fürstengrab von Hoby auf Lolland, Dänemark, aus der Mitte des 1. Jahrhunderts n. Chr. ist geradezu ein Prototyp dieser Gruppe, vereinigt es doch aufwändigen Grabbau mit einem außerordentlichen Fundmaterial: Die beiden Silberbecher von Hoby (Kopenhagen, Nationalmuseum) gehören zu dem besten, was das römische Kunsthandwerk dieser Zeit hervorgebracht hat. Wie die beiden Becher den Weg an die nördliche Küste der Ostsee fanden, wird auch in Zukunft Gegenstand wissenschaftlicher Diskussion bleiben müssen.

Ein, wenn nicht gar der entscheidende Einschnitt in die gemeinsame Geschichte von Römern und Germanen in den ersten Jahrhunderten nach Christi Geburt waren sicherlich die Markomannenkriege, die Marc Aurel (161–180) führen musste. Auftakt dieser langjährigen militärischen Auseinandersetzung, die die gesamte Nordgrenze des Reiches zwischen Nordsee und Schwarzem Meer erfasste, war der Einfall der Markomannen und Quaden in das römische Mutterland im Jahr 169. Erstmals seit den Zügen der Kimbern im Jahr 101 v. Chr. tauchten nun germanische Krieger vor den Toren römischer Städte Norditaliens auf, zweifellos ein traumatisches Ereignis. Sowohl die schriftliche Überlieferung als auch der archäologische Befund lassen erkennen, dass sich germanische Stämme über weite Regionen zu gemeinsamen militärischen Operationen insbesondere im Mitteldonauraum verabredeten. Offensichtlich hatte das gefolgschaftliche System germanischer Krieger zur gesteigerten Mobilität und Risikobereitschaft geführt. Die Phase der *pax romana*, der friedlichen Koexistenz, war damit beendet. Ein Glücksfall ist in diesem übergeordneten historischen Zusammenhang die Entdeckung des Königsgrabes von Mušov in Mähren. Hier konnte ein umfangreiches Fundmaterial geborgen werden, das die weitreichenden germanischen Verbindungen des hier bestatteten höchstrangigen Kriegers dokumentiert. Von ganz besonderem Wert ist dabei der Kessel mit den Germanendarstellungen (vgl. Kat.-Nr. I.61): auch dies wie in Hoby eine römische Arbeit, die vermutlich als römisches Geschenk in den Besitz des Toten gelangte.

Erneut sind die Erschütterungen, die die Markomannenkriege auslösten, bis weit in das Barbaricum spürbar. Insbesondere in Skandinavien zeichnet sich eine intensive Militarisierung der Gesellschaft ab. Die Mooropferfunde Südskandinaviens, hier vor allem die von der Ostküste Jütlands, erbrachten ein umfassendes, meist hervorragend erhaltenes archäologisches

Material, das paradigmatische Einblicke in die militärische Organisation und Leistungsfähigkeit des 3. und 4. Jahrhunderts gewährt. Grundlage dieser militärischen Infrastruktur sind u.a. römische Waffen, hier primär Schwerter, die als kaum versiegender Zustrom aus den Provinzen den Norden erreichten. Römische Einflüsse sind aber auch in der germanischen Produktion von Waffen und Ausrüstungen germanischer Kriegereliten nachweisbar. Eine Schildfessel des frühen 3. Jahrhunderts aus dem reichen Opferfund von Illerup in der Nähe von Skanderborg in Ostjütland ist mit einem vergoldeten Silberpressblech versehen, das den Abdruck eines römischen Denars der Diva Faustina, der Gattin des Antoninus Pius (138–161) zeigt (vgl. Kat.-Nr. I.63). Die Bildnisse römischer Kaiserinnen des späten 2. Jahrhunderts zierten also die Prachtschilde nordgermanischer Gefolgschaftsherren des frühen 3. Jahrhunderts. Ähnlich aufschlussreich sind die beiden Zierscheiben aus dem Thorsberger Moor in Süderbrarup in Angeln (vgl. Kat.-Nr. I.64 a–i). Sie können als Schlüsselfunde der engen Verknüpfung römischer Bilderwelten mit jenen Vorstellungen gesehen werden, die zur Repräsentation germanischer Eliten notwendig waren. So ist auf der sogenannten ersten Thorsberger Scheibe der römische Kriegsgott Mars in sitzender Pose dargestellt, der von anderen, eindeutig römischen Schmuckelementen umgeben ist.

Mit dem Niedergang des Römischen Reiches und dessen zunehmender Barbarisierung ändern sich die Verhältnisse am Ende der römischen Kaiserzeit und am Übergang zur Völkerwanderungszeit grundlegend. Das neue Selbstbewusstsein germanischer Eliten manifestiert sich in einem eigenen Kunststil, der eine signifikante Ausprägung u.a. in den sogenannten Medaillons bzw. Brakteaten findet. Beides sind runde goldene Scheiben mit komplexen Menschen- und Tierdarstellungen, die als Halsschmuck sowohl von Männern als auch von Frauen getragen wurden. Das Bildnis des römischen Herrschers, entweder im Profil, wie auf dem Berliner Medaillon, oder in der germanischen Adaption als Reiter, gewinnt eine zentrale Funktion in der Repräsentation von sozialem und militärischem Status (vgl. Kat.-Nr. II.48, II.49 b). Aber auch goldene Trachtbestandteile wie die sogenannten Zwiebelknopffibeln werden in diesem höchstrangigen gesellschaftlichen Milieu instrumentalisiert (vgl. Kat.-Nr. II.49 c). Sie stellen den vorläufigen Endpunkt einer Entwicklung dar, die als Ausdruck einer langjährigen hoch komplexen, sicherlich ungewollten Verknüpfung der römischen und germanischen Welt verstanden werden müssen. Diese Symbiose reicht von der aktiven Germanienpolitik Roms in der Frühzeit über die überwiegend reaktive Phase seit den Markomannenkriegen hin zur weitreichenden Barbarisierung und der Umkehr der politischen und kulturellen Verhältnisse in der Völkerwanderungszeit. Eine entscheidende Epoche europäischer Geschichte kann so anhand einiger weniger Gegenstände zumindest in groben Zügen nachgezeichnet werden.

Claus von Carnap-Bornheim

Literatur

Bursche 1998; von Carnap-Bornheim 2006; Peška/Tejral 2002.

I.59

Statuette eines knienden Barbaren

ca. 150–200 n. Chr.
Milet, Theater
Marmor. H 65,5 cm, B 45,5 cm, T 29 cm
Berlin, Staatliche Museen zu Berlin, Antikensammlung,
Sk 1966

Die unterlebensgroße Statue aus weißem Marmor wurde im Rahmen der Miletgrabung der Berliner Museen im September 1903 ausgegraben und gelangte im Zuge der offiziellen Fundteilung zwischen dem Osmanischen Reich und dem Deutschen Kaiserreich nach Berlin. Es fehlen der Kopf und der rechte Arm der Skulptur. Ihre Rückseite ist nur summarisch und sehr flach ausgearbeitet, im Rücken befindet sich etwa in Höhe der Schulterblätter ein rechteckiges Dübelloch.

Dargestellt ist ein auf seinem linken Bein kniender Mann in der Tracht eines orientalischen Barbaren, als der er in erster Linie durch die langen Hosen und durch das langärmelige Untergewand charakterisiert wird. Darüber trägt er einen die Schultern und den Rücken bedeckenden Mantel, der über der Brust durch eine runde Schließe zusammengehalten wird. Mit dem fast durchgestreckten linken Arm stützt sich der Mann auf einem Stein ab, der verlorene rechte Arm war ehemals nach oben gestreckt, worauf die Asymmetrie des Oberkörpers mit der erhobenen rechten Schulter hindeutet. Der erhobene rechte Arm und das Dübelloch auf der Rückseite weisen darauf hin, dass der Kniende einen Gegenstand über sich trug.

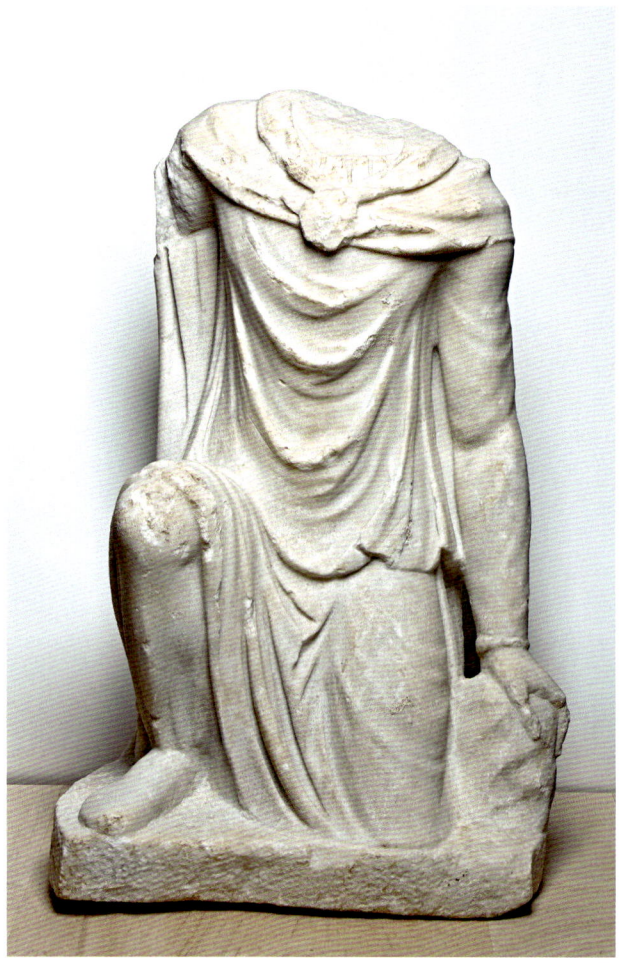

I.59

Statuen im Schema von „kniefällig tragenden Orientalen", wie sie von Rolf Michael Schneider bezeichnet worden sind, haben sich aus der römischen Kaiserzeit in verschiedenen Formaten und Materialien erhalten. Sie sind wohl der Reflex eines Siegesmonumentes des Kaisers Augustus, welches auf dessen propagandistisch überhöhten Erfolg über die Parther im Jahre 20 v. Chr. anspielte. Auf dem Verhandlungswege war es Augustus gelungen, die in der Schlacht von Carrhae im Jahre 53 v. Chr. verlorenen Feldzeichen vom Partherkönig Phraates IV. zurückzuerhalten und römische Kriegsgefangene freizukaufen. Nach Schneiders Rekonstruktion setzte sich das Monument aus drei knienden Orientalen zusammen, die einen kolossalen Dreifuß trugen – womit auch auf den persönlichen Schutzgott des Augustus angespielt wurde, Apollo. Das Ur-Monument hat höchstwahrscheinlich im Heiligtum des Apollo neben dem Wohnhaus des Augustus auf dem Palatin in Rom gestanden.

Die hohe Symbolkraft des Unterwerfungsschemas bei gleichzeitiger Allgemeingültigkeit der Bildaussage – die Tracht

verweist nicht auf ein bestimmtes Volk, sondern bezeichnet allgemein orientalische Fremdvölker – führte zu einer weiten Verbreitung des Statuenschemas auch in späteren Epochen und zu Reflexen des Motives in anderen Kunstgattungen. Die Einwohner von Milet dürfte daran vor allem der Dreifuß interessiert haben, denn Apollon war die wichtigste Gottheit in der kleinasiatischen Stadt. Zwei monumentale Marmordreifüße schmückten das hellenistische Bouleuterion (Rathaus), und direkt am Löwenhafen wurde das sogenannte große Hafenmonument von einem Dreifuß bekrönt. Das milesische Theater, in dessen unmittelbarer Nähe unsere Statuette gefunden wurde, war mit apollinischen Motiven in Gestalt von Statuen, Altären und Reliefs sowie mit auf Apollon bezogenen Inschriften geradezu übersät; die ganze Anlage war dem Apollon heilig. Das Motiv der unterworfenen Barbaren hingegen wird für die Milesier eher zweitrangig gewesen sein. Es ist sicherlich kein Zufall, dass die Berliner Statuette als eine der wenigen rundplastischen Wiederholungen das statuarische Schema in einer variierten Form überliefert, bei welcher der erhobene Arm und das aufgestellte Bein sich auf der gleichen Körperseite, hier also rechts, befinden.

Martin Maischberger

Literatur

Ausst.-Kat. Haltern am See u.a. 2009, Nr. 26 (Andreas Scholl); Bol 2011, S. 145–146, Nr. VII.1.24; Schneider 1986, S. 18, 93 u. 198, Nr. KO 14.

I.60 a–b

Bronzestatuetten eines stehenden und eines knienden Barbaren

2. Jahrhundert n. Chr.
Bronze. a) H 20 cm; b) H 11 cm
Stuttgart, Landesmuseum Württemberg,
a) 3.362 und b) 3.363

Die beiden Barbarenstatuetten aus der Antikensammlung des Landesmuseums Württemberg sind charakteristische Beispiele für die römische Bildtradition des Barbaren und namentlich des Germanen, dessen demütige Haltung als Geschlagener die römische Überlegenheit demonstriert. Gleichwohl als Begriff zunächst von den Griechen zur Diffamierung nicht griechisch sprechender Fremdlinge, also auch Römer, geprägt, blickten diese schon bald selbst auf die Barbaren hinab – das waren nun Orientalen, Kelten, und vor allem die Germanen. Kunst und Propaganda feierten Siege über die Barbaren als Siege der Ordnung über das Chaos.

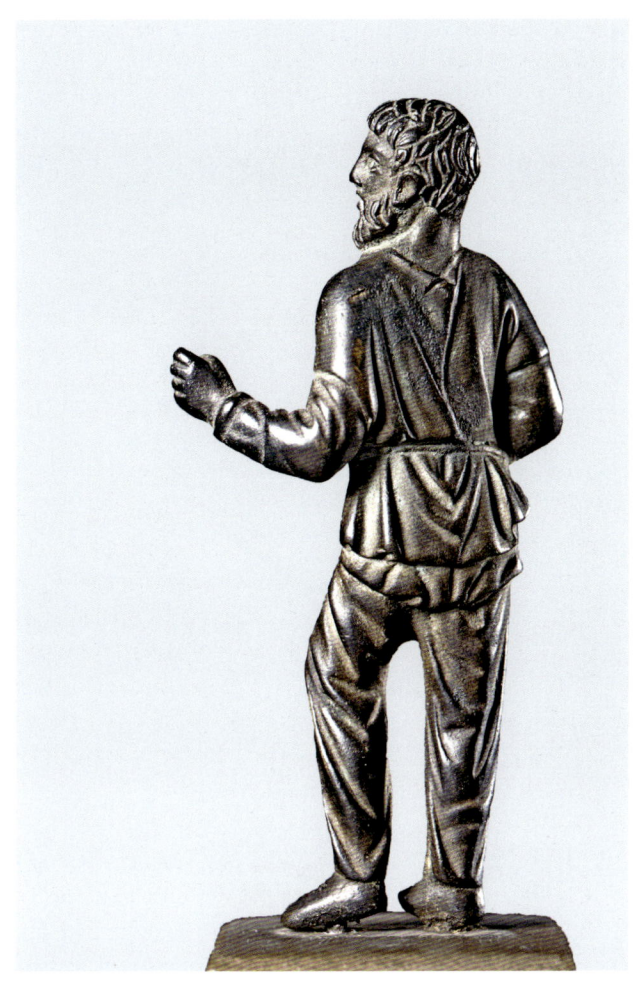 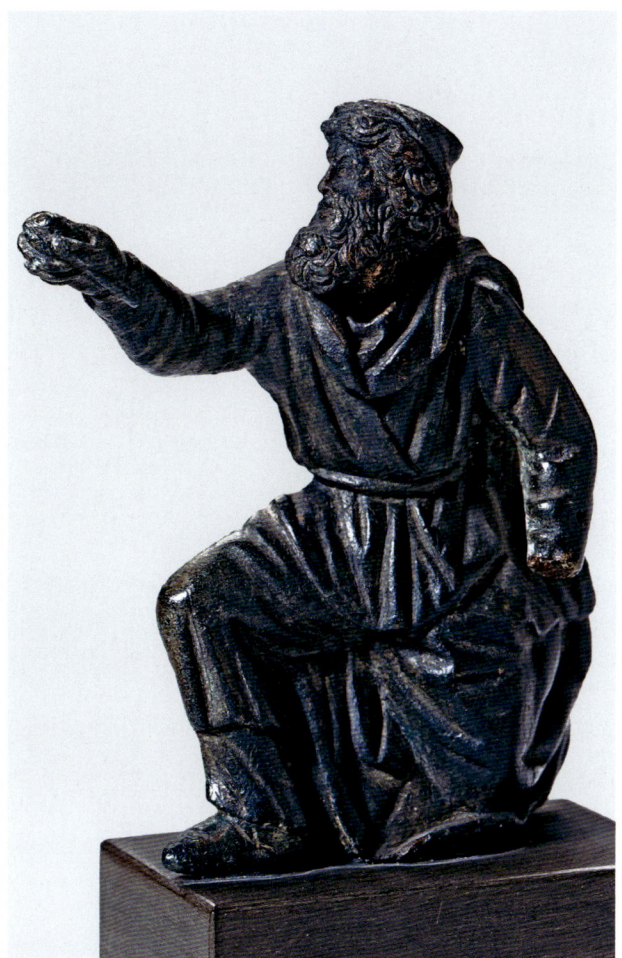

I.60 a–b

Die Bronzefigur des knienden Barbaren trägt lockiges Haupt- und Barthaar, streckt die Rechte flehend aus und reicht dem Sieger einen stabartigen Gegenstand. Die Männerfigur trägt eine lange, weite Hose, eine langärmlige Tunika und einen über den Rücken fallenden Mantel. Während Hose, Mantel und Stiefel auch charakteristisch für die innerhalb des Römischen Reiches lebenden Germanen waren, zeichnet die Mütze ihn eher als Orientalen aus. Die Figur ist hinten hohl und war ursprünglich wohl auf einer Platte befestigt.

Auch die stehende Barbarenfigur zeigt einen bärtigen Mann in langen weiten Hosen, einer langärmligen Tunika und einer zweiten mit kurzen Ärmeln darüber. Die rückenansichtige Statuette blickt nach links und erhebt nach dort die linke Hand, während die Rechte hinter dem Körper verschwindet. Die Rückseite ist abgeschnitten, da auch diese Statuette auf einer Unterlage befestigt war. Mit Bart, lockigen Haaren und langer Hose entspricht sie dem Typus eines Germanen im 2. Jahrhundert n. Chr. Die charakteristische Bekleidung lässt sich neben

zahlreichen Darstellungen auch durch Moorfunde vor allem aus Norddeutschland und Dänemark belegen.

Es ist davon auszugehen, dass beide Figuren ursprünglich Teil eines größeren Reliefs mit einer Unterwerfungsszene waren. Damit verbinden die beiden Statuetten die Aspekte der Ausgrenzung der durch Haartracht und Kleidung eindeutig fremden Barbaren mit der Bildtradition der durch Unterwerfung überlegenen römischen Herrscher.

Maaike van Rijn

Literatur
Ausst.-Kat. Haltern am See u.a. 2009, S. 282, Abb. 16 u. S. 285, Abb. 27; Ausst.-Kat. Karlsruhe 2005, S. 116; Hafner 1958, S. 47; Krierer 2004, Nr. 273, Taf. 35.1.

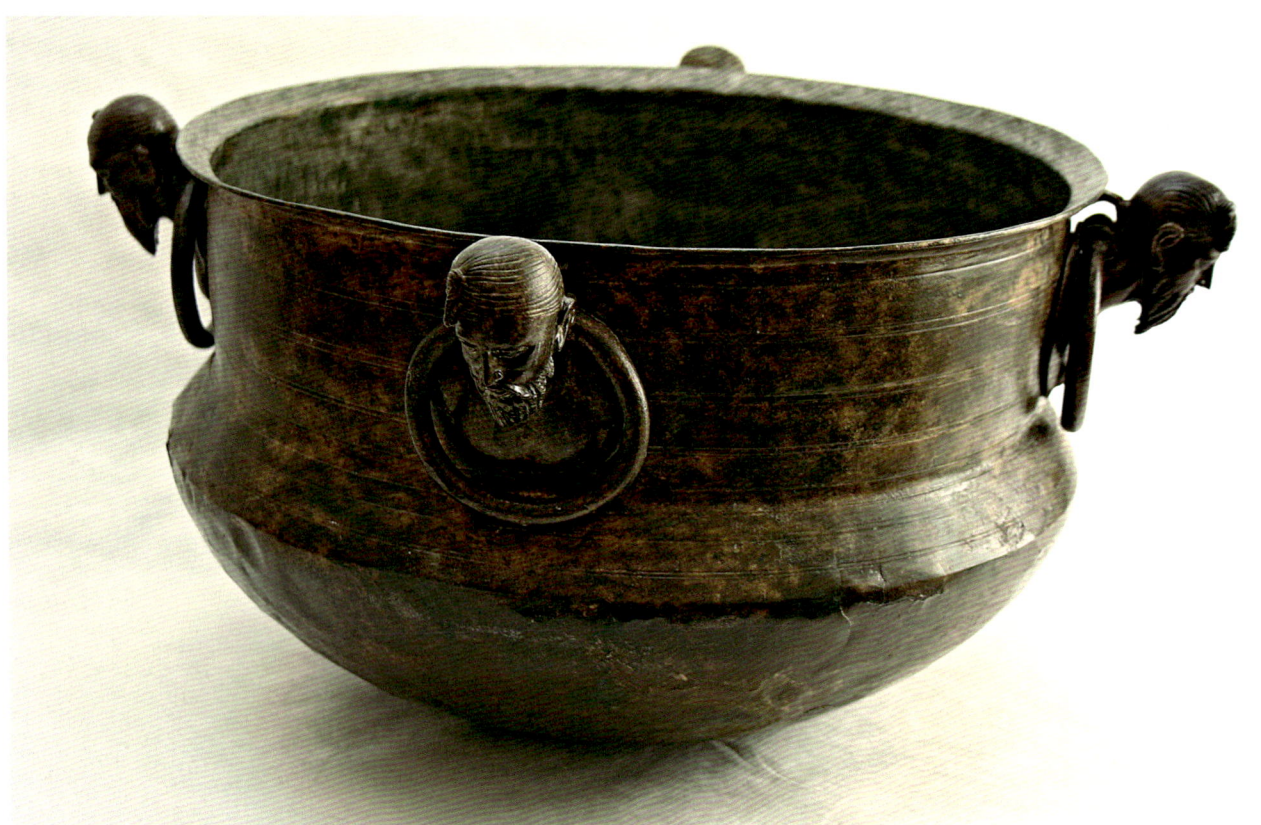

I.61

I.61

Kessel mit Barbarenbüsten
aus dem Grab von Mušov

römisches Erzeugnis, wohl aus dem Grenzgebiet
der mittleren Donau, um 170/180 n. Chr.
Germanisches Fürstengrab von Mušov/Mähren
(Tschechische Republik)
Kupferlegierung/Bronze, Innenseite verzinnt, Zinnblei.
Gefäß getrieben und ziseliert, Attaschen gegossen,
kalt nachgearbeitet und angelötet.
H 20,9 cm, D 34,8 cm, G 3042,1 g;
Attaschen: H max. 9,4 cm; Ring: D max. 8 cm
Mikulov, Regionální muzeum v Mikulové, 51/88-3

Der prachtvolle Bronzekessel wurde 1988 zusammen mit
zahlreichen weiteren Objekten aus einem reichen germanischen Grab geborgen, das sich auf einem Hügel in der Nähe
der heutigen Wüstung Mušov, 12 km nördlich von Mikulové/
Nikolsburg im Südosten der Tschechischen Republik befand.
Dokumentiert wurden die Reste einer reichen Mehrfachbe-
stattung von drei Angehörigen der regionalen germanischen
Führungsschicht, vielleicht einer Königsfamilie. Unter den Beigaben – römische wie germanische Erzeugnisse unterschiedli-

cher Herkunft und Zeitstellung – hat der Kessel besondere Be-
kanntheit erlangt. Grund hierfür sind die vier plastischen und
äußerst qualitätsvoll gearbeiteten figürlichen Henkelattaschen,
die sich am Hals des Bronzegefäßes befinden. Aufgesetzt auf
eine kleine Bronzeplatte dienen sie der Befestigung von Halte-
ringen, die am Hinterkopf der Figuren verankert sind. Fehlende
Gebrauchsspuren und die bloße Verlötung der Attaschen mit
dem Gefäßkörper lassen eine eher repräsentative Bedeutung
des Gefäßes vermuten.

Die Henkelattaschen bestechen nicht nur durch ihre Ausarbeitung und eindrückliche Ausstrahlung, sondern vor allem durch die Darstellung selbst, die als realitätsnahes Erscheinungsbild eines germanischen Stammesangehörigen
erscheint. Herausragendes Charakteristikum ist neben dem
nacktem Oberkörper und dem langen Bart der auffällige
Haarknoten über der rechten Stirnhälfte. Diese Elemente reihen die Attaschen in die sogenannten Barbarendarstellungen
der römischen Bilderwelt ein. Bezeichnend für die bildliche
Wiedergabe fremder Völkerschaften in der Antike ist die ver-
allgemeinernde, stereotype Darstellung ethnischer Identitäts-
merkmale, wie Frisur oder Kleidung. In den meisten Fällen
werden so nur allgemeine Unterscheidungen, etwa in „Orientalen" und „Nordbarbaren", möglich. Die Interpretation der

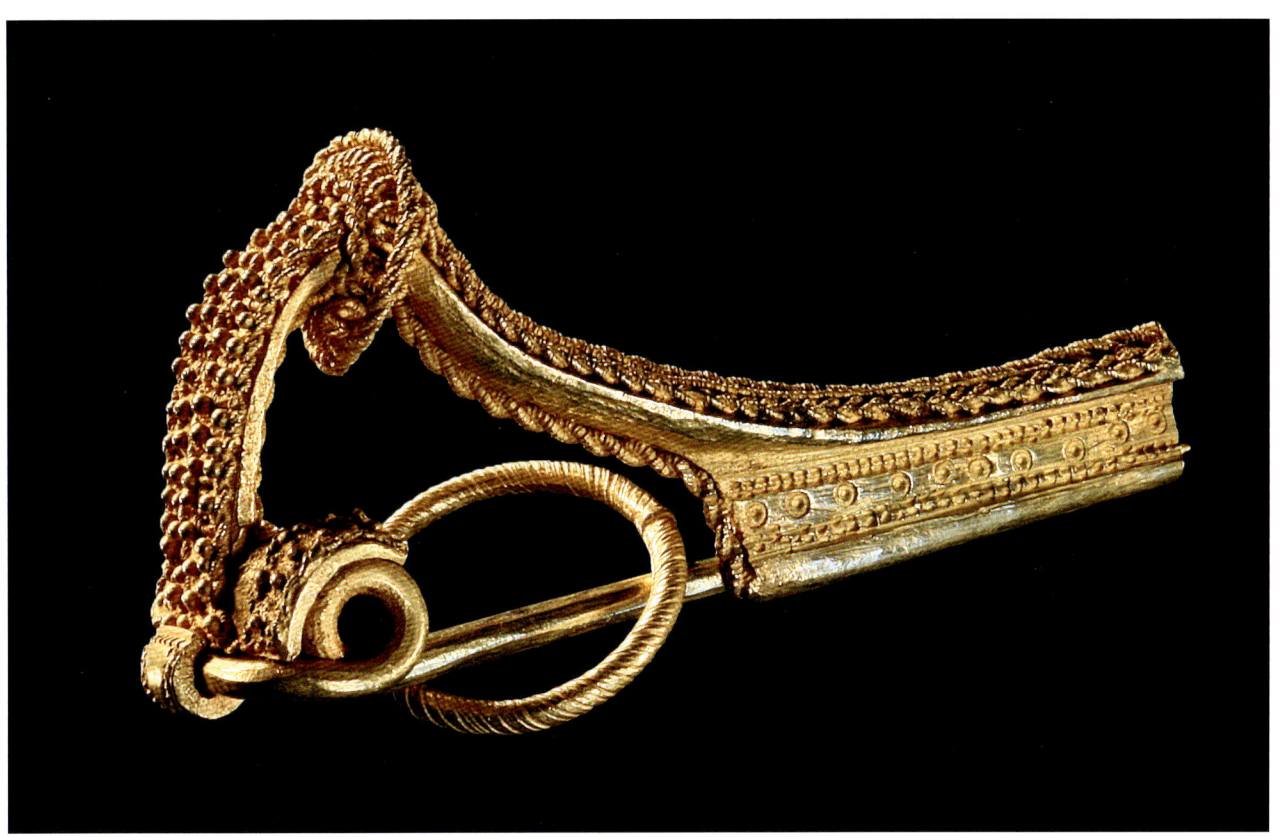

I.62

Henkelattaschen von Mušov kann sich zusätzlich auf einen Bericht des römischen Geschichtsschreibers Tacitus stützen, der die eigentümliche Haartracht der germanischen Sueben beschreibt. Auf dieser Grundlage spricht man vom „Suebenkonten", der in abgewandelter Form aber auch von anderen germanischen Stämmen getragen wurde (Krierer 2004). Mit der Darstellung des Haarknotens wird im 2. Jahrhundert n. Chr. das römische Germanenbild erweitert, eine Unterteilung der Dargestellten in einzelne Stämme ist jedoch problematisch (Heitz 2009 (b), S. 70). Anders als an den Henkelattaschen aus Mušov erscheinen Germanen in der römischen Bilderwelt in der Regel in größeren Bildzusammenhängen, meist in mehrfigurigen Kampf- oder Siegesdarstellungen, wo sie als unterlegene Gegner Roms dargestellt werden. Derartige Fälle sind somit nicht neutral, sondern dienen der Repräsentation römischer Eliten (Heitz 2009 (a), S. 27). Die Germanen-Attaschen des Bronzekessels von Mušov stehen jedoch wegen ihrer Verwendung als Grabbeigabe in einem anderen Kontext und sind wohl als gezielte Auftragsarbeit zu verstehen – von germanischer Seite oder von römischer als offizielles Geschenk an einen germanischen Fürsten.

Arne Reinhardt

Literatur

von Carnap-Bornheim 2000; Heitz 2009 (a); Heitz 2009 (b), hier S. 70, 211 u. 257–258; Krierer 2004, hier S. 99–128; Künzl/Künzl 2002 (a), hier S. 358–362; Künzl/Künzl 2002 (b), hier S. 569; Peška 2008; Schneider 1992, hier S. 896 u. 917; Tejral 2009.

I.62

Fibel aus Tjørring, Grab U

0–50 n. Chr.
Gold. H 7,25 cm
Herning, Museum Midtjylland, Herning Museum

Das frühkaiserzeitliche Gräberfeld von Rosenholmvej bei Tjørring erbrachte eine ganze Anzahl von Brandgräbern, deren Grabinventare sich erhalten haben. In Grab U konnten u. a. ein goldener Fingerring, eine Silbernadel, drei Fibeln, ein Eisenmesser und verbrannte Knochenreste eines Ferkels geborgen werden. Außerdem fand sich als herausragende Beigabe eine massive römische Goldfibel. Römische Erzeugnisse dieser Art treten seit dem 1. Jahrhundert vermehrt im Barbaricum in

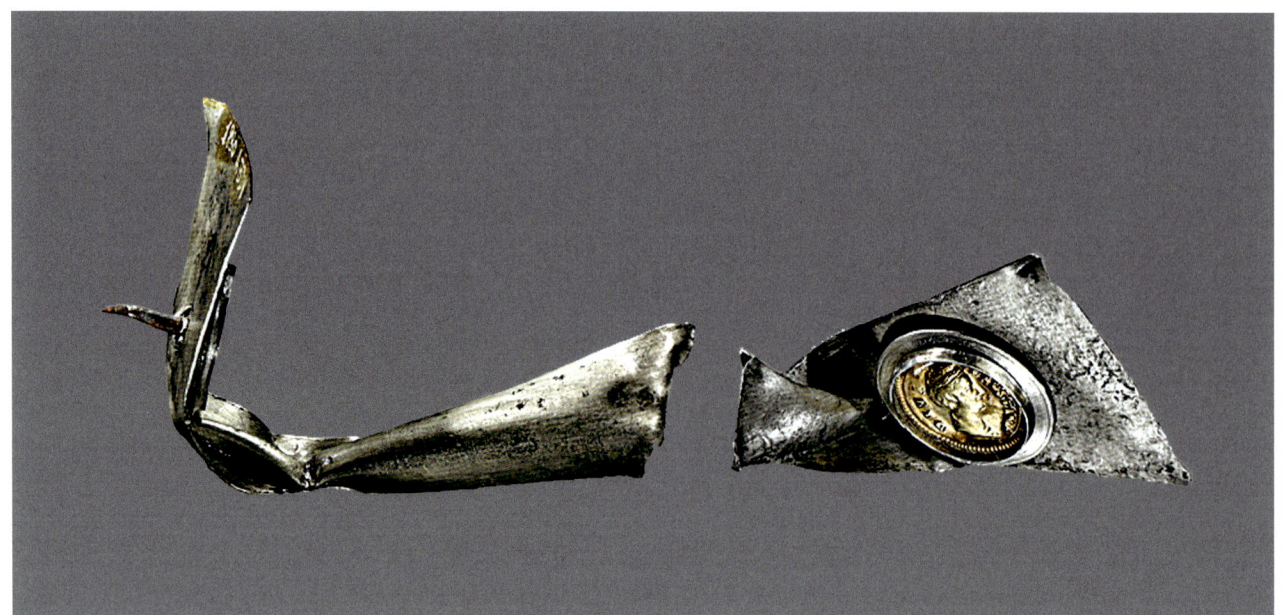

I.63

den sogenannten Fürstengräbern auf. Dabei handelt es sich weniger um Handelsgut, sondern um exklusive Geschenke an die lokalen Eliten. Diese diplomatischen Geschenke wie Fibeln, Trinkbestecke aus Metall und Keramik verweisen auf das komplexe System augusteischer Machtsicherung. Sie dienten als Mittel kaiserlicher Freundschafts- und Interessensbekundung, die für die Sicherung des Reiches, auch über die Grenzen hinweg, zu einer überlebenswichtigen Strategie wurden. Vermutlich kam die Goldfibel aus Grab U als Geschenk an einen Angehörigen der lokalen germanischen Elite nach Jütland.

Ulrike Theisen

I.63

Silberner Schildfesselbeschlag aus Illerup Ådal

Germanien/Skandinavien, um 200 n. Chr. deponiert
Fundplatz Illerup Ådal nahe Aarhus (Dänemark)
Silber, vergoldetes Silberpressblech, Bronze, umlaufende
Rille, teilweise Vergoldung, Drehrillen, verlötet.
Fragment a) L 8 cm, H 4 cm, B 4,5 cm
Fragment b) L 5 cm, H 4 cm, B 4,5 cm
Münzen: D 2,5 cm, H 2 cm
Højbjerg, Moesgård Museum Dänemark, FHM 1880

Zu unterschiedlichen Zeitpunkten zwischen dem frühen 3. und 5. Jahrhundert n. Chr. wurden in einem eisenzeitlichen See in der Nähe der heutigen Stadt Aarhus mehrere Opferungen vor-

genommen. Diese konnten bei Grabungen in dem heutigen Moor als Fundkonzentrationen nachvollzogen werden und stellen eine einzigartige archäologische Entdeckung dar. Vom frühesten dieser Fundplätze – Illerup A, deponiert um 200 n. Chr. – stammt neben Waffen, Pferdegeschirren, Werkzeugen und Schmuck auch eine silberne Schildfessel, die in mehreren zerstreuten Fragmenten angetroffen wurde. Zu welchem der elf rekonstruierbaren Prachtschilde sie ursprünglich gehörte, ist jedoch unsicher. Wie auch die meisten anderen Fundstücke wurde der zugehörige Schild vor seiner Versenkung im See zerstört, was auch die Deformierung und Zerstückelung der Schildfessel mit sich brachte.

Bei einer Schildfessel handelt es sich um den stegartigen Schildgriff auf der Innenseite eines Schildes über einer entsprechenden Aussparung. Außen schützt der Schildbuckel diese Stelle. Verstärkt wird der Griff auf der Innenseite durch einen metallenen Beschlag, der mit Stiften an den Schildbrettern befestigt ist. Derartige Beschläge bestanden aus Eisen, Bronze oder wie im Falle des Stückes aus Illerup Ådal auch aus Edelmetall. Eine Besonderheit stellen die zwei aufwändig verzierten Köpfe der Schildfesselstifte dar: Sie bestehen jeweils aus einer kapselartigen Rahmung, die ein figürlich verziertes und vergoldetes Silberpressblech einfassen. Die Darstellung dieser dünnen Bleche wurde mittels Prägung durch eine römische Münze aus der Regierungszeit des Antoninus Pius (138–161) gewonnen. Genau wie die Vorderseite des hierfür verwendeten Denars zeigen sie das Porträt der vergöttlichten Faustina, der Frau des Antoninus Pius, zusammen mit der entsprechenden Münzlegende. Das Perldrahtornament am Rand des Press-

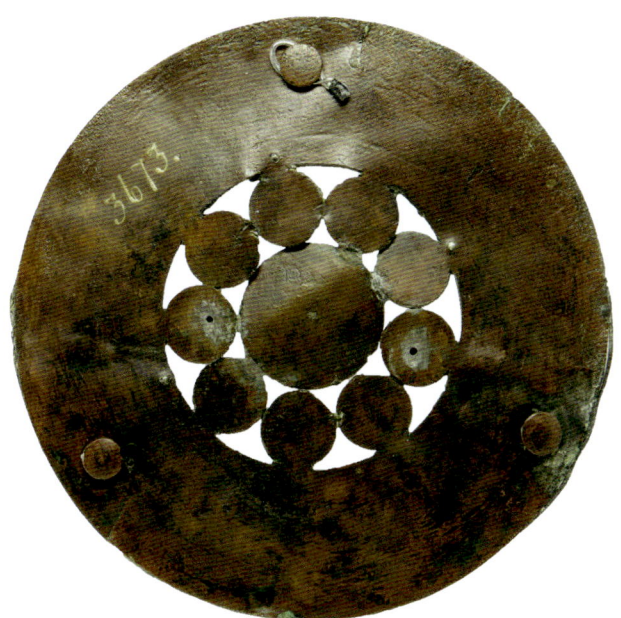 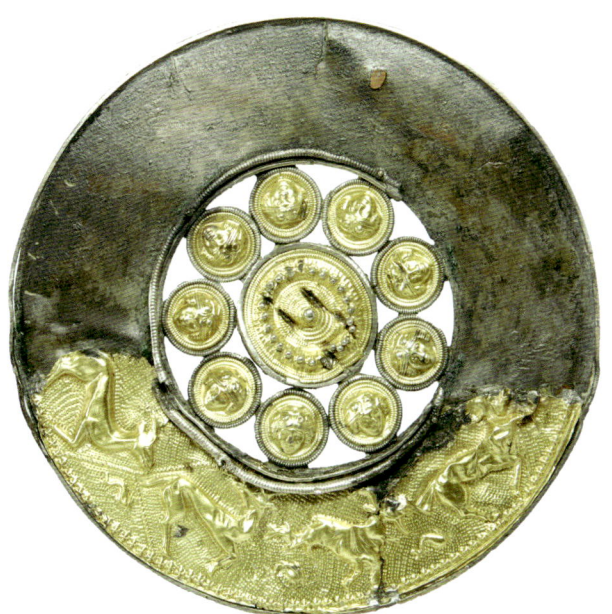

I.64 b

bleches ist eine Zutat des germanischen Handwerkers und entspricht wie auch die kapselartige Einfassung der gängigen Rahmung runder Pressbleche an diesem Fundplatz.

Zwar sind römische Münzen sowohl in Illerup Ådal als auch allgemein in Germanien häufig anzutreffen – eine entsprechende Eingliederung eines römischen Münzbildes in einen germanischen Prachtschild ist allerdings eine Seltenheit. In Hinsicht auf Motiv, Stil und den vorhandenen Schriftzug unterscheiden sich die beiden Münzabschläge deutlich von den übrigen Pressblechen mit sonst ornamentalen oder einfachen figürlichen Treibarbeiten (sogenannte Ansichtsmasken). Die Übertragung des römischen Münzbildes auf die germanischen Pressbleche stellt einen eindrucksvollen Beleg für die Verbreitung römischen Kulturgutes und der imperialen römischen Bildsprache dar. Gleichzeitig gehen die Pressbleche deutlich über eine bloße Rezeption hinaus, wie ihre weitere Ausarbeitung und der Kontext zeigen. Zusammen mit den übrigen Silberbeschlägen des ehemals zugehörigen Prachtschildes zeigten sie den hohen militärischen Rang ihres Besitzers an. In diesem Sinne erhielt das Münzbild also eine neue Bedeutung im hierarchischen System germanischer Krieger.

Arne Reinhardt

Literatur

Bursche 2011, hier S. 17–18, 54 u. 86; von Carnap-Bornheim/Ilkjaer 1996 (a), hier S. 231–237, 280–285, 420–421, 433, 441, 471–472, 475 u. 482–486; von Carnap-Bornheim/Ilkjaer 1996 (b), hier S. 223; Ilkjaer 1990, hier S. 13–26 u. 36; Ilkjaer 2001, hier S. 16, 187, 317–323 u. 370; Quast 2005, Schulten 1979, S. 81–86 u. 91–98.

I.64 a–b

Zwei Zierscheiben aus dem Thorsberger Moor

vermutlich 1. Hälfte 3. Jahrhundert n. Chr.
Thorsberger Moor/Süderbrarup, Kr. Schleswig-Flensburg
Grundplatte: Kupferlegierung. Auflagen: Vergoldetes Silberblech. Draht und Stifte: Silber. D 13,3 cm
Schleswig, Stiftung Schleswig-Holsteinische Landesmuseen Schloss Gottorf, Archäologisches Landesmuseum, F.S. 6242 (R423) und F.S. 3673 (R407.2)

Beim Thorsberger Moor in der Gemeinde Süderbrarup, Kr. Schleswig-Flensburg, handelt es sich um einen über mehrere Jahrhunderte genutzten Opferplatz. Zu den hier deponierten Weihegaben gehören auch zwei mit aufwändig verzierten und vergoldeten Pressblechen belegte Scheiben, die vermutlich in der ersten Hälfte des 3. Jahrhunderts n. Chr. hergestellt worden sind. Die Grundplatte beider Scheiben ist in zwei konzentrische Zonen untergliedert, wobei der innere Bereich in Durchbrucharbeit gestaltet wurde. In der Mitte liegt ein rundes mit vergoldetem Presseblech und Silbernieten verziertes Feld um das ringförmig neun runde Pressbleche mit anthropomorphen En-face-Darstellungen angeordnet sind.

Die äußere Zone der ersten Zierscheibe ist durch vier ähnlich dem zentralen Scheibenfeld gestaltete Buckel in vier Sektoren unterteilt. Hauptmotiv auf den zwischen diesen angeordneten Pressblechen ist die Darstellung einer nach rechts gerichteten, auf einem als Thron zu bezeichnenden Möbel mit Rückenlehne sitzenden menschlichen Figur mit bärtigem Gesicht. Mit der rechten Hand stützt sie sich auf eine Lanze, die ausgestreckte

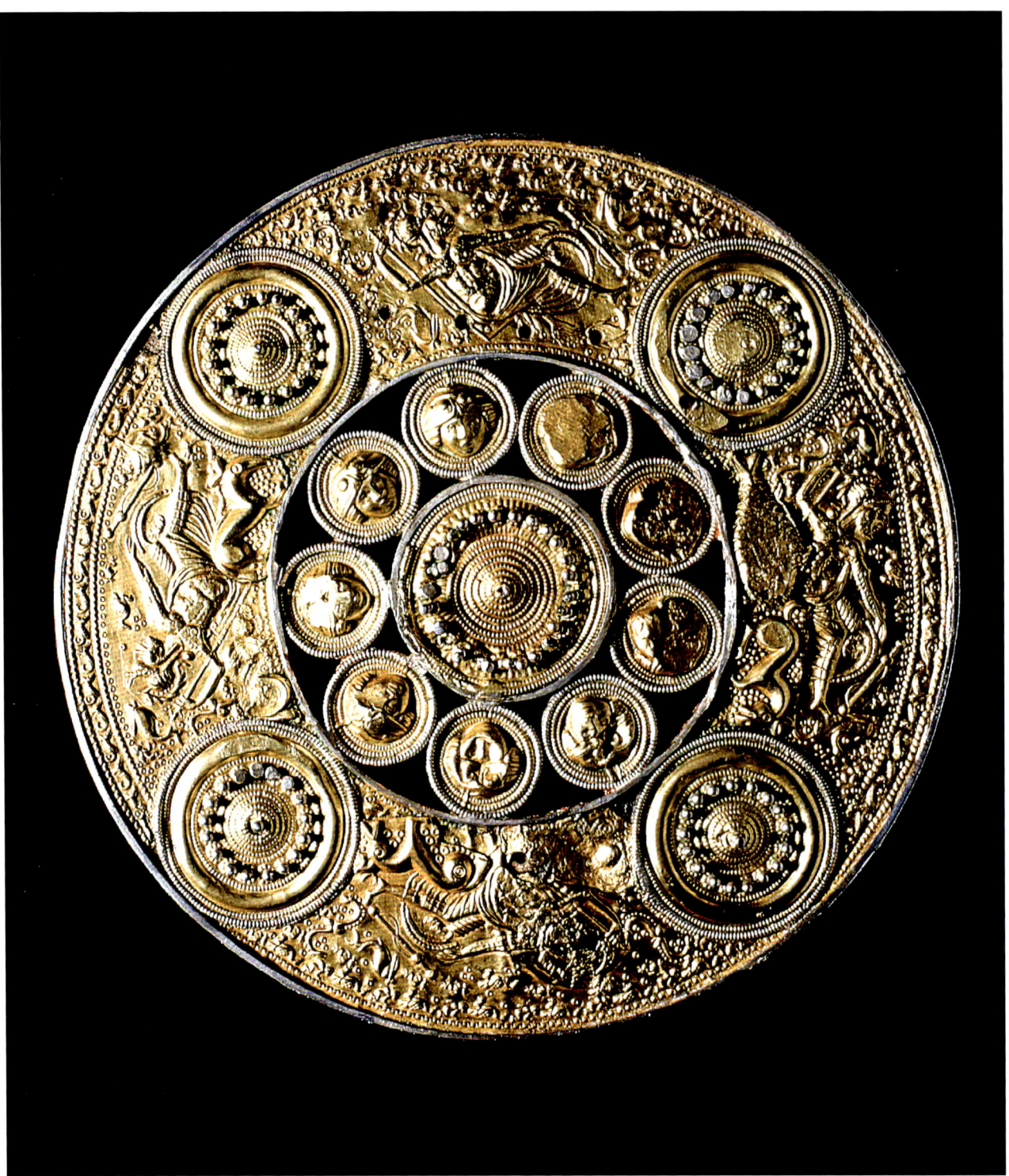

I.64 a

Linke liegt auf einem Schild. Bekleidet ist sie mit einem Muskelpanzer sowie einem Paludamentum und trägt als Kopfbedeckung einen Helm mit Helmbusch. Dieser als Krieger anzusprechenden Figur ist in den vier Bildzonen auf Schulterhöhe jeweils eine gestempelte Gansabbildung zugeordnet. Die Gans stellt das heilige Attributtier des Mars dar und findet sich auf zahlreichen provinzialrömischen Denkmälern mit Marsabbildungen. Daher wird auch der hier beschriebene Krieger als Marsdarstellung interpretiert. Weiterhin wurden die Pressbleche mit Motiven in Form von Delphinen, Fabelwesen, Seepferdchen, Eroten- und Gansdarstellungen sowie Zickzacklinien ausgeschmückt. Ursprünglich waren zudem acht kleine Bleche auf der Zierscheibe appliziert, welche paarweise Gänse, Fische, Hippokampen sowie zwei kauernde Wesen, möglicherweise Pferde, zeigten.

Auf der vergoldeten Silberblechauflage der zweiten Zierscheibe aus dem Thorsberger Moor, die nur zu ca. 40% erhalten ist, befinden sich die Reste zweier getrennter Tierfriese. Die stempelidentische Abbildung eines laufenden Tieres an den beiden Enden der Blechauflage lässt eine komplette Rekonstruktion zu. Demnach war hier ehemals ein umlaufender, in drei Zonen unterteilter Tierfries dargestellt, von dem jedes Segment eine Gruppe aus drei großen, hintereinander aufgereihten Tieren in Laufbewegung zeigt. Ein jeweils aus dem Maul des hinteren Tieres entspringendes Zickzackband unterteilt die drei einzelnen Sektoren. Die beiden äußeren Tiere jeder Bildzone sind als gehörnte Vierbeiner, vermutlich Antilopen, zu identifizieren. Bei dem mittleren Tier handelt es sich um ein Mischwesen, welches einen ziegenartigen Oberkörper mit ei-

nem Fischschwanz vereint und als Seewesen bzw. Capricorn zu deuten ist. Zwischen diesen heute stark zerbeulten Tieren befinden sich gestempelte Delphine, der Untergrund ist mit flächendeckenden Doppelpunzeinschlägen versehen.

Während die erste Zierscheibe durch die Darstellung des Kriegsgottes Mars und durch weitere, an die antike Kunst angelehnte Elemente deutliche Übernahmen aus dem römischen Kulturkreis zeigt, stellen friesartige Abbildungen von Tieren wie auf der zweiten Zierscheibe ein typisch germanisches Zierelement dieser Zeit dar. Auch wenn die ehemalige Funktion der beiden Scheiben nicht geklärt ist, so sind sie doch als ehemaliger Besitz einer hochstehenden germanischen Persönlichkeit anzusprechen.

Die Statuskennzeichnung mit überregional verwendeten Insignien stellte ein wichtiges Mittel der elitären Machtrepräsentation im kaiserzeitlichen Nordeuropa dar. Dass die hierfür verwendeten germanischen Objekte teilweise auch „romanisierte Züge" tragen, ist dabei sicherlich kein Zufallsprodukt. Für die Herstellung derart exklusiver Artefakte werden einerseits germanische Handwerker mit römischer Ausbildung und zum Teil römischen Werkzeugen oder römische Spezialisten an germanischen Machtzentren spätestens ab dem 3. Jahrhundert n. Chr. vermutet.

Ruth Blankenfeldt

Literatur
von Carnap-Bornheim 1997; Engelhardt 1863, Taf. 6,1 u. 7,7; Raddatz 1987, Nr. 407.2 u. 423; Werner 1941.

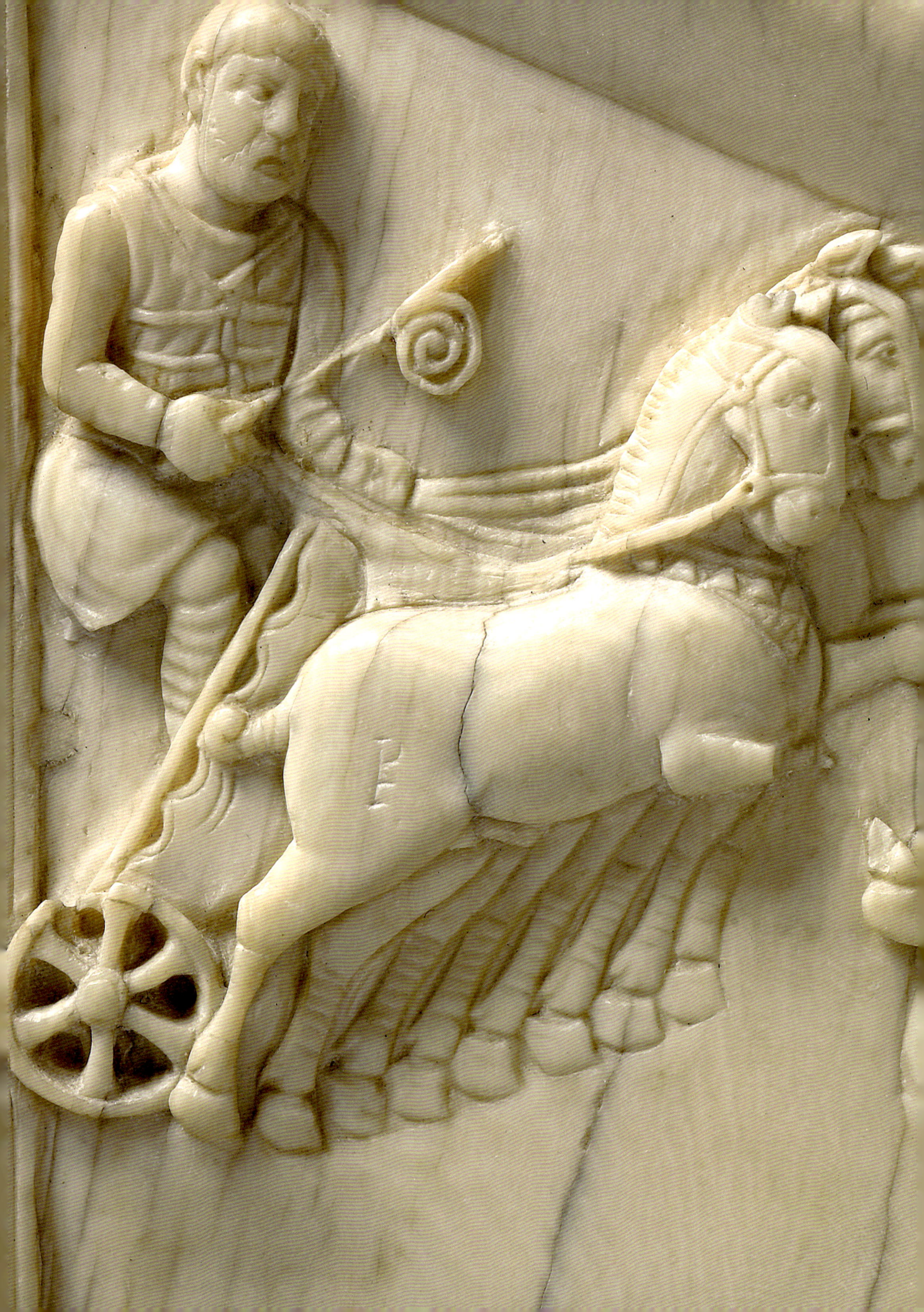

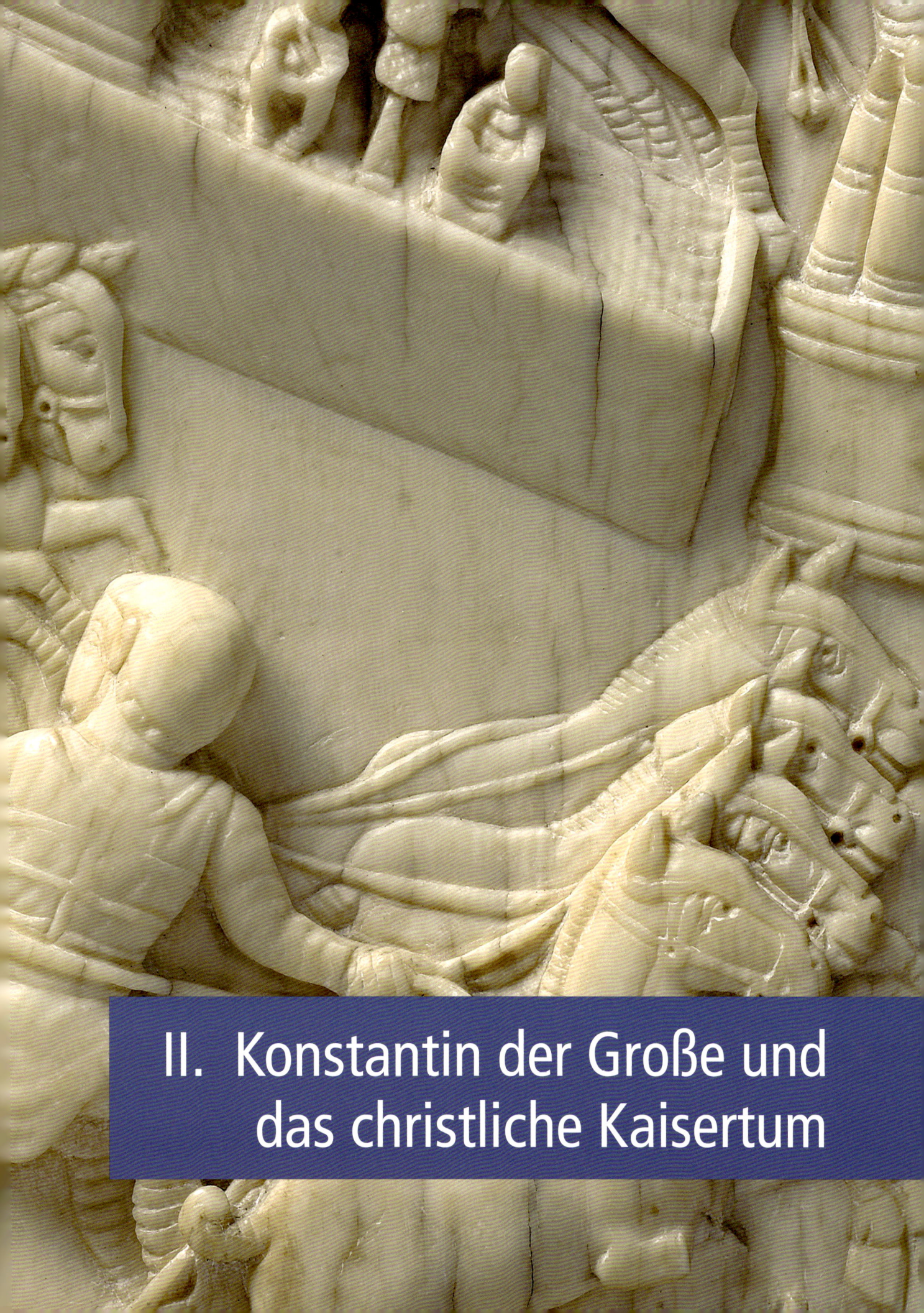

II. Konstantin der Große und das christliche Kaisertum

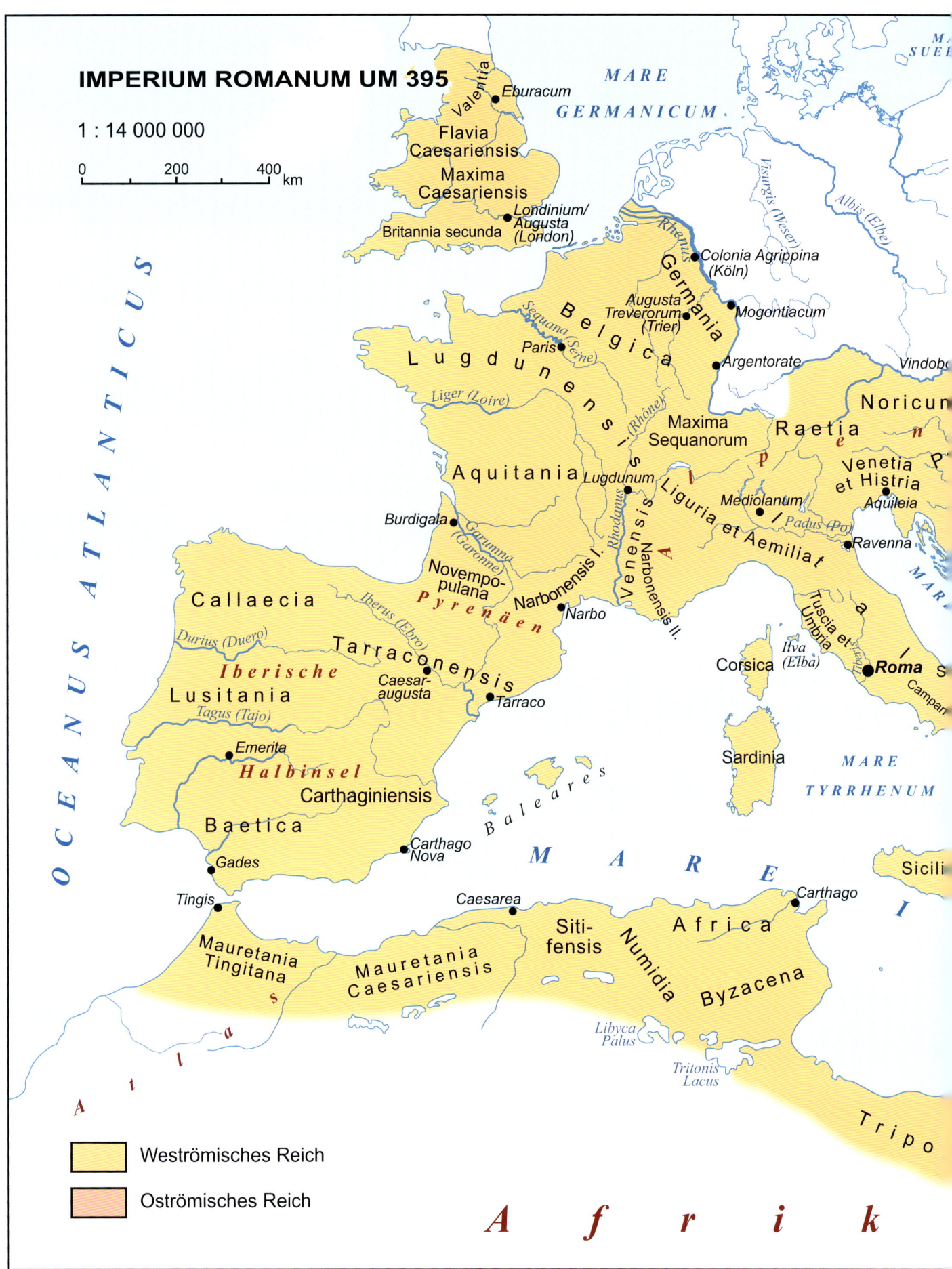

IMPERIUM ROMANUM UM 395

1 : 14 000 000

0   200   400 km

Weströmisches Reich

Oströmisches Reich

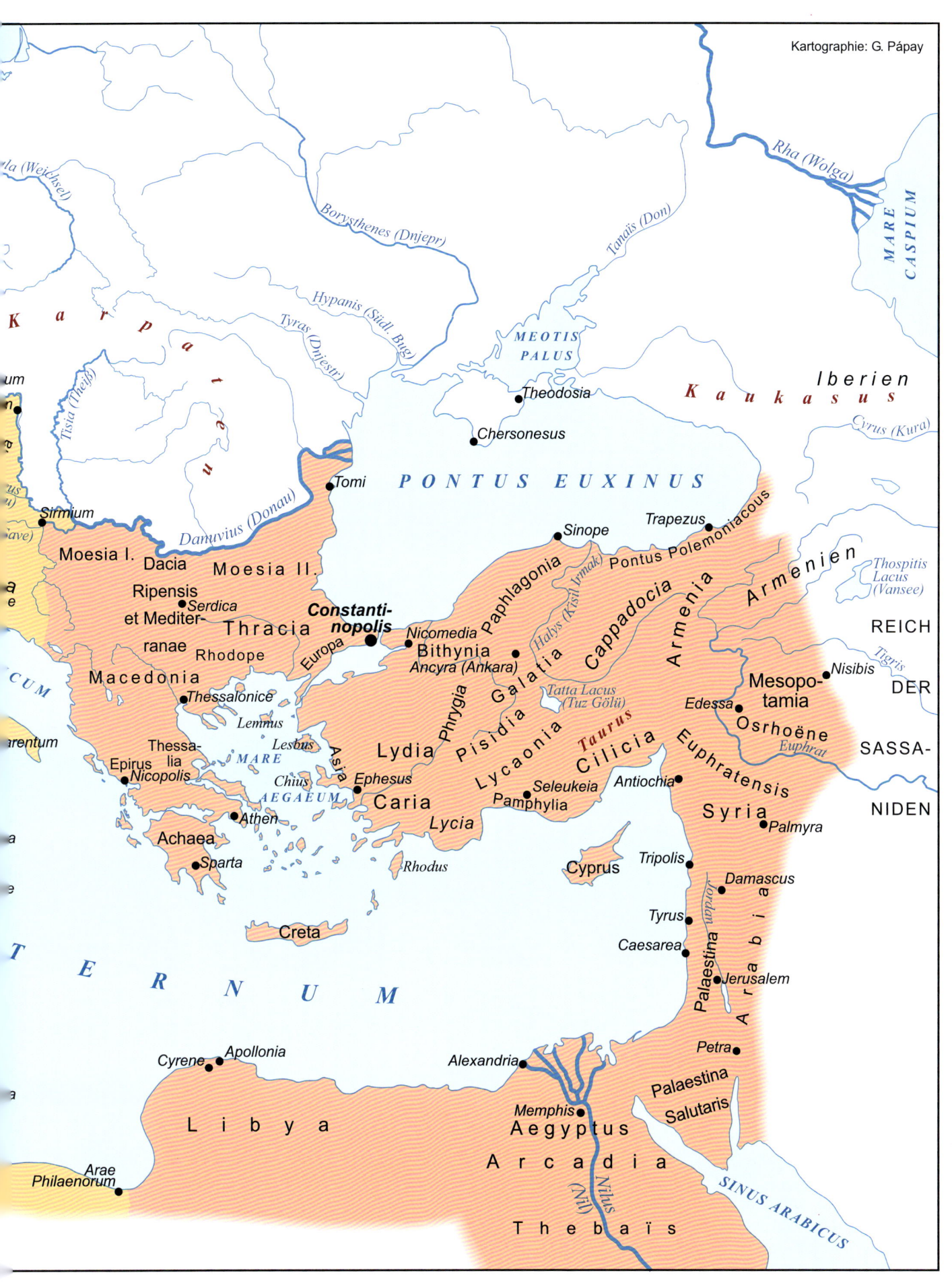

Rha (Wolga)

MARE CASPIUM

Borysthenes (Dnjepr)

Tanaïs (Don)

la (Weichsel)

Hypanis (Südl. Bug)

Tyras (Dnjestr)

K a r p a t e n

Tissia (Theiß)

MEOTIS PALUS

Iberien

K a u k a s u s

Cyrus (Kura)

Theodosia

Chersonesus

PONTUS EUXINUS

Sirmium

Danuvius (Donau)

Tomi

Trapezus

Sinope

Moesia I.

Dacia

Moesia II.

Paphlagonia

Pontus Polemoniacous

Armenien

Thospitis Lacus (Vansee)

Ripensis et Mediter-ranae

Serdica

Constanti-nopolis

Halys (Kısıl Irmak)

Cappadocia

Armenia

REICH

Thracia

Nicomedia

Europa

Bithynia

Galatia

Rhodope

Ancyra (Ankara)

Tatta Lacus (Tuz Gölü)

Edessa

Mesopo-tamia

Nisibis

Tigris

DER

Macedonia

Thessalonice

Phrygia

Pisidia

Lycaonia

Taurus

Osrhoëne

Euphrat

SASSA-

Lemnus

Lydia

Cilicia

Euphratensis

Thessa-lia

Lesbus

Asia

Ephesus

MARE AEGAEUM

Seleukeia

Antiochia

Syria

Palmyra

NIDEN

Epirus

Nicopolis

Chius

Caria

Pamphylia

Lycia

Athen

Achaea

Sparta

Rhodus

Cyprus

Tripolis

Damascus

Tyrus

Jordan

Caesarea

Jerusalem

Palaestina

Arabia

Creta

T E R N U M

Cyrene

Apollonia

Alexandria

Petra

Arae Philaenorum

L i b y a

Memphis

Aegyptus

Palaestina Salutaris

A r c a d i a

Nilus (Nil)

SINUS ARABICUS

T h e b a ï s

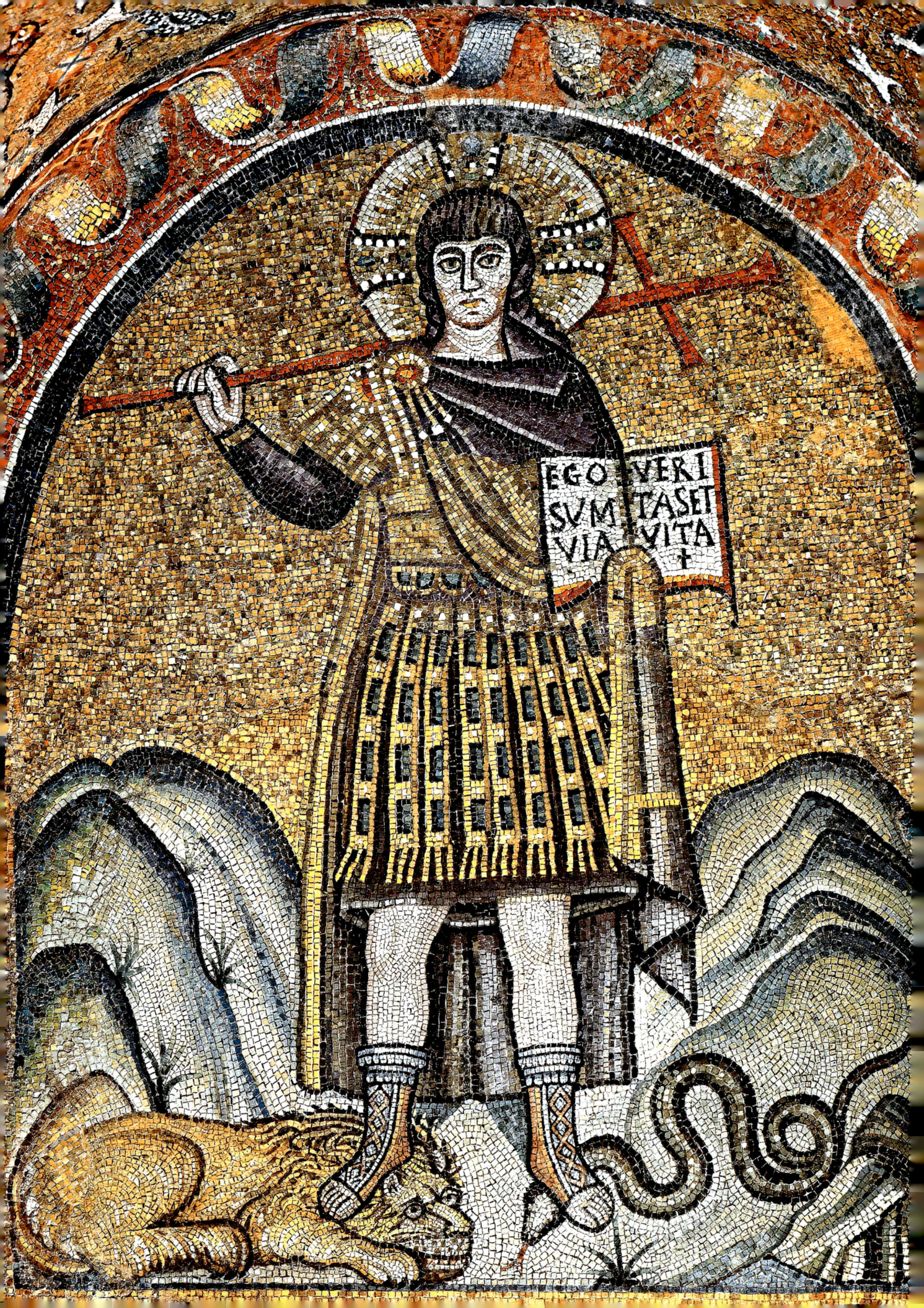

EGO VERI SUM TAS ET VIA VITA

Rene Pfeilschifter

Kaisertum und Christentum

Die Konstantinische Wende

An sich hätte die Schlacht an der Milvischen Brücke nur zu einer Fußnote der Weltgeschichte getaugt. Ausgefochten im Oktober 312 vor den Toren Roms, stellte sie lediglich eine Etappe in einem Bürgerkrieg dar, den verschiedene römische Kaiser um die Alleinherrschaft ausfochten. Der Sieger hatte vor der Schlacht jedoch einen Traum: „Konstantin wurde im Schlaf aufgefordert, das himmlische Zeichen Gottes auf die Schilde zu setzen und so in den Kampf zu ziehen. Er verfuhr wie befohlen, und indem er den Buchstaben X umlegte und die Spitze umbog, setzt er Christus auf die Schilde. Mit diesem Zeichen gerüstet, greift das Heer zu den Waffen" (Laktanz, De mortibus persecutorum 44,5f.). (Abb. 33) Die Schlacht wurde so zum Triumph des neuen Gottes, in ihr vollzog sich die Konstantinische Wende: Zum ersten Mal bekannte sich ein Kaiser zu Christus. Staat und Christentum gingen von da an eine unauflöslich scheinende Verbindung ein, die in Europa erst im 20. Jahrhundert gelockert wurde. Die Wende kam überraschend, noch wenige Jahre zuvor war der römische Staat massiv gegen die Christen vorgegangen, Konstantin (306–337) selbst war in seinen ersten Regierungsjahren nominell ein Christenverfolger gewesen. Was also brachte den Kaiser zu seinem abrupten Schwenk?

Die einen haben das Ereignis als persönliche Glaubensentscheidung aufgefasst, Konstantin habe plötzlich zum Christengott gefunden. Zu dieser Interpretation passt schlecht, dass Konstantin nach der Schlacht zwar begann, das Christentum zu fördern, aber zunächst verhalten. Seine Äußerungen über das eigene Bekenntnis blieben lange ambivalent, abgestimmt auf den jeweiligen Kommunikationspartner. Seine neue Hauptstadt Konstantinopel ließ der Kaiser noch 15 Jahre später mit Tempeln schmücken, er prägte Münzen mit dem Bild Jupiters und setzte sich selbst mit dem Sonnengott gleich. Ein eifriger,

neubekehrter Christ hätte anders gehandelt. Manche haben Konstantins Entscheidung daher realpolitisch erklärt: Er erhoffte sich Vorteile im Kampf gegen seine Rivalen, seine Entdeckung des Christentums entsprang abwägendem Kalkül. Doch welchen Nutzen hätte Konstantin haben können? Die Christen waren loyale Untertanen des heidnischen Staates gewesen, nie waren sie gegen einen Kaiser aufgestanden, selbst wenn der sie verfolgt hatte. Niemand konnte erwarten, dass ihre Gemeinden eine fünfte Kolonne Konstantins bilden würden, und tatsächlich geschah das auch nicht, obwohl Konstantin sich im weiteren Verlauf des Bürgerkriegs durchsetzte.

Ein gangbarer Weg zwischen den Extremen der Interpretation eröffnet sich, wenn man sich von der Fixierung auf die Einmaligkeit der göttlichen Offenbarung in Konstantins Traum löst. Das Übernatürliche griff in der Antike häufig ins irdische Geschehen ein, die Menschen, Heiden wie Christen, glaubten an solche Nähe, und dieser Glaube machte sie dann auch möglich: Kaum jemand stellte Wahrscheinlichkeitsprüfungen nach den Regeln naturwissenschaftlicher Logik an, keine Aufklärung hatte eine Rationalitätsschwelle gesetzt, die erst mühsam zu überschreiten war. Was uns Träume und Wetterphänomene sind, fasste die Antike gern als Begegnung mit den Göttern auf. So suchte den Kaiser Licinius (308–324) im Jahr 313 ein Abgesandter Gottes im Traum auf, ebenfalls vor einer wichtigen Schlacht, und Konstantin selbst war einige Jahre zuvor Apollo am hellichten Tag in einer Vision erschienen. Insbesondere die Mächtigen erlebten derlei, sie nahmen sich bestimmte Götter als Schutzherren, nahmen deren Attribute an und schrieben sich selbst göttliche Eigenschaften zu. Die Kaiser der Generation vor Konstantin, Diokletian (284–305) und seine Mitherrscher, hatten sich mit Jupiter und Herkules identifiziert. Dass Konstantin dann jedoch Apollo begegnete, lässt sich durchaus als Distanzierung von seinen Vorgängern auffassen. Transzendenzerfahrungen wurden gemäß dem eigenen Erwartungshorizont interpretiert, ja der eigenen Bedürfnislage angepasst. Religiöse Erfahrung und politischer Nutzen konnten sich treffen: Konstantin war religiös offen und politisch mutig, und so war es kein Zufall, dass dem Herrscher, der

31 a   Christus in soldatischer Tracht eines Imperators als Sieger über Löwe und
        Schlange (Psalm 91 (90), 13), Ravenna, Vorhalle der Erzbischöflichen
        Kapelle, Ende 5./Anfang 6. Jahrhundert

zunächst Apollo als überraschenden Schutzgott erwählt hatte, später der Christengott erschien. Dass das gerade in dem Moment geschah, in dem Konstantin dabei war, mit Rom diejenige Stadt zu erobern, in der weit mehr Christen lebten als in seinem bisherigen Herrschaftsgebiet in Gallien und Britannien, unterstreicht nur die Nähe von Profanem und Sakralem, Religiösem und Politischem.

Die Konstantinische Wende heißt also mit vollem Recht so: Sie war eine persönliche Entscheidung Konstantins, die anders hätte ausfallen können. Was, wenn er die Schlacht an der Milvischen Brücke verloren hätte? Was, wenn er später eine Herkulesvision gehabt hätte? Es war auch keineswegs so, dass das Christentum sich früher oder später ohnehin durchgesetzt hätte. Mit dem Scheitern der Diokletianischen Verfolgung war zwar klar, dass die Christen nicht mehr zu verdrängen waren. Aber es ist durchaus denkbar, dass das Christentum eine starke Minderheit geblieben wäre, eine, mit der sich der pagane Staat hätte arrangieren können, eben weil die Christen nicht auf seine Beseitigung hinarbeiteten. Der Aufstieg des Christentums zur dominierenden Religion der Mehrheit gelang erst durch die massive Unterstützung des christlich gewordenen Staates. Die neue Religion war nicht die Rettung eines abgewirtschafteten Imperiums, sie wurde vielmehr, zur Überraschung ihrer Anhänger, von einem einzelnen Kaiser zum Glauben der Zukunft gemacht.

Der Kaiser und die Kirche

Gelegentlich wird Konstantin unterstellt, er habe gar nicht recht gewusst, was er da tat, vielmehr hätten geschickte Priester den ahnungslosen Kaiser in ihre Bahnen gelenkt. Doch das ist von einem in Politik und Kriegsführung derart umsichtigen Mann nur schwer zu glauben. Zudem muss Konstantin spätestens im Zuge der Diokletianischen Verfolgung klargeworden sein, dass die christliche Religion kein Kult wie jeder andere war. Er wusste, dass der christliche Gott keine anderen Götter neben sich duldete und dessen Anhänger ziemlich rigiden dogmatischen Vorstellungen folgten. Nur, als mächtigster Mann des Reiches musste Konstantin sich nicht allzu sehr darum kümmern, ja er konnte sich sein Christentum zu einem guten Teil zurechtzimmern. So ließ er auf dem zentralen Platz Konstantinopels eine Statue seiner selbst als Sonnengott aufstellen, er leitete Kirchenversammlungen und lenkte sie in seinem Sinne, nichts hören wir von einem Bereuen seiner Sünden, das er spätestens nach der Hinrichtung seiner Frau und seines ältesten Sohnes nötig gehabt hätte, und beisetzen ließ er sich inmitten von zwölf leeren Särgen, welche die Apostel symbolisierten – nicht als dreizehnter Apostel, sondern als ihr Lehrer, christusgleich. Eine Konstantinische Schenkung (die angebliche Übergabe des halben Reiches an den Bischof von Rom) war, ganz abgesehen

davon, dass das Dokument eine mittelalterliche Fälschung darstellt, gerade unter Konstantin undenkbar (vgl. Kat.-Nr. V.11).

Die Bischöfe hatten Konstantins Anspruch nichts entgegenzusetzen, zu dankbar waren sie ihm. Noch vor wenigen Jahren waren sie von staatlichen Schergen verfolgt worden, nun beehrte sie der Kaiser mit seiner Aufmerksamkeit! Eusebios von Kaisareia schildert einen Empfang, den Konstantin nach dem Abschluss des Konzils von Nikaia für die Teilnehmer gab: „Nicht einer der Bischöfe fehlte bei dem kaiserlichen Festmahl. Das, was sich ereignete, war mit Worten nicht zu beschreiben. Die Leibgarden bewachten mit den blanken Spitzen ihrer Schwerter in einem Kreis die Eingangshalle des Kaiserpalasts, mitten durch diese schritten furchtlos die Menschen Gottes und gelangten ins Innerste des Palasts. Dann legten sich die einen mit ihm zusammen auf einer Liege zum Essen nieder, während die anderen auf Liegen zu beiden Seiten ruhten. Da hätte einer meinen können, er habe das Bild des Königreichs Christi vor Augen und das, was sich ereignete, sei nicht die Wirklichkeit, sondern ein Traum" (Eusebius, Vita Constantini III 15,2).

Die Dinge änderten sich unter Konstantins Söhnen. Eine solche Entwicklung ist typisch für Glaubenswechsel. Die erste Generation konvertiert, bleibt in ihren Normen aber stark der alten Welt verhaftet. Für die zweite Generation ist das Neue bereits selbstverständlich, sie ist in ihm erzogen worden. Die Konstantinssöhne hatten das Christentum verinnerlicht, und das galt für alle weiteren Nachfolger, mit der kurzlebigen Ausnahme Julians (361–363). Konstantins Anspruch galt bald als peinlich, Constantius II. (337–361) ließ den Vater umbetten, ohne Apostel. Die Kaiser waren nun viel eher bereit, christlichen Normen zu entsprechen, umgekehrt formulierte die Kirche selbstbewusstere Ansprüche. Die Scheu der Bischöfe der Konstantinischen Wende ging vorüber, nicht nur weil Konstantin tot war, sondern auch, weil seine Nachfolger immer öfter in die dogmatischen Auseinandersetzungen der Kirche hineingezogen wurden. Schon Konstantin hatte erfahren müssen, dass im Streit um den rechten Glauben ein kaiserliches Machtwort nur bedingt weiterhalf, aber er hatte es dank seiner Autorität geschafft, über den Fraktionen zu bleiben bzw. von ihnen allen für sich beansprucht zu werden. Die Kaiser nach ihm waren nur noch Partei. Die Herrscher des 4. Jahrhunderts förderten entweder die Nizäner oder die Homöer, je nachdem, wie sie zum Konzil von Nikaia und dem Verhältnis von Gottvater und Gottsohn standen. Im 5. und 6. Jahrhundert wiederholten sich diese Frontstellungen in den erbitterten Auseinandersetzungen um die Natur Christi. Alle Glaubensrichtungen, die Nestorianer, die Chalkedonier und die Miaphysiten, mussten sich wenigstens für einige Zeit mit Kaisern auseinandersetzen, die eine andere Form des Christentums vertraten. Sie wandten dabei die Deutungsmuster an, die sich schon im 3. Jahrhundert

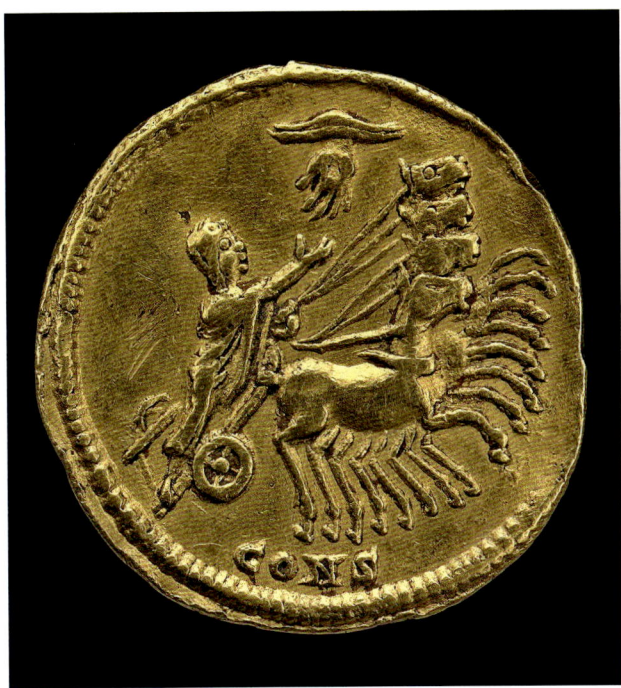

31 b   Goldmünze. London, The British Museum. Die Rückseite einer nach Konstantins Tod 337 geprägten Goldmünze zeigt dessen Himmelfahrt in einer für diesen Kaiser nicht untypischen Ambivalenz. Handelt es sich bei der Quadriga, in der Konstantin auffährt, um den Wagen des Sonnengottes oder um den Feuerwagen des Propheten Elias? Und welchem Gott gehört die Hand aus den Wolken? Für die Anhänger einer Religion, die nur einen Gott kennt, ist die Antwort freilich kein Problem. CONS steht für die Münzstätte Konstantinopel.

bewährt hatten: Die Standhaften in den eigenen Reihen waren Märtyrer und Bekenner, christliche Herrscher mutierten dagegen zu Verfolgern, auch wenn sie ein blutiges Vorgehen stets zu vermeiden suchten. Das führte ganz allgemein zu einer kritischeren Reflexion der Rolle des Kaisertums in der Kirche, zu der Überzeugung, dass die Kirche auch in einem christlichen Staat ohne den Kaiser auskommen konnte, ja zu einem gewissen Grad sogar sollte. (Abb. 31 b)

So wurde der Kaiser nicht zum Oberpriester der Kirche, so wie es die heidnische Funktion eines *pontifex maximus* zumindest Konstantin nahegelegt hatte. Die Kirchenorganisation aus Diakonen, Priestern und Bischöfen ergänzte sich aus sich selbst heraus, im Kirchenrecht erhielt der Kaiser keinen besonderen Status. Er wurde weder Priester noch Lehrer, er blieb Laie und in Glaubensfragen auf die Leitung durch die Kirche angewiesen. Am klarsten machte dies Ambrosius von Mailand, als er Kaiser Theodosius I. (379–395) um 390 unter die gewöhnlichen Christen verwies. Der Herrscher wollte, wie üblich, im Altarraum am Gottesdienst teilnehmen, der Bischof aber schickte ihn hinaus, zur Gemeinde, wo er den ersten Platz einnehmen konnte. Im Altarraum duldete Ambrosius nur Priester.

Zu weit ging diese Emanzipation allerdings nicht, auch ein Ambrosius trachtete nicht nach einer Trennung von der weltlichen Macht. Kirche und Staat waren als Organisationen voneinander zu unterscheiden, gleichzeitig blieben sie eng miteinander verbunden. Dies schon deswegen, weil die Kirche davon gewaltig profitierte. Seit dem 3. Jahrhundert hatten die Bischöfe vielerorts über die christliche Gemeinde hinausgewirkt. Die alten städtischen Eliten verloren an Zusammenhalt und ökonomischer Potenz, die Kirche trat in die Lücke. Die Förderung durch die christlichen Kaiser beschleunigte den Prozess wesentlich: Die Bischöfe erhielten staatliche Privilegien, sie übernahmen öffentliche Aufgaben, etwa im Gerichtswesen, ihnen fielen erhebliche materielle Ressourcen zu, und die bedeutenderen unter ihnen verfügten über Einfluss bei Hof, auch in nichtreligiösen Dingen. Die Kirche blieb auf den Kaiser also schon im eigenen Interesse angewiesen. Und so behielt dieser beträchtliche Macht über sie. Gelegentlich kam es sogar zu Rückschritten: Theodosius' gleichnamiger Enkel (408–450) war wieder im Altarraum zu finden, nur mit der Zeit setzte sich Ambrosius' Linie durch. Kirchenversammlungen aber berief der Kaiser wie selbstverständlich ein – dies galt für alle Ökumenischen Konzile der Antike –, ebenso selbstverständlich wurden ihm die Ergebnisse zur Bestätigung vorgelegt. Zwar leitete er die Sitzungen nicht mehr selbst, aber oft wusste er ihren Ablauf durch staatliche Emissäre zu lenken. Auch zu dogmatischen Fragen nahm der Kaiser immer wieder Stellung, die theologisch versierteren Herrscher, insbesondere Justinian (527–565), stießen die Diskussion sogar in neue Richtungen.

Anders konnte das auch gar nicht sein: Jeder Christ war überzeugt, dass vom rechten Glauben und vom Gedeihen der Kirche das Heil des Reiches abhing. Der Kaiser engagierte sich nicht nur, weil er Christ war, sondern weil ihm die Verantwortung für das Imperium übertragen war – von Gott. In diesem Sinne behauptete der Kaiser, obgleich Laie, stets eine gewisse Sakralität. Das beständige Ringen um die Einheit der Kirche hatte einerseits einen machtpolitischen Aspekt: So führte der Streit zwischen Chalkedoniern und Miaphysiten im 5. und 6. Jahrhundert zu einem (oft blutigen) Riss durch das Reich, und es ist plausibel, dass die religiöse Entfremdung Syriens und Ägyptens die Eroberung dieser Provinzen erst durch die Perser und endgültig durch die Araber zumindest erleichterte. Andererseits hing von der religiösen Einheit das Wohl des Staates in einem höheren Sinne ab: Denn nur wenn sie hergestellt war, konnte der Kaiser auf die Gebete aller Priester und Mönche für das Reich und auf die Gunst Gottes hoffen.

Die Lösung Syriens und Ägyptens hatte noch einen anderen Grund: Der Kaiser residierte in Konstantinopel und reiste nie in den Nahen Osten. Trotz aller Statthalter, Emissäre und Feldherren konnte er seinen Willen dort, wo er nicht persönlich präsent war, nur unzureichend zur Geltung bringen. Ein so großes

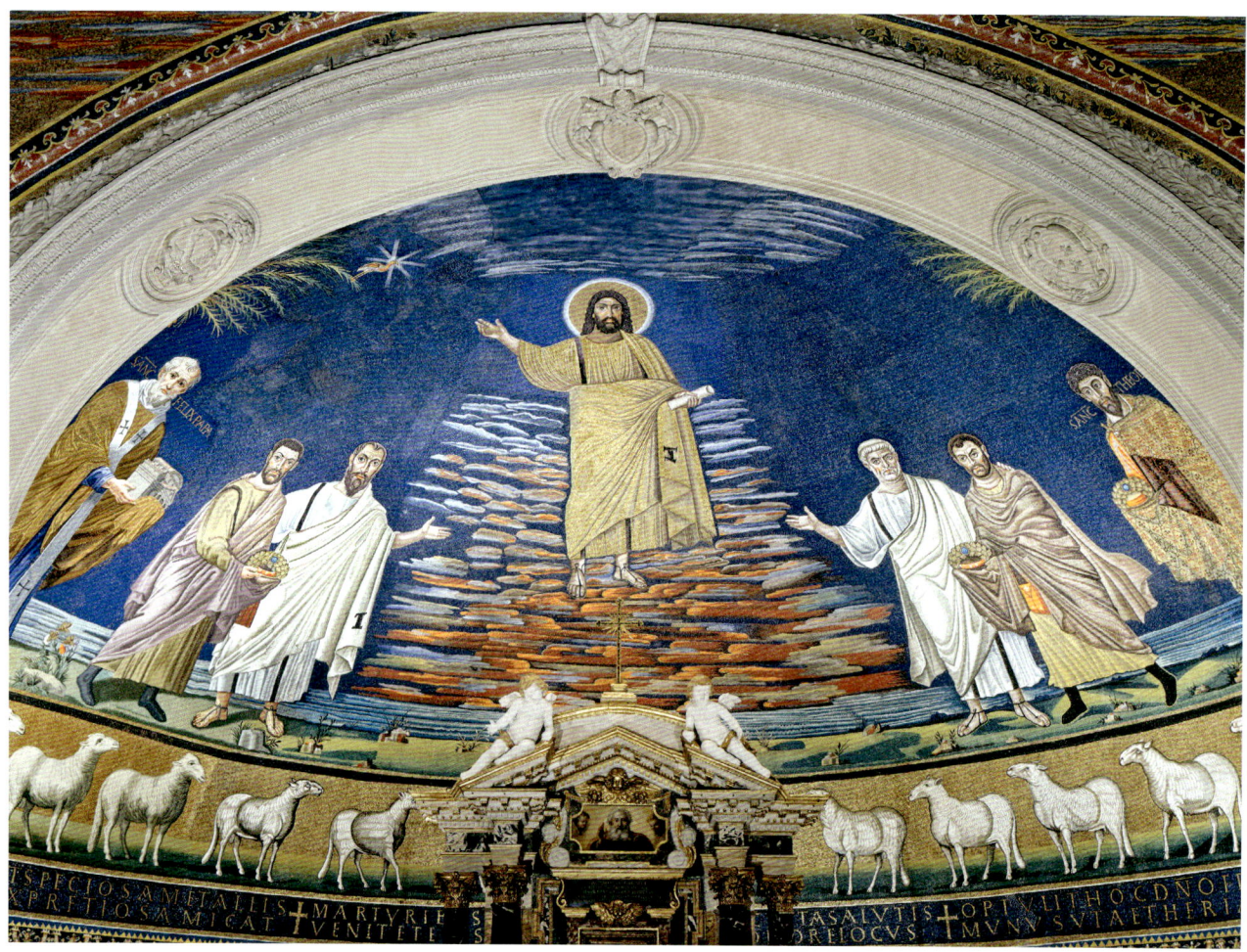

32   Rom, Basilika Santi Cosma e Damiano. Das Apsismosaik aus dem 6. Jh. zeigt Christus in den Wolken. Er erhebt seine Rechte zum Segen, nimmt aber ebenso die Haltung eines triumphierenden Kaisers auf. Petrus und Paulus, in Weiß, geleiten die braungekleideten Märtyrer Kosman und Damian, als ob sie sie bei Hofe einführen. Kosmas und Damian tragen ihre Märtyrerkronen mit verhüllten Händen. Im Palast wurde durch diese Geste der Scheu die direkte Berührung des Kaisers vermieden.

Reich wie das Römische war unter vormodernen Kommunikations- und Transportbedingungen nicht bis in den letzten Winkel mit selber Intensität zu durchdringen. Das hatte Folgen auch für die Kirche. In Konstantinopel wurde kein Bischof gegen den Willen des Hofes erhoben. Machte er später dennoch Schwierigkeiten, konnte ihn der Kaiser absetzen lassen. Wohlgemerkt, der Herrscher hatte dafür keine kirchen- oder allgemeinrechtliche Grundlage, es war schlicht seine überlegene Durchsetzungsmacht, die ihm das letzte Wort verschaffte. In Antiocheia und im notorisch oppositionellen Alexandreia sah das anders aus, der Kaiser konnte hier nicht ‚durchregieren'. Sein Einfluss auf die Kirche hing zu einem guten Maße von der geographischen Entfernung ab. Nirgends zog dies so bedeutende Folgen nach sich wie im Westen. Nach dem Jahr 476 gab es dort keinen Kaiser mehr, Justinian vermochte die römische Herrschaft später nur noch eingeschränkt zur Geltung zu bringen, in Gallien, Germanien und Britannien gar nicht mehr. So

war die lateinischsprachige Kirche auf sich selbst gestellt: vergleichsweise unbehelligt von kaiserlichen Interventionen, aber auch ohne imperiale Fürsorge. Nichts erleichterte den Aufstieg des Bischofs von Rom zum Herrn der westlichen Kirche so sehr wie die jahrhundertelange Abwesenheit des Kaisers.

Der christliche Kaiser

Das neue Kaisertum wirkte aber nicht nur nach außen, auf Reich und Kirche, es veränderte sich auch selbst. Zunächst sind freilich die Kontinuitäten zu betonen, sie überwogen nämlich. Das Kaisertum lässt sich nicht einfach in eine pagane und in eine christliche Phase unterteilen. Die heidnischen Herrscher wurden nicht pauschal verdammt, ihre christlichen Nachfolger stellten sich selbstverständlich in eine Linie, die bis Augustus und Caesar reichte. Mehr noch: In der Spätantike hing die

Stellung eines Kaisers nicht von seinem Christentum ab. Man mochte den Kaiser für einen Häretiker und Verfolger halten, anerkannter Kaiser blieb er doch. Selbst dem heidnischen Julian, dem Alptraum eines jeden Christen, wurde seine Position nicht bestritten. Das war nicht nur konservativer Legalismus: Das Kaisertum ruhte tatsächlich nicht auf der Unterstützung der Kirche. Im 4. Jahrhundert, im Westen noch länger war die Armee diejenige gesellschaftliche Gruppe, die Kaiser machte und stürzte. Das christliche Bekenntnis spielte in ihr keine Rolle, lange Zeit bildeten Pagane einen großen Teil der Soldaten. Der Kaiser im Osten zog sich 395 nach Konstantinopel zurück. Im komplizierten Beziehungsgeflecht der Hauptstadt kam es neben den Garden auf die Unterstützung der Eliten und vor allem des Volkes an – der Bischof, die Priester und selbst charismatische Asketen unter den Mönchen spielten keine derart konstitutive Rolle, ihre Hilfe war erwünscht, aber nicht unverzichtbar. Dieser geringe Stellenwert spiegelte sich in der Erhebung des Kaisers wider: Im Zuge der Christianisierung des öffentlichen Lebens, der sogenannten Liturgisierung, erhielt der Bischof von Konstantinopel zwar eine herausgehobene Rolle, er sprach ein Gebet und zelebrierte die anschließende Messe, seit Ende des 5. Jahrhunderts krönte er den Kaiser, seit dem 7. Jahrhundert sogar in der Kirche. Doch der Bischof krönte nicht immer. Erhob ein Kaiser einen Mitkaiser, nahm er selbst die Krönung vor. Der Bischof trat nur ein, wenn es keinen regierenden Herrscher gab. Das Kaisertum war älter als das Christentum. Auch in der Spätantike wahrte es einen Charakter, der in vielem eher als römisch denn als christlich anzusprechen ist.

Trotzdem nahm das Kaisertum christliche Züge an, auch deshalb, weil diese seinen autokratischen Anspruch stützten. Der pagane Kaiser hatte manchmal göttliche Fähigkeiten gehabt, nach seinem Tod war er sogar selbst zum Gott geworden. Das war in der Spätantike natürlich ausgeschlossen. Dafür war der Kaiser nun der Begünstigte Christi, er stand ihm, war er doch der mächtigste unter den Menschen, näher als alle übrigen. Vom einen, allmächtigen Gott auserwählt zu werden war mehr wert, als ein Gott unter vielen zu sein. Die Ineinssetzung des Kaisers mit Christus kam nach Konstantin zwar aus der Mode, aber eine starke Angleichung war akzeptiert: Der Lobredner Priskian verherrlichte den Kaiser Anastasios (491–518) als „Abbild des himmlischen Richters" (Parégyriques 198), und umgekehrt diente der Kaiser als Vorbild für die Gestaltung Gottes, in der Kunst wie in der Literatur (Abb. 31 a u. 32).

Die Nachfolge Christi erforderte freilich ein entsprechendes Verhalten. Die Untertanen achteten darauf, dass der Kaiser sich an christlichen Werten orientierte, das Volk von Konstantinopel verlangte nach einem rechtgläubigen Herrscher, der sich als würdig der Dreieinigkeit erwies. In dieser Bindung an christliche Normen wurde das Kaisertum weit stärker von der neuen Religion geprägt als in seinem Verhältnis zur Kirche. Ein

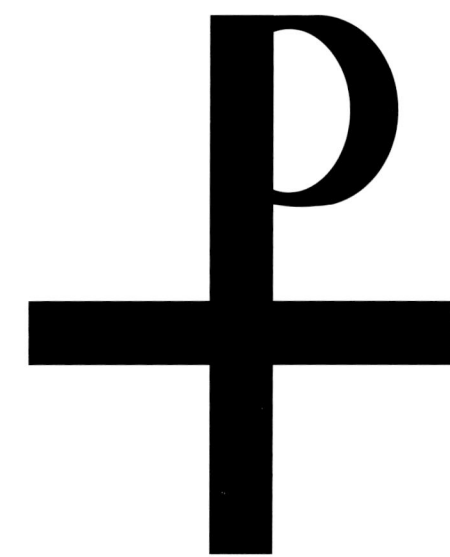

33 Das „himmlische Zeichen", so wie es Laktanz beschreibt. Es handelt sich um ein Staurogramm (gr. staurós = Kreuz). Fasst man das Kreuz als um 45 Grad gedrehtes X auf, wird es zum Gottesnamen: Das X ist im Griechischen ein Chi, das P ein Rho – die Anfangsbuchstaben von Christus.

orthodoxer Kaiser hatte zuallererst fromm zu sein. Diese Tugend demonstrierte er durch entsprechendes Handeln, durch Gebete, durch den Kirchenbesuch und durch die Teilnahme an den häufigen Prozessionen. Am deutlichsten zeigte sich die Frömmigkeit eines Kaisers jedoch im Erfolg seiner Regierung. Dieser bewies ja, dass Gott ihn erhörte. So besiegte Theodosius I. seine Feinde mehr durch sein Gebet als durch seine Waffen, sein zu Gott flehender Enkel musste für Erfolge an den Hunderte von Kilometern entfernten Grenzen Konstantinopel praktischerweise gar nicht mehr verlassen – Gebete erreichen Gott von überall her –, und Justinian sah die Gnade Gottes als einzig notwendige Voraussetzung für sein Kaiserglück.

Diese Frömmigkeit war in ihrer Extremität ein neuer Zug, aber natürlich hatte sich schon der pagane Herrscher durch Scheu vor den Göttern ausgezeichnet. Ebenso ließ sich eine Brücke schlagen von heidnischer Milde und Großzügigkeit zu christlicher Barmherzigkeit. Nur eine Tugend passte überhaupt nicht zum hergebrachten Herrscherbild: die Demut. Die *humilitas* war früher als Demütigung aufgefasst worden, durch den transzendenten Bezug auf Gott gewann sie eine neue Qualität. Die Demut galt Gott, zeigen musste der Kaiser sie vor den Menschen. Nicht nur um der Beglaubigung willen, sondern weil Demut gerade in der öffentlichen Bescheidung bestand, der Selbsterniedrigung, im Verzicht auf kaiserliche Privilegien und in der Zurückweisung von imperialer Pracht. Der Kaiser konnte Christus eben nicht nur als Himmelskönig nacheifern: „Auch er gelangte durch Demut zum Heil. Christus erniedrigte sich, um alle zu erhöhen. Auch er gelangte zur Ruhe Christi,

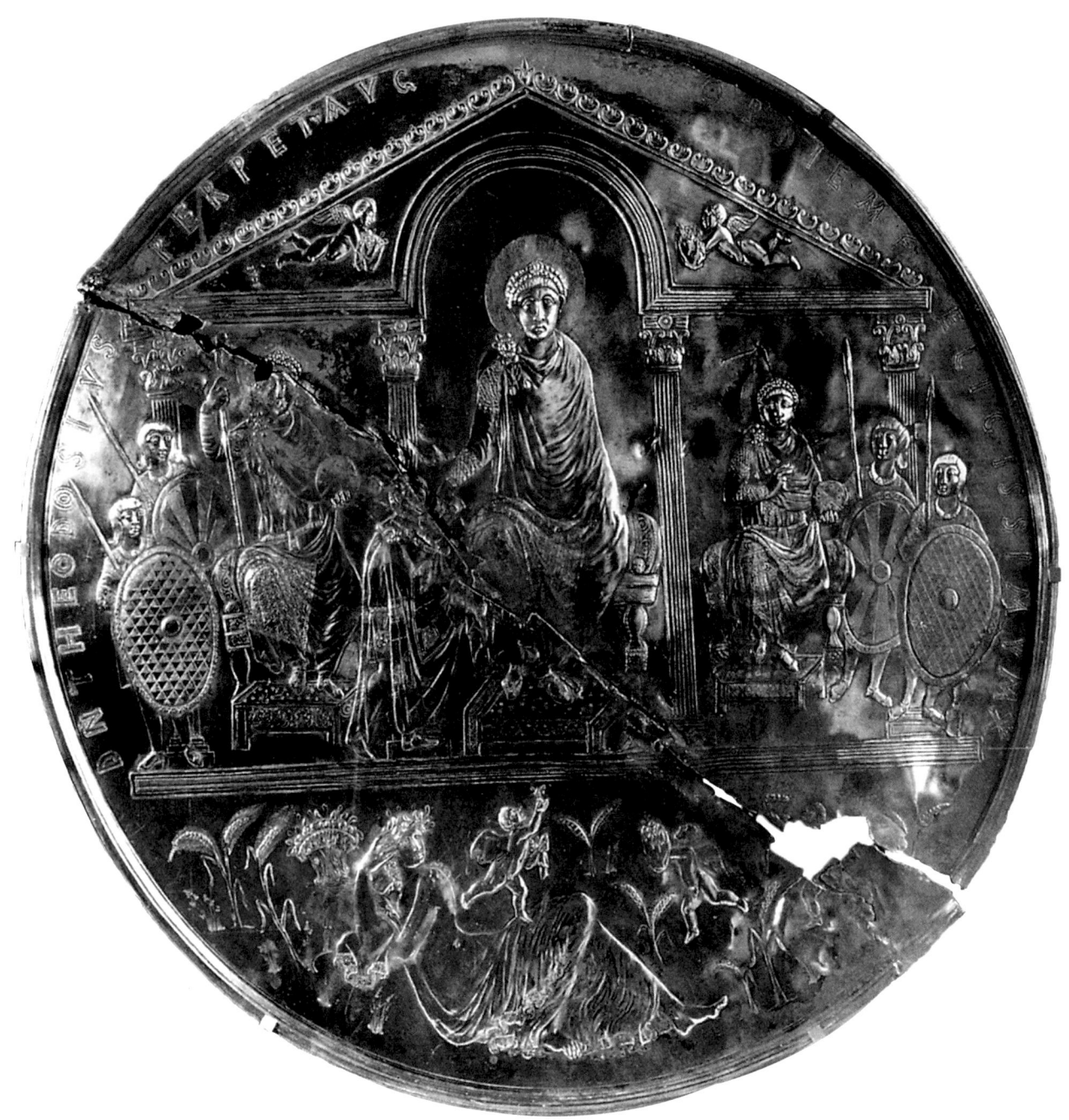

33 b Das Missorium des Theodosius I. wurde als Ehrengabe zum zehnjährigen Regierungsjubiläum im Jahr 388 geschaffen, wie die Inschrift andeutet: D(ominus) N(oster) THEODOSIVS PERPET(uus) AVG(ustus) OB DIEM FELICISSIMVM X. Es zeigt den Kaiser, dessen Haupt von einem Nimbus umgeben wird, inmitten seines Hofstaates während der Einsetzung eines Amtsträgers. Zu den Seiten sind seine beiden Söhne und Angehörige der Leibwache zu sehen. Im unteren Bereich befindet sich die Personifikation der Mutter Erde. Um 388. Madrid, Real Academia de la Historia

weil er der Demut Christi nachfolgte [...] Er warf jede kaiserliche Insignie von sich, er beweinte in der Kirche vor allen seine Sünde, die ihn durch den Betrug anderer überrumpelt hatte, unter Seufzen und Tränen bat er um Verzeihung. Was Privatleute erröten lässt, ließ nicht den Kaiser erröten: öffentlich Buße zu tun. Auch danach verging kein Tag, an dem er nicht jenen Fehler bedauerte" (Ambrosius von Mailand, Explanati symboli 27; 34). ‚Er' war Theodosius I., als er in Mailand vor aller Augen Buße für ein Massaker tat, das er befohlen hatte. Es war damals das erste Mal, dass sich ein Kaiser als gewöhnlicher Christ inszenierte. Theodosius schaffte es, aus einer schwierigen politischen und vielleicht auch persönlichen Situation nicht nur unbeschadet, sondern mit gestärktem Renommee hervorzugehen. Er hatte erkannt, dass die neue christliche Welt manchmal ein neues Verhalten verlangte. Das Spektrum der herrscherlichen Handlungsmöglichkeiten erweiterte sich. Theodosius gab dieses Erbe weiter, an seine kaiserlichen Nachfolger ebenso wie an die Könige des Mittelalters.

Quellen

Ambrosius von Mailand, Explantai symboli; Eusebius, Vita Constantini; Laktanz, De mortibus persecutorum, Priscian, Panégyriques.

Literatur

Bleckmann 1996; Brandt 2006; Grabar 1936; Kolb 2001; Leppin 2003; Martin 1995; Meier 2003; Pfeilschifter 2012 (im Druck); Rebenich 2000.

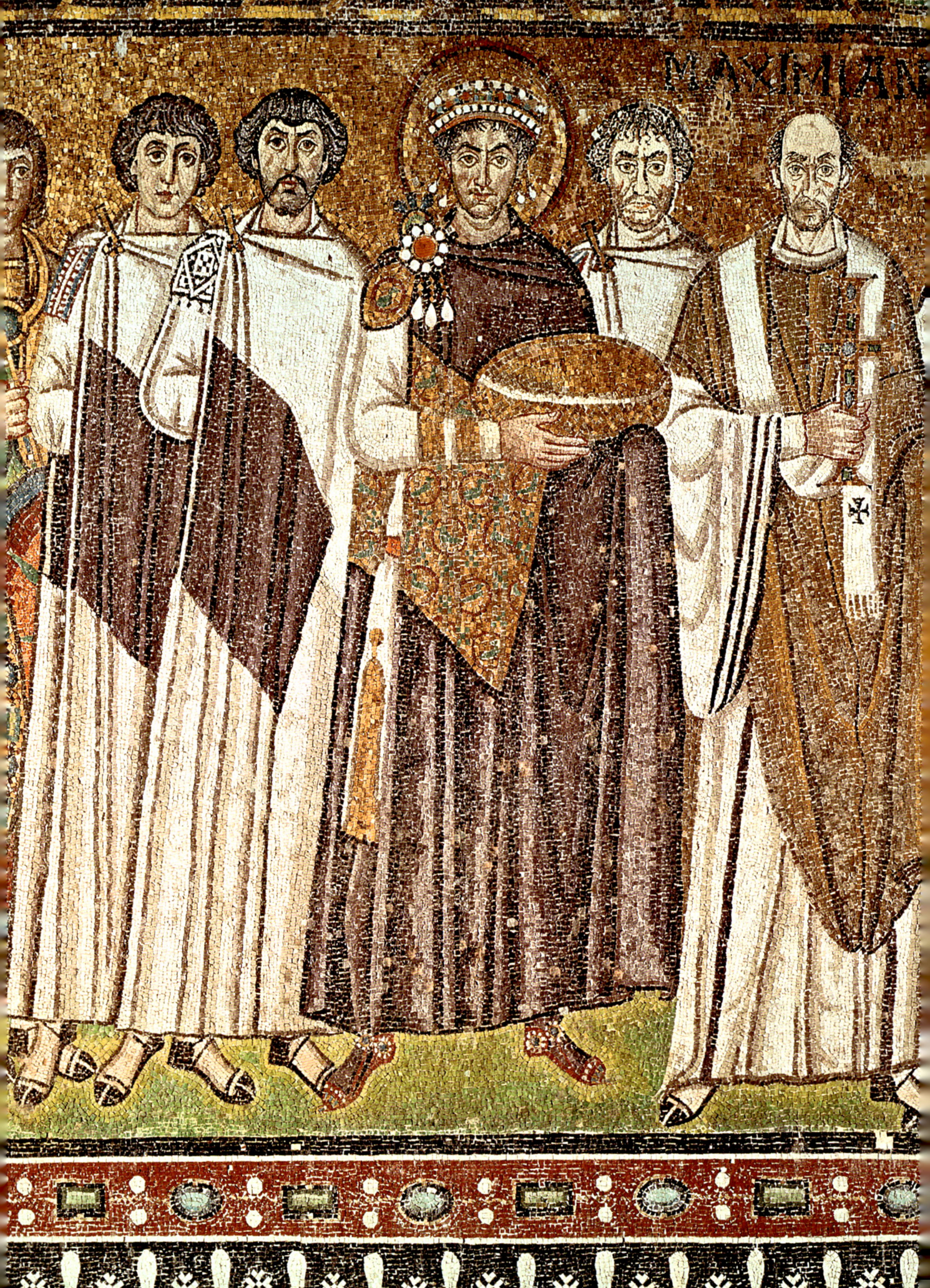

MAXIMIAN

Mischa Meier

Die Teilung des Reiches in Ost und West

Als Kaiser Theodosius I. (379–395) am 17. Januar 395 überraschend verstorben war, ging die Herrschaft über das Römische Reich entsprechend seinen Verfügungen an seine beiden Söhne über: Der damals 17jährige Arcadius, seit 383 Augustus, sollte den Osten übernehmen, der Westen wurde dem zehnjährigen Honorius, der im Jahr 393 zum Augustus erhoben worden war, unterstellt. Die Grenze zwischen beiden Teilen verlief in Afrika durch die Große Syrte und folgte auf dem Balkan dem Lauf der Drina, eines Nebenflusses der Save. Damit wurde eine Trennlinie festgelegt, die über Jahrhunderte hin von Bedeutung blieb. Noch heute bildet sie die Grenze zwischen den Staaten Bosnien-Herzegowina und Serbien, sie steht für die Untergliederung des Balkans in einen katholischen (bzw. muslimischen) und einen orthodoxen Teil und verlief jahrzehntelang mitten durch Jugoslawien; schon im 1918 gegründeten Königreich Jugoslawien hatte sie „schwere Sorgen bereitet, ja Menschenblut gekostet" (Kornemann 1930, S. 2).

Eine derart scharfe Spaltung hatte Theodosius nie intendiert. Wie seine Zeitgenossen verstand er das *Imperium Romanum* ganz selbstverständlich als eine unteilbare Einheit, ohne dass diese Ansicht im Widerspruch zur Vorstellung einer auf regionalen Zuständigkeitsbereichen basierenden Mehrherrschaft gestanden hätte. Dass ihr *imperium* aus *partes* bestand, war den Römern spätestens seit Beginn der Kaiserzeit klar (Velleius, Historiarum 2,97,1; Potter 2010, S. 25). Schon Octavian und Marcus Antonius hatten die römische Welt in Interessensphären aufgeteilt; Marc Aurel überließ seinem Mitkaiser Lucius Verus in den Jahren 162–166 die Leitung des Krieges gegen die Parther, Gallienus übernahm 253–260 an der Seite seines Vaters Valerian den Westen des Reiches. Diokletian schließlich schuf gegen Ende des 3. Jahrhunderts mit der Tetrarchie ein subtil ausgearbeitetes Prinzip einer hierarchisch strukturierten Viererherrschaft, um den hohen Anforderungen gerecht zu werden, die die Verwaltung eines Riesenreiches stellte. Fortan

blieb die Herrschaft eines einzelnen Kaisers bis in die Zeit des Theodosius I. eine Ausnahme. Das Mehrkaisertum etablierte sich als Organisationsprinzip spätantiker Herrschaft, und formal wurde durch den Tod des Theodosius die Zahl der Augusti sogar reduziert: von drei auf zwei.

Die besondere Bedeutung der sogenannten Reichsteilung des Jahres 395 liegt damit nicht auf der formalen Ebene, zumal sich im Verlauf des 4. Jahrhunderts ohnehin allmählich Verwaltungsstrukturen im Osten und im Westen herausgebildet hatten, die unabhängig voneinander funktionierten – bis hinauf in die Spitze: Die kaiserlichen Brüder Valentinian I. (364–375) und Valens (364–378) etwa, die ihre Eintracht besonders herausstellten (vgl. Kat.-Nr. II.48), konnten durchaus selbständig als Gesetzgeber agieren und kooperierten lediglich in besonderen Fällen, die das Gesamtreich betrafen (Schmidt-Hofner 2008, S. 358f.). Entscheidend ist vielmehr der Umstand, dass der Übergang der Herrschaft an die beiden noch sehr jungen Brüder Arcadius und Honorius in einer besonderen Situation erfolgte und machtpolitische Konstellationen erzeugte, die den viel tiefer wurzelnden Desintegrationsprozess der beiden Reichshälften in besonderem Ausmaß beschleunigt haben.

Dass das Römische Reich den antiken Mittelmeerraum besonders in seiner Ost-West-Ausdehnung umfasste, war antiken Zeitgenossen durchaus bewusst; ein Denken in den Kategorien Nord-Süd tritt demgegenüber eher in den Hintergrund. Dieses Bewusstsein einer Ost-West-Achse wurde insbesondere durch kulturelle Differenzen mitbedingt, die innerhalb des *Imperium Romanum* zwar abgeschliffen, aber niemals aufgehoben werden konnten. Der Westteil des Reiches war weitgehend römisch-lateinisch geprägt, während sich im Osten nicht nur das Griechische als bevorzugte Umgangssprache halten konnte, sondern auch hellenistische Traditionen Bestand hatten, die den Römern in vielerlei Hinsicht letztlich fremd waren. Dazu gehörte z.B. ein differentes Bild vom Herrscher, der im Osten schon seit der frühen Kaiserzeit kultisch verehrt werden konnte, wie auch grundsätzlich unterschiedliche Auffassungen von Amt und Person in Ost und West, unterschiedliche Familienstrukturen, abweichende Funktionen von Religion und differie-

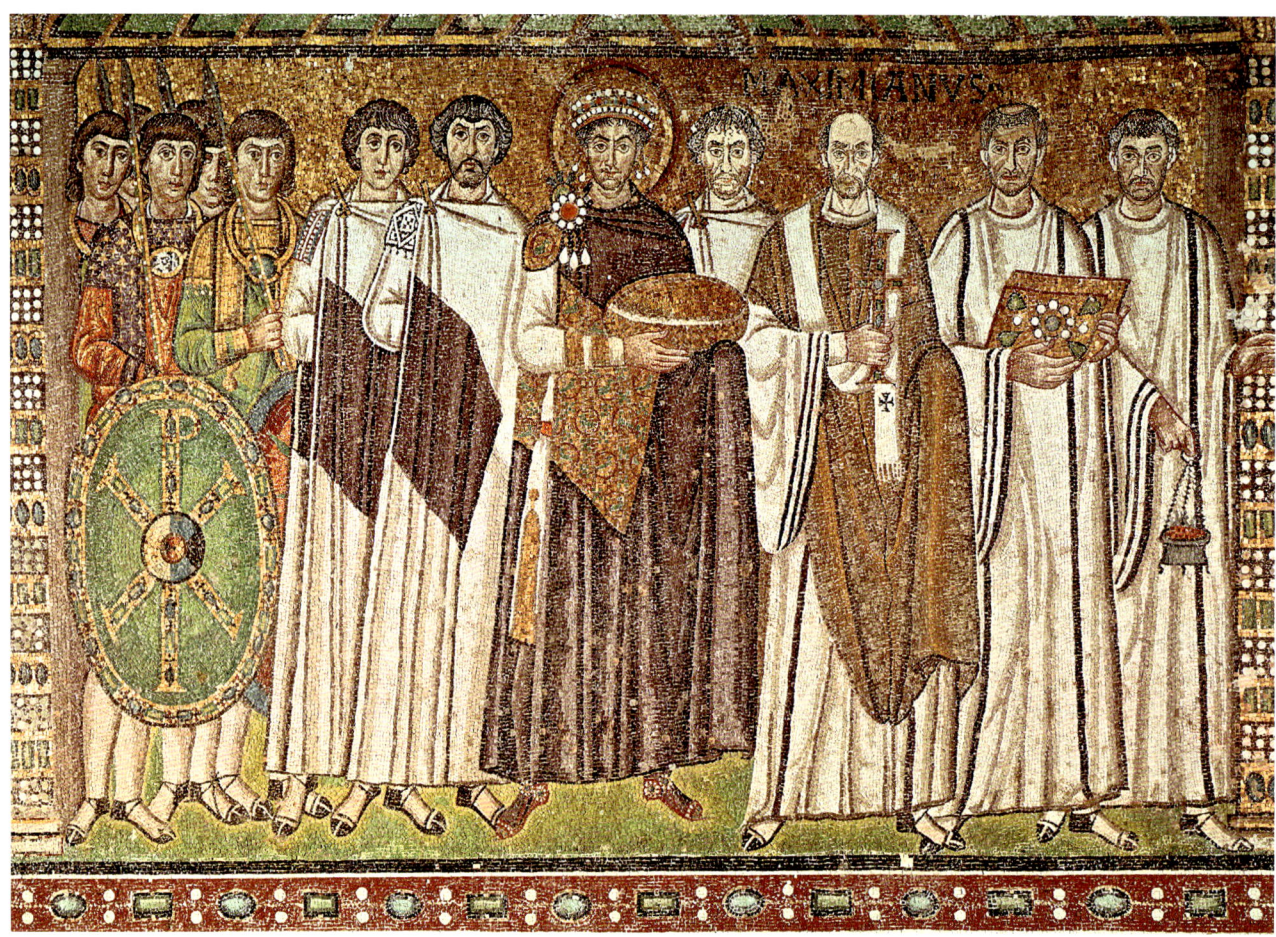

35 a   Kaiser Justinian I. mit Gefolge, Mosaik, vor 547. Ravenna, San Vitale, Presbyterium, Nordwand der Apsis

rende Frömmigkeitspraktiken sowie prinzipielle Differenzen in wesentlichen Fragen der politischen Organisation (vgl. Martin 2009). Während der Kaiserzeit blieben diese Unterschiede zumeist unter der Oberfläche, zumal es auch integrative Faktoren gab, wie das Städtewesen, die Person des Kaisers, die Rom-Idee, die systematische Einbindung provinzialer Eliten, übergreifende aristokratische Netzwerke usw. Auch in der Tetrarchie, die nach den turbulenten Jahrzehnten der ‚Reichskrise' im 3. Jahrhundert wieder neue Stabilität für das gesamte *Imperium Romanum* brachte, verhinderte die alles überragende Autorität Diokletians zunächst ein Auseinanderbrechen der Viererherrschaft in vier unverbundene Herrschaftsgebilde und schob den für die Spätantike charakteristischen Regionalisierungstendenzen temporär einen Riegel vor. Doch schon unmittelbar nach seiner Abdankung im Jahr 305 traten die Schwächen dieses Systems in erschreckender Drastik hervor, und die nachfolgenden Machtkämpfe und Bürgerkriege verweisen bereits darauf, in welchem Ausmaß die Prätendenten von regionalen Basen aus operierten. Dabei kristallisierten sich allmählich die Engstellen der wichtigsten von Westen nach Osten verlaufenden

Heerstraßen des Reiches (Pass von Succi zwischen Illyricum und der Präfektur *Oriens*; Cottische Alpen zwischen Gallien und Italien) als entscheidende Nadelöhre zur Konstituierung dreier Großräume heraus, deren Zuschnitt ungefähr mit den spätantiken Präfekturen *Oriens*, *Italia* (mit Afrika) und *Illyricum*, *Galliae* (Gallien, Britannien, Spanien) übereinstimmt und die Ausgangs- und Zielpositionen der Akteure festschrieb (Bleckmann 2004). Diese Drittelung des Reichsterritoriums, die den Machtkämpfen des 4. Jahrhunderts als wesentliches Strukturelement zugrundelag, wurde durch die Reichsteilung des Jahres 395 in eine Zwei-Hälften-Struktur überführt, die nunmehr wieder weitgehend die erwähnten grundsätzlichen kulturellen Differenzen zwischen Osten und Westen reflektierte – und dies, wie angedeutet, in einer spezifischen machtpolitischen Konstellation: Aufgrund der Jugend seiner Söhne hatte Theodosius ihnen einflussreiche Persönlichkeiten als Berater an die Seite gestellt – den Prätorianerpräfekten Rufinus im Osten, den General Stilicho im Westen. Zwischen beiden Politikern herrschte von Beginn an eine ausgeprägte Rivalität. Sie setzte sich auch nach der Ermordung des Rufinus im November 395 unter dessen

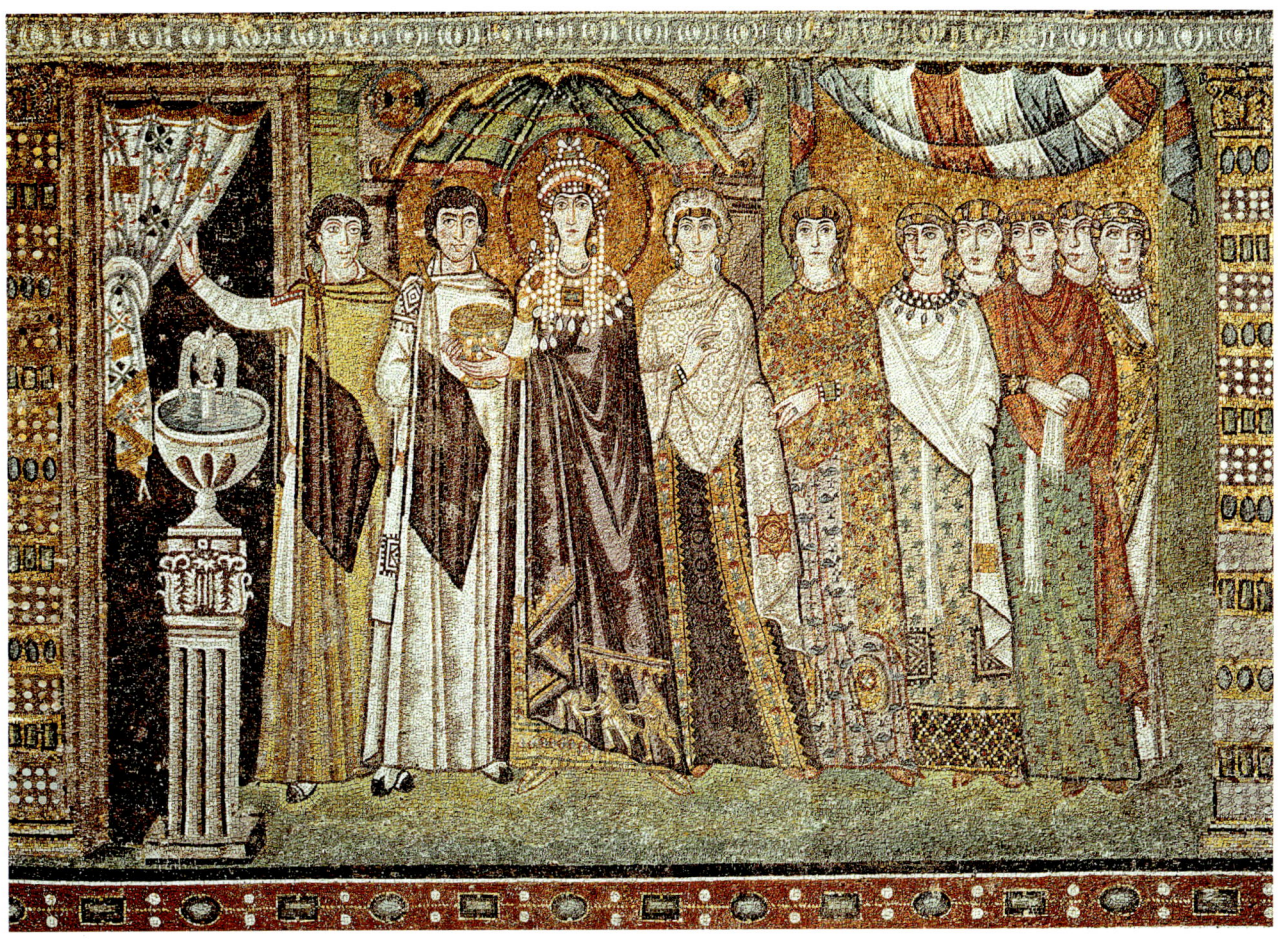

35 b   Kaiserin Theodora mit Gefolge, Mosaik, vor 547. Ravenna, San Vitale, Presbyterium, Südwand der Apsis

Nachfolger, dem Kammerherrn Eutropius, fort und führte dazu, dass die beiden Hälften des Römischen Reiches auf der politischen Ebene in den Jahren nach dem Tod des Theodosius einen Entfremdungsprozess durchliefen, der schwerwiegende Folgen haben sollte. Während sich die persönlichen Ambitionen der damaligen Protagonisten nur schwer rekonstruieren lassen (weder Stilicho noch Eutropius dürften jedenfalls auf den Thron geschielt, wohl aber den Ausbau ihrer Position neben den Kaisern betrieben haben), entwickelte sich eine Region, die gleichsam zwischen den Reichsteilen lag, zum permanenten Zankapfel – das sogenannte Ostillyricum, also die Diözesen *Dacia* und *Macedonia*. Theodosius hatte diese Regionen zu Beginn seiner Herrschaft im Jahr 379 zunächst übernommen, bald jedoch an den Westen abgetreten, und von dort forderte Rufinus sie nach Theodosius' Tod von Stilicho zurück. Als dieser sich zunächst unnachgiebig zeigte, ließ Rufinus Teile der Gebiete von Alarich verwüsten, bis Stilicho schließlich einlenkte.

Der Streit um die ostillyrischen Gebiete ist für das allmähliche Auseinanderdriften des ehemals römischen Ostens und Westens von grundlegender Bedeutung. Denn damit gelangten Ter-

ritorien unter die Verwaltung des Ostens, über die der Bischof von Rom weiterhin die Verfügungsgewalt beanspruchte. Aus diesem Grund begründete Innozenz I. (402–417) das Vikariat von Thessaloniki, das die Interessen Roms in jener Region wahrnehmen sollte; der oströmische Kaiser Justinian I. (527–565, Abb. 34, 35 a u. 35 b) versuchte dem durch den prächtigen Ausbau der Stadt Justiniana Prima (heute Caricin Grad, Serbien) zur kirchlichen Metropole entgegenzusteuern. Die Ostillyricum-Frage blieb bis in das Mittelalter hinein ein Streitpunkt zwischen dem Papst und dem oströmischen Kaiser und gehörte mit zu den wesentlichen Punkten, die in den Jahren um 500 – also während der ersten Kirchenspaltung zwischen Osten und Westen (sogenanntes Akakianisches Schisma, 484–519) die Atmosphäre vergifteten. Zum anderen deutet sich durch die Involvierung Alarichs in die Auseinandersetzung das Hinzutreten eines weiteren Faktors an: In den Jahren um 400 begann sich die sogenannte Völkerwanderung in immer stärkerem Maße auf das Römische Reich auszuwirken – mit verheerenden Folgen vor allem für den Westteil. Stilicho, selbst Sohn eines Vandalen, hatte wohl ursprünglich geplant, Alarich und seine Truppen in das weströmische Heer einzubinden und dabei möglicherweise in einem sich abzeichnenden militärischen Konflikt mit dem Osten zu verwenden. Die sich seit 405 überschlagenden Ereignisse im Kontext der Völkerwanderung vereitelten jedoch seine Pläne. Italien musste gegen den Einfall eines Verbandes unter Führung des Goten Radagaisus verteidigt werden, die Rheingrenze brach in der Neujahrsnacht 406/407 zusammen, Alarich selbst eroberte 410 Rom – damals war Stilicho bereits tot, 408 von seinen politischen Gegnern ermordet. Trotz einiger zunächst aussichtsreicher Ansätze gelang es dem Westen nicht mehr, sich von diesen Rückschlägen, denen bald weitere folgten, zu erholen. Große Gebiete des Territoriums entglitten Stück für Stück der Kontrolle der Regierung, die sich inzwischen in die Festung Ravenna zurückgezogen hatte (Heather 2007). Dadurch gingen nicht nur beträchtliche Rekrutierungsreservoirs für weitere Truppen verloren, sondern auch die Steuereinnahmen brachen ein, so dass selbst die Finanzierung von Söldnern und Föderaten immer aussichtsloser wurde. In den beiden letzten Jahrzehnten der weströmischen Geschichte folgten hilflose Kaiser mit kurzen Herrschaftszeiten aufeinander, fast sämtlich handlungsunfähige Marionetten, die von der Gunst barbarischer Generäle – sogenannter Heermeister – abhängig waren. Im Jahr 476 machte der thüringische Truppenführer Odoaker dem ein Ende und setzte den letzten weströmischen Kaiser Romulus Augustulus ab. Auch in Italien wurde damit – wie zuvor bereits in den meisten anderen Regionen des Westens – die Herrschaft eines von Barbaren dominierten Verbandes installiert.

Dagegen gelang es dem Osten, den Stürmen und Gefahren, die das 5. Jahrhundert für das Reichsgefüge bot, zu trotzen. Grundlage dafür war zum einen eine weitaus größere wirtschaftliche Kraft, die der oströmischen Führung ein ungleich höheres Ressourcenpotential zur Verfügung stellte, als die weströmische Regierung aufzubieten in der Lage war; es beruhte u.a. auf ökonomisch weiterhin florierenden Provinzen wie Ägypten und Teilen Kleinasiens und Syriens sowie auf der Stabilität der Städte, die – abgesehen von den Balkangebieten – in einigen Regionen noch bis in das 7. Jahrhundert hinein ihr antikes Gepräge weitgehend aufrecht zu erhalten vermochten. Der Osten war nicht annähernd in demselben Maße von der Völkerwanderung betroffen wie der Westen – jedenfalls nicht im Verlauf des 5. Jahrhunderts. Die schwersten Auseinandersetzungen waren mit den Hunnen unter Attila († 453) auszufechten, den man schließlich erfolgreich in Richtung Westen (Gallien) abdrängen konnte. Auch das östliche Kaisertum zeigte sich zumindest in der ersten Hälfte des 5. Jahrhunderts stabiler als im Westen; den Kaisern in Konstantinopel gelang es zunächst, sich aus der Umklammerung einflussreicher Berater zu lösen. Zudem waren die entscheidenden Positionen – insbesondere die Heermeisterstellen – im Osten nicht in demselben Maße zentralisiert wie im Westen, wodurch gefährliche Machtkonzentrationen vermieden werden konnten; im Osten gelang es, Kompetenzen der Heermeister, die diesen im Westen erhalten blieben, auf den Chef der Palastverwaltung, den *magister officiorum*, zu verlagern. Damit stand die Existenz der östlichen Reichshälfte zunächst auf wesentlich solideren Grundlagen als die des Westens; erst in der zweiten Hälfte des 5. Jahrhunderts musste auch der Osten größere Turbulenzen überstehen, konnte dabei aber von einer strukturellen Stärke profitieren, die der Westen in der Spätantike nie erreicht hatte.

Die grundsätzlichen kulturellen Differenzen zwischen Angehörigen der West- und der Osthälfte des Reiches blitzen über die gesamte Geschichte des *Imperium Romanum* immer wieder auf. So musste sich im Jahr 358 der Caesar Julian während eines Feldzuges gegen die Chamaven von seinen unterversorgten Soldaten als „Asianer, Griechlein, Betrüger und Dummkopf unter der Maske der Weisheit" verhöhnen lassen (Ammianus Marcellinus, Res gestae(a) 17,9,3: *[…] Asianum […], Graeculum et fallacem et specie sapientiae stolidum*), während der spätere Kaiser selbst sich über die mangelnden Bildungsstandards im Westen beklagte (Julian, Contra Galilaeos 18,1); dort wiederum wurden Christen, die öffentlich als Asketen auftraten, als „Hochstapler und Griechen" verspottet (Hieronymus, Epistolae 38,5). Dennoch: Der Gedanke einer Einheit des Römischen Reiches blieb stets präsent. „Es ist eine sehr glückliche Sache, ein unzerstörbares, stählernes Bollwerk, dass die zwei Kaiser sich innerhalb zweier Körper mit einem Kaiserreich zeigen", heißt es um 400 bei dem aus Kleinasien stammenden Intellektuellen Eunapios (Eunapios, Fragmente 71,3 Blockley). Nach dem Ende des Kaisertums im Westen berief man sich auf das Konstrukt eines weiterhin bestehenden Gesamtimperiums, das nunmehr allein von Konstantinopel aus regiert wurde; selbst machtvolle Barbarenherrscher ordneten sich diesem Diktat unter, so etwa der Gote Theoderich der Große, der um 508 an Kaiser Anastasios (491–518) gerichtet von einem Reich sprach, das nunmehr „zwischen zwei *res publicae*" (*inter utrasque res publicas*) aufgeteilt sei (Cassiodor, Variae 1,1). Gerade im 5. Jahrhundert gingen von der oströmischen Führung tatkräftige Bemühungen aus, dem taumelnden Westteil des weiterhin als Einheit begriffenen *Imperium Romanum* durch aktive Hilfeleistung und symbolische Akte Unterstützung zukommen zu lassen. Theodosius II. (408–450) ließ mit militärischer Begleitung seinen damals fünfjährigen Vetter Valentinian III. (424–455) als Kaiser im Westen installieren und vermählte ihn mit seiner Tochter Licinia Eudoxia, wodurch das dynastische Band zwischen Osten und Westen fest geknüpft wurde (Abb. 36). Der Geltungsbereich der von Theodosius II. in Auftrag gegebenen Gesetzessammlung, des 438 promulgierten *Codex Theodosianus*, umfasste ausdrücklich das Gesamtreich, und Valentinian III. legte 448 explizit die Geltung der theodo-

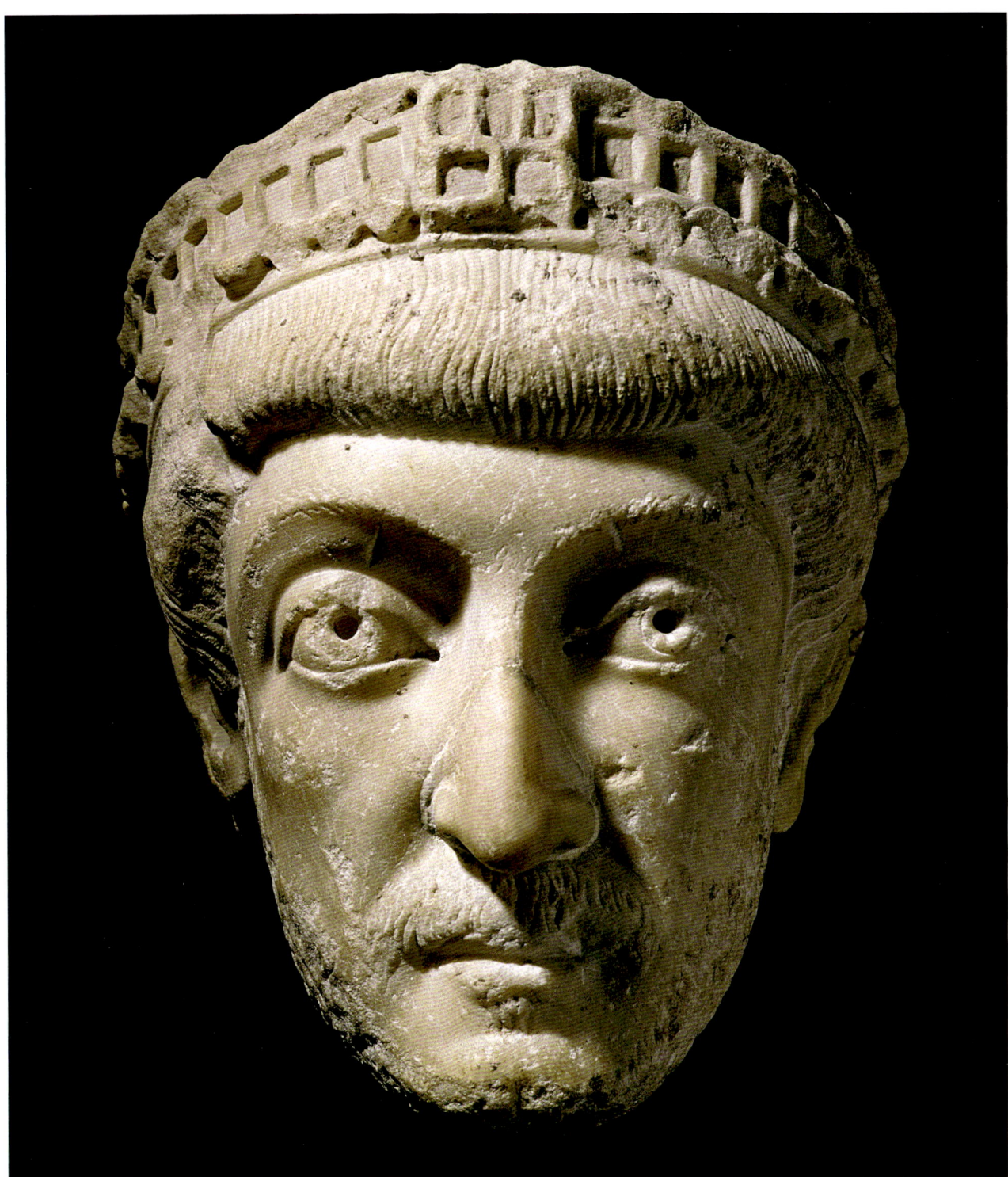

36 Kopf des Theodosius II., 5. Jh. Paris, Musée du Louvre

sianischen Novellen für *beide* Reichsteile (*uterque orbis*) fest (Codex Theodosius, Novelle 26). Weitere Westkaiser wurden auf Initiative aus dem Osten hin eingesetzt, man bemühte sich in der Regel darum, jährlich je einen Konsul aus dem Osten und dem Westen zu bestimmen, und bei dem großangelegten Versuch, die von den Vandalen okkupierten Provinzen Nordafrikas für das Westreich zurückzuerobern, stellte der Osten im Jahr 468 den Großteil der Truppen und den Kommandanten – das Unternehmen scheiterte jedoch kläglich. Es war das letzte Mal, dass beide Reichsteile bei einem Feldzug dieser Dimension im Verbund agierten. Ebenso erlosch bald auch die gemeinsame Gesetzgebung.

Zu dieser Zeit hatte der gegenseitige Entfremdungsprozess schon beträchtliche Ausmaße angenommen. Das Zentrum des Reiches hatte sich in den Osten verlagert, wo die aufstrebende, weitgehend christlich geprägte Metropole am Bosporus sich seit Ende des 4. Jahrhunderts als dauerhafte Kaiserresidenz etabliert hatte, während die Herrscher aus Rom, das 410 von den Goten und 455 von den Vandalen geplündert wurde, sich nach Ravenna zurückgezogen hatten. Auch wenn selbst eifrige Apologeten der Tiberstadt und ihrer Größe, wie etwa der christliche Historiograph Orosius, bereits im frühen 5. Jahrhundert verstohlen auf Konstantinopel blickten (Orosius, Historiarum 3,3,2; 3,13,2; 7,28,27), spiegelt sich gerade in der Rezeption der Ereignisse des Jahres 410 im Osten, wie weit der Entfremdungsprozess um die Mitte des 5. Jahrhunderts bereits fortgeschritten war – Rom war für die Bevölkerung des Ostreiches nur noch ein weit entfernter Ort, mit dem man allerlei Assoziationen verbinden konnte. Schon im 5. Jahrhundert wurden die Vorstellungen immer unkonkreter. Der Historiograph Priskos verbindet mit ‚Rom' keine Stadt mehr, sondern eine Region, in der es „Könige" gibt (Priskos, Fragmente 17; 21 Blockley). Die „westlichen Römer" (Priskos, Fragmente 11,2; 20,1 Blockley) erscheinen bei ihm bereits wie ein fremdes Volk; in gleicher Weise kann im frühen 6. Jahrhundert der oströmische Chronist Marcellinus Comes relativ nüchtern das Ende des Kaisertums im Weströmischen Reich (Marcellinus Comes, Chronik: *Hesperium Romanae gentis imperium*) konstatieren. Männer wie Anicius Acilius Glabrio Faustus, der im Jahr 438 dem römischen Senat den *Codex Theodosianus* übergeben durfte und sich rühmte, in beiden Reichen (*imperia*, *regna*, *Oriens/Occidens* in den zeitgenössischen Zeugnissen) hohes Ansehen zu genießen (*utriusque inperii iudicii* [sic] *sublimitato*, ILS 1283), wurden selten.

Je weiter sich die Reichshälften auseinander entwickelten, desto schwerwiegender wirkte sich die Sprachbarriere aus. Beherrschung des Griechischen, der im Osten gängigen Alltagssprache, war im Westen ein Distinktionskriterium einer kleinen Schicht Gebildeter; wer aus dem Osten stammte, eignete sich Latein hingegen nur dann noch an, wenn er in Heer oder Verwaltung Karriere machen wollte. Doch auch in diesen Bereichen versiegte die Zweisprachigkeit. Hatte Justinian die Sammlung älterer Kaisergesetze, den *Codex Iustinianus*, noch in lateinischer Sprache publizieren lassen, so ging er in seinen Novellen zum Griechischen über. Unter Herakleios (610–641) schließlich wurde aus dem lateinischen *Augustus* auch offiziell der griechische *basileus*. Schon im 4. Jahrhundert offenbarte der antiochenische Rhetor Libanios eine unverhohlene Ab-

neigung gegenüber allem Lateinischen (vgl. Libanios, *Oratio* 49,29–31). Die Sprach- und Verständnisbarrieren zwischen Osten und Westen hatten bereits im Kontext der Synode zu Serdika (heute Sofia) 342/343 zu Verwirrung geführt (Sokrates Scholasticus, Historia ecclesiastica 2,20). In dem Maße, in dem sich die Reichsteile seit ca. 400 voneinander entfremdeten, trugen Probleme dieser Art, die man zuvor noch leidlich hatte meistern können, nunmehr zu wachsenden Kommunikationsschwierigkeiten bei. Nur wenige Gelehrte waren dazu in der Lage, aufgrund ihrer Zweisprachigkeit als Vermittler zwischen den Sphären aufzutreten und insbesondere in Form von Übersetzungen noch wichtige Transferleistungen zu erbringen (z.B. Hieronymus, Rufinus, Boethius). Die zunehmenden Kommunikationsprobleme machten sich vor allem auf dem Gebiet der Theologie bzw. der Religion insgesamt bemerkbar. Selbst eine hochgelehrte Persönlichkeit wie Augustin hatte mit dem Griechischen Mühe; Papst Leo I. (440–461) musste seine Briefe ins Griechische übersetzen lassen und argwöhnte mitunter Verfälschungen seiner Gedanken durch schlechte Übersetzer (ACO 2,4, S. 159); Papst Gregor der Große (590–604), der mehrere Jahre in Konstantinopel zugebracht hatte, war sogar stolz darauf, dort kein Griechisch gelernt zu haben. So waren die meisten Zeitgenossen im Westen überhaupt nicht in der Lage, an den komplexen trinitarischen und christologischen Debatten, die seit dem 4. Jahrhundert vorwiegend im Osten geführt wurden, auf intellektuell ebenbürtigem Niveau teilzunehmen. Darin lag eine der Ursachen für die Tatsache, dass westliche Kleriker – insbesondere die Bischöfe von Rom – in ihren Diskussionen mit kirchlichen und weltlichen Autoritäten des Ostens häufig vor allem die formale Ebene bemühten, mit der ihre Gesprächspartner zumeist nicht sonderlich viel anfangen konnten. Diese Problematik tritt erstmals im Zusammenhang des Akakianischen Schismas 484–519 deutlich zutage, in dem die Päpste immer wieder versuchten, die theologischen Probleme, die sich um das Verhältnis göttlicher und menschlicher Natur in Christus drehten, auf der Ebene von Personen und Hierarchien zu verhandeln. Welche Folgen die darin zutage tretenden Kommunikationsschwierigkeiten zeitigen konnten, wird u.a. in der mittelalterlichen und neuzeitlichen Rezeption der sogenannten Zweigewaltenlehre deutlich, die Papst Gelasius I. im Jahr 494 gegenüber dem oströmischen Kaiser Anastasios entwickelte, um diesem seinen Platz und seine Aufgabe innerhalb der Gesamtkirche deutlich zu machen; dabei leitete er aus der Tatsache, dass der Priester als Vermittler des Seelenheils auch eines Kaisers fungiere, das Postulat ab, diesem übergeordnet zu sein. Immer wieder wurde in den Worten des Gelasius eine erste markante Stellungnahme des Papstes zum Problem des Verhältnisses ‚Staat' und ‚Kirche' gesehen. Dabei wurde aber stets der ekklesiologische Rahmen, vor dessen Hintergrund Gelasius argumentiert, außer Acht gelassen. Nimmt man diesen jedoch ernst, so zeigt sich, dass es unabhängig von Kategorien wie ‚Staat' und ‚Kirche', die für antike Zeitgenossen ohnehin irrelevant waren, lediglich um Aufgabenverteilungen innerhalb einer allumfassenden *ecclesia* geht. Das entscheidende Problem bestand allerdings darin, dass man im Osten keine entsprechende Ekklesiologie kannte. Dies führte dazu, dass Anastasios sicherlich überhaupt nicht verstanden haben wird, was der Bischof im fernen Rom eigentlich von ihm wollte – zumal gerade ihm der Westen bereits weitgehend entrückt war.

Anastasios war der erste oströmische Kaiser, der bewusst jegliche Ambitionen auf Rückgewinnung der westlichen Gebiete zugunsten einer Konsolidierung der Verhältnisse im nunmehr allein fortbestehenden Ostreich aufgegeben haben dürfte. Zumindest das solide finanzielle Fundament, auf dem das Gebilde stand, das er seinen Nachfolgern übergab, gibt ihm darin zunächst einmal recht. Unter Anastasios griff im Jahr 507/508 erstmals eine (ost)römische Flotte das damals gotische Italien an, attackierte dabei vor allem die italisch-römische Bevölkerung und behandelte nun das Kernland des ehemaligen *Imperium Romanum* wie ein normales Kriegsgebiet, eine Haltung, die für die Apenninhalbinsel in den Gotenkriegen Justinians ab 535 verheerende Folgen haben sollte. An eine Wiederherstellung des Reiches in seiner alten Größe war in den Jahren um 500 jedenfalls nicht einmal entfernt zu denken, und kein realitätsnaher Politiker hätte dazu konkrete Pläne entwickelt. Vor diesem Hintergrund sollte auch das großangelegte Rückeroberungsunternehmen Justinians nicht überschätzt werden. Nicht ein immer schon gehegter Plan, das Reich in seiner alten Pracht wiederauferstehen zu lassen, trieb Justinian an – allzu sehr standen den Zeitgenossen noch die militärischen Desaster der Römer insbesondere gegen die Vandalen vor Augen. Der Plan der *renovatio imperii* gewann erst infolge eher zufälliger Erfolge an Konturen, namentlich nach der mühelosen

Überrumpelung der Vandalen im Jahr 533/534, die der Kaiser wahrscheinlich nur deshalb hatte angreifen lassen, um in Afrika den rechtmäßigen (und katholischen) Vandalenkönig Hilderich wieder einzusetzen. Die Eroberungen Justinians wirken erst aus der Retrospektive wie das Ergebnis eines groß angelegten Plans. Entscheidend ist jedoch eher die Kurzfristigkeit dieser Erfolge. Die meisten Gebiete gingen kurz nach Justinians Tod wieder verloren. Militärisch war der Westen nicht mehr integrierbar – spätestens jetzt musste dies allen Zeitgenossen klar sein. Das verhinderte jedoch nicht die Aufrechterhaltung der Idee des einen, integren und ungeteilten Reiches. Kaiser Maurikios 597 soll in seinem Testament seinen älteren Sohn zum Herrscher über Konstantinopel und seinen jüngeren über das „Alte Rom" eingesetzt haben (Theophylaktos Historien 8,11,7–10); die Usurpation des Phokas 602 verhinderte die Realisierung etwaiger Pläne in diese Richtung. Doch noch im 7. Jahrhundert, während das Byzantinische Reich sich in einem Existenzkampf gegen die Araber befand, soll Konstans II. verkündet haben, Rom zu seiner neuen Hauptstadt zu machen, und brach 661 nach Italien auf. Er wurde 668 in Syrakus ermordet (Börm 2008).

Quellen

ACO 2,4; Ammianus Marcellinus, Res gestae; Cassiodor, Variae; Codex Theodosianus; Eunapios, Fragmente; Hieronymus, Epistolae; ILS 1283; Marcellinus Comes, Chronik; Orosius, Historiarum; Priskos, Fragmente; Theophylaktos, Historien; Velleius, Historiarum.

Literatur

Bayless 1972; Bleckmann 2004; Börm 2008; Demougeot 1951; Gahbauer 1985; Heather 1930; Kornemann 1930; Martin 2009; Millar 2006; Moorhead 2001; Potter 2010, Schmidt-Hofner 2008; Stein 1928.

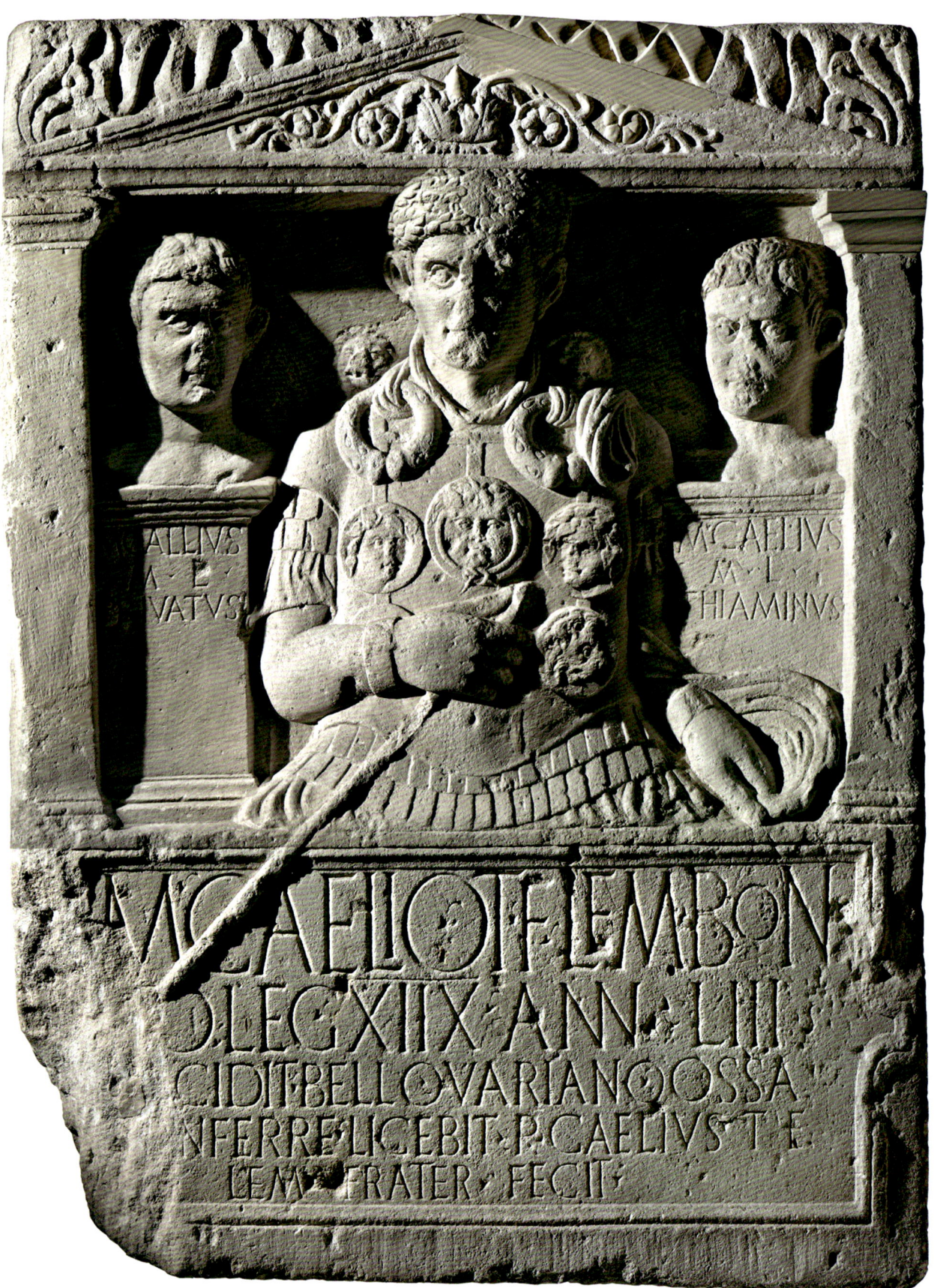

Bruno Bleckmann

Von den Germanen zu Franken und Alamannen: Rom und die Germanen am Vorabend der Völkerwanderung

Die Germanen sind nicht die einzigen Ahnen der Deutschen gewesen und umgekehrt sind nicht alle Germanen zu Deutschen geworden. Gleichwohl sind die Germanen Bestandteil der deutschen Vorgeschichte und die Veränderungen in der germanischen Welt sind die Voraussetzung für die Entstehung der deutschen Stämme und für die Bildung des Frankenreiches gewesen. Von zentraler Bedeutung ist hier das krisenhafte 3. Jahrhundert, das zu einer grundsätzlichen Verschiebung der Beziehungen zwischen dem Römischen Reich und germanischen Kriegergruppen geführt hat. (Abb. 37) Diese Epoche ist durch die Neuentdeckung eines römisch-germanischen Schlachtfeldes bei Kalefeld (Niedersachsen), das nach bisherigem Kenntnisstand in die Zeit des Kaisers Maximinus Thrax (235–238) gehört, stärker in das allgemein-historische Bewusstsein gerückt. Im Folgenden soll es darum gehen, die Entwicklungen dieser Zeit in ein Gesamtbild römisch-germanischer Beziehungen von Caesar bis zur Spätantike einzufügen.

Der Begriff ‚Germanen' wurde von römischer Seite geprägt, um die Gesamtheit der Völker rechts des Rheines zu bezeichnen, mit einer im Osten unscharfen Begrenzung. Der Erfinder dieses Sprachgebrauchs ist Caesar, der schon im ersten Jahr des Gallischen Krieges (58–50 v. Chr.) mit Kriegern zu tun hatte, die die Gallier in ihren inneren Kämpfen aus den Regionen rechts des Rheines angeworben hatten. Bei der Etablierung des Rheines als neuer Grenze des Imperiums argumentierte er mit den Vorstellungen der damaligen Ethnologie, um den Gegensatz zwischen dem eroberten Gallien und den nichteroberten Gebieten östlich des Rheines zu erklären. Seine Erläuterungen liefen darauf hinaus, die ‚Gallier' als der Zivilisation im Prinzip zugängliche Barbaren von geradezu naturvolkartigen ‚Germanen' zu unterscheiden. Ein scharfer zivilisatorischer Gegensatz zwischen den Gebieten links und rechts des Rheines, wie ihn Caesar konstruierte, wurde aber eigentlich erst durch seine Aktionen und durch die permanente Etablierung der Römer am Rhein partiell historische Wirklichkeit, während für die Zeit vor Caesar zwischen keltischer und germanischer Welt Nuancen, Übergänge und Gefälle, aber keine klar abzugrenzenden Unterschiede auszumachen sind.

Ein gemeinsames Identitätsbewusstsein der von den Römern als ‚Germanen' bezeichneten Stämme gab es zu keiner Zeit. Man hat es vielmehr mit einer Fülle zersplitterter Gruppen zu tun, die von unterschiedlicher Größe waren, die bald über lange Zeit sesshaft, bald völlige Neubildungen waren und die in der Regel untereinander erbitterte Kriege führten. Die ältere, oft ideologiebefrachtete Forschung hat gleichwohl versucht, so etwas wie germanische Nationaleigentümlichkeiten, ein germanisches Wesen, zu konstruieren, indem in unzulässiger Weise Verhältnisse aus den verschiedensten Epochen, insbesondere aber aus dem gut dokumentierten skandinavischen Mittelalter, mit Einzelbeschreibungen bei Tacitus zusammengestellt wurden. Als einziges wirklich gemeinsames Element lässt sich die Sprache ausmachen. Völker, die nicht eine der germanischen Sprachen oder Dialekte sprechen, können nicht den Germanen zugewiesen werden, auch wenn sie wie die Sarmaten der ungarischen Tiefebene in einem sonst von germanisch sprechenden Völkern bestimmten Zusammenhang auftauchen mögen.

Ob es unter diesen Umständen überhaupt sinnvoll ist, von ‚den Germanen' zu sprechen, ist hochumstritten. Jedenfalls ist es nötig, immer genau anzugeben, nach welchen Kriterien man selbst den Gebrauch dieses Begriffes für sinnvoll hält. Der moderne, weitere Germanenbegriff, der – abweichend vom Sprachgebrauch römischer Quellen – alle Völker der germanischen Sprachgruppe über das 3. Jahrhundert hinaus berücksichtigt, ist insofern angebracht, als man ihn für die Beschreibung einer für den Verlauf der Weltgeschichte wichtigen Entwicklungslinie benötigt, nämlich für die Darstellung der Beziehungen zwischen dem römischen Weltreich und einer außerhalb des Reiches verbliebenen, fast ausschließlich

37 Grabstein des Centurio Marcus Caelius. Bonn, LVR-Landesmuseum

von Germanisch sprechenden Gruppen bewohnten weiten Kontaktzone östlich und nördlich der Grenzströme Rhein und Donau. Diese Kontaktzone sollte den Verlauf der römischen Geschichte bestimmen und umgekehrt von diesem Verlauf geprägt werden.

Ausgangspunkt dieser wechselhaften Geschichte von Imperium und Barbaricum war, dass die Expansion des Römischen Reiches in Germanien stehen blieb. Unter Augustus (27 v. Chr.–14 n. Chr.) war zunächst ab 12 v. Chr. die Provinzialisierung des Gebietes zwischen Rhein und Elbe eingeleitet worden, bis hin zur Anlage von Siedlungen römischen Typs (wie Waldgirmes). Rom konnte sich dabei auf das Bündnis mit vielen germanischen Stämmen stützen und viele Angehörige der germanischen Häuptlingsschicht für sich gewinnen. 9. n. Chr. wurde aber der Aneignungsprozess jäh gestoppt, als der zuvor in römischen Diensten stehende, mit einem römischen Namen versehene Germanenhäuptling Arminius das Dreilegionenheer des Varus auf dem Marsch aus einem Hinterhalt überfiel und zerstörte (in der sogenannten Schlacht am Teutoburger Wald, wohl im Engpass zwischen Großem Moor und Kalkrieser Berg). Der zwischen 14 und 16 n. Chr. unternommene Versuch des jungen Feldherrn und designierten Thronfolgers Germanicus, doch noch die Ziele der alten augusteischen Expansionspolitik zu erreichen, erwies sich als extrem verlustreich. Tiberius (14–37 n. Chr.) entschied sich daher dafür, seinen Neffen abzuberufen, und nur noch auf diplomatischem Weg im rechtsrheinischen Gebiet zu intervenieren. Damit wurde der Rhein wieder zur Grenze des Imperiums, und diese Grenze verfestigte sich in der Zeit Domitians und Trajans definitiv. Die Veränderungen in der großen strategischen Orientierung wurden indirekt eingeräumt, indem aus dem linksrheinischen, zu Gallien gehörenden Grenzstreifen zwei als ‚Germanien' bezeichnete Provinzen, nämlich *Germania inferior* und *Germania superior*, gemacht wurden. Vom Mittelrhein bis zur oberen Donau wurde ein Teil des rechtsrheinischen Gebietes als Vorfeld mit in das Grenzsystem einbezogen.

Dieses Nebeneinander von Imperium und germanischem Barbaricum hatte ungefähr zwei Jahrhunderte Bestand. Ab dem 3. Jahrhundert änderte sich das Verhältnis zwischen römischer und germanischer Welt. Schriftliche Quellen berichten für diese Zeit von massiven Einfällen germanischer Völkerschaften wie den Goten, Alamannen und Franken. Die archäologischen Quellen belegen die Bedrohung durch Kriegergruppen: Städte Italiens, allen voran Rom selbst, wurden nun mit großen wehrhaften Mauern umgeben, die man als Reaktion auf die neue Bedrohungslage deuten muss. Weiter sind zahlreiche Münzschätze entdeckt worden, die genau in diesem Zeithorizont von der in Panik geratenen Bevölkerung vergraben wurden. Schließlich belegen im Rhein versenkte und dann wiederentdeckte Bootsladungen (Funde von Neupotz und Hagenbach),

dass germanische Horden sich mit Metall aus Gallien bzw. Silber aus südwestgallischen Tempeln eingedeckt hatten und über den Rhein zurückzukehren versuchten.

Die neue Qualität barbarischer Bedrohung in der Mitte des 3. Jahrhunderts ist also unbestritten. Sie wird auch von denen nicht geleugnet, die diese Epoche der kaiserzeitlichen römischen Geschichte sonst entdramatisieren wollen und die Existenz einer Krise ganz in Abrede stellen. Viel schwieriger ist es aber zu erklären, welche Veränderungen im Innern Germaniens stattgefunden haben und wie sich diese neue Bedrohungslage erklärt. Der Einfall barbarischer Räubergruppen über den Limes ist an sich nichts Neues, sondern gehörte zu den Realitäten, mit denen man von römischer Seite immer rechnen musste. Der Limes war dementsprechend als eine Art Frühwarnsystem konstruiert worden, um kleinere Raubscharen relativ schnell abzufangen.

Was sich im 3. Jahrhundert gegenüber vorangehenden Epochen vor allem änderte, war die Größe der eindringenden Barbarengruppen. Wirklich belastbare Zahlenangaben stehen jedoch nicht zur Verfügung. Wenn in einigen Quellen von 300.000 eindringenden Goten oder von ebenso vielen Alamannen die Rede ist, handelt es sich um rhetorische Übertreibungen. Ähnliches gilt für die Angabe des Dexippos, bei dem sich die Juthungen in thukydideischem Griechisch rühmen, über 40.000 Reiter und 80.000 Infanteristen zu verfügen. Man kann gleichwohl von relativ hohen Zahlen ausgehen und annehmen, dass die Germanen in der Lage waren, große, über 10.000 Mann starke Gruppen zu bilden. Nur so erklärt sich, dass sie sehr tief in das Römische Reich einfallen konnten, ohne aufgerieben zu werden, und nur so erklärt sich auch, dass die griechisch-römischen Quellen für den Höhepunkt der Invasionsphase in den 60er und frühen 70er Jahren des 3. Jahrhunderts von regelrechten Feldschlachten zwischen Römern und Germanen auf römischem Boden berichten (in Naissus, bei Mailand oder in der Nähe des Gardasees). Wenn auch eine gewisse Mindestgröße für die tief in den Mittelmeerraum einfallenden germanischen Kriegergruppen notwendig war, so gab es umgekehrt auch nach oben eine Beschränkung durch logistische Probleme. Das sieht man etwa dort, wo Quellen über das Ende von Herulern und Goten durch Hunger und Krankheit berichten. Die Versorgung einer zu großen Gruppe war ein gewaltiges Problem, das germanische Kriegerhäuptlinge auch in späterer Zeit nie bewältigt haben und das sie zwang, einen Ausgleich mit dem römischen Staatswesen und seinen Kornmagazinen zu finden.

Warum die germanischen Invasoren des 3. Jahrhunderts in relativ großen und gleichzeitig gut gerüsteten Kriegergruppen agierten und so für Rom gefährlich werden konnten, muss erklärt werden. Ganz wesentlich ist wohl der Umstand, dass sich im Unterschied zum befriedeten Römischen Reich in der

Zone außerhalb des Reiches das erhalten hatte, was eigentlich der Normalfall in der alten Welt war, nämlich der permanente Krieg aller gegen alle. Große und berühmte Stämme wie die Cherusker und Brukterer verschwanden durch kriegerische Auseinandersetzungen, und wegen der beständigen Konflikte sah die Karte der germanischen Völkerschaften um 100 n. Chr. ganz anders aus als ein Jahrhundert zuvor, zur Zeit des Arminius. Der Krieg war damit eine Realität, die große Teile der Bevölkerung berührte, aber auch, was die Männer betraf, trainierte. Wie diese innergermanischen Kämpfe abliefen, weiß man allerdings in der Regel nur in rudimentärer Form oder überhaupt nicht, ebenso wenig, wer in welcher Form mitkämpfte. Hier gab es offenkundig eine große Bandbreite vom Kampfeinsatz aller freigeborenen Männer des Volkes mit oft minderwertigen Waffen wie Holzknüppeln bis hin zu professionellen Kriegergruppen mit schwierig zu handhabenden und teuren Waffen wie dem Schwert. Dieses hauptberufliche Kriegertum, bei dem sich Gruppen als Söldner verdingten oder auf eigene Faust Beute machten und das durch die Permanenz der Konflikte am Leben gehalten wurde, hatte bei den Germanen eine lange Tradition. Während der römischen Kaiserzeit nahm die Professionalität dieser Kriegergruppen zu. Das zeigt die Analyse von Hortfunden aus dem südskandinavischen Raum, deren Existenz sich durch die bei vielen Völkern Alteuropas verbreitete Sitte, die kriegerischen Ausrüstungen der Feinde zu zerstören und als Opfer im Moor niederzulegen, erklärt. Die Hortfunde beweisen, dass es einheitlich ausgerüstete und hierarchisch organisierte Kriegergruppen gab, die in den vielen (für die Zeit vom 2. bis zum 5. Jahrhundert dokumentierten) Auseinandersetzungen oft von weither herbeigeholt wurden. Die teure Schwertbewaffnung und das aufwendige Schilddekor in diesen Funden setzen eine beträchtliche Akkumulation von Ressourcen voraus.

Die Barbaren, die im 3. Jahrhundert in das Römische Reich einfielen, sind diesen in Südskandinavien operierenden Kriegern ähnlich gewesen, auch wenn die Verbände viel größer waren. Bezeichnenderweise werden diese Barbaren in den griechisch-römischen Quellen mit neuen, bisher nicht bekannten Namen genannt. Sie heißen Franken, Alamannen, Juthungen, Sachsen. Die Analyse der Namen selbst macht schon wahrscheinlich, dass diese neuen ‚Völker' nicht irgendwelche Föderationen oder wie auch immer genannte Großstämme waren, sondern Verbünde professioneller Kriegergruppen, die sich bedarfsweise zu großen aktionskräftigen Armeen zusammenschließen konnten. Dafür spricht insbesondere das zu beobachtende Nebeneinander des alten Volksnamens und eines neuen, auf die kriegerischen Qualitäten anspielenden Namens. Am deutlichsten gilt dies für die Juthungen. In der in den 1990er Jahren entdeckten Augsburger Inschrift wird ein Sieg gewürdigt, den ein römischer Feldherr im Jahre 260 über die

aus Oberitalien zurückkehrenden Barbaren des Stammes „der Juthungen oder Semnonen" feierte. (Abb. 38) Offenkundig wurden aufgrund germanischer Selbstauskünfte die Juthungen, die „Jungmänner" oder „Jungkämpfer", als Angehörige der Semnonen, also des alteingesessenen Kernvolks der Sueben, aufgefasst. Die Inschrift lässt deutlich erkennen, dass die Kriegergruppe einerseits vom traditionellen Volk, aus dem sich diese Gruppe rekrutierte, unterschieden wurde, andererseits aber mit dem alten Volk verbunden blieb. Ein ähnliches Phänomen liegt bei den Franken vor, die ab dem 3. Jahrhundert aus dem Gebiet um Ruhr und Sauerland die römische Grenze bei Köln unsicher machten. Ihr Name ist etymologisch mit „frech" verwandt und sie sind am ehesten als die „Kühnen" aufzufassen. Gebildet haben sie sich aus den zahlreichen germanischen Kleinstämmen östlich des Niederrheines, deren Namen teilweise noch neben dem Namen der Franken längere Zeit überlebt haben (Chamaven, Brukterer, Ampsivarier, Chattuarier). Das Nebeneinander zwischen alten und neuen Namen hat bei den Franken sogar ein wenig länger gedauert als im Fall der Juthungen, von denen der Semnonenname schnell abgelegt worden ist. Besonders umstritten sind die Namensbildung und die Ethnogenese der Alamannen. Ihr Name kann entweder von einer selbstbewussten Kriegergruppe herrühren, die sozusagen die Ganzheit (all = ganz), die Vollkommenheit ihrer Mannen rühmte, oder aber er verweist darauf, dass die Gruppe aus verschiedenen Völkern, aus Leuten von allerlei Art gebildet wurde. Auch hier gibt es aber – allerdings nur in späten Belegen – das Nebeneinander eines neuen, die Kriegerelite umschreibenden Namens, nämlich den der Alamannen, und eines traditionellen Stammesnamens, nämlich den der Völkergruppe der Sueben, wobei der traditionelle Namen (Sueben = Schwaben) den neuen auf Dauer wieder ganz verdrängt hat. Nur bei den Sachsen fehlen Anhaltspunkte für ältere Stammesnamen. Dass aber auch die Sachsen ursprünglich wohl nichts anderes als ein Bündnis von Kriegergruppen gewesen sind, legt ihr aus dem germanischen Wort für „Messer, Schwert" hervorgegangener Name nahe.

Die Herausbildung dieser für Rom so gefährlichen neuen Kriegergruppen im germanischen Raum erklärt sich, wie beschrieben, durch das allmähliche Einsickern römischen Reichtums und römischer Technologie sowie durch Differenzierungsprozesse, die sich aus der Permanenz innergermanischer Kriege ergaben. Aber die Größe und Durchschlagskraft dieser Barbarenarmeen hängen auch mit Verwicklungen der Ereignisgeschichte und mit Entscheidungen der römischen Außen- und Militärpolitik zusammen. Wichtige Impulse sind zunächst von den Markomannenkriegen ausgegangen, also den Kämpfen, die Kaiser Mark Aurel ab den 60er Jahren des 2. Jahrhunderts mit den Stämmen jenseits der mittleren Donau (ungefähr von der Slowakei bis nach Ungarn) führte. (Abb. 39) Im Kampf

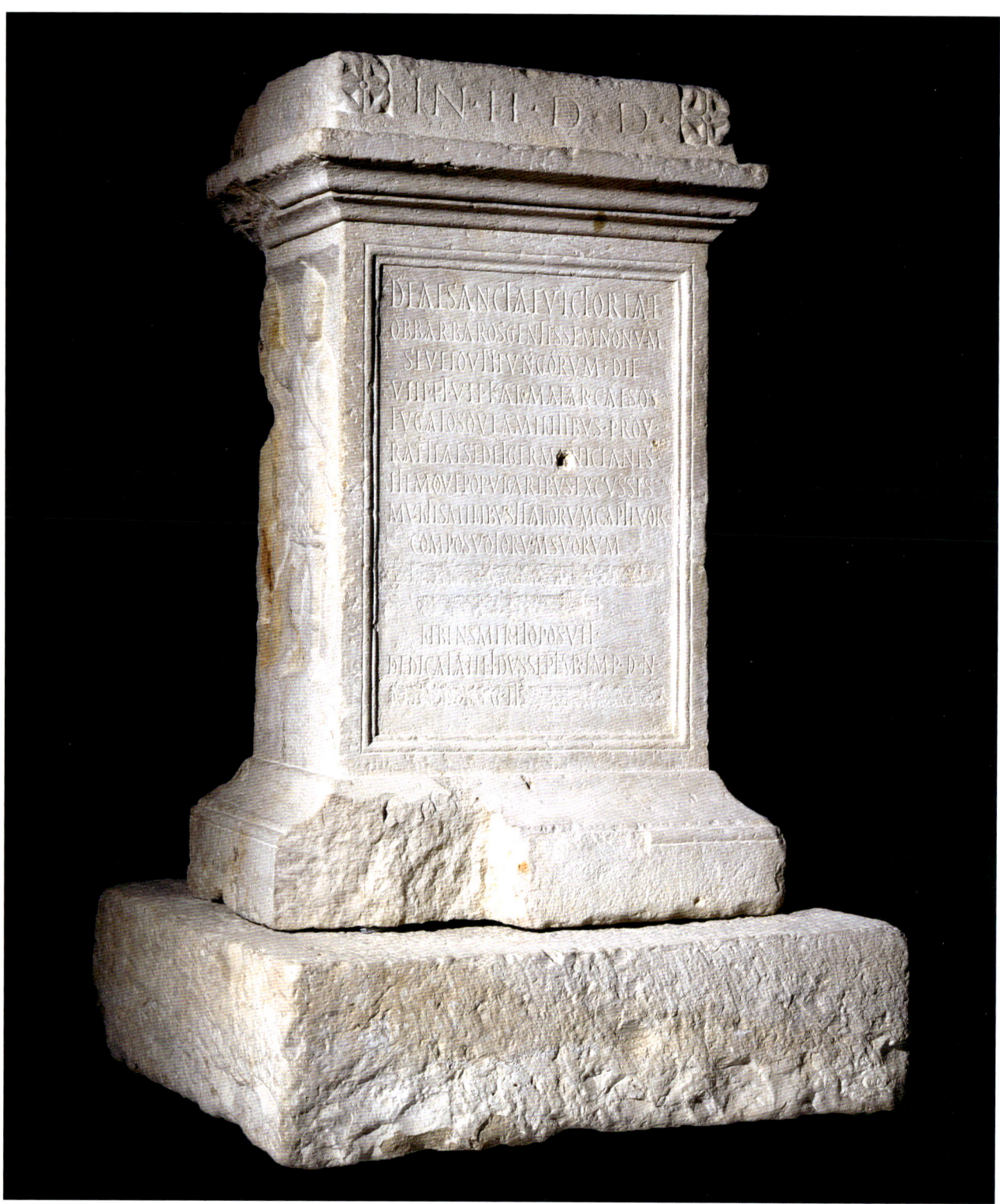

38 Augsburger Inschrift. Augsburg, Römisches Museum, 6338-1

gegen Rom engagierten Markomannen-Stämme aus dem Inneren Germaniens wie die Langobarden, und auch umgekehrt fanden Germanen ihr Auskommen, wenn sie von römischer Seite aus in Dienst genommen wurden. Eine noch größere Bedeutung, was die Organisation und Professionalisierung von Kriegergruppen betraf, hatte freilich die Instabilität des römischen Kaisertums im 3. Jahrhundert mit seinen dauernden Herrscherwechseln und Bürgerkriegen. Das Engagement von Germanen war für gegeneinander kämpfende Kaiser und Usurpatoren eine Möglichkeit, die Anzahl der eigenen Soldaten schnell und ohne die größeren Komplikationen zu erhöhen, die sonst mit der Rekrutierung und dem militärischen Training verbunden waren. Einige der Anführer barbarischer Kriegergruppen, die sich in der Umgebung der Kaiser des 3. und des frühen 4. Jahrhunderts aufhielten, sind aus der historiographischen Tradition bekannt, etwa der Heruler Naulobatus oder der Alamannenfürst Chrocus. Andere, die ihr Glück in römischen Diensten gemacht haben dürften, und die mit teurer Ausrüstung bestattet wurden, kennt man aus Gräbern der sogenannten Haßleben-Leuna-Kultur.

Das Ineinandergreifen von römischer Politikgeschichte und der Bildung großer und gefährlicher Germanentruppen lässt sich anhand von Eckdaten der Ereignisgeschichte im Raum der heutigen Bundesrepublik durchaus detaillierter beschreiben. Die Römer hatten es sich auch nach der Festsetzung der Rheingrenze mit dem vorgebauten Limeswall nicht nehmen lassen, das germanische Vorfeld zu beobachten und dort gelegentlich zu intervenieren. Mit den Markomannenkriegen scheint sogar das Projekt einer Vorverschiebung der Nordgrenze verbunden gewesen zu sein. Eine persönliche Aktion führte der Kaiser Caracalla (211–217) durch, der 213 von Rätien aus in einer kurzen, mit großem propagandistischem Aufwand gefeierten Kampagne in das Innere Germaniens vorstieß. Nachdem er gerade seinen Bruder Geta umgebracht hatte, war er dringend darauf angewiesen, seine bedrohte Kaiserstellung durch äußere Erfolge zu stabilisieren. Als Gegner und Ziel der Kampagne Caracallas werden in den Quellen zum ersten Mal Alamannen genannt. Zu eigentlich bedeutenden Kampfhandlungen kam es aber nicht, sondern die Alamannen wurden geschont. Denn letztlich ging es Caracalla darum, sich die Dienste dieser neuartigen Krieger selbst zu sichern, nicht zuletzt für die gewaltige Aufstockung seiner eigenen militärischen Umgebung. In der biographisch-historiographischen Trivialliteratur blieb Caracalla als ausgesprochen germanophiler Kaiser in Erinnerung, der mit goldblonden Haaren umherlief und der seine Macht stark auf germanische Truppen stützte.

Die Loyalität germanischer Hilfstruppen galt immer nur dem jeweils regierenden Kaiser. Aufgrund der ständigen Regierungswechsel nach dem Tode Kaiser Caracallas kehrten viele Krieger früher oder später mit Silber, Gold und Waffen, aber auch mit größeren Kenntnissen über die römischen Strukturen wieder an die Elbe oder wohin auch immer zurück. In den 30er Jahren des 3. Jahrhunderts gab es wohl kaum zufällig eine Welle germanischer Angriffe auf den Limes, die eine neue Qualität hatten und die man durchaus mit diesen neuen Kenntnissen und den größeren technologischen Ressourcen erklären könn-

te. Ab der Mitte der 30er Jahre war die Bedrohung jedenfalls dann so groß, dass sich der jugendliche Kaiser Alexander Severus (222–235) veranlasst sah, eine große Armee in Mainz zu konzentrieren, die in das Innere Germaniens einfallen sollte. Die Truppenkonzentration wurde Severus Alexander zum Verhängnis, weil das Expeditionsheer gegen ihn putschte und Maximinus Thrax zum Kaiser machte (235).

Maximinus Thrax musste nun den Germanenfeldzug durchführen, den Severus Alexander vorbereitet hatte. Eine spätantike Sammlung von Kaiserbiographien, die *Historia Augusta*, berichtet dabei, er sei drei- bis vierhundert Meilen tief nach Germanien eingedrungen. Das hat man lange Zeit für absurd gehalten, obgleich bereits der zeitgenössische Historiker Herodian ein Szenario von Sümpfen und Wäldern beschreibt und er auch vom Plan des Maximinus Thrax berichtet, die „bis zum Ozean wohnenden barbarischen Stämme der Germanen auszurotten und zu unterwerfen." Die Korrektur der *Historia Augusta*-Passage dahingehend, dass sie nur von einigen Kämpfen in Süddeutschland 30 bis 40 Meilen von der Grenze berichtet habe, ist hinfällig, seitdem mit dem im August 2008 entdeckten Schlachtfeld bei Kalefeld („Schlacht am Harzhorn") zumindest ein Ausschnitt aus den Kämpfen bekannt geworden ist, die Maximinus Thrax und die Germanen in weiter Entfernung vom Rhein ausgetragen haben.

Das Schlachtfeld von Kalefeld dokumentiert dabei die nach wie vor gegebene Überlegenheit der römischen Seite, die mit schweren Katapulten als Feldgeschütze den Durchbruch über eine Höhe erzwingen konnte. Nur aus innenpolitischen Gründen musste Maximinus Thrax den Kampf in Germanien abbrechen. Die Serie von Bürgerkriegskämpfen, in der 238 zunächst Maximinus Thrax und später weitere Prätendenten ihr Ende fanden, wurde dabei zum Teil mit Germanentruppen ausgetragen, die man während der jüngsten römischen Kriege im Innern Germaniens kennengelernt und angeworben hatte. Wie bedeutend letztlich der Anteil germanischer Hilfskontingente im römischen Heer geworden war, macht der Tatenbericht des Sassanidenherrschers Schapuhr deutlich. In diesem Bericht wird der Angriff des jugendlichen Kaisers Gordian III., der von 238 bis 244 herrschte, gegen das Persische Reich beschrieben. Neben den römischen Kontingenten werden die Germanen und die Goten getrennt als Teile des Angriffsheeres genannt.

Die Kontakte zwischen Rom und den germanischen Kriegergruppen, die sich für die erste Hälfte des 3. Jahrhunderts nachweisen lassen, erklären also, wie letztere sich zu einer ernsthaften Bedrohung für Rom entwickeln konnten, und zwar in einer Zeit, in der Rom ohnehin geschwächt war, weil zum einen die innenpolitische Anarchie in den schnellen Kaiserwechseln ab den 50er Jahren einen Höhepunkt erreicht hatte und weil zum anderen zur gleichen Zeit an der Ostgrenze die Sassaniden große Teile eines Kernlandes römischer Herrschaft verwüste-

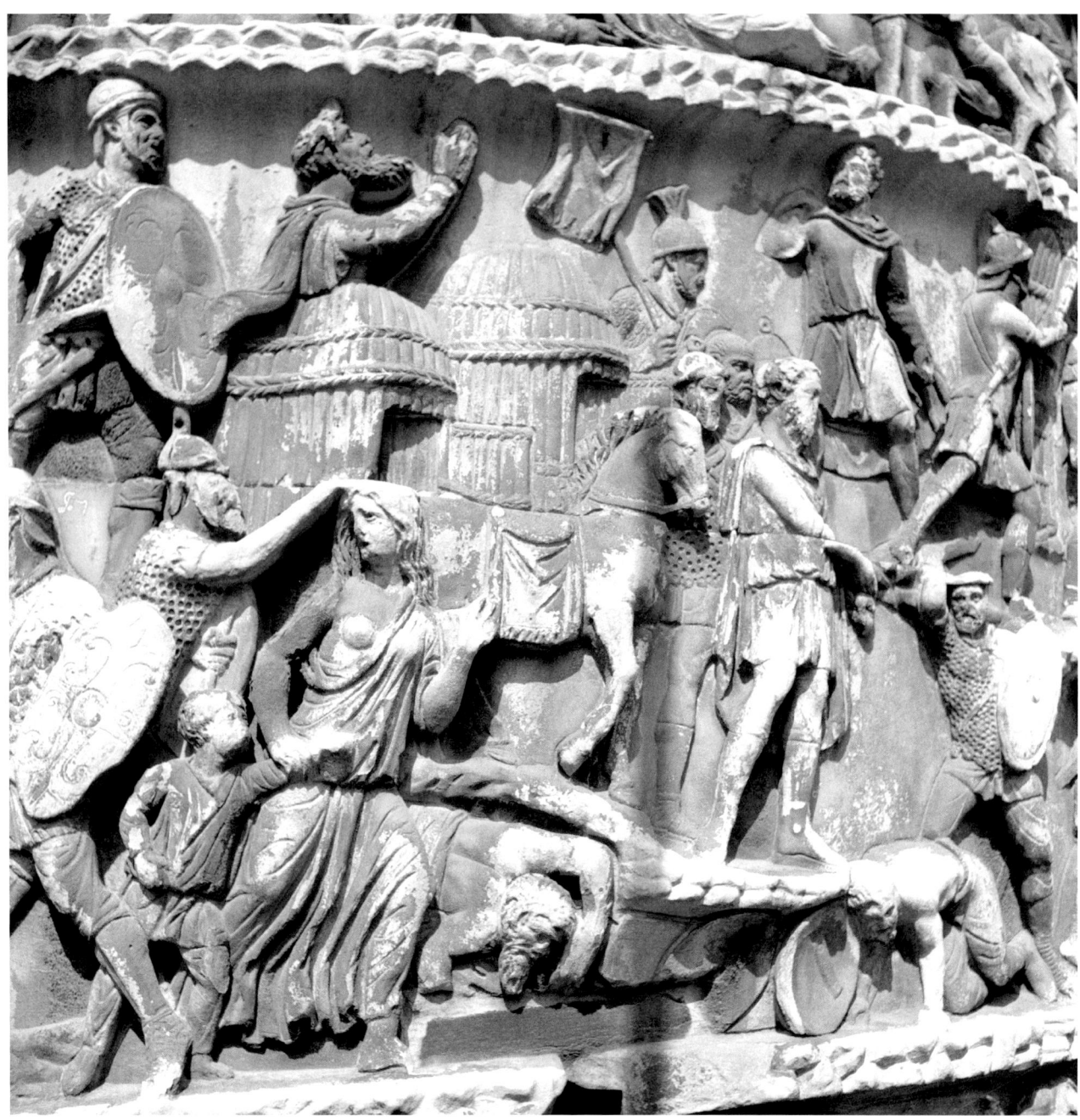

39   Marcussäule, fliehende Barbarin, Szene XX, um 180 n.Chr. Rom, Italien, Piazza Colonna

ten. Diese drei Krisenfaktoren, Germaneneinfälle, Usurpationen und Anarchie sowie Sassanidenangriffe, verstärkten sich gegenseitig.

Trotzdem zerfiel das Römische Reich in dieser Zeit nicht. Durch eine Reorganisation des Kaisertums und die Ausbildung eines Mehrherrschaftssystems gelang es vielmehr ab dem ausgehenden 3. Jahrhundert, dieser Krise Herr zu werden und im Westen die Kontinuität römischer Herrschaft für weitere 150 Jahre zu sichern. Allerdings blieben die Entwicklungen

dieser krisenhaften Epoche nicht folgenlos, sondern führten zu tiefgreifenden Veränderungen der römisch-germanischen Beziehungen. Zunächst machten germanische Häuptlinge und germanische Kriegergruppen einen immer wichtigeren Bestandteil des spätrömischen Offizierskorps bzw. des Heeres aus. Die Veränderungen im römischen Heerwesen, gekoppelt mit immer neuen, durch innerrömische Kämpfe provozierten Interventionen von Kriegergruppen aus dem barbarischen Norden bildeten dann wiederum die Voraussetzung dafür, dass ganze

Provinzgruppen des Imperiums ab dem fünften Jahrhundert von germanischen Kriegern übernommen und regiert werden konnten. So wurde der Westen des Römischen Reiches vom gallisch-spanischen Westgotenreich, vom afrikanischen Vandalenreich, dem Ostgotenreich und vom Frankenreich okkupiert. Diese Staaten gehören noch zur Antike, waren weitgehend römisch geprägt, wurden aber von einer römisch akkulturierten, gleichzeitig auf ihre eigene Identität bedachten Oberschicht germanischer Militärs geleitet. Eine größere Bedeutung hatte das germanische Element vor allem im letzten der Nachfolgestaaten auf römischem Boden, dem Langobardenreich (ab 568). Erfolgreich war unter diesen Nachfolgestaaten auf Dauer nur das Frankenreich. Dafür gibt es sicher viele Gründe. So war dieses Reich zu peripher gelegen, um von den oströmischen Kaisern angegriffen zu werden. Im Unterschied zu anderen germanischen Herrschern hatte sich weiter der Frankenkönig dazu durchgerungen, die Religion der römischen

Bevölkerungsmehrheit auf seinem Territorium zu übernehmen. Und schließlich verlor das Frankenreich nicht den Kontakt zur kriegerischen germanischen Welt und eignete sich dann auch große rechtsrheinische Gebiete an. Auf diese Weise konnte das Frankenreich schließlich zur Doppelkeimzelle der mittelalterlichen Nationen der Deutschen und Frankreich werden.

Quellen

Altes Germanien 1–2; Germanen in der Völkerwanderungszeit.

Literatur

Ausst.- Kat. Haltern am See u.a. 2009; Bleckmann 2009; Drinkwater 2007; Geschwinde/Lönne 2009; Johne 2006; Künzl 1993; Lehmann 2011; Pohl 2000; Tausend 2009; Timpe 1995; Timpe 2006; Wolters 2011.

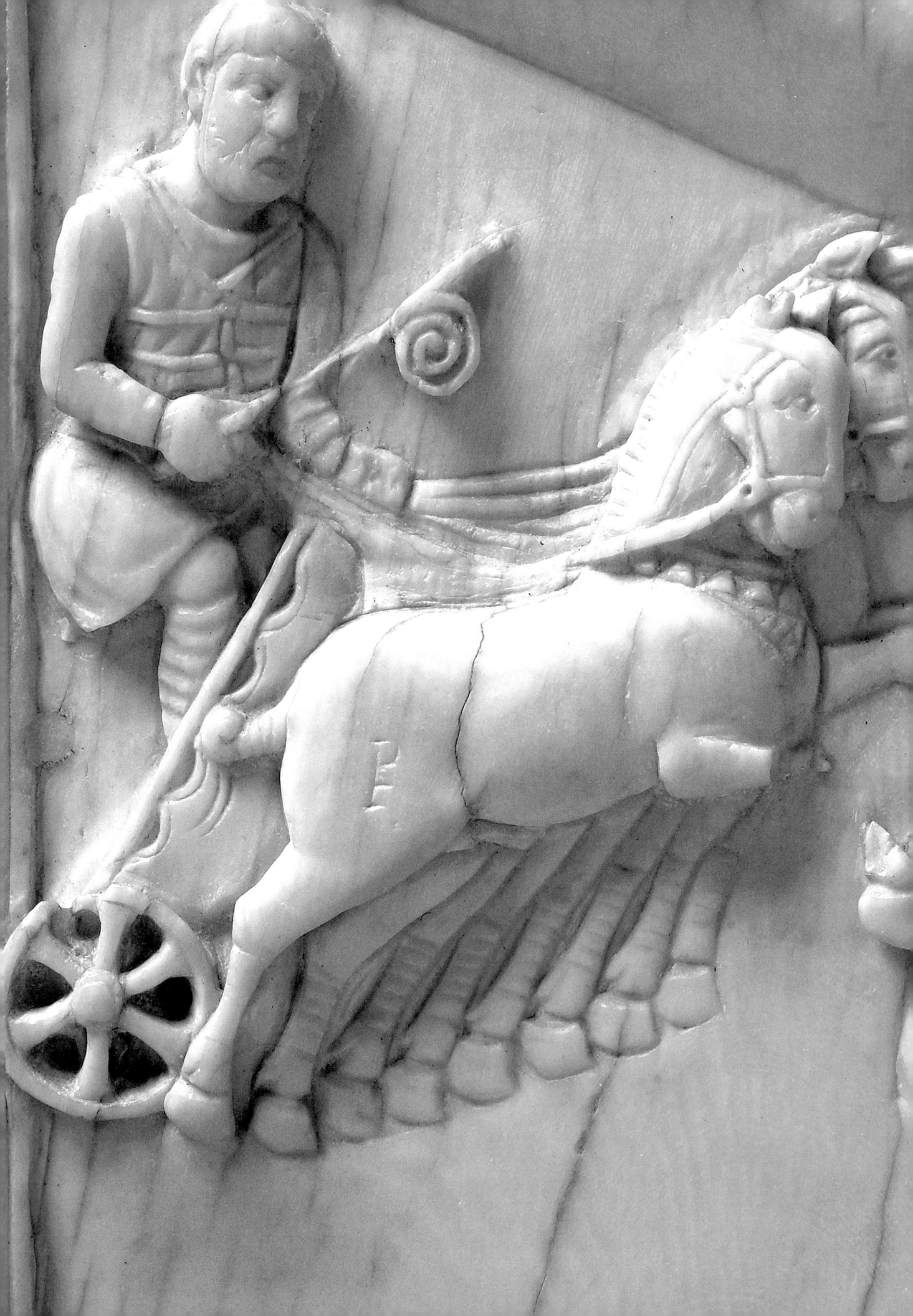

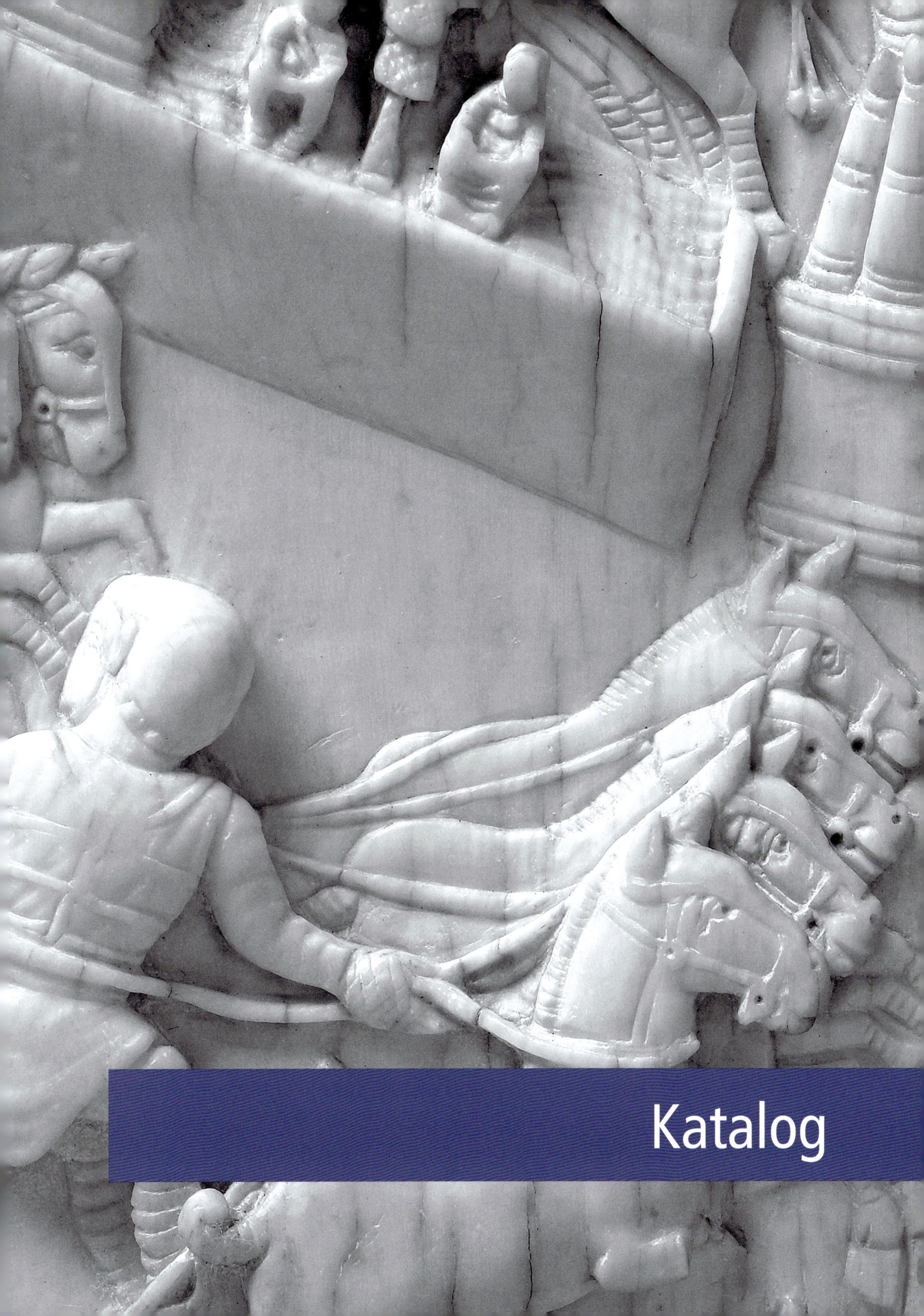

Katalog

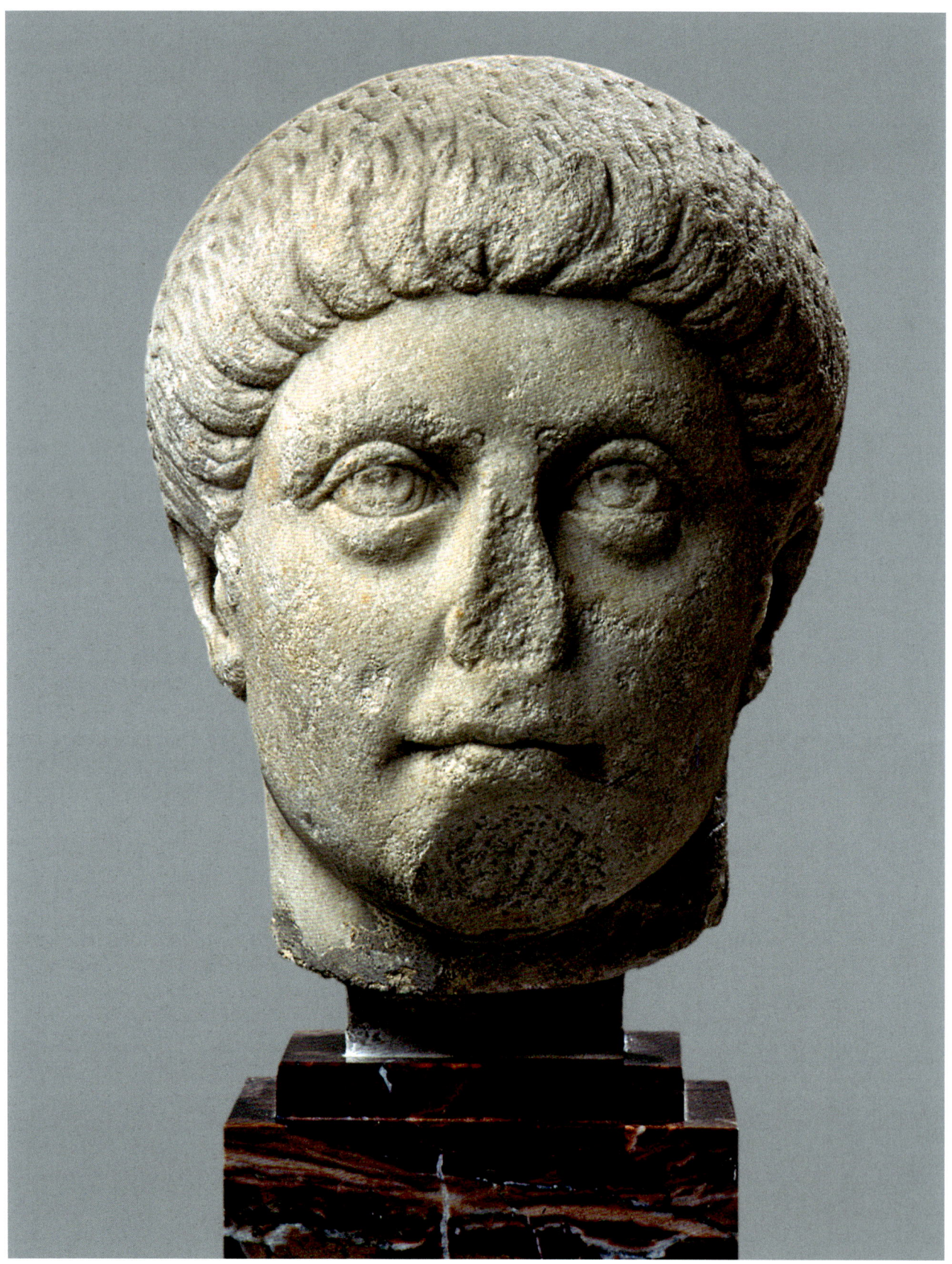

II.1

Porträtkopf Konstantins des Großen oder einer seiner Söhne

um 320–340
Rom (?)
Weißer, lunensischer Marmor. Kopf ist am Hals gebrochen, Bruchfläche modern geglättet und verspachtelt, die Oberfläche weitgehend verwittert, leichte Bestoßungen auf den Wangen, im Stirnhaar und an den Brauen. Auf der Kalotte ist ein Stück Marmor herausgebrochen, die Frisur ist am Hinterkopf nicht ausgearbeitet. H 26,9 cm
Eichenzell, Museum Schloss Fasanerie, FAS.ARP 54

Der leicht nach links gewendete Kopf wurde zuerst von Helga von Heintze als Bildnis Konstantins (306–337) benannt. Dessen gesichertes Porträt erscheint auf dem in die Jahre 312 bis 315 datierten Ehrenbogen in Rom anlässlich seines Sieges über den Usurpator Maxentius (306–312). Er trägt eine strähnige Frisur mit Zangen- und Gabelmotiven. An der Stirn formieren sich zwei Lockenreihen, an den Schläfen wölben sich volutenartig Strähnen hervor. Beachtenswert ist ferner die Physiognomie mit den ausgeprägten Wangenknochen und der schmale Mund mit korrespondierenden Fältchen. Der Typus vom Konstantinsbogen wiederholt sich am marmornen Kolossalbildnis (ursprünglich Hadrian) im Hof des Konservatorenpalastes sowie bei besseren Repliken in Grottaferrata und Madrid. Das Bildnis in Eichenzell indes wiederholt zwar die Physiognomie des Kaisers und zitiert dessen Frisur, durch den Verzicht auf die zweite Lockenreihe über der Stirn und auf die charakteristischen Schläfenlocken sowie aufgrund der jugendlicheren Erscheinung handelt es sich vielleicht um ein Bildnis eines seiner Söhne (Crispus und Constantius II.), die bereits seit 317 als Thronfolger positioniert wurden. Der Kopf ist allerdings – wie fast alle anderen konstantinischen Kaiserporträts – Ergebnis einer Umarbeitung. Die völlig schief stehenden Ohren, die abgemeißelte, aber noch sichtbare ältere Haarkontur im Nacken sowie der zu breite Hals sind dafür wichtige Indizien. Die leicht verunklärten Züge könnten demnach auch der Gestalt und den Proportionen des Vorgängerporträts geschuldet sein.

Die Erhebung Konstantins durch die Truppen seines verstorbenen Vaters und Augustus Constantius im Jahre 306 in York (Eburacum) war einschneidend. Denn die Ausrufung zum Kaiser war im Rahmen des tetrarchischen Regierungssystems für den leiblichen Sohn eines Herrschers illegitim, und Konstantin verdeutlichte sehr früh, spätestens jedoch nach seinem Sieg über Maxentius an der Milvischen Brücke 312, dass er fortan eine eigene Agenda verfolgte. Die Ablehnung des tetrarchischen Systems spiegelt sich auch in seinem Bildnis wider, dessen Entwicklung mithilfe der Münzen ab 306/307

verfolgt werden kann. Der jugendliche Kaiser fügte sich zwar auf seinem ersten Porträt mit Stoppelbart und kurz geschorenen Haaren in die bekannte Leistungsikonographie der Tetrarchen ein, jedoch lässt sich seit 310/311 ein Wandel beobachten. Das immer noch jugendliche Bildnis wird einer Revision unterzogen. Der Dreitagebart verschwindet, das Haupthaar wird länger, die Größe der Augen wird gesteigert. In der im Vergleich zu den stets angestrengt wirkenden Tetrarchen unbewegten Stilisierung zeigt sich ein programmatischer Bruch mit der Tetrarchie, der sich auch in anderen Bereichen äußerte. Während die Tetrarchen insbesondere Jupiter und Herkules als Schutzgötter verehrten, berief sich Konstantin auf den Sonnengott Sol. Ferner erklärte sich Konstantin zum Enkel und legitimen Erben des Kaisers Claudius II. Gothicus (268–270). Diese divergierenden Legitimationsstrategien folgten strukturell einer Tradition des 3. Jahrhunderts. In den schnell aufeinanderfolgenden Kaiserwechseln suchten neue Herrscher zudem ihre Legitimation durch ein eigenes, meist vom ungeliebten Vorgänger sich unterscheidendes Bildnis zu untermauern. Dabei griff man mitunter auf Ikonographien der Vergangenheit zurück. Das Konstantinsporträt aber dürfte, trotz einiger ikonographischer Gemeinsamkeiten mit dem Bildnis des Maxentius auf viele Betrachter fast revolutionär gewirkt haben, denn seit Trajan hatte es keinen bartlosen Herrscher mehr gegeben. Auch die Strähnenfrisur mit der eigentümlichen Zange über der Nasenwurzel erinnert an Trajan und Augustus. Das im Gegensatz zu den angestrengten Porträts der Soldatenkaiser nun alterslose Bildnis dürfte in prospektiver Erwartungshaltung in Erinnerung an die großen Vorbilder zwar partiell retrospektiv gewirkt haben, jedoch erschöpft sich darin die Aussage des Konstantinsporträts nicht. Denn sein Bildnis sollte sich als das für die Spätantike prägende kaiserliche Modell erweisen und stand für eine spezifisch neue, monarchische Qualität. Die hierarchisch herausgehobene und distanzierte Wirkung des Konstantinsporträts verdeutlicht indes bereits der Panegyriker des Jahres 307 (Panegyrici Latini 7,6,4–5): „Denn obwohl sie selbst vorbringen, die Nachahmung gerade herausragender Gestalten sei überaus schwierig, weil Hässlichkeit leicht durch bestimmte, ihr eigene Kennzeichen ausgedrückt werden könne, die Ähnlichkeit in der Schönheit aber ebenso schwierig sei, wie die Schönheit selten ist, hat jener dennoch nicht so viel Mühe gehabt, als er eure göttlichen Züge von eurem Antlitz auf sein Bild übertrug, wie er Freude daraus schöpfte, euch von Angesicht zu Angesicht zu schauen, euch sorgsam zu betrachten und mit Bedacht aus der Fröhlichkeit jenes jugendlichen Alters unbewegte, ernste Gesichtszüge zu bilden, schließlich die verschwiegenen Anzeichen eurer Liebe zu enthüllen, so dass ihr – was euch gegenseitig scheue Zurückhaltung versagte – einander auf dem Bild offen betrachten könntet."

Nachdem bereits die Tetrarchen mit einem Juwelenornat formal offen als Monarchen aufgetreten waren, führte Konstantin als Alleinherrscher 324 das Königsdiadem als kaiserliche Insignie ein. Das Kaiserbild war durch das neue, weitgehend alterslose und distanzierte Image zu einer Verkörperung einer Institution geworden, und noch weniger als zuvor als naturgetreue Wiedergabe einer Person zu verstehen. Das Bildnis Konstantins erfüllte zusätzlich eine dynastische Funktion, wie dies bereits ein Blick in die Porträts der Kaisermutter Helena gezeigt hat (vgl. Kat.-Nr. II.12). Auch die Privatporträts jener Zeit spiegeln diese Veränderung der Bedeutung des Kaiserporträts wider: fortan gibt es keine Angleichung mehr an das Kaiserbildnis, die Privatporträts operieren nun mit einer Fülle neuer Stilisierungsmöglichkeiten und zeigen sich durchweg ‚realistischer'.

Martin Kovacs

Quellen
Panegyrici Latini.

Literatur
Ausst.-Kat. Trier 2007, CD-ROM, Nr. I.8.4 (Kathrin Schade); Bergmann 1977, S. 144, Anm. 571; Calza 1972, S. 224, Nr. 136, Taf. 76, Abb. 265–267; von Heintze 1968, S. 81–82 u. 109, Taf. 90, 91 u. 137; Johanning 2003, S. 22 u. 145; L'Orange/Unger/Wegner 1984, S. 118, Taf. 49 a+b. Grundlegend zum Bildnis Konstantins: Bergmann 1990; Fittschen/Zanker 1994, S. 147–152. Zu den Münzbildnissen Konstantins: Radnoti-Alföldi 1963; Romeo 1999. Zum Bildnis Konstantins in Grottaferrata: Romeo 2008, S. 64–67, Nr. 41. Zum Bildnis Konstantins in Madrid: Ausst.-Kat. Dresden/Madrid 2009, S. 337–339, Nr. 65 (Stephan Schröder). Zur Bedeutung des Konstantinsporträts: Smith 1997. Zur Programmatik wechselnder Stilisierungen im 3. Jh.: Bergmann 1983. Zum Porträt des Maxentius: Evers 1992; Ausst.-Kat. Dresden/Madrid 2009, Nr. 66 (Friederike Sinn).

II.2

Porträtkopf des Maxentius

308–312
Marmor, Oberfläche verwittert, mit leichten
Spuren von Versinterung am unteren Halsrand. H 49,2 cm
Hannover, Museum August Kestner, 1979.1

Der mit knapp 50 cm Höhe überlebensgroße, leicht zu seiner rechten Schulter gewandte Kopf war zum Einsetzen in eine Statue bestimmt. Allein seine Größe spricht für eine Verwendung als Herrscherbild, das mit der Identifizierung als Maxentius-Porträt gesichert ist.

Abgesehen von leichteren Bestoßungen der Oberfläche und dem Fehlen von Nase und Ohren ist das Bildnis komplett erhalten. Durch die Manipulation der Oberfläche ist nur eine bedingt gesicherte Aussage zur Frisur mit der Einschränkung möglich, dass das kurze, nur noch kappenartig und unspezifisch gestaltete Haar über der Stirn in einzelnen Locken und Zangen zu fassen ist. Der sicher vorhandene, aber verriebene und verwitterte Bart umrahmte Wangen und Kinn. Auffällig sind die großen stark umrandeten Augen, die ausgeprägten Wangenknochen und das markante Kinn. Im Gegensatz zu den anderen gesicherten Maxentius-Porträts zeichnet sich der Hannoversche Kopf dadurch aus, dass er als einziger überhaupt einen erhaltenen Hinterkopf besitzt.

Die Identifizierung des rundplastischen Porträts des Maxentius (306–312) und die Kenntnis einer Replikenreihe erfolgte in der Porträtforschung erst spät durch die Studien H. P. L'Oranges (1933). Dieser erkannte als erster in drei spätantiken Porträts des frühen 4. Jahrhunderts (Skulpturensammlung Dresden, 406; Nationalmuseum Stockholm SK 106; Rom Museo Torlonia, Nr. 600) die Bildnisse des Konstantin-Widersachers. Auch das Bildnis in Hannover reiht sich als weiteres Beispiel hier ein, wobei aufgrund stilistischer Argumente dieses selbst als Replik des Dresdner Kopfes zu gelten hat, was erst in den frühen 1990er Jahren erkannt wurde. Der Grund der späten Identifizierung ist in der desolaten Überlieferungslage für ein solches Porträt zu suchen. Dabei sind die Hauptgründe, die eine geringe quantitative Überlieferung maßgeblich beeinflusst haben, Maxentius kurze Regierungszeit von nur sechs Jahren und die nach seiner Niederlage in der Schlacht an der Milvischen Brücke erfolgte *damnatio memoriae*.

Das Porträt des Maxentius steht beispielhaft für die sich wandelnden Traditionen, die sich auch im politischen Kontext mit dem Ende der Tetrarchie verbinden lassen. Wird Konstantin später mit beinahe klassisch zu beschreibenden Porträtzügen und einer geordneten Frisur an die Bildnisse der frühen Kaiserzeit anknüpfen, so zeigt sich schon in den Bildnissen des Maxentius, die sich vollziehende Wende. Bereits dessen Bildnis greift Aspekte des kaiserzeitlichen Porträts auf. Die Gestaltung der Frisur bedient sich dabei vermutlich bewusst des Vorbildes Trajan, dessen Herrschaft bei römischen Senatoren Inbegriff eines guten römischen Kaisertums war und der die Stadt Rom mit prachtvollen Bauten versehen hatte.

Maxentius hatte mit Konstantin dem Großen Entscheidendes gemein: Beide waren Söhne von Angehörigen der Tetrarchie; Konstantin hatte Constantius zum Vater, Maxentius sogar Maximian, den ersten Weggefährten Diocletians. Beide blieben aber eben als leibliche Söhne von der Thronfolge ausgeschlossen. Beide widersetzten sich diesem Prinzip, beide mit anfänglichen Erfolgen, die den einen zu weltgeschichtlicher

Bedeutung führten, während die Herrschaft des Maxentius eine Episode blieb.

Nachdem die Nachricht von der Ausrufung Konstantins zum Kaiser nach Rom gedrungen war, zögerte Maxentius nicht lange und ließ sich am 28. Oktober 306 zum Kaiser ausrufen. Auf bedeutende militärische Ressourcen konnte er nicht bauen: Er besaß keine erfahrenen Truppen, da diese an den Grenzen standen, er verfügte über kein persönliches militärisches Prestige. Doch eines konnte er monopolisieren: die Stadt Rom. Dort residierte er, die Prätorianer, die ruhmreiche städtische Garnison Roms, folgten seinem Befehl und das Volk von Rom stand hinter ihm. Unterstützung empfing er zeitweise durch seinen Vater, einen alten Kämpen (Soldat), den viele Soldaten verehrten. So konnte Maxentius, im Gegensatz zu Konstantin nie als Angehöriger der tetrarchischen Ordnung anerkannt, zwei Angriffen der übrigen Herrscher trotzen und sogar einen Abfall Afrikas, das Rom mit Getreide versorgte, überstehen. Es überrascht nicht, dass er für seine Selbstdarstellung auf die Stadt Rom setzte, sie an vielen Stellen prunkvoll ausbaute – berühmt ist noch heute die Maxentius-Basilika am Forum Romanum unweit des Kapitols –, Münzen prägte, die etwa die römische Wölfin zeigten und auch in dem Porträt mit Trajan an einen Kaiser erinnerte, der in Rom höchstes Ansehen genoss. Nur konsequent war es, dass er am 28. Oktober 312 – nicht zufällig dem Jahrestag seiner Thronerhebung – als Vertreter römischer Religion gegen Konstantin zog, dessen Sieg sich so leicht als der Triumph des Christengottes deuten ließ.

Anne Viola Siebert und Hartmut Leppin

Literatur
Cullhed 1994; Evers 1992 (mit weiterer Lit.); Leppin/Ziemssen 2007; L'Orange 1933.

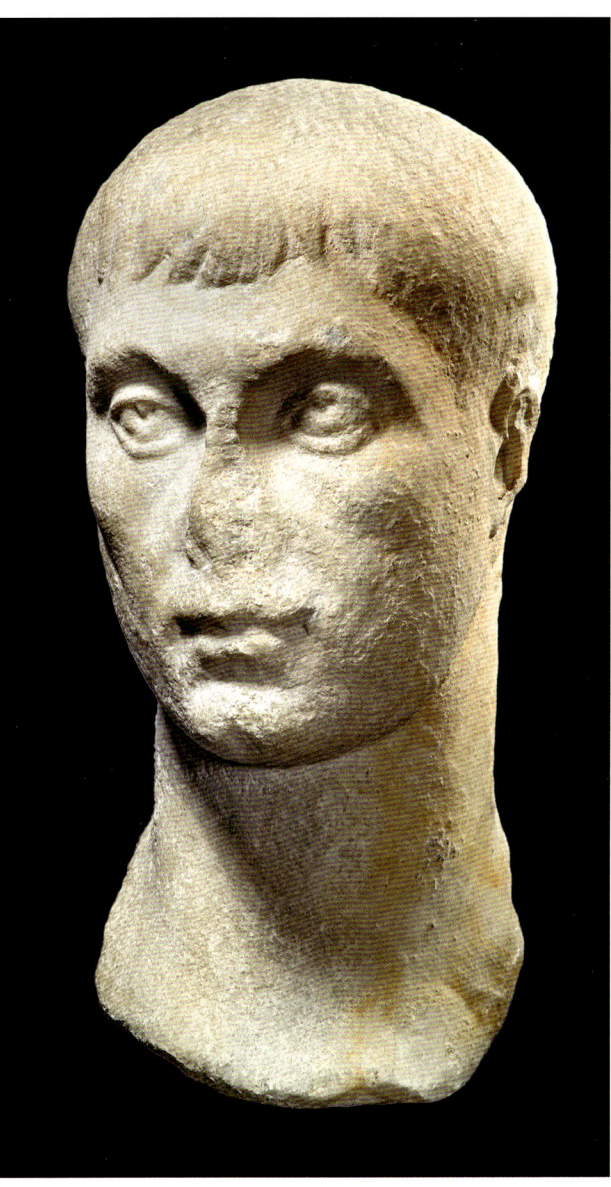

II.2

Die kaiserlichen Insignien vom Palatin

Diese Insignien wurden 2005 in einem Areal des Archäologischen Parks des Forum Romanum während einer Ausgrabung am nordöstlichen Hang des Palatins in Rom gefunden, die mit Genehmigung des Ministeriums für Kulturgüter und kulturelle Tätigkeiten (Ministero per i Beni e le Attività Culturali) unter Leitung der Autorin dieses Beitrages vom Fachbereich für Altertumswissenschaft der Universität „La Sapienza" in Rom durchgeführt wurde. Es handelt sich um drei Zepter (Abb. II.3 a) und vier Lanzenspitzen von Paradelanzen (drei mit jeweils sechs Klingen aus Eisen und Oreichalkos, einer messingartigen, goldfarbigen Legierung Kupfer und Zink, und einer mit einfacher Eisenspitze), die zu *Hastae* (Stoßlanzen für den Nahkampf) gehörten, sowie vier Lanzenspitzen von Standartenlanzen, zwei aus Eisen und zwei aus Eisen und Oreichalcos (Abb. II.3 b).

Aufbewahrt in einem Pappelholzkasten und eingeschlagen in Seide (vermutlich dem Stoff der Standarten), wurden die Objekte in einer in den Fußboden von Souterrainräumen gegrabenen Grube gefunden, die zu den Substruktionen einer Terrasse aus der Zeit des Nero in unmittelbarer Nähe eines Sanktuariums (den mutmaßlichen Curiae veteres in ihrem Wiederaufbau aus flavischer Zeit) gehörten. Die Erdschichten, die die Grube bedecken, enthielten Fundmaterial, das sich in den Anfang des 4. Jahrhunderts datieren ließ.

Die Außergewöhnlichkeit des Fundes besteht in der Einzigartigkeit der Objekte. Es gibt zu ihnen keine materialiter existierenden Vergleichsstücke. Jedoch gibt es vergleichbare Darstellungen von Paradewaffen, Standarten und Feldzeichen sowie Zeptern auf kaiserzeitlichen Münzen, Reliefs und Bildern und auf spätantiken Elfenbeindiptychen. Diese Darstellungen haben eine Rekonstruktion der Form und Funktion der fraglichen Gegenstände erlaubt. Die Kostbarkeit der Materialien, in denen sie ausgeführt wurden (der Chalcedon eines der Zepter, der Oreichalkos der Lanzen, die Seide und möglicherweise das Gold der Feldzeichen, der Oreichalkos und das Goldblatt des Zepters mit grüner Sphaira, das vergoldete Glas des Zepters mit zwei Sphairen), die Qualität der Verarbeitung des Metalls und die sorgfältige Ausführung der dekorativen Elemente sowie der Fundort, nämlich der Palatin, Standort der kaiserlichen Residenz, erlauben die Annahme, dass das Ensemble Teil der Insignien eines Kaisers war. Die durch C14-Analysen bestätigte Kontextchronologie und der Umstand, dass die Gegenstände seinerzeit nicht wieder geborgen wurden, lassen vermuten, dass diese Ausstattung Kaiser Maxentius (306–312) gehörten (vgl. Kat.-Nr. II.2), der am 28. Oktober 312 von Konstantin dem Großen an der Milvischen Brücke geschlagen und getötet wurde. Anfang des 4. Jahrhunderts gibt es kein anderes so bedeutendes Ereignis, das rechtfertigen könnte, dass kaiserliche Insignien vergraben und nicht wieder geborgen wurden.

Die Hypothese scheint durch eine Reihe weiterer Umstände bestätigt zu werden (vgl. Beitrag Leppin S. 63 ff): Maxentius, Sohn des Tetrarchen Maximian, ist der letzte Kaiser, der seine Residenz in Rom nahm, und der seine Herrschaft in der Urbs ausübte, nachdem er sich des Throns bemächtigt hatte. Er ist außerdem der letzte Herrscher, der die Legitimation seiner Herrschaft an die Romtradition band, indem er in dem Versuch, die Stadt, die nicht mehr Hauptstadt war, durch Monumentalbauten wiederzubeleben, bei und neben dem Fundort den letzten großen Eingriff in das städtische Zentrum vornahm (Bau der Maxentiusbasilika, des Tempels der Venus und Roma, Wiederherstellung der Meta Sudans und der Basis des Kolosses im Tal des Kolosseums). Er starb in Rom, als er die Stadtmauern verließ, um seinem Feind entgegenzuziehen. Getroffen von den Gegnern und ertrunken im Tiber, wurde er nicht bestattet: sein Kopf wurde auf eine Lanze gesteckt und am 29. Oktober in Rom öffentlich ausgestellt, um die Römer zu überzeugen, dass der „Tyrann" (so seine Bezeichnung auf dem Konstantinsbogen) tatsächlich verstorben war, und danach nach Afrika in die Provinz gebracht, die ihm am treuesten ergeben war. Es ist möglich, dass einer seiner Anhänger nach der Niederlage die Insignien versteckt hat, damit sie nicht in die Hände der Sieger fielen. Auch gab es keine Möglichkeit, sie wiederauszugraben, sei es weil ihr Besitzer nicht mehr am Leben war, sei es weil diejenigen, die Maxentius gedient hatten, die Treue zum verstorbenen Kaiser teuer bezahlten. Die Unterkünfte der Praetorianer und seiner Leibgarde, der *equites singulares*, wurden durch Konstantin zerstört und die Überlebenden der Schlacht an der Milvischen Brücke wurden an den Rhein und an die Donau versetzt.

Clementina Panella (Übersetzung Elena Orsini)

a) Kugel aus Chalcedon

Anfang 4. Jahrhundert
Chalcedon, unbeschädigt. D 8 cm
Rom, Museo Nazionale Romano, 520257

Die Kugel bildete einst die Spitze eines Zepters. Sie wurde aus einem einzigen, vermutlich aus Indien stammenden, Mineralblock hergestellt. Der hellblaue Stein ist von leichten weißen Unreinheiten durchsetzt. Die Kugel weist ein durchgehendes Bohrloch auf. An den Löchern ist die Oberfläche abgeflacht, um die Anbringung eines aufgesteckten Aufsatzes (mit großer Sicherheit eines Jupiter-Adlers aus Gold oder vergoldetem Holz) und unten des Griffes zu ermöglichen. Diese beiden Elemente dürften von einem Stift, der durch das Bohrloch geschoben wurde, mit der Chalcedonkugel zusammengehalten worden sein. Zahlreiche ikonographische Vergleiche erlauben es, die Kugel einem kurzen Zepter mit kegelförmigen Griff (in schriftlichen Quellen *scipio* genannt) zuzuordnen. Diese Insignie war dem Kaiser vorbehalten und „auf Zeit" auch den Konsuln und Magistraten, die den Spielen vorstanden, und erscheint auf Darstellungen der Kaiserzeit in den Händen des Herrschers bei zivilen und religiösen Feierlichkeiten. Die Quellen bestätigen das Alter dieses Zeptertyps und verbinden es mit dem von König Tarquinius Priscus auf dem Kapitol eingeführten Kult des Jupiter Optimus Maximus. Vom Tempel des Kapitols (und in augustäischer Zeit vom Mars Ultor-Tempel) holte der siegreiche Feldherr das Zepter gemeinsam mit dem Triumphalgewand anlässlich der Siegesfeierlichkeiten und brachte es an deren Ende dorthin zurück (ein militärisches Privileg, das nicht über die Dauer der Siegesfeierlichkeiten hinausging). Zu einem unbestimmten Zeitpunkt der frühen Kaiserzeit übernahm der amtierende Konsul den Ornat des Triumphators. Auf diese Weise verschmolzen die Zeichen des Triumphes mit denen der Amtseinführung in das Konsulat. Derselbe Ornat wurde für die Zirkusspiele übernommen. Die Attribute gingen schließlich auch auf die Praetoren in ihrer Funktion als Aufseher aller öffentlicher Spiele über. Aber das Adlerzepter war seit Augustus auch Symbol der kaiserlichen Macht und nicht allein ein triumphales oder konsularisches Attribut und erscheint in den Händen des Herrschers in einer ununterbrochenen Serie bildlicher Darstellungen und in exzessiver Weise auf Münzen (Panella 2011, S. 48–50 u. 88–93.

b) Kelchzepter mit grüner Glaskugel

Anfang 4. Jahrhundert
Oreichalkos (Basis und Scheibe), Eisen (Griff und Blätterkelch), Holz (Griffverschalung), Glas (Kugel); unversehrt, Eisen stark korrodiert. H 24 cm, D (Kugel) 7,6 cm
Rom, Museo Nazionale Romano, 520258–9

Das Zepter setzt sich aus einer glockenförmigen Basis aus Oreichalkos, einem Griff aus Eisen und Holz und einer Bekrönung zusammen, die aus einer Scheibe aus Oreichalkos und einem Kelch aus acht Blättern besteht, die eine Kugel aus grünem Glas umschließen. Ein schmiedeeiserner Stift in Form eines in die Länge gezogenen und umgedrehten Pyramidenstumpfes verbindet den Kelch mit der glockenförmigen Basis und bildet den festen inneren Kern des Griffes, der mit gedrechseltem Pappelholz verkleidet und mit kleinen Intarsien aus Eichenholz und Goldblatt geschmückt war. Von dem Holz hat sich beinahe nichts erhalten. Die Kugel wurde geformt, indem man die flüssige Glasmasse an einem Metallstab über eine Fläche rollte. An einer Stelle ist die Oberfläche abgeflacht, wahrscheinlich an der Ansatzfläche der metallenen Zepterteile. Die Teile aus Oreichalkos (Basis und Scheibe) wurden in einem Wachsausschmelzverfahren mit anschließender Kaltpolitur gefertigt. Die Blätter des Kelches sind aus Eisen geschmiedet.

Das Zepter wurde in sieben Lagen Seide spiralförmig eingeschlagen, von denen Reste noch auf den Blättern des Kelches und dem glockenförmigen Teil zu sehen sind. Sie stammen vermutlich von den Standarten, die von den beiden Paaren von Lanzenspitzen mit kleinen Flügeln (s. u.) gehalten wurden, wie wir annehmen. Ein Faserfragment, das sich am oberen Ende der glockenförmigen Basis erhalten hat, weist Spuren von Goldblatt auf, das vermutlich von der Verzierung des Stoffes stammt (Panella 2011, Nr. 1)

Es gibt keine Vergleichsbeispiele für dieses Objekt, es sei denn eine allgemeine Ähnlichkeit zu den beiden Enden der Griffe am sogenannten Proiecta-Kasten aus dem Esquilin-Schatz aus der zweiten Hälfte des vierten Jahrhunderts (Ausst.-Kat. Rom 2000, S. 140–146 u. 500, Nr. 122–123).

c) Zwei Kugeln aus vergoldetem Glas

Anfang 4. Jahrhundert
gelbes Glas mit grünlichen Nuancierungen, leichte Abriebspuren auf der Oberfläche. D 7,5 cm
Rom, Museo Nazionale Romano, 520260 und 520261

Die beiden in Farbe und Größe identischen Kugeln sind als die beiden Endstücke eines Zepters interpretiert worden, dessen Stil aus gedrechseltem Holz bestand (Panella 2011, Nr. 3–4).

Wie die Kugel des Kelchzepters (b) wurden auch diese Kugeln durch Rollen der flüssigen Glasmasse auf einer Fläche geformt. Das Zepter mit zwei Kugeln, das in der Ikonographie in kurzer und in langer Version bekannt ist, erscheint in den Bildzeugnissen und auf den Münzen gehalten vom Kaiser oder der Kaiserin, jedoch nie in den Händen der Konsuln und scheint ein Attribut vorrangig zivilen Charakters gewesen zu sein. So hält Kaiserin Amalsunta oder Kaiserin Ariadne auf der Tafel des gleichnamigen Elfenbeindiptychons im Bargello in Florenz ein vergleichbares Zepter in Händen (um 500; Delbrueck 1929, S. 201–205, Nr. 51; weitere Vergleiche: Panella 2011, S. 51–53, 94–110).

d–e) Zwei Spitzen von Paradelanzen mit je sechs Klingen

Anfang 4. Jahrhundert
Eisen und Oreichalkos, eiserne Teile stark korrodiert.
L 46,8 cm, 44,2 cm und 15,3 cm
Rom, Museo Nazionale Romano, 520263 und 520262

Die Schäfte der beiden unversehrten Lanzenspitzen öffnen sich zu einer Blüte mit sechs Blättern. Die daraus hervorgehende Spitze besteht aus sechs Klingen. Der Schaft der einen Spitze (Nr. 520263) ist aus Oreichalkos, die Klingen sind alternierend aus Oreichalkos und Eisen gefertigt. Bei der anderen (Nr. 520262) sind hingegen die Segmente des Schaftes abwechselnd aus Oreichalkos und Eisen, während die Klingen alle aus Eisen sind. Die Schäfte haben außen die Form eines Pyramidenstumpfes und innen eine konische Form zur Aufnahme der hölzernen Lanzenstange. Die Blätter der Bekrönung sind innen und außen gerippt. Die Eisenteile sind geschmiedet, die Teile aus Oreichalkos wurden in einem Wachsausschmelzverfahren mit anschließender Kaltpolitur gefertigt (Panella 2011, Nr. 5–7).

Die Klingen waren wohl mit einer Schutzhülle aus Pappelholz versehen, die vermutlich mit Leder überzogen war. Sie waren überdies in mehrere Lagen Seide eingeschlagen, von denen Reste erhalten und sichtbar sind, auch wenn sie durch den Kontakt mit dem Metall mineralisiert wurden.

Von einem weiteren, dritten Exemplar (Nr. 526550, o. Abb.) ist allein die Spitze der sechs Klingen aus Eisen erhalten. Vielleicht handelt es sich um das andere Ende der Lanze e (Nr. 520262) mit sechs Klingen aus Eisen. In diesem Fall würde es sich um eine in der Kaiserikonographie gut belegten Lanze mit zwei Spitzen handeln (z.B. Darstellung Trajan auf der Trajanssäule, Szene 17; Cichorius 1896–1900, Abb. 21).

Die Tatsache, dass die Schäfte keine Löcher zur Befestigung auf der Lanzenstange aufweisen, zeigt, dass diese nur zu wenigen Gelegenheiten aufgesteckt werden mussten. Auch die geringe Härte der Eisenlegierung zeigt, dass diese, ebenso wie die nachfolgende Lanzenspitze, nicht für den offensiven Gebrauch bestimmt waren, so dass eine zeremonielle Funktion anzunehmen ist. Wenngleich es sich bei der Hasta um eine Waffe handelt, diente sie als altes Symbol des Kriegsgottes (Mars oder Quirin) in der Tradition und Jurisdiktion Roms als religiöses und herrscherliches Attribut. Sie wurde manchmal tatsächlich als Zepter verwendet und ist allgemein präsent in Darstellungen von Zeremonien (*adventus, profectio, adlocutio*), die mit öffentlichen Auftritten des Kaisers verbunden waren (Panella 2011, S. 53–54 u. 110–115).

f) Spitze einer Paradelanze mit einfacher Klinge

Anfang 4. Jahrhundert
Eisen, Spitze zersplittert. L 33,2 cm
Rom, Museo Nazionale Romano, 520264

Die rautenförmige Klinge hat eine halbmondförmige Basis. Der Hohlschaft diente der Aufnahme der Lanzenstange. Das Objekt wurde in einem Stück geschmiedet und anschließend kalt poliert. Es fehlen Befestigungslöcher für die Lanzenstange. Auf der Klinge haben sich Spuren von Pappelholz von der Schutzhülle erhalten, die sie vor Rost schützen sollte. Die Form ist zu unspezifisch, als dass sie gezielte ikonographische Vergleiche erlauben würde (Panella 2011, Nr. 8).

g–j) Vier Spitzen von Standartenlanzen mit kleinen seitlichen Flügeln

Anfang 4. Jahrhundert
g–h: Eisen, L 35,5 cm und 36,5 cm; i–j: Klingen aus Eisen, durch Korrosion von den Schäften getrennt; Schäfte aus Oreichalkos. L 50,2 cm und 53 cm
Rom, Museo Nazionale Romano, 520267, 520268, 520265 und 520266

Die vier Lanzenspitzen gehören bezüglich Form und Material zwei unterschiedlichen Typologien an (Panella 2011, Nr. 9–12). Die ersten zwei (g und h) haben rautenförmige Klingen und Eisenschäfte. Sie wurden als Einzelstücke aus der Luppe geschmiedet und anschließend kalt poliert. Es gibt keinen Hinweis auf Befestigungslöcher für die hölzernen Schäfte. Durch eine Querstrebe an den Seitenflügeln des metallenen Schaftes wurde ursprünglich ein viereckiges Banner befestigt (vgl. Banner im Puschkin Museum, Moskau; Rostovtzeff 1942, Abb. 4; Panella 2011, S. 55–60 u. 116).

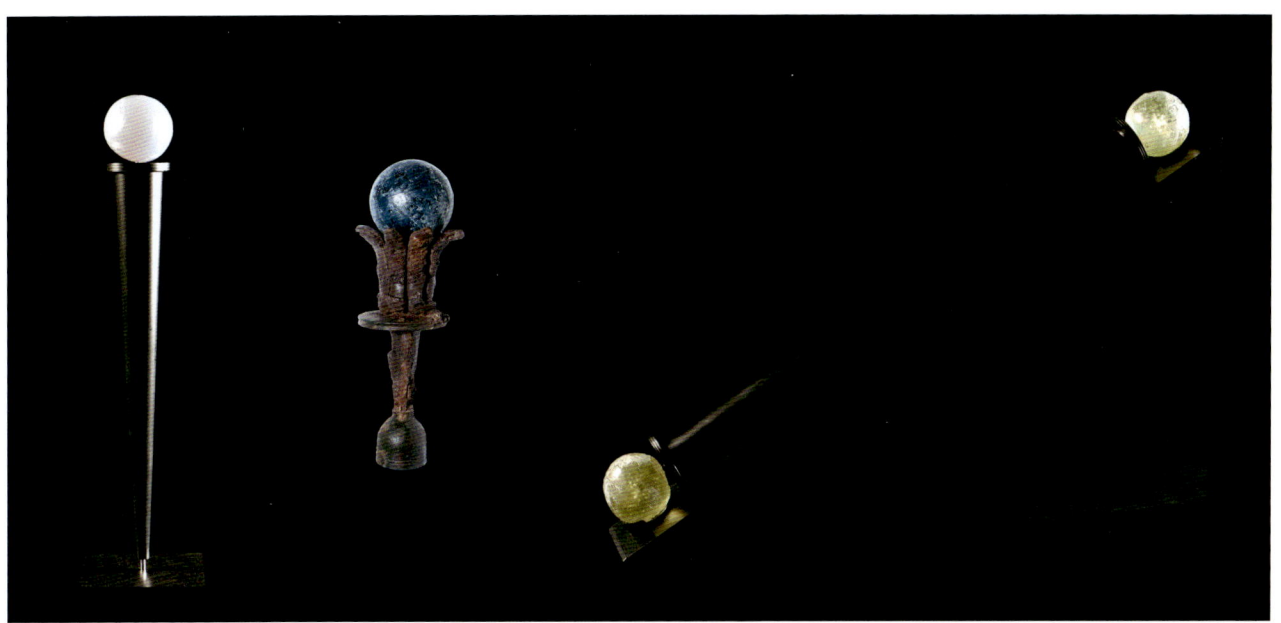

II.3 a

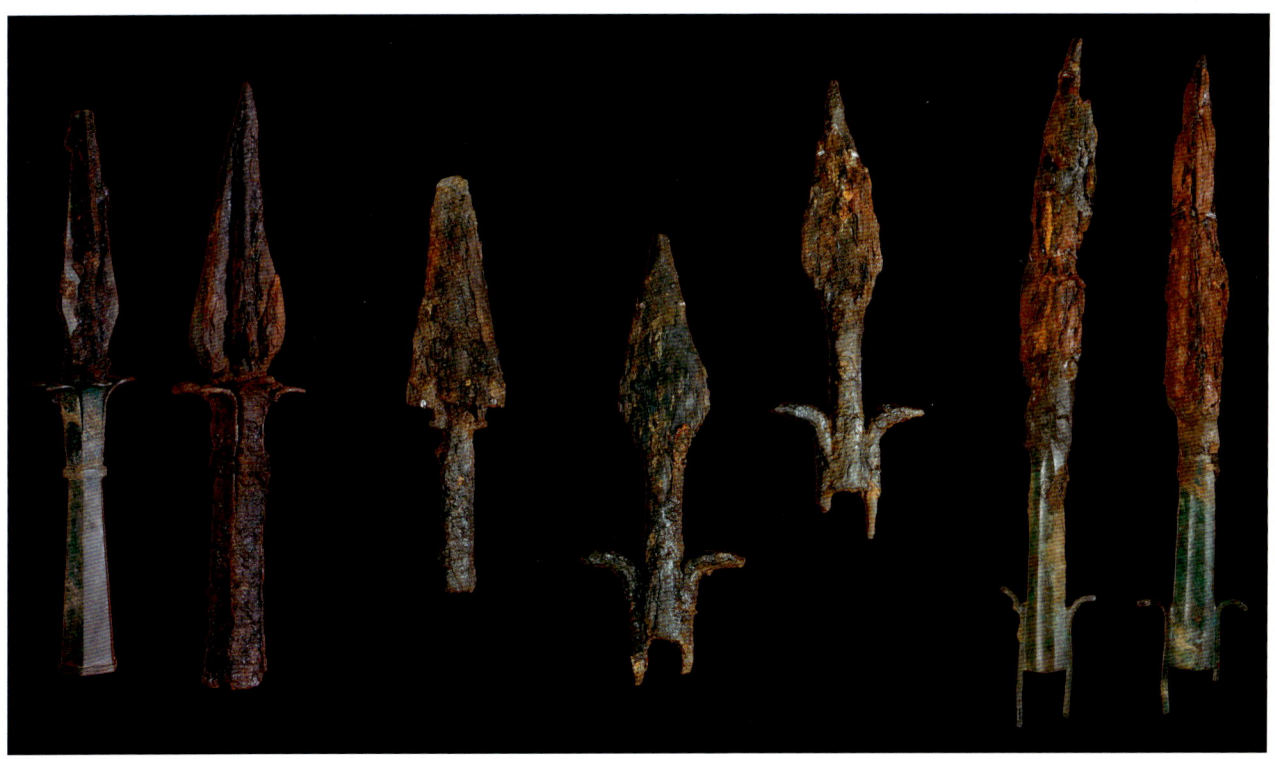

II.3 b

Die vier Lanzenspitzen gehören bezüglich Form und Material zwei unterschiedlichen Typen an (Panella 2011, Nr. 9–12). Das eine Paar (g und h) hat rautenförmige Klingen und Eisenschäfte. Die Spitzen wurden in einem Stück geschmiedet und anschließend kalt poliert. Es gibt auch bei diesen Lanzenspitzen Spuren hölzerner Schutzhüllen. Es fehlen Befestigungslöcher für die hölzernen Lanzenstangen. An den symmetrischen angebrachten kleinen Seitenflügeln der Schäfte konnte mittels einer Querstange ein viereckiges Feldzeichen befestigt werden, wie das im Puschkin Museum in Moskau aufbewahrte.

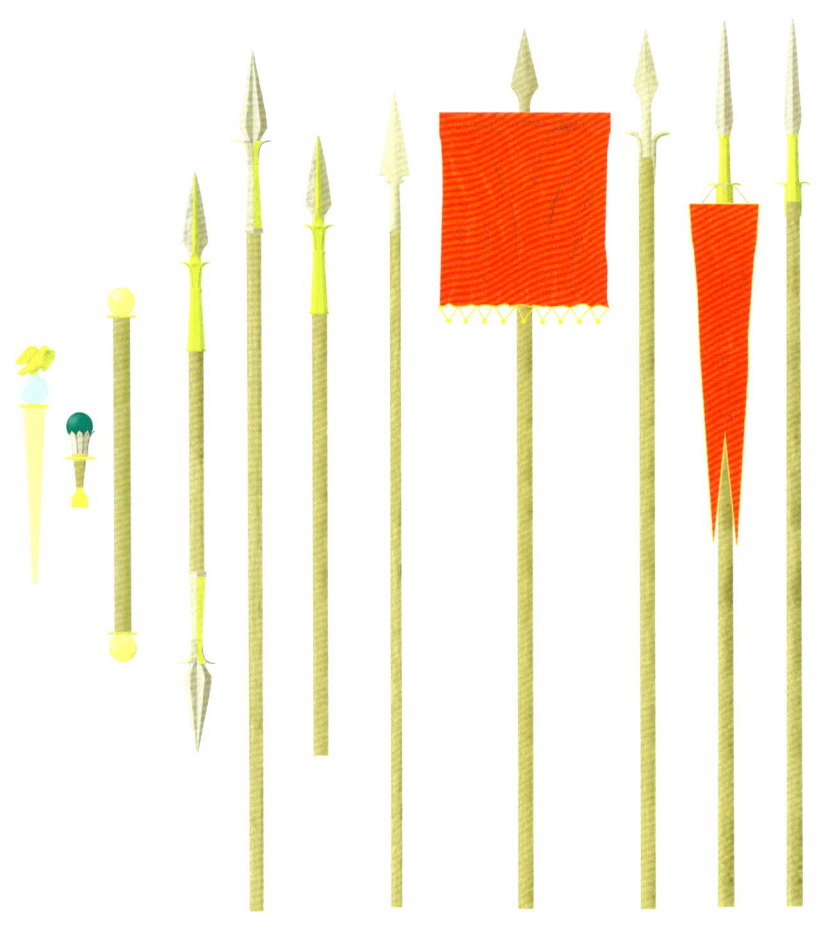

II.3 c

Der zweite Typ, der ebenfalls in zwei Exemplare dokumentiert ist (i und j), zeichnet sich durch Klingen in Form eines Weidenblattes mit viereckigem Querschnitt aus. Sie sind geschmiedet und anschließend kalt poliert. Die Schäfte mit kleinen blattförmigen Seitenflügeln sind aus Oreichalkos und weisen außen einen sechseckigen und innen einen runden Querschnitt auf. Sie sind im Wachsausschmelzverfahren und anschließender Kaltpolitur gefertigt. Es fehlen Löcher zur Befestigung der hölzernen Lanzenstange. Auf den Klingen finden sich bei beiden Stücken Spuren des Pappelholzes der Schutzhüllen. Auf den gut erhaltenen Schäften sind Spuren der Seide sichtbar, in die die gesamte Ausstattung eingeschlagen war. Der Stoff gehörte wohl zu den Standarten, die mittels einer Querstange an den kleinen Flügeln der Schäfte befestigt wurden und möglicherweise eine längliche, dreieckige Form des Typs hatten, der bereits auf einem der Reliefs des Triumphbogen des Septimius Severus auf dem Forum Romanum erscheint (die Flammulae, von denen im 5. Jahrhundert Sidonius Apollinaris spricht; Sidonius, Epistolae XX,3; Brilliant 1965, S. 190, Abb. 66, 68 u. 75 a–b). Die Feldzeichen, die von großer Bedeutung für die

militärische Organisation und Identifizierung der Truppenteile sind, erscheinen auf allen Darstellungen, die den Kaiser in der Schlacht, beim Heer oder mit seiner Leibwache zeigen (Panella 2011, S. 55–60 u. 115–122). Es lässt sich nicht ausschließen, dass es eigene Feldzeichen des Kaisers gab, wie ein Passus von Herodot („ta tes basileias symbola", Herodot, Historien 5,4,9) und das Ensemble der Objekte, die auf dem Palatin vergraben wurde, vermuten lassen.

Clementina Panella (Übersetzung Elena Orsini)

Quellen
Sidonius, Epistolae; Herodot, Historien.

Literatur
Ausst.-Kat. Rom 2000, S. 140–146 u. 500–501 (mit Lit.); Brilliant 1967; Cichorius 1896–1900, Tafelband 1, Taf. 21, Nr. 67; Delbrueck 1929, S. 201–205; Panella 2008; Panella 2011; Panella u.a. 2006; Rostovtzeff 1942.

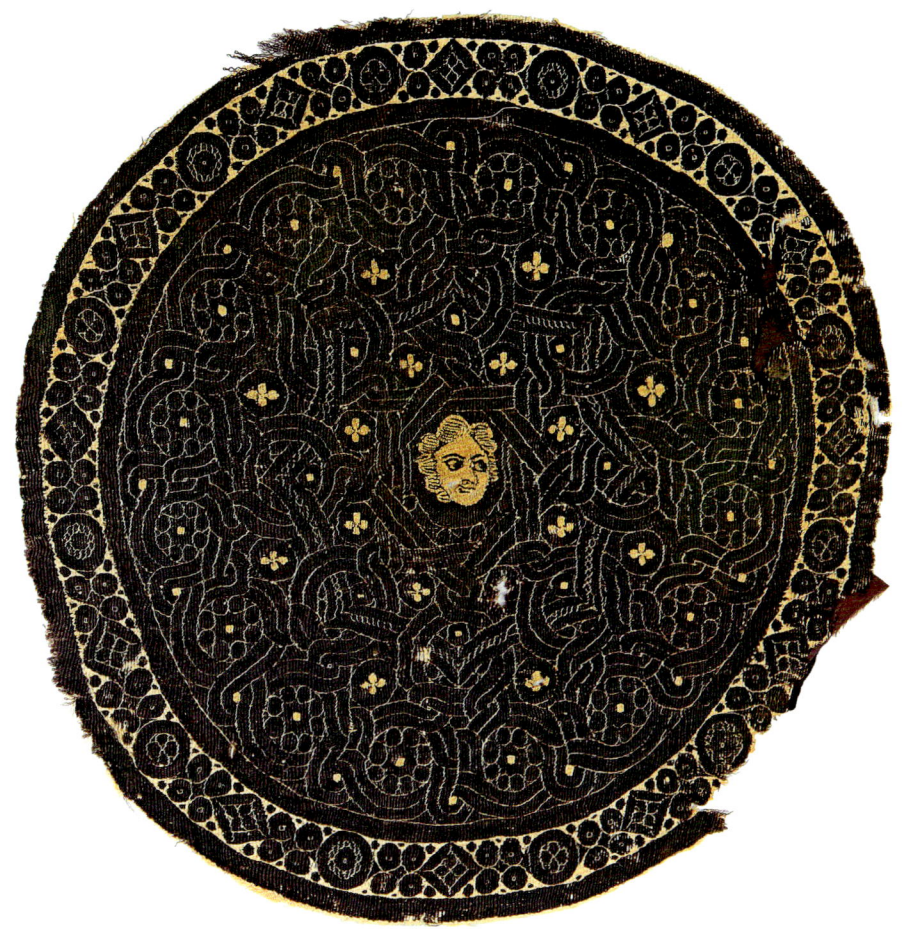

II.4

II.4

Textilmedaillon mit Goldwirkerei

2.–4. Jahrhundert
Woll- und Goldfäden in Leinenkette gewirkt,
stellenweise fliegende Nadel.
Göteborg, Röhsska Museet, RKM 433-1930

Das dunkelviolette Medaillon und sein dichtes, kleinteiliges Muster sind ausschließlich durch Weberei hergestellt. Im Zentrum ist ein weiblicher Kopf in Dreiviertelansicht mit voluminösen Locken dargestellt, den Blick nach rechts gewandt. Ob es sich um ein Privatporträt handelt, um eine mythologische Gestalt oder um eine Personifikation, ist nicht zu entscheiden. Der Kopf wird umgeben von einem dichten Rankenwerk aus ineinander verschlungenen Quadraten, Achteckformen und Flechtbändern, deren Öffnungen mit kleinen Punktmotiven und vierblättrigen Blüten gefüllt sind. Der umlaufende Rand besteht aus gereihten Viergruppen aus Blüten oder Früchten, zwischen die abwechselnd eine Raute und ein Medaillon gestellt sind.

In der Spätantike waren Zierstücke und auch Zierstreifen in der auch beim vorliegenden Medaillon verwendeten Webtechnik der Wirkerei stark verbreitet. Bei der Wirkerei werden verschiedenfarbige Schüsse nur soweit in die Kette eingetragen, wie es das Muster erfordert. Zur Binnenmusterung der Wirkerei wurde in der Spätantike häufig, wie beim vorliegenden Stück, ein beim Weben mitgeführter Faden, die sogenannte 'fliegende Nadel' eingesetzt.

Ungewöhnlich ist das vorliegende Medaillon jedoch durch die Verwendung von Goldfäden, mit denen der Kopf, die in das Rankenwerk eingestellten Punkt- und Blütenmotive sowie der Hintergrund des Randstreifens ausgeführt wurden. Hiermit gehört das Stück zu der seltenen Gruppe von violettfarbenen Zierstücken mit Goldwirkerei. Vertreter dieser Gruppe wurden in verschiedenen Provinzen des ost- und weströmischen Reiches gefunden. Der archäologische Kontext dieser Funde wie auch vereinzelte Radiokarbon-Datierungen weisen diese Goldwirkereien in den Zeitraum vom 1. bis zum 4. Jahrhundert. Wo sie hergestellt wurden, ob in einem bestimmten Zentrum oder an verschiedenen Orten, ist unklar. Sicherlich handelt es sich um Luxusartikel, die nur wenige Privilegierte besaßen. Eine echte Purpurfärbung mit dem Farbstoff aus der Purpurschnecke konnte beim hier vorliegenden Medaillon jedoch nicht festgestellt werden.

Mit Streifen oder Zierstücken in Goldwirkerei wurden sowohl Tuniken wie auch Einrichtungstextilien verziert. Welche Funktion das Textil hatte, zu dem das vorliegende Medaillon gehörte, kann nicht bestimmt werden. Mit Sicherheit wurde das Medaillon auf diesem Textil mit weiteren, in Form und Musterung übereinstimmenden Zierstücken kombiniert, die heute nicht mehr erhalten sind.

Petra Linscheid

Literatur

Erikson 1997, S. 136–143; Schrenk 2004, S. 111; Stauffer 2007, hier S. 72.

II.5

II.5

Amtliche Siegesnachricht (CPR XXIII 24)

Herakleopolis (Ihnasiyat al-Madina), 318 n. Chr.
gefunden in Ägypten, Ihnasiyat al-Madina
Papyrus, oben und rechts abgebrochen.
L 11,3 cm, H 12,4 cm
Wien, Österreichische Nationalbibliothek,
Papyrussammlung, P.Vindob. G 31267

Dieser Papyrus ist der bislang erste dokumentarische Beleg für die aus Rechtstexten (beispielsweise dem *Codex Theodosianus*) bekannten Siegesdepeschen, welche die Reichsbewohner einerseits über einen Sieg des Kaisers und die damit verbundenen Ehrungen – etwa die Ausrufung als siegreicher Feldherr (*victor ac triumphator*) – informierten, andererseits die dafür vorgesehenen Festlichkeiten anordneten. Verfasser solcher Depeschen waren nach den Rechtstexten die Statthalter. Das auffällige Erscheinungsbild des vorliegenden Fragments, der Kanzleistil der Schrift und der breite Freirand sprechen dafür, dass ein solch offizielles Rundschreiben vor uns liegt. Nach dem Fundort, der antiken Metropole Herakleopolis in Mittelägypten, könnte die Urkunde in der Kanzlei des Statthalters (*praees*) der Teilprovinz *Aegyptus Herculia* entstanden sein, in dessen Amtsbereich Herakleopolis lag. Adressaten solcher statthalterlicher Schreiben waren in der Regel die Magistrate der *civitates* – hier Herakleopolis –, die für eine weitere Verbreitung bis in die einzelnen Dörfer zu sorgen hatten. Der Text ist in zwei Abschnitte gegliedert: Zu Beginn steht die unvollständig erhaltene Siegesnachricht, dann folgt nach einer Leerzeile die Konsuldatierung in den Zeilen 7–8, nach welcher der Text in das Jahr 318 zu setzen

ist. Anhand der Datierungsformel lässt sich berechnen, dass der rechts verlorene Teil mindestens ebenso viel Text umfasste wie das erhaltene Fragment. 7 (Hand 3) ὑπατίας τῶν δεσποτ[ῶν ἡμῶν Λικινίου Σεβαστοῦ τὸ ε] 8 καὶ Κρίσπου ἐπ[ιφανεστάτου Καίσαρος τὸ α ...] „Im Konsulat unserer Herren (domini) [Licinius Augustus zum 5. Mal] und Crispus, des überaus noblen (nobilissimus) [Caesar zum 1. Mal ...]". Um 318 herrschten zwei Kaiser (*Augusti*) über das Römische Reich, Konstantin (306–337) im Westen und Licinius (308–324) im Osten, denen ihre Söhne Crispus (317–326) und Constantinus II. (317–340) bzw. Licinius junior (317–324) als Caesares zur Seite standen. Deshalb nennt auch die vorliegende Depesche die Herrscher im Plural. Auf welche militärischen Operationen die Nachricht zu beziehen ist und welche reichsfremde Völkerschaft besiegt wurde, ist nur indirekt aus der Datierung zu erschließen. In Frage käme ein Sieg des Kaisers Licinius über die Sarmaten auf dem Balkan, oder – aufgrund chronologischer Überlegungen wahrscheinlicher – ein Sieg des Crispus über die Franken. Sollte die letzte Vermutung zutreffen, dann wäre die Siegesnachricht zugleich ein Nachweis dafür, dass im Westen des Reiches errungene Siege auch im Herrschaftsbereich des Kaisers im Osten ausgerufen und gefeiert wurden.

Bernhard Palme

Literatur

Mitthof 2002, S. 147–151, Nr. 24, Taf. 14.

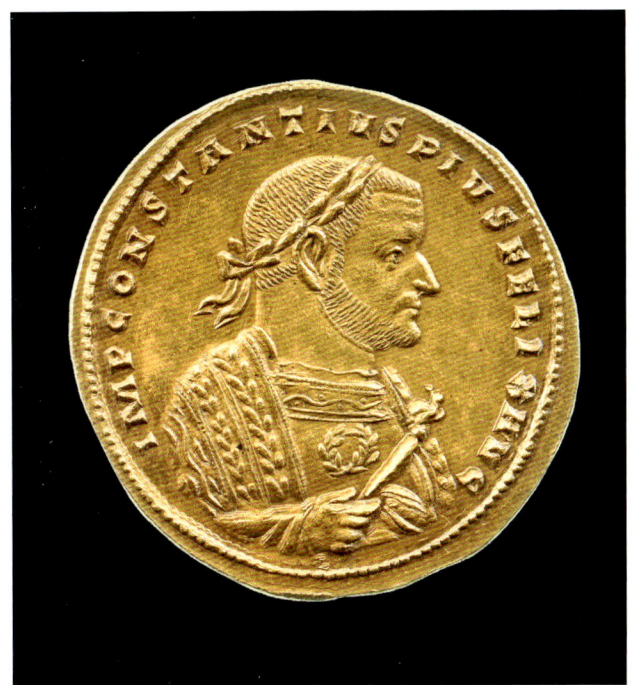
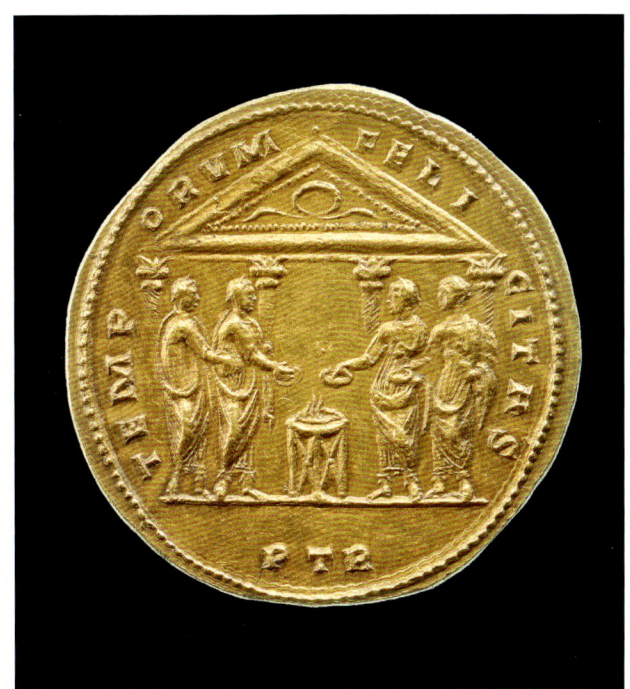

II.6

II.6

Constantius I. als Augustus, Multiplum zu 8 Aurei

Trier, 1.Mai 305; Münzstätte Trier
VS.: IMP CONSTANTIVS PIVS FELIX AVG [Imperator
Constantius Pius Felix Augustus] Büste des bärtigen
Constantius mit Lorbeerkranz, Panzer und Kaisermantel
nach rechts gewandt, in der rechten Hand hält er ein
Adlerzepter.
RS.: TEMP / ORVM / FELI / CITAS / PTR [Temporum Felicitas Münzstätte Trier]. Vier bekränzte Personen in Tunika
und Toga nehmen über einem Feuer auf einem Dreifuss
ein Trankopfer (Libation) vor. Sie stehen vor einem Tempel
mit vier Säulen und einem kranzgeschmückten Giebel in
der Front. Gold. G 42,95 g, D 4,1 cm,
Paris, Bibliothèque nationale de France, Département des
monnaies, médailles et antiques, Collection Carlos de
Beistegui, 230

Die Münze zeigt auf der Vorderseite Marcus Flavius Constantius, genannt Chlorus (*um 250, 293–306). Das Porträt ist
markant und realistisch mit ausgeprägtem Nasenrücken und
vorspringendem Kinn ausgearbeitet.Nachdem Constantius I.
bei Einführung der Tetrarchie 293 vom Augustus Maximian
zum Caesar erhoben wurde, übernahm er nach dessen Rücktritt 305 die volle Regierung. Anlässlich seines Amtsantritts gab
er das Multiplum mit Umschrift als PIVS FELIX AVG(ustus) als
Donativum zur Promotion. Auch seine Darstellung im Herrscherornat mit Feldherrnmantel und kaiserlichen Insignien wie

Adlerzepter und Lorbeerkranz weisen auf die neue Rolle. Mit
dem Regierungswechsel und der Ernennung eines Caesars
sollte weiterhin die Kontinuität und Stabilität des tetrarchischen Systems gewährleistet werden, um auch zukünftig vier
gleichberechtigten Kaisern die erfolgreiche gemeinschaftliche
Herrschaft zu ermöglichen.

Die Rückseite zeigt vier in Toga gekleidete Personen, die,
vor einem Tempel um einen zentralen Dreifuß herum gruppiert, gemeinsam ein Opfer vornehmen. Allegorisch werden
die Grundsätze der Tetrarchie dargestellt: die Concordia, die
Eintracht der Herrscher, und ihre Ähnlichkeit (Similitudo). Die
Hierarchie innerhalb des Kaiserkollegiums wird wohl durch die
Nähe zum zentralen Feuer angedeutet. Die Darstellung des opfernden Kaisers und seine damit verbundene religiöse Überhöhung geht auf die dem antiken Betrachter vertrauten frühkaiserzeitlichen Vorbilder zurück: Symbolisch wird die Pietas des
Kaisers durch den Vollzug seiner kultischen Aufgaben in den
Vordergrund gestellt, der damit das Wohlwollen der Götter zu
erlangen und erhalten suchte. Das in der Umschrift angeführ-
te glückselige Zeitalter TEMP–OVRVM FELIC–ITAS basiert auf
der Annahme, dass das Opfer des Regierenden erfolgreich ist
und seine Bitten Erhörung finden. Ins Bild hineinkomponiert,
illustriert sie emblematisch das Geschehen und spielt auf die
Errungenschaften des vergangenen Jahrzehnts unter der ge-
lungenen kollektiven Leitung des Reiches an.

Constantius präsentiert sich als Hoffnungsträger und verbindet in seinem politischen Bildprogramm die eigene Stärke mit

dem Grundgedanken der Tetrarchie: Statt der dynastischen Thronfolge führen Concordia und Pietas der Regenten zusammen zur Temporum Felicitas.

Bereits einige Monate später, nach seinem überraschenden Tod 306 im britannischen Eburacum (York), riefen die Soldaten seinen Sohn Konstantin zum Augustus aus. Unter Missachtung der tetrarchischen Herrschaftsordnung begründete dieser später seinen Anspruch auf Alleinherrschaft unter anderem mit seiner Abstammung von Constantius I, den er divinisieren und konsekrieren ließ. Dessen sich im Himmel fortsetzende göttliche Existenz galt somit als Garant der Macht des auf Erden waltenden Sohnes.

In seiner Ära wurde das Goldmultiplum, etwa ein Jahrzehnt nach der Prägung in Trier (Rückseite: PTR), als Teil eines beachtlichen Hortes neben zahlreichen weiteren Gold- und Silbergegenständen fernab des Trevererlandes nahe Beaurains bei Arras in Nordfrankreich deponiert.

Maja Bettina Bremen

Literatur

Belloni 1981, S. 213–222; Boschung/Eck 2006; Casey 2000, S. 45–458; Clauss 1999; Kolb 2001; L'Orange/Unger/Wegner 1984; Radnoti-Alföldi 1958, S. 99–140; Radnoti-Alföldi 2001; Sutherland 1967, S. XXIII.

II.7

Buchdeckel des Ada-Evangeliars mit einem Kameo der konstantinischen Familie

Trier, Abtei St. Maximin, geschaffen 1499
Eichenholzträger, Silber gegossen, getrieben, punziert, teilvergoldet, mit Steinbesatz. H 39,4 cm, B 26,6 cm.
Kameo: Dreischichtiger Sardonyx. H 8,5 cm, 10,7 cm.
Trier, Stadtbibliothek/Stadtarchiv, zu Hs 22

Der hier zu sehende Deckel ist nicht der Originaleinband des Ada-Kodex aus der Zeit Karls des Großen (800–814). Dieser wurde im Jahr 1499 durch einen neuen Einband ersetzt, nachdem er offenbar verfallen war. Stifter des neuen Einbandes war der damalige Abt von St. Maximin, Otto von Elten (1483–1502). Er ist in einem Inschriftenfeld als Auftraggeber des kostbaren Einbandes genannt: *Hanc tabulam fieri fecit Abbas Otto de Elten Anno domini MCCCCIXC* („Diese Tafel ließ Abt Otto von Elten im Jahre 1499 anfertigen"). Zudem erscheint die Stifterfigur kniend und betend unter der Figur des Bischofs Maximin im rechten oberen Feld. Rechts vom Bischof ist die Wappentafel des Abtes zu sehen, eine stehende Gans. Man vermutet, dass der neue Einband des Evangeliars aus der Werkstatt des Trierer Goldschmiedes Heinrich Wolff stammt.

Die Grundform des Deckels zeigt ein Kreuz. Es besteht im Zentrum aus den vier Evangelistensymbolen, in der Peripherie aus vier Gestalten, die eine besondere Bedeutung für die Abtei St. Maximin besitzen. Die in anthropomorpher Darstellung gezeigten Evangelistensymbole tragen Banderolen mit ihren Namen in Händen. Oben steht der Adler (Johannes), links der Stier (Lukas), unten der Mensch (Matthäus) und rechts der Löwe (Markus). Im äußeren Feld links oben ist der Apostel Johannes dargestellt, der Patron der Abtei St. Maximin. Rechts neben ihm steht der hl. Maximin, Bischof von Trier in der Zeit 330–347, und Namensgeber der Abtei St. Maximin. Unten links erscheint Bischof Agritius, der 314 als erster historisch verbürgter Bischof von Trier bezeugt ist. Er hält ein Reliquienkästchen in der Hand, der Bischofsstab fehlt. Gemeinsam mit Kaiserin Helena soll Agritius von einer Fahrt ins Heilige Land kostbare Reliquien mit nach Trier gebracht haben, darunter den Heiligen Rock und die Gebeine des Apostels Matthias. Alle drei Bischöfe sind der Überlieferung zufolge in St. Maximin bestattet. Die Abtei St. Maximin betrachtete sich als kaiserliche Gründung und führte ihre Entstehung auf Kaiserin Helena und Bischof Agritius zurück. Der im Mittelalter zeitweise vorhandene Status der freien Reichsabtei griff in seiner Argumentation auch auf den Topos der kaiserlichen Gründung zurück. Das Feld rechts unten belegt Bischof Nicetius (ca. 525–566). Er sorgte für die Wiederherstellung des Trierer Domes nach den Zerstörungen der Völkerwanderung. Im Zentrum des vorderen Buchdeckels befindet sich ein spätrömischer Kameo, ein geschliffener Sardonyx, der vermutlich bereits den ersten Einband der Handschrift schmückte. Zu sehen ist die Familie Kaiser Konstantins des Großen (306–337): links die Mutter Helena (mit Schleier), dann Konstantin (mit Lorbeerkranz), Crispus, Fausta und Constans. Da Konstantin seine Frau Fausta und den Sohn Crispus im Jahre 326 umbringen ließ, muss der Stein aus der Zeit vor diesem Ereignis stammen. Die Familie befindet sich in einem römischen Wagen, der von zwei Adlern zum Himmel empor getragen wird, ein Zeugnis der Apotheose und dynastischen Verherrlichung der konstantinischen Kaiserfamilie. Der Kameo ist schon in den aus dem 17. Jahrhundert stammenden *Origines et annales coenobii sancti Maximini* des Echternacher Jesuiten Alexander Wiltheim abgebildet (StB Trier, Hs 1621/99 4°, S. 669).

Michael Embach

Quellen

Origines et annales Maximini.

Literatur

Ausst.-Kat. Trier 2007, S. 499 f. (Reiner Nolden); Embach 2010; Keuffer 1888, S. 18–25; Weber-Dellacroce 2010; zwierlein-Diehl 2007, S. 202–204, Abb 755.

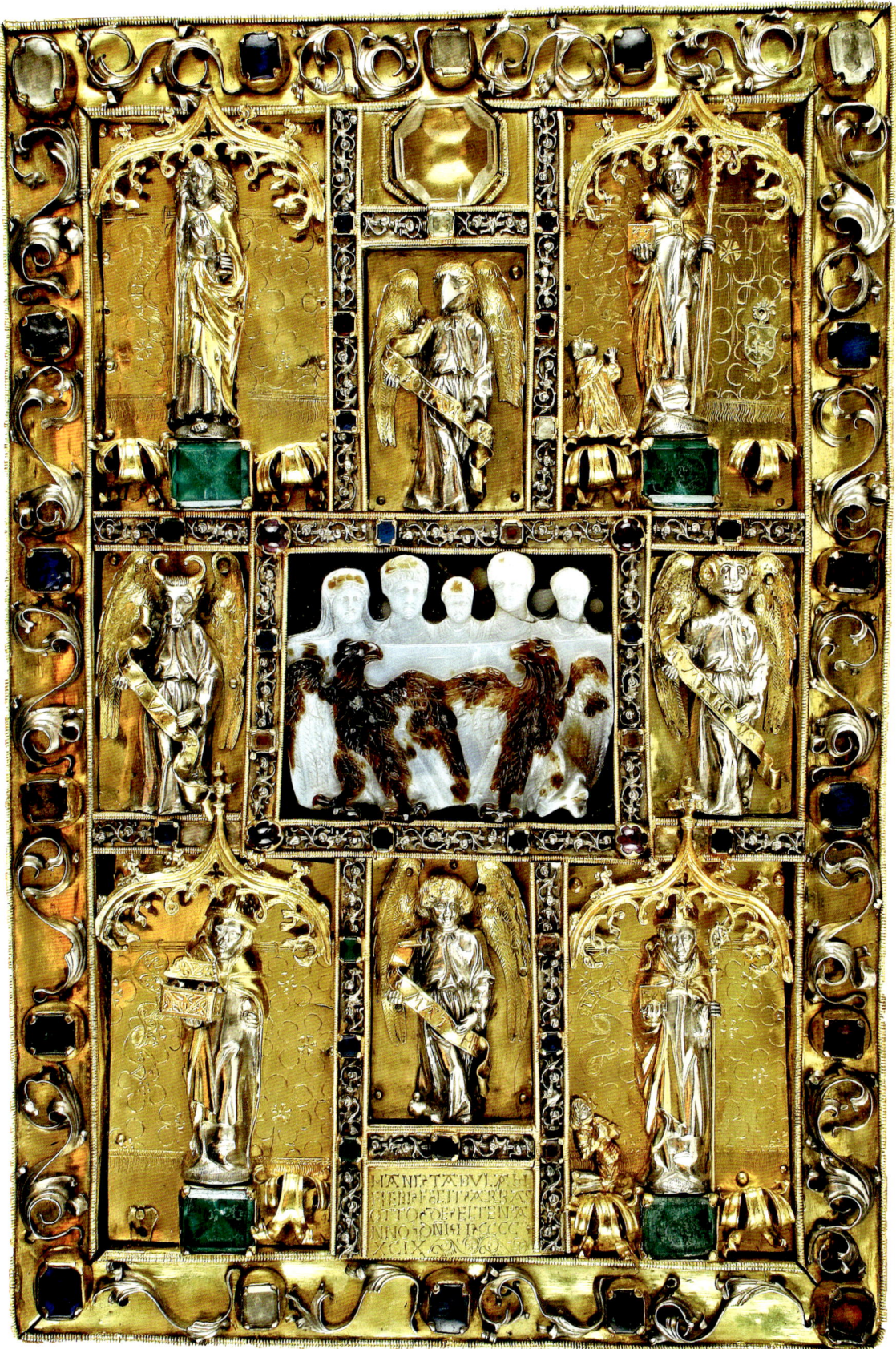

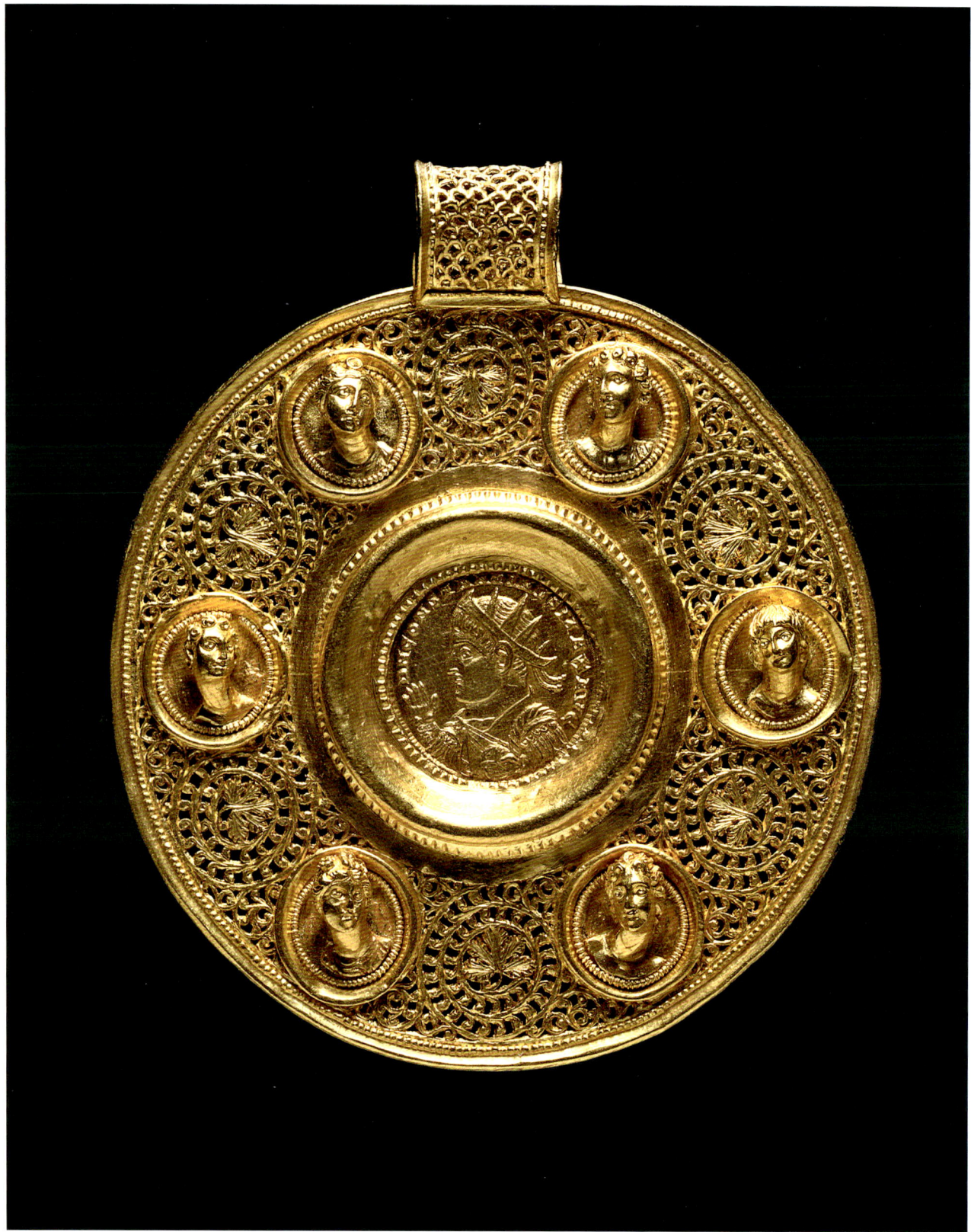

II.8

II.8

Rundgefasstes Goldmedaillon Kaiser Konstantins I.

Östliches Mittelmeer (Konstantinopel?)
Letztes Viertel 4. Jahrhundert n. Chr.
Medaillon aus Sirmium, Januar 324 n. Chr.
Gold. H mit Öse 9,6 cm, D 8,5 cm
Washington D.C., Dumbarton Oaks, Byzantine Collection,
BZ.1970.37

Die große Schmuckscheibe trägt in ihrer Mitte ein Multiplum Kaiser Konstantin I. Das Medaillon stellt eine Festtagsprägung aus Sirmium dar. Anlass war der Beginn des dritten gemeinsamen Konsulates der Kaisersöhne Crispus und Constantinus II. Die Vorderseite zeigt das Büstenporträt Kaiser Konstantins mit Strahlenkrone, Panzer und Paludamentum nach links gewandt. Der große Schmuckrahmen ist in filigraner Durchbruchtechnik, *opus interrasile,* gearbeitet. Darauf befinden sich um das Medaillon angeordnet sechs Tondi mit Miniaturbüsten. An die Schmuckscheibe ist oben eine breite, ebenfalls filigrandurchbrochenen Trageöse angebracht.

Schon seit der Zeit des Augustus gehörten exklusive Geschenke an zivile wie militärische Würdenträger und Amtsinhaber, aber auch an nicht römische Eliten zum System der Machtsicherung, mit dessen Hilfe man sich der Loyalität der Beschenkten versicherte. In der späten Kaiserzeit wurde die Ausgabe von Geschenke zu besonderen Anlässen und Festtagen Teil des kaiserlichen Zeremoniells.

Spätestens seit dem 3. Jahrhundert lässt sich feststellen, dass entsprechende Sonderprägungen zu aufwändigen Schmuckstücken umgearbeitet werden. Auf diese Weise konnte der Träger sowohl seine hervorgehobene gesellschaftliche Stellung, als auch seine Verbundenheit mit dem Kaiserhaus öffentlich demonstrieren.

Ulrike Theisen

II.9

Kaiserbüste aus Chalcedon

4. Jahrhundert n. Chr.
Seit dem 18. Jahrhundert in der Sammlung des
Jesuitenkollegs von Tournon nachweisbar,
1849 für die Bibliothèque nationale erworben.
Chalcedon in neuzeitlicher Fassung aus vergoldeter
Bronze.
H 9,2, cm B 3,5 cm
Paris, Bibliothèque nationale de France, Département
des monnaies, médailles et antiques, C 2946 (Babelon,
Camées 310).

Der Kopf eines mit Lorbeer bekränzten Mannes wurde rundplastisch aus weiß-opakem Chalcedon gearbeitet. Die zugehörige, mit einem Schultermantel drapierte Büste ist hinten abgeschrägt und an ihrem unteren Rand beschädigt; die neuzeitliche Fassung gleicht die Fehlstellen aus und verleiht der Büste einen gleichmäßig gerundeten unteren Abschluss. Auch die Nasenspitze ist bestoßen. Das kostbare Material, die militärische Tracht und der Lorbeerkranz sind Indizien dafür, dass hier ein Kaiser dargestellt ist. Die glatt rasierten, kaum bewegten Gesichtszüge mit den flach in ihren Höhlen liegenden, großen und weit geöffneten Augen sowie die aus kurzen, nur grob eingeritzten Strähnen bestehende Frisur passen am besten zu Konstantin I. (303–337), seinen Mitregenten oder Nachfolgern.

Welcher dieser Kaiser in diesem Bildnis porträtiert werden sollte, ist allerdings kaum näher zu bestimmen. Denn es war in dieser Zeit nicht mehr üblich, Kaiserporträts mit markanten individuellen Zügen zu versehen, und zugleich entstanden sehr viele Kaiserporträts durch Überarbeitung älterer Werke. Auch bei dieser Büste könnte es sich um ein solches umgearbeitetes Porträt handeln. Dafür spricht, dass die Haare sehr eng am Schädel anliegen und sich der Kranz kaum plastisch abhebt, sondern in die Haarschicht eingesenkt ist. Da die Ohren deutlich vom Kopf abstehen, ist zu vermuten, dass hier Material eines älteren Porträts abgearbeitet wurde, um Frisur und Kranz zu modellieren. Durch die Überarbeitung konnte ein kostbares Stück weiterhin als Kaiserbildnis präsentiert werden.

Die Form der Büste zeigt, dass sie nicht frei aufgestellt, sondern an einem Hintergrund befestigt werden sollte. Denkbar ist, dass sie im Zentrum einer Schale oder eines Medaillons aus Edelmetall angebracht war. Silberschalen mit Kaiserbildnissen im Zentrum wurden als kaiserliche Ehrengeschenke an hochgestellte Amtsträger und Militärs vergeben. Medaillons mit Kaiserbüsten zierten die Feldzeichen des römischen Heeres und die Gegenstände, die Magistrate für ihre Amtshandlungen brauchten, z.B. Behälter für Schreibgerät oder Dokumente. Solche Gegenstände aus wertvollen Materialien waren leicht

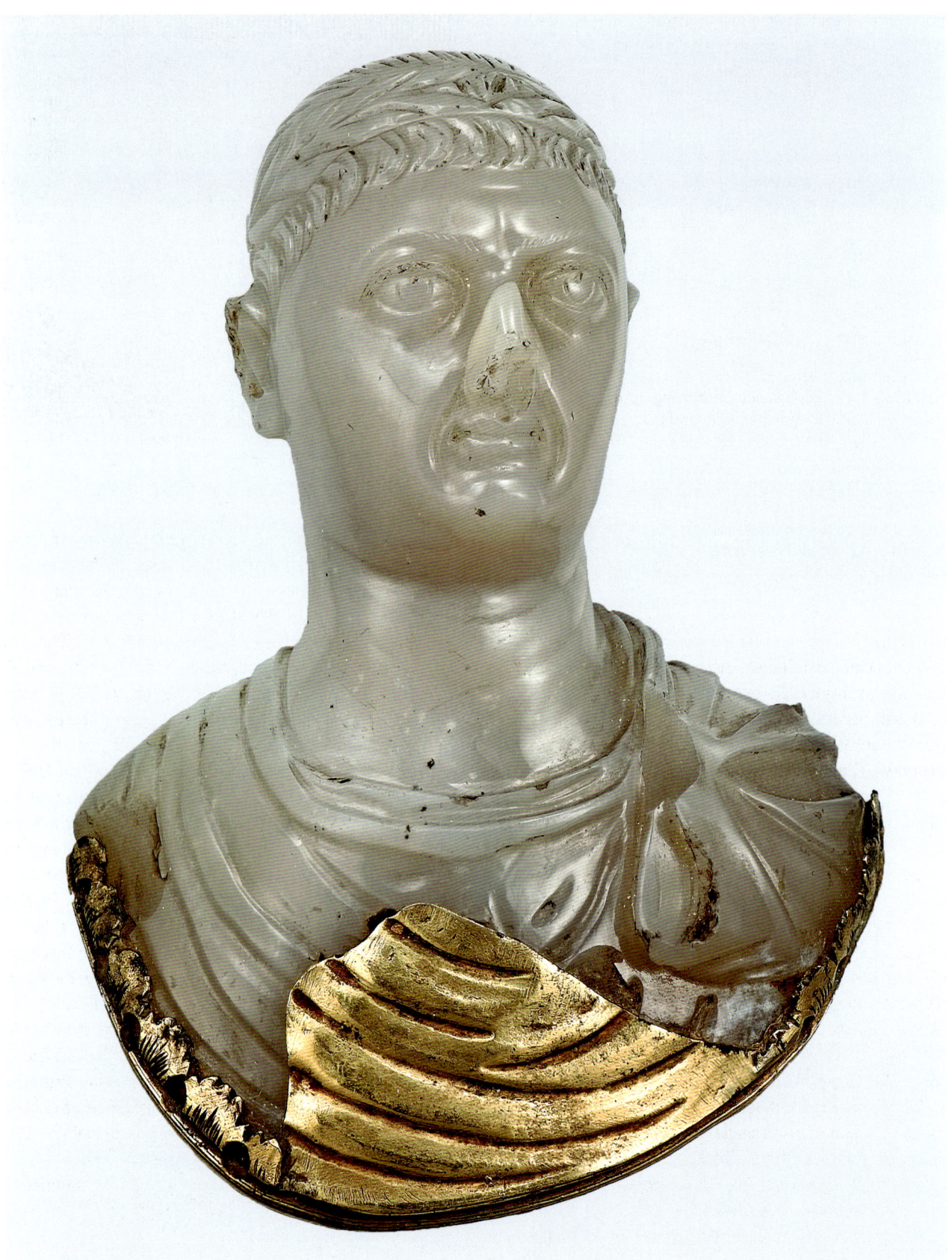

transportabel und begleiteten Amtsträger an wechselnde Einsatzorte, wo das Kaiserporträt als Garant dafür gesehen werden konnte, dass die Handlungen seiner Stellvertreter durch den Kaiser selbst legitimiert waren.

Rita Amedick

Literatur

Vollenweider/Avisseau-Broustet 2003, S. 204–205, Nr. 261.

II.10

Sogenannter Licinius-Kameo

4. Jahrhundert n. Chr.
Seit 1560 in der königlichen Sammlung von Fontainebleau nachweisbar, während der Religionskriege verschollen, 1851 für die Bibliothèque nationale erworben.
Sardonyx mit zwei Schichten in neuzeitlicher Fassung.
H 5,9 cm, B 7,3 cm
Paris, Bibliothèque nationale de France, Département des monnaies, médailles et antiques, D 2566 (Babelon, Camées 385).

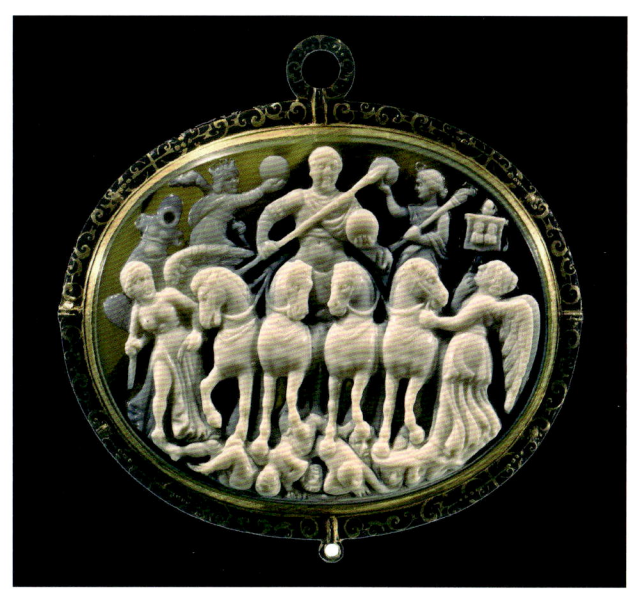

II.10

Der Kameo zeigt ein Gespann von vier Pferden, die frontal auf den Betrachter zukommen. Sie treten mit ihren Hufen gefallene Krieger nieder, die sich vergeblich mit ihren Waffen zu schützen versuchen. Über dem Gespann ragt hinter dem Rand des Wagenkastens zentral die Gestalt eines gepanzerten Imperators auf, der in der rechten Hand eine Lanze, in der linken einen Himmelsglobus hält. Von dieser Seite präsentiert ihm eine weibliche Figur einen weiteren Globus. An ihren Attributen, einer Fackel und einer Mondsichel über der Stirn, ist sie als die Mondgöttin Luna/Selene zu erkennen. Gegenüber steht der Sonnengott Sol/Helios zur Rechten des Imperators, der mit Fackel und Strahlenkrone ausgestattet ist und ebenfalls einen Globus hält. Sonne und Mond, die dem Kaiser huldigen, dazu die dreimalige Darstellung des Globus sind Kennzeichen des Kaisers als *kosmokrator*, also als Weltenherrscher. Dazu gehört die permanente Sieghaftigkeit des Kaisers. So führen geflügelte Siegesgöttinnen, Victorien, die äußeren Gespannpferde am Zügel. Die Siegesgöttin am linken Bildrand schultert zudem ein *tropaeum*, einen mit Beutewaffen behängten Baumstamm, der als Siegesmal an der Stelle aufgerichtet zu werden pflegte, wo sich der Feind zur Flucht wendete. Die rechts stehende Victoria trägt ein *vexillum*, ein Feldzeichen, auf dessen Fahnentuch zwei Kaiserbüsten erscheinen.

Die Figur des in triumphaler Pose präsentierten Kaisers zeigt einige Besonderheiten, die eine Datierung des Kameo in die Spätantike erlauben. Muskelpanzer und Feldherrnmantel, die

während der gesamten römischen Kaiserzeit an Darstellungen von Kaisern vorkommen, werden hier mit einer typisch spätantiken langärmeligen Tunika kombiniert. Wichtiger noch ist das juwelengeschmückte Diadem auf dem Haupt des Kaisers, das erst von Konstantin nach 324/325 n. Chr. in den Kaiserornat eingeführt wurde. Darum trifft die traditionelle Benennung des Kaisers auf dem Kameo als Licinius nicht zu, weil dieser Kaiser, der zunächst Koregent Konstantins war, ihm 324 n. Chr. als Gegner im Bürgerkrieg unterlag. Da im 4. Jahrhundert n. Chr. Kaiserporträts keine individuellen Züge mehr tragen, ist eine Identifizierung des Miniaturporträts auf dem Kameo anhand charakteristischer Gesichtszüge nicht möglich. Beim Versuch, den dargestellten Kaiser zu benennen, sind noch die beiden Kaiserbüsten auf dem *vexillum* zu berücksichtigen. Diese Darstellung passt nur in eine Zeit, in der sich zwei Kaiser die Herrschaft teilten, z. B. die Söhne und Nachfolger Konstantins I. ab 337 n. Chr. Nach der Reichsteilung 395 n. Chr. gab es regelmäßig zwei Kaiser, so dass Jeffrey Spier vorschlug, den Kameo in diese Zeit zu datieren. Doch ist im späten 4. Jahrhundert n. Chr. die Christianisierung schon so weit fortgeschritten, dass eine Darstellung des Kaisers undenkbar scheint, die ihn ganz ohne christliche Symbole, nur von paganen Gottheiten umgeben zeigt. Darum bleibt eine Datierung in die Zeit der konstantinischen Dynastie wahrscheinlich.

Rita Amedick

Literatur

Spier 2007, S. 131–133, Nr. 718; Vollenweider/ Avisseau-Broustet 2003, S. 207–208, Nr. 267.

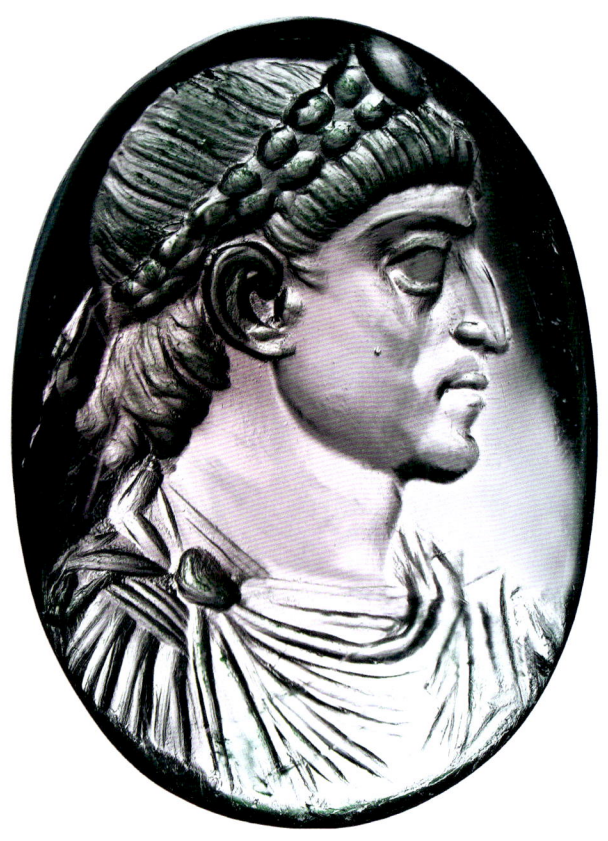

II.11

II.11

Gemme mit Porträt eines Kaisers konstantinischer Zeit

konstantinischer Zeit
Teil einer Gemmensammlung in einem partiell schwarz lackierten Kabinettschränkchen aus Birnholz, das 1742 vom Rat der Stadt Leipzig für die Ratsbibliothek von Hofrat Dr. Jakob Benedikt Winckler erworben und 1952 dem Museum überwiesen wurde.
Durchsichtiger hellvioletter Amethyst.
H 2 cm, B 1,5 cm, T 0,5 cm
Leipzig, GRASSI Museum für Angewandte Kunst, 1952.55/441

Die Gemme mit konvex gewölbter Oberfläche zeigt einen Kaiser aus konstantinischer Zeit im Profil von rechts. Charakteristisch sind die vom Hinterkopf zur Stirn und in den Nacken gekämmten Haare, die in nahezu gleichmäßig verlaufenden Strähnen wiedergegeben sind. Im Nacken ist das Haar lang und leicht gelockt. Auf dem Haupt trägt der Dargestellte ein aus zwei Perlreihen und einem runden Mitteljuwel bestehendes Diadem, das zwei in den Nacken fallende Perlstränge, sogenannte Pendilien, aufweist. Der über dem Panzer getragene

Feldherrnmantel, das Paludamentum, wird von einer Rundfibel auf der rechten Schulter zusammengehalten. Der Porträtierte wird durch markante Gesichtszüge charakterisiert: den scharf konturierten Brauenbogen, die spitze, leicht gebogene Nase und das akzentuierte Kinn. Die verhältnismäßig großen Augen, die als typisch für die Porträts konstantinischer Zeit angesehen werden können, besitzen eine starke Intensität. Zugleich wird hier ein Merkmal spätantiker Porträtkunst, die Entindividualisierung und die Erstarrung ins Formelhafte, erkennbar.

Für repräsentative Gemmen mit Herrscherporträts wurden bevorzugt Edelsteine wie Amethyst und Saphir von herausragender Farbe und Klarheit verwendet, da deren violette Farbigkeit zudem dem kaiserlichen Purpur entsprach. Weltweit sind nur noch zwei vergleichbare Amethyst-Gemmen überliefert, die vermutlich Konstantin I. (306–337) darstellen (London, The British Museum; Berlin, Staatliche Museen zu Berlin, Antikensammlung). Dabei ist das Bildnis nicht als erhabenes Relief gearbeitet, sondern vertieft in den Stein eingeschnitten (Intaglio), damit dieser als Siegelring verwendet werden konnte. Aus diesem Grund sind die Darstellungen seitenverkehrt, so dass sie erst im Abdruck seitenrichtig erscheinen. Delbrueck (1933) hat die Bildnisse aller drei Gemmen mit Constantius II., dem Sohn Konstantins des Großen, in Verbindung gebracht, doch neuere Zuschreibungen gehen von Porträts des letzteren aus. Engemann (1979) empfiehlt, beide Zuschreibungen gelten zu lassen, da vergleichbare Münzbilder der beiden Herrscher offenbar bewusst einander angeglichen wurden, so dass selbst Numismatiker nicht immer eine eindeutige Unterscheidung treffen können.

Thomas Rudi

Literatur

Ausst.-Kat. Leipzig 2009, Nr. 215 (Thomas Rudi); Ausst.-Kat. Trier 2007, CD-ROM, Nr. I.9.31 (Josef Engemann); Camphausen/Thormann 2007, Abb. S. 1 u. 192; de la Chausse 1700, Taf. 41; Delbrueck 1933, S. 20, 40 u. 154, Taf. 74,5; Engemann 1979, hier Sp. 283; Furtwängler 1900, Bd. 1, Taf. XLVIII, Nr. 35, Bd. 2, S. 231, Nr. 35, Bd. 3, S. 361 u. 364; Hoyer 1993; Krug 2007, hier S. 133, Abb. 3; Spier 2007, S. 19, Nr. 9, Taf. 2, Nr. 9 a+b; Zwierlein-Diehl 1969, S. 194.

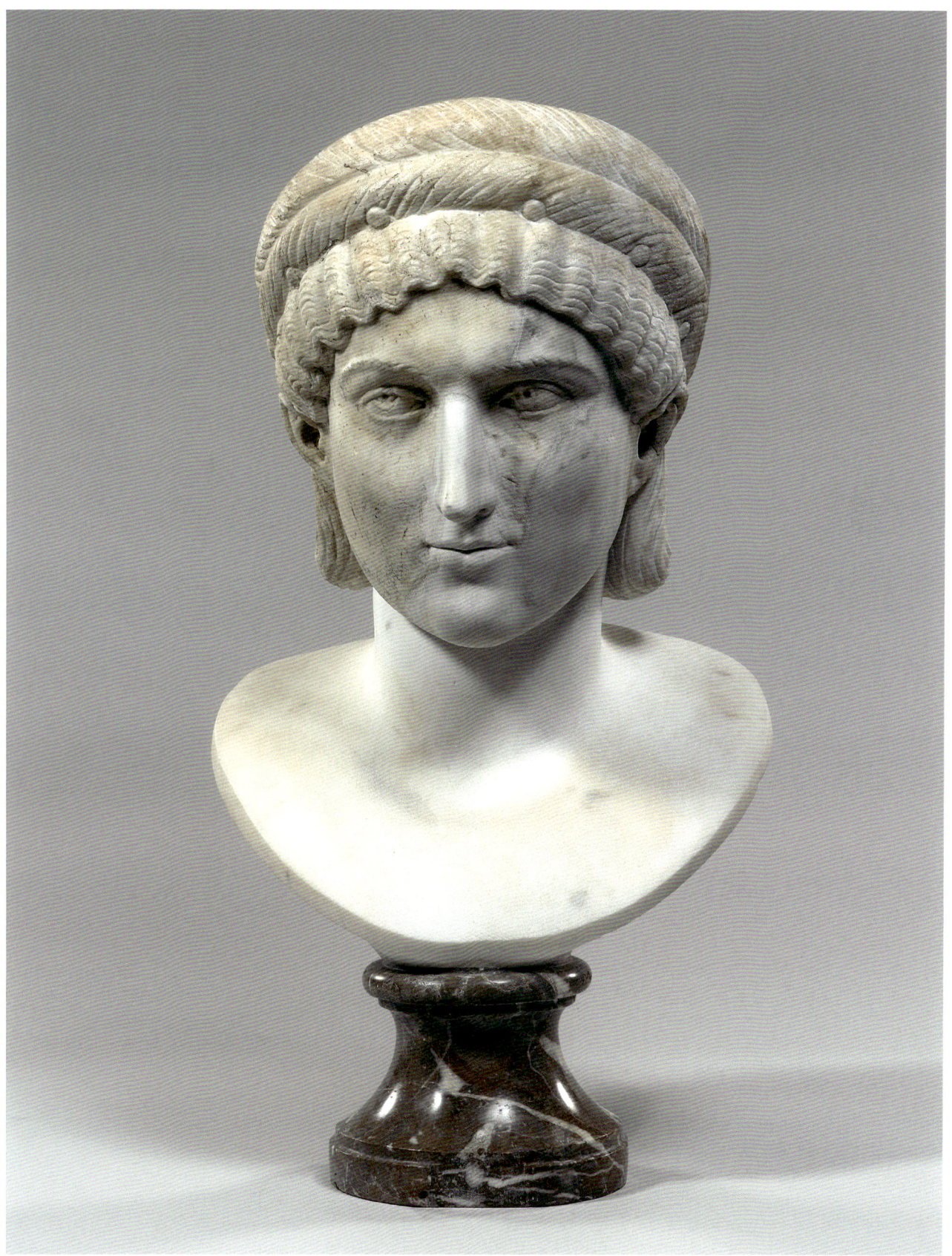

II.12

II.12

Porträtbüste der Helena (?)

Konstantinisch
Unbekannte Herkunft: „Aus älterem königlichen Besitze"
(Alexander Conze).
Weißer, evtl. lunensischer Marmor. Stark ergänzter,
auf moderner Büste aufsitzender und am Halsansatz
gebrochener Kopf. Die linke Gesichtshälfte ist
einschließlich der Unterlippe, des Kinns, der Wange,
des linken Brauenbogens sowie der Haarpartie bis
zum Ansatz des Zopfkranzes ergänzt, ebenso die Nase.
Wenige Sinterspuren im Gesicht.
H 42,5cm
Berlin, Staatliche Museen zu Berlin,
Antikensammlung SK 449

Der Frauenkopf gehört zusammen mit zwei weiteren, bereits in der Antike umgearbeiteten Bildnissen in Rom und in Florenz zu einer kleinen Gruppe von Porträts, welche die Forschung als Bildnisse Helenas, der Mutter Konstantins des Großen, gedeutet hat. Der Berliner Kopf trägt eine für das 4. Jahrhundert typische Frisur, bei der das ondulierte Stirnhaar über die Ohren zu den Seiten gekämmt, am Hinterkopf zu zwei Zöpfen geflochten und kranzförmig um den Kopf drapiert wird. Im Nacken der Berliner Helena zeigt sich eine Haarschlaufe, wie sie auch bei anderen Frauenbildnissen des 4. Jahrhunderts zu beobachten ist. Wenngleich bei dem Berliner Kopf eine Umarbeitung aus einem älteren Bildnis nicht ausgeschlossen werden kann – das im Profil erkennbare, eher geringe Volumen des Zopfkranzes sowie das kleine und eng am Kopf anliegende Ohr sowie die überaus schmale Nase könnten Indizien dafür sein – so liefert das Berliner Porträt trotz seiner starken Ergänzung eine leicht bessere Vorstellung von den während der ersten Hälfte des 4. Jahrhunderts bevorzugten Stilformen und Kompositionen als seine sicher umgearbeiteten Pendants in Rom und Florenz. Charakteristisch für das fortschreitende 4. Jahrhundert ist der zunehmend ausladende Zopfkranz, der zusammen mit der üppigen, zu den Seiten ausgreifenden Nackenschlaufe einen annähernd omegaförmigen Gesamtumriss des Kopfes erzeugt.

Auffällig sind die plastisch gearbeiteten Köpfe von Haarnadeln auf dem Zopfkranz. Er folgt damit der zunehmenden Tendenz in der Spätantike, Darstellungen von Frauen mit Schmuck und reichen Applikationen zu versehen. Ikonographisch verbinden den Berliner Kopf mit seinen ‚Repliken' in Rom und Florenz nicht nur die Frisur, sondern auch physiognomische Details, wie die sich vorwölbenden, hohen Wangenknochen und der schmale, leicht verkniffene Mund mit kleinen Mundwinkelfältchen. Diese Merkmale sind charakteristisch für das Porträt Konstantins, wie es plastisch zuerst am Konstantinsbogen auftritt. Der Kopf in Rom zitiert sogar die aquiline Nase Konstantins. Da die bereits betagte Augusta Helena (*248/250,

† 329/335) nahezu alterslos dargestellt wird, unterstreicht dies die intendierte Nähe zum jugendlichen Porträt ihres Sohnes, der mit seinem Bildnis die ikonographischen Konventionen der regierenden Tetrarchen mit ihrem soldatischen Leistungsporträt durchbrochen hatte. Diese programmatische Angleichung an das Kaiserbild verweist zugleich auf die Aussage der Porträts der Kaisermutter, die als Augusta zuerst im Jahre 324 auf Münzprägungen erscheint.

Nach dem endgültigen Zusammenbruch der von Diocletian etablierten Tetrarchie, in der dynastische Überlegungen eigentlich keine Rolle spielen sollten, trat Konstantin als Alleinherrscher auf, der seinen Machtanspruch mit monarchischen Insignien wie dem Herrscherdiadem und mit einer dynastischen Nachfolgepolitik proklamierte. Die während der Tetrarchie auch in der Münzprägung eher untergeordnet auftretenden kaiserlichen Frauen wurden nun wieder verstärkt Mittel der kaiserlichen Repräsentation zur dynastischen Festigung. Auch in Konstantins Religionspolitik spielte die greise Augusta eine bedeutende Rolle. Mit ihren zahlreichen Kirchenstiftungen, der ‚Wiederfindung' des Wahren Kreuzes Christi und der Errichtung der Grabeskirche in Jerusalem, wurde sie für die christliche Kirche zu einer bedeutenden Autorität, gar zur Heiligen.

Martin Kovacs

Literatur

Bergmann 1977, S. 200; Blümel 1933, S. 50, Nr. R 120, Taf. 76; Bovini 1947/1948, hier S. 134–135, Abb. 11; Calza 1955, hier S. 125–126, Abb. 16 u. 16a; Calza 1972, S. 172–173, Nr. 83, Taf. 55 u. 169–171; Conze 1891, S. 175, Nr. 449; Felletti Maj 1941, hier S. 78–79, Nr. 8; Fittschen/Zanker 1985, S. 36; Gerhard 1836, S. 113, Nr. 241; von Heintze 1971, hier S. 64, Nr. I 4; Schade 2003, S. 176, Nr. I 11, Taf. 30,1. 2. Zur Umarbeitung der Statuen in Rom und Florenz: Alexandridis 2004, S. 194–195, Nr. 205, Taf. 46,2. 4; Arata 1993; Bergmann 1985, hier S. 49.

II.13

Notitia dignitatum: Insignia viri illustris magistri equitum

(Ämterverzeichnis: Die Amtsinsignien des Oberbefehlshabers
der Reiterei, Senator im höchsten Rang)
420-425, handschriftlich überliefert ab ca. 900,
hier: 1. Hälfte 15. Jahrhundert
Handschrift, Ledereinband. H 31 cm, B 21,5 cm, D 6 cm
Paris, Bibliothèque nationale de France, Latin 9661

Die Illustration stammt aus dem zweiten Teil der *Notitia dignitatum*, der die Gliederung der Verwaltung im Westen des Imperium Romanum wiedergibt. Der erste Teil ist den östlichen Reichsgebieten gewidmet. Darin spiegelt sich bereits die Teilung in West- und Ostrom wider, wie sie seit 395 politisches Faktum geworden ist. Dennoch entspricht die Gliederung der *Notitia* noch der Neuordnung der Reichsverwaltung durch die Kaiser Diocletian (284–305) und Konstantin I. (306–337) seit den 290-er Jahren. Zwar wurde die Zahl der Provinzen auf fast 100 verdoppelt, sie sind aber zu größeren Einheiten, den Diözesen, zusammengefasst worden. Über dieser Ebene wurden drei bis vier Präfekturen eingerichtet, die die jetzt rein zivil amtierenden Prätorianerpräfekten in Stellvertretung der Kaiser verwalteten.

Eine entscheidende Neuerung war die Trennung der zivilen von der militärischen Verwaltung, wie sie sich ebenfalls in der *Notitia dignitatum* findet. Der *Magister equitum*, dessen Insignien die Tafel zeigt, bekleidete eines der höchsten Ämter im 'Westteil' des Imperiums. Zusammen mit dem *Magister peditum* kommandierte er die Begleittruppe des bzw. der Kaiser, die *palatini*, und das bewegliche Feldheer, die *comitatenses*. Hier spiegelt sich die Heeresreform wider, die in die Trennung zwischen Begleittruppen, Feldheer und lokalen Einheiten (*limitanei*) mündete.

Die aufgeschlagene Seite zeigt einen mit einem Tuch verhüllten Tisch, auf dem die Ernennungsurkunde (*codicillus*) des Kommandeurs präsentiert wird. Außerdem sind Rundschilde zu sehen, die für die ihm unterstellten Truppen stehen. Die *Notitia* listet auch die im Verwaltungsstab (*officium*) dienenden Untergebenen auf.

'Ost'- und 'Westteil' der *Notitia* wurden in den 420-er Jahren als Gesamtwerk zusammengestellt. Anlass dafür war vermutlich die Thronbesteigung des Usurpators Johannes (423–425) im Westen im Jahr 423. Johannes bekleidete zuvor das Amt des Chefs der kaiserlichen Zentralverwaltung, war also mit Aufstellungen befasst, wie sie in der *Notitia* zusammengestellt sind. Allerdings wurde er im Osten nicht als rechtmäßiger Kaiser eines Imperiums anerkannt, dessen Einheit und Symmetrie sich in der Gesamt-*Notitia* spiegeln sollte, die aber schon nicht mehr gegeben war.

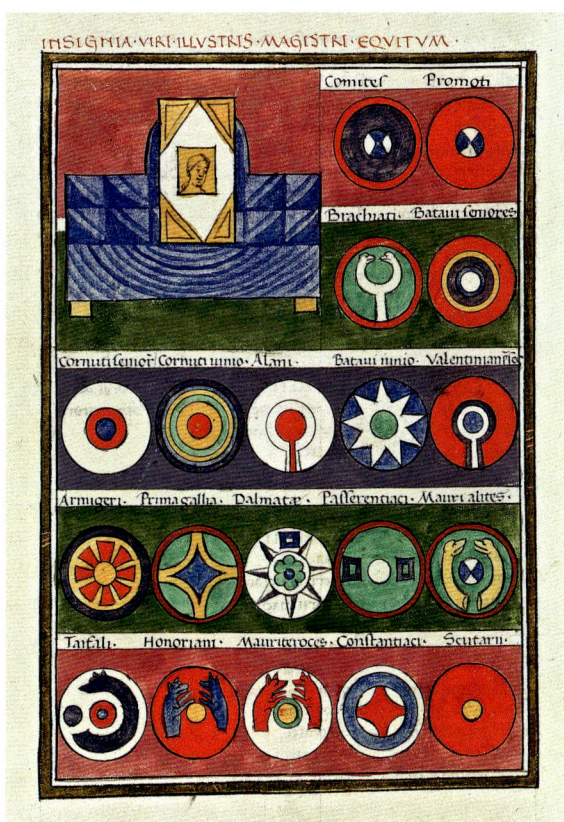

II.13

Am Beginn des 10. Jahrhunderts wurde sie in den Speyrer Kodex aufgenommen, auf dem die Abschriften aus dem 15. und 16. Jahrhundert beruhen. Die *Notitia* war wohl auch am Hof Karls des Großen (800–814) bekannt: "Ihre Wiederauferstehung in der Karolingerzeit mag einen Anspruch auf die Wiederherstellung der Herrschaft eines vereinigten Imperium Romanum […] verkörpern" (Brennan 1996). Dies dürfte auch für die sächsischen Nachfolger Karls gegolten haben, zumal die *Notitia* ein weiteres Herrschaftsinstrument abbildete, „nämlich den Hof, der dem Herrscher im räumlichen wie personalen Sinn zur Durchsetzung seines Willens verhalf" (Fleckenstein 1993, S. 48). So mag das spätrömische Ämterverzeichnis durchaus als ein Modell für die Verwaltung eines 'erneuerten' *imperium Roman(or)um* gedient haben.

Frank Unruh

Quellen
Notitia dignitatum.

Literatur
Ausst.-Kat. Karlsruhe 2005, S. 187–189 (Ralf Scharf); Brandt 1998, S. 22–25; Brennan 1996; Fleckenstein 1993; König 2007, S. 202–205 u. 230–233.

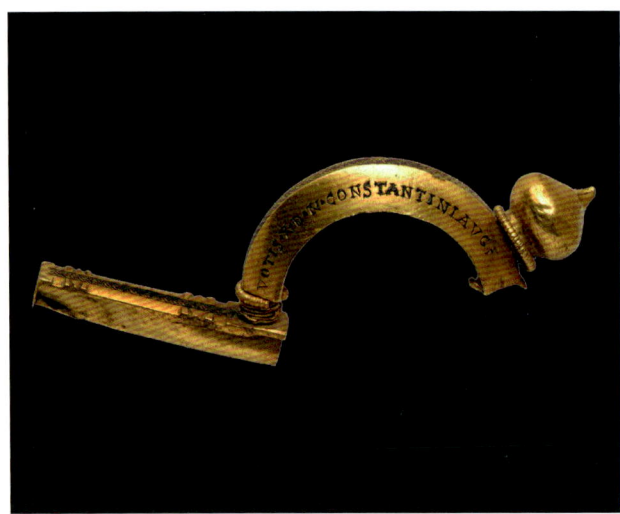

II.14

II.14

Kaiserfibel Konstantins des Großen

Trier, 315/316 n. Chr.
gefunden in Piesport-Niederemmel,
Kreis Bernkastel-Wittlich
VOTIS·X·D·N·CONSTANTINIAVG·/ VOTIS·X·D·N·LICINIAVG
Gold. L 11,2 cm, G 75,5 g
Trier, Rheinisches Landesmuseum, 1982,140

Das ursprünglich kostbare Geschenk des Kaisers Konstantin des Großen (303–337) zu besonderem Anlass hat durch Verluste an ehemaligem Glanz eingebüßt: Der Querarm mit den für diese Fibelform charakteristischen Zwiebelknöpfen ist verloren, ebenso die Nadel, die eine Nutzung als Gewandspange ermöglichte. Der halbkreisförmig aufsteigende Bügel trägt noch den entsprechenden Zwiebelknopf, ist an seiner Oberseite mit einem dreizeiligen Flechtband verziert und am Übergang zum Fibelfuß mit einer goldenen Perlschnur und Golddraht umwickelt.

Zu Anlass und Zweck der Verleihung der goldenen Gewandspange informiert die Inschrift, die auf beiden Seiten des Bügels eingraviert und in Niello ausgelegt ist: VOTIS (decennalibus) D(omini) N(ostri) CONSTANTINI AUG(usti) VOTIS (decennalibus) D(omini) N(ostri) LICINI AUG(usti).

Die Fibel ist ein Geschenk des Kaisers Konstantin aus Anlass seines 10. Regierungsjubiläums, in das er den Amtskollegen des östlichen Teilreiches, den Augustus Licinius (308–324), einbezog. Vota sind Gelübde, die die Menschen der Antike aus vielfältigen Gründen entrichteten. Amtsträger gelobten öffentlich Vota u.a. zum Amtsantritt. Seine ersten Vota muss Konstantin folglich 306 nach seiner Erhebung ins Amt am 25. Juli geleistet haben. Alle fünf und in besonderem Maße alle zehn

Jahre wurden die Vota für folgende Amtsperioden erneuert. Große Feiern für die zehnten Vota sind für Konstantin 315 in Rom belegt. Berühmtes Zeugnis ist der Konstantinsbogen in Rom mit den diesbezüglichen Inschriften auf beiden Seiten.

Die kaiserliche Eintracht, die *concordia Augustorum*, erforderte die Berücksichtigung des Amtskollegen, auch wenn im vorliegenden Fall Licinius für ein Jubiläum noch mehr als zwei Jahre erforderlicher Regierungszeit fehlten. Da vor dem Erreichen des Jubiläums am 25. Juli 316 das Verhältnis zwischen Konstantin und Licinius bereits zerrüttet war, wird das Geschenk der Kaiserfibel eher in den Beginn des Jubiläumsjahres, wohl in die 2. Jahreshälfte 315 fallen.

Die Zwiebelknopffibeln werden als den Rang betonenden Bestandteil der spätantiken Amtstracht und der militärischen Bekleidung eingeschätzt und dienten zum Verschließen des Mantels auf der rechten Schulter. Insgesamt neun goldene, sogenannte Kaiserfibeln, sind mit entsprechenden Aufschriften und untereinander verwandter Konstruktion bekannt.

Die Fundumstände der Goldfibel in Niederemmel an der Mosel lassen offen, ob dieses Fundstück in Zusammenhang mit dem berühmten Diatretglas vom gleichen Fundort steht. Die beiden Objekte können eine Spur zur Familie des ehemaligen Besitzers legen, zu Angehörigen des im Umfeld des Kaiserhofes stehenden senatorischen Adels.

Lothar Schwinden

Literatur

Ausst.-Kat. Trier 2007, CD-ROM, Nr. I.7.21 (Karl-Josef Gilles); Noll 1974; Radnoti-Alföldi 1976.

II.15

Treuering für Kaiser Konstantin

Trier, wohl 313–316 n. Chr.
1882 bei Zerf, Kreis Trier-Saarburg, gefunden.
Gold. D innen 2,3 cm, Platte 0,87 x 0,13 cm, G 10,8 g
FIDEM CONSTANTINO
Trier, Rheinisches Landesmuseum, PM 6475

Der Goldring, der zu dem traditionell sogenannten Typus der Treueringe gehört, wurde in der Nähe der Residenzstadt Trier gefunden. Von dieser Gruppe sind bis heute 17 Ringe in Gold und zwei ursprünglich vergoldete Ringe aus Bronze aus dem gesamten römischen Imperium bekannt.

Mit dem inschriftlichen Programm des Goldringes CONSTANTINO wird die Treue zu Konstantin beschworen und bezeugt. FIDEM, hervorgehoben auf der Inschriftplatte, evoziert, dass Fides, die Treue, der zentrale Begriff ist. Der altrömische

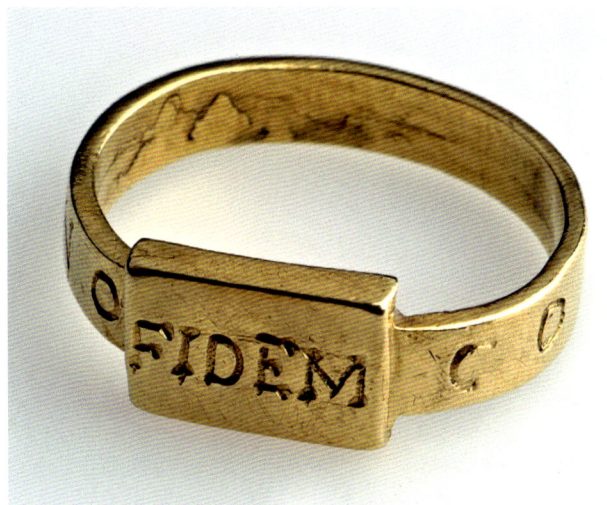

II.15

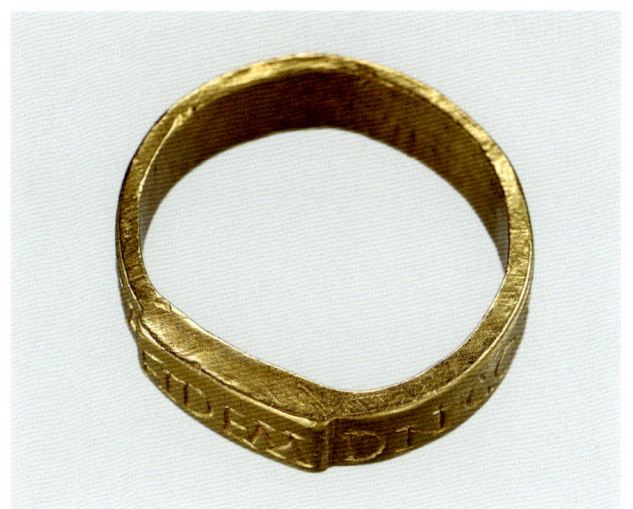

II.16

Wertbegriff der Fides wird auf spätrömischen Münzen wieder neu in den Vordergrund gezogen. Im Münzbild personifiziert als weibliche Gottheit, wird die Fides zur göttlichen Macht erhoben. Als geläufiges Münzprogramm mit der Umschrift FIDES EXERCITUS spricht sie vor allem den militärischen Bereich an.

Das Motto des Ringes ist kein unvollständiger Satz einer reduzierten Sprache, dem das Prädikat verloren gegangen wäre, sondern lediglich eine Verkürzung. Es beginnt mit einem für Akklamationen typischen Akkusativ und wird deshalb bei Gelegenheit von Ovationen auch tatsächlich ausgerufen worden sein.

Da Konstantin Fides-Münzprägungen mit der Legende FIDES EXERCITUS in Gold nur zwischen 313 und 315 in Trier und Ticinum (heute Pavia) hat prägen lassen, sind die ersten Treueringe wohl auch in dieser Phase entstanden. Diese Epoche ist gekennzeichnet von Auseinandersetzungen mit den Kaisern Maxentius ab 312 und Licinius ab 316 n. Chr. Wie auch andere kaiserliche Geschenke in Gold und edlen Materialien, sogenannte *donativa*, stehen die Treueringe ganz offensichtlich für das Bemühen, die vorrangig militärische Anhängerschaft durch ein kostbares äußeres Zeichen zu binden.

Lothar Schwinden

Literatur
Ausst.-Kat. Trier 2007, CD-ROM, Nr. I.7.24; Martin 2002; Schwinden 1995.

II.16
Treuering

Römisch, spätantik 337–350 n. Chr.
bei Viminacium (Kostolac, Serbien) gefunden
Gold. D 2,8 x 2,6 cm, G 17,4 g
Wien, Kunsthistorisches Museum, Antikensammlung,
VII 747

Der massive Goldring hat eine rechteckige Ringplatte mit geschlossenem bandförmigem Reif und geraden Kanten. Die Ringplatte hebt sich nur durch eine leichte Erhöhung und Verstärkung des Reifes an dieser Stelle ab. Die Wörter der lateinischen Inschrift sind gleichmäßig auf den Ring verteilt: an zentraler Stelle auf der Platte liest man: FIDEM, auf dem Reif: D N CONSTANTI AUGUSTO N A.

Es handelt sich hier um ein Einzelstück eines sogenannten Treueringes aus konstantinischer Zeit mit der lateinischen Inschrift: FIDEM D(omino) N(ostro) CONSTANTI AUGUSTO N(ovo) A(nno), die mit „Treue unserem Herrn, dem Kaiser Constans, zum Neuen Jahr" übersetzt wird. Die Wunschformel bezieht sich auf den jüngsten Sohn Konstantins des Großen. Dieser wurde nach dem Tod seines Vaters am 9. September 337 in Viminacium zum Augustus ernannt (gemeinsam mit seinen Brüdern Constantius II. und Constantinus II.) und erhielt Illyricum, Italien und Afrika zugeteilt; er starb 350.

Wir wissen, dass sich Constans I. zu Neujahr 340 in Naissus (Nis), nicht weit entfernt von Viminacium (an der unteren Donau, in der Provinz Moesia I. gelegen), dem Fundort des Ringes, aufgehalten hat – vielleicht wurde der Ring zu diesem Anlass hergestellt und verschenkt. Der Ring könnte aber auch schon früher, etwa anlässlich des Kaisertreffens in Viminacium im Jahr

338, in einer kaiserlichen Werkstatt erzeugt worden sein. Unter den nicht ganz 20 erhaltenen Ringen gibt es auch weniger wertvolle Exemplare aus Bronze, einer zeigt noch Spuren von Vergoldung. Treueringe wurden als Auszeichnung für Loyalität gegenüber dem Kaiser verliehen und von den ausgezeichneten Personen auch getragen (v.a. Angehörige der Gallienarmee, höhere Offiziere und Beamte).

Man vermutet, dass die ersten Treueringe anlässlich des Konfliktes von Konstantin dem Großen mit Licinius I. angefertigt wurden, vielleicht sogar aus Anlass der Decennalien-Feiern (des zehnjährigen Regierungsjubiläums) für Konstantin in seiner westlichen Residenzstadt Trier (*Augusta Treverorum*). Das römische Neujahrsfest wurde traditionell im gesamten Imperi-

um gefeiert. Spätestens seit der Kalenderreform Caesars ist der erste Januar (die *Kalendae Ianuariae*) offiziell der Tag des Amtsantritts der Konsulen, verbunden mit Opfern, Geschenken und Verteilung von Geld an das Volk, außerdem mit öffentlichen Wünschen und Loyalitätsbezeugungen für das Herrscherhaus (*vota publica*).

Manuela Laubenberger

Literatur

Ausst.-Kat. Trier 2007, Abb. S. 91, Nr. I.10.21 (Manuela Laubenberger); Martin 2002, S. 256; Noll 1958, S. 27 f., Nr. A 45; Noll 1986; Popovic 2000, hier bes. S. 198, Nr. 1; Schwinden 2005.

Spätantike Residenzen – Ausgewählte Beispiele

Nachdem Diocletian (284–305) 284 n. Chr. von seinen Truppen zum Augustus ausgerufen wurde, entschied er sich im folgenden Jahr Maximian (285–305) zu seinem Mitregenten zu machen. Damit war ein neues Regierungssystem – die Dyarchie – entstanden. Als dann im Jahre 293 n. Chr. den beiden *Augusti* jeweils ein *Caesar* zur Seite gestellt wurde, gab es vier Herrscher, die für das Reich zuständig waren: die sogenannte Tetrarchie.

Wichtig für das Verständnis des spätantiken Residenzbaus ist, dass zur Wende des 3. zum 4. Jahrhundert n. Chr. die Grenzen des Römischen Reiches stark bedroht waren und es mehr als einen Herrscher gab. Durch die Verteilung der Herrschafts- und Zuständigkeitsbereiche konnten sich die Herrscher besser um die jeweiligen Bereiche kümmern. Das führte notwendigerweise zu neuen Residenzbauten. Dezentralisiert sich die Regierung und Verwaltung, dezentralisiert sich auch der Herrschersitz.

Zuvor residierte der Herrscher mehr oder weniger dauerhaft in Rom – auf dem Palatin, woher sich auch der Name Palast, *palatium* ableitet, was schon Cassius Dio erwähnt (Historia romana (b) LIII 16, 5–6). Eine ständige Residenz der Kaiser in Rom war jedoch schon länger nicht mehr praktikabel gewesen, da Kriege und unsichere Grenzen in der Regel ihre Anwesenheit in anderen Teilen des Reichs erforderten.

Es wurden also neue Anlagen geschaffen – sogenannte *sedes imperii* (Herrschaftssitze). Diese lagen entweder an den politischen und militärischen Brennpunkten bzw. in deren Nähe

oder hatten eine verkehrstechnisch günstige Lage, waren also gut über Land- bzw. Wasserwege zu erreichen. Diese Städte, die in den meisten Fällen bereits vorher existierten, wurden ausgebaut – ein Palast wurde errichtet oder vorhandene Strukturen wurden verändert, sodass der Herrscher mit Hofstaat und Administration die nötige Infrastruktur vorfand. Auch wurden verschiedene repräsentative Anlagen geschaffen, wie z.B. Fora, Hippodrome und Thermen für die Bevölkerung und allen voran für das ‚Kaiserlob'. (Kolb 2001; Mayer 2002). Doch wie sahen diese Residenzen aus, was zeichnet sie aus? Kann man sogar von einem 'Tetrarchentypus' sprechen? Gibt es Bauten, die auf jeden Fall errichtet werden mussten? Und wie grenzen sich diese von privaten Residenzen der gleichen Zeit ab? Gibt es ein kaiserliches Bauschema?

Da die meisten spätantiken Residenzen modern überbaut sind, stellt sich der archäologische Befund schwierig dar. So sind häufig nur einzelne Strukturen, die sicher dem Palast zugerechnet werden können, erhalten. Aus diesem Grund wurde verschiedentlich versucht, eine Typologie der spätantiken Residenzen aufzuzeigen (Frazer 1966, S. 385–392; zuletzt: Wulf-Rheidt 2007; dagegen u.a. Duval 1997). Zuletzt wurde noch einmal von Hauke Ziemssen betont, dass „wir für die Identifizierung eines Baukomplexes als ‚Kaiserpalast' – im Unterschied zu großen Privatbesitzen – keine belastbaren Kategorien besitzen und es einen Bautypus ‚spätantiker Palast' nicht gibt." (Ziemssen 2012, S. 87)

Versucht man sich den Residenzen zu nähern, indem man literarische Überlieferung und archäologischen Befund zusammennimmt, zeichnen sich einige Gemeinsamkeiten ab, von denen einige im Folgenden dargelegt werden.

Thessaloniki als Beispiel für dauerhafte Residenz

Thessaloniki wurde von Galerius (293–311) als *sedes imperii* gewählt, nachdem der Krieg gegen die Perser durch den Friedensvertrag von Nisibis beendet worden war. Ausschlaggebend für die Wahl Thessalonikis war die günstige Lage der Stadt an der *Via Egnatia*, einer der Hauptverkehrsadern von Rom in Richtung Osten, zudem der direkte Zugang zum Ägäischen Meer. Ähnlich wie Trier, Mailand, Sirmium, Antiochia und Nikopolis besaß auch Thessaloniki eine bereits vorhandene Infrastruktur, sodass unter Galerius vor allem das Palastareal und weitere Repräsentationsbauten errichtet wurden. Zwar ist auch Thessaloniki modern überbaut, glücklicherweise haben sich aber Strukturen aus tetrarchischer Zeit erhalten. Diese befinden sich vor allem im südöstlichen Teil der antiken Stadt, so dass das Palastviertel des Galerius hier vermutet wird. Allerdings ist es auch hier schwierig, die verschiedenen erhaltenen Strukturen in urbanistischen Zusammenhang zu setzen und die Funktion der einzelnen Bauten, die teilweise noch aufrecht stehen, teilweise nur in ihren Grundmauern erhalten sind, zweifelsfrei zu klären. Es scheint, dass der Palast kein zusammenhängender, geschlossener Baukörper war, sondern ein Baukomplex, der sich aus mehreren unterschiedlichen Komponenten zusammenfügte. Von der Wohnbebauung des Kaisers haben sich leider keine Reste erhalten. Einige als repräsentative Anlagen anzusprechende Strukturen sind jedoch heute noch im Stadtbild vorhanden, wie der sogenannte Galeriusbogen, ursprünglich ein vierbogiges Tormonument (*Tetrapylon*), von dem zwei Pfeiler mit Reliefschmuck noch aufrecht stehen und die nördlich davon stehende sogenannte Georgsrotunde – ein Bau, dessen ursprüngliche Funktion umstritten ist, wahrscheinlich geplant als Mausoleum für Galerius (zusammenfassend: Mentzos 2001/2002). Der Bau wurde aber nie als Grablege genutzt und wahrscheinlich auch erst später fertig gestellt, u. U. unter Konstantin und in byzantinischer Zeit als Kirche umgebaut. Südlich des Tetrapylons befinden sich mehrere Strukturen, deren ursprüngliche Funktion und Datierung umstritten sind. Des Weiteren befinden sich in diesem Bereich Reste eines Zentralbaus mit oktogonalem Grundriss, der unterschiedlich datiert und interpretiert wird (zuletzt: Mentzos 2010, 333–359). Da sich dieser Bau aber in nächster Nähe oder sogar innerhalb des Palasts befunden hat, könnte es sich hierbei ebenfalls um einen Repräsentationsraum des Kaisers gehandelt haben – u. U. für

Empfänge. Östlich von diesem befinden sich Reste einer Aula, die annähernd die gleichen Maße besaß wie die Aula in Trier. Auch diese wird als Ort der Kaiserrepräsentation gedeutet. Westlich von diesem Gebäude sind einige spärliche Reste eines Hippodroms ausgegraben worden. Der Befund erlaubt keine spezifischeren Aussagen: Hervorzuheben ist die topographisch enge Beziehung zwischen Circus und Residenz (Mayer 2002, S. 39–67; Kuhoff 2001, S. 726–730; Wulf-Rheidt 2007, S. 62–64).

Split und Gamzigrad als Beispiele für Altersruhesitze

Nachdem die Herrscher – wie im tetrarchischen System vorgesehen – abdankten, zogen sich einige in sogenannte Altersruhesitze zurück, wie dies von Diocletian und Galerius bekannt ist. Diocletian ließ sich in Spalato/Split, in der Nähe von Salona, eine Anlage errichten, in die er sich nach seinem Rücktritt zurückzog. Der rechteckige Komplex befindet sich direkt am Meer. Umschlossen von einer hohen Mauer wird der durch zwei Kolonadenstraßen in vier annähernd gleichgroße Teile gegliedert. Im südlichen Bereich haben sich vor allem Substruktionen des Wohn- und Repräsentationsbereichs erhalten, sowie das über das sogenannte Peristyl erreichbare Mausoleum und ein Tempelbereich. Der nördliche Bereich ist modern überbaut, und die vorhandenen Strukturen lassen sich nicht zu einem Gesamtbild rekonstruieren (Curcic 1993; Brenk 1996; Wulf-Rheidt 2007). Aus literarischen Quellen wissen wir, dass Diocletian diese Residenz an seinem Geburtsort oder zumindest in der Nähe errichten ließ und sich nach seiner Abdankung 305 n. Chr. dorthin zurückzog.

Ähnliches ist auch für Galerius überliefert. Ein entsprechender Bau lässt sich aufgrund einer Inschrift mit Felix Romuliana, dem heutigen Gamzigrad, in Verbindung bringen (Wulf-Rheidt 2007). Hierbei handelt es sich ebenfalls um eine annähernd rechteckige Anlage, die von hohen Mauern und Türmen umgeben ist. Allerdings ist die Bebauung im Inneren weniger gleichmäßig. Es haben sich zwei Tempel und diverse andere Bauten erhalten, deren Gesamtzusammenhang derzeit durch das Deutsche Archäologische Institut weiter erforscht wird. Ein weiterer Unterschied zu der Anlage in Split stellt die Lage der Mausoleen dar. Wie oben erwähnt, plante Galerius u. U. erst sein Mausoleum in Thessaloniki, ließ sich dann aber nach seinem Tod 311 n. Chr. in seiner Heimat bestatten. Außerhalb von Felix Romuliana haben sich die Reste von zwei Mausoleen und zwei Tumuli erhalten, die von der Forschung in Verbindung mit Galerius und seiner Mutter Romuliana gebracht werden. In nächster Umgebung zu diesen Mausoleen wurden zudem die Reste eines Tetrapylons entdeckt, wohl eine Art Bindeglied zwischen Residenz und Bestattungsplatz (Brenk 1996).

Konstantinopel

Konstantinopel – die Stadt Konstantins des Großen – wurde von ihm im Jahr 324 n. Chr. an der Stelle des antiken Byzantion gegründet und am 11. Mai 330 feierlich eingeweiht. Auch hier handelt es sich nicht um eine Neugründung auf unbebautem Grund, sondern das Gebiet war seit dem 7. vorchristlichen Jahrhundert bereits besiedelt. Die Wahl Konstantins, seine Stadt an dieser Stelle errichten zu lassen, hatte wahrscheinlich vor allem strategische und wirtschaftliche Gründe: Zwischen Europa und Asien gelegen, mit einem direkten Zugang zum Meer und relativ leicht zu befestigen, da an zwei Seiten vom Wasser umgeben. Dabei sollte hervorgehoben werden, dass die Gründung Konstantinopels nicht als Gründung einer neuen Hauptstadt – als Gegenpol zu Rom – zu verstehen ist, sondern eher in Zusammenhang mit den anderen spätantiken Residenzen zu betrachten ist (Berger 2006, S. 442; Bauer 2007, S. 170). Auch scheint die Bezeichnung als *Nea Roma* – neues Rom, erst später nachzuweisen zu sein. Viel eher wurde Konstantinopel als zweites Rom verstanden – Rom blieb aber vorerst *caput mundi*. Erst nach dem Tod Konstantins gewinnt Konstantinopel die Oberhand. So lässt sich ein vollwertiger Senat erst ab 359 n. Chr. für Konstantinopel nachweisen (Berger 2006, S. 443). Im Unterschied zu den spätantiken Residenzstädten der Tetrarchen, in denen die Herrschaftsform der Tetrarchie im Vordergrund stand, war im Fall von Konstantinopel das Grundkonzept ganz auf Konstantin ausgerichtet. Dieser verstand sich nicht als Teil der Tetrarchie, sondern als Alleinherrscher. Dies fand auch Ausdruck im Baukonzept: Nicht nur die Stadt trug seinen Namen, auch wurde ein Forum mit seinem Namen geschaffen. Die gesamte Stadt wurde auf ihn ausgerichtet (Bauer 1996, S. 256–265; Bauer 2007, S. 171).

Von der Palastanlage aus der Zeit Konstantins hat sich allerdings so gut wie nichts erhalten. Es kann aber davon ausgegangen werden, dass sich das Areal an der Südostseite des Hippodroms erstreckte (vgl. Beitrag Berger S. 349f. – Teil III; Bauer 2007, S. 168). Hier lässt sich die Nähe von Hippodrom und Palast gut greifen, die somit sicherlich die Stellung des Hippodroms als politischen Raum in den Vordergrund stellt (Letzner 2009, S. 140).

Ravenna

Während der oströmische Kaiser vorwiegend in Konstantinopel residierte, wurde im Westen die Residenz von Mailand nach Ravenna verlegt. Mailand wurde zuvor von Maximian (285–305) zu einer Residenzstadt ausgebaut, im Jahr 402 wurde allerdings die Hauptstadt verlegt. Von nun an hielt der weströmische Kaiser in Ravenna Hof. Dies hatte mehrere Gründe, so belagerte Alarich, der König der Westgoten Mailand im Jahr 402. Daraufhin wurde die Residenz verlegt und ab jetzt residierte der weströmische Kaiser in Ravenna, welches aufgrund seiner abgeschiedenen Lage – inmitten von Sümpfen aber mit Zugang zum Meer – leichter zu verteidigen war (Maioli 2003; Riemer 2003, S. 23–26). Die ursprüngliche Palastanlage des 5. Jahrhunderts ist archäologisch nicht einwandfrei zu klären, ebenso nicht die späteren Anlagen der Herrscher. So kann zwar aufgrund von literarischen Quellen zwischen den jeweiligen Palästen des Honorius, der Galla Placidia, des Valentian III., des Odovakar und des Theoderich unterschieden werden, da aber, wie auch bei den übrigen Residenzstädten, das Gebiet modern überbaut ist, scheint eine eindeutige Zuweisung der verschiedenen archäologischen Reste schwierig (Ausführlich dazu: Deichmann 1989, S. 49–75; Haug 2003, S. 188).

Zusammenfassung

Der Überblick über die verschiedenen Residenzen in spätantiker Zeit lässt erkennen, dass es Gemeinsamkeiten gab, die alle Residenzen auszeichnete. So befanden sich bei allen *sedes imperii* Hippodrome – die häufig postulierte direkte Nähe zum Palast ist aber archäologisch nur in Rom, Thessaloniki und Konstantinopel gesichert (vgl. Beitrag Berger S. 349f.). Die Paläste der Tetrachen entstanden in Städten, die bereits vorher existierten und strategisch günstig lagen. Von diesen Zentren aus regiertem die Herrscher im dezentralisierten Römischen Reich. Im Gegensatz zu Rom, wo der Palast im Zentrum der Stadt lag, wurden die spätantiken Residenzen meist in peripherer Lage errichtet. Auch wenn sich die Paläste in ihrer genauen Struktur nicht verifizieren lassen, scheint ein wichtiger Punkt die kaiserliche Repräsentation gewesen zu sein. Dazu gehörten Aulen, in denen der Kaiser ausgewählte Personen empfing, der Circus/das Hippodrom, in dem der Herrscher dem Volk entgegentrat oder Bauten, wie Thermen, mit denen der Kaiser die Fürsorge für das Volk ausdrückte (Hesberg 2006). In den Altersruhesitzen tritt eine weitere Komponente hinzu: Zum einen haben sich hier Kultbauten innerhalb des Palastareals erhalten, zum anderen scheinen die Bestattungen der Herrscher in enger Verbindung mit den Residenzen zu stehen (Johnson 2009). Ein weiterer Bautyp, der sich bei den meisten Residenzen in nächster Nähe findet, ist das Tetrapylon: in Rom befindet sich der sogenannte *Ianus Quadrifrons* in nächster Nähe zum Palast auf dem Palatin, in Thessaloniki der bereits erwähnte Galeriusbogen, in Felix Romuliana haben sich außerhalb des Palasts, nahe der Mausoleen Reste eines Tetrapylons erhalten und u. U. befand sich auch in Split im Bereich der Kreuzung des *decumanus maximus* und *cardo maxi-*

mus ein Tetrapylon. Für Antiochia ist ein Tetrapylon literarisch überliefert – bei den weiteren Residenzen sind die archäologischen Reste nicht ausreichend.

Pia Gremmelspacher

Quellen

Cassius Dio, Historia romana (b).

Literatur

Bauer 1996; Bauer 2007; Berger 2006; Brenk 1996; Curcic 1993; Deichmann 1989; Duval 1997; Fontaine 2003; Frazer 1966,S. 385–391 Haug 2003; von Hesberg 2006; Heucke 1994; Johnson 2009; Kolb 2001; Kuhoff 2001; Letzner 2009; Maioli 2003; Mayer 2002; Mentzos 2001–2002; Mentzos 2011; Riemer 2003; Wulf-Rheidt 2007; Ziemssen 2012; http://www.dainst.org/de/project/gamzigrad?ft=all – Aufgerufen: 11.04.2012.

II.17

Köpfchen eines Putto von der Längsseite eines kaiserlichen Porphyrsarkophages

Ägypten (Alexandria), 2. Drittel 4. Jahrhundert
Porphyrit. H 13,5 cm, B 8,5 cm, T 8,5 cm
Berlin, Staatliche Museen zu Berlin, Skulpturensammlung und Museum für Byzantinische Kunst, 6129

Das in Istanbul gefundene Köpfchen ist besonders an Nase und Kinn bestoßen. Es gehörte mit großer Wahrscheinlichkeit zu jenem kaiserlichen Porphyrsarkophag, von dem nur noch das Fragment einer Langseite in den Istanbuler Archäologischen Museen (Inv.-Nr. 806) erhalten ist, an dem sämtliche Köpfe abgebrochen sind. Ein vollständiger, aber stark übergangener Porphyrsarkophag vom selben Typus, in dem die Töchter Konstantins des Großen, Constantina († 354) und Helena († 360), bestattet waren, stand ursprünglich im Mausoleum der Constantina (Santa Costanza) bei der Basilika Sant'Agnese an der Via Nomentana zu Rom und befindet sich heute in den Vatikanischen Museen. Der Deckel eines gleichartigen, wenn auch wesentlich kleineren Exemplars wird in Alexandria aufbewahrt, wo die kaiserlichen Porphyrsarkophage vermutlich her- bzw. fertiggestellt worden sind. Das Material, das am Mons Porphyrites in der östlichen ägyptischen Wüste gebrochen wurde, war allein der kaiserlichen Verwendung vorbehalten. Der Abbau des Gesteines endete um die Mitte des 5. Jahrhunderts und der letzte oströmische Kaiser, von dem wir sicher wissen, dass er in einem Porphyrsarkophag beigesetzt wurde, war Markian († 453). Doch kann davon ausgegangen werden, dass in Konstantinopel große Porphyrvorräte angesammelt worden waren, auf die Architekten und Bildhauer noch längere Zeit

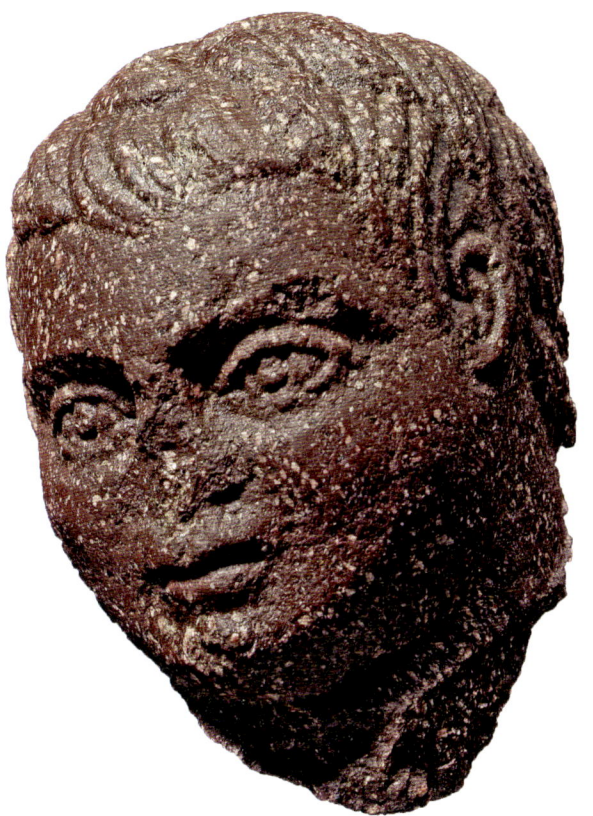

II.17

zurückgreifen konnten. So war ein Gemach im Großen Palast, in dem die kaiserlichen Kinder, die *porphyrogennetoi* (Purpurgeborenen) zur Welt kamen und dadurch ihre Legitimität als präsumtive Nachfolger erlangten, gänzlich mit Porphyrplatten ausgekleidet.

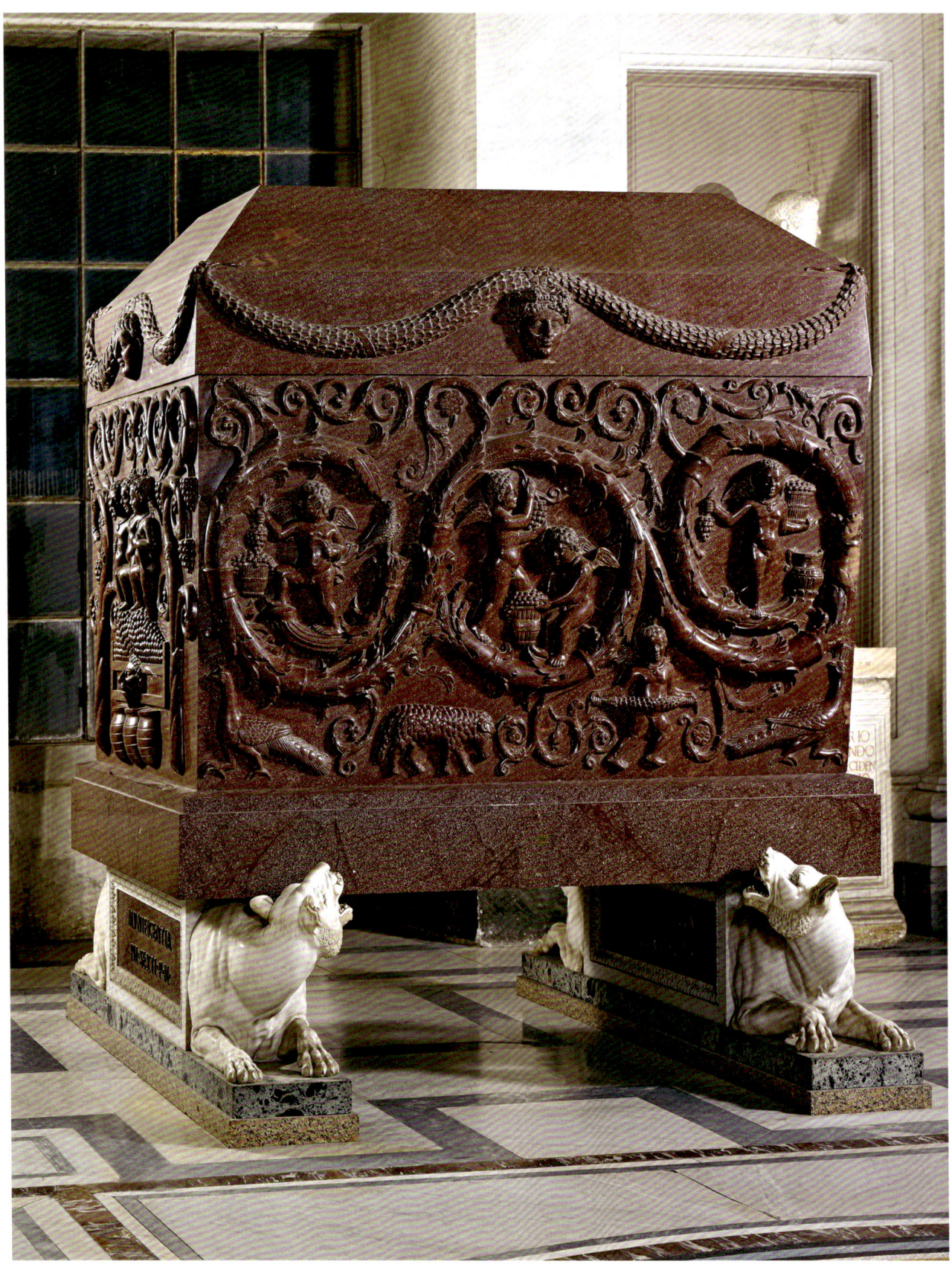

40   Der Porphyrsarkophag der Constantina (* um 320, † 354), Tochter Konstantins des Großen. Vatikanstadt, Musei vaticani, Museo Pio Clementino

Der an allen vier Seiten mit Reliefs verzierte Porphyrsarkophag der Constantina zeigt an beiden Langseiten in den drei großen Einrollungen einer Akanthusranke geflügelte Putten bei der Weinlese (Abb. 40), an den Stirnseiten Putten bei der Weinkelter. Dieselbe Darstellung der Weinlese kehrt an dem Sarkophag in Istanbul wieder, der demnach eine nach dem gleichen Muster hergestellte Replik war. Wegen der engen typologischen und ikonographischen Nähe zum Sarkophag der Constantina, der in das zweite Viertel des 4. Jahrhunderts datiert wird, dürfte das Istanbuler Exemplar zur selben Zeit entstanden und für Constantius II. († 361), den Sohn Konstantins des Großen und Bruder der Constantina, bestimmt gewesen sein. Der seinem Ursprung nach pagane, dem dionysischen Bereich oder den Jahreszeitenallegorien entstammende Dekor war der Bestattung der beiden christlichen Kaisergeschwister in solchen Sarkophagen keinesfalls hinderlich, denn die Verwandlung des Rebsaftes in Wein konnte als Gleichnis der Läuterung der Seele verstanden und in diesem religiös neutralen Sinne auch von Christen akzeptiert werden.

Wie wir aus der *Vita Constantini* des Kirchenhistorikers Eusebios von Kaisareia erfahren, stand in dem von Konstantin dem Großen († 337) auf dem vierten Hügel von Konstantinopel errichteten und den Aposteln geweihten Rundmausoleum zunächst nur der Porphyrsarkophag des Kaisers, umgeben von den im Kreise aufgestellten ‚Kenotaphen' – wohl Stelen oder Grabaltäre – der zwölf Apostel (Abb. 41). Im Zentrum des Grabbaues, der seiner Struktur nach ähnlich wie das Mausoleum der Constantina gestaltet gewesen sein dürfte, befand sich ein Altar, an dem Gottesdienst gefeiert wurde. Möglicherweise waren schon damals, spätestens aber 356 und 357, Reliquien des Apostels Andreas, des Evangelisten Lukas und des Paulusschülers Timotheos nach Konstantinopel gelangt und im Mausoleum deponiert worden. Die offenkundige Selbstinszenierung Konstantins als ‚apostelgleich' oder ‚dreizehnter Apostel' ist bezeichnend für die ambivalente religiöse Haltung des Kaisers. Als oberster römischer Priester *(pontifex maximus)* war er zunächst für alle religiösen Belange zuständig: Einerseits musste er auf die Ansichten und Traditionen der noch überwiegend heidnischen Mehrheitsgesellschaft und besonders der römischen Armee Rücksicht nehmen; andererseits hat er das Christentum nach Kräften gefördert und begünstigt. Ungeachtet der Frage nach dem persönlichen Christsein Konstantins, die in der Forschung nach wie vor kontrovers diskutiert wird, hat dieser Kaiser mit seinen religionspolitischen Maßnahmen dem Christentum letztlich den entscheidenden Durchbruch ermöglicht und ihm den Weg geebnet, die Staatsreligion des spätantiken Römischen Reichs zu werden. Doch die Behauptung seines Biographen und Lobredners Eusebios, Konstantin habe seine neue Stadt mit zahlreichen Kirchen ausgeschmückt und dem ‚Gott der Märtyrer' geweiht, ist eine Legende, denn mit Ausnahme seines den Aposteln geweihten Mausoleums hat Konstantin hier keine einzige Kirche errichtet

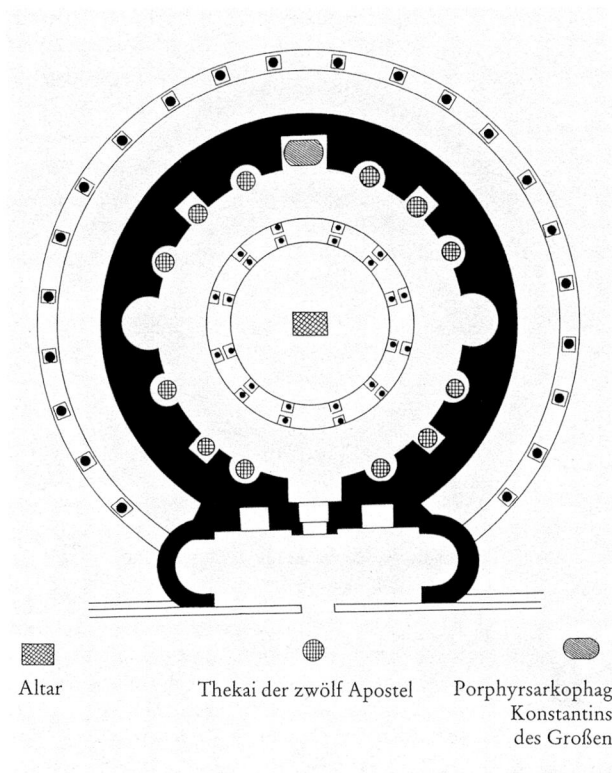

Altar   Thekai der zwölf Apostel   Porphyrsarkophag Konstantins des Großen

41   Rekonstruktion des Rundmausoleums Konstantins des Großen nach den Schilderungen bei Eusebios

– ganz im Gegensatz zu Rom, Nikomedeia und zum Heiligen Land, wo sich der Kaiser die Stiftung prächtiger Kirchen besonders angelegen sein ließ.

Konstantins allzu offenkundige Gleichstellung mit den Aposteln wurde schon bald nach seinem Tod als anstößig empfunden. Der Konstantinopeler Bischof Makedonios ließ 359 eigenmächtig den Porphyrsarkophag des Kaisers in die Akakioskirche umsetzen, was mit angeblicher Baufälligkeit des Mausoleums begründet wurde. Dies rief unter der Bevölkerung der Hauptstadt blutige Tumulte hervor, denn der Eingriff in die Totenruhe galt nach dem Gesetz als Sakrileg (was nicht verhinderte, dass bereits zu dieser Zeit damit begonnen wurde, die Gräber der Märtyrer zu plündern und ihre Gebeine als heilbringende Reliquien zu zerstreuen). Schließlich kam es zur Absetzung des Bischofs. Konstantios II. veranlasste die Reparatur des Mausoleums und ließ den Sarkophag seines Vaters wieder in der östlichen Nische aufstellen. Neben dem Mausoleum errichtete er eine kleine, kreuzförmige, den Aposteln geweihte Kirche (erst 370 fertiggestellt) und trennte so den Kaiserkult vom Gottesdienst und der Verehrung der Apostelreliquien. Fortan diente das Konstantinsmausoleum nur noch als kaiserliche Grablege. Constantius' († 361) eigener Porphyrsarkophag erhielt den Platz in der südlichen Nische des Rundbaus (Abb. 42).

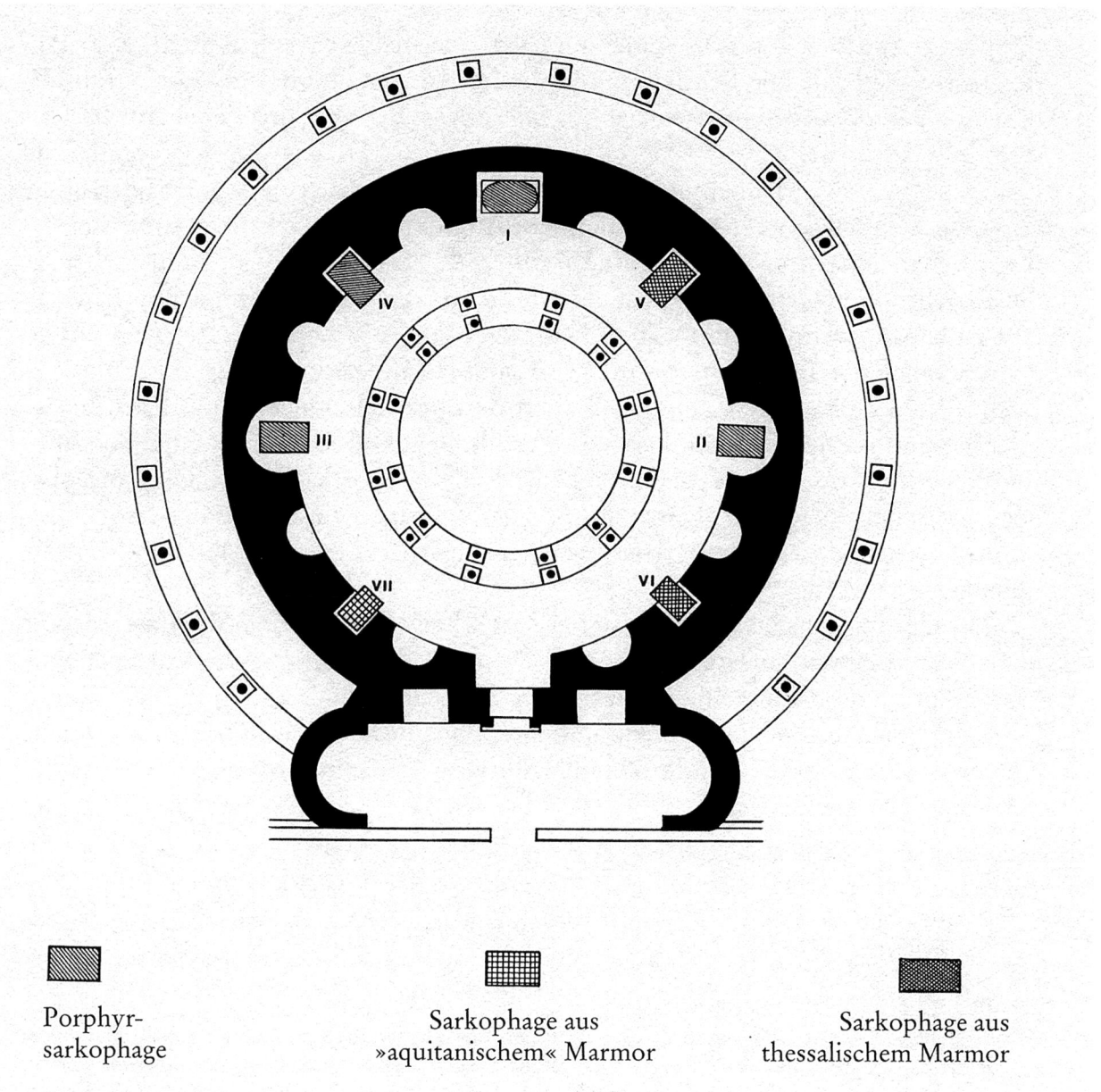

Porphyr-
sarkophage

Sarkophage aus
»aquitanischem« Marmor

Sarkophage aus
thessalischem Marmor

42 Schematische Rekonstruktion des konstantinischen Mausoleums unter Verwendung des Grundrisses von Santa Costanza mit den Sarkophagen der Belegungsphasen A und B: I Konstantin der Große – II Konstantios II. – III Theodosios I. – IV Markian – V Leon I. – VI Zenon – VII Anastasios I.

Kaiser Justinian errichtete an der Stelle der alten Apostelkirche, die zu diesem Zweck abgerissen wurde, einen prächtigen Neubau (um 548 vollendet) und vor dem nördlichen Kreuzarm ein weiteres, kreuzförmiges Mausoleum (*Heroon*). Das Konstantinsmausoleum behielt seinen Platz vor dem Ostabschluss der neuen Kirchenanlage und damit an einer prominenten Stelle, die sonst stets der Apsis vorbehalten war. Die justinianische Apostelkirche und die beiden Mausoleen nahmen nun im Wechsel die kaiserlichen Gräber auf. Sehr bald wurde Konstantin wie auch

seine Mutter Helena als Heiliger verehrt. Alljährlich an seinem Todestag, dem 21. Mai, haben Kaiser und Patriarch gemeinsam das Grab im Mausoleum bei der Apostelkirche aufgesucht und verehrt.

Das Konstantinsmausoleum, für das drei Belegungsphasen bezeugt sind, nahm 1028 die letzte Bestattung auf. Zu dieser Zeit befanden sich hier dichtgedrängt insgesamt 19 oder 20 kaiserliche Sarkophage aus unterschiedlichen kostbaren Gesteinssorten, darunter vier aus Porphyr (Konstantin, Constantius II.,

Theodosios I. und Markian). Da der Platz in beiden Mausoleen nicht mehr ausreichte, waren schon im 10. Jahrhundert etliche Kaiser dazu übergegangen, für sich und ihre Angehörigen eigene Grablegen in den von ihnen gestifteten Klöstern einzurichten. Das Gräberverzeichnis im Zeremonienbuch des Kaisers Konstantin VII. Porphyrogennetos – unsere wichtigste Quelle für die kaiserlichen Grablegen – führt namentlich zehn Kaiser bzw. Kaiserinnen auf, die im Konstantinsmausoleum und in den Hallen der Apostelkirche in Porphyrsarkophagen beigesetzt waren. Doch kein einziger der neun heute noch in Istanbul (Archäologische Museen; Nur-u Osmaniye Camii) vorhandenen und überwiegend fragmentarisch erhaltenen Exemplare lässt sich mit einem bestimmten Kaiser sicher verbinden. Aus den Berichten europäischer Reisender des 18. und 19. Jahrhunderts sowie durch erhaltene Porphyrplatten in den Höfen der Bayezıt Camii, der Süleymaniye Camii und der Nur-u Osmaniye Camii lassen sich zudem weitere Porphyrsarkophage rekonstruieren, was zeigt, dass mehr als nur zehn solcher Sarkophage existiert haben, in denen demzufolge weitere und uns unbekannt gebliebene Kaiser bestattet waren.

Neslihan Asutay-Effenberger

Literatur

Asutay-Effenberger/Effenberger 2006, S. 17 u. 46, Abb. 2 (Porphyrköpfchen Berlin), S. 17, Abb. 1 (Fragment Istanbul), S. 73, Abb. 46 (Deckel Alexandria); Ausst.-Kat. Berlin 1992, S. 84, Nr. 11 (Hans-Georg Severin, mit älterer Lit.); Deichmann 1967, S. 108–110, Nr. 174, Taf. 41–42.

Trier – die spätantike Kaiserresidenz

Kaum mehr vorstellbar für den Besucher des heutigen Trier ist der Rang der antiken Metropole, deren Reste unter seinen Füßen verborgen liegen. Unter bestimmten Gesichtspunkten, etwa dem der territorialen Zuständigkeit, rangiert die Bedeutung der spätrömischen Kaiserstadt des 4. Jahrhunderts vor der europäischer Hauptstädte der Gegenwart. Etwa 100 Jahre lang vom späten 3. bis zum ausgehenden 4. Jahrhundert stellte Trier, spätrömisch *Treveris* genannt, eine Kaiserresidenz, die erstrangige im Westen neben Konstantinopel seit 330 im Osten. Hier residierten unter anderen Constantius I. (293–306), Konstantin I. (306–337), Valentinian I. (364–375) und Gratian (367–383). Bereits in den Jahrhunderten zuvor gehörte Trier, die *Colonia Augusta Treverorum*, als Hauptstadt der Provinz *Gallia Belgica* zu den wichtigsten Städten in Gallien, zu nennen neben den beiden anderen Provinzmetropolen Lyon für die *Gallia Lugdunensis* und Bordeaux für die *Gallia Aquitanica*.

In sicherem Abstand zur Rheingrenze, aber doch in strategisch vertretbarer Nähe zu den kriegerischen Brennpunkten, haben bereits in der Krisenzeit seit 260 n. Chr. römische Kaiser und gallische Gegenkaiser die Stadt an der Mosel als Ausgangsbasis für ihre Operationen gewählt. 293 wird Trier durch Constantius I., Vater Konstantins, zur ständigen Residenz gewählt. Hier überwintert der Kaiser von nun an in der Regel. Er ist einer von vier Kaisern in dem neuen Herrschaftssystem, in der sogenannten Tetrarchie. Die Infrastruktur der alten Verwaltungszentrale ist nutzbar und wird den neuen Bedürfnissen angepasst. Der Palast wird noch vor 300 n. Chr. ausgebaut, ebenso das Amphitheater und der Circus. 293 wird auch eine Münzstätte errichtet, äußeres Zeichen herrschaftlicher Macht mit propagandistischem Anspruch. Sie entwickelt sich im römischen Westen während des 4. Jahrhunderts zur Münze mit dem weitaus größten Münzausstoß und vor allem mit einem exklusiven Anteil an Prägungen in Gold.

Von 293 an ist Trier für ein halbes Jahrhundert zunächst dauerhafte Residenz der konstantinischen Familie. Nachdem Konstantin 330 Konstantinopel als seine neue Residenz bezogen hat, vertreten den *maximus Augustus* im Westen, in Trier, permanent seine Söhne. Nach reichsinternen Auseinandersetzungen und germanischen Einfällen der 50er und frühen 60er Jahre erfährt Trier eine Wiederbelebung unter Valentinian I. und seiner Familie. 364 im Osten zum Kaiser ausgerufen, baut Valentinian seit 365 zielstrebig die Residenz Trier wieder auf. Die Wiedergewinnung dieser Residenz mit seinem festlichen Einzug in die Stadt feiert Valentinian Anfang Oktober 367 in einer außergewöhnlichen Goldprägung FELIX ADVENTVS AVGG – „die glückliche Ankunft der Kaiser".

Monarchische Repräsentation und kaiserliche Propaganda sind eng mit dem Kaiserhof verbunden. Unter den Konstantinen und Valentinianen hatte die Stadt schon einige Festlichkeiten erlebt. Siege mussten gefeiert werden; andere Feste kamen zwangsläufig oder festgelegt durch einen Kalender hinzu, erhielten aber auch ihren Glanz durch Geschenke und ein

Festprogramm, wie es der kaiserliche Hof entwarf und zelebrierte. Gesandtschaften und herausragende Besucher machten dem Kaiser ihre Aufwartung und erwiesen gleichzeitig der Stadt ihre Reverenz. Kaiserliche Geschenke sollten die Besucher zur Loyalität gegenüber dem Kaiser verpflichten, wie die Gewandspange zum Anlass des zehnten Regierungsjubiläums Konstantins (Kat.-Nr. 14) und ein Ring zur Treuebezeugung vor demselben Kaiser (Kat.-Nr. 15). Auch heute noch sprechen die überlieferten Huldigungsreden vor den Kaisern, *Panegyrici*, für die mehrfach Trier den Schauplatz bot.

Die meisten Kaiser des 4. Jahrhunderts sind nur selten nach Rom gekommen, der bedeutsame Kaiser Valentinian I. niemals. Sicherlich litt das alte *caput mundi* unter dieser kaiserlichen Zurücksetzung. Dennoch waren der Senat und das Volk von Rom durch die Tradition verpflichtet, dem Kaiser ihre Aufwartung zu machen. Mehrere Besuche von hervorragenden Vertretern des senatorischen Adels, der politischen, geistigen und religiösen Elite Roms und Norditaliens sind in Trier bezeugt.

Kein anderer Residenzort neben Konstantinopel kann häufiger sicher bezeugte Aufenthalte von Kaisern nachweisen als Trier, vor allem über die Wintermonate.

Trier hat einen Kaiserpalast zu bieten, der im Vergleich zu anderen Residenzen, selbst zu Konstantinopel, relativ gut erforscht und in vielen seiner Bauwerke bekannt ist. Die antike Literatur nennt das *palatium*; Festredner feiern in ihren *Panegyrici* die Umgebung, in der sie auftreten durften. In der Huldigung von 310 vor Konstantin aus Anlass des Geburtstages der Stadt Trier blickt der Festredner auf den Palast und die Stadt: „Ich sehe den riesigen Circus, der meiner Überzeugung nach mit dem Roms wetteifert, ich sehe weiterhin Basiliken und dieses Forum, eines Kaisers würdige Werke, und den Thron der Gerechtigkeit sich zu solcher Höhe erheben, sodass sie den Sternen und dem Himmel würdig und nah erscheinen."

Auch wenn wir einzelne kaiserliche Bauwerke der Spätantike in Trier kennen, fällt es schwer, sich die Residenz als Gesamtkomplex und in ihrer Funktion vorzustellen. Die Trierer Residenz hat wohl das nordöstliche Viertel der Stadt von den Kaiserthermen über die Basilika hin bis zum heutigen Dom eingenommen. Im Osten rückte der Bezirk bis an den römischen Circus, der sich am Fuß des Petrisberges erstreckte. Der Palastbezirk wird 800 Meter in seiner Nord-Südausdehnung und fast 500 Meter in der Tiefe auf der Linie Basilika-Circus erreicht haben. Ein monumentales Grabmal am Abhang des Petrisberges oberhalb des Circus und der Stadt für den Vater Konstantins, Constantius, machte der Stadt permanent kaiserliche Präsenz

bewusst. Circus und Mausoleum sind wesentliche Elemente der auf Dauer angelegten Kaiserresidenz. Darüber hinaus musste der Palast die Infrastruktur für den Hof, die kaiserliche Regierung und das begleitende Militär sicherstellen. Unmittelbar nördlich vor dem Palast war auf Initiative des Kaisers die frühchristliche Kirchenanlage errichtet worden; sie gehörte zu einem monumentalen Kirchenbauprogramm Konstantins in den bewusst ausgesuchten Städten Rom, Jerusalem, Konstantinopel und Trier. Hier befindet sich der älteste Bischofssitz in Deutschland, nur erklärbar aus der neuen Verbindung von Staat und christlicher Kirche. Analog zu modernen Regierungssitzen war auch in Trier ein riesiger Verwaltungsapparat im Umfeld der Residenz angesiedelt. Trier war der Sitz des Präfekten für die gallische Präfektur, die von Schottland bis Nordafrika reichte, der Sitz des Vikars der gallischen Diözese, dem die Provinzen unterstanden, und der Sitz des Statthalters der Provinz *Belgica prima*. Hinzu kommen die vielen hochrangigen Ämter in der Verwaltung des Staates, des Krongutes, des Militärs und der Leibgarde.

Gelegentlich geben frühchristliche Inschriften aus Trier einen Amtsträger bekannt, der in der Hierarchie des gewaltigen Verwaltungsapparates eine gehobene Stellung innehatte. Die Inschriften spiegeln ein breites Spektrum der Bevölkerung wider: Einheimische, Römer, aus dem Reichsosten zugewanderte Orientalen, selbst Germanen. Nur vor dem Hintergrund der Kaiserresidenz ist es erklärbar, dass die mit Abstand meisten frühchristlichen Grabinschriften außerhalb Roms in Trier geborgen wurden. Von der Stadt blieb der Palastbereich wohl streng abgegrenzt. Der Palast und seine einzelnen Institutionen sind *sacer* „geheiligt", so wie der Kaiser selbst der menschlichen Sphäre entrückt ist. Der Redner von 297 spricht vor Constantius davon, dass er in seiner Laufbahn nun in das „Innerste, das den Laien Unzugängliche des Palastes – inter adyta palatii vestri" gelangt sei. Die historischen Nachrichten, die archäologischen Befunde und Kunstwerke der Spätantike bringen uns näher an die Verhältnisse der Zeit, als Kaiser von Trier aus den römischen Westen beherrschten. Aber auch damit wird allenfalls nur einen Spalt weit die Tür zu dem angesprochenen Innersten dieses geheiligten Palastes geöffnet, zu den *adyta palatii vestri*.

Lothar Schwinden

Literatur

Ausst.-Kat. Trier 1984 (b); Fontaine 2003; Heinen 1996; Schwinden 2008.

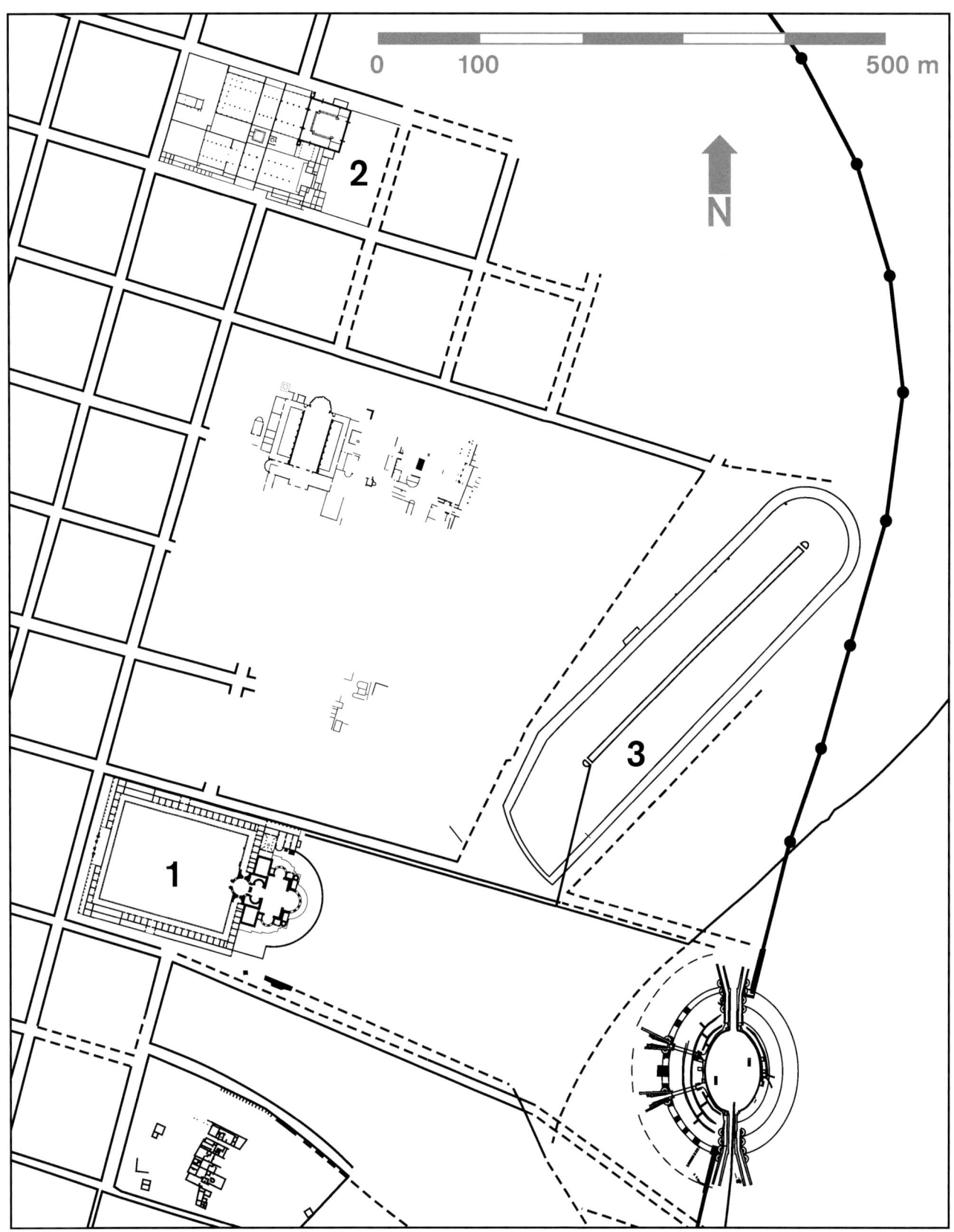

0   100   500 m

N

2

3

1

43   Der Trierer Palastbezirk

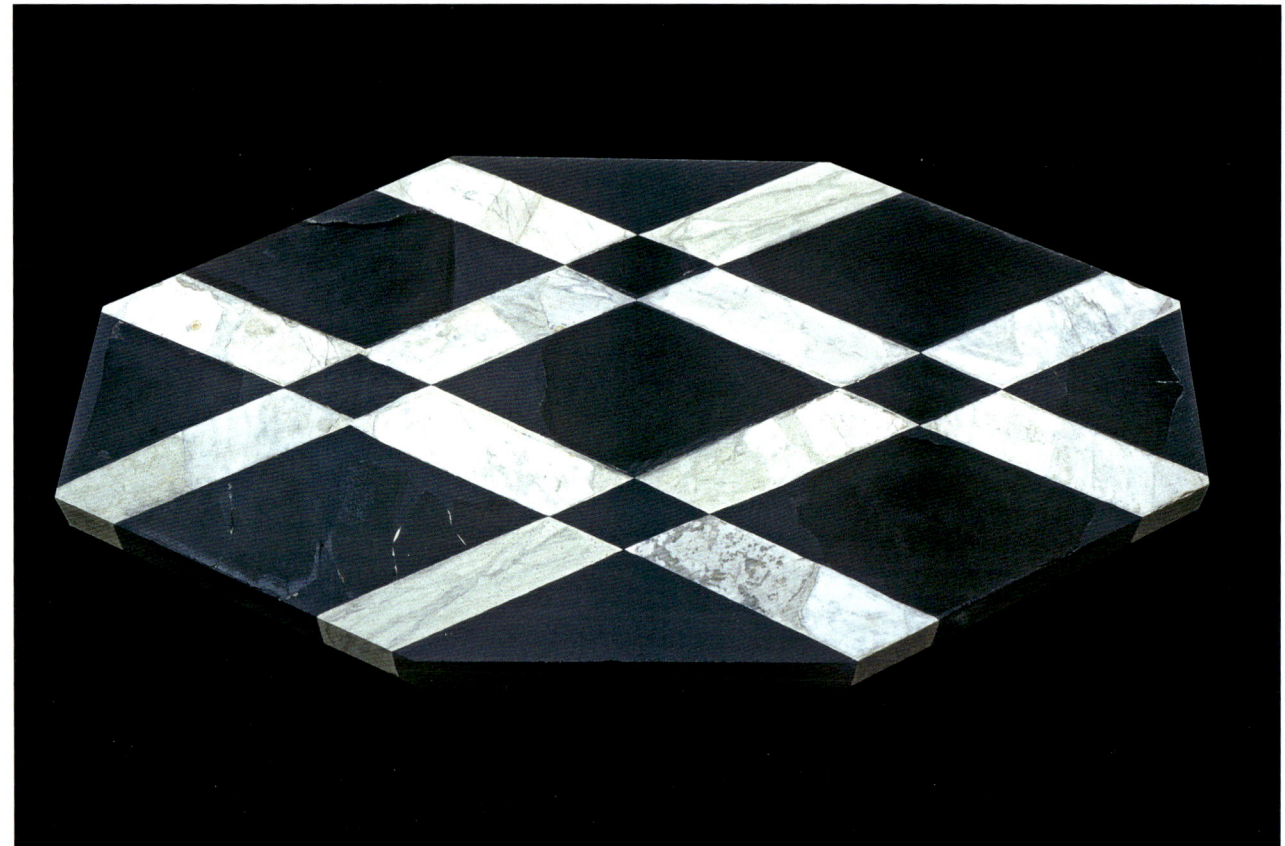

II.18 a

II.18 a-b

Bodenbeläge der Trierer Basilika (Details)

a) Trier, Basilika, Apsis, Mitte 4. Jahrhundert
   Weißer Marmor, Kohlenkalk und Schiefer.
   H 131 cm, B 68 cm, T 7 cm, G ca. 152,7 kg
   Trier, Rheinisches Landesmuseum, 1984,108
b) Trier, Basilika, Vorhalle, Mitte 4. Jahrhundert
   Giallo Antico, Grünstein, Porphyr, Kohlenkalk und
   Schiefer.
   H 133,5 cm, B 85 cm, T 6 cm, G ca. 166,8 kg
   Trier, Rheinisches Landesmuseum, 1984, 106

a) Große Rauten aus Kohlenkalk werden von schmalen weißen Marmorparallelogrammen gerahmt. Kleine Rauten aus Kohlenkalk füllen die Zwickel zwischen den großen Rauten und den Parallelogrammen. Ob das Muster die ganze Apsis einnahm, ist unbekannt.

b) J. N. v. Wilmowsky bezeugt, dass den mittleren Teil der Vorhalle der Basilika ein reich gegliederter Bodenbelag aus Marmorplatten schmückte. Seine Zeichnung wurde jedoch von H. Koethe als unzuverlässige Rekonstruktion erkannt. Als

Beweis diente ihm eine zeichnerische Aufnahme Schnitzlers. Diese zeigt den Rest einer schwarzen Scheibe aus Kohlenkalk, dem sogenannten Aachener Blaustein, die in ein Quadrat aus gelblich-weißem, rot und blau geädertem Marmor eingebettet ist. Das Originalfragment gibt den Stein als Giallo Antico, tunesischen gelben Marmor zu erkennen. Das Quadrat ist wiederum von grünen Platten umgeben, wahrscheinlich sogenannter Grünstein vom unteren Ruwertal als Ersatz für grau-grünen Porphyr vom Gebel Dokhan, Ägypten, der sonst im Römischen Reich verbreitet ist. Einige Platten des Bodens könnten sogar aus dem Importgestein bestehen. An den Ecken liegen schwarze Quadrate. Dazwischen sind längliche, mehrfach untergliederte Rechtecke angeordnet. Diese sind ihrerseits von Rechtecken aus Grünstein begleitet, an deren Schmalseite, auf ein mehrfach gegliedertes Rechteckfeld folgend, ein dekoratives Quadrat stößt, dessen Mittelpunkt eine sechseckige schwarze Platte bildet.

Oberhalb des Kreisfeldes ist die Achse, die durch den Kreismittelpunkt führt, durch ein kleines Rautenfeld aus verschiedenen Marmorsorten betont. Darüber folgt, wie erwähnt, ein großes Rechteck aus Grünstein. Die Steinarten und damit die Farbwerte des folgenden Feldes sind unbekannt. Darüber be-

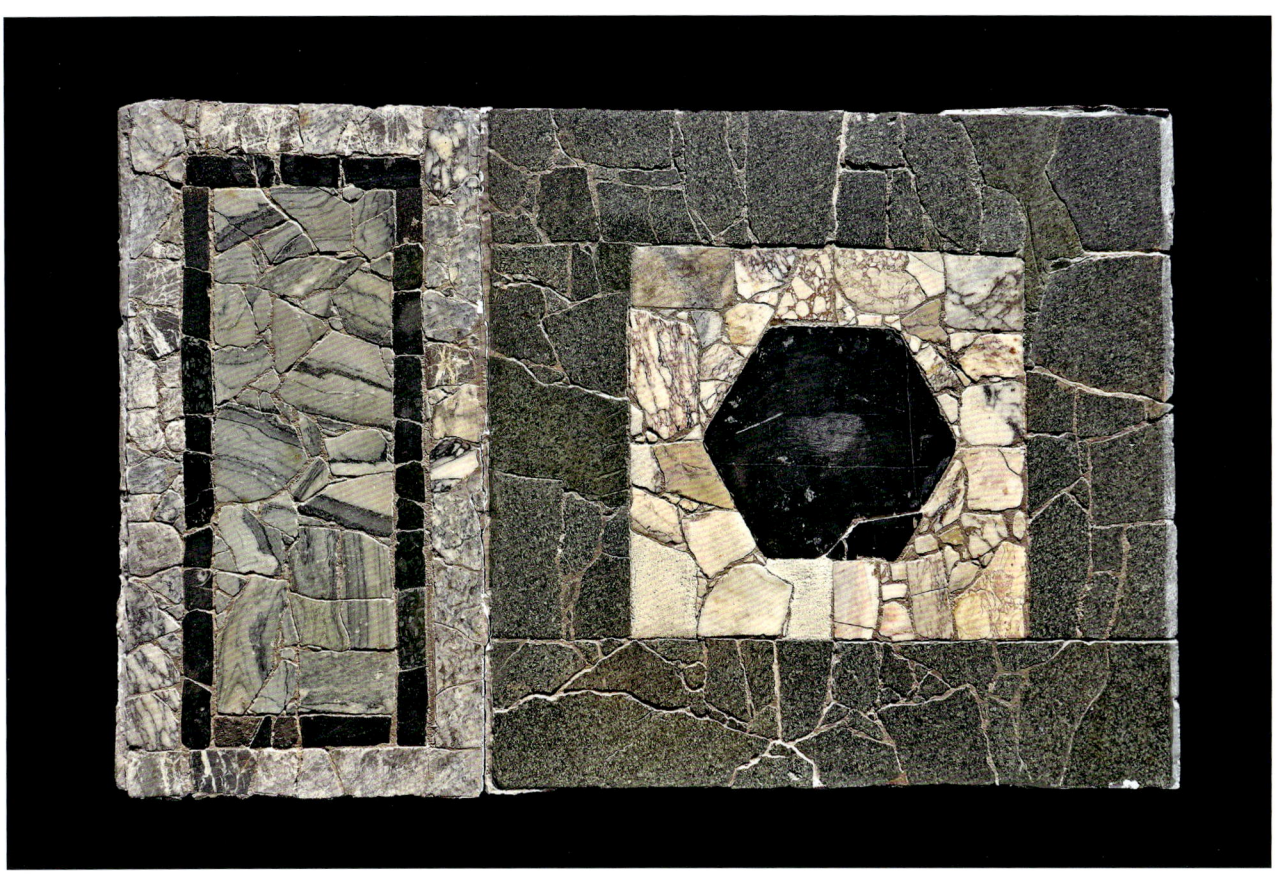

II.18 b

findet sich ein grün gerahmtes, vielfach gegliedertes mehrfarbiges Feld, dessen mittlere Füllung ebenfalls nicht überliefert ist, vielleicht war sie aus weißem Marmor. Die Fundlage des Kreises in der Vorhalle weist darauf hin, dass das Muster symmetrisch um diesen herum zu ergänzen ist. Die Ausdehnung des Raumes lässt einen zweiten Kreis annehmen. Das Muster des gesamten Bodens war folglich um zwei Mittelpunkte komponiert. Der Boden der Vorhalle konnte in einer Fläche von 4 x 3,10 m rekonstruiert werden.

Klaus-Peter Goethert

Literatur

a) Ausst.-Kat. Trier 1984 (b), Nr. 65 Bb (Klaus-Peter Goethert).

b) Ausst.-Kat. Trier 1984 (b), Nr. 56 a+b (Klaus-Peter Goethert); Ausst.-Kat. Trier 2007, CD-ROM, Nr. I.16.7 (Klaus-Peter Goethert); Koethe 1937, S. 156 f., Abb. 2; von Wilmowsky 1888, S. 15 f., Taf. 9.

II.18 c

Korinthisches Kapitell

Trier, Kaiserthermen, 2. Jahrhundert n. Chr. (wiederverwendet)
Marmor, Korinthisches Normalkapitell mit zwei Blattkränzen, abgeschlagene oberen Ecken, Außenhelices und die Abakusplatte mit Abakusblumen sind ergänzt. H 50 cm
Trier, Rheinisches Landesmuseum, 1914,1099

Das Kapitell wurde bei der Kaiserpalastausgrabung 1913 im Gebiet des Unteroffiziergartens südlich neben der großen Apsis N´ im Gang 34´, also beim östlichen Abschluss der Palästra der Kaiserthermen gefunden.

H. Kähler weist das Stück zu Recht als südlichen Import aus und ordnet es auf Grund der Stilformen einer Gruppe von Marmorkapitellen zu, die aus zweiter oder sogar dritter Verwendung stammen, wie eines aus der Pfalzkapelle in Aachen oder ein weiteres im Dom zu Magdeburg (Kat.-Nr. 27 b); dort wohl ottonisch verwendet. Auch in den Trierer Kaiserthermen liegt eine Zweitverwendung vor, denn die Gruppe Kapitelle ist sicherlich im Laufe des 2. Jahrhunderts n. Chr. gearbeitet

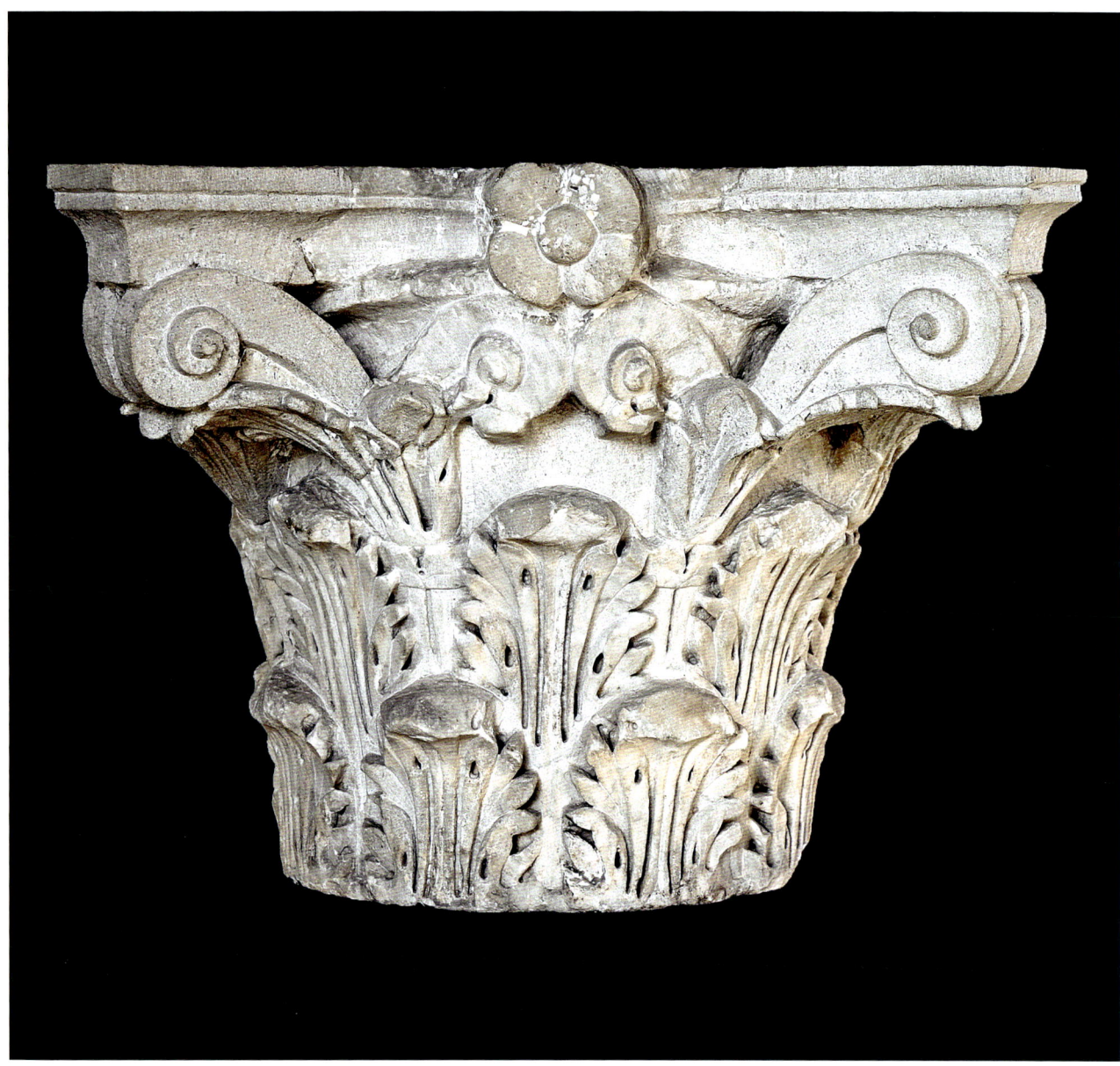

II.18 c

worden. In den Trierer Thermen wurde es jedoch erst nach der Umnutzung des Gebäudes als Kaserne der kaiserlichen Leibgarde, der *scholares* zwischen 350 und 360 n. Chr. verbaut.

Klaus-Peter Goethert

Literatur:
Kähler 1939, S. 84–85, Nr. 8, Taf. 15,8; Krencker 1929, S. 150–151, Abb. 189.

II.18 d

Fragment einer tordierten Säule

Trier, Basilika, 2./3.Jahrhundert (wiederverwendet)
Lapis Lacedaemonicus. H 17 cm, D 14 cm
Trier, Rheinisches Landesmuseum, EV Basilika 1952, Fnr. 102

Das Fragment ist wohl der Rest einer Nischendekoration der Trierer Basilika. Die zugehörige Nische muss sich allerdings in der Vorhalle befunden haben, denn die Maße der Nischen der

Haupthalle sind bekannt. Die Baldachine haben allesamt Säulen besessen, deren Durchmesser auf Grund ihrer Höhe von 0,25 m bis 0,37 m reicht. Nischen befinden sich in der Nordwand neben dem großen Bogen, in der Apsis und in der Südwand. Der Ort der Nischen in der Vorhalle ist leider nicht zu rekonstruieren, da das Mauerwerk bekanntlich nicht hoch genug erhalten ist. In Analogie zur Haupthalle sind Nischen in der Apsis anzunehmen und an der Ostwand, vielleicht auch rechts und links des großen Portals zur Haupthalle im Mitteltrakt der Vorhalle. Zur transportablen Inneneinrichtung dürfte das Säulenfragment nicht zu rechnen sein, da diese sicherlich bei der Aufgabe der Residenz mitgenommen wurde. Eine zeitliche Einordnung des Stückes ist nicht möglich, da es im spätantiken Bau auch wiederverwendet worden sein kann.

Die Verwendung des wertvollen Lapis Lacedaemonicus für Säulen ist in Trier nur noch durch ein zweites, in unmittelbare Nähe der kaiserlichen Residenz gefundenes, ebenfalls kanneliertes Fragment bezeugt (Kat.-Nr. II.18 a).

Klaus-Peter Goethert

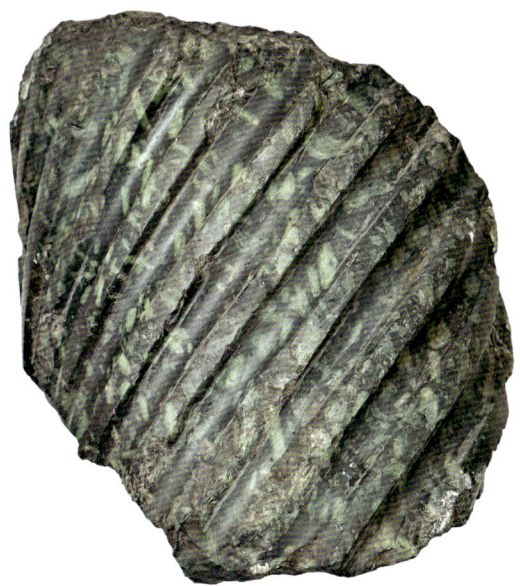

II.18 d

Literatur

Ausst.-Kat. Trier 2007, CD-ROM, Nr. I.15.51 (Klaus-Peter Goethert).

II.18 e

Säulentrommel

Trier, Basilika, Kryptoportikus, spätantik,
eine Wiederverwendung ist nicht ausgeschlossen
Aachener Blaustein (Kohlenkalk). H 32 cm, D 16,5 cm
Trier, Rheinisches Landesmuseum

Das Fragment besteht aus zwei aneinander passenden Stücken. Die untere Lagerfläche ist erhalten, ebenso Teile des unteren Wulstes. Das Bruchstück ist wie das Fragment aus Lapis Lacedaemonicus (Kat.-Nr. II.18 d) wohl der Rest einer Nischendekoration. Die zugehörige Nische muss sich ebenfalls seiner geringen Größe wegen in der Vorhalle der Trierer Basilika befunden haben.

Die Verwendung des Aachener Blausteines für Säulen ist im römischen Trier sonst nicht belegt; Reste von Wandverkleidungs- und Bodenplatten bezeugen jedoch seine Beliebtheit seit dem 2. Jahrhundert.

Klaus-Peter Goethert

Literatur

Ausst.-Kat. Trier 2007, CD-ROM, Nr. I.15.52 (Klaus-Peter Goethert).

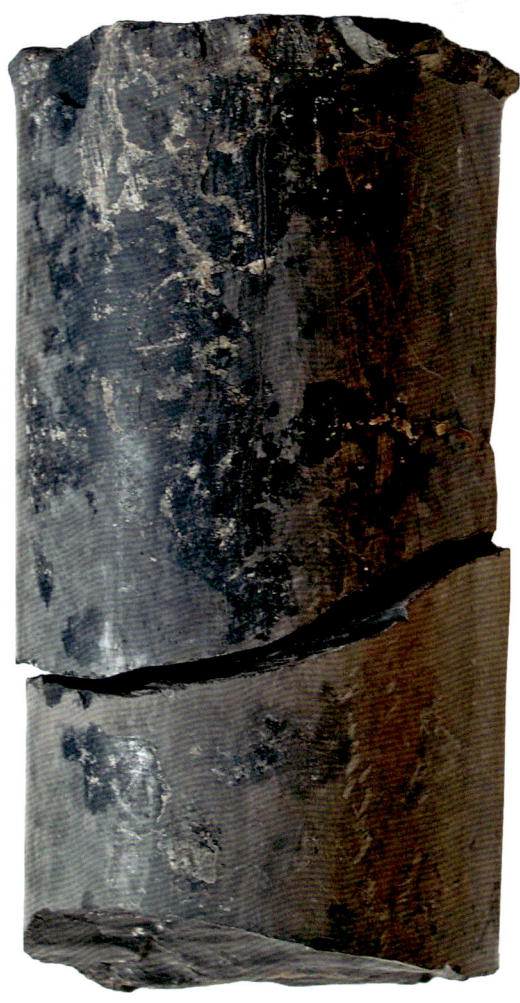

II.18 e

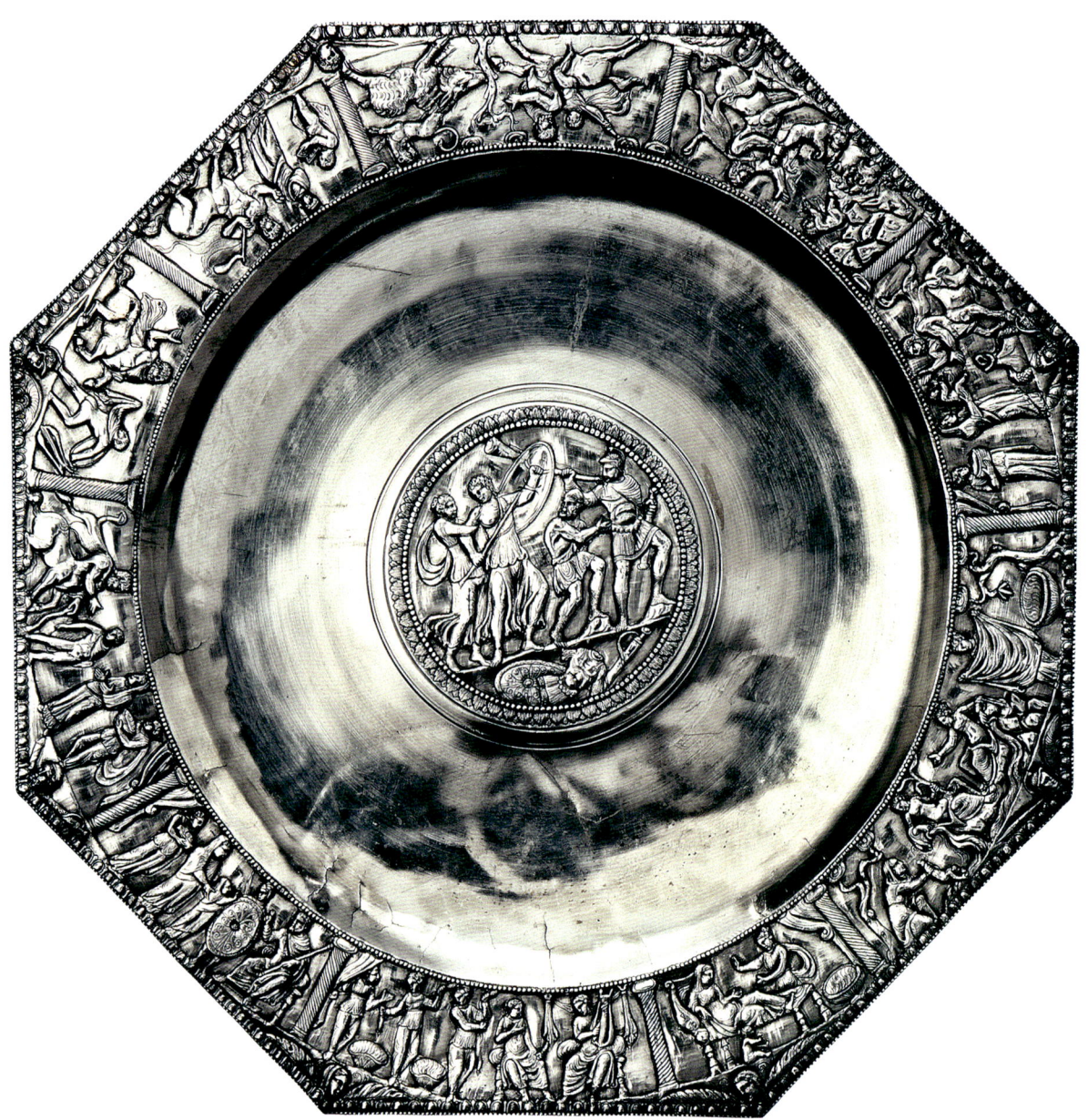

II.19

II.19

Achillesplatte aus dem Kaiseraugster Silberschatz

Thessalonica (Thessaloniki), Griechenland, 330–340 n. Chr.
Gefunden im Castrum Rauracense, Kaiseraugst,
Kanton Aargau, Schweiz
Silber, getrieben und geschnitten.
H 3,9 cm, D 53 cm, G 4,6 kg
Augst, Museum Augusta Raurica, 1962.1

Die Prunkplatte trägt ihren Namen vom griechischen Helden Achilles, dessen Jugendjahre in der Reliefverzierung wiedergegeben sind. Sie wurde im Winter 1961/1962 in Kaiseraugst, dem antiken Castrum Rauracense, unter abenteuerlichen Umständen zusammen mit 269 anderen Silberobjekten, darunter 186 Münzen, von einer Baumaschine aus der Erde gerissen. Mit den anderen Stücken aus dem Schatz gehört das Geschirrensemble zu den weltweit bedeutendsten Funden römischen Silbers aus der Spätantike.

Die Bilder auf der Achilles-Platte zeigen in elf Episoden die Jugend und Erziehung des griechischen Helden Achilles vor seiner Teilnahme am Trojanischen Krieg. Die Geschichte beginnt unten und verläuft gegen den Uhrzeigersinn um die Platte: Geburt, Feiung im Fluss der Unterwelt, Erziehung beim Kentauren Chiron mit Unterweisung zur Jagd, Unterricht im Lesen,

Diskuswerfen und Leierspiel sowie Verbergung auf der Insel Skyros am Hof des Königs Lykomedes. Das Mittelmedaillon zeigt die Entdeckung durch Odysseus. Nicht dargestellt sind die Abenteuer und Heldentaten von Achilles auf der Fahrt nach Troja und während der Belagerung der Stadt sowie dessen Tod. Der heldenhafte Achilles entsprach in der Antike neben Alexander dem Großen, dessen Vorbild er war, dem Ideal von Schönheit und Tugend. Die auf der Achilles-Platte dargestellte Heldenerziehung als Grundlage für den späteren Erfolg war im antiken Bildungsideal ein wichtiger Faktor. Achilles war eine Identifikationsfigur sowohl der Herrscher als auch der nach militärischem Ruhm strebenden Männer. Die Geschichte des jungen Helden wurde häufig dargestellt.

Auf ihrer Unterseite trägt die Achilles-Platte mit Punzen eingeschlagen in griechischer Schrift den Namen des Herstellers Pausylypos in Thessaloniki. Die Platte kommt damit aus derselben Werkstatt, die auch Silberschalen für die feierliche Übergabe von kaiserlichen Geldgeschenken, sogenannte Largitionsschalen (Kat.-Nr. II.23), produziert hat. Die Achilles-Platte entstammt somit einer offiziellen, kaiserlichen Werkstatt.

Die Kaiseraugster Achilles-Platte war ein Geschenk an eine hochgestellte Persönlichkeit. Sie war Entlohnung für besondere Verdienste sowie Symbol kaiserlicher Gunst und dürfte dem Beschenkten von Kaiser Constans (337–350), dem jüngsten Sohn Konstantins des Großen, anlässlich eines feierlichen Akts übergeben worden sein. Neben dem Silberwert hatte sie einen hohen Prestigewert. Der Name des Beschenkten ist nicht bekannt. Von anderen Stücken des Schatzes wissen wir, dass sie durch die Hände mehrerer Besitzer gegangen sind. Die meisten mit Namen gekennzeichneten Objekte gehörten Marcellianus, einem hochrangigen Offizier.

Die Regierungszeit der Konstantinssöhne begleiteten Wirtschaftsprobleme, innenpolitische Kämpfe und Religionskonflikte. Constans, der Kaiser des westlichen Teils des Imperiums, fiel einem Umsturz zum Opfer: Im Januar 350 n. Chr. wurde der Offizier Magnentius zum Kaiser ausgerufen. Auf dessen Machtergreifung folgten Germaneneinfälle ins römische Reichsgebiet. In den Jahren 351 bis 353 sind am Rhein Überfälle durch die germanischen Alamannen bezeugt. Bei einem dieser Überfälle brannte das Castrum Rauracense. Im Zeichen der Bedrohungen ließen die Besitzer das wertvolle Gut in einer Holzkiste im Innern des Kastells vergraben. In den darauf folgenden Kriegswirren hatten sie keine Gelegenheit mehr, den Schatz zu bergen.

Beat Rütti

Literatur
von Gonzenbach 1984; Rütti/Aitken 2003, S. 48.

II.20

Porträtkopf des Valentinianus I. / Valens

Rom, 364–378
gefunden 1939 auf dem Forum Boarium
Weißer, lunensischer Marmor. Kopf am oberen
Halsansatz gebrochen, Bestoßungen am Kinn, Mund
und Nase sowie am Nacken. Das Diadem wurde bis zu
den Ohren mit Stuck oder Glaspaste eingelegt.
H 33,5 cm
Rom, Musei Capitolini,
Museo del Palazzo dei Conservatori, A 10460

Das Porträt ist – wie in der Spätantike üblich – umgearbeitet. Erkennbar ist dies an den stark überlängten Proportionen des Hinterkopfes und auch an den ohne eigenes plastisches Volumen angegebenen, am falschen Platz liegenden Ohren. Nichtsdestotrotz erlaubt der Kopf zahlreiche Rückschlüsse auf formale, stilistische und ikonographische Besonderheiten. Die Identifizierung als Kaiserbildnis erschließt sich aus der rund um den Kopf bis zu den Ohren eingearbeiteten Furche, die zur Aufnahme von Stuck oder Glaspaste diente, um damit das von Konstantin eingeführte Kaiserdiadem zu halten. Der spätantike Bildhauer löste damit das Problem, des Marmormangels des Vorgängerporträts, wodurch kein plastisch erhabenes Diadem herausgearbeitet werden konnte. Seit seiner Auffindung wurde der Kopf mit einem Herrscher der valentinianischen Dynastie identifiziert, entweder mit Valentinian I. (364–375) oder mit dessen Bruder Valens, der 378 bei Adrianopel in der für Rom verhängnisvollen Schlacht den Goten unterlag. Die Zuweisung in die valentinianische Epoche lässt sich ikonographisch sichern. Zusammen mit weiteren Porträts in Kopenhagen, Florenz, Vienne und in Tivoli hat sich eine Gruppe von Herrscherbildnissen erhalten, die von den konstantinischen Kaiserporträts ikonographisch zu trennen ist. Auffällig ist die füllige Stilisierung, evoziert durch das markante Doppelkinn, wie sie auch Münzbildnisse der valentinianischen Kaiser zeigen (Kat.-Nr. II.48). Hinzu kommen die starke Kontraktion der Stirn, die schwellenden Orbitale und die Zusammenziehung. Mit den unbewegten, alterslosen Bildnissen Konstantins scheint dies auf den ersten Blick wenig zu tun zu haben, jedoch zeigt sich in der Tradierung des Diadems und durch die Zitierung der von Konstantin (wieder) eingeführten Strähnenfrisur, dass die Herrscher nach dem Ende der konstantinischen Dynastie eine Anknüpfung an den ersten christlichen Kaiser suchten. Die veränderte Mimik und die Thematisierung von Körperfülle erscheinen als programmatische, realistische Chiffren, welche eine veränderte Akzentuierung der kaiserlichen Repräsentation in Richtung eines in der Tradition des 3. Jahrhunderts stehenden, leistungsbetonenden Soldatenkaiserimages verraten. So berichtet Ammian,

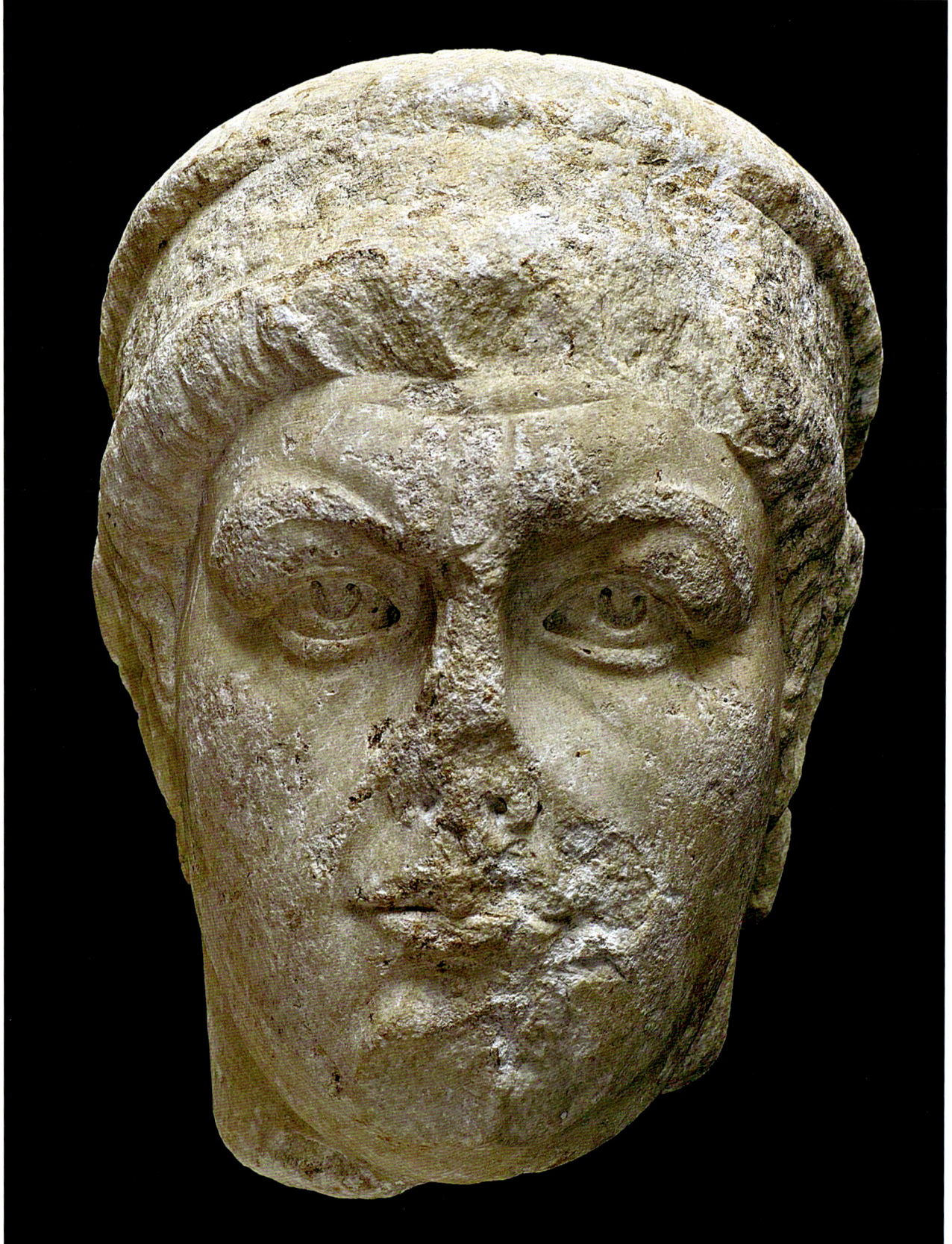

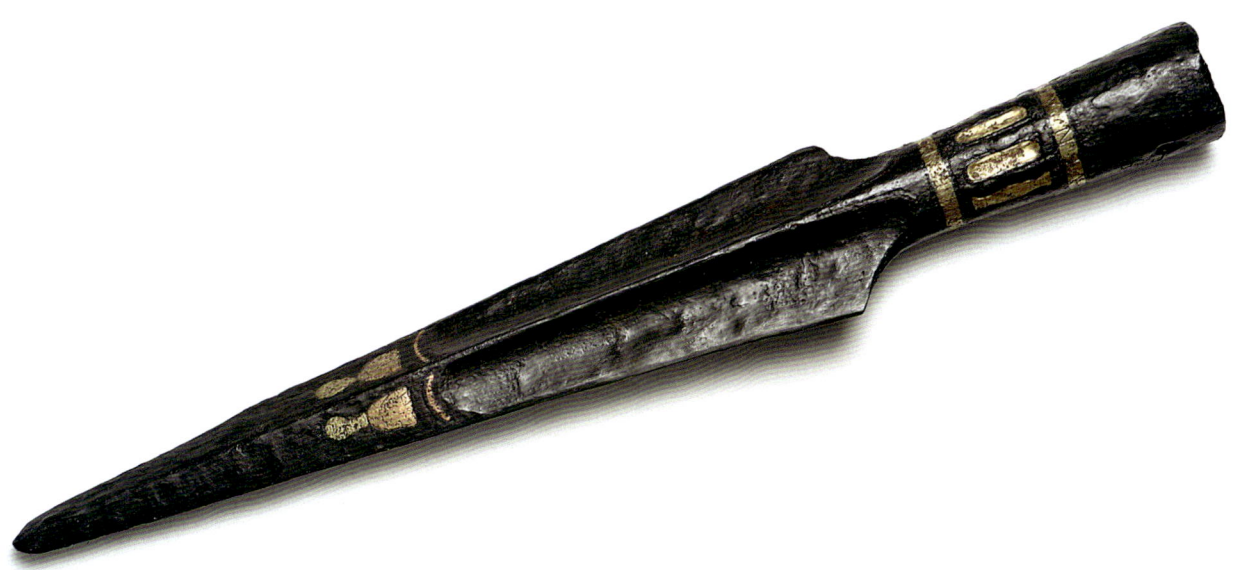

II.21

dass Valentinian in seiner Anstrengung durch seinen finsteren Blick aufgefallen sei (Ammianus Marcellinus 30, Res gestae 9, 6 bzw. 31, 14, 7). Auch in anderen Quellen zeigt sich diese Verschiebung in der Wahrnehmung des Kaisers: Der Herrscher war nun wieder ein an vorderster Front agierender Feldherr, der es gewohnt gewesen sei, im Lager Gericht zu halten und sich bescheiden zu ernähren. Ja, Valentinian habe sogar im Gegensatz zu früheren Kaisern im Lager unter freiem Himmel geschlafen (Symmachus, Orationes 1, 14–16).

Die ‚realistischen' Formeln spiegeln diese Veränderung des kaiserlichen Images wider, man könnte auch die im Vergleich zu Konstantin kürzeren Haare oder den bei der Büste in Vienne vorhandenen Stoppelbart als weitere Indizien dafür werten. Deshalb handelt es sich hier auch nicht um eine realistische Porträtauffassung im Sinne einer Porträtähnlichkeit. Dies zeigt der Vergleich mit den anderen valentinianischen Kaiserbildnissen, die sich kaum individuell voneinander unterscheiden. Die realistischen Züge fungieren als Formeln zur Steigerung der Bildaussage, wie dies auch der Blick in die zeitgleichen Privatporträts bestätigt, die durchweg mit deutlich mehr realistischen Formeln und abweichenden Frisuren experimentieren. Der Kaiser war durch den Herrscherornat und die kaiserliche Porträtikonographie auch offen ein Monarch, kein *primus inter pares* mehr.

Martin Kovacs

Quellen

Ammianus Marcellinus; Symmachus, Orationes.

Literatur

Ausst.-Kat. Frankfurt am Main 1983, Nr. 73 (Dagmar Stutzinger); Ausst.-Kat. Rom, Nr. 195 (Ada Cioffarelli); Autorenkollektiv 2003, S. 79–80, Nr. 151, Taf. 153–155; Fittschen/Zanker 1994, S. 158–159, Nr. 126, Taf. 157; Johanning 2003, S. 91–97 u. 175; Meischner 1981, hier S. 163–164; Raeck 2005, hier S. 99–100; La Rocca 2000, hier S. 26–27, Abb. 26; Severin 1980, hier S. 97, Nr. 2; Squarciapino 1946/1948; Stichel 1982, S. 41–43, Taf. 2, 3; von Sydow 1969, S. 73–81, 89, 95 u. 99, Taf. 2; Wegner 1987, hier S. 126, Nr. 67, Taf. 10; Wrede 1972, S. 92 u. 96, Taf. 54,1.2.

II.21

Lanzenspitze mit eingelegtem Dekor

Gallien, 2. Hälfte 4. Jahrhundert
Hérapel bei Saarburg in Lothringen, Frankreich
Eisen mit Kupfer- und Messing-Einlagen. Lanzenspitze: L 40,5 cm, Tülle: L 10,5cm, D 4 cm
Trier, Rheinisches Landesmuseum, EV. 1982,54

Die nahezu vollständig erhaltene Prachtlanze bildete aufgrund ihrer außergewöhnlichen Verzierungen aus Kupfer und Messing vermutlich eine Prunkwaffe der kaiserlichen Leibgarde. Auf dem massiven Teil der Spitze sind über in Kupfer ausgelegten Bögen in stilisierter Form paarweise, zueinander gerichtete Büsten eingelegt, deren Oberkörper aus Kupfer, die Köpfe aus Messing bestehen. Die Büsten könnten zwei Kaiserpaare, vielleicht Valentinian I. und Gratian, darstellen. In Form, Dekor und Größe zeigt die Lanze große Übereinstimmungen mit einer zweiten, die in der Mosel unweit der Trierer Römerbrü-

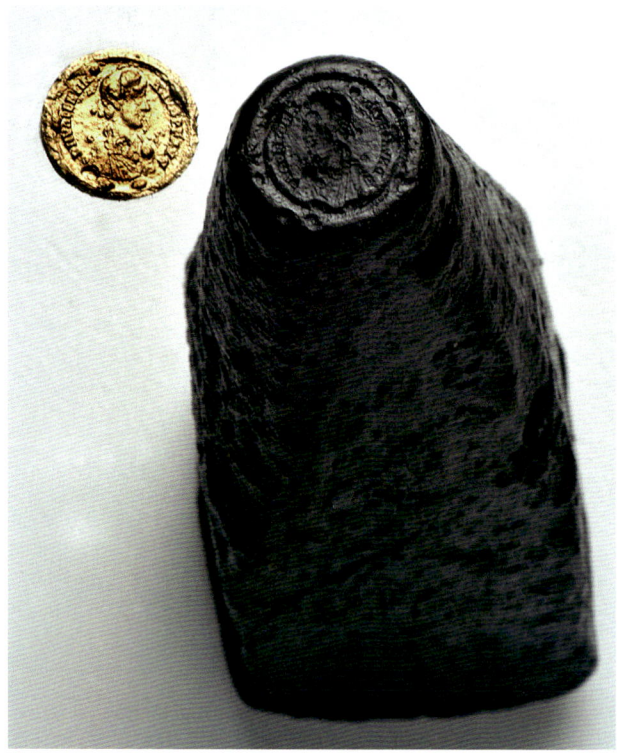

II.22

kopf. Die Prägefläche zeigt in einem Perlkreis die Büste eines jungen Kaisers mit Perlenkranz, Harnisch und *paludamentum* sowie die unterbrochene Umschrift DN VALENTINI – ANVS PF AVG. An einer der Seiten erkennen wir noch eine Schlag- oder Setzmarke, mit deren Hilfe eine einheitliche Stempelstellung von Vor- und Rückseite erzielt wurde.

Der Stempel gehörte zu einem Obereisen, mit dem um 383 in der Trierer Münzstätte Solidi geprägt wurden. In der Edelmetallprägung zählte die Trierer Münze zu den bedeutendsten Münzstätten nicht nur der westlichen Reichsteile. Um größeren Unannehmlichkeiten zu entgehen, wurde der Stempel vermutlich vor der Einnahme Triers durch Magnus Maximus von Mitarbeitern des Münzamtes im Fluss entsorgt.

Karl-Josef Gilles

Literatur
Gilles 2003.

cke entdeckt wurde. Beide Lanzen nennen auf zwei in ihrer Tülle eingelassenen Schriftbändern offenbar ihre ehemaligen Besitzer. Das obere Band trägt die Inschrift NEMNIANIVS, das untere VENATOR.VIVAS.

Karl-Josef Gilles

Literatur
Ausst.-Kat. Trier 1984, S. 297–298, Nr. 155c (Heinz Cüppers).

II.22

Prägestempel für Solidi Valentinians II.

Trier, Mosel, um 383
Eisen mit gehärtetem Kopf. L 17,6 cm,
Prägekopf: D 2,7 cm, G 3,5 kg
Trier, Rheinisches Landesmuseum, EV. 2003,211

Der Prägestempel zählt zu den wenigen erhaltenen spätantiken Prägestempeln. Sein nahezu quadratisches oberes Ende, die Schlagseite, ist abgeflacht und weist von der Nutzung einen leicht überquellenden Bart auf. Das sich verjüngende zweite Ende mündet in einem runden scheinbar gehärteten Präge-

II.23

Largitionsplatte des Valentinian (I. oder II.)

Mailand(?), letztes Drittel des 4. Jahrhunderts
1721 bei Genf in einem Feld in der Nähe
des Flusses Arve gefunden.
Silber, Spuren von Vergoldung. Leicht konkave Platte,
ohne Standring, ganze Fläche figürlich reliefiert, Kopf der
Zentralfigur sekundär überdeckt, alles stark abgerieben.
D 27,7 cm, G 1,05 kg
Inschrift am oberen Rand:
LARGITAS D(omini) N(ostri) VALENTINIANI AUGUSTI
Genf, Musée d'art et d'histoire, C 1241

Die Inschrift macht klar, dass es sich bei dem Objekt um eine kaiserliche Largitionsplatte handelt. Largitas bezeichnet die Eigenschaft des Kaisers, reichlich Geschenke *(largitiones)* zu verteilen.

In der Spätantike waren kaiserliche Schenkungen bei großen Festivitäten wie Regierungsjubiläen oder Siegesfeiern institutionalisiert. Der *comes sacrarum largitionum*, der höchste Finanzbeamte, stellte über ein System von Steuererhebungen, Edelmetalldepots und Prägestätten die Wertgegenstände bereit: Gold- und Silbermünzen, Ringe, Fibeln, Gürtelschnallen sowie Gefäße aller Art aus Silber. Begünstigt wurden verschiedene soziale Gruppen, in erster Linie jedoch das Militär. Allein zum Regierungsantritt konnten 3 Millionen *solidi* (14 Tonnen Gold) und 630.000 Pfund Silber (206 Tonnen) an die Soldaten gehen. Wichtige Offiziere und zivile Würdenträger empfingen ihre Geldgeschenke in silbernen Schalen und Platten im Rah-

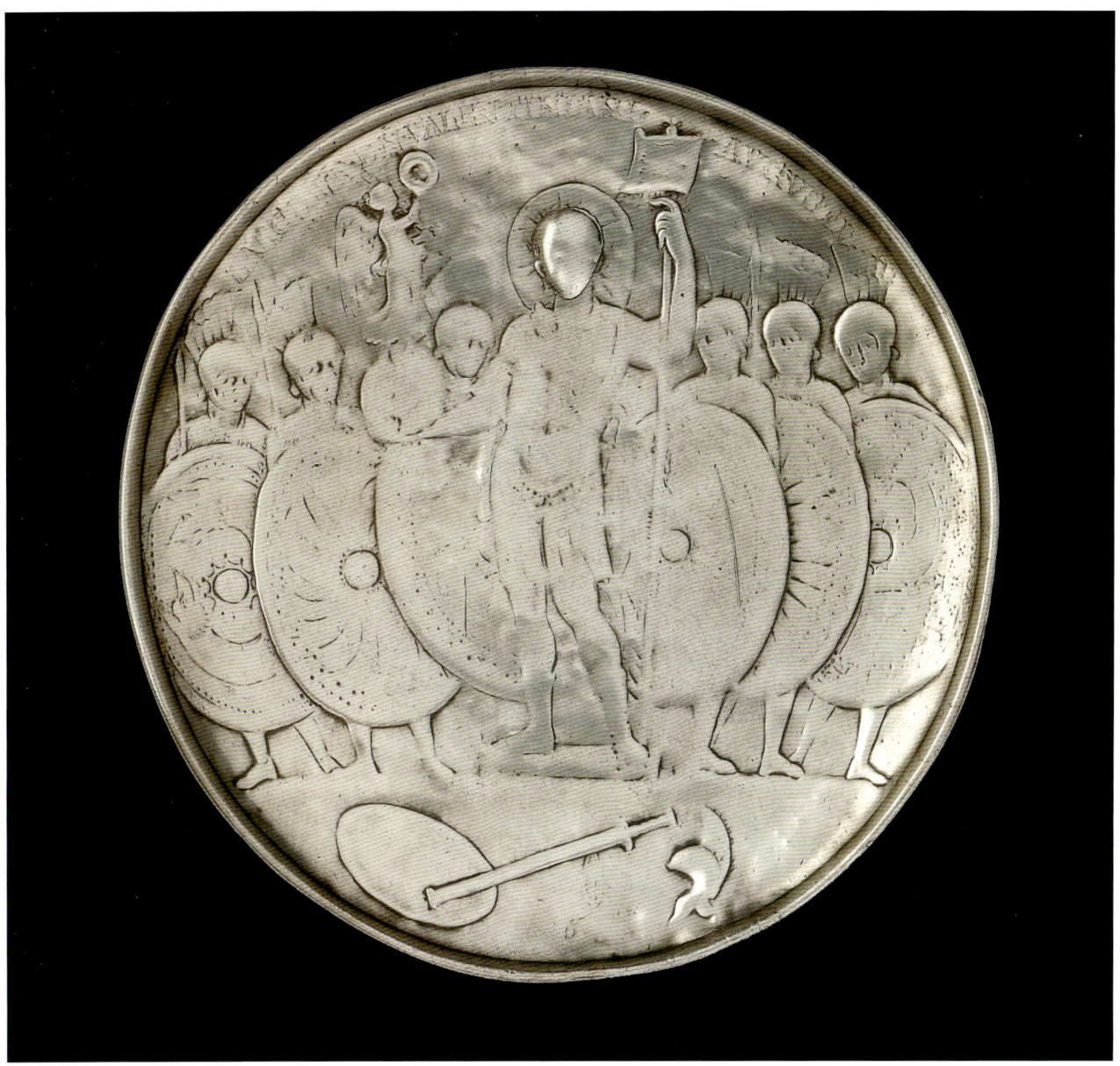

II.23

men ausgefeilter Zeremonien. Der Kaiser war Zentrum eines eindrücklichen Umverteilungskreislaufes, in dem Geschenke, Geld und Gunst gegen Prestige, Loyalität und Akzeptanz getauscht wurden.

Die Mitte der Platte wird beherrscht von dem frontal und erhöht auf einem Podest stehenden, nimbierten Herrscher. Er erscheint als triumphierender Feldherr mit Panzer, Mantel und Schwert an der Seite. In der Rechten hält er den Globus, auf dem ihm die Göttin Victoria den Siegeskranz reicht, in der Linken eine Heeresfahne. Beidseitig flankieren ihn in gestaffelter Formation je drei Gardesoldaten mit großen Ovalschilden, Lanzen und Helmen mit hohen Federbüschen. Die Schildzeichen

finden sich unter anderem bei germanischen Einheiten. Im Abschnitt zu Füßen der Gruppe liegen Beutewaffen, welche die Errichtung einer Trophäe andeuten. Ein konkreter Sieg ist jedoch nicht gemeint. Das Bild zeigt den Kaiser als *imperator semper victor*, als ewig Siegreichen.

Vom Stil her könnte es sich um Valentinian I. (364–375) oder um Valentinian II. (375–392) handeln. Die Triumphalpose entspricht einem Standardtypus. Singulär hingegen ist der Nimbus mit Christogramm (X für Chi, P für Rho) und eingeschriebenen A (Alpha) und Ω (Omega). Das Zeichen erscheint sonst nur als Aura bei Christus selber oder als Schutzsymbol auf Schilden, Helm oder Fahnen. Ungeklärt ist ferner die sekundäre Überdeckung des Kopfes. Gemäß einer neueren These (Arbeiter 2008) gehört die Platte in den Kontext heftiger Streitigkeiten zwischen dem arianisch gesinnten Valentinian II. und dem katholischen Bischof Ambrosius von Mailand um die Autonomie der Kirche von der staatlichen Macht. 385 ließ der Hof zur Besetzung einer Mailänder Basilika Truppen aufmarschieren. Vielleicht war die Platte Teil einer Sonder-*largitio* für den Führer einer solchen Einheit: man hätte in aller Eile den Kaiserkopf aktualisiert und dem Herrscher mit dem sakralen Zeichen eine Christus-ähnliche Oberhoheit zugeschrieben. Angesichts der Volksproteste scheiterte die Intervention, und der Christogramm-Nimbus für Kaiser wurde politisch inopportun.

Ilse Rollé Ditzler

Literatur

Arbeiter 2008, S. 42–73, Abb. 9–10; Ausst.-Kat. Karlsruhe 2005, Nr. 140 (Rainer Warland), Abb. 140 (seitenverkehrt!); Ausst.-Kat. Mailand 1990, Nr. 1c u. 3c (Carla Compostella); Ausst.-Kat. Rom 2000, Nr. 258, Abb. 258 (François Baratte); Bauer 2009, S. 9–36; Beyeler 2011, S. 315–316, Nr. 80; Delbrueck 1933, S. 179–182, Abb. 63, Taf. 79; Deonna 1920, S. 18–32 u. 92–104, Abb. 1, 2; Deonna 1926; Guggisberg 2003, S. 345, HF 88; Kaufmann-Heinimann 2003, hier S. 165–170, Tab. 3, Nr. 12, Abb. 170; Leader-Newby 2004, S. 23–25, Abb. 1.9; Portmann 2002; Reinert 2008, S. 175–182, Abb. 1.

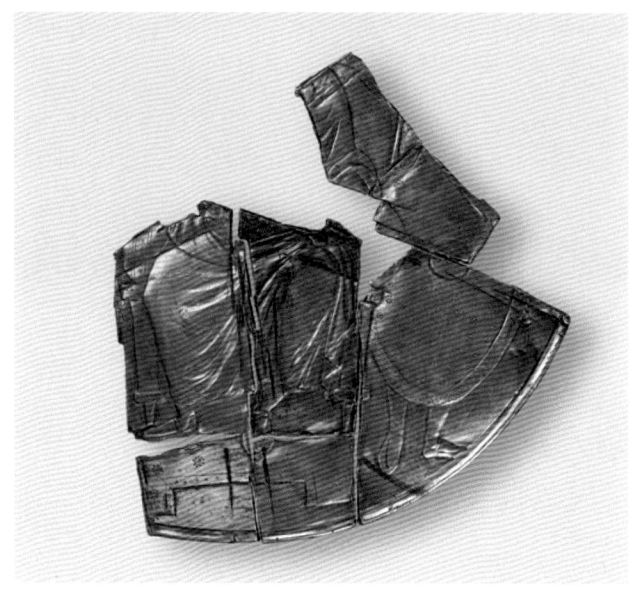

II.24

II.24

Largitionsplatte von Großbodungen

Trier(?), spätes 4. Jahrhundert
1936 bei Großbodungen, Lkr. Eichsfeld (Thüringen) als Teil eines Hacksilberhortes gefunden.
Silber, Spuren von Vergoldung. Sieben aneinander passende Fragmente einer runden Platte, flaches, figürliches Relief, rillenförmig verdicktes Randprofil, gegossen und mit Punzen nachbearbeitet.
D ursprünglich 26 cm, G 347,8 g
Halle (Saale), Landesamt für Denkmalpflege und Archäologie Sachsen-Anhalt, Landesmuseum für Vorgeschichte 36: 114a

1936 brachte ein Zufallsfund auf freiem Feld 21 Goldmünzen und einen Klumpen Silber von über 800 g zum Vorschein. Die Münzen stammen aus der Zeit von Magnentius (350–353) bis zu Konstantin III. (407–411). Der Silberklumpen enthielt absichtlich zerhackte Stücke: Fragmente der vorliegenden Platte sowie eines Gefäßes mit Fischer- und Hylas-Szene, drei weitere Gefäßteile und einen Zierbeschlag. Die Münzen aus östlichen und westlichen Prägestätten lassen auf eine Ansammlung aus Soldzahlungen an Truppen in unterschiedlichen Phasen

schließen. Die Silberfragmente entstammen wahrscheinlich *largitiones*, die ihren Objektwert zugunsten des reinen Edelmetallgewichtes verloren hatten und in gestückelter Form als Zahlungsmittel dienten. Dieses Phänomen erscheint primär in Gebieten jenseits des Limes, mit zunehmendem Verfall der staatlichen Strukturen aber auch im Reichsinnern. Ab etwa 300 bis in die 1. Hälfte des 5. Jahrhunderts sind unter den Germanen in römischen Militärdiensten von Gallien bis Pannonien Angehörige thüringischer Sippen nachweisbar. Einer dieser Söldner, der zuletzt Konstantin III. diente, könnte die akkumulierten Vermögenswerte in einer Krisensituation am Fundort vergraben haben.

Die Platte weist stilistische und ikonographische Ähnlichkeiten mit dem größten bekannten, über 15 kg schweren Missorium auf, das bei Almendralejo in Spanien gefunden wurde (Grünhagen 1954, Taf. 9–10; Beyeler 2011, S. 316–319, Nr. 82): es zeigt in einer hierarchischen Dreiergruppe Theodosius I. (379–395), flankiert von Valentinian II. (375–392) und Arcadius (383–408) sowie Gardesoldaten, wie er an seinen Decennalien 388 einem kniefälligen Beamten die Ernennungsurkunde überreicht. Die um zwei Drittel kleinere Platte aus Großbodungen lässt sich nach diesem Vorbild aus den erhaltenen Fragmenten weitgehend rekonstruieren: Im Zentrum thront ein Herrscher auf einem kostbar dekorierten Sessel mit Kissen und Fußschemel. Er trägt *campagi* an den Füssen und ist eingehüllt in die *chlamys*, den gefibelten Prunkmantel, dessen *tablion* (applizierter Einsatz) am Überwurf über dem linken Knie sichtbar ist. Um seine linke Schulter herum sowie zur Rechten sind mindestens drei Leibgardisten mit Speeren und großen, geschmückten Ovalschilden erkennbar. Ähnlich wie bei der Largitionsplatte des Valentinian (Kat.-Nr. II.23) liegt ein imperiales Repräsentationsbild vor; hier erscheint der Kaiser nicht im militärischen Umfeld, sondern in Amtstracht mit Redegestus und einer nicht mehr identifizierbaren Insignie in der linken Hand. Mangels Inschrift bleibt die Zuschreibung hypothetisch. Ungeschicklichkeiten in Stil und Ausführung deuten auf eine vielleicht serielle Herstellung in Gallien. In der Zeit um 390 käme nicht nur einer der legitimen Kaiser im Westen in Frage, sondern auch ein Gegenkaiser wie Magnus Maximus (383–388), der ebenfalls nichtrömische Truppen rekrutierte.

Ilse Rollé Ditzler

Literatur

Ausst.-Kat. Magdeburg 2006, Nr. I.10, Abb. I.10 (Heike Pöppelmann); Ausst.-Kat. München/Rosenheim 2000, Nr. 171, Abb. 171 a (ludwig Wamser); Becker 2001; Berghaus 1999, S. 76–68, Abb. 5; Beyeler 2011, hier S. 316–319, Nr. 82 u. S. 323–324, Nr. 83; Grünhagen 1954, S. 1–2, 9–12, 15–38 u. 58–77, Taf. 2 A, B, 3 A u. B; Guggisberg 2003, hier S. 272–281, Abb. 256, 263, S. 337, HF 32; Kaufmann-Heinimann 2003, hier S. 165–170, Tab. 3, Nr. 13, Abb. 180; Kleemann/Plietzsch 2001, hier S. 312–313; Leader-Newby 2004, S. 23–25, Abb. 1.2.

II.25

Siegelamulett mit Darstellung König Salomons

3./4. Jahrhundert
Schwarzer Hämatit. H 2,8 cm, B 1,6 cm, St 0,3 cm
Athen, Benaki Museum, ΓΕ 13539

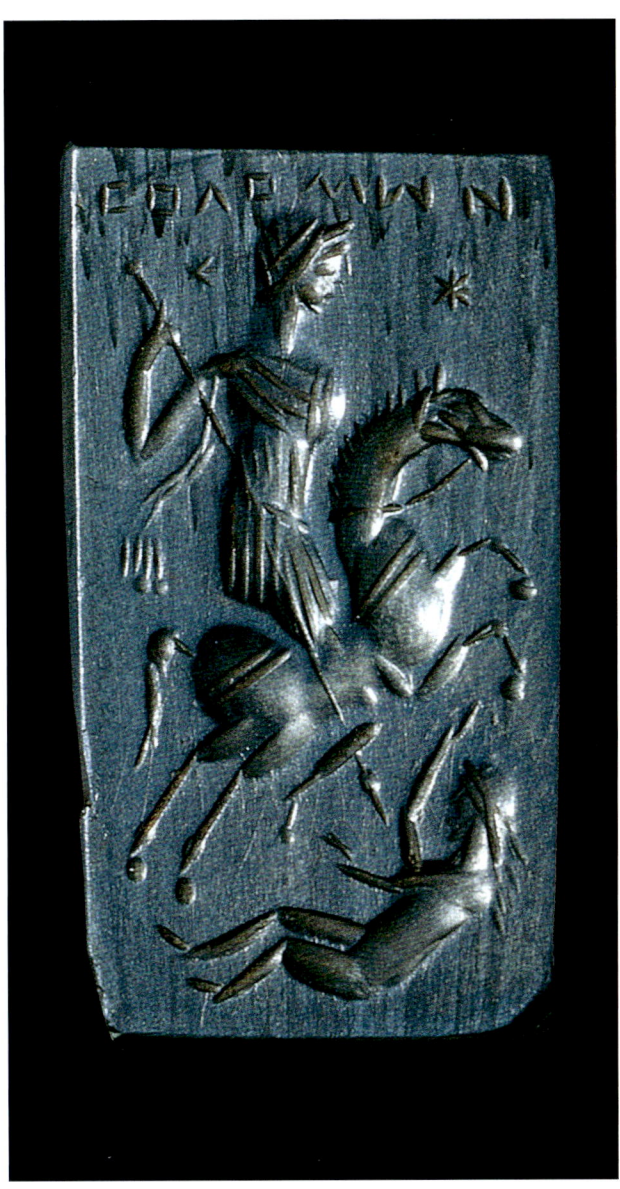

II.25

Das Siegel zeigt den inschriftlich bezeichneten, berittenen Salomon (ϹΟΛΟΜѠΝ), der im Begriff ist, einen gefallenen, nackten Dämonen mit seiner Lanze zu erstechen. Rechts und links des Reiterkopfes befinden sich zwei Sterne. Die Rückseite trägt die Inschrift ϹΦΡΑΓΙϹ ΘΕΟΥ („Siegel Gottes") und ein x-förmiges astrologisches Zeichen.

Die Bildkomposition ist keine Invention für die Salomonsdarstellung, sondern bedient sich, indem Salomon mit Feldherrnmantel (Paludamentum) als Triumphator über die besiegten Feinde dargestellt wird, einer antiken Bildtradition, welche die Sieghaftigkeit des Kaisers symbolisiert. Der liegende Dämon nimmt dabei den Platz von besiegten Provinzen oder Barbaren ein. Neue Bildthemen spätantiker oder frühbyzantinischer Zeit bedienten sich also traditioneller, daher verständlicher Bildkompositionen, um bestimmte Bildinhalte zu vermitteln. Später wurde das Bildschema für christliche Reiterheilige wie den Hl. Georg übernommen.

Salomon (10. Jh. v. Chr.), König von Juda und Israel, Nachfolger seines Vaters König David und Erbauer des Tempels in Jerusalem, wurde eine besondere Weisheit zugeschrieben (1

Kön 5,10), wie das heute noch sprichwörtliche „Salomonische Urteil" illustriert. Nach jüdischer (und dann auch christlicher und islamischer) Tradition galt er als großer Magier und Herr über Dämonen. Dies schlug sich schon früh nieder in magischen Papyri (Testament des Salomon, 1.–5. Jh. n. Chr.) und in Form der Darstellung auf Amuletten, vor allem von Salomon im Kampf mit Dämonen. Dass sein Name zur Heilung und zum Austreiben von Dämonen verwendet wurde, berichtet bereits der jüdische Historiker Flavius Josephus (37/38–ca. 100 n. Chr.): So habe der Jude Eleazar im Beisein Kaiser Vespasians (69–79 n. Chr.) Besessene mit einem Ring und einer Wurzel sowie mit Salomon beschwörenden Zauberformeln exorziert (Flavius Josephus, Antiquitates Judacae. 8,45–49). Allein die

Inschrift „Siegel des Salomon" hatte auf Amuletten bereits talismanische Wirkung. Auch im späteren Mittelalter verband sich der Name Salomon mit Magie: Im 14./15. Jahrhundert entstand der (fälschlicherweise) Salomon zugeschriebene *Clavis Salomonis*, eines der bedeutendsten Zauberbücher der Renaissance, das bis in das 18. Jahrhundert immer wieder kopiert und rezipiert wurde.

Die Gemme gehört zu einer größeren Gruppe ähnlicher magischer Amulette, denen aufgrund der Darstellung des Salomon auch in christlicher Zeit eine schutzbringende bzw. heilende Wirkung zugeschrieben wurden. Da der besiegte Dämon meist mit der kinderfeindlichen Lilith identifiziert wird, kann diese spezielle Gruppe als Amulette für Kinder bzw. gegen Säuglingssterblichkeit angesehen werden. Vergleichsbeispiele befinden sich z.B. in der Staatlichen Münzsammlung München oder im British Museum in London, die meist über die gleiche Inschrift „Siegel Gottes" verfügen, das Salomon laut „Testament des Salomon" vom Erzengel Michael erhalten habe und das ihm magische Kräfte verlieh. Das Motiv wurde ab dem 5./6. Jahrhundert vor allem auf Bronzeanhängern weitergeführt. Neben der Salomonszene gibt es auch zahlreiche andere magische Gemmen mit Amulettfunktion, die sich offenbar während der gesamten spätrömischen bzw. frühbyzantinischen Zeit großer Beliebtheit erfreuten. Danach werden die Zeugnisse der Steinschneidekunst und damit auch in Stein geschnittene magische Gemmen seltener, wenn auch der Bedarf danach wohl immer noch da war, wie vor allem Metallamulette mittelbyzantinischer Zeit belegen, z.B. mit Gebärmutterdämonen, die dann auch mit dem dämonentötenden Reiter kombiniert sein konnten.

Antje Bosselmann-Ruickbie

Quellen

Flavius Josephus, Antiquitates Judacae.

Literatur

Ausst-Kat. Thessaloniki 2002, Nr. 727 (Vasiliki Phoskolou); Walter 1989/1990. Vergleichsbeispiele: Ausst.-Kat. Hamburg 2001, S. 95–98; Ausst.-Kat. Trier 2007, Nr. I.13.60 (Kay Ehling); Bonner 1950, S. 208–211; Michel 2001, Bd. 1, Nr. 430–450, bes. S. 268 u. 279, Bd. 2, Taf. 64–67, Nr. 430–450; Michel 2004, S. 323, Nr. 44.1.b. Zur Salomonikonographie: Spier 1993 (a), S. 34–36; Zum 'Testament des Salomon': Davies 2009, S. 12–14; Dickie 2001, S. 232 u. 290. Zu magischen Papyri: Ruickbie 2012, S. 183–187. Zu mittelbyzantinischen Gebärmutterdämonen: Bosselmann-Ruickbie 2011, S. 140, Nr. 321; Spier 1993 (a), S. 27, 30, 31 u. 33–36 und Taf. 2, Nr. 21, Taf. 3, Nr. 33.

Konstantin der Große
und das christliche Kaisertum im Münzbild

Die Münzen des Konstantin sind wie die seiner Mitkaiser und Rivalen um die Herrschaft im Römischen Reich ein offizielles Produkt und unmittelbares Dokument des spätantiken römischen Staates. Dieses Münzgeld wurde in kaiserlichen Münzstätten nach vom Kaiserhof genehmigten Entwürfen und festen Vorgaben zu Gewicht und Feingehalt gefertigt und oft genug auch an Angehörige der Verwaltung und des Militärs als Sonderzahlung vergeben. Diese Gepräge stellen damit ein verlässliches und aussagekräftiges Zeugnis für die Absichten und Programme des Herrschers, aber auch ein Abbild der jeweiligen politischen Situation und Machtverhältnisse dar. Das Porträt des Konstantin auf der Vorderseite der Münzen, die Münzlegende (Aufschrift) mit seinem Namen und Titel sowie die auf vorbildhafte Tugenden und politische Absichten abzielenden Rückseiten begleiten und reflektieren die politische Karriere des Konstantin von den Anfängen seiner Regierung an. Auch zunächst unscheinbare Details, wie etwa die Angabe des Prägeortes auf den Rückseiten, oder ein neuer Kopfschmuck des Kaisers, so das 324 n. Chr. eingeführte Diadem, bilden Anknüpfungspunkte für numismatische und ikonographische Untersuchungen.

Seit dem fortschreitenden 3. Jahrhundert nach Christus erscheint die Person des Kaisers zunehmend mit göttlichen Qualitäten ausgestattet bzw. in Begleitung eines Gottes. Kennzeichnend ist hier auch eine monotheistische Tendenz, etwa in Bezug auf *Sol invictus* als Begleiter (*comes*) des Herrschers. Unter Diocletianus und der Tetrarchie (Viererherrschaft) wird der Kaiser mittels eines ausgeklügelten Hofzeremoniells immer mehr der menschlichen Ebene enthoben, der Prinzeps (der Erste) wird zum Dominus (Herr), entsprechend wird auch die Titulatur der Münzaufschriften aktualisiert. Die politische Karriere Konstantins des Großen vom Kaisersohn und Herausforderer eines Herrscherkollegiums (306–312 n. Chr.) über den Herrscher einer Hälfte des Reiches zusammen mit Licinius (312–324 n. Chr.) zum Alleinherrscher ab 324 n. Chr. lässt sich anhand der Münzen gut nachvollziehen. Dasselbe gilt auch für ein Schlüsselerlebnis des Konstantins in seiner Auseinandersetzung mit Maxentius während der Schlacht an der Milvischen Brücke im Jahre 312. Der hilfreiche Beistand des Christengottes, versinnbildlicht durch eine Erscheinung des Kaisers („Unter diesem Zeichen sollst Du siegen") und das Monogramm des Christusnamens (Chi-Rho), erscheint nun auch auf Münzen (Kat.-Nr. II.26 c). Ausgehend von dieser ersten, eher beiläufigen numis-

matischen Erwähnung beginnt ein Prozess der Emanzipierung des Christentums in der antiken römischen Welt, der am Ende des Jahrhunderts die Einführung des christlichen Glaubens als Staatsreligion und ein Verbot des alten Götterglaubens sieht. Diesem Vorgang entsprechen auch die bildlichen Hinweise auf das Christentum auf Münzen dieser Zeit: Zunächst erscheint nur sehr versteckt, etwa als nachgeordnetes Beizeichen oder als kleines Emblem am Kaiserhelm wie auf der berühmten Münchner Doppelsiliqua, das Christusmonogramm. Dieses Siegeszeichen der konstantinischen Dynastie wird bald auch prominenter auf dem kaiserlichen Feldzeichen (*labarum*) dargestellt (Kat.-Nr. II.26 e). Wesentlich zurückhaltender ist man mit dem uns so vertrauten christlichen Kreuz. Wohl weil es in der antiken Umwelt zunächst noch als Hinweis auf die Schandstrafe der Kreuzigung verstanden wird, kann es erst nach gut zwei Generationen als positives Bildzeichen gelesen werden. Hier nimmt es etwa den Schild der Siegesgöttin ein oder erscheint schließlich als alleinige Rückseitendarstellung.

Subtil verdeutlicht dagegen eine weitere Münze die gewandelte politische Situation nach dem Sieg des Konstantins über Licinius 324 n. Chr.: Der neue Alleinherrscher trägt nun das noch nie zuvor von römischen Kaisern verwendete Diadem anstelle des bisher üblichen Lorbeerkranzes. Dieses Diadem wird schnell, anders als das schlichtere Banddiadem der hellenistischen Könige in der Nachfolge Alexanders des Großen, aufwendig dekoriert; Juwelen und Gold schmücken diese kaiserliche Insigne, welche als Perl-, Rosettendiadem oder als Kombination derselben abgebildet wird (Kat.-Nr. II.26 h).

Die Darstellung der Person des Kaisers erreicht mit dem Ende des 4. Jahrhunderts schließlich einen gewissen Schlusspunkt. Abgesehen von wenigen Sonderbüsten, die anlässlich besonderer Ereignisse wie etwa Regierungs- oder Konsulatsantritt ausgegeben werden, wird die in Frontalansicht bzw. Dreiviertelprofil dargestellte Kaiserbüste in Rüstung mit Helm, Diadem, geschultertem Speer und eine Reitersiegerszene zeigendem Rundschild zur Konvention.

Karsten Dahmen

Quellen
RIC, Bände VI–X.

Literatur
Alföldi 1980.

II.26

Spätantike Münzen

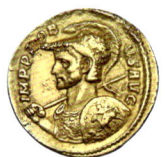 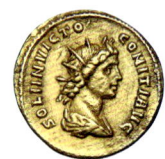

a) Aureus des Probus

Rom, 276–282 n. Chr.
Vs.: MP PROB-VS AVG. Drapierte Panzerbüste des Probus mit Helm in der Brustansicht nach links. In der linken Hand vor der Brust ein Schild, darauf der Kaiser zu Pferd nach links, links davor ein Gefangener. In der rechten Hand ein über die rechte Schulter gehaltener Speer.
Rs.: SOLI INVICTO COMITI AVG.
Drapierte Büste des Sol mit Strahlenkranz nach rechts.
Gold. G 8,68 g, D 21 mm, 12 h
Berlin, Staatliche Museen zu Berlin, Münzkabinett, 18206182

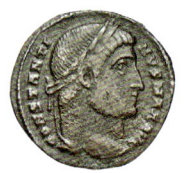 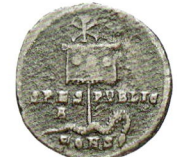

c) Nummus des Constantinus I.

Constantinopolis, 327 n. Chr.
Vs.: CONSTANTI-NVS MAX AVG [Constantinus Maximus Augustus]. Kopf des Constantinus I. mit Lorbeerkranz nach rechts.
Rs.: SPES - PVBLIC // CONS [Spes Publica]. Ein Feldzeichen (labarum) auf eine Schlange am Boden gesteckt, auf dem rechteckigen Feldzeichentuch drei Punkte. Die Stange ist oben gekrönt von einem Christogramm. Im l. F. A.
Bronze. G 3,21 g, D 19 mm, 11 h
Berlin, Staatliche Museen zu Berlin, Münzkabinett, 18217778

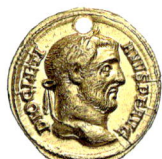 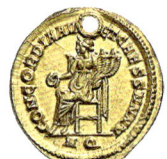

b) Aureus des Diocletianus

Aquileia, ca. 294-303 n. Chr.
Vs.: DIOCLETI-ANVS P F AVG. Kopf des Diocletianus mit Lorbeerkranz nach rechts.
Rs.: CONCORDIA AVG[G] ET CAES NNNN // AQ [Die Eintracht unserer Kaiser und Caesaren]. Concordia sitzt mit einem Doppelfüllhorn in der linken Hand und einer Schale (patera) in der rechten Hand nach links. Im r. F. ein Graffito.
Gold. G 5,24 g, D 17 mm, 12 h
Berlin, Staatliche Museen zu Berlin, Münzkabinett, 18225810

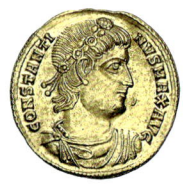 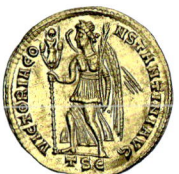

d) Solidus des Constantinus I.

Thessaloniki, 335 n. Chr.
Vs.: CONSTANTI-NVS MAX AVG. Drapierte Panzerbüste des Constantinus I. mit Diadem in der Brustansicht nach rechts.
Rs.: VICTORIA CO-NSTANTINI // TSE [E kursiv]. Victoria steht mit einem Siegesmal (tropaeum) in der rechten Hand und einem Palmzweig in der linken Hand nach links.
Gold. G 4,62 g, D 21 mm, 6 h
Berlin, Staatliche Museen zu Berlin, Münzkabinett, 18230072

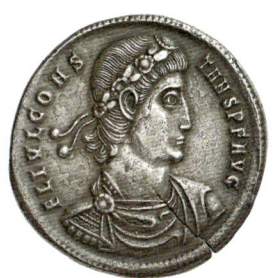 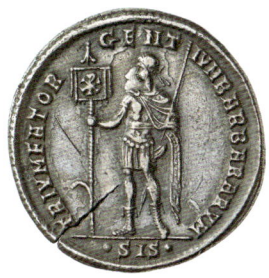

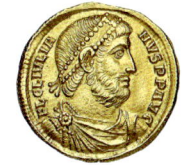 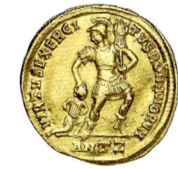

e) Multiplum (4 Siliquen) des Constans

Siscia (Sisak), 340-350 n. Chr.
Fundort: Deutschland, Trier
Vs.: FL IVL CONS-TANS P F AVG [Flavius Iulius Constans
Pius Felix Augustus]. Drapierte Panzerbüste des Constans
mit Diadem in der Brustansicht nach rechts.
Rs.: TRIVMFATOR - GENT-IVM BARBARARVM // Punkt SIS
Punkt. Der Kaiser in Militärtracht mit Muskelpanzer, Feld-
schuhen, Feldherrnbinde, Kopf mit Diadem nach links,
hält in der Rechten ein Feldzeichen mit Christogramm
(labarum), mit der Linken hält er einen Speer.
Silber. G 12,93 g, D 38 mm, 12 h
Berlin, Staatliche Museen zu Berlin, Münzkabinett,
18203249

g) Solidus des Julianus

Antiochia (Antakya), 361-363 n. Chr.
Vs.: FL CL IVLIA-NVS PP AVG. Drapierte Panzerbüste des
Iulianus mit Diadem in der Brustansicht nach rechts.
Rs.: VIRTVS EXCERCI-TVS ROMANORVM // ANT Z.
Ein Soldat steht in der Vorderansicht, den Kopf nach
links gewandt. Er trägt in seiner linken Hand ein Sieges-
mal (tropaeum) und zieht mit seiner rechten Hand einen
knienden Gefangenen links.
Gold. G 4,49 g, D 21 mm, 6 h
Berlin, Staatliche Museen zu Berlin, Münzkabinett,
18233259

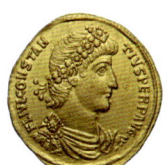 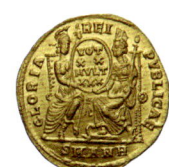

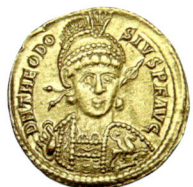 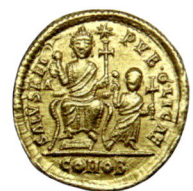

f) Solidus des Constantius II.

Antiochia (Antakya), 347-355 n. Chr.
Vs.: FL IVL CONSTAN-TIVS PERP AVG [Flavius Iulius
Constantius Perpetuus Augustus]. Drapierte Panzerbüste
des Constantius II. mit Diadem in Brustansicht nach
rechts.
Rs.: GLORIA - REI - PVBLICAE // SMAN H
[Gloria Reipublicae]. Roma links, mit Speer in ihrer
linken Hand, und Constantinopolis rechts, mit Zepter in
der linken Hand, Füße der letzteren auf Schiffsbug (prora),
sitzen nebeneinander. Sie halten zwischen sich einen
Rundschild mit der Aufschrift VOT / XX / MVLT / XXX.
Gold. G 4,55 g, D 22 mm, 12 h
Berlin, Staatliche Museen zu Berlin, Münzkabinett,
18208539

h) Solidus des Theodosius II.

Aquileia, 425 n. Chr.
Fundort: Klein Tromp (Trabki Małe), heute Polen
Vs.: D N THEODO-SIVS P F AVG. Panzerbüste des Theo-
dosius II. mit Helm, Speer und Schild, darauf der Kaiser
als Reitersieger, in der Vorderansicht.
Rs.: SALVS REI - PVB-LICAE // COMOB. Theodosius II.,
links, und Valentinianus III., rechts, jeweils mit Tuch
(mappa) und Kreuzzepter in den Händen. Oben ein Stern.
Im l. F. A, im r. F. Q.
Gold. G 4,35 g, D 21 mm, 6 h
Berlin, Staatliche Museen zu Berlin, Münzkabinett
18206385

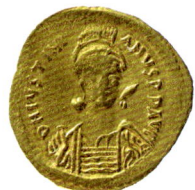 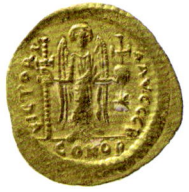

i) Solidus Justinianus I.

Konstantinopel, 542-565
Vs.: D N IVSTINI-ANVS PP AVG [Dominus Noster Iustinianus Perpetuus Augustus]. Drapierte Panzerbüste des Justinianus I. mit Helm und Schild in der Vorderansicht. Auf dem Schild der Kaiser als Reitersieger. In der l. Hand ein Globus (sphaira) mit Kreuz.
Rs.: VICTORI-A AVGGG Δ // CONOB [Hergestellt in der vierten (Δ) Offizin der Hauptstadt]. Victoria steht mit

einem langen Chrismonstab in der rechten und einem Globus (sphaira) mit Kreuz in der linken Hand in der Vorderansicht. Im r. F. ein Stern.
Gold. G 4,47 g, D 2,2 cm
Magdeburg, Kulturhistorisches Museum, 3/1944

Karsten Dahmen

II.27

Fragment eines Porträtkopfes eines theodosianischen Kaisers

Ende 4./Anfang 5. Jahrhundert n. Chr.
1924 aus dem römischen Kunsthandel erworben
Weißer, lunensischer Marmor. Einst rundplastisches Porträt, am Halsansatz gebrochen. Erhalten ist nur ein Teil der linken Gesichtshälfte bis knapp oberhalb des oberen Diademansatzes, inkl. des Ohres, Teilen des Auges und des Mundes.
H 38 cm, B 18 cm, T 10 cm
Berlin, Staatliche Museen zu Berlin, Antikensammlung, SK 1779

Das Kopffragment gelangte 1924 nach Berlin, zusammen mit einem annähernd vollständig erhaltenen Porträt (Berlin, SMPK, 1772). Beide Köpfe sind durch ihr juwelenbesetztes Diadem als spätantike Kaiser charakterisiert. Das Fragment erscheint in der Binnengliederung der Haare, in den kantig abgesetzten, großen Augen sowie in der weichen, plastisch differenzierten Modellierung des Inkarnats dem Bildnis Berlin 1772 formal so nahe stehend, dass man eine gemeinsame, stadtrömische Werkstatt für beide Werke annehmen kann, für die einst Hans Peter L'Orange den Begriff des ‚subtilen Stils' geprägt hat. Die Datierung in theodosianische Zeit ergibt sich u.a. aufgrund der formalen und ikonographischen Nähe zu der Valentinian II. zugewiesenen Kaiserstatue aus Aphrodisias in Istanbul, de-

ren Kontext die Statue als gesicherten Bestandteil einer statuarischen Gruppe des theodosianischen Kaiserhauses erweist, sowie mit den Köpfen der theodosianischen Reliefs des Obeliskenpostamentes im Hippodrom von Konstantinopel. Allen Köpfen sind der abstrakte, ovale Gesamtaufbau, die zylindrisch vorwölbende Stirn, die scharfkantig, in Kreissegmenten gezeichneten Brauenbögen sowie ikonographisch die alterslose, ja kindliche Gesamterscheinung gemeinsam. Das Berliner Fragment ist gar pausbäckig. Die glatt gesträhnten Haare entsprechen typologisch der von Konstantin eingeführten und fortan spezifisch kaiserlichen Frisur. Bis zuletzt tendierte man dazu, die alterslos wirkenden Bildnisse der theodosianischen Zeit mit den bereits als Kindern zu Kaisern erhobenen Söhnen des Theodosius zu identifizieren. Jedoch zeigt u. a. ein Monument für Theodosius in Aphrodisias, dass auch die Porträts des seit 379 regierenden Generals ebenso jugendlich bzw. alterslos wirken wie diejenigen seiner Söhne. Tatsächlich lassen sich die erhaltenen theodosianischen Herrscherporträts kaum voneinander unterscheiden oder zwingend miteinander als Repliken verbinden. Die Berliner Stücke unterscheiden sich indes trotz der fast identischen Physiognomie in der Stirnhaargestaltung. Verfügt das Fragment 1779 über kurze, leicht gebogene Stirnhaare, so zeigt der Kopf 1772 längere, in S-förmigem Schwung

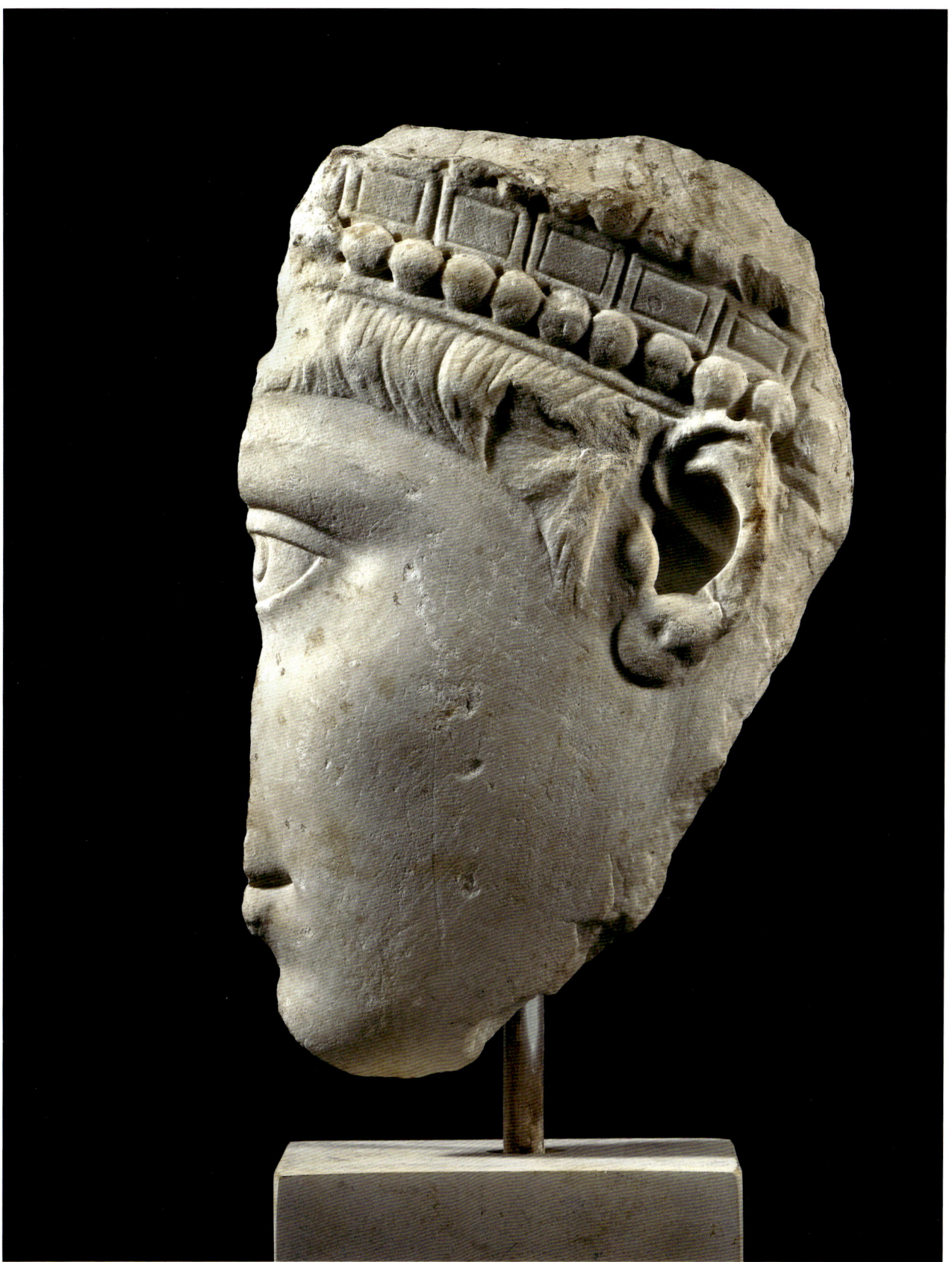

auf die Stirn drapierte Strähnen. Vergleicht man dies mit dem ‚Leistungsporträt' der noch zuvor herrschenden valentinianischen Kaiser (vgl. Kat.-Nr. II.20), zeigt sich in der Beibehaltung der konstantinischen Frisur und des Ornats eine zumindest partielle Modifizierung des kaiserlichen Porträts. Die alterslose, vom Individuum völlig entfernte Stilisierung entspricht in seiner formalen Gestalt einem im späten 4. Jahrhundert verbreiteten, jugendlich wirkenden, formal klassizistischen Grundmodell, dem auch zahlreiche Köpfe der Idealplastik oder auch das Bildnis des jugendlichen Christus verpflichtet sind. Die Hauptaussage dieses Modells dürfte in Bezug auf den Kaiser in den mit der Jugendlichkeit verbundenen Qualitäten zu suchen sein. Tatsächlich erscheint der ca. 50-jährige Theodosius in der 19. Rede des Philosophen und Senatoren Themistios als Mensch von makelloser Gestalt und Jugend.

Die physische Makellosigkeit wird dabei zum Garanten für die gerechte Amtsführung des Kaisers. Jedoch ist der formale Klassizismus im Herrscherbild nicht mit einer retrospektiven, gar ‚altrömischen' Aussage verbunden. Vielmehr erweist sich darin gerade das spezifisch Neue des spätantiken Herrscherbildes. Die Kaiser sind nicht als unverwechselbare Individuen gekennzeichnet, sondern als Verkörperungen einer hierarchisch von Senat und Volk deutlich getrennten Institution.

Martin Kovacs

Literatur

Blümel 1933, S. 52, Nr. R 123, Taf. 80; Delbrueck 1933, S. 208–209, Taf. 107; Johanning 2003, S. 71 u. 152; Kiilerich 1993, S. 86 u. 91; L'Orange 1933, S. 75 u. 141, Nr. 97, Abb. 187; Severin 1972, S. 23, 181–182, Nr. A 2; Stichel 1982, S. 55, Taf. 22b; von Sydow 1969, S. 81–83; Wegner 1987, hier S. 118, Nr. 6, Taf. 8. Zum Kaiserporträt Berlin: Ausst.-Kat. Frankfurt am Main 1983, Nr. 73 (Dagmar Stutzinger). Zum ‚subtilen Stil': L'Orange 1961. Zum Porträtmonument für Theodosius in Aphrodisias: Smith 2001.

II.28 a

Anhänger mit Medaillon des Honorius

Geprägt im frühen 5. Jahrhundert n. Chr. in Ravenna (Medaillon)
gefunden bei Velp (Niederlande)
Gold. D 6,6 cm (ohne Fassung 3,7 cm), G 73,7 g
Paris, Bibliothèque nationale de France,
Département des monnaies, médailles et antiques, 28.56

Nach dem Tod des byzantinischen Kaisers Theodosius I. (379–395) zerfiel das Reich in zwei Teile, eine West- und eine Osthälfte. Während Arcadius (383–408), ein Sohn des Theodosius, die Osthälfte mit der Hauptstadt Konstantinopel regierte, soll-

te sein elfjähriger Bruder Honorius (392–423) die Geschicke der Westhälfte lenken. Als Vormund stand ihm dabei sein treuer Heermeister Stilicho (*um 365, † um 408) zur Seite. Stilicho war, wie viele Söldner in der Armee, vandalischer Abstammung. Seine enge Verbindung zum Kaiserhaus wurde durch die Heirat mit Serena (*um 365, † 408), einer Cousine des Honorius, besiegelt.

Honorius residierte seit seinem Amtsantritt in Mailand. Mailand verfügte zwar über eine Stadtmauer, lag aber ansonsten ungeschützt inmitten eines Territoriums, das den Angriffen der frühen Völkerwanderungszeit ausgesetzt war. Diese Bedrohungen veranlassten den Kaiser und sein Gefolge 401/402 ihre Residenz in eine geschütztere Stadt zu verlegen. Die Wahl fiel auf das sich inmitten einer Lagunenlandschaft befindliche und dadurch schwer zugängliche Ravenna (Deliyannis 2010, S. 46–62).

408 eroberten die Westgoten unter Alarich die alte Hauptstadt Rom. Dabei wurde die Halbschwester des Honorius, Galla Placidia (*um 390, † 450) (Kat.-Nr. II.28 a) gefangen genommen. Die Eroberung Roms bildete einen tiefen Einschnitt in der Geschichte des weströmischen Reichs. 410 belagerten die Westgoten auch Ravenna, konnten es aber nicht erobern. In den folgenden Jahren schwächten nicht nur die Wirren der Völkerwanderung und die daraus entstandenen Staatengefüge das Reich, sondern auch innere Aufstände, etwa in Nordafrika und Britannien. Am 27. August 423 verstarb mit Honorius einer der letzten weströmischen Kaiser.

Das Medaillon in Paris zeigt auf der Vorderseite den jugendlichen Honorius im Profil. Er trägt eine Chlamys, die von einer Rundfibel mit Pendilien zusammengehalten wird, und auf dem Kopf ein juwelengeschmücktes Diadem. Am Rand findet sich die Beischrift D[ominus] N[oster] HONORI/VS P[onti]f[ex] AVG[ustus]. Auf der Rückseite ist eine thronende Stadtpersonifikation dargestellt. Hier ist die Beischrift GLORIA RO/MANORUM angebracht. Links und rechts neben dem Thron befinden sich die Buchstaben R und V, die auf den Prägeort Ravenna hinweisen. Das Medaillon ist als Anhänger gefasst. Die Fassung besteht aus drei konzentrischen Ringen mit Eierstabdekor. Die Ringe sind voneinander durch aufgelegten Kerbdraht abgesetzt. Am oberen Ende der Fassung befindet sich eine relativ breite, gerippte Öse. Der Anhänger wurde 1715 u.a. zusammen mit vier weiteren, gefassten Medaillons des Honorius und der Galla Placidia (Kat.-Nr. II.28 b) bei Velp (Niederlande) gefunden. Die Anhänger sind gleichartig gefasst. Sie müssen nach 425 (laut Prägedatum von Kat.-Nr. II.28 b) als Set entstanden sein. Wahrscheinlich hingen sie von einer einfachen Goldkette herab und waren durch Platzhalter voneinander getrennt (Vergleiche Yeroulanou 1999, S. 201–202 Nr. 1–3, 5–7). Zu demselben Fundkontext gehörten auch Goldmünzen des weströmischen Usurpators Johannes (423–

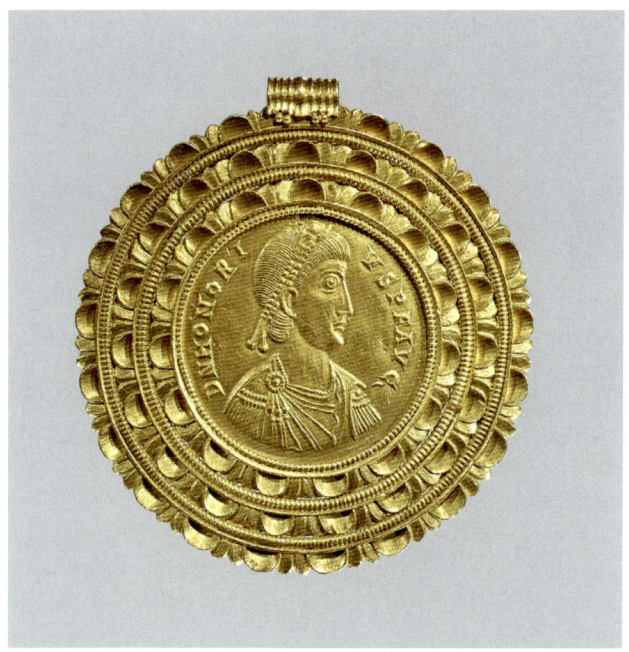 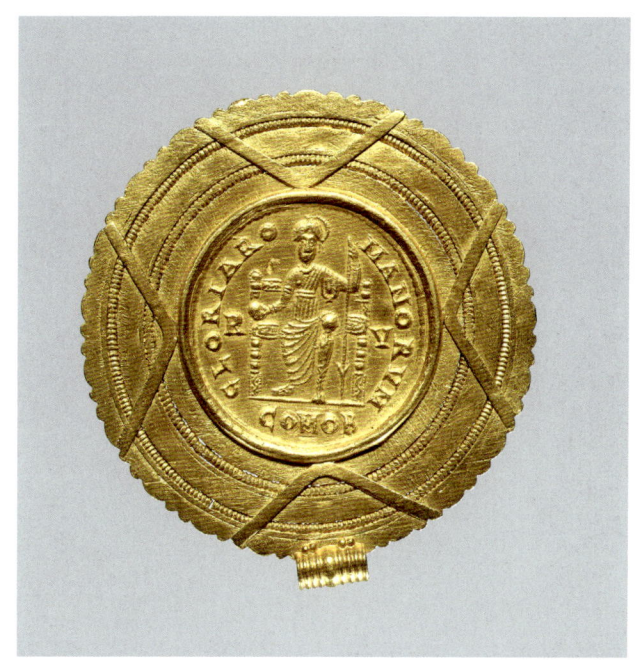

II.28 a

425); die Goldobjekte gelangten also nach 423 in die Erde. Literarische Quellen überliefern, dass Medaillons aus verschiedenen Anlässen vom Kaiserhaus verteilt worden sind (Stolz 2008, S. 33). Das könnte auch für die Medaillons aus Velp zutreffen. Zusammen mit den Münzen des Johannes zeigen die Medaillons, dass ihr Besitzer in den höchsten gesellschaftlichen Kreisen zu suchen ist und Kontakt zum weströmischen Kaiserhaus gehabt haben muss. Vielleicht handelte es sich um einen fränkischen Fürsten, dem Tribute gezollt oder diplomatische Geschenke geleistet wurden, oder um eine Person wie den Halbvandalen Stilicho, die im weströmischen Militär hervorragende Leistungen erzielte und dafür Medaillons und Münzen als Entlohnung erhielt.

Yvonne Petrina

Literatur

Deliyannis 2010; Steuer 2006; Stolz 2008; Yeroulanou 1999; Zadoks/Jitta 1950.

II. 28 b

Anhänger mit Medaillon der Galla Placidia

Geprägt 425 n. Chr. in Ravenna (Medaillon)
gefunden bei Velp (Niederlande)
Gold. D 5 cm (ohne Fassung 2,5 cm), G 39,4 g
Paris, Bibliothèque nationale de France, Département des monnaies, médailles et antiques, 28.57

Galla Placidia (zuletzt Sivan 2011) erblickte um 390 als Tochter des Kaisers Theodosius I. das Licht der Welt. Wenige Jahre nach ihrer Geburt starb Theodosius und das Reich wurde unter seinen Söhnen Honorius (vgl. Kat.-Nr. II.28 a) und Arcadius in eine West- und Osthälfte geteilt. Zusammen mit ihrem Halbbruder Honorius wuchs Galla Placidia in der Obhut des Heermeisters und Halbvandalen Stilicho in Ravenna auf.

Galla Placidia residierte 408 jedoch in Rom, wo sie bei der Eroberung der Stadt durch die Westgoten unter Alarich († 410) gefangen genommen wurde. Sie befand sich mehrere Jahre in Gefangenschaft und wurde währenddessen nach römischem Ritus mit dem Nachfolger des Alarich, Ataulf, vermählt. Mit der Einheirat ins weströmische Kaiserhaus erhöhte sich der Machtanspruch der Westgoten, denn die Königin der Westgoten war nun gleichzeitig die Halbschwester des weströmischen Kaisers.

Nach dem Tod Ataulfs († 415) kehrte Galla Placidia an den weströmischen Hof nach Ravenna zurück. Honorius vermählte sie 417 mit seinem Heermeister Constantius. 418 gebar sie eine Tochter, Honoria, und 419 einen Sohn, Valentinian, den späteren Kaiser Valentinian III. 421 wurde Constantius zum untergeordneten Augustus erhoben; Galla Placidia erhielt dadurch den Ehrentitel Augusta und ihr Sohn Valentinian wurde zum Thronfolger bestimmt. Nach dem Tod des Constantius und nach Auseinandersetzungen mit ihrem Bruder floh Galla 423 nach Konstantinopel, wo inzwischen Theodosius II. die Nachfolge seines Vaters Arcadius angetreten hatte. Bald erreichte sie dort die Nachricht, dass Honorius am 27. August

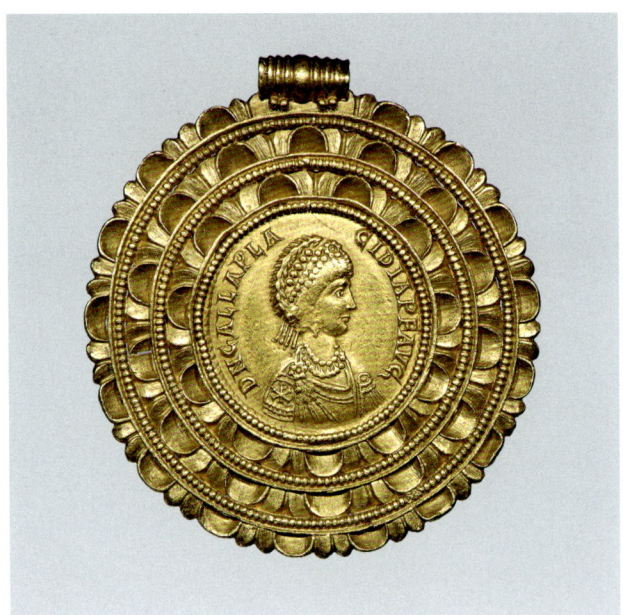
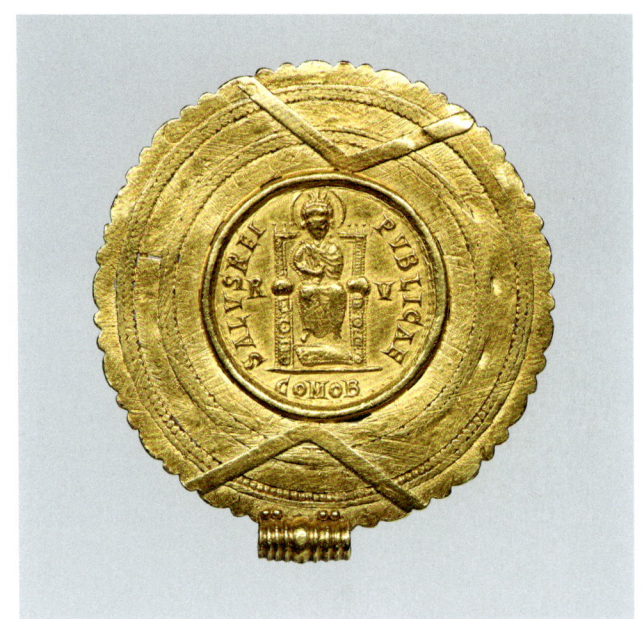

II.28 b

423 verstorben war und dass mit Johannes ein hoher kaiserlicher Beamter unrechtmäßig den Thron bestiegen hatte (423–425).

Galla Placidia kehrte daraufhin im Herbst 424 mit byzantinischer Heeresmacht zurück in den Westen. Am 23. Oktober 425 wurde ihr sechsjähriger Sohn Valentinian III. nach der Eroberung der Stadt in Ravenna zum Augustus erhoben; der Usurpator Johannes hingerichtet. Galla Placidia, als Kaisermutter, lenkte die Regierungsgeschicke. Mehrere noch heute erhaltene Prachtbauten in Ravenna gehen auf ihre Initiative zurück, etwa San Giovanni Evangelista und Santa Croce mit dem berühmten sogenannten Mausoleum der Galla Placidia (zur Bautätigkeit der Galla Placidia: Deliyannis 2010, S. 62–84). Nach der Heirat ihres Sohns mit Licinia Eudoxia (*422, † nach 461) im Jahr 437 zog sich Galla Placidia nach Rom zurück und überließ ihrem Sohn die Regierungsgeschäfte. Dort verstarb sie 450.

Das Medaillon in Paris zeigt auf der Vorderseite Galla Placidia im Profil. Sie trägt eine Chlamys, die von einer Rundfibel mit Pendilien zusammengehalten wird. Auf dem Kopf sitzt eine Haube mit juwelengeschmücktem Diadem. Außerdem trägt sie einen Juwelenkragen. Links und rechts neben dem Bildnis befindet sich die Beischrift D[omina] N[oster] GALLA PLA/CIDIA

P[ia] F[elix] AVG[usta] (Unsere Herrin Galla Placidia, fromm und glücklich, Augusta).

Auf der Rückseite des Medaillons ist eine thronende Figur dargestellt. Auch sie trägt eine Chlamys und ein Diadem. Außerdem rahmt ein Nimbus ihren Kopf. Aufgrund von Größe und Physiognomie könnte es sich bei der Figur um ein Kind handeln, demnach um Galla Placidias Sohn, den Kaiser Valentinian III. Neben der Darstellung ist die Inschrift SALVS REI/PUBLICAE (Wohlergehen des Staates) angebracht. Unter der Darstellung findet sich die Buchstabenfolge COMOB, die häufig auf Münzen aus Rom und Ravenna auftaucht und in Anlehnung an die Angabe CONOB auf konstantinopolitanischen Prägungen entstanden sein dürfte (Serra 2008, S. 24). Links und rechts neben dem Thron erscheinen außerdem die Buchstaben R und V, ein Kürzel für den Prägeort Ravenna. Das Medaillon könnte anlässlich der Thronbesteigung Valentinians III. 425 entstanden sein. Zur Fassung und zum Fundkontext s. (vgl. Kat.-Nr. II.28 a).

Yvonne Petrina

Literatur
Deliyannis 2010; Serra 2008; Sivan 2011; Steuer 2006; Zadoks/Jitta 1950.

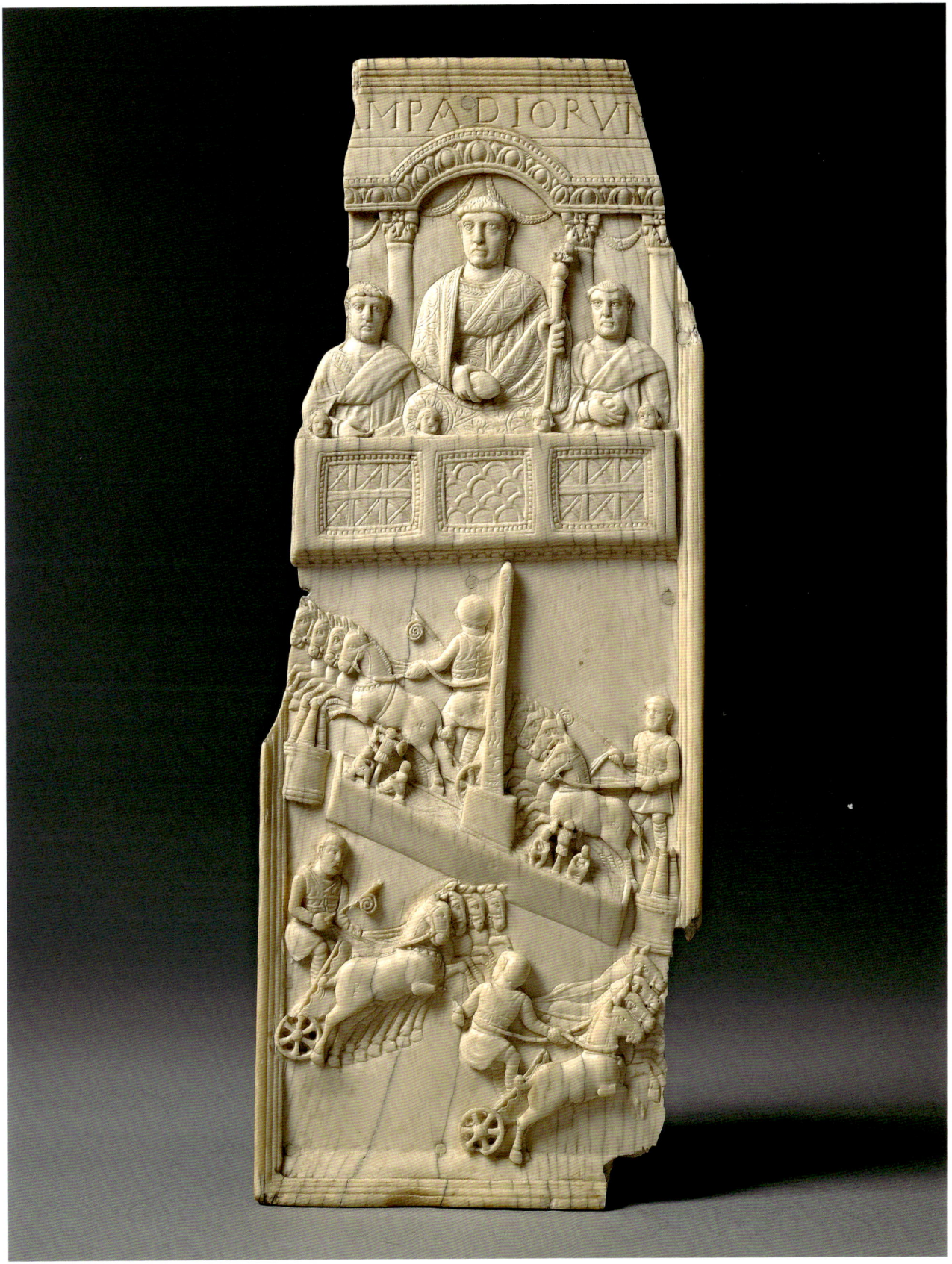

II.29

Diptychonflügel der Lampadii

Weströmisch, spätes 4./frühes 5. Jahrhundert
Um 1750 in der Sammlung des Kardinals Querini
nachgewiesen, ab 1882 im Museo Civico Cristiano
Brescia.
Elfenbein. Reliefierte Schauseite einer zweiteiligen
Schreibtafel, Rückseite zur Aufnahme des Wachses
eingetieft, Spuren von Bemalung, Abbruch von Randstü-
cken, zahlreiche Bohrlöcher durch Wiederverwendung als
Buchdeckel im Mittelalter.
H 29,5 cm, B 12 cm, T 1 cm.
Im Titelfeld Familienname: (L)AMPADIORUM
Brescia, Brescia Musei-Museo Di Santa Giulia, MR 5770

Das Schaubild gilt als prägnante Illustration des *panem et cir-
censes* in der Spätantike, als sich die Funktion der traditionellen Magistraturen der Quäestoren, Prätoren und Konsuln auf
die Ausrichtung von spektakulären Spielen in den großen Are-
nen von Rom und Konstantinopel beschränkte.

Das obere Drittel des Bildfeldes wird von der Tribüne eingenommen, auf welcher der übergroß dargestellte Spielegeber
unter einer mit Girlanden geschmückten Arkade thront, flankiert von zwei Begleitern. Er trägt das spätantike Prunkkos-
tüm, das sich von der Triumph-Toga des siegreichen Feldherrn
herleitet. Es handelt sich um die reich mit Goldornamenten
bestickte *trabea triumphalis* mit Schärpe und die purpurne
tunica palmata; diese Gewänder waren den Konsuln für ihre
zeremoniellen Auftritte vorbehalten. Dasselbe gilt für das Elf-
fenbein-Zepter in seiner Linken; seine Spitze zieren die Büsten
der beiden aktuellen Kaiser, denen er die Amtswürde verdankt.
In der rechten, gesenkten Hand hält er die *mappa*, ein Stoff-
tuch, das als Startsignal für die Rennen diente. Diese *mappa*
wurde zum allgemeinen Würde-Attribut der Aristokraten, als
Zeichen absolvierter Magistratspflichten. Den älteren Togatus
zur Linken des Spielegebers kennzeichnet sie wohl als Ex-Kon-
sul, während der Jüngere zur Rechten als einfacher Senator nur
den *latus clavus*, den breiten Farbstreifen auf der Tunika trägt.

Unter der Loge, deren Hermenpfeiler an die Startboxen des
Circus Maximus erinnern, ist das Rennen in vollem Gang: Vier
Wagenlenker umrunden mit ihren Quadrigen die *spina*, die
zentrale Mittelachse des Circus, die von den *metae*, den dreifachen, konischen Wendemarken begrenzt wird. Auf dem gemauerten Wasserbecken des Mittelstreifens stehen der mit OV
(*obeliscus vetus?*) markierte Obelisk des Augustus, sowie zwei
Siegestrophäen über kauernden Barbaren. Die Brandzeichen
der Pferde ordnen die Gespanne den vier konkurrierenden
Circus-Parteien zu; schwach lesbare Namen im Feld bezeichneten die Favoriten des Rennens. Die Darstellung stilisiert den
Spielegeber auch im übertragenen Sinne als Herrn des Geschehens. Welches Mitglied der Lampadii das Diptychon zeigt, ist

unbestimmt, am ehesten einen Suffektkonsul des Jahres 396,
der zugleich mit den offiziellen Circus-Rennen eine familiäre
Verbindung mit den ebenso vornehmen Rufii feierte, denn
das Inventar des Domschatzes in Novara erwähnt 1175 wahrscheinlich die noch intakte Schreibtafel mit den Namen „Lam-
padiorum Rufiorum".

In Rom fanden im 4. und 5. Jahrhundert an 64 von 175 Festtagen Circus-Rennen vor über 100.000 Zuschauern zu Ehren
der Kaiser, der Magistrate oder aus alter Tradition statt. Die
senatorischen Familien investierten Summen von bis zu 4000
Pfund Gold in diese prestigeträchtigen Anlässe. Kostbare El-
fenbein-Diptycha und andere Geschenke wurden als Souvenir
mit einflussreichen Freunden, *potissimi* und *amicissimi,* ausge-
tauscht. Argwöhnische Kaiser versuchten mit Gesetzen, solche
öffentlichkeitswirksamen Demonstrationen von Luxus und Potenz einzudämmen.

Ilse Rollé Ditzler

Literatur

Bagnall u.a. 1987, S. 4–12, 87–88 u. 594–600; Cameron 2011,
S. Ausst.-Kat. Bonn 2010, S. 203–205, Abb. 130 (Francesca Morandi-
ni); Ausst.-Kat. Mailand 1990, Nr. 5b.1a, Abb. S. 336; Ausst.-Kat. Rom
2000, Nr. 33, Abb. 33 (Kenneth Painter); Bagnall u.a. 1987, S. 4–12,
87–88 u. 594–600; Cameron 2011, S. 730–737, Abb. 13; Delbrueck
1929, S. 218–221, Nr. 56, Taf. 56; Engemann 2008, S. 53–96, Abb. 2;
Fauquet 2008, S. 261–290, Abb. 1–27; Hönle 1997; Marcattili 2009,
S. 277–278, Nr. 109; Olovsdotter 2005, S. 16–20, 123–127 u. 162–
164, Taf. 1; Tantillo 2000, S. 120–125, Abb. 1–4; Volbach 1976,
S. 50–51, Nr. 54, Taf. 28.

II.30

Diptychonflügel mit der Darstellung einer Tierhatz (Venatio)

weströmisch, Anfang 5. Jahrhundert
Elfenbeinrelief, Spuren blauer Farbpigmente,
Reste einer Vergoldung. H 29,4 cm, B 12 cm, T 0,6 cm
Liverpool, The Board of Trustees of National Museums
Liverpool, World Museum, M10042

Die Beliebtheit der Kampfschauspiele und Wagenrennen als
bedeutende gesellschaftliche Attraktionen blieb über die To-
lerierung des Christentums durch Kaiser Konstantin hinaus
ungebrochen und wurde auch weiterhin politisch instrumentalisiert. Diese Tafel führt in einer ausgefeilten Komposition die
aufeinanderfolgenden Sequenzen einer Tierhetze vor.

Die Darstellung des qualvollen Verendens des Hirsches bediente die Schaulust des Publikums und im Falle dieser Elfenbeintafel die der Betrachter, war aber letztendlich nur Mittel

zum Zweck. Denn im Wesentlichen ging es um die standesgemäße Präsentation der Würdenträger im Senatorenrang, die oben hinter einer reich verzierten Brüstung sitzen. Die Hauptfigur in der Mitte, in der wahrscheinlich der Auftraggeber zu erkennen ist, vollzieht mit Ausgießen der Libation aus einer Schale einen rituellen Akt des Kaiserkultes. Der ältere Togatus mit dem üppigen Bart und der hohen Stirnglatze, der den Ehrenplatz zur Rechten der Hauptfigur einnimmt, weist auf diesen bedeutenden Moment hin. Der bartlose und offensichtlich jüngste der drei Würdenträger rechts hält die Mappa, mit der die Spiele offiziell eröffnet werden. Unter der Loge, die mit verschieden gestalteten Brüstungsplatten und Hermen verziert ist, findet in der aufsichtig dargestellten Arena der Tierkampf statt. Aus drei der vier seitlich angeordneten, geöffneten Türen treten die Venatores in dynamischer Bewegung heraus. Den Türflügel in der rechten unteren Ecke ziert das ganzfigurige Bild eines Gladiatoren. Doch der dort mit zielgerichtetem Blick heraustretende Jäger erreicht den Hirsch nicht, denn dieser entflieht hinter die gegenüberliegende Tür. Hier beginnt offensichtlich die Tierhetze. Oberhalb sind Sequenzen angeordnet, die das qualvolle Verenden eines oder mehrerer Hirsche vorführen. In der Mitte versetzt der Jäger dem angreifenden Tier mit einer langen Lanze gezielt den Todesstoß. Darüber greift ein Hirsch im Todeskampf den in der Tür stehenden Jäger mit seinem Geweih an. Ganz oben zeigt das Tier mit heraushängender Zunge die Folgen der Hetzjagd bzw. haucht niedergestreckt sein Leben aus.

Die Tafel bildete einst die rechte Hälfte eines Diptychons, wie die leichte Abschrägung der linken Kante, vor allem aber die Blickrichtung der Hauptperson zur verlorenen Tafel hin indiziert. Die Rückseite weist die bei Diptychen übliche Vertiefung zur Aufnahme einer Wachsschicht auf. Die Tafel war ursprünglich wohl von einem Metallrahmen eingefasst, an dem die Scharniere zur Verbindung mit der linken Tafel saßen. Die heute sichtbaren Löcher im rechten Rahmen gehen auf eine spätere Verwendung der Tafel zurück, vielleicht als Zier eines Kastens. Bei einer anderen Funktion wurde auf der Rückseite ein deutscher Text geschrieben. Unklar bleibt, aus welcher Verwendungsphase die Farbreste von blauem Pigment und Vergoldungsspuren stammen.

Ulrike Koenen

Literatur

Ausst.-Kat. Bonn 2010, Nr. 31 (Ulrike Koenen); Ausst.-Kat. London 2008, Nr. 14 (Anthony Eastmond); Ausst.-Kat. New York 1979, Nr. 84 (Stephen R. Zwirn); Delbrueck 1929, S. 223–227, Nr. 58, Taf. 31; Engemann 1998, hier S. 120, Taf. 11a; Gibson 1994, S. 16–18, Nr. 7; Volbach 1976, S. 53, Nr. 59, Taf. 32.

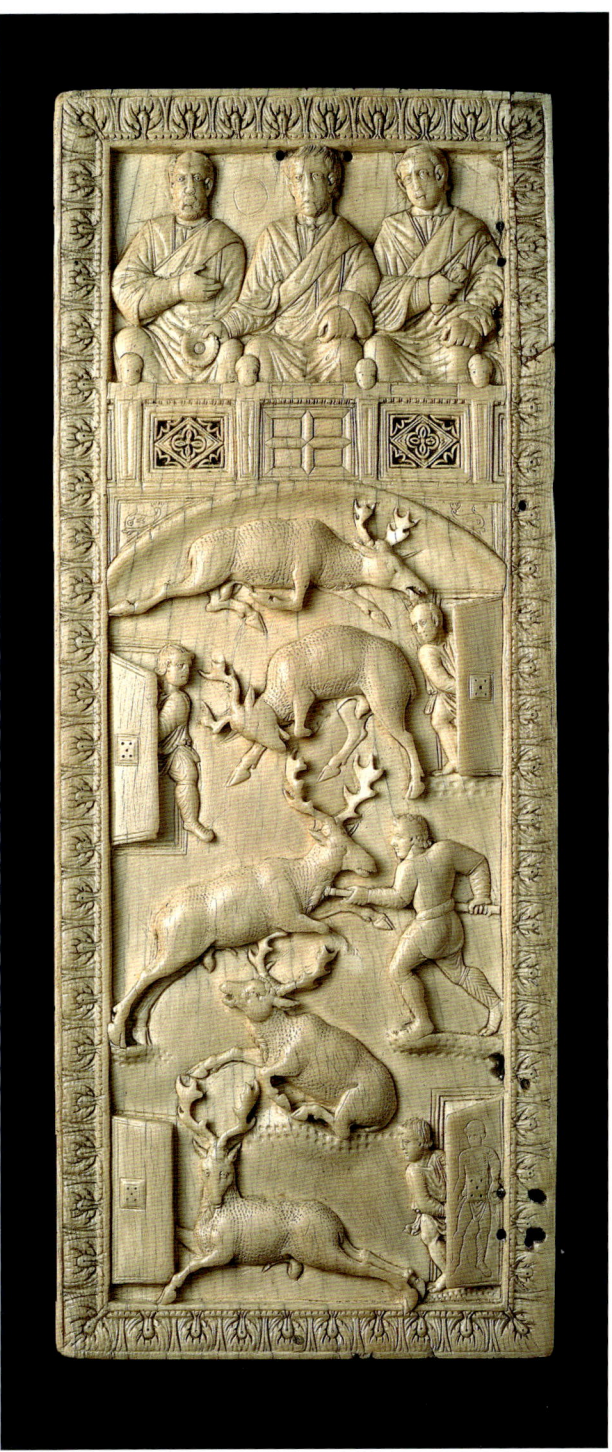

II.30

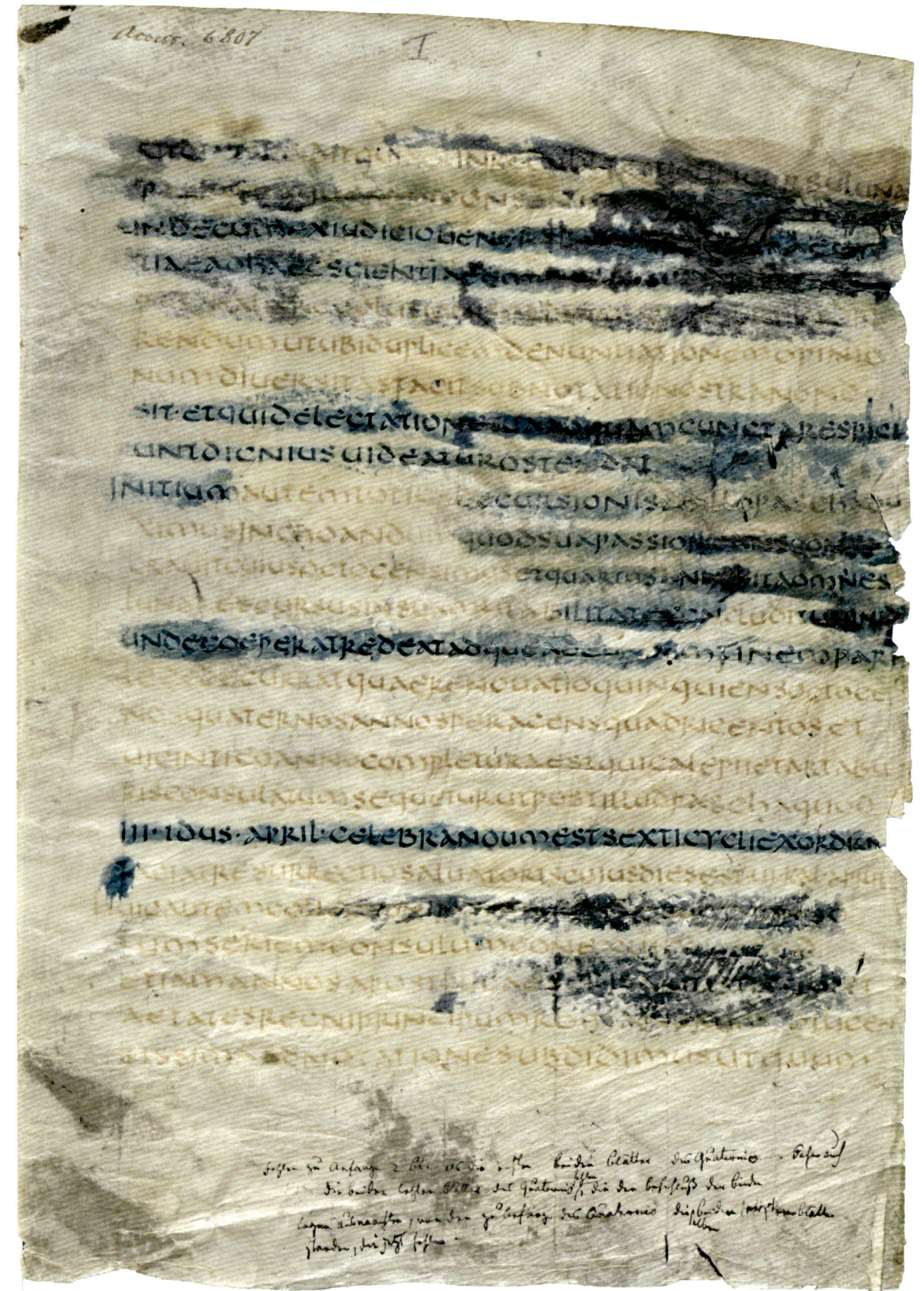

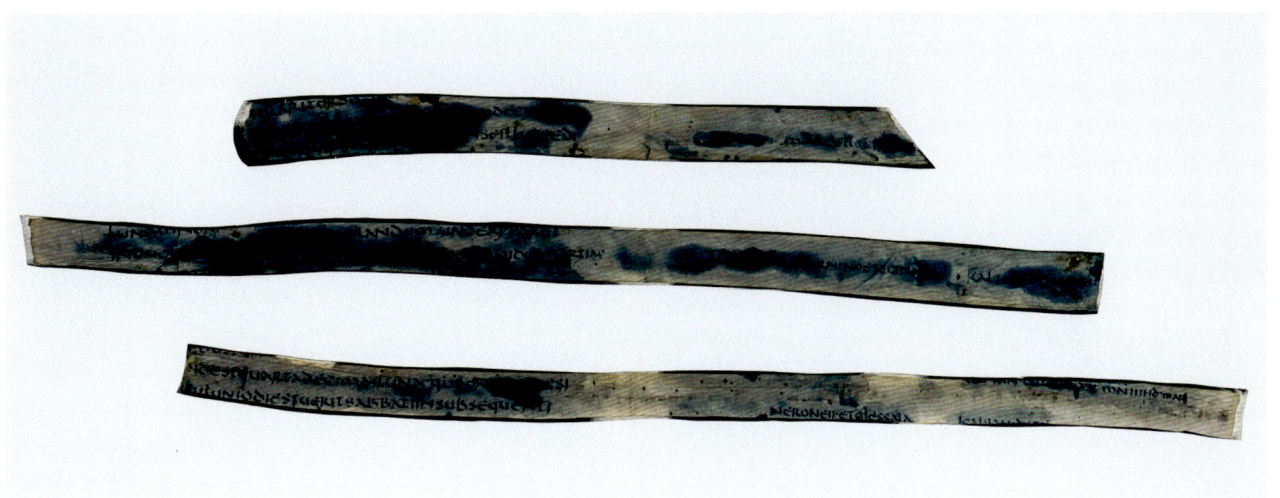

II.31 b

II.31 a–b

Zeitzer Ostertafel

Italien, vermutlich Rom, Mitte 5. Jahrhundert,
vermutlich 447
Pergament, Fragmente einer Handschrift,
zwei Doppelblätter und drei Streifen eines dritten
Doppelblattes. H ca. 44 cm, B ca. 30 cm
a) Berlin, Staatsbibliothek zu Berlin – Preußischer
   Kulturbesitz, Ms. lat. Qu. 298
b) Zeitz, Vereinigte Domstifter zu Merseburg und
   Naumburg und des Kollegiatstifts Zeitz,
   Frgm. Ms. perg. lat. 1a–c

Zu den herausragenden Stücken, die der Bestand der Zeitzer Stiftsbibliothek der Nachwelt erhalten hat, gehören die Fragmente einer spätantiken komputistischen Handschrift. Entdeckt wurden die bislang bekannten Teile 1816 und 2005. Die zwei im 19. Jahrhundert aufgefundenen Doppelblätter werden heute in Berlin (a) aufbewahrt, die Trägerhandschrift und drei Streifen eines dritten Doppelblattes in Zeitz (b). Nach Zeitz gelangten die Stücke um 1430 als Teil einer zwischen 1425 und 1430 in Bologna geschriebenen und gebundenen kanonistischen Handschrift mit dem ersten Teil der von Dominicus de sancto Geminiano (*um 1375 – †1424) verfassten *Lectura super libro sexto Decretalium*, die der spätere Naumburger Bischof Peter von Schleinitz (*um 1400 – †1463) zusammen mit weiteren Kodizes während seines Studiums in Italien erwarb. Die beiden Doppelblätter dienten hier als Spiegel der Innendeckel des Einbandes, die einzelnen Streifen vermutlich als Ansetzfalz.

Die erhaltenen Teile der spätantiken Handschrift sind in einer ausgewogenen Unziale geschrieben. Der Schriftbefund gestattet nicht nur, die Entstehungszeit des Kodex in die Mitte des 5. Jahrhunderts zu datieren, sondern auch seinen Entstehungsort in Italien zu vermuten. Er ist Indiz dafür, dass die Handschrift an einem Ort entstanden sein muss, an dem Buch- und Schriftkultur auf einem hohen Niveau standen. Wird das Werk selbst betrachtet, ist mit Blick auf den Gegenstand an Rom zu vermuten, gewinnt die Annahme Raum, als Auftraggeber an Papst Leo den Großen (*um 400 – †461) zu denken bzw. an einen hohen kirchlichen Würdenträger aus seinem unmittelbaren Umfeld.

Anlass für die Entstehung der Zeitzer Ostertafel war die lange geführte Auseinandersetzung um die richtige Berechnung des Ostertermins. Bis in das 8. Jahrhundert bestand zwischen den Kirchen im Osten und Westen darin keine Einigkeit. Die Frage nach der exakten Berechnung des Ostertermins war nicht nur für den Verlauf des Kirchenjahres von großer Wichtigkeit. Grundlegende Bedeutung erlangte sie im Hinblick auf die Einheit der frühen Kirche, deren Erhalt angesichts der tiefgreifenden Wandlungsprozesse, die sich im Römischen Reich sowie im Hinblick auf das Kaisertum seit der Spätantike vollzogen, die kirchenpolitische und theologische Diskussion in den Kirchen im Osten und Westen tief prägte.

Die Zeitzer Ostertafel gehört zu einer Gruppe von Werken, mit deren Hilfe die Berechnung bzw. Festsetzung des Ostertermins auf Grundlage der Leiden und Auferstehung Christi betreffenden Angaben im neuen Testament erfolgt war. Ausgangspunkt für die Berechnung war seit dem 4. Jahrhundert die Annahme, dass das Osterfest immer auf den ersten Sonntag nach dem ersten Vollmond nach der Tag- und Nachtgleiche im Frühjahr fiel. Doch bestand dabei die Schwierigkeit, die Dauer des Mondmonats mit 29,53 Tagen mit der Dauer des Sonnenjahres von 365,24 Tagen in Übereinstimmung zu bringen. Zu Grunde gelegt wurde der Zeitzer Ostertafel der in der alten Kirche gebräuchliche 84-jährige Zyklus, mit dessen Hilfe

II.32

sich die Abweichung zwischen Mondmonat und Sonnenjahr nach 84 Jahren auf 1 ¼ Tage reduzierte. Tabellarisch stellte das Werk, das ein Verzeichnis der Päpste und Kaiser ergänzte, die Termine des Osterneumondes und des Osterfestes für sechs

Zyklen vom Jahr 29 bis zum Jahr 532 zusammen, denen für die Jahre 29 bis 447 als Jahreszählung, allerdings nicht lückenlos, die Amtsjahre der beiden, jährlich wechselnden römischen Konsuln gegenübergestellt sind.

Ursprünglich wird sich der Kodex aus mindestens drei Quaternionen (Lagen aus vier Doppelblättern), also aus mindestens 24 Blättern zusammengesetzt haben. Erhalten sind je ein Doppelblatt der ersten und zweiten Lage sowie drei Streifen eines zweiten Doppelblattes der ersten Lage. Sie überliefern Teile der Vorrede sowie Auszüge aus dem ersten, zweiten und fünften Zyklus.

Welche Verbreitung die Zeitzer Ostertafel fand, lässt sich schwer bestimmen. Doch stellt das Werk ohne Frage die offizielle und verbindliche Berechnungsgrundlage für den Ostertermin für die Zeit von Papst Leo I. und die seiner Nachfolger dar. Es verband, was die Entstehung in Rom so wahrscheinlich macht, den Termin für das christliche Osterfest fest mit den römischen, das Kaisertum tragenden spätantiken Traditionslinien. Spätestens mit den computistischen Arbeiten von Beda Venerabilis (*672/673, †735), in denen die Zeitrechnung der Kirche neu bestimmt wurde, verlor sie ihre einstige Bedeutung. Als wertlos erachtet, wurde sie im frühen 15. Jahrhundert ausgesondert, um in einer Buchbinderwerkstatt als Einbandmaterial neue Verwendung zu finden.

Eef Overgaauw und Frank-Joachim Stewing

Literatur
Aris 1990; Overgaauw/Stewing 2005; Stewing 2009, S. 14–17 u. 44–47, Nr. 1 u. 11; Warntjes 2007.

II.32

Petition an die Kaiser Theodosius II. und Valentinian III. (SB XX 14606)

Philae oder Elephantine (Aswan), 425–430
Gefunden in Aswan, Ägypten
Papyrus, rundum beschnitten. L 18,8 cm, H 21 cm
Leiden, Rijksmuseum van Oudheden, I 420

Verglichen mit den turbulenten Ereignissen in den Rhein- und Donauprovinzen oder an der Euphrat-Grenze des Römischen Reiches erscheinen die Verhältnisse im spätantiken Ägypten ruhig und gesichert. Eine ernst zu nehmende Bedrohung der Grenzen gab es nicht, doch machten wiederholte Plünderungszüge der angrenzenden Nomadenstämme und der südlichen Nachbarn in Nubien der Bevölkerung in der Provinz Thebais (Oberägypten) zu schaffen. Den blitzartigen Überfällen der berittenen Gegner, die in den Quellen als Blemmyer und Nubaden bezeichnet werden, war seitens der römischen Armee schwer entgegenzutreten, da das Überraschungsmoment stets auf Seiten der Wüstenräuber war. Nur die unmittelbare Anwe-

senheit römischer Truppen konnte abschreckend wirken. Genau dies ist das Anliegen des Appion, Bischof von Syene und Elephantine (beim heutigen Aswan) an der Südgrenze des Reiches. Er richtet das vorliegende Hilfegesuch an die Kaiser Theodosius II. (402–450) und Valentinian III. (425–455), um militärischen Schutz für die ihm anvertrauten Kirchen zu erlangen. Appion beklagt, dass die Gotteshäuser und Kirchengüter unter den Raubzügen der Blemmyer und Nubaden zu leiden hätten. Als Präzedenzfall für die geforderte Hilfe verweist er auf die Kirchen des benachbarten Philae, die bereits von kaiserlichen Soldaten geschützt würden. Das in lateinischer Sprache gehaltene kaiserliche Reskript (in Form des Grußes *bene valere te cupimus* – „Wir wünschen, dass es Dir wohl ergeht") in Zeile 1 zeigt, dass die Petition Erfolg hatte. Die Notiz *exemplum precum* in Zeile 2 gibt das Papyrusblatt als Abschrift des Originals zu erkennen. 2 τοῖς γῆς καὶ θαλάσσης καὶ παντὸς ἀνθρώπων ἔθν[ου]ς καὶ γένους [δ] εσπόταις Φ[λ(αουίοις)] Θεοδοσίῳ καὶ Βαλεντινιανῷ τοῖς [αἰ]ωνίοις Αὐγού[στοι]ς. „An die Herren (domini) des Landes und des Wassers und aller Menschen Völker und Geschlechter Flavius Theodosius und Flavius Valentinianus, den allzeitigen Augusti." Wenngleich lediglich eine Abschrift, kommt dem vorliegenden Papyrus – abgesehen vom politisch-militärisch brisanten Inhalt – als einem der wenigen Dokumente, die auf Urkunden vom oströmischen Kaiserhof zurückgehen, Bedeutung zu. Bemerkenswert ist ferner, dass die Petition formal an beide Kaiser, also Theodosius als den Herrscher des Oströmischen und Valentinian, den Herrscher des Weströmischen Reiches, adressiert ist. Dies zeigt, dass die ideelle Einheit des Reiches, wie sie beispielsweise in den west-östlichen Konsulpaaren Ausdruck fand, sogar an der fernen Südgrenze zumindest im offiziellen Schriftverkehr präsent war.

Bernhard Palme

Literatur
Dorandi 1995, S. 61–65, Nr. 1392; Feissel/Worp 1988 m. 3 Tafeln; Feissel/Worp 1997, Nr. 14606; Tormod 1998, S. 1138–1140, Nr. 314.

II.33

Largitionsplatte des Konsuls Flavius Ardabur Aspar

Rom(?), 434
1769 südlich von Grosseto beim Zusammenfluss des Castione und der Albegna gefunden.
Dünnes Silberblech, tellerförmige Platte auf Standring; ganze Fläche figürlich reliefiert, stark nachbearbeitet; ursprünglich erhöhte Rahmenleiste; Inschrift ursprünglich vergoldet oder emailliert. D 42 cm, G 1,87 kg; Standring D 15 cm, H 3 cm

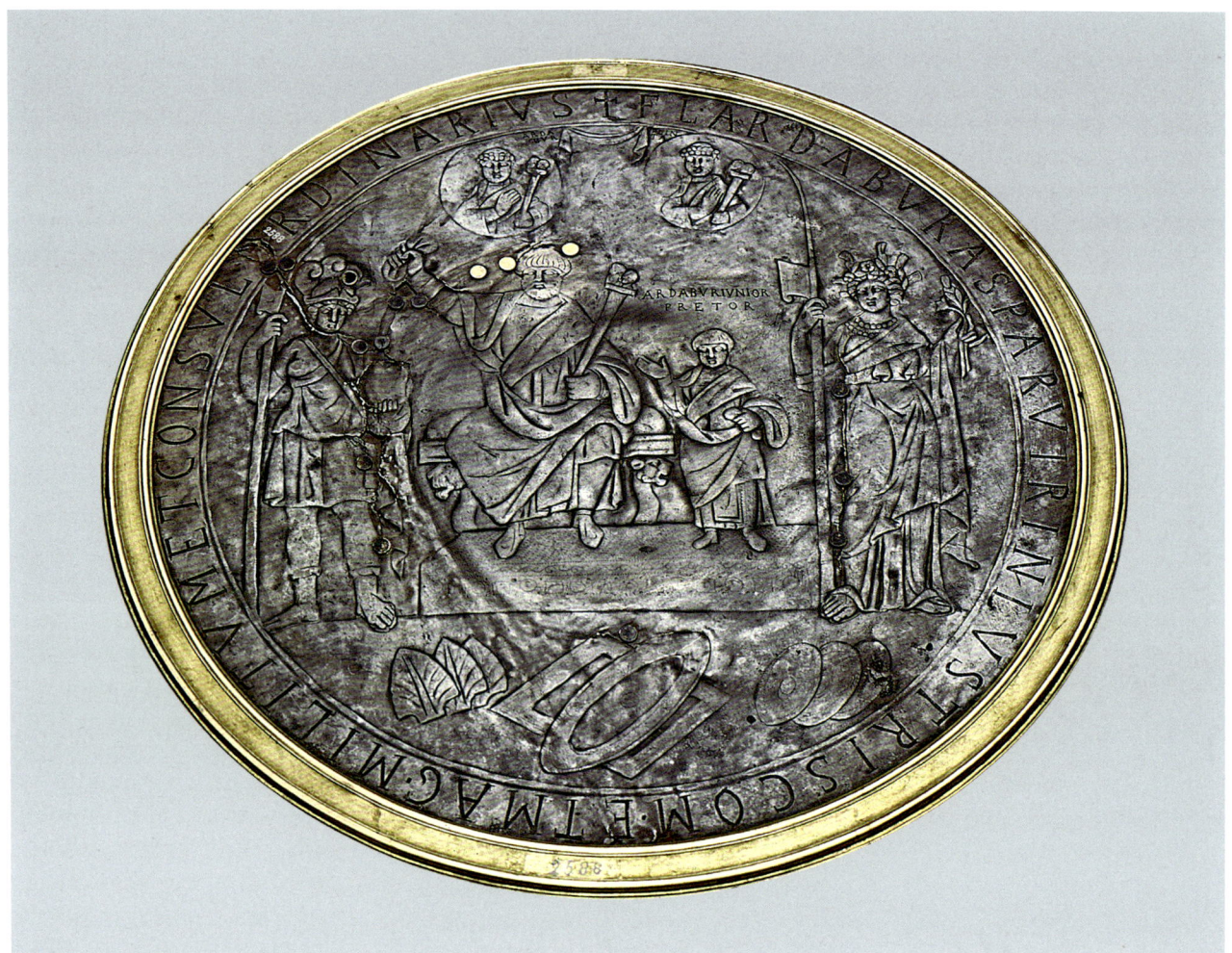

II.33

Umlaufende Inschrift: + FL(AVIUS). ARDABUR ASPAR VIR INLUSTRIS COM(ES). ET MAG(ISTER). MILITUM ET CONSUL ORDINARIUS.
Im Feld neben den Büstenmedaillons: ARDABUR und PLINTA; über kleiner Figur der Mittelgruppe: ARDABUR IUNIOR / PRETOR
Florenz, Museo Archeologico Nazionale di Firenze, 2588

Die Silberplatte wurde vom westlichen Konsul des Jahres 434 Ardabur Aspar anlässlich der feierlichkeiten zum Antritt seines Konsulates am 1. Januar als Erinnerungsstück oder als Geschenk für wichtige Freunde herausgegeben. Sie galt lange als einziges Zeugnis einer nicht-kaiserlichen Largitionsplatte aus Silber. Eine erst kürzlich restaurierte, kleinere Silberplatte mit einem Zentralmedaillon des Theodosius II. (408–450) entstammt jedoch gemäß Inschrift ebenfalls einem privaten Geschenkaustausch zwischen gallischen Adligen (Żelazowski/ Żukowski 2005). Literarische Quellen belegen, dass innerhalb der senatorischen Aristokratie eine ähnlich aufwändige

Geschenkkultur praktiziert wurde, wie sie der Kaiser vorlebte. Auch in weiteren Kreisen zirkulierten Imitate von Schalen, Platten oder Elfenbeindiptycha in Glas, Zinn oder Terra Sigillata.

Bemerkenswert an Aspars großer Platte sind die an den Konsulardiptycha orientierte Darstellung sowie der dynastische Akzent. Auf dem zentralen Podest thront der bärtige Konsul auf einer löwenfüßigen *sella curulis,* bekleidet mit der Prunk-*trabea*. In der Linken hält er das Elfenbeinzepter mit den Büsten der Kaiser Theodosius II. und Valentinian III. (425–455). Mit der *mappa* in der erhobenen Rechten profiliert er sich als Veranstalter von Rennen und Spielen für das Volk. Zu seiner Linken steht sein Sohn Ardabur, ebenfalls in Toga mit *mappa*. Er ist bereits als Jugendlicher Prätor und weist auf seinen Vater, der ihm die Karriere ermöglicht. Zwei Stadtpersonifikationen flankieren das Podest. Beide tragen die *fasces* als Zeichen der Amtsgewalt der Magistrate: zur Rechten die amazonenhafte Roma mit Herrschaftsglobus und zur Linken Constantinopolis mit langem Gewand, Mantel, Juwelenkette,

Blütenkranz und Blumensträusschen. Im Abschnitt unter dem Podest liegen Siegespreise, welche vom Konsul und seinem Sohn bei den Spielen verteilt werden: großformatige Tabletts und Platten, kleinere Schalen, silberne Palmblätter. Die Büstenmedaillons über der Gruppe zeigen unter einem Ehrenvorhang Aspars Vater Ardabur und seinen Schwiegervater Plinta, jeweils als Konsuln 427 bzw. 419 mit ihren Kaiserzeptern.

Ardaburs Familie war alanischer Abstammung, Plinta Gote. Beide hatten als *magistri utriusque militum* für Konstantinopel erfolgreich Frontkriege geführt. Die militärische Führung und das Schicksal der Kaiser lagen im 5. Jahrhundert fast durchwegs in den Händen von nicht-römischen Generälen. Aspar selber schlug zugunsten Valentinians III. Usurpationen in Italien nieder, kämpfte gegen die Vandalen in Afrika und regelte die Beziehungen zu Attilas Hunnen. Ardabur Junior wurde 447 Konsul, ein anderer Sohn hätte sogar Kaiser in Konstantinopel werden sollen. 471 fielen alle einer Intrige zum Opfer. Das Repräsentationsbild zeigt eine Familie ‚barbarischer' Abstammung auf dem Höhepunkt ihrer Macht und in vollständiger Assimilation des römischen Würdehabitus.

Ilse Rollé Ditzler

Quellen
PLRE, S. 135–138, 164–169 u. 892–893.

Literatur
Ausst.-Kat. Florenz 1986; Bagnall u.a. 1987, S. 372–373, 388–389, 402–403 u. 428–429; Bauer 2009, S. 47–48, Abb. 41; Beyeler 2011, S. 38–40; Bühl 1995, S. 165–169, Abb. 89; Cygielman 1990, S. 17, Nr. 235, S. 17, Abb. 235; Delbrueck 1929, S. 154–156, Nr. 35, Taf. 35; Leader–Newby 2004, S. 41–47, Abb. 1.18; Painter 1991, 73–79, Abb. 1; Roberto 2008; Wölfel 2002, S. 22–25; Zelazowski/Zukowski 2005.

II.34

Gürtel mit Münzen von Constans bis Theodosius I.
nach dem späten 4. Jahrhundert n. Chr.
Gold, Saphir, Smaragde, Granate, Glas. L 79,1 cm,
max. Durchmesser des Mittelglieds 7,5 cm, G 389,94 g
Malibu, The J. Paul Getty Museum, Villa Collection,
83.AM.224

Der Gürtel besteht aus 23 gefassten Münzen, einem querovalen Mittelglied und einem Befestigungssystem mit Verlängerungskette. Die Münzfassungen sind quadratisch und die Zwickel zwischen den Münzen und den Fassungsrändern mit Einlagen aus grünem Glas bedeckt. Die Fassungen sind durch dreiteilige Scharniere mit glatten Scharnierzylindern miteinander verbunden. Das querovale Mittelglied ist fast flächende-

ckend mit Edelsteinen und Glaseinlagen verziert: Im Zentrum befindet sich ein gemugelter Saphir, bekränzt von einem goldflächigen Ring mit kreisförmigen Fassungen, deren Einlagen verloren sind. Darauf folgen vier kreuzförmig angeordnete Kastenfassungen mit Einlagen aus Smaragden bzw. grünem Glas und dazwischen jeweils zwei Reihen von ovalen und runden Fassungen, zum Teil mit eingelegten Granat-Cabochons. Den äußeren Abschluss bildet ein Fries aus trapezförmigen Cloisonné-Einlagen aus grünem Glas. Die Rückseite des Mittelglieds ist, wie die Rückseiten vieler anderer spätantiker Schmuckstücke auch, mit Akanthusblättern in Treibarbeit verziert. Vom Mittelglied hängen drei Ketten herab, die jeweils in einem kurzen Anhänger mit herzförmigem Goldblech enden.

Zusammen mit drei Armreifen, zwei Halsketten, zwei Goldketten unbekannter Funktion und sieben Ringen wurde der Gürtel 1983 vom J. Paul Getty Museum aus dem Antikenhandel angekauft. Alle Stücke waren beim Ankauf mit derselben Patina versehen, dürften also aus demselben Fundkontext stammen. Der Fundort und die Fundumstände des Ensembles sind unbekannt. Die Münzen im Gürtel bieten einen Hinweis auf seine Datierung: Die meisten stammen aus den 60er Jahren des 4. Jahrhunderts; die ältesten Münzen gehören jedoch noch in die Regierungszeit Kaiser Constans (337–350), und die jüngste wurde 383–388 während der Amtszeit des Theodosius I. (379–395) geprägt. Demnach kann der Gürtel frühestens in den 80er Jahren des 4. Jahrhunderts entstanden sein; es sei denn, die jüngste Münze wurde, wie von Barbara Deppert-Lippitz vorgeschlagen, als Ersatz für eine ältere Münze später hinzugefügt (Spuren einer Umarbeitung lassen sich jedoch nicht feststellen). Bei den Münzen handelt es sich hauptsächlich um Prägungen aus Nicomedia und Sirmium, also aus dem östlichen Mittelmeerraum.

Der Gürtel ist in vielerlei Hinsicht einzigartig. Zwar haben sich mehrere spätantike Gürtel mit Münzeinsatz erhalten (Stolz 2009, S. 124), aber keiner von ihnen ist wie dieser hier mit Edelsteinen dekoriert. Darüber hinaus sind edelsteingeschmückte Mittelglieder durch zahlreiche bildliche Darstellungen zwar belegt, etwa in Mosaiken, Malereien und auf Elfenbeinen, aber nirgends sind gefasste Münzen abgebildet. Bezeichnend ist, dass die Darstellungen mehrheitlich weibliche Personen zeigen, darunter Kaiserinnen, Heilige und mythologische Figuren.

Zwei Gürtel im Pariser Louvre und in der Washingtoner Dumbarton Oaks Collection bestehen aus münzähnlichen Treibarbeiten und vergrößerten, kreisförmigen Mittelgliedern ohne Edelsteindekor. Auf den Mittelgliedern befinden sich Darstellungen einer Dextrarum Iunctio, eines antiken Hochzeitsritus. Die Gürtel in Paris und Washington können demnach als Hochzeitsgürtel identifiziert werden. Auch die altsyrische Vita des Alexios Homo Dei aus dem 6. Jahrhundert berichtet von einem Hochzeitsgürtel, der der Braut vor oder nach der Hochzeitszeremonie angelegt wurde. Darüber hinaus können einige

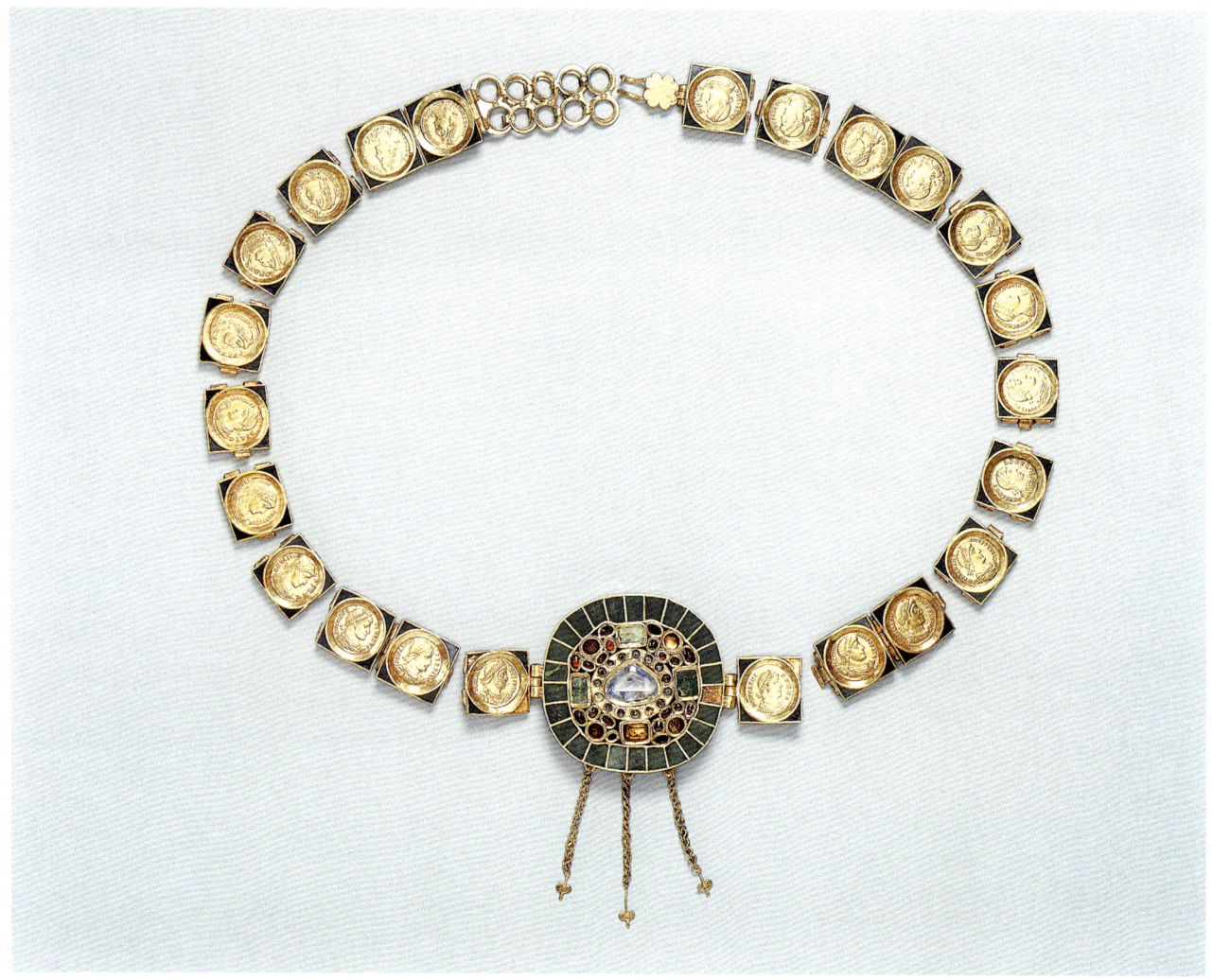

II.34

Goldschmiedearbeiten mit Münzeinsatz als Hochzeitsschmuck identifiziert werden. Es ist also wahrscheinlich, dass der münzverzierte Gürtel in Malibu von einer Frau, möglicherweise einer Braut getragen worden ist. Dafür sprechen auch die übrigen Objekte aus demselben Fundkontext, die eindeutig femininen Charakter haben. Obwohl Medaillons und wohl auch Münzen vom Kaiserhaus verteilt worden sind (Kat.-Nr. II.28 a), müssen gängige Münzen in Schmuckstücken nicht zwangsweise auf einen engen Bezug ihrer Besitzer zum Kaiserhaus hinweisen. Sie können auch aus materiellen oder magisch-apotropäischen Gründen am Schmuck angebracht gewesen sein.

Yvonne Petrina

Literatur
Ausst.-Kat. Künzelsau 1995, S. 134 f. mit Abb. 97 und S. 164 f. Nr. E 1; Deppert-Lippitz 1993, hier bes. S. 126–136; Stolz 2009.

II.35

Porträtkopf der Kaiserin Ariadne (?)

Rom, um 500
1887 in Rom bei der Piazza di S. Maria dei Monti unterhalb S. Pietro in Vincoli gefunden.
Weißer, lunensischer Marmor; Kinnspitze, ein Teil des linken Brauenbogens inkl. des Ober- und Unterlides sowie der Haube ergänzt, Bestoßungen im Gesicht, im Diadem und auf der Haube. H 25 cm
Rom, Musei Capitolini, Museo del Palazzo dei Conservatori, MC 865/S

Das Bildnis gehört zu den spätesten erhaltenen rundplastischen Porträts der Antike und ist seit seiner Auffindung 1887 häufig Gegenstand der Diskussion gewesen. Dargestellt ist eine füllige, weibliche Person mit einem ausladenden, mit zahlreichen Edelsteinen versehenen Kopfschmuck. Sie trägt eine Stoffhau-

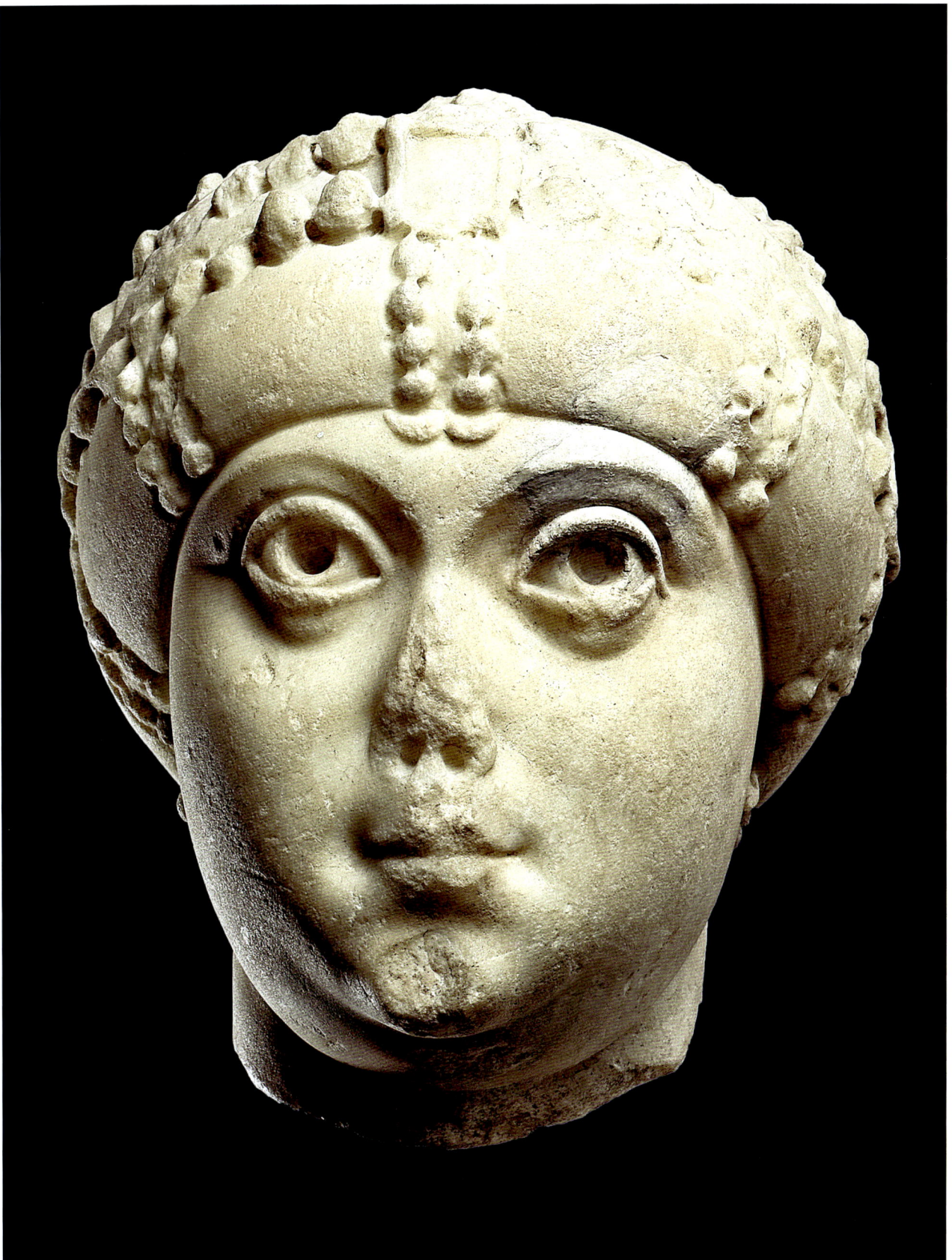

be, auf der ein umlaufendes, juwelenbesetztes Diadem mit quadratischem Mittelmedaillon aufgenäht ist. Auf der Kalotte ist ein quadratischer Edelstein befestigt, von dem spinnenförmig doppelte Perlenreihen zum Diadem geführt werden. Von dem Diadem hängen Reihen von auf der Haube befestigten Perlschnüren herab. Die Drapierung der Haube lässt wenige Rückschlüsse auf die darunter befindliche Frisur zu, lediglich zwei auf der Stirnmitte gestrichene Löckchen lugen unter der straff gezogenen Stoffhaube hervor. Auffälligstes physiognomisches Merkmal ist eine beträchtliche Korpulenz, die sich in einem Doppelkinn und in dem schwellenden, vom Knochengerüst geradezu ‚gelöst' wirkenden Inkarnat artikuliert. Hervorzuheben ist ferner der schmale, verschmitzt lächelnde und von Fältchen umspielte Mund. Charakteristisch sind die beinahe kugelrunden, von hochschwingenden Brauenbögen eingefassten Augen, deren Iris und Pupille mit Glaspaste eingelegt waren. Die physiognomischen und stilistischen Besonderheiten lassen sich auf zahlreichen Konsulardiptychen aus der Zeit um 500 ebenfalls feststellen. Besonders verwandt sind zwei Elfenbeintafeln in Wien und Florenz, die jeweils eine Kaiserin mit prachtvollem Kopfschmuck zeigen. Die Diptychen sowie der Kopf im Konservatorenpalast werden seit den Studien Richard Delbruecks häufig mit Kaiserin Ariadne (ca. 450–515) in Verbindung gebracht, die Tochter Leos I., Ehefrau des Zenon und danach des Anastasius.

Zusammen mit zwei anderen Frauenbildnissen im Lateran und im Louvre bildet der Kopf im Konservatorenpalast eine formal und ikonographisch kohärente Gruppe, der u. a. ein Kaiserporträt in Kopenhagen anzuschließen ist. Beide Frauenporträts wiederholen die füllige Stilisierung, die völlige Bedeckung der Frisur mit Ausnahme der Stirnlöckchen und den Stil des Porträts im Konservatorenpalast. In der Art der Kopfbedeckung bestehen jedoch Unterschiede. Im Gegensatz zu den Köpfen Lateran/Louvre sowie zu einem Bronzeporträt aus Niš trägt das Bildnis in den Kapitolinischen Museen keine höckerartige Haube, wie sie als kaiserliches Attribut auf Münzen seit dem mittleren 5. Jahrhundert vorkommt. Da reich geschmückte Hauben mitunter auch bei weiblichen Privatporträts zu beobachten sind, hat man bisweilen eine Identifizierung als Kaiserinnenbildnis abgelehnt oder in dem Porträt, angeregt vom Fundort, eine Darstellung der Ostgotenkönigin Amalasuntha gesehen. Tatsächlich unterscheiden sich die drei Porträts in physiognomischen Details. So zeigt der Kopf im Lateran tiefe Nasolabialfalten, einen langgezogenen Mund und prononcierte Tränensäcke, während das Bildnis im Louvre fast keine Falten aufweist. Wenngleich dadurch die Frage, ob alle drei Porträts dieselbe Persönlichkeit darstellen, bislang nicht sicher zu beantworten ist, bleibt eine kaiserliche Identität des Frauenbildnisses im Konservatorenpalast trotzdem hochwahrscheinlich. Festhalten lässt sich indes mit Blick auf die Kaiserin-

nendiptychen und die hier diskutierten Bildnisse das Bemühen des Kaiserhauses, ihre Macht und ihre Position durch stetig zunehmenden Juwelenschmuck bzw. durch den kaiserlichen Ornat zu betonen.

Martin Kovacs

Literatur

Ausst.-Kat. Frankfurt am Main 1983, Nr. 73 (Dagmar Stutzinger); Ausst.-Kat. Rom 2000, Nr. 269 (Alessandra Acconci); Brenk 2003, hier S. 12–14; Delbrueck 1913, hier S. 323–324, Taf. 14 u. 15; Fittschen/Zanker 1985, S. 36–38, Nr. 39, Taf. 49 u. 50; Fuchs 1943, hier S. 136, Abb. 21 u. 22; Sande 1975, bes. S. 67–69, Abb. 13 u. 14; Schade 2003, S. 219–224, Nr. I 60–62, Taf. 63 u. 64; Severin 1980, hier S. 102–103, Nr. 11; Stichel 1982, S. 59–61, Taf. 26 u. 28; Visconti 1888, S. 120–126, Taf. 6; Wessel 1961. Zu den Diptychen in Florenz und Wien: Delbrueck 1929, S. 201–208, Nr. 51 u. 52. Zum Kaiserporträt in Kopenhagen: Poulsen 1974, Bd. 1, S. 197–198, Nr. 204, Taf. 333 u. 334. Zu dem Bronzekopf in Nic: Ausst.-Kat. Frankfurt am Main 1983, Nr. 76 (Dagmar Stutzinger); Srejovic/Simovic: 1958/59, S. 77–87, Abb. 3–5; Stutzinger 1986, S. 146–164, Taf. 22; Schade 2003, S. 218–219, Nr. I 59, Taf. 62.

II.36

Konsulardiptychon des Flavius Taurus Clementinus

Konstantinopel, 513
Um 1750 in der Sammlung Joachim Negelein, Nürnberg, nachgewiesen, über ungarische Privatsammlungen 1857 an Joseph Mayer, London; 1867 Schenkung an die Stadt Liverpool.
Elfenbein, zweiteilige Schreibtafel mit reliefierten Schauseiten und eingetieften Rückseiten, Holzrahmung des 18. Jahrhunderts, dabei linker und rechter Flügel vertauscht. H 37 cm, B 12,5 cm
Vorderseiten: geritzte Inschriften in *tabulae ansatae*: + FL(avius). TAURUS. CLEMENTINUS. / ARMONIUS. CLEMENTINUS. + und + V(ir) IL(lustris). COM(es). SACR(arum). LARG(itionum). EX CONS(ul). / PATRIC(ius). ET CONS(ul). ORDIN(arius). +; Scheiben mit Sternmonogramm ΚΛΕΜΗΝΤΙΝΟΥ
Rückseiten: in Griechisch eingeritztes Liturgie-Exzerpt, zwei Gedenkgebete für Johannes, Presbyter von St. Agatha, Andreas Machera und Patriarch Hadrian (Papst 772–795)
Liverpool, The Board of Trustes of National Museums Liverpool, World Museum, M 10036

Gemäß einer tausendjährigen Tradition traten am 1. Januar 513 die zwei Jahreskonsuln des weiterhin als Einheit gedachten Römischen Reiches ihr Amt an – in Rom Probus, in Konstantinopel Flavius Taurus Clementinus, dessen Familie seit 200 Jahren wiederholt Konsuln stellte. Aus diesem Anlass spendierte er wie üblich dem Volk eine Woche lang Wagenrennen,

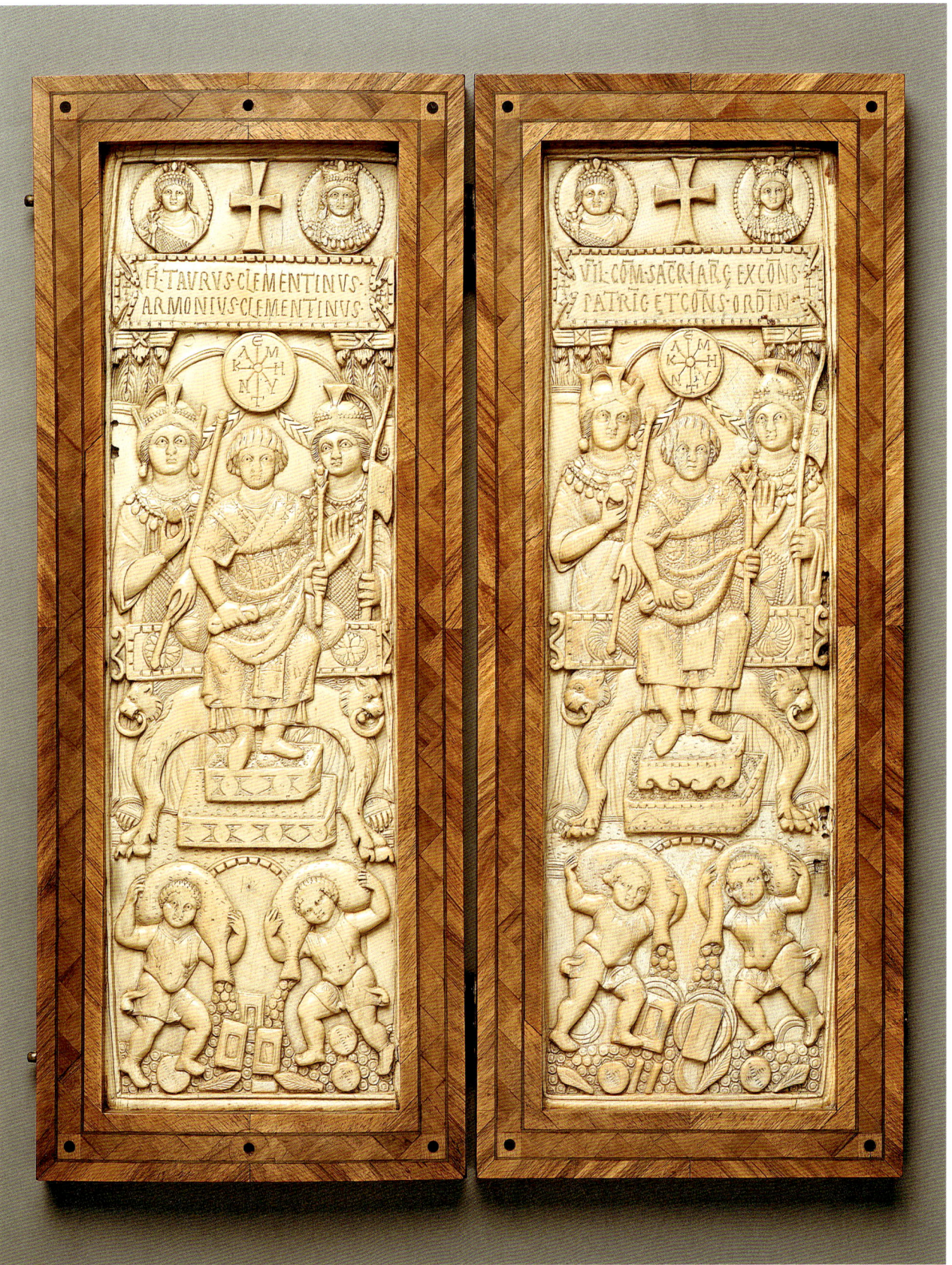

Tierhetzen und Theaterspiele; wichtige Freunde erhielten Geschenke und Prunkdiptycha.

Über 30 solche oströmischen Konsulardiptycha sind aus der ersten Hälfte des 6. Jahrhunderts erhalten. Anders als bei jenen des Westens sind die Darstellungen auf beiden Tafeln nahezu identisch und die Titulatur mit Namen und *cursus honorum* beginnt wie bei einem geschlossenen Buch auf dem rechten Flügel. Wenige, gleichförmige Bildschemata werden verwendet: der Konsul erscheint ganzfigurig mit Tierkampf- oder Theaterszenen, wie hier als Financier, nur im Tondo mit *mappa* und Büstenzepter, oder man beschränkt sich auf Text und Ornament. Die Kostbarkeit lag in den Formaten von 30 bis 40 cm Höhe aus größtmöglichen Elefantenzähnen.

Clementinus zeigt sich im Zentrum einer angedeuteten Tribunal-Architektur im gold-purpurnen Triumphalornat, auf einer löwenfüßigen *sella curulis* mit dickem Polster und doppeltem Fußschemel thronend, so wie er sich in der Loge über der Arena präsentierte. Die *mappa* in der gesenkten Rechten verweist auf die Spiele. Das Zepter in der Linken trägt an der Spitze die Kaiserbüste im Gestus des startgebenden Konsuls, was auf die nominelle Gleichrangigkeit von Herrscher und höchstem Magistrat im Konsulat verweist. Den Amtssessel flankieren zwei übergroße Stadtpersonifikationen, Roma und Constantinopolis, in ähnlicher Aufmachung: Helme mit oder ohne aufgestellte Wangenklappen, höfische Chlamys und Dalmatica, breiter Juwelenkragen und Ohrgehänge. Roma (?) zur Linken des Konsuls trägt eine abstrahierte Form der *fasces*, der Machtinsignie des römischen Magistraten, und erhebt ehrfurchtgebietend die Hand. Constantinopolis (?) zu seiner Rechten führt ein langes Kugelzepter und weist ein mit der Wertmarke A für 1000 versehenes Kugelgewicht vor. Passend dazu schütten zu Füßen des Magistraten Diener aus Säcken Münzen, Schalen, Platten, Barren und Palmblätter aus, Objekte aus Edelmetall, wie sie bei *sparsio* und *largitio*, demonstrativen Geschenkaktionen, verteilt wurden. Da Clementinus vor seinem Konsulat als *comes sacrarum largitionum* Finanzminister war, ergibt sich eine gewisse Ambivalenz, wem der Geldregen zu verdanken ist. Denn die Szene wird im obersten Feld bekrönt von dem Kreuz in zentraler Position als Zeichen des Gottesgnadentums und von den Büstentondi des Herrscherpaares Anastasius (491–518) und Ariadne (474–515).

Die Gebete auf der Rückseite belegen eine frühe Weiterverwendung in einer griechischen Gemeinschaft in Rom, und ein gleiches Exemplar existiert als Kopie oder Überarbeitung für den westlichen Konsul von 530, Orestes. Demnach ging das Diptychon vielleicht ursprünglich an Empfänger in Rom.

Ilse Rollé Ditzler

Quellen
PLRE, S. 303, Nr. 1146.

Literatur
Ausst.-Kat. London 2008, Nr. 13, Abb. S. 72 (Anthony Eastmond); Ausst.-Kat. Rom 2000, Nr. 34, Abb. 34 (Simon Bean); Bagnall u.a. 1987, S. 4–12, 87–88 u. 560–561; Bauer 2009, S. 41–45, Abb. 36; Beyeler 2011, S. 38–42; Bühl 1995, S. 197–217, Abb. 103; Delbrueck 1929, S. 117–121, Nr. 16, Taf. 16; Eastmond 2010, S. 742–765, Abb. 6; Engemann 1998; Gibson 1994, S. 19–22, Nr. 8, Taf. VIII a+b; Marchet 2008, S. 291–317, Abb. 1–19; Olovsdotter 2005, S. 44–47 u. 128–131, Taf. 10; Volbach 1976, S. 35, Nr. 15, Taf. 7.

II.37

Elfenbeintafel mit einer Personifikation

Anfang 6. Jahrhundert n. Chr.
Abtei St. Maximin in Trier, vor 1830
Königlich-brandenburgisch-preußische Sammlung
Elfenbein. H 13,9 cm, B 10,5 cm
Berlin, Staatliche Museen zu Berlin,
Antikensammlung, TC 2497

Die Elfenbeintafel zeigt die obere Hälfte eines hochrechteckigen Reliefs, das von einem Band aus scharfzackigen Akanthusblättern gerahmt wird. Sie wurde unten nachträglich beschnitten und an der linken Kante von hinten für eine Sekundärverwendung abgearbeitet. In dem Bildfeld steht eine frontale Frau, bekleidet mit einem unter der Brust gegürteten antiken Gewand (Chiton), einem Untergewand mit langen, engen Ärmeln und einem Mantel, der vom Hals im Rücken herunterfällt und vorne je eine Schlaufe bildet. In der erhobenen Rechten, zu der sie den Kopf wendet, hält sie ein Gebilde aus drei Masken, im linken Arm eine siebensaitige Lyra. Außerdem trägt sie an der linken Hüfte ein Schwertgehänge, dessen Band diagonal über den Oberkörper verläuft. Ihre Frisur besteht aus stark gelockten Strähnen, die über der Stirn in Buckellocken enden, während sie an Schläfen und Hinterkopf als Korkenzieherlocken bis in Kinnhöhe herabfallen. Eine eigenartige, durchbrochene Kopfbedeckung mit Kreismustern – eine Mischung aus Helm und Krone –, an der hinten flatternde Bänder befestigt sind, sitzt auf dem Oberkopf.

Angesichts des langärmeligen Gewandes und der Masken hat man die Figur in die Nähe des römischen Theaters gerückt und aufgrund von Schriftquellen an die Darstellung der römischen Pantomime gedacht. Andere Forscher interpretierten die Frau als Muse, doch können beide Deutungen nicht überzeugen. In der gängigen griechisch-römischen Musenikonographie sind Masken, Lyra und Schwert niemals verbunden. Melpomene, die Muse der Tragödie, wird durch Tragödien-

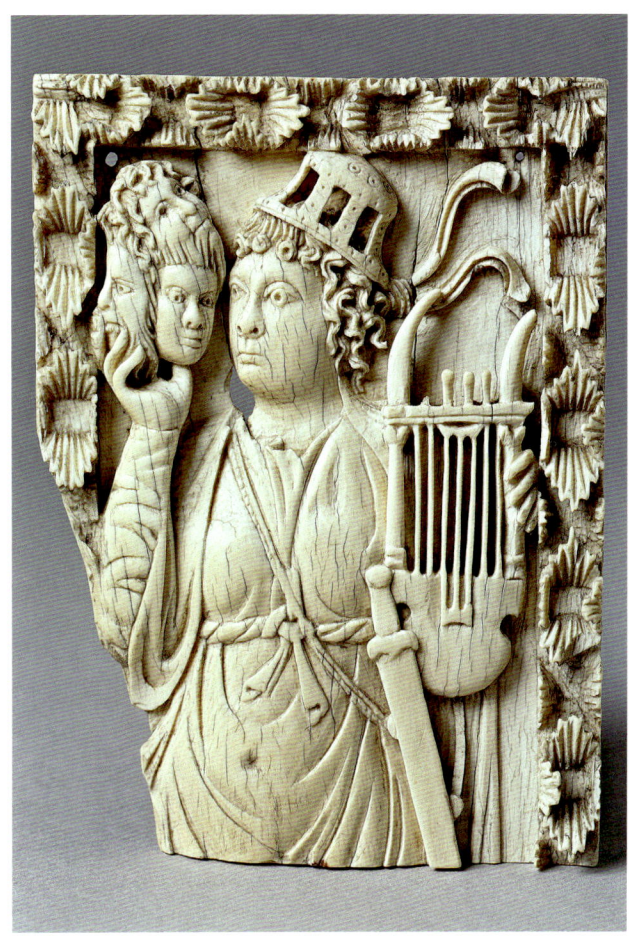

II.37

erst im Mittelalter als Schmuck eines Buchdeckels für einen Codex mit Paulusbriefen wiederverwendet wurde. Als solcher wird sie 1560 von dem Jesuitenpater Alexander Wiltheim beschrieben. Dem Stil nach wurde das Relief im frühen 6. Jahrhundert geschaffen – dafür sprechen das ausdruckslose und großflächige Gesicht mit den fülligen Wangen und der kaum akzentuierten Kinnpartie, die ähnlich bei Porträts der Kaiserin Ariadne vorkommen. Aufgrund des tiefen Reliefs und der starken Hinterschneidungen – z. B. an der Lyra oder der Kopfbedeckung – hat man eine Herstellung in Ägypten, jedenfalls eher im Osten des Reiches vermutet. Nach St. Maximin in Trier wird das Stück im Mittelalter als Geschenk eines reichen Stifters gelangt sein. In seiner Blütezeit als Reformkloster, das weit nach Osten ausstrahlte und auch die Geschicke des Magdeburger Erzbistums beeinflusste, wurde St. Maximin durch die ottonischen Könige maßgeblich gefördert.

Agnes Schwarzmaier

Literatur

Ausst.-Kat. Mainz 1980, Nr. 383 mit Abb. (Konrad Weidemann); Ausst.-Kat. New York 1979, Nr. 245 (Malcolm Bell); Bieber 1961, S. 236, Abb. 783; Graeven 1901; Sanderson 1979, S. 327 f., Abb. 11; Volbach 1976, S. 47, Nr. 79, Taf. 27; Wyles 2008, S. 63, Abb. 2.1.

II.38

Kamm mit Personifikationen der Städte Rom und Konstantinopel

Alexandria/Ägypten, 2. Hälfte 6. Jahrhundert
Elfenbein. H 16,4 cm, B 5,3 cm
Athen, Benaki Museum, 10287

maske, Keule oder selten durch das Schwert charakterisiert, hat aber nie eine Lyra. Diese wiederum kennzeichnet Erato, die Muse der Liebesdichtung, oder Terpsichore, zuständig für Tanz. Die drei gegeneinandergestellten Gesichter kommen häufiger auf Gemmen vor, werden dort aber nicht als Theatermasken verstanden, zumal der Mund geschlossen ist. Auf dem Elfenbeinrelief sind das Gesicht eines Alten, eines bärtigen reifen Mannes (oben) und eines bartlosen Jünglings verbunden. Meines Erachtens symbolisieren sie die drei Lebensalter. Das Schwert könnte für das aktive, tätige Leben, die Lyra für die geistig-musische Tätigkeit stehen. Dazu würde auch die ohne Parallele gebliebene Kopfbedeckung passen, die wie ein Zwischending zwischen Schutz und Schmuck wirkt. Dass die weibliche Figur eine eigentlich unweibliche Frisur trägt, unterstreicht noch die Gegensätze, so dass in ihr vielleicht eine Personifikation zu sehen ist, die in Zusammenhang mit dem menschlichen Leben steht.

Wie die kleinen Löcher oben innerhalb des Rahmens zeigen, saß die in sehr hohem Relief ausgearbeitete Tafel einst vielleicht auf einem Kästchen oder Schränkchen, bevor sie wohl

Zweiseitige ‚Hochkämme' aus Holz – in der Regel um die 24 cm hoch – sind aus ägyptischen Grabfunden zu Hunderten erhalten. Aus Elfenbein sind sie hingegen höchst selten und auch viel kleiner, da das Material kostbar war. Ungewöhnlich ist auch die Reliefverzierung auf Vorder- und Rückseite mit jeweils einer weiblichen Stadtpersonifikation in einem hochrechteckigen Bildfeld. Auf der einen Seite sitzt auf einem Thron mit hoher Lehne, Kissen und Fußschemel (Suppedaneum) unter einem von Spiralsäulen getragenen Spitzgiebel mit Andeutung des Zahnschnitts die Göttin Roma. Sie ist behelmt, trägt einen hochgegürteten Chiton und einen Mantel, ihre rechte Brust ist jedoch nach Art einer Amazone entblößt. Mit der Rechten stützt sie sich auf eine Lanze, in der Linken hält sie als Zeichen der Weltherrschaft einen Globus mit dem eingeschriebenen, durch Doppelritzlinien gebildeten Buchstaben X. Dieses Zeichen begegnet sonst nur an den von Engeln gehaltenen

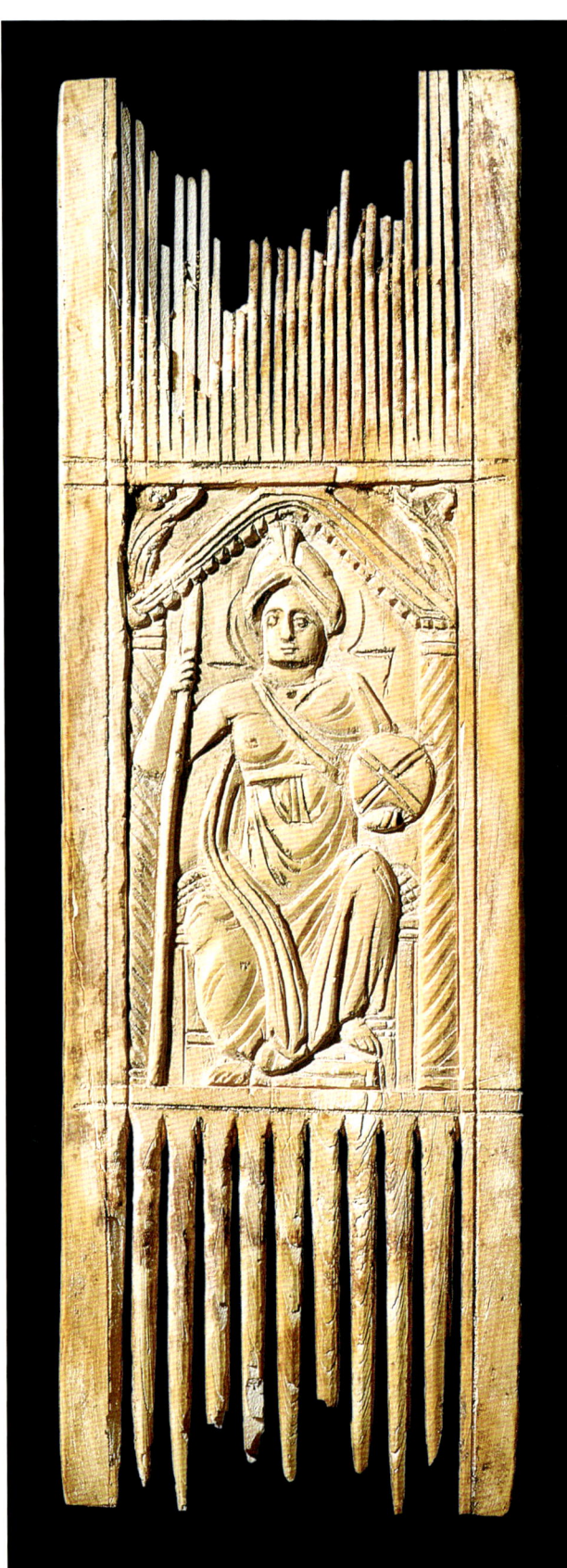

II.38

Globen und ist in diesen Fällen stets ein Hinweis auf den Buchstaben Chi, den Anfangsbuchstaben des Namens Christus. Ihren linken Fuß hat Roma auf das Fußpodest gesetzt, der rechte steht daneben. Der kriegerischen Roma ist auf der anderen Seite die friedfertige Konstantinopolis gegenübergestellt. Sie ist ebenfalls mit Chiton und Mantel (Palla) bekleidet und thront in gleicher Weise, hier jedoch unter einem Muschelbaldachin. Auch das Fußmotiv ist wiederholt. Im linken Arm hält sie ein großes Füllhorn als Zeichen des immerwährenden Segens, in der rechten Hand eine Fackel. Bedingt durch die Attribute sind die Spiralsäulen hier unterbrochen. Über ihr Haupt ist ein Schleiertuch gelegt, das zu den Schultern herab reicht, darüber trägt sie eine Mauerkrone. Unklar sind die Halbkreise neben den Häuptern (Andeutung eines Nimbus?). Beide Darstellungen wiederholen in den Hauptzügen, doch sehr vereinfacht, die Ikonographie eines Tafelpaares mit Roma und Constantinopolis im Kunsthistorischen Museum Wien, das die Forschung teils der Spätantike, teils der karolingischen Renaissance (9. Jh.) zugewiesen hat. Doch unabhängig davon muss der Darstellungstypus bereits im 5. Jahrhundert existiert haben und dürfte dem alexandrinischen Schnitzer über eine Zwischenvorlage („Musterblatt") bekannt geworden sein. Die zahlreich überlieferten Darstellungen, auf den beide Stadtgöttinnen erscheinen, machen jedoch deutlich, dass es einen feststehenden Bildtypus der Constantinopolis nicht gegeben hat. Weshalb man einen Kamm mit den beiden Stadtpersonifikationen verziert hat, ist eine offene Frage. Gleichzeitige Elfenbeinkämme zeigen dionysische Szenen, den Meerthiasos oder kranzhaltende Eroten, ein christliches Beispiel auf der einen Seite Christus als Reiter in einem von Engeln gehaltenen Kranz, auf der anderen die Auferweckung des Lazarus und eine Blindenheilung. Die Gegenüberstellung der *caput mundi* und *urbs aeterna* Roma mit der *Nea Rhome* Constantinopolis beschwört einen Zustand des Reiches, der in der zweiten Hälfte des 6. Jahrhunderts nur noch dem Anspruch nach existierte.

Neslihan Asutay-Effenberger

Literatur

Ausst.-Kat. London 2008, S. 192, Abb. 167 (Roma), S. 420, Nr. 167 (mit weiterer Literatur); Bühl 1995, S. 156–157 u. 187–189, Abb. 81–82; Volbach 1976, S. 68, Nr. 88b, Taf. 49.

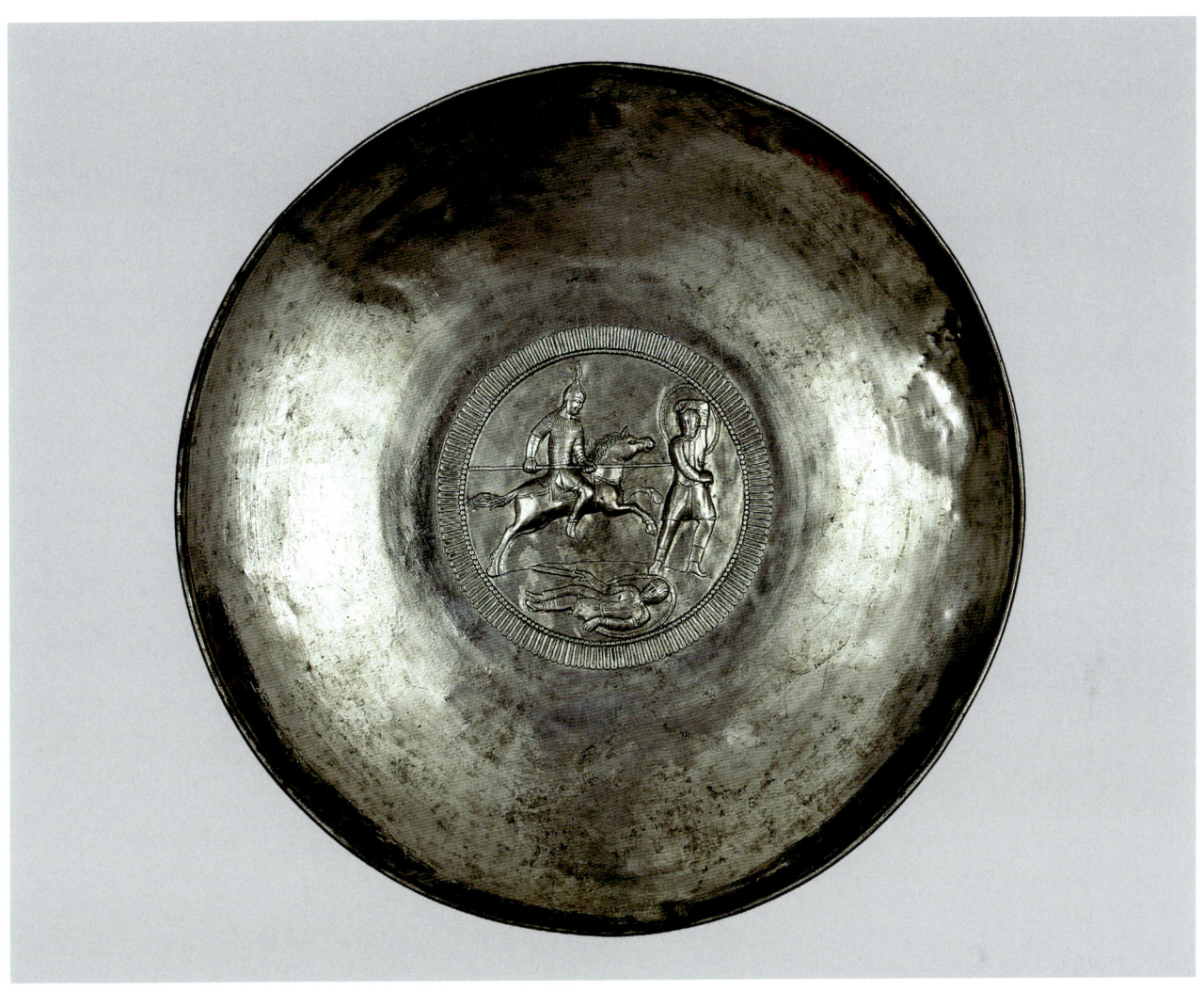

II.39

II.39

Schale von Isola Rizza

Ende 5./Anfang 6. Jahrhundert
1872 bei Isola Rizza gefunden.
Silber. H 6,6 cm, D 40,5 cm
Verona, Museo di Castelvecchio, 13871-4A0234

Die Silberschale ist Teil eines Hortfundes, der im Februar 1872 bei Arbeiten im Bereich eines römischen Gräberfeldes im Umfeld der Pfarrkirche von Isola Rizza freigelegt wurde. Der Fundkomplex bestand aus sechs Silberlöffeln, zwei Scheibenfibeln aus Gold und Silber mit filigranem Stegwerk, einer goldenen Gürtelschließe und drei Gürtelbeschlägen, von denen die Schließe und ein Beschlag heute verloren sind. Die Fundlage in einem mit Ziegeln ausgelegten Graben mit sorgfältiger Steinabdeckung lässt auf eine absichtliche Deponierung schließen.

Die leicht bauchige Schale weist in der Mitte ein reliefiertes Bodenmedaillon in einer Schmuckeinfassung auf. Die dargestellte Szene zeigt einen von links heranpreschenden Reiter mit Spangenhelm, Lamellenpanzer und einer Lanze, mit der er einen mit Schild und Lanze bewaffneten Fußkrieger durchbohrt. Dabei sprengt er mit seinem Pferd über einen bereits gefallenen Krieger mit Schild und Spatha hinweg. Die beiden Fußsoldaten wurden von der Forschung aufgrund ihrer Tracht aus einem kittelartigen Hemd, Taillengürtung, langen Hosen und Stulpen, der Art der Bewaffnung und durch ihre Bärtigkeit häufig als Langobarden, der Berittene dagegen als byzantinischer Reiter interpretiert. Die Belegbarkeit dieser Zuweisung ist indes schwierig, da die trachtikonographischen Merkmale eher unspezifisch sind. Zwar berichtet z.B. Paulus Diaconus (I,27) von der langobardischen Sitte, die Beine von den Waden abwärts mit Binden zu umwickeln, die Einhardsvita (*Einhardi vita Caroli*, 23) beschreibt entsprechende Beinwickel aber auch bei der Kleidung der Franken. Ähnlich verhält es sich bei zeitgleichen bildlichen Darstellungen. So zeigt die vergoldete Stirnplatte eines 1890/91 in Valdinievole gefundenen Spangenhelms wahrscheinlich die Krönung des Langobardenkönigs Agilulf. Auf einem Thron mit Fußschemel sitzt ein Herrscher mit langem Bart und reicher Gewandung. Seine linke Hand hält ein Schwert, die rechte ist zum Segens- bzw. Herrschergestus erhoben. Flankiert wird er von zwei schwer bewaffneten Kriegern mit Lamellenpanzer, Spangenhelm, Speer und Schild. Von den Seiten eilen Helferfiguren herbei, die Hosen mit Stulpen und einen kurzen gegürteten Kittel tragen. Durch eine punzierte Inschrift, die auf König Agilulf verweist, wird das gesamte Figurenpersonal als langobardisch angesprochen.

Da sich augenscheinlich also weder Panzer, Helm und Bewaffnung noch die Tracht aus langer Hose mit Stulpen und kurzer, langärmliger Tunika einer bestimmten Volksgruppe sicher zuweisen lassen, ist auf der Silberschale von Isola Rizza wahrscheinlich der generelle Topos der Sieghaftigkeit des ‚zivilisierten‘ Herrschers gegen die ‚Barbaren‘ dargestellt. Wie die Beispiele eines Baltheus aus Brescia aus dem 1. Jahrhundert (Kat.-Nr. I.50) oder der Intaglio aus Biesheim aus dem 2. Jahrhundert belegen (Kat.-Nr. I.54), handelt es sich um eine lange tradierte Bildikonographie, die die allumfassende Sieghaftigkeit des Herrschers transportiert. Diese Aussage ist so erfolgreich, dass sie auch in die christliche Bildwelt umgesetzt wird, etwa bei der Darstellung König Davids im Kampf gegen die Dämonen auf einem Intaglio in Athen.

Ulrike Theisen

Literatur
Bolla 1999; Bolla 2004; Bolla 2007.

II.40

Mosaikporträt Kaiser Justinians

nach 540 n. Chr.
zuvor ein Bildnis des Theoderich (?), 1863,
unter Hinzufügung der Inschrift IUSTINIAN(us), restauriert
H 96,5 cm, B 65,2 cm, T 3,5 cm
Ravenna, Basilica di Sant' Apollinare Nuovo

Das Bildnis Justinians von S. Apollinare Nuove ist ein wichtiges Beispiel für die Veränderungen an öffentlichen Bauten Ravennas nach der Beseitigung der ostgotischen Herrschaft in Italien. Einst als arianische Kirche unter Theoderich errichtet, wurde sie 561 als katholisches Gotteshaus dem Heiligen

Martin gewidmet. Die Mosaiken waren Repräsentationsmedium des gotischen Königshauses sowie der römisch geprägten Amtsaristokratie. Dies wird u. a. durch die Darstellungen des Palastes sowie des Kriegshafens von Ravenna deutlich. Nach der byzantinischen Eroberung wurden oberhalb der Arkaden die Personen in den Interkolumnien entfernt und durch Vorhänge ersetzt. Wenige Hände, die sich an den Säulen erhalten haben, belegen die einstige Präsenz von im Orantengestus dargestellten Würdenträgern. Auch das vorliegende Bildnis fiel der groß angelegten Umarbeitung zur Propagierung der ‚wiederhergestellten‘ Herrschaft des römischen Kaisertums zum Opfer. Mehrere Details wurden verändert, während man einige Fragmente des vorherigen Bildnisses beibehielt. Hinzugefügt wurde das breitkrempig ausladende Diadem, wie es für die Kaiser seit dem frühen 6. Jahrhundert nachgewiesen werden kann, wie bei einem Porphyrkopf des 6. Jahrhunderts in Venedig. Es ist dreireihig und mit einem prächtigen Mitteljuwel geschmückt. Entlang der im Vergleich unregelmäßigeren Steinsetzung der goldfarbenen Tesserae lässt sich der Eingriff des späteren Mosaizisten erkennen. Dies betrifft auch die drei Pendilien der Scheibenfibel, welche zum kaiserlichen Ornat gehören. Die Fibel wird von hellen Tesserae an beiden Seiten gerahmt, möglicherweise gehören diese mit dem Mittelmedaillon zum alten Gewand. Demnach wäre auch die kaiserliche Purpurchlamys als nachträgliche Veränderung zu interpretieren.

Der Kaiser trägt merkwürdigerweise weißes Haar. Dies widerspricht dem sonst physiognomisch verwandten Porträt (Doppelkinn, Nasolabialfalte) des Kaisermosaiks von San Vitale, auf dem Justinian strähniges, schwarzes Haar trägt. Bei Betrachtung der oben ‚abgeschnittenen‘ Haare zeigt sich, dass die Kalotte zur Anbringung des Diadems entfernt und die Stirnhaare darunter beibehalten wurden. Dies kann man auch oberhalb des linken Ohres sehen, wo eine stehengebliebene, volutenartig eingerollte Locke eine Vorstellung von der alten Frisur zu geben vermag. Vielleicht entsprach diese der bekannten Darstellung Theoderichs auf dem Medaillon aus Morro d'Alba. Dies wäre jedoch keine Langhaarfrisur nach ‚germanischem‘ Vorbild, sondern eine aristokratische Luxusfrisur, wie sie an rundplastischen Porträts des späten 5. und 6. Jahrhunderts zu beobachten ist.

Die Porträtstilisierung des Kaisers folgt dem bekannten Schema. Trotz seines hohen Alters wird er mit vollen, rosigen Wangen sowie mit schwach bewegtem Gesicht dargestellt. Hier wird ein Herrscher in Szene gesetzt, der dem geläufigen Modell der spätantiken Kaiser entspricht. Das Porträt Justinians ist somit als Verbildlichung einer abstrakten Kaiservorstellung zu verstehen, die durch die wenigen realistischen Formeln (leichte Falten, Doppelkinn) die Sorge um den Staat und die Anstrengung der Amtsausübung kommuniziert.

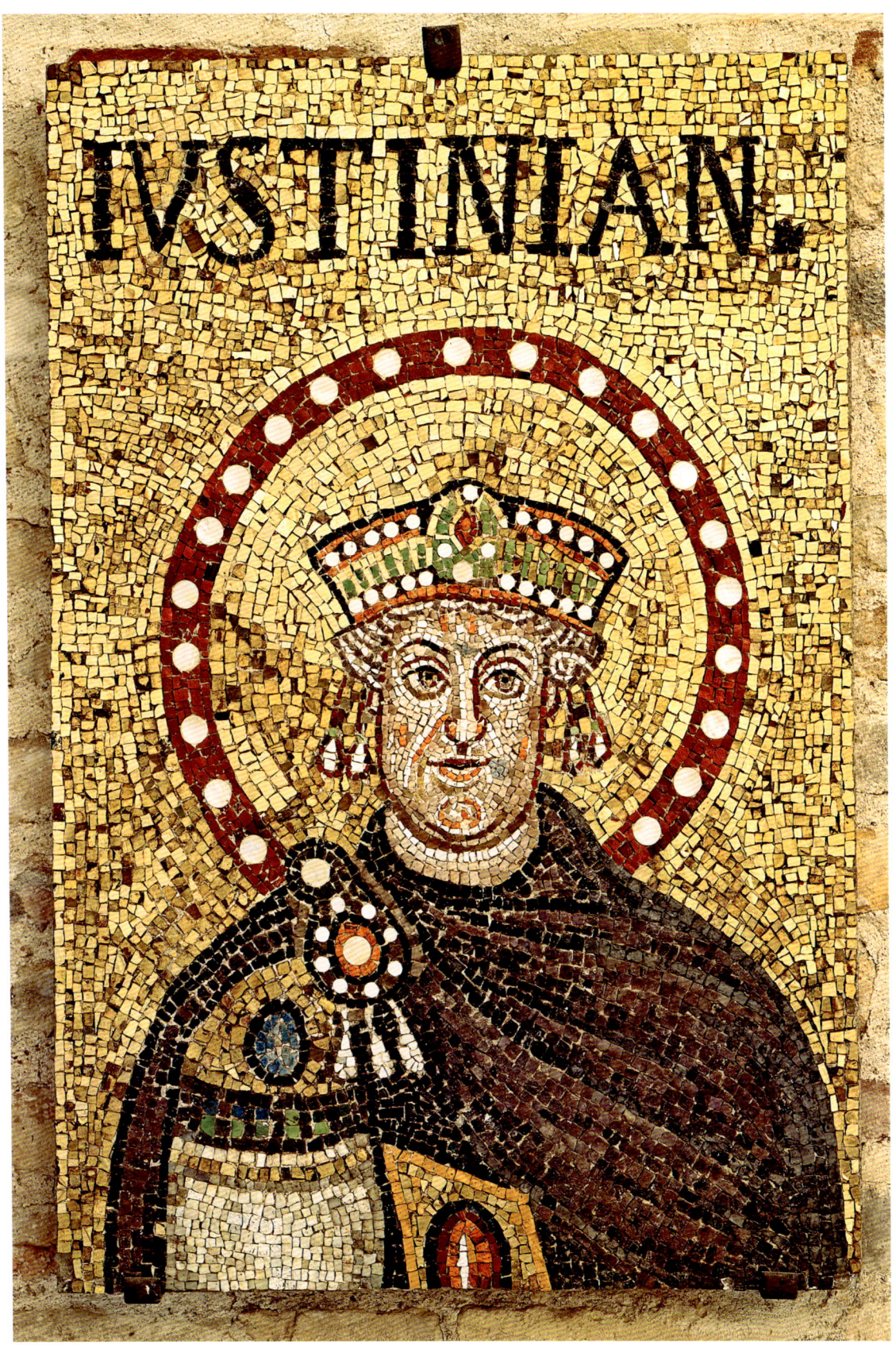

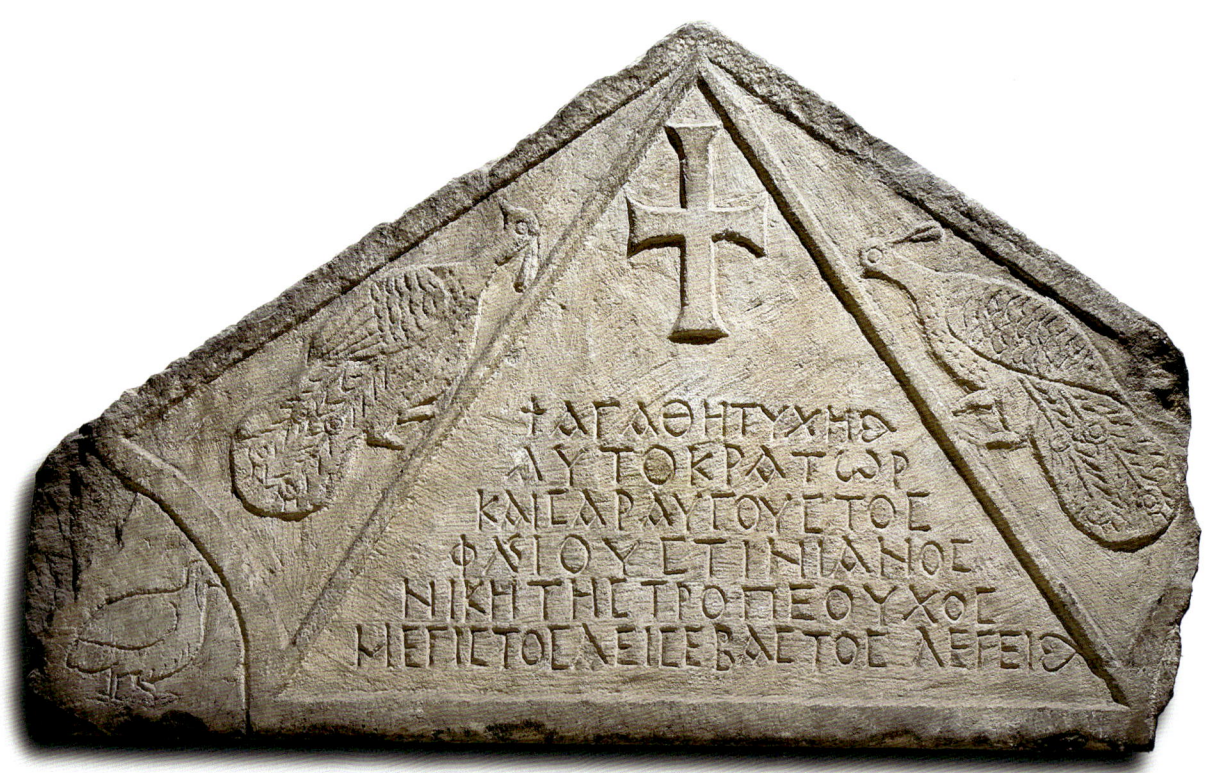

II.41

Auch das Bildmedium des Mosaiks ist signifikant. Der Raum der Kirche wird zur Stätte aristokratischer und kaiserlicher Repräsentation. Immer häufiger inszenierte man die Macht des Kaisers und der Eliten in den Kirchen, in denen statt Ehrenstatuen nun großformatige Bilder angebracht wurden, welche die statuarischen Formulare und die individualisierenden Formeln der antiken Porträtkunst weitertradierten.

Martin Kovacs

Literatur

Baldini Lippolis 2000; Deichmann 1969, S. 174, Abb. 187 u. 188; Deichmann 1974, S. 151–152; Deliyannis 2010, S. 172–174; Penni Iacco 2004, S. 63–65. Zum Medaillon des Theoderich von Morro d'Alba zuletzt: von Rummel 2007, S. 258–261. Zum ‚Carmagnola' in Venedig: Delbrueck 1914, S. 71–89, Abb. 1–3, Taf. 5–7; Sande 1975, hier S. 97–99, Taf. 16, Abb. 51 u. 52.

II.41

Giebel einer Stele:
Präskript zu einem kaiserlichen Erlass

527–533 n.Chr.
1910 im Apollontempel von Didyma gefunden
Marmor. H 57 cm, B 94 cm, T 37,5 cm
Berlin, Staatliche Museen zu Berlin, Antikensammlung,
D 596

Erhalten ist der separat gearbeitete Giebel einer Stele. Die rechte untere Ecke ist abgebrochen. Im durch erhabene Leisten gerahmten Dreieck des Giebels befindet sich eine Inschrift, darüber ein reliefiertes Kreuz. In den Zwickeln links und rechts davon in Relief je ein Pfau oben und darunter ein eingeritztes (Feld- oder Perl)-Huhn (nur das linke erhalten).

Die Inschrift lautet:
⳨ ἀγαθῇ τύχῃ·
Αὐτοκράτωρ
Καῖσαρ Αὔγουστος
Φλ(άουιος) Ἰουστινιανὸς
νικητής, τροπεοῦχος
μέγιστος, ἀεὶ Σεβαστὸς λέγει.

„Zu Glück und Heil! Imperator Caesar Augustus Flavius Justinianus, Sieger, größter Triumphator, immer Augustus, spricht." Die Titulatur Kaiser Justinians I. (527–565) entspricht dem lateinischen *Imperator Caesar Flavius Iustitianus victor, triumphator, semper Augustus* und hat eine fast genaue Entsprechung in einem Gesetz vom 15. März 533 (Chronicon Paschale I S. 630). Im späteren Verlauf dieses Jahres wurde die offizielle Kaisertitulatur um die Anrufung Christi am Beginn und um Siegestitulaturen wie *Alamannicus, Gothicus, Vandalicus, Africanus* usw. erweitert. Die Inschrift aus Didyma lässt sich demnach in die Jahre zwischen 527 und 533 n.Chr. datieren.

Nach diesem Präskript folgte auf einer gesondert gearbeiteten Stele der eigentliche Erlass des Kaisers, der sich jedoch nicht erhalten hat. Mit dem christlichen Kreuz und der hier wohl auch im christlichen Sinne aufzufassenden Pfauendarstellung als Symbol der Unsterblichkeit steht die formelhafte Anrufung der ‚heidnischen' Glücksgöttin Tyche nicht in Widerspruch.

Aus dem nahegelegenen Milet sind zwei Reskripte Kaiser Justinians aus den Jahren 533–565 bzw. 539–542 n.Chr. inschriftlich überliefert. Aus Didyma selbst stammt ein drittes vom 1. April 533: auf einer 173 x 79 x 44 cm großen Stele steht es an erster Stelle zusammen mit zwei weiteren Dokumenten in einem Dossier, dem das ursprünglich auf einem separaten Stein geschriebene Präskript fehlt. In dem Berliner Stück dieses fehlende Präskript zu sehen, ist zwar verlockend, aber schon wegen der abweichenden Maße leider wohl nicht zutreffend.

Nach dem Verbot der heidnischen Kulte 391/392 wurde in frühbyzantinischer Zeit – vermutlich im 5. oder spätestens Anfang des 6. Jahrhundert – im Adyton (Kulthof), dem allerheiligsten Bereich des Apollonheiligtums, eine christliche Basilika errichtet. Wahrscheinlich unter Justinian erfolgte der Ausbau des Tempels zu einem Kastell. Das verlorene Edikt, von dem sich nur das ausgestellte Präskript erhalten hat, könnte sich auf diesen Umbau bezogen haben.

Sylvia Brehme

Literatur

Amelotti/Zingale 1985, S. 101, Nr. 2; Ausst.-Kat. Berlin 2009, S. 69 ff. (Helga Bumke) u. S. 169, Nr. 4 (Soi Agelidis); Feissel 2004 (a); von Graeve 1997–2006, Bd. 3, 2006, Nr. 1575 u. Nr. 1576; Grégoire 1922, Nr. 226; Guarducci 1967–1978, Bd. 2, S. 84, Nr. 2, Abb. 12; Rehm 1958, S. 317, Nr. 596, Abb. 108; Wiegand 1911, Anhang 46. Zu dem Reskript aus Didyma: Feissel 2004 (b), 2.86 f.; zahlreiche Hinweise zu den Inschriften werden K. Hallof verdankt.

II.42

Empfehlungsschreiben aus Konstantinopel für einen gewissen Dioskoros (SB IV 7438, Sel.Pap. II 431)

Konstantinopel, um 551
gefunden in Ägypten, Aphrodites Kome (Kom Ishgaw)
Papyrus, rundum beschnitten. H 17,5 cm, L 22 cm,
Genf, Bibliothèque de Genève, P. Gen. 210

Der vollständig erhaltene Brief enthält die Empfehlung einer hochgestellten Persönlichkeit in Konstantinopel – wahrscheinlich eines Verwalters kaiserlichen Grundbesitzes (*curator* der *domus divina*) – für Dioskoros aus der Thebais (Oberägypten), der südlichsten Provinz des Oströmischen Reiches. Dieser Dioskoros ist eine aus mehreren hundert Papyrusurkunden in griechischer und koptischer Sprache wohlbekannte Persönlichkeit des justinianischen Ägypten. Der gut situierte Grundbesitzer fungierte als Sprecher seines Heimatdorfes Aphrodites Kome, das wiederholt unter den Übergriffen lokaler Machthaber zu leiden hatte. Um das Recht seines Dorfes auf eigenständige Steuererhebung (*autopragia*) zu behaupten, legte sich Dioskoros mit mächtigen Männern der Provinz an, hatte auch selbst unter deren Willkür zu leiden und musste vorübergehend sogar das Dorf verlassen, um in der Provinzmetropole Antinoopolis als Notar zu wirken. Unter seinen auf Papyrus erhaltenen Schriften finden sich auch etwa vier Dutzend Gedichte, die er für den Statthalter der Provinz und hochgestellte Beamte in Konstantinopel verfasst hat. Zumindest zwei Mal ist Dioskoros nämlich bis in die ferne Hauptstadt gereist, um dem Kaiser persönlich eine Petition in den Angelegenheiten des Dorfes und in eigener Sache vorzulegen. Bei einem der Aufenthalte in Konstantinopel dürfte auch das vorliegende Empfehlungsschreiben entstanden sein. Der (unbekannte) Verfasser des Briefes bittet den Statthalter (*dux*) der Thebais, welcher zugleich der Richter im anhängigen Rechtsstreit sein würde, um zuvorkommende Behandlung des Dioskoros. Zudem weist er den Adressaten darauf hin, dass Dioskoros auch ein kaiserliches Schreiben in dieser Angelegenheit erwirkt hat. Der Empfehlungsbrief hatte also den Zweck, dem Statthalter und Richter der Thebais vor Augen zu führen, dass Dioskoros auf seinen Reisen nach Konstantinopel bei mächtigen Reichsbeamten die Unterstützung seiner Rechtsansprüche erwirkt hatte. Die Urkunde erhellt die Usancen der Bittschriften und Patronageverhältnisse im frühbyzantinischen Reich.

Bernhard Palme

Literatur

Martin 1929; Martin 1931; Pestman 1994, S. 275–276, Nr. 78; Zuckerman 2004, S. 84–85.

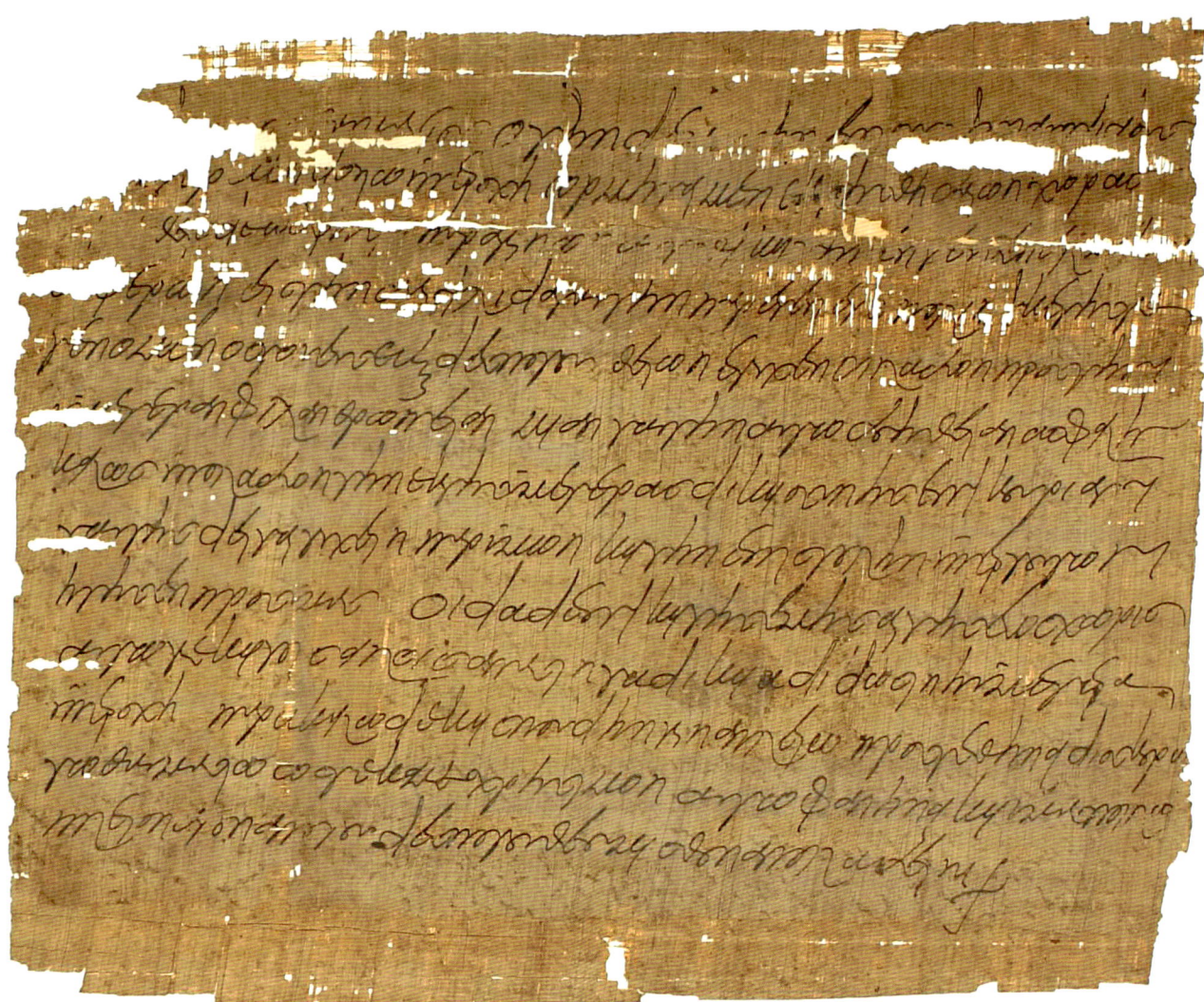

II.42

Imitatio imperii – die Nachahmung des Kaisertums in den germanischen regna des 5. bis 8. Jahrhunderts

Der Begriff der *imitatio imperii* bezeichnet die Nachahmung des Kaisertums. Er begegnet im historischen Quellenzusammenhang in der sogenannten Konstantinischen Schenkung, wo es in Kapitel 16 heißt, der Kaiser habe dem Papst ehrend die Kopfbedeckung, das *phrygium, ad imitationem imperii nostri* aufgesetzt. Im engeren Sinn kann daher der Begriff zunächst im Zusammenhang mit dem Gebrauch der Herrschaftszeichen, der Titulatur und des herrscherlich-höfischen Zeremoniells verstanden werden. Erweitert kann der Terminus auf politisch-administrativer Ebene in der Kanzlei, dem Münzwesen, der Gesetzgebung und der Städtepolitik Verwendung finden. Hinzu kommen Aspekte der herrscherlichen Gabe, das Veranstalten von Spielen, aber auch Bau und Unterhalt von Kirchen- und Palastbauten oder repäsentativer Badeanlagen. Einige Archäologen möchten hierunter auch – deutlich weitergehend und sich vom Kontext entfernend – kulturgeschichtliche Aspekte der bewussten Nachahmung mediterraner Vorbilder in Lebensweise und Grabbrauch durch die Oberschicht fassen.

Die Könige der germanischen Staatengründungen auf reichsrömischem Boden hatten hinsichtlich ihrer eigenen Repräsentation das kaiserliche Vorbild als Maßstab vor Augen. Bereits ihr Auftreten mit Gewandung und Insignien wurde im Rahmen eines ausgeklügelten Systems über ihr eigentliches Herrschaftsgebiet hinaus sowie in Konkurrenz untereinander wahrgenommen und bewertet. Traditionelle Elemente ‚germanischen Königtums' verbanden sich mit den Repräsentationsformen der Spitzenämter im spätrömischen Reich. Die Integration der gentilen Königtümer in das bisweilen kaum mehr als fiktive Gesamtreich war ein politisches Ziel auch in rechtlicher und kultureller Hinsicht. Hierarchische Feinheiten zwischen dem Kaiser und den einzelnen germanischen Königen spielten eine wichtige und keineswegs nur vordergründige Rolle.

Das beste biographische Beispiel hierfür verkörpert der am Hofe Kaiser Leos I. in Konstantinopel aufgewachsene Theoderich († 526), der um 469 Herrscher in einem gotischen Kleinkönigtum in Pannonien wurde und gleichzeitig als ranghoher Militärbefehlshaber in römischen Diensten stand. Im Jahre 484 wurde Theoderich Konsul, 488 erhielt er den Auftrag zur Niederschlagung des Odoaker-Reiches und etablierte 493 in Italien ein gotisches Königreich. Die Anerkennung seiner über eine Statthalterschaft hinausgehenden Herrschaft erfolgte 497/498 als Kaiser Anastasios dem *princeps romanus* und *Patricius* die Insignien des weströmischen Kaisertums, die *ornamenta pala-*

tii, übersandte. Theoderich verzichtete aber bewusst auf die Ernennung eines neuen weströmischen Kaisers. So konnte Prokop wenig später den Gotenkönig als Herrscher rühmen, der selbst wie ein wahrer Kaiser wirkte, ohne diesen Titel zu führen. Seine Titulatur *Flavius Theodericus rex* war bewusst ohne Gentilzusatz gewählt, da Theoderich sich als *rex* (oder *rector*) *Italiae* verstand. Der erste Namensteil setzte Theoderich in die Nachfolge Kaiser Konstantins, der auch den Namen Flavius führte. Theoderich behielt bestehende Verwaltungsstrukturen bei, berief bewusst Römer in hohe Ämter, zollte dem Senat in Rom Respekt, ernannte eigene Konsuln, verteilte Gaben, richtete Spiele aus und feierte seine Regierungsjubiläen. Zu seinen Ehren wurden Statuen aufgestellt, die Bevölkerung in Italien soll Theoderich auch als ihren Augustus tituliert haben. Auch durch seine Baupolitik trat Theoderich in Erscheinung. Hinsichtlich Theoderichs Stadtgründung Theodericopolis herrscht Unklarheit in der Lokalisierung, möglicherweise handelte es sich lediglich um die Umbennung einer bereits existierenden Stadt. Einzigartig ist das im römischen Nationalmuseum verwahrte Goldmedaillon aus Senigallia; solche Sonderprägungen (Multipla) waren Geschenke für verdiente Beamte und Gefolgsleute zu besonderen Anlässen. Das *Edictum Theoderici* ist das Zeugnis für Theoderich als Gesetzgeber. Seine Heirats- und Bündnispolitik sicherte seine Vormachtstellung unter den germanischen Königen, aber auch Geschenke spielten eine Rolle. So erbat sich der Burgunderkönig von Theoderich eine Wasser- und eine Sonnenuhr mit geeignetem Bedienungspersonal. Seinerseits stellte Theoderich nicht den autoritativen Vorrang des Kaisers in Konstantinopel in Frage. Zur Regelung seiner Herrschaftsnachfolge ließ der Ostgotenkönig seinen Schwiegersohn Eutharich durch Kaiser Justinus I. als Waffensohn adoptieren (*adoptio ad arma*). Theoderichs monumentales Grabmal in Ravenna kann in der Tradition kaiserlicher Mausoleen in Zentralbauform gesehen werden: Sein Sarkophag bestand aus Porphyr.

Selbst im Krieg erkannte Byzanz gewisse Rechte der Ostgoten in Italien an. So wurde der in der ersten Phase des Ostgotenkriegs entmachtete König Witigis (536–540) aus Italien ehrenvoll nach Konstantinopel geführt, um dort den Patricius-Titel und eine Pension zu erhalten. In der Endphase des Krieges betonte König Totila (542–552) seine Sonderstellung, indem er Spiele im Circus Maximus veranstalten und Münzen prägen ließ, die ihn mit kaiserlichem Diadem darstellten.

Die *imitatio imperii* ist auch bei den Westgoten greifbar. Olympiodor schildert die Hochzeit der Kaisertochter Galla Placidia mit dem Westgotenkönig Athaulf (410–415), die man 414 auf römische Art in einem Festsaal in Narbonne feierte: Galla Placidia trug die vornehme Gewandung der Damen des kaiserlichen Hauses, während Athaulf mit dem römischen Feldherrnmantel angetan war (Fragmente, hier S. 186f.). Die Könige Eurich (466–484) und Alarich II. (484–507) traten als Gesetzgeber in Erscheinung, betrachteten die früheren Kaiser (*principes)* quasi als ihre Vorgänger und nannten sich selbst *princeps*. Seit Alarich II. führten die Westgotenkönige das nur den höchsten Repräsentanten im Kaiserreich zukommende Rangattribut *gloriosissimus*. Die Siegesparade der gotischen Truppen durch Zaragossa im Jahre 506 fand im Namen des Königs und nicht zu Ehren des Kaisers statt. Die Titulatur in der Prozesskostengesetzgebung des Westgotenkönigs Theudis (531–548) als *regni domni nostri gloriosissimi Theudi regis* hat zusätzlich den an Konstantin und Theoderich anknüpfenden Flavius-Titel und bringt über den Gebrauch des *Dominus Noster* zum Ausdruck, dass der westgotische König sich nicht mehr als Amtswalter für den Kaiser verstand (Leges Visigothorum, hier S. 467–469). Für König Leovigild (569–586) überliefert Isidor von Sevilla dessen Bemühungen um die Gesetzgebung sowie Neuerungen hinsichtlich der Organisation des Hoflebens und des Zeremoniells (Isidor von Sevilla, Historia gothorum, hier S. 258). Neu war der Gebrauch des herrscherlichen Throns und des Ornats nach byzantinischem Vorbild. Die bisherigen *sedes regiae* wie Narbonne, Barcino, Emerita oder Hispalis traten in der Bedeutung hinter der geförderten Residenz von Toledo zurück. Aus dem Rahmen fielen Leovigilds reale Stadtneugründungen von Victoriacum und Reccopolis. Letztere trug den Namen von Leovigilds zweitgeborenem Sohn Recarred. Leovigilds Ernennung seines ältesten Sohnes Hermenegild zum Mitherrscher und damit der Bestimmung der Nachfolgeregelung kann als weiteres Element der Neuerungen aufgefasst werden. In dieses Gesamtbild fügt sich ergänzend die neue Münzpolitik ab 580 ein, die die pseudoimperiale Prägung mit byzantinischen Kaisernamen aufgab und stattdessen den Königsnamen auf die Goldmünzen setzte.

Die Burgunderkönige amtierten in der zweiten Hälfte des 5. Jahrhunderts als Heermeister des Reiches in Gallien. Es gelang ihnen der Aufbau eines Königreiches, das seine Residenzen in Genf und Lyon besaß. Bedeutende Herrscher waren Gundobad (um 480–516*)* und Sigismund (516–524), die den Titel *rex Burgundionum vir gloriosissimus* führten – der erste Teil bezieht sich auf ihr gentiles Königtum, während der zweite Teil ein Rangprädikat der imperialen Hierarchie darstellt. Überdies kam ihnen der Ehrentitel als *patricius* zu. Mit beiden Herrschern ist die Kodifizierung des burgundischen Rechts (*Lex Burgundionum*) verbunden. Für König Gundobad ist festzustellen, dass einige seiner

im Namen von Kaiser Anastasius I. (491–518) geschlagenen Tremisses auf der Rückseite sein Monogramm GVB aufweisen.

Den Frankenkönigen kam die spätantike Amtstitulatur als *vir illustris* zu. Für den sein Reich in Gallien ausweitenden Frankenkönig Chlodwig hat McCormick die Bedeutung der *imitatio imperii* Chlodwigs herausgestellt. Auch die neue Chlodwig-Biographie des Bonner Mediävisten Matthias Becher zeichnet nicht das Bild eines landnehmenden Germanenführers, sondern stellt Chlodwigs Bemühen um Legitimation in den Vordergrund. Hier sei nur auf die Kodifizierung der *Lex salica* (Kat.-Nr. IV.8) unter Chlodwig verwiesen. Generell ist die Wirksamkeit des ‚römischen Erbes' im Merowingerreich zu betonen, wie Reinhold Kaiser dies in einem Buchtitel treffend zum Ausdruck gebracht hat. Durchaus anmaßend gegenüber Konstantinopel trat König Theudebert I. (533–548) hervor. Von ca. 570–670 wurden im Merowingerreich an über 800 Orten eigenständige Trienten von Münzmeistern geprägt. In Marseille wurden pseudo-imperiale Münzen bis in das 7. Jahrhundert geschlagen. Chlothar und Dagobert ließen Goldmünzen mit ihrem Namen prägen, die sie im kaiserlichen Ornat mit Diadem zeigen.

Der Langobardenkönig in Italien hieß *vir excellentissimus*. Der Namen des Königs Rothari (636–652) ist mit der Gesetzgebung im Langobardenreich verbunden (*Edicta regum Langobardorum)*. Unter den Königen Alboin und Cleph begann nach der Eroberung von Mailand 569 und Pavia 571/572 die langobardische Münzprägung in Italien. Zunächst ahmte man byzantinische Münzen der Ravennater Münzstätte nach. Tremisses und Siliquen tragen den Namen des Kaisers Justinus (565–578). Unter König Authari (584–590) begann man mit der Prägung von Tremisses im Namen des byzantinischen Kaisers Mauricius Tiberius (584–602). Diese Goldmünzen wurden nun im Langobardenreich über 100 Jahre lang geprägt und entfernten sich zusehends von ihren Vorlagen aus Konstantinopel. Weitere langobardische Goldmünzen tragen die Namen der Kaiser Phocas und Heraclius. Erst ab dem letzten Viertel des 7. Jahrhunderts versahen die langobardischen Könige die in ihrem Reich geschlagenen Münzen auch mit ihrem eigenen Namen. Gängig sind Tremisses mit dem Titel D(ominus) N(oster) und Darstellungen der Könige nach spätantikem Kaiserbild mit Diadem auf der Vorderseite und dem Erzengel Michael auf der Rückseite.

Im teilautonomen langobardischen Herzogtum Benevent führte die Goldmünzenprägung auch noch im 8. Jahrhundert den Namen der byzantinischen Kaiser Justinian II. und Anastasius II., wobei der Name des regierenden Herzogs durch Buchstabenkürzel hinzu gesetzt wurde. Besonders eindrucksvoll sind die Solidi und Tremisses, die die neue Vorderseite mit der Kaiserbüste und den Namen des Kaisers Anastasius II. Artemios (713–715) mit Akakia in der linken angewinkelten Hand zeigen.

Dieser Typ wurde auch nach dem Tod des Kaisers bis zur Mitte des 8. Jahrhunderts geprägt. Als Herzog Arichis 774 ganz unabhängig wurde, ersetzte er den Kaisernamen auf diesen pseudo-imperialen Münzen durch D(omi)N(u)S VICTORIA(m) und das Herrscherbild in kaiserlicher Tradition meint den Herzog, der mit der Rückseitenumschrift *Victoria Prinpi* den Titel *princeps* für sich beanspruchte. Als der Herzog wenig später die Oberhoheit des Frankenherrschers Karl anerkennen musste, fand auch dies Eingang in die Münzprägung: auf der Vorderseite ist der Namen des Herzogs zu lesen, die Rückseite nennt den Dominus Carolus.

Bernd Päffgen

Quellen

Isidor von Sevilla, Historia gothorum; Leges visigothorum; Olympiodor, Fragmente.

Literatur

Arce/Delogu 2001; Ausbüttel 2003; Barnwell 1992; Becher 2011; Belting 1962; Ewig 1963; Faber 2010; Giovanditto 1993; Goffart 1980; Grierson/Blackburn 1986; Hardt 1998; Hardt 1999, S. 461–463; Heather 1995; Jussen 2005; Kaiser 2004 (a); Kaiser 2004 (b); Kampers 2005; Kampers 2008; Koch 2008; Luchterhandt 2006; McCormick 1986; Ripoll López 2004, S. 204–208; Ripoll López/Gurt 2000; von Rummel 2007; Schach-Dörges 2005, S. 127 ff.; Theuws/Nelson 2000; Vierck 1981, bes. S. 81 ff.; Wolfram 1967; Wolfram 1994; Wolfram 2005; Wolfram 2009.

II.43 a–c

Spätantike Schatzfunde

Mittelstrimmig, Kreis Cochem-Zell,
1. Hälfte 4. Jahrhundert
Münzschätze mit Bronzegefäßdepot
Schatzgefäß I: H 32,4 cm; Schatzgefäß II: H 29,6 cm;
Bronzegefäßdepot: Becken: H 15,3 cm, D 36,2 cm;
Becken: H 16,2 cm, D 32,6 cm; Becken: H 7,8 cm,
D 29,2 cm; Becken: H 13,7 cm, D 24,3 cm;
Bronzekanne: erh. H 23,2 cm.
Koblenz, Generaldirektion Kulturelles Erbe Rheinland-Pfalz,
Landesarchäologie Außenstelle Koblenz, 10.262.1-3. K.B

Im Jahr 2010 gelang der Landesarchäologie, Außenstelle Koblenz, bei Prospektionsarbeiten die Bergung mehrerer Schatzfunde im Bereich des römischen Kleinkastells (*burgus*) von Mittelstrimmig im Kreis Cochem-Zell. Das aufgrund seiner Lage und Zusammensetzung eindeutig als Hortfund anzusprechende Depot umfasst zwei spätantike Münzschätze (I–II) mit mehr als 25.000 prägefrischen Follis und einen Hort mit mehreren Bronzegefäßen (III) aus konstantinischer Zeit. Dabei handelt es sich in Umfang und Erhaltung um einen der bedeutendsten Schatzfunde in den rheinnahen Grenzregionen des weströmischen Reiches.

Der römische *burgus*, östlich der heutigen Gemeinde Mittelstrimmig, war verkehrsgünstig an der Kreuzung zweier antiker Fernstraßen gelegen, die seit prähistorischer Zeit zu den wichtigsten Routen ins Moseltal zählten. Er wurde unmittelbar bei einem römischen Siedlungsareal errichtet, das seit dem 3. Jahrhundert zu einem größeren Straßendorf (*vicus*) ausgebaut

wurde. Diese römischen Straßendörfer dienten, der Versorgung der Landbevölkerung und waren zentrale Orte der lokalen Wirtschaft und des Handels außerhalb der großen Städte.

Ausschlaggebend für den wirtschaftlichen Aufschwung waren neben der günstigen Lage an den Fernstraßen auch die reichen Erzlagerstätten im Umfeld sowie mehrere Tempelbezirke in unmittelbarer Nähe. Im späten 3. Jahrhundert wurde der *vicus* mit einer kleinen Militäranlage gesichert, die in der Folgezeit zu einem schwer befestigten *burgus* ausgebaut wurde. Eine 1908 entdeckte Bauinschrift datiert die Fertigstellung des Kleinkastells auf den 23. Mai 269 n. Chr. Eine ältere Inschrift auf den Kalksteinblöcken war ursprünglich einem Heiligtum an dieser Stelle gewidmet. Ein zweiter, jüngerer Text auf der Rückseite weist auf die Errichtung der antiken Kleinfestung hin. Bei geomagnetischen Prospektionen im Bereich des *vicus* wurde die Kleinfestung lokalisiert und in ihrer Ausdehnung erfasst. Dabei wurde ein massives rechteckiges Gebäude von 13x18 m Größe festgestellt, bestehend aus einem zentralen Innenhof um den sich mehrere Räume gruppieren. Der Festungsbau ist zusätzlich von zwei 50 m langen und 5 m breiten Grabenwerken umgeben. Bemerkenswert ist die Lage des *burgus*, die sich nicht wie üblich auf der Höhe, sondern im Hang in unmittelbarer Nähe zur Zivilsiedlung befand. Ausschlaggebend hierfür war die nahe Montanindustrie, die durch die Kleinfestung ebenso geschützt werden sollte, wie die davor liegende Kreuzung der Fernstraßen und die nahegelegenen Tempelbezirke in Sichtweite.

Mit diesen befestigten Stationen im Hinterland an Rhein und Mosel versuchte die spätantike Militäradministration des weströmischen Reiches im nördlichen Grenzgebiet ab dem späten 3. Jahrhundert n. Chr., den immer wieder auftretenden Germanenüberfällen wirkungsvoll zu begegnen. Am gesamten Lauf der Mosel zwischen Trier und Koblenz wurde mit der Zeit eine dichte Folge von kleinen Höhenbefestigungen und schwer gesicherten *burgi* angelegt, die auch als Getreidespeicher und zentrale Versorgungsstationen den Nachschub des Feldheeres im Hinterland der Reichsgrenze sichern sollten. Der *burgus* von Mittelstrimmig ist Teil dieses spätrömischen Festungsbauprogramms im Grenzgebiet an Rhein und Mosel. Er diente in den Krisenzeiten des 3. und 4. Jahrhunderts n. Chr. dem Schutz der Bevölkerung, ihrer Straßen und Kultzentren sowie der Wirtschaftsstandorte auf den Höhen des Hunsrücks entlang der Mosel.

Für das antike Siedlungsareal von Mittelstrimmig ist die Existenz mehrerer römischer Heiligtümer bekannt. Es handelt sich neben dem Martberg bei Pommern an der Mosel um eines der größten antiken Kultzentren der Region. Im Rahmen der geophysikalischen Untersuchungen wurden in den Jahren 2009–2011 bisher vier große antike Tempelanlagen entdeckt, die nach dem Fundmaterial noch bis in das ausgehende 4. Jahrhundert genutzt wurden.

Alle drei Schatzfunde wurden offenbar im Zuge akuter Bedrohung um das Jahr 321 gleichzeitig und dicht beieinander an der westlichen Flanke des *burgus* vergraben. Die ausschließlich prägefrischen Münzen deuten entweder auf die Deponierung großer Geldmengen, die ursprünglich in den regionalen Währungsumlauf eingebracht werden sollten, oder es handelt sich um die Soldkasse der dort stationierten Militäreinheit.

Münzschatz I lag in etwa 60 cm Tiefe unter dem Pflughorizont. Ein grobkeramisches Gefäß mit Deckelfalz aus den spätantiken Mayener Keramikmanufakturen wurde nach dem archäologischen Befund in einer flüchtig ausgehobenen Grube deponiert. Die Münzen wurden in das Gefäß geschüttet und mit einer groben Schieferplatte abgedeckt, die Grube dann wieder verfüllt.

Münzschatz II lag im Ackerhorizont noch etwa 30 cm tief und war durch den Pflug schon in Teilen angerissen. Auch hier barg ein grobkeramisches Gefäß Mayener Produktion die Münzen. Nach dem Befund stand das Gefäß ebenfalls in einer zuvor schnell und flüchtig ausgehobenen Grube.

Der Hort mit den Bronzegefäßen war ursprünglich in einer quadratischen, hölzernen und vernagelten Kiste deponiert, inkohlte Holzreste und Eisennägel vor Ort ließen die Größe auf etwa 1 x 1 m rekonstruieren. Die hölzerne Kiste wurde ebenfalls in einer Erdgrube vergraben. Im Inneren waren vier große Bronzebecken und eine Bronzekanne ineinander gestellt. Der

teils schon zu antiker Zeit fragmentierte Zustand der Gefäße deutet auf ein reines Materialdepot hin.

Bei den Münzen handelt sich fast ausschließlich um prägefrische spätantike Follis, Nominale einer für die Zeit typischen Währungseinheit aus Bronze, die teilweise mit einer dünnen Silbersudschicht überzogen waren. Vorhanden sind nur kaiserliche Emissionen ohne die sonst üblichen barbarisierten regionalen Prägungen. Die Münzen datieren meist in die Zeit zwischen 310 und 318 n. Chr., die Münzreihe bei beiden Deponierungen endet gleichzeitig mit dem Jahr 321 n. Chr. Zu diesem Zeitpunkt sind beide Münzschätze und sicherlich auch das Depot mit den Bronzegefäßen unmittelbar bei dem antiken Kleinkastell in den Boden gelangt. Die Masse der Münzen besteht aus einheitlichen Prägungen der Herrscher Konstantin des Großen und dessen Sohn Constantius II. Weiterhin liegen in großer Zahl Prägungen des Licinius I und Licinius II, Crispus, Maximinus Daia und Allectus vor. Nur in geringer Anzahl sind Prägungen der früheren Soldatenkaiser vertreten. Als Prägestätten konnten Trier, London, Lyon, Arles, Aquileia, dann in geringerer Zahl Siscia, Tricinium, Rom, Ostia und Camulodunum ermittelt werden.

Die Funde von Mittelstrimmig im Kreis Cochem-Zell gehören zu einem Horizont mit vergleichbaren Hortfunden und Deponierungen, die über den Hunsrück, die Eifel bis nach Luxemburg und Ostfrankreich verbreitet sind. Grund sind wahrscheinlich innenpolitische Unruhen in dieser Zeit aber auch plündernde Germanenhorden, die immer wieder die Grenzbefestigungen am Rhein überrannten und bis tief in die gallischen Provinzen des weströmischen Reiches einfielen. Auch der römische *burgus* von Mittelstrimmig dürfte im Zuge der fortwährenden Germanenüberfälle und dem wirtschaftlichen Niedergang des Westreiches im ausgehenden 4. Jahrhundert untergegangen sein, verfiel und geriet für viele Jahrhunderte in Vergessenheit.

Axel von Berg

Literatur
von Berg 2011, S. 56 f.; Haas 2004, S. 93 ff.; Mohr 2005, S. 142 ff.

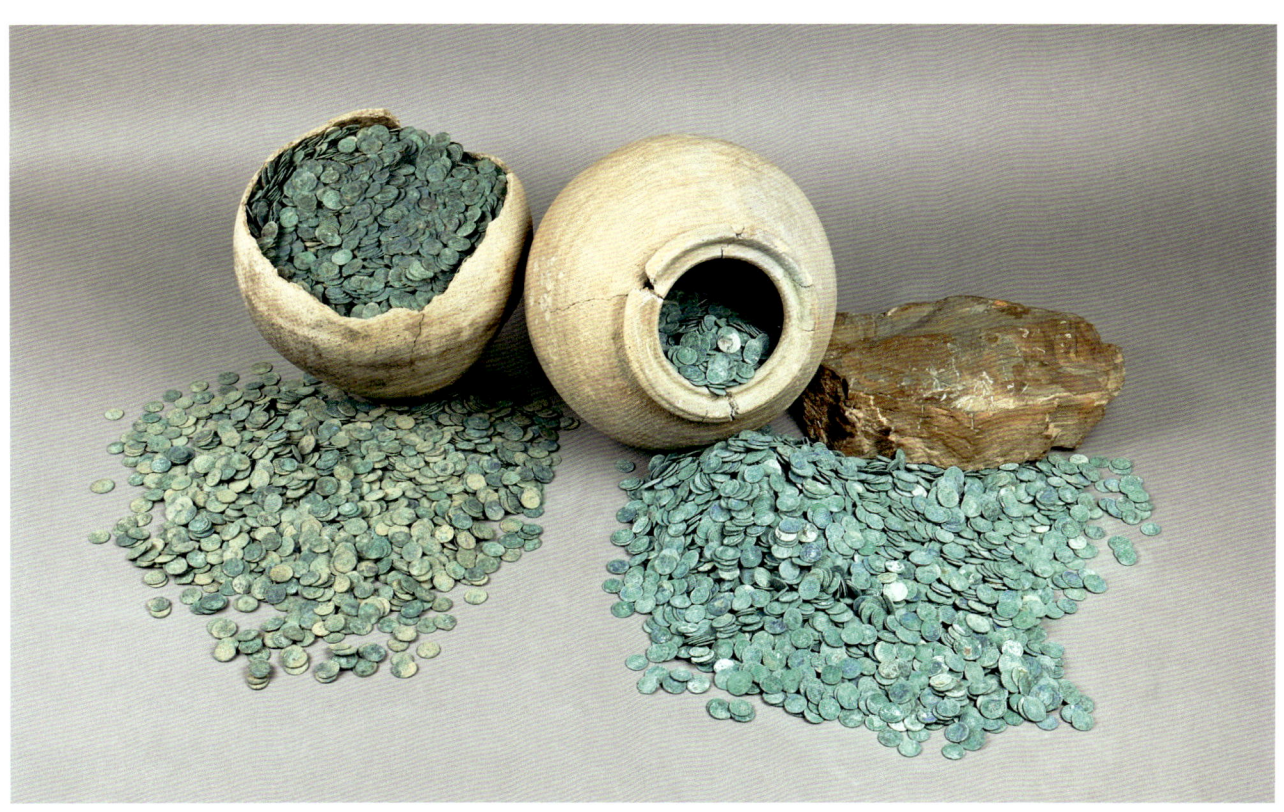

II.43 a–b

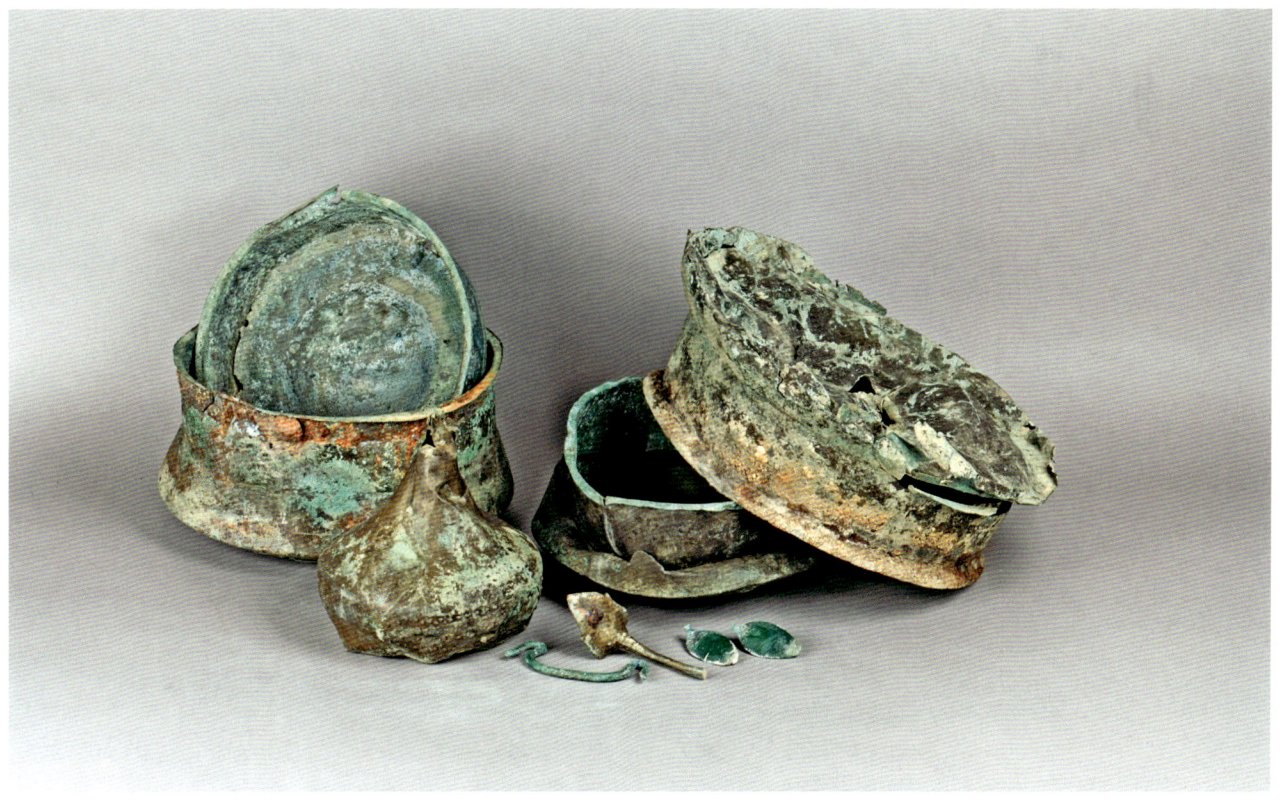

II.43 c

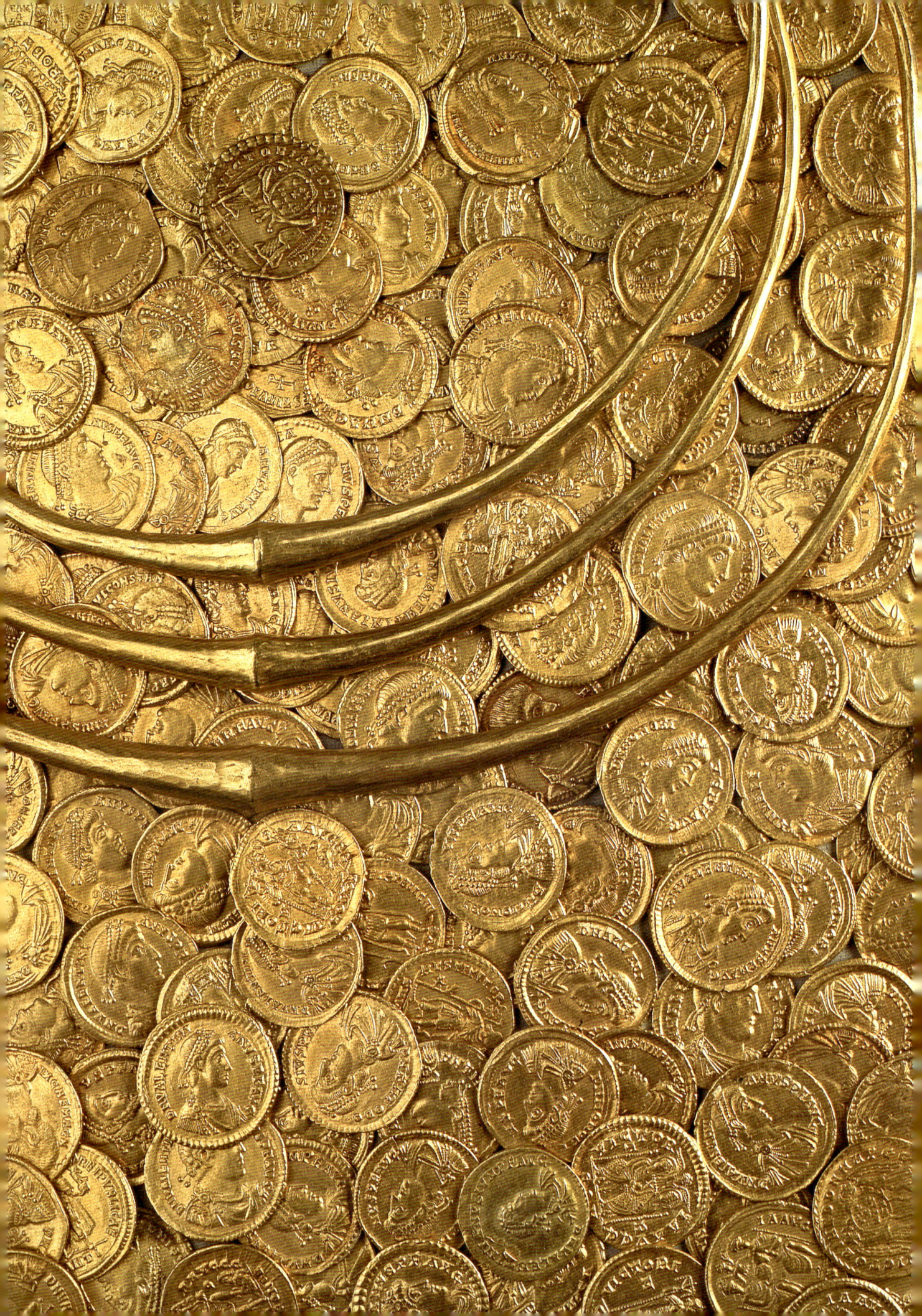

II.44

Schatzfund aus Dortmund

Vergraben nach 411
gefunden 1907 in der Dortmunder Innenstadt
Münzen, 100 Solidi, Gold. Durchschnittsgewicht 4,43 g;
Halsreifen, Gold. Krug (Originalreplik): H 11,2 cm
Dortmund, Museum für Kunst und Kulturgeschichte
der Stadt Dortmund, A 62/9

1907 wurde in der Dortmunder Innenstadt bei Ausschachtungen der bedeutendste spätantike Goldfund Nordwestdeutschlands entdeckt. In einem Tongefäß befanden sich drei goldene Halsreifen, 444 Gold- und 16 kleinere Silbermünzen. Die Art der Verbergung zeigt eindeutig, dass es sich um eine absichtliche Deponierung handelt. Hinweise auf eine vormittelalterliche Siedlung oder einen Friedhof wurden nicht festgestellt. Der damalige Bericht hält es für möglich, dass der Fund bereits im Hochmittelalter gestört wurde. Die Stadt Dortmund kaufte den Fund an.

Bei den Goldmünzen handelt es sich um sogenannte Solidi mit Brustbild römischer Kaiser von Constantin I. bis zu dem Usurpator Constantin III. (407–411). Diese Münzsorte war von Constantin I. zu Beginn seiner Herrschaft eingeführt worden und hielt sich über viele Jahrhunderte. Dementsprechend sind römische Goldmünzen der Spätantike in der gesamten damals bekannten Welt verbreitet. Sie zeigen ausnahmslos auf einer Seite das Brustbild oder den Kopf eines Kaisers sowie auf der Rückseite eine allgemeine propagandistische Darstellung. So zeigen sie etwa zwei gemeinsam thronende Herrscher unter einer Victoria mit geöffneten Flügeln und betonen so die Eintracht und die daraus resultierende Stärke. Oder sie zeigen das Bild des militärisch gekleideten Kaisers mit einer Victoria, dem Zeichen der Sieghaftigkeit, häufig einen Fuß auf einen am Boden darniederliegenden besiegten Feind setzend. Da das Römische Reich eine ganze Reihe von Münzstätten von Westen bis Osten parallel betrieb, hatten diese ihre Produkte mit genauen Siglen zu kennzeichnen, durch die sich heute die Prägeorte wie auch die genaueren Datierungen erschließen lassen.

Seit der Mitte des 4. Jahrhunderts verfügte das Imperium Romanum über ziemlich große Mengen Gold, das aus den östlichen Grenzgebieten des Imperiums stammte und sich allmählich nach Westen verbreitete. Nachweisbar ist dies durch das Vorkommen bestimmter das Gold begleitender Spurenelemente. So ist es nicht erstaunlich, dass die weit östlich gelegene Münzstätte Antiochia mit 57 Münzen (=13,2%) im Fund vertreten ist, die mit einer Ausnahme vor 378 geprägt wurden. Mit der Westwanderung des Goldes waren dann auch andere Münzstätten in der Lage, ihre Produktion zu erhöhen. So stammen die nach 378 entstandenen Solidi hauptsächlich aus Mailand und Trier. Teilweise sind sie aus identischen Präge-

werkzeugen, was auf einen unmittelbaren Weg aus römischen Staatskassen in den Schatz schließen lässt. Chronologisch sind die Münzen nicht gleichmäßig verteilt, sondern lassen bestimmte Höhepunkte erkennen. So sind z.B. mit 4.8% der offiziellen Goldmünzen überproportional viele Münzen des Kaisers Magnentius und seines Mitregenten und Bruders Decentius (350–353) in dem Fund vertreten, obwohl sie sich nur wenige Jahre an der Macht gehalten hatten. Da seine Münzen in Nordwestdeutschland in Münzfunden zahlreich sind, ist ein Zusammenhang mit Soldzahlungen an germanische Krieger in römischen Diensten gesehen worden. Am stärksten vertreten sind die Jahre 364–378 (192 Goldmünzen = 44.6%). Obwohl im Allgemeinen die jeweils jüngsten Münzen in Schatzfunden besonders zahlreich sind, ist dies bei dem Dortmunder Fund nicht der Fall. Die Jahre 393–411 machen nur 24% aus, weisen aber einen hohen Anteil stempelgleicher Münzen auf.

14 Solidi weisen Lochungen auf, d.h. sie wurden zeitweise als Schmuck getragen, dann aber wieder als Vermögenswert gehortet. Drei Solidi sind möglicherweise mit einer Öse versehen gewesen. Insgesamt neun dieser als Schmuck verwendeten Münzen sind wiederum Gepräge des Magnentius und seines Bruders und sind überproportional häufig vertreten.

13 der Münzen sind imitative Prägungen, teilweise mit entstellten Buchstaben oder Darstellungen, aus nicht lokalisierten Münzstätten wohl im Nordwesten des Reiches, die offizielle Prägungen des 3. Viertels des 4. Jahrhunderts nachahmen und die Münzstättenzeichen von Trier, Lyon und Thessalonike benutzen. Teilweise haben sie enge Verbindungen zu anderen Goldfunden in Nordwestdeutschland wie dem nach 364 verborgenen Fund von Ellerbeck (Kr.Osnabrück). Einige der Dortmunder Imitativa sind untereinander verbunden und müssen daher aus der gleichen Werkstatt stammen.

In Nordwestdeutschland gibt es eine Reihe von Parallelfunden zum Dortmunder Fund sowie Solidi in Grabzusammenhängen, während ältere römische Goldmünzen (Aurei) hier von größter Seltenheit sind. Bedauerlicherweise sind die meisten dieser Goldfunde zersplittert und schlecht dokumentiert. Zu beachten ist, dass der Dortmunder Fund aus einem Siedlungsgebiet stammt, in dem die einheimischen germanischen Siedlungen eine besonders große Zahl spätantiker römischer Importgegenstände einschließlich teilweise massenhaft vorkommenden römischen Kleingeldes aufweisen. Wegen ihres hohen Wertes kommen Goldmünzen naturgemäß dort als Streufunde kaum vor. Viel spricht dafür, dass der Dortmunder Goldfund über mehrere Generationen gebildet wurde.

Bei den ‚barbarischen' Silbermünzen, die bei der Fundbergung großenteils zu Bruch gingen und bei der Erstpublikation kaum weiter beachtet wurden, handelt es sich um kleine Stücke ohne sinngebende Schrift, die sich an römischen Münzen orientieren. Sie sind sicher nicht in offiziellen römischen Münzstätten entstanden. Sie zeigen einen nach rechts gewandten Kopf und auf der Rückseite ein Kreuz mit und ohne Kugeln in den Winkeln, das von zwei dicken Kreisen aus Punkten umgeben ist. Daher sind sie als Nachprägungen spätrömischer Siliquae anzusehen, die sich bildlich weit von den Ursprüngen entfernt haben. Vergleichbare Stücke sind vor allem im Rheinland gefunden worden, doch kommen imitative Silbermünzen auch in Westfalen wie auch in Thüringen vor, überwiegend jedoch ohne einen datierenden Fundkontext. Teilweise zeigen sie noch wiedererkennbare Anklänge an die Umschriften der Vorbilder, was bei den Stücken des Dortmunder Fundes jedoch nicht mehr der Fall ist. Bei diesen sind aus den das Kreuz umgebenden Kränzen der Siliquae schlichte Kreise dicker Punkte geworden. Ihre Datierung ist daher schwierig und umstritten. Sie könnten den Dortmunder Goldfund in eine jüngere Zeit legen als dies die Goldmünzen tun. Dafür spricht, dass stempelgleiche Stücke als Schmuck in einem Frauengrab in Baden vorkamen, das in etwas jüngere Zeit datiert wird.

Die Koppelung von Münzfunden mit unverzierten oder verzierten Goldhalsringen ist kein Einzelfall. Es gibt dazu mehrere Parallelen aus dem nordwestdeutschen und niederländischen Raum. Es wird angenommen, dass sie aus eingeschmolzenen römischen Solidi gerfertigt wurden. Goldhalsringe als solche sind aus dieser Zeit in großen Teilen Europas nachgewiesen. Halsringe aus Nordwestdeutschland und den Niederlanden werden als Rangabzeichen germanischer/fränkischer Militärführer in römischen Diensten interpretiert. Unbestritten ist, dass sie einen sozialen Rang deutlich machten und in dieser Funktion vor allem im militärischen Bereich bei den Römern bekannt waren.

Peter Ilisch

Literatur

Autorenkollektiv 1985; Berger 1992, S. 171–187; Berghaus 1986; Regling 1908.

II.45 a–g

Fundkomplex Sarkophaggrab

letztes Drittel 4. Jahrhundert
1972 in Bonn, Jakobsstraße, bei Ausschachtungsarbeiten gefunden.
a) Riemenzunge: Silber. H 5,3 cm;
b) Zwiebelknopffibel: Bronze, teilweise vergoldet. H 8 cm;
c) Becher: Glas, halbkugelig mit Schliffverzierung. H 6 cm;
d) Langschwert (Spatha): Eisen, Holz. L 87 cm;
e) Messer: Eisen mit Silber, Holz mit Lederresten. L 16,5 cm;
f) Einhenkelkrug mit Ausguss: Glas. H 13,2 cm;
g) Gürtelschnallen: Silber. B 3,1 und 3,3 cm.
Bonn, LVR-LandesMuseum, 72.315

Im Jahr 1972 wurde bei Ausschachtungsarbeiten in der Jakobsstraße in Bonn ein Sarkophag angeschnitten, der die ungestörte Bestattung eines Mannes barg. Der im letzten Drittel des 4. Jahrhunderts innerhalb eines seit dem 1. Jahrhundert kontinuierlich belegten Gräberfeldes bestattete Verstorbene lag in gestreckter Rückenlage mit dem Kopf im Westen und nach Osten blickend im Sarkophag. Der Tote war bei der Bestattung mit einer Schicht aus Kalk bedeckt worden. An Beigaben fand sich in der nordwestlichen Sargecke, etwas oberhalb der Schulter eine Zwiebelknopffibel (Gewandschließe). Zur Linken des stark abgebauten Skeletts lag ein Langschwert (Spatha), auf dem sich ein Messer, dessen Klinge mit geometrischen Elementen aus Silber- und Messing(?)-einlagen verziert ist, und eine Schnalle sowie in unmittelbarer Nähe hierzu eine Riemenzunge befanden. Aus dem Beckenbereich wurde eine Gürtelschnalle geborgen. Im Bereich des rechten Oberschenkels waren ein Glasbecher und ein Glaskännchen deponiert worden.

Das zweifellos bemerkenswerteste Objekt ist die feuervergoldete, bronzene Zwiebelknopffibel. Sie ist nach den zwiebelförmigen Enden des Fibelkopfes benannt. Der Fibelfuß weist auf seiner Oberseite eine randliche Verzierung aus halbmondförmigen Zierelementen auf. Sowohl die Oberseite des Fibelfußes als auch des Bügels sind mit einem eingeschnittenen flächigen, geometrischen Dekor verziert. Die Abschlussplatte zeigt ein ebenfalls eingeschnittenes Christogramm mit Alpha und Omega in einem gekerbten Doppelkreis. Die eingeschnittenen Flächen sind durch Niello (Schwefel-Silbergemisch) ausgefüllt.

Die ausschließlich von Männern getragenen Zwiebelknopffibeln dienten dazu, einen Mantel oder Umhang auf der rechten Schulter zu verschließen. Zugleich waren sie Zeichen militärischer und ziviler Ränge. Besonders aufwändig gearbeitete Exemplare besitzen an einem der Zwiebelknöpfe ein Schraubgewinde, mit dessen Hilfe die Nadel fixiert wurde.

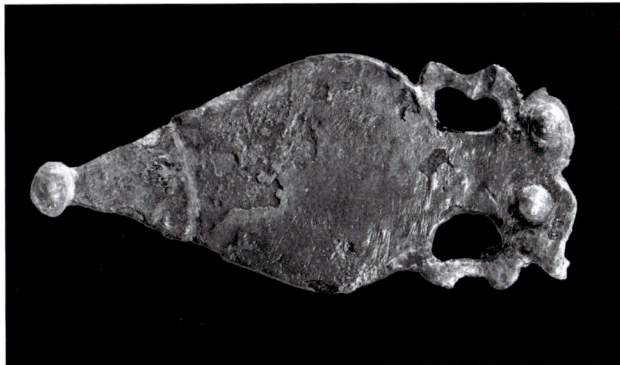

II.45a

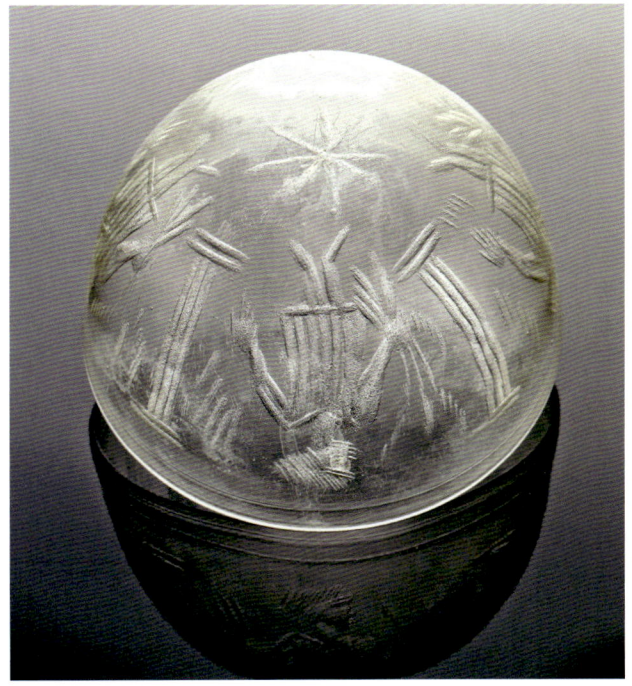

II.45c

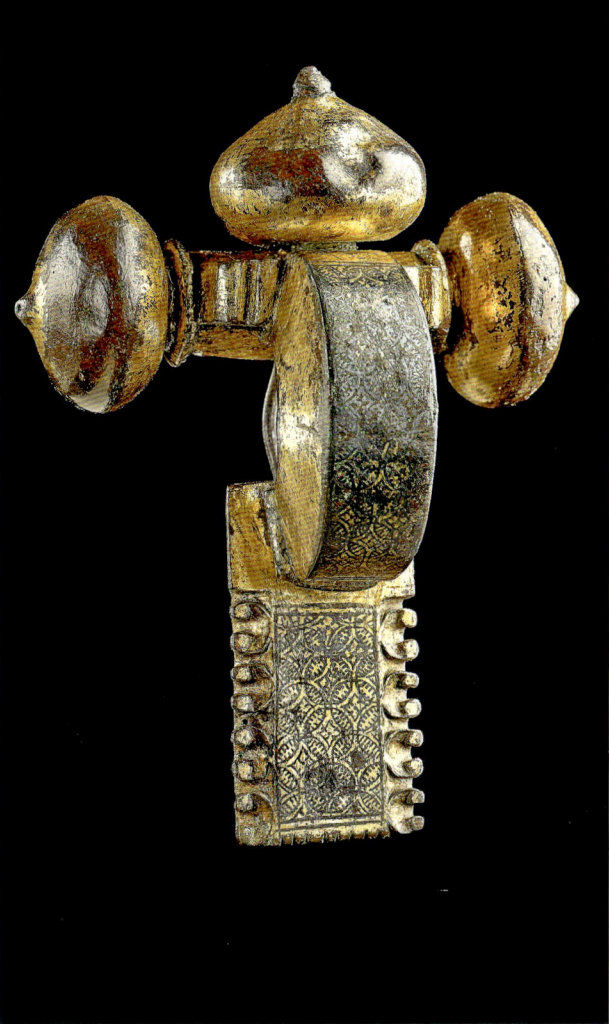

II.45b

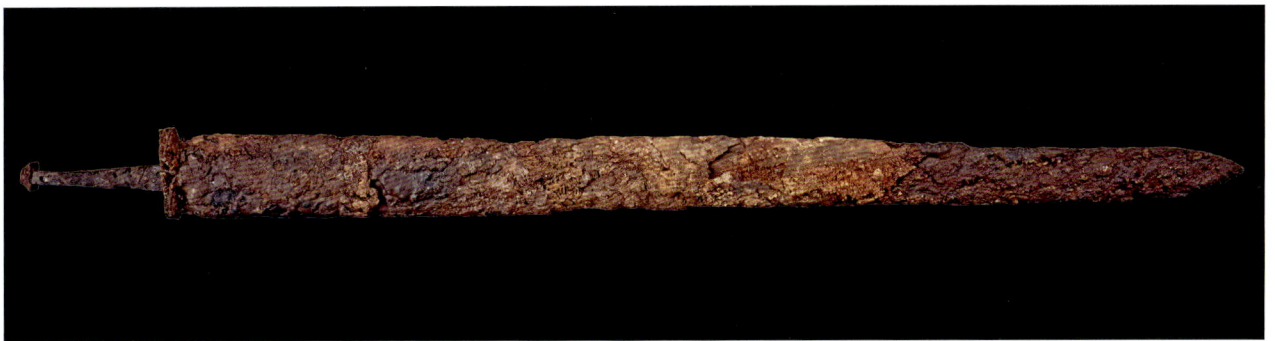

II.45d

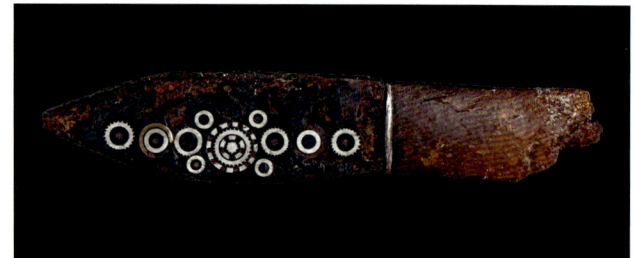

II.45e

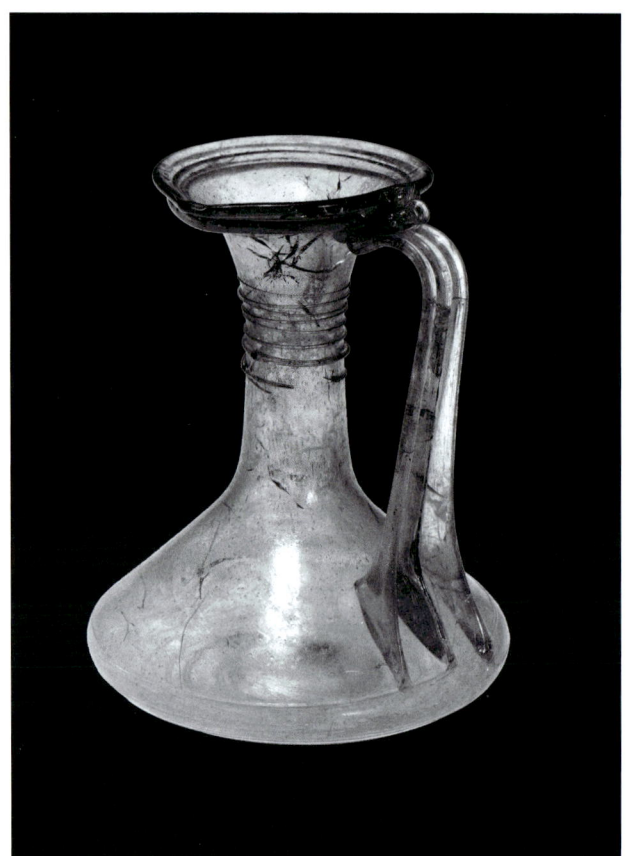

II.45f

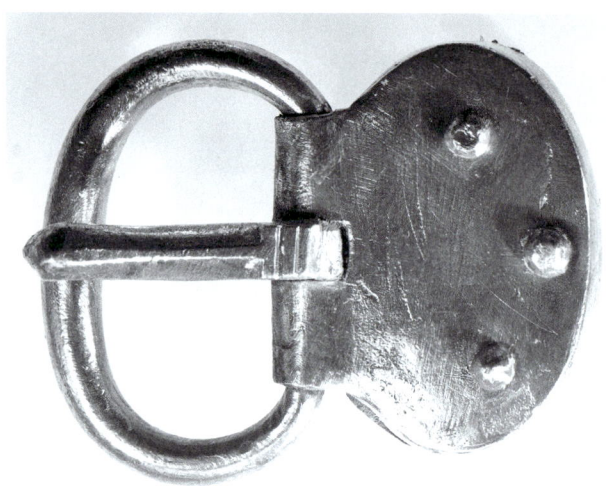

II.45g

Wie die Zwiebelknopffibel weist auch der halbkugelige Glasbecher mit Schliffdekor ein Christogramm auf, das sich hier jedoch als achtstrahliger Stern zu erkennen gibt, dessen senkrechter Strahl am oberen Ende zu einem Rho erweitert ist. Die Verzierung des Glasbechers aus vier mit knielangen Tuniken bekleideten, zwischen kannelierten Säulen angeordneten, ruhig stehenden Figuren in Vorderansicht, die Pflanzenbündel in der rechten Hand halten, lässt keinen christlichen Darstellungskontext erkennen. Die Christogrammdarstellungen auf der Zwiebelknopffibel und dem Glasbecher mögen auf den christlichen Glauben des Bestatteten hinweisen, angesichts der weiten Verbreitung christlicher Symbole auf Insignien und Alltagsgegenständen bleibt dies jedoch Vermutung. Schwert, Gürtel und Zwiebelknopffibel weisen den Bestatteten als Soldaten aus, der als hochrangiger Offizier seinen Dienst im spätrömischen Heer im Rahmen der Grenzverteidigung am Rhein leistete. Die silbernen Gürtel- und Schuhschnallen haben ihre nächsten Parallelen im südosteuropäischen Raum und lassen vermuten, dass er ursprünglich aus dem Donauraum stammte.

Michael Schmauder

Literatur

Haupt 1973; Naber 1984; Pohl 1991, S. 29–34 u. 189–192, Nr. 3; Pröttel 1988.

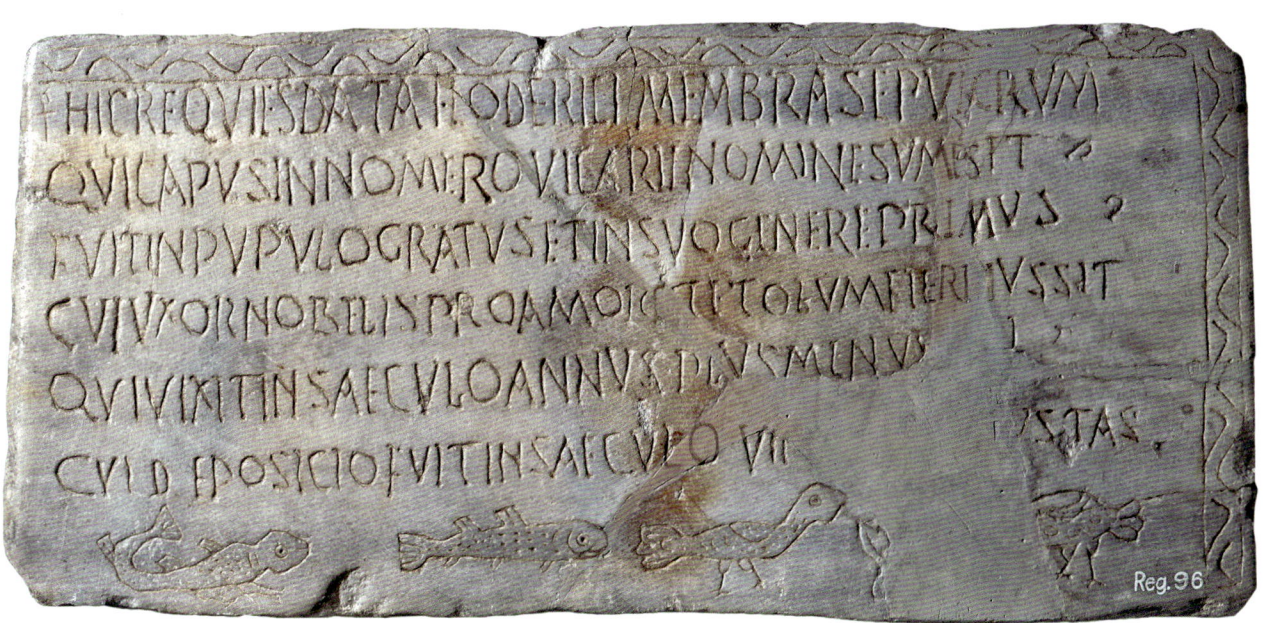

II.46

II. 46

Grabgedicht für Hlodericus

Trier, 6.–7. Jahrhundert
gefunden in Trier, Abteikirche St. Maximin
Marmor. H 22 cm, B 48 cm
Trier, Rheinisches Landesmuseum, Reg. C 96

Eines der seltenen Zeugnisse der germanischen Führungs-
schicht in unmittelbar nachrömischer Zeit ist das Grabgedicht
für Hlodericus, als Vicarius Vertreter des fränkischen Königs
und dessen Gaugrafen in Trier:
HIC REQUIES DATA HLODERICI MEMBRA SEPULCRUM.
QUI CAPU<T> IN NUMERO VICARII NOMINE SUM<P>SIT.
FUIT IN PUPULO GRATUS ET IN SUO GENERE PR[I]MUS.
CUI UXOR NOBELIS PRO AMORE TETOLUM FIE[ri] IUSSIT.
QUI VIXIT IN SAECULO ANNUS PLUS MENUS [..]L. CUI DEPO-
SICIO
FUIT IN SAECULO VII [Kal(endas) Aug]USTAS.
"Hier ist Ruhe gegeben und Grab den Gliedern des Hlodericus.
Er war das Oberhaupt in der Schar, Vicarius mit Titel.
Im Volk war er beliebt, in seinem Geschlechte der Erste.
Ihm hat seine edle Gattin aus Liebe den Grabstein errichtet.
Er hat gelebt in dieser Welt etwa [...] Jahre. Seine Bestattung
war hier am 26. Juli."

Inschrift wie Text unterstreichen den Einfluss römischer Bil-
dungstradition weit über die eigene Epoche hinaus. Der Verstorbene ist seinem Namen Hloderich nach eindeutig germa-

nischer Herkunft. Er selbst nimmt einen hohen Rang ein und
ist Repräsentant der staatlichen Macht in Trier und in dem da-
zugehörigen Bezirk. Hlodericus steht an der Spitze einer auf
der Sippe beruhenden Führungsgruppe. Mit *nobilis* ist eher als
eine charakterliche Eigenschaft der Gattin eine dem Verstorbenen Ehemann gleichrangige Herkunft betont. Einem Topos
mag da schon viel eher die Erwähnung der Wertschätzung des
Vicarius im Volk zukommen. Wichtig ist, dass mit der Nennung
des Populus das Amt des Vicarius als ein ziviles definiert ist und
nicht entgegen anderer Vermutung als ein militärisches.

Bereits in der Trierer Bevölkerung des 4. Jahrhunderts sind
zahlreiche Fremde zu finden, Orientalen wie Germanen. In
den folgenden Jahrhunderten dringen zunehmend Germanen
über den Rhein, übernehmen Herrschaftsfunktionen, nähern
sich aber auch den verbliebenen Resten der romanischen
Bevölkerung an. Dass dies gerade in der germanischen Führungsschicht geschieht, dafür ist die Inschrift des Hlodericus
ein sprechendes Zeugnis. Vertreter der neuen Bevölkerungs-
schicht greifen nicht nur den äußeren Habitus einer römischen
Inschrift und einzelne sprachliche Formularelemente auf, sondern sie versuchen sich, wenn auch nur mit eingeschränktem
Erfolg, an der Dichtkunst und erkennen damit ein antikes Bildungsgut in ihrem Wert an.

Lothar Schwinden

Literatur

Fuchs 2006, S. 3–6, Nr. 1; Gauthier 1975, S. 352–355, Nr. 135; Gose
1958, S. 60 f., Nr. 440.

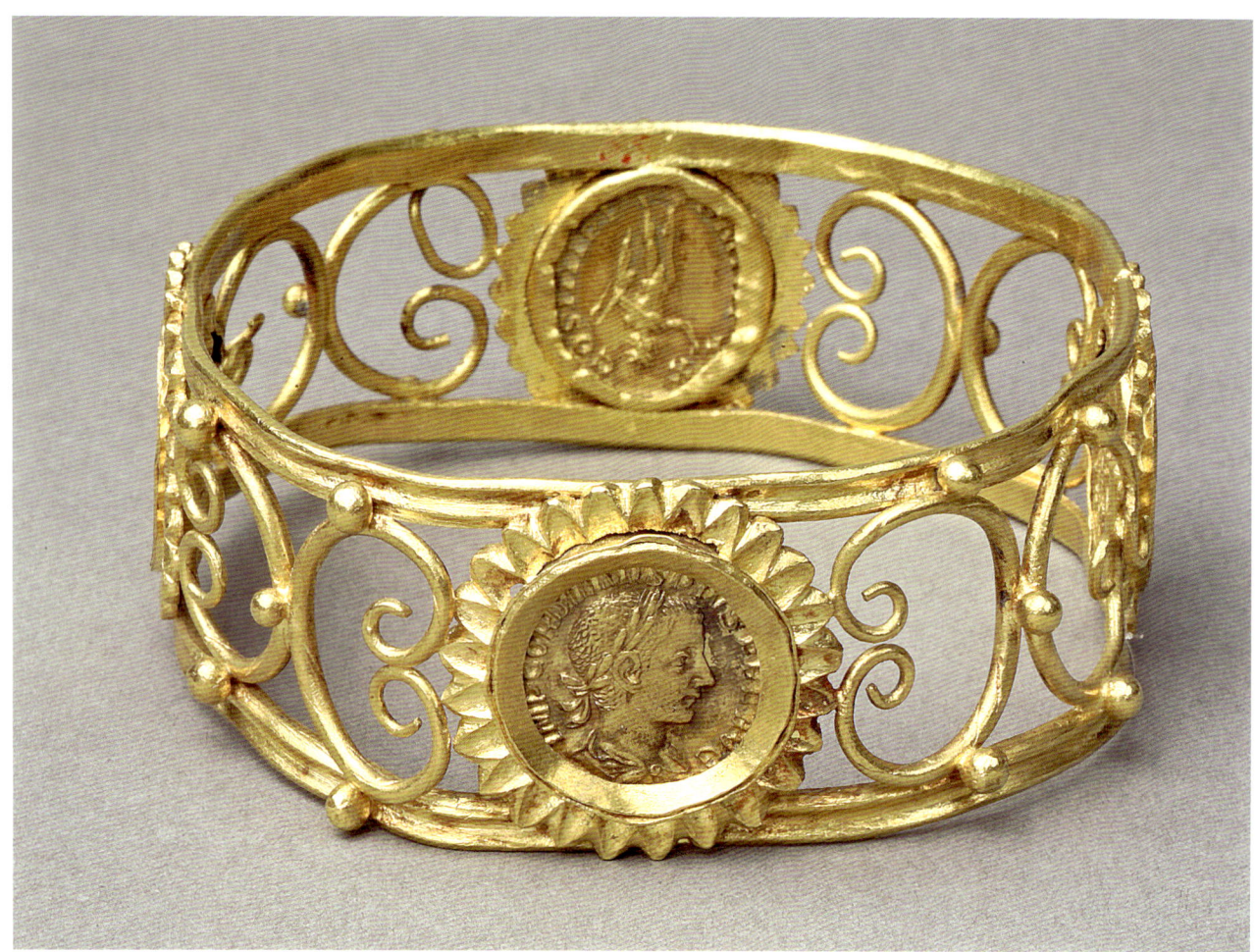

II.47

II.47

Armreif mit gefassten Münzen

Römisch, spätantik, Anfang 4. Jahrhundert n. Chr.
1805 in Petrijanec (Kroatien) gefunden
Gold. D 8,1 x 7,2 cm, G 100,2 g
Wien, Kunsthistorisches Museum, Antikensammlung,
VIIb 65

Die Sitte, Münzen und Medaillen zu Schmuck- und Dekorationszwecken zu verwenden, hat lange Tradition. In der griechisch-römischen Antike wurden sie durchbohrt oder gefasst als Schmuck getragen, in Gebrauchsgegenstände aus Metall integriert oder sind als Abdrücke auf tönernen Gefäßen oder Webgewichten zu finden. Während bis zur mittleren Kaiserzeit nur vereinzelt Belege überliefert sind, entwickelt sich Anfang des 3. Jahrhunderts n. Chr. eine regelrechte Modeströmung – wohl auch begünstigt durch die politische Instabilität dieser Zeit und die damals herrschende Inflation.

Der Armring setzt sich aus mehreren Schmuckelementen zusammen, die von zwei profilierten Goldstreifen gerahmt werden: Insgesamt vier gefasste und mit einem Zackenkranz umgebene Goldmünzen wechseln mit jeweils zwei gegenständigen Peltamotiven aus gebogenem, rundstabigem Golddraht (die Bezeichnung für die Form stammt von dem für Amazonen charakteristischen halbmondförmigen Schild, der Pelte). Granulationskügelchen bilden zusätzliche Akzente. Die glatten, nach innen abgeschrägten Fassungen der Münzen sind offen, sodass beide Seiten sichtbar sind. Nach außen gekehrt waren die Bildnisse der auf ihnen dargestellten römischen Herrscher: Marc Aurel (geprägt 162/163), Caracalla (geprägt 217), Gordian III. (geprägt 241–243, siehe Abbildung) sowie Claudius II. (geprägt 268–270).

Der Armreif besitzt ein Gegenstück mit den zwischen den Jahren 156/157 und 239 geprägten Münzen der Kaiser Antoninus Pius, Lucius Verus und Gordian III. sowie der Kaiserin Iulia Domna. Die Prägedaten der beiden verwendeten Münzen umfassen folglich einen Zeitraum von mehr als 110 Jahren, von Antoninus Pius (156/157) bis Claudius Gothicus (268–270). Sie belegen die Wertschätzung, die man den Kaiserporträts beimaß, in mehrfacher Weise: durch deren Verwendung zu Schmuckzwecken, durch den Umstand, dass man die Bildnisse und nicht die Münzrückseiten beim Tragen nach vorne kehrte und dass man Münzen noch lange nach der Lebenszeit der auf ihnen dargestellten Herrscher verwendete.

Beide Armreifen stammen aus einem Schatzfund, den man im Jahr 1805 in Petrijanec in der Nähe der Stadt Varaždin (heute in Kroatien) durch Zufall entdeckte. Er umfasste 230 ungefasste Münzen sowie Goldschmuck und war in einem Keramikgefäß verborgen. Etwa zwei Drittel des ursprünglichen Bestandes gelangten nach Wien: Neben 116 Münzen handelt es sich um die beiden beschriebenen Armreifen sowie drei weitere aus tordiertem Golddraht bzw. aus getriebenem Goldblech, einen Kettenschieber, zwei Zwiebelknopffibeln (Gewandnadeln mit zwiebelförmigen Zierelementen) sowie sieben gefasste und zu Schmuckstücken umgearbeitete Goldmünzen und ein Goldmedaillon. Der Schmuck dürfte in der Hauptsache im späten 3. Jahrhundert bzw. zu Anfang des 4. Jahrhunderts hergestellt worden sein. Die Münzen wurden im Zeitraum zwischen Kaiser Hadrian (117–138) und Julianus (genannt Apostata, 360–363) geprägt; aufgrund der Schlussmünze ist eine Verbergung des Hortes gegen Ende des 4. Jahrhunderts wahrscheinlich.

Karoline Zhuber-Okrog

Literatur

Ausst.-Kat. Frankfurt am Main 1983, Nr. 20 (Herbert Beck u. Peter C. Bol); Bruhn 1991, S. 53 u. 244; Gschwantler 2009, Nr. 89 (Alfred Bernhard-Walcher); Noll 1958/1974, S. 63, Nr. 8; Vermeule 1975, hier S. 25, Nr. 46.

II.48 a

Neunfacher Solidus des Valens, in breiter Schmuckfassung mit Prunköse

376 n. Chr.
1797 im Fund von Szilágysomlyó entdeckt
Vs.: DN VALENS MAX AVGVSTVS (Dominus Noster Valens Maximus Augustus = Unser Herr Valens, der oberste Kaiser)
Büste des Valens nach rechts, mit Perlendiadem, Paludament (Mantel) über Cüraß (Panzer), die Rechte im Grußgestus erhoben, Globus mit Victoriola in der Linken.
Rs.: DN VALENS VICTOR SEMPER AVG (Dominus Noster Valens Victor Semper Augustus = Unser Herr Valens, der Sieger, auf immer Kaiser)
Der Kaiser mit Nimbus in frontalem Sechs-Pferde-Wagen, die Rechte erhoben, einen Globus in der Linken; rechts

und links zwei kranzbringende Victorien.
Im Abschnitt Münzstättensignatur RM (Roma) sowie ein Geldkorb flankiert von je einem Stapel von Torques beziehungsweise Kränzen sowie je einem Blatt.
Gold. G 215,17 g, D 90 mm (ohne Öse)
Wien, Kunsthistorisches Museum, Münzkabinett, MK_RÖ_32.482

Dieser neunfache Solidus wurde 376 n. Chr. anläßlich des Antritts des fünften Konsulats durch Kaiser Valens (364–378) geprägt, worauf Titulatur und das Rückseitenbild hinweisen. Nachträglich und erst im Barbarikum wurde er in eine massive Fassung eingesetzt; Abnutzungsspuren an der Rückseite sowie an der Öse beweisen, daß dieses Schmuckstück intensiv getragen wurde. Die Rückseite zeigt den Kaiser bei einem *processus*, einer konsularischen Auffahrt. Auch die Elemente im Abschnitt, Geldsack, Torques und (goldene) Blätter, die Insignien des *comes sacrarum largitionum*, des obersten Finanzministers des Imperiums, unterstreichen den besonderen Charakter dieser Münzserie: Der Konsul beschenkte zum Antritt seines Amtes am 1. Januar den Kreis seiner Freunde und politischen Mitstreiter. Diese Geschenke waren nach deren Rang und Bedeutung gestaffelt, am hervorragendsten dürften die sogenannten Konsular-Diptychen gewesen sein, die üblichste Form der Zuwendung waren jedoch Geldgeschenke. Zweifellos zählten die direkten Empfänger solcher Stücke zu den höchsten Würdenträgern der römischen Elite, zu der schon bald auch 'Barbaren' zählten. Allerdings standen diese in direkten Diensten Roms, während derartige Multipla (Vielfache Solidi) zunächst nur auf Umwegen über die Reichsgrenze zu den Feinden Roms gelangten. Nachdem Valens 378 n. Chr. in Adrianopel (heute Edirne, Türkei) Schlacht und Leben verloren hatte, waren die Germanen und später die Hunnen trotz militärischer Teilerfolge nur mehr mit immensen Tributzahlungen davon abzuhalten, ins Imperium einzudringen, wodurch auch noch viel älteres Geld ins Barbarikum gelangte.

Dieser Münztyp hat, obwohl exakt zuordenbar, einen direkten Vorläufer aus der Zeit des Constantius II. (337–361). Valens hat den Titel MAXIMVS, also *oberster* Kaiser, allerdings erst nach dem Tod seines älteren Bruders Valentinian I. (364–375) im November 375 angenommen. Offenbar war er sich zunächst seiner Stellung gegenüber den beiden Söhnen Valentinians unsicher. Der damals 16jährige Gratian (367–383) war bereits seit 367 Mitkaiser und Valentinian II. (375–392) wurde, obwohl erst vierjährig, nach dem Tod seines Vaters ebenfalls zum Mitkaiser ausgerufen – hinter beiden standen gallische bzw. germanische Heermeister sowie kampferprobte Truppen.

Unverzüglich bekleidete Valens zusammen mit Valentinian II. den Konsulat des Jahres 376 und ließ sich auch vom Senat als oberster Kaiser bestätigen. Diese Münzserie kann folglich

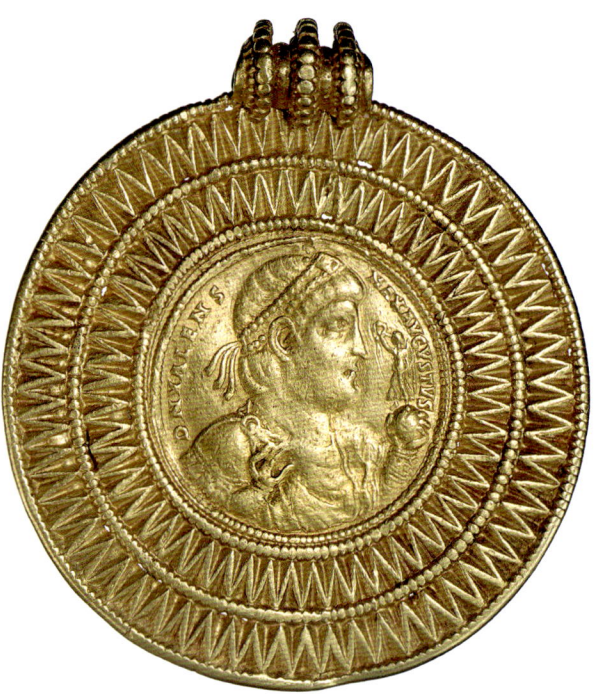

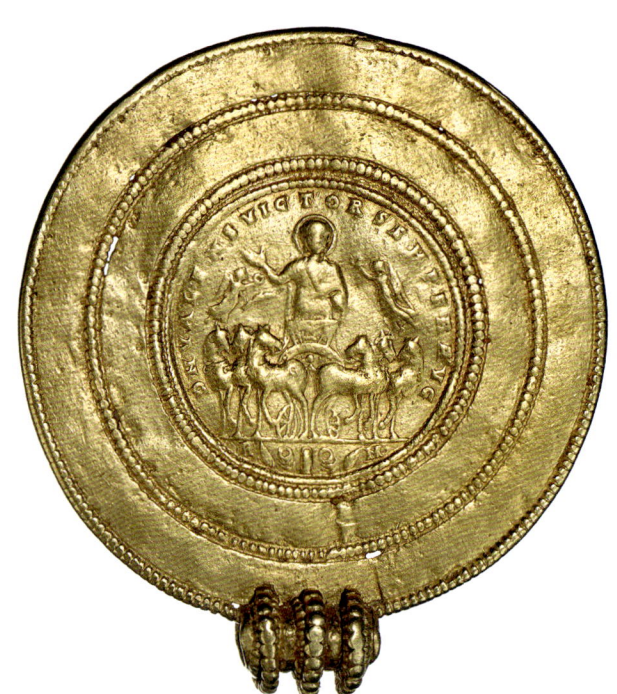

II.48 a

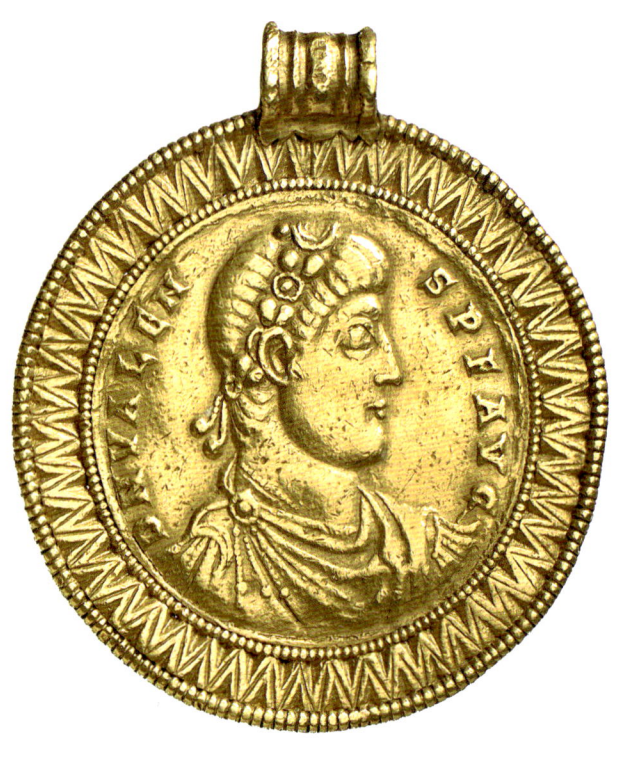

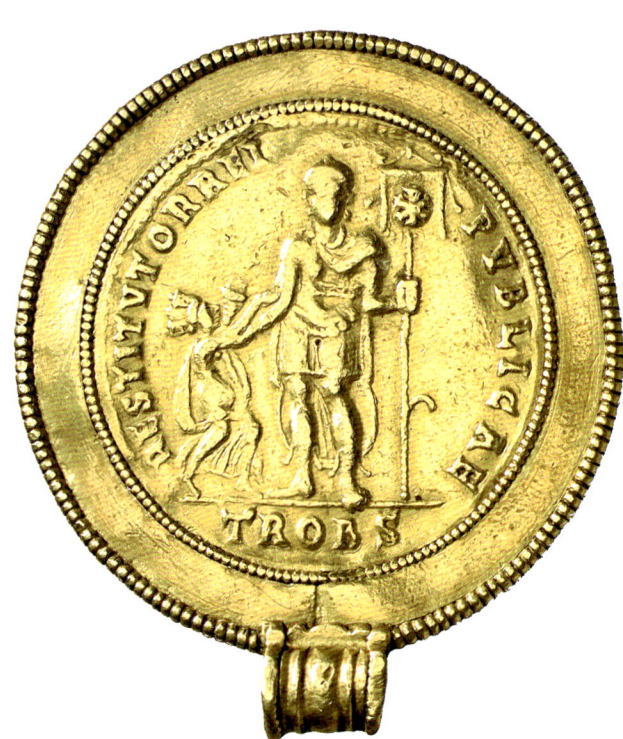

II.48 b

nur für Geschenkzwecke anläßlich des Antritts jenes Konsulats entstanden sein, denn er führte den Titel MAXIMVS fortan nicht mehr.

Die ausgestellte Münze stammt aus dem Fund von Szilágysomlyó (heute Şimleu Silvanei in Rumänien), der im Jahr 1797 ans Licht kam. Er beinhaltete noch eine Reihe weiterer Multipla in prunkvollen Fassungen sowie zwei im Barbarikum hergestellte Medaillons.

Klaus Vondrovec

Quellen

PLRE, Band 1.

Literatur

Ausst.-Kat. Wien/Budapest 1999, S.180 f., Nr. 7 (Günther Dembski); Bursche 1998, Nr. 22 u. S. VI, Taf. E; Eckhel 1792–1798, Bd. 8, S. 152; Gnecchi 1912, S. 36, Nr. 1; Kenner 1887, Nr. 71 u. Nr. 352; Kubitschek 1909, Nr. 352; Vondrovec 2010.

II.48 b

Gefasstes Multiplum (zu 9 Solidi?) des Valens

Trier, 364-378 n. Chr.
Vs.: D N VALEN-S P F AVG. Drapierte Panzerbüste des Valens mit Diadem in der Brustansicht nach rechts.
Rs.: RESTITVTOR REI - PVBLICAE // TROBS. Valens in Rüstung mit Diadem in der Vorderansicht, in der linken Hand ein Feldzeichen mit Christogramm (labarum), richtet mit der rechten Hand eine Frau auf, die aufgrund von Mauerkrone und Füllhorn wohl als Personifikation des Staates zu deuten ist.
Gold. G 77,24 g, D 62 mm, 6 h
Berlin, Staatliche Museen zu Berlin, Münzkabinett, 18200869

II.49 a

Barbarisiertes Medaillon mit Prunköse nach dem Vorbild des Valens

spätes 4. bis Mitte 5. Jahrhundert
1797 im Fund von Szilágysomlyó entdeckt
Vs.: DN VALENS PF AVG (Dominus Noster Valens Pius Felix Augustus = Unser Herr Valens, der friedfertige, der glückselige Kaiser)
Büste des Valens nach rechts, mit Perlendiadem und Paludament (Mantel) über Cüraß (Panzer).
Rs.: GLORIA ROMANORVM (= zum Ruhme Roms)
Der Kaiser mit Nimbus in Toga zu Pferd nach rechts, auf

eine weibliche Figur (Tyche?) mit Mauerkrone und Fackel zureitend, die ihr Gewand rafft.
Im Abschnitt Münzstättensignatur AN (Antiochia) sowie eine liegende weibliche Figur mit Füllhorn und fünf Kugeln in ihrem Gewandbausch.
Gold. G 412,47 g, D 98 mm (ohne Öse)
Wien, Kunsthistorisches Museum, Münzkabinett, MK_RÖ_32.481

Dies ist der größte bekannte Goldmedaillon der Antike, ein Schmuckstück, das nie als Zahlungsmittel gedacht war. Er stammt aus dem spektakulären Fund von Szilágysomlyó (heute Şimleu Silvanei in Rumänien), der im Jahr 1797 entdeckt wurde. Es handelte sich dabei wohl um den Schatz eines Fürstenhofes der Völkerwanderungszeit. Enthalten waren Schmuck sowie 17 Goldmünzen beziehungsweise Medaillone, drei wurden entwendet; die übrigen 14 kamen ins kaiserliche Münzkabinett nach Wien. Sämtliche Stücke sind in Fassungen eingelassen und mit Ösen versehen. Ein frühmerowingisches Amulett zeigt an, dass der Zeitpunkt der Verbergung erst ab der zweiten Hälfte des 5. Jahrhunderts liegen kann; zu jener Zeit herrschten die Gepiden über das fragliche Gebiet. Die Münzreihe reicht allerdings von Maximian I. (286–305) bis Gratian (367–383) und es befinden sich zwei überschwere Medaillone in dem Ensemble, die dem Vorbild des Valens (364–378) nachempfunden sind.

Stil und Bildkomposition unseres Stückes machen deutlich, dass es aus keinem römischen Atelier stammt. So ist die Rückseite keine Kopie eines existierenden Typs, sondern aus bekannten Elementen zusammengesetzt. Der Kaiser zu Pferd trägt üblicherweise eine Rüstung, auf unserem Stück ist er nimbiert und mit einer Toga bekleidet. Er reitet auf eine Stadtpersonifikation zu, anstatt von der Siegesgöttin Victoria geleitet zu werden. Die weibliche Figur im Abschnitt ist verschiedentlich als Erdgöttin Tellus interpretiert worden. Es ist unklar, worum es sich bei den fünf Kugeln in ihrem Gewand handelt, es könnten Münzen oder auch Äpfel sein.

Wir haben es hier mit einer *interpretatio barbarica* zu tun, also der Wahrnehmung der römischen Kultur bei den Germanen. Monumentale Anhänger mit den Bildern römischer Kaiser erfreuten sich enormer Beliebtheit, wie weitere Funde kleineren Ausmaßes zeigen – stets ist das Porträt auch die Schauseite. Goldmünzen, vor allem Multipla, wurden im Barbarikum offenbar gezielt gesammelt, wobei sie durch nachträglich angebrachte, prächtige Fassungen noch schwerer und größer gemacht wurden. Schließlich stellte man selbst noch massivere Stücke her wie unseres, die jedoch immer an römische Vorbilder angelehnt sind.

In der *Frankengeschichte* des Gregor von Tours aus dem späten sechsten Jahrhundert wird erzählt, der oströmische Kaiser Tiberius II. (578–582) habe dem Frankenkönig Chilperich eine

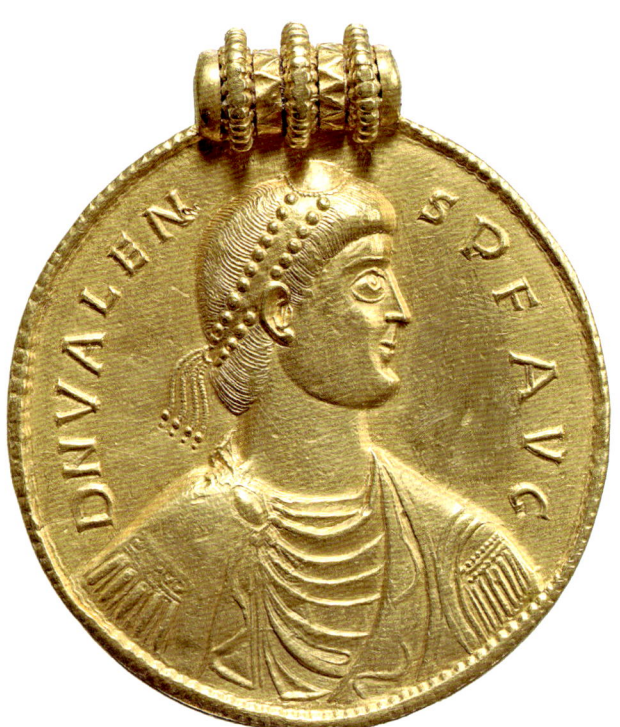
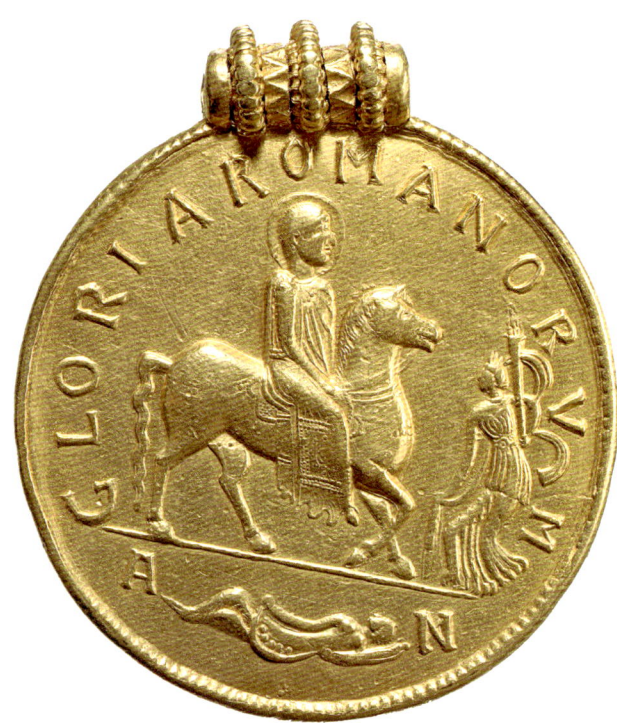

II.49 a

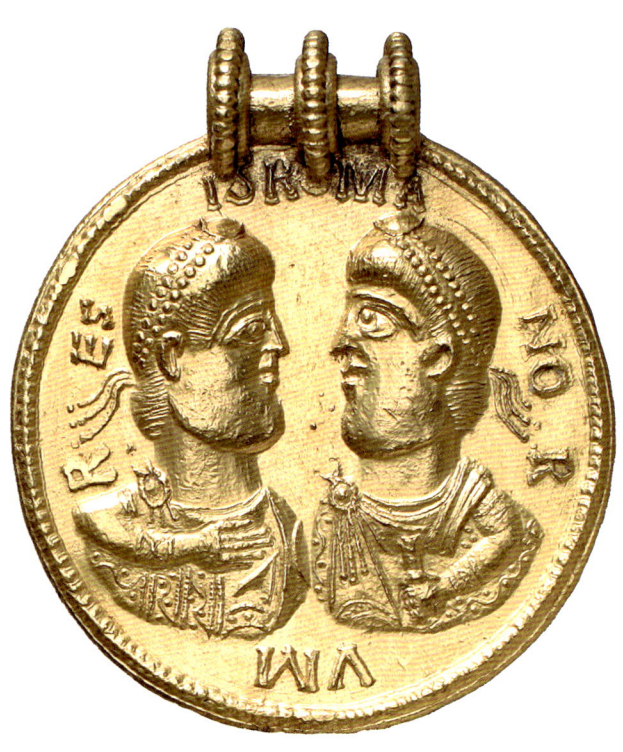
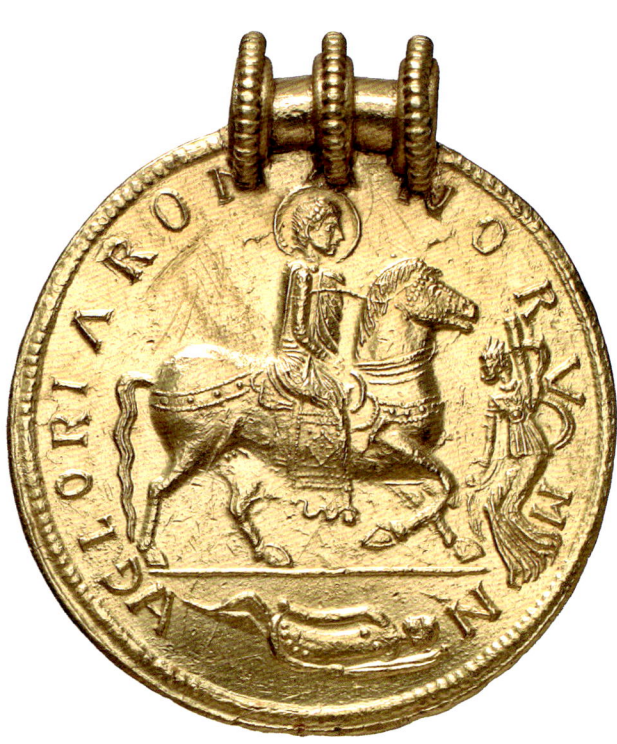

II.49 b

Goldmünze im Gewicht eines Pfundes (ca. 327 Gramm) geschenkt. Ein solches Stück ist zwar im Original nicht bekannt, es könnte aber auch ein Multiplum in einer Fassung gewesen sein. Die Stelle wirft jedenfalls ein bezeichnendes Licht auf diplomatische Gepflogenheiten jener Zeit. Anders als bei Konsulatsantritten des späten 4. Jahrhunderts war die germanische Aristokratie außerhalb des Römischen Reiches nun zum direkten Empfängerkreis überschwerer Goldstücke avanciert.

Klaus Vondrovec

Quellen

Gregor von Tours, Historiae.

Literatur

Alföldi 1933; Ausst.-Kat. Wien/Budapest 1999, S. 185 f., Nr. 12 (Günther Dembski); Bursche 1998, Nr. 22 u. S. XIV, Taf. G; Eckhel 1792–1798, Bd. 8, S. 153; Gnecchi 1912, Nr. 9, Taf. 17,1; Kenner 1887; Kubitschek 1909, Nr. 354.

II.49 b

Goldmedaillon des Valentinianus I. und Valens

ca. 364-375 n. Chr.
Vs.: R-ES-IS - ROMA-NO-R-VM [RESIS statt REGES].
Zwei antithetische Kaiserbüsten, beide mit Diadem, der Herrscher links die rechte Hand ausstreckend, der Herrscher rechts mit der linken Hand am Schwertgriff.
Rs.: GLORIA ROMANOR-V-M // A-N. Kaiser mit Nimbus reitend nach rechts, vor ihm die Tyche von Antiochia mit Mauerkrone, in der linken Hand eine Fackel haltend. Im Abschnitt eine liegende weibliche Gestalt mit Füllhorn nach rechts.
Gold. G 242,49 g, D 84 mm, 12 h
Berlin, Staatliche Museen zu Berlin, Münzkabinett, 18200868

Dieses Goldmedaillon ist kein Produkt einer offiziellen Münzstätte des Römischen Reiches, sondern eine im Barbaricum hergestellte lokale Nachahmung römischer Multipla (Vielfache der Standardgoldmünze). Es wiegt mitsamt Tülle 218,40 Gramm und entspricht damit dem Gewicht von rund 48 Solidi. Es gehört damit mit zu den schwersten erhaltenen Medaillonen aus der Antike, nur ein weiteres ,Barbarenmedaillon' aus dem Fund von Szilágysomlyó, heute in Wien, ist mit 412,72 g (rund 72 Solidi) noch schwerer (vgl. Kat.-Nr. II.49a).

Die Vorderseite zeigt in lokaler Umsetzung die Büsten eines Kaiserpaares (wahrscheinlich Valentinianus I. und Valens) mitsamt der in römischen Ohren ungewöhnlichen Bezeichnung als Reges (verschrieben als RESIS) Romanorum (Könige der Römer) anstelle des übliches Titels Augustus bzw. Augusti (Kaiser). Auch die Rückseite belegt in Stil und Bildsprache die freie Umsetzung eines römischen Vorbildes, hier des reitenden Kaisers, der von einer Stadtgöttin (Tyche) begrüßt wird. Selbst die Angabe einer Prägestätte Antiochia (A-N) wurde hier übernommen.

Das Berliner Exemplar gehört zu einer ganzen Gruppe von lokal gefertigten Imitationen römischer Multipla, die aufgrund des Repräsentationsbedürfnisses einheimischer Fürsten nach römischen Vorbildern produziert wurden. Mit dem oben genannten Exemplar in Wien und weiteren dort jetzt aufbewahrten Medaillonen aus diesem berühmten Fund verbindet es die gleiche Fertigung der Befestigungstülle. Zudem ist die Rückseite mit der Darstellung des reitenden Kaisers stempelgleich mit einem weiteren Medaillon zu rund 36 Solidi in Wien. Dies alles weist auf eine Herkunft aus derselben Werkstatt wie die Objekte des Fundes von Szilágysomlyó hin. Das Berliner Exemplar wurde allerdings als Teil eines weiteren Hortes im polnischen Zagórzyn gefunden und muss bereits in der Antike dorthin gelangt sein. Neben zahlreichen originalen, in römischen Münzstätten hergestellten Multipla, treten hier auch überdimensionierte lokale Arbeiten auf, von denen das Berliner Exemplar den bekanntesten Vertreter darstellt. Ganz offensichtlich sollten hier die vorhandenen (kleineren) Vielfache in größerem Gewicht und neuer Dimension gesteigert werden. Wie die ,barbarischen' Exemplare in Wien wurde das Berliner Medaillon wohl mittels Pressung hergestellt und nicht geprägt. Die regelhafte Anbringung von Tüllen und Ösen zeigen, dass sie sichtbar getragen und der Zuschaustellung von Macht und Reichtum der barbarischen Fürsten dienten.

Karsten Dahmen

Literatur

Bursche 2000, S. 758 ff. u. 764 f., Taf. 4a; Dressel 1972–1973, Bd. 2, S. 400 ff., Nr. 265; Regling 1928 (mit Abb.); Weisser 2008 (mit Abb.). [http://www.smb.museum/ikmk/object.php?id=18200868]

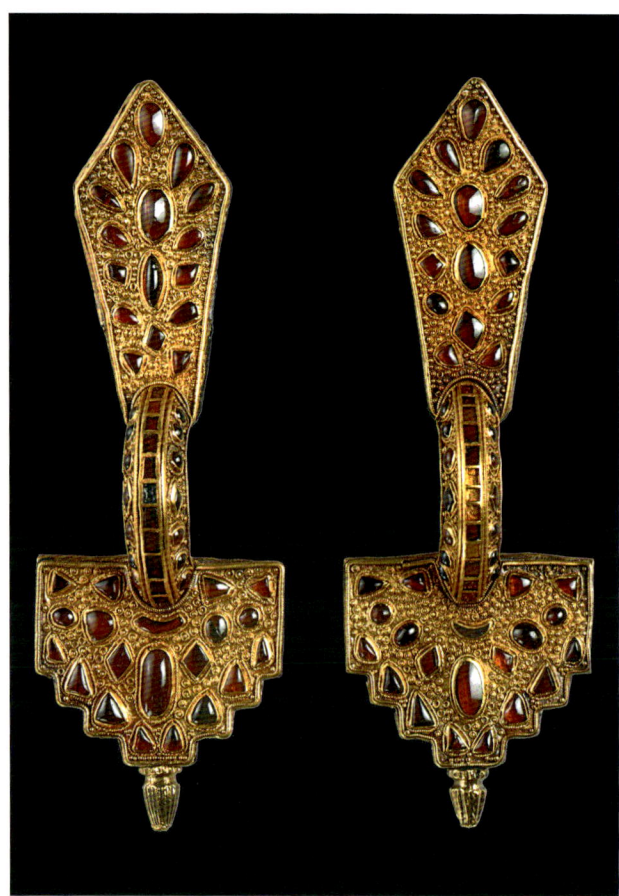

II.49 c

II.49 c

Fibelpaar aus dem Schatz von Szilágysomlyó

1. Drittel 5. Jahrhundert
aus Verwahrfund, zwei Teile, 1797 und 1889 geborgen
Silber, Goldblech, Granaten. H 15,9 cm, B 5,36 cm
Budapest, Magyar Nemzeti Múzeum, MNM 122/1895,
14-14a; N77-78

Das Fibelpaar (Gewandschließen) stammt aus dem Verwahrfund von Szilágysomlyó, das heutige Şimleu Silvaniei in Rumänien. Er setzt sich aus zwei Teilen zusammen, die 1797 und 1889 geborgen wurden. Der 1797 entdeckte Komplex umfasst 15 (davon 14 erhaltene) z. T. gefasste und mit Ösen versehene Medaillons, die römische Kaiser zeigen, eine Goldkette mit 52 Anhängern und weitere aus Gold gefertigte Objekte. Dagegen besteht der zweite 1889 geborgene Fund im Wesentlichen aus einer sogenannten Kaiserfibel, zehn weiteren Fibelpaaren, einem Schwurring und drei Schalen.

Die Fibeln des hier gezeigten Fibelpaares bestehen aus einem langgestreckten Fuß mit dreieckigem Abschluss, einem Bügel mit trapezförmigem Querschnitt und einer getreppten

Kopfplatte mit geradem unteren Rand. Die ursprünglich auf der Rückseite befestigte Spiralkonstruktion und die Nadel sind verloren. Die Fibeln sind aus Silber gefertigt und auf der Vorderseite mit einem an den Kanten umgebördelten Goldblech verkleidet, das mit einem umlaufenden Perldraht gefasst und mit einem umfangreichen Dekor aus symmetrisch angeordneten dreieckigen, trapez- und halbmondförmigen sowie mugeligen Granaten verziert ist. Einen vergleichbaren Dekor z. T. mit granatverziertem Zellwerk (Cloisonné) weisen auch die übrigen Fibelpaare auf. Aufgrund ihrer Form lässt sich das Fibelpaar in das erste Drittel des 5. Jahrhunderts datieren.

Besonders hervorzuheben im Bestand des Verwahrfundes ist eine sogenannte Kaiserfibel, deren zentrales Zierelement ein perfekt geschliffener Onyx ist (Abb. 45, S. 317). Die Fibel vereint Elemente einer Scheibenfibel mit denen einer Zwiebelknopffibel mit aufgebogenem Fuß. Drei ursprünglich am Querarm angehängte Pendilien, die als kennzeichnend für die Gruppe der Kaiserfibeln gelten, sind heute verloren. Der gesamte Aufbau der Fibel und insbesondere der Verschlussmechanismus mit der Hülsensperre lassen keinen Zweifel daran, dass es sich hierbei um ein Produkt einer spätantiken Werkstatt handelt, deren Sitz wohl in Konstantinopel zu vermuten ist.

Als herausragendes Einzelstück verdient darüber hinaus die goldene Kette mit ihren zahlreichen Miniaturen von Werkzeugen, Waffen und Geräten, die rhythmisch durch Zierelemente in Form von Weinblättern gegliedert sind, sowie dem gefassten Rauchopal mit den heraldisch angeordneten Panthern besondere Erwähnung.

Unter kulturhistorischen Gesichtspunkten ist darüber hinaus das Medaillon mit der Darstellung von Valens und Valentinan I. mit der R(G)ES ROMANORVM Umschrift von herausragender Bedeutung. Zweifellos handelt es sich hierbei nämlich um eine barbarische Nachprägung, wurde der römische Kaiser im Römischen Reich doch niemals als *rex* tituliert – eine Bezeichnung die ausschließlich auf Herrscher nichtrömischer Herkunft angewendet wurde (vgl. Kat.-Nr. II.48).

Der Verwahrfund dokumentiere die enge Verbindung zwischen einem ostgermanischen Volk – möglicherweise den Gepiden – und dem spätantiken Reich. Über mehrere Generationen hinweg wurde der Komplex, der mit großer Wahrscheinlichkeit als königlicher Thesaurus zu interpretieren ist, zusammengetragen, bevor er in der fortgeschrittenen ersten Hälfte des 5. Jahrhunderts verborgen wurde.

Michael Schmauder

Literatur
Ausst.-Kat. Wien/Budapest 1999; Capelle 2005; Stark 2000.

II.50

Goldblattkreuz

1. Hälfte 7. Jahrhundert
Güttingen (Gde. Radolfzell, Kr. Konstanz) Grab 90
Goldfolie mit eingepresster Verzierung.
H 7,9 cm, B 7,5 cm
Singen, Archäologisches Hegau-Museum, Sn 1487:90.

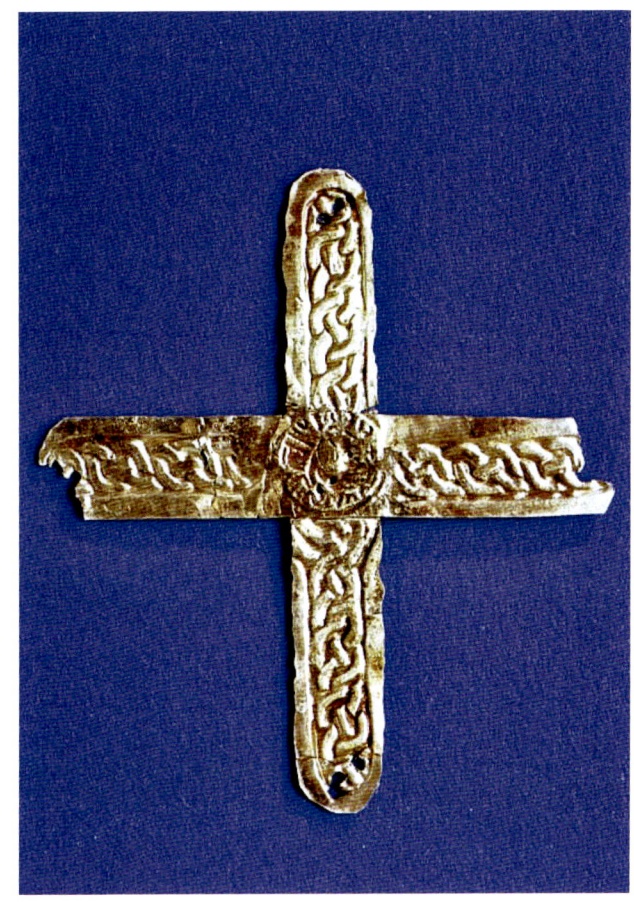

II.50

In weiten Teilen des frühmittelalterlichen Europas war es üblich, den Toten Beigaben mit ins Grab zu geben. Dabei wurden Objekte aus dem Bestand der jeweiligen ‚Familien' genommen – für Frauen Schmuck, für Männer Teile der Bewaffnung. Eine Ausnahme bilden hierbei die Goldblattkreuze, die man extra für die Bestattung anfertigte. Sie wurden aus papierdünner Goldfolie ausgeschnitten – oftmals beide Kreuzarme gesondert, wie in Güttingen – und dann entweder unverziert oder durch das Abdrücken eines Models ornamentiert auf ein Stück Textil aufgenäht, wie die Löcher an den Enden der Kreuzarme deutlich erkennen lassen. Für den Gebrauch im täglichen Leben hingegen waren Goldblattkreuze aufgrund ihrer äußerst geringen Materialstärke nicht zu gebrauchen.

Die für die Verzierung genutzten Model wurden keinesfalls extra für die Kreuze angefertigt. Man verwendete solche, die eigentlich für andere Objekte benutzt werden sollten, etwa für Riemenbeschläge. Daher sind die Muster zumeist unvollständig und passen sich kaum der Form der Kreuzarme an. Das Kreuz aus Güttingen ist aber sorgfältig verziert und weist den Abdruck einer Münze im Schnittpunkt der Kreuzarme auf. Es handelt sich dabei nicht um eine ‚reguläre' Münze, sondern um die Nachprägung eines Triens (eines Drittel-Solidus) des byzantinischen Kaisers Maurikios Tiberius (583–602). Wo diese Nachprägung hergestellt wurde, entzieht sich unserer Kenntnis, denn byzantinische Prägungen waren eine weitverbreitete, allgemein anerkannte Währung. Als Verzierungselement auf Goldblattkreuzen sind Münzabschläge selten. Sie dienen vermutlich weniger der „Propaganda des christlichen Herrschers", sondern in den ländlichen Regionen eher als Christusdarstellung. Dies meint keinesfalls eine Vergöttlichung des Kaisers – es wurden einfach vorhandene Porträt-Model genutzt.

Das Goldblattkreuz aus Singen stammt aus einem ausgeraubten Männergrab der ersten Hälfte des 7. Jahrhunderts. Es fand sich aufgrund einer (vermutlich durch die Beraubung bedingten) Verlagerung in der Halsgegend. Gut dokumentierte Ausgrabungsbefunde zeigen, dass die Goldblattkreuze normalerweise auf dem Gesicht des oder der Toten lagen. Das eigentlich Wichtige waren dabei wohl nicht die Goldblattkreuze, sondern die Textilien. Frühmittelalterliche Quellen belegen, dass Tücher, die auf Gräbern von Heiligen lagen, zu Berührungsreliquien, *brandea*, wurden. Es ist denkbar, dass derartige Tücher mit Goldblattkreuzen für den kurzen Zeitraum der Bestattungsfeierlichkeiten kenntlich gemacht wurden. Den Toten war dadurch eine Nähe zu den Heiligen und Märtyrern gewiss, obwohl sich Goldblattkreuze nicht in Kirchengräbern finden. Dem Vorbild der merowingischen Könige folgend hatten sich die Oberschichten des Reiches seit dem späten 6. Jahrhundert Kirchen errichten lassen, die ihnen als Grablegen dienten. Hier sorgte die unmittelbare Nähe zum reliquienbestückten Altar für die Bestattung *ad sanctos*.

Dieter Quast

Literatur

Zu Güttingen: Christlein 1975, hier S. 107, Nr. 14 mit Taf. 39,14; Fingerlin 1971, hier S. 217 mit Taf. 44,1. Zu Goldblattkreuzen allgemein: Quast 2009 (b); Riemer 1999. Zum Münzabdruck: Deér 1955; Leeb 1991.

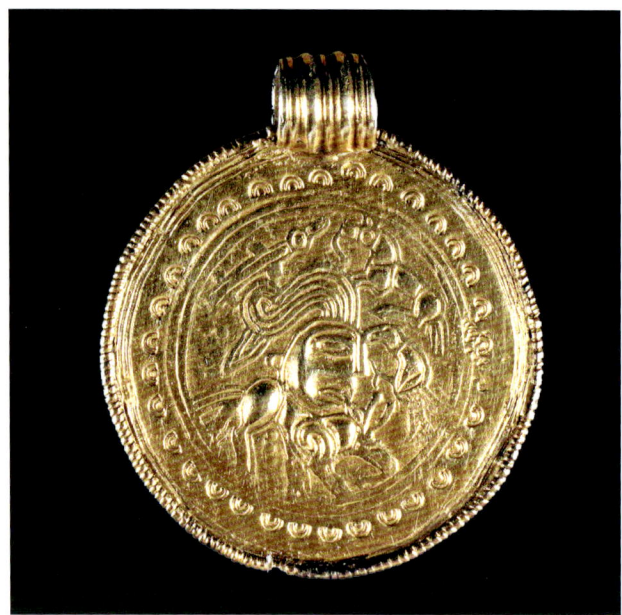 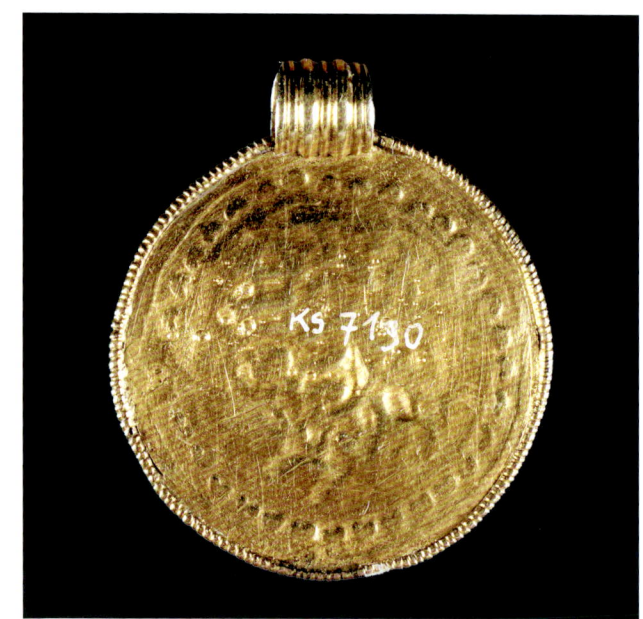

II.51

II.51

Goldbrakteat aus Büstorf (IK 37 Büstorf-C)

Norddeutschland/Südskandinavien, 5./6. Jahrhundert
gefunden in Rieseby-Büstorf, Kr. Rendsburg-Eckernförde,
Schleswig-Holstein
Goldbrakteat: Gold; Preßblech mit geriffeltem Randdraht
und profilierter Öse. D 3,15 mm, G 5,9 g.
Schleswig, Stiftung Schleswig-Holsteinische Landes-
museen Schloss Gottorf, Archäologisches Landesmuseum,
KS 7130

Der abgeriebene und leicht zerkratzte Goldanhänger wurde
1858 beim Einebnen eines Walls gefunden. In der Folge galt
er als verschollen, konnte aber 1936 aus einer Privatsammlung für das Museum angekauft werden. Er trägt nach dem
Ikonographischen Katalog der Goldbrakteaten den offiziellen
Namen „IK 37 Büstorf-C".

Seit den Jahren um Christi Geburt und bis zur Spätantike
hatte das Römische Reich einen gewaltigen Einfluss auf Nordeuropa. Durch den Kontakt, den Austausch und die Konflikte
mit dem Imperium bildeten sich die im Norden und Nordosten
des Reiches lebenden Stämme politisch und kulturell erst zu
den heute als Germanen bezeichneten Völkern heraus. Dieser
Einfluss ist auch in der Bildkunst spürbar, die immer ausgefeilter wird und bald nach 400 bei einer Verbreitung in ganz Nordeuropa überall ein verblüffend einheitliches Gepräge aufweist.

Im 5. Jahrhundert entstand auch die mehr als 100 Jahre lang
produzierte Gattung der Goldbrakteaten. Es sind über Matri-
zen geprägte Goldbleche, die mit Randdraht und Öse versehen

wurden und so als Halsschmuck getragen werden konnten. Ihren Darstellungen liegen spätantike Münzen bzw. Medaillons
mit dem Kaiserbild zugrunde. Während dies bei frühen Brakteaten noch deutlich erkennbar ist, wurde das Kaiserbild nach
und nach immer stärker modifiziert, es kamen Beizeichen, Tierfiguren oder andere Bildelemente hinzu. So sind Brakteaten
keine Fälschungen von Münzen. Für ihre Konzeption wurden
imperiale Motive gründlich studiert, einige davon verwendet,
doch hinzu kamen dann neue Bildelemente, etwa auch Runen-
zeichen. Römische Vorbilder wurden gleichsam in germanische
Codes übersetzt und so auch in ganz neue Sinnzusammenhän-
ge gestellt.

Die Chiffren des Brakteaten aus Büstorf können erst durch
Vergleiche mit anderen Bilddarstellungen identifiziert und gelesen werden. Das Stück zeigt ein großes Haupt in der Kaiser-
bildnachfolge von rechts, mit hoher, eingerollter Frisur, über
einem vierfüßigen Tier. Vor diesem ist ein Vogel abgebildet,
über der Stirn ein weiterer Vierbeiner in Seitenansicht und über
bzw. hinter dem Haupt ein von oben gesehenes, echsenartiges
Tier. Mit drei Nebenfiguren sowie Punktgruppen als Beizeichen
gehört IK 37 zu den seltenen besonders detailreichen Stücken.
Die Randzone um sein Bildfeld ist von konzentrischen Rillen
und einem Ring aus gepunzten Halbkreisen ausgefüllt. Generell werden die C-Brakteaten mit dem großen Haupt über
einem Vierbeiner erklärt als Darstellungen einer wunderbaren
Heilung an einem verletzten Pferd, vollzogen durch den germanischen Hauptgott Odin. Helfer in Tiergestalt, aber auch
ebenfalls tiergestaltige Widersacher, können die Szene umgeben. Gestützt wird diese Deutung durch Analysen der genauen

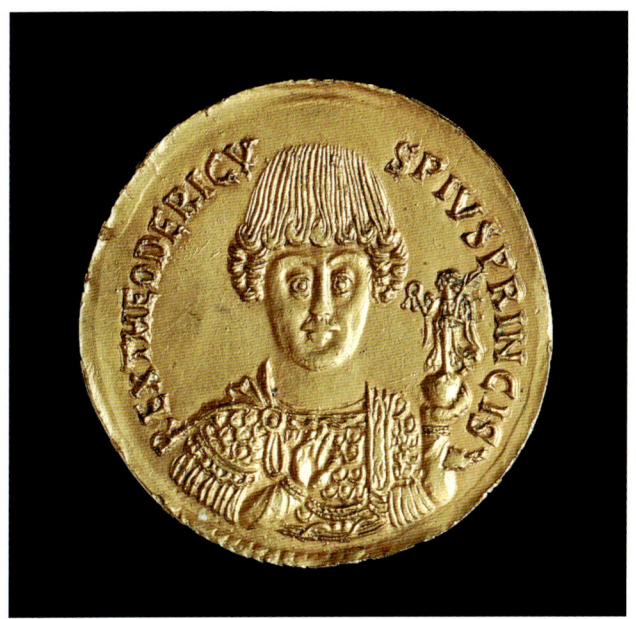 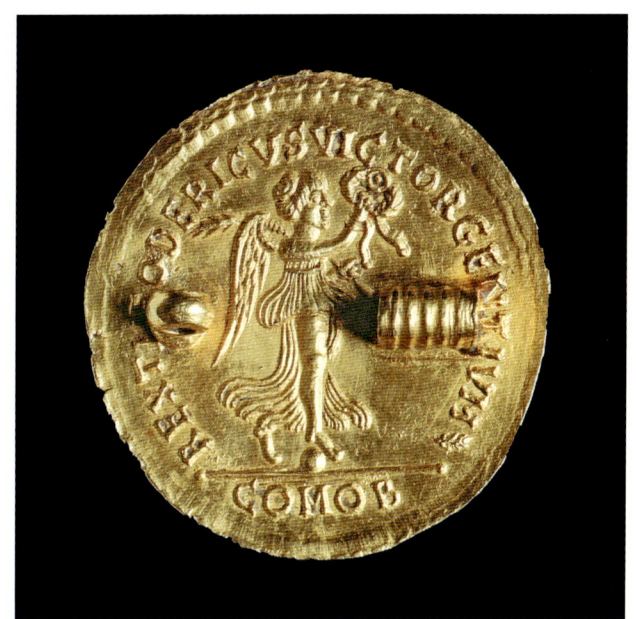

II.52

Ikongraphie aller Brakteaten und ihrer Vorbilder sowie durch literarische Quellen. Die Kaiserbilder der römischen Münzen in Antike und Spätantike, offenbar schon als machtvolle Zeichen verstanden, sind demnach hier verwandelt in ein glückbringendes Amulett der heidnischen Religion.

Alexandra Pesch

Literatur

Axboe/Hauck 1990, hier S. 110 f. u. S. 120; Hauck u.a. 1985–1989, hier Bd. 1,2, S. 73 f. u. Bd.1,3, S. 41 f.; Heizmann 2012; Pesch 2007, hier S. 189–195.

II.52

Medaillon des Theoderich
materialgetreue Kopie

geprägt nach 494 n. Chr. in Ravenna oder Rom (Medaillon)
gefunden in Morro d'Alba (Provinz Ancona, Italien)
Gold: D 0,33 cm, G 15,32 g
Rom, Museo Nazionale Romano, 509459

Theoderich wurde um 454 als Sohn des gotischen Stammesfürsten Thiudimir in Pannonien geboren. Als Unterpfand für ein friedfertiges Nebeneinander wuchs Theoderich jedoch seit 461 als prominenter Gefangener am Hof des oströmischen Kaisers Leo I. (457–474) in Konstantinopel auf. Um 470 kehrte Theoderich nach Pannonien zurück, wo er seinen Vater nach

dessen Tod 474 als Führer seines Gotenstammes ersetzte. In den folgenden Jahren führten Theoderich und seine Truppen zahlreiche Kämpfe mit und gegen andere Gotenverbände und das oströmische Heer.

476 eroberten die Germanen unter Odoaker Ravenna und versetzten damit dem zuvor bereits geschwächten weströmischen Reich den Todesstoß. Wenige Jahre später gelangte Theoderich zu militärischen und politischen Ehren in Ostrom: 481 wurde er zum Heermeister und 484 zum Konsul bestellt. 488 begann er einen Feldzug gegen die Germanen unter Odoaker, möglicherweise im Auftrag des oströmischen Kaisers Zenon (476–491). Theoderich und seine Truppen belagerten Ravenna zwei Jahre lang, bevor es im Februar 493 zu ersten Gesprächen zwischen ihm und dem Germanenkönig kam. Odoaker wurde wenige Tage später ermordet, wahrscheinlich von Theoderich selbst. Daraufhin residierte Theoderich als Stellvertreter des byzantinischen Kaisers und als König der Ostgoten in Ravenna. Als Zeichen der Ehrerbietung wurden ihm unter Anastasios I. (491–518) sogar die Insignien des ehemaligen weströmischen Kaisers zugesprochen. Unter Theoderich entwickelte sich Ravenna erneut zu einer aktiven und prächtigen Stadt: Der bereits verlandete Hafen wurde wieder schiffbar gemacht; die Trockenlegung weitläufiger Sumpfgebiete erschloss neues Bauland und Flächen für die Landwirtschaft; baufällige Gebäude wurden restauriert, neue errichtet und prachtvoll ausgestattet, darunter die heute noch anstehenden Kirchen Sant'Apollinare Nuovo und Santo Spirito mit dem Baptisterium der Arianer. Theoderich ließ sich außerdem ein monumentales Mausoleum aus istrischem Kalkstein errichten, in

dem er nach seinem Tod 526 bestattet wurde (zur Bautätigkeit und dem Kunstschaffen unter Theoderich: Deliyannis 2010, S. 114–136; Aufsätze verschiedener Autoren, in: Barsanti/Paribeni/Pedone 2008, S. 93–224).

Das Medaillon von Morro d'Alba zeigt auf der Vorderseite den frontal dargestellten Ostgotenherrscher im Brustbild. Er trägt eine militärische Prunkuniform und darüber ein Paludamentum mit Fibel. Seine rechte Hand ist erhoben, in seiner Linken hält er ein Kugelzepter, bekrönt mit einer stehenden und kranzdarbringenden Nike. Er trägt einen Schnurrbart. Theoderichs Haar ist beidseitig der Schläfen in Locken gelegt. Darüber trägt er entweder eine hohe Haube mit künstlichem Haar oder sein natürliches Haar ist in langen Strähnen über einen deformierten Schädel gelegt. Schädeldeformationen waren bei vielen antiken Völkern gängig und sind auch an ostgotischen Skeletten nachweisbar (z.B. aus Globasnitz in Kärnten: Glaser 2008, S. 626). An der Außenseite des Medaillons verläuft die Beischrift: REX THEODERICU/S PIUS PRINC[eps] I[nvictissimus] S[emper] (König Theoderich, der fromme und stets unbesiegbare Herrscher).

Auf der Rückseite des Medaillons ist eine stehende Nike abgebildet, die derjenigen auf dem Zepter der Vorderseite ähnelt. Die Beischrift hier lautet REX THEODERICUS VICTOR GENTIUM (König Theoderich, Sieger über die Völker). Unterhalb der Nike findet sich die Buchstabenfolge COMOB (vgl. Kat.-Nr. II.52). Das Medaillon wurde als Fibel zweitverwendet. Davon zeugen zwei Ösen auf der Rückseite, die zum Befestigungsmechanismus gehörten. Die Nadel ist verloren gegangen.

Bei dem Medaillon von Morro d'Alba handelt es sich um die einzige, fest identifizierbare Darstellung des Theoderich. Der Aufbau des Medaillons und Teile seiner Beischriften finden Parallelen auf zeitgenössischen oströmischen Münzen und Medaillons. Allerdings ist Theoderich nicht in der Tracht des oströmischen Kaisers dargestellt, trägt auch kein kaiserliches Diadem, sondern eine individuelle Haar- und Barttracht. Das Medaillon zeigt also einerseits starken oströmischen Einfluss, andererseits aber eine Unterordnung und Abgrenzung von Ostrom. Zahlreiche historische Anlässe sind für die Prägung des Medaillons bemüht worden, darunter zuletzt ein Besuch Theoderichs in Rom um 500 von Serra 2008.

Yvonne Petrina

Literatur

Barsanti/Paribeni/Pedone 2008; Deliyannis 2010; Glaser 2008; von Rummel 2007, S. 258–261; Serra 2008.

II.53

Siegelstein des Westgotenkönigs Alarich II.

Völkerwanderungszeit, germanisch (gotisch),
484-507 n. Chr.
Ovale Gemme aus Saphir, gefasst in Goldring des
16. Jahrhunderts.
Stein: H 2,06 cm, B 1,67 cm,
Ring: D (außen) 3,01 x 2,95 cm
Wien, Kunsthistorisches Museum, Antikensammlung,
VII B 23

In der lichtblauen Oberfläche des Siegelsteines ist ein jugendlich-männliches Brustbild eingeschnitten, das sich heller vom Grund abhebt. Der Dargestellte ist barhäuptig und besitzt ein spitzovales Gesicht mit breiter Stirn und summarisch mit senkrechten, parallelen Linien wiedergegebenem strähnigen Haupthaar, das bis auf die Höhe von Nasenansatz und Augenbrauen über die Stirn frisiert ist. Relativ groß wirken die konische Nase und die mandelförmigen Augen. Auf dem Oberkörper sind Rechteckfelder mit konzentrischen Kreisen in der Mitte sowie Halbkreise darum zu sehen. Diese sind in der Forschung als textile Muster oder Bestandteile eines Panzers gedeutet worden. Die umlaufende spiegelbildlich eingeschnittene Inschrift ALARICVS REX GOTHORVM nennt Namen und Rang des Dargestellten.

Alarich (484–507) regierte von Toulouse aus seit 484 als Nachfolger seines Vaters König Eurich weite Teile von Südfrankreich und Spanien. Als junger König unterstützte er Theoderich bei dessen Kampf gegen Odoaker in Italien. Durch Verwandtschaft und die Ehe mit Thiudigotho, einer Tochter Theoderichs, waren beide Herrscher eng miteinander verbunden. Im letzten Jahrzehnt des 5. Jahrhunderts befand sich Alarich im Krieg mit dem expandierenden Frankenreich König Chlodwigs, der bis Bordeaux vordringen konnte. Ein Friedensschluss von 502 regelte die Grenzziehung zwischen Westgoten- und Frankenreich in Gallien. Anders als sein strenger arianisch ausgerichteter Vater, König Eurich (466–484), war Alarich um einen Ausgleich mit der romanisch-katholischen Provinzialbevölkerung bemüht. So gestattete er den katholischen Bischöfen seines Reiches im Jahre 506 die Abhaltung des Konzils von Agde. Gleichzeitig kodifizierte er für die Bevölkerungsmehrheit als Gesetzbuch die Lex Romana Visigothorum.

Ein neuerlicher fränkischer Angriffskrieg führte bei Poitiers mit der Schlacht von Voillé 507 zum Ende des tolosanischen Westgotenreichs. Nach der Niederlage kam auch der Westgotenkönig Alarich ums Leben. Die frontale Darstellung des Westgotenkönigs auf der Gemme orientiert sich an spätantiken Münzbildern, wie sie auf Solidi vorkommen. Stilistisch weist der Steinschnitt aber auch Anklänge an Glasschliffarbeiten des 4. Jahrhunderts auf.

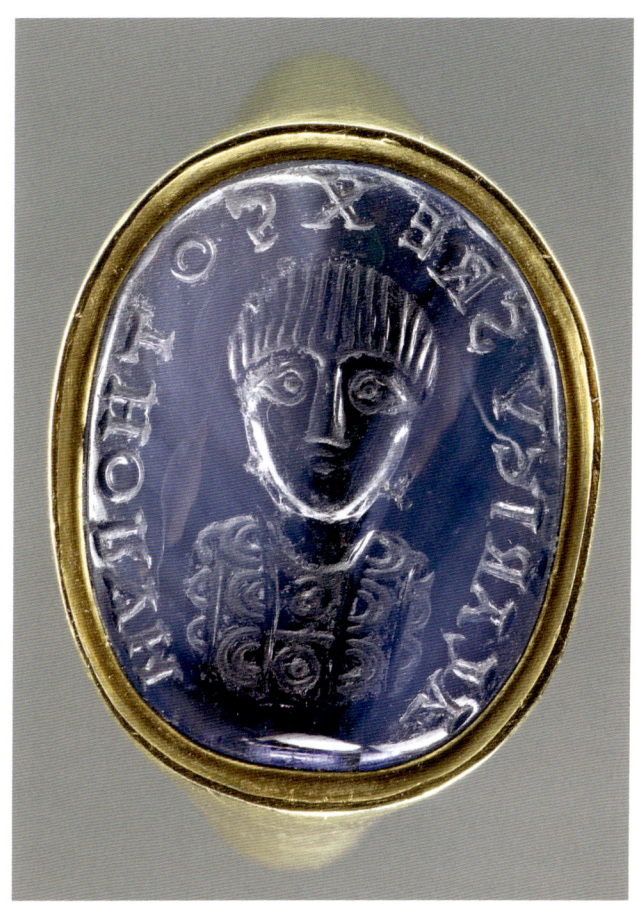

II.53

Odoaker 493 bzw. ein Geschenk Theoderichs zur bald darauf erfolgten Eheschließung Alarichs mit seiner Tochter Thiudigotho in Frage.

Bernd Päffgen

Literatur

Berndt 2009; Kornbluth 2008; Noll 1958/1974, S. 41, Nr. 12; Schramm 1954, S. 213–222, Abb. 17; Spier 2007, S. 27, Nr. 82; Zwierlein-Diehl 1991, S. 73 f., Nr. 1732. Zum historischen Hintergrund: Claude 1970, S. 34–37, 44–46 u. 49–50; Wolfram 1990, S. 195–206.

II. 54

Grabfunde des Frankenkönigs Childerich

a) Siegelring (Replik, Original verschollen)
2. Hälfte 5. Jahrhundert
Tournai, Belgien, Grab des fränkischen Königs Childerich
(† 481/482)
Original aus Gold. H 2,6 cm, D 3,4 cm
Paris, Bibliothèque nationale de France, Département des monnaies, médailles et antiques, 56.460.

Zu den Schlüsselfunden der frühgeschichtlichen Archäologie zählt zweifellos das Grab des salfränkischen Königs Childerich aus dem Geschlecht der Merowinger. Es wurde bereits 1653 beim Neubau eines Armenhauses nahe der Pfarrkirche St. Brice im belgischen Tournai entdeckt. Die erhaltenen Funde wurden bereits zwei Jahre später von Johann Jacob Chiflet, dem Leibarzt des Habsburger Erzherzogs Leopold Wilhelm, mit naturgetreuen Abbildungen publiziert. Da die meisten Beigaben 1831 bei einem Einbruchsdiebstahl in die Bibliothèque Nationale zu Paris verloren gingen, stellt diese Publikation eine wichtige Quelle dar.

Der im Grab gefundene goldene Siegelring mit der Inschrift CHILDIRICI REGIS erlaubt die Identifizierung des Toten. Er starb, als sein Sohn Chlodwig 16 Jahre alt war und seine Nachfolge antrat. Daraus wird sein Todesdatum im Jahre 481 oder 482 rekonstruiert und da bekannt ist, dass Childerich 24 Jahre regierte, muss er um 458 König geworden sein. Er war nicht nur fränkischer König, sondern auch Kommandant der Provinz Belgica secunda, denn ein Glückwunschbrief des Bischofs Remigius von Reims an Chlodwig besagt, dass dieser das Amt von seinem Vater übernahm.

Enge Beziehungen zum Römischen Reich deuten auch die Grabbeigaben an. In seiner Börse lagen über 200 römische Silbermünzen des 1. bis 4. Jahrhunderts und über 100 Goldmünzen der oströmischen Kaiser Theodosius II. (408–450) bis Zeno (476–491), die vermutlich das Entgelt für den mit dem Kaiser geschlossenen Bündnisvertrag (Foedus) waren. Zudem verschloss Childerich seinen Mantel mit einer goldenen Zwie-

Genevra Kornbluth, die sich zuletzt ausführlich mit dem Siegel des Alarich beschäftigt hat, nimmt eine Entstehung der Gemme in einer Hofwerkstatt des Ostgotenkönigs Theoderich in der Zeit um 500 an. Sie sieht hierin eine Gabe des ranghöchsten germanischen Königs, die seinen Schwiegersohn Alarich zu friedlich-zurückhaltendem Verhalten gegenüber dem Frankenkönig Chlodwig ermahnen sollte. Die Argumentation basiert neben der historischen Konstellation auf der Überlegung, dass es sich wegen der Qualität des Intaglios um ein Zeugnis einer Werkstatt in Rom oder Ravenna handeln müsse. Zum anderen deutet sie die „friedliche" Darstellung des Westgotenkönigs ohne Speer (als Angriffswaffe) in diesem Sinne. Neben dieser Zuweisung nach Italien und Deutung als diplomatisches Geschenk kommt jedoch auch durchaus eine eigene Auftragsarbeit Alarichs in einer südgallischen Werkstatt oder ein dort zum Beispiel vom Episkopat beauftragtes Geschenk in Frage. Im Hinblick auf die eher jugendliche Darstellung, die zu einer Datierung im ersten Jahrzehnt von Alarichs Königsherrschaft passen könnte, käme bei einer außergallischen Entstehung eine Gabe zum Herrschaftsantritt Alarichs etwa vom Rex Italiae Odoaker oder aber eine Dankesgabe nach Niederwerfung des

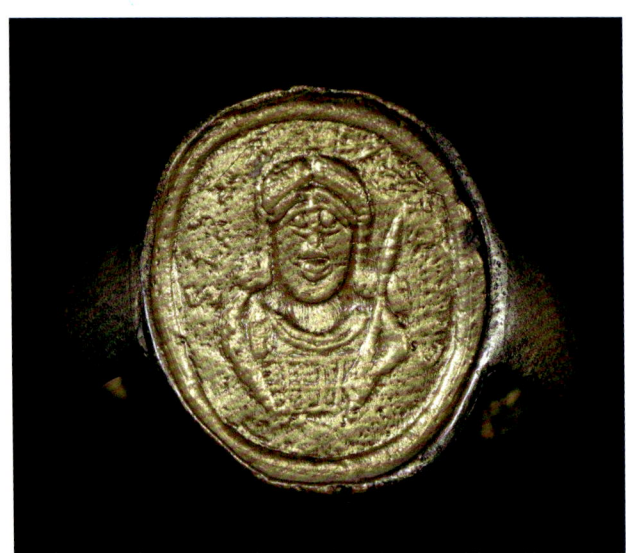

II.54 a

b) Oberer Abschluss eines Zepters (Replik)
2. Hälfte 5. Jahrhundert
Tournai, Belgien, Grab des fränkischen Königs Childerich
(† 481/482)
Bergkristall, geschliffen. D 5 cm, G 134 g.
Paris, Bibliothèque nationale de France, Département
des monnaies, médailles et antiques, 56.456.

Aus dem Grab Childerichs stammt u.a. eine Bergkristallkugel. Sie galt lange Zeit als Indiz dafür, dass der fränkische König zusammen mit seiner Frau bestattet worden war, denn vergleichbare Kugeln treten häufiger in Frauengräbern auf. Diese sind allerdings deutlich jünger; die Interpretation ist somit kaum haltbar. Die ursprüngliche Funktion der Bergkristallkugel aus Tournai konnte erst durch einen während der Ausgrabungen auf dem Palatin in Rom entdeckten Hortfund des 4. Jahrhunderts geklärt werden, der u. a. drei Zepter enthielt. Vergleichbare Objekte waren aus den Bildquellen bekannt, doch lieferten die Objekte vom Palatin erstmals Hinweise auf das Material (vergoldetes und smaragdgrünes Glas sowie Chalzedon) und die Befestigung der oberen kugeligen Abschlüsse der Stäbe mittels Klebstoffs. Aufgrund dieser Befunde ist es möglich, diese Bergkristallkugel aus dem Grab des fränkischen Königs Childerich († 482) als oberen Abschluss eines spätantiken Zepters zu interpretieren, das dieser dann – zusammen mit weiteren Auszeichnungen – von der spätrömischen Reichsadministration bekommen haben müsste. Dabei stellt diese Kugel keinen Einzelfall dar, wie lange Zeit vermutet wurde. Eine kurze Notiz des Abbé Cochet nennt Vergleichsbeispiele aus weiteren fränkischen Königsgräbern: „*M. Thomas Wright nous écrivait dernièrement qu'en septembre 1858, il avait vu à Downing, dans le Flintshire, chez lord Fielding, cinq boules de cristal que l'étiquette dèclarait provenir des sépultures des anciens rois de France, violées à l'époque de la grande Révolution. Ces boules avaient été achetées vers 1810, à la vente de la duchesse de Portland*" (Cochet 1859, S. 305). Auch wenn diese Notiz viele Fragen offen lässt, z.B. aus welcher der Königsgrabkirchen sie stammen, so besteht immerhin die Möglichkeit, dass auch anderen merowingischen Königen Zepter mit Bergkristallkugeln ins Grab gelegt wurden.

belknopffibel, die ihm zusammen mit dem *paludamentum* zur Amtseinführung von der römischen Verwaltung übergeben wurden.

Von besonderer Bedeutung ist der Siegelring, auf dem – gerahmt durch die Inschrift – das Brustbild des Königs in Frontalansicht mit schulterlangem Haar, Lanze und Panzer zu sehen ist. Diese Darstellung geht zweifellos auf römische Münzen zurück, die den Kaiser in genau dieser Art zeigen. Diskutiert wurde die Frage, ob Childerich diesen Ring von der römischen Verwaltung oder sogar vom Kaiser erhielt, stellt er doch in der barbarischen Welt ein vollkommen neues Element dar. In diesem Fall wäre aber unbedingt davon auszugehen, dass der Kaiser auch genannt wäre auf dem Siegel. Selbst bei der Münzprägung sind die merowingischen Könige lange Zeit ‚zurückhaltend' und prägten lediglich im Namen des Kaisers. Erst Theudebert I (534–548), ein Ur-Enkel Childerichs, ließ Münzen mit seinem eigenen Namen schlagen. Es ist daher wahrscheinlicher, dass Childerich selbst seinen Siegelring anfertigen ließ, um seine Stellung zu dokumentieren. Zugespitzt könnte man formulieren, dass sich allein mit diesem Grabfund (aber auch mit der wissenschaftlichen Interpretation desselben) die „Transformation of the Roman World" abzeichnet.

Dieter Quast

Das römische Zepter aus dem Childerichgrab stellt eine neue Komponente dar, die die Bedeutung, die dem fränkischen König von Seiten der römischen Verwaltung bzw. des Kaisers zugemessen wurde, deutlich erhöhen würde. Diese kann eigentlich nur darauf basieren, dass er gemeinsam mit dem Heermeister Aegidius und dem *comes* Paulus ein Gegengewicht zu den Westgoten in Gallien darstellte, denn in den Schriftquellen sind gerade seine militärischen Aktionen gegen

Literatur

Berndt 2012, S. 167–192 (mit weiterer Lit. zum Siegelring in Anm. 42); Chiflet 1655; Quast 2009 (a, mit weiterer Literatur).

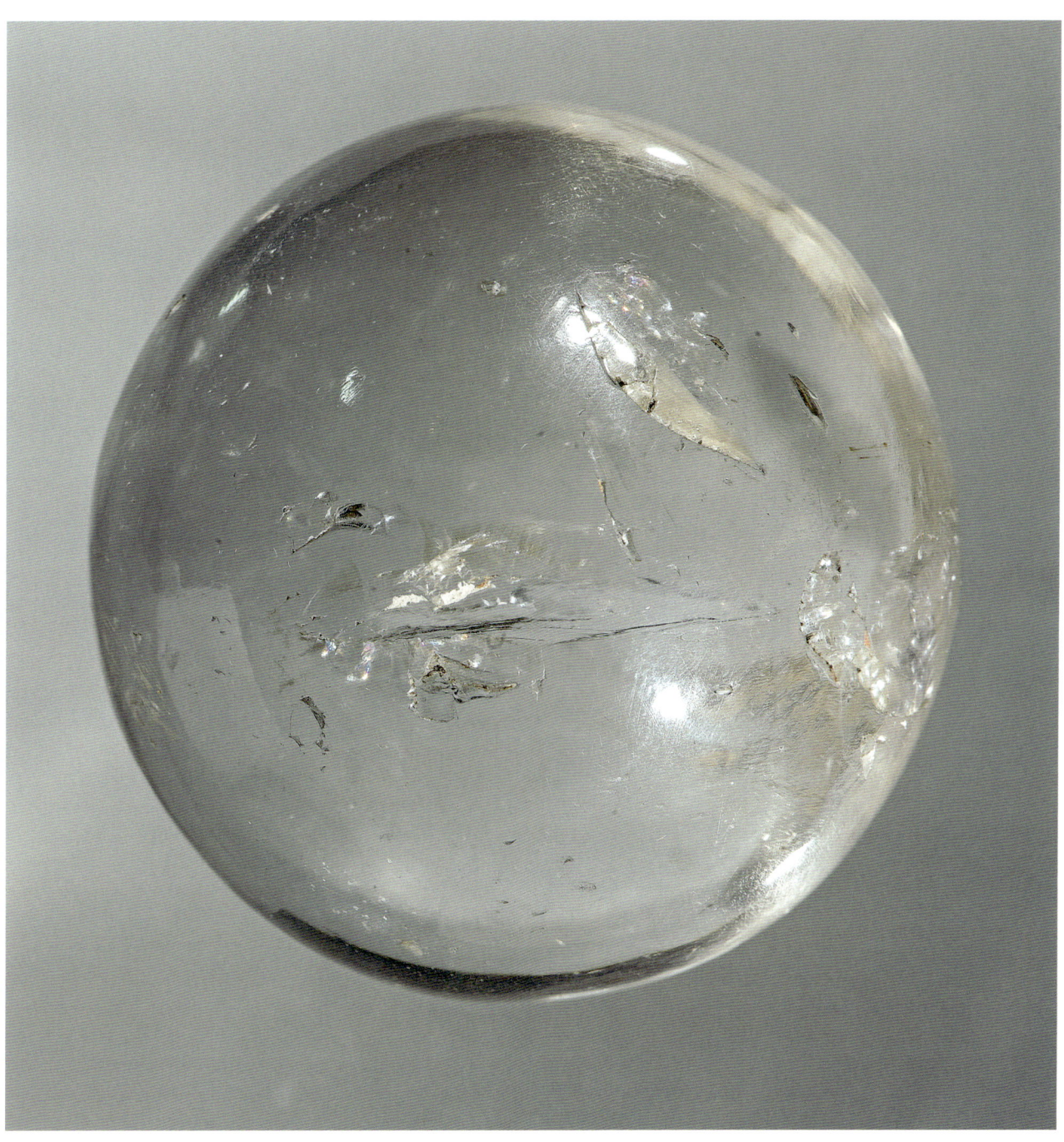

II.54 b

diese genannt. Bezeichnenderweise wurde sein Sohn Chlodwig gerade nach seinem Sieg über die Westgoten bei Vouillé (507) vom oströmischen Kaiser Anastasius I (491–518) zum Ehrenkonsul ernannt.

Dieter Quast

Literatur
Cochet 1859; Panella u.a. 2006; Quast 2010.

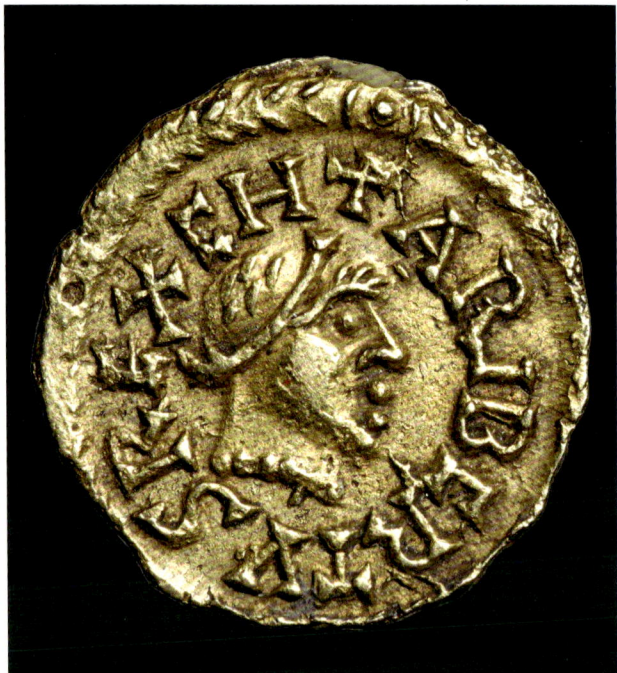 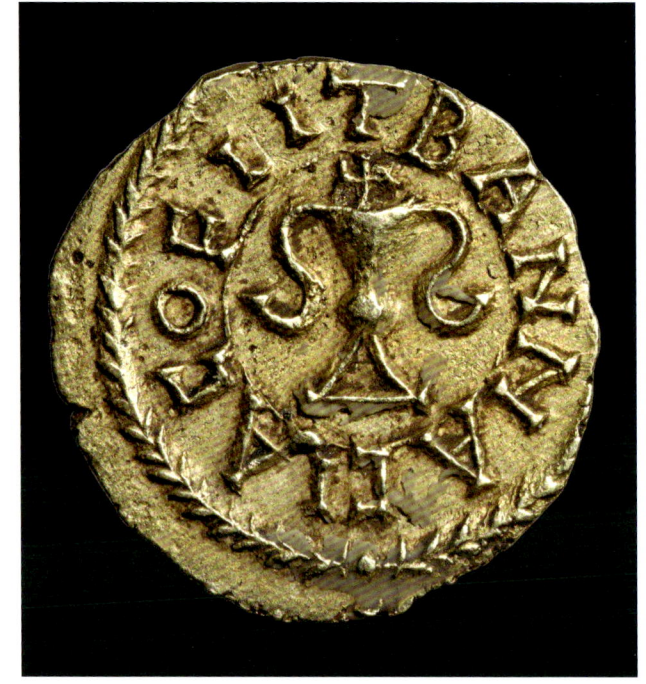

II.55

II.55

Goldmünze des merowingischen Königs Charibert II. (629–632)

(629–632)
Bannassac, Aquitanien, 629–632
Gold.
Paris, Bibliothèque nationale de France, Département
des monnaies, médailles et antiques, prou 2056.

Die Goldmünze zeigt den merowingischen Unterkönig von
Aquitanien Charibert II. (629–632), der in Toulouse regierte. Er
ist im Profil mit dem Gesicht nach rechts gewandt dargestellt
und trägt ein Diadem. Außen befindet sich die lateinische Inschrift CHARIBERTUS REX. Die Rückseite zeigt einen Kelch mit
zwei Henkeln, aus dem ein Kreuz erwächst. Er wird von der
umlaufenden Inschrift BANNACIACO FIIT umrahmt.

Die Münze gehört zu den eher seltenen fränkischen Münzen mit Königsnamen. Der dargestellte König Charibert II. war
der Sohn des fränkischen Königs Chlotar II. (584–628/629).
Nach seinem Tod wurde mit den Traditionen der Aufteilung
des Reiches unter den Söhnen gebrochen und die Nachfolge
ausschließlich dem älteren Dagobert I. übergeben, während
Charibert nur ein Unterkönigreich in Aquitanien zugesprochen
wurde, das allerdings nach seinem und dem frühen Tod seines
Sohnes Chilperich wieder aufgelöst wurde.

Die Münzprägung unter Chlodwig I. († 511), dem Begründer des Frankenreiches, und seinen Nachfolgern war sehr
ausgeprägt, wenn auch kaum zentral gesteuert (dies geschah
erst unter den Karolingern), da die Franken im Gegensatz zu
Ostgoten, Vandalen und Westgoten kein zentrales Königtum
besaßen. Ab 570/580 wurden vor allem sogenannte Monetar-
münzen emittiert, die einen Personennamen mit dem meist
verkürzt wiedergegebenen Zusatz *monetarius* und einen Orts-
namen oder die Bezeichnung einer Institution (*civitas, palacio,
scola regio* etc.) trugen und von denen sich über 5000 erhalten haben. Die Monetaren waren Münzmeister und Steuerein-
treiber im Auftrag des Königs, die von hoher sozialer Stellung
gewesen sein müssen, findet sich doch auf Münzen dieser Art
auch der Name des hl. Eligius, Bischof von Noyon und aus-
gebildeter Goldschmied, später u.a. Heiliger dieser Zunft, der
unter den Königen Dagobert I. (629–639) und Chlodwig II.
(639–657) agierte. Es wird vermutet, dass die Merowinger mit
diesem System von Steuereinnehmern an provinzialrömische
Verwaltungsstrukturen anknüpften (Kluge 1996, S. 1127).

Datierungen merowingischer Münzen sind allgemein sehr
schwierig, jedoch bieten die wenigen Königsmünzen, wie
die hier gezeigte, chronologische Anhaltspunkte aufgrund
der Regierungsdaten. Im hier vorliegenden Fall kann auch
der Prägeort – einer von insgesamt über 1000 (!) merowingischen Prägeorten – bestimmt werden, nämlich Bannaciacum,
das heutige Bannassac in Lozère. Zwar hatte dieser Ort in der

Merowingerzeit seine Bedeutung als bedeutendes Gewerbezentrum, vor allem für Töpferwaren, bereits eingebüßt, schien jedoch als Münzprägestätte immer noch wichtig zu sein, wie die vergleichsweise häufig im Fundmaterial vorkommenden Münzen aus Bannassac belegen.

Die Münze zeigt mit ihrem Königsbild im Profil deutliche Anklänge an spätantike Münzen. Die neuen Reiche der Völkerwanderungszeit, zumindest die beständigeren unter ihnen, wie die Reiche der Westgoten, Langobarden und Franken, prägten zunächst Münzen, die spätantiken bzw. oströmisch-byzantinischen Vorbildern folgten. So wurden im Frankenreich in der Zeit von etwa 500 bis 570/580 pseudo-imperiale Goldsolidi und -trienten (Tremisses) herausgegeben, die byzantinischen Münzen nachempfunden waren, wobei nur selten Königsmünzen auftreten und überhaupt erst ab Theudebert I. (534–548) Goldmünzen mit eigenem Namen erscheinen. Die Tatsache, dass Theudebert oströmische Münzen imitierte und sich wie der Kaiser darstellen ließ, belegt deutlich den Herrschaftsanspruch des fränkischen Königs, den er durch die Annahme eines kaiserlichen Titels noch unterstrich und in einem hochtönenden Brief an seinen Zeitgenossen, den byzantini-

schen Kaiser Justinian I. (527–565) verdeutlichte. Justianians Historiker Prokopios von Caesarea war entsetzt über die Unverfrorenheit Theudeberts, sein eigenes Bildnis auf Goldmünzen prägen zu lassen, da dies ausschließlich dem byzantinischen Kaiser gestattet sei (Prokop, De bello gothico III, 33.5–6, s. auch Sansterre 1996, S. 396 u. 398). Die ausgestellte Münze fällt in die Zeit nach 578/580, als die merowingische Münzprägung reformiert wurde: Die Brustbilder mit Diadem waren nun weniger eng an byzantinischen Vorbildern orientiert, die Rückseiten erhielten statt Victorien Kreuzdarstellungen oder Symbole von Prägeorten, wie in unserem Fall Bannassac, aus dem größere Serien bekannt sind.

Antje Bosselmann-Ruickbie

Quellen
Prokop, De bello gothico.

Literatur
Ausst.-Kat. Mannheim 1996, Bd. 2, S. 954 f. (Karl-Josef Gilles); Grierson/Blackburn 1986, hier S. 132 f.; Kluge 1996, 1127–1129 u. 1133, Nr. 24 f.; Roth 1986, S. 66–72; Sansterre 1996, hier S. 396 u. 398.

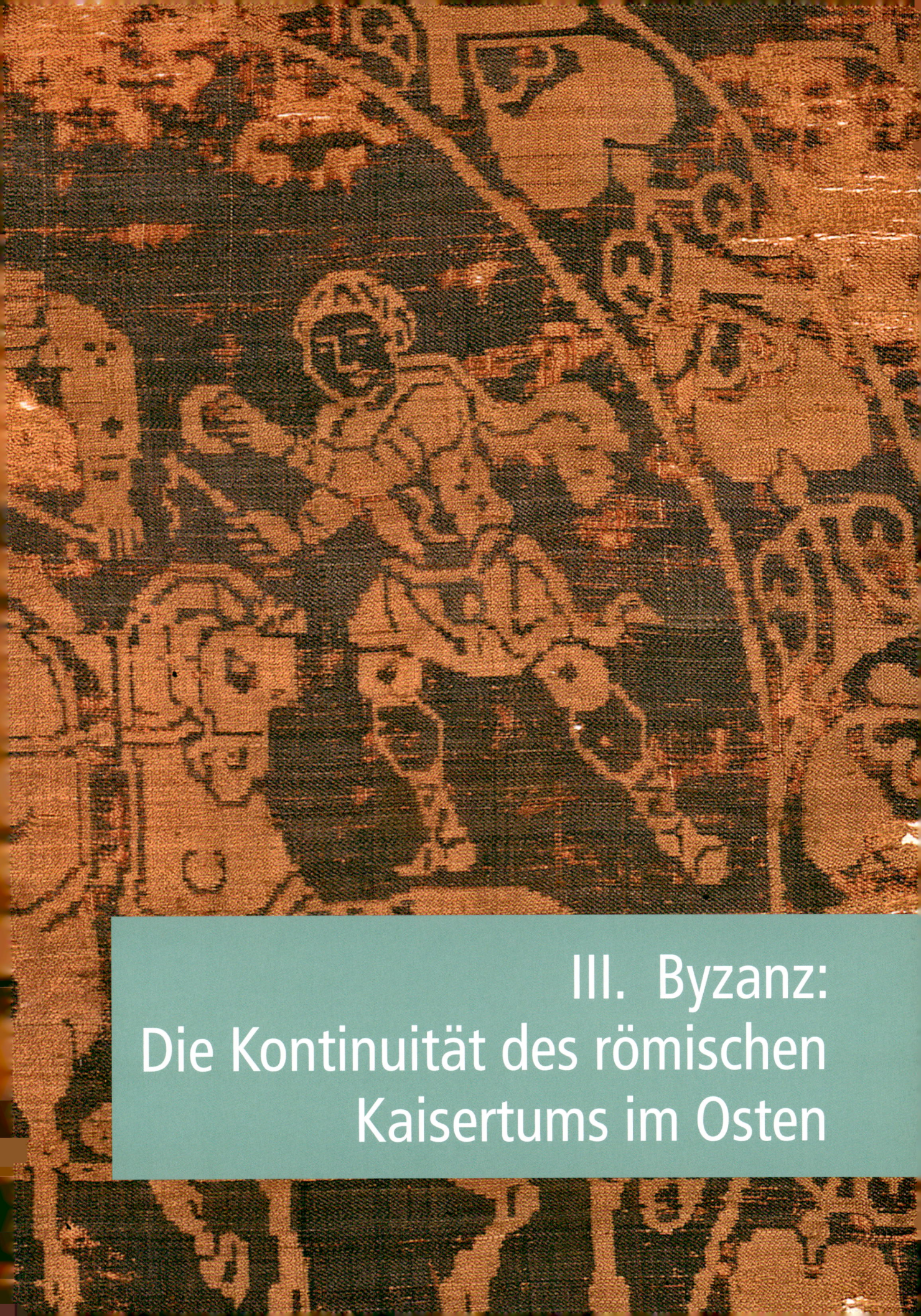

III. Byzanz:
Die Kontinuität des römischen
Kaisertums im Osten

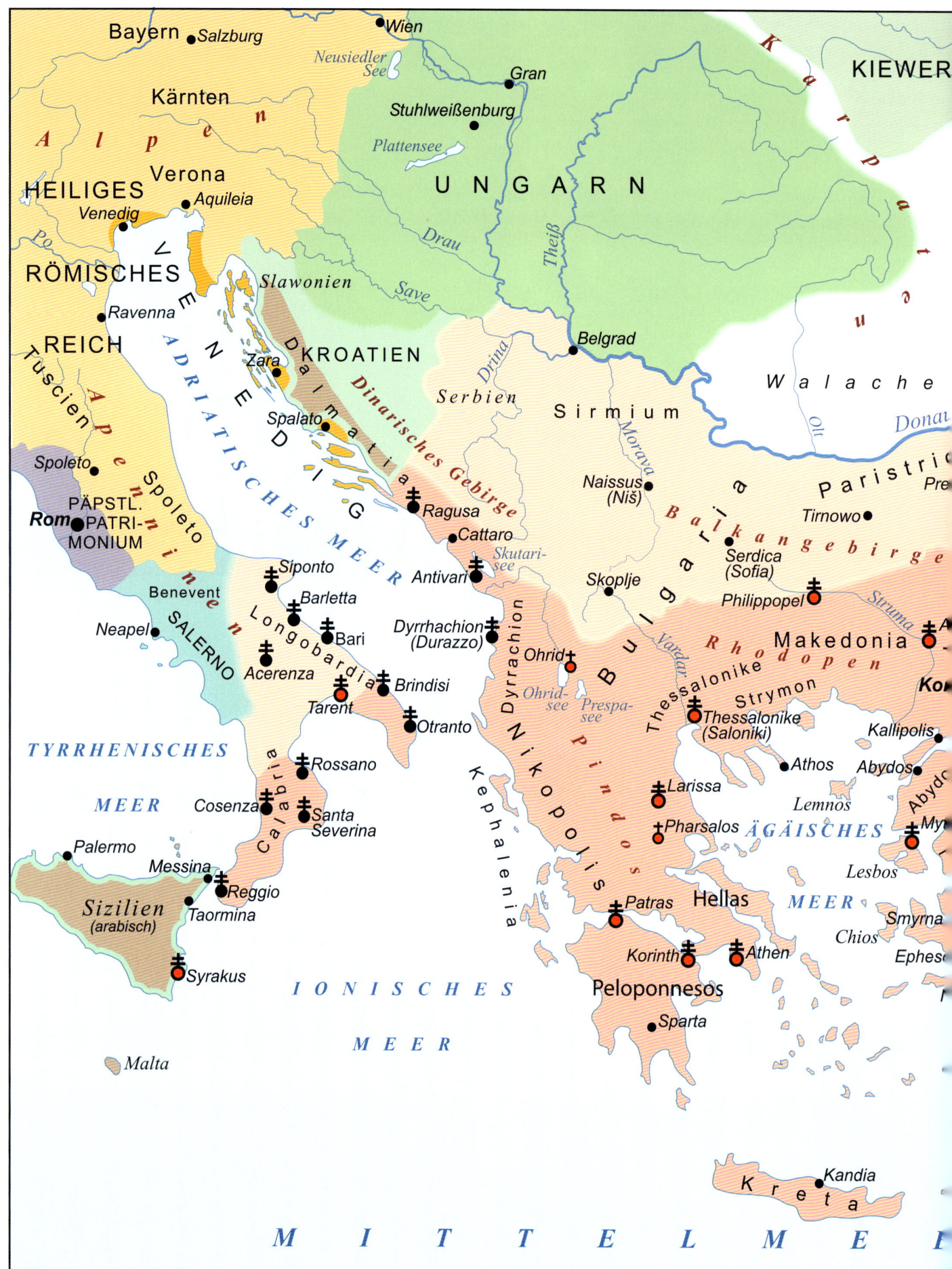

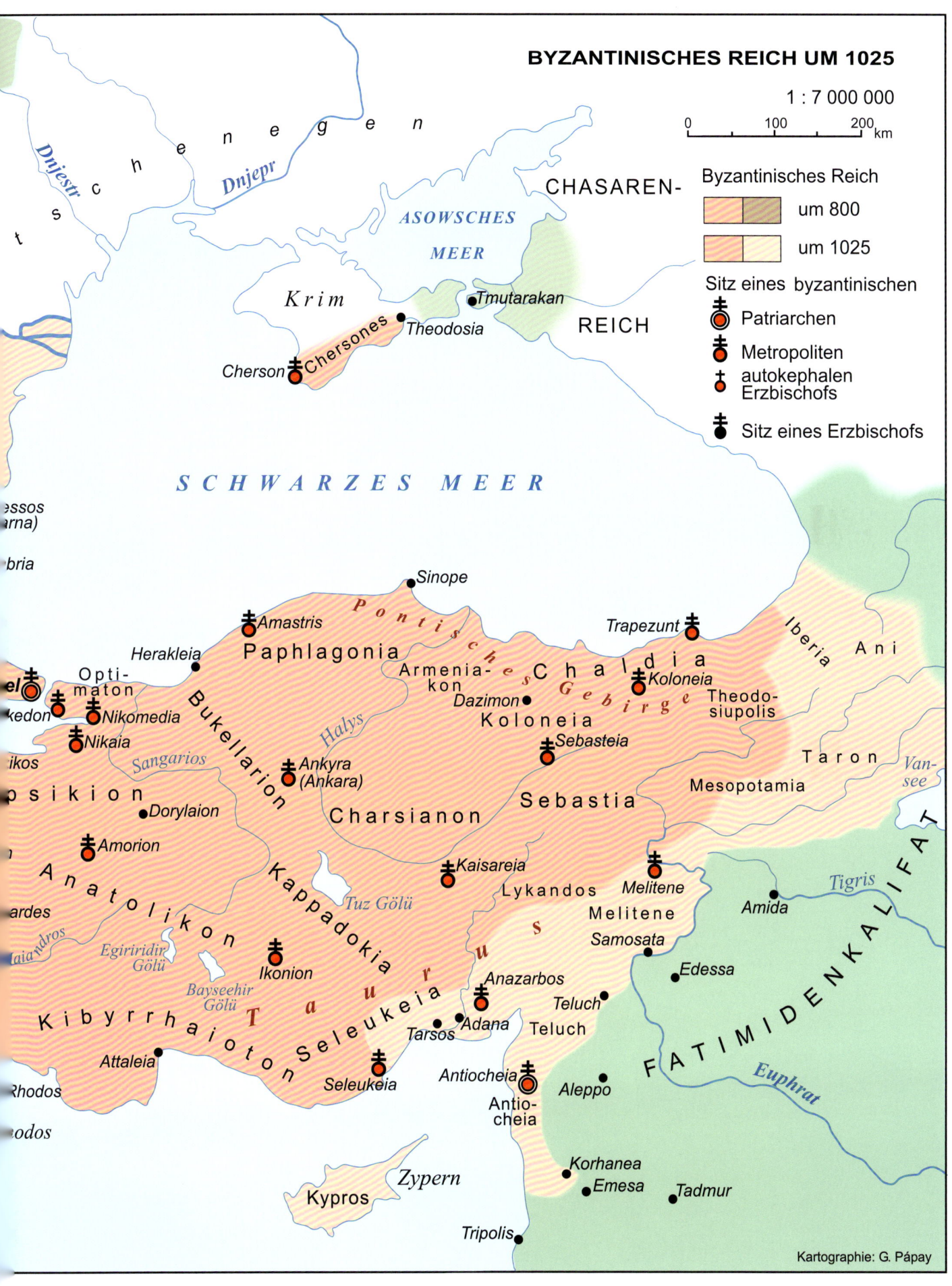

BYZANTINISCHES REICH UM 1025

1 : 7 000 000

Byzantinisches Reich
um 800
um 1025

Sitz eines byzantinischen
Patriarchen
Metropoliten
autokephalen Erzbischofs

Sitz eines Erzbischofs

Kartographie: G. Pápay

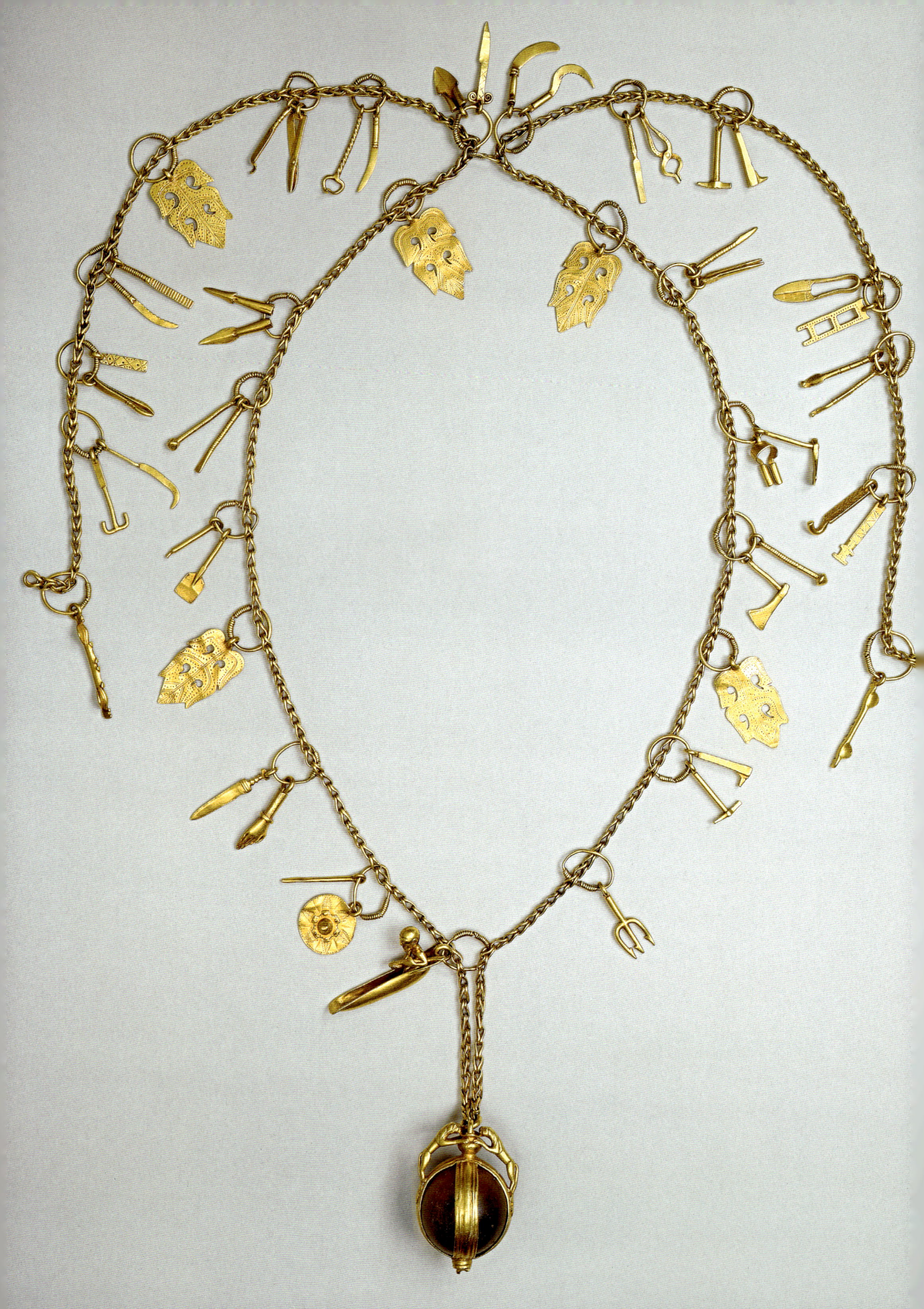

Falko Daim und Dieter Quast

Byzanz und seine Nachbarn
Der Anspruch des oströmischen Kaisers auf Universalherrschaft

Das Römische Reich im Umbruch –
die Völkerwanderungszeit

„Die Herrscher aus Mauretanien, Numidien und Byzancium hatten Gesandte an Belisar geschickt und um Übersendung der Herrschaftsinsignien, wie es alter Brauch war, gebeten. Niemand wurde nämlich als Herrscher von den Mauren anerkannt, der nicht die Insignien seiner Würde vom römischen Kaiser empfangen hatte, selbst wenn er den Römern feindlich gesinnt war. Durch die von den Vandalen empfangenen hielten sie ihre Herrschaft nicht für genügend legitimiert" (Prokop, De bello vandalico I, 25).

Als die maurischen Herrscher im Jahre 533 ihre Gesandten zu Belisar, dem Befehlshaber der byzantinischen Armee, schickten, war der direkte Kontakt zum Kaiser bereits über 100 Jahre abgerissen oder zumindest sehr erschwert worden, denn die Vandalen hatten 429 in den fruchtbaren Provinzen Nordafrikas ihr Königreich errichtet. Zwar gab es mehrere Versuche Roms zur Rückgewinnung dieser wichtigen Gebiete, die auch als Kornkammer des Römischen Reiches galten, doch konnte der vandalische König Geiserich diese erfolgreich abwehren und seine militärische Überlegenheit 455 sogar durch die zweiwöchige Plünderung Roms demonstrieren. Dennoch war eines seiner wichtigsten Ziele die Legitimation seiner Herrschaft durch den Kaiser im Osten. Diese bot zum einen Schutz gegen Angriffe der kaiserlichen Truppen, erleichterte aber auch den Umgang mit den lokalen römischen Eliten in seinem Reich. Geiserich musste klar sein, dass das Römische Reich den Anspruch auf alle Gebiete wahren würde, in denen sich im 5. Jahrhundert unterschiedliche barbarische Herrschaften etabliert hatten. Eine dauerhafte Perspektive bot sich nur, wenn

man im Auftrag des Kaisers handelte und dies durch Verträge besiegelt war. Nach mehreren militärischen Konfrontationen schlossen der vandalische König und der byzantinische Kaiser Zeno 474 einen ‚Ewigen Frieden', der Geiserich und seinen rechtmäßigen Nachfolgern die gewünschte Legitimität verlieh. Vermutlich war dies auch von den Mauren akzeptiert worden, deren Herrscher anscheinend ihre Insignien von vandalischen Königen erhielten.

Als jedoch der Usurpator Gelimer den rechtmäßigen vandalischen König Hilderich mitsamt seiner Sippe gefangen nehmen ließ, war damit die Legitimität des Vandalenreiches in Frage gestellt und der Ewige Friede von 474 gebrochen. Diese innenpolitischen Auseinandersetzungen hatten dem Kaiser in Konstantinopel einen Vorwand geliefert, seinen General Belisar in den Westen zu schicken, um das Königreich der Vandalen in Nordafrika zu zerschlagen, was ihm auch rasch gelang. Dies war der erste Schritt Justinians I., den Westteil des Römischen Reiches wieder unter die Herrschaft des Kaisers zu bringen. Die Mauren waren nun wieder direkte Nachbarn des Reiches und ihre Herrscher konnten um die Verleihung der Insignien durch den Kaiser bitten.

Der kaiserliche Anspruch auf Universalherrschaft bestand also nicht nur in den (ehemaligen) Gebieten des Römischen Reiches. Auch im weiteren Grenzvorland wurde die Überlegenheit akzeptiert und vielerorts etablierten sich romfreundliche oder sogar abhängige Herrscher. Dabei griff Rom aktiv in die Verhältnisse im Grenzvorland ein, um eine „Pufferzone" zu schaffen. Dieses System verfolgte Rom seit Jahrhunderten. Einzelne Kaiser rühmten sich dieser diplomatischen Erfolge auf ihren Münzen, die ja aufgrund ihrer reichsweiten Verbreitung hervorragende Propagandaträger waren. Eine unter Antoninus Pius in den Jahren 140–144 emittierte Prägung zeigt auf der Rückseite den Kaiser und einen barbarischen Herrscher umrahmt von der Inschrift REX QVADIS DATVS. Der Kaiser hatte also bei den nördlich der mittleren Donau ansässigen Quaden einen König eingesetzt, dessen Name aber gar nicht erst ge-

44 Schatzfund von Szilágysomlyó: Kette mit 52 Anhängern.
Wien, Kunsthistorisches Museum, Antikensammlung, VII b 1

nannt wird. Dieser konnte durch materielle Zuwendungen aus dem Reich seine Herrschaft und sein Prestige zu sichern versuchen. Dieses erfolgreiche und für Rom nicht einmal besonders kostspielige Vorgehen hielt sich zumindest auch in der Völkerwanderungszeit. Wohl kaum etwas verdeutlicht den Anspruch des Kaisers auf Universalherrschaft so deutlich, wie derartige Inthronisationen barbarischer ‚Fürsten'. Die eigentliche Amtseinführung erfolgte wohl in Konstantinopel, wo die angereisten Delegationen durch die Zeremonie, die kaiserliche Architektur und die überreichten Gaben beeindruckt wurden, um die Überlegenheit der Großmacht zu demonstrieren. Für das 6. Jahrhundert beschreibt der oströmische Historiker Agathias (Historiarum III,15,2) eine solche ‚Investitur'. Tzathes, ein Herrscher aus Lazike im Kaukasus, erhielt in Konstantinopel aus der Hand des Kaisers Justin I. im Jahre 522 eine mit kostbaren Steinen besetzte Krone, ein golddurchwirktes Gewand, purpurfarbene Schuhe, einen mit Gold und Edelsteinen verzierten Turban und eine Fibel „glänzend mit Juwelen besetzten Anhängern und anderen Verzierungen" als Insignien. Auch die fünf Satrapen Armeniens bekamen Fibeln, die in Anlehnung an den Kaiserornat standen. Der Historiker Prokopios von Caesarea (De aedificiis III,1,17–23) beschreibt sogar relativ genau diese Fibeln. Sie waren aus Gold, mit einem wertvollen Stein in der Mitte, von dem drei Saphire an goldenen Ketten locker herabhingen. Kaiserbildnisse, etwa auf Münzen und Mosaiken, lassen deutlich vergleichbare Mantelverschlüsse auf der rechten Schulter erkennen, deren charakteristisches Merkmal die Pendilien, die herabhängenden Kettchen mit daran befestigten Edelsteinen, sind. Derartige Fibeln sind von einigen Fundstellen nördlich der mittleren und unteren Donau bekannt. Auch wenn für diese Gebiete aus den Schriftquellen keinerlei Investituren überliefert sind, so sind die Stücke doch handwerklich und aufgrund ihres Materialwertes so herausragend, dass es sich nur um solche ‚Kaiserfibeln' handeln kann. Zumeist weisen sie einen großen Zierstein im Zentrum auf, etwa einen mehrschichtigen Onyx, wie in Ostrovany (ehem. Osztropátaka, okr. Sabinov, SK), und Pendilien am unteren Rand. Prächtig ist der dreieckige Fibelkörper aus Rebrin bei Michalovce (ehem. Rebrény bei Nagymihály, okr. Michalovce, SK) gearbeitet, denn der zentrale zweischichtige blaue Onyx ist umrahmt von Almandinplättchen, die geradezu flächig einen roten Hintergrund bilden. Besonders aufschlussreich ist der Schatzfund aus Szilágysomlyó (heute Simleul Silvaniei, jud. Salaj, RO), der u.a. eine sehr große ‚Kaiserfibel' mit einem dreischichtigen Achat aufweist (Abb. 46). Allein die Größe des Steines zeigt den hohen Wert der Fibel. Der Schatzfund enthielt aber noch weitere Objekte, die aus den kaiserlichen Werkstätten stammen und sicher im Rahmen einer Investitur oder zumindest eines Vertragsabschlusses überreicht wurden. Gleich 15 goldene Sondermünzen, sogenannte Multipla, die das mehrfache Gewicht

einer einfachen Prägung, eines Solidus, aufweisen, wurden in dem Schatz niedergelegt. Das Gewicht der stets mit Schmucköse zum Tragen als Anhänger versehenen Exemplare geht bis zu 242,49 g, im Einzelfall sogar bis zu 412,84 g. Vor allem der römische Kaiser Valens (364–378) ist durch sechs Multipla vertreten. Da der Schatz erst in der ersten Hälfte des 5. Jahrhunderts niedergelegt wurde, haben wir hier wohl ein Zeugnis für die über Jahrzehnte erfolgreiche Unterstützung eines lokalen Herrschergeschlechtes durch das Römische Reich. Doch nicht alle Multipla aus Szilágysomlyó stellen imperiale Prägungen dar. Bei mindestens zwei von ihnen handelt es sich um barbarische Nachprägungen, es wurden also römische Vorbilder, vor allem aber die mit ihnen transportierte Idee imitiert. Eine derartige Imitatio Imperii ist auch bei den Fibeln aus dem ungefähr zeitgleichen Schatzfund von Pietroasa (Pietroasele, jud. Buzau, RO) zu erkennen. Eine davon bildet sehr deutlich formal eine ‚Kaiserfibel' nach (Abb. 45), eine andere ist in Form eines Adlers gearbeitet, geht aber mit den Pendilien klar auf die ‚Kaiserfibeln' zurück. Hier wurde der Kaiserornat nachgeahmt, aber mit einer eigenen Symbolik gestaltet. Letztlich wird aber auch hier deutlich, dass ein als überlegen empfundenes Vorbild imitiert werden sollte. Dies gilt auch für die Goldgefäße aus Pietroasa, von denen einige sicherlich vor Ort gefertigt wurden, auch wenn sie ganz deutlich auf römisches Tafelgeschirr zurückzuführen sind. Silbergefäße waren stets bedeutende Geschenke im diplomatischen Verkehr, und geradezu als Gunstbeweise des römischen Kaisers sind solche mit Kaiserbildnis oder kaiserlichen Jubiläumsinschriften zu werten, die im Rahmen der Largitio vergeben wurden. Es kann sich dabei um Silberschalen handeln, wie sie beispielsweise aus Kerč auf der Krim bekannt sind. Ähnlich ist wohl eine nur zur Hälfte erhaltene Alabasterschale mit einer (von ursprünglich zwei) Kaiserbüsten zu bewerten, die sich in einem großem Tumulus von ca. 60 m Durchmesser („Mound E") im Friedhof von Gemma'i in Nubien fand.

Nachdem sich das hunnische Reich im Karpatenbecken als Machtfaktor herausgebildet hatte und besonders unter Attila militärisch äußerst erfolgreich agierte, verlor das Römische Reich an Anziehungskraft für die nördlich der Donau ansässigen Verbände. Attila stellte den Anspruch des Kaisers auf Universalherrschaft dauerhaft in Frage. In reiternomadischen Zusammenhängen fehlen dementsprechend römische Herrschaftsinsignien. Ein Jahr nach der verheerenden Schlacht auf den Katalaunischen Feldern (451) führte der hunnische Herrscher sein Heer nach Italien, wo er innerhalb kurzer Zeit Aquileia, Pavia und Mailand einnahm. Dort hielt er im Kaiserpalast Hof, und der oströmische Geschichtsschreiber Priskos (Fragmente 22,3) überliefert in seinem nur in Fragmenten überlieferten Werk eine bezeichnende Episode aus diesen Tagen: „Als er ein Bild sah, auf dem die römischen Kaiser auf goldenen Thronen saßen, vor ihren Füßen tote Skythen [Hunnen] liegend, suchte er einen Maler, dem er befahl, ihn selbst auf dem Thron sitzend darzustellen, während die römischen Kaiser mit schweren Säcken auf den Schultern vor ihn treten, und Gold zu seinen Füßen ausstreuen sollten". Wohl kaum eine Beschreibung zeigt so eindrücklich die Selbstwahrnehmung und den Anspruch der konkurrierenden Herrscherpersönlichkeiten.

Attilas Hunnenreich war allerdings nur ein kurzlebiger Störfaktor, der sich nach dem Tod des Herrschers 453 selbst zerlegte. Die Gepiden, die einen großen Teil des Karpatenbeckens unter ihre Herrschaft brachten, suchten wieder die Anerkennung durch den römischen Kaiser. Ein Grab aus Apahida (jud. Cluj; RO), das um 480 zu datieren ist, ist mit einer goldenen Zwiebelknopffibel ausgestattet, die dem Toten zusammen mit einem Mantel vom oströmischen Kaiser übergeben wurde. Weitere Objekte aus dem Grab, etwa der goldene Namensring, aber auch die beiden Silberkannen, stammen aus Werkstätten südlich der Donau. Doch nicht nur unmittelbar nördlich der mittleren und unteren Donau nahm der byzantinische Hof Einfluss auf die barbarischen Herrscher. Selbst in die weit entfernte ehemalige Provinz *Belgica secunda* reichte der lange Arm des Kaisers, der diese Gebiete natürlich als zum Reich gehörig betrachtete. Im Grab des 481/482 verstorbenen fränkischen Königs Childerich I. fanden sich über 100 Solidi, von denen mindestens 86 in der östlichen Reichshälfte geprägt waren. Es handelt sich um Zahlungen an einen wohl bediensteten Militärführer. Weit interessanter ist das Zepter, das Childerich als römischen Amtsträger auszeichnete, und das ihm evtl. zusammen mit der goldenen Zwiebelknopffibel mitsamt Mantel überreicht wurde. In den Schriftquellen sind allerdings keine Hinweise auf die Beziehungen des fränkischen Königs zum Kaiser im fernen Konstantinopel zu finden. Erst für seinen Sohn, Chlodwig I. (481/482–511), ist die Verleihung des Ehrenkonsulats durch Kaiser Anastasios I. (491–518) nach seinem Sieg über die Westgoten im Jahre 507 überliefert. Trotz erfolgreicher Reichsbildung und Anerkennung durch den Kaiser verzichtete Chlodwig allerdings darauf, Münzen zu prägen. Erst sein Enkel Theudebert I. (533–547) ließ Goldmünzen mit seinem eigenen Namen prägen, auf denen er ganz nach Art des oströmischen Kaisers dargestellt ist, was von den Zeitgenossen als unerhörter Affront empfunden wurde (Prokop, De bello gothico III, 33.5–6).

Gerade Münzen waren ein hervorragendes Propagandamittel, dienten doch schon die Darstellungen und Inschriften der Rückseiten als wichtiges Mittel der Selbstdarstellung, während die Schauseite den von Gott erwählten christlichen Herrscher zeigte. Auf einigen Goldblattkreuzen des ausgehenden 6. und 7. Jahrhunderts wurden Münzbilder in der Vierung eingepresst, um die Wirkkraft des Kaiserbildes auch für diese extra für die Bestattung angefertigten Objekte zu nutzen (vgl. Kat.-Nr. II.50).

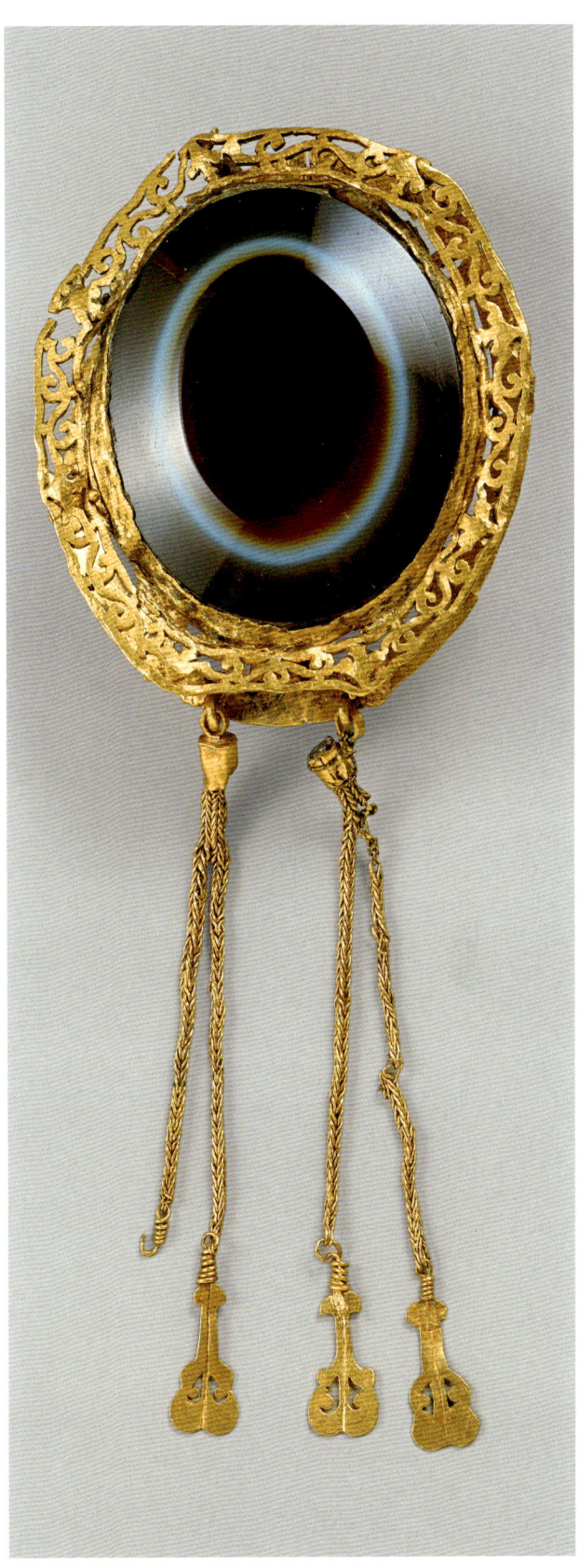

45 Schatzfund Ostrovany: Kaiserfibel aus Onyx. Wien, Kunsthistorisches Museum, Antikensammlung, VII b 306

Byzanz und seine Nachbarn

Kaiser Justinian (*482, 527–565) war es im 6. Jahrhundert gelungen, große Teile der durch germanische Reichsgründungen verlorenen Gebiete im Umkreis des Mittelmeeres zurückzugewinnen. Doch bereits 568 kam der Rückschlag. Die pannonischen Langobarden eroberten Norditalien, und unmittelbar danach ließen sich die Awaren im Karpatenbecken nieder. Während sich die Byzantiner ihren Lieblingsfeinden, den sassanidischen Persern widmeten, plünderten die Awaren und Slawen den Balkan. Aus dieser Periode stammen teils sehr ausführliche Berichte zu den Kontakten zwischen Konstantinopel und seinen neuen nordwestlichen Nachbarn. Dazu kommen zahlreiche Grab- und Siedlungsfunde, die es erlauben, den praktischen Kulturaustausch und die wechselseitige Wahrnehmung zu verfolgen.

Im Jahr 558 erschienen erstmals awarische Gesandte am Hof Justinians und wurden von ihm beauftragt, „seine Feinde", wohl im nördlichen Schwarzmeergebiet, zu bekämpfen. Der Zufluss an byzantinischem Gold für diese Dienste ermöglichte den Aufstieg der Awaren zu einer in Südosteuropa bedeutenden Macht, da sie damit weitere Kriegergruppen an sich binden konnten. Doch bald nach Ihrer Niederlassung im Gebiet des heutigen Ungarn starteten sie Raubzüge in das byzantinische Gebiet, an denen sich slawische und germanische Gruppen aus ganz Europa beteiligten. Byzanz übte eine unwiderstehliche Anziehung auf die Nachbarn aus. Bald war die awarische Repräsentationskultur, der Schmuck von Männern und Frauen, fast ausschließlich byzantinisch, während sich sonst die Lebensform der Awaren und das äußere Erscheinungsbild kaum veränderten. Anders als die Germanen der Völkerwanderungszeit wollten die Awaren nicht Römer werden.

Der Austausch zwischen Awaren und Byzantinern war recht intensiv. Häufig kamen Gesandte nach Konstantinopel, bekamen Geschenke und kauften allerhand Luxuswaren, z.B. „goldene Ketten, wie zur Fesselung Flüchtiger gemacht, Ruhebetten und viele andere Gegenstände einer höheren und verfeinerten Kultur" (Menander 14). Neben Gold und Silber waren auch Seide und indische Gewürze bei den Awaren begehrt. Geschenke wurden auch ausgehandelt, wie mehrere Quellen berichten. Die Geldzahlungen, die Konstantinopel leistete, um Frieden zu haben, konnten sehr hoch sein. So erhielten die Awaren vor 626 jährlich 200.000 Solidi, immerhin fast eine Tonne Gold. Während der Herrscher der Awaren, der Khagan, prahlte, er habe den römischen Kaiser tributpflichtig gemacht, rühmte sich dieser seiner Güte und Freigiebigkeit.

Wegen der großen Menge an byzantinischen Gegenständen im awarischen Fundmaterial des späten 6. und 7. Jahrhunderts und wegen der vielen Wege, auf denen sie in das Karpatenbecken gekommen sein könnten, lassen sich für diese Zeit di-

plomatische Geschenke kaum zweifelsfrei identifizieren (Abb. 44). Anders stellt sich das für das 8. Jahrhundert dar. Unter den vielen tausend awarischen Funden dieser Zeit sind es nur eine Handvoll Gürtelbestandteile, meist aus Silber oder Buntmetall, die aus dem Byzantinischen Reich oder Italien stammen. Sie dienten vermutlich als einfachere diplomatische Geschenke.

Konnte das Reich den Verlust eines Großteils der Balkanhalbinsel ökonomisch verschmerzen, bedeuteten die arabischen Eroberungen Ägyptens, Palästinas und des fruchtbaren Zweistromlandes im 7. Jahrhundert eine Katastrophe, die fast zum völligen Zusammenbruch führte, als die Araber mit ihren Flotten dreimal Konstantinopel selbst belagerten. Dennoch war der Kaiser um gute Kontakte zu den arabischen Herrschern bemüht. So schickte er Mosaizisten zur Ausschmückung der Moscheen von Mekka, Medina, Damaskus und Granada. Die Omayyadenmoschee von Damaskus zeigt beispielhaft eine Etappe in der Herausbildung frühen arabischer Kunst, denn man könnte die Mosaike als typisch byzantinisch unter Weglassung von Menschen und Tieren bezeichnen. Dass eine zweite Wurzel der arabischen Repräsentationskultur bei den (untergegangenen) Sassaniden liegt, soll nur nebenbei erwähnt werden.

Die kulturellen Beziehungen zwischen Konstantinopel und den Arabern waren zeitweise sehr eng und fruchtbar. Während die Byzantiner im 10. und 11. Jahrhundert die traditionellen empfindlichen Schriftrollen in Codices übertrugen und so für die Zukunft sicherten, liehen sich die Araber zahlreiche Schriften hauptsächlich naturwissenschaftlichen und medizinischen Inhaltes aus, um sie zu übersetzen und darauf aufzubauen, wovon dann wieder die byzantinische Wissenschaft profitierte.

Während der Regierungszeit Konstantins VII. Porphyrogennetos (913–959) entstanden eine Reihe von Handbüchern, in denen u.a. die Gepflogenheiten am Hof (*De Ceremoniis*) und der Umgang mit den Nachbarn (*De Administrando Imperio*) beschrieben werden. Darin findet sich auch eine Art Anleitung für eine Gesandtschaft zu den nomadischen Petschenegen der Schwarzmeersteppe, die „unersättlich und ungemein begierig nach Dingen, die bei ihnen selten sind, verlangen, hemmungslos nach großen Geschenken, die Geiseln wollen einiges für sich selbst, anderes für ihre Frauen; die Wegbegleiter hingegen wünschen dieses als Belohnung für ihre eigenen Mühen, jenes für die Strapazen, denen ihre Pferde ausgesetzt waren. Wenn dann der kaiserliche Beauftragte deren Land betritt, verlangen sie zunächst die Geschenke des Kaisers, und dann, wenn sie damit ihre Leute zufriedengestellt haben, verlangen sie Geschenke für ihre Frauen und ihre Eltern. Aber auch diejenigen, die ihn auf seiner Rückkehr bis Cherson schützend begleitet haben, wollen von ihm für ihre Mühen und die Strapazen ihrer Pferde belohnt werden." (Deadministrando imperio Kap. 7). Was auf diese Weise alles verteilt worden ist, wird in den sogenannten „Traktaten über militärische Expeditionen" angeführt: Seidenstoffe und fertige Gewänder, Purpur und mit falschem Purpur gefärbte Gürtel sowie Schuhe aus rotem Leder.

Die kaiserlichen Geschenke für ausländische Fürsten waren oft Gegenstände von hohem symbolischem Wert, oft sogar eine seidene Dienstkleidung. Wurde ein solches Geschenk beispielsweise von einem Barbaren akzeptiert, war dieser damit nach byzantinischer Lesart kaiserlicher Amtsträger geworden und hatte eventuell auch einen Anspruch auf ein jährliches Gehalt. Es ist klar, dass der fremde Fürst den geschilderten Vorgang ganz anders verstehen konnte.

Recht ausführlich sind wir über den regelmäßigen diplomatischen Verkehr zwischen Byzanz und dem Heiligen Stuhl zu den Karolingern und Ottonen informiert, allerdings zumeist nur aus westlichen Quellen. Als Geschenke werden sehr häufig Seidengewänder erwähnt, Reliquien, Elfenbeintüren, wertvolle Gefäße, aber auch eine vergoldete Sonnenuhr und Bücher. Eine Orgel, mit denen byzantinische Gesandte zu Karl dem Großen kamen, packten sie nach der sicher eindrucksvollen Aufführung wieder ein. Interessant ist auch, was bei derartigen Gelegenheiten als Gegengaben genannt wird: Jagdhunde, Schlachtvieh, Waffen. Obwohl die westlichen Reiche, allen voran das Karolingische Imperium und das Reich der Ottonen, Salier und Staufer, immer mehr an Bedeutung gewannen, blieb doch die kulturelle Überlegenheit des Byzantinischen Reiches bis zu der skandalösen Plünderung Konstantinopels im Jahr 1204 durch die Bischöfe und Ritter des vierten Kreuzzuges ungebrochen bestehen.

Die Verbindung von mächtigen Familien durch Eheschließungen war stets ein probates Mittel zur Festigung von Herrschaft, und es ist eine Reihe von Hochzeiten zwischen dem byzantinischen Kaiserhaus und westlichen Herrscherfamilien überliefert. Der Plan, Karls des Großen Tochter Rotrud mit Konstantin VI. zu vermählen, scheiterte, was Letzterer sehr bedauerte, „weil er sich schon so in die Fränkin verliebt hatte". Vermutlich hätte es auch Rotrud im Neuen Rom gut gefallen. Otto I. war hingegen 200 Jahre später erfolgreich. Die von ihm arrangierte Hochzeit seines Sohnes Otto II. mit Theophanu löste in Mitteleuropa eine kurzzeitige Byzanzbegeisterung aus.

Heute ist es sehr schwer vorstellbar, wie sehr Konstantinopel im Früh- und Hochmittelalter seine Nachbarn, vor allem im Norden und Westen, überstrahlte. Denn es ist doch vor allem das Immaterielle, was die byzantinische Kultur ausmachte, das antike Erbe und die Innovationskraft, die Religiosität und

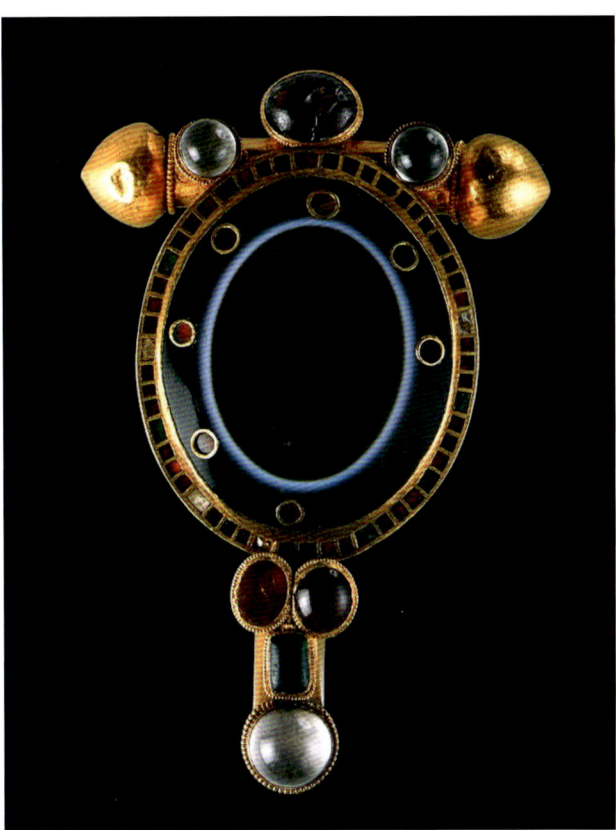

46 Onyxfibel (Kaiserfibel) aus dem Schatz von Szilágysomlyó. Budapest, Ungarisches Nationalmuseum, 122/1895, 1.N. 70

der Realitätssinn. Die herrlichsten Schätze, die sich glücklicherweise vor allem in westlichen Schatzkammern erhalten haben, sind nur ein kleiner Abglanz davon, was Byzanz einmal war und was es für Europa immer noch ist.

Quellen

Agathias, Historiarum; De administrando imperio; De Ceremoniis; Menander 14; Priskos, Fragmente; Prokop, De aedificiis; Prokop, De bello gothico; Prokop, De bello vandalico.

Literatur

Albrecht 2010; Ausst.-Kat. Wien/Budapest 1999; Bauer 2006; Daim 2000; Engemann 2005; Hohlweg 1996; Krönung 2011; Magnani 2008; Schreiner 2004; Shepard/Franklin 1992; Tinnefeld 2011.

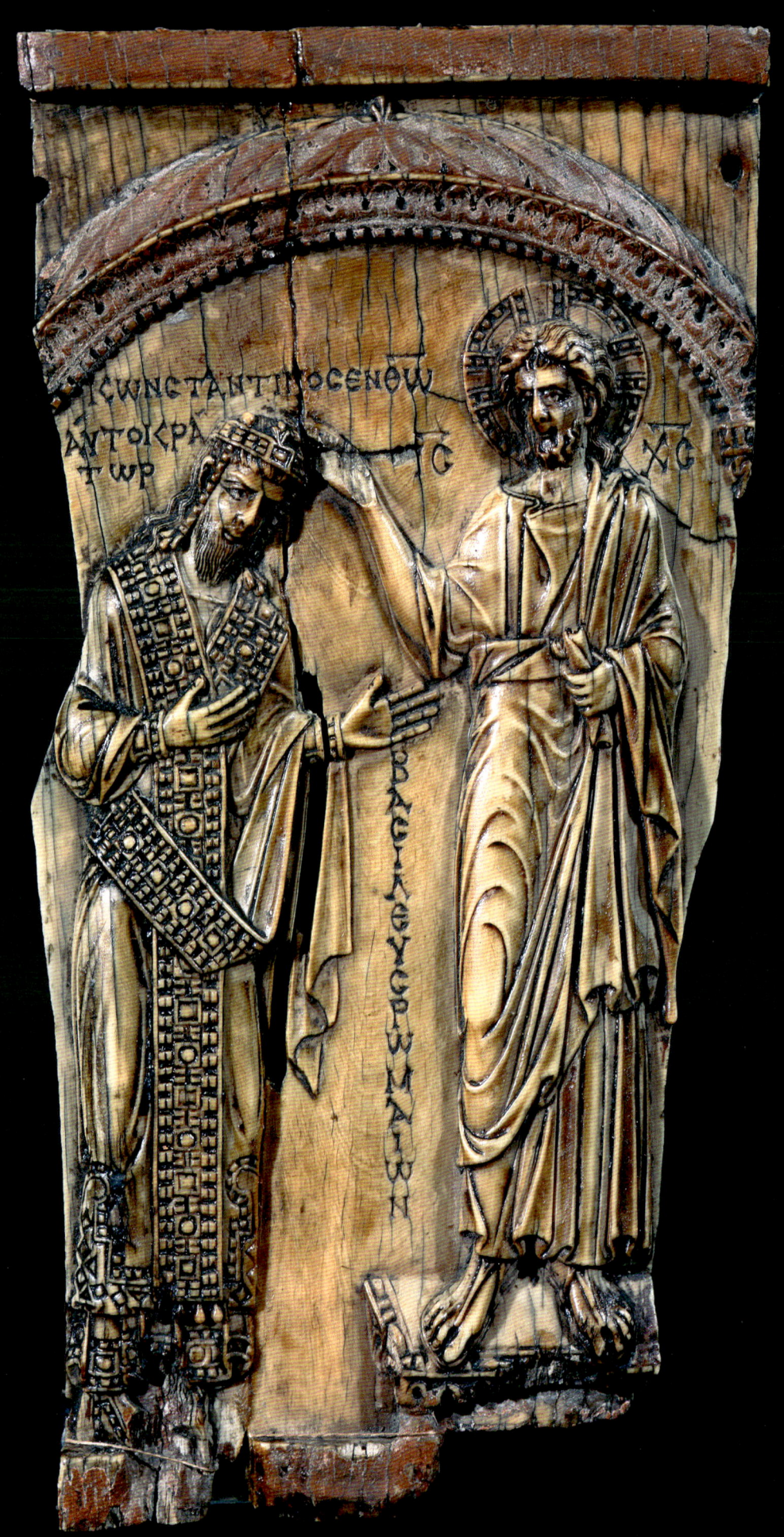

Ralph-Johannes Lilie

Krönung ohne Salbung. Zum Kaiserbild in Byzanz

Am 16. August 963, gut eineinhalb Jahre nach der Kaiserkrönung Ottos I. in Rom, wurde in Konstantinopel Nikephoros II. Phokas zum Kaiser gekrönt. Am 15. März war Kaiser Romanos II. (959–963) gestorben und hatte als Nachfolger seine beiden Söhne, den etwa fünfjährigen Basileios II. (Abb. 48) und den zwei Jahre jüngeren Konstantin VIII., hinterlassen, die naturgemäß die Herrschaft nicht selbst ausüben konnten, sondern einen Regenten benötigten. In dem sich aus dieser Situation entwickelnden Bürgerkrieg setzte Nikephoros sich mit Unterstützung der Kaiserinwitwe Theophano durch, die er wenige Tage nach der Krönung auch heiratete. In einem Nachtrag zum sogenannten Zeremonienbuch Kaiser Konstantins VII. (913–959) findet sich eine genaue Beschreibung der Krönung, die allerdings mehr Wert auf die Vorgeschichte legt als auf den eigentlichen Krönungsvorgang. Kurz zusammengefasst berichtet das Zeremonienbuch (Abb. 49), das – wie der Name sagt – verschiedene Zeremonien am Kaiserhof beschreibt, folgendes: Zunächst fuhr Nikephoros, der sich bis dahin noch bei seinen Truppen auf der kleinasiatischen Seite des Bosporus befunden hatte, auf dem kaiserlichen Schiff bis zur Höhe des Goldenen Tores. Dort ging er an Land, bestieg ein Pferd und betrat zusammen mit seinem Gefolge durch das Goldene Tor die Stadt. Er folgte der Hauptstraße bis zum Forum, die ganze Zeit von Akklamationen der Bevölkerung und vor allem der Parteien des Hippodroms begleitet. In der Kirche der Gottesmutter auf dem Forum betete er und zog kaiserliche Gewänder an. Nun zog die Prozession zu Fuß weiter bis zur Hagia Sophia, wobei Nikephoros wieder von den Parteien mit Akklamationen geehrt wurde: „Das öffentliche Wohl verlangt nach Nikephoros; die Gesetze nehmen ihn auf; der Palast nimmt ihn auf; dies sind die Bitten des Palastes; dies sind die Forderungen des Heeres; die Bitten des Senates; die Bitten des Volkes; die göttliche Ordnung verlangt nach Nikephoros; das Heer verlangt nach Nikephoros; das öffentliche Wohl verlangt nach Nikephoros;

Nikephoros, das allgemeine Gute, wird herrschen; erhöre uns, Gott, wir bitten dich; höre uns, Gott, dem Nikephoros Leben. Nikephoros Augustus, du bist fromm, du bist verehrungswürdig; Gott gab dich, Gott wird über dich wachen; du, der Christus verehrt, wirst immer siegreich sein; viele Jahre möge Nikephoros herrschen; ein christliches Reich wird Gott beschützen." (De cerimoniis, I 96). Danach betrat Nikephoros die Kirche, betete dort und schritt zusammen mit dem Patriarchen bis zum Altarraum, wo er wiederum betete. Dann begaben sich beide zum Ambon (Kanzel), wo der Patriarch die kaiserliche *Chlamys* (ein Obergewand, das zum Kaiserornat gehörte) segnete und sie den *Kubikularioi* (Palastbeamte, etwa: Kammerherren) übergab, die mit ihr Nikephoros bekleideten.

Hier bricht der Bericht ab. Wir wissen aber aus anderen Quellen, dass anschließend der Patriarch Nikephoros krönte. Mit Sicherheit war auch dies in weitere Zeremonien eingebettet, zu denen unter anderem das Aufführen der Kaiserhymne gehörte, die wir gleichfalls aus dem Zeremonienbuch kennen. Eine Salbung, wie sie im Westen üblich war, gab es hingegen nicht. Nach weiteren Gebeten verließ der neue Kaiser die Kirche und zog sich in den kaiserlichen Palast zurück. Es folgten diverse Feierlichkeiten, darunter Rennen im Hippodrom und allgemeine Volksbelustigungen, die sich über mehrere Tage hinzogen.

So weit das Zeremonienbuch, das hier ausführlich zitiert wurde, um die Unterschiede zum Krönungswesen im Westen deutlich zu machen. Tatsächlich war der Ablauf der Krönung des Nikephoros auch für Byzanz ein Aufsehen erregendes Ereignis, denn er fiel aus dem gewohnten Rahmen für Krönungen in dieser Zeit heraus. Nikephoros war der erste Kaiser seit Michael II. (820–829), der nicht nur als Usurpator auf den Thron gekommen, sondern der auch nicht durch seinen Vorgänger gekrönt worden war, wie es das normale Vorgehen gewesen wäre. Insofern suchte man nach einem überzeugenden Präzedenzfall für eine solche Krönung und fand sie in der Krönung Leons I. (457–474) im Jahre 457, deren Beschreibung gleichfalls – und vielleicht gerade aus diesem Grund – im Zeremonienbuch gefunden werden kann. Der Empfang des Nike-

47 Christus krönt Konstantin VII. Porphyrogennetos, Elfenbein um 950. Moskau, Puschkin Museum

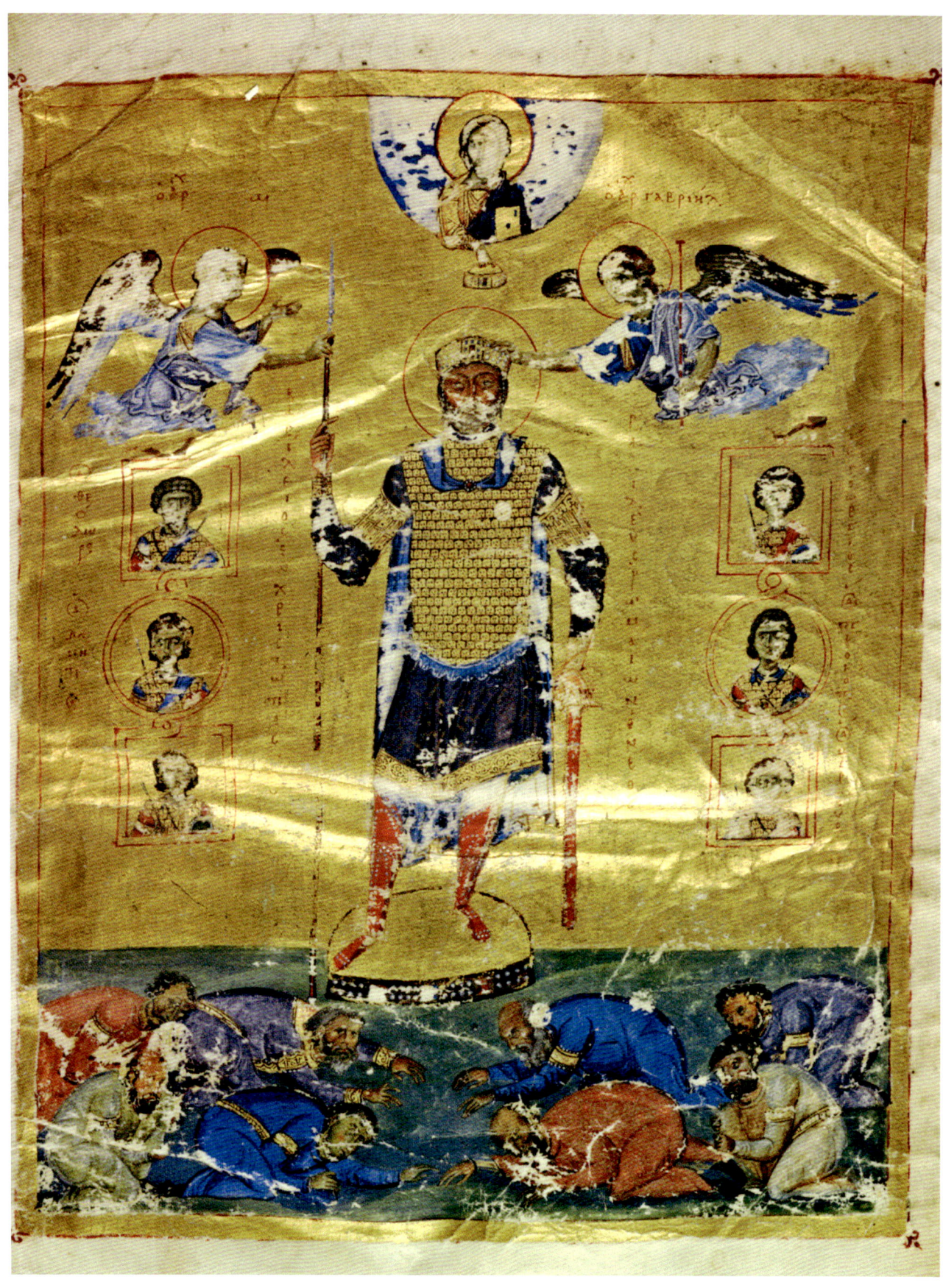

phoros vor dem Stadttor, sein anschließender Umzug und vor allem die Akklamationen der Bevölkerung und ihrer Vertreter sind eindeutig der Krönung Leons I. nachempfunden. Der wesentlichste Unterschied ist die Krönung durch den Patriarchen in der Hagia Sophia, die sich seit dem 7. Jahrhundert eingebürgert hatte. (Abb. 50)

Dass der Patriarch die Krönung vollzog, war gleichfalls ungewöhnlich, auch wenn er seit der Krönung des Anastasios (491–518) im Jahre 491 und vielleicht sogar schon seit derjenigen Leons I. an den Zeremonien beteiligt oder zumindest bei ihnen anwesend gewesen war. Auch dies war dem Fehlen eines Kaisers geschuldet, der die Krönung seines Nachfolgers hätte vollziehen können. Denn normalerweise ging die Krönung eines Kaisers in Byzanz auf andere Weise vor sich.

Byzanz wird in der Forschung häufig als Wahlmonarchie bezeichnet, da man annahm, dass ein neuer Kaiser erst durch die Bestätigung der Bevölkerung, die durch die Parteien des Hippodroms, den Senat und die Armee repräsentiert wurde, legitimiert worden sei. Doch ist dies ein Missverständnis: Eine reale Wahlmöglichkeit hat es nie gegeben, und ohnehin konnten diese angeblichen Wählergruppen nur dann eine Rolle bei der Auswahl eines neuen Kaisers spielen, wenn eine geregelte Nachfolge nicht möglich war und es auch keinen erfolgreichen Usurpator gab, so dass an der Spitze ein Machtvakuum herrschte. Das aber ist in der über tausendjährigen Reichsgeschichte nur drei- oder viermal vorgekommen.

Richtig ist allerdings, dass die Zugehörigkeit zur kaiserlichen Familie den Zugang zum Thron erleichtert hat. Ausschlaggebend war normalerweise allein der Wille des Kaisers selbst. Wenn er das Gefühl hatte, dass er einen Nachfolger installieren wollte, dann tat er dies. Sehr klar wird dies bei Justinian I. (527–565) im Jahre 527, über den im Zeremonienbuch expressis verbis gesagt wird, dass sein Vorgänger, Kaiser Justin I. (518–527) ihn ,gemacht' habe. Justinian selbst sah dies genauso und er datierte den Beginn seiner Herrschaft auf die Ernennung durch Justin am 1. April 527 und nicht auf die offizielle Proklamation wenige Tage später (am 4. April), die Justin, da krank, nicht mehr selbst vornehmen konnte.

In dem Normalfall einer byzantinischen Kaiserkrönung berief der Kaiser eine Versammlung der Vornehmen, der Vertreter des Volkes und der Armee ein und erklärte, dass er einen Nachfolger zum Kaiser krönen wollte. In der Regel war dies ein Sohn oder ein naher Verwandter, selten jemand ,von außen'. Es wurde ein Termin festgelegt, der oft auf einen hohen Festtag fiel, gerne auf Ostern oder Weihnachten. Auch hierüber haben wir einen genauen Bericht im Zeremonienbuch, diesmal

über die Krönung Leons II. im Jahre 474 durch seinen Großvater und Vorgänger Leon I.: Die Bevölkerung wartete im Hippodrom, zusammen mit den anwesenden Soldaten, die mit ihren Standarten erschienen waren. Beide forderten das Erscheinen des Kaisers, der in Begleitung des Senates das Hippodrom betrat. Leon II. hielt sich zusammen mit dem Patriarchen noch im Palast auf, während Leon I. im Hippodrom von Volk und Soldaten akklamiert und immer wieder gebeten wurde, seinen Enkel zum Basileus zu ernennen. Schließlich gab der Kaiser nach und ließ Leon II. holen. Der Patriarch sprach ein Gebet, alle riefen „Amen", und der Kaiser setzte Leon II. die Krone aufs Haupt. Der Patriarch entfernte sich, der neue Kaiser grüßte das Volk, das ihm wiederum akklamierte, und erhielt von dem Stadteparchen und dem Senat, wie es die Gewohnheit erforderte, einen goldenen Modiolos (eine Schaumünze). Die Soldaten erhielten gleichfalls, wie es üblich war, fünf Nomismata (Goldmünzen) und ein Pfund Silber pro Mann (De cerimoniis I 94).

Damit war diese Krönung vollzogen, deren Zeremoniell leicht variiert bis zum Ende des Reiches unverändert blieb, wenn man einmal davon absieht, dass die Krönung später in der Hagia Sophia stattfand.

Wenn wir den Vorgang analysieren, ergibt sich zweierlei: Für die Nachfolgeregelung entscheidend ist vor allem der Kaiser, der allerdings nicht allein aus seinem eigenen Willen heraus handelt, sondern in Übereinstimmung mit den Wünschen aller, die sozusagen in ihm ihren Ausdruck finden. Diese herausgehobene Rolle des Kaisers hat ihre Wurzeln im alten römischen Kaisertum. Der römische Kaiser wurde im Lauf der Zeit immer mehr ,vergöttlicht' und nahm nicht selten schon zu Lebzeiten den Status eines Gottes ein. Diese ,göttliche' Qualität erkannten auch die Christen an, die zwar den Kaiser nicht als Gottheit akzeptieren konnten, aber ihn doch als von Gott auserwählt ansahen und als jemanden, der dank der besonderen göttlichen Gnade herrschte, die sich in ihm manifestierte. Eine ,Wahl' im modernen Sinn war damit natürlich nicht vereinbar, wohl aber zeigte der Konsens, also die gemeinsame Übereinstimmung aller, den göttlichen Willen. Diesem Grundgedanken folgt das byzantinische Krönungszeremoniell vom Anfang bis zum Ende des Reiches.

Einzelne Teile des Zeremoniells waren dabei durchaus veränderbar, damit sie den jeweiligen Bedürfnissen im Einzelfall angepasst werden konnten. Entscheidend war aber, dass das Zeremoniell insgesamt die Grundüberzeugung von der herausgehobenen und von Gott gewollten Stellung des Kaisers widerspiegelte. Und wo hätte es dazu mehr Gelegenheit gegeben, als bei der Krönung eines neuen Kaisers?

Hier liegt wohl auch der wesentliche Unterschied zu der Kaiserkrönung des Westens, bei der durch den Papst zwar auch der göttliche Wille erfüllt, aber die Fiktion von der göttlichen Auswahl des Kaisers schon aufgrund der äußeren Umstände

48 Kaiser Basileus II. als Triumphator, um 1000. Venedig, Biblioteca Nazionale Marciana, Cod. Par. Gr. 17, fol. IIIr

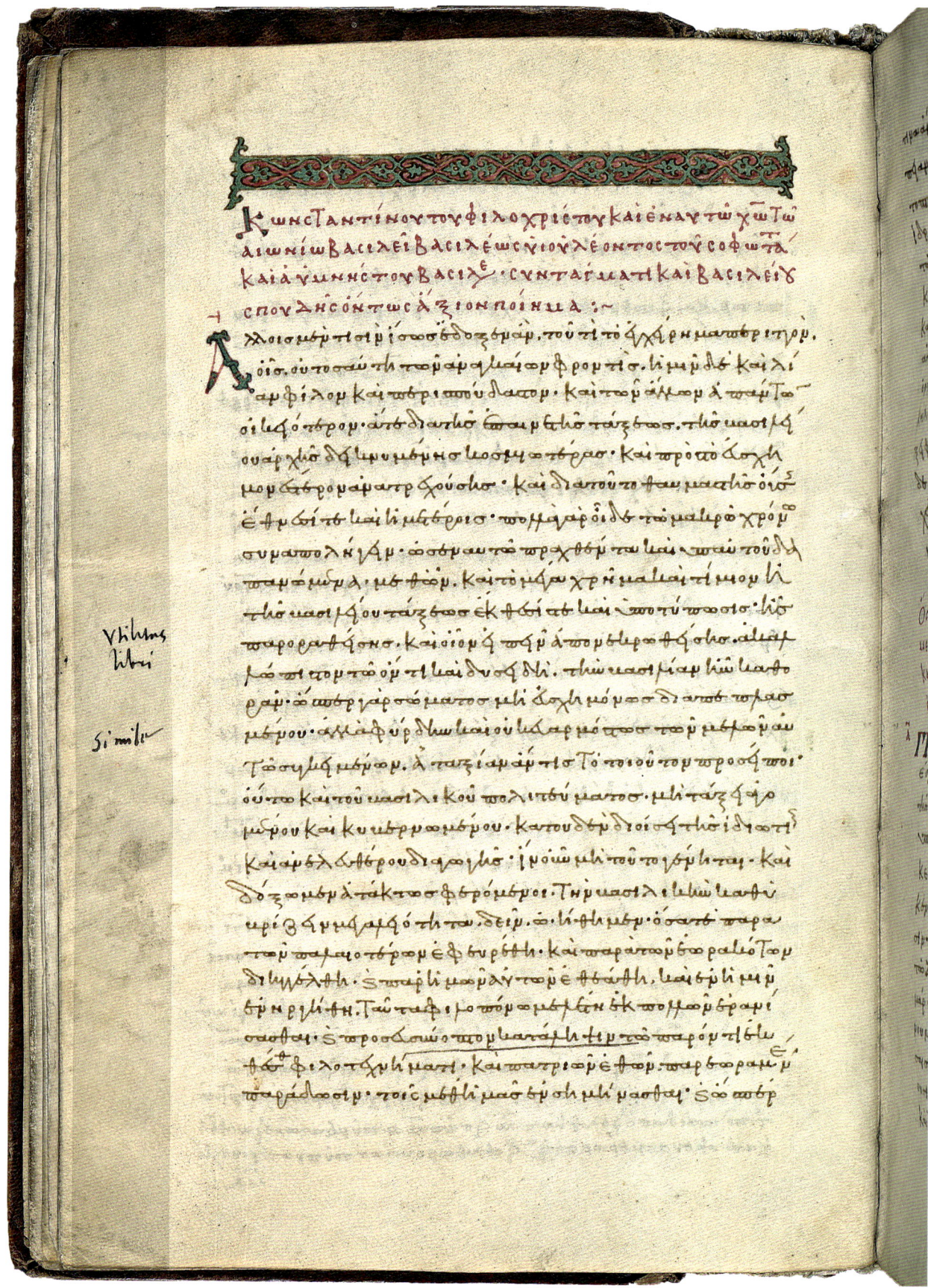

nicht in demselben Maße aufrechterhalten werden konnte. In Byzanz stand der Kaiser, theologisch gesehen, über dem Patriarchen, im Westen war dieses Verhältnis umgekehrt oder zumindest dauerhaft umstritten. Daher war es auch der Kaiser, der über seine Nachfolge bestimmte, und niemand sonst. Dass dies im Lauf der Zeit de facto auf eine Nachfolge innerhalb der kaiserlichen Familie hinauslief, entsprach sozusagen der normativen Kraft des Faktischen. Außerdem war es unvermeidlich, dass auf die kaiserliche Familie ein Abglanz des von Gott auserwählten und unterstützten Kaisers fallen musste. Aber entscheidend blieb immer der Wille des Kaisers, außer natürlich, wenn er gewaltsam gestürzt oder zum Rücktritt gezwungen wurde.

Doch zurück zur Kaiserkrönung als solcher: Wie geschildert, sorgte im Normalfall der amtierende byzantinische Kaiser rechtzeitig für seine Nachfolge vor, indem er einen oder mehrere Mitkaiser krönte, deren interne Rangfolge im Allgemeinen durch das Alter bestimmt wurde.

Nach außen hin traten diese Kaiser als Kollegium auf, in dessen Namen Gesetze erlassen und Regierungshandlungen vollzogen wurden, auch wenn die Mitkaiser tatsächlich nur nominell und im Rahmen des Zeremoniells an der Regierung beteiligt waren. Wenn der alte Kaiser starb, folgte ihm der älteste Mitkaiser. Eine neue Krönung war nicht erforderlich, auch wenn der Herrschaftsantritt des neuen Kaisers natürlich gebührend zelebriert wurde. Aber so wie z. B. ein Christ nur einmal im Leben getauft werden kann, wird eben auch ein Kaiser nur einmal gekrönt. Tatsächlich ist dieser Vergleich den Byzantinern durchaus bewusst gewesen. Als Johannes I. Tzimiskes (969–976) seinen Vorgänger Nikephoros II. Phokas ermordet hatte und danach den Thron bestieg, griff man den amtierenden Patriarchen Polyeuktos (956–970) an, weil er einen Mörder gekrönt habe. Polyeuktos verteidigte sich mit der Erklärung, dass die Kaiserkrönung so wie die Taufe alle vorangegangenen Sünden auslösche, so dass der Kaiser gleichsam eine neue Person sei, die mit dem früheren Menschen nichts mehr zu tun habe.

Nur wenn es keinen Kaiser gab, der seinen Nachfolger krönen konnte, musste man zu anderen Mitteln greifen, um die Auserwähltheit des neuen Kaisers gebührend herauszustellen. Dies war in der Regel dann der Fall, wenn ein Usurpator den alten Kaiser stürzte und selbst den Thron bestieg. Auch in diesem Fall wurde ein consensus omnium hergestellt, der sich darin zeigte, dass alle Konstituenten einstimmig den erfolgreichen Usurpator aufforderten, den verwaisten Thron zu besteigen.

Jetzt spielte auch der Patriarch eine deutlich herausgehobene Rolle, denn ihm oblag es – in Ermangelung des eigentlich zuständigen alten Kaisers –, den neuen Kaiser zu krönen. Häufig suchte man trotzdem immer noch einen Anschluss an den Vorgänger bzw. an die alte Dynastie, indem der neue Kaiser entweder die Witwe seines verstorbenen Amtsvorgängers oder wenigstens ein Mitglied der alten Herrscherfamilie heiratete. Einen völligen Bruch suchte man zu vermeiden. In dem oben geschilderten Fall des Nikephoros Phokas gab es zwar zwei amtierende Kaiser, die die Krönung hätten vollziehen können, aber sie waren beide noch kleine Kinder, und wahrscheinlich wollte Nikephoros, der ja sofort an die Spitze des neuen Kaiserkollegiums trat, den Eindruck vermeiden, dass diese Kinder über ihm standen. Vielleicht fürchtete man auch, dass selbst das festgelegte Krönungszeremoniell lächerlich wirken könnte, wenn ein Fünfjähriger einen etwa Fünfzigjährigen krönte. Trotzdem stützte Nikephoros seine Stellung durch die – kirchenrechtlich umstrittene – Heirat mit Theophano, der Witwe seines Vorgängers. Die Rechte der beiden Kindkaiser blieben formal gewahrt, da sie Kaiser blieben und Nikephoros durch einen formellen Eid zusicherte, ihre kaiserliche Stellung (als seine Nachfolger) zu wahren.

Der Ablauf der Kaiserkrönung in Byzanz selbst war zwar in den allgemeinen Grundzügen festgelegt, aber er war, wie schon gezeigt worden ist, in den konkreten Einzelheiten veränderbar. Entscheidend war, dass der Gesamteindruck erhalten blieb. So wird in der Frühzeit der militärische Charakter der Krönung stärker betont, etwa durch die Torqueskrönung (mit einer Art Halsreif, der von Offizieren getragen wurde, bei der Krönung aber als Diadem diente) oder durch die Schilderhebung, die wohl aus dem germanischen Raum stammte, dann nach dem 5. Jahrhundert verschwand und erst in der Spätzeit des Reiches wieder auftauchte, ohne dass wir den Grund dafür kennen. Im 6. Jahrhundert verlagerte sich die Krönung, die vorher auf dem Hebdomon, einem großen Exerzierplatz außerhalb der Stadtmauern, stattgefunden hatte, in das Hippodrom und in die Hagia Sophia. Seit dem 9. Jahrhundert war, von Ausnahmen abgesehen, die Hagia Sophia der übliche Krönungsort. Nachdem der neue Kaiser vom Palast in feierlicher Prozession zur Hagia Sophia gezogen war, kleidete er sich in einem Vorraum an und betrat dann den Hauptraum der Kirche, wo sein Purpurgewand und die Krone auf einem Tisch lagen. Nach verschiedenen Gebeten legte der Kaiser das Purpurgewand an, wurde vom Patriarchen gekrönt und empfing die üblichen Akklamationen. Dies galt, wie gesagt, aber nur, wenn es keinen Kaiser gab, der die Krönung seines Nachfolgers bzw. Mitkaisers durchführen konnte. Sonst war dieser es, der die eigentliche Krönung vornahm, während es dem Patriarchen nur oblag, diese Prozedur durch entsprechende Gebete zu begleiten.

49 Zeremonienbuch des Konstantinos VII. Porphyrogennetos. Leipzig, Universitätsbibliothek, Rep. I 17, fol. 21v

Eine Salbung, wie sie im Westen üblich war, gab es in Byzanz nicht. Im Gegenteil machte man sich dort über diese westliche Sitte lustig. So berichtet der Chronist Theophanes über die Krönung Karls des Großen in Rom, der Papst habe Karl „von Kopf bis Fuß mit Öl gesalbt, ihm die kaiserlichen Gewänder angezogen und eine Krone aufgesetzt", was man in Ostrom offensichtlich als die Travestie einer ‚richtigen‘ Krönung ansah.

In Byzanz wurde also der Wille Gottes als entscheidend angesehen, der die Auswahl des Kaisers bestimmte. Dies sollte durch das Krönungszeremoniell herausgestellt werden. Daher war die Auswahl und Krönung durch den alten Kaiser entscheidend, der hierbei den allgemeinen Konsens verkörperte, aus dem gleichfalls Gottes Wille sprach. Besondere Gegenstände waren dagegen nicht erforderlich. Zwar gab es eine bestimmte Kleidung, die aber eher der Amtstracht des Kaisers bei öffentlichen Anlässen entsprach. Für bestimmte Reichskleinodien, wie sie im Westen den Status des Kaisers zeigten, bestand in Byzanz kein Bedarf. So gab es keine bestimmte Krone – die bei einem nominell gleichberechtigten Kaiserkollegium natürlich auch gewisse Probleme mit sich gebracht hätte –, sondern es konnte jede beliebige Krone dafür verwendet werden. Erwartet wurde natürlich, dass der zukünftige Kaiser im offiziellen Kaiserornat auftrat bzw. diesen anzog. Wenn ein solcher nicht zur Hand war, konnte es Schwierigkeiten geben, wie etwa bei der Krönung Justins I. im Jahre 518, als die zuständigen Würdenträger sich zunächst weigerten, diesen Ornat herauszugeben. Es scheint auch, dass dieser Ornat von Kaiser zu Kaiser sozusagen weitergegeben wurde. Aber entscheidend für die Gültigkeit der Krönung war er nicht. Wir können auch nicht sagen, ob bei der Schilderhebung im frühen Byzanz ein bestimmter Schild benutzt wurde, oder ob es immer dieselben Torques sein mussten, die dem Kaiser umgelegt wurden. Beides ist eher unwahrscheinlich.

Zum offiziellen Aufzug des Kaisers, nicht nur bei seiner Krönung, gehörten neben Schwert, Lanze und Schild auch die Chlamys, die erst in der Spätzeit durch den Sakkos, ein ähnliches Kleidungsstück, ersetzt wurde, und vor allem die kaiserlichen Schuhe. Auch hier waren es allerdings nicht bestimmte Schuhe, sondern entscheidend war die Purpurfarbe der Schuhe, denn das Tragen von Purpur war allein dem Kaiser gestattet. So berichten die Quellen wiederholt – auch bei Nikephoros Phokas –, dass Prätendenten ihren Anspruch dadurch kenntlich machten, dass sie die roten Schuhe anzogen, die dem Kaiser allein zustanden.

Was waren nun die wichtigsten Unterschiede zwischen der Krönung eines westlichen Kaisers in Rom und der eines byzantinischen Kaisers in Konstantinopel? Zunächst ist die unterschiedliche Tradition zu beachten: Das byzantinische Kaisertum war eine direkte Fortsetzung des römischen Kaisertums, das den Kaiser gleichsam vergöttlichte und später, in christlicher Umformung, als von Gott besonders begnadet herausstellte. Als Konsequenz stand der Kaiser selbst im Mittelpunkt, der Patriarch spielte nur eine untergeordnete Rolle. Demgegenüber besaß das westliche Kaisertum keine direkte Traditionslinie aus der Spätantike, sondern diese wurde durch die Päpste vermittelt, was als Konsequenz dem Papst als Coronator eine eigenständige Rolle gab, die ihn als dem Kaiser gleichgestellt, wenn nicht als übergeordnet auswies. Dies zeigt sich auch im Krönungszeremoniell.

Daneben ergaben sich aber auch in der Sache liegende Unterschiede: Der byzantinische Kaiser wurde in Konstantinopel gekrönt, dem Zentrum seines Reiches. Die Krönung war seine direkte Legitimation, über dieses Reich zu herrschen. Dies wurde auch durch die Akklamationen von seinen Untertanen symbolisiert, die für das Zeremoniell von ausschlaggebender Bedeutung waren, da sie den allgemeinen Konsens zeigten, in dem sich der Wille Gottes manifestierte. Auch im Westen wurde von den Päpsten mit Rom die alte Hauptstadt des Römischen Reiches als Krönungsort durchgesetzt. Aber Rom stand unter der Herrschaft des Papstes, nicht des Kaisers, und es lag nicht im Zentrum der Reiche der Karolinger und später, seit Otto I., der Ottonen, sondern an der Peripherie. Um gekrönt zu werden, mussten die Aspiranten einen langen Anmarschweg in Kauf nehmen, der oft genug seine eigenen Schwierigkeiten bot, und sie mussten, nachdem sie diesen Weg hinter sich gebracht hatten, den Papst überzeugen, sie zu krönen, was gleichfalls nicht immer einfach war. Dies gab dem westlichen Kaisertum ein Element der Instabilität, das dem östlichen fremd war.

Verstärkt wurden diese unterschiedlichen Voraussetzungen noch durch einen anderen Faktor, der in seiner Bedeutung nicht unterschätzt werden sollte, auch wenn er kaum je eigens thematisiert worden ist: Für den byzantinischen Kaiser war die Krönung die unmittelbare und unverzichtbare Herrschaftslegitimation. Ohne sie war eine stabile Herrschaft unmöglich. Als Konsequenz daraus stand sie aber auch jedem offen, der die Macht hatte, sich in Konstantinopel durchzusetzen. Ganz anders im Westen: Dort war die Kaiserkrönung zwar gleichsam die Überhöhung der Königswürde, aber eine direkte Wirkung auf die eigentliche Herrschaft hatte sie nicht, sie war immer nur ein Zusatz. Die eigentliche Basis der Herrschaft war das Königtum. Der Kaisertitel mochte zwar das Prestige für den König erhöhen, aber die Herrschaft selbst hing bis in das hohe Mittelalter hinein nicht von ihm ab. Zugleich war der Zugang zum Kaisertum limitiert: Nur Könige, wie die karolingischen bzw. später die ottonischen, hatten auf ihn einen Anspruch. In gewisser Weise war der westliche Kaisertitel damit elitärer, als es der römische gewesen und der byzantinische immer noch war. Insofern war es – von den ideologischen Implikationen

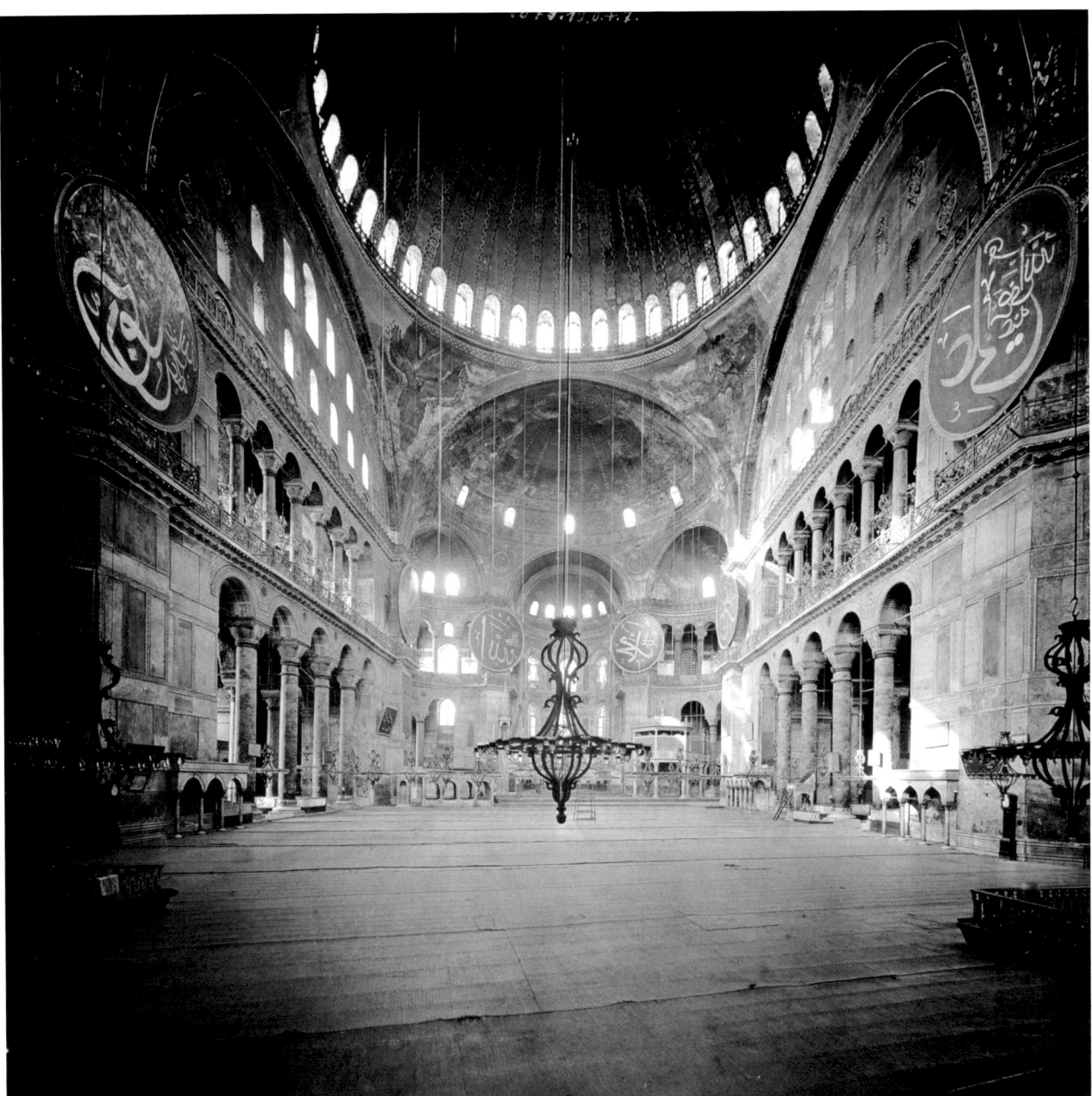

50　Istanbul, Hagia Sophia, Inneres nach Osten

einmal abgesehen – auch nicht völlig unlogisch, wenn der byzantinische Kaiser in westlichen Quellen nicht selten als *rex* (König) bezeichnet wurde. Für die Herrschaftslegitimation und für die reale Herrschaft hatte die Kaiserkrönung im byzantinischen Reich tatsächlich eine andere und viel unmittelbarere Bedeutung, als es im lateinischen Europa der Fall gewesen ist. Andererseits war im Westen das Bewusstsein von der ununterbrochenen Tradition, die Byzanz mit dem antiken Rom verband, immer noch so stark, dass auch die westlichen Kaiser sehr großen Wert darauf legten, von Byzanz als gleichwertig anerkannt

zu werden. Dieser Wunsch hat dann ja auch letztendlich zu der Heirat der byzantinischen Adligen Theophanu mit Otto II. im Jahre 972 geführt.

Quellen

De ceremoniis; Theophanes, Chronographia.

Literatur

Dagron 1996; Lilie 1991; Lilie 1994; McCormick 1985; Treitinger 1969, S. 722–852; Wessel/Piltz/Nicolescu 1978.

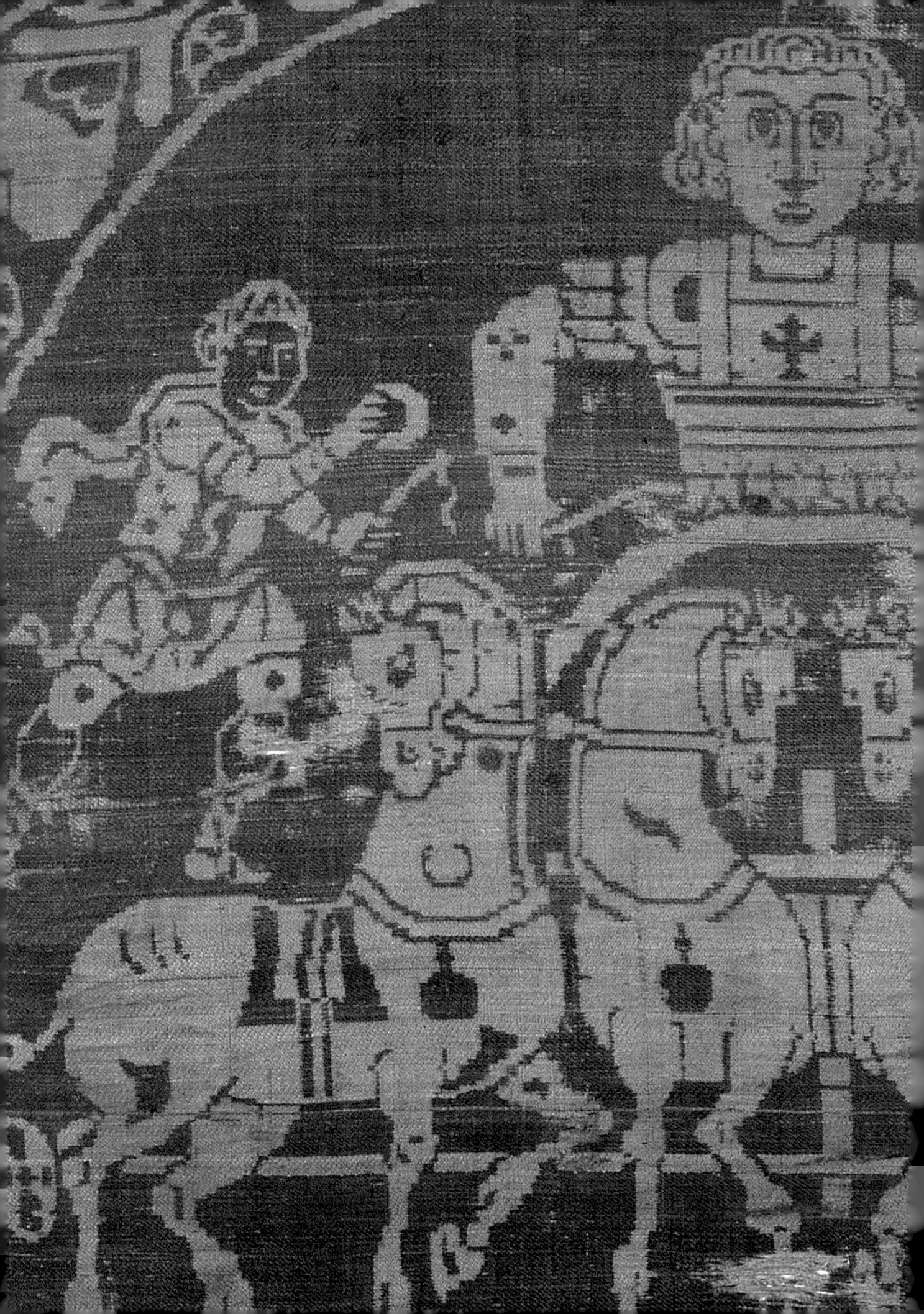

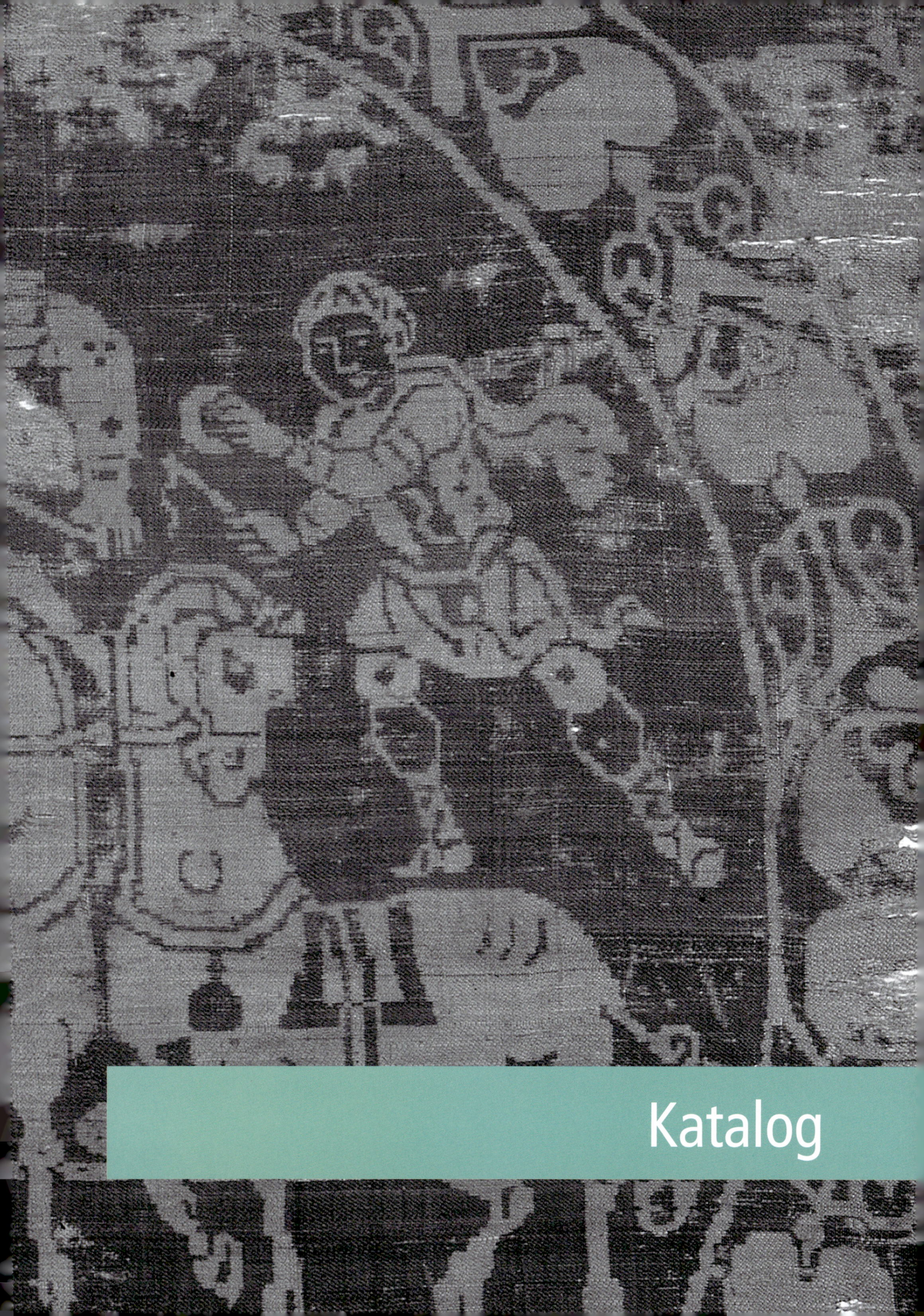

Katalog

Münzprägungen in Byzanz – Kontinuität des römischen Kaisertums im Osten

Das Zentrum des späteren oströmischen und nach dem Untergang Westroms 476 n. Chr. nun byzantinischen Reiches war das 324 von Konstantin gegründete *Constantinopolis*, das frühere Byzanz. Für die ersten drei Jahrhunderte zeigen Münzsystem und Bildsprache eine weitgehende Verharrung auf dem Vorbild des spätantiken römischen Staates, allerdings unter deutlich christlichen Vorzeichen. So wird 578 als neues Rückseitenbild das Kreuz anstelle der Victoria eingeführt. Erst im 7. Jahrhundert erscheinen nicht nur einige neue Münzsorten, sondern in Folge politischer und religiöser Konflikte auch markante und bildmächtige Veränderungen auf den Münzdarstellungen. Unter Justinianus II. (reg. 685–695 und 705–711) erscheint erstmals die Christusbüste auf der (prägetechnischen) Vorderseite der Gepräge, während der Kaiser selbst nun auf der Rückseite gezeigt wurde. Das beherrschende religiöse Streitthema der Bilderverehrung (Ikonoklasmusstreit) von 726 bis 843, welches erst nach mehr als einem Jahrhundert zugunsten der Bildfreunde endete, führte zu Darstellungen z.B. der kaiserlichen Vorgänger auf Münzen oder Kreuzesdarstellungen mit Segenswünschen. Beherrschend werden aber seit der Mitte des 9. Jahrhunderts neben Büstenbildnissen, die den Kaiser in vollem Kronornat zeigen, Darstellungen des von Christus oder einem Heiligen bekrönten Herrschers sowie verschiedene charakteristische Bilder der Muttergottes. Einige Heilige weisen dabei auch auf den Ort der Münzherstellung hin, so Demetrios in Thessaloniki und Eugenios im spätbyzantinischen Reich von Trapezunt. Die Widergabe von verstorbenen Angehörigen der Kaiserfamilie, welche zur Zeit des Ikonoklasmusstreites aufgekommen war, weicht in der Folgezeit der Darstellungen von Mitregenten. Beherrschend bleibt hier immer die dynastische Legitimation der eigenen Herrschaft. Nur bis in das 7. Jahrhundert erscheint der Kaiser bisweilen zu Konsulatsantritt noch in entsprechender Amtstracht, danach herrschen Militär- oder Krontracht vor, welche die weltliche bzw. zeremoniell-geistige Vorrangstellung des Kaisers verbildlichen. Als Zeichen seiner kaiserlichen Würde und weltlichen Macht trägt der Kaiser eine Krone, hält den Kreuzglobus oder ein Zepter. Seine Gewänder sind aufwendig geschmückt; hier reflektieren insbesondere die Goldmünzen die ganze Pracht der kaiserlichen Erscheinung innerhalb des starren Hofzeremoniells. Als ein Zeichen christlicher Demut kann die *akakia*, ein Beutel, in der Hand des Kaisers erscheinen, der aufgrund des darin enthaltenen Staubes, auf die Vergänglichkeit des menschlichen Lebens verweist.

Die Titel des Kaisers erscheinen auf den Münzen von Byzanz für die ersten rund 500 Jahre trotz der Vorherrschaft des Griechischen in Amtssprache und Alltag in lateinischer Sprache, wobei zahlreiche Zwischen- und Mischformen üblich sind. Erst im 10. Jahrhundert nimmt das Griechische auch auf den Münzen überhand. Der Kaiser wird zum Basileus (eigentlich König) oder Autokrator (Selbstherrscher), später wird die Bezeichnung Despotes (Herr) üblicher. Auch die Heiligen- und Christusdarstellungen sind mit entsprechenden religiösen Aufschriften versehen, Segens- und Bittsprüche wie „Herr, stehe bei" oder „Jesus Christus siege" stellen hier formelhafte Belege dar. Auch in anderer, weniger beabsichtigter Weise stellen die Gepräge der byzantinischen Kaiser eine wichtiges Zeugnis für die Entwicklung ihres Reiches dar, denn sie zeigen den mittlerweile offensichtlichen Gegensatz zwischen Machtanspruch und politischer Realität: Der Verlust von Herrschaftsgebieten insbesondere seit dem 11. Jahrhundert an die Osmanen, die Eroberung der Hauptstadt durch die Kreuzfahrer 1204 und der zeitweilige Verlust der Herrschaft dort bis 1261 sowie der Zerfall des Reiches in kleinere Teilfürstentümer, dies alles wird durch die geographische Verteilung der Münzstätten deutlich. Schließlich ist Byzanz im 14. Jahrhundert auf die Hauptstadt selbst zurückgedrängt, die Eroberung 1453 wird nur vom Kaiserreich von Trapezunt um knappe acht Jahre überdauert.

Karsten Dahmen

Literatur

Whitting 1973 (Überblick). Materialvorlagen bei Grierson 1999.

III.1

Byzantinische Münzen

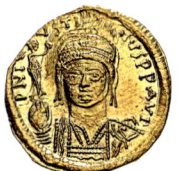 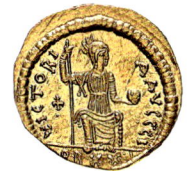

a) Reduzierter Solidus (zu 20 Siliquae) des Justinus II.

Constantinopolis, 565–578
Vs.: D N I-VSTI-NVS PP AVG [Dominus Noster Iustinus Perpetuus Augustus]. Drapierte Panzerbüste des Justinus II. mit Helm und Schild (darauf der Kaiser als Reitersieger nach rechts) in der Vorderansicht. In der rechten Hand eine den Kaiser bekränzende Victoria auf Globus.
Rs.: VICTORI-A AVGGG I // OB XX: Constantinopolis thront in der Vorderansicht. Sie hält in ihrer rechten Hand ein Zepter und in ihrer linken Hand einen Globus (*sphaira*). Im l. F. ein Kreuz über Punkt.
Gold. G 3,47 g, D 20 mm, 6 h
Berlin, Staatliche Museen zu Berlin, Münzkabinett, 18222053

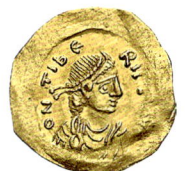 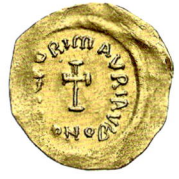

c) Triens des Mauricius Tiberius

Constantinopolis, 583–602
Vs.: O N TIBE-RI [PP AV]. Drapierte Panzerbüste des Mauricius Tiberius mit Diadem in der Brustansicht nach rechts.
Rs.: [V]ICTORI mAVRI AVC // [C]ONOB. Balkenkreuz.
Gold. G 1,43 g, D 17 mm, 6 h
Berlin, Staatliche Museen zu Berlin, Münzkabinett, 18218734

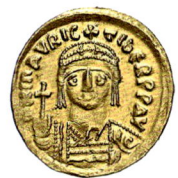 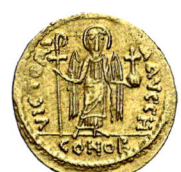

b) Solidus des Mauricius Tiberius

Constantinopolis, 583–584
Vs.: [D] N mAVRIC – TIbER PP AV. Drapierte Panzerbüste des Mauricius Tiberius mit Krone, darauf ein Kreuz, in der Vorderansicht. An der linken Schulter ein Schild. In der rechten Hand ein Kreuzglobus.
Rs.: VICTORI-A AVCC H // CONOB. Victoria steht in der Vorderansicht. In ihrer rechten Hand hält sie einen Chrismonstab und in ihrer linken Hand einen Kreuzglobus.
Gold. G 4,38 g, D 21 mm, 6 h
Berlin, Staatliche Museen zu Berlin, Münzkabinett, 18218732

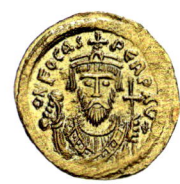 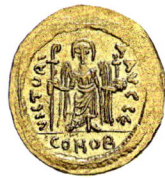

d) Solidus des Phocas

Constantinopolis, 603
Vs.: ON FOCAS – PERP AVC [Dominus Noster Focas (Phokas) Perpetuus Augustus]. Konsularbüste des Phocas mit Krone (diese ohne Pendilien) in der Vorderansicht. In seiner linken Hand ein Kreuz, in seiner rechten ein Beutel (mappa).
Rs.: VICTORI–A AVCC E // CONOB [Hergestellt in der fünften (E) Offizin der Hauptstadt]. Victoria steht mit einem Stab in der rechten und einem Globus (sphaira) mit Kreuz in der linken Hand in der Vorderansicht.
Gold. G 4,42 g, D 21 mm, 7 h
Berlin, Staatliche Museen zu Berlin, Münzkabinett, 18208537

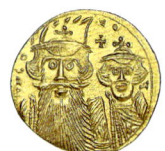 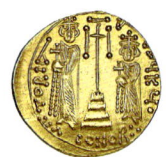

e)   Solidus des Constans II. mit Constantinus IV., Heraclius, Tiberius

Syrakus, ca. 661–668
Vs.: d N CO[...] [Dominus Noster Co[...] Fortsetzung tw.
nicht mitgeprägt bzw. unleserlich]. Drapierte Panzerbüste
des Constans (links) mit langem Bart und Krone, rechts
kleiner die des Constantinus IV., beide in der Vorderan-
sicht. Oben ein Kreuz.
Rs.: VICTORIA – A-VG ЧKЧ // CONOB [im Abschnitt drei
Punkte]. Kreuz mit Postament auf dreistufiger Basis.
Heraclius (rechts) und Tiberius (links), beide mit Krone,
in der rechten Hand jeweils ein Globus (*sphaira*) mit
Kreuz stehend in der Vorderansicht.
Gold. G 4,37 g, D 20 mm, 6 h
Berlin, Staatliche Museen zu Berlin, Münzkabinett,
18233260

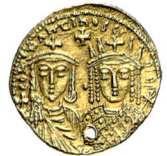 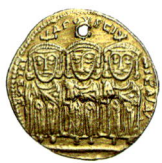

g)   Solidus des Constantinus VI. und der Irene

Constantinopolis, 790–792
Vs.: COnStAntInOS C[...]. Drapierte Büste des Constantinus VI. und der Irene mit Stola (*loros*), beide mit Krone,
darauf ein Kreuz, zwischen ihnen ein Kreuz. Der Kaiser
trägt in seiner rechten Hand einen Kreuzglobus, Irene in
ihrer linken Hand ein Zepter. Krone der Kaiserin mit Pendilien.
Rs.: S IRInI AΓ SCI – mIt AI AV [verderbt, AV ligiert]. Nebeneinander sitzend Constantinus V., Leo III. und Leo IV.
mit Krone und im Mantel.
Gold. G 4,35 g, D 20 mm, 6 h
Berlin, Staatliche Museen zu Berlin, Münzkabinett,
18219812

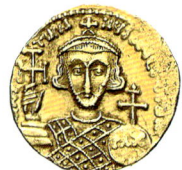 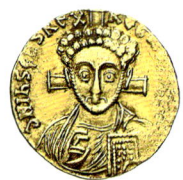

f)   Solidus des Justinianus II.

Constantinopolis, 705–706
Vs.: [D N IUS]-TINIA-NUS MUL[TUS AN] [*multus* statt *mul-
tos annos*]. Drapierte Büste des Justinianus II. mit Krone.
Er hält in seiner rechten Hand ein Balkenkreuz auf drei-
stufiger Basis und in seiner linken Hand ein Patriarchen-
kreuz auf Globus, darauf PAX.
Rs.: d N IhS ChS REX – REGN[ANTIUM]. Büste des bär-
tigen Christus im Segensgestus mit Bibel in der linken
Hand in der Vorderansicht, hinter ihm ein Kreuz.
Gold. G 4,44 g, D 20 mm, 6 h
Berlin, Staatliche Museen zu Berlin, Münzkabinett,
18218743

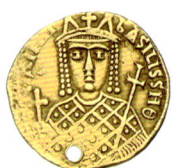 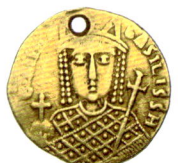

h)   Solidus der Irene

Constantinopolis, 797–802
EIRInH – bASILISSH. Drapierte Büste der Irene mit Krone
und Stola (*loros*). Sie hält in ihrer rechten Hand einen
Globus (*sphaira*) mit Kreuz und in ihrer linken Hand ein
Kreuzzepter.
Rs.: EIRInH – bASILISSH Θ. Drapierte Büste der Irene mit
Krone und Stola (*loros*). Sie hält in ihrer rechten Hand
einen Globus (*sphaira*) mit Kreuz und in ihrer linken Hand.
ein Kreuzzepter.
Gold. G 4,33 g, D 20 mm, 6 h
Berlin, Staatliche Museen zu Berlin, Münzkabinett,
18217853

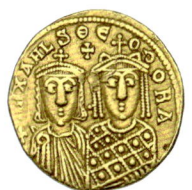 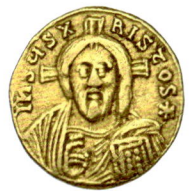

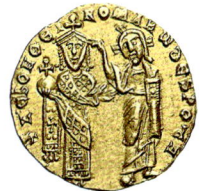 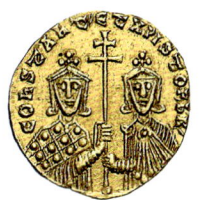

i) Solidus des Michael III. und der Theodora

Constantinopolis, 842–856

Vs.: + mIXAHL S ΘE-OΔORA [Michael kai Theodora]. Drapierte Büste des Michael III. mit Krone (links) und die der Theodora (rechts) mit Krone und Stola (loros) in der Vorderansicht. Zwischen ihnen oben ein Kreuz.

Rs.: IhSUS X-RIStOS [Stern als Legendenabschluss]. Büste des bärtigen Christus im Segensgestus mit Bibel in der linken Hand in der Vorderansicht, hinter ihm ein Kreuz.

Gold. G 4,40 g, D 19 mm, 6 h

Berlin, Staatliche Museen zu Berlin, Münzkabinett, 18217858

k) Solidus des Romanus I. mit Constantinus VII. und Christophorus

Constantinopolis, 921

Vs.: + KE bOHΘEI – ROmAnW dESPOtE [Herr, hilf dem Herrn Romanos]. Romanus I. in Stola (loros), links, mit Krone, darauf ein Kreuz, samt Pendilien, hält in seiner rechten Hand einen Kreuzglobus. Der Kaiser wird von Christus, rechts, mit Bibel in der linken Hand und Kreuz hinter dem Kopf mit der rechten Hand bekränzt.

Rs.: COnStant Et XPISTOF b R [Constantinus et Christoferus Basileis Romaion]. Drapierte Büsten des Constantinus VII., in Stola (loros) links, und des Christophorus mit Mantel, rechts, beide bärtig und mit Krone, darauf ein Kreuz, gemeinsam mit ihrer rechten Hand ein Patriarchenkreuz haltend.

Gold. G 4,39 g, D 20 mm, 6 h

Berlin, Staatliche Museen zu Berlin, Münzkabinett, 18218747

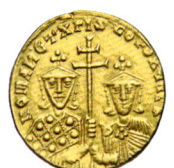 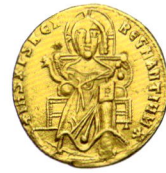

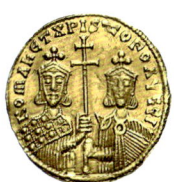 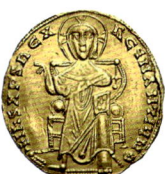

j) Solidus des Romanus I. und Christophorus

Constantinopolis, 921–931

Vs.: ROMAh ET XPIStOFO AVGG b. Drapierte Büsten des Romanus I. mit Bart, in Stola (loros) links, und des Christophorus mit Mantel, rechts, etwas kleiner, beide mit Krone, gemeinsam mit ihrer rechten Hand ein Patriarchenkreuz haltend.

Rs.: + IhS XPS REX – REGNANTIUM [am Legendenende ein Stern]. Der bärtige Christus sitzt mit Nimbus im Segensgestus mit Bibel in der linken Hand in der Vorderansicht auf einem Thron.

Gold. G 4,35 g, D 21 mm, 6 h

Berlin, Staatliche Museen zu Berlin, Münzkabinett, 18208554

l) Solidus des Romanus I. und Christophorus

Constantinopolis, 921–931

Vs.: ROmAh ET XPIStOFO AVGG I. Drapierte Büsten des Romanus I. mit Bart, in Stola (loros) links, und des Christophorus mit Mantel, rechts, etwas kleiner, beide mit Krone, gemeinsam mit ihrer rechten Hand ein Patriarchenkreuz haltend.

Rs.: + IhS XPS REX – REGNANTIUM [Am Legendenende eine Rosette]. Der bärtige Christus mit Nimbus sitzt im Segensgestus mit Bibel in der linken Hand auf einem Thron in der Vorderansicht.

Gold. G 4,17 g, D 21 mm, 6 h

Berlin, Staatliche Museen zu Berlin, Münzkabinett, 18218751

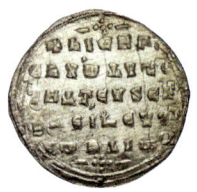 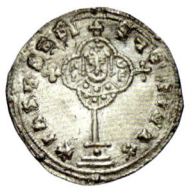 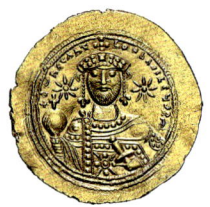 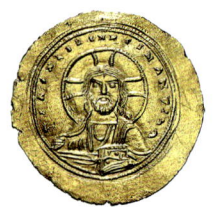

m)   Miliarense des Nikephorus II. Phocas

Constantinopolis, 963–969
Fundort: Althöfchen (Starydworek), heute Polen
Vs.: + NICHF / EN XW AVtO/CRAT EVSEb / bASILEVS /
RWmAIW. Aufschrift in fünf Zeilen.
Rs.: + IhSUS XRI-StUS NICA. Kreuz über Kugel auf zwei-
stufiger Basis. Im Zentrum des Kreuzes ein Bildfeld mit
vier Bögen, darin die Büste des Nicephorus II. Phocas
flankiert links von N/I, rechts von C/F.
Silber. G 2,66 g, D 24 mm, 6 h
Berlin, Staatliche Museen zu Berlin, Münzkabinett,
18233176

o)   Histamenon des Constantinus IX. Monomachus

Constantinopolis, 1054–1055?
Vs.: + COnStAnT-nOS bASILEЧS Rm [Constantinus
Basileus Rhomaion]. Büste des Constantinus IX. mit Krone
und Pendilien im juwelenverzierten Mantel, auf der Brust
ein Stern, in der Vorderansicht. In seiner rechten Hand
ein Kreuzglobus (*sphaira*), die linke Hand am Schwertgriff.
Beiderseits je ein Stern.
Rs.: + IhS XIS REX REGNANTIhm [Iesus Christus Rex
Regnantium]. Büste des bärtigen Christus mit Nimbus
im Segensgestus mit Bibel in der linken Hand in der
Vorderansicht.
Gold. G 4,42 g, D 26 mm, 6 h
Berlin, Staatliche Museen zu Berlin, Münzkabinett,
18222067

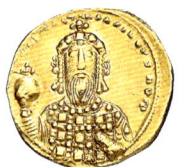 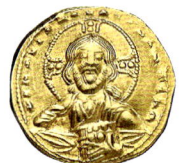 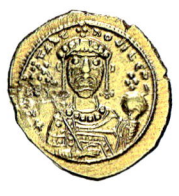 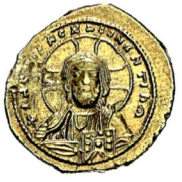

n)   Tetarteron des Constantinus VIII.

Constantinopolis, 1025–1028
Vs.: CWnStantIn bASILEUS ROm [teilweise unleserlich.
Constantinus Basileus Romaion]. Büste des Constantinus
VIII. mit Krone und Stola (loros) in der Vorderansicht.
In seiner rechten Hand ein Globus mit Kreuz, in der lin-
ken Hand ein Beutel (*akakia*).
Rs.: + IhS XIS REX REGNANTIhm [teilweise unleserlich].
Büste des bärtigen Christus mit Nimbus im Segensgestus
mit Bibel in der linken Hand in der Vorderansicht.
Gold. G 4,06 g, D 19 mm, 6 h
Berlin, Staatliche Museen zu Berlin, Münzkabinett,
18233192

p)   Tetarteron des Constantinus IX. Monomachus

Constantinopolis, 1042–1055
Vs.: + COnStAnT-nOS ILE Rm [Constantinus Basileus
Rhomaion]. Büste des Constantinus IX. mit Krone und
Pendilien im Mantel in der Vorderansicht. In seiner
rechten Hand ein Feldzeichen (*labarum*), in der linken
Hand ein Globus (*sphaira*), darauf ein aus vier Punkten
gebildetes Kreuz.
Rs.: + IhS XIS REX REGNANTIhm [Iesus Christus Rex
Regnantium]. Büste des bärtigen Christus mit Nimbus
im Segensgestus mit Bibel in der linken Hand in der
Vorderansicht.
Gold. G 4,12 g, D 19 mm, 6 h
Berlin, Staatliche Museen zu Berlin, Münzkabinett,
18222068

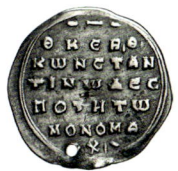 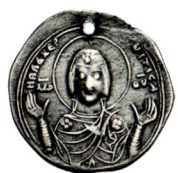

q) 2/3-Miliarense des Constantinus IX. Monomachus

Constantinopolis, 1042–1055
Vs.: ΘKE RΘ / KWNCTAN/TINW ΔEC/ΠΟTH TW MONOMA/X (Maria hilf dem Herrn Konstantinos Monomachos). Aufschrift in sechs Zeilen.
Rs.: H RΛAXER-NITICA (Die Blachernitissa). Drapierte Büste der Heiligen Jungfrau Maria mit Nimbus und die Hände betend (orans) erhoben in der Vorderansicht. Links MHTP (ligiert), rechts ΘV (liegiert Mutter Gottes).
Silber. G 1,94 g, D 23 mm, 6 h
Berlin, Staatliche Museen zu Berlin, Münzkabinett, 18218753

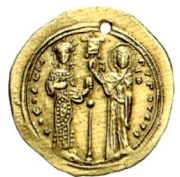 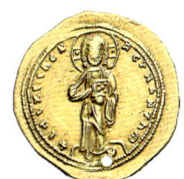

r) Histamenon der Theodora

Constantinopolis, 1055–1056
Vs.: + ΘEOΔWPA – AVΓOYCTA [Theodora Augusta]. Theodora, links, in Stola (loros) und mit Krone sowie die Jungfrau Maria, rechts, mit Nimbus stehen in der Vorderansicht und halten gemeinsam ein Feldzeichen (labarum). Beiderseits der Mutter Gottes m – Θ (meter theon).
Rs.: + IhS XIC AEX – AEGNΛnThm [Iesus Christus Rex Regnantium]. Stehender Christus mit kreuzverziertem Nimbus, in den Kreuzarmen je ein Punkt, in den Händen die Bibel, in der Vorderansicht.
Gold. G 4,33 g, D 24 mm, 6 h
Berlin, Staatliche Museen zu Berlin, Münzkabinett,18218755

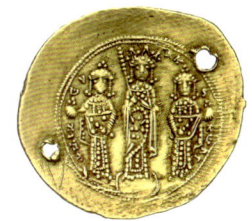 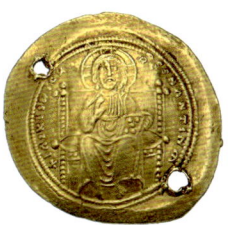

s) Histamenon der Eudocia mit Michael VII. und Constantius

Constantinopolis, 1067
Vs.: + MIX – EV-ΔK – KWNS [Michael Eudocia Konstantinos]. In der Mitte Eudocia mit Zepter in der rechten Hand, links Michael und rechts Constantius, alle mit Krone und Stola (loros). Michael mit Globus (sphaira) mit Kreuz in der rechten Hand und Beutel (akaia) in der linken Hand, Constantius dasselbe in der jeweils anderen Hand.
Rs.: + IhI XIS RICX – RCGNΛNTIhm [Iesus Christus Rex Regnantium. Verwildert]. Der bärtige Christus mit Nimbus auf einem Thron (mit gerader Arm- und Rückenlehne) sitzend im Segensgestus, in seiner linken Hand die Bibel, in der Vorderansicht. Doppelschlag.
Gold. G 4,34 g, D 28 mm, 6 h
Berlin, Staatliche Museen zu Berlin, Münzkabinett, 18217859

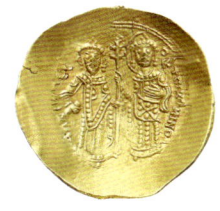 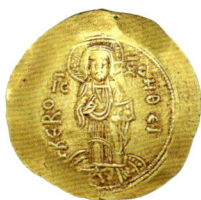

t) Hyperpyron des Alexius III. Comnenus

Constantinopolis, 1195–1203
Vs.: AΛEΣIW ΔECΠΟ TW KOMNHNO [Alexio Despote to Komneno. Σ gegenläufig. MNHN ligiert]. Alexius III., links, mit Krone, Gewand (divitision), Mantel (chlamys) steht in der Vorderansicht. In seiner linken Hand ein Beutel (akaia). Rechts der Heilige Konstantin mit Nimbus in Stola (loros) und Gewand (divitision). Beide halten Patriarchenkreuz.
Rs.: + KE PO-HΘEI [Kyrie boethei]. Der bärtige Christus mit Nimbus steht im Segensgestus, in seiner linken Hand die Bibel, in der Vorderansicht. Beiderseits IC – XC. Im r. F. oben K.
Gold. G 4,30 g, D 27 mm, 6 h
Berlin, Staatliche Museen zu Berlin, Münzkabinett, 18233194

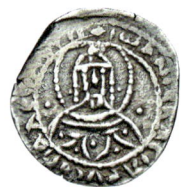 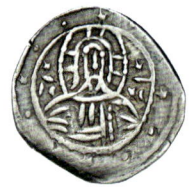 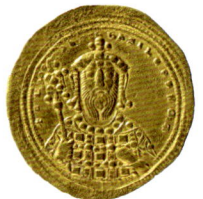 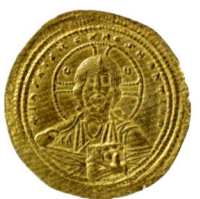

u) 1/2-Stavraton des Johannes VII. Palaiologus

Constantinopolis, 1399–1403
Vs.: IWANIC BACIΛEVC O ΠΑΛEOΛOΓOC. Drapierte Büste Johannes VII. mit Krone und Nimbus in der Frontalansicht.
Rs.: Christus-Büste mit Nimbus, die rechte Hand im Segensgestus, die linke Hand hält die Bibel, in der Frontalansicht. Beiderseits IC – XC.
Silber. G 3,63 g, D 21 mm, 7 h
Berlin, Staatliche Museen zu Berlin, Münzkabinett, 18233188

w) Histamenon Constantinus VIII.

Konstantinopel, 1025-1028
Vs.: CWnStantin bASiLEUS Rom [Constantinus Basileus Romaion. Am Legendenbeginn ein Stern]. Büste des Constantinus VIII. mit Krone und Stola (loros) in der Vorderansicht. In seiner rechten Hand ein Feldzeichen (labarum), in der linken ein Beutel (akakai).
Rs.: +IhS XIS REX REGENTIhm. Büste des bärtigen Christus mit Nimbus im Segensgestus mit Bibel in der linken Hand in der Vorderansicht. Die beiden oberen Viertel über den Kreuzarmen des Nimbus sind mit je einem Kreis verziert.
Gold. G 4,4 g, D 2,5 cm
Magdeburg, Kulturhistorisches Museum, 4/1944

Karsten Dahmen

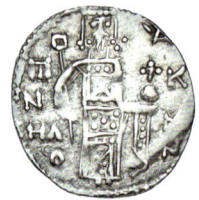 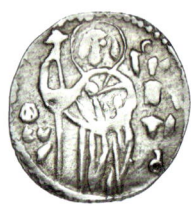

v) Asper des Manuel I. von Trapezunt

Trapezunt, 1238–1263
Vs.: m/N/HΛ/cO-K/m/N [teilweise ligiert. Manuel Komnenos]. Manuel I. steht im Mantel (chlamys) mit Krone in der Vorderansicht. Er hält in seiner linken Hand einen Globus mit Kreuz und im rechten Arm ein Feldzeichen (labarum). Am Hals drei, auf dem Gewand fünf Punkte.
Rs.: OA / EV/Γ – o / TPA/ΠZ/TI/d [Der Heilige Eugenios Trapezunt. A eingeschrieben in O]. Der Heilige Eugenios mit Nimbus und Mantel steht in der Vorderansicht. Er hält in der rechten Hand einen Kreuzstab.
Silber. G 2,83 g, D 21 mm, 12 h
Berlin, Staatliche Museen zu Berlin, Münzkabinett, 18233181

III.2

Die Revolte des Heraclius gegen Kaiser Phocas (CPR XXIV 27)

Arsinoiton polis (Medinet el-Fayum), 8. Januar 610
Fundort: Arsinoiton polis (Medinet el-Fayum)
Papyrus, unten abgebrochen. L 9,6 cm, H 16,8 cm
Wien, Österreichische Nationalbibliothek,
Papyrussammlung, P.Vindob. G 21350

„Im Namen der heiligen und wesensgleichen Dreifaltigkeit des Vaters und Sohnes und Heiligen Geistes und unserer Herrin der Gottesmutter Maria und aller Heiligen. Im 8. Regierungsjahr unseres Herrn (dominus) Flavius Phocas, des allzeitigen Augustus, 13. Tybi, 13. Indiktion, in Arsinoiton Polis." Die Reichsgeschichte begegnet nur selten in den Papyri. Bisweilen jedoch spiegeln sich historische Begebenheiten indirekt in Dokumenten des Alltags. Ein solcher Fall liegt in dieser Gestellungsbürgschaft vor, die zu Beginn des Jahres 610 in Arsinoiton polis, damals Hauptstadt der fruchtbaren Halboase Fayum südlich von Kairo, ausgestellt wurde. Zwei Männer aus Zinnis, einem Dorf der Umgebung, verbürgen sich gegenüber dem Pagarchen (Bezirksvorsteher) Flavius Strategius für einen Mann, dessen Name durch den Bruch der Urkunde verloren ist. Aus dem 6. und 7. Jahrhundert sind viele Gestellungsbürgschaften erhalten, und meistens geht es darum, dass ein inhaftierter Steuerschuldner gegen Bürgschaft wieder auf freien Fuß gesetzt wird. Vielleicht war dies auch der Hintergrund für die Ausstellung der vorliegenden Bürgschaftsurkunde.

Ein Detail in der Datierungsklausel am Beginn des Vertrages (Zeilen 5–7) verleiht dieser Gestellungsbürgschaft jedoch eine historische Dimension. Das Dokument stammt nämlich aus der Zeit der Revolte des Heraclius gegen Kaiser Phocas, die nach längerem Bürgerkrieg schließlich zum Sturz des Herrschers und zur Thronbesteigung des Heraclius am 5. Oktober 610 führte. Heraclius hatte, aus Afrika (heute: Tunesien) kommend, Anfang 608 zunächst Alexandria besetzt – und damit die Getreideversorgung der Hauptstadt Konstantinopel unter seine Kontrolle gebracht –, musste dann aber eine Niederlage gegen kaisertreue Truppen aus Palästina hinnehmen. Im folgenden Jahr war die Macht des Heraclius auf das stark befestigte Alexandria beschränkt, bis sein General Niketas nach einem Ausfall die Oberhand gewann und den Kaisertreuen eine Niederlage beibrachte. Nachdem Heraclius sich in Ägypten durchgesetzt hatte, schiffte er sich nach Konstantinopel ein, wo er den Bürgerkrieg schließlich zu seinen Gunsten entscheiden konnte.

Das Datum der Gestellungsbürgschaft lässt erkennen, dass noch am 8. Januar 610 Arsinoiton polis in Mittelägypten unter

III.2

der Kontrolle des Phocas stand, denn er ist als regierender Kaiser genannt und es wird nach seinen Regierungsjahren datiert. Die entscheidende Schlacht zwischen Niketas und den kaisertreuen Truppen muss daher erst nach diesem Datum stattgefunden haben. Der Papyrus bestätigt somit die Darstellung in der Chronik des Johannes von Nikiu, der zufolge Unter- und Mittelägypten noch länger an Phocas festhielten, obwohl sich Heraclius schon in Alexandria festgesetzt hatte.

Bernhard Palme

Literatur

Palme 2002, S. 160–165, Nr. 27, Taf. 16.

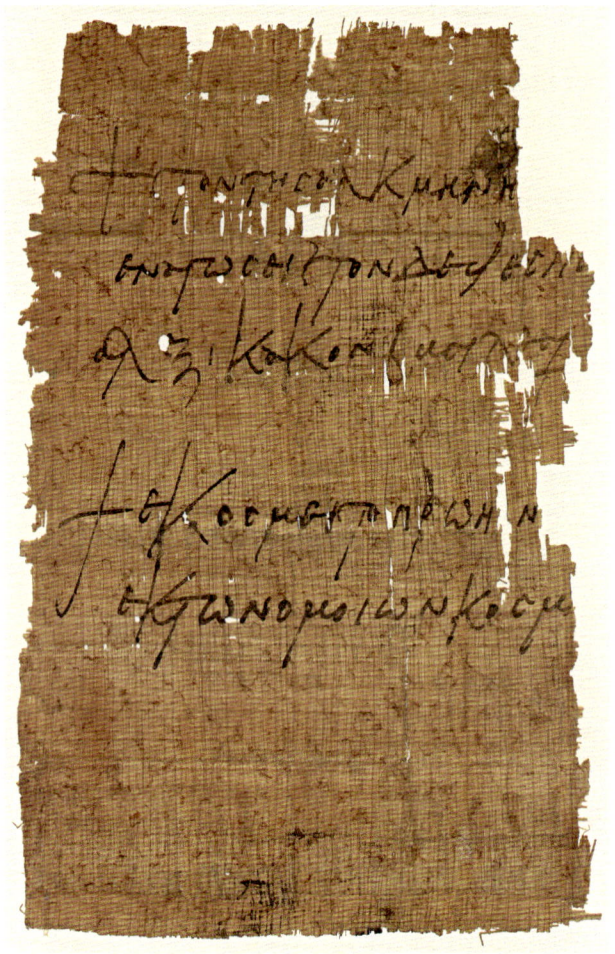

III.3

Kaiser †". Nach einer Leerzeile folgt: „† Es wurde einstmals erschaffen [- - -] aus den ähnlichen Welten†".

Der Sohn der Alkmene war nach dem altgriechischen Mythos der Heros Herakles, der durch seine zwölf Heldentaten berühmt wurde. Auch in christlicher Zeit blieben die griechische Mythologie und Literatur trotz ihres heidnischen Inhalts weit verbreitetes Bildungsgut und zentraler Inhalt der höheren Schulung. So finden sich auch beim vorliegenden Text die heidnisch anmutenden Themen jeweils durch Kreuze am Beginn und am Ende des Satzes eingerahmt. Bei dem ersten Thema soll der Schüler demnach seine Kenntnisse in der Mythologie unter Beweis stellen und zugleich die Lobrede (Panegyrikos) auf den herrschenden Kaiser üben. Durch den Vergleich mit dem Heros wird implizit auch der Kaiser in die übermenschliche Sphäre erhoben. Das zweite Thema spricht kosmologische Überlegungen an, ist aber wegen des Textverlustes nicht sicher zu greifen. Falls am Ende der Zeile 4 nur wenige Wörter, vielleicht lediglich *ho kosmos* (die Welt), verloren sind, dann wäre der Schüler aufgefordert, das Thema „Unsere Welt wurde einstmals aus den ähnlichen Welten erschaffen" zu elaborieren. Das Papyrusfragment zeigt, wie fest Bildung und Unterricht auch im byzantinischen Ägypten in der griechisch-römischen Antike verwurzelt waren.

Bernhard Palme

Literatur
Harrauer/Sijpesteijn 1985, S. 125–136, Nr. 134, Taf. 60.

III.3

Aufsatzthemen aus dem Schulunterricht (P.Rain.Unterricht 134)

Ägypten, 7. Jahrhundert
Fundort: Ägypten
Papyrus, an der rechten Seite abgebrochen.
L 9 cm, H 14,2 cm
Wien, Österreichische Nationalbibliothek,
Papyrussammlung, P.Vindob. G 26186

Die Ausarbeitung von Aufsätzen und Reden war stets ein wesentliches Element des antiken Schulunterrichts. Oftmals mussten die ausgearbeiteten Themen dann als rhetorische Übung vor den Mitschülern vorgetragen und in Rede und Gegenrede argumentiert werden. Auf diesem Papyrusblatt hat eine geübte, deutliche Handschrift – vielleicht die eines Lehrers – zwei Themen notiert:„† Den Sohn der Alkmene [- - - (vergleiche) - - -] in den Taten mit unserem Herrn, dem übelabwehrenden

III.4

Doppelblatt aus dem Codex Sinopensis

Konstantinopel?, 6. Jahrhundert
1899 in Sinope erworben
Purpurgefärbtes Pergament, 43 Blätter,
Tempera und Gold. H 30 cm, B 25 cm
Paris, Bibliothèque nationale de France,
Département des manuscrits, Cod. Suppl. Gr. 1286

Diese Prachthandschrift wurde 1899 von einem französischen Offizier in Sinope, Kleinasien, erworben und 1900 nach Paris verkauft. Sie besteht heute aus 43 purpurgefärbten Pergamentblättern, die einige Kapitel des Matthäusevangeliums, jedoch mit Fehlstellen, in griechischer Sprache enthalten. Ursprünglich enthielt der Codex wohl den vollständigen Matthäustext, die restlichen drei Evangelien des Neuen Testaments bildeten vermutlich separate Bände. Bezeichnend für die Kostbarkeit der Handschrift ist der Umstand, dass der Text durchgehend in großen Goldunzialen geschrieben ist. Fünf Blätter sind am unteren Teil mit ungerahmten, streifenförmigen Miniaturen dekoriert,

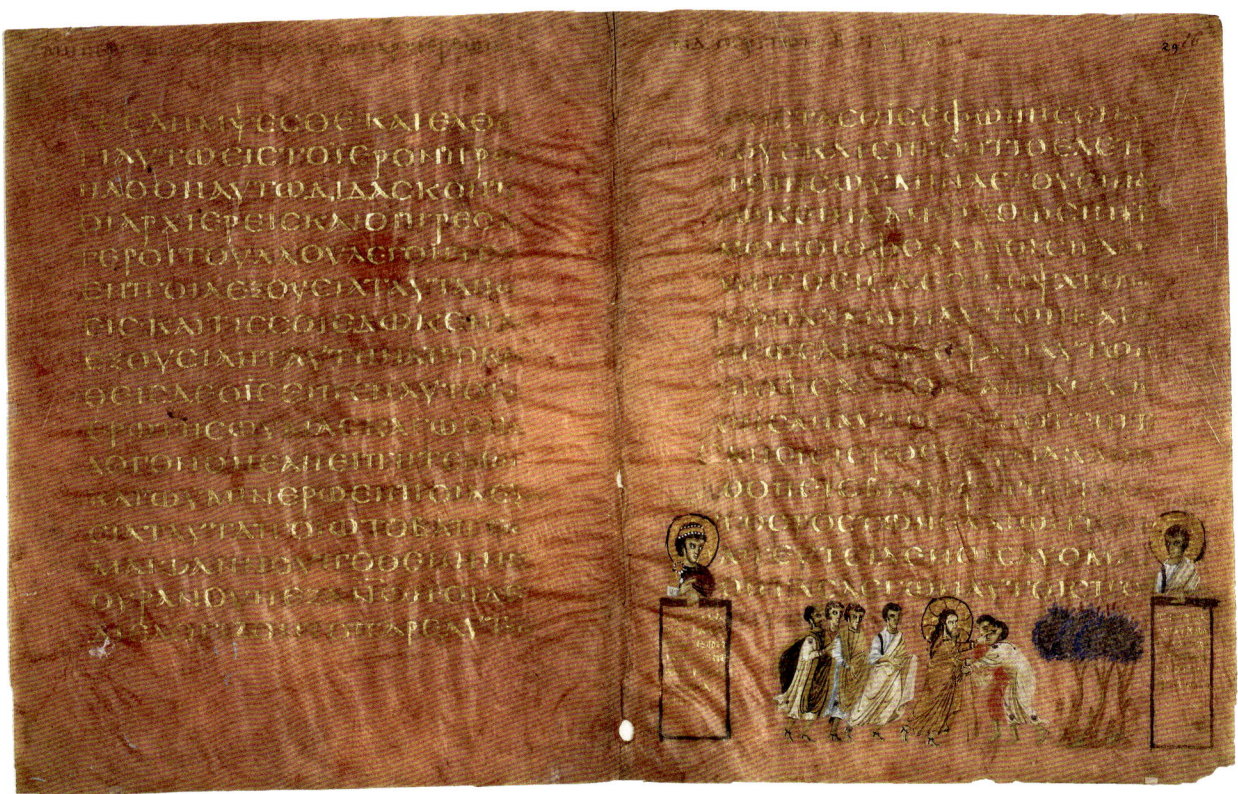

III.4

die unregelmäßig im Codex verteilt sind. Die Illustrationen basieren auf dem Matthäustext und zeigen das Fest des Herodes mit der Enthauptung Johannes des Täufers (fol. 10v), die Speisung der 5000 (fol. 11r), die Speisung der 4000 (fol. 15r), die Heilung der beiden Blinden bei Jericho (fol. 29r) und die Verfluchung des Feigenbaumes (fol. 30v). Jeweils zwei Propheten mit beschrifteten Rollen flankieren die Miniaturen. Dabei handelt es sich um Bibelzitate, die sich typologisch auf die jeweilige dargestellte neutestamentliche Episode beziehen. Die Bilder sind textintegrierte Illustrationen, die ein enges inhaltliches und physisches Verhältnis zum Matthäustext aufweisen. Der Umfang der ursprünglichen Illustration kann nicht rekonstruiert werden.

Der Codex ist eng verwandt mit dem sogenannten Codex Rossanensis (Museo dell'Arcivescovado, Rossano in Kalabrien). Es handelt sich dabei ebenfalls um eine griechische Handschrift mit Teilen der Evangelien, die in goldenen und silbernen Unzialen auf purpurgefärbtem Pergament geschrieben sind. Dort finden sich allerdings nur Vollblattminiaturen zu Beginn des Codex. Neben stilistischen Gemeinsamkeiten stimmen die Illustrationen der beiden Purpurcodices auch in der theologischen Konzeption überein, d.h. bei der Gegenüberstellung von Altem und Neuem Testament: Diese Verwandtschaft geht so weit, dass bei thematisch vergleichbaren Miniaturen oft derselbe Prophetenvers zu finden ist. Eine weitere illustrierte Purpurhandschrift mit dem in

Silbertinte geschriebenen Genesis-Text, die sogenannte Wiener Genesis (Wien, Österreichische Nationalbibliothek, cod. theol. gr. 31), weist paläographische und stilistische Gemeinsamkeiten mit den Sinope-Fragmenten und dem Rossano-Codex auf, so dass alle drei Purpurcodices eine Gruppe bilden.

Bezüglich der Herkunft und Lokalisierung der beiden Handschriften existiert in der Forschung eine große Bandbreite an Vorschlägen. Mit besonderer Vorliebe wird auf der Basis von kunsthistorischen, paläographischen sowie textinhaltlichen Kriterien der syro-palästinensische Raum genannt und als Entstehungsdatum das 6. Jahrhundert angenommen. Da der Purpurgebrauch aber v.a. dem byzantinischen Kaiser vorbehalten war, wird auch Konstantinopel als Herstellungsort angenommen, zumal stilistisch gesehen keine engen Vergleichsbeispiele aus dem syro-palästinensischen Raum bekannt sind. Aufgrund des Luxuscharakters handelte es sich beim Codex Sinopensis wohl um ein Geschenk.

Vasiliki Tsamakda

Literatur

Ausst.-Kat. London 2008, Nr. 49 (Christian Förstel); Ausst.-Kat. New York 2012; Cavallo 1967, S. 97–104; Lowden 1999, S. 21–24, Abb. 6; Lowden 2007; Sevrugian 1990; Sörries 1993, Bd. 1, S. 78–80, Bd. 2, Taf. 41–42; Spier 2007, Nr. 81; Weitzmann 1971.

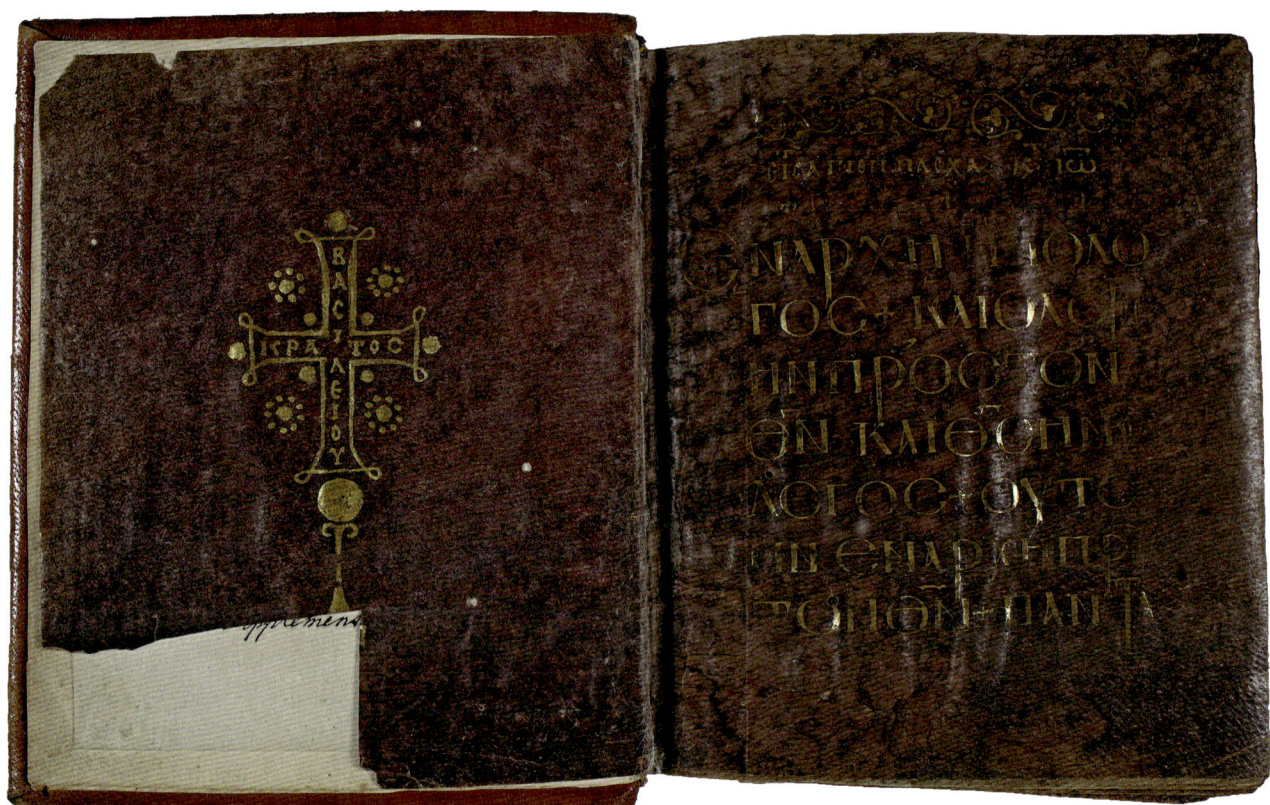

III.5

III.5

Lektionar (Evangelistar) des Kaisers Basileios I. (?)

Konstantinopel, 2. Hälfte 9. Jahrhundert
Purpurgefärbtes Pergament, 182 Blätter,
Goldzeichnungen. H 16,4 cm, B 14,3 cm
Neapel, Biblioteca Nazionale di Napoli,
Ms. Ex-Vind.Gr.2 (olim Vind. suppl. gr. 12*)

Die in mehrfacher Hinsicht einzigartige Handschrift gehörte einst dem Kloster S. Giovanni a Carbonara in Neapel und wurde Kaiser Karl VI. (1711–1740) geschenkt, als er zwischen 1714 und 1733 König von Neapel war. Später gelangte sie in die Nationalbibliothek in Wien und erhielt die Signatur suppl. gr. 12*. Nach dem Ende des 2. Weltkrieges wurde sie Italien zurückgegeben und wird heute in der Nationalbibliothek in Neapel aufbewahrt.

Der kleinformatige Codex besteht aus purpurgefärbten Pergamentblättern von feinster Qualität und enthält neunzehn Perikopen sowie zwei Diaphora-Lesungen am Ende. In einem unvollständig erhaltenen Inhaltsverzeichnis zu Beginn des Codex, ein weiteres außergewöhnliches Merkmal dieses Evangelistars, werden zwei weitere Lektionen aufgelistet, die

verloren gegangen sind. Der Text ist mit ungewöhnlich großen Majuskeln in Gold geschrieben, wobei nur 8–9 Zeilen eine Textseite ausmachen. Der Codex steht in der Tradition der großen Purpurcodices der spätantiken bzw. frühbyzantinischen Zeit, die Paläographie weist jedoch auf die zweite Hälfte des 9. Jahrhunderts hin.

Das kleine Format kontrastiert zu dem außergewöhnlichen Luxus, der insbesondere für ein Evangelistar und für mittelbyzantinische Handschriften im Allgemeinen unüblich ist. Von den bekannten Evangelistaren weicht der Codex auch dadurch ab, dass er weniger Lesungen aus dem Neuen Testament enthält und dass diese ausgewählten Lesestücke nicht nach beweglichen Kirchenfesten und Kalenderfesten getrennt werden, sondern das Kirchenjahr durchlaufen, beginnend mit der Osterperikope. Diese Vermischung der Feste folgt einer älteren Anordnungstradition. Der Prunkcharakter des Codex und der Umstand, dass er nur eine geringe Anzahl von Perikopen enthält, weisen auf eine private Nutzung des Evangelistars hin.

Es gibt mehrere Hinweise für die Annahme, dass es sich bei diesem Codex um das Privatexemplar eines byzantinischen Kaisers oder konkreter um das von Basileios I. (867–886) handelte. Während wichtige Lesungen wie diejenige zum Karfreitag fehlen, wurden in das Evangelistar Lesungen zur Kreuzerhöhung und zum Donnerstag nach Ostern aufgenommen, die im kaiserlichen Zeremoniell eine besondere Bedeutung hatten. Auf Basileios I. weist die Lesung zum Hl. Basileios hin, während bemerkenswerter Weise Lesungen zu anderen Heiligen fehlen.

Neben der spärlichen Ornamentik, bestehend aus einfachen Goldranken über den Titeln zu den verschiedenen Perikopen, befindet sich ein dekorativer Schmuck auf fol. 1v, das als Titelblatt fungiert. Auf die Purpurfläche ist ein Kreuz in Gold gezeichnet, das auf einem Stufenpostament steht. Die Form ist von realen Kreuzen aus Gold oder Silber inspiriert. Im Inneren des Kreuzes ist die Inschrift ΒΑCΙΛΕΙΟΥ ΚΡΑΤΟC angebracht, die entweder als „Im Kreuz liegt die Macht des Kaisertums" oder „Im Kreuz liegt die Herrschermacht des Basileios" frei übersetzt werden kann. Trotz der Tatsache, dass die übliche Titulatur fehlt, die bei der Erwähnung eines kaiserlichen Namens quasi obligatorisch ist, wird in der Forschungsliteratur Basileios meistens als Eigenname verstanden und das Evangelistar somit als das Privatexemplar des Kaisers Basileios I. angesehen.

Vasiliki Tsamakda

Literatur

Aland 1994, S. 221, Nr. 46; Gregory 1900–1909, S. 391, Nr. 46; Handschriftenkatalog Neapel 1992, S. 9–11; Weitzmann 1959; Weitzmann 1996, S. 76, Abb. 613–614.

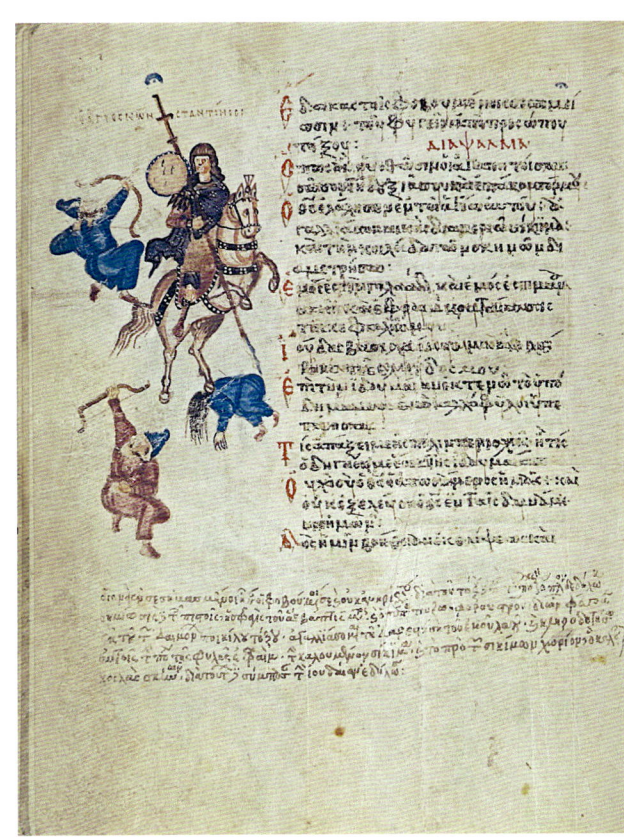

III.6, fol. 58v

III.6

Chludov-Psalter

Konstantinopel, 2. Hälfte 9. Jahrhundert
Pergament, 169 Blätter. Tempera und Gold,
Übermalungen. H 19,5 cm, B 15 cm
Moskau, Staatliches Historisches Museum, GIM 86795,
Chlud. 129 d.

Dieser griechische Psalter wurde in der Mitte des 19. Jahrhunderts vom Iberon-Kloster auf dem Berg Athos nach Moskau gebracht und 1917 als Teil der Sammlung von A. I. Chludov dem Historischen Museum Moskaus einverleibt. Seine frühere Geschichte kann durch einige Eintragungen teilweise rekonstruiert werden. So befand er sich 1648 auf der Insel Chalke bei Konstantinopel. Eine weitere Eintragung, vermutlich aus dem 15. Jahrhundert, informiert über die Gründung der Lavra des Hl. Athanasios (Megiste Lavra) auf dem Athos im Jahr 6469 (= 961), ein Hinweis darauf, dass sich die Handschrift zu diesem Zeitpunkt dort befand.

Der Chludov-Psalter gehört zusammen mit zwei weiteren Psalterien des 9. Jahrhunderts (Paris. gr. 20 und Athos, Panto-

krator cod. 61) zu den frühesten erhaltenen illuminierten Psalterien. Alle drei sind miteinander eng verwandt. Sie enthalten die Psalmen nach der Septuaginta sowie Illustrationen in Form von Randminiaturen. Die im Codex enthaltenen Responsorien (Antwortgesänge) bringen den Codex in Verbindung mit der Liturgie der Hagia Sophia in Konstantinopel. Unter anderem aus diesem Grund wird die byzantinische Hauptstadt als Entstehungsort des Psalters angenommen. Möglicherweise ist der Codex im Studioskloster entstanden.

Der ursprünglich in Majuskel geschriebene Text des 9. Jahrhunderts wurde spätestens im 14. Jahrhundert in Minuskel überschrieben. Insgesamt enthält der Chludov-Psalter über 200 Miniaturen, die im 9. Jahrhundert entstanden sind, aber teilweise spätere Übermalungen aufweisen. Charakteristisch für die Art der Illustration und das Verhältnis zwischen Text und Bild bei den Randpsalterien ist der Umstand, dass die Miniaturen einen visuellen Kommentar zu den Psalmen darstellen und sich auf vielfältige Art und Weise auf deren Inhalt beziehen. Dabei können sowohl ganze Psalmenverse als auch einzelne Wörter Anlass zur Illustration geben. Somit sind diese nicht nur auf alttestamentliche Szenen beschränkt, sondern können u.a. auch neutestamentliche, repräsentative und allegorische Szenen sowie Martyriumsszenen enthalten. Gleichzeitig stel-

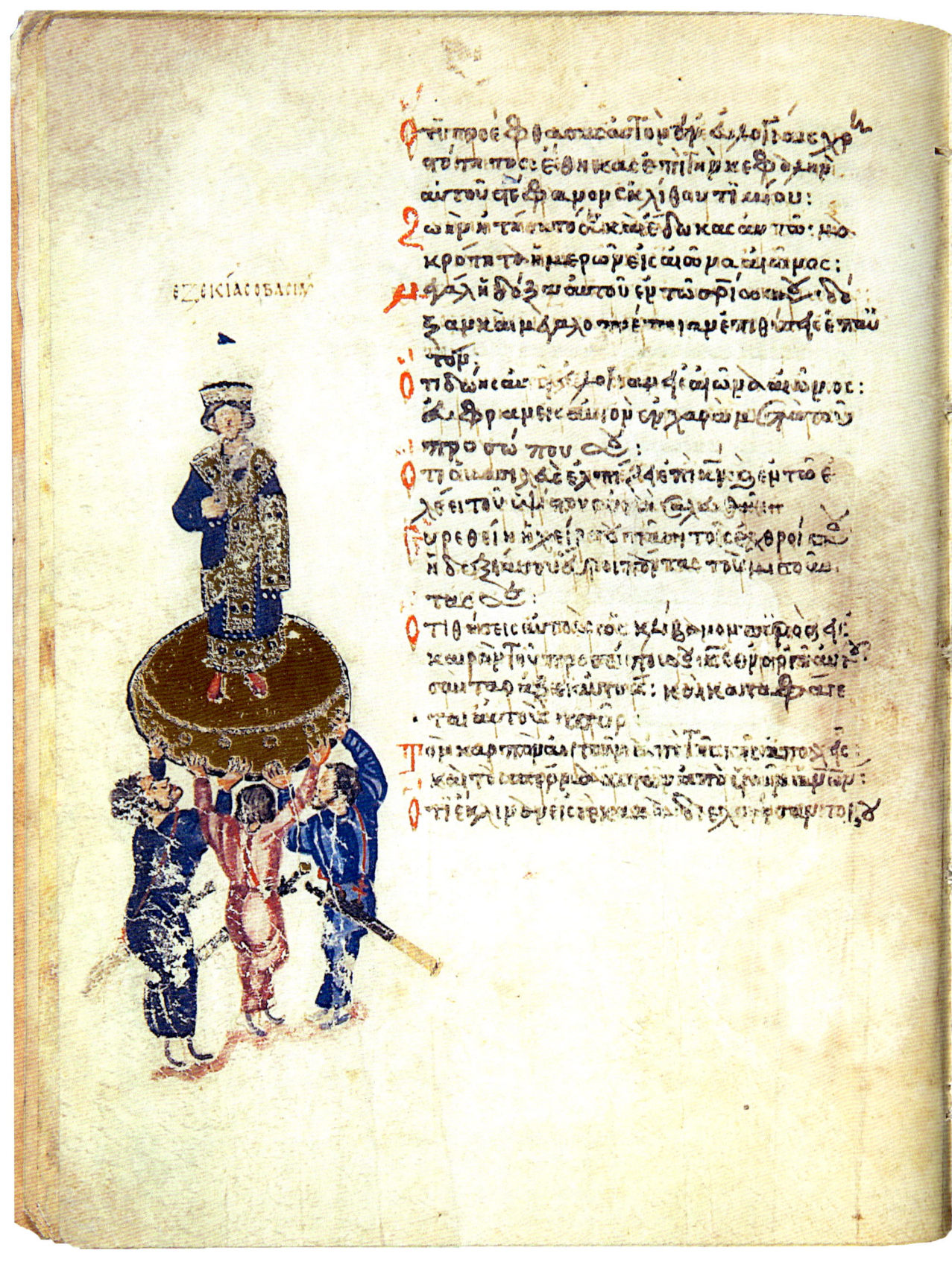

len die Illustrationen in diesem Psalter eine wichtige bildliche Quelle für den byzantinischen Bilderstreit dar, dessen Ende im Jahr 843 den *terminus post quem* für die Datierung des Codex bildet. Viele Illustrationen verurteilen in polemischer Art und Weise die Ikonoklasten und feiern die Bilderverehrung als Triumph der Orthodoxie.

Die hier gezeigte Miniatur auf fol. 18v begleitet den Psalm 21 (20) „Dank für den Sieg des Königs" und bezieht sich auf Vers 6 desselben („Groß ist sein Ruhm durch Deine Hilfe, du hast ihn bekleidet mit Hoheit und Pracht"). Dargestellt ist laut Beischrift der alttestamentliche König Ezekias als byzantinischer Kaiser auf einem Schild, den drei Personen heben. Der Grund für die Darstellung dieses alttestamentlichen Königs, der im o. g. Psalm nicht erwähnt wird, liegt darin, dass sich der Kirchenvater Theodoret von Kyros (393–458/460 oder 466) in seiner Auslegung des Psalms 20, V 6, also im danebenstehenden Kommentar, auf Ezekias bezieht. Die Entstehung dieser Miniatur setzt also theologische bzw. exegetische Kenntnisse voraus. Bei der Schilderhebung, deren Darstellung hier die älteste erhaltene in der byzantinischen Kunst ist, handelt es sich um eine Zeremonie, die für einen römischen Kaiser zum ersten Mal für Kaiser Julian Apostata (360–363) belegt ist und

im byzantinischen Reich noch lange praktiziert wurde, auch wenn ihr ursprünglicher militärischer Charakter im Laufe der Jahrhunderte verloren gegangen ist.

Auf fol. 58v bezieht sich die Miniatur auf Vers 6 des Psalms 59: „Für alle, die dich fürchten, hast du ein Zeichen aufgestellt, zu dem sie fliehen können vor dem Bogen". Der Buchmaler ließ sich in diesem Fall vom Wort Zeichen inspirieren und zeigt, wie die Beischrift bestätigt, Kaiser Konstantin den Großen zu Pferde. Er durchbohrt mit einem Speer, der von einem Kreuz gekrönt wird, einen Feind, während ihn zwei Bogenschützen attackieren. Bei dieser Darstellung wird der Sieg Konstantins über Maxentius an der Milvischen Brücke impliziert. Der Legende nach sah Konstantin in einer Vision das Kreuzzeichen, sodass sein Sieg auf den Gott der Christen zurückgeführt wurde. Die Darstellung Konstantins zu Pferde ist selten.

Vasiliki Tsamakda

Literatur
Ausst.-Kat. Bonn 2010, Nr. 26 (Margarita Pankova); Ausst.-Kat. London 2008, Nr. 50 (Robin Cormack); Ausst.-Kat. New York 1997, Nr. 52 (Kathleen Corrigan); Cormack 1985, S. 134–139; Corrigan 1992; Scepkina 1977; Walter 1975, S. 149–150, Abb. 4; Walter 2006, S. 64, Abb. 58.

Kaiser Konstantin VII. als Autor und Vermittler von Literatur und Wissenschaft

Konstantin wurde am 2. September 905 als Sohn der Zoe Karbonopsina („die mit den kohlschwarzen Augen"), der Geliebten seines hochgebildeten Vaters Leon VI. (Kaiser von 886–912), im kaiserlichen Kreißsaal (Purpursaal) geboren. Der Patriarch Nikolaos Mystikos taufte den Jungen zwar, einer Eheschließung der Eltern wollte er aber nicht zustimmen, da es sich um die vierte Ehe Leons gehandelt hätte. Gegen den Willen des Patriarchen wurde die Heirat dennoch geschlossen, im folgenden Tetragamiestreit wurde Nikolaos abgesetzt. Nach dem Tod Leons VI. (11. Mai 912) übernahm kurz sein jüngerer Bruder Alexander die Regierung, bis im Juni 913 der minderjährige Konstantin unter der Obhut eines Regentschaftsrates zu herrschen begann (zunächst geführt von dem wiederbestellten Patriarchen Nikolaos Mystikos, dann von seiner Mutter Zoe). Der Flottenkommandant Romanos Lakapenos konnte sukzessive seinen Einfluss bei Hof

vergrößern und verheiratete seine Tochter Helene Lakapene mit dem gerade noch nicht volljährigen Konstantin (919), wodurch er den Titel *basileopator* (Vater des Kaisers) erhielt. Als älterer Mitkaiser regierte Romanos von 920 bis 944, als er von seinen Söhnen gestürzt wurde; kurz darauf setzte sich Konstantin VII. gegen diese durch (Anfang 945). In die Regierungszeit Konstantins († 959) fielen Gebietsgewinne im Osten des Reiches, während der Versuch, Kreta zurückzuerobern, vorerst scheiterte (949); die Beziehungen zu den Kiever Rus intensivierten sich (Besuch der Fürstin Ol'ga am Goldenen Horn).

Die Jahrzehnte der politischen Isolation nutzte der vielseitig begabte und kunstsinnige Konstantin zu intensiven Studien. Er stand in Kontakt mit einflussreichen Gebildeten seiner Zeit (Theodoros von Kyzikos, Symeon Logothetes). Er beauftragte ein Gelehrtenteam, das verfügbare historische Wissen nach seiner praktischen Anwendbarkeit in 53 Kategorien zu organisieren; nur Teile haben sich davon erhalten: *De Virtutibus et Vitiis* (Über Tugenden und Laster), *de Sententiis* (Über Sinnsprüche), *de Insidiis* (Über Kriegslisten), *de Strategematis* (Über die Feldherrnkunst), *de Legationibus Gentium ad Romanos* (Über ausländische Gesandtschaften), *de Legationibus Romanorum ad Gentes* (Über byzantinische Gesandtschaften) und *de contionibus militaribus* (Über öffentliche Reden vor den Soldaten). Nicht nur historische Quellen interessierten Konstantin: So wurde die Schrift *Geoponika* neu herausgegeben, welche die Ernährungsgewohnheiten des 10. Jahrhunderts reflektiert (Passagen aus dem 6. Jahrhundert, in 20 Büchern). Man findet dort neben Empfehlungen für ideale Bauplätze von Häusern Hinweise zu Tierzucht und Pflanzenanbau sowie Angaben zum Klima Konstantinopels. Im Vorwort dieses Werkes wird ausdrücklich auf das Verdienst Konstantins hingewiesen, Rhetorik und Philosophie dem Vergessen entrissen, Kunst und Handwerk aber wieder erneuert zu haben. Neben der Heilkunst (*Iatrika*) beschäftigten ihn Veterinär- bzw. Pferdemedizin (*Hippiatrika*), wie Exzerpte in der Berliner Handschrift Phillips 1538 zeigen (vgl. Kat.-Nr. III.8). Am bekanntesten sind die Werke *De administrando imperio* (Lehrschrift für seinen Sohn Romanos II. mit einem ausführlichen Vorwort zum Wert des Lernens und der Erziehung) und *De Ceremoniis* (Zeremonienbuch), welche die Rekonstruktion der kaiserlichen Außenpolitik und Diplomatie (mit detaillierten Beschreibungen zu benachbarten Völkern) sowie des sozialen Lebens und der Repräsentation am Hof ermöglichen. Ein wichtiger Textzeuge des Zeremonienbuches befindet sich in Leipzig (Lips. Bibl. Univ. Rep. I 17 [gr. 28], Beginn 3. Drittel des 10. Jh., siehe Abb. 49, S. 324). Instruktiven Charakter weisen auch die Traktate zu kaiserlichen Expeditionen auf. Einblick in das Selbstverständnis Konstantins erlaubt die von ihm verfasste Biographie seines Großvaters und Dynastiebegründers Basileios' I. (867–886) (Buch 5 einer sechsteiligen Chronographie im Anschluss an das Geschichtswerk des Theophanes), wo er alle Techniken der panegyrischen Darstellung ausreizt. Konstantin versuchte darin suggestiv die Unrechtmäßigkeit der regierenden Lakapenos-Familie aufzuzeigen. Der purpurgeborene Kaisersspross interessierte sich nicht nur für Werke in Prosa, er trat auch als Verfasser von Reden in der Öffentlichkeit auf. Die Rückführung des Mandylions (Abdruck des Antlitzes Christi in einem Tuch) aus Edessa (944) nach Konstantinopel pries er in einer Rede.

Durch die enzyklopädischen Tätigkeiten haben sich zwar Teile sonst kaum oder gar nicht tradierter Autoren erhalten (z.B. Joannes von Antiocheia, Malchos, Petros Patrikios, Priskos, Menander Protektor), nachteilig dürfte sich dies aber auf die vollständige Überlieferung der exzerpierten Werke ausgewirkt haben. Mit seinen Sammlungen wollte Konstan-

tin nicht nur Nachschlagewerke schaffen, er hoffte, sie als didaktische Behelfe einsetzen zu können. Die Vermittlung von Wissen war ihm nicht nur selbst ein großes Anliegen, er versuchte auch, hervorragende Lehrkräfte ausbilden zu lassen.

Michael Grünbart

Quellen
Geoponika.

Literatur
Belke/Soustal 1995; Breyer 1981; Van Deun/Macé 2011; Haldon 1990; Huxley 1980; Markopoulos 1989; McCabe 2002; McCabe 2007, bes. S. 269–275; Speck 1974; Toynbee 1973 (a).

III.7

Handschrift zur Pferdeheilkunde (Hippiatrica)

10. Jahrhundert n. Chr.
Pergament, 294 Blätter, Einband modern.
H 29,6 cm, B 26,5 cm
Berlin, Staatsbibliothek zu Berlin-Preußischer Kulturbesitz, Ms.Phill.1538

Das Manuskript mit dem Titel *Hippiatrica* ist ein byzantinisches Handbuch der Pferdeheilkunde (griech. *hippos* = Pferd) des 10. Jahrhunderts. Geordnet nach Behandlungen, Autoren und Medikamenten in unterschiedlichen Textformen fasst es Methoden zur medizinischen Behandlung von Pferden zusammen.

Es gehört zur Gruppe der byzantinischen Schriften wissenschaftlicher Natur, zu denen z.B. auch humanmedizinische und pflanzenkundliche Schriften oder militärische und handwerkliche Traktate gehören, die meist aus älteren Schriften zusammengestellt wurden. Auch in diesem Fall ist der Haupttext wohl im 5./6. Jahrhundert von einem anonymen Autor kompiliert worden, wiederum aus Exzerpten von sieben spätantiken Veterinärhandbüchern. Der Text ist heute in fünf Rezensionen in 22 Manuskripten (in 25 Kopien) erhalten, die zwischen dem 10. und 16. Jahrhundert entstanden sind. Das hier gezeigte Manuskript des 10. Jahrhunderts gehört zur Rezension B und stellt die älteste der insgesamt zehn Handschriften dieser Gruppe und die prächtigste Ausgabe überhaupt dar (was leider auch zu späteren Verstümmelungen geführt hat). Die reich in Gold und verschiedenen Farben ornamentierten *pylae* rahmen jeweils eine Kapitelüberschrift, für die Unzialen verwendet wurden, während der Text in einer verschnörkelten Minuskel geschrieben ist, der sogenannten *minuscule bouletée*, die

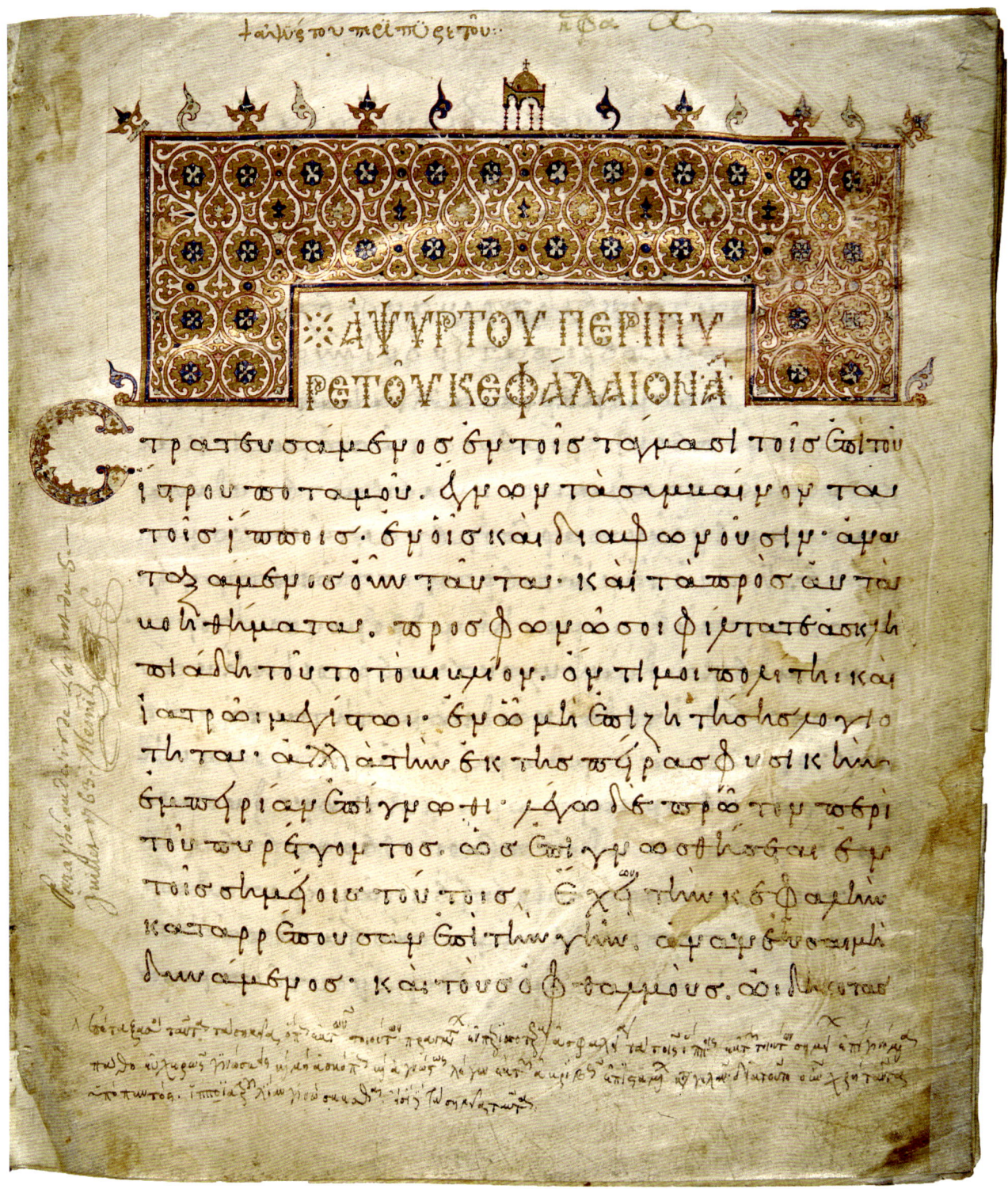

III.7, fol. 2r

auch bei einer Reihe von anderen Luxushandschriften des 10. Jahrhunderts zu finden ist.

Die *Hippiatrica* war ein Standardwerk und lag bereits im Mittelalter in verschiedenen Übersetzungen vor, z.B. in italienischer und arabischer Sprache, was verdeutlicht, dass die griechische Veterinärkunst auch jenseits von Byzanz geschätzt wurde – „von Palermo bis Bagdad" (McCabe, S. 2), auch über das Mittelalter hinaus: Die erste gedruckte Ausgabe (in Lateinisch) wurde 1530 von Jean Ruell in Paris vorgelegt.

Die *Hippiatrica* gibt einen guten Einblick in das Verhältnis der Byzantiner zu ihren Pferden, deren wertvollste Exemplare mit Wein und Öl massiert und zum Schwimmen ins Meer geführt wurden, deren Ställe mit Myrte ausgelegt und mit Myrrhe beräuchert wurden. Die erhaltenen Manuskripte zeigen, dass es unterschiedliche Ausgaben gab, zum einen schlichte Abschriften für den Gebrauch im Stall, zum anderen Prachthandschriften wie die vorliegende, als Geschenke bzw. Bibliotheksexmplare. Das hier gezeigte Beispiel wurde wohl für den byzantinischen Kaiser Konstantin VII. Porphyrogennetos (913–959) angefertigt, der ein Zeitgenosse Kaiser Ottos des Großen war und das 10. Jahrhundert in seiner langen Regie-

rungszeit durch militärische Kampagnen, diplomatische Missionen, staatsrechtliche Schriften und kulturelles Interesse geprägt hat. Seine Schriften, die später *De cerimoniis* (Zeremonienbuch) und *De administrando imperio* (Von der Regierung des Reiches) genannt wurden und in denen die Zeremonien und Abläufe am Kaiserhof bzw. Gedanken zur Staatsführung und Abwehr von Feinden geschildert werden, sind für die Byzanzforschung von unschätzbarem Wert. Ob dieser bedeutende Kaiser das Manuskript als Geschenk erhalten hat oder selbst in Auftrag gegeben hat, lässt sich zwar letztlich nicht mehr bestimmen, wohl aber, dass es sich um ein Produkt des kaiserlichen Skriptoriums in Konstantinopel handelt. Dass gerade diesem gelehrten Kaiser eine Schrift zur Pferdeheilkunde wichtig war, ist einleuchtend, waren doch Pferde für den byzantinischen Staat essentiell, sei es für das Militär – Reiterei oder Nachschub –, das weit vernetzte Postsystem oder nicht zuletzt das Hippodrom und die Jagd.

Antje Bosselmann-Ruickbie

Literatur
McCabe 2007.

Der Kaiserpalast von Konstantinopel

Der große Kaiserpalast von Konstantinopel war über 800 Jahre, von der Gründung in der Zeit Konstantins des Großen bis zum Ende des 11. Jahrhunderts, Wohnsitz des oströmischen Kaisers und Sitz der Staatsverwaltung. Er lag anfangs in einem eng begrenzten Gebiet an der Südostflanke des Hippodroms von Konstantinopel und bestand in seiner ersten Phase aus einem äußeren, für die Öffentlichkeit zugänglichen Teil mit dem Senatssaal (*Consistorium*) und einer großen Bankethalle, in der nach römischer Sitte im Liegen gespeist wurde, und einem inneren Teil mit dem als *Daphne* bekannten Wohnpalast, von dem aus die Kaiserloge des Hippodroms direkt zugänglich war (Abb. 51).

Dieser älteste Kern wurde im Lauf der Jahrhunderte ständig erweitert: Im Jahr 439 entstand eine erste Kirche, dann wurde das Areal um 500 durch große Terrassen nach Südosten er-

weitert, auf denen Kasernen und Verwaltungsbauten standen, und ein neuer Hauptzugang wurde errichtet, das sogenannte Eherne Tor (*Chalke*). Seit dem späten 6. Jahrhundert dehnte sich der Palast dann nach Südwesten aus; es entstanden um 570/580 der Goldene Saal (*Chrysotriklinos*) und eine weitere Audienzhalle, von der 1934 Reste mit einem Mosaikfußboden entdeckt wurden (Abb. 52).

Nach einer Pause der Entwicklung in den „dunklen Jahrhunderten" seit etwa 600 kamen unter den Kaisern Theophilos (829–842) und Basileios I. (867–886) wieder zahlreiche weitere, meist kleinere Gebäude im Süden und Südwesten hinzu, daneben aber auch größere wie um 830 der große Bukoleon-Palast an der Südküste, der mit seiner Fassade über das Marmarameer blickte, und um 886–883 die Neue Kirche (*Nea*).

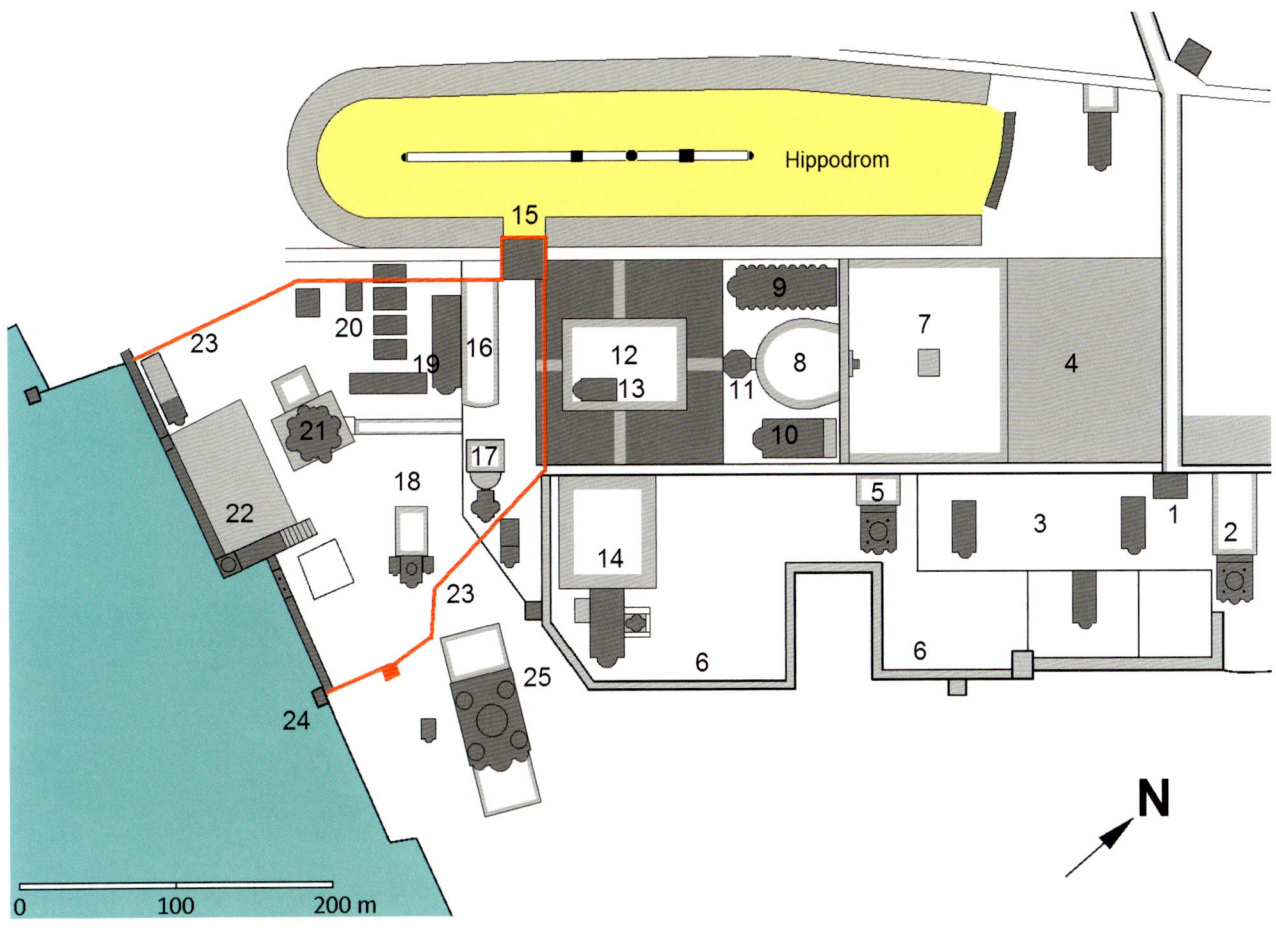

51

Der Große Kaiserpalast von Konstantinopel (Rekonstruktionsskizze)

1 Ehernes Tor mit Christuskapelle

2 Magnaura

3 Kasernen und Bürogebäude

4 ehemaliges Zeuxipposbad

5 Christuskirche

6 Terrassenmauern

7 Hof des Tribunals

8 „Eselsfuß" (hufeisenförmiger Hof)

9 Banketthalle (Neunzehn Liegen)

10 Konsistorium

11 Oktogon

12 Innerer Palast (Daphne)

13 Stephanoskirche

14 Audienzhalle

15 Kaiserloge des Hippodroms

16 Innerer Hippodrom

17 Trikonchos und Sigma

18 Muttergotteskirche beim Pharos

19 Säle von Iustinianos II. (685–695)

20 Bauten von Theophilos und Basileios I.

21 Goldener Saal (Chrysotriklinos)

22 Bukoleon-Palast

23 Palastmauer des Nikephoros Phokas

24 Pharos (Leuchtturm)

25 Neue Kirche (Nea)

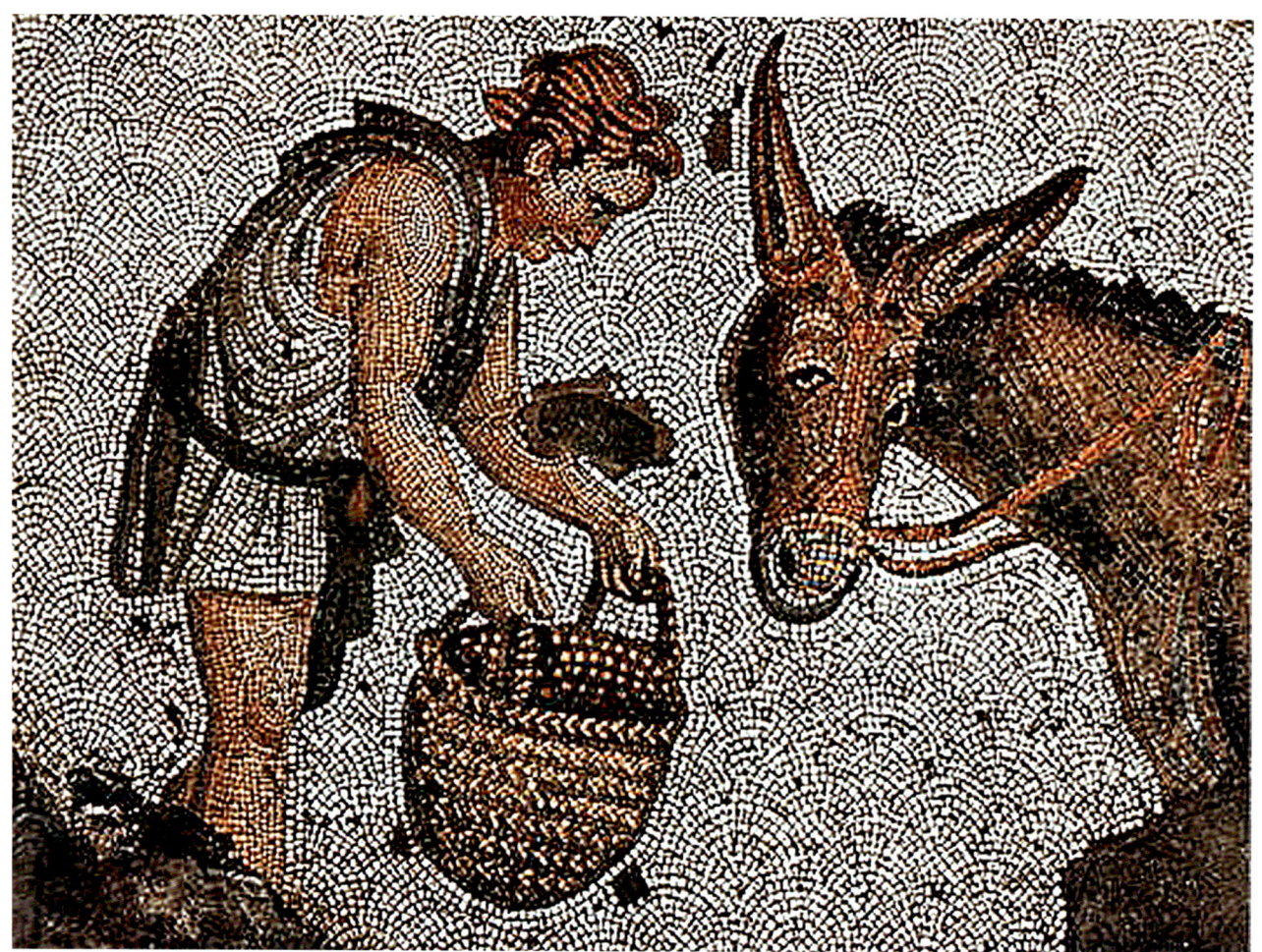

52 Detail aus einem Mosaikfußboden des Kaiserpalastes. Istanbul, Archäologisches Museum

Das sogenannte Zeremonienbuch des Kaisers Konstantinos VII. Porphyrogennetos (944–959), das heute noch in einer Handschrift in Leipzig erhalten ist (Abb. 49, S. 324), gibt uns ein beeindruckendes Bild davon, wie der große Kaiserpalast im 10. Jahrhundert bewohnt und verwendet wurde. Das Zeremonienbuch enthält neben vielem anderen Protokolle über den Ablauf von Prozessionen, die durch den Kaiserpalast zur Hagia Sophia und zu anderen Kirchen führten, und auf denen der Kaiser und sein Gefolge an bestimmten Punkten durch Gesang und Orgelspiel begrüßt wurden. Auch die Durchführung der Hippodromspiele und Wagenrennen, die nach alter Tradition an zahlreichen staatlichen Festtagen in Anwesenheit des Kaisers durchgeführt wurden, wird ausführlich beschrieben. Dazu kommen Berichte über Empfänge ausländischer Gäste, wie den für eine arabische Delegation im Jahr 946 und für die russische Fürstin Olga von Kiev im Jahr 957.

Bei diesen Empfängen wurde mit großem Aufwand versucht, die Besucher durch Luxus und kunstvolle technische Inszenierungen zu beeindrucken, unter anderem auch durch einen Thron mit brüllenden Löwen, auf dem sitzend der Kaiser während der Audienz plötzlich in die Höhe gefahren werden konnte. Wie das auf einen westlichen Besucher wirkte – oder wirken sollte –, erfahren wir aus den lebhaften Berichten des Liutprand von Cremona, der 949 im Auftrag des Königs Berengar von Italien, 968 im Auftrag Ottos I. nach Konstantinopel reiste, und beim zweiten Mal mit dem Versuch scheiterte, bei Kaiser Nikephoros II. Phokas (963–969) eine byzantinische Braut für Otto II. zu werben (Essay Huscher Bild 4).

Zu dieser Zeit wurde der ältere, obere Teil des Palastes am Hippodrom mit Ausnahme einiger Audienzräume allerdings kaum noch verwendet und begann schon allmählich zu verfallen. Als Nikephoros im Jahr 965 eine Mauer um den Kern des Palastes ziehen ließ, um sich vor Anschlägen zu schützen, umschloss diese nur noch nur den jüngeren, südlichen Teil. Freilich verfehlte diese Anlage ihren unmittelbaren Zweck, denn Nikephoros wurde 969 innerhalb der neuen Mauer ermordet. Der letzte Neubau im älteren Teil des Palastes ist die Kapelle über dem Ehernen Tor, die unter Kaiser Ioannes I. Tzimiskes

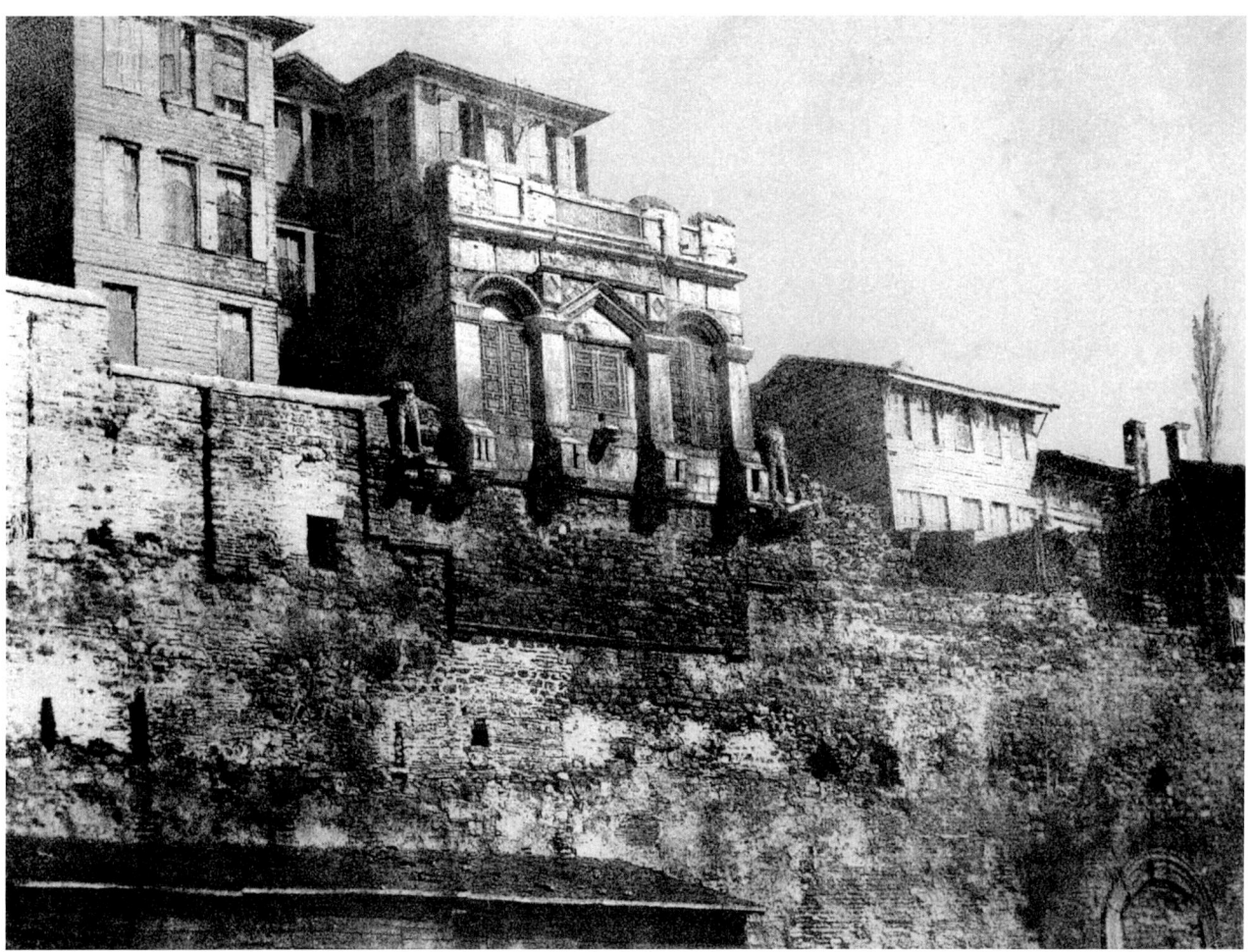

53   Die Fassade des Bukoleon-Palastes (vor 1872)

(969–976) zur Aufnahme der im Heiligen Land gewonnenen Christusreliquien errichtet wurde.

Im späten 11. Jahrhundert schließlich, unter der Regierung Kaiser Alexios I. Komnenos (1081–1118), wurde die Wohnresidenz des Kaisers zu den Blachernen verlegt, einem Vorort im äußersten Nordwesten der Stadt, weit entfernt vom alten Palast. Dieser diente zwar weiter dem staatlichen Zeremoniell, doch wurde auch dieses im Lauf des 12. Jahrhunderts zunehmend in den Blachernen durchgeführt, und die Zahl der Veranstaltungen im Hippodrom ging stark zurück.

Obwohl der große Kaiserpalast in der Spätzeit zunehmend verfiel, wurden einige intakte Gebäude nach 1204 noch von den Kreuzfahrern, nach 1261 wieder von den Byzantinern ver-

wendet. Erst nach der Eroberung der Stadt durch die osmanischen Türken verschwand der Palast nach 1453 fast völlig aus dem Stadtbild; seit dem Bau der Sultan-Ahmet-Moschee 1609–1616 war von ihm an der Oberfläche außer dem Ehernen Tor mit der Kapelle, der Seefassade des Bukoleon-Palastes und einigen Terrassenmauern nichts mehr zu sehen (Abb. 53), und erst im 20. Jahrhundert sind durch Grabungen einige weitere Reste wieder ans Tageslicht gekommen.

Albrecht Berger

Literatur

Ausst.-Kat. Trier 2003; Bardill 1999; Bardill 2006; Kostenec 2004; Mamboury u.a. 1934; Mango 1959; Mango 1997.

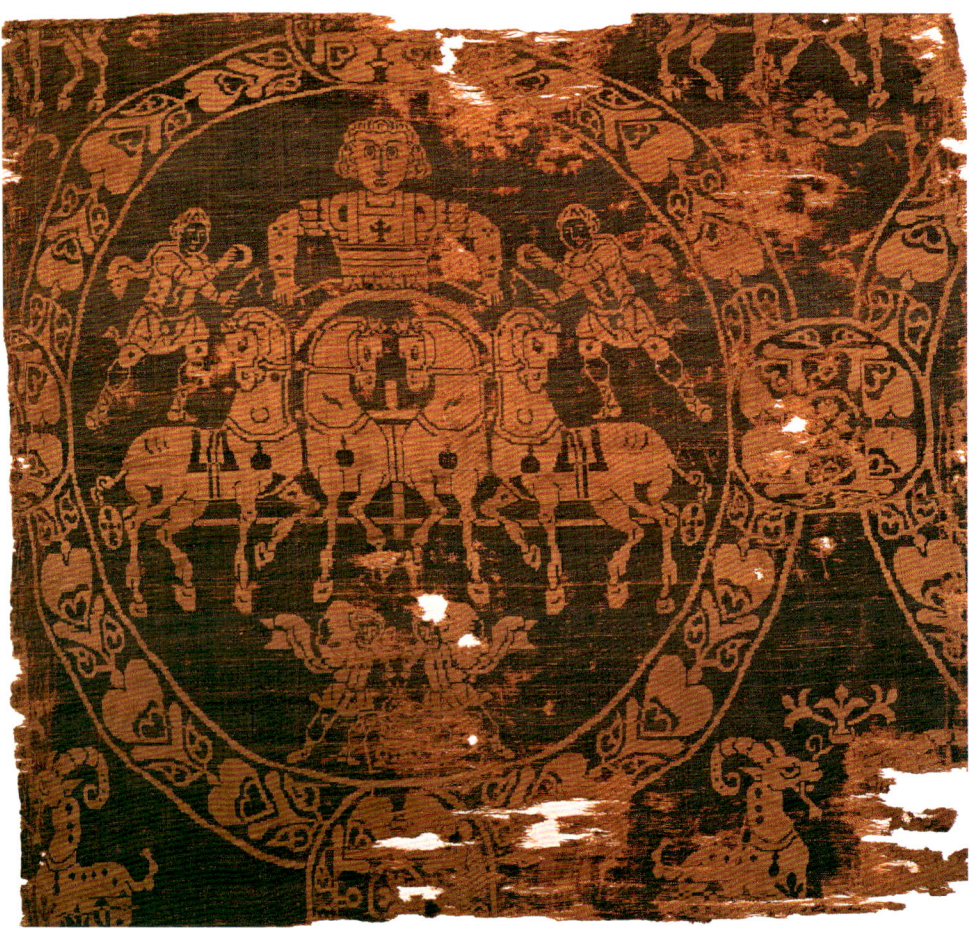

III.8

III.8

Quadrigastoff

Byzanz, Ende 8. Jahrhundert (?)
Seide, Samit Köper 1/2 S. H 76 cm, B 75 cm
Aachen, Domschatzkammer, G 9

Das purpurgefärbte Seidengewebe zeigt eine Arenaszene vor dunkelblauem Grund in gelbbraunem Muster. In einem Kreismedaillon ist eine Quadriga dargestellt. Die Zügel der vier reich geschirrten Pferde sind um den gepanzerten, lockenhaarigen Lenker, der sie in abgewinkelten Armen hält, herumgeführt. Zu Seiten der Quadriga eilen zwei Sklaven in Tunika und flatternder Chlamys mit Siegeskranz und Peitsche herbei. Unter bzw. vor den Pferden schütten zwei Knaben Münzen aus Säcken auf einen Altar – eine Allegorie oströmisch-kaiserlicher Freigiebigkeit. Noch in karolingischer Zeit griff man im byzantinischen Raum auf dieses antike Motiv der Verherrlichung des starken, siegreichen und freigiebigen Herrschers zurück. Ursprünglich

waren weitere Kreismedaillons oben, unten und zu den Seiten durch kleinere, ebenfalls herzblattgefüllte Kreise mit dem erhaltenen verbunden. In den Zwickeln zwischen den Medaillons stehen, jeweils spiegelbildlich verdoppelt, Steinböcke, die Blattzweige im Maul halten.

Die Seide, die eine Vermischung persischer (Steinböcke) und byzantinischer (geldschüttende Knaben) Symbole aufweist, war möglicherweise ein Geschenk an Karl den Großen (800–814), das bei seiner Bestattung am 28. Januar 814 zu den Leichentüchern gehörte.

Ein fast gleichgroßes, 1850 in Aachen abgetrenntes Stück des Quadrigastoffes befindet sich seitdem in Paris.

Georg Minkenberg

Literatur

Ausst.-Kat. Bonn 2010, S. 168 f. (neuere Lit.); Grimme 1973, S. 16 (ältere Lit.); Lepie/Minkenberg 2010, S. 16.

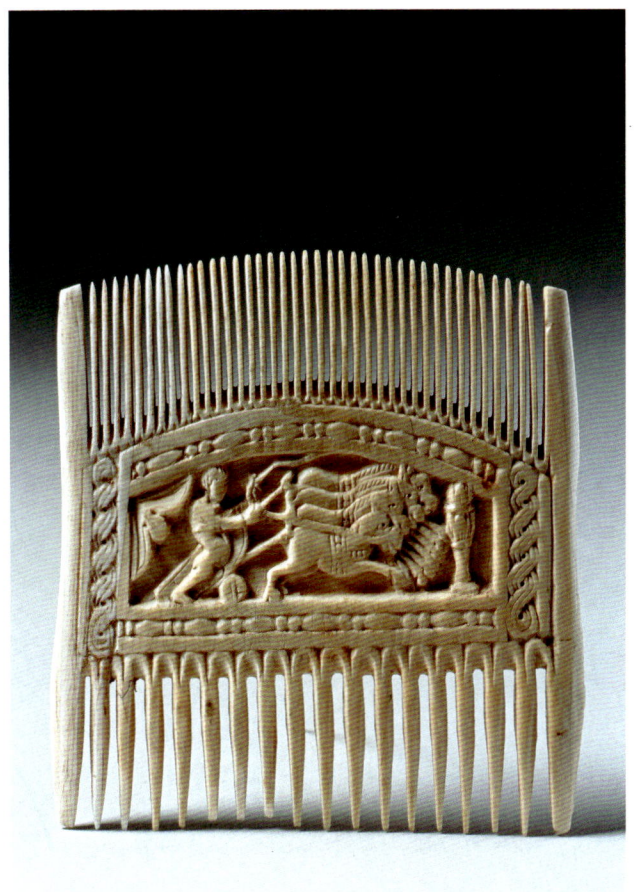
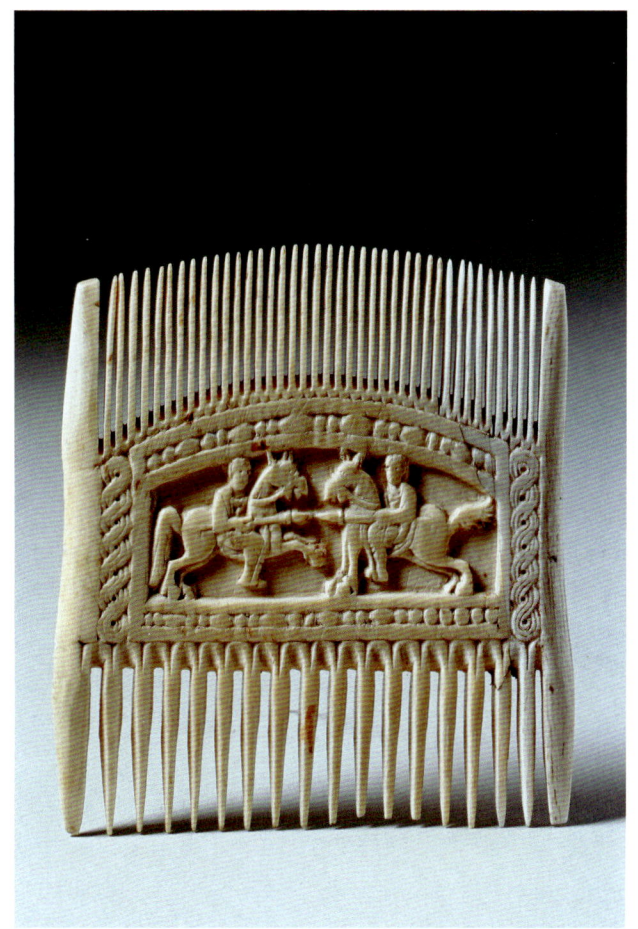

III.9

III.9

Doppelt gezahnter Kamm mit Darstellung einer Turnierszene und eines Wagenrennens

Konstantinopel, 10. Jahrhundert
Elfenbein. H 10,7 cm, B 10 cm
Nürnberg, Germanisches Nationalmuseum, KG 829

Die massive Grifffläche des doppelreihigen Kamms ist beidseitig mit Wettkampfdarstellungen verziert. Ein Reliefbild stellt im Ausschnitt ein Wagenrennen im Hippodrom in Konstantinopel dar. Auf einer Seite stürmen die vier Pferde einer Quadriga von rechts nach links auf eine Wendemarke (Meta) zu. Der Wagenlenker steht im Wagenkorb, über Rad und Deichsel, die detailgetreu ausgearbeitet sind. Mit seiner Peitsche spornt er die Pferde an. Die obere linke Ecke des Reliefgrundes ist mit einem stilisierten Blattpaar und einer Blüte ausgefüllt. Die kleine Relieffläche des Kammgriffs bot nur die Möglichkeit, einen Ausschnitt aus dem rasenden Spektakel abzubilden. Das Dipty-

chon der Lampadii (Kat.-Nr. II.29) stellt mit der Ansicht auf das Hippodrom zwar auch nur eine Momentaufnahme dar, zeigt aber vier Quadrigen im Umlauf. Auf der gegenüberliegenden Seite des Kammgriffs findet ein weiterer Wettkampf statt. Im Zweikampf stoßen zwei Reiter aufeinander: Der eine prescht dynamisch hervor, der andere stellt sich dem Angriff entgegen. Beide richten die großen Spitzen ihrer Lanzen gegeneinander. Der Ausgang der Kämpfe bleibt ungewiss. Perlstab und Flechtband umrahmen den Kammschild. Oben und unten schließen Zahnreihen unterschiedlicher Dichte an. Weitere erhaltene Kämme mit dieser Thematik belegen die andauernde und ungeminderte Beliebtheit derartiger Wettkampfspektakel in der byzantinischen Gesellschaft.

Ulrike Koenen

Literatur

Ausst.-Kat. Bonn 2010, Nr. 132 (Ulrike Koenen); Ausst.-Kat. München 1998, Nr. 57 (Rainer Kahsnitz); Berliner 1926, S. 6–7, Nr. 5; Braun 1895; Stafski 1965, S. 226–269, Nr. 202, Abb. 202; Swoboda 1963, Nr. 288; Wentzel 1972, hier S. 77–78, Abb. 78a; Winter 1907, Taf. 33, Nr. 100.

Des Kaisers schönste Kleider. Der byzantinische Kaiserornat

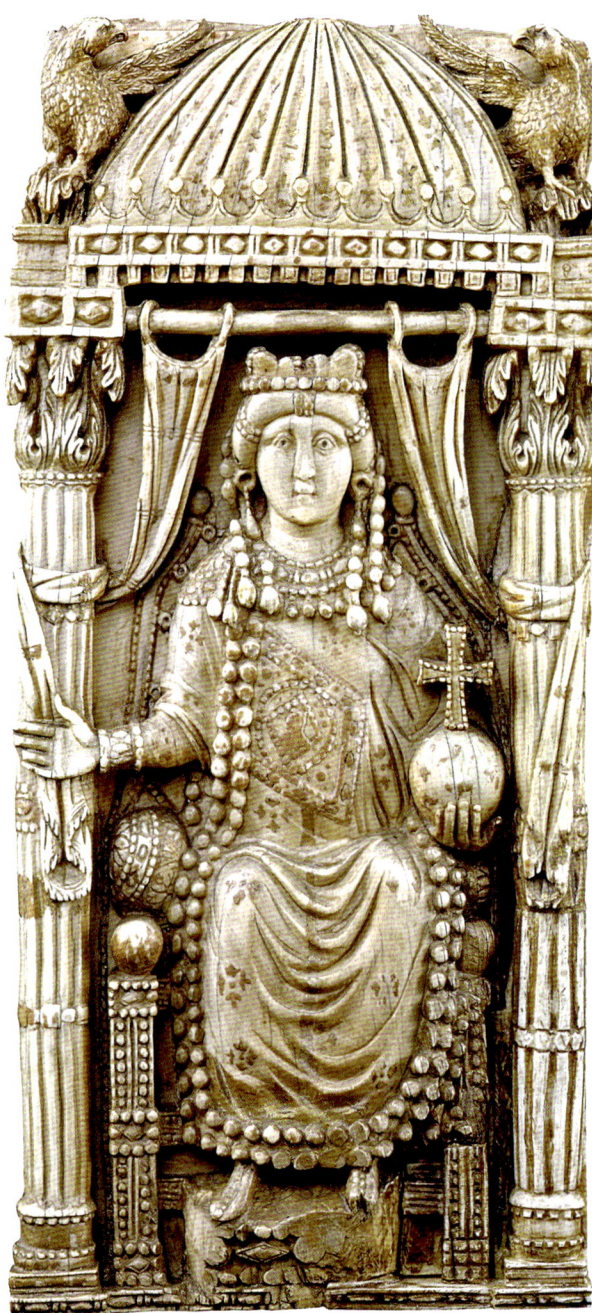

54 Elfenbeinrelief mit Kaiserin Ariadne (um 450–515). Wien, Kunsthistorisches Museum, ANSA X 39

Kaiser und Kaiserin von Byzanz präsentieren sich in bildlichen Darstellungen zumeist in ihren Festtagsgewändern oder in ihrem Krönungsornat und damit als Inhaber der universalen Macht. Kenntnis von der Kleidung der byzantinischen Kaiser erhalten wir durch Bildzeugnisse (Abb. 54 u. 55) und aus Schriftquellen. Kleidung, Schmuck und Insignien sind ein distinguierendes Merkmal der Gesellschaft, die den sozialen Status des Trägers visualisieren. Gleichwie die Staatsbeamten und der Klerus mit Anlegen des Gewandes in hohe Ämter eingesetzt wurden, so wurde auch der Kaiser der Romäer mit dem Krönungsornat investiert, was einkleiden bedeutet. Das Anlegen der Chlamys gehörte wie die Übergabe der Insignien zum offiziellen Krönungsakt. Das Tragen der zeremoniellen Gewänder in Bilddarstellungen ist in ihrer symbolischen Bedeutung begründet und entspricht der politischen und religiösen Ideologie des Staates und dem Selbstverständnis der Herrscher. Die traditionelle Form des Gewandes ist das sichtbare Merkmal einer ununterbrochenen Kontinuität der Römerherrschaft, welche die Machtausübung in der Gegenwart rechtfertigt.

Der Ornat des byzantinischen Kaisers entwickelte sich aus der antiken Tracht. Die purpurfarbene Chlamys, der auf der rechten Schulter gefibelte Feldherrnmantel, zeichnete schon in der Antike den Herrscher aus und ist weiterhin die offizielle Krönungsinsigne des *Basileios*. Das „Anlegen des Purpurs" wird zum Sinnbild des Herrschaftsantritts. Der Chronist Malalas betont im 6. Jahrhundert die antik römische Herkunft der Chlamys. Sie wurde aus kostbarer Seide gefertigt und reich mit Goldstickereien und Edelsteinen verziert. Kaiserin Ariadne (um 450–515) beanspruchte zur Gleichstellung ihrer Macht ebenfalls die Chlamys, um damit ihre uneingeschränkte Machtbefugnis zu demonstrieren. In dem Elfenbeinrelief, das die Kaiserin in der Chlamys zeigt (Abb. 54), kommt ein entscheidender Wandel in der Auffassung von der Rolle der Kaiserinnen zur Darstellung, denn zuvor präsentierten sich die Kaiserinnen als Garantinnen der dynastischen Nachfolge im Typus der Venus Genetrix. Der Zuschnitt der Chlamys mit dem Tablion, einem besonderen Ziereinsatz auf Brusthöhe, blieb über Jahrhunderte weitgehend unverändert, gleichwie auch die Benennung des Gewandes beibehalten wurde. Militärische und zivile Offizielle am byzantinischen Hof trugen ebenfalls die Chlamys als sichtbare Rangordnung in differenzierter Ausführung. Bei den Frauen aber hatte allein die Kaiserin das Recht, die Chlamys anzulegen. Die Kaisermosaiken im Presbyterium von San Vitale in Ravenna bieten ein anschauliches Bild von der prächtigen Kleidung des Hofstaates und vom byzantinischen Kaiserornat, denn das Kaiserpaar trägt die purpurfarbene Chlamys. Die Chlamys Berta Eudokias (945/946–949) ist reich mit Juwelenschmuck und ei-

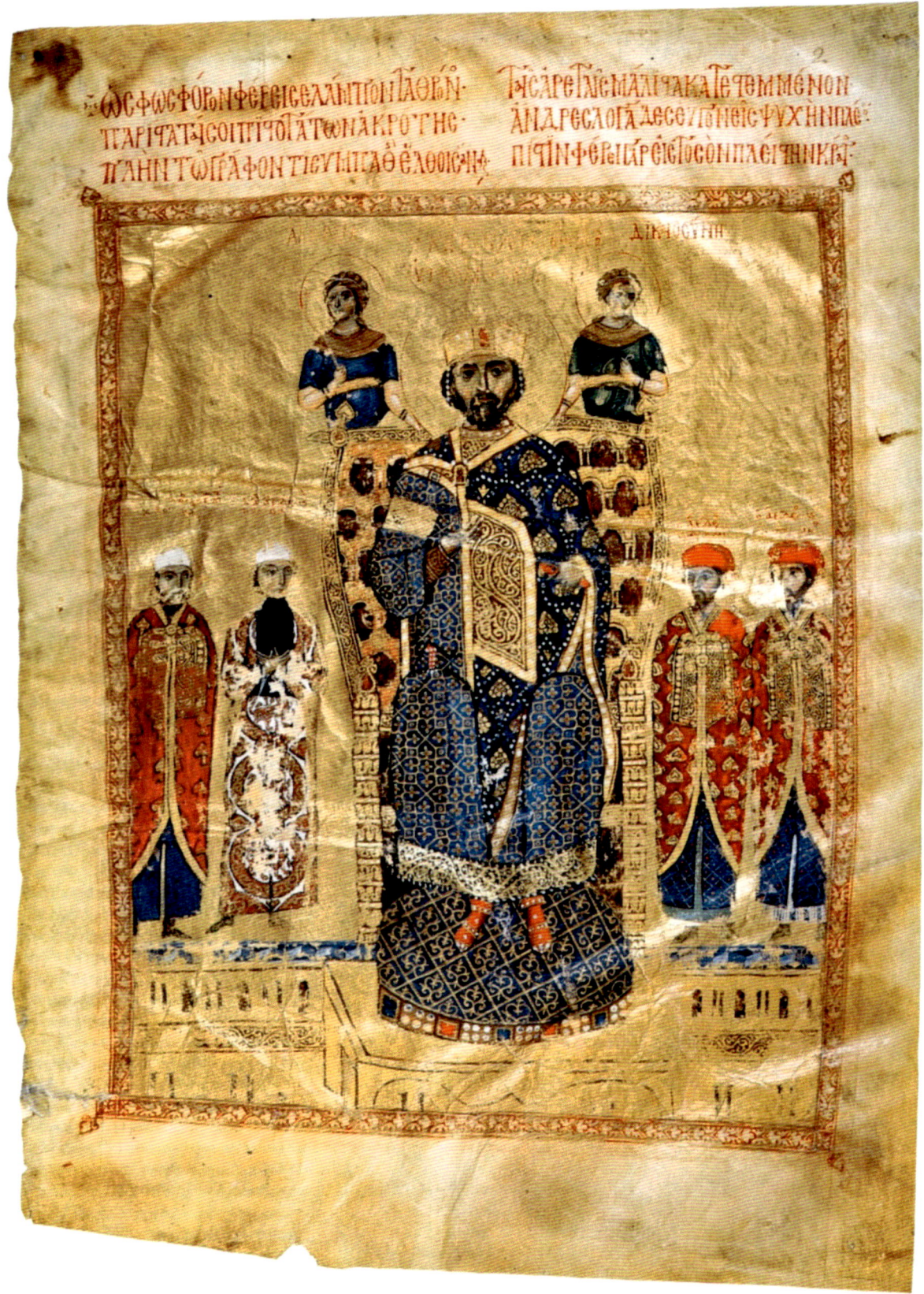

55 Homilien Johannes` Chrystomos, Widmungsbild mit Kaiser Nikephoros III: Botaneiates (1071–1081). Paris, Bibliothèque nationale de France, Ms. Coislin 79, fol. 2r

nem Tablion verziert (Kat.-Nr. III.19). Kaiser Leon VI. (886–912) erscheint in seinem offiziellen Münzbild in der Chlamys, im Emailmedaillon der von ihm gestifteten Votivkrone hingegen in einem goldenen Loros (Kat.-Nr. III.28).

Der Loros, ein besonderer Bestandteil des byzantinischen Kaiserornats, entwickelte sich aus der antiken Trabea triumphalis, der zeremoniellen Consulartracht. Erstmals ist das Anlegen des Loros bei der Beschreibung eines Triumphes Kaisers Justinian I. (527–565) über die Vandalen überliefert. Noch ganz in der Tradition der Trabea triumphalis wird der lange, schmale und reich mit Juwelen besetzte Streifen, ursprünglich wohl aus Leder (lorion = Leder) wie ein Schal V-förmig um den Oberkörper gelegt und über den Arm herabfallend weitergeführt. Neben diesem lange beibehaltenen Zuschnitt tritt eine modifizierte breitere Form auf, die über den Kopf gezogen wird, vorne glatt herunterfällt und vom Rückenteil ausgehend über den Arm geschlungen wird. So trägt ihn Kaiser Romanos II. (959–963; Mitkaiser seit 945/946) in dem Elfenbeinrelief, das die göttliche Legitimierung seiner Mitregentschaft symbolisiert (Kat.-Nr. III.19). Sein Vater, Kaiser Konstantin VII. Porphyrogennetos (913–959) widmet dem Loros im Zeremonienbuch, einem kompilierten Sammelwerk, ein eigenes Kapitel unter der Überschrift „Warum der Basileus, der Magistrat, die Prokonsuln und die Patrikioi am Ostersonntag den Loros tragen". Er deutet das Tragen des Loros mit christlicher Auferstehungssymbolik, denn der um den Körper geschlungene Loros gleiche den Leichentüchern Christi und der Glanz des goldgewirkten Materials der Herrlichkeit der Auferstehung. Auch weitere Insignien des Kaisers werden symbolisch gedeutet. Die Akakia ist ein mit Staub gefüllter Beutel, der den Herrscher ständig an seine Vergänglichkeit gemahnen sollte. Die Form des Zepters mit Kreuz erinnert an Gottes Sieg über den Tod durch Christi Erlösungstod. In Bilddarstellungen werden auch die Erzengel mit dem Loros ausgezeichnet, was die Übernahme des byzantinischen Hofzeremoniells in die himmlische Hierarchie anzeigt (Kat.-Nr. III.21). Unter dem Loros oder der Chlamys wird das divetsion getragen, eine lange Tunika aus Seide. Tzangia aus roter, juwelenbestickter Seide, dienen als Schuhwerk (Abb. 55).

Die Krone des byzantinischen Kaisers (stemma), die als Herrschaftszeichen auf die antike Diadembinde zurückgeht, besteht aus einem Goldreif, der meist mit einer oder mehreren Juwelen- und Perlreihen besetzt ist. Die Mitte ist oft durch ein größeres Stirnjuwel und einen zusätzlichen Aufsatz, meist in Kreuzform, besonders ausgezeichnet (Kat.-Nr. III.19 u. III.28). Das Kreuz weist auf die Überlieferung, nach der Helena, die Mutter des ersten christlichen Kaisers Konstantin, nach Auffindung des Kreuzes Christi in Jerusalem einen der Kreuznägel in das Diadem ihres Sohnes einarbeiten ließ. Verschiedene Aufsätze über dem Reif geben der Krone jeweils ein individuelles Erscheinungsbild. Ein charakteristisches Merkmal der Insignen des byzantinischen Kaisers sind die seitlichen Ohrgehänge (Pendilien) aus Perl- und Juwelenketten (Abb. 54 u. Kat.-Nr. III.19). Sie wurden im Westen beispielsweise von Heinrich II. (1002–1024) adaptiert, wie einige Bildzeugnisse belegen.

Der kaiserliche Ornat in Byzanz erfuhr erst nach Beendigung der Lateinerherrschaft (1204–1261) und der Rückeroberung Konstantinopels eine allmähliche Veränderung. Bei den hohen Beamten etablierte sich bereits früher eine orientalische Modeerscheinung am byzantinischen Hof, die durch das Tragen kaftanartiger Gewänder in repräsentativen Darstellungen zum Ausdruck kommt (Abb. 55).

Ulrike Koenen

Literatur

Angelova 2004; Ball 2006; Gordon 2001; James 2001; McClanan 2002; Muthesius 2007; Parani 2003; Parani 2007; Piltz 1997.

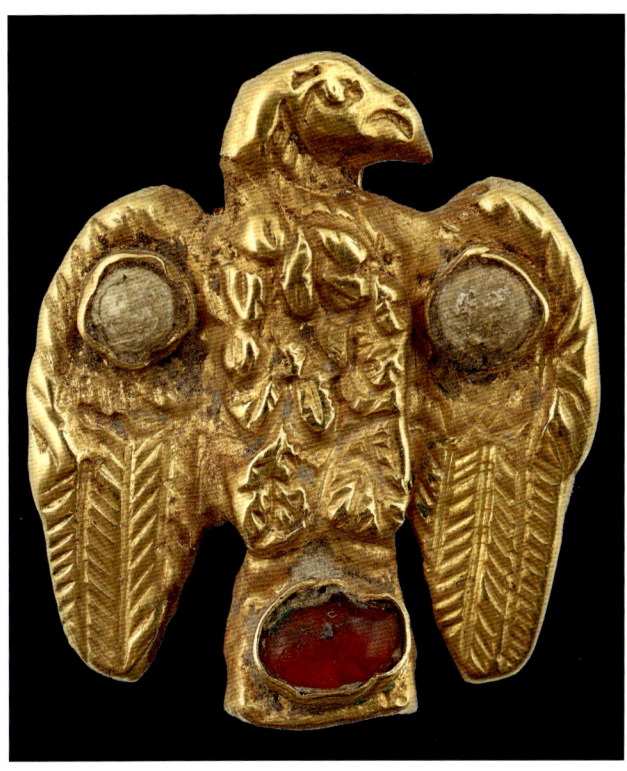

III.10

III.10

Schmuckapplik in Adlerform

Spätantik, 6./7. Jahrhundert
Gold, Granat, weiße Pasten. H 2,1 cm
Athen, Benaki Museum, ΓΕ 1838

Die mit einer Höhe von etwas mehr als 2 cm relativ kleine Fibel besteht aus einem Goldblech, das über einem Model getrieben ist. Sie zeigt einen Adler mit einem nach rechts gerichteten Kopf. Körper und Flügel sind frontal und symmetrisch dargestellt. Auf jedem Flügel ist auf der Höhe der Schultern eine kreisförmige Kastenfassung angebracht. Sie enthält eine „weiße Paste", die Perleinlagen imitieren soll. Eine rechteckige Kastenfassung befindet sich im Bereich der Schwanzfedern. Sie umschließt einen ovalen, gemugelten Granat. Auf der Rückseite sind in Dreiecksform drei Ösen angebracht, wie sie auch für die Befestigungssysteme anderer Adlerfibeln typisch sind.

Adlerfibeln sind ein Trachtbestandteil der Völkerwanderungszeit. Wie das ausgestellte Exemplar können sie relativ klein und zusätzlich schlicht, aber auch groß und besonders prächtig sein. Prächtige Exemplare wurden im westgotischen Spanien, in Tierra de Barros, Badajoz (Extremadura), und im Bereich der unteren Donau gefunden, etwa in Pietrosa und Apahida; weitere Adlerfibeln stammen aus Zentraleuropa (Martinez Santa-

Olalla 1936; Thiry 1939; Roth 1990; zuletzt zusammenfassend Bierbrauer 2010). Einige Sets aus zwei Adlerfibeln zeigen, dass die Fibeln paarweise getragen werden konnten. Dabei ist meist der Kopf des einen Adlers nach rechts, der des anderen nach links gerichtet. Bei einer vertikalen Anordnung blicken sich die Greifvögel also an. Die datierbaren völkerwanderungszeitlichen Adlerfibeln stammen aus Hort- und Grabfunden des 5. und 6. Jahrhunderts. Demnach könnte auch die ausgestellte Adlerfibel in diese Zeit gehören. Ungewöhnlich ist jedoch ihr getriebener Dekor, der scheinbar keine Parallele innerhalb dieses Typs findet. Welche Konsequenzen das für eine Datierung und/oder Lokalisierung der ausgestellten Adlerfibel hat, ist unklar. Seit der Antike gilt der Adler als vornehmster unter den Vögeln und übernimmt Schutzfunktionen, etwa gegen Hagel und andere Naturgewalten (Geoponika I,14,2). Ihm werden apotropäische Eigenschaften zugeschrieben. Darüber hinaus gilt er als Bote und Helfer des Zeus und wird zudem mit Jupiter und Odin identifiziert (Toynbee 1973 (a), S. 240–241). Neben die göttlichen Assoziationen treten mit der Zeit die imperialen: Zahlreiche Herrscher lassen sich mit Adlern als Attribut darstellen, etwa diejenigen der Ptolemäer, Diadochen und Römer (Toynbee 1973 (a), S. 241–242). Die Seelen der römischen Kaiser werden nach ihrem Tod von Adlern in den Himmel getragen (Zanker 2003, S. 54 f.). Aus denselben Gründen wird der Adler in der späteren christlichen Literatur mit der Auferstehung und Himmelfahrt Christi (Ps.-Ambros, Sermo 46 de Salomone; Hrabanus Maurus, De universo VIII 6) oder mit Christus selbst assoziiert (etwa Hieron., In Abd.).

In der Spätantike gehören Greifvogeldarstellungen zu den beliebtesten Motiven. Sie kommen in fast allen Kunstgattungen vor, so z.B. auf Mosaiken, in der Bauplastik, auf Elfenbeinreliefs, Siegeln, Schmuckstücken aller Art und auf Silberobjekten. Häufig ist ein Zusammenhang mit dem Kaiserhaus oder hohen Würdenträgern postuliert worden (etwa von Engemann 1988; Riemer 2000, S. 98). Das gilt auch für die völkerwanderungszeitlichen Adlerfibeln, von denen zahlreiche aus außerordentlich reichen Hortfunden stammen, deren Besitzer in den höchsten gesellschaftlichen Kreisen zu suchen sind. Wem jedoch die relativ kleine und weniger prächtig ausgearbeitete, ausgestellte Adlerfibel gehört haben mag und welcher Kultur sie zuzuordnen ist, bleibt im Dunkeln.

Yvonne Petrina

Quellen

Geoponika; Hieronymus; Hrabanus Maurus, De universo; Pseudo-Ambrosius.

Literatur

Bierbrauer 2010, S. 72–75; Engemann 1988; Martínez Santa-Olalla 1936; Riemer 2000; Roth 1990; Segall 1938, Nr. 268, Taf. 48; Thiry 1939; Toynbee (a) 1973; Zanker 2004.

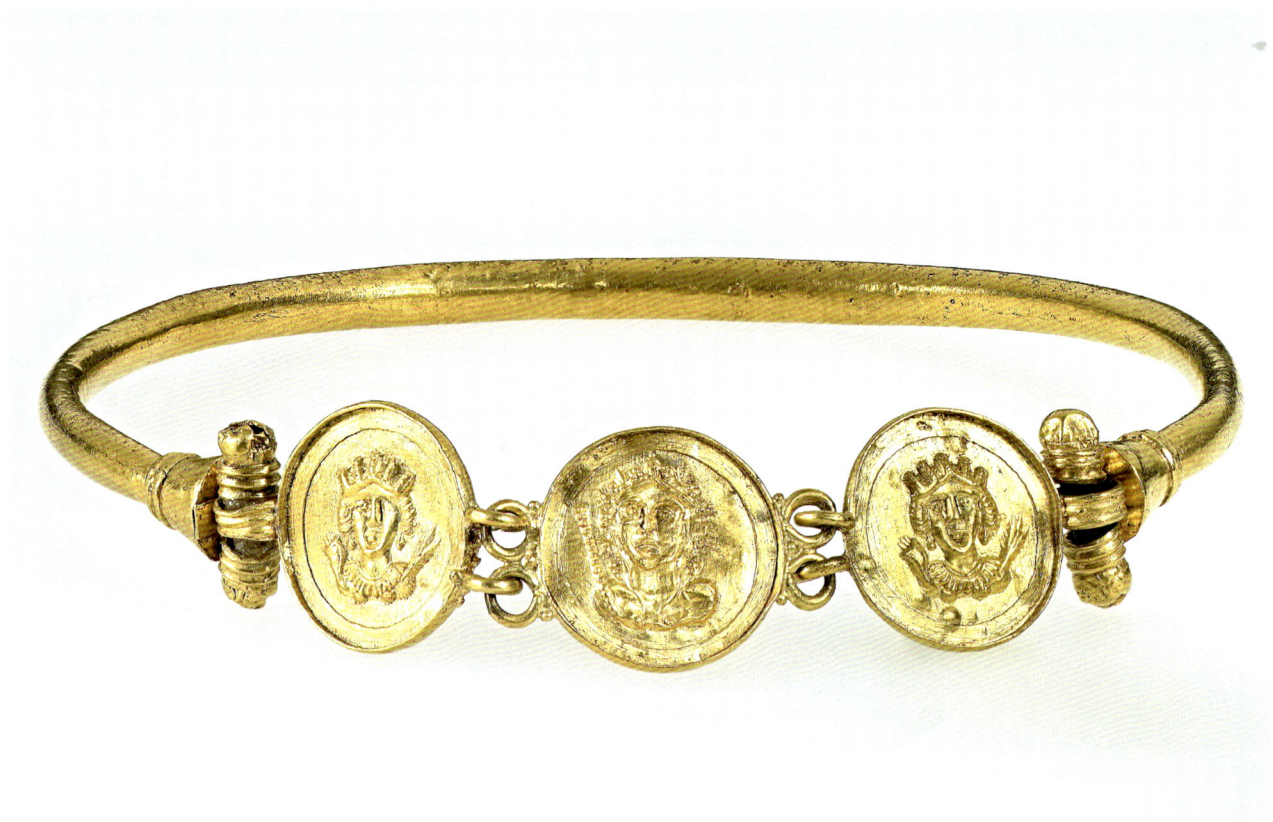

III.11

III.11

Oberarmring

Fundort unbekannt, 6. Jahrhundert
Gold, D 10,5 cm, G 40,92 g.
Mainz, Römisch-Germanisches Zentralmuseum O.41751

Den glatten, hohlen Goldreif zieren drei runde Medaillons einer beweglichen Ringkette, die an zwei Scharnieren befestigt ist. Weil die Scharnierstifte verlötet wurden, war der Reif nicht zu öffnen. Er kann demnach kein Halsring und wegen seiner Größe auch kein Handgelenkring, sondern nur ein Oberarmring gewesen sein.

Die gleich großen Goldmedaillons sind aus je fünf Einzelteilen gefertigt und auf beiden Seiten mit unterschiedlichen Pressblechreliefs verziert worden. Auf den Vorderseiten der beiden äußeren Medaillons sieht man die Büste der Stadtgöttin Konstantinopels mit Füllhorn und Palmwedel, die eine Mauerkrone, Ohrringe sowie einen Juwelenkragen trägt, und auf den Rückseiten je einen springenden, rückblickenden Widder. Das mittlere Medaillon zeigt auf seiner Vorderseite die nackte, männliche Büste des griechischen Gottes Dionysos mit Weinlaub im Haar, Trauben an den Ohren sowie einem Thyr-

sosstab, und auf der Rückseite den Profilkopf einer Frau mit Ohrring und Mauerkrone, also die personifizierte Stadtgöttin Konstantinopels.

Die Mehrteiligkeit der Medaillons und die Machart der Scharniere kennzeichnen diesen Ring als ein typisch byzantinisches Schmuckstück des 6. Jahrhunderts. Vermutlich stammt er sogar aus einer Goldschmiedewerkstadt in der Reichshauptstadt Konstantinopel. Da seine figürlichen Reliefs Glück und Lebensfreude symbolisieren, könnte er das Hochzeitsgeschenk für eine Braut gewesen sein. Goldene Oberarmringe bezeugen bis heute den Reichtum und Luxus der Oberschicht des Byzantinischen Reiches. Keine einzige der reichen und vornehmen Frauen, die damals in den germanischen Königreichen des Abendlandes (Franken-, Langobarden- und Westgotenreich) lebten, hat jemals ein solches Schmuckstück besessen.

Mechthild Schulze-Dörrlamm

Literatur

Ausst.-Kat. Bonn 2010, Nr. 85 (Andrea M. Pütz); Ausst.-Kat. Mainz (in Vorbereitung), Kap. II.1.3.1.5, Nr. 26 (Andrea M. Pütz u. Mechthild Schulze-Dörrlamm); Jahresbericht des RGZM 1996.

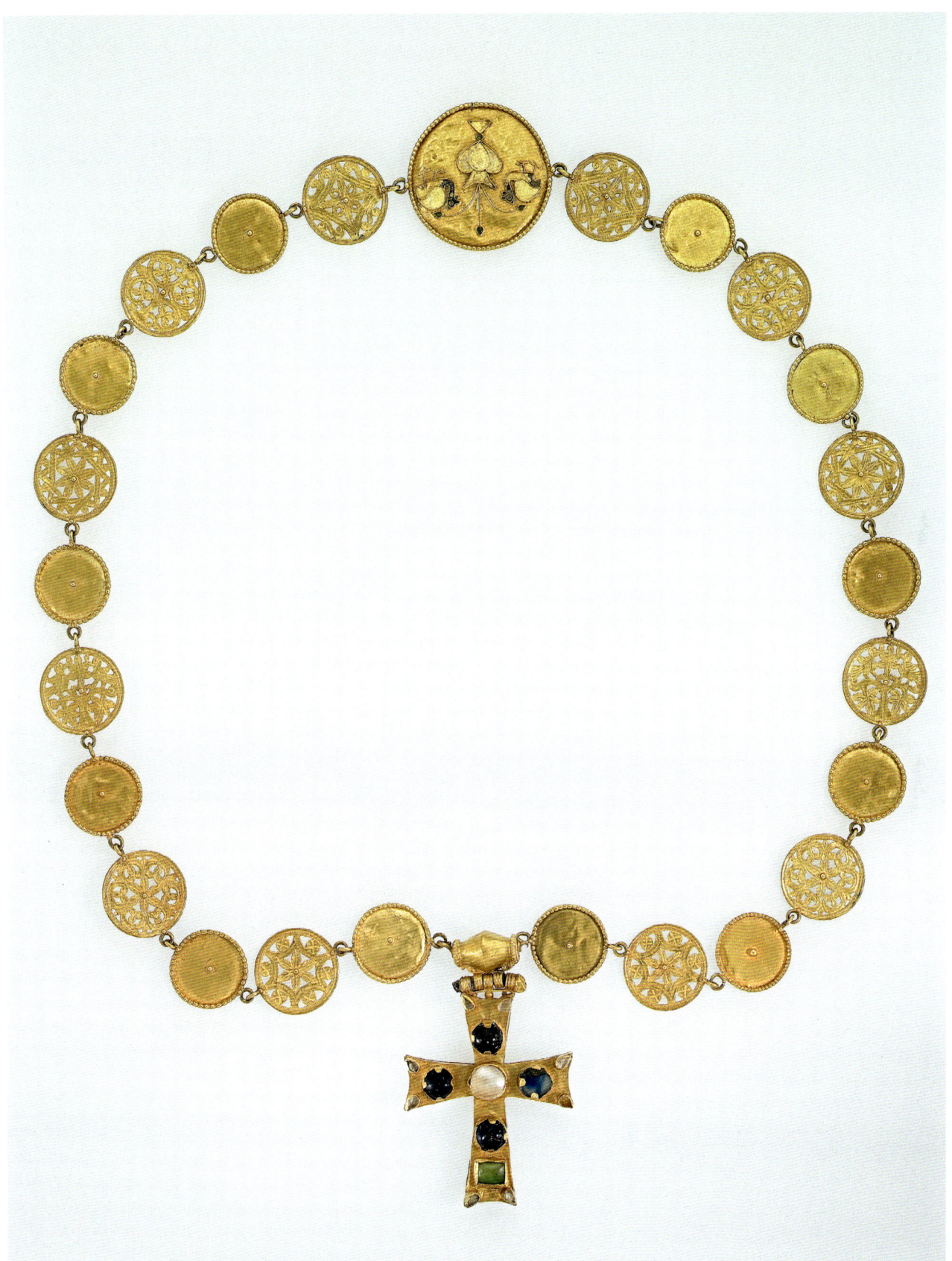

III.12

Halskette mit Kreuzanhänger

Syrien(?), um 600 n. Chr.
Gold, Zellenschmelze, Perlmutt, Glaseinlagen, Perlen.
Kette: L 91 cm, Kreuz: H 6,9 cm, B 5,9 cm
Mainz, Römisch-Germanisches Zentralmuseum, O.37809

Zu den prächtigsten Schmuckstücken reicher Byzantinerinnen zählten goldene Halsketten. Durch besondere Vielfalt des Dekors zeichnet sich diese Medaillonkette mit Kreuzanhänger aus. Sie besteht aus 24 kleinen, unterschiedlich verzierten Medaillons, die einander abwechseln. Auf ein schlichtes Medaillon mit Perlrand und zentralem Goldkügelchen folgt je ein durchbrochenes Medaillon mit glattem Rand und einem floralen oder geometrischen Ornament, das in der Technik des *opus interrasile* ausgeschnitten und zusätzlich gepunzt worden ist. Den Nacken betont ein großes Medaillon mit einem Symbol des Paradieses in aufgesetztem Zellenschmelz: zwei Perlhühner trinken vom Wasser des Lebens in einem Pokal, aus dem drei Blütenstängel wachsen. Der Anhänger in Form eines lateinischen Kreuzes trägt einzeln gefasste blaue, grüne und farblose Glaseinlagen sowie in der Mitte einen Perlmutt, ist also ein sogenanntes Gemmenkreuz. Es sollte er an jenes Siegeskreuz erinnern, das von Kaiser Theodosius II. (408–450) am 20. Jahrestag seiner Herrschaft auf dem Golgatha-Felsen in Jerusalem errichtet wurde. Seine Rückseite ziert ein kreuzförmiges Drahtmonogramm aus den griechischen Worten ΦΩC (Licht) und ZΩH (Leben), die sich auf das Evangelium des Johannes (Joh 8.12) beziehen.

Die Halskette ist wegen der zeittypischen Emails ihres Nackenmedaillons und der doppelkonischen Tragöse ihres Kreuzanhängers in das 6. Jahrhundert zu datieren. Beide Zierformen deuten überdies auf syrische Herkunft des Schmuckstücks hin. Da das Brustkreuz im 6. Jahrhundert noch keine bischöfliche Insignie gewesen war, dürfte die prunkvolle Halskette einer reichen Christin gehört haben. Diese war jedoch kein Mitglied des Kaiserhauses, weil ihr Kreuzanhänger dann anstelle der Perlmutt -und Glaseinlagen kostbare Saphire, Smaragde und echte Perlen getragen hätte. Nach byzantinischem Vorbild haben auch einige Königinnen des Frankenreiches goldene Halsketten und Brustkreuze mit Edelsteinen angelegt. Ein Beispiel dafür ist jener reiche Schmuck, den man der Königin Balthilde († um 680) zwar nicht mehr ins Grab gelegt, aber auf das Totenhemd gestickt hat.

Mechthild Schulze-Dörrlamm

Literatur

Ausst.-Kat. Mainz 2011, Nr. I.7 (Mechthild Schulze-Dörrlamm); Brown 1984, S. 1–13, Abb. 1.7.10, Taf. 1–4 u. 7–8, Farbtaf. I–II; Schulze 1979, bes. S. 282 u. Abb. 239.

III.13

Halbmondförmige Filigranohrringe

Ägypten?, 6.–8. Jahrhundert
Gold, Perlen. H 5,77 cm, B 4,16 cm, T 0,5 cm
Berlin, Staatliche Museen zu Berlin,
Antikensammlung, 30219,1063
(ehemalige Sammlung Friedrich Ludwig von Gans)

Die beiden halbmondförmigen Filigranohrringe bilden zusammen ein Paar. Ihnen fehlen die Tragebügel; das Filigran ist jedoch gut erhalten. Die Körper bestehen jeweils aus drei schlanken Goldblechröhren, die konkav gebogen und in regelmäßigen Abständen übereinander angeordnet sind. Kleine, aus Goldblechstreifen hergestellte Filigranspiralen und ein Wellenband halten die Goldblechröhren zusammen. Am unteren Rand befinden sich neun Ösen aus kanneliertem Goldblech mit Granalienpyramide am Scheitel. Durch die Ösen ist ein Draht gesteckt, der in jedem Ösenzwischenraum eine Perle gehalten hat. An einem Ohrring sind noch sechs, am anderen fünf Perlen *in situ*. Rosetten aus drei Goldblechscheiben und einer mittigen Granalie bedecken die Spitzen des halbmondförmigen Körpers.

Die Filigranohrringe finden nur wenige formale Parallelen (etwa Segall 1938, Nr. 247–249) und sind in ihrer Ausführung einzigartig. Datiert werden können sie anhand zweier Dekorationsformen: dem Draht mit aufgesteckten Perlen und den dreiteiligen Rosetten. Der Draht mit aufgesteckten Perlen ist ein beliebtes Dekorationsmotiv der ausgehenden Spätantike. Er kommt auf zahlreichen datierbaren Goldschmiedearbeiten des 6. und 7. Jahrhunderts vor, so am unteren Rand eines halbmondförmigen, durchbrochen gearbeiteten Ohrrings in Athen (Segall 1938, Nr. 242; Stolz 2006, S. 534–535). Die Durchbruchsarbeit des Ohrrings zeigt u.a. ein Kreuzmonogramm, das eine Datierung nicht vor die 30er Jahre des 6. Jahrhunderts erlaubt (Seibt 1999, Sp. 593). Auch die dreiteiligen Rosetten finden Parallelen im selben Zeitraum. Sie kommen etwa an zahlreichen Goldschmiedearbeiten mit Münzeinsatz vor, zum Beispiel an Halsschmuck und Anhängern aus dem sogenannten Hortfund von Assiût in Ägypten (Stolz 2006, S. 556–558). Die Ohrringe könnten demnach in das 6./7. Jahrhundert gehören. Da es unter den zahlreichen Hortfunden des 6./7. Jahrhunderts aber keine formalen Parallelen für die Filigranohrringe gibt und Filigran zu diesem Zeitpunkt generell sparsam eingesetzt gewesen zu sein scheint, ist eine Datierung in das 8. Jahrhundert nicht ausgeschlossen. Das dürften in frühislamische Zeit datierte Goldschmiedearbeiten bestätigen, von denen die meisten flächendeckend mit Filigran verziert sind oder ganz aus Filigran bestehen (z.B. von Gladiss 1998, S. 89, Nr. 14, S. 93–94, Nr. 21–22).

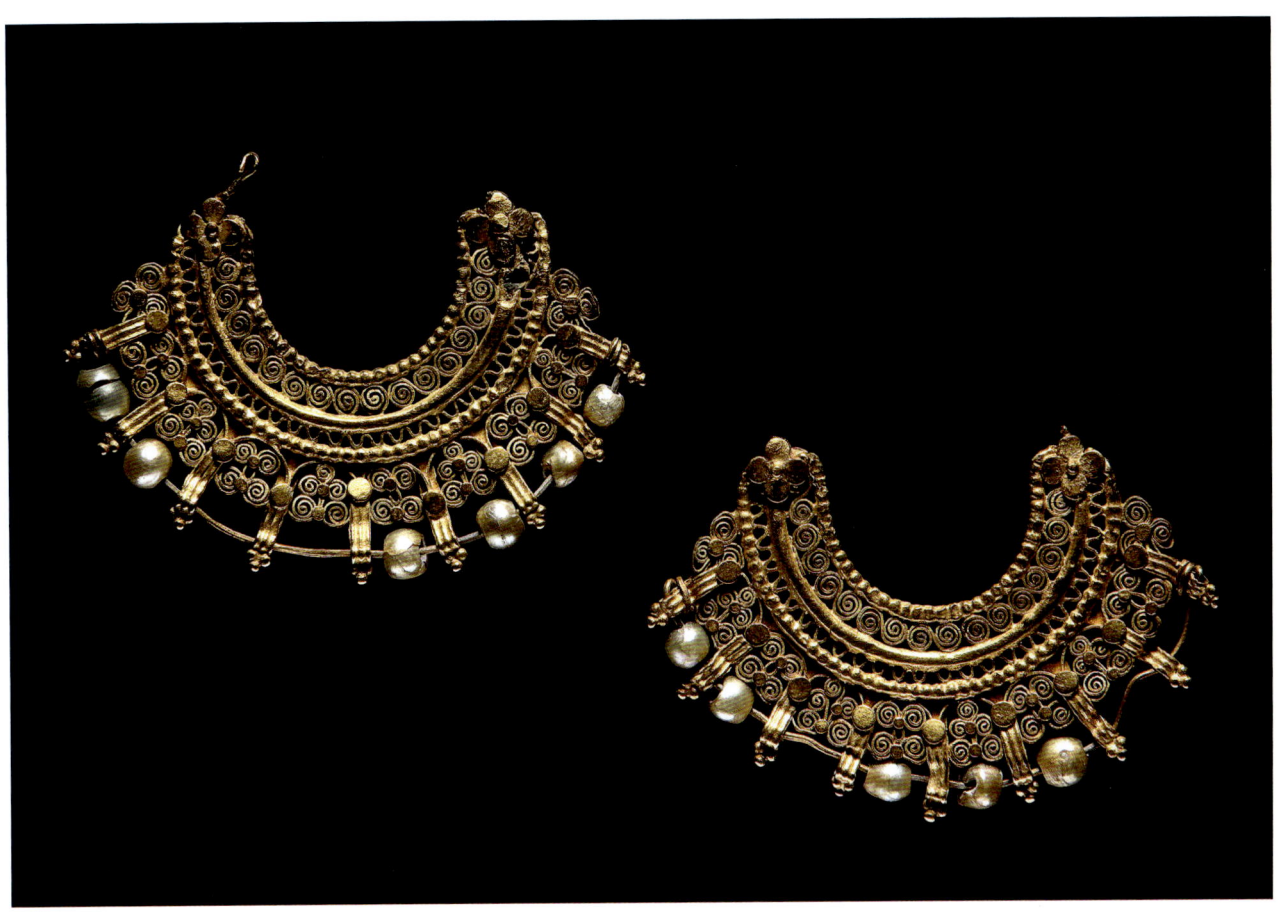

III.13

Die dreiteiligen Rosetten mögen auch einen Hinweis auf die Lokalisierung der halbmondförmigen Filigranohrringe liefern: Vergleichbare Rosetten kommen fast ausschließlich auf Goldschmiedearbeiten vor, die tatsächlich oder angeblich in Ägypten gefunden worden sind (Stolz 2006, S. 556–558). Demnach kommt auch für die Filigranohrringe eine Entstehung in Ägypten infrage. Das mag ihre Herkunft aus der Sammlung Friedrich Ludwig von Gans bestätigen: Die Sammlung enthielt zahlreiche Goldschmiedearbeiten aus Ägypten, darunter etwa Schmuckstücke aus dem sogenannten Hortfund von Assiût. Unabhängig von ihrer genauen Datierung, kulturellen Zuweisung und Lokalisierung zeugen die halbmondförmigen Filigranohrringe von der großen Handfertigkeit und dem Ideenreichtum der Goldschmiede ihrer Zeit.

Yvonne Petrina

Literatur

Ausst.-Kat. Berlin 1939, Nr. 76, Taf. 15; von Gladiss 1998; Greifenhagen 1970–1975, Bd. 1, S. 67–68, Nr. 12, Taf. 52.12; Schlunk 1940, S. 47, Abb. 7; Segall 1938, Nr. 247, Taf. 48; Seibt 1999; Stolz 2006; Zahn 1932, S. 93, Nr. 7.

III.14

Kettenohrringe

Priene (Türkei), 6.–8. Jahrhundert
Gold, Perlen, Glas. L ca. 8,9 cm, B ca. 2,36 cm
Berlin, Staatliche Museen zu Berlin, Antikensammlung,
Misc. 10580

Die beiden gleichartigen Kettenohrringe bestehen jeweils aus einer Kreole mit Steckverschluss. Am unteren Ende der Kreolen sind in regelmäßigen Abständen drei Ösen angebracht. Jede Öse nimmt einen relativ langen Anhänger auf, der sich aus zwei Teilen zusammensetzt: einer Fuchsschwanzkette zwischen gerippten Zylindern und darunter einem Drahtanhänger mit einem Goldkegel, einer dunklen Glaskugel und einer Perle.

Ohrringe mit bis zu fünf eingehängten Ketten gehören neben den halbmondförmigen, durchbrochen gearbeiteten Ohrringen (vgl. Kat.-Nr. III.13) zu den beliebtesten Formen des spätantiken Ohrschmucks. Das zeigen nicht nur zahlreiche, erhaltene Realien, sondern auch bildliche Darstellungen: So tragen etwa die Göttin Hestia und eine Nereide auf fragmentarisch erhaltenen Wandbehängen in Washington bzw. Rig-

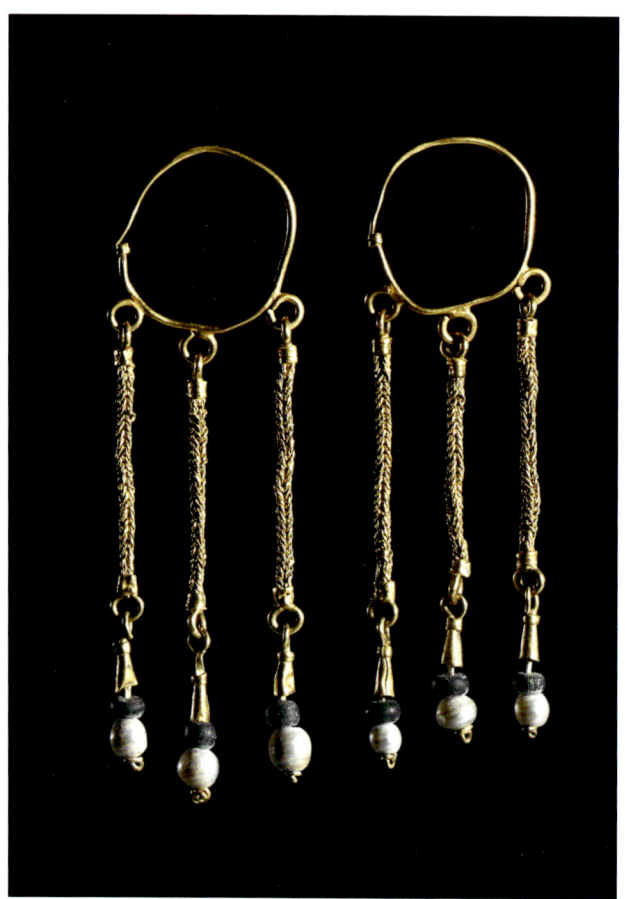

III.14

Kat. Berlin 2007, S. 362 Nr. 40, Abb. auf S. 229). Bis auf kleine Abweichungen ähneln sich die Ohrringe des Typs so sehr, dass eine relative Chronologie nicht erstellt werden kann.

Die beiden ausgestellten Kettenohrringe sollen in Priene in der heutigen Türkei gefunden worden sein; ihr genauer Fundort ist unbekannt. Vergleichbare Ohrringe sind aus allen Teilen des byzantinischen Reiches und darüber hinaus auch aus dessen Einflussgebiet bekannt. Außerdem verraten keine Detailformen der Ohrringe regionalen Einfluss. Damit vertreten sie den sogenannten interregionalen Stil, der seinen Ausgang wahrscheinlich in der Hauptstadt des byzantinischen Reiches, Konstantinopel, genommen hat (Stolz 2008). Die Ohrringe können in jeder beliebigen Goldschmiedewerkstatt des byzantinischen Reiches hergestellt worden sein – lokal in Priene oder andernorts.

Yvonne Petrina

Literatur

Ausst.-Kat. Berlin 2007; Greifenhagen 1975, S. 65, Nr. 51.9, Taf. 51.9; Kalavrezou 2003; Michałowski 1962; Oeconomides/Drossoyianni 1989; Pierides 1971; Ross 1959; Schrenk 2004; Stolz 2006; Stolz 2008; Török 2005; Zahn 1932, S. 45, Nr. 10.

III.15

Goldring des Parakoimomenos Basileios

entweder 865/866 oder 944–985.
Gold, Smaragd, Niello; gegossen, graviert, punziert.
D außen 2,3 cm, D Ringplatte 1,93 cm, G 31,22 g.
Paris, Bibliothèque nationale de France, Département des monnaies, médailles et antiques, Schl. 126.

gisberg derartige Ohrringe, genauso wie die Personifikation der Beharrlichkeit in einem Fresko aus dem Kloster des Apa Jeremia in Saqqara in Ägypten (Kalavrezou 2003, S. 160. 163f. Abb. 15; Schrenk 2004, S. 73f. Nr. 17; Török 2005, S. 212–214 Nr. 144).

Aufgrund von datierbaren Funden können die Kettenohrringe zeitlich eingeordnet werden. Dazu gehören Ohrringe aus den Hortfunden von Beit Jibrin in Palästina, Assiût in Ägypten, Lambousa auf Zypern, Samos in Griechenland und Palmyra in Syrien (Ross 1959; Stolz 2006, bes. S. 559; Pierides 1971, S. 55 Taf. XXXVIII:4: Oeconomides Drossoyianni 1989, S. 161–163 Taf. XVI; Michałowski 1962, S. 223–224 Nr. 137 Abb. 257–258). Diese Hortfunde enthalten neben den Kettenohrringen und weiteren Goldschmiedearbeiten Münzen, Medaillons und gestempelte Silberobjekte aus dem späten 6. bis zur Mitte des 7. Jahrhunderts. Eine Datierung in das 6./ 7. Jahrhundert für die Kettenohrringe bestätigen auch die erhaltenen bildlichen Darstellungen, die in diesen Zeitraum gehören. Der Fund eines ähnlichen Kettenanhängers aus der Bucht von Abuqir in Ägypten mag jedoch darauf hindeuten, dass derartige Ohrringe auch noch im frühen 8. Jahrhundert in Mode waren (Ausst.-

Der massive Goldring mit einzigartiger Smaragdeinlage und qualitätvoller Niellodekoration gehört zu den bedeutendsten erhaltenen byzantinischen Schmuckstücken, denn er trägt in seiner Inschrift einen Hinweis auf seinen hochrangigen Besitzer: „Herr, hilf Basileios, dem Parakoimomenos des Kaisers". Auf den Ringschultern wird die Anrufung noch durch je ein Monogramm ergänzt, die zu „Herr" und „Hilf" aufzulösen sind. Der Parakoimomenos – wörtlich: „derjenige, der (im Raum) neben dem Kaiser schläft", war eine der einflussreichsten Persönlichkeiten des byzantinischen Reiches, quasi der zweite Mann im Staate, der das höchste Amt im kaiserlichen Palast in Konstantinopel innehatte und direkte Verbindung zum Kaiser genoss.

Zwei Persönlichkeiten namens Basileios sind uns bekannt, die den 602 eingeführten Titel trugen: Im 10. Jahrhundert agierte Basileios, der illegitime Sohn Kaisers Romanos I. Lakapenos (920–944), der das Amt mit kurzen Unterbrechungen über 40 Jahre innehatte (944–985). Da er sich auch durch zahlreiche prominente Stiftungen hervorgetan hat, wie z.B. die berühmte Limburger Staurothek (vgl. Kat.-Nr. V.55) oder das Basileios-Kloster in Konstantinopel, möchte man ihm den Ring gerne zuordnen. Allerdings hatte er auch einen früheren Namensvetter, der später zum Kaiser Basileios I. „der Makedonier" (867–886) aufstieg. Dieser Kaiser, der aus einer griechisch-armenischen Familie stammte, die sich im byzantinischen Thema (Verwaltungseinheit) Makedonien niedergelassen hatte, begründete die makedonische Kaiserdynastie, die bis zum Tode Kaiserin Theodoras III. († 1056) regierte. Der Ring wäre, gehörte er diesem Basileios, 865/866 entstanden, als Basileios noch Parakoimomenos und noch nicht Kaiser war.

Die Entscheidung kann aufgrund des Stils nicht gefällt werden, da Ringe mit dieser Formtypologie sowohl im 9. wie auch im 10. Jahrhundert auftreten. Der Smaragdintaglio jedoch gibt laut Werner Seibt einen wichtigen Hinweis, denn er zeigt Christus mit einem Kreuz (nicht Kreuznimbus), was auf den früheren Basileios weist. Die Edelsteingemme kann allerdings auch wiederverwendet worden sein, so dass auch der Basileios des 10. Jahrhunderts in Frage kommt.

Welcher Basileios auch gemeint ist – aufgrund der kostspieligen Stiftungen ist man geneigt, an den späteren Basileios zu denken –, der Ring ist der einzige seiner Art, der eine solch hochrangige Persönlichkeit nennt, während ein kaiserlicher Ring nicht erhalten geblieben ist. Als einzige Ausnahme einer

auf einem Schmuckstück inschriftlich benannten Persönlichkeit kaiserlichen Ranges kann der Goldring der ehemaligen Kaiserin Maria Botaneiate genannt werden, der aufgrund seiner Schlichtheit und des Verzichts auf einen Titel allerdings erst nach ihrer Abdankung 1081 und ihrem Eintritt in ein Kloster entstanden sein dürfte. Ansonsten kennen wir aus mittelbyzantinischer Zeit bislang nur noch zehn weitere Fingerringe, die militärische Ämter oder Ehrentitel nennen, die allerdings niedrigere Ränge benennen als den Parakoimomenos, z.B. den Protospatharios oder den Mandator.

Antje Bosselmann-Ruickbie

Literatur

Ausst.-Kat. Paris 1992/1993, Nr. 219 (Jean-Claude Cheynet/Cécile Morrisson); Bosselmann-Ruickbie 2011, S. 126 und Nr. 139; Schlumberger 1895; Spier 1993 (a). Zum Goldring der Maria Botaneiate: Bosselmann-Ruickbie 2011, S. 127 und Nr. 135. Zur Limburger Staurothek zuletzt: Ausst.-Kat. Frankfurt am Main 2009.

III.16

Byzantinische Schmuckkette aus Ambraperlen

Byzanz (?), Ende 10. Jh. (?)
Ambraperlen (?), Gold, Email. L 68 cm, 44 Perlen je
12 bis 44 cm
Aachen , Domschatzkammer, ohne Inv.Nr.

Die modern gereihte Schmuckkette fand sich 1816 in der umlaufenden Hohlkehle des wohl ursprünglich zwischen 1002 und 1014 entstandenen sogenannten Ambo Heinrichs II. (1002–1024) im Aachener Dom während einer umfassenden Erneuerung des Buchpultes. Sie besteht aus 44 dunklen, nussartigen Kügelchen von je 12 bis 14 Millimetern Durchmesser, die als Ambraperlen bezeichnet werden. Eine tatsächliche Materialbestimmung wurde bislang nicht vorgenommen. Jede Perle wird beidseitig von je zwei filigranen blattblütenförmigen goldenen, emaillierten Kettengliedern gefasst, von denen einige beschädigt sind. Die rätselhafte Kette konnte trotz ihrer hohen Qualität bis heute weder überzeugend datiert noch lokalisiert werden. Hans Wentzel brachte sie in Verbindung mit dem „byzantinischen Erbe" Kaiser Ottos III.

Georg Minkenberg

III.15

Literatur

Grimme 1973, S. 39; Wentzel 1972, S. 11 ff.

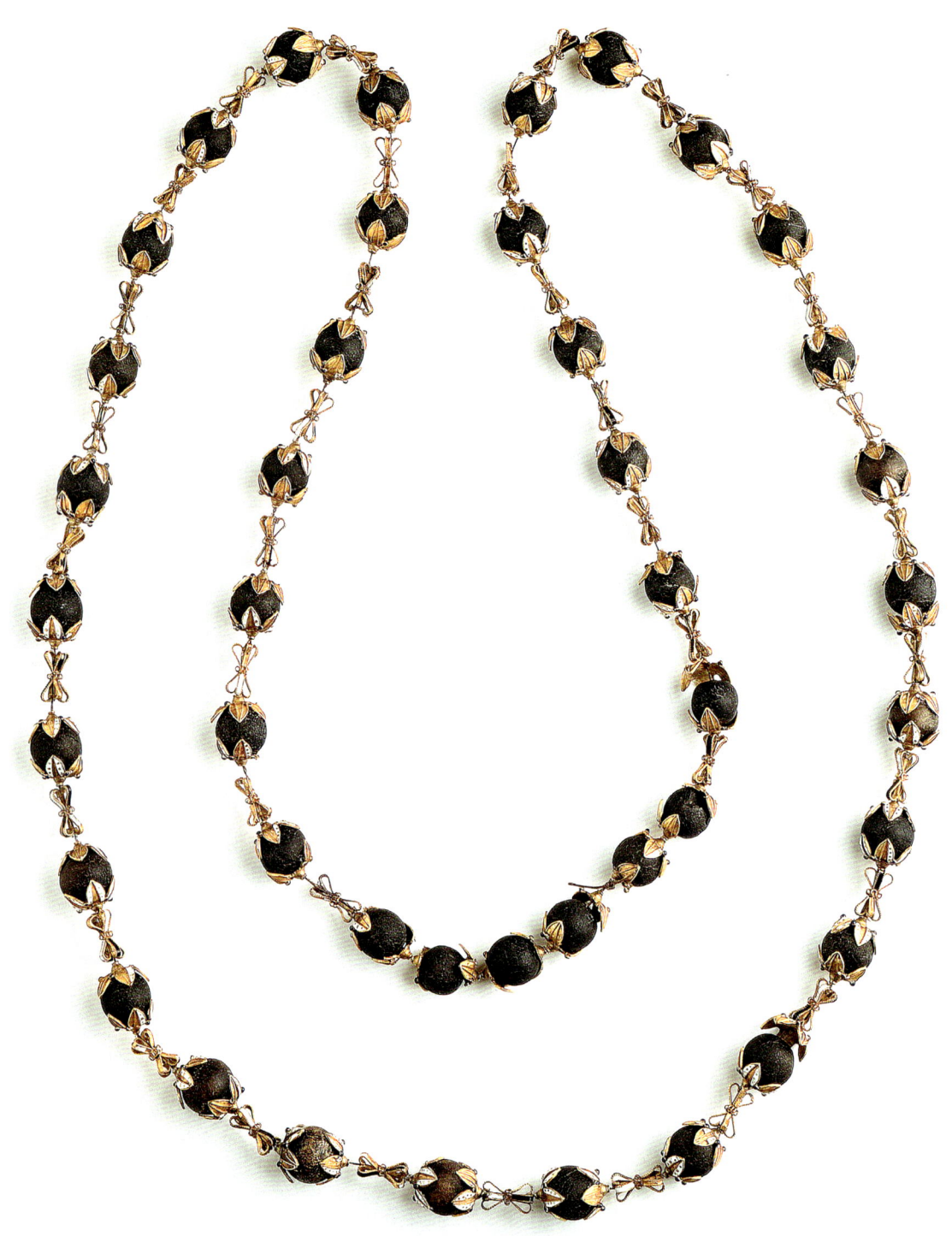

III.16

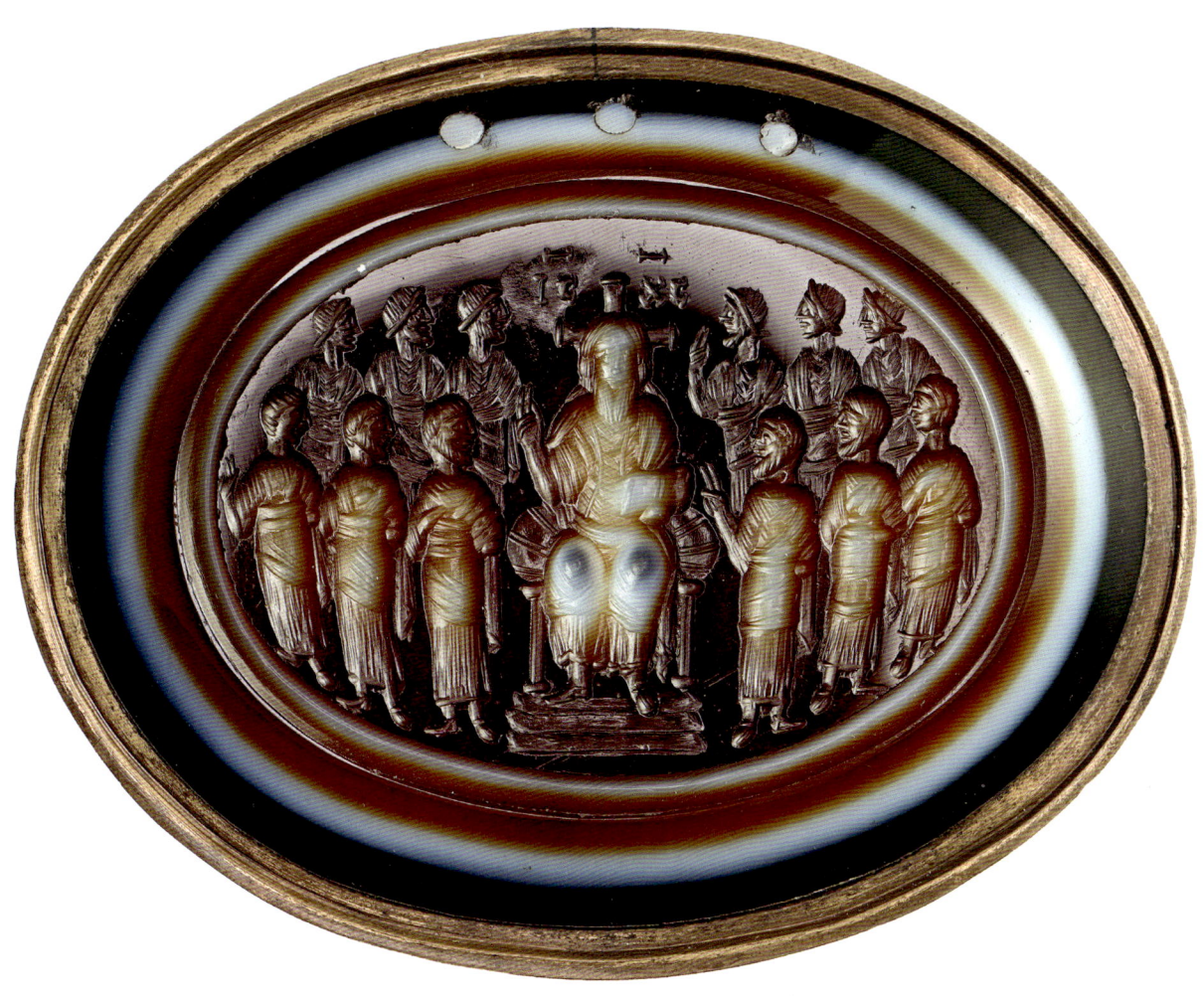

III.17

III.17

Intaglio mit Christus und den Aposteln

Konstantinopel?, 1. Hälfte 7. Jahrhundert,
Fassung neuzeitlich
Dreilagiger Sardonyx. H 4,7 cm, B 6,2 cm, T 0,72 cm
München, Staatliche Münzsammlung, 1205 (ehemalige
Sammlung Kurfürst Johann Wilhelm von der Pfalz)

Das Intaglio ist in einen querovalen, dreilagigen Sardonyx geschnitten. Den größten Teil nimmt ein querovales, braungrun-
diges Bildfeld ein, das von konzentrischen, einfarbig weißen
oder braunen Ringen eingefasst ist. Im Zentrum ist der thronende Christus *en face* dargestellt. Er nimmt fast die gesamte Höhe des Bildfeldes ein. Seine Rechte ist erhaben, und mit
seiner Linken hält er ein aufgeschlagenes Buch. Er trägt lange, gescheitelte Haare, einen Bart und ein bodenlanges Gewand. Seine Füße ruhen auf einem Suppedaneum. Sein Kopf

ist von einem Kreuz hinterfangen, daneben die Ligatur IC/XC.
Neben dem Thronenden stehen links und rechts in Zweierrei-
hen übereinander gestaffelt jeweils sechs Apostel. Ihre Körper
sind frontal gegeben, die Köpfe jedoch Christus zugewandt.
Einige Apostel erheben ihre Rechte. Die Apostel tragen jeweils
Tunika und Pallium. Individuelle Gesichtszüge sind nicht zu erkennen. Neben der zentralen Stellung innerhalb des Bildfelds
und der Bedeutungsperspektive wird Christus noch durch ein
weiteres Detail betont: An einigen Stellen seines Körpers greift
das Relief tief in die weiße Lage des Steins ein. Dadurch sind
Gesicht, Teile des Oberkörpers, Knie und Unterschenkel weiß.
Im Gegensatz dazu stehen die fast monochromen Apostel. Am
oberen Rand ist das Intaglio mit drei Löchern in regelmäßigen
Abständen durchbohrt.

Die Darstellung Christi im Kreise der Apostel findet zahlreiche Parallelen in der spätantiken Kunst, vor allem im 4. und
5. Jahrhundert. Sie kommt in den Malereien der Katakomben,
auf Sarkophagen und im Kunsthandwerk vor (Myslivec 1968,

Sp. 155–156). Es handelt sich um eine Lehrszene nach antiker Manier, wobei das Motiv des thronenden Christus der imperialen Ikonographie entlehnt ist. Die Datierung des Intaglios ist umstritten. Spier datiert es aufgrund von Komposition, Faltenwurf und Standmotiven in das späte 5., frühe 6. Jahrhundert; Kahsnitz argumentiert mit der Darstellung eines reifen Christus, die so erst zu einem späteren Zeitpunkt vorstellbar wäre, und einem erhöhten Grad der Abstraktion und Entkörperlichung für eine Datierung in die erste Hälfte des 7. Jahrhunderts. Das Intaglio gehört zu einer kleinen Gruppe von ungewöhnlich großen Sardonyx-Intaglien, die kunstfertiger als andere Steine geschnitten sind. Zur Gruppe zählen außerdem Intaglien in München (Kat.-Nr. III.18, Intaglio mit Kreuz, München, Staatliche Münzsammlung, 1206; Spier 2007, S. 97 f., Nr. 574), St. Petersburg und Krakau (ehemals Wien) (Spier 2007, S. 97 f.). Die Intaglien dieser Gruppe nehmen eine Sonderstellung ein, die dadurch erklärt worden ist, dass sie in der Hauptstadt des byzantinischen Reiches, Konstantinopel, und vermutlich in den dortigen Palastwerkstätten entstanden seien, wo die prächtigsten Steine und besten Handwerker zur Verfügung gestanden hätten.

Die meisten spätantiken Intaglien waren wohl in Fingerringe eingesetzt. Wegen ihrer Größe kommt das für die Intaglien der Gruppe nicht in Frage. Größere, jedoch unreliefierte Sardonyxe haben sich in den spätantiken Fibeln von Szilágysomlyó (Rumänien) und Ostrovany (Slowakei) erhalten (Spier 2007, S. 98; Schmauder 1999). Am äußeren Rand des Sardonyx von Szilágysomlyó sind in regelmäßigen Abständen insgesamt acht Bohrlöcher angebracht, in denen sich goldene Rundzellen mit Almandineinlagen befinden. Wie bereits erwähnt, sind an dem ausgestellten Intaglio auch Bohrungen vorhanden, jedoch nur am oberen Rand. In ihnen könnten ähnliche Einlagen gesessen haben (Spier 2007, S. 98; dagegen Kahsnitz 1998, S. 113: „spätere Aufhängevorrichtung"). Außerdem waren großformatige Intaglien wohl auch in Halsbehänge eingesetzt: So trägt einer der Leibwächter des byzantinischen Kaisers Justinian (527–565) in den Mosaiken von San Vitale in Ravenna einen Torques mit gefasster, querovaler Einlage. Sie zeigt einen weißen, nicht weiter lesbaren Dekor auf dunklem Grund. Torques wie der dargestellte sind als Amtsabzeichen oder Auszeichnungen zu verstehen, die von der kaiserlichen Familie verliehen und in den konstantinopolitanischen Palastwerkstätten hergestellt worden sind (Stolz 2008, S. 34 mit Anm. 33).

Yvonne Petrina

Literatur

Furtwängler 1900, Bd. 1,Taf. 67.7, Bd. 2, S. 307, Bd. 3, S. 363; Kahsnitz 1998, S. 113–116, Nr. 19; Myslivec 1968; Schmauder 1999; Spier 2007, S. 97 f., Nr. 574, Taf. 72; Stolz 2008; Szeiklies-Weber 1992, S. 234, Nr. 358, Taf. V.; Wentzel 1957, S. 41 u. 49, Nr. 4, Abb. 3; Wessel 1981, S. 138–139; Zazoff 1983, S. 377, Nr. 14, Taf. 124.6.

III.18

Intaglio mit Kreuzverehrung und Kaiserinvestitur

Konstantinopel?, 2. Hälfte 6. / 7. Jahrhundert,
Fassung neuzeitlich
Dreischichtiger Sardonyx. H 6,1 cm, B 7,1 cm, T 0,7 cm
München, Staatliche Münzsammlung, 1206 (ehemalige Sammlung Kurfürst Johann Wilhelm von der Pfalz)

Wie das Intaglio mit Christus und den Aposteln (Kat.-Nr. III.17, Spier 2007, S. 97 f. Nr. 574) so besteht auch dieses Intaglio aus einem querovalen, dreilagigen Sardonyx mit einem ebenfalls querovalen Bildfeld, das von konzentrischen Ringen eingefasst ist. Hier sind die Ringe jedoch breiter; weiß dominiert in der Farbgebung. Das Bildfeld zeigt im Zentrum ein eingetieftes, lateinisches Kreuz mit geschweiften Hasten. Das Kreuz ist in weißer Farbe gehalten und nimmt die gesamte Höhe des Bildfelds ein. Unter der Querhaste sind links und rechts die Buchstaben A und Ω eingeschnitten. Der Rest des Bildfeldes ist braun. Relativ kleine Figuren und Symbole sind gleichmäßig über die Bildfläche verteilt; es gibt keine Überschneidungen. Bei den Figuren handelt es sich zum einen um insgesamt zwölf männliche und bärtige Personen, wahrscheinlich die Apostel. Sie stehen in zwei Registern zu Seiten des Kreuzes. Zum anderen thronen auf der Querhaste des Kreuzes links und rechts der Längshaste zwei Personen, von denen die linke ein Stabkreuz trägt. Obwohl beiden Personen die kaiserlichen Insignien fehlen, sind sie als Kaiserpaar identifiziert worden (Wessel 1981). Von links und rechts schweben Victorien auf die Thronenden zu. Die linke Victoria hält einen Kreuzglobus in ihren Händen, die rechte soll ein Kreuzzepter tragen. Links und rechts außen am Bildfeld befindet sich als zusätzlicher Dekor jeweils ein Krückenkreuz.

Die Kreuzverehrung durch die Apostel, wie hier dargestellt, ist bereits früh ein fester Bestandteil der christlichen Ikonographie. Derartige Darstellungen kommen vor allem auf Sarkophagen des 3. und 4. Jahrhunderts vor. Hier ist die Kreuzverehrung jedoch mit einer Investitur des Kaiserpaares kombiniert. Diese Kombination ist ungewöhnlich, macht aber Sinn, wie Wessel überzeugend darlegen konnte; ließ sich doch bereits Kaiser Konstantin (306–337) als 13. Apostel bezeichnen und sich inmitten der Apostel in der Apostelkirche in Istanbul bestatten.

Kahsnitz betont die lineare und flächige Darstellung des Intaglios, die eine „unübersehbare Verwahrlosung der künstlerischen Form" darstelle. Daher sei das Intaglio nach die Regierungszeit des byzantinischen Kaisers Justinian (527–565) zu datieren (Kahsnitz 1998, S. 118). Zudem seien Darstellungen des Kaiserpaares auf Münzen nach dem frühen 7. Jahrhundert

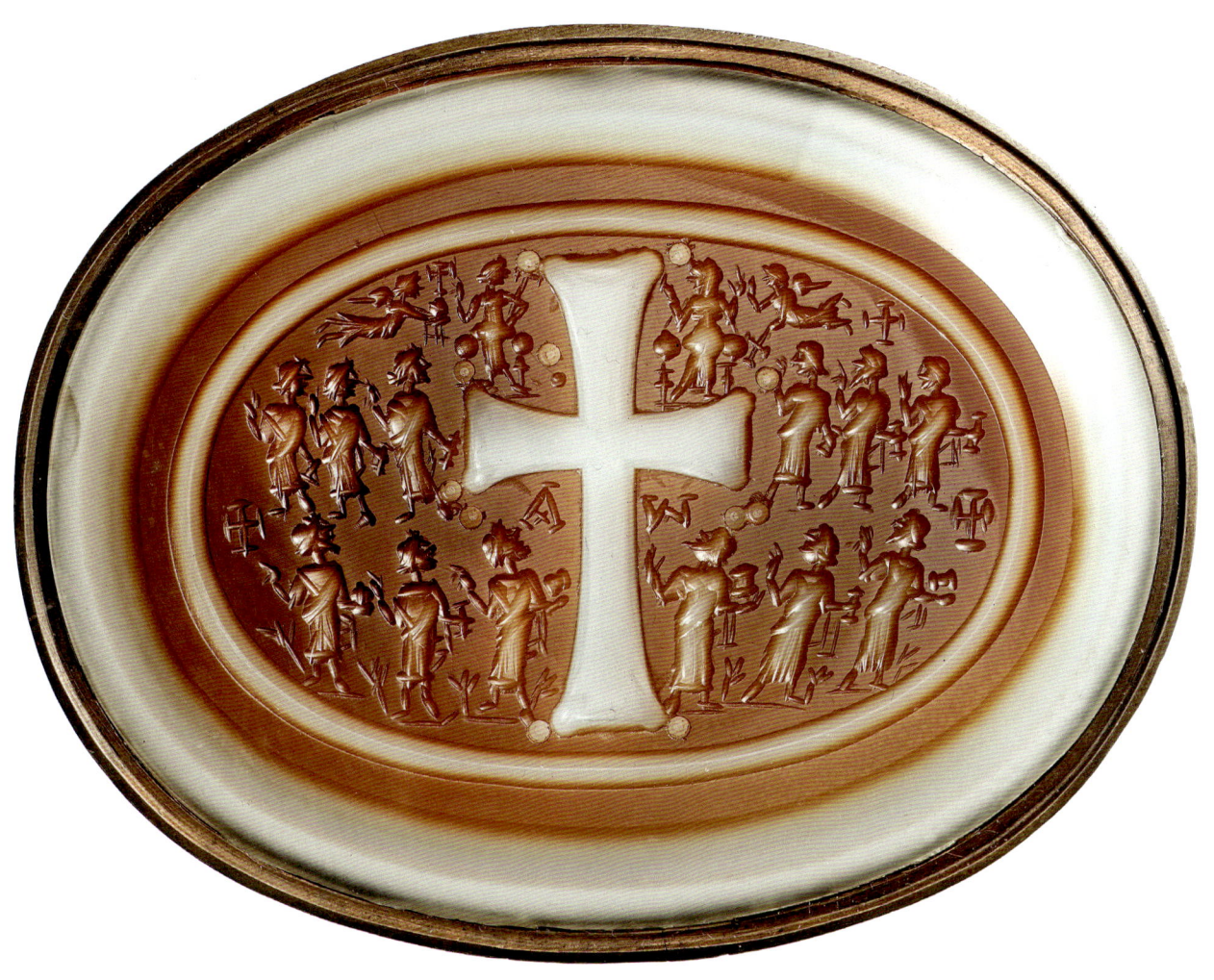

III.18

nur noch selten, weswegen das Intaglio nicht später entstanden sein könne. Spier hingegen verweist auf enge stilistische Parallelen zu einem Granatintaglio aus dem späten 5., frühen 6. Jahrhundert und hält eine zeitgleiche Entstehung für möglich. Das in der Komposition so zentrale Kreuz sei jedoch erst nachträglich in das Intaglio eingeschnitten worden (Szeiklees-Weber 1992, S. 234), worauf Überschneidungen im Bereich der Füße der Dargestellten hinwiesen. Die ursprüngliche Kreuzdarstellung hätte eine bildliche Darstellung Jesu, etwa in einem Clipeus, enthalten, die zu Zeiten des Bilderstreits (726–843) ausgelöscht und durch ein schlichtes Kreuz ersetzt worden wäre (Kahsnitz 1998, S. 117). Für das aufgrund von Größe und Material eng verwandte Intaglio mit Christusdarstellung (Kat.-Nr. III.17) ist aus verschiedenen Gründen eine Herkunft aus den Konstantinopler Palastwerkstätten in Erwägung gezogen worden. Gleiches könnte für das Intaglio mit Kreuzverehrung und Kaiserinvestitur gelten. Wie an anderer Stelle ausgeführt, saßen solch große Intaglien in Fibeln und Halsbehängen. Derartige Schmuckstücke können Amtsabzeichen für hohe Beamte gewesen sein, wie sie regelmäßig vom Kaiserhaus verliehen wurden. Auf diese Weise erklärt sich die Darstellung der Kaiserinvestitur.

Yvonne Petrina

Literatur

Furtwängler 1900, Bd. 1, Taf. 67.6; Bd. 2, S. 307, Bd. 3, S. 363; Kahsnitz 1998, S. 116–119, Nr. 20; Spier 2007, S. 97 f., Nr. 573, Taf. 72; Szeiklies-Weber 1992, S. 234, Nr. 358; Wentzel 1957, S. 41 u. 48–49, Nr. 3, Abb. 2; Wessel 1981; Zazoff 1983, S. 377, Taf. 124.7.

III.19

Elfenbeintafel:
Christus legitimiert Romanos II. und Eudokia

Christus legitimiert Romanos II. und Eudokia
Konstantinopel, 945/946-949
Elfenbein, reliefiert. H 24,6 cm, B 15,5 cm
Inschrift: I[ησού] Χ[ριστό]C, PωMANOC BACIΛEYC
PωMAIωN, EYΔOKIA BACIΛIC[σα] PωMAIωN
Paris, Bibliothèque nationale de France, Département
des monnaies, médailles et antiques, 55.300

Die Relieftafel mit der Darstellung eines byzantinischen Kaiserpaares zu Seiten Christi führt dem Betrachter die göttliche Legitimierung der Kaiserherrschaft im oströmischen Reich vor Augen. Das mit einem Nimbus versehene und damit bereits vergöttlichte Kaiserpaar steht auf einem mit Juwelen verzierten Postament und wendet sich mit huldigenden Gesten Christus zu, den ein Kreuznimbus auszeichnet. Er erhebt sich auf drei weiteren reich verzierten Postamenten hoch über dem Kaiserpaar. Mit ausgebreiteten Armen legt er seine Hände auf die gekrönten Häupter und fasst mit den Daumen an die besonders hervorgehobenen Stirnjuwelen der Kronen, so als hätte er sie soeben aufgesetzt. Es ist aber nicht der symbolische Akt einer Krönung durch den Stellvertreter Gottes dargestellt, sondern ein Segen durch die Handauflegung auf ihre Häupter, womit die bereits vollzogene Krönung und damit das Tragen der Insignien die göttliche Legitimation erhält. Auch die Kleidung demonstriert, dass das Kaiserpaar bereits die offizielle und mit aufwendigen Zeremonien gefeierte Krönung durch den Patriarchen von Konstantinopel in der Hagia Sophia erfahren hat. Denn das Anlegen des Ornats gehörte wie die Übergabe der Insignien protokollarisch zum Krönungsakt. Die Kaiserin rechts im Relief trägt eine auf ihrer rechten Schulter gefibelte Chlamys. Der einstige Feldherrnmantel des römischen Militärs gehört seit der Spätantike auch zu den Krönungsinsignien der Kaiserinnen und visualisiert die Gleichstellung ihrer Macht mit der des Kaisers. Der breite edelsteinbesetzte Loros des Kaisers wurde ebenfalls bei der Krönungszeremonie angelegt. Auch die reiche Verzierung der Gewänder mit Edelsteinbesatz zeigt an, dass es sich um das Krönungsornat handelt. Von den mit Juwelen geschmückten Kronreifen hängen seitlich Pendilien (Ohrgehänge) herab, welche die Insignie des byzantinischen Kaisers auszeichnen. Die Krone des Kaisers ist in der Mitte mit einem Kreuz besetzt, die Krone der Kaiserin hingegen – und dies ist eine Seltenheit – mit einem Stern, eine Besonderheit,

die bisher noch nicht erklärt ist. Der Stern könnte als Venusstern auf ihre Schönheit anspielen, oder auf den Stern der Venus Genetrix, die in der Antike als Garantin für den Nachwuchs im Kaiserhaus galt. Sorgfältig ausgeführte Inschriften über den Häuptern nennen das Paar in seiner offiziellen Titulatur als Kaiser und Kaiserin der Römer, womit die Berufung auf die lange und ungebrochene Tradition des Kaisertums artikuliert wird. Romanos und Eudokia lauten die vorangestellten Namen. In der Kaisersukzession in Byzanz gab es zwei Paare dieses Namens: Romanos II. (959–963) mit Berta Eudokia und Romanos IV. Diogenes (1068–1071) mit Eudokia Makrembolitissa. Heute erkennt die Forschung überwiegend das im 10. Jahrhundert regierende Kaiserpaar. Berta, in Byzanz Eudokia genannt, war eine Tochter des Hugo von Arles und eine Schwägerin von Adelheid, der Ehefrau Ottos des Großen. Im September 944 war Berta im Alter von nur vier Jahren aus politischen Gründen mit Romanos, dem sechsjährigen Sohn Konstantins VII. Porphyrogennetos, verehelicht worden, verstarb aber bereits 949. Am 6. April des Jahres 945 oder 946, ein Ostersonntag, wurde Romanos II. zum Mitkaiser ernannt. Ob das ungewöhnliche Attribut auf der Krone auf Bertas außerordentliche Schönheit anspielt, mit der der Brautvater Hugo von Arles im Zuge der Heiratsverhandlungen seine uneheliche Tochter mit einer schönen Konkubine – vom Volk Venus genannt – anpries, ist vorerst nicht zu entscheiden. Der Schwiegervater verschweigt, dass sie eine uneheliche Tochter Hugos war und erwähnt vielmehr ihre Verwandtschaft mit Karl dem Großen über ihre gleichnamige Großmutter. Nicht unerwähnt soll bleiben, dass ebenfalls die Darstellung einer symbolischen Hochzeitskrönung erwogen wurde, die in Byzanz mit Aufsetzen von Kronen zelebriert wurde. Doch da die Vermählung der Kinder ein Jahr vor der Krönung stattfand, findet das Tragen des Krönungsornats vor diesem Hintergrund keine Erklärung.

Die lange geführte Diskussion um die Identifizierung des Kaiserpaares und damit um die Datierung der Tafel betraf auch eine Gruppe ähnlich qualitätvoll ausgearbeiteter Elfenbeinreliefs, die stilistisch dieser Tafel zugeordnet wurden und den Namen Romanos-Gruppe erhielt. Bereits im Mittelalter wurde die Elfenbeintafel im Westen als Zier eines Buchdeckels zweitverwendet.

Ulrike Koenen

Literatur

Cutler 1995; Kalavrezou-Maxeiner 1977; Ott 1998, S. 34–37 u. 90–92; Parani 2001; Parani 2003, S. 17 u. 314, Nr. 9; Parani 2007; Schreiner 1984, bes. S. 148.

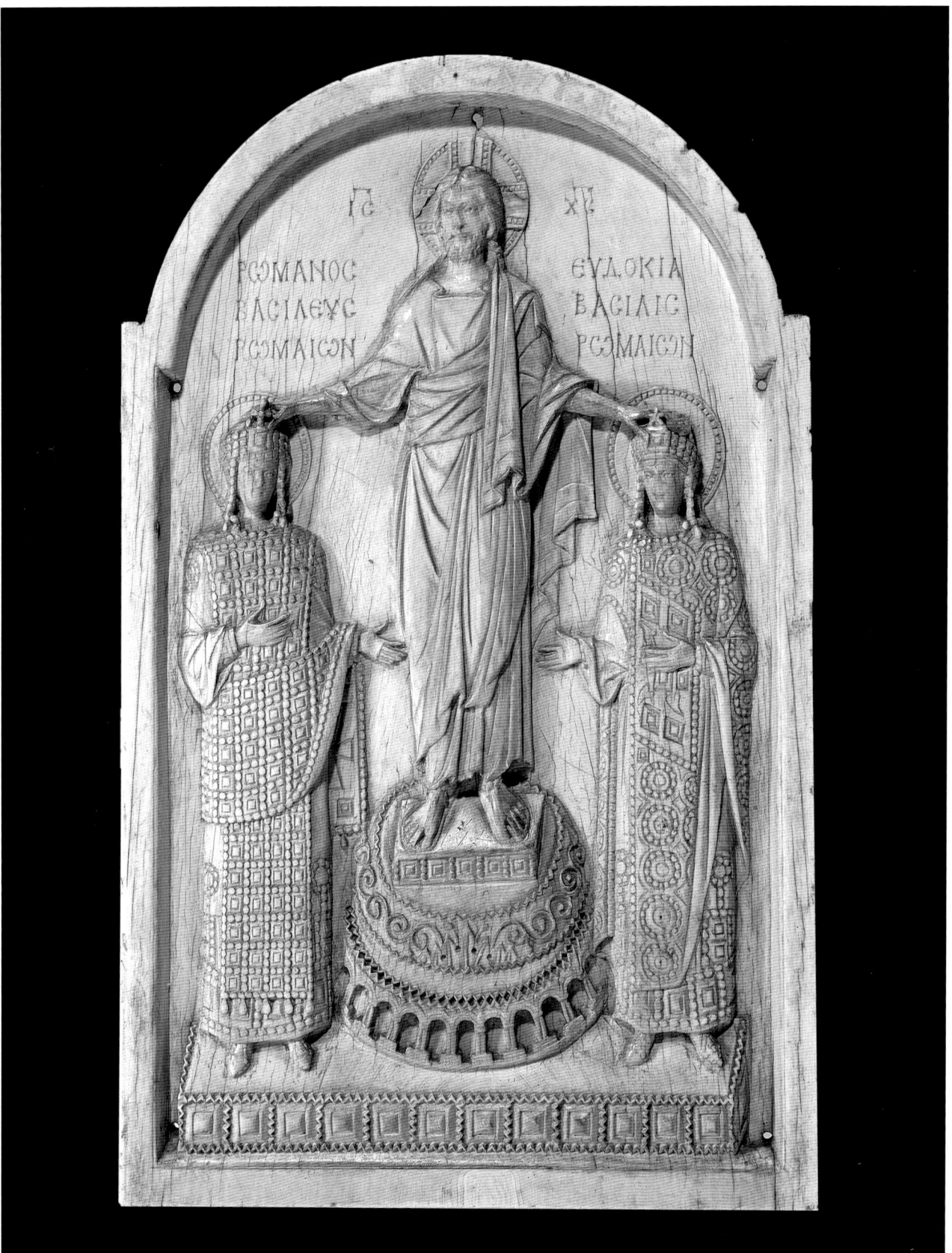

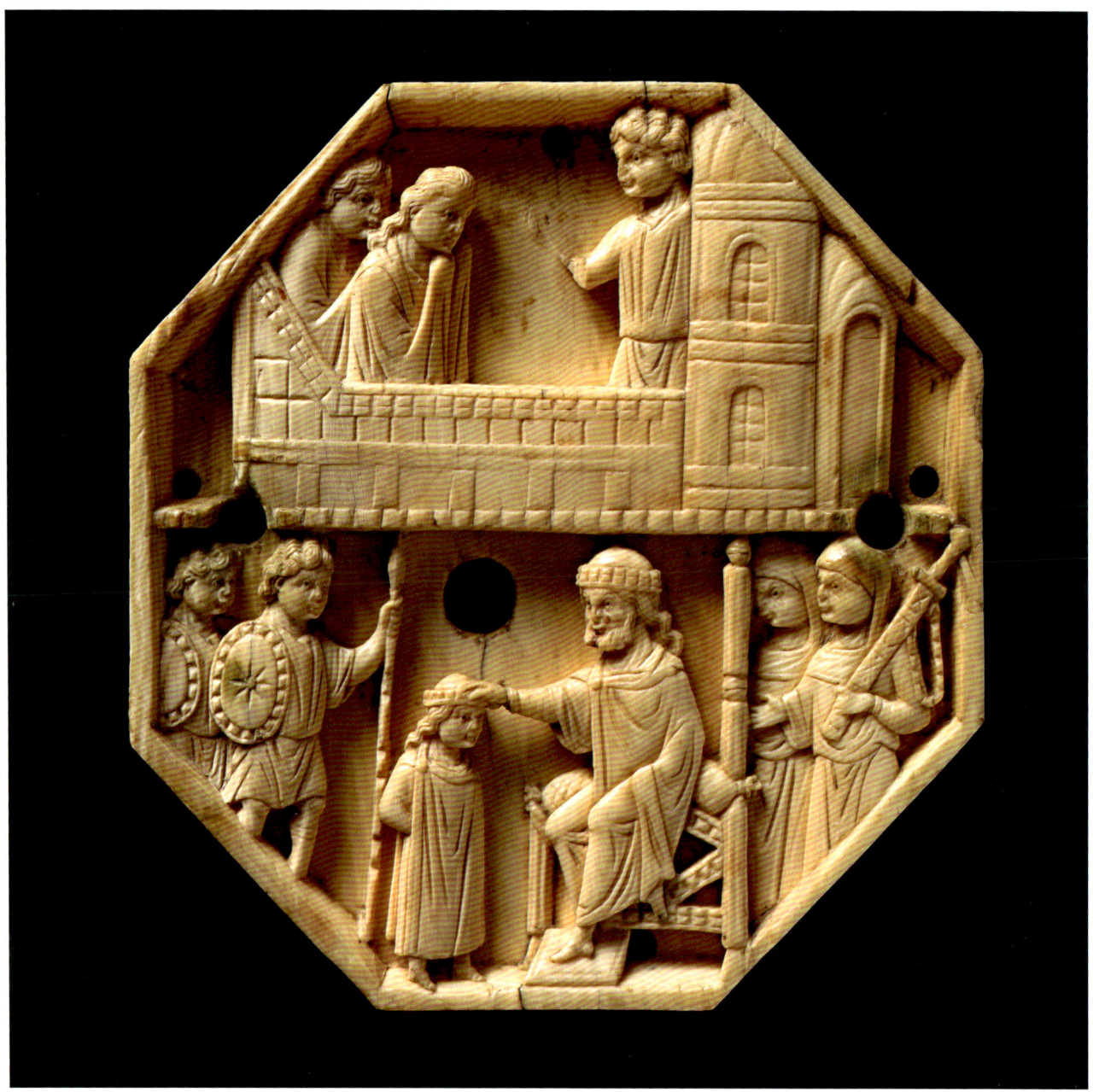

III.20

III.20

Elfenbeintafel mit Krönung Josephs

Byzanz, Konstantinopel (?), 10.–11. Jahrhundert
Elfenbeinrelief. H 8,7 cm, B 8,5 cm, D 0,6–0,8 cm
Dresden, Staatliche Kunstsammlungen Dresden,
Grünes Gewölbe, II 446

Die dünne Reliefplatte schmückte einst den Deckel eines
achteckigen Kastens, dessen Gestalt aufgrund der Form dieses Reliefs und anhand des Vergleiches mit erhaltenen Kästen
dieser Art rekonstruierbar ist. Ein hoher schmaler Rand umschließt den glatten Reliefgrund, den eine Architektur mit
Mauer, Rundturm und Tor in zwei Zonen gliedert. Zwei Episoden aus der Josephsgeschichte des Alten Testaments sind
in erzählerischer Weise ins Bild gesetzt. Oben betritt der jugendliche Joseph von rechts den Kerker, in dem der Mundschenk und der Bäcker des Pharao sitzen. Sie hadern über ihr
Schicksal, wie ihre Geste mit den verhüllten Händen andeutet. Joseph kam aufgrund falscher Anschuldigungen ins Ge-

fängnis und deutete die Träume von Mundschenk und Bäcker, was wohl die Geste seiner verlorenen Hand anzeigte, die bedeutungsvoll in der Mitte der Szene erhoben war. Die richtige Voraussage führte ihn als Traumdeuter zum Pharao, der ihn daraufhin in seinen Dienst stellte und zum höchsten Beamten Ägyptens ernannte. Seine Amtseinsetzung ist in der Mitte der unteren Tafelhälfte zu sehen. Die Figurengrößen sind entsprechend ihrer jeweiligen Bedeutung fein differenziert. Dass aber Joseph in dieser Investiturszene wesentlich kleiner vor dem Pharao erscheint, mag zum einen an seinem noch jugendlichen Alter liegen. Weiterhin ist es in der Komposition des Einsetzungsaktes begründet und wohl auch auf die vorgesehene Montierung eines Tragebügels oder eines Beschlagteils von Scharnier oder Schloss zurückzuführen, worauf die Löcher im Reliefgrund hinweisen. Die aufgestellte Lanze des vorderen Soldaten links und der hintere Thronpfosten rahmen die Haupthandlung und stellen sie optisch in den Mittelpunkt. Von links wenden sich zwei Soldaten und von rechts die Palastwache des Pharaos der Szene zu. Die Palastwache trägt einheimische Kleidung, während Joseph und der Pharao mit der Chlamys die Tracht der obersten höfischen Beamten im byzantinischen Staat, bzw. die Krönungsinsigne der Kaiser tragen. Der Kronreif des Pharao mit der doppelten Juwelenreihe entspricht der Insigne der byzantinischen Kaiser. Joseph erhält hier nicht entsprechend der Bibeltextaussage einen Ring oder wird mit der Bulla (Halsreif) belehnt, sondern trägt einen schmalen Diademreif. Wesentliche Elemente des zeitgenössischen byzantinischen Hofzeremoniells wurden in den Kontext der alttestamentarischen Erzählung projiziert und in der zentralen Darstellung des Kastens präsentiert. Deutlich wird damit die sakrale Auffassung des Kaisertums in Byzanz zum Ausdruck gebracht.

In der Dresdener Sammlung ist eine weitere Reliefplatte dieses Kastens erhalten, die mit dem Fortgang Josephs zu seinen Brüdern ebenfalls eine Episode zur Jugendgeschichte des Patriarchen schildert. Die Deckelreliefs und vielleicht auch die der Kastenwände könnten die abenteuerlichen Ereignisse der Jugend Josephs erzählt haben, die dann in der Hauptszene auf dem Deckel gipfelten. Luxusgegenstände dieser Art funktionierten als Statussymbole in der Privatsphäre ihrer Besitzer. Das auch literarisch aufzufassende Thema von Josephs Abenteuern und seiner Karriere bot den Besitzern und weiteren Betrachtern Identifikationsmodelle und mit der Rezitation seiner Inhalte und Auslegungen die Möglichkeit, ihre Bildung vorzuführen.

Eine weitere zu diesem Ensemble gehörige Platte wird in London verwahrt. Das ausgestellte Relief ist im 1858 erstellten Inventar der ein Jahr zuvor verstorbenen Prinzessin Luise als „Basrelief 8-eckig" aufgeführt.

Ulrike Koenen

Literatur

Ausst.-Kat. Berlin 1977, S. 40, Nr. 21, Taf. 13 (Arne Effenberger); Effenberger 1982, bes. S. 139–142; Friedmann 1989, bes. S. 67, Fig. 5; Gauthier-Walter 1990, bes. S. 30 u. 33–34; Goldschmidt/Weitzmann 1979, S. 28, Nr. 13, Taf. 7; Hanson 2008, bes. S. 115–119.

III.21

Mitteltafel eines Triptychons: Thronender Christus mit Maria und Johannes

Konstantinopel, 10. Jahrhundert
Elfenbein, reliefiert. H 17,35 cm, B 11,95 cm
Inschrift: I(ΕΣΟ)С Χ(ΡΙΣΤΟ)С / Μ(ΕΤΕ)Ρ Θ(ΕΟ)Υ /
ΙωΟΠΡΟΔΡ(ΜΟΣ) / ΜΙΧΑΗΛ / ΓΑΒΡΙΗΛ
Berlin, Staatsbibliothek zu Berlin – Preußischer
Kulturbesitz, ms.theol.lat.qu.3

Die hohe Qualität der Reliefarbeit und die Art und Weise der Ausführung verbindet die Tafel mit dem sogenannten Romanos-Elfenbein in Paris (Kat.-Nr. III.19). Sie entstammt einer kulturellen Blütezeit, die mit der Bezeichnung „Makedonische Renaissance" – benannt nach der Herrscherdynastie der Makedonen – in die Forschung eingegangen ist. Sehr sorgfältig sind die Inschriften eingraviert, welche die Figuren benennen. Die oben rundbogig abschließende Tafel ist mit einer für byzantinische Elfenbeintafeln charakteristischen glatten Rahmenkante eingefasst. An den Seiten sind vier Scharnierschlitze zu erkennen, die auf die einstige Montierung seitlicher Flügel hindeuten. Im Reliefbild sitzt Christus majestätisch auf einem breiten Thron mit Sitzkissen, Rückenlehne und einem Fußschemel – imperiale Hoheitsattribute, die ihn als Himmelskönig präsentieren. Mit seiner linken Hand hält er das kostbar eingebundene Buch mit dem Wort Gottes. Mit der rechten Hand vollzieht er einen Segensgestus. Den Pantokrator flankieren oberhalb der Thronlehne die Halbfiguren der Muttergottes und Johannes des Täufers. Beide wenden sich mit bittenden Gesten Christus zu. Es handelt sich um das in Byzanz ausgebildete Motiv der Deesis, die durch Maria und Johannes vermittelte Fürbitte vor Christus. Der Täufer weist mit dem Kreuzstab zugleich auf den Erlösungstod Christi hin. Im Rund des Bogens erscheinen die Erzengel Michael und Gabriel als himmlische Leibgarde, ausgezeichnet mit den Insignien der imperialen Macht. Sie tragen den Loros und halten die mit einem Kreuz besetzte Sphaira und ein Kurzzepter. Kleidung und Attribute veranschaulichen die Übernahme des imperialen Hofzeremoniells für den himmlischen Herrscher.

Die Elfenbeintafel ist als kostbare Zier eines Buchdeckels überliefert. Die enthaltene liturgische Handschrift, ein Evan-

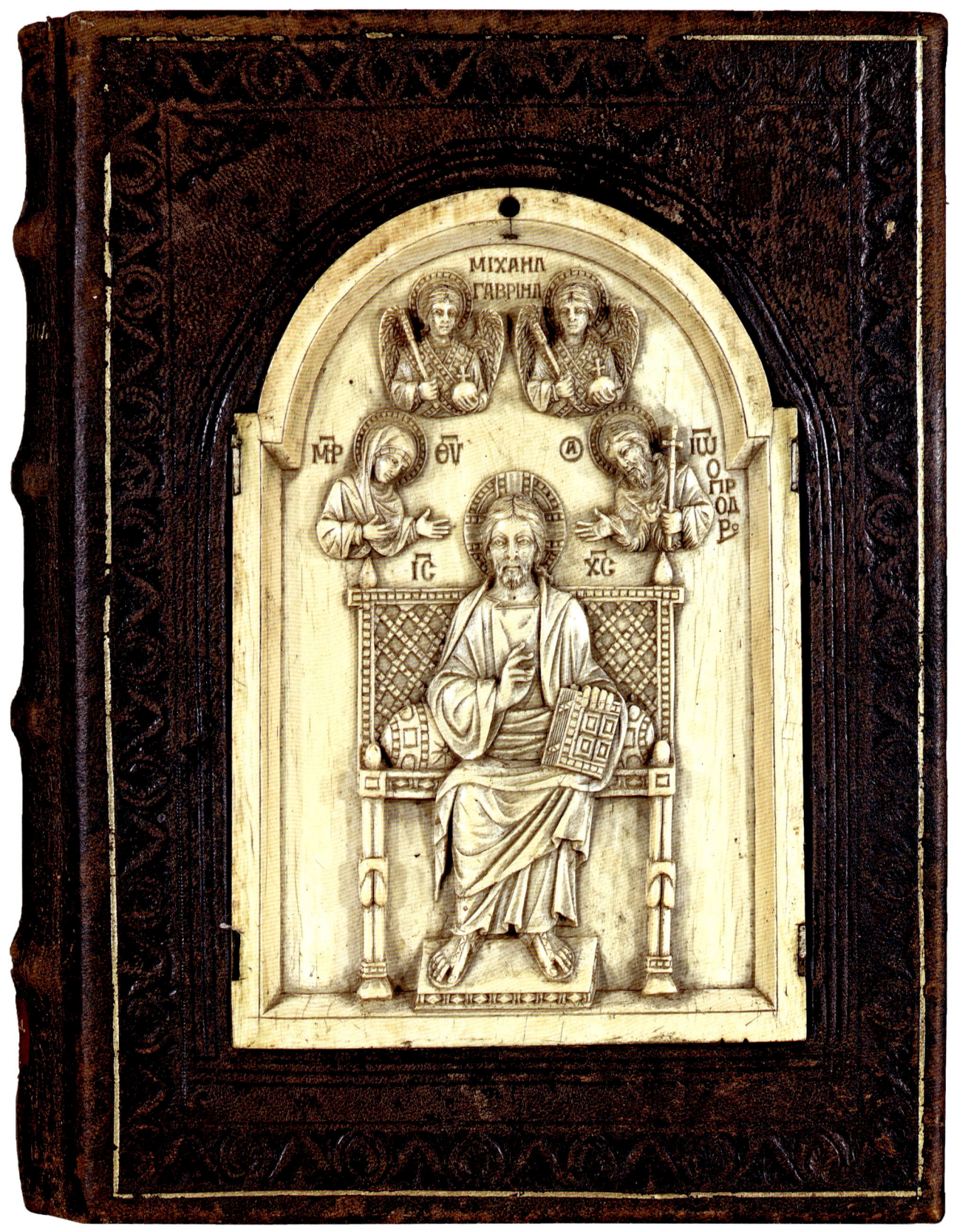

gelistar, gab Bischof Sigebert von Minden (1022–1036) zusammen mit einer Schwesterhandschrift, einem Epistolar, in Auftrag und stiftete beide als Ornat zur Ausstattung des Mindener Domes. Das Epistolar war einst wohl mit dem zu dieser Mitteltafel gehörigen Flügelpaar geschmückt, das vor Jahren in einer Schweizer Privatsammlung wiederentdeckt wurde. Im aufgeklappten Zustand des Triptychons ergänzen links Uriel und rechts Raphael die Erzengelreihe. Darunter erscheinen die Apostelfürsten Petrus und Paulus und die heiligen Kirchenväter Basilius und Nikolaus. Die Rückseiten sind mit Siegeskreuzen geziert, die im geschlossenen Zustand des Triptychons ansichtig waren, bei der Wiederverwendung der Tafeln im Westen aber der Sichtbarkeit entzogen wurden. Diese Befundsituation in Verbindung mit der über jüngere Schriftquellen rekonstruierbaren Geschichte der Tafeln bezeugt die Wertschätzung byzantinischer Elfenbeintafeln im Westen, aber auch den destruktiven Umgang mit diesen Artefakten und die Negation ihres ursprünglichen rituellen Funktionskontexts. Die Tafeln wurden den eigenen Normen angepasst.

Ulrike Koenen

Literatur

Cutler 1998; Goldschmidt/Weitzmann 1979, S. 42, Nr. 55, Taf. 23; Koenen 2012 (im Druck).

III.22

„Borradaile-Triptychon"

Konstantinopel, Mitte 10. Jahrhundert
Elfenbein. Mittelteil: H 27,2 cm, B 15,7 cm;
Flügel: B 7,8 und 8,5 cm
London, The British Museum, P&E 1923,1205.1

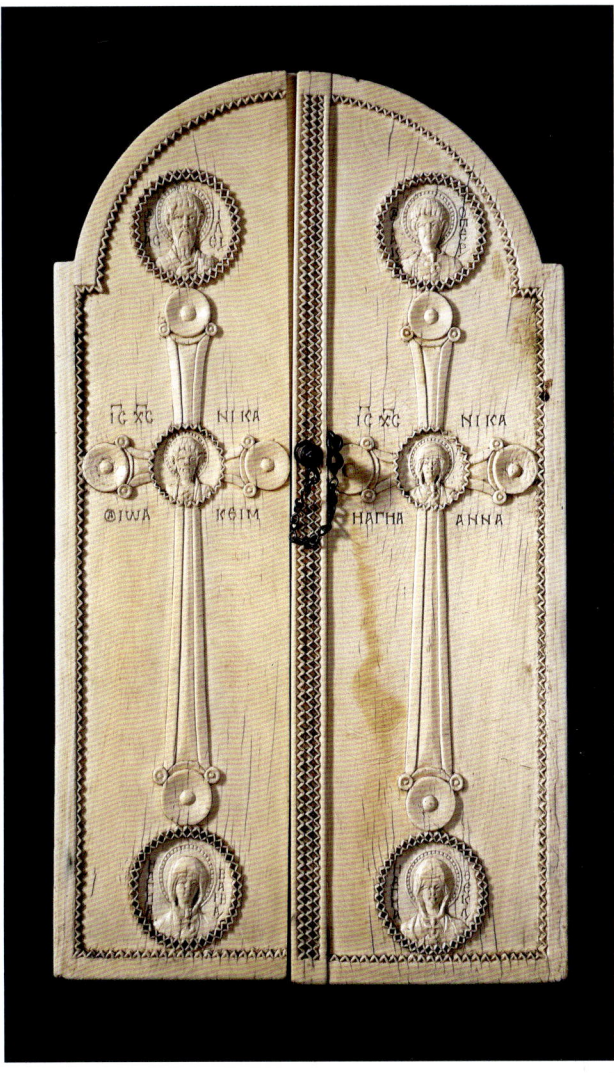

III.22 , im geschlossenen Zustand

Nur wenige Elfenbeintriptychen sind komplett erhalten, die meisten wurden im Westen, wo diese Form des Andachtsbildes ungebräuchlich war, demontiert und die Einzelteile zum Schmuck der Buchdeckel liturgischer Handschriften verwendet. Das nach seinem früheren Besitzer Charles Borradaile benannte Triptychon soll aus einem Kloster in Reims stammen. Auf der Mitteltafel ist die Kreuzigung dargestellt. Der tote Christus steht aufgerichtet vor dem Kreuz, das Haupt ist ein wenig zur rechten Seite geneigt, die Augen sind geschlossen. Unter den ausgebreiteten Armen verharren einander zugewandt Maria links und Johannes rechts. Maria erhebt mit der Linken ein wenig ihr Manteltuch (Maphorion), die Rechte weist auf den gekreuzigten Sohn hin. Johannes hält mit gesenktem Haupt, die Rechte vor der Brust, in der linken Armbeuge einen Kodex.

Unter dem Querholz finden sich die Anempfehlungsworte gemäß Joh. 19,26–27: über Maria „Siehe dein Sohn", und über Johannes „Siehe deine Mutter". Über dem Kreuz befinden sich die Halbfiguren der als „Michael" und „Gabriel" bezeichneten Erzengel, die anbetend auf den Gekreuzigten hinweisen. Auf den Flügeln sind nimbierte männliche Heilige zu sehen: Im Halbbogenfeld links Kyros und rechts Ioannes – zwei Ärzte, deren Kult im 5. Jahrhundert in Ägypten aufkam. Beide halten als Zeichen ihres Martyriums ein Handkreuz vor der Brust. Im Mittelfeld links sind die beiden gepanzerten Kriegerheiligen Gregorios und Theodoros Stratelates („der Feldherr") mit Lanze und Schwert zu sehen, rechts in gleicher Ausrüstung Eustathios und neben ihm der Bischof Klemens von Ankyra, der auf der linken, vom Omophorion bedeckten Hand einen Kodex hält. Im unteren Feld links sieht man die Märtyrer Menas und Prokopios, beide in traditioneller Hoftracht mit Handkreuz,

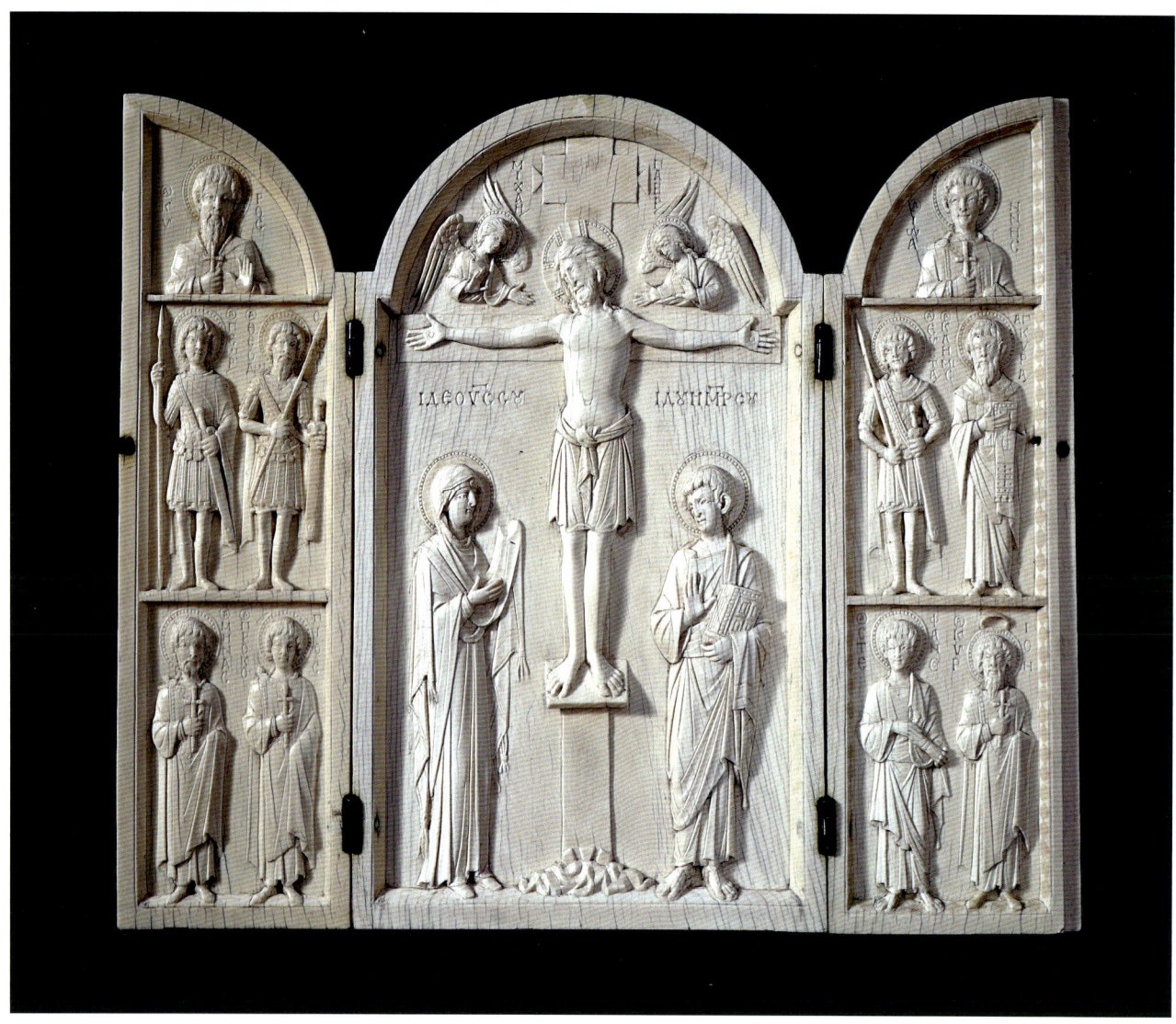

III.22 , in geöffnetem Zustand

rechts Stephanos Protomartyros mit Schriftrolle, neben ihm mit Handkreuz Kyrion, der Anführer der Vierzig Märtyrer von Sebaste, der durch einen freigestellten Kranz über seinem Haupt besonders ausgezeichnet ist. Im geschlossenen Zustand bietet jede Außenseite der Flügel ein schlankes lateinisches Kreuz mit Scheiben an den Enden, darüber jeweils die Beischrift „Jesus Christus Sieg". Die Medaillons über und unter den Kreuzen zeigen oben links den Kirchenvater Basileios mit Kodex und rechts Iakobos Perses, unten links Barbara, rechts Thekla, alle drei mit Handkreuz. Im Schnittpunkt der Kreuzarme finden sich Medaillons mit den Brustbildern der Eltern Marias, links Ioakeim (Joachim), rechts Anna. Dieser prominente Platz war sonst Christus, Maria oder Kaisern vorbehalten. Schon Goldschmidt und Weitzmann, die das Triptychon ihrer „Romanos-Gruppe" zugeschrieben hatten (benannt nach der Romanos-

Eudokia-Tafel in Paris Kat.-Nr. III.19), vermuteten hier eine Anspielung auf Anna, die Tochter Romanos II. und spätere Frau des Kiever Großfürsten Vladimir. Weibliche Heilige begegnen sonst niemals auf den Triptychen der Romanos-Gruppe. Ungewöhnlich ist auch die vermutlich vom Besteller bestimmte Auswahl einiger nur hier vorkommender männlicher Heiliger wie der Ärzte Kyros und Ioannes und der Heiligen Gregorios und Kyrion.

Arne Effenberger

Literatur

Ausst.-Kat. London 2008, S. 401, Nr. 78, S. 134, Abb. 78 (Anthony Eastmond); Buckton 1994, S. 142–143, Nr. 153 (Anthony Eastmond); Goldschmidt/Weitzmann 1979, S. 36, Nr. 38, Taf. XV; Zu den Kriegerheiligen: Walter 2003.

III.23

Elfenbeintafel mit der Fußwaschung Christi

Konstantinopel, 10./11. Jahrhundert
Elfenbein. H 16 cm, B 13,7 cm
Beischriften – νιπτήρ (griechisch = das Waschbecken),
ΙΣ ΧΣ (Abkürzung für griechisch „Iesous Christos")
Berlin, Staatliche Museen zu Berlin, Skulpturensammlung
und Museum für Byzantinische Kunst, 2108

Dargestellt ist die Fußwaschung, die Christus gemäß Johannes 13, 1–11 beim letzten Abendmahl an seinen Jüngern vornahm. Die Hauptgruppe ist in die linke Bildhälfte gerückt: Über ein kelchförmiges Waschbecken gebeugt steht Christus und trocknet das rechte Bein des vor ihm sitzenden Apostels mit einem Teil seines Gewandes. Dieser, an seiner Kopfform und Haartracht als Petrus erkennbar, sitzt auf dem linken Ende einer Bank. Die linke Hand führt er, wohl in einer Geste der Abwehr, an seinen Kopf. Tatsächlich hatte sich Petrus zuerst geweigert, diesen Dienst von Christus anzunehmen. Erst durch dessen Worte „Wenn ich dich nicht wasche, so hast du kein Teil an mir" wurde er umgestimmt. Die fast freistehende, weit nach vorne gebeugte Gestalt Christi betont den dienenden, demütigen Charakter der Handlung.

Die übrigen Apostel drängen sich in der rechten Bildhälfte und drücken durch erhobene Handflächen, verschiedene Blickrichtungen und Kopfhaltungen innere Bewegung aus. Zwei sitzen ebenfalls auf der Bank und nesteln an ihren Sandalen. Die Szene wird von einer annähernd symmetrischen Architektur wie von einem Bühnenbild hinterfangen. Zwei turmartige Gebäudeteile an den Seiten verbindet eine niedrigere Wand, die an der oberen Kante durch einen Fries geschmückt ist. Über alle Gebäudeteile gemeinsam ist eine Draperie gelegt. Hinter Christus öffnet sich ein Torbogen. Bezeichnet ist die Darstellung mit dem griechischen Wort für Waschbecken. Zusätzlich ist über Christus nachträglich die griechische Abkürzung seines Namens herausgearbeitet worden. Die Fußwaschung nach dem Vorbild Christi wurde im Christentum zum Demutsritual von Priestern, Bischöfen und dem Papst, aber auch von Fürsten und Herrschern. Im Zeremonienbuch Kaiser Konstantinos VII. Porphyrogennetos (905–959) und in der Schrift *De Officiis* des Pseudo-Kodinos (14. Jh.) wird überliefert, dass der byzantinische Kaiser an Gründonnerstag zwölf armen Männern die Füße wusch. Dieses Zeremoniell machte einerseits die ideelle Eigenschaft der Demut des Kaisers sinnfällig. Andererseits stellte sie den Kaiser in die direkte Nachfolge Christi.

Gabriele Mietke

Literatur

Ausst.-Kat. Hildesheim 1998, S. 101 u. 102, Abb. 81, S. 157, Nr. 41 (Gudrun Bühl); Effenberger/Severin 1992, S. 216–217, Nr. 125.

III.24

Elfenbeintafel mit der Ausgießung des Heiligen Geistes

Konstantinopel, 11. Jahrhundert
Elfenbein. H 18,5 cm, B 10,3 cm, T 0,7 cm
Berlin, Staatliche Museen zu Berlin, Skulpturensammlung
und Museum für Byzantinische Kunst, 579

Das Relief zeigt die Ausgießung des Heiligen Geistes an Pfingsten. Gemäß der Apostelgeschichte 2, 1–13 wurden die Apostel Christi sieben Wochen nach seinem Tod vom Heiligen Geist erfüllt. Sie fingen daraufhin an, Vertretern aller Völker die christliche Botschaft in deren jeweiliger Sprache zu predigen.

Auf der schlanken Elfenbeintafel sitzen die zwölf Jünger in Form eines gestreckten U zusammen. Bei den beiden Aposteln im Scheitel handelt es sich wahrscheinlich um Petrus und Paulus, die allerdings auf vergleichbaren Pfingstdarstellungen deutlicher charakterisiert sind. Ihr Sitz wird durch eine hinter ihnen sichtbare hohe Lehne hervorgehoben. Die übrigen Apostel sitzen auf einer Bank mit gedrechselten Beinen. Aus einem sternenbesetzten Himmelssegment am oberen Bildrand gehen sechs breite Strahlen, welche den Heiligen Geist symbolisieren, auf die am nächsten sitzenden Apostel hernieder.

In der von den Aposteln gerahmten Bildfläche öffnet sich ein Torbogen mit kleinen rechteckigen Verzierungen. Durch ihn drängen die Vertreter der verschiedenen Völker. Eine Gruppe von drei Männern zur Linken ist ähnlich wie die Apostel charakterisiert. Der vorderste hält eine Buchrolle, der hinterste deutet nach oben auf das Pfingstgeschehen. Ihnen entspricht eine weitere Dreiergruppe rechts. Aus ihr sticht ein Mann im Ornat des byzantinischen Kaisers mit langer Tunika, perlengesäumtem Loros und kreuzgeschmücktem Diadem hervor. Zwei weitere Männer hinter ihm, mit orientalisierender Haartracht und Kopfbedeckung, deuten das Spektrum der angesprochenen Völker an.

Die Figur des Kaisers lässt sich durch den Bibeltext nicht erklären, denn dort ist ausdrücklich von verschiedenen Ethnien, nicht von Herrschern oder verschiedenen Ständen die Rede. Wohl aber sind Kaisertum und Pfingstgeschehen in der byzantinischen Kaiserideologie miteinander verknüpft. Das wichtigste Zeugnis dafür enthält das Zeremonienbuch des byzantinischen Kaisers Konstantinos VII. Porphyrogennetos (905–959). Darin wird der Herrscher beim Krönungszeremoniell aufgefordert, den Aposteln nachzueifern und sein Volk dem rechten Glauben zuzuführen, denn er sei vom Heiligen Geist gekrönt worden. Wie die Apostel durch den Heiligen Geist mit der Verbreitung des Glaubens beauftragt wurden, so sei der Kaiser durch den Heiligen Geist als christlicher Herrscher eingesetzt worden. Die Gleichsetzung des Kaisers mit den Aposteln spie-

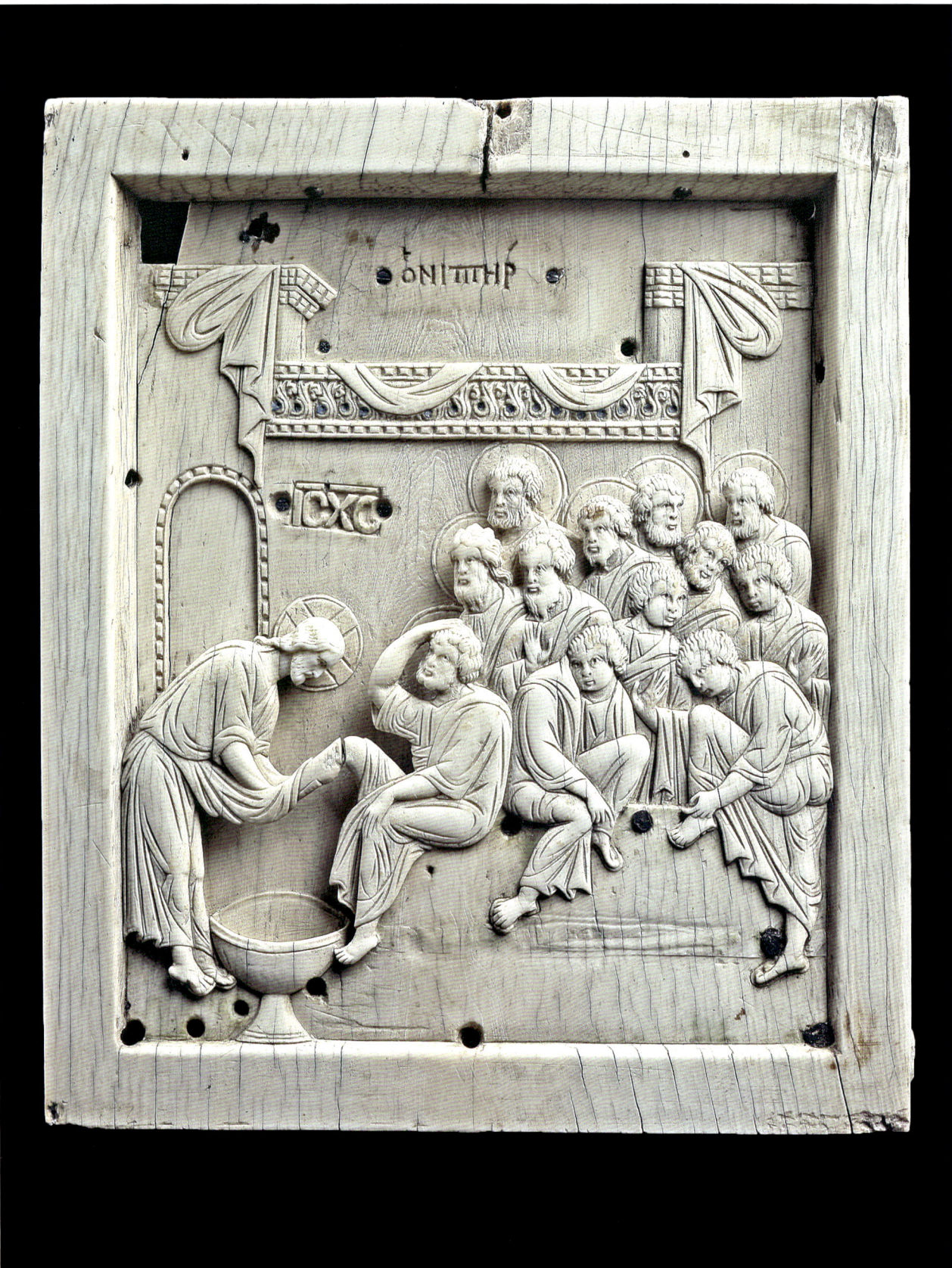

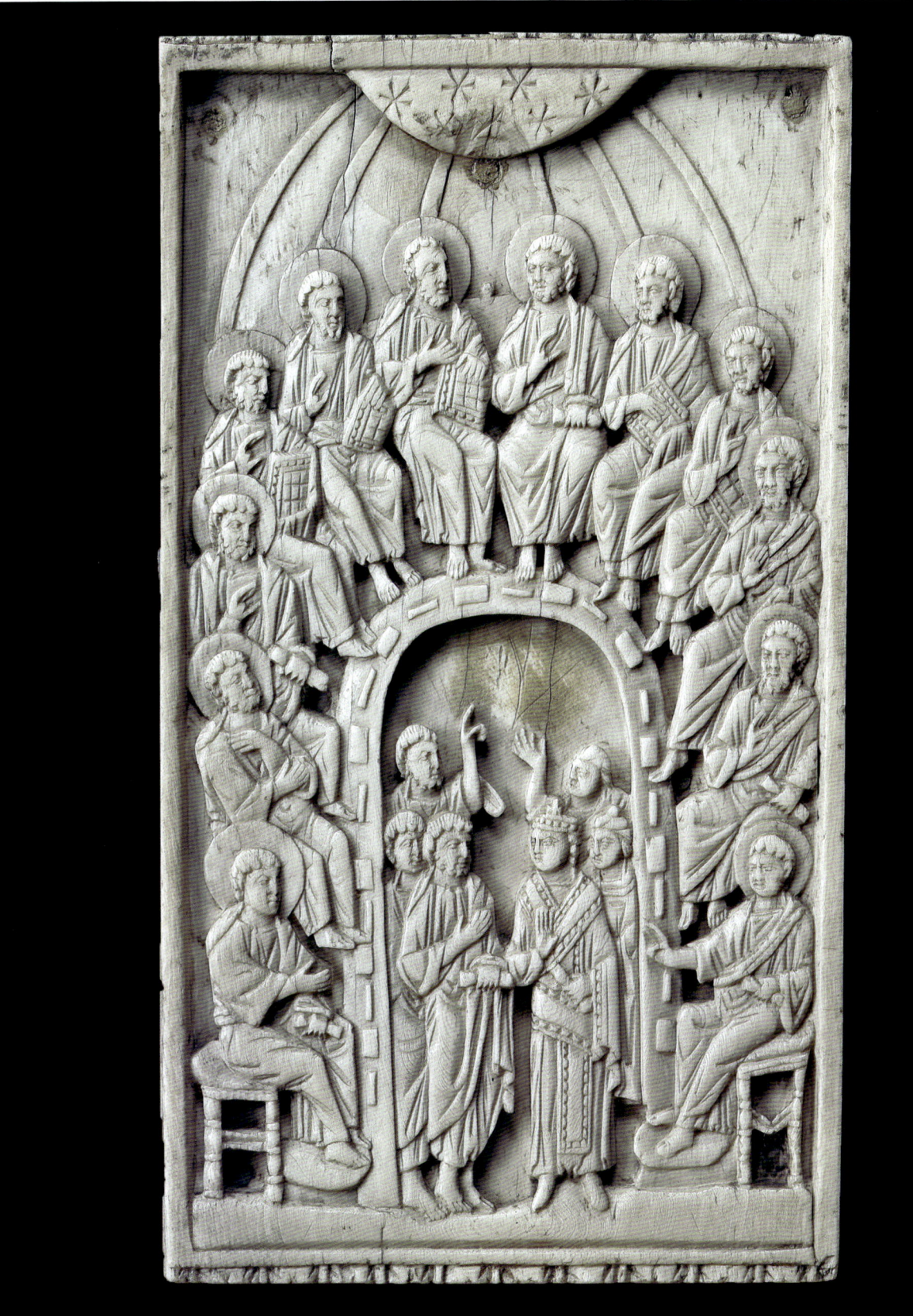

gelt sich bereits im Mausoleum Kaiser Konstantins I. (ca. 272–337) in Konstantinopel, in dem er im Kreis von Epitaphien der zwölf Apostel beigesetzt wurde. Spätestens in mittelbyzantinischer Zeit hat sich diese Gleichsetzung in Verbindung mit dem Pfingstgeschehen zu einem Argument göttlicher Herrschaftslegitimation verfestigt.

Das Relief der Elfenbeintafel kann in diesem Zusammenhang verschieden gelesen werden. Einerseits sitzt der Kaiser nicht zwischen den Aposteln, sondern ist den Vertretern der zu missionierenden Völker zugeordnet. Andererseits kann er als der gedeutet werden, der sich, aus dem Kreis der Apostel getreten, in göttlichem Auftrag an die Vertreter der Völker wendet und über sie herrscht. Das Relief würde so die göttliche Legitimation oströmischer Herrschaft verdeutlichen, die von den Ottonen aufgegriffen wurde.

Gabriele Mietke

Literatur

Ausst.-Kat. Hildesheim 1998, S. 104 u. 105–107, Abb. 85, S. 157, Nr. 45 (Gudrun Bühl); Sevrugian 1992.

Der Kaiser und die Kreuzreliquien

Obwohl bildliche Darstellungen des Kreuzes Christi und des Gekreuzigten bereits aus dem späten 2. Jahrhundert bekannt sind, waren diese von der offiziellen Kirche zunächst nicht sanktioniert und entstanden zumeist im Schattenbereich von Magie und antichristlicher Polemik. Erst nach der offiziellen Anerkennung des Christentums unter Kaiser Konstantin I. (306–337) fanden Kreuzdarstellungen allmählich Eingang in den imperialen und christlichen Bildkanon. Als entscheidendes Ereignis muss in diesem Zusammenhang die Kreuzvision Konstantins vor der Schlacht an der Milvischen Brücke (312) angesehen werden (Eusebius, Vita Constantini 182–185).

Das von Konstantin geschaute Zeichen, das er sogleich in Gold und Edelsteinen nachbilden und seinen Heeren als Feldzeichen, oder *labarum*, vorantragen ließ, erwies sich schnell als wirksames Unterpfand des Sieges. Die Anfertigung und Verbreitung des *labarums* durch Konstantin führte bald zu einer symbolischen Gleichsetzung des Kreuzes Christi mit dem heilbringenden Schutz- und Siegeszeichen des Kaisers und hatte nicht nur eine Popularisierung des Kreuzes in den christlichen Bildkünsten zur Folge, sondern resultierte auch in einem gesteigerten Interesse an den im Neuen Testament genannten Schauplätzen des Lebens und Leidens Christi und den materiellen Überresten (lat. *reliquiae*) seiner Passion.

Obwohl Zeitzeugen wie Eusebius die Freilegung des Golgathahügels und die Errichtung einer überaus kostbar ausgestatteten Memorialbasilika unter Kaiser Konstantin bezeugen, erwähnen frühe Pilgerberichte das Vorhandensein von Kreuzreliquien noch mit keinem Wort. Erst Bischof Kyrill von Jerusalem weist um die Jahrhundertmitte auf die Existenz und Verbreitung von Kreuzeshölzern hin (Cyrill von Jerusalem,

Bd. 1, 100 u. 284). Die vorhandenen Quellen legen nahe, dass sich die eigentliche Auffindung des Kreuzesholzes wohl zwischen 330–350 ereignete und seine nur wenig später einsetzende kultische Verehrung rasch über die Grenzen Jerusalems auszugreifen begann. Unmittelbare Folge des sich rasant entwickelnden Interesses christlicher Pilger an den in Jerusalem bewahrten Kreuzreliquien war die schrittweise Formierung einer Ende des 4. Jahrhunderts erstmals sicher nachweisbaren Legende, welche die Auffindung des Kreuzes mit einem Mitglied des Kaiserhauses, namentlich mit Helena, der Mutter Kaiser Konstantins, in Verbindung brachte (zusammenfassend: Klein 2004, S. 13–21).

Von den Kirchenhistorikern des späten 4. und frühen 5. Jahrhunderts erfahren wir sodann, dass die Kaiserinmutter einen Teil des Kreuzesholzes an ihren Sohn übergab während der andere Teil in Jerusalem verblieb (vgl. z.B.: Rufinius, Historia Ecclesiastica, Bd. 2, 970). Obwohl die Auffindung und Teilung der Kreuzreliquie durch Helena historisch nicht haltbar erscheint, ist es wahrscheinlich, dass bedeutende Stücke des Kreuzesholzes schon bald in kaiserlichen Besitz gelangten und in Konstantinopel in zeremonieller Weise Verwendung fanden. Erstmals belegt ist eine solche Verwendung im frühen 6. Jahrhundert durch den Historiker Theodor Anagnostes, der berichtet, dass die nach Konstantinopel gesandte Reliquie zu seiner Zeit „noch immer im Palast aufbewahrt und in festlichen Prozessionen der Kaiser [von dort] herausgeführt" wurde (Theodor Anagnostes, Kirchengeschichte, 13.5–7).

Auch bei militärischen Kampagnen wurde die Kreuzreliquie dem Kaiser als Unterpfand und Symbol des Sieges vorangetragen. Von Kaiser Maurikios (582–602) wird berichtet, dass ihm beim Auszug seines Heeres aus Konstantinopel im Jahre 593 eine Lanze vorangetragen wurde, an der eine Kreuzreliquie befestigt war (Theophylaktos, Geschichte 162). Die anhaltende Bedeutung der Kreuzreliquie im militärischen Kontext bestätigt auch ein militärischer Traktat, der im Anhang des Zeremonienbuches Kaiser Konstantins VII. Porphyrogennetos (913–959) überliefert ist. Hier heißt es, dass ein unmittelbar vor dem Kaiser marschierender Hofkämmerer „das verehrte und lebensspendende Kreuz in einer Lade um den Hals trug" (Konstantin Porphyrogennetos, Three Treatises 124).

Auch im kirchlich-liturgischen Bereich kam der Kreuzreliquie eine besondere Bedeutung zu. Die um 630 entstandene Osterchronik, oder *Chronicon Paschale*, berichtet erstmals von einem am 14. September in der Hagia Sophia gefeierten Fest der Kreuzerhöhung (Chronicon Paschale, 705). Wie bei der Verehrung des Kreuzes am dritten Sonntag der Fastenzeit und in den letzten Tagen der Karwoche nahmen Kaiser und Hofstaat auch an diesem Tag in prominenter Weise an der liturgischen Verehrung der Reliquien teil. Obwohl direkte Belege fehlen, darf angenommen werden, dass die Anfänge der liturgischen Verehrung des Kreuzes in der Hauptstadt, namentlich in der Hagia Sophia, unmittelbar mit der Eroberung Jerusalems durch die Perser (614) bzw. Araber (638) und der Flüchtung der Kreuzreliquie von Jerusalem nach Konstantino-

pel in Zusammenhang stehen. Von diesem Zeitpunkt an waren die byzantinischen Kaiser Hüter nicht nur der beiden angeblich von Helena aufgefundenen Teile des Wahren Kreuzes, sondern auch Besitzer der von den Persern zurückeroberten Heiligen Lanze, des in Essig getränkten Schwammes, der Dornenkrone und weiterer heilsgeschichtlich höchst bedeutsamer Reliquien der Passion Christi. Die meisten dieser Reliquien waren, wie wir aus gut unterrichteten byzantinischen Geschichtsquellen wissen, inmitten des kaiserlichen Palastes in einer von Kaiser Michael III. (842–867) überaus reich ausgestatteten, der Gottesmutter geweihten Kapelle bewahrt, die im Laufe der folgenden Jahrhunderte aufgrund ihres Reliquienschatzes von Zeitgenossen als ‚zweiter Sinai', ‚neues Bethlehem', ‚zweiter Jordan', und ‚neues Jerusalem' gepriesen wurde (zusammenfassend: Klein 2006, S. 79–99)

Holger A. Klein

Quellen

Chronicon Paschale; Cyrill von Jerusalem; Eusebius, Vita Constantini; Konstantin Porphyrogennetos; Rufinius, Historia ecclesiastica; Theodor Anagnostes, Kirchengeschichte; Theophylaktos, Historien.

Literatur

Kalavrezou 1997; Klein 2004; Klein 2006 ; Mergiali-Sahas 2001.

III.25

Kreuz der Kaiser Romanos II. und Basileios II.

Konstantinopel, 960–963
Silber, gegossen, graviert und punziert, Niello.
H. 7,4 cm, B. 5,9 cm
Washington D.C., Dumbarton Oaks,
Byzantine Collection, 53.12.93

Unter den erhaltenen Werken der byzantinischen Silberschmiedekunst kommt diesem fein gearbeiteten, heute in der Dumbarton Oaks Collection bewahrten Silberkreuze eine nicht unbedeutende Stellung zu. Das in einem Stück aus Silber gegossene Kreuz folgt in seiner formalen Gestaltung einem auch anderweitig bezeugten lateinischen Kreuztypus, bei dem sich die Kreuzarme leicht nach außen hin verbreitern und in zentral sich anschließenden Kreismedaillons enden. Die Kreuzarme sind darüber hinaus an ihren Ecken mit kleinen, Perlschmuck imitierenden Rundscheiben verziert. Auf der Vorder- und Rückseite wurden die Konturen des Kreuzes und der Medaillons fer-

ner mit einer Gravurnadel nachgezogen und zur Außenkante hin mit einem punzierten Perldekor gefüllt. Das Zentrum des Kreuzes ziert auf beiden Seiten ein graviertes und nielliertes Bildnismedaillon sowie eine auf die Kreuzarme und seitlichen Medaillons verteilte, ebenfalls gravierte und niellierte Inschrift. Ein Brustbild Christi markiert die Vorderseite des Kreuzes und wird in den seitlichen Medaillons durch die Abkürzung seines heiligen Namens ΙΣ ΧΣ flankiert. Die ebenfalls abgekürzte Inschrift auf den Kreuzarmen lässt sich in ΚΥΡΙΕ (ΒΟΗΘΕΙ) ΡΩΜΑΝ(Ω) ΟΡΘ(ΟΔΟΞΟΣ) ΔΕΣ(ΠΟΤΗ) „Herr, (hilf) Romanos, dem rechtgläubigen Herrscher" auflösen. Entsprechend der Darstellung auf der Vorderseite ziert die Rückseite des Kreuzes das Brustbild der Gottesmutter mit der flankierenden Benennung ΜΡ ΘΥ und der begleitenden Inschrift ΘΕΟΤΟ(ΚΕ) Β(ΟΗΘΕΙ) ΒΑΣΙΛ(ΕΙΩ) ΠΟΡ(ΦΥΡΟΓΕΝΝΗΤΩ) ΔΕΣ(ΠΟΤΗ) „Theotokos [Gottesmutter], hilf Basileios dem purpurgeborenen Herrscher." Die Nennung der beiden Herrscher Romanos und

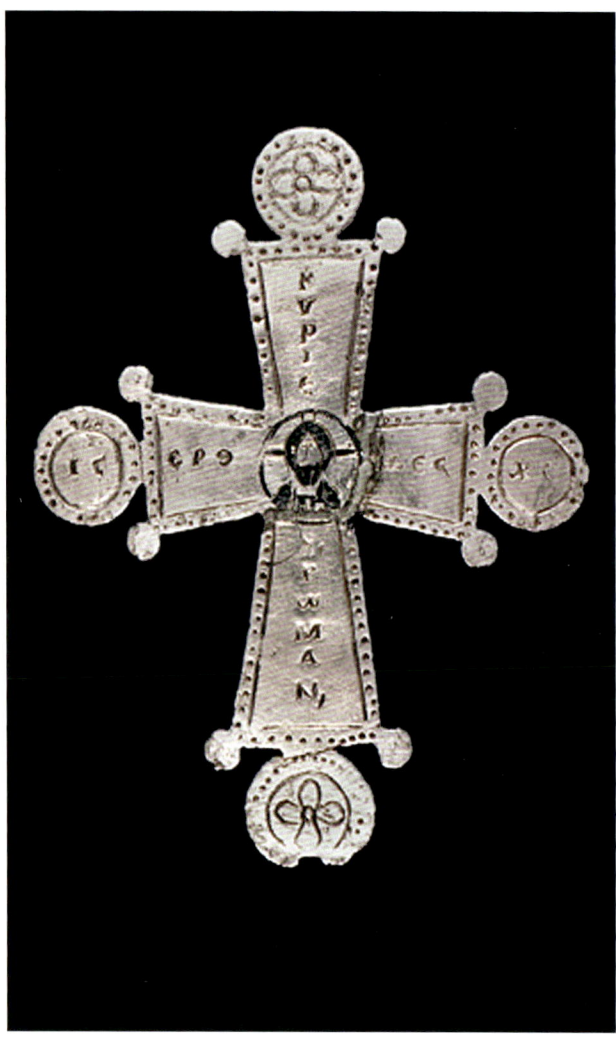

III.25

Basileios erlaubt eine genaue Datierung des Silberkreuzes in die gemeinsame Regierungszeit Kaiser Romanos II. und seines Sohnes Basileios II., das heißt in die Jahre 960–963.

Interessanterweise besitzt das Kreuz keinen Aufhängring, der seine Benutzung als *Enkolpion*, das heißt als Anhänger zum Tragen an einer Halskette gestatten würde. Eine kleine Bruchstelle am unteren Medaillon des vertikalen Kreuzarms wurde in der früheren Forschung als Indiz für eine Verwendung als Kreuzaufsatz im Kontext eines Reliquiars gewertet. Diese Interpretation ist allerdings nicht zwingend. Man hat ebenfalls vermutet, dass es sich hierbei um eines jener Silberkreuze handelt, die der byzantinische Herrscher laut Aussage des Zeremonienbuchs Kaiser Konstantins VII. (913–959) an bestimmten Festtagen, wie den Vigilien zum Fest des Hl. Elias oder zum Palmsonntag, an Hofleute und hohe Würdenträger des Reiches als Ehrengaben verteilte. Die Anrufungsformeln mit Nennung der regierenden Kaiser scheinen eine solche In-

terpretation zu unterstützen, erklärt allerdings nicht die Bruchstelle am unteren Kreuzarm. Diese mag als Indiz für einen ehemals am unteren Ende des Kreuzes befestigten kurzen Stab angesehen werden, der die Verwendung des Silberkreuzes als Handkreuz im Rahmen des kaiserlichen Zeremoniells erlaubte.

Holger A. Klein

Literatur

Ausst.-Kat. London 2008, S. 115 (Anthony Cutler); Handbook 1967, S. 22–23, Nr. 77; Ross 2005, Nr. 73 u. 97; Ross/Downey 1956/1957.

III.26

Staurothek

Konstantinopel (?), spätes 10. bis frühes 11. Jahrhundert
Gold, Silber, gegossen und vergoldet; Cloisonné-Email
(Zellenschmelz). H 12 cm, B 9,4 cm, T 1,5 cm (geöffnet)
Monopoli, Museo Diocesano

Das heute im Diözesanmuseum der süditalienischen Stadt Monopoli aufbewahrte, in Form eines Triptychons gestaltete Kreuzreliquiar (Staurothek) ist trotz seiner geringen Größe ein höchst eindrucksvolles Zeugnis der byzantinischen Goldschmiede- und Emailkunst des späten 10. oder frühen 11. Jahrhunderts. In dieser nach dem regierenden Kaiserhaus häufig als Makedonische Renaissance bezeichneten, das Ende des Bilderstreits (726–843) markierenden Epoche, gelangte die byzantinische Kultur, und mit ihr die Bildkünste, zu neuer und ungeahnter Größe. Das kleinformatige, aus vergoldetem Silber hergestellte Reliquiar war zur Aufnahme einiger Partikel des sogenannten Wahren Kreuzes, das heißt des als historisch authentisch angesehenen Kreuzesholzes Christi bestimmt, das der Legende nach schon im frühen 4. Jahrhundert von Kaiserin Helena, der Mutter Kaiser Konstantins des Großen, in Jerusalem entdeckt worden war und seither als bedeutendstes materielles Zeugnis der Passion und Heilstat Christi höchste Anerkennung und Verehrung genoss.

Die in Form eines griechischen Kreuzes angeordneten Reliquienfragmente sind im Innern eines nahezu quadratischen Metallgehäuses geborgen. Dessen Rückseite ist mit einem auf Stufen erhöhten und von Ranken symmetrisch umwachsenen Lebensbaumkreuz verziert. Die Darstellung dieses Kreuzes, das durch die flankierenden Monogramme mit den Buchstaben ΙΣ ΧΣ symbolisch den Körper Christi ersetzt, erinnert mit ihren nach außen sich leicht verbreiternden Kreuzarmen, den an sie angesetzten Medaillons und den tropfenförmigen Perlen an ihren Ecken unmittelbar an Werke der zeitgenössischen byzan-

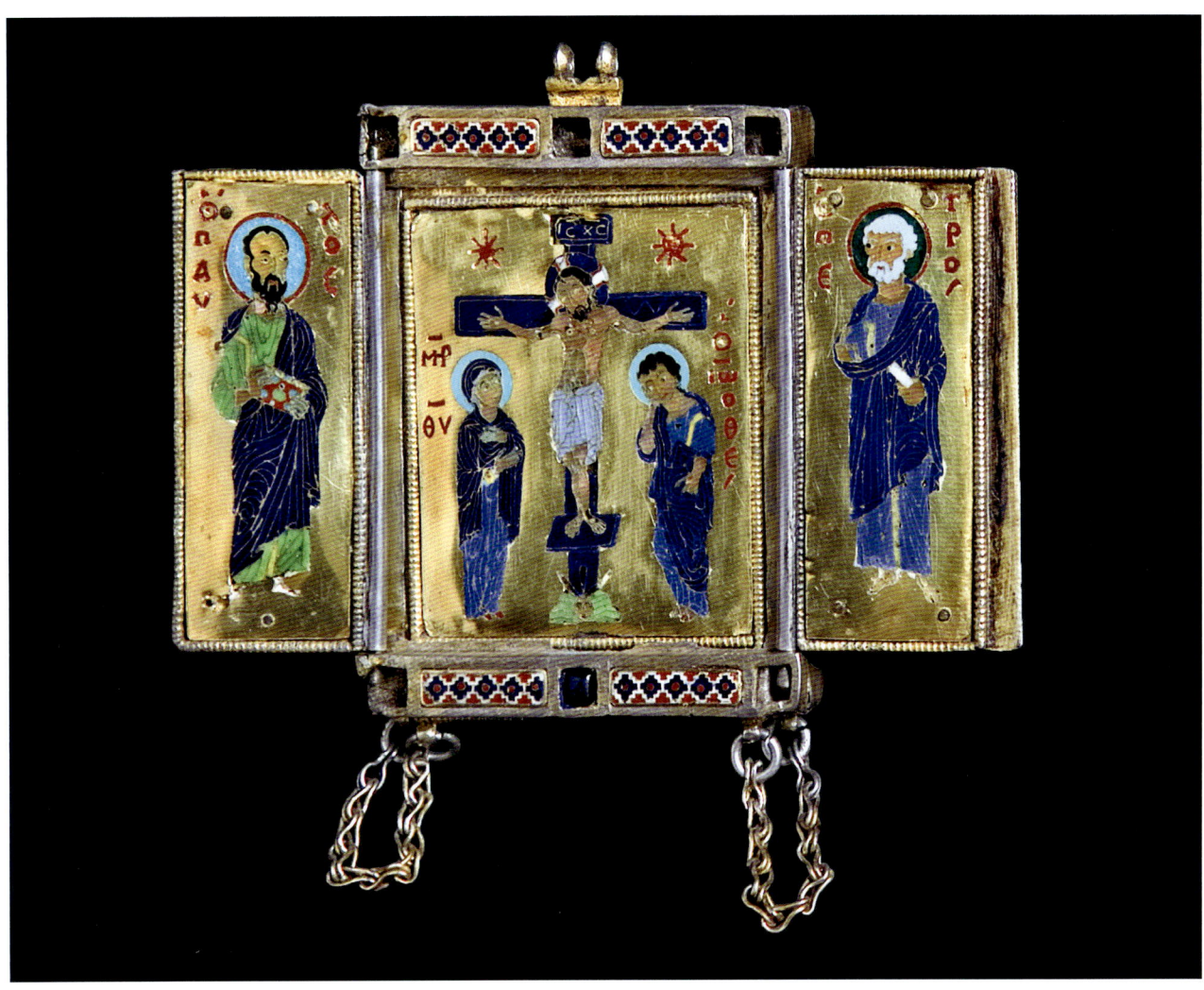

III.26

tinischen Metallkunst (vgl. Kat.-Nr. III.25). Auf der Vorderseite des Gehäuses wird die Reliquie durch einen nach unten aus der Lade herauszuziehenden Schiebedeckel vor den Blicken des Betrachters verborgen. Diesen Deckel ziert eine in Cloisonné-Email, das heißt Zellenschmelz, gearbeitete Darstellung der Kreuzigung Christi. Griechische Inschriften bezeichnen die Assistenzfiguren unter dem Kreuz als MP ΘΥ (Gottesmutter) und Ο Α(ΓΙΟΣ) ΙΩ(ΑΝΝΗΣ) Ο ΘΕ(ΟΛΟΓΟΣ) (Johannes der Theologe bzw. Evangelist). Zwei seitlich am Gehäuse angebrachte Flügeltüren dienen als weiterer Verschluss, deren Innenseiten die ebenfalls in Cloisonné-Email ausgeführten Darstellungen der Apostel Petrus und Paulus zieren. Auf ihren Außenseiten waren diese Türen einst mit Perlschnüren und Edel- bzw. Halbedelsteinen besetzt. Von diesen sind heute lediglich ihre ovalen und rechteckigen Metallfassungen erhalten. Mit Steinbesatz alternierende Ornamentbordüren in Cloisonné-Email bilden den oberen und unteren Abschluss des zentralen Gehäuses.

In geschlossenem Zustand bilden diese mit den perl- und edelsteinbesetzten Flügelaußenseiten eine kohärente Einheit. Die Reste eines Scharniers am oberen Ende des Reliquiengehäuses legen nahe, dass die Staurothek ihrem Besitzer einst als Enkoplion diente, das heißt als persönlicher Heilsgarant von diesem an einer Kette um den Hals getragen wurde.

Zwei mit der Staurothek von Monopoli eng verwandte byzantinische Enkolpien haben sich im Rahmen eines im 12. Jahrhundert im Maasland neu geschaffenen Reliquien-Triptychons (heute in der Pierpont Morgan Library, New York) erhalten. Aufgrund des historischen und kunsthistorischen Befunds wird vermutet, dass es sich bei diesen beiden Enkolpien um diplomatische Geschenke des byzantinischen Kaisers Manuels I. Komnenos an Abt Wibald von Stavelot handelt, der in den Jahren 1155 und 1157 als Gesandter Kaiser Friedrich Barbarossas in Konstantinopel weilte. Auf welchen Wegen die Staurothek von Monopoli nach Süditalien gelangte, ist leider unbekannt.

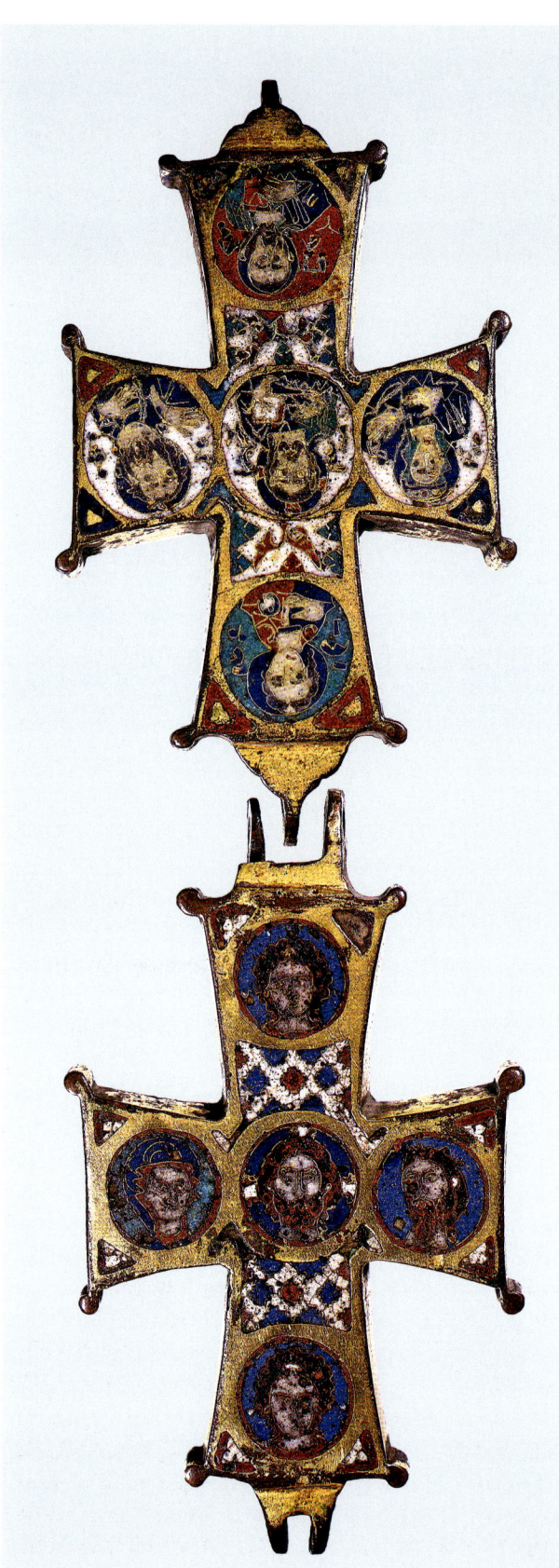

III.27

Es ist jedoch durchaus denkbar, dass auch diese als besonders kostbarer kaiserlicher Gunstbeweis an einen abendländischen oder byzantinischen Würdenträger verschenkt wurde und auf diese Weise nach Italien kam.

Holger A. Klein

Literatur

Ausst.-Kat. Bari 1995, Nr. 9.2 (Rosanna Bianco); Ausst.-Kat. Genua 2004; Ausst.-Kat. New York 1997, Nr. 110 (William D. Wixom); Krause 2004, bes. S. 219–221; Pace 2010, S. 141; Volbach 1969.

III.27

Brustkreuz

Konstantinopel oder Kiew (?),
spätes 11. bis frühes 12. Jahrhundert
Bronze, gegossen und vergoldet; Cloisonné-Email
(Zellenschmelz). H 10,6 cm, B 6,2 cm
Vatikanstadt, Musei Vaticani, 61837

In Bronze gegossene Brustkreuze (Enkolpien) haben sich in großer Zahl aus dem gesamten byzantinischen Kulturbereich erhalten und sind archäologisch nicht nur in den Kernregionen des byzantinischen Reiches wie Griechenland, dem Balkan und Kleinasien belegt, sondern können darüber hinaus auch in Teilen von Süd-, Mittel- und Osteuropa sowie in Syrien, Palästina und Nordafrika in ganz unterschiedlichen Kontexten nachgewiesen werden. Die weite Verbreitung dieser Objekte, die gewöhnlich von ihren Besitzern an einer Kette um den Hals getragen wurden, erklärt sich nicht nur aus ihrer Funktion als Gegenstände des persönlichen Gebrauchs und der privaten Andacht, sondern auch daraus, dass sie aufgrund ihrer geringen Größe leicht transportabel waren und daher über die Grenzen des Reiches hinaus als Pilgerandenken und Geschenke verbreitet und kommerziell gehandelt wurden.

Das in den Vatikanischen Museen bewahrte Brustkreuz gehört zu einer kleinen Gruppe ähnlich gearbeiteter Enkolpien, die sich heute in verschiedenen Sammlungen in Moskau, Kiew und St. Petersburg befinden und deren Herstellungsort in der Forschung entweder im byzantinischen Kernland oder der Kiewer Rus lokalisiert wurde. Allen Werken gemeinsam ist, dass sie aus zwei in gleicher Weise gearbeiteten, mit Scharnieren verbundenen Hälften bestehen, die den Einschluss von Reliquien oder anderen Heilssubstanzen erlaubten und ihrem Träger so als *Phylakterien*, das heißt als persönliche Schutz- und Heilsgaranten, dienen konnten. Trotz der formalen Gestaltung des Anhängers als Kreuz muss es sich bei dem schützenden Inhalt nicht zwingend um Reliquien des Wahren Kreuzes

Christi gehandelt haben, wie archäologische und literarische Zeugnisse belegen (Pitarakis 2006, S. 109–122). Beide Hälften des vergoldeten Bronzekreuzes sind auf ihren Außenseiten mit eingelegtem Cloisonné-Email, oder Zellenschmelz, verziert. Ihr figürliches Bildprogramm besteht aus jeweils fünf Medaillons, wobei das zentrale Medaillon jeweils mit einem vertikal ausgerichteten ornamentalen Bildfeld unterlegt ist. Die Vorderseite zeigt das zentrale Brustbild Christi flankiert von Darstellungen der Gottesmutter (links) und Johannes des Täufers (rechts), die sich Christus im klassischen byzantinischen Gestus der Fürbitte (Deesis) zuwenden. Auf dem vertikalen Kreuzarm wird das Bildprogramm um die Brustbilder zweier weiterer Figuren bereichert, von denen die untere sicher durch ihre begleitende Inschrift als Paulus identifiziert werden kann. Die Identität der jugendlichen Figur des oberen Medaillons, die in der Forschung entweder als Sergios oder Petrus bezeichnet wurde, lässt sich aufgrund der unleserlichen Inschrift nicht mit Sicherheit bestimmen. Dasselbe gilt für die auf dem vertikalen Kreuzarm der Rückseite angebrachten Figuren, bei denen es sich möglicherweise um Erzengel handelt. Wie auf der Vorderseite ziert eine Deesis-Komposition auch den horizontalen Kreuzarm. Auffallend ist, dass die Darstellungen der Rückseite sich im Gegensatz zur Vorderseite in ihrem Bildausschnitt auf Kopf und Hals der Figuren beschränken. Diese bildliche Verkürzung lässt sich möglicherweise als Anspielung auf eine in Konstantinopel hoch verehrte und wundertätige Bild-Reliquie Christi, das sogenannte Mandylion von Edessa beziehen, bei dem es sich der Legende nach um einen auf Tuch gepressten Abdruck des Angesichts Christi handelt. Das dem zentralen Medaillon hinterlegte ornamentale Bildfeld in Email mag dieser Interpretation (Pitarakis 2006, S. 82) zusätzliches Gewicht verleihen.

Holger A. Klein

Literatur

Ausst.-Kat. Bonn 2010, Nr. 36 (Guido Cornini) u. 159 (Christ Entwisle); Ausst.-Kat. Hildesheim 1998, S. 54 u. 155, Nr. 21 (Gabriele Mietke); Muñoz 1906, S. 162, mit Fig. 127; Pitarakis 2006, S. 82, Nr. 217 u. 255.

III.28

Votivkrone und Bergkristall mit Marienstatuette

Votivkrone: Konstantinopel, 886–912
Bergkristall: 4.–5. Jahrhundert
Fassung und Statuette: Venedig (?), 13. Jahrhundert
Silber-, Gold- und Emailarbeit, Glasfluss; Steinschnitt; Goldschmiedearbeit.
H gesamt 20 cm, Diadem H 3,5 cm, Durchmesser 13 cm
Venedig, Basilica di San Marco, 116

Der untere Teil dieses im Laufe seiner Geschichte zusammengewachsenen Kunstwerks besteht aus einem Diademreif von nur 13 cm im Durchmesser. Der vergoldete Silberreif ist innen glatt belassen, aber außen aufwendig mit Emailmedaillons, Perlketten und Glasflusseinlagen geschmückt. Von den einst 14 gleichmäßig runden Vollschmelzen auf Goldgrund sind sieben erhalten, die in einer schlichten Fassung auf dem Reif montiert sind. Der vollständig mit tranzluzidem smaragdgrünem Glasfluss gefüllte Hintergrund umgibt die Halbfiguren. Die Lichtdurchlässigkeit verleiht dem Email auf Goldgrund eine besondere Leuchtkraft. Inschriften aus schmalen auf den Grund gelöteten Goldstegen flankieren die Figuren und nennen ihre Namen. Es sind in heutiger Anordnung von links nach rechts die Büsten von Andreas, Paulus, eines Kaisers Leon, Markus, Bartholomäus, Lukas und Jakobus erhalten. Alle Figuren tragen Nimben. Die der Apostel sind gelb und der des Kaisers hebt sich durch eine türkisblaue Farbe ab. Verschiedene blaue und türkise Farbtöne variieren und changieren die mit schwarzen Besatzstücken akzentuierten Gewänder der Apostel. Die Figuren sind in ihren Physiognomien unterschieden und charakterisiert wie beispielsweise Paulus, der an der typischen hohen Stirnglatze und dem langen Bart zu erkennen ist. Die meisten Dargestellten sind bärtig. Ihr braunes Haar zeichnet sich kontrastreich vor den gelben Nimben ab. Nur Andreas mit dem Kreuzstab ist weißhaarig. Als Verkünder der Lehre Gottes halten sie Bücher oder Schriftrollen. Außer dem Grün des Hintergrundes sind alle anderen Glasflüsse opak. Einzig das Gewand des Kaisers enthält ebenfalls tranzluzides Email mit purpurfarbener Tönung. Das Tragen dieser Farbe ist ein kaiserliches Privileg. Zudem symbolisieren der über die Schultern gelegte goldene Loros mit Juwelenbesatz und die reich mit Perlen, Ohrgehängen (Pendilien) und einem Kreuz verzierte Krone seine kaiserliche Macht. Die Inschrift benennt ihn LEON mit der Titulatur DESPOTOS. Seine Physiognomie mit dem länglichen schmalen Gesicht und der Zuschnitt des Bartes geben ihn als Leon VI., den Weisen, (886–912) zu erkennen. Dessen charakteristische Gesichtszüge sind auf einigen weiteren Denkmälern überliefert, doch vor allem erlaubt sein sicher zu datierendes Münzbild die Identifizierung mit Leon VI. Eines der verlorenen Medaillons zeigte wahrscheinlich

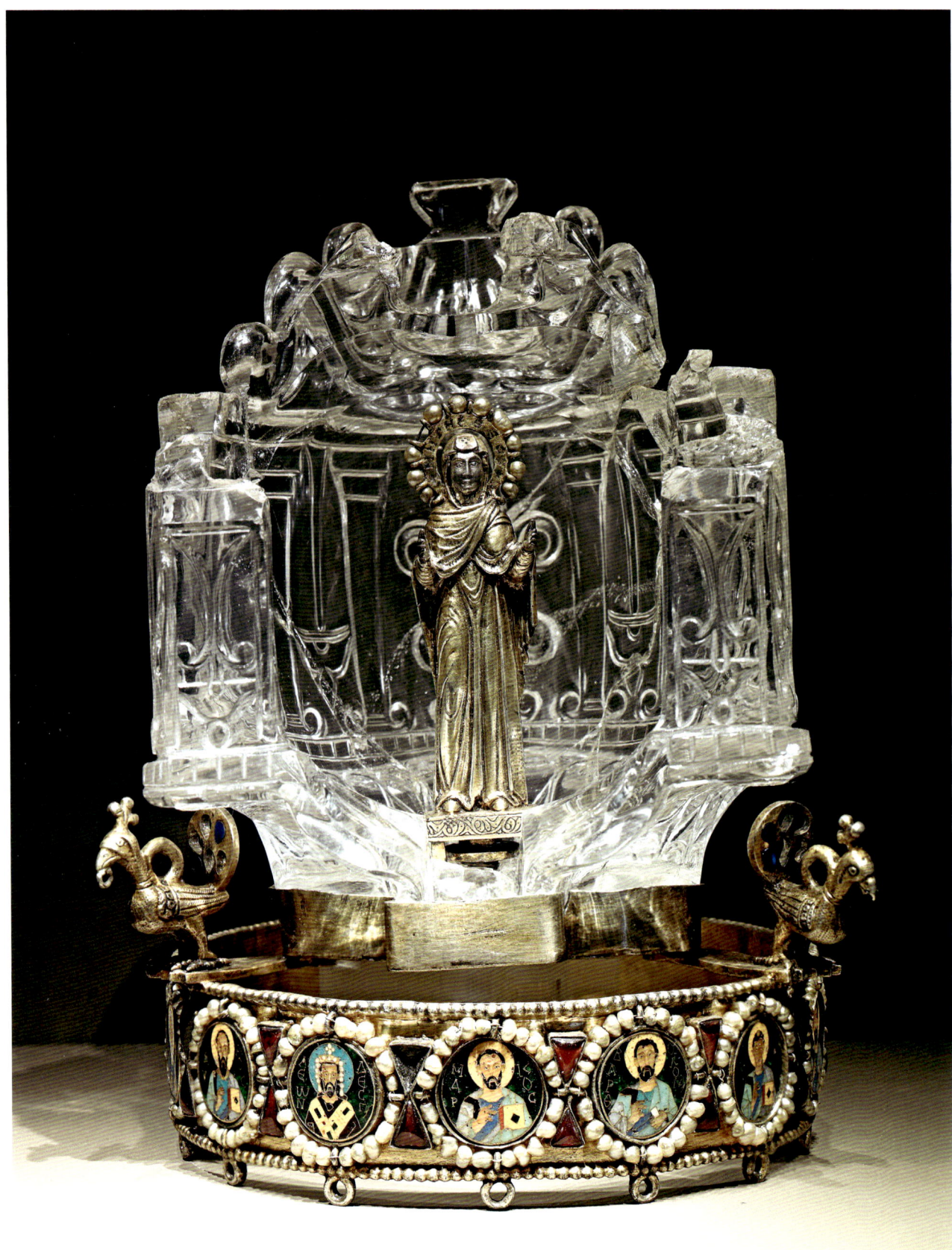

die Büste Christi. Die Reihe der zwölf Apostel wäre dann um Christus und den Kaiser ergänzt. Die Aufnahme des Kaisers in den Kreis der Apostel folgt einer mit dem ersten christlichen Kaiser Konstantin aufkommenden Vorstellung, die den Kaiser als „apostelgleich" und als Stellvertreter Christi auf Erden versteht. Zwischen Ösen aufgezogene Perlketten umrahmen die Medaillons, und dreieckige Glasflusseinlagen in schlichten Fassungen füllen die Zwickel aus. Ins Goldblech getriebene Perlreihen fassen den Kronreif oben und unten ein. An der unteren Kante befinden sich unter jedem Medaillon Ösen, die einst zur Aufhängung von Schmuckketten dienten. Die Figurenbildnisse bildeten die Kulminationspunkte dieses Juwelenspiels. Die Darstellung Kaiser Leons VI. bedeutet wohl auch, dass er die Krone stiftete, doch lässt sich nicht mehr ermitteln, wohin. Die Gestaltung der Votivkrone als runder Reif mit Schmuckbesatz und mit Gehängen ähnelt den realen byzantinischen Insignien mit den seitlichen Pendilien. Die Stiftung erinnert an die Votivkronen der Völkerwanderungszeit, von denen die berühmtesten Beispiele im Domschatz zu Monza und in Spanien überliefert sind. Zahlreiche Bildzeugnisse vermitteln einen Eindruck von der Disposition derartiger Votivkronen im Sakralbereich. Die Krone war zur Aufhängung bestimmt, doch ist ungeklärt, ob es sich bei den drei mit Pfauen besetzten Stegen um eine zeitgleiche oder nachträgliche Montierung handelt. Die Pfauen sind auf ihren Rücken mit Ösen zur Montierung an Ketten versehen und in den Ösen an ihren Schnäbeln hielten sie weitere Ziergehänge.

In Venedig erhielt diese Votivkrone im 13. Jahrhundert den Aufsatz, der die Halterung für den wiederverwendeten Bergkristall bildet. Diese geschliffene Steinschnittarbeit wird in das 4. bis 5. Jahrhundert datiert. In umgekehrter Montierung dient sie als Umfassung für eine vollplastische Marienfigur mit bittender Geste, die wie in einer Grotte erscheint. Die repräsentative kaiserliche Stiftung des ausgehenden 9. oder beginnenden 10. Jahrhunderts fungiert in ihrer Zweitverwendung lediglich als schmückende, aber sicher wertgeschätzte Basis für die Zurschaustellung eines noch älteren Objektes, um die zur Zeit der Umwandlung hochverehrte Marienfigur angemessen zu repräsentieren.

Ulrike Koenen

Literatur

Ausst.-Kat. Köln 1984, Nr. 8 (Daniel Alcouffe/Margaret E. Frazer); Ausst.-Kat. London 2008, Nr. 64 (Maria da Villa Urbani); Wessel 1967, S. 59–60, Nr. 12.

III.29

Abendmahlskelch

Cuppa: Byzanz, 9.–11. Jahrhundert
Sardonyx. Steinschnitt. D 11 cm
Fassung: Konstantinopel, Ende 10. bis
Anfang 11. Jahrhundert
Silber, Gold, Edelsteine, Steinersatz, Perlen, Email.
H 11,5 cm, B 20 cm, D 11 cm
Inschrift: + ΠΙΕΤΕ ΕΞ ΑΥΤΟΥ ΠΑΝΤΕΣ ΤΟΥΤΟ
ΕΣΤΙΝ ΤΟ ΑΙΜΑ ΜΟΥ ΤΟ ΤΗΣ ΚΑΙΝΗΣ ΔΙΑΘΗΚΗΣ
Venedig, Basilica di San Marco, 79

Dieses Sardonyxgefäß in einer Fassung mit ausladenden Henkeln aber niedrigem Fuß gehört zu einer Gruppe kostbarer Steinschliffgefäße aus Halbedelstein, die mitunter aus älteren Zeiten stammen und im Mittelalter zwecks Verwendung als Abendmahlskelche eine aufwendige Fassung aus vergoldetem Silber, Edelsteinen und Emails erhielten. Wie bei vielen anderen Beispielen gibt auch in diesem Fall eine Inschrift Auskunft über die Zweckbestimmung der Gefäße. Die zur Wandlung gesprochenen Einsetzungsworte der Eucharistie zeigen ihre Verwendung als Abendmahlskelch an: „Trinket hiervon, ein jeder von Euch, denn dies ist mein Blut, das Blut des Neuen Bundes".

Dieser Kelch zeichnet sich durch die stumpfe, konische Gefäßform aus. Das relativ dickwandige Gefäß gibt je nach Lichteinfall mit den changierenden hell-dunkel Effekten die Qualitäten seines Materials preis, auch wenn die Außenwandung nicht ganz ebenmäßig bearbeitet und die Innwandung nur grob geglättet ist. Die silbervergoldeten Teile der Fassung sind an den Kanten mit getriebener Perlschnur eingefasst, nur die Gefäßlippe ist als glatter Wulst ausgearbeitet. Der schräg ansteigende Fuß ist gleichmäßig mit ovalen, facettierten Steinen in hohen Kastenfassungen besetzt. An dem oberen Steg, in dem der Boden der Cuppa einliegt, sitzen Scharniere, welche die weit ausschwingenden Henkel befestigen. Die Henkel sind ebenfalls gleichmäßig mit Edelsteinen besetzt und oben mit hohen glatten Fassungen bekrönt, die einst Gemmen einfassten. Scharniere verbinden die Henkel mit der unteren Kante des oberen Rings. In einer von Perlleisten eingefassten Bettung mit Ösen liegen aufgefädelte Perlschnüre, die den emaillierten Inschriftenstreifen einrahmen. Dieser besteht aus vier schmalen gebogenen Leisten aus Goldblech, die vor transluziden grünen Vollschmelzen kontrastreich in weißem Email die in großen Buchstaben ausgeführten Einsetzungsworte enthalten. Die Verwendung des grünen Vollschmelzes führte zur Datierung der Fassung in das ausgehende 10. oder beginnende 11. Jahrhundert, da diese Gestaltungsweise einer Frühphase des Emailhandwerks der mittelbyzantinischen Zeit zugerechnet wird.

Ulrike Koenen

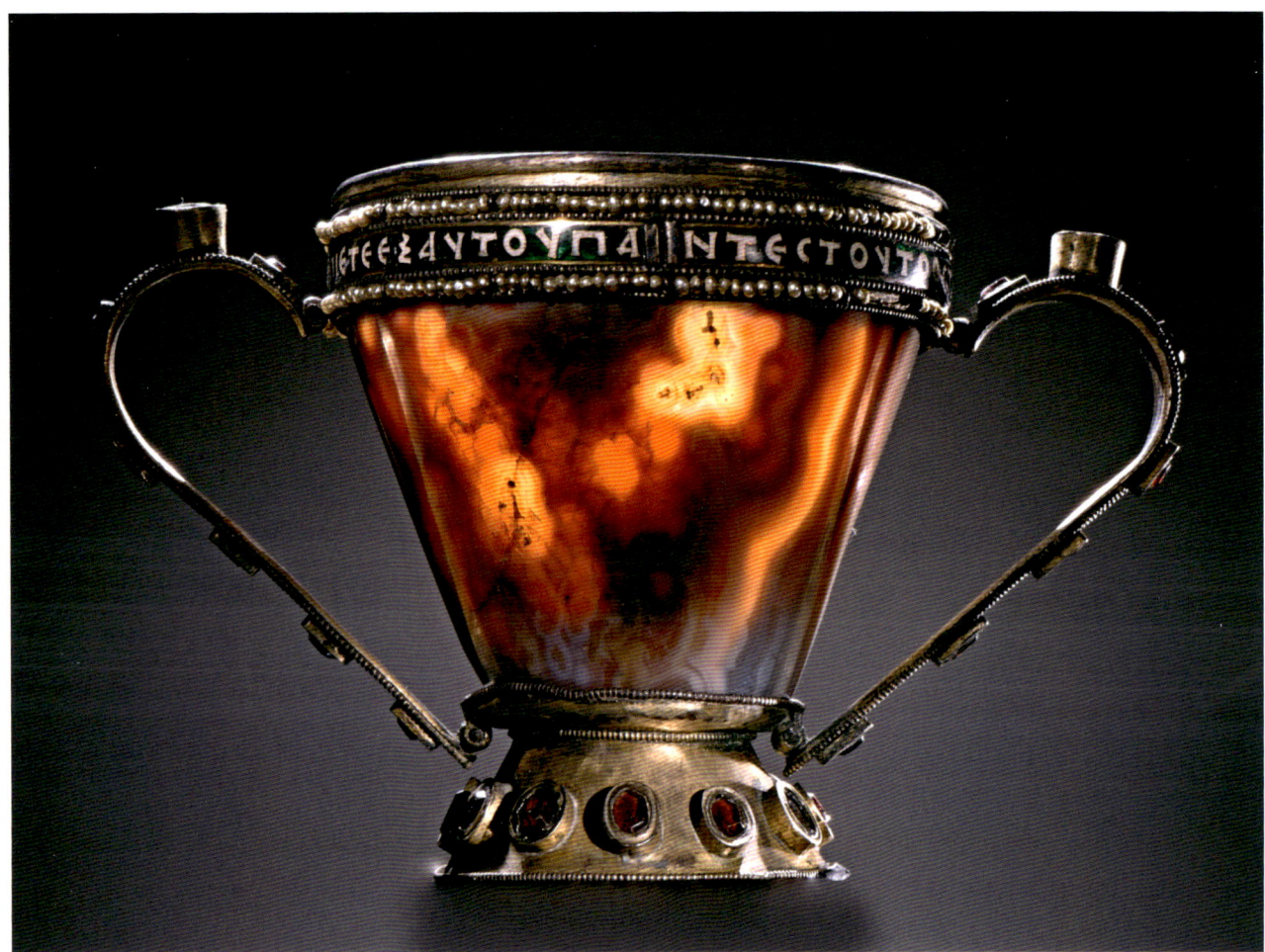

III.29

Literatur

Ausst.-Kat. Köln 1984, Nr. 15 (Daniel Alcouffe, Margaret E. Frazer);
Ausst.-Kat. New York 1997, Nr. 32 (Ioli Kalavrezou).

III.30

Schale

Konstantinopel, 10./11. Jahrhundert
Körper: Glas, gegossen, geschliffen und poliert;
Fassung: Silber vergoldet, Perlen und Glasflüsse.
D 26,5 cm, H 8 cm
Venedig, Basilica di San Marco, 72

Die gewöhnlich als Patene bezeichnete Schale weist nichts
auf, was eine liturgische Funktion belegen könnte. Auf Grund
ihrer Kostbarkeit dürfte sie dem kaiserlichen Palast oder eher

noch dem Hausstand eines reichen Magnaten in der byzantinischen Hauptstadt zuzuweisen sein und war wohl Bestandteil eines „profanen" Tafelgeschirrs. Da ihre Entstehung in
Konstantinopel im 10. oder 11. Jahrhundert heute nicht mehr
bezweifelt wird, liegt angesichts der meisten byzantinischen
Stücke im Schatz von San Marco auch ihre Herkunft aus der
Kreuzfahrerbeute von 1204 nahe. Sicherlich ist sie identisch
mit einer von drei unter *platinam vitream viridem ornatam argento deaurato* verzeichneten Glasschalen in einem Schatzin-
ventar von 1325. Die Schale besteht aus zwei Teilen, die von
Spezialisten – Glasschleifer und Goldschmied – hergestellt und
anschließend verbunden wurden. Der schwach grünlich schim-
mernde Glaskörper ist außen mit einem in erhabenem Schliff
hergestellten Wabenmuster aus unregelmäßigen, fünf- bis
siebenseitigen und gewölbten Polygonen in konzentrischer
Anordnung überzogen, wobei im Bodenbereich zusätzlich drei-
und vierseitige Zwischenfelder entstanden. Da das Glas luzid ist,
wird die Verzierung an der Innenseite voll sichtbar. Die Fassung

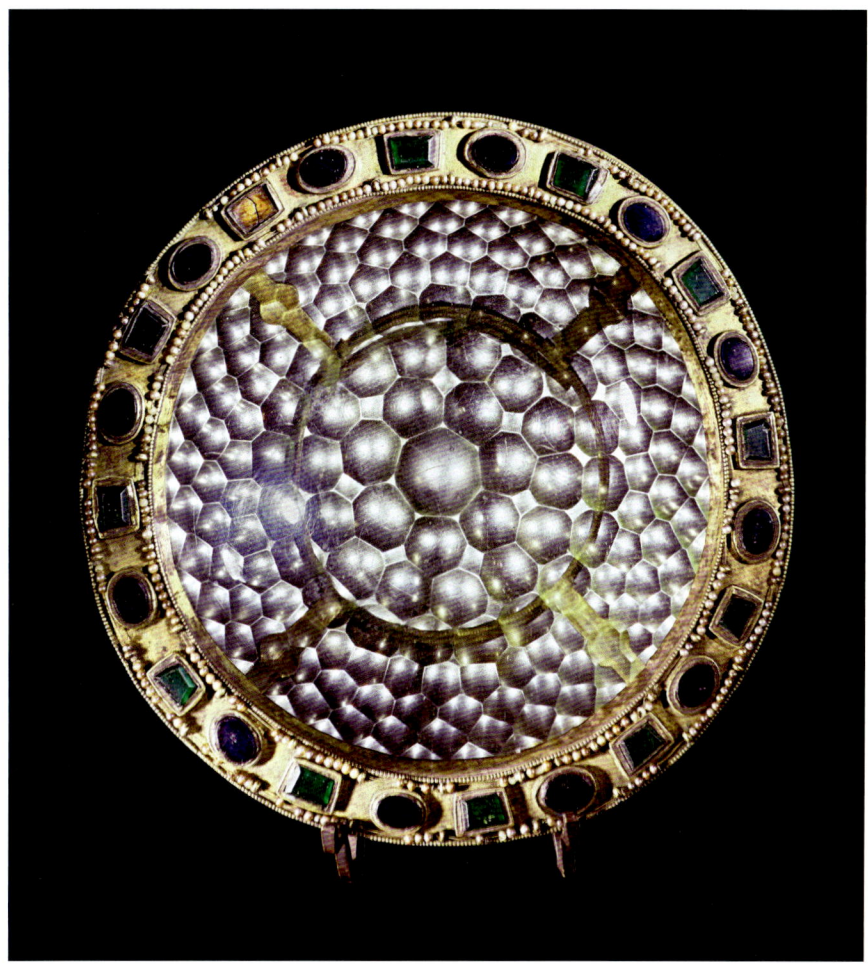

III.30

aus feuervergoldetem Silberblech besteht aus drei Teilen: dem Rand, dem Fußring und vier Bändern, die Rand und Standring miteinander verbinden, so den Glasköper fixieren und dadurch zugleich ermöglichen, dass die Schale stehen konnte. Der außen und innen umgebogene Rand (von der Innenseite zweigen die vier Bänder ab) trägt auf der Oberseite im Wechsel zwölf aufgelötete ovale Fassungen mit einer violetten und zwölf rechteckige Fassungen mit einer grünen Glaspaste, die Edelsteine – Amethyste und Smaragde – imitieren. Die grünen Pasten sind zu flachen Pyramidenstümpfen angeschliffen, die blauen als flache Scheiben ausgebildet (in keinem Falle handelt es sich um Cabochons, wie in der Literatur häufig zu lesen ist). Die Reihe der ‚Edelsteine' wird an beiden Seiten durch auf Golddraht aufgefädelte Perlenschnüre und durch Randbordüren aus aufgelötetem Perldraht eingefasst. Perldrahtbordüren rahmen auch den ansonsten schmucklosen Fußring und die vier Verbindungsbänder, die zudem durch eine flache Scheibe in der Mitte akzentuiert sind. Der Mönch Theophilos Presbyter – vielleicht

identisch mit dem Goldschmied Robert von Helmarshausen (12. Jahrhundert) – beschreibt in seiner *Schedula diversarium artium* die spezielle Form der Feile, mit der man Perldraht herstellte, doch ist die Technik der Granulierung uralt. Lange war man der Ansicht, die Glasschale könne eine wiederverwendete spätrömische Arbeit sein, doch ist es schwer vorstellbar, dass sich eine solche über die Jahrhunderte erhalten konnte. Anders verhält es sich bei römischen Gefäßen aus Achat oder Onyx, die in byzantinischer Zeit gelegentlich neu gefasst wurden. Die Technik des Glasschliffs scheinen die Byzantiner wohl unter arabischem Einfluss (siehe fatimidische Bergkristalle) im 10. Jahrhundert wieder neu erlernt zu haben.

Neslihan Asutay-Effenberger

Literatur

Ausst.-Kat. Bonn 2010, Nr. 493 (Maria Da Villa Urbani, mit weiterer Lit.); Ausst.-Kat. Köln 1984, Nr. 25 (Katharine Reynolds Brown); Hahnloser 1965–1971, Bd. 2, Nr. 72, Taf. LXI (André Grabar).

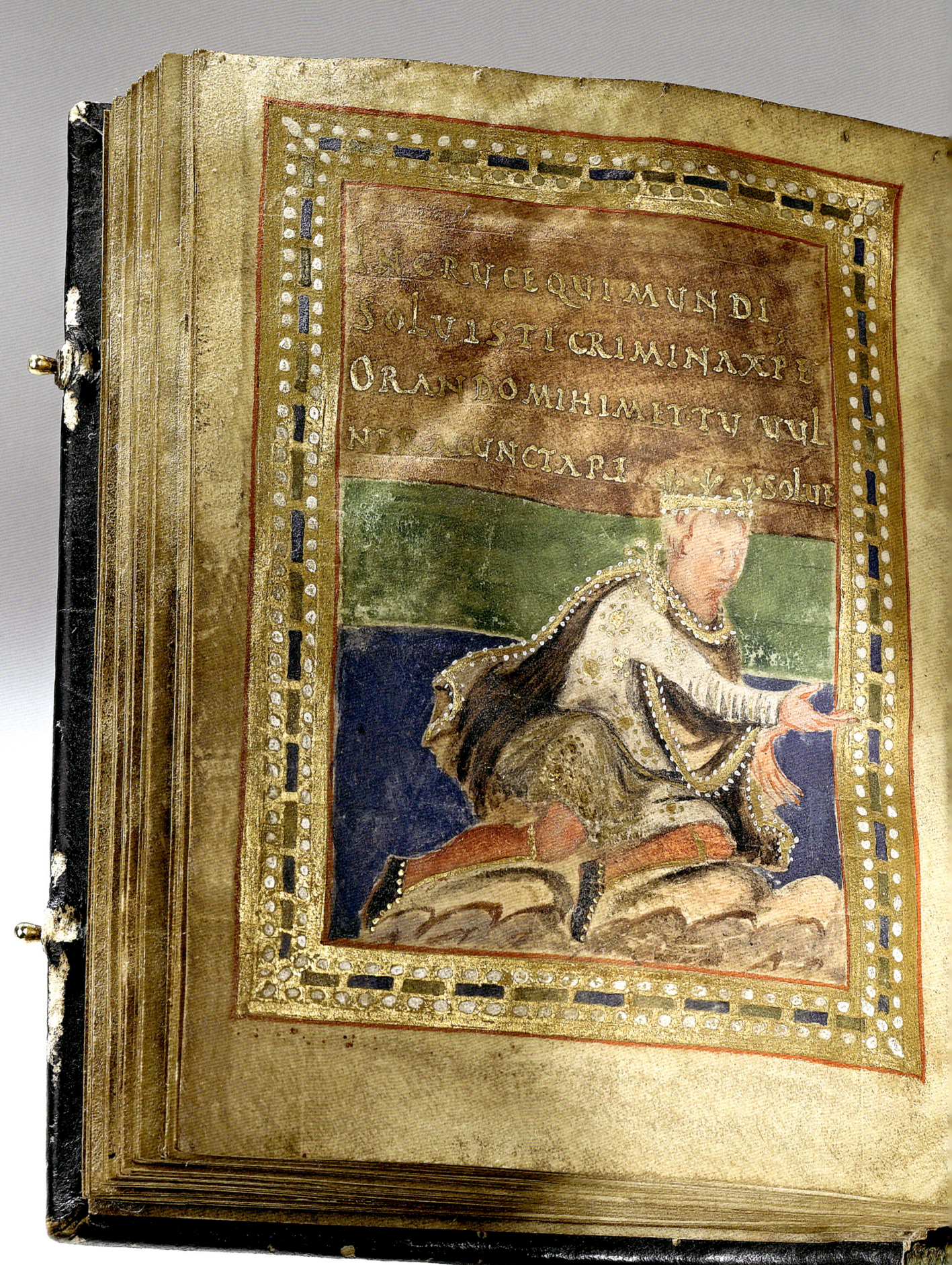

IN CRUCE QUI MUNDI
SOLUISTI CRIMINA XPE
ORANDO MIHI MET TU UUL
NERA JUNCTA PI
SOLUE

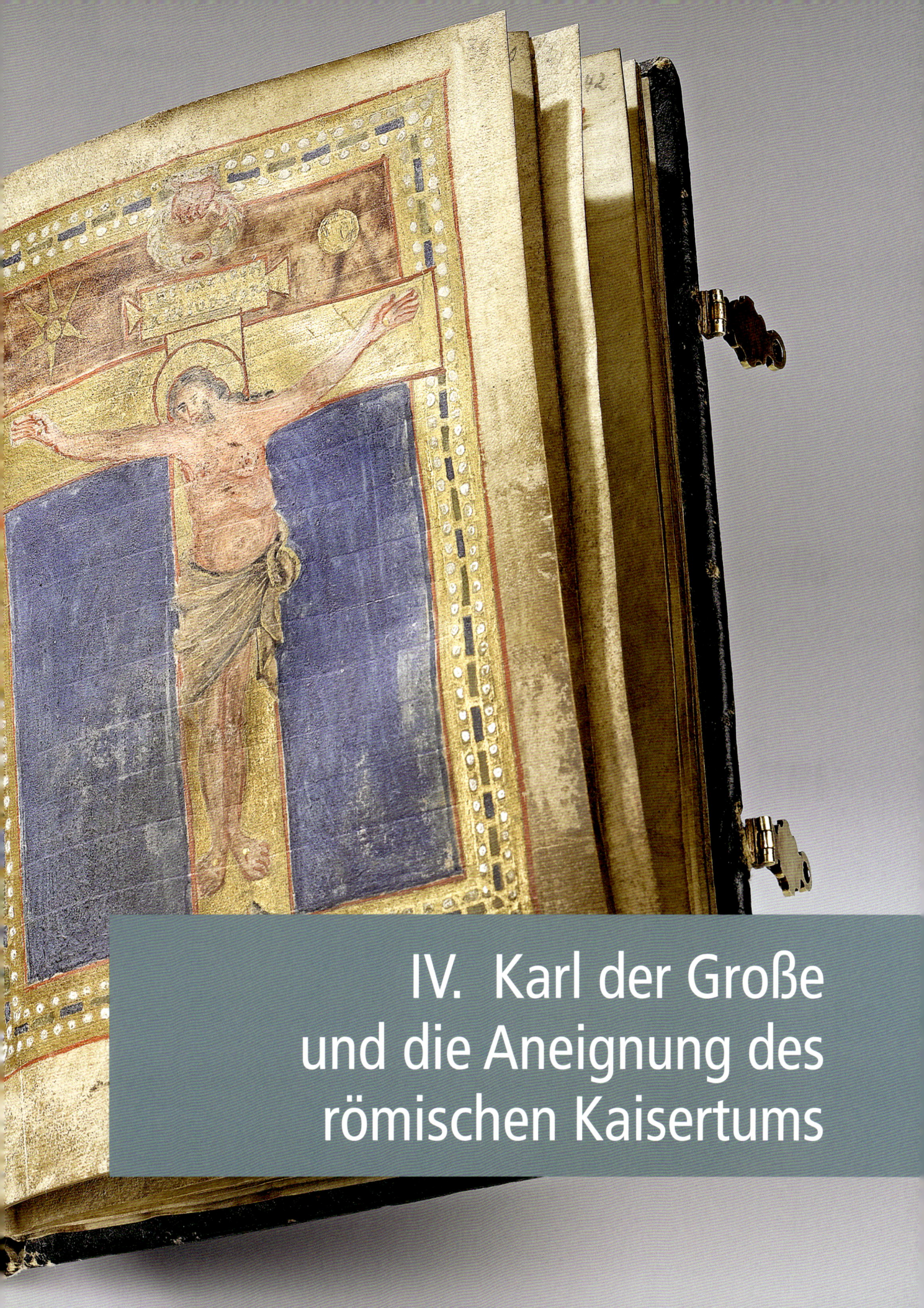

IV. Karl der Große und die Aneignung des römischen Kaisertums

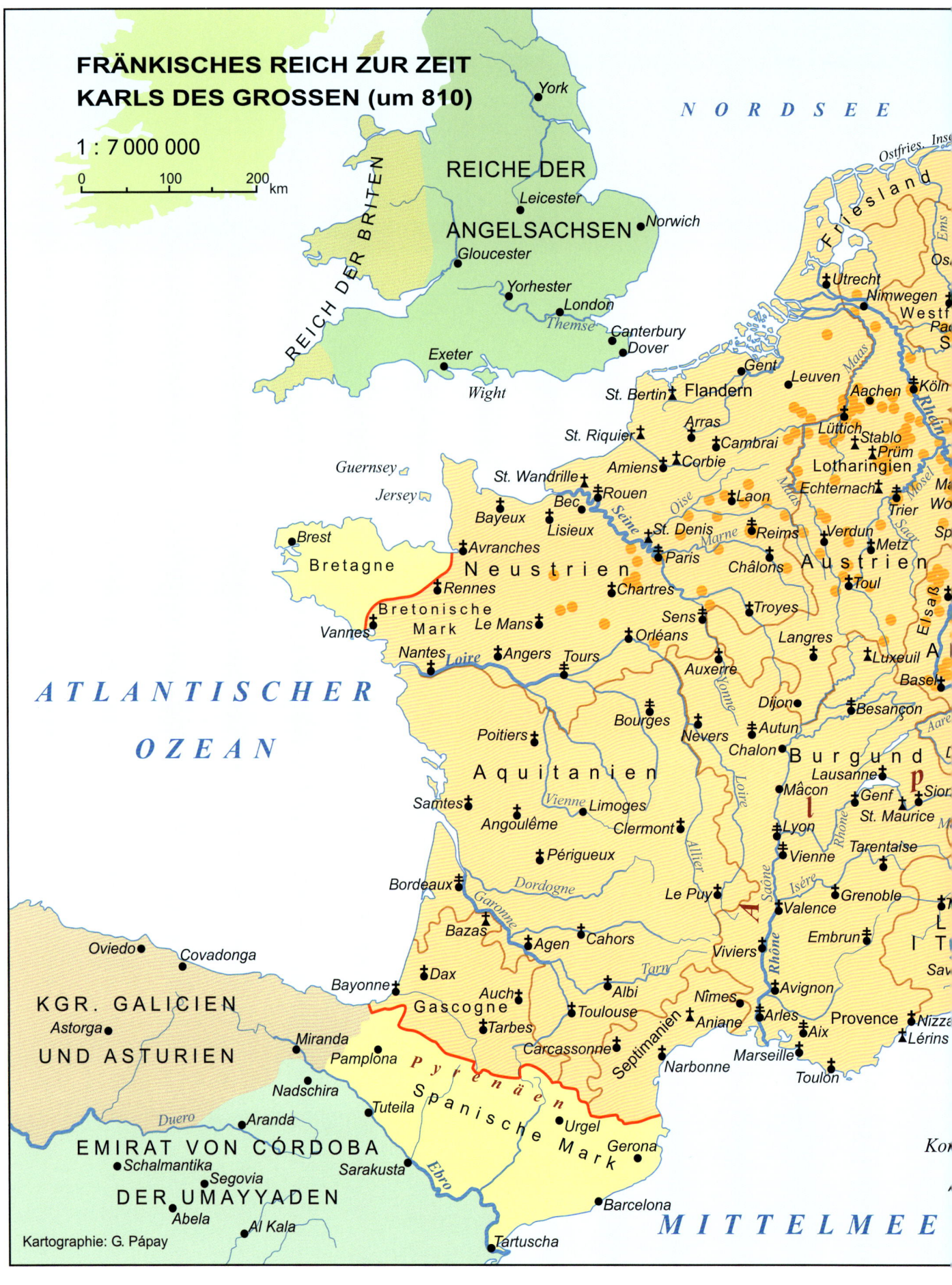

FRÄNKISCHES REICH ZUR ZEIT
KARLS DES GROSSEN (um 810)

1 : 7 000 000

0   100   200 km

NORDSEE

REICH DER BRITEN

REICHE DER ANGELSACHSEN

York
Leicester
Norwich
Gloucester
Yorhester
London
Exeter
Canterbury
Dover
Wight
Themse

Friesland
Ostfries. Ins.
Ems
Os.
Utrecht
Nimwegen
Westf.
Pad.
S.
Gent
Leuven
Aachen
Köln
Maas
St. Bertin Flandern
Arras
Lüttich Stablo
Prüm
Lotharingien
St. Riquier
Cambrai
Corbie
Echternach
Amiens
Laon
Trier
St. Wandrille
Rouen
Reims
Verdun
Metz
Bec
St. Denis
Châlons
Austrien
Bayeux
Lisieux
Paris
Toul
Seine
Marne
Oise
Mosel
Saar
Elsaß
A
Wo
Sp

Guernsey
Jersey

Brest
Bretagne
Avranches
Neustrien
Rennes
Chartres
Bretonische Mark
Le Mans
Troyes
Vannes
Nantes
Angers
Tours
Orléans
Sens
Langres
Luxeuil
Basel
Loire
Auxerre
Yonne

ATLANTISCHER OZEAN

Poitiers
Bourges
Nevers
Autun
Dijon
Besançon
Aare
Chalon
Burgund
Aquitanien
Lausanne
P
Samtes
Vienne
Limoges
Mâcon
Genf
Sion
St. Maurice
Angoulême
Clermont
Lyon
l
Périgueux
Vienne
Tarentaise
Bordeaux
Dordogne
Allier
Le Puy
Grenoble
Garonne
Saône
Isère
Valence
A
Bazas
Agen
Cahors
Embrun
L
Oviedo
Covadonga
Tarn
Viviers
Rhône
IT
Dax
Auch
Albi
Nîmes
Avignon
Sav.
Bayonne
Gascogne
Toulouse
Aniane
Arles
Provence
Nizza
KGR. GALICIEN
Tarbes
Carcassonne
Septimanien
Aix
Lérins
Astorga
Marseille
UND ASTURIEN
Miranda
Narbonne
Toulon
Pamplona
Pyrenäen
Nadschira
Spanische Mark
Duero
Tuteila
Urgel
Aranda
Gerona
EMIRAT VON CÓRDOBA
Sarakusta
Schalmantika
Ebro
Segovia
DER UMAYYADEN
Barcelona
Abela
Al Kala
Tartuscha
Kor.
MITTELMEE

Kartographie: G. Pápay

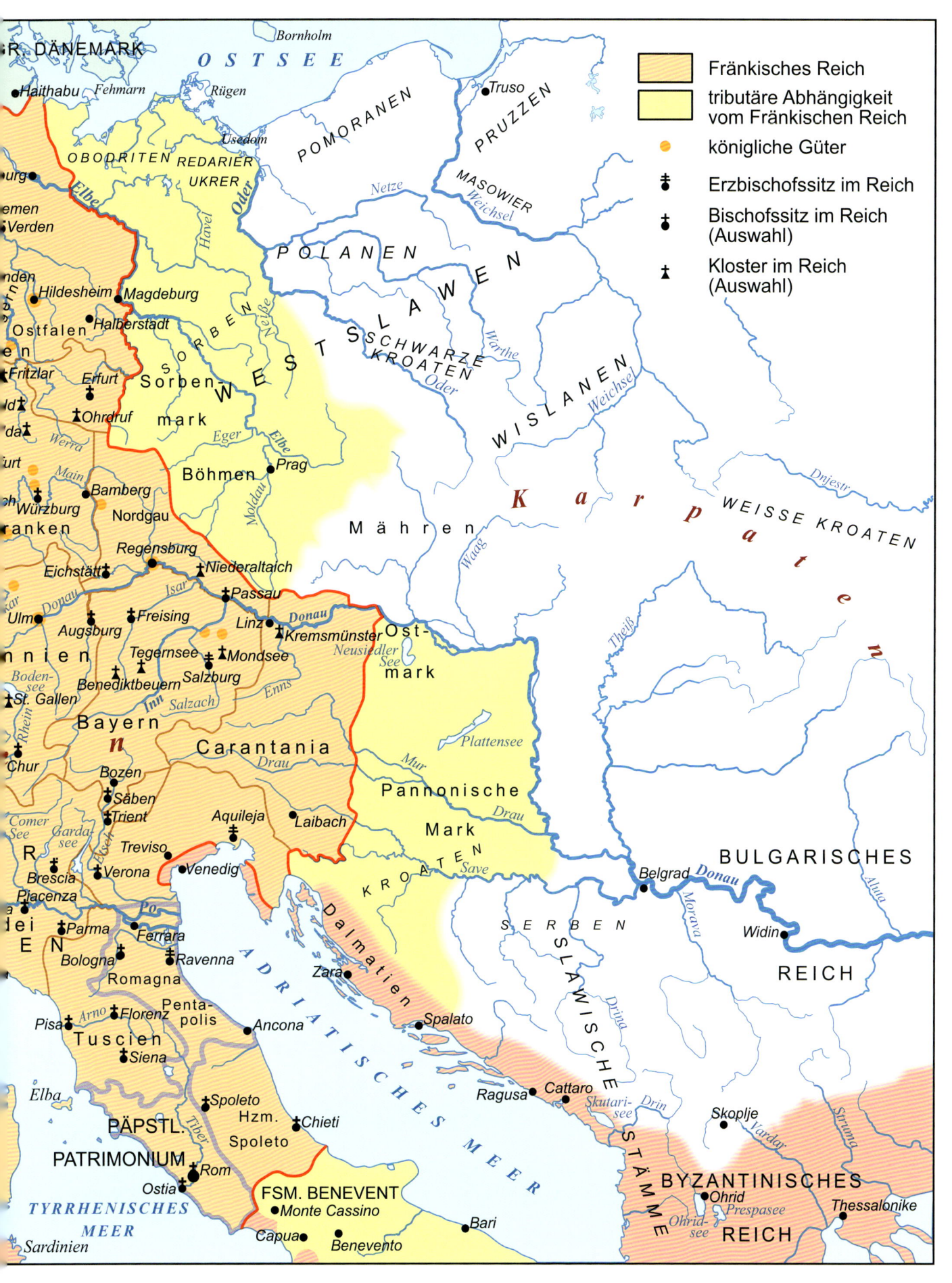

Legend:
- Fränkisches Reich
- tributäre Abhängigkeit vom Fränkischen Reich
- königliche Güter
- Erzbischofssitz im Reich
- Bischofssitz im Reich (Auswahl)
- Kloster im Reich (Auswahl)

FOEDVS VECVM QVIBVS VOLET FACERE LICEAT ITA VTI LICVIT DIVO AVG
TI IVLIO CAESARI AVG TIBERIOQVE CLAVDIO CAESARI AVG GERMANICO
VTIQVE EI SENATVM HABERE RELATIONEM FACERE REMITTERE SENATVS
CONSVLTA PER RELATIONEM DISCESSIONEMQVE FACERE LICEAT
ITA VTI LICVIT DIVO AVG TI IVLIO CAESARI AVG TI CLAVDIO CAESARI
AVGVSTO GERMANICO
VTIQVE CVM EX VOLVNTATE AVCTORITATEVE IVSSV MANDATVVE EIVS
PRAESENTEVE EO SENATVS HABEBITVR OMNIVM RERVM IVS PERINDE
HABEATVR SERVETVR AC SI E LEGE SENATVS EDICTVS ESSET HABERETVRQVE
VTIQVE QVOS MAGISTRATVM POTESTATEM IMPERIVM CVRATIONEMVE
CVIVS REI PETENTES SENATVI POPVLOQVE ROMANO COMMENDAVERIT
QVIBVSVE SVFFRAGATIONEM SVAM DEDERIT PROMISERIT EORVM
COMITIS QVIBVSQVE EXTRA ORDINEM RATIO HABEATVR
VTIQVE EI FINES POMERII PROFERRE PROMOVERE CVM EX REPVBLICA
CENSEBIT ESSE LICEAT ITA VTI LICVIT TI CLAVDIO CAESARI AVG
GERMANICO
VTIQVE QVAECVNQVE EX VSV REI PVBLICAE MAIESTATE DIVINARVM
HVMANARVM PVBLICARVM PRIVATARVMQVE RERVM ESSE
CENSEBIT EI AGERE FACERE IVS POTESTASQVE SIT ITA VTI DIVO AVG
TIBERIOQVE IVLIO CAESARI AVG TIBERIOQVE CLAVDIO CAESARI
AVG GERMANICO FVIT
VTIQVE QVIBVS LEGIBVS PLEBEIVE SCITIS SCRIPTVM FVIT NE DIVVS AVG
TIBERIVSVE IVLIVS CAESAR AVG TIBERIVSQVE CLAVDIVS CAESAR AVG
GERMANICVS TENERENTVR IIS LEGIBVS PLEBISQVE SCITIS IMP CAESAR
VESPASIANVS SOLVTVS SIT QVAEQVE EX QVAQVE LEGE ROGATIONE
DIVVM AVG TIBERIVMVE IVLIVM CAESAREM AVG TIBERIVMVE
CLAVDIVM CAESAREM AVG GERMANICVM FACERE OPORTVIT
EA OMNIA IMP CAESARI VESPASIANO AVG FACERE LICEAT
VTIQVE QVAE ANTE HANC LEGEM ROGATAM ACTA GESTA
DECRETA IMPERATA AB IMPERATORE CAESARE VESPASIANO AVG
IVSSV MANDATVVE EIVS A QVOQVE SVNT EA PERINDE IVSTA RATAQ
SINT AC SI POPVLI PLEBISVE IVSSV ACTA ESSENT

SANCTIO

SI QVIS HVIVSCE LEGIS ERGO ADVERSVS LEGES ROGATIONES PLEBISVE SCITA
SENATVSVE CONSVLTA FECIT FECERIT SIVE QVOD EVM EX LEGE ROGATIONE
PLEBISVE SCITO S V E C FACERE OPORTEBIT NON FECERIT HVIVS LEGIS
ERGO ID EI NE FRAVDI ESTO NEVE QVIT OB EAM REM POPVLO DARE DEBETO
NEVE CVI DE EA RE ACTIO NEVE IVDICATIO ESTO NEVE QVIS DE EA RE APVD
...E SENITO

Bernd Päffgen

Das Frankenreich und Rom

Das Hilfeersuchen von Papst Leo III. im Jahre 799 an den Frankenherrscher Karl den Großen und dessen Kaiserkrönung in Rom zum Weihnachtsfest des folgenden Jahres stellen im allgemeinen historischen Bewusstsein verankerte Größen dar, die rückblickend zu einer Neuausrichtung europäischer Politik führten. Freilich muss diese Rom-Orientierung vor dem Hintergrund einer bereits längeren politischen und kulturellen Entwicklung gesehen werden, die – wie auch die „karolingische Renaissance" – entstehungsgeschichtlich nicht erst in den Jahren 799/800 einsetzte und in den einzelnen Räumen des Frankenreiches von unterschiedlich stark wirksamen spätantiken Vorprägungen beeinflusst wurde.

Es dürfte jedenfalls großen Eindruck gemacht haben, als die in Aachen aus schwarzem belgischen Kohlekalkstein (belge noir) gefertigte, metallisch glänzend polierte und mit einem Weinrankenmuster gerahmte, 2,20 m lange und 1,17 m breite Inschriftenplatte für Papst Hadrian I. († 795) bald nach dessen Tod mit gewaltigem Aufwand nach Rom geschafft wurde (Abb. 57). Der bereits zur Römerzeit als Marmorersatz geschätzte Stein, der aus dem Namurois stammt, verdeutlicht, dass alte Steinbrüche in dieser Region wieder geöffnet wurden. Vom Transport der Platte berichten auch die Lorscher Annalen (Lorscher Annalen 1, 36). In Rom markierte die Grabplatte mit der klassisch wirkenden Inschrift aus wahrscheinlich vergoldeten Metalleinlagen in Kapitalis den päpstlichen Bestattungsplatz in der Grabkapelle am Südtransept von Alt St. Peter und hielt so die Erinnerung an den königlichen Wohltäter wach. Das wohl von Alcuin (ca. 730–804) stammende Grabgedicht (Alciun, Grabgedicht), betont die heilsbringende und vielleicht auch überzeitlich verstandene Verbundenheit zwischen dem Frankenreich und der römischen Kirche. Das Material des Epitaphs dürfte vielen mittelalterlichen Betrachtern als Bronzeguss erschienen sein. Möglicherweise war dies auch beabsichtigt; kaiserliche Gesetze waren nämlich in Rom in Erz graviert, wie

es die im Kapitolinischen Museum ausgestellte Lex de imperio Vespasiani (CIL VI, 930) zeigt (Abb. 56).

Die Entwicklung in den letzten Jahrzehnten des 8. Jahrhunderts lässt fragen, wie es dem Frankenreich gelingen konnte, als germanische Staatengründung auf reichsrömischem Gebiet diese Bedeutung zu erlangen und letztlich das Nachfolgereich in römischer Tradition zu werden.

Raubzüge oder Militärkarriere im Römerreich

Seit der Mitte des 3. Jahrhunderts ist die Sammelbezeichnung ‚Franken' in römischen Quellen für verschiedene rheinnahe Germanenstämme zu belegen. Gegenüber der römischen Provinz Niedergermanien ansässig, machten die Franken durch kriegerische Einfälle von sich reden. In der Zeit des Gallischen Sonderreiches nahm man Franken bereits auch als Verstärkung in das römische Militär auf.

Kaiser Probus (276–284) siedelte besiegte Franken am Schwarzen Meer an, die sich aber handstreichartig in den Besitz von Schiffen brachten und spektakulär als Piraten die Küsten von Griechenland, Kleinasien, Libyen und Sizilien plünderten. Der in Britannien und Nordgallien herrschende Usurpator Carausius wurde von Franken unterstützt. Ein erster König der Franken ist mit Gennobaudes überliefert, der sich im Jahre 288 Kaiser Maximianus (286–305) nach einer Strafexpedition unterwarf und seine Herrschaft als Klientelfürst des Römischen Reiches zurückerhielt. Dennoch bot die Sonderherrschaft von Carausius und seinem Nachfolger Allectus fränkischen Kriegern eine Perspektive. Als Kaiser Constantius I. 296 Britannien für Rom zurückgewinnen konnte, wurden die dort im Einsatz befindlichen fränkischen Truppenkontingente zwangsweise als Laeten in Amiens, Beauvais, Troyes und Langres angesiedelt.

Die Niederschlagung eines Einfalls feindlicher Alamannen und Franken im Jahre 306 nach Gallien brachte Kaiser Konstantin I. Respekt bei der Provinzbevölkerung und dem Militär ein. Spektakulär wurden Kriegsgefangene, darunter auch die

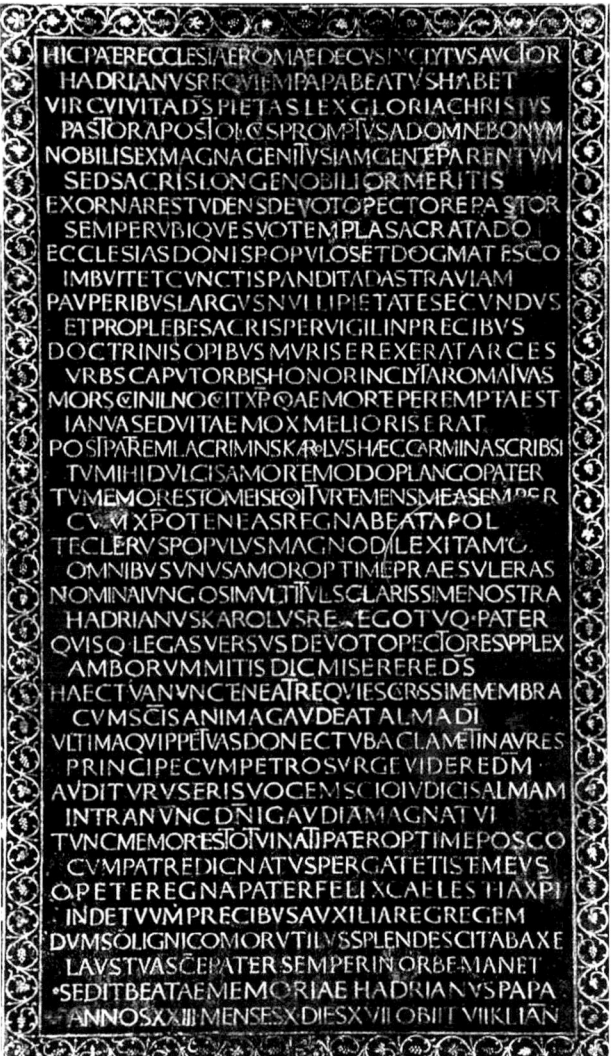

57   Die im Frankenreich angefertigte Grabplatte für Papst Hadrian I. Rom, Petersdom, Vorhalle

fränkischen Könige Ascaricus und Merogaisus, bei öffentlichen Siegesfeiern wilden Tieren vorgeworfen. In den Jahren 310 und 318/320 wurden strafende Militäraktionen gegen fränkische Stämme in deren rechtsrheinischen Siedlungsgebieten unternommen. Dennoch gelangten zur Regierungszeit Kaiser Konstantins viele Franken in das römische Heer, von denen einige auch in Offiziersränge aufsteigen konnten, wie General Bonitus und sein Sohn Silvanus.

Auch Konstantins Sohn Constans kämpfte 342 siegreich gegen Franken und gestand einer sich wohl verhaltenden Gruppe vertraglich das Rheinmündungsgebiet zu. Kaiser Constans fiel im Jahre 350 einem Putsch seiner Offiziere zum Opfer. Diese riefen den aus romanobritisch-fränkischer Familie stammenden Befehlshaber *comes rei militaris* Magnentius zum

Herrscher eines Gallischen Teilreiches aus. Magnentius enge Bundesgenossen waren rechtsrheinische Franken. 351 griff der Usurpator den im Osten herrschenden Kaiser Constantius II. in Mursa an der Drau an. Die ungeheuer blutige Schlacht wurde dadurch entschieden, dass Silvanus als Kommandeur der Fußtruppen zu Constantius II. überlief. Dennoch konnte sich Magnentius nach Gallien zurückziehen und dort noch einige Zeit behaupten, bis er sich nach neuerlicher Niederlage 353 das Leben nahm. Die oströmische Hofgesellschaft bezichtigte auch den fränkischstämmigen General Silvanus der Usurpation, der ungeachtet seiner Flucht ins Kirchenasyl beim Kölner Statthalterpalast getötet wurde.

Das Machtvakuum am Rhein nutzten die Franken zu einem Einfall ungekannter Intensität. Im Herbst 355 eroberten sie die Provinzhauptstadt Köln. Archäologisch belegen Münzfunde und Zerstörungshorizonte die Krise 355/356. Der kaiserliche Feldherr Julian zog im Folgejahr nach Köln und schloss mit den anwesenden Frankenkönigen Frieden. Daran fühlten sich offenbar nicht alle nach Gallien eingefallenen Franken gebunden. Zum Jahresende 357 konnten nämlich 600 berittene Frankenkrieger Julian auf dem Weg ins Winterlager fast zwei Monate an der Maas in zwei Kastellen belagern. Im Jahr 358 bestätigte Julian die Ansiedlung einer fränkischen Gruppe, der Salier, auf Reichsgebiet in Toxandrien (Nordbrabant). Kämpfe mit den fränkischen Stämmen der Chamaven und Chattuariern folgten. Im Frühjahr 360 riefen die mehrheitlich germanischen Soldaten ihren Feldherrn Julian zum Kaiser aus, indem sie ihn nach Barbarensitte auf den Schild hoben. Im Zuge einer Stabilisierung des Reiches waren erstaunliche Militärkarrieren möglich. Ein fränkischer Offizier wie Merobaudes konnte zum engeren Kreis um Kaiser Julian aufsteigen und bekleidete unter Kaiser Valentinian I. das Amt des Heermeisters (*magister militum*). In der Zeit der Kaiser Gratian und Valentinian II. bestimmte Merobaudes maßgeblich die Politik im Westreich, vor allem während seines Konsulates in den Jahren 377 (mit Kaiser Gratian) und 383 (mit Flavius Saturninus). Solche wiederholten Konsulate waren im 4. Jahrhundert eigentlich der kaiserlichen Familie vorbehalten. Auch der romanisierte Franke Bauto († 386 ?) war unter Kaiser Valentinian II. *magister militum* im Westreich, setzte sich im Streit um die Wiederaufstellung des Altars der Victoria in der Curia des Senats mit dem römischen Stadtpräfekten Symmachus gegen Bischof Ambrosius von Mailand ein und bekleidete sein Konsulat 385 gemeinsam mit dem Prinzen Arcadius.

Eine ähnliche Karriere mit den Stationen *comes domesticorum, magister militum per orientum* und Konsul im Jahre 384 ist für Richomer († 393) überliefert. Zum militärischen Oberbefehlshaber (*comes et magister utriusque militae*) im östlichen Reichsteil befördert, erhielt er 388 den Auftrag zur Niederschlagung des in Gallien und Britannien herrschenden Usurpators Magnus Maximus. Das Ende dieses Sonderreiches noch im selben Jahr nutzten Franken zu einem Einfall in Gallien mit Siegen über römische Truppen, wie ein von Gregor von Tours in seinen *Historiae* II,9 überlieferter Bericht des Sulpicius Severus erkennen lässt. Für diese Zeit ist hinlänglich gesichert, dass Franken in Offiziersrängen auch in ihrem heimatlichen Gentilverband hoch eingebunden waren. Richomers Sohn Theudemeres herrschte später als fränkischer König im rechtsrheinischen Gebiet, nach Gregor von Tours im ersten Viertel des 5. Jahrhunderts. Richomers Neffe Arbogast machte im Westreich Karriere. Das Bild, das die Quellen für Richomer zeichnen, verdeutlicht eine erstaunliche Bildung und Verwurzelung im Römerreich, die in Kontakten zu Gelehrten wie Libanius, Augustinus und Eugenius zum Ausdruck kommt. Richomers Neffe Arbogast amtierte als *comes* mit der Funktion eines Statthalters in Gallien und bestimmte nach Bautos und Merobaudes Tod die Politik für den jungen Kaiser Valentinian II. Arbogast wurde Parteigänger des heidnisch gesinnten Senatoriallades und erhob nach Valentinians II. ungeklärtem Tod in Vienne gegen Theodosius I. am 22. August 392 den Rhetoriklehrer und Kanzleibeamten Eugenius zum Kaiser des Westreiches. Dieser Usurpation ging Theodosius erfolgreich in der Schlacht am Frigidus 394 entgegen.

Interessant ist auch die Behandlung der zwischen 377 und 380 geborenen Tochter des fränkischstämmigen Generals Bauto, Aelia Eudoxia, die 388 von Mailand als Waise nach Konstantinopel gebracht wurde und dort am kaiserlichen Hof mit den Kindern des Feldherrn Promotus aufwuchs. Zumindest zeitweise dürfte Aelia Eudoxia als eine Art Unterpfand für das Wohlverhalten der wahrscheinlich mit ihr verwandten Generäle Richomer und Arbogast gedient haben. Durch den Kleriker Pansophius, der 402 Bischof von Nicomedia wurde, erhielt sie eine besondere Erziehung und heiratete 395 Kaiser Arcadius. Diese Heirat war politisch motiviert und sollte wohl ein Gegengewicht zum vandalischstämmigen Feldherrn Stilicho im Westreich bilden, der mit Serena, der Nichte Kaiser Thedosius I., verheiratet war. Die Kaiserin Aelia Eudoxia († 404) trat als markante Persönlichkeit in Erscheinung. Ihr Sohn Theodosius II. herrschte von 408–450 im oströmischen Reich.

In Nordgallien lassen sich Männergräber mit beigegebenen Waffen und Frauengräber mit rechtsrheinischen Fibelformen mit dort siedelnden Germanen identifizieren, die sich in Sitten und Kleidung von der provinzialrömischen Bevölkerung unterschieden. Besonders wichtige Gräberfelder dieser Art sind am Niederrhein in Krefeld-Gellep, im Rheinmündungsgebiet in Rhenen, im Namurois in Haillot und Furfooz und in Frankreich in Cortrat und Vert-la-Gravelle bekannt. In Vireux-Molhain in den Ardennen konnte zum Gräberfeld auch der zugehörige, mehrheitlich fränkisch besetzte Militärposten in Form einer befestigten Höhensiedlung archäologisch nachgewiesen werden.

Ende des 4. Jahrhunderts wurden wohl auch rechtsrheinische Franken dauerhaft als Verbündete in die römische Grenzsicherungspolitik einbezogen. Beim katastrophalen Rheinübergang der Vandalen, Alanen und Sueben in der Neujahrsnacht 406/407 hebt Orosius den kämpferischen Einsatz der Franken und deren Verluste hervor. (Orosius, Historiarum VII, 40,3) Möglicherweise war in der ersten Hälfte des 5. Jahrhunderts die militärische Sicherung der Provinz Niedergermanien und ihres rechtsrheinischen Vorfeldes vertraglich in fränkische Hände gelegt. Um 435 erneuerte der Heermeister Aëtius Bündnisse mit den Franken. Dieses System hatte bis zum Tode Kaiser Valentinians III. im Jahre 455 mehr oder weniger Bestand.

Von den fränkischen Kleinkönigtümern auf reichsrömischem Boden zu Chlodwigs Großreich

Die nächste Phase der Entwicklung führte zur Ausbildung mehrerer fränkischer Kleinkönigtümer in Nordostgallien, die aber letztlich in enger Anlehnung an die zuvor existierenden Strukturen zu sehen sind. Der erste, bis 469 in Köln nachweisbare fränkische König paktierte seit 463 mit dem neuen magister militum, dem Burgunderkönig Gundioch (auch Gundowech genannt), gegen den abgesetzten Aegidius. In der Belgica II positionierte sich der in Tournai ansässige Frankenkönig Childerich auf der Seite von Aegidius und seinem Nachfolger Paulus. Zeitgleich amtierte in der Belgica I im Raum von Trier und Toul bis etwa 485 der fränkische *comes* Arbogast.

Archäologisch fassbar bildete sich aus spätrömischen und germanischen Traditionen eine spezielle ‚Föderatenkultur‘ in Nordgallien heraus, die ihrerseits in die sogenannte westlichmerowingische Reihengräbersitte einmündete. Hinsichtlich Grabsitte, Frauentracht und Waffenbeigaben der Männer sind chronologische und regionale Eigenheiten festzustellen.

Das 1653 gefundene Grab des 481/482 verstorbenen Militärkommandanten der Provinz Belgica II und fränkischen Königs Childerich enthielt unter den geborgenen Beigaben eine ins Grab (Abb. 58) mitgegebene Waffenausstattung eines Berittenen mit Langschwert, Kurzschwert und einer Wurfaxt, hinzu kommen Würde- und Herrschaftszeichen, nämlich eine goldene Zwiebelknopffibel mit Feldherrnmantel (*paludamentum*); ein wohl auf der Brust getragener Goldring und ein Zepter. Die Goldmünzen aus Byzanz könnte der König direkt von dort erhalten haben, vielleicht aber auch über Syagrius, dessen Herrschaft in Gallien von den Kaisern Anthemius (467–472) und Julius Nepos (474–475, † 480) zunächst noch anerkannt wurde.

Nach dem Tod seines Vaters Childerich übernahm Chlodwig die Vormachtstellung mindestens in der Provinz Belgica II,

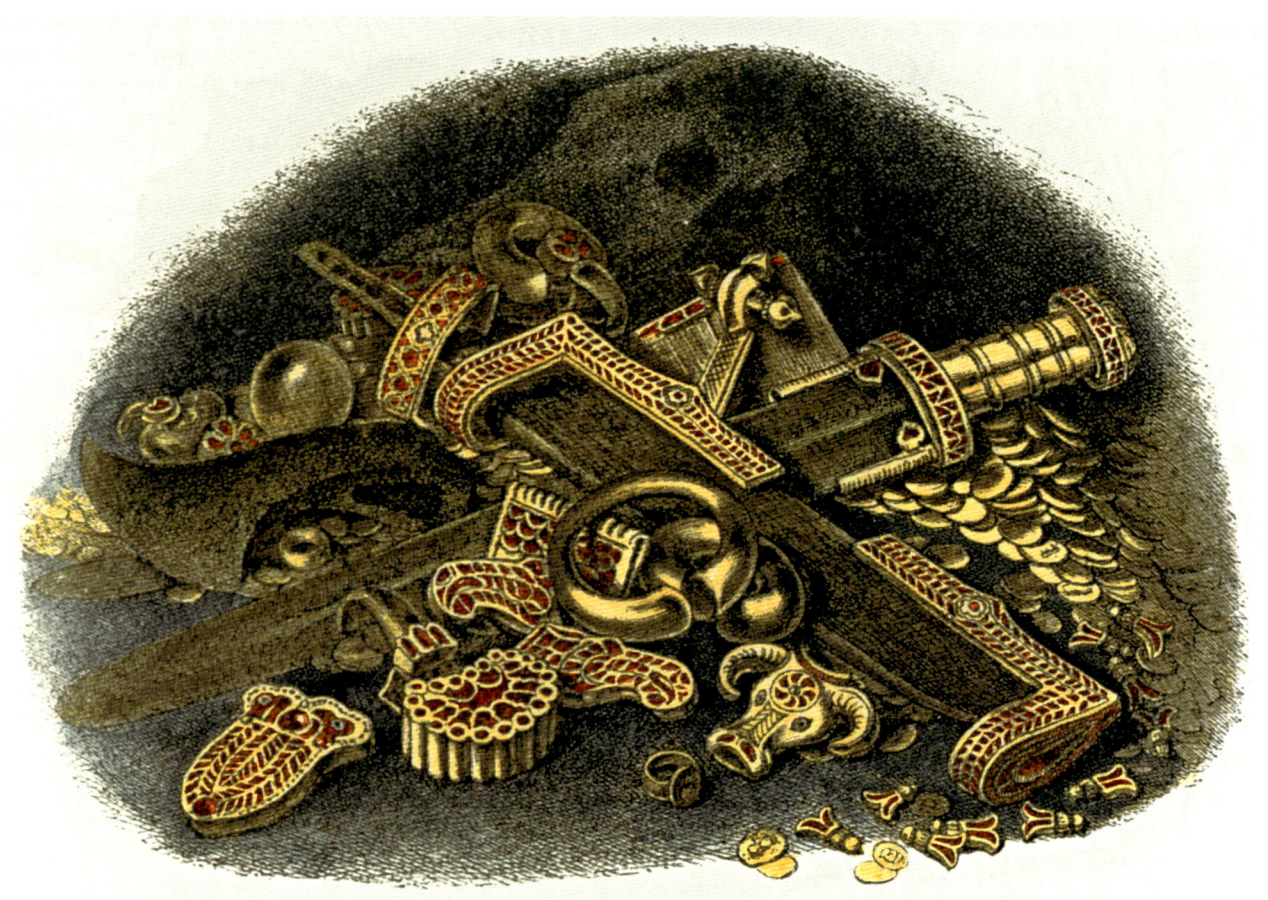

58   Die Funde aus dem Childerich-Grab, Holzstich nach einer Zeichnung von Ludwig Lindenschmit

wenngleich dort auch noch die fränkischen Kleinkönige Ragnachar und Chararich herrschten. Ein in der Datierung umstrittenes, auf den Herrschaftsantritt oder den Sieg über Syagrius zu beziehendes Glückwunschschreiben des Bischofs Remigius von Reims betont Chlodwigs rechtmäßige administratio. Chlodwig unterwarf gemeinsam mit Ragnachar von Cambrai 486/487 den im Raum von Soissons herrschenden Syagrius als den letzten Repräsentanten römischer Macht in Gallien, der nach dem Zeugnis bei Gregor von Tours (Gregor von Tours, Historiae II, 27) in Konkurrenz zu dem in Italien herrschenden Skiren Odoaker den Titel Rex Romanorum wohl mit mehr Legitimität zu führen glaubte. Chlodwig konnte den wohlhabenden und gut strukturierten Raum an Seine, Oise und Aisne für seine Herrschaft gewinnen. Bis 494 gliederte Chlodwig das Gebiet zwischen Seine und Loire (*tractus Armoricanus*) ein und schuf die „Francia zwischen Kohlenwald und Loire" (Ewig 2006). Syagrius floh an den Hof des Westgotenkönigs Alarich II. Vor allem in den neu hinzugewonnenen Herrschaftsgebieten existierten in den *civitates* immer noch Wirtschafts-, Verkehrs- und Verwaltungsstrukturen aus spätrömischer Zeit.

Eine geschickte Bündnis- und Heiratspolitik führte zur Absicherung der Vormachtstellung Chlodwigs, der 493 die katholische Chrodechilde, die Nichte des burgundischen Königs Gundobad heiratete und seine Schwester Audofleda dem in Italien gegen Odoaker triumphierenden Ostgotenkönig Theoderich zur Frau gab. Der Krieg gegen die Alamannen und die katholische Taufe Chlodwigs stärkten dessen Ansehen. Das Gratulationsschreiben des Bischofs Avitus von Vienne lobt dessen Absage an den Arianismus und vergleicht den katholischen Herrscher im Westen mit dem Kaiser der Griechen. Nun müsse Chlodwig wie dieser den Glauben schützen und könne seine Macht durch Mission von Heiden erweitern.

Im Bündnis mit dem rheinfränkischen König Sigibert und den Burgundern besiegte Chlodwig im Frühjahr 507 in Vouillé bei Poitiers die Westgoten und nahm im Folgejahr ihre Hauptstadt Toulouse mit deren Schatz in Besitz. Eine Delegation des Kaisers Anastasius ehrte den Sieger über die arianischen Westgoten durch die Ernennung zum Ehrenkonsul und überreichte ihm als Ehrengaben herrscherliche Insignien: eine purpurne Tunika, einen Feldherrnmantel (Chlamys) und ein Diadem – eben jene Auszeichnungen, die man im Jahre 498 auch dem Königtum des Theoderich zugestanden hatte.

In den letzten Jahren seiner Herrschaft schaltete Chlodwig die verbliebenen Teilherrscher der Merowingerfamilie und das stärker autonome rheinfränkische Königtum in Köln im Hinblick auf eine Nachfolgeregelung zugunsten seiner eigenen Söhne aus. Er sorgte für die Kodifizierung des (sal)fränkischen Rechtes und berief 511 ein erstes fränkisches Reichskonzil nach Orléans ein. Weiter bemühte sich Chlodwig um den Ausbau von Paris als Residenzort (*cathedra regni*). Zusammen mit seiner Königin Chrodechilde sorgte Chlodwig für die Errichtung einer *extra muros* gelegenen eigenen Grabeskirche, die das Apostoleion, die Grabkirche Kaiser Konstantins in Konstantinopel zum Vorbild hatte, aber als Romzitat auch dem Apostelfürsten Petrus mitgeweiht war, jedoch auch die Gebeine der Ortsheiligen Genofeva beherbergte. In der Apostelkirche wurde König Chlodwig nach seinem Tod am 27. November 511 bestattet. Testamentarisch bestimmte er die Übersendung einer goldenen Krone an Papst Hormisdas nach Rom.

513 ernannte Papst Symmachus den Metropoliten Caesarius von Arles zum apostolischen Vikar in Gallien und verlieh ihm gleichzeitig als Würdezeichen das Pallium, eine Wollstola mit dem Charakter einer Berührungsreliquie vom Petrusgrab.

Das Frankenreich im 6. und 7. Jahrhundert

Chlodwigs vier Söhne teilten das Reich unter Beibehaltung der staatsrechtlichen Einheit unter sich auf. Zugewiesen wurden jedem König eine Residenz (*sedes*) im Kern des Reiches, eine Anzahl von *civitates* sowie ein Anteil von Aquitanien. Der aus erster Ehe stammende älteste Sohn Theuderich I. (511–533) beherrschte von Reims aus den östlichen Raum von Chlodwigs Reich in den Grenzen von 486/487, das rheinfränkische Gebiet und die fränkisch gewordene Alamannia. Chlodomer (511–524) gebot von Orléans aus über die Landschaft der Loire. Childebert I. (511–558) erhielt Paris mit der westlichen Francia. Chlotar I. (511–560/561) nahm in Soissons Residenz und kontrollierte Laon und den Rest des altfränkischen Gebietes.

Eine neuerliche fränkische Expansionspolitik war im Zuge der Schwächung des Ostgotenreiches möglich. 532 eroberten die Franken das Reich der Burgunder. Gebietsabtretungen der Ostgoten 536/537 brachten dem Frankenreich den Zuwachs der Provence und der Provinz Raetia. Damit erhielt das Frankenreich – handels- und verkehrstechnisch wichtig – sowohl Zugang zum Mittelmeer als auch die Kontrolle im westlichen und mittleren Alpenraum. Frankenkönig Theudebert (533–547/548), der Sohn Theuderichs I., versprach sich weiteren Zugewinn durch einen Kriegseintritt 539 auf Seiten von Byzanz

gegen die Ostgoten. Ein Bündnis mit den Langobarden und den ostgermanischen Gepiden sicherte eine merowingische Expansion nach Osten ab. Nach Rätien wurden auch die norischen Provinzen dem Frankenreich eingegliedert. Der Zugewinn weiter Teile der Alpen, aber auch des Alpenvorlands von Burgund, Alamannien und Bayern einschließlich der Alpenromanen Rätiens und Noricums führte im zweiten Viertel des 6. Jahrhunderts zu einer politischen Neuausrichtung des Merowingerreiches. Im ostgotisch-byzantinischen Krieg besetzten die Franken 545 weite Teile von Venetien. Prokop berichtet in diesem Zusammenhang von barbarischem Verhalten, das sogar mit Menschenopfern im Fluss Po einhergegangen sein soll. Wie auch immer, archäologisch lassen sich zahlreiche Funde, vor allem Münzen und Ausstattungsstücke, feststellen, die aus Italien ins Frankenreich gelangten.

König Theudebert I. stellte mit seiner Goldmünzenprägung den Anspruch des oströmischen Kaisers in Frage. Der Frankenkönig ließ sein Brustbildnis frontal auf Solidi setzen und sorgte zudem für diplomatischen Unmut, indem er die dem Kaiser vorbehaltene Titulatur *dominus noster* für sich beanspruchte. Nachdem es seit Menschengedenken in Gallien keine öffentlichen Spiele mehr gegeben hatte, konkurrierte Theudebert in Arles auch auf dieser Ebene mit dem Kaiser in Konstantinopel. Gegen alle Etikette ließ Theudebert an Kaiser Justinian I. schreiben, dass das Reich der Franken unter seiner Führung als Großmacht vom spanischen Westgotenreich im Süden bis zu den Nordseevölkern und im Osten bis Pannonien reiche.

Im Verlauf des 6. Jahrhunderts bildeten sich die drei Teilreiche Austrasien, Neustrien und Burgund als feste Größen heraus. Gegen die ab 568 in Italien ansässigen Langobarden erlangten Churrätien und Südtirol für die fränkische Italienpolitik Bedeutung. Kontakte besonders zwischen dem alamannisch-bajuwarischen Raum und dem langobardenzeitlichen Italien lassen sich durch archäologische Funde belegen (Abb. 59).

Unter dem einheitlichen Königtum von Chlothar II. (613–629) und Dagobert I. (629–639) besaß das Merowingerreich wieder europäische Bedeutung. Dagobert I. stand in Kontakt mit Kaiser Herakleios, der wahrscheinlich Zwangstaufen von Juden im Frankenreich anregte und um 630 eine kostbare, in der französischen Revolution zerstörte Kreuzreliquie nach Paris, an König Dagobert, schenkte.

Ab der Mitte des 7. Jahrhunderts lag die Herrschaft im Frankenreich zunehmend stärker bei den Hausmeiern. Parallel bildete sich eine immer größere Bedeutung von Adelsfamilien heraus, die sich um die Vorherrschaft im *regnum Francorum* stritten. Dieses teilte sich *de facto* immer mehr in Austrasien und Neustrien. Territoriale Ablösungsprozesse konnten besonders in den Randgebieten nicht aufgehalten werden.

Die Kirche im Frankenreich

Ein wichtiges Element bei der Ausbildung des Frankenreiches stellt die Verchristlichung des merowingischen Königtums dar. Die Auffassung vom Reichsgründer Chlodwig als novus Constantinus brachte Gregor von Tours in seinen Historiae II,31 zum Ausdruck. Seit Chlodwigs Söhnen gedachten die Bischofsversammlungen dem König im Gebet und die gallikanische Liturgie pflegte das Bitten für das fränkische Volk und seinen Herrscher. Unter dem einheitlichen Königtum von Chlothar II. und Dagobert I. knüpfte man an die Vorstellung von der Königsherrschaft im Alten Testament an.

Trotz der generellen Anerkennung der primatialen Stellung des Papstes war die Anbindung der Kirche im Merowingerreich an Rom im Gesamten relativ locker. Es gab eine anders funktionierende gallische oder auch gallikanisch genannte Liturgie und eine sich zunehmend auseinanderentwickelnde Kirchenorganisation.

Die gallische Liturgie wurde in der Karolingerzeit so gründlich dem Beispiel Roms angepasst, dass es schwer fällt, ein genaues Bild von den Einzelheiten der kirchlichen Praxis des 5. bis früheren 8. Jahrhunderts zu vermitteln. Die erhaltenen Handschriften dieser Liturgietradition mit unverkennbar griechisch-orientalischen Einflüssen bergen keine vollständigen Texte, sondern setzen Textteile als allgemein bekannt voraus: Das Messopfer wurde nur an Sonn- und Feiertagen sowie in der Fastenzeit vollzogen. Die Messe war dreiteilig organisiert und begann mit einem feierlichen Einzugszeremoniell. Katechumenen und Büßer mussten die Kirche vor der Gabenbereitung verlassen. Der tägliche Gottesdienst fand früh am Morgen statt und nahm nach Caesarius von Arles fast zwei Stunden in Anspruch. Die Gemeinde musste stehen, Alten und Kranken gestand man Erleichterungen zu.

Spätestens seit 679 existierte die spätantik tradierte Metropolitanverfassung mit ursprünglich 12 Kirchenprovinzen in Gallien nicht mehr. Die merowingischen Könige nahmen im Laufe des 6. Jahrhunderts immer stärkeren Einfluss auf die Einsetzung der Bischöfe, was schließlich zum Edikt König Chlothars II. im Jahre 614 führte, das den Herrscher zur übergeordneten kirchlichen Disziplinarinstanz machte und auch die direkte hofseitige Ernennung von Bischöfen de palatio vorsah. Diese staatskirchliche Entwicklungstendenz dürfte seitens der römischen Kurie mit Argwohn verfolgt worden sein. Die direkte Einflussnahme von Papst Gregor dem Großen auf die Kirchenorganisation Englands im Jahre 601 kann zumindest teilweise als Reaktion auf die Romferne der Kirche im Merowingerreich verstanden werden.

Die Entwicklung im 8. Jahrhundert

Als Sohn des Hausmeiers Pippin des Mittleren († 714) konnte sich Karl Martell (714–741) als Herrscher im Frankenreich durchsetzen, 732 die Mauren zurückschlagen und sich um die Reorganisation des Frankenreiches kümmern. 737 war auch in Neustrien kein neuer Merowingerherrscher mehr eingesetzt worden, so dass Karl Martell im Osten und Westen das Staatsoberhaupt war.

Papst Gregor III. versuchte 739 erfolglos Karl Martell zu überzeugen, die Franken sollten als militärische Schutzmacht Roms gegen die Langobarden fungieren. Dennoch wuchs Roms Einfluss im Frankenreich. Wie zuvor die Merowingerkönige teilte auch Karl Martell das Reich unter seinen Söhnen: Karlmann erhielt Austrasien, Thüringen und Alamannien, während Pippin der Jüngere Neustrien, Burgund und die Provence bekam.

Nicht von ungefähr berichtete 742 der Angelsachse Bonifatius an Papst Zacharias von unhaltbaren Zuständen der Kirche im Frankenreich, das seit langem keine Synoden und Metropoliten mehr kannte. 745 bestätigte der Papst für Bonifatius die 742 oder 743 im Rahmen eines Konzils beschlossene Einrichtung einer die römischen Provinzgrenzen ignorierenden, dem Herrschaftsbereich des Hausmeiers Karlmann entsprechenden ostfränkisch-austrasischen Kirchenprovinz mit Sitz in Köln, zu der die Bistümer Tongern-Lüttich, Utrecht, Mainz, Worms und Speyer gehören sollten. Parallel plante man die Einrichtung einer westfränkisch-neustrischen Kirchenprovinz für das Reich Pippins des Jüngeren mit Sitz in Rouen. Durchzusetzen war dies freilich so nicht, da sich die Bischöfe einer Neuorganisation widersetzten. Oberhaupt der Kirche im Reich König Pippins wurde Chrodegang von Metz. Der Aufstieg zum Königtum gelang 751 Pippin dem Jüngeren im Bündnis mit dem Papsttum. Papst Zacharias wurde vorbereitend durch die Gesandten Fulrad von Saint-Denis und Bischof Burkard von Würzburg hinsichtlich der Zustände im Frankenreich als Autorität befragt, ob es denn zulässig sei, dass dort Könige ohne Macht herrschen könnten. Der Papst entschied, dass es besser sein müsse, „der werde König genannt, der die Macht habe, als der, der ohne königliche Macht sei", wie die Annales regni Francorum berichten. Auf dem Reichstag von Soissons wurde Childerich III. als letzter König der Merowingerdynastie förmlich abgesetzt, in der Abtei Saint-Médard zum Mönch geschoren und später mit seinem Sohn in das Kloster Prüm verbracht. Pippin wurde auf der Reichsversammlung zunächst gewählt und erhoben. Ob er zum Abschluss bekräftigend in Form eines im Frankenreich neuen, an das Alte Testament anknüpfenden Zeremoniells durch anwesende Bischöfe zum neuen Herrscher gesalbt wurde, ist fraglich (Semmler 2003).

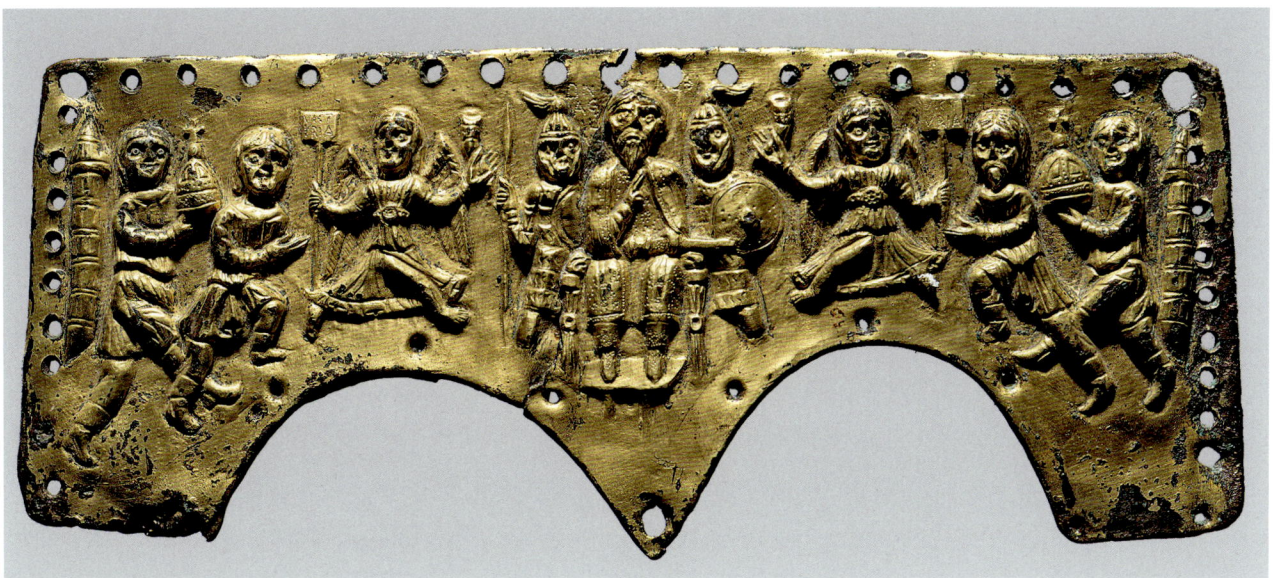

59   Agilulf-Platte, 7. Jh. Florenz, Museo Nazionale del Bargello

Papst Stephan II. (752–757) stand wiederum im Konflikt mit dem expandierenden Langobardenreich, nachdem König Aistulf 751 Ravenna erobert hatte und nun auch Ansprüche auf Rom geltend machte. Papst Stephan II. reiste nach vorheriger Einladung im Winter 753/754 beschwerlich über die Alpen ins Frankenreich. Zu seiner Begleitung gehörte außer Pippins Schwager Autchar und Bischof Chrodegang von Metz übrigens auch der aus dem Frankenreich gebürtige Wilchar († 786/787), der unweit von Rom Bischof von Mentana (Nometum) geworden war und als Bischof von Sens und archiepiscopus provinciae Galliarum Leiter der fränkischen Kirche nach Chrodegang werden sollte. Beim Empfang in der Pfalz Ponthion ehrte König Pippin am Dreikönigstag 754 den Papst mit Proskynese (Fußfall) und Stratordienst (Zügelführung des Reitpferdes). Relativ lange Verhandlungen zwischen dem Papst und Pippin bis zum 14. April 754 führten zu einem Beistandspakt. Aus Dankbarkeit salbte der Papst am 28. Juli 754 in Saint-Denis den König, vollzog dies auch an dessen Söhnen und ehrte die fränkische Herrscherfamilie mit dem bislang dem Exarchen von Ravenna zustehenden Titel patricius romanorum. Pippin organisierte zwei Italienfeldzüge (754 und 755/756). Wie im Vertrag von Quierzy vereinbart, übertrug Pippin seine Eroberungen im Exarchat von Ravenna an den Papst und legte so die Grundlage für den Kirchenstaat. In Saint-Denis, dem Grabort Pippins, markiert ein Kirchenneubau des dritten Viertels des 8. Jahrhunderts die Architekturrezeption der römischen Peterskirche im Frankenreich.

Da die Langobarden die Pippinsche Schenkung nicht als bindend anerkannten, führte Karl der Große weitere Kriege und eroberte das Langobardenreich 773/774. Papst Hadrian I. löste sich bald nach den territorialen Schenkungen Karls des Großen 774 aus der kaiserlich-oströmischen Oberhoheit von Byzanz, indem er das Bild des neuen Kaisers Leon IV. nicht mehr feierlich einholte und bei der Münzprägung ganz auf das Kaiserbild verzichtete, die päpstliche Kanzlei ihre Datierungspraxis nach den Amtsjahren des byzantinischen Herrschers aufgab und vielleicht schon 776 das Constitutum Constantini mit der konstantinischen Schenkung herstellen ließ. Hadrian benutzte auch stadtplanerische Maßnahmen, unter anderem die Aufstellung antiker Bronzegroßplastiken auf dem Lateran, sowie Stiftungen an Kirchen zur bewussten „Selbstinszenierung als neuer Konstantin" (Hartmann 2006). Auf Hadrians lange Amtszeit dürften aber auch Schenkungen von Baumaterial aus Rom und Ravenna, u.a. das von Walafried Strabo (808–849) beschriebene Reiterstandbild des Ostgotenkönigs Theoderich, an Karl den Großen zurückgehen. Freilich war die Beziehung von Papst und Frankenherrscher nicht spannungsfrei, da Hadrian selbst auch herrscherliche Ambitionen besaß (Deér 1972). Es entstand aber eine enge Anlehnung von Papst und römischer Kirche an das Frankenreich, wie sie in der Fürsorge Karls um das Totengedenken des Papstes mit der eingangs beschriebenen Grabinschrift sichtbaren Ausdruck fand.

Ausblick

Hadrians Nachfolger, Papst Leo III., krönte Karl den Großen beim Weihnachtsfest des Jahres 800 in Rom zum Kaiser. Damit war die Grundlage für ein neues römisches Kaisertum geschaffen. Dieses wird in seinem Anspruch in der vielsagenden

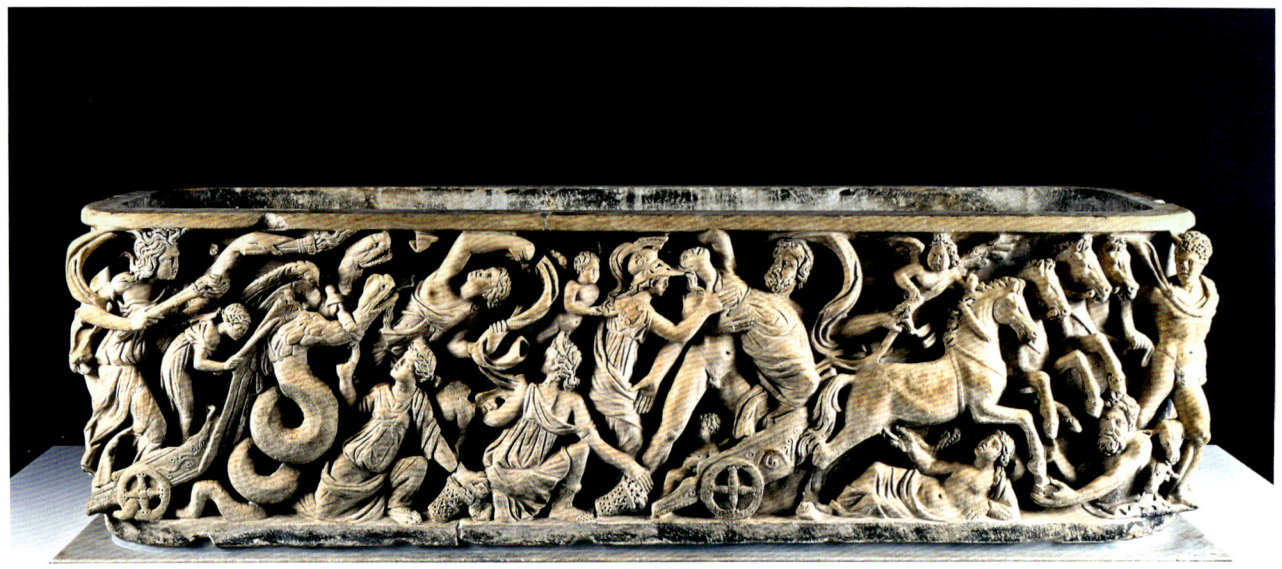

60 Proserpina-Sarkophag, Aachen, Hohe Domkirche

Titulatur Karls deutlich, der sich von nun an *serenissimus Augustus*, von Gott gekrönter (*a Deo coronatus*), großer und Frieden bringender Kaiser (*magnus pacificus imperator*), der das römische Reich regiert (*Romanum gubernans imperium*) und nach Gottes Gnaden König der Franken und Langobarden (*qui et per misericordiam dei rex Francorum atque Langobardorum*) nannte. Spätestens ab 803 gebrauchte Karls Kanzlei auch wie in Byzanz für besondere Urkunden Goldsiegel. In Konstantinopel wurde das westliche Kaisertum freilich nicht akzeptiert. Ab 806 befand sich das Karolingerreich mit Byzanz im Krieg und erkannte dessen Gebiete in Oberitalien nicht an. Der in Aachen 812 geschlossene Friedensvertrag zwischen Karl und dem byzantinischen Kaiser Michael I. schuf den Ausgleich. Byzanz erhielt Venetien, Istrien und Dalmatien zurück, während man Karl persönlich den Titel als Imperator ohne den Zusatz ‚Romanorum' bzw. griechisch ‚Basileus' zugestand, da der Basileus Rhomaion in der byzantinischen Sicht weiter in Konstantinopel residierte (siehe auch Beitrag Lilie S. 321 ff). Die seltenen Porträtdenare Karls (vgl. Kat.-Nr. IV.13 a) mit dem Titel IMP(erator) AVG(ustus) dürften in Zusammenhang mit dieser Anerkennung von Karls Kaisertum auf dem „internationalen diplomatischen Parkett" stehen.

Im Frankenreich bemühte sich Karl der Große seit 779 um die Wiederherstellung der spätantiken Metropolitanverfassung. Das Testament des 814 in Aachen – wohl im römischen Proserpina-Sarkophag des 3. Jahrhunderts (Abb. 60) – beigesetzten Kaisers bedachte die 16 Metropoliten des Frankenreiches sowie die vier Metropoliten Reichsitaliens und den Papst großzügig.

Bereits die Erhebung Ludwigs des Frommen zum Mitkaiser im Jahre 813 in Aachen hatte die Nachfolge im Reich und den Anspruch auf das Kaisertum hinreichend festgeschrieben. Zur nochmaligen Bestätigung vollzog Papst Stephan IV. im Herbst 816 die Salbung und Krönung von Karls Sohn in Reims. Ein Vertrag des Jahres 817 (*Pactum Ludovicianum*) regelte die Beziehung zwischen Kaiser und Papst. Auch Ludwigs ältester Sohn Lothar wurde zu Ostern 823 in Rom von Paschalis I. zum Mitkaiser gesalbt, bis er nach Ludwigs I. Tod 840 (von dessem spätrömischen Reliefsarkophag mit christlicher Thematik sind Fragmente in Metz erhalten, Kat.-Nr. IV.37) zunächst alleine herrschte und wiederum 850 Lothars ältester Sohn Ludwig II. Mitkaiser wurde. Da Kaiser Ludwig II. 875 ohne Sohn starb, folgte ihm der westfränkische Herrscher Karl der Kahle bis 877 als römischer Kaiser nach. Ein neuer Kaiser wurde erst wieder am 12. Februar 881 mit dem ostfränkischen König Karl dem Dicken von Papst VIII. gesalbt und gekrönt; dieser konnte kurzzeitig auch ab 884 noch einmal im gesamten Karolingerreich herrschen. Nach ihm brachten die Herzöge von Spoleto die römische Kaiserwürde von 891–896 an sich. Arnulf von Kärnten setzte als Kaiser von 896–899 wieder den Anspruch der männlichen Linie der Karolingerfamilie durch. Die direkte Nachfolge wurde aber nicht fortgeführt. Von 901–905 war Ludwig der Blinde, mütterlicherseits ein Enkel Ludwigs II., der die byzantinische Prinzessin Anna geheiratet hatte, neuer Kaiser in Rom. Ihm folgte Berengar I. von Friaul, mütterlicherseits ein Enkel Ludwigs des Frommen, als Kaiser von 915 bis 924 nach, bis nach einem langen Interregnum der Liudolfinger Otto I. im Februar des Jahres 962 neuer Kaiser im Westen wurde.

Quellen

Alcuin, Grabgedicht; Annales regni francorum; CIL VI; Gregor von Tours, Historiae; Lorscher Annalen; Orosius, Historiarum; PLRE; Prokop, De bello gothico.

Literatur

Zur Spätantike bis Chlodwig: Becher 2011; Böhme 1974; Lémant u.a.1985; Zöllner 1970. Zur Merowingerzeit: Becher 2009; Ewig 2006; Geary 2007; Kaiser 2004 (a); Schneider 2001. Zu König Theudebert: Beisel 1993; Collins 1983; Springer 2005. Zum Alpen- und Voralpenraum: Beumann/Schröder 1987; Keim 2007; Furger u.a. 1996. Zur Karolingerzeit: Braunfels 1965–1968; Butzer/Kerner/Oberschelp 1997; Deér 1972; Riché 1999; Schieffer 2005; Schieffer 2006 (a); Schramm 1929; Semmler 2003. Zur Kunst und Kultur der Karolingerzeit: Ausst.-Kat. Paderborn 1999; Hubert/Porcher/Volbach 1969; McKitterick 1994; Patzelt 1965. Zu König und Papsttum: Angenendt 1980; Hartmann 2006. Zu Aachen: Schmidt 1873. Zur Grabplatte Hadrians: Ramackers 1964; Scholz 1997; Wallach 1951. Zu Kaisertitel, Siegel und Münzen: Classen 1972; Coupland 2005; Lafaurie 1978; Ohnsorge 1952. Zur Kirchenverfassung: Pangerl 2011.

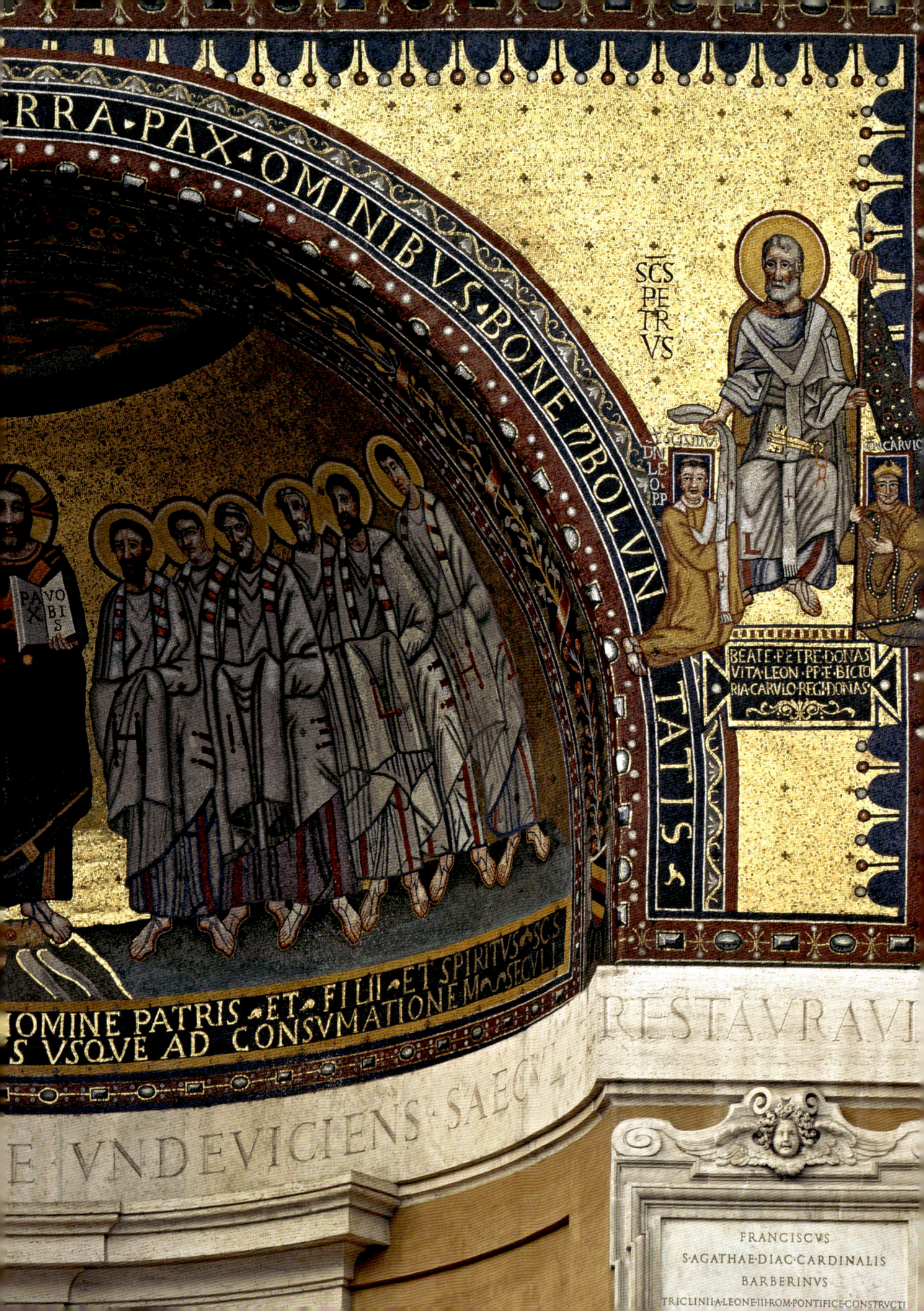

RRA · PAX · OMINIBVS · BONE ṄBOLVN

SCS
PE
TR
VS

PA
VO
BIS
X

OMINE PATRIS · ET · FILII · ET · SPIRITVS · SCS
S VSQVE AD CONSVMATIONEM · SECVL

TATIS

BEATE · PETRE · DONAS
VITA · LEON · PP · E · BICTO
RIA · CARVLO · REGI · DONAS

RESTAVRAVI

E VNDEVICIENS · SAECVL

FRANCISCVS
S · AGATHAE · DIAC · CARDINALIS
BARBERINVS
TRICLINII · A · LEONE · III · ROM · PONTIFICE · CONSTRVCTI

Rudolf Schieffer

Kaisertum aus der Hand des Papstes

In Rom, in der Basilika über dem Grab des Apostels Petrus, am heiligsten Ort der lateinischen Christenheit, ist Karl der Große (*748, 768–814), König der Franken und Langobarden und bereits Patricius der Römer, am Weihnachtstag 800 Kaiser geworden. Das geschah, wie gut überliefert ist, indem ihm Papst Leo III. (795–816) während der Messfeier eine kostbare Krone aufsetzte und das versammelte Volk der Römer sodann Hochrufe ausbrachte auf „Karl, den Augustus, den von Gott gekrönten, großen und friedenstiftenden Kaiser". Außerdem wird berichtet, dass Leo dem neuen Kaiser durch Kniefall huldigte und dessen Sohn Karl den Jüngeren (*772/773, 800–811) zum König salbte und krönte (Abb. 62).

Die hervorstechende Rolle des Papstes bei diesem Geschehen wird besonders unterstrichen durch eine berühmte Äußerung Einhards, der zwar nicht in Rom zugegen war, aber zu Karls engsten Vertrauten in den folgenden Jahren gehörte und später dessen Biographie verfasst hat (Einhard, Vita Karoli). Darin teilt er mit, Karl habe im Rückblick auf seine Kaiserkrönung beteuert, „er würde an diesem Tage, obwohl es ein bedeutendes Fest war, die Kirche nicht betreten haben, wenn er des Papstes Plan (pontificis consilium) hätte vorauswissen können". Ist der mächtige König also von Leo mit der Kaiserwürde überrumpelt worden, gar ein „Kaiser wider Willen" gewesen? Die Forscher sind sich bis heute nicht einig, wie man Einhards Worte genau zu verstehen hat, was daran liegt, dass sie nicht an uns gerichtet sind, sondern an damalige Leser, die über die Hintergründe besser im Bilde waren. Schließlich sagt Einhard ja auch nicht, um welches Fest und um welche Kirche es sich gehandelt hat. Wenn er im folgenden Satz von dem Unmut spricht, den Karls Rangerhöhung bei „den römischen Kaisern" ausgelöst habe, und von dem Gleichmut, mit dem Karl dies ertrug, lässt er immerhin durchblicken, dass auch in seinen Augen das Kaisertum im Jahre 800 nicht neu erfunden wurde, sondern längst schon bestand.

Allerdings hatte es seinen Sitz nicht mehr in Rom wie zu Zeiten von Caesar (*100, 46–44 v. Chr.) und Augustus (*63, 27 v. Chr.–14 n. Chr.), sondern in Konstantinopel (heute Istanbul), dem „Neuen Rom" am Bosporus, das 330 vom ersten christlichen Kaiser Konstantin (*um 275, 306–337) an der Stelle des antiken Byzantion zur gleichrangigen Reichshauptstadt erhoben worden war. Hier allein setzte sich die Abfolge der römischen Kaiser fort, nachdem 476 das Weströmische Reich (zuletzt mit der Hauptstadt Ravenna) erloschen war. Seinem Ursprung nach war dieses Caesarentum eine Militärmonarchie, die sich auf die Loyalität des stehenden Heeres, insbesondere der hauptstädtischen Garnison, stützte und daher immer wieder usurpatorischen Umbrüchen ausgesetzt war. Es änderte an ihrer Natur nur wenig, dass sich die Kaiser seit dem 4. Jahrhundert zum Christentum bekannten, denn an die Stelle der zuvor praktizierten göttlichen Verehrung trat fortan ihre Deutung als Herrscher im göttlichen Auftrag, und dieser Auftrag ergab sich weiter einzig aus den faktischen Machtverhältnissen und bedurfte grundsätzlich keiner ausdrücklichen sakralen Legitimation. Erst vom 7. Jahrhundert an begann eine Krönung des neuen Basileus durch den Patriarchen in der Hagia Sophia, der Hauptkirche der Kaiserstadt, üblich zu werden, doch war dies eine nachträgliche Segnung ohne rechtsbegründende Bedeutung, weshalb das Kaisertum des Ostens bis zuletzt im Kern profanen Charakters blieb.

Seit jeher ausgeschlossen war ein Einfluss der römischen Bischöfe auf die Kaisererhebungen: in vorchristlicher Zeit ohnehin, aber auch später schon deshalb, weil die römischen Kaiser mit der Ewigen Stadt kaum noch in Berührung kamen und nach 663 ganz ausblieben. Rom und sein Umland waren zwar weiterhin Bestandteil des oströmisch-byzantinischen Imperiums, gewannen aber an dessen westlichem Rand zunehmende Autonomie unter der Hoheit der Päpste, die vom höheren Stadtklerus und dem lokalen Adel getragen war. Langwierige theologische Streitigkeiten mit Konstantinopel (um die Verehrung heiliger Bilder) sowie wachsende Bedrängnis durch die Langobarden, die weite Teile Italiens beherrschten, führten 753/754 dazu, dass sich Papst Stephan II. (752–757) hilfesu-

61 Triclinium Leos III. mit den Darstellungen Karls (re.) und Leos III., nach 800, 1743 versetzt, Mosaiken im 19. Jh. erneuert. Rom, Speisesaal des Lateranspalastes

chend an den Frankenkönig Pippin (*714, 751–768) wandte und ihn zum militärischen Eingreifen jenseits der Alpen bewog. Als Sieger über die Langobarden gewährte Pippin dem hl. Petrus, mithin den Päpsten, ein ausgedehntes Herrschaftsgebiet in Mittelitalien, das von Rom bis Ravenna reichen sollte. Erst als Karl der Große auf seinem ersten Italienzug 774 die Langobarden vollends besiegt und ihr Reich in Personalunion selbst übernommen hatte, geriet der als „Vermögen des hl. Petrus" (*Patrimonium Petri*) bezeichnete Kirchenstaat in die unmittelbare Reichweite des expandierenden Frankenreiches und löste unter Papst Hadrian I. (772–795) die letzten Bindungen an den Kaiserstaat von Byzanz.

Woher in den Jahren vor 800 der Gedanke gekommen ist, die herausragende Stellung des fränkischen Großkönigs als Überwinder der heidnischen Sachsen und Awaren, als oberster Gebieter nahezu der gesamten lateinischen Christenheit (des europäischen Festlandes) sowie als Schutzherr (*patricius*) der Römer mit dem Kaisertitel zum Ausdruck zu bringen, ist nicht sicher zu klären. Fränkische Ambitionen, päpstliche Bedürfnisse und sogar ein Angebot aus Byzanz sind von der Forschung in Betracht gezogen worden und brauchen einander nicht einmal auszuschließen. Erst recht dürfte lange unklar gewesen sein, in welcher Weise sich eine solche Rangerhöhung zu vollziehen hätte, denn die Bedingungen des antiken Rom und des zeitgenössischen Byzanz, sofern sie überhaupt im einzelnen bekannt waren, ließen sich nicht ohne weiteres auf die monarchische Ordnung von Karls fränkisch dominiertem Vielvölkerreich übertragen, ganz abgesehen davon, dass es sich ja gar nicht um die Einsetzung eines neuen Herrschers handeln würde, sondern – historisch beispiellos – ein nichtrömischer (nach byzantinischen Maßstäben: barbarischer) König sich zum Kaiser aufschwingen wollte oder sollte. Die ursprüngliche und wesenhafte Bindung des Kaisertums an Rom und die Römer stellte gewiss ein Problem dar, denn zumindest den Römern der eigenen Zeit fühlten sich Karl und seine Franken hoch überlegen, weshalb sie es nicht hinnehmen konnten, wenn aus ihrem *regnum Francorum* ein *imperium Romanum* werden würde.

Einen Ausweg bot der christliche Romgedanke, der auf der Erinnerung an den Apostelfürsten Petrus beruhte und dessen bischöflichen Nachfolgern, den Hütern seines Grabes, einen einzigartigen Vorrang verlieh. Auch für die Franken war dies die unbestritten höchste geistliche Autorität, die schon 50 Jahre zuvor dem Aufstieg von Karls Vater Pippin zum Königtum legitimierenden Rückhalt geboten hatte. Sich umgekehrt die Unterstützung des mächtigen Sohnes durch die Vermittlung der Kaiserwürde zu sichern, lag für Papst Leo III. nahe, der in der städtischen Führungsschicht erbitterte Gegner hatte und 799 einem Attentat, das auf seine Absetzung zielte, nur mit knapper Not entgangen war. Als er Karl im folgenden Jahr vier Wochen vor Weihnachten von vornherein mit kaiserlichen Eh-

ren am Tiber empfing, kann das Ziel des Besuches nicht mehr zweifelhaft gewesen sein, auch wenn die Zeit bis zu dem Fest noch zur Klärung wichtiger Voraussetzungen benötigt wurde. Ein völliges Einvernehmen war womöglich noch nicht erzielt, als Leo im Verlauf des Weihnachtsgottesdienstes, für den jedenfalls die Königskrönung des jüngeren Karl vereinbart war, die Gunst der Stunde nutzte und die vollendete Tatsache eines von ihm als Papst sakral legitimierten Kaisertums schuf, auch und gerade um Karl die höchstrichterliche Gewalt zur Aburteilung der stadtrömischen Opposition zuzuspielen. Die Überrumpelung durch „des Papstes Plan", von der Einhard weiß, wird sich schwerlich auf die imperiale Würde an sich, vielmehr auf den zeremoniellen Ablauf bezogen haben, was Anlass gab zu der in fränkischen Quellen zu beobachtenden Sprachregelung, Karl habe in Rom nur den Titel (*nomen*) des Kaisers empfangen für einen Vorrang, den er längst aus eigener Kraft errungen hatte. Spürbar wird die Abneigung, das Kaisertum rundweg dem Papst verdanken zu sollen. Eben dies bezeichnete auch den markantesten Unterschied zum Kaisertum in Byzanz, wo man das römische Ereignis mit Verwunderung und Verärgerung aufnahm.

Wie es mit dem Kaisertum künftig weitergehen sollte, war Karl und seiner Umgebung anfangs durchaus unklar. Als der Kaiser 806 in Diedenhofen eine schriftliche Verfügung über seine Nachfolge verkünden ließ (sog. *Divisio regnorum*), die in Rom hinterlegt wurde, teilte er das Reich unter den drei Söhnen, die ihm die Königin Hildegard (um 758–783) geboren hatte, in etwa gleichmäßig auf, freilich mit einer gewissen Bevorzugung des in Rom gekrönten Karls, doch über einen künftigen Kaiser verlor er kein Wort. Das mag daran gelegen haben, dass dieser Karl noch immer unvermählt und ohne Erben war oder dass man den Ausgang von Ausgleichsverhandlungen mit Byzanz abwarten wollte, doch ist auch erwogen worden, Karl habe sein Kaisertum zunächst als eine allein ihm zuteilgewordene Ehrung verstanden, die gar nicht zur Fortsetzung oder Weitergabe nach seinem Tode gedacht sei. Fünf Jahre später waren zwei der Söhne vor dem Vater verstorben, so dass Ludwig der Fromme (*778, 814–840), bis dahin Unterkönig von Aquitanien, zum Universalerben aufrückte. Nachdem 812 zudem die Anerkennung von Karls Kaisertum durch Abgesandte aus Konstantinopel erreicht war (unter Verzicht auf den römischen Bezug im Titel), entschloss sich der alte Kaiser, seine höchste Würde in aller Form dem einzig in Betracht kommenden Nachfolger Ludwig zukommen zu lassen. Das geschah im September 813 nicht in Rom, sondern in Aachen und ohne Beteiligung Leos III. oder anderer hoher Geistlicher, einfach indem der Vater dem Sohn eine programmatische Mahnrede hielt und ihm am Ende befahl – vielleicht weil er selber dazu physisch nicht mehr imstande war –, eine goldene Krone vom Altar der Pfalzkapelle zu nehmen und sich aufs Haupt zu setzen. Die Zeremonie verrät Kenntnis der byzantinischen Praxis bei der Mitkaisererhebung und scheint zu besagen, dass Karl zuletzt der Auffassung war, das 800 vom Papst ins Leben gerufene, seiner Natur nach unteilbare Kaisertum sei in den Besitz des karolingischen Herrscherhauses eingegangen und könne daher innerhalb der Familie an jeweils einen aus jeder Generation weitervererbt werden.

Ludwig der Fromme, der lediglich als dreijähriges Kind, aber niemals als Kaiser in Rom gewesen ist, empfing 816 in Reims den Besuch von Leos Nachfolger Stephan IV. (816–817), der Wert darauf legte, ihn und seine Gattin Irmingard († 818) feierlich zu salben und mit einer eigens mitgebrachten, angeblichen Krone Konstantins auch zu krönen, was zwar keine rechtliche Bedeutung hatte, aber doch geeignet war, an den römischen Ursprung des Kaisertums zu erinnern. Gleichwohl behielt Ludwig den vom Vater vorgezeichneten dynastischen Umgang mit der imperialen Würde bei und bestimmte im Zuge seiner früh getroffenen Erbregelung von 817 (sog. *Ordinatio imperii*) den ältesten Sohn Lothar I. (*795, 840–855) zum nächsten Kaiser, dem er nach Akklamation der Großen wiederum in Aachen und diesmal mit eigener Hand die Krone aufsetzte, also weiterhin unter Verzicht auf jede geistliche Vermittlung. Im Unterschied zu Ludwig, dem diese Ehre erst wenige Monate vor Karls Tod zuteil geworden war, stand Lothar vor 23 bewegten Jahren als Junior-Kaiser, während deren er längere Zeit, erstmals ab 822, als Unterkönig in Italien fungierte. Gleich zu Ostern 823 nahm er eine Einladung nach Rom an und ließ sich von Papst Paschalis I. (817–824) durch feierliche Salbung und Krönung am Petrusgrab in seiner Anwartschaft auf das Haupterbe des Vaters bestätigen, was erneut ohne konstitutiven Belang war, immerhin aber erstmals seit 800 Rom und das Kaisertum wieder in unmittelbare Berührung brachte. Das Bestreben der Päpste, wenigstens nachträglich die internen Entscheidungen der Karolinger über die Weitergabe des Kaisertums sakral zu sanktionieren, ist unverkennbar.

Ihr Handlungsspielraum sollte weiter wachsen, seitdem sich Lothar I. nach dem Tode des Vaters (840) mit seinem Anspruch auf kaiserliche Herrschaft über das gesamte Frankenreich nicht durchzusetzen vermochte und sich stattdessen ein Nebeneinander gleichberechtigter karolingischer Könige einspielte, die dem Kaiser unter ihnen keinen wirklichen Vorrang mehr, sondern nur eines der bestehenden Teilreiche zubilligten. Lothar verblieb jedoch die alleinige Entscheidung über den nächsten Kaiser, wozu er seinen ältesten Sohn Ludwig II. (*825, 850–875) aussah, den er als Unterkönig in Italien zurückgelassen hatte, als er ab 840 sein Glück nördlich der Alpen versuchte. Den zeremoniellen Akt nahm er indes nicht mehr selbst vor, vielmehr schickte er Ludwig, begleitet von einer eigenen Gesandtschaft, die seinen Willen zum Ausdruck brachte, zu Ostern 850 nach Rom, wo ihn Papst Leo IV.

(847–855) wunschgemäß salbte und krönte. Es war die erste Kaisererhebung, die nach 50 Jahren wieder in der Petersbasilika stattfand, doch betraf sie einen Karolinger, dessen Macht zeitlebens nicht über Italien hinausreichen sollte. Da Ludwig II. lediglich zwei nicht erbberechtigte Töchter, aber keinen Sohn hatte, den er zum Mitkaiser hätte erheben können, riss mit seinem Tod (875) die Kontinuität des dynastisch vermachten Kaisertums ab.

In dieser Situation fiel es dem Papst als Coronator zu, über die Vergabe der imperialen Würde zu befinden. Johannes VIII. (872–882) kam in die Lage, eine Auswahl zu treffen, und entschied sich gegen den ostfränkischen Anwärter Karlmann (*um 830, 876–880) für den westfränkischen König Karl den Kahlen (*823, 840–877). Der musste freilich erst militärisch nach Rom vorstoßen, um am Weihnachtstag 875, genau 75 Jahre nach dem Großvater, in St. Peter aus der Hand des Papstes die Kaiserkrone zu empfangen, denn an anderem Ort war es offenbar nicht mehr möglich, anerkannter Kaiser zu werden. Auch der päpstlichen Prärogative gehörte die Zukunft, denn Karl der Kahle unternahm in der kurzen Frist bis zu seinem Hinscheiden (877) keinen Versuch, selber einen kaiserlichen Nachfolger zu nominieren. Johannes VIII. hatte allerdings ernste Schwierigkeiten, einen solchen zu finden, da sich mit dem Kaisertum mittlerweile weniger die Suprematie in der lateinischen Welt als die undankbare Aufgabe des Schutzes der römischen Kirche und des Papstes gegen Sarazenen, innerstädtische Widersacher und regionale Machthaber in Mittelitalien verband. Nachdem es Johannes 878 auf einer Reise ins Westfrankenreich nicht gelungen war, Karls des Kahlen Sohn Ludwig den Stammler (*846, 877–879) zum Eingreifen in Italien zu bewegen, lud er nach dessen frühem Tod den ostfränkischen Karolinger Karl III. (*839, 876–887/888) ein, der sich im Winter 879/880 zunächst die Anerkennung in Oberitalien sicherte und einen zweiten Italienzug brauchte, um bis nach Rom zu gelangen. Dort wurde er am 12. Februar 881 in der üblichen Weise, jedoch erstmals zusammen mit seiner Gattin, zum sechsten karolingischen Kaiser gekrönt. Mit ihm begann im historischen Rückblick die lange imperiale Tradition Ostfranken-Deutschlands, die später für Otto den Großen (*912, 936–973) bestimmend werden sollte.

Die unmittelbaren Auswirkungen der Kaisererhebung von 881 blieben freilich hinter den Hoffnungen Johannes' VIII. weit zurück. Karl III., dem infolge von Todesfällen unter seinen Brüdern und Neffen bis Ende 884 noch einmal das Gesamtreich Karls des Großen zufiel, zeigte sich der Fülle seiner Aufgaben, zumal der Normannenabwehr, immer weniger gewachsen, was Ende 887 zu seiner Absetzung durch die Großen Ostfrankens führte und das definitive Auseinanderbrechen des Karlsreiches einleitete. In Italien beendeten rivalisierende Magnaten das karolingische Zeitalter, unter denen einer, Herzog Wido II.

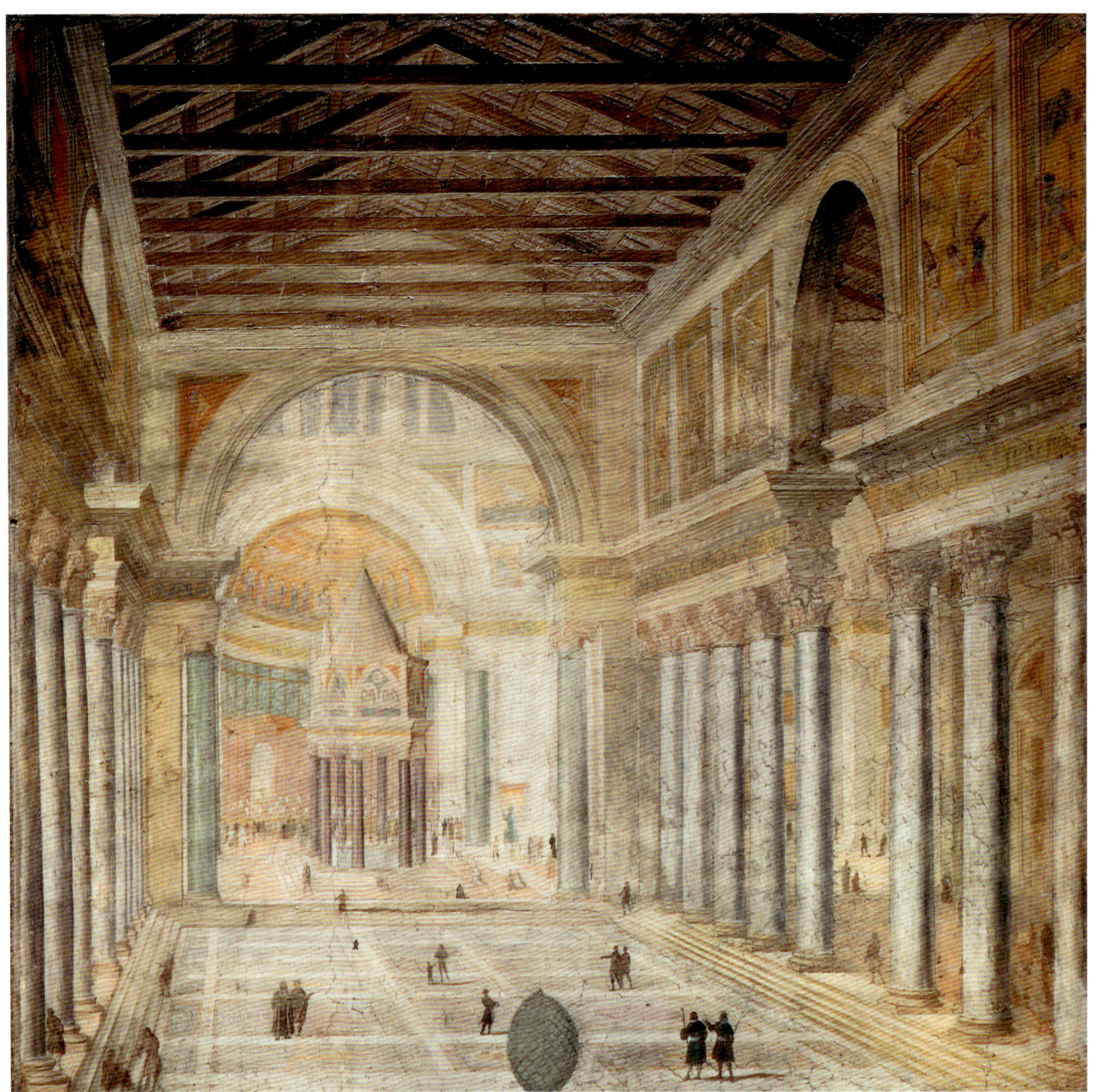

62   Alt-St. Peter in Rom, Innenansicht, Fresko. Rom, Basilica di San Martino ai Monti

von Spoleto (*um 850, 875–894), sein zeitweiliges Übergewicht nutzte, um den widerstrebenden Papst Stephan V. (885–891) dazu zu bringen, ihn am 21. Februar 891 in Rom als ersten Nicht-Karolinger zum Kaiser zu krönen. Darüber hinaus erreichte Wido beim nächsten Papst Formosus (891–896) auch noch die Krönung seines heranwachsenden Sohnes Lambert (*um 875, 892–898) zum Mitkaiser, die im April 892 nicht in Rom, sondern in Ravenna erfolgte. Deutlich ist, dass die Päpste die auswählende Initiative wieder eingebüßt hatten, aber als verleihende Instanz von jedem gebraucht wurden, der nach dem Kaisertum strebte. Gegen diese als drückend empfundene Konstellation brachte Formosus den ostfränkischen König Arnolf (*um 850, 887–899) ins Spiel, der 894 erstmals über die Alpen kam und nach Widos Tod (894) im Winter 895/896 bis Rom vordrang. Ohne Rücksicht auf den geflohenen Lambert empfing er Ende Februar 896 in St. Peter von Formosus die Krone, die also eigentlich ein karolingisches Gegenkaisertum begründete. Der Antagonismus wurde nicht weiter ausgefochten, da Arnolf bald darauf schwer erkrankte und nach Bayern zurückkehren musste, während Lambert 898 auf der Jagd tödlich verunglückt ist.

Hundert Jahre nach seiner Begründung durch Karl den Großen und Leo III. hatte das westliche Kaisertum infolge der Auflösung des fränkischen Großreiches vollends die Machtbasis verloren, die einst den Vergleich mit Byzanz erlaubt hatte, und wurde als nominelle Institution einzig noch aufrechterhalten durch den exklusiven Verfügungsanspruch, den die Päpste im Verlauf des 9. Jahrhunderts durchgesetzt und zu einer Handhabe gemacht hatten, um Herrschaft in Rom und Italien zu legitimieren. (Abb. 61) Demgemäß traten Kaiser fortan nur noch episodenhaft in Erscheinung, beginnend mit König Ludwig von Niederburgund (*um 880, 890–928), einem Enkel Kaiser Ludwigs II. durch seine Mutter, der Anfang 901 in Rom erschien und von Papst Benedikt IV. (900–903) die Kaiserkrone entgegennahm, doch schon im Folgejahr wieder aus Italien vertrieben wurde. Bei einem neuen Vorstoß 905 fiel er in die Hände seines Widersachers, des italischen Königs Berengar von Friaul (um 850, 888–924), seinerseits eines Enkels Kaiser Ludwigs des Frommen in weiblicher Linie, der ihn mit ausgestochenen Augen in seine provençalische Heimat zurückschickte, wo er als Ludwig der Blinde bis 928 sein Dasein fristen musste. Berengar selbst schaffte es erst nach vielen Jahren in einer ihm günstigen Situation der beständigen Adelskämpfe, 915 in Rom von Papst Johannes X. (914–928) empfangen und zum Kaiser gekrönt zu werden, aber auch sein Erfolg war nur von kurzer Dauer, und 924 wurde er in Verona ermordet. Sein politisches Erbe übernahm als König von Italien Hugo von Arles (um 880, 926–948), ein Enkel König Lothars II. (*um 835, 855–869) mütterlicherseits, dem es indes trotz mehrfacher Versuche nicht mehr gelang, in Rom zur höchsten Würde zugelassen zu werden, weil das dortige adlige Stadtregiment, das auch über den Papststuhl verfügte, keinen kaiserlichen Oberherrn mehr wünschte.

Der nächste Anwärter war dann bereits der sächsisch-fränkische König Otto, der beim ersten Italienzug 951/952 König Hugos verwitwete Schwiegertochter Adelheid (um 931–999) in Pavia heiratete und seine Fühler bis nach Rom ausstreckte, aber vom Stadtherrn Alberich (*um 915, 932–954) ähnlich wie zuvor Hugo abschlägig beschieden wurde. Dabei lag seine überlegene Stellung als mächtigster Herrscher der lateinischen Welt (wenn auch auf schmalerer Basis als einst Karl) schon damals offen zutage, denn er empfing Gesandte aus Byzanz und Cordoba und ließ auf einer Synode von 952 „über den guten Zustand des christlichen Imperiums sowie über den Nutzen der ganzen Christenheit" beraten. Eine weitere Steigerung erfuhr seine Hegemonie 955 durch den vor Augsburg errungenen Abwehrsieg über die Ungarn, den Zeitgenossen wie der Geschichtsschreiber Widukind von Corvey († nach 973) rückblickend als die wahre Wurzel seines Kaisertums ansahen. Doch haben solche Vorstellungen auf der urkundlichen und zeremoniellen Ebene keinen Widerhall gefunden. Die ‚offiziellen' Quellen bezeugen einhellig, dass Otto der Große erst zum Kaiser wurde, als eine zu Karl dem Großen 799/800 analoge historische Situation eingetreten war: Papst Johannes XII. (955–964), der Sohn des genannten Alberich, sah sich im weiteren Umfeld Roms von politischen Gegnern bedrängt und rief 960 die Hilfe Ottos an, der seinen zweiten Italienzug in der Gewissheit antrat, diesmal in Rom mit der imperialen Würde rechnen zu können. Dass Widukind gleichwohl Ottos Kaiserkrönung, die am 2. Februar 962 am römischen Petrusgrab erfolgt ist, seinen Lesern vorenthält, lässt ganz ähnlich wie nach 800 das Widerstreben erkennen, dem Papst (mit dem sich Otto obendrein bald entzweite) die ausschlaggebende Rolle für die Rangerhöhung zuzubilligen. Und doch war dies die Realität: Ein Kaisertum, das nicht aus der Hand des Papstes gestammt hätte, war nach der Entwicklung der Karolingerzeit nicht mehr denkbar und wäre jedenfalls Jahrzehnte nach dem Tod der letzten Inhaber (924, 928) gleichsam aus wilder Wurzel nicht wiederzubeleben gewesen. Erst durch den Akt von 962 wurde Karls ziemlich improvisierte Krönung durch den Papst zur richtungweisenden Norm für viele Jahrhunderte, und zwar in dem Sinne, dass der krönende Papst sich den neuen Kaiser nicht aussuchen konnte, aber jeder künftige Kaiser auf den Weg nach Rom angewiesen war.

Quellen

Einhard, Vita Karoli.

Literatur

Becher 2002; Classen 1988; Hartmann 2010; Keller 2001 (b), S. 461–468; Lilie 1994; Schieffer 2006 (a); Schieffer 2006 (b); Schieffer 2006 (c); Scholz 2006; Zimmermann 1974.

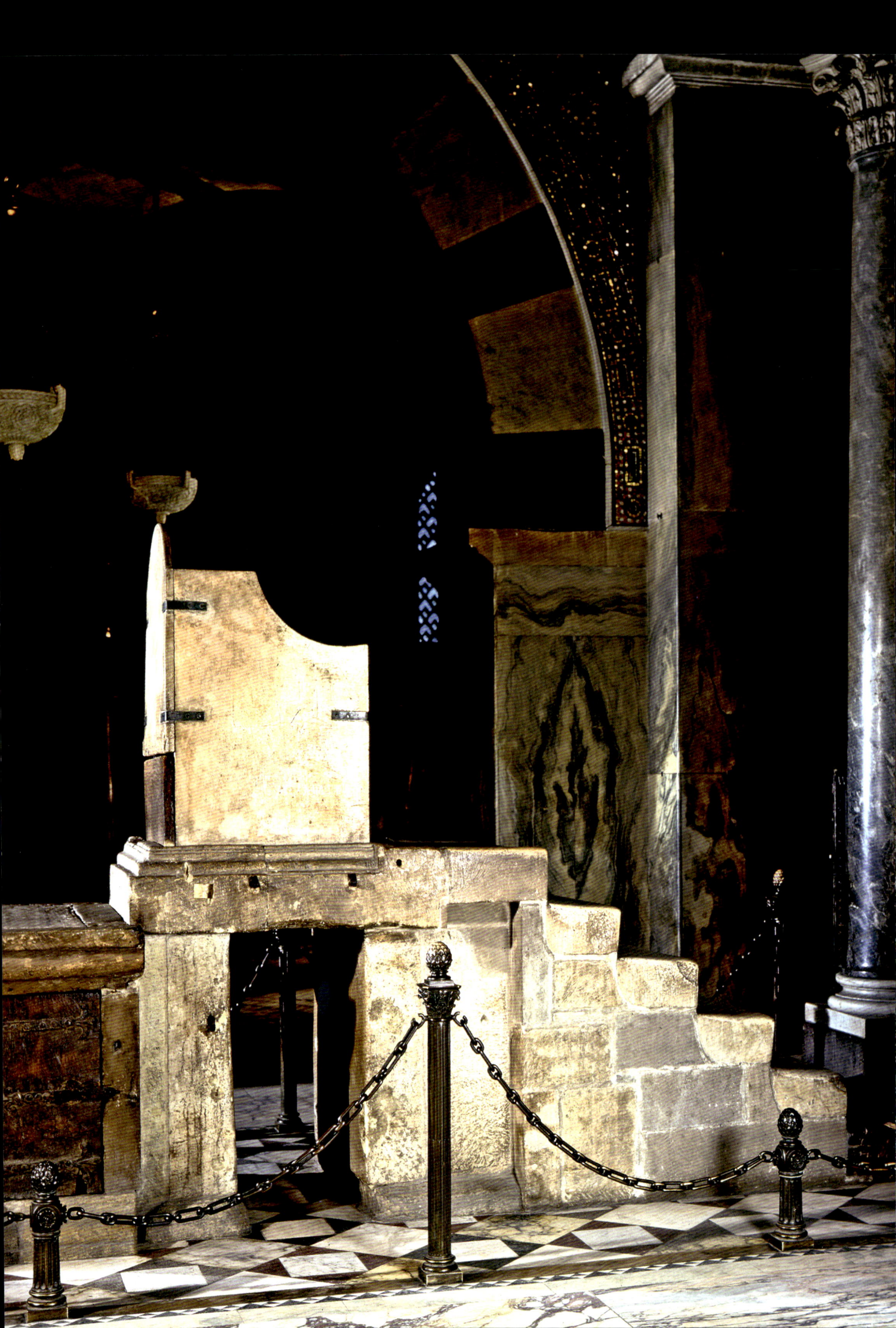

Caspar Ehlers

Tradition und Innovation
Einführung: Was das Reich zusammenhält

Das fränkische Reich erfuhr unter Karl dem Großen eine räumliche Ausdehnung, die alles seit dem römischen Imperium Dagewesene in den Schatten stellte. Innerhalb eines halben Jahrhunderts hatten Karl und seine Vorfahren, die aus dem Königsdienst im Merowingerreich hervorgegangenen Arnulfinger und Karolinger, ein Großreich geschaffen, das sich von den Pyrenäen bis zur Elbe und von den Küsten Frieslands bis Oberitalien erstreckte. (Karte S. 390/391)

In dieses Reich waren allein in den Jahrzehnten von Karls Herrschaft weite Teile Sachsens, Thüringens und Bayerns so tragfähig integriert worden, dass diese einzelnen *regna* im Laufe des 9. Jahrhunderts erste Anzeichen einer Verdichtung hin zu einem ostfränkischen Reich zeigten. Das Langobardenreich südlich der Alpen sowie die westlichen Zonen des awarischen Herrschaftsgebietes waren ebenfalls in das Frankenreich eingegliedert worden, der Herrschertitel Karls des Großen betonte aber eigens die fränkische und langobardische Königswürde.

Seit jeher ist die Organisation dieses Großreiches, das sich mit dem untergegangenen Weströmischen Reich nicht nur in der Fläche vergleichen lässt, Gegenstand historischer Untersuchungen gewesen. Das folgende Essay versteht sich nicht als Überblick zur Geschichte der Forschungen, sondern als Skizze der aktuellen Diskurse zu Karl dem Großen und seinem Reich.

Es zeichneten sich in den letzten Jahren etwa vier Bereiche ab, in denen bedeutende neue Einsichten in die Herrschaftspraxis Karls des Großen und die Strukturen seines Reiches gewonnen wurden: Die Eingliederung der unterworfenen Gebiete und der in diesen lebenden Menschen, die Ausbildung einer spezifischen Reichskultur, die Ausübung von Königsherrschaft durch Präsenz und Inszenierungen auch des abwesenden Monarchen sowie die verschiedenen Träger der eigentlichen Herrschaft, deren Konsens für die ‚Willensbildung' des Reiches als Institution unbedingt notwendig war. Schließlich ist zunehmend auf

einen weiteren Aspekt hingewiesen worden, der bislang meist unterschätzt wurde, die Übernahme (*imitatio*) römisch-antiker Traditionen schon seit merowingischen Zeiten sowie die darauf aufbauende und neue Impulse aufnehmende Idee der Wiedererrichtung (*renovatio*) des Imperium Romanum.

Integration von Räumen und Menschen

Das markanteste Unterscheidungsmerkmal zum merowingischen beziehungsweise frühkarolingischen Frankenreich ist die beeindruckende Vergrößerung desselben durch Karl den Großen. In mehreren, teilweise äußerst langwierigen Unternehmungen erreichte es eine Ausdehnung von den Pyrenäen bis zur Elbe, von den norddeutschen Küsten bis nach Mittelitalien.

Nach dem Tode seines Vaters Pippin im Jahre 768 regierte Karl eine gewisse Zeit gemeinsam mit seinem Bruder Karlmann († 771), da der Gedanke einer Individualsukzession dem fränkischen Reich noch fremd war. Diese wurde beispielsweise im frühen 10. Jahrhundert im ostfränkischen Teilreich von Heinrich I. (919–936) für seinen Sohn Otto den Großen (936–973), der später bekanntlich das Kaisertum an sein Reich binden konnte, angewandt. Noch während der gemeinsamen Regierung mit seinem Bruder, aber ohne dessen Hilfe, gewann Karl den Südwesten Frankreichs, Aquitanien und die Gascogne. Zu Beginn seiner Alleinherrschaft rückte ab 772 Sachsen in den Blick des Königs. Die Gegend zwischen Rhein und Weser wurde möglicherweise als vorgeschobenes Grenzgebiet verstanden, in das nun gegen aufständische Sachsen Ruhe gebracht werden sollte. Die „Untreue" der dort Lebenden ist das rechtfertigende Motiv für die ersten militärischen Expeditionen in den entsprechenden Quellen. Dass der Krieg insgesamt 30 Jahre währen würde und am Ende das Gebiet bis zur Elbe erobert war, gehörte vermutlich nicht zur ursprünglichen Planung Karls und seiner Strategen um 772, ist aber eine der Voraussetzungen für Karls Aufstieg zum römischen Kaiser (800), denn dieser Großraum wurde der *terra christiana* sozusagen neu hinzugefügt, da er weder dem Römischen Reich zugehört noch der christlichen Mission gegenüber offengestanden hatte. Im Gegensatz zu dem gleich zu besprechenden Langobardenreich wurde Sachsen in das fränkische Reich integriert, Karl herrschte hier als König der Franken, eine ‚sächsische Erweiterung' seines Königstitels gab es nicht.

Eine andere räumliche Erweiterung ist die Eroberung des Langobardenreiches des Königs Desiderius, Karls Schwiegervater, gewesen, das Karl 773/774 unterwerfen konnte. Auch hier spielte als Kriegsgrund die Treulosigkeit der Langobarden eine Rolle – allerdings nicht dem Frankenkönig, sondern vor allem den Päpsten Stephan III. (768–772) und Hadrian I. (772–795) gegenüber. Die fränkischen Quellen berichten im Großen und Ganzen übereinstimmend von einem ‚Hilfegesuch' aus Rom; inwieweit Karl jedoch eigene entsprechende Absichten hegte, bleibt unklar.

Das Ergebnis dieser Operation war eine weitere Annäherung von Papsttum und fränkischem Königtum, deren Verbindung schon beim Aufstieg der Karolinger zum fränkischen Königtum und der Absetzung der Dynastie der Merowinger 751 eine gewichtige Rolle gespielt hatte, als Papst Zacharias (741–752) diesen Machtwechsel befürwortete und Stephan II. (reg. 752–757) die Beziehungen zu den ersten Karolingern vertiefte (vgl. dazu den Beitrag von Rudolf Schieffer in diesem Band).

Da es aber auch traditionelle Bindungen zwischen dem karolingischen Frankenreich und dem der Langobarden gab, sind die einzelnen Motivationen nur schwer zu entwirren, so dass Rosamond McKitterick jüngst weniger von einer „Unterwerfung" als von einem „Staatsstreich" sprechen möchte. Der langobardische Königstitel blieb erhalten und wurde Bestandteil der Titulatur Karls des Großen (auch als Kaiser) und in späteren Jahrhunderten dauerte er im *regnum Italiae* mit jeweils eigenen Krönungen der ostfränkisch-deutschen Könige fort.

Zwei weitere Unternehmen zielten auf die Expansion und vor allem Sicherung fränkischer Vorherrschaft im Südosten: die Erledigung Bayerns als mehr oder weniger eigenständigem Herzogtum Bayern (788) und die Kriege gegen die von Osten herandrängenden Awaren (791–803). Karl schuf neben dem von seinen Beauftragten verwalteten Herzogtum sogenannte Marken auf einst awarischem Gebiet, vorgelagerte Regionen zur Grenzsicherung. Zu Bayern ist noch zu bemerken, dass es seit langem enge Beziehungen sowohl zum fränkischen Königtum (seit der späteren Merowingerzeit) und zum römischen Papsttum unterhielt als auch mit dem Langobardenreich in engem Kontakt stand. Die Absetzung Tassilos, dem man auch eine Annäherung an die Awaren vorwarf, war daher wohl zum Großteil reiner territorialer Machtpolitik Karls geschuldet.

Das Verhalten Karls des Großen gegenüber dem bayerischen Herzogtum enthüllt auch die hohe Bedeutung der Kirche und ihrer räumlichen Ordnungsvorstellungen. Die Kirchenorganisation Bayerns mit der Metropole Salzburg und seinen Suffraganbistümern folgte recht genau dem einstigen agilolfingischen ‚Stammesherzogtum'. Nur hier sind Kirchenprovinz und weltliches Herzogtum nahezu identisch, was ältere Ambitionen der bayerischen Herzöge durchaus aufnimmt und ihre auf Rom gerichtete Politik quasi im Nachhinein erfüllt. In Sachsen wurde zwar auch eine Bistumsorganisation geschaffen, aber die zuständigen Erzbischöfe hatten ihre Metropolen außerhalb (Köln und Mainz) und ihre Provinzen wurden in den sächsischen Raum hinein mit zahlreichen Neugründungen erweitert. Eine Ausnahme scheint dabei nur oberflächlich das Erzbistum Hamburg-Bremen zu sein, denn es darf nicht übersehen werden, dass es sich lange mit dem Kölner Erzbischof um seine Eigenständigkeit streiten musste.

Zwar wurden in den neugewonnen Gebieten Sachsens auch weltliche Strukturen, in erster Linie Grafschaften, eingerichtet, doch hat es anhand der schriftlichen Überlieferung Bedenken der Forschung gegeben, wie groß deren tatsächliche Wirkung auf die Organisation des Raumes gewesen sein mag. Die kurz nach 800 dauerhaft eingerichteten Bischofssitze sowie die alsbald einsetzende Durchdringung des Raumes mit Klöstern und Stiften für Frauen und Männer gleichermaßen, an deren Gründungen in beeindruckender Zahl auch ‚sächsische' Großfamilien und Verbände beteiligt waren, belegten die Integrationskraft der neuen Religion im Reichsverband. Vermutlich erkannten diese Gruppen, die ja keineswegs beziehungslose Heiden gewesen waren, die Möglichkeit, sich mit solcherart Aktivitäten ihren eigenen Anteil an der Herrschaft und die unabdingbare Nähe zum fränkischen Königtum zu sichern.

Rosamond McKitterick hat kürzlich darauf hingewiesen, dass die einheitliche christlich-westliche Religion und Kultur zur inneren Einheit des Frankenreiches ebenso beigetragen habe wie zu einem gefestigten Auftreten desselben gegenüber seinen Anrainern nach dem Ende der Expansionen, also etwa seit der Jahrhundertwende. Dass im Laufe des 9. Jahrhunderts die vormals nicht direkt fränkischem Einfluss unterworfenen Gebiete eine Diözesan- und Klosterlandschaft entwickelten, die sich von derjenigen des älteren Kernlandes merowingisch-karolingischer Provenienz nur noch partiell unterschied, bestätigt diese Einschätzung.

Es ist bemerkt worden, dass gegenüber den Awaren keine erkennbaren Missionsbemühungen unternommen worden sind (Pohl 2002), was dazu anregt, die Funktion von Grenzen einerseits und dem Wissen um die eigenen Möglichkeiten anderseits im Frankenreich Karls des Großen zu bedenken.

Mit der Einführung christlicher Ordnungsvorstellungen ging aber auch die Kodifizierung älterer Rechte einher, wobei für einige Regionen – wieder ist Sachsen zu nennen – erst durch die Initiative Karls des Großen ein ‚Volksrecht' geschaffen beziehungsweise erstmals aufgezeichnet wurde (*Lex Saxonum*: um 802), das sich an älteren indigenen und fränkischen Vorstellungen zugleich orientierte. Ähnliches gilt vermutlich auch für die Gesetze der Thüringer, während die *Lex Salica*, die *Lex Ribuaria* der Rheinfranken sowie die *Lex Alamannorum* jeweils anpassende Überarbeitungen bestehender Volksrechte (die später erst sogenannten *Leges Barbaorum*, um sie vom ‚römischen Recht' abzusetzen) an fränkische Gepflogenheiten darstellten. Im Gegensatz zu diesen ‚germanisch' geprägten Rechten unterlag das langobardische Recht eher römischer Rechtskultur.

Auf Grund der Überlieferung dieser Rechte lässt sich sowohl ihre Überarbeitung erkennen als auch auf ihre tatsächliche Anwendung schließen. Traten notwendige Verbesserungen der Rechtspraxis auf, konnten diese mit Hilfe einer Art permanenten Rechtsprechung durch die sogenannten Kapitularien vorgenommen und veröffentlicht werden. Unter einem Kapitular versteht man die in einzelne Kapitel (*capitula*) gegliederten rechtsetzenden Beschlüsse von Hoftagen im Karolingerreich, von denen viele überliefert sind.

Eines der berühmtesten von ihnen dürfte das *Capitulare de Villis* sein, das zwar nur in einer Fassung erhalten ist, aber wegen seiner weitreichenden Bestimmungen zur Organisation der Königshöfe im Frankenreich die Grundlagen der Verwaltung des Reichsgutes gelegt hat (vgl. Kat.-Nr. IV.3). Inwieweit seine Bestimmungen in immerhin 70 Kapiteln tatsächlich umgesetzt wurden, kann kaum ermittelt werden. Die These, dass alle schriftlich abzusetzenden Berichte der Verwalter und Inspektoren auch in dieser Form verfasst wurden (Bachrach/Bachrack 2008), leidet ein wenig unter der Beobachtung, dass sich nicht ein einziger Report erhalten hat, ist aber dennoch nicht völlig abwegig, weil nachweislich die Verwaltung des ausgedehnten Reichsgutes der fränkischen Könige und ihrer Nachfolger recht gut funktioniert hat. Ähnliche Überlegungen betreffen die Organisation des Reisekönigtums (siehe unten), die gleichfalls ohne überlieferte schriftliche Zeugnisse, etwa zur Planung des Reiseweges (Itinerar) oder der Vorbereitung großer Aufenthalte, geblieben ist, und dennoch hat diese spezifische Herrschaftsform des Mittelalters über Jahrhunderte hinaus bestens gewirkt – jedenfalls ist kein königlicher Tross nachweislich verlorengegangen.

Alle genannten Aspekte gehören zum Kreis der Rechtswirksamkeit des karolingischen Königtums. Traditionell war dabei vor allem die Verwaltung des Reichsgutes sowie die Gewohnheit, im Reich zu reisen. Innovativ war Karls Bemühen, die Rechte in seinem Reich aufzuzeichnen und in gelindem Maße aneinander anzupassen. Hier mag ihn das Vorbild des spätantiken Kaisers Theodosius des Großen (379–394), des letzten Gesamtherrschers des Römischen Reiches, angeleitet haben

(zuletzt McKitterick). Auf diese und andere Inspirationen mit römischem Ursprung für sein Handeln wird noch zurückzukommen sein.

Ausbildung einer spezifischen Reichskultur

Der eindrucksvolle Begriff der „Karolingischen Renaissance" zielte auf die Erneuerung des Römischen Reiches ebenso wie auf die Übernahmen römischer Kultur in das fränkische Reich Karls des Großen, ist aber heutzutage eher zurückhaltend zu gebrauchen, zu groß waren die „Hemmnisse und Grenzen der Durchsetzung" (Rudolf Schieffer). Zwar wurde schon im 9. Jahrhundert die Ansicht entwickelt, durch göttliche Fügung sei das Imperium Romanum an die Franken übergegangen (die sogenannte „Translationstheorie"), doch ist der Terminus „Renaissance" vermutlich zu weitgehend. Gleichwohl können unter dem Stichwort der Innovation auf vielerlei Ebenen Anstrengungen Karls und seiner Umgebung ausgemacht werden, die die Kultur in seinem Reich auf ein neues Niveau erhoben und zugleich ihre Wurzeln in einer spezifischen Antikenrezeption durch zumeist christliche Wertordnungen gefunden haben.

So legte man bei Hofe großen Wert auch auf die Bildung der Kleriker und der ‚Beamtenschaft', was durch die Vereinheitlichung der anzuwendenden Schrift, der „Karolingischen Minuskel", erleichtert wurde. Gerade die engsten Berater Karls des Großen, etwa Alkuin von York (735–804) oder Einhard (um 770–840), hatten daran großen Anteil. Josef Fleckenstein hat die Fähigkeit Karls des Großen unterstrichen, die klügsten Köpfe seiner Zeit an den Hof zu binden und ihre verschiedenen Charaktere für gemeinsame Ziele zu vereinen.

Vor allem Alkuin trat als großer Theologe seiner Zeit hervor. Für die Frage nach der Schaffung einer einheitlichen Kultur im Frankenreich Karls des Großen dürfte seine Überarbeitung der Vulgata entscheidend gewesen sein, die die Vereinheitlichung des im Reich verwendeten Bibeltextes zum Ziel hatte und sich so in die hier schon dargelegten Bestrebungen Karls einpasste. Auch die Vereinheitlichung der Liturgie der Kirche im Frankenreich nach römischem Vorbild (Admonitio generalis) und gleichzeitiger Übernahme ‚bewährter' fränkischer Gesänge zielte in diese Richtung, die letztlich auch der Vereinfachung der Mission diente. Das persönliche Engagement Karls des Großen bei der Angleichung der im Frankenreich praktizierten Singweise an die römische ist überliefert, wobei hier die Grenzen der Bestrebungen erkennbar werden, die auch anhand anderer Initiativen zur Überarbeitung bestehender fränkischer Praktiken beobachtet werden können.

Man mag, insgesamt gesehen, den zwar nicht immer erfolgreichen aber dennoch ambitiösen und wegweisenden Verlauf dieser ‚Renaissance' im obigen Sinne mit Rudolf Schieffer bewerten, „dass es derartige Konzeptionen waren, die der Karolingerzeit ihre Prägekraft für die weitere europäische Geschichte gegeben haben".

Präsenz und Inszenierung des Königtums

Zwar hatten schon die Vorgänger Karls des Großen spezifische Ausprägungen der Repräsentation in ihrem Reich entwickelt, wozu auch schon die Imitation römischer Elemente durch die Merowinger gehört hatte, aber es ist doch zu beobachten, dass im Reich Karls des Großen neue Formen entstanden. Neben den hier nicht näher zu erörternden Ritualen der Präsentation herrscherlicher Handlungen des Mittelalters in der Öffentlichkeit, wurden die Art und Weise der schriftlichen Überlieferung, der wirtschaftlichen und politischen Grundlagen des Königtums sowie die Einbeziehung der Kirche in den karolingischen Herrschaftsverband als Schwerpunkte gewählt, die nun in gebotener Kürze vorgestellt werden sollen.

Schon der Forschungsbegriff der „fränkischen Reichsannalen" betont den offiziösen Charakter der Historiographie der Karolingerzeit. Rosamond McKitterick hat ihre Karlsbiographie nahezu komplett unter diesen Aspekt gestellt: Wo, wann und mit welchen literarischen Mitteln wurde die Geschichte niedergeschrieben und gegebenenfalls später noch überarbeitet, damit ein möglichst glattes und allgemein zu verbreitendes Bild von vor allem Karls des Großen Handeln der Nachwelt überliefert wurde. Auch hier sind Rückgriffe auf römische Vorbilder in Form von Zitaten und Anlehnungen festzustellen. Erleichtert wurde dieses Vorhaben zunächst dadurch, dass es hauptsächlich fränkische Autoren aus der Umgebung des Hofes waren, die an verschiedenen Orten im Reich Geschichte schrieben. Im Laufe des 9. Jahrhunderts setzte dann eine Diversifikation ein, die den Charakter der Hofgeschichtsschreibung in den Hintergrund treten ließ. Freilich ist die Historiographie der Zeit Karls des Großen auch nicht ohne individuelle Abweichungen und Schwerpunktsetzungen der Verfasser geblieben, aber im Vergleich zu späteren Epochen fällt die einheitliche Zielsetzung doch auf.

Antikenrezeption, wie sie in der Geschichtsschreibung, der kirchlichen und rechtlichen Textzeugnisse als innovatives Element der Zeit Karls ausgemacht wurde, ist auch bei den Bauwerken zu beobachten, allen voran bei den Pfalzen zu Aachen (Abb. 63 u. 64) und Ingelheim an der westlichen Randzone des Kernreiches. Gerade hier wird das Zusammentreffen von Tradition und Innovation besonders deutlich, denn Königspfalzen und große Königshöfe waren ja gerade keine Erfindung Karls oder seines Hofes. Im fränkisch-merowingischen Kernland, der

Umgebung von Paris sowie den Städten Le Mans und Tours, im karolingischen Ursprungsland Austrasien, dem Gebiet ostwärts von Reims bis an den Rhein und entlang des Maines über ihn hinaus nach Osten, waren sie vorhanden und hatten bereits eine spezielle bauliche Gestaltung erfahren, so etwa die Gliederung in Kirche, Königshalle und Versammlungsgebäude. Quierzy (im französischen Département Aisne), Diedenhofen (Thionville im französischen Département Moselle) oder Herstal (in der belgischen Provinz Lüttich) wären weitere Beispiele für solche Pfalzen, unter denen aber Aachen als von Karl dem Großen zur Residenz ausgebautem Zentralort hervorsticht.

Ist es in Aachen der oktogonale Zentralbau der Pfalzkapelle St. Maria mit als sogenannte Spolien verwendeten römischen Marmorsäulen (ein Motiv, das Otto der Große in seiner Magdeburger Kirchengründung aufnehmen wird), der an römische Vorbilder gemahnt, so scheint in Ingelheim neben gleichfalls anzutreffenden römischen Spolien der spektakuläre Halbkreisbau mit Säulengang (*Exedra*), aus der römischen Baukunst entlehnt, der karolingischen Königspfalz nördlich von Mainz am Rhein ihr einzigartiges Erscheinungsbild zu geben, denn im Gegensatz zum Aachener Oktogon wurde das Ingelheimer Motiv nicht wiederaufgenommen.

Während die meisten Pfalzen im Reich von Karl dem Großen mehr oder weniger häufig aufgesucht wurden, bekam Aachen fast den Status einer Hauptstadt im modernen Sinne, denn hier hielt er sich überdurchschnittlich häufig und vor allem gegen Ende seines Lebens auch sehr lange auf. Eine Hauptstadt ist Aachen nach 800 aber dennoch nicht, eher eine Residenz, denn der Begriff setzt mehr voraus als die häufige Anwesenheit des Oberhauptes. Beispielsweise müsste die Administration des Reiches hier dauerhaft sesshaft gewesen sein, was aber im Falle der Hofkapelle Karls gerade nicht nachgewiesen werden kann, vielmehr dürfte sie einerseits mit dem König gereist und andererseits auf verschiedene kirchliche Zentralorte im Reich verteilt gewesen sein.

Königspfalzen und -höfe waren zugleich wirtschaftliche Zentren für die Verwaltung des ihnen zugehörigen Reichsguts. Große Bezirke hatten für die wirtschaftlichen Grundlagen des Königtums zu sorgen, das unter anderem deswegen auch in erträglichen Frequenzen den Ort zu wechseln hatte. Diese Praxis ist, wie schon angedeutet, nicht karolingisch, aber die Verwaltung und Ordnung des Reichsgutes als ökonomische und rechtliche Basis der Königsherrschaft in Form von vielen überlieferten Einzelbestimmungen in zahlreichen Kapitularien Karls des Großen bedeutet eine Neuerung gegenüber früheren Zeiten – mindestens darin, dass nun vermehrt schriftlich agiert wurde und durch Gesandte (*missi*) für die Verbreitung der Erlasse gesorgt wurde.

War das Reichsgut eine wichtige Stütze für die Aufrechterhaltung des Reisekönigtums, so war ein weiterer Pfeiler für die

Ausübung der Herrschaft die sogenannte Reichskirche. Darunter versteht die Forschung die Einbindung der Kirche in die Herrschaftspraxis mittelalterlicher Könige. Sie setzten die Bischöfe ein, hatten Einfluss auf die Auswahl von Äbten und Äbtissinnen bedeutenderer Klöster, die unter ihrem Schutz standen, und waren bei ihren Reisen durch das Reich von kirchlichen Institutionen zu beherbergen. Im Gegenzug garantierten sie die Sicherheit und die wirtschaftliche Leistungsfähigkeit der Kirche, deren Schützer die Könige waren. Auch dies entsprang älteren Wurzeln, aber die Herrschaftspraxis Karls des Großen und seiner Nachfolger erstreckte sich, wie gezeigt wurde, auch auf die theologischen, liturgischen und das tägliche Leben ordnenden Belange geistlicher Gemeinschaften und der fränkischen Kirche im Allgemeinen.

Diese Oberhoheit leitete sich nicht aus dem Kaisertum her, wie auch nicht das System der Königspfalzen und -höfe, sondern gründete auf fränkischen Ordnungsvorstellungen. Karl der Große nahm wie seine Vorgänger und Nachfolger den Dienst der Kirche, das sogenannte *servitium regis*, in Anspruch, ohne das er kaum sein Reich hätte durchziehen, geschweige denn regieren können. In der Hofkapelle wurden nicht selten diejenigen ausgebildet, die später als kirchliche Funktionsträger von der Ebene des Erzbischofs abwärts die Geschicke des Reiches mit dem König/Kaiser lenkten. In ihrer ‚Lehrzeit' in der Hofkapelle wurden sie in die Spezifika der Herrschaftspraxis des Königs eingewiesen, der sie dort auch persönlich kennenlernte und über ihr späteres Schicksal, ihren Werdegang in der Reichskirche, entschied.

Die Träger der Herrschaft

Es ist mit Matthias Becher zu unterstreichen, dass Karl der Große die Bindung der Untertanen seines Reiches durch eine Folge von Kapitularien gewissermaßen zentralisiert und gegenüber den merowingerzeitlichen Zuständen neue Stufen rechtlicher Bindungen innerhalb der Personenverbände erreicht hat. Der Treueid eines jeden gegenüber dem König sollte eingeführt, die eidliche Bindung untereinander jedoch verboten werden. Neben dem Reisen als Herrschaftspraxis traten die *missi dominici*, die Gesandten des Königs, die seine Autorität auch dort durchsetzen sollten, wo er gerade nicht war. Ähnliche Intentionen lagen ja auch dem schon erwähnten Capitulare de Villis zugrunde, das die Ordnung des Reichsgutes regelte, dessen Entfremdung durch lokale Magnaten in anderen Erlassen Karls unterbunden wurde.

An den beiden schon eingeführten Beispielen Sachsens und Bayerns lässt sich in der gebotenen Kürze recht gut erkennen, welche Probleme die Integration von Räumen in das Reich Karls des Großen bereitet haben. Die Heterogenität beider Landschaften liegt auf der Hand: Sachsen war zuvor nicht dem römischen und auch nicht nennenswert dem fränkischen Einfluss ausgesetzt, während das bayerische Herzogtum fast zur Gänze dem Römischen Reich einverleibt war und es ‚traditionelle' Beziehungen sowohl zu den Franken als auch zum Papsttum gab.

Die Absetzung Tassilos zog sich über Jahre hinweg, aber dann herrschte vergleichsweise Ruhe und Karl konnte bayerische Zentralorte wie Regensburg nutzen, während es in Sachsen nur einen – und dreißig Jahre nach Karls Tod ausbrechenden – nennenswerten Aufstand gab, den der sogenannten „Stellinga", deren Motivation nicht endgültig aus den Quellen zu erschließen ist.

Insgesamt gesehen, gelang es Karl dem Großen, die Probleme in seinem Reich mehr oder weniger dauerhaft beizulegen. Dass davon einige nach seinem Tod ausbrachen, und dass im 9. Jahrhundert die Anwendung der Theorie seiner Kapitularien in der historischen Überlieferung überraschend mageren Niederschlag findet (Deutinger), trübt zwar den Gesamteindruck, aber nicht die Würdigung der hier nur ausschnitthaft und in aller Kürze ausgebreiteten Maßnahmen des ersten Kaisers aus fränkischer Provenienz.

Zusammenfassung
Das „römische Reich" Karls des Großen

Als prägende Faktoren und probate Elemente der inneren Stabilisierung des fränkischen Reiches Karls des Großen wurden der Raum, die Religion und das Recht erkannt. Die karolingerzeitlichen Großbauten etwa sind beredte Beispiele für diese Trias, denn sie dienten der räumlichen Erfassung des Reiches durch weltliche und kirchliche Zentren. Nicht nur durch gelegentliche Zitate römischer Architekturformen ist dieser Eindruck zu bekräftigen, sondern vor allem durch das mittels Zentralorten (Königspfalzen und -höfe, Kathedralen und Abteien) erneuerte bzw. in den vormals nichtrömischen Gebieten neu errichtete römische Modell der *Civitates* und ihrem Umland wird der Rückgriff auf antike Ordnungsmuster deutlich.

Selbstverständlich behalten hergebrachte fränkische Konfigurationen der Herrschaft Bestand, wie das nicht immer klar zu greifende Treueverhältnis und die damit verbundene Praxis der Eidesleistungen. Aber durch christliche Vorgaben und römisch-rechtliche Einflüsse erfahren auch diese Strukturen Anpassungen, die zu neuen Ausformungen führen. In diesem Zusammenhang wurde darauf hingewiesen, dass viele der (vor allem nordalpinen) sogenannten „Volksrechte" erst in der Zeit Karls des Großen und vermutlich auch mit seiner Beteiligung schriftlich aufgezeichnet wurden. Zudem sammelte man sie und ergänzte ihre Bestimmungen wo es nötig erschien durch

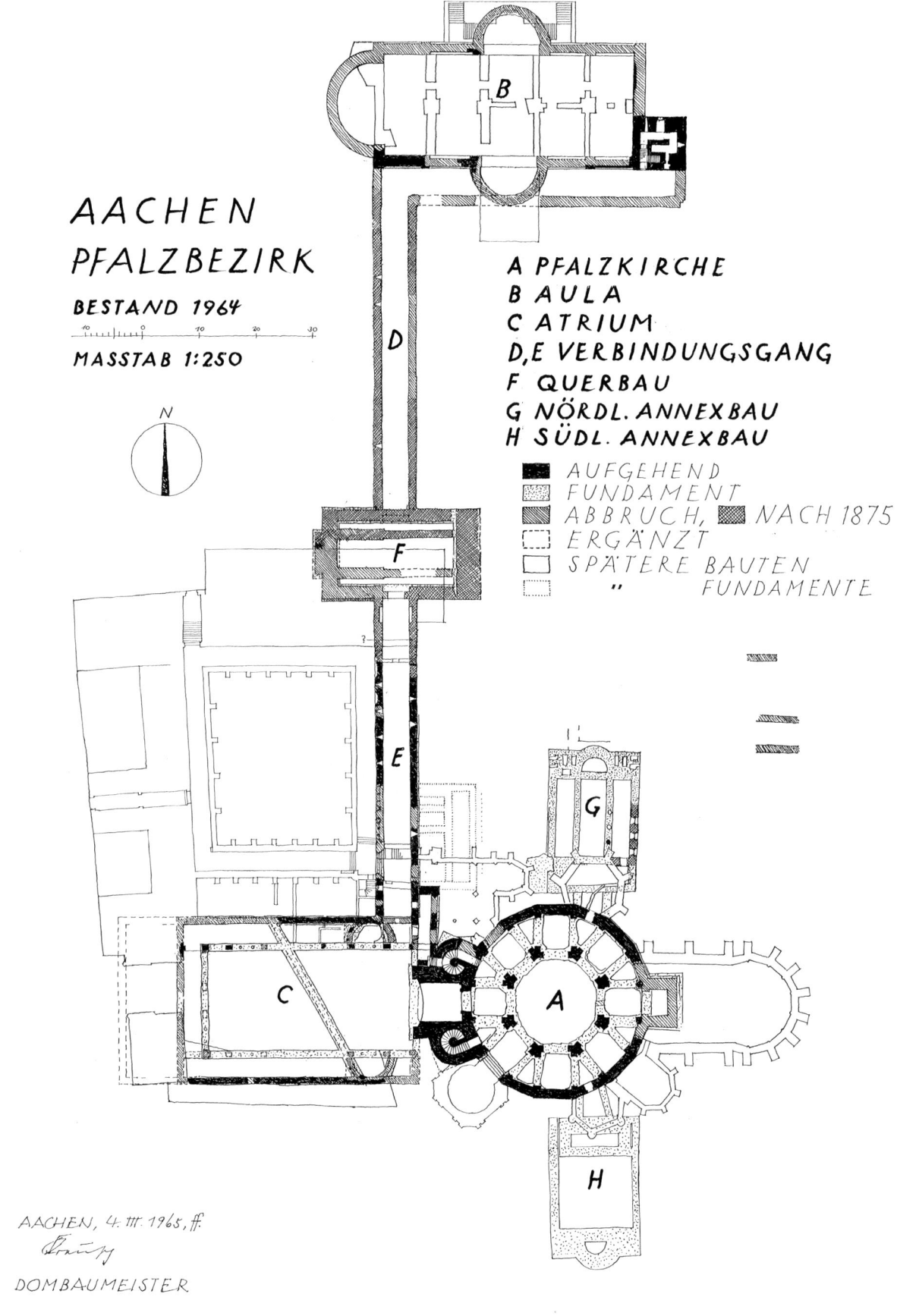

AACHEN
PFALZBEZIRK

BESTAND 1964

MASSTAB 1:250

N

A PFALZKIRCHE
B AULA
C ATRIUM
D,E VERBINDUNGSGANG
F QUERBAU
G NÖRDL. ANNEXBAU
H SÜDL. ANNEXBAU

AUFGEHEND
FUNDAMENT
ABBRUCH, NACH 1875
ERGÄNZT
SPÄTERE BAUTEN
" FUNDAMENTE

AACHEN, 4. III. 1965, ff.

DOMBAUMEISTER

Kapitularien. Das Recht rückte so in eine kontrollierbare Rolle, Gesandte des Königs/Kaisers bewegten sich im Reich und trugen für eine mehr oder minder einheitliche Anwendung der Leges und königlichen Bestimmungen ihren Teil bei.

Ähnliches ist für die Praxis der Religionsausübung festzustellen. Mittels Kapitularien wurde beispielsweise in Sachsen die alleinige Gültigkeit des römisch-katholischen Glaubens bei hohen Strafen festgelegt. Die Vereinheitlichungen etwa der Liturgie führten zu einem einheitlichen Erscheinungsbild der fränkischen Kirche. Diese wiederum war die Trägerin der christlich-westlichen Kultur, für deren Verbreitung sie zu sorgen hatte und an deren Verfeinerung sie beständig arbeitete.

Die erhaltenen oder ausgegrabenen Kirchen- und Profanbauten sowie die Produktion von liturgischen oder rechtlichen Texten legen nahe, den Schwund der Quellen nicht zu überschätzen und an den hier aufgezeigten Strukturen mit deren Traditionen und Innovationen grundlegend zu zweifeln. Das Kaisertum Karls des Großen bedeutete den Durchbruch vermutlich auch von zuvor schon gedachten Veränderungen des Frankenreiches Karls. Die Krönung am Weihnachtstag des Jahres 800 hob das auf römischem Boden gründende Reich der Franken auf ein neues Niveau. Dass zuvor weite Teile des einst nichtrömischen Mitteleuropas einverleibt wurden, dürfte Vor-

aussetzung für das Ereignis in Rom gewesen sein, brachte aber zugleich weitere Konflikte, beispielsweise mit Byzanz, die hier nicht dargestellt werden können.

Seine „feste Zielsetzung" (McKitterick), die gleichzeitig und abgewogen, wie es scheint, auf Bewahrung und auf Erneuerung setzte, begründete letztlich sowohl seinen Aufstieg vom fränkischen König zum römischen Kaiser als auch Karls prägende Kraft für die fränkische Erneuerung des untergegangenen Römischen Reiches als Kulturkreis – also nichts weniger als die Fortsetzung der Geschichte des Kaisertums im europäischen Bezug.

Quellen
Admonitio generalis.

Literatur

Bachrach/Bachrach 2008; Barbero 2004; Becher 2007; Davis 2000; Depreux 2007; Deutinger 2006; Durand-Le Guern/Ribémont 2009; Ehlers 2007 (a); Favier 2002; Goldberg 2006; Hägermann 2003; Hardt 2000; Hartmann 2010; Hodges 2000; Kerner 2004; Kolmer/Reindel 2005; Leppin 2003; Nelson 1990; Nelson 2007; Nelson 2009; McKitterick 2008; Minois 2010; Pohl 2002; Schieffer 2006 (a); Story 2005; Zotz 2009.

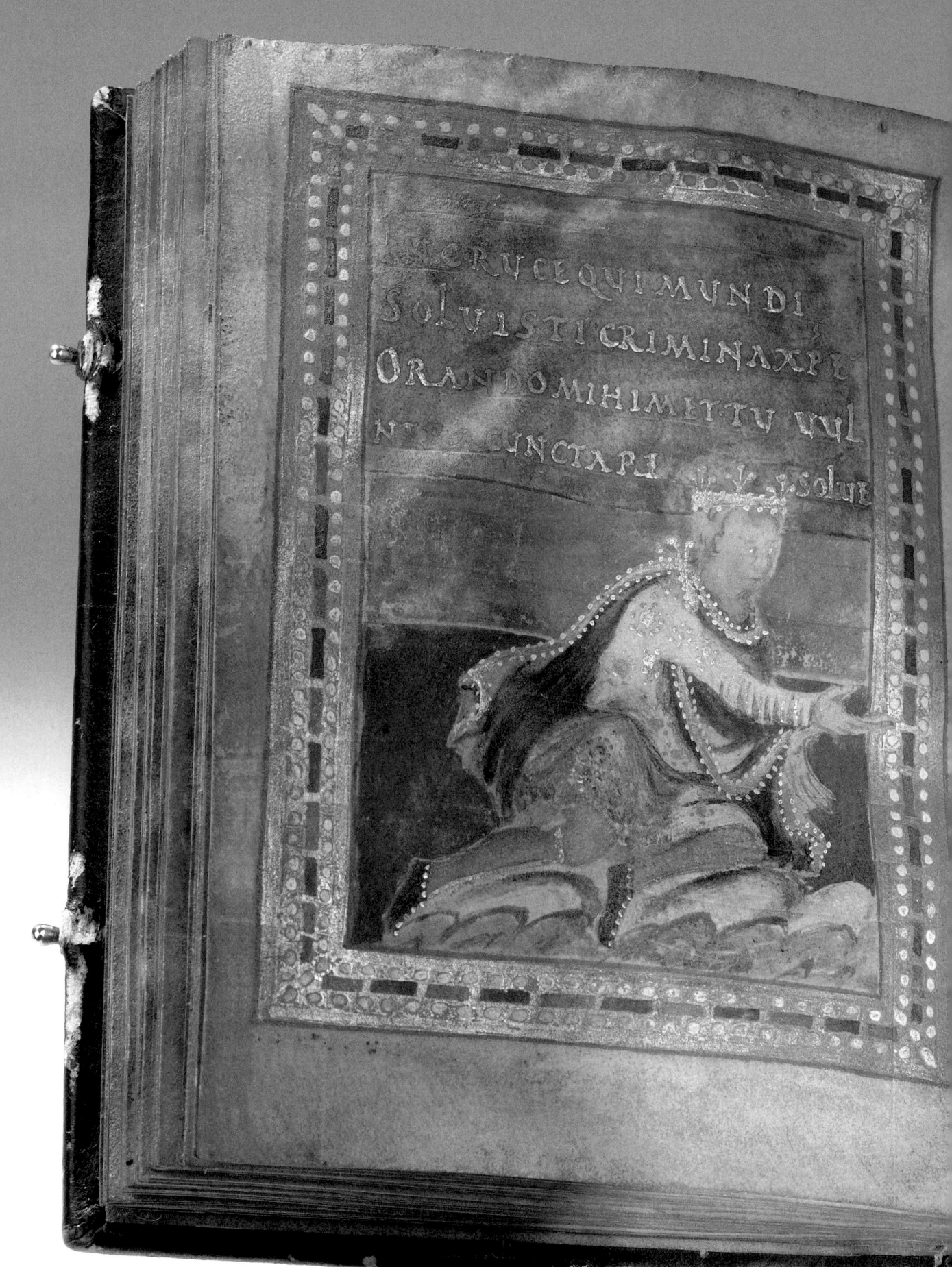

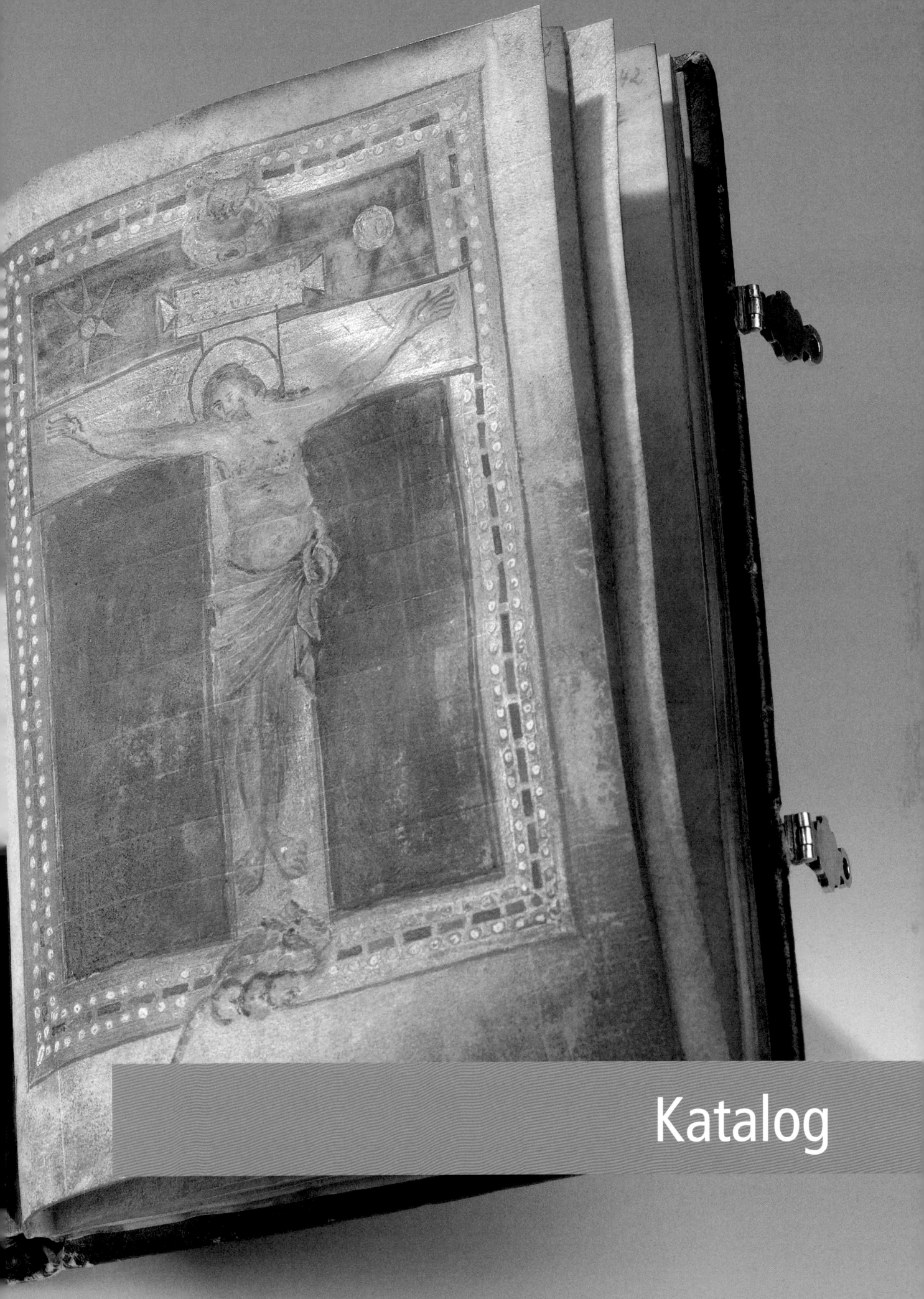

Katalog

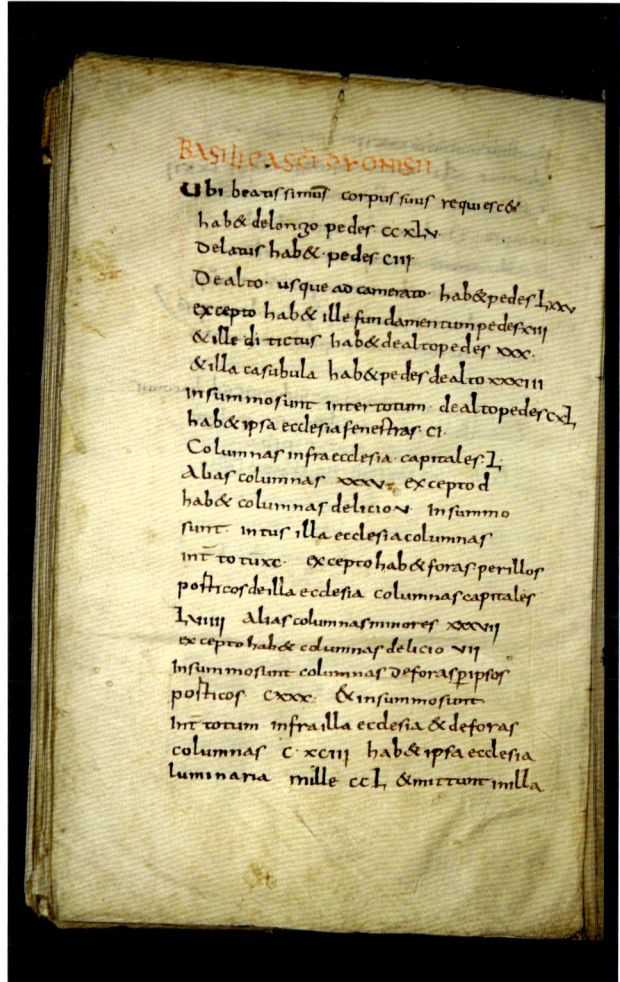

IV.1, fol. 195v

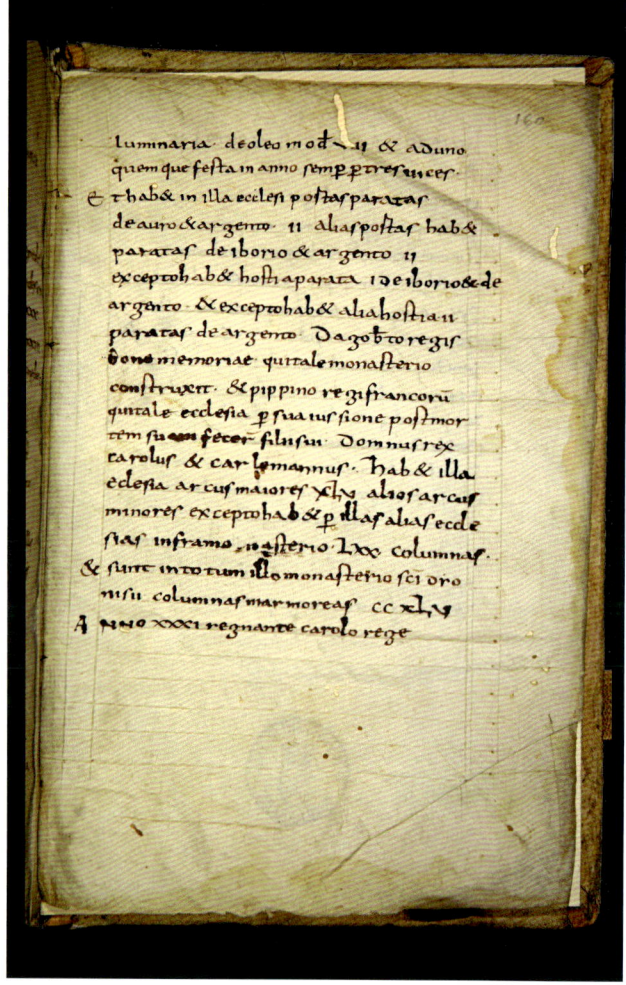

IV.01, fol. 160r

IV.1

Sammelhandschrift mit Beschreibung der Abteikirche von Saint-Denis

Saint-Denis, 798/800
Sammelhandschrift, Pergament, 160 Blätter.
H 20 cm, B 15,2 cm
Karlsruhe, Badische Landesbibliothek,
Cod. Aug.perg. 23 8 (oder Cod. Aug. CCXXXVIII)

Die Beschreibung der Abteikirche Saint-Denis findet sich in einer karolingischen Sammelhandschrift aus den Beständen der Abtei Reichenau. Sie stammt von gleicher Hand wie der vorangehende Eintrag der Vita des hl. Martin von Tours nach Sulpicius Severus mit ihren diversen Ergänzungen (Martinellus), die mit einer Beschreibung der Martinsbasilika in Tours nach Gregor von Tours (Historiae II, 14) schließen (fol. 78v–159r). Auf diese nimmt die Beschreibung von Saint-Denis di-

rekten Bezug und sucht einen Vergleich beider Kirchenbauten mit dem Ziel, die deutlich größere und prächtige Gestalt von Saint-Denis gegenüber dem altehrwürdigen Wallfahrtsziel des für die Franken besonders prominenten Heiligen Martin herauszustellen. Die Handschrift wurde nach Bernhard Bischoff in Saint-Denis für die Reichenau hergestellt, wohin sie unter Abt Erlebald (822/823–838) kam.

Der Forschung wurde die Beschreibung durch Hinweise von Johann Joseph Morper und Bischoff in den 1940er Jahren bekannt, die Transkription legten 1980 Alain Stoclet mit französischer und 1981 mit deutscher Übersetzung Bischoff vor, ein Foto publizierte erstmals Charles Samaran 1981. Kunsthistorisch wurde der Text bereits von Stoclet auf die archäologischen Befunde hin diskutiert, bevor 1989 Werner Jacobsen auf die methodische Problematik einer solchen Gleichsetzung hinwies. 1996 stellte Alfons Zettler den Bezug zu Tours heraus. Der Text ist durch eine Aufzählung der Größenmaße, wie der Anzahl an Fenstern, Säulen und Lampen (1250!) geprägt. Die

Erwähnung der Türen, die teilweise aus Gold und Silber sowie aus Elfenbein und Silber gefertigt seinen, wird zum Anlass genommen, um auf den Erbauer der Kirche, König Dagobert (623–639), und auf König Pippin (der Jüngere, 751–768) mit seinen Söhnen Karl (der Große) und Karlmann, die in Pippins Auftrag die Kirche (den Westbau) erbaut hätten, hinzuweisen. Stoclet hat in diesem Passus wegen der Ähnlichkeit zu *fieri-iussit*-Formulierungen die Übernahme aus einem Weihetitulus vermutet. Die letzte Zeile datiert die Beschreibung in das 31. Regierungsjahr Karls des Großen.

In der Gegenüberstellung von Tours und Saint-Denis sucht der Text dem in der Merowingerzeit herausragenden Heiligen Martin den hl. Dionysius als neuen Heiligen der Karolingerzeit an die Seite zu stellen. Dies geschieht durch die Autorität der vier erwähnten Könige, von denen mit Dagobert und dem das karolingische Königtum begründenden Pippin zwei in Saint-Denis bestattet lagen. Ein Zusammenhang der Abfassung des Textes mit dem Papstbesuch 799 im Frankenreich ist nach Zettler nicht unwahrscheinlich.

Klaus Gereon Beuckers

Quellen

Gregor von Tours, Historiae.

Literatur

Bischoff 1981 (a); Jacobsen 1989; Samaran 1981; Stoclet 1980; Zettler 1996.

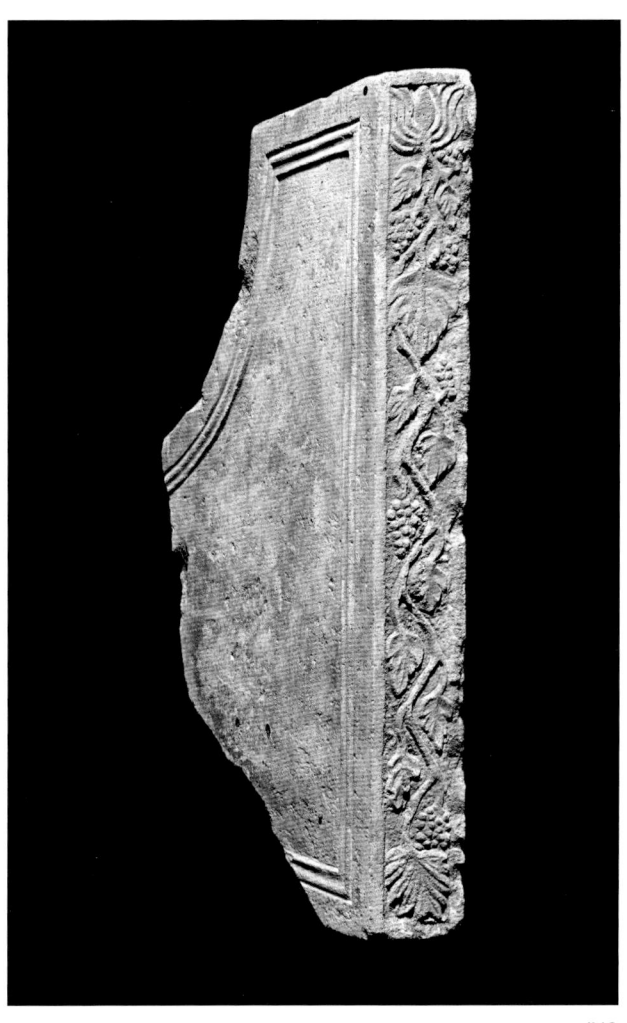

IV.2

IV.2

Fragment des Mainzer Königthrones

Mainz, 2. Hälfte 8. Jahrhundert
Kalkstein. H 74 cm, B 46 cm, D 8,5 cm
Mainz, Generaldirektion Kulturelles Erbe Rheinland-Pfalz, Landesmuseum Mainz, 10.6.1911

Im Juni 1911 wurde bei Bauarbeiten im Innenstadtbereich von Mainz die linke Seitenlehne eines steinernen Sitzes gefunden. Sie besteht aus einem hellgrauen, qualitativ hochwertigen jurassischen Kalkstein, der vermutlich von den antiken lothringischen Steinbrüchen stammt. Obgleich sie nicht mehr vollständig erhalten ist, kann ihre Form und Verzierung eindeutig rekonstruiert werden. Es handelt sich um die rechteckige Seite eines Thrones mit viertelkreisförmig ausgeschnittener Armlehne. Während die Außenseite gut geglättet ist und ein zur Außenkante paralleles Profil aufweist, ist die Innenseite we-

sentlich grober, unverziert und durch die Jahrhunderte lange Lagerung im Boden teilweise durch natürliche Eisenoxidablagerungen rötlich verfärbt. Die sichtbaren Kanten der Seitenlehne tragen Rankenreliefs, die auf jedem Teilstück anders gestaltet sind. Die Wellenranke auf der Kante der Armlehne ist mit spiralig aufgerollten Zweigen sowie kleinen Dreiberren versehen, deren Stiele von den Ansätzen der Spiralen abzweigen. Die kurze Oberkante weist eine Wellenranke mit kleinen spiraligen Zweigen und spitzen Kerbschnitt-Dreiecken in den Zwickeln auf. Auf der rückwärtigen Kante hängt eine Wellenranke mit regelmäßig abwechselnden gestielten Blättern und Weintrauben herab. Diese rückwärts gerichtete Verzierung lässt auch darauf schließen, dass der Thron frei im Raum gestanden haben muss. Die senkrechte Vorderkante ist nicht mehr erhalten, dürfte aber ebenfalls mit einer anders gearteten Wellenranke verziert gewesen sein.

Die besten Vergleiche zu diesem Thronfragment finden sich bei den Thronen in Aachen (vgl. Abb. 63 und Kat.-Nr. V.2) und

Goslar. Alle drei Throne zeichnen sich dadurch aus, dass sie dreiteilig waren, Seitenlehnen mit viertelkreisförmigen Ausschnitten besaßen und frei im Raum standen. Leider lassen sich jedoch an dem Mainzer Fragment keinerlei Spuren einer Halterung feststellen, so dass nicht mehr rekonstruiert werden kann, wie die einzelnen Steinplatten zusammengehalten wurden. Es wäre allerdings auch zu vermuten, dass das Fragment nie wirklich fertig gestellt wurde, worauf die nicht sorgfältig geglättete Innenseite sowie das Fehlen weiterer Teile des Thrones deuten würden.

Die Vergleiche zur Form des Thrones, aber vor allem die verschiedenen Wellenranken legen eine Datierung in die zweite Hälfte des 8. Jahrhunderts nahe. Eine weitergehende Deutung des Fundes ist nicht unumstritten; die nahen Vergleiche zu Aachen und Goslar lassen zwar vermuten, dass es sich um den Thron eines weltlichen Herrschers und nicht den eines Bischofs handelt, doch ob damit auch der Sitz eines karolingischen Herrschers an diesem Fundplatz in Mainz vermutet werden kann, muss aufgrund weiterer fehlender Indizien offen bleiben. Dies lassen auch die beiden anderen, rund zweihundert Jahre jüngeren Mainzer Schatzfunde nicht ohne weiteres zu (vgl. Kat.-Nr. V.53).

Birgit Heide

Literatur
Schulze-Dörrlamm 2004.

IV.3

Capitulare de villis

Provenienz umstritten, 2. Viertel 9. Jahrhundert
Pergament, 16 Blätter (Fragment).
H 31 cm, B 13,5 cm, T 1,5 cm
Wolfenbüttel, Herzog August Bibliothek,
Cod. Guelf. 254 Helmst.

Das nur in dieser einen Handschrift auf Folio 12v–16r überlieferte *Capitulare de villis* ist die ausführlichste Quelle zur Bewirtschaftung und Verwaltung von Krongütern unter Karl dem Großen. Wahrscheinlich in den 790er Jahren entstanden, enthält es in 70 *capitula* umfassende Richtlinien, welche die dem Herrscher gegenüber gehorsams- und rechenschaftspflichtigen Amtsleute (*iudices*) zur effizienten Leitung dieser Güter zu beachten haben. Ziel des Kapitulars war demnach, eine angemessene Versorgung des Königshofes aus dem Kronbesitz zu gewährleisten und eingerissene Missstände zu beseitigen. Programmatisch zieht sich der erste Satz durch den gesamten

Text, wonach die Krongüter (*villę nostrę*) ausschließlich dem Nutzen des Herrschers dienen sollten.

Die teils detaillierten, teils summarischen Anweisungen betreffen zum einen die Viehwirtschaft (Milch- und Schlachtvieh, Geflügel, Fisch) und die für die Bedürfnisse des Heeres wichtige Pferdezucht sowie den Acker-, Wein- und Gartenbau, wobei die Kultivierung von fast 100 Gemüse-, Gewürz- und Heilkräutersorten, Obst- und Nussbaumarten vorgesehen ist. Die *iudices* müssen die Erträge sammeln, ihre Weiterverarbeitung besorgen und die Produkte auf Qualität hin prüfen; sie haben die fristgerechte Lieferung von landwirtschaftlichen Erzeugnissen (Pökelfleisch, Käse, Wachs, Seife usw.) und Geldabgaben an den Herrscherhof sicherzustellen; ihnen obliegt die Sorge für den königlichen Forst, den Wildbestand und die Aufzucht der zur Jagd benötigten Hunde; sie sind zuständig für die Instandhaltung der Baulichkeiten und die Ausstattung mit den erforderlichen Gerätschaften. Ferner müssen sie die auf den Gütern befindlichen Werkstätten mit Rohmaterial versorgen und Fachleute unterschiedlicher Gewerke vorhalten (u.a. Schmiede, Stellmacher, Seifensieder, Imker); außerdem sind sie verantwortlich für die Bereitstellung bzw. Lagerung von Proviant, Wagen und Kriegsgerät für das Heer. Hinzu kommen Bestimmungen zur Rechnungslegung; u.a. müssen die *iudices* dem Herrscherhof jährlich über den Gesamtertrag des ihnen unterstehenden Krongutkomplexes in einer über 60 Positionen umfassenden Bilanz schriftlich Bericht erstatten. Zu ihren Aufgaben gehört zudem die disziplinarische Aufsicht über die hörigen Bauern und das Gesinde, deren Schutz vor Verelendung, aber auch die Wahrung der Rechte der Untergebenen und der freien Pächter gemäß deren jeweiligem Status. Weitere Vorschriften dienen der Bekämpfung von Korruption und Vorteilsnahme unter den Amtsleuten, die die ihnen auferlegten Verpflichtungen nicht für eine Zumutung halten sollen.

Anders als die Forschung zeitweise angenommen hat, war das *Capitulare de villis* in seinem Geltungsbereich nicht auf Aquitanien beschränkt, sondern bezog sich auf das gesamte Frankenreich (wohl mit Ausnahme Italiens). Auch stellt es kaum eine unmittelbare Reaktion auf die Hungersnot von 792/793 dar. Neuerdings wird vermutet, dass es im Kontext der 'zeitweiligen Residenzbildung' in Aachen in der Spätphase der Regierung Karls des Großen (Campbell 2010) oder erst unter Ludwig dem Frommen (Hägermann 2000, Landau 2012) entstanden ist.

Die Handschrift selbst hat ein ungewöhnlich schmales Format. Von dem ursprünglich deutlich umfangreicheren Codex haben sich nur zwei Lagen erhalten (überdies in falscher Reihenfolge gebunden). Der Entstehungsort ist unklar; erwogen wurden die Reichenau, Fulda, Weißenburg und Aachen, doch bleiben die Indizien vage. Im 16. Jahrhundert hat der lutheri-

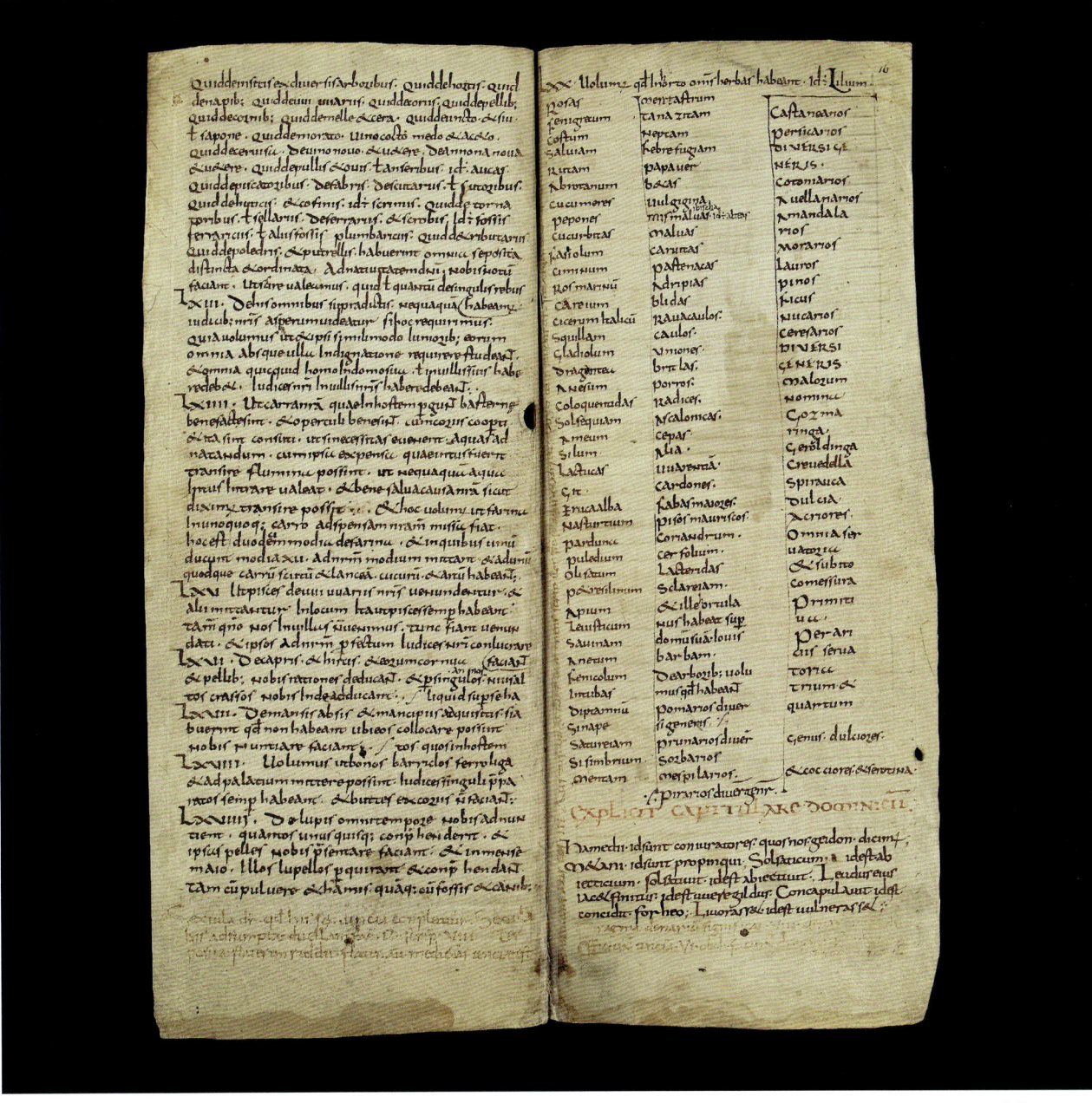

IV.3, fol. 15v–16r

sche Theologe und Kirchenhistoriker Matthias Flacius († 1575) die Handschrift aus Fuldaer oder Kölner Beständen erstanden; 1597 wurde sie mit dem Gros seiner Bibliothek von dem zweiten Gemahl seiner Witwe an Herzog Heinrich Julius von Braunschweig-Lüneburg verkauft. Die Bände wurden 1618 der braunschweigischen Landesuniversität Helmstedt übergeben und nach deren Auflösung (1809/1810) schließlich 1815 wieder der Wolfenbütteler Bibliothek einverleibt.

Tobias Weller

Quellen

Capitulare de villis (a).

Literatur

Bloch 1923; Campell 2010; Dopsch 1962, S. 28–71; Fois Ennas 1981; Ganshof 1949; Gareis 1895; Hägermann 2000, S. 661–669; Hartmann 2001, hier S. 80–115 u. 228; von Heinemann 1894/1895, hier S. 16 f., 21–23 u. 210 f.; Landau 2012 (im Druck); Metz 1960, hier S. 26–30 u. 77–87; Metz 1971, S. 8–21; Mordek 1995, hier S. 946–949; Schneider 2008 (b); Tautscher 1974; Verhein 1953/1954; Verhulst 1965; Weidinger 2011.

IV.4

Kanonessammlung Papst Hadrians I.

Corbie, kurz nach 800; Nordostfrankreich (?),
Mitte 9. Jahrhundert (Ergänzungen)
Pergament, 264 Blätter, Flechtband- und einfache
Federzeichnungsinitialen sowie Zierschriften, z.T. mit
zoomorphen Verzierungen. H 37,5 cm, B 26,5 cm
Berlin, Staatsbibliothek zu Berlin – Preußischer
Kulturbesitz, Ms. Ham 132

Im Frankenreich der Merowinger und Karolinger regelten kirchliche Rechtssammlungen, wie die hier vorliegende, die von den Klöstern und Bischofssitzen aus organisierte Verwaltung eines riesigen Herrschaftsgebiets. Diese Sammlungen enthielten die rechtlich relevanten Satzungen der Konzilien und kirchlichen Synoden seit der Spätantike (Canones) sowie der Päpste (Dekretalen) und stellten für die kirchen- und verwaltungspolitische Machtausübung der Frankenkönige eine der wichtigsten Grundlagen dar.

774 hat Papst Hadrian I. für den damaligen fränkischen König Karl den Großen (768–814) eine eigene Rechtssammlung zusammenstellen lassen, die in der Forschung als Hadriana bekannt ist. Nach dem typischen Schriftduktus (frühkarolingische ab-Minuskel) sowie dem mit Flechtbändern sowie Fisch- und Vogelmotiven gestalteten Buchschmuck entstand die hier ausgestellte Abschrift der Hadriana im nordost-französischen Benediktinerkloster Corbie bei Amiens. Geschrieben wurde der Codex kurz nach 800, da Karl der Große hier bereits als Kaiser (*imperator*) bezeichnet wird (Bl. 249ra, Z. 14–15).

Die Abschrift der Hadriana in Corbie, das schon in merowingischer Zeit zu den wichtigsten Machtzentren im Frankenreich zählte, steht in der Tradition der engen kirchenrechtlichen Bindungen der Merowinger und Karolinger an das abendländische Papsttum. Vor diesem Hintergrund wird auch verständlich, weshalb sich Karl der Große als erster fränkischer König Weihnachten 800 gerade in Rom zum Kaiser krönen ließ, konnte er hier doch sowohl an die antike Tradition des (west-)römischen Kaisertums anknüpfen als auch eine kirchenrechtliche Herrschaftslegitimierung durch den Papst erreichen.

In der vorliegenden Abschrift wurde der Grundstock der Hadriana um die Mitte des 9. Jahrhunderts von mehreren Händen an zahlreichen Stellen durch neue oder veränderte Bestimmungen ergänzt bzw. korrigiert, zum Teil auch auf neu eingefügten Pergamentblättern. Die Umarbeitungen nehmen Rücksicht auf die veränderten kirchenrechtlichen Verhältnisse im Frankenreich, wo zwischenzeitlich verstärkt Konzilsbeschlüsse aus Gallien und Spanien eingeflossen waren (sogenannte gallische Hispana). Auch äußerlich hebt sich diese Überarbeitungsschicht durch die Verwendung der neuen Einheitsschrift der

karolingischen Minuskel von der altertümlich, ja fast skurril erscheinenden ab-Minuskel des Corbie-Typs ab.

Ein in der zweiten Hälfte des 9. Jahrhunderts nachgetragenes Bücherverzeichnis (254r) spricht für eine fortwährende Verwendung dieses Buches in monastischen Kreisen in Nordostfrankreich. Wo es sich im folgenden Jahrtausend konkret befand, ist unbekannt. Erst Anfang des 19. Jahrhunderts taucht der Codex wieder auf, als er mit einem neuen Einband versehen in die Bibliothek des englischen Adeligen und Bibliophilen Alexander Douglas, Duke of Hamilton (1767–1852) einverleibt wird. Nach der Auktionierung dieser Sammlung durch den Enkel ihres Gründers gelangte die Handschrift mit größeren Teilen der Hamilton-Sammlung 1882/1883 in die Königliche Bibliothek zu Berlin.

Jürgen Geiß

Literatur
Ausst.-Kat. Berlin 1975, Nr. 17; Boese 199, S. 72–75 (Nr. 132); Fingernagel 1999, Bd. 1, S. 54 f., Bd. 2: S. 7.

IV.5

Pyxis (sogenannter Becher von Pettstadt)

Ostfränkisch, Ende des 8. Jahrhunderts
Silber, vergoldet, Niello. H 10,2 cm, D 11,4 cm
Nürnberg, Germanisches Nationalmuseum, FG 1966

Die bauchige Pyxis mit leicht ausschwingender Lippe, deren wohl flacher Deckel verloren ist, gehört zu einer Gruppe massiv-silberner Bechergefäße mit einem mehr oder weniger abstrahierten architektonischen Dekor, der sich nach Egon Wamers an Rundtempeln orientiert und so auf den Paradiesbrunnen Bezug nimmt. Das kostbare Material wie auch die Vergoldung des Inneren weisen auf eine Verwendung als Hostiengefäß hin, wobei der Becher von Pettstadt (Lkr. Bamberg) ein kompliziertes Flechtband mit stark abstrahierten, vegetabilen und zoomorphen Formen ausbildet, das vier glatte Silberflächen umschließt. Stilistisch steht das vergoldete Flechtband in der Nachfolge des Tassilo-Kelches (768/769), besitzt jedoch mehr Tiefe, was den Kontrast zu den glatten Silberflächen besonders hervorhebt. Die Provenienz der qualitätsvollen Pyxis ist unklar, da sie 1928 beim Kiesabbau aus der Regnitz geborgen wurde. Sie gilt als Teil der liturgischen Erstausstattung einer der insgesamt 14 Missionskirchen, die Kaiser Karl der Große (768–814) durch den Würzburger Bischof an Regnitz und Obermain zur Stabilisierung des Christentums in diesem

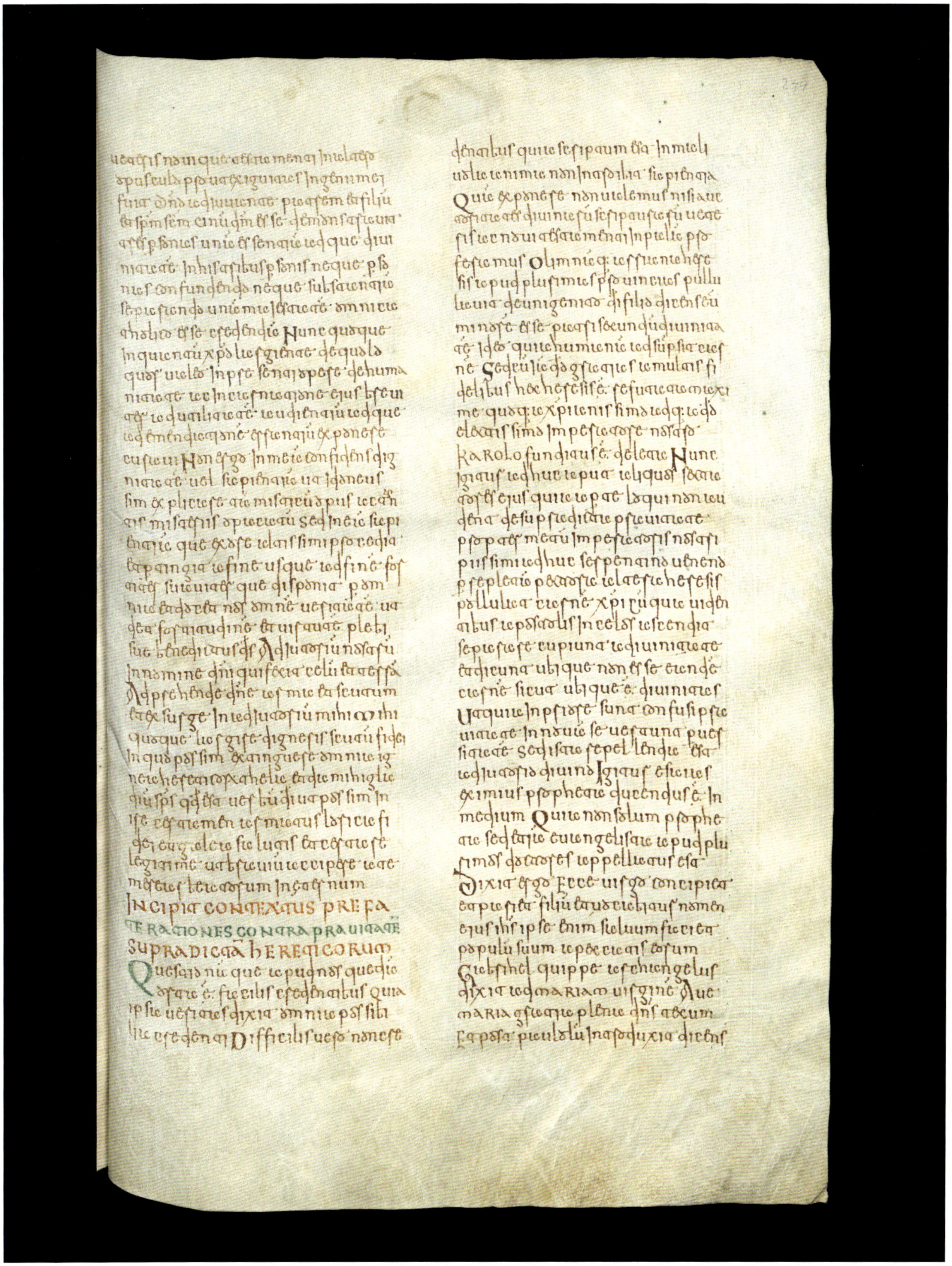

IV.4, fol. 249r

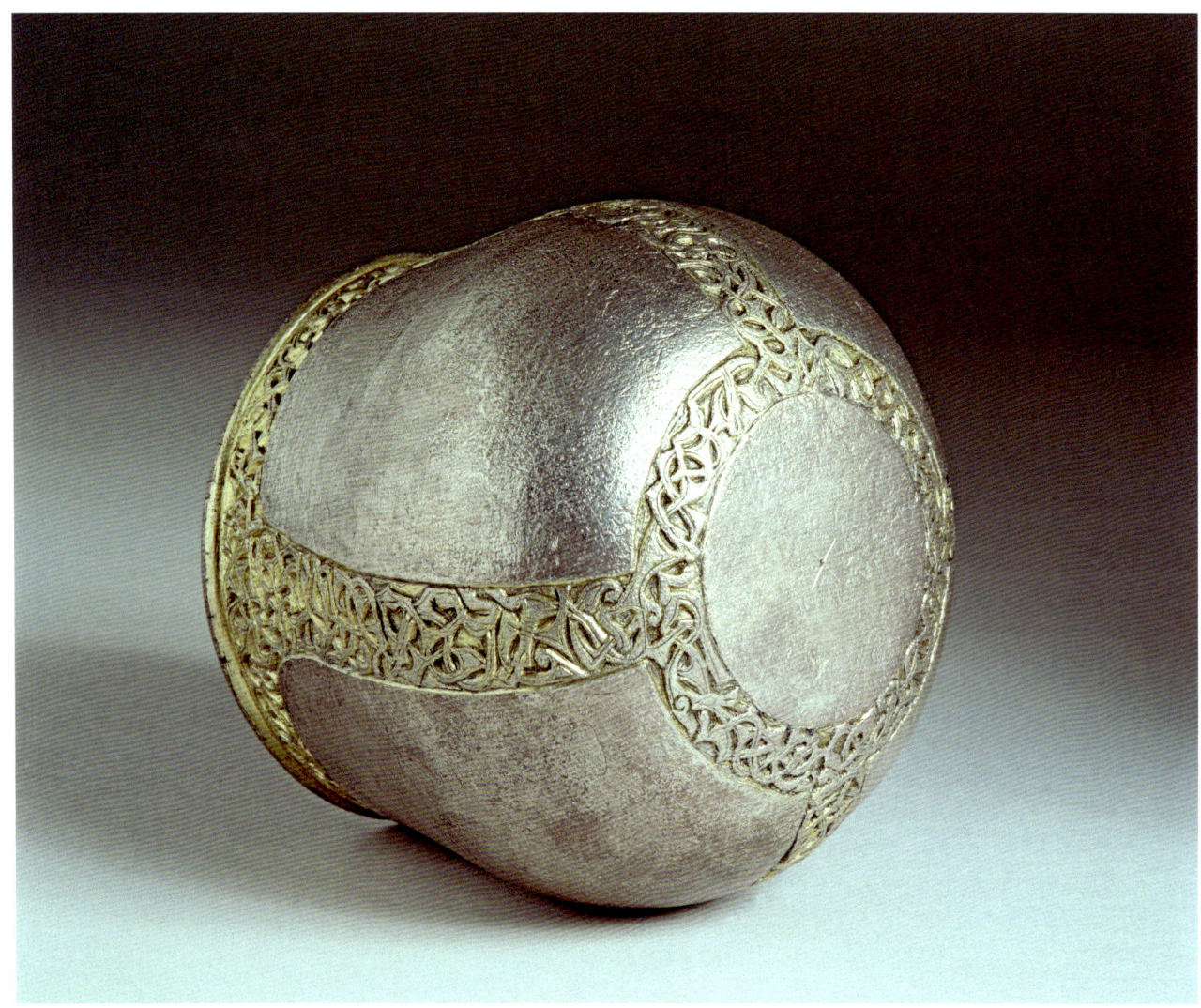

IV.5

an neumissioniertes Gebiet grenzenden Region errichten ließ. Die Kirchengründungen und ihre repräsentative Ausstattung verdeutlichen den Anspruch Karls als *defensor fidei* und *miles christianus* aktiv die Verbreitung und Absicherung des Christentums zu betreiben und seine Königsgewalt untrennbar mit einer kirchlichen Aktivität zu verbinden.

Klaus Gereon Beuckers

Literatur

Ausst.-Kat. Frankfurt am Main 2005, Nr. 27 (Egon Wamers); Ausst.-Kat. Paderborn 1999, Nr. VII.17 (Egon Wamers).

IV.6 a-d

Fibeln

Mainz, 2. Hälfte 9. / Anfang 10. Jahrhundert
a) Münzfibel, b u. c) Heiligenfibeln, d) Doppelheiligenfibel
Bronze, Grubenschmelz, Reste von rotem und teilweise weißem Email. D 2,5 – 3,2 cm
Mainz, Generaldirektion Kulturelles Erbe Rheinland-Pfalz, Landesmuseum Mainz,
a) N 5864, b) N 5854 c), N 5856, d) N 5855

1981 wurden in Mainz bei Ausschachtungsarbeiten für den Neubau eines Hotels die Reste von neun spätrömischen Schiffen entdeckt und unter großem Aufsehen ausgegraben. Aus den darüber liegenden, frühmittelalterlichen grau-schwarzen Schichten sowie einer beigefarbenen lehmigen Planierungsschicht mit Pingsdorfer Gefäßresten sammelten Privatleute

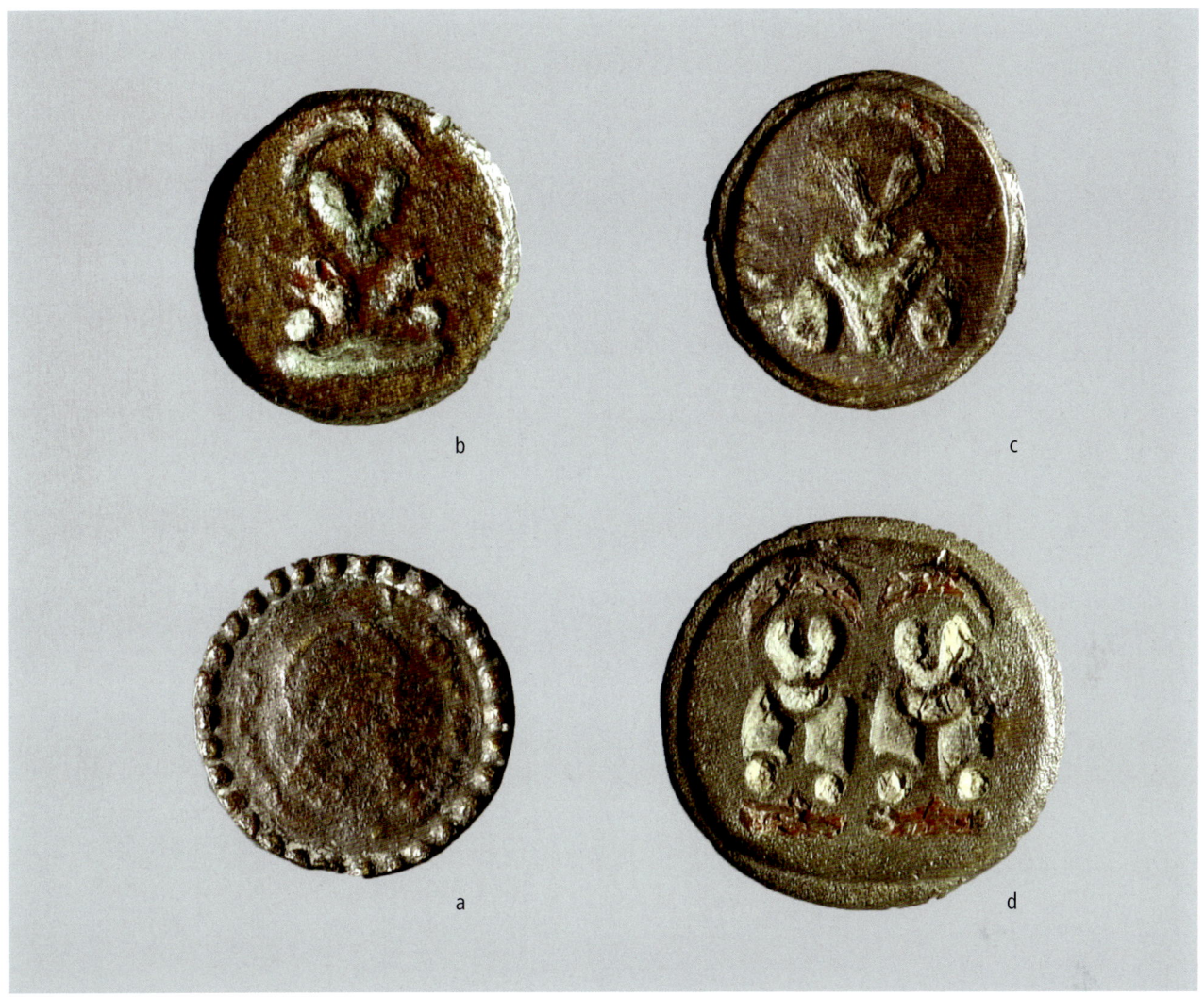

b

c

a

d

IV.6 a–d

zahlreiches Fundmaterial auf. Nur wenige dieser Funde gelangten im Laufe der Zeit in verschiedene Museen der Rhein-Main-Region, der weitaus größte Teil verblieb in Privathand. Aufgrund dieser Umstände fehlen jegliche Zusammenhänge mit einzelnen Fundschichten, die einer näheren Ansprache aller Funde sehr zuträglich gewesen wäre. In diesem direkt am Rheinufer und vor der mittelalterlichen Stadtmauer gelegenen Gebiet befanden sich seit römischer Zeit Anlege- und Umschlagplätze und spätestens seit der Merowingerzeit ist es auch urkundlich als einer der wirtschaftlich wichtigsten Stadtbereiche überliefert, mit intensivem und internationalem Handel, Gewerbe und Handwerksbetrieben. Der gesamte Uferbereich war in langschmale Parzellen untergliedert, mit Wohn-, Laden- und Lagerbauten zur Stadtmauer hin und Anlegestellen zum Rhein hin. Ab dem 8. Jahrhundert ist ein signifikant ansteigendes Fundvorkommen zu verzeichnen, was sich auch

im vorhandenen Münzspektrum deutlich widerspiegelt, um dann im 9. und 10. Jahrhundert den Höhepunkt zu erreichen. Mit der salischen Zeit dünnen die Funde stark aus, wiederum einhergehend mit einem Rückgang im Münzspektrum.

Mit am häufigsten sind aus diesem, für die damalige Zeit bis weit über die Grenzen des fränkischen Reichs bedeutenden Händlerviertel Fibeln überliefert, darunter vor allem runde Emailscheibenfibeln, wie beispielsweise die Heiligenfibeln, aber auch einige Münzfibeln. Bereits seit dem 19. Jahrhundert befinden sich einige solcher Fibeln im Besitz des Landesmuseums Mainz, die aus diesem Bereich stammen dürften.

Münzfibeln stehen in einer langen Tradition von Münzschmuck, die bereits in der Römischen Kaiserzeit einsetzt und bis ins Mittelalter hineinreicht. Die hier gezeigte Münzfibel ist eine aus Bronze gegossene Nachbildung einer vermutlich merowingischen Münze mit einem mit gegossenen einfachen

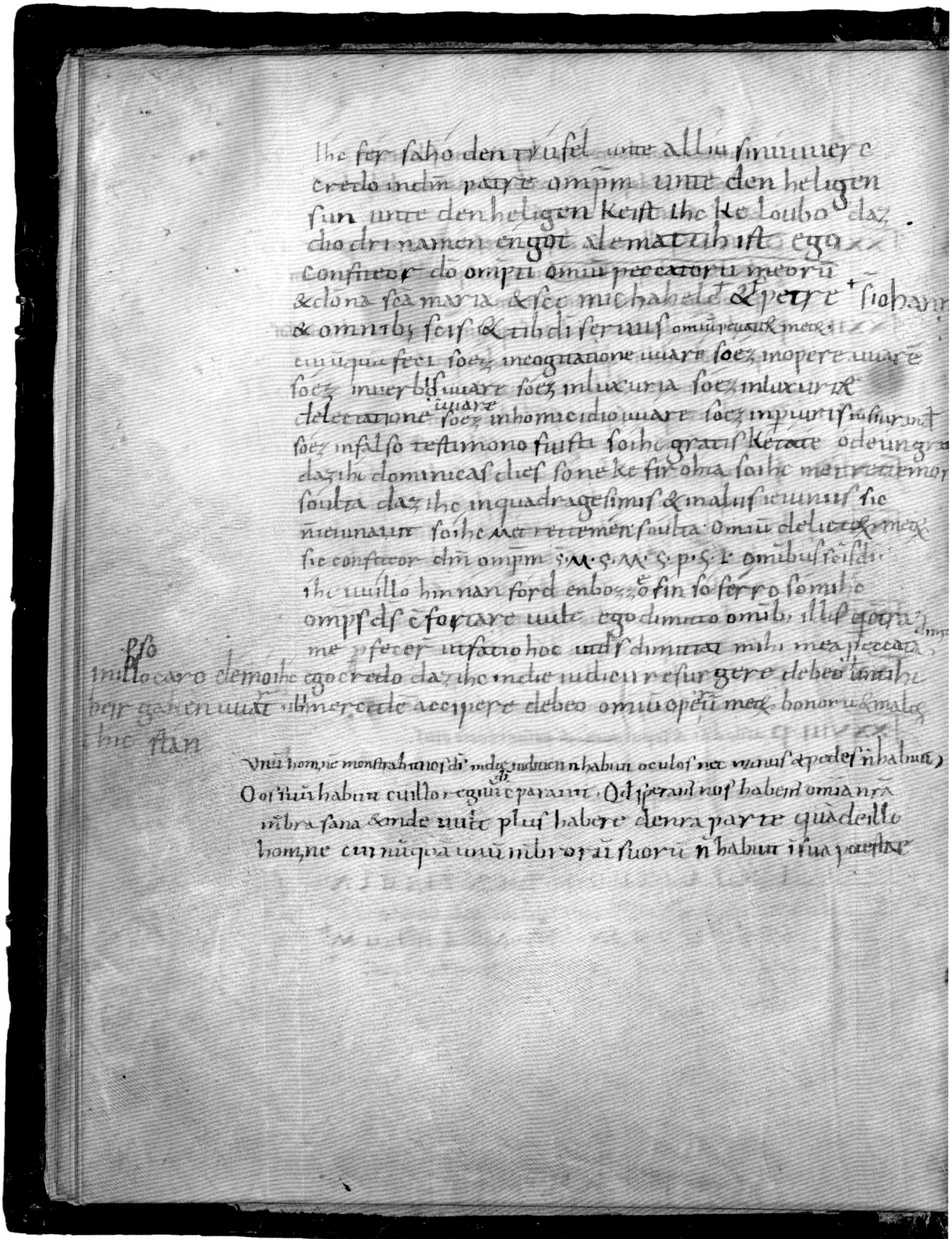

IV.7, fol. 13v

Perlrand. Die Umschrift und der nach rechts gewandte Kopf mit erhöhter Haartracht sind kaum noch erkennbar. Sie gehört zur Gruppe der in Bronze bzw. Blei und Zinn nachgegossenen Fibeln des 9. und beginnenden 10. Jahrhunderts, deren Ausprägung sich im Laufe der Zeit zunehmend verschlechterte.

Bei den Heiligenfibeln ist zumeist eine Halbfigur mit Nimbus dargestellt, die in Zellenschmelztechnik oder Grubenschmelz ausgearbeitet ist. Die hier ausgestellten Heiligen sind durchgehend in Grubenschmelztechnik gefertigt. Dabei ist die Figur des Heiligen stets stark reduziert, mit einer Y-förmigen Augen- und Mundpartie, einem bogenförmigen Nimbus, einer Y-förmigen Brust und seitlichen Ovalen für die Arme. Eine der beiden Heiligenfibeln weist zusätzlich eine schwach gebogene Basislinie auf. Bei der Doppelheiligenfibel ist die Augen- und Mundpartie halbkreisförmig, die Brust ist nicht dargestellt, dafür jedoch der Hals, die Arme und Hände. Beide Heilige zeigen eine Basislinie.

Andere Heiligenfibeln weisen mitunter weitere zusätzliche Merkmale auf, wie Flügel, seitliche Kreuzzeichen oder ein Alpha und Omega. Die Deutungen bzw. Zuweisungen der verschiedenen Darstellungen zu einzelnen Heiligen sind nicht unumstritten. Glaubte man früher, dass immer Christus dargestellt ist, geht man heute vielmehr davon aus, dass Christus nur dann eindeutig anzusprechen ist, wenn Kreuzzeichen oder ein Alpha und Omega neben der Figur zu sehen sind. Dagegen charakterisieren Flügel die Figur als Engel, während die Darstellungen ohne weitere Attribute vermutlich lediglich unspezifizierbare Heilige oder Bischöfe zeigen.

Heiligenfibeln sind mittlerweile recht häufig im spätkarolingischen Fundgut vertreten und kommen fast ausschließlich im ostfränkischen Reich vor. Einzelne Beispiele aus Haithabu, Südostengland und der Schweiz sind vermutlich auf enge Handelskontakte, wie beispielsweise zu Friesen und Angelsachsen, zurückzuführen. Doppelheiligenfibeln sind dagegen wesentlich seltener, scheinen aber dieselbe Verbreitung aufzuweisen.

Über die Zeitstellung der Heiligenfibeln gibt es in der Literatur unterschiedliche Vorstellungen. Die Zeitspanne reicht vom späteren 8. Jahrhundert bis zum frühen 10. Jahrhundert. Während die Masse der Funde als Einzelstücke, Oberflächenfunde, unstratifizierte Siedlungsfunde oder mit ungenauen Angaben überliefert ist, sind nur bei einzelnen Fibeln die Fundzusammenhänge bekannt. Dennoch zeichnet sich ab, dass die Heiligenfibeln irgendwann im 9. Jahrhundert, spätestens zur Jahrhundertmitte aufkommen, während die letzten Exemplare zu Beginn des 10. Jahrhunderts hergestellt worden sein dürften.

Birgit Heide

Literatur
Spiong 2000, S. 47–48; Schulze-Dörrlamm 2003; Wamers 1994.

IV.7

Zeitzer Beichte

Mainz, 2. Viertel 9. Jahrhundert und
3. Viertel 9./ 2. Hälfte 10. Jahrhundert
Pergamenthandschrift, 145 Blätter.
H 28 cm, B 22,5 cm (aufgeschlagen 52 cm), T 6 cm
Zeitz, Vereinigten Domstiftern zu Merseburg und Naumburg und des Kollegiatstifts Zeitz, 2° Ms. perg. lat. 5

Die lateinisch-althochdeutsche Zeitzer Beichte, ein Vertreter der Textgruppe der mittelalterlichen Beichtformulare, überliefert eine im zweiten Viertel des 9. Jahrhunderts in Mainz entstandene Pergamenthandschrift. Bei dem in karolingischer Minuskel angelegten und mit insular geprägten einfachen Zierinitialen ausgestatteten Kodex handelt es sich um ein Evangeliarium. Dem Text der vier Evangelien (Bl. 12r–130v) vorangestellt sind zwei Vorreden des Kirchenvaters und Bibelübersetzers Sophronius Eusebius Hieronymus (347–420), der die Vierzahl der Evangelien, ihre Verfasser und Symbole thematisierende Prolog *Plures fuisse* (Repertorium biblicum 596) und der das Übersetzungswerk hinterfragende Prolog *Novum opus facere* (Stegmüller RB 595), sowie Kanontafeln (Bl. 2r–11r). Die sich daran anschließenden Evangelien werden durch Kurzviten der Evangelisten (Repertorium biblicum 590, 607, 620, 624) und Summarien eingeleitet. Den Abschluss des Kodex bildet ein Perikopenverzeichnis (Bl. 131ra–143ra).

Platz fand die Zeitzer Beichte auf einer leeren Seite (Bl. 13v) gegenüber dem Beginn des Matthäus-Evangeliums, geschrieben in Minuskel von einer ungelenk wirkenden Hand. Für lateinische, deutsch-lateinische sowie deutsche Beichtformulare ist dieser Überlieferungskontext singulär. Nicht sicher ist die zeitliche Einordnung. Dem Schriftbefund und dem althochdeutschen Textbestand folgend, wird die Entstehungszeit des Eintrages auf einen Zeitraum vom letzten Viertel des 9. Jahrhunderts bis in die zweite Hälfte des 10. Jahrhunderts einzugrenzen sein.

Beichtformulare, die sich der lateinischen und der Volkssprache bedienten, bildeten sich als Textsorte im Zuge der Christianisierung heraus. Der Bedarf ergab sich aus der Notwendigkeit, für die Beichte, das Eingeständnis schuldhaften Vergehens, als Teil des Bußsakraments eine verbindliche Textgrundlage zu schaffen. In Form einer Belehrung versetzte das Formular den Gläubigen in die Lage, zu erkennen, welche Sünden er überhaupt bekennen soll. Da der Gläubige den Inhalt nicht nur verstehen, sondern die Formel auch nachsprechen musste, wurden sie vielfach neben der lateinischen auch in der Muttersprache abgefasst.

Die Zeitzer Beichte steht textgeschichtlich, sprachlich und zeitlich einer Gruppe von Beichtformularen nahe, die im fränkisch-alemannischen Sprachraum entstanden sind. Sie ist der einzige bekannte Vertreter, der in einer althochdeutsch-lateinischen Mischform abgefasst wurde. Verbunden wurden verschiedene katechetische Stücke, die ihrerseits Abschwörungs-, Glaubens- und Beichtformularen entlehnt sind. Im Zentrum stehen Sündenbekenntnis, Besserungsversprechen und die Bitte um Vergebung der Sünden. Der Text endet jedoch nicht, wie in verwandten Texten überliefert, mit einer Segens- bzw. Rekonziliationsformel, die der Geistliche zu sprechen hatte. Den Abschluss bildet vielmehr eine lateinische Bußhomilie, die, will er das Himmelreich erwerben, gleichnishaft den beichtenden Gläubigen auffordert, ein von Sünden freies Leben zu führen. Auch wenn sich Fehler eingeschlichen haben und der Text auch deutlich Unsicherheiten erkennen lässt, handelt es sich bei der Zeitzer Beichte um ein vollständiges und gelungenes, hinsichtlich Aufbau und Überlieferungskontext einzigartiges Beichtformular.

Frank-Joachim Stewing

Quellen
Repertorium biblicum.

Literatur
Bulitta 2006; Hellgardt 2003; Palazzo 1998; Stewing 2009.

IV.8

Fragment einer althochdeutschen Lex-Salica-Übersetzung

Mainz, 2. Viertel 9. Jahrhundert
Herkunft: Abtei Trier-St. Maximin,
aus Einband der Inkunabel 200' 8.
Pergament. H 27 cm, B 19,4 cm
Trier, Stadtbibliothek/Stadtarchiv, Fragment Mappe X Nr. 1
Lex Salica

Der Begriff *Lex salica* bezeichnet das in lateinischer Sprache niedergelegte Recht der salischen Franken. Das in mehr als 60 Handschriften unterschiedlicher Textfassungen überlieferte Werk ist das berühmteste Stammesrecht der Germanen. Die älteste Fassung geht vermutlich auf den merowingischen König Chlodwig zurück. Man datiert sie in die Jahre 507/511. Vermutlich kommt sogar noch Material aus dem 5. Jahrhundert hinzu, das aber im einzelnen Fall schwer nachzuweisen ist. Unter Karl dem Großen (802/803) wurde die lateinische *Lex salica* zu einer 70-Titel-Fassung umgearbeitet, die für das Mittelalter kanonisch wurde (Textklasse K). Von dieser Fassung entstand zu Beginn des 9. Jahrhunderts eine althochdeutsche Übersetzung.

Sie ist bis auf die vorliegenden Fragmente verloren. Doch lässt ein Eintrag des aus dem 11. Jahrhundert stammenden ältesten Bibliothekskataloges der Abtei Trier-St. Maximin die These zu, dass dort eine vollständige Ausgabe des Textes vorhanden war. Die Nr. 137 des Kataloges erwähnt einen *liber Theutonicus*, in dem man die althochdeutsche *Lex salica* erblickt.

Das Trierer Fragment enthält den Schluss des Titelverzeichnisses (Titel LXI-LXX), Kapitel I (*De mannire*, ahd. *her ist fon meni* – Von der Ladung) sowie knapp die Hälfte von Kapitel II (*De furtis porcorum*, ahd. *fon diubiu suino* – Vom Schweinediebstahl). Während die ältere Forschung den Text entstehungsgeschichtlich nach Fulda oder Aachen verweisen wollte, hat Bernhard Bischoff ihn aufgrund von paläographischen Beobachtungen „mit voller Sicherheit" der Schreibschule von Mainz zugesprochen. Dort sei das Fragment im 2. Viertel des 9. Jahrhunderts entstanden. Diese Zuweisung ist bis heute gültig geblieben. Auffällig ist vor allem der Gebrauch der auf dem Festland selten verwendeten wen-Rune. Die Übersetzungstechnik des Fragments weist Stefan Sonderegger zufolge eine flüssige Selbständigkeit gegenüber ihrer Vorlage auf. Zudem werden Stilelemente der germanischen Rechtssprache wie Stabsetzung und *figura etymologica* verwendet. Letztendlich kommt es dazu, dass merowingische Rechtswörter, die sich schon in der lateinischen Vorlage finden, volkssprachlich erneuert werden.

Die Bedeutung des Trierer Fragments ist kaum zu überschätzen. Es weist auf Bemühungen Karls des Großen zurück, im karolingischen Reichsgebiet einheitliche Rechts- und Verwaltungsstrukturen zu schaffen. Zugleich stellt das Trierer Bruchstück den einzigen volkssprachlichen Überlieferungsträger einer frühmittelalterlichen Rechtssammlung dar, die sich aus dem südgermanisch-kontinentalen Raum erhalten hat. „Das Denkmal darf nach Übersetzungskunst und ursprünglichem Umfang als ältestes und bedeutendstes Zeugnis der ahd. Rechtssprache bezeichnet werden." (Sonderegger 1978). Die Mundart des Fragments ist eine fränkisch-bayerische Sprachmischung.

Michael Embach

Literatur
Bischoff 1971, hier S. 106; Bushey 1996, S. 294 f.; Schmidt-Wiegand 1978; Simone 1991; Sonderegger 1964 (mit Abb. der Fragmente); Sonderegger 1978.

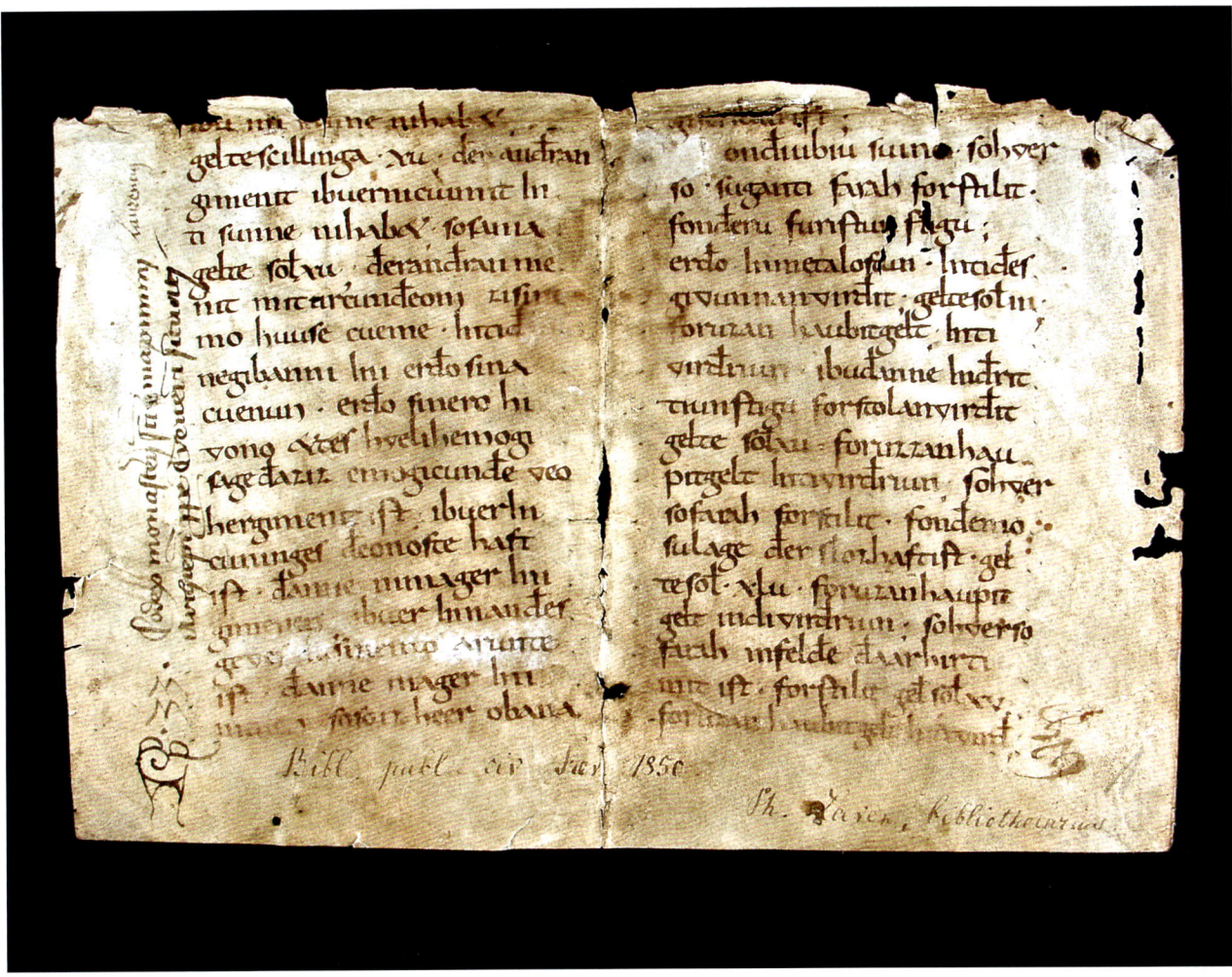

IV.8

IV.9

Lex Alamannorum

Echternach. 9. Jahrhundert
1827 durch Johann Peter Job Hermes
an die Stadtbibliothek gelangt
Pergament, 43 Blätter.
H 28,3 cm, B 19,5 cm, T 4 cm
Trier, Stadtbibliothek/Stadtarchiv, Hs 843/120 4°

Die Handschrift enthält eine aus dem 9. Jahrhundert stammende Abschrift der in lateinischer Sprache abgefassten *Lex Alamannorum*. Im Anschluss an die Kapitelüberschrift (fol. 1–4) folgt der eigentliche Text (fol. 5–43). Eine spätere Hand, die vermutlich im 12. Jahrhundert tätig war, hat Korrekturen angefügt. Hinzuweisen ist auf die Gestaltung der Initialen.

Die *Lex Alamannorum* ist im Original möglicherweise auf der Insel Reichenau entstanden. Folgt man dem Text der Eingangsformel, so wurde er auf einem Reichstag unter dem fränkischen König Chlothar (*511, †561) erlassen. Teile der Forschung heben dagegen die Rolle Karl Martells bei der Entstehung des Werkes hervor. Der im 7./8. Jahrhundert verfasste Text ist in ca. 50 Handschriften aus dem 8. bis 12. Jahrhundert überliefert. Erstmalig gedruckt wurde er im Jahr 1530 durch Johannes Sichard in Basel.

Vom Inhalt her handelt es sich um den ältesten und zugleich bedeutendsten Text des frühen Mittelalters zum Herzogtum Alemannien. Er enthält zahlreiche Informationen zu Wirtschaft, Gesellschaft und Alltagsleben der Alemannen. Den hier zugrunde gelegten Forschungen C. Schotts zufolge lassen sich drei Teile unterscheiden: Kirchensachen, Herzogssachen und Volkssachen. Neben Ausführungen zum Aufbau und Erhalt des Kirchenvermögens finden sich Nachrichten über die Bildung und Sicherheit der herzoglichen Herrschaft sowie zum Rechtsleben des Stammes, insbesondere zu den Straf- und Bußmaßnahmen. Dieser letzte Teil kann als Versuch betrachtet werden, das uneinheitliche Rache- und Sühneverhalten bei

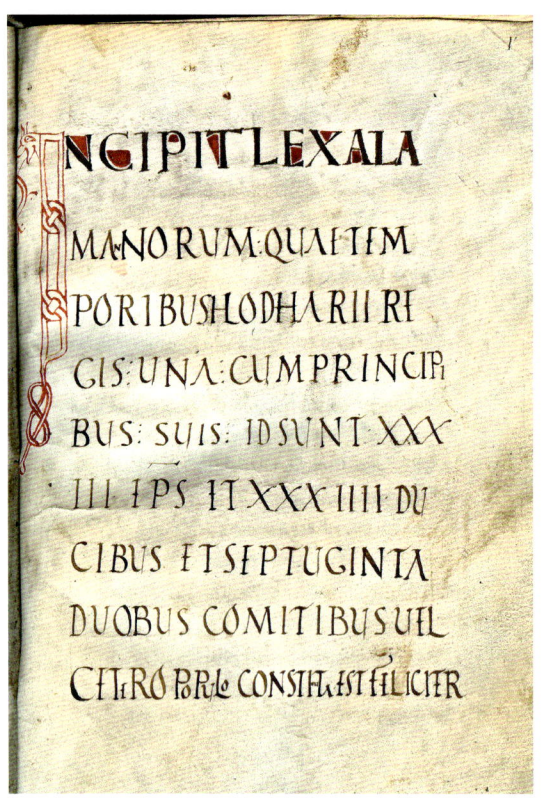

IV.9

Verletzungen des Rechts zu vereinheitlichen und zu sanktionieren. Aufgrund seiner vielfältigen Bezüge besitzt die *Lex Alamannorum* eine große Bedeutung für die Kulturgeschichte des Mittelalters. Angesprochen werden u. a. die Themen Eheschließung, Scheidung, Güterrecht, Erbrecht, Pfändung, Grenzstreit, Schadensersatz, Hexenwesen und Totenkult. Im Ganzen lässt der Text eine Tendenz zur Verdichtung der alemannischen Stammesherrschaft in Richtung auf eine in sich gegliederte Ständegesellschaft erkennen. Darüber hinaus dokumentiert er den Prozess der Rechtssicherung der Kirche. Neben germanischen Elementen sind Einflüsse des römischen Rechts greifbar, mit dem die Alemannen seit dem 2. und 3. Jahrhundert am süddeutschen Limes in Kontakt geraten waren.

Karl Lehmann hat die Trierer Handschrift bei der Erstellung der historisch-kritischen Ausgabe der *Lex Alamannorum* benutzt (MGH LL nat. Germ [5,1]).

Der Kodex trägt noch den originalen Einband der Abtei Echternach. Er gelangte im Jahre 1827 aus dem Besitz des Trierer Richters und Büchersammlers Johann Peter Job Hermes (1765–1833) an die Stadtbibliothek. An seiner Entstehung in Echternach ist nicht zu zweifeln. Ein typisch Echternacher 'Continet-Eintrag' auf fol. 1r der Handschrift lautet: *Continet leges Alamannorum per Lotharium regem eorum cum suis ducibus ac comitibus constitutas.*

Michael Embach

Quellen
MGH LL nat. Germ [5,1].

Literatur
Kentenich 1919, S. 3; Nolden 1985, hier S. 116–118; Schott 1978.

IV.10

Abschrift eines Briefes Alkuins, indem dieser die Macht Karls des Großen mit der des Papstes und des byzantinischen Kaisers vergleicht

St. Vaast (Arras), 3. Viertel 9. Jahrhundert
Pergament, 80 Blätter. H 23,7 cm, B 16,5 cm
London, The British Library, Ms. Royal 8 E.XV

Ein wesentliches Instrument der Herrschaft Kaiser Karls des Großen war sein Hof.

Zu ihm gehörten die Hofkapelle sowie ein Kreis von wichtigen militärischen und geistlichen Getreuen. Karls Hof war eine Art Denkfabrik, in der sich Tradition und Fortschritt in einzig-

IV.10

artiger Weise verbanden und wo eine neue Bewegung in der Kunst und in den Wissenschaften entstand, die später als „Karolingische Renaissance" bezeichnet wurde. Karl versammelte hoch gebildete Persönlichkeiten auch aus nicht-fränkischen Völkern um sich, darunter den bei York geborenen Angelsachsen Alkuin (um 730–804). Er wurde 782 von Karl als Leiter der Hofschule eingesetzt und 796 zum Abt von St. Martin in Tours ernannt. Alkuin war einer der einflussreichsten und bedeutendsten Ratgeber des Kaisers in politischen und religiösen Fragen. Er gilt als Träger der umfassenden Bildungsreform unter Karl dem Großen. Von Alkuin hat sich eine stattliche Anzahl von theologischen Werken und historiographisch-biographischen Texten sowie von kunstvollen Gedichten und insgesamt 311 Briefen an unterschiedliche Persönlichkeiten erhalten. Berühmt sind außerdem die in Tours geschaffenen Alkuin-Bibeln. Der vorliegende Brief aus dem Jahr 799 war an Karl den Großen gerichtet. Darin vergleicht Alkuin die wichtigsten Ämter der Welt, nämlich des Papstes, des oströmischen Kaisers und des Königs der Franken. Dieser sei „durch den Willen unseres Herrn Jesus Christus als Lenker der Christenheit eingesetzt" worden, und er sei „an Macht hervorragender, an Weisheit strahlender und an Herrscherwürde erhabener." Zwar waren dies auch Reflexe auf das kurz zuvor stattgefundene Attentat auf Papst Leo III. und die Thronwirren in Byzanz, doch gehört der Text darüber hinaus zu denjenigen Schriften Alkuins, die sein besonderes Verständnis vom Wesen des karolingischen Königtums verbreitet und damit die Erhöhung Karls zum Kaiser vorbereitet haben. Dabei handelt es sich um die von der Geschichtswissenschaft viel diskutierte Theorie eines sakralen Kaisertums, in dem der Kaiser als der höchste Verteidiger der Kirche und zugleich Herrscher über ein universelles christliches Reich gilt. Dementsprechend hatte Alkuin Karl den Großen sowohl als einen neuen Konstantin als auch einen neuen König David gepriesen und redete ihn ebenfalls in diesem Brief mit „den Frieden stiftenden Herrn König David" an. Ein Jahr später sollte sich die von Alkuin ersehnte neue Rolle Karls durch dessen Krönung zum Römischen Kaiser glänzend erfüllen.

Claus-Peter Hasse

Quellen
MGH Epp. [4], Nr. 174, S. 288f.

Literatur
Ausst.-Kat. Paderborn 1999, Band 1, S. 42f., Nr. II.5 (Donald A. Bullough); Classen 1985; Fleckenstein 1993, S. 3–21; Schieffer 2004.

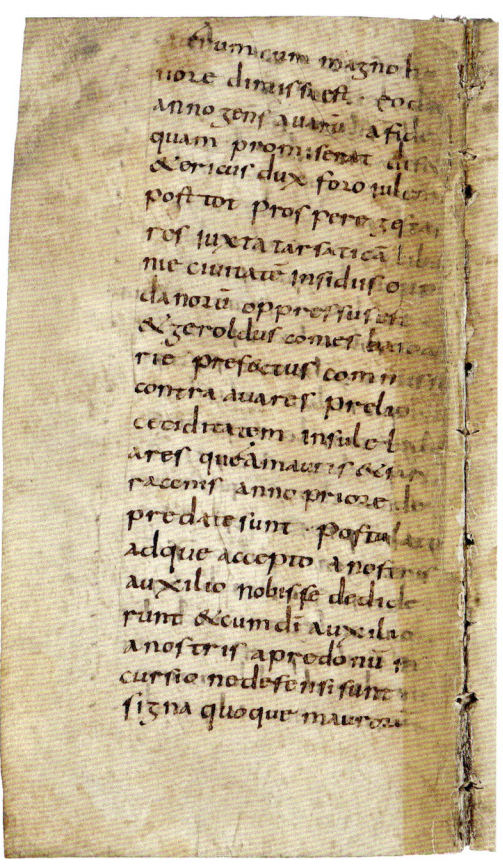

IV.11

IV.11

Fränkische Reichsannalen

Unbekannte Provenienz, 9. Jahrhundert,
Einband neuzeitlich
Pergament. H 21,5 cm, B 13,5 cm, T 2,5 cm
Vatikanstadt, Biblioteca Apostolica Vaticana,
Vat.Reg.Lat 617

Aus dem frühen Mittelalter sind uns wenige Texte überliefert, die derart offensichtlich die Herrschaft der regierenden Könige legitimieren wie die karolingischen Reichsannalen. In ihnen ist die Geschichte der karolingischen Könige von der Mitte des 8. Jahrhunderts (ab 741) und der Ausbreitung ihres Reiches über halb Europa als eine karolingische Erfolgsstory dargestellt. Der Text ist ohne Titel überliefert und auch die Namen seiner Autoren sind uns nicht erhalten, aber sie arbeiteten wohl am oder für den karolingischen Königshof. Die annalistische Struktur, die sie für ihre Erzählung wählten, war im frühen Mittelalter keine Neuigkeit; die Einteilung der Erzählung in Jahresberichte gab es schon seit der Antike. Neu war die Zählung der Jahre nach Christi Geburt, die uns heute – vor allem in der westlichen Welt – selbstverständlich scheint, aber sich erst damals, nicht zuletzt durch den Erfolg des historiographischen Projekts der Reichsannalen durchsetzte. Damit wurde einerseits die Erzählung des Aufstiegs der Karolinger mit der christlichen Heilsgeschichte verbunden. Andererseits verknüpfte man die Geschichte des Aufstiegs und Erfolgs der neuen karolingischen Herrscher mit einer narrativen Struktur, die sich grundsätzlich als unendlich weiter fortsetzbare Serie von Jahren weiterschreiben ließ. Die glorreiche gemeinsame Zukunft der Karolinger und der Franken hatte eben erst begonnen.

An der Formulierung einer gemeinsamen fränkischen Geschichte für diese Zukunft wurde offenbar ständig gearbeitet. In der Erzählung der Annalen sind einige stilistische und inhaltliche Zäsuren überliefert, die auf unterschiedliche Fortsetzungen und/oder Redaktionen schließen lassen. Eine der auffälligsten Zäsuren ist auch mit einem der Höhepunkte der karolingischen Geschichte verbunden: der Kaiserkrönung Karls des Großen. Als sich Karl zum Weihnachtsfest des Jahres 800 in Rom aufhielt, soll ihm nach dem Bericht der Annalen Papst Leo III während der Weihnachtsmesse eine Krone auf das Haupt gesetzt und das gesamte Volk der Römer gerufen haben: „Dem erhabenen Karl, dem von Gott gekrönten großen und friedenbringenden Kaiser der Römer Leben und Sieg!"

Bald nach der Begründung des Heiligen Römischen Reiches unter Karl dem Großen wurde auch der Text der Annalen von 741-800 umfassend überarbeitet, um ihn an die neue imperiale Gegenwart des Karolingerreiches anzupassen. Offenbar mit Erfolg. Für die weitere Fortsetzung der Annalen ab 801/806 bis zu ihrem Ende im Jahre 829 sind uns kaum alternative historiographische Darstellungen überliefert. Angesichts der zunehmend divergierenden und konkurrierenden Integrationsbedürfnisse im sich über halb Europe erstreckenden Karolingerreiches könnte man das mit Edward Said als Zeugnis einer beachtlichen Leistung imperialer Politik betrachten, der es gelang, die Entstehung alternativer Erzählungen zu blockieren. Mit dem Ende des Textes im Jahr 829 zeichnet sich aber auch das Ende dieser Epoche ab. Der Text selbst wurde dabei zumeist kaum mehr verändert, sondern entwickelte sich zu einer mehr und mehr kanonisierten Darstellung des karolingischen Aufstiegs und Erfolges, an den man in unterschiedlichen historiographischen Projekten in den verschiedenen Regionen des ehemaligen Karolingerreiches anschließen wollte. Vor allem die nach 800 entstandene Überarbeitung der Annalen, in denen die Erzählung an die neue imperiale Gegenwart des Karolingerreiches angepasst wurde, ist zur Ottonenzeit mit großem Interesse rezipiert worden.

Helmut Reimitz

Literatur

Becher 1993; McKitterick 2004, S 84–155; Reimitz 2011; Schieffer 2005.

IV.12

Einhard, Vita Karoli

Auxerre, Saint-Germain (?), 1. Hälfte des 10. Jahrhunderts
Pergament, 187 Blätter. H 26,5 cm, B 21 cm
Montpellier, Bibliothèque Interuniversitaire de Montpellier,
BU de médecine, Ms. 360/3

Der vorliegende Codex ist einer der ältesten erhaltenen Zeugen der von Einhard (*um 770, † 840) geschriebenen ersten Lebensbeschreibung Karls des Großen (800–814) und besitzt für das Nachleben der karolingischen Erinnerung an den großen Kaiser im westfränkisch-französischen Reich im 10. und 11. Jahrhundert große Bedeutung. Denn er lenkt den in der älteren Forschung noch zu sehr auf die engere Königslandschaft der *Francia* fokussierten Blick der Überlieferung dieses zentralen Karlstextes auf weitere Gebiete des westlichen Reichsteils. So findet sich das maßgebliche karolingische Karlsleben an zentralen Überlieferungsorten sowohl nördlich wie südlich der Loire, in den burgundischen Klöstern in Auxerre (Saint-Germain), Cluny und Dijon (Saint-Bénigne) und in den champagnesischen Überlieferungszentren Reims und Soissons ebenso wie im Loireraum mit Fleury (Saint-Benoît), Südwestfrankreich mit Limoges (Saint-Martial) und Angoulême (Saint-Cybard), Flandern (Saint-Bertin) und Normandie (Fécamp). Wiesen schon die zahlreichen Romanismen im Latein auf eine zumindest westfränkische Herkunft der Handschrift in diesem Teil, so lässt sich dieser nun über das Überlieferungsstemma noch genauer einordnen. Die vorliegende Textversion ist die sogenannte Widmungsfassung des Karlslebens, die der mit Einhard befreundete Palastbibliothekar Gerward dem Kaiser Ludwig dem Frommen (*778, †840) 828 in Aachen überreicht hat. Ein bislang nicht vorgenommener Vergleich der *Vita Karoli* der vorliegenden Handschrift mit der im sogenannten *Chronicon Anianense* (Paris, BnF, Ms. lat. 5941) ausgeschriebenen Vorlage dieses Textes legt aber engste Verwandtschaft der beiden Zeugen nahe. Für das aus dem südfranzösischen Reformkloster Aniane stammende Geschichtswerk muss demnach ein Exemplar des Karlslebens herangezogen worden sein, das dem originalen Aachener Widmungsexemplar, aber zugleich dem vorliegenden Einhard-Codex als einem der wichtigsten Zeugen für die älteste erreichbare karolingische Textgestalt der *Vita Karoli* sehr nahe gestanden hat. Die Bezüge zwischen Aachen und Südfrankreich müssen nicht verwundern, da seit dem Aufenthalt des Reformabtes Benedikt von Aniane († 821) in Aachen enge Kontakte zwischen dem Kaiserhof und Septimanien bestanden haben. Eine Verbindung nach Südfrankreich in diesem Handschriftenteil wird auch durch den Text des vorangestellten *Liber historiae Francorum* bekräftigt, denn er ist mit dem wohl dort entstandenen Londoner Textzeugen British

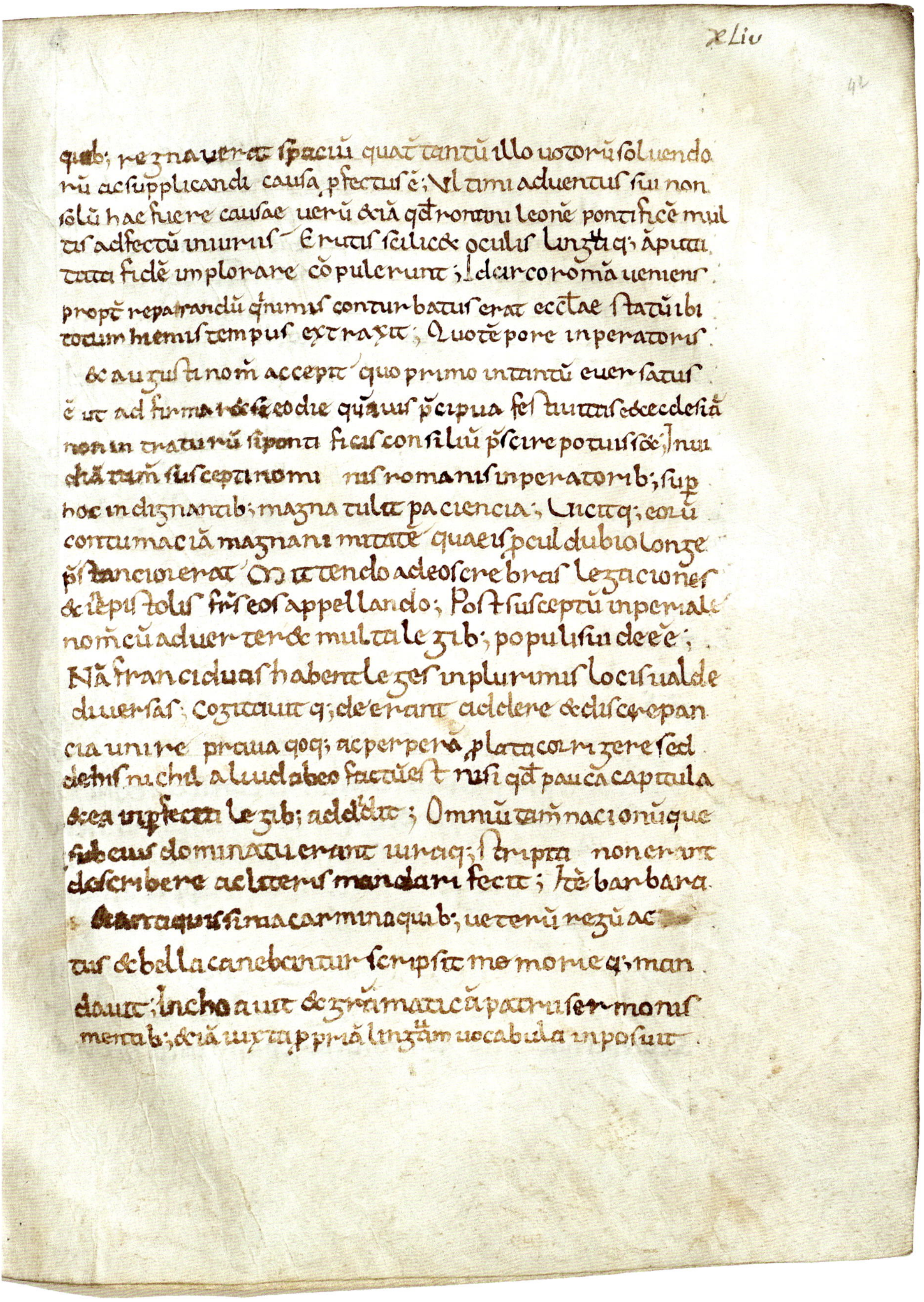

Library, Arundel 375 aus dem 2. Drittel des 9. Jahrhunderts eng verwandt.

Während die chronologische Textfolge aus einem Auszug aus Eusebius von Cäsarea/Rufin von Aquileja, *Historia ecclesiastica* XI 33 f., *Liber historiae Francorum* und Einhard, *Vita Karoli* als größtenteils verstümmelter erster historiographischer Teil der heutigen Sammelhandschrift kodikologisch und paläographisch zusammengehört, kann die Anfügung mehrerer hagiographischer Texte teilweise aus demselben Skriptorium, der beiden historiographischen Werke des römischen Autors Sallust (*De coniuratione Catilinae* und *Bellum Iugurthinum*) und eines Schlussteils mit verschiedenen Texten gemäß dem Inhaltsverzeichnis auf fol. 188r erst seit dem 14. Jahrhundert nachgewiesen werden. Etliche hagiographische Stücke des 10. und 11. Jahrhunderts verweisen auf Heilige, deren Reliquien schon seit dem 9. Jahrhundert in und um Auxerre Verehrung gefunden haben (Germanus, Peregrinus und Urbanus sowie Sydronius). Bereits in hochottonischer Zeit, nicht erst in der 1. Hälfte des 12. Jahrhunderts, sind die Seiten 135r/v, 144r–146r und 154–159v der ins 10. Jahrhundert zu datierenden Floriacenser (?) Kopie der Sallust-Werke mit Hilfe der zwischen der Mitte und dem 3. Viertel des 9. Jahrhunderts in Auxerre geschriebenen Vorlage Paris, BnF, Ms. lat. 16025 ersetzt worden. Auch dies spricht für eine Aufbewahrung der Handschrift in der

Bistumsstadt an der Yonne. Im nahegelegenen Zisterzienserkloster Pontigny ist der Codex sicher erst in Katalogen seit dem späten 17. Jahrhundert (1675) nachweisbar, während die Exlibris auf fol. 2r, 46v und 168r gar erst von dem letzten Abt der Abtei Jean Depaquy stammen. Zu Beginn der Französischen Revolution gelangt die Handschrift 1791 zurück nach Auxerre, wird 1804 neben anderen in der dortigen Öffentlichen Bibliothek von Gabriel Prunelle konfisziert und als Geschenk in die Bibliothèque de l'École de médecine von Montpellier verbracht.

Matthias M. Tischler

Quellen

Einhard, Vita Karoli; Liber historia francorum; MGH Capit. [1] u. [2]; Rufinius, Historia ecclesiastica; Sallust, De coniuratione Catilinae; Sallust, Bellum Iugurthinum.

Literatur

Ausst.-Kat. Utrecht 1996; Birkhan 1976; Bischoff 2004; Bonnet 1879; Cherest 1856, S. 550–561; Ehlers 1983, S. 15–47; Haubrichs 1980, S. 63–147 (mit 39 Abbildungen); Huglo 1956; Kurze 1903; Libri 1842; Libri 1849; McKitterick 1989; Mordek 1995; Moretus 1915/1916, S. 22–305; Munk Olsen 1985; Munk Olsen 1987; Peyrafort-Huin 2001; Reynolds 1990; Schanz 1927; Schneidmüller 1979; Talbot 1954; Tischler 2001 (a); Villetard 1900; Waitz 1839 (a); Waitz 1839 (b).

Münzprägungen der karolingischen Herrscher

Die Kaisermünzen Karls des Großen (768–814) knüpfen ikonographisch eindeutig an römische Vorbilder an, enthalten aber eine ebenso klare Programmatik des neuen abendländischen, christlichen Kaisertums. Während auf der Vorderseite Karl der Große mit Lorbeerkranz und Kaisermantel (*paludamentum*) ganz in der Art römischer Cäsaren dargestellt ist, zeigt die Rückseite mit der Darstellung des kreuzgeschmückten römischen Tempels, dass nicht mehr antike Götter, sondern die christliche Religion das Fundament des neuen Kaisertums bilden. Die Inschrift *Christiana Religio* unterstreicht das noch einmal. Das Bildnis Karls des Großen entspricht der von Einhard, dem Biographen des Kaisers, gegebenen Beschreibung vom Äußeren des Kaisers (Stiernacken, große Nase, Schnauzbart). Außer den Münzen lässt sich nur noch die Reiterstatuette des Louvre als zeitgenössisches Porträt Karls des

Großen anführen, deren Kopf ebenfalls Ähnlichkeit mit dem Münzbild aufweist.

So klar und eindeutig die Bildersprache ist, so unklar sind Datierung und numismatische Zusammenhänge der Kaisermünzen Karls des Großen. Sie bilden mit etwa 35 bekannten Exemplaren nur eine verschwindende Minderheit unter den Tausenden Münzen Karls des Großen, die alle keinen Kaiser Karl (*Karolus Imperator Augustus*), sondern nur den Frankenkönig Karl nennen (*Karolus Rex Francorum*). Wegen dieser Seltenheit werden sie in der Forschung entweder als Sonderemission bzw. 'Gedenkmünze' auf die Kaiserkrönung im Jahre 800 oder als kurzzeitige reguläre Emission im Jahre 812 nach der Anerkennung des Kaisertums Karls durch Byzanz gedeutet. Angesichts der bildlichen und stilistischen Parallelen zu Münzen Ludwigs des Frommen ist auch eine Gemeinschaftsmünze von Vater Karl und Sohn Ludwig nicht ganz unwahrscheinlich, wobei die Kaiserkrönung Ludwigs im Jahre 813 in Aachen den Hintergrund bilden könnte. Für einige Monate (bis zum Tode Karls des Großen 814) waren Vater und Sohn beide gemeinsam Kaiser.

Die Porträtmünzen Ludwigs des Frommen (814–840) sind zwar nicht so selten wie die Karls und zeigen auch ein größeres stilistisches Spektrum, aber die eigentlichen, in großer Zahl auf uns gekommenen Kaisermünzen Ludwigs sind ohne Bildnis und zeigen zwei Zentralsymbole des Christentums: Kreuz und Kirche. Unter Ludwig ist mit der Ausgabe von Goldmünzen ein weiteres Prestigesymbol der römischen Kaiser aufgegriffen worden. Mit den Goldmünzen sollte weniger den Bedürfnissen des Geldverkehrs Rechnung getragen als vielmehr protokollarische Gleichrangigkeit mit dem Kaiser in Byzanz demonstriert werden. Die außerordentlich seltenen Goldmünzen Ludwigs, von denen etwa ein Dutzend Exemplare bekannt sind, waren als Zeremonialmünzen zwar wohl nicht für den Geldverkehr gedacht, haben aber überraschend zahlreiche Nachahmungen ausgelöst. Die Originale sind vermutlich in Aachen, die Nachahmungen wohl hauptsächlich in Friesland (Dorestad) entstanden. Unter Ludwigs Nachfolger Lothar I. (840–855) sind letztmals Kaisermünzen mit Bildnis ausgegeben worden. Erst Otto der Große hat diese Tradition wieder aufgenommen.

Bei den vereinzelten Goldprägungen, die man Karl dem Großen als Kaiser zugeschrieben hat, handelt es sich nicht um reguläre Münzen sondern um postum entstandene Stücke, die nicht Geld, sondern Schmuck oder Auszeichnung (Medaillons) darstellen. In diese Kategorie gehört auch der 1996 in Ingelheim gefundene 'Solidus'.

Bernd Kluge

Literatur

Ausst.-Kat. Magdeburg 2001, Bd. 2, Nr. II.29, IV.5, V.5 u. VI.3 (alle Bernd Kluge); Dannenberg 1876–1905; Depeyrot 2008; Gariel 1883–1884; Grierson 1951; Grierson/Blackburn 1986; Kluge 1991, Kluge 1999 (a); Kluge 1999 (b); Kluge 1999 (c); Kluge 2001; Kluge 2002; Kluge 2007; Morrison/Grunthal 1967; Prou 1896; Schramm/Mütherich 1983.

IV.13

Karolingische Münzen

Genaue Bechreibungen und Literaturzitate zu den einzelnen Münzen sind unter der jeweiligen Objektnummer im Interaktiven Katalog des Münzkabinetts SMPK zu finden (www.smb.museum/ikmk).

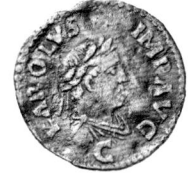 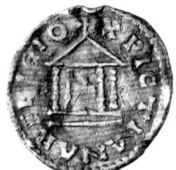 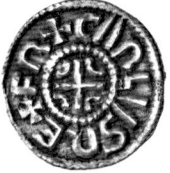 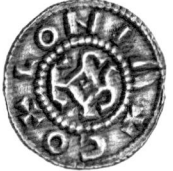

a) Bildnisdenar Karls des Großen mit Kaisertitel

Aachen? nach 800
Vs.: Büste mit Lorbeerkranz nach rechts, unten Buchstabe C. KAROLVS IMP AVG. Rs.: Viersäuliges Kirchengebäude, in der Mitte und auf dem Giebel ein Kreuz. XPISTIANA RELIGIO.
Silber. G 1,55 g, D 2,0 cm
Berlin, Staatliche Museen zu Berlin, Münzkabinett, 18202749

b) Reichsdenar Karls des Großen mit Königstitel

Köln, nach 793/794
Vs.: Kreuz mit Halbmonden in den Winkeln. + CARLVS REX FR. Rs.: Monogramm aus Karolus. + CO+LONIA
Silber. G 1,64 g, D 2,1 cm
Berlin, Staatliche Museen zu Berlin, Münzkabinett, 18202708

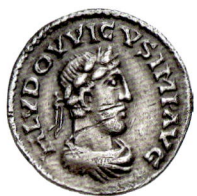 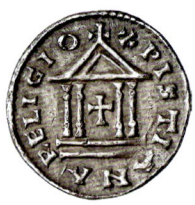

c) Bildnisdenar Kaiser Ludwigs des Frommen

Unbestimmte Münzstätte, nach 814
Vs.: Büste mit Lorbeerkranz nach rechts. HLVDOVVICVS IMP AVG. Rs.: Kirchengebäude mit vier Säulen, in der Mitte und auf dem Giebel ein Kreuz. XPISTIANA RELIGIO.
Silber. G 1,77 g, D 2,1 cm.
Berlin, Staatliche Museen zu Berlin, Münzkabinett, 18202760

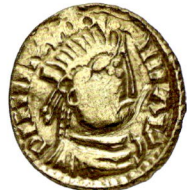 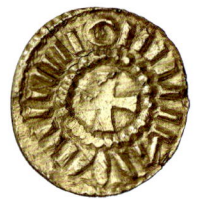

f) Nachahmung der Goldmünzen Ludwigs des Frommen

Dorestad?, 9. Jahrhundert
Vs.: Brustbild. Rs.: Kreuz. Beiderseits sinnlose Umschriften (Buchstaben größtenteils durch Striche ersetzt).
Gold. G 4,14 g, D 2,2 cm.
Berlin, Staatliche Museen zu Berlin, Münzkabinett, 18202827

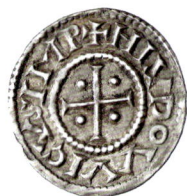 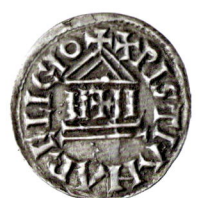

d) Reichsdenar Kaiser Ludwigs des Frommen

Unbestimmte Münzstätte, nach 814/822
Vs.: Kreuz mit Kugeln in den Winkeln. + HLVDOVVICVS IMP. Rs.: Viersäuliges Kirchengebäude, in der Mitte und auf dem Giebel ein Kreuz. XPISTIANA RELIGIO.
Silber. G 1,71 g, D 2,1 cm
Berlin, Staatliche Museen zu Berlin, Münzkabinett, 18202815

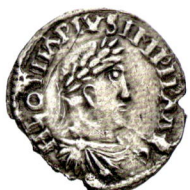 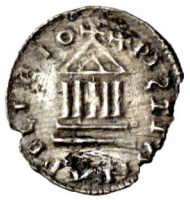

g) Kaiser Lothar I.

unbestimmte Münzstätte, nach 840
Vs.: Büste mit Lorbeerkranz nach rechts. HLOTHARIVS IMPER AVG. Rs.: Kirchengebäude mit vier Säulen, in der Mitte und auf dem Giebel ein Kreuz. XPISTIANA RELIGIO.
Silber. G 1,37 g, D 2,0 cm.
Berlin, Staatliche Museen zu Berlin, Münzkabinett, 18202830

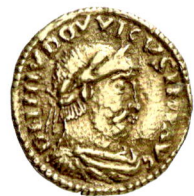 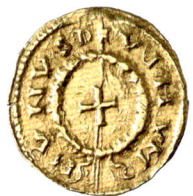

e) Goldmünze mit Bildnis Ludwigs des Frommen (Solidus)

Aachen?, nach 814
Vs.: Büste mit Lorbeerkranz nach rechts. DN HLVDOVVICVS IMP AVG. Rs.: Kreuz im Kranz. MVNVS DIVINVM.
Gold. G 4,41 g, D 2,0 cm
Berlin, Staatliche Museen zu Berlin, Münzkabinett, 18202824

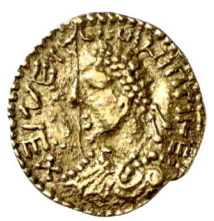 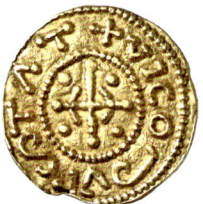

h) Goldmedaillon mit Bildnis Karls des Großen

Dorestad, um 830/850?
Vs.: Brustbild mit Lorbeerkranz und Paludament nach links. Entstellte Umschrift. – Kreuz mit Kugeln in den Winkeln und an den Enden. + VICO DVRSTAT.
Gold. G 4,11 g, D 2,1 cm
Berlin, Staatliche Museen zu Berlin, Münzkabinett, 18202904

Bernd Kluge

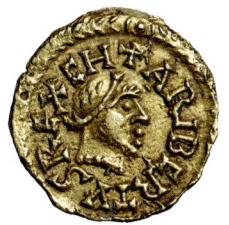 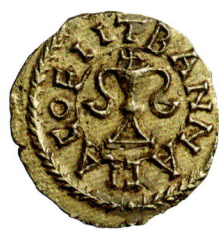

i) Goldmünze Ludwigs des Frommen

(814-840)
Gold. G 7,04g
Paris, Bibliothèque nationale de France, Département
des monnaies, médailles et antiques, BN 35

Ludwig knüpfte mit seinen Münzbildnissen typologisch und ikonographisch an die Münzprägung seines Vaters an. Im Gegensatz zu jenem ließ er aber auch halbe Pfennige (Obole) ausgeben und Goldmünzen wie die antiken Kaiser und der Basileus in Byzanz schlagen. Nur wenige dieser kostbaren Münzen sind noch erhalten, eine davon ist diese Prägung im Pariser Cabinet des Médailles. Von Anfang an lässt Ludwig auch den Kaisertitel (*imperator*) auf die Münzen setzen.

Die ausgestellte, sehr gut erhaltene Münze im Bildnistypus zeigt das Herrscherbild mit Lorbeerkranz und *paludamentum* auf der Vorderseite. Das hier in eher ungewöhnlicher Weise nach links gewendete Porträt wird von der Legende D(ominus) N(oster) HLVDIVVICVS IMP(erator) AVG(ustus): Unser Herr Ludovicus, der erhabene Kaiser, gerahmt. Die Rückseite ziert ein – der antiken Ikonographie entlehnter – geschmückter Ehrenkranz mit der Umschrift MVNVS DIVINVM: Göttliches Geschenk. Von den Münzen seines Vaters Karl des Großen übernahm Ludwig das programmatische christliche Kreuz, das dort in unterschiedlichen Varianten, hier innerhalb des Kranzes im Zentrum des Rückseitenbildes zu sehen ist.

Die Umschrift auf der Münzrückseite könnte sich auf die besonderen Umstände der Krönung Ludwigs zum Kaiser beziehen. Er war der dritte und letzte legitime Sohn Karls des Großen und erst nach dem Tod seiner beiden älteren Brüder Karl (811) und Karlmann (810) zum Nachfolger seines Vaters bestimmt worden. Die Krönung fand im Jahr 813 in Aachen in Abwesenheit des Papstes statt. Ludwig nahm die Krone selbst vom Altar und setzte sie sich auf. Bernd Kluge nimmt deshalb an, „dass diese Münzen die als *munus divinum* gesehene Regierungsübernahme (Ludwigs) demonstrieren sollten".

Claudia Klages

Literatur
Ausst.-Kat. Paderborn 1999, Nr. II.33 (Bernd Kluge); Kluge 1999 (b), bes. S. 89.

IV.14

Sogenanntes Brustkreuz Karls des Großen

Aachen, um 800 und um 1165
Silber, getrieben, graviert und vergoldet; Edelsteine,
Perlen. H 8,5 cm
Aachen, Domschatzkammer, G 34

Das getriebene, vergoldete Silberblech zeigt Christus mit weit ausgebreiteten Armen und geöffneten Händen mit offenen Augen frontal am Kreuz stehend. Ein Kreuznimbus hinterfängt den nach rechts gewandten bärtigen Kopf mit auf die Schultern fallendem langem Haar, das den Kopf wie eine Kappe umfängt. Das rechte Bein ist leicht zur Seite gedreht, das Lendentuch an der linken Körperseite verknotet. Über dem Haupt ist die Tafel mit der Kreuzesinschrift kaum noch lesbar. Michael Brandt hat die nächsten Parallelen auf karolingischen Kreuzanhängern zusammengetragen. Möglicherweise handelt es sich bei dem Aachener Kreuz, das wohl auch ursprünglich die Gestalt eines aufklappbaren Kreuzreliquiars besaß, um „das goldene Kreuz", das Kaiser Otto III. (983–1002) nach der Chronik des Thietmar von Merseburg im Jahre 1000 dem Karlsgrab entnahm.

Wohl anlässlich der Heiligsprechung Karls des Großen (800–814) im Jahre 1165 wurde das Silberblech mit dem Christuskorpus in ein neues silbervergoldetes Kreuzreliquiar aufgenommen, dessen Rückseite in einem gravierten Rankenornament den Lebensbaum zeigt. Ein umlaufender Perldraht verdeckt auf der Vorderseite die Nahtstellen. Die die Schmalseiten umlaufende lateinische Inschrift lautet in deutscher Übertragung: „Seht das Kreuz des Herrn, flieht feindliche Mächte, gesiegt hat der Löwe vom Stamm Juda, die Wurzel David." und ist nach Ernst Günther Grimme eine Erinnerung an die Gleichsetzung Karls des Großen mit König David.

Im Inneren des Reliquiars befindet sich ein Splitter des Kreuzesholzes in einem kleinen silbervergoldeten Kreuz, dessen Edelstein- und Perlenschmuck in der Zeit Karls IV. (1346-1378) in der Mitte des 14. Jahrhunderts genauso wie die untere Öse des Kreuzanhängers hinzugefügt wurde.

Nach Ernst Günther Grimme war der Kreuzanhänger seitdem wohl durch ein Kettchen mit einem anderen Anhänger, der sogenannten Lukasmadonna Karls des Großen, verbunden.

Das Brustkreuz wurde bei einem Bombenangriff 1941 schwer beschädigt und 1972 restauriert.

Georg Minkenberg

Literatur
Brandt 2005; Grimme 1973, S. 52 ff. (ältere Lit.); Lepie/Minkenberg 2010, S. 28 f.

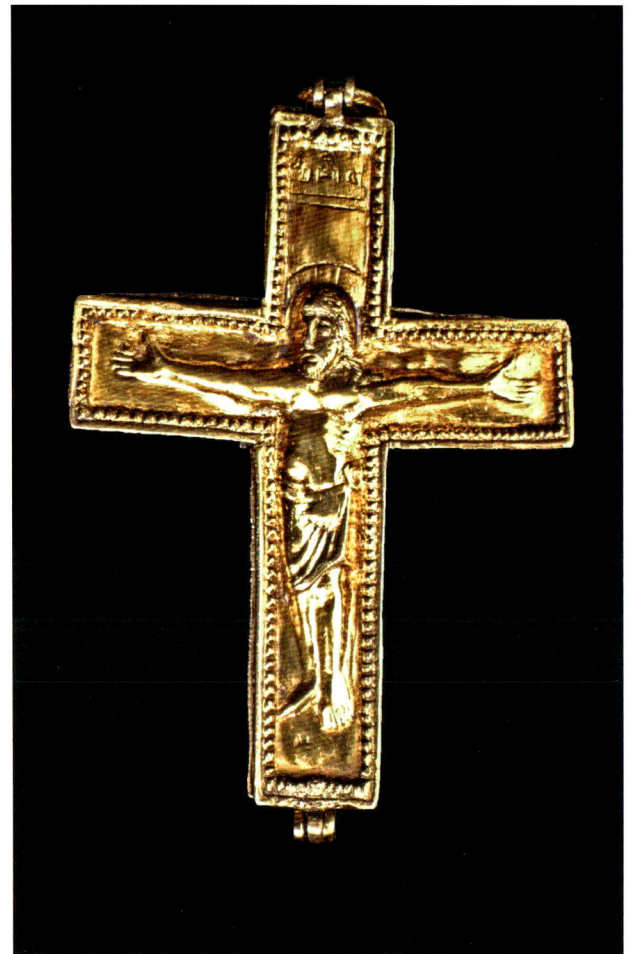

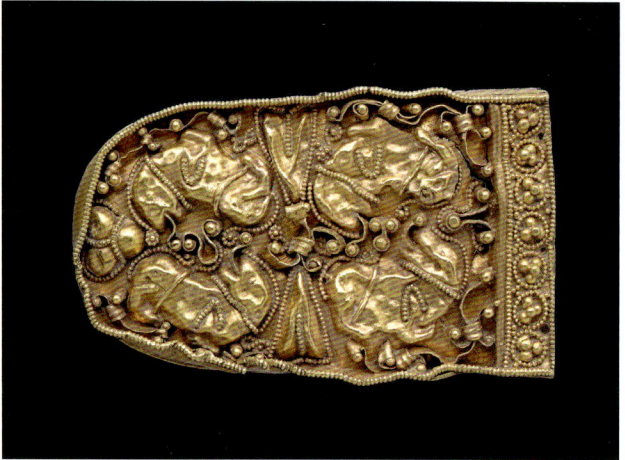

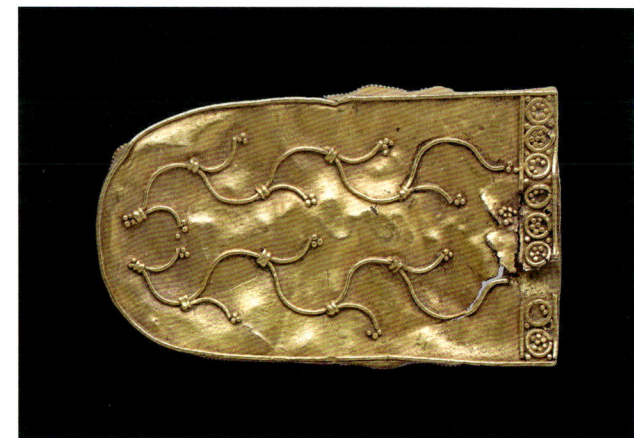

IV.14   IV.15

IV.15

Riemenende

Mitte bzw. 2. Hälfte 9. Jahrhundert
Gefunden in der Umgebung von Châteauroux
(dép. Indre)
Gold. L 7,6 cm, B 4,5cm, G 58,6 g
Paris, Musée National du Moyen Age –
Thermes et hôtel de Cluny, Cl. 3410.

Zu den sichtbaren Zeichen institutionaler Herrschaft gehört eine festliche Amtstracht, der Ornat (lat. *ornatus* = Ausschmückung). Der Amtsantritt wird häufig durch das erstmalige Anlegen in einem strengen Zeremoniell vollzogen. Diese prunkvolle Kleidung und Ausrüstung mitsamt der Insignien war ausschließlich für die Repräsentation gedacht und für den täglichen Gebrauch nicht nutzbar. Bereits in einigen reichen germanischen Fürstengräbern des 3. Jahrhunderts n. Chr. finden sich Hinweise auf die Verwendung von Ornat – eine Spiegelung römischer Vorbilder.

Aus dem frühen Mittelalter sind derartige Amtstrachten nahezu nur aus der Buchmalerei und den Schriftquellen bekannt, sieht man von den erhaltenen, aber zumeist im Laufe der Zeit überarbeiteten Insignien weltlicher Schatzkammern ab.

1861 wurde aus der Umgebung von Châteauroux ein goldenes Riemenende angekauft, das sicherlich Teil eines Wehrgehänges war und zu einem vielleicht sogar königlichen Herrscherornat gehörte. Während die Rückseite relativ schlicht mit einem floralen Muster aus Filigrandraht und Granulation verziert ist, weist die Schauseite ein aufwändigeres Ornament auf: Vier aus dem Goldblech halbplastisch herausgetriebene Löwen in einem Akanthusblattwerk aus Filigrandrähten und Granulation. Teile der Körper der Löwen sind zusätzlich mit Perldrähten betont. Die Löwen als herrschaftliche Symboltiere blicken zur Mittelachse des Riemenendes, wobei die beiden auf der linken Seite mit dem Kopf nach unten dargestellt sind, diejenigen auf der rechten Seite mit dem Kopf nach oben.

Der hohe Wert des Objektes wird nicht nur durch die handwerkliche Qualität unterstrichen. Das Goldgewicht von fast 59

Gramm entsprach etwa 440 Silberdenaren, „was wiederum einem Wert von sieben Schwertern oder zwei Sklaven entsprach" (Wamers 2005, S. 82).

Dieter Quast

Literatur
Caillet 1985, hier S. 204 f., Nr. 134; Lennartsson 1997/1998, hier S. 564, Nr. 46; Wamers 2005, hier S. 79–82. Zum Ornat in Fürstengräbern des 3. Jhs.: Becker 2010.

IV.16

Karolingische Münzfibel
Nordwestlicher Randbereich (Friesland?) des Karolingerreiches, 9. Jahrhundert
Haithabu, Kr. Schleswig-Flensburg, Einzelfund aus dem Jahr 1957
Scheibenfibel mit gegossenem Münzbild, umgeben von vier Perldrähten in zwei unterschiedlichen Größen
Vs.: stilisierte Herrscherbüste mit Diadem, entstellte Umschrift: O I T I I I I I I O D (seitenverkehrt) I V I I I O I I.
Rs.: gleicharmiges Kreuz mit Punkten in den Winkeln innerhalb eines Lorbeerkranzes mit Schleife, Umschrift: /I\ I V O I I I V O I I I I I I.
Gold. G 16,54 g, D 3,50-3,57 cm
Schleswig, Stiftung Schleswig-Holsteinische Landesmuseen Schloss Gottorf, Archäologisches Landesmuseum, KS 23107

Sowohl der byzantinische Kaiser und seine Söhne im Osten als auch der fränkische Kaiser im Westen lassen sich auf ihren Goldmünzen nach alter römischer Tradition im langen Purpurmantel, der Chlamys, oder dem kürzeren Reitermantel, dem Paludamentum, darstellen. Als Verschluss dieser Mäntel wurden besonders prachtvolle Fibeln verwendet. In dieser Funktion dürften im karolingischen Reich auch goldene Prunkfibeln mit Herrscherdarstellung verwendet worden sein, von denen einige wenige Exemplare bekannt sind, deren Herstellung auf byzantinische Anregungen zurückgehen dürfte. Gelegentlich wurden echte Münzen oder Imitationen gefasst. Sowohl der Abguss karolingischer als auch spätantiker, römischer Vorlagen ist belegt.

Eine im dänischen Seehandelsplatz Haithabu gefundene Goldscheibenfibel gehört zu den schwersten Fibeln ihrer Art. Für ihre Herstellung benötigte man vier Solidi, wie sie in den ersten beiden Jahrzehnten des 9. Jahrhunderts gelegentlich von den karolingischen Kaisern geprägt wurden. Karolingische Bildnisprägungen sind von Karl dem Großen (800–814) und Ludwig dem Frommen (814–840) und dessen Söhnen, Kaiser Lothar (840–855) und König Pippin I. (814–838) von Aquitanien, belegt. Nach Simon Coupland wurden Porträtmünzen von karolingischen Herrschern nach 823 nicht mehr hergestellt. Im Zentrum dieser Fibel findet sich eine gegossene Münzimitation nach Art der Munus-Divinum-Nachprägungen auf Ludwig den Frommen, die vom zweiten bis zum letzten Drittel des 9. Jahrhunderts wohl in Friesland geprägt wurden. Das Münzbild im Zentrum hat einen Durchmesser von ca. 2,35 cm und ist somit etwas größer als die bekannten Solidi. Die Münzfibel lässt sich einer Gruppe von mit Perlrändern ge-

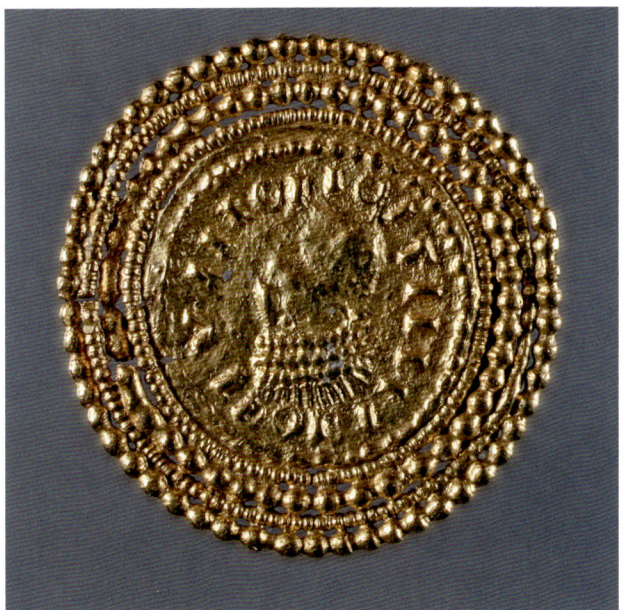
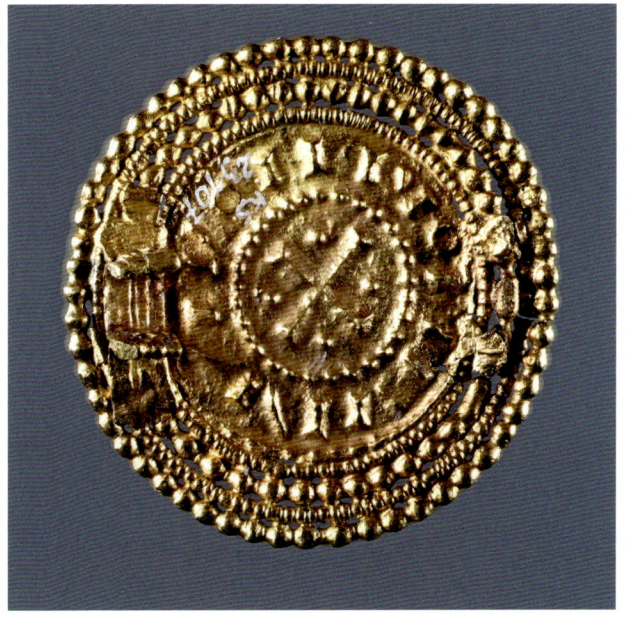

IV.16 a–b

gossenen Schmuckmedaillons anschließen, die Peter Berghaus zusammengestellt hat.

Das Münzbild dieser Fibel scheint auf eine bislang unbekannte karolingische Vorlage des 9. Jahrhunderts zurückzugehen: Die Rückseite trägt innerhalb eines Lorbeerkranzes mit Schleife ein gleicharmiges Kreuz mit Punkten in den Winkeln. Die ursprüngliche Schleife des Kranzes wird wie bei Munus-Divinum-Imitationen auf Ludwig den Frommen als m-förmiges Zeichen in der Legende wiedergegeben. Kreuze mit Lorbeerkränzen sind nur auf Solidi Ludwigs des Frommen belegt, diese Gepräge weisen jedoch keine Kugeln in den Kreuzwinkeln auf. Punkte in den Kreuzarmen sind bereits belegt für Ludwigs Silberprägungen der zweiten Prägephase von 818 bis 822/823 in Dorestad und Toulouse. Nach 822/823 werden sie besonders üblich auf den Christiana-Religio-Prägungen. Recht enge Übereinstimmungen ergeben sich zu zwei Münzfibeln Ludwigs des Frommen von unbekannten Fundorten in der Bibliothèque Nationale in Paris.

Die Vorderseite der Münzfibel von Haithabu könnte wegen des T im Anfangsbereich der Legende auch auf Ludwigs Sohn Lothar I. zurückgehen, von dem auch Porträtmünzen mit der Legende LOTARIVSIMPAVG (oder Varianten) bekannt sind. Die Rückseiten von Lothars Porträtmünzen zeigen bislang jedoch immer die von den Christiana-Religio-Geprägen bekannten Tempel.

Die Fibel kann somit nur allgemein in das 9. Jahrhundert datiert werden. Auf eine lange Benutzung der Fibel bis ins 10. Jahrhundert weisen starke Gebrauchsspuren und Risse.

Volker Hilberg

Literatur

Armbruster 2002, S. 85–198; Berghaus 1959; Coupland 2007; Hilberg 2006; Naismith 2010; Schulze-Dörrlamm 1999.

IV.17

Typar eines Gemmensiegels

Frankenreich (Lothringen), nach 850,
Fassung 10. Jahrhundert
Fundort: Sens
Gagat, Glaspaste, Goldfassung in Cloisonnée-Technik;
geschnittenes Typar sekundär gefasst:
L 3,4 cm, B 2,4 cm, H 0,65 cm
Sens, Musées de Sens, D 82-1-1

Die für die Karolingerzeit typischen Gemmensiegel wurden mit Hilfe in Wachs gedrückter antiker oder nachgeschnittener

Typare hergestellt. Gut belegt ist dies für die karolingischen Kaiser und Könige, doch zeigen Siegelspuren auf bischöflichen und synodalen Urkunden, Ankündigungen von Siegeln, Erwähnungen von Siegeln in Briefen, Testamenten und anderen Quellen wie die wenigen erhaltenen Typare den Gebrauch solcher Siegel auch durch geistliche wie weltliche Große. Diesen dienten sie als Statusobjekt wie praktisch als Matrize zu Besiegelung und Verschluss von Briefen, bei Bischöfen von Reliquienbehältnissen und vereinzelt auch von Urkunden.

Die Seltenheit erhaltener Stücke machte den Fund eines nachträglich im 10. Jahrhundert kostbar montierten Typars in Sens 1982 zu einer kleinen Sensation. In schwarzen amorphen Kohlenstoff (Gagat) ist eine antikisierende Halbbüste mit glattem, bis zur Mitte reichenden Haar und einer Art Kranz oder Binde im Profil graviert, umgeben von einem ovalen Rand, oberhalb und unterhalb der Büste finden sich vogelartige Schmuckelemente. Im Bildfeld steht spiegelbildlich, aber im Gegensatz zu üblichen Siegelbildern nicht umlaufend, sondern gleichgerichtet: CARUS und PAX TE. Der Vergleich mit Münz- und Siegelinschriften der zweiten Hälfte des 9. Jahrhunderts weckt keinen Zweifel an der Echtheit der Inschrift. Vielleicht ist diese grammatikalisch etwas problematische Fassung ein Gruß für ein Briefsiegel. Auf der Rückseite kämpft ein vierfüssiges Tier, vielleicht ein Löwe, mit einer Dornenranke. Die negative Schrift, der rückwärtige Schmuck und eine runde Bohrung zeugen von der Nutzung als Schmuckstück, das vielleicht am Hals getragen wurde, wie von der praktischen Brauchbarkeit als Siegelstempel.

Die Büstenform ist typisch für karolingische Siegel, wie auf dem Originalsiegel Bischof Liuthards von Paderborn, den Typaren Erzbischof Radbods von Trier (883–915) und Abt Teodulfs im Halberstädter Domschatz sowie auf der Zeichnung eines Siegels Erzbischof Hinkmars von Reims (842–883), stets mit Name und Tonsur. Die Gemme aus Sens mit vollem Haar und fränkischem Mantel könnte für einen Weltlichen bestimmt gewesen sein. Nicht nur die Herrscher, sondern auch ihre Großen besaßen nachweislich Gemmensiegel. Ein *sigillo de amatexto, ubi homo est sculptus qui leonem interficit*, ein Amethystsiegel, auf dem ein Mensch, der einen Löwen tötet, sichtbar war, schenkte Graf Heccard wohl 876 seiner Schwester.

Natürlich bleibt die Zuweisung an einen weltlichen Großen hypothetisch. In jedem Fall zeigt das Typar aus Sens, dass die Sitte, antikisierende Gemmen als Siegelstempel zu benutzen, über das enge Königshaus hinaus weitere Kreise der karolingischen Elite erfasste, die so an herrscherlicher wie höfischer Kultur teilhatte. Das angeeignete antike Erbe der karolingischen Herrscher wurde durch die Strahlkraft der Karolinger zum distinktiven Merkmal fränkischer Elitezugehörigkeit.

Mark Mersiowsky

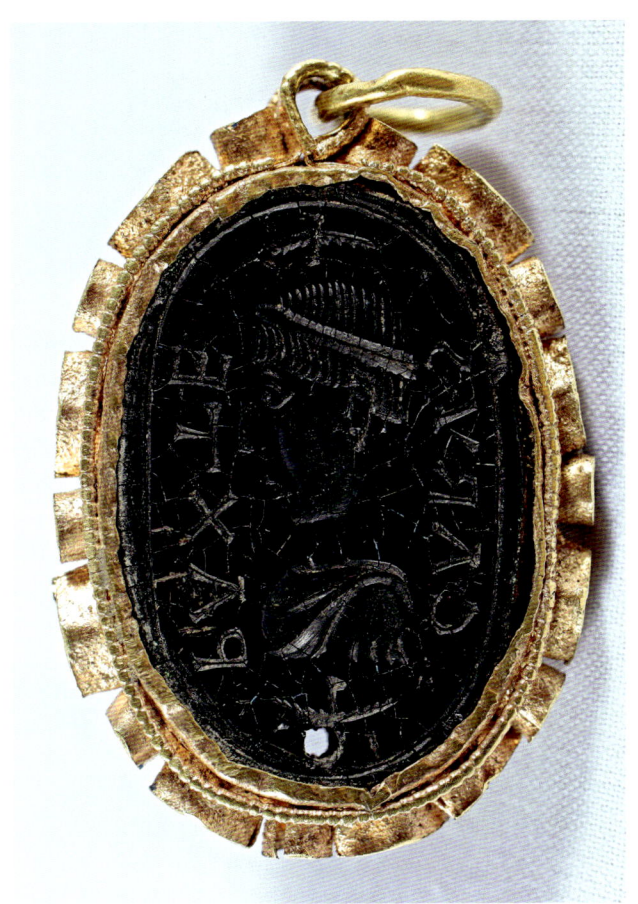
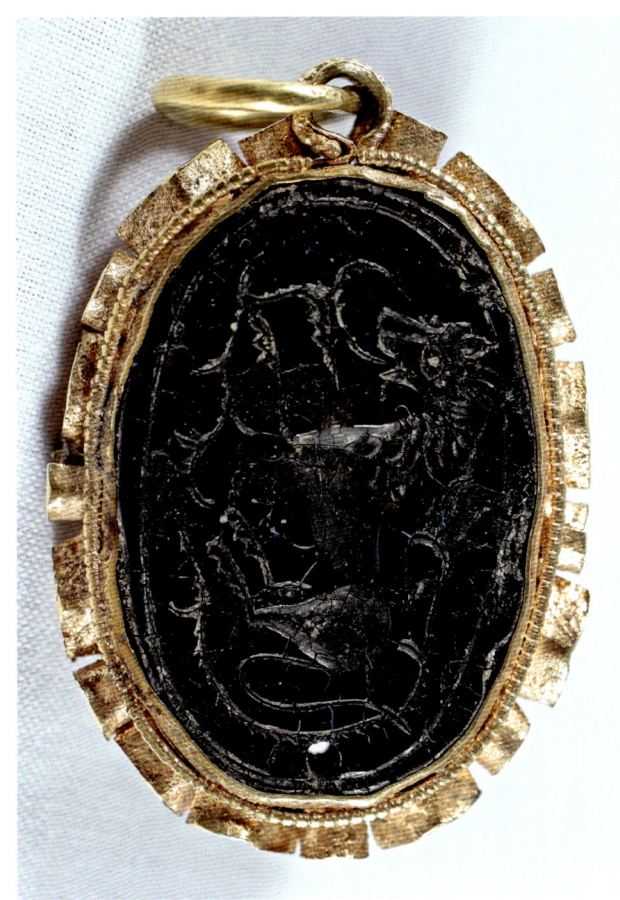

IV.17 a–b

Pfalzen

Das Reisekönigtum ist eine Erscheinung des frühen und hohen Mittelalters in Europa, die mit der Ausbildung eines Systems an Pfalzen und Königshöfen zur Sicherung der wirtschaftlichen Leistungsfähigkeit während der ambulanten Herrschaftsausübung einherging. Aus heutiger Sicht mag diese Praxis befremden und als kaum effektiv erscheinen. Die Präsenz vor Ort war aber in dieser Zeit eine notwendige Form der Königsherrschaft. Einfach aber war diese Ausübung der Herrschaft aus dem Sattel (Aloys Schulte) nicht: Bei einer möglichen Tagesleistung von durchschnittlich etwa 30 km ergab sich als organisatorischlogistisches Problem, wie der Herrscher und sein Gefolge verpflegt, versorgt und untergebracht werden konnten. Die Reisewege mussten sorgfältig geplant, die Stationen im Voraus über die Ankunft des Hofes informiert werden. Neben den hier zu behandelnden Höfen und Pfalzen im Besitz des Reiches wurden jedoch auch andere als Gastgeber herangezogen, allen voran die kirchlichen Institutionen, die zum Dienst im Reich und für den König, dem ‚Servitium Regis', verpflichtet waren.

Königliche Pfalzen waren bereits eine Herrschaftsgrundlage in den von den Römern zivilisatorisch geprägten Räumen des neu gegründeten Frankenreiches der Merowinger gewesen. In der Karolingerzeit wurde dieses System der Pfalzen und Königshöfe weiter ausgebaut und perfektioniert. Unter Karl dem Großen (768–814) entstanden neue monumentale Pfalzen in Anlehnung an repräsentative Großbauten der Spätantike. Das im Auftrag Karls verfasste *Capitulare de villis vel curtis imperii* (Capitulare de villis (b), vgl. Kat.-Nr. IV.3) diente der besseren Organisation des Reichsgutes.

Wichtig ist für die Forschung auch die Inventarliste des Königshofes von Asnapium (wohl Annappes, Dép. Nord, Frankreich), die möglicherweise im Zusammenhang mit einem Aufenthalt Karls des Großen entstand (Beneficiorum, hier S. 178–179). Den Kern der Anlage bildete das königliche Steinhaus mit drei großen Räumen und zwei Vorhallen. Das unterkellerte Gebäude besaß im Obergeschoß umlaufende Balkone und 11 Frauengemächer. Darum angeordnet waren 17 hölzerne Gebäude, unter denen sich eine Küche, ein Stall, drei Scheunen, ein Getreidespeicher und eine Mühle befanden. Der Hof war von einer Hecke umgeben, durch die ein steinernes Tor mit Söller führte. Ein separater Hofteil war mit Obstbäumen bepflanzt. Man hielt mehr als 60 Pferde, 100 Rinder, fast 300 Schweine und 500 Schafe, mehr als 60 Ziegen sowie an Geflügel Hühner, Gänse und Pfauen. Es gab eingelagerte Vorräte an Gerste, Hafer, Dinkel, Weizen, Roggen, Erbsen und

Bohnen. Weitere Vorräte waren an Honig, Butter, Schmalz und Salz vorhanden. Die Felder waren überwiegend mit Roggen bepflanzt. Im Garten wurden Minze, Petersilie, Raute, Sellerie, Salbei, Bohnenkraut, Wacholder, Lauch, Knoblauch, Koriander, Zwiebel, Kohl und Kohlrabi gezogen. Es war aber nur ein Bettzeug, ein Tischtuch und ein Handtuch auf dem Gut vorhanden. An Küchengerät waren 4 Bronzekessel, 1 Eisenkessel, 1 Bratpfanne, 1 Paar Feuerböcke, 2 gute Trinkgefäße und Holzgeschirr vorhanden. Zum Haus gehörte eine Metall-Lampe. An sonstigem Gerät wurden 2 Beile, 1 Meißel, 2 Bohrer, 1 Axt, 2 Hobel, 1 (Schnitz-)Messer, 2 Sensen, 2 Sicheln, 2 Spaten und ausreichend Holzwerkzeug gezählt. Eine genaue Lokalisierung dieses Gutes ist bis heute jedoch nicht gelungen.

Ausgrabungen vermögen eine nähere Vorstellung von großen Pfalzen und kleineren Königsgütern zu vermitteln. Dabei gelingen auch zu den karolingischen Pfalzen immer wieder neue archäologische Entdeckungen. So wurde 2004 auf dem Saalplatz in Ingelheim die zur monumental ausgebauten Pfalz Kaiser Ludwigs des Frommen (814–840) gehörige Kirche entdeckt. Eine besondere Erfolgsbilanz ist mit der Auswertung der Ausgrabungen im Pfalz- und Kathedralbereich in Paderborn verbunden. Die erst jetzt begonnene wissenschaftliche Aufarbeitung der Aachener Pfalzgrabung verspricht wichtige Ergebnisse. Neue Erkenntnisse in Verbindung mit der Auswertung neuerer und älterer Ausgrabungen waren der archäologischen Pfalzenforschung auch in Frankfurt möglich, wo die im 9. Jahrhundert angelegte Pfalz nach einem Brand im 11. Jahrhundert von ihrem bisherigen Standort beim heutigen Dom zum Main hin verlegt worden sein dürfte.

Um- und Ausbauten der karolingischen Pfalzen in ottonischer Zeit sind ebenfalls aus historischen und archäologischen Quellen zu belegen. Für Aachen ist eine Erneuerung der Pfalz mit Kaiser Otto III. (983–1002) verbunden. In Ingelheim fanden ebenfalls eine Renovierung und ein Ausbau der Pfalzanlage im 10. Jahrhundert statt. Das Fälldatum von Gerüstbalken in der sogenannten Königshalle kann dendrochronologisch in die zweite Hälfte des 10. Jahrhunderts, wahrscheinlich um 986, datiert werden. Zur ottonischen Pfalz gehörte ein neuer Kirchenbau an leicht verschobener Stelle. 994 schenkte Kaiser Otto III. einen Bauplatz im Areal seiner bevorzugten Pfalz von Ingelheim an den Markgrafen Hugo von Tuszien. Neue Pfalzen und Königshöfe entstanden in Sachsen, dem Stammland der Liudolfinger. Normannen-, Ungarn- und Slaweneinfälle führten zur stärkeren Befestigung der Pfalzen. Archäologisch gut erfasste

Pfalzen ottonischer Zeit sind mit Tilleda und Werla (vgl. Kat.-Nr. V.34 a) zu nennen. Es gab besondere Festtagspfalzen, an denen der Herrscher mit seinem Gefolge Weihnachten, Epiphanias (Dreikönige), Palmsonntag, Ostern und Pfingsten feierte. Zudem bemühte man sich, den Kirchenkalender an passenden Orten zu verbringen und verehrungswürdige Stätten zum Zwecke des Gebets (orationis causa) aufzusuchen, wie man am Beispiel des Klosters Fulda gut erkennen kann.

Der Herrscher reiste selbstverständlich nicht allein, sondern unter militärischem Geleit mit der Hofkapelle. Unter Leitung des Chefs der königlichen Hofkapelle oblag den Kaplänen neben geistlichen Pflichten vor allem die schriftliche Verwaltungsarbeit. In der Regel wurde der König von einer Vielzahl hochrangiger Geistlicher (Bischöfe, Äbte), Adliger und Amtsträger (Herzöge, Markgrafen, Grafen) begleitet. Der mobile Hausstand wurde maßgeblich von der Königin koordiniert. Bestimmend waren auch die Erz- oder Hofämter Marschall, Truchsess, Mundschenk und Kämmerer.

Wichtig waren Zeremonien und Gesten. Beim Aachener Krönungsmahl 936 versahen z.B. nach dem Zeugnis Widukinds von Corvey, der sich jedoch vielleicht an einem späteren Beispiel orientiert haben könnte (Keller 1995), vier Herzöge den Dienst für den jungen König Otto I. (936–973): als Kämmerer diente Giselbert von Lothringen, Truchsess war Eberhard von Franken, Mundschenk Hermann von Schwaben und Marschall Arnulf von Bayern.

Zur Begleitung des Königs dürften vielfach 500–1.000 Personen gezählt haben, Carlrichard Brühl (1968) nahm eine Höchstzahl von um 3.000 Menschen an, was angesichts allein der notwendigen Diener und Funktionspersonal kaum untertrieben erscheint. Diese große Menge war auch an gut ausgebauten Pfalzen nur wenige Tage zu versorgen. Die Reiseroute bedurfte, wie schon angedeutet, längerer Vorplanungen, denn vom spontanen Einrücken des Königs und seiner Entourage kann nicht ausgegangen werden. Im baulichen Kernbereich der Pfalz war nur die königliche Familie mit den Angehörigen der Hofkapelle, der engeren Gefolgschaft und mit hohen Würdenträgern unterzubringen. Das bedeutet, dass alle anderen Mitreisenden in der engeren Umgebung des Aufenthaltsortes untergebracht und versorgt werden mussten, was übrigens auch für die Tiere gilt. Kein Pferd durfte ungepflegt ‚abgestellt' werden und auch um die Zugtiere musste man sich kümmern.

War der König in seiner Pfalz, so ergab sich deren repräsentatives Moment von alleine. Aber auch in den – oft sehr langen – Zeiten der Abwesenheit des Herrschers dienten vor allem die Pfalzen als Sinnbild seiner Macht. Von der prächtigen Ausstattung und der Farbigkeit der Repräsentationsbauten lassen die erhaltenen Gebäudeteile und Ausgrabungsbefunde oft nur wenig erkennen. Neue Dimensionen können jedoch mit aller gebotenen Vorsicht durch virtuelle Rekonstruktionen erschlossen werden, wie sie in Frankfurt und Ingelheim versucht wurden. Aus den Schriftquellen lassen sich für einige der Königspfalzen umfangreiche Bildzyklen erschließen. Nach der aus dem 12. Jahrhundert stammenden Beschreibung bei Pseudoturpin war die Pfalz- und Stiftskirche in Aachen mit Darstellungen des Alten und Neuen Testaments ausgestaltet. Das Kuppelmosaik zeigte nachweislich den thronenden Christus, dem die 24 Ältesten huldigen. Einhard überliefert im 32. Kapitel seiner Vita Karls, dass die Aachener Bauinschrift Karolus princeps hervorhob. Der Aachener Palast soll mit weltlichen Themen ausgeschmückt gewesen sein, von denen Darstellungen der sieben freien Künste und der Kämpfe Karls in Spanien gerühmt wurden. Für Merseburg gibt es die Schilderung Liudprands von Cremona (Antapodosis) vom Empfang einer Gesandtschaft aus dem fernen Afrika im zweistöckigen Palatium, in dem im Speisesaal Wandmalereien mit Darstellungen der siegreichen Riadeschlacht Heinrichs I. (919–936) zu bewundern waren.

Zusammenfassend lässt sich sagen, dass unter den zahlreichen überlieferten Aufenthaltsorten der mittelalterlichen ostfränkisch-deutschen Könige, von denen hier in erster Linie die Rede war, die Königspfalzen diejenigen Plätze waren, denen eine besondere Aufmerksamkeit schon der Zeitgenossen zukam. Sie verfügten über eigenes Personal, das die Königsbesuche vorbereitete, ihren reibungslosen Ablauf sicherstellte und in den Phasen der Abwesenheit des Herrschers ihre Funktion und ihren guten Zustand gewährleistete. Nur so konnte das Reisekönigtum in der Praxis bis zum Ende des Mittelalters den Königen den Erhalt der Macht garantieren.

Caspar Ehlers und Bernd Päffgen

Quellen

Beneficiorum; Capitulare de villis (b); Einhard, Vita Karoli; Liudprand von Cremona, Antapodosis Pseudoturpin; Widukind von Corvey, Sachsengeschichte.

Literatur

Bachrach/Bachrach 2008; Binding 1996; Brühl 1968; Campell 2010; Dette 1996; Deutsche Königspfalzen; Ehlers 2002; Ehlers 2007 (b); Gauert 1965; Keller 1995; Reinke 1987; Repertorium der Pfalzen; Staab 2001; Zotz 1982. Zu Aachen: Schaub 2010; Schlesinger 1965, S. 487 ff.; Stamm 1955; Wamers 2008; Wintergerst 2007. Zu Ingelheim: Classen 1964, S. 87 ff.; Grewe 2010; Schmitz 1974. Zu Gebesee: Donat 1999. Zu Paderborn: Balzer 1984; Hoppe 1975, S. 43 ff.; Sveva Gai 2001; Sveva Gai 2007; Sveva Gai/Mecke/Käuper 2006; Winkelmann 1970, S. 398 ff.

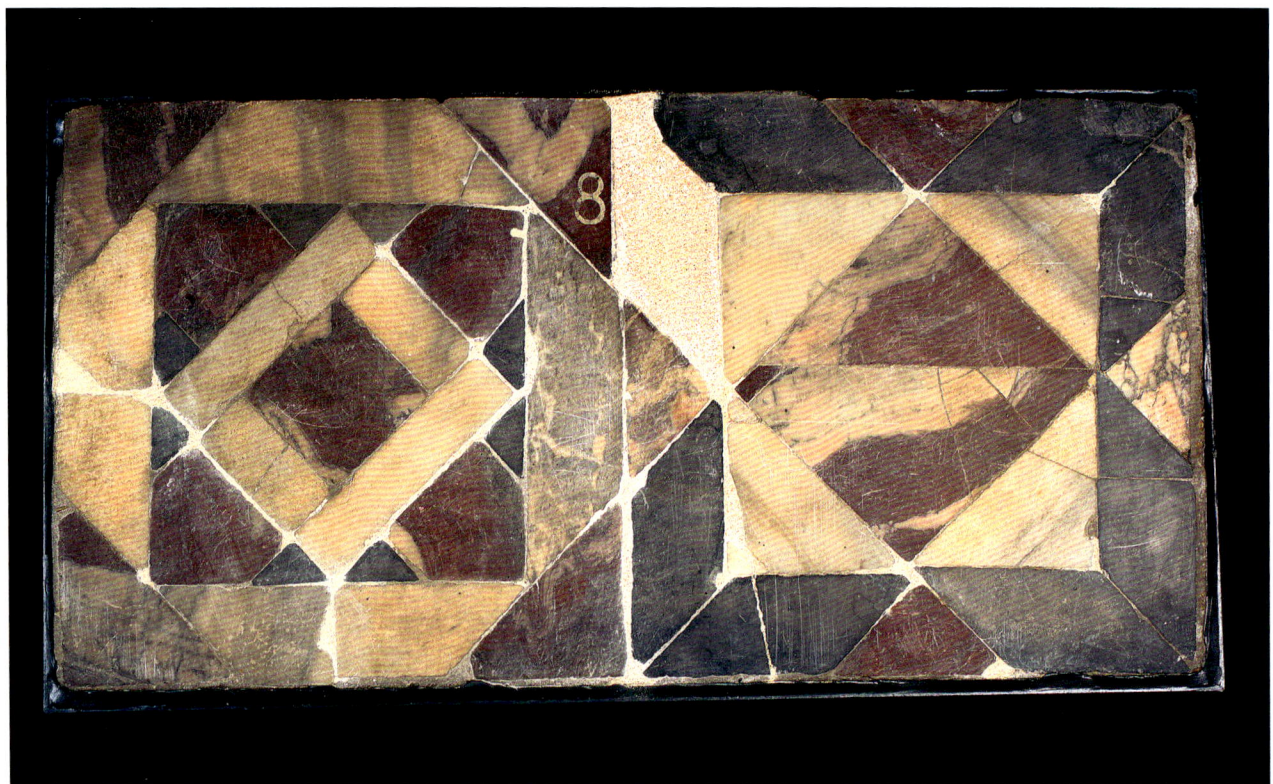

IV.18

IV.18

Plattenmosaikfußboden aus der Pfalzkapelle Aachen

Aachen, verlegt um 800
Verschiedenfarbiger Marmor.
Fragment: H 42 cm, B 85 cm
Aachen, Domkapitel

Im oberen Umgang des Aachener Domes haben sich an fünf Stellen Reste des karolingischen Fußbodenbelags in situ erhalten. Im Lapidarium der Kathedralkirche werden darüber hinaus zwei Fragmente eines Stiftmosaikfußbodens, die Anfang des 20. Jahrhunderts bei Restaurierungsarbeiten aus der sogenannten Kaiserloge westlich des Thrones geborgen wurden sowie Reste eines Plattenmosaikfußbodens, die 1878 bei Ausgrabungen nördlich der Kirche zu Tage traten, verwahrt.

Das archäologisch geborgene Fragment des Plattenfußbodens zeigt ein kompliziertes geometrisches Muster aus verschiedenfarbigem Marmor. Ein in gleicher Form ausgeführter Plattenboden hat sich in Resten im Nordjoch des Hochmünsters erhalten. Die überlieferten Fragmente des aus rotem und weißem Marmor und Ziegeln zusammengesetzten Stiftmosaikfußbodens ahmen ein antikes Plattenmosaik nach und gelten als karolingische Arbeiten zur Dekoration der Marienkirche.

Den Befunden nach war der Bodenbelag im Hochmünster in karolingischer Zeit allgemein sehr aufwändig gehalten. Wahrscheinlich mit Spolien versehene Schmuckfußböden wurden dort jochweise verlegt, mit farblich und motivisch angepassten Stiftmosaiken ergänzt und überwiegend mit hellen Marmorplatten eingefasst.

Diese Böden wurden spätestens Mitte des 16. Jahrhunderts durch einen einfachen Blausteinbelag ersetzt. Lediglich an Stellen, die durch Altäre sowie feste Einbauten verdeckt waren, hat sich der Originalbelag erhalten, der heute neben den in den Arkaden des Hochmünsters eingestellten antiken Säulen zu den kostbaren Resten der karolingischen Innenausstattung des Aachener Domes gehört.

Während sich im Obergeschoß der Kirche Bodenbeläge aus kostbaren Materialien überliefert haben, konnte jüngst für das Erdgeschoss der Kirche die Verwendung eines Blausteinbelages zwischen den Oktogonpfeilern nachgewiesen werden. Im Rahmen archäologischer Untersuchungen wurde im Jahr 2009 an der inneren Pfeilervorlage im Südwestjoch der Kirche ein Fragment des ursprünglichen Blausteinbodens freigelegt. Eine Messbildaufnahme aus dem Jahr 1900 zeigt, dass an dieser Stelle der karolingische Bodenbelag noch großflächig erhalten war. Mit Ausführung des neuen Schmuckfußbodens nach den Entwürfen Herrmann Schapers ging 1913 die Originalsubstanz verloren. Jedoch nimmt der neue Bodenbelag Bezug auf die Befundsituation und zeigt dementsprechend zwischen den Oktogonpfeilern wiederum einen Blausteinbelag.

Lydia Konnegen

Literatur

Ausst.-Kat. Paderborn 1999, Bd. 1, S. 107–110 (Hiltrud Kier), Christ 1938; Faymonville 1909, S. 87–90; Heckner 2011; Kier 1970, S. 84–86; Rhoen 1886.

IV.19

Pfalz Ingelheim

a) Kompositkapitell

2./3. Jahrhundert, sekundär wiederverwendet um 800
Ingelheim, Kaiserpfalz
Marmor. H 49 cm, D oben 51 cm, D unten 36 cm
Mainz, Generaldirektion Kulturelles Erbe Rheinland-Pfalz, Direktion Landesmuseum Mainz, S 295

1877 wurden von Herrn de Bary „18 Fragmente von Sculpturen und Ausstattungsbestandtheile aus dem Saal in Unteringelheim" dem Altertumsmuseum Mainz übergeben. Darunter befanden sich auch ein korinthisches Kapitell sowie das hier gezeigte Kompositkapitell, das vermutlich bereits 1766 bei Daniel Schöpflin in seiner kurzen Abhandlung über den kaiserlichen Palast von Ingelheim abgebildet worden war. Unsicher ist jedoch die ursprüngliche Fundlage des Kapitells, vermutlich stammte es aus der *domus nova quaestoria*, dem Bereich der Aula regia. Das Kompositkapitell zeigt im unteren Bereich einen zweifachen Blätterkranz, dessen oberes Mittelblatt auf jeder Seite von zwei Blattranken mit einer Rosette gerahmt ist, darüber Perlschnur, Eierstab und eine Blattranke, die sich vermutlich in die ausladenden Eckvoluten ausdehnte. Die Außenfläche der einzigen erhaltenen Eckvolute ist unprofiliert. Insgesamt weist das Kapitell einige Beschädigungen auf: Während der zweifache Blätterkranz nur leicht bestoßen ist, ist der Abakus stärker beschädigt und drei der ursprünglich vier Eckvoluten sind abgeschlagen. Zudem ist auffällig, dass das unfertige Werkstück nur auf einer Seite voll ausgearbeitet ist. Während der Blätterkranz auf allen Seiten vollständig ist, zeigt der obere Bereich des Kapitells auf den vier Seitenansichten einen jeweils unterschiedlichen Fertigungsstand. So wurde z. B. nur der Eierstab auf einer Seite fertig gestellt, auf den anderen Seiten ist er noch unfertig, nur vorgezeichnet oder sogar überhaupt noch nicht begonnen. Es handelt sich folglich um ein

Kapitell, das nur in Teilen ausgearbeitet wurde, der Rest blieb in einer geglätteten Bosse stehen. Es steht damit in einer Tradition kaiserzeitlicher stadtrömischer Kapitelle, bei denen jeweils die Schauseiten besser ausgearbeitet wurden, während hingegen die Neben- oder Rückseiten vernachlässigt bzw. lediglich geglättet und in Bosse belassen waren. Offenbar waren bei der Erstverwendung des Mainzer Kapitells die Seiten weniger sichtbar oder sogar ganz verdeckt.

Hugo Brandenburg sieht in diesem Kapitell eine Arbeit aus severischer Zeit, während er das erwähnte korinthische Kapitell in flavische Zeit datiert. Für beide Kapitelle konnte er eine Entstehung in Rom wahrscheinlich machen. Da Karl der Große nachweislich repräsentatives Baumaterial aus Rom und Ravenna importieren ließ, sind wohl auch die beiden Mainzer Kapitelle in diesem Zusammenhang zu sehen. Mit der Verwendung stadtrömischer Architekturteile sowie dem aufwändigen Grundriss der repräsentativen Palastanlage kann somit vermutet werden, dass die Kaiserpfalz von Ingelheim für das herrschaftliche Bauprogramm von Karl dem Großen eine Sonderstellung einnahm, wie es auch der Biograph Karls des Großen Einhard in der *Vita Caroli Magni* berichtet.

Birgit Heide

Quellen

Einhard, Vita Karoli.

Literatur

Brandenburg 2000; Huyer 2011/2012.

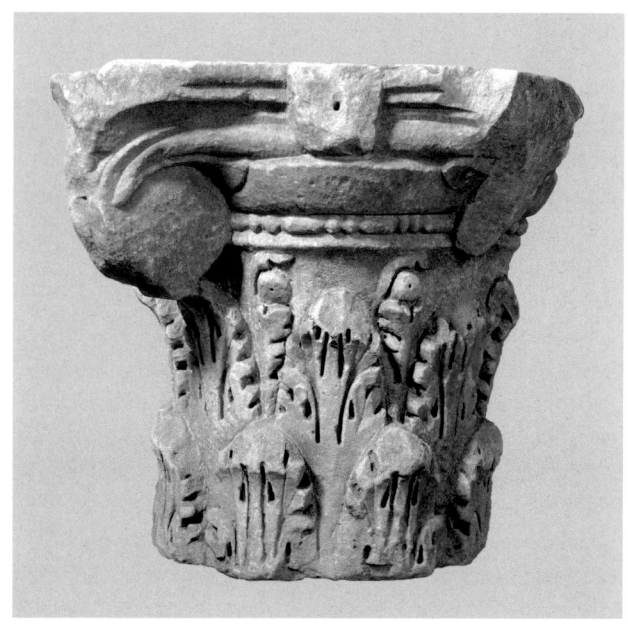

IV.19 a

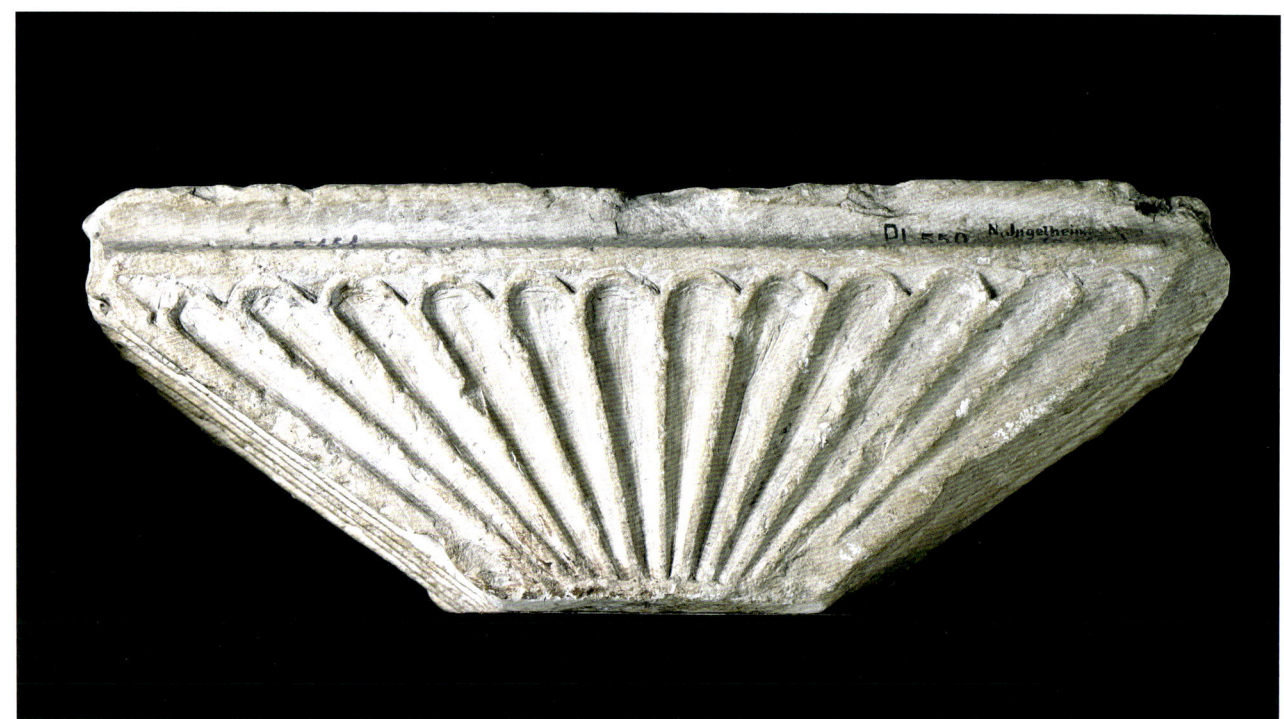

IV.19 b

b) Kämpfer

um 800
Ingelheim, Kaiserpfalz
Kalkstein. H 22 cm, B 62 cm, T 22 cm
Mainz, Generaldirektion Kulturelles Erbe Rheinland-Pfalz,
Direktion Landesmuseum Mainz, S 3151

Dieser Kämpfer wurde zusammen mit weiteren karolingischen Architekturfragmenten 1873 bei Ausgrabungen in der Kaiserpfalz Ingelheim und den damit verbundenen Abbrucharbeiten bestehender Wohnhäuser gefunden. Zu dieser Zeit war der gesamte Nordteil der Aula regia überbaut. Der südliche Bereich war Teil eines jüdischen Friedhofes, dessen Belegung aber zur Mitte des 19. Jahrhunderts endete. Die gesamte Bebauung wurde bis auf die Kellermauern und Teile der Aula regia sogar zum Teil unter Einsatz von Sprengstoff abgebrochen. Die dabei zum Vorschein gekommenen karolingischen Architekturreste kamen 1877 ins Mainzer Museum.

Es handelt sich um einen vollständig erhaltenen Pyramidenstumpfkämpfer auf rechteckigem Grundriss, dessen Ränder leicht bestoßen sind. Den oberen Randstreifen bildet eine umlaufende Hohlkehle. Darunter zeigen die trapezförmigen Breitseiten zwölf fächerartig angeordnete Kanneluren, die ebenfalls trapezförmigen Schmalseiten zeigen sechs Kanneluren. Bei einer zweiten Variante von Kämpfern bzw. Kämpferfragmenten aus dem Pfalzbereich sind die Randleisten der reicher or-

namentierten Steine zusätzlich mit einer Kreisaugenverzierung versehen.

Kämpfer sitzen auf Kapitellen, Pfeilern oder Säulen und bilden die Auflage für einen Bogen oder ein Gewölbe. Sie nehmen den Druck der Bögen auf und leiten ihn gezielt an die Wände oder Säulen weiter. Kämpfersteine sind in der römischen Architektur unbekannt, es gibt sie erst in der byzantinischen Kunst. Mit seinen fächerartigen Kanneluren gehört der Ingelheimer Kämpfer stilistisch zu einer Gruppe, die in Anlehnung an ravennatisch-byzantinische Bauschmuckformen des 6. und 7. Jahrhunderts entstanden ist.

Insgesamt wurden aus dem Ingelheimer Pfalzbereich bis heute mindestens acht gleichartige Kämpfer bzw. Kämpferfragmente bekannt. Aufgrund der vergleichsweise hohen Anzahl von Kämpfern, die sich vermutlich größtenteils auf das räumliche Umfeld der Aula regia einengen lassen, ist anzunehmen, dass sie ursprünglich zu einem größeren, einheitlich geschmückten Gebäudeteil gehörten, der sich durch eine längere Bogenreihe auszeichnete.

Vergleichbare Kämpfer wurden auch in anderen karolingischen Pfalzen gefunden, wie beispielsweise in Fulda, Solnhofen oder Frankfurt-Höchst.

Birgit Heide

Literatur
Ausst.-Kat. Ingelheim 1998.

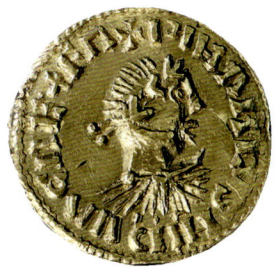 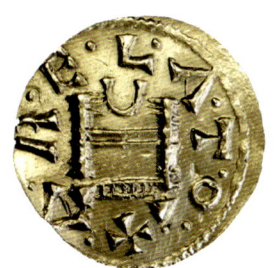

IV.19 c

c) Goldmünze mit karolingischem Kaiser

Ingelheim (nach 814 ?)
Gold. 4,18g, D 19,5mm
Mainz, Generaldirektion Kulturelles Erbe Rheinland-Pfalz,
Landesarchäologie Mainz, IH-02-G176

Dieses Geldstück, in Anlehnung an spätantike Goldmünzen als *solidus* bezeichnet, zeigt auf der Rückseite ein Stadttor sowie die Umschrift + .A.R.E.L.A.T.O. für den Prägeort der Münze: Arles. Die Vorderseite trägt das Bild des Herrschers, im Profil und nach rechts gewendet. Eine in der Mitte oben beginnende, stark verwilderte und nur schwer lesbare Legende umrundet das Bildnis: + D(ominus) N(oster) KARLVS IMP(erator) AVG(ustus) REX FR(ancorum) oder, wie von anderen Forschern gelesen, F(rancorum) *ET* L(angobardorum): Unser Herr Karl, der erhabene Kaiser, König der Franken und Langobarden. Karl der Große ist hier wie bei den Münzbildnissen römischer Kaiser mit Lorbeer bekränzt und einem Feldherrenmantel (*paludamentum*) bekleidet.

Der Fund dieser Münze im Jahr 1996 sorgte über die Grenzen der Fachwelt hinaus für Aufsehen: Sie galt als erstes und einziges Exemplar einer Goldprägung aus der Zeit Karls des Großen (800–814), von dem ansonsten ausschließlich Silbermünzen bekannt sind. Die Stadt Ingelheim, in der die Münze bei Ausgrabungen zutage kam, war ursprünglich Sitz einer Kaiserpfalz, die Karl im Jahr 785 hatte errichten lassen. Wegen der Erwähnung des Kaisertitels (*imperator*) auf der Vorderseite muss die Münze nach 800, dem Jahr der Kaiserkrönung Karls geprägt worden sein. Dennoch ist umstritten, ob sie noch in der Regierungszeit Karls entstand, weil sie in mehrfacher Hinsicht aus dem Rahmen der Münzprägung jener Zeit fällt: zunächst aufgrund des verwendeten Metalls Gold, aber auch wegen des groben Stils der Darstellung (die verwilderte Legende, das scheinbar ohne Verständnis des Motives gebildete Tor, bei dem der Durchgang vor, also außerhalb des Gemäuers liegt), zu dem es eher Parallelen unter den Münzen Ludwigs gibt. Aus diesem Grund nimmt die Forschung heute überwiegend an, dass diese Prägung posthum, also erst nach dem Tod des Kaisers, unter seinem Sohn und Nachfolger Ludwig

dem Frommen (814-840) ausgegeben wurde. Formal gehört sie zur zweiten Gruppe der Bildnismünzen Karls des Großen (nach Bernd Kluge), die auf der Rückseite statt der Umschrift XPICTIANA RELIGIO den Namen der Münzstätte (hier: Arelate) tragen und – zumindest teilweise – als möglicherweise posthum entstanden gelten.

Claudia Klages

Literatur

Ausst.-Kat. Paderborn 1999, Nr. II.26 (P.-H. Martin); Kluge 1999 (b), bes. S. 87 mit Abb. 9.

IV.20

Evangeliar aus Saint-Martin-des-Champs

Aachen, Hofschule Karls des Großen, um 790
Pergament, 178 Blätter, Gold, Deckfarben.
H 26,5 cm, B 19 cm
Paris, Bibliothèque de l'Arsenal, Ms. 599

Seit den Forschungen von Wilhelm Köhler können der Hofschule Karls des Großen (768, 800–814) acht liturgische Prachthandschriften zugeordnet werden, ergänzt durch das Fragment eines illustrierten Evangelistars. Weitere, heute verlorene Codices der Hofschule lassen sich durch Kopien indirekt erschließen (vgl. Kat.-Nr. IV.21 Fulda). Das Evangeliar der Bibliothèque de l'Arsenal zählt zu den frühen Handschriften der Gruppe. Seine Entstehung ist nach dem zwischen 781 und 783 datierbaren und damit ältesten Zeugnis der Hofschule, dem Godescalc-Evangelistar (Paris, Bibliothèque Nationale de France, Nouv. Acq. Lat. 1203) und vor dem Dagulf-Psalter in Wien anzusetzen, der durch die Erwähnung Papst Hadrians im Widmungsgedicht ebenfalls zeitlich einzugrenzen ist (vor 795. Wien, Österreichische Nationalbibliothek, Cod. 1861). Die Handschriften der Hofschule zeichnen ein Höchstmaß an Prachtentfaltung und eine intensive Auseinandersetzung mit (spät-)antiken Modellen aus. Kostbarste Materialien wie Gold, Silber und Purpur wurden verwendet. Der ihnen beigemessene Sinngehalt als Ausdruck der Herrlichkeit und der Gebote Gottes und des himmlischen Lohnes für Tugend und Martyrium erhellt sich im Widmungsgedicht des Godescalc-Evangelistars.

Neben den vier Evangelien als Volltexte enthält das Evangeliar der Bibliothèque de l'Arsenal die üblichen Briefe und Vorreden sowie ein Capitulare Evangeliorum, das die Evangelienlesungen in der Abfolge des Kirchenjahres verzeichnet. Der Text des Evangeliars ist vollständig in Goldtinte geschrieben. Die rein ornamentale Ausstattung umfasst sechzehn Kanontafeln

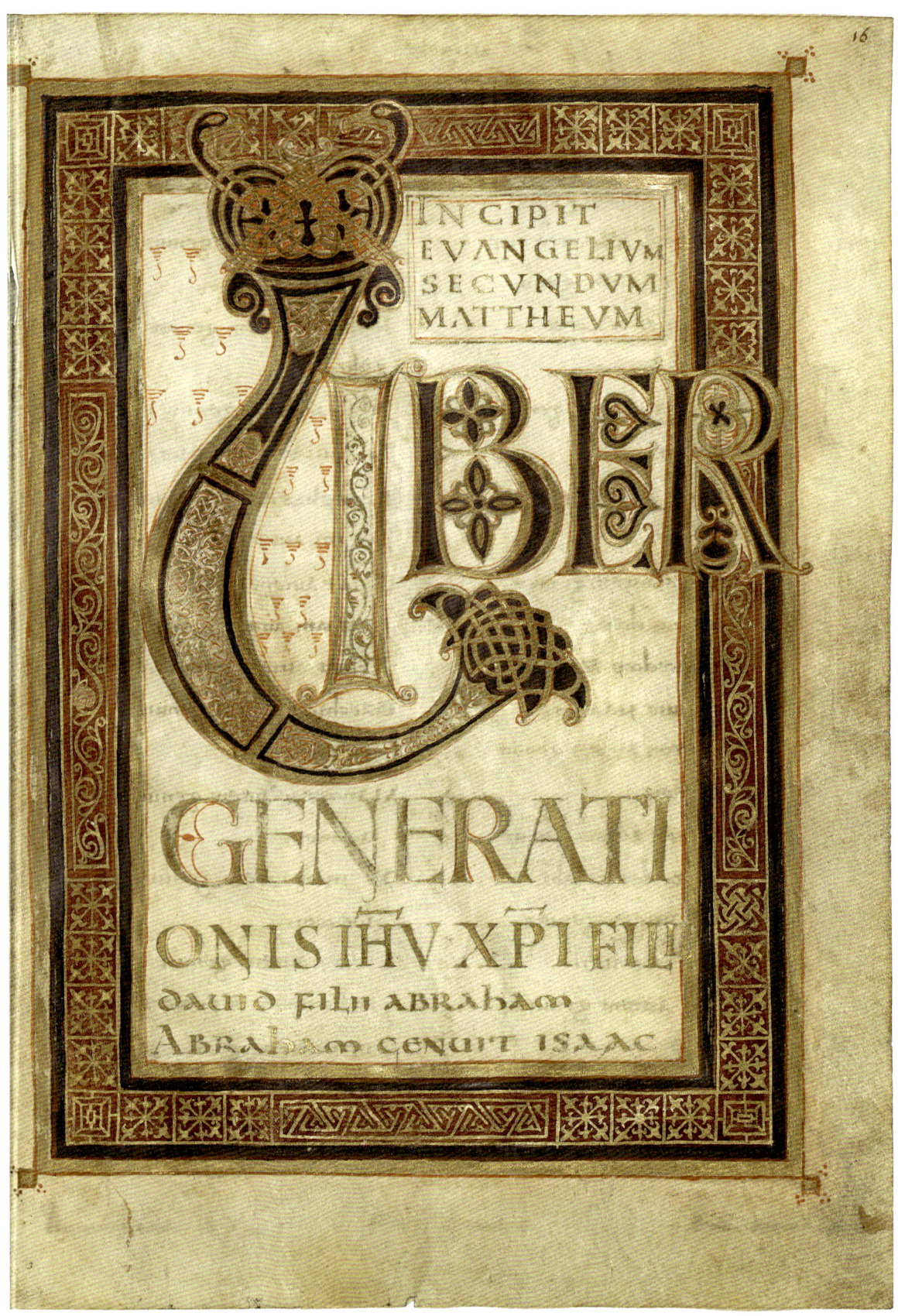

sowie Initialzierseiten zu den Evangelien nach Matthäus (fol. 16r), Markus (fol. 61r) und Johannes (fol. 134r). Verloren ist die Zierseite zu Lukas, ein schattenhafter Abdruck ist noch auf der vorangehenden fol. 91v zu erkennen. Nur die Initialen zum Markusevangelium stehen vor purpurfarbenem Grund, die beiden anderen erhaltenen Initialseiten setzen die Zierbuchstaben vor den reinen Pergamentgrund. Gemeinsam ist den Zierseiten eine umfassende Ornamentalisierung der Flächen. Ornamentale Motive füllen nicht selten auch zwischen den Buchstaben frei gebliebene Flächen. Die Initialen sind kompositorisch fest in die Rahmung eingespannt, teilweise überschneiden die großen Buchstabenkörper auch die ornamentierten Rahmenfelder. Aus den Bändern und Leisten der Initialen bilden sich symmetrisch angelegte Flechtknoten. Das reiche ornamentale Repertoire wird durch Vogel- und Löwenköpfe (fol. 16r und 134r) erweitert. In gleichmäßigem Rapport angelegte, geometrische und florale Ornamentbänder füllen die Binnenfelder der Buchstabenkörper ebenso wie die Rahmenflächen.

Ungewöhnlich ist die Struktur der Kanontafeln, die den einzelnen Arkadenbögen doppelte Kolumnen zuweist. Ihre Vorlagen sind im Bereich der vorkarolingischen, wohl insularen Buchkunst zu suchen.

Der ursprüngliche Bestimmungsort des Evangeliars kann nicht erschlossen werden. Seine Provenienz in der Pariser Klosterkirche Saint-Martin-des-Champs lässt sich nur bis in das 18. Jahrhundert verfolgen.

Thomas Labusiak

Literatur

Ausst.-Kat. Aachen 1965, Nr. 412 (Florentine Mütherich); Ausst.-Kat. Paderborn 1999, Nr. X.23 (Katharina Bierbrauer); Crivello/Denoël/Orth 2011, S. 79 f.; Koehler 1958, S. 29–33.

IV.21

Evangeliar aus Fulda

Fulda, 2. Viertel 9. Jahrhundert
Pergament, 132 Blätter, Deckfarbenmalerei.
H 46 cm, B 31,5 cm
Erlangen, Universitätsbibliothek, Ms. 9

Schon früh muss sich in Fulda ein bebildertes Evangeliar aus der Hofschule Karls des Großen (768, 800–814) befunden haben, das als Vorlage für das Evangeliar in Erlangen Verwendung fand. Offenbar stand die Hofschulhandschrift dem Fuldaer Skriptorium auch weiterhin zur Verfügung, diente es doch einem etwas später entstandenen Evangeliar ebenfalls als Modell (Anfang 2. Drittel 9. Jh. Würzburg, Universitätsbibliothek, M. p. th. f. 66). In ottonischer Zeit schließlich wurde es für die Kanontafeln und die Evangelistenbilder des Codex Wittekindeus erneut kopiert (um 970. Berlin, Staatsbibliothek Preußischer Kulturbesitz, Ms. theol. lat. fol. 1).

Die Erlanger Handschrift enthält die Volltexte der vier Evangelien sowie die kanonischen Briefe, Vorreden und Verzeichnisse. Ab fol. 124r beginnt das *Capitulare Evangeliorum*, das die Evangelienlesungen in der Abfolge des Kirchenjahres auflistet. Bemerkenswert ist der Wechsel der zunächst bis zum Ende des Prologes zu Markus (fol. 48v) angelsächsischen Schrift hin zur karolingischen Minuskel.

Die Reihe der Kanontafeln ist mit 14 Tabellen nur unvollständig erhalten, ein Blatt nach fol. 8 ist zu unbekanntem Zeitpunkt aus dem Codex herausgetrennt worden. Die Evangelistenbilder malte man auf Einzelblätter, die in den Handschriftenblock eingeheftet wurden (fol. 19v, 49v, 69v und 101v).

In erhabener Monumentalität sitzen die Evangelisten auf hohen, mit Tüchern drapierten Kastenthronen. Allein Markus sitzt in Seitenansicht, die anderen Evangelisten wenden sich frontal dem Betrachter zu. Die Stoffmassen ihrer schweren Gewänder werden detailreich geschildert. Oberhalb der mächtigen Architekturkulissen erscheinen die Evangelistensymbole. Eingefasst werden die Autorenbilder von marmorierten Säulen, die rechteckige Rahmungen tragen. Auf den jeweils gegenüberliegenden Seiten leiten Initialen die Evangelientexte ein; deren breite Rahmenfelder sind kleinteilig ornamentiert.

Auch wenn nicht wenige Abweichungen zu beschreiben sind, muß als Hauptvorlage der Evangelistenbilder ein Modell in der Art des Evangeliars von Saint-Médard in Soissons (frühes 9. Jh., Paris, Bibliothèque Nationale de France, Ms. Lat. 8850) verarbeitet worden sein. Dies gilt auch für die Kanontafeln der Erlanger Handschrift mit ihren bewegten Evangelistensymbolen in den Bogenfeldern. Der Reduzierung zahlreicher ikonographischer und ornamentaler Details setzte das Fuldaer Skriptorium womöglich das gesteigerte Format entgegen.

Den Vorderdeckel des Evangeliars schmückten ursprünglich zwei ebenfalls in Erlangen bewahrte, byzantinische Elfenbeinreliefs, die die Kreuzigung Christi (Konstantinopel, Ende 10. Jh.) und eine Darstellung der sogenannten Hodegetria, der auf das Christuskind weisenden Muttergottes (Konstantinopel, Anfang 11. Jh.) zeigen (Universitätsbibliothek, Inv.-Nr. P 32 und 33). Die Elfenbeinarbeiten waren ursprünglich die Mitteltafeln kleiner Triptycha, bevor sie in den Vorderdeckel des Evangeliars eingelassen wurden.

Die Handschrift stammt aus dem Chorherrenstift in Ansbach, das zu Beginn des 11. Jahrhunderts aus dem 748 durch den heiligen Gumbertus gegründeten Benediktinerkloster hervorging. Ab 1607 befand sich das Evangeliar in der evangelischen Konsistorialbibliothek, ab 1733 in der Schlossbibliothek zu

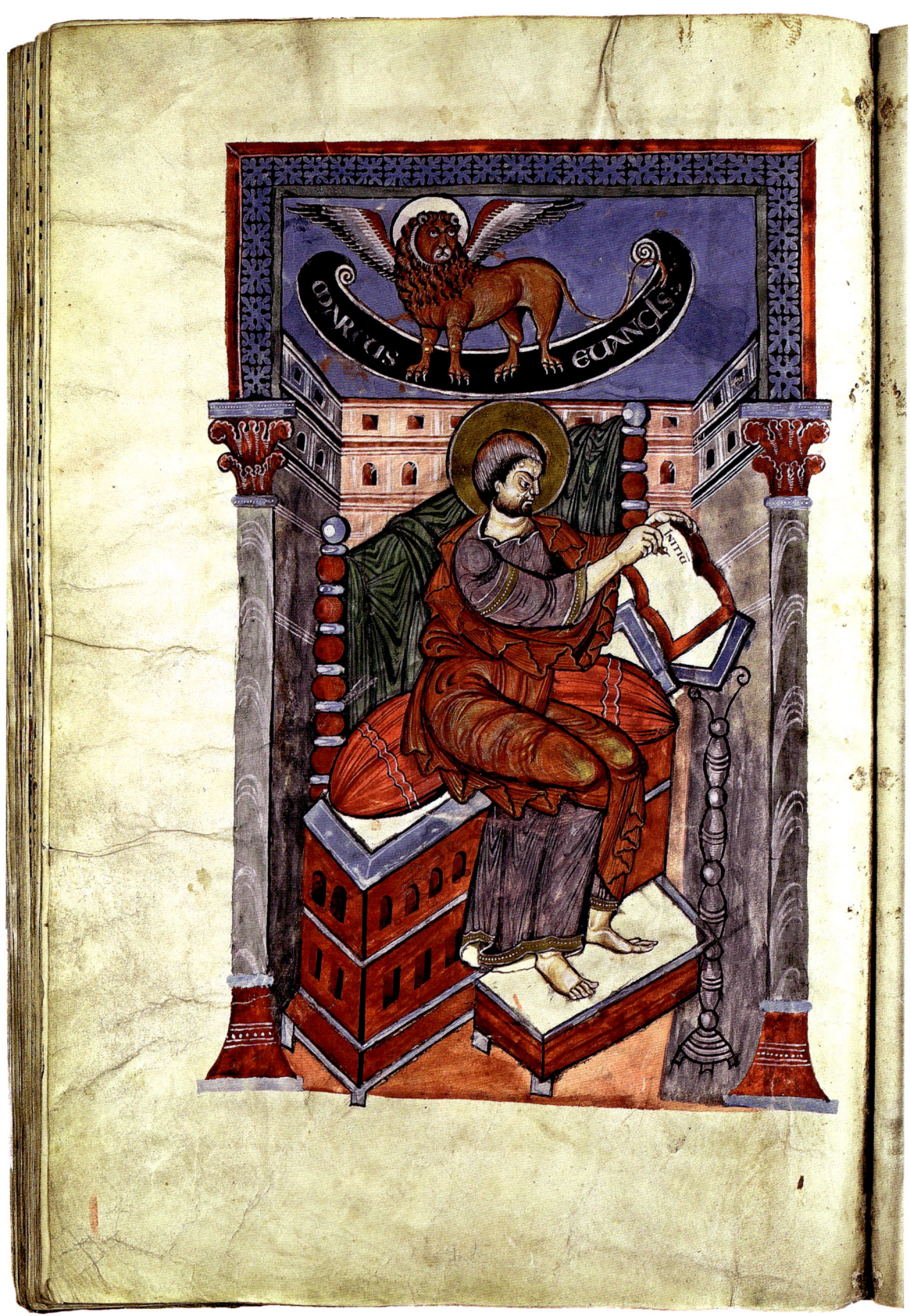

IV.21, fol. 49v

Ansbach, bevor es 1805 in die Erlanger Universitätsbibliothek überführt wurde.

Thomas Labusiak

Literatur

Ausst.-Kat. Magdeburg 2001, Bd. 2, Nr. IV.16 (Rainer Kahsnitz); Fischer 1928, S. 15–17; Mütherich 1980; Reudenbach 2009, S. 217; Winterer 2009, S. 35–36, 38–41, 82, 152, 154–155 und 169.

IV.22

Elfenbeintafel mit Erzengel Michael

Hof Karls des Großen (Aachen), um 810
Elfenbein, eingelegte Glaspaste; umlaufende
Rahmenleiste bis auf geringe Reste abgeschnitten;
unregelmäßige Ausbrüche an beiden Längsseiten,
vor allem an der oberen und unteren rechten Ecke.
Auf der Rückseite Inschrift: (Flavius M)ESSI(us) PHOEB(us)
SEVER(us). H 23,6 cm, B 10 cm.
Leipzig, GRASSI Museum für Angewandte Kunst,
1953.50

Das Relief ist aus der Innenseite eines spätantiken Konsulardiptychons geschnitzt, dessen ehemalige Außenseite die heutige Rückseite bildet. Ihr einziger Schmuck bestand offenbar in einer Inschrift mit dem Namen des Konsuls, der die Tafel bei Amtsantritt vergab: Flavius Messius Phoebus Severus, der im Jahre 467 in Rom ernannt wurde. Da die Inschrift auf dieser Hälfte des Diptychons beginnt, muss es sich nach westlichem Brauch um den hinteren Flügel der Klapptafel gehandelt haben.

Die Darstellung selbst zeigt den Erzengel Michael als Drachentöter, bewaffnet mit Schild und Lanze, der die Schlange zu seinen Füßen niedersticht. Er trägt ein Diadem im Haar und ist mit einer reich verzierten Tunika und darüber mit dem Paludamentum bekleidet, dem spätantiken Soldaten- oder Reitermantel, der auf der rechten Schulter mit einer Rundfibel geschlossen ist. Der Kopf des Engels ist nach rechts oben, zur Hand Gottes, gewandt, von der nur zwei Finger im Relief erhalten geblieben sind.

Ikonographisch liegt der Darstellung eine alte, bis in frühchristliche Zeit zurückreichende Tradition der römischen Triumphalkunst zugrunde. Sie zeigt die Engel als Thronwächter oder Hofmarschall, deren Stellung im himmlischen Hofstaat durch Kleidung und Attribute des Kaisers und der höchsten Beamten zum Ausdruck gebracht wird. Mit Haarband oder Diadem, Globus, Zepter und Reitermantel erscheinen sie in spätantiken Repräsentationsbildern zu Seiten Christi und Mariä, die dort wie die römischen Kaiser mit ihrem Gefolge dargestellt

sind. Im Bild des Drachentöters sind Zepter und Globus jedoch durch Schild und Lanze ersetzt. Die Darstellung schließt an den Bildtypus des sieghaften Christus nach Psalm 90 (91) an, der mit Lanze oder Kreuzstab – teilweise sogar in der Tracht eines römischen Feldherrn – Löwe und Schlange niedertritt. Es ist daher mit guten Gründen vermutet worden, dass dem Drachentöter auf der hinteren Tafel ein Bild des siegreichen Christus auf dem vorderen Flügel des Diptychons entsprach.

Die ungewöhnliche Ikonographie, die sich nur schwer mit den üblichen Gattungen liturgischer Handschriften verbinden lässt, aber auch die Höhe der Tafel und das schmale Format legen die Vermutung nahe, dass die Elfenbeinplatte nicht als Schmuck eines Buchdeckels, sondern in antiker Weise als Schreibtafel verwendet wurde, auf der die im Gottesdienst zu verlesenden Namen für das Toten- und Gebetsgedenken verzeichnet waren.

Stilistisch findet das Relief seine nächsten Parallelen in dem bedeutendsten Werk, das von den Elfenbeinarbeiten der Hofwerkstätten Karls des Großen erhalten gebliebenen ist: dem Einband des Lorscher Evangeliars in London (Victoria and Albert Museum) und Rom (Museo Sacro Vaticano), dessen Elfenbeinplatten in die letzten Lebensjahre des Kaisers datiert und an seinen bevorzugten Aufenthaltsort, die Aachener Pfalz, lokalisiert worden sind. Vor allem die Tafel mit Darstellung der thronenden Madonna auf dem Vorderdeckel erscheint dem Michaelsrelief in Körperauffassung, Faltenführung und Reliefbehandlung unmittelbar verwandt. Doch geht die Leipziger Tafel in der Freiheit und Sicherheit der künstlerischen Ausführung noch über die Marienplatte hinaus.

1743 in der Leipziger Stadtbibliothek. 1953 von der Stadtbibliothek an das Grassimuseum überwiesen.

Michael Peter

Literatur

Ausst.-Kat. Aachen 1965, Nr. 520 (Dietrich Kötzsche); Ausst.-Kat. Frankfurt am Main 1994, Nr. IV/26 (Margret Ribbert); Ausst.-Kat. Paderborn 1999, Bd. 2, Nr. X.30 (Theo Jülich); Fillitz 1966, S. 22; Goldschmidt 1914/1918, Bd. 1, Nr. 11; Kahsnitz 2010, S. 97–100, Nr. 12; Schaller 2006, S. 43–45 u. 53–66.

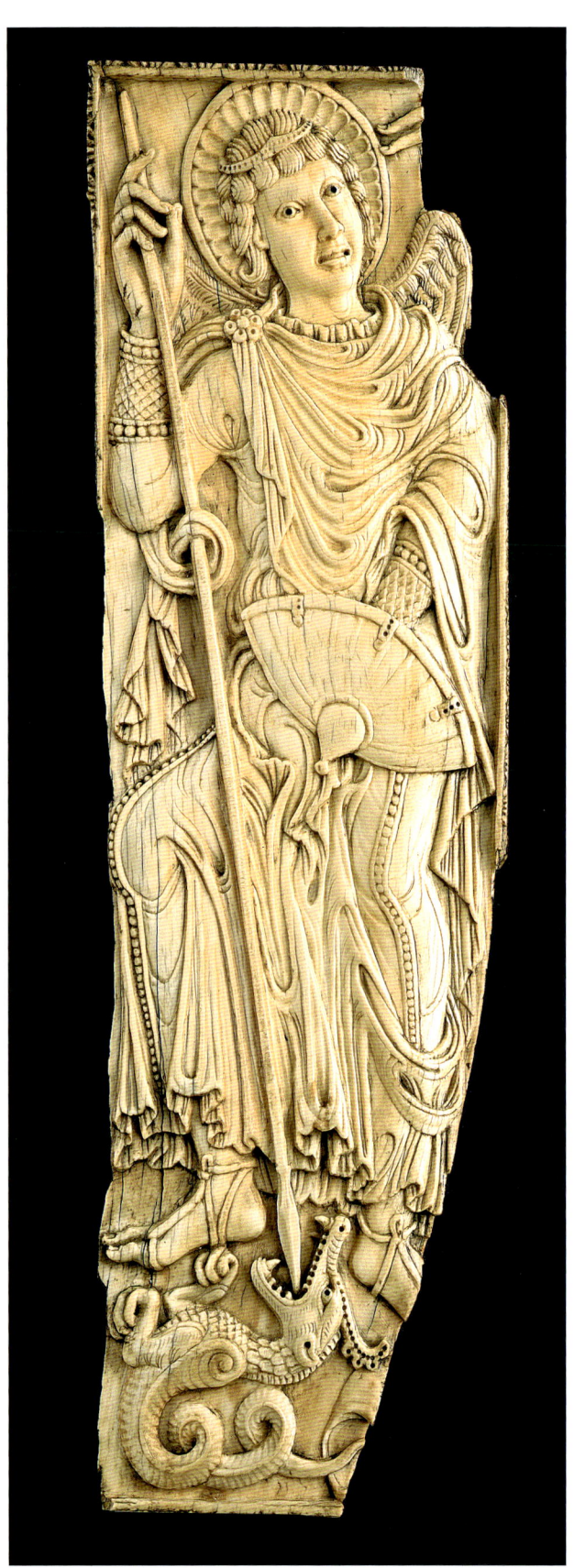

IV.22

IV.23

Elfenbeintafel mit triumphierenden Herrschern

Fränkisches Reich, 2. Viertel 9. Jahrhundert
Elfenbein. Auf der Rückseite Vertiefung für Wachs,
Linke obere Ecke ausgebrochen, Bohrlöcher am linken
und rechten Rand. H 32,8 cm, B 10,5 cm
Florenz, Museo Nazionale del Bargello, 30 C

Die Abmessungen der Tafel, vor allem aber die charakteristische Vertiefung für Wachs auf der Rückseite lassen darauf schließen, dass es sich um den Flügel eines spätantiken Elfenbeindiptychons – einer Schreibklapptafel – handelt, wie sie von den Konsuln bei ihrem Amtsantritt vergeben wurde. Wegen ihres kostbaren Materials blieben derartige Werke vielfach über Jahrhunderte bewahrt, um dann neu beschnitzt und als Buchdeckel oder Schreibtafel weiterverwendet zu werden.

Die Tafel ist durch umlaufende Rahmenleisten in zwei hochrechteckige Bildfelder gegliedert, in denen je ein jugendlicher Krieger mit Panzerhemd und Mantel, Schnürstiefeln, Schild und Lanze unter einer Arkade erscheint. Beide Krieger sind durch ein Diadem im Haar als Herrscher ausgezeichnet und setzen die Lanzenspitze auf die liegende Gestalt eines Gegners zu ihren Füßen.

Die Gleichheit der Attribute und die spiegelbildliche Wiederholung der beiden Herrscherfiguren folgen dem Kompositionsschema spätantiker Konsulardiptychen, auf denen die Kaiser oder Konsuln jeweils doppelt – auf Vorder- und Rückseite einander entsprechend – in Ausübung ihres Amtes gezeigt wurden. Doch sind die Darstellungen auf dem karolingischen Elfenbein nicht nebeneinander, sondern übereinander angeordnet und auf einer Tafel vereint.

Ikonographisch schließt das Relief an einen bekannten Bildtypus der spätantiken Triumphalkunst an. Dort erscheint – etwa am Galeriusbogen in Thessaloniki oder auf den Goldmünzen Konstantins des Großen – der römische Kaiser jeweils als Sieger mit Panzer, Mantel und Lanze, der einem am Boden liegenden Gegner den Fuß auf den Nacken setzt. Der Typus wurde schon bald auch auf christliche Triumphdarstellungen übertragen, in denen Christus in Feldherrntracht als Sieger über Löwe und Schlange wiedergegeben ist.

In karolingischer Zeit selbst findet das Relief eine ikonographische Parallele in dem berühmten, nur in Zeichnungen überlieferten Kreuzfuß, den Einhard, der Biograph Karls des Großen, zwischen 820 und 830 der Abtei St. Servatius in Maastricht stiftete. Formal einem römischen Triumphbogen nachgebildet, zeigte er an den Innenseiten des Torbogens zwei Reiter im Feldherrnkostüm, die jeweils mit der Lanze einen Drachen zu ihren Füßen niederstechen. Sie wurden von weiteren Figuren in militärischer Tracht begleitet. Darüber waren die vier Evangelisten sowie, in der Attikazone des Bogens, der thronende Christus mit den Aposteln und den Erzengeln dargestellt.

Angesichts dieser ikonographischen Verwandtschaft liegt die Frage nahe, ob der heute verlorene Flügel des Diptychons tatsächlich, wie oft vermutet, zwei weitere triumphierende Herrschergestalten aufwies, oder ob die erhaltene Tafel nicht vielmehr die untere Zone des Einhardbogens widerspiegelt, während die verlorene Platte dessen Attikazone entsprach und eine figürliche oder symbolische Darstellung Christi enthielt. Auch ein Bild des sieghaften Christus nach dem 90. (91.) Psalm, der Löwe und Schlange niedertritt, oder die Darstellung Michaels als Drachentöter wären mit der triumphalen Bildthematik der Tafel vereinbar.

Stilistisch lässt sich das Relief am ehesten mit Werken der Zeit Kaiser Ludwigs des Frommen (813–840) verbinden, allen voran mit den Darstellungen des Kaisers im römischen Feldherrngewand als Verteidiger Christi, wie sie sich in einer Reihe von Fuldaer Handschriften mit dem Traktat des Hrabanus Maurus über das Lob des Kreuzes erhalten haben. Sie lassen – neben spätantiken Vorbildern – ein Weiterleben künstlerischer Traditionen der Hofwerkstätten Karls des Großen erkennen, die auch für die Formensprache der Elfenbeintafel prägend waren.

Angeblich aus der Abtei Notre-Dame in Ambronay (Rhones-Alpes). Im 19. Jahrhundert in der Sammlung Alexandre du Sommerard, Paris, danach Sammlung Louis Carrand, Florenz. 1889 mit dem Nachlass Louis Carrand dem Museum gestiftet.

Michael Peter

Literatur

Ausst.-Kat. Susa/Novalesa 2006, Nr. IV.2 (Fabrizio Crivello); Deér 1953; Fillitz 1983, hier S. 59-61; Fillitz 1999, hier S. 619 u. 621; Goldschmidt 1914/1918, Bd. 1, Nr. 10; Kahsnitz 2010, hier S. 127 f., Nr. 21; Schramm/Mütherich 1983, S. 155–156, zu Abb. 11.

IV.24

Sammelhandschrift grammatikalischer Lehrtexte

Aachen (?) und Italien, Ende 8. Jahrhundert
Pergament, 182 Blätter, einfache Initialen, vereinzelt
mit Flechtwerk und floralen Verzierungen, sowie
Zierschriften. H 24 cm, B 15,5 cm
Berlin, Staatsbibliothek zu Berlin – Preußischer
Kulturbesitz, Ms. Diez. B Sant. 66

Die hier gezeigte Sammelhandschrift mit zahlreichen grammatischen und rhetorischen Lehr- und Mustertexten wurde nach Ausweis des Inhalts sowie der Schrift („austrasischer Typ" der frühkarolingischen Minuskel) zunächst von einem Ende des

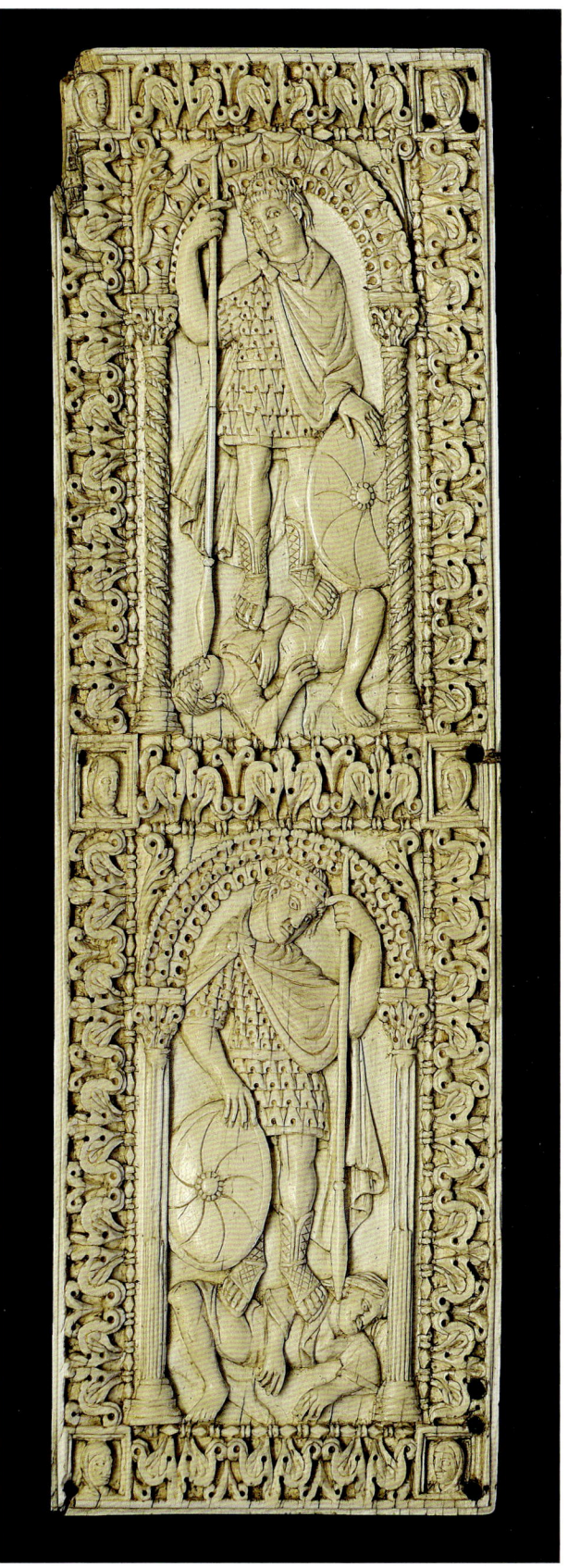

IV.23

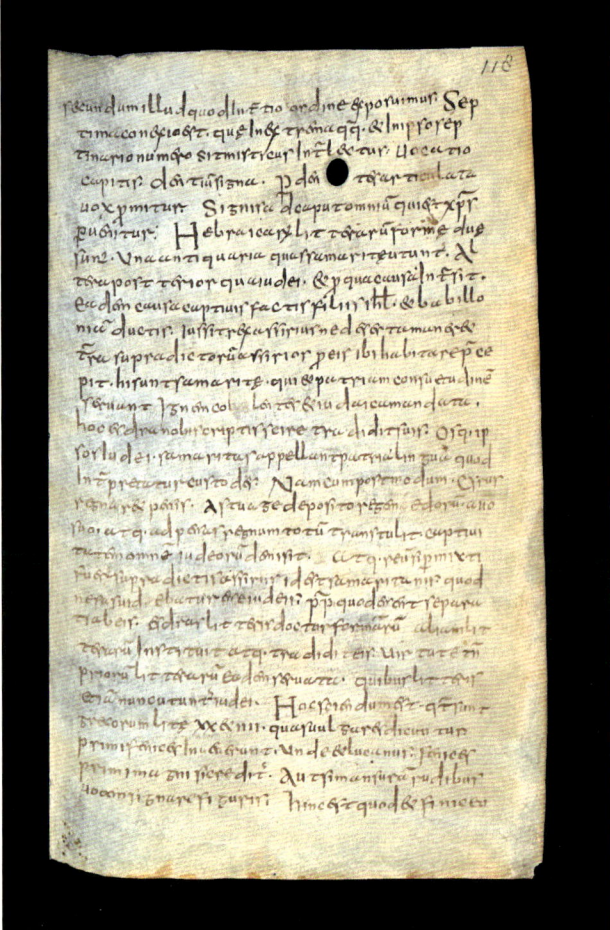
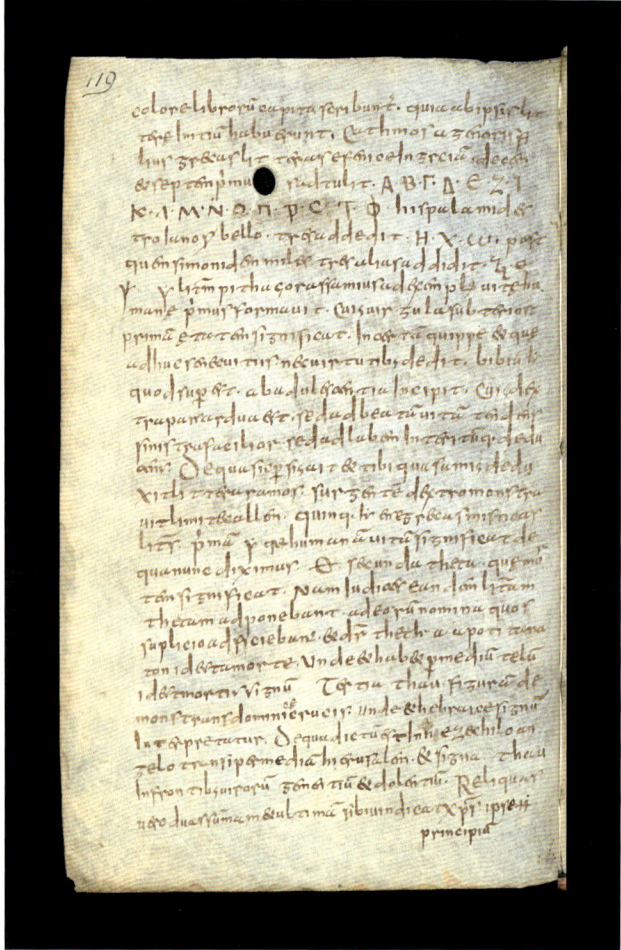

IV.24

8. Jahrhunderts im Umkreis Karls des Großen (768–814) tätigen Schreiber kopiert, wahrscheinlich in Aachen. Dafür spricht auch ein Preisgedicht über den legendären Sieg des karolingischen Hausmeiers Pippins des Großen über die von Spanien aus vorgerückten Araber (S. 127 f.). Nur unwesentlich später hat ein zweiter Schreiber jene Passagen ergänzt, die die erste Hand noch frei gelassen hatte. Anfänglich scheinen beide Hände in einem gemeinsamen Skriptorium zusammen gearbeitet zu haben, was sich hier und da an den Überlappungen der Textgrenzen ablesen lässt. Der zweite Schreiber, dessen Schriftduktus nach Italien weist, könnte den Band noch zu Lebzeiten in seine Heimat mitgenommen und dort ergänzt haben, wie Korrekturen, Ergänzungen und Glossen von italienischen Händen aus dem 10. Jahrhundert nahelegen.

Die einzelnen Teile der vorliegenden Sammlung stellen eine charakteristische Mischung aus normativen und kommentierenden Texten zur Grammatik und Rhetorik dar, die von Mustertexten klassischer Dichter der heidnischen Antike und christlichen Spätantike durchsetzt ist. Das Spektrum der Schriften ist ein

gutes Beispiel dafür, wie sehr die Gelehrten am Hofe Karls des Großen den antiken Bildungskanon als Grundlage ihres philologischen Arbeitens verinnerlicht hatten, aber auch, wie aus dem Herrschaftszentrum Aachen wissenschaftliche Erkenntnisse über intellektuelle Netzwerke im Reich verbreitet wurden. Der Textkanon, auf dem diese von Karls engstem Umkreis getragenen Bestrebungen ruhten, findet sich in einem Bücherverzeichnis wieder, das die Mustertexte der bewunderten „Alten" noch einmal in einer kurzen Überschau bietet (S. 218 f.).

Möglicherweise geht der flexible, mit zwei Lederschnüren verschließbare Pergamenteinband der Handschrift noch auf den Originaleinband aus der Zeit um 800 zurück. Heute sind davon nur noch Reste erhalten, da der Einband 1971 durch einen modernen Ledereinband auf Holz ersetzt wurde. Einbände des ursprünglichen Typs eigneten für den leichteren Transport der Bücher, so dass auch von hier aus ein früher Export nach Italien plausibel erscheint. Dass die Handschrift tatsächlich früh nach Italien kam, beweist auch der Besitzvermerk eines Johannes Victor de Feltro aus dem 14. Jahrhundert. Vier Jahrhunderte später

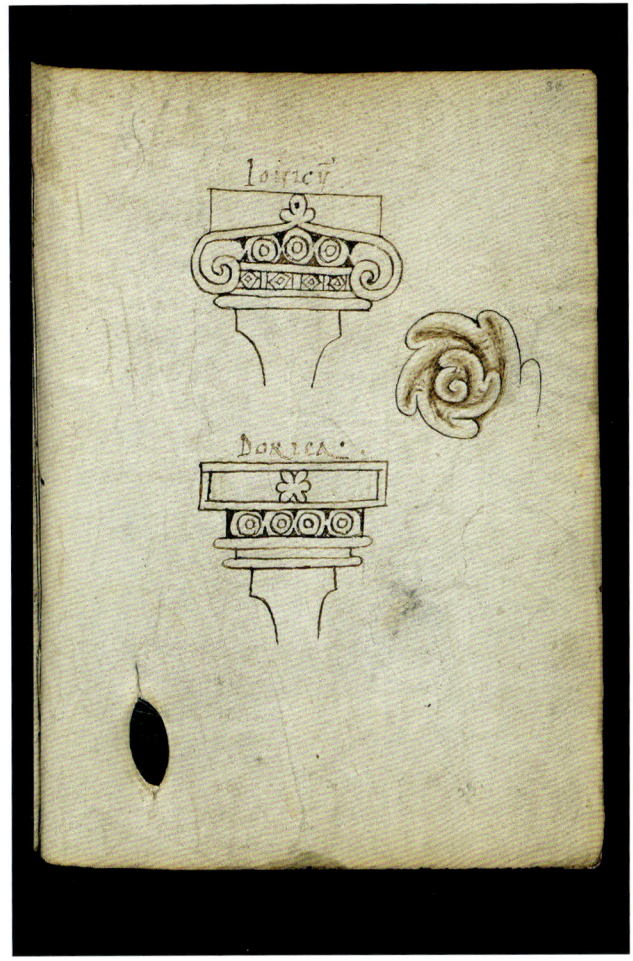

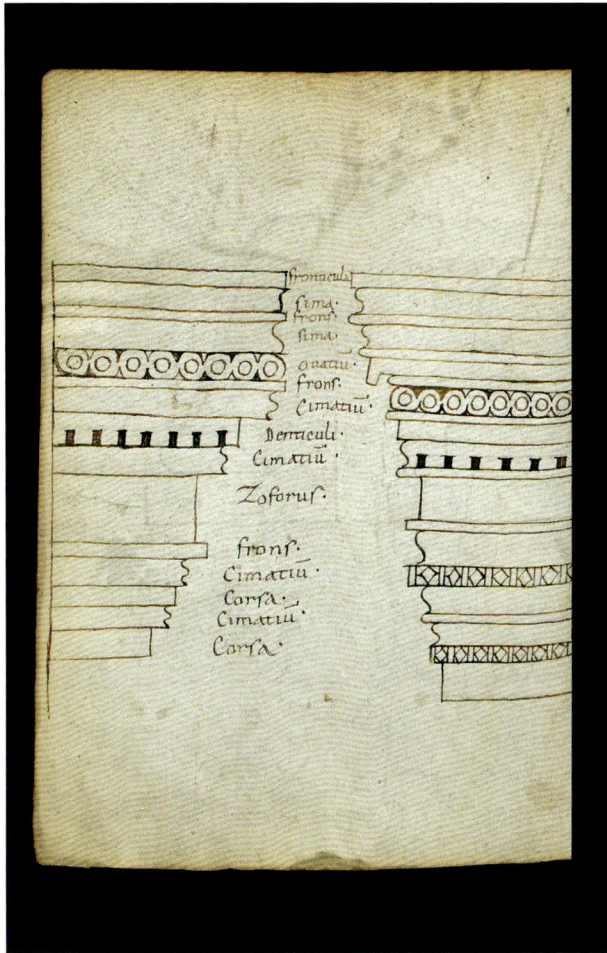

IV.25, fol. 35r

IV.25, fol. 35v

befand sich der Codex im Kloster SS. Faustino e Jovita in Brescia. Ende des 18. Jahrhunderts gelangte er dann über die Sammlung des Frankfurter Tabakgroßhändlers Peter Anton Bolangoro-Crevenna, der den Band vermutlich aus dem Besitz der aus Norditalien stammenden Familie erbte, kurzzeitig in den Besitz des niederländischen Philologen Laurens van Santen, ging dann aber schon um 1800 in die Bibliothek des preußischen Legationsrates und Bibliophilen Heinrich Friedrich von Diez über. Mit großen Teilen der ehemaligen Diez'schen Sammlung kam der Band dann 1817 in die Königliche Bibliothek zu Berlin.

Jürgen Geiß

Quellen
Sammelhandschrift Diez. B Sant. 66.

Literatur
Ausst.-Kat. Berlin 1975, Nr. 18 u. Abb. S. 27; Fingernagel 1991, Bd. 1, S. 120, Bd. 2, S. 149; Winter 1986, S. 71–75.

IV.25

Sammelhandschrift mit Vitruvs De architectura libri decem und Zeichnungen antiker Säulenordnungen nach Vitruv

Oberrheinisch-alemannisches Gebiet, St. Gallen (?), spätes 10. Jahrhundert
Sammelhandschrift, Pergament, 215 Blätter, Federzeichnungen. H 19,1 cm, B 14,8 cm
Sélestat, Bibliothèque Humaniste, Ms. 17

Der Schlettstädter Codex zeichnet sich in der mittelalterlichen Vitruv-Überlieferung durch die einzigartige Einfügung von drei Seiten mit Federzeichnungen aus. Die Handschrift enthält von mehreren Schreiberhänden des ausgehenden 9. und des 10. Jahrhunderts eine Sammlung technischer Rezepte (*Mappae clavicula*), die Vitruvexzerpte von Cetius Faventinus (*Artis architectonicae Liber*) sowie den lückenhaften Text von Vitruvs *De architectura libri decem*. Die Darstellungen zeigen auf fol.

35r inschriftlich bezeichnet eine ionische und eine korinthische Säulenbasis, auf fol. 35v zwei Gebälkvarianten mit Benennung der Profilnamen der linken Zeichnung und auf fol. 36r Ansichten je eines inschriftlich als ionisch und dorisch bezeichneten Kapitels. Unten auf fol. 35r sowie rechts auf fol. 36r sind mit dem Stift vegetabile Rankenformen sowie eine Rosette eingefügt, die aber nicht mit Tusche nachgezogen wurden. Das abweichende Pergament, das Lagenschema des Doppelblattes und die paläographisch im späten 10. Jahrhundert zu datierende Schrift sprechen für eine nachträgliche Hinzufügung der Zeichnungen, die ohne direkten Bezug zum Vitruvtext stehen. Auch die Termini sind zwar antiken Ursprungs, jedoch nicht vitruvianisch. Wegen der Abweichung der Zeichnungen von antiken Proportionen sowie römischer-antiker Formen (Basen, Kapitelle) dürften diese wohl ohne antike Illustrations-Vorlage entstanden sein, zeugen jedoch von einer Kenntnis antiker Formen.

Die Rezeption von Vitruv und damit der römischen Architekturtheorie allein steht für den Versuch einer Aneignung antiken Wissens im Frühmittelalter. Hierbei erweist sich die Schlettstädter Handschrift in ihrer Kombination von *Mappae clavicula* und Vitruv als Abschrift einer oberrheinisch-alemannischen Vorlage, die möglicherweise für Vitruv auf einen Codex der Hofbibliothek Karls des Großen zurückgeht, der aus Briefen Alkuins und Einhards erschlossen werden kann. Bemerkenswert ist die Hinzufügung der Zeichnungen, die die erste überlieferte zeichnerische Rezeption antiker Formen im Mittelalter überhaupt darstellen. Insbesondere die Beschriftung des Gebälks trägt didaktische Züge und belegt eine intensive Auseinandersetzung mit Vitruv und Diskussion über antike Architektur am Herrscherhof und in den Klöstern.

Klaus Gereon Beuckers

Literatur

Ausst.-Kat. Paderborn 1999, Nr. II.40 (Alfons Zettler); Heitz 1975; Schuler 1999, S. 354, Nr. 15; Wirth 1967.

IV.26

Gaius Plinius Secundus, Naturalis historiae libri XXII–XXXVII

Aachen, Hofskriptorium Ludwigs des Frommen, 2. Viertel 9. Jahrhundert
Pergament, 165 Blätter. H 25,7 cm, B 21,6 cm
Bamberg, Staatsbibliothek Bamberg, Msc.Class.42

Gaius Plinius Secundus (Plinius der Ältere, * 23/24 n. Chr., † 79) schuf mit der monumentalen *Naturalis historia* das umfangreichste erhaltene Prosawerk des lateinischen Altertums: eine enzyklopädische „Naturkunde" in 36 Büchern. Die verbreitete deutsche Übersetzung des Titels als „Naturgeschichte" verfehlt die hier zugrundeliegende abweichende Bedeutung des Terminus *historia*.

Die *Naturalis historia* entstand als Resultat ausgedehnter Lektüre und immenser Sammeltätigkeit über Jahrzehnte hinweg. Im Jahre 77 widmete Plinius sie dem Kronprinzen und späteren Kaiser Titus (79–81); der Autor dürfte demnach sein Werk seinerzeit als weitgehend abgeschlossen angesehen haben. In der Bamberger Handschrift wird zu den Büchern 34 bis 37 jeweils vermerkt, dass sie erst postum herausgegeben worden seien (s. u.). Die Deutung dieser Angabe ist strittig. Möglicherweise hat der gleichnamige Neffe und Adoptivsohn, Plinius der Jüngere (*61/62 n. Chr.), für eine abschließende Edition aus dem Nachlass gesorgt; hierbei könnte das (partiell redigierte?) Arbeitsexemplar des Verfassers als Grundlage gedient haben. Der ältere Plinius fand als Kommandeur der kaiserlichen Flotte in Misenum am 25. August 79 beim Ausbruch des Vesuvs den Tod: Sein Forschungsinteresse und das Bestreben, Nothilfe zu leisten, hatten ihn die Nähe des Vulkans suchen lassen. Sein Neffe schilderte in zwei Briefen an den Historiker Tacitus die Geschehnisse (Epistulae 6,16 und 6,20).

Das Werk umspannt das gesamte naturkundliche Wissen der Zeit. Aufgeboten wird eine enorme Materialfülle. Vorangestellt sind als gesondert gezähltes Buch 1 die Widmungsvorrede sowie das detaillierte Inhalts- und Quellenverzeichnis. Die folgenden Abhandlungen sind nach Wissensgebieten angeordnet: Kosmographie (Buch 2), Geographie (3–6), Anthropologie (7), Zoologie (8–11), Botanik (12–19), Heilmittel (medizinische Botanik 20–27, medizinische Zoologie 28–32), Metalle (Gold und Silber 33, Kupfer und Bronze, Eisen und Blei 34), Erden und Steine (35–37, dabei besonders Marmor 36, Edelsteine, Gemmen und Bernstein 37).

Die Bücher werden, übereinstimmend mit den in Buch 1 reproduzierten Verzeichnissen, jeweils eingeleitet durch die Inhaltsangabe, die Gliederung nach Kapiteln und die Statistik der abgehandelten Gegenstände; es folgen Quellennachweise in

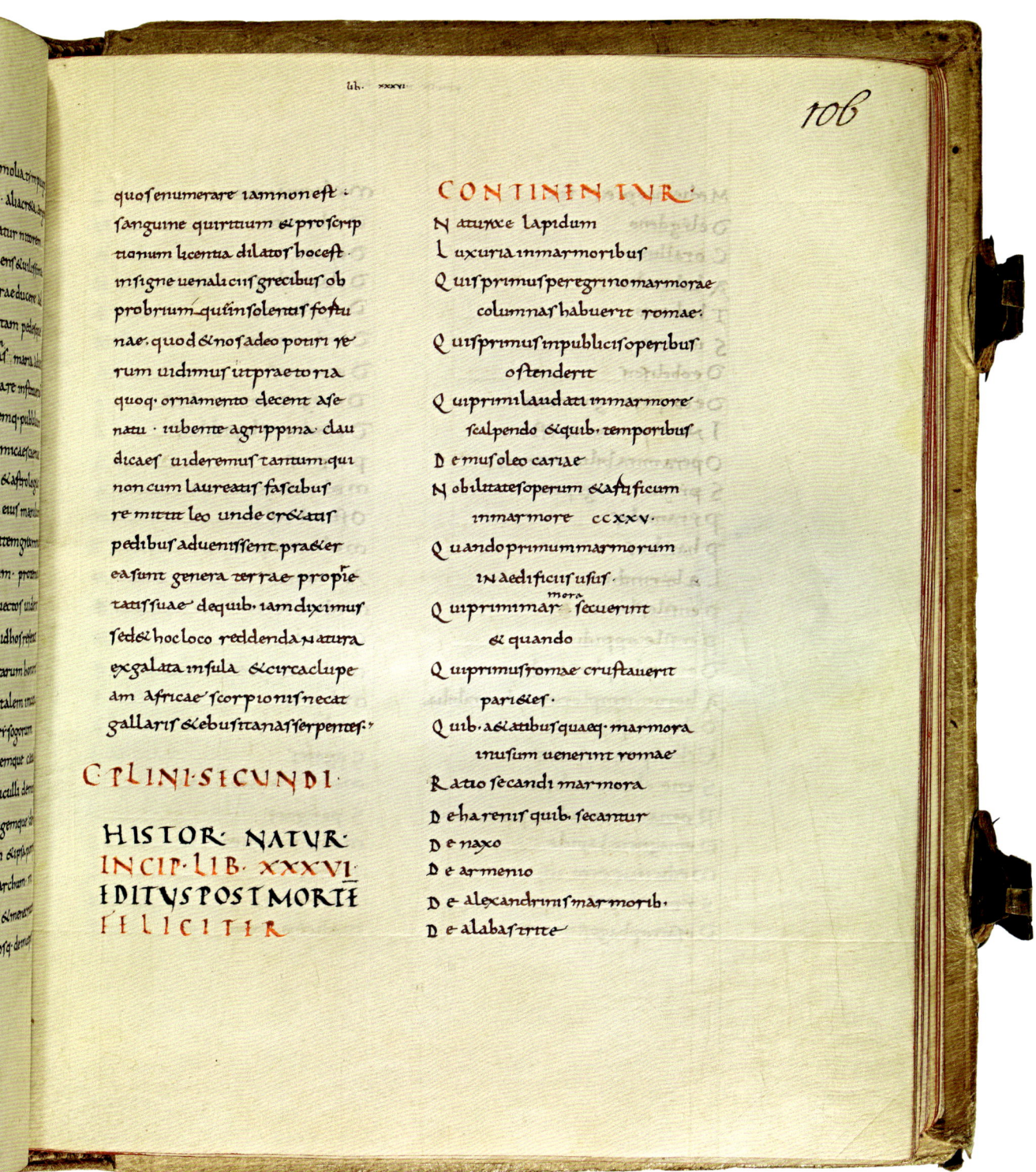

IV.26, fol. 106r

Form von Indices, differenziert nach Autoren in lateinischer (*Ex auctoribus*) und griechischer Sprache (*Externis*).

Es ist anzunehmen, dass nicht alle Referenzen auf unmittelbare eigene Lektüre des Autors zurückgehen, sondern dass ihm manches indirekt aus anderen Werken vermittelt wurde; dies gilt wohl insbesondere für die meisten griechischen Autoren. Zeitlos gültig bleibt das Bekenntnis des Plinius zu wissenschaftlicher Redlichkeit. Er fordert eine buchhalterische Offenlegung der herangezogenen Quellen und distanziert sich mit Entrüstung von dem verbreiteten geistigen Diebstahl (Naturalis historia 1,21): *Est enim benignum, ut arbitror, et plenum ingenui pudoris fateri per quos profeceris, non ut plerique ex iis, quos attigi, fecerunt. scito enim conferentem auctores me deprehendisse a iuratissimis ex proximis veteres transcriptos ad verbum neque nominatos* („Es zeugt nämlich nach meiner Meinung von Respekt und ist ein Gebot von Anstand und Ehrgefühl, zu bekennen, wem man Fortschritte zu verdanken hat, und nicht etwa so zu handeln, wie die Mehrzahl derjenigen, die ich genannt habe. Denn Du musst wissen, dass ich beim Vergleich der Gewährsmänner aufgedeckt habe, dass gerade diejenigen unter den neuesten Autoren, die sich als besonders zuverlässig präsentieren, die alten Autoren wortwörtlich abgeschrieben haben, ohne sie namentlich zu erwähnen").

Plinius verschafft der nicht selten trockenen Darstellung Abwechslung und Lebendigkeit durch die Einmischung von Exkursen, Anekdoten und moralischen Betrachtungen, auch durch die Schilderung von Paradoxa oder wundersamen Erscheinungen. Eine Leitidee ist die Verherrlichung der Natur, deren Erscheinungen, Elemente und Produkte in ihrer Beziehung zum Menschen und nach ihrer praktischen Nutzbarkeit gewürdigt werden. So überliefern etwa die als „Kunstbücher" bekannten letzten fünf Bücher der *Naturalis historia* in einzigartiger Weise Informationen über die Geschichte des antiken Kunstschaffens: Bei der Behandlung der Metalle (33–34) geht Plinius auf deren Verwendung für verschiedenartige Gebrauchsgegenstände und Kunstwerke ein, unter Beigabe eines Künstlerkataloges. Die Besprechung der verschiedenen Erdarten (35) wird eröffnet durch weitläufige Ausführungen über die Geschichte der Malerei, assoziiert durch die im Nachgang dargestellte Gewinnung der Farbpigmente; es folgen Mitteilungen zur Tonbildnerei. Die Vorstellung des Marmors (36) lädt ein zu Betrachtungen über dessen Nutzung in Skulptur, Architektur und Mosaikkunst. Bei der Auflistung der Edelsteine (36) kommt Plinius auf Arbeiten der Gemmenschneider zu sprechen.

Die *Naturalis historia* gehörte im gesamten Mittelalter zu den berühmtesten und am intensivsten rezipierten antiken Werken. Von der fortdauernden Beachtung zeugt schon die stattliche Zahl von mehr als 200 erhaltenen Handschriften ab dem 9. Jahrhundert (viele überliefern nur Teile des Gesamtwer-

kes); Fragmente reichen bis ins 3. und 5. Jahrhundert zurück. Unter den mannigfaltigen Textauszügen gehört die wohl im 4. Jahrhundert kompilierte, später durch andere Quellen ergänzte *Medicina Plinii* zu den bekanntesten. Anders, als die Vorlage, ist dieses Reisehandbuch für den medizinischen Laien nicht nach Pflanzen und Tieren geordnet, sondern nach den Krankheiten 'von Kopf bis Fuß'. Die *Medicina Plinii* war im 5./6. Jahrhundert ihrerseits Grundlage für eine erweiternde Umarbeitung, die als *Physica Plinii* überliefert wurde.

Plinius galt weit über das Mittelalter hinaus als wissenschaftliche Autorität in Fragen der Kosmographie, Geographie, Botanik, Biologie und Medizin. Mit den Ausführungen zur bildenden Kunst liegt eine einzigartige Quelle zur antiken Kunstgeschichte vor, die als Fundgrube nicht nur für die klassische Archäologie unschätzbar bleibt. Nachhaltig war die Rezeption in der bildenden Kunst und in der Kunstkritik seit der Renaissance.

Die Bamberger Handschrift bietet für die letzten sechs Bücher der *Naturalis historia* die maßgebliche Überlieferung. Der Schriftspiegel ist auf den feinen Pergamentblättern in zwei Kolumnen großzügig angelegt; die Kalligraphie ist vorzüglich. Durchgehend sind Kolumnentitel in winziger Minuskel notiert, so auf den beiden in der Ausstellung gezeigten Seiten mit der Einleitung zu Buch 36 (fol. 105v/106r): *plin(i) sec(undi) natur(alis) hist(oriae) / lib(er) XXXVI*. Lediglich den Büchern 34 bis 37 ist in Versalien jeweils eine Überschrift vorangestellt (hier fol. 106r, mit geringfügigen Variationen entsprechend fol. 49v, 76r, 135r): *C. Plini Secundi Histor(iae) natur(alis) incip(it) lib(er) XXXVI editus post morte(m) feliciter*.

Bernhard Bischoff weist den Kodex dem Hofskriptorium Kaiser Ludwigs des Frommen zu (813, 814–840). Diese Provenienz macht wahrscheinlich, dass er zu den Bücherstiftungen Heinrichs II. (1002, 1014–1024) für die Bamberger Dombibliothek gehörte. Von dort gelangte er im Zuge der Säkularisation 1802/1803 in die heutige Staatsbibliothek Bamberg.

Werner Taegert

Quellen

Plinius, Naturalis historia.

Literatur

Berno 2010; Bischoff 1966–1981, Bd. 3, S. 182, 184 u. 279–280, Taf. XII; Bischoff 1976, hier S. 17 u. 19, Taf. II; Bischoff 1998, S. 48, Nr. 212; Borst 1995, S. 6, 21, 166 u. 208; Kroll/Hanslick 1951; Leitschuh/Fischer/Dreßler 1887–1966, Bd. 1,2, S. 43–44, Nachträge Bd. 1,3, S. 43; Munk Olsen 1985, S. 250; Munk Olsen 1987, S. 37–38 u. 305; Munk Olsen 1989 S. 111; Reynolds 1983, S. 307–316, hier S. 311; Schemmel 1990, S. 24–25, Nr. 2; Schemmel 1997, S. 140.

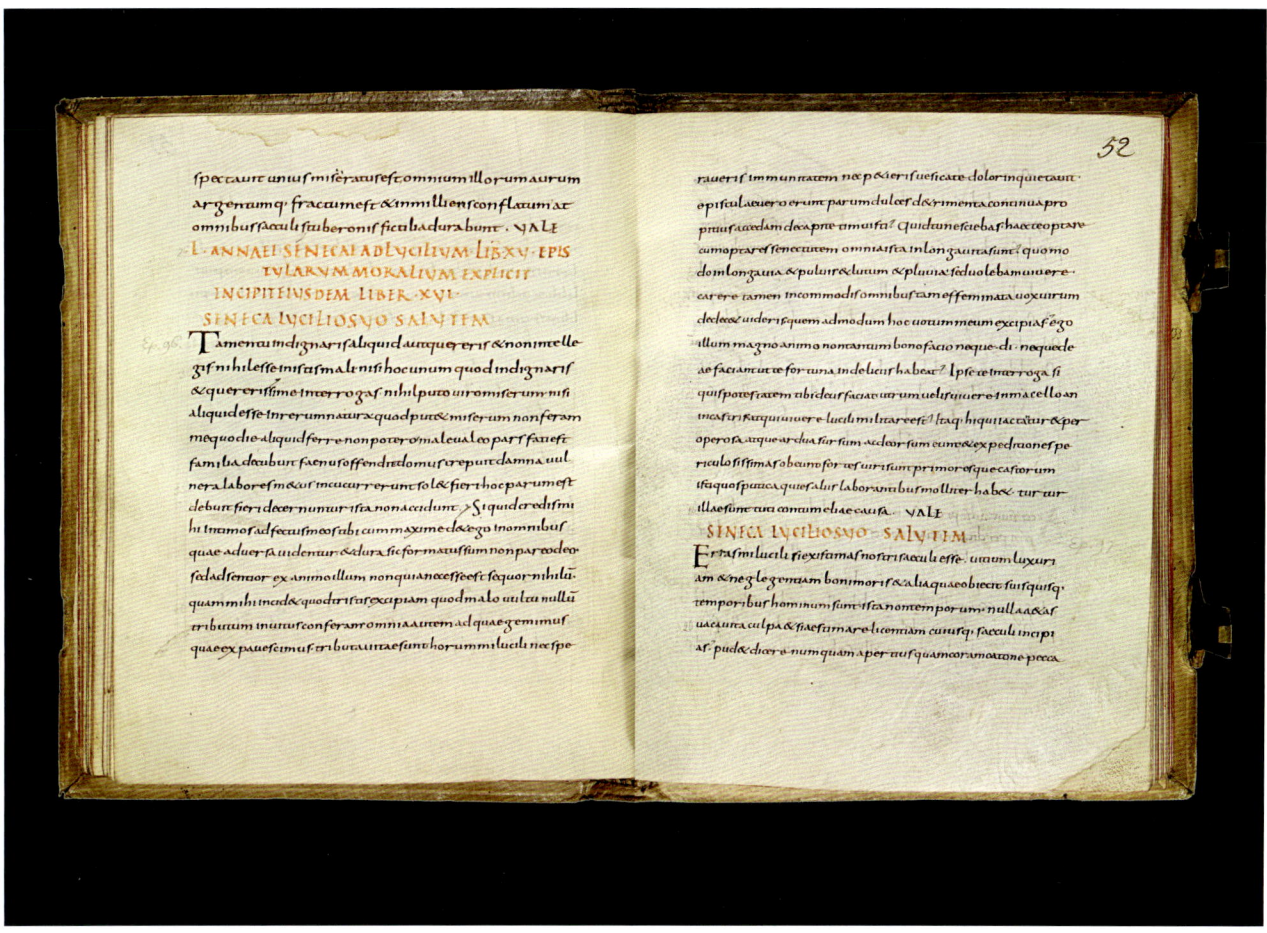

IV.27, fol. 52r

IV.27

Lucius Annaeus Seneca, Epistularum libri XIV–XX (Epist. 89–124)

Aachen, Hofskriptorium Ludwigs des Frommen,
1. Hälfte 9. Jahrhundert
Pergament, 133 Blätter. H 21,5 cm, B 18 cm
Bamberg, Staatsbibliothek Bamberg, Msc.Class.46

Die *Epistulae morales ad Lucilium* gelten als das philosophische Hauptwerk in dem außerordentlich vielfältigen literarischen Schaffen des Lucius Annaeus Seneca (Seneca der Jüngere, * um Chr. Geburt, † 65 n. Chr.). Die Sammlung von 124 moralphilosophischen Lehrbriefen, entstanden in den Jahren von 62 bis 64 n. Chr., ist an seinen Freund Lucilius gerichtet und zur Veröffentlichung bestimmt.

Erörtert werden in den Briefen vielfältige Fragen der richtigen Lebensführung vor dem Hintergrund stoischer Ethik, doch ohne dogmatischen Rigorismus: Seneca legt Wert auf ein eigenständiges kritisches Urteil und die Freiheit der Ent-

scheidung. In freundschaftlicher „Seelenleitung" (Hadot 1969) sucht er zur Selbsterziehung und zum fortdauernden Einüben einer bewussten Lebenshaltung zu ermutigen, zum „Tun des Gewussten" (Maurach 2005, S. 177). Wesentliches Ziel des Lernprozesses ist es, auf dem Weg zur Vervollkommnung und zur Weisheit fortzuschreiten und damit zu einem vollauf geglückten Leben zu finden. Insgesamt präsentieren sich die essayistischen Briefe als eine abwechslungsreich vorgetragene, fundierte Einführung in die Philosophie mit durchgängigem Rückbezug auf die konkrete Lebenspraxis: Der Zugang ist nicht systematisch im Sinne fachwissenschaftlicher Theorie, sondern existentiell. In den späteren Briefen werden auch Fragen der Logik und der Dialektik thematisiert.

In den ersten drei Büchern münden die Briefe beharrlich in einen epikureischen Weisheitsspruch, der zum Nachsinnen, zur Selbstreflexion anregen soll – dies nicht zuletzt mit Rücksicht auf den Adressaten, der dieser Lehre wohl nahe stand. Die spätere Aufforderung des Lucilius, dieses Verfahren mit stoischen Bonmots fortzusetzen, weist Seneca zurück: Die stoische Schule fordere keine Autoritätshörigkeit; ein reifer Mann müsse auch wagen, etwas in eigener Verantwortung auszusprechen (Seneca, Epistulae 33).

Die Briefsammlung kann als philosophisches Vermächtnis Senecas betrachtet werden. Ungeachtet des Anscheins spontaner Improvisation ist sie als künstlerisches Ganzes planvoll konzipiert. Die sprachliche Gestaltung bezeugt allenthalben das fein nuancierende, treffsichere Ausdrucksvermögen eines der größten Stilisten der lateinischen Sprache. Die *Epistulae morales* wirkten nachhaltig auch in das Mittelalter hinein, in dem Seneca als Sittenlehrer hervorragende Geltung genoss.

Die in 20 Bücher eingeteilte Sammlung ist in zwei voneinander unabhängigen Teilen überliefert (Bücher I–XIII mit den Briefen 1–88, Bücher XIV–XX mit den Briefen 89–124). Für den zweiten Teil ist der Bamberger Codex der älteste, einzig vollständige sowie auch bei weitem beste – und damit maßgebliche – Textzeuge. Er wurde mutmaßlich nach einer Vorlage wohl des 5. Jahrhunderts in Unzialschrift kopiert, dem Archetypus dieses Überlieferungszweiges. Teile der Briefe 120 und 121 sowie die Briefe 123 und 124 bietet unter den frühen Überlieferungsträgern aus der Zeit vor der Renaissance allein dieses Exemplar. Eine vormals in der Stadtbibliothek in Straßburg verwahrte Handschrift des 9. Jahrhunderts (Signatur: C.VI.5), die 1870 dem Krieg zum Opfer fiel, war eine unmittelbare Abschrift dieses Kodex.

Der Text ist auf den etwas ungleichmäßigen Pergamentblättern einspaltig und sehr sorgfältig von mehreren ähnlichen Händen geschrieben. Bernhard Bischoff weist das Buch dem Hofskriptorium Kaiser Ludwigs des Frommen (813, 814–840) zu. Diese Provenienz macht wahrscheinlich, dass es zu den Stiftungen Heinrichs II. (1002, 1014–1024) für die Bamberger Dombibliothek gehörte. Von dort gelangte es im Zuge der Säkularisation 1802/1803 in die heutige Staatsbibliothek Bamberg.

Werner Taegert

Quellen
Seneca, Epistulae.

Literatur
Ausst.-Kat. Florenz 2004, Nr. 53 (Michele Camillo Ferrari); Bischoff 1966–1981, Bd. 2, S. 47, Anm. 38, Bd. 3, S. 180–181 u. Taf. XI; Bischoff 1976, hier S. 15 u. Taf. I; Bischoff 1998, S. 48, Nr. 215; Cancik 1967; Fohlen 2000, bes. S. 134; Hadot 1969; Leitschuh/Fischer/Dreßler 1887–1966, Bd. 1,2, S. 47–48, Nachträge Bd. 1,3, S. 43; Maurach 2005, bes. S. 157–177; Munk Olsen 1985, S. 386; Munk Olsen 1987, S. 37–38 u. 305; Reynolds 1965, bes. S. 9–10, 33 u. 35–65; Reynolds 1983, S. 369–375, hier S. 371–373.

IV.28

Historia Augusta

Fulda, 1. Hälfte 9. Jahrhundert
Pergament, 208 Blätter. H 28,6 cm, B 23,5 cm
Bamberg, Staatsbibliothek Bamberg, Msc.Class.54

Die *Historia Augusta* gehört zu den umstrittensten Quellen der antiken Literatur. Sie stellt 30 römische Kaiser, Thronanwärter und Usurpatoren aus der Zeit von Hadrian bis Numerianus bzw. Carinus (117 bis 284/285) in – nicht vollständig überlieferten – Einzelbiographien vor. Die ursprüngliche Betitelung ist unbekannt, die heute gängige Benennung *Historia Augusta* (Kaisergeschichte) neuzeitlich. Vorgeblich soll das Werk von sechs verschiedenen Autoren um 300 verfasst worden sein (auf diese bezieht sich die summarische Bezeichnung *Scriptores historiae Augustae*, die der Humanist Isaac Casaubon (*1559, † 1614) mit seiner 1603 in Paris erschienenen Edition einführte). In der aktuellen wissenschaftlichen Diskussion herrscht demgegenüber die Annahme vor, dass die Biographiensammlung von nur einem einzigen, der heidnischen Senatsaristokratie nahestehenden anonymen Autor wohl um die Wende vom 4. zum 5. Jahrhundert geschrieben wurde; erwogen wird allerdings auch eine Datierung um ein Jahrhundert später.

„Wie sie [d. h. die einzelnen Viten] jetzt vorliegen, ist man bei dem Gebrauch des ebenso gefährlichen wie unentbehrlichen Buches in stetiger Verlegenheit und Unsicherheit", so lautete das viel zitierte kritische Urteil, das Theodor Mommsen 1890 (S. 281) fällte. Verlässliche und historisch wertvolle, dabei auch singulär tradierte Informationen stehen neben offenkundigen Anachronismen, bisweilen durchschaubaren Erfindungen und eklatanten Fälschungen, neben reichhaltig eingestreuten Anekdoten, Klatschgeschichten und mancherlei Produkten der Wunderfabelei. Zitierte Dokumente sind nachweislich frei erfunden, zahllose Personennamen fiktiv oder verändert, Quellenangaben vielfach unzutreffend oder zumindest verdächtig.

Vielfältig sind die Problemfelder, die in der seit langem anhaltend und intensiv betriebenen Spezialforschung zur *Historia Augusta* von Historikern und Klassischen Philologen kontrovers diskutiert werden, so insbesondere die Entstehungszeit, die Verfasserfrage, die Quellen und der Wahrheitsgehalt (der bei einzelnen Aussagen oft gar nicht geklärt werden kann), die Tendenz und Darstellungsabsicht sowie die historische und literarhistorische Einordnung.

Der Text der Bamberger Handschrift wurde in Fulda unmittelbar nach einem Codex aus dem ersten Viertel des 9. Jahrhunderts kopiert, mutmaßlich der einzigen unabhängigen

Textquelle (Biblioteca Apostolica Vaticana, Vaticanus Palatinus latinus 899). Geschrieben ist er von mehreren Händen in angelsächsischer Minuskel.

Das Exemplar befand sich zeitweilig in Händen des gebildeten und bibliophilen Leo von Vercelli (ab 998 Bischof von Vercelli, † 1026; zu diesem vgl. Kat.-Nr. V.70), der am Hof Ottos III. (983–1002) für die Betreuung der Buchbestände verantwortlich war. Er hat es intensiv durchgearbeitet und – wie er es auch bei anderen Handschriften gewohnt war – an den Blatträndern eigenhändig mit sachlichen oder kritischen sowie auch persönlichen Anmerkungen versehen. Diese Notizen sind allenthalben in das Buch eingestreut. Durchweg ohne solche Vermerke blieb allerdings die ausgedehnte Seitenfolge zwischen fol. 26v und fol. 80r. Der uneinheitliche Schriftduktus mag an Eintragungen über einen längeren Zeitraum hinweg denken lassen.

Den Marginalien sind vielfach „Nota"-Zeichen vorangestellt, mit denen der Schreiber vereinzelt sich selbst, zumeist jedoch einen anonymen jungen Schüler apostrophiert: „Nota Leo [...]" oder „Nota puer [...]" bzw. abgekürzt „Nota p. [...]". In einem Fall wird der Schüler namentlich angesprochen (fol. 86r): „Nota puer Odelrice". Ob an diesen auch bei den unpersönlichen Anreden zu denken ist, muss offenbleiben.

Die in der Ausstellung aufgeschlagene rechte Seite (fol. 172r) weist eine Randnotiz Leos zur Vita des Kaisers Claudius II. Gothicus (268–270) auf. Die Historia Augusta erwähnt an dieser Stelle (2,4), dass Moses, „wie die Schriften der Juden sagen", das außergewöhnliche Alter von 125 Jahren erreicht habe (nach Dtn 34,7 währte dessen Lebenszeit allerdings 120 Jahre). Dieses „biblische" Alter wird von Leo als „bemerkenswert" am Rand wiederholt: „Nota puer moysen c.xx.v. anno[s] vixisse".

Alles in allem bezeugen die Anmerkungen Leos ein breitgefächertes Interesse für kennzeichnende Realien der römischen Antike, für spezifische Sachverhalte des sozialen und politischen Lebens sowie der Staatsverwaltung, für herausragende Zeugnisse der Architektur, für außergewöhnliche Vorkommnisse und Kuriositäten. Er registriert und kommentiert vorbildliche oder verabscheuungswürdige Eigenschaften bzw. Verhaltensweisen, insbesondere bei einzelnen Herrschern, und hält denkwürdige Zitate fest (z. B. fol. 14r zur Vita des Kaisers Hadrian 23,14: „Nota p(uer) pulcrum A[dri]ani dictum"). Besondere Aufmerksamkeit widmet er Ämtern, Titeln und Rangordnungen. „Wir spüren [...], wie sehr die Antike, ganz allgemein gesprochen, im Umfeld Ottos III. die Gemüter beschäftigt und angeregt hat, wie sehr die Bücher, Bauten und Berühmtheiten der Antike zum Maßstab geworden waren" (Dormeier 2002, S. 181).

Die Handschrift gelangte sicherlich über Heinrich II. (1002–1024) in die Bamberger Dombibliothek und im Zuge der Säkularisation 1802/1803 in die heutige Staatsbibliothek Bamberg.

Werner Taegert

Literatur

Ausst.-Kat. Hildesheim 1993, Bd. 2, Nr. II-35 (Heinrich Dormeier/Hans Jakob Schuffels); Bischoff 1966–1981, Bd. 3, S. 61; Bischoff 1998, S. 49, Nr. 216; Dormeier 1993, S. 111; Dormeier 2002, S. 179–180; Dormeier 2010; Gavinelli 2007, S. 226–227; Hoffmann 1995, S. 19–20 u. 136; Leitschuh/Fischer/Dreßler 1887–1966, Bd. 1, S. 60–61; Mommsen 1890; Reynolds 1983, S. 354–356 (Peter K. Marshall); Schemmel 1990, S. 24, Nr. 3; Schemmel 1997, S. 143, Schemmel 2007, S. 72; Suckale-Redlefsen 2004, Bd. 1, S. 50–51, Nr. 32, S. 93, Abb. 231–233.

IV.29
Festus, Eutropius und Frontinus

Fulda, 2. Viertel 9. Jahrhundert
Pergament, 49 Blätter. H 30 cm, B 20,5 cm
Gotha, Forschungs- und Landesbibliothek, Memb. I 101

Festus und Eutropius sind zwei Autoren des 4. Jahrhunderts, die unter Kaiser Valens (364–378) sogenannte Breviaria, Kurzfassungen der römischen Geschichte auf der Grundlage von hervorragenden antiken Vorlagen wie Livius (Epitome) oder Sueton verfassten. Ihre Abrisse reichen von den Anfängen Roms bis Kaiser Jovian (364) und erfreuten sich wegen ihrer Kürze und anschaulichen Darstellung in Spätantike und Mittelalter großer Beliebtheit. Eutropius wurde sogar von Paulus Diaconus im späten 8. Jahrhundert und Landulfus Sagax um 1000 fortgesetzt.

Der Codex ist im 2. Viertel des 9. Jahrhunderts in Fulda entstanden, wofür das zu dieser Zeit in der karolingischen Minuskel noch immer virulente angelsächsische Substrat des Hauptschreibers spricht. Seine Merkmale sind das noch häufige cc-a neben dem karolingischem a, das oft noch 3er-förmige g, das bisweilen noch halbunziale N neben dem karolingischen n, das gespaltene, leicht schräggestellte r, die ri-Ligatur mit unterschriebenem i und die ro-Ligatur mit tröpfchenförmigem o. Mit der runden ct-Ligatur ist bereits eine Ohrmarke des Fuldaer Skriptoriums ausgebildet. Eine andere Hand schreibt dann ab fol. 36r Z. 19 den Rest der Handschrift, die dem Fuldaer Schreibstil von München, BSB, clm 14641, fol. 1r–31v, aus der Zeit des Abtes Hrabanus Maurus (822–841/842), recht nahe kommt, als das Skriptorium von der angelsächsischen zur

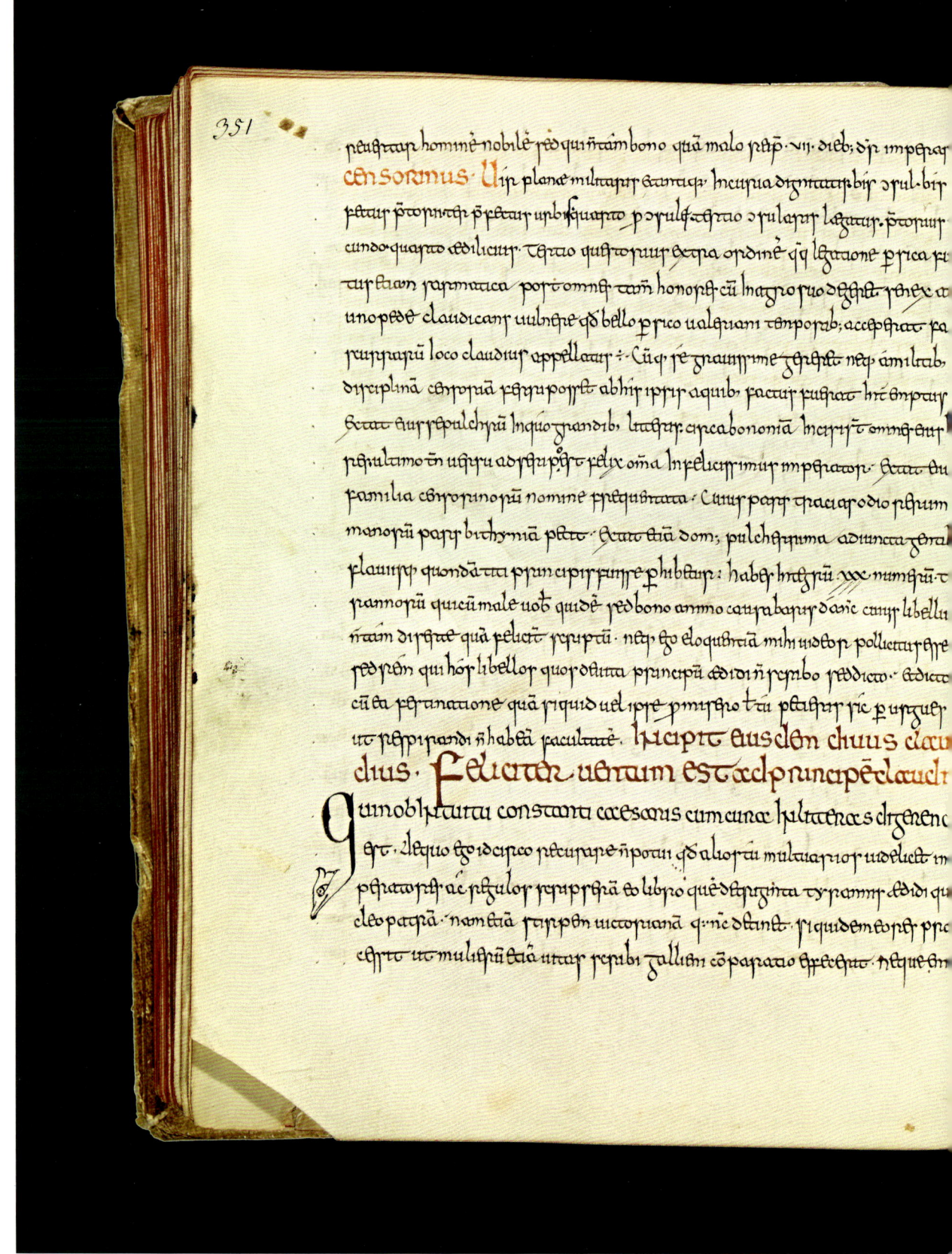

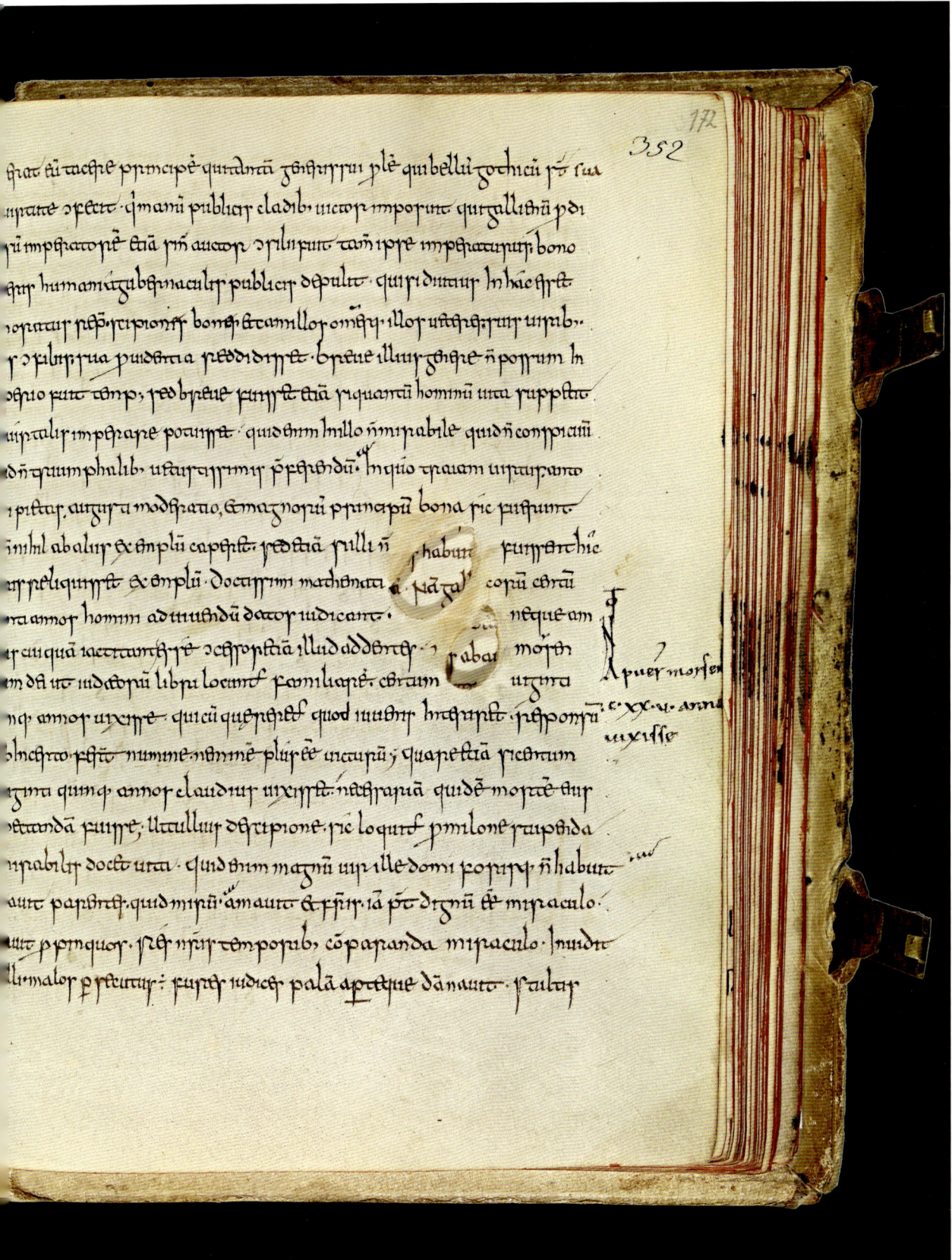

IV.29, fol. 9r–10v

karolingischen Minuskel überging. Auffallend sind auch die in Tintenfarbe gezeichneten vergrößerten Majuskeln mit oftmals zoomorphen Elementen, die als Seiten- oder Abschnittsinitialen Verwendung finden. Ihr insularer Charakter verweist ebenfalls auf den Übergang des einst angelsächsisch geprägten Fuldaer Skriptoriums zu einem rein karolingischen.

Auch die Hierarchie der Auszeichnungsschriften Capitalis rustica, Unziale und Capitalis quadrata für die Werktitel, Incipits und Explicits der Texte sowie die Kapitelüberschriften deutet auf ein gutes Skriptorium hin. Die in kleiner Capitalis rustica geschriebenen, teilweise noch erhaltenen Seitentitel des Festus könnten auf die Vorlage zurückgehen. Das regelmäßige Lagenschema, die dazugehörige römische Lagenzählung bei den ersten beiden Texten und die Verteilung der beiden Schreiberhände sprechen für die Abschrift einer vergleichbaren Vorlage oder für die gezielte Zusammenstellung der Texte. Diese sind nach vorzüglicher Vorlage kopiert worden, da sie in den Überlieferungsstemmata jeweils eine Spitzenstellung einnehmen. Für Festus gibt es zwei Überlieferungsgruppen, zu deren erster und besserer der Gothaer Codex gehört. Für Eutropius ist der Codex der Archetyp der Textfamilie A und die älteste erhaltene Handschrift überhaupt.

Die Handschrift ist ein Zeugnis der karolingischen Beschäftigung mit der römischen Kaisergeschichte zum Zwecke der Orientierung über das seit Karl dem Großen im Westen neu erworbene Kaisertum, aber nicht mehr unter Karl selbst, sondern bereits in der Zeit seines Sohnes Ludwigs des Frommen und seines Enkels Ludwigs des Deutschen. Seit den 20er Jahren des 9. Jahrhunderts verdichten sich die Spuren der Lektüre römischer Kaiserbiographien, deren vorzüglichstes Ergebnis Einhards nach Sueton gestaltete *Vita Karoli* von ca. 828 ist. Die Fuldaer Provenienz der vorliegenden Handschrift ist von großer Bedeutung, weil auch die karolingische Sueton-Überlieferung mit diesem Kloster zusammenhängt. Doch wer mag der Auftraggeber des Codex gewesen sein? Hier könnte die sich an Festus und Eutropius anschließende Textkompilation aus den *Strategemata* (,Kriegslisten') des römischen Autors Frontin (1. Jh.) einen Fingerzeig geben. Sie ist nach einer Vorlage der ersten und besten Textklasse vorgenommen worden. Die Voranstellung von Buch IV, in dem, nach militärischen Tugenden geordnet, Äußerungen und Taten hervorragender antiker Feldherrn behandelt werden, und die nachgestellten Exzerpte aus den Büchern I–III, in denen Kriegslisten vor, während bzw. nach der Schlacht sowie bei der Belagerung zusammengestellt sind, dürften auf einen prominenten karolingischen Heerführer des früheren 9. Jahrhunderts als Interessenten dieser Textzusammenstellung hindeuten.

Der Gothaer Bibliothekar Johann Gottfried Geissler hat die Handschrift von dem ehemaligen Benediktiner und berüchtigten französischen Handschriftenhändler Jean-Baptiste Maugérard im Februar 1795 für die herzogliche Sammlung angekauft. Maugérard selbst soll sie in Murbach erworben haben, als sie in einem ersten Teil noch etliche Werke des Augustinus enthielt. Doch wissen wir, dass Maugérard auch mehrfach in Fulda war, und zumindest die 1801 nach Gotha verkaufte Chronik-Handschrift Chart. A 974 stammt gleichfalls aus Fulda.

Matthias M. Tischler

Literatur

von Albrecht 1994, S. 1092 f.; Bischoff 1981 (c), S. 181; Bischoff 1998, S. 297, Nr. 1422; Christ 1933, S. 209, Nr. 330; Ehwald 1900; Falk 1902, S. 31 f.; Herzog 1989, S. 206 u. 209 f.; Hopf 1994, S. 72 u. Abb. 2; Jacobs/Ukert 1835–1838; Bd. 1, S. 228–230, Nr. 53 f. u. S. 263, Nr. 125, Bd. 3, S. 191–204 u. 215–234; Krämer 1989, Bd. 2, S. 594; Krämer 1998, S. 78; Krämer/Bernhard 1990, S. 211; Lehmann 1908, S. 70; Lehmann 1911, S. 114 u. 170; Lülfing/Teitge 1981, S. 94; Micheli 1939, S. 67; Munk Olsen 1982, S. 391; Munk Olsen 1987, S. 115 u. 169; Munk Olsen 1989, S. 58; Reynolds 1990, S. 159 u. 171; Schanz 1914, S. 77, Anm. 1, 81 u. 83 f.; Schanz 1935, S. 798; Schipke 1972, S. 15 u. 59 f.; Scivoletto 1961, S. S. 129–133, 135–137, 139–151, 153 f., 156 f., 159 f. und 162; Traube/Ehwald 1906, S. 316, 355 f., Nr. 11, 384 u. 386.

IV.30

Victor Vitensis, Historia persecutionis Africanae provinciae

Eutropius / Paulus Diaconus, Historia Romana
(unvollständig)
Mittelitalien, um 900
Pergament, 248 Blätter. H 19 cm, B 14,5 cm
Bamberg, Staatsbibliothek Bamberg, Msc.Hist.6

Die *Historia persecutionis Africanae provinciae* schildert die Verfolgungen, denen die katholischen Christen Nordafrikas unter den arianischen Vandalenkönigen Geiserich (428–477) und Hunerich (477–484) ausgesetzt waren. Der Autor Bischof Victor aus (dem nicht mehr identifizierbaren Ort) Vita in der römischen Provinz Byzacena, der zuvor als Priester in Karthago

gewirkt hatte, war Augenzeuge dieser Ereignisse.

Das wohl in den Jahren 487 bis 489 fertiggestellte Werk ist eine Hauptquelle für die Geschichte des nordafrikanischen Vandalenreiches. Die Darstellung ist allerdings wegen der einseitigen Parteinahme für die bedrängten katholischen Christen nicht immer objektiv; bisweilen trägt sie nachgerade hagiographische Züge. Im Mittelalter erfreute sich das Werk beträchtlicher Wertschätzung. Die Bamberger Handschrift ist der älteste und zugleich beste Textzeuge (fol. 1r–88v).

Die *Historia Romana* des Eutropius (Mitte 4. Jh.) bietet ein – insbesondere die Kriegsgeschehnisse beleuchtendes – bündiges Kompendium der gesamten römischen Geschichte von den mythischen Anfängen Roms bis zum Tod des Kaisers Jovianus (363–364). Das als Schulbuch beliebte Werk wurde in karolingischer Zeit von Paulus Diaconus (* um 720, † um 799) bearbeitet und bis zum Jahr 553 fortgesetzt (fol. 89r–248v).

Die vorliegende Handschrift wird von Bernhard Bischoff in das 9./10 Jahrhundert datiert, von Hartmut Hoffmann auf die Zeit um 900. Der Text ist teils in karolingischer Minuskel geschrieben (fol. 1r–88r und 194v–248v), teils in Beneventana (fol. 89r–194r). Im unmittelbaren Anschluss an den ersten Text wurde von einer italienischen Hand des 10. Jahrhunderts gleichfalls in karolingischer Minuskel ein Exzerpt aus den Homilien Gregors des Großen (590–604) nachgetragen (fol. 88rv).

Inmitten des Leerraums auf fol. 88v – zwischen den letzten vier Zeilen dieses Exzerpts und der roten Schlussschrift mit dem Explicit und Incipit über dem Seitenfuß – wurde im 10./11. Jahrhundert unvermittelt die bloße Namensinschrift „[O]tto" in Versalien notiert. Die Intention dieses Vermerks bleibt rätselhaft. Die Annahme einer impliziten Hindeutung auf Kaiser Otto III. (983–1002) erschiene spekulativ.

Die Handschrift gelangte im Zuge der Säkularisation 1802/1803 aus der Dombibliothek in die heutige Staatsbibliothek Bamberg.

Werner Taegert

Quellen

Victor von Vita, Historia persecutonis.

Literatur

Ausst.-Kat. Karlsruhe 2009, Nr. 282 (Romy Heyner); Bischoff 1966–1981, Bd. 3, S. 70; Bischoff 1998, S. 49, Nr. 218; Hoffmann 1995, S. 138; Leitschuh/Fischer/Dreßler 1887–1966, Bd. 1, S. 132–134, Nachträge Bd. 1, S. 48; Schwarcz 1994, bes. S. 120–121, 124 u. 136–137; Suckale-Redlefsen 2004, Bd. 1, S. 13–14, Nr. 5, S. 64, Abb. 150.

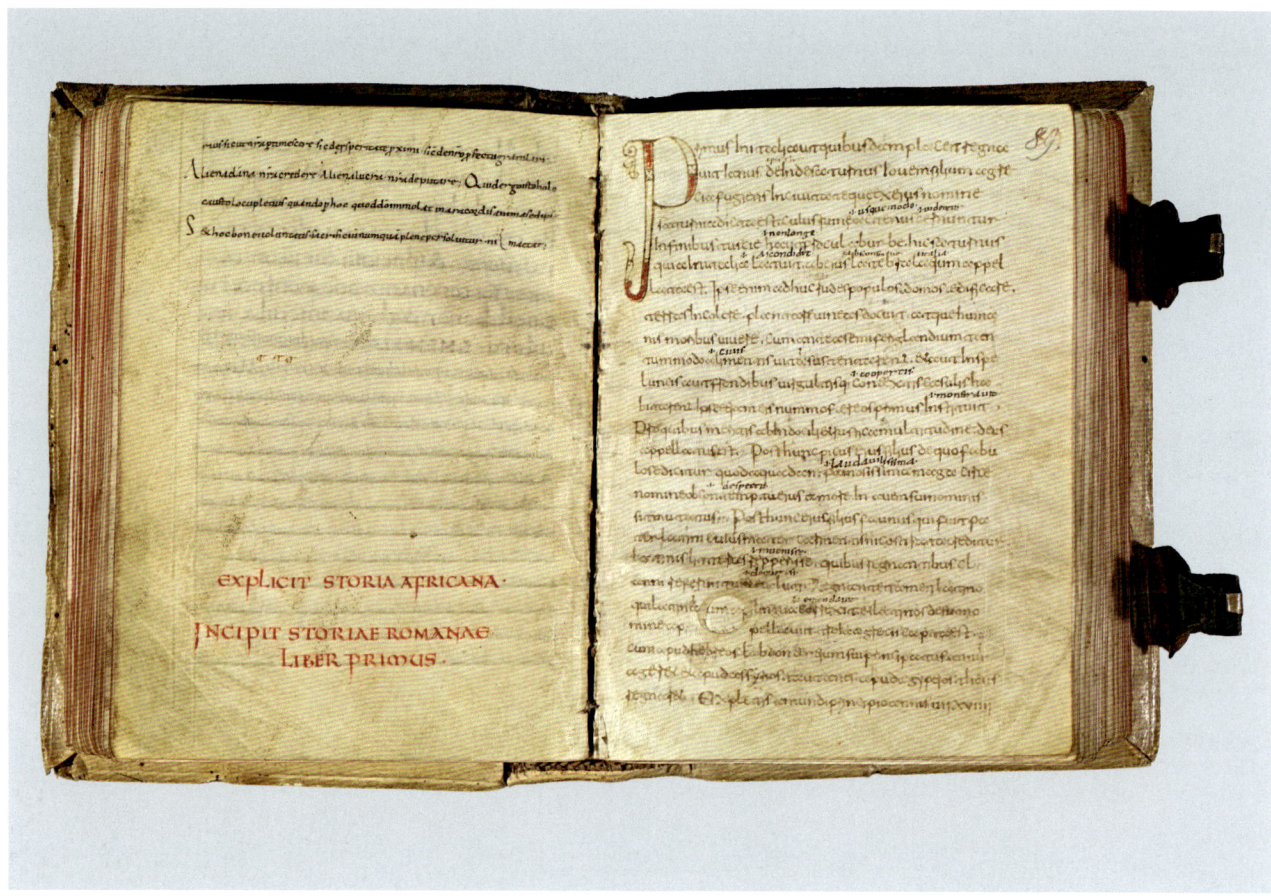

IV.30, fol. 88v–83r

IV.31

Einhartvita und Lebensbeschreibung Ludwigs des Frommen

Westdeutschland, Mitte 10. Jahrhundert,
Pappeinband, 1667
Pergament, 43 Blätter. H 23 cm, B 16,5 cm, T 2,7 cm
Wien, Österreichische Nationalbibliothek, Cod. 529

Die aus der Benediktinerabtei St. Eucharius-St. Matthias in Trier stammende und um die Mitte des 10. Jahrhunderts in Westdeutschland – vielleicht in Trier selbst – geschriebene Handschrift überliefert die Lebensbeschreibungen von zwei karolingischen Herrschern: Einharts *Vita Karoli Magni* und die Vita seines Sohnes und Nachfolgers, Ludwigs des Frommen, von Astronomus.

Einhart, seit 796/797 als Architekt und Berater Karls am Hof tätig und auch nach dessen Tod im Jahr 814 Mitglied des Hofkreises, verfasst die erste Herrscherbiographie des Mittelalters vermutlich in den späten 20er Jahren. Mangels einschlägiger Vorbilder in der frühmittelalterlichen Literatur orientiert er sich an dem um 120 n. Chr. entstandenen Werk *De vita Caesarum*

von Gaius Suetonius Tranquillus, das die Lebensbeschreibungen der zwölf römischen Herrscher von Caesar bis Domitian enthält. Sueton gliedert seine Viten in Herkunft, Jugend und Erziehung, militärische und politische Tätigkeit, Privatleben, Vorzeichen bei Geburt und Tod und schließlich Ableben, Bestattung und Testament. Einhart übergeht die ersten Abschnitte, da er dazu keine Angaben machen kann, und beginnt mit dem Übergang der Königsherrschaft von den Merowingern auf die Karolinger, um dann ausführlich die zahlreichen Kriege des Königs zu behandeln. Darauf folgt die Beschreibung der Persönlichkeit Karls, seines Familienlebens und seiner kulturellen Interessen und Unternehmungen. Den Abschluss bilden die Schilderung seines Todes samt der darauf weisenden Vorzeichen und das Testament. Zwar lehnt sich Einhart bei Details wie der Beschreibung von Karls Äußerem eng an Suetons Darstellung einzelner Herrscher an, wodurch die historische Wahrheit schwer zu beurteilen ist, doch schildert er darüber hinaus viele Details aus eigener Anschauung, die ein lebendiges und individuelles Bild Karls vermitteln.

Dem Beispiel Einharts folgen bald andere. Das Leben Ludwigs des Frommen wird bereits von drei karolingischen Auto-

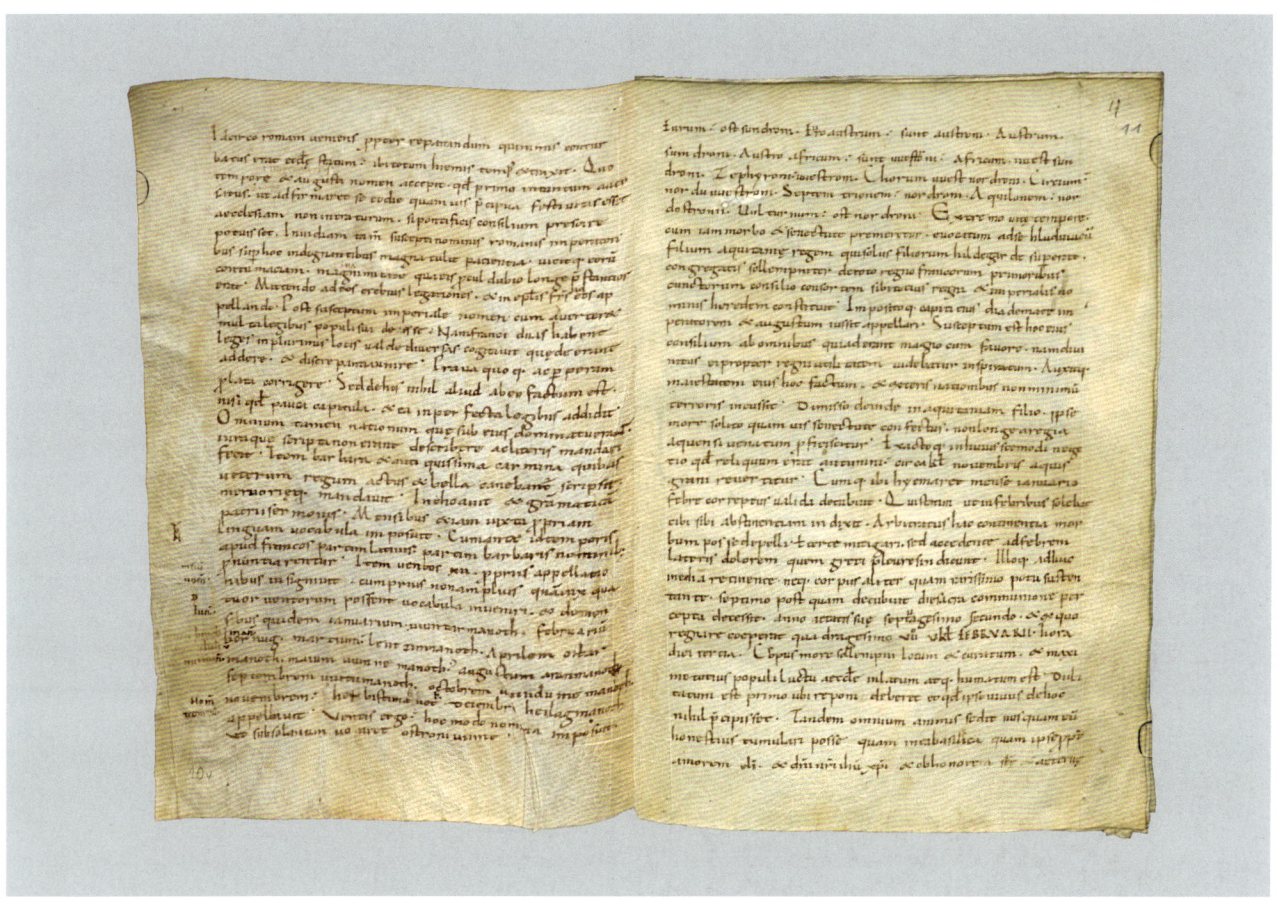

IV.31, fol. 10v

ren – Ermoldus Nigellus, Thegan und Astronomus – behandelt. Letzterer ist ein anonymes geistliches Mitglied der Hofkapelle, der, da er im Text auf seine astronomischen Kenntnisse verweist, den Hilfsnamen Astronomus erhalten hat. Die kurz nach dem Tod des Kaisers im Jahr 840 abgefasste Schrift verrät in Sprache und Stil die Kenntnis der *Vita Karoli*, die auch als Quelle für die ersten Kapitel dient. Anders als bei Einhart ist der Text nun aber chronologisch geordnet. Als Grundlage dienen dem Astronomus für die weiteren Jahre bis 814 der Bericht eines Adeligen namens Adhemar, dann vor allem die Reichsannalen bis zum Jahr 829. Nur die letzten Jahre des Lebens Ludwigs gibt er hauptsächlich aus eigener Erinnerung wieder.

Friedrich Simader

Quellen
Theganus, Gesta hludowici, Sigle W u. bes. 53-133.

Literatur
Tischler 2001, Sigle Vi 6 u. bes. 1183-1201.

IV.32

Regino von Prüm: Weltchronik

wohl Trier, 3. Viertel 10. Jahrhundert
Pergament, 119 Blätter. H 18,5 cm, B 13,5 cm
Schaffhausen, Stadtbibliothek, Cod. 109

Regino von Prüm gehört zu den herausragenden Intellektuellen der spätkarolingischen Zeit. Der um 840 in Altrip (Rheinland-Pfalz) geborene Adelsspross wurde 892 Abt des bedeutenden Eifelklosters Prüm. In eben diesem Jahr wurde die Abtei von den Normannen geplündert, und insofern war es Reginos erste Sorge, die wirtschaftliche Situation des Klosters zu stabilisieren. Von diesem Bemühen zeugt das 893 angelegte Prümer Urbar, ein Güterverzeichnis, das Rechte und Einkünfte des Klosters erfasst. Doch nicht nur auf diesem Gebiet ragt Regino über seine Zeitgenossen heraus, er verfasste einen musiktheoretischen Traktat, eine Kanonessammlung und eine Weltchronik. Diese Werke fallen jedoch alle in seine Trierer Zeit, denn als Abt in Prüm konnte Regino sich nur sieben Jahre halten:

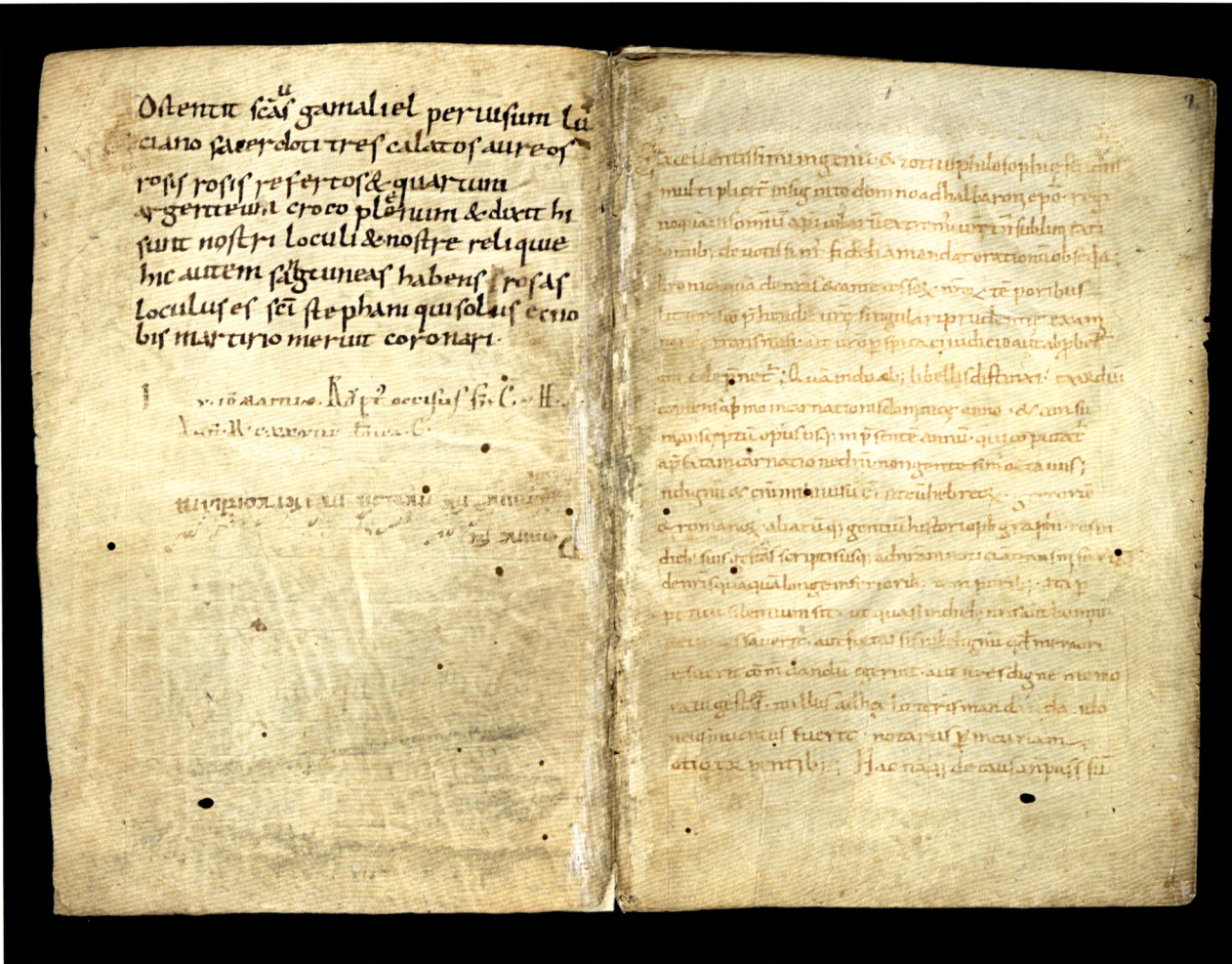

IV.32, fol. 2r

Er musste sein Amt 899 aufgeben und beim Trierer Erzbischof Ratbod (883–915) Schutz suchen. In Trier ist er 915 verstorben, beerdigt wurde er im Kloster St. Maximin.

Die Chronik ist sein Hauptwerk, wurde 908 abgeschlossen und ist Adalbero von Augsburg († 28. April 909) gewidmet, dem neben Hatto von Mainz wichtigsten Bischof des Reiches. Das viel gelesene und später fortgesetzte, in zwei Bücher gegliederte Werk gehört zur Gattung der Weltchroniken und stellt für den Anfang des 10. Jahrhunderts eine historiographische Leistung ersten Ranges dar. Naturgemäß ist das mit Christi Geburt beginnende und 741 mit dem Tode Karl Martells endende Buch fast ganz rezeptiv, während das zweite umso selbständiger und origineller wird, je näher es der eigenen Zeit kommt. Allerdings legt Regino sich für die direkte 'Zeitgeschichte' Zügel an, um nicht, wie er schon im Vorwort schrieb, den Unwillen gewisser Leute zu erregen, die noch am Leben sind (*qui adhuc sunt superstites*). Mit denselben Worten begründet er auch die Merkwürdigkeiten seines Berichts

zum Jahre 892. Ursprünglich hatte er nämlich ausführlich über seine Kalamitäten in Prüm berichtet. In allen Überlieferungen der Chronik freilich fehlt dieser Passus, der recht umfänglich gewesen sein muss, weil Regino sich anschließend für seine Redseligkeit entschuldigt. Es ist gewiss Regino selbst gewesen, der diesen in der Urschrift offensichtlich vorhandenen Bericht getilgt hat, um möglichen Repressionen vorzubeugen.

Genau hier gehen auch die Hauptgruppen der Überlieferung auseinander: ein Teil enthält noch die einleitenden Worte zum später entfernten Bericht, im anderen fehlen sie. Zur ersten Gruppe gehört auch die hier gezeigte Handschrift, die wohl aus Trier stammt und um die Mitte des 10. Jahrhunderts geschrieben wurde. 23–26 Langzeilen verteilen sich auf den Seiten, es waren mindestens sieben Schreiber am Werk. Sie schrieben simultan und lagenweise, wie man z.B. sehr gut an fol. 88v (Schleidgen 1977, Abb. 10) sehen kann: Hier fehlte dem Schreiber der Platz, um den Bericht zum Jahre 876 noch unterzubringen – er quetschte vier Zeilen am unteren Blattrand zusammen, weil sein Kollege schon fol. 89r mit dem Jahr 877 angefangen hatte. Dass die Handschrift aus Trier stammt, dürfte sicher sein, über das Kloster Einsiedeln gelangte sie nach Allerheiligen in Schaffhausen, von dort in die Ministerialbibliothek und endlich in die heutige Stadtbibliothek.

Gerhard Schmitz

Quellen

Regino von Prüm, Chronicon.

Literatur

Gamper/Knoch-Mund/Stähli 1994, S. 249 f.; Hartmann 2003; Hlawitschka 1975; Hoffmann 1986, S. 487; Schleidgen 1977; Schmitz 1989.

IV.33

Theologische und rechtliche Sammelhandschrift

Salzburg, 1. Hälfte 9. Jahrhundert
Pergament, 173 Blätter. H 23,5 cm, B 15 cm
Wolfenbüttel, Herzog August Bibliothek,
Cod. Guelf. 532 Helmst.

Die aus drei Teilen bestehende, seit dem 14. Jahrhundert in einem Band zusammengefasste Handschrift führt in die Reformbemühungen der Karolingerzeit. Alle drei Teile wurden in der ersten Hälfte des 9. Jahrhunderts in Salzburg geschrieben. Der gesamte Band könnte sich später im elsässischen Kloster Weißenburg befunden haben. Einige Texte sind bei den *Magdeburger Centuriatoren* gedruckt; aus dem Besitz des Matthias Flacius Illyricus (*1520, † 1575) ist die Handschrift an die Universität Helmstedt und schließlich in die Herzog August Bibliothek gelangt.

Der erste Teil der Handschrift (fol. 2–85 und fol. 94–153) vereinigt vor allem theologische Texte. Hervorzuheben ist ein Brief Karls des Großen (800–814) an Alkuin (* um 730, † 804) aus dem Jahr 798 (fol. 54r–55v). Ein Konzilsordo (fol. 121r–121v), der den Ablauf einer Diözesansynode schildert, scheint in die Zeit vor 817 und in den Salzburger Raum zu gehören, also in die Zeit des Salzburger (Erz-)Bischofs Arn (785–821), eines engen Vertrauten Karls und auch Alkuins.

Der zweite Teil ist in den ersten als fol. 86–93 eingeschoben. Kurze Annalen nennen hier fol. 86r das Jahr 820 als 'Schlussdatum'. Es folgen ein Mandat Kaiser Ludwigs des Frommen (814–840) an Arn von Salzburg von 816 und das damit zusammenhängende *Capitulare monasticum I* Ludwigs aus dem glei-

chen Jahr, das die Beschlüsse der Aachener Synode vom Sommer verkündete, sowie weitere theologisch-kanonistische Texte.

Im dritten Teil (fol. 154–173) stehen das Bayerische Volksrecht (*Lex Baiuvariorum*), Auszüge aus Beschlüssen der bayrischen Versammlungen von Neuching (771/772) und Dingolfing (770) sowie die Kodifikation des langobardischen Rechts durch König Rothar (Edictus Rothari von 643), die auch nach der Eroberung des Langobardenreiches durch Karl den Großen (774) gültig blieb.

Die einzelnen Teile wie auch die Handschrift insgesamt führen in die kirchlichen und politischen Reformbestrebungen der Karolinger. Karls Brief an Alkuin (MGH) befasst sich mit den Namen der drei Sonntage vor dem Aschermittwoch (Septuagesima, Sexagesima, Quinquagesima) sowie den vorösterlichen Abstinenz- und Fastenbräuchen. Das *Capitulare monasticum* Ludwigs gehört zu den Bestrebungen, die Einzelheiten monastischer, an der Benediktsregel zu orientierender Lebensführung festzulegen. Einhard (*um 770, † 840) berichtet in seiner Lebensbeschreibung Karls des Großen, Karl habe nach seiner Kaiserkrönung nicht nur die Rechte der Franken, sondern auch der übrigen Völker seines Reiches aufzeichnen lassen. Karls Rolle als Gesetzgeber gründet jedoch nicht in seiner Kaiserwürde. Bereits vor 800 hat Karl in seinen Kapitularien grundsätzliche und programmatische Anordnung getroffen, unter ihnen die 'Allgemeine Ermahnung' (*Admonitio generalis*) von 789. Fränkisch-karolingischem Königsgedanken entsprach auch die Sorge für Kirche und Religion, die in seinem Brief an Alkuin deutlich wird und die Ludwig fortsetzte.

Ernst-Dieter Hehl

Quellen

Capitulare monasticum; Einhard, Vita Karoli; MGH Epp. [4], S. 228–230; MGH Ordines et celebrando concilio, S. 119–122 u. S. 586–590; Synodi primae Auisgranensis.

Literatur

Ausst.-Kat. Essen 1956, Nr. 300; Ausst.-Kat. Paderborn 1999, Bd. 2, Nr. VIII.4 (Herbert Schneider); Bischoff 1980, S. 73 u. 148 f., Nr. 137; Butzmann 1964, S. 66, Anm. 90a; Hartmann 2001, S. 82, 112, 151 u. 236; von Heinemann 1886, S. 20–23; Merkel 1858, hier S. 541–547; Mordek 1995, S. 952–957.

IV.33, fol. 54–55

IV.34

Hrabanus Maurus: Liber de laudibus sanctae cruces mit Widmung an Kaiser Ludwig den Frommen

Fulda, 2. Viertel 9. Jahrhundert
Pergament, 47 Blätter. H 40,5 cm, B 33 cm
Amiens, Bibliothèques d'Amiens Métropole, Ms 223 F

Das um das Jahr 810 fertiggestellte Kreuzeslob des Alkuin-Schülers und späteren Fuldaer Abtes sowie Mainzer Erzbischofs Hrabanus ist ein Höhepunkt karolingischer Dichtung und das wohl qualitätsvollste Werk mittelalterlicher Figurengedichte. Es beginnt mit einem in Distichen gereimten Einleitungsteil aus Widmung, Vorwort und Inhaltsverzeichnis, bevor der erste Hauptteil (*Liber primus*) mit 28 Kreuzgedichten in Hexame-

tern folgt. Dort ist jeweils auf der linken Seite das gerahmte Bildgedicht angeordnet, das auf der rechten Seite gegenüber erklärt wird. In einem Zwischenteil werden dann die Gedichte ohne die Bilder in Reintext wiederholt und so besser leserlich gemacht, bevor im zweiten Hauptteil (*Liber secundus*) in Prosaform Erläuterungen zum Inhalt der Kreuzgedichte gegeben werden.

Die Tradition der Figurengedichte, bei denen in einem Verstext (Basistext) geometrische oder auch figürliche Bereiche hervorgehoben und mit einem eigenen Sinnzusammenhang gestaltet werden (Intext), geht als höchste Ausprägung der formalen Gedichtform bereits auf die Antike zurück. Hrabanus selbst nennt als Vorbild den Byzantiner Porphyrius Optatianus († um 335), der als Erfinder des Gittergedichtes gilt. Seinen Vorgaben folgend stimmen bei Hraban auch die Buchstaben- und

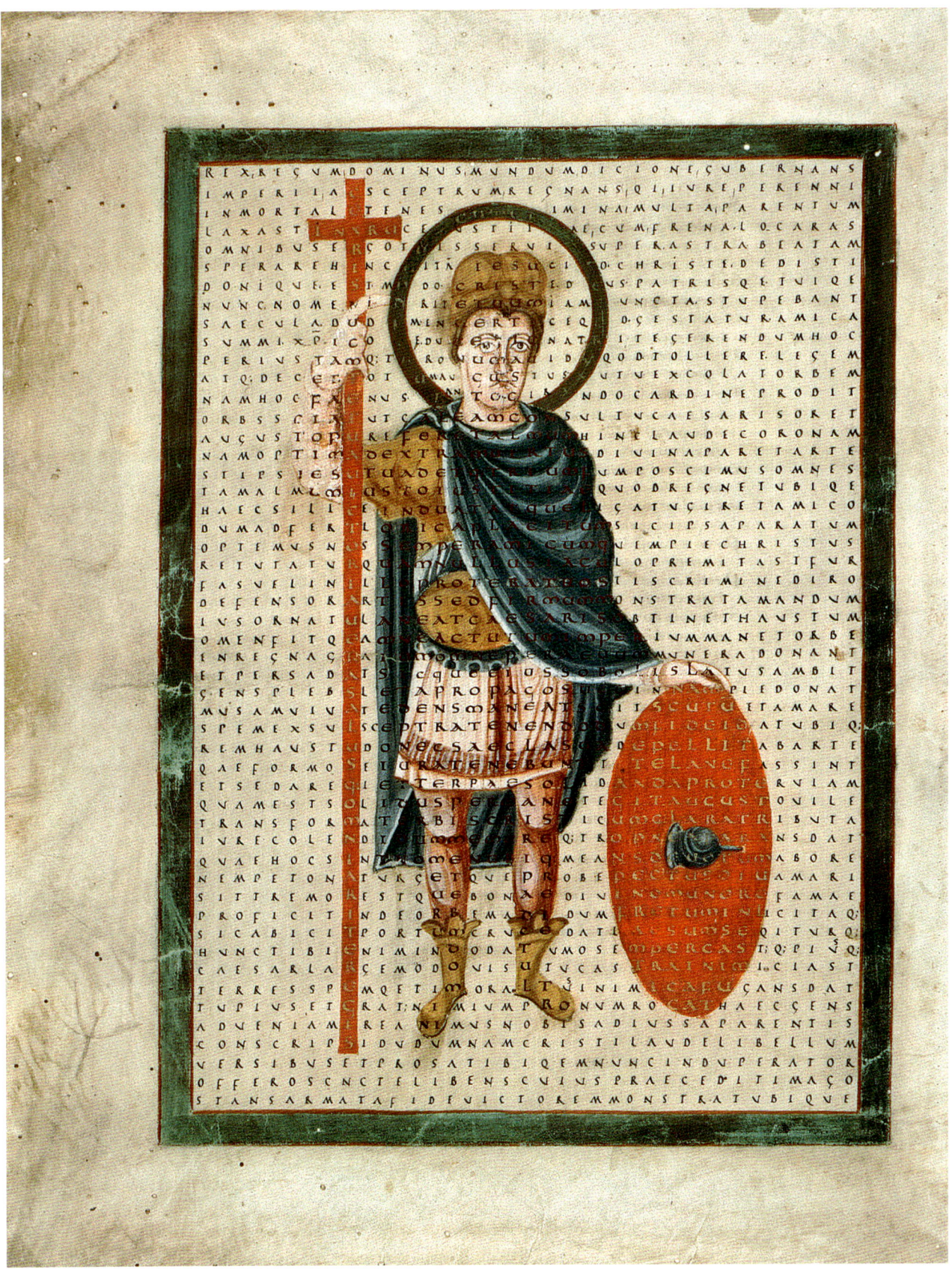

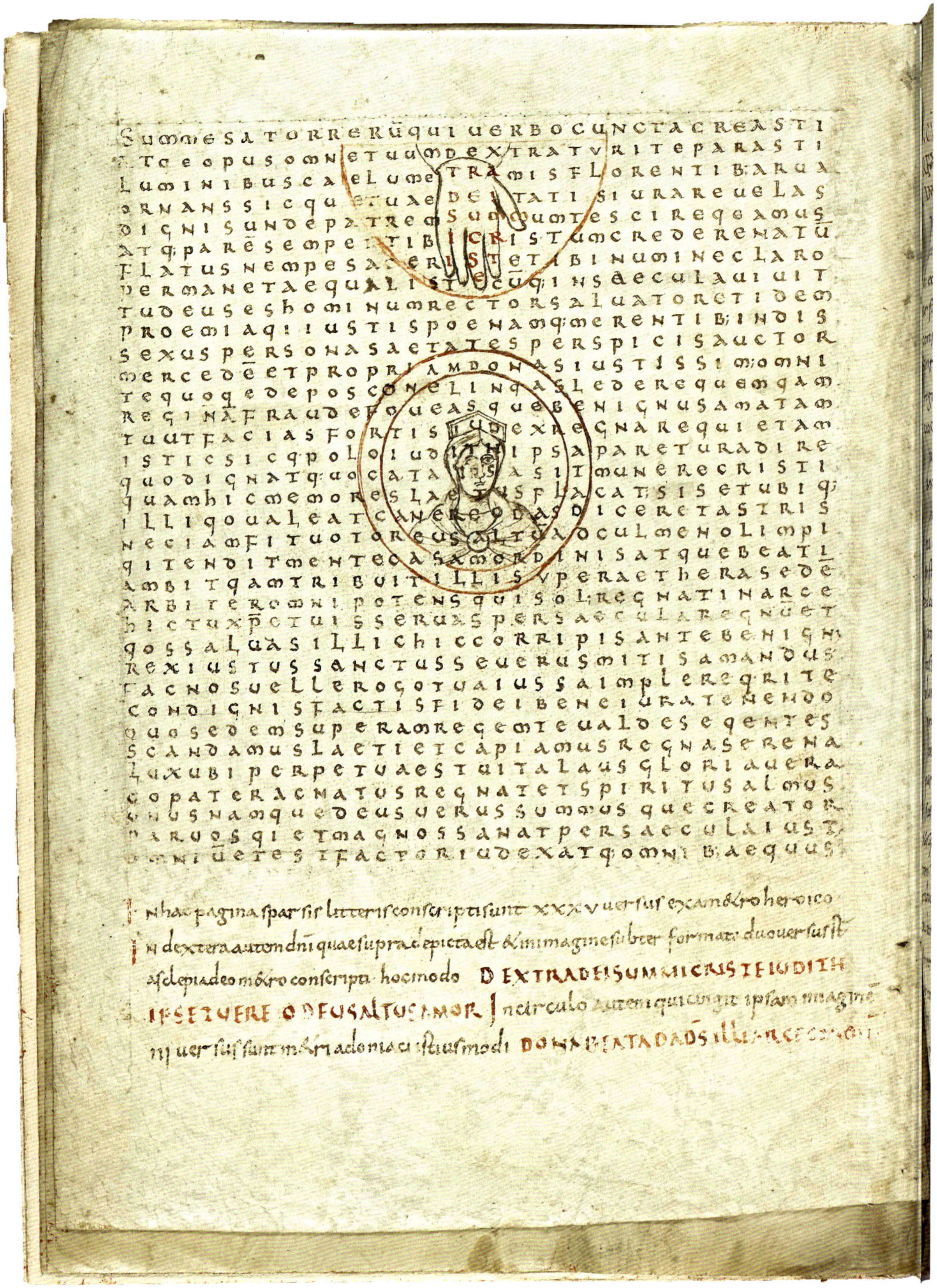

IV.35, fol. 3v

Silbenanzahl je Zeile überein. Von großer Bedeutung dürften für Hraban zudem die Kreuzgedichte von Venatius Fortunatus († um 600) und Gedichte von Beda Venerabilis († 735) gewesen sein. Die Beliebtheit dieser komplexen Dichtform im angelsächsischen Bereich kam über Alkuin an den Hof Karls des Großen, in dessen Umkreis mehrere solcher Werke entstanden, wobei das Kreuzeslob Hrabans unstrittig das Hauptwerk bildet.

Als Abt ließ Hraban mehrere prachtvoll ausgestattete Abschriften herstellen, die an hochrangige Persönlichkeiten wie Papst Gregor IV., Kaiser Ludwig den Frommen, Erzbischof Otgar von Mainz (826–847) das Kloster Saint-Denis oder Markgraf Eberhard von Friaul gegeben wurden. Abweichungen in der Textfassung zeugen von fortdauernden Redaktionen; die Widmung an den Mainzer Erzbischof fand Aufnahme in die Einleitung, die an den Papst wurde zur Grundlage für eine teilweise zweiteilige Bilderfolge von Dedikationsbildern am Anfang und auch das Lobgedicht an den Kaiser ging in den Textcorpus ein, der sich durch ungewöhnlich zahlreiche Kopien verbreitete. Die ausgestellte Handschrift stammt ehemals aus dem Besitz der Abtei Corbie und gilt nach Herrad Spilling als das für Papst Gregor IV. (827–844) bestimmte Exemplar. Sie beginnt mit dem Dedikationsbild, auf dem in einer angedeuteten Architektur Hraban den Codex an den Papst übergibt (fol. 2v); der Widmungstext befindet sich im Bildrahmen. Dann folgt als Doppelseite ein Lobgedicht auf den auch dargestellten Kaiser Ludwig den Frommen (fol. 3v/4r), das wohl erst 830/831 anlässlich der Übergabe des heute in Paris befindlichen Exemplars (BNF, ms. Lat. 2423) entstand und als Reaktion auf die Rebellion der Söhne Ludwigs und seinen Sieg im Jahre 830 interpretiert wird. Der Intext in der Aureole um das gekrönte Haupt lautet TV HLVDOVVICUM CRISTE CORONA und betont damit wie auch der Intext des Kopfes selbst die göttliche Legitimation der Herrschaft Ludwigs. Die Darstellung zeigt den behelmten und nimbierten Kaiser mit kurzer Tunika unter einem goldenen Brustpanzer und einem blauen Feldherrnmantel. In seiner Rechten hält er einen Kreuzstab, worin eine Analogie zu derartigen Darstellungen Kaiser Konstantins mit der Kreuzstandarte und eine Parallele zu Darstellungen Christi als Miles und Auferstandenem aufgebaut werden, mit seiner Linken stützt er einen Schild. Damit wird Ludwig in allegorisch überhöhter Gestalt als *miles christianus* gezeigt. Auf die Darstellung nimmt der Intext von Ludwigs Bildkörpers direkt Bezug: „Jesus Christus, dein Zeichen verleihe dem Haupt des Kaisers den erhabenen Helm, und deine herrliche Wunderkraft mache seine Rechte unbesiegbar; sie gebe dem Gerechten den Triumph der Gerechtigkeit und bekleide den Freund, dem meine stete Zuneigung gehört, mit dem Panzer, den kein Feind mit seinem Geschoß durchbrechen soll. [...]" (Übersetzung nach Wilhelmy 2006). Der Intext des Schildes ergänzt dies: „Denn der Schild des Glaubens

wehrt die Geschosse der Ruchlosen ab, er schützt den Kaiser und verleiht ihm herrlichen Sieg [...]."

Auf der folgenden Doppelseite beginnt dann das erste Kreuzgedicht (fol. 6v/7r), in dem der Corpus Christi das eingeschriebene Bild bestimmt, was Winfried Wilhelmy und andere im Zusammenhang mit dem Bilderstreit und der Abfassung der *Libri Carolini* am Hof Karls des Großen gesehen haben.

Klaus Gereon Beuckers

Literatur

Holter 1996, bes. S. 174–177; Sears 1990; Spilling 1992, bes. S. 66–69; Wilhelmy 2006. http://initiale.irht.cnrs.fr/ouvrages/6242[18.07.2012].

IV.35

Hrabanus Maurus: Kommentare zu Judith, Esther und Makkabäern

Murbach, nach 831
Pergament, 175 Blätter. H 28 cm, B 21 cm
Genf, Bibliothèque de Genève, Ms. lat. 22

Die alttestamentlichen Bücher Judith, Esther und Makkabäer sind in Antike und Mittelalter kaum je kommentiert worden; die Textauswahl im Genfer Codex demonstriert deswegen eindrücklich die Absicht Hrabans, Auslegungen zu allen biblischen Büchern zu verfassen. Vor dem Kommentar zu Judith befindet sich fol. 3v ein von dem Fuldaer Abt verfasstes Gebet in Form eines Figurengedichtes, in dem Gott gepriesen und für Kaiserin Judith, die Frau Ludwigs des Frommen (813/814–840), gebetet wird. Das Gedicht kumuliert im Bild der Hand Gottes über dem der Kaiserin, die Buchstaben darin ergeben separat gelesen den Ausruf: *Dextra Dei summi, Criste, Iudith ipse tuere, O Deus, altus amor!* („Rechte des höchsten Gottes, Christus! Beschütze Du selbst Judith, O Gott, erhabene Liebe!"). Ähnliche Figurengedichte bildeten bereits das Rückgrat von Hrabans Erstlingswerk *De laudibus sanctae crucis*, dem nach 834 auch ein Gedicht mit der Figur Ludwigs als *miles christianus* zugefügt wurde (vgl. Kat.-Nr. IV.34). Wie dort das Haupt ihres Mannes wird hier dasjenige von Judith von einem Nimbus umrahmt; die Texte in dessen Umrahmung flehen dabei Gott an, er möge Judith „als selige Gabe(n) im Himmel die Krone" geben (*Dona beata da Deus illi arce coronam!*). Auch im Grundtext wird eher beiläufig von Hilfe in irdischen Dingen gesprochen und weit mehr um himmlischen Lohn gefleht. Hraban hat seine Werke immer wieder hochgestellten Personen gewidmet, die Kommentare zu Judith und Esther nehmen jedoch eine besondere Stellung ein, nicht nur weil die Kaiserin selbst den Namen Judith trug, sondern noch mehr weil ihre Stellung durch die Aufstände ihrer Stiefsöhne 831 und 834 stark erschüttert wurde. Sowohl in der in Genf nicht enthaltenen Widmung zum Esther-Kommentar als auch im Figurengedicht erwähnt Hraban eine überstandene ungerechte Verfolgung. Gedicht und Kommentar unterstützen deswegen trotz oder gerade mit Hilfe ihrer betont überzeitlichen Perspektive das Kaiserpaar in aktueller politischer Bedrängnis. Diese einzige erhaltene karolingische Kopie des Figurengedichtes muss nach dem Schriftbefund schon bald nach dem verlorenen Fuldaer Original entstanden sein. Eine ältere Lokalisierung nach Reims hat B. Bischoff später zugunsten von Murbach revidiert.

Christoph Winterer

Quellen

Hrabanus Maurus, Commentario (a); Hrabanus Maurus, Commentario (b).

Literatur

Bischoff 1998, Bd. 1; Nr. 1347–1348; de Jong 2001; Ernst 1991, S. 297–300; Perrin 1997, bes. S. 61–64 (mit französischer Übersetzung des Figurengedichtes); Schramm 1983, S. 160.

IV.36

Fragment der Hrabanus Maurus-Enzyklopädie
De rerum naturis

Ausstrahlungsbereich Fulda, ca. 3. Viertel 9. Jahrhundert
Pergament Doppelblatt, oben beschnitten.
 H 36,2 cm, B 53,5 cm
Mainz, Martinus-Bibliothek – Wissenschaftliche Diözesanbibliothek, Fragment zu D/378 F

Ende 2010 entdeckte der Buchwissenschaftler Franz Stephan Pelgen in Mainz bei der Suche nach Bänden aus einer Bibliothek des 18. Jahrhunderts das Fragment eines großformatigen karolingischen Codex, das als Einband eines Züricher Druckes von 1587 diente. Das inzwischen abgelöste Doppelblatt bietet Texte aus Buch 21 der Enzyklopädie des Hrabanus Maurus, *De naturis rerum*. W. Schipper konnte zwei weitere Doppelblätter benennen, die nicht nur aus demselben Codex, sondern auch aus derselben Lage (= vier zusammengebundene Doppelblätter) stammen wie das Mainzer Fragment: Augsburg, UB, Cod. I.2.2° 38 und ehem. München, UB, Fragment LXIII (Kriegsverlust). Angesichts des Umfangs der oft zweibändig überlieferten Enzyklopädie kann es nur erstaunen, dass die einzigen beleg-

ten Fragmente des verlorenen Codex alle so eng zusammengehören. Die paläographischen Expertisen befürworten sämtlich eine Datierung um die Mitte oder in die zweite Hälfte des 9. Jahrhunderts und bemerken eine Nähe zur Fuldaer Schrift der Jahrhundertmitte. M. C. Ferrari hat mündlich eine Entstehung in einem noch von Hraban in Mainz (Erzbischof 847–856) gegründeten Skriptorium in die Diskussion gebracht; dies könnte bedeuten, dass das Doppelblatt, das mit dem Trägerband 1585 in Augsburg und im 19. Jahrhundert in Speyer lag, zufällig an seinen Entstehungsort (und den Geburtsort des Autors) zurückgekehrt ist.

Hrabans Enzyklopädie behandelt ein so weites Themenfeld, dass sie in der Neuzeit unter dem nicht unpassenden Namen *De universo* bekannt war. Als Grundlage dienten dem Gelehrten die *Etymologiae* des Isidor von Sevilla († 636), der noch aus dem Wissen der späten Antike schöpfen konnte. Hraban formte seine Enzyklopädie aber ganz im Sinne eines christlichen Weltbildes um; er gliederte sie hierarchisch und ließ sie mit Gott beginnen, die spirituell-allegorische Ausdeutung der Gegenstände erweiterte er erheblich. Ähnlich wie bei seinen Bibelkommentaren (vgl. Kat.-Nr. IV.35) ordnete und modernisierte er damit für seine Zeitgenossen die unübersichtliche antike Überlieferung. Manche Einträge wurden auch richtiggehend aktualisiert: So ließ Hraban bei der Behandlung der Königreiche Isidors Erklärungen für 'imperator' schlicht weg, betonte aber nun mit Nachdruck, dass nur das himmlische Reich ewig sei. Hraban hatte noch 842 als Anhänger der Reichseinheit und damit des Kaisertums als Fuldaer Abt zurücktreten müssen, doch die in der Folgezeit entstandene Enzyklopädie widmete er König Ludwig dem Deutschen, der sein Reich aus dem fränkischen Großreich herausgeführt hatte.

Christoph Winterer

Quellen

Hrabanus Maurus, De universo.

Literatur

Bischoff 1998, Nr. 144; Blänsdorf 2012, S. 84–94, Nr. 10; Glauning/Lehmann 1940; Hägele 1996, S. 84–85; Heyse 1969; Schipper 1989; Schipper 2007; Schipper (im Druck).

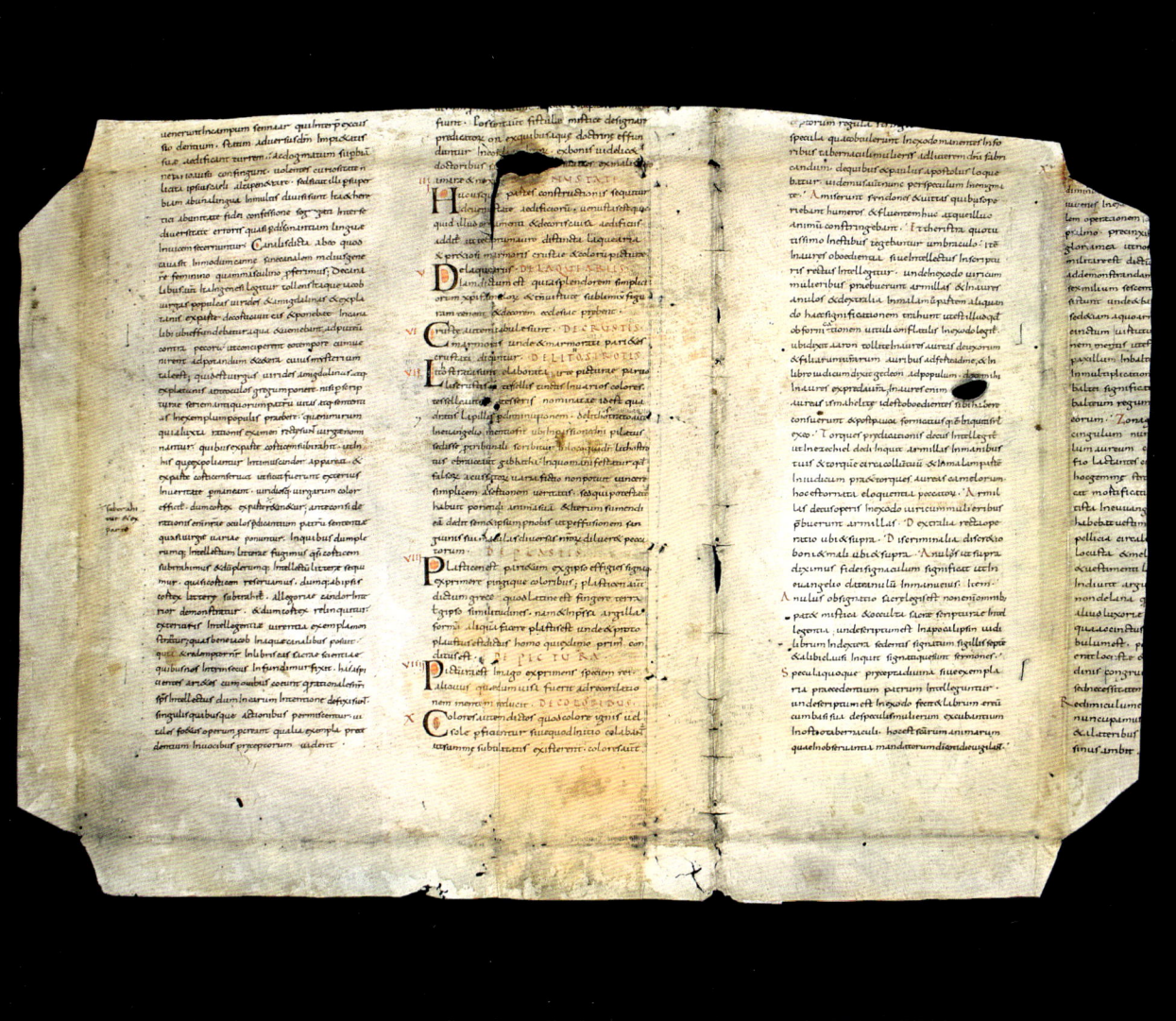

IV.36

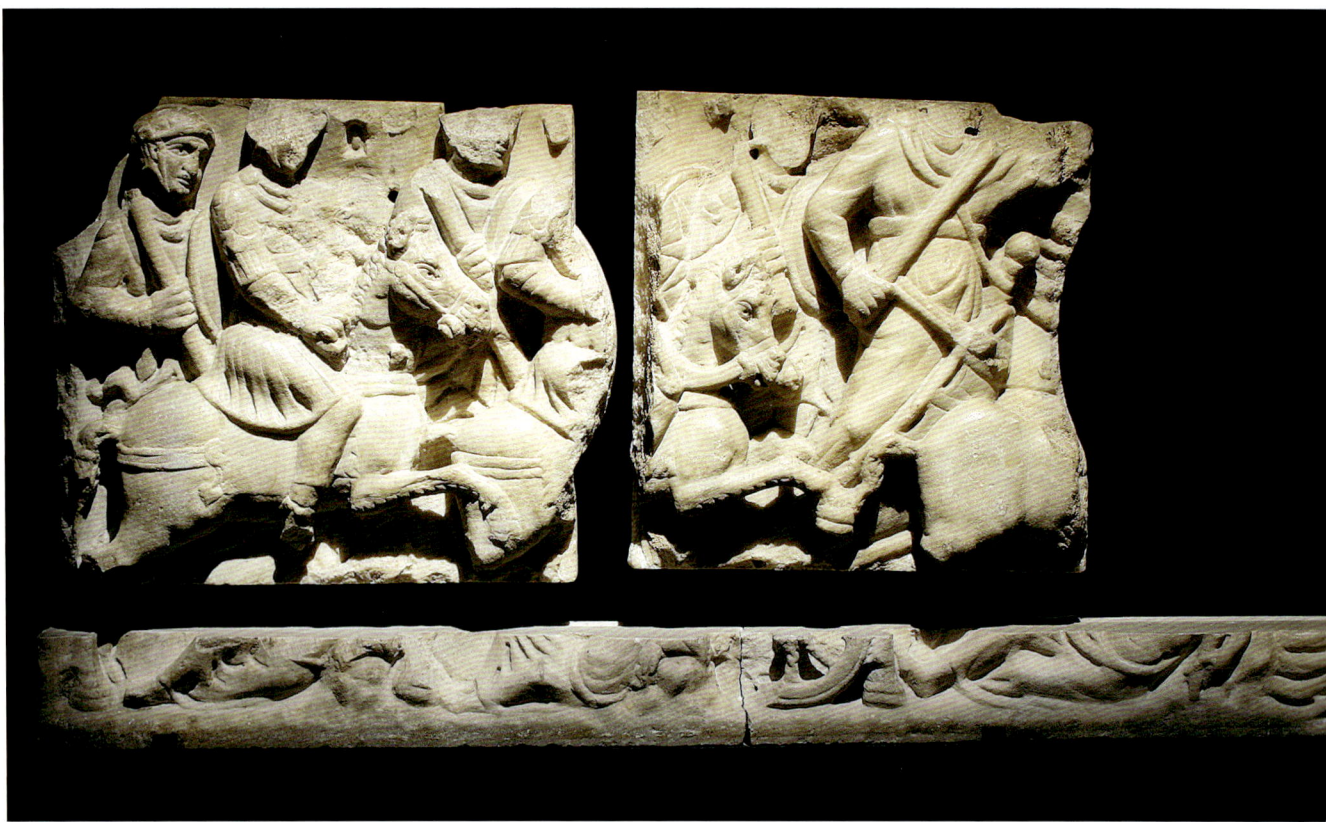

IV.37

Fragmente des Sarkophags Ludwigs des Frommen

Rom oder Provence, um 400
Marmor. 6 Reliefs aus der Front eines Fries-Sarkophags,
1792 zerschlagen, 1958 zusammengesetzt und mit
Ritzzeichnungen ergänzt. L 230 cm, H 55 cm
Metz, Musée de la Cour d'Or, 12335

Die Fragmente des Sarkophags Ludwigs des Frommen (*778,
† 840) sind eindrucksvolles Zeugnis eines wiederverwendeten
frühchristlichen Sarkophags für einen karolingischen Herrscher.
Als Initiator des Kaiserbegräbnisses in der Metzer Klosterkirche St. Arnulf gilt Ludwigs Halbbruder Drogo, Erzbischof von
Metz (823–855) und Erzkaplan, Abt des Klosters und engster Vertrauter des Kaisers in dessen letzten Jahren. Drogo war
beim Tod Ludwigs zugegen und begleitete dessen Leichnam
unter großer Anteilnahme aus seinem Sterbeort bei Ingelheim

in die Metzer Kirche, wo Ludwig feierlich begraben wurde.
Ludwig hatte sein Begräbnis wenige Jahre nach Amtsantritt
noch in seiner Gründung Kornelimünster bei Aachen verfügt.
Das altehrwürdige Metzer Kloster war jedoch die Stätte seiner Wiederkrönung 835, und es beherbergte die Reliquien des
karolingischen Ahnherrn und später heiligen Metzer Bischofs
Arnulf sowie die Gräber weiterer, überwiegend weiblicher Vorfahren, wie Ludwigs Mutter Hildegard. Ludwig dürfte zudem
die Bedeutung von Metz als Zentrum der fränkisch-römischen
Liturgiereform imponiert haben.

Der frühchristliche Sarkophag entstammt einer Gruppe
von sogenannten Durchzugs-Sarkophagen. Dargestellt ist der
Durchzug der Israeliten durch das Rote Meer, mit Christusmonogramm im Tamburin der Miriam. Unbestritten ist die Herkunft der Reliefs aus stadtrömischer oder Arleser Werkstatt. Für
Ludwigs Vater Karl den Großen in Aachen und für seinen Onkel Karlmann in Reims waren ebenfalls spätantike Sarkophage
verwendet worden. Dass Ludwig oder Drogo eine bestimmte

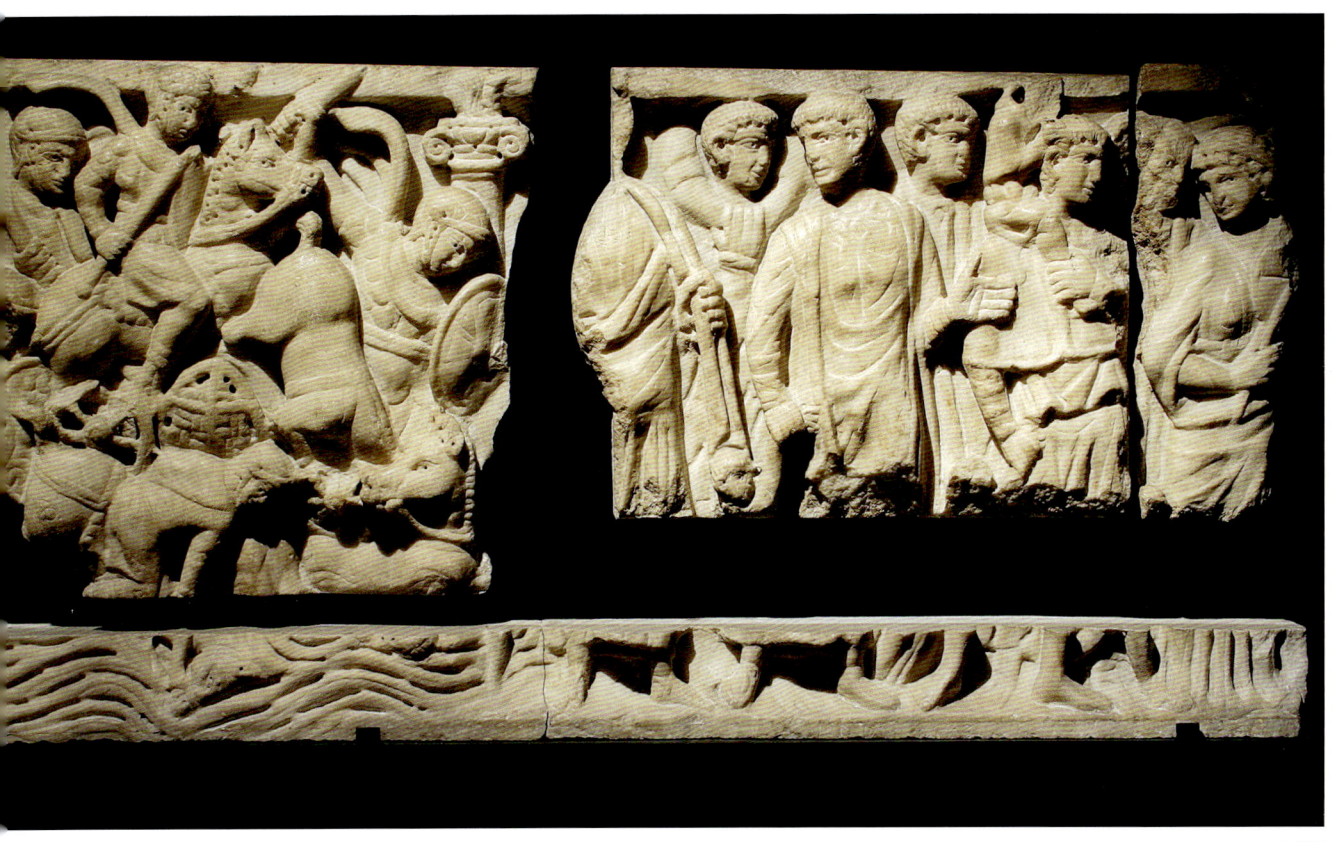

IV.37

christliche Thematik ausgewählt haben könnten, muss Spekulation bleiben, auch wenn Vergleiche des Kaisers mit Moses und christlich-römischen Vorbildern wie Konstantin dem Großen und Theodosius als Zeichen der Renovatio Imperii verbreitet waren.

Ähnlich wie in Aachen erwähnen auch die Kaiserbiographen oder Metzer Chronisten des 9. oder 10. Jahrhunderts weder einen Sarkophag noch den genauen Bestattungsort des Kaisers in der Kirche oder gar im Sarkophag. Möglicherweise war die ursprüngliche Grabstätte, die bei den königlichen Aufenthalten in Metz im 9. Jahrhundert sicherlich besucht wurde, durch ein Epitaph ausgezeichnet. Schon 1049 wurden Ludwigs Gebeine, so ein späterer Chronist, aus dem Kapitelsaal in das südliche Querhaus der neugebauten Kirche transloziert, in die Nähe des Grabmals seiner Mutter Hildegard. Ob ein – zu der Zeit immer noch nicht erwähnter – Sarkophag *in capitulo*, also wohl im unter Drogo erbauten Kapitelsaal, sichtbar aufgestellt gewesen sein könnte, ist fraglich. Als Abt

und Mönche beim Umbau des Chors 1239 die Gebeine etlicher älterer Könige entdeckt haben wollten, ließen sie wohl auch Ludwigs Sarkophag mit einer Liegefigur ausstatten. Das Kloster wurde 1552 abgerissen, das Grabmal in die Dominikanerkirche innerhalb der Metzer Stadtmauern als Wandgrab eingebaut und als solches mit der Front vor sowie nach einer erneuten Versetzung in Zeichnungen und Stichen überliefert. 1792 erwarb ein Marmorhändler den Sarkophag und zerschlug ihn zum Verkauf.

Antje Fehrmann

Literatur

Ausst.-Kat. Paderborn 1999, Nr. X.42 (Theun-Matthias Schmidt); Christern-Briesenick 2003, S. 164–166, Nr. 340; Taf. 84, 1–5; Dierkens 1991; Koch 2003, S. 299 f., 314, 376, 474 u. 491; Körner 1997, S. 82 f.; Melzak 1990, S. 629–640; Müller 1993; Oexle 1967; Schmoll gen. Eisenwerth 1985.

IV.38

Psalter Lothars I.

Hofschule Kaiser Lothars, kurz nach 842
Pergament, 172 Blatt. H 25,5 cm, B 22 cm
London, The British Library, Add. Ms. 37768

Der Psalter Kaiser Lothars I. wurde von seiner Hofschule kurz nach 842 geschaffen. Die Datierung der Handschrift ergibt sich aus der Erwähnung einer in diesem Jahr in Trier vor dem Kaiser erschienenen griechischen Gesandtschaft im Widmungsgedicht auf fol. 3v. Das Bild des Herrschers auf fol. 4r ist das älteste erhaltene karolingische Thronbild und gilt als historisch weitgehend richtige Darstellung. Lothar sitzt auf einem goldenen Stuhl ohne Seiten- und Rückenlehnen, dessen Pfosten mit Raubtierköpfen und -tatzen ausgeschmückt sind und der deshalb immer wieder mit dem berühmten Dagobert-Thron (Paris, Bibliothèque nationale de France, Département des Monnaies, médailles et antiques) verglichen und manchmal auch gleichgesetzt wird. In seiner Rechten hält er den von den römischen Kaisern übernommenen Langstab oder *baculus*, der schon für Karl den Großen bezeugt ist; seine Linke umfasst ein edelsteinbesetztes Schwert – ein solches hat schon Karl der Große laut seiner Vita bei Festlichkeiten und beim Empfang fremder Gesandtschaften getragen. Der goldene, edelsteinbesetzte Kronreif mit den aufgesetzten kugelförmigen Ornamenten schließlich entspricht im Typus jenen Kronen, die dann in jüngeren Darstellungen karolingischer Herrscher auftreten.

Ungewöhnlich ist jedoch das goldene Unter- und Obergewand Lothars, das zur Gänze mit Edelsteinen übersät ist und weder in schriftlichen Quellen noch in anderen zeitgenössischen Herrscherbildern nachzuweisen ist. Üblicherweise beschränkt sich der Edelsteinbesatz auf die goldenen Säume des Gewandes. Man hat daher vermutet, dass das Prachtgewand von spätantiken Darstellungen abzuleiten ist, in denen der Herrscher eine *toga gemmata* trägt, die ihn von seinen Mitregenten unterscheidet. Die damit verbundene Betonung des kaiserlichen Ranges und der Anspruch auf alleinige Herrschaft kommt auch in den Versen auf fol. 4v zum Bild Davids zum Ausdruck: Sie verweisen darauf, dass David unter seinen Brüdern von Gott zur Herrschaft auserwählt worden sei. Das steht in Einklang mit der Auffassung von der Stellung des Kaisers, die Lothar selbst zur Entstehungszeit der Handschrift vertreten hat. Mit der 817 von seinem Vater Ludwig dem Frommen erlassenen *Ordinatio imperii* war er als ältester Sohn zum Mitkaiser ernannt worden, seine Brüder in ihren Teilreichen waren ihm dadurch politisch untergeordnet. Nach dem Tod des Vaters im Jahr 840 beanspruchte Lothar die Herrschaft, was zum Bruderkrieg gegen Karl den Kahlen und Ludwig den Deutschen führte. Er unterlag letztlich, und durch den im August des Jahres 843 geschlossenen Vertrag von Verdun konnte er zwar seine Kaiserkrone behalten, verlor aber die Obergewalt über die Königreiche seiner Brüder.

Friedrich Simader

Literatur

Koehler/Mütherich 1971, S. 12, 22 f. und 36; Schramm/Mütherich 1962, S. 124 u. 329.

IV.39

Sakramentar

Hofschule Kaiser Lothars (Aachen), um 850
Pergament, 163 Blätter. Gold, Rot und Braun.
H 24,7 cm, B 20,5 cm
Padua, Biblioteca Capitolare di Padova, D. 47

Das Sakramentar enthält die Formulare für den am Altar zelebrierenden Priester. Im Exultet der Handschrift, dem Abschnitt für die Feierlichkeiten der Osternacht, wird Kaiser Lothar (817, 840–855) in das Gebet eingeschlossen: *Memorare domine famulum tuum Hlotharium imperatorem* (fol. 136v). Nur wenige erhaltene Prachthandschriften können mit Lothar in Verbindung gebracht werden. Neben dem Sakramentar aus Padua ist dies vor allem ein Psalter, der nach 842 entstanden sein muss und heute in London aufbewahrt wird (British Library, Add. Ms. 37768). Während der Psalter drei Miniaturen besitzt, darunter ein Widmungsbild des Herrschers, konzentriert sich die künstlerische Ausstattung des Sakramentars auf drei Initialen zu Beginn der Vigil vor Weihnachten (fol. 11r) und zum Canon Missae: *Vere dignum* und *Te igitur* (fol. 92r und 91v). Der ornamentale Schmuck der Initialen kombiniert regelmäßig angelegte Flechtbänder und Blattmotive. Charakteristisch sind die Füllmotive der T-Initiale auf fol. 92r, die in einer weiteren Handschrift, einem Evangeliar aus dem Kloster Prüm, auftreten (Berlin, Staatsbibliothek Preußischer Kulturbesitz, theol. lat. fol. 260). Das Berliner Evangeliar, neben Kanontafeln auch mit ganzseitigen Evangelistenportraits versehen, kann ebenfalls der Hofschule Lothars zugerechnet werden, die in Nachfolge Karls des Großen in Aachen lokalisiert wird.

Für die Sakramentarüberlieferung ist die Handschrift in Padua ein wichtiges Textzeugnis. Seit dem 6. Jahrhundert entwickelten sich unterschiedliche, meist ortsbezogene Sakramentartypen, die ihrerseits Verbreitung fanden. Der Paduense stellt dabei eine im 7. Jahrhundert erfolgte Überarbeitung derjenigen Überlieferung dar, die als gregorianischer Sakramentarty-

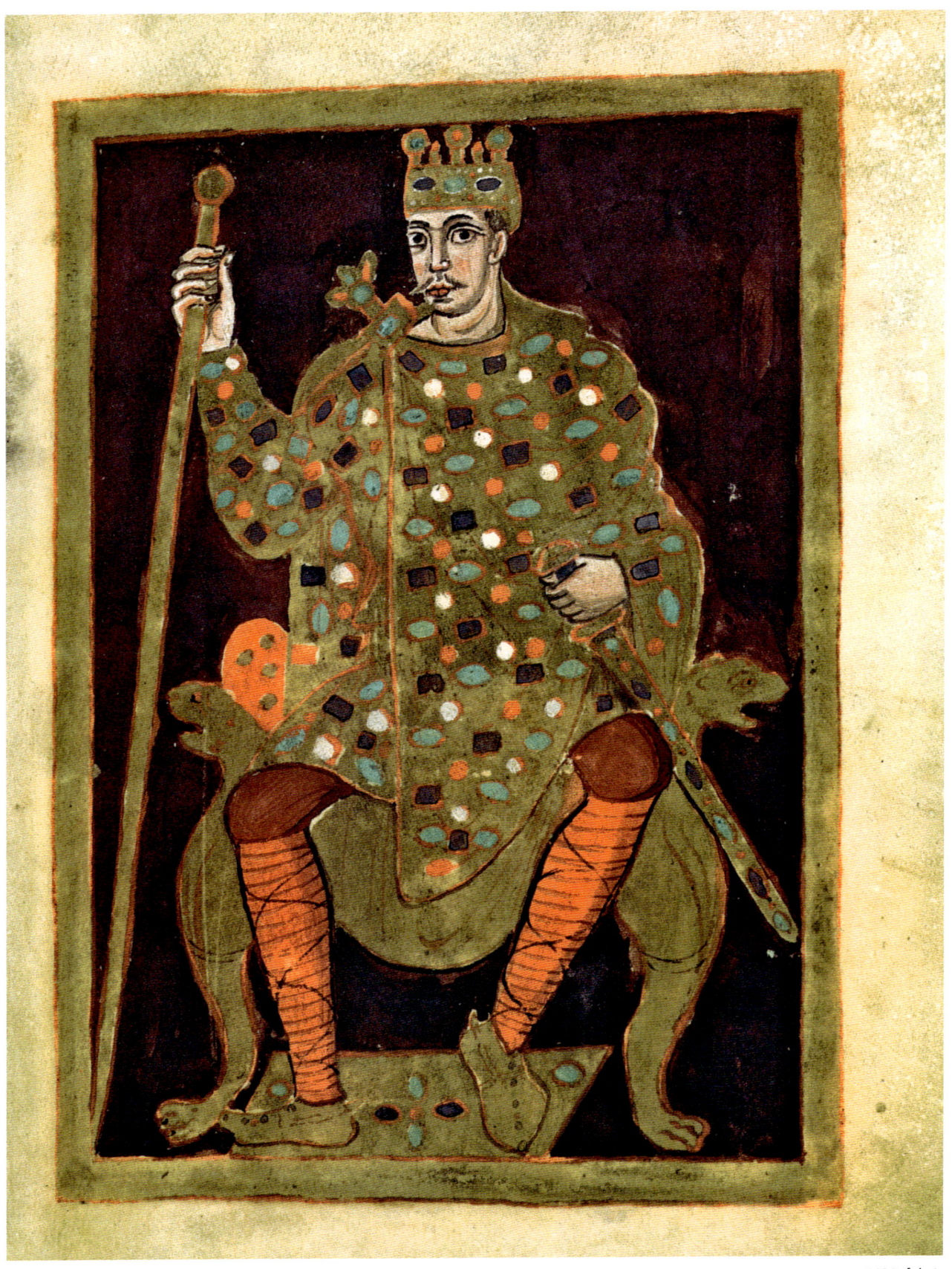

IV.38, fol. 4r

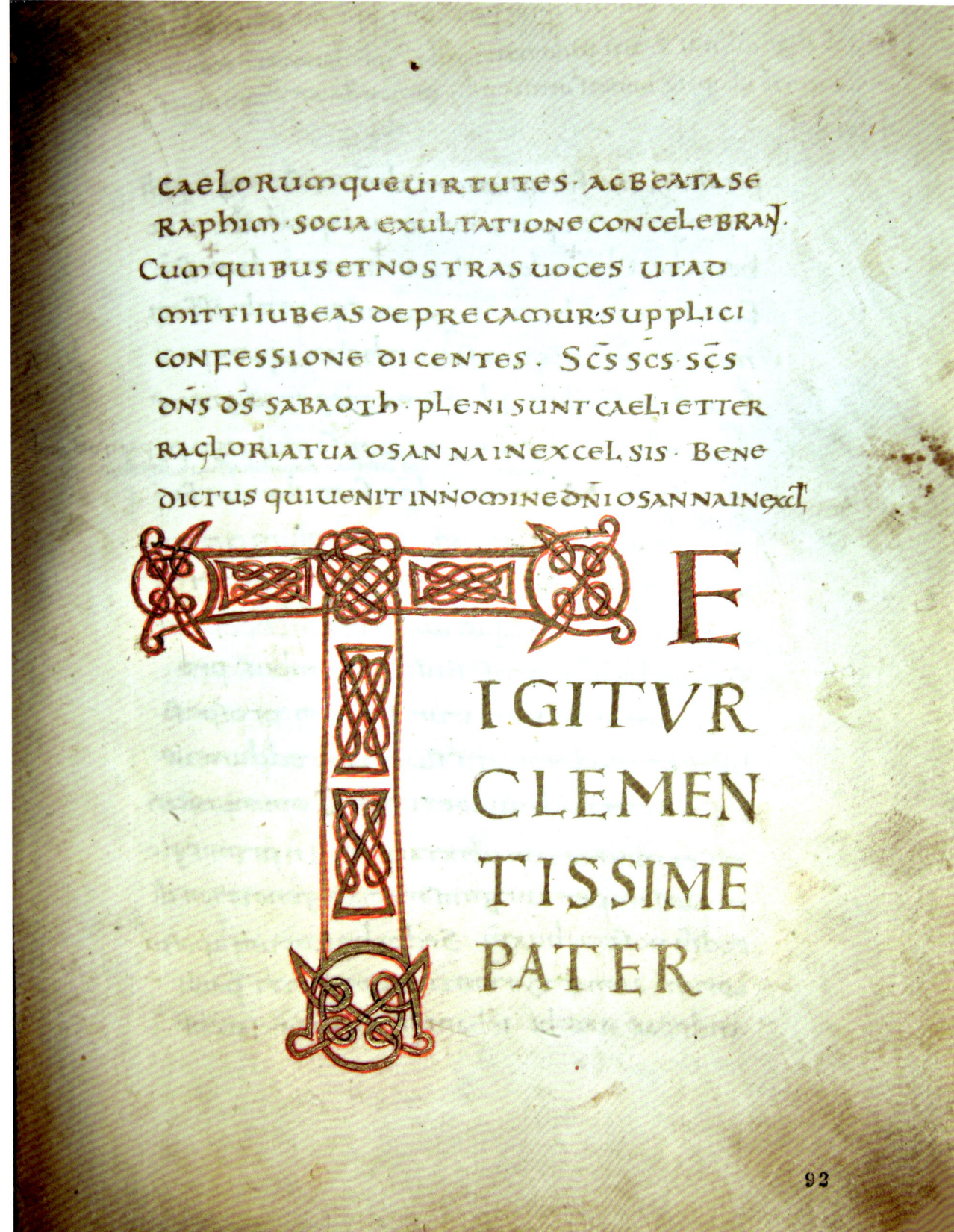

pus in der Liturgiereform Karls des Großen eine zentrale Rolle spielte. Zum Ziel der Vereinheitlichung der in der Messe zu verwendenden Texte hatte Karl der Große bei Papst Hadrian I. eine Sakramentarhandschrift erbeten, die in Aachen gleichsam als Normexemplar eingesetzt und kopiert wurde (*Hadrianum*).

Das ursprüngliche Sakramentar umfaßt fol. 1–136, daran anschließend folgen Nachträge und Ergänzungen; hier ändert sich auch das Layout der Textseiten. Offenbar gelangte das Sakramentar schon früh nach Oberitalien: Im 10. Jahrhundert nachgetragene Messformulare für den heiligen Zeno sprechen dafür, dass sich die Handschrift in dieser Zeit in Verona befunden haben muß. Spätestens seit der zweiten Hälfte des 15. Jahrhunderts ist das Sakramentar in Padua nachzuweisen.

Thomas Labusiak

Literatur

Koehler/Mütherich 1971, S. 12 u. 47–51; Mohlberg/Baumstark 1927; Schramm/Mütherich 1962, Nr. 28.

IV.40

Evangeliar aus Erstein

Tours, 834-843
Pergament, 162 Blätter, Deckfarbenmalerei und Gold.
H 30,1 cm, B 25 cm
Wolfenbüttel, Herzog August Bibliothek, Cod. Guelf.
16 Aug. 2°

Die liturgische Handschrift enthält die vier Evangelien als Volltexte. Die Kanontafeln, auf Eusebius von Caesarea zurückgehende Übersichtstabellen inhaltlich paralleler Textstellen und seit der Spätantike unabdingbare Bestandteile von Evangeliaren, sind in der Wolfenbütteler Handschrift ebenso verloren wie die Vorreden zu den Evangelien. Der erhaltene Buchschmuck beschränkt sich auf die Anfänge der Evangelien, die durch jeweils drei Zierseiten eingeleitet werden. Dabei folgen dem *Incipit* fünfzeilige Gedichte auf den betreffenden Evangelisten. Die in Silber und Gold angelegten Zierschriften stehen teilweise auf purpurfarbenen Streifen. Mit hohem künstlerischem Aufwand gestaltete Initialzierseiten leiten die eigentlichen Evangelientexte ein. In charakteristischer Weise sind die Buchstabenkörper der Initialen mit den Rahmen verbunden. In die klare Kompositionsstruktur der Seiten sind auch die Medaillons mit den Darstellungen der Evangelistensymbole einbezogen. Auf

der Initialzierseite zu Matthäus (fol. 5r) finden sich zudem in einem weiteren Medaillon zwei kleine, in Gold gemalte Silhouettenfiguren. Ein Priester (*sacerd*[os]) tritt mit einem Codex in seinen Händen von rechts kommend vor einen auf einem Faltstuhl sitzenden Erzbischof (*archiep*[iscopu]s) zu, der einen Bischofsstab in seiner Hand hält. Beide Figuren sind nimbiert. Wahrscheinlich handelt es sich um ein Dedikationsbild; da die Figuren jedoch nur in ihrer Funktion, nicht aber namentlich bezeichnet sind, ist eine weitere Deutung kaum möglich. Die Initialzierseiten schützen kostbare Seidenstoffe, die wie kleine Vorhänge in die Pergamentseiten eingenäht sind.

Das Wolfenbütteler Evangeliar ist in Tours entstanden. In Folge der umfassenden liturgischen Reformen unter Karl dem Großen entwickelte sich im Kloster des heiligen Martin, dem seit 796 Karls enger Berater Alcuin (735–804) vorstand, eine intensive Produktion sogenannter Pandekten, also einbändiger Vollbibeln, die als maßgebliche Textfassungen an unterschiedliche Orte des Reiches gelangten. So sind touronische Bibelhandschriften etwa für das Benediktinerkloster St. Maximin in Trier und das hochadelige Frauenstift Gandersheim nachgewiesen. Nach dem verheerenden Normanneneinfall von 853 erlahmte die Buchproduktion in Tours jedoch weitgehend. Waren die ersten Handschriften aus Tours noch bilderlos, begann man um 830 die Codices auch mit figürlichen Darstellungen auszustatten. Unter den Äbten Adalhard (834–843) und vor allem Vivian (844–851) produzierte das touronische Skriptorium eine Reihe anspruchsvoller Handschriften, deren Illustrationen auch von der Auseinandersetzung mit spätantiken Modellen zeugen. Die Wolfenbütteler Handschrift ordnet sich stilistisch in die Amtszeit des Abtes Adalhard ein. Womöglich durch Vermittlung Irmingards, Ehefrau Kaiser Lothars I., könnte das Evangeliar als Grundausstattung in das von der Kaiserin um 849/850 gegründete Frauenkloster Erstein im Elsass gelangt sein. Auf der letzten Seite der Handschrift (fol. 162v) wurde in der ersten Hälfte des 10. Jahrhunderts ein umfangreiches Schatzverzeichnis des Klosters eingetragen. Erwähnt werden u.a. Reliquien der heiligen Bertha, die 895 aus Mainz nach Erstein übertragen wurden. Um 1500 befand sich das Evangeliar im Umkreis des Straßburger Bischofs Albert, bevor sie Herzog August vor 1611 für seine Bibliothek in Wolfenbüttel erwarb.

Thomas Labusiak

Literatur

Ausst.-Kat. Essen/Bonn 2005, Nr. 130 (Hedwig Röckelein); Ausst.-Kat. Wolfenbüttel 1989, S. 52–57 (Helmar Härtel); Ausst.-Kat. Wolfenbüttel 2004/2005, Nr. 38 (Helmar Härtel); Bischoff 1967, Nr. 23; von Heinemann 1895, S. 201–204; Koehler 1930/1933, S. 187–194, 385 f. u. Taf. 41; Schramm/Mütherich 1981, Nr. 26.

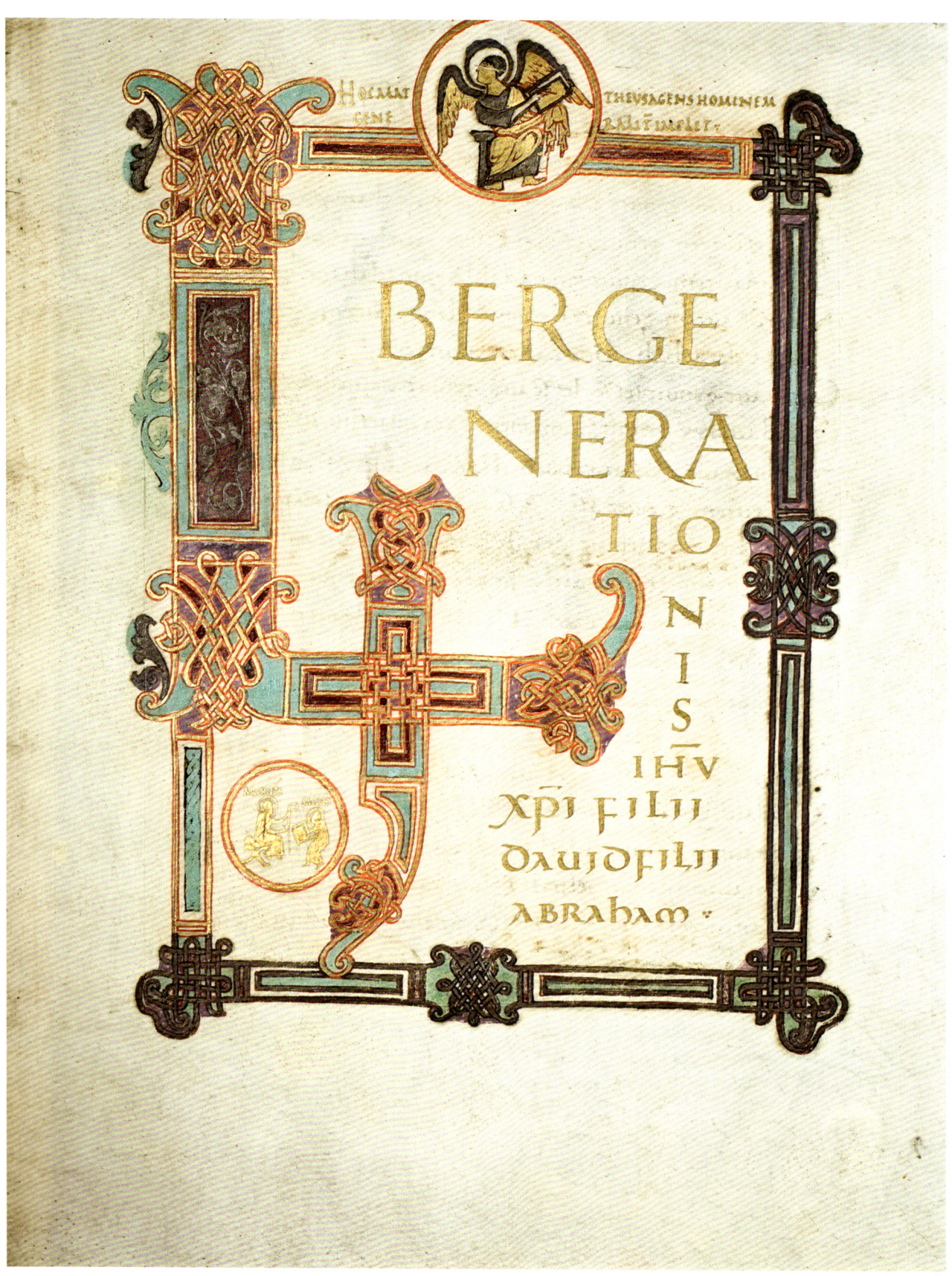

Zwischen Karl, Byzanz und Otto:
Die Kaiser im nachkarolingischen Regnum Italiae (888–962)

Nachdem 888 mit Karl III. (876, 881–888) der letzte legitime karolingische Kaiser verstarb, der das Regnum Italiae beherrschte, begann eine Zeit, die nur noch wenig von dem hatte, was man in der Forschung als 'karolingische Ordnung' bezeichnet. Insgesamt fünf Kaiser (891–924) und fünf Könige (921/922–962) folgten aufeinander oder regierten parallel; eine instabile Lage in Rom sorgte für häufige Wechsel der Päpste. Hinzu kam mit den Überfällen und Plünderungen der Ungarn und Sarazenen ein äußerer Faktor, gegen den traditionelle Verteidigungsstrategien nicht ankamen.

Diese Zeit zwischen zwei großen Kaiserdynastien, den Karolingern und den Ottonen, wurde bisher nur unzureichend untersucht. Zudem stellen Arbeiten zu den Karolingern und Ottonen fast immer radikale Veränderungen in den Jahren 888 und 962 heraus, die das Bild einer 'Zwischenzeit' entstehen lassen. Neue Untersuchungen zur Geschichte der späten Karolinger zeigen jedoch, dass bestimmte Entwicklungen schon vor dem Tod Karls III. einsetzten und folgende Ereignisse beeinflussten. So geht schon unter den letzten Karolingern die Anzahl der Kapitularien (verschriftlichte Verordnungen mit gesetzgebendem, administrativem bzw. belehrendem Charakter) zurück und ein wesentlicher Anteil ihrer Funktion auf die Herrscherurkunden über. Politik wird also statt über generelle Beschlüsse häufiger mit einzelnen, konkret ausgehandelten und gezielt eingesetzten Bestimmungen gemacht. Welche Rolle die Großen des Reiches und damit persönliche Beziehungen schon unter Karl III. eingenommen haben müssen, zeigen die Ereignisse des Jahres 888. Der beträchtliche Einfluss von weltlichen und geistlichen Großen wirkte auch in der Folgezeit bestimmend auf Königseinsetzungen, Kaiserkrönungen und die Regionalisierung von Herrschaftsinteressen. Manche dieser einflussreichen Personen wechselten mehrfach die Seiten.

Die Quellen geben keine eindeutige Auskunft darüber, ob der ohne legitimen Thronfolger gestorbene Kaiser Karl III. einen Nachfolger bestimmt hatte. Fest steht, dass Berengar I. (888–924), Markgraf von Friaul, Sohn einer einflussreichen Familie und Vertrauter Karls III., Ende 887 oder Anfang 888 von italienischen Großen zum König gewählt und gekrönt wurde. Über seine Mutter Gisela war er ein Enkel Kaiser Ludwigs des Frommen. Nur kurze Zeit später wurde Wido (II.) (888–894), Graf von Spoleto und Camerino, in Burgund zum König gewählt. Er versuchte erfolglos, die Herrschaft in der Francia zu

übernehmen und zog daraufhin, mit der Absicht gegen Berengar um Italien zu kämpfen, in den Süden. Im Herbst 888 und Januar 889 kam es zu blutigen Zusammenstößen zwischen beiden Königen. Wido ging am Ende als Sieger hervor. Er wurde maßgeblich von italienischen Bischöfen gefördert und erlangte im Februar 889 die italienische Königskrone.

Noch Ende 888 zog mit Arnulf von Kärnten (887, 896–899), seit 887 König von Ostfranken, ein weiterer Herrscher ins Regnum Italiae ein. Berengar ordnete sich Arnulf unter und erkannte so dessen Anspruch auf ein ostfränkisches Kaisertum an. Wie formell die Herrschaft Arnulfs südlich der Alpen jedoch war, zeigen unter anderem die Urkunden. Arnulf stellte zwar Diplome an italienische Empfänger aus, einige dieser Empfänger, wie Angilberga, die Witwe Ludwigs II., bemühten sich aber zusätzlich bei den italienischen Königen um Besitzbestätigungen.

Dass zwei oder mehrere Könige in einem der alten karolingischen Regna parallel herrschen konnten, kann auf eine gegenseitige, vor allem räumliche Abgrenzung, aber auch auf ihre gegenseitige Akzeptanz zurückgeführt werden. Die sogenannten 'Nationalkönige' entstammten alle gräflichen Adelsfamilien und waren sowohl mit königlicher Herrschaftspraxis als auch mit regionalen Strukturen vertraut. Arnulf greift immer wieder in italienische Angelegenheiten ein, konzentriert sich aber auf den nordalpinen Raum. Neben den Alpen stellten schon in den Jahren 888–891, also zur Zeit der Herrschaft Widos und Berengars I., die Flüsse Adda und Po eine Grenze dar, welche zwei Einflussgebiete schied. Während sich Wido im Westen und Süden des italienischen Königreiches bewegte, behauptete sich Berengar I. uneingeschränkt im Osten. Erst mit der Kaiserkrönung des Nichtkarolingers Wido am 21. Februar 891 in Rom durch Papst Stephan V. (885–891), der im folgenden Jahr die Krönung seines Sohnes Lambert (892, 894–898) durch Papst Formosus (891–896) folgte, wurde Berengar gänzlich in den Nordosten des Regnum Italiae verdrängt. Wido urkundete in dieser Zeit für Empfänger in Verona und stellte den Venezianern eine Besitzbestätigung aus. Diese Urkunde, welche die bisher zweiseitig gestalteten Pacta ersetzte, sowie die Tatsache, dass sich Wido in dieser Zeit in Ferrara aufhielt und sein Sohn in Ravenna zum Kaiser erhoben wurde, ist vielfach interpretiert worden, nicht zuletzt als Idee einer Neugestaltung des Kaisertums. Die Wahl Ravennas als Krönungsort könnte dann auf eine Abwendung von einem römischen Primat und das nur faktische Mitregieren Lamberts auf die byzantinische Idee des Mitkaisertums deuten.

Arnulf, der Berengar zunächst nur indirekt gegen Wido unterstützte, eroberte bei einem Italienzug 894 zwar einige Städte, die im Einflussbereich Widos lagen, zu einem Romzug und somit einer Kaiserkrönung kam es jedoch nicht. Als Wido Ende 894 überraschend starb, lud Papst Formosus den ostfränkischen König nach Rom ein. Arnulf musste die ewige Stadt zwar erst erobern, wurde dann aber 896 vom selben Papst zum Kaiser gekrönt, der bereits seinem Gegner Lambert in diese Würde verholfen hatte. Der neue Kaiser war in italienische Angelegenheiten eher schlecht eingebunden. Dafür spricht das Schweigen der italienischen Quellen zu diesem Ereignis: Sowohl die zeitgenössischen Datierungen der Privaturkunden, als auch die ca. 60 Jahre später entstandene Chronik Liutprands von Cremona übergehen Arnulf. In südalpinen Herrscherlisten wird der erste abendländische Gegenkaiser ebenfalls nicht erwähnt. Es entsprach wahrscheinlich vollends den italienischen Gegebenheiten, als etwa Mitte Mai 898 der neue Papst Johannes IX. (898–900) auf einer Synode die Weihe Lamberts zum Kaiser ausdrücklich anerkannte, während er diejenige Arnulfs für ungültig erklärte.

Als Kaiser Lambert am 15. Oktober 898 tödlich verunglückte, unterstand das gesamte Regnum Italiae plötzlich König Berengar. Vor allem die Freilassung Markgraf Adalberts (II.) von Tuszien (884–915), der sich noch kurz zuvor gegen Lambert erhoben hatte, sowie eine Einigung mit Ageltrude, der weiterhin einflussreichen Witwe Widos, werden zu Berengars allgemeiner Anerkennung beigetragen haben. Doch schon Ende des Jahres 900 änderte sich das Gesamtgefüge erneut. Die italienischen Großen riefen Ludwig (III.) von der Provence (890,901–928) auf, die Königsherrschaft im Regnum Italiae zu übernehmen. Im Februar 901 wurde er, ein Enkel Ludwigs II. (840, 850–875), in Rom von Papst Benedikt IV. (900–903) zum Kaiser gekrönt. Seine Hochzeit mit der Tochter Kaiser Leons VI. von Byzanz (886–912) ist zwar mittlerweile umstritten, die diesbezüglich mit Byzanz geführten Verhandlungen könnten aber, ebenso wie der Vorname des Kaisersohnes (Karl Konstantin), auf Ambitionen des neuen Herrschers verweisen, dem östlichen Kaisertum gleichberechtigt gegenüber zu stehen.

Als Grund für den erneuten Seitenwechsel vieler einflussreicher Personen Oberitaliens wird Berengars erfolgloses Vorgehen gegen die Ungarn angenommen, die in den Jahren 899 und 900 weite Landstriche verwüsteten. Obwohl Berengar bereits im Sommer 902 gegen Kaiser Ludwig vorrücken und ihn vertreiben konnte, versuchte dieser 905 erneut, in Italien Anerkennung zu finden. Er wurde von Berengar geblendet und musste sich in die Provence zurückziehen. Berengar war nun zum zweiten Mal alleiniger Herrscher über das Regnum Italiae. Allerdings scheiterte ein für das Jahr 906 oder 907 geplanter Romzug am Widerstand der Markgrafen Adalbert (II.) von Tuszien und Alberich von Spoleto (896–917), ein weiterer um 910/911 am Tod des Papstes Sergius III. (904–911). Die Kaiserkrönung Berengars fand so erst im Jahr 915, nach dem Tod des Markgrafen Adalbert und unter dem neuen Papst Johannes X. (914–928), statt.

Wahrscheinlich war Ende 921 die ungeklärte Nachfolge für den mittlerweile über 70jährigen Kaiser der Grund für eine Auflehnung der Großen des Reiches. Sie riefen Rudolf II. von Hochburgund (912–937) nach Italien, der Berengar zwar in den Raum um Verona zurückdrängen konnte, südlich des Appenin aber keine Anerkennung fand. Im Juli 923 besiegte Rudolf den Kaiser in einer Schlacht. Danach hielt sich Berengar nur noch im Osten seines Reiches auf. Am 7. April 924 wurde er in Verona ermordet.

Der Tod Berengars markiert vorerst ein Ende des Kaisertums nicht nur im südalpinen Raum, sondern im Westen überhaupt. Ludwig der Blinde konnte sich zwar in der Provence noch bis 928 halten, übte aber praktisch keine kaiserliche Herrschaft aus. Rudolf II. erhielt nie die Kaiserkrone und wurde 926 aus dem Regnum Italiae vertrieben. Das italienische Reich regierten fortan Könige, die mächtigen Adelsfamilien entstammten und die jeweils ihre Söhne in die Herrschaft einbezogen: Hugo (926–947) und Lothar (931–950), Berengar II. (950–961, † 966) und Adalbert (950–962).

Die Geschichte der Könige und Kaiser im Regnum Italiae der Jahre 888 bis 924 ist auf den ersten Blick geprägt von Konkurrenz, Intrigen und einer Politik, die keine Stetigkeit erkennen lässt. Sie zeigt aber auch, mit welchen Strategien sich die Herrscher den Gegebenheiten der Zeit anpassten und dass sich ohne die Akzeptanz der Großen und ohne Integration in regionale Gefüge weder ein König noch ein Kaiser durchsetzen konnte. Unter diesen Umständen entwickelten sich unter den traditionellen Titeln sehr verschiedene Herrschaftsformen, die nicht vergleichend gemessen, sondern nach ihren jeweiligen Bedingungen hinterfragt werden müssen.

Karina Viehmann

Literatur

Böhmer 1998; Bougard 1993; Cammarosano 1998; Fasoli 1945; Fasoli 1949; Hiestand 1964; Kasten 2011; MacLean 2003; MacLean 2007; Reuter 1999; Rosenwein 1996; Sergi 1999; Zimmermann 1974.

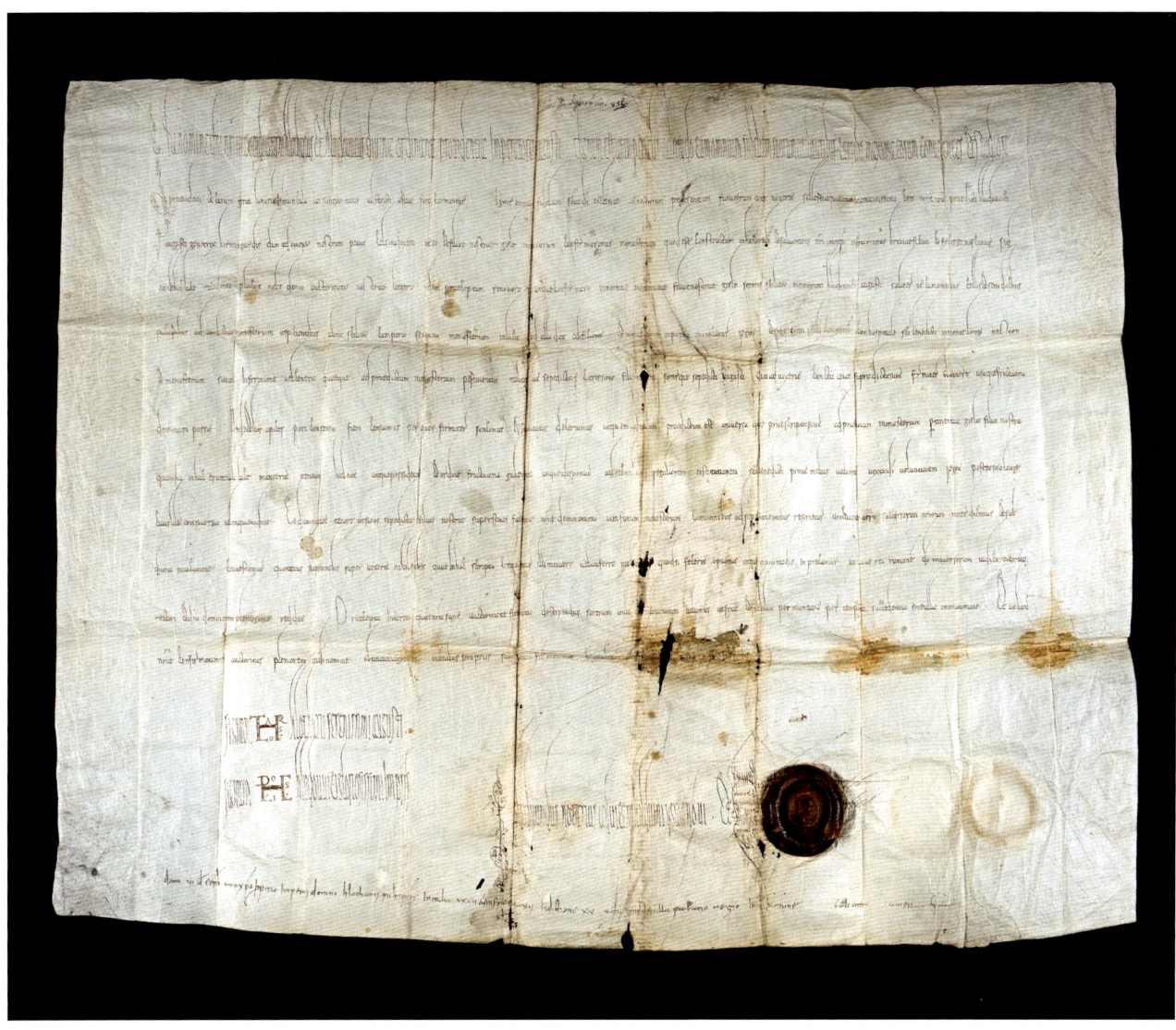

IV.41

IV.41

Die Kaiser Lothar I. und sein Sohn Ludwig II. bestätigen ihrer Tochter und Schwester Gisela den lebenslänglichen Nießbrauch und die Leitung des Klosters S. Salvatore in Brescia

Gondreville, 851 September 8 (MGH D Lo. I. 115)
Pergament. H 54 cm, B 69 cm
Brescia, Archivio di Stato di Brescia,
Cod. Dipl. busta 2, n. XXXI

Nachdem Ludwig II. im Jahr 850 von Papst Leo IV. zum Mitkaiser gesalbt worden war, urkundete er fortan im eigenen Namen für das Regnum Italiae. Doch noch mehr als ein Jahr später stellte er zusammen mit seinem Vater Lothar I. eine Ur-

kunde für einen italienischen Empfänger aus. Es handelt sich hierbei um das einzige bekannte Stück, welches beide Kaiser gemeinsam repräsentiert. Die Urkunde wurde in Gondreville, also im westfränkischen Reichsteil angefertigt und legte bis zum Empfänger, dem Kloster S. Salvatore in Brescia, einen langen Weg zurück. Zum Zeitpunkt der Ausstellung des Dokumentes hielt sich ein Gesandter der bischöflichen Kirche von Cremona am Herrscherhof auf, der für seine Kirche ebenfalls eine Urkunde erhielt. Da zwischen dem Bischof von Cremona und dem Kloster in Brescia gute Beziehungen bestanden, wird angenommen, dass dieser Bote auf seinem Rückweg nach Cremona die Urkunde an ihren Bestimmungsort brachte.

Das Pergament transportierte über Inhalt und Symbolik die Anwesenheit von Vater und Sohn an den Empfängersitz, wo ihre Tochter bzw. Schwester Gisela die Leitung des Klosters übernommen hatte. Mit der Urkunde wurde sowohl der lebenslange Nießbrauch der Kaisertochter am Kloster, als auch der Unterhalt der Nonnen geregelt.

Das Kloster in Brescia sorgte schon seit langobardischer Zeit für die Bewahrung der herrscherlichen Memoria. Die Sorge um das Gebetsgedenken über das irdische Leben hinaus war vermutlich auch der Grund dafür, dass beide Kaiser, Vater und Sohn, auf der Urkunde vergegenwärtigt wurden. Die Urkunde trägt für jeden Herrscher eine Signumzeile mit Monogramm, wobei sich die Zeile Ludwigs II. seinem Vater unterordnet. Unterscheidend, aber auch verstärkend wirkt die Wortwahl, mit der die Kaiser betitelt wurden: Lothar I. wird als *serenissimus augustus* dargestellt, Ludwig II. als *gloriosissimus imperator*. Die Buchstaben der beiden Monogramme orientieren sich an einem H als Grundgerüst. Innerhalb der Monogramme soll jeweils der deutlich hervorgehobene Mittelbalken als sogenannter Vollziehungsstrich eine persönliche Mitwirkung des Herrschers bei der Entstehung des Rechtsgeschäftes und dessen Verschriftlichung symbolisieren.

Das Eschatokoll der Urkunde nennt wie üblich zwei weitere Personen, die für die Beglaubigung der Urkunde zuständig waren: Hier sind es Rodmundus und Hilduinus. Nur bei genauerem Hinsehen offenbart sich jedoch die Beteiligung einer dritten Person bei der Urkundenherstellung: In einer heute nur schwer lesbaren Kurzschrift, den tironischen Noten, wird zusätzliche ein Remigius genannt. Die tironischen Noten befinden sich im Chrismon vor der Rekognitionszeile und im Rekognitionszeichen.

Das Wachssiegel Lothars I. zeigt im Profil eine Porträtbüste. Vermutlich handelt es sich dabei um den Abdruck einer antiken Gemme, die den Kaiser Severus Alexander (222–235) darstellte. Aktualisiert wurde das Bild des antiken Kaisers durch die Umschrift † XPE ADIVVA HLOTHARIVM AVG.

Karina Viehmann

Quellen
MGH DD Lo I / Lo II.

Literatur
Becher 1983; Bettelli Bergamaschi 1996; Bognetti 1963; Böhmer 1991; Konecny 1976; Ludwig 2005; La Rocca 2006; Wemple 1985.

IV.42

Widmungsgedicht an Ludwig den Deutschen in einer Handschrift mit Werken von Ambrosius und von Victricius von Rouen

Nordostfrankreich (vielleicht Gegend von Metz),
um Mitte 9. Jahrhundert
Pergament, 238 Seiten. H 28,3 cm, B 22,5 cm
St. Gallen, Stiftsbibliothek, Cod. Sang. 98

Wie gelangt im 9. Jahrhundert eine Handschrift aus Nordostfrankreich ins Kloster St. Gallen? Dreh- und Angelpunkt bei diesem Handschriftentransfer war König Ludwig der Deutsche (840–876), dem ein Priester namens Regimar (vielleicht identisch mit einem gleichnamigen Metzer Abt, der sich 865/866 als Beauftragter des Metzer Bischofs in Rom aufhielt) den Codex widmete. Er tat dies mit einem panegyrischen Gedicht in sechs Hexametern, das dem Textbeginn auf S. 2 vorangestellt ist – möglicherweise von Regimar eigenhändig geschrieben, auf jeden Fall von einer späteren Hand als der Haupttext:

Obtulit hunc librum Regimarus sorte sacerdos
Regum sublimi meritorum stemmate claro
Iubare virtutum solis splendore corusco
Celsa prae cunctis Hludowico laude colendo,
Quem deus aetherius diuturno salvet in aevo
Tanta patrocinii conservans praemia nobis.

„Regimarus, ein Priester, hat dieses Buch dem berühmten Ludwig gewidmet, der aus erhab'ner Reihe verdienter Könige stammt, der im strahlenden Licht seiner Tugenden wie im Glanze der Sonne erstrahlt und vor allen stets hochgelobt sei.
Bis in Ewigkeit möge ihn Gott im Himmel bewahren und uns den großen Gewinn seines Schutzes erhalten."
(Nachdichtung: Franziska Schnoor)

Der Codex, den Regimar dem König schenkte, enthält drei theologische Werke: *De spiritu sancto* und *De incarnationis dominicae sacramento* des Kirchenvaters Ambrosius von Mailand († 397) und *De laude sanctorum* des Bischofs Victricius von Rouen († vor 409). Es mag zunächst überraschen, dass einem Herrscher dogmatische Schriften gewidmet wurden. Doch ist von Ludwig dem Deutschen bekannt, dass er großes Interesse an Theologie hatte und sich mit den bedeutendsten Theologen seiner Zeit wie etwa Hrabanus Maurus über theologische Fragen austauschte.

Aus dem Besitz Ludwigs gelangte die Handschrift noch im 9. Jahrhundert nach St. Gallen, vermutlich über den St. Galler Abt Grimald (Abt 841–872). Grimald war als Erzkapellan

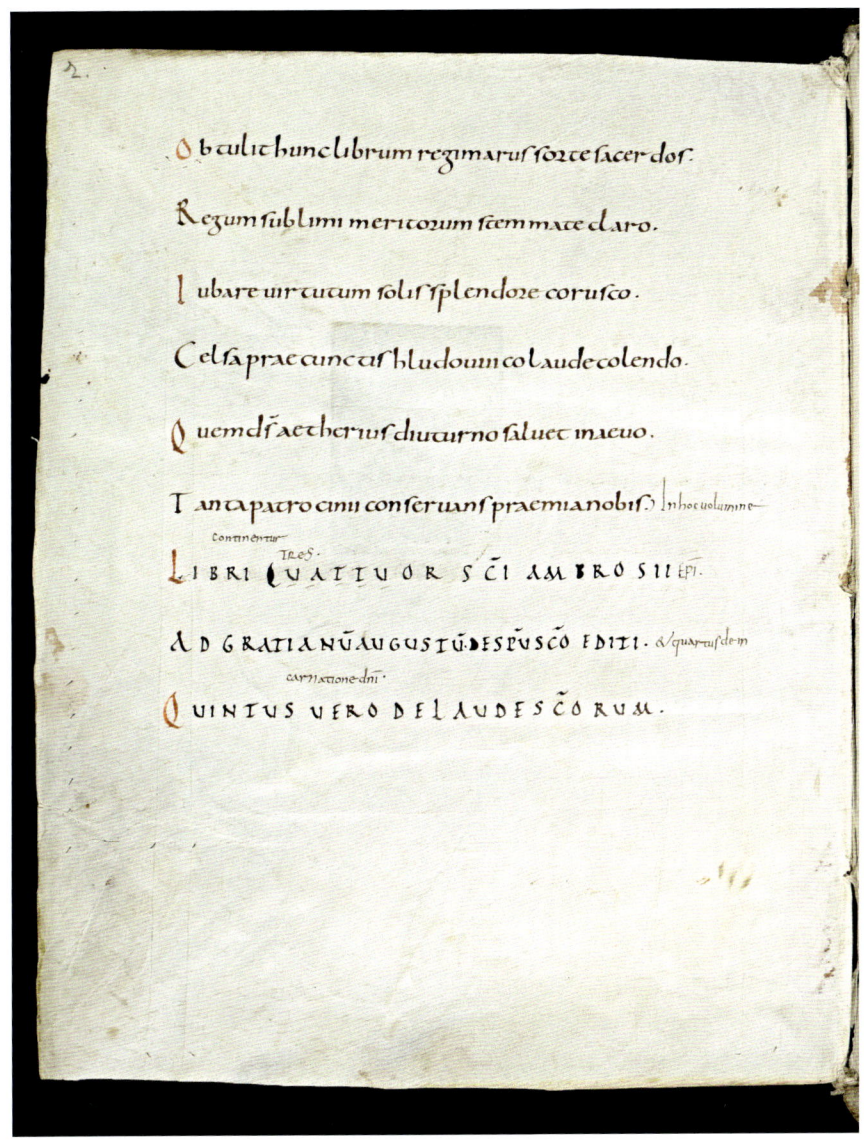

IV.42, S. 2

und Leiter der königlichen Kanzlei mehrere Jahrzehnte lang einer der bedeutendsten Ratgeber am Hof Ludwigs des Deutschen. Gleichzeitig war er im Jahr 841 von Ludwig als Abt des Klosters St. Gallen eingesetzt worden. Ludwig hatte dabei das Recht der Mönche auf freie Abtwahl – von ihm selbst wenige Jahre zuvor bestätigt – ignoriert; angesichts der unsicheren politischen Lage nach dem Tod Ludwigs des Frommen war es für ihn wichtig, zentrale Positionen mit Personen zu besetzen, denen er vertraute.

Da Gozbert wegen seiner häufigen Aufenthalte am königlichen Hof den Abtsgeschäften nur bedingt nachgehen konnte, ließ er die Mönche einen Stellvertreter wählen, der nach seinem Tod seine Nachfolge antreten sollte. Dieser Stellvertreter, Hartmut (Dekan ab 849, Abt 872–883, † nach 895), hat wohl

– anders als Grimald selbst – seine Spuren in der Handschrift hinterlassen. Er sah nämlich die Texte sorgfältig durch, ehe er sie in St. Gallen abschreiben ließ (die Abschrift befindet sich in Cod. Sang. 102). Auf den aufgeschlagenen Seiten ist vermutlich Hartmuts Hand zu erkennen, die in kleinerer, schmaler Schrift auf der linken Seite die nicht ganz korrekten Werktitel verbessert und auf der rechten Seite eine fehlende Kapitelüberschrift hinzugefügt hat.

Franziska Schnoor

Literatur

Bischoff 1981 (b), hier S. 189 u. 192–193; Deutinger 2006, hier S. 128–134; Ochsenbein 1994, hier S. 24–25; von Scarpatetti 2000, hier S. 134–136; Tremp 2004, hier S. 148–152.

Der Hof Karls des Kahlen und die antike Bildtradition

Seit den Anfängen eines christlichen Kaisertums waren die mit dem antiken Gottkaisertum verbundenen Symbole unumschränkter Macht und kosmischer Gewalt in immer neuer Umprägung und Anverwandlung in die Tradition des Christusbildes übernommen worden. Schon die ältesten christlichen Repräsentationsbilder, Darstellungen des thronenden Christus inmitten der Apostel, zeigen Christus nicht mehr als Lehrer oder Philosoph, sondern – wie auf dem Sarkophag des Iunius Bassus aus der Mitte des 4. Jahrhunderts – als thronenden Kosmokrator, der seinen Fuß auf die Personifikation des Himmelszeltes setzt, um seinen ewigen Herrschaftsanspruch zu verdeutlichen. Werke des 6. Jahrhunderts, wie das Barberini-Diptychon in Paris (Musée du Louvre), auf dem Christus von Sonne, Mond und Sternen umgeben ist, oder das Apsisbild der Kirche Hosios David in Thessaloniki, in dem er wie ein antiker Kaiser im Strahlenkranz der Sonne erscheint, sind weitere Beispiele für diese Entwicklung.

Die byzantinische Kunst hatte sodann auch historische Szenen wie Kreuzigung und Himmelfahrt zu Ereignissen von kosmischer Bedeutung ausgeweitet. In den Miniaturen des 586 entstandenen *Rabbula-Codex* in Florenz (Biblioteca Laurenziana, Plut. I.56) und in den Reliefdarstellungen der palestinensischen Pilgerampullen werden Sonne und Mond mit den Bildern des gekreuzigten und auffahrenden Christus verbunden. Die ersten Kreuzigungsbilder der karolingischen Kunst, allen voran die Elfenbeinarbeiten der Hofwerkstätten Karls des Großen, nehmen dieses Schema wieder auf.

Ein entscheidender Wandel aber vollzieht sich in spätkarolingischer Zeit. Auf einer Reihe von Elfenbeinarbeiten der sogenannten Liuthardgruppe vom Hof Karls des Kahlen sowie auf den ihnen ikonographisch nachfolgenden Werken der Jüngeren Metzer Elfenbeingruppe treten neben Sonne und Mond auch die Personifikationen von Erde und Meer in Kreuzigungsbildern auf. Es sind jene antiken Naturgottheiten, die in der römischen Triumphalkunst, etwa auf dem großen Sardonyxkameo des Kaisers Augustus in Wien (Kunsthistorisches Museum) oder den Relieffriesen des Galeriusbogens in Thessaloniki, jeweils zu Füßen oder zu Seiten des Kaisers erscheinen und die hier, in einem offenbar neuen und unmittelbaren Rückgriff auf antike Vorbilder, erstmals auf das Christusbild übertragen sind. In den Handschriften vom Hof Karls des Kahlen finden sie sich bald auch bei anderen Bildthemen wieder. In einem Sakramentarfragment in Paris (Bibliothèque Nationale, lat.1141) sind sie einer Darstellung der Maiestas Domini zugeordnet.

Auf den Bildseiten des um 870 entstandenen *Codex aureus* in München (Bayerische Staatsbibliothek, clm 14000) wohnen sie der Anbetung des Lammes bei. Auch das Thema der Lehrversammlung wird mit kosmischer Symbolik aufgeladen. Auf zwei Elfenbeinkästchen vom Hof Karls des Kahlen im Quedlinburger Domschatz und im Bayerischen Nationalmuseum in München erscheinen Christus und die Apostel umgeben von den Tierkreiszeichen, die in den Bogenfeldern der Arkaden einen vollständigen Jahreszyklus bilden – als Zeichen der ewigen Gültigkeit und weltumspannenden Bedeutung der Lehre Christi.

Hier tritt der umfangreiche kosmologische Bilderkreis in Erscheinung, der in der Antike als Zeichen von Allmacht und Unsterblichkeit verwendet worden war und der in spätkarolingischer Zeit, im geistigen und künstlerischen Umkreis Karls des Kahlen, für die verschiedensten Bildprogramme wieder aufgegriffen wurde. Seinen Ursprung hatte er im antiken Götterbild, in den zahlreichen Darstellungen und Bildprogrammen, in denen Götter und Personifikationen als Beweger der Sterne und Herrscher über die Naturgewalten erschienen und die in römischer Zeit auf das Bild des Kaisers übertragen worden waren. Werke wie die Diptychontafel mit der Apotheose eines Herrschers in London (British Museum), das den antiken Kaiser inmitten der Gestirne und der Tierkreiszeichen zeigt, sind eindrucksvolle Zeugnisse dieser Entwicklung.

Ähnliches aber vollzieht sich in karolingischer Zeit, und wieder ist es die Hofkunst Karls des Kahlen, die den Wandel am deutlichsten zeigt. Hier ist nun auch der Herrscher selbst in das kosmologische Programm um Christus einbezogen. So ist der Anbetung des Lammes über Erde und Meer im Münchner *Codex aureus* ein Bild des huldigenden Königs mit weiteren Personifikationen gegenübergestellt, und auf dem Ellwanger Kästchen in Stuttgart, Württembergisches Landesmuseum, sind die Bildnisse Karls, seiner Gemahlin Richildis und seines Sohnes einer Darstellung der Hand Gottes zugeordnet, die von Bildern der sieben Planeten umgeben ist.

Seine bedeutendste Ausprägung aber fand das Programm in den Elfenbeinarbeiten der Cathedra Petri in Rom, an jenem berühmten Elfenbeinthron, den Karl der Kahle anlässlich seiner Kaiserkrönung im Jahre 875 dem Papst zum Geschenk machte. Das Giebelfeld des Throns zeigte in der Mitte eine heute verlorene figürliche oder symbolische Darstellung Christi, die an den Giebelschrägen von einem Zyklus von zwölf Sternbildern und den Personifikationen von Sonne, Mond, Erde und Meer gerahmt war. Den unteren Abschluss der Komposition bildete die Querleiste des Giebels mit dem Bildnis Karls des Kahlen, der – wie die antiken Kaiser von Genien und Victorien – von Engeln mit Kronen und Palmwedeln in Händen umgeben war. Der Elfenbeinkamm mit den Tierkreiszeichen des Schützen und des Steinbocks in London (Kat.-Nr. V.47), der wohl für die Krönung Karls in Rom angefertigt wurde, spiegelt die gleichen hochgespannten Herrschaftsvorstellungen wider.

Das Verständnis nicht nur für die Form, sondern auch für den Sinn der antiken Bildmotive zeigt, dass Karl der Kahle an seinem Hof nicht nur über bedeutende Künstler und Gelehrte, sondern auch über antike Kunstwerke verfügte, die als Vorbilder für die antikisierenden Rückgriffe dienten. Hier tritt zugleich der besondere Charakter der Hofwerkstätten hervor, deren wichtigste Aufgabe es war, jenes Höchstmaß an politischem Anspruch und herrscherlicher Selbstüberhöhung zu verwirklichen, das Karl als würdige Repräsentation seiner Person vorschwebte. Er selbst war es wohl auch, der die Voraussetzungen dafür schuf, dass die Annäherung an antike Vorbilder, wie sie die Hofwerkstätten bieten, in diesem Umfang möglich wurde. Wenn auch gesicherte Angaben über antiquarische Interessen fehlen, so zeigen doch allein die Geschenke, mit denen er von ihm bevorzugte Kirchen in Saint-Denis oder Compiègne ausstattete, welch außergewöhnliche antike

Kostbarkeiten Karl besaß: eine römische Serpentinschale mit Goldeinlagen, heute in Paris (Musée du Louvre), das Elfenbeindiptychon des Konsuls Flavius Philoxenus von 525, ein Beryll-Intaglio mit Darstellung der Kaisertochter Julia (64/67–88 n. Chr.), der zur Bekrönung des berühmten Altaraufsatzes der Abtei Saint-Denis diente, sowie der große Sardonyx-Kantharos mit Dionysos-Szenen in Paris (Cabinet des Médailles) – eine der schönsten und bedeutendsten Gefäß-Kameen der Antike überhaupt.

Diese antiken oder antikisierenden Vorbilder wurden jedoch nicht nur in den eigenen spätkarolingischen Stil übersetzt und spätkarolingischen Vorstellungen entsprechend umgebildet, sondern sie wurden auch Teil eines Bildprogramms, in dessen Mittelpunkt nicht mehr der Kaiser, sondern Christus stand und das damit zur wichtigsten Grundlage der weiteren Entwicklung wurde. Seine Einführung unter Karl dem Kahlen ist Ausdruck einer zunehmenden Sakralisierung des Kaisertums, in der antike und mittelalterliche Herrschaftsauffassungen miteinander verbunden sind und die einhundert Jahre später, in ottonischer Zeit, vor allem in den Herrscherbildern Ottos III., ihren Höhepunkt fand.

Michael Peter

IV.43

Gebetbuch Karls des Kahlen

Hofschule Karls des Kahlen, 846–869
Pergament, 46 Blätter, Deckfarbenmalerei, Gold.
H 13,5 cm, B 11 cm
München, Bayerische Verwaltung der staatlichen
Schlösser, Gärten und Seen, Schatzkammer der Münchner
Residenz, ResMüSchk.4 (WL)

Die kleinformatige Handschrift stammt aus dem unmittelbaren Besitz Karls des Kahlen (* 823, † 877), der 843 die westfränkische Königswürde errang und 875 in Rom zum Kaiser gekrönt wurde. Aus der umfangreichen Widmungsinschrift geht hervor, dass das Gebetbuch noch zur Königszeit Karls entstanden sein muss: *Karolus piissimus rex Hludovici caesaris filius omonimus colligere atque sibi manualem scribere iussit* (fol. 6v).

Erwähnung findet Irmintrud, die erste Ehefrau Karls, die er 842 geheiratet hatte und die im Jahr 869 verstarb. Zudem wird der verstorbenen Eltern Karls gedacht und für die Nachkommen des Königs gebetet. Durch das Geburtsjahr des ersten

Sohnes Ludwig ist damit der Entstehungszeitraum der Handschrift auf den Zeitraum zwischen 846 und 869 eingegrenzt. Das Gebetbuch diente der persönlichen Andacht des Herrschers, die zugleich das familiäre Gebetsgedenken einschloss.

Die Handschrift ist vollständig in Gold geschrieben und reiht sich damit in die Gruppe jener Codices höchsten Anspruchs ein, die nur im herrscherlichen Umfeld entstanden sind (vgl. Kat.-Nr. IV.20). Fast ausnahmslos sind die Textseiten gerahmt. Vor einem Gebet zur Verehrung des Heiligen Kreuzes finden sich die beiden einzigen figürlichen Miniaturen (fol. 38v/39r). Die Doppelseite zeigt den gekrönten Herrscher in Anbetung des gekreuzigten Christus. Beide Bildseiten sind mit breiten Rahmen versehen, die mit Perlen und Edelsteinen verziert sind.

Auf der linken Seite kniet Karl in kostbarem Gewand; die Säume seines über der Schulter mit einer goldenen Fibel geschlossenen Mantels sind mit weißen Perlen besetzt. In einer goldenen Inschrift vor purpurfarbenem Grund wendet er sich

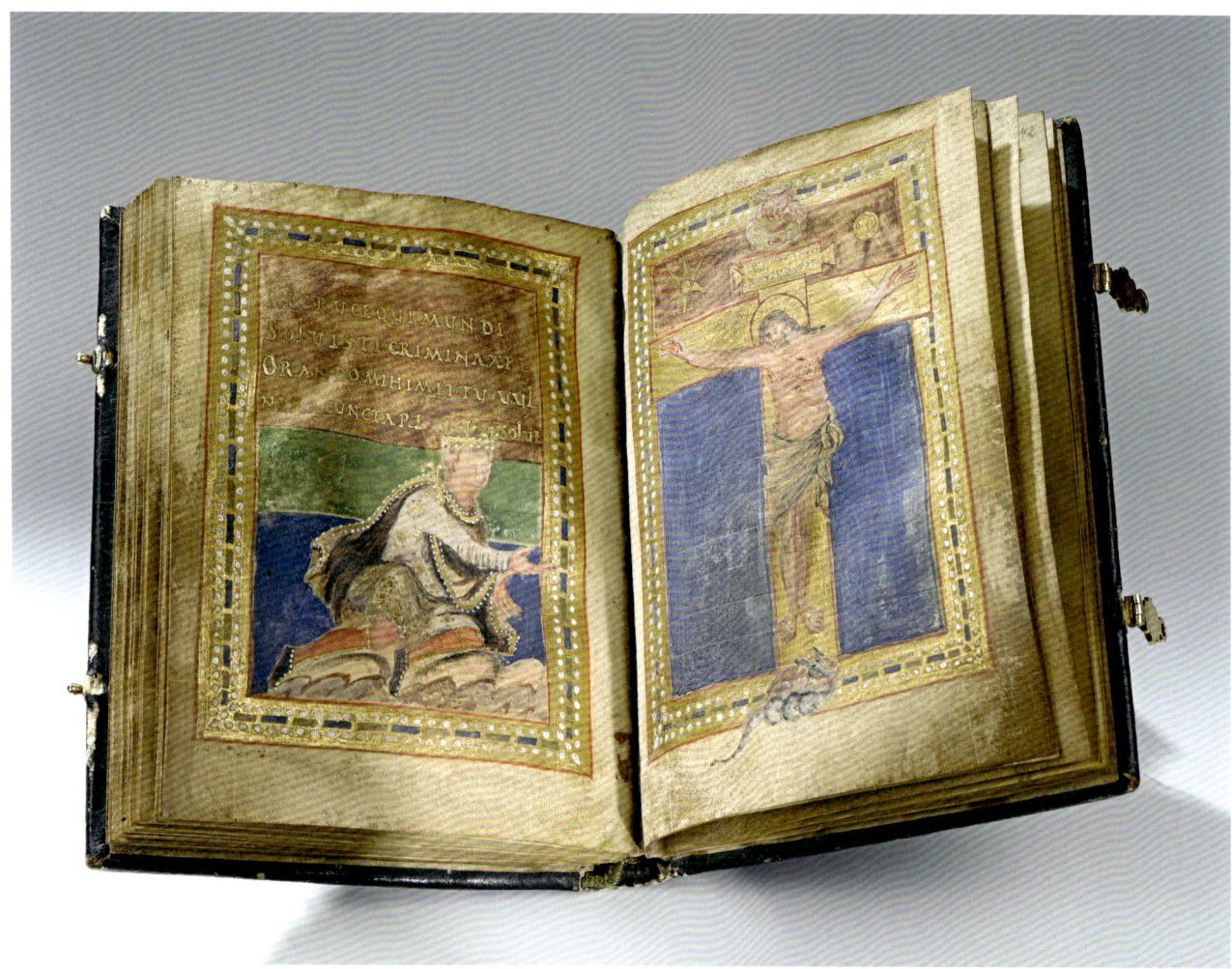

IV.43, fol. 38v–39r

an Christus und bittet um Beistand (*In cruce qui mundi solvisti crimina, Christe, orando mihimet tu vulnera cuncta resolve*). Seine rechte Hand hat Karl zu Christus erhoben, der seinerseits auf den König blickt. Während sich am Fuß des Kreuzes eine Schlange windet, erscheint über dem Haupt Christi zwischen den kosmischen Symbolen Sonne und Mond die Hand Gottes, die den Heiland mit einem goldenen Blätterkranz bekrönt.

Das doppelseitige Bildschema des frommen Herrschers wurde in ottonischer Zeit mehrfach aufgegriffen, etwa im Epistolar des Kölner Erzbischofs Everger (Köln, 985–999. Köln, Erzbischöfliche Diözesan- und Dombibliothek, Dom Hs. 143) oder im Gebetbuch Ottos. III. (Mainz, 983–996. München, Bayerische Staatsbibliothek, Clm 30111).

Das Gebetbuch Karls des Kahlen ist spätestens 1333 im Kirchenschatz des Großmünsters in Zürich nachweisbar. Im 16. Jahrhundert gelangte die Handschrift über Rheinau nach München in den Besitz Herzog Wilhelms V. von Bayern. Der heutige Einband (nach 1637) ersetzte einen älteren, der Inventareinträgen zufolge Elfenbeinreliefs mit Darstellungen der Verkündigung an Maria und der Geburt Christi besaß, die heute allerdings verloren sind. Die Zugehörigkeit der zwei Elfenbeintafeln des Schweizer Landesmuseums in Zürich ist daher nicht gesichert. Möglicherweise gehörten sie auch zu einer Psalterhandschrift aus dem Besitz Karls des Kahlen, die im 14. Jahrhundert ebenfalls im Großmünster aufbewahrt wurde, heute aber verloren ist.

Eine frühe gedruckte Textausgabe der Gebete mit der Wiedergabe der Miniaturen besorgte der apostolische Nuntius und Statthalter Papst Gregors XIII. im Hochstift Regensburg, Felizian Ninguarda (Ingolstadt 1585).

Thomas Labusiak

Literatur

Beuckers 2002, S. 70 f.; Deshman 1980; Fuhrmann/Mütherich 1986, Nr. 1; Koehler/Mütherich 1982, bes. S. 75–87; Schramm/Mütherich 1962, Nr. 43.

IV.44 a-b

Elfenbeintafeln mit Psalmillustrationen

Hof Karls des Kahlen, um 860
Elfenbein. Der dünne Grund des Reliefs von zahlreichen Rissen durchzogen, kleinere Ausbrüche am unteren Rand beider Tafeln.
a) H 11,2 cm, B 8,8 cm
b) H 17 cm, B 14,5 cm
Zürich, Schweizerisches Landesmuseum,
LM 21825 und AG 1311

Die beiden Elfenbeinplatten sind mit Illustrationen zum 24. (25.) und 26. (27.) Psalm geschmückt. Die Illustration zum 24. Psalm zeigt im Zentrum den Psalmisten, der – in Anlehnung an Vers 1 – die Hände zum Himmel erhoben hat, wo Christus von Engeln begleitet über den Wolken erscheint: „Zu Dir, Herr, erhebe ich meine Seele". Zur Linken des Psalmisten stehen bewaffnete Männer, die mit Fingern auf ihn zeigen: „Damit meine Feinde meiner nicht spotten" (Vers 3). Zu seiner Rechten sind die Sanftmütigen und Gebeugten wiedergegeben, die das Gesetz in Form von Schriftrollen in Händen halten: „Darum weist er den Sündern mit dem Gesetz einen Weg. Er leitet die Sanftmütigen in Gerechtigkeit, die Gebeugten lehrt er seinen Weg" (Vers 8–9). Die Übergabe der Gesetzesrollen setzt sich in der unteren Zone der Tafel fort: „Alle Pfade des Herrn sind Wahrheit und Barmherzigkeit für jene, die seinen Bund und seine Gebote bewahren" (Vers 10).

Die zweite Elfenbeintafel zeigt in der unteren Zone eine Reihe von Kriegern zu Pferd und zu Fuß, die mit Lanzen, Schilden und Bögen bewaffnet sind. Es ist die Schar der Feinde, die den Psalmisten nach Psalm 26 verfolgt: „Wenn Übeltäter sich nähern, um mein Fleisch zu essen, und Feinde mich bedrängen, so sind sie es, die straucheln und fallen" (Vers 2). Der Psalmist hat sich vor den Tempel Gottes geflüchtet: „Danach trachte ich: zu wohnen im Haus des Herrn alle Tage meines Lebens, um die Freundlichkeit den Herrn zu schauen und ihn zu suchen in seinem Tempel" (Vers 4). Auf den Stufen des Tempels steht Christus. Er hält eine Fackel in der Hand und ergreift den Psalmisten mit seiner Rechten: „Der Herr ist mein Licht und mein Heil, wen sollte ich fürchten? Der Herr ist meines Lebens Zuflucht, vor wem sollte ich erschrecken?" (Vers 1). Die Gruppe eines Mannes und einer Frau mit Kind rechts oben bezieht sich wohl auf Vers 10: „Wenn auch mein Vater und meine Mutter mich verlassen, so nimmt doch der Herr mich auf", während das Lamm neben dem Altar des Tempels vermutlich Vers 6 verbildlicht: „und ich will Opfer bringen in seinem Zelt".

Szenenauswahl, Figurenkomposition und Ikonographie der Darstellungen finden ihre nächsten Parallelen in den Miniaturen des Utrechtpsalters (Utrecht, Universiteitsbibliotheek, Ms. 32), der zwischen 820 und 830 im Kloster Hautvillers bei Reims entstand. Nur an wenigen Stellen sind Veränderungen gegenüber dem Vorbild festzustellen. So sind die Zelte der Krieger aus Psalm 26 – wohl aus Platzgründen – auf der Elfenbeintafel fortgelassen, und das Haus der Eltern ist durch einen Turm mit Schirmkuppel ersetzt. Vereinzelt sind auch Abweichungen im Verständnis des Textes festzustellen: Während die Feinde in der Miniatur zu Psalm 24 mit Pfeilen auf den Beter schießen, wird im Relief – dem Wortlaut des Psalmverses näher – lediglich auf ihn gezeigt.

Gegenüber der Verwandtschaft in Gesamtanlage und Ikonographie lässt der Stil der Elfenbeintafeln eine wesentlich stärkere Entfernung von den Miniaturen des Utrechtpsalters erkennen. Das Ekstatische, geradezu Elektrisierte in den Bildern der Handschrift ist einer größeren Klarheit und Bestimmtheit der Formensprache gewichen. Die Figuren haben an Kraft und körperlicher Präsenz gewonnen, die Szenen füllen das Bildfeld stärker aus, und an die Stelle von Tiefe und Weite ist eine stärkere räumliche Begrenzung des Reliefgrunds getreten.

Die charakteristischen Stilmerkmale der Reliefs finden sich in einer Reihe weiterer Elfenbeintafeln wieder, von denen die meisten mit Handschriften Karls des Kahlen (843–877) verbunden sind und nach dem Schreiber, der sich in zwei der Codices nennt, unter dem Namen der Liuthardgruppe zusammengefasst worden sind. Zu ihnen zählen die beiden Elfenbeintafeln auf dem Psalter Karls des Kahlen in Paris (Bibliothèque Nationale, lat. 1152), das Kreuzigungsrelief auf dem Perikopenbuch Heinrichs II. in München (Bayerische Staatsbibliothek, clm 4452), das ursprünglich wohl auf dem *Codex aureus* Karls des Kahlen angebracht war (München, Bayerische Staatsbibliothek, clm 14000), sowie die Relieftafel mit Darstellung der Hochzeit zu Kana in London (British Museum), die einst zu einer weiteren Handschrift vom Hof Karls des Kahlen gehörte (Darmstadt, Hessische Landesbibliothek, Hs. 746). Auch stilistisch schließen sich die Handschriften eng mit den Elfenbeinarbeiten der Gruppe zusammen. Sie sind durch das Zusammentreffen verschiedener künstlerischer Richtungen gekennzeichnet, die Karl der Kahle an seinem Hof vereinte und unter denen neben der Tradition der Reimser Buchmalerei vor allem Metzer Einflüsse eine Rolle spielten.

Adolph Goldschmidt hat vermutet, dass beide Elfenbeintafeln ursprünglich auf dem Gebetbuch Karls des Kahlen in München, Schatzkammer der Residenz, angebracht waren, das sich im 14. Jahrhundert im Zürcher Großmünster und zu Beginn des 16. Jahrhunderts im Kloster Rheinau befand, wo auch die Elfenbeintafeln bis zum Beginn des 19. Jahrhunderts aufbewahrt worden sein sollen. Da die Handschrift jedoch bereits 1583 – nach dem Wortlaut der Inventare mit ihren Elfenbeinbuchdeckeln – nach München gelangte und die Darstellungen des Einbands als Verkündigung, Heimsuchung und Geburt Christi beschrieben sind, erscheint die Zugehörigkeit

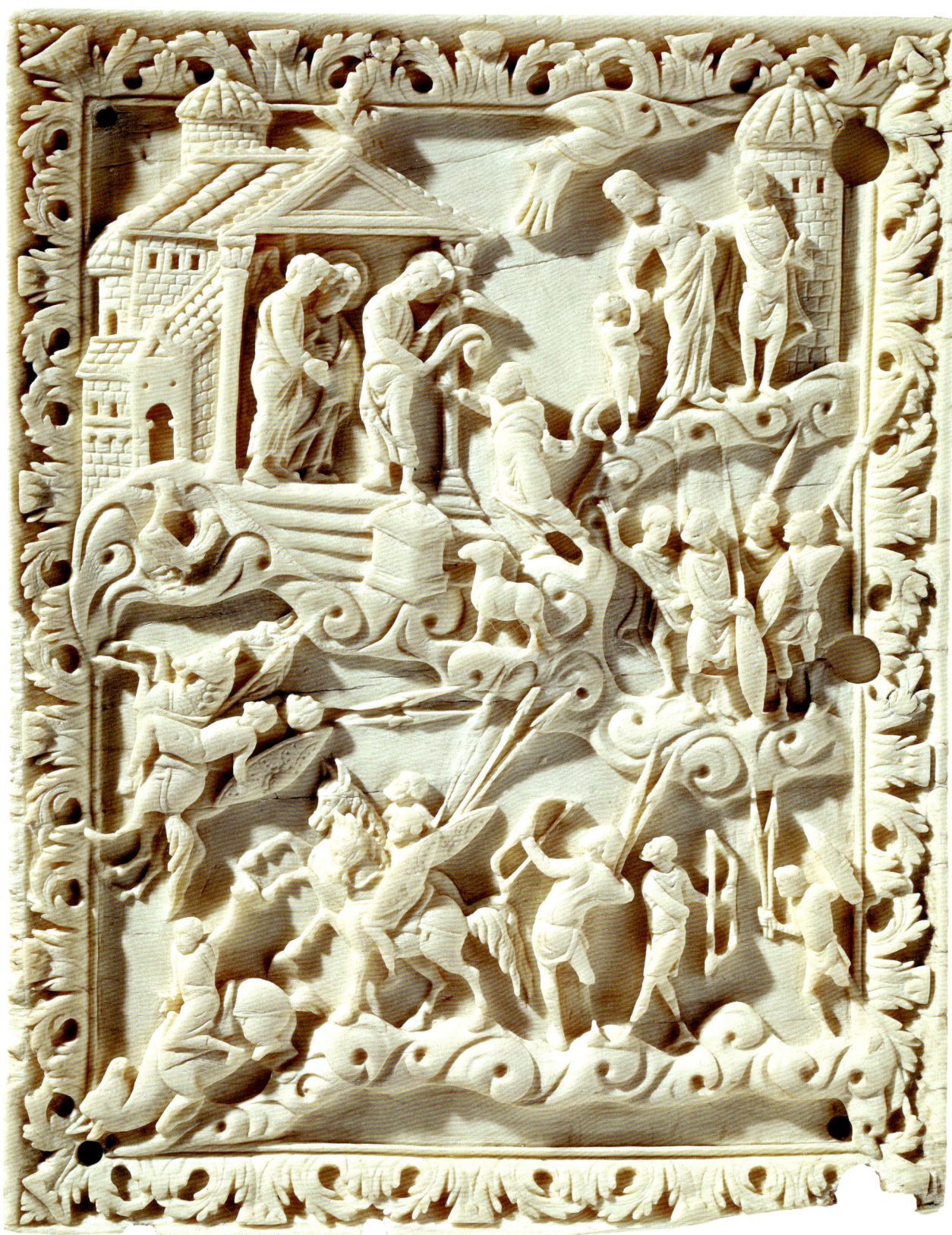

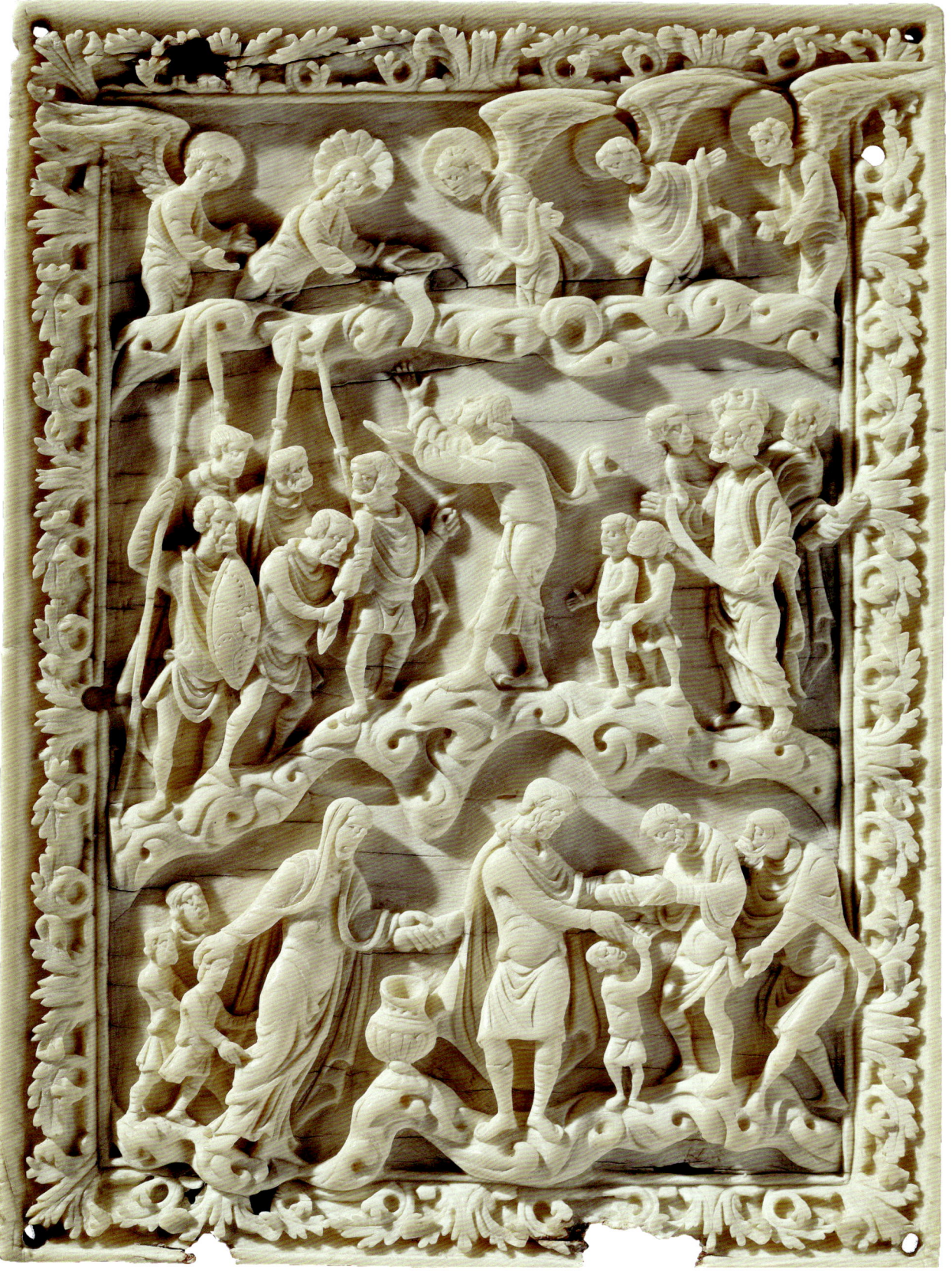

IV.44 b

der beiden erhaltenen Reliefs jedoch keineswegs gesichert. Möglicherweise stammen sie von dem verlorenen Psalter Karls des Kahlen, der sich laut Inventareinträgen im 14. Jahrhundert ebenfalls im Zürcher Großmünster befand.

Eine der Tafeln (a) im 19. Jahrhundert im Besitz des Zürcher Archäologen David Wiser, 1844 von der Antiquarischen Gesellschaft Zürich erworben, 1890 dem neu gegründeten Landesmuseum übertragen. Die andere Tafel (b) 1941 aus Zürcher Privatbesitz dem Museum übereignet.

Michael Peter

Literatur

Ausst.-Kat. Utrecht 1996, Nr. 15 (Wilhelmina C. M. Wüstefeld); Deshman 1980, S. 404–414; Gaborit-Chopin 1978, S. 63 u. 189, Nr. 53; Goldschmidt 1914/1918, Bd. 1, Nr. 42 u. 43; Koehler/Mütherich 1982, S. 75–76; Schramm/Mütherich 1981, Nr. 43; Vandersall 1965, S. 261–274.

IV.45

Elfenbeintafel mit Kreuzigung und Frauen am Grabe

Lothringen oder Nordostfrankreich, 860–880
Elfenbein. In den vier Ecken der Tafel je zwei Bohrlöcher zur Befestigung. Relief der Rückseite abgearbeitet.
H 16,8 cm, B 10,1 cm.
London, Victoria and Albert Museum, 266-1867

Die Elfenbeintafel ist aus dem rechten Flügel eines spätantiken Konsulardiptychons geschnitten, dessen linker Flügel für das zugehörige Gegenstück mit Darstellung der Gefangennahme und Verspottung Christi in London, British Museum, verwendet wurde. Für die Neubearbeitung in karolingischer Zeit wurden die Vorderseiten beider Flügel, die jeweils das Bild des thronenden Konsuls unter einem Arkadenbogen trugen, bis auf die Umrissformen der Reliefdarstellungen abgeschliffen und die Platten jeweils in zwei Hälften zersägt, wobei die Tafel mit der Kreuzigungsszene einst die obere, die Tafel mit der Gefangennahme die untere Hälfte des Flügels bildete. Über den Verbleib der beiden anderen Plattenhälften ist nichts bekannt.

Das Bildfeld der Tafel ist durch wolkenartig geformte Erdschollen in drei waagrechte Streifen unterteilt, von denen der oberste die Kreuzigung Christi, der mittlere als Hauptszene die Frauen am Grabe und der untere die Auferstehung der Gerechten in der Todesstunde Christi sowie die Personifikationen von Erde und Meer als Zeichen weltumspannender Bedeutung des Geschehens zeigt. Das Mittelfeld weist darüber hinaus

zwei weitere kleine Szenen auf: das Losen um das Gewand Christi, bei dem anstelle des üblichen Fingerspiels ein antikes Losgerät für Zirkusrennen dargestellt ist, sowie die Ablösung des Alten durch den Neuen Bund, in der die Personifikation der Kirche vor der Gestalt der thronenden Synagoge erscheint, die durch eine Mauerkrone zusätzlich als Verkörperung der Stadt Jerusalem gekennzeichnet ist.

Szenenauswahl und Ikonographie der Tafel folgen einem Typus spätkarolingischer Kreuzigungsdarstellungen, wie ihn unter den Elfenbeinarbeiten der Zeit vor allem die Reliefs der sogenannten Liuthardgruppe vom Hof Karls des Kahlen sowie die Werke der Jüngeren Metzer Elfenbeingruppe um 870 bezeugen. Doch hat die Anpassung der zentrierten, ganz von der Kreuzigung bestimmten Komposition auf das kleine Format und die streifenförmige Gliederung künstlerisch erhebliche Schwierigkeiten bereitet. So sind die Personifikationen von Erde und Meer zwar wörtlich von den Vorbildern übernommen, die zugehörigen Darstellungen von Sonne und Mond jedoch – wohl aus Platzgründen – weggelassen. Ebenso sind der Loswurf und die Ablösung des Alten Bundes an die Seite der Grablegung gerückt, während sie sonst – inhaltlich richtig – im Zusammenhang mit der Kreuzigung erscheinen.

Wie die Ikonographie, so lässt auch der Stil der Darstellungen deutlich erkennen, dass die Vorbilder der Tafel vor allem in Metz und am Hof Karls des Kahlen zu suchen sind. Kopftypen, Proportionen und Reliefbehandlung der Figuren finden unter den Elfenbeinarbeiten der Jüngeren Metzer Werkstatt Parallelen, wobei in der skizzenhaften Faltenführung und abwechslungsreichen Modellierung der Reliefoberfläche wohl auch Traditionen der Älteren Metzer Gruppe lebendig geblieben sind. Dagegen gehen die Blattornamentik des Rahmens, die charakteristische Form der Erdschollen sowie der stärkere Bewegungsausdruck der Figuren auf Vorbilder der Liuthardgruppe zurück, zu deren Umkreis auch eine Reihe von Werken mit starken Metzer Einflüssen gehören. Unter ihnen stehen die Elfenbeinreliefs auf dem Einband eines Sakramentars in München (Bayerische Staatsbibliothek, clm 10077), sowie die Tafel mit Szenen aus dem Leben des heiligen Remigius in Amiens (Musée de la Picardie), der Kreuzigungstafel wohl am nächsten.

1862 in der Sammlung John Webb, London; 1867 aus der Sammlung Webb für das Museum erworben.

Michael Peter

Literatur

Ferber 1966, S. 331 f.; Goldschmidt 1914/1918, Bd.1, Nr. 132; Holcomb 1999, S. 78 f. u. 148–150; Schwartz 1960, S. 148–150; Weitzmann 1973, S. 27; Williamson 2010, Nr. 7 u. 49.

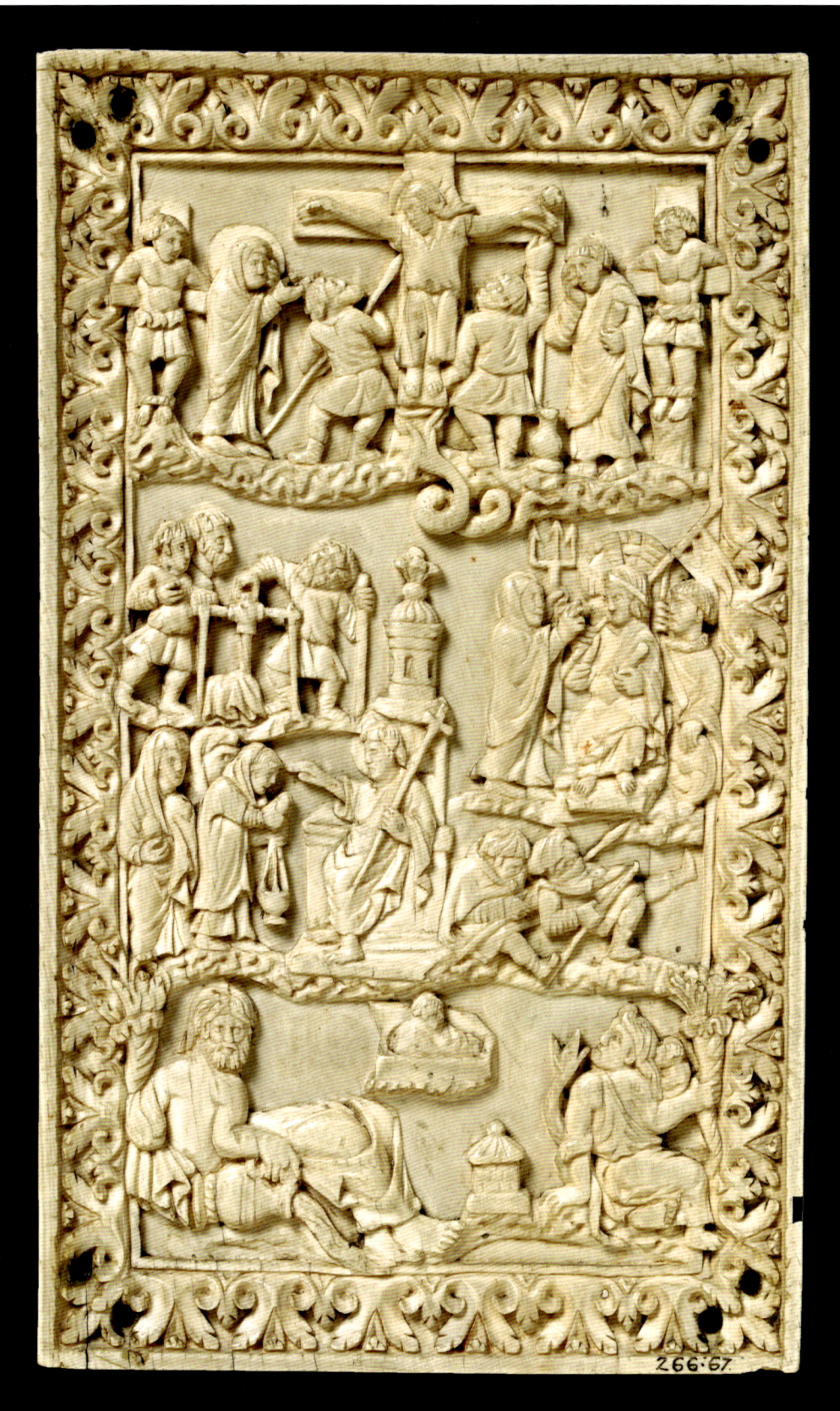

IV.45

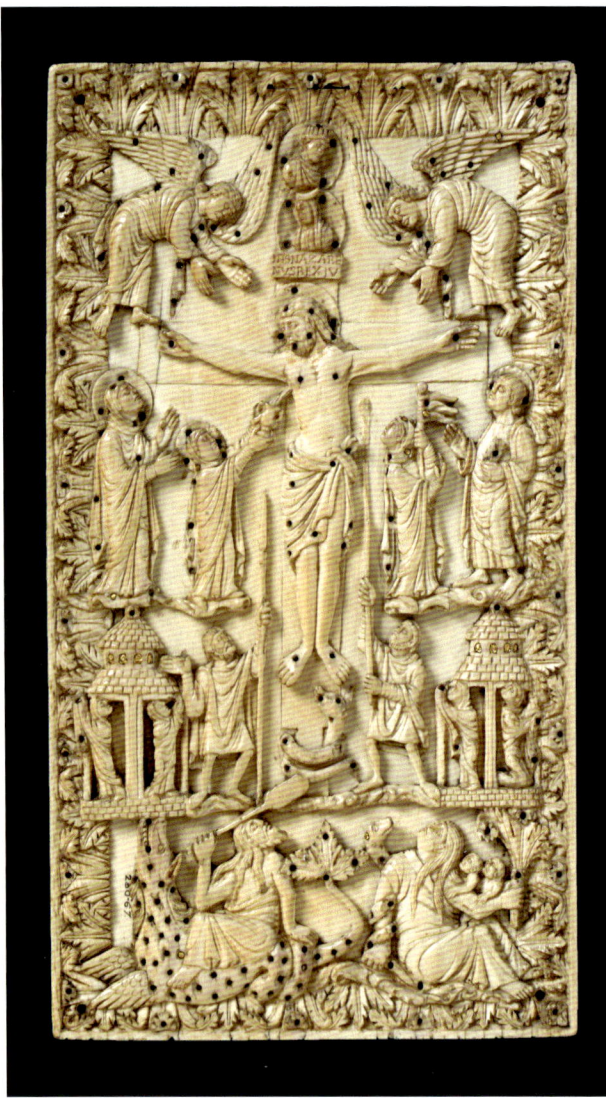

IV.46

IV.46

Elfenbeintafel mit Kreuzigung Christi

Metz, um 870
Elfenbein. Stab des Stephaton abgebrochen. Kleinere
Ausbrüche am oberen Rand. Zahlreiche Bohrungen in
der Reliefoberfläche, die zur Befestigung von Goldblechauflagen dienten. Die ursprüngliche Vergoldung
bis auf die Goldblecheinlagen der Grabbauten und
eine Reihe abgebrochener Goldstifte in den Bohrungen
verloren. H 21 cm, B 11,8 cm
London, Victoria and Albert Museum, 250-1867

Die Komposition der Kreuzigungstafel folgt einem Typus, wie
er von zahlreichen Elfenbeintafeln der sogenannten Jüngeren
Metzer Gruppe bekannt ist: Christus hängt an einem über-

großen Kreuz, das fast die gesamte Höhe des Bildfelds einnimmt, während die übrigen Figuren – im Maßstab deutlich
kleiner – daneben und darunter in Reihen angeordnet sind. Zur
Rechten des Gekreuzigten steht Ekklesia, die das Blut aus der
Seitenwunde Christi in einem Gefäß auffängt. Auf der Gegenseite erscheint Synagoge, die sich vom Kreuz entfernt. Weiter
außen, aber auf gleicher Höhe, stehen Maria und Johannes,
während Longinus mit der Lanze und Stephaton mit dem Es-
sigschwamm in eine tiefere Ebene versetzt sind. An ihrer Seite
folgen zwei kleine Grabbauten mit Auferstehenden, die sich
nach dem Bericht der Evangelien in der Todesstunde Jesu aus
ihren Gräbern erhoben. Die kosmische Dimension des Geschehens wird durch die Personifikationen von Sonne und Mond
auf dem oberen Kreuzbalken und von Erde und Meer am unteren Rand veranschaulicht.

Die Elfenbeintafel lässt sich anhand alter Beschreibungen als
Vorderdeckel eines karolingischen Evangeliars bestimmen, das
sich bis zum Ende des 18. Jahrhunderts im Schatz der Kathedrale von Verdun befand. Die Elfenbeinplatte des Rückdeckels
zeigte das Porträt eines thronenden Herrschers, das aufgrund
der Attribute und nach dem charakteristischen Kopftypus als
Bildnis Karls des Kahlen identifiziert worden ist. So liegt die
Vermutung nahe, dass die Handschrift, zu deren Einband das
Herrscherporträt und die Londoner Kreuzigungstafel gehörten,
ein Geschenk Karls des Kahlen war, womit die Kreuzigungs-
platte ebenfalls in seinem Auftrag entstanden wäre.

Die Vermutung gewinnt dadurch noch besonderes Gewicht,
dass auch Stil und Ziertechnik des Elfenbeins in den Bereich
der Kunst um Karl den Kahlen verweisen. So sind die engsten
stilistischen Parallelen der Tafel unter den Elfenbeinstreifen der
Cathedra Petri in Rom zu finden, die in den Jahren nach 870
als Thronsitz Karls des Kahlen geschaffen wurde, und es sind
gerade die Platten mit dem Herrscherbild Karls an der Querleiste des Throns, die für das Kreuzigungsrelief die nächsten
Entsprechungen bieten.

Ähnliches gilt für die ungewöhnlichen Goldauflagen, mit
denen Teile des Elfenbeins verkleidet waren. Das Ausmaß der
Vergoldung übertraf alles, was aus der spätkarolingischen
Elfenbeinkunst sonst überliefert ist. So waren, wie sich aus den
erhaltenen Bohrungen und Resten von Nieten und Goldstiften
ergibt, sowohl die Nimben aller Figuren als auch Teile der Körper,
der Gewänder und des Blattwerks mit Goldblech überzogen,
die Wundmale Christi zudem durch goldene Ziernägel
hervorgehoben. Zwar kommt die Verkleidung der Nimben
mit dünnen Goldblechfolien auch sonst vereinzelt unter den
Elfenbeinarbeiten der Jüngeren Metzer Gruppe vor, wie etwa
die Kreuzigungstafel auf dem Buchdeckel des Evangeliars
lat. 9453 in Paris (Bibliothèque Nationale) zu belegen vermag,
doch geht die Vergoldung dort nicht über die einfache,
glatte Rundform der Nimben hinaus. Die charakteristische

Besonderheit der Londoner Tafel, das Modellieren der Bleche über einem reich gegliederten Relief, tritt bei ihnen nirgends auf.

Dagegen aber hat die Londoner Tafel unmittelbare Verwandte in einem karolingischen Elfenbeinkästchen im Quedlinburger Domschatz und seinem Gegenstück in München (Bayerisches Nationalmuseum), die beide mit den Hofwerkstätten Karls des Kahlen in Verbindung gebracht worden sind. Bei ihnen waren nicht nur die Nimben aller Figuren, sondern – auf der Vorderseite – auch Sockel und Kapitelle aller Arkaden sowie die Buchrollen Christi und der Apostel mit Goldblechfolien überzogen. Von ihnen ist am Quedlinburger Kästchen noch ein großer Teil erhalten geblieben, während sie an den Münchner Platten durchgehend fehlen. Doch lassen Form und Durchmesser der Bohrungen, aber auch die Stellen, an denen sie angebracht wurden, deutlich erkennen, dass die gleichen Goldblechauflagen sich ursprünglich auch auf dem Münchner Kasten und auf der Londoner Kreuzigungstafel befanden. Aus den Beschreibungen des 18. Jahrhunderts geht darüber hinaus hervor, dass damals auch auf der Londoner Tafel noch an einigen Stellen Goldblechauflagen vorhanden waren.

1862 in der Sammlung John Webb, London; 1867 aus der Sammlung Webb für das Museum erworben.

Michael Peter

Literatur

Goldschmidt 1914/1918, Bd. 1, Nr. 85; Melzak 1983, S. 59–60, 95–99, 115–116 u.181–182; Mütherich 1971, S. 264–265; Peter 1998/1999, S. 77; Williamson 2010, Nr. 45.

IV.47

Elfenbeinkamm aus Pavia

Hof Karls des Kahlen, um 870
Elfenbein, Goldeinlagen, Glaseinlagen in Silberfassung.
Gold- und Glaseinlagen an einigen Stellen ausgefallen,
die Goldblechfolien teilweise durch Goldfarbe ersetzt.
H 21,2 cm, B 10,6 cm
London, Victoria and Albert Museum, A 544-1910

Der doppelseitig gezahnte Kamm zeigt auf der Vorderseite in einem flach vertieften Halbkreisfeld die Tierkreiszeichen des Schützen und des Steinbocks in einer Rankenspirale. Die flache Rückseite ist ausschließlich in ornamentalen Formen verziert. Ihr farbiger Schmuck besteht aus Ranken und Rosetten in Einlegearbeit, die von kleinen gravierten Schlangen umwunden werden. Die umlaufenden Rahmenleisten der Halbkreisfelder sind auf beiden Seiten mit geometrischen Ornamenten in Einlegearbeit ausgefüllt.

Figurentypus, Rankenmotiv und Stil der Reliefs, aber auch die ungewöhnliche Ziertechnik des Elfenbeins verbinden den Kamm mit einer Reihe von Elfenbeinarbeiten, deren Entstehung am Hof Karls des Kahlen (843–877) vermutet worden ist. Zu dieser Gruppe gehören ein Elfenbeinkästchen mit Christus, Aposteln und den Tierkreiszeichen im Quedlinburger Domschatz, ein weiteres, unmittelbar übereinstimmendes Kästchen, ehemals im Bamberger Domschatz, dessen erhaltene Fragmente sich heute in München (Bayerisches Nationalmuseum) befinden, ferner die Elfenbeintafeln auf dem Einband eines Sakramentars in München (Bayerische Staatsbibliothek, clm 10077) sowie eine Reliefplatte mit Szenen aus dem Leben des heiligen Remigius in Amiens (Musée de la Picardie). Unter ihnen stehen dem Kamm die beiden Elfenbeinkästchen in Quedlinburg und München künstlerisch zweifellos am nächsten. Seine Tierkreisbilder sind denen der beiden Kästchen in Ausdruck und Reliefbehandlung aufs engste verwandt, und auch die vertiefte und gravierte Rankenornamentik kehrt dort in unmittelbar übereinstimmenden Formen wieder.

Ihre nächsten künstlerischen Voraussetzungen findet die kleine Gruppe unter den farbigen Einlegearbeiten und Reliefdarstellungen des karolingischen Elfenbeinthrons der Peterskirche in Rom, den Karl der Kahle anlässlich seiner Kaiserkrönung im Jahre 875 dem Papst zum Geschenk machte. Die Elfenbeinarbeiten lassen deutlich erkennen, dass Karl an seinem Hof Kräfte unterschiedlicher Werkstätten und künstlerischer Richtungen zusammenzog, um seine Vorstellungen höchster Würde und herrscherlicher Repräsentation zu verwirklichen. Aus dem Kreis dieser Künstler dürften wohl auch die Schnitzer der Gruppe um die beiden Elfenbeinkästchen und den Kamm in London gekommen sein.

Die vielfältigen Beziehungen, die den Kamm mit der Kunst am Hof Karls des Kahlen verbinden, erscheinen umso einleuchtender, als sich das aus der Kathedrale von Pavia stammende Werk durch seine Herkunft auch historisch mit der Person Karls in Zusammenhang bringen lässt. Sucht man nämlich nach einer Gelegenheit, bei der die spätkarolingische Elfenbeinarbeit nach Pavia gelangt sein könnte, so stößt man schnell auf ein Ereignis, bei dem es schwer fällt, es nicht mit dem Kamm in London zu verknüpfen: den Reichstag Karls des Kahlen in Pavia im Jahre 876, als sich der neu gekrönte Kaiser von den Bischöfen und Großen des Reiches seine Herrschaft anerkennen und den Treueeid schwören ließ. Auch die Auswahl der beiden Tierkreiszeichen lässt sich so am sinnvollsten erklären. Schütze und Steinbock bezeichnen genau jenen Zeitraum des Jahres zwischen November und Januar, in dem Karl sich in Italien aufhielt und währenddessen er am 22. Dezember 875 in Rom die Kaiserkrone empfing. Man möchte daher vermuten, dass der Kamm für die Zeremonie der Kaiserkrönung des Jahres 875

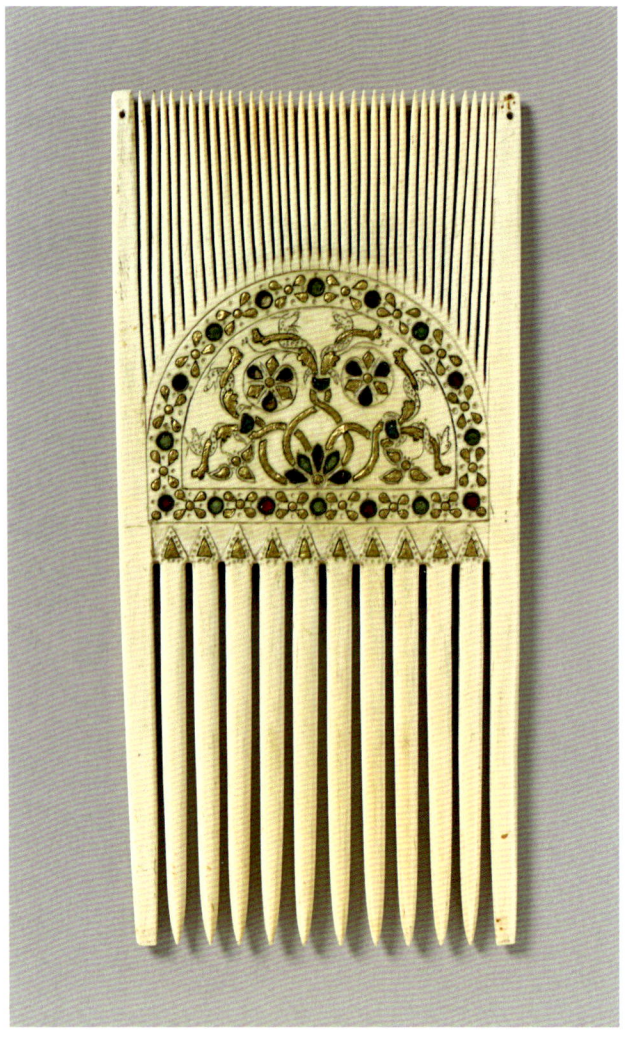
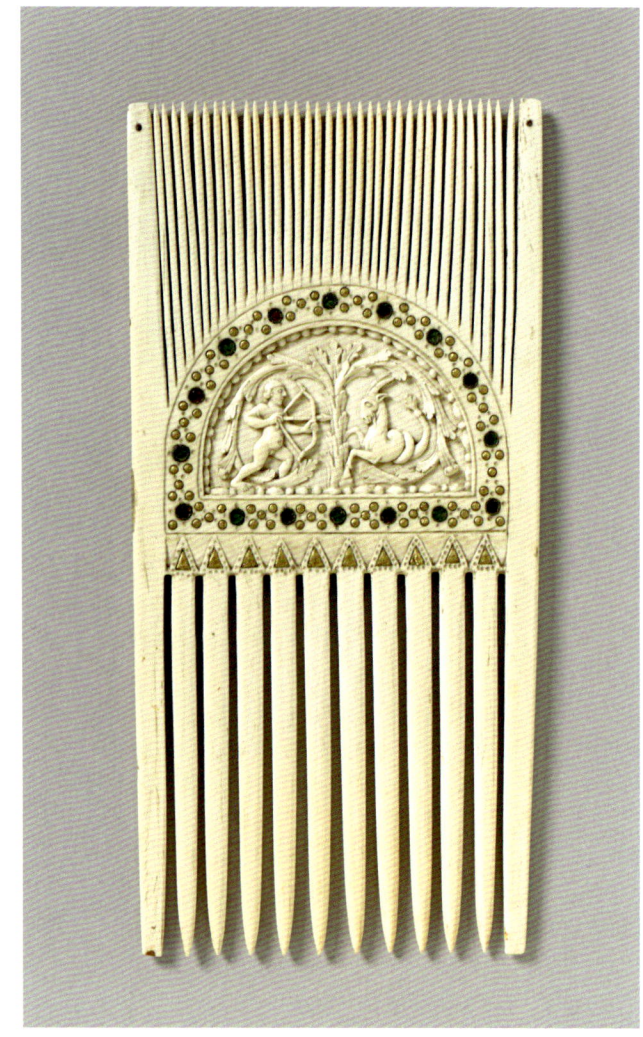

IV.47 a–b

angefertigt und anschließend, während der Feierlichkeiten des Reichstages, der Kathedrale von Pavia zum Geschenk gemacht wurde.

1832 durch eine Aquarellzeichnung im Schatz der Kathedrale von Pavia bezeugt. Um 1890 Sammlung Frédéric Spitzer, Paris, danach Sammlung Martin Heckscher, Wien, und Sammlung George Salting, London. 1910 mit dem Nachlass Saltings dem Museum gestiftet.

Michael Peter

Literatur

Elbern 1969; Goldschmidt 1914/1918, Bd. 1, Nr. 60; Mütherich 1971, S. 270–271; Peter 1998/1999, S. 72–74, 85 u. 90–92; Weitzmann 1935, S. 16; Weitzmann 1973, S. 22; Williamson 2010, Nr. 42.

IV.48

Bergkristallschnitt mit Kreuzigung Christi

Lothringen (Metz), letztes Viertel 9. Jahrhundert.
Montierung: Oberrhein, 16. Jahrhundert
Bergkristall, geschnitten; Silberblech, vergoldet, getrieben, Steinschmuck. Kleinere Absplitterungen und Kratzer.
Inschrift: IHSNZ / RNREX (Jesus von Nazareth König).
H 8,5 cm, B 6,7 cm, T 1,2 cm.
Freiburg, Augustinermuseum, Leihgabe des Erzbischöflichen Diözesanmuseums, K 013/D

Mit der Erneuerung des abendländischen Kaisertums durch Karl den Großen setzte auch künstlerisch eine Rückbesinnung auf antike Vorbilder ein. Sie führte zu einem Aufschwung des gesamten künstlerischen und literarischen Lebens, der neben

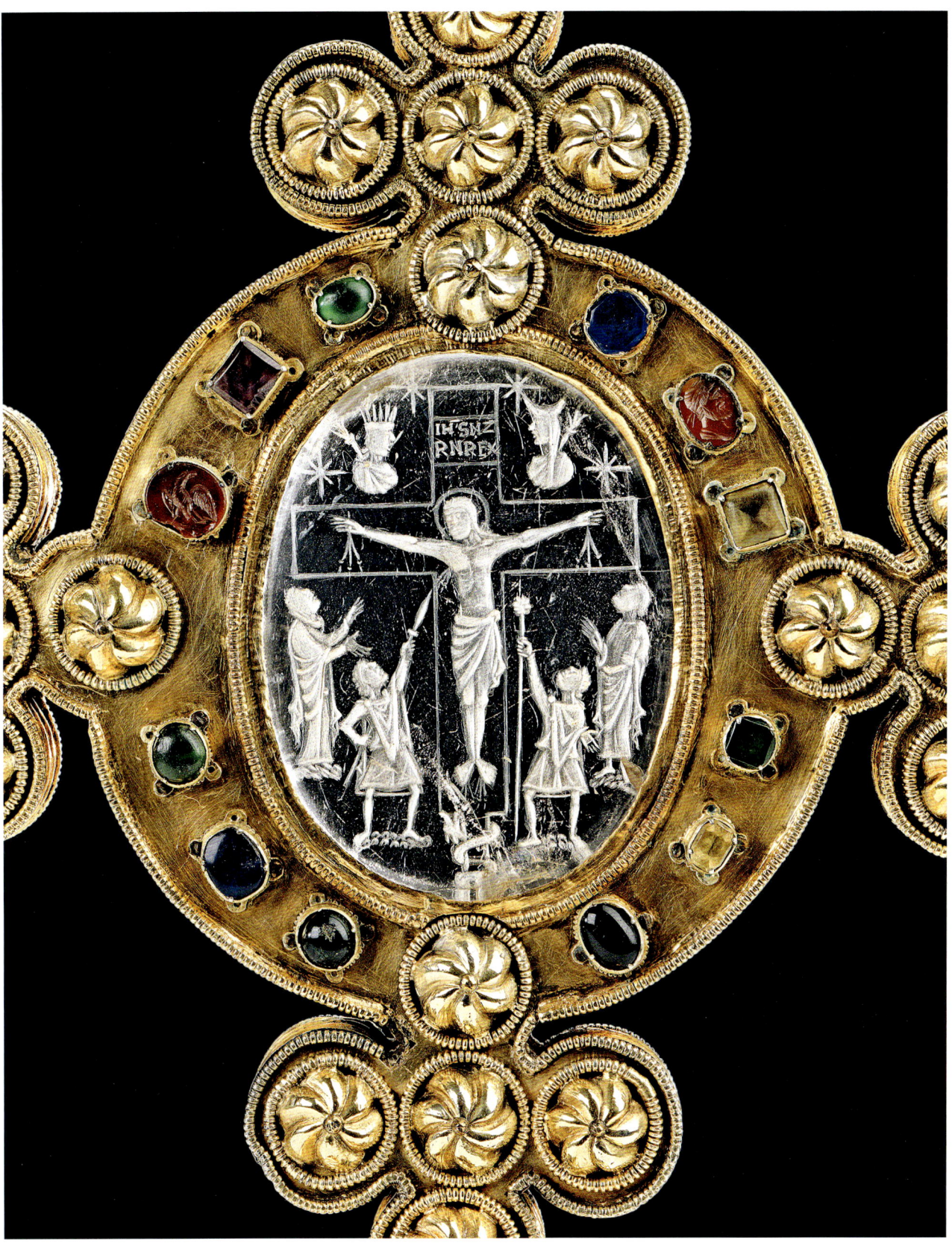

IV.48

dem Rückgriff auf klassische Formen auch die Wiederbelebung antiker Kunsttechniken zur Folge hatte. Zu den herausragendsten technischen Leistungen dieser Erneuerungsbewegung gehörte – neben dem monumentalen Bronzeguss – der karolingische Bergkristallschnitt, der in den großen Kunstzentren Lothringens – allen voran in Metz – zu hoher Blüte entwickelt wurde.

Der Freiburger Bergkristall lässt alle charakteristischen Merkmale der spätkarolingischen Metzer Steinschneidekunst erkennen. Die ovale Reliefscheibe zeigt, vertieft in den Bergkristall geschnitten, den gekreuzigten Christus, umgeben von Maria und Johannes, Longinus und Stephaton. Am Fuß des Kreuzes windet sich die Schlange als Zeichen der Sünde, die durch den Opfertod Christi überwunden wird. Über dem Kreuz erscheinen die Personifikationen von Sonne und Mond als Brustbilder in Profilansicht. Durch ihre Darstellung werden die weltumspannende Bedeutung und kosmische Dimension des Geschehens zum Ausdruck gebracht.

Figurenkomposition, Ikonographie und Stil des Kreuzigungsbildes finden ihre nächsten Parallelen unter den Elfenbeinarbeiten der sogenannten Jüngeren Metzer Gruppe, deren bedeutendstes Werk der berühmte, um 875 aus Anlass der Krönung des Kaisers entstandene Thron Karls des Kahlen in Rom darstellt. Nicht nur der Typus des Gekreuzigten selbst, sondern auch die Anordnung der Begleitfiguren mit den tiefer stehenden Longinus und Stephaton sowie charakteristische Motive wie Steckkreuz, Schlange und Himmelspersonifikationen sind unmittelbar von den Kreuzigungsdarstellungen der Gruppe abzuleiten.

Ähnliches ist für den Stil der Reliefarbeiten festzustellen. Proportionen, Körperauffassung und Umrissführung der Figuren, aber auch Einzelheiten wie Faltengebung und Gewanddrapierung, die breitbeinigen Standmotive bei Longinus und Stephaton, die ungelenken Bewegungen und steifen Gesten, das alles kehrt in Metzer Elfenbeinreliefs des ausgehenden 9. Jahrhunderts wieder. Ein Kreuzigungselfenbein in Gannat (Musée municipal) oder – noch deutlicher – das Elfenbeinrelief auf dem Einband des Evangeliars lat. 9453 in Paris (Bibliothèque Nationale), das in die Spätphase der Metzer Werkstätten gehört, sind charakteristische Beispiele für diesen Stil.

Unter den erhaltenen karolingischen Steinschneidearbeiten schließen sich der Freiburger Reliefscheibe noch zwei weitere Werke in einigem Abstand an: das Bergkristallsiegel Erzbischof Radpods von Tier (883–915) in Hamburg, Museum für Kunst und Gewerbe, sowie der Siegelstempel eines Abtes Theodulf auf der Reliquientafel des Halberstädter Domschatzes, der mit dem 902–910 in der lothringischen Kanzlei Radpods bezeugten Notar gleichen Namens identifiziert worden ist. Kopfhal-

tung, Büstenausschnitt, Haarbehandlung und Profil der Siegelbilder lassen ebenfalls Metzer Vorbilder erkennen.

Die Bergkristallscheibe wurde im 16. Jahrhundert neu gefasst und als Mittelstück einer Kusstafel wiederverwendet. Ihr ursprünglicher Anbringungsort ist nicht bekannt. Sie könnte als Zentrum eines karolingischen Gemmenkreuzes oder Kreuzreliquiars gedient haben, doch sind auch andere Verwendungsmöglichkeiten denkbar. Einem Inventar des 17. Jahrhunderts zufolge bildete ein ovaler Bergkristall mit Kreuzigungsdarstellung den Mittelpunkt des 862 von Erzbischof Hinkmar gestifteten Goldaltars der Kirche Saint-Remi in Reims.

Aus der Pfarrkirche in Rot bei Wiesloch, nahe Heidelberg.

Michael Peter

Literatur
Baum 1954, hier S. 117; Gombert/Krummer-Schroth 1965, Nr. 2; Kornbluth 1995, S. 66–67, Nr. 7; Sauer 1926; Zinke 2010, S. 26–27.

IV.49

Sogenannter Servatius-Schlüssel

Maasgebiet, Ende 9. Jahrhundert
Silber, gegossen und vergoldet.
Vergoldung weitgehend abgerieben. L 29 cm
Maastricht, Basiliek Sint Servaaskerk, Schatkamer

Der große, in Silber gegossene Prunkschlüssel besitzt einen ovalen, mit durchbrochenem Rankenwerk verzierten Griff, der innen als Hohlraum gebildet ist. Das kugelförmige Gesenk ist von einem dichten Blattkranz umzogen, aus dem ein kurzer, abgefaster Dorn erwächst. Der quadratische Schlüsselbart ist mit fünf durchbrochen gearbeiteten Kreuzen ausgezeichnet.

Der seit alters in Maastricht aufbewahrte Schlüssel wird seit der zweiten Hälfte des 11. Jahrhunderts nachweisbar mit dem heiligen Bischof Servatius in Verbindung gebracht. Der Legende nach soll der Heilige den Schlüssel in einer Vision aus der Hand des Apostels Petrus empfangen haben, der ihm mit dem Symbol der kirchlichen Macht zugleich die bischöfliche Amtsgewalt übertrug.

Größe und Gewicht des Schlüssels, aber auch das weiche, leicht verformbare Material des Silbers lassen keinen Zweifel daran, dass es sich nicht um einen Gebrauchsgegenstand, sondern um ein Schaugerät von stark symbolhaftem und repräsentativem Charakter handelt. Typengeschichtlich folgt er dem Vorbild spätantiker und frühmittelalterlicher Reliquienschlüssel,

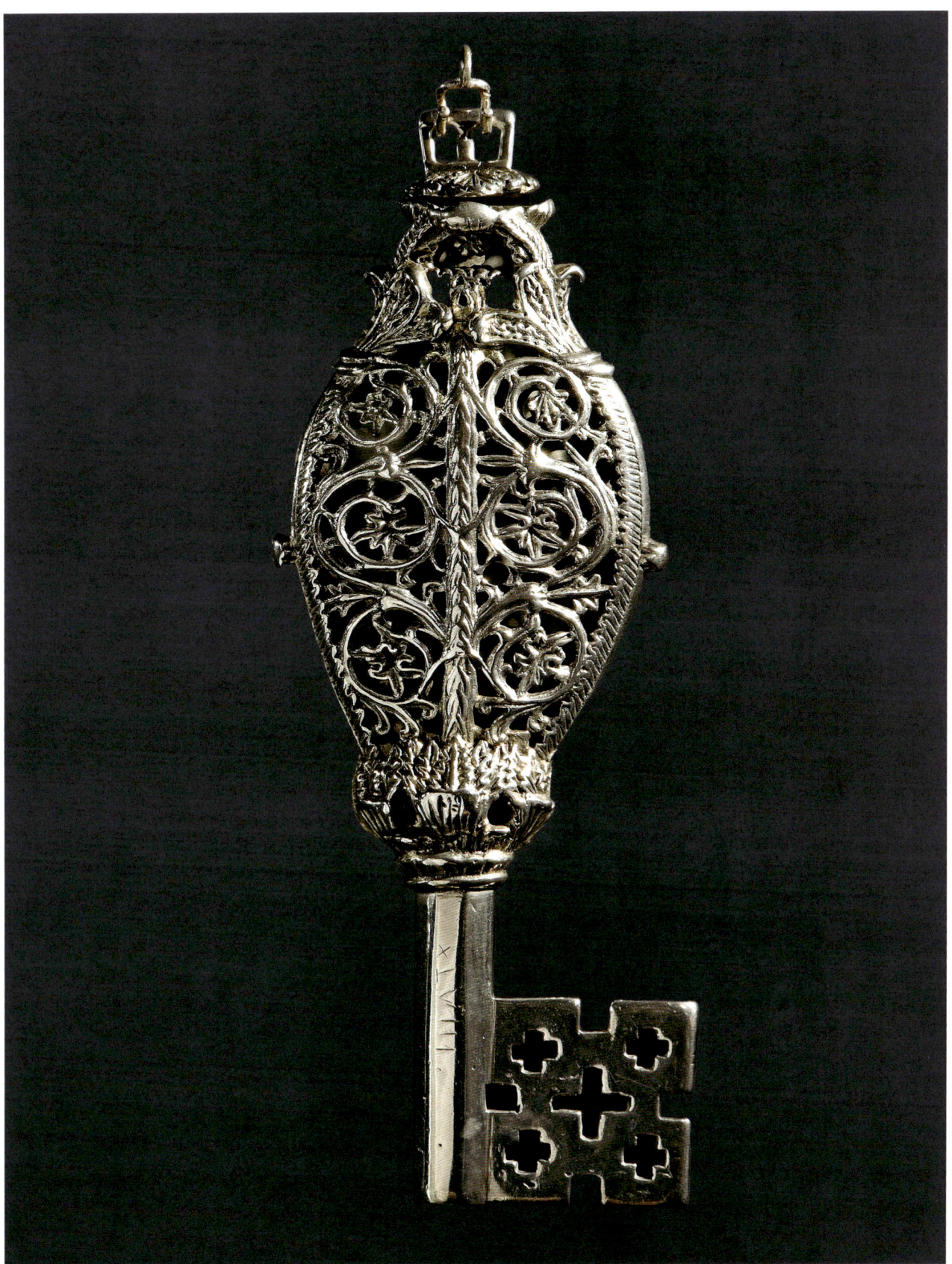

wie sie vom Papst als Amtsgeschenke an die neu eingesetzten Bischöfe vergeben wurden. Ihr als Hohlraum gebildeter, durchbrochen gearbeiteter Griff diente zur Aufnahme von Teilen der Ketten Petri, die dort als Reliquien sichtbar eingeschlossen waren und bei Bewegung des Schlüssels klingend anschlugen. Papst Gregor der Große (590–604) übersandte solche Reliquienschlüssel, wie aus seinen Briefen hervorgeht, dem Patriarchen von Antiochia Anastasius, dem Bischof Columbus sowie dem König der Franken, Childebert, und Rekkared, dem König der Westgoten. Den Älteren Metzer Annalen und den Reichsannalen zufolge schickte Papst Gregor III. im Jahr 741 zwei dieser Schlüssel an Karl Martell, und Papst Leo III. im Jahre 796 zwei weitere an Karl den Großen. Die Legende berichtet, dass bei der Öffnung des Servatiusgrabs ein silberner Schlüssel neben dem Heiligen aufgefunden worden sei.

Der erhaltene Schlüssel stellt freilich kein römisches, sondern ein maasländisches Werk des ausgehenden 9. Jahrhunderts dar. Zwar ist er in der jüngeren kunstgeschichtlichen Literatur wiederholt als ein Erzeugnis der Hofwerkstätten Karls des Großen eingeordnet worden, wie auch die charakteristische Ornamentik der Handhabe zuletzt mit Werken wie den Bronzegittern der Aachener Pfalzkapelle verglichen worden ist. Doch lassen deren antikisierende, auf frühkaiserzeitliche Vorbilder zurückgehende Akanthusranken kaum eine nähere Verwandtschaft mit den Blattformen des Schlüssels erkennen. Weder die Klarheit und Ausgewogenheit der Aachener Rankenkompositionen, noch die Weiträumigkeit und Leichtigkeit der Rankenschwünge, ihr federndes Gleichgewicht aus Stillstand und Bewegung, finden sich in den dichteren, expressiveren, ja, geradezu wuchernden Rankenspiralen in Maastricht wieder, und auch die vielteiligen scharfzackigen und spitzen Formen der Blätter sind deutlich verschieden.

Dagegen hat die Ornamentik des Schlüssels jedoch unmittelbare Verwandte in der spätkarolingischen Kunst, in einer Reihe maasländischer Elfenbeinarbeiten, die sich um das Nicasiusdiptychon im Schatz der Kathedrale von Tournai, eine Diptychontafel mit Szenen der Geburt und Taufe Christi in London (British Museum) sowie einen heute verlorenen Elfenbeinkasten mit Kreuzigungsdarstellung in Berlin gruppieren. Gesamtform, Rhythmus und Dynamik der Rankenschwünge, aber auch Einzelheiten wie die scharf geschnittenen Umrissformen, die betonten Blattrippen oder das dichte, enge Einrollen der Rankenstengel stimmen unmittelbar überein.

Man möchte daher annehmen, dass der Schlüssel als Wiederholung oder Ersatz eines älteren vor Ort geschaffen wurde, wie dies ähnlich wohl auch für den etwas jüngeren Schlüssel des heiligen Hubert im Schatz der Heiligkreuzkirche in Lüttich zu vermuten ist.

Michael Peter

Literatur

Ausst.-Kat. Hildesheim 1993, Bd. 2, Nr. IV-45 (Adrianus M. Koldeweij); Ausst.-Kat. Köln/Brüssel 1972, Nr. F 1 (Dietrich Kötzsche); Ausst.-Kat. Paderborn 1999, Bd. 2, Nr. X.8 (Adrianus M. Koldeweij); Bock/Willemsen 1872, S. 1–19; Reudenbach 2009, Nr. 130 (Andrea Schaller); Sanderson 1974, S. 172–173.

IV.50

Goldener Psalter von St. Gallen

Soissons / St. Gallen, zwischen 870 und 900
Pergament, 344 Seiten. Goldtinte, kolorierte
Federzeichnungen, teilweise in Deckfarbenmalerei.
H 36,5 cm, B 26,5 cm
St. Gallen, Stiftsbibliothek, Cod. Sang. 22

Zu den bedeutendsten Schätzen der Stiftsbibliothek St. Gallen, der Bibliothek des ehemaligen Benediktinerklosters, gehört der Goldene Psalter. Mit der durchgehenden Verwendung von Goldtinte für alle 150 Psalmen des Alten Testaments gehört er zu jenen wenigen Werken der mittelalterlichen Buchmalerei, die das Attribut 'Codex Aureus' (goldene Handschrift) tragen dürfen und sich damit als eindrucksvolle Zeugnisse spätkarolingischer Buchkunst von den übrigen aus jener Zeit überlieferten Handschriften abheben. Im Zusammenspiel mit der reichen Bebilderung und der hohen Qualität der 37 Initialen kommt dem Codex dadurch gewissermaßen königliche Würde zu.

Über die Entstehung des Goldenen Psalters sind sich die Fachleute heute noch uneins. Sicherlich lässt sich sagen, dass das Werk nicht ausschließlich im Kloster St. Gallen geschaffen wurde. Einerseits fehlen der apokryphe 151. Psalm und die *Cantica* (Gesangtexte des Alten und Neuen Testaments, die in der Liturgie des Stundengebets mit den Psalmen gesungen werden), die sonst in allen anderen in jener Epoche in St. Gallen geschaffenen Psalterien enthalten sind, andererseits sind für das Galluskloster sowohl die Verwendung von Goldtinte als auch der Einfallsreichtum der 17 Miniaturen unüblich. Ohne die *Cantica* war der Goldene Psalter im Grunde genommen liturgisch nicht verwendbar. Er dürfte von Anfang an als Prachthandschrift mit Repräsentationscharakter für einen hochrangigen Auftraggeber konzipiert gewesen sein.

Aufgrund der jüngeren Forschungen von Rupert Schaab und Anton von Euw lässt sich mit einiger Wahrscheinlichkeit sagen, dass die Handschrift wohl am westfränkischen Hof Karls des Kahlen (823–877; König 843–877, Kaiser 875–877), möglicherweise im nordfranzösischen Soissons, entstanden ist, aus unbekannten Gründen Torso blieb, bald schon ins Kloster St. Gallen gelangte und dort zwischen 870 und 900 teilweise er-

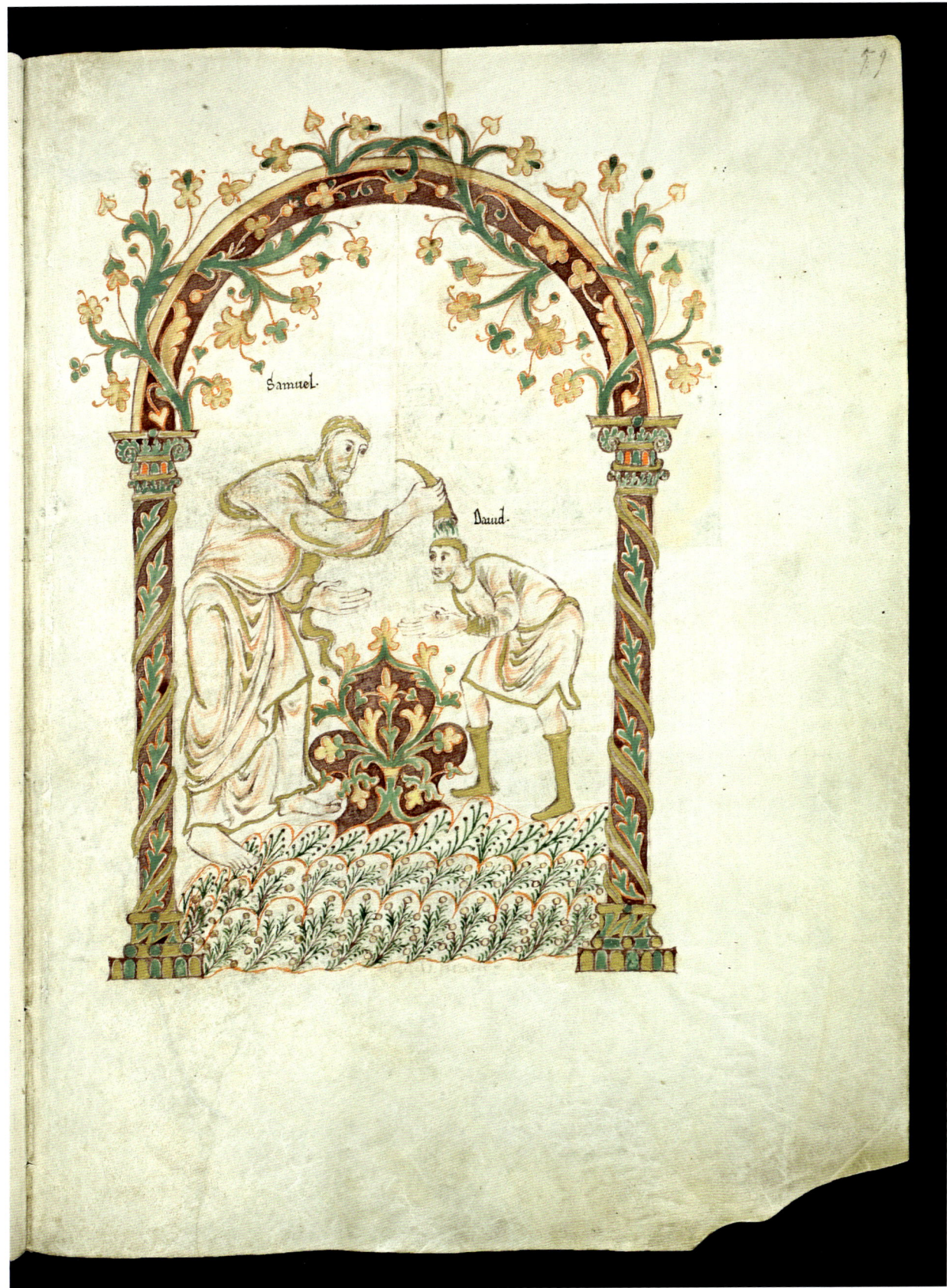

Samuel.

David.

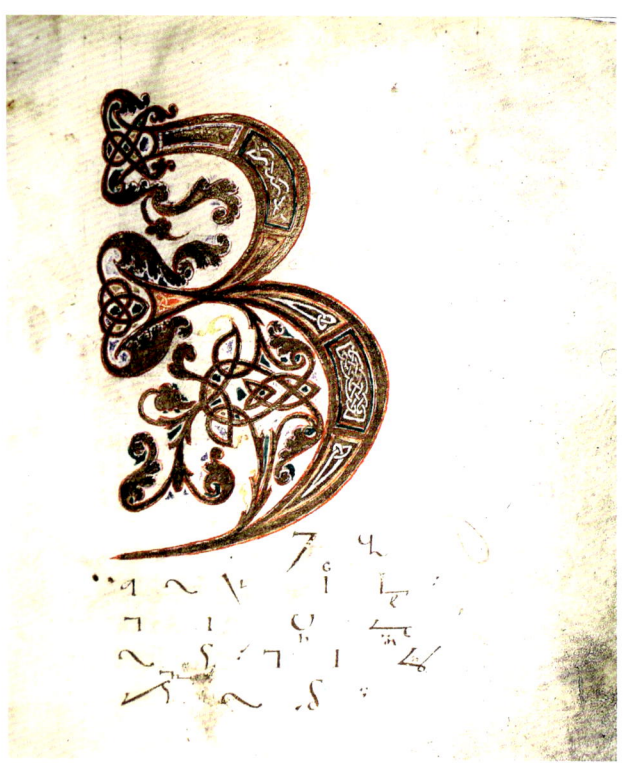

IV.51

IV.51

Psalter in tironischen Noten

Hofschule Karls des Kahlen, 3.Viertel 9. Jahrhundert
Pergament, 122 Blätter und zwei ungezählte
Vorsatzblätter, Deckfarben. H 23,2 cm, B 18.5 cm
Wolfenbüttel, Herzog August Bibliothek,
Cod. Guelf. 13 Aug. 4°

Der karolingische Psalter in Wolfenbüttel umfaßt die 150 Psalmen, sechs Cantica, das *Te Deum* und das *Pater noster* sowie die *Symbola Apostolorum* und *Athanasii*. Vor dem Beginn des Psalters finden sich zudem der Prolog *Origo Prophetiae David regis* und die Vorrede des heiligen Hieronymus *Psalterium Rome dudum* (fol. 1r bzw. 2v). Nur diese wurden in karolingischen Minuskeln geschrieben, während sämtliche anderen Texte in sogenannten tironischen Noten geschrieben wurden, einer antiken Kurzschrift, die auf Marcus Tullio Tiro (*103, † 4 v. Chr.), Privatsekretär Ciceros, zurückgeführt wird. Nur die Überschriften sind in Capitalis rustica angelegt.

Der Buchschmuck beschränkt sich auf den Anfang des ersten Psalms *Beatus vir*. Das erste tironische Zeichen ist wie eine Initiale gebildet. Goldene, miniumgesäumte Bänder formen den Buchstabenkörper, der Buchstabenschmuck besteht aus Flechtbändern und Blattwerk. Die Innenfelder wurden in Rot, Blau, Grün und Gelb akzentuiert. Die der Initiale folgenden tironischen Noten sind ebenfalls in Gold geschrieben.

Der Wolfenbütteler Psalter ist als ein schriftkünstlerisches Meisterwerk in der Hofschule Karls des Kahlen entstanden (vgl. Kat.-Nr. IV.43). Ob er jedoch auch für die liturgische Praxis angefertigt worden ist, kann bezweifelt werden. Jedenfalls fehlen für den Gebrauch an einem spezifischen Bestimmungsort Litanei und Kalender. Eher muss der Psalter in tironischen Noten als Spiegel der Gelehrsamkeit in Auseinandersetzung mit antiken Traditionen im Umkreis Karls des Kahlen gelten, dessen eklektizistische Tendenzen als eine der wesentlichen Charakteristika der Hofschule beschrieben wurden.

Ein im 10. Jahrhundert nachgetragener Text (fol. 3v) deutet paläographisch ins Elsass. Spätestens um1500 muss die Handschrift im Schatz der Straßburger Kathedrale gewesen sein. Durch Herzog August von Braunschweig-Lüneburg (1579-1666) gelangte der Psalter schließlich nach Wolfenbüttel.

Thomas Labusiak

gänzt, nicht aber vollendet wurde. Im hinteren Teil des Psalters fehlt die Illuminierung fast vollständig.

Einige der Miniaturen, etwa der Bau der Stiftshütte (S. 64), die Flucht Davids vor Saul (S. 132), der Aufenthalt Davids in der Wüste (S. 147) oder die vier Bilder vom Kampf Davids gegen die Syrer (S. 139–141) sind von atemberaubender Feinheit und erlauben uns einen exzellenten Einblick ins Alltagsleben des späten 9. Jahrhunderts. Die Illustrationen beziehen sich übrigens nicht auf den Inhalt der Psalmen, sondern auf die diesen sekundär beigefügten Überschriften.

Als Illustration zu Psalm 26 findet sich auf S. 59 die Salbung Davids durch den Propheten Samuel (Abb.). Die beiden Männer, durch spätere Beischriften namentlich kenntlich gemacht, stehen auf einem schollenförmigen Boden mit blühenden Gräsern. Der mit Tunika und Mantel bekleidete Prophet hält in der rechten Hand das Salbhorn und gießt Öl auf das Haupt des gebückt herantretenden David. Das Bildfeld wird durch eine Bogenarkade umrahmt, deren architektonische Struktur durch vegetabile Ornamente dekorativ überwuchert wird.

Karl Schmuki

Literatur

Eggenberger 1987; von Euw 2008, Bd. 1, S. 117–132 u. S. 400–408; Bd. 2, Abb. 362–390; Schaab 1995.

Literatur

Ausst.-Kat. Wolfenbüttel 1989, S. 65–68 (David Ganz); Ganz 1990, S. 15–17; von Heinemann 1966, S. 168 f.; Koehler/Mütherich 1982, S. 54–57, 123–126 u. Taf. 24 f.; Schramm/Mütherich 1962, Nr. 46.

Die Italienpolitik der späten Karolinger (850–899)

In diesem Beitrag wird die Zeit zwischen der Regierung Kaiser Ludwigs II. (850–875) und der Arnolfs von Kärnten (899) in den Blick genommen. Sie ist gekennzeichnet durch die Konsolidierung der einzelnen Reichsteile und deren wachsende Distanzierung. Auch eine kurzfristige Vereinigung von 885 bis 887 konnte die Gegensätze nicht mehr überbrücken. Die Absetzung Karls als letzter karolingischer Kaiser aus direkter männlicher Linie bewirkte – aus der Retrospektive gesehen – den endgültigen Zerfall des karolingischen Großreiches und die Machtübernahme durch Könige, deren Herrschaftsbereich auf einzelne Teilreiche begrenzt war. Freilich stammten alle neuen Herrscher aus dem Adel, der entweder eng mit den Karolingern verwandt oder zumindest mit diesen durch Loyalität eng verbunden war. Der Apenninenhalbinsel und besonders Rom kam ein besonderer Stellenwert zu, da aus Sicht der Zeitgenossen ihr Besitz mit der Kaiserwürde verbunden war. In der fraglichen Zeit erlangten unter den zahlreichen nicht aus dem Regnum Italiae stammenden Prätendenten vier die Herrschaft: aus Westfranken Karl II. der Kahle (840–877) und die aus Ostfranken stammenden Karlmann (876–880), Karl III. der Dicke (881–887) sowie Arnolf von Kärnten (887–899).

Ludwig II., der älteste Sohn Kaiser Lothars I. (840–855), regierte vor dem Tod seines Vaters als Mitregent (König, später Kaiser) und ab 855 allein als Kaiser. Sein Herrschaftsbereich blieb zwar auf Italien beschränkt, dort übte er aber eine recht stabile Regierung aus. Dazu trug sicherlich die Eheschließung mit Angilberga, einer Tochter aus dem oberitalienischen Geschlecht der Supponiden, bei, die als erste westliche Kaiserin mit dem *consors regni*-Titel bezeichnet wurde. Während der Abwesenheit ihres Gemahls übernahm sie die Regierung und stützte so dessen Herrschaft aktiv. Ludwig griff auch auf die langobardischen Gebiete im Süden der Apenninenhalbinsel (Benevent, Capua) aus und damit über die Grenzen des Regnum Italiae. Anlass dafür war der Kampf gegen die Sarazenen, eine besondere Herausforderung in Ludwigs Regierungszeit. 846 plünderten sarazenische Piraten die Ewige Stadt, was unter den Zeitgenossen außerordentlichen Schrecken hervorrief. Nach der Sicherung Roms wurde Ludwig zu Ostern des Jahres 850 als „Schützer der römischen Kirche" zum Kaiser gekrönt und gesalbt. Des Weiteren bestanden unter seiner Regierung wahrscheinlich die engsten Kontakte eines karolingischen Herrschers zu Byzanz, die keineswegs immer harmonisch verliefen. 869 kam zwischen beiden Parteien eine Allianz zur Bekämpfung des Emirates Bari zustande. Nach anfänglichen

Schwierigkeiten brachte eine gemeinsame Aktion des fränkischen Heeres und einer byzantinischen Flotte im Jahre 871 die Eroberung der Stadt und das Ende des Emirates. Abgesehen von dieser punktuellen Kooperation blieben die Beziehungen aber eher verhalten, nicht zuletzt da beide Seiten den Süden Italiens für sich beanspruchten. Besonders wurde das Verhältnis zwischen westlichem und östlichem Kaiser durch die Streitigkeiten um ihren Rang belastet. Ludwig II. bestand auf einer Gleichrangigkeit mit dem Basileus. Dies war aber aus byzantinischer Sicht inakzeptabel, da man – wegen der ungebrochenen antiken Tradition – auf einem alleinigen Anspruch auf das universale Kaisertum beharrte. Diese Auseinandersetzung belegt – trotz der 'realpolitischen' Beschränkung Ludwigs II. – den hohen ideellen Anspruch des westlichen Kaisertums als universale Würde. Ludwigs Herrschaft prägte die politischen Strukturen in Italien relativ stark, woran die folgenden Thronprätendenten anzuknüpfen versuchten.

Das absehbare Fehlen von Söhnen aus der Ehe mit Angilberga verursachte bereits vor dem Tod des Kaisers Spannungen zwischen West- und Ostfranken um die Nachfolge im Regnum Italiae. Damit wurde auch dieses Gebiet, ähnlich wie einige Jahre zuvor Lotharingien, zum Streitobjekt zwischen den beiden nördlich der Alpen gelegenen Teilreichen. Charakteristisch ist, dass der Zugang nach Italien für alle Zugriffe aus dem ost- respektive westfränkischen Reich nur durch die Unterstützung einer italienischen Fraktion möglich war. Tendenziell unterstützte die Partei in Verona um die Kaiserinwitwe Angilberga und Berengar von Friaul (887/888, 915–924) die ostfränkische Seite, während sich die Gruppierung um den Mailänder Erzbischof Ansbert eher Westfranken zuneigte. Wechsel der Loyalitäten waren in dieser Situation charakteristisch. Freilich gehen diese nicht für alle Personen gleichermaßen aus den Quellen, insbesondere den Urkunden, hervor. Die italienischen Empfänger von Diplomen dieser Herrscher sowie die zu ihren Gunsten agierenden Petenten (Bittsteller) oder Intervenienten (Fürsprecher) lassen die Brüche und Kontinuitäten in den personellen Konstellationen dieser bewegten Zeit aber zumindest ansatzweise erkennen. Schlüsselfiguren treten mehrfach in den Urkunden eines oder auch verschiedener Aussteller auf. Beispielsweise empfingen Angilberga bzw. die von ihr gestifteten Klöster Urkunden von sechs verschiedenen Herrschern, was die herausragende Stellung der Kaiserin eindrucksvoll belegt.

Um die Nachfolge Ludwigs konkurrierten Karl II. und der ostfränkische Herrscher Ludwig der Deutsche (826, 840–876).

Letzterer konnte in Verhandlungen mit Kaiser Ludwig II. bzw. dessen Gemahlin Angilberga eine Nachfolgeregelung zugunsten seines ältesten Sohnes Karlmann (876–880) durchsetzen. Die rivalisierende Partei unter Papst Johannes VIII. (872–882) lud jedoch nach dem Tode Ludwigs den westfränkischen Herrscher Karl den Kahlen ein, in Italien die Herrschaft zu übernehmen und die Kaiserkrone zu empfangen. Durch einen schnellen Zug auf die Apenninenhalbinsel kam Karl seinem ostfränkischen Rivalen zuvor und konnte noch am 25. Dezember 875 die Weihe und Krönung durch Papst Johannes empfangen. Mit der Wahl dieses Termins wurde an Karl den Großen angeknüpft. Über zwei Jahre hinweg beherrschte der westfränkische Herrscher Italien, jedoch ohne auf eine breite Akzeptanz unter den Großen zu stoßen. Nur wenige Diplome zeugen von seiner Regierungtätigkeit südlich der Alpen und sie beschränken sich darüber hinaus auf einen sehr begrenzten Personenkreis. Während Karls zweitem Italienaufenthalt im Herbst 877 zog sein Neffe Karlmann über die Alpen. Die italienischen Großen wandten sich dem Neuankömmling zu und huldigten ihm als neuem Herrscher, so dass Karl bloß der Rückzug nach Westfranken blieb. Am 6. Oktober starb er nach der Überquerung des Mont-Cenis in Avrieux (Savoyen). Karlmanns Präsenz in Italien war ephemer. Allerdings wurde seine Herrschaft dort eher anerkannt, was u.a. aus der größeren Zahl an Urkunden für italienische Empfänger ersichtlich wird. Den Kaisertitel vermochte er jedoch nicht zu erlangen.

Ein höheres Maß an Einfluss konnte erst wieder Karlmanns jüngerer Bruder und Nachfolger Karl der Dicke geltend machen. Karlmann vertraute ihm vermutlich im Spätsommer 879 die Regentschaft über Italien an. Noch im Herbst desselben Jahres begab Karl sich auf den Weg nach Süden, um dort die Herrschaft anzutreten. Im Februar 881 wurden Karl und seine Gemahlin Richgarda durch Johannes VIII. zum Kaiser bzw. zur Kaiserin gekrönt. In den verbleibenden Jahren seiner Regierung entfaltete Karl eine beachtliche Aktivität. Er vereinte das gesamte Frankenreich bis auf Burgund noch einmal für kurze Zeit. Allerdings war eine Integration der einzelnen Reichsteile nicht mehr möglich, da sie schon ein zu hohes Maß an Eigenständigkeit entwickelt hatten. Unter diesen schwierigen Bedingungen verwandte Karl ein beträchtliches Maß an Energie und Zeit auf die italienischen Verhältnisse. Dies verdeutlichen die häufigen und langen Aufenthalte auf der Apenninenhalbinsel: Der letzte legitime karolingische Kaiser hielt sich sechs Mal und damit häufiger und länger in Italien auf als sein Großvater Karl der Große. Mehr als die Hälfte von Karls Urkunden erging an italienische Empfänger. Während seiner Regierung versuchte er, die verschiedenen Gruppierungen im Regnum Italiae in die Herrschaft zu integrieren und sich nicht ausschließlich auf eine Faktion zu stützen. Karl fand eine relativ breite Akzeptanz, auch bei den folgenden, miteinander rivalisierenden Herrschern.

Karl der Dicke wurde Ende 887 in Ostfranken durch den (vermutlich) illegitimen Sohn Karlmanns, Arnolf von Kärnten, abgesetzt. Kurz darauf, spätestens zu Beginn des Jahres 888 wurden in Westfranken, Italien und Burgund neue Könige erhoben. Zumeist erkannten sie Arnolf als Oberherren an, wodurch de jure das fränkische Reich als Bezugsrahmen maßgeblich blieb. In der Praxis drifteten die einzelnen Reichsteile jedoch immer weiter auseinander. Arnolf vermied im Gegensatz zu seinem Vorgänger direkte Eingriffe außerhalb seines eigenen Herrschaftsbereichs. Die Krone des westfränkischen Reiches lehnte er ab, ebenso eine erste Einladung nach Italien durch Papst Stephan V. (885–891). Allerdings schloss er bereits im Herbst des Jahres 888 eine Übereinkunft mit König Berengar, der die Oberherrschaft des Ostfranken zunächst auch anerkannte. Dies verdeutlichen die gemeinsam geprägten Münzen, auf denen beide Herrscher genannt werden. Direkt griff Arnolf erst drei Jahre später nach einer Einladung des Papstes Formosus (891–896) ein. Auf zwei Italienzügen hatte er mit dem permanenten Widerstand der mittlerweile zu Kaisern avancierten Rivalen Wido (888–894) und dessen Sohn Lambert (892–898) zu kämpfen; außerdem zerbrach die Übereinkunft mit Berengar. Arnolf konnte sich vor allem mit militärischen Mitteln Zugang zum Regnum Italiae verschaffen. So musste etwa im Februar 896 Rom erstürmt werden, das Anhänger Lamberts besetzt hielten. Danach wurde Arnolf durch Formosus zum Kaiser gekrönt. Dabei handelte es sich jedoch um ein Gegenkaisertum, da Lambert vier Jahre zuvor die kaiserlichen Würden aus den Händen des gleichen Papstes erhalten hatte. Die prekäre Lage spiegelt sich auch in den wenigen Urkunden Arnolfs für italienische Empfänger. Dort begegnen nie Personen italienischer Provenienz als Petenten oder Intervenienten, wodurch sich Arnolfs Diplome maßgeblich von denen seiner Vorgänger unterscheiden. Überdies wurde Arnolf nur zwei Jahre nach seinem endgültigen Rückzug über die Alpen von einer Synode in Ravenna seiner Kaiserwürde enthoben. Wenngleich Lambert diese Entscheidung sicherlich beeinflusste, so ist hierunter dennoch eine grundlegende Maßnahme zur Ordnung der weltlichen universalen Würde zu sehen. Sie scheint überdies in Italien selbst akzeptiert worden zu sein, da Arnolfs Name in den Herrscherlisten (d.h. chronologisch geordneten Verzeichnissen der Könige und Kaiser) italienischer Provenienz völlig fehlt und seine Urkunden bis auf eine Ausnahme nie als Vorlage für spätere Bestätigungen verwendet wurden. Arnolfs Italienpolitik kann also trotz ihrer durchaus hoffnungsvollen Anfänge als gescheitert betrachtet werden.

Auf den ersten Blick fällt die Bilanz in der Italienpolitik der skizzierten Regenten ernüchternd aus. Der Herrschaftsbereich Ludwigs II. blieb trotz seines Kaisertitels weitgehend auf Italien beschränkt, dessen Etablierung als eigenes Reich aufgrund der söhnelosen Ehe mit Angilberga scheiterte. Alle folgenden

Herrscher waren nur kurze Zeit in Italien präsent. Ihre Anstrengungen konzentrierten sich vor allem auf die Erlangung der Kaiserwürde, ohne dass sie sonst eine nachhaltige Präsenz auf der Apenninenhalbinsel gezeigt hätten. Außerdem war der Zugriff auf das Regnum Italiae nur in Kooperation mit den dort ansässigen Personenverbänden möglich, bei denen die Akzeptanz sehr unterschiedlich ausfiel. Die Herrschaft blieb punktuell und konzentrierte sich zumeist auf Oberitalien, ohne eine effektive Wirksamkeit zu entfalten. Karl III. stellt eine Ausnahme dar, da er sich intensiv um die Regelung der italienischen Verhältnisse bemühte. Allerdings sollte man die Herrscher des späten 9. Jahrhunderts nicht einfach – wie dies in der Forschung lange Zeit geschehen ist – als kraft- und glücklose Akteure beurteilen. Wenngleich sie nur über ein begrenztes Maß an politischem Einfluss verfügten, so stellten sie sich doch, wie das Beispiel Karls III. belegt, mit Energie den Anforderungen ihrer Zeit. Zudem ist zu berücksichtigen, dass ihre zumeist kurze Regierungszeit (die als Kaiser noch knapper ausfiel) eine adäquate Sicht auf ihre Leistungen unter den, im Vergleich zur ersten Hälfte des 9. Jahrhunderts schwieriger gewordenen Rahmenbedingungen verstellt. Lange wurden die Ereignisse darüber hinaus aus einer nationalgeschichtlichen Sicht interpretiert, die jedoch den Verhältnissen der Epoche nicht gerecht wird. Bezugsrahmen für die Akteure bildete auch nach 888 das fränkische Gesamtreich mit dem Kaisertum als oberste Autorität. Nicht zu vergessen ist außerdem die Tatsache, dass die Auseinandersetzungen um die Nachfolge der Monarchen innerhalb der fränkischen Adelsgesellschaft wohlbekannt waren und somit für die Zeitgenossen keineswegs einen unausweichlichen Niedergang der karolingischen Dynastie darstellten, wie es aus der Retrospektive scheinen mag. Daher ist es nicht angebracht, die letzten Dekaden des 9. Jahrhundert als eine ausschließlich chaotische Phase zu begreifen. Vielmehr folgten die Ereignisse einer eigenen Logik, die sich dem Betrachter aus den spärlichen Quellenzeugnissen aber oft nur unzureichend erschließt.

Sebastian Roebert

Literatur

Becher 2008; Böhmer 1991; Böhmer 1998; Bougard 1995; Hahn 1997; Hiestand 1964; Fuchs/Schmid 2002; Kasten 2011; MacLean 2003; MacLean 2007; Nelson 1992; Schieffer 2002; Schieffer 2006 (a).

IV.52

Kaiser Ludwig II. gewährt der Äbtissin Amalberga des Klosters S. Salvatore in Brescia die Vergünstigung, den Kaufmann Ianuarius frei von Zöllen und Abgaben Handel treiben zu lassen

Brescia, 861 Januar 10 (MGH D Lu. II. 32)
Pergament. H 31 cm, B 38 cm, Siegel: D 2,2 cm .
Brescia, Archivio di Stato di Brescia, Cod. dipl. Bresciano, sec. IX, n. 62

Gisela, Schwester des Kaisers Ludwig II. und Leiterin des Klosters S. Salvatore in Brescia, starb 859 oder 860. Aus diesem Anlass hielt sich der Kaiser im Januar 861 in Brescia auf. Er stiftete für die Memoria seiner Schwester ein jährliches Gedenkmahl und setzte seine gleichnamige Tochter in die Funktion ihrer verstorbenen Tante ein. Die vorliegende Urkunde zeigt, dass er bei seinem Aufenthalt in Brescia zusätzlich wirtschaftliche Belange des Klosters regelte: Der Herrscher gab mit diesem Schriftstück allen Getreuen bekannt, dass er der Äbtissin Amalberga das Recht verliehen hat, einen Kaufmann namens Ianuarius, im Auftrag des Klosters zoll- und abgabenfrei Handel treiben zu lassen. Solche Markt- und Zollprivilegien sind nur selten erhalten, da sie sich nicht direkt an die geistliche Institution, sondern an eine Einzelperson richteten. Weltliche Personen hatten aber, anders als Klöster oder Kirchen, keine Möglichkeit, ihr Schriftgut in einem Archiv dauerhaft unterzubringen. Der Kaufmann Ianuarius war für die Nonnen von Brescia offenbar von großer Bedeutung, da sein Name im Memorialbuch des Klosters zu finden ist.

Bei der Urkunde handelt es sich um ein Mandat. Diese Urkundenform beinhaltet einfache Verfügungen und Weisungen. Zudem steht sie den Briefen nahe und ist formloser gestaltet als die zahlreicher überlieferten Diplome bzw. Privilegien. Die vorliegende Urkunde zeigt zwar mit dem Chrismon und der verlängerten Schrift in der ersten Zeile sowie der diplomatischen Minuskel im Textblock charakteristische Merkmale eines Diploms, kommt aber ohne eine den Inhalt beglaubigende

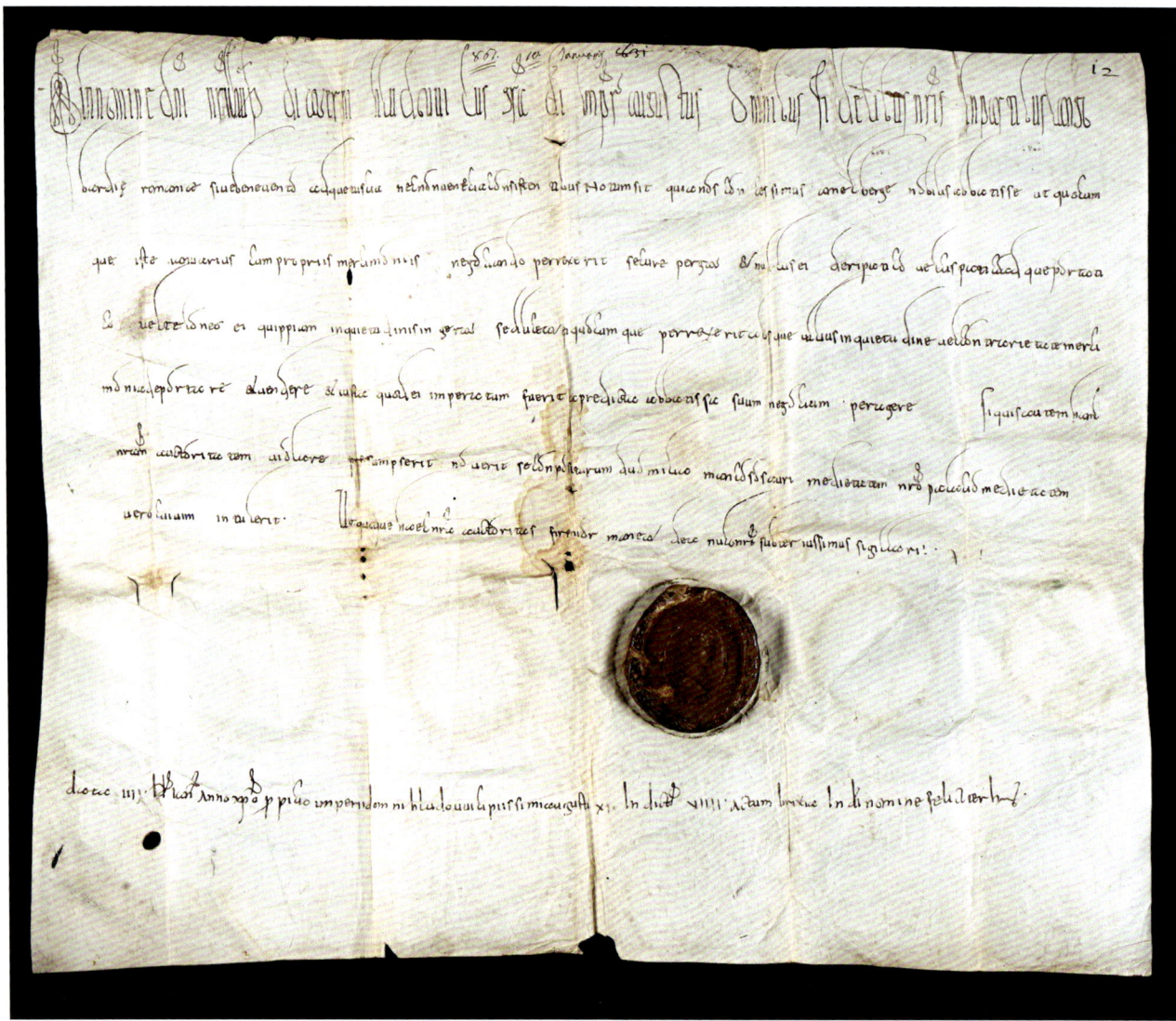

IV.52

Rekognitionszeile und Signumzeile aus. Rechtskräftig wurde das Stück durch das kaiserliche Wachssiegel, welches sich nun nicht mehr auf dem rechten unteren Teil des Pergamentes befindet, sondern eine wesentlich zentralere Position einnimmt. Das Siegel ist das einzige Symbol auf dem Pergament, welches sich auf den Herrscher bezieht. Es zeigt eine antike Kaiserbüste, eingefasst von der Umschrift †XPE SALVA HLVDOVVICVM AVGTM. Einen ebenfalls beglaubigenden Charakter – der durch das reduzierte Eschatokoll noch hervorgehoben scheint – hatte die Datierung. Die noch heute gut erkennbare Manipulation in der letzten Zeile verweist auf die Bedeutung dieses Urkundenbestandteils. Denn obwohl alle Datierungselemente nur um eine Einheit zu niedrig berechnet waren, wurden sie

gewissenhaft, vermutlich vom Schreiber der Urkunde selbst, kurz nach Fertigstellung des Stückes geändert.

Karina Viehmann

Quellen
MGH DD Lu II.

Literatur

Becher 1983; Bettelli Bergamaschi 1996; Bognetti 1963; Böhmer 1991; Ludwig 2005; von Pölnitz-Kehr 1940; La Rocca 2006; Wemple 1985.

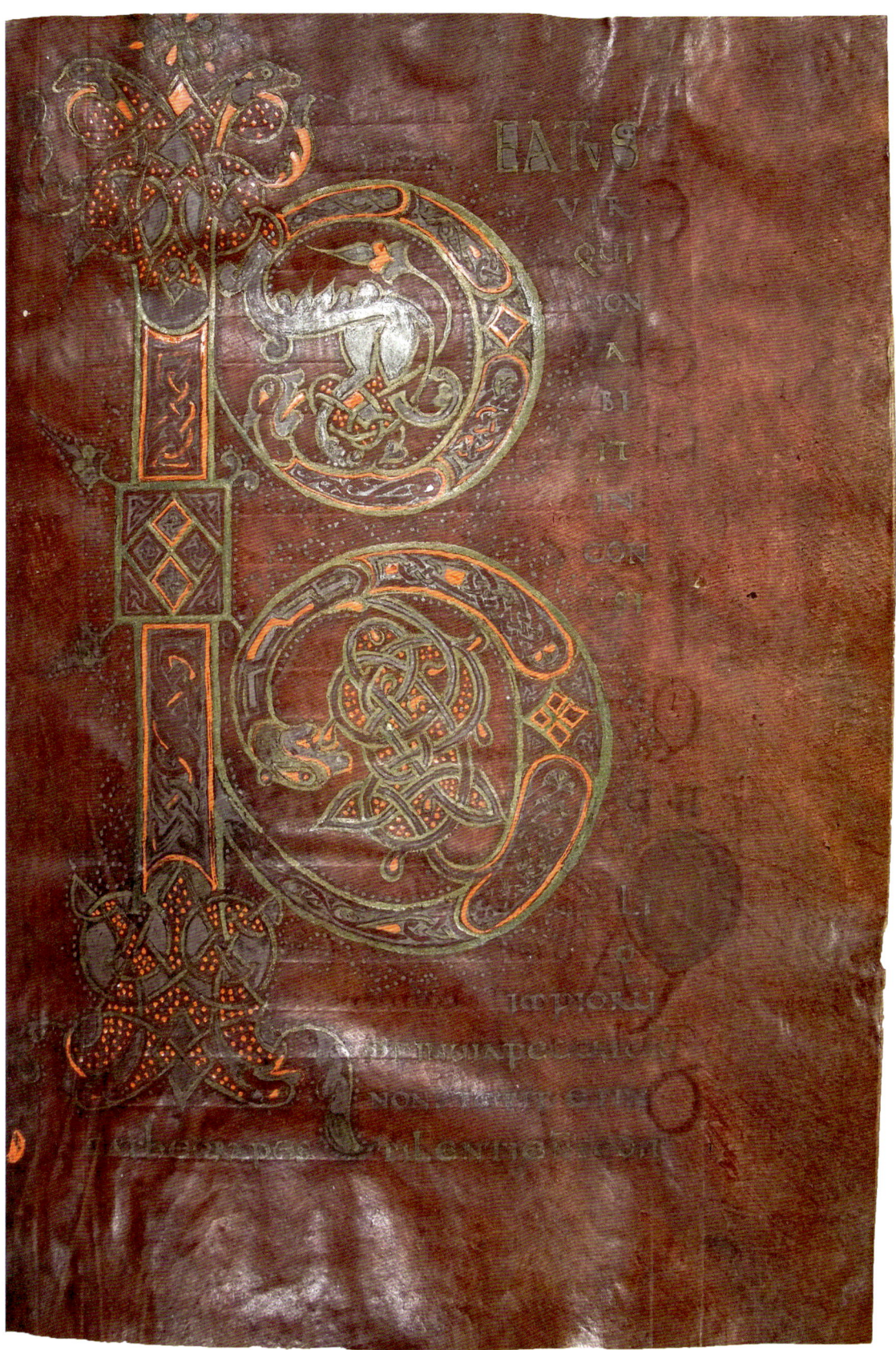

IV.53, fol. 3r

IV.53

Angilberga-Psalter

Westfränkisch, 827
Pergament, 145 Blätter. Purpurfarbene Seiten,
Gold, Silber und Deckfarben. H 25 cm, B 17,2 cm
Piacenza, Biblioteca Communale Passerini-Landi, Ms. 2

Die Psalterhandschrift liefert ungewöhnlich viele Hinweise zu ihrer Entstehung. Ein Eintrag nennt 827 als Entstehungsjahr. Ein Widmungsgedicht zu Beginn des Psalters nennt Kaiserin Angilberga, Ehefrau Kaiser Ludwigs II. (839, Mitks. 850, 855–875) als Stifterin. Das Gedicht ist zwar eine humanistische Nachahmung, gilt aber inhaltlich als zuverlässig. Bestimmt war der kostbare Codex für das durch Angilberga zwischen 852-874 gestiftete Frauenkloster S. Sisto in Piacenza.

Der Angilberga-Psalter ist in goldener und silberner Tinte auf purpurfarbene Blätter geschrieben worden. Einziger Buchschmuck ist die große Initiale zu Beginn des ersten Psalms *Beatus vir* (fol. 3r). Die Initiale ist vollständig in ornamentale Formen aufgelöst. Aus den Buchstabenbändern bilden sich an beiden Enden des Stamms und in den Binnenflächen üppige Flechtknoten und Blattranken. Weitere Flechtbänder und geometrische Ornamente füllen die Innenflächen des Buchstabenkörpers.

Die Verwendung von echtem Schneckenpurpur oder pflanzlichen Surrogaten ist ein Zeichen höchsten Anspruches und außerhalb des engsten Umkreises der Herrscher kaum vorstellbar. Aus karolingischer Zeit sind mehrere Purpurhandschriften überliefert, die wohl auf spätantike Anregungen in der Art der Purpurevangeliare in Brescia (Biblioteca Queriniana, Codex Brixianus) oder Rossano (Museo dell' Arcivescovado) zurückgehen. Ein prachtvolles Evangeliar schenkte Karl der Große (768, 800–814) Abt Angibert, der der Abtei Centula vorstand (Hofschule Karls des Großen, Ende 8. Jahrhundert. Abbeville, Bibliothèque Municipale, Ms. 4). Unbekannt ist der Stifter des Douce-Psalters geblieben (Reims/Hautvillers, kurz nach 850. Oxford, Bodleian Library, Ms. Douce 59), der ebenfalls in Gold und Silber auf purpurfarbenen Seiten geschrieben wurde.

Im 12. Jahrhundert wurde S. Sisto in ein Benediktinerkloster umgewandelt, die kostbare Handschrift offenbar bis 1803 im Kloster aufbewahrt, bevor sie 1806 nach Frankreich gelangte. Von dort kam sie 1822 durch Vermittlung Giuseppe Poggi-Cecilias wieder nach Piacenza zurück.

Thomas Labusiak

Literatur

Ausst.-Kat. Aachen 1965, Nr. 495 (Carl Nordenfalk); Ausst.-Kat. Essen/Bonn 2005, Nr. 175 (Bruno Reudenbach); Balsamo 1910, S. 3 ff.; Schramm/Mütherich 1962, Nr. 40.

IV.54

Diptychon aus Rambona

Italien (Marken), Ende 9. Jahrhundert
Elfenbein. Linke obere Ecke der Kreuzigungstafel
abgeschnitten, kleinere Ausbrüche am unteren Rand
beider Tafeln. Eisenscharniere erneuert, an den Kanten
Spuren einer älteren Scharnierverbindung, Inschriften.
H 31 cm, B 13,7 cm
Vatikanstadt, Musei Vaticani, 62442

Der linke Flügel des Diptychons zeigt im Zentrum die Kreuzigung Christi mit Maria und Johannes. Die Beischriften MVLIEREN und DISSIPVLE ECCE sind dem Kreuzigungsbericht des Johannesevangeliums entnommen. Sie beziehen sich auf die Worte, mit denen Jesus seine Mutter der Obhut des Jüngers anvertraut (Joh 19, 26–27). Über dem Kreuzbalken erscheinen die Personifikationen von Sonne und Mond in Halbfigur mit Trauergeste und Fackeln in den Händen. Ganz oben tragen zwei Engel ein Medaillon mit dem Brustbild Christi empor, unter dem Kreuz steht die römische Wölfin, die Romulus und Remus, die sagenhaften Gründer der Stadt Rom, säugt. Die Inschrift auf der Kreuzigungstafel nimmt Bezug auf beide Szenen: EGO SVM IHS NAZARENVS / REX IVDEORVM (Ich bin Jesus von Nazareth, König der Juden) und ROMVLVS ET REMVLVS A LVPA NVTRITI (Romulus und Remus von der Wölfin genährt).

Der rechte Flügel ist durch die Stifterinschrift in drei verschieden große Felder unterteilt, von denen der obere Bildabschnitt die thronende Madonna zwischen Seraphim, der mittlere die Kirchenpatrone Flavian, Gregor und Silvester, und der untere, sehr schmale Streifen eine liegende nimbierte Figur mit Palmwedel und Fackel in den Händen zeigt. Die Darstellungen folgen einem Bildprogramm, wie es vor allem in Apsisausstattungen spätantiker und karolingischer Kirchen eine Parallele findet. Dort sind – etwa im Dom von Parenzo, in der Kirche S. Maria Antiqua in Rom oder in den Kapellen des Apollonklosters in Bawit – der thronenden Madonna nicht nur Engel, sondern auch die entsprechenden Kirchenpatrone und Lokalheiligen als Begleiter zugeordnet. Auch die Anordnung der Heiligen in einer tiefer liegenden Bildzone kommt gelegentlich vor. Die Inschrift lautet: CONFESSORIS D(omi)NI S(an)CTIS GREGORIVS SILVESTRO FLA/VIANI CENOBIO RAMBONA AGELTRVDA CONSTRVXI / QVOD EGO ODELRICVS INFIMVS D(omi)NI SERBVS ET ABBAS / SCUPIRE MINIBIT IN DOMINO AMEN (Für die Bekenner des Herrn, die Heiligen Gregor, Silvester und Flavian, und für das von Ageltruda errichtete Kloster Rambona habe ich, Odelricus, ergebener Diener des Herrn und Abt, dies zu Ehren Gottes schnitzen lassen. Amen).

Zusammen mit der Stifterinschrift auf der Marientafel, die wie die Widmungsformel einer Kirche beginnt, lassen Ikono-

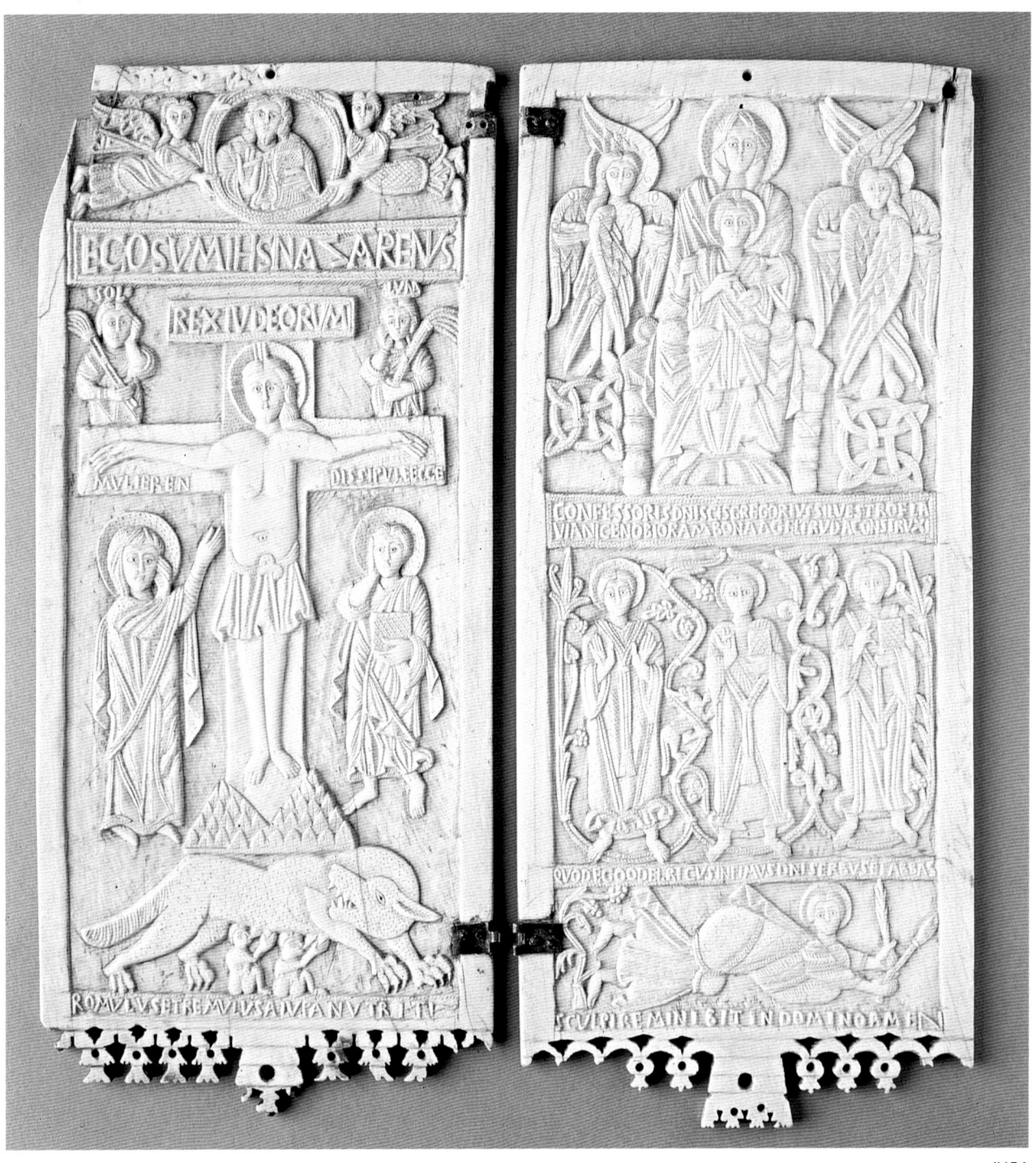

IV.54

graphie und Komposition der Tafel darauf schließen, dass ihnen Vorbilder der Monumentalmalerei zugrunde liegen, wie sie vermutlich in der Klosterkirche von Rambona selbst vorhanden waren.

Dagegen folgt die Tafel mit der Kreuzigung Christi dem Typus eines fünfteiligen Diptychons, zu dessen charakteristischsten Merkmalen die triumphale Thematik der oberen Querleiste mit dem von Engeln getragenen Brustbild Christi in einem Medaillon gehört. Doch ist im Zentrum der Elfenbeintafel an die Stelle des regierenden Kaisers oder des thronenden Christus die Kreuzigungsszene getreten, im unteren Querstreifen ist die Huldigung der unterworfenen Barbaren oder die Anbetung der Magier durch die Darstellung der römischen Wölfin ersetzt.

Das Bild der römischen Wölfin unter dem Kreuz lässt sich wohl am ehesten durch die neu gewonnenen imperialen Ansprüche der Kirchenstifterin erklären. Die in der Inschrift genannte Ageltruda war die Gemahlin des Herzogs Guido von Spoleto, der seit 889 König von Italien war und im Jahre 891 durch Papst Stephan V. zum Kaiser erhoben wurde. Guidos Sohn Lambert wurde ein Jahr nach seinem Vater 892 zum Mitkaiser gekrönt. Ende 896 oder Anfang 897 begleitete ihn Ageltruda nach Rom. Ein Privileg Berengars I. (888–924) aus dem Jahr 898 bestätigt ihr den Besitz um Rambona bei Ancona. Über Abt Odelricus, den Auftraggeber des Diptychons, ist nichts weiter bekannt. Doch darf man annehmen, dass wegen der Erwähnung Ageltrudas die Schenkung noch zu ihren Lebzeiten erfolgte.

Anfang des 18. Jahrhunderts im Besitz von Filippo Buonarrotti (1661–1733), Florenz.

Michael Peter

Literatur

Ausst.-Kat Magdeburg 2006 (a), Bd. 2, Nr. VI.21 (Hermann Fillitz); Ausst.-Kat. Vatikanstadt 1936, S. 60–62, Nr. A 62; Fillitz 1958, S. 48–49; Goldschmidt 1914/1918, Bd. 1, Nr. 181; Mazzoni 2010, S. 193–196; Menz-Vonder Mühll 1981, S. 405.

IV.55

Faltstuhl (sella plicatilis)

Flussfund: Pavia, Ponte coperto; 9./10. Jahrhundert
Eisen mit Tauschierungen in Silber, vergoldetem Kupfer, Niello. H 58 cm, B 55 cm, T 48,5 cm
Pavia, Musei Civici del Castello Visconteo, Or 41

Als 1950 die im Zweiten Weltkrieg zerstörte innerstädtische Brücke über den Ticino in der alten langobardischen Königsstadt Pavia wiedererrichtet wurde, konnte aus dem Fluss der mit kostbaren Tauschierarbeiten in Silber und vergoldetem Kupfer geschmückte eiserne Faltstuhl in zwei Teilfunden geborgen werden.

In römischer Zeit waren viereckige, meist lehnenlose Faltstühle mit gekreuzten Beinen als Sella curulis Amtssitze höherer Magistrate im zivilen und als Sella castrensis höherer Offiziere im militärischen Bereich. Als Insignien ihrer Amtsgewalt wurden sie den Amtsinhabern nachgetragen und im Gericht, bei Volksversammlungen, Ansprachen an die Soldaten im Feldlager oder bei anderen Amtshandlungen auf einem Tribunal erhöht aufgestellt. Caesar (46–44) erhielt 44 v. Chr. das Ehrenrecht die Sella curulis unabhängig von den bekleideten Ämtern zu führen. Seit der Zeit des Augustus war sie ein ständiges Herrschaftszeichen aller Kaiser.

Während die im zivilen Bereich genutzten Faltstühle ganz aus Elfenbein oder aus mit Elfenbeinarbeiten und Vergoldungen reich geschmücktem Holz gefertigt waren, mussten die bei Feldzügen mitgeführten robuster sein und waren meist aus Eisen. Die faltbaren Sitzflächen waren aus Leder oder Stoff und wurden mit Sitzkissen gepolstert. Als Geschenk, Handelsgut und Beute fanden eiserne Faltstühle mit Silbertauschierung bereits in der Spätantike weite Verbreitung im an das Römische Reich angrenzenden Barbaricum. In den Nachfolgereichen auf dem Gebiet des Römischen Reiches wurden die antiken Traditionen der Nutzung derartiger Faltstühle beibehalten. Allein in der langobardischen Nekropole von Nocera Umbra wurden sechs Faltstühle aus dem 7. Jahrhundert gefunden, weitere fränkische Exemplare aus dem 6. Jahrhundert in Frankreich. Der berühmte sogenannte Thron des Merowingerkönigs Dagobert (623–638/639), heute im Cabinét des Médailles der Bibliothèque National de France in Paris aufbewahrt, stammt hingegen erst aus dem 9. Jahrhundert.

Zahlreiche Schriftquellen und Bildzeugnisse belegen den Gebrauch von Faltstühlen, nun meist als Faldistorien bezeichnet, in karolingischer und ottonischer Zeit durch kirchliche und weltliche Würdenträger. Als Beispiel sei auf das Thronbild im Psalter Kaiser Lothars (840–855) (Kat.-Nr. IV.38) verwiesen. Dem Faltstuhl aus Pavia kommt als einem der wenigen erhaltenen Faltstühle aus mittelalterlicher Zeit herausragende Bedeutung zu. Die technische Besonderheit, dass die Faltung durch die verschränkten X-förmigen Beine nur ein zentrales Gelenk erfordert, ist einzigartig. Auch die Tauschierung mit ihren geometrischen, vegetabilen und zoomorphen Ornamenten unterscheidet sich von denen der übrigen überlieferten Faltstühle. Parallelen zu der karolingischen und ottonischen Ornamentik, insbesondere in der Buchmalerei, erlauben eine Datierung in das 9. bis 10. Jahrhundert (Peroni 1967).

Auch wenn der weltliche oder kirchliche Würdenträger, für den der kostbare Faltstuhl ursprünglich bestimmt war, unbekannt ist, verbinden seine Datierung und der Fundort Pavia ihn auf das Engste mit der spätkarolingischen und ottonischen Kaisergeschichte. Denn die ehemalige Hauptstadt des langobardischen Königreiches, die zudem Sitz eines Bischofes war, blieb auch nach der Eroberung durch Karl den Großen (800–814) 774 Hauptstadt des Regnum Italiae. Hatten Karl der Große und seine unmittelbaren Nachfolger sich lieber in Mailand aufgehalten, wurde Pavia unter Kaiser Lothar erneut zur wichtigsten Residenz in Italien. Die Bedeutung Pavias für die Herrschaftssicherung über das Regnum Italiae offenbarte sich nach dem Tod Karls III. 888, als hier kurz hintereinander die Widersacher und späteren Kaiser Berengar von Friaul (915–924) und Wido von Spoleto (891–894) von Heeresversammlungen zu Königen

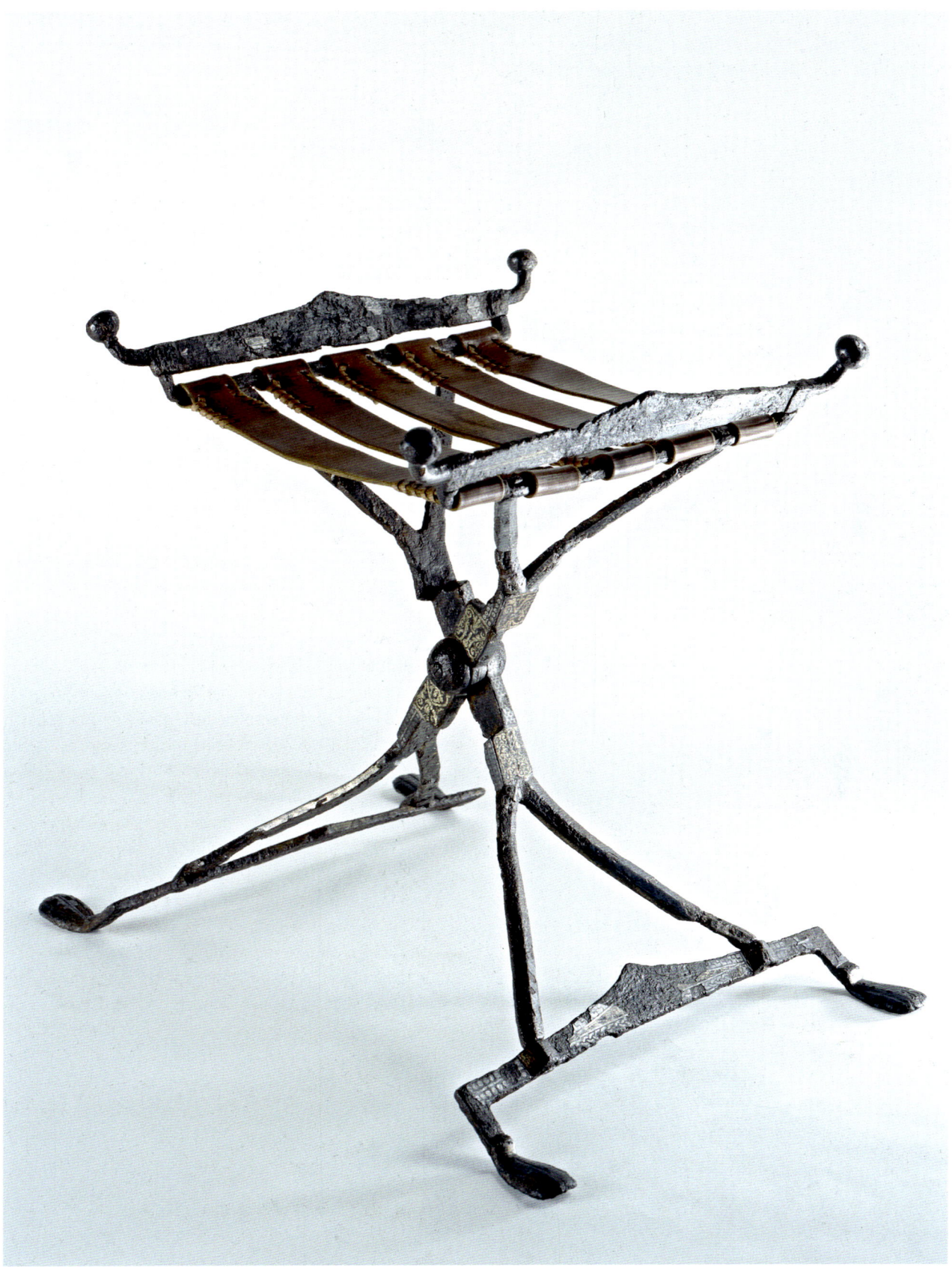

gewählt wurden und sich Berengar II. (950–961) nach dem Tod König Lothars 950 in Pavia feierlich zum König krönen ließ, nachdem er die verwitwete Königin Adelheid (* 930, † 999) entmachtet hatte. Als Otto der Große (936–973) nur ein Jahr später Königin Adelheid in Pavia heiratete und selbst die Königsherrschaft antrat, wurden hierdurch wesentliche Voraussetzungen seiner späteren Kaiserkrönung erfüllt (vgl. Beitrag Huschner). Pavia blieb bis zu Otto III. (983–1002) neben Ravenna in Norditalien der wichtigste Aufenthaltsort der ottonischen Herrscherfamilie in Italien. Die Zahl der Ereignisse, bei denen im 9. und 10. Jahrhundert in Pavia zweifellos kostbare Faltstühle, wie der im Ticino gefundene, Verwendung fanden, ist dementsprechend hoch.

Gabriele Köster

Literatur

Ausst.-Kat. Brescia 2000, Nr. 57 (Saverio Lomatire); Ausst.-Kat. Paderborn 1999, Nr. II.12 (Saverio Lomatire); Degrassi 1953; Majocchi 2008; Peroni 1967, bes. S. 154–172; Schäfer 1989; Schmid 1973; Wanscher 1980.

IV.56

Kaiser Berengar I. erlaubt seiner Tochter Berta, Äbtissin des Kloster S. Giulia in Brescia, auf Klostergrund ein Kastell zu errichten und zu befestigen

Kaiser Berengar I. erlaubt seiner Tochter Berta,
Äbtissin des Kloster S. Giulia in Brescia, auf Klostergrund
ein Kastell zu errichten und zu befestigen
Senna Lodigiana, 916 Mai 25 (MGH D Ber. I. 110)
Pergament. H 50 cm, B 63 cm
Brescia, Archivio di Stato di Brescia,
Cod. Dipl. busta 4, n. LII

Berengar I. musste sich im Laufe seiner vergleichsweise langen Herrschaftszeit (888–924) mit fünf weiteren Herrschern arrangieren, von denen einige ebenfalls Kaiser wurden. Die permanente Abgrenzung von anderen Königen und Kaisern und das ständige Werben um Unterstützer der eigenen Herrschaft spiegeln sich im Erscheinungsbild seiner Urkunden. Anders als die Urkunden seiner Konkurrenten, orientieren sich die auf Berengar I. ausgestellten Stücke strikt an karolingisch-ostfränkischen Vorbildern und entwickeln diese weiter. Sie ordnen sich damit in die Nachfolge des letzten legitimen karolingischen Kaisers im Regnum Italiae, Karls III., ein. Meist ist es ein querformatiges Pergament, welches durch eine akkurate Linierung zur Beschriftung vorbereitet wurde. Dadurch ent-

standen ein klarer Textblock und die charakteristische Anordnung der Zeilen im Eschatokoll. Die hohe Signumzeile, die sich später so auch bei Otto I. findet, verdeutlicht den Herrschaftsanspruch zusätzlich.

Diese von den anderen Herrschern abgegrenzte Gestaltung der Urkunden drückt Einzigartigkeit unter Vielen sowie Bewusstsein der eigenen Herkunft und Zugehörigkeit aus, nicht nur des Herrschers, sondern auch jener Personen, die diese Dokumente herstellten. Der mit der Sigle Johannes A bezeichnete Schreiber des Stückes war vermutlich ein hoher Geistlicher. Da er sehr viele Urkunden Berengars I. schrieb, die an ganz verschiedene Empfänger adressiert waren, kann man annehmen, dass er sich häufig am Herrscherhof aufhielt und dessen Politik unterstützte. Johannes A verstand es besonders gut, auf eine schlichte und sehr gerade Art repräsentative Urkunden herzustellen. Charakteristisch für ihn sind die verzierende Verbindung der ersten beiden Wörter (In nomine) und die einfache, aber doppelbögige Gestaltung des Rekognitionszeichens, auf dessen rechtem Bogen einst ein Wachsiegel befestigt war. Der Segenswunsch, mit dem die Urkunde schließt, wird in griechischen Buchstaben wiedergegeben.

Berengar I. hatte durch seine Verwandtschaft mit dem Geschlecht der Supponiden einen engen Bezug zur Stadt Brescia, stand aber auch zum Kloster in einer besonderen Beziehung. Seine Schwester Gisela trat als Nonne in den Konvent ein, der mindestens von 915 bis 942 von Berta, der Tochter des Kaisers, geleitet wurde. Diese Anbindung der Herrscherfamilie an das Kloster kann als bewusster Bezug auf eine Tradition verstanden werden, die schon seit den Langobarden belegt ist, und die besonders von den Kaisern Lothar I. (814–855) und Ludwig II. (840–875) gepflegt wurde.

Inhaltlich verweist die Urkunde auf ein Problem dieser Zeit: Die Bedrohung von außen durch Ungarn und Sarazenen. Mit der Erlaubnis, auf Klostergrund Befestigungen zu errichten, gibt der Kaiser den Auftrag der Verteidigung an den Urkundenempfänger weiter. Die Übertragung weitreichender Verteidigungsrechte an städtische Institutionen ordnet sich in die Entwicklung des italienischen Incastellamento ein.

Karina Viehmann

Quellen

Diplomi di Berengario.

Literatur

Alvermann 1998; Böhmer 2006; von Falkenhausen 1967; Hehl 2001; Hiestand 1964; Huschner 2003; Huschner 2009; Huschner 2012 (im Druck); Keller 1999; Keller 2001 (a); Kolditz 2002; Lilie 2003; Müller-Mertens 1980; Nerlich 1999; Schieffer 1998; Schieffer 2001; Schreiner 2011 (b); Schulze 2007; Weinfurter 1999; Wolfram 1973; Ziemann 2007.

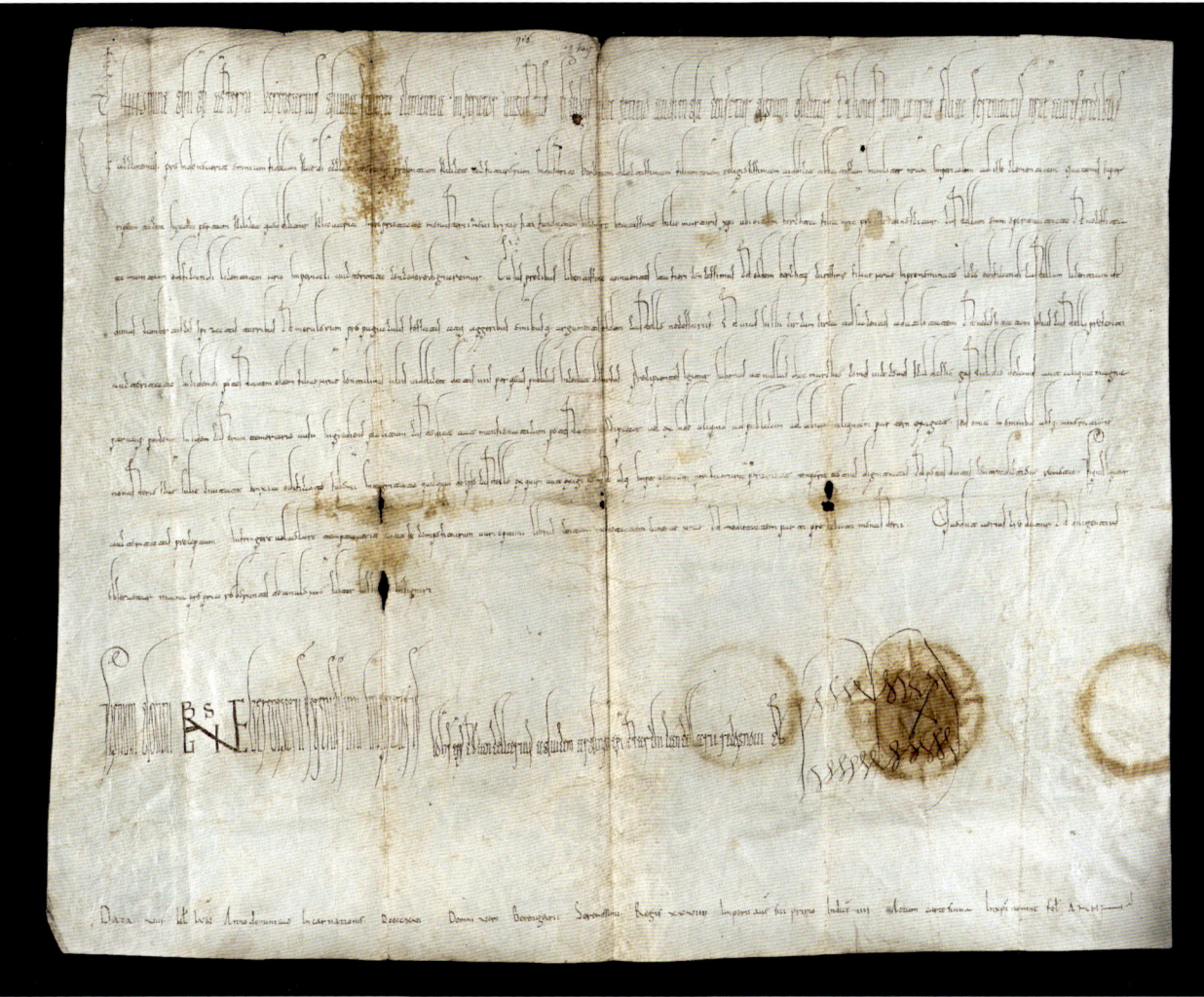

IV.56

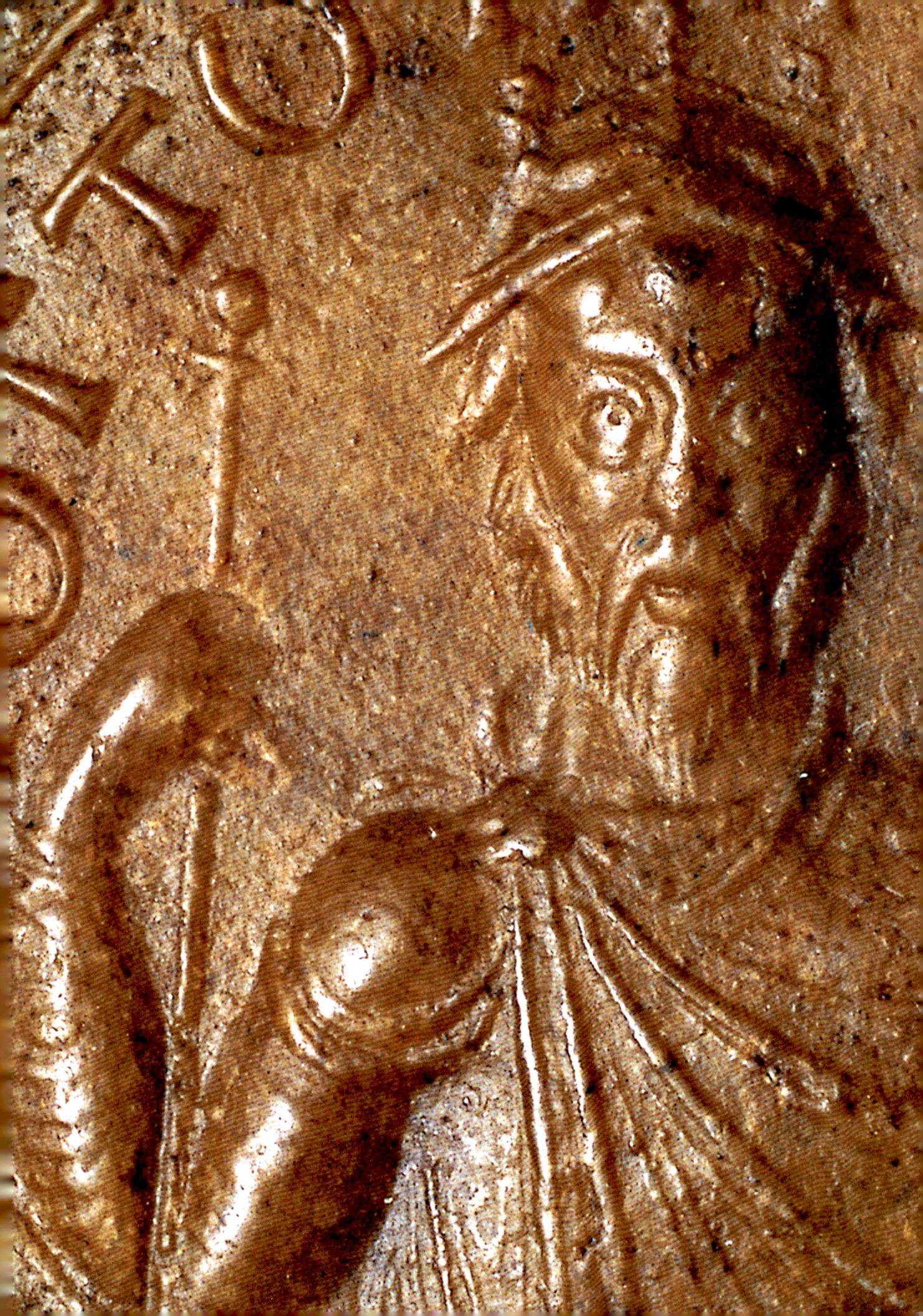

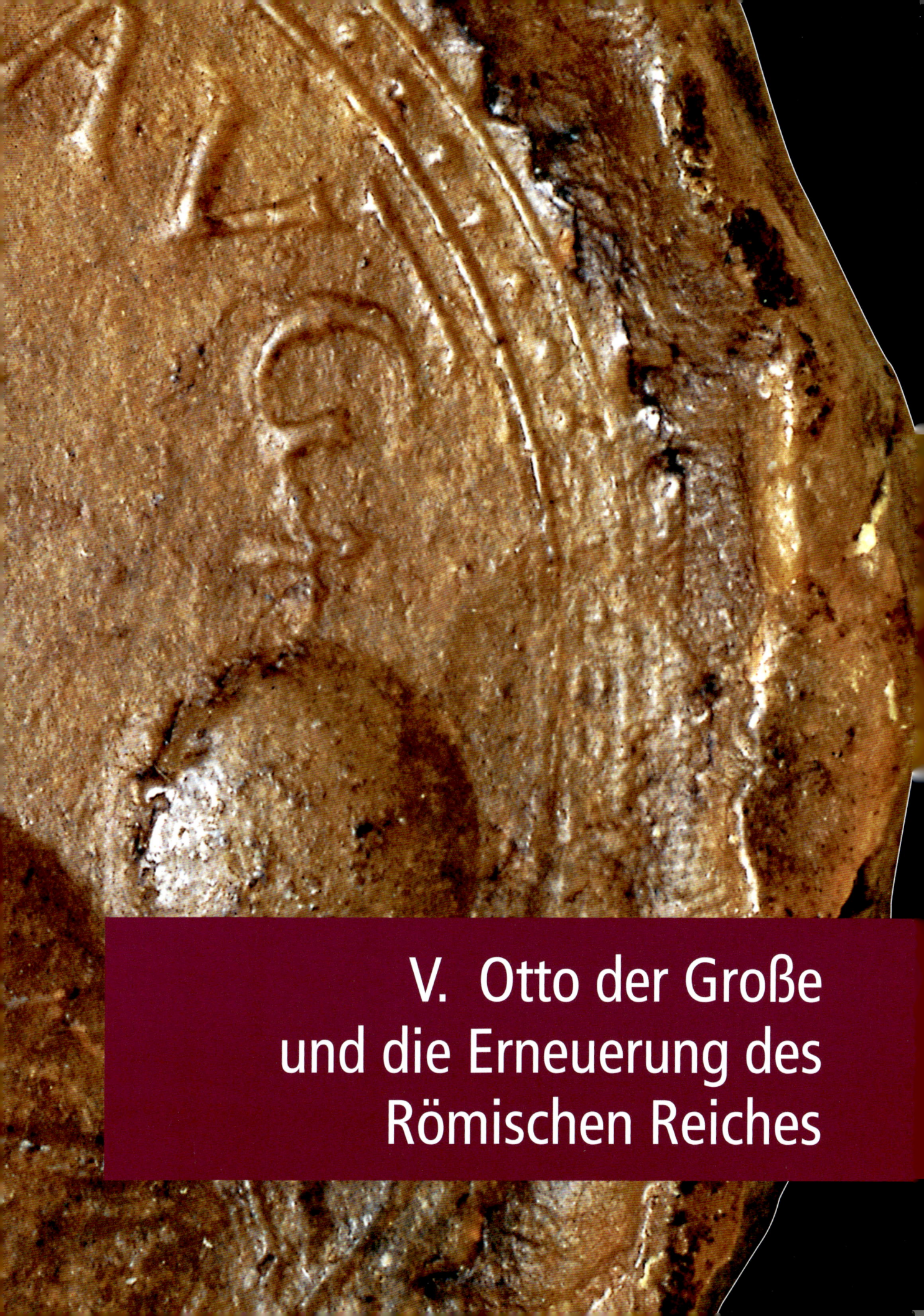

V. Otto der Große und die Erneuerung des Römischen Reiches

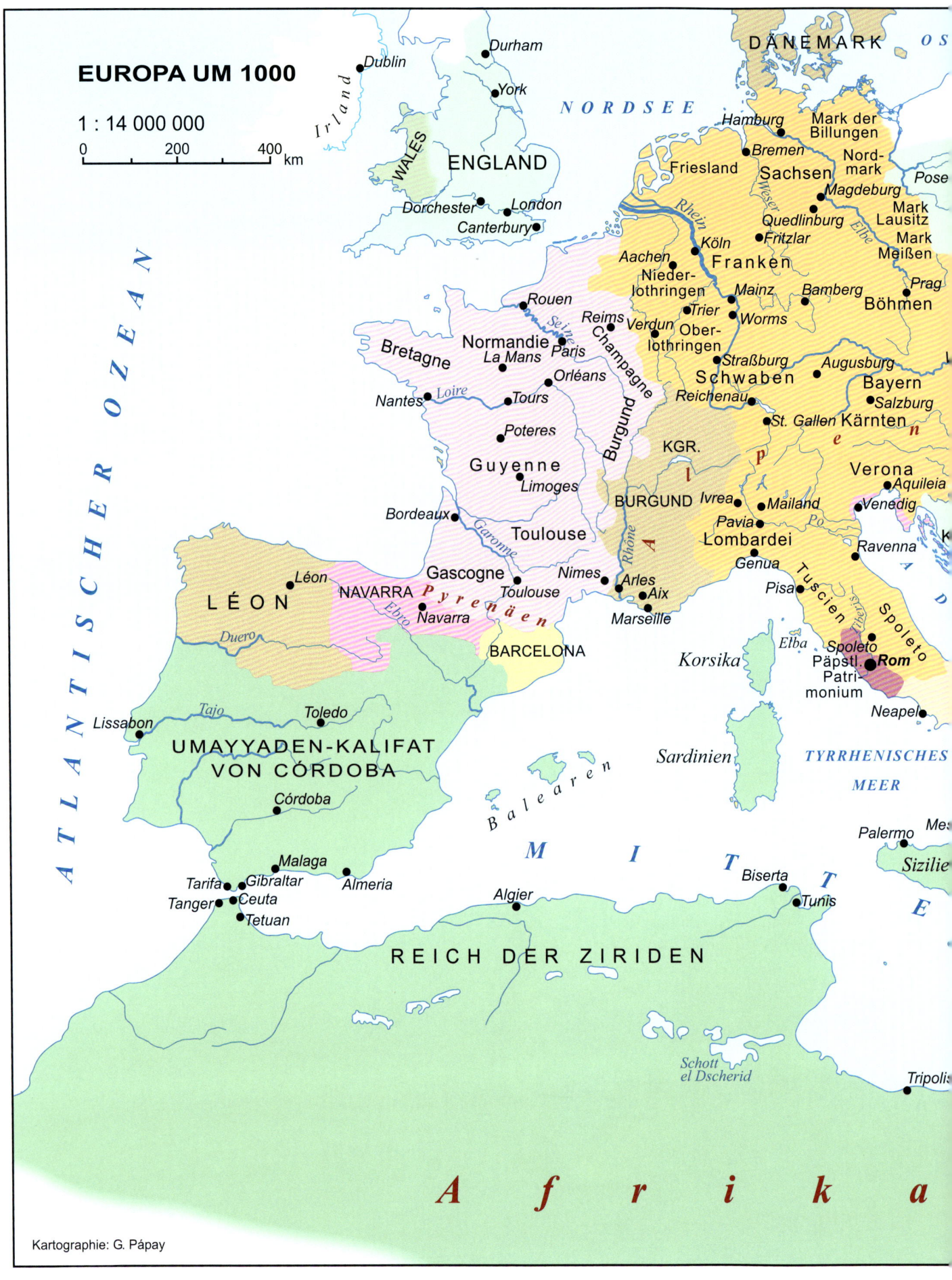

EUROPA UM 1000

1 : 14 000 000

0   200   400 km

Kartographie: G. Pápay

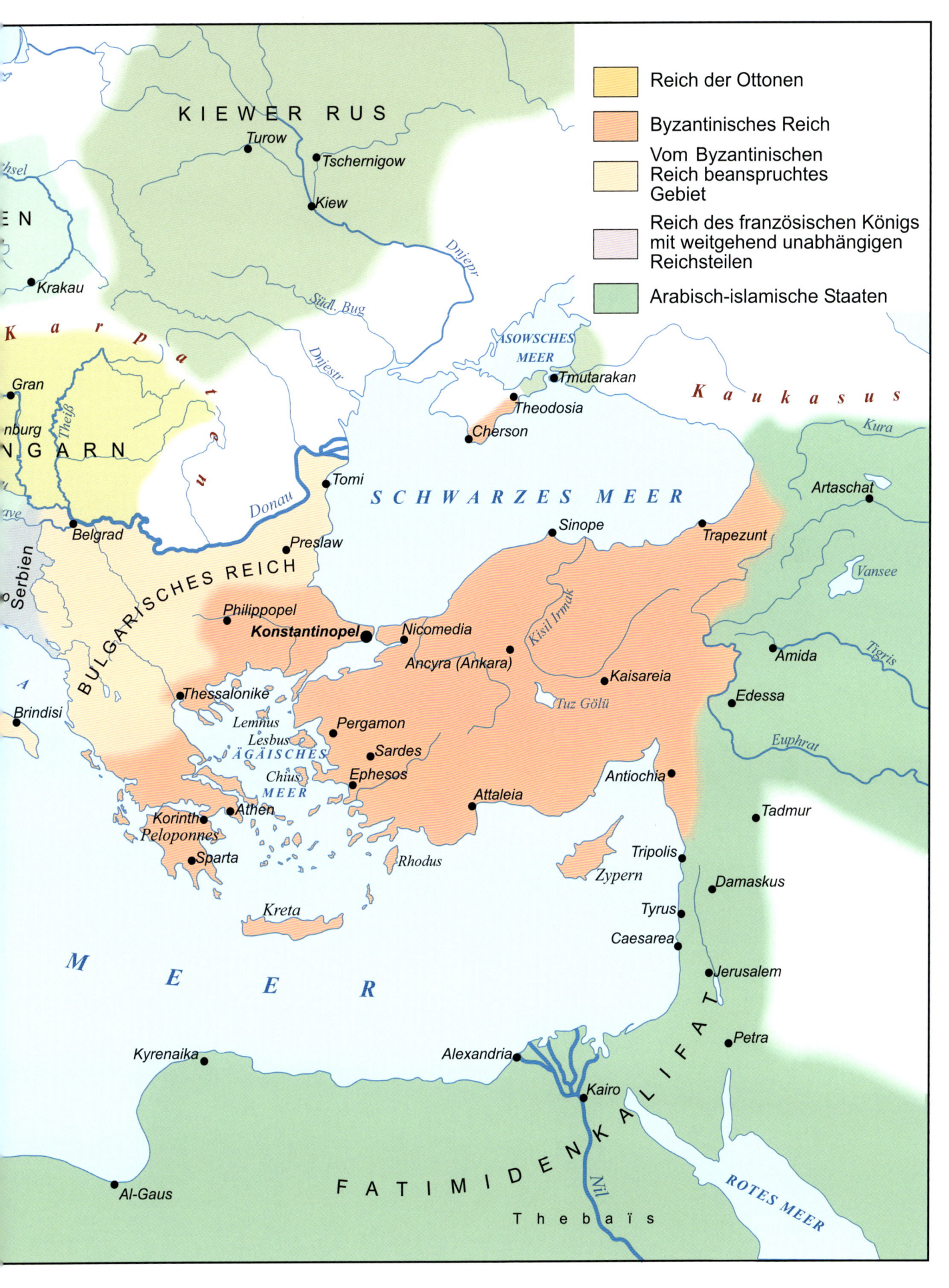

Reich der Ottonen

Byzantinisches Reich

Vom Byzantinischen Reich beanspruchtes Gebiet

Reich des französischen Königs mit weitgehend unabhängigen Reichsteilen

Arabisch-islamische Staaten

KIEWER RUS

Turow

Tschernigow

Kiew

Dnjepr

Südl. Bug

Krakau

Dnjestr

ASOWSCHES MEER

Tmutarakan

Theodosia

Cherson

Kaukasus

Kura

Artaschat

Karpaten

Gran

Theiß

nburg

NGARN

Donau

Tomi

SCHWARZES MEER

Sinope

Trapezunt

Vansee

ave

Belgrad

Serbien

Preslaw

Philippopel

Konstantinopel

Nicomedia

Ancyra (Ankara)

Kisil Irmak

Kaisareia

Tuz Gölü

Amida

Tigris

Edessa

BULGARISCHES REICH

A

Brindisi

Thessalonike

Lemnus

Lesbus

ÄGÄISCHES

Chius

MEER

Pergamon

Sardes

Ephesos

Attaleia

Euphrat

Antiochia

Tadmur

Korinth

Peloponnes

Athen

Sparta

Rhodus

Zypern

Tripolis

Damaskus

Tyrus

Caesarea

Jerusalem

Kreta

Petra

MEER

Kyrenaika

Alexandria

Kairo

Al-Gaus

FATIMIDENKALIFAT

Nil

ROTES MEER

Thebaïs

miraculo taſ [ſanctificare?] du aqua uertit inuinu. uoluit et ſanctificare
deniq: proprio aduo faceret et nuptiaſ oſtendens in euangelio dicat
ſi coniunxit homo non ſeparet. Apoſtolica noſtre ſententia. honora
conubiu et thoruſ inmaculatuſ. Pluribuſ quoq: ſanctoru libroru ſint
teſtamoniiſ ut nupualiſ foederiſ conexio deo auctore fieri debeat. et ad
tandam ſubole mutua et indiſſolubili dilectione perſiſtat. Un
go OTTO ſuperno numine imperator aug. domino gratiſſima ſua mihi
agante clementia. conſultu magni et ſanctiſſimi ac ſereniſſimi genitoriſ
TIONIS piiſſimi imperatoriſ auguſtu. diq: et ſanctae aecte. imperii quoq:
dium. TITOPHANY IOHANNIS conſtantinopolitani imperatoriſ nepti
iſſima in maxima romulea urbe. ſeo ſummoq: aeccleſiaru principe
petro apto uotiſ noſtriſ fauente. dominiq: IOHANNIS ſanctiſſimi et uniuerſi
bac terti decimi benedictione proſequente. in copulam legitimi matri
onſortiumq: imperii deſpondere. ac fauſto et feliu auſpicio xpo prop
oniugen decreui aſſumere. Nouerit igitur omnium ſce di ecte
detium preſentium ac futurorum induſtria. qualiter eidem dilecti
conie niſe dote legitima. more maioru noſtroru quedam tam infra
neſ quam et in tranſalpiniſ regniſ noſtriſ habenda et iure perpetuo co
uſ poſſidenda. Hiſpaniam italie prouincia. Tranſalpes prouinuaſ
ugle. cum abbatia niuelle quatuor decim milibus to pertinentibuſ
imperatorias quoq: curteſ noſtras propria maieſtate dignaſ. bochbar
niuuide. dulcede. nordhuſe. to quod auie noſtre domne mahthi
mper ſemperq: auguſte. quo ad ſibi diuinitus uixiſſe dabatur. fuiſ
tur. ea per hanc noſtri precepta pagina. uide ſanctiſſime et dilectiſſime THE
onie noſtre concedimus. donamus. penituſq: largamur. et denuo iur
mo. in tuuſ dominiu tuique tranſfundimus et delegamus. una cum
il ſeruiſ et ancilliſ. terris. campiſ. uineiſ. pratiſ. ſiluiſ. montueſa p
entibuſ. aquiſ. aquarumq: decurſibus. molendiniſ. piſcationibuſ.
ſq: rebuſ ad eaſdem curteſ ſiue prouinciaſ. uel abbatiam in integru

Wolfgang Huschner

Kaiser der Franken oder Kaiser der Römer?
Die neue imperiale Würde Ottos I. im euromediterranen Raum

Am Pfingstsonntag des Jahres 968 (7. Juni) trafen sich in Konstantinopel der byzantinische Kaiser (Basileus) Nikephoros II. Phokas (963–969) und Bischof Liudprand von Cremona († 970/972), der Gesandte Kaiser Ottos I. (936–973), erstmals zu Verhandlungen. Diese waren von Anfang an konfliktbeladen und dementsprechend schwierig. Die Byzantiner hatten Liudprand mit einem deutlich reduzierten Zeremoniell empfangen und schränkten seine Bewegungs- und Kommunikationsfreiheit in Konstantinopel ein. Er durfte mehr als vier Monate nicht zurückreisen, wurde aber nur hin und wieder zur Fortsetzung der Verhandlungen an den Kaiserhof geholt. Diese ungewöhnliche Behandlung des ottonischen Gesandten erklärt sich aus dem Spannungsverhältnis, das zu jener Zeit zwischen dem östlichen und dem westlichen Kaiser existierte. Otto I. hatte das westliche Kaisertum 962 wiedererrichtet. Es war zuvor durch Karl den Großen (771–814) im Jahr 800 – nach mehr als 300jähriger Unterbrechung – erneuert worden und nach dem Tode Kaiser Berengars I. 924 für fast vier Jahrzehnte vakant geblieben. Im Unterschied zu diesem diskontinuierlichen westlichen Kaisertum repräsentierte der Basileus in Konstantinopel das ununterbrochene römische und christliche Kaisertum seit der Spätantike. Deshalb galt er im 10. Jahrhundert unbestritten als Oberhaupt der Christenheit im euromediterranen Raum. Für die Akzeptanz der neuen Kaiserwürde Ottos I. war daher die Herstellung einer freundschaftlichen und möglichst symbolträchtigen Beziehung zum Basileus von größter Bedeutung. Der Hauptauftrag des ottonischen Gesandten lautete, eine Ehe zwischen dem 967 zum westlichen Mitkaiser erhobenen Otto II. (973–983) und einer im Purpursaal des kaiserlichen Palastes am Bosporus geborenen Prinzessin anzubahnen. Als Präzedenzfall für den ottonischen Wunsch diente die Eheschließung zwischen Zar Peter von Bulgarien und der

byzantinischen Prinzessin Maria-Eirene im Jahr 927, die mit der Anerkennung des Kaisertitels für den bulgarischen Herrscher durch den Basileus verbunden gewesen war. Seit 962 amtierte Otto I. nun als dritter Kaiser, der einen entsprechenden Platz im Ranggefüge der christlichen Herrscher Europas beanspruchte.

Nachdem frühere Gesandtschaften in dieser Hinsicht erfolglos geblieben waren, drang Otto I. 968 mit einem Heer in das byzantinisch beherrschte und verwaltete Süditalien ein. Diese Aktionen beeindruckten Nikephoros II. allerdings kaum, denn er war selbst ein außerordentlich befähigter Heerführer. Während sich Otto I. im byzantinischen Süditalien engagierte, bereitete der Basileus gerade einen Feldzug vor, um die alte Patriarchenhauptstadt Antiochia von den Muslimen zurückzuerobern. Er änderte seine Pläne wegen Otto I. nicht, sorgte in Verbindung mit der Gesandtschaft Liudprands aber für eine Verschärfung des Konfliktes. So bezeichneten die Byzantiner Kaiser Otto I. nur noch als König. Liudprands Gepäck wurde vor seiner Rückreise genau kontrolliert. Purpurfarbene Gewänder und Mäntel, die möglicherweise für Otto I. bestimmt waren, nahm man ihm gegen Erstattung des Kaufpreises wieder ab. Solche Kleidungsstücke zu tragen, sei nur ihnen vorbehalten, soll die Begründung gelautet haben. Außerdem sei – im Falle weiterer Aggressionen gegen byzantinische Gebiete – damit gedroht worden, andere Völker durch Geldzahlungen zu veranlassen, gegen Otto I. Krieg zu führen. Dies bezog sich nicht nur auf Italien, sondern auch auf sein Heimatland Sachsen.

Weshalb eskalierten die Beziehungen zwischen Nikephoros II. und Otto I. derartig?

Schon im 9. Jahrhundert hatte es zeitweilig Spannungen zwischen dem östlichen und dem westlichen Kaiser gegeben, aber eine solche Konfrontationsstufe wie 968 war dabei nicht vorgekommen. Unterschied sich die neue imperiale Würde Ottos I. von jener der früheren westlichen Kaiser des 9. und 10. Jahrhunderts? Weshalb versagte die byzantinische Seite Otto I. ein Bündnis und sogar die Anerkennung seines Kaisertums? Hatte Otto I. zu heftig am etablierten Ranggefüge im euromediterranen Raum gerüttelt? Lag es an der spezifischen Weltsicht des amtierenden Basileus, in der für einen neuen Kaiser im Westen vielleicht kein Platz war? Versuchen wir, mit Hilfe der überlieferten Quellen aus dem 9. und 10. Jahrhundert und von Ergebnissen historischer Forschungen plausible Antworten auf diese Fragen zu finden.

Otto I., König von Ostfranken, hatte wahrscheinlich schon 951/952 einen Versuch unternommen, die Kaiserwürde zu erlangen. Vor ihm waren zwischen 875 und 915 Könige aus Ost- und Westfranken sowie aus Burgund und Italien in Rom zum Kaiser gekrönt worden. Eine wesentliche Voraussetzung dafür war die zumindest teilweise und zeitweilige Herrschaft als König in Italien. Die politische Reichweite der westlichen Kaiser nahm nach dem Tode Karls III. 888 allerdings deutlich ab. Die ideelle Ebene der imperialen Würde, die ihrem Träger potentiell eine Führungsrolle innerhalb der Christenheit zuwies, blieb gleichwohl erhalten und erstrebenswert. In der zweiten Hälfte des 9. Jahrhunderts setzten sich Rom als Krönungsort und der Papst als Koronator des westlichen Kaisers endgültig durch. Deshalb wurden alle künftigen Kandidaten fortan nach Rom verwiesen.

Nach dem Tode Kaiser Berengars I. (924) wussten die römischen Adelsfamilien – häufig mit byzantinischer Unterstützung – eine neue westliche Kaiserkrönung zu verhindern. König Hugo von Italien (926–945), der seinen Sohn Lothar 931 zum Mitkönig erheben ließ, hatte es bis 941 mehrfach probiert. Danach sorgte u.a. auch König Otto I. dafür, dass Hugo weitere Versuche unterließ. Nach dem überraschenden Tod seines Sohnes und Nachfolgers Lothar im November 950 ließen sich Markgraf Berengar von Ivrea und sein Sohn Adalbert schon wenige Wochen später zu Königen erheben. Die Witwe Lothars, Königin Adelheid, eine burgundische Königstochter, die eine Ehe mit dem neuen König Adalbert abgelehnt hatte, wurde inhaftiert. Nach ihrer Flucht bat sie um Unterstützung am ottonischen Hof und bot dem seit 946 verwitweten Otto I. die Ehe an. Im September 951 erschien Otto I. persönlich mit einem Heer im Süden und zog bald kampflos in Pavia, der Hauptstadt des italienischen Königreiches, ein. König Berengar II. hatte sich in einer stark befestigten Burg verschanzt, um dort den Abzug Ottos I. nach Norden abzuwarten. Dieser blieb aber im Herbst und Winter 951/952 in Oberitalien und heiratete Königin Adelheid von Italien. Otto I. erhielt nun Zugang zu jenen Adelskreisen, die Anhänger der Könige Hugo und Lothar gewesen waren und zu den Gegnern Berengars II. und Adalberts zählten. Zudem verfügte Adelheid durch ihre frühere Ausstattung als Königin über enorme Besitzungen und Rechte in Italien, die ihr ein starkes politisches Eigengewicht verliehen. Otto I. hatte auch eine hochrangige Gesandtschaft nach Rom geschickt, um über seine Kaiserkrönung zu verhandeln. Die römischen Adelsfamilien, die zu jener Zeit autonom

über die Ewige Stadt herrschten und auch die Päpste stellten, hatten aber kein Interesse an der Wiedererrichtung des westlichen Kaisertums. Da Otto I. auch Berengar II. und Adalbert nicht besiegen konnte, zog er sich im Februar 952 wieder in das nordalpine Reich zurück. Um die bisher übliche Praxis der italienischen Großen zu erschweren, möglichst immer zwei Könige gegeneinander auszuspielen, ließ Otto I. über fürstliche Vermittler eine Regelung der Beziehungen zwischen ihm und den beiden Königen vorbereiten. Das Ergebnis wurde im August 952 während einer großen Fürstenversammlung auf dem Lechfeld bei Augsburg öffentlich präsentiert: Berengar II. und Adalbert huldigten Otto I. und erkannten ihn als ihren Oberherrn an. Damit stand Otto I. an der Spitze der Rangordnung unter den Herrschern der karolingischen Nachfolgereiche. Das sahen vielleicht auch die byzantinischen Gesandten so, die bei der Versammlung auf dem Lechfeld zugegen waren. In Konstantinopel wurde bald ein neuer Titel für Otto I. in das Adressenkapitel des kaiserlichen Zeremonienbuches aufgenommen: „Großer König des Frankenlandes".

Zehn Jahre später hatte sich Otto I. langfristiger und umsichtiger auf seinen nächsten Italienzug vorbereitet. Neben seiner Gemahlin Adelheid standen ihm dafür mehrere landeskundige Berater zur Verfügung. Außerdem hatte dieses Mal der Papst den ostfränkischen König um Unterstützung gegen Berengar II. ersucht und ihm die Kaiserkrönung offeriert. Die künftigen kaiserlich-päpstlichen Beziehungen und die zu erfüllenden päpstlichen Forderungen handelte man im Vorfeld aus und fixierte sie nach der Kaiserkrönung schriftlich durch einen Vertrag. Am 2. Februar 962 krönte Papst Johannes XII. in der römischen Peterskirche Otto I. zum Kaiser und Adelheid zur Kaiserin. Die neue Würde des Herrscherpaares wurde sogleich in den lateinischsprachigen Urkunden (Diplomen) propagiert, die gelehrte und ranghohe Geistliche üblicherweise im Namen Ottos I. anfertigten. Sie wurden nicht nur am Herrscherhof, sondern auch an den Sitzen der geistlichen und weltlichen Empfänger gezeigt und verlesen. So gelangte die Kunde vom neuen kaiserlichen Rang Ottos I. bald in die vielen verschiedenen Gebiete seines transalpinen Imperiums. Gleich in den Eingangsprotokollen der ersten Kaiserurkunden präsentierte man den Aussteller als *Otto divina favente imperator augustus*. Diese Konfiguration, die sich aus dem Herrschernamen, der göttlichen Legitimationsformel (*divina favente*) sowie aus dem Funktions- (*imperator*) und dem Hoheitstitel (*augustus*) zusammensetzte, wurde während der gesamten Regierungszeit Ottos I. beibehalten. Hier folgte man Vorbildern, die im Westen seit der Regierungszeit Kaiser Ludwigs des Frommen (814–840) üblich waren. Im Hinblick auf italienische Empfänger war die Gestaltung der Herrscherzeile mit dem Monogramm (Signumzeile) im Schlussprotokoll noch wichtiger. Einige Diplomschreiber verbanden in der Signumzeile den Funktionstitel mit einem Epitheton (z.B. *Signum domni Ottonis invictissimi imperatoris*), andere kombinierten den Funktions- und den Hoheitstitel mit einem solchen kaiserlichen Beiwort. Seit 963 verwendete man den Funktions- und den Hoheitstitel häufig sogar mit zwei Beiwörtern für die Präsentation des Kaisers in den Signumzeilen (*Signum domni Ottonis magni et invictissimi imperatoris augusti*; „Zeichen des Herrn Otto, des großen und unbesiegbaren Kaisers Augustus"). Die Urkunden Ottos I. wurden seit Februar 962 mit einem kaiserlichen Wachssiegel beglaubigt, das sich von dem königlichen fundamental unterschied. An die Stelle der Halbfigur des Königs aus seitlichem Blickwinkel trat die frontale Darstellung des Kaisers in Form eines Brustbildes. Diadem, Fahnenlanze und Schild, die Attribute auf dem Königssiegel, wurden nun durch Krone, Zepter und Globus auf dem Kaisersiegel ersetzt (Kat.-Nr. V.14). Dieser neue Siegeltypus brach mit der karolingischen Tradition. Man orientierte sich vielmehr an byzantinischen Vorbildern und italienischen Königssiegeln. Die Umschrift auf den neuen Kaisersiegeln lautete: † OTTO IMP[erator] AVG[ustus]. Sie zeigt in erster Linie, wie die Seite des Urkundenausstellers selbst die neue kaiserliche Würde bezeichnet wissen wollte. Während die Titulaturen in den Protokollen der Kaiserurkunden von wechselnden Geistlichen geschrieben wurden, die zur Aussteller-, Empfänger- oder Vermittlerseite gehören konnten, verfügte nur die Ausstellerseite exklusiv über das Siegel.

Kaiserinnen besaßen in Italien schon seit dem 9. Jahrhundert eine herausgehobene Position bei der Ausrichtung von Adelsgruppen auf das Kaisertum. Sie wurde durch die Kaiserin Adelheid noch deutlich erhöht. Dies wirkte sich u.a. auf ihre Präsentation in den Kaiserurkunden Ottos I. aus, in denen man sie sehr oft als Fürsprecherin bzw. Vermittlerin nannte. Diplomschreiber aus Italien bezeichneten Adelheid mit der Formel *consors regni* bzw. *imperii* und Variationen davon, mit der sie deren Beteiligung an der Königs- und Kaiserherrschaft kennzeichneten. Weniger häufig wurde Adelheid nach byzantinischen Vorbildern als *imperatrix augusta* oder nur als *augusta* vorgestellt. Unabhängig von der Bezeichnung spiegeln ihre dokumentierten Fürsprachen eine reale Mitwirkung Adelheids an der ottonischen Kaiserherrschaft wider.

Anders als Byzantiner, Römer und vor allem die Könige Berengar II. und Adalbert erwartet haben mögen, zog Otto I. nach erfolgter Kaiserkrönung nicht sofort wieder über die Alpen nach Norden. Er akzeptierte kein italienisches Unterkönigtum mehr, sondern strebte die direkte Herrschaftsausübung und die endgültige Verdrängung der bisherigen Könige an. Der ottonische Hof betonte deshalb die Position Adelheids als Erbin des italienischen Königreiches, das nun auch ihrem Gemahl unterstand. Dieses Mal erzwang Otto I. die Unterwerfung Berengars II. mit militärischen Mitteln. 963 wurden der König und seine Gemahlin nach Bamberg in die Verbannung

geschickt, wo Berengar 966 starb. Als die maßgebenden römischen Adelskreise erkannten, dass Otto I. eine unmittelbare Herrschaft über das italienische Königreich etablieren und die 962 versprochene Restitution der päpstlich beanspruchten Besitzungen nicht realisieren wollte, rief Papst Johannes XII. den aus Italien geflohenen König Adalbert nach Rom. Zudem sandte er Boten mit der Bitte um Unterstützung gegen den westlichen Kaiser nach Byzanz. Otto I. reagierte darauf sofort militärisch, was den Papst und den König zur Flucht aus der Ewigen Stadt veranlasste. Die Römer gelobten, fortan keinen Papst ohne kaiserliche Zustimmung zu wählen und zu erheben. Im November/Dezember 963 setzte Otto I. mit Hilfe einer römischen Synode die Wahl eines neuen Papstes (Leo VIII.) durch. Obwohl die Römer Kaiser und Papst einen Treueeid geschworen hatten, unternahmen sie wiederholt Revolten gegen Leo VIII., der schließlich aus der Stadt fliehen musste. Außerdem erhoben sie 964 ohne kaiserlichen Konsens einen neuen Papst. Daraufhin belagerte Otto I. die Ewige Stadt, bis sie ihre Tore öffnete. Der von den Römern erhobene Papst wurde förmlich abgesetzt und in die Verbannung nach Hamburg geschickt, wo er 965 starb. Otto I. hatte mit diesen militärischen und politischen Aktionen seine Herrschaft in Rom demonstriert und die Beachtung der kaiserlichen Zustimmung bei der Nominierung von Päpsten wirkungsvoll eingeschärft. Nach dem Tode Leos VIII. (965) wandten sich die Römer durch Gesandte an den in Sachsen weilenden Imperator und ersuchten ihn, an der Kandidatenfindung für den Nachfolger mitzuwirken. Otto I. schickte zwei Bischöfe als kaiserliche Legaten nach Rom, die dort aktiv an der Erhebung von Papst Johannes XIII. (965–972) teilnahmen.

Nach einem kurzen Aufenthalt im nordalpinen Gebiet seines Imperiums (965/966) agierte Otto I. wieder von Italien aus. Im April 967 tagte in Sant'Apollinare in Classe bei Ravenna unter dem Vorsitz des neuen Papstes eine große Synode mit mehr als sechzig Bischöfen aus Ober- und Mittelitalien. Auf Bitte des Kaisers wurde auf dieser Versammlung der kirchenrechtlich erforderliche Beschluss zur Errichtung des neuen Erzbistums Magdeburg gefasst. Zu Weihnachten 967 ließ Otto I. seinen schon 961 zum König erhobenen Sohn Otto II. in Rom zum Mitkaiser krönen. Diese Form der gemeinsamen Kaiserherrschaft von Vater und Sohn war im Westen zuletzt Ende des 9. Jahrhunderts praktiziert worden. Nach der Kaiserkrönung Ottos II. beanspruchte Otto I. nun die Anerkennung des bereits in zweiter Generation sichtbaren westlichen Kaisertums durch den Basileus. Die ottonische Seite forderte dafür die ranghöchste byzantinische Braut für Otto II. In Konstantinopel regierte aber seit 963 der eingangs erwähnte Nikephoros II. Phokas, der ehemalige Befehlshaber des byzantinischen Ostheeres (Abb. 66). Dieser engagierte sich persönlich vor allem für die erneute Ausdehnung seines Imperiums im Osten. Gleichwohl

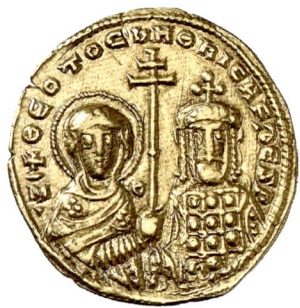 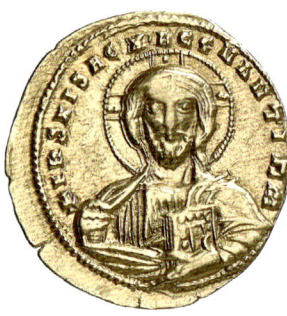

66   Münze Nikophoros II. Phocas. Berlin, Staatliche Museen zu Berlin, Münzkabinett

war er nicht geneigt, eine Reduzierung des byzantinischen Einflusses im Westen einfach hinzunehmen. Er war zu einer Übereinkunft mit dem neuen westlichen Imperator, der aus seiner Perspektive sicher überzogene Forderungen stellte, nicht bereit. Deshalb endete auch die Gesandtschaft Liudprands von Cremona erfolglos. Woran scheiterte sie aber konkret?

Liudprand begann den Gesandtschaftsbericht während seiner Präsenz in der östlichen Kaiserstadt zu verfassen und setzte ihn während der Rückreise sukzessive fort (Abb. 68). Wegen seines Misserfolgs stellte er die Personen der byzantinischen Seite in möglichst vielen Punkten pejorativ oder sogar diffamierend dar. Trotzdem lassen sich aus seinem Bericht die hauptsächlichen Konfliktpunkte herausfiltern. Der Basileus beanspruchte nicht nur großräumig die Herrschaft über Süditalien, sondern potentiell auch jene über Rom und Ravenna. Für eine Heirat zwischen einer purpurgeborenen byzantinischen Prinzessin und Otto II. forderte er Ravenna und Rom mit allen dazu gehörigen Gebieten. Falls Otto I. nur ein Freundschaftsbündnis ohne eine byzantinisch-ottonische Ehe anstrebe, müsse er Rom frei geben und die Fürsten von Capua und Benevent, die sich Otto I. angeschlossen hatten, wieder dem Basileus unterstellen. Der zentrale Punkt in beiden Forderungen war Ottos direkte Herrschaft über die alte Kaiserstadt Rom. Dadurch drohte politisch und theoretisch die Wandlung des westlichen Kaisertums, das aus byzantinischer Perspektive allenfalls ein fränkisches sein durfte, in ein römisches.

In Reaktion auf die neue westliche Kaiserwürde Karls des Großen hatten die Byzantiner auf der theoretischen Ebene der Titulaturen eine etwas veränderte Hierarchie kreiert. Der byzantinische Herrscher nannte sich fortan nur noch „Kaiser der Rhomäer" und präsentierte sich damit exklusiv in der Tradition der antiken römischen und universalen Kaiser. Darunter war seit 800 ein partikulares Kaisertum positioniert. Es durfte nicht mit dem exklusiven Zusatz „Römer", sondern nur mit dem Namen des Volkes verbunden werden, über das der jeweilige Herrscher gebot. Aus byzantinischer Sicht waren Karl der Gro-

ße und seine westlichen Nachfolger „Kaiser der Franken" oder „Kaiser der Franken und Langobarden".

Nach seiner Darstellung hatte sich Liudprand 968 am östlichen Kaiserhof verschiedenen Debatten zu stellen, die auf eine Demonstration der Unterlegenheit des neuen westlichen Imperators zielten. Ein zentraler Punkt sei die Frage der römischen Kaiserwürde gewesen. Die westlichen Kaiser des 9. und frühen 10. Jahrhunderts hatten es vermieden, den Römer-Titel in ihren Urkunden zu führen. Ebenso war Kaiser Otto I. seit 962 verfahren. Die Umschrift seiner Siegel wies ihn als *imperator augustus* aus. Nur zwischen Januar und Juli 966 präsentierten ihn einige Schreiber in Diplomen, die nördlich der Alpen ausgestellt wurden, als „Kaiser der Römer und der Franken". In allen anderen überlieferten Diplomen Ottos I. aus der Zeit zwischen 962 und 973 fehlt der Römer-Titel. Liudprand hatte 968 in Konstantinopel ebenfalls keinen Anspruch auf diesen Titel erhoben. Als die Byzantiner ihm provozierend entgegenhielten: „Ihr seid gar keine Römer, sondern nur Langobarden", habe er die Gelegenheit genutzt, um sich von den Römern zu distanzieren. Er habe ausgeführt, dass die Langobarden, Sachsen, Franken, Lothringer, Bayern, Schwaben und Burgunder die Römer verachteten und deren Geschichte pejorativ beurteilten. Sie würden mit dem Namen „Römer" alle nur erdenklichen menschlichen Fehler und Schwächen verbinden und ihn deshalb als Schimpfwort verwenden. Nach solchen antirömischen Auslassungen Liudprands musste die byzantinische Seite davon ausgehen, dass der neue westliche Kaiser keinen besonderen Wert auf die römische Tradition legte. Es schien so, als würde Otto I. keinen Anspruch auf den Römer-Titel erheben und die politische Freigabe Roms möglich sein, was die Byzantiner offenbar als zentrale Voraussetzungen für eine Übereinkunft betrachteten. Dann sei jedoch am 15. August 968 ein Brief des Papstes an den Basileus in Konstantinopel eingetroffen, in dem Nikephoros II. als „Kaiser der Griechen" und Otto I. als „Kaiser Augustus der Römer" tituliert wurden. Damit waren aus Sicht Liudprands die Verhandlungen endgültig zum Scheitern verurteilt.

Von einer Absprache zwischen ottonischer und päpstlicher Seite bezüglich der provozierenden Kaisertitulaturen, wie sie die Byzantiner unterstellten, ist indes nicht auszugehen. Sogar als Otto I. in Reaktion auf die eskalierte Konfrontation im Frühjahr 969 wieder militärisch im byzantinischen Süditalien agierte, vermied man es, den westlichen Imperator als „Kaiser der Römer" zu bezeichnen. Im Unterschied dazu nahmen 982 einzelne Diplomschreiber die militärische Intervention Ottos II. in Süditalien zum Anlass, ihren Herrscher – in Konkurrenz zum Basileus – als „Kaiser der Römer" zu präsentieren. Für die Titulatur in dem Brief an Nikephoros II. von 968 dürfte demnach die päpstliche Seite allein verantwortlich gewesen sein. Johannes XIII. konnte an einer Einigung zwischen beiden Imperatoren nicht gelegen sein, die sehr wahrscheinlich auf Kosten päpstlicher Interessen zustande gekommen wäre. Der Basileus beanspruchte nicht nur großräumig die Herrschaft über Süditalien – eine alte päpstliche Interessensphäre – sondern potentiell auch die über Rom und Ravenna. Nichts fürchtete der Papst mehr, als eine erneute Ausdehnung der byzantinischen Herrschaft oder Einflusssphäre in Italien. Johannes XIII. sandte deshalb einen Brief nach Konstantinopel, um den Konflikt zwischen beiden Kaisern durch eine gezielte Provokation zu verschärfen, was auch gelang. Die Byzantiner bezeichneten Otto I., wie bereits geschildert, fortan nur noch als König. Vor der Abreise übergab man dem Gesandten Liudprand einen kaiserlichen Brief mit goldenem Siegel für Otto I. Er erhielt zudem einen Brief mit einem silbernen Siegel für Johannes XIII., dessen Absender nicht der Basileus, sondern ein hochrangiger Würdenträger (*Kuropalates*) am Hof war. Darin habe man dem Papst mit ernsten Konsequenzen gedroht, falls er seine Position zum Kaisertum der Rhomäer nicht ändere.

Die byzantinische Seite beließ es aber nicht bei den beiden Briefen. Nikephoros II. ergriff Maßnahmen, die seinen An-

spruch auf die byzantinische Herrschaft auf der Apenninenhalbinsel unterstrichen. So unterstützte er König Adalbert von Italien mit Land- und Seestreitkräften sowie mit finanziellen Mitteln. Außerdem initiierte der Basileus die Einrichtung einer neuen byzantinischen Verwaltungsorganisation im Westen. Anstelle des Themas *Longobardia* ließ er den Katepanat *Italia* errichten, was auf eine beabsichtigte Verstärkung der byzantinischen Präsenz in Süditalien hindeutet. Die Wahl des Namens *Italia* sollte zudem wohl weitergehende byzantinische Ansprüche auf der Apenninenhalbinsel demonstrieren. Im Gegenzug ging Otto I. ab Herbst 968 wieder militärisch gegen die Byzantiner in Süditalien vor, was in Konstantinopel aber kaum Wirkung erzielte. Otto I. verfügte über keine Flotte und konnte die Byzantiner deshalb nicht in ihrem Kernraum bedrohen. Die byzantinischen Kaiser interessierten sich traditionell mehr für den Osten als für den Westen ihres Imperiums. Nikephoros II. und Otto I. trafen deshalb nie direkt aufeinander. Aus der Ferne konnte aber auch keiner den anderen bezwingen. Deshalb trug man den Konflikt auf anderen Feldern aus, die nach zeitgenössischen Vorstellungen zu den Hauptaufgaben

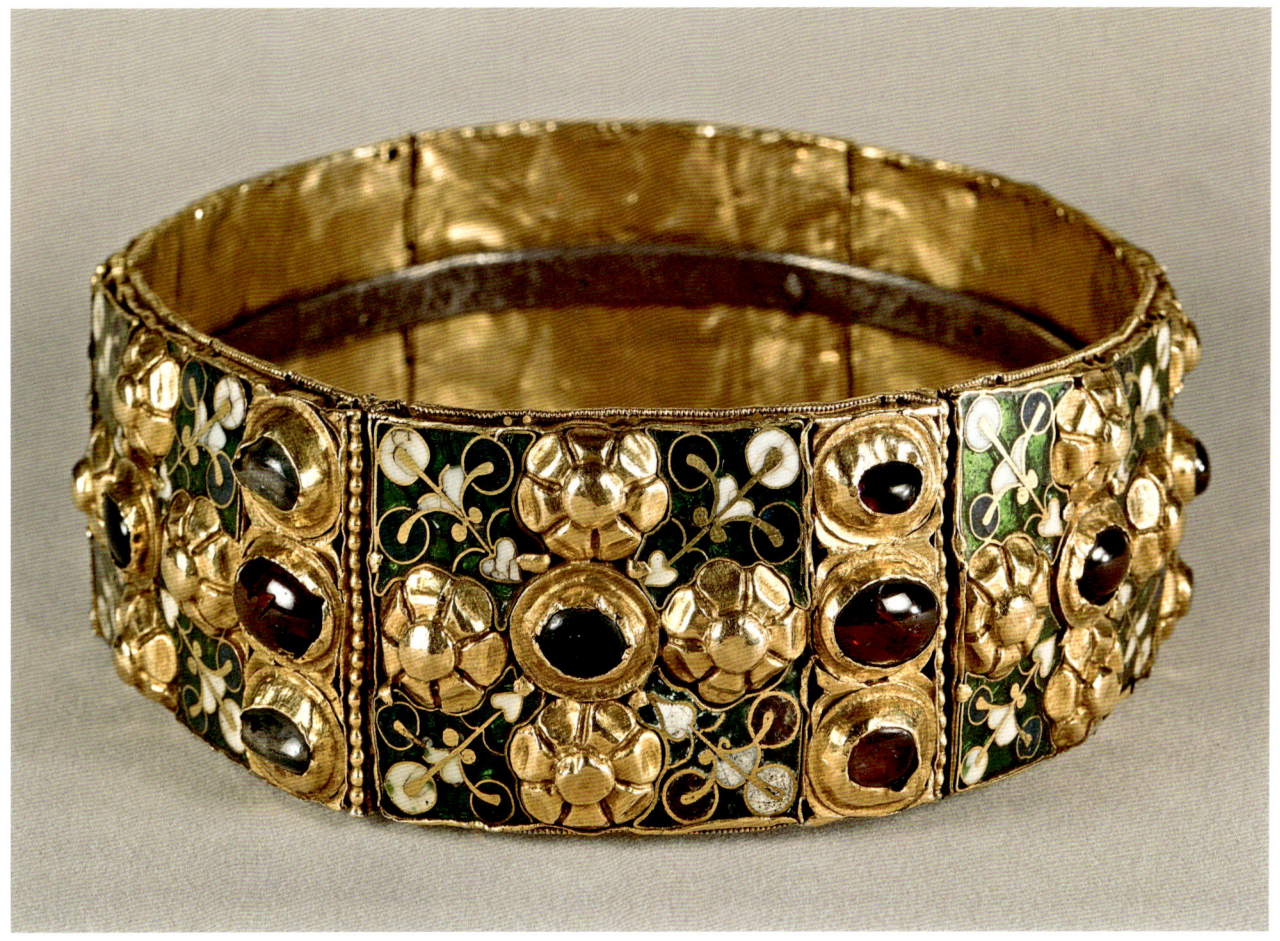

67   Die sogenannte Eiserne Krone (lombardische Krone), 2. Hälfte des 9. Jh. Monza, Dom

eines Kaisers gehörten. Dazu zählten in erster Linie der Schutz der Christen inner- und außerhalb des eigenen Imperiums, die Mission sowie die Errichtung und der Ausbau von kirchenorganisatorischen Strukturen.

Als im Spätsommer 968 die Kunde von den ergebnislosen Verhandlungen Liudprands am ottonischen Hof in Italien eingetroffen war, entschied man sich dafür, den Byzantinern die Kiever Rus' als potentielles Missionsgebiet streitig zu machen. Zwischen Byzanz und der Kiever Rus' bestanden im 10. Jahrhundert bereits vielfältige Kontakte und Beziehungen. Die Frage, ob die Führungsgruppen der Kiever Rus' das byzantinisch-griechische oder das lateinische Christentum bevorzugen würden, war 968 noch nicht endgültig entschieden. Die Fürstin Olga von Kiev hatte sich Ende der 950er Jahre an den ottonischen Hof gewandt und um die Entsendung von lateinischen Missionaren ersucht. Nach dem vorzeitigen Tod des ersten Missionsbischofs weihte man den Mönch Adalbert von Trier zum Missionsbischof für die Kiever Rus'. Dessen Missionsreise (961/962) verlief ergebnislos, weil sich die politischen Verhältnisse in der Kiever Rus' verändert hatten. Der nun regierende Sohn Olgas und seine Gefolgschaft waren Anhänger ihrer traditionellen Gentilreligion. Die Frage nach der Christianisierung war damit aber nicht aufgehoben, sondern nur aufgeschoben. An Stelle der erwarteten Erhebung eines Geistlichen aus Sachsen sorgte Otto I. 968 dafür, dass der ehemalige Missionsbischof für die Kiever Rus', der 966 gerade Abt von Weißenburg im Elsaß geworden war, erster Erzbischof von Magdeburg wurde. Damit reaktivierte die ottonische Seite ihren Anspruch auf die Mission in der Kiever Rus'. Nikephoros II. agierte gleichfalls kirchenpolitisch und initiierte eine gravierende kirchenorganisatorische Veränderung in Süditalien: Er veranlasste die Erhebung von Otranto im äußersten Südosten der Apenninenhalbinsel zum Haupt einer griechischen Kirchenprovinz durch den Patriarchen von Konstantinopel. Fünf Suffraganbistümer sollten der neuen griechischen Metropole zugeordnet werden, die nach westlicher Auffassung aber dem Papst unterstanden. Nach einer wenig glaubwürdigen Information Liudprands soll Nikephoros II. den Patriarchen von Konstantinopel sogar angewiesen haben, den lateinischen Gottesdienst in ganz Apulien und Kalabrien zu untersagen und ihn nur noch in griechischer Sprache zu gestatten. Von westlicher Seite betrieben Kaiser Otto I., Papst Johannes XIII. und der Fürst von Benevent die Erhebung des süditalienischen Bistums Benevent in den Rang eines lateinischen Erzbistums, was im Mai 969 kirchenrechtlich sanktioniert wurde.

Der byzantinisch-ottonische Konflikt entschärfte sich erst Ende 969. Nach der Ermordung von Nikephoros II. musste sich sein Nachfolger Johannes I. Tzimiskes (969–976) sogleich einer Bedrohung der Byzantiner durch den Fürsten der Kiever Rus' stellen, der die Bulgaren besiegt hatte. Der Basileus zwang den Kiever mit militärischen Mitteln zum Abzug und gliederte Bulgarien politisch und kirchenorganisatorisch in das byzantinische Reich ein. Damit endete auch das seit 927 existierende bulgarische Kaisertum, so dass fortan nur noch ein östlicher und ein westlicher Imperator in Europa amtierten. Wie sein Vorgänger interessierte sich Johannes I. Tzimiskes aber vor allem für die östliche Grenze des Imperiums. Nachdem die Fatimiden von Ägypten aus in Richtung Syrien expandiert und 971 sogar das von Nikephoros II. eroberte Antiochia angegriffen hatten, rüstete sich der Basileus zur Gegenoffensive; sie sollte ihn sogar bis nach Damaskus, den ehemaligen Kalifensitz der Omaijaden, führen. Aufgrund dieser Prioritäten lenkte der neue Basileus gegenüber dem Westkaiser ein und offerierte ein Bündnis. Die nächste ottonische Gesandtschaft nach Konstantinopel verlief deshalb erfolgreich. Allerdings sandten die Byzantiner nicht die gewünschte purpurgeborene Anna als Braut für Otto II. in den Westen, sondern Theophanu, eine Verwandte des neuen Basileus. Als Zugeständnis an den westlichen Kaiser verzichtete Johannes I. Tzimiskes vermutlich auf die Rückführung der Fürsten von Capua und Benevent unter byzantinische Oberhoheit.

Am Sonntag nach Ostern 972 wurde Theophanu in Rom mit Otto II. vermählt und durch den Papst zur Kaiserin gekrönt. Die Kaiserkrönungen Ottos I. und Adelheids sowie jene Ottos II. und Theophanus demonstrierten klar den Rom- und damit auch den Papstbezug des neuen ottonischen Kaisertums. Durch die häufige kaiserlich-päpstliche Kooperation zwischen 967 und 972 hatte sich auch die Reichweite der päpstlichen Autorität im lateinischen Europa erhöht. Die Ausstattung Theophanus ist durch eine nahezu einzigartige Urkunde überliefert, die nach dem Vorbild byzantinischer Auslandsschreiben auf purpurfarbenem Pergament und mit Goldschrift, aber künstlerisch noch viel aufwendiger gestaltet wurde. Ranghohe Geistliche, die in Protokollfragen versiert waren, stellten darin die byzantinisch-ottonischen Beziehungen aus päpstlicher und westkaiserlicher Perspektive dar (Kat.-Nr. V.3). Sie präsentierten Otto II., den Aussteller, und seinen Vater ohne den exklusiven Römer-Titel. Allerdings bezeichnete man Johannes I. Tzimiskes ebenfalls nicht als „Kaiser der Römer", sondern als „Imperator von Konstantinopel" (Abb. 65). Auf diese Weise erschienen Otto I. und Otto II. den Lesern und Hörern des Textes als Kaiser von Rom. Zudem verwies man geschickt auf das viel höhere Alter der Kaiserstadt am Tiber und betonte damit das für die Zeitgenossen relevante Kriterium der Anciennität bei der Beurteilung von Rangfragen. Danach figurierten Otto I. und Otto II. als Kaiser über das traditionelle „Alte Rom",

68 Liudprand von Cremona. Antapodosis (Ausschnitt aus III, c. 32-34). Oberitalien, 2. Hälfte 10. Jh. München Bayerische Staatsbibliothek, Clm 6388, fol. 51r

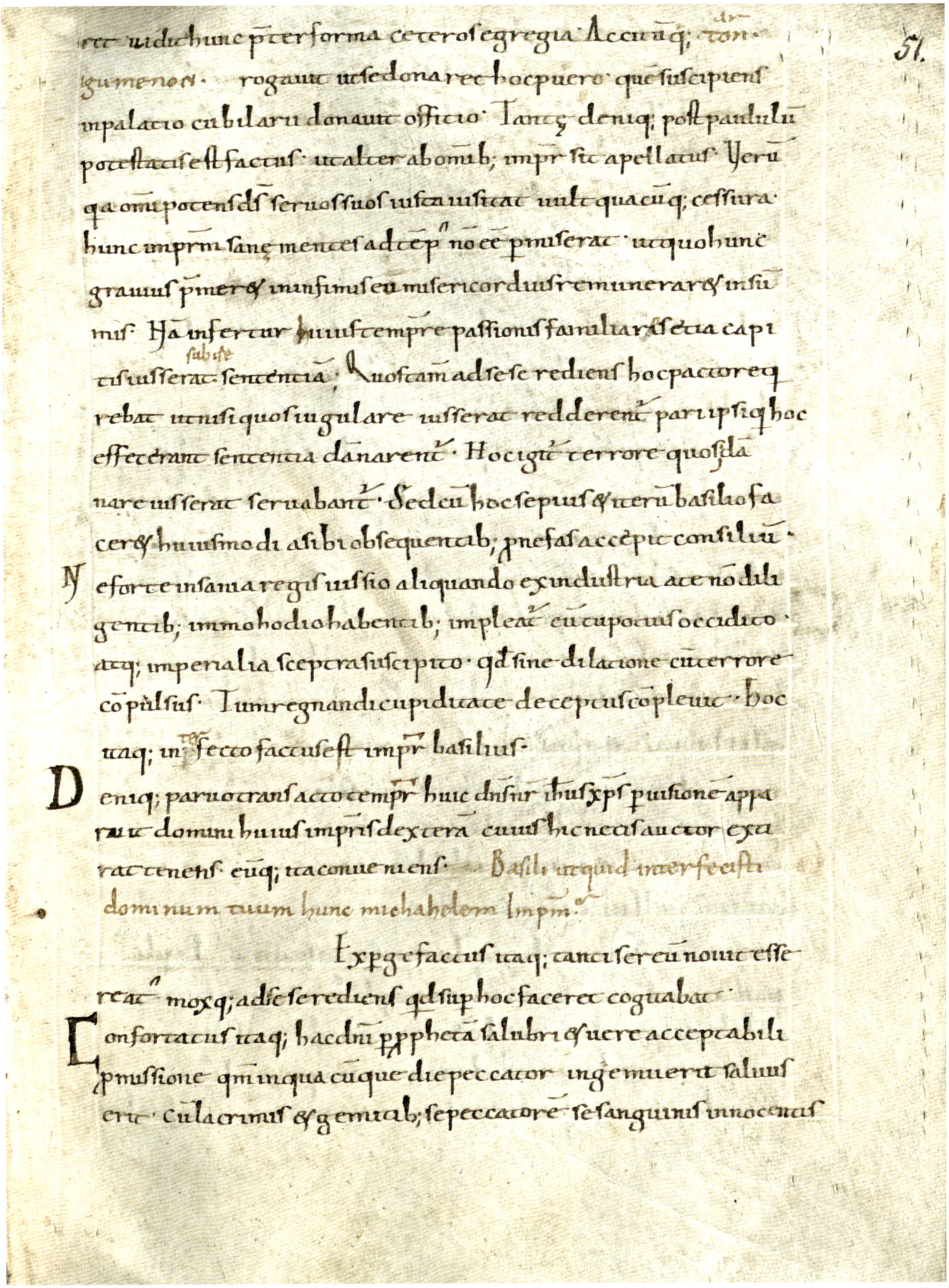

während Johannes I. Tzimiskes nur über das abgeleitete und viel jüngere „Neue Rom" am Bosporus gebot. Dieses Argumentationsmuster wurde von den Päpsten übernommen, die es schon lange zur Begründung ihres Vorranges gegenüber den Patriarchen von Konstantinopel verwendeten. Sie hatten es ein Jahrhundert zuvor bereits dem westlichen Kaiser Ludwig II. zur Verfügung gestellt, um dessen Position gegenüber dem Basileus theoretisch zu stützen.

Nach der Hochzeit zwischen Otto II. und Theophanu war das Hauptziel der jahrelangen Bemühungen Ottos I. erreicht, eine allseits sichtbare Anerkennung seines noch jungen Kaisertums durch den Basileus. Während der Rückreise in das nordalpine Reich und nach Sachsen im Frühjahr/Sommer 972 begannen ottonische Hofgeistliche, das byzantinische Modell eines Kaiserkonsortiums zu imitieren. Schon 968 und 970 hatte man Otto II. in Diplomen Ottos I. für die erzbischöfliche Kirche von Magdeburg als Mitkaiser (coimperator) aufgeführt. Außerdem wurden seit 968 auch einige separate Kaiserurkunden Ottos II. ausgestellt, vor allem für Magdeburg, und mit einem eigenen Siegel beglaubigt. Darin bestätigte man in der Regel den Inhalt vorheriger Diplome Ottos I. Nur eine in Ravenna hergestellte Urkunde vom Mai 972 suggerierte – in Anlehnung an die Heiratsurkunde Theophanus – die Existenz eines fast gleichrangigen Doppelkaisertums, indem Otto I. und Otto II. nebeneinander mit identischen Titulaturen präsentiert wurden. Lediglich durch die Angabe der unterschiedlichen Regierungsjahre in der Datierungszeile sorgte man für eine Differenzierung. Im Sommer 972 wurden Otto I. und Otto II. in separaten Kaiserurkunden für verschiedene Empfänger im nordalpinen Reich sogar wechselseitig als Mitkaiser bezeichnet. Meist unterschied man aber doch zwischen dem älteren und dem jüngeren coimperator.

Gemessen an der Anrede, die der Basileus 968 bei künftigen päpstlichen Schreiben einforderte (magnus Romanorum imperator augustus), hatten die gelehrten geistlichen Diplomschreiber im Westen den neuen Kaiser Otto I. dicht an sein östliches Pendant herangerückt. Das Beiwort magnus wurde seit 963 häufig in Titulaturen für Otto I. und seit 968 auch für Otto II. verwendet. Die Kombination imperator augustus war seit 962 die Standardtitulatur für Otto I. und danach für Otto II. Anders als es die Byzantiner 968 in Konstantinopel vorschlugen, ließ sich die ottonische Seite theoretisch nicht auf ein Kaisertum der Franken oder ein Kaisertum der Franken und Langobarden festlegen. Man folgte aber auch nicht dem päpstlichen Vorstoß von 968. Vielmehr blieb durch den Verzicht auf jegliche Konkretisierung die theoretische Reichweite des ottonischen Kaisertums offen. Die ottonische Seite verzichtete bis zur Kaiserkrönung Ottos III. 996 darauf, den Römer-Titel auf Kaisersiegeln zu verwenden. Zumindest für gebildete Zeitgenossen war daran erkennbar, dass der neue westliche Imperator Otto I.

den Vorrang des byzantinischen Kaisers innerhalb der Christenheit noch akzeptierte. Erst in der Regierungszeit seines Enkels sollte sich das ändern. Seit Ostern 997 wurde Otto III. (983–1022) auch in den Protokollen der Kaiserurkunden regelmäßig mit dem Römer-Titel präsentiert. Damit demonstrierte man auf theoretischer Ebene die Gleichrangigkeit zwischen dem östlichen und dem westlichen Kaisertum im euromediterranen Raum.

Die kaiserliche Position, die Otto I. seit 962 innehatte, führte aber zu erheblichen Veränderungen der politischen Konstellationen in Europa und im Mittelmeerraum. Verglichen mit den politischen Teilstrukturen des Frankenreiches im 9. Jahrhundert herrschte Otto I. am Ende seiner Regierungszeit über das Ostfrankenreich sowie mit Lothringen und Italien über zwei Hauptbestandteile des ehemaligen karolingischen Mittelreiches. Mit dem Königreich Burgund, dem politisch-geographischen Bindeglied zwischen Italien und Lothringen, war der Kaiser durch politische und verwandtschaftliche Beziehungen eng verbunden. Kaiserin Adelheid war die Schwester des regierenden burgundischen Königs. Die Beziehungen des Kaisers zu den Großen in den Regionen seines Imperiums waren aber von unterschiedlicher Intensität. Die etwa nördlich der Mainlinie gelegenen Gebiete, vor allem Ostsachsen, das Rhein-Main- und das Niederrhein-Maas-Gebiet, sowie das westliche Oberitalien und das Gebiet um Ravenna bildeten die politischen Kernlandschaften. Die relativ feste Verbindung zwischen dem ostfränkischen Reich und Italien hatte u.a. zur Konsequenz, dass viele geistliche und weltliche Große aus dem Norden die ottonischen Kaiser nach Italien begleiteten oder allein dorthin reisten. Umgekehrt kamen bereits zwischen 973 und 980 – während der Präsenz Ottos II. im Norden – viele Fürsten aus Italien an den Kaiserhof nördlich der Alpen. Die transalpine Mobilität der Führungsgruppen innerhalb des ottonischen Imperiums führte natürlich auch zu kulturellem Austausch und Transfer. Sachsen, die politische Basislandschaft der Ottonen, die bisher nur zu Lothringen, einem ehemals provinzialrömischen Gebiet, in engerer Beziehung stand, trat seit 962 periodisch in direkte Verbindung mit Italien, dem ehemaligen Kernraum des antiken Römischen Reiches. Diese neue transalpine Ausrichtung hatte in vielerlei Hinsicht erhebliche Rückwirkungen auf Sachsen.

Das neue ottonische Imperium strahlte auch in Gebiete jenseits seiner politischen Grenzen aus. Über das Erzbistum Hamburg-Bremen verstärkten sich Verbindungen nach Skandinavien. Erstmals konvertierte ein dänischer König (Harald Blauzahn) von der Gentilreligion zum Christentum. Für die Völker und Reiche, die zwischen dem byzantinischen und dem ottonischen Imperium angesiedelt waren, existierten nun zwei christliche Zentren in Europa. Beim letzten großen Hoftag Ottos I. zu Ostern 973 in Quedlinburg sollen u.a. Legaten der Byzantiner, Beneventer, Bulgaren, Dänen, Slawen und Ungarn zugegen gewesen sein. Die jahrelange Präsenz Ottos I. in Italien hatte offenbar auch dazu geführt, dass man ihn an der südlichen Mittelmeerküste als neuen politischen Faktor wahrnahm. Ein zeitgenössischer Chronist berichtet, dass 973 in Merseburg Gesandte aus Afrika eingetroffen sein sollen, deren genaue Herkunft jedoch unbekannt ist. Ob sich das beim Tode Ottos I. (7. Mai 973) erst ein Jahrzehnt existierende neue westliche Kaisertum längerfristig auf dieser politischen und theoretischen Ebene etablieren würde, blieb aus Sicht der Zeitgenossen abzuwarten.

Quellen

Liudprand von Cremona, Antapodosis.

Literatur

Alvermann 1998; Böhmer 2006; von Falkenhausen 1967; Hehl 2001; Hiestand 1964; Huschner 2003; Huschner 2009; Huschner 2012 (im Druck); Keller 1999; Keller 2001 (a); Kolditz 2002; Lilie 2003; Müller-Mertens 1980; Nerlich 1999; Schieffer 1998; Schieffer 2001; Schreiner 2011 (b); Schulze 2007; Weinfurter 1999; Wolfram 1973; Ziemann 2007.

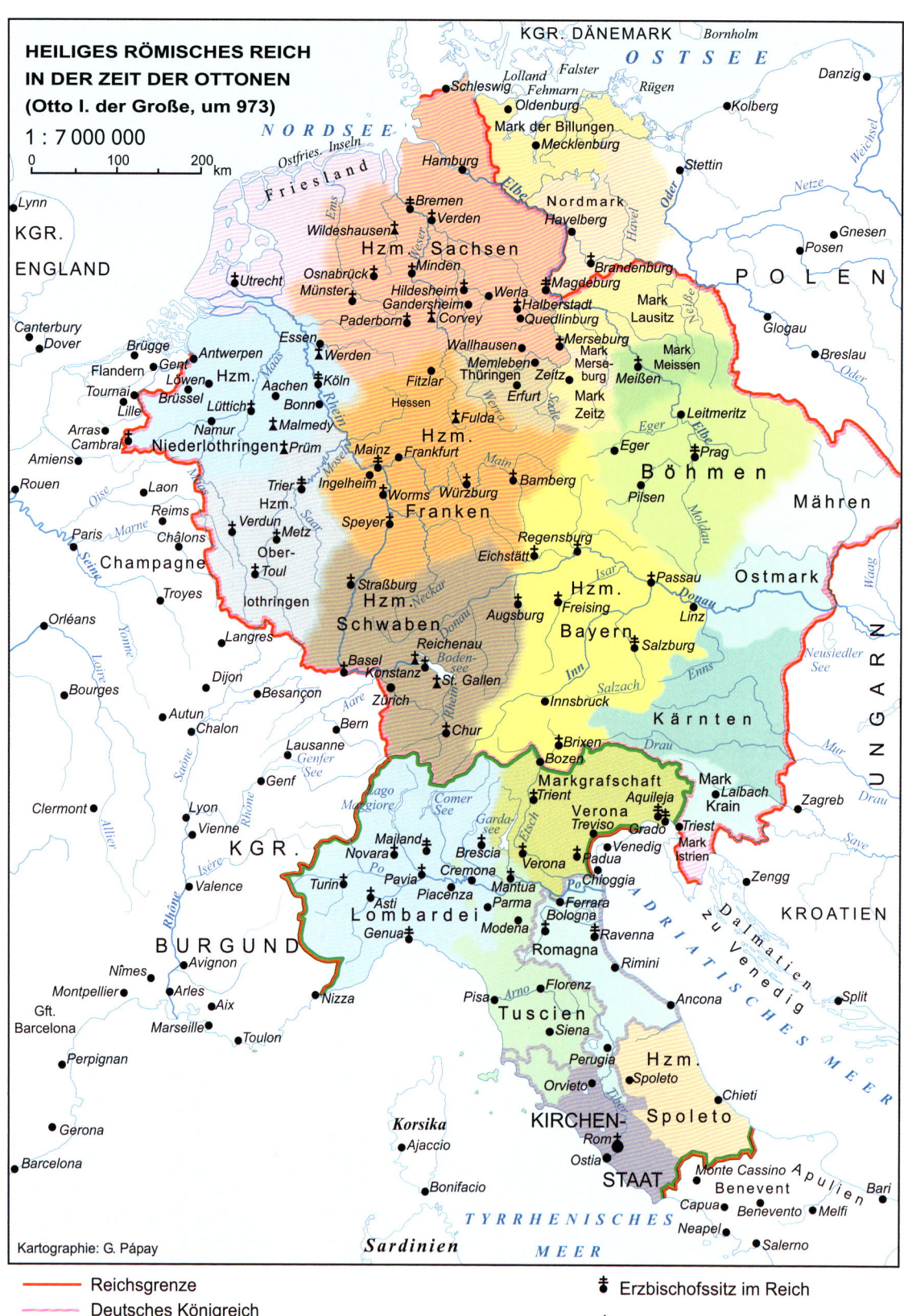

HEILIGES RÖMISCHES REICH IN DER ZEIT DER OTTONEN

(Otto I. der Große, um 973)

1 : 7 000 000

0   100   200 km

Kartographie: G. Pápay

	Reichsgrenze		Erzbischofssitz im Reich
	Deutsches Königreich		Bischofssitz im Reich (in Auswahl)
	Königreich Italien		Kloster im Reich (in Auswahl)
	vom Kirchenstaat beanspruchtes Gebiet		

Stephan Freund

Herrschaftsträger des Reiches: Konflikte und Konsens unter Otto I.

Beinahe alle waren sie auf kaiserlichen Befehl erschienen – „die Herzöge Mieszko und Boleslaw, ferner Gesandte der Griechen, Beneventer, Ungarn, Bulgaren, Dänen, Slawen und alle Großen aus dem gesamten Königreich". (Abb. 69) Der summarische Bericht Thietmars von Merseburg über die Feier des Osterfestes 973 in Quedlinburg veranschaulicht eindrucksvoll das Ansehen, das Otto der Große nach seiner nahezu vierzigjährigen Regierungszeit genoss. Ottos Herrschaft beruhte gegen Ende seines Lebens auf einem breiten Konsens, und die Ordnung des ottonischen Königtums basierte auf der Kooperation der unterschiedlichen Gewalten – der Herrscher und seine Familie, die Herzöge und nicht zuletzt die hohe Geistlichkeit. Vergleicht man dieses Treffen mit dem Bericht Widukinds von Corvey zur Aachener Wahl und Krönung des Jahres 936, also mit dem Beginn von Ottos Herrschaft, so entsteht auf den ersten Blick der Eindruck einer ganz ähnlichen Konstellation, doch war die Situation im August 936 eine vollkommen andere: Otto musste das Vertrauen der Großen erst erlangen, denn die damalige Zustimmung zu seiner Wahl war zunächst nur eine formale, die der Bewährung und Vertiefung bedurfte.

Die Herrschaft des jungen Königs war geprägt von Krisen. Mit beinahe allen Verwandten, mit vielen Großen des Reiches und mit kirchlichen Würdenträgern war Otto zu unterschiedlichen Zeiten und aus unterschiedlichen Gründen in Konflikt geraten. Um deren Hintergründe zu verstehen, ist ein Blick auf die Struktur der Königsherrschaft im ersten Drittel des 10. Jahrhunderts erforderlich: Die Herrschaft gründete nur sehr bedingt auf festgefügten, dem Königtum grundsätzlich zur Verfügung stehenden Institutionen oder Ämtern, sie beruhte vielmehr auf einem im permanenten Wandel begriffenen Netzwerk von Personen. Königliche Amtsträger wie die in hochkarolingischer Zeit ein wichtiges Herrschaftsinstrument darstellenden *missi regis* waren im späten 9. Jahrhundert ver-

schwunden. Die ohnehin nur zum Teil durchgesetzte karolingische Grafschaftsverfassung existierte in dieser Form ebenfalls nicht mehr und die Grafen fühlten sich dem König kaum noch verpflichtet. Auch der gravierende Niedergang der Schriftlichkeit seit spätkarolingischer Zeit machte sich negativ bemerkbar: Die vormals vom Königshof ausgehende und ein wichtiges Moment der Herrschaftsorganisation darstellende Kapitularengesetzgebung war im späten 9. Jahrhundert zum Erliegen gekommen, die Zahl der vom Königshof erlassenen Urkunden drastisch zurückgegangen. Anders als in karolingischer Zeit sah sich das ottonische Königtum aber starken, auf gentiler Grundlage agierenden Mittelgewalten gegenüber – den Herzögen. Und nicht zuletzt hatten auch die Bischöfe in der Zeit der schwachen Könige Ludwig das Kind und Konrad I. wichtige Aufgaben im Inneren des Reiches übernommen und daraus beträchtliches Selbstbewusstsein gezogen.

Jeder neue König war daher mehr oder minder gezwungen, die Basis seiner Macht neu zu schaffen und jeder Herrschaftswechsel hatte eine weitreichende personelle Neuausrichtung des königlichen Umfelds zur Folge, was oft Verunsicherung aber auch Unzufriedenheit hervorrief. Ludwig das Kind und Konrad I. sind daran gescheitert. Sie vermochten es nicht, die Großen des Reiches in die Herrschaft einzubinden und ihrem Königtum dadurch allgemeine Akzeptanz zu verleihen. Heinrich I. ist diese Integration gelungen. Mithilfe zahlreicher Zugeständnisse an die sich damals neu formierenden herzoglichen Mittelgewalten, festgehalten in den vertraglich fixierten *amicitiae*, dank seines Verzichts auf demonstrative Zurschaustellung der königlichen Position, aber auch dank der Rücksichtnahme auf adelige und kirchliche Interessen, vermochte er es, seinem anfänglich nur von Sachsen und Franken getragenen Königtum schließlich reichsweite Anerkennung zu verschaffen und damit die auseinanderstrebenden Reichsteile und Völker zu gemeinsamem Agieren zu bewegen.

Die Durchsetzung der Königsherrschaft beruhte im 10. Jahrhundert vor allem auf der königlichen Präsenz und auf dem

Ansehen des Königs. Der permanente Zug des Herrschers durch das Reich, das sogenannte Reisekönigtum, war daher das bedeutendste Herrschaftsmittel. (Abb. 70) Die Einsetzung zuverlässiger Vertrauter, die an Stelle des Königs die Sicherung seiner Interessen in allen Reichsteilen gewährleisten konnten, war ein zweites. Ein drittes Herrschaftsmittel, dessen grundlegende Bedeutung Otto wohl erst allmählich zu begreifen verstand, war die Erlangung des Konsenses mit den Großen und ein viertes, von der Forschung kaum berücksichtigtes Element, bildeten zuverlässige Kommunikationsstrukturen.

Es sind neben den äußeren vor allem die inneren, von Otto zu bewältigenden Konflikte und deren oft nur durch glückliche Umstände begünstigte Lösung sowie die nur schrittweise gelingende Balance zwischen den unterschiedlichen politischen Kräften, die erklären, weshalb es so dauerte, dass Otto seine Herrschaft etablieren konnte und schließlich „der Große" wurde.

Trügerische Harmonie: Die Aachener Krönung des Jahres 936

Vordergründig schien alles bestens für Ottos Herrschaft bereitet: Sein Vater Heinrich I. hatte – vermutlich bereits im Jahre 929 – sein Haus bestellt und Otto, der damals mit der englischen Königstochter Edgith verheiratet worden war, zu seinem alleinigen Nachfolger auserkoren und diese Entscheidung 935 von den Großen des Reiches nochmals bestätigen lassen. Ottos Herrschaftsantritt verlief zunächst reibungslos: Nach dem Tod Heinrichs I. am 2. Juli fand am 7. August 936 Ottos Wahl und Thronsetzung in Aachen statt. Damit wurde zugleich die karolingische Tradition für die ottonische Familie vollends in Anspruch genommen, vermutlich in doppeltem Sinne: Mit Aachen wurde nämlich nicht nur die Lieblingspfalz Karls des Großen und dessen Begräbnisstätte als Krönungsort des sich entwickelnden deutschen Reiches etabliert, sondern Otto stellte sich auch hinsichtlich seiner Herrschaftsauffassung in die Tradition der großkarolingischen Könige: Glaubt man dem kontrovers diskutierten, weil zwei Generationen später verfassten und möglicherweise Details der Königswahl Ottos II. aus dem Jahre 961 ins Jahr 936 zurückprojizierenden Bericht Widukinds von Corvey, so trug Otto fränkische Tracht, wodurch er das fränkische Erbe vollends für sich reklamierte und zugleich ein deutliches Signal Richtung westfränkisches Reich aussandte, wo kurz zuvor, am 19. Juni 936, mit Ludwig IV. von Übersee (936–954, † 10. Okt. 954) erneut ein Karolinger zum König erhoben worden war. Nicht minder deutlich waren die an die Großen seines Reiches ausgesandten Zeichen: Ottos Salbung durch die Erzbischöfe Hildebert von Mainz und Wichfried von Köln, insbesondere aber das sich an die Aachener Wahl und Krönung anschließende Festmahl machten deutlich, dass Otto

andere Wege im Umgang mit den Großen zu pflegen gedachte als sein auf Konsens bedachter und lediglich einen Ehrenvorrang gegenüber den Herzögen beanspruchender Vater: *duces vero ministrabant* – „die Herzöge [aber] leisteten Dienst" – so fasst Widukind die Vorgänge in einem prägnanten Satz zusammen. Dieser Dienst der Herzöge war ein durchaus ehrenvoller. Sie versahen die symbolischen Hofämter, fungierten als Truchsess, Marschall, Kämmerer und Mundschenk, nahmen gegenüber den übrigen geistlichen und weltlichen Großen also eine deutlich herausgehobene Position ein. Doch zugleich betonte der neue König damit gegenüber den der Generation seines Vaters angehörenden und dessen Herrschaft loyal mittragenden, im Gegenzug mit weitgehenden Autonomierechten ausgestatteten Herzögen einen markanten Rangunterschied, der bereits durch die Thronsetzung im Obergeschoss der Aachener Pfalzkapelle augenfällig sichtbar geworden war. Die Herzöge – so die damit unmissverständlich ausgesandte Botschaft – rangierten unterhalb des Königs, nicht mehr wie bislang auf Augenhöhe. Und noch etwas fällt auf: Nicht alle waren in Aachen anwesend. Ottos jüngerer Bruder, der purpurgeborene Heinrich, der nach den Aussagen der jüngeren Mathildenvita deren Lieblingssohn war und von Mathilde – und wohl auch von anderen – als Nachfolger Heinrichs favorisiert wurde, fehlte. Er war in der Obhut des Merseburger Grafen Siegfried belassen worden, der als *secundus a rege* den Schutz Sachsens gewährleisten und wohl auch unliebsame Zwischenfälle während der Aachener Krönungsfeierlichkeiten verhindern sollte.

Schon bald übernahm Otto auch den ostfränkisch-karolingischen Typus des Herrschersiegels, das einen von Gott mit Erfolg gekrönten Heerführer zeigt. Neu war, dass die Umschrift mit der hier erstmals bezeugten *Dei gratia (Rex)*-Formel versehen wurde. Die sakral-göttliche Legitimierung seiner Herrschaft kam auch in Ottos neuartigem Monogramm zum Ausdruck, das so gestaltet war, dass es in der Mitte ein Kreuz bildete.

Ottos Königtum in der Dauerkrise

Entgegen dem vordergründigen Glanz der Aachener Ereignisse gab es innerhalb der liudolfingischen Familie offenbar erhebliche Spannungen über die Aufteilung des Erbes Heinrichs I., die sich zu offen ausgetragenen Auseinandersetzungen steigerten. Hauptgewährsmann dafür ist der westfränkische und daher der einseitigen Parteinahme unverdächtige Chronist Flodoard von Reims. In seinen wohl seit 919 geführten und damit zeitgenössischen Annalen liest man zum Jahr 936: „Als König Heinrich in jenen Tagen starb, wurde unter dessen Söhnen ein

70 Itinerar Otto der Große. Politische Zentralräume des Regnum 936–973

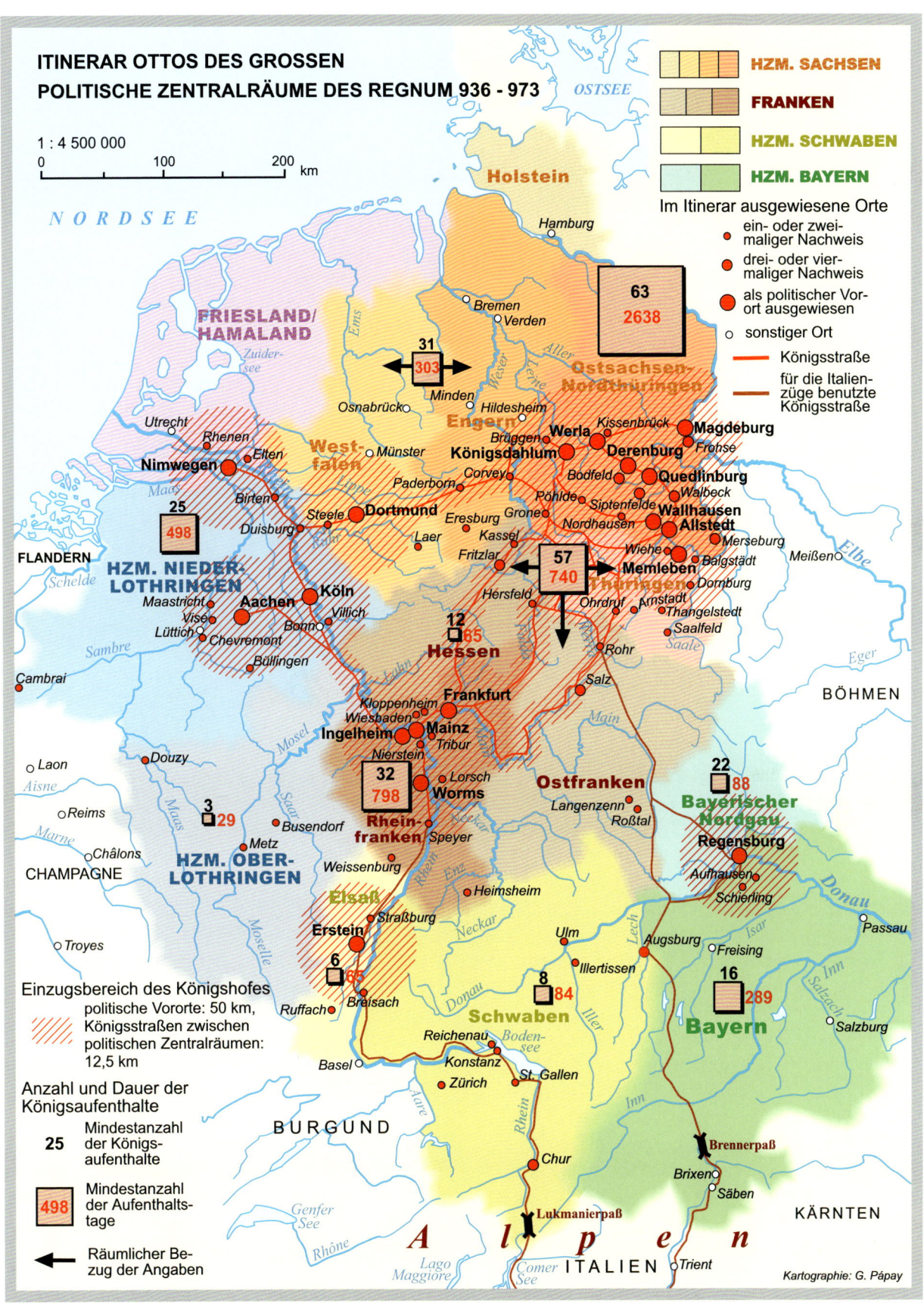

ITINERAR OTTOS DES GROSSEN
POLITISCHE ZENTRALRÄUME DES REGNUM 936 - 973

1 : 4 500 000

HZM. SACHSEN
FRANKEN
HZM. SCHWABEN
HZM. BAYERN

Im Itinerar ausgewiesene Orte
- ein- oder zwei-maliger Nachweis
- drei- oder vier-maliger Nachweis
- als politischer Vorort ausgewiesen
- sonstiger Ort

Königsstraße
für die Italien-züge benutzte Königsstraße

Einzugsbereich des Königshofes
politische Vororte: 50 km,
Königsstraßen zwischen politischen Zentralräumen: 12,5 km

Anzahl und Dauer der Königsaufenthalte
25   Mindestanzahl der Königs-aufenthalte
498   Mindestanzahl der Aufenthalts-tage
←   Räumlicher Be-zug der Angaben

Kartographie: G. Pápay

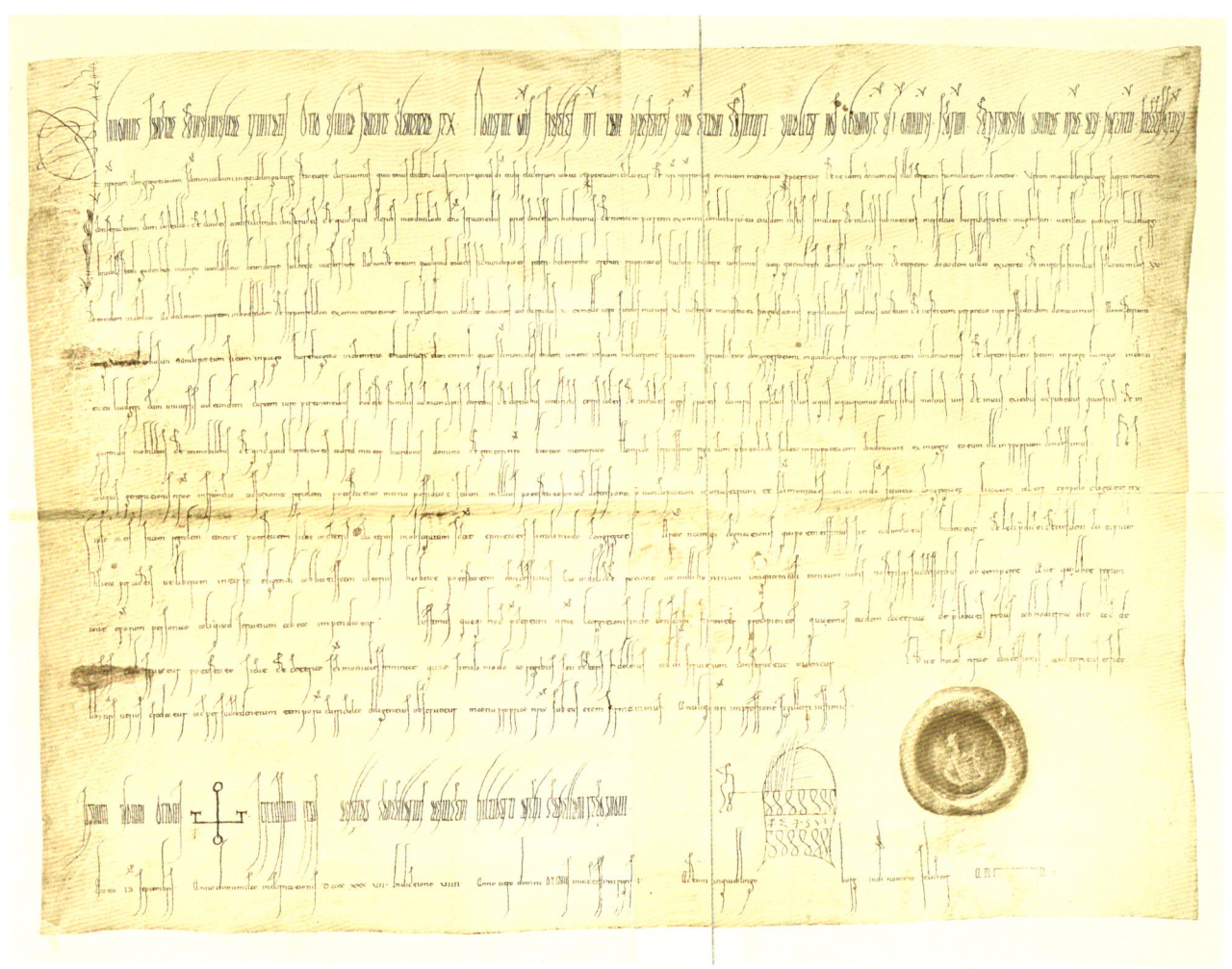

71 Stiftungsurkunde Ottos I. vom 13. September 936. Das Originaldiplom hat sich bis Ende des 19. Jahrhunderts im königlichen Staatsarchiv Berlin erhalten, ist heute allerdings verschollen. Die Abbildung entstammt dem von Theodor von Sickel und Heinrich von Sybel herausgegebenen Tafelwerk „Kaiserurkunden in Abbildungen", Berlin 1891 (MGH DD OI,1)

Streit um das Königtum ausgefochten, aus dem der älteste Sohn Otto siegreich hervorging".

Doch auch Ottos eigene Urkunden spiegeln die Spannungen innerhalb der Königsfamilie deutlich wider: Im Zusammenhang mit der sogenannten Hausordnung des Jahres 929 hatte Heinrich I. seiner Gemahlin Mathilde unter anderem Quedlinburg als Wittum übertragen. In Quedlinburg, dem Begräbnisort Heinrichs I., wollte Mathilde nun ein Frauenkloster gründen, in dem in besonderer Weise das liturgische Gedenken an und die Gebete für Heinrich I. vollzogen werden sollten. Die entsprechende Stiftungsurkunde wurde von Otto I. nur fünf Wochen nach der Aachener Krönung am 13. September 936 ausgestellt (Abb. 71). Es handelt sich um seine erste (erhaltene) Urkunde überhaupt. Doch der Wortlaut lässt aufhorchen: Obwohl Quedlinburg zu Mathildes Wittum zählte und die Stiftung ihr besonderes Anliegen war, wurde sie im Text des Diploms nicht erwähnt. Auch Ottos Bruder Heinrich wurde nicht genannt, im Gegenteil: Er und seine Nachkommen wurden von der Vogtei über das Kloster sogar explizit ausgeschlossen, solange es noch Nachkommen aus Ottos Linie gebe! Mit dieser Maßnahme demonstrierte Otto I. seinen alleinigen Anspruch auf das Königtum und die Führung innerhalb der ottonischen Familie und wies potentielle oder tatsächliche Widersacher in die Schranken. Auch Ottos älterer Halbbruder Thankmar bekam dies zu spüren: Als im Jahre 937 Ottos Vertrauter, Graf Siegfried von Merseburg, verstarb, machte sich Thankmar berechtigte Hoffnungen, dessen Position und Besitzungen, die zu einem Großteil dem Erbe von Thankmars Mutter Hatheburg entstammten, übernehmen zu können. Otto übertrug das Erbe jedoch Siegfrieds jüngerem Bruder Gero, der in der Folgezeit einer der loyalsten Anhänger des Königs werden sollte.

Auch andernorts hatte sich im Jahre 937 erheblicher Unmut angesammelt. Nach dem Tod des mächtigen sächsischen Grafen Bernhard aus der Familie der Billunger beanspruchte dessen ältester, mit Mathildes Schwester verheirateter Sohn Wichmann die Nachfolge. Doch auch er hatte die Rechnung ohne Otto I. gemacht: Otto übertrug das Grafenamt dessen Bruder Hermann Billung und nahm Wichmanns Söhne in seine Obhut. Durch die vermeintlich ehrende Auszeichnung, sie von nun an am königlichen Hof zu erziehen, entzog er sie dem Vater und wies dessen Ansprüche in die Schranken. Aus dem Rückblick erscheinen die daraus resultierenden Folgen logisch: Wichmann wurde zu einem der heftigsten Widersacher Ottos, die sächsischen Großen murrten unüberhörbar, weil ihnen mit Herrmann eine Zwischeninstanz vor die Nase gesetzt worden war, nur Herrmann war zufrieden und dankte es Otto, indem er ihm bis zu seinem Tode im Jahre 973 als Vertrauensmann in Sachsen den Rücken freihielt.

In der Mitte und im Süden des Reiches beschwor Ottos Agieren ebenfalls zahlreiche Konflikte herauf: Der fränkische Herzog Eberhard, immerhin der Bruder des einstigen Königs Konrad I., dessen Kooperation mit Heinrich I. den Weg zur Erlangung des Königtums durch die Liudolfinger frei gemacht hatte, und insbesondere dessen Mannen wurden durch Otto aus einem eher geringfügigen Anlass öffentlich mit einer demütigenden Strafe bedacht und somit in die Opposition getrieben: Eberhard und Ottos Halbbruder Thankmar verbündeten sich und sächsische Adelige, die sich durch die Erhebung Geros übergangen fühlten, darunter auch Wichmann, schlossen sich dem Bündnis an. Es kam zum offenen Aufstand, in dessen Verlauf sogar Heinrich der Jüngere, Ottos I. Bruder, in die Hände Eberhards fiel.

Auch das bisherige Einvernehmen mit Bayern ging in die Brüche, als Otto I. nach dem Tod Herzog Arnulfs am 14. Juli 937, der mit Billigung Heinrichs I. weitgehend autonom und beinahe königsgleich agiert hatte, dessen Willen zur alleinigen Nachfolge seines Sohnes Eberhard ignorierte und diesen sogar dazu zwingen wollte, sich in königliche Gefolgschaft zu begeben. Otto zog zweimal gegen Bayern und unterwarf Eberhard, der in die Verbannung gehen musste. Die bayerische Herzogswürde wurde durch Otto nun nicht an einen von Arnulfs Söhnen vergeben, sondern an dessen Bruder Berthold, der sie loyal bis zu seinem Tod im Jahr 947 behalten sollte.

Innerfamiliär blieb es ebenso unruhig. Ottos Bruder Heinrich, laut Johannes Fried, die „königliche Personalreserve", war nicht bereit, seine Ambitionen auf das Königtum oder zumindest auf Teilhabe daran dauerhaft zu begraben und wurde bald Teil einer weitreichenden Verschwörung gegen Otto I., an der wiederum Herzog Eberhard von Franken, nun aber auch Herzog Giselbert von Lothringen, seit 928/929 der Gemahl von Ottos Schwester Gerberga, beteiligt waren. Die Verschwörer und ein Teil des sächsischen Adels erhielten Unterstützung

aus Lothringen, der Rheingegend, aus Franken und Bayern, so dass die Auseinandersetzungen binnen Kürze nahezu alle Teile des Reiches erfassten.

Otto musste erhebliche Mühen aufwenden, um diese erste große Krise seiner Herrschaft zu meistern. Zudem bedurfte er auch einer gehörigen Portion Glücks: Anfang März 939 kamen bei Birten am Niederrhein Ottos I. Heer im Kampf gegen Heinrich und Giselbert die himmlischen Mächte zu Hilfe. Zumindest wurde der überraschende Sieg allenthalben als Gottesurteil zugunsten Ottos aufgefasst und auch dem Umstand zugeschrieben, dass dieser die heilige Lanze mit sich geführt hatte. Diese, durch Heinrich I. für die ottonische Familie erworbene Reliquie hatte bereits für dessen Herrschaft ein wichtiges, erste Hinweise auf eine beginnende Sakralisierung des Königtums lieferndes Symbol dargestellt. Nunmehr sollte sie demonstrieren, dass sich der auf den Beistand der Heiligen vertrauende Herrscher der himmlischen Unterstützung gewiss sein kann. Zahlreiche Aufständische legten die Waffen nieder und insbesondere in Sachsen herrschte vorerst Ruhe. Als sich Eberhard von Franken den Aufständischen wieder anschloss, hatte Otto I. erneut das Glück auf seiner Seite, und wieder erblickten die Zeitgenossen darin ein Gottesurteil: Beim Versuch, den Rhein zu überqueren, wurden Giselbert von Lothringen und Eberhard von Franken von den konradinischen Vettern Udo und Konrad, Eberhards Verwandten, überrascht und kamen in der Auseinandersetzung zu Tode. Otto wendete daraufhin die Verhältnisse in Lothringen zu seinen Gunsten. Sein Bruder Heinrich unterwarf sich und wurde in (ehrenvolle) Haft genommen.

Am Osterfest des Jahres 940 (29. März) stellte Otto seine königliche Herrschaft in Quedlinburg repräsentativ zur Schau. Eine Reihe von Maßnahmen sollte fortan die Wiederholung derartiger Konflikte ausschließen: Das fränkische Herzogsamt wurde nicht mehr vergeben, Franken verblieb vielmehr in königlicher Verwaltung. Die formalen Herrschaftsstrukturen des Reiches hatten sich damit geändert: *Francia ac Saxonia* unterstanden nunmehr unmittelbar dem König, besaßen keine eigene Herzogsgewalt mehr und bildeten von nun an das Kerngebiet des Reiches. Traditionelle, von Otto bislang eher verpönte Maßnahmen wie Familien- und Heiratspolitik schienen nun ebenfalls opportun und deuten an, dass Otto verstanden hatte: Er bedurfte des Konsenses mit den Großen, um sein Königtum dauerhaft zu bewahren. Der konradinische Schwabenherzog Hermann, der sich in den Aufständen stets auf Ottos Seite gestellt hatte, wurde durch die Vermählung seiner einzigen Tochter Ida mit Ottos bis dahin einzigem Sohn Liudolf belohnt. Im September 940 wurde Ottos jüngster Bruder Brun zum Kanzler bestellt und nahm damit eine Schlüsselposition innerhalb der Verwaltung ein. Und nicht zuletzt wurde Ottos Bruder Heinrich 939 in Lothringen zum Herzog eingesetzt, wurde allerdings bereits im November 940 durch lothringische Große vertrieben und rebellierte erneut gegen Otto. Beinahe in letzter Minute wurde 941 die Verschwörung Heinrichs mit dem Adel Ostsachsens, die Ottos Ermordung zum Ziel hatte, aufgedeckt und Otto reagierte unnachgiebig: Zahlreiche Verschwörer wurden enthauptet oder ins Exil geschickt. Heinrich jedoch erlangte erneut Verzeihung. Heinrich verfügte offensichtlich über eine so ausgedehnte Anhängerschaft, dass Otto mit ihm zu einem Ausgleich gelangen musste, wollte er sein Königtum auf Dauer festigen. Nach dem Tod Herzog Bertholds von Bayern wurde Heinrich schließlich im Jahre 947 das bayerische Herzogtum übertragen.

Zieht man Bilanz, so ist zu konstatieren, dass von einer in Teilen gefestigten und allmählich akzeptierten Königsherrschaft Ottos I. erst ab den frühen 940er Jahren die Rede sein kann. Festzuhalten bleibt auch, dass sich die vielfältigen verwandtschaftlichen Verbindungen des Adels untereinander und mit den Liudolfingern aufgrund der schwierigen Quellenlage oft nicht mehr erkennen lassen, so dass es nicht immer möglich ist, bei der Betrachtung der Konflikte jener Anfangsjahre zwischen innerfamiliären Auseinandersetzungen und solchen mit anderen Adelsfamilien zu unterscheiden. Dennoch ist zu beobachten, dass die Aufstände immer dann ein größeres Ausmaß annahmen, wenn ein Mitglied der königlichen Familie beteiligt war. Auffallend ist auch, dass die Quellen bemerkenswert häufig von einer *offensio*, Beleidigung, sprechen, die Otto vielen Adeligen angetan habe, wodurch deren Ehre und Rang empfindlich berührt worden seien. Dies veranlasste sie zu entsprechendem Handeln, was der König als *rebellio*, als Aufstand, empfand. Der Umstand, dass in den Jahren nach 936 aus Altersgründen eine ganze Reihe von hohen Adeligen, die mit Heinrich I. zu einem Ausgleich gelangt waren, gestorben waren, weshalb eine Neuordnung der jeweiligen Herrschaftsnachfolge unumgänglich war, barg aber ein gewissermaßen natürliches Konfliktpotential in sich, das durch Ottos selbst auf heutige Betrachter bisweilen willkürlich und autokratisch anmutendes Verhalten verstärkt worden war und die Steigerung der Spannungen mitbedingt hatte.

Die Heirat mit Adelheid und die Liudolf-Krise

Mit dem in den frühen 940er Jahren unternommenen Versuch, seine Herrschaft zu stabilisieren, indem adelige Interessen in Teilen stärker berücksichtigt wurden und zugleich die Rückkehr zu traditionell herrschaftsstabilisierenden Momenten wie sorgfältig arrangierten Heiratsverbindungen mit wichtigen Adelsfamilien, namentlich auf der Ebene der herzoglichen Mittelgewalten erfolgte, schaffte Otto vor allem den dauerhaften Ausgleich mit seinem jüngeren Bruder Heinrich. Doch gerade

diese ‚Personalie' zeigt, wie labil die Machtbalance zwischen den einzelnen Herrschaftsträgern des Reiches war und wie eifersüchtig darauf geachtet wurde, dass die Kräfteverhältnisse gewahrt blieben: Nach der Übernahme des bayerischen Herzogtums im Winter 947/948 avancierte Heinrich in den folgenden Jahren zum wichtigsten Berater und zuverlässigsten Vertrauten Ottos. War damit ein Brandherd gelöscht, so taten sich zugleich neue auf, denn Heinrichs Stellung wurde mit Argwohn betrachtet – von bisher einflussreichen Großen, vor allem aber von Ottos nach dem Tod Edgiths († 29. Januar 946) offen zum Nachfolger designierten Sohn Liudolf. Im Zusammenhang mit Ottos Italienpolitik und der neuen, wohl im Oktober 951 geschlossenen Ehe mit Adelheid erhob sich Liudolf gegen den Vater und fand breite Unterstützung. Demonstrativ versammelten sich Ottos, offenbar in ihrer Ehre verletzten und um ihren Rang innerhalb des Machtgefüges fürchtenden Widersacher, darunter der Mainzer Erzbischof Friedrich sowie der lothringische Herzog Konrad der Rote (944–953, † 10. August 955), Liudolfs Schwager und Ottos Schwiegersohn, zur Feier des Weihnachtsfestes im thüringischen Saalfeld und damit fernab vom ottonischen Hof. Der bewussten Brüskierung des Herrschers folgte dessen ebenso ostentative Reaktion: Am 7. August 952, dem Jahrestag von Ottos Herrschaftsantritt, präsentierte sich Otto in Augsburg als imperialer König und Schützer der Kirche. Berengar von Ivrea und dessen Sohn Adalbert wurden als Unterkönige von Italien anerkannt, im Gegenzug leisteten beide Otto den Vasalleneid für das italische Königreich. Herzog Heinrich von Bayern wurde durch die Übertragung der von Italien abgetrennten Marken Verona und Aquileia nachdrücklich herausgehoben (Abb. 72).

Seit dem Frühjahr 953 spitzte sich die Lage dramatisch zu und wurde Otto von seinen Widersachern zunehmend in die Defensive gedrängt. Im Februar 954 versuchten schließlich altbekannte äußere Feinde die gespannte Situation zu ihren Gunsten zu nutzen. Die Ungarn fielen ins Reich ein.

Paradoxerweise bewirkte genau das einen Umschwung zugunsten Ottos. Seine Widersacher hatten ihr Heil in einem Pakt mit den ‚heidnischen' Invasoren gesucht und gerieten dadurch in den Verdacht des Landesverrats und somit in die Defensive. Bischöfliche Vermittler verhinderten zudem militärische Auseinandersetzungen zwischen Otto und dessen Bruder Brun auf der einen, Liudolf und Konrad dem Roten auf der anderen Seite. Als sich Liudolfs Verbündete nach und nach dem König unterwarfen, fügte sich schließlich im Dezember 954 auch der Königssohn. Er erlangte die väterliche Huld wieder, nicht aber sein Herzogtum. Schwaben ging an Burkhard, den Onkel der Königin Adelheid, Lothringen blieb Brun von Köln, Ottos jüngstem Bruder, unterstellt, das zwischenzeitlich frei gewordene Erzbistum Mainz übertrug Otto seinem unehelichen Sohn Wilhelm. Erneut sollten traditionelle Herrschaftsmomente – die Vergabe von Schlüsselpositionen des Reiches an Familienmitglieder – künftige Konflikte verhindern. Über die Anhänger der Rebellen entlud sich jedoch ein mehrmonatiges blutiges Strafgericht, das auch vor höchsten geistlichen Würdenträgern wie dem Salzburger Erzbischof oder dem Patriarchen von Aquileia nicht halt machte.

Ein bislang kaum beachtetes, für Ottos Herrschaft aber ein beträchtliches Gefährdungspotential ausmachendes Element der frühen Konflikte stellte offenbar die bisweilen unzureichende oder zu spät erfolgende Information des Königshofes über drohende Gefahren dar. Königspfalzen und königliche Aufenthaltsorte bildeten eine Möglichkeit, den Raum zu erfassen und zuverlässige Nachrichten zu erhalten, eine weitere bestand in der vermehrten Inanspruchnahme des dichtgeknüpften, aus Klöstern, Bischofssitzen und den ihnen zugeordneten Pfarreien bestehenden Netzes. Insbesondere im mitteldeutschen Raum und damit in der ottonischen Kernlandschaft existierte seit der Zeit Heinrichs I. ein engmaschiges und unter Otto I. offenbar gezielt verdichtetes System regelrechter Knotenpunkte, über das der Königshof Anordnungen rasch und zuverlässig weiterleiten und im Gegenzug Nachrichten erhalten konnte.

Schwierigkeiten bereiteten immer wieder auch die Herrschaftsverhältnisse in Sachsen, wo die fehlende königliche Präsenz Probleme der Machtbalance mit sich brachte. Hier hatte Otto bereits zu Beginn seiner Herrschaft Befugnisse an Gero, den Markgrafen der Nordmark, und an Hermann Billung delegiert. Dass das sächsische Herzogtum um 953 erneuert und einer anderen Familie übertragen wurde, deutet letztlich darauf hin, dass Otto einerseits selbstbewusst vom dauerhaften Verbleib des Königtums in seiner Familie ausging, andererseits aber auch durchaus das Gespür dafür besaß, wie sehr seine eigene Position von absolut zuverlässigen Vertrauten abhing, und er auf das Einvernehmen mit den Herzögen angewiesen war.

Erst ab dem Sommer des Jahres 955 kann man von einem wirklichen konsensualen Zusammenwirken der Herrschaftsträger des Reiches sprechen. Am 10. August 955 besiegten Truppen aus allen Teilen des Reiches die Ungarn auf dem Lechfeld. Laut Widukind von Corvey hat das Heer Otto bei der Siegesfeier nicht nur als Vater des Vaterlandes gepriesen, sondern regelrecht zum Kaiser ausgerufen.

Die Erlangung des Kaisertums, die Regelung der Nachfolge und die Gründung des Erzbistums Magdeburg

Mit dem durch die Kooperation der wichtigsten Herrschaftsträger des Reiches errungenen Sieg über die Ungarn hatte Ottos Königtum – nach fast zwanzig Jahren – allgemeine Anerkennung erfahren. Ottos Trachten galt nunmehr der Erlangung des Kaisertums, der Regelung seiner Nachfolge, vor allem aber der Gründung eines Erzbistums in Magdeburg. Konflikte zwischen Papst Johannes XII. mit Berengar und Adalbert, die sich in Italien zwischenzeitlich weitgehend vom Reich emanzipiert hatten, spielten Otto Anfang der 960er Jahre in die Hände. Um einem Hilferuf des Papstes und der oberitalienischen Großen Folge leisten zu können, suchte Otto den Konsens mit den Großen seines nordalpinen Reiches, um seinen gleichnamigen, aus der Ehe mit Adelheid hervorgegangenen Sohn im Mai 961 in Worms zum (Mit-)König wählen zu lassen und damit die Nachfolge vor dem Aufbruch in den Süden sicherzustellen. Die sich zu Pfingsten in Aachen anschließende Salbung des fünfjährigen Otto II. scheint eine glanzvolle Versammlung der wichtigsten Großen des Reiches gewesen zu sein, bei der die ottonische Familie, die Herzöge und die Bischöfe Einmütigkeit demonstrierten. Für die Zeit seines Italienzuges betraute Otto seinen unehelichen Sohn Wilhelm, seit 954 Erzbischof von Mainz, mit der Regentschaft für den minderjährigen Mitkönig. Eine Maßnahme, von der das deutliche Signal ausging, dass Otto nunmehr gewillt war, Konflikte möglichst im Konsens zu lösen, denn obwohl Otto seinen Sohn zum Erzbischof von Mainz erhoben hatte, hatte dieser ihm lange Zeit Probleme bereitet: Wilhelm war neben dem Halberstädter Bischof Bernhard (923–968) derjenige, der am nachhaltigsten gegen Ottos Absicht, in Magdeburg ein Erzbistum zu errichten, opponiert hatte. Das Vorhaben konnte erst 967/968 verwirklicht werden, weil – und daran lässt sich ablesen, wie sehr der König auf deren Konsens angewiesen war – er den Widerstand Bernhards von Halberstadt und Wilhelms von Mainz nicht überwinden konnte, sondern gezwungen war, deren Tod abzuwarten.

Nur vereinzelt ist Ottos Verhältnis zu den Bischöfen angeklungen, das eine gänzlich eigenständige Betrachtung verdient hätte, ergeben sich hier doch markante Veränderungen gegenüber der Auffassung der älteren Forschung, die als Reaktion auf die frühen Konflikte eine verstärkte Hinwendung Ottos zur Kirche und insbesondere eine systematische Besetzung der bischöflichen Ämter mit Personen seines Vertrauens beobachtet haben wollte. Vor allem Ottos Bruder Brun, der seit 953 das Amt des Erzbischofs von Köln innehatte, soll dort Kleriker sorgsam auf ihre spätere Tätigkeit als Reichsbischöfe vorbereitet und damit für Otto ein regelrechtes Personalreservoire vorgehalten haben. Die neuere Forschung urteilt hier deutlich zurückhaltender: Die Besetzung bischöflicher Ämter wurde zumeist von mehreren Gruppierungen beeinflusst und stand keineswegs allein dem König zu. Auch blieben die bisherigen Bindungen und Loyalitäten eines neuen Bischofs gegenüber seiner Familie bestehen und wirkten weiter. Und schließlich waren kirchliche Würdenträger durch das Kirchenrecht in besonderem Maße geschützt und dem königlichen Einfluss

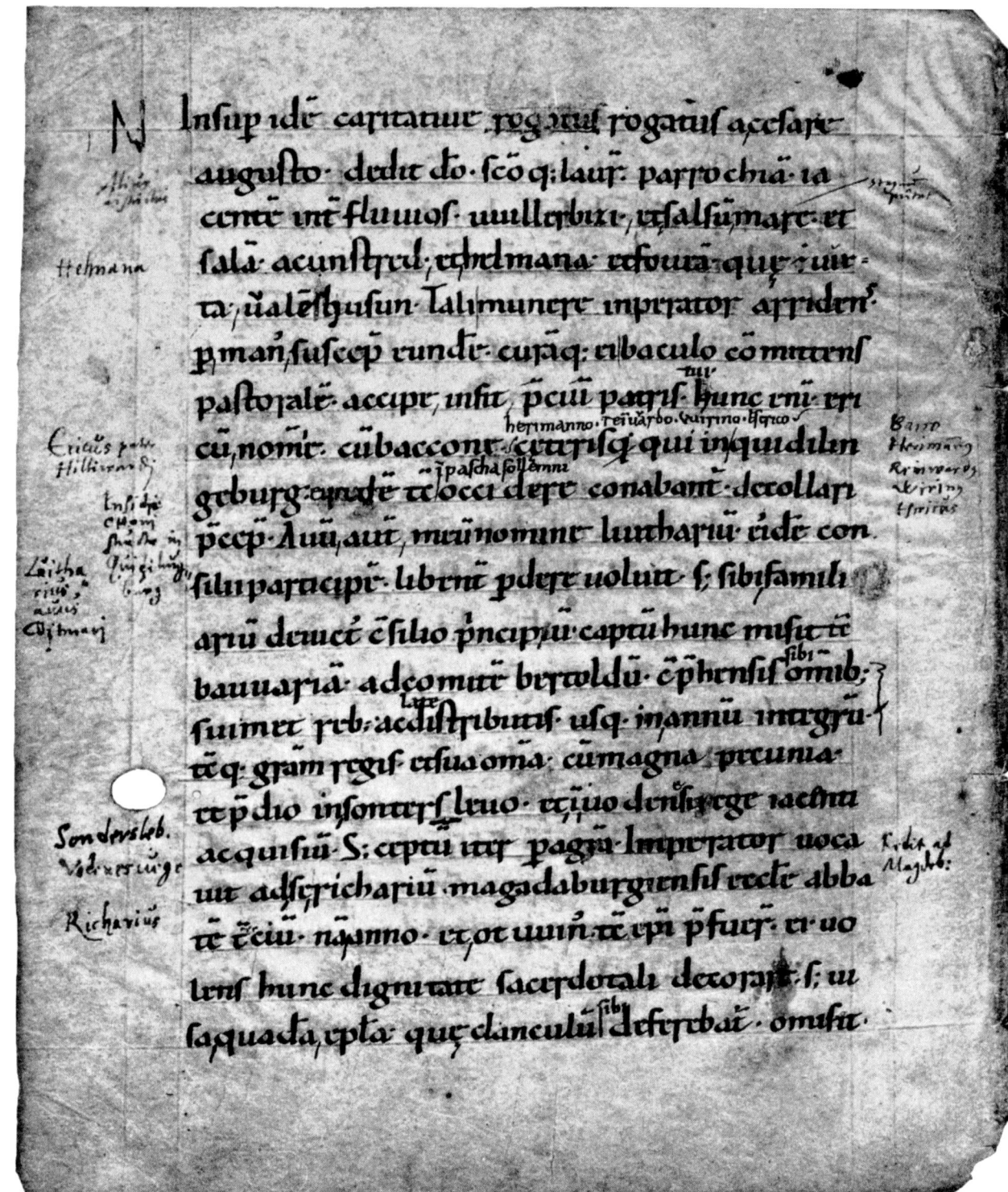

72   Thietmar von Merseburg. Dresden, Sächsische Landesbibliothek, Msc. Dresd. R 147, fol. 23v

weitgehend entzogen, weshalb sie nur bedingt ein durch Otto gegen die herzoglichen Mittelgewalten einsetzbares Instrumentarium darstellten.

Die glänzenden Erfolge im letzten Drittel seines Lebens, für die das eingangs zitierte Quedlinburger Osterfest exemplarisch stehen kann, sollten nicht darüber hinwegtäuschen, dass Otto zahlreiche Bewährungsproben zu bestehen hatte, ehe er gegen Ende seiner Regierungszeit als „der Große" allseits anerkannt war und seine Herrschaft auf einem breiten und dauerhaften Konsens beruhte. Zugleich wird aus der Retrospektive deutlich, wie sehr das historische Urteil von Zufällen abhängig ist. Wäre Otto in einer der gravierenden Auseinandersetzungen ums Leben gekommen, wäre er wohl als ein Gescheiterter in die Geschichtsbücher eingegangen. So aber ist er bis heute der Große und damit neben Karl dem Großen der einzige Herrscher des mittelalterlichen (deutschen) Reiches, dem dieses Attribut zuteilwurde. Ottos Nachfolge war seit den 960er Jahren geregelt. Sein seit 967 als Mitkaiser fungierender Sohn Otto II. übernahm nach Ottos Tod am 7. Mai 973 die Königswürde. Auch für ihn galt: Mit Herrschaftsantritt werden die Karten neu gemischt.

Quellen
Flodoard von Reims, Annales; Thietmar von Merseburg, Chronik; Widukind von Corvey, Sachsengeschichte.

Literatur
Ausst.-Kat. Magdeburg 2001; Freund 2009; Keller/Althoff 2008; Schneidmüller/Weinfurter 2001. Zum mitteldeutschen Wegenetz: Fütterer 2012 (im Druck). Zur Rolle der Bischöfe: Bode 2011/2012.

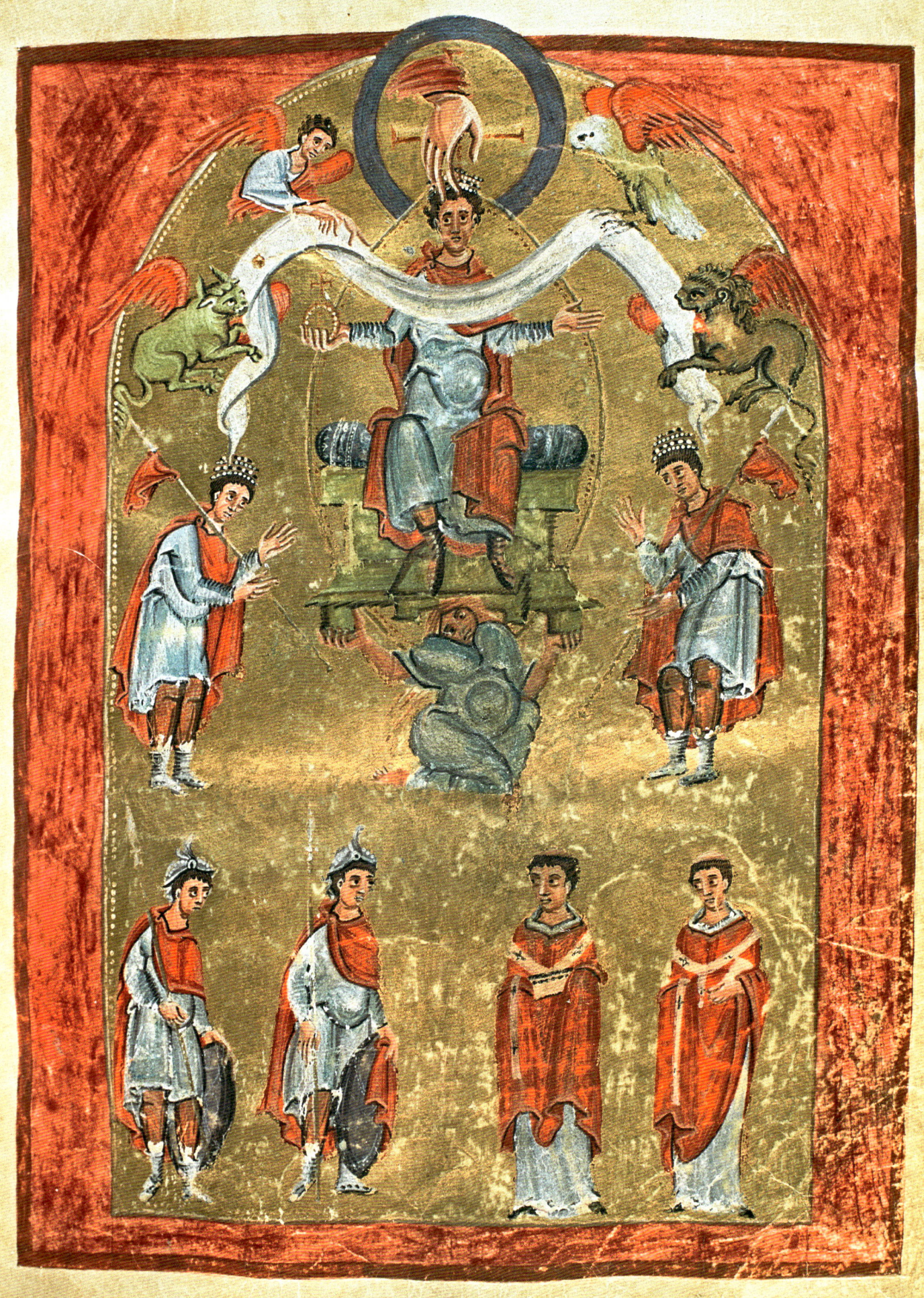

Stefan Weinfurter

Renovatio imperii: Die Romidee Ottos III. und die Folgen

Zu Beginn des Jahres 1001 hielt sich Otto III. (983–1002) in der Stadt Rom auf. Dort stellte er am 23. Januar eine Urkunde für Bischof Bernward von Hildesheim aus (D O III. 390), die schon verschiedentlich die besondere Aufmerksamkeit der Forschung auf sich gelenkt hat. (Abb. 75) Die Eigentümlichkeiten beginnen damit, wie der Kaiser im Eingangsteil (Intitulatio) bezeichnet wird: „Otto III., Römer, Sachse und Italiener, Diener der Apostel, durch Gottes Geschenk erhabener Kaiser im römischen Erdkreis" (*Otto tercius Romanus Saxonicus et Italicus, apostolorum servus, dono dei Romani orbis imperator augustus*). So war niemals zuvor ein Kaiser genannt worden, und auch nachher gab es diese Formel nicht mehr. Das Besondere an ihr: Sie wurde mit ziemlicher Sicherheit vom Kaiser selbst diktiert: „Von unserer eigenen Hand formuliert" (*cartam inde conscriptam nostraque manu non solum literatam* [MGH DD O II/O III, S. 821]), so ist am Schluss der Urkunde vermerkt. Otto III. hat in der Selbstbezeichnung, so dürfen wir annehmen, seine eigene Vorstellung von seinem Kaisertum in Worte gefasst. Er sei „Römer, Sachse und Italiener", denn, so können wir ergänzen, diese Völker gehörten zu seinem Reich. Rom stand dabei an erster Stelle, ganz so, wie dies auch in den bildlichen Herrscherminiaturen aus diesen Jahren zum Ausdruck kommt. Sein Herrschaftsraum wird in der Intitulatio mit *Romanus orbis* umschrieben, dem „römischen Erdkreis". Mit dieser Formel könnte der Bereich der westlichen, also der römischen Kirche benannt worden sein, so wie ein Jahrhundert später Papst Gregor VII. (1073–1085) den von seiner Kirche erfassten Raum als *orbis Romanus* bezeichnet hat. Der von Otto III. zusätzlich eingeschobene Titel „Diener der Apostel" – womit nur Petrus und Paulus gemeint sein können – scheint diese Interpretation zu stützen. So bezeichneten sich sonst die Päpste (*servus servorum Dei*), und mit der Aufnahme dieser „Demuts-Formel" konnte Otto III. seine oberste Autorität in der westlichen Kirche zum Ausdruck bringen.

Aber der *orbis Romanus* knüpfte ebenso an die Tradition des römischen Kaisertums an, allerdings ausgerichtet auf das weströmische Imperium, das mit dem Zuständigkeitsbereich der römischen Kirche zusammenfiel. Dass es daneben einen griechischen Kaiser in Byzanz gab, wurde von Otto III. und seiner Umgebung akzeptiert. Allerdings gibt es deutliche Anzeichen dafür, dass man sich auch als Konkurrenten sah, wenn etwa Gerbert von Aurillac, auf den wir noch näher eingehen werden, geradezu emphatisch formulierte: „Unser, unser ist das römische Kaisertum!" Wer war der wirkliche Kaiser? Diese Frage stand stets latent im Raum, aber sie blieb im Bereich des Unbestimmten.

Kaisertum, Rom und weströmische Kirche bildeten somit die Komponenten des Kaisertitels, den sich Otto III. selbst zulegte. Für dieses Konzept war die Herrschaft über Rom von höchster Bedeutung. Das christlich-weströmische Reich besaß für Otto III. ganz eindeutig in der Stadt Rom seinen Mittelpunkt – auch wenn Aachen, die Pfalz Karls des Großen, und auch Ravenna, der Sitz der byzantinischen Kaisertradition, niemals aus dem Blick gerieten. Diese so dezidierte römische Zentrumsbildung war für das mittelalterliche Kaisertum neu. Noch Otto der Große hatte nach seiner Kaiserkrönung 962 keine Anstalten unternommen, seine Herrschaft dauerhaft in Rom zu installieren. Das gilt ebenso für den Vater Ottos III. Dass dieser, Otto II., am Ende in der Peterskirche in Rom begraben wurde, kann aber schon als ein erstes Signal für ein neues Kaiserverständnis gelten. Dieser Impuls scheint in erheblichem Maße von Theophanu, Ottos III. Mutter, ausgegangen zu sein.

Für den neuartigen und verstärkten Bezug Ottos III. auf Rom kann man eine Reihe von Ursachen anführen. Möglicherweise spielte die Endzeiterwartung um die Jahrtausendwende eine Rolle. In der kirchlichen Ausdeutung der Weltgeschichte war der Zerfall des Römischen Reiches als Anzeichen des bevorstehenden Weltgerichtes aufzufassen. Wollte Otto III. das Ende der Welt aufhalten, indem er das Römische Reich als ein christliches Reich erneuerte? Oder war ihm zumindest daran gele-

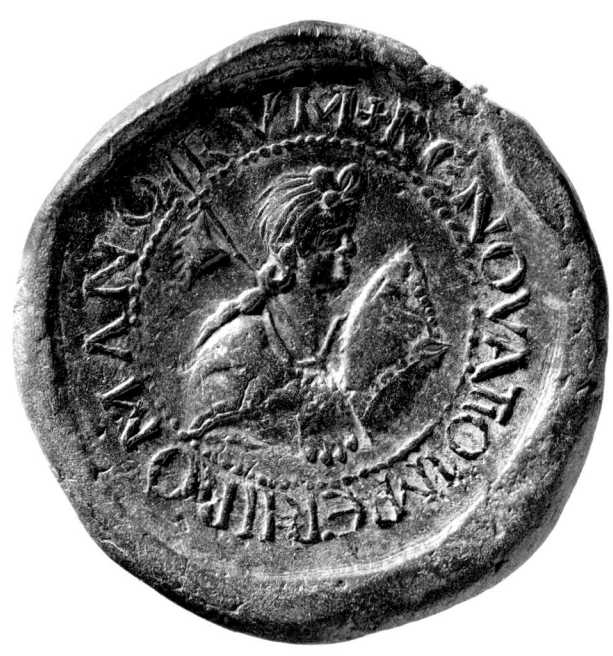

74   Bleibulle Ottos III., München, Bayerisches Hauptstaatsarchiv

gen, die Kirche und damit das Christentum in den bestmöglichen Stand zu versetzen, damit sie vor dem Richter bestehen könnten? Hierüber kann man nur spekulieren – und hierüber ist viel spekuliert worden.

Hingegen kann man die Einflüsse, die auf Otto III. in seiner Kindheit eingewirkt und ihn mit römisch-imperialen Vorstellungen bedient haben, durchaus greifen. Hier ist zuallererst seine Mutter Theophanu zu nennen. Sie hat den kleinen, Ende Juni oder Anfang Juli 980 geborenen Otto III. bis zu ihrem Tod am 15. Juni 991 – wenn auch mit gewissen Unterbrechungen – immer wieder in ihrer engsten Nähe gehalten. Theophanu, die 972 Otto II. heiratete, kam aus dem byzantinischen Kaiserhaus und brachte ein starkes imperiales Selbstverständnis in den Westen mit. Vielfach werden in den Quellen ihre Gelehrsamkeit, ihr „auserlesenes Auftreten" (*egregia conversatio*) und ihr „erhabener Adel" (*inmensa nobilitas*) hervorgehoben. Ihre Art, sich nach mediterraner Sitte zu kleiden und zu schmücken, erregte Aufsehen. Aber auch politisch hat sie sich hervorgetan. In den Jahren 989 und 990 ging sie daran, „ganz Italien dem König zu unterwerfen", wie die Quedlinburger Annalen es formulieren. Hier ist das Konzept einer Herrschaft von Italien aus deutlich zu greifen. In diesem römisch-byzantinischen Ambiente mit Ausrichtung auf Italien ist Otto III., der ganz offenkundig sehr an seiner Mutter hing, aufgewachsen.

Nach Theophanus Tod übernahm die Großmutter, Kaiserin Adelheid († 999), die Erziehung. Auch sie, die einstige Gemahlin Ottos des Großen, darf als herausragende Vertreterin mediterran-kaiserlicher Repräsentation gelten. Sie war in Pavia und Verona am Hof des Königs von Italien aufgewachsen, wo sich in der ersten Hälfte des 10. Jahrhunderts der Anspruch auf das Kaisertum konzentrierte. Mit großem Geschick hat sie später entscheidend dazu beigetragen, dass ihrem kleinen Enkel, Otto III., 984 das Königtum erhalten blieb und dass er am 21. Mai 996 auch in Rom zum Kaiser gekrönt wurde. Artig bedankte sich der noch nicht ganz Sechzehnjährige in einem Brief bei seiner Großmutter dafür, dass sie ihm zur Kaiserwürde verholfen habe (D O III 196). Zwei Frauen, Mutter und Großmutter, haben also in außergewöhnlicher Weise das imperiale Selbstverständnis des jungen Ottonen geprägt und gefördert, und die beiden haben ihm – davon muss man ausgehen – frühzeitig den Blick für die mediterran-römische Tradition geöffnet.

Daneben kennen wir auch ganz spezielle Erzieher Ottos III., unter ihnen ein sächsischer Graf Hoico, der ihn vermutlich im Waffengebrauch unterwies. Sodann ist Johannes Philagathos zu nennen, ein Grieche aus Kalabrien, der bis 988 ständig am ottonischen Hof weilte. Mit der griechischen Sprache war Otto III. nicht nur durch seine Mutter, sondern auch durch ihre griechische Begleitung vertraut. Besondere Bedeutung als Erzieher erlangte Bischof Bernward von Hildesheim (993–1022). Dieser war zuvor von 980 bis 983 als Notar Kaiser Ottos II. tätig gewesen und hatte in dieser Zeit Italien und die römischen Bauwerke kennen und schätzen gelernt. Als Bischof sollte er sich später um die Ausschmückung seiner Kirche mit antiken Kunstwerken bemühen. Im Jahre 987, so berichtet seine von Thangmar verfasste Vita (cap. 2), habe ihm die Kaiserin den siebenjährigen Otto „zum Unterricht in den Wissenschaften" anvertraut, und Bernward, so heißt es weiter, habe diese Aufgabe in vortrefflicher Weise erfüllt. Otto III. selbst nannte ihn später den „ersten Gefährten unserer Kindheit, getreuen Zeugen unseres frühen und steten Bemühens und überaus liebenswürdigen Lehrer in vielfältiger Unterweisung" (D O III, 390). Erneut dürften Italien und Rom dabei eine Rolle gespielt haben.

Der ganz große Lehrer Ottos III. aber war Gerbert von Aurillac, der spätere Papst Silvester II. (999–1003). Ihn lernte Otto III. kennen, als er schon Kaiser war, nämlich bei seinem ersten Romaufenthalt im Jahre 996. Damals hatte sich Gerbert wegen des Bischof-Schismas in Reims, in das er selbst verwickelt war, zu verteidigen. Seine brillante Rhetorik, seine Bildung und sein Auftreten haben den jungen Kaiser in Rom zutiefst beeindruckt. Er nahm ihn im darauffolgenden Jahr, 997, als politischen Ratgeber und geistigen Austauschpartner an seinen Hof – und wurde fortan von ihm in höchstem Maße beeinflusst. Gerbert darf als der bedeutendste Gelehrte um die Jahrtausendwende gelten. Seine Ausbildung hatte er in Katalonien, in Reims und an den Schulen von Sevilla und Córdoba erhalten. Er war in allen Wissenschaften der Artes liberales kundig, beherrschte mehrere Sprachen, war bewandert in den antiken Schriften und schätzte insbesondere die griechisch-byzantinische Kultur. Mit seiner Hilfe wollte sich Otto III. „die feinsinnige Gelehrsamkeit der Griechen" (*Grecisca subtilitas*) aneignen, in die Arithmetik des Boethius eingeführt werden und am Rechenbrett (*abacus*) Unterricht erhalten. Mit Gerbert wurde seit 997 die Ausrichtung des jungen Kaisers auf römisch-byzantinische Herrschaftsideen ganz erheblich intensiviert. Berühmt ist das Vorwort des Gelehrten, das er 997/998 in seiner philosophischen Schrift *De rationali et ratione uti* dem jungen Kaiser widmete. Er versicherte ihm, dass sich nicht nur Griechenland der philosophischen Weisheit seiner Kaiser und der römischen Macht rühmen dürfe, sondern dass Otto III. diese noch überrage. „Unser bist du, Cäsar, Imperator der Römer und Augustus. Aus edelstem griechischen Blut entsprossen, übertriffst du die Griechen an Macht, gebietest den Römern kraft Erbrechts und stehst über beiden an Geist und Beredsamkeit." Und er fügte die eingangs erwähnten Worte hinzu: „Unser, unser ist das römische Kaisertum" (*nostrum, nostrum est Romanum imperium*).

Derartige programmatische Impulse imperialer Einzigartigkeit bestimmten in den nächsten Jahren den Ton am ottonischen Hof. Zum Kreis derer, die das römische Kaisertum als Vorbild für Otto III. propagierten, gehörte der Italiener Leo. Von 998 bis 1026 war er Bischof von Vercelli. Leo ragte durch seine umfassende Bildung in den klassisch-antiken Werken, durch seine Rednergabe und seine Rechtskenntnisse heraus. Seit 996 gehörte er der Hofkapelle an und bis 998 befand er sich in unmittelbarer Nähe zum Kaiser. Noch vor seiner Bischofszeit verfasste er im März oder April 998 ein beeindruckendes Huldigungsgedicht auf Otto III., das mit Neumen versehen und für den Vortrag am Hof gedacht war. Im Refrain dieses Gedichts heißt es: „Christus, nimm unser Bitten auf und blicke auf dein Rom! Erneuere gnädig die Römer und entfache die Kräfte Roms! Möge sich Rom erheben unter dem Kaisertum des dritten Otto!" (*Christe, preces intellege, Romam tuam respice, / Romanos pie renova, vires Rome excita. / Surgat Roma imperio sub Ottone tertio.*)

Renova! Damit war das Erneuerungsprogramm ausgesprochen, die *renovatio* des römischen Kaisertums. Auch in den ersten Strophen des Gedichtes treffen wir auf die Wörter *restaurare* und *reparare* als Leitbegriffe. Man wird beachten müssen, dass Leo in dieser Zeit der Leiter der Hofbibliothek war und dass er in dieser Eigenschaft die antiken Autoren auch dem Kaiser selbst verfügbar machte. Ein in Bamberg überliefertes Bücherverzeichnis Ottos III. gibt Auskunft darüber, dass sich darunter Werke von Orosius, Persius, Livius und anderen befunden haben. (Abb. 76) Auch mit Gedichten des Grammatikers Eugenius Vulgarius aus Neapel hat sich Leo eingehend beschäftigt. Dieser hatte bereits zu Anfang des 10. Jahrhunderts den Gedanken einer Erneuerung der römischen Macht und Herrlichkeit propagiert. Rom sei „das Haupt der Welt und

der Dinge höchste Gewalt" (*Roma caput mundi, rerum suprema potestas*), so heißt es bei ihm. In einem Gedicht (*Pyramida*), das dem byzantinischen Basileus Leo VI. (886–912) gewidmet war, heißt es gar, der Kaiser müsse wieder die Weltherrschaft in einer Fürsten- und Völkerfamilie erlangen. Dass sich nun Leo von Vercelli in diese Texte vertiefte, zeigt uns, dass man auch im Umfeld des Kaisers so dachte.

In diesen Jahren 997/998 verdichtete sich auf der Grundlage aller dieser Einflüsse und Entwicklungen in geradezu rasanter Weise die Idee der „Erneuerung des römischen Kaisertums", das Programm der *Renovatio imperii Romanorum*. Diese Vorstellung drückte sich auch in neuen Symbolen aus. Im Oktober 997 entschloss man sich am Hof, ein neues Kaisersiegel zu entwerfen. Das traditionelle, unter Kaiser Otto dem Großen eingeführte Kaisersiegel bildete noch den Herrscher als Halbfigur ab (Kat.-Nr. V.14). Unter Otto III. entstand 996, unmittelbar

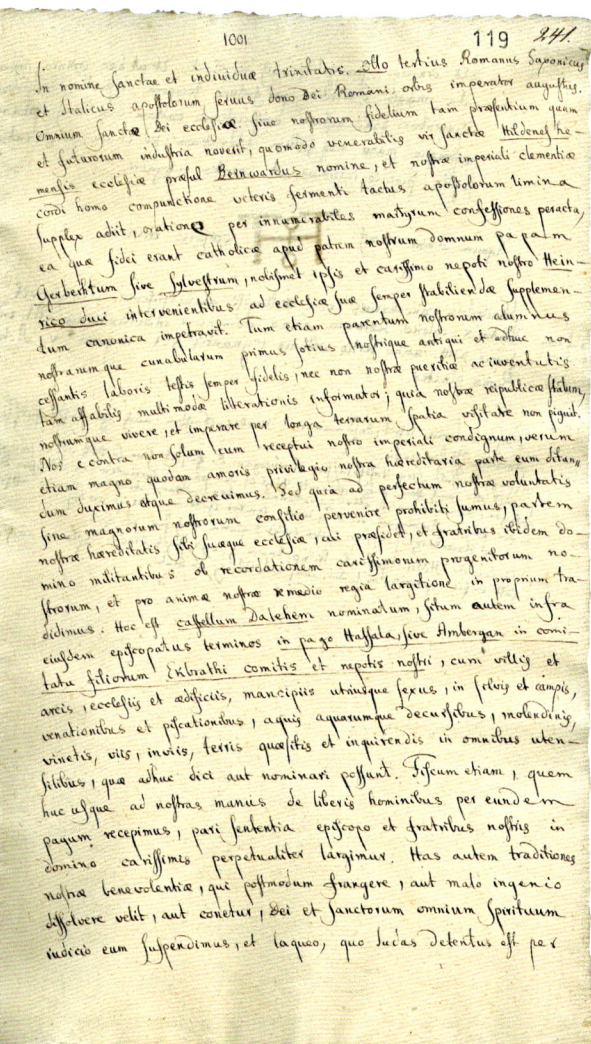

75 Urkunde 23.01.1001 in einer Abschrift. Das Original ging im zweiten Weltkrieg verloren. Wolfenbüttel, Niedersächsisches Landesarchiv

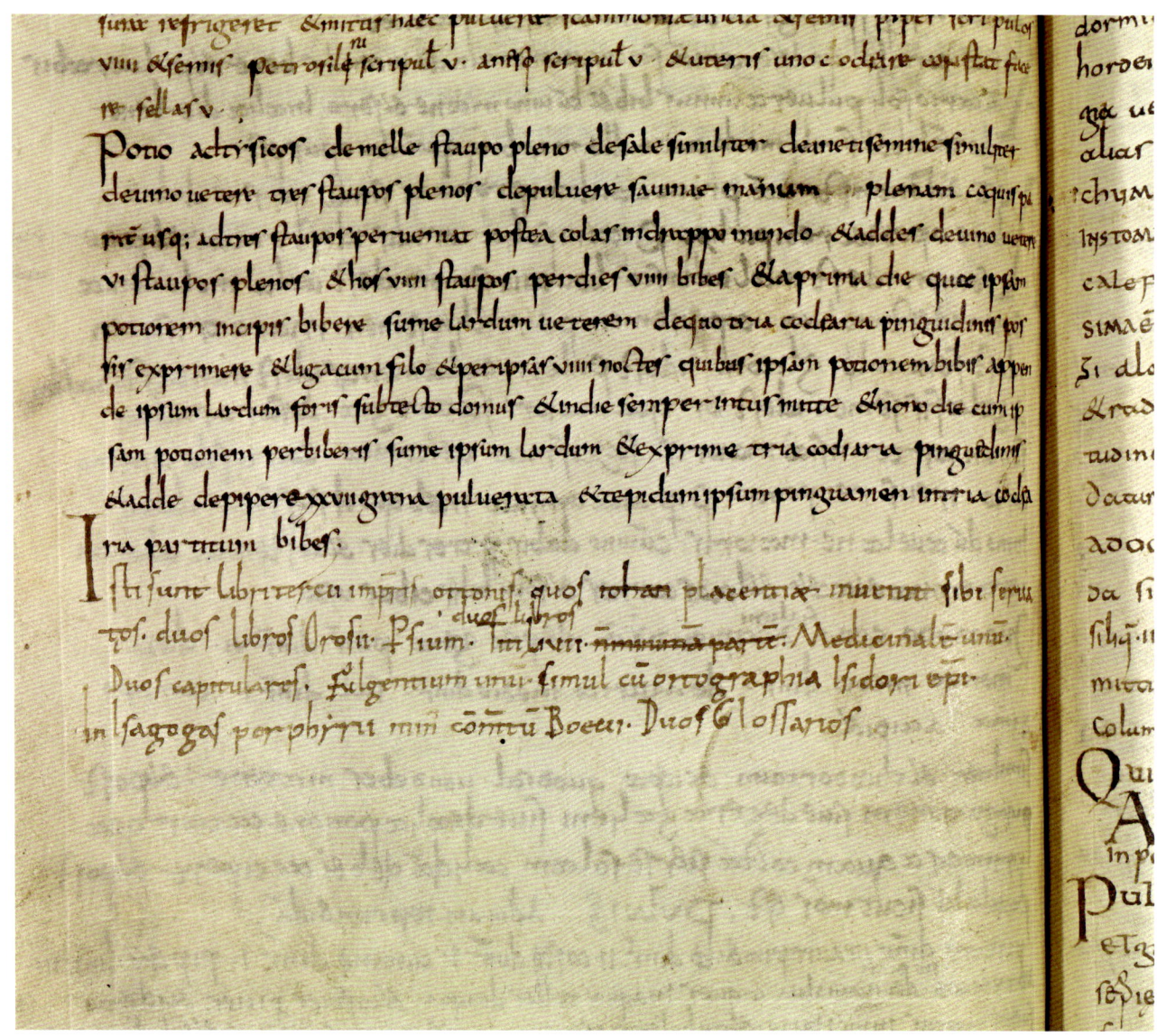

76   Bücherverzeichnis der Bibliothek Ottos III. Bamberg, Staatsbibliothek, Msc. Med. 1, fol. 42v

nach der Kaiserkrönung, ein Siegel mit ganzfiguriger Darstellung, das die römisch-imperiale Würde betonen sollte (Kat.-Nr. V.67). Nun aber, ein Jahr später, wurde das „Majestätssiegel" bzw. „Thronsiegel" eingeführt (Kat.-Nr. V.68). Es zeigt den Herrscher majestätisch auf einem breiten Thron sitzend und mit erhobenen Armen ein Stabszepter und einen mit einem Kreuz versehenen Globus (Sphaira) haltend. Auf dem Haupt trägt er eine Plattenkrone. Das war ein eindrucksvolles Zeichen imperialer Hoheit, das auch in die Buchmalerei übernommen wurde. Hier ging man um die Jahrtausendwende sogar soweit, dass man im Aachener Evangeliar Otto III. wie den Himmelskönig auf einem Thron darstellte, der von der Mutter Erde getragen wurde (Abb. 73). Der Thron wurde zum Weltenthron eines christlich-römischen Weltkaisertums.

Alle diese Entwicklungen müssen wir im Blick behalten, wenn es um die umstürzenden Ereignisse des Jahres 998 geht. Die Römer hatten sich in der Zwischenzeit der Herrschaft aus dem Norden entledigt, indem sie den 996 von Otto III. eingesetzten Papst Gregor V. vertrieben. Der frühere römische Präfekt Crescentius übernahm wieder die Zügel der Macht. Außerdem lief Johannes Philagathos, einer der früheren Erzieher Ottos III., zu ihm über und ließ sich als Johannes XVI. zum Gegenpapst erheben. Wutentbrannt zog Otto Ende 997 mit einem großen Heer über die Alpen, um Rache zu nehmen. Im Februar 998 wurde Rom eingenommen. Dem auf der Flucht aufgegriffenen Gegenpapst wurden Nase und Ohren abgeschnitten, dann wurde er nackt auf einem Esel durch die Stadt getrieben. Der römische Präfekt schließlich, den man am 28. April 998 ergreifen konnte, wurde noch am selben Tag mit zwölf Gefährten geköpft, sein Leichnam wurde von der Engelsburg herabgeworfen und schließlich auf einem Kreuz auf dem Monte Mario aufgehängt.

Das waren Demonstrationen kaiserlicher Autorität. Jede Auflehnung gegen sie wurde als Majestätsverbrechen geahndet. Der Gegenpapst hatte zudem eine Spaltung der Christenheit verursacht und damit die Kirche in Gefahr gebracht. Das Seelenheil der Menschen stand auf dem Spiel. Auch dies erforderte unerbittliches Durchgreifen des Kaisers. Von nun an gab es keinen Zweifel mehr: Otto III. musste fortan in Rom persönlich Präsenz zeigen. Wie die byzantinischen Kaiser und die Päpste ließ er seit dem 22. April 998 für seine Urkunden nur noch Bleibullen verwenden (Kat.-Nr. V.69). Das Haupt des Kaisers erscheint darauf wie ein Kaiserkopf auf antiken Gemmen. Die Umschrift lautet: OTTO IMPERATOR AUGUSTUS. Auf der Rückseite der neuen Bleisiegel wurde das Bild der Waffen tragenden *Roma* mit Krone, Schild und Fahnenlanze aufgebracht. Es stellt die allegorische Figur der Macht dar. Darum herum aber prangte die neue Devise: RENOVATIO IMPERII ROMANORUM, „Erneuerung des römischen Kaisertums" (Abb. 74). Die am ottonischen Hof vorbereitete Idee war damit in die politische Symbolik umgesetzt worden. Von nun an sollte die Erneuerung Roms planmäßig vorangetrieben und gesichert werden. Dass die Kaiserbulle Anfang 1001 durch eine neue ersetzt wurde, auf der über Ottos Kopf die Worte AUREA ROMA eingeprägt waren, ist keineswegs als Abkehr von der „Renovatio" zu verstehen, eher als eine programmatische Verkürzung dieser Formel.

Zu diesem Programm gehörte, dass Otto III. auf dem Palatin, also auf dem alten Kaiserhügel, einen neuen Palast errichten ließ. Außerdem zogen byzantinische Sitten am Hof ein. Byzantinische Amtstitel wurden eingeführt. Der Kanzler hieß fortan Logothet oder Archilogothet. Ein anderer Amtsträger wurde Protospatar genannt. Auch altrömische Titel tauchen auf, *magister palatii, magister militum, praefectus navalis* oder *patricius*. Auch das Hofzeremoniell wurde angepasst. „Unmögliches" habe Otto III. im Sinn gehabt, um „die Stärke des römischen Imperiums wieder zur Macht der alten Könige emporzuheben", so erfahren wir noch nach Jahren aus der Bischofsgeschichte von Cambrai. Und der Chronist Thietmar von Merseburg schildert zwei Jahrzehnte später, Otto III. habe die alten Sitten der Römer erneuern wollen. So habe er allein an einem halbkreisförmigen, erhöhten Tisch getafelt, ganz so, wie im byzantinischen Kaiserzeremoniell üblich. Das gefiel den Sachsen und den anderen Großen des Reiches gar nicht, die daran gewohnt waren, mit dem Herrscher gemeinsam in der Königshalle zu tafeln. Die Distanz des Kaisers zum Adel, die der jugendliche Herrscher zelebrierte, irritierte sie.

Aber Otto III. setzte seinen imperialen Kurs unbeirrt fort – auch weiterhin ganz unter dem Vorzeichen des Beschützers von Kirche und Christentum. Die innere Kraft für die Erneuerungsbewegung strömte aus der Überzeugung, der römischen Kirche ein Weltreich zu schaffen und zu sichern. Dies zeigt sich besonders eindrucksvoll an seiner Gnesenfahrt im Jahre 1000. Dort lag der Märtyrer Adalbert begraben, der am 23. April 997 bei seinen Missionsbemühungen von den Pruzzen erschlagen worden war. Otto bewunderte diesen neuen, weithin verehrten Heiligen, den er in Rom kennen gelernt hatte. Von ihm war er einst in den Regeln der christlichen Demut unterrichtet worden. Der gute Christ, so lautete die Botschaft Adalberts, müsse sich als *servus dei* sehen, als „Knecht Gottes". Ende 999 brach Otto III. auf, um dessen Grab in Gnesen zu besuchen, um dort zu beten – und gewiss auch, um im Jahre 1000 durch die Nähe zu diesem bedeutenden Heiligen seine Heilsgewissheit zu stärken.

Damit verbunden war freilich nicht weniger eine politische Demonstration. Das polnische Volk war zum römischen Christentum übergegangen, der polnische Fürst Bolesław Chrobry war in die Reihe der königsgleichen Häupter der Christenheit aufgestiegen. Damit hatte er sich in den Zuständigkeitsbereich des Kaisers der westlich-römischen Christenheit begeben. Diese neue Zuordnung musste in rituellen und zeremonialen Vorgängen demonstriert und geregelt werden. In diesem Sinne sind die folgenden Vorgänge zu verstehen.

Nackten Fußes – wie ein Büßer – habe Otto die Stadt betreten. Der Herrscher von Polen geleitete ihn zum Grab Adalberts, wo sich der Kaiser dem Gebet und den Tränen hingab. „Hier", so Thietmar von Merseburg, „bat Otto III. unter Tränen den Märtyrer Christi um seine Fürbitte zur Erlangung der Gnade Christi. Dann errichtete er dort unverzüglich ein Erzbistum." Diesem Erzbistum Gnesen unterstellte Otto III. die Bischöfe von Posen, Kolberg, Krakau und Breslau. Außerdem bestimmte er Gaudentius, den Bruder Adalberts, zum Erzbischof und setzte Bolesław Chrobry seine eigene Kaiserkrone auf das Haupt. Dabei nannte er ihn „Bruder und Mitarbeiter des Reiches" und „Freund und Bundesgenossen des römischen Volkes". Möglicherweise wurde der Polenherrscher von Otto III. auch noch zum König erhoben. Damit war der neue Christenfürst in die Familie der Könige aufgenommen worden, die sich unter dem christlichen Kaisertum versammelten.

Bolesław überließ daraufhin dem Kaiser gnädig einen Arm Adalberts, den dieser freudig in Empfang nahm und über die Provinzen seines Reiches verteilte: nach Magdeburg, Aachen, auf die Reichenau, nach Ravenna, Cicerara bei Subiaco und in die Bartholomäuskirche auf der Tiberinsel in Rom. Ottos Imperium wurde in einen Mantel aus Adalberts-Reliquien gehüllt, so könnte man diesen Vorgang umschreiben. „Knecht Jesu Christi" nannte sich der Kaiser, als er nach Gnesen aufbrach, „Knecht der Apostel", als er von dort zurückkehrte. Auf diese Weise brachte er zum Ausdruck, dass er die Weisungen des heiligen Adalbert zu erfüllen gedachte.

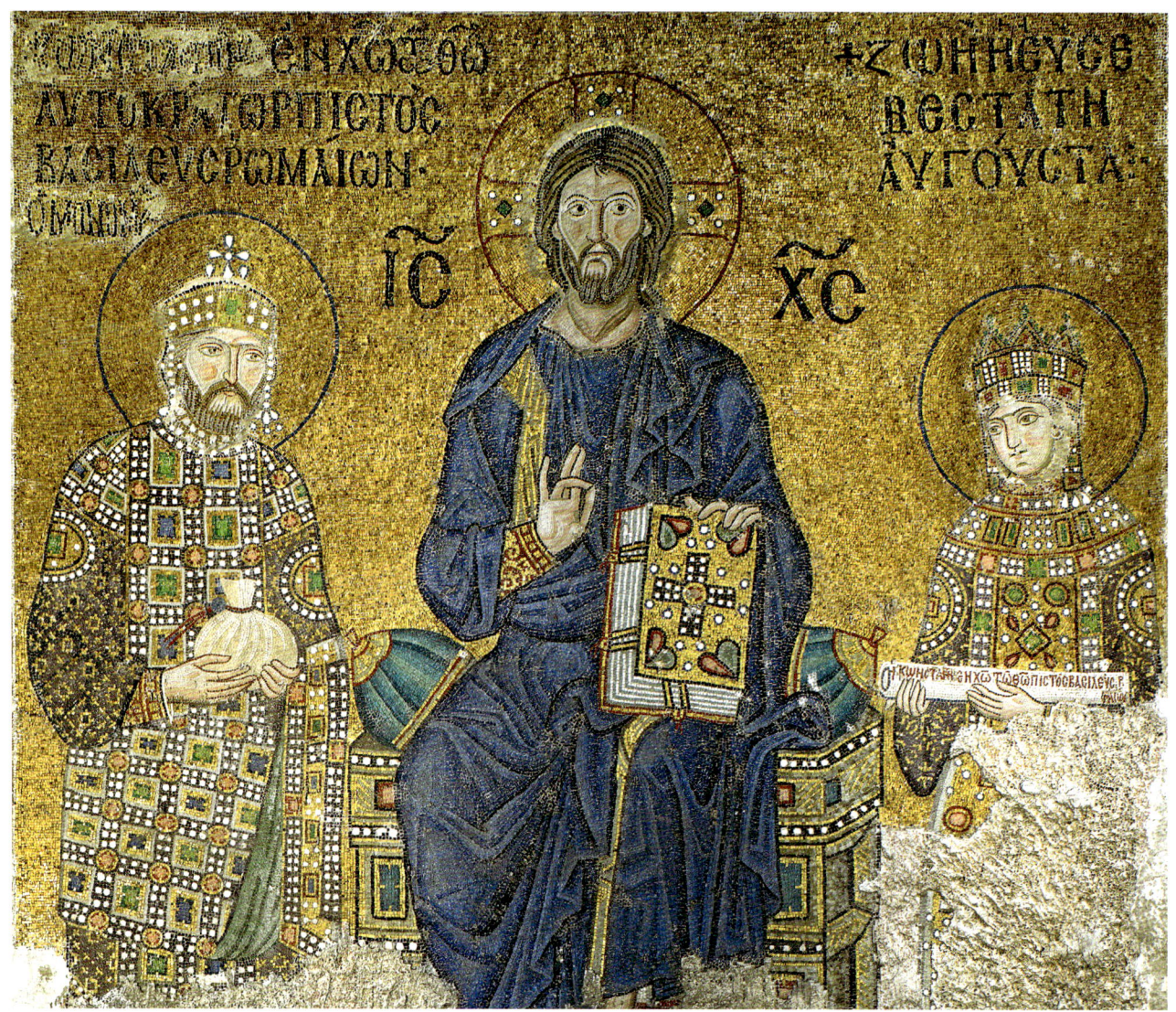

77   Christus, Konstantin IX. Monomachos und Zoe. Mosaik, nach 1028. Istanbul, Hagia Sophia

Der Rückweg aus Gnesen führte Otto in Begleitung Bolesławs nach Aachen. Dort ließ der Kaiser zu Pfingsten des Jahres 1000 nach dem vergessenen Grab Karls des Großen suchen und öffnete es mit der in solchen Fällen üblichen und gebotenen Heimlichkeit. Einem Augenzeugenbericht zufolge entnahm er dem Grab Fingernägel und einen Zahn des toten Kaisers. Diese auf den ersten Blick bizarre Nachricht lässt erkennen, dass der Kaiser seinen Amtsvorgänger Karl den Großen wie einen Heiligen verehrte. Von ihm nahm er auf diese Weise Reliquien an sich und hat wahrscheinlich die Heiligenverehrung Karls des Großen vorbereiten wollen – die dann aber erst 1165 unter Friedrich Barbarossa verwirklicht wurde.

Im Sommer des Jahres 1000 kehrte Otto III. mit nur noch geringem militärischem Gefolge nach Rom zurück. Dort hatte er 999 seinen geistigen Mentor, Gerbert von Aurillac, nach dem Tod Gregors V. zum Papst erhoben. Gerbert nannte sich Silvester II. (999–1003). Dieser Name bezog sich auf Papst Silvester I., dem Kaiser Konstantin einst die Herrschaft über Rom geschenkt hatte. Die Konstantinische Schenkung wollte Otto III. aber nicht bestätigen. Vielmehr übertrug er Anfang 1001 dem Papst acht Grafschaften im Exarchat von Ravenna (D O III, 389). Er wollte mit eigenen Schenkungen ein zweiter Konstantin sein.

Dann kam die Wende. Im Februar 1001 erhoben sich die Römer zu einem gewaltigen Aufstand. Otto III. und Silvester II. mussten bei Nacht und Nebel die Stadt verlassen. Damals soll Otto die berühmte – in der Vita Bernwards von Hildesheim überlieferte (cap. 25) – Rede an die Römer gehalten haben: „Seid ihr nicht meine Römer? Euretwegen habe ich mein Vaterland und meine Verwandten verlassen, aus Liebe zu euch habe ich meine Sachsen und alle meine Deutschen, mein eigenes Blut gering geachtet „[...] Euch habe ich an Kindesstatt angenommen, Euch habe ich allen anderen vorgezogen [...] Und dafür habt ihr jetzt euren Vater verstoßen [...]!"

In den nächsten Wochen hielt sich Otto vor allem in Ravenna auf. Er forderte Truppen aus dem Reich an, und Anfang Januar 1002 trafen die ersten bischöflichen Kontingente mit Erzbischof Heribert von Köln beim Kaiser ein. Doch da wurde der Kaiser von schwerer Krankheit niedergeworfen und starb nach wenigen Tagen am 24. Januar 1002, noch keine 22 Jahre alt. Rasch ging das Gerücht um, er sei von Stephania, der Witwe des römischen Stadtherrn Crescentius, den der Kaiser grausam hatte hinrichten lassen, vergiftet worden. Als die Todesnachricht im apulischen Bari eintraf, war gerade eine Prinzessin vom Kaiserhof in Byzanz eingetroffen, die für die Heirat mit Otto III. vorgesehen war – vermutlich die spätere Kaiserin Zoe (Abb. 77). Sogleich schiffte sie sich wieder ein und kehrte in die Heimat zurück. Für Byzanz war hier nichts mehr zu holen.

Ottos III. Kaisertum war über Ansätze nicht hinausgekommen. Wie ein Komet am Himmel verglühte nach kurzem Aufleuchten auch sein imperiales Programm. Aber es ist mehr als fraglich, ob er sich mit seinem Konzept hätte behaupten können. Der Widerstand der Römer war immens. Vor allem hätten die Fürsten im Reich nördlich der Alpen die römische Zentrumsbildung kaum lange mitgetragen. Ein Herrscher, der in Rom residierte, war für viele von ihnen nicht hinnehmbar. Die Kritik an einem Kaiser, der in der Ferne weilt, keimte schon unter Otto dem Großen auf. Damals benutzte der Herzog von Sachsen demonstrativ das Bett des Kaisers in Magdeburg und ließ diese ungeheuerliche Anmaßung dem Kaiser in Italien melden. Dessen Herrschaftsgewalt, so war dieses Zeichen zu deuten, drohte in Gefahr zu geraten, wenn er nicht unverzüg-

lich in den Norden käme und seine Autorität persönlich präsentiere. Das Kaisertum der Ottonen besaß eben noch keine ausreichenden staatlichen Institutionen, um auf die persönliche Präsenz des Herrschers in den weiten Räumen eines Imperiums verzichten zu können. Es gab auch keine Klammer eines einheitlichen Rechts. Nur die Kirche und die Botschaft Christi waren als tragende Basis für eine großräumige Wertegemeinschaft denkbar – aber auch sie nur in Verbindung mit der Präsenz des Herrschers. Genau diesen Weg schlug Heinrich II., der Nachfolger Ottos III., ein. Er reduzierte seinen Herrschaftsraum auf das Reich nördlich der Alpen und setzte das Programm eines persönlichen Vollstreckers der göttlichen Gebote um. Dies förderte eine effiziente Durchdringung seines Reiches – allerdings auf Kosten der Kaiseridee. Er ließ sich zwar 1014 schließlich doch noch zum Kaiser krönen, aber das Kaisertum rückte an den Rand seiner Herrscheridee. Der Wechsel steht im Grunde für den Beginn einer Entwicklung, die über die kommenden Jahrhunderte hin zur „deutschen" Verengung des römischen Kaisertums führen sollte.

Quellen
Annales Quedlinburgensis; Bischofsgeschichte von Cambrai; Eugenius, Pyramida ad Leonem; Gerbert von Aurillac, De rationali et ratione uti; Leo von Vercelli, Huldigungsgedicht; MGH DD O II / O III (DD O III, 196, 390 u. 398); Thangmar, Vita Bernwardi; Thietmar von Merseburg, Chronik (a).

Literatur
Althoff 1996; Ausst.-Kat. Hildesheim 1993; Dormeier 1997; Dormeier 2002; Eickhoff 1999; Erdmann 1943; Fried 1989; Fried 2001; Görich 1993; Görich 1998; Hehl 2012; Hoffmann 1988; Kortüm 1999; Löwe 1963; Schneidmüller/Weinfurter 2000; Schramm 1929; Tellenbach 1982; Weinfurter 2002; Weinfurter 2003.

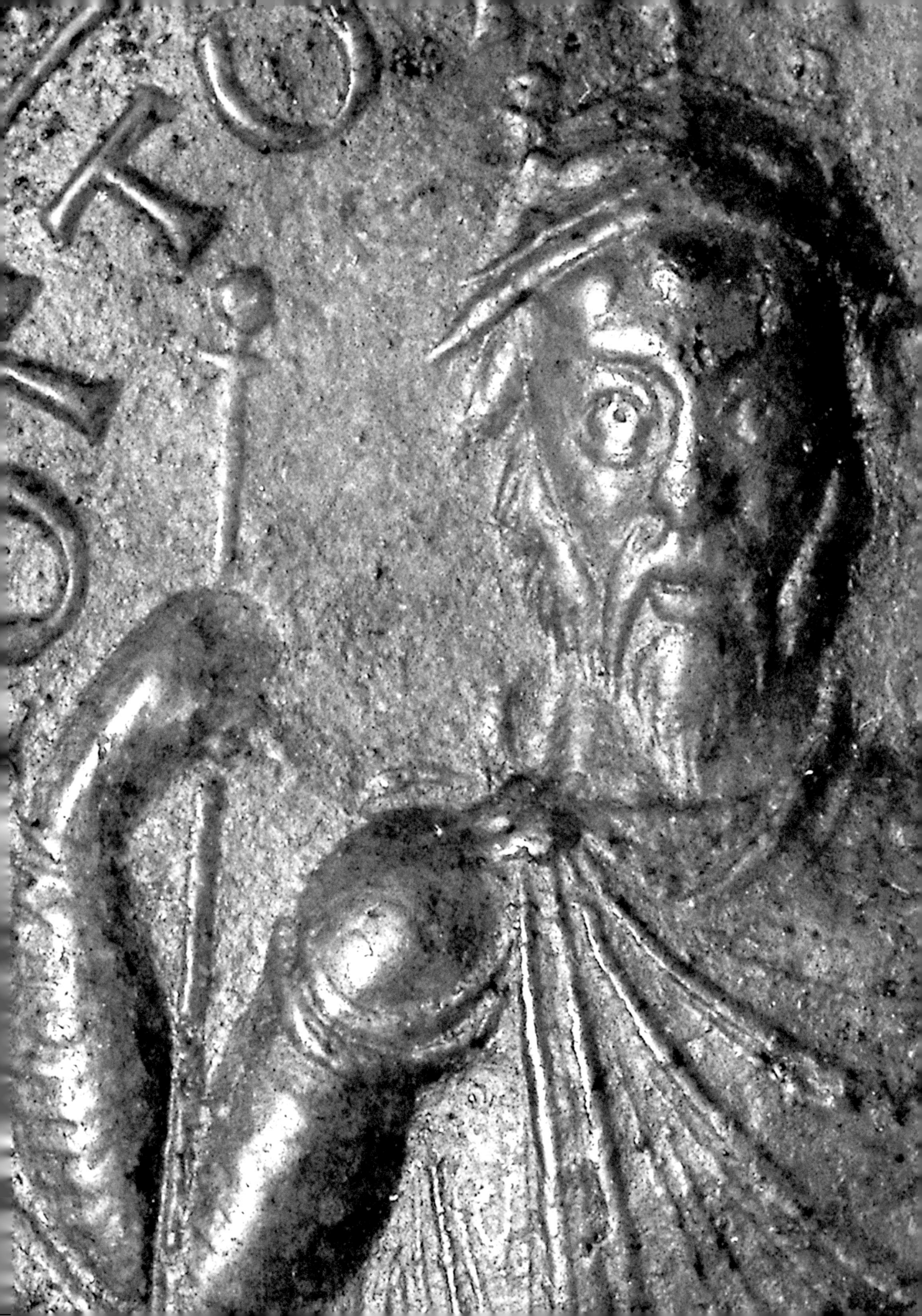

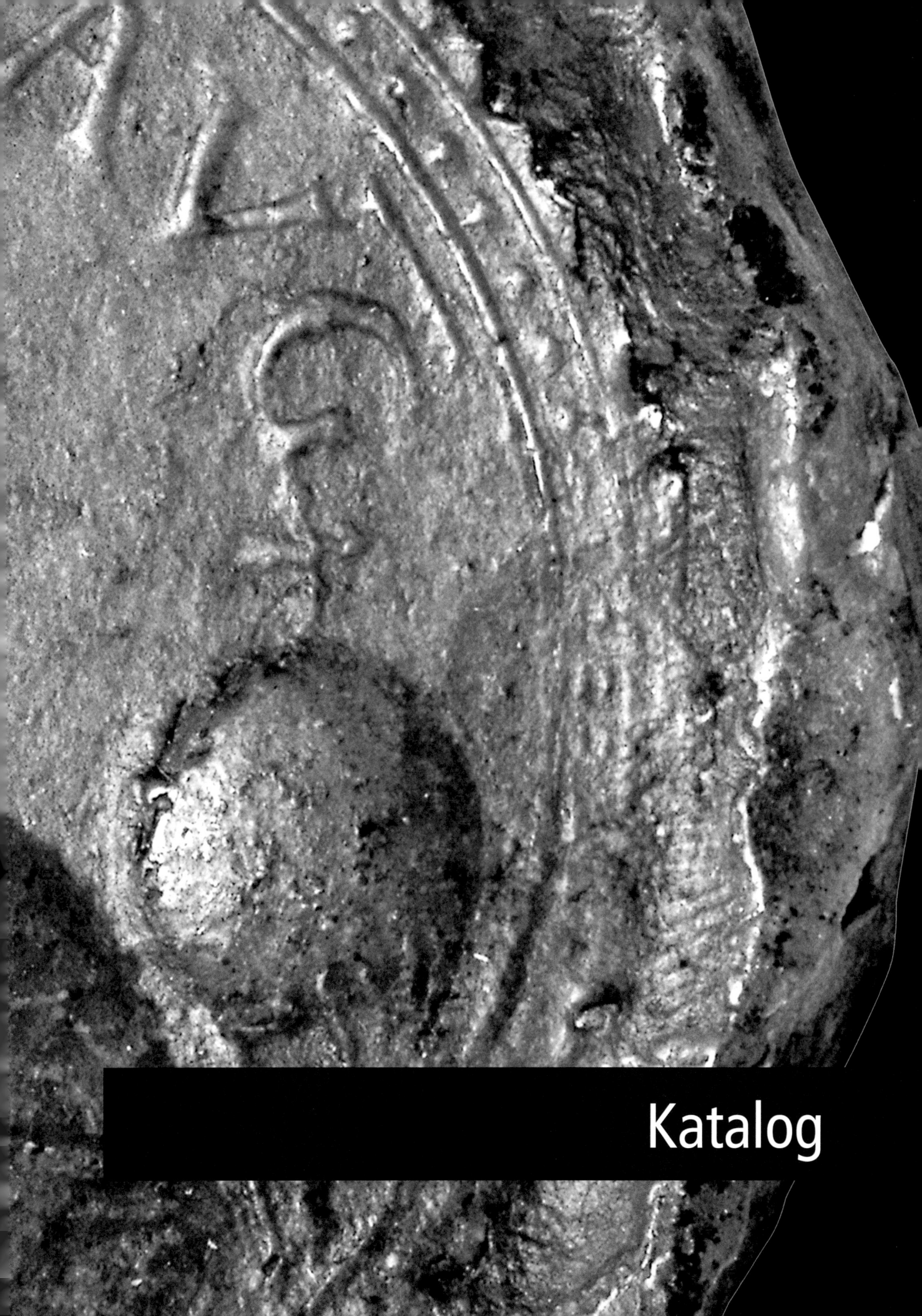

Katalog

V.1

Evangeliar aus Gandersheim

Handschrift: Metz, um 860; Elfenbeintafel:
Metz, 860–870
Metallrahmen: Niedersachsen, 1555
Handschrift: Pergament, 168 Blätter, Deckfarbenmalerei
und Gold; Buchdeckel: Holzplatten, Elfenbein, Silber,
gegossen und vergoldet; Steinschmuck. Mehrere kleinere
Ausbrüche und Risse in den Akanthusranken des
Elfenbeinrahmens. Handschrift: H 31,5 cm, B 23,5 cm;
Elfenbeintafel: H 22 cm, B 15,5 cm
Coburg, Kunstsammlungen der Veste Coburg, Pl. 001

Das Zentrum der Elfenbeintafel nimmt die Darstellung der
Himmelfahrt Christi ein, die innen von einem schmalen Blatt-
fries gerahmt und außen von einer zweiten, breiteren Zierleiste
aus großen Rankenspiralen mit Vögeln umschlossen ist. Christus steht in einer Mandorla, die von zwei Engeln zum Himmel
getragen wird. Seine Arme sind ausgebreitet, der Blick ist auf
die Hand Gottes gerichtet, die über ihm in einem Wolkenband
erscheint. Zu seinen Füßen sind zwei weitere Engel dargestellt.
Sie beugen sich zu Maria und den zwölf Aposteln herab, die
bewegt und mit erstaunten Gesten zum Himmel aufschauen.

Proportionen, Ausdruck und Reliefbehandlung der Figuren,
aber auch die Rankenornamentik des Rahmens mit ihren charakteristischen, scharf gezackten Blattformen verbinden die
Tafel mit den Werken der sogenannten Jüngeren Metzer Elfenbeingruppe, als deren bedeutendste Leistung der berühmte
Elfenbeinthron Karls des Kahlen (875–877) in St. Peter in Rom
gelten darf, der die gleichen klassischen Akanthusranken mit
Tieren und Figuren aufweist. Einen eng verwandten Rahmen
besaß auch eine Kreuzigungstafel in London (Kat.-Nr. IV.45),
die sich im 18. Jahrhundert noch auf dem Vorderdeckel eines
karolingischen Evangeliars der Kathedrale von Verdun befand.
Zwar ist der Rahmen selbst verloren gegangen, doch lassen
eine Reihe von Beschreibungen wie auch eine spätere Kopie
der Tafel seine ursprüngliche Form noch klar erkennen.

Die Coburger Elfenbeintafel ist in den Deckel eines Evangeliars eingelassen, das vermutlich in den Jahren um 860 unter
Erzbischof Adventius von Metz (858–875) geschrieben wurde
– als letztes Werk jenes hoch bedeutenden Skriptoriums, das
Adventius' Vorgänger, Erzbischof Drogo (823–855), für seine
eigenen Repräsentationsansprüche gegründet hatte und das
schon bald nach dem Tod seines wichtigsten Auftraggebers
und Mäzens wieder unterging. Auf dem vorletzten Blatt (fol.
167v) ist im frühen 12. Jahrhundert ein Verzeichnis des Kir-

chenschatzes des Stiftes Gandersheim eingetragen worden,
auf dem letzten Blatt findet sich eine Besitzbestätigung Bischof
Bernwards von Hildesheim (993–1022) für Gandersheim vom
Anfang des 11. Jahrhunderts sowie am unteren Rand der Seite ein Vermerk in angelsächsischer Schrift: + *eadgifu regina
aethelstan rex angulsaxonum et mercianorum* (Königin Eadgifu, Aethelstan, König der Angelsachsen und Mercier).

Der Eintrag bezeugt, dass sich die Handschrift während des
10. Jahrhunderts im Besitz des englischen Königshauses befand, das durch die Heirat Ottos des Großen mit Edgith (* um
910, † 946), einer Halbschwester Aethelstans (924–941), mit
den Ottonen verwandtschaftlich verbunden war. Vermutlich ist
der Codex durch Edgiths Schwester Eadgifu, die Gemahlin König Karls III. von Westfranken (898–929), in den Besitz der Könige von Wessex gelangt. Nach der Gefangennahme Karls im
Jahre 923 durch die Anhänger Rudolfs von Burgund (912–937)
war Eadgifu dazu gezwungen, das Land zu verlassen. Noch im
gleichen Jahre kehrte sie mit ihrem Sohn, Ludwig IV. (900–911),
nach England zurück. Bei dieser Gelegenheit könnte auch das
Evangeliar nach England gekommen sein. Den westfränkischen Karolingern dürfte die Handschrift schon weit früher
zugefallen sein – nämlich als Geschenk Erzbischof Adventius',
der 869 die Krönung Karls des Kahlen in der Kathedrale von
Metz ausrichtete und zu den treuesten Parteigängern Karls im
Streit um die lothringische Königskrone gehörte. Zur Hochzeit
Edgiths gelangte das Evangeliar dann wieder zurück auf den
Kontinent, als Zeichen der Verbundenheit des Hauses Wessex
mit den Ottonen. Aus dem Besitz der ottonischen Familie muss
es dann noch im 10. oder im frühen 11. Jahrhundert nach
Gandersheim geschenkt worden sein, das neben Quedlinburg
und Essen zu den wichtigsten Hausklöstern der Ottonen ge-
hörte.

Bis zur Aufhebung des Konvents im Jahre 1810 befand es
sich im Schatz des Kanonissenstiftes Gandersheim. Aus dem
Besitz der letzten Dechantin, Prinzessin Caroline von Sachsen-
Coburg-Saalfeld († 1829), ging es an das Herzogshaus von
Sachsen-Coburg-Gotha. Seit 1919 Eigentum der Coburger
Landesstiftung.

Michael Peter

Literatur

Ausst.-Kat. Magdeburg 2001, Bd. 2, Nr. III.12 (Hermann Fillitz, Rainer
Kahsnitz); Ehlers 2001, S. 495–497; Goldschmidt 1914/1918, Bd. 1,
Nr. 87; Koehler 1960, S. 163–167; Melzak 1983, S. 47–49, 89–91 u.
212–215; Mütherich 1965, S. 14; Mütherich 1971, S. 267.

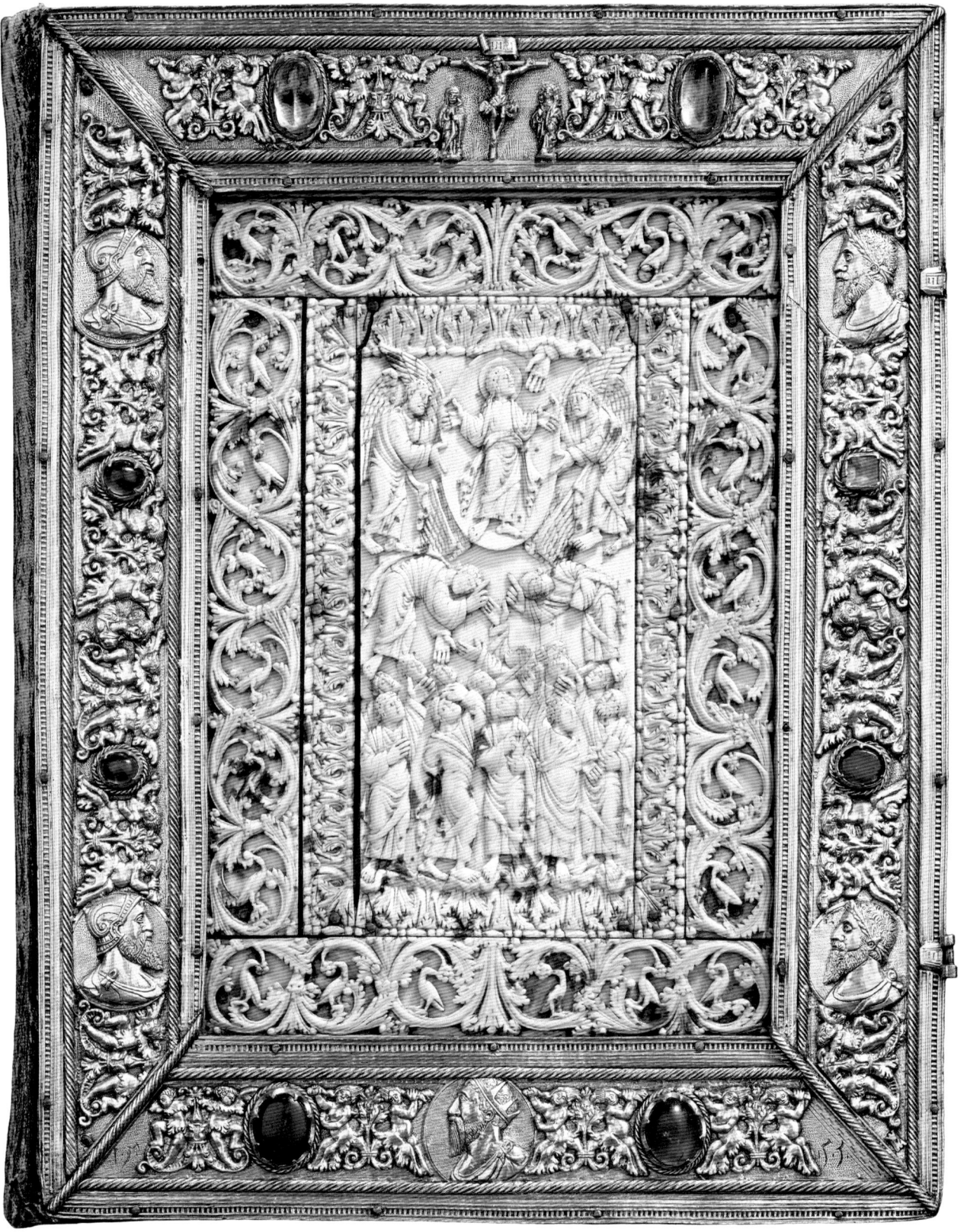

V.1

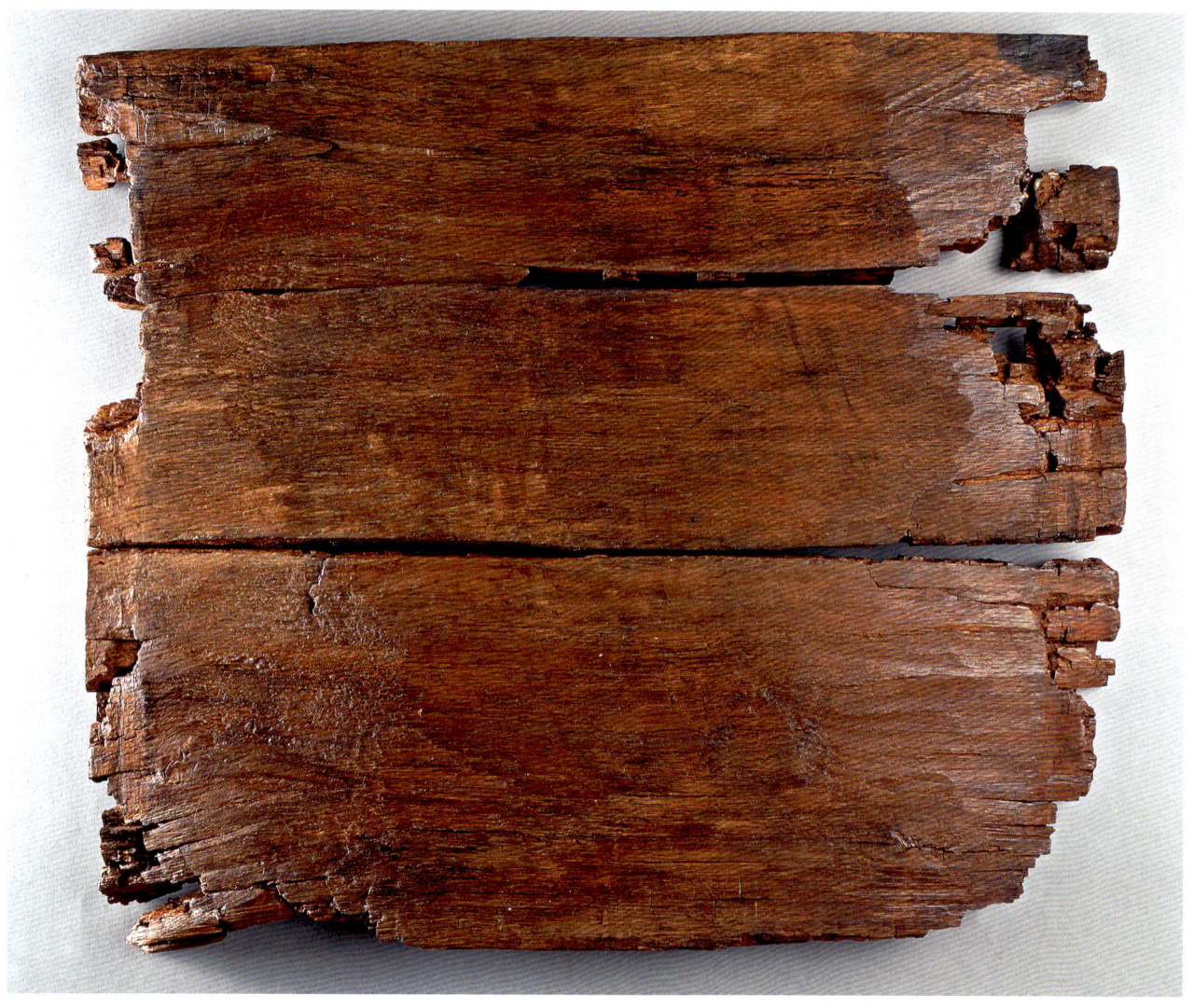

V.2

V.2

Hölzerne Innenkonstruktion des Aachener Throns

Aachen, um 800 (?)
Eichenholz, linke Wange: H ca. 59 cm, B ca. 39 cm;
rechte Wange: H ca. 60 cm, B ca. 39 cm, T 4 cm;
Sitzplatte (zwei Bretter): H ca. 70 cm, B 59,5 cm, T 3,5 cm
Aachen, Domschatzkammer

Die aus zwei Wangenbrettern, einer zweigeteilten Sitzplatte mit Dübelverbindung und einem mittlerweile verloren gegangenem Querbrett, das zur Aussteifung diente, bestehende Holzkonstruktion befand sich bis 1949 im mittelalterlichen Marmorthron auf dem Hochmünster des heutigen Aachener Domes. Die Entnahme des Holzes war notwendig geworden, da durch die 1942 durchgeführte Einmauerung der Thronanla-

ge zum Schutz vor Kriegsschäden das Material einem schädlichen Mikroklima ausgesetzt war, das unter anderem zu einem Pilzbefall und Abbau von Lignin führte. 1999/2000 erfolgte eine konservatorische Behandlung des Holzes und damit verbunden die Einbringung in eine Plexiglas-Rekonstruktion des Marmorthrones. Es wird angenommen, dass auf der hölzernen Innenkonstruktion eine marmorne Sitzplatte lose auflag, die zu Beginn des 19. Jahrhunderts verlorenging.

Dendrochronologische Untersuchungen der Hölzer durch Ernst Hollstein (Trier) und Bernd Becker (Stuttgart-Hohenheim) erbrachten 1967 eine wahrscheinliche Datierung der Bretter in die Zeit um 935 und somit in die Jahre unmittelbar vor der Königskrönung Ottos I. (936–973) in Aachen.

Sowohl frühere dendrochronologische Versuche Hollsteins (Ergebnis um 800), als auch erste AMS-14C-Analysen der 1950er Jahre (Ergebnis 580 ± 75) und jüngere von 1999/2000

(Ergebnis um 800) deuten allerdings darauf hin, dass die Holzkonstruktion älter ist und durchaus aus der Zeit um 800 stammen könnte. In Ermangelung aussagekräftiger karolingischer Schriftquellen wäre dies ein bedeutender Hinweis auf die Entstehung der Thronanlage zur Zeit Karls des Großen (800–814). Eine Überprüfung der dendrochronologischen Ergebnisse der 1960er Jahre war angesichts des Erhaltungszustands der Hölzer in jüngerer Zeit nicht mehr möglich.

Trotz der Frühdatierung des Materials ist ungeklärt, welche Funktion der aus antiken Spolien zusammengestellten Thronanlange anfänglich im Aachener Münster zukam, denn die repräsentative Inszenierung des Sitzes mit erhöhter Aufstellung und vorgelagertem Treppenaufgang widerspricht der einfachen Nutzung als Sitzgelegenheit des Herrschers während der Messfeier. Im Rahmen der zwischen 936 und 1531 in Aachen durchgeführten Königskrönungen kam in der nach sakraler Salbung, Krönung und Übergabe der Insignien durchgeführten Thronsetzung der Anspruch auf die imperiale Herrscherkontinuität zum Ausdruck.

Bisher nicht abschließend geklärt ist auch, ob die Holzkonstruktion allein einen funktionalen Charakter besaß und nur dazu diente, eine Marmorsitzplatte zu tragen, oder ob darüber hinaus die Bretter einen älteren Herrschersitz bilden, der später in den Marmorthron als Symbol eines dynastieübergreifenden Herrschaftsanspruchs inkorporiert wurde.

Lydia Konnegen

Literatur
Appuhn 1962/1963; Buchkremer 1899; Buchkremer 1941; Corsepius 2005; Hugot 1978; Kreusch 1958, S. 85–100; Kreusch 1967; Schramm 1957, S. 42; Schütte 2000; Schütte 2011.

V.3*

Heilige Lanze

Fränkisches Reich, 2. Hälfte 8. Jahrhundert
Stahl, geschmiedet und mit Messing tauschiert, Eisen, Silberdraht, Lederriemen; Silberblech, vergoldet und graviert, Goldblech, graviert. Der hölzerne Lanzenschaft verloren, zahlreiche spätere Ergänzungen und Reparaturen. L 50,7 cm
Inschrift auf vergoldeter Silbermanschette: CLAVVS DOMINICVS + HEINRICVS D(e)I GR(ati)A TERCIVS / ROMANO(rum) / IMPERATOR AVG(ustus) HOC ARGEN/TVM IVSSIT / FABRICARI AD CONFIRMATIONE(m) / CLAVI D(omi)NI ET LANCEE SANCTI MAVRIC/II // SANCTVS MAVRICIVS (Nagel des Herrn + Heinrich von Gottes Gnaden der Dritte, Kaiser der Römer und Augustus, befahl dieses Silber herzustellen zur Befestigung des Nagels des Herrn und der Lanze des heiligen Mauritius

/ Sankt Mauritius); Inschrift auf Goldmanschette: + LANCEA ET CLAVVS DOMINI (Lanze und Nagel des Herrn). Wien, Kunsthistorisches Museum, Weltliche Schatzkammer, XIII,19

Die Lanzenspitze folgt dem Typus einer karolingischen Flügellanze mit langem Stichblatt und weit ausladenden seitlichen Abstandhaltern – den Flügeln –, wie er durch zahlreiche Grabfunde des mittleren und ausgehenden 8. Jahrhunderts bezeugt ist. In der Mitte des Lanzenblattes wurde nachträglich eine längsovale Öffnung ausgestemmt, in die ein Ziernagel aus geschmiedetem Eisen eingepasst ist. Er weist in der Mitte drei knotenförmige Verbreiterungen auf, an denen sich jeweils kleine eintauschierte Messingkreuze befinden, die vielleicht jene Stellen bezeichnen, an denen Teile der Nägel vom Kreuz Christi eingearbeitet wurden. Ähnliche Kreuze sind auch auf den flügelartigen Fortsätzen der Lanzentülle angebracht. Zu beiden Seiten des Blattansatzes sind darüber hinaus flache, schmale Eisenblätter eingefügt, die möglicherweise von einer älteren Lanze stammen. Sie wurden mithilfe von Lederriemen und Silberdrähten an Tülle und Blatt befestigt.

In dieser Form, mit ihren charakteristischen Umarbeitungen und Ergänzungen, ist die Lanze erstmals unter Otto dem Großen (936–973) sicher nachweisbar. In seinem zwischen 958 und 962 verfassten Buch der Vergeltung, der *Antapodosis*, gibt Liutprand von Cremona (*um 920, † 970/972) die älteste und ausführlichste Beschreibung der heiligen Lanze, und es kann kaum ein Zweifel daran sein, dass ihm dabei das heute erhaltene Werk vor Augen stand. Sowohl die nachträglich ausgesparte Öffnung in der Mitte als auch der dort eingesetzte Ziernagel und die tauschierten Kreuze, die Liutprand als Partikel der Kreuznägel Christi ansieht, sind in seinem Bericht genannt. Liutprands Beschreibung steht im Zusammenhang mit der Schilderung der Schlacht bei Birten im Jahre 939, mit der Otto dem Großen ein entscheidender Schlag gegen seine reichsinternen Gegner gelang. Dem Bericht zufolge betete er vor der Schlacht „vor den siegbringenden Nägeln, mit denen die Hände des Herrn und Erlösers Jesus Christus befestigt und die in seine Lanze eingesetzt waren" (Antapodosis IV, 24). Ähnliches vollzog sich wohl auch vor dem Sieg auf dem Lechfeld im Jahre 955, mit dem Otto die einfallenden Ungarn auf Dauer zurückdrängte. Nach Widukind von Corvey trug er dabei die heilige Lanze seinem Heer in der Schlacht voran (Sachsengeschichte III, 46).

Doch war die Lanze wohl schon zuvor in den Besitz des sächsischen Herrscherhauses gekommen. Wenn man verschiedenen älteren Erwähnungen glauben darf, die von einer „sancta lancea" berichten, wurde sie 921 oder 922 von dem langobardischen Grafen Samson als Herrschaftszeichen König Rudolfs II. von Hochburgund (912–937) überreicht, um diesem anstelle

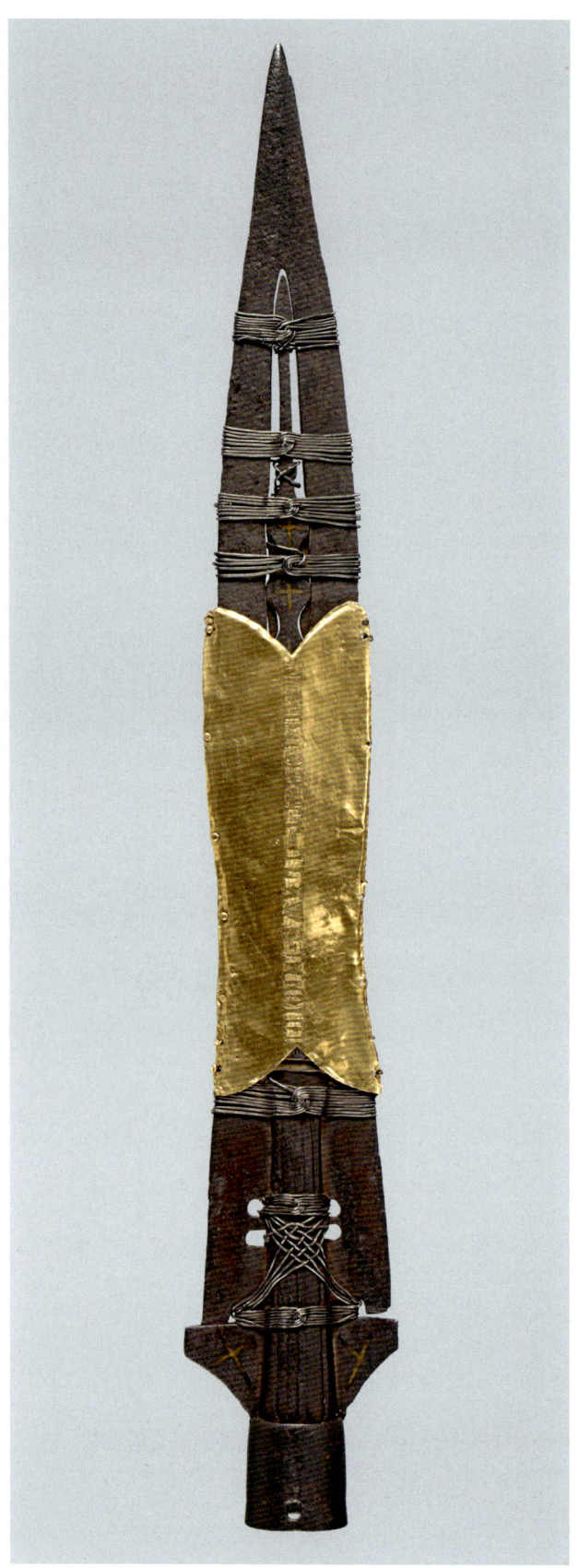

V.3

des regierenden Kaisers Berengar (915–924) die Herrschaft über Italien zu verleihen. Von Rudolf II. gelangte die kostbare Reliquie sodann an König Heinrich I. (919–936), der sie 933 in der Schlacht bei Riade an der Unstrut mitführte, wo sie wohl erstmals für die Ottonen ihre siegbringende Kraft bewies.

In der Folge galt sie als Symbol der Reichsherrschaft. Als Heinrich II. (1002–1024) nach dem plötzlichen Tod Ottos III. (983–1002) die Insignien des Reiches in seinen Besitz gebracht hatte, wurde ihm die heilige Lanze noch vorenthalten. Mit ihr übergab ihm nach seiner Königswahl Erzbischof Willigis von Mainz die Reichsgewalt. Auch als Erzbischof Anno von Köln sich 1062 des jungen Heinrichs IV. (1056-1106) bemächtigte, versicherte er sich zugleich der heiligen Lanze. Für lange Zeit blieb sie das wichtigste Herrschaftszeichen des mittelalterlichen Reiches.

Die Bedeutung, die der heiligen Lanze im Reich des frühen und hohen Mittelalters zukam, spiegelt sich auch in einer Reihe weiterer Ergänzungen deutlich wider. Schon im 10. Jahrhundert muss das Lanzenblatt zerbrochen sein. Der Bruch führte zur Anbringung eines Eisenbands, das beide Hälften der Lanze zusammenhält. Die Reparatur muss noch vor dem Jahr 1000 erfolgt sein, in dem Otto III. dem polnischen König Boleslav Chrobry eine Nachbildung der heiligen Lanze schenkte, die bereits eine einfache Manschette über der Bruchstelle aufweist.

Unter Kaiser Heinrich IV. wurde das schlichte Eisenband dann durch ein zweites, etwas breiteres aus Silber ergänzt, dessen Inschrift klar erkennen lässt, dass das Verständnis der Reliquie damals bereits einen tiefgreifenden Wandel erfahren hatte: der eingesetzte Eisenstift wird als Nagel vom Kreuz Christi bezeichnet, während die Speerspitze selbst als Lanze des heiligen Mauritius angesehen wurde. Der größte Reliquiensammler auf dem Kaiserthron, Karl IV. (1346–1378), der die heilige Lanze besonders verehrte, ließ um die Mitte des 14. Jahrhunderts schließlich eine dritte, goldene Manschette anbringen, die bis heute die äußere Erscheinung der Lanze bestimmt. Zu diesem Zeitpunkt galt sie bereits als jene Waffe, mit der Longinus die Seite Christi am Kreuz durchbohrt hatte.

Michael Peter

Quellen
Liudprand von Cremona, Antapodosis; Widukind von Corvey, Sachsengeschichte.

Literatur
Fillitz 1986, S. 167; Kirchweger 2005; Paulsen 1969; Schramm/Mütherich 1981, Nr. 62.

V.4

Essener Schwert

Schwert: Mittel- oder Westeuropa (fränkisch),
Mitte bis 3. Viertel des 10. Jahrhundert
Griff- und Scheidenbeschläge: Essen (?), um 1000,
Ortstück und Mundblech im 15. Jahrhundert erneuert;
Schwert: Eisen/Stahl; Schwertscheide: Goldblech über
Kirschholz; Verkleidung des Gefäßes: Gold, Filigran,
Edelsteine, Email; Ortstück und Mundblech: Silberblech
graviert. L 93,6 cm, L der Parierstange 14,2 cm
Essen, Domschatzkammer, Inv. 13

Das frühmittelalterliche Langschwert, das mit einer prunkvollen goldenen Hülle verkleidet ist, stammt aus dem Besitz des
ehemaligen Essener Frauenstiftes. Um 850 als adlige Stiftung
errichtet, geriet die religiöse Frauengemeinschaft im 10. Jahrhundert in den Einflussbereich der ottonischen Herrscherfamilie. 971/973 wurde eine Enkelin Ottos I. Äbtissin in Essen.
Die 949 geborene Mathilde war die älteste Tochter von Ottos
Sohn Liudolf (*um 930, † 957) und dessen Frau Ida von Schwaben. Ihre rund 40-jährige Amtszeit bedeutete eine politische,
kulturelle und künstlerische Blüte für das Essener Stift, die
sich auch unter ihren Nachfolgerinnen Sophia, einer Tochter
Ottos II., und Theophanu, einer Enkelin Ottos II., fortsetzte. Im
10. und 11. Jahrhundert war Essen eine der bedeutendsten
religiösen Frauengemeinschaften im Reich.

Herkunft und ursprünglicher Zweck des Essener Schwertes
sind unbekannt. Die erste schriftliche Erwähnung geht auf das
frühe 17. Jahrhundert zurück. Der Essener Syndikus Wirich
Hiltrop († nach 1626), der Material für eine Geschichte des
Stiftes sammelte, schreibt in einem handschriftlichen Fragment
seiner *Historia Essendiensis*: „Unsere Vorfahren berichten, dass
man bei Weiheakten und an den einzelnen hohen Feiertagen,
wenn die Äbtissin nach Brauch an den heiligen allgemeinen
Prozessionen oder Bittgängen teilnahm, dieses Schwert in der
Scheide zum Zeichen der höheren Würde, Gerichtsbarkeit und
des strengen Regiments vorantrug [...] All das wird aber jetzt
nicht mehr ausgeübt [...]“. Hiltrop überliefert auch, dass das
Schwert auf Grund seiner Bedeutung Bestandteil des Essener
Stadtwappens war. Es findet sich 1474 erstmals im Briefsiegel der Stadt Essen. Als Beschauzeichen der Metallerzeugnisse,
die von Essener Goldschmieden angefertigt wurden, ist das
Schwert seit dem 17. Jahrhundert nachweisbar (Pothmann
1995). Es war also in Essen ein Objekt höchster Wertschätzung.

In Essen herrschte spätestens seit dem 15. Jahrhundert der
Glaube, mit dem Schwert seien die Stiftspatrone – die früh-
christlichen Heiligen Cosmas und Damian – enthauptet worden.
So sind sie auf dem erneuerten Ortstück (Endstück) der Scheide
in Gravur dargestellt. Auf der Gegenseite findet sich die Inschrift
GLADIUS CU(m) QUO FUERU(n)T DECOLLATI P(at)RONI N(ost)RI –

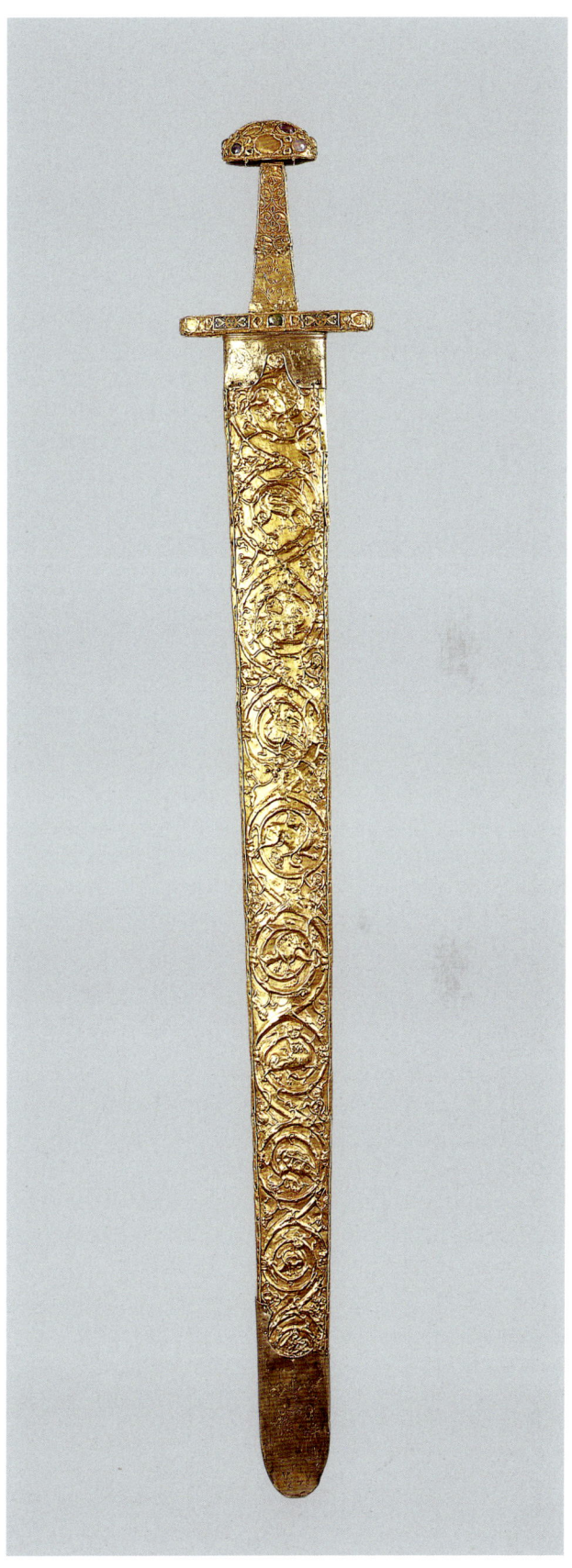

V.4

„Schwert, mit dem unsere Patrone enthauptet wurden". Gravur und Inschrift sind in das letzte Viertel des 15. Jahrhunderts zu datieren (Humann 1904). Das Schwert selbst wurde somit als Reliquie verehrt; die kostbare Scheide hatte die Funktion eines Reliquiars. 1626 wurde das Ensemble in einem Schatzverzeichnis als *gladius sanctorum Cosmae et Damiani* erwähnt.

Für die Zeit davor kann nur das Objekt selbst als Quelle dienen. Unbestritten ist, dass die kostbare Verkleidung mehrere Jahrzehnte jünger als das Schwert ist. Um die Hülle anzubringen, wurde es verändert. Die Griffhülse aus Holz oder Horn wurde entfernt, eine neue Parierstange (Querstück zwischen Griff und Klinge) angefertigt und die Nietung am Ende der Griffangel gelöst, um das ganze Schwertgefäß mit Goldblech zu umkleiden. Auf dem Gold sind Filigrane, schmale Emailplatten, Steine und Perlen angebracht. Die Schwertscheide ist mit dünnem Goldblech verkleidet, aus dem phantasievolle Ranken mit Fabelwesen herausgetrieben sind.

Die Hülle entstand wohl kurz vor dem Jahre 1000, worüber allgemeiner Konsens herrscht (Westermann-Angerhausen 1995, Ausst.-Kat. Magdeburg 2001). Die enge stilistische Verwandtschaft der getriebenen Ornamente und der Emails mit anderen Stücken des Essener Schatzes legen nahe, dass sie in der Goldschmiedewerkstatt des Essener Frauenstiftes entstand.

Das Langschwert selbst entstand typengeschichtlichen Analysen zufolge in einem Zeitraum, der von kurz vor 950 bis in das 3. Viertel des 10. Jahrhunderts reicht. Die in Damaszenertechnik gefertigte Klinge wurde mehrfach nachgeschliffen und büßte dadurch ca. sechs Millimeter ihrer Breite ein. Die *spatha* muss demnach vor der Eingliederung in den Essener Schatz in intensivem Gebrauch gewesen sein. Aufgrund der hohen Qualität der Schmiedearbeit und ihrer Kostbarkeit wird die Waffe einer hochgestellten Persönlichkeit gehört haben (Geibig 1995).

Mehrfach wurde das Schwert als Waffe aus königlichem Besitz angesprochen, die dem Essener Stift geschenkt wurde. Herbert Westphal hielt es sogar für jenes, mit dem Otto der Große in der Schlacht am Lechfeld kämpfte (Ausst.-Kat. Magdeburg 2001). Im genannten zeitlichen Rahmen (frühestmögliche Datierung kurz vor 950 bis zur Verkleidung mit Goldblech im letzten Jahrzehnt des 10. Jahrhunderts) kommen zwei Herrscher in Frage, die das Schwert selbst benutzt haben könnten und die beide gute Beziehungen nach Essen hatten: Otto I. und Otto II.

Birgitta Falk

Quellen
Wirich Hiltrop

Literatur
Ausst.-Kat. Hildesheim 1993, Nr. VI-54 (Hermann Fillitz); Ausst.-Kat. Magdeburg 2001, Bd. 2, Nr. III.21 (Herbert Westphal u. Michael Peter);

Ausst.-Kat. Magdeburg 2006 (a), Bd. 1, Nr. II.1 (Birgitta Falk); Ausst.-Kat. Paris 2011, S. 86 u. 116; Falk 2009; Geibig 1995; Humann 1904; Pothmann 1995 (a); Pothmann 1995 (b); Westermann-Angerhausen 1995; Westphal 1995.

V.5

Vita des Abtes Johannes von Gorze († 973/974)

Codex unicus, Metz, um 1000
Pergament, 96 Blätter; frühneuzeitlicher Pappeinband
mit Pergamentüberzug aus einer liturgischen Handschrift.
H 20 cm, B 15,5 cm
Paris, Bibliothèque nationale de France, lat. 13766

Der Band enthält zwei Werke, fol. 1v–47v die Lebensgeschichte und die Wunder der Äbtissin Glodesindis († 609), Gründerin und Patronin des Benediktinerinnen-Klosters Ste-Glossinde in Metz, und Berichte über spätere Translationen ihrer Reliquien, sowie fol. 49v–96v die Geschichte des lothringischen Bauernsohnes Johannes unfreier Herkunft, der bis zur Abtswürde des Klosters Gorze bei Metz aufstieg und zu den führenden Persönlichkeiten bei der Erneuerung und Durchsetzung des benediktinischen Mönchtums in Gorze und in Oberlothringen zählt. Seine Vita wurde von dem Abt Johannes von St. Arnulf bei Metz geschrieben, so wie es dieser am Sterbebett des Gorzer Abtes seinen Amtsbrüdern versprochen hatte. Sie erzählt von dem jungen Mann, der erfolgreich allein das väterliche Erbe bewirtschaftete, adelige Förderer fand, sich dann zunehmend geistlichen Übungen zuwandte auf der Suche nach einer neuen spirituellen Lebensweise, allein oder in der Gemeinschaft Gleichgesinnter im Raum Metz/Toul/Verdun, auch eine Reise zu den Apostelgräbern in Rom und bis zum Monte Gargano auf den Spuren des alten Mönchtums unternahm, bis der Bischof von Metz, Adelbero I. (929–962), der kleinen Gruppe 933 das alte Kloster Gorze als Stätte ihres neuen geistlichen Gemeinschaftslebens zugestand. Die Vita stellt dann den Kern des neuen Konventes in Einzelportraits vor, schildert das strenge asketische Leben des Johannes, die liturgischen Bräuche, seine intensiven Bemühungen um vertiefte literarisch-theologische Bildung, seine wechselnden Ämter im Kloster, seine Tätigkeit als umsichtiger Verwalter des Gorzer Besitzes und Förderer des Wirtschaftslebens, als gerechter Richter und hartnäckiger Streiter, wenn es darum ging, Klostergüter zurückzugewinnen, die der Bischof als Klosterherr oder frühere Äbte an Laien zur Nutzung vergeben hatten.

Den Höhepunkt seiner Karriere stellte seine Reise als Gesandter Ottos I. (936–975) an den Hof des Kalifen Abd-ar-Rahman III. (929–962) in Cordoba dar; es war die Antwort auf eine Botschaft des Kalifen zu überbringen. Der Bericht darüber setzt unvermittelt ohne Überschrift ein (fol. 89v Zeile 2, aufgeschlagen): *Legatio regis [...] insigniumque factorum in gentes diversas tunc iam magni [...] domni Ottonis perciti forte cum muneribus pro regia munificentia [... le]gati, quibus episcopus quidam preerat, dignitate solemni pro tanta magestate excepti diuque retenti; inter moras episcopus, qui legatis preerat, mortem obit.* „Eine Gesandtschaft des Königs [...], der [...] und wegen der hervorragenden Taten des damals schon großen [...] Herrn Otto gegen verschiedene Völker beunruhigt war, traf gerade mit Geschenken ein, die königlicher Freigebigkeit entsprachen." Die Gesandten wurden lange hingehalten, einer starb währenddessen. Weiter heißt es, der Kalif habe zwar um die Freundschaft des christlichen Königs nachgesucht, dabei aber auch Blasphemisches über den christlichen Glauben geäußert. Dem zu erwidern und den Ungläubigen möglicherweise zu bekehren, sei Johannes abgesandt worden. Der Bericht darüber ist spürbar mit dem Blick auf ein geistliches Publikum geschrieben; dass ihm eine offizielle Relatio zugrunde lag, ist nicht auszuschließen. Der wechselseitige Austausch von religiöser Polemik war sicher nicht das zentrale Anliegen der Gesandtschaften; man darf vermuten, dass es um die Konflikte der Mächte in Süditalien und die sarazenische Piraterie an den italienischen und südfranzösischen Küsten ging. Johannes reiste wohl im Frühjahr 953 ab und erreichte nach drei Monaten Cordoba, im islamischen Bereich stets von einer Wache begleitet und in Cordoba fast drei Jahre in einer Art Hausarrest festgehalten Die Wartezeit verging mit vielen Sondierungsgesprächen mit Mitgliedern des Hofes und mit einem christlichen Bischof; sie waren von Misstrauen, Abmahnungen und ängstlichem Taktieren bestimmt, da man einen religiösen Eklat befürchtete. Da Johannes auf der genauen Ausführung seines Auftrages beharrte, auf der anderen Seite aber unverrückbar das Gesetz des Islam stand, das seinerseits keine Blasphemie duldete, so heißt es, musste schließlich eine weitere Gesandtschaft bei Otto I. neue Instruktionen einholen: dann endlich kam es zum Empfang, der überraschend ehrenvoll verlief und von großem persönlichen Wohlwollen getragen war, wobei der Kalif, nach dem Bericht, um Verständnis für die lange Verzögerung bat und Johannes sein Verständnis für die Schwierigkeiten und Zwänge bekundete, die das nun so freundschaftliche Zusammentreffen lange verhindert hatten. Es kam zu einer zweiten Begegnung, in der man politische Gespräche führte, plänkelte, bis der Kalif – oder Johannes durch seinen Mund – gewisse Kritik an der Politik Ottos I. äußerte: (c. 136) „einen Punkt aber gibt es, an dem sich zeigt, dass er nicht sehr vorausschauend ist." – „Was ist das ?" sagte Johannes. – „Dass er seine Macht und Stärke nicht für sich allein behält, sondern duldet, dass jeder der Seinen in reichem Maße eigenständig Macht ausübt, dergestalt, dass er Teile seines Reiches unter sie

verteilt, als ob sie ihm dadurch getreuer und untertäniger würden" Noch ein Satz zur Begründung, dann bricht der Text in der Handschrift ab, mitten auf der Seite, und man weiß nicht, wie das Gespräch endete und wie und mit welcher Botschaft Johannes heimkam.

Die kostbare kleine Handschrift, die den Bericht über diese einmalige Begegnung erhalten hat, umfasst zwölf Quaternionen, je sechs für ein Werk, die ursprünglich ungleich groß ungebunden gemeinsam überliefert wurden; beim Einbinden hat man die größeren Blätter mit der Vita des Johannes stark beschnitten, unter Textverlust am oberen Rand. Zudem hat Feuchtigkeit die Blätter zum Ende hin zunehmend stark geschädigt, in der rechten oberen Ecke und am Außenrand, was zu erheblichen Lücken im Text führte. Den Text der Vita schrieben zwei Kopisten; der erste, der Hauptschreiber (hier fol. 89v bis Zeile 8 *sarracenus*, fol. 90r bis Zeile 17 *imperatori*) verfügte über eine kleine, elegante und klar fließende Schrift, die besonders an dem schlangenförmigen 'g' leicht zu erkennen ist; die Schrift des zweiten, nur bisweilen einspringenden Kopisten ist plumper, fehlerhafter, vernachlässigt die Worttrennung sehr und wurde öfter vom ersten Schreiber und Späteren korrigiert, bis hin zu den frühen Editoren, Philipp Labbe (1657), Jacques Sirmond (1658) und Jean Mabillon (1685).

Peter Christian Jacobsen

Quellen
Johannes von St. Arnulf, Vita Iohannis.

Literatur
Jacobsen 1993; Karpf 1985, S. 83 f.; Parisse 1999; Parisse/Oexle 1993; Walther 2004.

V.6

Theologische Sammelhandschrift mit einem Verzeichnis der Panzerreiter

Mittelitalien, 10. Jahrhundert (vor 983) / um 980–983
Pergament, 129 Blätter. H 28,5 cm, B 20 cm
Bamberg, Staatsbibliothek Bamberg, Msc.Patr.107

Welche militärischen Ressourcen einem ottonischen Herrscher bei der Herrschaftssicherung in Italien zu Gebote standen, das dokumentiert in singulärer Weise der berühmte *Indiculus loricatorum*, das „Kurzverzeichnis der Panzerreiter". Die Aufstellung informiert über die Zusammensetzung des deutschen Heeres, das zwischen 980 und 983 mit Kaiser Otto II. (973–983) über

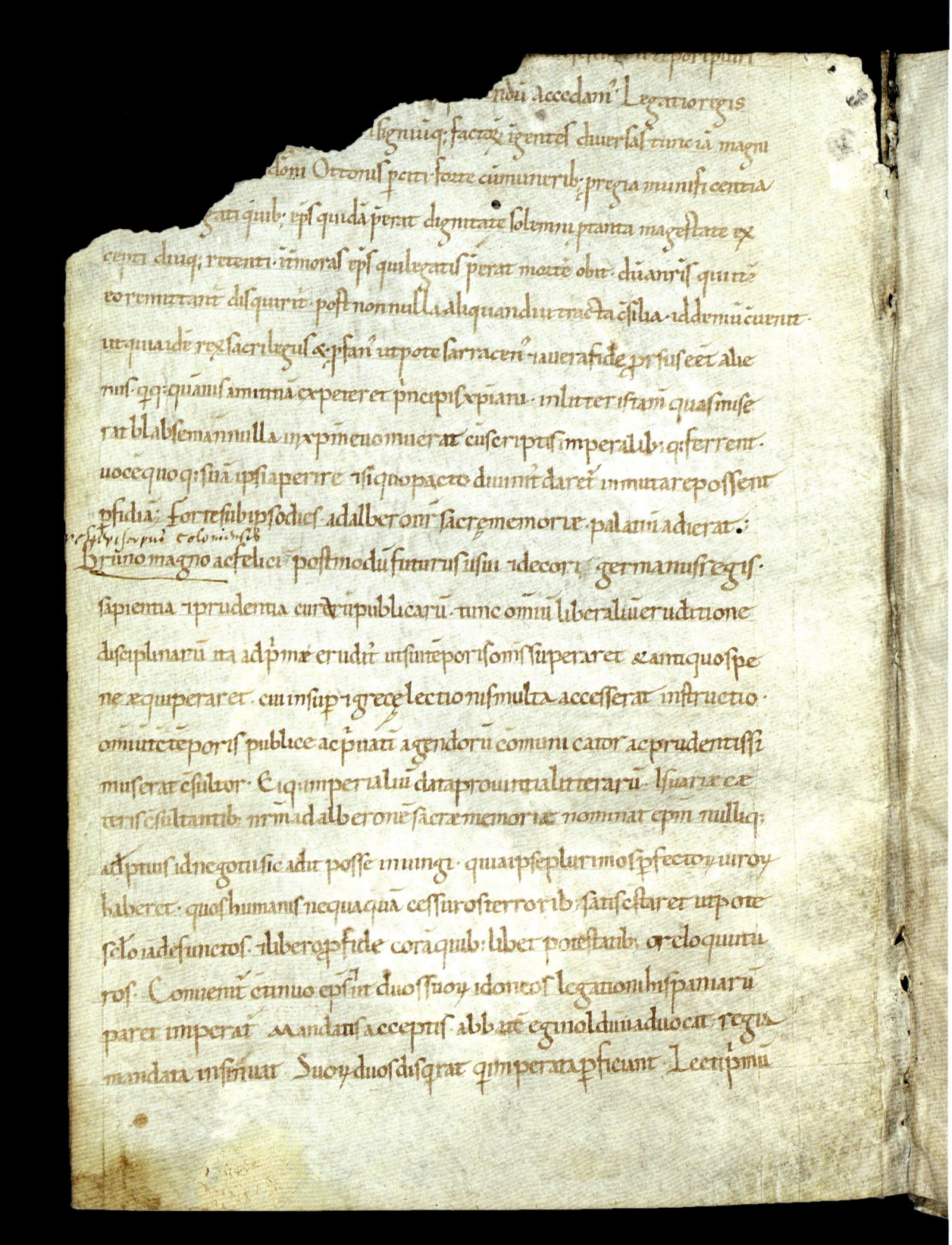

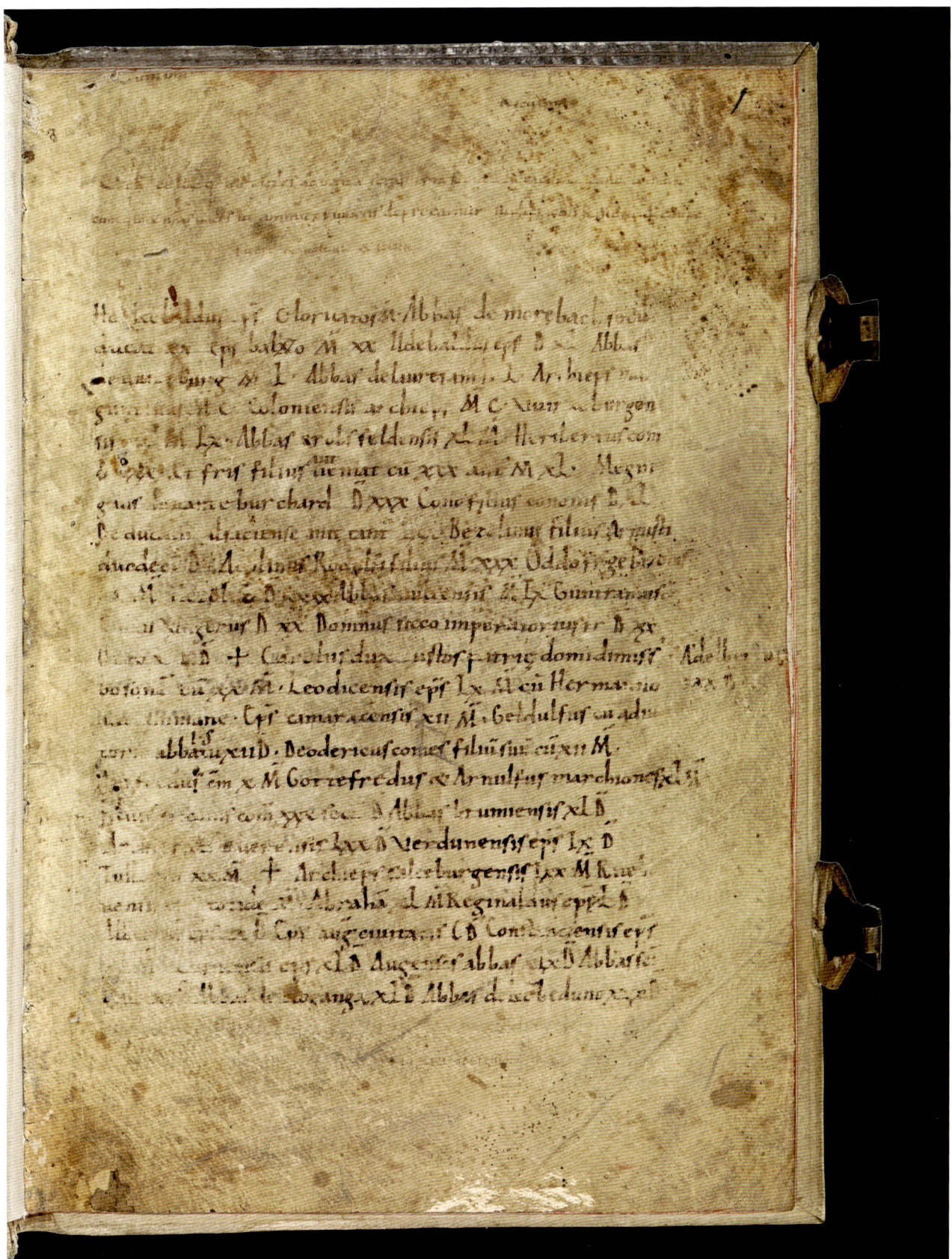

die Alpen ziehen sollte. Namentlich aufgeführt werden 19 Bischöfe, 12 Äbte und etwa 20 weltliche Fürsten, die – in jeweils spezifischer Abstufung – insgesamt nahezu 2090 Panzerreiter stellen sollte. Ungefähr drei Viertel des Aufgebotes wurden von kirchlichen, ein Viertel von weltlichen Würdenträgern angefordert. Über diese Kontingente hinaus standen dem Kaiser die bereits in Italien stehenden Verbände zur Verfügung. Alles in allem dürfte er damit für seinen Feldzug über annähernd 5000 Reiter verfügt haben.

Das Verzeichnis wurde zwischen 980 und 983 (am wahrscheinlichsten wohl 981) auf der unbeschriebenen ersten Seite der vorliegenden theologischen Sammelhandschrift möglicherweise von einer italienischen Hand eingetragen. Es handelt sich offenbar um eine Originalaufzeichnung, nicht um eine Abschrift. Die Datierung des Dokuments und – damit zusammenhängend – die Zuordnung zur konkreten historischen Situation sind strittig.

Die Aufzeichnung entstand im Umkreis des Kaisers; ihr Inhalt war ihm zweifellos vertraut. Damit kann die Provenienz dieser Handschrift als gesichert gelten: Sie gehört zu den (mutmaßlich nicht sehr zahlreichen) Büchern, die Heinrich II. (1002–1024) aus der Hinterlassenschaft Ottos III. (983–1002) erhalten hatte und die er nach Bamberg stiftete (vgl. Kat.-Nr. V. 63 a). Aus der Dombibliothek gelangte sie 1802/1803 in die heutige Staatsbibliothek Bamberg.

Werner Taegert

Literatur

Ausst.-Kat. Magdeburg 2001, Bd. 2, Nr. VI.2 (Hartmut Hoffmann); Ausst.-Kat. Magdeburg 2006 (a), Bd. 1, Nr. II.15 (Wolfgang Huschner); Ausst.-Kat. Paderborn 2009, Nr. 34 (Hermann Kamp); Hoffmann 1995, S. 161–162, dazu Abb. 10b u. 266a–267; Kölzer 1991; Leitschuh/Fischer/Dreßler 1887–1966, Bd. 1, S. 492–494; Schemmel 2007, S. 71–72; Suckale-Redlefsen 2004, Bd. 1, S. 18–19, Nr. 10, S. 65, Abb. 156–158; Tessera 2007, S. 376–377.

V.7

Alt-St. Peter in Rom: Inneres des Langhauses

Giovan Battista Ricci da Novara,
1617–1619
Teil der Freskenausstattung der Cappella della Bocciata unter Neu-St. Peter
Auf Leinwand übertragen.
H 97 cm, B 102,5 cm (mit Rahmen)
Vatikanstadt, Fabbrica di San Pietro

Als Neu-St. Peter fast vollendet war, bekam G. B. Ricci da Novara (*um 1540, † 1627) den Auftrag zur Ausmalung einer in den Grotte Nuove nahe am Petrusgrab gelegenen, später nach der *Madonna della Bocciata* benannten Kapelle. Um die gerade zerstörte frühchristlich-konstantinische Vorgängerbasilika des vatikanischen Apostelheiligtums in Fresken zu verewigen entstand, ein Jahrzehnt nach Vollendung des Abrisses, dieses Bild. Ricci hatte von jenem kapitalen und ehrwürdigen Bau noch substantielle Teile selbst gesehen – so insbesondere die bis zuletzt verschonte Osthälfte des Langhauses –, doch folgte er bei seiner Darstellung ebendieser Partie lieber einer bereits existierenden Aquarellzeichnung: Wohl etwa 1605 war für das sogenannte *Album* (heute im Archivio di S. Pietro) im Umkreis einer großen, von Giacomo Grimaldi betriebenen Dokumentation des untergehenden alten Gotteshauses, gerade dieser etwas unnatürliche Einblick festgehalten worden; dafür gilt Domenico Tasselli als wahrscheinlicher Urheber, doch mag auch schon Ricci selbst seinerzeit an dem Unternehmen mitgewirkt haben, der jedenfalls jene Illustration nun mit geringen Vereinfachungen nachahmte. Streng perspektivisch sieht man hinein in die direkt hinter der Ostfassade „aufgeschnittene" Kirche: Das fünfschiffige Langhaus der gewaltigen Basilika war über 66 m breit, wobei allein der Dachstuhl des fast 39 m Höhe erreichenden Mittelschiffes mehr als 25 m überspannte. Den mutmaßlich schon im 4./5. Jahrhundert bemalten Lichtgaden trug eine Architravkolonnade, während zwischen den Seitenschiffen Säulenarkaden standen; sämtliche Stützen waren aus älteren Bauwerken herbeigeschafft worden.

Der im Wesentlichen während der 320er Jahre errichtete Gedenkbau für Roms wichtigsten Heiligen, den Märtyrer Petrus, lag wegen seiner sepulkralen Einbindung *extra muros*; gleich der etwas älteren, innerstädtischen Laterankathedrale war er ein imposantes Zeugnis der neuen, richtungweisenden christlichen Sakralarchitektur, wie die von Konstantin dem Großen (306–337) geprägte Wendezeit sie auf den Plan treten ließ. In dessen christlicher Bautätigkeit sind die beiden Kirchen für Rom die Hauptprojekte. Am Triumphbogen von Alt-St. Peter bekundete der Kaiser, für alle sichtbar, sein exklusives Verhältnis zu Christus mit der Inschrift: „Weil unter deiner Führung die Welt triumphierend dem Himmel zugestrebt ist, hat Konstantin als Sieger dir diese Aula gegründet."

Freilich zeigt das Fresko von der einstigen, mit einem Atrium versehenen über 200 m langen Baufolge nur einen recht beschränkten Teil: die Osthälfte des Langhauses bis zum *muro divisorio*, welcher 1538 auf der Linie der elften Säulen eingezogen worden war, um den vorderen Teil der Kirche benutzbar zu halten und dahinter mit Abriss und Neubau fortzufahren. Jenseits hinzudenken muss man sich also den Rest des Langhauses und die Komponenten im Hauptbereich der frühchristlichen Anlage, d.h. das Querschiff mit dem Petrusmonument und der Apsis ganz im Westen. Erst dann komplettiert sich eine Vision des Schauplatzes, an welchem nachmals Herrscher wie Karl der Große (768–814) und Otto der Große (936–973) zum Kaiser erhoben werden sollten. Das

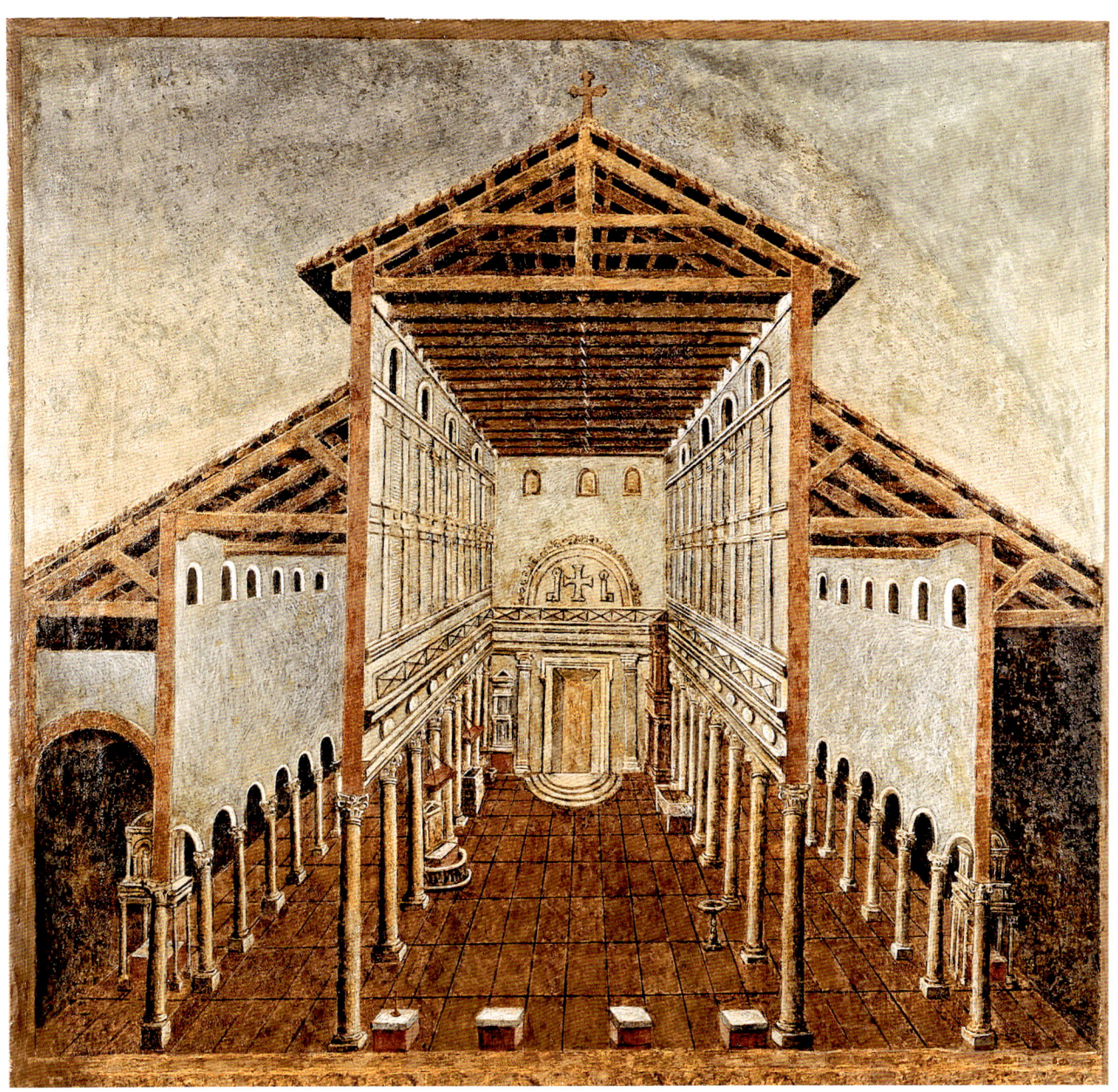

V.7

suggestivste Bild jenes Innenraumes liefert uns denn auch das Augenzeugnis einer gegen 1455–1460 entstandenen Miniatur von Jean Fouquet, welche just Karls Kaiserkrönung wachruft.

Achim Arbeiter

Literatur

Zu Alt-St. Peter: Alfarano 1914; Ausst.-Kat. Paderborn 1999, Nr. IX.4 (Ursula Nilgen); Arbeiter 1988; Grimaldi 1972, S. 138; Krautheimer/ Frazer 1977. Zur Malerei: Bortolozzi 2011; Gallavotti Cavallero 1999; Silvan 1989, S. 104–121, Nr. 3–4. Zur Miniatur von Fouquet: Gousset 1987, hier S. 143 f., Taf. 8.

V.8

Pontifikale Romano-Germanicum

Lucca, 2. Hälfte 10. Jahrhundert
Pergament, 174 Blatt. H 30,5 cm, B 21,5 cm
Lucca, Biblioteca Capitolare, Ms. 607

Diese Handschrift aus Lucca entstammt dem 10. Jahrhundert und enthält ein sogenanntes Pontifikale. Der Text wurde in einer sehr sauberen karolingischen Minuskel verfasst. Die einzelnen Abschnitte beginnen mit besonders verzierten Initialen, auf dieser Seite mit einem etwa 3 cm hohen D, welches mit floralen Ornamenten ausgeschmückt wurde. Hervorgehoben wurden ferner die Initialbuchstaben der einzelnen Abschnitte durch eine Gestaltung mit roter Farbe (Rubrizieren). Die mit schwarzer Tinte geschriebenen Titel am Kopf der Zeile fügte man nachträglich hinzu.

Der Text enthält Bestimmungen für den Ablauf von liturgischen, nicht-eucharistischen Feierlichkeiten, insbesondere unter Leitung eines Bischofs. Dieser Typus liturgischer Anweisungen entwickelte sich bereits während des frühen Mittelalters (8. Jh.) im fränkischen Reich, wobei die Breitenwirkung der frühen Versionen eher gering war, denn sie sind lediglich als Einzelexemplare überliefert. Erst das hier gezeigte *Pontifikale Romano-Germanicum* erfuhr mit mehr als 50 bekannten Abschriften eine weite Verbreitung und beeinflusste die Entwicklung der römischen Liturgie in den folgenden Jahrhunderten sowie deren Vereinheitlichung entscheidend. Seine inzwischen verlorene Urfassung war vermutlich zwischen 950 und 961 bzw. 963 im Kloster St. Alban bei Mainz entstanden. Angenommen wird, dass Erzbischof Wilhelm von Mainz (954–968), ein illegitimer Sohn Kaiser Ottos I. (936–973), die Entstehung des Pontifikale maßgeblich beeinflusste.

Bei der in Lucca aufbewahrten Handschrift handelt es sich zugleich um das älteste Exemplar dieses Textes sowie diejenige Version, welche ihre Vorlage am getreulichsten wiedergibt. Das Manuskript wurde zum größten Teil von einer einzelnen Hand verfasst und erst auf den letzten Blättern wechselt das Schriftbild. Vermutlich wurde es in Lucca selbst, vielleicht anlässlich eines Besuches Ottos I. geschrieben. Folgt man dieser Hypothese, kämen als Zeiträume für die Anfertigung dieser Handschrift entweder März 962 oder Juli bzw. August 964 in Frage. Die Vorlage für das Luccheser Manuskript stammte wahrscheinlich aus Mainz. Sie beinhaltete aber gleichwohl nicht die ursprüngliche Fassung des *Pontifikale Romano-Germanicum*.

Einen wichtigen Teil der in dieser Handschrift enthaltenen liturgischen Texte bilden die sogenannten Krönungsordines. In ihnen werden das Zeremoniell für die Königs- bzw. Kaisererhebung beschrieben und die zugehörigen Abläufe, Formeln und Gesänge festgehalten. Beeinflusst wurde der Ordo im *Pontifikale Romano-Germanicum* durch west- und ostfränkische Krönungsordines. Ähnlich wie die auf die Messfeiern bezogenen Teile der Handschrift beeinflusste dieser, auch Mainzer Ordo genannte Text das Ritual von Herrschererhebungen in ganz Europa. Im Laufe der Zeit erfuhr der relativ kurze Text dabei Modifikationen und Erweiterungen. Das *Pontifikale Romano-Germanicum* gilt als ein überaus bedeutsames Zeugnis für die Bemühungen um Reform und Vereinheitlichung der Liturgie im ostfränkisch-deutschen Reich.

Sebastian Roebert

Quellen
MGH Fontes iuris [9].

Literatur
Andrieu 1957, S. 156–165; Anton 1993; Ausst.-Kat. Magdeburg 2001, Bd. 2, Nr. IV (Martina Hartmann); Klöckener 1995; Palazzo 1993, S. 210–215; Vogel/Elze 1963–1972, Bd. 3.

V.9*

Reichskrone

Ottonisches Reich, 960–980 (Krone);
Kronenkreuz: um 1020;
Kronenbügel: 1024–1039;
Samthaube: 18. Jahrhundert
Gold, Steinschmuck, Perlen, Zellenschmelz. Kronenplatten durch umlaufende Eisenbänder auf der Innenseite nachträglich befestigt. Rechte Schläfenplatte gebrochen und durch ein innen angenietetes bogenförmiges Goldband gehalten. Teile des Steinschmucks erneuert.
Inschriften: Davidplatte: REX DAVID, auf dem Schriftband HONOR REGIS IVDICIVM DILIGIT (Die Ehre des Königs liebt den Richterspruch, Ps 98,4). Salomoplatte: REX SALOMON, auf dem Schriftband TIME DOMINVM ET RECEDE A MALO (Fürchte den Herrn und weiche vom Bösen, Spr 3,7). Maiestasplatte: P(er) ME REGES REGNANT (Durch mich regieren die Könige, Spr 8,15). Ezechiasplatte: ISAIAS P(ro)PHETA EZECHIAS REX, auf dem Schriftband ECCE ADICIAM SVPER DIES TVOS XV ANNOS (Ich will zu deinen Lebenstagen noch 15 Jahre hinzufügen, 2 Kön 20,6). Kronenkreuz IHC NAZARENVS REX IVDEORUM (Jesus Christus aus Nazareth, König der Juden). Kronenbügel CHVONRADVS DEI GRATIA / ROMANORV(m) IMPERATOR AVG(ustus) (Konrad von Gottes Gnaden Kaiser der Römer Augustus)
Krone: D 22,2 cm; Stirnplatte: H 15,6 cm, B 11,2 cm;
Kronenkreuz: H 9,9 cm
Wien, Kunsthistorisches Museum,
Weltliche Schatzkammer, XIII,1.

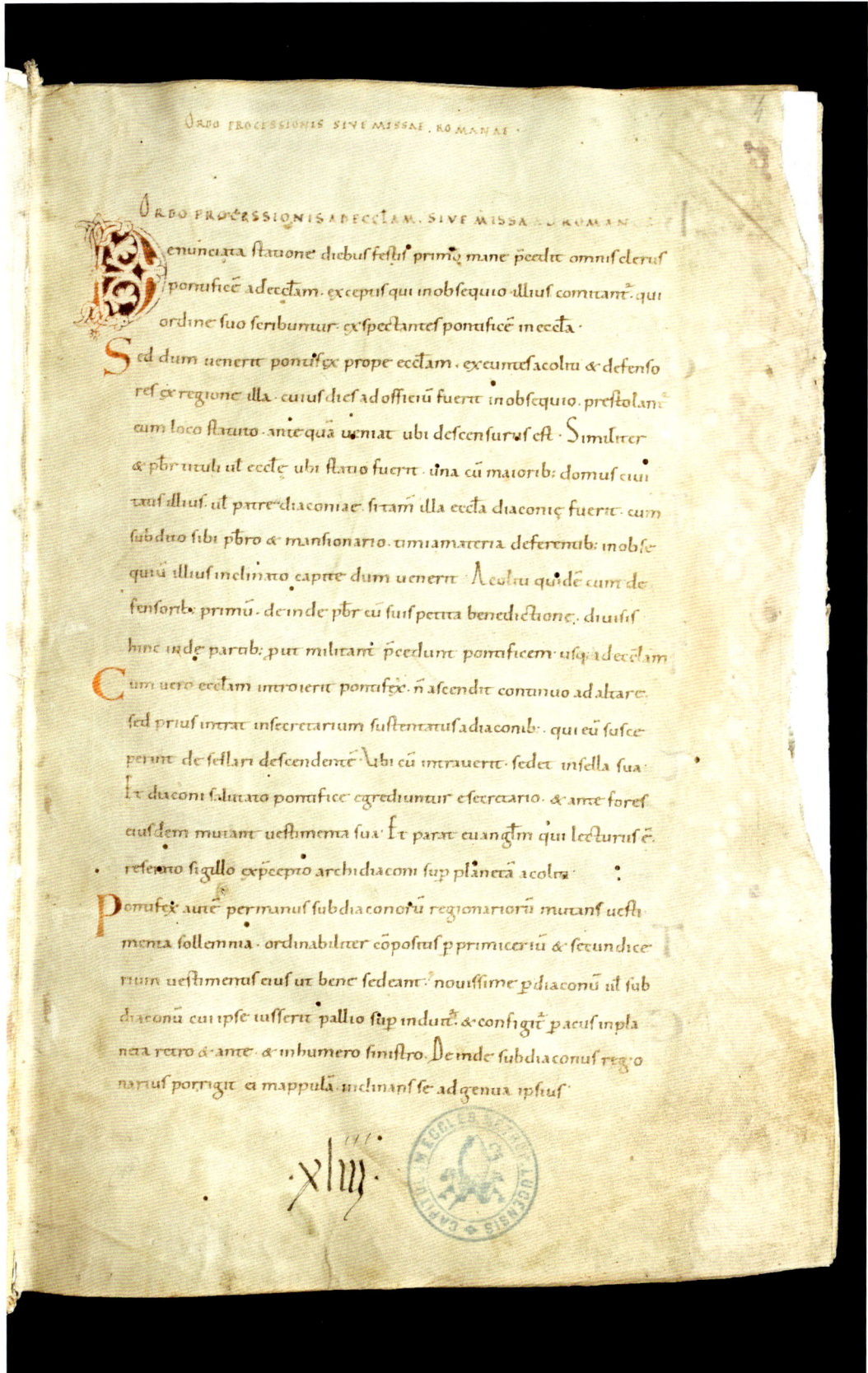

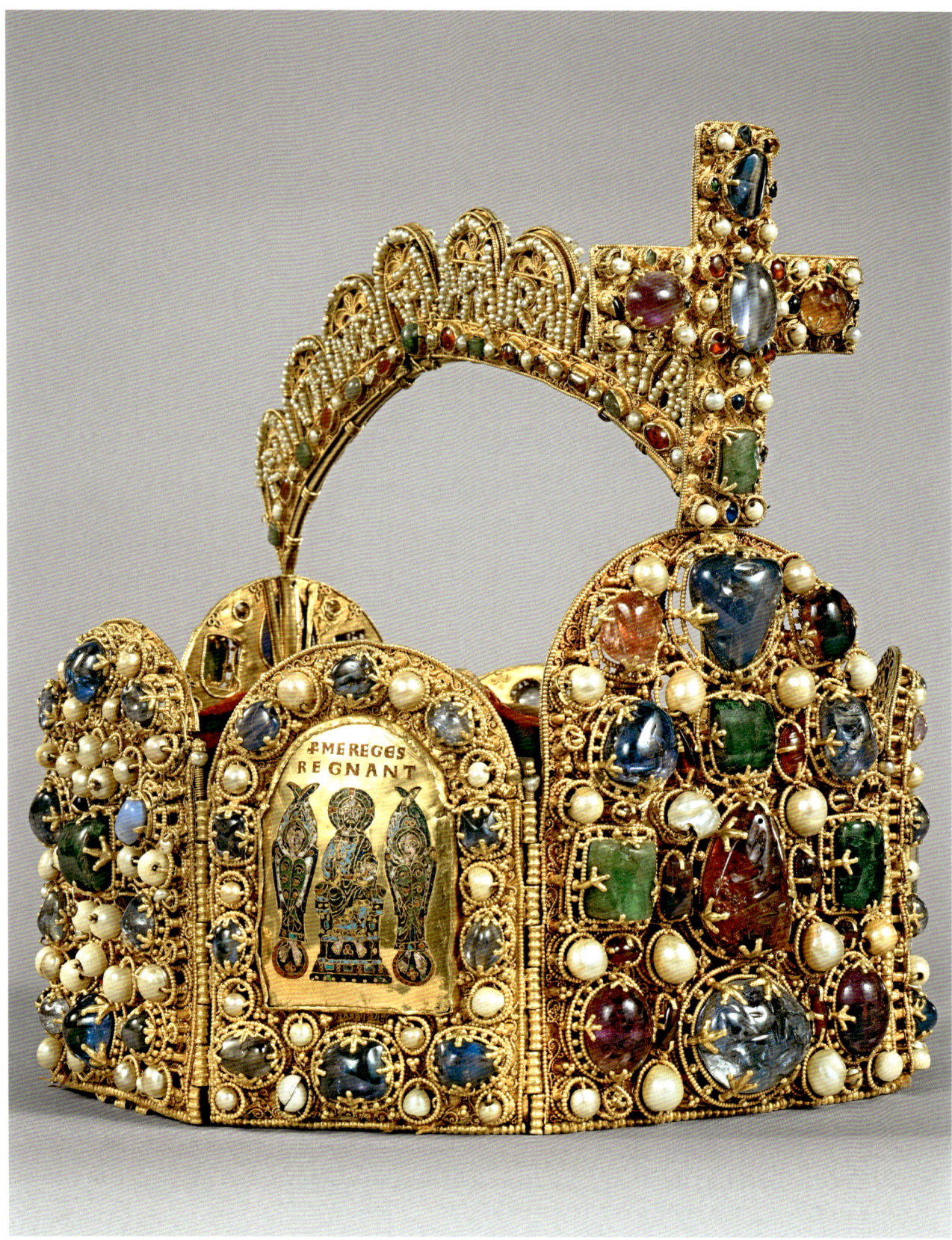

V.9*

Die Krone setzt sich aus drei zeitlich und künstlerisch deutlich voneinander abweichenden Teilen zusammen: den acht oben halbrund abgeschlossenen Platten, die den Kronenkörper bilden, dem aufgesteckten Kronenkreuz, das ein älteres, gleichartiges Kreuz ersetzt, von dem nur die ursprüngliche Scheide erhalten ist, sowie dem Kronenbügel, der ebenfalls an die Stelle eines älteren, von Anfang an vorhandenen Bügels getreten ist. Zur ursprünglichen Ausstattung gehörten ferner Schmuckaufsätze aus Steinen oder Perlen, die sich auf den beiden Schläfenplatten und der Nackenplatte befanden, sowie Pendilien, also Ziergehänge, die am unteren Rand der Schläfenplatten befestigt waren.

Den verschiedenen Bestandteilen der Krone liegen alte, weit zurückreichende Formen antiker Herrschaftszeichen zugrunde: der Lorbeerkranz, aus dem sich zunächst das Juwelendiadem und später die Plattenkrone entwickelte, und der kaiserliche Helm, von dem der Kronenbügel und – in Nachahmung der ledernen Kinnriemen – die Pendilien abzuleiten sind. Die Reichskrone ist die älteste erhaltene Krone, die alle diese Elemente miteinander vereint. Doch geht sie zweifellos auf ältere Vorbilder zurück. Dem Typus der Reichskrone am nächsten kommt eine Marienikone des frühen 8. Jahrhunderts in Rom, S. Maria in Trastevere, in der die Gottesmutter mit einer Krone erscheint, die aus oben halbrund geschlossenen Edelsteinplatten, einem Kronenkreuz über der Stirnplatte, seitlichen Schmuckaufsätzen und Pendilien besteht. Einen Juwelenreif mit vier halbrund geschlossenen Platten über Stirn, Schläfen und Nacken besaß zudem die nur in Zeichnungen überlieferte Krone, die König Hugo von Italien (926–947) für das Kopfreliquiar des heiligen Mauritius der Kirche Saint-Maurice in Vienne stiftete.

Die acht Platten lassen – entsprechend der Stelle, die sie jeweils auf der Krone einnehmen – eine klare Rangabstufung nach Größe und Schmuckbesatz erkennen. Die vier Hauptplatten über Stirn, Nacken und Schläfen sind ausschließlich mit Edelsteinen und Perlen geschmückt. Sie stellen zweifellos den wichtigsten Teil der Ausstattung dar. Die vier Zwischenplatten dagegen nehmen jeweils eine halbrund geschlossene Emailplatte in Zellenschmelztechnik auf, die von Edelsteinbändern gerahmt wird. Die Darstellungen zeigen den thronenden Christus als Weltenherrscher sowie die alttestamentlichen Könige David, Salomo und Ezechias, die hier als Sinnbilder weiser und gerechter Herrschaft erscheinen.

Die Goldschmiedearbeit der Platten zeichnet sich durch die nahezu vollständige Auflösung des geschlossenen Goldgrunds aus, so dass der Steinbesatz ein Höchstmaß an Durchsichtigkeit und Leuchtkraft erreicht. Über der durchbrochen gearbeiteten Grundplatte erheben sich Fassungen aus einfachen Perldrahtringen, die auf Goldblechtrommeln ruhen und durch einen umlaufenden Kranz großer Granalien miteinander verbunden sind. Den Halt der Steine sichern Krallen, die auf den Granalien sitzen. Ähnliche Formen finden sich auch an anderen Goldschmiedearbeiten des mittleren und späten 10. Jahrhunderts wieder. Dies gilt etwa für die Hochfassungen mit Trommelsäulchen, für die das sogenannte Berengarkreuz im Schatz der Kathedrale von Monza sowie die älteren, wiederverwendeten Teile des 1006 datierten Giselakreuzes in München, Schatzkammer der Residenz, Parallelen bieten, dies gilt jedoch ebenso für die Krallenfassungen mit Granalien auf dem Vorderdeckel des Evangeliars Cod. 53 der Stiftsbibliothek Sankt Gallen und für die Goldröhrchen auf den Edelsteinleisten des Arnulfziboriums in München, Schatzkammer der Residenz, die zu den unter Abt Ramwold († 1000) in Regensburg ausgeführten Reparaturen des Werks gehören. Man wird die Krone aus kunsthistorischen Gründen daher in die Zeit Ottos des Großen (936–973) oder Ottos II. (973–983) datieren dürfen.

Das Kronenkreuz zeigt auf der Rückseite eine niellierte Darstellung des gekreuzigten Christus, die sich stilistisch einer Reihe verwandter Goldschmiedearbeiten der Zeit um 1020 anschließen lässt, als deren charakteristischstes Werk der Tragaltar aus Watterbach in München, Bayerisches Nationalmuseum, benannt worden ist. Wenig später, aber offenbar in einer anderen Werkstatt, ist der Kronenbügel erneuert worden, der durch die Inschrift eindeutig mit der Person Konrads II. (1024–1039) verbunden ist.

Die Krone gehörte, soweit es sich nachweisen lässt, stets zum Kronschatz des Heiligen Römischen Reiches. Nach jahrhundertelanger Aufbewahrung in Nürnberg wurde sie im Jahr 1800 in der Wiener Schatzkammer hinterlegt.

Michael Peter

Literatur

Eckenfels-Kunst 2008, S. 342–347, Nr. 55; Fillitz 1953; Fillitz 1967; Fillitz 1993 (b); Kahsnitz 1998/1999, S. 121–123; Schulze-Dörrlamm 1991; Wolf 1995.

V.10*

Privilegium Ottonianum

Fulda/Rom, 13. Februar 962 (MGH D O I, 235)
Pergament-Rotulus, purpurgefärbt, H 101 cm, B 40 cm
Vatikanstadt, Archivio Segreto Vaticano, AA. Arm. I–XVIII, 18

Im Rahmen der Kaiserkrönung Ottos I. in Rom am 2. Februar 962 wurden auf der folgenden Krönungssynode verschiedene Fragen zwischen Papst und Kaiser verhandelt und die Ergebnisse in Urkunden festgehalten. Dazu gehörte am 12. Februar 962 die päpstliche Bestätigung für die Errichtung des Bistums Merseburg zu Ehren des hl. Laurentius, die Otto bei seinem

Sieg über die Ungarn auf dem Lechfeld 955 am 10. August, dem Tag des Heiligen, gelobt hatte. Auch die Umwandlung des Magdeburger Moritzklosters zum Sitz eines Erzbistums wurde in diesem Privileg versprochen (Zimmermann 1984 (b), Nr. 154). Einen Tag später erhielt Papst Johannes XII. (955–964) dann das „Ottonianum", bei dem es vor allem um die umfassende Zusicherung der päpstlichen Besitzungen durch den Kaiser ging.

Das Ottonianum stellt eine ungewöhnlich prunkvolle Ausfertigung dar. Zwei 40 cm breite Pergamentstreifen wurden zu einer Länge von 101 cm aneinander geklebt. Dann wurde das gesamte Pergament mit Purpur eingefärbt (der Farbstoff ist offenbar bis heute nicht untersucht worden). An jeder Randseite des Blattes wurde eine umlaufende, schmale Bordüre als Verzierung angebracht. Sie zeigt mit kreuzförmigen Ornamenten gefüllte Medaillons im Abstand von vier bis fünf Zentimetern, zwischen denen sich Blattwerk rankt. Der Text, der mit Goldtinte geschrieben wurde, füllt nicht einmal zwei Drittel des langen Pergamentstreifens aus, der untere Teil ist zu mehr als einem Drittel frei geblieben. Es handelt sich, trotz gewisser Unregelmäßigkeiten, um einen einzigen Schreiber.

Durch die Forschungen von Hartmut Hoffmann ist heute zweifelsfrei geklärt, dass dieser Schreiber aus dem Kloster Fulda stammte. Das Skriptorium dieses Klosters war damals im Reich führend, was die ‚Schönschrift' (Kalligraphie) anbelangt, und alle Besonderheiten der Schrift des Ottonianum finden sich auch in anderen Texten des Klosters. Die Frage ist freilich, wann und wo das Ottonianum hergestellt wurde. Wir wissen, dass Abt Hatto von Fulda (968–970) an den Krönungsfeierlichkeiten in Rom im Februar 962 teilgenommen hat. Sein Name findet sich im Unterschriftenteil des Ottonianum (*Signum Hattonis Fuldensis monasterii abbatis*). Mit Sicherheit kann man davon ausgehen, dass er von einigen seiner Mönche und gewiss auch von einem Schreiber begleitet wurde. Ohne intensive Verhandlungen und eine sorgfältige Abstimmung mit dem Papst dürfte der Text freilich kaum entstanden sein, so dass man mit einer Abfassung in Rom selbst rechnen muss. Die Pergamentrolle selbst scheint mir aber bereits in Fulda vorbereitet worden zu sein, denn sie ist für den Text viel zu lang und wäre bei einer Anfertigung in Rom selbst besser darauf abgestimmt worden.

Die näheren Umstände der Herstellung wurden von Johannes Laudage überzeugend dargestellt. Im Herbst 960 erschien der Kardinaldiakon Johannes mit dem päpstlichen Skriniar Azzo bei Otto I. Sie erbaten seine Hilfe gegen die Angriffe des „Tyrannen" Berengar und legten – wie Liutprand von Cremona berichtet – Briefe und Beweisstücke (*litteris et rerum signis*) vor, um die Ansprüche und Rechte des Papstes zu verdeutlichen. Unter diesen „Beweisstücken" muss sich, wie aus einer späteren Urkunde Kaiser Ottos III. (MGH D O III. 389,

S. 820, Z. 14) erschlossen werden kann, auch eine Prachtausfertigung der gefälschten Konstantinischen Schenkung befunden haben. Sie war mit goldener Schrift (*aureis litteris*) geschrieben, das heißt, auch sie muss eine Purpurkunde gewesen sein, und wurde offensichtlich als Originalurkunde Kaiser Konstantins des Großen (306–337) ausgegeben. In dieser berühmten Fälschung aus der Zeit um 800 wird ausgeführt, dass der Kaiser dem Papst Silvester I. (314–335) die kaiserlichen Insignien sowie die Macht und Herrschaft über Rom und die Provinzen Italiens und des westlichen Kaiserreichs übertragen haben soll (*Romae urbis et omnes Italias seu occidentalium regionum provincias loca et civitates saepefato beatissimo pontifici patri nostro Silvestro universali papae contradentes atque relinquentes eius vel successorum ipsius pontificum potestati et ditioni*). Bei den anderen „Beweisstücken" dürfte es sich um die Urkunden Ludwigs des Frommen von 817 (Privilegium Ludovicianum: MGH Capitularia I, S. 353, Nr. 172; vgl. Hahn, Hludowicianum) sowie um mehrere karolingische Schenkungen aus den Jahren 825, 850, 872, 876 und 892 gehandelt haben. Diese eigens angefertigte Purpururkunde Kaiser Konstantins hat offenbar als Vorlage für das Ottonianum gedient, und das bedeutet nicht weniger, als dass sich Kaiser Otto I. mit der Ausstellung seiner Prachturkunde als ein zweiter Konstantin darstellen wollte und dass der Beschluss für ihre Herstellung früh gefallen sein dürfte. Aus all dem ist zu schließen, dass man den unbeschriebenen Purpurrotulus wohl noch in Fulda angefertigt und dann im Herbst 961 nach Rom mitgenommen hat, um ihn dort im Februar 962 durch den Schreiber aus Fulda zu beschriften.

Die Herstellung des angeblichen Originals der Konstantinurkunde in Rom von 960 hatte im Übrigen ein bitteres Nachspiel: Als es 963 zwischen Kaiser und Papst zum Konflikt kam, wechselte der Kardinaldiakon Johannes die Seiten und gestand Otto offenbar sein Machwerk. Als er kurz darauf (im Februar 964) wieder dem Papst in die Hände fiel, ließ ihm dieser die Nase abschneiden, die Zunge herausreißen und zwei Finger verstümmeln. Das brachte ihm den Beinamen „der Stummelfingrige" ein (*cognomento Digitorum mutilus*, MGH D O III, 389, S. 820, Z. 14). Dem Schreiber Azzo wurde die rechte Hand abgehackt.

Doch dies minderte die Bedeutung des Ottonianum in keiner Weise. Otto der Große hat die prunkvolle Urkunde, so darf man annehmen, am 13. Februar 962, dem Aschermittwoch des Jahres, in Form einer Rolle am Grab des hl. Petrus (Confessio sancti Petri) abgelegt. Dieser feierliche Akt begründete gleichzeitig die Rechtsgültigkeit der Bestimmungen. Da die Urkunde keine Besiegelung aufweist, hat man angenommen, dass es sich nur um eine Zweitausfertigung handelte und es daneben noch ein rechtsverbindliches Original gegeben haben müsse. Es existiert aber nicht der geringste Hinweis auf ein solches ‚eigentliches' Original, den man angesichts der enormen Bedeutung dieser Urkunde erwarten möchte. Daher sollte man – entgegen der bisherigen Forschungsmeinung – in Erwägung ziehen, ob nicht dieser Rotulus von Anbeginn die Rolle eines Originals erlangte.

Ganz in diesem Sinne jedenfalls wurde die Prachturkunde an der Kurie über die Jahrhunderte hin als eines der wertvollsten Stücke des päpstlichen Archivs behandelt. Sie beginnt (entsprechend der Konstantinischen Schenkung) mit den Worten „Im Namen des allmächtigen Gottes, des Vaters, des Sohnes und des Heiligen Geistes" und fährt dann fort: „Ich, Otto, von Gottes Gnaden *imperator augustus*, verspreche und gelobe zugleich im Namen meines Sohnes, des ruhmreichen Königs Otto (II.), auf göttliche Anordnung hin durch diesen Vertrag (*pactum*) Dir, dem heiligen Apostelfürsten Petrus, der die Schlüssel zum himmlischen Königreich besitzt, und durch Dich auch Deinem Vertreter, dem Herrn Papst Johannes XXII., dem höchsten und allgemeinen Bischof, all das, wie ihr es seit euren Vorgängern in Eurer Gewalt und Botmäßigkeit besessen und verwaltet habt". Wie in der Konstantinischen Schenkung wird die Formel *potestas et ditio* (Gewalt und Botmäßigkeit) verwendet. Dann folgen die einzelnen Besitzungen, die von Istrien bis Sizilien reichen. Dazu gehörten der Dukat von Rom, die Pentapolis, der Exarchat von Ravenna, die Herzogtümer Spoleto und Benevent, die gesamte Sabina, große Teile Tusziens und Kalabriens sowie die Inseln Sizilien und Korsika. Im zweiten Teil der Urkunde wird allerdings deutlich gemacht, dass eine Papsterhebung nur dann gültig sei, wenn der Neugewählte dem Kaiser oder dessen Stellvertreter gegenüber einen Eid (*promissio*) abgelegt hat, alle Aufgaben gewissenhaft zu erfüllen. Außerdem sollten päpstliche Gesandte jährlich über die Amts- und Herrschaftsführung dem Kaiser Bericht erstatten. Der ganze Tenor macht deutlich, dass Kaiser Otto I. als Schutzherr auch weiterhin einen Vorrang in Bezug auf das Land des heiligen Petrus (*terra sancti Petri*) beanspruchte, während der Papst fortan davon ausging, dass mit dieser Bestätigung das alleinige päpstliche Besitzrecht dauerhaft verankert sei. Welch großen Stellenwert das Ottonianum in diesem Sinne für den Papst einnahm, ist daran abzulesen, dass Innocenz IV. (1243–1254) diese Urkunde bei seiner Flucht nach Lyon 1244 mitnahm, sie auf dem dortigen Konzil 1245 mitsamt anderen Urkunden abschreiben (transsumieren) und die Echtheit der Transsumpte durch hohe Konzilsteilnehmer beglaubigen ließ. In dem auf diese Weise angelegten Konvolut der päpstlichen Rechtstexte, mit denen das Urteil gegen Kaiser Friedrich II. abgesichert werden sollte, stand das Ottonianum an erster Stelle.

V.10*

Quellen
MGH D O I. 235; MGH Constit. I, S. 23–27, Nr. 12.

Literatur

Battelli 1954, S. 336–364; Brühl 1977, S. 3–21, hier 12; Drabek, 1976, S. 67–72; Hahn 1975, S. 15–135; Hoffmann 1986, S. 10, 170f.; Hoffmann 2001, S. 431f.; Laudage 2001, S. 181f., 193f., 198f.; Schramm/Mütherich 1981, S. 140, Nr. 65, Abb. 276; Sickel 1883; Stengel 1960, S. 218–248; Zimmermann 1962/1963, Zimmermann 1984 (a), Sp. 2025–2027; S. 147–190; Zimmermann 1984 (b).

Stefan Weinfurter

Vollständige Übersetzung des Urkundentextes

Im Namen des allmächtigen Herrn Gottes, des Vaters, des Sohnes und des Heiligen Geistes. Ich Otto, von Gottes Gnaden Imperator Augustus, verspreche und gelobe zugleich im Namen meines Sohnes, des ruhmreichen Königs Otto, / nach göttlicher Vorhersehung durch diesen Vertrag unserer Bestätigung Dir, dem heiligen Apostelfürsten Petrus, der die Schlüssel / zum himmlischen Königreich führt, und durch Dich Deinem Stellvertreter, dem Herrn Papst Johannes XII., dem obersten und universalen Papst, alles, wie Ihr es seit Euren Vorgängern bis heute in Eurer Gewalt / und Rechtsprechung gehabt und verwaltet habt: die Stadt Rom mit ihrem Herzogtum und ihren Vorstädten und mit allen ihren Dörfern und Ländereien, mit Bergen / und Gewässern, mit Stränden und Häfen. Ferner mit allen Städten, Burgen, befestigten Orten und Dörfern in der Region von Tuszien, nämlich Porto, Civitavecchia, Cerveteri, Bieda, / Monteranno, Sutri, Nepi, die Burg Gallese, Orte, Bomarzo, Amelia, Todi, Perugia mit ihren drei Inseln – das heißt, mit der größeren, der kleineren und der Insel Polvese –, / Narni und Otricoli, mit allen Gebieten und Ländereien, die zu den genannten Orten gehören. Außerdem das ungeschmälerte Exarchat von Ravenna / mit den Städten, Ortschaften, befestigten Siedlungen und Burgen, wie der Herr Pippin und der Herr Karl, beide seligen Angedenkens, die hervorragenden Kaiser, / unsere Vorgänger, diese dem heiligen Apostelfürsten Petrus und Euren Vorgängern schon vor langer Zeit mittels einer Schenkungsurkunde übertragen haben, das sind die Stadt / Ravenna und die Emilia: Bobbio, Cesena, Forlimpopoli, Forli, Faenza, Imola, Bologna, Ferrara, Comacchia, Adria und Gavello / mit allen Gebieten, Ländereien und Inseln, Gewässern und Seegebieten, die zu diesen Städten gehören. Dazu auch die Pentapolis, nämlich / Rimini, Pesaro, Fano, Sinigaglia, Ancona, Osimo, Umana, Iesi, Fossombrone, Montefeltre, Urbino und den Landbesitz / von Castrovalva, Cagli, Luceoli und Gubbio mit allen zu diesen Städten gehörenden Ländereien und Besitzungen. Auf die gleiche Weise das Sabinerland, so wie es von dem Herrn / Kaiser Karl, unserem Vorgänger, dem heiligen Apostel Petrus ungeschmä-

lert mittels seiner Schenkungsurkunde überlassen worden ist. Ebenso im langobardischen Tuszien / die Burg Cittá di Castello, Orvieto, Bagnorea, Ferentino, Viterbo, Orchia, Marta, Toscanello, Sovana, Populonia, Roselle mit ihren Vorstädten und allen Dörfern, / den Ländereien und Küstenstrichen, den befestigten Orten und Dörfern und dem gesamten Gebiet. Dazu von Luni mit der Insel Korsika, dann in Sarzana, dann auf dem La Cisa-Pass, / dann in Berceto, von dort aus in Parma, dann in Reggio, von dort in Mantua und Monselice sowie die Provinz Venetien und Istrien und / das gesamte Herzogtum von Spoleto und Benevent zusammen mit der Kirche Santa Cristina bei Pavia am Po beim vierten Meilenstein. Außerdem in der Region Campanien / Sora, Arce, Aquino, Arpino, Teano und Capua. Vor allem auch die Besitzungen, die zu Eurer Macht und Verfügung gehören, nämlich die Herrschaft von Benevent / und die Herrschaft von Neapel sowie die Herrschaften im oberen und unteren Kalabrien – von der Stadt Neapel mit Burgen und Län- / dereien und Liegenschaften und ihren Inseln, die zu ihr gehören und wie sie offensichtlich dazugehören – und auch der Besitz Siziliens, wenn Gott ihn in unsere Hände geben sollte. / Ebenso auch die Städte Gaeta und Fondi mit allem, was dazugehört. Außerdem übertragen wir Dir, heiliger Apostel Petrus, und Deinem Stellvertreter, / dem Herrn Papst Johannes, und seinen Nachfolgern zum Heil unserer Seele und der Seelen unseres Sohnes und unserer Vorfahren aus unserem eigenen Reich folgende Städte und befestigte Orte / mit den dazugehörenden Fischereirechten, nämlich Rieti, Amiterno, Furcone, Norcia, Valva und Marsica und in einer anderen Gegend die Stadt Teramo mit allem, was dazugehört. Alle diese aufgeführten / Provinzen, Stadtburgen und Städte, befestigten Orte und Burgen, Dörfer und Länderein und dazu die Herrschaften bestätigen wir zum Heil unserer Seele und der Seelen unseres Sohnes, unserer Vorfahren / und Nachfolger und für das ganze bisher und künftig von Gott bewahrte Volk der Franken Deiner schon genannten Kirche, heiliger Apostel Petrus, und durch Dich Deinem Stellvertreter, / unserem geistlichen Vater, dem Herrn Johannes, dem höchsten Bischof und universalem Papst, und seinen Nachfolgern, bis zum Ende der Welt in der Weise, dass sie verbleiben sollen / in ihrem Recht, ihrer Herrschaft und ihrer Gewalt. In gleicher Weise bestätigen wir durch diesen unseren Verleihungsvertrag die Schenkungen, die der Herr / König Pippin seligen Angedenkens und später Herr Karl, der erlauchte Kaiser, dem heiligen Apostel Petrus ganz freiwillig übergeben haben, insbesondere den Zensus, die Steuern und / andere Abgaben, die sonst jährlich zum Palast des Langobardenkönigs geliefert wurden, wie die von Tuszien und vom Herzogtum Spoleto – so, wie es in den oben genannten / Schenkungsurkunden enthalten ist und wie es zwischen Papst Hadrian seligen Angedenkens und dem Herrn Kaiser Karl beschlossen wurde, als ihm dieser Papst hinsichtlich der genannten Herzogtümer, / nämlich Tusziens und Spoletos, in einer Urkunde seinen Machtanspruch bestätigte –, und zwar auf die Weise, dass der genannte Zensus jährlich beim heiligen Apostel Petrus / abgeliefert wird, unbeschadet unserer Oberherrschaft über die genannten Herzogtümer und deren Untertanenpflicht gegenüber uns und unserem Sohn. Im Übrigen bekräftigen wir, wie wir gesagt haben, alles oben / Genannte durch diesen unseren Schenkungsvertrag zu Euren Gunsten in dem Sinne, dass alles in Eurer Rechtsprechung, Herrschaft und Gewalt bleiben soll und weder von uns / noch durch unsere Nachfolger durch irgendeinen Grund oder irgendeine Machenschaft in irgendeiner Weise Eure Macht vermindert werden oder Euch irgendetwas weggenommen werden darf / von den oben angeführten Provinzen, Burgstädten, Städten und befestigten Orten, Burgen, Dörfern, Inseln, Ländereien und Herrschaften oder Steuern und Abgaben, / so dass weder wir selbst so etwas tun werden noch irgendjemandem zustimmen, der solches beabsichtigen sollte; sondern dass wir im Gegenteil bezeugen, alles, was oben aufgeführt worden ist, also Provinzen, Städte, Burgstädte, / befestigte Orte, Burgen, Ländereien und Herrschaften sowie Inseln, Steuern und Abgaben zu Gunsten der Kirche des heiligen Apostels Petrus und der Päpste, die auf dem heiligsten / Stuhl des Apostels thronen, nach allen unseren Kräften zu verteidigen mit dem Ziel, dass alles fest in seiner Gewalt und Verfügung und zu seinen Gunsten / verbleibe. Dies gilt unbeschadet unserer und unseres Sohnes sowie unserer Nachfolger Obergewalt, so wie es im Vertrag, in der Verordnung und in der Bestätigung des Versprechens / Papst Eugens und seiner Nachfolger enthalten ist: dass nämlich der gesamte Klerus und der Adel des ganzen römischen Volkes wegen verschiedener Unzuträglichkeiten und der von den Päpsten / geübten ungerechtfertigten Härten gegen das ihnen unterstellte Volk in einem Eid sich verpflichtet hat, dass die künftige Wahl der Päpste, soweit / es ein jeder beurteilen kann, kanonisch und gerecht ablaufen soll, und dass der zum heiligen und apostolischen Amt Berufene nicht mit der Zustimmung von irgendjemandem zum Papst geweiht wird, / bevor er nicht in Gegenwart der Gesandten von uns oder unseres Sohnes und der gesamten Allgemeinheit öffentlich ein derartiges Versprechen abgibt über die Gerechtigkeit für alle und die künftige / Beachtung der Anliegen, wie dies unser Herr und verehrungswürdiger geistlicher Vater Leo aus freien Stücken bekanntlich getan hat. Außerdem haben wir in diese Urkunde auch andere, kleinere Bestimmungen aufnehmen lassen, / nämlich dass bei der Papstwahl weder ein Freier noch ein Knecht es so weit zu treiben wage, jenen Römern, denen durch die Bestimmung der heiligen / Väter das alte Recht zu dieser Wahl zusteht, irgendeine Schwierigkeit zu bereiten. Wenn aber jemand es wagen sollte, gegen diese unsere Verfügung sich zu vergehen, wird er mit der Verbannung bestraft werden. / Darüber hinaus verbieten wir noch, dass irgendeiner unserer Gesandten es wage, sich ir-

gendeinen Vorwand zur Behinderung der Wahl auszudenken. Dann wurde auch dies nachdrücklich / angeordnet, dass Menschen, die einmal in den besonderen Schutz des apostolischen Herrn oder in unseren aufgenommen worden sind, diesen einmal erlangten Schutz auch von Rechts wegen genießen sollen; / wenn jemand es wagen sollte, irgendeinen von denen, welche das verdient haben, zu verletzen, dann soll er wissen, dass er sich in Gefahr von Leib und Leben begibt. Auch bestätigen wir, dass dem apostolischen Herrn / in allen Stücken gerechter Gehorsam zu leisten ist und auch seinen Herzögen und Richtern zur Wahrung des Gerechtigkeit. Notwendigerweise müssen wir diesem Erlass noch folgenden Artikel / hinzufügen, dass es ständige Gesandte des apostolischen Herrn und von uns geben soll, die jährlich uns oder unserem Sohn darüber berichten sollen, wie die einzelnen / Herzöge und Richter dem Volk Gerechtigkeit verschaffen und wie sie diese kaiserliche Urkunde beachten. Diese Gesandten, so lautet unser Beschluss, sollen zuerst alle / Klagen, die aus der Pflichtvergessenheit der Herzöge und Richter ermittelt werden, zur Kenntnis des apostolischen Herrn bringen, und dieser möge dann in jedem Fall eines von beiden tun: Entweder sollen / diese Missstände durch diese Gesandten selbst sofort abgestellt werden, oder aber, falls uns einer unserer Gesandten Bericht erstattet, durch Gesandte, die von uns dann geschickt werden. / Damit nun dies alles von allen Getreuen der heiligen Kirche Gottes und von unseren Getreuen als rechtskräftig anerkannt wird, haben wir durch das Zeichen unserer Hand und durch die Unterschriften unserer vornehmsten Großen / diese Vertragsurkunde bestätigt und sie mit dem Aufdruck unseres Siegels versehen lassen. Handzeichen des Herrn Otto, des erlauchten Kaisers, / und seiner Bischöfe, Äbte und Grafen: Zeichen des Adaldag, Erzbischof der Kirche von Hamburg. Zeichen des Hartbert, Bischof der Kirche von Chur. / Zeichen des Drogo, Bischof der Kirche von Osnabrück. Zeichen des Udo, Bischof der Kirche von Straßburg. Zeichen des Otwin, Bischof der Kirche von Hildesheim. / Zeichen des Lantward, Bischof der Kirchen von Minden. Zeichen des Otgar, Bischof der Kirche von Speyer. Zeichen des Gezo, Bischof der Kirche von Tortona. / Zeichen des Hukbert, Bischof der Kirche von Parma. Zeichen des Wido, Bischof der Kirche von Modena. Zeichen des Hatto, Abt des Klosters Fulda. / Zeichen des Gunthar, Abt des Klosters Hersfeld. Zeichen des Grafen Eberhard. Zeichen des Grafen Gunthar. Zeichen des Grafen Burkhard. / Zeichen des Grafen Udo. Zeichen des Grafen Konrad. Zeichen von Ernst. Zeichen von Dieter, Rikdag, Lupen, Hartwich, Arnolf, Ingiltis, / Burkhard, Reting. Im Jahre der Geburt des Herrn 962, in der 5. Indiktion, im Monat Februar, am 13. dieses Monats. Im 27. Jahr der Herrschaft des Herrn Otto, / des siegreichsten Kaisers, wurde dieser Vertrag geschlossen. Mit Glück und Segen.

Stefan Weinfurter

Quellen

MGH D O I, 235; Privilegium Ludovicanum.

Literatur

Ausst.-Kat. Magdeburg 2001, Bd. 2, Nr. VI.25 (Hartmut Hoffmann); Battelli 1954; Brühl 1977, hier S. 12; Drabek 1976, S. 67–72; Hahn 1975; Hoffmann 1986, S. 10 u.170 f.; Laudage 2001, S. 181 f., 193 f. u. 198 f.; Schramm/Mütherich 1981, S. 140, Nr. 65, Abb. 276; Sickel 1883; Stengel 1960, S. 218–248; Zimmermann 1962/1963; Zimmermann 1984.

V.11

Sammelhandschrift mit den Decretales Pseudo-Isidorianae, darin eingeheftet Text der „Konstantinischen Schenkung"

Oberitalien, um 1020; Einschub (fol. 3–6): um 1000
Pergament, 149 Blätter. H 33 cm, B 22 cm; Einschub:
H 27,5 cm, B 19,5 cm
Bamberg, Staatsbibliothek Bamberg, Msc.Can.4

Das Herzstück des Codex (fol. 17r–140r) bilden die sogenannten *Pseudo-isidorischen Dekretalen*, eine auf den Namen Isidor Mercator gefälschte, sehr einflussreiche Sammlung kirchlicher Rechtstexte, die um 850 im nordfranzösischen Kloster Corbie wohl unter maßgeblicher Beteiligung des dortigen Abtes Ratbert entstand. Den Pseudoisidor-Texten, die um 1020 von einem oberitalienischen Schreiber kopiert wurden, gehen ein Papstkatalog und eine Liste der Erzbischöfe von Mailand (fol. 1r–2r, 7r–8r) sowie ein Inhaltsverzeichnis der *Dekretalen* aus derselben Zeit voraus (fol. 9r–16v). Weitere kirchenrechtliche Texte wurden im späteren 11. Jahrhundert von verschiedenen Kopisten angefügt (fol. 146v–149r).

In die Handschrift ist ein Heft von vier Blättern in kleinerem Format eingebunden (fol. 3–6), das eine Abschrift der „Konstantinischen Schenkung" (*Constitutum Constantini*) enthält sowie als Zusatz einen Eid, den Otto der Große (936–973) dem Papst 960 leistete. Diese beiden Texte wurden um das Jahr 1000 von unterschiedlichen italienischen Händen geschrieben. Ein Besitzvermerk auf fol. 17r nennt einen nicht näher zu bestimmenden Bischof namens Anselm, wohl ebenfalls einen Italiener. Die Handschrift gelangte im Mittelalter auf unbekannten Wegen in die Bamberger Dombibliothek und 1802/1803 von dort in die heutige Staatsbibliothek Bamberg.

Von besonderem Interesse ist die eingebundene Kopie der „Konstantinischen Schenkung" – der berühmtesten aller mittelalterlichen Fälschungen, die höchstwahrscheinlich im dritten Viertel des 8. Jahrhunderts in Rom entstand. In ihr übertrug Kaiser Konstantin I. (306–337) dem römischen Bischof Silvester

(314–335) die Herrschaft über Rom, Italien und die Provinzen des Westens und zeichnete ihn mit kaiserlichen Insignien aus. An die in Bamberg aufbewahrte Abschrift der 'Konstantinischen Schenkung' wurde das Versprechen Ottos I. angefügt, Leib und Leben des Papstes zu schützen, der römischen Kirche beizustehen und die Rechte des römischen Bischofs im Gebiet des späteren Kirchenstaates zu respektieren (fol. 6v). Es handelt sich dabei um eine Sicherheitserklärung, die der Herrscher höchstwahrscheinlich 960 gegenüber päpstlichen Gesandten leistete, als diese den König im Reich aufsuchten, um ihn zum Romzug zu bewegen. Otto erfüllte mit diesem Eid eine erste wichtige Voraussetzung für die Kaiserkrönung am 2. Februar 962.

Die in der Bamberger Kopie des *Constitutum Constantini* verwendete Unterschriftsformel Konstantins – *Et propria manu subscribo sic* (fol. 6v) – scheint auf eine Prunkausfertigung der Schenkung zurückzugehen. Eine solche wurde 962 wohl eigens hergestellt und Otto I. bei den Verhandlungen mit Papst Johannes XII. (955–963) als angebliches Original vorgelegt. Zumindest bestätigte der Kaiser elf Tage nach seiner Krönung der römischen Kirche – in der Tradition seiner Vorgänger seit Ludwig dem Frommen (814–840) – mit dem so genannten *Privilegium Ottonianum* feierlich Besitz und Rechte in Italien, die gedanklich auf der „Konstantinischen Schenkung" fußen.

Harald Müller

Quellen

Constitutum Constantini, dort bes. S. 12–13, u. 22 f.

Literatur

Ausst.-Kat. Magdeburg 2001, Bd. 2, Nr. VI.24 (Hartmut Hoffmann); Ausst.-Kat. Magdeburg 2006 (a), Bd. 1, Nr. II.6 (Harald Müller); Drabek 1976, S. 64–65 u. 67–72; Fuhrmann 1966, S. 123–128 u.143–151 mit Abb. nach S. 148; Fuhrmann 1991; Fuhrmann 2002; Hoffmann 1995, S. 121–122, dazu Abb. 248–249; Leitschuh/Fischer/Dreßler 1887–1966, Bd. 1, S. 858–860; Suckale-Redlefsen 2004, Bd. 1, Teil 1, S. 59–61, Nr. 43, Bd. 1, Teil 2, S. 99, Abb. 256–257; Zechiel-Eckes 2001; Zechiel-Eckes 2002.

V.12

Kirchenrechtliche Materialsammlung

Hildesheim (Domskriptorium), Ende 10. Jahrhundert
Pergament, 165 Blätter. H 27,2 cm, B 19,0 cm
Wolfenbüttel, Herzog August Bibliothek,
Cod. Guelf. 454 Helmst

Den Kern der Handschrift bildet fol. 22v–159v eine Kanonessammlung von 233 gezählten Kapiteln mit weiteren unge-

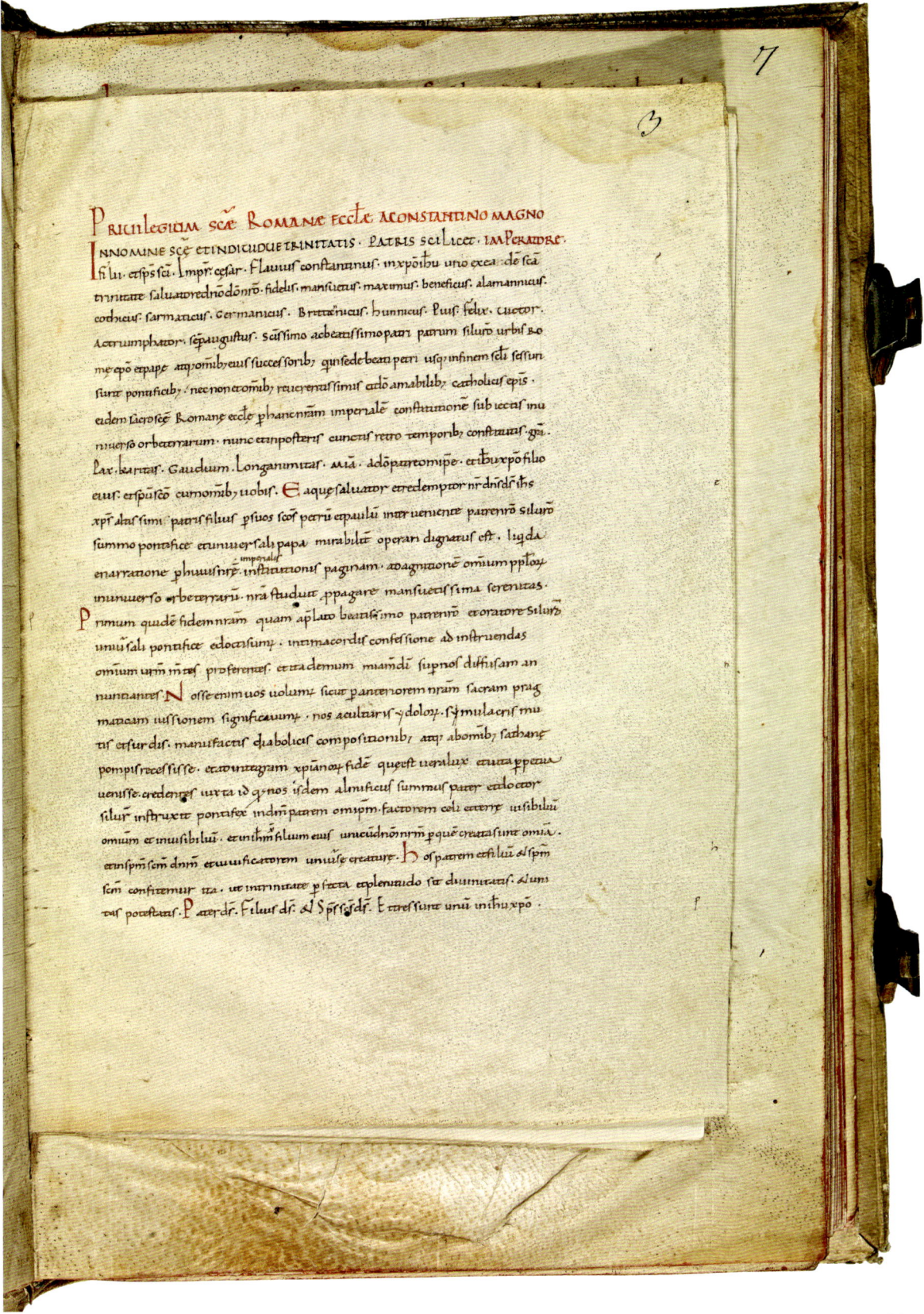

zählten. Den ersten Teil dieser Kapitelreihe bildet eine Sammlung, die ihr Entdecker Melchior Goldast von Haiminsfeld (* 1578, † 1635) dem Bischof Remedius von Chur († um 806) zugeschrieben hat (Pseudo-Remedius) und die im ausgehenden 9. Jahrhundert im Bodenseeraum zusammengestellt wurde. Die 80 Ps.-Remedius-Kapitel sind hier teilweise umgestellt und gekürzt. Vor allem wurden im 10. Jahrhundert neue Texte angefügt, wobei z. B. das Sendhandbuch des Regino von Prüm († 915) als Vorlage diente. Auf den Blättern vor dieser Sammlung steht unter anderem eine Auflistung der Päpste (fol. 9v–13r).

Die Handschrift befand sich später im Kloster Huysburg, im 16. Jahrhundert im Besitz des Flacius Illyricus (*1520, †1575), aus dem sie über die Universität Helmstedt in die Herzog August Bibliothek gelangte. Einige ihrer Texte sind von den Magdeburger Centuriatoren erstmals gedruckt worden, Teile der Handschrift sind dabei verloren gegangen.

Der Papstkatalog endet mit der Nennung von Johannes XII. (955–964) und (von anderer Hand hinzugefügt) Benedikt V. (964–965). Auf letzteren weist die Überschrift eigens hin. Die Päpste seien aufgeführt „bis zu dem beklagenswerten Benedikt, der in Verbannung am Gestade des Weltmeeres festgehalten wurde (usque ad miserum Benedictum exilio religatum in oceani litore)". Der jüngste datierbare Text der Kanonessammlung ist (als c. 143, fol. 84v–89r) das Protokoll der römischen Synode Papst Johannes' XII. vom Februar 964. Mit dieser Synode reagierte Johannes auf eine römische Synode, die ihn November/Dezember des Vorjahres seines Amtes entsetzt und mit Leo VIII. (963–965) einen neuen Papst erhoben hatte.

Bald nachdem Johannes am 2. Februar 962 Otto den Großen (936–973) zum Kaiser gekrönt hatte, war es zu einem heftigen politischen Konflikt zwischen beiden gekommen. Johannes hatte vor dem Kaiser aus Rom fliehen müssen, Otto war maßgeblich an seiner „Absetzung" durch die römische Synode und der Erhebung Leos VIII. beteiligt gewesen. Johannes konnte jedoch nochmals nach Rom zurückkehren und verurteilte nun seinerseits die Synode des Vorjahres und den neuen Papst.

Wenig später ist Johannes gestorben; mit Benedikt V. wählten die Römer einen Nachfolger. Otto der Große und Leo VIII. haben dessen Papsttum nicht anerkannt. Auf einer erneuten Synode in Rom verurteilten sie ihn im Juni 964. In Verbannung ist Benedikt 965 in Bremen gestorben und wurde dort beigesetzt.

Der Papstkatalog der Handschrift zählt das von Otto dem Großen und Leo VIII. verurteilte Papsttum Benedikts jedoch als ein legitimes. Er ignoriert gleichsam das kaiserliche Eingreifen in die Geschicke des Papsttums. Ebenso hat Johannes XII. die Legitimität von Ottos Kaisertum nicht bestritten, denn seine Synode vom Februar 964 ist nach den Kaiserjahren Ottos datiert.

Während der Regentschaft für Otto III. (983–1002) hat man 988 Benedikts Leichnam nach Rom überführen lassen. Der Synode Johannes' XII. bedienten sich um die Jahrtausendwende Otto III. und die Päpste argumentativ, als sie sich in dem Streit zwischen Erzbischof Willigis von Mainz (975–1011) und Bischof Bernward von Hildesheim (993–1022) um die Diözesanzugehörigkeit von Gandersheim der Hildesheimer Position anschlossen. In der Kanonessammlung der Handschrift sind Kapitel, die für die Rechtsauffassung Bernwards sprechen, wiederholt eigens markiert oder mit Randbemerkungen versehen. Auch bei der Synode Johannes' XII. findet sich eine Markierung; diese Stelle hat Bernhard von Hildesheim († 1088) benutzt, als er in dem Konflikt zwischen Papst Gregor VII. (1073–1085) und Heinrich IV. (1056–1106) für das Papsttum eintrat. Die unscheinbare Handschrift – letztlich eine Materialsammlung – spiegelt auf diese Weise die Komplexität und Vielgestalt der Beziehungen zwischen den Päpsten, den deutschen Königen und Kaisern sowie den Bischöfen des Reiches im 10. und 11. Jahrhundert.

Ernst-Dieter Hehl

Literatur

Ausst.-Kat. Hildesheim 1993, Bd. 2, Nr. VII-27 (Rudolf Pokorny u. Hans Jakob Schuffels); Fournier/Le Bras 1931, S. 300–305; Hartmann 2001, S. 82, 102 u. 233; Hehl 1991, hier S. 259 f.; Hehl 1998, hier S. 323–327; von Heinemann 1884, S. 356–357; John 1976, S. 52–58; Kéry 1999, S. 193 f.

41

opus explendum dno tradit; Siquis autem qd absit sec egerit:
uideat ne dapnationem annanie, & saphire, p cipiat. & reus
sacrilegi efficiatur. sicut illi fuerunt. q pcia pdictar ure pu
fraudabant ; Ne precia usibus secretorum
ecclestium dicata inuadantur ex eadem epistola;

XLVIIII Attendendum est omib; & fideliu custodiendu. & illius
usurpationis e iniuria depellenda nec p cia usib; secrete
ecclestiu dicata. adsb; qua irruentib; uexent; Quod siquis
fecerit. post debite ultionis acrim omia que erga sacrilegos
iure pmenda e. ppetua dampne infamia & infernali
carcer tradatur. aut exilio ppetue deportationis ser
uet. qm iuxta apostolum tradere oportet huius modi
hominem satane ut sps saluus fiat in die dni;

Desede episcopi ex eadem epistola ;

XLVIIII Quia autem sedes in episcoporu ecclesiis excelse constitute
& pparate inueniunt in throno speculatione. & potestate
iudicandi. & soluendi atq; ligandi adno sibi data mate
rie docent ; Unde ipse saluator in euangelio ait ;
Quecumq; ligaueritis sup terra. erunt ligata & in celo;
Et alibi ; Accipite spm sem quorum remiseritis peccata
remittuntur eis. Et quoru retinueritis retenta erunt;

Cur tpox sedes
excelse in cala
ponantur ;

Kaiserliche Repräsentation in den Siegelbildern Ottos I.

Während uns aus karolingischer Zeit eine Vielzahl an Medien bildlicher und architektonischer Herrscherrepräsentation überliefert ist, haben sich aus der ersten Hälfte des 10. Jahrhunderts – und damit der Epoche der frühen Ottonen – nur wenige erhalten. Zu den seltenen Zeugnissen, an denen heute noch ein differenzierter Eindruck von der Herrschaftsrepräsentation Ottos I. (936–973) gewonnen werden kann, zählen dessen Königs- und Kaisersiegel. Die mit einem Stempel (Typar) in Wachs geprägten reliefplastischen Herrscherbildnisse waren zunächst einmal Rechtszeichen, welche die in Urkunden schriftlich festgehaltenen Rechtssetzungen beglaubigten. Die in den vergangenen Jahren intensivierte Forschung zur ottonischen Beurkundungspraxis konnte zeigen, dass ottonischen Kaiser- und Königssiegeln in öffentlichen, ritualisierten Übergabehandlungen eine besondere Rolle als Medien symbolischer Kommunikation zukam. Das sowohl in seiner Materialität als auch in seiner Körperlichkeit vom Urkundenpergament abgehobene Siegel mit dem Bildnis des Königs oder Kaisers sicherte dessen Präsenz über den Moment der Urkundenübergabe hinaus beim Empfänger. Jener konnte das reliefplastische Bildnis nicht nur visuell, sondern auch haptisch jederzeit erfahren.

In diesem Zusammenhang stehen signifikante Änderungen in der Siegelbildikonografie während der langen Regentschaft Ottos I. die für den weiteren Verlauf des Mittelalters im gesamten lateinischen Europa prägend sein sollten. Nachdem die Karolinger zumeist antike Gemmen als Typare benutzt und sich somit ein fremdes Bildnis für ihre siegelbildliche Repräsentation angeeignet hatten, vollzog sich im Ostfränkischen Reich unter König Ludwig IV., dem Kind, (900–911) ein grundlegender Wandel. Fortan wurde für den jeweiligen Herrscher wieder ein eigenes Typar geschnitten, das jedoch kein individualisiertes Porträt gemäß moderner Denkkategorien bot, sondern ein typisiertes Bildnis des Siegelführers. Dem im Königssiegel Ludwigs des Kindes von 902 erstmals fassbaren Typus des heraldisch, also aus der Perspektive des Bildes, nach links gedrehten Königs in Dreiviertelansicht folgte auch das seit 936 genutzte Königssiegel Ottos I. (vgl. Kat.-Nr. V.13). Durch die Attribute der Fahnenlanze und des Schildes schufen sie offensichtlich ein kriegerisches 'Image' des ostfränkischen Königs. Lediglich die Herstellungsweise der aus Stein geschnittenen Typare von Ottos Königssiegel stand noch in karolingischer Tradition.

Von diesem Typus wendet sich die Ikonografie der Kaisersiegel Ottos des Großen ab, die seit seiner Erhebung zum Imperator Augustus in Rom am 2. Februar 962 zur Beglaubigung von Diplomen benutzt wurden. Wie zu Beginn seines Königtums stand zwar von Anfang an der Bildtypus fest, der nach zwei nur kurzfristig genutzten Stempeln erst 965 im sogenannten Dritten Kaisersiegel seine endgültige Form fand (vgl. Kat.-Nr. V.14). Die grundlegende ikonografische Neuerung der Kaisersiegel von Otto dem Großen liegt in der Wendung des Dargestellten in die Frontalansicht und damit in einen Modus, der bis dahin dem Christusbild vorbehalten gewesen war. Von den zeitgenössischen Betrachtern dieser Siegel, denen das halbfigürliche Bildnis des Kaisers *en face* gegenübertrat, muss dies als bewusstes politisches Statement wahrgenommen worden sein. Der Anspruch des Kaisers als Stellvertreter Christi dokumentierte sich in der Majestät seiner Erscheinung, die durch die neuen, jetzt imperialen Insignien der Plattenkrone, des Langzepters und des Globus, des sogenannten Reichsapfels, unterstrichen wurde.

Die Reproduzierbarkeit des Mediums Siegel erlaubte eine für die damaligen Verhältnisse weite Verbreitung des Herrscherbildes, das dadurch in allen Teilen des Imperiums von der Nordsee bis nach Mittelitalien synchron präsent sein konnte. Von dieser Anwesenheit zeugen selbst nach über 1000 Jahren noch mehr als 200 erhaltene Diplome alleine aus der Kaiserzeit Ottos I., die sämtlich seine Kaisersiegel getragen haben dürften. Die enorme Wirkung von Ottos siegelbildlichen ,Herrscherimages' offenbart sich auch in deren langer Nachwirkung in der bildenden Kunst des Hochmittelalters. Um 1100 finden sich in historiografischen Sammelhandschriften mittelitalienischer Klöster, wie z. B. dem *Liber gemniagraphus* aus der mittelitalienischen Reichsabtei Farfa, kolorierte Federzeichnungen, welche klar die Bildlichkeit dieser Siegel rezipieren. Nochmals ein Jahrhundert später taucht das Motiv des halbfigurigen Herrscherbildnisses in frontaler Ansicht als Medaillon auf den sogenannten Otto-Schalen aus Magdeburger Gießhütten wieder auf. Durch die Umschrift OTTO wird deutlich auf eben die Tradition des christlichen Siegelbildes verwiesen. Dieses wurde nun durch die vermutlich liturgisch genutzten Handwaschschalen um 1200 im Elbe-Saale-Gebiet verbreitet, das damals Schwerpunkt der Missionsbemühungen an der slawischen Bevölkerung war.

Markus Späth

Literatur

Keller 1998; Keller 2002, S. 131–166 u. 275–297 (mit umfassender Bibliografie); Patzold 2009; Schramm/Mütherich 1983.

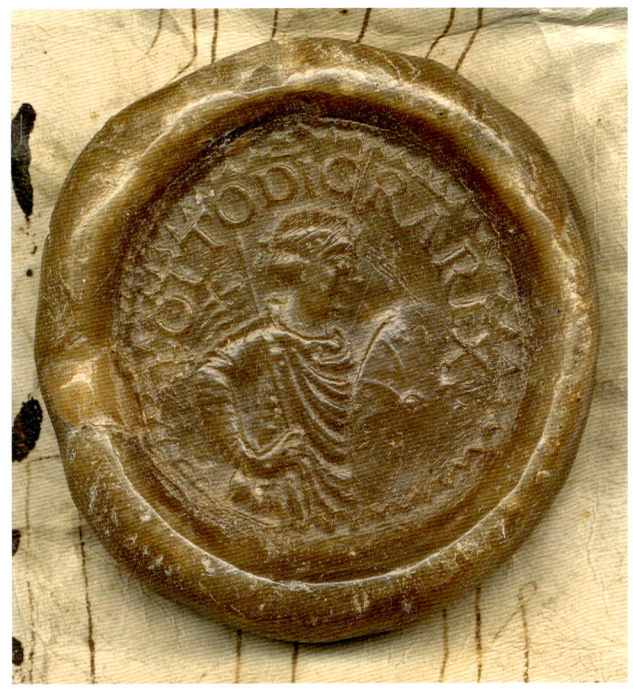

V.13

leicht gewellten Haupthaar trägt er eine Reifkrone, welche ihn in seiner königlichen Würde auszeichnet. Die über die rechte Schulter gelegte Fahnenlanze sowie der mit reichen Beschlägen verzierte Rundschild verweisen darauf, dass Otto der Große sein Erscheinungsbild in die Tradition der Siegel der ostfränkischen Könige im frühen 10. Jahrhundert stellte. Damit gab er sich das ‚Image' eines kriegerischen bzw. – wie die Rezeption dieses Motivs in den Besiegelungsbildern seines Enkels Otto III. (983–1002) zeigt (vgl. Kat.-Nr. V.69) – siegreichen Herrschers.

Die feingliedrige Komposition wird überfangen von einer Umschrift, die den tradierten Bildtypus eindeutig zur Repräsentation Ottos als König von Gottes Gnaden macht. Die Titulatur beginnt mit dem Invokationskreuz, also der symbolischen Gottesanrufung, auf der Höhe des Ellbogens des rechten Armes und endet auf selber Höhe dicht vor dem Schildbuckel. Wie häufig bei mittelalterlichen Siegeln touchieren Bild und Umschrift sich auf subtile Weise. Hier ist es die Spitze der Fahnenlanze, welche das zweite O im Eigennamen des Königs berührt und auf die Untrennbarkeit von Bild und Text in der Funktionsweise dieses Repräsentationsmediums verweisen könnte.

Markus Späth

V.13

Königssiegel Ottos des Großen

Deutschland, 936. Siegelstempel benutzt bis 961
Umschrift: + OTTO D(e)I GR(ati)A REX
Hellbraunes Wachs in Wachswanne mit Abdruck
des Zackenrandes der Stempelfassung. D 5,2 cm
Marburg, Hessisches Staatsarchiv, Urk. 75
(Bestand Reichsabtei Fulda), Nr. 65: 936 Oktober 14
(MGH D O I, 2)

Dieser Abdruck, mit dem Otto I. (936–973) ganz zu Beginn seiner Königsherrschaft am 14. Oktober 936 in Magdeburg eine umfassende Bestätigungsurkunde der Rechte des bedeutenden Reichsklosters Fulda beglaubigte, ist einer der frühesten und besterhaltenen des Königssiegels. Der Stempel wurde tief in das hellbraune Wachs eingedrückt, so dass sich an den Rändern ein enormer Wulst aufbaute. Das runde Siegelfeld wird von einem markanten Zackenrand begrenzt, der als Abdruck von der Metallfassung des aus Stein geschnittenen Typars herrührt.

Das Siegelbild wird dominiert von einer ins Profil bzw. ins Halbprofil nach heraldisch links gedrehten Darstellung eines bartlosen – und damit deutlich als jung charakterisierten – Mannes in Dreiviertelansicht. Sowohl die markante Nase als auch das Kinn sind spitz, während sein Oberkörper, bedingt durch den über der rechten Schulter mit einer Fibel gerafften Mantel, in rechteckiger Proportion erscheint. Auf dem kurzen,

Literatur
Ausst.-Kat. Hildesheim 1993, Nr. II-1 (Rainer Kahsnitz); Ausst.-Kat. Magdeburg 2001, Nr. III.3 (Rainer Kahsnitz); Posse 1909–1913, Bd. 1, Taf. 7,1.

V.14

Drittes Kaisersiegel Ottos I.

Deutschland, 965. Siegelstempel benutzt von
April 965 bis März 973
Umschrift: + OTTO IMP(erator) AVG(ustus)
Dunkelbraunes Wachs in Wachswanne. D 6,5 cm
Magdeburg, Landeshauptarchiv Sachsen-Anhalt,
Abteilung Magdeburg, U I Erzstift Magdeburg, I Nr. 23:
966 August 24 (MGH D O I, 331)

Nach der Kaiserkrönung im Februar 962 legte sich Otto I. (936–973) zwar rasch auf ein Bildmotiv für sein neues Rechtszeichen fest, doch erst nach zwei kurz aufeinanderfolgenden Stempelwechseln wurde im Frühjahr 965 eine offensichtlich künstlerisch befriedigende Lösung für sein drittes Kaisersiegel gefunden. Mit diesem Typar nahm man fortan alle bekannten Besiegelungen bis zu Ottos Tod im Jahr 973 vor. Darunter ist auch die hier ausgestellte Prägung, mit der die am 24. August 966 ausgestellte Schenkungsurkunde des Kaisers zugunsten der von ihm gegründeten Magdeburger Domkirche

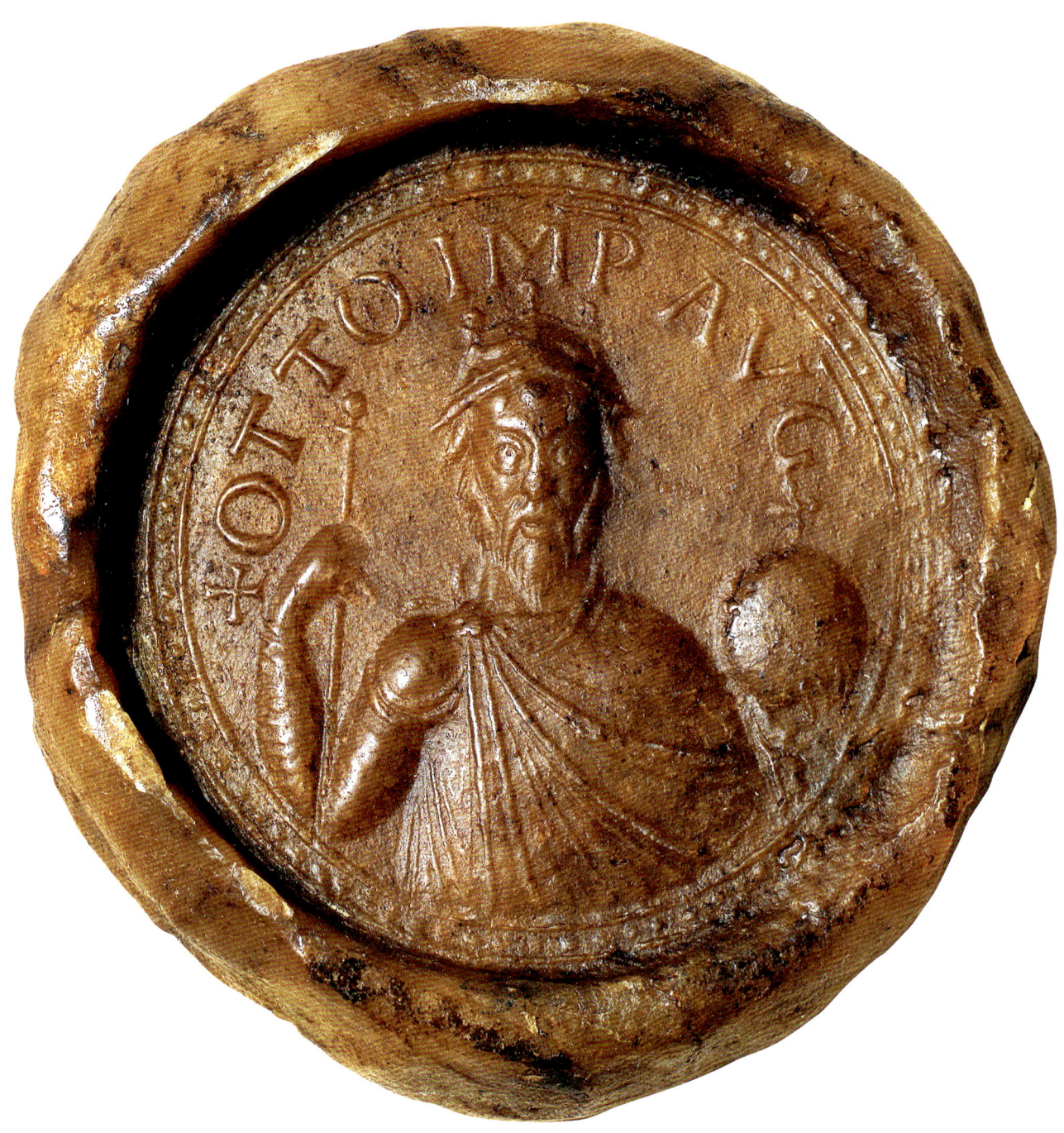

V.14

beglaubigt wurde. Durch den kräftigen Abdruck des Stempels in das dunkelbraune Wachs entstand eine Wanne, welche die pointierte und zugleich ausgewogene Bild-Text-Komposition bis zum heutigen Tag so gut geschützt hat, dass sie im Detail erkennbar ist.

Otto erscheint hier *en face* in halbfigürlicher Ansicht. Im Vergleich zu seinem Königssiegel (vgl. Kat.-Nr. V.13) trägt Otto hier einen strähnigen Vollbart, der ihn als Mann in mittlerem

Alter ausweist. Aus seinem hageren Gesicht stechen die großen Augen hervor, die sowohl durch die vertieften Pupillen als auch den markanten Bogen aus Joch- und Nasenbein betont werden. Das eng anliegende und durch feinen Faltenwurf strukturierte Gewand lässt Ottos rechte Schulter deutlich hervortreten, da er mit dem stark abgewinkelten Arm dynamisch ein Langzepter umfasst. Der über dieser Schulter mit einer Fibel geraffte Mantel verdeckt dagegen weitgehend den linken

Arm, mit welchem er den mit einem Kreuz bekrönten Global emporhält.

Dieses Bild Ottos des Großen brach mit der gesamten ikonografischen Tradition des frühmittelalterlichen Herrschersiegels, das die dargestellte Person stets in Profilansicht zeigte. Während dieser Wandel hin zum *en face*-Bildnis aus moderner Perspektive kaum spektakulär erscheint, war er im 10. Jahrhundert signifikant und führte dem Publikum eindrücklich die sakrale Programmatik von Ottos Kaisertum vor Augen: Denn der neue Bildtyp rekurrierte auf frühmittelalterliche Christusdarstellungen, die wiederum in der Tradition des antiken Kaiserbildes standen. Aus diesem Kontext stammen auch die gegenüber dem Königssiegel neuen Insignien, die zusammen mit der Plattenkrone Ottos neue kaiserliche Dignität hervorheben sollten. Kaum zufällig korrespondieren die drei Aufsätze der Krone mit den drei Buchstaben der gekürzten Schreibweise des Begriffs IMP(erator) in der Umschrift. Im neuen kaiserlichen Rechtszeichen war folglich die gesamte Komposition darauf ausgerichtet, die mit diesem frontalen Bildnistypus seit Jahrhunderten verbundene Sakralität auf Otto zu übertragen.

Markus Späth

Literatur

Ausst.-Kat. Hildesheim 1993, Nr. II-2 (Rainer Kahsnitz); Ausst.-Kat. Magdeburg 2001, Bd. 2, Nr. III.4 (Rainer Kahsnitz); Posse 1909–1913, Bd. 1, Taf. 7,6.

V.15

Kaiser Otto I. informiert die sächsischen Großen über die in Italien erfolgte Gründung des Magdeburger Erzbistums und erteilt Weisungen für die Amtseinführung Erzbischof Adalberts in Magdeburg

Oberitalien (?), 968 Oktober/November (MGH D O I, 366)
Pergament. H 46 cm, B 58 cm
Magdeburg, Landeshauptarchiv Sachsen-Anhalt,
Abteilung Magdeburg, U I Erzstift Magdeburg, I Nr. 31

Das kaiserliche Schreiben an die geistlichen und weltlichen Großen in Sachsen informiert über die in Italien bereits absolvierten kirchenrechtlichen Schritte für die Errichtung eines Erzbistums in Magdeburg sowie über die dort noch zu vollziehenden Rechtshandlungen. Der maßgebende Beschluss über die Gründung war im April 967 auf einer großen Synode italienischer Bischöfe unter Leitung des Papstes in Classe bei Ravenna gefasst worden. Im September/Oktober 968 hatte im Rahmen einer nachfolgenden kleineren Versammlung in Ravenna die wichtigsten Auflagen der Synode von 967 erfüllt. Mit der dort

erfolgten Zustimmung Erzbischof Hattos von Mainz (968–970) und Bischof Hildewards von Halberstadt (968–996), die Teile ihrer Kirchenprovinz bzw. ihres Bistums an Magdeburg abtreten sollen, war das hauptsächliche kirchenrechtliche Hindernis beseitigt, das die Errichtung des Erzbistums in den Jahren zuvor immer wieder verzögert hatte. Außer Brandenburg und Havelberg, die bisher Mainz unterstanden, sollten die neu einzurichtenden Bistümer Merseburg, Zeitz und Meißen zur Magdeburger Kirchenprovinz gehören. Otto I. (936–973) hatte sich 968 in Italien dafür entschieden, keinen magdeburgischen oder sächsischen Geistlichen, sondern Adalbert von Trier (968–981) zum ersten Erzbischof zu erheben. Adalbert von St. Maximin vor Trier hatte 961/962 eine Reise als Missionsbischof in die Kiever Rus' unternommen und war 966 Abt von Weißenburg im Elsass geworden. Am 18. Oktober 968 empfing er von Papst Johannes XIII. (965–972) in Rom das Pallium, das äußere Zeichen für seine erzbischöfliche Würde. Zudem beauftragte der Papst zwei päpstliche Legaten, Adalbert nach Magdeburg zu geleiten und ihn dort in sein Amt einzuführen.

Das an die sächsischen Großen adressierte kaiserliche Schreiben war zweifellos das wichtigste Dokument, das Adalbert auf seiner Reise von Italien nach Magdeburg mitnahm. Da Otto I. und Otto II. (973–983) weiter im Süden blieben, benötigte der neue Erzbischof die kaiserliche Rückendeckung in schriftlicher Form, um sich bei den Großen Sachsens zu legitimieren. Dies war auch dringend erforderlich, weil man dort einen Geistlichen aus einer sächsischen Adelsfamilie als Metropoliten von Magdeburg erwartet hatte. Deshalb präsentierte man Adalbert in dem Dokument zuerst als jenen Geistlichen, der auf Rat des Erzbischofs von Mainz und des Bischofs von Halberstadt durch Kaiser Otto I. zum Erzbischof bestimmt worden sei. Dieser frühere Missionsbischof für die Russen solle fortan als Magdeburger Metropolit für das ganze schon christianisierte oder noch zu bekehrende Volk der Slawen jenseits von Elbe und Saale zuständig sein. Anschließend wurden die sächsischen Großen aufgefordert, der Wahl dieses Erzbischofs in Magdeburg durch einhellige Akklamation zuzustimmen. Die Wahl Adalberts solle durch eine Urkunde dokumentiert werden, die von den bisher zur Kirchenprovinz Mainz gehörenden Bischöfen von Brandenburg und Havelberg zu unterschreiben seien; beide sollten Adalbert einen Gehorsamseid leisten. Damit man seine Erhebung später nicht anfechten könne, solle Adalbert sogleich nach seiner Amtseinführung erzbischöfliche Rechte wahrnehmen und die Bischöfe von Merseburg, Zeitz und Meißen in Anwesenheit der päpstlichen Legaten weihen. Von drei namentlich aufgeführten Markgrafen verlangte Otto I., sich der Amtseinführung Adalberts nicht zu widersetzen. Zudem sollten sie dessen Weisungen so verstehen, als kämen sie vom Kaiser persönlich. Überdies wurden die Markgrafen beauftragt, dafür zu sorgen, dass die neuen Bischöfe eine an-

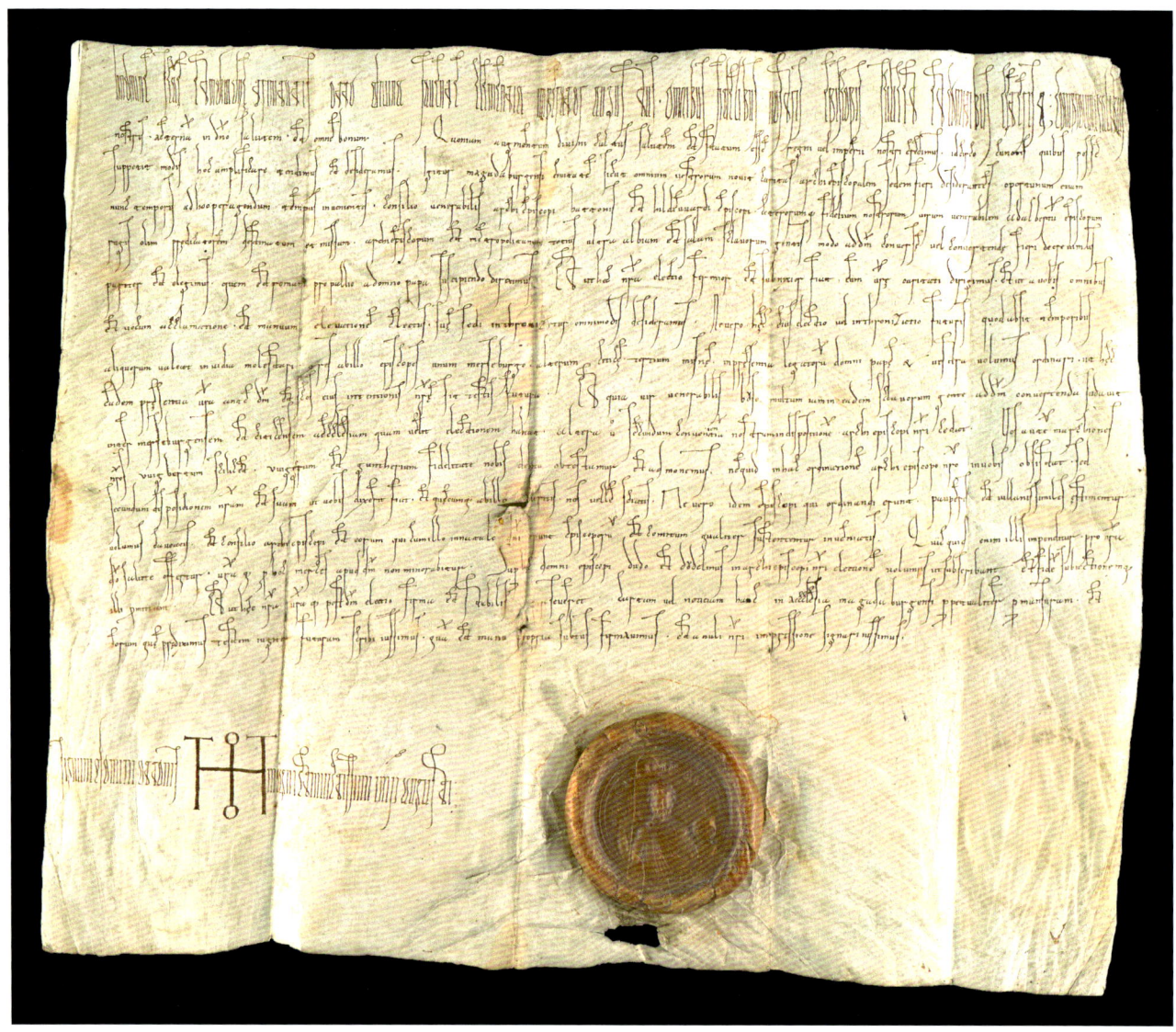

V.15

gemessene materielle Ausstattung erhielten, um ihr Amt würdig ausüben zu können. Dies solle in Abstimmung mit dem Erzbischof sowie nach Beratung mit den geistlichen und weltlichen Großen erfolgen, die bei der für Weihnachten vorgesehenen Versammlung anwesend sein würden. Abschließend legte man fest, dass das Schreiben Ottos I. aus Italien und die in Magdeburg auszustellende Wahlurkunde für ewige Zeiten in der Magdeburger Kirche aufzubewahren seien.

Für die Übermittlung von kaiserlichen bzw. königlichen Anweisungen (Mandate) verwendete man üblicherweise relativ kleine Pergamentblätter mit reduzierten Protokollen ohne Datierung und knapp gefassten Texten, die meist nur in diplomatischer Minuskel ausgeführt wurden. Für die Informationen und Weisungen Kaiser Ottos I. bezüglich der Magdeburger Kirche

wählte man 968 dagegen ein relativ großes Pergamentblatt aus. Das kaiserliche Siegel und die darauf zulaufende Signumzeile (*Signum domini Ottonis magni et invictissimi imperatoris augusti*) mit dem Namenmonogramm Ottos I. bilden gemeinsam das optische Zentrum der Urkunde. Das Siegel zeigt den Kaiser in einer frontalen Darstellung mit Krone, Zepter und Reichsapfel. Die Nennung des Namens sowie das Herrscherbild auf dem Siegel evozierten nach zeitgenössischen Vorstellungen beim Zeigen und Verlesen der Urkunde an deren Bestimmungsort die virtuelle Präsenz des physisch abwesenden Kaisers.

Die Signumzeile und das Herrschermonogramm stammen von einem namentlich nicht bekannten Hofgeistlichen Ottos I., den die Editoren der MGH mit der Sigle Liudolf G (siebenter Schreiber in der Amtszeit des Kanzlers Liudolf) versahen. Das

Eingangsprotokoll und der Kontext der Urkunde wurden dagegen von einem Geistlichen geschrieben, der die Sigle Liudolf H erhielt. Letzter gehörte zur engsten Umgebung des ersten Magdeburger Erzbischofs Adalbert. Die Frage, ob dieser Diplomschreiber mit Adalbert identisch war, wird in der Forschung kontrovers diskutiert. Liudolf H reiste jedenfalls von Ravenna aus mit Adalbert nach Magdeburg und wirkte künftig fast nur noch an der Herstellung von Diplomen Ottos I. und Ottos II. für Empfänger in Magdeburg mit. Inhaltlich enthält die Urkunde eine Kombination aus der Aufzählung bereits vollzogener Rechtshandlungen (Notitia) und der Anweisung über noch zu vollziehende (Mandat). Dieser inhaltlichen Mischform entspricht auch die äußere und innere Gestaltung der Urkunde. Über den üblichen Aufbau eines Mandats hinaus erhielt das Dokument auch eine Arenga und eine Corroboratio (Ankündigung der Beglaubigungsmittel). Der Schreiber (Liudolf H) positionierte die verbale Anrufung Gottes, die Vorstellung des Ausstellers mit Namen (*Otto*), göttlicher Legitimationsformel (*divina favente clemencia*) und Titel (*imperator augustus*) sowie die Adressaten, die Bischöfe, Grafen und anderen Großen (in Sachsen) in der ersten Zeile. Sie wurde ebenso wie die Signumzeile in der verlängerten und damit ranghöchsten Schrift der Kaiserurkunden ausgeführt. Die folgenden Zeilen 2 bis 16 schrieb er in diplomatischer Minuskel, der Schrift für den Kontext. Die zweite Zeile beginnt mit dem Rest des Protokolls,

der die Grußformel enthält. Danach folgen die Bestandteile des Kontextes. Die diplomatische Minuskel weist die typischen Ober- und Unterlängen sowie die üblichen Ligaturen (*ct-*, *et-*, *st-*Ligaturen) und Verzierungen auf. Majuskeln (Zeilen 2, 10, 12) und Buchstaben in verlängerter Schrift (Zeilen 6, 7, 9, 15), die zur Kennzeichnung von Satzanfängen oder neuen Abschnitten dienen, sorgen für Abwechslung im Schriftbild.

Das äußerlich und inhaltlich zielgerichtet gestaltete Dokument dürfte seine Wirkung auf die geistlichen und weltlichen Großen in Sachsen nicht verfehlt haben. Vermutlich wurden die abschließenden Rechtshandlungen für die Errichtung des Erzbistums (außer der Bistumsausstattung) zu Weihnachten 968 in Magdeburg so vollzogen, wie man es in dem kaiserlichen Schreiben aus Italien vorgeschrieben hatte. Danach amtierte Adalbert bis zu seinem Tode (981) unangefochten als erster Erzbischof von Magdeburg.

Wolfgang Huschner

Quellen
MGH D O I, 366.

Literatur
Böhmer 1967, Nr. 484; Claude 1972–1975, Bd. 1, S. 116 f.; Huschner 2003, Bd. 2, S. 668–677.

Magdeburg als Metropolis

Die Wurzeln Magdeburgs reichen zurück bis mindestens in die Völkerwanderungszeit. So datiert der älteste der konzentrischen Befestigungsgräben auf dem Magdeburger Domhügel in das 5./6. Jahrhundert. Jüngere Befestigungsgräben sind im Zusammenhang mit den Sachsenkriegen Karls des Großen und der darauf folgenden karolingischen Besetzung des Landes zu sehen. Mit dem Ende der Sachsenkriege 804 verändert sich zum einen die Quellenlage. Magdeburg wird im *Diedenhofener Kapitular* Karls des Großen aus dem Jahr 805 als Grenzhandelsort erstmals urkundlich erwähnt , woraus auf eine bereits zu diesem Zeitpunkt zentrale Funktion geschlossen werden kann (Ehlers 2006, S. 12). Zum anderen treten in Sachsen weitere Neuerungen ein wie die Christianisierung des Landes und die Errichtung erster, zunächst überwiegend

noch bescheidener Kirchenbauten. In Magdeburg weisen die archäologischen Fundstellen des 9. Jahrhunderts bereits eine hohe Dichte auf, die im 10. Jahrhundert noch weiter zunimmt (Böttcher/Gosch 2001, S. 411, Abb. 7). Die ältesten Bauten mit Steinfundamenten scheinen um die Wende vom 9. zum 10. Jahrhundert nachweisbar. Dies ist die Situation, in der Magdeburg unter Otto dem Großen (936, 962–973) einen bedeutenden Aufschwung nimmt und nun auch sehr viel häufiger in den Schriftquellen auftaucht. Wie gestaltet sich nun dieser dynamische Aufschwung zur Zeit der Ottonen? Zunächst lässt sich nicht bezeugen, aber doch vermuten, dass sich ab 929 bis 936 der junge Otto sowie seine Frau Editha (vgl. Kat.-Nr. V.26*) bevorzugt in Magdeburg aufgehalten haben, schließlich war die Stadt Edithas Morgengabe. Für diese Zeit muss bereits eine einer angelsächsischen Prinzessin angemessene Kirche vorhanden gewesen sein. Mit der Krönung Ottos zum König 936 in Aachen wird die Förderung Magdeburgs greifbarer. Am 21. September 937 wird das Moritzkloster gegründet, mit Mönchen aus dem Reformkloster St. Maximin bei Trier besetzt und es beginnt eine Reihe umfangreicher Schenkungen an die Magdeburger Neugründung (vgl. Ehlers 2012, S. 29–39). Eine Memorialgründung für das Seelenheil seines Vaters, Edithas, seiner Nachkommen und seiner selbst war für Otto der Zweck dieser Gründung (Päffgen 2006, S. 132). In diese Zeit fallen auch die insgesamt sechs Nennungen einer Königspfalz in Magdeburg, die alle zwischen 942 und 965 datieren. Archäologisch harrt diese noch der Entdeckung. Nach dem Sieg über die Ungarn auf dem Lechfeld am Laurentiustag, dem 10. August 955, werden die Pläne zur Gründung eines Erzbistums Magdeburg fassbar. Als Aufgabe dieses Erzbistums ist die Christianisierung der ostelbischen Gebiete zu betrachten. 968 schließlich können die Pläne umgesetzt werden und Magdeburg wird *Metropolis*. Für den Archäologen von Bedeutung ist nun, dass sich die sicher spektakulärsten Reste ottonischer Architektur und Architekturausstattung in Magdeburg jeweils auf Kirchenbauten beziehen.

Hier sind die Nordkirche unter dem Domplatz und die nahezu parallel orientierte Südkirche unter dem heutigen Dom zu nennen. In der Nordkirche ist das mutmaßlich älteste Gebäude der kleine und komplett ausgegrabene Bau der Phase I. Es handelt sich um ein weitgehend erhaltenes Steinfundament von 0,50 m Wandstärke und 4x4 m Grundfläche, vermutlich zu einem Holzbau gehörig. Phase II wird als 1,00–1,10 m breite Trockenmauer errichtet und ist außen ca. 18,40 m breit. Er liegt nahezu mittig zu der späteren, ottonenzeitlichen Phase III und nimmt deren Achslage vorweg. Aufgrund dieser baulichen Tradition ist eine sakrale Funktion des Baues wahrscheinlich.

Phase III ist der bedeutende Kirchenbau aus der Zeit Ottos des Großen mit mächtigen Fundamenten und intensiver Verwendung von Mörtel. Das Aufgehende ist in Stein ausgeführt. Eine Ansprache als Sakralbau ist seit 2001 zweifelsfrei erwiesen, als erstmals ein Grab in direktem Zusammenhang mit dem Gebäude nachgewiesen werden konnte. Fundstücke aus mediterranem Marmor fanden sich in beachtlicher Anzahl bei den Grabungen. Hierin drückt sich ein ganz besonderer baulicher Anspruch an diese Kirche aus, der sich aus Rom und Aachen ableiten lässt. Die Breite der Kirche beträgt 41,00 m (Kuhn 2005 a, S. 20), vergleichbar mit den erzbischöflichen Domen von Köln mit 41,20 m und von Trier mit ca. 41 m (Helten 2005, S. 63). Mit diesem Bau wird in der Architektur Magdeburgs in Größe und Qualität eine neue Dimension erreicht. Zu dieser Phase gehören zwei gemauerte Gräber sowie zahlreiche Marmorspolien (vgl. Kat.-Nr. V.16 a u. V.17), die eine Förderung aus dem von Otto dem Großen veranlassten Antikentransport

in den 960ern anzeigen. Gedeckt war der Bau mit frühen glasierten Dachziegel (vgl. Kat.-Nr. V.18), die auf einen Technologietransfer aus der mediterranen Welt hindeuten.

Der romanische Bau der Phase IV wurde ausschließlich bei den Grabungen von Ernst Nickel in den Jahren 1959–1968 angeschnitten. Im östlich davon gelegenen Grabungsfeld 2001–2003 wurde er nie ausgeführt. Ob dieser Bau der Phase IV tatsächlich jemals den Bau der Phase III komplett ersetzen sollte, ist allerdings beim gegenwärtigen Publikationsstand nicht zu entscheiden. Ausgeführt wurde er jedenfalls im Grabungsfeld 2001–2003 östlich des Domplatzes niemals. Nicht ausgeschlossen werden kann auch ein westlicher Anbau, der auf den bekannten Bereich begrenzt bleiben sollte. Jüngst wurden Zweifel an der Datierung dieses Baus in das 12. Jahrhundert laut und eine Datierung des Anbaus in die Zeit Ottos des Großen vorgeschlagen (Nicolai 2012, S. 80 f.).

Im Bereich der Südkirche (Kuhn 2009 [b]) sind von der Bauphase A nur zwei Fundamentmauern bekannt. Sie verlaufen parallel zueinander im Kreuzganginnenhof, aber nicht parallel zu den späteren Kirchenbauten. Welcher Art diese Bebauung ist, lässt sich nicht entscheiden. In Phase B sind die Erkenntnisse ähnlich schütter. An insgesamt drei Stellen sind bei der Forschungsgrabung Befundreste mit Mauern aus in Löss gesetzten Steinen aufgetaucht. Mehrere Befundreste liegen an den Stellen, an denen in Phase C die Mittelschiffsfundamente zum Vorschein kamen. Insofern erscheint es denkbar, dass hier eine eigenständige ältere, einfacher konstruierte Phase B existierte. Die Phase überlagert einen christlichen Friedhof der Karolingerzeit. Mit der Phase C haben wir eine Kirche vor uns, die in das spätere 10. oder frühe 11. Jahrhundert zu stellen ist. Von dieser Kirche sind drei größere Komplexe bekannt: Die Ostkrypta, ein Teil des Mittelschiffs und der beiden Seitenschiffe sowie der Westabschluss. Von besonderer Bedeutung sind drei gemauerte Gräber, darunter mindestens zwei, in denen Magdeburger Erzbischöfe – wohl des 11. Jahrhunderts – bestattet worden waren sowie ein ungestörtes erzbischöfliches Grab aus dem 12. Jahrhundert, das möglicherweise Wichmann von Seeburg zuzuschreiben ist. Es kann kein Zweifel daran bestehen, dass dieser Bau spätestens ab dem 11. Jahrhundert als Dom diente (Kuhn 2009 [a], S. 23). Die Ausstattung verfügt ebenfalls über Antiken vom ottonischen Transport aus Italien (vgl. Kat.-Nr. V.25* u. V.16 a). Auch hier fanden sich die frühen, olivgrün bis honigbraun glasierten Dachziegel (Hartung 2009, Möller 2009). Die Kirche ist ca. 90 m lang und im Bereich des Ostquerhauses im Fundamentbereich ca. 33 m breit (Kuhn 2012 [b], S. 50). Mit Phase D haben wir schließlich den gotischen Neubau ab 1207/1209 vor uns.

Eine eindeutige Ansprache der Sakralbauten auf dem Domhügel ist momentan nicht möglich. Ausgeschieden werden können alle Theorien, die in der Nordkirche der Phase III ent-

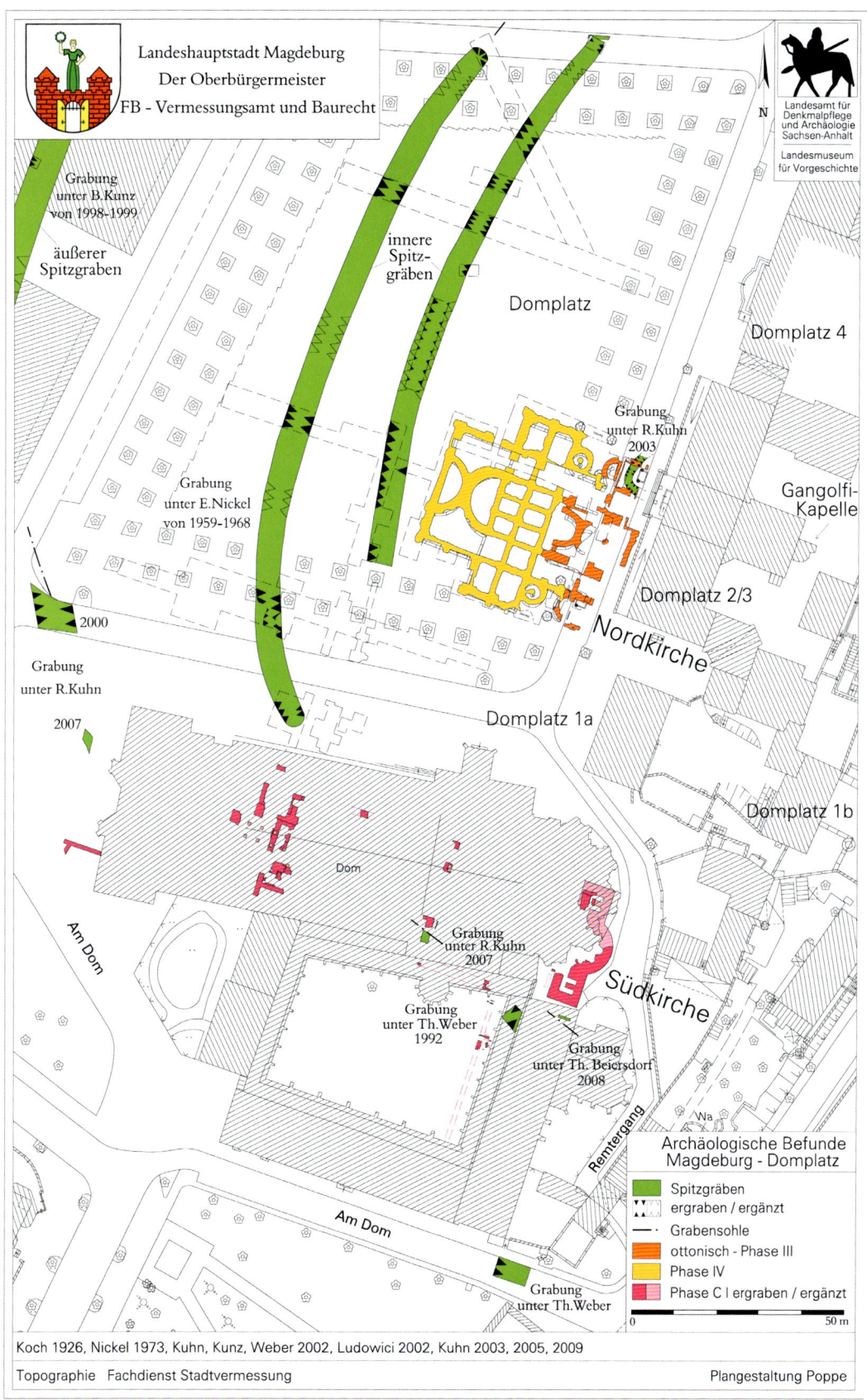

Landeshauptstadt Magdeburg
Der Oberbürgermeister
FB - Vermessungsamt und Baurecht

Landesamt für Denkmalpflege und Archäologie Sachsen-Anhalt
Landesmuseum für Vorgeschichte

Grabung unter B.Kunz von 1998-1999

äußerer Spitzgraben

innere Spitzgräben

Domplatz

Domplatz 4

Grabung unter R.Kuhn 2003

Gangolfi-Kapelle

Grabung unter E.Nickel von 1959-1968

Domplatz 2/3

Nordkirche

2000

Grabung unter R.Kuhn

Domplatz 1a

2007

Domplatz 1b

Dom

Am Dom

Grabung unter R.Kuhn 2007

Südkirche

Grabung unter Th.Weber 1992

Grabung unter Th. Beiersdorf 2008

Na

Remtergang

Archäologische Befunde Magdeburg - Domplatz

- Spitzgräben
- ergraben / ergänzt
- Grabensohle
- ottonisch - Phase III
- Phase IV
- Phase C I ergraben / ergänzt

0 — 50 m

Am Dom

Grabung unter Th.Weber

Koch 1926, Nickel 1973, Kuhn, Kunz, Weber 2002, Ludowici 2002, Kuhn 2003, 2005, 2009

Topographie Fachdienst Stadtvermessung

Plangestaltung Poppe

78 Archäologische Befunde auf dem Magdeburger Domplatz

weder ein *palatium* oder einen bis 1207 dort zu verortenden ottonischen Dom annahmen. Der Dom Ottos des Großen aus dem 10. Jahrhundert war entweder die Nordkirche der Phase III oder die Südkirche der Phase C. Der 1207 abgebrannte Magdeburger Dom ist die Südkirche der Phase C. In ihr wurden spätestens ab dem frühen 11. Jahrhundert Magdeburger Erzbischöfe in zentraler Lage bestattet.

Ob sich der Dom hier bereits ab 955 bzw. den 960ern befand, ist derzeit nicht zu entscheiden. Sollte dies nicht der Fall sein, wäre der Dom des 10. Jahrhunderts die Nordkirche und der Dom des 11. Jahrhunderts die Südkirche der Phase C. Dies würde den aktuellen archäologischen Befund mit zwei großen und aufwändig ausgestatteten Kirchen gut erklären. Sollte der Dom jedoch von Anfang an im Süden gewesen sein, käme für die Nordkirche zuallererst das Moritzkloster in Frage. Brandl und Jäger schlagen dort ein Damenstift St. Laurentius vor (Brandl/Jäger 2005).

Doch sind auch Synthesen aus diesen Theorien möglich. Gut denkbar wäre beispielsweise, dass ein am Domplatz stehendes Moritzkloster (Nordkirche Phase II oder III) in den 960ern kurzfristig baulich erheblich aufgewertet wurde und vom Antikentransport aus Italien profitierte (Phase III), um zunächst als Dom zu dienen (Kuhn 2012 [b], S. 57). Der eigentliche Domneubau wäre dann erst unter Erzbischof Tagino (1004–1012) am Standort der Südkirche erfolgt, als die Folgen des Slawenaufstandes von 983 abgemildert waren und unter Kaiser Heinrich II. (1002, 1014–1024) die Politik Ottos des Großen wieder stärker betont wurde.

Fragt man nun nach den Motivationen und Inspirationen für die bedeutenden und aufwändigen Bauvorhaben im ottonenzeitlichen Magdeburg, die unter Otto dem Großen beginnen, so sind keine einfachen Antworten möglich. Die Motivationen für die prächtige Ausstattung sind vielschichtig (vgl. Kat.-Nr. V.24) und auch für die eigentlichen Baukörper wurden offenbar höchste Maßstäbe angesetzt. Inspirationen sind nicht nur über die Antiken als Romzitat und Aachenzitat festzustellen, sondern auch über das Breitenmaß der Nordkirche, das sich an den Domen der altehrwürdigen Erzbistümer Trier und Mainz orientiert. Die Gestaltung des Westabschlusses der Nordkirche Phase III (und indirekt IV) war wiederum von St. Maximin in Trier beeinflusst. Weitere Beispiele ließen sich anfügen. Nicht unerwähnt bleiben soll an dieser Stelle, dass Ottos Sohn Wilhelm, hervorgegangen aus der Verbindung mit einer slawischen Fürstentochter, von 954 bis 968 Erzbischof

von Mainz war und Ottos jüngster Bruder Brun von 953 bis 965 dieses Amt in Köln bekleidete. Er folgte in Köln auf Ottos Vetter Wichfried (924–953). Weiterhin wäre auch die Frage zu stellen, inwieweit Ottos Ehefrauen maßgeblichen Einfluss nahmen. Die Bedeutung Adelheids für Ottos Erfolge in Italien ist unstrittig. Außer Rom dürften die norditalienischen Städte mit ihren bedeutenden Kirchenbauten ihren Eindruck auf Otto nicht verfehlt haben. Der Ausbau begann aber bereits zur Zeit Edithas mit der Gründung des Moritzklosters 937. Als Editha ihre Kindheit in Winchester verbrachte, sah sie dort das im 7. Jahrhundert gegründete Old Minster sowie das wenige Jahre vor ihrer Geburt errichtete benachbarte Mönchskloster New Minster und das ein Stück entfernt liegende Nonnenkloster Nunnaminster. Diese reiche Sakraltopografie wird eine weitere Inspiration für den Ausbau Magdeburgs gewesen sein. Detaillierter zu untersuchen wäre auch die Frage nach einem eventuellen Einfluss aus Konstantinopel auf die Bauten ab den 960ern, vermittelt etwa durch Kaiserin Theophanu und ihr Umfeld. Hinzu kommt die auch bauliche Konkurrenz zu Halberstadt. Entscheidend ist in jedem Fall, dass das Ziel dieses Aufwandes ein neues Erzbistum an der Ostgrenze des Reiches war. Insofern haben wir hier andere Verhältnisse vor uns als in der ebenfalls reich ausgestatteten Aachener Pfalzkapelle oder der nicht minder prächtigen Ingelheimer Pfalz. Letztlich ist jedoch der Dom zu dieser Zeit nicht nur ein Ort christlicher Liturgie, sondern auch ein Ort für die Selbstdarstellung der Herrschaftsform im Sinne eines Sakralkönigtums (Althoff 2012, S. 13). Auch darf hinsichtlich der Traditionen nicht übersehen werden, dass Magdeburg ein auch für das alte Sachsen ungewöhnlicher Fall war. Die sächsischen Bistümer waren im Zusammenhang bzw. in der Folge der Sachsenkriege Karls des Großen entstanden und nun – gut eineinhalb Jahrhunderte später – wird das Erzbistum Magdeburg gegründet, das sein Missionsgebiet nicht in Sachsen, sondern östlich der Elbe hat. Eine Aufgabe, die letztlich erst im 12. Jahrhundert erfüllt wird.

Rainer Kuhn

Literatur

Althoff 2001; Althoff 2012; Böttcher/Gosch 2001; Brandl/Jäger 2005; Ehlers 2006; Ehlers 2012; Hartung 2009; Helten 2005; Kuhn 2005 (a); Kuhn 2009 (a), S. 23; Kuhn 2009 (b); Kuhn 2012 (b); Möller 2009; Nicolai 2012; Päffgen 2006.

V.16

Marmorspolien als Zeichen imperialen Anspruchs

Magdeburg / Dom und Domplatz; antik /
Antikentransport im 10.Jahrhundert
Marmor, Kalkstein, Schiefer; Fussbodenfliesen in
opus sectile-Technik.
Funde Nordkirche: H 1,1–7,5 cm, B 2,6–11,5 cm, T 2–6,3 cm
Funde Südkirche: H 1,6–4,4 cm, B 4,4–23,5 cm, T 2,6–18 cm
Halle, Landesamt für Denkmalpflege und Archäologie
Sachsen-Anhalt – Landesmuseum für Vorgeschichte,
Nordkirche: 51951259-59 bis 51951259-62,
2005: 32941-g, 2005: 32642-o, 2005: 32750-m,
2005: 32806-c, 2005: 32822-d, 2005: 32757-f,
2005: 33767-c, 2005: 34054-a, 2005: 34050-a.
Südkirche: 51951259-10, 51951259-12, 51951259-16
bis 51951259-18.

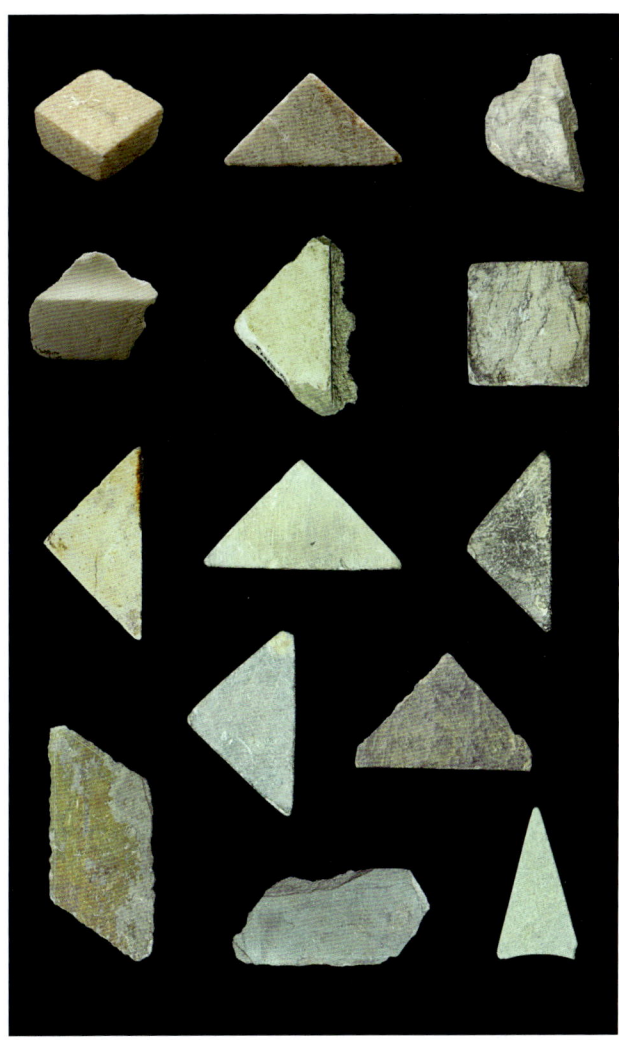

V.16 Nordkirche

Der spätromanisch-gotische Magdeburger Dom ist bekannt für seine Säulen und weiterer Spolien aus antikem Marmor, Porphyr und Granit. Unter den insgesamt über 40 einzelnen Objekten ragen die sechs großen Säulen im hohen Chor des 1207/1209 begonnenen staufischen Neubaus ebenso heraus wie die Platte aus Cipollino-Marmor auf dem Grab Ottos des Großen (vgl. Kat.-Nr. V.24*) und die um 100 n. Chr. entstandene Porphyrtaufe (Fittschen 2006, vgl. Kat.-Nr. V.25*). Diese Säulen sowie andere im Neubau verwendete Antiken haben ihre Erstverwendung in der mediterranen Welt der Antike, vermutlich in Rom oder Ravenna. Ihren Weg fanden sie nach Magdeburg in den 960er Jahren – wohl in Zusammenhang oder in Folge der Kaiserkrönung von 962 – durch eine entsprechende Anordnung von Otto dem Großen und zweifellos auch auf seinen Wunsch hin. Von diesem Antikentransport berichtet uns Bischof Thietmar von Merseburg (Chronik [b] II, 17): „Auch kostbaren Marmor, Gold und Edelsteine ließ der Caesar nach Magdeburg schaffen. In alle Säulenkapitelle befahl er sorgsam Heiligenreliquien einzuschließen. Den Leib des bewährten Grafen Christin und anderer Vertrauter ließ er neben der Kirche bestatten, in der er sich selbst schon zu Lebzeiten die Grabstätte zu bereiten wünschte." Jüngst wurde eine Teilherkunft der Magdeburger Spolien aus antiken Anlagen in Trier oder Städten im heutigen Frankreich erwogen (Nicolai 2012), wofür sich allerdings bisher keine konkret auf Magdeburg bezogenen literarischen Hinweise finden lassen. In jedem Fall fanden die antiken Spolien ihre Zweitverwendung in der ottonischen Elbestadt.

In Magdeburg selbst ist durch die archäologischen Ausgrabungen der letzten Jahre der Bestand an Antiken stark angestiegen. Dies gilt für beide ottonisch-romanischen Kirchen auf dem Domhügel, also die Nordkirche unter dem Domplatz sowie die Südkirche unter dem jetzigen Dom. Im Bereich der Nordkirche fanden sich sowohl bei den Grabungen von Ernst Nickel in den Jahren 1959–1968 (Nickel 1973) als auch bei denjenigen von Rainer Kuhn in den Jahren 2001–2003 (Kuhn 2005 [a]) in größerer Zahl Einzelstücke sowie Bruchstücke von antikem Marmor und Kalkstein. Dabei handelt es sich um Fliesen von Fußböden, Plattenfragmente und Säulenfragmente, wobei diejenigen Stücke überwiegen, den Fußböden in *opus-sectile*-Technik zuzuordnen sind. Alle diese Fundstücke lagen nicht mehr in ihrem originalen Verbund, sondern waren umgelagert.

Während bei den Grabungen der 60er Jahre des letzten Jahrhunderts eine genaue Zuweisung der Stücke zu einzelnen Befunden bzw. einer bestimmten Bauphase bisher nicht gelang (Ausst.-Kat. Magdeburg 2001), konnten sie bei den Grabungen der Jahre 2001–2003 eindeutig der Phase III der Nordkirche zugeordnet werden. Diese ist wiederum über ein dendrochronologisch datiertes Grab, das heute im Kaiser-Otto-Saal des Kulturhistorischen Museums Magdeburg präsentiert wird, in die zweite Hälfte des 10. Jahrhunderts zu datieren –

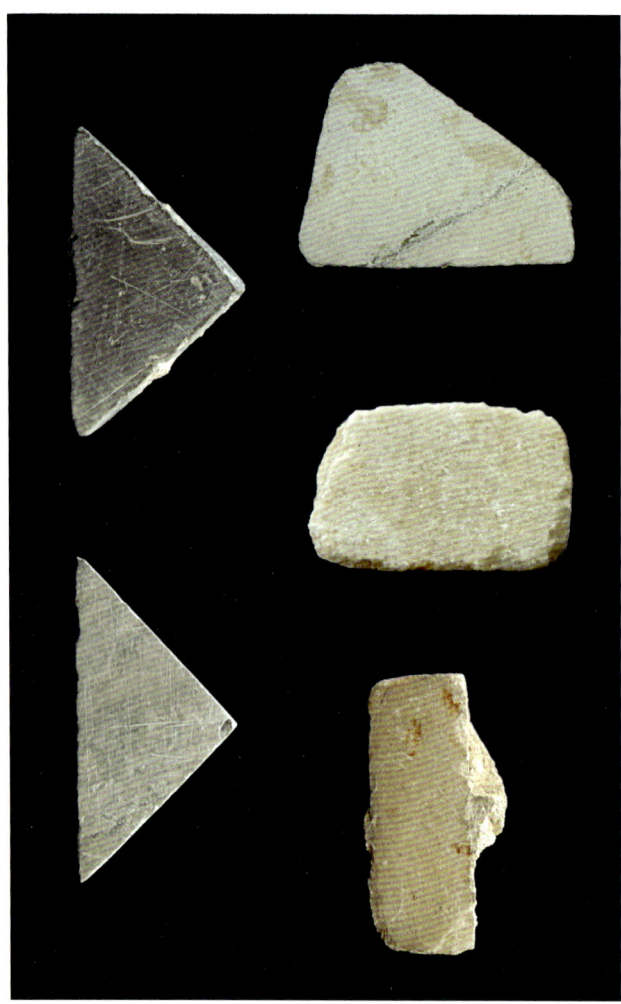

V.16 Südkirche

die Zeit der großen Bauaktivitäten von Otto dem Großen in Magdeburg. Marmorabsplisse deuten auf Einpassung einiger Bauteile vor Ort hin.

Die Fundverteilung der antiken Objekte in dieser später völlig abgetragenen Kirche ist ebenfalls aufschlussreich. Sie konzentrieren sich in auffälliger Weise in bestimmten Bereichen der Grabung. Hier sind an erster Stelle die beiden großen, Ost-West verlaufenden Fundamentausbruchgräben des Mittelschiffes zu nennen. Die bedeutenden Ausstattungsgegenstände lagen dort, wo sie aufgrund ihrer Prominenz auch verbaut gewesen sein müssten, nämlich in der Mitte der Kirche. Folglich sind Überlegungen, diese Marmorstücke aus der Nordkirche könnten eigentlich aus der Südkirche stammen und nur mit Bauschutt als Verfüllmaterial zum Domplatz verbracht worden sein, nicht überzeugend.

In der Südkirche liegt die einzige bisher nachgewiesene Stelle, wo noch ein opus-sectile-Fußboden im Zusammenhang vorliegt. Es handelt sich um die Ostkrypta, welche Alfred Koch

1926 in ihrem südlichen Teil ausgrub. Sie dürfte im frühen 11. Jahrhundert entstanden sein (Forster 2006). Aufschlussreich ist nun die Beobachtung, dass etliche Marmorfliesen in der Krypta der Südkirche deckungsgleich sind mit mehreren 2001–2003 gefundenen Dreiecken und Quadraten aus der Nordkirche am Domplatz. Ebenso gibt es Entsprechungen in Material und Bearbeitung. Es gab folglich zwei mit teilweise identischen Antiken ausgestattete Kirchen in Magdeburg: eine Kirche nördlich des heutigen Domes unter dem Domplatz (Nordkirche) und eine Kirche unter dem spätromanisch-gotischen Dom (Südkirche). Beide Gotteshäuser erhielten ihre antiken Bauteile mit hoher Wahrscheinlichkeit aus dem bei Thietmar geschilderten Antikentransport unter Otto dem Großen.

Auch bei den Forschungsgrabungen im Dom unter der Leitung von Rainer Kuhn 2006–2010 im Auftrag der Stiftung Dome und Schlösser in Sachsen-Anhalt (Kuhn 2009 [b]) kamen weitere antike Spolien in vergleichbar großer Zahl wie in der Nordkirche zum Vorschein. Wiederum überwiegen die Fliesen für opus-sectile-Fußböden. Auch Platten kommen vor.

Die Antikenkomplexe aus den beiden Kirchen sind in ihrer Zusammensetzung nicht identisch, aber gemein ist ihnen, dass alle bisher bestimmten Stücke aus mediterranen Steinbrüchen stammen und nordalpines Material offenbar fehlt. Die Bodenfliesen aus Marmor und Kalkstein sind exakt geschliffen. Die Dreiecke, Quadrate und Rechtecke verjüngen sich nach unten, um eine Fixierung mit Mörtel zu ermöglichen, ohne dass an der Oberfläche des jeweiligen Fußbodens breite Fugen zu sehen waren. Aufgrund der aufgefundenen Formate müssen in beiden Kirchen jeweils mehrere verschiedene Fußböden vorhanden gewesen sein. Die Stücke aus Marmor und Kalkstein wurden vor Ort um Elemente aus Schiefer ergänzt, wie einige Halbfabrikate vom Domplatz zeigen.

Zum Magdeburger Antikenbestand sind fraglos auch Stücke aus der weiteren Magdeburger Umgebung (beispielsweise Leitzkau, Jerichow, Landsberg) zu zählen, die möglicherweise schon im 12. Jahrhundert weitergereicht und drittverwendet wurden (Brandl 2005). Zählt man die Magdeburger Marmorspolien zusammen, so kommt man auf eine beachtliche Dimension des ottonischen Antikentransportes. Zu diesem gehören die heute noch im Magdeburger Dom verbauten Stücke ebenso, wie solche in Kirchen der Umgebung. Dazu kommen die Fundstücke der Grabungen Koch und Kuhn in der Südkirche sowie diejenigen der Grabungen Nickel und Kuhn in der Nordkirche. Einzelne Stücke fanden sich bei Grabungen im Umfeld des Domhügels. Insgesamt kommt man so auf mehrere hundert Stück antiker Spolien, ein Bestand, der in nordalpinen, mittelalterlichen Kirchen des Reiches nur mit Aachen sowie mit der Pfalz in Ingelheim vergleichbar ist. Dieser Befund erhält noch mehr Gewicht, wenn man sich vergegenwärtigt, dass sowohl von der Magdeburger Nordkirche als auch von der Südkirche obertägig nichts mehr vorhanden ist und mit archäologischen Mitteln jeweils deutlich unter 20 Prozent der Kirchenflächen ausgegraben wurden. Hier liegt wahrlich ein Fundus von europäischer Bedeutung vor.

Was bedingte nun diesen ungeheueren Transport und wie wurde er durchgeführt? Was den Verkehrsweg anbelangt, scheint der Weg über die Rhone flussaufwärts, zu Land durch die burgundische Pforte und über den Rhein flussabwärts deutlich plausibler als der reine Landweg mit den zerbrechlichen Säulen über die Alpen oder der Seeweg durch die in arabischer Hand befindliche Straße von Gibraltar.

Die Intentionen Ottos für den Spolientransport dürften mehrschichtig gewesen sein. Der Mangel an geeignetem und zugleich repräsentativem Baumaterial vor Ort wird kaum allein einen solchen Transportaufwand begründen können. Die Ansprache der Antiken als Materialspolie, die Binding (2007) jüngst bei der Untersuchung vornehmlich rheinischer und westfränkischer Verhältnisse betonte, ist in Magdeburg nicht mehr als ein Teilaspekt. Hier wollte man sicher nicht primär 'schöne Säulen' haben, zumal geographisch deutlich näherliegende Bestände erreichbar gewesen wären.

Magdeburg hatte im Gegensatz zu den wichtigen alten Städten und Erzbischofssitzen Trier, Mainz und Köln keine römischen Wurzeln. Mit der logistischen Meisterleistung des Transports an die mittlere Elbe wurde dieser Nachteil in zeitlicher Nähe zur Gründung des Erzbistums 968 sicher erfolgreich kompensiert. Der Zugriff auf italienische Antiken – möglicherweise mit päpstlicher Zustimmung sogar aus antiken Anlagen in Rom, der Stadt der antiken Kaiser – ist von einer erheblichen politischen Symbolkraft. In jedem Fall drückte Otto mit diesen antiken Objekten den herrschaftlichen und den imperialen Anspruch im – nicht nur zeitlichen – Zusammenhang mit seiner Kaiserkrönung im Jahr 962 aus.

Rainer Kuhn

Quellen

Thietmar von Merseburg, Chronik (b).

Literatur

Ausst.-Kat. Magdeburg 2001, Bd. 2, Nr. V.17, V.18, V.19 u. V.30 (alle Gerhard Gosch); Binding 2007; Bosman 2012; Brandl 2005; Fittschen 2006; Forster 2006; Koch 1926; Kuhn 2005 (a), hier S. 30–35; Kuhn 2005 (b); Kuhn 2006, hier S. 88–91; Kuhn 2009 (a), S. 221–234, hier S. 53 u. 68; Kuhn 2009 (b); Kuhn/Ristow 2009; Meckseper 2001; Nickel 1973; Nicolai 2012.

V.17

Tesserae

Magdeburg / Forschungsgrabung Domplatz 2001 – 2003, antik / Antikentransport im 10. Jahrhundert
Glas, vier Glasmosaiksteinchen (*tesserae*). H 0,6–0,8 cm, B 0,8–1,2 cm, T 0,6–0,8 cm
Halle, Landesamt für Denkmalpflege und Archäologie Sachsen-Anhalt – Landesmuseum für Vorgeschichte, 2005: 34052-a, 2005: 34053-a, 2005: 34051-a.

Bei den vier Tesserae handelt es sich um kleine viereckige Würfel aus farbigem Glas, mit denen Mosaike auf Fußböden oder an Wänden gebildet werden konnten. Sie stammen aus der mediterranen Antike und sind sehr beliebt in frühchristlichen und byzantinischen Kirchen. Die ausgestellten Stücke sind olivgrün, blau und türkis, doch kommen in Magdeburg auch andere Farben vor. Insgesamt sind die Tesserae in Magdeburg sehr selten – beispielsweise im Vergleich zur Kölner Domgrabung. Am Magdeburger Domplatz wurden acht Exemplare gefunden, bei den Grabungen am Breiten Weg von Brigitta Kunz zwei Exemplare und bei den Forschungsgrabungen im Dom kein einziges. Ein Glasschmelzgefäß vom Domplatz könnte anzeigen, dass ihre Anzahl in Magdeburg ursprünglich sehr viel höher gewesen ist. Solche Tesserae wurden im Mittelalter bis nach Dänemark verbracht. In Magdeburg ist ein Zusammenhang mit dem Marmortransport aus Italien in den 960er Jahren plausibel.

Rainer Kuhn

Literatur

Kuhn 2005 (a), S. 32 u. 39, Abb. 43; Kunz 2005, S. 126.

V.18 a–c

Die Dachziegeltypen vom Magdeburger Domhügel

Magdeburg, Domplatz 1b (2005),10.–11. Jahrhundert
Drei rote Tonplatten/Dachziegel mit Glasurresten, Baukeramik mit und ohne grüner Bleiglasur
a) Typ1: L 38,5–39,0 cm, B 31,5–32,0 cm, St 2,0–4,0 cm
b) Typ 2: L 39,0 cm, B 24,0 cm, St. 2,0 cm
c) Typ 3: L 23,5 cm, B 24,0 cm, St 2,0 cm
Halle, Landesamt für Denkmalpflege und Archäologie – Landesmuseum für Vorgeschichte, 51951259-29 bis 51951259-31

Im Jahr 2005 konnten im Bereich am Gebäude Domplatz 1b / Alte Möllenvogtei gut erhaltene, teilweise fast vollständige Exemplare von drei Ziegeltypen geborgen werden (Autze 2009). Sie lassen sich wie folgt beschreiben.

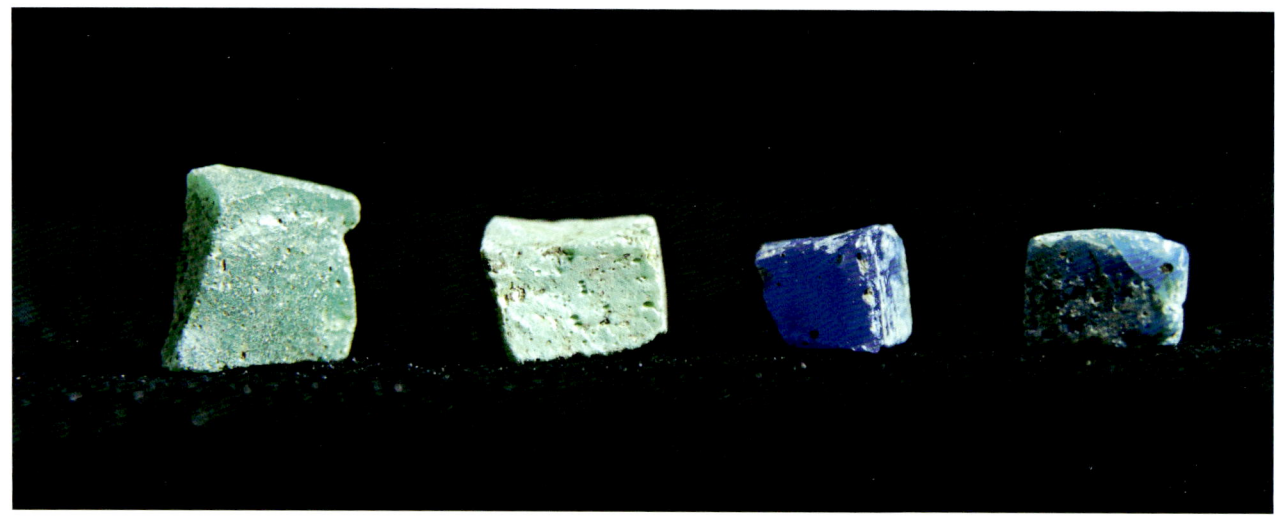

V.17

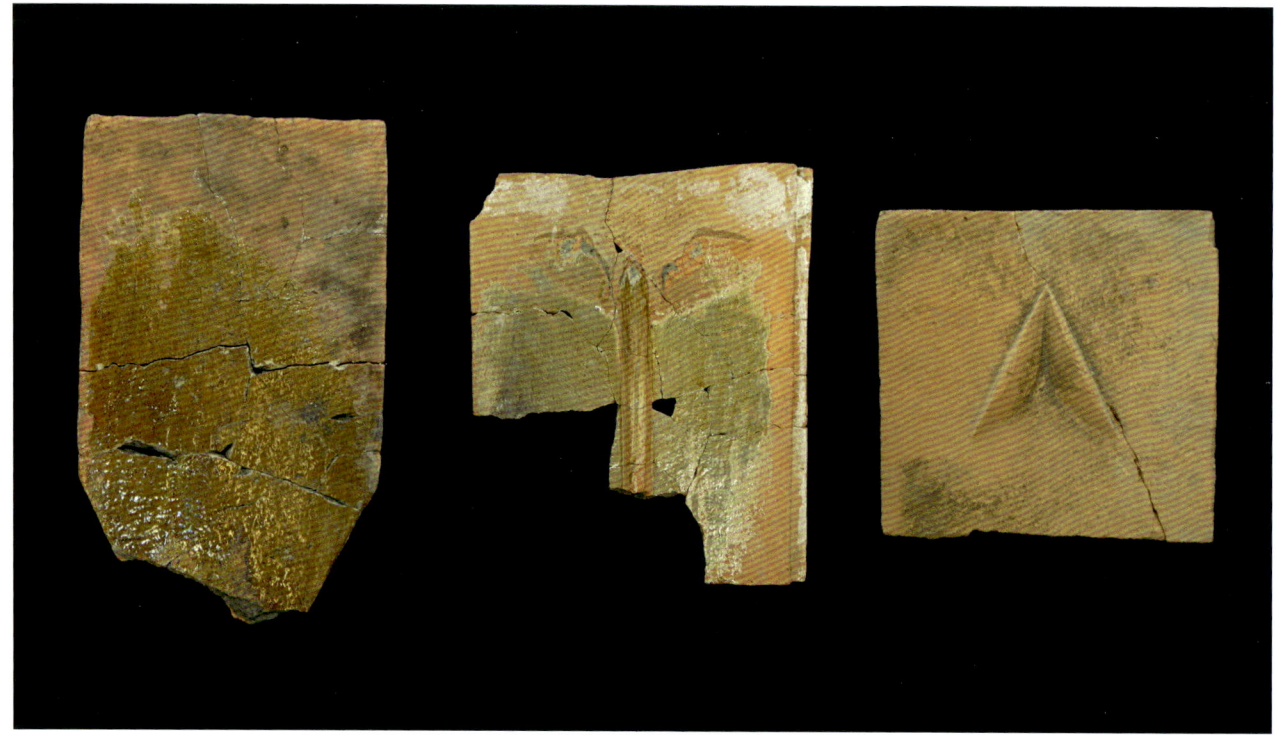

V.18 a–c

Typ 1: Rechteckig geschnittener Flachziegel mit einer längs laufenden Mittelrippe. An den beiden äußeren Längsseiten sitzen Falze, welche dazu dienten, den jeweils seitlich folgenden Ziegel überlappend aufzunehmen. Der obere Bereich der Mittelrippe öffnet sich taschenartig. Diese dient dem nächsten, höher liegenden Ziegel als Halterung. Am Ansatz der sogenannten Tasche lässt sich noch eine Besonderheit beobachten. Jeweils seitlich der Mittelrippe am unteren Ende der Tasche wurden bei jedem Ziegel Abflusslöcher für eventuell sich stauendes Regenwasser gestochen. Auf der Rückseite besitzt dieser Ziegeltyp eine bogenförmig ausgearbeitete Aufhängung zum Einhängen in die Dachlattung. Die meisten Ziegel besitzen eine nicht flächig vorhandene Glasur von olivgrüner bis honigbrauner Farbe. Sie bedeckt nie den kompletten Ziegel, im Überlappungsbereich fehlt sie ganz. Die Dachziegel weisen einen orangeroten, fast ockerfarbenen Ziegelfarbton auf. Im Bruch zeigt sich fast immer ein grauschwarzer Kern. Der frische Ton wurde mit Pflanzenfasern und Getreidehäcksel gemagert. Nach dem Brand haben sich deren Abdrücke erhalten. Gewicht: ca. 4500g.

Typ 2: Flachziegel bzw. Spitzschnitt mit gekehlter Aufhängung auf dessen Rückseite. Diese Ziegel sind vom Ton mit seinen Beimengungen und der Glasur mit Typ 1 identisch. Beide Ziegeltypen dürften jedoch nicht auf einem Dachabschnitt zusammen Verwendung gefunden haben, da sich für Typ 2 ein kürzerer Dachlattenabstand ermitteln lässt. Auch ist dieser Typ von ganz anderem Aussehen. Ob Typ 2 zu einem etwas späteren Zeitpunkt Typ 1 abgelöst hat, ist eine Frage, die noch zu beantworten wäre. Seine Fertigung ist weniger kompliziert als diejenige von Typ 1. Die Ziegel besitzen eine olivgrüne bis honigbraune Glasur. Ziegel ohne Glasurauftrag kommen eher selten vor. Überlappende Ziegelabschnitte sind wie auch bei Typ 1 nicht glasiert. Die Rückseite zeigt bei vielen Stücken kreisrunde Abdrücke von ca. 6 cm Durchmesser. Der Ton ist ganz offensichtlich in seine Form hinein gestampft worden. Die Form selber war dabei mit einem Tuch ausgelegt, um den noch recht weichen Ziegel besser aus dieser lösen zu können. Bei zahlreichen Fragmenten vom Typ 2 sind geringe, teilweise verwischte Textilabdrücke vorhanden. Gewicht: ca. 3300g.

Typ 3: Es handelt sich um einen Flachziegel, der in seinen Abmessungen Parallelen zum Typ 2 aufweist. Auch seine Aufhängung entspricht derjenigen von Typ 2. Eine Glasur ist auf keinem der bekannten Fragmente vorhanden. Wie das untere Ende des Ziegels aussah, ist durch die Unvollständigkeit nicht festzustellen. Ein gerader Abschluss wäre denkbar (freundl. Hinweis J.Goll, Ziegelei-Museum Cham). Auf der Vorderseite befindet sich ein schwalbenschwanzförmiges, plastisch hervortretendes Relief, das als Auflage für den Ziegel vom Typ 2 diente. Mit diesem konnte ein Abrutschen der oben aufliegenden Ziegelreihe verhindert werden. Denkbar ist die Verwendung von Typ 3 im Bereich der Traufe. Dies würde auch seine geringe Fundhäufigkeit an allen Fundorten Magdeburgs erklären. Gewicht: unbekannt.

Claudia Hartung

Literatur

Ausst.-Kat. Magdeburg 2001, Bd. 2, Nr. V.16 (Gerhard Gosch); Ausst.-Kat. Magdeburg 2009, Bd. 2, Nr. I.2 (Tanja Autze) u. Nr. I.13 (Claudia Hartung); Autze 2012 (im Druck); Hartung 2009; Hartung/Möller 2010; Kuhn 2005 (a); Kuhn 2006; Kuhn 2009 (b); Möller 2009.

V.19

Ein Fußboden aus ehemaligen Dachziegeln (Präparat)

Magdeburg, Forschungsgrabung Dom
(2006 bis 2010),10.–12. Jahrhundert
Baukeramik mit grüner Bleiglasur umgeben von Mörtel.
Gebrannte rote Tonplatten mit Glasurresten.
Präparat des archäologischen Befundes:
H 15 cm, B 155 cm, T 115 cm
Halle, Landesamt für Denkmalpflege und Archäologie –
Landesmuseum für Vorgeschichte, 51951259-3.

Am Karfreitag im Jahr 1207 ereignete sich in Magdeburg ein Großbrand, der ausgehend vom Breiten Weg auch auf den romanischen Dom übergriff. Der damals amtierende Erzbischof Albrecht von Käfernburg (1205–1232) plante in Folge dessen einen völligen Neubau. So wurde in den Folgejahren der alte Baukörper abgetragen und selbst die noch im Boden belassenen Fundamente erhielten keinerlei Nachnutzung. Die neue Kathedrale erhielt eine um 7,58° abweichende Achsausrichtung als ihr Vorgängerbau. Bedingt durch diesen Umstand ergeben sich hervorragende Erhaltungsbedingungen der Baubefunde im Boden. Nur an den Überschneidungspunkten beider Baukörper kam es zur Komplettzerstörung der alten Substanz. Hinzu kommt, dass der Neubau ein um 1 m höher gelegenes Fußbodenniveau erhielt, wodurch der romanische Fußboden die nachfolgenden Zeiten gut überdauerte.

Während der Forschungsgrabung im Magdeburger Dom in den Jahren 2006–2010 konnten große Bereiche des im 12. Jahrhundert verlegten Fußbodens freigelegt und geborgen werden. Dieser Ziegelboden hatte das Brandereignis 1207 miterlebt, was auch an einigen Stellen anhand von Durchglühungen festzustellen war. Abnutzungsspuren auf der Fußbodenoberfläche zeigten, dass er einige Zeit lang begangen worden ist. Für die Bergung wurden die stark fragmentierten Ziegelplatten in Silikon eingegossen. Nach der Hebung und der Sichtung der Bodenrückseite war sicher, dass es sich hier um sekundär verwendete Dachziegel handelt. Auch wurde festgestellt, dass zwei ganz unterschiedliche Ziegeltypen als Bodenbelag verbaut wurden. Bei dem mit Typ 1 bezeichneten Ziegel konnte, bedingt durch die stark reliefierte Vorderseite, nur die Rückseite der Dachziegel als Bodenoberfläche genutzt werden (vgl. Kat.-Nr. V.18 a). Die Aufhängung wurde dabei jeweils abgeschlagen. Auch Typ 2 wurde verwendet, bei ihm diente jeweils die glasierte glatte Dachziegeloberseite als begehbare Fläche (vgl. Kat.-Nr. V.18 b). Ein weiterer Ziegeltyp mit der Bezeichnung Typ 3 fand aufgrund seiner Beschaffenheit im Zusammenhang mit dem Fußboden keinerlei Verwendung (vgl. Kat.-Nr. V.18 a).

Die Ziegel bildeten ursprünglich die Dachhaut der beiden im 10. und frühen 11. Jahrhundert errichteten Magdeburger

Großkirchen. Bei der im 10. Jahrhundert erbauten Kirche handelt es sich um den von Otto den Großen in Auftrag gegebenen Domneubau. Über seine sehr repräsentative Ausstattung berichtet uns Thietmar von Merseburg (Chronik [b] II, 17), der von 1009–1018 Bischof von Merseburg war: „Auch kostbaren Marmor, Gold und Edelsteine ließ der Caesar nach Magdeburg schaffen. In alle Säulenkapitelle befahl er sorgsam Heiligenreliquien einzuschließen." Einen Hinweis über dessen Dachdeckung verschweigen die Quellen leider. Auch ist nicht bekannt, wer die Technologie nach Magdeburg brachte, denn die Stücke sind einmalig in ihrer Art und trotzen jeglichem Vergleich. Wer stellte diese Ziegel her? Waren es hier Arbeitskräfte aus dem mediterranen Gebiet? Kamen also nicht nur der Marmor von dort, sondern auch einige Handwerker? Die Produktion der Dachziegel erfolgte unweit des Domhügels (Ausst.-Kat. Magdeburg 2009). Es sind die ersten glasierten Ziegel im mitteldeutschen Gebiet. Selbst ein direkter Vergleich mit den römischen Ziegeltypen *tegula* und *imbrex*, ist nicht möglich.

Dass die Ziegel bis zur Aufgabe beider Magdeburger Großkirchen des 10./11. Jahrhunderts auf deren Dächern gesessen haben, dürfte sich durch die große Fundmenge in beiden Kirchen bestätigen. Doch von welchem Dach kamen die Ziegel für den Fußboden des 12. Jahrhunderts? Diese Frage lässt sich nicht leicht beantworten. Es bleibt eine Vermutung, dass bei Aufgabe der Nordkirche um 1170/1180 mit daraus resultierender Spolienverteilung ins Magdeburger Umland (Brandl 2005), auch deren Dachdeckung eine Weiternutzung fand. Andererseits können sie auch von der Südkirche selber stammen, die vielleicht bei Instandsetzungen des Daches übrig blieben. In Bezug auf das Kirchendach gibt es nur eine Nachricht aus der Zeit Erzbischof Wichmanns (1152–1192) für das Jahr 1185, in der er sich verpflichtet für den Erhalt des Daches der Domkirche zu sorgen (Sello 1891).

Claudia Hartung

Quellen
Thietmar von Merseburg, Chronik (b).

Literatur
Ausst.-Kat. Magdeburg 2001, Bd. 2, Nr. V.16 (Gerhard Gosch); Ausst.-Kat. Magdeburg 2009, Bd. 2, Nr. I.2 (Tanja Autze) u. Nr. I.13 (Claudia Hartung); Autze 2012 (im Druck); Brandl 2005; Ditmar-Trauth 2003; Hartung 2009; Hartung/Möller 2010; Koch 1926; Kuhn 2005 (a); Kuhn 2006; Kuhn 2009 (b); Leopold 1983; Möller 2009; Schneider 1985; Sello 1891, S. 116.

V.20

Rekonstruktion der ottonischen Dachdeckungen vom Magdeburger Domhügel

Entwurf und Ausführung: Claudia Hartung
zwei Dachziegelmodelle im Maßstab 1:2,
gebrannte Tonplatten mit Glasurauftrag auf einem Holzgestell. Modell 1: H 36,5 cm, B 57,5 cm, T 52,0 cm; Modell 2: H 32,0 cm, B 50,0 cm, T 48,0 cm
Magdeburg, Privatbesitz Hartung

Die beiden Modelle im Maßstab 1:2 stellen einen Rekonstruktionsversuch der Verlegetechnik dar und setzen den derzeitigen Forschungsstand der ottonischen Funde aus Magdeburg in die Praxis um. Sie sollen veranschaulichen, welche Wirkung solch eine Dachdeckung auf den damaligen Betrachter gehabt haben könnte. So war sie nicht nur funktional, sondern auch sehr repräsentativ. Innenausstattung und Äußeres der Kirche waren von hoher Qualität und gaben dem Gebäude eine außergewöhnliche Wirkung. Das angefertigte Modell mit dem Dachziegeltyp 1, Modell 1 (Kat.-Nr. V.18 a), sollte zudem auch prüfen, inwieweit die bisher theoretisch vorgeschlagene Verlegetechnik umgesetzt werden kann, ob die Ziegel, wie bisher vermutet, versetzt zueinander oder in Reihe übereinander gelegt worden sind. Bei diesem Versuch stellte sich heraus, dass beide Verlegevarianten umsetzbar sind, die Ziegel sich versetzt zueinander aber besser ineinander fügen lassen und dabei gefälliger auf dem Dach liegen. Am Modell kann auch die Technik der Wasserableitung studiert werden. Der Nachbau mit dem Spitzschnitt, Modell 2 (Kat.-Nr. V.18 b), zeigt das funktionale Zusammenspiel von Typ 2 und 3. Aufgrund der Tatsache, dass es für diese Dachvariante noch bestehende Dächer gibt, ist deren Nachbau wesentlich einfacher gewesen – ganz im Gegensatz zu Modell 1, allein schon durch dessen komplizierte Ziegelform. Bei beiden Modellen wurde eine recht flache Dachneigung von 35° gewählt. Verglichen mit heute noch bestehenden historischen Dächern Süddeutschlands aus dem 12./13. Jahrhundert und Dächern aus mediterranen Gebieten, dürfte diese auf die Magdeburger Dächer der ottonischen Zeit übertragbar sein. Beide Modelle sollen allerdings nur als Vorschlag dienen. Weitere Neufunde bei archäologischen Grabungen könnten dieses Bild komplettieren oder auch korrigieren.

Claudia Hartung

Unpubliziert

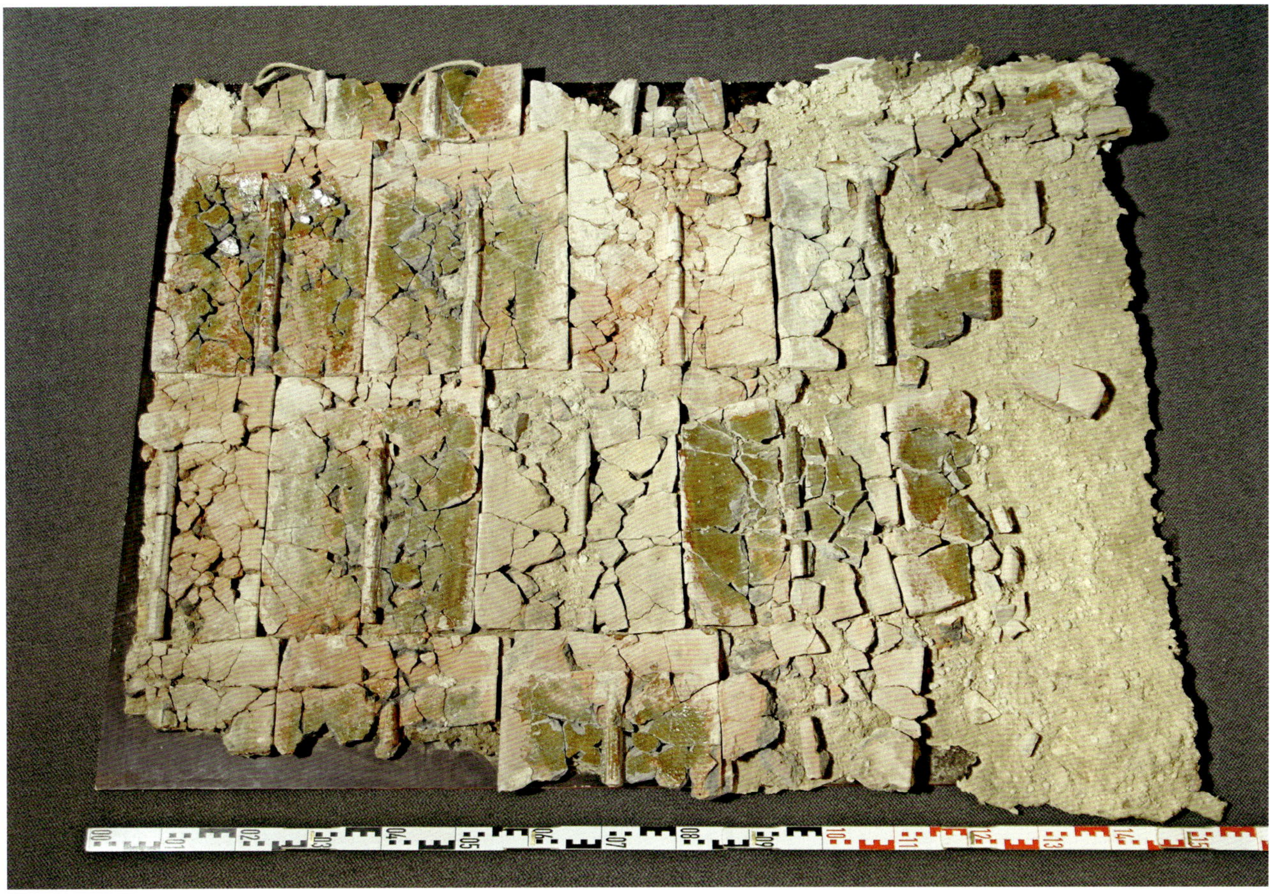

V.19

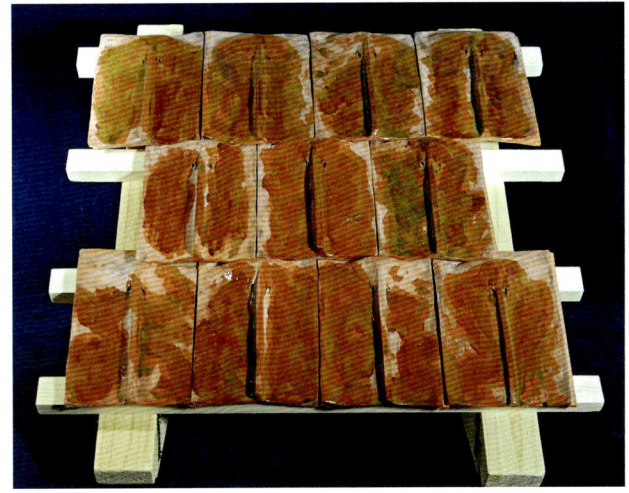
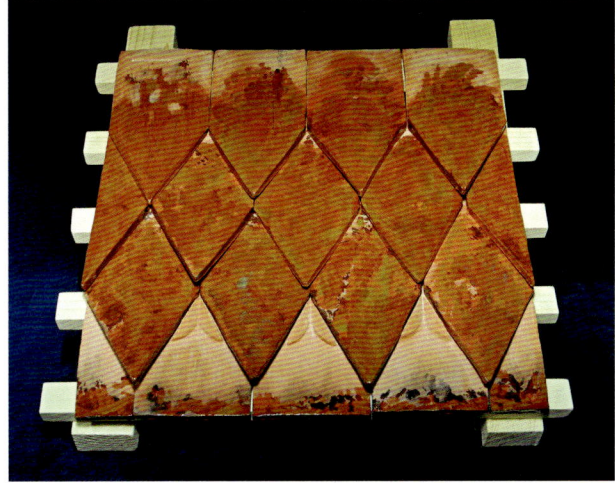

V.20

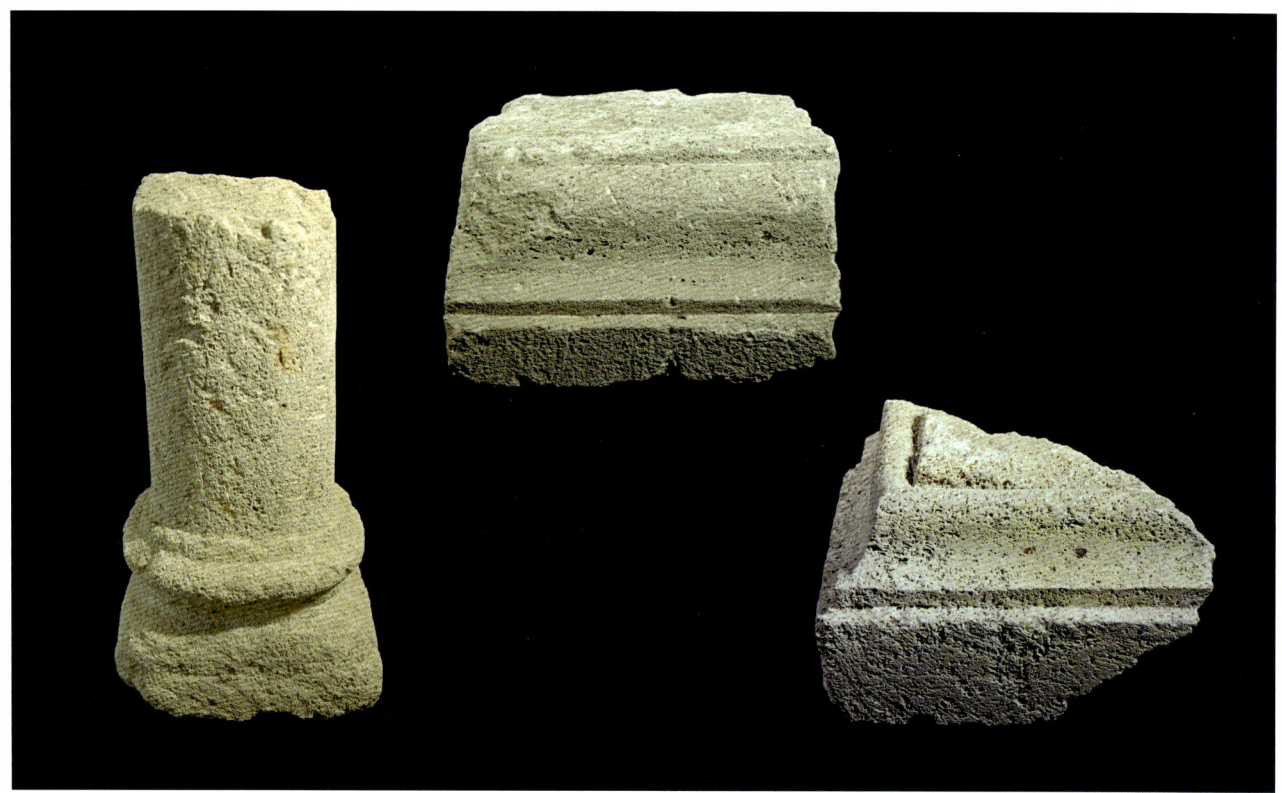

V.21

V.21

Drei Bauteile aus Muschelkalk

Magdeburg / Dom, Forschungsgrabung 2006-2010,
Schnitt G und Schnitt L, Magdeburg/Domplatz, J51/52,
10./11. Jahrhundert
Muschelkalk. Säule, Gesims/Sockelprofil und Eckteil-
fragment/Kämpfer. H 49 cm, B 26 cm, T 26 cm; H 23 cm,
B 40 cm, T 38 cm; H 12,0 cm, B 21,7 cm, T 20,7 cm
Halle, Landesamt für Denkmalpflege und Archäologie
Sachsen-Anhalt – Landesmuseum für Vorgeschichte,
51951259-1, 51951259-26, 2005: 34055-a.

Bei den archäologischen Forschungsgrabungen 2006–2010 im
Bereich des Magdeburger Domes und seines näheren Umfel-
des wurden verschiedene Bauteile aus Muschelkalk gefunden.
Als Einzelstück kam 2006 eine Muschelkalksäule liegend in
einer Schicht, die ihrerseits von einem Fundament der dicht
östlich anschließenden gotischen Tonsurkapelle (um 1320 errichtet) geschnitten wurde, zum Vorschein. 1320 hatte die Muschelkalksäule ihre bauliche Funktion vermutlich schon längere
Zeit verloren. Die Säule könnte von einem älteren Kreuzgang
stammen, doch ist auch eine andere bauliche Verwendung
nicht auszuschließen. Das Stück ist in mehrerlei Hinsicht interessant. Zum einen sind Schaft, Basisring und Basis aus einem

monolithischen Stück gefertigt. Zum zweiten ist das Material
Muschelkalk im Bereich der Vorgängerkirche unter dem Magdeburger Dom nur in vergleichsweise geringer Anzahl nachzuweisen. Zum dritten ist der Schaft der Säule in der Aufsicht
nicht rund, sondern eher quadratisch mit stark abgerundeten
Ecken. Das Stück unterscheidet sich deutlich von den im Kreuz-
gangsüdflügel (um 1170) verbauten kleinen Säulchen. Es hat
enge Parallelen zu den entsprechenden Säulen aus Kalkstein
im Kreuzgang von St. Pantaleon in Köln, der Grabeskirche von
Kaiserin Theophanu (*um 960, † 991), der Schwiegertochter
von Otto dem Großen. Die dortigen Säulen mit Pilzkapitellen
wurden spätestens 965 verbaut, kommen aber an anderen Orten auch noch im 11. Jahrhundert vor. Damit handelt es sich
bei dieser Magdeburger Säule um einen der bisher auffällig
seltenen Hinweise auf eine mögliche Bautätigkeit des 10. Jahrhunderts im Bereich der Südkirche, d. h. in der Kirche unter
dem gotischen Dom.

In die Reihe der aus Muschelkalk gefertigten Teile gehört
auch das hier erstmals vorgestellte Gesims/Sockelprofil, gefunden ebenfalls im Bereich der Südkirche sowie den Kämpfer aus
der Nordkirche. Muschelkalk ist am Magdeburger Domhügel
häufig ein Indiz für eine relativ frühe Datierung, d.h. für eine
Datierung in ottonische Zeit. Prominente Beispiele dafür sind
auch die Basen der Wandvorlagen neben den gerundeten Ap-

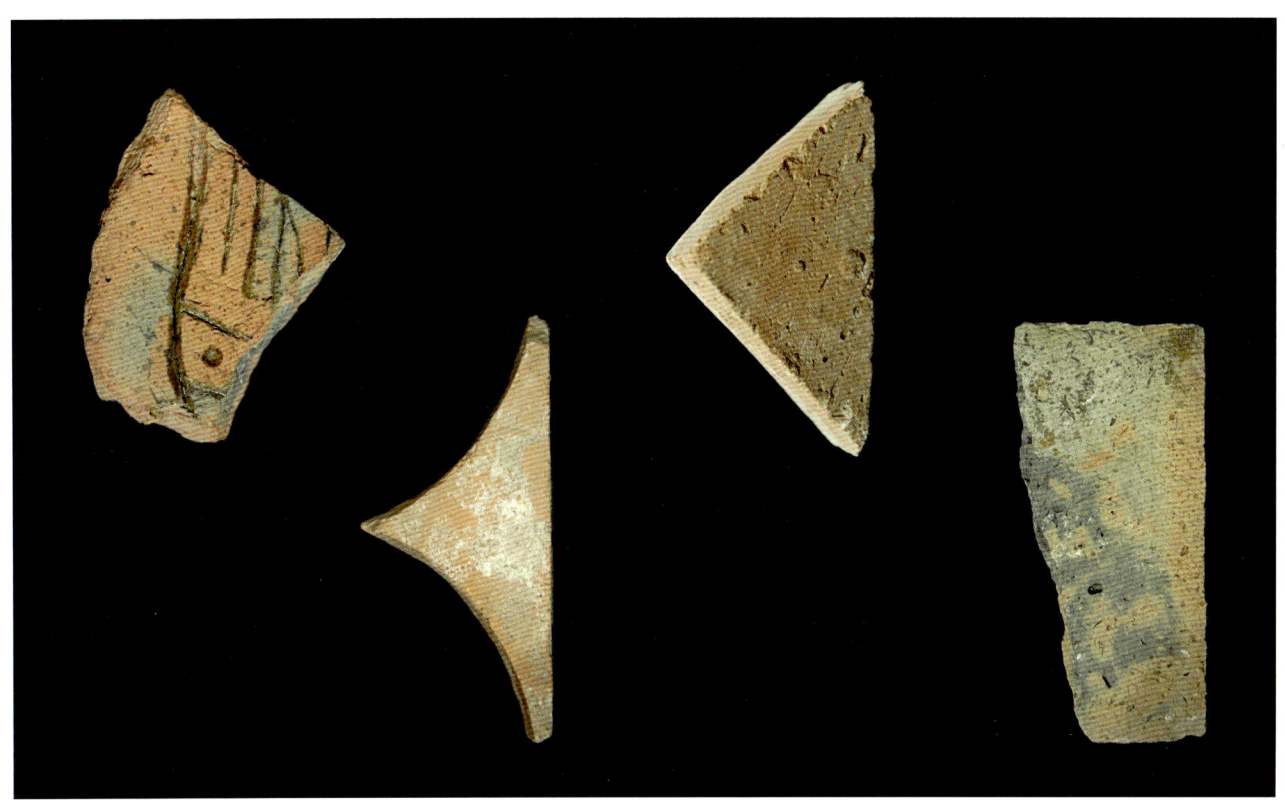

V.22

sisnischen in der 1926 ausgegrabenen Ostkrypta der Magdeburger Südkirche. Christian Forster datiert diese Ostkrypta mit guten Gründen in das frühe 11. Jahrhundert, in die Zeit von Erzbischof Tagino. Auch das Grab von Otto dem Großen († 973) besteht in seinem Kasten mit Kassettenzier aus Muschelkalk und nicht – wie früher angenommen – aus Stuck.

Muschelkalk kommt in geringen Mengen und an mehreren Stellen auch beim gotischen Neubau ab 1207/1209 vor, ein Zusammenhang, der jedoch für die hier besprochenen Stücke ausgeschlossen werden kann. Möglicherweise wurden von den ottonenzeitlichen Baumeistern auch außerhalb des Marmorbestandes Spolien nach Magdeburg verbracht, um sie an besonderen Orten zu platzieren. Andererseits ist auch eine lokale Herkunft der Stücke denkbar. Im nördlichen Harzvorland zwischen Harz und dem Magdeburger Raum gibt es mehrere abbaufähige Vorkommen von Muschelkalk, z. B. in Walbeck, Förderstedt und Bernburg.

Rainer Kuhn

Literatur

Ausst.-Kat. Magdeburg 2009, Bd. 2, Nr. I.9 (Rainer Kuhn); Forster 2006, hier S. 111–118 u. 123; Kuhn 2009 (b), hier S. 35–38; Kuhn/ Ristow 2009.

V.22

Fußbodenfliesen aus rotem Ziegelton

Magdeburg / Dom Forschungsgrabung (2006–2010), 10. bis 12. Jahrhundert
Roter Ziegelton mit wenigen Glasurresten.
Vier gebrannte Ziegelformteile teilweise mit Glasurresten.
H 1,7–2,6 cm, B 8,8–13,6 cm, T 4,4–7 cm
Halle, Landesamt für Denkmalpflege und Archäologie
– Landesmuseum für Vorgeschichte, 51951259-4 bis 51951259-7

Bei diesen aus gebranntem rotem Ziegelton bestehenden Fußbodenfliesen handelt es sich ganz offenbar um die Überreste eines im 10. oder frühen 11. Jahrhundert angelegten Schmuckfußbodens aus der sogenannten Magdeburger Südkirche. Die hier vorgestellte kleine Auswahl recht zahlreich vorhandener Stücke wurde während der Forschungsgrabung in den Jahren 2006 bis 2010 geborgen und ist der Beleg für einen einst recht eindrucksvollen, stark gemusterten Bodenschmuck. Sein Formenspektrum reicht dabei von Quadraten bzw. Rechtecken sowie Dreiecken bis hin zu Fragmenten mit gekehlten und gerundeten Segmenten (Ausst.-Kat. Magdeburg 2009, Koch 1926, Kuhn 2009 [b]). Ein Einzelstück zeigt eine freihändig eingeritzte Verzierung, die als Vögelchen gedeutet werden kann. In seinen Hauptbestandteilen bildete der Fußboden wohl ein Ensemble aus kleinen Marmorplättchen in *opus sectile*-Technik, geschliffenem Schiefer (vgl. Kat.-Nr. V.16 a) und roten, teils glasierten Ziegelformstücken. Die gebrannten Ziegelstücke weisen zum Teil eine grünliche bis honigbraune Glasur auf und haben von der Materialbeschaffenheit und Brenntechnik her Ähnlichkeit mit den gefundenen Dachziegeln (vgl. Kat.-Nr. V.20). Möglicherweise sind diese auch zusammen mit den Dacheindeckungen hergestellt worden. Die Kombination aus Marmor und Ziegelfliesen ist nicht ungewöhnlich, wurde sie doch bereits in anderen sakralen Bauwerken beobachtet, so z. B. in Paderborn, Lorsch und Köln (Kier 1970, Ausst.-Kat. Paderborn 2002). Ein anderes schönes Beispiel bildet der erst kürzlich gefundene Schmuckfußboden im Hildesheimer Dom. Jener besteht aus einem Estrich mit großen Ziegelfliesen in Rechteck-, Rhomben- und Sechstelkreisformen mit Begleitsteinen aus schwarzem Schiefer. Aufgrund seiner Erhaltung konnte er noch *in situ* dokumentiert werden (Kruse 2012). Er wird in das frühe 11. Jahrhundert datiert und mit Bischof Bernwards (993–1022) Bautätigkeit in Verbindung gebracht. Die Magdeburger Ziegelfliesen sind nur noch in umgelagerter Form in Schichten unter dem aus Dachziegeln im 12. Jahrhundert verlegten Fußboden gefunden worden, wodurch sich das Ende ihrer Nutzungszeit eingrenzen lässt (vgl. Kat.-Nr. V.19). Wie der Boden im Detail gestaltet war, lässt sich nicht beantworten. Ein noch *in situ* erhaltenes kleines Reststück befindet sich in der 1926 von Alfred Koch ergrabenen Krypta unter dem Magdeburger Dom, dort bestehend aus Marmor-, Kalkstein- und Schieferplättchen, jedoch ohne Verwendung von Ziegelformteilen.

Claudia Hartung

Literatur
Ausst.-Kat. Magdeburg 2009, Bd. 2, S. 21 f., Nr. I.14 (Claudia Hartung); Ausst.-Kat. Paderborn 2002, S. 140 f., Nr. IX.3 (A. Stäbler); Kier 1970; Koch 1926; Kruse 2012; Kuhn 2009 (b); Stäbler 2002, S. 140–141.

V.23 a–d

Funde aus der Südkirche

Magdeburg / Dom, 10.–12. Jahrhundert

Das vorliegende Sortiment verschiedenster Funde wurde während der Forschungsgrabung im Magdeburger Dom (2006 bis 2010) in zwei verschiedenen Bereichen gefunden: zum einen westlich vor dem gotischen Lettner, also im östlichen Abschnitt der Vorgängerkirche, zum anderen östlich vom antiken Porphyr-Taufbecken, folglich im Bereich des Westabschlusses der Vorgängerkirche. Die Funde stammen aus dem Zeitraum zwischen dem 10. und 12. Jahrhundert. Sie gehören zu der im Jahr 1207 abgebrannten Domkirche (Südkirche) und bilden nur einen Bruchteil hunderter Kleinfunde, die sich momentan in der Aufarbeitung der Domgrabung befinden.

a) Wandputz
(Objekt 33 bis 36)
Kalkputz. H 1,6–6 cm, B 3–13 cm, T 2,5–10,5 cm
Halle, Landesamt für Denkmalpflege und Archäologie
Sachsen-Anhalt – Landesmuseum für Vorgeschichte,
51951259-32 bis 51951259-34; 2146:5961:1001

Der polychrome Wandputz stammt aus den Abbruchhorizonten der Vorgängerkirche, die unmittelbar unter den heutigen Fußbodenplatten liegen und eine Stärke von bis zu 75 cm aufweisen können. Die zahlreich geborgenen Bruchstücke besitzen ein breites Farbspektrum. Es umfasst schwarze, rote, weiße, grüne, ockerfarbene bis gelbe und einige blaue Farbtöne. Auch konnten Striche, Punkte und andere geometrische Muster beobachtet werden. Aufgrund der Kleinteiligkeit der Fragmente war es bisher nicht möglich, bestimmbare Motive oder gar Schrift zu erkennen. Allerdings sind die Untersuchungen an den Fundstücken noch nicht abgeschlossen und insofern ist der derzeitige Kenntnisstand nicht überzubewerten. Das Fundstück bildet mit bis zu 13 cm erhaltener Substanz unter allen Fragmenten das größte. Während der Forschungsgrabung konnte festgestellt werden, dass die Fundmenge an polychromen Putzfragmenten innerhalb der Grabungen in der Vorgängerkirche nach Osten hin stark ansteigt, wohingegen in den westlich liegenden Grabungsschnitten der eher weißliche Wandputz dominiert (Kuhn 2009 b; Ausst.-Kat. Magdeburg 2009, Nr. I.11).

b) Glas
(Objekt 37)
Glas. H 0,8–2,5 cm, B 1–4 cm, T 1–4 cm
Halle, Landesamt für Denkmalpflege und Archäologie
Sachsen-Anhalt – Landesmuseum für Vorgeschichte,
51951259-56

Neben dem Wandputz haben sich auch Glasreste der ehemaligen Kirchenfenster erhalten, jedoch nur in deutlich geringeren Mengen. Die Fragmente wurden auf und zwischen den romanischen Fußbodenresten entdeckt (vgl. Kat.-Nr. V.22). An einigen der zerbrochenen flachen Glasscherben lassen sich noch Spuren vom Dombrand im Jahr 1207 feststellen. Sie

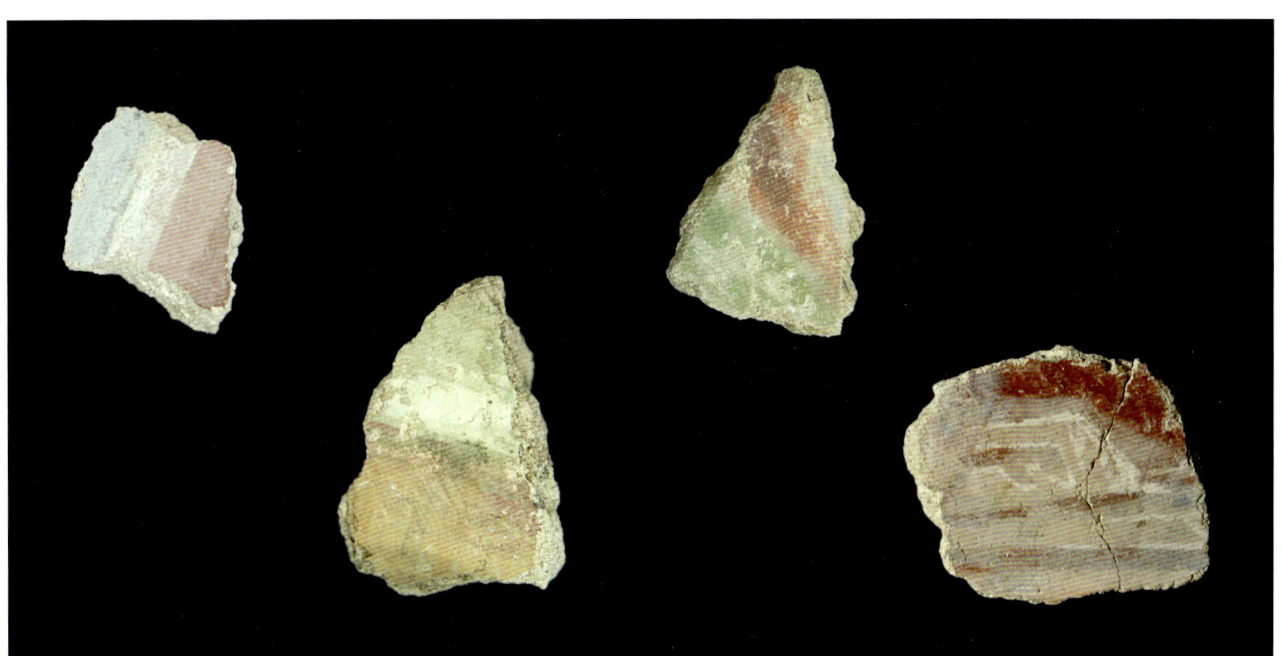

V.23 a

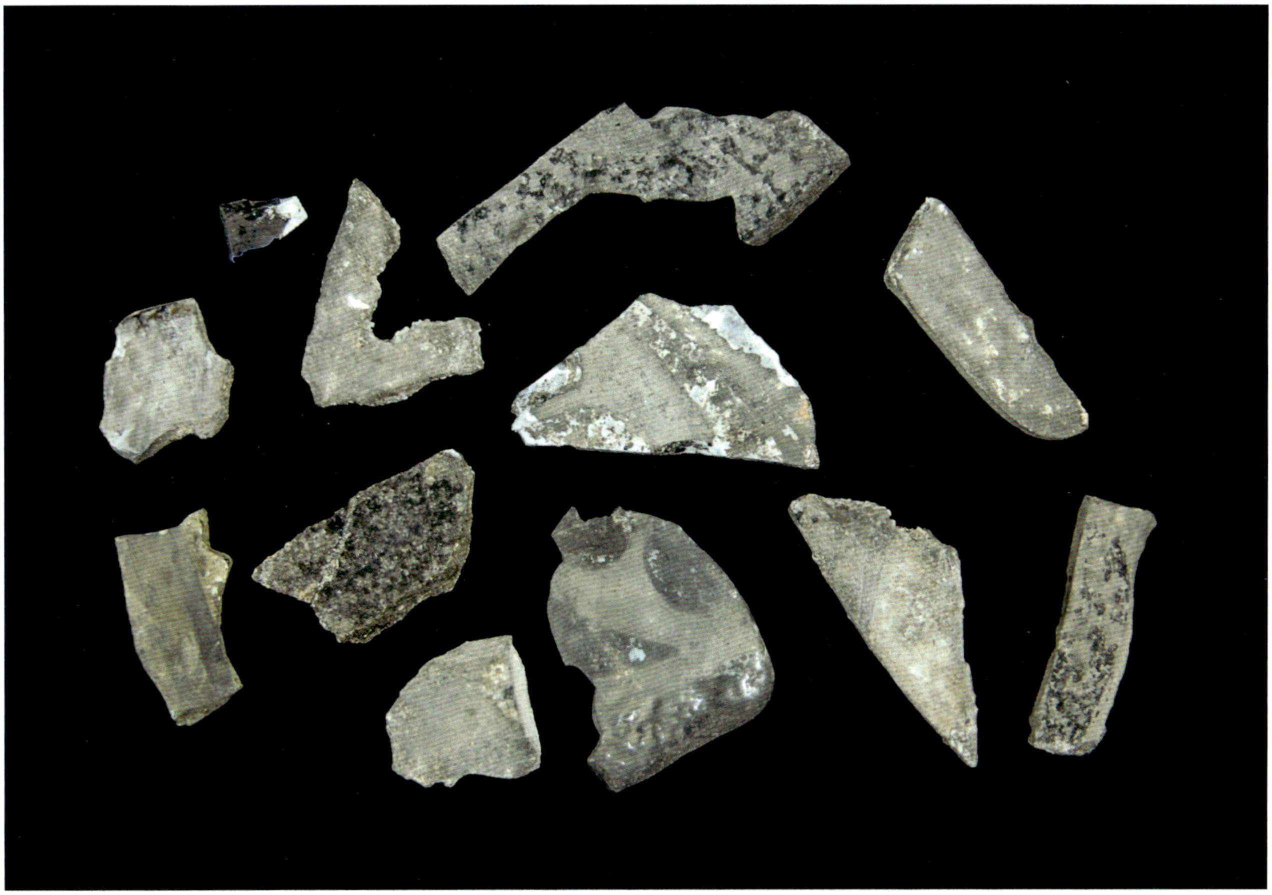

V.23 b

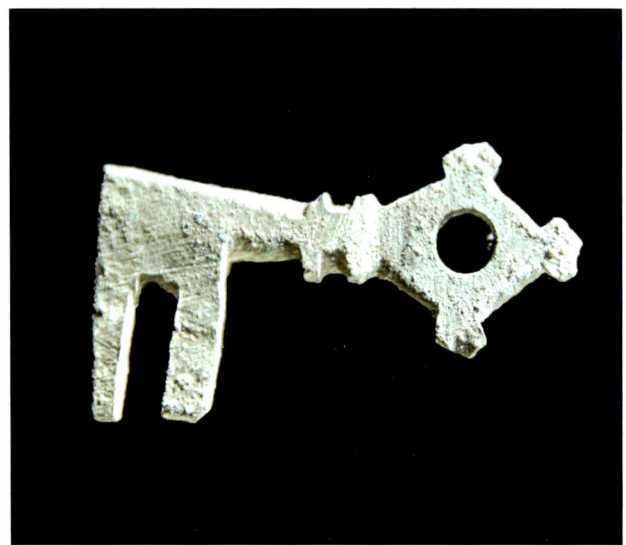

V.23 c

sind teilweise braun bis schwarz verfärbt und zeigen deutliche Spuren von Hitzeeinwirkung. Einige sind an ihren Rändern geschmolzen. Die recht unscheinbar wirkenden Stücke verraten kaum noch etwas von ihrer einstigen Farbigkeit. Beim näheren Betrachten sind noch Reste von Bemalung zu erkennen. Auch hier ist es – wie beim Wandputz – derzeit nicht möglich, etwas über die detaillierte Gestaltung der ehemaligen Fensterflächen auszusagen (Ausst.-Kat. Magdeburg 2009, Nr. I.10).

c) Schlüssel

(Objekt 38)
Buntmetall. H 0,4 cm, B bis 1,6 cm, L 3,2 cm
Halle, Landesamt für Denkmalpflege und Archäologie
Sachsen-Anhalt – Landesmuseum für Vorgeschichte,
51951259-46

Das nur 3,2 cm lange Schlüsselchen mit seiner aufwendigen Gestaltungsform fand sich ebenfalls im Bereich des romanischen Fußbodenhorizontes. Das Stück besteht aus Buntmetall und ist ganz offensichtlich in einer Form gegossen und im Anschluss nachgefeilt worden. Eine kleine Ausbruchstelle an seinem Schaftende bezeugt, dass der Schlüssel auch benutzt wurde. Vielleicht gehörte er zu einem Reliquienkästchen, von dem sich allerdings nichts mehr erhalten hat.

d) Schreibgriffel

(Objekt 39)
Buntmetall. H 0,5 cm, B 0,7 cm, L 9,5 cm
Halle, Landesamt für Denkmalpflege und Archäologie
Sachsen-Anhalt – Landesmuseum für Vorgeschichte,
51951259-47

Ein aus dem Bereich des ottonischen Westabschlusses stammender Schreibgriffel (Stilus) aus Bronze ist ein Beleg für den gebildeten Klerus. Das Stück ist 9,5 cm lang, der Kopf endet spatenförmig und besitzt eine Durchlochung. Eine Ritzlinie ist spiralartig mit kleinen Unterbrechungen um den Stilus geführt und bildet eine recht unauffällige Verzierung. Sie wirkt fast wie nachträglich vom Schreiber ausgeführt und könnte auch als einfache Gebrauchsspur gedeutet werden. Das ansonsten gut erhaltene Fundstück stammt ebenfalls aus den Bauschuttschichten der 1207 abgebrannten Domkirche.

Claudia Hartung und Rainer Kuhn

Literatur

Ausst.-Kat. Magdeburg 2009, Nr. I.14 (Claudia Hartung); Ausst.-Kat. Paderborn 2002, Nr. IX.3 (A. Stäbler); Kier 1970; Koch 1926; Kruse 2012; Kuhn 2009 (b).

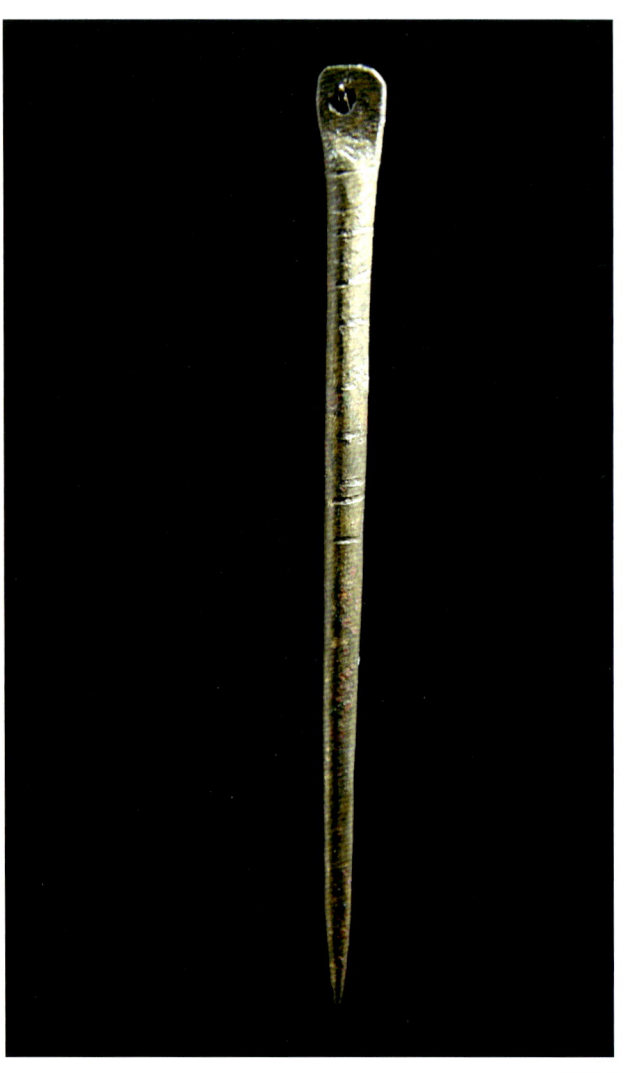

V.23 d

V.24*

Der Hohe Chor des Magdeburger Domes und seine antike Ausstattung

Magdeburg, Dom, Hoher Chor, 13. Jahrhundert,
mit antiken Stücken, die im 10. Jahrhundert nach
Magdeburg verbracht wurden.
a) Grab von Otto dem Großen
Marmor und Muschelkalk.
Deckplatte: L 216 cm, B 95 cm, H 3,9–7,8 cm;
Kasten: L 211 cm, B 61,5–62,2 cm, H 55 cm
b) Antike Säulen nördlich und südlich vom Ottograb
Porphyr. L 298 cm, D 37 cm, im Chorpolygon
L 351–352 cm, D 38–50 cm
Magdeburg, Dom, Stiftung Dome und Schlösser in
Sachsen-Anhalt

Am Karfreitag des Jahres 1207 brannte der ottonische Magdeburger Dom ab. Kurz darauf, um 1207/1209, begann man mit dem spätromanisch-gotischen Neubau. Im 1. Viertel des 13. Jahrhunderts wurde der Hohe Chor errichtet. Dort fanden auch mehrere bedeutende Antiken ihre mindestens dritte Aufstellung, die ihre Erstverwendung im antiken Italien – vermutlich in Rom oder Ravenna – und ihre Zweitverwendung in den beiden großen ottonischen Kirchen in Magdeburg hatten (vgl. Kat.-Nr. V.25*, V.16 a u. V.29). Dabei handelt es sich um insgesamt 12 Säulenschäfte, darunter 6 große Säulen mit 2,98 bzw. 3,51–3,52 m Länge, für die sogar eine Planänderung im Hohen Chor vorgenommen wurde, sowie als prominentestes Stück die Platte auf dem Grab Ottos des Großen. Hinzu kommt der häufig um 1170/1180 datierte und aus einer antiken Säule gefertigte Osterleuchter. Jüngst wurde eine spätantike Herkunft des Leuchters vorgeschlagen (Brandl/Forster 2011, S. 854), der dann bereits in dieser Form nach Magdeburg gekommen wäre. Die Positionierung der Spolien im Hohen Chor des 13. Jahrhunderts erfolgte an sehr prominenter Stelle. Offenkundig hatten die Stücke noch eine hohe Bedeutung für die Domkirche. Über ihre Unterbringung in den Vorgängerkirchen ist nichts bekannt, doch ist für das Ottograb eine Lage auf der Mittelachse weit im Osten der Kirche zu postulieren. Schließlich ist der Position eines Grabes eine noch größere Bedeutung beizumessen als seiner äußeren Erscheinung (de Blaauw 2012, S. 277). Bei den Säulen ist nicht zu entscheiden, ob sie in der ottonischen Nordkirche am Domplatz, in der ottonischen Südkirche an der Stelle des heutigen Domes oder aber in beiden Kirchen standen, bevor sie an ihre jetzige Stelle gelangten. Die 6 großen Säulen bestehen aus *granito del foro* (nördlich vom Ottograb), aus einer Art *granito bigio*, aus rotem Porphyr (2 Exemplare) und aus einem sehr dunkelgrünen Porphyr (jeweils im Chorpolygon) und südlich des Ottograbes aus *breccia corallina* (Bosman 2012, S. 192, S. 196). Die Bedeutung im 13. Jahrhundert wird ein Stück weit dieselbe wie im 10. Jahrhundert gewesen sein. Hier wäre zuallererst der römisch-imperiale Charakter der Spolien zu nennen (Schubert 1998). Darüber hinaus und keineswegs im Gegensatz dazu ist zum zweiten ein Aachen-Zitat zu postulieren und damit ein Verweis auf Karl den Großen. Weiterhin könnte auch ein Hinweis auf Italien und Ottos dortige Erfolge ein Motiv für den Transport gewesen sein (Meckseper 2001, S. 378 f.). Natürlich hatten diese Spolien auch eine repräsentative Wirkung und einen erheblichen Wert. All dies geschah in einer Stadt ohne römische Wurzeln, was im 10. Jahrhundert die Legitimationsbestrebungen des in Gründung befindlichen Erzbistums sicher verstärkte – sowohl gegenüber den alten Erzbistümern nördlich der Alpen, als auch möglicherweise gegenüber dem anderen Kaiser in Konstantinopel. Hinzu kommt ein eindeutiger religiöser Aspekt, da Thietmar von Merseburg (1009–1018) (vgl. Kat.-Nr. V.16 a) davon berichtet, dass in die Kapitelle Heiligenreliquien eingeschlossen worden seien. Ein entsprechender archäologischer Beleg liegt in Magdeburg vor (vgl. Kat.-Nr. V.27 b). Bei der Drittverwendung der Stücke im 13. Jahrhundert werden all diese Motive weiterhin präsent gewesen sein. Außerdem erhalten zwei Motive jetzt zusätzliche bzw. neue Bedeutung: Die *memoria* Ottos des Großen und die Tradition der Kathedrale. Die antiken Säulen umschließen geradezu Ottos Sarkophag, der aus einem Muschelkalkkasten und einer fraglos aus dem ottonenzeitlichen Antikentransport stammenden Platte aus Cipollino-Marmor besteht. Diese Platte war ursprünglich Teil einer Marmorverkleidung an der Innenwand eines antiken römischen Prachtbaus (Schubert/ Lobbedey 2001, S. 384). An den Schmalseiten sind noch die beiden Einarbeitungen für einst vorhandene Metallklammern (im Westen) sowie drei Bohrungen für Kupferdübel (im Osten) sichtbar, mit denen die Platte in der Antike an der Wand befestigt worden war. Die Inszenierung des Kaisergrabes im Hohen Chor des 13. Jahrhunderts bildete gewissermaßen das Zentrum einer bedeutungsvollen Mittelachse der Kathedrale mit u. a. dem Grabmal der Editha in der Chorscheitelkapelle im Osten (vgl. Kat.-Nr. V.26*) und – nach entsprechendem Baufortschritt – dem antiken Porphyrbecken im Westen (vgl. Kat.-Nr. V.25*).

Rainer Kuhn

Literatur
de Blaauw 2012; Bosman 2012; Brandl/Forster 2011, hier S. 69–73; Meckseper 2001; Schubert 1998; Schubert/Lobbedey 2001.

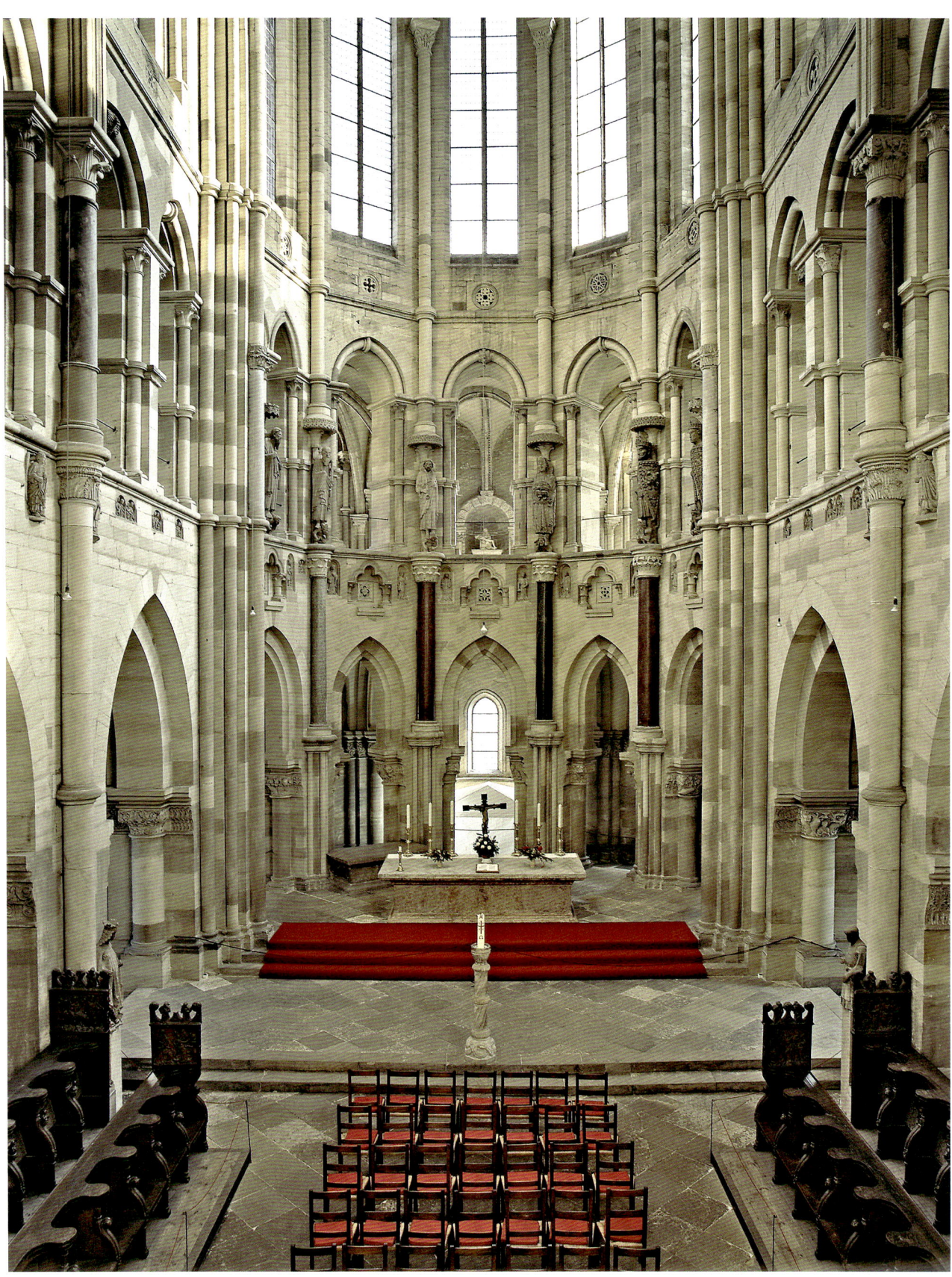

V.24 a*

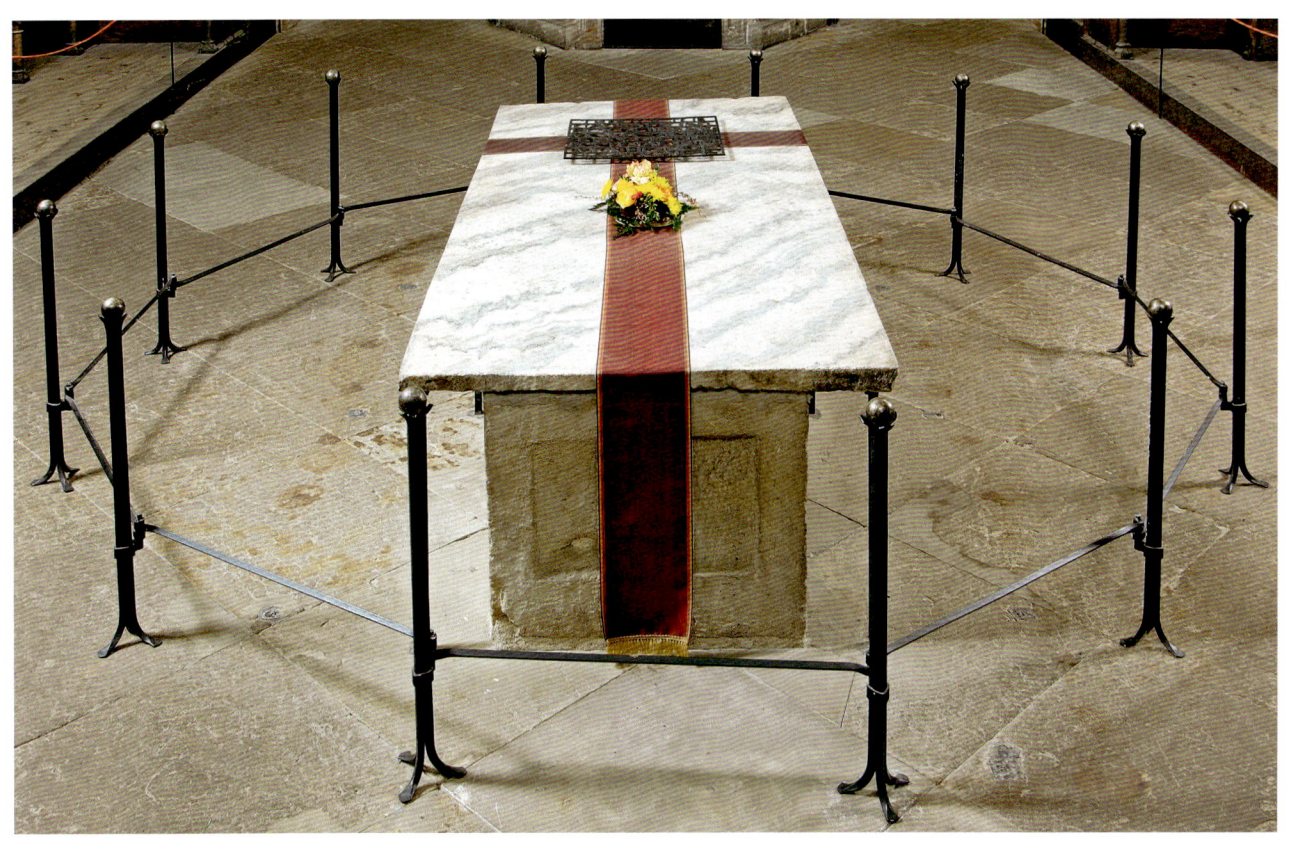

V.24 b*

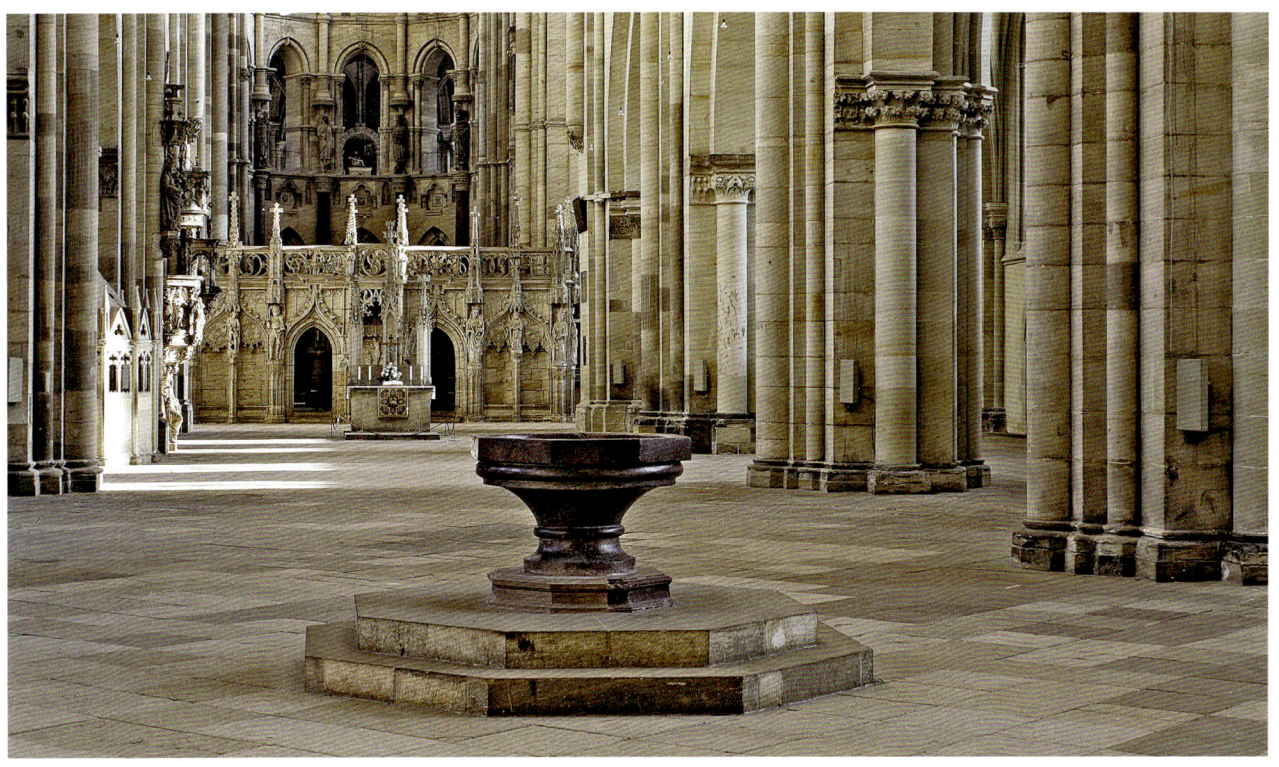

V.25*

V.25*

Porphyrtaufe

Magdeburg, Dom, Langhaus, um 100 n. Chr./
2. Jahrhundert n. Chr., Transport nach Magdeburg
in den 960er Jahren.
Taufbecken, in der Antike ursprünglich der Sockel eines
großen Beckens mit Untersatz, Porphyr aus Ägypten.
H 97,5 cm, D 125 cm (gemessen an den parallelen Kanten)
Magdeburg Dom, Stiftung Dome und Schlösser
in Sachsen-Anhalt.

Der Taufstein im Magdeburger Dom ist nicht nur die älteste Taufe Mitteldeutschlands, sondern auch ein heute noch genutztes Objekt aus dem Antikentransport in den 960er Jahren unter Otto dem Großen (936, 962–973). Seinen Ursprung hat der Stein eindeutig in den kaiserlich-römischen Steinbrüchen am Mons Porphyrites (Porphyrberg) in Ägypten, einer in der Antike nur schwer zu erreichenden Region zwischen dem Nil im Westen und dem Roten Meer im Osten und keinesfalls in einem der europäischen Porphyrvorkommen (Meyer 2011, S. 71). Im römisch besetzten Ägypten hat der Stein zumindest seine Grundform erhalten, bevor er zeitnah nach Italien transportiert wurde. Die Magdeburger Taufe besteht dabei aus zwei Teilen, die ursprünglich nicht zusammengehörten. Die Basisplatte in Achteckform entstand zu Zeiten der römischen Kaiser Trajan (98–117) oder Hadrian (117–138), das Taufbecken im 2. Jahrhundert n. Chr. (Fittschen 2006, S. 61). Besonders beachtenswert ist dabei der Funktionswandel, der spätestens mit dem Transport nach Magdeburg erfolgte. Beim Taufbecken handelte es sich in der Antike ursprünglich um einen Untersatz für ein noch größeres Brunnenbecken. Ein vergleichbares Ensemble kennen wir aus St. Zeno in Verona. Ein solches Brunnenbecken kam in ottonischer Zeit nicht mit nach Magdeburg. In seiner heutigen Aufstellung wurde der antike Untersatz wohl „auf den Kopf gestellt" und dient in Magdeburg auf diese Weise seit dem 10. Jahrhundert als Taufbecken. Dabei zeigt sich der hohe technische Stand der ägyptischen bzw. römischen Handwerker der Antike. Der aus Gewichtsgründen ausgehöhlte Untersatz ist – obwohl in der Originalaufstellung nicht sichtbar – so glatt und exakt gearbeitet, dass er als repräsentatives Taufbecken verwendet werden konnte. Mittig befindet sich ein später verschlossener Bohrkanal von 3,7 cm Durchmesser, durch den in der Antike die Wasserzufuhr in das Becken erfolgte.

Sind schon die Marmorspolien (vgl. Kat.-Nr. V.16 a) ein beredtes Zeugnis für Ottos Gespür für politische Symbolik, so wird dies durch den Porphyr noch unterstrichen, handelt es sich dabei doch um das kaiserlich-antike Material schlechthin.

Rainer Kuhn

Literatur
Brandl/Forster 2011, hier S. 635–637; Fittschen 2006, S. 59–69, A1 u. S. 145–146; Meyer 2011.

V.26*

Sarkophag und Hochgrab von Königin Editha

Magdeburg / Dom, 10. (?) und 16. Jahrhundert
a) ottonischer Sarkophag. Sandstein.
L 210 cm, B 51–62 cm, H 42 cm
b) spätgotisches Hochgrab. Sandstein, Sockel aus
Kalkstein. H (gesamt) 140 cm, Sockel: L 227,5 cm,
B 123 cm, 18 cm, Deckplatte: L 228 cm, B 119,5 cm,
H 41 cm, Wandung: H 81 cm
Magdeburg, Dom, Stiftung Dome und Schlösser in
Sachsen-Anhalt

Im Magdeburger Chorumgang bzw. in der Chorscheitelkapelle steht das in der jüngeren Domliteratur als Tumba oder Kenotaph bezeichnete Hochgrab der Königin Editha/Edgith, das von der Kunstgeschichte auf 1500-1510 datiert wurde. Erzbischof Ernst von Sachsen und der hohe Magdeburger Klerus ließen das Grabmal aus gelblichem Sandstein errichten (Schubert 1974, S. 214). Auf der Deckplatte ist Königin Editha, die erste Ehefrau von Otto dem Großen (936–973), in einer spätgotischen Astwerknische dargestellt. Bei archäologischen Untersuchungen in den Jahren 2008/2009 wurde der Inhalt des Hochgrabes untersucht (Kuhn 2012 [a]). Dabei fand sich eine durch eine Inschrift auf 1510 datierte Bleikiste, die mit hoher Wahrscheinlichkeit die Gebeine der angelsächsischen Prinzessin und ostfränkisch-deutschen Königin Editha († 946) enthielt. Die Gebeine wurden nach der Untersuchung im Oktober 2010 im Hochgrab wieder beigelegt. Editha stammte aus der Familie des als Märtyrer gestorbenen und im 10. Jahrhundert hoch verehrten heiligen Oswald. Ihr Vater war Eduard der Ältere, König von England, ihr Großvater Alfred der Große.

In einem ebenfalls um 1510 entstandenen und zum Hochgrab gehörenden Fundament fanden sich sekundär verbaut mehrere Bauteile eines früher an dieser Stelle aufgestellten Editha-Grabmals aus dem 2. Viertel des 13. Jahrhunderts sowie ein älterer Sarkophag aus Bernburger Sandstein. Dieser stammt mit hoher Wahrscheinlichkeit von der ersten Bestattung der 946 im Alter von nur etwa 36 Jahren verstorbenen Editha. Der verzierungslose Sarkophag besteht aus dem Kasten und einer Deckplatte. Diese war vormals mit vier Klammern befestigt, welche sich jedoch nicht erhalten haben. Der Sarkophag bot nur Platz für eine zierliche Person, was dem anthropologischen Befund im Bleisarg entspricht. Der ältere Sarkophag wurde im 2. Viertel des 13. Jahrhunderts mit einem repräsentativen

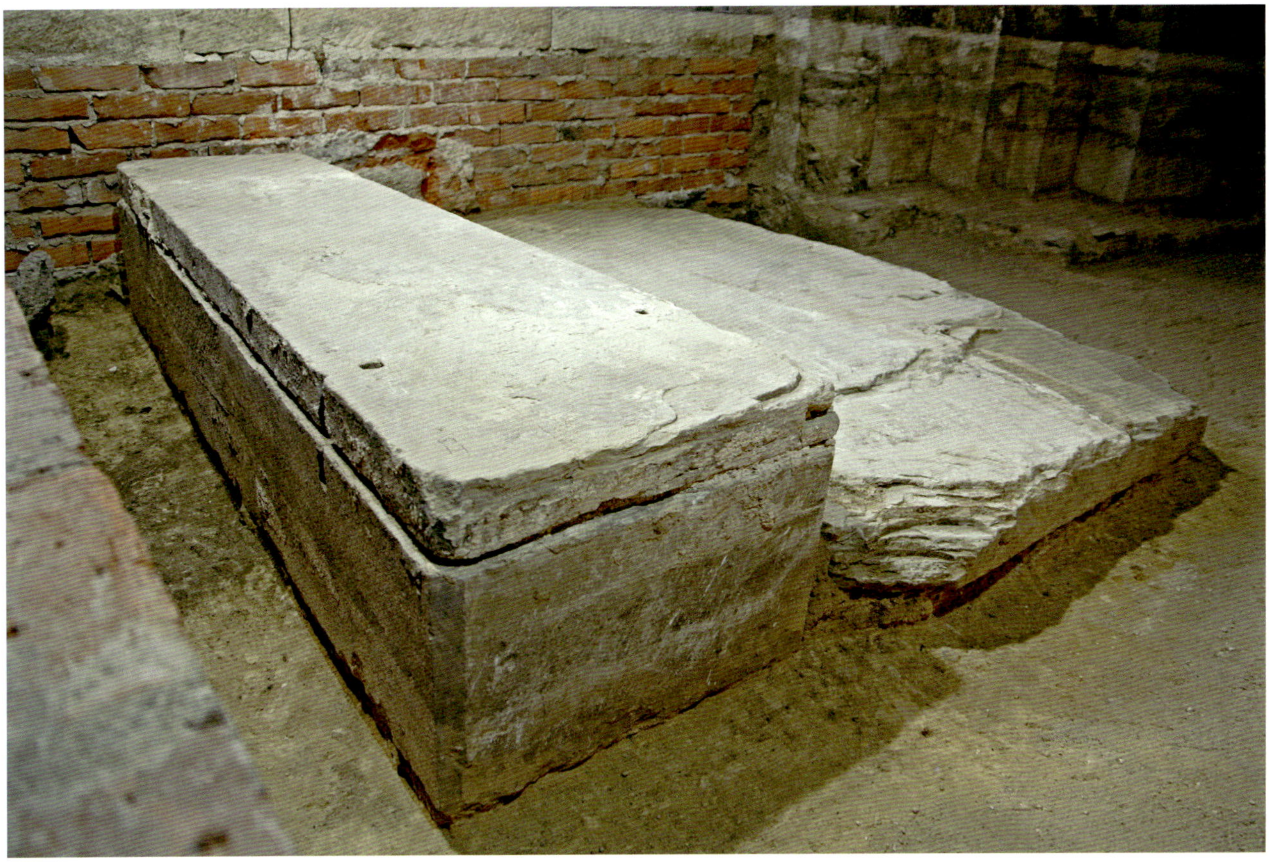

V.26 a*

Grabmal ergänzt. 1510 wurde das Hochgrab errichtet und der Inhalt des Sarkophages in die Bleikiste gegeben. Teile des älteren Grabmals und der ursprüngliche Sarkophag wurden in das Fundament verbaut, der leere Sarkophag in korrekter Lage mit Kopfende im Westen. Auf der Achse des Domes lagen zu dieser Zeit von West nach Ost: die Tumba des Erzbischofs Ernst von Sachsen, das antike Taufbecken, der Kreuzaltar am Lettner, das Grab von Kaiser Otto, der Hochaltar im Osten des Chores und das Grab von Königin Editha.

Rainer Kuhn

Literatur
Brandl/Forster 2011, hier S. 677–682; Kuhn 2009 (b), hier S. 42–47; Kuhn 2012 (a); Kuhn/Schubert 2011; Mock 2007, S. 154–161; Schubert 1974.

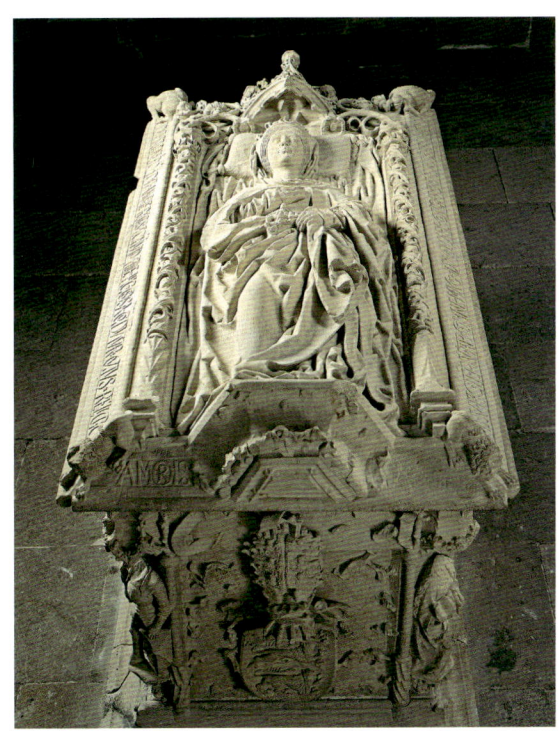

V.26 b*

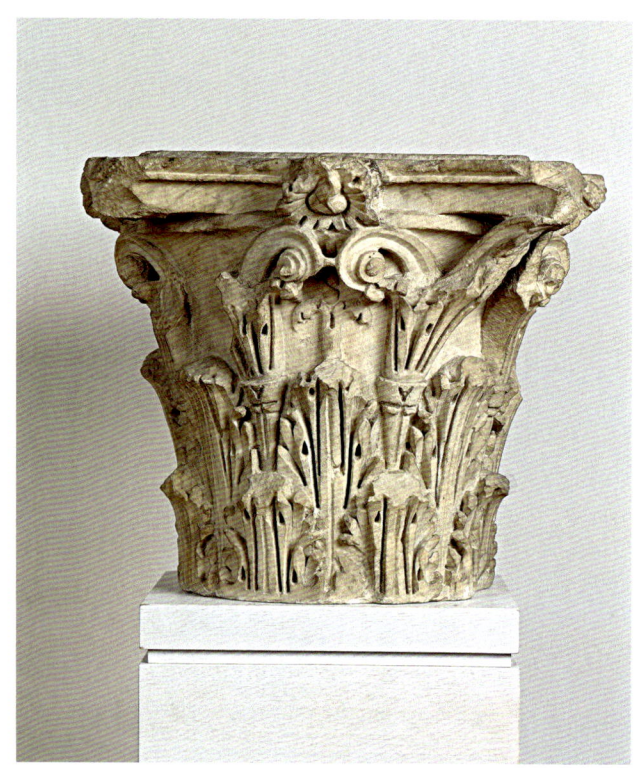

V.27 b

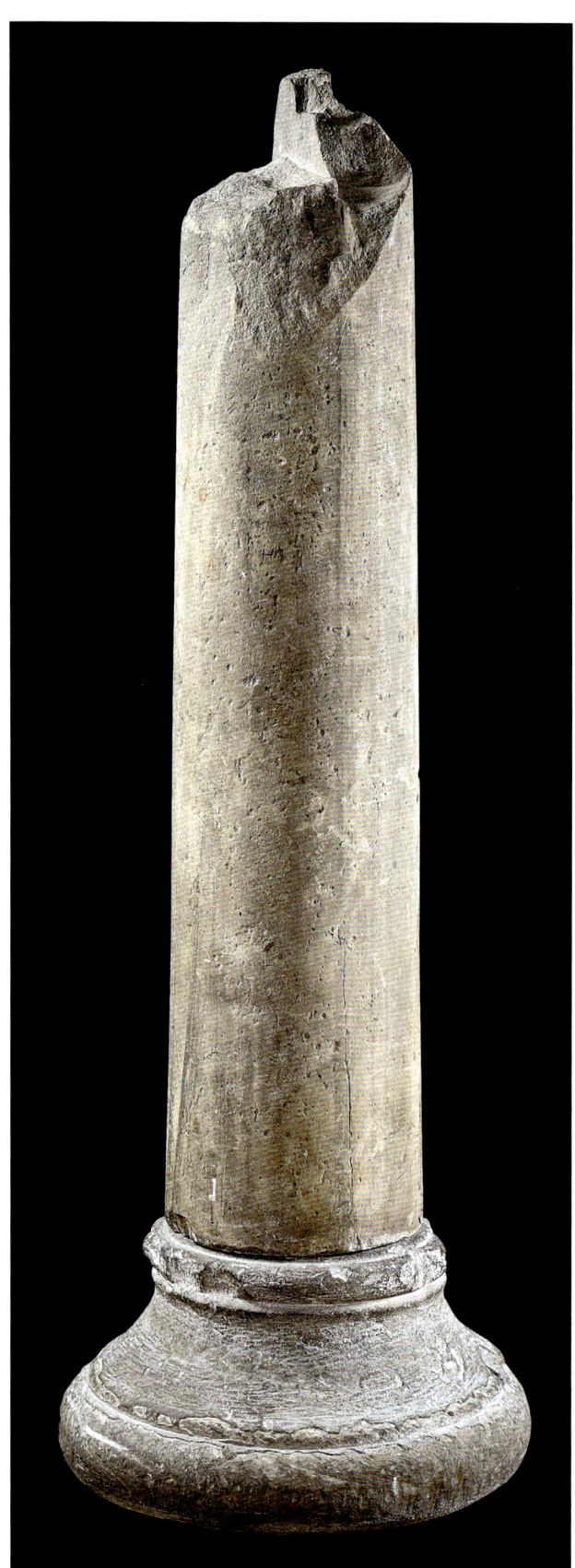

V.27 a

V.27

Antike Bauteile

a) Säule mit einer Sandsteinbasis

Antik und 12. Jahrhundert
Magdeburg, Kloster unser Lieben Frauen, Sommerremter
Marmor, H 143,5 cm, D 28 – 33,9 cm, Basis D. 25,5 cm
Magdeburg, Kunstmuseum Kloster Unser Lieben Frauen

b) Korinthisches Kapitell

Rom, um 120 oder nach 200
Magdeburg, südlich des Domchors
Marmor, H 52 cm, unterer D 38 cm
Magdeburg, Kulturhistorisches Museum, 01:2

Auch wenn von dem großartigen ottonischen Bauprogramm heute in Magdeburg kaum noch etwas oberirdisch erhalten geblieben ist, stehen doch die zahlreichen Bauteile und Architekturfragmente (vgl. Kat.-Nr. V.16 a) als Beleg für die Ausführungen Thietmars von Merseburg (Chronik [a] II, 17). Otto folgte mit seinem Ausstattungsprogramm damit bereits einer karolingischen Bautradition. Denn neben dem Ausbau der

Aachener Pfalz mit antiken Marmor- und Buntmarmorspolien lassen sich Zweitverwendungen antiker Baukörper unter anderem in Ingelheim (Kat.-Nr. IV.19 a), Mainz, Trier und Lorsch nachweisen. Besonders die Kompositkapitelle der Torhalle von Lorsch sprechen in ihrer Umsetzung von der hohen Wertschätzung antiker Vorläufer und der hohen Adaptionsfähigkeit karolingischer Architektur gegenüber antiken Bauformen. Neben der Vorbildhaftigkeit karolingischer Architektur, dürften aber auch die zahlreichen noch *in situ* vorhandenen antiken Bauten südlich und nördlich der Alpen in Bezug auf imperiale Ausstattungsprogramme ihre Wirkung auf Otto den Großen nicht verfehlt haben. Ob die Spolien nun aus Rom, Ravenna oder Städten wie Köln oder Trier nach Magdeburg verbracht wurden, ihre Wertschätzung dürfte gleichbleibend hoch gewesen sein. Davon zeugt die Drittverwendung von drei Marmorsäulen im Sommerremter im Kloster Unser Lieben Frauen. Wie eine baugeschichtliche Aufnahme durch Otto Gaul zeigt, wurden die antiken Säulenschäfte nach der Mitte des 12. Jahrhunderts in den Remter eingebaut. In der gleichen Zeit betrieb Bischof Wichmann den endgültigen Abriss der ottonischen Nordkirche auf dem Domplatz, um hier den neuen Markt einzurichten. Grabungen von Ernst Nickel 1959–1968 und von Rainer Kuhn 2001–2003 belegten eindeutig das hohe Maß von Marmorverwendung in der Nordkirche, die sogar bis hin zur Fußbodenornamentik mit der Ausstattung der Südkirche korrespondiert. Es ist daher anzunehmen, dass die Säulenschäfte aus der Nordkirche stammen, zumal eine Weitergabe von antiken Spolien durch Bischof Wichmann belegt ist.

Das Korinthische Kapitell wurde bereits 1926 durch den Hallensischen Architekten Alfred Koch südlich der ottonischen Domkrypta in einer Schuttschicht gefunden. Die ausgesprochen qualitätsvolle Ausarbeitung des Kapitells spricht für eine stadtrömische Herkunft, unklar bleibt indes, wann das Kapitell in eine nordalpine Provinz verbracht wurde. Doch anders als bei vielen anderen Marmorspolien scheint das Kapitell nach dem Brand des ottonischen Domes 1207 bei der Neuerrichtung keine Verwendung mehr gefunden zu haben. Ein Grund hierfür könnte in der veränderten Baustruktur gotischer Architektur liegen. Während die antike Architektur weitgehend aus einem direkten Verbund von tragenden und lastenden Elementen – Stylobat, Basis, Säule, Kapitell, Architrav und Giebel – bestand, folgt die gotische Architektur einem neuen statischen Prinzip. Der Lastenausgleich erfolgt nun durch Pfeiler und Rundpfeiler, denen sogenannte Dienste zur Schubableitung zugeordnet sind. Diese Dienste werden mit rückbindenden Kapitellen in der Wand verankert. Rundplastisch ausgearbeitete, vollrunde antike Kapitelle konnten somit nicht mehr zweckentsprechend verwendet werden.

Ulrike Theisen

Quellen
Thietmar von Merseburg, Chronik (a).

Literatur
Ausst.-Kat. Magdeburg 2006 (a), Bd. 1, Nr. II.9 (Christian Forster); Ausst.-Kat. Magdeburg 2009, Bd. 2, Nr. I.15 u. II.13 (Christian Forster); Kuhn 2005 (a); Kuhn 2005 (b); Kuhn 2009 (a); Kuhn 2009 (b); Meckseper 2001, S. 354 f.

V.28

Fragment eines Konsolgesimses

Magdeburg, Domplatz, Nordkirche, 10. Jahrhundert
Kalkstein. H 13,3 cm, L 21 cm, B 7 cm
Magdeburg, Kulturhistorisches Museum

Trotz des weitreichenden Bauprogramms Ottos des Großen (936–973) haben sich in Magdeburg kaum *in situ* erhaltene Baureste erhalten. Allerdings haben die Grabungen von Ernst Nickel 1959–1968 und von Rainer Kuhn 2001–2003 auf dem Magdeburger Domplatz eine große Anzahl von steinernen Fragmenten erbracht, die vom Ausstattungsluxus des ottonischen Bauprogramms zeugen. Darunter befand sich, neben zahlreichen Marmorfragmenten, auch ein Stück eines Konsolgesimses, das wahrscheinlich der Nordkirche zuzuordnen ist. Während es sich bei den Marmorartefakten vielfach um antike und nach Magdeburg verbrachte Spolien (vgl. Kat.-Nr.V.27 b u. V.27 a) handelt, stammt das Gesimsfragment aus dem 10. Jahrhundert. Das Eckfragment setzt sich aus Gestaltungskompartimenten zusammen, die sich sowohl in der karolingischen als auch in der ottonischen Architektur finden lassen und die eine Adaption antiker Vorbilder darstellen. Über einem gekehlten Profil befindet sich eine Abdeckplatte, die von kleinen, ebenfalls mit auskragender Hohlkehle profilierten Konsolen getragen wird. Diese Anordnung orientiert sich am sogenannten Zahnschnitt, ein ursprünglich für die antike ionische und korinthische Bauordnung typischer Fries der Gebälkzone, der aus einer kontinuierlichen Folge von in ein rechtwinkliges Profil eingebetteten Kuben mit gleichgroßen Zwischenräumen besteht. Vergleiche mit der Bauornamentik des Westwerks von Corvey, der Bartholomäuskapelle in Paderborn oder der Torhalle von Lorsch zeigen, dass Rückgriffe auf die Formensprache antiker Architektur ein seltenes, auf Ausnahmebauten beschränktes, aber dennoch gut belegbares Phänomen des frühen Mittelalters sind. Die Rezeption antiker Architekturformen erfolgte überwiegend anhand noch aufrecht stehender antiker Bauten, in geringem Maße aber durch die Auseinandersetzung mit Vitruvs Traktat *De Architectura*, das in karolin-

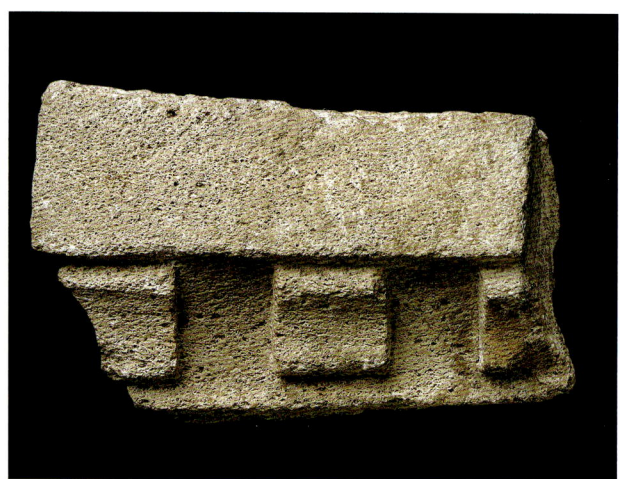

V.28

gischer Zeit wiederentdeckt wurde. Allerdings war die Nutzung des Textes weniger umfassend als man annehmen könnte. Die Erwähnung Vitruvs in einem Brief Einhards zeugt von einem rein philologischen Interesse und von interpretatorischen Verständnisschwierigkeiten des Traktates. Dennoch haben sich einige karolingische Handschriften erhalten, die in ottonischer Zeit die Vorlagen für eine erneute Auseinandersetzung mit Vitruv bildeten. Bisher einzigartig sind die Zeichnungen im Codex in Sélestat (vgl. Kat.-Nr. IV.25). Obwohl sich von Vitruv keine Originalzeichnungen erhalten haben, setzten sich die Illustrationen mit Vitruvs praktischen Angaben zur Architektur und der Aufstellung seiner Säulenordnungen auseinander.

Ulrike Theisen

Literatur
Ausst.-Kat. Magdeburg 2009, Bd. 2, Nr. I.5 (Christian Forster); Kruft 1991; Ludowici/Forster 2005, S. 55 f.; Poeschke 1996.

V.29

Fragment einer römischen Marmorbüste

Magdeburg, Domplatz, antik / Antikentransport
im 10. Jahrhundert
Marmor, fragmentiert.
H 9,8 cm, B 11,3 cm, T 7,8 cm
Privatbesitz

In den Zusammenhang der Magdeburger Antiken dürfte auch ein bemerkenswerter Altfund gehören, welcher der Forschung erst seit Kurzem zur Verfügung steht. Das Stück ist ebenso ungewöhnlich wie seine Fundgeschichte. Der rötliche Marmor mit weißlicher Äderung wurde Rainer Kuhn von Heinrich Rebenklau aus Gutenswegen zur wissenschaftlichen Analyse übergeben. Das Stück ist seit 1965 in seinem Besitz. Er arbeitete damals bei einem Betrieb, der Sand für die Verfüllung der Nickel-Grabungen (1959–1968) auf dem Magdeburger Domplatz anlieferte. Auf der Rückfahrt wurde der Aushub der Grabung mitgenommen. Dabei fiel dem aufmerksamen LKW-Fahrer dieser besondere Stein auf und Heinrich Rebenklau nahm ihn – vom Fahrer darauf angesprochen – dankenswerterweise an sich. Er steht nun der Archäologie zur Verfügung. Angesichts der Vorgeschichte haben wir dem Stück natürlich anfänglich die nötige Skepsis entgegengebracht, zumal ja im Umfeld des Domplatzes auch jüngere, vor allem barocke Gebäude stehen. Dort fand sich allerdings nichts Vergleichbares und auch die Bearbeitungsspuren sprechen anhand der verwendeten Werkzeuge gegen eine solche neuzeitliche Datierung, wie eine Rücksprache mit der Magdeburger Restauratorengruppe um Thomas Groll ergab. Auch die Oberflächengestaltung und -behandlung spricht für ein antikes Stück.

Als Fundort konnte die Nickelgrabung auf dem Magdeburger Domplatz benannt werden, als Fundzeit das Jahr 1965. Dieser unentdeckte Abtransport von Material kann aufgrund des Grabungsablaufes eigentlich nur in Schnitt I, dem Bereich der Nordkirche, erfolgt sein. Dort wurde sogar nachts gebaggert und Material abgefahren. Insofern ist die Fundgeschichte in sich schlüssig und wir erachten das Stück als echt, zumal sich auch bei der Forschungsgrabung 2001–2003 in den wieder geöffneten Suchschnitten Berlekamps von 1968 noch antiker Marmor fand. Die Ansprache des Marmorfragmentes als antikes Stück vom Domplatz wird weiterhin bestätigt dadurch, dass sich bei der Durchsicht der Domplatzfunde aus den Jahren 2001–2003 ein zweites Stück sehr ähnlicher rötlicher Marmor gefunden hat.

Unseres Erachtens ist es unzweifelhaft das Bruchstück einer antiken Büste. Es handelt sich um einen Teil der Brust-Schulter-Partie. Das Stück ist von vergleichsweise einfacher, aber handwerklich qualitätsvoller Gestaltung und könnte aus dem 2. oder 3. Jahrhundert n. Chr. stammen. Von den Dimensionen her ist es, vorausgesetzt es wird eine erwachsene Person dargestellt, unterlebensgroß. Das Material ist ein rötlicher, fast rosafarbener Marmor, dessen unregelmäßig starke weißliche Äderungen bisweilen durch winzige, nicht tief reichende, geologisch bedingte Spalten abgetrennt sind.

Das Brustbild zeigt zudem eine im Magdeburger Antikenbestand bisher unbekannte Anstücktechnik. Offenbar wurde der linke Arm bzw. das diesen überdeckende Gewand ursprünglich aus einem anderen Material hergestellt und angesetzt. Dasselbe gilt in zentraler Position für den Hals- bzw. Kopfbe-

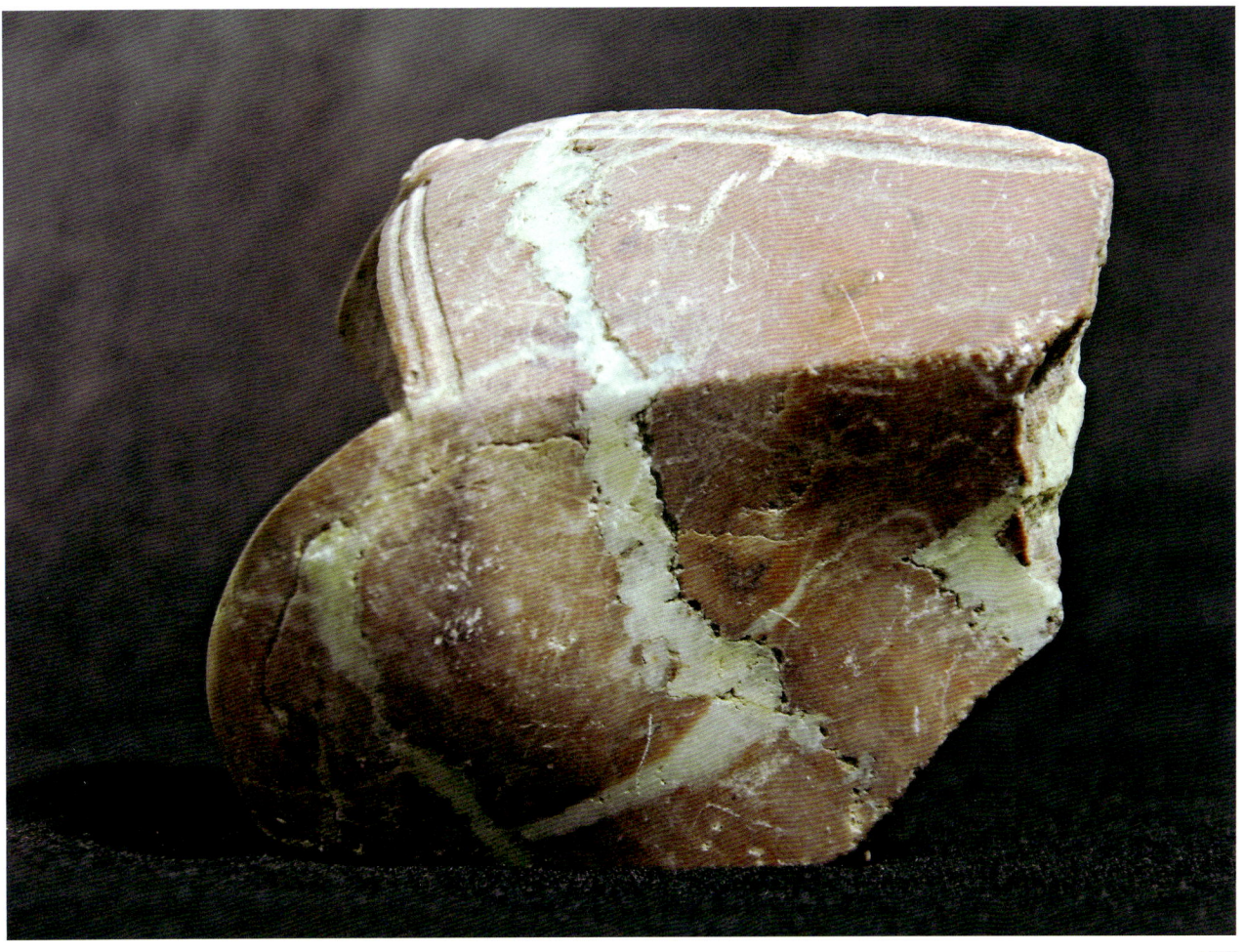

V.29

reich. Es ist anzunehmen, dass diese beiden Stücke aus farblich deutlich unterschiedlichem, aber gleichfalls hochwertigem Material angefertigt worden waren, um einen ansprechenden optischen Effekt zu erzielen. Leider haben sich diese Teile nicht erhalten bzw. wurden bisher nicht gefunden. Im erhaltenen, eigentlichen Schulterbereich überlappen sich zwei Teile des Gewandes und werden mit einer kleinen, rundlichen Fibel zusammengehalten. Beim Gewand könnte es sich um eine Chlamys handeln, also einen kurzen Mantel. Die Abgrenzung zu den verlorenen Anstückungen wird an unserem Fundstück durch je zwei parallele Ritzlinien betont. Das Stück zeigt die für antike Marmorobjekte typische samtige Oberfläche.

Aufgrund der Kleinheit des Fragmentes ist das Material nicht eindeutig zu bestimmen. Es könnte sich um Rosso antico handeln, um Fior di pesco oder um Cipollino rosso. In jedem Fall handelt es sich um einen hochwertigen antiken Marmor. Sicher ausgeschlossen werden kann eine Ansprache als roter Porphyr, wie wir ihn von zwei Säulen im Hohen Chor des Magdeburger Doms oder vom antiken Taufbecken kennen.

Das Stück kann plausibel mit dem Magdeburger Domplatz in Verbindung gebracht werden und dürfte von dem ottonischen Antikentransport in den 960er-Jahren stammen. Das Material ist in Magdeburg äußerst selten und die Anstückungstechnik unter den Magdeburger Antiken bisher einmalig. Auch die plastisch-figürliche Darstellung ist bisher singulär in der Elbestadt. Hier wären es für die Zukunft spannende Fragen, welche Bedeutung man im Magdeburg des 10. Jahrhunderts dem Stück zusprach und inwieweit dieser Fund oder andere, bisher unentdeckt gebliebene seiner Art eventuell die mittelalterliche Plastik in Magdeburg beeinflusst haben.

Rainer Kuhn und Claudia Hartung

Literatur
Kuhn/Hartung 2012.

V.30 a–e
Fünf Tafeln aus der Gruppe der Magdeburger Elfenbeinreliefs

Oberitalien (Mailand), 962–973

a) Heimsuchung Mariä

Elfenbein, Randleiste an allen Seiten leicht beschnitten.
H 10,7 cm, B 10,5 cm
München, Bayerisches Nationalmuseum, 17/418

Die Tafel zeigt Maria und Elisabeth, die Mutter Johannes des Täufers, bei ihrer Begegnung im Hause des Zacharias (Lk 1,39–45). Eine breite Toröffnung, Säulenstellungen und reich drapierte Vorhänge deuten den Innenraum an.

b) Jesus im Hause des Simon

Elfenbein, Rahmen und Hintergrundfläche der Tafel am oberen Ende abgeschnitten, die übrigen Teile der Rahmung stark verkürzt. H 8,5 cm, B 9,1 cm.
Compiègne, Musée Antoine Vivenel, L 338.

Dargestellt ist die Episode im Hause des Simon nach Lk 7,37–49, in der eine Sünderin Jesus die Füße mit ihren Tränen wäscht und mit ihren Haaren trocknet. Die Inschrift der Schriftrolle DOMINVS LEIEM DAT (Der Herr gibt das Gesetz) deutet Christus als Gesetzgeber, der die Sünden vergibt.

c) Petrus fängt den Fisch

Elfenbein, vier Bohrlöcher in den Ecken der Rahmenleisten.
H 12,8 cm, B 11,8 cm
Liverpool, The Board of Trustees of national Museums
Liverpool, World Museum, M 8062

Die Tafel zeigt Jesus im Gespräch mit dem knienden Petrus, der eine Angel in der Linken hält und mit der Rechten den Zinsgroschen für die Tempelsteuer aus dem Rachen eines Fisches holt (Mt 17,24–27).

d) Jesus und die Ehebrecherin

Elfenbein, Rahmenleisten an allen vier Seiten beschnitten.
H 10,8 cm, B 10,2 cm
Liverpool, The Board of Trustees of national Museums
Liverpool, World Museum, M 8017

Die Szene spielt im Tempel von Jerusalem, der durch eine Bogenöffnung und Fenster angedeutet ist. Christus sitzt vornübergebeugt und schreibt dem Evangelientext zufolge mit Fingern auf den Boden, hier auf einen Fußschemel: „Wer unter euch ohne Sünde ist, der werfe den ersten Stein" (Joh 8,7). Ihm gegenüber steht die Ehebrecherin inmitten der Pharisäer.

e) Sendungsauftrag an die Apostel

Elfenbein, vier Bohrlöcher in den Ecken der Rahmenleisten.
H 12,8 cm, B 11,7 cm
Liverpool, The Board of Trustees of national Museums
Liverpool, World Museum, M 8061

Christus erscheint vor den Aposteln, die ihm in gebeugter Haltung demütig entgegentreten. In den Evangelien wird mehrfach von der Aussendung der Apostel berichtet, so bei Mt 10,5 über den Auftrag, in den Städten Israels zu predigen, und bei Mt 28,16–20 über den allgemeinen Sendungsauftrag nach der Auferstehung Christi.

Die fünf Elfenbeintafeln gehörten ursprünglich zu einem kostbaren Ausstattungsgegenstand, den Otto der Große (936–973) für seine Grablege, den Magdeburger Dom, als Zeichen höchster Würde und herrscherlicher Repräsentation stiftete. Anlass der Stiftung war vermutlich die Erhebung Magdeburgs zum Erzbistum im Jahre 968. Über die ursprüngliche Gestalt des Werks ist sonst nichts Näheres bekannt. Erhalten haben sich lediglich 16 Elfenbeintafeln, die neben einer Reihe von neutestamentlichen Szenen auch zwei repräsentative Darstellungen Christi enthalten: die Maiestas Domini mit dem Stifterbild sowie die Traditio Legis, die Übergabe der irdischen Kirche an die Apostelfürsten. Zwei weitere Tafeln sind durch eine Miniatur im sog. Halleschen Heiltumsbuch überliefert, das Kardinal Albrecht von Brandenburg (*1490, †1545), der seit 1513 Erzbischof von Magdeburg war, in den Jahren 1526/1527 anfertigen ließ. Sie sind dort gemeinsam mit zwei weiteren, heute noch erhaltenen Reliefs auf einem Reliquienkasten der Stiftskirche in Halle montiert.

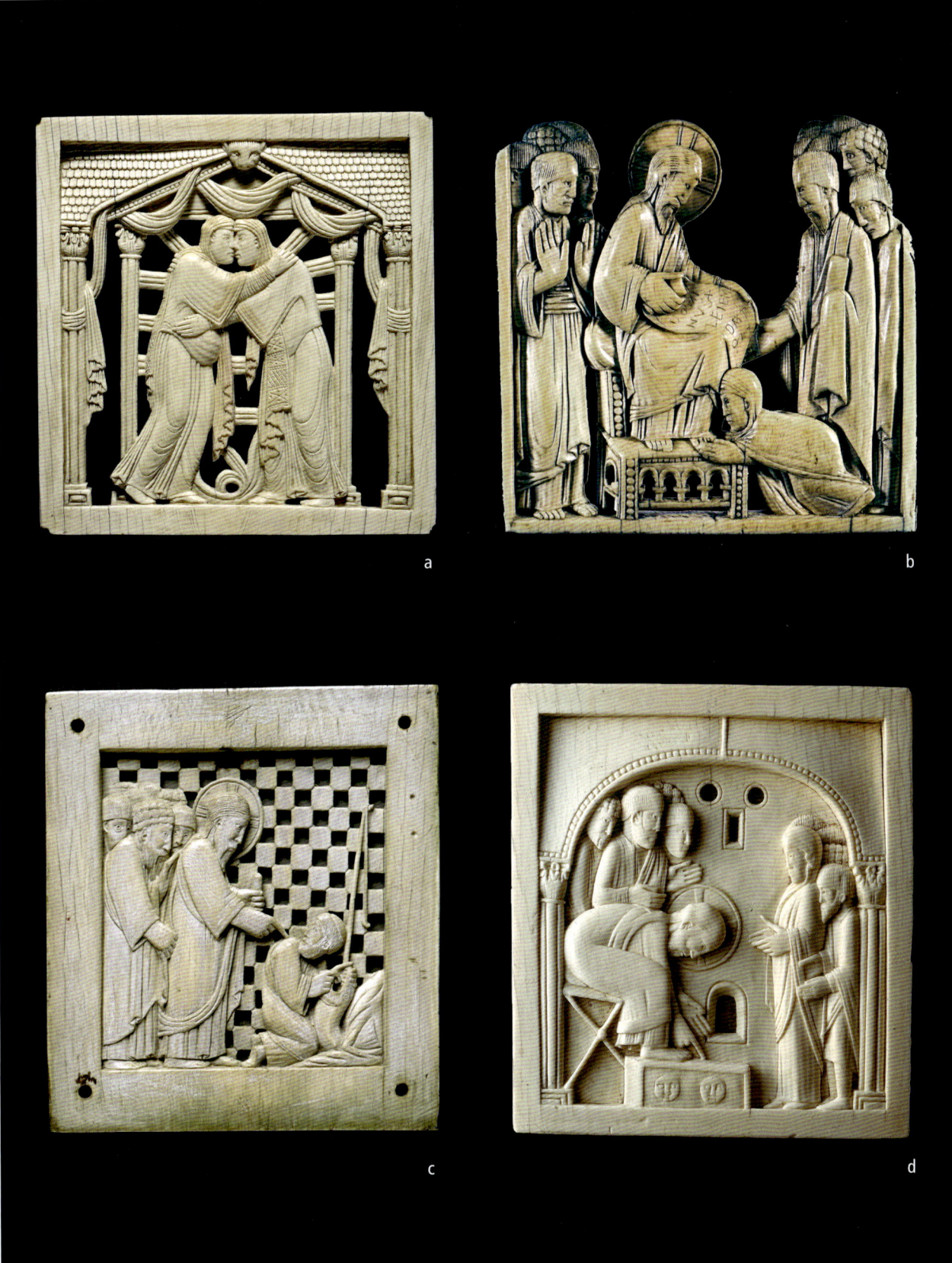

a

b

c

d

V.30 a–d

Innerhalb des Werks kam die größte Bedeutung zweifellos der Maiestasplatte zu – heute in New York, The Metropolitan Museum of Art –, die Otto den Großen mit dem Modell des Magdeburger Doms vor Christus zeigt (siehe Abb. 1, S. 26). Otto wird vom heiligen Mauritius, dem Schutzpatron des Magdeburger Doms, zu Christus geleitet. Der Erzengel Michael, der Apostel Petrus und weitere Heilige wohnen dem Zeremoniell bei. Hier wird die Tradition monumentaler Herrschaftsrepräsentation der Spätantike wiederaufgenommen, sowohl im Motiv des Geleitens durch den Kirchenpatron als auch in der Darbringung des Kirchenmodells selbst, die sich in zahlreichen spätantiken und karolingischen Stifterbildern wiederfinden.

Die Mehrzahl der erhaltenen Tafeln zeigt Szenen aus der Jugendgeschichte, des öffentlichen Wirkens, der Passion und der Auferstehung Christi. Die überlieferten Szenen lassen deutlich erkennen, dass die Zahl der Elfenbeintafeln, die zur Stiftung Ottos des Großen gehörten, ursprünglich noch weit höher gewesen sein muss. Dies gilt umso mehr, als alle zentralen Ereignisse der Heilsgeschichte fehlen, während Szenen, die weniger bedeutsam scheinen, recht zahlreich erhalten sind. So sind aus der Jugendgeschichte Christi nur die Heimsuchung Mariä und die Darstellung im Tempel erhalten, nicht aber Geburt, Anbetung der Könige, Darbringung im Tempel oder Taufe. Von den Passionsszenen sind nur die Geißelung und in derselben Darstellung die Verurteilung Christi bekannt, nicht dagegen Kreuzigung und Abendmahl. Ebenso fehlen die entscheidenden Szenen der Auferstehung Christi, überliefert ist nur die Darstellung des ungläubigen Thomas. Auf dieser Grundlage lässt sich die Gesamtzahl der Elfenbeinplatten mit ursprünglich nahezu 50 Reliefs errechnen. Es ist die umfangreichste Bilderfolge zum Leben Christi, die sich in der frühmittelalterlichen Elfenbeinkunst erhalten hat. Nur aus der Buch- und Wandmalerei sind ähnlich umfangreiche Zyklen der Heilsgeschichte bekannt.

Angesichts der Tatsache, dass nur ein Drittel des ursprünglichen Bestands erhalten ist, bleibt die Frage nach der ursprünglichen Form und Funktion des Gegenstands von vornherein auf Vermutungen angewiesen. Adolph Goldschmidt hat 1918 vorgeschlagen, die Elfenbeintafeln als Schmuck eines zerstörten Antependiums, also einer Altarvorsatztafel, zu rekonstruieren. Doch könnten die Tafeln auch als Verkleidung eines Ambo gedient haben, wie er aus ottonischer Zeit etwa in der goldenen Kanzel Kaiser Heinrichs II. (1002–1024) im Aachener Münster erhalten geblieben ist. Schließlich käme auch die Ausstattung eines Bischofsthrons, einer Kathedra, in Betracht. Derartige Elfenbeinthrone dienten seit der Spätantike als hochrangige Geschenke, die vom Kaiser zu herausragenden Anlässen gestiftet wurden. Aus der Zeit Kaiser Justinians (527–565) bietet die Kathedra Erzbischof Maximians in Ravenna, Museo Arcivescovile, ein Beispiel einer solchen Schenkung. In der Cathedra Petri der Peterskirche in Rom ist ein weiterer derartiger Elfenbeinthron erhalten geblieben. Er stellt ein Geschenk Karls des Kahlen (875–877) an den Papst anlässlich seiner Kaiserkrönung im Jahr 875 dar. Einen weiteren Elfenbeinthron machte, wenn man den schriftlichen Quellen glauben darf, Otto III. (983–1002) dem Dogen von Venedig zum Geschenk. Es wäre daher durchaus denkbar, dass auch Otto der Große bei der Erhebung Magdeburgs zum Erzbistum dem neuen Erzbischof einen solchen kostbaren Elfenbeinthron übergab.

Wie Oxidationsspuren auf der Rückseite belegen, waren die Tafeln ursprünglich mit vergoldeten Kupferplatten hinterlegt, die an den durchbrochen gearbeiteten Stellen der Hintergrundflächen hervorleuchteten. Der breite, glatte Rand der Tafeln lässt darüber hinaus darauf schließen, dass die Platten ursprünglich durch Gold- oder Edelsteinleisten gerahmt waren.

Der kunstgeschichtliche Bereich, in dem die Elfenbeintafeln entstanden sind, lässt sich noch mit einiger Sicherheit bestimmen. Es ist das langobardische Königreich in Oberitalien, das sowohl in politischer als auch in künstlerischer Hinsicht für Otto den Großen von herausragender Bedeutung war. Die besondere Stellung, die gerade Oberitalien für die Herrschaftsrepräsentation der ottonischen Familie zukam, tritt in einer ganzen Reihe von Denkmälern zutage, die im Auftrag oder im unmittelbaren Zusammenhang mit dem Herrscherhaus entstanden sind. An erster Stelle ist hier jenes monumentale Stuckziborium aus dem Jahr 972 oder 973 in S. Ambrogio in Mailand zu nennen, das auf der Südseite Otto den Großen und seinen Sohn Otto II. (973–983), auf der Nordseite die Kaiserinnen Adelheid (*um 931, †999) und Theophanu (*um 960, † 991) in lebensgroßen Reliefs vor Augen führt. In engem zeitlichen und künstlerischem Zusammenhang mit den Stuckreliefs stehen ein Weihwasserkessel aus Elfenbein im Mailänder Domschatz, den Erzbischof Gotofredus 980 für den feierlichen Einzug Ottos II. in Mailand in Auftrag gab, ein weiterer Weihwasserkessel aus Elfenbein in London, Victoria and Albert Museum, der für Otto II. bestimmt war, sowie eine Elfenbeintafel in Mailand, Castello Sforzesco, die Otto II. und seine Familie in Verehrung der Maiestas Domini zeigt.

Die Stuckreliefs des Mailänder Ziboriums und die Reihe der drei verwandten Elfenbeinarbeiten, die zur ottonischen Familie in Beziehung stehen, verweisen auf einen hochrangigen Kunstkreis in Mailand und in Oberitalien, in dem die Ottonen als Empfänger, Stifter und Besteller auftraten und der in bevorzugter Weise für repräsentative Aufträge des Herrscherhauses herangezogen wurde. In diesen Zusammenhang gehört auch die Gruppe der Magdeburger Elfenbeintafeln. Sie steht offenbar am Anfang der langen Reihe von Werken, die sich mit Mailand und dem ottonischen Herrscherhaus verbinden.

Stilistisch noch näher als die Stuckreliefs oder die beiden Weihwasserkessel stehen den Magdeburger Tafeln jedoch

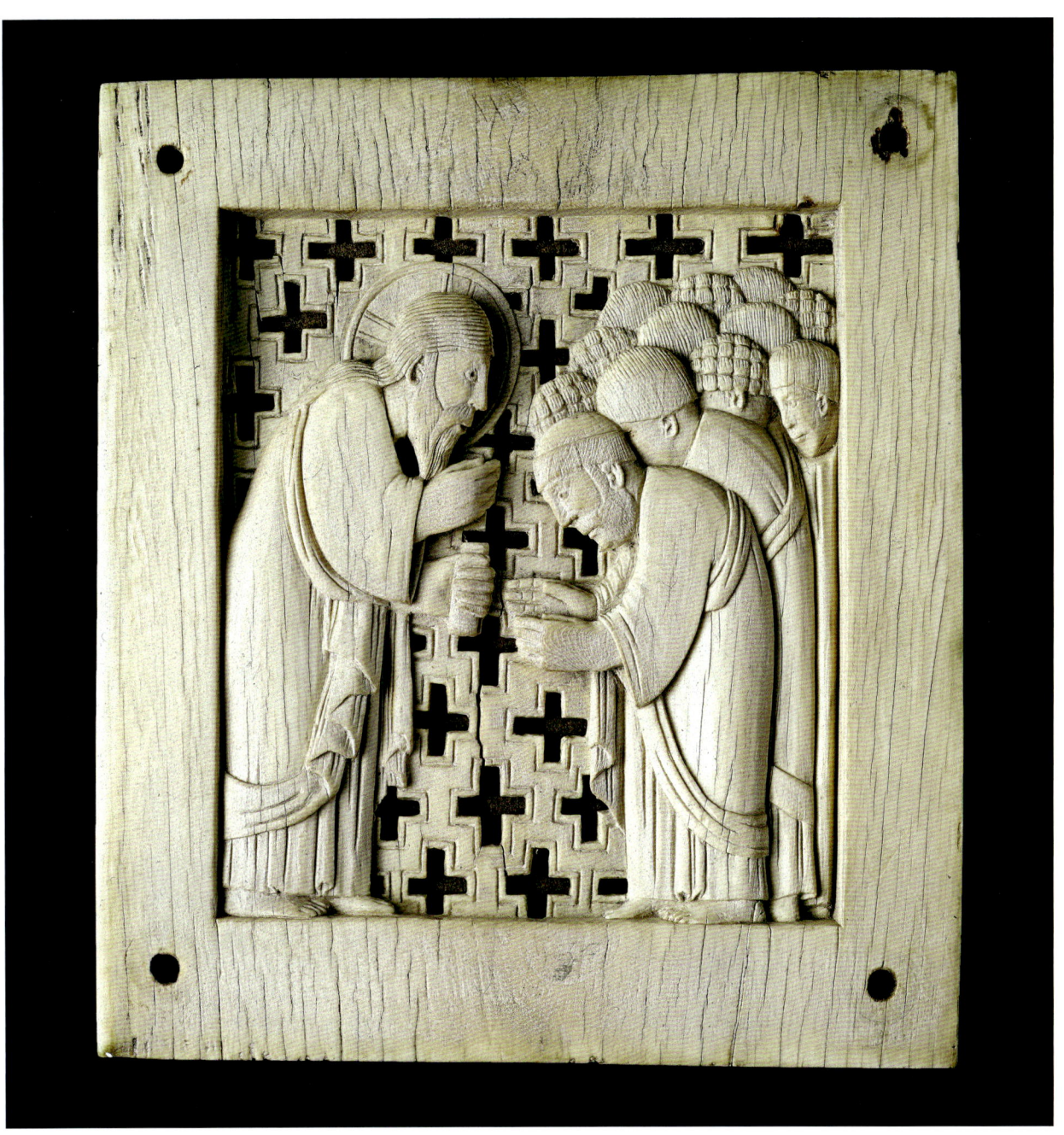

V.30 c

Werke wie die Elfenbeinplatte mit Christus und den Büsten der zwölf Apostel in Cleveland, The Cleveland Museum of Art, das Relief mit Darstellung des stehenden Evangelisten Matthäus in London, The British Library, oder die Elfenbeintafel mit dem Bild der Maiestas Domini in Luxemburg, Großherzogliches Palais, die alle ebenfalls im Kreis der Mailänder Elfenbeinwerkstätten des mittleren und ausgehenden 10. Jahrhunderts entstanden sind. Sie bezeugen eine künstlerische Produktion von enormem Umfang und großer Vielfalt, wie sie sich für diese Zeit in keinem anderen Zentrum des ottonischen Reiches nachweisen lässt.

Michael Peter

Literatur

Fillitz 1993 (a); Fillitz 2001 (a); Fillitz 2001 (b); Goldschmidt 1914/1918, Bd. 2, Nr. 7, 8, 11, 13; Goldschmidt 1923/1926, Bd. 3, Nr. 303; Little 1977, S. 32–38, 55–60, 69–72, 74–77 u. 77–82.

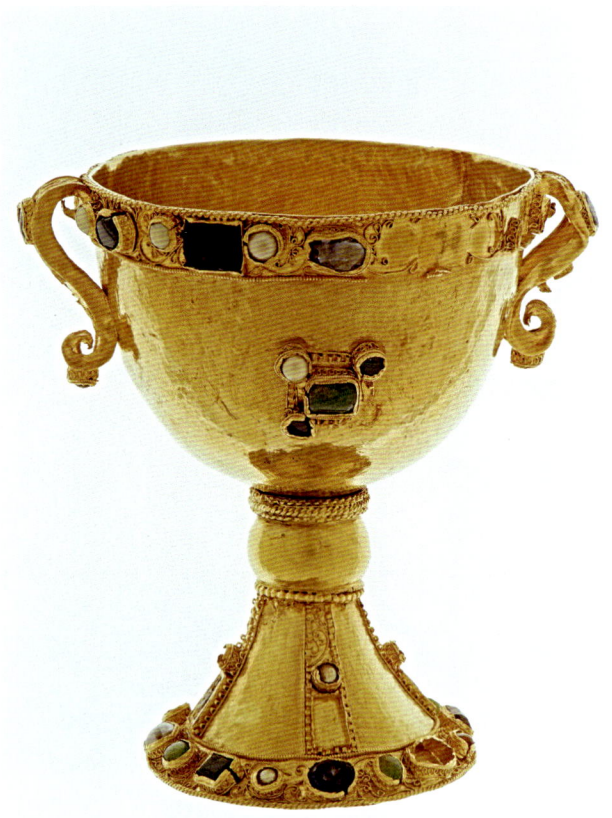

V.31 a

V.31

Sogenannter Gauzlinuskelch und Patene

Lothringen, Mitte 10. Jahrhundert
Goldblech, getrieben; Silberblech, getrieben und
vergoldet; Filigran, Steinschmuck, Perlen, Zellenschmelz.
Ein Teil des Schmuckbesatzes aus Steinen, Perlen und
Emailplättchen verloren. H 13,2 cm; Kelch: D 11 cm;
Patene: D 15 cm
Nancy, Cathédrale Notre-Dame-de-l'Annonciation
de Nancy

Der goldene Kelch und die Patene werden seit langem mit dem
Namen des Bischofs Gauzlin von Toul (922–962) in Verbindung
gebracht. Sie stammen aus dem Benediktinerinnenkloster
Notre-Dame de Bouxières bei Nancy, das von Gauzlin 938 ge-
gründet und zu seiner Grablege bestimmt wurde. In einem um
1683 angefertigten Inventar sind sie dort erstmals erwähnt. Bei
Ausbruch der Französischen Revolution 1789 wurden sie nach
Nancy verbracht und 1803 der dortigen Kathedrale übergeben.

Sowohl die Form als auch die Ausstattung der Werke lassen
deutlich erkennen, dass ihnen karolingische Vorbilder zugrunde liegen. So schließt der Kelch in seiner charakteristischen
Form mit hoher, kräftig gewölbter Kuppa und niedrigem, trich-
terförmigem Fuß an einen Typus karolingischer Kelche an, wie
ihn etwa der um 780 entstandene Tassilokelch im Benediktiner-
stift Kremsmünster oder der Kelch aus Petöháza in Sopron (Ungarn), Múzeum, vertreten. Andere Einzelheiten wie der flache
Standring oder der flachgedrückte Nodus mit Perldrahtringen
an den Nahtstellen lassen sich mit etwas jüngeren Werken wie
dem Grimfriduskelch in Washington (Dumbarton Oaks Collection) vergleichen, der wohl um die Mitte des 9. Jahrhunderts
entstanden ist. Einen noch deutlicheren Anhaltspunkt vermag
der nur in Zeichnungen überlieferte Kelch aus dem Schatz der
Abtei Saint-Denis zu geben, der durch die Inschrift als eine Stiftung Karls des Kahlen (843–877) ausgewiesen ist. Grundform
und Proportionen, aber auch die Gliederung durch Edelstein-
bänder lassen den typengeschichtlichen Zusammenhang noch
klar erkennen.

Ähnliches ist für die zugehörige Patene festzustellen. Zwar
sind nur wenige eucharistische Teller aus vorottonischer
Zeit erhalten geblieben, und keiner von ihnen zeigt die
fünfpassförmige Vertiefung der Patene in Nancy. Dass es
derartige Vorbilder aber dennoch gegeben haben dürfte, wird
durch die Darstellungen des Kelchs und der Patene König
Arnulfs (887–899) im Regensburger Uta-Codex (München,
Bayerische Staatsbibliothek, clm 13601) nahegelegt, die sich
formgeschichtlich eng mit den Gauzlinuswerken verbinden
lassen. Die Übereinstimmungen erhalten dadurch noch
besonderes Gewicht, dass sich in Lothringen noch ein weiteres
Ensemble erhalten hat, das derselben Tradition folgt. Es

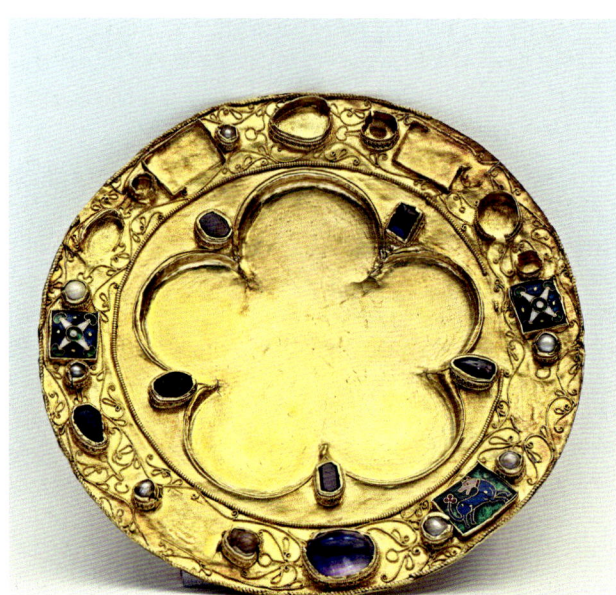

V.31 b

sind die Funde aus dem Grab Erzbischof Ruotberts von Trier (931–956), von denen der Kelch die gleiche breit gewölbte Kuppa aufweist, und dessen eucharistischer Teller mit sechspassförmiger Vertiefung die nächste erhaltene Parallele zur Patene in Nancy bildet.

Das Weiterleben und die Wiederaufnahme karolingischer Traditionen kommen auch in der Ausstattung der beiden Goldschmiedearbeiten zum Ausdruck. So stammen die rahmenden Wellenbänder der Edelsteinleisten eindeutig aus diesem Bereich. Sie begegnen bereits auf den Zierstreifen des karolingischen Goldaltars von S. Ambrogio in Mailand, wo sie nicht nur in ähnlicher Form, sondern auch in ähnlicher Verwendung erscheinen. Ebenso stehen die Emailarbeiten in dieser Tradition. Ihre charakteristischen Formen und Motive kehren eng verwandt an den Zellenschmelzplättchen eines spätkarolingischen Buchdeckels in Paris (Bibliothèque Nationale de France, lat. 9383) wieder, der sich ebenso wie die zugehörige Handschrift nach Metz lokalisieren lässt. Sie lassen eine eigene Tradition der karolingischen Goldschmiedekunst in Lothringen erkennen, die in ottonischer Zeit wiederaufgenommen wurde.

Michael Peter

Literatur

Gaborit-Chopin); Ausst.-Kat. Hildesheim 1993, Bd. 2, Nr. IV-44 (Martina Pippal); Ausst.-Kat. Paris 1965, Nr. 832 u. 833, Taf. 17 u. 18; Peter 2004; Swarzenski 1967, Taf. 23 u. 24, Abb. 52–54.

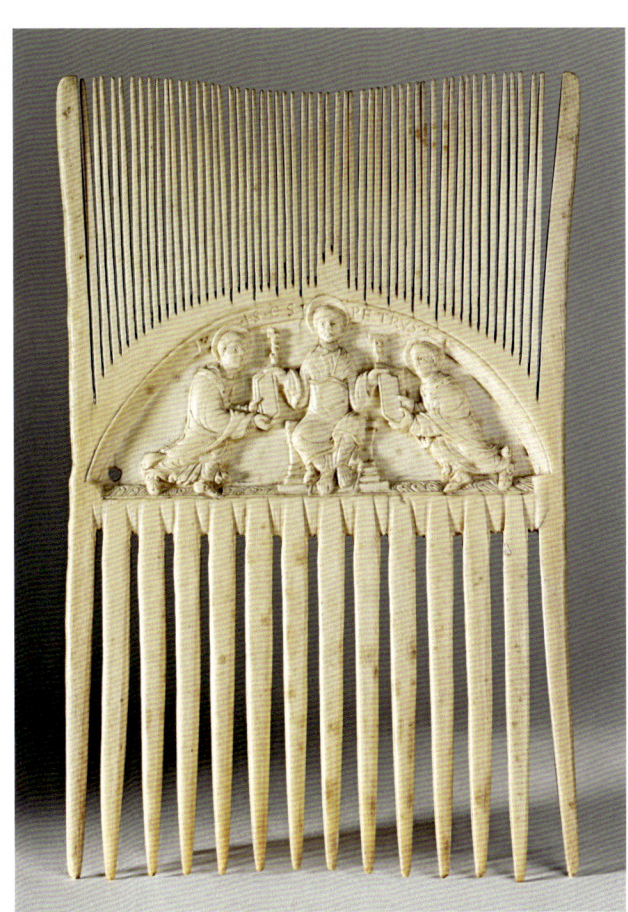

V.32

V.32

Liturgischer Kamm

Köln, um 1000
Elfenbein. Inschrift: + S(an)C(tu)S PETRVS +
H 20,5 cm, B 13,7 cm, T 0,6 cm
Osnabrück, Domschatzkammer, DS 67

Der doppelseitig gezahnte Kamm zeigt auf der Vorderseite in einem flach vertieften Halbkreisfeld den thronenden Apostel Petrus mit zwei Heiligen, die von den Seiten an ihn herantreten. Sie sind durch ihre liturgischen Gewänder und das Würdezeichen des Palliums als Erzbischöfe gekennzeichnet, die Bücher und Schlüssel aus den Händen des Apostels entgegennehmen. Die Schlüssel sind durch ein Kreuz und die Buchstaben S und R mit dem Namenskürzel des Apostels versehen, wie es im 10. und 11. Jahrhundert auch sonst häufig für den Petrusschlüssel verwendet ist. Die flache Rückseite ist ausschließlich in ornamentalen Formen verziert. Ihr gravierter Schmuck besteht aus kreisrunden Medaillons mit Vierblattfüllungen und Rosetten-

motiven. Die ungewöhnliche Ikonographie des Kammes, die in der frühmittelalterlichen Schatzkunst ohne Parallele ist, lässt sich wohl am ehesten als Abwandlung des spätantiken Bildtypus der Traditio Legis erklären, die Christus mit Schlüssel und Buch bei der Übergabe der kirchlichen Gewalt an die Apostelfürsten zeigt und hier auf Petrus und zwei heilige Bischöfe übertragen ist. Derartige Kämme wurden bei der Weihe des Bischofs sowie in Gottesdiensten, die der Bischof leitete, bei der Einkleidungszeremonie verwendet. Man möchte daher annehmen, dass sich die ungewöhnliche Darstellung auf das Amtsverständnis des Bischofs bezieht, der mit seiner Weihe in die Nachfolge Petri und anderer heiliger Bischöfe eintritt. Ikonographisch verbindet sich das klassische Bildschema der Traditio Legis hier mit dem Typus bischöflicher Vorgängerreihen und Amtsgenealogien, wie er seit der Spätantike in der Ausstattung des Kirchenraums geläufig war und auch in ottonischer Zeit – etwa am Petrusstabreliquiar im Limburger Domschatz – vielfach wiederaufgenommen wurde.

Der Stil des Reliefs verbindet den Kamm mit einer Reihe von Elfenbeinarbeiten, die von der kunsthistorischen Forschung seit langem in Köln lokalisiert und in das ausgehende 10. oder

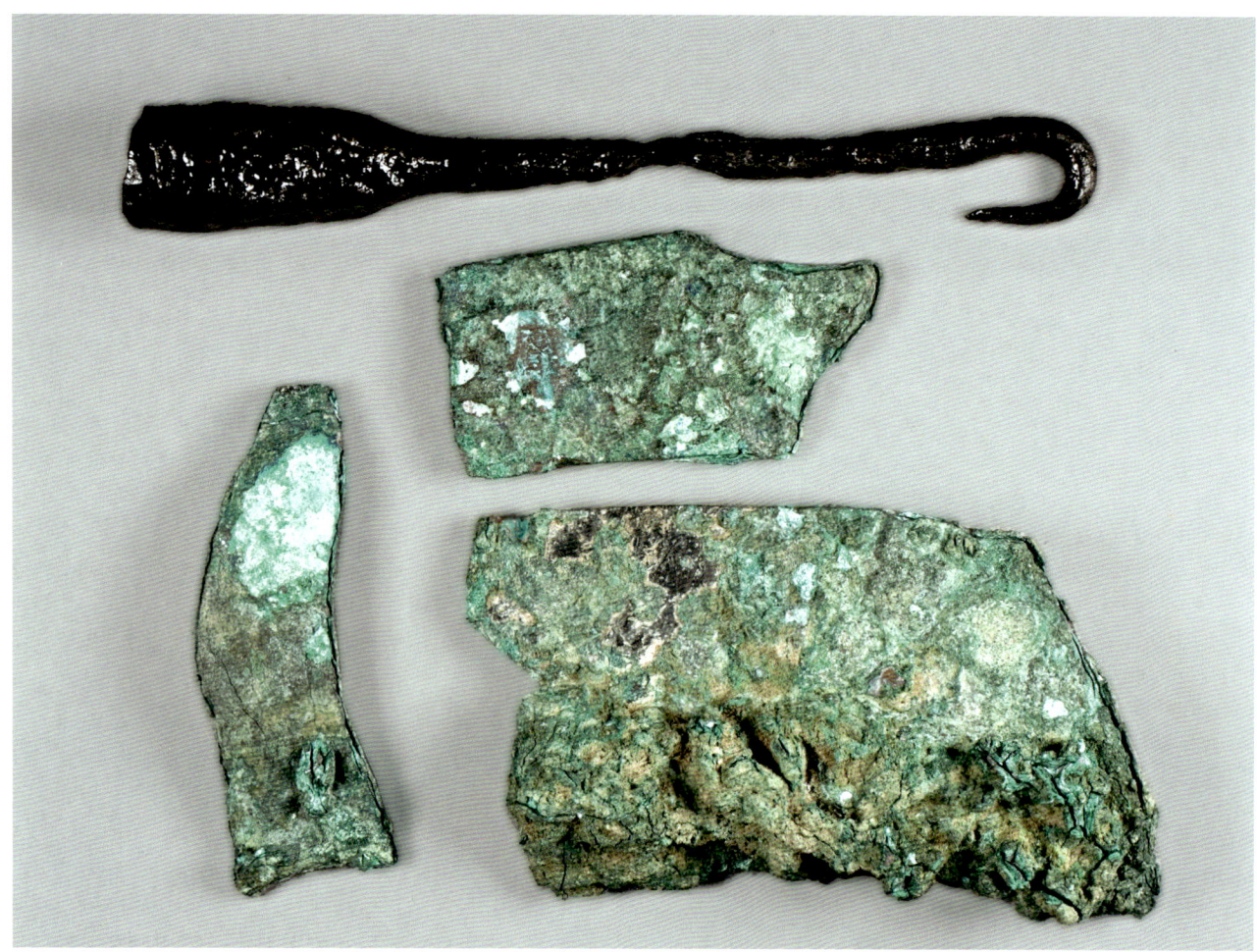

V.33 a

frühe 11. Jahrhundert datiert worden sind. In diese Gruppe gehören eine Maiestastafel mit den Kölner Lokalheiligen Victor und Gereon in Köln (Museum Schnütgen), eine Elfenbeinplatte mit Kreuzigungsszene in Paris (Musée national du Moyen Age) sowie ein Relief mit Darstellung des Evangelisten Johannes auf dem Einband eines Evangeliars im Halberstädter Domschatz, dessen illusionistischer Landschaftshintergrund mit Terrainlinien und Architekturen Vorbilder der Kölner Buchmalerei um 1000 erkennen lässt. Bewegungsausdruck, Proportionen und Kopftypus der Figuren, aber auch Einzelheiten wie die dichte parallele Faltenführung oder die wehenden, sich aufbauschenden Gewandenden finden hier unmittelbare Parallelen.

Michael Peter

Literatur

Ausst.-Kat. Magdeburg 2001, Bd. 2, Nr. VI-85 (Rainer Kahsnitz); Ausst.-Kat. Paderborn 2006, Bd. 2, Nr. 81 (Marie-Luise Schnackenburg); Ausst.-Kat. Paderborn 2009, Nr. 173 (Friederike-Andrea Dorner); Buddensieg 1965, S. 70, Anm. 7; Goldschmidt 1914/1918, Bd. 2, Nr. 43.

V.33 a-b

Reste von Glocke und Reliquiar

Fundort: Burgwall Starigard, Oldenburg in Holstein
Getreidebrandschicht, Ende 10. Jahrhundert
a) Glocke mit Glockenklöppel: Bronze und Eisen.
  Rekonstruierte Größe: H 28 cm, D 23,5 cm
b) Reliquiar: Bein.
  Rekonstruierte Größe: H 23 cm, B 18 cm
Schleswig, Stiftung Schleswig-Holsteinische
Landesmuseen Schloss Gottorf, Archäologisches
Landesmuseum, Old 09 09 09 (Glocke), 02 12 73
(Glockenklöppel), 09 09 10 (Reliquiar)

Bei Ausgrabungen auf dem Burgwall Starigard bei Oldenburg in Holstein barg man mehrere Glockenreste sowie zahllose verbrannte Reste eines Reliquiars in einer Brandschicht des ausgehenden 10. Jahrhunderts, die große Mengen verkohlten Getreides enthielt. Der Brand hatte unter anderem eine Holzkirche im nordöstlichen Teil der Burg zerstört, die als Grablege der wagrischen Fürstendynastie diente. Ein Wiederaufbau des Gotteshauses unterblieb, einige Tote wurden noch bestattet, bis um die Jahrtausendwende die christliche Nutzung des Areals aufhörte. Der archäologisch greifbare Wandel gilt als Zeugnis für das Scheitern der ottonischen Mission und das vorläufige Ende des um 970 gegründeten Bischofssitzes im Zuge des Lutizenaufstandes 983.

Von der Glocke blieb der sauber geschmiedete eiserne Klöppel fast vollständig erhalten. In der Mitte der zerstörten Holzkirche fanden sich zudem drei angeschmolzene Wandungsstücke aus Bronze (75 Prozent Kupfer, 16 Prozent Zinn, 9 Prozent Blei). Der Form nach entspricht das Oldenburger Exemplar der Glocke von Canino bei Viterbo nahe Rom. Diese repräsentiert den ältesten Glockentyp des frühen Mittelalters. Zu seinen Charakteristika zählen Eiform, Schallöffnungen und ein scharf abgesetzter Schlagring. Anstelle des Typs Canino kamen im 10. Jahrhundert Glocken mit gerader Wandung auf. Ein vollständiges Exemplar barg man am Grunde des Hafens von Haithabu. Dies führt zu der Annahme, dass die Oldenburger Kirche bei ihrer Gründung im mittleren 10. Jahrhundert mit einer gebrauchten Glocke ausgestattet worden ist.

Von dem beinernen Reliquiar kennt man mehr als 2800 weiß gebrannte Fragmente. Sie fanden sich in einem Umkreis von rund 30 Metern um die Kirche. Nur dank sorgfältiger Ausgrabungen konnten derart viele, in der Regel nur wenige Millimeter große Teile geborgen werden. Für eine zuverlässige Rekonstruktion des Objekts reichen sie nicht aus. Wesentliche Bestandteile sind: Leisten mit Schrägkerben, Zopfbändern und Wellenbändern, dreieckige und trapezförmige Giebelplatten mit kreuzförmigen Durchbrüchen, vor allem aber einige Reste mit figürlichen Darstellungen. Das am besten erhaltene Bildplattenfragment zeigt eine Figur mit mandelförmigem Gesicht, Nimbus und Flügeln, wohl einen Engel. Eine Figur auf einem anderen Fragment, die ihre Hand auf ein Buch legt, lässt sich als Evangelist deuten.

Auffällig sind die langgestreckten Finger und das langovale Gesicht mit hängenden Mundwinkeln. Damit besteht eine gewisse stilistische Nähe zu den Elfenbeintafeln von Cambridge und Frankfurt, die als Vorderdeckel eines zweibändigen Sa-

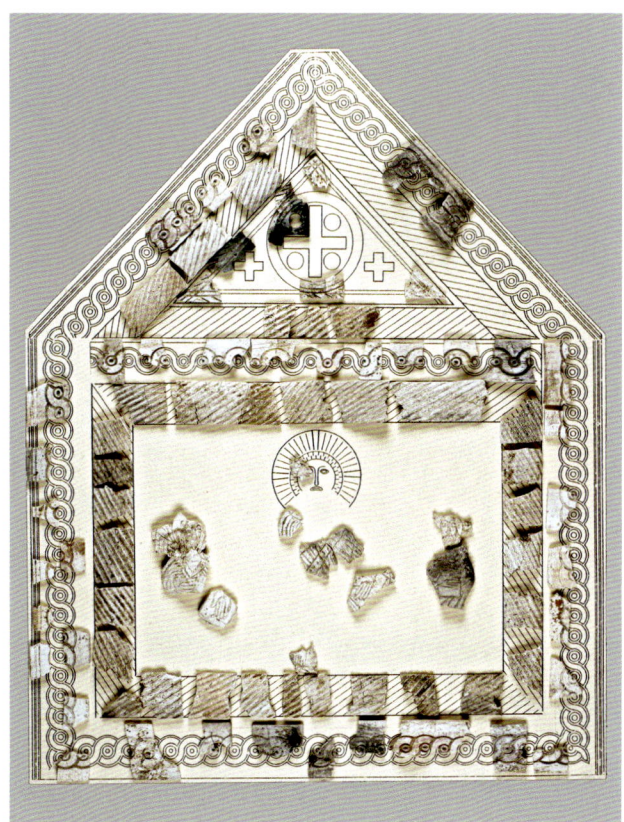

V.33 b

kramentars gelten, wohl nordfranzösischer Provenienz und im mittleren 9. Jahrhundert entstanden. Als weitere Parallele kommt ein Stuckmedaillon aus Solnhofen in Betracht, das zwischen 822 und 833 gefertigt sein soll. Rekonstruieren lässt sich das Oldenburger Objekt als hausförmiges Reliquiar mit Walmdach.

Torsten Kempke

Literatur

Ausst.-Kat. Hildesheim 1993, Bd. 2, Nr. VI-18 (Ingo Gabriel); Drescher 1992; Drescher 1999; Gabriel 1991; Gabriel 2002.

Pfalzenforschung in Sachsen

In der historischen Landschaft Sachsens gibt es im Hinblick auf ottonische Pfalzen einen guten Forschungsstand, der sich besonders durch die Analyse der königlichen Reisewege und Aufenthaltsorte im Raum und durch archäologische Ausgrabungen ergibt. Diese Anlagen waren befestigt und mehrteilig angelegt. Der Kernbereich diente der Beherbergung des Königs und seines engeren Hofstaats. Repräsentative Bauten boten den Rahmen. Vorgelagerte Areale dienten der handwerklichen Produktion (Textilhandwerk, Eisenherstellung) und dem Agrarwesen. Weiterhin waren Abgaben aus der Umgebung einzulagern. Das Aachener Tafelgüterverzeichnis listet Mitte des 12. Jahrhunderts die Höfe, die in Sachsen zur Ausstattung des Königs dienten, auf. Die sächsischen Höfe hatten als *servitium* 30 Schweine, 5 Ferkel, 3 Kühe, 50 Hühner, 50 Eier, 10 Gänse, 90 Käse, 5 Pfd. Pfeffer, 10 Pfd. Wachs, 5 Fuder Bier sowie je nach Lage Wein zu liefern (Brühl/Kölzer 1979). Die Pfalzen Tilleda und Werla hatten 400 Servitien zu erbringen.

In Tilleda, am südlichen Harzrand, fanden 1935–1939 und 1958–1979 umfangreiche Ausgrabungen statt. Heute kann die Örtlichkeit als Freilichtmuseum besucht werden, das einen guten Eindruck von einer ottonisch-salischen Pfalz vermittelt. Die Pfalzanlage erstreckt sich auf einer Gesamtfläche von 5,6 ha. Dem relativ kleinen Hauptburgareal mit Steinbauten stehen – durch ein aufwändiges Wall-Graben-System abgetrennt – zwei unterschiedlich große Vorburgen gegenüber. Die mit einer 5 m hohen Mauer gesicherte Vorburg mit Zangentor besaß 220 archäologisch nachweisbare Gebäude, in denen Textil- und Eisenhandwerk ausgeübt wurde. Hervorzuheben ist eine 30 m lange Tuchmacherei, in der 25 Frauen arbeiten konnten. In der Hauptburg sind die Pfalzkapelle und steinerne und verglaste Wohnbauten nachgewiesen, die mit einer Heißluft-Fußbodenheizung beheizt werden konnten. Grundsätzlich fehlt für die Befunde des 10.–12. Jahrhunderts eine differenzierende Feinchronologie, da bei den frühen Ausgrabungen der 1930er und 1950er Jahre die Mehrphasigkeit nicht hinreichend erkannt werden konnte. Für Tilleda können die Grabungsergebnisse der historischen Überlieferung gegenübergestellt werden: 972 übertrug Kaiser Otto II. (973–983) seiner Gemahlin, der byzantinischen Prinzessin Theophanu, u.a. seine Pfalz *Dullede* als Witwengut. Zwischen 974 und 1042 waren Otto II., Otto III., Konrad II. und Heinrich III. in der Pfalz anwesend. Zuletzt besuchte Heinrich VI. 1194 die Pfalz im Rahmen des Konfliktes mit Heinrich dem Löwen.

In den Reigen der wichtigen sächsischen Pfalzorte gehört auch Pöhlde, das sogar über zwei relevante Grabungsplätze verfügt. Die karolingisch-ottonische Wallburg ist zweiteilig angelegt. Die Unterburg mit Zangentor bildet ein Oval von 220 x 122 m. Dem steht die mit einem Durchmesser von 97 bis 100 m fast kreisrunde Oberburg gegenüber, die durch eine mit Gips gemörtelte Mauer von 1,8 bis 2 m Stärke befestigt war. Die eigentliche Pfalz ging aus einem Königsgut hervor, das Heinrich I. 927 seiner Frau Mathilde als Witwengut übertragen hatte. Die Königinwitwe bat ihren Sohn Otto I. in der Mitte des 10. Jahrhunderts um die Einrichtung eines Klerikerstifts am Pfalzort. Zwischen Pfalz und Kirche wurde ein Verbindungsgang angelegt. Fundamente von sechs Baulichkeiten wurden 1974 ausgegraben, von denen die älteren in das 10. Jahrhundert datieren. Bei dem großen, etwas jüngeren Gebäude von 9,5 x 22 m Größe östlich des Pfarrhauses dürfte es sich um das repräsentative Hauptgebäude (Aula) der Pfalz gehandelt haben. Pöhlde wurde zur beliebten „Weihnachtspfalz" im Reich.

Quedlinburg, wo 929 die Hochzeit Ottos I. (936–973) mit Editha von England (*um 910, † 946) gefeiert wurde und die Königinwitwe Mathilde lebte, besaß als „Osterpfalz" eine besondere Bedeutung im Reich und kann zwischen 922 und 1207 69 Herrscheraufenthalte verzeichnen (Reuling 1996). Für Merseburg ist die prächtige Ausmalung der Pfalz überliefert. Auch Magdeburg war ein wichtiger Pfalzort im ottonischen Reich, der mit der herrscherlichen Repräsentation eng verbunden war. Dies lässt sich gut für die Vorgänge in Magdeburg im Jahre 972 erläutern, als Hermann Billung sich während eines Italienaufenthaltes von Kaiser Otto dem Großen durch Erzbischof Adalbert mit einem seiner Stellung als *procurator* in Sachsen nicht angemessenen königlichen Empfangszeremoniell (*adventus*) huldigen ließ. Der heimgekehrte Kaiser feierte, die Verhältnisse klarstellend, den Palmsonntag des Folgejahres *festivo honore* in Magdeburg. Der Palmsonntag, der im Kirchenjahr als Tag des Adventus Domini in der Liturgie begangen wird und an Jesu Einzug in Jerusalem erinnert, gemahnte Hofstaat, Adel, Klerus und Volk eindringlich an die Dimension des Herrschers als Stellvertreter Christi.

In eine andere Bedeutungsebene führen schließlich Forst- oder Jagdhöfe, die vom Herrscher mit seinem Gefolge gerne zum waidmännischen Vergnügen aufgesucht wurden (vgl. die Übersicht der sächsischen Aufenthaltsorte bei Ehlers 2007 [b]). Der Jagdhof von Siptenfelde im Unterharz beispielsweise ist zwischen 930 und 961 urkundlich fassbar. Die Anlage bestand aus einem trapezförmigen, von einer Mauer umgebenen Haupthof von 70 x 90 Meter Größe, in dem sich Wohnbauten und Kirche befanden. Im Haupthaus fanden sich – ähnlich wie in Tilleda und Werla – Hinweise auf eine Fußbodenheizung. Ein schmalseitiges Tor führte zur tiefer gelegenen Vorburg (Kiehl 2009). Ein weiterer Jagdhof des 10. Jahrhunderts ist im Bodfelder Forst im Nordharz zu nennen (Wille 2010). Von König Heinrich I. (919–936) heißt es, dass er sich hier oft als Jäger betätigte und 935 schwer erkrankte, bevor er in der Pfalz Memleben verstarb (Vita Mathildis antiquior, Kap. 4, S. 120 f.; Vita Mathildis posterior, Kap. 7, S. 158). Zwischen 944 und 1068 wurden in Bodfeld 29 Urkunden von sechs Herrschern ausgestellt. Nach verschiedenen Lokalisierungsversuchen seit

1870 hat sich nun der Schlosskopf mit seiner Spornlage über dem Drecktal als Standort durchsetzen können. Es existierte auch hier eine Vorburg, in der intensiv örtlich vorkommendes Eisen verhüttet wurde.

Caspar Ehlers und Bernd Päffgen

Quellen

Vita Mathildis antiquior; Vita Mathildis posterior.

Literatur

Althoff 1982, S. 141 ff.; Brühl/Kölzer 1979; Dapper 2006; Dapper 2007; Eberhardt/Grimm 2001; Ehlers 2007 (b); Gauert 1965; Gauert 1970, S. 10 ff.; Gockel u.a. 2000; Grimm 1968, S. 53 ff.; Grimm 1990; Heine 1995; Kiehl 2009; Reinhardt 1999; Reuling 1996; Rieckenberg 1941, S. 32 ff.; Schulze 2001; Wille 2010.

Die Pfalz Werla

Die Pfalz Werla liegt etwa 30 km südlich von Braunschweig und 20 km nördlich von Goslar in der Gemeinde Werlaburgdorf, Landkreis Wolfenbüttel, auf einem Geländesporn oberhalb der Oker. Für den Zeitraum von 926 bis 1035 sind für Werla 15 Herrscheraufenthalte bekannt und drei Versammlungen des regional bedeutsamen Adels zu erschließen. Die Ersterwähnung Werlas zum Jahr 926 steht im Zusammenhang mit einem durch Widukind von Corvey überlieferten Angriff ungarischer Reiter, in dessen Verlauf König Heinrich I. (919–936) die Gefangennahme eines Anführers gelang. Zuletzt war Friedrich I. Barbarossa (1152–1190) 1180 in Werla, als hier die Auseinandersetzung mit Heinrich dem Löwen ihren Abschluss fand.

Der für den Wiederaufbau der Goslarer Pfalz verantwortliche Architekt E. F. A. Schulze führte 1875 auf dem Plateau eine kleine Untersuchung durch, die einige Fundamentreste und die Umfassungsmauer erfasste. Ohne eine wirkliche Vorstellung von der Anlage erhalten zu haben, stellte man einen Gedenkstein mit der Inschrift „Kaiserpfalz Werla" auf. 1926 untersuchte der unter anderem durch seine Tätigkeit in Goslar ausgewiesene Bauforscher U. Hölscher die Stelle erneut. Er dokumentierte die Überreste eines Steingebäudes mit Estrichboden und nahm an, dass die übrige Innenbebauung der Pfalz in Holz ausgeführt gewesen sei.

Ein ganz anderes Bild vermittelten dann die großflächigen Grabungen von 1934–1939 und 1957–1964, bei denen im Be-

reich der Hauptburg zwischen der Ringmauer zwei Kammertore und im Inneren ein Kirchenbau sowie weitere repräsentative Steinbauten zutage kamen. Auf Grundlage der bis dahin gewonnenen Forschungsergebnisse wurde Werla zu einem der beispielhaften Orte für Archäologie und Geschichtsschreibung zum 10. Jahrhundert in Norddeutschland.

2007–2012 sind Nachgrabungen möglich gewesen, die im Zusammenhang mit der Visualisierung der Pfalz im Gelände stehen. Von besonderem Wert ist die erstmals flächige geomagnetische Prospektion der Inneren Vorburgen, die von kleineren Sondagen ergänzt wurden.

Nach heutigem Erkenntnisstand existierte an Stelle der Kernburg zunächst eine mit einem Erdwall befestigte Burganlage des 9. Jahrhunderts. Der Ausbau zur Pfalz erfolgte im 10. Jahrhundert. Die annähernd ovale Hauptburg besitzt einen Durchmesser von etwa 130 m. Das etwa 17 m hohe Plateau war von einer 480 m langen und 1,20 m starken Mauer aus Kalksteinquadern umschlossen. Die Nordwestseite schützte ein der Mauer vorgelagerter, etwa 9 m breiter und 4 m tiefer Spitzgraben. Als ursprüngliche Höhe der weiß verputzten Ringmauer sind etwa 5,00 m zu veranschlagen. Für den Bau der Umfassungsmauer waren etwa 3000 Kubikmeter bzw. 8100 Tonnen an Steinquadern erforderlich. Zwei in Kalkstein errichtete Doppelkammertore ermöglichten den Zugang. Das Westtor ist gesichert gleichzeitig mit der Ringmauer ent-

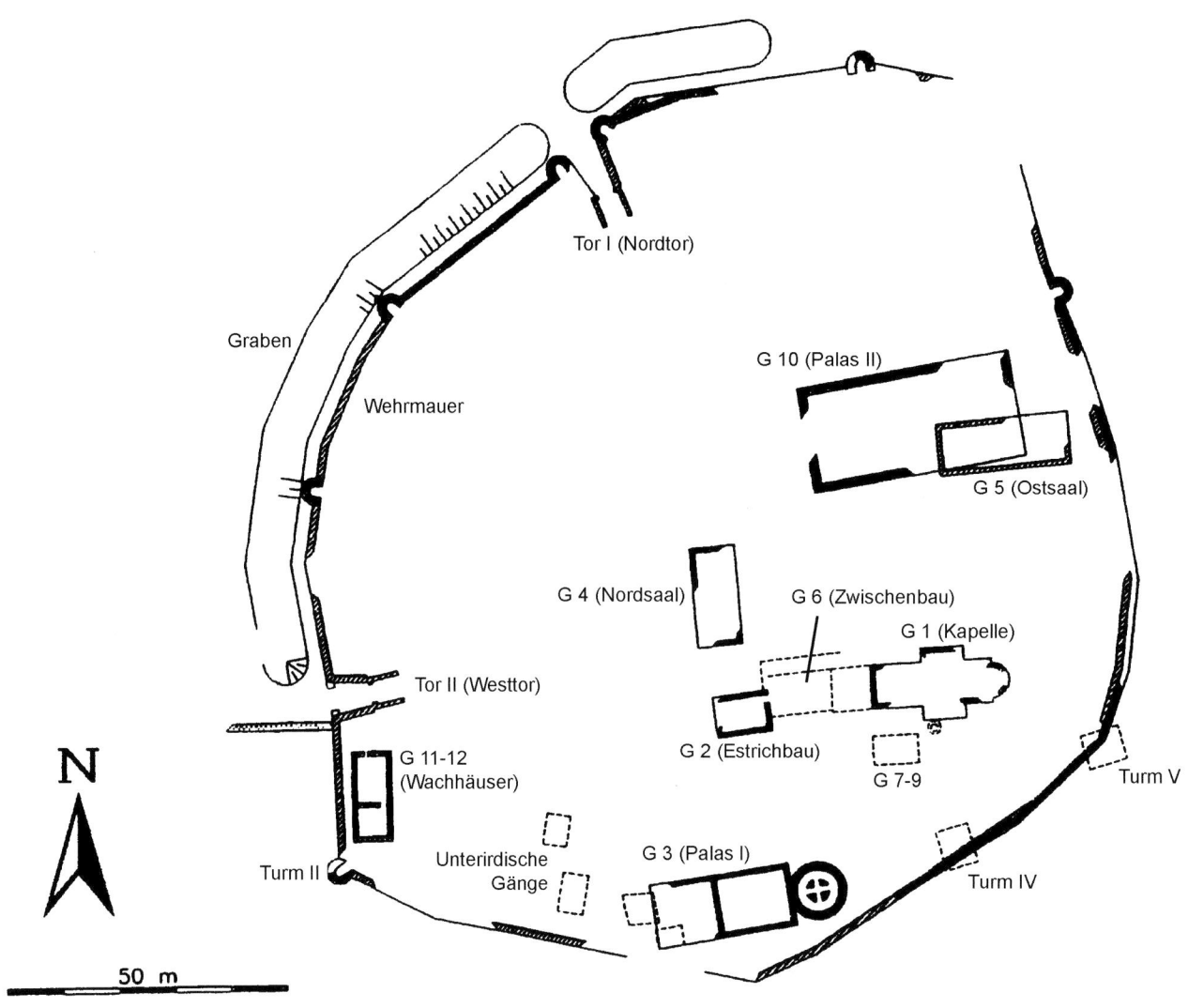

Tor I (Nordtor)

Graben

Wehrmauer

G 10 (Palas II)

G 5 (Ostsaal)

G 4 (Nordsaal)

G 6 (Zwischenbau)

G 1 (Kapelle)

Tor II (Westtor)

G 2 (Estrichbau)

G 7-9

Turm V

G 11-12
(Wachhäuser)

N

Turm II

Unterirdische
Gänge

G 3 (Palas I)

Turm IV

50 m

79 Pfalz Werla. Plan der Kernburg mit Bezeichnung aller freigelegten Steingebäude (Stand 2012)

standen. Es ist 12,50 m lang und besitzt eine Durchfahrt von 4,00 m Breite. Die Mauerstärke von etwa 1,00 m erlaubt eine ein- oder zweigeschossige Turmrekonstruktion über der inneren Kammer des Tors, demnach sind Torturmhöhen zwischen 6 und 8 m vorstellbar. Das ähnlich gearbeitete Nordtor wies zwei halbrunde, vorgesetzte Torbastionen auf. Diese sind, wie die modernen Nachuntersuchungen zeigen konnten, zum ursprünglichen Baubestand zu rechen. An fünf weiteren Stellen wies die Ringmauer vergleichbare Halbrundtürme auf, deren Errichtungszeitpunkt jedoch nicht hinreichend gesichert ist. Allerdings lassen einige gesichert ottonenzeitliche Vorkommen solcher Halbrundtürme an anderen Orten auch eine Argumentation hinsichtlich der Zugehörigkeit zum Baubestand des 10. Jahrhunderts zu.

Im Inneren der Pfalz dominierte in der Blickachse des Westtors (Tor II) ein aus Sandstein errichteter einschiffiger Kirchenbau mit kreuzförmigem Grundriss von insgesamt 31,00 m Länge und 7,80 m Breite. Nach Osten schloss die Pfalzkapelle mit einer halbrunden Apsis von 7,00 m Breite ab. Fragmente von bemalten Dachziegeln aus den Grabungen geben Hinweise auf eine aufwändige Eindeckung, Scherben von Flachgläsern dürften von den Fensterscheiben stammen. Vom Bautyp her handelt sich um eine Saalkirche mit Querschiff und Apsis sowie vorgelagertem Westanbau auf annähernd quadratischem Grundriss. Die moderne Nachuntersuchung hat ergeben, dass der Anbau keine spätere Zutat zum ottonischen Baubestand darstellt. Nicht unproblematisch ist seine Rekonstruktion, für die unterschiedliche Lösungen als Westwerk oder Vorhalle möglich sind. Bei der

Ausgrabung in der Vorkriegszeit hielt man Emporengeschosse für möglich, die jedoch im Befund nicht zu belegen sind. Mit einer Mauerhöhe von etwa 12 bis 15 m dürfte die Kapelle einer der höchsten Baukörper der Pfalz gewesen ein. Für ihre Errichtung waren mehr als 1000 Kubikmeter bzw. 2700 Tonnen an Sandstein erforderlich. Zum Vergleich mit der Pfalzkapelle bietet sich besonders der Kernbau der Stiftskirche von Walbeck an, der in der Mitte des 10. Jahrhunderts entstand.

Nach einer westlich der Kapelle vorgelagerten Freifläche schloss sich südwestlich die sogenannte 'Kemenate' bzw. der 'Estrichbau' (Gebäude G 2) an. Dieser Bau wurde erstmals 1926 und 1938 vollständig freigelegt. Das Gebäude mit Gipsestrich besaß einen rechteckigen Grundriss von mindestens 6,50 x 9,00 m, die Mauerdicke von 1,00 m spricht dafür, dass er mindestens zweigeschossig war. Vielleicht ist an eine Art beheizbarer Wohnturm mit zwei Steingeschossen und darüber befindlichem hölzernen Aufbau zu denken.

Die Kemenate bildet eine funktionale Einheit mit zwei in nördlicher und südlicher Richtung gelegenen Gebäuden. Nach Süden stand in Richtung zur Wehrmauer ein zweiteiliges Rechteckgebäude G 3 mit östlichem Rundanbau (Kapelle?). Dieses ehemals wohl mindestens 22 m lange und 9,30 m breite Gebäude wird als 'Palas I' bezeichnet und besaß eine im Grabungsbefund nachgewiesene Warmluftheizung. Nördlich der Kemenate stand ein rechteckiges Saalgebäude von 21,50 x 8,00 m Größe ohne erfasste Innengliederung (G 5).

Vom Nordtor (Tor I), das zumindest im 10. Jahrhundert den Haupteingang zur Kernburg darstellte, führte ein gepflasterter bzw. mit Schotter befestigter Weg auf einen von den oben geschilderten Gebäuden umschlossenen Freiplatz.

Nimmt man die Pfalzkapelle als Mittelpunkt, ergeben sich – begrenzt durch die drei repräsentativen Steingebäude, die Ringmauer und vielleicht ein viertes Steingebäude G 4 auf der Nordseite – im Südosten des Pfalzkernbereichs zwei separierte Innenhofareale, die bei Aufzügen des Herrschers und seines Gefolges von Bedeutung gewesen sein dürften. Die mehrstöckigen Gebäude mit ihren weiß verputzten Mauern und Dächern mit farbigen Ziegeln vor dem weiten Panorama des Nordharzes müssen überwältigend gewirkt haben – und

sollten das sicherlich auch: sie boten den architektonischen Rahmen für eine eindrucksvolle Inszenierung von königlicher Macht und Herrschaft.

Erst nach dem Abriss des 'Estrichbaus' G 2 wurde der erstmals 1937/1938 ausgegrabene sogenannte 'Zwischenbau' (G 6) im 12./13. Jahrhundert angelegt, der sich bis unmittelbar an den Westbau der Kapelle anschloss. Unklar bzw. jünger ist die Zeitstellung der beiden Gebäude nördlich der Pfalzkapelle, wo mit 'Palas II' (G 10) ein großes Rechteckgebäude von 34 m Länge und 15 m Breite vorhanden ist. Ebenfalls nicht zum ottonischen Baubestand gehört ein nach außen führendes, unterirdisches Fluchtgangsystem von 35 m Länge, dessen Bau den Abriss von Gebäude G 3 voraussetzt und daher erst spätmittelalterlich anzusetzen sein dürfte, sowie ein Steingebäude südlich des Westtores (G 12).

Eine Innere Vorburg von etwa 4 Hektar Fläche diente den wirtschaftlichen Aufgaben der ottonischen Pfalz, also zur Versorgung der königlichen Hofhaltung und zur Bereitstellung der für einen Königsaufenthalt notwendigen Ressourcen. Die zweite Innere Vorburg (etwa 10 Hektar) ist erst jüngeren Datums (wohl 11./12. Jh.), zusammen mit der dritten Äußeren Vorburg (wohl 12. Jh.) umfasst sie eine Fläche von etwa 350 x 600 Metern. Werla war so zu einer der größten befestigten Siedlungen ihrer Zeit in Norddeutschland geworden. Allerdings ist noch unklar, ob damit die Entwicklung zu einer frühen Stadt eingeleitet war, oder ob sich der Wirtschaftshof der Pfalz immer weiter vergrößerte, ohne seine Struktur zu ändern. Die bisherigen Beobachtungen anhand geophysikalischer Messungen, der Auswertung von Luftbildern und den Sondagegrabungen sprechen aber dafür, dass letzteres zutrifft.

Markus C. Blaich und Bernd Päffgen

Literatur

Blaich 2011; Blaich 2012; Blaich/Geschwinde 2012 (im Druck); Blaich/Weber 2008; Blaich/Zellmer 2008; Feldmann 2002/2003; Gauert 1979; Kaminski/Sollig 2011; Krüger 1965; Rieckenberg 1965; Ring 1985 (a); Schroller 1939; Schroller 1940; Schroller 1965; Seebach 1941; Seebach 1967; Stelzer 1963; Slawski 2005.

V.34

Grabungsfunde aus der Pfalz Werla

a) Zwei Heißluft-Auslasssteine

10. Jahrhundert
Pfalz Werla, Landkreis Wolfenbüttel
Muschelkalk. H 17 cm, B 38 cm, T 40 cm;
trichterförmige Öffnung: D 18 cm (unten), 28 cm (oben)
Schladen, Heimathaus „Alte Mühle", 734

Die Kernburg bildete den architektonischen Rahmen für die inszenierten Treffen des königlichen Gefolges mit den regionalen Potentaten. Raum für diese Aufzüge boten die beiden Innenhöfe, vor allem aber auch die repräsentativen Gebäude. Eines dieser Gebäude (Gebäude 3) stand auf der Südseite der Kernburg. Die 0,80 m dicken Mauern umschlossen einen Innenraum von mindestens 9,30 x 11,60 m Fläche, auf der Ostseite schloss sich ein Rundbau von 10,00 m Durchmesser an. Für die Innenräume ist weißer Wandverputz sowie hellgelber Estrich aus Gips belegt. Das sehr wahrscheinlich zweistockige Gebäude wurde im 10. Jahrhundert erbaut.

In den Fußboden des Erdgeschosses war eine Warmluftheizung eingebaut. Diese bestand aus einer Heizkammer mit Doppelgewölbe, zwei Warmluftkanälen und einem Schornstein. Die spitzoval verlaufenden Heizkanäle verfügten über mindestens sechs Auslasssteine.

Während in der Brennkammer ein starkes Feuer entfacht wurde, schloss man die Auslasssteine mit Stöpseln. Nach dem Abzug des Rauches zog die warme Luft durch die Lochsteine in den Raum. Gezieltes Öffnen und Schließen ermöglichte eine kontrollierte Temperierung. Heißluftheizungen waren im Mittelalter weit verbreitet. Die Warmluftheizung von Werla ist eine der ältesten dieser Anlagen. Eindrücklich belegt sie ein für ihre Zeit ausgesprochen komfortables und hochherrschaftliches Wohnen.

Bei Gebäude 3 handelt es sich mit großer Wahrscheinlichkeit um jenes Gebäude, das als *magna domus* zum Jahr 1002 erwähnt wird; es fasst die Funktionen von *aula*, *caminata* und *capella* unter einem Dach zusammen.

Markus C. Blaich

Literatur
Bingenheimer 1998; Feldmann 2002/2003, S. 43–83; Gauert 1979, S. 263–277; Ring 1985 (b); Ring 2001, Bd. 2, S. 18–22; Schniek 1999, S. 171–181; Schroller 1940, S. 65–87; Seebach 1941; Seebach 1967.

b) Pektoralkreuz

9./10. Jahrhundert
Pfalz Werla, Landkreis Wolfenbüttel
Bronze, fragmentiert. L 2,9 cm, B 2,1 cm
Braunschweig, Braunschweigisches Landesmuseum,
Niedersächsische Landesmuseen Braunschweig, 1962:139

Das Stück zählt zu einer kleinen Gruppe von Kruzifixen, die eine stark stilisierte Christus-Gestalt zeigen. Körper und Beine bilden den Längsbalken des Kreuzes, die ausgestreckten Arme die Querarme. Augen, Nase, Mund, Finger und Zehen sind durch gefeilte Kerben angedeutet. Linien auf der Brust und an den Armen sowie abwärtsgerichtete Kerben an den Beinen sind als Gewandfalten zu verstehen. Eine Öse am oberen Kreuzbalken diente als Aufhänger.

Gut vergleichbare Funde sind das sogenannte Ringelheimer Kruzifix, das Reliquienkreuz am Hildesheimer Bernwardkreuz und das Kreuzchen am Vorderdeckel des so genannten Kostbaren Evangeliars. Ähnliche Funde wurden auch vom Kanstein bei Langelsheim, aus Hamburg und vom Burgwall Starigard in Holstein bekannt.

Man hat diese Kruzifixanhänger unter der Bezeichnung „Christus in der Ärmeltunika" zusammengefasst und in das späte 9. und das 10. Jahrhundert datiert. Galten sie bislang als Ausdruck einer gehobenen Hof- und Sakralkultur, so mahnen Neufunde aus Siedlungen zur Zurückhaltung. Offensichtlich waren derartige Pektoralkreuze auch bei der einfacheren, ländlichen Bevölkerung bekannt. Ihre Verbreitung beschränkt sich auf den Raum entlang des Hellweges und die Landschaften zwischen Elbe und Ostsee und belegt die Aufnahme des Christentums in den breiteren Kreisen der sächsischen Bevölkerung.

Markus C. Blaich

Literatur
Gabriel 1988, S. 147–149; Griep 1969; Staecker 1999, S. 148–150; Ring 2001.

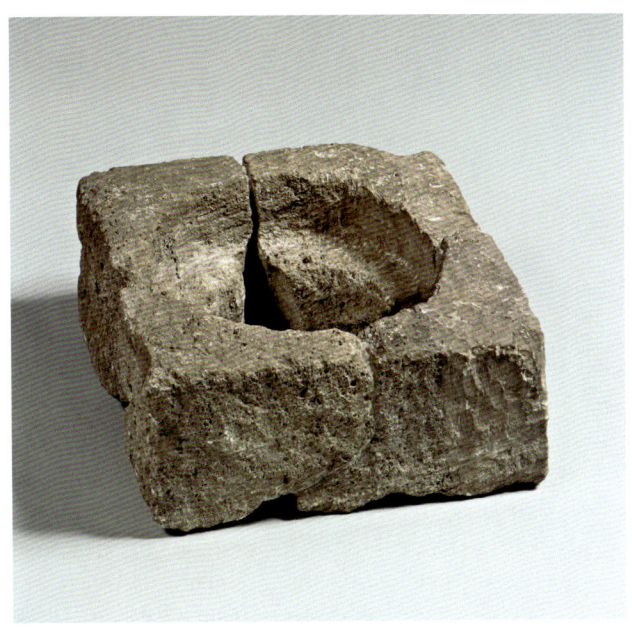 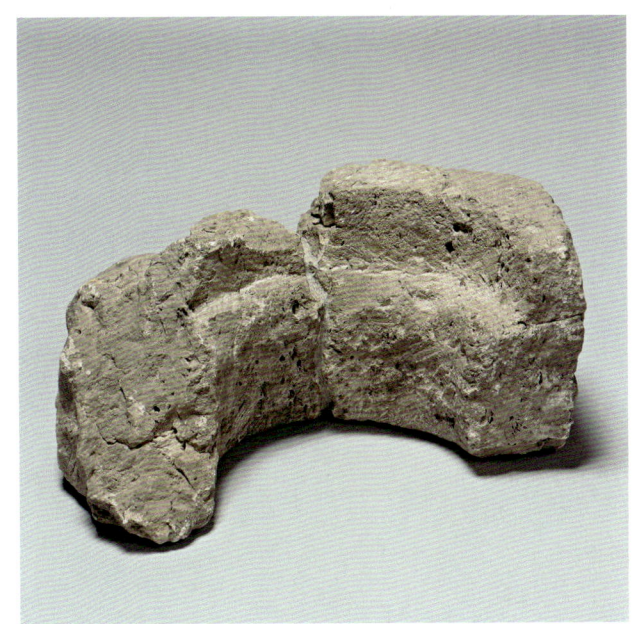

V.34 a

Handwerk und Produktion

c) Gusstiegel (o. Abb.)

10.-12. Jahrhundert
Pfalz Werla, Landkreis Wolfenbüttel
Keramik, quadratische Druckstelle mit zwei Einkerbungen
(Zangenabdruck?). H 5,8 cm, D 3,5-4,0 cm
Braunschweig, Braunschweigisches Landesmuseum,
Niedersächsische Landesmuseen Braunschweig, 1964:552

d) Fließschlacke

10.-12. Jahrhundert
Pfalz Werla, Landkreis Wolfenbüttel
Buntmetall. ca. H 3,0, B 6,0 cm
Braunschweig, Niedersächsisches Landesamt für
Denkmalpflege, Bezirksarchäologie Braunschweig,
2009:292-676

e) Zwischenmuffe für Blasebalg

10.-12. Jahrhundert
Pfalz Werla, Landkreis Wolfenbüttel
Keramik, fragmentiert. ca. H 5 cm, B 5 cm, T 10 cm
Braunschweig, Niedersächsisches Landesamt für
Denkmalpflege, Bezirksarchäologie Braunschweig,
2009:292-676

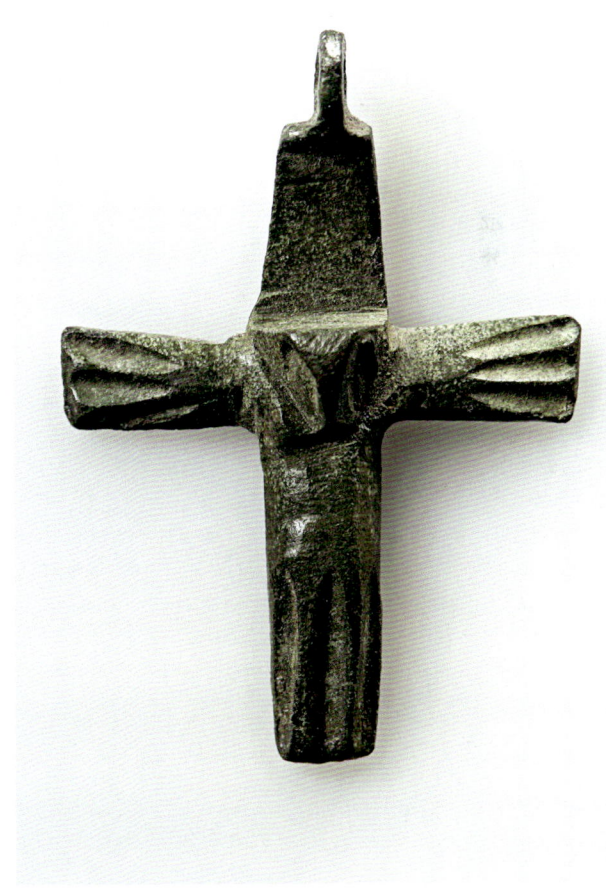

V.34 b

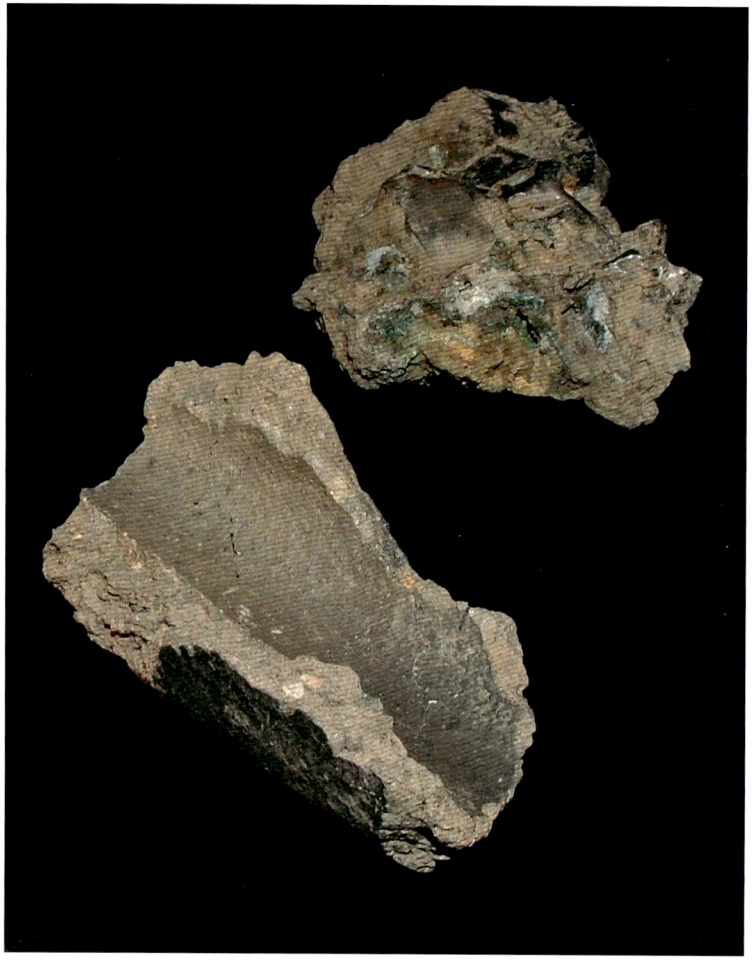

V.34 d und e

f) Punze (o. Abb.)

10.-12. Jahrhundert
Pfalz Werla, Landkreis Wolfenbüttel
Bronze, flachrechteckiger Schaft, unteres Ende mit
kugeligem Kopf, oberes Ende fragmentiert. L 3,5 cm
Braunschweig, Braunschweigisches Landesmuseum,
Niedersächsische Landesmuseen Braunschweig,
1962:1881

Die Landschaften zwischen Leine und Elbe erfuhren im späten
9. Jahrhundert einen grundlegenden Wandel: sie entwickelten
sich von militärisch eroberten Randgebieten zu einer Zentralre-
gion des Königreiches. So bildete sich im frühen 10. Jahrhundert mit den Königspfalzen eine neue Kategorie von Orten heraus, in denen die Grundaspekte Repräsentation, Fortifikation
und Produktion verknüpft waren.

Dienten die Kernburgen vor allem der herrschaftlichen Repräsentation, so sind die Vorburgen durch die Konzentration
von Handwerksbereichen gekennzeichnet. Hier ist die eventuell saisonal betriebene Textilherstellung zu erwähnen, in

der viele, auch ungelernte Arbeitskräfte beschäftigt werden
konnten. Die Weiterverarbeitung von Buntmetall hingegen
war Spezialisten vorbehalten und setzte eine sorgfältige Lo-
gistik, beispielsweise beim Antransport der Rohmaterialien
und der Brennstoffe, aber auch bei der Verbindung zu den
Absatzmärkten, voraus. Fließschlacken und Gusstiegel belegen
die Weiterverarbeitung der angelieferten Materialien, mit Punzen konnten die hergestellten Produkte verziert werden, die
Zwischenmuffen schützten die hölzernen Blasebälge vor den
hohen Temperaturen im Schmelzofen.

Die Konzentration und Kontrolle über Arbeitskräfte, Roh-
stoffe und Produktionsstätten in den Königspfalzen ist ein
kennzeichnendes Merkmal der ottonischen Königsherrschaft.

Markus C. Blaich

Literatur
Blaich 2012; Busch 1985, S. 49–54.

Herrschaft und Verwaltung

g) Stabdorn

9./10. Jahrhundert
Werlaburgdorf, Landkreis Wolfenbüttel, Grab 14
Eisen, einteilige, vierkantig zugespitzte Dorne mit
runder, aufgeschobener Zwinge, fragmentiert;
ankorrodierte Holzreste (Laubholz; wohl Eiche oder
Esche). L 9,8 cm, Zwinge: D 1,8 cm
Braunschweig, Braunschweigisches Landesmuseum,
Niedersächsische Landesmuseen Braunschweig,
2004:03/34

h) Taubenfibel

9. Jahrhundert
Werlaburgdorf, Landkreis Wolfenbüttel, Grab 26
Bronze, gegossen, muggelige, blau-grüne Steineinlage
(Aquamarin?); Spiral- und Nadelhalter mitgegossen,
Reste der eisernen Nadel erhalten, an Spiral- und
Nadelhalter ankorrodierte Textilreste.
L 3,7 cm, B 2,4 cm, D 0,2 cm; Gew. 3,65 g
Braunschweig, Braunschweigisches Landesmuseum,
Niedersächsische Landesmuseen Braunschweig,
2004:03/75

i) Schläfenschuppe

Werlaburgdorf, Landkreis Wolfenbüttel, Grab 5
Schädelkalotte, fragmentiert, auf der Innenseite deutliche
Spuren von *otitis media* als Hinweis auf ungünstige
Lebensbedingungen. ca. H 7 cm x H 7 cm
Braunschweig, Bezirksarchäologie Braunschweig, 2004:03

Eine jede Pfalz war, um ihre Aufgaben als zeitweiliger Sitz
des Königs erfüllen zu können, auf die Versorgung aus ihrem
Umland angewiesen. Dabei zeichnen sich Strukturen ab, die
eine über den Eigenbedarf weit hinausgehende Fertigung von
Massengütern, die großmaßstäbliche Weiterverarbeitung von
Buntmetallerzen sowie die Produktion landwirtschaftlicher Güter belegen. Es liegt daher nahe, die Pfalzen und Königshöfe
als Mittelpunkt größerer Villikationen, wie sie in Ostsachsen
im 9./10. Jahrhundert existierten, zu verstehen. Die Einführung
des Villikationssystems war für die Bevölkerung nicht nur mit
einer großen Belastung, sondern auch mit dem Verlust ihrer
persönlichen Freiheit verbunden. Bestandteil dieses Systems
war, dass einer der Hofbauern als *villicus* übergeordnete Aufgaben wahrnahm und beispielsweise die zu erbringenden Arbeiten oder Abgaben aufeinander abstimmte.

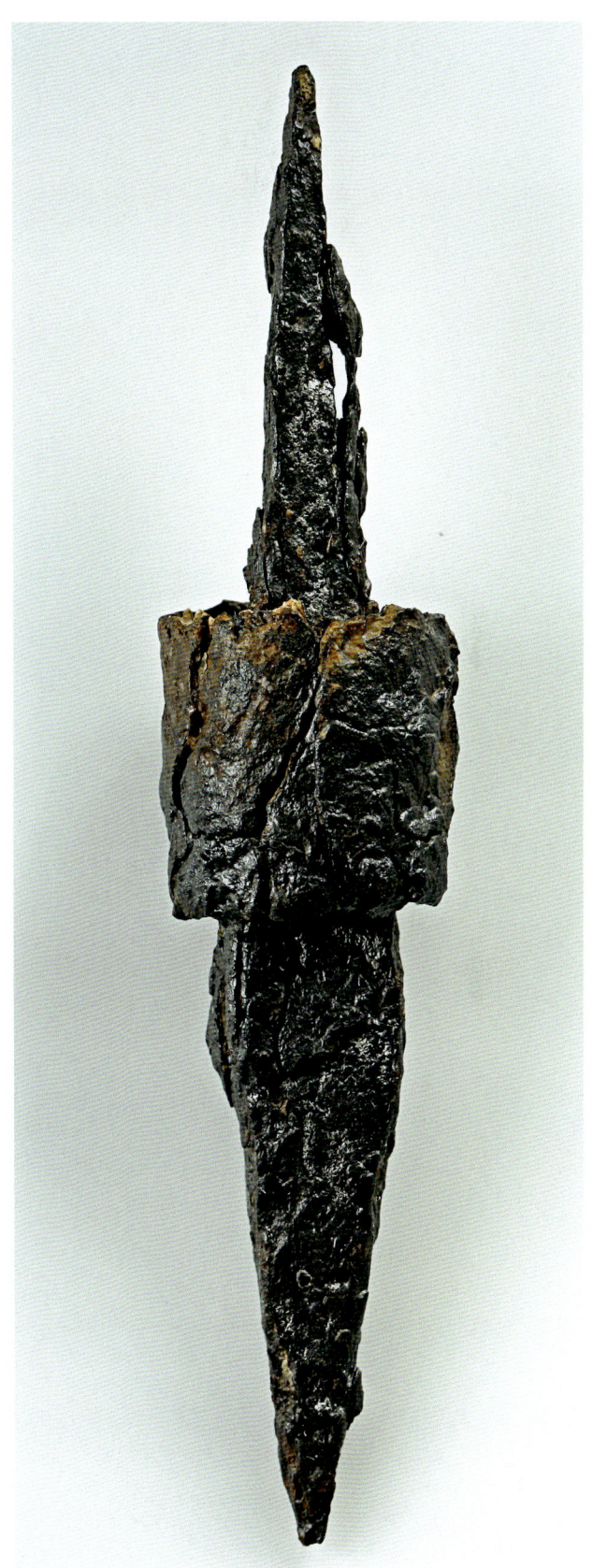

V.34 g

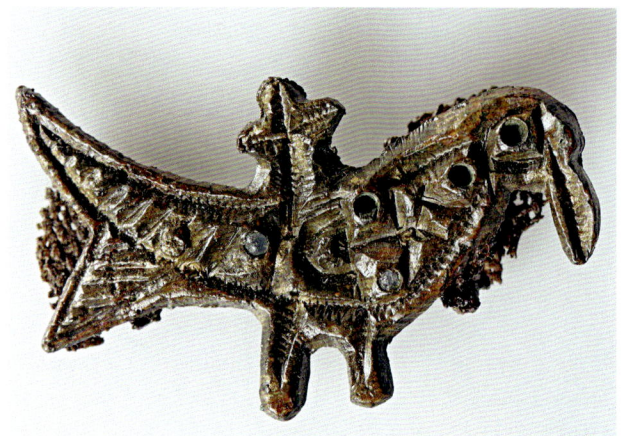

V.34 h

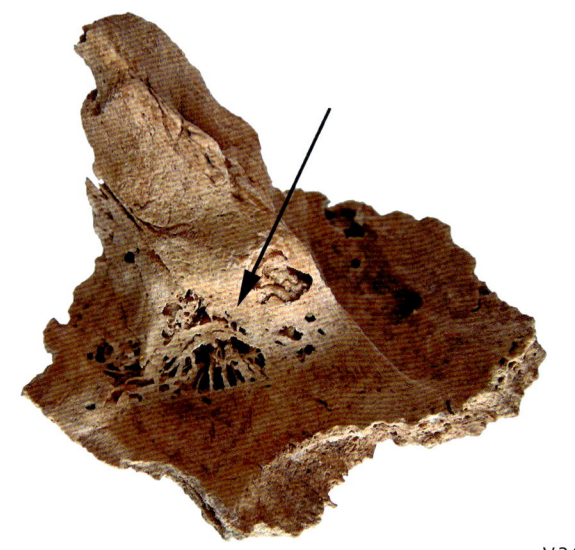

V.34 i

Die Quellen zur Geschichte Sachsens im 10. Jahrhundert, aber auch mehrere Heiligenviten erwähnen wiederholt einen langen Stab als Zeichen eines verliehenen, nicht zu vererbenden Amtes. Die eisernen Endbeschläge dieser Stäbe sind aus zahlreichen Männergräbern bekannt. Es liegt nahe, in den Bestatteten jene *villici* zu sehen, die aus den zeitgenössischen Berichten überliefert sind. Weitere Funde, vor allem Bestandteile der Frauenkleidung, zeigen, dass das Christentum in dieser Gemeinschaft nicht unbekannt war, sich zunächst aber vor allem in der gehobenen Gesellschaftsschicht ausbreitete.

Einen besonderen Einblick in die Lebensumstände ermöglicht die Untersuchung pathologischer Befunde am Skelettmaterial. So lassen sich beispielsweise Formen von Mangel- und Fehlernährung erkennen, die die Entstehung von Entzündungen und den Ausbruch verschiedener Infektionskrankheiten begünstigen. Den Erkrankungen des Mittelohres kommt dabei eine besondere Bedeutung zu, da sie bei der Entstehung einer Meningoencephalitis eine entscheidende Rolle spielen können und indirekt auch einen Hinweis auf die reduzierte Immunabwehr in Folge schlechter Lebensbedingungen und die Arbeit unter feuchten, kühlen Bedingungen (Grubenhäuser!) geben können.

Für keine ottonische Pfalz ist ein Friedhof aus dem ländlichen Umfeld bekannt. Der Friedhof von Werlaburgdorf bietet also einen ganz besonderen Blick auf die Pfalz Werla und die Folgen, die deren Errichtung für die ländliche Bevölkerung hatte.

Markus C. Blaich

Literatur

Blaich 2009; Blaich 2012; Blaich/Geschwinde 2007; Grefen-Peters 2006 (unpubliziert).

Münzprägungen unter den ottonischen Herrschern

Nach Ausweis der Münzen ist die Kaiserkrönung Ottos I. am 2. Februar 962 in Rom nicht als epochales Ereignis empfunden worden. Weder gibt es die aus Anlass einer solchen Rangerhöhung nach antikem Vorbild zu vermutenden und in karolingischer Zeit auch praktizierten Sondergepräge, noch lässt sich eine neue Qualität der Normalmünzen feststellen. Eine neue Aura verbreiteten sie nicht, selbst die eigentlich vorauszusetzende Übernahme des Kaisertitels auf die Münzen ist keineswegs sofort und überall erfolgt. In Sachsen, dem ottonischen Stammland, ist der Kaisertitel offenbar sogar völlig negiert worden. Die Parallele zu Widukind von Corvey, dem die Kaiserkrönung Otto in seiner Sachsenchronik ebenfalls keine Erwähnung wert war, drängt sich auf. Sachsen hat auch noch dem Sohn und Enkel, Otto II. (973–983) und Otto III. (983–1002), den Kaisertitel vorenthalten. Die in der Königszeit Ottos I. begründete besondere Struktur der sächsischen Münzprägung in Form eines immobilisierten anepigraphen Münztyps (Sachsenpfennige) setzt sich fort und wird unter Otto III. ab frühestens 984 durch den ebenfalls immobilisierten Typ der Otto-Adelheid-Pfennige ergänzt. Erst zur Jahrtausendwende wird das sächsische Münzwesen vielfältiger und seit Heinrich II. (1002–1024) dann auch der Kaisertitel auf den Münzen reflektiert.

Im übrigen Reich wird die Fortsetzung der unter Heinrich I. (919–936) sanktionierten Sonderrolle des bayerischen Herzogtums, an der sich auch nichts änderte, als 948 mit Ottos jüngerem Bruder Heinrich ein Angehöriger des ottonischen Hauses das Herzogsamt übernahm, durch die Münzen ebenso dokumentiert wie die betonte Einbeziehung Lothringens in den ottonischen Reichsverband. Mit Ausnahme Bayerns hat Otto I. in allen Herzogtümern Münzen mit seinem Namen ausgegeben. Dabei scheint die Kaiserkrönung weitgehend beachtet worden zu sein, so dass wir die Münzen mit dem Königstitel (*rex*) in die Zeit vor 962, die mit dem Kaisertitel (*imperator*) in die Zeit ab 962 setzen können. Zu beachten ist allerdings, dass sich numismatisch nicht immer zwischen den drei ottonischen Kaisern (Otto I. 962–973, Otto II., 973–983, Otto III., 996–1002) genau trennen lässt.

Die ikonographisch interessantesten Münzen Ottos I. stammen aus Straßburg. Sie zeigen das ansonsten auf ottonischen Münzen fast gar nicht verwendete Herrscherbildnis. Bildlich gibt es keinen klaren Unterschied zwischen königlichen und kaiserlichen Geprägen. Das eigentlich eher als kaiserliches Attribut bekannte Diadem erscheint auf den Königsmünzen, während die Bildnisse der Kaisermünzen eher eine Krone zeigen. Auffällig ist, dass Otto auf einem Münztyp weder König noch Kaiser, sondern „Magnus" (der Große) genannt wird.

Im *regnum Italiae* ist die Kaiserkrönung von 962 zur Etablierung einer neuen Währung mit Namen Ottos genutzt worden. Die Münzen selber sind wenig kaiserlich – künstlerisch anspruchslos und ohne Herrscherbilder. Sie zeigen aber, dass neben der Hauptstadt Pavia auch in Mailand, Lucca und Verona Münzstätten betrieben wurden. Eine Besonderheit der reichsitalischen Münzprägung Ottos I. ist die Berücksichtigung des Mitkönigtums/Mitkaisertums Ottos II. Hierin dürften sich byzantinische Einflüsse widerspiegeln. Die Nennung der Co-Imperatoren gehört zu den festen Gepflogenheiten auf den Münzen der byzantinischen Kaiser. Auf den Münzen der Päpste in Rom ist die karolingische Praxis der Nennung der Kaisernamen in der ottonischen Zeit wiederbelebt worden. Goldmünzen, wie sie in der Antike zu den Gepflogenheiten bei der Proklamation des Kaisertums gehörten, sind weder von Otto I. noch von seinen Nachfolgern ausgegeben worden. Erst der Staufer Friedrich II. (1220–1250) knüpfte wieder an diese Tradition an.

Bernd Kluge

Literatur
Ausst.-Kat. Magdeburg 2001, Bd. 2, Nr. II.29, IV.5, V.5 u. VI.3 (alle Bernd Kluge); Dannenberg 1876–1905; Kluge 1991; Kluge 2001; Kluge 2007; Schramm/Mütherich 1983.

V.35 a–l

Ottonische Münzen

Genaue Beschreibungen und Literaturzitate zu den einzelnen Münzen sind unter der jeweiligen Objektnummer im Interaktiven Katalog des Münzkabinetts SMPK zu finden (www.smb.museum/ikmk).

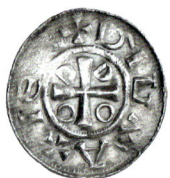 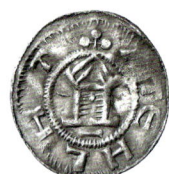

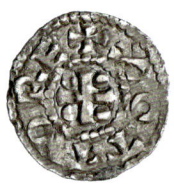 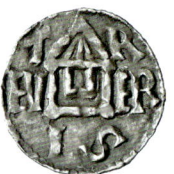

a) Otto-Adelheid-Pfennig

Sachsen, ab 984
Vs.: Kreuz, in den Winkeln O-D-D-O. +DI GR-A+ REX. –
Rs.: Kirchengebäude (sog. Holzkirche). ATEAHLHT.
Silber. G 1,45 g, D 2,1 cm
Berlin, Staatliche Museen zu Berlin, Münzkabinett,
18202376

c) Denar König Ottos I.

Trier, 936–962
Vs.: Kreuz mit Kugel in jedem Winkel. +OTTO REX. –
Rs.: Stilisiertes Gebäude und StadtnameTR/EV-ER/IS.
Silber. G 1,48 g, D 2,0 cm
Berlin, Staatliche Museen zu Berlin, Münzkabinett,
18202366

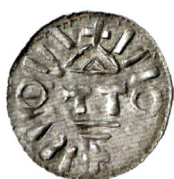 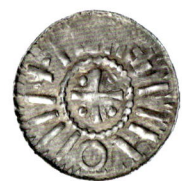

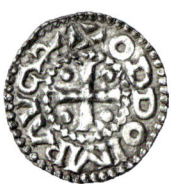 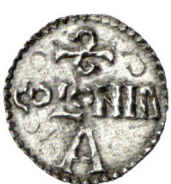

b) Sachsenpfennig

Magdeburg, ab ca. 940
Vs.: Kirchengebäude, darin OTTO. Das Ganze umgeben
von Strichen/Balken. – Rs.: Kreuz mit Kugeln in den
Winkeln umgeben von Strichen/Balken, die von einem
Kreuz und zwei Ringeln unterbrochen sind.
Silber. G 1,41 g, D 2,2 cm
Berlin, Staatliche Museen zu Berlin, Münzkabinett,
18202365

d) Denar Kaiser Ottos I.

Köln, 962–973
Vs.: Kreuz mit einer Kugel in jedem Winkel. +ODDO
IMP(erator) AVG(ustu)S. – Rs.: Dreizeilige Inschrift.
S / COLONIA / A.
Silber. G 1,37 g, D 2,1 cm
Berlin, Staatliche Museen zu Berlin, Münzkabinett,
18202367

Bildnismünzen Ottos I. aus Straßburg

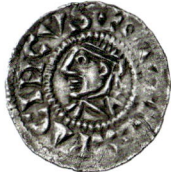 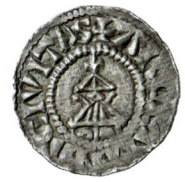

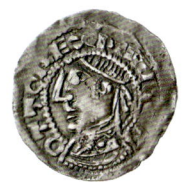 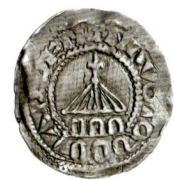

e) Bildnisdenar König Ottos I.

936–962
Vs.: Brustbild mit Diadem nach links. +OTTO REX
PACIFICVS (Otto friedensbringender König). –
Rs.: Turmartiges Gebäude, darauf Lilie. +ARGENTINA
CIVITAS (Straßburg).
Silber. G 1,55 g, D 2,0 cm
Berlin, Staatliche Museen zu Berlin, Münzkabinett,
18233667

g) Bildnisdenar König Ottos I., gemeinschaftlich mit Bischof Udo

950–962
Vs.: Brustbild mit Diadem nach links. OTTO REX
PACIFICVS. – Rs.: Kirchengebäude, auf dem Dach
eine Lilie. ARGENTINA VOTO (Straßburg Udo).
Silber. G 1,78 g, D 2,2 cm
Berlin, Staatliche Museen zu Berlin, Münzkabinett,
18202416

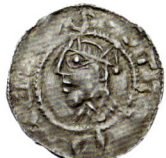 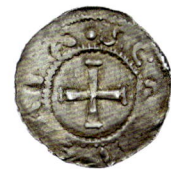

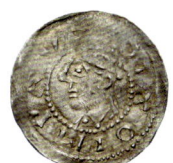 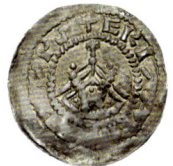

f) Bildnisdenar König/Kaiser Ottos I.

936–973
Vs.: Gekröntes Brustbild nach links. OTTO MAGNVS
(Otto der Große). – Rs.: Kreuz. +S(an)C(t)A MARIA.
Silber. G 1,23 g, D 2,0 cm
Berlin, Staatliche Museen zu Berlin, Münzkabinett,
18233658

h) Bildnisdenar Kaiser Ottos I. gemeinschaftlich mit Bischof Erchanbald (965–990)

965–973
Vs.: Gekröntes bärtiges Brustbild nach links.
+OTTO IMP AVG. – Rs.: Kirchengebäude, auf dem
Dach eine Lilie. +ERKAMBALD EPS.
Silber. G 1,43 g, D 2,3 cm
Berlin, Staatliche Museen zu Berlin, Münzkabinett,
18233647

Regnum Italiae

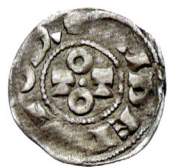 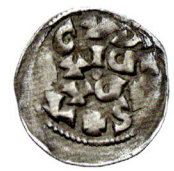

i) Denar (Pfennig) Kaiser Ottos I.

Pavia, 962–973
Vs.: Im Feld der Name OTTO. Äußere Umschrift
IMPERATOR. – Rs.: Im Feld zweizeiliger Stadtname
PA / PIA. Äußere Umschrift AVGVSTVS.
Silber. G 1,23 g, D 1,8 cm
Berlin, Staatliche Museen zu Berlin, Münzkabinett,
18233353

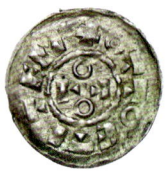 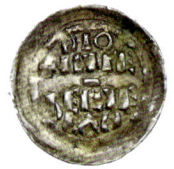

k) Denar (Pfennig) Kaiser Ottos I. und Mitkönig/Mitkaiser Ottos II. (962–973)

Mailand, 967–973
Vs.: Im Feld der Name OTTO. Äußere Umschrift +OTTO
ET ITEM. – Rs.: Vier Zeilen Schrift. DIO / +IMPE / – /
LEIME / LAN. [Otto und Otto (item) imperatores/Kaiser.
Mediolanum/Mailand].
Silber. G 1,55 g, D 2,1 cm
Berlin, Staatliche Museen zu Berlin, Münzkabinett,
18233354

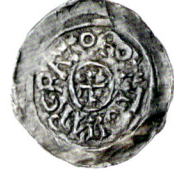 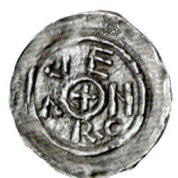

j) Denar (Pfennig) Kaiser Ottos I.

Verona, 962–973
Vs.: Kleines Kreuz. OTTO IMPERATOR. –
Rs.: Kleines Kreuz. VE/RO/NA.
Silber. G 1,29 g, D 2,1 cm
Berlin, Staatliche Museen zu Berlin, Münzkabinett,
18233352

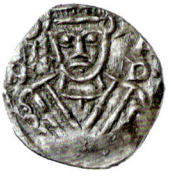 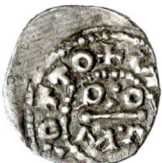

l) Denar Ottos I./II. und Papst Benedikts VI./VII.

Rom, 972–983
Vs.: Päpstliches Brustbild, über den Schultern
Namensabbreviatur BEN(edictus) – PA(pa).
Rs.: Zweizeiliger Stadtname RO / MA. SCS (Sanctus)
PETRVS OTTO.
Silber. G 1,29 g, D 1,8 cm
Berlin, Staatliche Museen zu Berlin, Münzkabinett,
18233347

Bernd Kluge

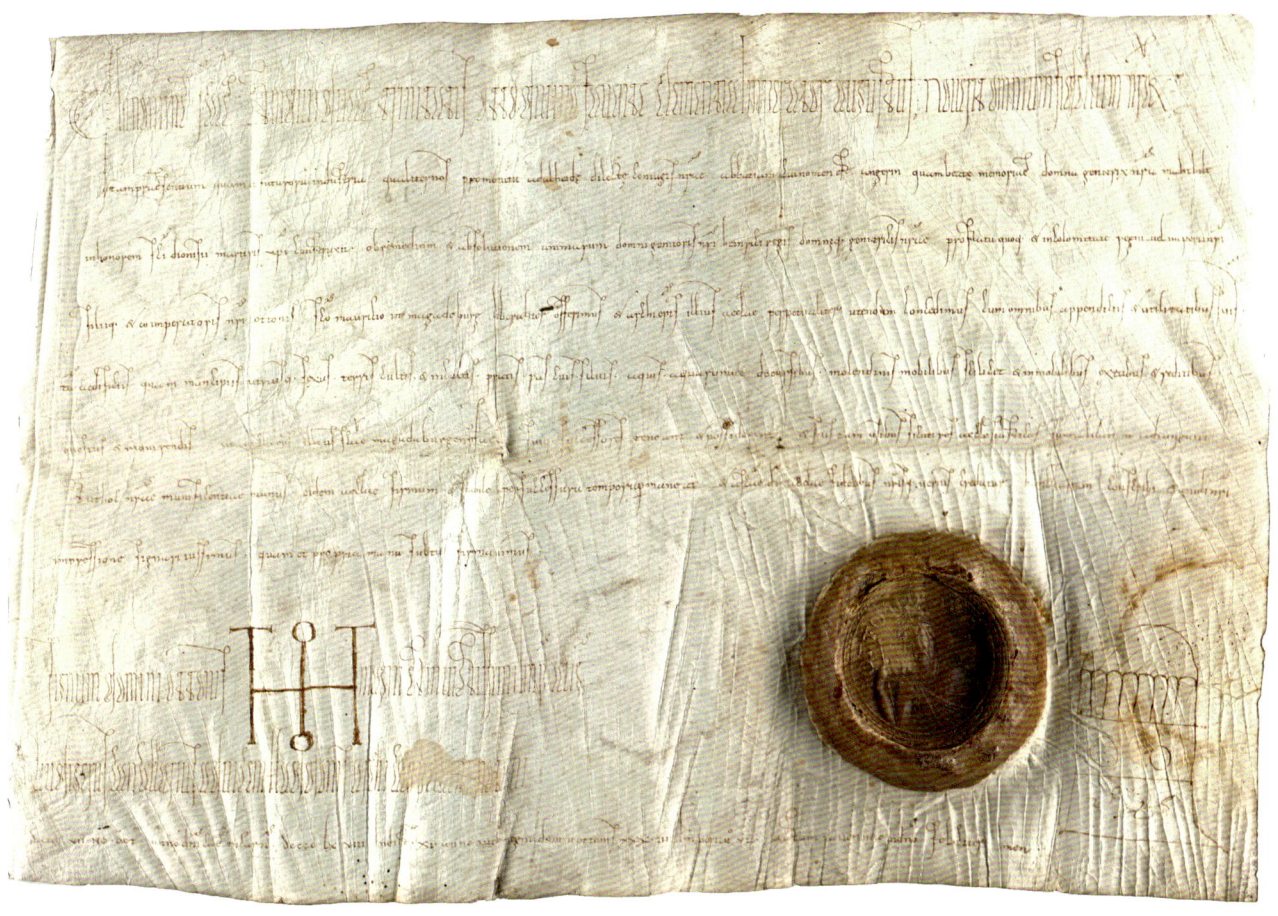

V.36

V.36

Diplom Kaiser Ottos I. für
die erzbischöfliche Kirche von Magdeburg

Ravenna, 968 Oktober 2 (MGH D O. I. 361).
Pergament. H 34 cm, B 50 cm
Magdeburg, Landeshauptarchiv Sachsen-Anhalt,
Abteilung Magdeburg, U 1 Erzstift Magdeburg, I Nr. 26

Dieses Diplom Ottos I. (936–973) wurde unmittelbar nach der
Erfüllung der letzten kirchenrechtlichen Bedingungen für die
Gründung eines Magdeburger Erzbistums ausgestellt. Darin
dokumentierte man die Übertragung des Kanonikerstiftes Engern, das einst von Ottos Mutter, der Königin Mathilde (*um
896, † 968), zu Ehren des hl. Dionysius errichtet worden war,
an die neue erzbischöfliche Kirche. Nach den Angaben im Urkundentext erfolgte die kaiserliche Schenkung auf Empfehlung
der Kaiserin Adelheid (* um 931, † 999), der Gemahlin Ottos I.,
für das Seelenheil der Eltern Ottos I. (Heinrich I. und Mathilde)

sowie zum Wohle des Reiches und des Mitkaisers (Otto II.).

Geschrieben wurde sie von einem namentlich nicht bekannten Hofgeistlichen, dem die MGH-Editoren die Sigle Liudolf G
(LG) gaben. Die symbolische Gottesanrufung (Chrismon) eröffnet die Urkunde. Die erste Zeile mit dem Eingangsprotokoll
führte LG in der verlängerten und ranghöchsten Urkunden-
schrift aus. Nach der Trinitätsformel wird der Aussteller des
Diploms in der Intitulatio als *Otto divina favente clementia
imperator augustus* vorgestellt. Durch die symbolische und die
verbale Gottesanrufung sowie durch die göttliche Legitimationsformel (*divina favente clementia*) wurde den Hörern und
Lesern des Diploms die sakrale Verankerung des Kaisertums
Ottos I. demonstriert. Die folgenden Zeilen 2 bis 8 schrieb LG
in diplomatischer Minuskel, der üblichen Schrift für den Kontext einer Herrscherurkunde. Der linke und rechte Rand sind
relativ gerade, die Zeilenabstände bis auf die Zeile 7 weitgehend regelmäßig. Die weit nach oben gezogenen und häufig
bogenförmig auslaufenden Zierschleifen bei „f" und „s" sind
ein individuelles Merkmal dieses Schreibers.

Das Herrschermonogramm und das kaiserliche Siegel im Bereich des Schlussprotokolls bilden das optische Zentrum der Urkunde. Das Namenmonogramm zeichnete LG relativ groß. Es wird von der Signumzeile eingerahmt, in der man Otto I. nicht nur als *imperator augustus*, sondern auch mit kaiserlichen Epitheta (*magnus et invictissimus, großer und unbesiegbarer*) präsentierte. Die kaiserliche Signumzeile sowie die Rekognitionszeile, in der man den amtierenden Kanzler (*Liudigerus*) und den Erzkaplan (*Haddo*), den Erzbischof von Mainz (891–913), aufführte, wurden wiederum in verlängerter Schrift ausgeführt. Das auf der Höhe der Signumzeile angebrachte Wachssiegel zeigt den Herrscher in Frontalansicht mit den kaiserlichen Insignien. Rechts vom Siegel ist das Rekognitionszeichen platziert. Es stand im 9. Jahrhundert in direkter Verbindung zur Rekognitionszeile und wurde meist mit tironischen Noten versehen. Als man die ursprüngliche Bedeutung dieses Signums im 10. Jahrhundert nicht mehr kannte, löste es sich von der Rekognitionszeile und wurde separat im Bereich des Eschatokolls gezeichnet. Häufig gestaltete man es in Form von architektonischen Skizzen.

Diese Urkunde gehört zu jenen ottonischen Diplomen, in denen das neue westliche Haupt- und Mitkaisertum dargestellt wird. In der Narratio verwies man auf Otto II. (973–983), der zu Weihnachten 967 zum Kaiser gekrönt worden war, als *coimperator* Ottos I. In zwei weiteren Diplomen Ottos I. für die erzbischöfliche Kirche von Magdeburg, die man ebenfalls am 2. Oktober 968 in Ravenna ausstellte, führte man Otto II. als *coimperator* zusammen mit seiner Mutter Adelheid als Intervenienten auf. Es sind die ersten überlieferten Urkunden Ottos I., in denen man Otto II. in der Narratio als Mitkaiser erwähnte. Dagegen wird Adelheid in diesen drei DD O. I. vom 2. Oktober 968 nicht als Kaiserin, sondern lediglich als Gemahlin Ottos I. vorgestellt. Das Mitkaisertum Ottos II. wurde Anfang Oktober 968 in Ravenna aber noch in anderer Form demonstriert. Kaiser Otto II. stellte am 3. Oktober 968 eine eigene Urkunde für die erzbischöfliche Kirche von Magdeburg aus (vgl. Kat.-Nr. V.37), in der die gerade erteilten Privilegien Ottos I., vor allem die Schenkung des Stifts Engern, bestätigt wurden. Auf diese Weise präsentierte man Otto II. den in Ravenna anwesenden geistlichen und weltlichen Großen nicht nur als Mitkaiser, sondern übertrug ihm zugleich die Mitverantwortung für die weitere Umsetzung der Magdeburger Erzbistumsgründung. Nach der Hochzeit Ottos II. mit der byzantinischen Prinzessin Theophanu (*um 960, † 991) im Jahr 972 wurde das Mitkaisertum Ottos II. noch stärker betont. Man propagierte in den ottonischen Diplomen, die nun nicht mehr nur Magdeburger Empfänger erhielten, zeitweilig die Theorie vom wechselseitigen Mitkaisertum Ottos I. und Ottos II. (vgl. Kat. Nr. V.40).

Wolfgang Huschner

Quellen
MGH D O I, 361–363.

Literatur
Böhmer 1967, Nr. 476–478; Huschner 2003, Bd. 1, S. 307–310, Bd. 2, S. 655 f.

V.37

Diplom Kaiser Ottos II.
für die erzbischöfliche Kirche von Magdeburg

Ravenna, 968 Oktober 3 (MGH D O II, 18)
Pergament. H 39 cm, B 59,5 cm
Magdeburg, Landeshauptarchiv Sachsen-Anhalt,
Abteilung Magdeburg, U 1 Erzstift Magdeburg, I Nr. 28

Als sich der ottonische Kaiserhof Ende September/Anfang Oktober 968 in Ravenna aufhielt, wurden die letzten kirchenrechtlichen Auflagen erfüllt, um die Gründung der erzbischöflichen Kirche von Magdeburg zum Abschluss zu bringen (vgl. Kat.-Nr. V.15). Danach stattete Kaiser Otto I. (936–973) die Magdeburger Kirche St. Mauritius sogleich mit neuen Privilegien aus, die in drei Diplomen vom 2. Oktober 968 dokumentiert wurden. In zwei von ihnen (DD O. I. 362, 363) führte man Otto II., der zu Weihnachten 967 in Rom zum Kaiser gekrönt worden war, als Fürsprecher (Intervenient) im Status eines Mitkaisers (*coimperatoris*) auf. In der dritten Urkunde Ottos I. für Magdeburg, welche die Schenkung des Kanonikerstifts Engern beinhaltete, verwies man in der Narratio auf den *coimperator* Otto II. (973–983). In Ravenna beschränkte man sich aber nicht darauf, Otto II. in den Urkunden seines Vaters lediglich als Mitkaiser auftreten zu lassen. Vielmehr stellte Otto II. am 3. Oktober 968 auch selbst eine Urkunde für die erzbischöfliche Kirche von Magdeburg aus, in der er die gerade vergebenen Privilegien Ottos I., besonders die Schenkung des Stifts Engern, bestätigte (D O. II. 18). Das neue westliche Haupt- und Mitkaisertum wurde damit nicht nur in den Urkunden des Hauptkaisers, sondern auch in Diplomen repräsentiert, die Otto II. als alleinigen Aussteller nennen. Die Versammlung von geistlichen und weltlichen Großen in der alten Kaiserstadt Ravenna bot einen geeigneten Rahmen, um das ottonische Haupt- und Mitkaisertum beim Zeigen und Verlesen der Diplome öffentlichkeitswirksam zu präsentieren. In der Urkunde Ottos II. erscheint erstmals der neue Magdeburger Erzbischof Adalbert (968–981) in der Überlieferung. Er bat Otto II. um die Bestätigung der Privilegien Ottos I. Aus seiner Sicht waren sie damit auch durch den Thronfolger abgesichert.

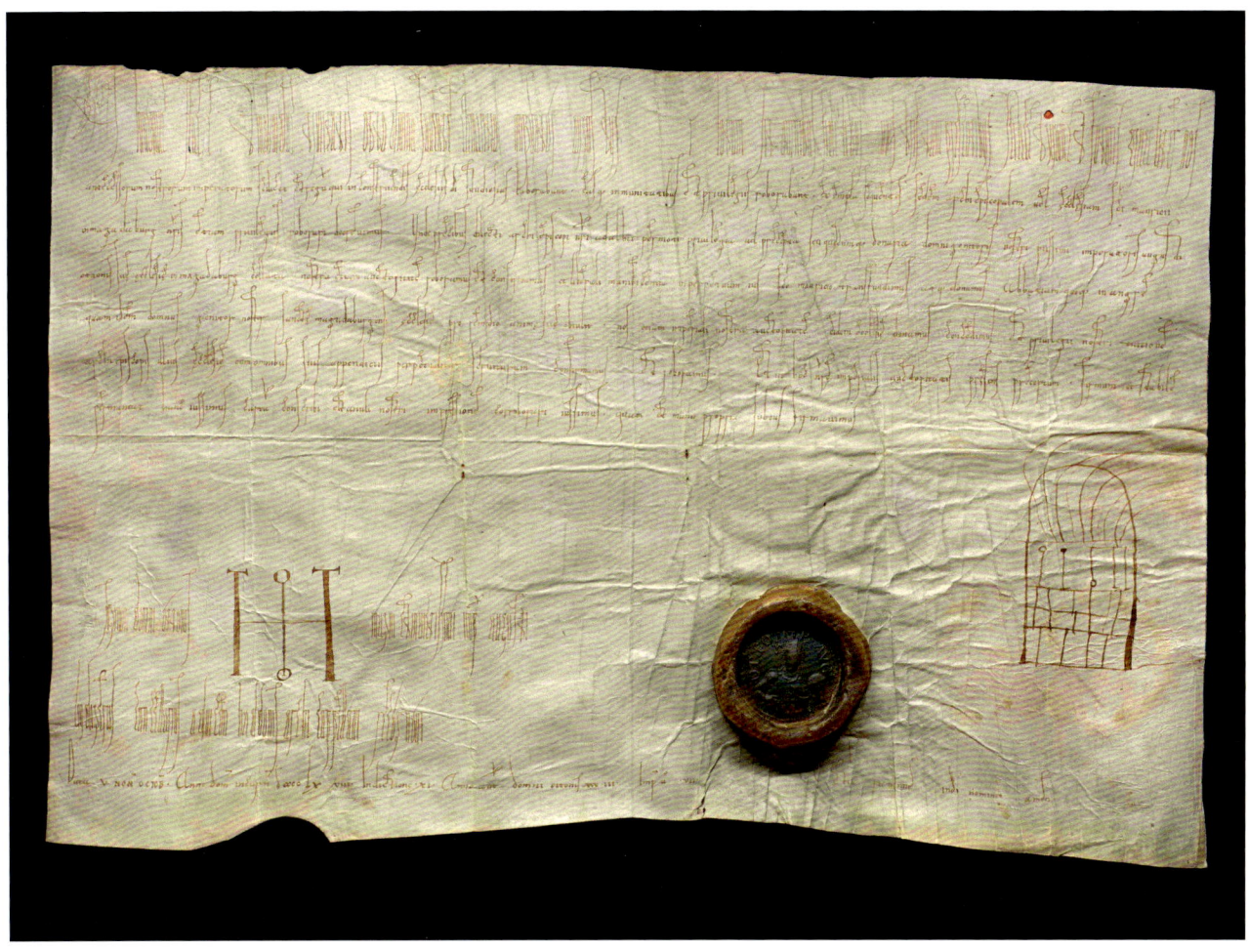

V.37

Die vorliegende Urkunde wurde von einem Geistlichen geschrieben, der von den MGH-Editoren die Sigle Liudolf H (LH) erhielt. Letzterer gehörte zur engsten Umgebung des ersten Magdeburger Erzbischofs Adalbert. LH reiste von Ravenna aus ebenso wie Adalbert in das nordalpine Reich und wirkte künftig fast nur noch an der Herstellung von Diplomen Ottos I. und Ottos II. für Empfänger in Magdeburg mit. Bei der graphischen Gestaltung des Diploms verwendete LH die obere Hälfte für das Eingangsprotokoll und den Kontext, die untere für eine möglichst großzügige Anordnung des Schlussprotokolls. Die erste Zeile wurde in verlängerter Schrift ausgeführt. Das Eingangsprotokoll reicht etwa bis zur Mitte der ersten Zeile, danach folgt ein größerer Abstand, um den Beginn des Kontextes zu kennzeichnen. Für die inhaltliche Fassung des Protokolls übernahm LH jenes aus dem Diplom Ottos I. (D O. I. 361, Kat.-Nr. V.36). Er verwendete deshalb die gleiche Intitulatio für Otto II. (*Otto divina favente clementia imperator augustus*). Ebenso verfuhr LH im Schlussprotokoll, so dass dort für Otto II. die gleichen Titulaturen (*imperator augustus*) und Epitheta

(*magnus et invictissimus*) erscheinen wie in den Diplomen Ottos I. vom Vortag. In der Datierung führte man ebenfalls nur die Königs- und Kaiserjahre Ottos I. auf, ohne jene Ottos II. zu erwähnen. Dies könnte absichtlich geschehen sein, um so den Status Ottos II. als Mitkaiser zu kennzeichnen, oder versehentlich. Es besteht jedenfalls ein Unterschied zur Urkunde Kaiser Ottos II. vom 15. Februar 968 aus Benevent, die von einem italienischen Hofgeistlichen geschrieben wurde (D O. II. 17). Darin nannte man in der Datierung nur das erste Kaiserjahr Ottos II., die Regierungsjahre Ottos I. als König und als Kaiser erscheinen dort nicht.

Das große Herrschermonogramm, das kaiserliche Siegel und das Rekognitionszeichen am rechten Rand des Pergaments bilden die optischen Mittelpunkte des Diploms. Die Schäfte der beiden *T* im Namenmonogramm hat LH verstärkt gezeichnet. Die waagerechte Verbindung zwischen beiden Schäften wurde nachgetragen und gilt in der Urkundenforschung als „Vollziehungsstrich" des Kaisers. Im Freiraum zwischen dem Ende der Signumzeile und dem Rekognitionszeichen wurde das Wachs-

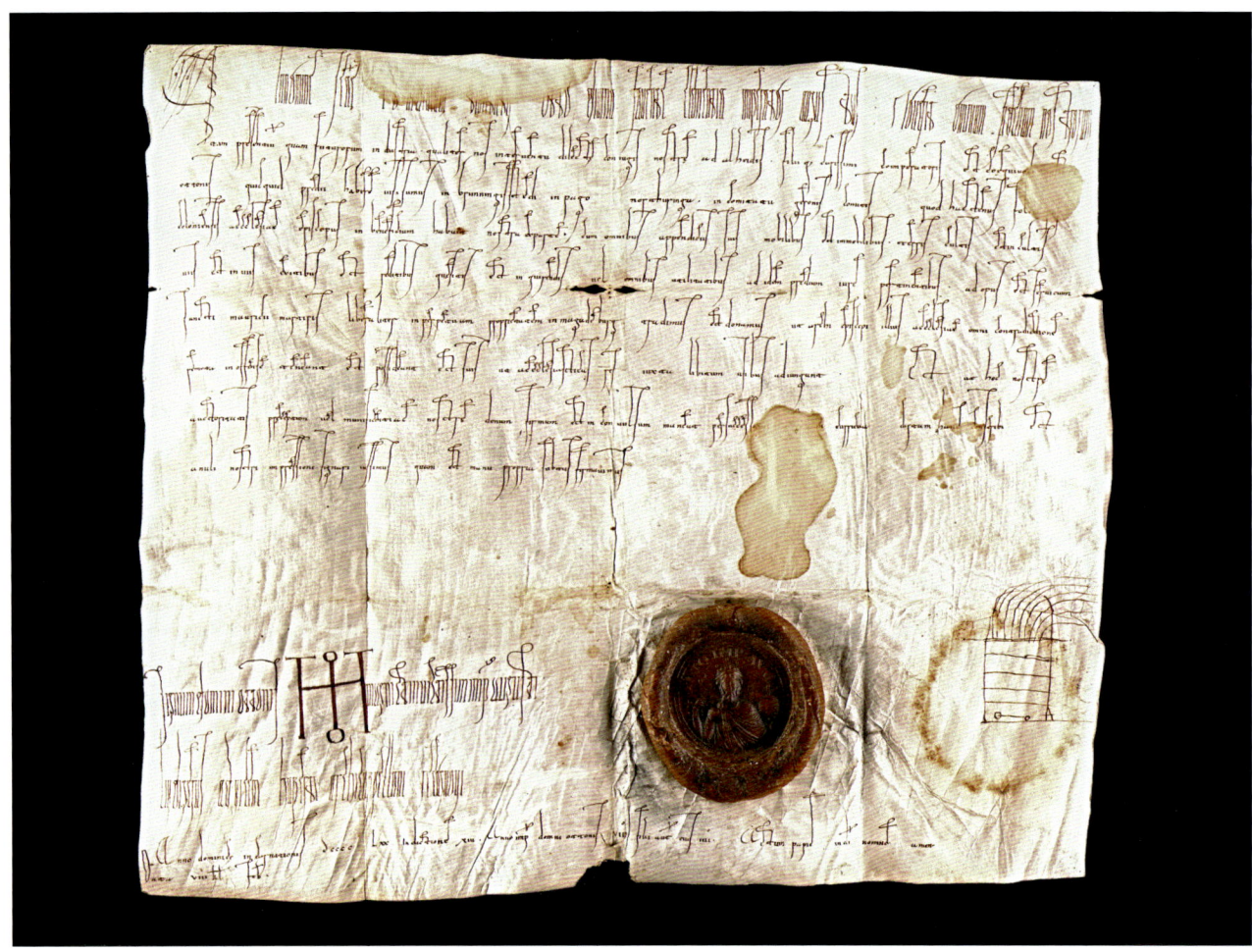

V.38

siegel Ottos II. angebracht. Es ist kleiner als das Siegel Ottos I. Es zeigt Otto II. aber ebenfalls in Frontaldarstellung mit Globus und Zepter. Die Umschrift OTTO IMP[ERATOR] AVG[VSTVS] entspricht jener des väterlichen Siegels. Das lange und in einer Lilie endende Zepter, das Otto II. über der Schulter trägt, bildet den hauptsächlichen Unterschied zum Siegel Ottos I. Das Rekognitionszeichen rechts vom Siegel befindet sich weit entfernt von der Rekognitionszeile und hat damit seine ursprünglich enge Verbindung zu ihr verloren.

Wolfgang Huschner

Quellen
MGH D O I, 361–363; DD O II, 17–19.

Literatur
Ausst.-Kat. Magdeburg 2001, Bd. 2, Nr. III.5 (Rainer Kahsnitz); Böhmer 1950, Nr. 593b, 594 u. 595; Huschner 2003, Bd. 1, S. 307–310, Bd. 2, S. 655 f.

V.38

Diplom Kaiser Ottos I. für die erzbischöfliche Kirche von Magdeburg

Pavia, 970 Januar 25 (MGH D O I, 387)
Pergament. H 47,5 cm, B 55 cm
Magdeburg, Landeshauptarchiv Sachsen-Anhalt,
Abteilung Magdeburg, U 1 Erzstift Magdeburg, I Nr. 33

Während eines längeren Aufenthaltes des kaiserlichen Hofes in Pavia im Januar 970 wurden u. a. mehrere Magdeburg betreffende Angelegenheiten geregelt. Dazu gehört auch die kaiserliche Schenkung des Gutes Bornstedt, das bisher der Kölner Erzbischof als Lehen innehatte, an die erzbischöfliche Kirche St. Mauritius. Dieses Diplom gehört zu einer Gruppe von fünf Urkunden Ottos I. (936–973) für Magdeburger Empfänger vom Januar 970 aus Pavia, in denen man Otto II. (973–983) in der Interventionsformel bzw. in der Narratio als Mitkaiser (coimperator) präsentierte. Im Urkundentext erscheinen Adelheid (*um 931, † 999), die Gemahlin Ottos I., sowie Otto II. als Intervenienten. Anders als 968 (Kat.-Nr. V.38) führte man in der Datierung nicht nur die Kaiserjahre Ottos I., sondern auch jene Ottos II. auf (*anno imperii Ottonis VIII, filii autem eius IIII*). Auf diese Weise wurde das ottonische Haupt- und Mitkaisertum, das sich allgemein an byzantinischen und vielleicht auch an westlichen Vorbildern des 9. Jahrhunderts orientierte, sowohl in der Narratio im Rahmen des Urkundentextes als auch in der Datierung als Bestandteil des Schlussprotokolls dargestellt.

Bis auf die Signumzeile wurde das Diplom von einem Magdeburger Geistlichen verfasst und geschrieben, dem die MGH-Editoren die Sigle Liudolf H (LH) gegeben hatten (Kat.-Nr. V.15). Wahrscheinlich benutzte er dafür ein Pergamentblatt, auf dem der Hofgeistliche, der die Sigle Liudolf G erhielt, bereits die Signumzeile mit dem Herrschermonogramm (mit etwas dunklerer Tinte) vorgetragen hatte. LH verwendete die obere Hälfte des Pergaments für das Eingangsprotokoll und den Kontext, die untere blieb dem Schlussprotokoll vorbehalten. Nach der symbolischen Anrufung Gottes (Chrismon) beginnt die erste Zeile in verlängerter Schrift. Darin sind die verbale Anrufung (Trinitätsformel) und die Präsentation des Urkundenausstellers (*Otto divina favente clementia imperator augustus*) enthalten. Die folgenden siebeneinhalb Zeilen des Kontextes schrieb LH in der dafür vorgesehenen diplomatischen Minuskel. Die Zeilenabstände sind weitgehend regelmäßig, der linke Rand wurde relativ gerade eingehalten. Die optischen Zentren der Urkunde bilden das Herrschermonogramm und vor allem das kaiserliche Siegel im Schlussprotokoll. Das von LG vollständig gezeichnete Namenmonogramm weist keinen „Vollziehungsstrich" auf, der aus Perspektive der Zeitgenossen demnach entbehrlich war. LH verwendete die gängige Titulatur (*imperator augustus*) und die üblichen kaiserlichen Epitheta (*magnus et invictissimus*) für die verbale Präsentation Ottos I. in der Signumzeile. Das kaiserliche Siegel in der Mitte zeigt Otto I. in einer Frontalansicht als Brustbild und mit den kaiserlichen Insignien (Globus, Krone, Zepter). Bei der inhaltlichen Gestaltung der Rekognitionszeile musste LH eine besondere Situation berücksichtigen. Weil das Erzbistum Mainz zum Zeitpunkt der Diplomausstellung vakant war, trug er anstelle des für das nordalpine Reich zuständigen Erzbischofs von Mainz den Erzkanzler für Italien, Hubert von Parma, als Erzkaplan in die Rekognitionszeile ein. Das einfach gehaltene Rekognitionszeichen positionierte LH am rechten Rand der Urkunde. Als letztes trug er unter der Datierungszeile das Tages- und Monatsdatum nach.

Wolfgang Huschner

Quellen
MGH D O I, 387.

Literatur
Böhmer 1967, Nr. 512; Huschner 2003, Bd. 1, S. 307–310.

V.39

Heiratsurkunde der Kaiserin Theophanu

Rom, 972 April 14 (MGH D O II, 21)
Pergament, aus drei Stücken zusammengesetzte Pergamentrolle (Rotulus); goldene Buchschrift auf purpurfarbigem und blauem Grund (Krapplack und Indigo) mit Medaillons und Rankenwerk, Rückseite mit Krapplack überzogen. L 144,5 cm, B 39,5 cm
Wolfenbüttel, Niedersächsisches Landesarchiv – Staatsarchiv Wolfenbüttel, 6 Urk 11

Die Heiratsurkunde der Kaiserin Theophanu (*um 972, † 991) ist die schönste Urkunde des Mittelalters. Durch ihr Format und ihre malerische und kalligraphische Gestaltung unterscheidet sie sich fundamental vom traditionellen Typus der mittelalterlichen Königs- und Kaiserurkunde.

Der Text ist mit goldener Tinte auf purpurfarbenes und indigoblaues Pergament geschrieben, das ein Muster aus 14 ganzen und zwei halben purpurfarbenen Medaillons überzieht. Die beiden Medaillons am unteren Rand sind in der Mitte so geteilt, als habe man einen Stoff zerschnitten. Mit diesem Kunstgriff erweckt der Maler im Betrachter die Vorstellung, einen reich gemusterten Stoff zu sehen. Die Medaillons zeigen das aus dem Orient stammende Motiv des Tierkampfes: Ein Greif reißt eine Hirschkuh, ein Löwe schlägt einen jungen Stier. Die Tierfiguren sind von großer Ausdruckskraft und stammen von der Hand eines genialen Künstlers. Ihm stand offenbar eine aus Byzanz oder dem Orient stammende Vorlage zur Verfügung, die er für sein Werk nutzte. Die purpurfarbenen Medaillons mit den Tierkampfszenen dominieren das Gesamtbild der Urkunde. Die Zwischenräume sind mit purpurfarbenem Rankenwerk auf blauem Grund gefüllt. Achtstrahlige Sterne wechseln mit Ornamenten, die an vierblättrige Kleeblätter erinnern. An den Seiten und am unteren Rand bilden Bordüren aus Akanthusblättern und goldenen Bändern einen Rahmen. Am oberen Rand befindet sich ein breiteres goldenes Band mit kleinen Medaillons. In der Mitte thront der segnende Christus, flankiert von Maria, dem Evangelisten Johannes und vier weiteren Aposteln, dazwischen Tierpaare: Pfauen und Löwinnen.

Die Pfauen, die aus einem großen Kelch trinken, sind ein antikes Motiv, das im frühen Christentum umgedeutet wurde.

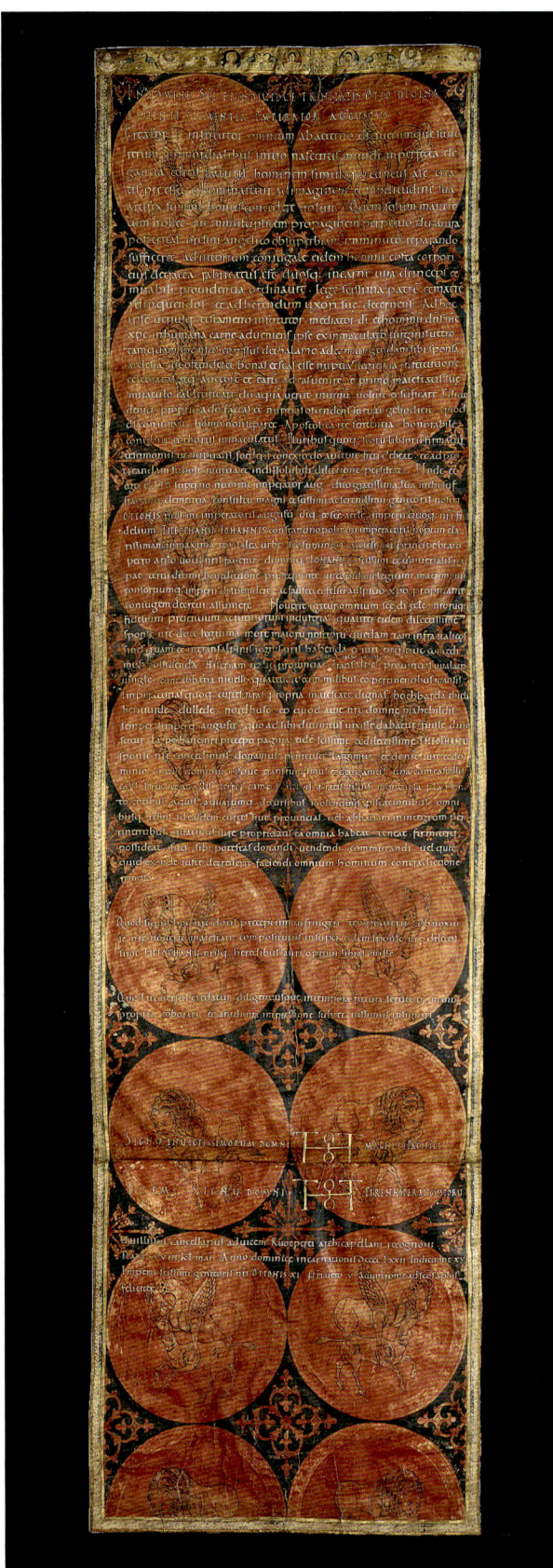

V.39

Der Pfau wurde zum Sinnbild der Auferstehung und des Ewigen Lebens. Die obere Zierleiste mit Christus, Maria, Johannes und den vier Heiligen ersetzt vielleicht das in den Königs- und Kaiserurkunden übliche Chrismon, die symbolische Anrufung Christi. Aussteller und Empfänger der Urkunde werden bildlich-symbolisch unter den Schutz Christi und seiner Heiligen gestellt.

Hartmut Hoffmann hält die malerische Gestaltung der Theophanu-Urkunde für ein Werk des Meisters des *Registrum Gregorii*, der zu einem in Trier und Echternach tätigem Künstlerkreis gehörte. Der Schreiber der Urkunde ist nach Hoffmann aus dem Skriptorium des Klosters Fulda an den Hof des Kaisers gerufen worden. Die Schrift ist keine Urkunden-, sondern um eine Buchschrift. Wichtige Textstellen werden durch Großbuchstaben hervorgehoben. Besonders eindrucksvoll sind die Monogramme Ottos des Großen und seines Sohnes. Die goldenen Buchstaben der klaren und schönen Schrift verschmelzen mit dem in Purpur und Blau gehaltenen Untergrund zu einem faszinierenden Gesamtbild. Durch diese kalligraphische Gestaltung, die an die Initial- und Bildseiten liturgischer Handschriften erinnert, wird das Rechtsdokument in eine sakrale Sphäre entrückt.

Bei der Restaurierung der Urkunde 1966 wurde festgestellt, dass das Purpurrot keine echte Purpurfarbe ist, sondern aus zwei Schichten besteht, einer Grundschicht aus hellroter Mennige und einer Lasur aus Krapplack. Das Blau der Zwickel zwischen den Medaillons besteht aus Indigo. Die Rückseite ist mit einer Lasur aus Krapplack überzogen.

Der Aussteller der Urkunde ist der 967 zum Mitkaiser gekrönte Thronfolger Otto II. (973–983). Der Text beginnt mit einer Einleitung, in der unter Berufung auf das Alte Testament, die Evangelien und die Kirchenväter der göttliche Ursprung und die Heiligkeit der Ehe begründet werden. Danach verkündet der junge Kaiser, dass er mit Rat seines Vaters und aller Getreuen des Reiches gewillt sei, Theophanu, die Nichte des Kaisers von Konstantinopel, zur Frau zu nehmen und sie zur „Teilhaberin am Reich" zu machen.

Die Heiratsurkunde Theophanus ist ihrem Formular und ihrem Rechtsinhalt nach eine Dotalurkunde. Der Braut werden Besitzungen auf Lebenszeit übergeben. Die Ausstattung (Dos), die Theophanu empfing, war ungewöhnlich reich, selbst für die Braut eines Kaisers. Sie bestand aus Besitzungen, die über das gesamte Reich verteilt waren. Dazu gehörten in Italien die Provinz Istrien und die Grafschaft Pescara, nördlich der Alpen die Abtei Nivelles mit vierzehntausend Hufen Landes, die Länder Walcheren und Wichelen in den Niederlanden, in Deutschland die Pfalzen und Königshöfe Boppard, Tiel, Herford, Tilleda und Nordhausen. Diese umfangreiche Dos, über die sicher in Konstantinopel verhandelt worden war, sollte den Byzantinern die gewaltige Ausdehnung des ottonischen Reiches vor Augen führen.

Theophanus Dotalurkunde ist nicht nur ein Kunstwerk von einmaliger Schönheit, sondern auch ein wichtiges Zeugnis für die Kontakte zwischen dem römisch-deutschen und dem griechisch-byzantinischen Kaiserreich. Nach der Kaiserkrönung 962 strebte Otto der Große (936–973) nach der Anerkennung seiner neuen Würde durch das byzantinische Kaisertum. In Konstantinopel hielt man jedoch an dem universalen Anspruch des eigenen Kaisertums fest. Da eine einfache diplomatische Anerkennung nicht zu erreichen war, versuchte Otto der Große das Problem durch Heiratsdiplomatie zu lösen. Eine Ehe zwischen dem Thronfolger Otto II. und einer byzantinischen Kaisertochter, einer „Porphyrogenneta", würde die faktische Anerkennung des abendländischen Kaisertums durch Byzanz bedeuten. Erst die dritte Werbung war ein Erfolg, allerdings mit einem Schönheitsfehler. Kaiser Johannes Tzimiskes (969–976) schickte nicht die purpurgeborene Kaisertochter Anna, sondern nur seine Nichte Theophanu. Am deutschen Hof sah man darin einen Affront und riet Otto dem Großen, Theophanu zurückzuschicken. Der Kaiser war jedoch mit dem Ergebnis der Brautwerbung zufrieden. Die Braut war zwar nicht die begehrte Kaisertochter, aber dieser Makel sollte durch hohe Ehrungen getilgt werden. Theophanu wurde in Benevent von Bischof Dietrich von Metz (965–984) ehrenvoll empfangen und nach Rom begleitet, wo am 14. April 972 die Hochzeit mit großer Pracht gefeiert wurde. In Byzanz wurde bei einer Kaiserhochzeit die Trauung vom Patriarchen von Konstantinopel in der Hagia Sophia vollzogen. Dahinter wollte Otto der Große nicht zurückstehen. Daher wurden Otto II. und Theophanu von Papst Johannes XIII. (965–972) in der Peterskirche getraut. Nach byzantinischem Vorbild wurde die Braut auch zur Kaiserin gekrönt. Noch vor der Trauung und der Krönung wurde der Braut in der Apostelkirche die Heiratsurkunde überreicht. Drei Tage später folgte das Beilager, mit dem die Vermählung rechtsgültig wurde.

Überliefert wurde die Heiratsurkunde im Kanonissenstift Gandersheim, das der Kaiserin als 'Privatarchiv' diente, wo sie auch ihre anderen Urkunden deponierte. Nach der Aufhebung des Stifts 1810 gelangte die Urkunde zunächst an die Universität Göttingen, dann ins Braunschweigische Landesarchiv Wolfenbüttel (Niedersächsisches Landesarchiv – Staatsarchiv Wolfenbüttel).

Die Frage, ob die Heiratsurkunde das Original oder eine nachträglich angefertigte Prunkabschrift ist, wird seit mehr als 100 Jahren kontrovers diskutiert. Hauptargument gegen die Purpururkunde als rechtsgültiges Original ist das Fehlen des im Text angekündigten Siegels. Hans Goetting hat das Problem durch den Hinweis auf eine Besiegelung des Rotulus nach byzantinischem Vorbild durch ein verloren gegangenes Verschlusssiegel geklärt. Punkte als Lesehilfen zeigen, dass die Urkunde zum Verlesen bestimmt war. Auch das spricht dafür,

dass es sich um das Original handelt. Der Aufwand, der bei der Herstellung der prachtvollen Purpururkunde betrieben wurde, hatte nur Sinn, wenn sie im Rahmen der Kaiserhochzeit der Öffentlichkeit präsentiert, verlesen und der Braut feierlich überreicht wurde. Für eine spätere Herstellung, etwa als Wandschmuck für die Gemächer der Kaiserin (Werner Ohnsorge) gibt es keine Indizien.

Purpur und Gold waren die kaiserlichen Farben. Das wusste man am ottonischen Hof, wo man sich am byzantinischen Vorbild orientierte. Die erste Urkunde, die Otto der Große nach der Kaiserkrönung ausstellen ließ, war das mit Goldtinte auf purpurfarbenes Pergament geschriebene sogenannte Ottonianum (vgl. Kat.-Nr. V.10*), die Prachtausfertigung einer Urkunde für Papst Johannes XII. (955–964). Purpur und Gold sind auch die Farben, die der Heiratsurkunde ihren besonderen Glanz verleihen. Vorbild für ihre Gestaltung waren nach einhelliger Meinung der Forschung die prunkvollen Schreiben, die die byzantinischen Kaiser im diplomatischen Verkehr mit ausländischen Herrschern zu versenden pflegten. Otto der Große hat 968 von Kaiser Nikephoros Phokas (963–969) ein Chrysobulion, ein mit Goldtinte geschriebenes und mit einem Goldsiegel verschlossenes Schreiben empfangen, das leider nicht erhalten ist. Den byzantinischen Auslandsschreiben verdankt die Theophanu-Urkunde ihr Format, die Purpurfarbe, die Goldschrift, die Kopfleiste und die Randbordüren. Ihre byzantinischen Vorbilder stellt sie jedoch in künstlerischer Hinsicht bei weitem in den Schatten.

Hans K. Schulze

Quellen
MGH D O II, 21.

Literatur
Brühl 1977; Deeters 1973; Georgi 1991; Goetting/Kühn 1968; Gussone 1991; Hoffmann 1986, S. 103–116; Matthes 1984; Ohnsorge 1973; Ohnsorge 1980; Schulze 2007.

V.40

Diplom Kaiser Ottos II. für das Kloster St. Gallen

St. Gallen, 972 August 18 (MGH D O II, 26)
Pergament. H 54 cm, B 58 cm
St. Gallen, Stiftsarchiv, A1 A11

Nach der Erhebung Ottos II. zum Mitkaiser seines Vaters zu Weihnachten 967 wurden die Relationen zwischen dem Haupt- (Otto I.) und dem Mitkaiser in den ottonischen Diplomen auf unterschiedliche Weise ausgedrückt. Seit 968 führte man Otto II. als *coimperator* in den Urkunden seines Vaters auf. Außerdem stellte Otto II. für ausgewählte Empfänger, vor allem für Magdeburger auch eigene Diplome aus, in denen die gerade erteilten und beurkundeten Privilegien Ottos I. bestätigt wurden. Ein ausgefeiltes Ranggefüge im Hinblick auf den westlichen Haupt- und Mitkaiser sowie den amtierenden Basileus in Konstantinopel ist in der 'Heiratsurkunde' Ottos II. für Theophanu enthalten (Kat.-Nr. V.39). Seit April 972 gehörten zwei Imperatoren und zwei Imperatorinnen (Adelheid, Theophanu) zum westlichen Kaiserkonsortium, deren Positionen in den Diplomen differenziert dargestellt werden mussten. Wohl inspiriert durch die Ausstattungsurkunde für Theophanu hatte Bischof Hubert von Parma, der ottonische Erzkanzler für Italien, für das Kloster St. Apollinare in Classe bei Ravenna eine Doppelkaiserurkunde entworfen (D O. I. 410). In deren Intitulatio führte man Otto I. und Otto II. gemeinsam auf, sie wies zwei Monogramme und eine entsprechende Signumzeile mit der gleichen Repräsentation beider Imperatoren auf. Nur in der Datierung wurde zwischen ihnen durch die Angabe unterschiedlicher Kaiserjahre und das fehlende Epitheton für Otto II. differenziert. Eine Doppelkaiserurkunde wurde ebenfalls für die bischöfliche Kirche von Novara (D O. I. 414) verfasst. Diese Form der Präsentation von Haupt- und Mitkaiser setzte sich in den ottonischen Diplomen aber nicht durch.

Kurz vor der Abreise aus Italien und nach der Ankunft im nordalpinen Reich (Juli/August 972) experimentierte der Hofgeistliche, den die MGH-Editoren mit der Sigle Willigis B (WB) versahen, mit verschiedenen Varianten, die Relationen zwischen der Kaiserwürde Ottos I. und jener Ottos II. darzustellen. Dazu gehörte auch die Theorie vom wechselseitigen Mitkaisertum Ottos I. und Ottos II. In einem Diplom Ottos II. für das Kloster Einsiedeln (D O. II. 24) wählte er eine Kombination aus *iunior* und *senior* sowie dem *coimperator*-Titel, um Otto II. im Eingangsprotokoll zu präsentieren. In der Narratio wurde nun Otto I. als Mitkaiser (*coimperator)* Ottos II. bezeichnet, auf dessen Wunsch die Beurkundung erfolgt sei. In der Signumzeile verwendete WB die volle kaiserliche Titulatur für Otto II., die sich von jener Ottos I. nicht unterschied. In der Datierung wurde nur auf die Amtsjahre Ottos II. verwiesen und die Urkunde mit dem eigenen Siegel Ottos II. beglaubigt.

Im Unterschied zum D O. II. 24 verwendete WB für die Präsentation Ottos II. in der ersten Zeile der ausgestellten Urkunde für St. Gallen, die wie üblich in verlängerter Schrift ausgeführt wurde, eine uneingeschränkte kaiserliche Titulatur. In der Narratio des D O. II. 26 stellte er die Relationen zwischen Otto II. und Otto I. wiederum als wechselseitiges Mitkaisertum dar, was eine gemeinsame Zugehörigkeit zum Kaiserkonsortium suggerierte. Er bezeichnete Otto I. als Vater und Mitkaiser (*coimpe-*

rator, Z. 2) Ottos II., mit dessen Einwilligung die Beurkundung erfolge. Als Intervenientin (Fürsprecherin) erscheint in dieser Urkunde erstmals die Byzantinerin Theophanu, die Gemahlin Ottos II., aber ohne kaiserliche Titulatur (Z. 2). Der Abt Notker von St. Gallen wird als Petent aufgeführt (Z. 2). Er hatte ein Diplom Ottos I. vom 7. April 940 vorgelegt (D O. I. 25), in dem die Immunität, das Inquisitions- und das Wahlrecht des direkt dem König unterstehenden Klosters bestätigt worden waren. Für den Text des Diploms übernahm WB weitgehend jenen aus dieser Vorurkunde. Zudem ließ er sich durch die göttliche Legitimationsformel im D O. I. 25 (*divina ordinante providentia*) inspirieren und integrierte sie leicht variiert in die Intitulatio Ottos II. in dieser Urkunde (*Otto divina disponente providentia imperator augustus*). Die gleiche Intitulatio verwendete WB für Otto I. im D O. I. 418 (vgl. Kat.-Nr. V.41). In der Signumzeile benutzte WB allerdings nicht die gleiche Titulatur wie für Otto I., sondern kennzeichnete Otto II. als *iunior* und ließ die kaiserlichen Epitheta (*magnus er invictissimus*) weg (*Signum domni Ottonis iunioris imperatoris augusti*). In der Datierung erscheinen nur die Regierungsjahre Ottos II. als König und Kaiser, jene Ottos I. bleiben unerwähnt. Während der Rechtshandlung befand sich offenbar nur der jüngere Kaiser in St. Gallen, während sich der ältere in Konstanz aufhielt. Bis dahin hatte Otto II. immer nur am selben Aufenthaltsort wie Otto I. als Aussteller kaiserlicher Urkunden fungiert, denen entsprechende Rechtshandlungen in der mündlichen Sphäre vorausgingen. Das D O. II. 18 und das D O. I. 418 (vgl. Kat.-Nr. V.41) könnten (bei einheitlicher Datierung) damit erstmals davon zeugen, dass Haupt- und Mitkaiser parallel an unterschiedlichen Orten Rechtshandlungen vornahmen. Die Theorie vom wechselseitigen Mitkaisertum wurde vor allem von dem Hofgeistlichen mit der Sigle WB vertreten, der mit dem Kanzler Willigis identisch gewesen sein dürfte. Er verwendete sie auch nach dem Tode Ottos I. in den Diplomen Ottos II. weiter und dehnte sie 974 auf Theophanu aus (vgl. Kat.-Nr. V.42). Die von ihm benutzten Titulaturen *coimperator* und coimperatrix wiesen nach byzantinischem Vorbild auf die Mitgliedschaft der so bezeichneten Personen im *consortium imperii* hin.

WB verwendete etwa zwei Drittel des fast quadratischen Pergaments für das Eingangsprotokoll und den Kontext des D O. II. 26. Er eröffnete es mit einem verzierten Chrismon und ließ danach die erste Zeile in verlängerter Schrift folgen. Sie enthält die verbale Invocatio (Trinitätsformel), die Intitulatio, die Publicatio und die ersten drei Worte der Narratio (*quod venerabilis abbas*). Den Kontext (Zeilen 2 bis 9) schrieb er in der dafür vorgesehenen diplomatischen Minuskel mit den entsprechenden Abkürzungen, Ligaturen (ct-, st-Ligaturen) und Buchstabenverzierungen (bes. *c, f, g, s*). Im unteren Drittel des Pergaments positionierte WB auf der linken Seite die Signum- und die Rekognitionszeile (beide in verlängerter Schrift) unter-

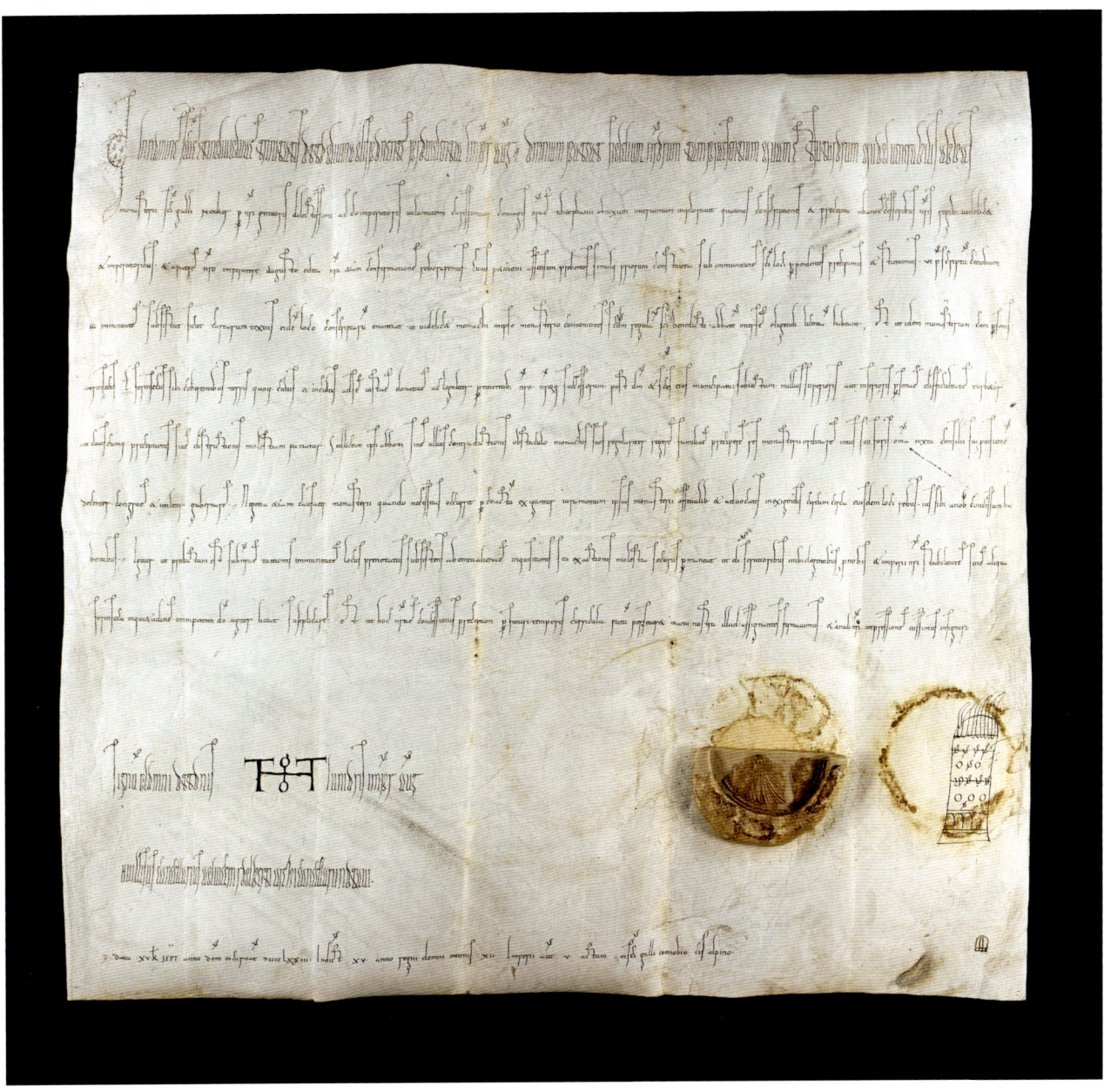

V.40

einander. Die Signumzeile flankiert das mit dunklerer Tinte gezeichnete Namenmonogramm, an dem keine Ergänzung von anderer Hand (Vollziehungsstrich) erkennbar ist. Auf der Höhe der Signumzeile wurde auf der rechten Seite das Wachssiegel angebracht, von dem heute nur noch Fragmente der unteren Hälfte erhalten sind. Der MGH-Editor Theodor Sickel hatte es im 19. Jahrhundert offenbar noch vollständiger gesehen und identifizierte es als ein Siegel Ottos I., das Otto II. erst nach dem Tode seines Vaters benutzen ließ. Die Besiegelung des Diploms könnte demnach erst nach dem 7. Mai 973 (Todestag Ottos I.), vorgenommen worden sein. Am rechten Rand positionierte

WB sein Rekognitionszeichen in Form einer architektonischen Skizze, was auf die nur noch dekorative Funktion dieses Signums hindeutet, das seine ursprüngliche enge Verbindung zur Rekognitionszeile verloren hatte. Es wird von einem Abdruck des Siegels auf dem Pergament umkreist. Für die Datierung schrieb WB zunächst die ersten beiden Buchstaben von *Data*, die er danach wieder tilgte und mit dem Wort etwas weiter rechts erneut begann. Nach der Angabe des MGH-Editors wurde das anschließende Tagesdatum von anderer Hand nachgetragen, das sich dann auf die Handlung beziehen könnte, während die Beurkundung bzw. deren Abschluss später erfolgte (uneinheitliche Datierung). Die Datierungszeile endet mit der Actum-Formel (*actum in sancti Galli coenobio cisalpino*), ein abschließender Segenswunsch fehlt.

Wolfgang Huschner

Quellen
MGH D O II, 26.

Literatur
Böhmer 1950, Nr. 604; Erkens 1991, S. 252 f.; Huschner 2003, Bd. I, S. 307–316; Sickel1877, S. 351–457, hier S. 454–456; Uhlirz 1957, S. 383–389.

V.41

Diplom Kaiser Ottos I. für das Kloster Rheinau

Konstanz, 972 August 18 (MGH D O I, 418)
Pergament. H 54 cm, B 49,5 cm
Zürich, Staatsarchiv des Kanton Zürich, C II 17, Nr. 7

Nach der Rückkehr aus Italien im August 972 hielt sich der ottonische Hof, zu dem seit April 972 nicht nur zwei Kaiser, sondern auch zwei Kaiserinnen gehörten, mindestens zwei Wochen im Bodenseegebiet auf. Das Fest Mariae Himmelfahrt (15. August) feierte der ottonische Hof in St. Gallen. Danach scheinen sich die Höfe Ottos I. (936–973) und Ottos II. (973–983) kurzzeitig getrennt zu haben. Während Otto I. am 18. August 972 in Konstanz der Bitte des Ortsbischofs Konrad entsprach, dem Kloster Rheinau die Immunität und das Wahlrecht zu bestätigen (D O. I. 418) und einer Gerichtsversammlung vorsaß, konfirmierte Otto II. am selben Tag in St. Gallen die Rechte dieses Klosters (vgl. Kat.-Nr. V.40). Bisher hatte Otto II. nur am selben Aufenthaltsort wie Otto I. eigene Kaiserurkunden ausstellen lassen. Insofern dokumentieren diese beiden Urkunden erstmals die parallele Vornahme von Rechtshandlungen durch den Haupt- und den Mitkaiser an verschiedenen Orten und mit unterschiedlichen Adressaten. Die Beurkundung bzw. deren Abschluss scheinen später erfolgt zu sein, so dass sich die jeweils nachgetragenen Tagesdatierungen auf die Rechtshandlungen beziehen würden.

Das Eingangs- und das Schlussprotokoll des vorliegenden Diploms wurden von jenem Hofgeistlichen geschrieben, dem die MGH-Editoren die Sigle Willigis B (WB) gaben. Er fertigte auch das D O. II. 26 (vgl. Kat.-Nr. V.40) vollständig an. Den Kontext des D O. I. 418 mit den rechtlichen Bestimmungen für das Kloster Rheinau schrieb ein unbekannter Geistlicher, der entweder zur Empfängerseite oder zur Seite des Vermittlers (Bischof Konrad von Konstanz) gehörte. Für die Präsentation Ottos I. im Ein-

gangsprotokoll des D O. I. 418 verwendete WB die gleiche Intitulatio (*Otto divina disponente providentia imperator augustus*) wie im Diplom für Otto II. Während man im Kontext des D O. II. 26 auf Otto I. als Mitkaiser Ottos II. sowie in der Signumzeile auf den Unterschied zwischen dem älteren und dem jüngeren Otto verwies, blieb die Kaiserwürde Ottos II. im Kontext und im Schlussprotokoll der vorliegenden Urkunde vollkommen unberücksichtigt. Als einige Tage später nach dem Vorbild von WB ein Diplom Ottos I. für das Kloster Kempten in Konstanz ausgestellt wurde (D O. I. 420), verfuhr man ebenso. Kurz vor der Alpenüberquerung hatte WB in Brescia aber je eine Kaiserurkunde Ottos I. und Ottos II. für das Kloster Pfäfers geschrieben (D O. I. 411, D O. II. 23), die beide auf den 11. Juli 972 datiert wurden. In jener Ottos I. bezeichnete er Otto II. als *coimperator*, während er Otto II. im D O. II. 23 mit der vollen kaiserlichen Titulatur versah, ohne dessen Vater zu erwähnen. Die Theorie vom wechselseitigen Mitkaisertum Ottos I. und Ottos II., das nach byzantinischem Vorbild die gemeinsame Zugehörigkeit zum *consortium imperii* suggerierte, wurde demnach vor allem von dem Hofgeistlichen WB vertreten, der sie besonders in die Diplome Ottos II. einfließen ließ. Er verwendete sie dort auch nach dem Tode Ottos I. weiter und bezog sie 974 auch ausnahmsweise auf Theophanu. (vgl. Kat.-Nr. V.42).

WB eröffnete das Diplom mit einem verzierten Chrismon (symbolische Invocatio). In der ersten Zeile, die in verlängerter Schrift ausgeführt wurde, positionierte er die verbale Invocatio (Trinitätsformel), die Intitulatio und die Publikationsformel (*Omnium pateat fidelium nostrorum praesentium ac futurorum industrie*). Zwischen der Intitulatio und der Publicatio ließ WB einen etwas größeren Zwischenraum, den er mit einem diplomatischen Abkürzungszeichen sowie mit Doppelpunkten darüber und darunter markierte. Er kennzeichnete damit den Übergang vom Eingangsprotokoll zum Kontext des Diploms. Ein Schreiber der Empfänger- oder Vermittlerseite schrieb den Kontext der Urkunde (Z. 2 bis 9). Er verwendete ein anderes diplomatisches Abkürzungszeichen und bildete u.a. die ct- und st-Ligaturen anders als WB. Im Schlussprotokoll zeichnete WB ein relativ großes Namenmonogramm Ottos I., das links und rechts von der Signumzeile flankiert wurde (*Signum domni Ottonis magni imperatoris augusti*). Rechts von der Signumzeile wurde das Kaisersiegel Ottos I. angebracht, das heute verloren ist. Die Abdrücke des Wachssiegels über dem Pergamenteinschnitt sowie rechts davon zeugen noch von der vollzogenen Besiegelung des D O. I. 418. Im Unterschied zum D O. II. 26 (vgl. Kat.-Nr. V.40) zeichnete WB in das D O. I. 418 kein Rekognitionszeichen ein. Das könnte damit zusammenhängen, das WB in der Rekognitionszeile nach italienischem Vorbild das Verb *subscripsi* verwendete, aus dessen ligierter Abkürzungsform das Rekognitionszeichen einst entstanden war. Italienische Diplomschreiber, die die Rekognitionszeilen mit *subscripsi*

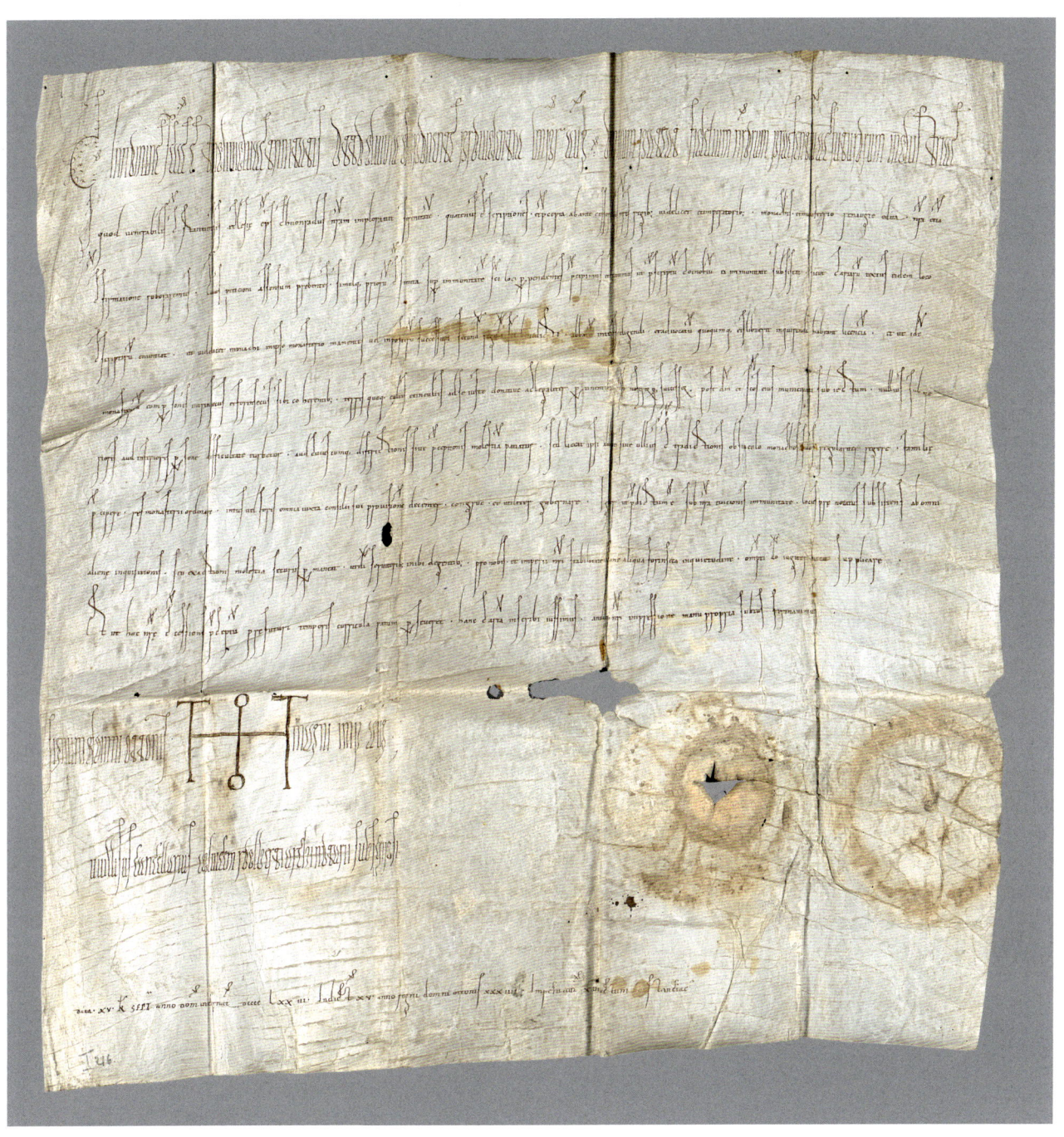

V.41

oder *subscripsit* beendeten, gestaltete demzufolge kein Rekognitionszeichen. WB bezeichnete den Erzbischof Rodbert von Mainz in der Rekogniton des D O. I. 418 nicht wie üblich als Erzkaplan oder -kanzler, sondern als Erznotar (*advicem Rodberti archinotarii*). Nach der Angabe des MGH-Editors (Theodor Sickel) wurden in der Datierungszeile das Tagesdatum nachgetragen und die Königsjahre Ottos I. ergänzt. Sie endet mit der Actum-Formel (*actum Constanciae*).

Wolfgang Huschner

Quellen
MGH D O I, 418.

Literatur
Böhmer 1967, Nr. 550; Erkens 1991, Bd. 2, S. 245–259, bes. 252 f.; Huschner 2003, Bd. 1, S. 307–316; Uhlirz 1957, S. 383–389.

V.42

Diplom Kaiser Ottos II. für die Kaiserin Theophanu

Mühlhausen, 974 April 29 (MGH D O II, 76)
Pergament. H 49 cm, B 56 cm
Wolfenbüttel, Niedersächsisches Landesarchiv-Staatsarchiv
Wolfenbüttel, 6 Urk. 13

In der ottonischen Ausstattungsurkunde für Theophanu (* um 960, †991) vom 14. April 972 war die Prinzessin aus Konstantinopel nach byzantinischem Vorbild in das westliche *consortium imperii* aufgenommen worden. Im Jahre 974, als Kaiser Otto II. (973–983) seiner Gemahlin weitere Besitzungen in Thüringen übertrug, wählte man in der entsprechenden Urkunde (D O. II. 76) besondere Titulaturen für sie aus. Das Diplom wurde von dem Hofgeistlichen geschrieben, den die MGH-Editoren mit der Sigle Willigis B (WB) versahen. Dieser Diplomschreiber war mit dem Kanzler Willigis identisch, der durch die Unterstützung des Kaiserpaares im Januar 975 Erzbischof von Mainz wurde. WB hatte sich zwischen 967 und 972 am ottonischen Hof in Italien aufgehalten und dort die *consors regni/imperii*-Formel (Teilhaberin an der Königs- bzw. Kaiserherrschaft) kennengelernt. In Italien bezeichnete man seit dem 9. Jahrhundert die Herrscherinnen häufig mit dieser Formel und drückte damit deren aktive Mitwirkung an der Regierung aus. WB kreierte 974 für Theophanu, die Empfängerin der Schenkung Ottos II., eine Kombination aus der *consors imperii*-Formel und der Titulatur *coimperatrix augusta,* die auf deren Zugehörigkeit zum Kaiserkonsortium verwies (Zeile 3: *dilectissimae coniugi nostrae Theophanu coimperatrici augustae nec non imperii regnorumque consorti*). Damit verband WB die italienische *consors regni/imperii*- Tradition mit der byzantinischen *consortium imperii*-Theorie. Diese außergewöhnliche Titelkombination für Theophanu von WB blieb in den Diplomen Ottos II. aber die einzige Ausnahme. Ihre Bezeichnung als *coimperatrix augusta* kommt danach nur noch in den vier Diplomen Ottos II. für das Kloster Memleben von 979 bzw. 981 (DD O. II. 191, 194–196) vor, in denen auch der verstorbene Otto I. als Mitkaiser (*coimperator augustus*) Ottos II. aufgeführt wird.

Etwa zwei Drittel des fast quadratischen Pergamentblattes nutzte WB für die Gestaltung des Eingangsprotokolls und des Kontextes; das untere Drittel blieb dem Schlussprotokoll vorbehalten. Nach dem verzierten Chrismon folgt die erste Zeile in verlängerter Schrift. Darin wird der Aussteller ohne graphische Hervorhebungen als *Otto divina providente clementia imperator augustus* (Intitulatio) präsentiert. Die Abstände der folgenden Zeilen sind regelmäßig, die Ränder relativ gerade. Ursprünglich bildeten das relativ große Herrschermonogramm, das Kaisersiegel und das Rekognitionszeichen, die auf einer Achse angeordnet waren, den optischen Mittelpunkt der Urkunde. Das Wachssiegel ist heute verloren, gut sichtbar sind aber dessen Abdrücke sowie die Einschnitte in das Pergament für die Befestigung. Das relativ große Namenmonogramm wurde vollständig von WB gezeichnet. Er führte die Querbalken und Schäfte der beiden „T" sowie die waagerechte Verbindung zwischen den Schäften verstärkt aus, um die optische Ausstrahlung des Monogramms zu erhöhen. Lediglich der mittlere Schaft mit den beiden „O" wurde zierlicher gezeichnet. Obwohl in der Corroboratio am Ende des Kontextes (Zeile 8: *manu propria nostra subtus eam firmavimus*) angekündigt, ist ein Vollziehungsstrich bzw. eine graphische Mitwirkung Ottos II. an der Monogrammgestaltung nicht erkennbar. Demnach war aus Sicht der Kaiserin Theophanu, der Empfängerin des D O. II. 76, die Besiegelung die relevante Form der Beglaubigung. In der Signumzeile, die das Monogramm einrahmt, stellte WB Otto II. ohne kaiserliche Epitheta (*magnus, invictissimus*) nur mit dem Funktions- (*imperator*) und Hoheitstitel (*augustus*) dar. Rechts neben dem (ursprünglich vorhandenen) Siegel positionierte WB sein spezifisches Rekognitionszeichen, das die im 9. Jahrhundert noch existierende enge Verbindung zur Rekognitionszeile verloren hatte. In dieser Zeile, die man unterhalb der Signumzeile platzierte und ebenfalls in verlängerter Schrift ausführte, wurden der Kanzler Willigis und der Erzkaplan Rodbert (Erzbischof von Mainz) genannt. Zwischen der Rekognitionszeile und dem unteren Rand des Pergaments befindet sich die Datierung, die in der kleinsten Schrift ausgeführt wurde. Außer dem Tages-, Monats- und Jahresdatum (nach dem Römischen Kalender) sowie der Indiktionszahl wurden darin auch die jeweilige Anzahl der Regierungsjahre Ottos II. als König (XIII) und als Kaiser (VII) genannt. WB beendete das Diplom mit der Actum-Formel (*actum Mulenhuson*); die Apprecatio (z. B. *in dei nomine feliceter amen*), die am Schluss der Datierungszeile üblicherweise noch folgte, ließ er weg.

Wolfgang Huschner

Quellen
MGH D O II, 76.

Literatur
Böhmer 1950, Nr. 656; Erkens 1991, Bd. 2, S. 252 f.; Fößel 2000, S. 51–54; Huschner 2003, Bd. 1, S. 322 f.

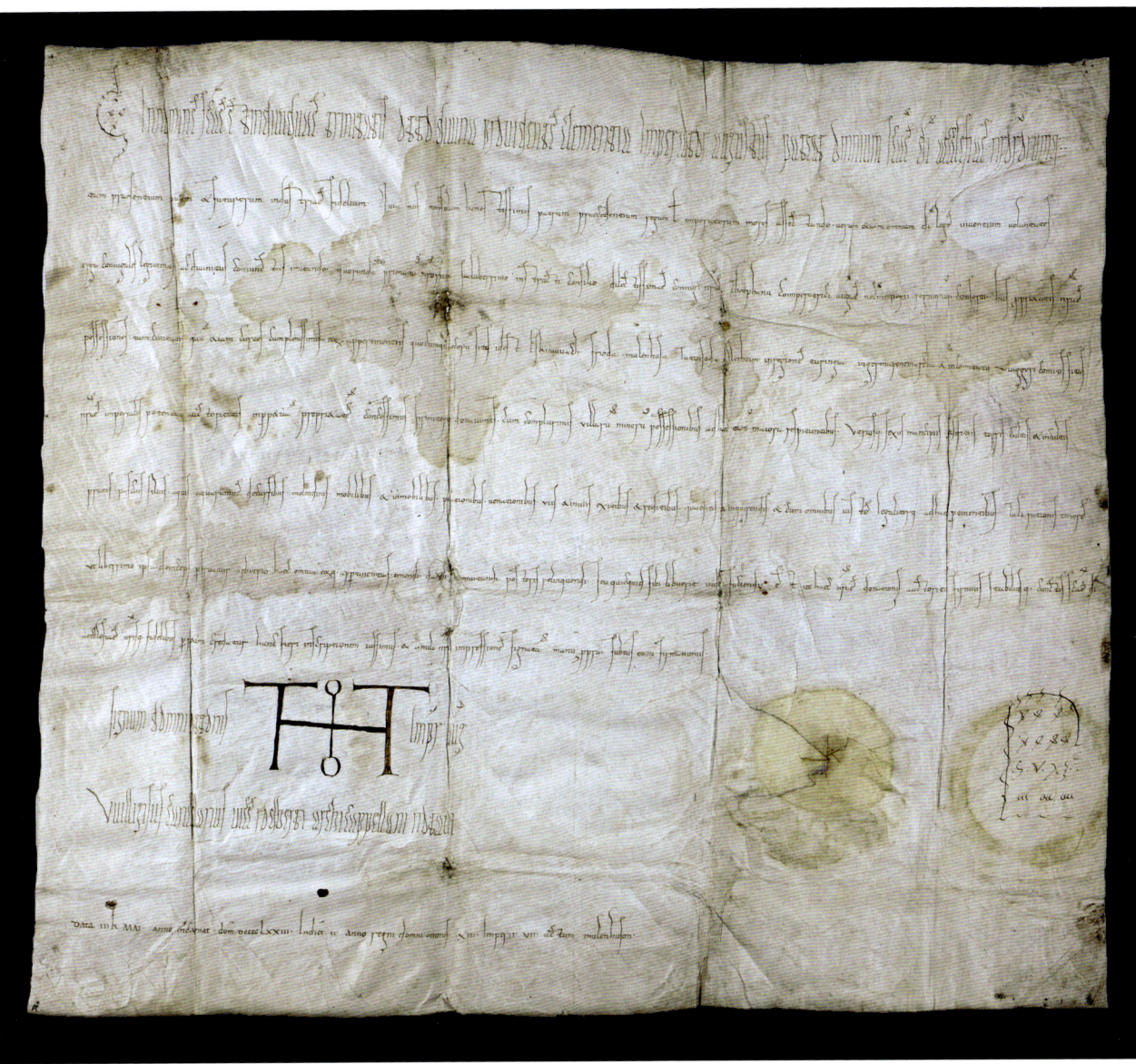

V.42

V.43

Kaiser Otto II. schenkt der bischöflichen Kirche von Würzburg die Kirche des St. Martin in Forchheim

Forchheim, 976 Juli 5 (MGH D O II, 132)
Pergament mit durchgedrücktem Wachssiegel.
H 58 cm, B 55 cm
Würzburg, Staatsarchiv Würzburg, Würzburg Domkapitel
Urkunden 976 Juli 5 (Kaiserselekt 144)

Am 5. Juli 976 übertrug Kaiser Otto II. (973–983) der bischöflichen Kirche von Würzburg die Kirche St. Martin in Forchheim. Der Kaiser hielt sich im Sommer 976 für längere Zeit an der östlichen Grenze seines Reiches auf, am Ausstellungstag der vorliegenden Urkunde in Forchheim. Die Schenkung der Forchheimer Kirche an Würzburg steht im Zusammenhang mit der Sicherung des östlichen Grenzraumes und der Kontrolle des mächtigen Herzogs Heinrich (II.) von Bayern (955–976 u. 985–995), später „der Zänker" genannt. Bis zur Gründung des Bistums Bamberg übernahmen die Bischöfe von Würzburg herausragende politische Aufgaben in der Region. Bischof Poppo II. (961-983), im Text der Urkunde als *nepos noster* bezeichnet, stammt aus dem Adelsgeschlecht der Popponen, deren Mitglieder zu den Vertrauten der ersten beiden Ottonen zählten. Der Kaiser privilegierte mit dieser Urkunde den Bischof und erwartete im Gegenzug seine Unterstützung.

Das Stück zeigt deutlich, wie sich die Darstellung des Kaisers auf den Herrscherurkunden Ottos II. ändert. Das Rekognitionszeichen, ein die Urkunde beglaubigendes Symbol, welches auf die Mitwirkung von Notaren und Kanzlern verweist, wird seit dem Beginn der Alleinherrschaft Ottos II. immer weiter an den Rand der Urkunde gedrängt und kommt seit 976/977 nur noch ausnahmsweise vor. In der Symbolik des Eschatokolls findet sich nunmehr durch Siegel und Monogramm der Kaiser allein repräsentiert. Jene Personen, die für die Urkundenherstellung verantwortlich waren, werden nur noch wörtlich im Text der Rekognitionszeile erwähnt. Das Herrschersiegel kann dadurch einen wesentlich zentraleren Platz auf der Urkunde einnehmen.

Das Bild des Kaisers auf diesen öffentlich wirksamen Dokumenten wird aber noch in einem weiteren Punkt revolutioniert. Nutzte man für Otto I. (936–973) lediglich die vier Buchstaben seines Namens für die Konstruktion eines Monogrammes, kann man in den meisten Urkunden seines Sohnes ab 975 nun sowohl den Namen als auch den Titel herauslesen. Das Grundgerüst des Zeichens, bestehend aus zwei parallelen Schäften und einem horizontalen Balken, übernimmt Otto II. von seinem Vater. Hinzu kommt nun die Verbindung der beiden Schäfte durch Schrägbalken, so dass ein *M* entsteht. Den Schäften, mit Deckbalken zum *T* konstruiert, werden ferner die

Buchstaben *G*, *R* (und *P*), *O* und *S* zur Seite gestellt. Liest man die Buchstaben in der richtigen Reihenfolge, ergeben sie *Otto imperator augustus*. Abseits dieser offensichtlichen Lesart lässt sich hinter dem Zeichen und der Veränderung, die es erlebt, jedoch auch ein Mariensymbol vermuten. Dies sollte wohl die Herrschaft des neuen Kaisers legitimieren, kann aber auch als schutzversprechendes Symbol interpretiert werden.

Karina Viehmann

Literatur
Böhmer 1950; Jakob 2004; Jakob 2006; Jakob 2007; Lindner 1972; Lubich 1996; Merz 2004; Meyer 1989; Rück 1996; Wendehorst 1962; Wendehorst 2001.

V.44

Diplom Kaiser Ottos II. für das Kloster St-Denis

Bruchsal, 980 Oktober 15 (MGH D O II, 232)
Pergament. H 41 cm, B 64 cm
Paris, Archives Nationales, K17 n° 4

Im Oktober 980 bereitete sich Kaiser Otto II. (973–983) auf den Aufbruch nach Italien vor, wo er bis zu seinem Tode am 7. Dezember 983 bleiben sollte. Seine Gemahlin, die Kaiserin Theophanu, sowie ihr Ende Juni/Anfang Juli geborener Sohn (Otto III.) begleiteten ihn auf der Reise nach Süden. Mitte Oktober hielt sich der ottonische Hof noch einige Tage in Bruchsal auf. Dort erhielten Abgesandte der bischöflichen Kirche von Reggio Emilia (D O. II. 231), des Klosters Herford (D O. II. 234), (wahrscheinlich) des Stifts St-Martin in Tours (D O. II. 233) und des Klosters St-Denis nördlich von Paris (D O. II. 232) Kaiserurkunden. Auf Fürsprache Theophanus, seiner Gemahlin und Teilhaberin an der Kaiserherrschaft (*precatuque dilectae contectalis nostr⸱ imperiique consortis Theophanu*), sowie auf Bitte des Abtes Rodbert bestätigte Otto II. dem Kloster St-Denis in der Urkunde die im ottonischen Reich gelegenen Besitzungen. Dazu gehörte auch die Abtei Leberau, die einst Abt Fulrad († 784) dem Kloster St-Denis übertragen hatte. In der Narratio wird u.a. ausgeführt, dass König Dagobert das Kloster zu Ehren des Märtyrers Dionysius und in der Hoffnung auf jenseitigen Lohn errichtet habe. König Dagobert war 639 in St-Denis beigesetzt worden. König Pippin III. der Jüngere (741–768), der Vater Karls des Großen, wurde 768 ebenfalls in St-Denis bestattet. Abt Rodbert hatte 980 am ottonischen Hof entsprechende Privilegien früherer Herrscher vorgelegt, um seine Bitte nach einer Besitzbestätigung zu legitimieren. Im vorliegenden Diplom nannte man konkret die Vorurkunden Lothars, Pippins

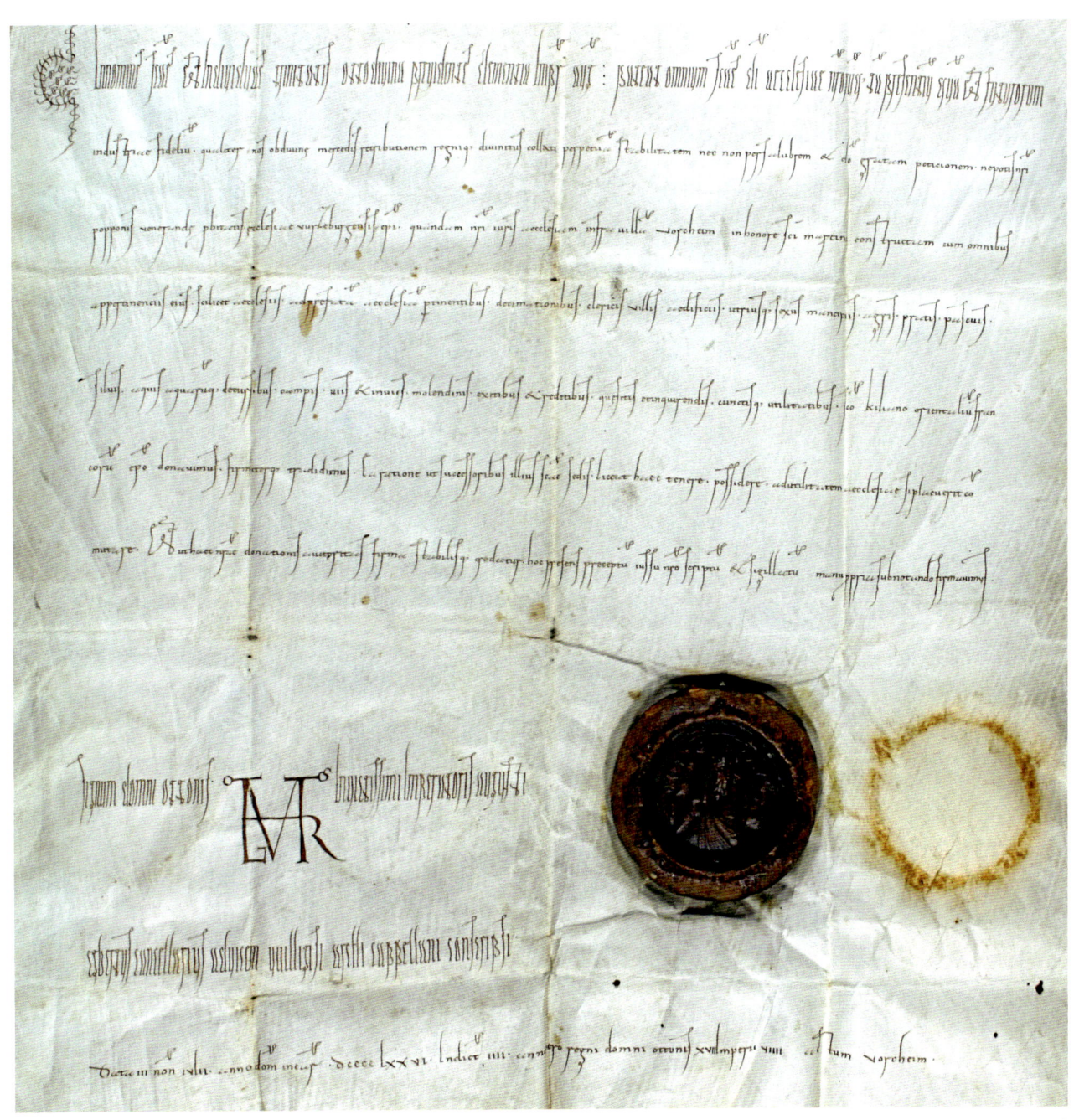

V.43

(III.) und Karls des Großen. Diese fränkischen Könige wurden im D O. II. 232 als Vorgänger Kaiser Ottos II. angesprochen.

Das Diplom wurde von einem unbekannten Geistlichen verfasst und geschrieben, den die MGH-Editoren mit der Sigle Willigis D$^\beta$ (WD$^\beta$) bezeichneten. Er wirkte nur 979 und 980 an der Anfertigung von einigen wenigen Diplomen Ottos II. für verschiedene Empfänger mit. WD$^\beta$ beschrieb das Pergament im Querformat. Die oberen zwei Drittel verwendete er für das Eingangsprotokoll und den Kontext, das untere für das

Schlussprotokoll. Er begann die Urkunde – ohne die übliche symbolische Invocatio (Chrismon) einzuzeichnen, für die aber Platz reserviert blieb – sogleich mit der ersten Zeile in verlängerter Schrift. Darin sind das Eingangsprotokoll mit der verbalen Invocatio (Trinitätsformel) und der Intitulatio (*Otto divina dictante clementia imperator augustus*). Danach folgt ein größerer Abstand, ehe mit der Arenga der Kontext einsetzt. WD$^\beta$ berücksichtigte zwei vorgezeichnete „blinde" Linien, um die Buchstabenkörper in der ersten Zeile in einheitlicher Höhe

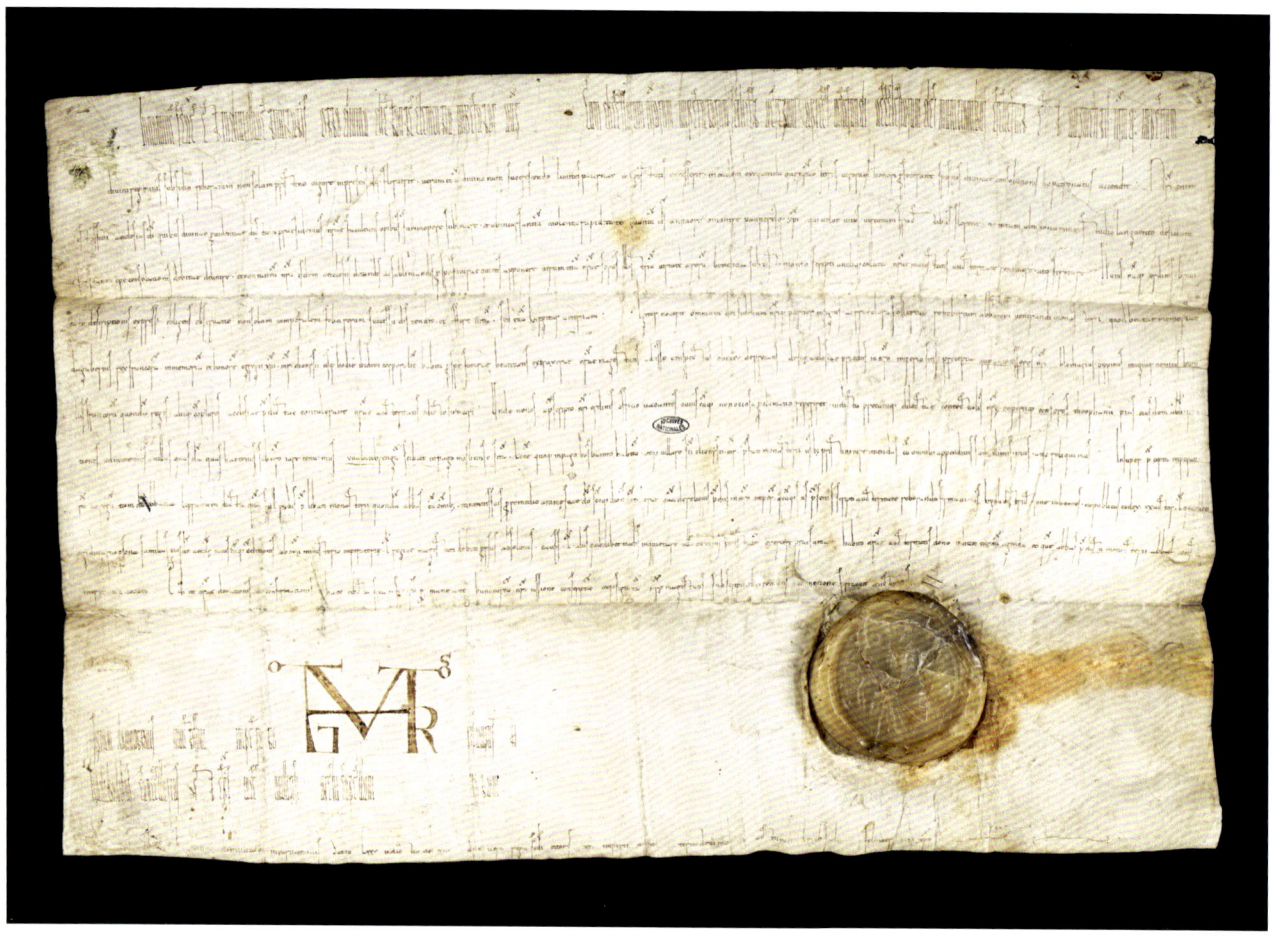

V.44

zu gestalten. WD$^\beta$ verfasste und schrieb eine außergewöhnlich lange Arenga, die von der ersten bis zur Mitte der fünften Zeile reicht. Darin wird u.a. der Zusammenhang zwischen der Förderung der Kirchen und dem Wohl des Imperiums betont und die Hoffnung des Herrschers auf göttliche Gnade thematisiert. An die Arenga schließt sich nach einem sichtbaren Abstand die Publikationsformel an (Z. 5). Der Kontext endet mit einer spezifisch gestalteten Corroboratio, in der die Beglaubigungsmittel angekündigt werden (Z. 11: *Et ut nostrae donationis*). Das große und verstärkt ausgeführte Herrschermonogramm sowie das kaiserliche Siegel bilden gemeinsam das optische Zentrum des Diploms. Das graphische Symbol ist nicht mehr als Namen- (vgl. Kat.-Nr. V.15 u. V.36–42), sondern als Namen- und Titelmonogramm gestaltet. Seit 976 wurden solche Monogramme immer häufiger in die Diplome Ottos II. eingezeichnet. Man operierte dabei nach dem Vorbild von Inschriften u.a. mit dem Wechsel von Haar- und Schattenstrichen, mit Bogenverstärkungen bzw. –schwellungen bei den Buchstaben *O*, *R* und *S* und verwendete Serifen zur Verzierung. Außer dem Namen und der Titulatur Kaiser Ottos II. könnten sie auch noch andere Botschaften

symbolischer Natur enthalten, welche besonders die gelehrten Geistlichen zu kodieren und zu entschlüsseln vermochten, die die Diplome schrieben oder als Empfänger erhielten. So hat man in der Forschung *MARIA* als eine mögliche Lesart vorgeschlagen. Das Monogramm des Diploms weist zwischen den Schäften der beiden *T* eine waagerechte Verbindung mit anderer Tinte auf, die von anderer Hand stammen könnte („Vollziehungsstrich"). Das Monogramm wird links und rechts von der Signumzeile flankiert, in der man den Kaiser mit Funktions- (*imperator*) und Hoheitstitel (*augustus*) sowie einem Epitheton (*invictissimus*) präsentierte. Sie wurde ebenso wie die Rekognitionszeile darunter in verlängerter Schrift ausgeführt. Das Siegel brachte man auf der rechten Seite etwas zu hoch an, so dass das letzte Wort des Kontextes bzw. der Corroboratio (*auctoritas*) etwas in Mitleidenschaft gezogen wurde. Es handelt sich um jenes Siegel, das man für die Alleinherrschaft Ottos II. benutzte. Es wurde nach dem Vorbild jenes Kaisersiegels Ottos I. gestaltet, das man seit 965 verwendet hatte. Es zeigt den regierenden Kaiser in einem Brust- und Frontalbild, der eine Krone trägt sowie mit der linken Hand den Globus und mit der rechten das Zepter hält. Die durch zwei Kreuze eingerahmte Umschrift lautet: OTTO IMP[ERATOR] AVG[VSTVS]. Das Siegel ist leicht beschädigt; die Herrscherfigur mit den Insignien ist darauf aber noch gut zu erkennen. Im Unterschied zu früheren Urkunden Ottos II. (vgl. Kat.-Nr. V.37, V.42) weist das D O. II. 232 kein Rekognitionszeichen mehr auf. Die Datierungszeile platzierte WD[B] unmittelbar über dem unteren Rand des Pergaments. Sie enthält den Tag, den Monat und das Jahr der Ausstellung (nach dem römischen Kalender), die Indiktionszahl (VII), die Regierungsjahre Ottos II. als König und als Kaiser sowie den Ausstellungsort. Das Diplom endet mit einem Segenswunsch (feliciter in Christo amen).

Wolfgang Huschner

Quellen
MGH D O II, 232.

Literatur
Böhmer 1950, Nr. 827; Erben 1892, S. 537–586, hier S. 540–543; Erkens 1991, Bd. 2, S. 245–259, bes. S. 250–254; Fried 1993, S. 139–185; Huschner 2003, Bd 1, S. 322-324; Keller 2000, Bd. 2, S. 767–773, bes. S. 768; Uhlirz 1957, S. 383–389.

V.45

Homiliar mit Widmungsversen der Hrotsvit von Gandersheim

Gandersheim, Mitte 10. Jahrhundert
Pergament, 7 Blätter, Teil einer Fragmentsammlung.
H 27 cm, B 17 cm
Würzburg, Universitätsbibliothek, M.p.th.f.34

Die Würzburger Sammelhandschrift Universitätsbibliothek, M.p.th.f.34 ist in jüngerer Zeit zu unerwarteten Ehren gelangt. Es handelt sich um einen Fragmentcodex, der im 17. Jahrhundert zusammengestellt worden ist. Die Fragmente stammen überwiegend aus dem alten Kloster Weißenburg (Wissembourg, Elsass). Zusammengebunden sind 156 Blätter aus 17 makulierten (zerschnittenen) oder beschädigten Handschriften. Darunter befindet sich eine einst umfangreiche Predigtsammlung (Homiliar) des 10. Jahrhunderts (fol. 73–79), von der noch die letzten beiden Predigten und das abschließende Widmungsgedicht erhalten sind. Während der Text der Predigten auch anderswo gut überliefert ist, ist das vierzeilige Widmungsgedicht (fol. 79v) ein singuläres Literaturzeugnis. Es sind vier Verse der ersten deutschen Dichterin Hrotsvit von Gandersheim (*ca. 935, † um 968). Sie nennt ihren Namen nicht, weshalb das Gedicht lang übersehen wurde, doch ihre Dichter-

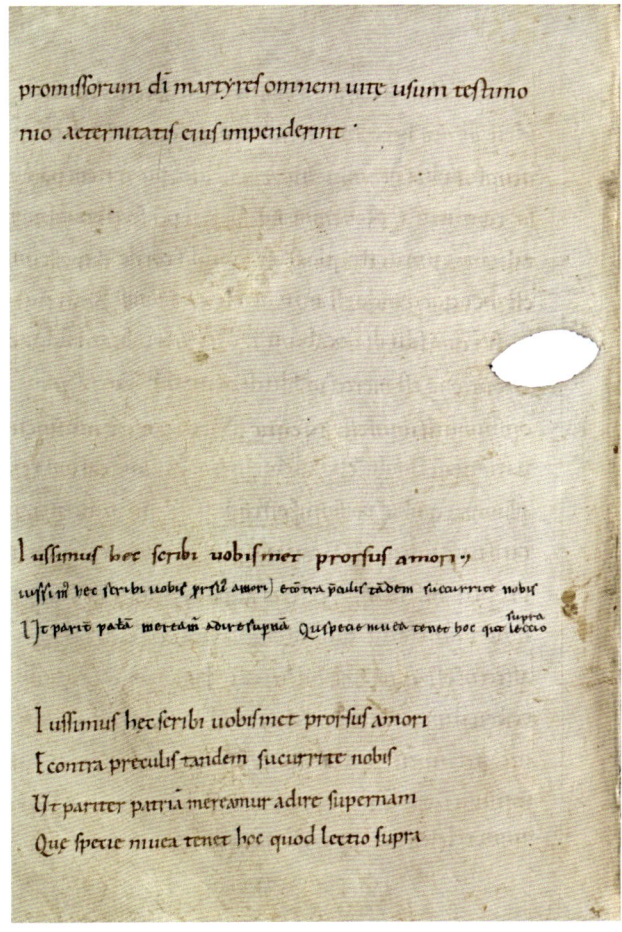

V.45, fol. 79v

sprache ist so markant, dass nur sie es verfasst haben kann. Ein beweiskräftiges Wort ist preculis, eine Diminutivform zu ‚prex‘ ‚die Bitte‘, die Hrotsvit zum ersten Mal überhaupt gebildet und mehrfach verwendet hat und die auch nach ihr bei keinem Autor nachgewiesen werden kann.

Das ist der erste Fund eines unbekannten Werks der Hrotsvit von Gandersheim seit mehr als 350 Jahren. Handschriften, die ihr Œuvre überliefern, sind eine Rarität. Es gibt sie weltweit nur an sieben Orten, und alle Manuskripte sind nach ihrem Tod entstanden. Würzburg tritt nun als achter hinzu, und weil das Gedicht noch zu Lebzeiten in die Handschrift eingetragen worden sein dürfte, ist es das bisher authentischste Zeugnis der Dichterin. Ferner wird etwas belegt, was bisher nicht an einem Manuskript belegt werden konnte: Das Skriptorium des Damenstiftes Gandersheim produzierte ‚nach außen‘, so ist der Inhalt der vier Hexameter (Tetrastichon) zu interpretieren: Iussimus hęc scribi vobismet prorsus amori, / Econtra preculis tandem sucurrite nobis, / Ut pariter patriam mereamur adire supernam, / Quę specie nivea tenet hoc, quod lectio supra.

(„Wir haben dieses Werk ganz aus Liebe zu euch abschreiben lassen, eilt uns nun dafür mit Gebeten zu Hilfe, damit auch wir verdienen, das himmlische Vaterland zu betreten, welches in reiner Form das bewahrt, was die Lesung oben sagt.") Die Predigten davor enthalten Paradiesschilderungen; diese Verheißungen hält das himmlische Vaterland „in reiner Form" (*nivea specie*) bereit. Über den Widmungsversen wiederholen spätere Federproben Teile des Textes; die obere ist zeitnah, die untere aus gotischer Zeit.

Wir wissen um Hrotsvits enge Kontakte zum ottonischen Kaiserhaus, doch leider ist nicht mehr ersichtlich, an wen die Handschrift ging. Der Wunsch an den Empfänger, Fürbitte als Lohn zu geben, ist so oder ähnlich in unzähligen Widmungszeilen mittelalterlicher Handschriften formuliert. Dass Hrotsvit dafür den spätantiken Dichter Orientius kennen musste, wie Gärtner vermutet, überzeugt auch angesichts der spärlichen Orientiusüberlieferung nicht.

Tino Licht

Quellen
Hrotsvit, Bucheintrag.

Literatur
Gärtner 2009; Licht 2008; Thurn 1994, S. 48–54.

V.46

Otto-Adelheid-Evangeliar

Handschrift: Quedlinburg, um 1000
Elfenbeinrelief: Konstantinopel, 2. Hälfte 10. Jahrhundert;
Goldschmiedearbeit:
Quedlinburg, 1220/1230
Einband: Holz, Elfenbein, teilweise vergoldet,
Silber vergoldet,
Edelsteine, Perlen, Koralle, Glasflüsse, Perlmutt.
H 28 cm, B. 22,2 cm
Handschrift: Pergament, 175 Blätter, Deckfarbenmalerei.
H 27,7 cm, B 22,2 cm
Quedlinburg, Stiftskirche St.Servati, Domschatz

Das Otto-Adelheid-Evangeliar zählt zu den kostbarsten Stücken des Quedlinburger Domschatzes. Die liturgische Handschrift wurde um 1000 in Quedlinburg geschrieben. In den Vorderdeckel ist ein byzantinisches Elfenbeinrelief des späten 10. Jahrhunderts eingelassen. Die Rahmung wurde um 1220/1230 als Goldschmiedearbeit ergänzt; ob sie einen älteren, womöglich schadhaften Rahmen ersetzte, ist nicht erkennbar.

Das Elfenbeinrelief ist in vier Bildfelder mit christologischen Szenen gegliedert, die durch griechische Inschriften bezeichnet sind. Der kleine Zyklus beginnt links oben mit der Geburt Christi (Η ΓΕΝΝΙϹΙϹ), gefolgt von seiner Taufe im Jordan (Η ΒΑΠΤΙϹΙϹ). In der unteren Zeile finden sich die Kreuzigung Christi (Η ϹΤΑΥΡωϹΙϹ) und die Kreuzabnahme (Η ΠΤΟΚΑΞΗΛωϹΙϹ).

Die erste Szene verbindet die Geburt Christi mit der Verkündigung an die Hirten, eine im byzantinischen Raum gängige Ikonographie. Im Zentrum liegt das Christuskind auf einer gemauerten Krippe, innig umschlungen von Maria, die links daneben sitzt. Ochs und Esel blicken auf den Heiland, der Stern von Bethlehem erstrahlt über dem Kind. Im oberen Bereich des Bildes erscheinen drei Engel hinter einem Hügel, die den Hirten von der Geburt Christi künden. Gleichsam stellvertretend steht bereits ein Hirte an der Krippe, gestützt auf seinen Stab. Zwischen zwei Schafen, die den Hirten zuzurechnen sind, sitzt der nachdenkliche Joseph. Die Taufe zeigt den unbekleideten, im klassischen Kontrapost stehenden Christus, der inmitten des Jordan steht, der sich wie ein kleiner Hügel hinter ihm aufbaut. Johannes der Täufer steht in Schrittstellung auf einer Felsstufe und hält seine Hand über Christus. Von rechts treten zwei Engel mit Tüchern heran. Eine kleine Figur am unteren Rand kann als Personifikation des Jordan gedeutet werden, auch dies ein deutliches Zitat klassisch-antiker Vorlagen. Verloren ist die Taube des Heiligen Geistes, die in einem Zapfloch über Christus befestigt gewesen war. Die Darstellung der Kreuzigung konzentriert sich auf wenige Figuren. Der gekreuzigte Christus wird von Maria und dem Apostel Johannes flankiert, gestenreich als Trauernde gekennzeichnet. Der halbfigurige Engel über dem linken Kreuzbalken hat sein Gegenstück, das im Bildgrund verzapft gewesen war, verloren. Wesentlich dichter ist die Komposition der Kreuzabnahme angelegt. Während Nikodemus den Nagel am rechten Kreuzbalken löst, hat Maria die Hand ihres toten Sohnes ergriffen. Joseph von Arimathea, der wie Nikodemus auf einem Schemel steht, umschlingt den Körper Christi, Johannes betrachtet die Szene ergriffen und voll Trauer.

Stilistisch wurde das Quedlinburger Elfenbeinrelief durch Adolph Goldschmidt und Kurt Weitzmann der sogenannten Malerischen Gruppe zugeordnet, die sich vor allem durch tiefe Unterschneidungen der Figuren und eine deutlich graphische Behandlung der Oberflächen auszeichnet. Besonders bemerkenswert ist die großflächig erhaltene Vergoldung, die das ursprüngliche Erscheinungsbild der Tafel erahnen lässt.

Das Elfenbeinrelief wurde in Zweitverwendung in das Otto-Adelheid-Evangeliar integriert. Seine ursprüngliche Konzeption als kleiner Altar umfasste höchstwahrscheinlich zwei schmale, klappbare Seitenflügel, die womöglich weitere Szenen, vielleicht aber auch Heiligenfiguren zeigten. Es ist anzunehmen, dass das Elfenbeinrelief über die ottonische Familie nach Quedlinburg gelangte und von Anfang an Teil der Evangelienhand-

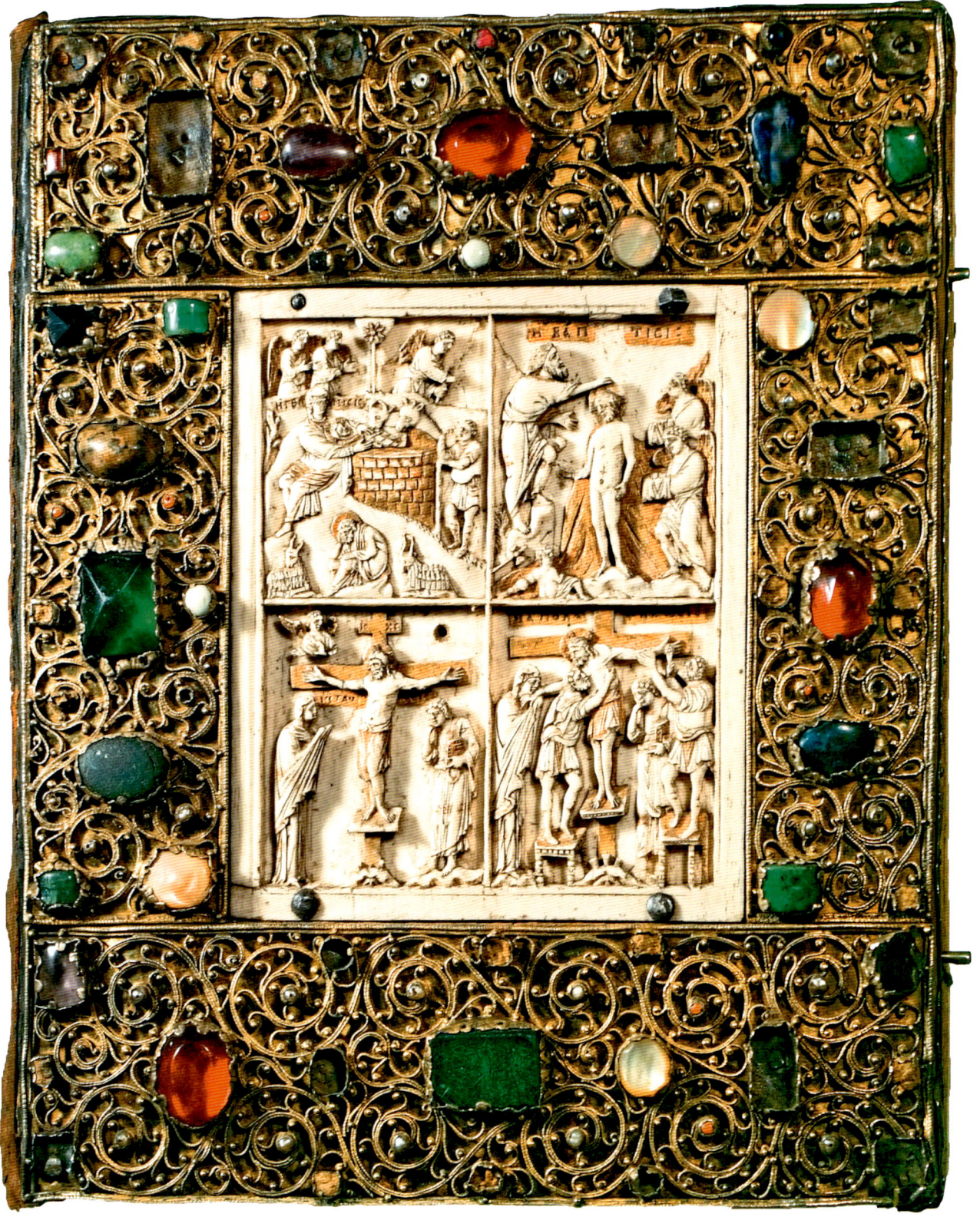

V.46

schrift gewesen ist. Die anspruchsvolle Rahmung des 13. Jahrhunderts aus feinem Filigran und kostbaren Materialien belegt die auch im hohen Mittelalter ungebrochene Wertschätzung des Evangeliars.

Der Codex, um 1000 in Quedlinburg geschrieben, besteht inhaltlich aus zwei Teilen. Vor dem eigentlichen Evangeliar ist eine *Benedictio cerei* vorgebunden, ein Formular zur Kerzenweihe in der Osternacht, das sogenannte *Exultet*. Der Text ist normalerweise Bestandteil von Sakramentaren oder Pontifikalen, also von jenen Handschriften, die die Abläufe und Formeln für den Zelebranten liefern. Am Ende des *Exultet* werden Otto III. (983–1002), seine Schwester, die Quedlinburger Äbtissin Adelheid, und Papst Silvester II. (999–1003) in das Gebet eingeschlossen. Otto III. hatte das Osterfest im Jahr 1000 in Quedlinburg gefeiert; eine Aktualität der Nennungen anlässlich seines Besuches ist durchaus denkbar. Die memoriale Funktion der Handschrift wurde durch eine Liste auf fol. 1r verstärkt, die im 11. Jahrhundert nachgetragen wurde und 20 weibliche und männliche Namen umfasst.

Das Evangeliar ist mit den üblichen Kanontafeln und einer ganzseitigen Zierinitiale zu Beginn des Evangeliums nach Matthäus ausgestattet. Wohl nach dem verheerenden Brand der Stiftskirche im Jahr 1070 wurde ein umfangreiches Schatzverzeichnis in die Handschrift eingetragen.

Thomas Labusiak

Literatur

Ausst.-Kat. Berlin 1993, Nr. 8 (Dietrich Kötzsche u. Hartmut Hoffmann); Goldschmidt/Weitzmann 1979, S. 25; Hoffmann 1986, S. 151.

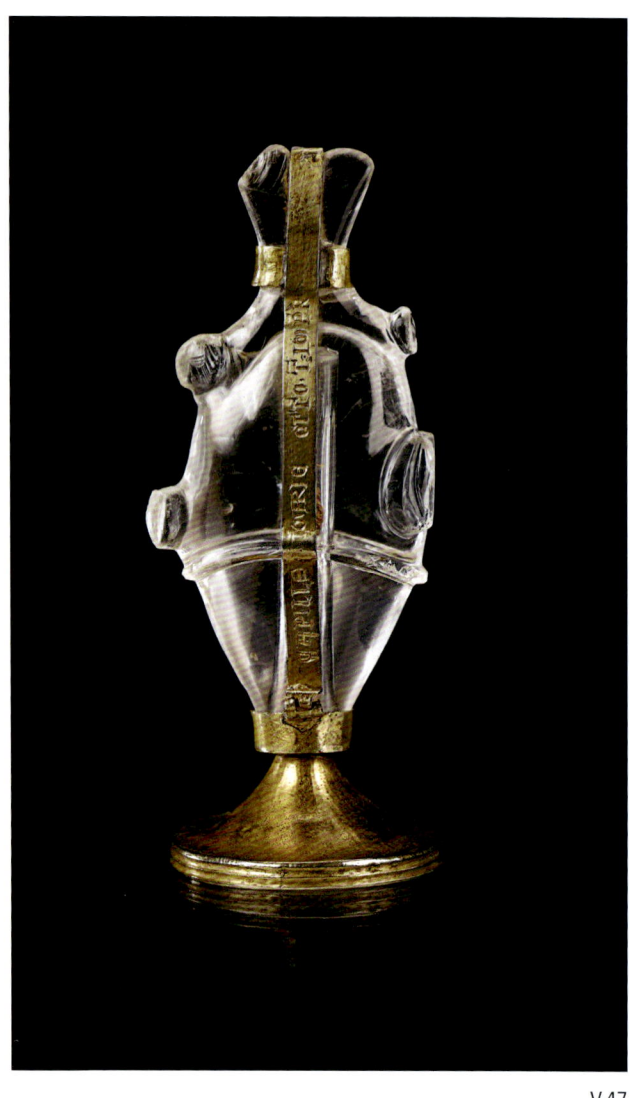

V.47

V.47

Bergkristall-Reliquiar

Fatimidisch, 10. Jahrhundert
Montierung: Niedersachsen (Quedlinburg), 1230–1250
Bergkristall, Silber vergoldet, Stoff (Seide?), Reliquie.
H 11 cm, B 4,7 cm
Quedlinburg, Stiftskirche St.Servati, Domschatz

Das Reliquiar besteht im Wesentlichen aus einem in Bergkristall geschnittenen Gefäß und einer später erfolgten Montierung in Goldschmiedearbeit. Die Bergkristallflasche wurde in Form eines Fisches geschliffen, eine gerade Bohrung im Gefäßinneren erfolgte durch das geöffnete Fischmaul. Eine Entstehung des Steinschnittes um 1000 im fatimidischen Kulturbereich, also in der Region des heutigen Ägypten und Syrien, kann angenommen werden. Unter den fatimidischen Kalifen erblühte die in nachantiker Zeit weitgehend verloren gegangene Kunst des Hartsteinschliffs erneut. Der an Bergkristallarbeiten überaus reiche Schatz der Fatimiden wurde aufgrund wirtschaftlicher Probleme der Dynastie im späteren 11. Jahrhundert zerstreut. Zahlreiche Stücke werden auf diesem Weg auch nach Europa gelangt sein. Für das Quedlinburger Stück ist allerdings ein früherer Import anzunehmen. Die im 13. Jahrhundert erfolgte Montierung aus vergoldetem Silber, die es ermöglichte, das Reliquiar stehend zu präsentieren, nennt in einer Inschrift Kaiser Otto III. (CAPIL[us] S[anctae] MARIE OTTO T[ercius] IMP[erato]R), über den die kostbare Reliquie, ein Haar der Muttergottes, nach Quedlinburg gelangt sein wird. In Quedlinburg feierte die liudolfingische Familie regelmäßig das Osterfest. Mit Otto III. (983–1002) ist auch das sogenannte Otto-Adelheid-Evangeliar des Quedlinburger Domschatzes verbunden (vgl. Kat.-Nr. V.46).

Den Vorderdeckel ziert ein byzantinisches Elfenbeinrelief des 10. Jahrhunderts, das ebenfalls über die Ottonen nach Quedlinburg gekommen sein mag. In der dem eigentlichen Evangeliar vorgeschalteten Weiheformel für die Osternacht werden neben dem Herrscher Otto III. auch dessen Schwester Adelheid, Äbtissin des Quedlinburger Frauenstifts, in das Gebet eingeschlossen.

Der Quedlinburger Schatz bewahrt noch weitere Bergkristallgefäße, die als Reliquiare genutzt wurden, darunter ein großes, von zwei Greifvögeln flankiertes Gefäß mit drei Höhlungen und ein weiteres fischförmiges Reliquiar.

Thomas Labusiak

Literatur

Ausst.-Kat. Berlin 1993, Nr. 11 (Dietrich Kötzsche); Labusiak 2011 (a), hier S. 233 f.; Lamm 1930/1931, S. 183 u. 218; Shalem 1996, Nr. 29; Steuerwaldt/Virgin 1855, Taf. 10; Voigtländer 1989, S. 195 f.

V.48

Diplom Kaiser Ottos III. für seine Schwester, Äbtissin Mathilde von Quedlinburg

Rom, 999 April 26 (MGH D O III, 321)
Pergament. H 37 cm, B 65,5 cm
Magdeburg, Landeshauptarchiv Sachsen-Anhalt,
Abteilung Magdeburg, U9 Weltliches Stift Quedlinburg,
A Ia Nr. 28

Während eines längeren Aufenthaltes des kaiserlichen Hofes im April 999 in Rom ließ Otto III. (983–1002) auch zwei Schenkungsurkunden für seine Schwester Adelheid ausstellen (DD O. III. 321, 322), die nach dem Tode der Äbtissin Mathilde von Quedlinburg (999) deren Nachfolgerin geworden war. Da das Kanonissenstift Quedlinburg direkt dem König bzw. Kaiser unterstand, gehörte die Äbtissin zur Gruppe der geistlichen Fürsten und Fürstinnen im ottonischen Reich. Im D O. III. 321 dokumentierte man die Schenkung von Eigengütern Ottos III. in den Orten bzw. Burgwarden Barby, Nienburg und Zeitz mit allen dazu gehörigen Besitzungen und Rechten an die Äbtissin Adelheid.

Die ausgestellte Urkunde stammt von einer unbekannten Hand. Da es für die Äbtissin von Quedlinburg bestimmt war, könnte das Diplom von einer Stiftsdame verfasst und geschrieben worden sein. Nach der symbolischen und verbalen Invocatio wurde Otto III. in der Intitulatio als *Romanorum imperator augustus* präsentiert. Nachdem er am 21. Mai 996 (Christi Himmelfahrt) zum Kaiser gekrönt worden war, präsentierte man Otto III. in der Umschrift seiner Siegel als Kaiser der Rö-

mer (*imperator Romanorum*). Seit Ostern 997 trug man den Römer-Titel für Otto III. auch regelmäßig in die Protokolle seiner Diplome ein. Damit wurde manifestiert, dass der westliche Kaiser nun den Römer-Titel und damit die Gleichrangigkeit mit dem Basileus in Konstantinopel beanspruchte. Der Römer-Titel für Otto III. ist der wesentliche programmatische und theoretische Unterschied zum Charakter der Kaiserwürde Ottos I. und Ottos II. Aus Sicht der Zeitgenossen besaß Otto III. nun ebenso wie der Basileus eine universale Kaiserwürde, die nicht mehr regional beschränkt, sondern auf alle Christen in der damaligen Welt ausgerichtet war.

Der Schreiber bzw. die Schreiberin verwendete die obere Hälfte des Pergaments, das im Querformat beschrieben wurde, für das Eingangsprotokoll und den Kontext. Die untere diente zur großzügigen Gestaltung des Schlussprotokolls. Das Eingangsprotokoll wird mit einem verzierten Chrismon eröffnet, dem die in verlängerter Schrift ausgeführte erste Zeile folgt. Darin sind die verbale Invocatio (Trinitätsformel), die Intitulatio und die Publicatio (*Notum esse cupimus omnibus*) enthalten. In der anschließenden Narratio wird die Empfängerin des Diploms als sehr geliebte Schwester Ottos III. sowie als Äbtissin vorgestellt (Zeile 2: *sorori nostrae amantissimae Adalheidi quoque venerabili abbatissae*). Die Zeilenabstände im Kontext sind regelmäßig, der linke und rechte Rand wurden einigermaßen eingehalten. Das sehr große Namen- und Titelmonogramm Ottos III. in der Mitte der unteren Pergamenthälfte bildet das optische Zentrum der gesamten Kaiserurkunde. Es wurde offenbar nach dem Vorbild der repräsentativen Monogramme Ottos III. gestaltet (vermutlich nach jenem im D O. III. 320 vom 18. April 999), die seit 998/999 der Hofgeistliche Heribert C zeichnete (vgl. Kat.-Nr. V.73) Die Schäfte der beiden *T* werden im oberen Bereich durch eine freihändig und mit hellerer Tinte gezogene waagerechte Linie miteinander verbunden. Sie gilt in der diplomatischen Forschung als eigenhändiger Vollziehungsstrich Ottos III. Die Signumzeile wurde inhaltlich ebenfalls nach dem Vorbild von Heribert C gestaltet (vgl. Kat.-Nr. V.73), indem der Schreiber bzw. die Schreiberin nicht *imperator*, sondern *caesar* als Funktionstitel einsetzte (*Signum domni Ottonis caesaris invictissimi*). Die Signum- und die Rekognitionszeile flankieren das kaiserliche Monogramm. Senkrecht darunter wurde an der Plika (einmal gefalteter unterer Pergamentrand) die Schnur mit der kaiserlichen Bulle befestigt. Am D O. III. 321 hängt der erste Typus der Bleibullen Ottos III., der von 998 bis zum Jahre 1000 benutzt wurde. Die Einführung dieser Metallsiegel erfolgte im April 998 wohl nach dem Vorbild der byzantinisch-oströmischen Kaiser, die mit Bullen aus Blei oder Gold siegeln ließen. In Byzanz wurden auch beide Seiten für bildliche Darstellungen genutzt. Das war bei den westlichen Kaisern 998 erstmals der Fall. Auf dem Avers wird die Büste des Kaisers im Profil gezeigt. Die Umschrift lautet aufgelöst: OTTO

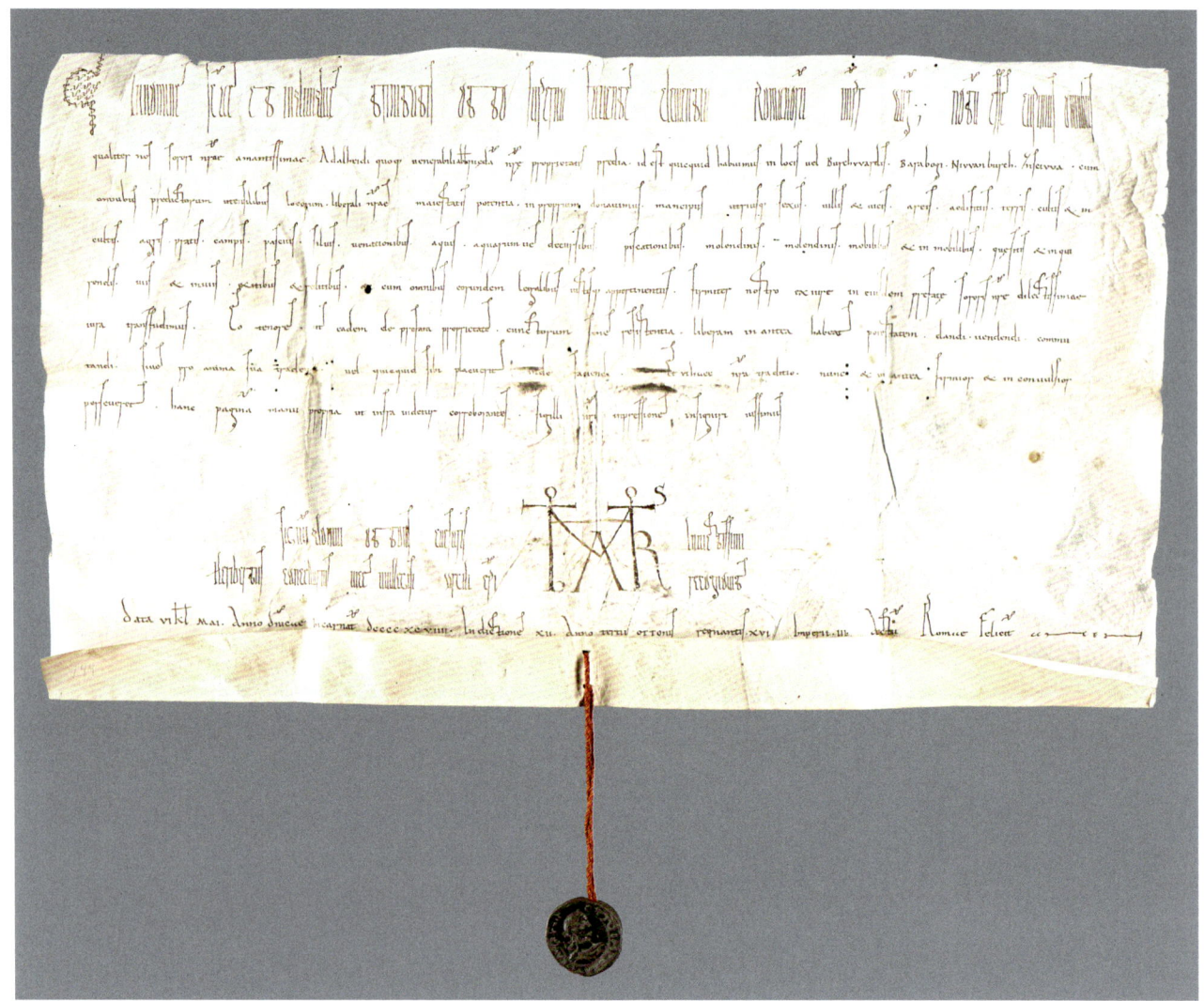

V.48

IMPERATOR ROMANORUM AVGVSTVS. Auf dem Revers erscheint eine Figur mit Schild und geschulterter Fahnenlanze, die bis zur Hüfte im Profil dargestellt ist. Die Rückseite enthält die Umschrift *Renovatio imperii Romanorum*, „Erneuerung des Imperiums der Römer". Die Frage, ob diese berühmte Devise Ottos III. programmatisch oder situationsbezogen zu beurteilen sei, wird in der historischen Forschung unterschiedlich beantwortet. Das Diplom endet mit der Datierungszeile knapp oberhalb der Plika. In der *actum*-Formel wird der Ausstellungsort Rom durch einen großen Anfangsbuchstaben graphisch et-

was hervorgehoben. Der abschließende Segenswunsch lautet: *feliciter amen*.

Wolfgang Huschner

Quellen
MGH D O III, 320–322.

Literatur
Böhmer 1956, Nr. 1317–1319; Keller 2000, Bd. 2, S. 767-773, bes. S. 771 f.; Rück 1996.

V.49

Fragment eines Kanakruges

Ägypten, römische Kaiserzeit
Silberfassung: Hildesheim, 1662
Roter ägyptischer Porphyrit. H 21 cm B 16 cm
Hildesheim, Dom-Museum Hildesheim, DS 5

Das Fragment gehörte ursprünglich zu einem großen, vasenförmigen Gefäß. Die Hildesheimer Tradition sieht in diesem Gefäß einen der sechs Krüge der Hochzeit von Kana und damit ein kostbares Zeugnis jenes ersten Wunders, das Christus vollbrachte (Joh 2, 1–11). Als verehrte Reliquien im Heiligen Land werden Kanakrüge in Pilgerberichten seit dem 6. Jahrhundert beschrieben.

Vollständig erhaltene sogenannte Kanakrüge finden sich heute u.a. in den Schätzen der ehemaligen Frauenstifte St. Servatii in Quedlinburg und St. Ursula in Köln sowie im Mittelzeller Marienmünster des einstmaligen Benediktinerklosters auf der Bodenseeinsel Reichenau. Während der Reichenauer Krug der *Vita Symeonis Achivi* gemäß bereits im frühen 10. Jahrhundert auf der Reichenau gewesen sein muss, berichtet erst eine neuzeitliche Quelle von der Herkunft des Quedlinburger Kruges. Otto der Große (936–973) habe diesen und drei weitere Krüge für Magdeburg, Köln und Hildesheim als kostbare Geschenke aus Italien mitgebracht. Das im Otto-Adelheid-Evangeliar (vgl. Kat.-Nr. V.46) im späten 11. Jahrhundert eingetragene Schatzverzeichnis nennt den Krug allerdings nicht. Ob der in St. Ursula erhaltene Krug zu dieser Gruppe zählte, bleibt ebenso ungewiss, doch lässt er sich bereits 1370 in Köln nachweisen, während die erhaltene Quedlinburger Überlieferung offenbar über das 16. Jahrhundert nicht hinausgeht.

Der Hildesheimer Krug wird mit einer weitaus früheren Quelle verbunden. Die Vita Bischof Bernwards (993–1022) berichtet von einem kostbaren Gefäß aus Onyx, das Kaiser Otto III. (983–1002) im Januar 1002 in Italien dem Hildesheimer Gesandten (und Verfasser der Lebensbeschreibung) Thangmar als Geschenk für Bernward überreicht habe (Kap. 36). Hochrangige Reliquienschenkungen Ottos III. sind auch anderenorts bezeugt, etwa mit dem fischförmigen Bergkristallreliquiar des Quedlinburger Schatzes, das ein Haar der Muttergottes bewahrt (vgl. Kat.-Nr. V.47).

Der Hildesheimer Krug war als sichtbare Reliquie an einem von Bischof Bernward für St. Michael gestifteten Radleuchter aufgehängt gewesen. 1662 stürzte der Leuchter mitsamt dem Krug herab, die Fragmente der Reliquie wurden daraufhin verteilt. Das Stück, das in den Domschatz gelangte, wurde mit der bis heute erhaltenen Fassung versehen, deren ausführliche Inschrift nicht nur das Malheur in St. Michael schildert, sondern auch die ältere Geschichte des Hildesheimer Kanakruges als Geschenk Kaiser Ottos III. an Bischof Bernward zusammenfasst.

Thomas Labusiak

Quellen

Thangmar, Vita Bernwardi.

Literatur

Ausst.-Kat. Hildesheim 1993, Nr. VIII-20 (Arne Effenberger); Delbrueck 1932, S. 196 f.; de Mély 1904.

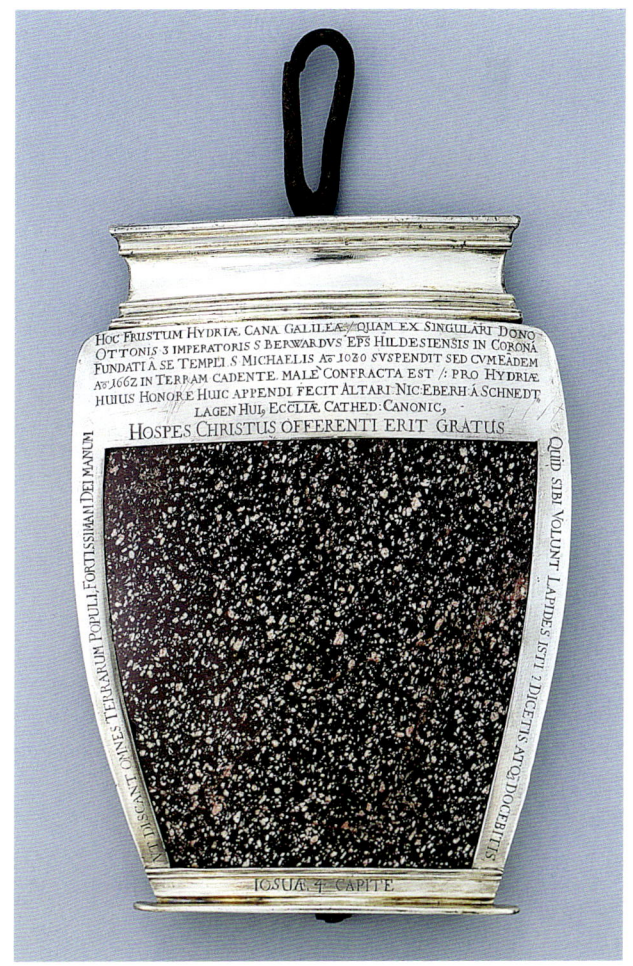

V.49

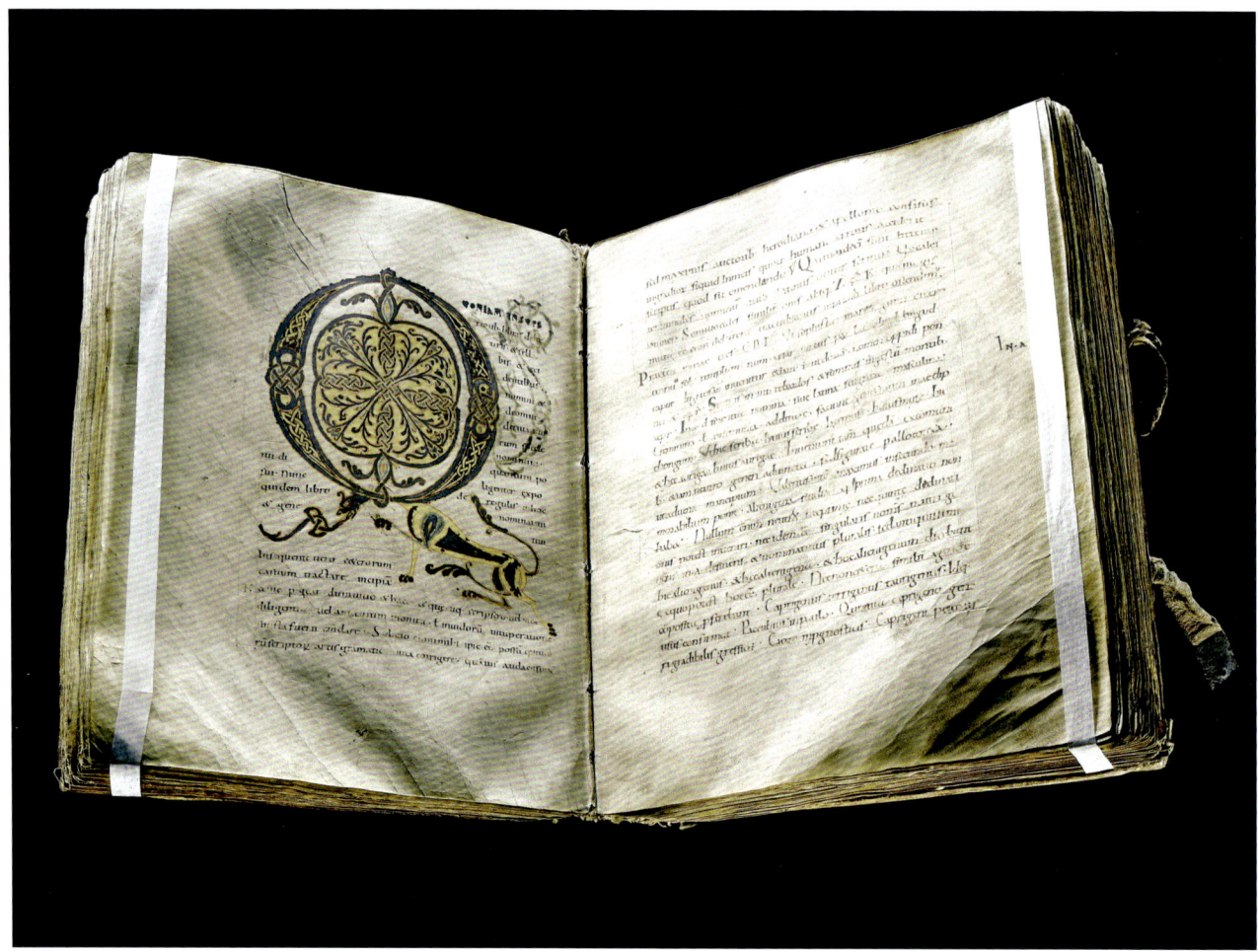

V.50, fol. 106v–107r

V.50

Priscianus, Institutiones grammaticae

Süddeutschland, 9./10. Jahrhundert
Pergament, 264 Blätter; Silber, Deckfarbenmalerei.
H 31 cm, B. 24,5 cm
Halberstadt, Stiftung Dome und Schlösser in
Sachsen-Anhalt, Domschatz Halberstadt, 468

Der lateinische Grammatiker Priscianus († um 527) schuf in
Konstantinopel in den Jahrzehnten um 500 ein umfangreich
überliefertes Werk. Seine in 18 Bände gegliederten Institutiones grammaticae avancierten im Mittelalter zum wichtigsten
Lehrbuch der lateinischen Sprache. Im Wesentlichen seit karolingischer Zeit wiederentdeckt, fanden die Institutiones weite
Verbreitung in glossierter Form, aber auch als Exzerpte, die u.a.
von Alkuin (* um 730, † 804), Hrabanus Maurus (* um 780,
† 856) oder Walafried Strabo (* 808/809, † 849) erstellt wurden.

Mindestens ein Exemplar der Institutiones grammaticae wird
sich in nahezu jeder mittelalterlichen Bibliothek befunden haben. Aus der ehemaligen Bibliothek des Domes zu Halberstadt
ist ein Exemplar überliefert, das die ersten sechzehn Bände des
Lehrbuchs umfasst, eine um die letzten beiden Bände gekürz-
te Fassung, die die lateinische Syntax behandeln. Auch diese
Version war im Mittelalter sehr verbreitet. Zahlreiche Randnoti-
zen zeugen von einem intensiven Gebrauch der Halberstädter
Handschrift. Eine etwas unbeholfene Zeichnung am unteren
Rand von fol. 262v, die den thronenden Priscianus beim Lehren
zeigt, mag von der Hand eines Schülers stammen. Die eigentliche künstlerische Ausstattung umfasst zahlreiche Initialen, die
zu Beginn der einzelnen Bücher und an den Anfängen der Kapitel stehen. Auch die größeren Initialen, die gelegentlich mehr
als die halbe Buchseite einnehmen können, sind stets in das
Layout der Textseiten eingebunden und in der Regel von Text
umflossen. Die reiche Ornamentik der Buchstabenkörper, die
aus silbernen Bändern aufgebaut sind, variiert Flechtwerk und
Blattranken, aber auch Vogelleiber und Tierköpfe. Neben Mini-

um (Bleioxid) und einem strahlenden Gelb wurden auch Grün und Blau zur Akzentuierung verwendet. Die anspruchsvolle Ausstattung des Codex zeugt von dem hohen Stellenwert, die den Schriften des Priscianus beigemessen wurde. Vor allem aufgrund des Initialstils wurde in der Halberstädter Handschrift eine Kopie nach einer Vorlage aus St. Gallen erkannt. Das Skriptorium indes konnte bislang nicht eingegrenzt werden.

Die Provenienz der Handschrift aus der Halberstädter Dombibliothek ist durch mehrere Besitzeinträge gesichert. Patrizia Carmassi stellte 2008 zur Diskussion, ob der Codex durch Bi-

schof Hildeward (968–996) aus Süddeutschland nach Halberstadt gelangt sein könnte. Hildeward hatte seine Erziehung im Kloster St. Gallen erfahren. Auf sein Betreiben fand die Weihe des neuen Doms im Jahr 992 am Gedenktag des heiligen Gallus statt.

Thomas Labusiak

Literatur
Carmassi 2008, hier Nr. 48; Schmidt 1878, Nr. 59.

Rezeption antiker und karolingischer Kunst am ottonischen Hof

Erst mit der Konsolidierung des ostfränkischen Reiches unter den Liudolfingern entstanden die Voraussetzungen für eine intensive künstlerische Produktion in der zweiten Hälfte des 10. Jahrhunderts, die auch einem offenbar wieder gesteigerten Bedarf nach repräsentativen Codices für die Messfeier Rechnung trug. Seit jeher entstanden liturgische Handschriften zwar in klösterlichen und bischöflichen Skriptorien, doch hatte sich unter den Karolingern ein spezifisches System sogenannter Hofschulen entwickelt, die im unmittelbaren Umkreis der Herrscher, namentlich Karls des Großen, Lothars und Karls des Kahlen, tätig gewesen waren. Hier wurden nicht nur liturgische Handschriften mit höchstem Anspruch angefertigt, sondern auch Bücher, die den vielfältigen antiquarischen und wissenschaftlichen Interessen am Hof nachkamen. In ottonischer Zeit scheint es eine Hofkunst im Sinne dieser karolingischen Hofschulen nicht mehr gegeben zu haben. Nun waren es wiederum die Klöster, die hochrangige Aufträge aus dem Umkreis der liudolfingischen Herrscher ausführten. Vor allem das Skriptorium des Klosters Reichenau entwickelte sich zu einem der produktivsten Orte im Reich. Dem hohen Selbstverständnis der Bischöfe entsprechend formierten sich auch an den Bischofssitzen Werkstätten, wie diejenige des Erzbischofs Egbert von Trier (977–993), der als Auftraggeber höchstrangiger, bis heute erhaltener Werke der Buchmalerei und Goldschmiedekunst fassbar ist. Nicht weniger ehrgeizig war der Hildesheimer Bischof Bernward (993–1022), der ein Skriptorium und eine Goldschmiedewerkstatt unterhielt, die wie in Trier hauptsächlich im Auftrag des Bischofs arbeiteten. Vielleicht ließen sich

diese bischöflichen Werkstätten strukturell noch am ehesten mit den karolingischen Hofschulen vergleichen, standen sie doch unter dem starken Einfluß dieser besonders tatkräftigen Bischöfe. Auch in hochadeligen Frauenklöstern wie Gandersheim und Quedlinburg wurde eine hoch entwickelte Schriftlichkeit gepflegt.

Ihre Vorbilder fanden die ottonischen Buchkünstler in erster Linie in der karolingischen Kunst. Für einige der erhaltenen Handschriften lassen sich konkrete karolingische Modelle benennen. So folgen die Miniaturen des Gero-Codex, der ältesten erhaltenen ottonischen Bilderhandschrift des Reichenauer Skriptoriums zwei Vorlagen, die einerseits aus der Hofschule Karls des Großen, andererseits aus dem Skriptorium des Klosters Fulda stammten. Auch in Fulda selbst wurden Vorlagen aus der Hofschule verarbeitet.

Die Karolinger, vor allem Lothar und Karl der Kahle, hatten verstärkt ihre bildliche Präsenz in liturgischen Handschriften verfolgt: Womöglich als stolze Stifter, sicher aber als Vorsorge für die eigene Memoria. So wird dem thronenden König Karl dem Kahlen auf der letzten Bildseite der touronischen Vivian-Bibel (845–846. Paris, Bibliothèque Nationale de France, Ms. Lat. 1, fol. 423r) der fertiggestellte Codex durch ein vielfiguriges Mönchskollegium überreicht. Seinen Thron flankieren Soldaten und weltliche Würdenträger. Eine inhaltliche Fortführung erfährt das Bildnis des thronenden Herrschers in der 2. Hälfte des 10. Jahrhunderts, wenngleich in weitaus gesteigerter hieratischer Präsenz. Auf den sogenannten Meister des Registrum Gregorii oder kurz Gregormeister, jenen Buchkünstler, der vornehmlich für Egbert von Trier arbeitete und wie kein anderer ottonischer Künstler die antiken Qualitäten von Körperlichkeit und Raum umzusetzen vermochte, geht ein Thronbild zurück, das wahrscheinlich Otto II. zeigt (Trier, vor 983. Chantilly, Musée Condé, Ms. 14 bis). Der Herrscher sitzt frontal auf einem mit einem Baldachin überwölbten Thron, in seinen Händen Zepter und Reichsapfel. Vier weibliche, bezeichnete Personifikationen der Provinzen Germania, Francia, Italia und Alamannia huldigen ihm. Das Evangeliar Ottos III. (Reichenau, um 1000. München, Bayerische Staatsbibliothek, Clm 4453, siehe Abb. 9, S. 38) modifiziert das Thronbild des Gregormeisters, in dem es auf eine Doppelseite ausgedehnt und um Vertreter der geistlichen und weltlichen Großen des Reiches erweitert wird. Auf einer eigenen Seite nähern sich vier personifizierten Provinzen (hier: Sclavinia, Germania, Gallia und Roma) in demütig gebeugter Haltung. Eine nochmalige Steigerung gegenüber karolingischen Repräsentationsbildern ist im Aachener Liuthar-Codex zu beobachten (Reichenau, vor 1002. Aachen, Domschatz, siehe Abb. 73, S. 540). Otto III. thront nun christusgleich in einer Mandorla, umgeben von den vier

Evangelistensymbolen und gekrönt von der Hand Gottes. Das Krönungsmotiv findet sich auch in karolingischen Herrscherbildern wie demjenigen der Vivian-Bibel, der Anspruch jedoch, der mit dem Bildnis Ottos III. verbunden wurde, ist neu. Das vorangehende Widmungsgedicht fordert den Herrscher auf, das Evangelium als Grundlage seines Handelns zu verstehen, gleichsam als Vertreter Christi auf Erden – ein außerordentlicher, auch auf das päpstliche Selbstverständnis übergreifender Anspruch.

Neben karolingischen Modellen konnten die ottonischen Buchmaler offenbar auch direkt auf antike bzw. spätantike Vorbilder zurückgreifen. In Trier entsteht auf Veranlassung des Erzbischofs Egbert ein Evangelistar mit einem bilderreichen christologischen Zyklus, der eindeutig eine antike Vorlage rezipiert (Trier/Reichenau, 977–993. Trier, Stadtbibliothek, Hs. 24). Auch an dieser Handschrift war der Gregormeister beteiligt, dessen Verständnis der malerischen Qualitäten antiker Vorbilder in ottonischer Zeit singulär geblieben ist.

Thomas Labusiak

V.51

Evangelistar (Gero-Codex)

Reichenau, vor 969
Pergament, 176 Blätter, Deckfarbenmalerei.
H 29,5 cm, B 21,7 cm
Darmstadt, Universitäts- und Landesbibliothek, Hs 1948

Der sogenannte Gero-Codex enthält die Lesungen aus den vier Evangelien in der Reihenfolge des Kirchenjahres. Seine künstlerische Ausstattung konzentriert sich zunächst auf eine Folge paarweise angeordneter, figürlicher Miniaturen und Textzierseiten zu Beginn. Zwischen den Bildnissen der Evangelisten (fol. 1v, 2v, 3v und 4v) und einem Dedikationszyklus (fol. 6v und 7v) vermittelt die Darstellung der Majestas Domini (fol. 5v). Im liturgischen Teil werden die Hochfeste des Kirchenjahres durch Text- und Initialzierseiten hervorgehoben; zu Ostern findet sich zudem die Szene der Frauen am Grab, inkorporiert in eine Initiale (fol. 86r).

Das Evangelistar ist im Skriptorium des Benediktinerklosters Reichenau im Bodensee entstanden, das in den folgenden Jahrzehnten zum produktiven Ort äußerst anspruchsvoller Prachtcodices meist externer Auftraggeber bzw. Empfänger avancierte. Der Gero-Codex ist die früheste erhaltene Bilderhandschrift des Klosters aus ottonischer Zeit.

Den Widmungsgedichten und den Dedikationsbildern zufolge war die Handschrift für einen Custos Gero bestimmt gewesen, in dem mit guten Gründen der nachmalige Erzbischof von Köln erkannt werden kann (969–976). Das erste Dedikationsbild zeigt Gero entsprechend bei der Übergabe der Handschrift an den in monumentaler Größe thronenden Petrus, Patron der Kölner Kathedrale. Auf der folgenden Seite bekommt Gero die Handschrift seinerseits von Anno überreicht, der im Widmungsgedicht als Schreiber (*scriptor*) bezeichnet wird.

Der Dedikationszyklus orientiert sich eng an einer karolingischen Vorlage, wie sie mit den Widmungsbildern aus den *De laudibus s. crucis libri duo* des Hrabanus Maurus mehrfach überliefert ist. Dieses Modell wurde auf der Reichenau auch für eine wenig später entstandene Handschrift, das sogenannte Hornbacher Sakramentar, adaptiert und zu einer Folge von vier Miniaturen erweitert (um 983. Solothurn, Schatz der Kathedrale St. Ursen). Auch die Evangelisten und die Majestas Domini basieren auf einem karolingischen Vorbild von großer Strahlkraft. Ikonographie, Komposition und Figurenbildung können als Kopien entsprechender Miniaturen aus der Hofschule Karls des Großen angesehen werden, die im Lorscher Evangeliar erhalten geblieben sind (Aachen, um 810, Alba Iulia, Biblioteca

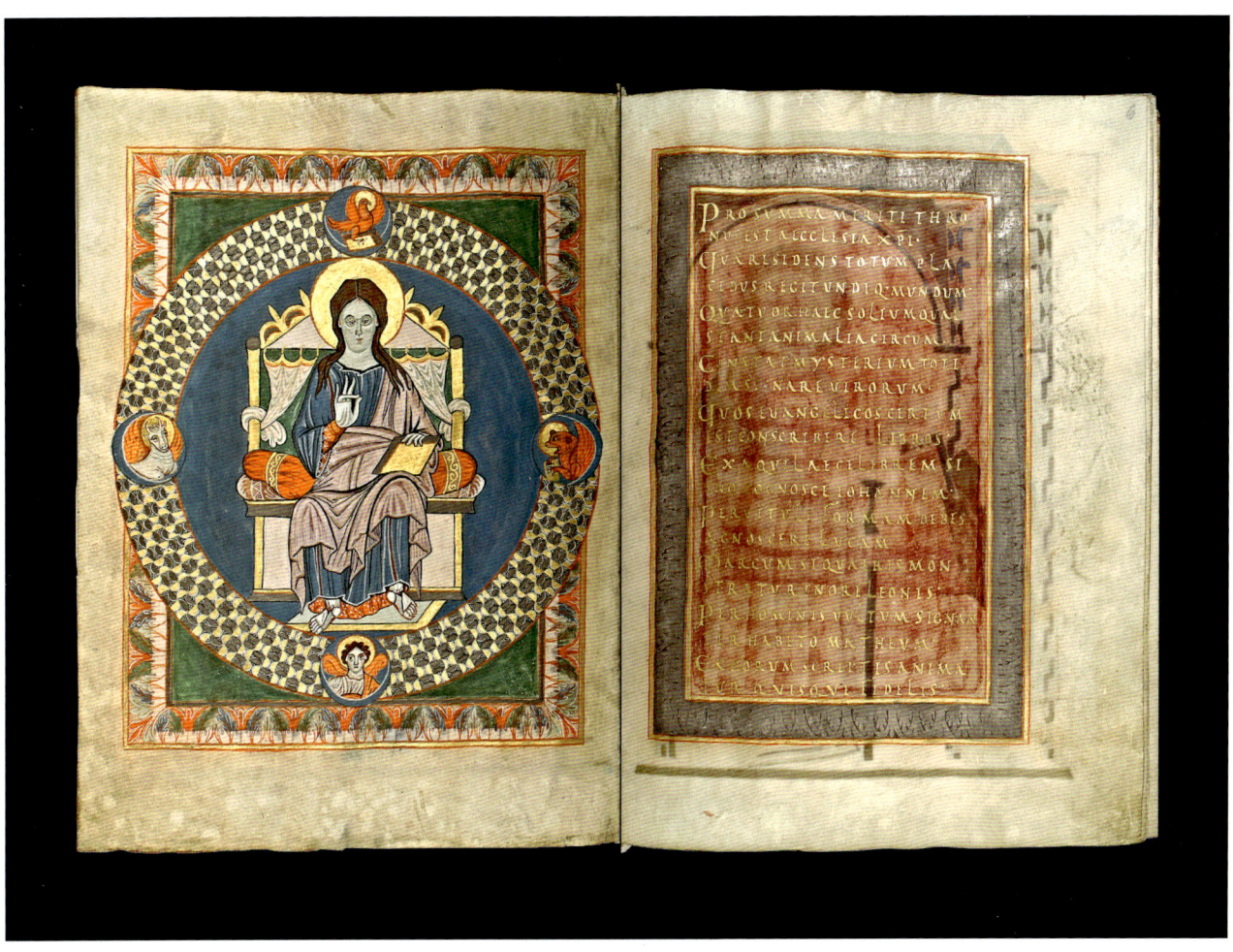

V.51, fol. 5v–6r

Batthyáneum, Ms. R. II,1 und Rom, Biblioteca Apostolica Vaticana, Pal. lat. 50). Die im karolingischen Evangeliar über die gesamte Handschrift verteilten Evangelistenbilder, die den jeweiligen Evangelien vorangestellt sind, wurden im Evangelistar für Gero zu einer geschlossenen Bilderfolge zusammengezogen, wie dies etwa bereits im gleichermaßen karolingerzeitlichen Godesscalc-Evangelistar der Fall gewesen war (781–783. Paris, Bibliothèque Nationale de France, Nouv. acq. lat. 1203). Die Majestas Domini des Lorscher Evangeliars wurde auch im Petershausener Sakramentar verarbeitet (vgl. Kat.-Nr. V.52).

Thomas Labusiak

Literatur

Ausst.-Kat- Magdeburg 2001, Nr. IV.32 (Rainer Kahsnitz); von Euw 1991; Labusiak 2009; Reudenbach 2009, Nr. 81 (Thomas Labusiak); Schmidt 1924.

V.52

Petershausener Sakramentar

Reichenau, um 980
Pergament, 266 Blätter; Deckfarbenmalerei, Gold und Silber. H 24 cm, B 18,5 cm
Heidelberg, Universitätsbibliothek, Cod. Sal. IX b

Das Sakramentar aus Petershausen ist im Skriptorium des Benediktinerklosters auf der Bodenseeinsel Reichenau entstanden. Es enthält die liturgischen Formulare für den am Altar zelebrierenden Priester. Dem Kalendar (fol. 2r–7v) zufolge war die Handschrift ursprünglich wohl für den Gebrauch auf der Reichenau selbst angelegt worden. Bereits früh gelangte sie jedoch in das 983 durch Bischof Gebhard II. (979–995) bei Konstanz gegründete Kloster Petershausen, wie die zahlreichen Nachträge belegen. Der reiche Buchschmuck umfasst zwei figürliche und zwölf ornamentale Zierseiten sowie 152 polychrome bzw. mit Gold und Silber gestaltete Initialen zu den

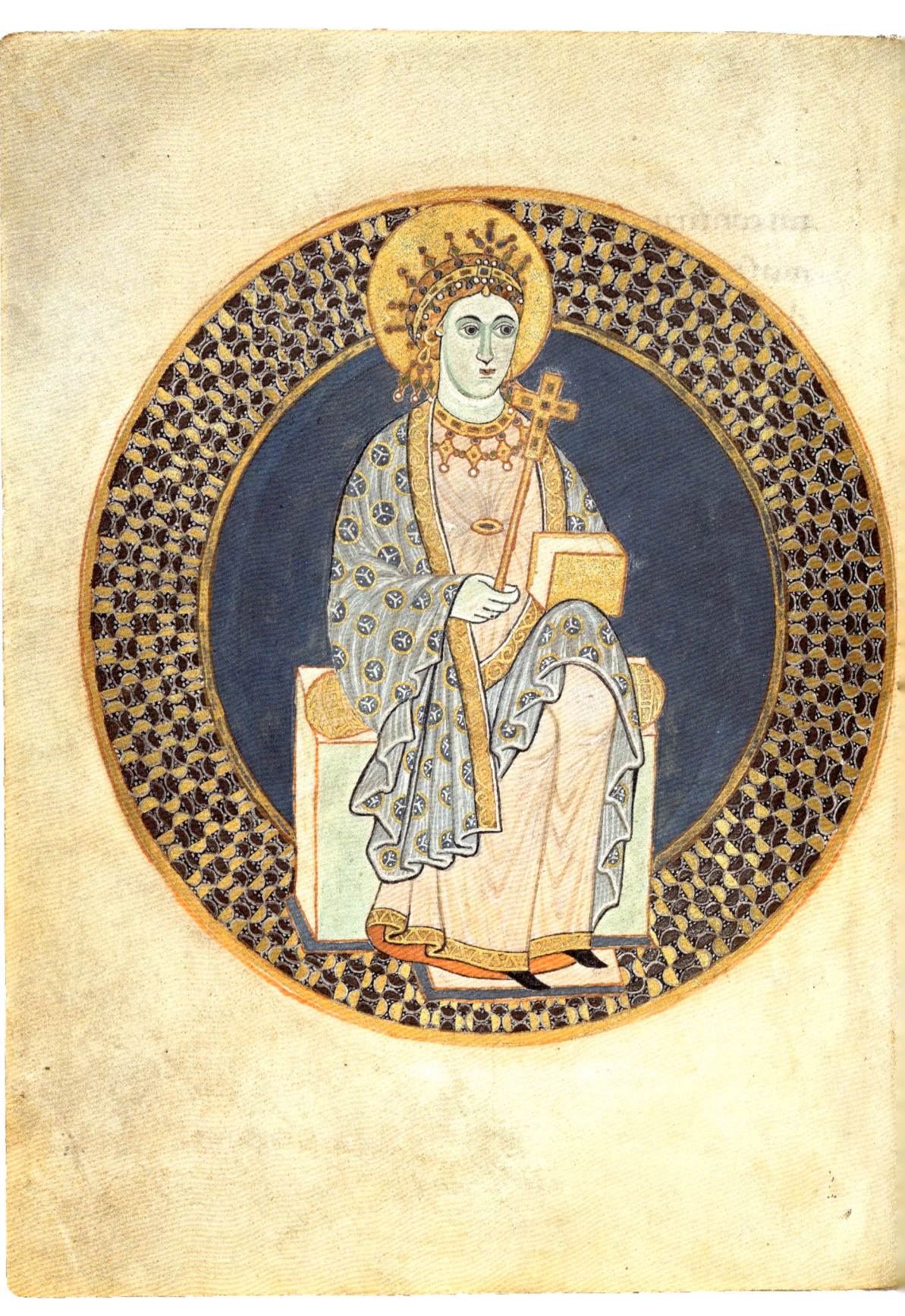

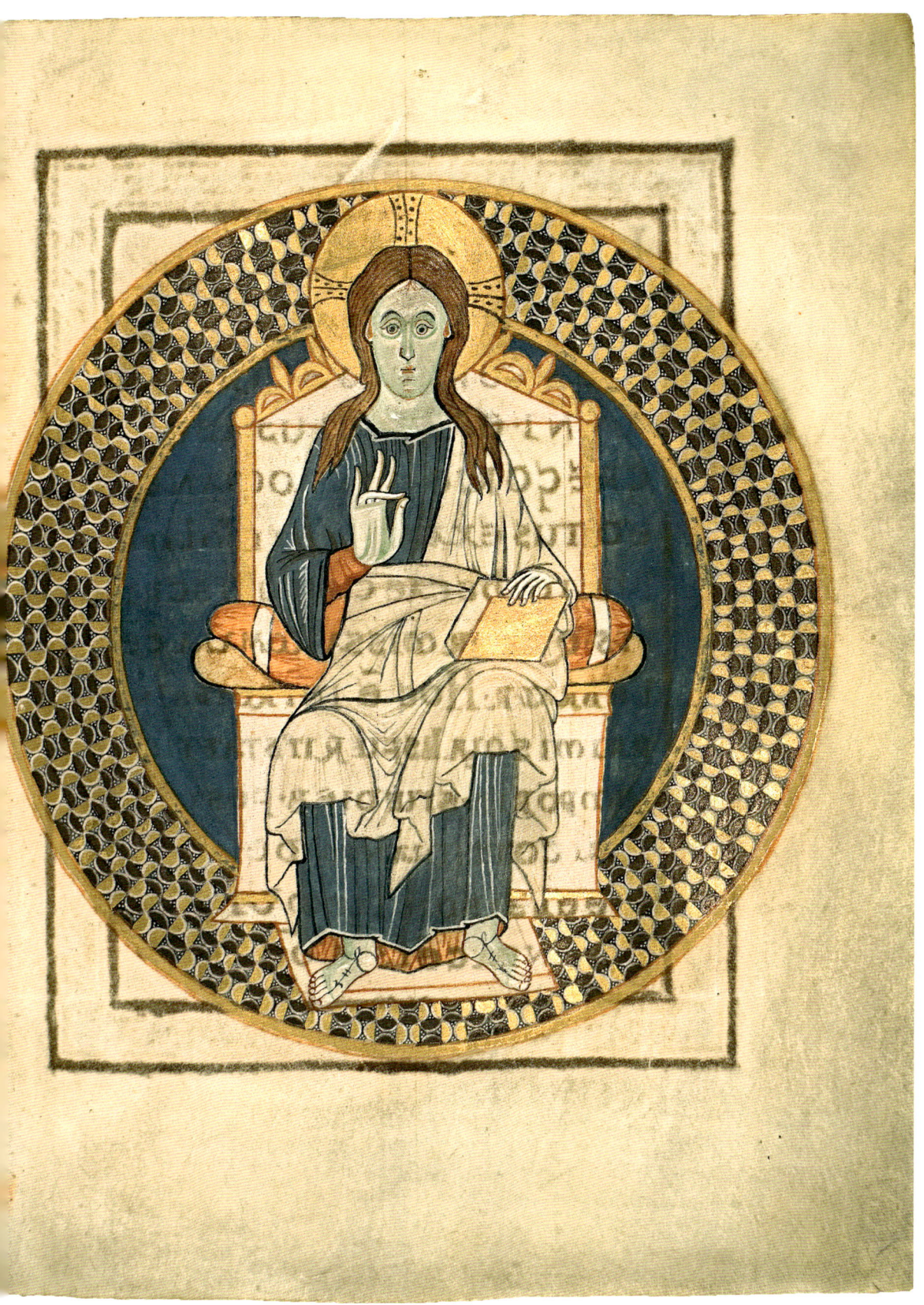

Texten der Sonn- und Feiertagsmessen. Eine Zäsur ist ab fol. 103r zu beobachten: Der Stil der Textinitialen ändert sich analog zum Textspiegel, der anstatt sechzehn nunmehr vierzehn Zeilen zählt. Den Erkenntnissen Hartmut Hoffmanns zufolge ist der Hauptschreiber des Sakramentars mit Anno, dem Schreiber des Gero-Codex (vgl. Kat.-Nr. V.51), identisch.

Vor dem Beginn des Sakramentarteils stehen sich zwei Bildseiten gegenüber, die die Muttergottes und Christus vor kleinteilig ornamentierten Medaillonrahmen zeigen (fol. 40v/41r). Das Christusbild variiert die Majestas-Domini-Komposition des Gero-Codex, der ihrerseits karolingische Modelle in der Art des Lorscher Evangeliars zugrunde liegen. In äußerster Reduktion verzichtet das Petershausener Sakramentar auf die Evangelistensymbole sowie auf eine rechteckige Rahmung. Christus sitzt frontal auf einem Kastenthron mit hoher Lehne. Seine rechte Hand ist segnend erhoben, die linke hält ein geschlossenes Buch. Ein großer goldener Nimbus hinterfängt sein Haupt. Auch Maria sitzt auf einem Kastenthron, ist allerdings leicht nach rechts gedreht dargestellt, also Christus zugewandt. Wie Christus trägt sie einen Codex in ihrer linken Hand, die rechte hält ein kostbares Kreuzzepter. Der prachtvoll ornamentierte Mantel trägt ebenso wie der Juwelenkragen und die perlenbesetzte Pendilienkrone zur majestätischen Erscheinung der Muttergottes bei, die auch als Sinnbild der Ecclesia gedeutet wurde.

Auf die Miniaturen folgt der *Canon missae*, der mit Text- und Initialzierseiten würdevoll geschmückt ist. Das *Vere dignum* bildet vor ornamentiertem Bildgrund eine Initialligatur, die mit dem Rahmen, den seinerseits ein geometrisch-polychromes Mäanderband füllt, durch komplexe Flechtknoten verbunden ist (fol. 43r). Die Verbindung beider Buchstaben ist als Kreuzform hervorgehoben. Die *Te igitur*-Seite baut sich aus zwei Arkaden auf, die einerseits als Rahmen dienen, andererseits aber in der mittleren Achse von der Initiale T wie von einem Pfeiler getragen werden (fol. 44v). Mit dem horizontalen Querbalken der Initiale bildet sich erneut eine Kreuzform. Beide Initialzierseiten verzichten auf weitere Buchstaben, die vollkommen ornamentalisierte Form der Initialen wird zugleich zum Inhaltsträger. Jeweils zwei weitere, paarweise angeordnete Text- und Initialzierseiten finden sich bei den Abschnitten zu Weihnachten und zu Ostern (fol. 54v/55r und 105v/106r).

Mit der Säkularisation der Abtei Petershausen im Jahr 1803 gelangte das Sakramentar über Salem in die Universitätsbibliothek Heidelberg.

Thomas Labusiak

Literatur

Ausst.-Kat. Köln 1991, Nr. 32 (Anton von Euw); Ausst.-Kat. Magdeburg 2001, Bd, 2, Nr. IV.33 (Rainer Kahsnitz); Hoffmann 1986, S. 320; Labusiak 2009, bes. S. 91; von Öchelhäuser 1887, Nr. 2; Schuba 1978.

V.53

Bleiamulett mit Kaiser Otto II. und Kaiserin Theophanu

Abendländisch, 972 oder 982/983
Blei. D 5,4–6 cm
Helsinki, Finnisches Nationalmuseum

Das durch eine Öse als Anhänger gedachte Medaillon überträgt das Bildformular der Elfenbeintafel im Musée de Cluny in das Münzformat. Die Vorderseite zeigt zentral in Frontalansicht und auf einem Suppedaneum Christus, der segnend seine Hände auf die Häupter der verkleinerten Assistenzfiguren legt, die zu seinen Seiten angeordnet sind. Das aus dem ikonographischen Schema der Traditio Legis stammende Bildformular wird byzantinischen Vorbildern folgend auf die inschriftlich bezeichneten Herrscher Otto II. (973–983) und Theophanu (*um 960, † 991) übertragen. Die Namensbeischriften sind säulenartig an den Außenkanten in griechischen Buchstaben ausgeschrieben: ΟΤΤΟΝαξ sowie ΘΕΟΦΑΝΥ, was auf eine rechteckige Bildvorlage schließen lässt Das Christusmonogramm erscheint doppelt. Die Rückseite zeigt ein falsch proportioniertes byzantinisches Stufenkreuz und eine verunklärte Umschrift, die um göttliche Hilfe bittet. Ein vergleichbares Bleimedaillon eines anderen Models ist aus St. Petersburg überliefert, wobei für beide der Verdacht einer Fälschung im 19. Jahrhundert geäußert wurde (Joachim Ott). In die Diskussion wurde das Stück 1953 durch Carl Nordman eingeführt, mit der Inschrift hat sich vor allem Franz Dölger beschäftigt.

Die Funktion solcher Bildscheiben in ihrer den höfischen Standards nicht entsprechenden Qualität ist unklar. Am ehesten sind sie mit Percy Ernst Schramm als Gunstbezeugungen für kleinere Dienstleistungen zu lesen, die die Eheschließung von Otto mit Theophanu im Jahre 972 propagieren sollen oder während des Italienzuges 982/983 entstanden. Der Aufgriff des Bildformulars, das für verschiedene byzantinische Kaiser bezeugt ist, zeigt jedenfalls den Anspruch des ottonischen Paares und die Orientierung an byzantinischen Hof- und Herrschaftsformen; die gegenüber dem Elfenbein schwächere Bildformulierung ist für Münzschneider nicht unüblich und steht einem solchen Anspruch nicht entgegen.

Klaus Gereon Beuckers

Literatur

Ausst.-Kat. Aachen 2000; Ausst.-Kat. Corvey 1966; Ausst.-Kat. Frankfurt am Main/Hildesheim 2005; Ausst.-Kat. Paderborn 1999; Diedrichs 2001; Dölger 1957; Nordman 1953; Ott 1998; Reudenbach 2009; Schramm/Mütherich 1983; Caillet 1993.

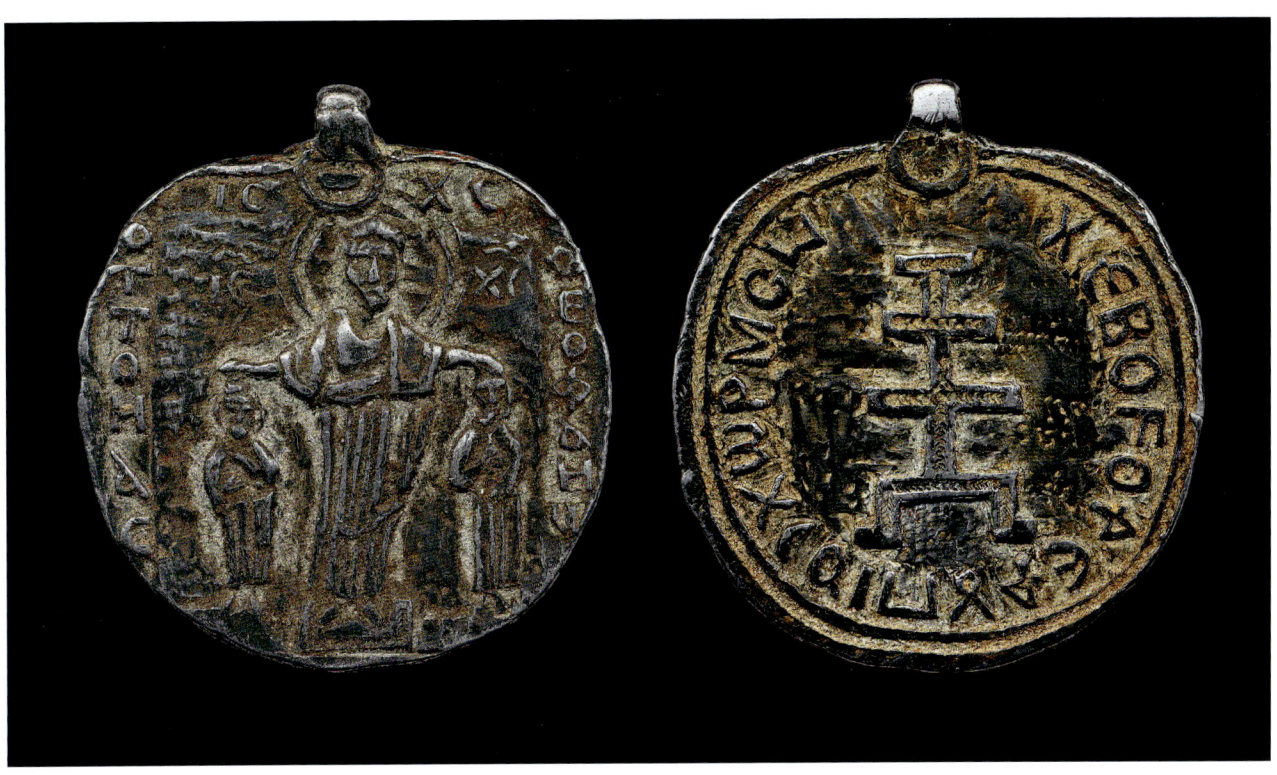

V.53

V.54

Halbmondohrring

Mainz, 980–1000
Gold, Edelsteine, Perlen. B 3,7 cm
Mainz, Generaldirektion Kulturelles Erbe Rheinland-Pfalz,
Landesmuseum Mainz, 0,356

Der mondsichelförmige Ohrring wurde 1904 bei Abriss- und tiefgründigen Ausschachtungsarbeiten im Bereich der ehemaligen Stadionerhofkaserne unweit der Fundstelle des berühmten Mainzer Kaiserinnenschmucks entdeckt. Nach dem Bericht von Ludwig Lindenschmit fand sich in einer Tiefe von vier Metern ein unstratifiziertes Konglomerat aus Brandschutt, Keramik und Metallobjekten unterschiedlicher Zeitstellungen. Neben Pingsdorfer Ware und „zwei Kugeltöpfen aus schwärzlichem und naturfarbigem Thon" wurde auch der Ohrring gefunden. Eine Goldmünze des byzantinischen Kaisers Romanos III. Argyros (1028–1034) stammt zwar ebenfalls aus diesem Areal, aber im Bericht wird nicht erwähnt, dass der Ohrring und die Goldmünze zusammen gefunden wurden, wie es bis heute immer wieder in der Literatur beschrieben wird.

Der Ohrring zeichnet sich durch eine relativ breite Mondsichel, stark nach innen einziehenden Spitzen und einem runden

Einsatz aus. An den abgerundeten Spitzen, die in dicken, mit Granulation besetzten Halbkugeln aus Goldblech enden, sind Ringösen angelötet, in denen der Tragebügel lose eingehakt ist. Die Vorderseite ist mit einem podestartigen Mittelfeld versehen, das von aufgefädelten Perlen (heute verloren) und einem Perldraht umgeben ist. Das Mittelfeld selbst ist mit ovalen mugeligen Edelsteinen in Schlaufenfassung, Perlen und Filigrandrahtkegeln verziert. Der Stein des runden Einsatzes an der inneren Mondbiegung fehlte bereits zum Zeitpunkt der Auffindung. Auf der Rückseite ist ein ausgeschnittenes Mittelfeld und zu den Spitzen hin sowie auf dem runden Einsatz sind Blütenstengel aus Filigrandraht erkennbar.

Der Ohrring gleicht bis auf wenige Details dem Ohrringpaar vom Mainzer Kaiserinnenschmuck und bildet daher mit diesem eine Gruppe. Weitere herstellungstechnische Details finden sich auch beim Brustschmuck des Kaiserinnenschmucks wieder, so beispielsweise die Schlaufenfassungen mancher Edelsteine oder die Perldrahtkegel und die aufgefädelten Perlen vom Loros. Durch die Hitzeeinwirkung im Zweiten Weltkrieg sind die Perlen sowie einige Edelsteine des Brustschmucks zwar vernichtet worden, doch die in Mainz befindliche originalgetreue Kopie lässt diese Details noch deutlich erkennen.

Über die Datierung des Mainzer Schatzfundes ist bereits vielfach diskutiert worden; sie bewegt sich zwischen 960 und 1060. Zumindest für die in Mainz befindliche Große Adlerfibel

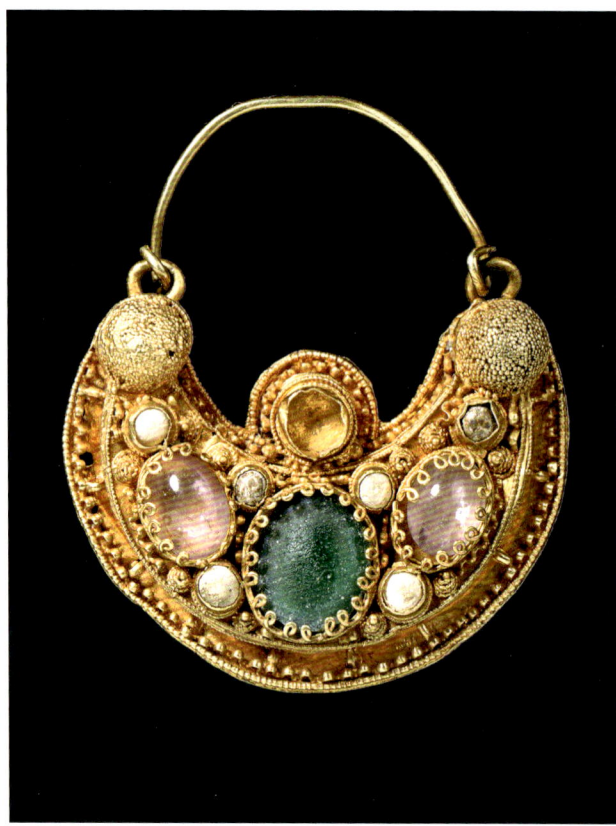

V.54

ist mittlerweile ein zeitlicher Ansatz von 980–1000 gesichert. Für die Datierung des einzelnen Halbmondohrrings kann derselbe Zeitraum angenommen werden; er ist damit deutlich älter als die gleichzeitig gefundene Goldmünze.

Obwohl der sogenannte kleine Schatzfund von 1904 etwa 70–100 m vom Mainzer Kaiserinnenschmuck entfernt lag, so legt doch die fast bis ins Detail gehende Ähnlichkeit der Ohrringe nahe, dass sie möglicherweise ursprünglich zu einem einzigen größeren Schmuckensemble gehörten. Bemerkenswert am Fundort ist auch die Tatsache, dass in diesem Areal das karolingische Thronfragment (vgl. Kat.-Nr. IV.2, Thronfragment, Mainz, Generaldirektion Kulturelles Erbe Rheinland-Pfalz, Direktion Landesmuseum Mainz, 10.6.1911) gefunden worden ist.

Birgit Heide

Literatur

Ausst.-Kat. Budapest 2000 u.a. (Antje Krug); Krug 1999, S. 10 f.; Lindenschmit 1904.

V.55

Sogenanntes Brustkreuz des heiligen Servatius

Mittelrhein (Trier), 3. Viertel 11. Jahrhundert
Holzkern, Elfenbein, Goldblech, Goldfiligran, Silberblech, getrieben, Steinschmuck, Zellenschmelz. Arme des Kruzifix angesetzt, Beine abgebrochen; Steinschmuck der Rahmenleiste weitgehend erneuert; der Silberblechbeschlag
der Rückseite mit größerer Fehlstelle am unteren Kreuzende.
Inschrift der Rückseite: SVB HA/C CRVCE CONTI/NETUR RELI/QVIE / DE LIGNO D(omi)NI / DE SEPVLCRO D(omi)NI DE [...] / [...] A S(ancti) LAVRENTII S(ancti) FELICIS EP(iscop)
I / S(ancti)PAVLINI EP(iscop)I / S(ancti) CORNELII PAPE S(an) C(t)I / PAVLINI DIAC(oni).
H 16,2 cm, B 11,2 cm
Maastricht, Basiliek Sint Servaaskerk Schatkamer

Das kleine Kreuz hat eine einfache lateinische Form und wird auf der Vorderseite von einer umlaufenden Zierleiste aus erlesenen Steinen und schmalen Zellenschmelzplättchen gerahmt. Das tiefer liegende Binnenfeld nimmt die Darstellung des Gekreuzigten auf. Eine T-förmige Fassung am oberen Kreuzende enthielt ursprünglich wohl eine Emailplatte mit der Kreuzesinschrift.

Nach der Inschrift der Rückseite enthielt das Kreuz im Innern ehemals Reliquien vom Kreuz und vom Grab Christi, ferner Überreste des heiligen Laurentius, der heiligen Trierer Bischöfe Felix und Paulinus, des Papstes Cornelius sowie des Diakons Paulinus. Die Auswahl der Heiligen, die sich ähnlich auch auf dem Trierer Petrusstabreliquiar im Limburger Domschatz wiederfindet, legt eine Entstehung im Trierer Umkreis nahe, und so wird man davon ausgehen dürfen, dass es einer der ottonischen Trierer Erzbischöfe war, der das Kreuz nach Maastricht stiftete, nachdem die Servatiusabtei 993 Eigentum des Trierer Bistums geworden war.

Die kunstgeschichtliche Einordnung des Kreuzes bereitet erhebliche Schwierigkeiten. Die historische Verbindung zu Trier und die Verwendung der anspruchsvollen Zellenschmelztechnik haben früh dazu geführt, die nächsten Vorbilder und Parallelen des Kreuzes unter den Werken der Trierer Egbertwerkstatt zu suchen, die in den Jahren zwischen 977 und 993 Hauptwerke der ottonischen Goldschmiedekunst wie den Andreas-Tragaltar im Trierer Domschatz, das Petrusstabreliquiar in Limburg oder den Buchdeckel des Codex aureus aus Echternach in Nürnberg, Germanisches Nationalmuseum, geschaffen hat. Doch lassen weder die einfachen Krallenfassungen des Steinschmucks noch die unregelmäßige Stegführung und die matten, unreinen Farben der Emails eine engere Verbindung mit der Werkstatt Erzbischof Egberts erkennen. Ähnliches gilt für

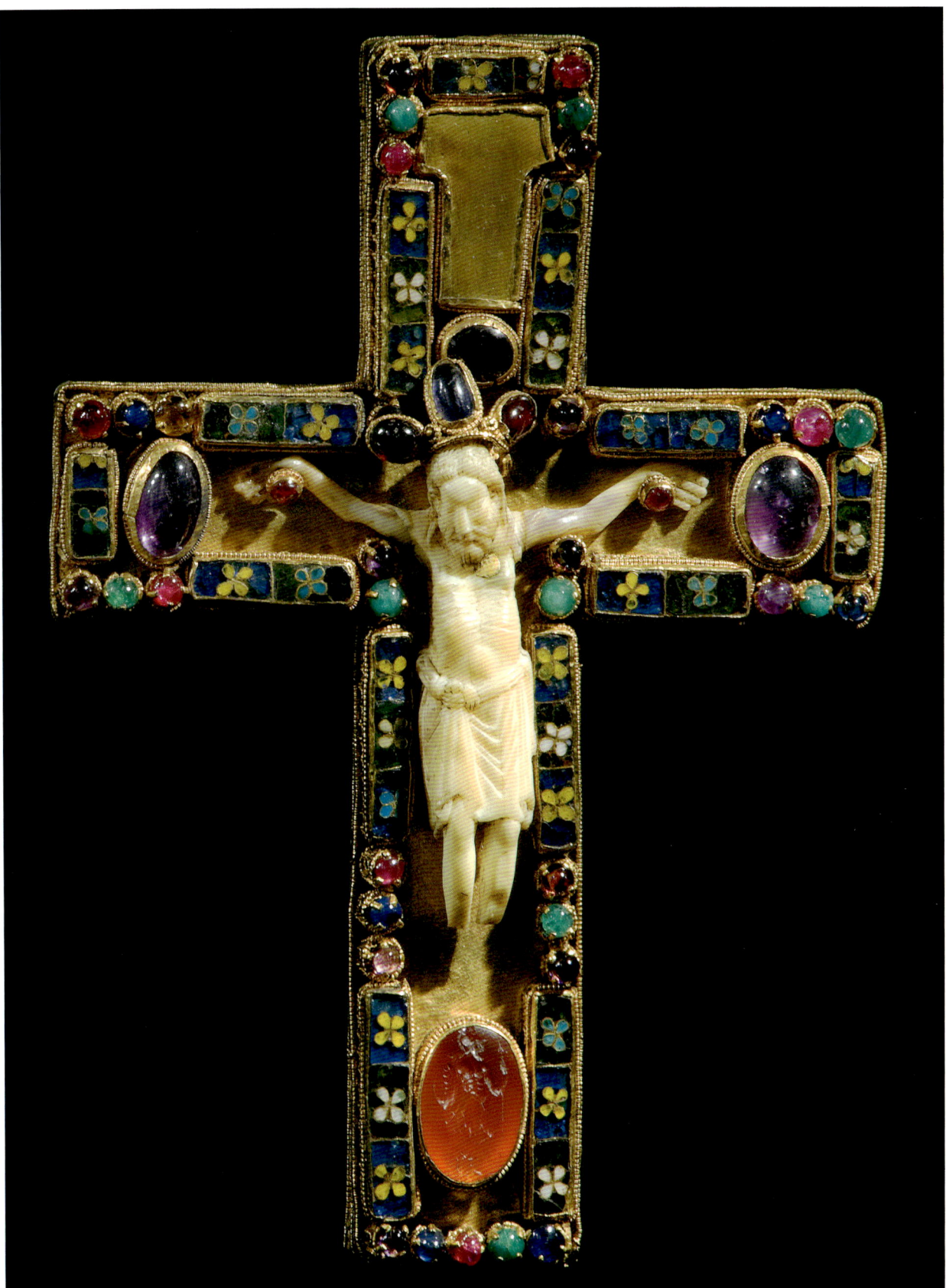

V.55

den Elfenbeinkruzifix des Kreuzes, der mit dem Kreuzigungsbild des Nürnberger Buchdeckels verglichen worden ist. Auch hier geht die Verwandtschaft nicht über allgemeine formale und motivische Gemeinsamkeiten hinaus. Schon der Typus ist völlig verschieden. Christus erscheint tot am Kreuz. Er hat die Augen geschlossen, das Haupt neigt sich nach vorn, die großen Hände sinken kraftlos herab. Die Darstellung folgt unmittelbar dem monumentalen Gerokreuz im Kölner Dom, dessen Einfluss in der Trierer Kunst der Jahrtausendwende sonst nirgends nachweisbar ist.

Stilistisch lässt sich der Kruzifix wohl eher mit den veränderten Formvorstellungen und ästhetischen Bestrebungen der spätottonischen Kunst verbinden, wie sie neben der Kölner und Lütticher Elfenbein- und Walrosszahnschnitzerei des mittleren 11. Jahrhunderts vor allem – in Typus und Zeitstil noch enger verwandt – das Buccokreuz im Halberstädter Domschatz zeigt, das nach Köln lokalisiert und in die Amtszeit Erzbischof Annos (1056–1075) datiert worden ist. Für Trier und das Mittelrheingebiet selbst bieten Werke wie die Federzeichnungen der zwischen 1067 und 1077 entstandenen Bibel aus Koblenz in Pommersfelden (Schlossbibliothek, Hs. 333/334) oder – in etwas weiterem Abstand – die kleine Elfenbeintafel mit Darstellung der Darbringung im Tempel und der Taufe Christi im Trierer Domschatz Beispiele für diese Entwicklung. Die Härte und Linearität der Faltengebung, aber auch Merkmale wie die Proportionen der Figuren, die stille Ausdruckskraft der Haltung und der Gesten finden sich in diesen Werken wieder.

Die Reliquien vom Kreuz und vom Grab Christi könnten durch Erzbischof Poppo (1016–1047) nach Trier gelangt sein, von dem eine Reise ins Heilige Land überliefert ist.

Michael Peter

Literatur

Ausst.-Kat. Köln/Brüssel 1972, Nr. C3 (Anton von Euw, Hiltrud Westermann-Angerhausen); Ausst.-Kat. Magdeburg 2006 (a), Bd. 2, Nr. II.43 (Martina Junghans); Eckenfels-Kunst 2008, S. 287–289, Nr. 31; Goldschmidt 1914/1918, Bd. 2, Nr. 172; Ronig 1993, Bd. 1, Nr. 47 (Andreas Weiner); Westermann-Angerhausen 1973, S. 138–139.

V.56

Klageverse auf den verstorbenen Kaiser Otto II. aus einem Registrum Gregorii

Trier, 983/984
Herkunft unbekannt (Stift Trier-St. Paulin?)
Pergament, Doppelblatt, Deckfarbenmalerei.
H 37,5 cm, B 29,5 cm
Trier, Stadtbibliothek/Stadtarchiv, Hs 171 a / 1626 a

Das Doppelblatt gehört zu einem Einzelblatt mit einer Miniatur Papst Gregors des Großen (590–604) (Stadtbibl. Trier, Hs 171 a). Wie dieses stammt es von der Hand des Gregormeisters. Blatt 2 des Bifoliums ist nicht beschrieben. Blatt 1v enthält das Incipit des Textes, einer (vermutlich nicht mehr vorhandenen und nicht mit der Registrum-Ausgabe der Trierer Handschrift 171/1626 2° identischen) Ausgabe der Briefe Papst Gregors des Großen. Es ist in goldenen Lettern auf abwechselnd rosabraunen und grünen Streifen geschrieben. Die Schrift ist eine antike Capitalis quadrata: *Incipit liber epistolarium Beati Gregorii Papae. Quas diversis in partibus transmittendo edidit et postea in unum corpus collectas eundem librum a pluribus placuit appellari Registrum.* Die Briefausgabe Gregors des Großen wurde später unter der Bezeichnung *Registrum* (Verzeichnis) überliefert.

Fol. 1r enthält einen Trauertext auf den Tod Kaiser Ottos II. (973–983). Er ist in Gold auf Purpur geschrieben. Der Text feiert zunächst das Friedensregiment des Herrschers. Otto habe das römische Zepter in Händen gehalten und Italien und die Franken mit Recht regiert. Dann wird mitgeteilt, Erzbischof Egbert (977–993) habe den Auftrag zur Herstellung der Handschrift noch zu Lebzeiten des Kaisers erteilt, und zwar zu Ehren des heiligen Petrus. Da der Apostel Petrus Patron des Trierer Domes ist, scheint damit erwiesen, dass die Handschrift ursprünglich Eigentum der Hohen Domkirche von Trier war. Zugleich habe er, Egbert, das Buch mit einem goldenen und mit Gemmen geschmückten Einband versehen lassen. Hierbei wird Egbert als *compater imperitoris* [Ottos] bezeichnet. Der Ausdruck *compater* bedeutet wörtlich übersetzt „Mitvater". Es meint den engen Vertrauten, in christlicher Zeit auch den Taufpaten. Hierauf folgt eine weitere Lobrede auf den Kaiser, seine Friedensliebe und seine gerechte Herrschaft. Es schließt sich die Aussage an, inzwischen sei der Kaiser in Rom verstorben und in St. Peter bestattet worden. Es seien Unruhen und Wirren ausgebrochen, wobei die – von Erzbischof Egbert aktiv unterstützten – Thronansprüche Heinrichs des Zänkers nicht explizit benannt werden. Doch dürfte sich aufgrund dieser letzten Bemerkungen die Entstehung des Textes in die Jahre 983 bis 985 datieren lassen. Allerdings kann die zugehörige Miniatur mit der Miniatur des diktierenden Papstes Gregor auch älter sein, falls sie vor

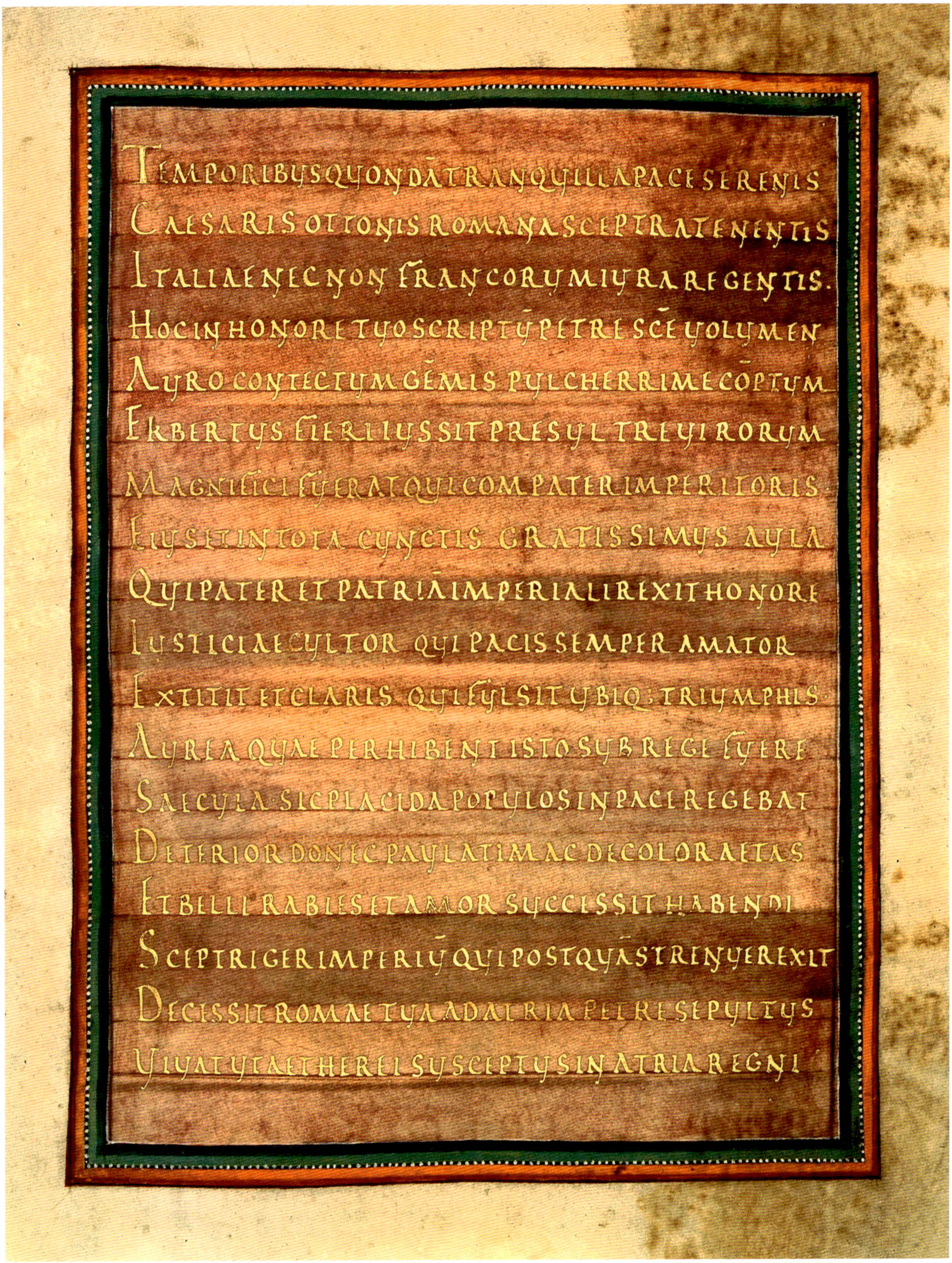
TEMPORIBUS QUONDĀ TRANQUILLA PACE SERENIS
CAESARIS OTTONIS ROMANA SCEPTRA TENENTIS
ITALIAE NEC NON FRANCORUM IURA REGENTIS.
HOC IN HONORE TUO SCRIPTŪ PETRE SCĒ VOLUMEN
AURO CONTECTUM GĒMIS PULCHERRIME COPTUM
EKBERTUS FIERI IUSSIT PRESUL TREVIRORUM
MAGNIFICI FUERAT QUI COMPATER IMPERITORIS.
EIUS ET IN TOTA CUNCTIS GRATISSIMUS AULA
QUI PATER ET PATRIĀ IMPERIALI REXIT HONORE
IUSTICIAE CULTOR QUI PACIS SEMPER AMATOR
EXTITIT ET CLARIS QUI FULSIT UBIQ; TRIUMPHIS.
AUREA QUAE PERHIBENT ISTO SUB REGE FUERE
SAECULA. SIC PLACIDA POPULOS IN PACE REGEBAT
DETERIOR DONEC PAULATIM AC DECOLOR AETAS
ET BELLI RABIES ET AMOR SUCCESSIT HABENDI
SCEPTRIGER IMPERIŪ QUI POSTQUĀ STRENUE REXIT
DECESSIT ROMAE TUA AD ATRIA PETRE SEPULTUS
VIVAT UT AETHEREI SUSCEPTUS IN ATRIA REGNI

V.56, fol. 1r

dem Text angefertigt und dann zur Seite gelegt worden sein sollte, eine Überlegung, die Hartmut Hoffmann anstellt.

Das Doppelblatt gelangte im Jahre 1827 aus dem Vorbesitz des Trierer Richters und Sammlers Johann Peter Job Hermes in den Besitz der Trierer Stadtbibliothek.

Michael Embach

Quellen
Registrum Gregorii.

Literatur
Hoffmann 1986, Bd. 1, S. 489 f. und Bd. 2, Abb. 296 [Abb. unvollständig]; McKitterick 2001, hier S. 216 [mit Abb.]; Nitschke 1966; Ronig 1999; Schramm/Mütherich 1983, Nr. 82.

V.57

Evangeliar aus der Sainte-Chapelle

Trier, um 984/985
Pergament, 156 Blätter, Deckfarbenmalerei.
H 38,5 cm, B 28 cm
Paris, Bibliothèque nationale de France, Ms. lat. 8851

Das durchgehend in goldener Tinte geschriebene Evangeliar der Sainte-Chapelle zählt zu den künstlerisch anspruchsvollsten Evangeliaren ottonischer Zeit und ist zugleich ein Hauptwerk der Trierer Buchmalerei bzw. desjenigen Künstlers, der als Meister des Registrum Gregorii bzw. als Gregormeister bezeichnet wird (vgl. Kat.-Nr. V.56).

Die künstlerische Ausstattung beginnt mit einer Darstellung der Majestas Domini (fol. 1v). Christus thront in einer goldgrundigen Mandorla in strenger Frontalität auf einem Kastenthron, die rechte Hand im Segensgestus erhoben. Ein griechischer Titulus zitiert Psalm 114,13. Um die zentrale Gestalt Christi gruppieren sich tief über ihre Schreibpulte gebeugt die vier Evangelisten. Ihnen zugeordnet sind die Evangelistensymbole in eigenen, kreisrunden Medaillons.

Auf die kanonischen Texte des Kirchenvaters und Bibelübersetzers Hieronymus folgen zwölf Kanontafeln (fol. 9r–14r). Die äußerst differenziert gestalteten Marmorsäulen tragen Arkaden, über denen sich ohne einen Architrav ein weiter Bogen spannt. An den Bogenansätzen wachsen paarweise Blumen und rankende Pflanzen, über denen sich verschiedene Vogelarten, darunter Hähne, Enten und Pfaue tummeln. Zwei Kanontafeln zeigen an dieser Stelle Figuren, die bäuerliche und handwerkliche Tätigkeiten ausüben (fol. 11v/12r).

An die Kanontafeln schließt sich das erste Evangelistenbild mit dem gegenüberliegenden Incipit an, das als prächtige Textzierseite angelegt ist (fol. 15v/16r). In einer eindrucksvollen Architekturkulisse sitzt Matthäus auf einem Faltstuhl. Im Tympanon der auf zwei Marmorsäulen ruhenden Arkade erscheint der Engel als Symbol des Evangelisten. Zwei zurückgezogene Vorhänge, die an den Säulenschäften befestigt sind, geben den Blick auf Matthäus frei. Er schreibt in ein Buch, das vor ihm auf einem eigenen Buchständer liegt.

Den Rahmen der Textzierseite gegenüber besetzen vier Medaillons mit goldfarbenen Münzportraits, die namentlich bezeichnet sind. Oben: OTTO IMPERATOR AVG[ustus] ROMANOR[um], links: HEINRICVS REX FRANCORV[m], rechts: HENRICUS REX FRANCORVM und unten: OTTO IVNIOR IMPERATOR AVGVST[u]S. Unterschieden wird demnach zwischen einem Kaiser Otto und einem jüngeren Kaiser Otto sowie Heinrich, der als König der Franken tituliert und zweimal dargestellt wird. Carl Nordenfalk deutete die Herrscher überzeugend als Otto den Großen und Otto II. In Heinrich sei der bayerische Herzog Heinrich der Zänker zu erkennen, der nach dem überraschenden Tod Ottos II. im Dezember 983 anstelle des noch unmündigen Ottos III. nach der Königswürde gegriffen hatte und Ostern 984 in Quedlinburg von seinen Anhängern zum König gewählt worden war. Auch der Trierer Erzbischof Egbert hatte sich auf die Seite Heinrichs gestellt, bevor er sich 985, wie Heinrich, der Kaiserin Theophanu unterwerfen und Otto III. als Thronfolger akzeptieren musste. Eine Entstehung des Evangeliars in Trier in den Jahren 984/985, womöglich als Geschenk Egberts an Heinrich, ist damit wahrscheinlich. Für diese These spricht auch, dass die Handschrift unvollendet geblieben ist: Zu Beginn war vermutlich ein Widmungsgedicht geplant (fol. 1r), das nicht mehr zur Ausführung kam. Zudem bricht das *Capitulare evangeliorum* am Ende der Handschrift unvermittelt ab.

Auf der folgenden Seite beginnt das Matthäus-Evangelium mit einer Initialzierseite (fol. 16v). Die ersten beiden Buchstaben des ersten Wortes Liber (generationis) sind als große Initialen mit goldenen Buchstabenkörpern gebildet, deren Enden als symmetrisch geflochtene Knoten gestaltet sind. Vor einem purpurfarbenen Streifengrund, der seinerseits von einem grünen Fond hinterfangen wird, stehen die Buchstaben in klaren, an die klassische Capitalis Quadrata angelehnten Formen. In rechteckigen Bildfeldern auf den Ecken des Rahmens erscheinen die vier Evangelistensymbole. Runde Medaillons in der jeweiligen Rahmenmitte zeigen Personifikationen der Kardinaltugenden PRVDENTIA (Weisheit), TE[M]PERANTIA (Mäßigung), FORTITVDO (Tapferkeit) und IVSTITIA (Gerechtigkeit).

Auch die drei weiteren Evangelien leiten Bilder der Evangelisten ein. Das grundlegende Bildschema aus monumentaler Evangelistenfigur, Architekturkulisse und Tympanon mit Evangelistensymbol wiederholt sich, wird aber in der Ausstattung und im ornamentalen Detail stark variiert. So sitzt Markus fron-

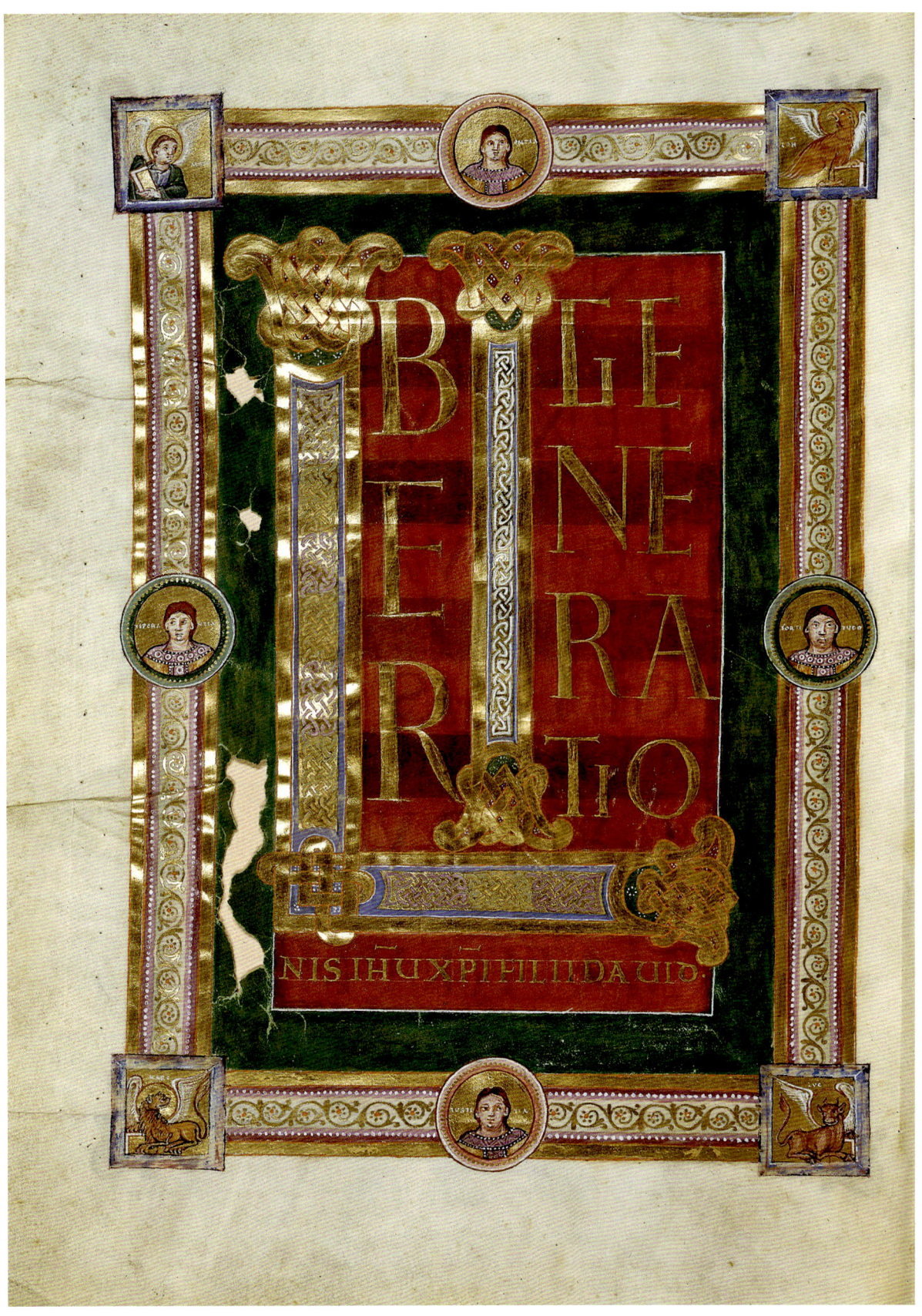

V.57, fol. 16v

tal vor einer zusätzlichen Arkadenreihe und ist zudem durch sein Pallium als Bischof von Alexandria gekennzeichnet (fol. 52v), während im Hintergrund des Evangelisten Lukas Säulen einen Architrav tragen (fol. 75v). Johannes schließlich sitzt auf einem übergroßen Gemmenthron, über dessen Lehne ein grünes Tuch fällt (fol. 115v).

Die Miniaturen des Evangeliars aus der Sainte-Chapelle gehen auf karolingische Vorbilder zurück. Der Majestas Domini-Komposition liegen Modelle in der Art der Vivian-Bibel (Tours, um 846. Bibliothèque Nationale de France, Ms. lat. 1) zugrunde, die allerdings durch die Aufnahme alttestamentlicher Propheten inhaltlich weitaus komplexer angelegt sind (vgl. Kat.-Nr. V.58). Für das Trierer Kloster St. Maximin ist eine großformatige, touronische Bibel in Fragmenten nachzuweisen. Dagegen rekurrieren die Evangelistenbilder auf Modelle aus der Hofschule Karls des Großen, wie sie wiederum in Trier selbst mit dem Ada-Evangeliar erhalten geblieben sind, das ebenfalls in St. Maximin aufbewahrt wurde (frühes 9. Jahrhundert. Stadtbibliothek, Ms. 22).

Im *Capitulare evangeliorum* findet sich ein Hinweis auf das Trierer Kloster St. Maria ad Martyres, womöglich Bestimmungsort des Evangeliars. Im 14. Jahrhundert befand sich die Handschrift in Frankreich. 1379 gelangte es als Geschenk des französischen Königs Karl V., auf dessen Veranlassung eine kostbare Goldschmiedearbeit als Deckel angefertigt wurde, in den Schatz der Sainte-Chapelle in Paris. Im Mai 1791 wurde das Evangeliar auf Anordnung Ludwigs XVI. in die Bibliothèque royale überwiesen.

Thomas Labusiak

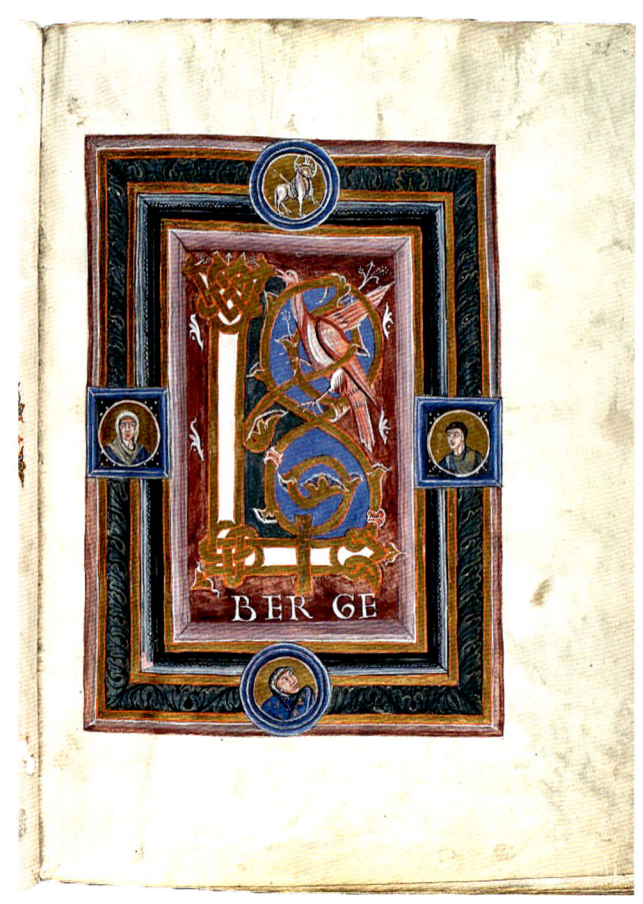

V.58, fol. 22v

Literatur

Ausst.-Kat. Paris 2001, Nr. 59 (Marie-Pierre Laffitte und Danielle Gaborit-Chopin); Avril/Rabel 1995, Nr. 55; Hoffmann 1986, S. 483; Kahsnitz 1991; Nitschke 1966, S. 12, 27 f., 33 f. u. 58–64; Nordenfalk 1972; Schramm/Mütherich 1962, Nr. 83; Weiner 1993, hier Nr. 12.

V.58

Evangeliar aus St. Gereon

Köln, zwischen 984 und 996
Pergament, 223 Blätter, Deckfarbenmalerei.
H 32,8 cm, B 24,2 cm
Köln, Historisches Archiv der Stadt Köln, Cod. W 312

Das Evangeliar, das aus der Kölner Stiftskirche St. Gereon stammen soll, enthält die vier Evangelien als Volltexte sowie die seit karolingischer Zeit üblichen Prologe und Verzeichnis-

se. Die reiche künstlerische Ausstattung der Handschrift beginnt mit einer Darstellung der Majestas Domini (fol. 12v): Der thronende Christus wird von zwei als Cherubim bezeichneten Engeln flankiert. Die Symbole der vier Evangelisten begleiten Christus ebenso wie die vier namentlich benannten Propheten des Alten Testaments ESAIAS, DANIEL, EZECHIEL und IHER[E] MIAS. Es folgt eine Reihe von zwölf Kanontafeln, die die Konkordanztabellen des Eusebius mit den inhaltlichen Parallelstellen der Evangelien wiedergeben (fol. 14r–19v). Das gestalterische Schema der Tafeln ist klar und verbindlich angelegt: Marmorierte Säulen mit mehrfach abgestufter Basis und Blattkapitellen tragen halbkreisförmige Arkaden, über denen sich Dreiecksgiebel erheben. Das ornamentale Repertoire hingegen variiert detailreich.

Die Evangelien selbst werden jeweils von einem Evangelistenbild und drei Zierseiten eingeleitet, die sich aus Incipit, ganzseitiger Initiale und Textzierseite zusammensetzen. Während die Textzierseiten durch monochrome purpurfarbene Bildgründe hervorgehoben werden, sitzen die monumentalen Figuren der Evangelisten in ihrer kraftvollen Präsenz vor sphärischen Streifengründen. Auf die Evangelistensymbole wird, wie dies in der ottonischen Kölner Buchmalerei allgemein üblich werden wird, verzichtet. Die Evangelisten sind in unterschiedlichen Stadien des Schreibens dargestellt: Matthäus hält die Schreibfeder sinnend in der Hand, neben sich den aufgeschlagenen Codex. Markus sitzt in Seitenansicht tief über sein Pult gebeugt und schreibt. Lukas taucht seine Feder in das Tintenfaß und Johannes prüft seine Feder mit kritischem Blick.

Eine Besonderheit findet sich zu Beginn des Matthäus-Evangeliums (fol. 22r). Im mehrfach abgestuften Rahmen der Initialzierseite, die den Text LIBER GE[nerationes] einleitet, sind vier Medaillons eingefügt, die das Lamm Gottes sowie eine männliche und zwei weibliche Figurenbüsten zeigen. Eine Deutung der Figuren als Kaiserin Theophanu, Kaiserinwitwe Adelheid und jugendlichen Otto III. zieht eine Entstehung der Handschrift vor 996 nach sich, dem Jahr der Kaiserkrönung Ottos III. Die Frauen hatten nach dem Tode Ottos II. seit 984 die Herrschaft für den noch unmündigen Otto III. ausgeübt. Eine vergleichbare Komposition liegt der Initialzierseite zu Johannes (IN PRINCIPIO ERAT VERBU[M], fol. 161r) zugrunde. Quadratische Bildfelder auf den Rahmenecken zeigen die Symbole der vier Evangelisten. In einem großen Medaillon vor der Initialligatur erscheint zudem Christus. Inhaltlich nimmt die Zierseite damit Bezug auf die Majestas-Domini-Komposition am Anfang des Evangeliars.

Der Zierausstattung liegen zwei unterschiedliche Quellbereiche zugrunde. Während die Majestas Domini in Komposition und Ikonographie auf karolingische Modelle zurückweist, die Altes und Neues Testament in der Herrlichkeit des richtenden Christus zusammenführten und vor allem aus Tours überliefert sind, folgen die Kanontafeln und Evangelistenbilder jenen Werken, die etwa gleichzeitig in Trier entstanden sind und dem sogenannten Gregormeister zugeschrieben wurden. Vor allem das unvollständig erhaltene Evangeliar in Manchester scheint eine wesentliche Rolle gespielt zu haben (vgl. Kat.-Nr. V.56). Ähnliche münzartige Bildnismedaillons ottonischer Herrscher besitzt auch das Evangeliar der Sainte-Chapelle in Paris (vgl. Kat.-Nr. V.57).

Für die ottonische Kölner Buchmalerei gilt das Evangeliar aus St. Gereon als eines der frühesten erhaltenen Zeugnisse. Charakteristisch sind die schlanken Figuren mit ihren prachtvoll geschilderten Gewändern und die kräftigen Farben mit einer reichen Verwendung reinen Weißes im Sinne der Lichtmalerei. Als Entstehungsort wird seit langem das Benediktinerkloster St. Pantaleon vermutet.

Für den ursprünglichen Verwendungsort des Evangeliars finden sich dagegen in der Handschrift keine Anhaltspunkte. Die Herkunft aus der Kölner Stiftskirche St. Gereon überliefert lediglich der Sammler Ferdinand Franz Wallraf, über den die Handschrift schließlich im 19. Jahrhundert in das Historische Archiv der Stadt gelangte.

Thomas Labusiak

Literatur
Ausst.-Kat. Köln 1985, Nr. E 38 (Roswitha Neu-Kock); Ausst.-Kat. Köln 1991, Nr. 2 (Anton von Euw); Bloch/Schnitzler 1967–1970, Bd. 1, S. 25–31 mit Taf. 9–41, Bd. 2; Kahsnitz 1991; Labusiak 2011 (b); Reudenbach 2009, Nr. 280.

V.59

Evangeliar

Trier, letztes Viertel 10. Jahrhundert
Pergament, 205 Blätter, Deckfarbenmalerei, Gold.
H 24 cm, B 19 cm
Manchester, John Rylands Library, Ms.lat. 98

Das Evangeliar aus Manchester gilt als Werk des sogenannten Meisters des Registrum Gregorii bzw. Gregormeisters, jenes vornehmlich in Trier tätigen, namenlos überlieferten Buchmalers, der im späteren 10. Jahrhundert spätantike Vorbilder mit singulärem Gespür für Raum und Körperlichkeit umgesetzt hatte. Auch das Evangeliar der Sainte-Chapelle stammt von seiner Hand (vgl. Kat.-Nr. V.57).

Die Handschrift enthält die vier Evangelien sowie die üblichen Vorreden und Briefe. Die Textseiten sind in 25 Zeilen angelegt. Den Hauptschreiber ordnet Hartmut Hoffmann dem Umkreis des Codex Egberti zu (Reichenau/Trier, um 977–993, wahrscheinlich vor 984/985. Trier, Stadtbibliothek, Ms. 24). An den Seitenrändern der Evangelientexte wurden Verweise auf inhaltliche Parallelstellen vermerkt, die die vorgeschalteten Konkordanztafeln des Eusebius gleichsam nutzungsbezogen ergänzen.

Die Evangelienhandschrift ist unvollständig erhalten geblieben. Für den ursprünglichen Bestand sind mindestens die vier Evangelistenbilder vorauszusetzen, womöglich auch noch weiterer figürlicher Schmuck. Bewahrt blieben eine Folge von zwölf Kanontafeln (fol. 10r–15v), Initialzierseiten zum Beginn des Hieronymusbriefes *novum opus* an Papst Damasus (fol. 1v) und an den Anfängen der vier Evangelien (fol. 16r, 65r, 98r und 154r). Während die im Textverlauf stehende Vorrede zu Matthäus nur mit einer goldenen Initiale eingeleitet wird (fol. 6r), ist der Textbeginn der Vorreden zu den Evangelien nach Markus, Lukas und Johannes jeweils als Zierseite mit alternierend purpurfarben und grün hinterlegten Zeilen hervorgehoben (fol. 61v, 93v und 150v). Den Initialzierseiten zu Markus und Johannes stehen zudem gerahmte Textzierseiten als Incipit gegenüber (fol. 64v und 153v).

Die zwölf Kanontafeln folgen einem einheitlichen Konstruktionsprinzip. Polychrom marmorierte Säulen erheben sich auf abgestuften Basen und tragen über Blattkapitellen breite

Architrave mit dreieckigen Giebelaufbauten. Kanontafeln auf gegenüberliegenden Seiten verbindet zudem eine einheitliche Farbpalette. Die Initialzierseiten sind kompakt und ausgewogen komponiert. Die großen goldenen Buchstabenkörper der Initialen fügen sich eng an den mehrfach abgestuften Rahmen bzw. sind im Fall des Markusevangeliums sogar mit diesem verknotet.

Die Rahmen der Zierseiten zum Matthäus- und Johannesevangelium sind mit Medaillons besetzt. Zu Johannes finden sich Darstellungen der vier Evangelisten auf der Textzierseite und korrespondierend ihre Symbole auf der gegenüberliegenden Initialzierseite, wo in einem weiteren Medaillon im Zentrum des Bildfeldes das Agnus Dei erscheint. Der Rahmen der Initialzierseite zu Matthäus trägt Medaillons männlicher Büsten. Diese Bildnismedaillons knüpfen an Münzportraits an, die im Evangeliar der Sainte-Chapelle zu finden sind und ihrerseits auf karolingische Modelle zurückgehen. Die Manchester-Bildnisse sind ausführlich bezeichnet. Oben: ROMANE R[ei] P[ublice] DIVE MEM[orie] OTTO IMPER[ator] AVG[ustus], unten: A D[eo] CORONATVS ROMANE R[ei] P[ublice] OTTO IMP[erator] AVG[ustus], links und rechts: XRI[sti]ANE RELIGIONIS ET ROMANE R[ei] P[ublice] OTTO IMP[erator] AVG[ustus]. Alle vier Herrscher sind mit Otto benannt und werden als Kaiser des römischen Staates tituliert. Rainer Kahsnitz identifizierte den oberen Herrscher aufgrund des Zusatzes *dive memorie* als den bereits verstorbenen Otto I. (936–973) und erkannte im unteren Herrscher ein Bildnis Ottos II. (973–983). Die simultan dargestellten und bezeichneten Herrscher links und rechts seien Bildnisse des amtierenden Kaisers Otto III. (983–1002). Damit müsste die Handschrift nach 996, dem Jahr der Kaiserkrönung Ottos III., entstanden sein. Christoph Winterer gibt dagegen zu bedenken, dass diese Spätdatierung für die Chronologie der ottonischen Kölner Buchmalerei problematisch sei. Er postuliert eine Entstehung vor 991, dem Todesjahr der Kaiserin Theophanu (*um 960). Der Kaisertitel für Otto III. sei als eine Art von „panegyrischem Vorgriff" zu verstehen, den er auf den Trierer Erzbischof Egbert (977–993) zurückführt.

Jedenfalls muss sich die Handschrift gegen Ende des 10. Jahrhunderts bereits in Köln befunden haben, da sie für die Entwicklung der Kölner Buchmalerei in ottonischer Zeit eine bedeutende Rolle spielte. Die Kanontafeln des Evangeliars aus St. Gereon (Kat.-Nr.V.5 g) können als Kopien nach dem Manchester-Vorbild angesehen werden. Ebenso nahmen die Kölner Buchkünstler die Bildnismedaillons in ihr Repertoire auf (vgl. Kat.-Nr. V.60). Auch die verlorenen Evangelistenbilder scheinen rezipiert worden zu sein, wenngleich erst in späteren Kölner Handschriften wie einem Evangeliar aus dem 3. Viertel des 11. Jahrhunderts, das sich heute in Stuttgart befindet (Württembergische Landesbibliothek, Bibl. fol. 21).

1843 gelangte die Handschrift in die Bibliothek der Bollandisten in Brüssel und von dort nach England, wo sie 1901 aus der Bibliotheca Lindesiana des Earl of Crawford and Ballcarres für die John Rylands Library in Manchester angekauft wurde.

Thomas Labusiak

Literatur

Ausst.-Kat. Hildesheim 1993, Nr. II-37 (Ulrich Kuder); Bloch/Schnitzler 1967–1970, Bd. 2, S. 15–21; James 1921, S. 176–179; Kahsnitz 1991; Nitschke 1966, S. 72–74; Nordenfalk 1972; Hoffmann 1986, S. 479 f.; Weiner 1993, hier Nr. 16; Winterer 2010, S. 21–27.

V.60

Evangeliar

Köln, um 1000
Pergament, 250 Blätter, Deckfarbenmalerei.
H 26,8 cm, B 20,8 cm
Gießen, Universitätsbibliothek, Cod. 660

Zu Beginn der Handschrift stehen eine ganzseitige Miniatur der Majestas Domini und eine gegenüberliegende Textzierseite (fol. 1v/2r). Der frontal thronende Christus wird von den vier namentlich bezeichneten Evangelistensymbolen begleitet. Es folgt eine Darstellung des Hieronymus und seines Schreibers, wiederum mit einer Textzierseite kombiniert (fol. 2v/3r). Hieronymus wird beschrieben als „größter Beter und Erarbeiter des alten Schrifttums, der alles in die lateinische Schreibart" übertragen habe (*Maximus orator scripti veterisq[ue] relator; Transtulit in stilum Geronimus omne latinum*). Die Reihe der Kanontafeln ist nur reduziert erhalten (fol. 3v–7r). Ursprünglich auf zwölf Seiten angelegt, fehlen ein Doppelblatt und damit vier Tabellen. Eine Abfolge von jeweils vier weiteren Zierseiten leitet die Evangelien ein. Die Kapitelverzeichnisse, deren Schluss jeweils von Textzierseiten hervorgehoben wird, sind den Evangelien vorgeschaltet. Sie stehen den Miniaturen der Evangelisten gegenüber. Dass das Ende der Kapitelverzeichnisse in dieser Weise hervorgehoben wird, ist ungewöhnlich und wohl der strukturellen Vereinheitlichung der Handschrift geschuldet, die die Zierseiten durchwegs paarweise anordnet. Es folgen Incipit und Initialzierseite. Zu Johannes ist vor der Textzierseite zum Ende der Kapitelübersicht ein ganzseitiges Bild der Kreuzigung Christi eingeschoben (fol. 188r). Die Handschrift schließt mit dem *Capitulare Evangeliorum*, dem Verzeichnis der Evangelienlesungen in der Reihenfolge des Kirchenjahres (fol. 236v–250r).

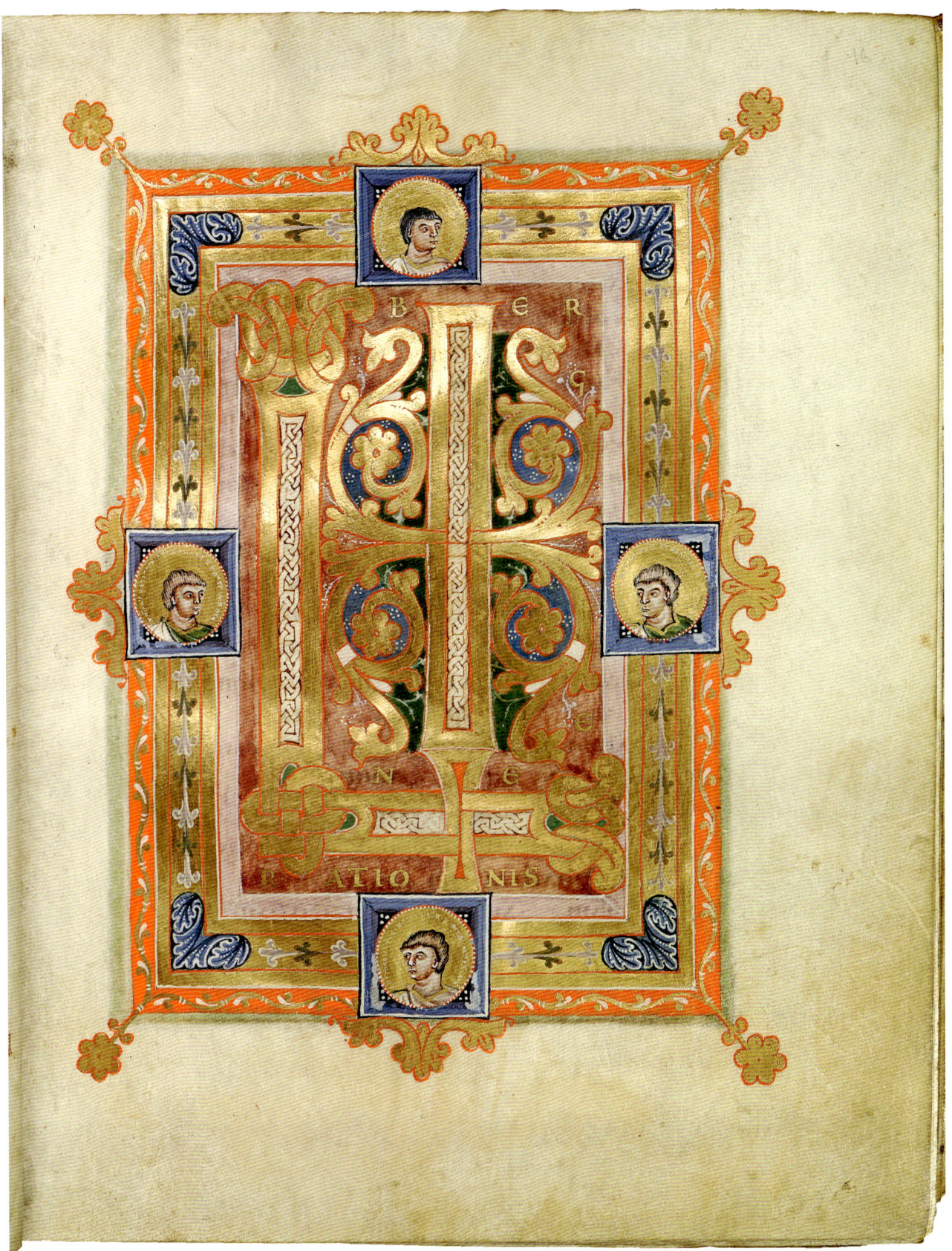

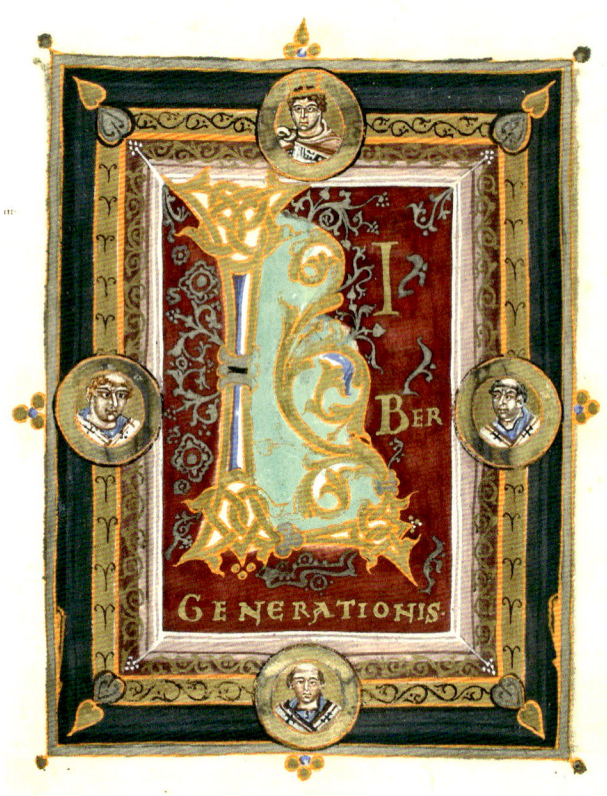

V.60, fol. 12r

Peter Bloch und Herrmann Schnitzler hatten das Evangeliar aus Gießen der sogenannten Malerischen Gruppe zugeordnet, deren Miniaturen sich durch prachtvoll geschilderte Gewänder, fließende Stoffmassen und eine reiche Verwendung von reinem Weiß auszeichnen, höchstwahrscheinlich angeregt durch byzantinische Vorbilder. Im Vergleich zum Evangeliar aus St. Gereon (vgl. Kat.-Nr. V.58), das ebenfalls der Malerischen Gruppe angehört, ist aber die Majestas Domini-Miniatur ikonographisch hier weitaus weniger komplex angelegt. Auch die Komposition der Kreuzigung beschränkt sich mit der Darstellung des toten Christus am Kreuz auf das Wesentliche, steigert damit aber zugleich dessen monumentale Wirkung. Mehrfach rezipiert die Kölner Buchmalerei das Hieronymus-Bild, das hier erstmals auftritt.

Auf den Rahmen der Initialzierseite zu Matthäus (fol. 12v) sind Bildnismedaillons appliziert, wie dies nach dem Vorbild des Gregormeisters (vgl. Kat.-Nr. V.56 u. V.59) in der ottonischen Kölner Buchmalerei wiederholt überliefert ist (vgl. Kat.-Nr. V.58). Die unbezeichneten Büsten zeigen einen bekrönten Herrscher (oben) und drei tonsurierte Erzbischöfe.

Über die mittelalterliche Provenienz des Gießener Evangeliars ist nichts bekannt. Nach Gießen könnte die Handschrift

mit der Sammlung Renatus Karl Freiherr von Senckenbergs gelangt sein.

Thomas Labusiak

Literatur

Ausst.-Kat. Köln 1991, Nr. 3 (Anton von Euw); Bloch/Schnitzler 1967–1970, Bd. 1, S. 54–59, Bd. 2; Kahsnitz 1991; Winterer 2010, S. 27 f.

V.61

Diplom König Ottos III.
für die bischöfliche Kirche von Halberstadt

Bodfeld, 992 September 18 (MGH D O III, 104)
Pergament. H 54,5 cm, B 63,5 cm
Magdeburg, Landeshauptarchiv Sachsen-Anhalt,
Abteilung Magdeburg, U 5 Hochstift Halberstadt, II Nr. 5

In diesem Diplom Ottos III. (D O. III. 104) bestätigte der amtierende König der bischöflichen Kirche von Halberstadt die Besitzungen und verschiedene Privilegien, darunter die Immunität, Markt-, Münz- und Zollrechte sowie das Wahlrecht. Zum Zeitpunkt dieser Urkundenausstellung war Otto III. (983–1024) gerade erst zwölf Jahre alt. Er wirkte deshalb nur fiktional bzw. symbolisch an der Regierung des Reiches mit und war an den Verhandlungen im Vorfeld dieser Beurkundung nicht (aktiv) beteiligt. Die eigentlichen Regenten erscheinen in der Narratio (Zeile 4). Aus Verehrung gegenüber seiner Großmutter Adelheid, der Kaiserin Augusta (imperatricis augustae), auf Intervention des Erzbischofs Willigis von Mainz und des Bischofs Hildibald von Worms, sowie auf Bitte des Bischofs Hildiward von Halberstadt habe Otto III. die Besitzungen und Rechte des Bistums Halberstadt bestätigt. Die Ausstellung des D O. III. 104 wurde zwischen der Kaiserin Adelheid, Willigis von Mainz und Hildibald von Worms seitens der Regentschaft sowie Hildiward von Halberstadt als potentiellem Empfänger vereinbart. Für die inhaltliche und graphische Anfertigung sorgte dann Hildibald von Worms als Kanzler am ottonischen Hof.

Nach dem Tode Kaiser Ottos II. (7. Dezember 983) hatte sich diejenige Fürstenfraktion im nordalpinen Reich durchgesetzt, die eine Regentschaft für das königliche Kind unter Führung der Kaiserinnen Theophanu und Adelheid, der Mutter und Großmutter Ottos III., wünschte. Bis zu ihrem Tode (15. Juni 991) stand Theophanu an deren Spitze, danach übernahm Adelheid diese Position. Im nordalpinen Reich agierten seit 984/985 vor allem Erzbischof Willigis von Mainz und Hildibald, der Kanzler und Bischof von Worms, als aktive Regenten, die ihre geistli-

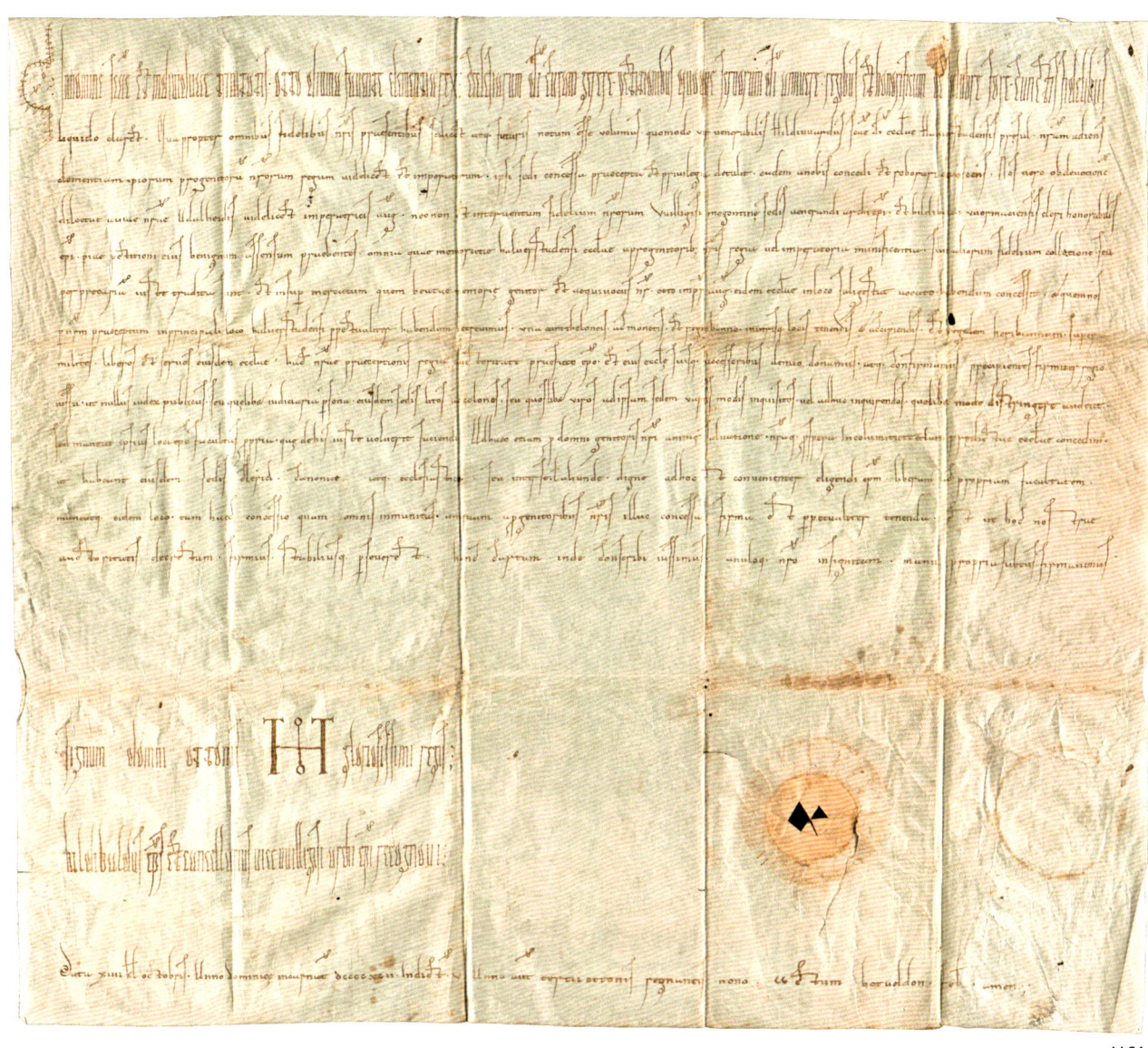

V.61

chen Würden vor allem Otto II. und Theophanu verdankten. Sie sorgten u.a. dafür, dass möglichst viele verschiedene geistliche und weltliche Große an Beurkundungsverhandlungen beteiligt wurden, die man dann als Intervenienten, Petenten oder Ratgeber in den Diplomen Ottos III. aufführte und damit deren Mitverantwortung für das Reich zum Ausdruck brachte. Seit Otto III. vier Jahre alt war (984) wurden in seinem Namen Königsurkunden ausgestellt. Sie demonstrieren besonders deutlich, dass es entsprechend gebildete und ranghohe Geistliche waren, welche die Diplome – ohne Mitwirkung des Herrschers – in seinem Namen, aber aus ihrer Sicht verfassten und schrieben. Sie überführten die in der mündlichen Sphäre am ottonischen Hof (in altsächsischer oder in einer anderen Volkssprache) getroffenen Vereinbarungen nach bestimmten Regeln

in die lateinische Schriftsprache. Diese gelehrten Geistlichen, die zur Aussteller-, Empfänger- oder Vermittlerseite gehören konnten, übernahmen die Diplomherstellung auch während der Regierungszeiten volljähriger Herrscher eigenverantwortlich. Eine direkte Beteiligung der Ottonen an der Abfassung der in ihrem Namen ausgestellten Urkunden erfolgte – wenn überhaupt – nur ausnahmsweise. Entsprechende lateinische Sprachkenntnisse waren dafür die unabdingbare Voraussetzung. An der graphischen Anfertigung von Diplomen besaßen die ottonischen Kaiser (bis vielleicht auf den gelegentlichen Vollziehungsstrich im Monogramm) keinen Anteil.

Während der Regentschaft für Otto III. wurden die Diplome vor allem von Hofgeistlichen verfasst und geschrieben. Das vorliegende Diplom stammt von jenem, den die MGH-Editoren

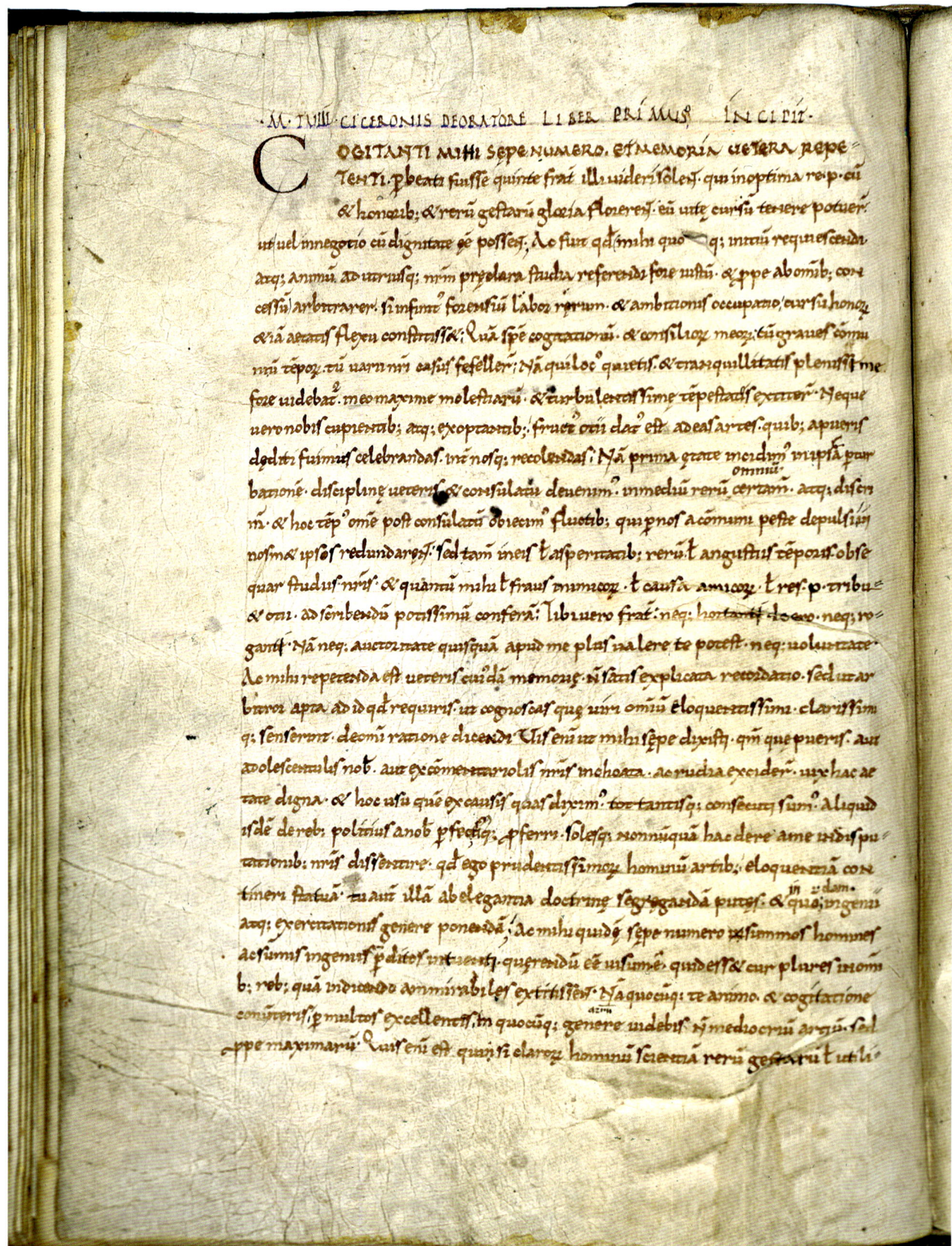

mit der Sigle Hildibald F (HF) versahen. Er war entweder mit dem Kanzler Hildibald identisch oder stand diesem zumindest sehr nahe. Obwohl HF nur eine Königsurkunde für Otto III. verfasste, stellte er ihn gezielt in eine kaiserliche Tradition. Außer der Nennung der Kaiserin Adelheid wies HF in der Narratio darauf hin, dass Hildiward von Halberstadt die Diplome der Vorfahren Ottos III., der Könige bzw. Kaiser (*regum videlicet et imperatorum*) am Hof vorgelegt habe, um seine Bitte nach einer Bestätigungsurkunde zu untermauern. In der Dispositio hob HF hervor, dass Otto III. auch das Marktrecht in Seligenstadt bestätigen wolle, das Kaiser Otto (II.), sein gleichnamiger Vater seligen Angedenkens (*beatae memorię genitor et aequivocus noster Otto imperator augustus*), der Halberstädter Kirche einst gewährt hatte.

HF beschrieb das Pergament im Querformat. Dessen obere Hälfte verwendete er für das Eingangsprotokoll und den Kontext, die fast im 'Blocksatz' gestaltet wurden. Nach der symbolischen Invocatio in Form eines verzierten Chrismons folgt die erste Zeile in der verlängerten und ranghöchsten Schrift. Darin sind die verbale Invocatio (Trinitätsformel), die Intitulatio (*Otto divina favente clementia rex*) und bis auf die letzten beiden Worte (*liquido claret*) die Arenga enthalten. Letztere verbindet das Eingangsprotokoll und den Kontext (Zeilen 2 bis 13), der in diplomatischer Minuskel mit den üblichen Abkürzungen, Ligaturen und Verzierungen ausgeführt wurde. In der unteren Hälfte des Pergaments platzierte HF die Bestandteile des Schlussprotokolls. Das Herrschermonogramm positionierte er genau senkrecht unter dem Namen *Otto* in der ersten Zeile. Die Schäfte und Querbalken der beiden *T* zeichnete HF verstärkt, den mittleren Schaft mit den beiden *O* zierlicher. Eine Mitwirkung von anderer Hand ist an der Monogrammgestaltung nicht erkennbar, ein Vollziehungsstrich fehlt demnach. Das Monogramm wird von der Signumzeile (*Signum domni Ottonis gloriosissimi regis*) flankiert. Ebenso wie diese führte HF auch die Rekognitionszeile darunter in verlängerter Schrift aus. Darin wurde der Bischof und Kanzler Hildibald genannt, der das Diplom in Vertretung des Erzbischofs Willigis rekognoszierte. Etwa auf der Höhe zwischen der Signum- und der Rekognitionszeile wurde rechts davon das königliche Siegel Ottos III. angebracht. Mit Hilfe der sichtbaren Einschnitte im Pergament wurde das Wachssiegel befestigt, das heute verloren ist. Die Siegelabdrücke über den Einschnitten und am rechten Rand entstanden durch die gefaltete Aufbewahrung der Urkunde. Sie trug einst jenes Siegel, das die Regentschaft unter der Leitung Theophanus 985 für Otto III. anfertigen ließ. Es erreichte im Durchmesser die Dimensionen der Kaisersiegel Ottos I. und Ottos II. Ikonographisch knüpfte dieses Königssiegel Ottos III. an das Mitkaisersiegel Ottos II. (vgl. Kat.-Nr. V.37) an. Es zeigt den Herrscher in Halbfigur mit Krone, Globus und Zepter. Man stellte auf dem Siegel den damals erst vier- bis

fünfjährigen Otto III. als bärtigen und regierenden König dar, so wie es durch die Protokolle und Texte der Diplome suggeriert wurde. Ein Rekognitionszeichen – wie noch in den Diplomen Ottos I. und Ottos II. – verwendete man in der Regierungszeit Ottos III. nicht mehr. HF eröffnete die Datierungszeile mit einem spiralförmigen *d* und beendete sie mit dem üblichen Segenswunsch (*feliciter amen*).

Wolfgang Huschner

Quellen
MGH D O III, 104.

Literatur
Uhlirz 1896, S. 115–137; Böhmer 1956, Nr. 1070; Keller 2000, Bd. 2, S. 767–773, bes. S. 768 f.; Fößel 2000, S. 319–332; Huschner 2003, Bd.1, bes. S. 242–244 u. 255.

V.62

Cicero, De oratore
Reims (?), 983/984–991
Pergament, 72 Blätter. H 29,5 cm, B 22 cm
Erlangen, Universitätsbibliothek, Ms. 380

Der Codex gehört zu den wichtigsten erhaltenen Textzeugen von Ciceros Werk *De oratore*. Er ist ein Vertreter der sogenannten 'verstümmelten Gruppe', die von einem insularen Archetyp (in Fulda?) ausgeht. Zu ihr gehören noch die Handschriften London (BL, Harley 2736) aus der Feder des karolingischen Gelehrten Lupus von Ferrières (um 840), und Avranches (Bm, Ms. 238, 2. Drittel 9. Jh.), aus dem Umfeld des Lupus in der Loire-Gegend, der später von Hadoard von Corbie ergänzt worden ist. Die beiden karolingischen Handschriften sind voneinander unabhängig, aber die besten Textzeugen. Alle drei Codices sind also im westfränkischen Reich entstanden, so dass sich die Ableitung der Erlanger Handschrift von der Avrancher (bzw. einer Kopie von ihr) leicht erklären lässt.

Während der Krönungssynode traf Otto III. (983–1002) im Mai 996 auf Gerbert von Reims (*um 950, †1003). Dessen intellektuelle und rhetorische Fähigkeiten beeindruckten Otto so sehr, daß er ihn zu seinem Lehrer und politischen Berater machte. Etliche Bücher aus dem Besitz Gerberts haben sich erhalten, darunter auch die vorliegende Handschrift, die gegen Ende des 10. Jahrhunderts von dem aus Aurillac (Auvergne) stammenden Benediktiner Ayrardus für seinen dort erzogenen Lehrer Gerbert angefertigt worden ist. Zwischen Otto III. und

Gerbert entwickelte sich ein Verständnis, das durch die Verschmelzung von Politik und Wissenschaft in Geist und Sprache der Antike gekennzeichnet war.

Das 55 v. Chr. veröffentlichte Werk *Der Redner* gehört zu den grundlegenden rhetorischen Schriften des römischen Politikers und Gelehrten Marcus Tullius Cicero (*106 v. Chr., † 43 v. Chr.). In ihm werden die Voraussetzungen des Rednerberufs, das Wesen der Rhetorik, der Aufbau der Rede, Fragen des Stils und die moralischen wie philosophischen Pflichten des Redners erörtert. Ciceros Schrift ist daher als eine der antiken Grundlagen der von Kaiser Otto III. und Gerbert (Papst Silvester II.) gemeinsam entwickelten Politik der *renovatio imperii Romanorum* anzusehen.

Der nächste Besitzer des prominenten Cicero-Codex war die erst mit der Gründung des Bistums Bamberg (1007) eingerichtete neue Dombibliothek. Ihre frühen Bestände sind entweder direkt über Gerbert oder über die Büchersammlung seines Förderers Kaiser Ottos III. (vgl. Abb. 76, S. 542), dann Heinrichs II. (1002–1024) als Grundausstattung oder gar erst unter dem späteren Bamberger Domschullehrer Meinhart, der zwischen 1055 und 1057 in Reims studiert hatte, nach Bamberg gelangt. Die Handschrift dürfte zu den von Meinhart benutzten Handschriften gehören, da Cicero sein bevorzugter Prosaautor unter den römischen Klassikern war, den er als Vorbereitung auf die Lektüre des Kirchenvaters Augustinus verstand. Der Grammatik- und Rhetorik-Unterricht an den ottonisch-salischen Domschulen diente gerade auch der moralischen Bildung und damit einem mittelalterlichen Humanismus, der in stilsicherem Reden und Schreiben bereits eine Lebensform, ja gelungene Daseinsbewältigung erkannte. Über die Bamberger Dombibliothek und das Zisterzienserkloster Heilsbronn, wo ihr im 15. Jahrhundert die jüngeren Teile beigefügt sowie etliche Seiten und Blätter ersetzt worden sind, ist die Handschrift schließlich im 18. Jahrhundert nach Erlangen gekommen.

Matthias M. Tischler

Literatur

von Albrecht 1994, S. 442; Ausst.-Kat. Budapest u.a. 2000, Nr. 23.03.10 (Kerstin Schulmeyer); Bischoff 1975; du Bouveret 1965, S. 46, Nr. 345; Châtelain 1884–1892, S. 28 u. Taf. XIXa; Fischer 1928, S. 450–454 u. S. 548; Guyotjeannin/Poulle 1996, S. 276–282, Nr. 41; Hoffmann 1995, S. 23, 27 f., 99, 126 f., 130, 132 f., 156, 165 u. 176 f. sowie Abb. 226b, 235 u. 236; Krämer 1989, Bd. 1, S. 337; Krämer 1998, S. 73; Krämer/Bernhard 1990, S. 181; Löwe 1961, S. 15 u. S. 21 f., Anm. 18 u. 21; Munk Olsen 1982, S. 169; Passalacqua 1978, S. 58 f., Nr. 126; Passalacqua 1987–1994, Bd. 1, S. XXVI u. XL f.; Passalacqua 1990, S. 321–327 u. Taf. I–IV; Passalacqua 1994, S. 147–151 u. Taf. 19–26; Passalacqua 1996, S. 225–228 u. Taf. I–IX; Renting 1996; Reynolds 1990, S. 67 u. 103–107; Riché 1987, S. 257; Riché 1988; Schanz 1927, S. 456; Stroux 1921, S. 138 mit Anm. 1 u. S. 162–165; Tischler 2010 (mit sieben Abb.).

V.63

Titus Livius, Ab urbe condita

a) Fragmente aus Decas quarta, libri XXXIII–XXXV; XXXIX

Italien, letztes Viertel 5. Jahrhundert
Pergament. Ursprüngliches Blattformat rekonstruiert:
ca. H 29 cm, B 25 cm
Bamberg, Staatsbibliothek Bamberg, Msc.Class.35a

Das in mehr als 40 Jahren entstandene monumentale Geschichtswerk des Titus Livius (*59 v. Chr., † 17 n. Chr.), das von den Anfängen Roms bis zum Tode des Drusus im Jahre 9 v. Chr. reichte, bestand aus 142 Büchern (*Ab urbe condita libri*). Hiervon sind 35 überliefert (Bücher 1 bis 10 und 21 bis 45, ab Buch 41 lückenhaft). Der Inhalt verlorener Bücher ist über Auszüge oder Inhaltsverzeichnisse ermittelbar.

Die Bamberger Dombibliothek war eine der bedeutendsten Überlieferungsstätten des römischen Historikers, von dem man im Mittelalter weitgehend nur die 1., 3. und 4. Dekade kannte. Während diese Dekaden andernorts obendrein zumeist nur einzeln vorlagen, konnte Bamberg stattliche drei Dekaden sein Eigen nennen: eine Handschrift des 5. Jahrhunderts mit der 4. Dekade (deren Fragmente in der Staatsbibliothek Bamberg unter der Signatur Msc.Class.35a verwahrt werden) sowie eine Handschrift der zweiten Hälfte des 9. Jahrhunderts aus Auxerre mit wesentlichen Teilen der 1. Dekade (Msc.Class.34, darin die Bücher 1–7,17). In einer Handschrift des 11. Jahrhunderts sind schließlich große Teile der 3. und 4. Dekade überliefert; der Text der 4. Dekade wurde in Bamberg unmittelbar aus dem spätantiken Buch kopiert (Msc.Class.35, vgl. Kat.-Nr. V.63 b).

Die beiden älteren Codizes sind in einem Verzeichnis von zwölf Handschriften angeführt, die für Kaiser Otto III. (983–1002) in Piacenza hinterlegt waren: *invenit [...] duos libros Titi Livii* (korrigiert aus: *invenit [...] Titi Livii non minimam partem*). Diese berühmte Bücherliste wurde um 1000 auf dem Leerraum einer nur teilweise beschriebenen Seite des sogenannten *Lorscher Arzneibuches* eingetragen, eines um 795 in Lorsch entstandenen medizinisch-pharmazeutischen Kompendiums. Wie Hans Jakob Schuffels erkannt hat, wurde das Handschriftenverzeichnis mutmaßlich eigenhändig von dem Reichskanzler Leo von Vercelli (998–1026) geschrieben (Staatsbibliothek Bamberg, Msc.Med.1, fol. 42v). Zu dem überaus reichen und vorzüglichen Bestand an Handschriften antiker Autoren, den Heinrich II. (1002–1024) der Bamberger Dombibliothek sukzessive zwischen 1007 und 1024 stiftete, gehörten die beiden Livius-Codizes, die ihm aus der Verlassenschaft Ottos III. zugefallen waren. Hartmut Hoffmann kommt zu der Einschätzung, dass

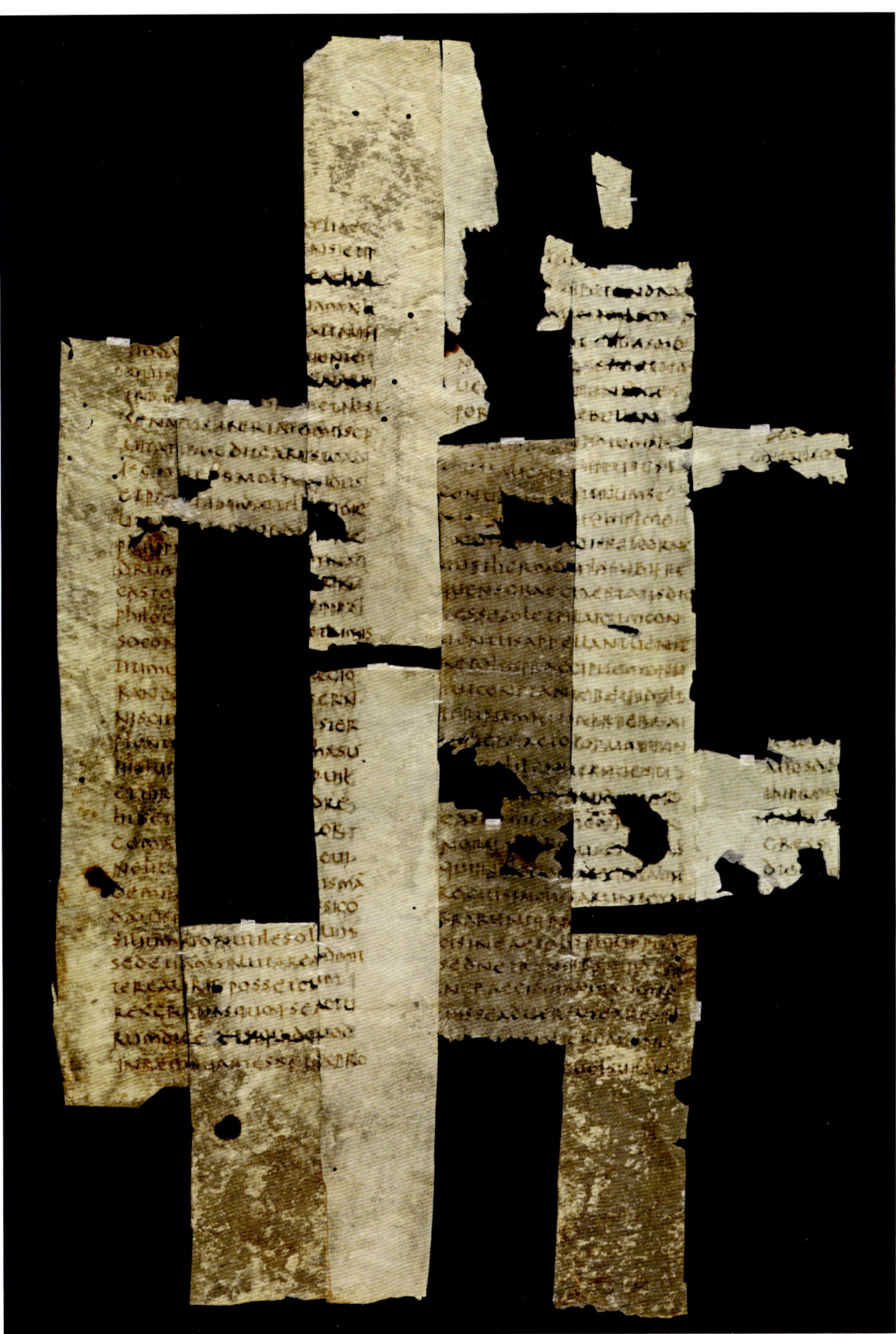

V.63 a

die Büchersammlung Ottos III. insgesamt kaum umfangreich gewesen sein dürfte. Aus diesem Vorbesitz seien über Heinrich II. nur wenige weitere Bände nach Bamberg gelangt: das sogenannte Evangeliar Ottos III. (Bayerische Staatsbibliothek München, Clm 4453) sowie das oben erwähnte Lorscher Arzneibuch, die theologische Sammelhandschrift mit der Aufgebotsliste der Panzerreiter von 980/983 (Msc.Patr.107, vgl. Kat.-Nr. V.6) und möglicherweise auch der Codex der *Institutionen* Justinians aus dem 10. Jahrhundert (Msc.Jur.1), nicht jedoch die Handschrift von Isidors von Sevilla *De natura rerum* aus dem 9. Jahrhundert mit den nachgetragenen Widmungsversen für Otto III. (Msc. Nat.1, vgl. Kat.-Nr. V.64).

Der spätantike Livius-Codex wurde im 15. Jahrhundert makuliert; Reste fanden auf dem Wege des „Recyclings" eine neue Nutzung bei Einband- bzw. Reparaturarbeiten an Handschriften der Dombibliothek (Msc.Bibl.41, 11. Jahrhundert) und des Karmelitenklosters (Msc.Theol.99, 15. Jahrhundert). Die Fragmente wurden in den Jahren 1904 und 1907 von Hans Fischer entdeckt, separiert und zwischen Glasplatten montiert (Msc. Class.35a). Auf den Abklatsch eines später abgerissenen Pergamentstreifens stieß er in einer Handschrift der Dombibliothek (Msc.Patr.4, 10. Jahrhundert). Weitere Fragmente aus dem Livius-Buch 34 spürte im Jahre 2000 Matthias M. Tischler in einer anderen Handschrift der Dombibliothek auf (Msc.Bibl.18, 13. Jahrhundert): 32 kleinteilige Pergamentstücke dienten darin als Flicken, um Schäden durch Mäusefraß zu beheben.

Die in meisterlicher Uncialis dreispaltig und mit breitem Rand geschriebene spätantike Handschrift, deren ursprünglichen Umfang Ludwig Traube auf 187 Blätter berechnete, hatte annähernd quadratisches Format. Als Vorlage diente eine Papyrusrolle, deren Textpräsentation der Kopist im äußeren Erscheinungsbild nachgestaltete: Die Folge von sechs schmalen Schriftkolumnen im aufgeschlagenen Codex konnte an eine teilweise auseinandergezogene Papyrusrolle erinnern.

Die Glasplatten, zwischen denen die Fragmente zunächst montiert waren, wurden im Jahre 2000 durch Plexiglasscheiben ersetzt. Die in der Ausstellung gezeigte Montage umfasst Bruchstücke aus Livius 33 u.34, 9–36,5.

Werner Taegert

Literatur

Ausst.-Kat. Bamberg 2002, Nr. 142 (Gude Suckale-Redlefsen); Ausst.-Kat. Budapest u.a. 2000, Bd. 3, Nr. 23.03.03 (Kerstin Schulmeyer); Ausst.-Kat. Magdeburg 2006 (a), Bd. 1, Nr. II.34 (Werner Taegert); Leitschuh/Fischer/Dreßler 1887–1966, Nachträge Bd. 1, S. 42–43; Lowe 1959, S. 3, Nr. 1028; Munk Olsen 1985, S. 13; Munk Olsen 1987, S. 36 u. 38; Reynolds 1983, S. 205–214, hier S. 208–209 u. 211–212 (Leighton D. Reynolds); Schemmel 1990, S. 22–23, Nr. 1; Schemmel 1997, S. 134, 137 u. 141; Schemmel 2007, S. 72; Seider 1980, S. 145–149, dazu Taf. 12; Tischler 2000; Tischler 2001 (b). Zum Bücherverzeichnis

im Lorscher Arzneibuch Msc.Med.1: Ausst.-Kat. Hildesheim 1993, Bd. 2, Nr. II-35 (Heinrich Dormeier/Hans Jakob Schuffels); Hoffmann 1995, S. 5–12; Schemmel 1997, S. 137–138.

b) Decas quarta, libri XXXI–XXXVIII / Decas tertia, libri XXIV–XXX

Bamberg / Corbie, 2. Drittel 11. Jahrhundert / um 1000
Pergament, 207 Blätter. H 31,2 cm, B 26,7 cm
Bamberg, Staatsbibliothek Bamberg, Msc.Class.35

Diese Livius-Handschrift überliefert einen großen Teil der 3. und 4. Dekade des Geschichtswerks. Die beiden Teile der Handschrift wurden bei der Neubindung im Jahre 1611 versehentlich in umgekehrter Reihenfolge zusammengefügt.

Die Bücher der 3. Dekade gehen unmittelbar auf den wichtigsten Textzeugen zurück, den heute in der Bibliothèque Nationale zu Paris verwahrten Codex Puteanus in Uncialis aus dem 5. Jahrhundert (BnF lat. 5730). Die Abschrift ist um die erste Jahrtausendwende anzusetzen. Sie kam vermutlich über Corbie nach Bamberg.

Die Bücher der 4. Dekade wurden in Bamberg im 2. Drittel des 11. Jahrhunderts unmittelbar aus dem spätantiken Codex kopiert (vgl. Kat.-Nr. V.63 a). Nach dem (weitgehenden) Verlust der spätantiken Vorlage repräsentiert die Abschrift die maßgebliche Überlieferung für diese Livius-Bücher. Die partielle Vergleichsmöglichkeit mit den Unzial-Fragmenten erlaubt in außergewöhnlicher Weise Rückschlüsse auf die insgesamt sehr verlässliche Qualität der Kopierarbeit.

Werner Taegert

Literatur

Ausst.-Kat. Magdeburg 2006 (a), Bd. 1, Nr. II.35 (Werner Taegert); Briscoe 1980; Hoffmann 1995, S. 132, dazu Abb. 64b, 272a u. 272b; Leitschuh/Fischer/Dreßler 1887–1966, Bd. 1, S. 36–37, Nachträge Bd. 1, S. 41–42; Munk Olsen 1985, S. 10–11; Munk Olsen 1987, S. 37–38; Munk Olsen 1989, S. 90; Reynolds 1983, S. 205–214, hier S. 211–212 (Leighton D. Reynolds); Schemmel 1990, S. 22–23, Nr. 1.

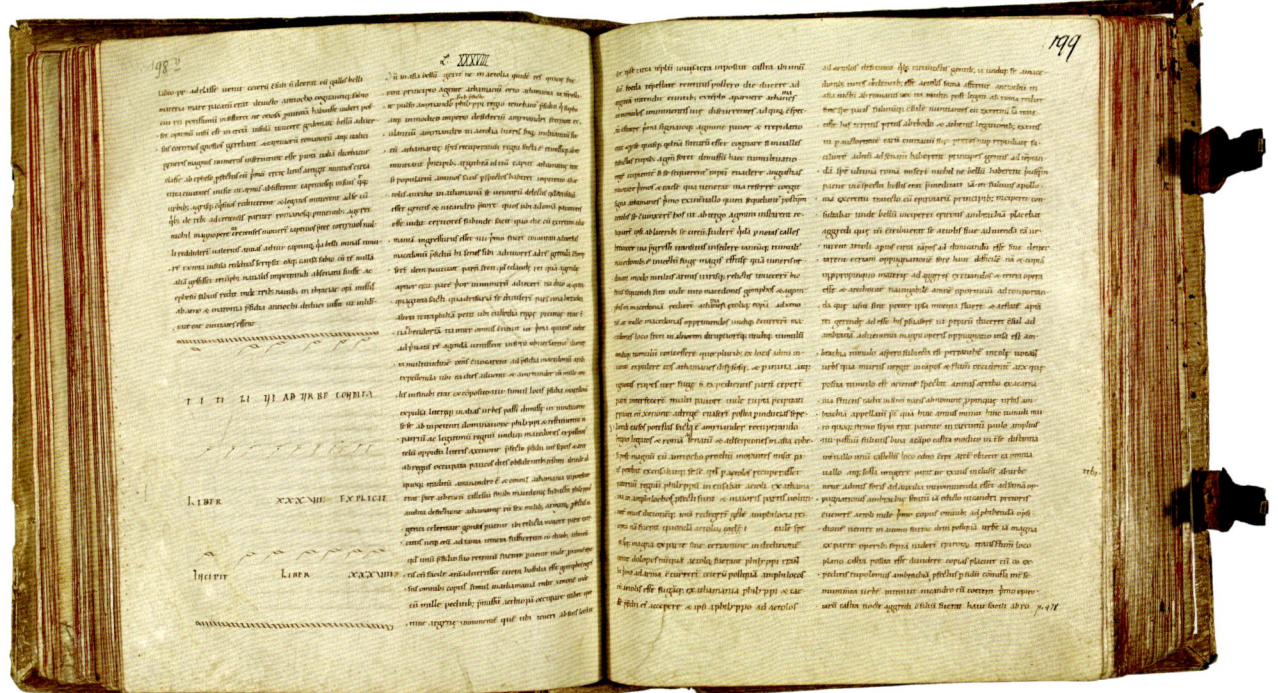

V.63 b, fol. 198v–199r

V.64

Isidor von Sevilla, De natura rerum

Ostfrankreich, 1. Drittel 9. Jahrhundert
Pergament, 45 Blätter. H 29,5 cm, B 17 cm
Bamberg, Staatsbibliothek Bamberg, Msc.Nat.1

Isidor, Erzbischof von Sevilla seit 599/601 (* um 560, † 636), war einer der einflussreichsten Vermittler antiken Bildungsgutes an das Mittelalter. Seine enzyklopädisch angelegten Werke gehörten in karolingischer und ottonischer Zeit zu den intensiv genutzten Referenzwerken.

In dem naturkundlichen Handbuch *De natura rerum* fasst Isidor systematisch das zu seiner Zeit verfügbare Wissen über Naturereignisse, über physische Geographie, Kosmologie, Astronomie und Zeitrechnung zusammen. Die profanen Beobachtungen und Erklärungen werden mit christlichen Interpretationen verknüpft. „It is precisely this combination of secular with ecclesiastical doctrines on the workings of the universe that made Isidore the father of Christian astronomy and his works so accessible in the Middle Ages" (Bianca Kühnel, 2003, S. 95). Das Kompendium, das schon im frühen Mittelalter weite Verbreitung fand, avancierte im 9. Jahrhundert zum Schulbuch.

Der sorgfältig geschriebene Text ist durch zahlreiche Initialen von stattlicher Größe mit Flechtwerk bzw. mannigfaltigen Schmuckmotiven, vielfach mit Tierfiguren, verziert. Zahlreiche

Schemazeichnungen und Diagramme veranschaulichen die Darlegungen. Mit Blick auf die kreisförmigen graphischen Darstellungen („figurae") wurde das Werk auch unter der Bezeichnung „Liber rotarum" (Buch der Räder) tradiert.

Auf die ursprünglich leere erste Seite wurden um die erste Jahrtausendwende drei rühmende Widmungsverse auf Otto III. (983–1002) in leoninischen Hexametern eingetragen, die wegen des Abriebs bzw. Verblassens der Schrift nur noch mit Mühe zu entziffern sind. Der Kaiser wird darin als *doctus*, als Gelehrter, apostrophiert und zur Beschäftigung mit der Astronomie ermuntert. Die Verse wurden in der Forschung spekulativ Gerbert von Reims (* um 950, † 999) oder Abt Odilo von Cluny (* 961/962, † 1049) zugeschrieben. Die Frage der Autorschaft bleibt ungeklärt. Hartmut Hoffmann kommt zu der Einschätzung, dass sich die Handschrift – ungeachtet des Widmungsgedichtes – wohl nicht in den Händen von Otto III. befunden habe (vgl. Kat.-Nr. V.63 a). Mutmaßlich durch Heinrich II. (1002–1024) gelangte sie in die Bamberger Dombibliothek und von dort in die heutige Staatsbibliothek Bamberg.

Aufgeschlagen ist mit fol. 26v/27r ein Abschnitt aus dem 23. Kapitel von *De natura rerum*, das von der Positionierung, der Benennung und den Umlaufbahnen der sieben Planeten handelt (23,2–23,4): *De positione septem stellarum errantium*. Das linke Blatt eröffnet durch ein Loch im Pergament, das bei der Niederschrift des Textes „umgangen" wurde, den partiellen Durchblick auf einen Drachenkopf, der auf dem vorausge-

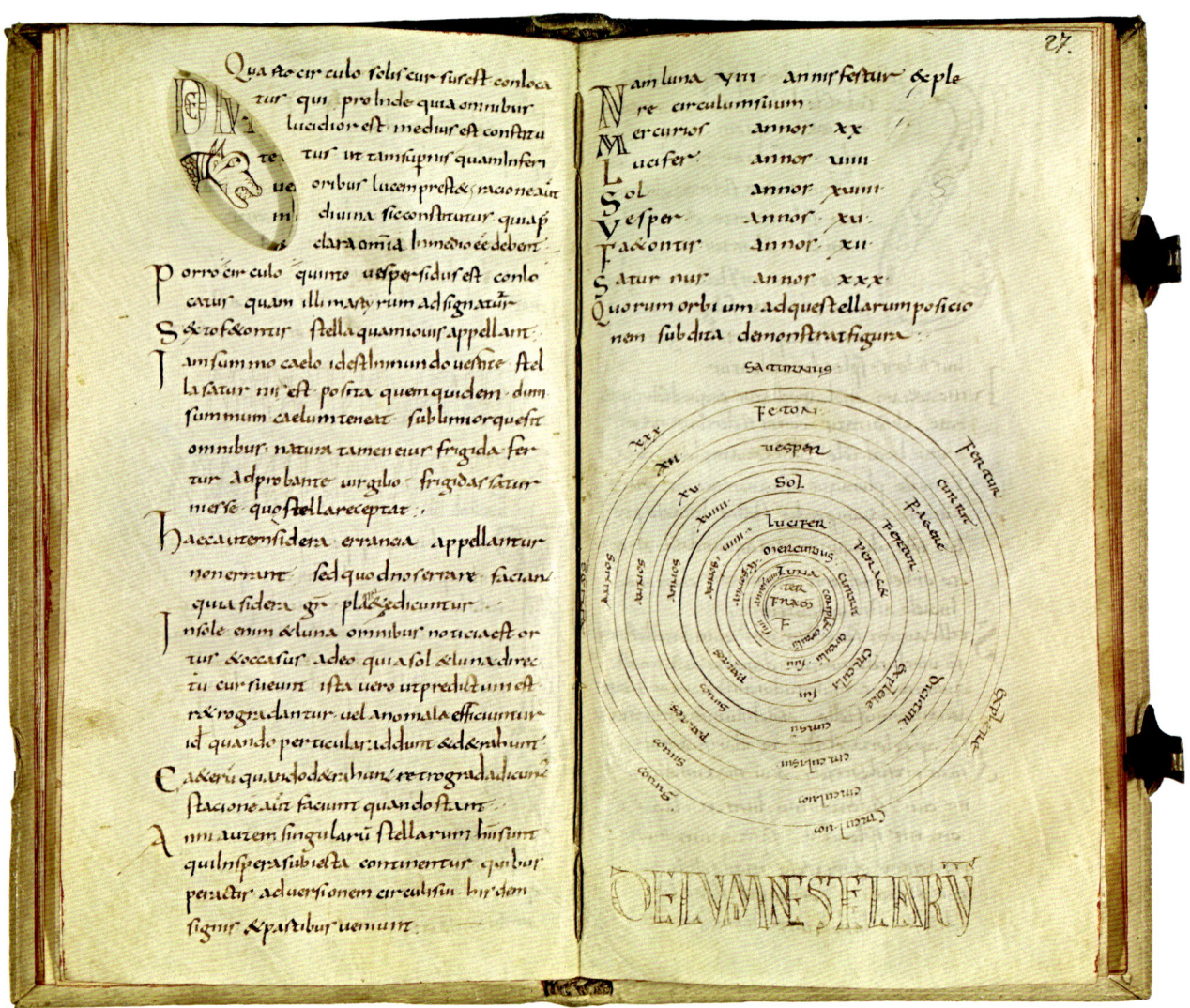

V.64, fol. 26v–27r

henden Blatt den oberen Teil einer S-Initiale bildet (fol. 25v). Das Kreisdiagramm auf dem rechten Blatt veranschaulicht die Bahnen der Planeten um die Erde, mit Angabe der jeweiligen Umlaufjahre: Luna, Mercurius, Lucifer (für Venus), Sol, Vesper (für Mars), Feton (d. i. Phaethon, für Jupiter) und Saturnus. Unterhalb der Graphik folgt in großen Hohlbuchstaben die Überschrift des 24. Kapitels, dessen Text auf der folgenden Seite einsetzt.

Werner Taegert

Quellen

Isidor von Sevilla, Natura rerum, hier bes. S. 28–29, 260–261 mit Abb. 6 f.

Literatur

Ausst.-Kat. Bamberg 2002, Nr. 150 (Gude Suckale-Redlefsen); Ausst.-Kat. Budapest u.a. 2000, Bd. 3, Nr. 23.03.04 (Kerstin Schulmeyer); Ausst.-Kat. Magdeburg 2006 (a), Bd. 1, Nr. II.37 (Steffen Patzold); Bischoff 1966–1981, Bd. 1, S. 185, Anm. 93; S. 273–274 (Signatur unzutreffend); Bischoff 1998, S. 49, Nr. 220; Blank 1968, S. 88–93 u. 172, dazu Abb. 5; Chiesa/Castaldi 2005, S. 353–362 (José Carlos Martín); Hoffmann 1995, S. 21, 33–34 u. 150; Kühnel 2003, bes. S. 93–95 u. 123–126; Leitschuh/Fischer/Dreßler 1887–1966, Bd. 1, S. 408–409, Nachträge Bd. 1, S. 54; Reudenbach 2011; Schemmel 1990, S. 36–37, Nr. 9; Schemmel 1997, S. 144; Schemmel 2007, S. 71–72; Suckale-Redlefsen 2004, Bd. 1, S. 24–26, Nr. 18, S. 68–71, Abb. 170–174 u.176–182.

V.65

Anicius Manlius Severinus Boethius: De Institutione arithmetica

Anicius Manlius Severinus Boethius:
De Institutione arithmetica Echternach,
St. Willibrordskloster, 10. Jahrhundert
Pergament, 59 Blätter. H 26,5 cm, B 20,5 cm
Gotha, Forschungs- und Landesbibliothek, Memb. I 103

Der im Ostgotenreich tätige Gelehrte Anicius Manlius Severinus Boethius (*um 480, † 524) wollte als Vermittler der wissenschaftlichen Traditionen der römischen Spätantike (damit zugleich der Werke des Platon und des Aristoteles) an die lateinisch-christliche Wissenskultur des abendländischen Mittelalters wirken. Seit der Karolingerzeit fanden sich seine Schriften häufig in Klosterbibliotheken und wurden zumindest bis in die Zeit der frühen Scholastik hinein rezipiert. Zu den Werken des Boethius über die antiken Lehrdisziplinen der *Septem Artes Liberales* (Sieben Freie Künste: drei sprachliche / *trivium* und vier mathematische / *quadrivium*, darunter Arithmetik und Musik) zählten die Schriften zur Mathematik (*De institutione arithmetica*, *De institutione geometrica*) und zur Musiktheorie (*De institutione musica*). Gelehrte Mathematik und theoretische Musik waren nach Verständnis des Boethius eng verbunden und blieben es auch nach mittelalterlicher Deutung, weil sie beide die (nach christlicher Deutung von Gott gegebene) Harmonie und Proportion der Weltordnung ausdrückten. In der Darstellung beider Disziplinen handelt Boethius von proportionalen Zahlenverhältnissen und übernahm vieles in Übersetzung aus einem musik- und mathematiktheoretischen Handbuch des Nikomachus von Gerasa (1./2. Jh.). Die 507 entstandene Einführung in die Lehre der Zahlen (*De institutione arithmetica*) habe Boethius zuerst geschrieben, weil die Arithmetik die grundlegende mathematische Wissenschaft sei. Boethius charakterisiert die Zahlen mit philosophischen Zuschreibungen als *forma* (Form), *species* (Art) oder *substantia* (Substanz) und kommt dadurch zur Feststellung mathematischer Ableitungen. Er behandelt die Zahlenwerte als relationale Angaben, so dass die einzelnen Zahlen nach ihren Eigenschaften im Verhältnis zu anderen Zahlen und die Ordnung der Zahlen insgesamt nach bestimmten Beziehungsstrukturen zu beschreiben sind: Sie können einander gleich oder ungleich sein, größer oder kleiner, um ein Einfaches oder Vielfaches. Indem auch das Verhältnis einer Zahl als Ganzes zu ihren Teilen beschreibbar ist, wird so die Erkenntnis von Zahlen selbst möglich, worin sich die Zahlentheorie von der Musiktheorie unterscheidet.

Martin Kintzinger

Literatur

Gersh 1996; Grant 2010; Heilmann 2007; Hentschel 1998; Masi 1983.

V.66

Sonnenuhr

a) 3 Fragmente in Spolienverwendung

10. Jahrhundert
Fundort: Neuss, Stiftsimmunität St. Quirinus
Kalkstein (wahrscheinlich Norroy-lès-Pont-à-Mousson, Lothringen)
Bonn, LVR-Landesmuseum Bonn, 63.1823-63.1824

b) Rekonstruktion (o. Abb.)

Sandstein. D 70 cm
Neuss, Clemens-Sels-Museum

In den Abbruchschichten der im Zuge der Säkularisierung 1806 niedergelegten Klausur des im 9. Jahrhundert gegründeten Frauenstiftes St. Qurinus in Neuss fanden sich 1960 drei Fragmente einer mittelalterlichen Sonnenuhr aus cremeweißem Kalkstein.

Zwei der Fragmente wurden sekundär zu Konsolen umgearbeitet. Ihre Oberseiten weisen die charakteristischen, strahlenförmig auseinanderlaufenden Schattenlinien einer Sonnenuhr sowie die Abbreviationen der lateinischen Stundenangaben Secunda, Terz, Octava und Non auf. Terz und Non sind durch ein Palmettendekor hervorgehoben.

Die Fragmente lassen sich zu einer halbkreisförmigen Sonnenuhr mit einem Durchmesser von 70 cm rekonstruieren. Durch die Schattenlinien zur Anzeige der Stunden war sie in zwölf gleich große Segmente unterteilt. Die Stundenangabe erfolgt durch Buchstaben auf den Linien. Sie sind in einer karolingischen Kapitalschrift ausgeführt, die eine Datierung in das 10. Jahrhundert oder möglicherweise auch an das Ende des 9. Jahrhunderts nahelegt. Anhand von Parallelen scheint jedoch auch eine Entstehung der Sonnenuhr im 11. Jahrhundert möglich.

Aufgrund der Buchstaben auf den Schattenlinien entspricht das Stück einem byzantinischen Sonnenuhrentypus, der vornehmlich in Armenien und Griechenland verbreitet war. Die nächstbekannte Parallele ist eine Uhr aus San Conversano auf Bari, Italien (11. Jahrhundert). Nördlich der Alpen ist das Stück bislang einzigartig.

Die Sonnenuhr war vermutlich an der Südseite der Klausur oder Kirche St. Quirinus angebracht. Sie diente als sogenannte kanonische Sonnenuhr der Anzeige der nach den monastischen Regeln vorgegebenen Gebetsstunden und wirft somit

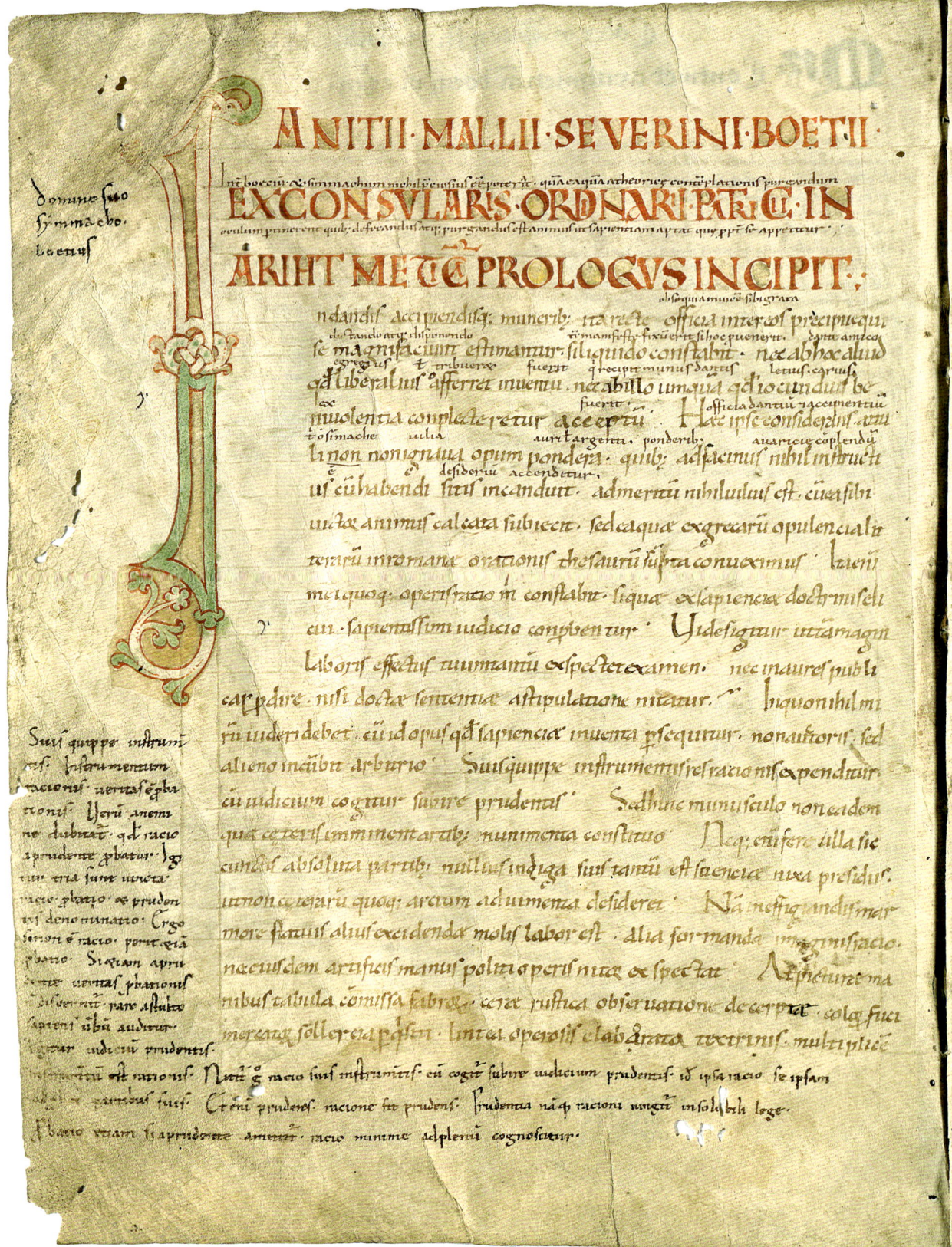

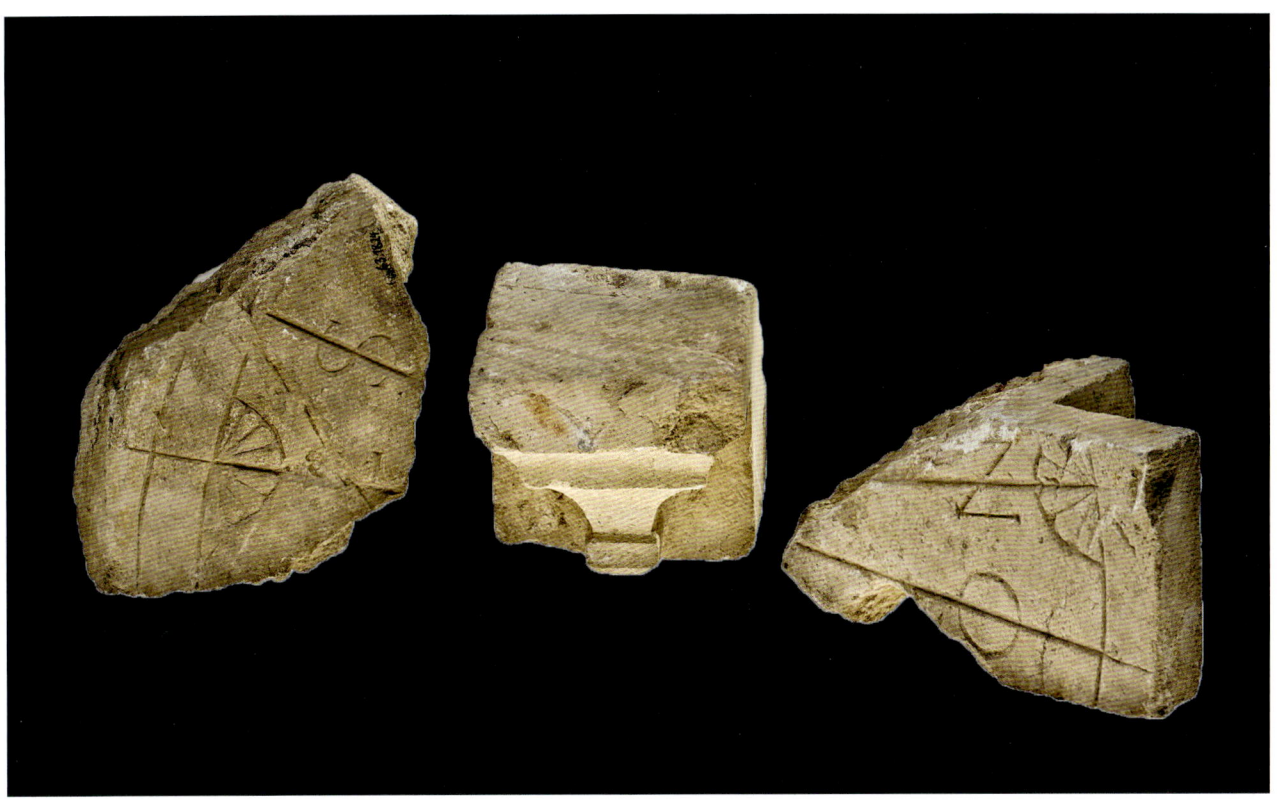

V.66

ein Schlaglicht auf den Alltag im Frauenstift St. Quirin. Ausführung und byzantinische Vorbilder verweisen auf ein Ausstattungsniveau, das kaum hoch genug angesetzt werden kann.

Tanja Potthoff

Literatur

Borger 1968; Potthoff 2009; Potthoff 2011 (a); Potthoff 2011(b); Schaldach 2006, S. 41–52; Rau/Schaldach 1994.

Siegel- und Bullenbilder Ottos III.

Unter keinem römisch-deutschen König, respektive Kaiser, waren die Besiegelungsbilder einem solch starken Wandel unterworfen wie in der relativ kurzen Lebens- und Herrschaftszeit Ottos III. (*980, König ab 983 bzw. mündig ab 994, ab 996 Kaiser, † 1002). Die uns erhalten gebliebenen Objekte belegen, dass die Bereitschaft Ottos III. zur Veränderung dieses Rechtsmediums nicht nur auf die Gestaltung des Bildes beschränkt war, sondern sich auch auf dessen Form und Materialität erstreckte. Nachdem Otto III. bis 998 alle Königs- und Kaiserurkunden wie seine Vorfahren mit Wachssiegeln unterfertigt hatte, nutzte er fortan bis zu seinem frühen Tod im Jahr 1002 ausschließlich Bleibullen.

Bereits am Tag nach seiner Krönung zum Kaiser am 21. Mai 996 zu St. Peter in Rom ist die Nutzung seines Ersten Kaisersiegels nachweisbar. Dessen Motiv steht zwar in der ottonischen Tradition, den Herrscher in frontaler Ansicht darzustellen, doch erstmals im lateinischen Mittelalter erscheint der Kaiser hier ganzfigurig. Nach nur etwa elf Monaten, in denen mit diesem Typar mindestens 44 Urkunden zugunsten meist italienischer Empfänger besiegelt wurden, wurde es durch einen neuen Stempel desselben Bildtypus ersetzt. Dieses Zweite Kaisersiegel (vgl. Kat.-Nr. V.67) weist deutliche ikonografische und stilistische Antikenbezüge auf, durch die sich der junge Kaiser in die Darstellungskonventionen der spätrömischen Imperatoren einfügte. Doch bereits ein halbes Jahr später scheint Otto III. dieses Bildkonzept völlig verworfen zu haben, denn im Oktober 997 nutzte er erstmals sein Drittes Kaisersiegel, das ihn auf einem Thron sitzend zeigt (vgl. Kat.-Nr. V.68). Mit diesem Motivwechsel entstand der Typus des Thron- bzw. Majestätssiegel, der über das Mittelalter hinaus bis in die Gegenwart nicht nur das herrscherliche Siegelbild bestimmt, sondern das 'Image' der Herrschaftsrepräsentation schlechthin geworden ist. Lediglich für Otto III. selbst und für sein politisches Umfeld scheint dieses Motiv nicht die adäquate Repräsentationsform gewesen zu sein, denn kaum ein halbes Jahr später vollzog der Kaiser einen noch radikaleren Wandel hin zu einer ganz anderen Besiegelungstechnik: Am 28. April 998 beglaubigte der Kaiser zum ersten Mal eine Urkunde mit einer Bleibulle (vgl. Kat.-Nr. V.69). Mit der Ersten Kaiserbulle griff er dezidiert auf eine antike Besiegelungsform zurück, bei der der bildgebende Stempel in ein weiches Metall wie Blei oder selten auch Gold gedrückt wurde. Deren Tradition lebte vor allem in Byzanz fort, wurde aber auch im lateinischen Westen besonders durch die Päpste gepflegt. Daher liegt es nahe anzunehmen, dass Otto sich damit bewusst auf eine Stufe mit diesen beiden führenden Instanzen

um 1000 stellen wollte. Diese Aneignung erfolgte genau zu dem Zeitpunkt, als sich Otto III. in Rom einer Revolte gegen seine Herrschaft ausgesetzt sah. Mit der Nutzung der Bulle als Besiegelungsform erweiterten sich zudem die Möglichkeiten der Herrschaftsrepräsentation durch dieses Rechtsmedium: Da Bullen bereits vor der ersten Jahrtausendwende – und damit anders als die noch auf das Pergament aufgedrückten Siegel – mittels einer Kordel an Urkunden angehängt wurden, konnten sie wie Münzen doppelseitig geprägt werden. Kaum zufällig ließ sich Otto III. daher auf der Bullenvorderseite in der Manier antiker Kaisermünzen in einem ins Profil gedrehten Brustbildnis darstellen lassen, während er für die Rückseite eine weibliche Personifikation wählte.

Mit dem Beginn des Jahres 1001 tauchte dann eine völlig andere Bulle auf. Diese Zweite Kaiserbulle war nicht nur wesentlich kleiner als die erste, sondern fiel auch durch ihre archaisierende Komposition künstlerisch deutlich gegenüber ihrer Vorgängerin ab. Da sie jedoch – gerade angesichts des permanenten Siegelwechsels Ottos III. – relativ lange bis zum Tod des Kaisers am 23. oder 24. Januar 1002 in Gebrauch blieb, dürfte es sich nicht um ein Provisorium, sondern um eine Dauerlösung gehandelt haben. Augenfällig glich sich Ottos Rechtszeichen damit sowohl in Größe als auch Ästhetik der zeitgenössischen päpstlichen Bleibulle an, so dass die Forschung darin eine politische Botschaft erkannt hat: Der Kaiser habe damit auch visuell auf einen Ausgleich mit dem Papst gesetzt, mit dem er sich die Stellvertretung Gottes auf Erden teilte.

Der vielfache Wechsel der Besiegelungsbilder und -techniken bei Otto III. konterkariert die bei allen seinen mittelalterlichen Vorgängern und Nachfolgern auffällige Wahrung der Kontinuität der Bildlichkeit des Herrschersiegels. Dieses sollte ebenso wie die äußere Erscheinungsform der Herrscherurkunden bei jeder aktuellen Rechtssetzung als Bestandteil einer langen Tradition königlicher bzw. kaiserlicher Gunst erkennbar bleiben. Wenn nun aus heutiger Perspektive Ottos Siegelbildpolitik eher rastlos wirkt, so zeigt sie doch, dass Siegel bzw. Bullen nicht nur ein Instrument zur rechtlichen Beglaubigung waren. Vielmehr eigneten sie sich als Medien, in denen die politische Identität eines Herrschers eingeschrieben und diese gegenüber der Umwelt repräsentiert werden konnte.

Markus Späth

Literatur
Ausst.-Kat. Budapest u.a. 2000, S. 767–773 (Hagen Keller); Ladner 1988; Schramm/Mütherich 1983, S. 77–91.

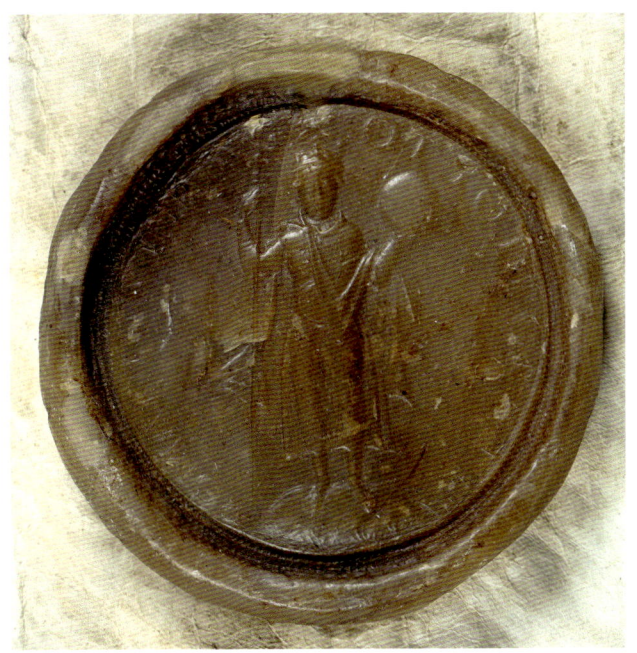

V.67

V.67

Zweites Kaisersiegel Ottos III.

Deutschland (Mittelrhein?), 997.
Siegelstempel benutzt von April bis Oktober 997
997 Juli 15 (MGH D O III, 249)
Umschrift: + OTTO D(e)I GRATIA ROMANORV(m)
IMP(erator) AVG(ustus)
Wachs. D 7,5 cm
Heidelberg, Universitätsbibliothek, Heidelberger Urk. 328

Im Frühjahr 997 ließ Otto III.den im Jahr zuvor anlässlich seiner Kaiserkrönung entwickelten Siegelbildtyp durch einen künstlerisch versierten Stempelschneider verfeinern. Obwohl dessen künstlerisches Umfeld am Mittelrhein gelegen haben dürfte, weisen seine Komposition und seine Formensprache deutliche Antikenbezüge auf.

Wie bereits im Vorgängersiegel erscheint auch hier Otto in voller Körperlänge in frontaler Ansicht, wobei seine Position durch einen leicht gewölbten Grund hervorgehoben wird. In auratischer Strenge, ohne erkennbare Regung des Gesichts tritt er dem Betrachter entgegen. Die hagere Gestalt des jungen Kaisers wird durch das eng anliegende Gewand unterstrichen, das besonders die Proportionen der rechten Körperhälfte erkennen lässt. Darüber trägt er einen Obermantel, welcher durch eine Fibel über der rechten Schulter geschlossen wird und den der Kaiser über seiner linken Ellenbeuge rafft. Das Gewicht des Mantels wird durch eine kantige Faltung angedeutet, zugleich wird es jedoch durch das Flattern der unteren

Partie im Rücken Ottos konterkariert. Die Reifkrone auf seinem Haupt, der lange Stab mit oben abschließendem Knauf in der rechten sowie der Globus von enormer Größe in der linken Hand zeichnen den Ottonen in seiner kaiserlichen Würde aus.

Das damit erzeugte Siegelbild war im lateinischen Westen bis dahin völlig unbekannt. Mit dieser Darstellungsweise schrieb sich Otto einerseits in das zeitgenössische Bild des triumphierenden Christus ein, wie es z.B. im Basler Antependium – insbesondere in Verbindung mit dem Motiv des wehenden Mantels – zu finden ist. Zum anderen stellte Otto das Bild auf seinem Rechtszeichen klar in die Tradition der römisch-antiken Kaiserikonografie, von der er – wie bereits sein Vater und Großvater – die Insignien ihrer Kaiserwürde übernahm. Dass damit sein Anspruch auf die Wiederherstellung des antiken Kaisertums gemeint war, unterstreicht die Formulierung der Umschrift, die Otto als „von Gottes Gnaden Kaiser der Römer" ausweist.

Markus Späth

Literatur
Ausst.-Kat. Budapest 2000 u.a., Nr. 22.01.04 (Kerstin Schulmeyer); Ausst.-Kat. Hildesheim 1993, Nr. II-7 (Rainer Kahsnitz); Posse 1909–1913, Bd. 1, Taf. 9,6.

V.68

Drittes Kaisersiegel Ottos III.

Deutschland, 997.
Siegelstempel benutzt von Oktober 997 bis April 998
998 Februar 6 (MGH D O III, 273)
Umschrift: (+) OTTO D(e)I GRATIA ROMANORV(m)
IMP(erator) AVG(ustus)
Braunes Wachs, Abdruck am oberen Rand leicht abgebrochen. D 7,5 cm
Lausanne, Archives cantonales vaudoises, C I b4

Als Otto III. (983–1002) am 6. Februar 998 dem Marienkloster von Peterlingen (Payerne) in der heutigen Westschweiz den rechtmäßigen Besitz mehrerer lange zuvor geschenkter Güter bestätigte, nutzte er bereits sein Drittes Kaisersiegel, obwohl seine Krönung gerade erst zwei Jahre zurück lag. Abermals wartete Otto III. bzw. sein politisches Umfeld bei diesem Wechsel des Rechtsinstruments mit einer grundlegenden ikonografischen Neuerung auf. Erstmals auf einem Herrschersiegel im lateinischen Mittelalter erscheint der Herrscher sitzend auf einem lehnenlosen Thron mit Kissen, während seine Füße auf einem Schemel ruhen. Obwohl die streng frontale Erscheinungsweise der ottonischen Kaisersiegel gewahrt blieb, veränderte die neue Körperhaltung Ottos die Komposition eines

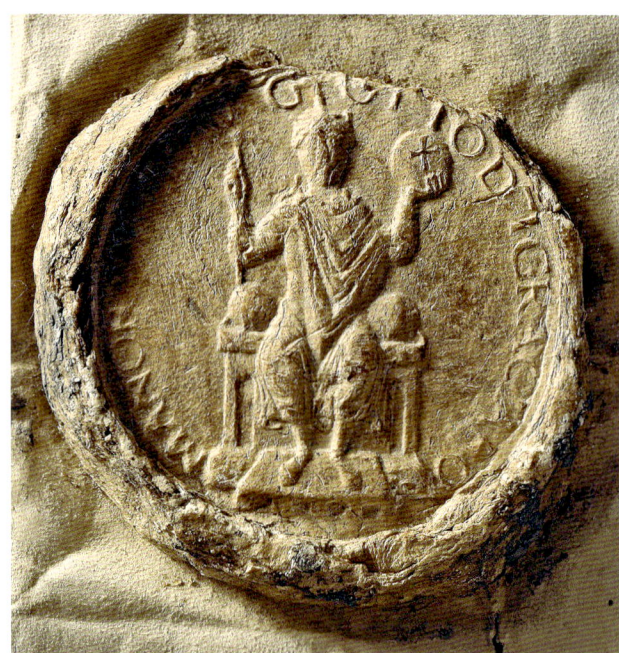

V.68

Herrschersiegels grundlegend. Gegenüber der gestreckten Standfigur im Zweiten Kaisersiegel (vgl. Kat.-Nr. V.67) wirkt seine sitzende Haltung im kreisrunden Siegelfeld gedrängt. Um die Insignien darin überhaupt vorführen zu können, sind die Arme des Kaisers stark abgewinkelt. Nicht zuletzt aufgrund dieser kompositionellen Notwendigkeit hält Otto hier anstelle des Langstabes ein Kurzzepter mit einem aufgesetzten Adler in der rechten sowie einen Globus mit eingeschriebenem Kreuz in der linken Hand.

Das Motiv des majestätisch Thronenden geht ebenfalls auf antike Wurzeln zurück und war in der frühmittelalterlichen Kunst vor allem der Darstellung Christ vorbehalten. So war der Bildtyp der Majestas Domini um das Jahr 1000 weit verbreitet und findet sich nicht zuletzt im Dedikationsbild des Gebetbuchs Ottos III. wieder. In dieser Miniatur liegt der Kaiser dem thronenden Christus in Unterwerfungshaltung zu Füßen. Wenn Otto nun auf seinem neuen Siegel die auratische Haltung Christi einnimmt, verweist dies auf sein Herrschaftsverständnis als *vicarius Christi*, also des Stellvertreter Christi auf Erden. In diesem Siegelbild findet sich zugleich ein Reflex auf die Sakralität herrscherlicher Urkundenübergaben wieder, bei denen die Empfänger in demütiger Haltung vor das Antlitz des Kaisers traten, wie es Otto im Dedikationsbild seines Gebetbuches vor Christus tat.

Mit dem hier erstmals auftretenden Typus des Thron- oder Majestätssiegels war das Bildformular für das Herrschersiegel gefunden, das bis in die Gegenwart mit nur geringen Veränderungen gültig geblieben ist. Nur während Ottos Regentschaft

war dieses Motiv dagegen wenig erfolgreich: nach nur sieben Monaten Gebrauch wurde es zugunsten der Verwendung der Ersten Kaiserbulle (vgl. Kat.-Nr. V.69) aufgegeben.

Markus Späth

Literatur
Ausst.-Kat. Hildesheim 1993, Nr. II-9 (Rainer Kahsnitz); Posse 1909–1913, Bd. 1, Taf. 10,1.

V.69

Erste Kaiserbulle Ottos III.

Italien (Rom?), 998, Typar benutzt
22. April 998 bis 3. Januar 999
Urkunde 998 April 29 (MGH D O III, 287)
Vs.: Umschrift OTTO IMPERATOR AVGVSTVS;
Rs.: Umschrift RENOVATIO IMPERII ROMANORVM
Blei. D 4,0 cm
Herzogenburg, Archiv des Augustiner-Chorherrenstiftes
Herzogenburg, Statt, A.n.1

Die erste Kaiserbulle Ottos III. (983–1002) ist in der Ausstellung durch eine hervorragend erhaltene Prägung präsent, die an einer Schenkungsurkunde des Herrschers angehängt ist. Es ist ein Diplom Ottos III., in welchem der Kaiser einem nicht weiter spezifizierten Engilrich Grundbesitz im heutigen Niederösterreich schenkt. Durch dessen spätere Übertragung an das Chorherrenstift Herzogenburg gelangte das Dokument in das dortige Archiv und hat so mehr als 1000 Jahre überdauert.

Die Pergamenturkunde gehört zu einer ganzen Serie schriftlicher Gunsterweise des jungen Kaisers, die er in den späten April- und ersten Maitagen des Jahres 998 während seines Romaufenthaltes ausstellte und erstmals mit Prägungen dieser Bleibulle authentifizierte. Mit dem Übergang vom Wachssiegel, das damals auf das Pergament aufgedrückt war, zur Metallbulle, die mittels einer Kordel unten an Urkunden angehängt wurde, war die Möglichkeit geboten, das Beglaubigungsinstrument nicht nur ein-, sondern gleich einer Münze, beidseitig mit einem Bild zu prägen. Die dabei für die Vorder- und Rückseite der Ersten Kaiserbulle Ottos III. gefundene Bildlösung weist ein subtiles Spiel zwischen der Rezeption bisheriger Siegelbildtraditionen und einer Abgrenzung von eben diesen auf.

Das Bildfeld der Vorderseite zeigt das drapierte Brustbildnis eines Mannes, dessen Kopf heraldisch – also aus der Perspektive des Bildes gedacht – nach links gedreht ist. Eine mit Steinbesatz und Lilienaufsätzen verzierte Reifkrone auf seinem Haupt charakterisiert diesen in herrscherlicher Funktion. Sowohl die Physiognomie seines Gesichts, die durch einen markanten Wangenknochen und eine kurze aber kräftige Nase gekennzeichnet ist, als auch der gelockte Vollbart weisen ihn als Mann mittleren Alters aus. Die dieses Herrscherbild umfassende Legende OTTO IMPERATOR AVGVSTVS weist den dargestellten eindeutig als Otto III. aus, konterkariert jedoch die reale Jugendlichkeit des Kaisers, der im Jahr 998 gerade einmal 18 Jahre alt gewesen war. Eine solche Diskrepanz ist in der Forschung wiederholt moniert worden (u.a. Schramm 1983), die jedoch nicht berücksichtigte, dass die Kategorie porträthafter Personendarstellung den Konventionen mittelalterlicher Bildwahrnehmung fremd war. Die Entscheidung, den jungen Kaiser durch das Bildnis eines Mannes mittleren Alters zu repräsentieren, wird durch den Blick auf dessen Vorbilder deutlich. Diese sind nicht unter den Siegelbildern der Ottonen zu finden. Die einzige Verbindung zu herrscherlichen Besiegelungsformen des Frühmittelalters besteht zu der Königsbulle Karls des Großen (800–814), die diesen in vergleichbarer Profilansicht zeigt. Viel überzeugender scheint die unmittelbare Rezeption antiker Münzen, insbesondere der Denare seit dem 3. Jahrhundert, deren Bilder häufig die römischen Kaiser in fast identischer Gestaltungsweise zeigen. Selbst Details von Ottos Bullenbildnis wie die wehenden Kronenbänder finden ihre Entsprechung in den Zierbändern der Lorbeerkränze der antiken Imperatoren.

Auf der Rückseite der Kaiserbulle erscheint eine mit spitzem Buckelschild und Fahnenlanze gerüstete Halbfigur in schlanken, leicht überlängten Proportionen, die aus der Perspektive des Bildes ebenfalls nach links ins Profil gedreht ist. Ihr langes, wohl zu einem Zopf geflochtenes Haar legt die Vermutung nahe, dass es sich hier um eine Frau und somit um den aus der Antike stammenden Modus einer weiblichen Personifikation handelt. Durch den expliziten Verweis in der Umschrift auf Ottos Bestrebungen zur Erneuerung des Römischen Reichs (RENOVATIO IMPERII ROMANORVM) dürfte in ihr eine Repräsentation der Roma zu erkennen sein. Dieses Zusammenspiel von Bild und Text eröffnet ein ähnlich ambivalentes Spektrum an möglichen Vorbildern wie die Vorderseite der Kaiserbulle: Das Motiv der mit Schild und Lanze ausgezeichneten Halbfigur verweist einerseits deutlich auf die Bilder der spätkarolingischen und frühottonischen Herrschersiegel (vgl. Kat.-Nr. V.13). Andererseits finden sich gerüstete weibliche Personifikationen mit devisenhaften Umschriften auch auf den Rückseiten antiker Münzen.

Zumeist hat die Forschung in dieser Kaiserbulle den deutlichsten Ausdruck der auf Erneuerung des antiken Römischen Reiches orientierten Politik Ottos III. erkannt, doch bei genauerer Betrachtung erweisen sich deren Rückbezüge als wesentlich komplexer: auf ikonografischer Ebene können sowohl karolingische und frühottonische Siegel als auch antike Münzen

als Vorbilder gelten. Auf medialer Ebene dagegen suchte man mit dem Wechsel vom Wachssiegel zur Metallbulle dagegen eine Anknüpfung an die zeitgenössischen Besiegelungsformen des Papstes und des byzantinischen Basileios. Mit eben dem oströmischen Kaiser war Otto III. über seine Mutter Theophanu (*um 960, † 999) verwandt. Es scheint daher wahrscheinlich, dass der damals in Rom auf dem Palatin residierende Kaiser mittels der Kaiserbulle bestrebt war, die vielfältigen und teils widerstrebenden Referenzsysteme seiner Herrschaftslegitimation auf künstlerischem Wege miteinander in Einklang zu bringen. Das dadurch entstandene neue ‚Image' wurde durch die zahlreichen Privilegierungen vom April und Mai 998 rasch im gesamten Reich sowohl dies- als auch jenseits der Alpen bei den kaiserlichen Getreuen verbreitet.

Markus Späth

Literatur

Ausst.-Kat. Budapest 2000, Nr. 22.01.02 und 22.01.03 (Kerstin Schulmeyer); Ausst.-Kat. Hildesheim 1993, Nr. II-9 (Rainer Kahsnitz); Posse 1909–1913, Bd. 1, Taf. 10,2-7; Schramm/Mütherich 1983, Nr. 101; Schramm 1957, S. 115–119.

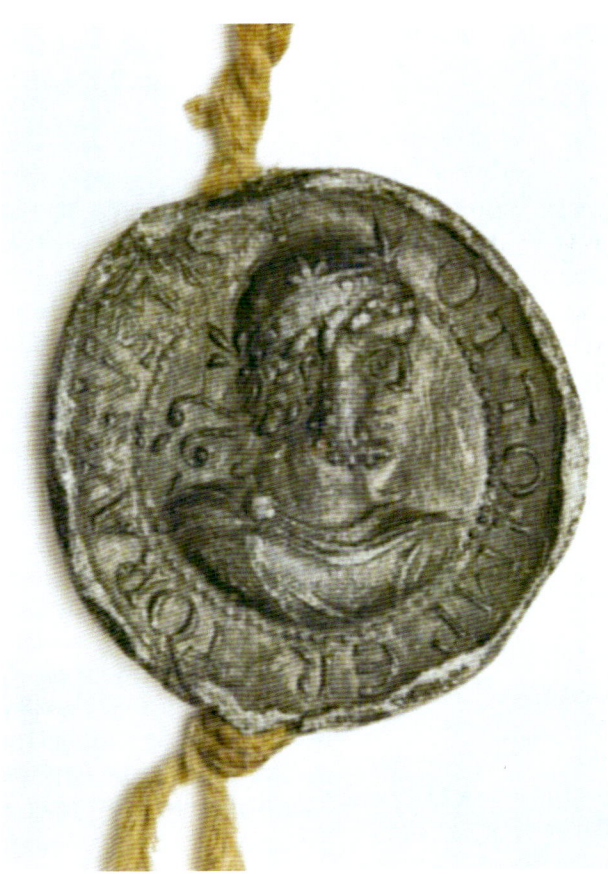

V.69

V.70

Kanonistische Sammelhandschrift mit Lobgedicht Leos von Vercelli auf Papst Gregor V. und Kaiser Otto III.

Süditalien, 2. Viertel 10. Jahrhundert / Oberitalien,
zwischen März 998 und Februar 999
(vermutlich März / April 998)
Pergament, 115 Blätter. H 25 cm, B 16 cm
Bamberg, Staatsbibliothek Bamberg, Msc.Can.1

Die kanonistische Sammelhandschrift des frühen 10. Jahrhunderts in beneventanischer Schrift enthält einige Nachträge, darunter auf der aufgeschlagenen Seite (fol. 13v) ein mit Neumen versehenes, das heißt zum öffentlichen Vortrag bestimmtes Huldigungsgedicht auf Papst Gregor V. und Kaiser Otto III., das nur in dieser Handschrift überliefert ist. Der Verfasser dieser Verse war Leo von Vercelli (998–1026), der im Frühjahr 998, der mutmaßlichen Entstehungszeit der Verse, einer der wichtigsten Berater des jungen Kaisers und später als Bischof von Vercelli der stärkste Rückhalt der deutschen Herrschaft in Italien war. Der vielseitige Bischof formulierte wichtige Reichs- und Kirchengesetze, trat notfalls mit der Waffe in der Hand für die Interessen des Reichs und seines Bistums ein, sammelte Bücher, die er mit gelehrten Anmerkungen versah (z. B. Staatsbibliothek Bamberg, Msc.Class.54, vgl. Kat.-Nr. IV.28), und schrieb überdies Gedichte (vgl. auch Kat.-Nr. V.63 a).

Das hier vorliegende Preislied auf Papst und Kaiser hat er nicht nur verfasst, sondern eigenhändig in den Codex eingetragen. Die zentrale Aussage des ganzen Preisliedes steht im Refrain, der schon äußerlich hervorgehoben ist und alle zwei Strophen wiederholt werden sollte. Darin wendet sich Leo an Christus und fleht mit unerhörtem rhetorischen Nachdruck um die Erneuerung Roms und der Römer, und zwar unter dem Imperium des dritten Otto:

Christe, préces intéllege, / Rómam túam réspice, / Romános pie rénova, / víres Róme éxcita. / Surgat Roma imperio/ sub Ottone tertio.

(„Christus, erhöre unsere Bitten, blick' hernieder auf dein Rom; Erneuere die Römer in deiner Güte, wecke die Kräfte Roms. So erhebe sich Rom unter dem Imperium des dritten Otto.")

In den zwölf Strophen feiert Leo dementsprechend die starke gemeinsame Herrschaft Gregors V. und Ottos III., die Wiederherstellung eines universalen Rom sowie die Ausdehnung der eng miteinander verbundenen weltlichen und geistlichen Herrschaft. In Umrissen lässt dieses „Dokument von größter Bedeutung" wohlüberlegte, in die Zukunft weisende politische Forderungen nach einer Renovatio imperii Romanorum erkennen, nach der „Erneuerung des Römischen Reichs und der Römischen Kirche von Rom aus zu Ehren des Hl. Petrus

und zum Ruhm des Reiches, bewirkt durch die wechselseitige Unterstützung von Papst und Kaiser" (Schramm 1929, S. 124).

Eindeutig steht hier, wenn man gedanklich so unterscheiden darf, die weltliche Komponente des römischen Erneuerungsgedankens, nicht etwa die traditionelle Kirchenreform, im Vordergrund. Leo von Vercelli hat die ambitionierten Renovatio-Vorstellungen noch an anderen Stellen formuliert, er hat sie in seinem eigenen Bistum umgesetzt, indem er sich tatkräftig um die Wiederherstellung von Kirchenbesitz und um die Rückführung der Kirchenhörigen bemühte. Die eigentümliche Leitidee der Renovatio ist um die Jahrtausendwende auch durch andere Texte, Bilder und Überreste sowie durch Randbemerkungen des Bischofs von Vercelli in verschiedenen Handschriften belegt.

Die Haupttexte des Sammelcodex liefern zusätzliche Anhaltspunkte für die Genese und Bedeutung des Lobliedes auf Papst und Kaiser wie auch generell auf das Verständnis der Antike im Umkreis Ottos III. Das Blatt, auf dem Leo persönlich das Gedicht eintrug, ist nämlich nicht eine x-beliebige freie Seite mitten im Codex, sondern das letzte Blatt des ersten Teils der Handschrift, der (erst später) mit einem zweiten Teil verbunden wurde. Dieser zweite Teil enthält Abhandlungen, die den Prozess und die Gültigkeit der Weihen des Papstes Formosus (891–896) betreffen – der Papst war nach seinem Tod als Leiche vor Gericht gezerrt und verurteilt worden. Demgegenüber befinden sich im ersten Teilheft Gedichte des neapolitanischen Grammatikers Eugenius Vulgarius, der Anfang des 10. Jahrhunderts in Form und Inhalt das künstlerische Herrscherlob der Spätantike wieder belebte und die goldenen Zeiten der großen römischen Vergangenheit herbeisehnte.

Besonders aufschlussreich für den Rückgriff auf die Antike, für die Herkunft der Renovatio-Formulierungen und -Vorstellungen und für die Konsequenzen in der Außenpolitik ist ein Pyramidengedicht an den Basileus Leo VI. (886–911), das sich auf fol. 2v dieser Handschrift befindet. Eugenius propagiert in den kunstvoll komponierten Versen die byzantinische Kaiserideologie, hebt den Gedanken an die Weltherrschaft hervor, und verweist damit nicht explizit, aber zumindest indirekt auf die Oberhoheit des Basileus als „Vater aller Regierenden, als Patriarch einer universalen Fürsten- und Völkerfamilie" (Ernst 1984, S. 300).

Der schmale Teilcodex war entweder Leos persönliches Eigentum, oder dieser durfte ihn als Arbeitsexemplar nutzen. Vielleicht sind Handschrift und Gedicht sogar Otto III. persönlich dediziert worden. Später dürfte Leo von Vercelli die Handschrift Kaiser Heinrich II. (1002–1024) überantwortet haben, der sie dem Domkapitel des neugegründeten Bistums Bamberg schenkte. Anfang des 19. Jahrhunderts gelangte sie aus der Dombibliothek in die heutige Staatsbibliothek Bamberg.

Heinrich Dormeier

Quellen

Leo von Vercelli, Huldigungsgedicht.

Literatur

Ausst.-Kat. Bamberg 2002, Nr. 153 (Gude Suckale-Redlefsen); Ausst.-Kat. Budapest u.a. 2000, Bd. 3, Nr. 24.01.01 (Kerstin Schulmeyer); Ausst.-Kat. Hildesheim 1993, Bd. 2, Nr. IV–62 (Heinrich Dormeier/Hans Jakob Schuffels); Ausst.-Kat. Magdeburg 2006 (a), Bd. 1, Nr. II.17 (Steffen Patzold); Bloch 1897, S. 82–83 u. 109–115; Dormeier 1993; Dormeier 2002, bes. S. 168–174; Dormeier 2010; Ernst 1984, S. 321–335, bes. S. 329–330 mit Abb. 1 u. 2; Ernst 1991, S. 371–387; Gasparri/Di Salvo/Simoni 1992, S. 567–569 (italienische Übersetzung); Görich 1993, bes. S. 198–199; Hoffmann 1995, S. 19–20 u. 120–121; Leitschuh/Fischer/Dreßler 1887–1966, Bd. 1, S. 847–852, Nachträge Bd. 1, S. 37; Schemmel 1997, S. 143; Schemmel 2007, S. 72; Scholz 2006, bes. S. 349–355 (S. 350–351 deutsche Übersetzung); Schramm 1929, Bd. 1, S. 119–127, Bd. 2, S. 62–64; Schramm/Mütherich 1962, S. 150–151, Nr. 91 (mit Reproduktion und Literatur); Suckale-Redlefsen 2004, Bd. 1, S. 14–16, Nr. 6, S. 62–63, Abb. 138–147.

V.71

Richer von Saint-Remi, Historiarum libri IV

Reims, Ende 10. Jahrhundert (992–998)
Pergament, 58 Blätter. H 24 cm, B 15 cm
Bamberg, Staatsbibliothek Bamberg, Msc.Hist.5

Die Chronik des Mönches Richer aus dem Remigiuskloster in Reims († nach 998) gehört zu den bedeutendsten Geschichtswerken des späten 10. Jahrhunderts. Gegenstand ist die Geschichte Frankreichs von den Anfängen bis zum Tod Hugo Capets im Jahre 996. Das unvollendet gebliebene Werk ist dem Lehrer des Autors, Gerbert von Aurillac (*um 850, † 1003), gewidmet, der als Erzbischof von Reims (991–996) die Anregung zu dessen Abfassung gegeben hatte. Gerbert galt als der größte Gelehrte seiner Zeit; ab 997 war er persönlicher Lehrer und politischer Berater Ottos III. (983–1002) Über seinen Werdegang und seine Lehrtätigkeit an der Domschule in Reims wird in der Chronik ausführlich berichtet.

Die Bamberger Handschrift ist das eigenhändige Arbeitsexemplar Richers – zugleich der einzige direkte Textzeuge –, keine kalligraphische Reinschrift, auch wenn man den Eindruck gewinnen kann, dass das Buch zunächst als solche angelegt gewesen sein mag. „Der Bamberger Codex ist [...], sofern nicht alles täuscht, das älteste größere Werk der europäischen Literatur, welches [...] von der ersten bis zur letzten Zeile als Autograph erhalten ist" (Hoffmann 2001, S. 58).

Die Genese des Werkes ist hier unmittelbar ablesbar. Die Qualität und Stärke des Pergaments sind ungleichmäßig; das Format der ursprünglichen Blätter, in die ergänzende Blätter oder auch kleine Zettel eingeschoben wurden, ist unterschied-

lich. Die Kladde ist von vielfältigen, teils gleichzeitigen, teils nachträglichen Korrekturen und Nachträgen durchsetzt. Bisweilen sind auch ausgedehnte Textpartien durchgestrichen oder ausradiert und durch andere ersetzt. Richer hat sein Werk also ständig und durchgreifend überarbeitet und umgestaltet.

Für die Zeit von 966 bis 996 ist Richer der wichtigste Chronist, sein Werk steht an der Spitze der Geschichtsschreibung des beginnenden französischen Nationalstaates. Er allein überliefert als Zeitzeuge etwa die Krönung Hugo Capets zum König im Jahre 987 in Noyon (Historiae 4,12, im Autograph fol. 43v): „[...] per metropolitanum aliosque episcopos Noviomi coronatus [...]".

Am Schluss (abgebildetes Blatt 56v) wurden von fremder Hand zwei Briefe des Papstes Silvester II. wohl aus dem Jahr 1000 nachgetragen; beide Schreiben sind nur hier – allerdings fragmentarisch – überliefert, ohne inhaltlichen Zusammenhang mit der Chronik Richers. Einer dieser Briefe ist an Otto III. gerichtet: *Silvester episcopus servus servorum dei dilecto suo Ottoni c(a)esari semper aug(usto) totius imperii decus et insuper apostolicam benedictionem* [...]. Berichtet wird darin von einem Aufruhr in Orte, einer Bischofsstadt in der Provinz Viterbo. Diese eingeschalteten Dokumente lassen darauf schließen, dass der spätere Papst Silvester II. die Handschrift offensichtlich nach Italien mit sich geführt hatte. Über Heinrich II. (1002–1024), vielleicht vermittelt durch Leo von Vercelli, kam das Buch später in die Bamberger Dombibliothek. Im Zuge der Säkularisation 1802/1803 gelangte es von dort in die heutige Staatsbibliothek Bamberg.

Bereits in der 2. Hälfte des 11. Jahrhunderts diente die Handschrift in Bamberg als Geschichtsquelle, so dem Michelsberger Abt Frutolf († 1103) für seine um 1099/1100 vollendete Weltchronik. Herangezogen wurde sie unter anderem auch von Ekkehard von Aura zu Beginn des 12. Jahrhunderts und von Johannes Trithemius noch im 15. Jahrhundert.

Werner Taegert

Quellen

Richer von Saint-Remi, Historiae.

Literatur

Ausst.-Kat. Bamberg 2002, Nr. 140 (Gude Suckale-Redlefsen); Ausst.-Kat. Magdeburg 2001, Bd. 2, Nr. VI.36 (Hartmut Hoffmann); Glenn 1997; Glenn 2004; Hoffmann 1995, S. 22–24 u. 137–138, dazu Abb. 11b; Hoffmann 2001, S. 44 u. 57–58; Kortüm 1985; Leitschuh/Fischer/Dreßler 1887–1966, Bd. 1, S. 130–132, Nachträge Bd. 1, S. 48; Schemmel 1990, S. 40–41, Nr. 11; Schemmel 1997, S. 145; Schemmel 2007, S. 72; Schneidmüller 1983, S. 86–87 (zu den Papstbriefen); Schneidmüller 1994, bes. S. 229; Schneidmüller 1997.

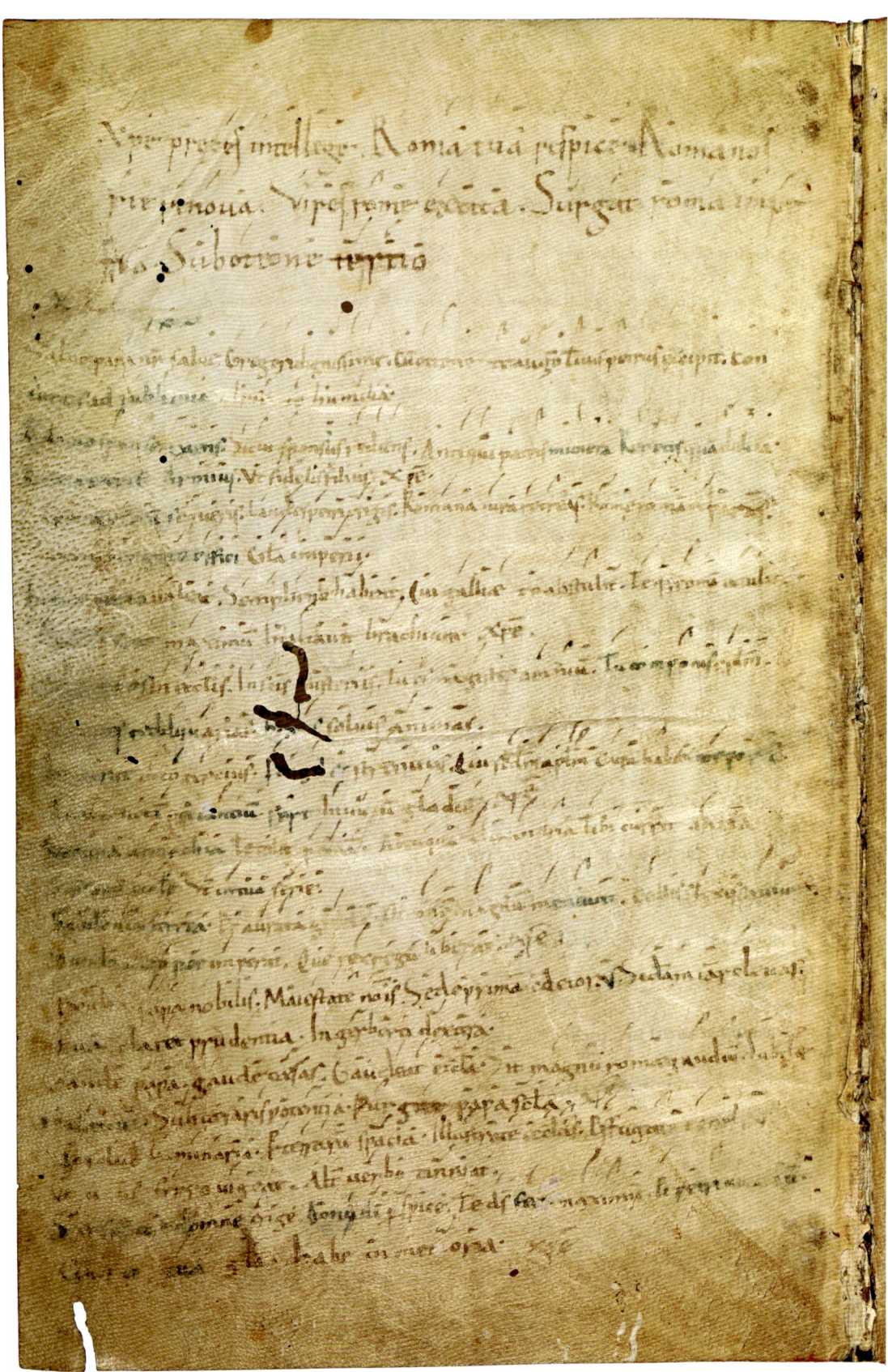

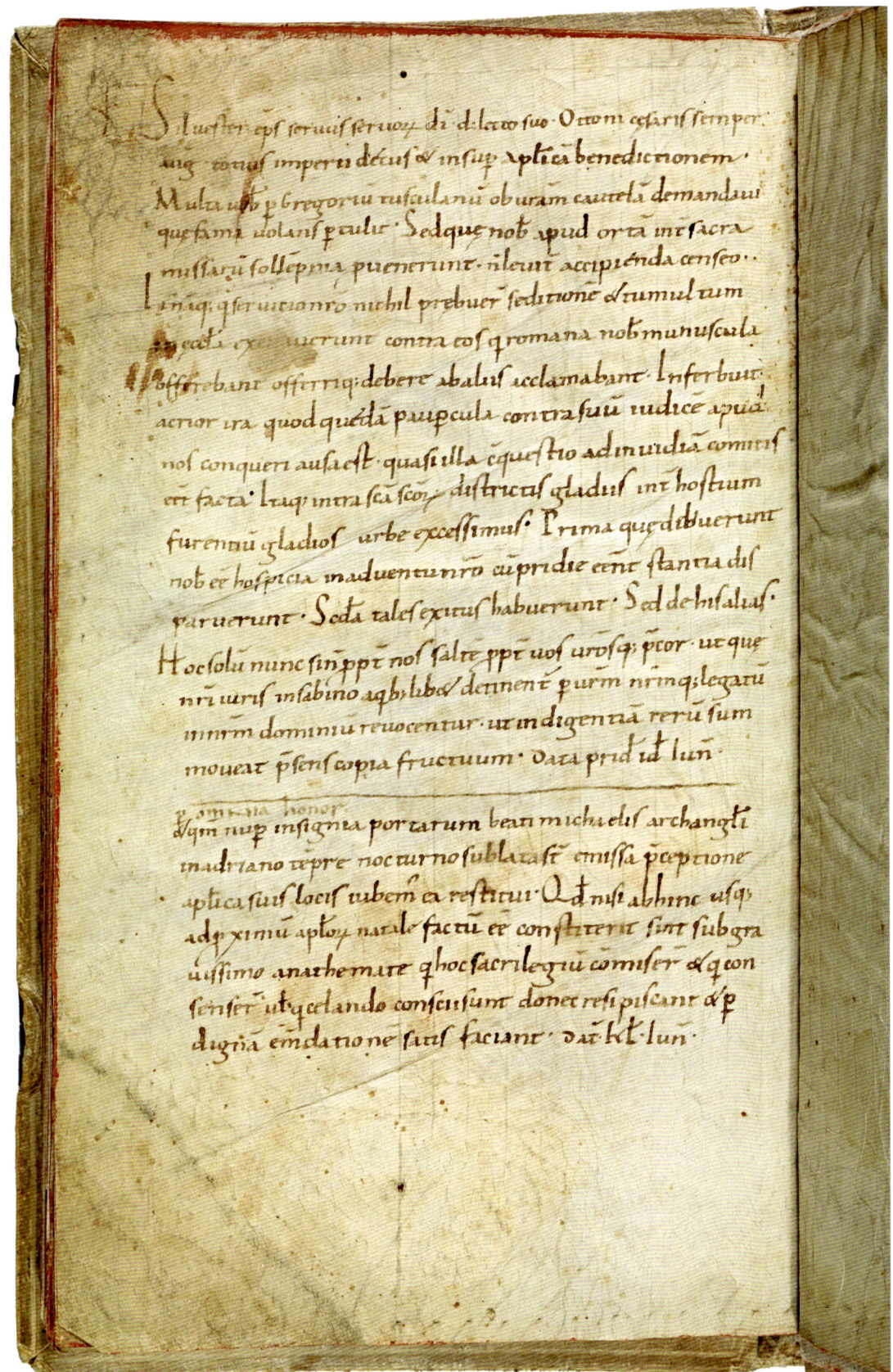

V.72

Kaiser Otto III. schenkt seinem Kämmerer Reginher den Ort „Gubici"

Regensburg, 31. Januar 1000
Pergament, Lederschnüre, Bleibulle.
H 38 cm, mit Siegel 46 cm, B 43 cm
Merseburg, Vereinigte Domstifter zu Merseburg und
Naumburg und des Kollegiatsstifts Zeitz, Urkunde Nr. 5

Mit der Urkunde übertrug Kaiser Otto III. (983, 996–1002) seinem Kämmerer Reginher den Ort „Gubici" (wahrscheinlich Wüstung Kiebitz südöstlich von Eilenburg) im Burgward Eilenburg. Derartige Schenkungen an Laien haben sich nur selten erhalten. Die Vergabe erfolgte auf Fürsprache Ziazos, eines römischen Patricius. Dieser Titel wurde durch Otto III. als Zeichen besonderer Nähe verliehen. Damit ist ein Personenkreis angesprochen, der Otto III. mit hoher Wahrscheinlichkeit auf der Fahrt nach Gnesen begleitet hat. Hier errichtete Otto III. am Grabe des Heiligen Adalbert in symbolisch hoch aufgeladener Form Anfang März 1000 das Erzbistum Gnesen (mit den Suffraganen Krakau, Breslau und Kolberg). Zu den Anwesenden zählten ein päpstlicher Legat sowie der polnische König Boleslaw I. Chrobry. Die Urkunde ist im Vorfeld des 'Akts von Gnesen' ausgestellt und belegt eindrucksvoll die Wandlung der Urkundenausfertigung im Rahmen der Gnesenfahrt. Besondere Bedeutung verdient dabei die Intitulatio des Kaisers: *Otto tercius servus Iesu Christi et Romanorum imperator augustus secundum voluntatem dei salvatoris nostrique liberatoris*. Die Deutung und Erforschung der Textgrundlagen der Intitulatio, die nur im Umfeld des 'Akts von Gnesen' genutzt wurde, hat zu viel beachteten Forschungen durch Percy Ernst Schramm und Johannes Fried geführt. Dabei wandten sich diese den theologischen und eschatologischen Grundlagen der Intitulatio sowie den Handlungen bei der Gnesenfahrt zu. Schramm stellte insbesondere die Verwendung von Formeln aus den Apostelbriefen heraus. Otto III. wirkt demnach als kaiserlicher Apostel, der auch außerhalb seines Herrschaftsbereiches missioniert.

Fried führte die rituellen Handlungen bei der Gnesenfahrt vor allem auf den Kirchenvater Hieronymus sowie dessen Jesaja- und Danielkommentar zurück. Die Formel *servus Iesu Christi* ist somit nicht nur auf Paulus, sondern auch auf den „Gottesknecht" im Buch Jesaja im Alten Testament zu beziehen. Otto III. konnte damit die Rolle als Apostel und Büßer sowie ferner als König und Prophet auf der Fahrt nach Gnesen zugewiesen werden. Die zweite Formel *secundum voluntatem dei salvatoris nostrique liberatoris* weist ebenso auf die Auslegungen der Bücher Jesaja und Daniel durch Hieronymus. Die Kaiserwürde Ottos III. wird mit dieser Formel auf den Willen Gottes zurückgeführt. Daneben erscheinen auf der Urkunde ein vergrößertes und verziertes Chrismon (symbolische Anrufung Gottes) sowie ein größeres Herrschermonogramm.

Die Urkunde belegt, wie differenziert je nach Anlass, Empfänger und äußeren Umständen die Gestaltung einer Kaiserurkunde ausfallen konnte. In der neueren Forschung wird daher stets versucht, die an der Formulierung der Urkunden mitwirkenden Kanzler zu identifizieren. Im vorliegenden Fall ist anzunehmen, dass es sich um den Kölner Erzbischof Heribert handelte. Die besondere Intitulatio kommt allerdings auch in Urkunden von anderer Hand vor, so dass nicht sicher bestimmbar ist, von wem diese entwickelt wurde.

Markus Cottin

Quellen

MGH D O III, 346; UB Stift Merseburg, S. 29 f., Nr. 28.

Literatur

Eichler 1958, S. 53 f.; Huschner 2003, Band 1, S. 375–379; Reischel 1926, S. 147.

V.73

Diplom Kaiser Ottos III. für das Kloster San Salvatore bei Pavia

Pavia, 1000 Juli 6 (MGH D O III, 375)
Pergament. H 67 cm, B 47,5 cm
Mailand, Archivio di Stato di Milano, cart. 10, prot. 214/340

In der ersten Hälfte des Jahres 1000 unternahm Kaiser Otto III. (983–1002) seine berühmte Reise von Rom nach Gnesen, Magdeburg und Aachen und von dort wieder zurück nach Italien. Das am 6. Juli 1000 in Pavia ausgestellte Diplom Ottos III. (D O. III. 375) ist das erste, das man wieder auf italienischem Boden ausstellte. Als konkreter Ausstellungsort wird die kaiserliche Pfalz in der Stadt angegeben. Auf Bitte des Abtes Andreas bestätigte Otto III. dem Kloster die aufgeführten Besitzungen und verlieh die Immunität und das Wahlrecht. Dies erfolgte vor allem für das Seelenheil der im Dezember 999 verstorbenen Kaiserin Adelheid, die dieses Kloster zu ihren Lebzeiten sehr gefördert hatte, sowie für das Seelenheil Ottos III. und das seiner Vorfahren.

Das Diplom wurde von einem hochrangigen und kaisernahen Hofgeistlichen verfasst und geschrieben, den die MGH-Editoren mit der Sigle Heribert C bezeichneten. Die Frage, ob dieser namentlich nicht bekannte Diplomschreiber mit dem Kanzler Heribert identisch war, den Otto III. 999 zum Erzbi-

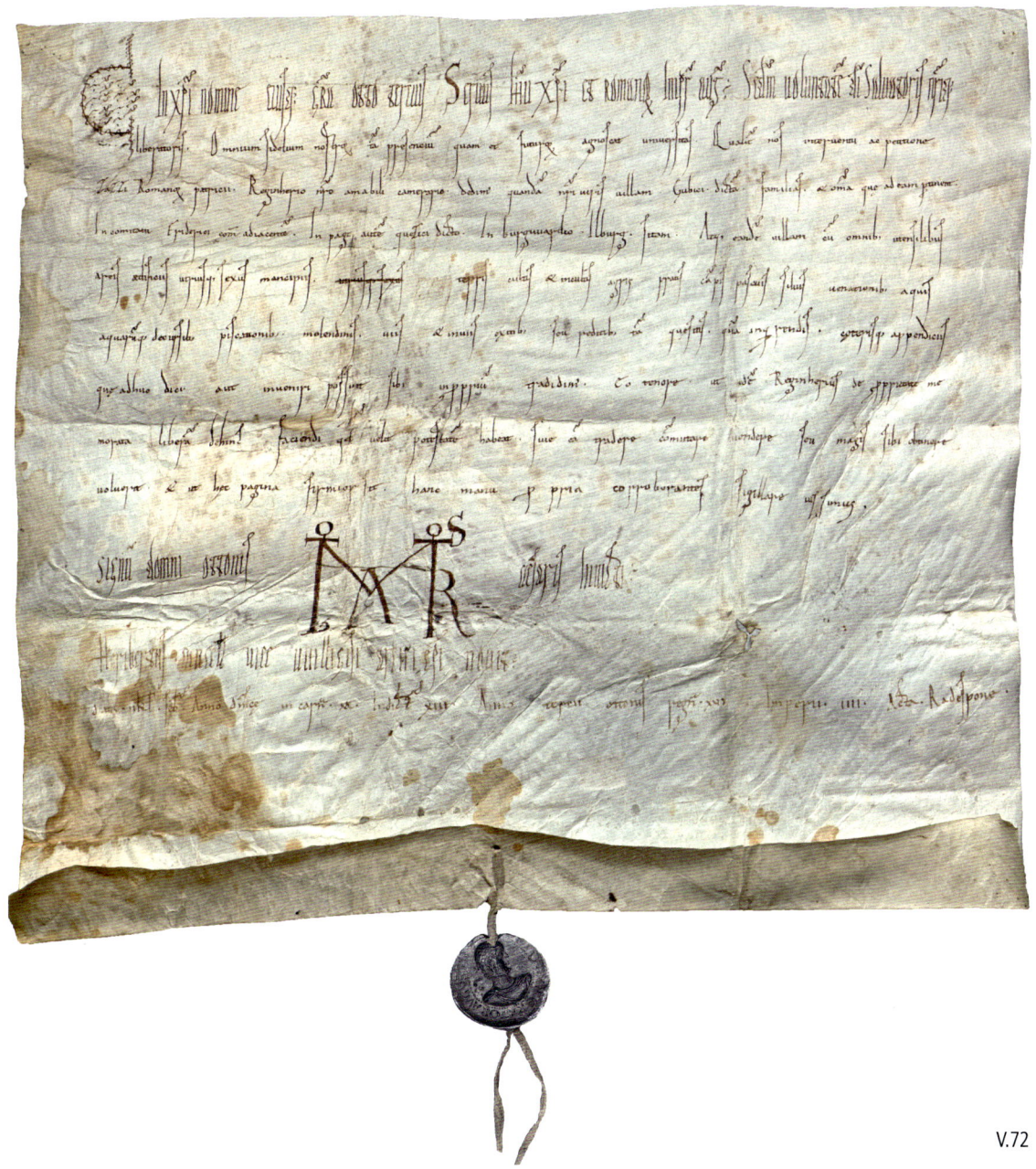

V.72

schof von Köln erhob, wird in der diplomatischen Forschung kontrovers diskutiert. Die vorliegende Urkunde ist das letzte überlieferte Diplom Ottos III., das im Eingangsprotokoll mit der erweiterten Intitulatio ausgestattet wurde, die wohl Heribert C – möglicherweise unter Mitwirkung eines anderen hochrangigen Geistlichen (Heribert D) – extra für die kaiserliche Reise im Jahre 1000 kreiert hatte. Sie lautet: *Otto tercius servus Iesu Christi et Romanorum imperator augustus secundum voluntatem dei salvatoris nostrique liberatoris*. Die erste Devotionsformel (*servus Iesu Christi*) ist auf den neutestamentlichen

Aposteltitel des Paulus und zugleich auf den alttestamentlichen „Gottesknecht" beim Propheten Jesaja zurückzuführen, den der Kirchenvater Hieronymus typologisch als Apostel des christlichen Glaubens deutete. Zumindest die geistlichen Hörer und Leser dieser Devotionsformel konnten sie so interpretieren, dass Otto III. die Fahrt nach Gnesen als Apostel und Büßer sowie als König und Prophet unternahm. Die zweite Devotionsformel (*secundum voluntatem dei salvatoris nostrique liberatoris*), welche die Kaiserwürde Ottos III. aus dem Willen des göttlichen Erlösers und Befreiers resultieren ließ, basiert auf

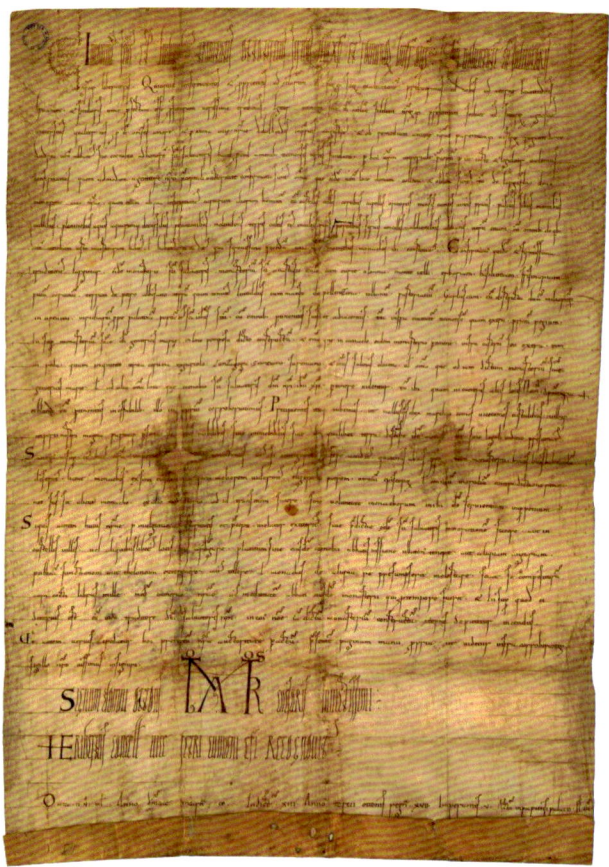

V.73

dem Propheten Jesaja und dem Buch Daniel bzw. auf deren Auslegungen durch Hieronymus. Im Zentrum der erweiterten Intitulatio stehen der Funktions- (*imperator*) und Hoheits- (*augustus*) sowie der Römer-Titel. Nach seiner Kaiserkrönung an Christi Himmelfahrt 996 wurde Otto III. in der Umschrift seiner Siegel als Kaiser der Römer (*imperator Romanorum*) präsentiert. Seit Ostern 997 trugen Hof-, Empfänger- und Gelegenheitsschreiber den Römer-Titel für Otto III. regelmäßig in die Protokolle der Diplome ein, was von einer entsprechenden Grundsatzentscheidung zeugt. Damit signalisierte man, dass fortan auch der westliche Kaiser den Römer-Titel und damit die Gleichrangigkeit mit dem Basileus in Konstantinopel beanspruchte, für den er bisher reserviert war. Das ist der wesentliche programmatische und theoretische Unterschied zu den Kaiserurkunden Ottos I. und Ottos II. Die Theoretiker an den Höfen Ottos I. und Ottos II. hatten diese Stufe des universalen Kaisertums noch nicht bzw. nicht regelmäßig propagiert. Erst in der dritten Generation der ottonischen Kaiserdynastie wurde dieser Schritt vollzogen. Das Dokument ist das einzige Diplom mit der erweiterten Intitulatio für einen italienischen Empfänger, alle anderen bekamen nordalpine Destinatäre. Allerdings trug Heribert C diese besondere Intitulatio nur in

Kaiserurkunden für ausgewählte nordalpine Empfänger ein. Möglicherweise war sie lediglich für solche geistlichen und weltlichen Großen bestimmt, die Otto III. auf seiner Reise im Jahre 1000 begleiteten oder ihn dabei unterstützten.

Heribert C beschrieb das Pergament im Hochformat, so wie man es im letzten Viertel des 10. Jahrhunderts häufig in Italien praktizierte. Etwa drei Viertel davon verwendete er für das Eingangsprotokoll und den Kontext, das letzte Viertel für das Schlussprotokoll. Durch die Linierung des Pergaments sind die Zeilenabstände regelmäßig. Heribert C eröffnete die Urkunde mit einem großen und verzierten Chrismon und einer verstärkten Initiale (*I*), die die verbale Invocatio mit der üblichen Trinitätsformel einleitete. Die ersten beiden Zeilen wurden eingerückt, um die visuelle Wirkung des Chrismons zu verstärken. Die in verlängerter Schrift ausgeführte erste Zeile reichte nicht ganz aus, um die gesamte erweiterte Intitulatio dort zu platzieren; die letzten beiden Worte (*nostrique liberatoris*) stehen am Beginn der zweiten. Im Kontext kennzeichnete Heribert C den Beginn neuer Abschnitte durch vergrößerte und verstärkte Anfangsbuchstaben (Zeilen 2, 9, 16, 18, 21, 26).

Das große und verstärkt ausgeführte Namen- und Titelmonogramm Ottos III. bildet das optische Zentrum der Kaiserurkunde. Nachdem seit Ostern 998 anstelle der bisherigen Wachssiegel nach byzantinischem Vorbild Metallbullen zur Beglaubigung der ottonischen Diplome verwendet wurden, veränderte sich deren Erscheinungsbild. Da die Metall- viel kleiner als die Wachssiegel waren, besaßen sie eine geringere visuelle Fernwirkung. Deshalb führte Heribert C die Herrschermonogramme seit dieser Zeit deutlich größer und verstärkt aus. Aus der Distanz repräsentierten nun vor allem sie den kaiserlichen Urkundenaussteller. Der Buchstabe *T* symbolisierte nach Isidor von Sevilla († 636) das Kreuz, was zumindest den geistlichen Großen in ottonischer Zeit geläufig gewesen sein dürfte. Durch die beiden großen *T*, die das Monogramm dominieren, wurde Kaiser Otto III. symbolisch mit der sakralen Sphäre verbunden. Die Signumzeile, die das Monogramm einrahmt, eröffnete Heribert C wiederum mit einer Initiale. Die Ersetzung von *imperator* durch *caesar* bei der Präsentation Ottos III. in der Signumzeile (*Signum domni Ottonis caesaris invictissimi*) gehört zu den individuellen Merkmalen dieses Hofgeistlichen. Den Kanzlernamen Heribertus am Beginn der Rekognitionszeile hob er durch die Verschränkung der beiden Anfangsbuchstaben (*Nexus litterarum*) hervor, die er in Form einer Initiale gestaltete. Die Datierung wurde ebenfalls mit einer Initiale begonnen. Darunter befinden sich einige kleinere Löcher im Pergament, die einst zur Befestigung der Siegelschnur dienten, mit deren Hilfe die kaiserliche Bulle angehängt wurde. Schnur und Metallsiegel sind heute verloren.

Wolfgang Huschner

Quellen
MGH D O III, 375.

Literatur
Böhmer 1956, Nr. 1383; Fried 1998, S. 41–70, bes. S. 56-63; Huschner 2003, Bd 1, S. 288, 368 u. 375–380, Teil 3, Abb. 37; Huschner 2011/2012, S. 31–59, bes. S. 44 f. u. 54 f.; Rück 1996.

V.74

Diplom Kaiser Ottos III. für das Kloster S. Maria e S. Benedetto zu Prataglia

Paterno, 1002 Januar 11 (MGH D O III, 423)
Pergament. H 46 cm, B 37 cm
Florenz, Archivio di Stato di Firenze, Diplomatico, Normali, Camaldoli, S. Salvatore,1002 gennaio 11

Mit diesem Diplom schenkte Kaiser Otto III. (983–1002) dem Kloster S. Maria e S. Benedetto zu Prataglia (Toskana) auf Bitten von dessen Abt Teuzo den Teil eines Weinbergs und neun namentlich genannte Hufen, die durch den bedeutenden Markgrafen Hugo von Tuszien (*um 945, †1001) verpachtet wurden. Des Weiteren bestätigte der Kaiser dem Kloster die Immunität.

Die Urkunde wurde auf ein stark hochformatiges Pergament geschrieben und mit einer Bulle besiegelt. Wie die fehlende Linierung erkennen lässt, wurde das Pergament nicht besonders sorgfältig vorbereitet. Dadurch verlaufen die Zeilen unregelmäßig und in einem schwankenden Abstand zueinander, sie stehen gerade zum Ende des Kontextes hin enger gedrängt als am Anfang. Das optische Zentrum der Urkunde bildet die zentriert positionierte Signumzeile (Zeile 17). In ihr sind der Herrschername und das Monogramm besonders hervorgehoben. Ersterer wurde in monumentaler Kapitalis geschrieben, welche man für gewöhnlich in Inschriften verwendete. Des Weiteren nutzte der Schreiber zur Betonung des Herrschernamens den Nexus Litterarum, d.h. die Verschränkung von Buchstaben. Das Monogramm umfasst die Buchstaben des Herrschernamens und Ottos Titel. Es springt durch seine Größe von 4,5 x 4 cm besonders ins Auge. Monogramm und Siegel sind auf einer Achse in der Mitte des Pergamentes angeordnet. Ebenfalls auf einer Achse sind die hervorgehobenen Herrschernamen in der ersten Zeile und der Signumzeile platziert. Bei der Bulle handelt es sich um ein vergleichsweise kleines Bleisiegel. Auf dem Avers ist eine Büste ohne spezifische Attribute abgebildet, die mit den Worten AVREA ROMA umschrieben ist, während auf dem Revers der Aussteller mit seinem Titel (ODDO IMPERATOR ROMANORUM) angeführt wird, ohne ihn aber bildlich darzustellen. Die reduzierte Größe und die Gestaltung der Siegelfelder orientieren sich an den päpstlichen Bullen. Dort sind auf dem Avers die Apostel Petrus und Paulus abgebildet, während auf dem Revers der gegenwärtige Amtsinhaber genannt wird.

Die Schenkung an das Kloster S. Maria e S. Benedetto zu Prataglia erfolgte kurze Zeit nach dem Tod des Markgrafen Hugo von Tuszien am 21. Dezember 1001. Vermutlich versuchte Otto, direkt in die Verhältnisse der Toskana einzugreifen, was ihm bislang durch die quasi vizekönigliche Stellung des Markgrafen Hugo verwehrt war. Der Empfänger war um eine Absicherung seiner eigenen Situation nach dem Machtwechsel in der Region bemüht. Bei dieser Urkunde handelt es sich um das letzte erhaltene Diplom Ottos III. für einen italienischen Empfänger, da der Kaiser bereits am 23. oder 24. Januar 1002 am Ausstellungsort der vorliegenden Urkunde starb. Otto wird am Beginn der Urkunde in der Intitulatio als „Knecht der Apostel und Kaiser der Römer" (*servus apostolorum imperator augustus Romanorum*) eingeführt. Mit dem besonderen Titel *servus apostolorum* stellte sich der Kaiser in den Dienst der Apostelfürsten Petrus und Paulus. Seine Verwendung impliziert eine besondere Vorrangstellung Ottos vor allen übrigen Herrschern. Der Titel wurde ab 1001 in den Urkunden Ottos genutzt und gleichzeitig mit der verwendeten Bulle eingeführt. Beide orientieren sich an päpstlichen Traditionen. Mit der Umschrift auf dem Avers wird auf den besonderen Bezug der Herrscher zur Stadt Rom rekurriert. Geschrieben wurde das Diplom vermutlich durch Bischof Sigefred von Piacenza. Dieser zeichnete für die Gestaltung der inneren und äußeren Merkmale verantwortlich. Auf sprachlicher Ebene verdeutlicht z.B. die Arenga, eine allgemein-religiöse Begründung für die Ausstellung der Urkunde, den individuellen Anteil sowie den hohen Bildungsgrad des Schreibers. Sie ist hier in Form eines dreifachen Hexameters verfasst. Insgesamt bietet dieses Diplom ein gutes Beispiel für die Involvierung mehrerer Seiten bei der Ausstellung von Herrscherurkunden. Insgesamt waren drei Parteien beteiligt: der Aussteller, der Empfänger, der als Petent im Text auftritt, sowie ein hochrangiger und gebildeter Schreiber, der vermutlich bei der Ausstellung mit dem Empfänger kooperierte.

Sebastian Roebert

Quellen
MGH D O III, 423.

Literatur
Ausst.-Kat. Budapest u.a. 2000, Bd. 2, S. 767–773 (Hagen Keller); Böhmer 1956, Nr. 1438; Huschner 2003; Huschner 2007; Schramm 1929.

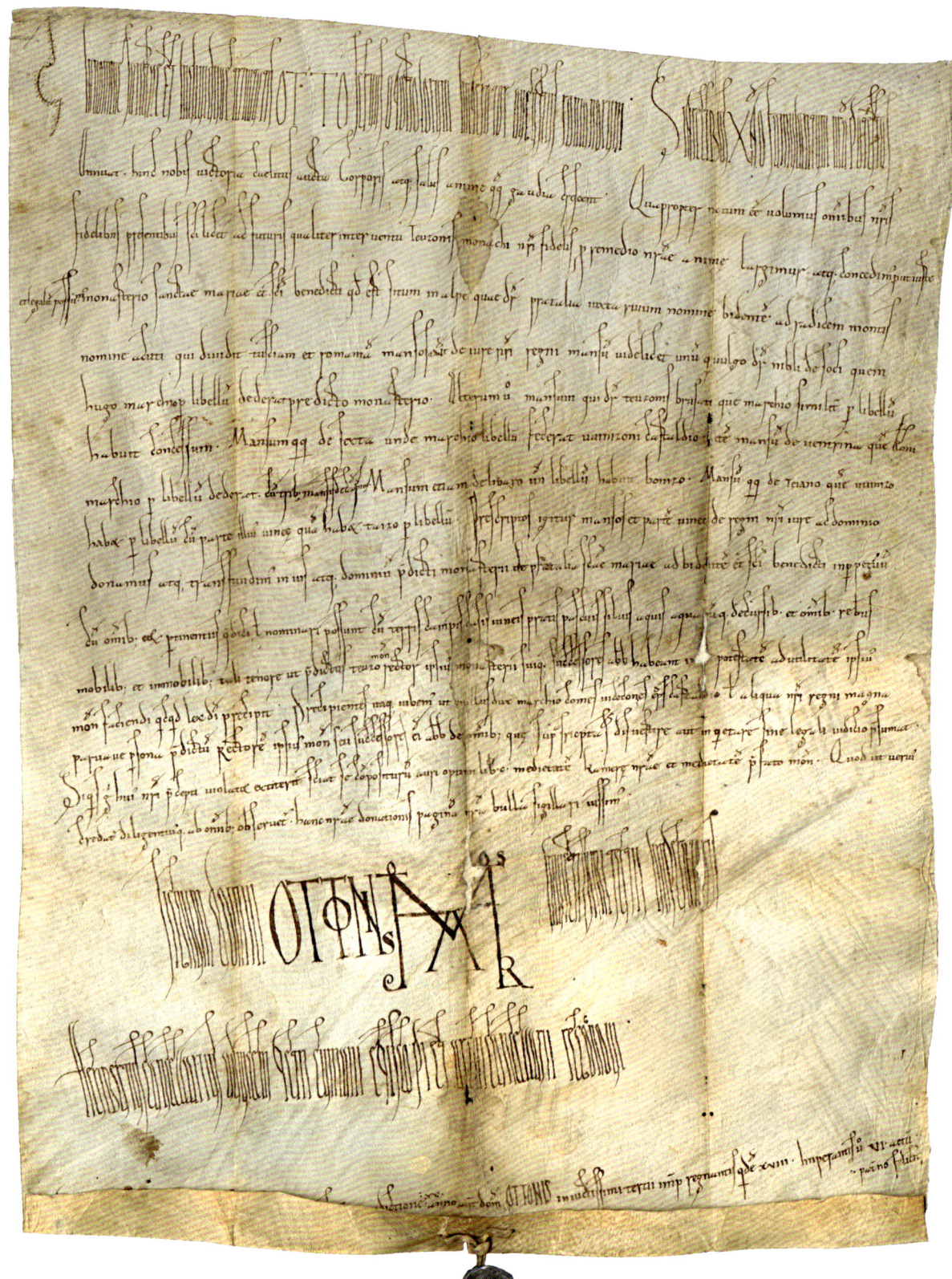

V.74

V.75

Kugel vom Vatikanischen Obelisken

Alexandria, 1. Jahrhundert v. Chr.
Bronze. H 132,5 cm, D 80,5
Rom, Musei Capitolini, Palazzo dei Conservatori

Im gesamten Mittelalter wurde in Rom der einzige aufrecht stehende Obelisk als eine der Sehenswürdigkeiten der Stadt bestaunt. Bis zu seiner Umsetzung auf den Petersplatz im Jahr 1586 stand er *in situ* auf seiner zugehörigen Basis in mitten des Circus des Caligula, wo er die Spina krönte. Ursprünglich war der Obelisk vom ersten römischen Präfekten Ägyptens unter Augustus, Caius Cornelius Gallus, in Auftrag gegeben worden. Er sollte das neu errichtete Forum Iulium in Alexandria schmücken. In seiner *Naturalis historia* (36,69–70) berichtet Plinius d. Ä., wie Caligula den Obelisken auf einem eigens hierfür konstruierten Schiff von Alexandria nach Ostia transportieren ließ, um ihn danach in seinem Circus in Rom aufstellen zu lassen.

Die Annahme, dass die Kugel auf dem Obelisken die Asche von Julius Caesar (100–44 v. Chr.) enthalte, ist zuerst in einer Bulle Papst Leos IX. aus dem Jahr 1053 bezeugt. Hier heißt es, die Säule, „die Grab des Julius Caesar genannt wird" (*qua vocatur sepulchrum Julii Caesaris*; *Collectio Bullarum Sacrosanctae Basilicae Vaticanae, Rom 1747–1752*, Bd. 1, S. 25). Es scheint, als habe es sich bereits zu dieser Zeit um eine althergebrachte Bezeichnung gehandelt. Für diese Fehlinterpretation lassen sich verschiedene Gründe anführen. Zum einen schlossen sich der Nordseite des Circus die Gräber der Vatikan-Nekropole an. Seit der Zeit Caracallas, als der Circus schon nicht mehr in Benutzung war, erweiterte sich die Belegung mit Gräbern auch auf das Circusareal. So entstand direkt neben dem Obelisken ein großes Mausoleum, die sogenannte Rotonda di S. Andrea. Zum anderen ist die Basis des Obelisken mit folgender Inschrift versehen: DIVO CAESARI DIVI IVLII F AVGVSTO / TI CAESARI DIVI AVGVSTI F AVGVSTO SACRVM „Dem vergöttlichten Caesar Augustus, Sohn des Divus Iulius (des vergöttlichten Gaius Julius Caesar) / und) dem Tiberius Caesar Augustus, Sohn des vergöttlichten Augustus geweiht".

Die Verbindung von antiken, teilweise sehr aufwändigen Gräbern und der Inschrift mit der häufigen Nennung CAESAR, die augenscheinlich nicht als Titel, sondern als Name aufgefasst wurde, mag zu der Annahme geführt haben, dass es sich bei dem Obelisken um das Grabmonument Julius Caesars handelte und seine Asche in der bekrönenden Kugel aufbewahrt wurde.

Daher ist es gut möglich, dass bereits den ottonischen Kaisern bei ihren Rombesuchen der Obelisk und seine Kugel als angebliches Grab desjenigen, auf den sie sich als ersten Kaiser des Römischen Reiches beriefen (vgl. Beitrag Schneidmüller,

S. 47) gezeigt wurde, der zu jener Zeit etwas versteckt hinter Alt-St. Peter lag. Ausführlich berichtete der englische Romreisende Magister Gregorius am Anfang des 13. Jahrhunderts von dem Monument, das er als „Pyramide" bezeichnete und wegen der technischen Leistungen, einen so großen Stein zu sägen und ihn stabil aufzustellen, bewunderte. Er erläuterte auch die historischen Umstände, die man zu jener Zeit mit dem Denkmal verband. An genau dieser Stelle, an der der Obelisk stände, habe Julius Caesar, der sich auf dem Weg zum Kapitol befand, einen Brief überreicht bekommen, in dem der unmittelbar bevorstehende Mordanschlag gegen ihn aufgedeckt wurde. Caesar hätte den Brief entgegengenommen und gesagt, dass er jetzt einen Astrologen sprechen müsse und den Brief nach der Sitzung des Senats auf dem Kapitol lesen werde. Auch der Astrologe habe ihn gewarnt, aber Caesar habe seinen Weg fortgesetzt und sei während der Sitzung von Brutus (85–42 v. Chr.) erstochen worden. So sei Caesar, Herrscher und Patron der Welt, nachdem er die Freiheit unterdrückt habe, auf dem Scheiterhaufen verbrannt und zu einem Häuflein Asche reduziert worden sei, in dieser Bronzekugel eingeschlossen worden (Magister Gregorius, Narracio, S. 28-29).

Im Zusammenhang mit dem spektakulären Transport des Obelisken auf den Vorplatz des Petersdomes unter Leitung des Architekten Domenico Fontana 1586 wurde die Kugel abgenommen und durch ein Kreuz ersetzt. Dies bot Gelegenheit die Kugel und ihren Inhalt genauer zu untersuchen. Zweifel an der mittelalterlichen Überlieferung, die aufgrund des Fehlens antiker Quellen zu der Nutzung der Obeliskenkugel als Aufbewahrungsgefäß der Asche Caesars bereits bestanden hatten, bestätigten sich, als man im Innern der Kugel lediglich Rost und Scherben von der tönernen Gussform der Kugel fand, nicht aber Asche von der Verbrennung eines menschlichen Körpers (Pigafetta, Discorso, S. 11-15). Nachdem die Kugel für kurze Zeit im vatikanischen Palast aufgestellt worden war, wurde sie 1589 der Stadt Rom geschenkt und zum Kapitol gebracht.

Gabriele Köster und Ulrike Theisen

Quellen

Bullarum Sacrosanctae; Magister Gregorius, Narracio; Pigafetta, Discorso; Plinius, Naturalis historia.

Literatur

Alföldy 1990; Coarelli 2000, S. 342–346; D'Onfrio 1965, bes. S. 13–20; Fontana 1987; Parisi Presicce 2009.

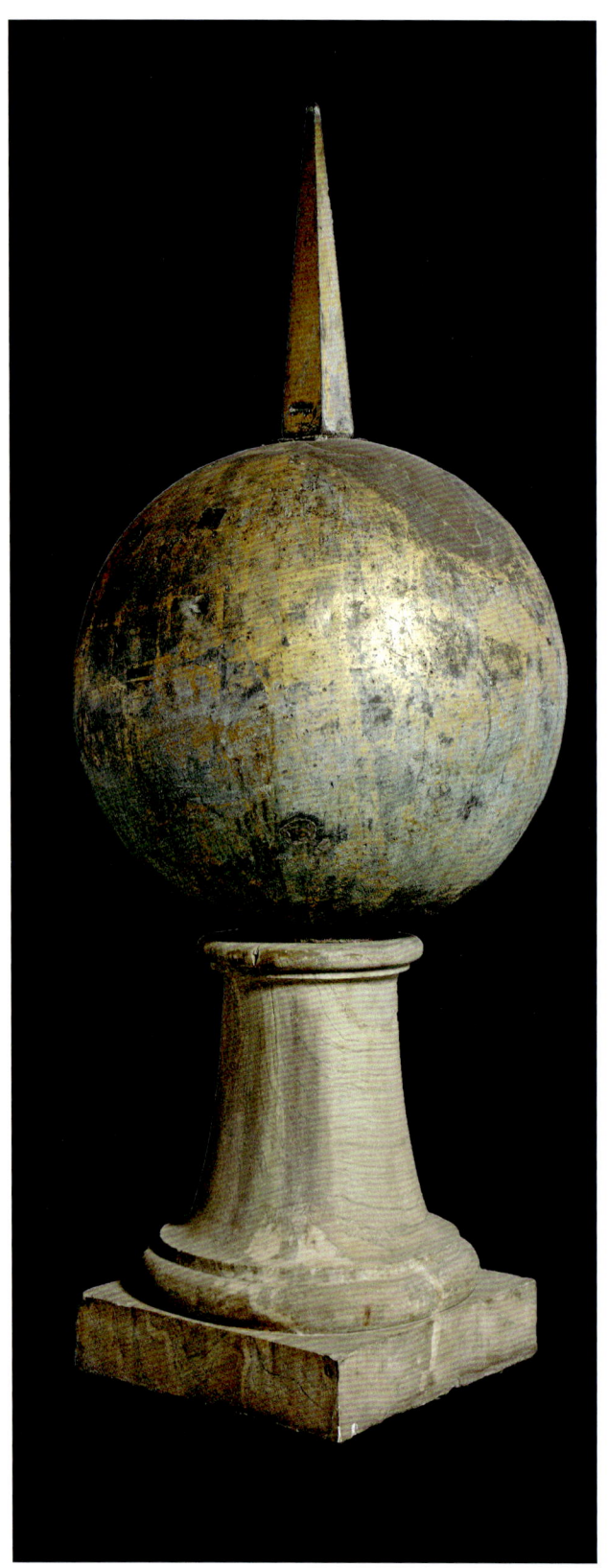

V.75

V.76 a-d

Die Ottonische Ausmalung der Aachener Pfalzkirche

Aachen, 997–1000

Beim Rückbau der in der ersten Hälfte des 18. Jahrhunderts unternommenen spätbarocken Umgestaltung der Kirche 1869/1870 kamen erste Reste alter Ausmalung im Bereich der sogenannten Kaiserloge im Obergeschoß des Westbaues der Kirche zutage. Diese Befunde publizierte der Aachener Altertumsforscher Carl Rhoen, der Aquarellzeichnungen anfertigte und bereits die stimmige Datierung in ottonische Zeit vertrat. Im Zuge der Neugestaltung der Aachener Marienkirche wurden anschließend großflächig Wand- und Deckenmosaike ausgeführt. In der Kaiserloge wurden vor allem im Jahre 1902 größere Freskenteile angetroffen, die unter jüngeren Putzschichten erhalten geblieben waren. Der Maler und Restaurator August Olbers dokumentierte 1902 die am besten erhaltenen Malereibefunde maßstäblich als Aquarellarbeiten auf Karton sowie mit begleitenden Fotos. Weitere durch Zusetzung in Folge des gotischen Choranbaues erhaltene Reste in der südöstlichen Arkadenlaibung des oberen Umganges hielt man 1909 fest. 1910/1911 erkannte Regierungsbaumeister Erich Schmidt im Zuge der weiteren Arbeiten der Neugestaltung unter den ottonischen Malereien der Kaiserloge eine ältere Dekorationsschicht in Ritztechnik, die mit den Pinselzeichnungen im unteren und oberen Umgang des Oktogons verglichen und so karolingisch datiert wurde.

Der Provinzialkonservator Paul Clemen war sich der Bedeutung der vorromanischen Wandmalereien bewusst. Clemen beschrieb die Gesamtkonzeption der Ausmalung in der Loge sowie im davor gelegenen oberen Umgangsbereich und versuchte eine Datierung an das Ende des 10. Jahrhunderts stilistisch zu begründen.

Das Tonnengewölbe der Kaiserloge war gelbgrundig getüncht und durch rahmende Friese mit perspektivisch dargestellten, dreifachen Quadratreihen in drei Zonen geteilt (vgl. Kat.-Nr. V.76 a). Darin befanden sich auf der Nord- und Südseite jeweils zwei monumentale Rundmedaillons mit Brustbildnissen. Im Scheitel nahm Clemen in der sich ergebenden Mittelzone aus Gründen der Symmetrie ebenfalls zwei Rundmedaillons an. Auf der Wand fand sich ein weiterer Fries mit Ornamentdekor. Unmittelbar darunter befanden sich weitere Brustbilder in Rundmedaillons (vgl. Kat.-Nr. V.76 b).

An der Westwand der Kaiserloge konnten ebenfalls vergleichbare Freskenreste erkannt werden, unter denen zwei Reihen ganzfiguriger Darstellungen auffielen (vgl. Kat.-Nr. V.76 a).

Diese Wandmalereien waren durch den Einbau des gotischen Westfensters gestört.

Hinzu kamen von Rhoen dokumentierte geometrische Malereireste (u.a. gezirkelt konstruierte Vierpassmuster) im Bereich der rekonstruierten doppelten Säulenstellung, die die Kaiserloge heute wieder nach Osten zum Thronraum abschließt (vgl. Kat.-Nr. V.76 d). Ein schmaler Friesstreifen mit Blütenmuster in Medaillons führte in den östlich anschließenden Raum mit dem Thron und lässt vermuten, dass auch dieser hochrepräsentative Bereich auf der Umgangsgalerie mit in die neue ottonische Konzeption einbezogen war.

Leider lässt sich das Bildprogramm der Kaiserloge nicht hinreichend rekonstruieren. Die Medaillons können Tugenden, Propheten und/oder Heilige dargestellt haben. In den ganzfigurigen Darstellungen am Fenster hat man versucht, eine Huldigungsszene zu erkennen.

Der Bereich der Kaiserloge war von den Veränderungen des 17./18. Jahrhunderts nicht betroffen, da er zur Kirche hin zugemauert wurde. Nur dadurch blieben die frühmittelalterlichen Fresken unberührt. Im weiteren Umgangsbereich konnte man keine vergleichbaren Malereien mehr feststellen.

Aus heutiger Sicht weist die Dokumentation der nachkarolingischen Malereibefunde Lücken auf, die die genaue Verortung sowie eine Feinstratigrafie des Befunds betreffen. Matthias Exner konnte eine Zweiphasigkeit der 'ottonischen' Ausmalung der Kaiserloge herausarbeiten, deren Abfolge jedoch kaum noch geklärt werden kann.

Lediglich ein kleiner Rest der mutmaßlich ottonischen Ausmalung ist heute noch an der Laibung des südöstlichen Fensters des oberen Umganges sichtbar geblieben. Die zu rekonstruierende ottonische Ausmalung dürfte nicht nur auf die Kaiserloge und den Umgang beschränkt gewesen sein, sondern auch in weiteren Teilen der Kirche ausgeführt worden sein. Entsprechende Fresken wurden nämlich auch an anderen Stellen im Kirchenraum entdeckt (u.a. am westlichen Gurtbogen unter dem großen Kranzgesims, das die obere und untere Bogenstellung trennt), jedoch nicht hinreichend dokumentiert.

Die Aachener Malereireste werden seit langem mit der Überlieferung der in der Mitte des 11. Jahrhunderts niedergeschriebenen Lebensbeschreibung des Lütticher Bischofs Balderich (Vita Balderici 13 f.) in Zusammenhang gebracht, nach der Kaiser Otto III. (983–1002) wegen der in der Kirche fehlenden Malereien im Jahre 997 den italienischen Bischof und Künstler Johannes mit der Schaffung der Fresken beauftragte. Die Malereien in der Kirche waren mit einer von Johannes verfassten Inschrift versehen. Der Schreiber der Vita, ein Lütticher Mönch, der die Örtlichkeit augenscheinlich kannte, setzte hinzu, dass die Malereien jedoch nach einigen Jahrzehnten an der Dauer-

haftigkeit der Ausführung zu wünschen übrig ließen. Die aus Lüttich überlieferte Grabinschrift für den Maler legt nahe, dass Johannes nicht nur in der Kirche, sondern auch in Repräsentationsräumen der Aachener Pfalz (domus) tätig wurde. Die persönliche Identifizierung des südländischen Meisters Johannes ist problematisch. Im Ruperti Chronicon ist von einem Maler gleichen Namens gente lombardus zu lesen. Stilistisch lassen sich die dokumentierten Malereireste in Aachen kaum mit einer aus Oberitalien kommenden Maltradition in Verbindung bringen. Allenfalls die Ausmalung von San Vincenzo a Galliano, das Baptisterium von Novara und das Ziborium von Sant' Ambrogio in Mailand lassen sich in dieser Hinsicht anführen.

Stilistisch passt die durch die Überlieferung angezeigte Datierung zu den dokumentierten und in einem kleinen Rest bis heute erhaltenen Wandmalereien.

Vor dem Hintergrund der Schenkung durch Kaiser Otto III. 997 zur Wiederherstellung der Marienkirche ist auch die Ausmalung des Kircheninneren nicht als bloße Verschönerung zu sehen, sondern war Bestandteil einer umfassenden Renovierung des Kirchenbaues in der Zeit der kurzen Herrschaft des 21-jährig verstorbenen Kaisers. Der Enkel Ottos des Großen (936–973) machte sich darüber hinaus auch durch weitere Schenkungen um die Ausstattung der Aachener Kirche verdient. Erhalten sind im Domschatz beispielsweise das wertvolle, um 990 auf der Reichenau entstandene Liuthar-Evangeliar (vgl. Abb. 73, S. 540) und das Lothar-Kreuz mit eingearbeiteten Zimelien augusteischer und karolingischer Zeit. Hinzu kommen aber auch heute nicht mehr in Aachen befindliche Schenkungen, wie das um 1000 entstandene Evangeliar Ottos III. in der Bayerischen Staatsbibliothek in München (vgl. Abb. 9, S. 38). Wie einst Kaiser Augustus (27 v. Chr.–14 n. Chr.) nach der Bestattung des großen Alexander (340–323 v. Chr.) suchte, ließ Otto III. in Aachen zum Pfingstfest des Jahres 1000 das Grab Karls des Großen (800–814) öffnen. Es kann vermutet werden, dass zu diesem Zeitpunkt die Marienkirche zumindest weitgehend fertiggestellt war. Die besondere Bedeutung des Ortes für den Kaiser wird auch dadurch deutlich, dass er gemäß eigener Verfügung 1002 aus Italien überführt und in der Aachener Pfalz- und Stiftskirche beigesetzt wurde.

Quellen
Vita Balderici; Ruperti, Chronicon.

Literatur
Clemen 1916, S. 15 f. u. 33–38; Exner 1998, bes. S. 110 ff.; Faymonville 1909, S. 159–162; Rhoen 1895, S. 118; Wehling 1995, bes. S. 41–46. Zu Otto III. und Aachen: Drechsler 1999; Falkenstein 1998; Gabriele 2002; Görich 2006.

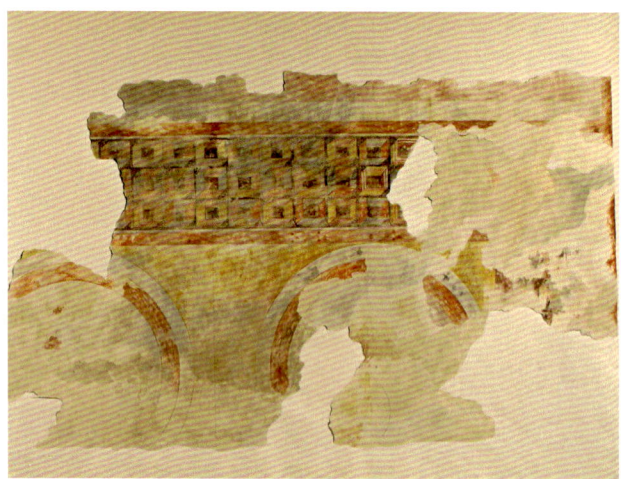

V.76 a

a)   Gewölbeausmalung

1902, aufgenommen von August Olbers
Tuschezeichnung auf Karton, aquarelliert.
H 63 cm, B 82,5 cm
Puhlheim, LVR-Amt für Denkmalpflege im Rheinland,
Planarchiv, 7584

Im Ansatz des Tonnengewölbes der Kaiserloge im Westwerk des Aachener Münsters waren zu beiden Seiten monumentale Medaillons von 1,60 m Durchmesser aufgemalt. In einer doppelten Rahmung befanden sich aufgemalte Brustbildnisse, die aufgrund ihres schlechten Erhaltungszustandes nicht zu identifizieren sind. Im weißen Außenrahmen könnten schwarze Beischriften vorhanden gewesen sein. Die Zone der Medaillons wurde nach unten von einem 70 cm hohen Fries mit perspektivischen Kästchen abgeschlossen. Dieser geometrische Fries auf schwärzlich-braunem Grund besaß einen roten Rahmen. Die Kästchen waren rot, gelb und blau.

   Solche Medaillons sind letztlich aus spätantiken Vorbildern abzuleiten und waren in der karolingisch-ottonischen Kunst beliebt. Auch der Kaiser selbst konnte so dargestellt werden. Eine Trierer Evangelienhandschrift des sogenannten Gregor-Meisters zeigt ein Otto dem Großen gewidmetes Medaillon mit der Umschrift DIVE MEM(orie) OTTO IMPER(ator) AVG(ustus).

Literatur

Ausst.-Kat. Budapest u.a. 2000, Nr. 23.04.03 (Irmgard Siede); Clemen 1916, S. 34 f., Fig. 21, Taf. V; Wehling 1995, S. 42, Abb. 38. Zur Einordnung: Exner 1989; Kahsnitz 1991; Nordenfalk 1988.

b)   Westwerk

1902, aufgenommen von August Olbers
Tuschezeichnung auf Karton, aquarelliert.
H 73 cm, B 83,5 cm
Puhlheim, LVR-Amt für Denkmalpflege im Rheinland,
Planarchiv, 7583

Unter der mit dem Fries abgeschlossenen Gewölbeausmalung befand sich eine 1,88 m hohe Zone, die ursprünglich mit Figuren ausgemalt war, von denen nur das untere Fünftel ansatzweise zu erkennen war. Sie befanden sich zwischen zwei rahmenden oberen Bändern in Weißgrau und Rot und einem unteren gelblichen Band. Darunter befand sich eine hellrote Zierzone mit einem Zickzackmuster, auf die eine breitere braunrote Zierzone mit einem Wellenornament folgte. Auf blauem Grund waren zwei Zweidrittelmedaillons aufgemalt, die im Durchmesser den Medaillons auf dem Tonnengewölbe entsprachen. Ein Medaillon zeigte ein weibliches Brustbild. Es dürfte sich ursprünglich wohl um Ganzkreismedaillons mit Büsten gehandelt haben, die das Rund nicht ganz ausfüllten und im oberen Teil sekundär mit dem Fries übermalt wurden.

Literatur

Ausst.-Kat. Budapest u.a. 2000, Nr. 23.04.01 (Irmgard Siede); Clemen 1916, S. 35, Taf. VI unten; Exner 1989, bes. S. 110 ff.; Wehling 1995, S. 42, Abb. 39 unten.

c)   Westwand der Kaiserloge

1902, aufgenommen von August Olbers
Tuschezeichnung auf Karton, aquarelliert.
H 83 cm, B 71 cm
Puhlheim, LVR-Amt für Denkmalpflege im Rheinland,
Planarchiv, 7582

Anstelle des heutigen gotischen Fensters kann im frühmittelalterlichen Baubestand des Westwerkes ein kleineres Fenster mit doppeltem Rundbogen und einer eingestellten Säule angenommen werden. Dieses Fenster war von figürlichen Wandmalereien eingefasst. In der oberen Zone befand sich eine figürliche Malerei auf gelbem Grund. Rechts vom Fenster waren zwei als Rötelvorzeichnungen angelegte Gewandfiguren zu erkennen. Die äußere Figur hob sich auf einem roten Hintergrundfeld ab, in der Hand hielt sie einen Gegenstand, in dem Clemen „eine Tafel, ein Buch oder eine Rolle" erkannte. Die zum Fenster hingewandte Figur befand sich auf blaugrünem Grund. Von den Figuren links vom Fenster waren kaum mehr als Umrisse zu sehen.

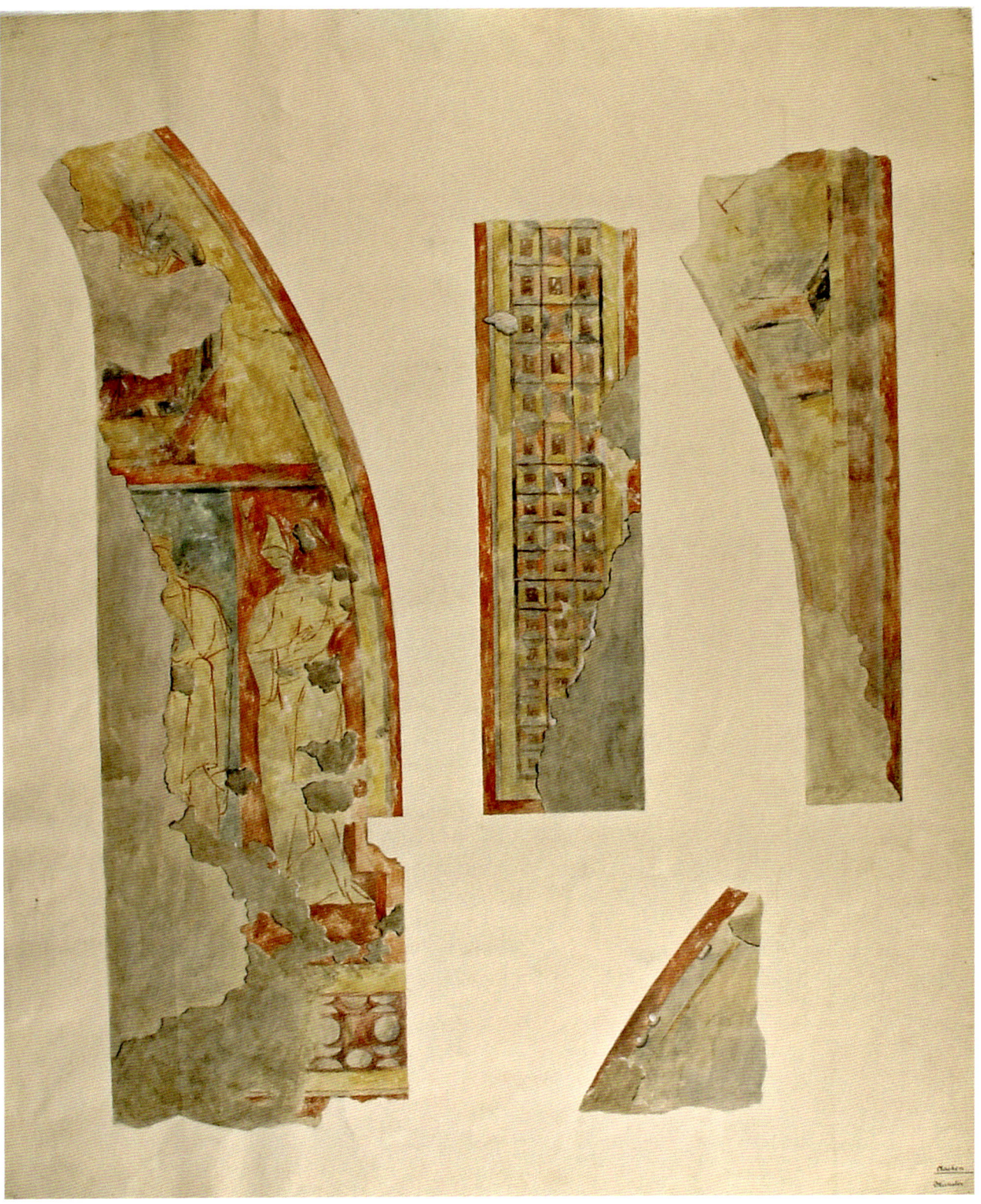

V.76 b

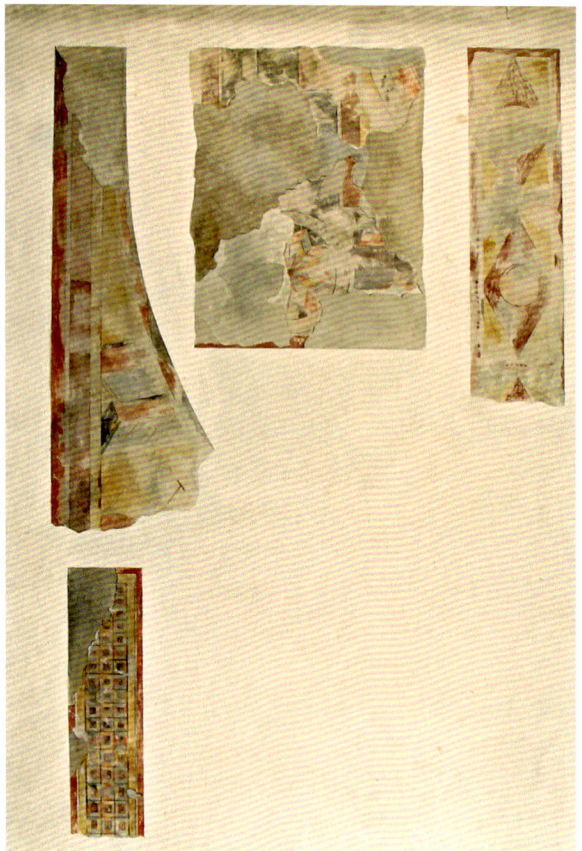

V.76 c

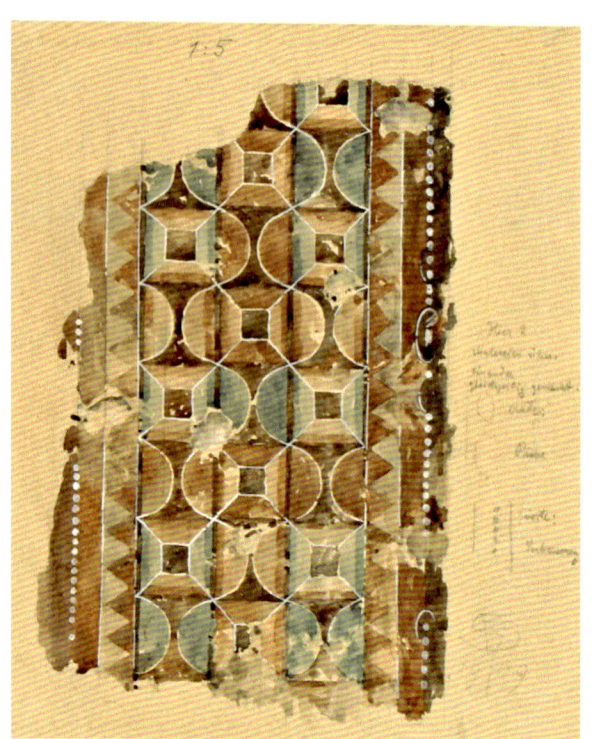

V.76 d

Nach unten schloss sich eine ornamentale Zierzone an, die auf einem oben und unten gelb gerahmtem Purpurband aufgemalte Eierstabmotive in Weiß zeigte.

Die zugehörige Nischenlaibung war mit einem Fries aus dreireihigen, gekappten Pyramiden in Rot, Gelb und Bleiweiß auf braunrotem Grund und roten sowie gelben Randstreifen ausgemalt.

Literatur

Ausst.-Kat. Budapest u.a. 2000, Nr. 23.04.02 (Irmgard Siede); Clemen 1916, S. 35, Fig. 22, Taf. VI oben; Wehling 1995, S. 42, Abb. 39 unten.

d)   Arkadenlaibung im Südosten des oberen Umganges

1909, aufgenommen im Maßstab 1:5
von Hermann Schaper
Bleistiftzeichnung auf Papier, aquarelliert,
auf Archivkarton fixiert. H 30 cm, B 25 cm
Puhlheim, LVR-Amt für Denkmalpflege im Rheinland,
Planarchiv, 28933

Dargestellt ist – ähnlich wie in der Nischenlaibung der Westwand der Kaiserloge – ein perspektivisch dargestellter dreireihiger Fries aus abgeschnittenen Pyramiden. Diese werden hier jedoch mit schräg beschnittenen Halbtonnen kombiniert. Ein im Wechsel roter und gelber Dreiecksfries schließt sich zu beiden Seiten an. Den Abschluss nach außen bildet ein Purpurband mit in Weiß aufgemaltem Perlstab.

Heinrich Schnitzler hielt die qualitätsvolle Malerei im Unterschied zu Clemen nicht für ottonisch, sondern für karolingisch. Leo Schaefers Vergleich mit Wandmalereien in Walberberg bei Bonn und Buchmalerei aus Hildesheim konnte die Datierung um 1000 jedoch stützen.

Literatur

Ausst.-Kat. Budapest u.a. 2000, Nr. 23.04.04 (Irmgard Siede); Clemen 1916, S 37, Fig. 25; Schaefer 1985; Wehling 1995, S. 42, Abb. 37.

Bernd Päffgen

V.77

Fabelgedicht Leos von Vercelli (Metrum Leonis)

Italien, Ende 10.–Anfang 11. Jahrhundert
Einzelblatt von Cod. LXXXII (fol. 189v)
Pergament. H 34 cm, B 27 cm
Vercelli, Biblioteca Capitolare

Die eigenhändig von Leo von Vercelli (998–1026) verfasste Dichtung in adonischen Versen ist Hugo von Tuszien († 1001) gewidmet. Auf Blatt 189v befindet sich das *Commentarium in Isaiam* des Aimone d'Auxerre (Vercelli, Kapitelbibliothek, LXXII) zu dessen Beginn sich Leo von Vercelli über den Verlust all dessen beklagt, was ihm Otto III. einst geschenkt hatte (Vers 2, 3 f.: *Omnia perdo, que dedit Otto*).

Der umfassend gebildete Geistliche gehörte seit 996 der Hofkapelle Ottos III. an und verdankte diesem die Erhebung zum Bischof von Vercelli 998/999. Er war maßgeblich an der Verurteilung des Gegenpapstes Johannes XVI. Philagathos und der Erhebung Gerberts von Aurillac zum Papst Silvester II. beteiligt. 1001 mussten sowohl Otto III. wie auch Silvester II. aus Rom fliehen. Nach dem Tod Ottos III. gehörte Leo von Vercelli den führenden Anhängern Heinrichs II. in Italien an und wurde zeitweise aus seinem Bistum vertrieben. Aufgrund der Widmung ist jedoch eine Entstehung der Dichtung vor dem Tod Ottos III. anzunehmen.

Die Fabeldichtung ist eine rätselhafte Allegorie im Stil des griechischen Dichters Äsop. Biblische Rekurse wechseln sich mit obskuren politischen Andeutungen und Übernahmen aus mittelalterlichen Bestiarien ab. Der Protagonist ist ein mit einem Löwenfell verkleideter Esel. Auf Empfehlung des Fuchses sucht er Schutz bei einem Wolf vor anderen Tieren, die glauben, er sei ein Löwe. Der Wolf wird vom boshaften Fuchs dazu gebracht, den Esel zu fressen. Der Esel wird vom Löwen gerächt. Dieser verurteilt den Wolf und nach dessen Tode feiert er ein großes Bankett mit den anderen Tieren. Die Moral der Geschichte lautet: man kann nur Gott vertrauen. Möglicherweise steht diese pessimistische Sicht in einem Zusammenhang mit den Ereignissen des Jahres 1001.

In den Versen 6, 18–19 befindet sich die Widmung an den Marquis Hugo von Tuszien (*Hic Leo, scribe; Hic Hugo, ride*). Wie üblich, spricht Leo sich hier direkt selbst an. Man findet viele Beispiele dieses Stilmittels in den Randbemerkungen, mit denen der Bischof die Manuskripte versah. Ein Großteil der Schriften wird heute in der Kapitelbibliothek von Vercelli aufbewahrt.

Die Hauptquellen von Leo sind die *Satiren* und *Episteln* von Horaz, Persius und Vergil. Des Weiteren nimmt er auf die *Ars Amandi* von Ovid und vermutlich den wenig bekannten Eugenius Vulgarius († 928) Bezug. Dieser gelangte vor allem am Hof von Otto III. zu beträchtlichem Ruhm. Eine weitere ungewöhnliche Quelle stellt das *Thebais* von Statius dar. Ausgeprägte stilistische Ähnlichkeiten mit der *Coena Cypriani* von Iohannes Hymonides († 875) sind nachweisbar. Einige Wendungen weisen auf historische Geschehen und Persönlichkeiten hin. Der Begriff *sparo* (Schuss) der Verse 2, 6 (*fana sparonis*) und 2, 10 (*furta sparonis*) ist möglicherweise ein direkter Bezug auf die Festung des Markgrafen Arduin von Ivrea († 1014), der um die Jahrtausendwende in kriegerischen Auseinandersetzungen mit dem Bistum von Vercelli stand. Er hatte am 17. März 997 den Vorgänger von Leo, Petrus von Vercelli, verbrennen lassen. Die Verurteilung Arduins, die Leo von Vercelli 999 auf einer Synode durchsetzen konnte, hielt den Widersacher nur für kurze Zeit zurück.

Timoty Leonardi

Literatur

Ausst.-Kat. Budapest u.a. 2000, Bd. 3, Nr. 25.01.19 (Kerstin Schulmeyer); Ausst.-Kat. Hildesheim 1993, Bd. 2, Nr. IV-61 (Heinrich Dormeier u. Hans Jakob Schuffels); Bloch 1897; Dormeier 1999; Gavinelli 2001; Gavinelli 2007; Kaczynski/Westra 1988.

V.78

Landolfus Sagax, Historia Romana

Corvey, wohl 1007–1024
Pergament, 179 Blätter. H 31,5 cm, B 25 cm
Bamberg, Staatsbibliothek Bamberg, Msc.Hist.2

Der aus Süditalien stammende Landolfus Sagax verfasste im späten 10. oder frühen 11. Jahrhundert eine erweiternde Bearbeitung und Fortsetzung der *Historia Romana* des Paulus Diaconus (* um 720, † um 799) (vgl. Kat.-Nr. IV.30). Das Werk bietet einen chronikalischen Abriss der römischen Geschichte von den mythischen Anfängen bis zum Jahr 813. „Das Hauptaugenmerk liegt ab Beginn der christlichen Ära auf dem oströmischen Reich sowie – ab dem 20. Buch des insgesamt in 26 Bücher abgeteilten Werks – auf dem Wirken des *pseudopropheta* Muhammad, dem Aufstieg des Islam und seiner Expansion [...]. Diesen umfangreichen Textabschnitt entnahm Landolfus Sagax wörtlich der „*Chronographia tripartita*" des Anastasius Bibliothecarius [...]" (Ausst.-Kat. Halle 2005, S. 426). An das Explicit der Chronik schließt sich eine summarische Übersicht über die römischen Kaiser bis zu Diokletian (284–305) an (fol. 179v): „*Primus romanorum principatum singulariter optinuit gaius iulius cesar a quo cesares ceteri imperatori appellati sunt [...]*".

Die Erstpublikation erfolgte 1569 in Basel durch den französischen Humanisten Petrus Pithoeus (Pierre Pithou, * 1539,

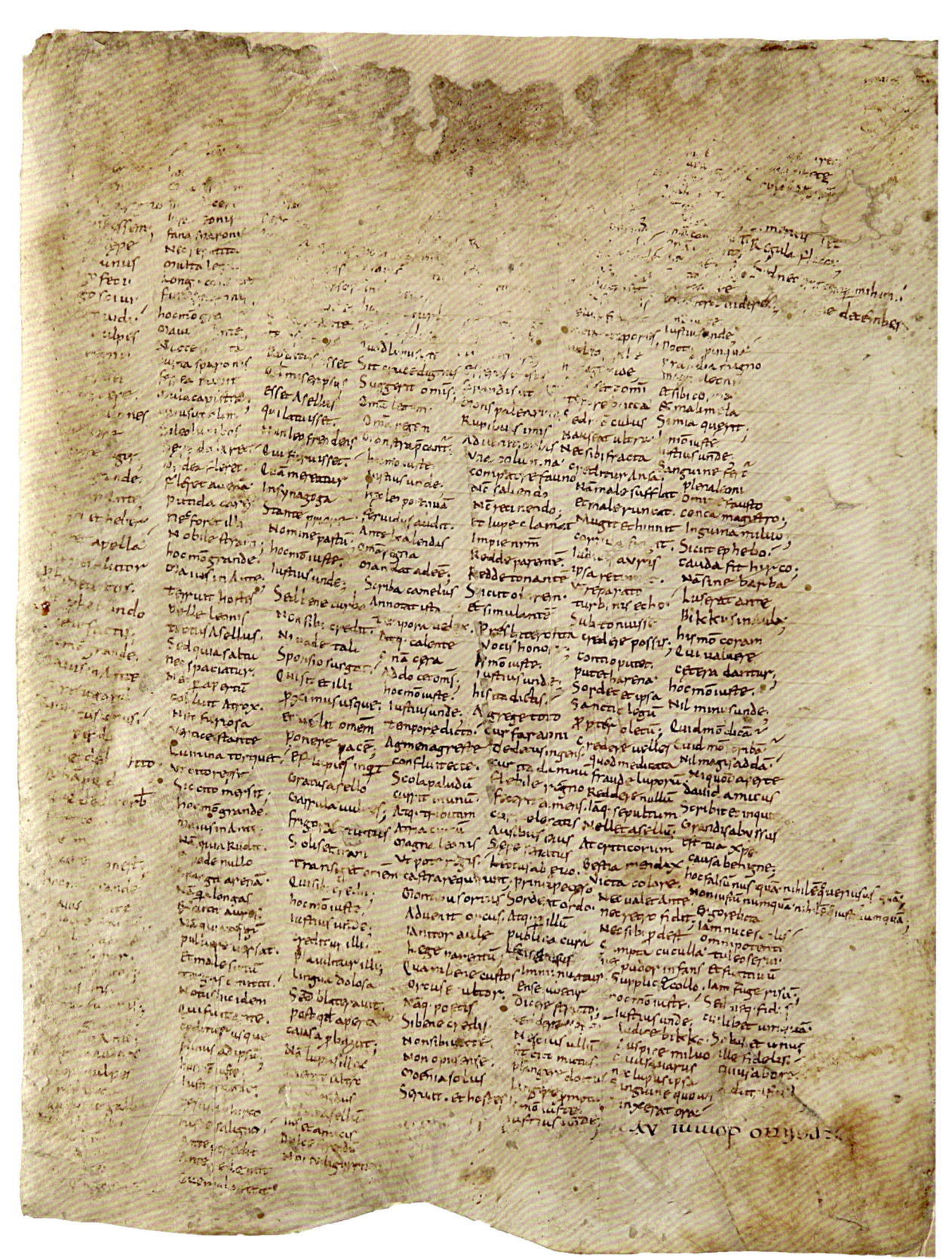

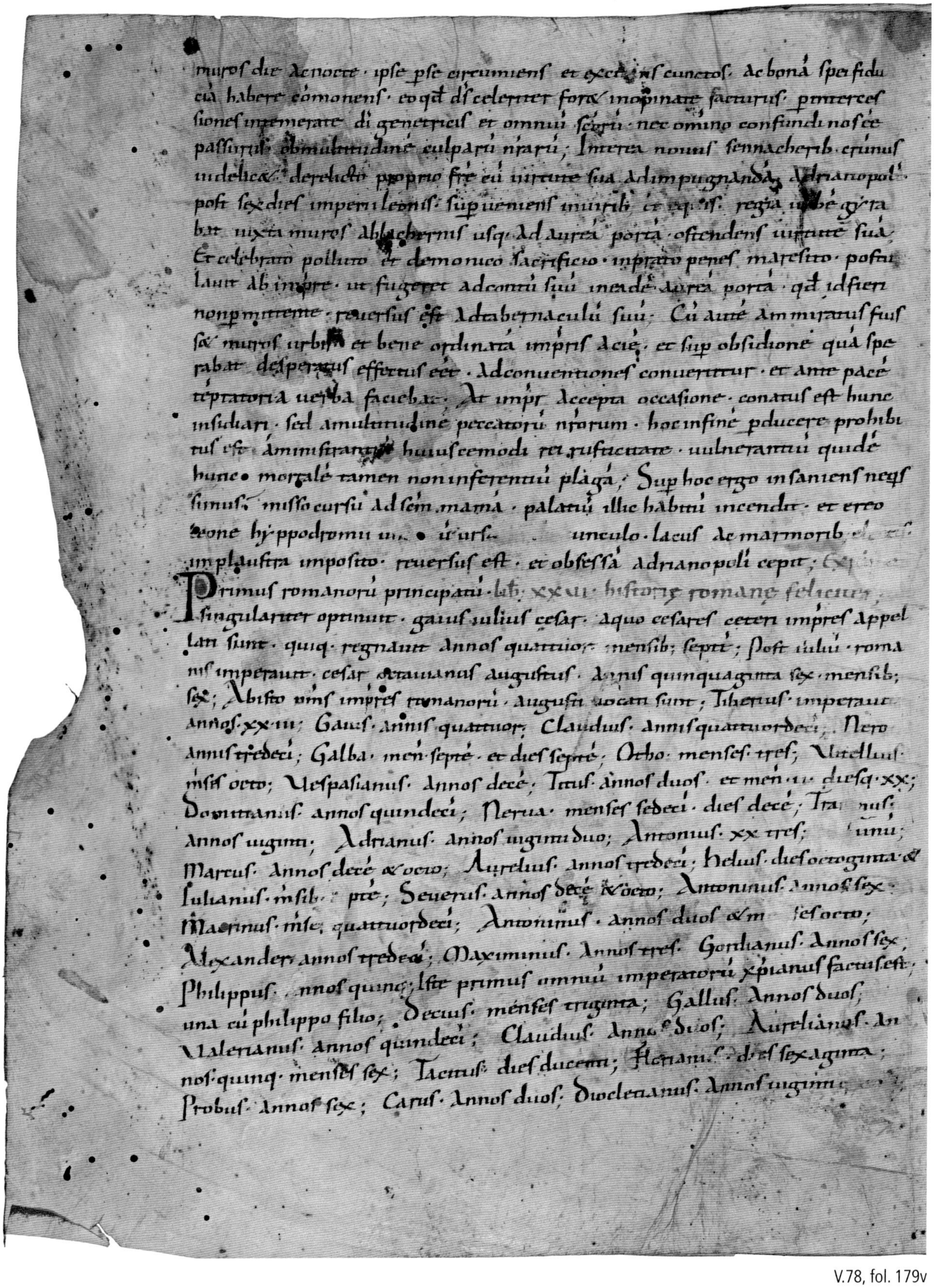

† 1596). Der für diese Ausgabe ersonnene Titel *Historia miscella*, der auf die vielfältig kompilierten Quellen Rücksicht nimmt, wurde als Bezeichnung des Werks geläufig. Landolf selbst nannte es *Historia Romana*. In der originalen Handschrift ist es auch als *Gesta Romanorum* betitelt.

Vorlage des Bamberger Codex war die vom Autor selbst diktierte Niederschrift in der für Süditalien kennzeichnenden Beneventana. Diesen Band hatte möglicherweise Heinrich II. (1002–1024) selbst oder ein Mittelsmann in seinem Umfeld aus Italien nach Sachsen mit sich geführt. In der Benediktinerabtei Corvey ließ Heinrich die Kopie für Bamberg anfertigen; die originale Handschrift kam im Spätmittelalter in die Heidelberger Bibliotheca Palatina und mit dieser 1623 in die Vatikanische Bibliothek (Vaticanus Palatinus latinus 909).

Der Bamberger Codex ist am Beginn und am Ende unvollständig: Er setzt mitten im ersten Satz des 9. Kapitels von Buch 2 ein; die angehängte Kaiserliste bricht wegen des Fehlens des letzten Blattes unvermittelt ab. In der zweiten Hälfte des 11. Jahrhunderts diente das Bamberger Exemplar dem Michelsberger Abt Frutolf († 1103) als eine Quelle für seine um 1099/1100 vollendete Weltchronik. Im Zuge der Säkularisation 1802/1803 gelangte der Codex aus der Dombibliothek in die heutige Staatsbibliothek Bamberg.

Werner Taegert

Quellen
Landolfus Sagax, Historia Romana.

Literatur
Ausst.-Kat. Halle u.a. 2005, S. 425–426, Nr. D 9 (Ekkehart Rotter); Hoffmann 1995, S. 101–102 u. 137, dazu Abb. 153 b; Leitschuh/Fischer/Dreßler 1887–1966, Bd. 1, S. 119; Nachträge Bd. 1, S. 47; Mortensen 1999, S. 165–200; Rotter 2004, S. 283–289; Schemmel 2007, S. 66; Suckale-Redlefsen 2004, Bd. 1, S. 149, Nr. 89, S. 141, Abb. 479; Tischler 2008, S. 37–38.

V.79

Fuldaer Totenannalen

Fulda, 9. und 10. Jahrhundert
Pergament, 32 Blätter. H 22,5, B 16,5 cm
Fulda, Hochschul- und Landesbibliothek, Hs. B1

Als Fuldaer Totenannalen (*annales necrologici Fuldenses*) bezeichnet man Listen von Einträgen, in denen die Namen verstorbener Mönche, mit ihnen Verbrüderter und von Wohltä-

tern des Klosters unter deren Todesjahr aufgeführt werden. Die Aufzeichnungen dienten dem liturgischen Totengedenken (Memoria), indem die Namen der Verstorbenen während der Messe oder im Kapiteloffizium der Mönche genannt wurden. Sie zeigen die persönlichen Verbindungen des Klosters, sein Beziehungsnetz. Umfangreiche Totenannalen des frühen Mittelalters sind allein aus dem Kloster Fulda für die Jahre 779 bis 1065 überliefert.

Der Codex, eine Sammelhandschrift, setzt sich aus mehreren Teilen zusammen. Der um 920 angelegte erste Teil I (Bl. 2–21) enthielt zunächst wohl nur eine Liste der Fuldaer Konventsmitglieder (fol. 3r–3v), einen Katalog der Äbte (fol. 4r–5r) und Totenannalen von 779 bis 920 (fol. 6r–17v). Im zweiten Drittel des 10. Jahrhunderts kamen als Nachträge hinzu auf fol. 2r die Abschrift einer Gebetsverbrüderung von 863, auf fol. 5v ein zweiter Abtskatalog und auf fol. 18v–19r eine weitere Fuldaer Konventsliste von ca. 935, auf fol. 18r und 20r–21v Totenannalen für die Jahre 967–996 und auf fol. 21v zwei Traditionsnotizen, die zu Beginn des 11. Jahrhunderts hinzugefügt wurden. Auch der zweite Teil (Bl. 22–25) bietet Totenannalen (946–976), die wohl 975 in einem Zug geschrieben und danach von einem anderen Schreiber 976 mit wenigen Namen fortgesetzt worden sind. Der dritte Teil (Bl. 26) besteht aus einer Fuldaer Mönchsliste von 822, die auch in diesem Jahr geschrieben worden sein dürfte, mit Nachträgen. Der vierte Teil (Bl. 27–31) enthält gegen Ende des 9. Jahrhunderts geschriebene Listen der Mönche der Fuldaer Nebenklöster Hameln, Großburschla, Sancti Bonifatii Cella (Brunshausen), Rasdorf, Hünfeld und Holzkirchen. Auf fol. 31v steht der um 900 eingetragene Teil eines Fuldaer Bücherkataloges.

Auf fol. 23v, in der rechten Spalte, finden sich die Einträge der im Jahr 973 Verstorbenen: als Erster *Michael ep(iscopu)s* (ein irrtümlicherweise begonnenes *arc* für *archiepiscopus* wurde nur unvollkommen ausradiert), Bischof Michael von Regensburg († 23. September 972, hier also falsch eingereiht), als Dritter Herzog Hermann von Sachsen († 27. März 973). Als Vierter steht hier *Otto imperator*. Kaiser Otto der Große war am 7. Mai 973 gestorben, sein Eintrag ist durch größere Schrift hervorgehoben.

Der Codex wurde immer im Kloster Fulda verwahrt. Im Zuge der Säkularisation gelangte er in die heutige Hessische Landesbibliothek Fulda.

Wolfgang Eric Wagner

Literatur
Ausst.-Kat. Magdeburg 2001, Bd. 2, Nr. III. 19 (Hartmut Hoffmann); Bischoff 1998, Nr. 1331, S. 279 f.; Gugel 1995, S. 69; Hausmann 2000; Oexle 1978 (a), hier S. 467–474; Raaijmakers 2006; Schmid 1978, Bd. 1, Abb. 25–50; Schrimpf/Martin/Leinweber 1992, S. 85–89.

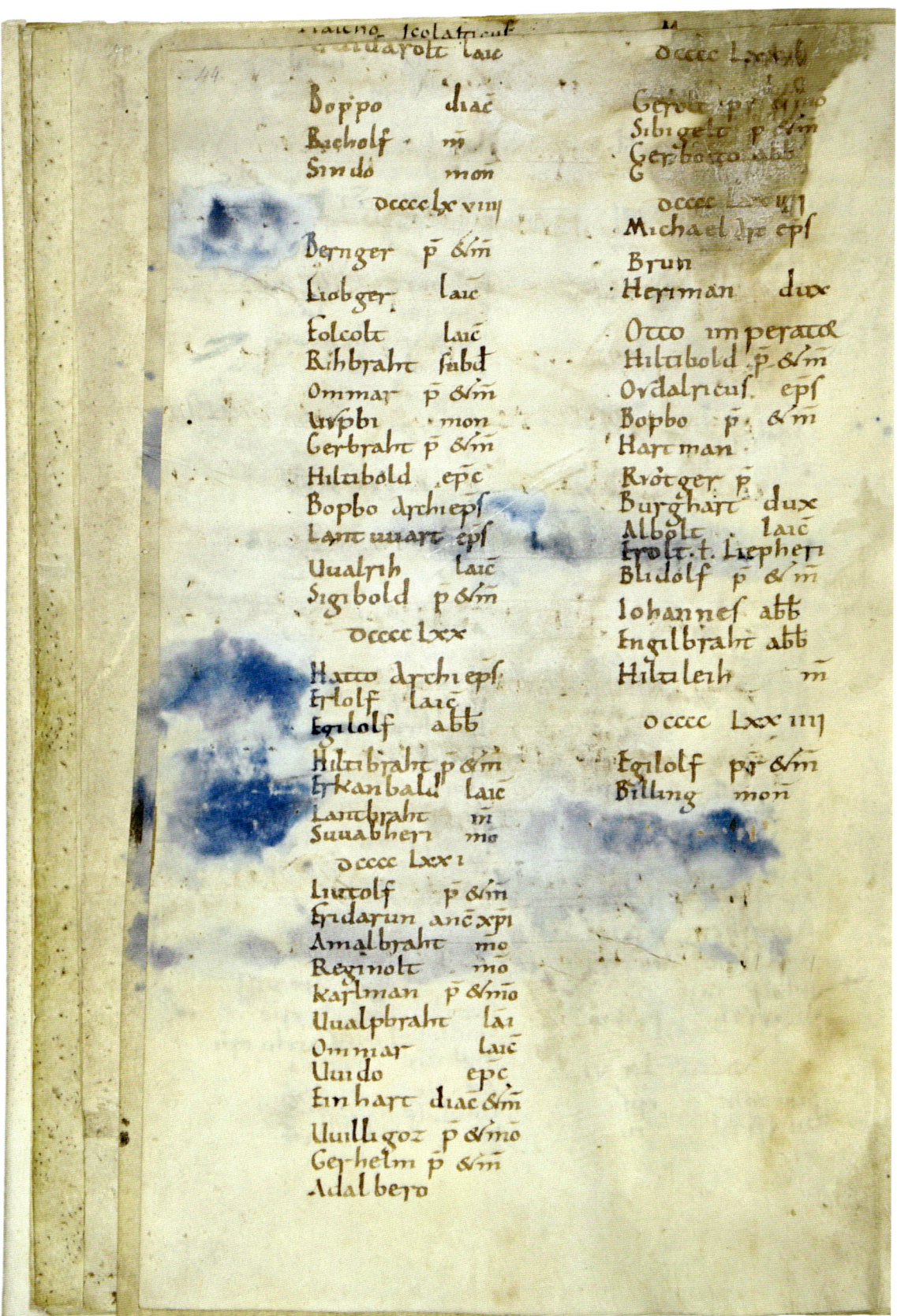

V.80

Reichenauer Verbrüderungsbuch

Reichenau, 9. Jahrhundert,
Nachträge bis zum Beginn des 16. Jahrhunderts
Pergament, einzelne jüngere Papierlagen,
96 Blätter/166 Seiten.
H 28,5 cm, B 20 cm
Zürich, Zentralbibliothek, Ms. Rh. hist. 27

Bereits in den Klöstern der Karolingerzeit legte man Listen mit den Namen von lebenden und verstorbenen Personen geistlichen und weltlichen Standes zum Zweck des fürbittenden Gedenkens im Gottesdienst an, die mit der Zeit zu Büchern zusammengebunden wurden. Die darin eingetragenen Personen, Mönche, Bischöfe, Könige, Grafen und andere Laien, hatten den Mönchen oder auch Nonnen Wohltaten in Form von Güter- und Geldgaben erwiesen, um als Gegenleistung schon zu Lebzeiten in deren Gebete eingeschlossen zu werden. Mönche und Nonnen boten hingegen ihre Gebete als Gegengabe an. Durch diese vertragsmäßige Vereinbarung (Verbrüderungsvertrag) konnte man Bruder oder Schwester der Mönche werden und bis zum Ableben und auch danach die gleichen oder zumindest ähnliche karitative und liturgische Leistungen wie diese erhalten: z.B. Kleidung und Nahrung, (Toten-)Vigilien mit Psalmengesang und Messopfern, Armenspeisung und Anniversarfeier am Todestag. Denn nach den Vorstellungen der Zeit konnte die klösterliche Gemeinschaft stellvertretend Buße für die Verbrüderten leisten und die Armen vermochten beim Jüngsten Gericht als Fürsprecher aufzutreten. Im Vertrauen auf diese Wirkung setzten die Gläubigen den Eintrag in das Gedenkbuch mit dem Eintrag in das himmlische Buch des Lebens, den biblischen *liber vitae* (Offb. 20,15), gleich.

Das Reichenauer Verbrüderungsbuch enthält auf 166 Seiten über 38.000 Namen von Personen, die ins liturgische Lebenden- und Totengedenken einbezogen werden sollten. In den Jahren 822 bis 824 angelegt, blieb es bis zum Beginn des 16. Jahrhunderts in Gebrauch; ein eindrucksvoller Beleg dafür, dass der Glaube an die Heilswirkung der klösterlichen Gebete über einen langen Zeitraum unvermindert anhielt. Auf den Seiten 4 bis 97 wurden die Namen von Angehörigen über 50 verschiedener verbrüderter geistlicher Gemeinschaften eingetragen und entsprechende Überschriften vergeben. Daran schließen sich auf den Seiten 98 und 99 sowie 114 bis 123 Listen mit den Namen der lebenden und verstorbenen Wohltäter des Klosters an.

Auf der Seite 63 (fol. 45r), die laut Rubrik zuvor für die Namen der mit dem Reichenauer Konvent verbrüderten Mönche des Klosters Mosbach reserviert war, steht in der vorletzten Spalte ein Gruppeneintrag mit Namen der liudolfingischen Königsfamilie, von denen sich einige zweifelsfrei identifizieren

lassen. Zu ihnen gehören Otto I., der hier als König bezeichnet wird (*Otto rex*), darüber die Namen seiner Eltern, König Heinrichs I. (*Heinricus rex*) und Königin Mathilde (*Mahthild reg[ina]*), darunter die seiner jüngeren Brüder Heinrich (*Heinricus*) und Brun (*Prun*).

Der aus mit weißem, geprägtem Leder überzogenen Holzdeckeln bestehende und mit Metallschließen versehene Einband stammt aus dem 17. Jahrhundert, spätestens vom Anfang des 18. Jahrhunderts.

Wolfgang Eric Wagner

Quellen
Liber confraternitatum Augiensis.

Literatur
Ausst.-Kat. Zürich 1994, Nr. 27 (Susan Marti); Hoffmann 1986, S. 350 f.

V.81

Fuldaer Totenannalen

Fulda, 9./10. und 11. Jahrhundert
Pergament, 2 Papier-, 36 Pergamentblätter.
H 25 cm, B 16,5 cm
Vatikanstadt, Biblioteca Apostolica Vaticana,
Cod. Ottob. lat. 2531

Bei den Fuldaer Totenannalen handelt es sich um eine spezielle Form der Gedenküberlieferung, in der die Namen verstorbener Mönche, Bischöfe, Grafen und anderer Laien, die mit dem Kloster in Beziehung standen, jahrweise, dem Zeitpunkt ihres Todes nach, eingetragen worden sind, um sie während der Messe oder im Kapiteloffizium der Mönche nennen zu können. Die sogenannten Totenannalen sind in fünf Textzeugen verschiedenen Alters überkommen, angefangen mit dem Todesjahr des Abtes Sturm, 779, bis 1065 mit jeweils einem unterschiedlichen Bestand an Jahren und Namen, der sich zum Teil überschneidet. Mehrere Texte sind im 10. Jahrhundert angelegt worden, was die Annahme stützt, dass die einzelnen Versionen der Totenannalen für verschiedene geistliche Gemeinschaften vorgesehen waren, für das Kloster Fulda selbst und die unmittelbar benachbarten Propsteien im heutigen Stadtgebiet: Frauenberg, Johannesberg, Petersberg und Andreasberg, deren letzte erst im 11. Jahrhundert gestiftet wurde.

„Von den Angehörigen der ottonischen Herrscherfamilie sind darin folgende namentlich eingetragen: die Könige Heinrich I., Otto I., Otto II., Otto III. und Heinrich II., ihre Gemahlinnen, die Königinnen Mathilde, Edgitha, Adelheid, Theophanu und

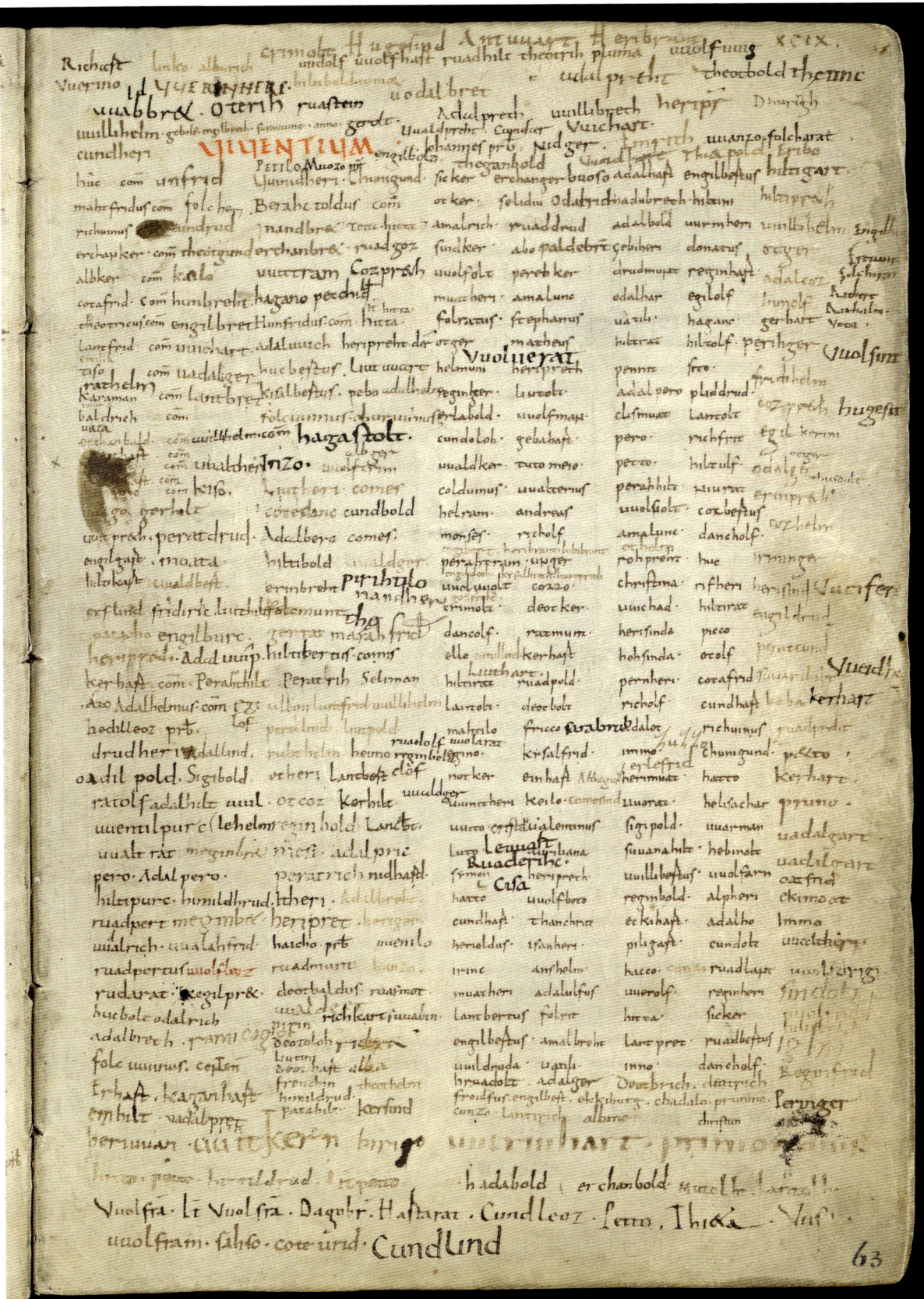

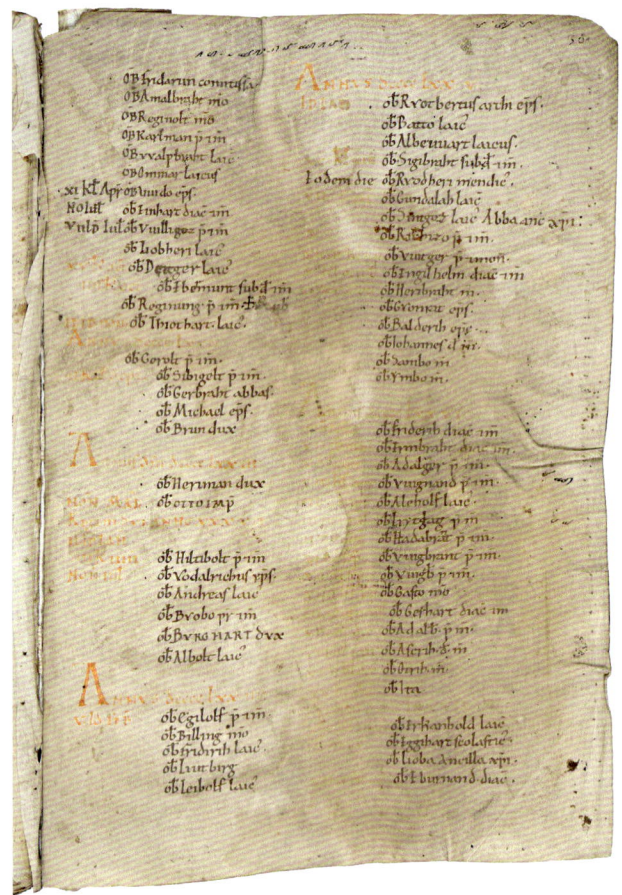

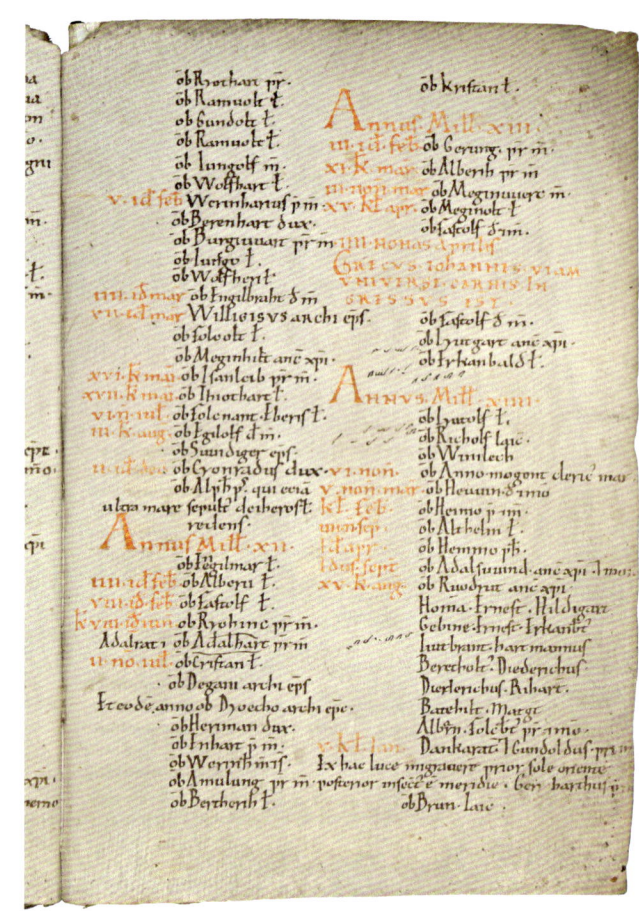

V.81

Kunigunde sowie der Sohn Ottos des Großen Brun." Der vorliegende Codex enthält zwei dieser Textzeugen, die die Memorialüberlieferung des Klosters vom 8. bis 11. Jahrhundert nahezu vollständig umfassen, und zwar die älteste Version (Bl. 6–29), die 875 angelegt worden ist, aber Namen seit 779 auflistet – sie stellt in ihrem Grundbestand also bereits eine Abschrift einer verlorenen Vorgängerin dar, die dann weiter geführt wurde, aber nur bis zu den Einträgen des Jahres 980 erhalten ist –, und eine jüngere Version vom Spätsommer 1023, die Namen seit dem Jahr 971 und ohne Unterbrechung bis 1065 enthält (fol. 30r–39v). Nur in diesem letzten Teil der Totenannalen sind Einträge zu den Jahren ab 998 überliefert: Auf fol. 30r, ist zum Jahr 1002 an zweiter Stelle Kaiser Otto III. zu seinem Todestag, dem 24. Januar, eingetragen: *VIII. k(alendis) feb(ruarii) ob(iit) otto imp(erato)r aug(ustus)*. Vermutlich aus

Anlass der Erhebung der Fürstabtei Fulda zum exemten Bistum unter Beibehaltung der klösterlichen Verfassung im Jahr 1752 wurde der Codex mit den beiden Versionen der Totenannalen von den Fuldaer Mönchen Papst Benedikt XIV. (1740–1758) geschenkt. Der rote Ledereinband stammt aus dem 18. Jahrhundert.

Wolfgang Eric Wagner

Literatur

Ausst.-Kat. Budapest u.a. 2000, Bd. 3, Nr. 19.02.14 (Kerstin Schulmeyer); Ausst.-Kat. Hildesheim 1993, Nr. V-I (Otto Gerhard Oexle); Gugel 1995, S. 73; Jakobi 1978, S. 792–887, hier S. 803; Oexle 1978 (a), hier S. 455–467 u. 477–480; Oexle 1978 (b); Raaijmakers 2006; Schmid 1978, Bd. 3, Abb. 1–24.

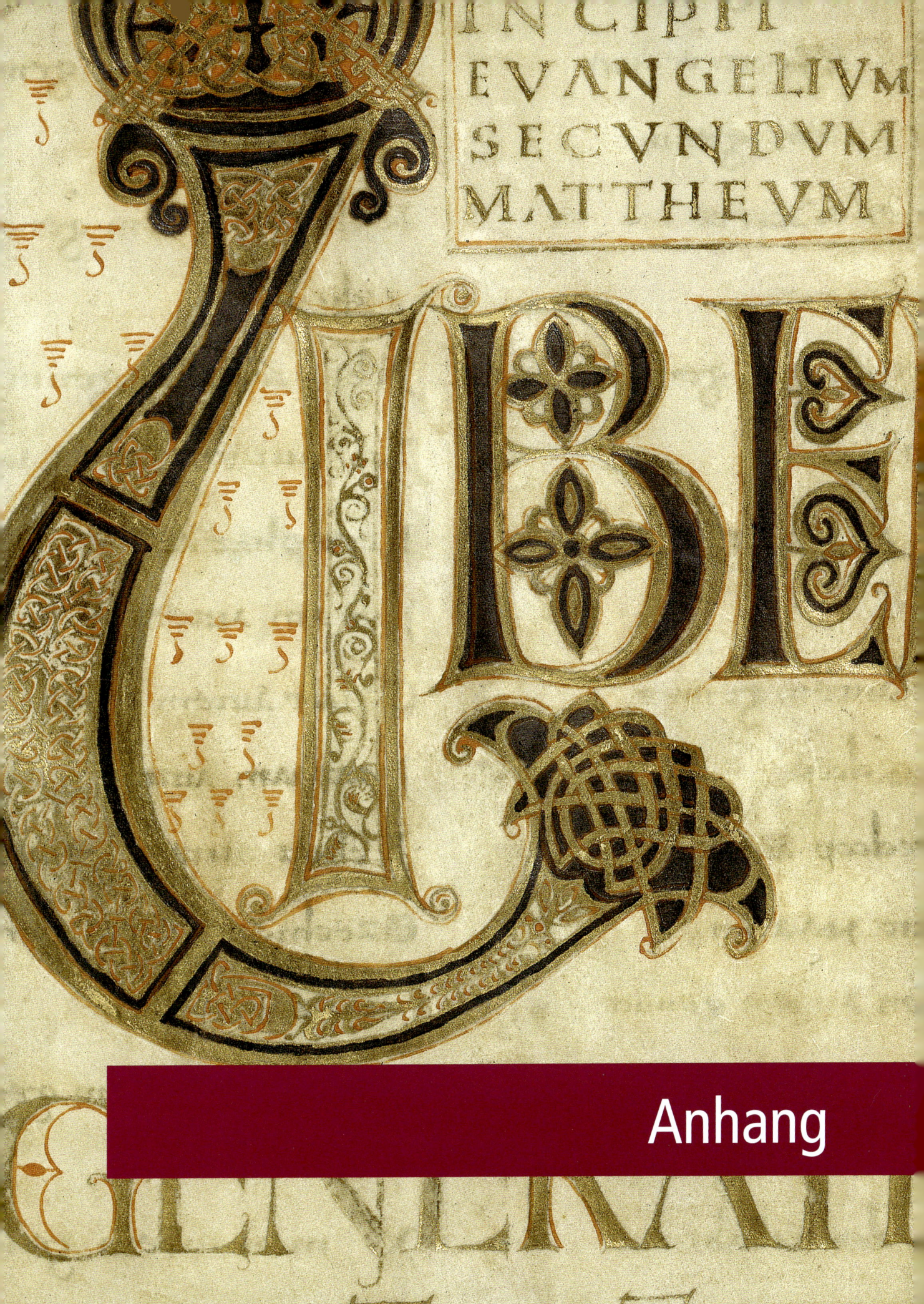

INCIPIT EVANGELIVM SECVNDVM MATTHEVM

Anhang

Kaiser der Antike und des Frühen Mittelalters

Auswahl mit Angabe der Regentschaftsdaten

I. Augustus und die Anfänge des Kaisertums in der römischen Antike

Die julisch-claudische Dynastie
- Gaius Julius Caesar (46 v. Chr.–44 v. Chr.)
- Augustus (27 v. Chr.–14 n. Chr.)
- Tiberius (14–37)
- Caligula (37–41)
- Claudius (41–54)
- Nero (54–68)

Das Mehrkaiserjahr 69 n. Chr.
- Galba (68–69)
- Otho (69–69)
- Vitellius (69–69)

Die Flavische Dynastie
- Vespasian (69–79)
- Titus (79–81)
- Domitian (81–96)

Die Adoptivkaiser und die Antoninische Dynastie
- Nerva (96–98)
- Trajan (98–117)
- Hadrian (117–138)
- Antoninus Pius (138–161)
- Marc Aurel (161–180)
- Lucius Verus (161–169)
- Commodus (180–192)

Das Mehrkaiserjahr 193
- Pertinax (192–193)
- Didius Julianus (193)
- Pescennius Niger (193–194)

Die Severische Dynastie
- Septimius Severus (193–211)

- Clodius Albinus (195–197)
- Caracalla (211–217)
- Geta (211–211)
- Macrinus (217–218)
- Diadumenian (218–218)
- Elagabal (218–222)
- Severus Alexander (222–235)

Die frühen Soldatenkaiser
- Maximinus Thrax (235–238)
- Gordian I. (238)
- Gordian II. (238)
- Balbinus (238)
- Puppienus (238)
- Gordian III. (238–244)
- Philippus Arabs (244–249)
- Philippus II. (247–249)
- Decius (249–251)
- Herennius (251)
- Trebonianus Gallus (251–253)
- Hostilian (251)
- Volusianus (251–253)
- Aemilian (253)
- Valerian (253–260)
- Gallienus (253–268)
  - Ingenuus (260)
  - Regilianus (260)
  - Quietus (260–261)
  - Macrianus (260–261)
  - Mussius Aemilianus (261–262)
  - Memor (262)
  - Aureolus (268)

Die Sonderreiche im 3. Jahrhundert
- Postumus (260–269)
- Marius (269–269)
- Victorinus (269–271)
- Tetricus (271–274)
- Vaballathus (272)

Die späten Soldatenkaiser
- Claudius II. Gothicus (268–270)
- Quintillus (270)
- Aurelian (270–275)
- Tacitus (275–276)
- Florianus (276)
- Probus (276–282)
- Carus (282–283)
- Numerianus (283–284)
- Carinus (283–285)

II. Konstantin der Große und das christliche Kaisertum

Die Tetrarchie
- Diokletian (284–305)
- Maximian (286–305, bzw. 310)
- Constantius I. (Chlorus) (205–306)
- Galerius (305–311)
- Severus II. (305–307)
- Maximinus Daia (310–313)
- Licinius (308–324)
- Maxentius (306–312)

Die Konstantinische Dynastie
- Konstantin I. der Große (306–337)
- Konstantin II. (337–340)
- Constans (337–350)
- Constantius II. (337–361)
- Julian Apostata (361–363)
- Jovian (363–364)

Die Valentinianische Dynastie
- Valentinian I. (364–375)
- Valens (364–378)
- Gratian (367–383)
- Valentian II. (375–392)

Die Theodosianische Dynastie
- Theodosius I. der Große (379–395)
- Arcadius (383–408)
- Honorius (393–423)
- Constantius III. (421–421)
- Konstantin (III.) (407–411)
- Johannes (423–425)
- Theodosius II. (408–450)
- Valentinian III. (425–455)

Die letzten Kaiser Westroms
- Petronius Maximus (455)
- Avitus (455–456)
- Maiorianus (457–461)
- Severus III. (461–465)
- Anthemius (467–472)
- Olybrius (472)
- Glycerius (473–474)
- Iulius Nepos (474–475 bzw. 480)
- Romulus Augustulus (475–476)

III. Byzanz: Kontinuität
    des Kaisertums im Osten

Die Thrakische Dynastie
- Markianos (450–457)
- Leon I. (457–474)
- Leon II. (474)
- Zenon (476–491)
- Basiliskos (475–476)
- Anastasios I. (491–518)

Die Justinianische Dynastie
- Justin I. (518–527)
- Justinian I. (527–565)
- Hypatios (532)
- Justin II. (565–578)
- Tiberios I. (578–582)
- Maurikios (582–602)
- Phokas (602–610)

Die Herakleische Dynastie
- Herakleios (610–641)
- Eleutherios (619–620)
- Konstantin III. (641)
- Heraklonas (641)
- Konstans II. (641–668)
- Maurikios (643)
- Gregorios (646–647)
- Konstantin IV. (668–685)
- Mizizios (668–668/669)
- Justinian II. (685–695 und 705–711)

Zwischenspiel
- Leontios (695–698)
- Tiberios II. Apsimar (698–705)
- Philippikos Bardanes (711–713)
- Anastasios II. (713–715)
- Theodosios III. (715–717)

Die Syrische Dynastie
- Leon III. (717–741)
- Basileios Onomagulos (717)
- Konstantin V. (741–775)
- Artabasdos (742–743)
- Leon IV. (775–780)
- Konstantin VI. (780–797)
- Irene (790–802)

Die Dynastie des Nikephoros
- Nikephoros I. (802–811)
- Staurakios (811)
- Michael I. (811–813)
- Leon V. (813–820)

Die Amorische Dynastie
- Michael II. (820–829)
- Thomas (821–823)
- Theophilos (829–842)
- Michael III. (842–867)

Die Makedonische Dynastie
- Basileios I. (867–886)

- Leon VI. (886–912)
- Alexander (912–913)
- Konstantin VII. (913–959)
- Romanos I. (920–944)
- Romanos II. (959–963)
- Nikephoros II. (963–969)
- Johannes I. Tzimiskes (969–976)
- Basileios II. (976–1025)

IV. Karl der Große und die Aneig-
    nung des römischen Kaisertums

Die Karolinger
- Karl der Große (800–814)
- Ludwig der Fromme (814–840)
- Lothar I. (823–855)
- Ludwig II. von Italien (855–875)
- Karl II. der Kahle (875–877)
- Karl III. der Dicke (881–887)

Die „italienischen" Kaiser
- Wido von Spoleto (891–894)
- Lambert von Spoleto (892–896)
- Arnulf von Kärnten (896)
- Ludwig III. der Blinde (901–905)
- Berengar I. (915–924)

V. Otto der Große und die
    Erneuerung des Römischen
    Reiches

Die Ottonen
- Otto I. der Große (962–973)
- Otto II. (973–983)
- Otto III. (996–1002)

Quellen

ACO 2, 4
Acta Conciliorum Oecumeniorum (ACO), Bd. 2, vol. 4, hrsg. v. Eduard Schwartz, Berlin/Leipzig 1932.

Agathias, Historiarum
Agathiae Myrinaei: Historiarum Libri Quinque, hrsg. v. Barthold Georg Niebuhr, Bonn 1828.

Alcuin, Grabgedicht
Alcuini: Grabgedicht, bearb. v. Ernst Dümmler, in: MGH Poetae [1], S. 113–114.

Altes Germanien 1–2
Altes Germanien. Auszüge aus den antiken Quellen über die Germanen und ihre Beziehungen zum Römischen Reich. Quellen der Alten Geschichte bis zum Jahre 238 n. Chr., Bd. 1–2, hrsg. v. Hans Werner Goetz u. Karl Wilhelm Welwei, Darmstadt 1995.

Ambrosius von Mailand, Explanati symboli
Ambrosius von Mailand: Explanatio symboli. De sacramentis. De mysteriis. De paenitentia. De excessu fratis. De obitu Valentiani. De obitu Theodosii, hrsg. v. Otto Faller, Wien 1955 (= Corpus Scriptorum Ecclesiasticorum Latinorum (CSEL) 73).

Ammianus Marcellinus, Res gestae
Ammiani Marcellini: Rerum gestarum libri qui supersunt, hrsg. v. Wolfgang Seyfarth, Leipzig 1978 (=Bibliotheca Scriptorum Graecorum et Romanorum Teubneriana).

Annales Quedlinburgeses
Annales Quedlinburgeses, hrsg. v. Martina Giese, Hannover 2004 (= MGH SS rer. Germ [72]).

Annales regni francorum
Annales regni francorum, in: Quellen zur karolingischen Reichsgeschichte, Teil 1, bearb. v. Reinhold Rau, Darmstadt 1974, S. 9–155 (= Ausgewählte Quellen zur deutschen Geschichte des Mittelalters, Freiherr vom Stein-Gedächtnisausgabe Bd. 5).

Augustus, Res gestae (a)
Augustus: Die Res gestae divi Augusti. Meine Taten, übers. u. hrsg. v. Ekkehard Weber, Düsseldorf/Zürich 2004.

Augustus, Res gestae (b)
Res gestae divi Augusti. Text, translation and commentary, hrsg. v. Alison E. Cooley, Cambridge 2009.

Aurelius, Liber de caesaribus
Sextus Aurelius Victor: Die römischen Kaiser - Liber de caesaribus, hrsg. v. Kirsten Groß-Albenhausen u. Manfred Fuhrmann, Darmstadt 2002.

Beneficiorum
Beneficiorum fiscorumque regiorum describendorum formulae, bearb. v. Georg Heinrich Pertz, in: MGH LL [1], S. 175–180.

Bischofsgeschichte von Cambrai
Gesta episcoporum Cameracensium, hrsg. v. Ludwig Bethmann, in: MGH SS [7], S. 393–489.

Bullarum sacrosanctae
Collectio bullarum sacrosanctae basilicae Vaticanae, 3 Bde., Rom 1747-1752.

Capitulare de villis (a)
Capitulare de villis vel curtis imperii. Cod. Guelf. 254 Helmst. Der Herzog August Bibliothek Wolfenbüttel, hrsg. u. eingel. V. Carlrichard Brühl, Stuttgart 1971 (mit Faks.).

Capitulare de villis (b)
Capitulare de villis vel curtis imperialibus, bearb. v. Georg Heinrich Pertz, in: MGH LL [1], S. 181–187.

Capitulare Monasticum
Capitulare Monasticum, hrsg. v. Alfred Boretus, in: MGH Capit. [1], S. 343–349.

Cassiodor, Variae
Cassiodori Senatoris: Variae, ed. v. Theodor Mommsen, Berlin 1894 (= MGH auct. ant. [12]).

Cassius Dio, Historia romana (a)
Cassii Dionis Cocceiani Historiarum Romanarum Quae Supersunt, hrsg. v. Ursulus Philippus Boissevain, Berlin 1895–1901.

Cassius Dio, Historia romana (b)
Cassius Dio: Römische Geschichte, übers. v. Otto Veh, Düsseldorf 2007.

Chronicon Paschale
Chronicon Paschale, hrsg. von Ludwig Dindorf, Bonn 1832.

CIL VI
Corpus Inscriptionem Latinarum, Bd. 6 in 3 Teilbänden, hrsg. v. Wilhelm Heinzen u.a., Berlin 1876–1886.

CIL XIII
Corpus Inscriptionem Latinarum, Bd. 13 in 9 Teilbänden, hrsg. v. Otto Hirschfeld und Carl Zangemeister, Berlin 1899–1933.

Codex Theodosianus
Theodosiani libri XVI cum constitutionibus Sirmondianis et leges novellae ad Theodosianum pertinentes, ed. v. Theodor Mommsen u. Paul Meyer, Berlin 1905 (^{2}1954, ^{3}1970).

Constitutum Constantini
Das Constitutum Constantini (Konstantinische Schenkung), hrsg. v. Horst Fuhrmann, Hannover 1968 (= MGH Fontes iuris Germanici antiqui in usum scholarum ex Monumentis Germaniae historicis separatim editi 10).

CSEL 5
Corpus scriptorum ecclesiasticorum latinorum, Bd. 5, hrsg. v. Carl Zangemeister, Wien 1882, Hildesheim ^{2}1967.

Cyrill von Jerusalem
Cyrill von Jerusalem: S. Patris nostri Cyrilli Hierosolymorum Archiepiscopi opera qui supersunt omnia, hrsg. von Wilhelm Reischl und Joseph Rupp, 2 Bde., München, 1848–1860.

De administrando imperio
Constantine Porphyrogenitus: De administrando imperio, bearb. v. Gyula Moravcsik, hrsg. v. Romilly Jenkins, Washington ^{2}2006.

De Cerimoniis
De Ceremoniis aulae byzantinae libri duo, graece et latine e recensione, bearb. v. Johann Jakob Reiske, 2 Bde., Bonn 1829/1830.

Diplomi di Berengario
I Diplomi di Berengario I., hrsg. v. Luigi Schiaparelli, Rom 1903 (=Fonti per la storia d'Italia 35).

Einhard, Vita Karoli
Einhardi: Vita Karoli Magni, hrsg. v. Oswald Holder-Egger, Hannover 1911 (= MGH SS rer. Germ. [25]).

Eugenius, Pyramida ad Leonem
Eugenius Vulgarius: Pyramida ad Leonem Imperatorem, hrsg.v. Paul Winterfeld, in: MGH Poetae [4,1], S. 422–424.

Eunapios
Roger D. Blockley: The fragmenary classicising historians of the later Roman Empire. Eunapius, Olympiodorus, Priscus and Malchus, Cairns u. Liverpool 1981–1983, Bd. 2.

Eusebius, Vita Constantini
Eusebius von Caesarea: De Vita Constantini. Über das Leben Konstantins, übers. u. komm. v. Horst Schneider, eingel. v. Bruno Bleckmann, Turnhout 2007 (= Fontes Christiani 83).

Flavius Josephus, Antiquitates Judacae
Des Flavius Josephus Jüdische Altertümer, übers. und eingel. v. Heinrich Clementz, Wiesbaden ^{13}1998.

Flodoard von Reims, Annales
Flodoardi annales, hrsg. v. Georg Heinrich Pertz, in: MGH SS [3], S. 353–408.

Geoponika
Geoponika: farm work - a modern translation of the Roman and Byzantine farming handbook, hrsg. v. Andrew Dalby, Totnes 2011.

Gerbert von Aurillac, De rationali et ratione uti
Gerbert von Aurillac: Vorwort zu Libellus de rationali et ratione uti, in: Julien Havet: Lettres de Gerbert (983-997). Collection de Textes, Paris 1889, S. 236–238.

Germanen in der Völkerwanderungszeit
Die Germanen in der Völkerwanderungszeit. Auszüge aus den antiken Quellen über die Germanen von der Mitte des 3. Jahrhunderts bis zum Jahre 453 n. Chr., 2 Bde., hrsg. v. Hans-Werner Goetz, Steffen Patzold u. Karl Wilhelm Welwei, Darmstadt 2006/2007.

Gregor von Tours, Historiae
Gregor von Tours: Historiae. Libri historiarum X, hrsg. v. Bruno Krusch u. Wilhelm Levison, Hannover 1951 (= MGH SS rer. Merov. [1.1]).

Herodot, Historien
Herodot. Historien, hrsg. v. Josef Feix, Düsseldorf 2004.

Hieronymus, Epistolae
Hieronymus: Epistolae, hrsg. v. Isidor Hilberg, Wien 1910/1918 (= Corpus Scriptorum Ecclesiasticorum Latinorum (CSEL) 54–56.

Hrabanus Maurus, Commentario (a)
Hrabanus Maurus: Commenatio al libro di Giuditta, ed. v. Adele Simonetti, Florenz 2008 (= Millennio medievale. Strumenti e studi N.S. 18; Millennio medievale 73).

Hrabanus Maurus, Commentario (b)
Commentaire sur les livres de Judith, d'Esther et des Maccabées, bearb. v. Isabelle Jeger. Beschreibung des Werkes für e-codices (mit Faks.), Genf 2012. (Online abrufbar unter: http://www.e-codices.unifr.ch/de/description/bge/lat0022, letzter Aufruf: Juli 2012).
Hrabanus Maurus, De universo
Hrabanus Maurus: De rerum naturis libri XXII (De universo), in: Migne Patrologia Latina 111 (1864), Sp. 9-614.

Hrotsvit, Bucheintrag
Hrotsvit von Gandersheim: Bucheintrag, hrsg. v. Karl Strecker, in: MGH Poetae [5,1.2], S. 393.

ILS
Inscriptiones Latinae Selectae, 3 Bde., hrsg. v. Hermann Dessau, Berlin 1892–1916.

Isidor von Sevilla, Historia gothorum
Isidor von Sevilla: Historia gothorum, wandalorum, sueborum, ed. v. Theodor Mommsen, in: MGH Auct. Ant. [11], S. 241–295.

Isidor von Sevilla, Natura rerum
Isidore de Seville. Traité de la nature, édité par Jacques Fontaine (= Bibliothèque de l'École des Hautes Études Hispaniques 28), Bordeaux 1960.

Johannes von St. Arnulf, Vita Iohannis
Johannes von St. Arnulf: Vita Iohannis abbatis Gorziensis, hrsg. v. Georg Heinrich Pertz, in: MGH SS [4], S. 335–377.

Julian, Contra Galilaeos
Giuliano Imperatore: Contra Galilaeos, übers. u. eingel. v. Emanuela Masaracchia, Rom 1990.

Konstantin Porphyrogennetos
Konstantin Porphyrogennetos: Three Treatises on Imperial Military Expeditions, hrsg. und übers. von John Haldon, Wien 1990.

Laktanz, De mortibus persecutorum
Lucius Caelius Firmianus (Laktanz): De mortibus persecutorum - Die Todesarten der Verfolger, übers. u. eingel. v. Alfons Städele, Turnhout 2003 (= Fontes Christiani 43).

Landolfus Sagax, Historia romana
Landulfus Sagax: Historia romana, 2 Bde., hrsg. v. Amedeo Crivellucci, Rom 1912/1913 (= Fonti per la storia d'Italia 49–50).

Leges alamannorum
Leges Alamannorum, ed. v. Karl Lehmann, Hannover 1966 (= MGH LL nat. Germ. [5,1]).

Leges visigothorum
Leges Visigothorum, ed. v. Karl Zeumer, Hannover/Leipzig 1902 (= MGH LL nat. germ. [1]).

Leo von Vercelli, Huldigungsgedicht
Leo von Vercelli: Versus de Gregorio et Ottone Augusto, bearb. v. Norbert Fickermann, hrsg. v. Karl Strecker, in: MGH Poetae [5,1.2], S. 477–480.

Lex de Imperio Vespasiani
Lex de Imperio Vespasiani, in: CIL VI, Nr. 930.

Libanios, Oratio
Albert F. Norman: Libanius. Autobiography and selected letters, 2 Bde., London 1992.

Liber confraternitatum Augiensis
Das Verbrüderungsbuch der Abtei Reichenau, hrsg. v. Johanne Augenrieth, Dieter Geuenich, Karl Schmidt, Hannover 1979 (= MGH Libri mem. N.S. [1]).

Liber historiae francorum
Liber historiae francorum, bearb. v. Bruno Krusch, in: MGH SS rer. Merov. [2], S. 251–328.

Liudprand von Cremona, Antapodosis
Liudprand von Cremona: Antapodosis. Historia Ottonis, Relatio de legatione Constantinopolotana, hrsg. v. Paolo Chiesa, Turnhout 1998 (= Corpus Christianorum, Continuatio Mediaevalis 156).

Livius, Ab urbe condita
Römische Geschichte - Von der Gründung der Stadt an, übers. v. Otto Güthling, hrsg. v. Lenelotte Möller, Wiesbaden 2009.

Lorscher Annalen
Annales Laurissenses Maiores et Einhardi, bearb. v. Georg Heinrich Pertz u. Friedrich Kurze, Hannover 1895 (= MGH SS rer. Germ. [6]).

Magdeburger Totenbücher
Die Totenbücher von Merseburg, Magdeburg und Lüneburg, hrsg. v. Gerd Althoff u. Jürgen Wollasch, Hannover 1983 (= MGH Libri mem. N.S. [2]).

Magister Gregorius, Narracio
Magister Gregorius: Narracio de mirabilibus urbis Rome, hrsg. v. Robert B. C. Huygens, Leiden 1970 (= Textus minores 42).

Marcellinus Comes
Marcellini v.c. Comitis Chronicon, ed. v. Theodor Mommsen, in: MGH Auct. Ant. [11], S. 37–108.

Menander
The history of Menander the Guardsman, hrsg. v. Roger Blockley, Liverpool 1985.

MGH Auct. Ant. [8]
Monumenta Germaniae Historica. Auctores antiquissimi, Bd. 8, hrsg. v. Bruno Krusch, Berlin 1887.

MGH Auct. Ant. [11]
Monumenta Germaniae Historica. Auctores antiquissimi, Bd. 11, hrsg. v. Theodor Mommsen, Berlin 1894.

MGH Auct. Ant. [12]
Monumenta Germaniae Historica. Auctores antiquissimi, Bd. 12, hrsg. v. Theodor Mommsen, Berlin 1894.

MGH Capit [1]
Monumenta Germaniae Historica. Capitularia Regum Francorum, Bd. 1, hrsg. v. Alfred Boretius, Hannover 1883.

MGH Capit [2]
Monumenta Germaniae Historica. Capitularia Regum Francorum, Bd. 2, hrsg. v. Alfred Boretius u. Viktor Krause, Hannover 1890–1897.

MGH Conc [6,1]
Monumenta Germaniae Historica. Concilia Aevi Saxonici DCCCCXVI–MI. Die Konzilien Deutschlands und Reichsitaliens 916–1001. Teil 1: 916–960, hrsg. v. Ernst-Dieter Hehl, Hannover 1987.

MGH Conc [6,2]
Monumenta Germaniae Historica. Concilia Aevi Saxonici DCCCCXVI–MI. Die Konzilien Deutschlands und Reichsitaliens 916–1001. Teil 1: 962–1001, hrsg. v. Ernst-Dieter Hehl, Hannover 2007.

MGH DD K I / H I / O I
Monumenta Germaniae Historica. Die Urkunden Konrads I., Heinrichs I. und Ottos I., hrsg. v. Theodor Sickel, Hannover 1879–1884.

MGH DD Karl
Monumenta Germaniae Historica. Die Urkunden Karls III., bearb. v. Paul Kehr, Berlin 1937.

MGH DD Lo I/Lo II
Monumenta Germaniae Historica. Die Urkunden Lothars I. und Lothars II., hrsg. v. Theodor Schieffer, Berlin/Zürich 1966.

MGH DD Lu II
Monumenta Germaniae Historica. Die Urkunden Ludwigs II., hrsg. v. Konrad Wanner, München 1994.

MGH DD O II / O III
Monumenta Germaniae Historica. Die Urkunden Ottos II. und Ottos III., hrsg. v. Theodor Sickel, Hannover 1988.

MGH Epp. [4]
Monumenta Germaniae Historica. Epistolae Karoli aevi (II), hrsg. v. Ernst Dümmler, Berlin 1895.

MGH Fontes iuris [9]
Monumenta Germaniae Historica. Fontes iuris Germanici antiqui in usum scholarum separatim editi, Bd. 9, hrsg. v. Reinhard Elze, Hannover 1960.

MGH Libri mem. N.S. [1]
Monumenta Germaniae Historica. Libri memoriales et Necrologia, Nova Series, Bd. 1, hrsg. v. Johanne Autenrieth, Dieter Geuenich u. Karl Schmidt, Hannover 1979.

MGH Libri mem. N.S. [2]
Monumenta Germaniae Historica. Libri memoriales et Necrologia, Nova Series, Bd. 2, hrsg. v. Gerd Althoff u. Jürgen Wollasch, Hannover 1983.

MGH LL [1]
Monumenta Germaniae Historica. Leges (in Folio), hrsg. v. Georg Heinrich Pertz, Hannover 1835.

MGH LL nat. Germ. [1]
Monumenta Germaniae Historica. Legum Nationum Germanicarum, Bd. 1, hrsg. v. Karl Zeumer, Hannover u. Leipzig 1902.

MGH LL nat. Germ. [5,1]
Monumenta Germaniae Historica. Legum Nationum Germanicarum, Bd. 5,1, hrsg. v. Karl Lehmann, Hannover 1966.

MGH Ordines de celebrando concilio
Monumenta Germaniae Historica. Die Konzilsordines des Früh- und Hochmittelalters, hrsg. v. Herbert Schneider, Hannover 1996.

MGH Poetae [1]
Monumenta Germaniae Historica. Poetae Latini Medii Aevi, hrsg. v. Ernst Dümmler, Berlin 1871.

MGH Poetae [4,1]
Monumenta Germaniae Historica. Poetae Latini aevi carolini, Bd. 4,1, hrsg. v. Paul Winterfeld, Berlin 1899.

MGH Poetae [5,1.2]
Monumenta Germaniae Historica. Poetae Latini aevi carolini, Bd. 5,1.2, hrsg. v. Karl Strecker, Leipzig 1937.

MGH SS [3]
Monumenta Germaniae Historica. Scriptores (in Folio), Bd. 3, hrsg. v. Georg Heinrich Pertz, Hannover 1839.

MGH SS [4]
Monumenta Germaniae Historica. Scriptores (in Folio), Bd. 4, hrsg. v. Georg Heinrich Pertz, Hannover 1841.

MGH SS [7]
Monumenta Germaniae Historica. Scriptores (in Folio), Bd. 7, hrsg. v. Georg Heinrich Pertz, Hannover 1845.

MGH SS [38]
Monumenta Germaniae Historica. Scriptores (in Folio), Bd. 38, hrsg. v. Hartmut Hoffmann, Hannover 2000.

MGH SS rer. Germ. [6]
Monumenta Germaniae Historica. Scriptores rerum Germanicarum in usum scholarum separatim editi, Bd. 6, hrsg. v. Georg Heinrich Pertz u. Friedrich Kurze, Hannover 1895.

MGH SS rer. Germ. [25]
Monumenta Germaniae Historica. Scriptores rerum Germanicarum in usum scholarum separatim editi, Bd. 25, hrsg. v. Oswald Holder-Egger, Hannover 1991

MGH SS rer. Germ. [50]
Monumenta Germaniae Historica. Scriptores rerum Germanicarum in usum scholarum separatim editi, Bd. 50, hrsg. v. Friedrich Kurze, Hannover 1890.

MGH SS rer. Germ. [60]
Monumenta Germaniae Historica. Scriptores rerum Germanicarum in usum scholarum separatim editi, Bd. 60, hrsg. v. Georg Waitz u. Karl Kehr, Hannover 1935.

MGH SS rer. Germ. [66]
Monumenta Germaniae Historica. Scriptores rerum Germanicarum in usum scholarum separatim editi, Bd. 62, hrsg. v. Bernd Schütte, Hannover 1994.

MGH SS rer. Germ. [72]
Monumenta Germaniae Historica. Scriptores rerum Germanicarum in usum scholarum separatim editi, Bd. 72, hrsg. v. Martina Giese, Hannover 2004.

MGH SS rer. Germ. N. S. [9]
Monumenta Germaniae Historica. Scriptores rerum Germanicarum, Nova Series, Bd. 9, hrsg. v. Robert Holtzmann, Berlin 1935.

MGH SS rer. Merov. [1,1]
Monumenta Germaniae Historica. Scriptorum Rerum Merovingicarum, Bd. 1,1, hrsg. v. Bruno Krusch u. Wilhelm Levison, Hannover 1951.

Notitia dignitatum
Notitia dignitatum. Accedunt notitia urbis Constantinopolitanae et laterculi provinciarum, hrsg. v. Otto Seek, Berlin 1837 (²1962).

Olympiodor, Fragmente
Roger D. Blockley: The fragmenary classicising historians of the later Roman Empire. Eunapius, Olympiodorus, Priscus and Malchus, Caims u. Liverpool 1981–1983, Bd. 2, S. 151–220.

Ordo 29
Ordo 29: Regelungen für eine Diözesiansynode, hrsg. v. Herbert Schneider, in: MGH Ordines de Celebrando concilio, S. 586–590.

Origines et annales Maximini
Origines et annales coenobii sancti Maximini, verfasst v. Alexander Wiltheim, Handschift in der Stadtbivliothek Trier (StB Trier, Hs 1621/99 4°).

Orosius, Historiarum
Paulus Orosius: Historiarum adversum paganos libri VII, hrsg. v. Carl Zangemeister, in: CSEL 5, S. 1–600.

Panegyrici Latini
Panegyrici Latini. Lobreden auf römische Kaiser. Lateinisch und deutsch, eingel., übers. u. komm. v. Brigitte Müller-Rettig, Bd. 1: Von Diokletian bis Konstantin, Darmstadt 2008.

Pausanias, Graeciae descriptio
Pausanias: Graeciae descriptio-Reisen in Griechenland, hrsg. v. Felix Eckstein, abgeschl. v. Peter C. Bol, Zürich/München 1986–1989.

Pigafetta, Discorso
Discorso di M. Filippo Pigafetta d'intorno all'historia della aguglia et alla ragione del muouerla, Rom 1586.

Plinius, epistolae
Plinius: Briefe, hrsg. v. Helmut Kasten, Zürich u.a. 1995.

Plinius, Naturalis historia
C. Plinius Secundus d. Ältere: Naturkunde. Lateinisch-Deutsch, übers. u. hrsg. v. Roderich König, 32 Bde., Darmstadt 1973–2004.

PLRE
The Prosopography of the Later Roman Empire (PLRE), hrsg. v. Arnold H.M. Jones, John R. Martindale u. John Morris, 3 Bde., Cambridge 1971–1992.

Priscian, Panégyriques
Priscian von Caesaea: Procope de Gaza, Priscien de Césarée. Panégyriques de l'empereur Anastase Ier hrsg. v. Alain Chauvot, Bonn 1986 (=Antiques 35).

Priskos, Fragmente
Roger D. Blockley: The fragmenary classicising historians of the later Roman Empire. Eunapius, Olympiodorus, Priscus ans Malchus, Caims u. Liverpool 1981–1983, Bd. 2, S. 223–337.

Privilegium Ludovicanum
Pactum Hludowici PII cum Paschali pontifice, hrsg. v. Alfred Boretius, in: MGH Capit. [I], S. 352–355.

Prokop, De aedificiis
Prokop: Bauten. Prokop-Werke, Bd. 5, hrsg. v. Otto Veh, München 1977.

Prokop, De bello gothico
Prokop: Gotenkriege. Prokop-Werke, Bd. 2, hrsg, v. Otto Veh, München 1966.

Prokop, De bello vandalico
Prokop: Vandalenkriege. Prokop-Werke, Bd. 4, hrsg. v. Otto Veh, München 1971.

Pseudo-Turpin
Die Chronik von Karl dem Grossen und Roland. Der lateinische Pseudo-Turpin in den Handschriften aus Aachen und Andernach, hrsg. v. Hans-Wilhelm Klein, München 1986.

Quintilian, Institutio oratia
Marcus Fabius Quintilianus: Institutio oratoria X - Lehrbuch der Redekunst, 10. Buch, hrsg. v. Franz Loretto, Stuttgart 1995.

Regino von Prüm, Chronicon
Reginonis abbatis Prumiensis Chronicon cum continuatione Treverensi, hrsg. v. Friedrich Kurze, Hannover 1890 (= MGH SS rer. Germ [50]).

Registrum Gregorii
Registrum Gregorii, hrsg. v. Karl Strecker, in: MGH Poetae [5], S. 429.

Repertorium biblicum
Repertorium biblicum medii aevi, hrsg. v. Friedrich Stegmüller u. Klaus Reinhardt, 11 Bde., Madrid 1950–1980.

RIC
Roman Imperial Coinage, 10 Bde., hrsg. v. Harold Mattingly u. Edward Sydenham, London 1923–1994.

Richer von Saint-Remi, Historiae
Richer von Saint-Remi: Historiae, hrsg. v. Hartmut Hoffmann, Hannover 2000 (= MGH SS [38]).

Rufinius, Historia ecclesiastica
Rufinus von Aquileia: Historia Ecclesiastica, hrsg. von Eduard Schwartz und Theodor Mommsen, 2 Bde., Leipzig 1903–1908 (= Eusebios-Werke Bd. 2).

Ruperti, Chronicon
Ruperti: Chronicon Sancti Laurentii Leodiensis, ed. v. Wilhelm Wattenbach, in: MGH SS [38], S. 261–279.

Sammelhandschrift Diez. B Sant. 66
Grammatici latini et catalogus librorum. Vollständige Faksimilie-Ausgabe, eingel. v. Bernhard Bischoff, Graz 1973 (= Codices selecti 42).

Seneca, Epistula
Seneca - Philosophische Schriften, übers. v. Otto Apelt, Wiesbaden 2004.

Sidonius, Espistolae
Gai Sollii Apollinaris Sidonii. Epistulae et Carmina, bearb. v. Christian Jütjohann, Berlin 1887 (= MGH Auct. Ant [8]).

Sokrates Scholasticus, Historia ecclesiastica
Sokrates von Konstantinopel: Histoire ecclésiastique, übers. v. Günther Christian Hansen u. Pierre Périchon, eingel. v. Pierre Maraval, Paris 2004.

Sueton, Vita Caesarum
Gaius Suetonis Tranquillus: De Vita Caesarum – Kaiserbiografien, übers. v. Otto Wittstock, Berlin 1993.

Symmachus, Orationes
Quintus Aurelius Symmachus: Reden, übers. u. hrsg. v. Angela Papst, Darmstadt 1989.

Synodenprotokoll Papst Johannes XII.
Protokoll Nr. 26, in: MGH Conc [6,2], S. 240-252.

Synodi primae Auisgranensis
Synodi primae Auisgranensis decreta authentica, hrsg. v. Josef Semmler, in: Corpus consuetudinum monasticarum, Bd. 1, Siegburg 1963, S. 451–468.

Tacitus, Annales
Tacitus: Annalen. Lateinisch-Deutsch, hrsg. v. Erich Heller, eingel. v. Manfred Fuhrmann, Düsseldorf/Zürich ³1997

Thangmar, Vita Bernwardi
Thangmaro: Vita Bernwardi Episcopi Hildesheimensis, hrsg. v. Georg Heinrich Pertz, in: MGH SS [4], S. 754–782.

Theodor Anagnostes, Kirchengeschichte
Theodor Anagnostes: Kirchengeschichte, hrsg. von Günther Christian Hansen, Berlin ²1995.

Theophanes, Chronographia
Theophanes: Chronographia, hrsg. v. Carl de Boor, Leipzig 1883.

Theophylaktos, Historien
Theophylaktos Simokratos: Geschichte, übers. u. erl. v. Peter Schreiner, Stuttgart 1985 (= Bibliothek der griechischen Literatur 20).

Thietmar von Merseburg, Chronik (a)
Thietmari Merseburgensis episcopi chronicon, hrsg. v. Robert Holtzmann, Berlin 1935 (= MGH SS rer. Germ N.S. [9]).

Thietmar von Merseburg, Chronik (b)
Die Chronik des Thietmar von Merseburg. Neu übertr. u. erl. v. Werner Trillmich, Darmstadt 1957 (⁸2002) (= Ausgewählte Quellen zur deutschen Geschichte des Mittelalters, Freiherr vom Stein-Gedächtnisausgabe Bd. 9).

UB Stift Merseburg
Paul Fridolin Kehr (Bearb.): Das Urkundenbuch des Hochstifts Merseburg, Erster Theil (962-1357), Halle (Saale) 1899.

Velleius, Historiarum
Velleius Paterculus: Historiarum ad M. Vivicum consulem libri duo, hrsg. v. William S. Watt, Leipzig 1988 (²1998).

Victor von Vita, Historia persecutonis
Victor von Vita. Historia persecutionis Africanae provincie temporum Geiserici et Hunerici regum Wandalorum. Kirchenkampf und Verfolgung unter den Vandalen in Africa. Lateinisch und deutsch, hrsg., eingeleitet und übersetzt von Konrad Vössing (= Texte zur Forschung 96), Darmstadt 2011.

Vita Balderici
Vita Balderici episcopi Leodiensis, hrsg. v. Georg Heinrich Pertz, in: MGH SS [4], S. 724–738.

Vita Mathildis Antiquior
Die Lebensbeschreibungen der Königin Mathilde, hrsg. v. Bernd Schütte, in: MGH SS rer. Germ [66], S. 9–41.

Vita Mathildis Posterior
Die Lebensbeschreibungen der Königin Mathilde, hrsg. v. Bernd Schütte, in: MGH SS rer. Germ [66], S. 42–73.

Widukind von Corvey, Sachsengeschichte
Widukindi Monarchi Corbiensis: Rerum Gestarum Saxonicarum Libri Tres, ed. v. Georg Waitz u. Karl Kahr, Hannover 1939 (= MGH SS rer. Germ [60]).

Literatur

Accardo 2000
Simona Accardo: Villae Romanae nell'ager Bruttius. Il paesaggio rurale calabrese durante il dominio romano, Rom 2000.

Aland 1994
Kurt Aland: Kurzgefaßte Liste der griechischen Handschriften des Neues Testaments, Berlin/New York ²1994.

von Albrecht 1994
Michael von Albrecht: Geschichte der römischen Literatur. Von Andronicus bis Boethius. Mit Berücksichtigung ihrer Bedeutung für die Neuzeit, 2 Bände, Bern ²1994.

Albrecht 2010
Stefan Albrecht: Warum tragen wir einen Gürtel? Der Gürtel der Byzantiner – Symbolik und Funktion, in: Byzanz – Das Römerreich im Mittelalter, Band 1, hrsg. v. Falko Daim u. Jörg Drauschke (= Monographien des Römisch-Germanischen Zentralmuseum 84,1), Mainz 2010, S. 79–95.

Alexandridis 2004
Annetta Alexandridis: Die Frauen des römischen Kaiserhauses. Eine Untersuchung ihrer bildlichen Darstellung von Livia bis Iulia Domna, Mainz 2004.

Alfarano 1914
Tiberio Alfarano: De Basilicae Vaticanae antiquissima et nova structura, hrsg. v. Michele Cerrati, Rom 1914.

Alföldi 1929–1930
Andreas Alföldi: Materialien zur Klassifizierung der gleichzeitigen Nachahmungen von römischen Münzen aus Ungarn und den Nachbarländern III – Nachahmungen römischer Goldmedaillons als germanischer Halsschmuck, in: Numizmatikai Közlöny XXVIII-XXIX (1929–1930), S. 10–25.

Alföldi 1938
Andreas Alföldi: Tonmodel Reliefmedaillons aus den Donauländern, in: Laureae Aquincenses memoriae Valentini Kuzsinszky dictae (= Dissertationes Pannonicae, Series 10), Leipzig 1938, S. 1–30, Taf. 48–75, hier S. 5, 15 Taf. 51,1.

Alföldi 1951
Andreas Alföldi: Komplementäre Doppeltypen in der Denarprägung der Römischen Republik, in: Schweizer Münzblätter 2 (1951) S.1–7.

Alföldi 1980
Andreas Alföldi: Die monarchische Repräsentation im römischen Kaiserreiche, Darmstadt ³1980.

Alföldy 1990
Géza Alföldy: Der Obelisk auf dem Petersplatz in Rom. Ein historisches Monument der Antike, Heidelberg 1990.

Althoff 1982
Gerd Althoff: Das Bett des Königs in Magdeburg. Zu Thietmar II, 28, in: Festschrift für Berent Schwineköper zum siebzigsten Geburtstag, hrsg. v. Helmut Maurer u. Hans Patze, Sigmaringen 1982, S. 141–153.

Althoff 1996
Gerd Althoff: Otto III. (= Gestalten des Mittelalters und der Renaissance), Darmstadt 1996.

Althoff 2001
Gerd Althoff: Die Gründung des Erzbistums Magdeburg, in: Ausst.-Kat. Magdeburg 2001, Band 1 (Essays), S. 344–352.

Althoff 2012
Gerd Althoff: Die Kathedrale als Begegnungsort von Religion und Politik: Das Beispiel des Magdeburger Doms, in: Der Magdeburger Dom im europäischen Kontext, hrsg. v. Wolfgang Schenkluhn u. Andreas Waschbüsch, Regensburg 2012, S. 13–23.

Altmann 1905
Walter Altmann: Die römischen Grabaltäre der Kaiserzeit, Berlin 1905.

Alvermann 1998
Dirk Alvermann: Königsherrschaft und Reichsintegration. Eine Untersuchung zur politischen Struktur von regna und imperium zur Zeit Kaiser Ottos II. (967) 973–983 (= Berliner Historische Studien 28), Berlin 1998.

Amelotti/Zingale 1985
Mario Amelotti u. Livia Migliardi Zingale: Le costituzioni giustinianee nei papiri e nelle epigrafi, Mailand ²1985.

Andrieu 1957
Michel Andrieu: Les Ordines Romani du Haut Moyen Âge. Band 1 (Manuscrits), Louvain 1957.

Angelova 2004
Diliana Angelova: The Ivories of Ariadne and Ideas about Female Imperial Authority in Rome and Early Byzantium, in: Gesta 43 (2004), S. 1–15.

Angenendt 1980
Arnold Angenendt: Das geistliche Bündnis der Päpste mit den Karolingern (754–796), in: Historisches Jahrbuch 100 (1980), S. 1–94.

Anton 1993
Hans Hubert Anton: Artikel Krönungsordines, in: Lexikon des Mittelalters 6 (1993), Sp. 1439–1441.

Appuhn 1962/1963
Horst Appuhn: Zum Thron Karls des Großen, in: Aachener Kunstblätter 44 (1962/63), S. 127–136.

Arata 1993
Francesco Paolo Arata: La statua seduta dell'imperatrice Elena nel Museo Capitolino. Nuove considerazioni conseguenti il recente restauro, in: Römische Mitteilungen 100 (1993), S. 185–200.

Arbeiter 1988
Achim Arbeiter: Alt-St. Peter in Geschichte und Wissenschaft. Abfolge der Bauten, Rekonstruktion, Architekturprogramm, Berlin 1988.

Arbeiter 2008
Achim Arbeiter: Der Kaiser mit dem Christogramm-Nimbus. Zur silbernen Largitionsschale Valentinians in Genf, in: Helvetia archaeologica 39 (2008), S. 42–73.

Arce/Delogu 2001
Javier Arce u. Paolo Delogu (Hrsg.): Visigoti e Longobardi. Atti del Seminario, (Roma, 28–29 aprile 1997), Florenz 2001.

Aris 1990
Rutherford Aris: Explicatio formarum litterarum. The unfolding of letterforms. From the first century to the fifteenth, Minnesota 1990.

Armbruster 2002
Barbara Armbruster: Goldschmiede in Haithabu – Ein Beitrag zum frühmittelalterlichen Metallhandwerk, in: Berichte über die Ausgrabungen in Haithabu, Band 34 (= Das archäologische Fundmaterial VII.), hrsg. v. Kurt Schietzel, Neumünster 2002.

Arnaldi 1963
Girolamo Arnaldi: Da Berengario agli Ottoni, in: Storia di Brescia, Band 1, hrsg. v. Giovanni Treccani degli Alfieri, Mailand 1963, S. 485–517.

Arndt/Bruckmann 1936
Paul Arndt u. Friedrich Bruckmann (Hrsg.): Griechische und römische Porträts, München 1936, Nr. 1175–1176.

Asutay-Effenberger/Effenberger 2006
Neslihan Asutay-Effenberger u. Arne Effenberger: Die Porphyrsarkophage der oströmischen Kaiser. Versuch einer Bestandserfassung, Zeitbestimmung und Zuordnung (= Spätantike – Frühes Christentum – Byzanz, Reihe B: Studien und Perspektiven 15), Wiesbaden 2006.

Ausbüttel 2003
Frank M. Ausbüttel: Theoderich der Große, Darmstadt 2003.

Ausst.-Kat. Aachen 1965
Karl der Große – Werk und Wirkung, hrsg. v. Wolfgang Braunfels (Ausstellung im Krönungssaal des Rathauses, in der Domschatzkammer und im Kreuzgang des Domes Aachen), Aachen 1965.

Ausst.-Kat. Aachen 2000
Krönungen. Könige in Aachen. Geschichte und Mythos, 2 Bände, hrsg. v. Mario Kamp (Ausstellung im Krönungssaal des Aachener Rathauses, in der Domschatzkammer und dem Dom Aachen), Mainz 2000.

Ausst.-Kat. Aalen 2009
Gesichter der Macht. Kaiserbilder in Rom und am Limes, hrsg. v. Martin Kemkes u. Claudia Sarge (Ausstellung im Limesmuseum Aalen), Stuttgart 2009.

Ausst.-Kat. Ancona 1999
Libri di Pietra. Mille anni della Cattedrale di Ancona tra oriente Oriente e Ooccidente, hrsg. v. Giovanni Morello (Ausstellung in der Mole Vanvitelliana Ancona), Mailand 1999.

Ausst.-Kat. Bamberg 2002
Kaiser Heinrich II. 1002–1024, hrsg. v. Josef Kirmeier u.a. (= Ausstellung in der Staatsbibliothek und im Diözesanmuseum Bamberg), Augsburg 2002.

Ausst.-Kat. Bari 1995
Federico II. Immagine e potere, hrsg. v. Maria Stella Calò Mariani u. Rafaella Cassano (Ausstellung im Castello Svevo Bari), Venedig 1995.

Ausst.-Kat. Berlin 1939
Kunst der Spätantike im Mittelmeerraum. Spätantike und byzantinische Kleinkunst aus Berliner Besitz, eingel. v. Helmut Schlunk (Ausstellung im Kaiser-Friedrich-Museum Berlin), Berlin 1939.

Ausst.-Kat. Berlin 1975
Zimelien: Abendländische Handschriften des Mittelalters aus den Sammlungen der Stiftung Preußischer Kulturbesitz Berlin, bearb. v. Tilo Brandis (Ausstellung in der Sonderausstellungshalle der Staatlichen Museen Berlin-Dahlem) Wiesbaden 1975.

Ausst.-Kat. Berlin 1977
Byzantinische Kostbarkeiten aus Museen, Kirchenschätzen und Bibliotheken der DDR. Spätantike – Byzanz – Christlicher Osten, bearb. v. Arne Effenberger (Ausstellung im Bode-Museum Berlin), Berlin 1977.

Ausst.-Kat. Berlin 1980
150 Jahre Preußische Museen. Bilder vom Menschen in der Kunst des Abendlandes, hrsg. v. Brigitte Hüfler (Ausstellung in der Nationalgalerie Berlin), Berlin 1980.

Ausst.-Kat. Berlin 1988
Kaiser Augustus und die verlorene Republik, hrsg. v. Mathias René Hofter (Ausstellung im Martin-Gropius-Bau Berlin), Mainz 1988.

Ausst.-Kat. Berlin 1992
Das Museum für spätantike und byzantinische Kunst Berlin, hrsg. v. Arne Effenberger u. Hans-Georg Severin, Mainz 1992.

Ausst.-Kat. Berlin 1993
Der Quedlinburger Schatz wieder vereint, hrsg. v. Dietrich Kötzsche (Ausstellung im Kunstgewerbemuseum Berlin 1992/1993), Berlin 1993.

Ausst.-Kat. Berlin 2007
Ägyptens versunkene Schätze, hrsg. v. Franck Goddio u. Manfred Clauss (Ausstellung im Martin-Gropius-Bau Berlin 2006, München/New York 2007.

Ausst.-Kat. Berlin 2009
Zeiträume – Milet in Kaiserzeit und Spätantike, hrsg. v. Ortwin Dally u. Martin Maischberger (Ausstellung im Pergamonmuseum Berlin), Regensburg 2009.

Ausst.-Kat. Bonn 2007
Krieg und Frieden. Kelten – Römer – Germanen, hrsg. v. Gabriele Uelsberg (Ausstellung im Rheinischen Landesmuseum Bonn), Darmstadt 2007.

Ausst.-Kat. Bonn 2010
Byzanz: Pracht und Alltag, hrsg. v. Jutta Frings (Ausstellung in der Kunst- und Ausstellungshalle der Bundesrepublik Deutschland, Bonn), München 2010.

Ausst.-Kat. Bremen/Oldenburg/Lübeck 2002
Heiden und Christen: Slawenmission im Mittelalter, hrsg. v. Manfred Gläser, Hans-Joachim Hahn u. Ingrid Weibezahn (Ausstellungen im Dom-Museum Bremen, Wallmuseum Oldenburg/Holstein u. im Burgkloster Lübeck), Lübeck 2002.

Ausst.-Kat. Brescia 2000
Il future dei Longobardi. L'Italia e la costruzione dell'Europa di Carlo Magno, hrsg. v. Carlo Bertelli u. Gian Pietro Brogiolo Ausstellung im Monastero di Santa Giulia Brescia), Mailand 2000.

Ausst.-Kat. Budapest u.a. 2000
Europas Mitte um 1000, 3 Bände, hrsg.v. Alfried Wieczorek u. Hans-Martin Hinz (Ausstellung im Magyar Nemzeti Múzeum Budapest u.a.), Stuttgart 2000.

Ausst.-Kat. Corvey 1966
Kunst und Kultur im Weserraum 800–1600, 2 Bände, hrsg. v. Bernhard Korzus u.a. (Ausstellung im Landesmuseum Corvey), Corvey 1966.

Ausst.-Kat. Dresden/Madrid 2009
Verwandelte Götter. Antike Skulpturen des Museo del Prado zu Gast in Dresden, hrsg. v. Stephan F. Schröder (Ausstellung im Japanischen Palais Dresden und im Museo del Prado Madrid), Dresden/Madrid 2009.

Ausst.-Kat. Essen 1956
Werdendes Abendland an Rhein und Ruhr, hrsg. v. Victor Elbern (Ausstellung in der Villa Hügel Essen), Essen 1956.

Ausst.-Kat. Essen/Bonn 2005
Krone und Schleier. Kunst aus mittelalterlichen Frauenklöstern, bearb. v. Jutta Frings (Ausstellung im Ruhrmuseum Essen und der Kunst- und Ausstellungshalle der Bundesrepublik Deutschland Bonn), München 2005.

Ausst.-Kat. Florenz 2004
Seneca. Una vicenda testuale. Mostra di manoscritti ed edizioni, hrsg. v. Teresa De Robertis u. Gianvito Resta (Ausstellung in der Biblioteca Medicea Laurenziana Firenze), Florenz 2004.

Ausst.-Kat. Fort Worth 2007
Picturing the Bible: The earliest Christian art, hrsg. v. Jeffrey Spier (Ausstellung im Kimbell Art Museum Fort Worth), New Haven 2007.

Ausst.-Kat. Frankfurt am Main 1983
Spätantike und frühes Christentum, hrsg. v. Herbert Beck (Ausstellung im Liebieghaus Frankfurt), Frankfurt am Main 1983.

Ausst.-Kat. Frankfurt am Main 1994
794 – Karl der Große in Frankfurt am Main. Ein König bei der Arbeit, hrsg. v. Johannes Fried (Ausstellung im Historischen Museum Frankfurt), Sigmaringen 1994.

Ausst.-Kat. Frankfurt am Main 2009
Im Zeichen des Kreuzes. Die Limburger Staurothek und ihre Geschichte, hrsg. v. August Heuser u. Matthias Kloft (Ausstellung im Dommuseum Frankfurt), Frankfurt am Main 2009.

Ausst.-Kat. Frankfurt am Main/Hildesheim 2005
Die Macht des Silbers. Karolingische Schätze im Norden, hrsg. v. Egon Wamers u. Michael Brandt (Ausstellung im Archäologischen Museum Frankfurt und im Dommuseum Hildesheim), Regensburg 2005.

Ausst.-Kat. Freising 2001
Sanct Georg – Der Ritter mit dem Drachen, hrsg. v. Peter B. Steiner u.a. (Ausstellung im Diözesanmuseum Freising) Lindenberg im Allgäu 2001.

Ausst.-Kat. Genua 2004
Mandylion. Intorno al Sacro Volto da Bisanzio a Genova, hrsg. v. Gerhard Wolf, Colette Dufour Bozzo u. Anna Rosa Calderoni Masetti (Ausstellung im Museo Diocesano Genua), Mailand 2004.

Ausst.-Kat. Gottorf 2006
Magischer Glanz – Gold aus archäologischen Sammlungen Norddeutschlands, hrsg. v. Ralf Bleile (Ausstellung im Archäologischen Landesmuseum Schloß Gottorf), Schleswig 2006.

Ausst.-Kat. Halle (Saale) 2001
Schönheit, Macht und Tod. 120 Funde aus 120 Jahren Landesmuseum für Vorgeschichte Halle, hrsg. v. Harald Meller (Ausstellung im Landesmuseum für Vorgeschichte Halle), Halle (Saale) 2001.

Ausst.-Kat. Halle (Saale) u.a. 2005
Saladin und die Kreuzfahrer, hrsg. v. Alfried Wieczorek, Mamoun Fansa u. Harald Meller (Ausstellung im Landesmuseum für Vorgeschichte Halle (Saale), Landesmuseum für Natur und Mensch Oldenburg und in den Reiss-Engelhorn-Museen Mannheim), (= Publikation der Reiss-Engelhorn-Museen 17 und Schriftenreihe des Landesmuseums für Natur und Mensch Oldenburg 37), Mainz 2005.

Ausst.-Kat. Haltern am See u.a. 2009
2000 Jahre Varusschlacht. Imperium – Konflikt – Mythos, 3 Bände, hrsg. v. Stephan Berke, Stefan Burmeister u. Herwig Kenzler (Ausstellung im LWL Römermuseum in Haltern am See, im Museum und Park Kalkriese und im Lippischen Landesmuseum Detmold), Stuttgart 2009.

Ausst.-Kat. Hamburg 2001
Bunte Steine – Dunkle Bilder: „Magische Gemmen", hrsg. v. Simone Michel (Ausstellung im Museum für Kunst und Gewerbe Hamburg u.a.), (= Schriften der Archäologischen Sammlung Freiburg 5), München 2001.

Ausst.-Kat. Hildesheim 1993
Bernward von Hildesheim und das Zeitalter der Ottonen, 2 Bände, hrsg. v. Michael Brandt u. Arne Eggebrecht (Ausstellung im Dom- und Diözesanmuseum und im Roemer- und Pelizaeus-Museum Hildesheim), Hildesheim 1993.

Ausst.-Kat. Hildesheim 1998
Byzanz: die Bilder der Macht, hrsg. v. Michael Brandt u. Arne Effenberger (Ausstellung im Dom-Museum Hildesheim), Hildesheim 1998.

Ausst.-Kat. Ingelheim 1998
Karl der Große in Ingelheim. Bauherr der Pfalz und europäischer Staatsmann (Ausstellung im Alten Rathaus Ingelheim 1998), (= Beiträge zur Ingelheimer Geschichte 43), Ingelheim 1998.

Ausst.-Kat. Karlsruhe 2005
Imperium Romanum: Römer, Christen, Alamannen. – Die Spätantike am Oberrhein, bearb. v. Michaela Geiberger (Ausstellung im Landesmuseum Schloß Karlsruhe), Karlsruhe 2005.

Ausst.-Kat. Karlsruhe 2009
Erben des Imperiums in Nordafrika – Das Königreich der Vandalen, bearb. v. Claus Hattler (Ausstellung im Badischen Landesmuseum Schloß Karlsruhe), Mainz 2009.

Ausst.-Kat. Köln 1984
Der Schatz von San Marco, hrsg. v. Hansgerd Hellenkemper (Ausstellung im Römisch-Germanischen Museum Köln) Mailand 1984.

Ausst.-Kat. Köln 1985
Ornamenta Ecclesiae. Kunst und Künstler der Romanik, 3 Bände, hrsg. v. Anton Legner (Ausstellung des Schnütgen-Museums in der Kunsthalle Köln), Köln 1985.

Ausst.-Kat. Köln 1991
Vor dem Jahr 1000. Abendländische Buchkunst zur Zeit der Kaiserin Theophanu, hrsg. v. Anton von Euw (Ausstellung in der Cäcilienkirche Köln), Köln 1991.

Ausst.-Kat. Köln/Brüssel 1972
Rhein und Maas. Kunst und Kultur 800–1400, hrsg. v. Anton Legner (Ausstellung des Schnütgen-Museums der Stadt Köln in der Kunsthalle Köln und den Königlichen Museen für Kunst und Geschichte Brüssel), Köln 1972.

Ausst.-Kat. Künzelsau 1995
Die Schraube zwischen Macht und Pracht. Das Gewinde in der Antike, hrsg. v. Reinhold Würth u. Barbara Deppert-Lippitz (Ausstellung des Museums Wirth in Künzelsau und dem Archäologischen Landesmuseum Baden-Württemberg), Sigmaringen 1995.

Ausst.-Kat. Leipzig 2009
Erleuchtung der Welt. Sachsen und der Beginn der modernen Wissenschaften, 2 Bände, hrsg. v. Detlef Döring u.a. (Ausstellung im Alten Rathaus Leipzig), Dresden 2009.

Ausst.-Kat. London 2003
Saved! 100 Years of the National Art Collections Fund, hrsg. v. Richard Verdi (Ausstellung in der Hayward Gallery London), London 2003.

Ausst.-Kat. London 2008
Byzantium 330–1453, Royal Academy London, hrsg. v. Robin Cormack u. Maria Vassilaki (Ausstellung in der Royal Academy London), London 2008.

Ausst.-Kat. Magdeburg 2001
Otto der Große. Magdeburg und Europa, 2 Bände, hrsg. v. Matthias Puhle (Ausstellung im Kulturhistorischen Museum Magdeburg), Mainz 2001.

Ausst.-Kat. Magdeburg 2005
Magdeburg 1200. Mittelalterliche Metropole – Preußische Festung – Landeshauptstadt, hrsg. v. Matthias Puhle (Ausstellung im Kulturhistorischen Museum Magdeburg), Stuttgart 2005.

Ausst.-Kat. Magdeburg 2006 (a)
Heiliges Römisches Reich Deutscher Nation 962 bis 1806. Von Otto dem Großen bis zum Ausgang des Mittelalters, 2 Bände, hrsg. v. Matthias Puhle u. Claus-Peter Hasse (Ausstellung im Kulturhistorischen Museum Magdeburg), Dresden 2006.

Ausst.-Kat. Magdeburg 2006 (b)
Tausend Jahre Taufen in Mitteldeutschland, hrsg. v. Bettina Seyderhelm (Ausstellung im Dom Magdeburg), Magdeburg 2006.

Ausst.-Kat. Mailand 1990
Milano capitale dell'impero romano (286–402 d.c.), hrsg v. Autorenkollektiv (Ausstellung im Palazzo Reale Mailand), Mailand 1990.

Ausst.-Kat. Mailand 2003
387 D.C. – Ambrogio e Agostino. Le sorgenti dell'Europa, hrsg. v. Paolo Pasini (Ausstellung im Museo Diocesano Mailand), Mailand 2003.

Ausst.-Kat. Mainz 2006
Rabanus Maurus. Auf den Spuren eines karolingischen Gelehrten, hrsg. v. Hans-Jürgen Kotzur u. Winfried Wilhelmy (Ausstellung im Bischöflichen Dom- und Diözesanmuseum Mainz), Mainz 2006.

Ausst.-Kat. Mainz 2011
Wege nach Byzanz, hrsg. v. Benjamin Fourlas u. Vasiliki Tsamakda (Ausstellung im Landesmuseum Mainz), Mainz 2011.

Ausst.-Kat. Mainz (in Vorbereitung)
Byzantinischer Goldschmuck im Römisch-Germanischen Zentralmuseum, hrsg. v. Falko Daim, Mainz (in Vorbereitung).

Ausst.-Kat. Mainz/Paris 1980
Gallien in der Spätantike. Von Kaiser Constantin zu Frankenkönig Childerich, hrsg. v. Römisch-Germanischen Zentralmuseum (Ausstellung im Kurfürstlichen Schloss Mainz und im Palais du Luxemborg Paris), Mainz 1980.

Ausst.-Kat. Mannheim 1996
Die Franken, Wegbereiter in Europa. Vor 1500 Jahren: König Chlodwig und seine Erben, hrsg. v. Alfried Wieczorek u.a. (Ausstellung im Reiss-Museum Mannheim u.a.), Mainz 1996.

Ausst.-Kat. München 1998
Rom und Byzanz. Schatzkammerstücke aus bayerischen Sammlungen, hrsg. v. Reinhold Baumstark (Ausstellung im Bayrischen Nationalmuseum), München 1998.

Ausst.-Kat. München/Berlin 1978
Die Bildnisse des Augustus. Herrscherbild und Politik im kaiserlichen Rom, hrsg. v. Klaus Vierneisel u. Paul Zanker (Ausstellung in der Gyptothek und dem Museum für Abgüsse klassischer Bildwerke München und im Antikenmuseum Berlin), München 1978.

Ausst.-Kat. München/Rosenheim 2000
Die Römer zwischen Alpen und Nordmeer. Zivilisatorisches Erbe einer europäischen Militärmacht, hrsg. v. Ludwig Wamser (Ausstellung im Lokschuppen München/Rosenheim), Mainz 2000.

Ausst.-Kat. New York 1979
Age of Spirituality. Late Antique and Early Christian Art, third to seventh century, hrsg. v. Kurt Weitzmann (Ausstellung im Metropolitan Museum of Art New York), New York 1979.

Ausst.-Kat. New York 1997
The Glory of Byzantium. Art and culture of the Middle Byzantine Era, A.D. 843–1261, hrsg. v. Helen C. Evans u. William

D. Wixom (Ausstellung im Metropolitan Museum New York), New York 1997.

Ausst.-Kat. New York 2012
Byzantium and Islam. Age of Transition, hrsg. v. Helen C. Evans u. Brandie Ratliff (Ausstellung im Metropolitan Museum of Art New York) New York 2012.

Ausst.-Kat. Paderborn 1999
799 – Kunst und Kultur der Karolingerzeit. Karl der Große und Papst Leo III. in Paderborn, 3 Bände, hrsg. v. Christoph Stiegemann u. Matthias Wemhoff (Ausstellung im Erzbischöflichen Diözesanmuseum, im Museum in der Kaiserpfalz und in der Städtischen Galerie Paderborn), Mainz 1999.

Ausst.-Kat. Paderborn 2002
Kunigunde – empfange die Krone, hrsg. v. Matthias Wemhoff (Ausstellung im Museum der Kaiserpfalz Paderborn), Paderborn 2002.

Ausst.-Kat. Paderborn 2006
Canossa 1076. Erschütterung der Welt. Geschichte, Kunst und Kultur am Aufgang der Romanik, 2 Bände, hrsg. v. Christoph Stiegemann u. Matthias Wemhoff (Ausstellung im Erzbischöfliches Diözesanmuseum, im Museum in der Kaiserpfalz und in der Städtischen Galerie Paderborn), München 2006.

Ausst.-Kat. Paderborn 2009
Für Königtum und Himmelreich. 1000 Jahre Bischof Meinwerk von Paderborn, hrsg. v. Christoph Stiegemann u. Martin Kroker (Ausstellung im Erzbischöflichen Diözesanmuseum und im Museum in der Kaiserpfalz Paderborn), Regensburg 2009.

Ausst.-Kat. Paris 1965
Les trésors des églises de France (Ausstellung im Musée des Arts Décoratifs Paris), Paris 1965.

Ausst.-Kat. Paris 1992/1993
Byzance. L'art byzantine dans les collection publiques françaises, hrsg. v. Jannic Durand u.a. (Ausstellung im Musée du Louvre Paris), Paris 1992/1993.

Ausst.-Kat. Paris 2001
Le trésor de la Sainte-Chapelle, hrsg. v. Jannic Durant u. Marie-Pierre Laffitte (Ausstellung im Musée du Louvre Paris), Paris 2001.

Ausst.-Kat. Paris 2011
L'épée. Usages, mythes et symboles, hrsg. v. Michel Huynh u.a. (Ausstellung im Musée de Cluny, musée national du Moyen Âge Paris), Paris 2011.

Ausst.-Kat. Rom 2000
Aurea Roma. Dalla città pagana alla città cristiana, hrsg. v. Serena Ensoli u. Eugenio La Rocca (Ausstellung im Palazzo delle Esposizioni Rom), Rom 2000.

Ausst.-Kat. Rom 2008
Giulio Cesare, l'uomo, le imprese, il mito, hrsg. v. Giovanni Gentili (Ausstellung im Chiostro del Bramante Rom), Mailand 2008.

Ausst.-Kat. Rom 2009
Divus Vespasianus. Il bimillenario dei Flavi, hrsg. v. Filippo Coarelli (Ausstellung im Kolosseum Rom), Mailand 2009.

Ausst.-Kat. Speyer 1992
Das Reich der Salier 1024–1125, hrsg. v. Römisch-Germanischen Zentralmuseum Mainz (Ausstellung im Historischen Museum der Pfalz Speyer), Sigmaringen 1992.

Ausst.-Kat. Susa/Novalesa 2006
Carlo Magno e le Alpi. Viaggio al centro Medioevo, hrsg. v. Fabrizio Crivello u. Constanza Segre Montel (Ausstellung im Museo Diocesanodi Arte Susa und in der Benediktinerabtei SS. Pietro e Andrea Novalesa), Mailand 2006.

Ausst.-Kat. Thessaloniki 2002
Everyday Life in Byzantium. Byzantine Hours, Works and Days in Byzantium, hrsg. v. Demetra Papanikola-Bakirtzi (Ausstellung im Museum of Byzantine Culture Thessaloniki), Athen 2002.

Ausst.-Kat. Trier 1984 (a)
Kostbare Bücher und Dokumente aus Mittelalter und Neuzeit. (Ausstellung der Stadtbibliothek und des Stadtarchivs Trier), hrsg. v. Gunther Franz (= Ausstellungskataloge Trierer Bibliotheken 8), Trier 1984.

Ausst.-Kat. Trier 1984 (b)
Trier – Kaiserresidenz und Bischofssitz. Die Stadt in spätantiker und frühchristlicher Zeit (Ausstellung im Rheinischen Landesmuseum Trier), Mainz 1984.

Ausst.-Kat. Trier 2000
Fundstücke. Von der Urgeschichte bis zur Neuzeit. Bildband zur Ausstellung des Rheinischen Landesmuseums Trier, bearb. v. Sabine Faust u. Jürgen Merten (= Schriftenreihe des Rheinischen Landesmuseums Trier 36), Stuttgart 2009.

Ausst.-Kat. Trier 2003
Palatia: Kaiserpaläste in Konstantinopel, Ravenna und Trier, hrsg. v. Margarethe König u.a. (Ausstellung im Rheinischen Landesmuseum Trier), Trier 2003.

Ausst.-Kat. Trier 2007
Konstantin der Große. Imperator Caesar Flavius Constantinus, hrsg. v. Alexander Demandt u. Josef Engemann (Ausstellung im Rheinischen Landesmuseum, im Dom- und Diözesanmuseum und im Stadtmuseum Simeonsstift Trier), Mainz 2007.

Ausst.-Kat. Utrecht 1996
The Utrecht Psalter in Medieval Art. Picturing the Psalms of David, hrsg. v. Koert van der Horst, William Noel u. Wilhelmina C. M. Wüstefeld (Ausstellung im Museum Catharijnekonvent Utrecht), Utrecht 1996.

Ausst.-Kat. Vatikanstadt 1936
Gli oggetti di avorio e di osso del Museo Sacro Vaticano, hrsg. v. Charles Rufus Morey (Ausstellung im Museo Sacro della Biblioteca Apostolica Vaticana), Vatikanstadt 1936.

Ausst.-Kat. Wien 1993
Gold aus Kiew. 170 Meisterwerke aus der Schatzkammer der Ukraine, hrsg. v. Wilfried Seipel (Ausstellung im Kunsthistorischen Museum Wien), Wien 1993.

Ausst.-Kat. Wien/Budapest 1999
Barbarenschmuck und Römergold. Der Schatz von Szilágysomlyó, hrsg. v. Wilfried Seipel (Ausstellung im Kulturhistorisches Museum Wien und im Magyar Nemzeti Múzeum Budapest), Wien 1999.

Ausst.-Kat. Wolfenbüttel 1989
Wolfenbütteler Cimelien. Das Evangeliar Heinrichs des Löwen in der Herzog August Bibliothek, bearb. v. Peter Ganz (Ausstellung in der Herzog August Bibliothek Wolfenbüttel), Wolfenbüttel 1989.

Ausst.-Kat. Wolfenbüttel 2004/2005
Divina Officia. Liturgie und Frömmigkeit im Mittelalter, hrsg. v. Patrizia Carmassi (Ausstellung in der Herzog August Bibliothek Wolfenbüttel), Wolfenbüttel 2004/2005.

Ausst.-Kat. Zürich 1994
Himmel, Hölle, Fegefeuer. Das Jenseits im Mittelalter, hrsg. v. Peter Jezler (Ausstellung im Schweizerischen Landesmuseum Zürich), Zürich 1994.

Autorenkollektiv 1985
L'or monnayé. Band 1: Purification et altérations de Rome à Byzance, hrsg. v. Jean-Noël Barrandon, Claude Brenot, Jean-Pierre Callu, Robert Halleux, Cécile Morrisson u. Jacques Poirier (= Cahiers Ernest Babelon 2), Paris 1985.

Autorenkollektiv 2003
Nouvel Espérandieu. Band 1: Recueil général des sculptures sur pierre de la Gaule. Vienne (Isère), hrsg. v. Daniel Terrer u.a., Paris 2003.

Autze 2012 (im Druck)
Tanja Autze: Ergebnisse zur Domplatzgeschichte in Magdeburg: Die Ausgrabungen an und in der alten Möllenvogtei, in: Archäologie in Sachsen-Anhalt 6 (2012), im Druck.

Avril/Rabel 1995
François Avril u. Claudia Rabel, Manuscrits Enluminées d'Origine Germanique, Band 1, Paris 1995.

Axboe/Hauck 1990
Morten Axboe u. Karl Hauck (Hrsg.): Zwei neue Goldbrakteaten aus Bornholm und Holstein (= Zur Ikonologie der Goldbrakteaten 46), in: Frühmittelalterliche Studien 24 (1990), S. 71–120.

Bachrach/Bachrach 2008
Bernard S. Bachrach u. David S. Bachrach: Continuity of written administration in the late Carolingian east c. 887–911. The royal fisc., in: Frühmittelalterliche Studien 42 (2008), S. 109–146.

Bagnall u.a. 1987
Roger S. Bagnall u.a.: Consuls of the Later Roman Empire (= Philological Monographs of the American Philological Association 36), Atlanta 1987.

Baldini Lippolis 1999
Isabella Baldini Lippolis: L'oreficeria dell'Impero di Constantinopoli tra IV e VII secolo d. C., Bari 1999.

Baldini Lippolis 2000
Isabella Baldini Lippolis: Il ritratto musivo nella facciata interna di S. Apollinare Nuove a Ravenna, in: Atti del VI colloquio dell' Associazione italiana per lo studio e conservazione del mosaico, Venezia 20–23 gennaio 1999, hrsg. v. Federico Guidobaldi u. Andrea Paribeni, Ravenna 2000, S. 465–475.

Ball 2006
Jennifer L. Ball: Byzantine Dress. Representations of secular dress in Eight- to Twelfth-Century Painting, New York 2006.

Balsamo 1910
Augusto Balsamo: Catalogo dei Manoscritti della Biblioteca comunale di Piacenza, Piacenza 1910.

Balty 2009
Jean C. Balty: C. et L. César. Les points forts d'une iconographie, in: L'expression du pouvoir au début de l'Empire. Autour de la Maison Carrée à Nîmes, hrsg. v. Michael Christol u. Dominique Darde (= Actes du colloque organisé à l'initiative de la ville de Nîmes et du Musée archéologique, Nîmes, Carré d'art, 20–22 octobre 2005), Paris 2009, S. 59–67.

Balzer 1984
Manfred Balzer: Die karolingische und die ottonisch-salische Königspfalz Paderborn. Ein Kurzführer durch das Museum in der Kaiserpfalz, Paderborn ³1984.

Barbero 2004
Alessandro Barbero: Charlemagne. Father of a Continent, Berkeley 2004.

Bardill 1999
Jonathan Bardill: The Great Palace of the Byzantine emperors and the Walker Trust excavations, in: Journal of Roman Archaeology 12 (1999), S. 216–230.

Bardill 2006
Jonathan Bardill: Visualizing the Great Palace of the Byzantine emperors at Constantinople, in: Visualisierungen von Herrschaft, hrsg. v. Franz Alto Bauer (= Byzas 5), Istanbul 2006, S. 5–45.

Barnwell 1992
Paul S. Barnwell: Emperor, Prefects and Kings: the Roman West 395–565, London 1992.

Barsanti/Paribeni/Pedone 2008
Claudia Barsanti, Andrea Paribeni u. Silvia Pedone (Hrsg.): Rex Theodericus. Il medaglione d'oro di Morro d'Alba, Rom 2008.

Bartman 1999
Elizabeth Bartman: Portraits of Livia. Imaging the imperial woman in Augustan Rome, Cambridge 1999.

Battelli 1954
Giulio Battelli: I transunti di Lione del 1245, in: Mitteilungen des Instituts für Österreichische Geschichtsforschung 62 (1954), S. 336–364.

Bauer 1988
Heinrich Bauer: Augustusforum. Hallen und Exedren, in: Ausst.-Kat. Berlin 1988, S. 184–194.

Bauer 1996
Franz Alto Bauer: Stadt, Platz und Denkmal in der Spätantike. Untersuchungen zur Ausstattung des öffentlichen Raums in den spätantiken Städten Rom, Konstantinopel und Ephesos, Mainz 1996.

Bauer 2006
Franz Alto Bauer: Potenzieller Besitz. Geschenke im Rahmen des byzantinischen Kaiserzeremoniells, in: Visualisierungen von Herrschaft, hrsg. v. Franz Alto Bauer (= Byzas 5), Istanbul 2006, S. 135–169.

Bauer 2008
Franz Alto Bauer: Konstantinopel – Kaiserresidenz und künftige Hauptstadt, in: Ausst.-Kat. Trier 2007, S. 165–171.

Bauer 2009
Franz Alto Bauer: Gabe und Person. Geschenke als Träger personaler Aura in der Spätantike (= Eichstätter Universitätsreden 116), Eichstätt 2009.

Baum 1954
Julius Baum: Karolingische geschnittene Bergkristalle, in: Frühmittelalterliche Kunst in den Alpenländern. Actes du IIIᵉ congrès international pour l'étude du Haut Moyen Âge, hrsg. v. Linus Birchler, Edgar Pélichet u. Alfred Andreas Schmid, Olten/Lausanne 1954, S. 111–118.

Bayless 1972
William N. Bayless: The Political Unity of the Roman Empire during the Disintegration of the West, A.D. 395–457. Phil. Diss., Rhode Island 1972.

Beard 2007
Mary Beard: The Roman Triumph, Cambridge 2007.

Becher 1983
Hartmut Becher: Das königliche Frauenkloster San Salvatore/ Santa Giulia in Brescia im Spiegel seiner Memorialüberlieferung, in: Frühmittelalterliche Studien 17 (1983), S. 299–392.

Becher 1993
Matthias Becher: Eid und Herrschaft. Untersuchungen zum Herrscherethos Karls des Großen, Sigmaringen 1993.

Becher 2002
Matthias Becher: Die Kaiserkrönung im Jahr 800. Eine Streitfragen zwischen Karl dem Großen und Papst Leo III., in: Rheinische Vierteljahrsblätter 66 (2002), S. 1–38.

Becher 2007
Matthias Becher: Karl der Große, München ^{5}2007.

Becher 2008
Matthias Becher: Arnulf von Kärnten. Name und Abstammung eines (illegitimen?) Karolingers, in: Nomen et fraternitas. Festschrift für Dieter Geuenich zum 65. Geburtstag, hrsg. v. Uwe Ludwig u. Thomas Schilp (= Reallexikon der Germanischen Altertumskunde. Ergänzungsbände 62), Berlin 2008, S. 665–682.

Becher 2009
Matthias Becher: Merowinger und Karolinger, Darmstadt 2009.

Becher 2011
Matthias Becher: Chlodwig I. Der Aufstieg der Merowinger und das Ende der antiken Welt, München 2011.

Becker 2001
Matthias Becker: Reiche Beute. Metallfragmente und Münzen aus Großbodungen, in: Ausst.-Kat. Halle (Saale) 2001, S. 168–169.

Becker 2008
Armin Becker: Die Römer an der Lahn. Die Ausgrabungen in Waldgirmes, in: Feindliche Nachbarn. Rom und die Germanen, hrsg. v. Helmut Schneider, Köln/Weimar/Wien 2008, S. 97–115.

Becker 2010
Matthias Becker: Das Fürstengrab von Gommern, in: Veröffentlichungen des Landesamtes für Denkmalpflege und Archäologie Sachsen-Anhalt – Landesmuseum für Vorgeschichte 63 (2010), S. 365–369.

Becker 2012
Armin Becker: Germania bei Cassius Dio, in: Gymnasium 119 (2012), S. 63–73.

Beisel 1993
Fritz Beisel: Theudebertus magnus rex Francorum. Persönlichkeit und Zeit. Wissenschaftliche Schriften 9 (= Geschichtswissenschaftliche Beiträge 109), Idstein 1993.

Belke/Soustal 1995
Klaus Belke u. Peter Soustal (Hrsg.): Die Byzantiner und ihre Nachbarn. Die „De administrando imperio" genannte Lehrschrift des Kaisers Konstantinos Porphyrogennetos (= Byzantinische Geschichtsschreiber 19), Wien 1995.

Belli Pasqua 1995
Roberta Belli Pasqua: Sculture di età romana in „basalto" (= Xenia Antiqua 2), Rom 1995.

Belloni 1981
Gino Belloni: La bellezza divinizzante nei panegirici e nei ritratti monetale di Constantino, in: CISA 7 (1981), S. 213–222.

Belting 1962
Hans Belting: Studien zum beneventanischen Hof im 8. Jahrhundert, in: Dumbarton Oaks Papers 16 (1962), S. 141–193.

Benoit 1952
Fernand Benoit: Le sanctuaire d'Auguste et les Cryptoportiques d'Arles, in: Revue Archéologique 39 (1952), S. 31–67.

von Berg 2011
Axel von Berg: Schätze im Acker, in: Archäologie in Deutschland 3 (2011), S. 56–57.

Berger 1992
Frank Berger: Untersuchungen zu römerzeitlichen Münzfunden in Nordwestdeutschland, Berlin 1992.

Berger 2006
Albrecht Berger: Konstantinopel, in: Reallexikon für Antike und Christentum (RAC), Band 21, Stuttgart 2006, S. 435–483.

Berghaus 1959
Peter Berghaus: Ein karolingischer Münzring von Herbrum, in: Die Kunde. Mitteilungen des niedersächsischen Landesvereins für Urgeschichte N.F. 10 (1959), S. 90–97.

Berghaus 1986
Peter Berghaus: Artikel Dortmund (Fund römischer Goldmünzen), in: Reallexikon der Germanischen Altertumskunde 6 (1986), S. 124–128.

Berghaus 1999
Peter Berghaus: Artikel Großbodungen, in: Reallexikon der germanischen Altertumskunde 13 (1999), S. 76–68.

Bergmann 1977
Marianne Bergmann: Studien zum römischen Porträt des 3. Jahrhunderts n. Chr. (= Antiquitas 3/18), Bonn 1977.

Bergmann
Marianne Bergmann: Marc Aurel (=Liebieghaus Monographie 2), Frankfurt am Main 1978.

Bergmann 1983
Marianne Bergmann: Zum römischen Porträt des 3. Jahrhunderts n. Chr., in: Ausst.-Kat. Frankfurt am Main 1983, S. 41–59.

Bergmann 1985
Marianne Bergmann: Fälschung, Umarbeitung oder eigener Stil. Beobachtungen zu einer konstantinischen Porträtbüste, in: Städel Jahrbuch N.F. 10 (1985), S. 45–54.

Bergmann 1990
Marianne Bergmann: Kaiserporträt der Jahre 293–313 n. Chr., in: Antike Kunstwerke der Sammlung Ludwig, Band 3: Skulpturen, hrsg. v. Ernst Berger, Mainz 1990, S. 383–402.

Bergmann 1998
Marianne Bergmann: Die Strahlen der Herrscher. Theomorphes Herrscherbild und politische Symbolik im Hellenismus und in der römischen Kaiserzeit, Mainz 1998.

Bergmann 2010
Birgit Bergmann: Der Kranz des Kaisers. Genes und Bedeutung einer römischen Insignie (= Image and Context 6), Berlin 2010.

Bergmann 2012 (im Druck)
Birgit Bergmann: Der Kranz des Kaisers. Genese und Bedeutung einer römischen Insignie in: Römische Mitteilungen 118 (im Druck).

Berliner 1926
Rudolf Berliner: Die Bildwerke des Bayerischen Nationalmuseums München, IV. Abt.: Die Bildwerke in Elfenbein, Knochen, Hirsch und Steinbockhorn. Mit einem Anhang: Elfenbeinarbeiten der Staatlichen Schloßmuseen in Bayern (= Kataloge des Bayerischen Nationalmuseums 13), Augsburg 1926.

Berndt 2009
Guido Berndt: Alt- oder neumodisch? Bemerkungen zu ausgewählten Porträtsiegeln der Spätantike und des Frühmittelalters, in: Dunkle Jahrhunderte in Mitteleuropa? Tagungsbeiträge der AG Spätantike und Frühmittelalter, 2 Bände, hrsg. v. Orsolya Heinrich-Tamaska, Niklot Krohn u. Sebastian Ristow (= Studien zu Spätantike und Frühmittelalter 1), Hamburg 2009, S. 45–72.

Berndt 2012
Guido M. Berndt: Der Rex Francorum Childerich, die Umstrukturierung der Macht in Gallien und ein Grab in Tournai – Indizien für einen Wechsel der Religion?, in: Wechsel der Religionen – Religion des Wechsels, hrgs. v. Niklot Krohn u. Sebastian Ristow (= Tagungsbeiträge der Arbeitsgemeinschaft Spätantike und Frühmittelalter 5), Hamburg 2012, S. 167–192.

Berno 2010
Francesca Romana Berno: Plinius d. Ä. (Gaius Plinius Caecilius Secundus maior), Naturalis historia, in: Der Neue Pauly: Supplemente, Band 7: Die Rezeption der antiken Literatur. Kulturhistorisches Werklexikon, hrsg. v. Christine Walde, Stuttgart 2010, S. 698–726.

Bettelli Bergamaschi 1996
Maria Bettelli Bergamaschi: Il monastero di S. Salvatore – S. Giulia di Brescia dalle origini alla soppressione. Figure e momenti di una lunga storia, in: Civiltà bresciana 5,3 (1996), S. 41–57.

Beuckers 2002
Klaus Gereon Beuckers: Das ottonische Stifterbild. Bildtypen, Handlungsmotive und Stifterstatus in ottonischen und frühsalischen Stifterdarstellungen, in: Die Ottonen. Kunst, Architektur, Geschichte, hrsg. v. Klaus Gereon Beuckers, Johannes Cramer u. Michael Imhof, Petersberg 2002, S. 63–102.

Beumann/Schröder 1987
Helmut Beumann u. Werner Schröder (Hrsg.): Die transalpinen Verbindungen der Bayern, Alemannen und Franken bis zum 10 Jahrhundert (= Nationes 6), Sigmaringen 1987.

Beyeler 2011
Markus Beyeler: Geschenke des Kaisers. Studien zur Chronologie, zu den Empfängern und zu den Gegenständen der kaiserlichen Vergabungen im 4. Jahrhundert n. Chr.(= Klio. Beiträge zur Alten Geschichte Beihefte N.F. 18), Berlin 2011.

Bieber 1915
Margarete Bieber: Die antiken Skulpturen und Bronzen des königlichen Museum Fridericianum in Cassel, Marburg 1915.

Bieber 1961
Margarete Bieber: The History of Greek and Roman Theater, Princeton ^{2}1961.

Biellmann 1988
Patrick Biellmann: Un bijou exceptionnel trouvé à Biesheim, in: Annuaire de la Société d'Histoire de la Hardt et du Ried 3 (1988), S. 17–32.

Bierbrauer 2010
Volker Bierbrauer: Die Adlerdarstellungen, in: Karfunkelstein und Seide. Neue Funde aus Bayerns Frühzeit, hrsg. v. Ludwig Wamser, München 2010, S. 72–75.

Binding 1996
Günther Binding: Deutsche Königspfalzen. Von Karl dem Großen bis Friedrich II. (765–1240), Darmstadt 1996.

Binding 2007
Günther Binding: Antike Säulen als Spolien in früh- und Hochmittelalterlichen Kirchen und Pfalzen – Materialspolie oder Bedeutungsträger? (= Sitzungsberichte der wissenschaftlichen Gesellschaft an der Johann Wolfgang Goethe-Universität Frankfurt am Main 45/1), Stuttgart 2007.

Bingenheimer 1998
Klaus Bingenheimer: Die Luftheizungen des Mittelalters. Zur Typologie und Entwicklung eines technikgeschichtlichen Phänomens (= Antiquitates 17), Hamburg 1998.

Birkhan 1976
Helmut Birkhan: Laborintus – labor intus. Zum Symbolwert des Labyrinths im Mittelalter, in: Festschrift für Richard Pittioni zum siebzigsten Geburtstag, Band 2, hrsg. v. Herbert Mitscha-Märheim, Herwig Friesinger u. Helga Kerchler (= Archaeologia Austriaca, Beiheft 14), Wien 1976, S. 423–454.

Bischoff 1966–1981
Bernhard Bischoff: Mittelalterliche Studien. Ausgewählte Aufsätze zur Schriftkunde und Literaturgeschichte, 3 Bände, Stuttgart 1966–1981.

Bischoff 1967
Bernhard Bischoff: Mittelalterliche Schatzverzeichnisse, Band 1, München 1967.

Bischoff 1971
Bernhard Bischoff: Paläographische Fragen deutscher Denkmäler der Karolingerzeit, in: Frühmittelalterliche Studien 5 (1971), S. 101–134.

Bischoff 1975
Bernhard Bischoff: Paläographie und frühmittelalterliche Klassikerüberlieferung, in: La cultura antica nell'Occidente Latino del VII all' XI secolo (= Settimane di studio del Centro Italiano di Studi sull'alto medioevo 22), Spoleto 1975, S. 59–86.

Bischoff 1976
Bernhard Bischoff: Die Hofbibliothek unter Ludwig dem Frommen, in: Medieval learning and literature. Essays presented to Richard William Hunt, hrsg. v. Jonathan Alexander u. Margaret Gibson, Oxford 1976, S. 3–22.

Bischoff 1980
Bernhard Bischoff: Die südostdeutschen Schreibschulen und Bibliotheken in der Karolingerzeit, Band 2: Die vorwiegend österreichischen Diözesen, Wiesbaden 1980.

Bischoff 1981 (a)
Bernhard Bischoff: Eine Beschreibung der Basilika von Saint-Denis aus dem Jahre 799, in: Kunstchronik 34 (1981), S. 97–103.

Bischoff 1981 (b)
Bernhard Bischoff: Bücher am Hofe Ludwigs des Deutschen und die Privatbibliothek des Kanzlers Grimalt, in: Mittelalterliche Studien, hrsg. v. Bernhard Bischoff, Band 3, S. 187–212.

Bischoff 1981 (c)
Bernhard Bischoff: Das benediktinische Mönchtum und die Überlieferung der klassischen Literatur, in: Studien und Mitteilungen zur Geschichte des Benediktinerordens und seiner Zweige 92 (1981), S. 165–190.

Bischoff 1998
Bernhard Bischoff: Katalog der festländischen Handschriften des neunten Jahrhunderts (mit Ausnahme der westgotischen), aus dem Nachlass hrsg. v. Birgit Ebersperger (= Veröffentlichungen der Kommission für die Herausgabe der mittelalterlichen Bibliothekskataloge Deutschlands und der Schweiz, Teil 1), Band 1: Aachen–Lambach, Wiesbaden 1998.

Bischoff 2004
Bernhard Bischoff: Katalog der festländischen Handschriften des neunten Jahrhunderts (mit Ausnahme der wisigotischen), aus dem Nachlass hrsg. v. Birgit Ebersperger (= Veröffentlichungen der Kommission für die Herausgabe der mittelalterlichen Bibliothekskataloge Deutschlands und der Schweiz, Teil 2), Band 2: Laon – Paderborn, Wiesbaden 2004.

de Blaauw 2012
Sible de Blaauw: Die ottonischen Kaisergräber in Magdeburg und Rom. Visualisierung der Herrschermemoria im europäischen Kontext, in: Der Magdeburger Dom im europäischen Kontext, hrsg. v. Wolfgang Schenkluhn u. Andreas Waschbüsch, Regensburg 2012, S. 277–290.

Blaich 2009
Markus C. Blaich: Von Gehhilfen, Stabdornen und „Schulzenstäben", in: Archäologie in Niedersachsen 12 (2009), S. 81–84.

Blaich 2011
Markus C. Blaich: Werla – Pfalz und königlicher Fronhof des 10.-12. Jahrhunderts, in: Untergang und Neuanfang, hrsg. v. Jörg Drauschke, Roland Prien u. Sebastian Ristow (= Tagungsbeiträge der Arbeitsgemeinschaft Spätantike und Frühmittelalter. Studien zu Spätantike und Frühmittelalter 3), Hamburg 2011, S. 263–272.

Blaich 2012
Markus C. Blaich: Bemerkungen zu den ökonomischen und ökologischen Bezügen ottonischer Königspfalzen, in: Salzgitter-Jahrbuch 30 (2012), S. 157–170.

Blaich/Geschwinde 2007
Markus C. Blaich u. Michael Geschwinde: Zur Binnenstruktur des karolingerzeitlichen Gräberfeldes von Werlaburgdorf, Ldkr. Wolfenbüttel, Niedersachsen, in: Innere Strukturen von Siedlungen und Gräberfeldern als Spiegel gesellschaftlicher Wirklichkeit?, hrsg. v. Christoph Grünewald u. Torsten Capelle (= Akten des 57. Internationalen Sachsensymposiums 26. bis 30. August 2006 in Münster. Veröffentlichungen der Altertumskommission für Westfalen 27), Münster 2007, S. 109–117.

Blaich/Geschwinde 2012 (im Druck)
Markus C. Blaich u. Michael Geschwinde: Die Ausgrabungen auf der Königpfalz Werla 2007 bis 2011 – Vorbericht, in: Nachrichten aus Niedersachsens Urgeschichte 81 (im Druck).

Blaich/Weber 2008
Markus C. Blaich u. Jörg Weber: Im Banne des Zeitgeistes – Hermann Schroller und die Ausgrabungen in der Pfalz Werla von 1936 bis 1939, in: Die Kunde N.F. 59 (2008), S. 147–188.

Blaich/Zellmer 2008
Markus C. Blaich u. Henning Zellmer: Die ottonische Pfalz Werla – Überlegungen zu Baugrund und Baugestein, in: Schriftenreihe der Deutschen Gesellschaft für Geowissenschaften 56 (2008), S. 27–39.

Blank 1968
Rudolf Blank: Weltdarstellung und Weltbild in Würzburg und Bamberg vom 8. bis zum Ende des 12. Jahrhunderts. Ein Beitrag zur Bildungsgeschichte des Mittelalters, Bamberg 1968.

Blänsdorf 2012
Jürgen Blänsdorf: Die wiedergefundene Bibliothek. Antike und mittelalterliche Autoren in Pergamentfragmenten der Mainzer Martinus-Bibliothek (= Aus der Martinus-Bibliothek 9), Mainz 2012.

Bleckmann 1996
Bruno Bleckmann: Konstantin der Große (= Rowohlts Monographien 556), Reinbek 1996.

Bleckmann 2004
Bruno Bleckmann: Bemerkungen zum Scheitern des Mehrherrschaftssystems: Reichsteilung und Territorialansprüche, in: Diokletian und die Tetrarchie. Aspekte einer Zeitenwende, hrsg. v. Alexander Demandt, Andreas Goltz u. Heinrich Schlange-Schöningen, Berlin/New York 2004, S. 74–94.

Bleckmann 2009
Bruno Bleckmann: Die Germanen. Von Ariovist zu den Wikingern, München 2009.

Bleicken 2010
Jochen Bleicken: Augustus. Eine Biographie, Reinbek 2010.

Bloch 1897
Herbert Bloch: Beiträge zur Geschichte des Bischofs Leo von Vercelli und seiner Zeit, in: Neues Archiv (NA) der Gesellschaft für Ältere Deutsche Geschichtskunde zur Beförderung einer Gesammtausgabe der Quellenschriften deutscher Geschichten des Mittelalters 22 (1897), S. 11–136.

Bloch 1923
Marc Bloch: L'origine et la date du Capitulare de Villis, in: Revue historique 143 (1923), S. 40–56.

Bloch/Schnitzler 1967–1970
Peter Bloch u. Hermann Schnitzler: Die ottonische Kölner Malerschule, 2 Bände, Düsseldorf 1967–1970.

Bloch/Schnitzler 1970
Peter Bloch u. Hermann Schnitzler: Die ottonische Kölner Malerschule, Düsseldorf 1970.

Blümel 1933
Carl Blümel: Römische Bildnisse. Katalog der Sammlung antiker Skulpturen. Staatliche Museen zu Berlin, Berlin 1933.

Bock/Willemsen 1872
Franz Bock u. Michel Antoine Hubert Willemsen: Die mittelalterlichen Kunst- und Reliquienschätze zu Maestricht aufbewahrt in den ehemaligen Stiftskirchen des heiligen Servatius und Unserer Lieben Frau daselbst, Köln/Neuss 1872.

Bode 2011/2012
Tina Bode: König und Bischof in ottonischer Zeit. Studien zur Herrschaftspraxis Ottos I. und Ottos II. ausgehend von personellen und institutionellen Interaktionen mit den Erz-/Bischöfen der Mainzer Kirchenprovinz. Phil. Diss., Jena 2011/2012.

Bognetti 1963
Gian Piero Bognetti: Brescia carolingia, in: Storia di Brescia, hrsg. v. Giovanni Treccani degli Alfieri, Band 1, Mailand 1963, S. 447–483.

Böhme 1974
Horst Wolfgang Böhme: Germanische Grabfunde des 4. bis 5. Jahrhunderts zwischen unterer Elbe und Loire. Studien zur Chronologie und Bevölkerungsgeschichte, 2 Bände, München 1974.

Böhmer 1950
Johann Friedrich Böhmer: Regesta Imperii II: Sächsisches Haus 919–1024, Teil 2: Die Regesten des Kaiserreiches unter Otto II. 955 (973)–983, bearb. von Hanns Leo Mikoletzki, Wien u.a. 1950.

Böhmer 1956
Johann Friedrich Böhmer: Regesta Imperii II: Sächsisches Haus 919–1024. Teil 3: Die Regesten des Kaiserreiches unter Otto III. 980 (983)–1002, bearb. v. Mathilde Uhlirz, Graz/Köln 1956.

Böhmer 1967
Johann Friedrich Böhmer: Regesta Imperii II: Sächsisches Haus 919–1024, Teil 1: Die Regesten des Kaiserreiches unter Heinrich I. und Otto I. 919–973, neubearb. v. Emil v. Ottenthal, erg. v. Hans Kaminsky, Hildesheim 1967.

Böhmer 1991
Johann Friedrich Böhmer: Regesta Imperii I: Die Regesten des Kaiserreichs unter den Karolingern 751–918 (926), Band 3: Das Regnum Italiae und die burgundischen Regna 840–926, Teil 1: Die Karolinger im Regnum Italiae 840–887 (888), hrsg. v. Herbert Zielinski, Köln/Wien 1991.

Böhmer 1998
Johann Friedrich Böhmer: Regesta Imperii I: Die Regesten des Kaiserreichs unter den Karolingern 751–918 (926), Band 3: Das Regnum Italiae und die burgundischen Regna 840–926, Teil 2: Das Regnum Italiae in der Zeit der Thronkämpfe und Reichsteilungen 888 (850)–926, hrsg. v. Herbert Zielinski, Köln/Wien/Weimar 1998.

Böhmer 2006
Johann Friedrich Böhmer: Regesta Imperii: Die Regesten des Kaiserreichs unter den Karolingern 751–918 (926–962), Band 3: Das Regnum Italiae und die burgundischen Regna 840–926, Teil 3: Das Regnum Italiae vom Regierungsantritt Hugos von Vienne bis zur Kaiserkrönung Ottos des Großen (926–962), bearb. v. Herbert Zielinski, Köln/Weimar/Wien 2006.

Bol 2011
Renate Bol: Funde aus Milet, Band 2: Marmorskulpturen der römischen Kaiserzeit aus Milet, Berlin/New York 2011.

Bolla 1999
Margherita Bolla: Il „tesoro" di Isola Rizza: osservazioni in occasione del restauro, in: Numismatica e antichità classica 28 (1999), S. 275–303.

Bolla 2004
Margherita Bolla: Piatto in argento con emblema figurato, in: Guerrieri, principi ed eroi fra il Danubio e il Po dalla Preistoria all'Alto Medioevo, hrsg. v. Franco Marzatico u. Paul Gleirscher, Trient 2004, S. 747–749.

Bolla 2007
Margherita Bolla: Piatto in argento da Isola Rizza, in: I Langobardi dalla caduta dell'Impero all'alba dell'Italia, hrsg. v. Gian Pietro Brogiolo, Mailand 2007, S.188–189.

Bonner 1950
Campell Bonner: Studies in Magical Amulets, chiefly Graeco-Egyptian, Ann Arbor 1950.

Bonnet 1879
Max Bonnet: Die Handschriften von Montpellier H 360 (Sallustius) und Paris lat. 10195 (Macrobius, Sallustius, Chalcidius), in: Hermes 14 (1879), S. 157–159.

Borgehammar 1991
Stephan Borgehammar: How the Holy Cross was found. From event to medieval legend, Stockholm 1991.

Borger 1968
Hugo Borger: Die Ausgrabungen an St. Quirin zu Neuss in den Jahren 1959–1964, in: Rheinische Ausgrabungen. Beiträge zur Archäologie des Mittelalters (= Bonner Jahrbücher, Beihefte 28), Köln 1968, S. 170–240.

Börm 2008
Henning Börm: Das weströmische Kaisertum nach 476, in: Monumentum et instrumentum inscriptum. Beschriftete Objekte aus der Kaiserzeit und Spätantike als historische Zeugnisse, hrsg. v. Henning Börm, Norbert Erhardt u. Josef Wiesehöfer, Stuttgart 2008, S. 47–69.

Borst 1995
Arno Borst: Das Buch der Naturgeschichte. Plinius und seine Leser im Zeitalter des Pergaments (= Abhandlungen der Heidelberger Akademie der Wissenschaften, Philosophisch-Historische Klasse, Jahrgang 1994, Abh. 2), Heidelberg ²1995.

Bortolozzi 2011
Anna Bortolozzi: Recovered Memory: The Exhibition of the Remains of Old St. Peter's in the Vatican Grottos, in: Konsthistorisk Tidskrift/Journal of Art History 80 (2011), S. 90–107.

Boschung 1987
Dietrich Boschung: Römische Glasphalerae mit Porträtbüsten, in: Bonner Jahrbuch 187 (1987), S. 193–258.

Boschung 1993 (a)
Dietrich Boschung: Die Bildnisse des Augustus (= Das römische Herrscherbild 1,2), Berlin 1993.

Boschung 1993 (b)
Dietrich Boschung: Die Bildnistypen der iulisch-claudischen Kaiserfamilie. Ein kritischer Forschungsbericht, in: Journal of Roman Archaeology 6 (1993), S. 39–79.

Boschung 2002
Dietrich Boschung: Gens Augusta. Untersuchungen zu Aufstellung, Wirkung und Bedeutung der Statuengruppen des julisch-claudischen Kaiserhauses (= Monumenta Artis Romanae 32), Mainz 2002.

Boschung 2007
Dietrich Boschung: Römische Kaiserporträts. Zeichen der Loyalität und Spuren der Revolte, in: Kosmos der Zeichen. Schriftbild und Bildformel in Antike und Mittelalter, hrsg. v. Dietrich Boschung u. Hansgerd Hellenkemper, Wiesbaden 2007, S. 255–268.

Boschung/Eck 2006
Dietrich Boschung u. Werner Eck: Die Tetrarchie. Ein neues Regierungssystem und seine mediale Präsentation (= Zakmira-Schriften 3), Wiesbaden 2006.

Bosman 2012
Lex Bosman: Bedeutung der Tradition. Über die Spolien im Chorbereich des Magdeburger Domes, in: Der Magdeburger Dom im europäischen Kontext, hrsg. v. Wolfgang Schenkluhn u. Andreas Waschbüsch, Regensburg 2012, S. 189–197.

Bosselmann-Ruickbie 2011
Antje Bosselmann-Ruickbie: Byzantinischer Schmuck des 9. bis frühen 13. Jahrhunderts. Untersuchungen zum metallenen dekorativen Körperschmuck der mittelbyzantinischen Zeit anhand datierter Funde (= Spätantike – Frühes Christentum – Byzanz. Kunst im ersten Jahrtausend, Reihe B: Studien und Perspektiven 28), Wiesbaden 2011.

Böttcher/Gosch 2001
Gert Böttcher u. Gerhard Gosch: Magdeburg im 10. Jahrhundert. Geschichte und Topographie, in: Ausst.-Kat. Magdeburg 2001, Band 1 (Essays), S. 403–416.

Böttiger 1850
Karl August Böttiger: Über die Siegesgöttin als Bild und Reichskleinod, in: C. A. Böttiger's kleine Schriften archäologischen und antiquarischen Inhalts, hrsg. v. Julius Sillig, Leipzig ²1850, S. 173–183.

Bougard 1993
François Bougard: Le Royaume d'Italie de la fin du VIIIᵉ siècle au début du XIᵉ siècle. Institutions, pouvoirs et société, Paris 1993.

Bougard 1995
François Bougard: La justice dans le royaume d'Italie de la fin du VIIIᵉ au début du XIᵉ siècle (= Bibliothèque des Ecoles Françaises d'Athènes et de Rome 291), Rom 1995.

du Bouveret 1965
Colophons de manuscrits occidentaux des origines au XVIᵉ siècle, hrsg. v. Bénédictinus du Bouveret, Band 1: Colophons signés A–D (= Spicilegii Friburgensis subsidia 2), Fribourg 1965.

Bovini 1947/1948
Giuseppe Bovini: Ricomposizione delle 'imagines' di due coniugi nella parte centrale di un sarcofago del IV secolo, in: Rivista di archeologia cristiana 23/24 (1947/1948), S. 119–146.

Bracker 1965
Jörgen Bracker: Bestimmung der Bildnisse Gordians III. nach einer neuen ikonographischen Methode, Phil. Diss., Münster 1965.

Bracker 1979
Jörgen Bracker: Gordianus III., in: Gordianus III. bis Carinus, hrsg. v. Max Wegner (= Das römische Herrscherbild 3,3), Berlin 1979, S. 13–21.

Brandenburg 2000
Hugo Brandenburg: Zwei Marmor-Kapitelle aus der karolingischen Pfalz Ingelheim im Landesmuseum Mainz. Zur Frage der Spolienverwendung im frühen Mittelalter, in: Munus. Festschrift für Hans Wiegartz, hrsg. v. Torsten Mattern, Münster 2000. S. 47–60.

Brandi 1908
Karl Brandi: Der byzantinische Kaiserbrief aus St. Denis und die Schrift der frühmittelalterlichen Kanzleien. Diplomatisch-paläographische Untersuchungen zur Geschichte der Beziehungen zwischen Byzanz und dem Abendlande, vornehmlich in fränkischer Zeit, in: Archiv für Urkundenforschung 1 (1908), S. 5–86.

Brandl 2005
Heiko Brandl: Magdeburger Spolien im mittelalterlichen Sachsen, in: Aufgedeckt. Ein neuer ottonischer Kirchenbau am Magdeburger Domplatz (= Archäologie in Sachsen-Anhalt, Sonderband 3), hrsg. v. Harald Meller u. Wolfgang Schenkluhn, Halle (Saale) 2005, S. 91–104.

Brandl/Forster 2011
Heiko Brandl u. Christian Forster: Der Dom zu Magdeburg – Ausstattung (= Die Bau- und Kunstdenkmäler von Sachsen-Anhalt 2 = Beiträge zur Denkmalkunde 6), Regensburg 2011.

Brandl/Jäger 2005
Heiko Brandl u. Franz Jäger: Überlegungen zur Identifizierung der archäologisch nachgewiesenen, bisher unbekannten Kirche auf dem Magdeburger Domplatz, in: Aufgedeckt. Ein neuer ottonischer Kirchenbau am Magdeburger Domplatz (= Archäologie in Sachsen-Anhalt, Sonderband 3), hrsg. v. Harald Meller u. Wolfgang Schenkluhn, Halle (Saale), S. 55–61.

Brandt 1998
Hartwin Brandt: Geschichte der römischen Kaiserzeit. Von Diokletian und Konstantin bis zum Ende der konstantinischen Dynastie (284–363), Berlin 1998.

Brandt 2005
Michael Brandt: Geistliche Insignien, in: Ausst.-Kat. Frankfurt am Main/Hildesheim 2005, S. 62–72.

Brandt 2006
Hartwin Brandt: Konstantin der Große. Der erste christliche Kaiser. Eine Biographie, München 2006.

Braun 1895
Edmund Wilhelm Braun: Ein frühmittelalterlicher Elfenbeinkamm im germanischen Museum, in: Mitteilungen aus dem Germanischen Nationalmuseum (1895), S. 81–88.

Braunfels 1965–1968
Wolfgang Braunfels (Hrsg.): Karl der Große. Lebenswerk und Nachleben, 5 Bände, Düsseldorf 1965–1968.

Brenk 1996
Beat Brenk: Innovation im Residenzbau der Spätantike, in: Innovation in der Spätantike, hrsg. v. Beat Brenk, Wiesbaden 1996, S. 67–114.

Brenk 2003
Beat Brenk: Zum Problem des Altersbildnisses in der spätantik-frühchristlichen Kunst, in: Arte Medievale N.S. 2,1 (2003), S. 9–15.

Brennan 1996
Peter Brennan: The Notitia Dignitatum, in: Les littératures techniques dans l'antiquité romaine. Statut, public et destination, tradition (= Entretiens sur l'antiquité classique 42), Genf 1996, S. 147–171.

Breuer 2001
Christine Breuer: Antike Skulpturen. Bestandskatalog des Badischen Landesmuseums Karlsruhe, Karlsruhe 2001.

Breyer 1981
Leopold Breyer: Vom Bauernhof auf den Kaiserthron. Leben des Kaisers Basileios I., des Begründers der makedonischen Dynastie (= Byzantinische Geschichtsschreiber 14), Graz 1981.

Brilliant 1967
Richard Brilliant: The Arch of Septimius Severus in the Roman Forum (= Memoires of the American Academy in Rome 29), Rom 1967.

Bringmann 2007
Klaus Bringmann: Augustus, Darmstadt 2007.

Briscoe 1980
John Briscoe: Notes on the manuscripts of Livy's fourth decade, in: Bulletin of the John Rylands University Library of Manchester 62 (1980), S. 311–327.

Brown 1984
Katharine R. Brown: The gold breast chain from the Early Byzantine period in the Römisch-Germanisches Zentralmuseum (= Monographien des Römisch-Germanischen Zentralmuseums 4), Bonn/Mainz 1984.

Brühl 1968
Carlrichard Brühl: Fodrum, Gistum, Servitium Regis. Studien zu den wirtschaftlichen Grundlagen des Königtums im Frankenreich und in den fränkischen Nachfolgestaaten Deutschland, Frankreich und Italien vom 6. bis zur Mitte des 14. Jahrhunderts, 2 Bände, Köln/Graz 1968.

Brühl 1977
Carlrichard Brühl: Purpururkunden, in: Festschrift für Helmut Beumann zum 65. Geburtstag, hrsg. v. Kurt-Ulrich Jäschke u. Reinhard Wenskus, Sigmaringen 1977, S. 3–21.

Brühl/Kölzer 1979
Carlrichard Brühl u. Theo Kölzer: Das Tafelgüterverzeichnis des römischen Königs, Köln/Wien 1979.

Bruhn 1991
Jutta-Annette Bruhn: Nummus pro gemmis: Coin settings in Roman imperial jewelry, Phil. Diss., Rhode Island 1991.

Buchkremer 1899
Joseph Buchkremer: Der Königsstuhl der Aachener Pfalzkapelle und seine Umgebung, in: Zeitschrift des Aachener Geschichtsvereins 21 (1899), S. 135–194.

Buchkremer 1941
Joseph Buchkremer: Vom Königsstuhl und seiner Umgebung. (= Dom zu Aachen – Beiträge zur Baugeschichte 2), Aachen 1941.

Buckton 1994
Byzantium. Treasures of Byzantine Art and Culture from British Collections, hrsg. v. David Buckton, London 1994.

Buddensieg 1965
Tilmann Buddensieg: Beiträge zur ottonischen Kunst in Niedersachsen, in: Miscellanea pro arte. Hermann Schnitzler zur Vollendung des 60. Lebensjahres, hrsg. v. Peter Bloch u. Joseph Hoster, Düsseldorf 1965, S. 68–76.

Bühl 1995
Gudrun Bühl: Constantinopolis und Roma. Stadtpersonifikationen der Spätantike, Kilchberg/Zürich 1995.

Bulitta 2006
Brigitte Bulitta: Ein verkanntes althochdeutsches Sprachdenkmal. Die lateinisch-deutsche Beichte von Zeitz, in: Die Stiftsbibliothek und das Stiftsarchiv Zeitz. Für das Museum Schloss Moritzburg hrsg. v. Detlef Deye u. Roland Rittig, Halle (Saale) 2006, S. 47–74.

Burn 1991
Lucilla Burn: The British Museum Book of Greek and Roman Art, London 1991.

Bursche 1998
Aleksander Bursche: Złote medaliony rzymskie w barbaricum. Symbolika prestizu i władzy społeczeristw barbarzyriskich u schyłku starozytnosci, Warszawa 1998.

Bursche 2000
Aleksander Bursche: Roman medallions in Barbaricum. Symbols of power and prestige of Germanic élite in Late antiquity, in: Akten II des 12. Internationalen Numismatischen Kongresses Berlin 1997, hrsg. v. Bernd Kluge u. Bernhard Weisser (Hrsg.), XII. Internationaler Kongress Berlin 1997, Berlin 2000, S. 28–45, 758 ff. u. 764 f., Taf. 4 a.

Bursche 2011
Aleksander Bursche: Illerup Ådal. Band 14: Die Münzen (= Jutland Archaeological Society Publications 25), hrsg. v. Aleksander Bursche, Aarhus 2011.

Busch 1985
Ralf Busch: 1985: Zur Metallverarbeitung auf der Werla, in: Harz-Zeitschrift 37 (1985), S. 49–54.

Bushey 1996
Betty C. Bushey: Die deutschen und niederländischen Handschriften der Stadtbibliothek Trier bis 1600 (= Beschreibendes Verzeichnis der Handschriften der Stadtbibliothek zu Trier, N.S. 1), Wiesbaden 1996.

Büttner 1964
Anita Büttner: Eine Bronzeprora aus der Mosel bei Trier, in: Trierer Zeitschrift für Geschichte und Kunst des Triere Landes und seiner Nachbargebiete 27 (1964), S. 139–147.

Butzer/Kerner/Oberschelp 1997
Paul Leo Butzer, Max Kerner u. Walter Oberschelp (Hrsg.): Karl der Große und sein Nachwirken: 1200 Jahre Kultur und Wissenschaft in Europa, 2 Bände, Turnhout 1997.

Butzmann 1964
Hans Butzmann: Die Weißenburger Handschriften (= Kataloge der Herzog August Bibliothek Wolfenbüttel, Neue Reihe 10), Frankfurt am Main 1964.

Caillet 1985
Jean-Pierre Caillet: L'antiquité classique, le haut Moyen Âge et Byzance au Musée de Cluny, Paris 1985.

Caillet 1993
L'ivoire d'Otton et Théophano au musée de Cluny (Paris) et les pièces de son groupe, in: Kunst im Zeitalter der Kaiserin Theophanu, hrsg. v. Anton von Euw u. Peter Schreiner, Köln 1993, S. 31–48.

Cain 1993
Petra Cain: Männerbildnisse neronisch-flavischer Zeit, München 1993.

Calza 1955
Raissa Calza: Cronologia ed identificazione dell'Agrippina Capitolina, in: Memorie della Pontificia Accademia romana di archeologia 3,8 (1955), S. 107–136.

Calza 1972
Raissa Calza: Iconografia romana imperiale da Carausio a Giuliano (287–363 d.c.), (= Quaderni e guide di archeologia 3), Rom 1972.

Cameron 2011
Alan Cameron: The last pagans of Rome, Oxford/New York 2011.

Cammarosano 1998
Paolo Cammarosano: Nobili e re. L'Italia politica dell'alto Medioevo (= Quadrante 96), Rom 1998.

Campell 2010
Darryl Campbell: The Capitulare de Villis, the Brevium exempla, and the Carolingian court at Aachen, in: Early Medieval Europe 18 (2010), S. 243–264.

Camphausen/Thormann 2007
Ständige Ausstellung: Antike bis Historismus, hrsg. v. Uta Camphausen u. Olaf Thormann (Ausstellung im Grassi-Museum für Angewandte Kunst Leipzig), Leipzig 2007 (²2009).

Cancik 1967
Hildegard Cancik: Untersuchungen zu Senecas Epistulae morales (= Spudasmata 18), Hildesheim 1967.

Capelle 2005
Torsten Capelle: Artikel Szilágysomlyó, in: Reallexikon der Germanischen Altertumskunde 31 (2005), S. 244–247.

Carmassi 2008
Patrizia Carmassi: Liturgie und Buch in der Tradition der Halberstädter Kirche, in: Der heilige Schatz im Dom zu Halberstadt, hrsg. v. Harald Meller, Ingo Mundt u. Boje E. Schmuhl, Regensburg 2008, S. 156–197.

von Carnap-Bornheim 1997
Claus von Carnap-Bornheim: Neue Forschungen zu den beiden Zierscheiben aus dem Thorsberger Moorfund, in: Germania 75 (1997), S. 69–99.

von Carnap-Bornheim 2000
Claus von Carnap-Bornheim: Freund oder Feind? Überlegungen und Thesen zum König von Mušov, in: Gentes, Reges und Rom. Auseinandersetzung – Anerkennung – Anpassung. Festschrift für Jaroslav Tejral zum 65. Geburtstag, hrsg. v. Jan Bouzek u.a., Brno 2000, S. 59–65.

von Carnap-Bornheim 2006
Claus v. Carnap-Bornheim: Zwischen Anpassung und Widerstand? – Überlegungen zu Fürstengräbern der römischen Kaiserzeit im Barbaricum, in: Tod und Herrschaft. Zu den vor- und frühgeschichtlichen Prunkgräbern als archäologisch-historische Quelle, hrsg. v. Claus v. Carnap-Bornheim, Dirk Lutz Krauße u. Anke Wesse, Bonn 2006, S. 111–126.

von Carnap-Bornheim/ Ilkjaer 1996 (a)
Claus von Carnap-Bornheim u. Jørgen Ilkjaer: Illerup Ådal, Band 5: Die Prachtausrüstungen. Textband (= Jutland Archaeological Society Publications 25,5), hrsg. v. Jysk Arkaeologisk Selskab, Aarhus 1996.

von Carnap-Bornheim/ Ilkjaer 1996 (b)
Claus von Carnap-Bornheim u. Jørgen Ilkjaer: Illerup Ådal, Band 6: Die Prachtausrüstungen. Katalog, Fundlisten und Literatur (= Jutland Archaeological Society Publications 25,6), hrsg. v. Jysk Arkaeologisk Selskab, Aarhus 1996.

Casey 2000
P. John Casey: LIBERALITAS AVGVSTI: Imperial Military Donatives and the Arras Hoard, in: Kaiser, Heer und Gesellschaft in der Römischen Kaiserzeit. Gedenkschrift für Eric Birley (= HABES 31), hrsg. v. Géza Alföldy, Brian Dobson u. Werner Eck, Stuttgart 2000, S. 445–458.

Cavallo 1967
Guglielmo Cavallo: Ricerche sulla maiuscola biblica, Florenz 1967.

Châtelain 1884–1892
Émile Châtelain: Paléographie des classiques latins, 2 Bände, Paris 1884–1892.

de la Chausse 1700
Michelangelo Causeo de la Chausse: Le Gemme antiche figurate, Rom 1700.

Cherest 1856
Aimé Cherest: Observations touchant les livres et manuscrits enlevés à la bibliothèque d'Auxerre, le 26 thermidor an XII (1804), in: Bulletin de la Société des sciences historiques et naturelles de l'Yonne 10 (1856), S. 545–562.

Chiesa/Castaldi 2005
Paolo Chiesa u. Lucia Castaldi (Hrsg.): La trasmissione dei testi latini del Medioevo. Mediaeval Latin texts and their transmission, 3 Bände (= Millennio medievale 50, 57 u. 75 = Strumenti e studi, nuova serie 8, 10 u. 18), Florenz 2005.

Chiflet 1655
Ioannes Iacob Chiflet: Anastasis Childerici I., Francorum Regis sive Thesaurus sepulchralis, Tornaci Nerviorum effosus, & commentario illustratus, Antwerpen 1655.

Christ 1933
Karl Christ: Die Bibliothek des Klosters Fulda im 16. Jahrhundert. Die Handschriftenverzeichnisse (= Zentralblatt für Bibliothekswesen. Beiheft 64), Leipzig 1933.

Christ 1938
Hans Christ: Neue Untersuchungen zu Dürers Aufenthalt in Aachen, in: Wallraf-Richartz-Jahrbuch 10 (1938), S. 179–194.

Christ 2002
Karl Christ: Geschichte der römischen Kaiserzeit: von Augustus bis zu Konstantin, München ⁴2002.

Christern-Briesenick 2003
Brigitte Christern-Briesenick: Repertorium der christlich-antiken Sarkophage, Band 3: Frankreich, Algerien, Tunesien, Mainz 2003.

Christlein 1975
Rainer Christlein: Verzeichnis der Goldblattkreuze nördlich der Alpen, in: Die Goldblattkreuze des frühen Mittelalters (= Veröffentlichung des Alamannischen Instituts Freiburg i. Breisgau 37), hrsg. v. Wolfgang Hübener, Bühl 1975, S. 105–112.

Cichorius 1896–1900
Conrad Cichorius: Die Reliefs der Trajanssäule, 3 Bände, Berlin 1896–1900.

Classen 1964
Peter Classen: Die Geschichte der Königspfalz Ingelheim bis zur Verpfändung an die Kurpfalz 1375, in: Ingelheim am Rhein. Forschungen und Studien zur Geschichte Ingelheims, hrsg. v. Johanne Autenrieth, Ingelheim 1964, S. 87–146.

Classen 1972
Peter Classen: Romanum gubernans imperium. Zur Vorgeschichte der Kaisertitulatur Karls des Großen, in: Zum Kaisertum Karls des Großen, hrsg. v. Günther Wolf (= Wege der Forschung 38), Darmstadt 1972, S. 4–29.

Classen 1988
Peter Classen: Karl der Große, das Papsttum und Byzanz. Die Begründung des karolingischen Kaisertums, nach dem Handexemplar des Verfassers hrsg. v. Horst Fuhrmann u. Claudia Märtl (= Beiträge zur Geschichte und Quellenkunde des Mittelalters 9), Sigmaringen 1988.

Claude 1970
Dietrich Claude: Geschichte der Westgoten, Stuttgart 1970.

Claude 1972–1975
Dietrich Claude: Geschichte des Erzbistums Magdeburg bis in das 12. Jahrhundert, 2 Bände (= Mitteldeutsche Forschungen 67/1, 2), Köln/Wien 1972–1975.

Clauss 1999
Manfred Clauss: Kaiser und Gott. Herrscherkult im römischen Reich, Stuttgart/Leipzig 1999.

Clemen 1916
Paul Clemen: Die romanische Monumentalmalerei in den Rheinlanden, Düsseldorf u.a. 1916.

Coarelli 2000
Filippo Coarelli: Rom. Ein archäologischer Führer, Mainz ²2000.

Cochet 1859
Jean Benoît Désiré (Abbé) Cochet: Le Tombeau de Childéric Ier. Roi des Francs, restitué à l'Aide de l'Archéologie, Paris 1859.

Collins 1983
Roger Collins: Theodebert I. Rex Magnus Francorum, in: Ideal and reality in Frankish and Anglo-Saxon Society, hrsg. v. Patrick Wormald (= Studies presented to J. M. Wallace-Hadrill), Oxford 1983, S. 7–33.

Conze 1891
Alexander Conze: Beschreibung der antiken Skulpturen mit Ausschluß der pergamenischen Fundstücke, hrsg. v. den Königlichen Museen zu Berlin, Berlin 1891.

Cormack 1985
Robin Cormack: Writing in Gold. Byzantine Society and its Icons, New York 1985.

Corrigan 1992
Kathleen Corrigan: Visual Polemics in the Ninth–Century Byzantine Psalters, Cambridge 1992.

Corsepius 2005
Katharina Corsepius: Der Aachener «Karlsthron» zwischen Zeremoniell und Herrschermemoria, in: Investitur- und Krönungsrituale. Herrschaftseinsetzungen im kulturellen Vergleich, hrsg. v. Marion Steinicke u. Stefan Weinfurter, Köln 2005, S. 359–375.

Coupland 2005
Simon Coupland: Charlemagne's coinage: Ideology and Economy, in: Charlemagne – Empire and Society, hrsg. v. Joanna Story, Manchester 2005, S. 211–229.

Coupland 2007
Simon Coupland: Carolingian coinage and the Vikings. Studies on power and trade in the 9th century (= Variorum Collected Studies Series 847), Aldershot 2007.

Crawford 1974
Michael Crawford: Roman Republican Coinage, 2 Bände, Cambridge 1974.

Crivello 2006
Fabrizio Crivello: „Tempore vernalli, transcensis Alpibus ipse". Ti terzo viaggo di Carlo Magno in Italia e la storia della miniatura, in: Ausst.-Kat. Susa/Novalesa 2006, S. 151–166.

Crivello/Denoël/Orth 2011
Fabrizio Crivello, Charlotte Denoël u. Peter Orth: Das Godescalc-Evangelistar. Eine Prachthandschrift für Karl den Großen, Darmstadt 2011.

Cullhed 1994
Mats Cullhed: Conservator Urbis Suae. Studies in the politics and propaganda of the emperor Maxentius, Stockholm 1994.

Ćurčić 1993
Slobodan Ćurčić: Late-Antique palaces. The meaning of urban context, in: Ars Orientalis 23 (1993), S. 67–90.

Cutler 1994
Anthony Cutler: The hand of the master: craftsmanship, ivory and society in Byzantium (9th–11th Centuries), Princeton 1994.

Cutler 1995
Anthony Cutler: The Date and Significance of the Romanos Ivory, in: Byzantine East, Latin West. Art Historical Studies in Honor of Kurt Weitzmann, hrsg. v. Christopher Moss u. Katherine Kiefer, Princeton 1995, S. 605–610.

Cutler 1998
Anthony Cutler: A Byzantine triptych in medieval Germany and its modern recovery, in: Gesta 37 (1998), S. 3–12.

Cygielman 1990
Mario Cygielman: Ori e argenti nelle collezioni del Museo Archeologico di Firenze, Florenz 1990.

Dagron 1996
Gilbert Dagron: Empereur et prêtre. Étude sur le „césaropapisme" byzantin, Paris 1996.

Dahlheim 2005
Werner Dahlheim: Julius Caesar. Die Ehre des Kriegers und die Not des Staates, Paderborn 2005.

Dahlheim 2010
Werner Dahlheim: Augustus. Aufrührer – Herrscher – Heiland. Eine Biographie, München 2010.

Dahmen 1998
Karsten Dahmen: Ein Loblied auf den schönen Kaiser. Zur möglichen Deutung der mit Nero-Münzen verzierten römischen Dosenspiegel, in: Archäologischer Anzeiger (1998), S. 319–345.

Dahmen 2001
Karsten Dahmen: Untersuchungen zu Form und Funktion kleinformatiger Porträts der römischen Kaiserzeit, Münster 2001.

Daim 2000
Falko Daim: „Byzantinische" Gürtelgarnituren des 8. Jahrhunderts, in: Die Awaren am Rand der byzantinischen Welt. Studien zur Diplomatie, Handel und Technologietransfer im Frühmittelalter , hrsg. v. Falko Daim (= Monographien zur Frühgeschichte und Mittelalterarchäologie), Innsbruck 2000, S. 77–204.

Dannenberg 1876–1905
Hermann Dannenberg: Die deutschen Münzen der sächsischen und fränkischen Kaiserzeit, 4 Bände, Berlin 1876–1905.

Dapper 2006
Michael Dapper: Das Reisekönigtum und die Pfalz Tilleda, in: Ausst.-Kat. Magdeburg 2006 (a), Band 1 (Katalog), S. 120–129.

Dapper 2007
Michael Dapper: Die Neuinterpretation der Grabungsergebnisse auf der Pfalz Tilleda, in: Die deutschen Königspfalzen. Beiträge zu ihrer historischen und archäologischen Einordnung, Band 7, hrsg. v. Caspar Ehlers u.a., Göttingen 2007, S. 151–169.

Davies 2009
Owen Davies: Grimoires. A History of Magic Books, Oxford 2009.

Davis 2000
Jennifer Rebecca Davis: Conceptions of Kingship under Charlemagne, Cambridge 2000.

Deér 1953
Josef Deér: Ein Doppelbildnis Karls des Großen. Tugendbild und Kaiserbild, in: Wandlungen christlicher Kunst im Mittelalter (= Forschungen zur Kunstgeschichte und christlichen Archäologie 2), Baden-Baden 1953, S. 103–156.

Deér 1955
Josef Deér: Das Kaiserbild im Kreuz. Ein Beitrag zur politischen Theologie des Frühen Mittelalters, in: Schweizer Beiträge zur allgemeinen Geschichte 13 (1955) S. 48–110.

Deér 1972
Josef Deér: Zum Patricius-Romanorum-Titel Karls des Großen, in: Zum Kaisertum Karls des Großen. Beiträge und Aufsätze, hrsg. v. Gunther G. Wolf (= Wege der Forschung 38), Darmstadt 1972, S. 240–308.

Deeters 1973
Walter Deeters: Zur Heiratsurkunde der Kaiserin Theophanu, in: Braunschweigisches Jahrbuch 54 (1973), S. 9–23.

Degrassi 1953
Nevio Degrassi: La „sella plicatilis" di Pavia, in: Arte del primo millenio. Atti del 2. Convegno per lo studio dell'alto medio evo, hrsg. v. Edoardo Arslan, Turin 1950, S. 56–76.

Deichmann 1967
Friedrich Wilhelm Deichmann: Repertorium der christlich-antiken Sarkophage, bearb. v. Giuseppe Bovini u. Hugo Brandenburg, Band 1: Rom und Ostia, Wiesbaden 1967.

Deichmann 1969
Friedrich Wilhelm Deichmann: Ravenna. Hauptstadt des spätantiken Abendlandes, Band 3: Frühchristliche Bauten und Mosaike von Ravenna, Wiesbaden ²1969.

Deichmann 1974
Friedrich Wilhelm Deichmann: Ravenna. Hauptstadt des spätantiken Abendlandes, Band 2: Kommentar, Teil 1 (= Geschichte und Monumente 2), Wiesbaden 1974.

Deichmann 1989
Friedrich Wilhelm Deichmann: Ravenna. Hauptstadt des spätantiken Abendlandes, Band 2: Kommentar, Teil 3: Geschichte, Topographie, Kunst und Kultur, Wiesbaden 1989.

Delbrueck 1913
Richard Delbrueck: Porträts byzantinischer Kaiserinnen, in: Mitteilungen des Deutschen Archäologischen Instituts. Römische Abteilung 28 (1913), S. 310–352.

Delbrueck 1914
Richard Delbrück: Carmagnola. Porträt eines byzantinischen Kaisers, in: Mitteilungen des Deutschen Archäologischen Instituts. Römische Abteilung 29 (1914), S. 71–89.

Delbrueck 1929
Richard Delbrueck: Die Consulardiptychen und verwandte Denkmäler, 2 Bände (= Studien zur spätantiken Kunstgeschichte 2), Berlin/Leipzig 1929.

Delbrueck 1932
Richard Delbrueck: Antike Porphyrwerke, Berlin/Leipzig 1932.

Delbrueck 1933
Richard Delbrueck: Spätantike Kaiserporträts von Constantinus Magnus bis zum Ende des Westreiches (= Studien zur spätantiken Kunstgeschichte 8), Berlin/Leipzig 1933.

Deliyannis 2010
Deborah Mauskopf Deliyannis: Ravenna in Late Antiquity, Cambridge 2010.

Demougeot 1951
Émilienne Demougeot: De L'unité à la division de l'Empire Romain 395–410. Essai sur le gouvernement imperial, Paris 1951.

Deonna 1920
Waldemar Deonna: Notes d'archéologie suisse VI. Le missorium de Valentinien, in: Anzeiger für schweizerische Altertumskunde 22 (1920), S. 18–32 u. 92–104.

Deonna 1926
Waldemar Deonna: Le missorium de Valentinien, in: Genava 4 (1926), S. 147–151.

Depeyrot 2008
Georges Depeyrot: Le numeraire carolingien. Corpus des monnaies, Wetteren ³2008.

Deppert-Lippitz 1993
Barbara Deppert-Lippitz: A group of late antique jewelry in the Getty Museum, in: Studia Varia from the J. Paul Getty Museum 1 (1993), S. 107–140.

Depreux 2007
Philippe Depreux: Charlemagne et la dynastie carolingienne, Paris 2007.

Deschler-Erb 1999
Eckhard Deschler-Erb: Ad arma! Römisches Militär des 1. Jahrhunderts n. Chr. in Augusta Raurica, Augst 1999.

Deshman 1980
Robert Deshman: The exalted servant. The ruler theology of the prayerbook of Charles the Bald, in: Viator 11 (1980), S. 385–417.

Dette 1996
Christoph Dette: Geschichte und Archäologie. Versuch einer interdisziplinären Betrachtung des Capitulare de Villis, in: Realienforschung und historische Quellen, bearb. v. Frank Both (= Archäologische Mitteilungen aus Nordwestdeutschland 15), Oldenburg 1996, S. 45–100.

van Deun/Macé 2011
Peter van Deun u. Caroline Macé (Hrsg.): Encyclopedic trends in Byzantium? Proceedings of the international conference held in Leuven, 6–8 May 2009, Leuven 2011.

Deutinger 2006
Roman Deutinger: Königsherrschaft im ostfränkischen Reich. Eine pragmatische Verfassungsgeschichte der späten Karolingerzeit (= Beiträge zur Geschichte und Quellenkunde des Mittelalters 20), Ostfildern 2006.

Deutsche Königspfalzen
Deutsche Königspfalzen, 7 Bände, hrsg. v. versch. Autoren (= Veröffentlichungen des Max-Planck-Instituts für Geschichte 11,1–7), Göttingen 1963–2007.

Dickie 2001
Matthew W. Dickie: Magic and Magicians in the Greco-Roman World, London 2001.

Diedrichs 2001
Christof Diedrichs: Vom Glauben zum Sehen. Die Sichtbarkeit der Reliquie im Reliquiar. Ein Beitrag zur Geschichte des Sehens, Berlin 2001.

Dierkens 1991
Alain Dierkens: Autour de la tombe de Charlemagne, Considérations sur les sépultures et les funérailles des souverains carolingiens et des membres de leur famille, in: Byzantion 61 (1991), S. 156–180.

Dillon/Welch 2006
Sheila S. Dillon u. Katherine E. Welch (Hrsg.): Representations of war in ancient Rome, Cambridge 2006.

Dindorf 1832
Ludwig Dindorf (Hrsg.): Chronicon Paschale. Ad exemplar Vaticanum, Bonn 1832.

Ditmar-Trauth 2003
Gösta Ditmar-Trauth: Die Ausgrabung an der Großen Klosterstaße in Magdeburg (Gerberei, Uferbefestigung, Stadtmauer), in: Jahresschrift für mitteldeutsche Vorgeschichte 86 (2003), S. 213–272.

Dölger 1957
Franz Joseph Dölger: Die Ottonenkaiser und Byzanz, in: Karolingische und ottonische Kunst. Werden, Wesen, Wirkung (= Forschungen zur Kunstgeschichte und christlichen Archäologie 3), Wiesbaden 1957, S. 49–59.

Dölger 2009
Franz Joseph Dölger u.a.: Regesten der Kaiserurkunden des Oströmischen Reiches von 565–1453. 1. Teil, 1. Halbband: Regesten 565–867, München ²2009.

Donat 1999
Peter Donat: Gebesee – Klosterhof und königliche Reisestation des 10.–12. Jahrhunderts (= Weimarer Monographien zur Ur- und Frühgeschichte 34), Stuttgart 1999.

Dopsch 1962
Alfons Dopsch: Die Wirtschaftsentwicklung der Karolingerzeit, vornehmlich in Deutschland, 2 Bände, Köln/Graz ³1962.

Dorandi 1995
Tiziano Dorandi: Chartae Latinae Antiquiores. Facsimile-Edition of the Latin Charters prior to the Ninth Century, hrsg. v. Albert Bruckner u. Robert Marichal, Band 46, Zürich 1995.

Dormeier 1993
Heinrich Dormeier: Kaiser und Bischofsherrschaft in Italien. Leo von Vercelli, in: Ausst.-Kat. Hildesheim 1993, Band 1, S. 103–112.

Dormeier 1997
Heinrich Dormeier: Die ottonischen Kaiser und Bischöfe im Regnum Italiae, Kiel 1997.

Dormeier 1999
Heinrich Dormeier: Un vescovo in Italia alle soglie del mille: Leone di Vercelli „Episcopus imperii, servus sancti eusebii", in Bollettino Storico Vercellese 53 (1999), S. 37–74.

Dormeier 2002
Heinrich Dormeier: Die Renovatio Imperii Romanorum und die „Außenpolitik" Ottos III. und seiner Berater, in: Polen und Deutschland vor 1000. Jahren, hrsg. v. Michael Borgolte (= Europa im Mittelalter 5), Berlin 2002, S. 163–191.

Dormeier 2010
Heinrich Dormeier: Concezione dell'antichità e pensiero politico del vescovo bibliofilo Leone di Vercelli, in: Bolletino Storico Vercellese 74 (2010), S. 5–36.

Drabek 1976
Anna Maria Drabek: Die Verträge der fränkischen und deutschen Herrscher mit dem Papsttum von 754 bis 1020 (= Veröffentlichungen des Instituts für Österreichische Geschichtsforschung 22), Wien/Köln/Graz 1976.

Drechsler 1999
Heike Drechsler: Überlegungen zur Grablege Karls des Großen und Ottos III. im Aachener Münster, in: Römische Historische Mitteilungen 41 (1999), S. 129–156.

Drescher 1992
Hans Drescher: Glocken und Glockenguss im 11. und 12. Jahrhundert, in: Ausst.-Kat. Speyer 1992, S. 405–419.

Drescher 1999
Hans Drescher: Die Glocken der karolingerzeitlichen Stiftskirche in Vreden, Kreis Ahaus, in: Ausst.-Kat. Paderborn 1999, Band 3, S. 356–364.

Dressel 1894
Hans Dressel: Aus dem Bonner Provinzialmuseum, in: Bonner Jahrbücher 95 (1894), S. 61–87.

Dressel 1972–1973
Hans Dressel: Die römischen Medaillone des Münzkabinetts der Staatlichen Museen zu Berlin, bearb. v. Kurt Regling, 2 Bände, Dublin/Zürich 1972–1973.

Driehaus 1968
Jürgen Driehaus: Archäologische Radiographie (= Archaeo-Physika 4), Düsseldorf 1968.

Drijvers 1992
Jan Willem Drijvers: Helena Augusta: The mother of Constantine the Great and the legend of her finding of the True Cross, Leiden 1992.

Drinkwater 2007
John Frederick Drinkwater: The Alamanni and Rome 213–496 (Caracalla to Clovis), Oxford 2007.

Droste 2003
Meike Droste: Arles. Gallula Roma – Das Rom Galliens (= Zaberns Bildbände zur Archäologie), Mainz 2003.

Durand-Le Guern/Ribémont 2009
Isabelle Durand-Le Guern u. Bernard Ribémont: Charlemagne: empereur et mythe d'Occident (= Les grandes figures du moyen âge 3), Paris 2009.

Duval 1997
Noël Duval: Les résidences impériales: leur rapport avec les problèmes de légitimité, les partages de l'empire et la chronologie des combinaisons dynastiques, in: Usurpationen in der Spätantike, hrsg. v. Francois Paschoud u. Joachim Szidat, Solothurn/Bern/Stuttgart 1997, S. 127–153.

Eastmond 2010
Antony Eastmond: Consular diptychs, rhetoric and the languages of art in Sixth-Century Constantinople, in: Art History 33/5 (2010), S. 742–765.

Eberhardt/Grimm 2001
Hans Eberhardt u. Paul Grimm: Die Pfalz Tilleda am Kyffhäuser: ein Führer durch Geschichte und Ausgrabung, Tilleda u.a. ⁶2001.

Eck 2004
Werner Eck: Köln in römischer Zeit. Geschichte einer Stadt im Rahmen des Imperium Romanum, Köln 2004.

Eck 2006
Werner Eck: Augustus und seine Zeit (= Becksche Reihe 2084), München ^{4}2006.

Eckenfels-Kunst 2008
Sybille E. Eckenfels-Kunst: Goldemails. Untersuchungen zu ottonischen und frühsalischen Goldzellenschmelzen, Phil. Diss., Berlin 2008.

Eckhel 1792–1798
Joseph Hilarius Eckhel: Doctrina Numorum Veterum, 8 Bände, Wien 1792–1798.

Edelmann 2003
Babett Edelmann: Arvalbrüder und Kaiserkult. Zur Topographie des römischen Kaiserkultes, in: Die Praxis der Herrscherverehrung in Rom und seinen Provinzen, hrsg. v. Hubert Cancik u. Konrad Hitzl, Tübingen 2003, S. 189–205.

Effenberger 1982
Arne Effenberger: Byzantinische Kostbarkeiten in Dresden (2), in: Dresdener Kunstblätter 26 (1982), S. 138–144.

Effenberger/Severin 1992
Arne Effenberger u. Hans-Georg Severin: Das Museum für Spätantike und Byzantinische Kunst (Staatliche Museen zu Berlin), Mainz 1992.

Eggenberger 1987
Christoph Eggenberger: Psalterium Aureum Sancti Galli. Mittelalterliche Psalterillustration im Kloster St. Gallen, Sigmaringen 1987.

Ehlers 1983
Joachim Ehlers: Kontinuität und Tradition als Grundlage mittelalterlicher Nationsbildung in Frankreich, in: Beiträge zur Bildung der französischen Nation im Früh- und Hochmittelalter, hrsg. v. Helmut Beumann (= Nationes 4), Sigmaringen 1983.

Ehlers 2001
Joachim Ehlers: Sachsen und Angelsachsen im 10. Jahrhundert, in: Ausst.-Kat. Magdeburg 2001, Band 1 (Essays), S. 489–502.

Ehlers 2002
Caspar Ehlers (Hrsg.): Orte der Herrschaft. Mittelalterliche Königspfalzen, Göttingen 2002.

Ehlers 2006
Caspar Ehlers: Zur Geschichte des Magdeburger Domplatzes (805–1208), in: Der Magdeburger Domplatz, Archäologie und Geschichte 805–1209, hrsg. v. Matthias Puhle u. Harald Meller (= Magdeburger Museumsschriften 8), Magdeburg 2006, S. 11–28.

Ehlers 2007 (a)
Caspar Ehlers: Die Integration Sachsens in das fränkische Reich 751–1024 (= Veröffentlichungen des Max-Planck-Instituts für Geschichte 231), Göttingen 2007.

Ehlers 2007(b)
Caspar Ehlers: Zentren der Macht. Fragen an die Erforschung der sächsischen Aufenthaltsorte der mittelalterlichen Könige, in: Deutsche Königspfalzen, Band 7, hrsg. v. Caspar Ehlers u.a., Göttingen 2007, S. 9–23.

Ehlers 2012
Caspar Ehlers: Vom karolingischen Grenzposten zum Zentralort des Ottonenreiches. Neuere Forschungen zu den frühmittelalterlichen Anfängen Magdeburgs (= Magdeburger Museumshefte 24), Magdeburg 2012.

Ehwald 1900
Rudolf Ehwald: Artikel Eutropius, in: Philologus 59 (1900), S. 627–630.

Eichler 1958
Ernst Eichler: Die Orts- und Flußnamen der Kreise Delitzsch und Eilenburg. Studien zur Namenkunde und Siedlungsgeschichte im Saale-Mulde-Gebiet (= Deutsch-slawische Forschungen zur Namenkunde und Siedlungsgeschichte 4), Halle (Saale) 1958.

Eickhoff 1999
Ekkehard Eickhoff: Otto III. Die erste Jahrtausendwende und die Entfaltung Europas, Stuttgart 1999.

Elbern 1969
Victor Heinrich Elbern: Ein ottonischer Elfenbeinkamm aus Pavia, in: Zeitschrift des deutschen Vereins für Kunstwissenschaft 23 (1969), S. 1–7.

Embach 2010
Michael Embach: Das Ada-Evangeliar (StB Trier, Hs 22). Die karolingische Bilderhandschrift (= Kostbarkeiten der Stadtbibliothek Trier 2), Trier 2010.

Engelhardt 1863
Conrad Engelhardt: Thorsberg Mosefund (= Sønderjydske Mosefund 1), Kopenhagen 1863.

Engemann 1973
Josef Engemann: Palästinensische Pilgerampullen im F. J. Dölger-Institut in Bonn, in: Jahrbuch für Antike und Christentum 16 (1973), S. 5–27.

Engemann 1979
Josef Engemann: Artikel Glyptik, in: Reallexikon für Antike und Christentum 11 (1979), Sp. 270–313.

Engemann 1988
Josef Engemann: Ein Missorium des Anastasius. Überlegungen zum ikonographischen Programm der Anastasius-Platte aus dem Sutton Hoo Ship-Burial, in: Festschrift für Klaus Wessel zum 70. Geburtstag (in memoriam), hrsg. v. Marcell Restle, München 1988.

Engemann 1995
Josef Engemann: Das Jerusalem der Pilger. Kreuzauffindung und Wallfahrt, in: Akten des XII. Internationalen Kongresses für Christliche Archäologie (Bonn, 22.–28. September 1991), Münster 1995 (= Jahrbuch für Antike und Christentum, Ergänzungsband 20,1), S. 24–35.

Engemann 1998
Josef Engemann: Zur Anordnung von Inschriften und Bildern bei westlichen und östlichen Elfenbeindiptychen des vierten bis sechsten Jahrhunderts, in: Chartulae. Festschrift für Wolfgang Speyer (= Jahrbuch für Antike und Christentum, Ergänzungsband 28), hrsg. v. Ernst Dassmann, Klaus Thraede u. Josef Engemann, Münster 1998, S. 109–130.

Engemann 2005
Josef Engemann: Diplomatische Geschenke – Objekte aus der Spätantike?, in: Mitteilungen zur Spätantiken Archäologie und Byzantinischen Kunstgeschichte 4, hrsg. v. Johannes Deckers, Marcell Restle u. Avinoam Shalem, Wiesbaden 2005, S. 39–64.

Engemann 2008
Josef Engemann: Die Spiele spätantiker Senatoren und Consuln, ihre Diptychen und ihre Geschenke, in: Spätantike und byzantinische Elfenbeinbildwerke im Diskurs. Spätantike – Frühes Christentum – Byzanz. Kunst im ersten Jahrtausend (= Reihe B: Studien und Perspektiven 24), Wiesbaden 2008, S. 53–96.

Erben 1892
Wilhelm Erben: Excurse zu den Diplomen Otto III., in: Mitteilungen des Instituts für Österreichische Geschichtsforschung 13 (1892), S. 537–586.

Erdmann 1940
Carl Erdmann: Beiträge zur Geschichte Heinrichs I. 1. Der Königshof Bodfeld, in: Sachsen und Anhalt. Jahrbuch der Historischen Kommission für die Provinz Sachsen und das Land Anhalt 16 (1940), S. 77–106.

Erdmann 1943
Carl Erdmann: Das ottonische Reich als Imperium Romanum, in: Deutsches Archiv 6 (1943), S. 412–441.

Erikson 1997
Marianne Erikson: Textiles in Egypt in Swedish Museum Collections, Göteborg 1997.

Erkens 1991
Franz-Reiner Erkens: Die Frau als Herrscherin in ottonisch-frühsalischer Zeit, in: Kaiserin Theophanu. Begegnung des Ostens und des Westens um die Wende des ersten Jahrtausends, 2 Bände, hrsg. v. Anton von Euw u. Peter Schreiner, Köln 1991.

Ernst 1984
Ulrich Ernst: Poesie und Geometrie. Betrachtungen zu einem visuellen Pyramidengedicht des Eugenius Vulgarius, in: Geistliche Denkformen in der Literatur des Mittelalters, hrsg. v. Klaus Grubmüller, Ruth Schmidt-Wiegand u. Klaus Speckenbach (= Münstersche Mittelalter-Schriften 51), München 1984.

Ernst 1991
Ulrich Ernst: Carmen figuratum. Geschichte des Figurengedichts von den antiken Ursprüngen bis zum Ausgang des Mittelalters (= Pictura et poesis 1), Köln/Weimar/Wien 1991.

von Euw 1991
Anton von Euw: Der Darmstädter Gero-Codex und die künstlerisch verwandten Reichenauer Prachthandschriften, in: Kaiserin Theophanu. Begegnung des Ostens und des Westens um die Wende des ersten Jahrtausends, 2 Bände, hrsg. v. Anton von Euw u. Peter Schreiner, Band 1, Köln 1991, S. 191–225.

von Euw 2008
Anton von Euw: Die St. Galler Buchkunst vom 8. bis zum Ende des 11. Jahrhunderts, 2 Bände (= Monasterium Sancti Galli 3), St. Gallen 2008.

von Euw/Schreiner
Anton von Euw u. Peter Schreiner (Hrsg.): Kaiserin Theophanu. Begegnung des Ostens und Westens um die Wende des ersten Jahrtausends, 2 Bände, Köln 1991.

Evers 1992
Cécile Evers: Betrachtungen zur Ikonographie des Maxentius. Zu einer Porträt-Replik im Kestner-Museum Hannover, in: Niederdeutsche Beiträge zur Kunstgeschichte 31 (1992), S. 9–22.

Ewald/Noreño 2010
Björn C. Ewald u. Carlos F. Noreño (Hrsg.): The emperor and Rome: space, representation and ritual, Cambridge 2010.

Ewig 1963
Eugen Ewig: Résidence et capitale pendant le Haut Moyen Âge, in: Revue Historique 230 (1963), S. 25–72.

Ewig 2006
Eugen Ewig: Die Merowinger und das Frankenreich (= Kohlhammer-Urban-Taschenbücher 392), Stuttgart ^{5}2005.

Exner 1989
Matthias Exner: Die Fresken der Krypta von St. Maximin in Trier und ihre Stellung in der spätkarolingischen Wandmalerei (= Trierer Zeitschrift für Geschichte und Kunst des Trierer Landes und seiner Nachbargebiete, Beiheft 10), Trier 1989.

Exner 1998
Matthias Exner: Ottonische Herrscher als Auftraggeber im Bereich der Wandmalerei, in: Herrschaftsrepräsentation im ottonischen Sachsen, hrsg. v. Gerd Althoff u. Ernst Schubert, Sigmaringen 1998, S.103–136.

Faber 2010
Eike Faber: Athanarich, Alarich, Athaulf. Zum Wandel westgotischer Herrschaftskonzeptionen, in: Klio. Beiträge zur Alten Geschichte 92 (2010), S. 157–169.

Facsády 1993
Annamária Facsády: Az aquincumi terrakotta császárábrázolások. Die Aquincumer Kaiserdarstellungen aus Terrakotta, in: Budapest Régiségei 30 (1993), S. 263–272.

Fähndrich 2005
Sabine Fähndrich: Bogenmonumente in der römischen Kunst. Ausstattung, Funktion und Bedeutung antiker Bogen- und Torbauten (= Internationale Archäologie 90), Rahden 2005.

Falk 1902
Franz Falk: Beiträge zur Rekonstruktion der alten Bibliotheca fuldensis und Bibliotheca lauresliamensis, in: Zentralblatt für Bibliothekswesen. Beiheft 26 (1902), S. 1–112.

Falk 2009
Birgitta Falk (Hrsg.): Der Essener Domschatz, Essen 2009.

von Falkenhausen 1967
Vera von Falkenhausen: Untersuchungen über die byzantinische Herrschaft in Süditalien vom 9. bis ins 11. Jahrhundert (= Schriften zur Geistesgeschichte des östlichen Europa), Wiesbaden 1967.

Falkenstein 1998
Ludwig Falkenstein: Otto III. und Aachen (= Schriften der MGH 22), Hannover 1998.

Fasoli 1945
Gina Fasoli: Le incursioni ungare in Europa nel secolo X (= Biblioteca storica Sansoni 11), Florenz 1945.

Fasoli 1949
Gina Fasoli: I re d'Italia (888–962), (= Biblioteca storica Sansoni, N.S. 15), Florenz 1949.

Fauquet 2008
Fabricia Fauquet: Le fonctionnement du cirque romain. Déroulement d'une course de chars, in: Le Cirque romain et son image. Mémoires, Band 20, hrsg. v. Jocelyne Nelis-Clément u. Jean-Michel Roddaz, Bordeaux 2008, S. 261–290.

Favier 2002
Jean Favier: Charlemagne, Paris 2002.

Faymonville 1909
Karl Faymonville: Der Dom zu Aachen und seine liturgische Ausstattung, München 1909.

Feissel 2004 (a)
Denis Feissel: Un rescrit de Justinien découvert à Didymes, in: Chiron 34 (2004), S. 285–365.

Feissel 2004 (b)
Denis Feissel: Kaiserliche Bürokratie unter Justinian. Eine außergewöhnliche Inschrift in Didyma, AA, 2004, 2.86 f.

Feissel/Worp 1988
Denis Feissel u. Klaas A. Worp: La requête d'Appion, évêque de Syène, à Théodose II: P. Leid. Z révisé, in: Oudheidkundige mededelingen uit het Rijksmuseum van Oudheiden te Leiden 68 (1988), S. 97–111.

Feissel/Worp 1997
Denis Feissel u. Klaas A. Worp, in: Sammelbuch griechischer Urkunden aus Ägypten, Band 20, hrsg. v. Hans-Albert Rupprecht, Wiesbaden 1997, S. 387–389.

Fejfer 2008
Jane Fejfer: Roman Portraits in Context, Berlin/New York 2008.

Feldmann 2002/2003
Peter Feldmann: Die ottonische Kaiserpfalz Werla, in: Harz-Zeitschrift 54/55 (2002/2003), S. 43–83.

Felletti Maj 1941
Bianca Maria Felletti Maj: Contributo alla iconografia del IV. secolo d. C. Il ritratto femminile, in: La Critica d'Arte 6 (1941), S. 74–90.

Ferber 1966
Stanley Ferber: Crucifixion Iconography in a Group of Carolingian Ivory Plaques, in: Art Bulletin 48 (1966), S. 323–334.

di Filippo Balestrazzi 1997
Elena di Filippo Balestrazzi: Artikel Roma, in: Lexicon Iconographicum Mythologiae Classicae 7 (1994), S. 1062.

Fillitz 1953
Hermann Fillitz: Studien zur römischen Reichskrone, in: Jahrbuch der Kunsthistorischen Sammlungen in Wien 50 (1953), S. 23–52.

Fillitz 1958
Hermann Fillitz: Die Spätphase des langobardischen Stiles, in: Jahrbuch der Kunsthistorischen Sammlungen in Wien 54 (1958), S. 7–72.

Fillitz 1966
Hermann Fillitz: Die Elfenbeinreliefs zur Zeit Karls des Großen, in: Aachener Kunstblätter 32 (1966), S. 14–65.

Fillitz 1967
Hermann Fillitz: Die Krone des Heiligen Römischen Reiches. Zur Rekonstruktion der ursprünglichen Form, in: Studien zur Buchmalerei und Goldschmiedekunst des Mittelalters. Festschrift für Karl Hermann Usener zum 60. Geburtstag, hrsg. v. Frieda Dettweiler, Herbert Köllner u. Peter Anselm Riedl, Marburg 1967, S. 21–26.

Fillitz 1983
Hermann Fillitz: Die religiöse Reform und die bildende Kunst der Karolingerzeit: die Elfenbeine, in: Atti del XXIV congresso internazionale di storia dell'arte, Band 1 (= Riforma religiosa e arti nell'epoca carolingia), hrsg. v. Alfred Andreas Schmid, Mailand 1983, S. 59–69.

Fillitz 1986
Hermann Fillitz: Die Schatzkammer in Wien. Symbole abendländischen Kaisertums, Salzburg/Wien 1986.

Fillitz 1993 (a)
Hermann Fillitz: Die Gruppe der Magdeburger Elfenbeinplatten, in: Ausst.-Kat. Hildesheim 1993, Band 2, S. 41–46, Nr. II-14b, II-14d, II-14g, II-14i, II-14j.

Fillitz 1993 (b)
Hermann Fillitz: Bemerkungen zur Datierung und Lokalisierung der Reichskrone, in: Zeitschrift für Kunstgeschichte 56 (1993), S. 313–334.

Fillitz 1999
Hermann Fillitz: Die Elfenbeinarbeiten des Hofes Karls des Großen, in: Ausst.-Kat. Paderborn 1999, Band 3, S. 610–622.

Fillitz 2001 (a)
Hermann Fillitz: Die Gruppe der Magdeburger Elfenbeintafeln, in: Ausst.-Kat. Magdeburg 2001, Band 2 (Katalog), S. 375, 376, 378 u. 379, Nr. V.35f, V. 35h, V.35k, V.35m, V.35n.

Fillitz 2001 (b)
Hermann Fillitz: Die Gruppe der Magdeburger Elfenbeintafeln, eine Stiftung Kaiser Ottos des Großen für den Magdeburger Dom (= Schriften des Dom-Museums Hildesheim 1), Mainz 2001.

Fillitz 2001 (c)
Hermann Fillitz: Diptychon aus Rambona, in: Ausst.-Kat. Magdeburg 2001, Band 2 (Katalog), S. 424–425, Nr. VI. 21.

Fingerlin 1971
Gerhard Fingerlin: Die alamannischen Gräberfelder von Güttingen und Merdingen in Südbaden (= Germanische Denkmäler der Völkerwanderungszeit 12), Berlin 1971.

Fingernagel 1991
Andreas Fingernagel: Die illuminierten lateinischen Handschriften deutscher Provenienz der Staatsbibliothek Preußischer Kulturbesitz Berlin. 8.–12. Jahrhundert, 2 Bände (= Staatsbibliothek zu Berlin – Preußischer Kulturbesitz: Katalog der Handschriftenabteilung, Reihe 3: Illuminierte Handschriften, 1,1.2), Wiesbaden 1991.

Fink 1967
August Fink: Geschichte des Herzog-Anton-Ulrich-Museums in Braunschweig, Braunschweig 1967.

Fiorelli 1873
Giuseppe Fiorelli: Gli scavi di Pompei dal 1861–1872, Neapel 1873.

Fischer 1928
Hans Fischer: Die lateinischen Pergamenthandschriften der Universitätsbibliothek Erlangen (= Katalog der Handschriften der Universitätsbibliothek Erlangen 1), Wiesbaden 1928.

Fischer 1957
Jürgen Fischer: Oriens – Occidens – Europa. Begriff und Gedanke „Europa" in der späten Antike und im frühen Mittelalter (= Veröffentlichungen des Instituts für Europäische Geschichte Mainz 15), Wiesbaden 1957.

Fischer 1969/1970
Ulrich Fischer: Fundchronik des städtischen Museums für Vor- und Frühgeschichte Frankfurt am Main für die Zeit vom 1.1.1968–31.12.1969, in: Fundberichte aus Hessen 9/10 (1969/1970), S. 212–235.

Fittschen 1977
Klaus Fittschen: Katalog der antiken Skulpturen in Schloß Erbach (= Archäologische Forschungen 3), Berlin 1977.

Fittschen 1991
Klaus Fittschen: Die Bildnisse des Augustus, in: Saeculum Augustum. Kunst und Bildsprache, Band 3, hrsg. v. Gerhard Binder (= Wege der Forschung 632), Darmstadt 1991, S. 149–186.

Fittschen 2006
Klaus Fittschen: Der Taufstein im Magdeburger Dom, in: Ausst.-Kat. Magdeburg 2006 (b), S. 59–69.

Fittschen/Zanker 1983
Klaus Fittschen u. Paul Zanker: Katalog der römischen Porträts in den Capitolinischen Museen und den anderen kommunalen Sammlungen der Stadt Rom, Band 3: Frauenporträts. Kaiserinnen- und Prinzessinnenbildnisse, Mainz 1983.

Fittschen/Zanker 1985
Klaus Fittschen u. Paul Zanker: Katalog der römischen Porträts in den Capitolinischen Museen und den anderen kommunalen Sammlungen der Stadt Rom, Band 1: Kaiser- und Prinzenbildnisse Mainz, 1985.

Fittschen/Zanker 1994
Klaus Fittschen u. Paul Zanker: Katalog der römischen Porträts in den Capitolinischen Museen und den anderen kommunalen Sammlungen der Stadt Rom, Band 1: Kaiser- und Prinzenbildnisse, Mainz ²1994.

Fittschen/Zanker/Cain 2011
Klaus Fittschen, Paul Zanker u. Petra Cain (Hrsg.): Katalog der römischen Porträts in den Capitolinischen Museen und den anderen kommunalen Sammlungen der Stadt Rom, Band 2: Die männlichen Privatporträts, Berlin 2011.

Flaig 1992
Egon Flaig: Den Kaiser herausfordern. Die Usurpation im Römischen Reich, Frankfurt am Main/New York 1992.

Fleckenstein 1993 (a)
Josef Fleckenstein: Das Kaiserhaus der Ottonen, in: Ausst.-Kat. Hildesheim 1993, S. 47–62.

Fleckenstein 1993 (b)
Josef Fleckenstein: Alcuin im Kreis der Hofgelehrten Karls des Großen, in: Science in Western and Eastern Civilization in Carolingian times, hrsg. von Paul Leo Butzer und Dietrich Lohrmann, Basel 1993, S. 3-21.

Fless 1995
Friederike Fless: Opferdiener und Kultmusiker auf stadtrömischen historischen Reliefs: Untersuchungen zur Ikonographie, Funktion und Benennung, Darmstadt 1995.

Fohlen 2000
Jeannine Fohlen: La tradition manuscrite des Epistulae ad Lucilium (IXᵉ siècle–XVIᵉ siècle), in: Giornale italiano di filologia 52 (2000), S. 113–162.

Fois Ennas 1981
Barbara Fois Ennas: Il Capitulare de Villis, Mailand 1981.

Fontaine 2003
Thomas H. M. Fontaine: Ein letzter Abglanz vergangener kaiserlicher Pracht. Zu ausgewählten archäologischen Befunden aus dem Areal der römischen Kaiserresidenz in Trier, in: Palatia. Kaiserpaläste in Konstantinopel, Ravenna und Trier, hrsg. v. Margarethe König, Trier 2003, S. 130–161.

Fontana 1987
Domenico Fontana: Del modo tenuto trasportare l' obelisco vaticano (Die Art, wie der vatikanische Obelisk transportiert wurde), Berlin 1987.

Forster 2006
Christian Forster: Der ottonische Vorgängerbau des gotischen Domes nach historischen und archäologischen Quellen, in: Der Magdeburger Domplatz, Archäologie und Geschichte 805–1209, hrsg. v. Matthias Puhle u. Harald Meller (= Magdeburger Museumsschriften 8), Magdeburg 2006, S. 101–126.

Fößel 2000
Amalie Fößel. Die Königin im mittelalterlichen Reich. Herrschaftsausübung, Herrschaftsrechte, Handlungsspielräume (= Mittelalter-Forschungen 4) Darmstadt 2000.

Fournier/Le Bras 1931
Paul Fournier u. Gabriel Le Bras: Histoire des collections canoniques en Occident depuis les fausses décrétales jusqu'au décret de Gratien, Band 1: De la réforme carolingienne à la réforme grégorienne, Paris 1931.

Frenz 1992
Hans G. Frenz: Der Mainzer Augustus. 30 Jahre Gelehrtenstreit, in: Jahrbuch des Römisch-Germanischen Zentralmuseums Mainz 39 (1992), S. 615–638.

Freund 2009
Stefan Freund: Sachsen und das Reich am Todestag Ottos des Großen, in: Memleben. Königspfalz – Reichskloster – Propstei, hrsg. v. Helge Wittmann (= Begleitpublikation zur historischen Dauerausstellung Memleben, Sterbeort Kaiser Ottos des Großen), Petersberg ²2009, S. 9–40 und 335–336.

Fried 1989
Johannes Fried: Endzeiterwartung um die Jahrtausendwende, in: Deutsches Archiv für Erforschung des Mittelalters 45 (1989), S. 381–473.

Fried 1993
Johannes Fried: Theophanu und das Reich, in: Köln. Stadt und Bistum in Kirche und Reich des Mittelalters. Festschrift für Odilo Engels, hrsg. v. Hanna Vollrath u. Stefan Weinfurter, Köln/Weimar/Wien 1993.

Fried 1998
Johannes Fried: Der hl. Adalbert und Gnesen, in: Archiv für mittelrheinische Kirchengeschichte 50 (1998), S. 41–70.

Fried 2001
Johannes Fried: Otto III. und Boleslaw Chrobry. Das Widmungsbild des Aachener Evangeliars, der Akt von Gnesen und das frühe polnische und ungarische Königtum. Eine Bildanalyse und ihre historischen Folgen (= Frankfurter Historische Abhandlungen 30), Stuttgart ²2001.

Fried 2007
Johannes Fried: "Donation of Constantine" and "Constitutum Constantini". The misinterpretation of a fiction and its original meaning (= Millennium-Studien 3), Berlin/New York 2007.

Friedmann 1989
Mira Friedman: More on the Vienna Genesis, in: Byzantion 59 (1989), S. 64–77.

Frolow 1961
Anatole Frolow: La Relique de la Vraie Croix. Recherches sur le développement d'un culte (= Archives de l'Orient Chrétien 7), Paris 1961.

Fuchs 1943
Siegfried Fuchs: Bildnisse und Denkmäler aus der Ostgotenzeit, in: Die Antike. Zeitschrift für Kunst und Kultur des klassischen Altertums 19 (1943), S. 109–153.

Fuchs 1973
Werner Fuchs: Die Bildgeschichte der Flucht des Aeneas, in: Aufstieg und Niedergang der römischen Welt, Band 1,4, hrsg. v. Hildegard Temporini, Berlin/New York 1973, S. 615–632.

Fuchs 2006
Rüdiger Fuchs: Die Inschriften der Stadt Trier, Band 1 (= Die deutschen Inschriften. Mainzer Reihe 10 = Die deutschen Inschriften 70), Wiesbaden 2006.

Fuchs/Schmid 2002
Franz Fuchs u. Peter Schmid (Hrsg.): Kaiser Arnolf. Das ostfränkische Reich am Ende des 9. Jahrhunderts. Regensburger Kolloquium vom 9.–11.12.1999 (= Zeitschrift für Bayerische Landesgeschichte, Beiheft, Reihe B 19), München 2002.

Fuhrmann 1949
Horst Fuhrmann: Zwei Reliefbilder aus der Geschichte Roms, in: Römische Mitteilungen 2 (1949), S. 23–65.

Fuhrmann 1966
Horst Fuhrmann: Konstantinische Schenkung und abendländisches Kaisertum. Ein Beitrag zur Überlieferungsgeschichte des Constitutum Constantini, in: Deutsches Archiv für Erforschung des Mittelalters 22 (1966), S. 63–178.

Fuhrmann 1991
Horst Fuhrmann: Artikel Konstantinische Schenkung, in: Lexikon des Mittelalters 5 (1991), Sp. 1385–1387.

Fuhrmann 2002
Horst Fuhrmann: Stand, Aufgaben und Perspektiven der Pseudoisidorforschung, in: Fortschritt durch Fälschungen? Ursprung, Gestalt und Wirkungen der pseudoisidorischen Fälschungen. Beiträge zum gleichnamigen Symposium an der Universität Tübingen vom 27. und 28. Juli 2001, hrsg. v. Wilfried Hartmann u. Gerhard Schmitz (= Schriften der MGH 31), Hannover 2002, S. 227–262.

Fuhrmann/Mütherich 1986
Horst Fuhrmann u. Florentine Mütherich: Das Evangeliar Heinrichs des Löwen und das mittelalterliche Herrscherbild, München 1986.

Furger u.a. 1996
Andres Furger u.a.: Die Schweiz zwischen Antike und Mittelalter. Archäologie und Geschichte des 4. bis 9. Jahrhunderts, Zürich 1996.

Furtwängler 1900
Adolf Furtwängler: Die antiken Gemmen, 3 Bände, Leipzig/Berlin 1900.

Fütterer 2012 (im Druck)
Pierre Fütterer: Wege und Herrschaft. Untersuchungen zur Raumerschließung und Raumerfassung in vormoderner Zeit am Beispiel Mitteldeutschlands im 10. und frühen 11. Jahrhundert. Phil. Diss., Magdeburg (im Druck).

Gaborit-Chopin 1978
Danielle Gaborit-Chopin: Elfenbeinkunst im Mittelalter, Berlin 1978.

Gabriel 1988
Ingo Gabriel: Hof- und Sakralkultur sowie Gebrauchs- und Handelsgut im Spiegel der Kleinfunde von Starigard/Oldenburg, in: Berichte der Römisch-Germanischen Kommission 69 (1988), S. 103–291.

Gabriel 1991
Ingo Gabriel: Christentum und Heidentum, in: Starigard/Oldenburg. Ein slawischer Herrschersitz des frühen Mittelalters in Ostholstein, hrsg. v. Michael Müller-Wille, Neumünster 1991, S. 279–298.

Gabriel 2002
Ingo Gabriel: Starigard/Oldenburg – Die große Landesburg der Wagrier, in: Heiden und Christen. Slawenmission im Mittelalter, hrsg. v. Manfred Gläser, Hans-Joachim Hahn u. Ingrid Weibezahn, Lübeck 2002, S. 29–42.

Gabriele 2002
Matthew Gabriele: Otto III, Charlemagne, and Pentecost A.D. 1000: A reconsideration using diplomatic evidence, in: The year 1000: Religious and social response to the turning of the first millennium, hrsg. v. Michael Frasetto, New York 2002, S. 111–132.

Gagé 1930
Jean Gagé: La victoria Augusti et les auspices de Tibère, in: Revue Archéologique 32 (1930), S. 1–35.

Gahbauer 1985
Ferdinand R. Gahbauer: Die Teilung des Imperium Romanum als Ursache für die ost-westliche Kirchenspaltung, in: Ostkirchliche Studien 34 (1985), S. 105–127.

Gallavotti Cavallero 1999
Daniela Gallavotti Cavallero: La decorazione a fresco nella Confessione di San Pietro, in: La Confessione nella Basilica di San Pietro in Vaticano, hrsg. v. Alfredo Maria Pergolizzi u. Cinisello Balsamo, Mailand 1999, S. 57–71.

Gamer 1969
Gustav Gamer: Kaiserzeitliche Bronzestatuen aus den Kastellen und Legionslagern an Rhein-und Donaugrenze des römischen Imperiums, Phil. Diss., Gießen 1969.

Gamper/Knoch-Mund/Stähli 1994
Rudolf Gamper, Gaby Knoch-Mund u. Marlis Stähli (Hrsg.): Katalog der mittelalterlichen Handschriften der Ministerialbibliothek Schaffhausen, Dietikon/Zürich 1994.

Ganshof 1949
François Louis Ganshof: Observations sur la localisation du „Capitulare de villis", in: Le Moyen Âge 55 (1949), S. 201–223.

Ganz 1990
Peter Ganz: Tironische Noten (= Wolfenbütteler Mittelalter-Studien 1), Wiesbaden 1990.

Ganzert/Kockel 1988
Joachim Ganzert u. Valentin Kockel: Augustusforum und Mars-Ultor-Tempel, in: Ausst.-Kat. Berlin 1988, S. 149–199.

Gareis 1895
Karl Gareis: Die Landgüterordnung Karls des Großen (Capitulare de Villis Vel Curtis Imperii), Berlin 1895.

Gariel 1883–1884
Ernest Gariel: Les monnaies royales de France sous la race carolingienne, 2 Bände, Straßburg 1883–1884.

Gärtner 2009
Thomas Gärtner: Ein mutmaßliches neues Hrotsvitgedicht und das Commonitorium des Orientius, in: Deutsches Archiv für Erforschung des Mittelalters 65/1 (2009), S. 149–152.

Gasparri/Di Salvo/Simoni 1992
Fonti per la storia medievale. Secolo V–XI, hrsg. v. Stefano Gasparri, Andrea di Salvo u. Fiorella Simoni, Florenz 1992.

Gauert 1965
Adolf Gauert: Die Ausgrabungen auf dem Gelände der Pfalz Grone, in: Deutsche Königspfalzen. Beiträge zu ihrer historischen und archäologischen Erforschung, Band 2, hrsg. v. Adolf Gauert, Göttingen 1965, S. 114–125.

Gauert 1970
Adolf Gauert: Königspfalzen im südlichen Niedersachsen, in: Führer zu vor- und frühgeschichtlichen Denkmälern 17 (1970), S. 1–17.

Gauert 1979
Adolf Gauert: Das Palatium der Pfalz Werla. Archäologischer Befund und schriftliche Überlieferung, in: Deutsche Königspfalzen. Beiträge zu ihrer historischen und archäologischen Erforschung, Band 3, hrsg. v. Josef Fleckenstein, Göttingen 1979, S. 263–277.

Gauthier 1975
Nancy Gauthier: Recueil des inscriptions chrétiennes de la Gaule antérieures à la Renaissance carolingienne, Band 1: Première Belgique, Paris 1975.

Gauthier-Walter 1990
Marie-Dominique Gauthier-Walter: Joseph, figure idéale du Roi?, in: Cahiers Archéologiques 38 (1990) S. 25–36.

Gavinelli 2001
Simona Gavinelli: Leone di Vercelli postillatore di codici, in: Aevum 75 (2001), S. 233–262.

Gavinelli 2007
Simona Gavinelli: Dal centro alla periferia. Ariberto e la cultura dei vescovi padani tra il X e l'XI secolo, in: Ariberto da Intimiano. Fede, potere e cultura a Milano nel secolo XI, hrsg. v. Ettore Bianchi u.a., Mailand 2007, S. 221–239.

Geary 2007
Patrick J. Geary: Die Merowinger. Europa vor Karl dem Großen (= Beck'sche Reihe 1507), München ³2007.

Geibig 1995
Alfred Geibig: Formenkundliche und chronologische Bestimmungen des Essener Zeremonialschwertes, in: Das Zeremonialschwert in der Essener Domschatzkammer, hrsg. v. Alfred Pothmann, Münster 1995, S, 78–98.

Georgi 1991
Wolfgang Georgi: Ottonianum und Heiratsurkunde 962/972, in: Kaiserin Theophanu. Begegnung des Ostens und Westens um die Wende des ersten Jahrtausends, hrsg. v. Anton von Euw u. Peter Schreiner, Band 2, Köln 1991, S. 135–160.

Gerhard 1836
Eduard Gerhard: Berlin's Antike Bildwerke. Theil 1, Berlin 1836.

Gersh 1996
Stephen Gersh: Concord in discourse. Harmonics and semiotics in late classical and early medieval Platonism, Berlin 1996.

Geschwinde/Lönne 2009
Michael Geschwinde u. Petra Lönne: Die Spur der Sandalennägel. Hintergründe zur Entdeckung eines römischen Schlachtfeldes, in: Archäologie in Deutschland 2 (2009), S. 38–39.

van den Gheyn 1901
Joseph van den Gheyn: Catalogue des manuscrits de la Bibliothèque royale de Belgique, Band 1, Brüssel 1901.

Giard 1983
Jean Baptiste Giard: Le Monnayage de l'Atelier de Lyon, Wetteren 1983.

Giard 2002
Jean Baptiste Giard: Monnaies de l'Empire romain, Band 1, Paris ³2002.

Gibson 1994
Margaret Gibson: The Liverpool ivories. Late antique and medieval ivory and bone carving in Liverpool Museum and the Walker Art Gallery, London 1994.

Gilles 2003
Karl-Josef Gilles: Ein Trierer Münzstempel von Kaiser Valentinian II. (375–392), in: Funde und Ausgrabungen im Bezirk Trier 35 (2003), S. 62–68.

Giovanditto1993
Amilcare Giovanditto: Teodorico il Grande e i Goti d'Italia: 454–526, Mailand 1993.

Giuliani 1980
Luca Giuliani: Individuum und Ideal. Antike Bildkunst, in: Ausst.-Kat. Berlin 1980, S. 41–86.

Giuliano 1989
Antonio Giuliano: I Cammei della Collezione Medicea del Museo Archeologico di Firenze, Mailand 1989.

von Gladiss 1998
Almut von Gladiss: Schmuck im Museum für Islamische Kunst (= Veröffentlichungen des Museums für Islamische Kunst 2), Berlin 1998.

Glaser 2008
Franz Glaser: Castra und Höhensiedlungen in Kärnten und Nordtirol, in: Höhensiedlungen zwischen Antike und Mittelalter von den Ardennen bis zur Adria, hrsg. v. Heiko Steuer u. Volker Bierbrauer, Berlin 2008, S. 595–641.

Glauning/Lehmann 1940
Otto Glauning u. Paul Lehmann: Mittelalterliche Handschriftenbruchstücke der Universitätsbibliothek und des Georgianum zu München (= Zentralblatt für Bibliothekswesen, Beiheft 72), Leipzig 1940.

Glenn 1997
Jason Glenn: The composition of Richer's autograph manuscript, in: Revue d'histoire des textes 27 (1997), S. 151–189.

Glenn 2004
Jason Glenn: Politics and history in the tenth century. The work and world of Richer of Reims (= Cambridge studies in medieval life and thought 4,60), Cambridge 2004.

Gnecchi 1912
Francesco Gnecchi: I Medaglioni Romani, 3 Bände, Milano 1912.

Gockel u.a. 1983
Repertorium der Pfalzen, Königshöfe und übrigen Aufenthaltsorte der Könige im deutschen Reich des Mittelalters, hrsg. v. Max-Planck-Instituts für Geschichte, Band 1: Hessen, bearb. v. Michael Gockel u.a., Göttingen 1983.

Gockel u.a. 2000
Repertorium der Pfalzen, Königshöfe und übrigen Aufenthaltsorte der Könige im deutschen Reich des Mittelalters, Band 2: Thüringen, bearb. v. Michael Gockel u.a., Göttingen 2000.

Goette 1985
Hans Rupprecht Goette: Kunst der Antike (= Herzog Anton Ulrich-Museum Braunschweig, Bilderheft Nr. 7), Braunschweig 1985.

Goette 1986
Hans Rupprecht Goette: Antike Skulpturen im Herzog Anton Ulrich-Museum, Braunschweig, in: Archäologischer Anzeiger (1986), S. 711–744.

Goetting/Kühn 1968
Hans Goetting u. Hermann Kühn: Die sogenannte Heiratsurkunde der Kaiserin Theophanu (DO II 21), ihre Untersuchung und Konservierung, in: Archivalische Zeitschrift 64 (1968), S. 11–24.

Goez 2009
Elke Goez: Papsttum und Kaisertum im Mittelalter (= Geschichte Kompakt), Darmstadt 2009.

Le Goff 2004
Jacques Le Goff: Die Geburt Europas im Mittelalter (= Europa bauen), München 2004.

Goffart 1980
Walter A. Goffart: Barbarians and Romans A.D. 418–584. The techniques of accomodation, Princeton 1980.

Goldberg 2006
Eric Joseph Goldberg: Struggle for empire. kingship and conflict under Louis the German 817–876, Ithaca 2006.

Goldschmidt 1914/1918
Adolph Goldschmidt: Die Elfenbeinskulpturen aus der Zeit der karolingischen und sächsischen Kaiser 8.–11.Jahrhundert, 2 Bände, Berlin 1914/1918.

Goldschmidt 1923/1926
Adolph Goldschmidt: Die Elfenbeinskulpturen aus der romanischen Zeit. 11.–13. Jahrhundert (= Denkmäler der deutschen Kunst), 2 Bände, Berlin 1923–1926.

Goldschmidt/Weitzmann 1934
Adolph Goldschmidt u. Kurt Weitzmann: Die byzantinischen Elfenbeinskulpturen des X.–XIII. Jahrhunderts, Band 2, Berlin 1934.

Goldschmidt/Weitzmann 1979
Adolph Goldschmidt u. Kurt Weitzmann: Die byzantinischen Elfenbeinskulpturen des X.–XIII. Jahrhunderts, Band 5, Berlin ²1979.

Gombert/Krummer-Schroth 1965
Hermann Gombert u. Ingeborg Krummer-Schroth: Mittelalterliche Kunst im Augustinermusem Freiburg im Breisgau, Freiburg 1965.

von Gonzenbach 1984
Victorine von Gonzenbach: Achillesplatte, in: Der spätrömische Silberschatz von Kaiseraugst, hrsg. v. Herbert A. Cahn u. Annemarie Kaufmann-Heinimann (= Basler Beiträge zur Ur- und Frühgeschichte 9), Derendingen 1984, S. 225–307.

Gordon 2001
Stewart Gordon: Robes and honor. The medieval world of investiture, New York 2001.

Görich 1993
Knut Görich: Otto III. Romanus Saxonicus et Italicus. Kaiserliche Rompolitik und sächsische Historiographie (= Historische Forschungen 18), Sigmaringen 1993.

Görich 1998
Knut Görich: Otto III. öffnet das Karlsgrab in Aachen. Überlegungen zu Heiligenverehrung, Heiligsprechung und Traditionsbildung, in: Herrschaftsrepräsentation im ottonischen Sachsen, hrsg. v. Gerd Althoff u. Ernst Schubert (= Vorträge und Forschungen 46), Sigmaringen 1998, S. 381–430.

Görich 2006
Knut Görich: Erinnerung und ihre Aktualisierung. Otto III., Aachen und die Karlstradition, in: Robert Folz (1910–1996) Mittler zwischen Frankreich und Deutschland, hrsg. v. Franz J. Felten, Pierre Monnet u. Alain Saint-Denis (= Geschichtliche Landeskunde 60), Stuttgart 2006, S. 97–116.

Gose 1958
Erich Gose: Katalog der frühchristlichen Inschriften in Trier (= Trierer Grabungen und Forschungen 3), Berlin 1958.

Gousset 1987
Marie-Thérèse Gousset: Die Miniaturen in den Grandes Chroniques de France, in: Die Bilder der Grandes Chroniques de France, hrsg. v. Jean Fouqut, Graz 1987, S. 115–268.

Grabar 1936
André Grabar: L'empereur dans l'art byzantin. Recherches sur l'art officiel de l'Empire d'Orient (= Publications de la Faculté des Lettres de l'Université de Strasbourg 75), Paris 1936.

Grabar 1958
André Grabar: Ampoules de Terre Sainte (Monza–Bobbio), Paris 1958.

von Graeve 1997–2006
Volkmar von Graeve (Hrsg.): Inschriften von Milet, 3 Bände, Berlin 1997–2006.

Graeven 1901
Hans Graeven: Ein angebliches Elfenbeindiptychon des Maximinklosters in Trier, in: Bonner Jahrbücher 107 (1901) S. 50–55.

Grant 2010
Edward Grant: The nature of natural philosophy in the late Middle Ages (= Studies in philosophy and the history of philosophy 52), Washington 2010.

Grefen-Peters 2006 (unpubliziert)
Silke Grefen-Peters: Die menschlichen Skelettreste aus dem frühmittelalterlichen Gräberfeld von Werlaburgdorf, Ldkr. Wolfenbüttel. Bericht der anthropologischen Untersuchung (Unpubl. Manuskript; Bez. Arch. Braunschweig).

Grégoire 1922
Henri Grégoire: Recueil des inscriptions grecques-chrétiennes d'Asie Mineure, Paris1922.

Gregory 1900–1909
Caspar René Gregory: Textkritik des Neuen Testaments, 3 Bände, Leipzig 1900–1909.

Greifenhagen 1970–1975
Adolf Greifenhagen: Schmuckarbeiten in Edelmetall, 2 Bände, Berlin 1970–1975.

Grewe 2010
Holger Grewe: Visualisierung von Herrschaft in der Architektur. Die Pfalz Ingelheim als Bedeutungsträger im 12. und 13. Jahrhundert, in: Staufisches Kaisertum im 12. Jahrhundert. Konzepte, Netzwerke, politische Praxis, Regensburg 2010, S. 383–403.

Griep 1969
Hans-Günther Griep: Zwei Knochenkruzifixe vom Kanstein bei Langelsheim, in: Harz-Zeitschrift 21 (1969), 157–162.

Grierson 1951
Philip Grierson: The gold solidus of Louis the Pious and its imitations, in: Jaarboek voor Munt-en Penningkunde 38 (1951), S. 1–41.

Grierson 1999
Catalogue of the Byzantine coins in the Dumbarton Oaks Collection and in the Whittemore Collection, 5 Bände, hrsg. v. Phillip Grierson, Washington D.C. 1999.

Grierson/Blackburn 1986
Philip Grierson u. Mark Blackburn: Medieval European Coinage. With a catalogue of the coins in the Fitzwilliam Museum, Cambridge. 1. The Early Middle Ages (5th–10th centuries), Cambridge 1986.

Grimaldi 1972
Giacomo Grimaldi: Descrizione della Basilica antica di S. Pietro in Vaticano (1620), hrsg. v. Reto Niggl, Vatikanstadt 1972.

Grimm 1968
Paul Grimm: Tilleda. Eine Königspfalz am Kyffhäuser. Band 1: Die Hauptburg (= Schriften der Sektion für Vor- und Frühgeschichte 24), Berlin 1968.

Grimm 1990
Paul Grimm: Tilleda. Eine Königspfalz am Kyffhäuser. Band 2: Die Vorburg und Zusammenfassung (= Schriften zur Ur- und Frühgeschichte 40), Berlin 1990.

Grimme 1973
Ernst Günther Grimme: Der Aachener Domschatz (= Aachener Kunstblätter 42), Düsseldorf 1973.

Gros 1987
Pierre Gros: Un programme augustéen. Le centre monumental de la colonie d'Arles, in: Jahrbuch des Deutschen Archäologischen Instituts 102 (1987), S. 339–363.

Gros/Sauron 1988
Pierre Gros u. Gilles Sauron: Das politische Programm der öffentlichen Bauten, in: Ausst.-Kat. Berlin 1988, S. 48–68.

Gröschel 2009 (a)
Sepp-Gustav Gröschel: Bildnis des Antoninus Pius, in: Antiken 1. Kurfürstliche und königliche Erwerbungen für die Schlösser und Gärten Brandenburg-Preussens vom 17. bis zum 19. Jahrhundert, hrsg. v. Saskia Hüneke u.a., Berlin 2009, S. 42.

Gröschel 2009 (b)
Sepp-Gustav Gröschel: Antiken 1. Kurfürstliche und Königliche Erwerbungen für die Schlösser und Gärten Brandenburg-Preussens vom 17. bis zum 19. Jahrhundert, hrsg. v. Saskia Hüneke u.a., Berlin 2009, S. 43.

Gross 1940
Walter Hatto Gross: Die Bildnisse Trajans (= Das römische Herrscherbild 2,2), Berlin 1940.

Grünhagen 1954
Wilhelm Grünhagen: Der Schatzfund von Gross Bodungen (= Römisch-Germanische Forschungen 21), Berlin 1954.

Grüßinger 2001
Ralf Grüßinger: Dekorative Architekturfriese in Rom und Latium. Ikonologische Studien zur römischen Baudirektion der späten Republik und Kaiserzeit, Phil. Diss., Heidelberg 2001.

Grussone 1991
Nikolaus Gussone: Trauung und Krönung. Zur Hochzeit der byzantinischen Prinzessin Theophanu mit Kaiser Otto II., in: Kaiserin Theophanu. Begegnung des Ostens und Westens um die Wende des ersten Jahrtausends, hrsg. v. Anton v. Euw u. Peter Schreiner, Band 2, Köln 1991, S. 161–173.

Gschwantler 2009
Kurt Gschwantler u. a.: Meisterwerke der Antikensammlung, in: Kurzführer durch das Kunsthistorische Museum Wien, hrsg. v. Sabine Haag, Wien 2009.

Guarducci 1967–1978
Margherita Guarducci: Epigrafia greca, 4 Bände, Rom 1967–1978.

Gugel 1995
Klaus Gugel: Welche erhaltenen mittelalterlichen Handschriften dürfen der Bibliothek des Klosters Fulda zugerechnet werden? (= Fuldaer Hochschulschriften 23a), Teil 1: Die Handschriften, Frankfurt am Main 1995.

Guggisberg 2003
Martin A. Guggisberg: Kaiseraugst und die Silberschätze der Spätantike, in: Der spätrömische Silberschatz von Kaiseraugst. Die neuen Funde (= Forschungen in Augst 34), hrsg. v. Martin A. Guggisberg, Augst 2003, S. 247–284.

Guyotjeannin/Poulle 1996
Autour de Gerbert d'Aurillac. Le pape de l'an mil. Album de documents commentés (= Matériaux pour l'histoire 1), hrsg. v. Olivier Guyotjeannin u. Emmanuel Poulle, Paris 1996.

Haas 2004
Jochen Haas: Zur Burgusinschrift von Mittelstrimmig, Kreis Cochem-Zell, in: Berichte zur Archäologie an Mittelrhein und Mosel 9 (2004), S. 93–102.

Hadot 2009
Ilsetraut Hadot: Seneca und die griechisch-römische Tradition der Seelenleitung (= Quellen und Studien zu Geschichte der Philosophie 13), Berlin 1969.

Hafner 1958
German Hafner: Die Bronzen der Sammlung Dr. Heinrich Scheufelen in Oberlenningen, Mainz 1958.

Hägele 1996
Günter Hägele: Lateinische mittelalterliche Handschriften in Folio der Universitätsbibliothek Augsburg: Die Signaturengruppe Cod.I.2.2° und Cod.II.1.2° 1–90 (= Die Handschriften der Universitätsbibliothek Augsburg. Reihe 1: Die lateinischen Handschriften 1), Wiesbaden 1996.

Hägermann 2000
Dieter Hägermann: Karl der Große, Herrscher des Abendlandes. Biographie, Berlin 2000.

Hägermann 2003
Dieter Hägermann: Karl der Große, Herrscher des Abendlandes. Biographie, München 2003.

Hahn 1975
Adelheid Hahn: Das Hludowicianum. Die Urkunde Ludwigs des Frommen für die römische Kirche von 817, in: Archiv für Diplomatik 21 (1975), S. 15–135.

Hahn 1997
Wolfgang Hahn: König Arnulf und das Regnum Italiae (888–896). Eine numismatische Spurensuche, in: Mitteilungen der Österreichischen Numismatischen Gesellschaft 37 (1997), S. 116–124.

Hahnloser 1965–1971
Hans Robert Hahnloser: Il Tesoro de San Marco, 2 Bände, Florenz 1965–1971.

Haldon 1990
John F. Haldon: Constantine Porphyrogenitus, three treatises on imperial military expeditions, Wien ²1990.

Handbook 1967
Handbook of the Byzantine Collection in Dumbarton Oaks, eingel. v. Ernst Kitzinger, Cambridge 1967.

Handschriftenkatalog Neapel 1992
Catalogus codicum Graecorum Bibliothecae Nationalis Neapolitanae, 4 Bände, bearb. v. Gino Pierleoni, Rom 1967, Neubearbeitung 1992.

Hansen 1995
Günther Christian Hansen: Kirchengeschichte / Theodorus Anagnostes (= Die griechischen christlichen Schriftsteller der ersten Jahrhunderte, N.F. 3), Berlin ²1995.

Hanson 2008
John Hanson: Editions of the Joseph Narrative in Ivory between East and West, in: Spätantike und byzantinische Elfenbeinbildwerke im Diskurs, hrsg. v. Gudrun Bühl, Anthony Cutler u. Arne Effenberger (= Spätantike – Frühes Christentum – Byzanz. Kunst im ersten Jahrtausend, Reihe B: Studien und Perspektiven 24), Wiesbaden 2008, S. 113–127.

Hardt 1998
Matthias Hardt: Silverware in early medieval gift exchange: Imitatio Imperii and objects of memory, in: Franks and Alamanni in the Merovingian Period, hrsg. v. Ian Wood (= Studies in Historical Archaeoethnology 3), Woodbridge-San Marino 1998, S. 317–342.

Hardt 1999
Matthias Hardt: Artikel Herrschaftszeichen, in: Reallexikon der Germanischen Altertumskunde 14 (1999), S. 457–466.

Hardt 2000
Matthias Hardt: Linien und Säume, Zonen und Räume an der Ostgrenze des Reiches im frühen und hohen Mittelalter, in: Grenze und Differenz im frühen Mittelalter, hrsg. v. Walter Pohl u. Helmut Reimitz (= Denkschriften der Österreichischen Akademie der Wissenschaften, Philosophisch-Historische Klasse 287 = Forschungen zur Geschichte des Mittelalters 1), Wien 2000, S. 39–56.

Harrauer/Sijpesteijn 1985
Hermann Harrauer u. Pieter J. Sijpesteijn: Neue Texte aus dem antiken Unterricht (= Mitteilungen aus der Papyrussammlung der Österreichischen Nationalbibliothek, N.S. 15), Wien 1985.

Hartmann 2001
Martina Hartmann: Humanismus und Kirchenkritik. Matthias Flacius Illyricus als Erforscher des Mittelalters (= Beiträge zur Geschichte und Quellenkunde des Mittelalters 19), Stuttgart 2001.

Hartmann 2003
Wilfried Hartmann: Regino von Prüm, in: Neue Deutsche Biographie 21 (2003), S. 269–270.

Hartmann 2006
Florian Hartmann: Hadrian I. (772–795). Frühmittelalterliches Adelspapsttum und die Lösung Roms vom byzantinischen Kaiser (= Päpste und Papsttum 34), Stuttgart 2006.

Hartmann 2010
Wilfried Hartmann: Karl der Große (= Kohlhammer-Urban-Taschenbücher 643), Stuttgart 2010.

Hartung 2009
Claudia Hartung: Drei Magdeburger Dachziegeltypen: Form – Funktion – Bergungstechnik, in: Aufgedeckt 2: Forschungsgrabungen am Magdeburger Dom 2006–2009 (= Archäologie in Sachsen-Anhalt, Sonderband 13), hrsg. v. Harald Meller, Wolfgang Schenkluhn u. Boje E. Schmuhl, Halle (Saale), 2009, S. 173–180.

Hartung/Möller 2010
Claudia Hartung u. Roland Möller: Ottonische Ziegelfunde in Magdeburg, in: Ziegelei-Museum, 27. Bericht der Stiftung Ziegelei-Museum, Cham 2010, S. 34–42.

Haubrichs 1980
Wolfgang Haubrichs: ,Error inextricabilis'. Form und Funktion der Labyrinthabbildung in mittelalterlichen Handschriften, in: Text und Bild. Aspekte des Zusammenwirkens zweier Künste in Mittelalter und früher Neuzeit, hrsg. v. Christel Meier u. Uwe Ruberg, Wiesbaden 1980, S. 63–174.

Hauck u.a. 1985–1989
Karl Hauck u.a.: Ikonographischer Katalog, Die Goldbrakteaten der Völkerwanderungszeit, 3 Bände, München 1985–1989.

Haupt 1973
Dorothea Haupt: Spätrömisches Grab mit Waffenbeigabe aus Bonn, in: Archeologie en historie. Festschrift für H. Brunsting, hrsg. v. Willem Albertus van Es, Bussum 1973, S. 315–326.

Hausmann 2000
Regina Hausmann: Die historischen, philologischen und juristischen Handschriften der Hessischen Landesbibliothek Fulda bis zum Jahr 1600 (= Die Handschriften der Hessischen Landesbibliothek Fulda 2), Wiesbaden 2000, S. 3–5.

Haussmann 1975
Ulrich Haussmann: Römerbildnisse, hrsg. v. Württembergischen Landesmuseum Stuttgart, Stuttgart 1975.

Haynes 1939
Denys Eyre Lankaster Haynes: A Sardonyx Cameo Portrait of Claudius, in: The British Museum Quarterly 13.3 (1939), S. 79–81.

Heather 1995
Peter J. Heather: Theoderic, King of the Goths, in: Early medieval Europe 4 (1995), S. 145–173.

Heather 2007
Peter J. Heather: Der Untergang des römischen Weltreichs, Stuttgart 2007.

Heckner 2011
Ulrike Heckner: Wie sah der karolingische Fußboden in der Aachener Pfalzkapelle aus?, in: Jahrbuch der rheinischen Denkmalpflege 42 (2011), S. 28–39.

van Heesch 1993
Johan van Heesch: Proposition d'une nouvelle datation des monnaies en bronze à l'autel de Lyon frappées sous Auguste, in: Bulletin de la Société française de Numismatique 48 (1993), S. 535–538.

Hehl 1991
Ernst-Dieter Hehl: Der wohlberatene Papst. Die römische Synode Johannes XII. vom Februar 964, in: Ex Ipsis Rerum Documentis. Beiträge zur Mediävistik. Festschrift für Harald Zimmermann zum 65. Geburtstag. hrsg. v. Klaus Herbers, Hans Henning Kortüm u. Carlo Servatius, Sigmaringen 1991, S. 257–275.

Hehl 1998
Ernst-Dieter Hehl: Der widerspenstige Bischof. Bischöfliche Zustimmung und bischöflicher Protest in der ottonischen Reichskirche, in: Herrschaftsrepräsentation im ottonischen Sachsen (= Vorträge und Forschungen 46), hrsg. v. Gerd Althoff u. Ernst Schubert, Sigmaringen 1998, S. 295–344.

Hehl 2001
Ernst-Dieter Hehl: Kaisertum, Rom und Papstbezug im Zeitalter Ottos I., in: Ottonische Neuanfänge. Symposium zur Ausstellung Otto der Große. Magdeburg und Europa, hrsg. v. Bernd Schneidmüller u. Stefan Weinfurter, Mainz 2001, S. 213–235.

Hehl 2012
Ernst-Dieter Hehl: Zwei christliche Kaiser im mittelalterlichen Europa. Eine problematische Geschichte, in: Kaisertum im ersten Jahrtausend, hrsg. v. Hartmut Leppin, Bernd Schneidmüller u. Stefan Weinfurter, Regensburg 2012, S. 271–295.

Heilmann 2007
Anja Heilmann: Boethius´ Musiktheorie und das Quadrivium. Eine Einführung in den neuplatonischen Hintergrund von „De institutione musica", Göttingen 2007.

Heilmeyer 1988
Wolf-Dieter Heilmeyer: Antikenmuseum Berlin – Die ausgestellten Werke, Berlin 1988.

Heimberg 1982
Ursula Heimberg: Reste eines römischen Grabmonumentes bei Briedel, in: Trierer Zeitschrift 45 (1982), S. 197–213.

Heimberg 1999
Ursula Heimberg: Silberscheibe – Emblem eines Feldzeichens, in: 100 Bilder und Objekte. Archäologie und Kunst im Rheinischen Landesmuseum Bonn, hrsg. v. Frank Günter Zehnder, Bonn 1999, S. 78–79.

Heine 1995
Hans-Wilhelm Heine: Frühe Burgen und Pfalzen in Niedersachsen. Von den Anfängen bis zum frühen Mittelalter (= Wegweiser zur Vor- und Frühgeschichte Niedersachsens 17), Hildesheim ²1995.

von Heinemann 1884
Otto von Heinemann: Die Handschriften der Herzoglichen Bibliothek zu Wolfenbüttel. Erste Abtheilung: Die Helmstedter Handschriften, Band 1, Wolfenbüttel 1884.

von Heinemann 1886
Otto von Heinemann: Die Handschriften der Herzoglichen Bibliothek zu Wolfenbüttel. Erste Abtheilung: Die Helmstedter Handschriften, Band 2, Wolfenbüttel 1886.

von Heinemann 1894/1895
Otto von Heinemann: Die herzogliche Bibliothek zu Wolfenbüttel, 1550–1893. Ein Beitrag zur Geschichte deutscher Büchersammlungen, 2 Bände, Wolfenbüttel ²1894/1895.

von Heinemann 1895
Otto von Heinemann: Die augusteiischen Handschriften, Band 2: Codex Guelferbytanus 11.11 Augusteus 2_347 bis 32, 6 Augusteus 2_347 (= Kataloge der Herzog-August-Bibliothek Wolfenbüttel 5), Frankfurt am Main 1895.

von Heinemann 1966
Otto von Heinemann: Die Augusteischen Handschriften, Band 4: Cod.Guelf. 77.4 Aug. 2° bis 34 Aug. 4°, (= Kataloge der Herzog August Bibliothek Wolfenbüttel. Neue Reihe 7), Frankfurt am Main, ²1966.

Heinen 1996
Heinz Heinen: Frühchristliches Trier. Von den Anfängen bis zur Völkerwanderung, Trier 1996.

von Heintze 1968
Helga Freifrau von Heintze: Die antiken Porträts im Schloß Fasanerie bei Fulda, Mainz 1968.

von Heintze 1971
Helga Freifrau von Heintze: Ein spätantikes Mädchenporträt in Bonn. Zur stilistischen Entwicklung des Frauenbildnisses im 4. und 5. Jahrhundert, in: Jahrbuch für Antike und Christentum 14 (1971), S. 61–91.

Heitz 1975
Carol Heitz: Vitruve et l'Architecture du Haut Moyen Âge, in: La cultura antica nell'occidente latino dal VII all'XI secolo, (= Settimane di studio del centro italiano di studi sull'alto medievo 22), Spoleto 1975, S. 725–757.

Heitz 2009 (a)
Christian Heitz: Zum Germanenbild der Römer aus archäologischer Perspektive, in: Ausst.-Kat. Haltern am See u.a. 2009, S. 20–29.

Heitz 2009 (b)
Christian Heitz: Die Guten, die Bösen und die Hässlichen – nördliche «Barbaren» in der römischen Bildkunst (= Schriftenreihe Antiquitates 48), Hamburg 2009.

Heizmann 2012
Wilhelm Heizmann: Die Bilderwelt der völkerwanderungszeitlichen Goldbrakteaten als religionsgeschichtliche Quelle, in: Altertumskunde – Altertumswissenschaft – Kulturwissenschaft: Erträge und Perspektiven nach 40 Jahren Reallexikon der germanischen Altertumskunde, hrsg. v. Heinrich Beck, Dieter Geuenich u. Heiko Steuer (= Ergänzungsbände zum Reallexikon der germanischen Altertumskunde 77), Berlin/Boston 2012, S. 689–736.

Hellgardt 2003
Ernst Hellgardt: Zur Pragmatik und Überlieferungsgeschichte der altdeutschen Beichten (achtes bis zwölftes Jahrhundert), in: Volkssprachig-lateinische Mischtexte und Textensembles in der althochdeutschen, altsächsischen und altenglischen Überlieferung. Mediävistisches Kolloquium des Zentrums für Mittelalterstudien der Otto-Friedrich-Universität Bamberg am 16. und 17. November 2001, hrsg. v. Rolf Bergmann, Heidelberg 2003, S. 61–95.

Helten 2005
Leonhard Helten: Der „neue" ottonische Kirchenbau am Magdeburger Domplatz, in: Aufgedeckt 2. Forschungsgrabungen am Magdeburger Dom (= Archäologie in Sachsen-Anhalt, Sonderband 13), hrsg. v. Harald Meller, Wolfgang Schenkluhn u. Boje E. Schmuhl, Halle (Saale) 2005, S. 63–90.

Hentschel 1998
Frank Hentschel (Hrsg.): Musik – und die Geschichte der Philosophie und Naturwissenschaften im Mittelalter. Fragen zur Wechselwirkung von „musica" und „philosophia" im Mittelalter (= Studien und Texte zur Geistesgeschichte des Mittelalters 62), Leiden 1998.

Herrmann 1925
Paul Herrmann: Verzeichnis der antiken Originalbildwerke der Staatlichen Skulpturensammlung zu Dresden, Dresden 1925.

Herzog 1989
Reinhart Herzog (Hrsg.): Restauration und Erneuerung. Die lateinische Literatur von 284 bis 374 n. Chr., bearb. v. Johannes Divjak u.a. (= Handbuch der Altertumswissenschaften 8,5), München 1989.

von Hesberg 2006
Henner von Hesberg: Residenzstädte und ihre höfische Infrastruktur – traditionelle und neue Raumkonzepte, in: Die Tetrarchie. Ein neues Regierungssystem und seine mediale Präsentation, hrsg. v. Dietrich Boschung u. Werner Eck, Wiesbaden 2006, S. 133–168.

von Hesberg/Panciera/Zanker 1994
Henner von Hesberg, Silvio Panciera u. Paul Zanker: Das Mausoleum des Augustus. Der Bau und seine Inschriften (= Abhandlungen der Bayerischen Akademie der Wissenschaften, Philosophisch-Historische Klasse, N.F. 108), München 1994.

Heucke 1994
Clemens Heucke: Circus und Hippodrom als politischer Raum. Untersuchungen zum großen Hippodrom von Konstantinopel und zu entsprechenden Anlagen in spätantiken Kaiserresidenzen, Hildesheim/Zürich 1994.

Heyse 1969
Elisabeth Heyse: Hrabanus Maurus' Enzyklopädie «de rerum naturis». Untersuchungen zu den Quellen und zur Methode der Kompilation (= Münchener Beiträge zur Mediävistik- und Renaissance-Forschung 4), München 1969.

Hiestand 1964
Rudolf Hiestand: Byzanz und das Regnum Italicum im 10. Jahrhundert. Ein Beitrag zur ideologischen und machtpolitischen Auseinandersetzung zwischen Osten und Westen (= Geist und Werk der Zeiten. Arbeiten aus dem Historischen Seminar der Universität Zürich 9), Zürich 1964.

Hilberg 2006
Volker Hilberg: Zwischen Dorestad und Konstantinopel – Goldmünzen und Münzschmuck der Wikingerzeit aus Haithabu, in: Magischer Glanz – Gold aus archäologischen Sammlungen Norddeutschlands, hrsg. v. Ralf Bleile, Schleswig 2006, S. 186–195.

Hlawitschka 1975
Eduard Hlawitschka: Regino von Prüm, in: Rheinische Lebensbilder 6, hrsg. v. Bernhard Poll, Bonn/Köln 1975, S. 7–27.

Hodges 2000
Richard Hodges: Towns and Trade in the Age of Charlemagne (= Duckworth debates in archaeology), London 2000.

Hoffmann 1986
Hartmut Hoffmann: Buchkunst und Königtum im ottonischen und frühsalischen Reich, 2 Bände (= Schriften der MGH 30,1,2), Hannover 1986.

Hoffmann 1988
Hartmut Hoffmann: Eigendiktat in den Urkunden Ottos III. und Heinrichs II., in: Deutsches Archiv für Erforschung des Mittelalters 44 (1988), S. 390–423.

Hoffmann 1995
Hartmut Hoffmann: Bamberger Handschriften des 10. und des 11. Jahrhunderts (= Schriften der MGH 39), Hannover 1995.

Hoffmann 2001
Hartmut Hoffmann: Autographa des früheren Mittelalters, in: Deutsches Archiv für Erforschung des Mittelalters 57 (2001), S. 1–62.

Hoffmann/Wulf 2006
Adolf Hoffmann u. Ulrike Wulf (Hrsg): Die Kaiserpaläste auf dem Palatin in Rom. Das Zentrum der römischen Welt und seine Bauten, Mainz ²2006.

Hofter 1988
Mathias Hofter: Porträt, in: Ausst.-Kat. Berlin 1988, S. 291–343.

Hohlweg 1996
Armin Hohlweg (Hrsg.): Byzanz und seine Nachbarn (= Südosteuropa-Jahrbuch 26), München 1996.

Højte 2005
Jakob Munk Højte: Roman Imperial Statue Bases from Augustus to Commodus (= Aarhus Studies in mediterranean antiquity 7), Aarhus 2005.

Holcomb 1999
Melanie Elaine Holcomb: The function and status of carved ivory in Carolingian culture, Phil. Diss., Michigan 1999.

Hölscher 1967
Tonio Hölscher: Victoria Romana. Archäologische Untersuchungen zur Geschichte und Wesensart der römischen Siegesgöttin von den Anfängen bis zum Ende des 3. Jahrhunderts n. Chr., Mainz 1967.

Hölscher 1984
Tonio Hölscher: Staatsdenkmal und Publikum. Vom Untergang der Republik bis zur Festigung des Kaisertums in Rom (= Xenia 9), Konstanz 1984, S. 27–30.

Hölscher 1985
Tonio Hölscher: Denkmäler der Schlacht von Actium. Propaganda und Resonanz, in: Klio. Beiträge zur Alten Geschichte 67,1 (1985), S. 81–102.

Hölscher 1988
Tonio Hölscher: Historische Reliefs, in: Ausst.-Kat. Berlin 1988, S. 351–400.

Holter 1996
Kurt Holter: Hrabanus Maurus, Liber de laudibus sanctae crucis, in: Buchkunst, Handschriften, Bibliotheken. Beiträge zur mitteleuropäischen Buchkultur vom Frühmittelalter bis zur Renaissance, 2 Bände, hrsg. v. Georg Heilingsetzer, Kurt Holter u. Winfried Stelzer (= Schriftenreihe des Oberösterreichischen Musealvereins, Gesellschaft für Landeskunde 15/16), Linz 1996, S. 157–186.

Hönle 1997
Augusta Hönle: Artikel Circus-Spiele, in: Der Neue Pauly. Enzyklopädie der Antike 2 (1997), Sp. 1214–1220.

Hopf 1994
Cornelia Hopf: Die abendländischen Handschriften der Forschungs- und Landesbibliothek. Bestandsverzeichnis. 1. Großformatige Pergamenthandschriften Memb. I, Gotha 1994.

Hoppe 1975
Ursula Hoppe: Die Paderborner Domfreiheit. Untersuchungen zu Topographie, Besitzgeschichte und Funktionen (= Münstersche Mittelalter-Schriften 23), Münster 1975.

Hoyer 1993
Eva Maria Hoyer: Grassi Museum Leipzig, Führungsblatt: Barockes Gemmenkabinett, Leipzig 1993.

HU Berlin 1982
Römisches Porträt. Wege zur Erforschung eines gesellschaftlichen Phänomens (= Wissenschaftliche Zeitschrift der Humboldt-Universität zu Berlin, Gesellschafts- und Sprachwissenschaftliche Reihe 2/3), Berlin 1982.

Hubert/Porcher/Volbach 1969
Jean Hubert, Jean Porcher u. Wolfgang Fritz Volbach (Hrsg.): Die Kunst der Karolinger. Von Karl dem Großen bis zum Ausgang des 9. Jahrhunderts (= Universum der Kunst 13), München 1969.

Huglo 1956
Michel Huglo: Le tonaire de Saint-Bénigne de Dijon (Montpellier H. 159), in: Annales musicologiques 4 (1956), S. 7–18.

Hugot 1978
Leo Hugot: Der Königsthron im Aachener Dom, in: Koldewey-Gesellschaft. Bericht über die 29. Tagung für Ausgrabungswissenschaft und Bauforschung vom 26.–30. Mai 1976 in Köln, Stuttgart 1978, S. 36–42.

Hülsen 1889
Christian Hülsen: Jahresbericht über neue Funde und Forschungen zur Topographie der Stadt Rom 1887–1889, in: Mittheilungen des Deutschen Archäologischen Instituts, Römische Abteilung 4 (1889), S. 227–291.

Humann 1904
Georg Humann: Die Kunstwerke der Münsterkirche zu Essen, Düsseldorf 1904.

Hünecken u.a. 2009
Saskia Hüneke u. a.: Antiken. 1. Kurfürstliche und Königliche Erwerbungen für die Schlösser und Gärten Brandenburg-Preussens vom 17. bis zum 19. Jahrhundert, Berlin 2009.

Hunt 1982
Edward David Hunt: Holy Land Pilgrimage in the Later Roman Empire. AD 312–460, Oxford 1982.

Hunt 1997
Edward David Hunt: Constantine and Jerusalem, in: Journal of Ecclesiastical History 48 (1997), S. 405–424.

Huschner 2003
Wolfgang Huschner: Transalpine Kommunikation im Mittelalter. Diplomatische, kulturelle und politische Wechselwirkungen zwischen Italien und dem nordalpinen Reich (9.–11. Jahrhundert), 3 Bände (= Schriften der MGH 52/I–III), Hannover 2003.

Huschner 2007
Wolfgang Huschner: L'idea della 'cancelleria imperiale' nella ricerca diplomatica. Diplomi ottoniani per destinatari in Toscana: In La Tuscia nell'alto e pieno medioevo. Fonti e temi storiografici «territoriali» e «generali»: In memoria di Wilhelm Kurze (Atti del convegno internazionale di studi, Siena – Abbadia San Salvatore, 6–7 giugno 2003), hrsg. v. Mario Marrocchi u. Carlo Prezzolini (= Millennio medievale 68), Florenz 2007, S. 183–199.

Huschner 2009
Wolfgang Huschner: Benevent, Magdeburg, Salerno. Das Papsttum und die neuen Erzbistümer in ottonischer Zeit, in: Das Papsttum und das vielgestaltige Italien. Hundert Jahre Italia Pontificia, hrsg. v. Klaus Herbers u. Jochen Johrendt (= Abhandlungen der Akademie der Wissenschaften zu Göttingen, Philosophisch-Historische Klasse / N.F. 5), Berlin/New York 2009, S. 87–108.

Huschner 2011/2012
Wolfgang Huschner: Rom – Gnesen – Quedlinburg – Aachen – Rom. Die Reise Kaiser Ottos III. im Jahre 1000, in: Zeitschrift des Aachener Geschichtsvereins 113/114 (2011/2012), S. 31–59.

Huschner 2012 (im Druck)
Ravenna, Magdeburg, Kiev, Konstantinopel, Rom. Die Gründung des Erzbistums Magdeburg (967/68) im europäischen Kontext, in: Italien – Mitteldeutschland – Polen. Geschichte und Kultur vom 10. bis zum 18. Jahrhundert, hrsg. v. Wolfgang Huschner, Enno Bünz u. Christian Lübke in Verbindung mit Sebastian Kolditz (= Schriften zur sächsischen Geschichte und Volkskunde), Leipzig (im Druck).

Huyer 2011/2012
Michael Huyer: „...Im Hofe stand noch bis vor kurzem ein karolingisches Kalksteinkapitäl aus der Kaiserpfalz in Jngelheim." – Oder die Wiederentdeckung eines römischen Kapitells in Nieder-Saulheim, in: Mainzer Zeitschrift 106/107 (2011/2012), S. 337–342.

Ilkjaer 1990
Jørgen Ilkjaer: Illerup Ådal, Band 1: Die Lanzen und Speere. Textband (= Jutland Archaeological Society publications 25,1), hrsg. v. Jysk Arkaeologisk Selskab, Aarhus 1990.

Ilkjaer 2001
Jørgen Ilkjaer: Illerup Ådal, Band 9: Die Schilde. Textband (= Jutland Archaeological Society publications 25,9), hrsg. v. Jysk Arkaeologisk Selskab, Aarhus 2001.

Jacobs/Ukert 1835–1838
Friedrich Jacobs u. Friedrich August Ukert: Beiträge zur ältern Litteratur oder Merkwürdigkeiten der Herzogl. öffentlichen Bibliothek zu Gotha, 3 Bände, Leipzig 1835–1838.

Jacobsen 1989
Werner Jacobsen: Die Abteikirche von Saint-Denis als kunstgeschichtliches Problem, in: La Neustrie. Les pays au nord de la Loire de 650 à 850. Colloque historique international, hrsg. v. Hartmut Atsma (= Beihefte der Francia 16), Sigmaringen 1989, Band 2, S. 151–184.

Jacobsen 1993
Peter Christian Jacobsen: Die Vita des Johannes von Gorze und ihr literarisches Umfeld. Studien zur Gorzer und Metzer Hagiographie des 10. Jahrhunderts, in: L'abbaye de Gorze au Xᵉ siècle, hrsg. v. Michel Parisse u. Otto Gerhard Oexle, Nancy 1993, S. 25–50.

Jahresbericht des RGZM 1996
Jahresbericht des Römisch-Germanischen Zentralmuseums, in: Jahrbuch des Römisch-Germanischen Zentralmuseums 43/2 (1996), S. 746–747.

Jakob 2004
Andreas Jakob: Königskirche und Kollegiatstift: aus der tausendjährigen Geschichte von St. Martin in Forchheim, in: Forchheim in Geschichte und Gegenwart. Beiträge aus Anlass der 1200-Jahr-Feier, hrsg. v. Hermann Ammon, Bamberg 2004, S. 115–136.

Jakob 2006
Andreas Jakob: Die Martinskirchen in Franken. Eine Studie zur Vorgeschichte und Gründung des Bistums Bamberg, in: Das Bistum Bamberg um 1007. Festgabe zum Millennium, hrsg. v. Josef Urban (= Studien zur Bamberger Bistumsgeschichte 3), Bamberg 2006, S. 104–143.

Jakob 2007
Andreas Jakob: In exponierter Grenzlage: Siedlungs- und Kirchengeschichte am Schnittpunkt der Bistümer Bamberg, Würzburg und Eichstätt, in: Das Himmelreich zu Erlangen – offen aus Tradition? Aus 1000 Jahren Bamberger Bistumsgeschichte, hrsg. v. Andreas Jakob, Hans Markus Horst u. Helmut Schmitt (= Veröffentlichungen des Stadtarchivs Erlangen 5), Nürnberg 2007, S. 46–55.

Jakobi 1978
Franz-Josef Jakobi: Die geistlichen und weltlichen Magnaten in den Fuldaer Totenannalen, in: Schmid, Klostergemeinschaft, Bd. VIII, 2/2, S. 792-887.

James 1921
Montague Rhodes James: A descriptive catalogue of the latin manuscripts in the John Rylands Library at Manchester, Manchester u. a. 1921.

James 2001
Liz James: Empresses and power in Early Byzantium, Leicester 2001.

Janin 1964
Raymond Janin: Constantinople byzantine. Développement urbain et répertoire topographique, Paris ²1964.

Johaneck 1998
Peter Johanek: Die karolingischen Diplome der Francia orientalis, in: Typologie der Königsurkunden, hrsg. v. Jan Bistrický, Olomouc 1998, S. 115–125.

Johannig 2003
Gregor Johanning: Stilgeschichte des spätantiken Porträts (= Antiquitates 24), Phil. Diss., Hamburg 2003.

John 1976
Herwig John (Hrsg.): Collectio canonum Remedio Curiensi episcopo perperam ascripta (= Monumenta Iuris Canonici. Series B: Corpus collectionum 2), Vatikanstadt 1976.

Johne 2006
Klaus-Peter Johne: Die Römer an der Elbe. Das Stromgebiet der Elbe im geographischen Weltbild und im politischen Bewußtsein der griechisch-römischen Antike, Berlin 2006.

Johne 2008
Klaus-Peter Johne (Hrsg.): Die Zeit der Soldatenkaiser. Krise und Transformation des Römischen Reiches im 3. Jahrhundert n. Chr., 2 Bände, Berlin 2008.

Johnson 2009
Mark J. Johnson: The Roman imperial mausoleum in late antiquity, Cambridge 2009.

de Jong 2001
Mayke B. de Jong: Exegisis for an Empress, in: Medieval Transformations. Texts, Power and Gifts in Context (= Cultures, beliefs and traditions 11), hrsg. v. Esther Cohen u. Mayke B. de Jong, Leiden u.a. 2001, S. 69–100.

Jucker 1971
Hans Jucker: Rezension zu: Helga von Heintze: Die antiken Porträts der landgräflich-hessischen Sammlungen im Schloss Fasanerie bei Fulda, Mainz 1968, in: Gnomon 43 (1971), S. 801–809.

Junkelmann 1990–1992
Marcus Junkelmann: Die Reiter Roms, 3 Bände, Mainz 1990–1992.

Jussen 2005
Bernhard Jussen: Wie die poströmischen Könige sich in Selbstdarstellung übten: um 567, in: Die Macht des Königs. Herrschaft in Europa vom Frühmittelalter bis in die Neuzeit, hrsg. v. Bernhard Jussen, München 2005, S. 14–26.

Kaczynski/Westra 1988
Bernice M. Kaczynksi u. Haijo Jan Westra: The Motif of the Hypocritical Wolf in medieval Greek and Latin Animal Literature, in: The Sacred Nectar of the Greeks: The Study of Greek in the West in the Early Middle Ages, hrsg. v. Michael Herren, London 1988, S. 105–141.

Kähler 1939
Heinz Kähler: Die römischen Kapitelle des Rheingebietes, Berlin 1939.

Kahsnitz 1991
Rainer Kahsnitz: Ein Bildnis der Theophanu? Zur Tradition der Münz- und Medaillon-Bildnisse in der karolingischen und ottonischen Buchmalerei, in: Kaiserin Theophanu. Begegnung des Ostens und Westens um die Wende des ersten Jahrtausends. Gedenkschrift des Kölner Schnütgen-Museums zum 1000. Todestag der Kaiserin, hrsg. v. Anton von Euw u. Peter Schreiner, Band 2, Köln 1991, S. 101–134.

Kahsnitz 1998
Rainer Kahsnitz: Intaglio: Kreuzverehrung und Kaiserinvestitur, in: Ausst.-Kat. München 1998, S. 113–118.

Kahsnitz 1998/1999
Rainer Kahsnitz: Ottonische Emails. Zum Stand der Forschung, in: Zeitschrift des Deutschen Vereins für Kunstwissenschaft 52/53 (1998/1999), S. 115–150.

Kahsnitz 2010
Rainer Kahsnitz: Die Elfenbeinskulpturen der Adagruppe. Hundert Jahre nach Adolph Goldschmidt. Versuch einer Bilanz der Forschung zu den Elfenbeinen Goldschmidt I, 1–39, in: Zeitschrift des deutschen Vereins für Kunstwissenschaft 64 (2010), S. 9–173.

Kaiser 2004 (a)
Reinhold Kaiser: Das römische Erbe und das Merowingerreich (= Enzyklopädie deutscher Geschichte 26), Oldenbourg ³2004.

Kaiser 2004 (b)
Reinhold Kaiser: Die Burgunder (= Urban Taschenbuch 568), Stuttgart 2004.

Kalavrezou-Maxeiner 1977
Ioli Kalavrezou-Maxeiner: Eudokia Makrembolitissa and the Romanos Ivory, in: Dumbarton Oaks Papers 31 (1977), S. 305–325.

Kalavrezou 1997
Ioli Kalavrezou: Helping Hands for the Empire: Imperial Ceremonies and the Cult of Relics at the Court, in: Byzantine Court Culture from 829–1204, hrsg. v. Henry Maguire, Washinhton D.C. 1997, S. 53–79.

Kalavrezou 2003
Ioli Kalavrezou (Hrsg.): Byzantine Women and their World, Cambridge 2003.

Kaltsas 2003
Nikolaos Kaltsas: Sculpture in the National Archaeological Museum Athens, Los Angeles 2003.

Kaminski/Sollig 2011
Jelena Kaminski u. Sigrid Sollig: Pfalz Werla – Rekonstruktion und Massenermittlung zu Kapelle und Estrichbau, in: Nachrichten aus Niedersachsens Urgeschichte 80 (2011), S. 161–178.

Kampers 2005
Gerd Kampers: Artikel Toledo, in: Reallexikon der germanischen Altertumskunde 31 (2005), S. 45–48.

Kampers 2008
Gerd Kampers: Geschichte der Westgoten, Paderborn 2008.

Karpf 1985
Ernst Karpf: Herrscherlegitimation und Reichsbegriff in der ottonischen Geschichtsschreibung des 10. Jahrhunderts, Stuttgart 1985.

Kasten 2011
Brigitte Kasten: Kaiserinnen in karolingischer Zeit. Irmingard, Judith, Irmingard, Angilberga, Richildis, Richgard, Ageltrude, Oda/Uota, Adelheid und Anna, in: Die Kaiserinnen des Mittelalters, hrsg. v. Amalie Fößel, Regensburg 2011, S. 11–34.

Kaufmann-Heinimann 2003
Annemarie Kaufmann-Heinimann: Decennalienplatte des Constans, in: Der spätrömische Silberschatz von Kaiseraugst. Die neuen Funde. Silber im Spannungsfeld von Geschichte, Politik und Gesellschaft der Spätantike (= Forschung in Augst 34), hrsg. v. Martin A. Guggisberg, Augst 2003, S. 117–170.

Keim 2007
Stephanie Keim: Kontakte zwischen dem alamannisch-bajuwarischen Raum und dem langobardenzeitlichen Italien (= Internationale Archäologie 98), Rahden 2007.

Keller 1998
Hagen Keller: Zu den Siegeln der Karolinger und Ottonen. Urkunden als Hoheitszeichen des Königs mit seinen Getreuen; in: Frühmittelalterliche Studien 32 (1998), S. 400–441.

Keller 1999
Hagen Keller: Entscheidungssituationen und Lernprozesse in den „Anfängen der deutschen Geschichte". Die Italien- und Kaiserpolitik Ottos des Großen, in: Frühmittelalterliche Studien 33 (1999), S. 20–48.

Keller 2001 (a)
Hagen Keller: Das neue Bild des Herrschers. Zum Wandel der Herrschaftsrepräsentation unter Otto dem Großen, in: Ottonische Neuanfänge. Symposium zur Ausstellung Otto der Große. Magdeburg und Europa, hrsg. v. Bernd Schneidmüller u. Stefan Weinfurter, Mainz 2001, S. 189–211.

Keller 2001 (b)
Hagen Keller: Die Kaiserkrönung Ottos des Großen. Voraussetzungen, Ereignisse, Folgen, in: Ausst.-Kat. Magdeburg 2001, Band 1 (Essays), S. 461–480.

Keller 2002
Hagen Keller: Ottonische Königsherrschaft. Organisation und Legitimation königlicher Macht, Darmstadt 2002.

Keller/Althoff 2008
Hagen Keller u. Gerd Althoff: Die Zeit der späten Karolinger und der Ottonen. Krisen und Konsolidierungen 888–1024, hrsg. v. Alfred Haverkamp (= Handbuch der deutschen Geschichte 3), Stuttgart ¹⁰2008.

Kenner 1885
Friedrich Kenner: Römische Medaillons, in: Jahrbuch der Kunsthistorischen Sammlungen des Allerhöchsten Kaiserhauses (ab 1919 Jahrbuch der Kunsthistorischen Sammlungen in Wien) 3 (1885), S. 61–100.

Kenner 1887
Friedrich Kenner: Der römische Medaillon, in: Numismatische Zeitschrift 19 (1887), S. 1–173.

Kentenich 1919
Gottfried Kentenich (Bearb.): Die juristischen Handschriften der Stadtbibliothek Trier (= Beschreibendes Verzeichnis der Handschriften der Stadtbibliothek zu Trier 9), Trier 1919.

Kerner 2004
Max Kerner: Karl der Große. Ein Mythos wird entschleiert, Düsseldorf 2004.

Kéry 1999
Lotte Kéry: A canonical collections of the Early Middle Ages (ca. 400–1140). A bibliographical guide to the manuscripts and literature, Washington D.C. 1999.

Keuffer 1888
Max Keuffer (Bearb.): Die Bibelhandschriften der Stadtbibliothek Trier (= Beschreibendes Verzeichnis der Handschriften der Stadtbibliothek zu Trier 1), Trier 1888.

Kienast 2009
Dietmar Kienast: Augustus. Prinzeps und Monarch, Darmstadt ⁴2009.

Kier 1970
Hiltrud Kier: Der Mittelalterliche Schmuckfußboden unter besonderer Berücksichtigung des Rheinlandes, Phil. Diss., Düsseldorf 1970.

Kiilerich 1993
Bente Kiilerich: Late fourth century classicism in the plastic arts. Studies in the so-called Theodosian renaissance (= Odense University Classical Studies 18), Odense 1993.

Kirchweger 2005
Franz Kirchweger (Hrsg.): Die Heilige Lanze in Wien. Insignie, Reliquie, „Schicksalsspeer" (= Schriften des Kunsthistorischen Museums 9), Wien 2005.

Kitzinger 1955
Ernst Kitzinger: Early medieval art in the British Museum, London 1940 (Neuauflage 1955).

Kleemann/Plietzsch 2001
Jörg Kleemann u. Sarah Plietzsch: Archäologie des Abwesenden – Untersuchungen zu römischen Münzen tetrarchischer bis valentinianisch-theodosianischer Zeit aus Nordostdeutschland nebst einigen Anmerkungen zu Waffengräbern des 4. Jahrhunderts im Saale-Gebiet, in: „...trans Albim fluvium". Forschungen zur vorrömischen, kaiserzeitlichen und mittelalterlichen

Archäologie. Festschrift für Achim Leube zum 65. Geburtstag, hrsg. v. Michael Meyer, Rahden 2001, S. 307–320.

Klein 2003
Michael J. Klein: Römische Schwerter aus Mainz, in: Die Römer und ihr Erbe. Fortschritt durch Innovation und Integration, hrsg. v. Michael J. Klein, Mainz 2003, S. 43–54.

Klein 2004
Holger A. Klein: Byzanz, der Westen und das „wahre" Kreuz. Die Geschichte einer Reliquie und ihrer künstlerischen Fassung in Byzanz und im Abendland, Wiesbaden 2004.

Klein 2006
Holger A. Klein: Sacred Relics and Imperial Ceremonies at the Great Palace of Constantinople, in: Visualisierungen von Herrschaft, hrsg. v. Franz Alto Bauer, (= Byzas 5), Istanbul 2006, S. 79–99.

Kleiner 1989
Fred S. Kleiner: The study of Roman triumphal and honorary arches 50 years after Kähler, in: Journal of Roman Archaeology 2 (1989), S. 195–206.

Kleiner 1992
Diana E. E Kleiner: Roman Sculpture, New Haven 1992.

Klöckener 1995
Martin Klöckener: Art. Pontifikale, in: Lexikon des Mittelalters 7 (1995), Sp. 96.

Kluge 1991
Bernd Kluge: Deutsche Münzgeschichte von der späten Karolingerzeit bis zum Ende der Salier (ca. 900 bis 1125), (= Monographien des Romisch-Germanischen Zentralmuseums 29), Sigmaringen 1991.

Kluge 1996
Bernd Kluge: Münzen der Merowingerzeit, in: Ausst.-Kat. Mannheim 1996, Band 2, S. 1127–1139.

Kluge 1999 (a)
Bernd Kluge: Ein Ingelheimer Goldmünzfund von 1996, in: Archäologie in Deutschland 1 (1999), S. 34–37.

Kluge 1999 (b)
Bernd Kluge: Nomen imperatoris und Christiana Religio. Das Kaisertum Karls des Großen und Ludwigs des Frommen im Licht der numismatischen Quellen, in: Ausst.-Kat. Paderborn 1999, Band 1, S. 82–90.

Kluge 1999 (c)
Bernd Kluge: Münzen Karls des Großen und Ludwig des Frommen, in: Ausst.-Kat. Paderborn 1999, Band 1, S. 65–73.

Kluge 2001
Bernd Kluge: OTTO REX/OTTO IMP. Zur Bestandsaufnahme der ottonischen Münzprägung, in: Ottonische Neuanfänge, Symposion zur Ausstellung Otto der Große, Magdeburg und Europa, hrsg. v. Bernd Schneidmüller u. Stefan Weinfurter, Mainz 2001, S. 85–112.

Kluge 2002
Bernd Kluge: Die Bildnispfennige Karls des Großen, in: Moneta Mediaevalis. Studia numizmatyczne i historyczne ofiarowane Profesorowi Stanisławowi Suchodolskiemu w 65. rocznicę urodzin (= Festschrift für Stanisław Suchodolski), hrsg. v. Ryszard Kiersnowski, Warschau 2002, S. 367–377.

Kluge 2007
Bernd Kluge: Numismatik des Mittelalters, Band 1: Handbuch und Thesaurus Nummorum Medii Aevi, Berlin/Wien 2007.

Klumbach 1970
Hans Klumbach: Altes und neues zum „Schwert des Tiberius", in: Jahrbuch des Römisch-Germanischen Zentralmuseums Mainz 17 (1970) 123–132.

Kneissl 1969
Peter Kneissl: Die Siegestitulatur der römischen Kaiser. Untersuchungen zu den Siegerbeinamen des ersten und zweiten Jahrhunderts (= Hypomnemata 23), Göttingen 1969.

Knittelmayer/Heilmeyer 1998
Brigitte Knittelmayer u. Wolf-Dieter Heilmeyer (Hrsg.): Die Antikensammlung. Altes Museum, Pergamonmuseum, Berlin ²1998.

Köb 2000
Ingrun Köb: Rom – ein Stadtzentrum im Wandel. Untersuchungen zur Funktion und Nutzung des Forum Romanum und der Kaiserfora in der Kaiserzeit, Phil. Diss., Hamburg 2000.

Koch 1926
Alfred Koch: Die Ausgrabungen am Dom zu Magdeburg im Jahre 1926, in: Montagsblatt. (= Wissenschaftliche Wochen-

beilage der Magdeburgischen Zeitung, 68. Jahrgang, 1926, Sondernummer), S. 1–24.

Koch 2003
Guntram Koch: Frühchristliche Sarkophage, München 2000 (Neuauflage 2003).

Koch 2008
Manuel Koch: La imperialización del Reino visigodo bajo Leovigildo. ¿Es la imitatio imperii de Leovigildo la manifestación de un momento de cambio en la pretensión de poder y la ideología visigodas, in: Pyrenae. Revista de Prehistòria i Antiguitat de la Mediterrània occidental 39,2 (2008), S. 101–117.

Kockel 1993
Valentin Kockel: Porträtreliefs stadtrömischer Grabbauten. Ein Beitrag zur Geschichte und zum Verständnis des spätrepublikanisch- frühkaiserzeitlichen Privatporträts, Mainz 1993.

Koehler 1930–1960
Wilhelm Koehler: Die karolingischen Miniaturen, 3 Bände in 7 Teilbänden, Berlin 1930–1960.

Koehler 1930/1933
Wilhelm Koehler: Die karolingischen Miniaturen. Band 1: Die Schule von Tours, 4 Bände, Berlin 1930/1933.

Koehler 1958
Wilhelm Koehler: Die karolingischen Miniaturen. Band 2: Die Hofschule Karls des Großen, 2 Bände, Berlin 1958.

Koehler 1960
Wilhelm Koehler: Die karolingischen Miniaturen. Band 3: Die Gruppe des Wiener Krönungsevangeliars. Metzer Handschriften, 4 Bände, Berlin 1960.

Koehler/Mütherich 1971
Wilhelm Koehler u. Florentine Mütherich: Die karolingischen Miniaturen. Band 4: Die Hofschule Kaiser Lothars. Einzelhandschriften aus Lotharingen, 2 Bände, Berlin 1971.

Koehler/Mütherich 1982
Wilhelm Koehler u. Florentine Mütherich: Die karolingischen Miniaturen. Band 5: Die Hofschule Karls des Kahlen (= Denkmäler deutscher Kunst), 2 Bände, Berlin 1982.

Koenen 2012 (im Druck)
Ulrike Koenen: Zur Rezeption byzantinischer Kunstwerke im mittelalterlichen Westen, in: Byzanz in Europa. Europas östliches Erbe. Akten des Kolloquiums 'Byzanz in Europa' vom 11. bis 15. Dezember 2007 in Greifswald, hrsg. v. Michael Altripp, S. 321–340 (im Druck).

Koethe 1937
Harald Koethe: Die Trierer Basilika, in: Trierer Zeitschrift für Geschichte und Kunst des Trierer Landes und seiner Nachbargebiete 12 (1937), S. 151–179.

Kohlert-Németh 1988
Maria Kohlert-Németh: Römische Bronzen aus Nida-Heddernheim. Band 1: Götter und Dämonen, Frankfurt am Main 1988.

Kolb 2001
Frank Kolb: Herrscherideologie in der Spätantike, Berlin 2001.

Kolditz 2002
Sebastian Kolditz: Leon von Synada und Liudprand von Cremona. Untersuchungen zu den Ost-West-Kontakten des 10. Jahrhunderts, in: Byzantinische Zeitschrift 95 (2002), S. 509–583.

Kolmer/Reindel 2005
Lothar Kolmer u. Christian Rohr (Hrsg.): Tassilo III. von Bayern. Großmacht und Ohnmacht im 8. Jahrhundert, Regensburg 2005.

Kölzer 1991
Theo Kölzer: Artikel Indiculus loricatorum, in: Lexikon des Mittelalters 5 (1991), Sp. 403–404.

Konecny 1976
Silvia Konecny: Die Frauen des karolingischen Königshauses. Die politische Bedeutung der Ehe und die Stellung der Frau in der fränkischen Herrscherfamilie vom 7. bis zum 10. Jahrhundert (= Dissertationen der Universität Wien 132), Phil. Diss., Wien 1976.

König 2007
Ingemar König: Der römische Staat. Ein Handbuch, Stuttgart 2007.

Koortbojian 2006
Michael Koortbojian: The Bringer of Victory: Imagery and Institutions at the Advent of Empire, in: Representations of War

in Ancient Rome, hrsg. v. Sheila Dillon u. Katherine E. Welch, Cambridge 2006, S. 184–217.

Körber 1912
Karl Körber: Die im Jahre 1911 gefundenen römischen und frühchristlichen Inschriften und Skulpturen, in: Mainzer Zeitschrift 7 (1912), S. 1–27.

Kornbluth 1995
Genevra Kornbluth: Engraved Gems of the Carolingian Empire, University Park 1995.

Kornbluth 2008
Genevra Kornbluth: The seal of Alaric, rex Gothorum, in: Early Medieval Europe 16 (2008), S. 299–332.

Kornemann 1930
Ernst Kornemann: Doppelprinzipat und Reichsteilung im Imperium Romanum, Leipzig/Berlin 1930.

Körner 1997
Hans Körner: Grabmonumente des Mittelalters, Darmstadt 1997.

Kortüm 1985
Hans-Henning Kortüm: Richer von Saint-Remi. Studien zu einem Geschichtsschreiber des 10. Jahrhunderts (= Historische Forschungen 8), Stuttgart 1985.

Kortüm 1999
Hans-Henning Kortüm: Gerbertus qui et Silvester. Papsttum um die Jahrtausendwende, in: Deutsches Archiv für Erforschung des Mitelalters 55 (1999), S. 29–62.

Kostenec 2004
Jan Kostenec: The heart of the empire: The Great Palace of the Byzantine emperors reconsidered, in: Secular buildings and the archaeology of everyday life in the Byzantine Empire, hrsg. v. Ken Dark, Oxford 2004, S. 4–36.

Kraay 1956
Colin M. Kraay: The AES Coinage of Galba (= Numismatic Notes and Monographs 133), New York 1956.

Krämer 1989
Sigrid Krämer: Mittelalterliche Bibliothekskataloge Deutschlands und der Schweiz, Ergänzungsband 1: Handschriftenerbe des deutschen Mittelalters 1, 2 Bände, München 1989.

Krämer 1998
Sigrid Krämer: Bibliographie Bernhard Bischoff und Verzeichnis aller von ihm herangezogenen Handschriften (= Fuldaer Hochschulschriften 27), Frankfurt am Main 1998.

Krämer/Bernhard 1990
Sigrid Krämer u. Michael Bernhard: Mittelalterliche Bibliothekskataloge Deutschlands und der Schweiz. Ergänzungsband 1: Handschriftenerbe des deutschen Mittelalters 3, München 1990.

Krasser/Pausch/Petrovic 2008
Helmut Krasser, Dennis Pausch u. Ivana Petrovic (Hrsg.): Triplici invectus triumpho. Der römische Triumph in augusteischer Zeit (= Potsdamer altertumswissenschaftliche Beiträge 25), Stuttgart 2008.

Krause 2000
Karin Krause: Darstellungen der Kreuzesverehrung auf palästinensischen Pilgerampullen, in: Mitteilungen zur spätantiken Archäologie und byzantinischen Kunstgeschichte 2 (2000), S. 9–51.

Krause 2004
Karin Krause: Immagine-reliquia: da Bisanzio all'Occidente, in: Mandylion. Intorno al Sacro Volto, da Bisanzio a Genova, hrsg. v. Gerhardt Wolf u.a., Mailand 2004, S. 209–235.

Krautheimer/Frazer 1977
Richard Krautheimer u. Alfred K. Frazer: S. Pietro, in: Richard Krautheimer, Spencer Corbett u. Alfred K. Frazer: Corpus basilicarum christianarum Romae (IV–IX Cent.), Band 5, Vatikanstadt 1977, S. 164–279.

Kreilinger 1996
Ulla Kreilinger: Römische Bronzeappliken. Historisches Reliefs im Kleinformat (= Archäologie und Geschichte 6), Heidelberg 1996.

Krenker 1929
Daniel Krencker: Die Trierer Kaiserthermen. Band 1: Ausgrabungsbericht und grundsätzliche Untersuchungen römischer Thermen, Augsburg 1929.

Kreusch 1958
Felix Kreusch: Über Pfalzkapelle und Atrium zur Zeit Karls des Großen, Aachen 1958.

Kreusch 1967
Felix Kreusch: Vom Karlsthron zum Reichssitz. In: Aachener Volkszeitung, 28.01.1967

Krierer 2004
Karl Reinhard Krierer: Antike Germanenbilder, hrsg. v. Jürgen Borchardt, Wien 2004.

Kroll/Hanslick 1951
Wilhelm Kroll u. Rudolf Hanslik: C. Plinius der Ältere. Die Naturalis historia, in: Paulys Real-Encyclopädie der classischen Altertumswissenschaft, Halbband 41, Stuttgart 1952, Sp. 299–439.

Krönung 2011
Bettina Krönung: Diplomatische Kontakte zwischen Byzanz und den muslimischen Arabern, in: Ausst.-Kat. Mainz 2011, S. 68–71.

Kruft 1991
Hanno-Walter Kruft: Geschichte der Architekturtheorie: Von der Antike bis zur Gegenwart, München ³1991.

Krug 1999
Antje Krug: Der sogenannte Mainzer Goldschmuck der Kaiserin Gisela. 1. Fundgeschichte und Erwerb, in: Jahrbuch der Berliner Museen 41 (1999), S. 7–24.

Krug 2007
Antje Krug: Gemmen und Kameen, in: Ausst.-Kat. Trier 2007, S. 132–137.

Krüger 1965
Sabine Krüger: Einige Bemerkungen zur Werla-Forschung, in: Deutsche Königspfalzen 2 (1965), S. 210–264.

Kruse 2012
Karl-Bernhard Kruse: Zur Bautätigkeit Bischof Bernwards in Hildesheim, in: 1000 Jahre St. Michael in Hildesheim. Kirche-Kloster-Stifter, hrsg. v Gerhard Lutz u. Angela Weyer, Petersberg 2012, S. 29–40.

Kubitschek 1909
Wilhelm Kubitschek: Ausgewählte römische Medaillons der Kaiserlichen Münzensammlung in Wien. Aus dem Illustrationsmaterial der Bände I-IX des Jahrbuches der Kunstsammlungen des Allerhöchsten Kaiserhauses neu herausgegeben, Wien 1909.

Kuhn 2005 (a)
Rainer Kuhn: Die ottonische Kirche am Magdeburger Domplatz. Baubefunde und stratigraphische Verhältnisse der Grabungsergebnisse 2001-2003, in: Aufgedeckt. Ein neuer ottonischer Kirchenbau am Magdeburger Domplatz (= Archäologie in Sachsen-Anhalt, Sonderband 3), hrsg. v. Harald Meller u. Wolfgang Schenkluhn, Halle (Saale) 2005, S. 9–49.

Kuhn 2005 (b)
Rainer Kuhn: Gold, Marmor und Edelsteine – Antiken für die Kirche des Kaisers, in: Ausst.-Kat. Magdeburg 2005, S. 61.

Kuhn 2006
Rainer Kuhn: Die Kirche Ottos des Großen und ihre gemauerten Gräber. Die archäologischen Ausgrabungen 2001–2003, in: Der Magdeburger Domplatz – Archäologie und Geschichte 805–1209 (= Magdeburger Museumsschriften 8), Magdeburg 2006, S. 71–100.

Kuhn 2009 (a)
Rainer Kuhn: Die Kirchen des Domhügels. Ein Vorschlag zu ihrer Identifizierung nach den Grabungen, in: Aufgedeckt 2: Forschungsgrabungen am Magdeburger Dom 2006–2009 (= Archäologie in Sachsen-Anhalt, Sonderband 13), hrsg. v. Harald Meller, Wolfgang Schenkluhn u. Boje E. Schmuhl, Halle (Saale) 2009, S. 221–234.

Kuhn 2009 (b)
Rainer Kuhn: Die Vorgängerbauten unter dem Magdeburger Dom, in: Aufgedeckt 2: Forschungsgrabungen am Magdeburger Dom 2006–2009 (= Archäologie in Sachsen-Anhalt, Sonderband 13), hrsg. v. Harald Meller, Wolfgang Schenkluhn u. Boje E. Schmuhl, Halle (Saale) 2009, S. 31–86.

Kuhn 2012 (a)
Rainer Kuhn: Zum Stand der Erforschung der Grablege von Königin Editha, in: Der Magdeburger Dom im europäischen Kontext, hrsg. v. Wolfgang Schenkluhn u. Andreas Waschbüsch, Regensburg 2012, S. 109–117.

Kuhn 2012 (b)
Rainer Kuhn: Die sakrale Bebauung vor 1209 auf dem Magdeburger Domhügel, in: Der Magdeburger Dom im europäischen Kontext, hrsg. v. Wolfgang Schenkluhn u. Andreas Waschbüsch, Regensburg 2012, S. 43–58.

Kuhn/Hartung 2012
Rainer Kuhn u. Claudia Hartung: Das Bruchstück einer römischen Marmorbüste vom Magdeburger Domplatz. Bemerkungen zu einem Altfund, in: Finden und Verstehen. Festschrift für Thomas Weber zum sechzigsten Geburtstag, hrsg. v. Hans-Jürgen Beier u.a. (= Beiträge zur Ur- und Frühgeschichte Mitteleuropas 66), Langenweißbach 2012, S. 267–278.

Kuhn/Ristow 2009
Rainer Kuhn u. Sebastian Ristow: Wertvolle Stützen der Kirche. Ottonische Bauausstattung in Magdeburg und Köln, in: Archäologie in Deutschland 6 (2009), S. 6–11.

Kuhn/Schubert 2011
Rainer Kuhn: Neues zur Königin Edith. Mit einem Beitrag von Ernst Schubert, in: Archäologie in Sachsen-Anhalt 5 (2011), S. 46–54.

Kühnel 2003
Bianca Kühnel: The end of time in the order of things. Science and eschatology in medieval art, Regensburg 2003.

Kuhoff 2001
Wolfgang Kuhoff: Diokletian und die Epoche der Tetrarchie. Das römische Reich zwischen Krisenbewältigung und Neuaufbau (284–313 n. Chr.), Frankfurt am Main 2001.

Kunst 2008
Christiane Kunst: Livia. Macht und Intrigen am Hof des Augustus, Stuttgart 2008.

Kunz 2005
Brigitta Kunz: Von der Burg zur Stadt, in: Schaufenster der Archäologie. Neues aus der archäologischen Forschung in Magdeburg, hrsg. v. der Landeshauptstadt Magdeburg und dem Landesamt für Denkmalpflege und Archäologie Sachsen-Anhalt, Magdeburg/Halle (Saale) 2005, S. 121–126.

Künzl 1988
Ernst Künzl: Der römische Triumph. Siegesfeiern im antiken Rom (= Becks archäologische Bibliothek), München 1988.

Künzl 1993
Ernst Künzl: Die Alamannenbeute aus dem Rhein bei Neupotz. Plünderungsgut aus dem römischen Gallien, Mainz 1993.

Künzl 2008
Ernst Künzl: Unter den goldenen Adlern. Der Waffenschmuck des römischen Imperiums, Regensburg/Mainz 2008.

Künzl/Künzl 2002 (a)
Ernst Künzl u. Susanna Künzl: Römische Bronzegefäße, in: Das germanische Königsgrab von Mušov in Mähren. Band 2, hrsg. v. Jaroslav Peška u. Jaroslav Tejral, Mainz 2002, S. 357–366.

Künzl/Künzl 2002 (b)
Ernst Künzl u. Susanna Künzl: Römische Metallgefäße, in: Das germanische Königsgrab von Mušov in Mähren. Band 3, hrsg. v. Jaroslav Peška u. Jaroslav Tejral, Mainz 2002, S. 569–580.

Kurze 1903
Friedrich Kurze: Die verlorene Chronik von St. Denis (–805), ihre Bearbeitungen und die daraus abgeleiteten Quellen, in: Neues Archiv der Gesellschaft für ältere deutsche Geschichtskunde 28 (1903), S. 9–35.

Kuzsinszky 1924
Valentin Kuzsinszky: Aquincum. Führer durch die Ausgrabung und das Museum, Budapest 1924.

Kuzsinszky 1932
Bálint (Valentin) Kuzsinszky: A gázgyári római fazekastelep Aquincumban. Das große römische Töpferviertel beim Gaswerk in Aquincum (= Budapest Régiségei 11), Budapest 1932.

Labus 1838
Giovanni Labus: Museo Bresciano illustrato, Brescia 1838.

Labusiak 2009
Thomas Labusiak: Die Ruodprechtgruppe der ottonischen Reichenauer Buchmalerei. Bildquellen – Ornamentik – stilgeschichtliche Voraussetzungen, Berlin 2009.

Labusiak 2011 (a)
Thomas Labusiak: Islamische Pracht an christlichen Heiltümern. Bergkristallgefäße und Reliquien, in: Frauen bauen Europa, Internationale Verflechtungen des Frauenstifts Essen, hrsg. v. Thomas Schilp (= Essener Forschungen zum Frauenstift 9), Essen 2011, S. 227–247.

Labusiak 2011 (b)
Thomas Labusiak: Die Kölner Buchmalerei des frühen und hohen Mittelalters: ein Überblick, in: Glanz und Größe des Mittelalters. Kölner Meisterwerke aus den großen Sammlungen der Welt, hrsg. v. Dagmar Täube u. Miriam Verena Fleck, München 2011, S. 36–49.

Ladner 1988
Gerhart B. Ladner: L'immagine dell'imperatore Ottone III (= International Union of Institutes of Archaeology, History and Art History in Rome 5), Rom 1988.

Lafaurie 1978
Jean Lafaurie: Les monnaies impériales de Charlemagne, in: Comptes-rendus des séances de l'académie des Inscriptions et Belles-lettres 122 (1978), S. 154–176.

Lahusen 1989
Götz Lahusen: Die Bildnismünzen der römischen Republik, München 1989.

Lahusen 2010
Götz Lahusen: Römische Bildnisse. Auftraggeber – Funktionen – Standorte, Darmstadt 2010.

Lahusen/Formigli 1994
Götz Lahusen u. Edilberto Formigli: Der Gordian aus Niederbieber, in: Akten der 10. Internationalen Tagung über antike Bronzen in Freiburg 1988, Stuttgart 1994, S. 257–263.

Lahusen/Formigli 2001
Götz Lahusen u. Edilberto Formigli: Römische Bildnisse aus Bronze. Kunst und Technik, München 2001.

Lamm 1930/1931
Carl Johan Lamm: Mittelalterliche Gläser und Steinschnittarbeiten aus dem Nahen Osten, Berlin 1930/31.

Landau (im Druck)
Peter Landau: Das Capitulare de villis – eine Verordnung Ludwigs des Frommen, in: La productivité d'une crise. Le règne de Louis le Pieux (814–840) et la transformation de l'Empire carolingien, hrsg. v. Philippe Depreux u. Stefan Esders (im Druck).

Laudage 2001
Johannes Laudage: Otto der Große. Eine Biographie, Regensburg 2001.

Leader-Newby 2004
Ruth E. Leader-Newby: Silver and society in late antiquity. Functions and meanings of silver plate in the fourth to seventh centuries, Aldershot 2004.

Leeb 1991
Rudolf Leeb: Zum Ursprung des Kaiserbildes im Kreuz, in: Jahrbuch der Österreichischen Byzantinistik 41 (1991) S. 1–14.

Lehmann 1908
Paul Lehmann: Franciscus Modius als Handschriftenforscher (= Quellen und Untersuchungen zur lateinischen Philologie des Mittelalters 3,1), München 1908.

Lehmann 1911
Paul Lehmann: Iohannes Sichardus und die von ihm benutzten Bibliotheken und Handschriften (= Quellen und Untersuchungen zur lateinischen Philologie des Mittelalters 4,1), München 1911.

Lehmann 2011
Gustav Adolf Lehmann: Imperium und Barbaricum. Neue Befunde und Erkenntnisse zu den römisch-germanischen Auseinandersetzungen im nordwestdeutschen Raum – von der augusteischen Okkupationsphase bis zum Germanien-Zug des Maximinus Thrax (235 n. Chr.), Wien 2011.

Leitschuh/Fischer/Dreßler 1887–1966
Katalog der Handschriften der Königlichen Bibliothek zu Bamberg, bearb. v. Friedrich Leitschuh, Hans Fischer u. Fridolin Dreßler, 4 Bände in 14 Teilbänden, Leipzig/Bamberg/Wiesbaden 1887–1966.

Lémant u.a. 1985
Jean-Pierre Lémant u.a.: Le cimetière et la fortification du bas-empire de Vireux-Molhain (= Monographie des Römisch-Germanischen Zentralmuseums Mainz 7), Mainz 1985.

Lennartsson 1997/1998
Monika Lennartsson: Karolingische Metallarbeiten mit Pflanzenornamentik, in: Offa 54/55 (1997/98) S. 431–619.

Leopold 1983
Gerhard Leopold: Der Dom Ottos I. zu Magdeburg. Überlegungen zu seiner Baugeschichte, in: Architektur des Mittelalters – Funktion und Gestalt, hrsg. v. Friedrich Möbius u. Ernst Schubert, Weimar 1983, S. 63–83.

Lepie/Minkenberg 2010
Herta Lepie u. Georg Minkenberg: Der Domschatz zu Aachen, Regensburg 2010.

Leppin 2003
Hartmut Leppin: Theodosius der Große (= Gestalten der Antike), Darmstadt 2003.

Leppin 2007
Hartmut Leppin: Old religions transformed. Religios and policy from Decius to Constantine, in: A Companion to Roman Religion, hrsg. v. Jörg Rüpke, London 2007, S. 96–108.

Leppin 2010
Hartmut Leppin: Das Erbe der Antike, München 2010.

Leppin 2012
Hartmut Leppin: Kaisertum und Christentum in der Spätantike, in: Kaisertum im ersten Jahrtausend, hrsg. v. Hartmut Leppin, Bernd Schneidmüller u. Stefan Weinfurter, Regensburg 2012, S. 153–172.

Leppin/Schneidmüller/Weinfurter 2012
Hartmut Leppin, Bernd Schneidmüller u. Stefan Weinfurter (Hrsg.): Kaisertum im ersten Jahrtausend. Wissenschaftlicher Begleitband zur Landesausstellung Otto der Große und das Römische Reich. Kaisertum von der Antike zum Mittelalter", Regensburg 2012.

Leppin/Ziemssen 2007
Hartmut Leppin u. Hauke Ziemssen: Maxentius. Der letzte Kaiser in Rom, Mainz 2007.

Lersch 1849
Laurenz Lersch: Das sogenannte Schwert des Tiberius. Ein römischer Ehrendegen aus der Zeit dieses Kaisers im Besitze des Herrn Kunsthändlers Josef Gold in Maynz (= Einladungsprogramm zu der an Winckelmanns Geburtstage, den 9. December 1848, stattfinden General-Versammlung des Vereins von Alterthumsfreunden im Rheinland), Bonn 1849.

Letzner 2009
Wolfram Letzner: Der römische Circus. Massenunterhaltung im Römischen Reich, Mainz 2009.

Levi 1926
Alda Levi: Le terrecotte figurate del Museo Nazionale di Napoli, Florenz 1926.

Libri 1842
Guglielmo Libri: Notice des manuscrits de quelques bibliothèques des départements, in: Journal des savants (1842), S. 39–55.

Libri 1849
Guglielmo Libri: Manuscrits de la Bibliothèque de l'École de Médecine de Montpellier, in: Catalogue général des manuscrits des Bibliothèques publiques des Départements, hrsg. v. Guglielmo Livri, Band 1, Paris 1849, S. 281–477.

Licht 2008
Tino Licht: Hrotsvitspuren in ottonischer Dichtung (nebst einem neuen Hrotsvitgedicht), in: Mittellateinisches Jahrbuch 43/3 (2008) S. 347–353.

Liegle 1941
Josef Liegle: Die Münzprägung Octavians nach dem Sieg von Actium und die römische Kunst, in: Jahrbuch des Deutschen Archäologischen Instituts 56 (1941) S. 91–119.

Lilie 1991
Ralph-Johannes Lilie: Artikel Krönung, in: Reallexikon zur byzantinischen Kunst 2 (1991), S. 439–454.

Lilie 1994
Ralph-Johannes Lilie: Byzanz. Kaiser und Reich, Köln/Weimar/Wien 1994.

Lilie 2003
Ralph-Johannes Lilie: Byzanz. Das zweite Rom, Berlin 2003.

Lindenschmit 1904
Ludwig Lindenschmit: Museographie, in: Westdeutsche Zeitschrift 23 (1904), S. 352–354.

Lindner 1972
Klaus Lindner: Untersuchungen zur Frühgeschichte des Bistums Würzburg und des Würzburger Raumes (= Veröffentlichungen des Max-Planck-Instituts für Geschichte 35), Göttingen 1972.

Lippold 1952
Georg Lippold: Zum Schwert des Tiberius, in: Festschrift des Römisch-Germanischen Zentralmuseums in Mainz zur Feier seines hundertjährigen Bestehens, Band 1, Mainz 1952, S. 4–11.

Little 1977
Charles T. Little: The Magdeburg ivory group. A tenth century New Testament narrative cycle, Phil. Diss., New York 1977.

Lott 2004
J. Bert Lott: The neighborhoods of Augustan Rome, Cambridge 2004.

Lowden 1999
John Lowden: The beginnings of biblical illustration, in: Imaging the Early Medieval Bible, hrsg. v. John Williams, Pennsylvania 1999, S. 9–59.

Lowe 1959
Codices Latini antiquiores. A palaeographical guide to Latin manuscripts prior to the ninth century, hrsg. v. Elias Avery Lowe, Band 8: Germany (Altenburg – Leipzig), Oxford ^{3}1959.

Löwe 1961
Heinz Löwe: Dialogus de statu sanctae ecclesiae. Das Werk eines Iren im Laon des 10. Jahrhunderts, in: Deutsches Archiv für Erforschung des Mittelalters 17 (1961), S. 12–90.

Löwe 1963
Heinz Löwe: Kaisertum und Abendland in ottonischer und frühsalischer Zeit, in: Historische Zeitschrift 196 (1963), S. 529–562.

Lubich 1996
Gerhard Lubich: Auf dem Weg zur „Güldenen Freiheit". Herrschaft und Raum in der Francia Orientalis von der Karolinger- zur Stauferzeit (= Historische Studien 449), Husum 1996.

Lucherhandt 2006
Manfred Luchterhandt: Stolz und Vorurteil. Der Westen und die byzantinische Hofkultur im Frühmittelalter, in: Visualisierungen von Herrschaft, hrsg. v. Franz Alto Bauer (= Byzas 5), Istanbul 2006, S. 171–212.

Luchs 2000
Alison Luchs: Winged Victory, in: European sculpture of the nineteenth Century (= The collections of the National Gallery of Art, Washington. Systematic Catalogue), hrsg. v. Ruth Butler u. Suzanne Glover Lindsay, New York/Oxford 2000, S. 58–63.

Ludowici/Forster 2005
Babette Ludowici u. Christian Forster: Die Kirchen des Kaisers – Der Magdeburger Domplatz im 10. Jahrhundert, in: Ausst.-Kat. Magdeburg 2005, S. 55–56.

Ludwig 2005
Uwe Ludwig: Das Gedenkbuch von San Salvatore in Brescia. Ein Memorialzeugnis aus dem karolingischen Italien, in: Memoria. Ricordare e dimenticare nella cultura del medioevo, hrsg. v. Michael Borgolte, Cosimo Damiano Fonseca u. Hubert Houben (= Annali dell'Istituto storico italo-germanico in Trento 15), Bologna 2005, S. 169–200.

Lülfing/Teitge 1981
Hans Lülfing u. Hans-Erich Teitge: Handschriften und alte Drucke. Kostbarkeiten aus Bibliotheken der DDR, Wiesbaden 1981.

Lullies 1974
Reinhard Lullies: Zur Victoria aus Fossombrone und zu den Bienen von Napoleon, in: Mélanges Mansel 1 (1974), S. 319–326.

Lummel 1991
Peter Lummel: „Zielgruppen" römischer Staatskunst. Die Münzen der Kaiser Augustus bis Trajan und die trajanischen Staatsreliefs (= Quellen und Forschungen zur Antiken Welt 6) München 1991.

Maaß/Schneider 1985
Michael Maaß u. Rolf Michael Schneider: Wege zur Klassik. Führer durch die Antikenabteilung des Badischen Landesmuseums Karlsruhe. Mit einem Essay über die Klassik von Michael Maaß, Karlsruhe 1985.

MacLean 2003
Simon MacLean: Kingship and politics in the late ninth century. Charles the Fat and the end of the Carolingian Empire (= Cambridge studies in medieval life and thought, 4,57), Cambridge 2003.

MacLean 2007
Simon MacLean: „After his death a great tribulation came to Italy ...". Dynastic politics and aristocratic factions after the death of Louis II, c. 870–c. 890, in: Millennium-Jahrbuch 4 (2007), S. 239–260.

Maderna 1988
Caterina Maderna: Iuppiter, Diomedes und Merkur als Vorbilder für römische Bildnisstatuen. Untersuchungen zum römischen statuarischen Idealporträt (= Archäologie und Geschichte 1), Heidelberg 1988.

Maderna-Lauter 1988
Caterina Maderna-Lauter: Glyptik, in: Ausst.-Kat. Berlin 1988, S. 441–473.

Magnani 2008
Alberto Magnani: „Imitatio Imperii". Note sull'influsso del modello politico bizantino nello sviluppo dei Regni romanobarbari, in: Studi sull'oriente cristiano 12 (2008), S. 5–17.

Majocchi 2008
Piero Majocchi: Pavia città regia: storia e memoria di una capitale medieval (= Altomedievale 6), Rom 2008.

Maioli 2003
Maria Grazia Maioli: Die Topographie Ravennas, in: Ausst.-Kat. Trier 2003, S. 108–113.

Mamboury u.a. 1934
Ernest Mamboury u. a.: Die Kaiserpaläste von Konstantinopel zwischen Hippodrom und Marmara-Meer, Berlin 1934.

Mango 1959
Cyril Mango: The Brazen House: a study of the vestibule of the Imperial Palace of Constantinople (= Arkaeologisk-kunsthistoriske meddelelser 4/4), Kopenhagen 1959.

Mango 1997
Cyril Mango: The Palace of the Boukoleon, in: Cahiers archéologiques 45 (1997), S. 41–50.

Mansuelli 1958
Guido Achille Mansuelli: Galleria degli Uffizi. Le sculture I (= Cataloghi dei musei e gallerie d'Italia), Rom 1958.

Marcattili 2009
Francesco Marcattili: Circo Massimo. Architteture, funzioni, culti, ideologia (= Bulletino della Commissione archeologica comunale di Roma, Supplementi 19), Rom 2009.

Marchet 2008
Gwenaëlle Marchet: Mittere mappam (Mart. 12.28.9): du signal de départ à la théologie impériale (Ier a.C.–VIIe p.C.), in: Le Cirque romain et son image, hrsg. v. Jocelyne Nelis-Clément u. Jean-Michel Roddaz, Bordeaux 2008, S. 291–317.

Markopoulos 1989
Athanasios Markopoulos (Hrsg.): Constantine VII Porphyrogenitus and his age. Second International Conference, Delphi, 22.–26. July 1987, Athen 1989.

Martin 1929
Victor Martin: A Letter from Constantinopel, in: Journal of Egyptian Archaeology 15 (1929), S. 96–102.

Martin 1931
Victor Martin: in: Sammelbuch griechischer Urkunden aus Ägypten, Bd. 4, hrsg. v. Friedrich Bilabel, Heidelberg 1931, S. 78–79, Nr. 7438.

Martin 1987
Hanz Günther Martin: Römische Tempelkultbilder. Eine archäologische Untersuchung zur späten Republik, Rom 1987.

Martin 1995
Jochen Martin: Spätantike und Völkerwanderung (= Oldenbourg Grundriß der Geschichte 4), München ^{3}1995.

Martin 2002
Max Martin: CONSTANTINO FIDEM und CONSTANT(I) FIDES – Goldene Treuerringe für Constantinus I. und seinen Vater Constantius Chlorus, in: Neue Forschungen zur römischen Besiedlung zwischen Oberrhein und Enns, hrsg. v. Ludwig Wamser u. Bernd Steidl (= Kolloquium Rosenheim 14.–16. Juni 2000), Grunbach 2002, S. 253–265.

Martin 2009
Jochen Martin: Zwei Alte Geschichten. Vergleichende historisch-anthropologische Betrachtungen zu Griechenland und Rom, in: Jochen Martin: Bedingungen menschlichen Handelns in der Antike. Gesammelte Beiträge zur Historischen Anthropologie, hrsg. v. Winfried Schmitz, Stuttgart 2009, S. 291–310.

Martínez Santa-Olalla 1936
Julio Martínez Santa-Olalla: Westgotische Adlerfibeln aus Spanien, in: Germania 20 (1936), S. 47–52.

Masi 1983
Michael Masi: Boethian Number Theory. A translation of the De Institutione Arithmetica (= Studies in Classical Antiquity), Amsterdam 1983.

Massner 1982
Anne-Kathrein Massner: Bildnisangleichung. Untersuchungen zur Entstehungs- und Wirkungsgeschichte des Augustusporträts (43 v. Chr.–68 n. Chr.) (= Das römische Herrscherbild 4), Berlin 1982.

Massner 1994
Anne-Kathrein Massner: Zum Stilwandel im Kaiserporträt claudischer Zeit: in: Die Regierungszeit des Kaisers Claudius (41–54 n. Chr.), hrsg. v. Volker Michael Strocka, Mainz 1994, S. 159–176.

von Matt/Kühner 1964
Leonhard von Matt u. Hans Kühner: Die Cäsaren. Eine Geschichte der römischen Herrscher in Bild und Wort, Zürich 1964.

Matthes 1984
Dieter Matthes: Die Heiratsurkunde der Kaiserin Theophanu, 972 April 14 (= Sonderveröffentlichung der Niedersächsischen Archivverwaltung), Wolfenbüttel 1984.

Mattingly 1923
Harold Mattingly: Coins of the Roman Empire in the British Museum Band 1: Augustus to Vitellius, London 1923.

Maurach 2005
Gregor Maurach: Seneca. Leben und Werk, Darmstadt ⁴2005.

Mayer 2002
Emanuel Mayer: Rom ist dort, wo der Kaiser ist. Untersuchungen zu den Staatsdenkmälern des dezentralisierten Reichs von Diocletian bis Theodosius II. (= Monographie des Römisch-Germanischen Zentralmuseums 53), Mainz 2002.

Mazzoni 2010
Cristina Mazzoni: She-wolf. The story of a Roman icon, Cambridge 2010.

Mazzuchelli 1819
Pietro Mazzucchelli: La Bolta di Maria, moglie d'Onorio Imperatore che si conserva nel Museo brevomente spiegata Trivulzio, Mailand 1819.

McCabe 2002
Anne McCabe: Horses and horse-doctors on the road, in: Travel in the Byzantine world. Papers from the Thirty-fourth Spring Symposium of Byzantine Studies (= Society for the Promotion of Byzantine Studies, Publications 10), Aldershot 2002, S. 91–97.

McCabe 2007
Anne McCabe: A Byzantine encyclopaedia of horse medicine: the sources, compilation, and transmission of the Hippiatrica, Oxford 2007.

McClanan 2002
Anne McClanan: Representations of Early Byzantine Empresses. Image and Empire, New York 2002.

McCormick 1985
Michael McCormick: Analyzing Imperial Ceremonies, in: Jahrbuch der österreichischen Byzantinistik 35 (1985), S. 1–20.

McCormick 1986
Michael McCormick: Eternal victory. Triumphal rulership in late antiquity, Byzantium, and the early medieval West, Cambridge 1986.

McCormick 2005
Michael McCormick: La lettre diplomatique byzantine du premier millénaire vue de l'Occident et l'énigme du papyrus de Paris, in: Byzance et le monde extérieur. Contacts, relations, échanges, hrsg. v. Michel Balard, Élisabeth Malamut u. Jean-Michel Spieser (= Byzantina Sorbonensia 21), Paris 2005, S. 135–149.

McKitterick 1989
Rosamond McKitterick: The Carolingians and the written word, Cambridge 1989.

McKitterick 1994
Rosamond McKitterick: Carolingian Culture. Emulation and innovation, Cambridge 1994.

McKitterick 2001
Rosamond McKitterick: Ottonische Kultur und Bildung, in: Ausst.-Kat. Magdeburg 2001, Band 1 (Essays), S. 209–224.

McKitterick 2004
Rosamond McKitterick: History and memory in the Carolingian world, Cambride 2004.

McKitterick 2008
Rosamond McKitterick: Karl der Große (= Gestalten des Mittelalters und der Renaissance), Darmstadt 2008.

Meckseper 2001
Cord Meckseper: Magdeburg und die Antike. Zur Spolienverwendung im Magdeburger Dom, in: Ausst.-Kat. Magdeburg 2001, Band 1 (Essays), S. 367–380.

Megow 1973
Wolf-Rüdiger Megow: Kopf der Livia, in: Antiken aus Rheinischem Privatbesitz, hrsg. v. Rheinischen Landesmuseum Bonn, Bonn 1973, S. 216–217.

Megow 1987
Wolf-Rüdiger Megow: Kameen von Augustus bis Alexander Severus (= Antike Münzen und geschnittene Steine 11), Berlin 1987.

Meier 2003
Mischa Meier: Das andere Zeitalter Justinians. Kontingenzerfahrung und Kontingenzbewältigung im 6. Jahrhundert n. Chr. (= Hypomnemata 147), Göttingen 2003.

Meischner 1981
Jutta Meischner: Fragen zur römischen Porträtgeschichte unter besonderer Berücksichtigung kleinasiatischer Beispiele, in: Bonner Jahrbücher 181 (1981), S. 143–167.

de Mély 1904
Fernand de Mély: Vases de Cana, in: Monuments et mémoires de la Fondation Eugène Piot 10, Paris 1904, S. 145–170.

Melzak 1983
Robert Melzak: The Carolingian ivory carvings of the later Metz group, Phil. Diss., Ann Arbor 1983.

Melzak 1990
Robert Melzak: Antiquarianism in the time of Louis the Pious and its influence on the art of Metz, in: Charlemagne's Heir. New perspectives on the reign of Louis the Pious (814–840), hrsg. v. Peter Godman u. Roger Collins, Oxford 1990, S. 629–640.

Mentzos 2001–2002
Aristoteles Mentzos: Reflections of the Interpretation and Dating of the Rotunda of Thessaloniki, in: Egnatia 6 (2001–2002), S. 57–80.

Mentzos 2011
Aristoteles Mentzos: Reflections on the Architectural History of the Tetrarchic Palace Complex at Thessalonike, in: From Roman to Early Christian Thessalonike, hrsg. v. Laura Nasrallah, Charalambos Bakirtzis u. Steven J. Friesen, Cambridge 2011, S. 333–359.

Menzel 1986
Heinz Menzel: Die römischen Bronzen aus Deutschland, Band 3, Mainz 1986.

Menz-Vonder Mühll 1981
Marguerite Menz-Vonder Mühll: Die Sankt Galler Elfenbeine um 900, in: Frühmittelalterliche Studien 15 (1981), S. 387–434.

Mergiali-Sahas 2001
Sophia Mergiali-Sahas: Byzantine Emperors and holy relics. Use, and Misuse, of Sanctity and Authority, in: Jahrbuch der österreichischen Byzantinistik 51 (2001), S. 41–60.

Merkel 1858
Johannes Merkel: Das Bairische Volksrecht. Eine rechtsgeschichtliche Abhandlung, in: Archiv der Gesellschaft für ältere deutsche Geschichtskunde 11 (1858), S. 533–687.

Merz 2004
Johannes Merz: Das Herzogtum Franken. Wunschvorstellungen und Konkretionen, in: Franken im Mittelalter. Francia orientalis, Franconia, Land zu Franken: Raum und Geschichte, hrsg. v. Johannes Merz u. Robert Schuh (= Hefte zur bayerischen Landesgeschichte 3), Darmstadt 2004, S. 43–58.

Mesarites 1958
Nikolaos Mesarites: Die Palastrevolution des Joannes Komnenos, in: Die Kreuzfahrer erobern Konstantinopel, übers. u. eingel. v. Franz Grabler (= Byzantinische Geschichtsschreiber 9), Graz/Wien/Köln 1958, S. 287–291.

Metz 1960
Wolfgang Metz: Das karolingische Reichsgut. Eine verfassungs- und verwaltungsgeschichtliche Untersuchung, Berlin 1960.

Metz 1971
Wolfgang Metz: Zur Erforschung des karolingischen Reichsgutes (= Erträge der Forschung 4) Darmstadt 1971.

Meyer 1989
Otto Meyer: In der Harmonie von Kirche und Reich, in: Unterfränkische Geschichte, Band 1: Von der germanischen Landnahme bis zum hohen Mittelalter, hrsg. v. Peter Kolb u. Ernst-Günter Krenig, Würzburg 1989, S. 205–254.

Meyer 2011
Klaus-Dieter Meyer: Taufsteine in Norddeutschland. Material, Herkunft und Alter, in: Abhandlungen und Berichte für Naturkunde 33 (2011), S. 5–106.

Michałowski 1962
Kazimierz Michałowski: Palmyre. Fouilles Polonaises1960 (= Palmyra 2), Warschau 1962.

Michel 1967
Dorothea Michel: Alexander als Vorbild für Pompeius, Caesar und Marcus Antonius. Archäologische Untersuchungen (= Collection Latomus 94), Brüssel 1967.

Michel 2001
Simone Michel: Die magischen Gemmen im Britischen Museum, 2 Bände, hrsg. v. Peter u. Hilde Zazoff, London 2001.

Michel 2004
Simone Michel: Die magischen Gemmen. Zu Bildern und Zauberformeln auf geschnittenen Steinen der Antike und Neuzeit (= Studien aus dem Warburg-Haus 7), Berlin 2004.

Micheli 1939
Geneviève Louise Micheli: L'enluminure du Haut Moyen Âge et les influences irlandaises, Bruxelles 1939.

Mierau 2010
Heike Johanna Mierau: Kaiser und Papst im Mittelalter, Köln/Wien/Weimar 2010.

Miks 2007
Christian Miks: Studien zur römischen Schwertbewaffnung in der Kaiserzeit, Rahden/Westfalen 2007.

Millar 2006
Fergus Millar: A Greek Roman empire. Power and belief under Theodosius II. (408–450), Berkeley 2006.

Minois 2010
Georges Minois: Charlemagne, Paris 2010.

Mittag 1997
Peter Franz Mittag: Die Münzsammlung des Römisch-germanischen Museums Köln, in: Kölner Jahrbuch 30 (1997), S. 181–223.

Mittag 2012
Peter Franz Mittag: Römische Medaillons. Caesar bis Hadrian, Stuttgart ²2012.

Mitthof 2002
Fritz Mitthof: Neue Dokumente aus dem römischen und spätantiken Ägypten zu Verwaltung und Reichsgeschichte (= Corpus Papyrorum Raineri Archeducis Austriae 23: Griechische Texte 16), Wien 2002.

Möbius 1985
Hans Möbius: Zweck und Typen der römischen Kaiserkameen, in: Aufstieg und Niedergang der Römischen Welt, Teil 2, Band 12,3, hrsg.v. Hildegard Temperoni u. Wolfgang Haase, Berlin 1985, S. 32–88.

Mock 2007
Markus Leo Mock: Kunst unter Erzbischof Ernst von Magdeburg, Berlin 2007.

Mohlberg/Baumstark 1927
Cunibert Mohlberg u. Anton Baumstark: Die älteste erreichbare Gestalt des Liber Sacramentarum anni circuli der römischen Kirche (Cod. Pad. D 47, Fol. 11r–100r) (= Liturgiewissenschaftliche Quellen und Forschungen 11/12), Münster 1927.

Mohr 2005
Michael Mohr: Mittelstrimmig: Römischer Vicus, in: Cochem-Zell. Landschaft an der Mosel, hrsg.v. Helmut Wegner (= Führer zu archäologischen Denkmälern in Deutschland 46), Stuttgart 2005, S. 142–147.

Möller 2009
Roland Möller: Die im Magdeburger Dom gefundenen Ziegel im Vergleich mit zeitnahen Befunden und in der historischen Überlieferung, in: Aufgedeckt 2: Forschungsgrabungen am Magdeburger Dom 2006–2009 (= Archäologie in Sachsen-Anhalt, Sonderband 13), hrsg. v. Harald Meller, Wolfgang Schenkluhn u. Boje E. Schmuhl, Halle (Saale) S. 181–196.

Mommsen 1890
Theodor Mommsen: Die Scriptores Historiae Augustae, in: Hermes 25 (1890), S. 228–292.

Moorhead 2001
John Moorhead: The Roman Empire divided, 400–700, Edinburgh/London 2001.

Mordek 1995
Hubert Mordek: Bibliotheca capitularium regum Francorum manuscripta. Überlieferung und Traditionszusammenhang der fränkischen Herrschererlasse (= Monumenta Germaniae Historica Hilfsmittel 15), München 1995.

Moretus 1915/1916
Henri Moretus: Catalogus codicum hagiographicorum latinorum bibliothecae scholae medicinae in Universitate Montepessulanensi, in: Analecta Bollandiana 34–35 (1915/1916), S. 228–305.

Morrison/Grunthal 1967
Karl Frederick Morrison u. Henry Grunthal: Carolingian Coinage (= Numismatic Notes and Monographs 158), New York 1967.

Mortensen 1999–2000
Lars Boje Mortensen: The diffusion of Roman histories in the Middle Ages. A list of Orosius, Eutropius, Paulus Diaconus and Landolfus Sagax manuscripts, in: Filologia mediolatina. Rivista della Fondazione Ezio Franceschini 6–7 (1999–2000), S. 101–200.

Müller 1993
Margit Müller: Am Schnittpunkt von Stadt und Land. Die Benediktinerabtei St. Arnulf zu Metz im hohen und späten Mittelalter (= Trierer historische Forschungen 21), Phil. Diss., Trier 1993.

Müller-Mertens 1980
Eckhard Müller-Mertens: Die Reichsstruktur im Spiegel der Herrschaftspraxis Ottos des Großen (= Forschungen zur mittelalterlichen Geschichte 25), Berlin 1980.

Munk Olsen 1982
Birger Munk Olsen: L'étude des auteurs classiques latins aux XIe et XIIe siècles. Band 1: Catalogue des manuscrits classiques latins copiés du IXe au XIIe siècle. Apicius – Juvénal, Paris 1982.

Munk Olsen 1985
Birger Munk Olsen: L'étude des auteurs classiques latins aux XIe et XIIe siècles. Band 2: Catalogue des manuscrits classiques latins copiés du IXe au XIIe siècle. Livius – Vitruvius, Paris 1985.

Munk Olsen 1987
Birger Munk Olsen: L'étude des auteurs classiques latins aux XIe et XIIe siècles. Band 3,1: Les classiques dans les bibliothèques médiévales, Paris 1987.

Munk Olsen 1989
Birger Munk Olsen: L'étude des auteurs classiques latins aux XIe et XIIe siècles. Band 3,2: Addenda et corrigenda - Tables, Paris 1989.

Münkler 2005
Herfried Münkler: Imperien. Die Logik der Weltherrschaft – vom Alten Rom bis zu den Vereinigten Staaten, Bonn 2005.

Muñoz 1906
Antonio Muñoz: L'art byzantin à l'exposition de Grottaferrata, Rom 1906.

Mütherich 1965
Florentine Mütherich: Die Reiterstatuette aus der Metzer Kathedrale, in: Studien zur Geschichte der europäischen Plastik. Festschrift für Theodor Müller, hrsg. v. Kurt Martin u.a., München 1965, S. 9–16.

Mütherich 1971
Florentine Mütherich: Der Elfenbeinschmuck des Thrones, in: La cattedra lignea di S. Pietro in Vaticano (= Accademia Romana di Archeologia 10), Vatikanstadt 1971, S. 253–273.

Mütherich 1980
Florentine Mütherich: Die Fuldaer Buchmalerei zur Zeit des Hrabanus Maurus, in: Hrabanus Maurus und seine Schule. Festschrift der Rabanus Maurus Schule 1980, hrsg. v. Winfried Böhne, Fulda 1980, S. 94–125.

Muthesius 2007
Anna Muthesius: Textiles and Dress in Byzantium, in: Material culture and well-being in Byzantium (400-1453), hrsg. v. Michael Grünbart u.a. (= Veröffentlichungen zur Byzanzforschung 11), Wien 2007, S. 159–170.

Myslivec 1968
Josef Myslivec: Artikel Apostel, in: Lexikon der Christlichen Ikonographie 1 (1968), Sp. 150–173.

Naber 1984
Friedrich B. Naber: Ein spätantikes Grab von der Rheinfront des Kastells Bonn, in: Beiträge zur Archäologie des Rheinlands 4 (= Rheinische Ausgrabungen 23), Köln/Bonn 1984, S. 91–108.

Naismith 2010
Rory Naismith: Six English Finds of Carolingian-Era Gold Coins, in: The Numismatic Chronicle 171 (2010), S. 215–225.

Nelson 1990
Janet Loughland Nelson: Literacy in Carolingian Government, in: The Uses of Literacy in early Medieval Europe, hrsg. v. Rosamond McKitterick, Cambridge 1990, S. 258–295.

Nelson 1992
Janet Loughland Nelson: Charles the Bald, London 1992.

Nelson 2007
Janet Loughland Nelson: Courts, Elites and Gendered Power in the Early Middle Ages. Charlemagne and others (= Variorum Collected Studies Series 878), Aldershot 2007.

Nelson 2009
Janet Loughland Nelson: Opposition to Charlemagne (= Annual lecture. German Historical Institute), London 2009.

Nerlich 1999
Daniel Nerlich: Diplomatische Gesandtschaften zwischen Ost- und Westkaisern 756–1002 (= Geist und Werk der Zeiten 92), Phil. Diss., Bern 1999.

Newman 1990
Robert Newman: A dialogue of power in the coinage of Antony and Octavian (44–30 B.C.), in: American Journal of Numismatics 2 (1990), S. 37–63.

Nickel 1973
Ernst Nickel: Magdeburg in karolingisch-ottonischer Zeit, in: Zeitschrift für Archäologie 7 (1973), S. 102–142.

Nicolai 2012
Bernd Nicolai: Die ersten Kirchen des Magdeburger Domhügels im Lichte des ottonischen Trier, in: Der Magdeburger Dom im europäischen Kontext, hrsg. v. Wolfgang Schenkluhn u. Andreas Waschbüsch, Regensburg 2012, S. 73–83.

Niebling 1956
Georg Niebling: Laribus Augustis Magistri Primi. Der Beginn des Compitalkultes der Lares und des Genius Augusti, in: Historia. Zeitschrift für Alte Geschichte 5 (1956), S. 303–331.

Niemeyer 1968
Hans Georg Niemeyer: Studien zur statuarischen Darstellung der römischen Kaiser, Berlin 1968.

Nitschke 1966
Brigitte Nitschke: Die Handschriftgruppe um den Meister des Registrum Gregorii (= Münstersche Studien zur Kunstgeschichte 5), Phil. Diss., Recklinghausen 1966.

Nolden 1985
Reiner Nolden: Epternacensia in Stadtarchiv und Stadtbibliothek Trier, in: T'Hémecht. Zeitschrift für Luxemburgische Geschichte 37 (1985), S. 87–129.

Noll 1958/1974
Rudolf Noll: Vom Altertum zum Mittelalter. Spätantike, altchristliche, völkerwanderungszeitliche und frühmittelalterliche Denkmäler der Antikensammlung (= Führer durch das Kunsthistorische Museum 8), Wien 1958 (Neuauflage 1974).

Noll 1974
Rudolf Noll: Eine goldene Kaiserfibel aus Niederemmel vom Jahre 316, in: Bonner Jahrbücher 174 (1974), S. 221–244.

Noll 1986
Rudolf Noll: Fidem Constantino – Treue dem Konstantin! Zu einem goldenen Fingerring aus Oberwinterthur, in: Helvetia archaeologica 17 (1986), S. 102–108.

Nordenfalk 1972
Carl Nordenfalk: The chronology of the Registrum Master, in: Kunsthistorische Forschungen. Otto Pächt zu seinem 70. Geburtstag, hrsg. v. Arthur Rosenauer u. Gerold Weber, Salzburg 1972, S. 62–76.

Nordenfalk 1988
Carl Nordenfalk: Milano e l'arte ottoniana: problemi di fondo sinora poco osservati, in: Il millennio ambrosiano. Band 2: La Città del vescovo dai Carolingi al Barbarossa, hrsg. v. Carlo Bertelli, Mailand 1988, S. 102–123.

Nordman 1953
Carl Axel Nordman: Otto II och Theophano i Finlands Nationalmuseum, in: Florilegium amicitiae till Emil Zilliacus, Helsinki 1953, S. 133–139.

Nouwen 2000
Robert Nouwen: A uniques holder with an inscription from Trier, in: Trierer Zeitschrift 63 (2000), S. 233–243.

von Öchelhäuser 1887
Adolf von Öchelhäuser: Die Miniaturen der Universitäts-Bibliothek zu Heidelberg, Band 1, Heidelberg 1887.

Ochsenbein 1994
Peter Ochsenbein: Buchwidmungen, in: Vom Schreiben im Galluskloster. Handschriften aus dem Kloster St. Gallen vom 8. bis 18. Jahrhundert, hrsg. v. Peter Ochsenbein, Karl Schmucki u. Dora Cornel, St. Gallen 1994, S. 21–28.

Oeconomides/Drossoyianni 1989
Mando Oeconomides u. Phané Drossoyianni: A hoard of gold Byzantine coins from Samos, in: Revue Numismatique 31 (1989), S. 145–182.

Oexle 1967
Otto Gerhard Oexle: Die Karolinger und die Stadt des heiligen Arnulf, in: Frühmittelalterliche Studien 1 (1967), S. 250–364.

Oexle 1978 (a)
Otto Gerhard Oexle: Die Überlieferung der fuldischen Totenannalen, in: Die Klostergemeinschaft von Fulda im früheren Mittelalter (= Münstersche Mittelalter-Schriften 8), hrsg. v. Karl Schmid, Band 1, München 1978, S. 447–504.

Oexle 1978 (b)
Otto Gerhard Oexle: Memorialüberlieferung und Gebetsgedächtnis in Fulda vom 8. bis zum 11. Jahrhundert, in: Die Klostergemeinschaft von Fulda im früheren Mittelalter (= Münstersche Mittelalter-Schriften 8), hrsg. v. Karl Schmid, Band 1, München 1978, S. 136–177.

Werner Ohnsorge 1952
Werner Ohnsorge: Legimus. Die von Byzanz übernommene Vollzugsform der Metallsiegeldiplome Karls des Großen, in: Festschrift Edmund E. Stengel. Zum 70. Geburtstag am 24. Dezember 1949 dargebracht von Freunden, Fachgenossen und Schülern, bearb. v. Erika Kunz, Münster/Köln 1952, S. 21–30.

Ohnsorge 1955
Werner Ohnsorge: Das Kaiserbündnis von 842–844 gegen die Sarazenen. Inhalt und politische Bedeutung des „Kaiserbriefes aus St. Denis", in: Archiv für Diplomatik, Schriftgeschichte, Siegel- und Wappenkunde 1 (1955), S. 88–131.

Ohnsorge 1973
Werner Ohnsorge: Die Heirat Ottos II. mit der Byzantinerin Theophano (972), in: Braunschweigisches Jahrbuch 54 (1973), S. 24–60.

Ohnsorge 1979
Werner Ohnsorge: Abendland und Byzanz. Gesammelte Aufsätze zur Geschichte der byzantinisch-abendländischen Beziehungen und des Kaisertums, Darmstadt 1958 (Neuauflage 1979).

Ohnsorge 1980
Werner Ohnsorge: Theophanu, in: Braunschweigisches Jahrbuch 61 (1980), S. 123–126.

Olovsdotter 2005
Cecilia Olovsdotter: The consular image. An iconological study of the consular diptychs (= British Archaeological Reports International Series 1376), Oxford 2005.

D'Onfrio 1965
Cesare D'Onofrio: Gli Obelischi di Roma, Rom 1965.

L'Orange 1933
Hans-Peter L'Orange: Studien zur Geschichte des spätantiken Porträts, Oslo 1933.

L'Orange 1961
Hans-Peter L'Orange: Der subtile Stil. Eine Kunstströmung aus der Zeit um 400 nach Christus, in: Antike Kunst 4,2 (1961), S. 68–75.

L'Orange/Unger/Wegner 1984
Hans Peter L'Orange, Reingart Unger u. Max Wegner: Das spätantike Herrscherbild von Diokletian bis zu den Konstantin-Söhnen (= Das römische Herrscherbild 3,4), Berlin 1984.

Osgood 2011
Josiah Osgood: Claudius Caesar. Image and power in the early Roman Empire, Cambridge 2011.

Östenberg 2009
Ida Östenberg: Staging the world. Spoils, captives and representations in the Roman triumphal procession, Oxford 2009.

Ott 1998
Joachim Ott: Krone und Krönung. Die Verheißung und Verleihung von Kronen in der Kunst von der Spätantike bis um 1200 und die geistige Auslegung der Krone, Mainz 1998.

Overbeck 1978
Bernhard Overbeck: Ein Schatzfund der späten Republik von Halikarnassos, in: Schweizer Numismatische Rundschau 57 (1978) S. 164–173.

Overgaauw/Stewing 2005
Eef Overgaauw u. Frank-Joachim Stewing: Die Zeitzer Ostertafel aus dem Jahre 447, hrsg. v. Uwe John, Petersberg 2005.

Pace 2010
Valentino Pace: Staurotheken und andere Reliquiare in Rom und Süditalien (bis ca. 1300). Ein erster Versuch eines Gesamtüberblicks, in: Das Heilige sichtbar machen. Domschätze in Vergangenheit, Gegenwart und Zukunft, hrsg. v. Ulrike Wendland, Regensburg 2010, S. 137–160.

Päffgen 2006
Bernd Päffgen: Magdeburg im 10. Jahrhundert – Überlegungen zur Geschichte der Stadt und ihrer Kirchen, in: Der Magdeburger Domplatz. Archäologie und Geschichte 805–1209 (= Magdeburger Museumsschriften 8), hrsg. v. Matthias Puhle u. Harald Meller, Magdeburg 2006, S. 127–165.

Painter 1991
Kenneth S. Painter: The Silver Dish of Ardabur Aspar, in: Papers for the Fourth Conference of Italian Archaeology. The Archaeology of Power, 2 Bände, hrsg. v. Edward Herring, Ruth Whitehouse u. John Wilkins, London 1991, S. 73–79.

Palazzo 1993
Eric Palazzo: Histoire des livres liturgiques. Le Moyen Âge: des origines au XIIIᵉ siècle, Paris 1993.

Palazzo 1998
Eric Palazzo: A history of liturgical books from the beginning to the thirteenth century, Collegville 1998.

Palme 2002
Bernhard Palme: Dokumente zu Verwaltung und Militär aus dem spätantiken Ägypten (= Corpus Papyrorum Raineri Archeducis Austriae 24: Griechische Texte 17), Wien 2002.

Panella 2008
Clementina Panella: Insegne imperiali dal Palatino, in: Roma e i Barbari. La nascita di un nuovo mondo, Mailand, S. 86–91.

Panella 2011
Clementina Panella (Hrsg.): I segni del potere. Realtà e immaginario del potere nella Roma imperial (= Bibliotheca archeologica 24), Bari 2011.

Panella u.a. 2006
Clementina Panella u.a.: Le Insegne Imperiali dal Palatino, in: Scienze dell'Antichità. Storia, Archeologia, Antropologia 13 (2006), S. 701–745.

Panero 1973
Francesco Panero: Gli ungari nei diplomi dei re d'italia (secolo X), in: Bollettino della Società per gli Studi Storici Archeologici ed Artisti della provincia di Cuneo 69/2 (1973), S. 55–59.

Pangerl 2011
Daniel Carlo Pangerl: Die Metropolitanverfassung des karolingischen Frankenreiches (= Schriften der MGH 63), Hannover 2011.

Pannuti 1963
Ulrico Pannuti (Hrsg.): Museo Archeologico Nazionale di Napoli. Catalogo della collezione glittica, 2 Bände, Rom 1968.

Panofsky 1990
Erwin Panofsky: Die Renaissance der europäischen Kunst, Frankfurt am Main ³1990.

Parani 2001
Maria G. Parani: The Romanos Ivory and the New Tokali kilise. Imperial costume as a tool for dating byzantine art, in: Cahiers archèologiques 49 (2001), S. 15–28.

Parani 2003
Maria G. Parani: Reconstructing the reality of images: Byzantine material multure and religious iconography (11th-15th Centuries) (= The medieval Mediterranean 41), Phil. Diss., Leiden 2003.

Parani 2007
Maria G. Parani: Cultural Identity and Dress. The Case of Late Byzantine Ceremonial Costume, in: Jahrbuch der Österreichischen Byzantinistik 57 (2007), S. 95–134.

Paret 1952–1954
Oscar Paret: Ein großes römisches Denkmal auf dem kleinen Heuberg beim Häsenbühlerhof (Kr. Balingen), in: Fundberichte aus Schwaben, N.F. 13 (1952–1954), S. 64–65.

Parisi Presicce 2009
Claudio Parisi Presicce: Dalla renovatio Senatus al Giubileo del 1300. Il Campidoglio nel XII e XIII secolo, in: Carli I d'Angiò. Re di Sicilia e Senatore di Roma. Il monumento onorario nel Campidoglio del Duecento, hrsg. v. Claudio Parisi Presicce u. Elena Bianca di Gioia, Rom 2009, S. 19–55.

Parisse 1999
Michel Parisse: Jean de Saint-Arnoul. La vie de Jean, abbé de Gorze, Paris 1999.

Parisse/Oexle 1993
Michel Parisse u. Otto Gerhard Oexle: L'abbaye de Gorze au Xᵉ siècle, Nancy 1993.

Passalacqua 1978
Marina Passalacqua: I codici di Prisciano (= Sussidi eruditi 29), Rom 1978.

Passalacqua 1987–1999
Marina Passalacqua (Hrsg.): Prisciani Caesariensis opuscula, 2 Bände (= Sussidi eruditi 40 u. 48), Rom 1987–1999.

Passalacqua 1990
Marina Passalacqua: Gerberto di Reims e il codice Erlangen, Universitätsbibliothek 380, in: Dicti studiosus. Scritti di filologia offerti a Scevola Mariotti dai suoi allievi, Urbino 1990, S. 321–327.

Passalacqua 1994
Marina Passalacqua: Un papa e tre codici (Silvestro II ed Erlangen, Universitätsbibl., 380; Bamberg, Staatsbibl., Misc. Class. 25; Bamberg, Staatsbibl., Hist. 5), in: Scriptorium 48 (1994), S. 147–151.

Passalacqua 1996
Marina Passalacqua: Lupo di Ferrières, Gerberto di Aurillac e il De oratore, in: Materiali e discussioni per l'analisi dei testi classici 36 (1996), S. 225–228.

Patzelt 1965
Erna Patzelt: Die karolingische Renaissance. Beiträge zur Geschichte der Kultur des frühen Mittelalters, Graz ²1965.

Patzold 2009
Steffen Patzold: Kunst und Politik. Visualisierung von Status und Rang des Herrschers, in: Geschichte der Bildenden Kunst in Deutschland, Band 1: Karolingische und Ottonische Kunst, hrsg. v. Bruno Reudenbach, München 2009, S. 239–281.

Paulsen 1969
Peter Paulsen: Flügellanzen. Zum archäologischen Horizont der Wiener „sancta lancea", in: Frühmittelalterliche Studien 3 (1969), S. 289–312.

Peacock/Maxfield 2007
David Peacock u. Valerie Maxfield (Hrsg.): The Roman imperial quarries. Survey and excavation at Mons Porphyrites 1994–1998, Band 2: The excavation (= Excavation memoirs 82), London 2007.

Pekáry 1985
Thomas Pekáry: Das römische Kaiserbildnis in Staat, Kult und Gesellschaft (= Das römische Herrscherbild 3,5), Berlin 1985.

Penni Iacco 2004
Emanuela Penni Iacco: La basilica di S. Apollinare Nuove attraverso i secoli (= Studi e scavi, N.S. 8), Bologna 2004.

Pergamonmuseum Berlin
66 Meisterwerke, hrsg. v. Pergamonmuseum Berlin, Tübingen/Berlin 2005.

Peroni 1967
Adriano Peroni: Oreficerie e metalli lavorati tardoantichi e altomedievali del territorio di Pavia, Spoleto 1967.

Perrin 1997
Michel Perrin: La répresentation figurée de César-Louis le Pieux chez Raban Maur en 835. Religion et idéologie, in: Francia 24/1 (1997), S. 39–64.

Pertz 1839
Georg Heinrich Pertz: Bemerkungen über einzelne Handschriften und Urkunden, in: Archiv der Gesellschaft für ältere deutsche Geschichtskunde 7 (1839), S. 227–1022.

Pesch 2007
Alexandra Pesch: Die Goldbrakteaten der Völkerwanderungszeit – Thema und Variation. Die Formularfamilien der Bilddarstellungen. (= Ergänzungsbände zum Reallexikon der germanischen Altertumskunde 36), Berlin 2007.

Peška 2008
Jaroslav Peška: Das Königsgrab der älteren Römischen Kaiserzeit bei Mušov in Südmähren/Tschechische Republik, in: Rom und die Barbaren. Europa zur Zeit der Völkerwanderung, bearb. v. Jutta Frings, Bonn 2008, S. 56–58.

Peška/Tejral 2002
Jaroslav Peška u. Jarsoslav Tejral: Das germanische Königsgrab von Mušov in Mähren, 3 Bände, Bonn 2002.

Pestman 1994
Pieter W. Pestman: The New Papyrological Primer, Leiden ²1994.

Peter 1998/1999
Michael Peter: Das karolingische Elfenbeinkästchen im Schatz der Quedlinburger Stiftskirche, in: Zeitschrift des deutschen Vereins für Kunstwissenschaft 52/53 (1998/1999), S. 53–92.

Peter 2004
Michael Peter: Zu den Anfängen der ottonischen Goldschmiedekunst in Lothringen, in: Zeitschrift des deutschen Vereins für Kunstwissenschaft 58 (2004), S. 224–239.

Peyrafort-Huin 2001
Monique Peyrafort-Huin: La bibliothèque médiévale de l'abbaye de Pontigny (XIIᵉ–XIXᵉ siècles). Histoire, inventaires anciens, manuscrits (= Documents, études et répertoires 60), Paris 2001.

Pfanner 1989
Michael Pfanner: Über das Herstellen von Porträts. Ein Beitrag zu Rationalisierungsmaßnahmen und Produktionsmechanismen von Massenware im späten Mittelalter und in der römischen Kaiserzeit, in: Jahrbuch des Deutschen Archäologischen Instituts 104 (1989), S. 157–257.

Pfeilschifter 2012 (im Druck)
Rene Pfeilschifter: Der Kaiser und Konstantinopel. Kommunikation und Konfliktaustrag im hauptstädtischen Interessengeflecht vom späten vierten bis zum frühen siebten Jahrhundert (= Millennium-Studien), Berlin u. a. (im Druck).

Pierides 1971
Angeliki Pierides: Jewellery in the Cyprus Museum, Nicosia 1971.

Pierleoni 1992
Gino Pierleoni: Catalogus codicum Graecorum Bibliothecae Nationalis Neapolitanae, Band 1, (= Indici e cataloghi N.S. 8), Rom 1992.

Piltz 1997
Elisabeth Piltz: Middle Byzantine Court Costum, in: Byzantine Court Culture from 829 to 1204, hrsg. v. Henry Maguire, Washington 1997, S. 39–51.

Pitarakis 2006
Brigitte Pitarakis: Les croix-reliquaires pectorales byzantines en bronze (= Bibliothèque des Cahiers Archéologiques 16), Paris 2006.

Poeschke 1996
Joachim Poeschke: Antike Spolien in der Architektur des Mittelalters und der Renaissance, München 1996.

Pohl 1991
Ernst Pohl: Zwiebelknopffibel, in: Spätantike und Frühes Mittelalter. Ausgewählte Denkmäler im Rheinischen Landesmuseum Bonn, hrsg. v. Josef Engemann u. Christoph B. Rüger, Köln/Bonn 1991, S. 29–34, 128–132 u. 189–192.

Pohl 2000
Walter Pohl: Die Germanen (= Enzyklopädie deutscher Geschichte 57), München 2000.

Pohl 2002
Walter Pohl: Die Awaren. Ein Steppenvolk in Mitteleuropa, 567–822 n. Chr., München ²2002.

Polito 1998
Eugenio Polito: Fulgentibus armis. Introduzione alle studio dei fregi d'armi antichi, Rom 1998.

Pollini 1987
John Pollini: The portraiture of Gaius and Lucius Caesar, New York 1987.

Pollini 2002
John Pollini: A New Portrait of Octavia, in: Römische Mitteilungen 109 (2002), S. 11–42.

von Pölnitz-Kehr 1940
Gudila Freifrau von Pölnitz-Kehr: Kaiserin Angilberga, in: Historisches Jahrbuch 60 (1940), S. 429–440.

Popovic 2000
Ivana Popovic: Fidelity rings to the emperors of the Constantinian House, in: Starinar 50 (2000), S. 187–198.

Portmann 2002
Werner Portmann: Artikel Flavius Valentinianus I., Flavius Valentinianus II., in: Der Neue Pauly. Enzyklopädie der Antike 12/1 (2002), Sp. 1084–1086.

Posse 1909–1913
Otto Posse: Die Siegel der deutschen Kaiser und Könige von 751–1913, 5 Bände, Dresden 1909–1913.

Pothmann 1995 (a)
Alfred Pothmann (Hrsg.): Das Zeremonialschwert der Essener Domschatzkammer (= Quellen und Studien, Institut für kirchengeschichtliche Forschung des Bistums Essen), Münster 1995.

Pothmann 1995 (b)
Alfred Pothmann: Das Zeremonialschwert in der Essener Lokaltradition, in: Das Zeremonialschwert der Essener Domschatzkammer, hrsg. v. Alfred Pothmann, Münster 1995, S. 6–11.

Potter 2004
David S. Potter: The Roman Empire at Bay. AD 180–395 (= Routledge History of the Ancient World), London/New York 2004.

Potter 2010
David S. Potter: The Unity of the Roman Empire, in: From the Tetrarchs to the Theodosians. Later Roman History and Culture, 284–450 CE, hrsg. v. Scott McGill, Christina Sogno u. Edward Watts (= Yale Classical Studies, series 34), Cambridge 2010, S. 13–32.

Potthoff 2009
Tanja Potthoff: Ex oriente lux? Eine ottonenzeitliche Sonnenuhr aus der Stiftsimmunität von St. Quirinus in Neuss, in: Novaesium 2009. Neusser Jahrbuch für Kunst, Kultur und Geschichte (2009), S. 50–64.

Potthoff 2011 (a)
Tanja Potthoff: Neues zur Archäologie und Geschichte von St. Quirin – Bericht über das Kolloquium „St. Qurinus in Neuss – Aktuelle Forschungen", in: Novaesium 2011. Neusser Jahrbuch für Kunst, Kultur und Geschichte (2011), S. 235–240.

Potthoff 2011 (b), (im Druck)
Tanja Potthoff: Capella statt Cella? Neue Forschungen zu St. Quirinus in Neuss, in: Archäologie im Rheinland 2011 (im Druck).

Poulsen 1974
Vagn Poulsen: Les Portraits, 2 Bände (= Publications de la Glyptothèque Ny Carlsberg 8), Kopenhagen 1974.

von Prittwitz und Gaffron 2007
Hans-Hoyer von Prittwitz und Gaffron: Der Kaiser ist immer und überall. Das Kaiserhaus auf Waffen und Orden, in: Krieg und Frieden. Kelten – Römer – Germanen, hrsg. v. Gabriele Uelsberg, Darmstadt 2007, S. 125–132.

Pröttel 1988
Philipp Marc Pröttel: Zur Chronologie der Zwiebelknopffibeln, in: Jahrbuch des Römisch-Germanischen Zentralmuseums 35,1 (1988), S. 347–372.

Prou 1896
Maurice Prou: Les monnaies carolingiennes (= Catalogue des monnaies françaises de la Bibliothèque Nationale), Paris 1896.

Prusac 2011
Marina Prusac: From face to face. Recarving of Roman portraits in late-antique portrait arts (= Monumenta Graeca et Romana 18), Leiden 2011.

Quast 2005
Dieter Quast: Münzabschläge der jüngeren römischen Kaiserzeit im mittel- und nordeuropäischen Barbaricum, in:

Europa Barbarica. Ćwierć wieku archeologii w Masłomęczu, hrsg. v. Piotr Łucziewicz, Lublin 2005, 375–385.

Quast 2009 (a)
Dieter Quast: Das Grab des Frankenkönigs Childerich, in: Ausst.-Kat. Haltern am See u.a. 2009, Band 2 (Konflikt), S. 379–381.

Quast 2009 (b)
Dieter Quast: Christian Relics in Early Medieval Graves, in: Contextos Funeraris a la Mediterrània Nod-Occidental (segles V-VIII), (= Gausac 34–35), hrsg. Joan Pinar Gil u. Toni Juárez Villena, Sant Cugat del Vallès 2009, S. 35–44.

Quast 2010
Dieter Quast: Ein spätantikes Zepter aus dem Childerichgrab, in: Archäologisches Korrespondenzblatt 40 (2010), S. 285–296.

Raaijmakers 2006
Janneke Raaijmakers: Memory and identity. The Annales Necrologici of Fulda, in: Texts and Identities in the Early Middle Ages (= Forschungen zur Geschichte des Mittelalters 12), hrsg. v. Richard Corradini u.a., Wien 2006, S. 303–321.

Raddatz 1987
Klaus Raddatz: Der Thorsberger Moorfund-Katalog. Teile von Waffen und Pferdegeschirr, sonstige Fundstücke aus Metall und Glas, Ton- und Holzgefäße, Steingeräte (= Offa-Bücher 65), Neumünster 1987.

Radnoti-Alföldi 1958
Maria Radnoti-Alföldi: Die constantinische Goldprägung in Trier, in: Jahrbuch für Numismatik und Geldgeschichte 9 (1958), S. 99–140.

Radnoti-Alföldi 1963
Maria Radnoti-Alföldi: Die constantinische Goldprägung. Untersuchungen zu ihrer Bedeutung für Kaiserpolitik und Hofkunst, Mainz/Bonn 1963.

Radnoti-Alföldi 1976
Maria Radnoti-Alföldi: Die Niederemmeler Kaiserfibel. Zum Datum des ersten Krieges zwischen Konstantin und Licinius, in: Bonner Jahrbücher 176 (1976), S. 183–200.

Radnoti-Alföldi 2001
Maria Radnoti-Alföldi: Gloria Romanorum. Schriften zur Spätantike. Zum 75. Geburtstag der Verfasserin am 6. Juni 2001, hrsg. v. Heinz Bellen, Stuttgart 2001.

Raeck 2005
Wulf Raeck: Raum und Falten. „Realismus" als Option in der spätantiken Kunst, in: Realität und Projektion. Wirklichkeitsnahe Darstellungen in Antike und Mittelalter, hrsg. v. Martin Büchsel u. Peter Schmidt, Berlin 2005, S. 87–102.

von Raiser 1820
Johann Nepomuk von Raiser: Die römischen Alterthümer zu Augsburg und andere Denkwürdigkeiten des Ober-Donau-Kreises, Augsburg 1820.

Ramackers 1964
Johannes Ramackers: Die Werkstattheimat der Grabplatte Papst Hadrians I., in: Römische Quartalschrift für christliche Altertumskunde und Kirchengeschichte 59 (1964), S. 36–78.

Rasbach 2009
Gabriele Rasbach: Der bronzene Pferdekopf aus der römischen Stadtanlage von Waldgirmes – ein Fund von internationaler Bedeutung, in: Hessen Archäologie 2009, S. 78–82.

Rasbach 2012
Gabriele Rasbach: Die Germanienpolitik des Augustus, in: Die Römer im Rhein-Main-Gebiet, hrsg. v. Frank M. Ausbüttel, Gregor Maier u. Ulrich Krebs, Darmstadt 2012, S. 11–28.

Rau/Schaldach 1994
Herbert Rau u. Karlheinz Schaldach: Vertikalsonnenuhren des 6.–14. Jahrhunderts, in: Ad Radices. Festband zum fünfzigjährigen Bestehen des Instituts für Geschichte der Naturwissenschaften der Goethe-Universität Frankfurt am Main, hrsg. v. Anton von Gotstedter, Stuttgart 1994, S. 273–290.

Rebenich 2000
Stefan Rebenich: Vom dreizehnten Gott zum dreizehnten Apostel? Der tote Kaiser in der Spätantike, in: Zeitschrift für antikes Christentum 4 (2000), S. 300–324.

Regling 1908
Kurt Regling (Bearb.): Der Dortmunder Fund römischer Goldmünzen, Dortmund 1908.

Regling 1928
Kurt Regling: Ein Goldmedaillon von 48 Solidi, in: Berliner Museen. Berichte aus den preussischen Kunstsammlungen 49 (1928), S. 67–70.

Rehm 1958
Albert Rehm: Didyma II. Die Inschriften, selbstständige Publikation in: Didyma Inscriptiones. Text and Lists, hrsg. v. Donald McCabe, Berlin 1958.

Reimitz 2011
Helmut Reimitz: Nomen Francorum obscuratum. Zur Krise der fränkischen Identität zwischen der kurzen und langen Geschichte der ‚Annales regni Francorum', in: Völker, Reiche, Namen im frühen Mittelalter (= MittelalterStudien 22), hrsg. v. Matthias Becher u. Stephanie Dick, München 2011, S. 279–296.

Reinert 2008
François Reinert: Das Missorium von Madrid und die Silberplatte von Genf und Großbodungen, in: Moselgold. Der römische Schatz von Machtum – ein kaiserliches Geschenk, hrsg. v. François Reinert, Luxemburg 2008, S. 175–182.

Reinhardt 1999
Die deutschen Königspfalzen. Repertorium der Pfalzen, Königshöfe und übrigen Aufenthaltsorte der Könige im deutschen Reich des Mittelalters. Band 4: Niedersachsen, bearb. v. Uta Reinhardt, Göttingen 1999.

Reinke 1987
Martina Reinke: Die Reisegeschwindigkeit des deutschen Königshofes im 11. und 12. Jahrhundert nördlich der Alpen, in: Blätter für deutsche Landesgeschichte 123 (1987), S. 225–251.

Reinsberg 2006
Carola Reinsberg: Die Sarkophage mit Darstellungen aus dem Menschenleben, Band 3: Vita Romana (= Die antiken Sargophagreliefs 1,3), Berlin 2006.

Reischel 1926
Gustav Reischel (Bearb.): Wüstungskunde der Kreise Bitterfeld und Delitzsch (= Geschichtsquellen der Provinz Sachsen und des Freistaates Anhalt, N.R. 2), Magdeburg 1926.

Reischl/Rupp 1848–1860
Wilhelm Karl Reischl u. Joseph Rupp (Hrsg.): S. Patris nostri Cyrilli Hierosolymorum archiepiscopi opera qui supersunt omnia, 2 Bände, München, 1848–1860.

Renting 1996
D. S. A. Renting: The manuscripts of Cicero's 'De oratore'. E is a descendant of A, in: The Classical Quarterly N.S. 46,1 (1996), S. 183–195.

Repertorium der Pfalzen
Repertorium der Pfalzen, Königshöfe und übrigen Aufenthaltsorte der Könige im deutschen Reich des Mittelalters, 10 Bände, hrsg. v. versch. Autoren, Göttingen seit 1983.

Rettner 2000
Arno Rettner: Zu einem vielteiligen Gürtel des 8. Jahrhunderts in Santa Maria Antiqua (Rom), in: Die Awaren am Rand der byzantinischen Welt. Studien zu Diplomatie, Handel und Technologietransfer im Frühmittelalter (= Monographien aus Frühgeschichte und Mittelalterarchäologie 7), hrsg. v. Falko Daim, Innsbruck 2000, S. 267–282.

Reudenbach 2009
Bruno Reudenbach (Hrsg.): Karolingische und ottonische Kunst (= Geschichte der bildenden Kunst in Deutschland 1), München 2009.

Reudenbach 2011
Bruno Reudenbach: Ein Weltbild im Diagramm – ein Diagramm als Weltbild. Das Mikrokosmos-Makrokosmos-Schema des Isidor von Sevilla, in: Atlas der Weltbilder, hrsg. v. Christoph Markschies u.a., Berlin 2011, S. 32–40.

Reuter 1999
Timothy Reuter: Introduction, in: The new Cambridge medieval history. Band 3: C. 900–C. 1024, hrsg. v. Timothy Reuter, Cambridge u.a. 1999, S. 1–24.

Reynolds 1965
Leighton Durham Reynolds: The medieval tradition of Seneca's letters, Oxford 1965.

Reynolds 1983
Leighton Durham Reynolds (Hrsg.): Texts and transmission. A survey of the Latin classics, Oxford 1983.

Reynolds 1990
Leighton Durham Reynolds (Hrsg.): Texts and transmission. A survey of the Latin classics, Oxford 1990.

Rheinisches Landesmuseum Trier 2009
Fundstücke. Von der Urgeschichte bis zur Neuzeit (= Schriftenreihe des Rheinischen Landesmuseum Trier 36), Stuttgart 2009.

Rhoen 1886
Carl Rhoen: Die Kapelle der karolingischen Pfalz zu Aachen, in: Zeitschrift des Aachener Geschichtsvereins 8 (1886), S. 15–96.

Rhoen 1895
Carl Rhoen: Der ehemalige malerische und plastische Wandschmuck im karolingischen Theile des Aachener Münsters, in: Aus Aachens Vorzeit. Mittheilungen des Vereins „Aachens Vorzeit" 8 (1895), S. 118–123.

Riché 1987
Pierre Riché: Gerbert d'Aurillac, pape de l'an Mil, Paris 1987.

Riché 1988
Pierre Riché: La bibliothèque de Gerbert d'Aurillac, in: Mélanges de la Bibliothèque de la Sorbonne offerts à André Tuilier (= Mélanges de la Bibliothèque de la Sorbonne 8), hrsg. v. Jacquette Reboul, Paris 1988, S. 94–103.

Riché 1999
Pierre Riché: Die Welt der Karolinger, Stuttgart ^{2}1999.

Rieckenberg 1941
Hans-Jürgen Rieckenberg: Königsstraße und Königsgut in liudolfingischer und frühsalischer Zeit (919–1056), in: Archiv für Urkundenforschung 17 (1941), S. 32–154.

Rieckenberg 1965
Hans-Jürgen Rieckenberg: Zur Geschichte der Pfalz Werla nach der schriftlichen Überlieferung, in: Deutsche Königspfalzen. Beiträge zu ihrer historischen und archäologischen Erforschung. Band 2, hrsg. v. Adolf Gauert, Göttingen 1965, S. 174–209.

Riemer 1999
Ellen Riemer: Zu Vorkommen und Herkunft italischer Folienkreuze, in: Germania 77 (1999), S. 609–636.

Riemer 2000
Ellen Riemer: Romanische Grabfunde des 5.–8. Jahrhunderts in Italien (= Internationale Archäologie 57), Rahden/Westfalen 2000.

Riemer 2003
Ellen Riemer: Konstantinopel – Ravenna – Trier, in: Ausst.-Kat. Trier 2003, S. 13–26.

Ring 1985 (a)
Edgar Ring: Bibliographie zur Werla-Forschung, in: Harz-Zeitschrift 37 (1985), S. 11–35.

Ring 1985 (b)
Edgar Ring: Heißluftheizungen im Harzgebiet, in: Harz-Zeitschrift 37 (1985), S. 37–48.

Ring 2001
Edgar Ring: Die Pfalz Werla, in: Ausst.-Kat. Magdeburg 2001, Band 2 (Katalog), S. 18–22.

Ripoll López 2004
Gisela Ripoll López: Artikel Reccopolis, in: Reallexikon der germanischen Altertumskunde 24 (2004), S. 204–208.

Ripoll López/Gurt 2000
Gisela Ripoll López u. Jose María Gurt (Hrsg.): Sedes regiae (ann. 400–800), Barcelona 2000.

Roberto 2008
Umberto Roberto: Barbari alla corte di Costantinopoli: Flavio Aspar e la sua famiglia, in: Roma e i Barbari. La nascità di un nuovo mondo, hrsg. v. Jean-Jacques Aillagon, Mailand 2008, S. 410–412.

La Rocca 2000
Eugenio La Rocca: Divina ispirazione, in: Ausst.-Kat. Rom 2000, S. 1–37.

La Rocca 2006
Cristina La Rocca: Monachesimo femminile e poteri delle regine tra VIII e IX secolo, in: Il monachesimo italiano dall'età longobarda all'età ottoniana (secc. VIII–X). Atti del VII Convegno di Studi Storici sull'Italia Benedettina, Nonantola, 10–13 settembre 2003 (= Italia benedettina, 27), hrsg. v. Giovanni Spinelli, Cesena 2006, S. 119–143.

Rodewald 1976
Cosmo Rodewald: Money in the age of Tiberius, Manchester 1976.

von Rohden 1880
Hermann von Rohden: Die Terracotten von Pompeji (= Die antiken Terrakotten 1), Stuttgart 1880.

Romeo 1999
Ilaria Romeo: Tra Massenzio e Costantino: il ruolo delle officine urbane ed ostiensi nella creazione del ritratto costantiniano, in: Bullettino della Commissione Archeologica Comunale di Roma 100 (1999), S. 197–228.

Romeo 2008
Ilaria Romeo: I ritratti greci e romani, in: Sculture antiche nell' Abbazia di Grottaferrata, hrsg. v. Annarena Ambroggi u.a., Rom 2008, S. 52–69.

Ronig 1993
Franz J. Ronig (Hrsg.): Egbert. Erzbischof von Trier 977–993. Gedenkschrift der Diözese Trier zum 1000. Todestag, 2 Bände, Trier 1993.

Ronig 1999
Franz Ronig: Meister des Registrum Gregorii, in: Lexikon des gesamten Buchwesens 5 (^{2}1999), S. 133.

Rose 1997
Brian Rose: Dynastic commemoration and imperial portraiture in the Julio-Claudian period, Cambridge 1997.

Rosenwein 1996
Barbara H. Rosenwein: The Family Politics of Berengar I, King of Italy (888–924), in: Speculum. A Journal of Medieval Studies 71,2 (1996), S. 247–289.

Ross 1959
Marvin C. Ross: A Byzantine Treasure in Detroit, in: The Art Quarterly 22 (1959), S. 229–239.

Ross 2005
Marvin C. Ross: Catalogue of the Byzantine and Early Medieval antiquities in the Dumbarton Oaks Collection, Band 2: Jewelry, enamels, and art of the migration period, Washington D.C. ^{2}2005.

Ross/Downey 1956/1957
Marvin C. Ross u. Glanville Downey: An Emperor's Gift and Notes on Byzantine Jewelry of the Middle Period, in: Journal of the Walters Art Gallery 19/20 (1956/57), S. 22–33.

Rostovtzeff 1942
Michael Rostovtzeff: Vexillum and Victory, in Journal of Roman Studies 32 (1942), S. 92–106.

Roth 1986
Helmut Roth: Kunst und Handwerk im frühen Mittelalter. Archäologische Zeugnisse von Childerich I. bis zu Karl dem Großen, Stuttgart 1986.

Roth 1990
Helmut Roth: Kleine cloisonnierte Adlerfibeln. Bemerkungen zu den frühmittelalterlichen Gräbern 473, 736 und 769 von Weingarten, Kr. Ravensburg, in: Gedenkschrift für Jürgen Driehaus, hrsg. v. Frank M. Andraschko u. Wolf-Rüdiger Teegen, Mainz 1990, S. 267–276.

Rotter 2004
Ekkehart Rotter: Mohammed in Bamberg. Die Wahrnehmung der muslimischen Welt im deutschen Reich des 11. Jahrhunderts, in: Aufbruch ins zweite Jahrtausend. Innovation und Kontinuität in der Mitte des Mittelalters, hrsg. v. Achim Hubel u. Bernd Schneidmüller (= Mittelalter-Forschungen 16), Ostfildern 2004, S. 283–344.

Royo 1999
Manuel Royo: Domus Imperatoriae. Topographie, formation et imaginaire des palais impériaux du Palatin (IIe siècle av. J.C. -Ier siècle ap. J.-C.), Rom 1999.

Rück 1996
Peter Rück: Bildberichte vom König. Kanzlerzeichen, königliche Monogramme und das Signet der salischen Dynastie (= Elementa Diplomatica 4), Marburg an der Lahn 1996.

Ruffing/Becker/Rasbach 2010
Kai Ruffing, Armin Becker u. Gabriele Rasbach (Hrsg.): Kontaktzone Lahn. Studien zum Kulturkontakt zwischen Römern und germanischen Stämmen (= Philippika 38), Wiesbaden 2010.

Ruickbie 2012
Leo Ruickbie: Magic, in: A Brief Guide to the Supernatural. Ghosts, Vampires and the Paranormal, hrsg. v. Leo Ruickbie, London 2012, S. 177–205.

von Rummel 2007
Philipp von Rummel: Habitus barbarus – Kleidung und Repräsentation spätantiker Eliten, hrsg. v. Heinrich Beck, Berlin/New York 2007.

Rüpke 1990
Jörg Rüpke: Domi militiae. Die religiöse Konstruktion des Krieges in Rom, Phil. Diss., Stuttgart 1990.

Rütti/Aitken 2003
Beat Rütti u. Catherine Aitken: Der Schatz. Das römische Silber aus Kaiseraugst neu entdeckt (= Augster Museumshefte 32), Augst 2003.

von Saldern 2004
Axel von Saldern: Antikes Glas. Handbuch der Archäologie, München 2004.

Salzmann 1990
Dieter Salzmann: Antike Porträts im Römisch-Germanischen Museum Köln, in: Kölner Jahrbuch für Ur- und Frühgeschichte 23 (1990), S. 131–220.

Samaran 1981
Charles Samaran: La „Descriptio basilicae sancti Dionysii". Note complémentaire, in: Journal des Savants (1981), S. 45–46.

Sande 1975
Siri Sande: Zur Porträtplastik des sechsten nachchristlichen Jahrhunderts, in: Acta ad archaeologiam et artium historiam pertinentia 6 (1975), S. 65–106.

Sande 1991
Siri Sande: Greek and Roman Portraits in Norwegian Collections (= Acta ad archaeologiam et artium historiam pertinentia 10), Rom 1991.

Sanderson 1974
Warren Sanderson: A group of ivories and some related works from late Carolingian Trier, in: Art Bulletin 56 (1974), S. 159–175.

Sanderson 1979
Warren Sanderson: Trierer Elfenbeinarbeiten vom 4. Jahrhundert bis zum Ende der Karolingischen Renaissance, in: Festschrift. 100 Jahre Rheinisches Landesmuseum Trier. Beiträge zur Archäologie und Kunst des Trierer Landes (= Trierer Grabungen und Forschungen 14), Mainz 1979, S. 319–346.

Sansterre 1996
Jean-Marie Sansterre: Die Franken und Byzanz, in: Ausst.-Kat. Mannheim 1996, Band 1, S. 396–400.

Sauer 1926
Josef Sauer: Ein unbekannter Kristallschnitt des 9. Jahrhunderts, in: Festschrift zum sechzigsten Geburtstag v. Paul Clemen, hrsg. v. Wilhelm Worringer, Heribert Reiners u. Leopold Seligmann, Bonn 1926, S. 241–254.

von Scarpatetti 2000
Beat von Scarpatetti: Manuscrits francs à Saint-Gall, in: Le rayonnement spirituel et culturel de l'abbaye de Saint-Gall. Colloque tenu au Centre Culturel Suisse, Paris, 12 octobre 1993, hrsg. v. Carol Heitz, Paris 2000, S. 125–142.

Scepkina 1977
Marfa V. Scepkina: Miniatjury Chludovskoj Psaltyri. Greceskij illjustr. kodeks IX vcka, Moskau 1977.

Schaab 1995
Rupert Schaab: Aus der Hofschule Karls des Kahlen nach St. Gallen. Die Entstehung des Goldenen Psalters, in: Codices Sangallenses. Festschrift für Johannes Duft zum 80. Geburtstag, hrsg. v. Peter Ochsenbein u. Ernst Ziegler, Sigmaringen 1995, S. 57–80.

Schach-Dörges 2005
Helga Schach-Dörges: Imitatio imperii im Bestattungsbrauch?, in: Germania 83/1 (2005), S. 127–150.

Schade 2003
Kathrin Schade: Frauen in der Spätantike – Status und Repräsentation. Eine Untersuchung zur römischen und frühbyzantinischen Bildniskunst, Mainz 2003.

Schaefer 1985
Leo Schaefer: Neue Forschungen zur Kirche von Walberberg, in: Jahrbuch der Rheinischen Denkmalpflege 30/31 (1985), S. 25–38.

Schäfer 1989
Thomas Schäfer: Imperii Insignia. Sella curules und fasces. Zur Repräsentation römischer Magistrate (= Römische Mitteilungen 29. Ergänzungsheft), Phil. Diss., Mainz 1989.

Schaldach 2006
Karlheinz Schaldach: Die antiken Sonnenuhren Griechenlands. Festland und Peleponnes, Frankfurt am Main 2006.

Schaller 2006
Andrea Schaller: Der Erzengel Michael im frühen Mittelalter. Ikonographie und Verehrung eines Heiligen ohne Vita (= Vestigia Bibliae 26/27), Bern u.a. 2006.

Schanz 1914
Martin Schanz: Geschichte der römischen Literatur. Teil 4: Die römische Literatur von Constantin bis zum Gesetzgebungswerk Justinians. Band 1: Die Literatur des vierten Jahrhunderts (= Handbuch der klassischen Altertums-Wissenschaften 4, 1), München ^{2}1914.

Schanz 1927
Martin Schanz: Geschichte der römischen Literatur, Teil 1: Die römische Literatur in der Zeit der Republik (= Handbuch der Altertums-Wissenschaften 8, 1), München ^{4}1927.

Schanz 1935
Martin Schanz: Geschichte der römischen Literatur, Teil 2: Die römische Literatur in der Zeit der Monarchie bis auf Hadrian (= Handbuch der Altertums-Wissenschaften 2), München ^{4}1935.

Schaub 2010
Andreas Schaub: Archäologie in Aachen 2009, in: Zeitschrift des Aachener Geschichtsvereins 111/112 (2010), S. 7–25.

Schemmel 1990
Bernhard Schemmel: Staatsbibliothek Bamberg. Handschriften, Buchdruck um 1500 in Bamberg, E. T. A. Hoffmann, Bamberg 1990.

Schemmel 1997
Bernhard Schemmel: Heinrich II. und Bambergs Bücherschätze, in: Historischer Verein Bamberg, Bericht 133 (1997), S. 127–146.

Schemmel 2007
Bernhard Schemmel: Bücherschätze Heinrichs II. für Bamberg, in: 1000 Jahre Bistum Bamberg 1007–2007. Unterm Sternenmantel, hrsg. v. Luitgar Göller, Petersberg 2007, S. 57–77.

Schieffer 1998
Rudolf Schieffer: Mediator cleri et plebis. Zum geistlichen Einfluß auf Verständnis und Darstellung des ottonischen Königtums, in: Herrschaftsrepräsentation im ottonischen Sachsen, hrsg. v. Gerd Althoff u. Ernst Schubert (= Vorträge und Forschungen 46), Sigmaringen 1998, S. 345–361.

Schieffer 2001
Rudolf Schieffer: Urkunden, die über die Alpen getragen wurden, in: Turbata per aequora mundi. Dankesgabe an Eckhard Müller-Mertens, hrsg. v. Olaf B. Rader (= Schriften der MGH 29), Hannover 2001, S. 37–47.

Schieffer 2002
Rudolf Schieffer: Die Karolinger in Rom, in: Roma fra Oriente e Occidente, 2 Bände (= Settimane di Studio del Centro italiano di studi sull'alto Medioevo 49), Spoleto 2002, Band 1, S. 101–127.

Schieffer 2004
Rudolf Schieffer: Neues von der Kaiserkrönung Karls des Großen, (= Bayerische Akademie der Wissenschaften, Philologisch-Historische Klasse, Sitzungsberichte), Jahrgang 2004 Heft 2, München 2004.

Schieffer 2005
Rudolf Schieffer: Handbuch der deutschen Geschichte. Band 2: Spätantike bis zum Ende des Mittelalters. Die Zeit des karolingischen Großreiches (714–887), Stuttgart ^{10}2005.

Schieffer 2006 (a)
Rudolf Schieffer: Die Karolinger (= Kohlhammer–Urban Taschenbücher 411), Stuttgart ^{4}2006.

Schieffer 2006 (b)
Rudolf Schieffer: Konzepte des Kaisertums, in: Heilig – Römisch – Deutsch. Das Reich im mittelalterlichen Europa, hrsg. v. Bernd Schneidmüller u. Stefan Weinfurter, Dresden 2006, S. 44–57.

Schieffer 2006 (c)
Rudolf Schieffer: Tausend Jahre Kaisertum vor Otto dem Großen, in: Ausst.-Kat. Magdeburg 2006 (a), Band 2 (Essays), S. 35–43.

Schieffer 2012
Rudolf Schieffer: Otto Imperator – In der Mitte von 2000 Jahren Kaisertum, in: Kaisertum im ersten Jahrtausend, hrsg. v. Hartmut Leppin, Bernd Schneidmüller u. Stefan Weinfurter,

Regensburg 2012, S. 355–374.

Schindel/Woytek 2011
Nikolaus Schindel u. Bernhard E. Woytek: Nero and the making of the Roman Medallion, in: Numismatic Chronicle 171 (2011), S. 109–120.

Schipke 1972
Renate Schipke: Die Maugérard-Handschriften der Forschungsbibliothek Gotha (= Veröffentlichungen der Forschungsbibliothek Gotha 15), Gotha 1972.

Schipper 1989
William Schipper: Rabanus Maurus, 'De rerum naturis': a Provisional Check List of Manuscripts, in: Manuscripta 33 (1989), S. 109–118.

Schipper 2007
William Schipper: Montecassino 132 and the Early Transmission of Hrabanus' 'De rerum naturis', in: Archa verbi 4 (2007), S. 103–126.

Schipper (im Druck)
William Schipper: The Mainz Martinus-Bibliothek Bifolium (D/378) of Hrabanus's de rerum naturis and its Relatives, in: Bibliotheca S. Martini Moguntina. Alte Bibliothek – Neue Funde. Festschrift zur 350-Jahr-Feier der Martinus-Bibliothek, hrsg. v. Helmut Hinkel, im Druck.

Schleidgen 1977
Wolf-Rüdiger Schleidgen: Die Überlieferungsgeschichte der Chronik des Regino von Prüm (= Quellen und Abhandlungen zur mittelrheinischen Kirchengeschichte 31), Mainz 1977.

Schlesinger 1965
Walter Schlesinger: Die Pfalzen im Rhein-Main-Gebiet, in: Geschichte in Wissenschaft und Unterricht 16 (1965), S. 487–504.

Schlumberger 1895
Gustave Schlumberger: Sur la bague des Basile le Parakimomène, in: Mélanges d'archéologie byzantine. Monnaies, médailles, méreaux, jetons, amulettes, bulles d'or et de plomb, poids de verre et de bronze, ivories, objects d'orfèverie, baques, reliquaires, etc., hrsg. v. Gustave Schlumberger, Paris 1895, S. 39–43.

Schlunk 1940
Helmut Schlunk: …, in: Jahrbuch der Preußischen Kunstsammlungen 61 (1940), S. 47, Abb. 7.

Schmauder 1999
Michael Schmauder: Die Onyxfibel aus Szilágysomlyó und die Gruppe der sogenannten Kaiserfibeln, in: Ausst.-Kat. Wien/Budapest 1999, S. 120–137.

Schmid 1973
Alfred A. Schmid: Artikel Faldistorium, in: Reallexikon zur Deutschen Kunstgeschichte 6 (1973), Sp. 1219–1237.

Schmid 1978
Karl Schmid (Hrsg.): Die Klostergemeinschaft von Fulda im früheren Mittelalter (= Münstersche Mittelalter-Schriften 8), 4 Bände, München 1978.

Schmidt 1873
Wilhelm Schmidt: Das Reiterstandbild des ostgotischen Königs Theoderich in Ravenna und Aachen, in: Jahrbücher für Kunstwissenschaft 6 (1873), S. 1–51.

Schmidt 1878
Gustav Schmidt: Die Handschriften der Gymnasial-Bibliothek, Halberstadt 1878.

Schmidt 1924
Adolf Schmidt: Die Miniaturen des Gerokodex. Ein Reichenauer Evangelistar des 10. Jahrhunderts. Handschrift 1948 der Landesbibliothek zu Darmstadt, Leipzig 1924.

Schmidt-Hofner 2008
Sebastian Schmidt-Hofner: Reagieren und Gestalten. Der Regierungsstil des spätrömischen Kaisers am Beispiel der Gesetzgebung Valentinians I., München 2008.

Schmidt-Wiegand 1978
Ruth Schmidt-Wiegand: Artikel Lex Salica, in: Handwörterbuch der deutschen Rechtsgeschichte 2 (1978), Sp. 1949–1962.

Schmitz 1974
Hans Schmitz: Pfalz und Fiskus Ingelheim (= Untersuchungen und Materialien zur Verfassungs- und Landesgeschichte 2), Phil. Diss., Marburg/Lahn 1974.

Schmitz 1989
Gerhard Schmitz: Regino von Prüm OSB, in: Die deutsche Literatur des Mittelalters. Verfasserlexikon 7 (^{2}1989), Sp. 1115–1122.

Schmoll gen. Eisenwerth 1985
Josef A. Schmoll gen. Eisenwerth: Das Grabmal Ludwigs des Frommen in Metz, in: Josef Schmoll, gen. Eisenwerth: Epochengrenzen und Kontinuität, hrsg. v. Winfried Nerdinger u. Dietrich Schubert, München 1985, S. 47–71. Zuvor erschienen in: Aachener Kunstblätter 44 (1973), S. 75–96.

Schneider 1985
Johannes Schneider: Die Funde der Magdeburger Domgrabung. Mit einem Exkurs über die frühmittelalterliche Gruppe, in: Jahresschrift für mitteldeutsche Vorgeschichte 68 (1985), S. 297–338.

Schneider 1986
Rolf Michael Schneider: Bunte Barbaren. Orientalenstatuen aus farbigem Marmor in der römischen Repräsentationskunst, Phil. Diss., Worms 1986.

Schneider 1992
Rolf Michael Schneider: Barbar II (ikonographisch), in: Reallexikon Antike und Christentum, Supplementum 1 (1992), S. 895–962.

Schneider 1997
Rolf Michael Schneider: Roma Aeterna – Aurea Roma. Der Himmelsglobus als Zeitzeichen und Machtsymbol, in: Kult, Kalender und Geschichte: Semiotisierung von Zeit als kulturelle Konstruktion, hrsg. v. Jan Assmann u. Ernest W. B. Hess-Lüttich (= Special Issue of Kodikas/Code, An International Journal of Semiotics 20 1/2), Tübingen 1997, S. 103–133.

Schneider 2001
Reinhard Schneider: Das Frankenreich (= Oldenbourg-Grundriss der Geschichte 5), München ^{4}2001.

Schneider 2003
Rolf Michael Schneider: Gegenbilder im römischen Kaiserporträt. Die neuen Gesichter Neros und Vespasians, in: Das Porträt vor der Erfindung des Porträts, hrsg. v. Martin Büchsel u. Peter Schmidt, Mainz 2003, S. 59–76.

Schneider 2004
Rolf Michael Schneider: Nicht mehr Ägypten, sondern Rom: Der neue Lebensraum der Obelisken, in: Städel Jahrbuch, N.F. 19 (2004), S. 155–179.

Schneider 2008 (a)
Rolf Michael Schneider: Im Bann der Bilder. Rom unter Augustus, in: Machtfragen. Zur kulturellen Repräsentation und Konstruktion von Macht in Antike, Mittelalter und Neuzeit, hrsg. v. Alexander Arweiler u. Bardo Maria Gauly, Stuttgart 2008, S. 149–186.

Schneider 2008 (b)
Reinhard Schneider: Artikel Capitulare de villis, in: Handwörterbuch zur deutschen Rechtsgeschichte 1 (^{2}2008), Sp. 809–811.

Schneidmüller 1979
Bernd Schneidmüller: Karolingische Tradition und frühes französisches Königtum. Untersuchungen zur Herrschaftslegitimation der westfränkisch-französischen Monarchie im 10. Jahrhundert (= Frankfurter Historische Abhandlungen 22), Phil. Diss., Wiesbaden 1979.

Schneidmüller 1983
Bernd Schneidmüller: Französisches Sonderbewußtsein in der politisch-geographischen Terminologie des 10. Jahrhunderts, in: Beiträge zur Bildung der französischen Nation im Früh- und Hochmittelalter, hrsg. v. Helmut Beumann (= Nationes 4), Sigmaringen 1983, S. 49–91.

Schneidmüller 1994
Bernd Schneidmüller: 1000 Jahre Frankreich? Forschungen zum Herrschaftsantritt Hugo Capets 987, in: Francia 21/1 (1994), S. 227–244.

Schneidmüller 1997
Bernd Schneidmüller: Widukind von Corvey, Richer von Reims und der Wandel politischen Bewusstseins im 10. Jahrhundert, in: Beiträge zur mittelalterlichen Reichs- und Nationsbildung in Deutschland und Frankreich, hrsg. v. Carlrichard Brühl u. Bernd Schneidmüller (= Historische Zeitschrift, Beihefte, N. F. 24), München 1997, S. 83–102.

Schneidmüller 2007
Bernd Schneidmüller: Die Kaiser des Mittelalters. Von Karl dem Großen bis Maximilian I., München ^{2}2007.

Schneidmüller 2010
Bernd Schneidmüller: Kaisersein im spätmittelalterlichen Europa. Spielregeln zwischen Weltherrschaft und Gewöhnlichkeit, in: Die Spielregeln der Mächtigen. Mittelalterliche Politik zwischen Gewohnheit und Konvention, hrsg. v. Claudia Garnier u. Hermann Kamp, Darmstadt 2010, S. 265–290.

Schneidmüller 2012
Bernd Schneidmüller: Die Kaiser des Mittelalters. Von Karl dem Großen bis Maximilian I., München ³2012.

Schneidmüller/Weinfurter 2000
Bernd Schneidmüller u. Stefan Weinfurter (Hrsg.): Otto III. – Heinrich II. Eine Wende? (= Mittelalter-Forschungen 1), Stuttgart 2000.

Schneidmüller/Weinfurter 2001
Bernd Schneidmüller u. Stefan Weinfurter (Hrsg.): Ottonische Neuanfänge. Symposium zur Ausstellung Otto der Große. Magdeburg und Europa, Mainz 2001.

Schneidmüller/Weinfurter 2006
Bernd Schneidmüller u. Stefan Weinfurter (Hrsg.): Heilig – Römisch – Deutsch. Das Reich im mittelalterlichen Europa, Dresden 2006.

Schniek 1999
Rüdiger Schniek: Mittelalterliche Warmluftheizungen in Norddeutschland und Dänemark, in: Offa 56 (1999), S. 171–181.

Scholz 1997
Sebastian Scholz: Karl der Große und das „Epitaphium Hadriani". Ein Beitrag zum Gebetsgedenken der Karolinger, in: Das Frankfurter Konzil von 794. Kristallisationspunkt karolingischer Kultur. Akten zweier Symposien (vom 23. bis 27. Februar und vom 13. bis 15. Oktober 1994) anläßlich der 1200-Jahrfeier der Stadt Frankfurt am Main, 2 Bände, hrsg. v. Rainer Berndt, Mainz 1997, S. 373–394.

Scholz 2006
Sebastian Scholz: Politik – Selbstverständnis – Selbstdarstellung. Die Päpste in karolingischer und ottonischer Zeit (= Historische Forschungen 26), Stuttgart 2006.

Schott 1978
Clausdieter Schott: Artikel Lex Alamannorum, in: Handwörterbuch der deutschen Rechtsgeschichte 2 (1978), Sp. 1879–1886.

Schramm 1928
Percy Ernst Schramm: Die deutschen Kaiser und Könige in Bildern ihrer Zeit: Bis zur Mitte des 12. Jahrhunderts (751–1152), 2 Bde. (= Die Entwicklung des menschlichen Bildnisses 1 = Veröffentlichungen der Forschungsinstitute an der Universität Leipzig), Leipzig 1928.

Schramm 1929
Percy Ernst Schramm: Kaiser, Rom und Renovatio. Studien und Texte zur Geschichte des römischen Erneuerungsgedankens vom Ende des karolingischen Reiches bis zum Investiturstreit, 2 Bände, Leipzig/Berlin 1929.

Schramm 1954
Percy Ernst Schramm: Herrschaftszeichen und Staatssymbolik. Beiträge zu ihrer Geschichte vom dritten bis zum sechzehnten Jahrhundert, Band 1 (= Schriften der MGH 13,1), Stuttgart 1954.

Schramm 1957
Percy Ernst Schramm: Kaiser, Rom und Renovatio. Studien zur Geschichte des römischen Erneuerungsgedankens vom Ende des Karolingischen Reiches bis zum Investiturstreit, 2 Bände, Darmstadt ²1957.

Schramm 1975
Percy Ernst Schramm: Kaiser, Rom und Renovatio. Studien zur Geschichte des römischen Erneuerungsgedankens vom Ende des karolingischen Reiches bis zum Investiturstreit, 2 Bände, Darmstadt ³1975.

Schramm 1992
Percy Ernst Schramm: Kaiser, Rom und Renovatio. Studien zur Geschichte des römischen Erneuerungsgedankens vom Ende des karolingischen Reiches bis zum Investiturstreit, 2 Bände, Darmstadt 1992. (Neudruck von 1929).

Schramm/Mütherich 1962
Percy Ernst Schramm u. Florentine Mütherich: Denkmale der deutschen Könige und Kaiser, Band 1: Ein Beitrag zur Herrschergeschichte von Karl dem Großen bis Friedrich II., 768–1250 (= Veröffentlichungen des Zentralinstituts für Kunstgeschichte in München 2), München 1962.

Schramm/Mütherich 1981
Percy Ernst Schramm u. Florentine Mütherich: Denkmale der deutschen Könige und Kaiser, Band 1: Ein Beitrag zur Herrschergeschichte von Karl dem Großen bis Friedrich II., 768–1250 (= Veröffentlichungen des Zentralinstituts für Kunstgeschichte in München 2), München ²1981.

Schramm/Mütherich 1983
Percy Ernst Schramm: Die deutschen Kaiser und Könige in Bildern ihrer Zeit 751–1190, hrsg. v. Florentine Mütherich, München 1983.

Schreiner 1984
Peter Schreiner: Das Herrscherbild in der byzantinischen Literatur des 9. bis 11. Jahrhunderts, in: Saeculum 35 (1984), S. 132–151.

Schreiner 2004
Peter Schreiner: Diplomatische Geschenke zwischen Byzanz und dem Westen ca. 800–1200. Eine Analyse der Texte mit Quellenanhang, in: Dumbarton Oaks Papers 58 (2004), S. 251–282.

Schreiner 2011 (a)
Peter Schreiner: Byzanz 565–1453, München ⁴2011.

Schreiner 2011 (b)
Peter Schreiner: Die kaiserliche Familie: Ideologie und Praxis im Rahmen der internationalen Beziehungen in Byzanz, in: Le relazioni internazionali nell'alto medioevo (= Settimane di studio della fondazione Centro Italiano di studi sull'alto medioevo 58), Spoleto 2011, S. 735–774.

Schrenk 2004
Sabine Schrenk: Textilien des Mittelmeerraumes aus spätantiker bis frühislamischer Zeit (= Die Textilsammlung der Abegg-Stiftung 4), Riggisberg 2004.

Schrimpf/Martin/Leinweber 1992
Gangolf Schrimpf, Thomas Martin u. Josef Leinweber (Hrsg.): Mittelalterliche Bücherverzeichnisse des Klosters Fulda und andere Beiträge zur Geschichte der Bibliothek des Klosters Fulda im Mittelalter (= Fuldaer Studien 4), Frankfurt am Main 1992.

Schroller 1939
Hermann Schroller: Die Untersuchung der sächsischen Königspfalz Werla bei Goslar. Bericht über die Grabung des Jahres 1938 mit einer kurzen Zusammenfassung über die früheren Ergebnisse, in: Die Kunde 7 (1939), S. 53–78.

Schroller 1940
Hermann Schroller: Bericht über die Untersuchung der Königspfalz Werla im Jahre 1939 (= Nachrichten von der Gesellschaft der Wissenschaften zu Göttingen, Philosphisch-Historische Klasse, N.F. 3, Nr. 2), Göttingen 1940, S. 65–87.

Schroller 1965
Hermann Schroller: Die Ausgrabungen der Pfalz Werla und ihre Probleme, in: Deutsche Königspfalzen 2 (1965), S. 140–149.

Schuba 1978
Ludwig Schuba: Reichenauer Texttradition im Petershausener Sakramentar, in: Bibliothek und Wissenschaft 12 (1978), S. 115–140.

Schubert 1974
Ernst Schubert: Der Magdeburger Dom. Aufnahmen v. Klaus Günther Beyer, Berlin 1974.

Schubert 1998
Ernst Schubert: Imperiale Spolien im Magdeburger Dom, in: Herrschaftspräsentation im Ottonischen Sachsen (= Vorträge und Forschungen 46), hrsg. v. Gerd Althoff u. Ernst Schubert, Sigmaringen 1998, S. 9–32.

Schubert/Lobbedey 2001
Ernst Schubert u. Uwe Lobbedey: Das Grab Ottos des Großen im Magdeburger Dom, in: Ausst.-Kat. Magdeburg 2001, Band 1 (Essays), S. 381–390.

Schuler 1999
Stefan Schuler: Vitruv im Mittelalter. Die Rezeption von „De architectura" von der Antike bis in die frühe Neuzeit (= Pictura et Poesis 12), Köln/Weimar/Wien 1999.

Schulten 1979
Peter N. Schulten: Die Typologie der römischen Konsekrationsprägungen, Frankfurt am Main 1979.

Schulze 1979
Mechthild Schulze: Die Franken, in: Kunst der Völkerwanderungszeit, hrsg. v. Helmut Roth (= Propyläen-Kunstgeschichte, Suppl.-Band 4), Frankfurt am Main/Berlin/Wien 1979, S. 269–289.

Schulze 1998
Hans K. Schulze: Grundstrukturen der Verfassung im Mittelalter, Band 3: Kaiser und Reich (= Kohlhammer-Urban-Taschenbücher 463), Stuttgart 1998.

Schulze 2001
Hans K. Schulze: Sachsen als ottonische Königslandschaft, in: Ausst.-Kat. Magdeburg 2001, Band 1 (Essays), S. 30–52.

Schulze 2007
Hans K. Schulze: Die Heiratsurkunde der Kaiserin Theophanu. Die griechische Kaiserin und das römisch-deutsche Reich 972–991 (= Veröffentlichungen der Niedersächsischen Archivverwaltung, Sonderband), Hannover 2007.

Schulze-Dörrlamm 1991
Mechthild Schulze-Dörrlamm: Die Kaiserkrone Konrads II. (1024–1039). Eine archäologische Untersuchung zu Alter und Herkunft der Reichskrone (= Römisch-Germanisches Zentralmuseum, Monographien 23), Sigmaringen ²1991.

Schulze-Dörrlamm 1999
Mechthild Schulze-Dörrlamm: Münzfibeln der Karolingerzeit, in: Archäologisches Korrespondenzblatt 29 (1999), S. 271–288.

Schulze-Dörrlamm 2003
Mechthild Schulze-Dörrlamm: Eine goldene, byzantinische Senkschmelzfibel mit dem Bild der Maria Orans aus dem 9. Jahrhundert (T. p. 843). Zur Entstehung und Deutung karolingischer Heiligenfibeln, in: Jahrbuch des Römisch-Germanischen Zentralmuseums 50 (2003), S. 449–487.

Schulze-Dörrlamm 2004
Mechthild Schulze-Dörrlamm: Der Mainzer Königsthron aus der zweiten Hälfte des 8. Jahrhunderts, in: Archäologisches Korrespondenzblatt 34 (2004), S. 571–587.

Schütte 2000
Sven Schütte: Der Aachener Thron, in: Ausst.-Kat. Aachen 2000, Band 1, S. 213–222.

Schütte 2011
Sven Schütte: Forschungen zum Aachener Thron, in: Schriftenreihe des Karlsvereins 13 (2011), S. 127–142.

Schwarcz 1994
Andreas Schwarcz: Bedeutung und Textüberlieferung der Historia persecutionis Africanae provinciae des Victor von Vita, in: Historiographie im frühen Mittelalter, hrsg. v. Anton Scharer u. Georg Scheibelreiter (= Veröffentlichungen des Instituts für Österreichische Geschichtsforschung 32), Wien/München 1994, S. 115–140.

Schwartz 1960
Johannes Schwartz: Quelques sources antiques d'ivoires carolingiens in: Cahiers archéologiques 11 (1960), S. 144–162.

Schwartz/Mommsen 1908
Eduard Schwarz u. Theodor Mommsen (Hrsg.): Rufinus von Aquileia, Historia Ecclesiastica, 2 Bde. (= GCS, Bd. 9/2), Leipzig 1908, Bd. 2, S. 970.

Schwarzer 2008
Holger Schwarzer: Eine römische Glasphalera mit dem Porträt des Tiberius aus Pergamon, in: Vom Euphrat bis zum Bosporus. Kleinasien in der Antike. Festschrift für Elmar Schwertheim, hrsg. v. Engelbert Winter (= Asia Minor Studien 65), Bonn 2008, S. 633–637.

Schweitzer 1942
Bernhardt Schweitzer: Der große Kameo des Grünen Gewölbes in Dresden, in: Römische Mitteilungen 57 (1942), S. 92–115.

Schwinden 1995
Lothar Schwinden: Kaisertreue. Ein weiterer Fingerring mit Inschrift fidem Constantino, in: Funde und Ausgrabungen im Bezirk Trier 27 (1995), S. 39–45.

Schwinden 2005
Lothar Schwinden: Kaisertreue II. Ein dritter Fingerring aus Trier mit Inschrift fidem Constantino, in: Funde und Ausgrabungen im Bezirk Trier 37 (2005), S. 50–57.

Schwinden 2008
Lothar Schwinden: Spätrömische Kaiser in ihrer Residenz in Trier, in: Moselgold. Der römische Schatz von Machtum, ein kaiserliches Geschenk, hrsg. v. François Reinert (= Publication du Musée National d'Histoire et d'Art Luxembourg 6), Luxemburg 2008, S. 103–116.

Sciascia 2007
Alberto Sciascia: L'incastellamento nell'Europa occidentale. Fonti e dibattito storiografico (= Storia della cultura material 3), Turin 2007.

Scivoletto 1961
Nino Scivoletto: La tradizione manoscritta di Eutropio, in: Giornale italiano di filologia 14 (1961), S. 129–162.

Sears 1990
Elizabeth Sears: Louis the Pious as „Miles Christi". The dedicatory image in Hrabanus Maurus's "De laudibus sanctae crucis", in: Charlemagne's heir. New perspectives on the reign of Louis the Pious (814–840), hrsg. v. Peter Godman, Oxford 1990, S. 605–628.

Seebach 1941
Carl-Heinrich Seebach: Freilegung einer frühmittelalterlichen Heißluftheizung auf der sächsischen Königspfalz Werla, in: Mannus 33 (1941), S. 256–273.

Seebach 1967
Carl-Heinrich Seebach: Die Königspfalz Werla. Die baugeschichtlichen Untersuchungen (= Göttinger Schriften zur Vor- und Frühgeschichte 8), Neumünster 1967.

Segall 1938
Berta Segall: Museum Benaki Athen. Katalog der Goldschmiedearbeiten, Athen 1938.

Seibt 1999
Werner Seibt: Artikel Monogramm, in: Reallexikon zur byzantinischen Kunst 6 (1999), Sp. 590–614.

Seider 1980
Richard Seider: Beiträge zur Geschichte der antiken Livius-handschriften, in: Bibliothek und Wissenschaft 14 (1980), S. 128–152.

Sello 1891
Georg Sello: Dom-Altertümer, in: Geschichtsblätter für Stadt und Land Magdeburg 26 (1891), S.108–200.

Semmler 1963
Josef Semmler (Hrsg.): Synodi primae Aquisgranensis decreta authentica, in: Corpus consuetudinum monasticarum, Band 1: Initia consuetudinis Benedictinae, hrsg. v. Kassius Hallinger, Siegburg 1963, S. 457–468.

Semmler 2003
Josef Semmler: Der Dynastiewechsel von 751 und die fränkische Königssalbung (= Studia humaniora, series minor 6), Düsseldorf 2003.

Sergi 1999
Giuseppe Sergi: The Kingdom of Italy, in: The New Cambridge Medieval History. Band 3: C. 900–C. 1024, hrsg. v. Timothy Reuter, Cambridge 1999, S. 346–371.

Serra 2008
Alessandra Serra: Una riflessione sul Medaglione di Teoderico, in: Rex Theodericus. Il medaglione d'oro di Morro d'Alba, hrsg. v. Claudia Barsanti, Andrea Paribeni u. Silvia Pedone, Morro d'Alba 2008, S. 21–26.

Seston 1954
William Seston: Le Clipeus virtutis d'Arles et la composition des Res Gestae Divi Augusti, in: Comptes-rendus des séances de l'Académie des Inscriptions et Belles-Lettres 98,3 (1954), S. 286–297.

Severin 1972
Hans-Georg Severin: Zur Portraitplastik des 5. Jahrhunderts n. Chr. (= Miscellanea Byzantina Monacensia 13), Phil. Diss., München 1972.

Severin 1980
Hans-Georg Severin: Bildnisse zwischen Antike und Mittelalter, in: Ausst.-Kat. Berlin 1980, S. 87–105.

Sevrugian 1990
Petra Sevrugian: Der Rossano-Codex und die Sinope-Fragmente. Miniaturen und Theologie (= Manuskripte für Kunstwissenschaft und in der Wernerschen Verlagsgesellschaft 35), Phil. Diss., Worms 1990.

Sevrugian 1992
Petra Sevrugian: Bemerkungen zur östlichen Pfingst-Ikonographie, in: Jahrbuch Preußischer Kulturbesitz 29 (1992), S. 261–282.

Shalem 1996
Avinoam Shalem: Islam christianized. Islamic portable objects in the medieval church treasuries of the Latin West, Phil. Diss., Frankfurt a. Main 1996.

Shepard/Franklin 1992
Jonathan Shepard u. Simon Franklin (Hrsg.): Byzantine diplomacy. Papers from the Twenty-fourth Spring Symposium of Byzantine Studies, Cambridge, March 1990, Aldershot 1992.

Sickel 1877
Theodor Sickel: Beiträge zur Diplomatik. Band 8 (= Sitzungsberichte 85), Wien 1877, S. 351–457.

Sickel 1883
Theodor Sickel: Das Privilegium Otto I. für die römische Kirche vom Jahre 962, Innsbruck 1883.

Silvan 1989
Pierluigi Silvan: I cicli pittorici delle Grotte Vaticane. Alcuni aspetti poco noti dell'opera di Giovan Battista Ricci da Novara e di Carlo Pellegrini, in: Arte Lombarda 90/91 (1989), S. 104–121.

Simon 1966
Erika Simon: Altar der Lares Augusti, in: Führer durch die öffentlichen Sammlungen klassischer Altertümer in Rom, hrsg. v. Wolfgang Helbig u. Hermine Speier, Tübingen ⁴1966, S. 518–520.

Simon 1993
Barbara Simon: Die Selbstdarstellung des Augustus in der Münzprägung und in den Res Gestae (= Antiquates 4), Hamburg 1993.

Simone 1991
Giulio Simone: LS vs. LF. La traduzione frammentaria in antico alto tedesco della 'Lex Salica' e la sua base latina (= Biblioteca del Dipartimento di lingue e letterature straniere moderne dell' Universitá Bologna 5), Bologna 1991.

Simonetti 2008
Adele Simonetti (Bearb.): Hrabanus Maurus: Commentario al libro di Giuditta (= Millennio medievale. Strumenti e studi 73), Florenz 2008.

Sintès 1996
Claude Sintès: Arles antique. Monuments et sites (= Guides archéologiques de la France 17), Arles 1996,

Sivan 2011
Hagith Sivan: Galla Placidia. The Last Roman Empress, Oxford 2011.

Slawski 2005
Robert Slawski: Die Königspfalz Werla. Forschungsreise in das 10. Jahrhundert, Braunschweig 2005.

Smith 1996
Bert Smith: Typology and diversity in the portraits of Augustus, in: Journal of Roman Archaeology 9 (1996), S. 31–47.

Smith 1997
Bert Smith: The public image of Licinius I. Portrait sculpture and imperial ideology in the early fourth century, in: Journal of Roman Studies 87 (1997), S. 170–202.

Smith 2001
Bert Smith: A Portrait Monument for Julian and Theodosius at Aphrodisias, in: Griechenland in der Kaiserzeit. Neue Funde und Forschungen zu Skulptur, Architektur und Topographie. Kolloquium zum 60. Geburtstag von Prof. Dietrich Willers, Bern, 12.–13. Juni 1998 (= Hefte des Archäologischen Seminars der Universität Bern, Beiheft 4), hrsg. v. Christoph Reusser, Bern 2001, S. 125–136.

Sojc 2005/2006
Natascha Sojc: Festsaal und Nebenräume in der Domus Augustana auf dem Palatin. Ergebnisse der archäologischen Dokumentationsarbeiten 2004 und 2005, in: Römische Mitteilungen 152 (2005/2006), S. 339–350.

Sonderegger 1964
Stefan Sonderegger: Die althochdeutsche Lex-Salica-Übersetzung, in: Festgabe für Wolfgang Jungandreas zum 70. Geburtstag. Beiträge zur deutschen Sprachgeschichte, Landes-, Volks- und Altertumskunde (= Schriftenreihe zur Trierischen Landesgeschichte und Volkskunde 13), Trier 1964, S. 113–122.

Sonderegger 1978
Stefan Sonderegger: Artikel Althochdeutsche Lex Salica, in: Verfasserlexikon 1 (²1978), Sp. 303–305.

Sörries 1993
Reiner Sörries: Christlich-antike Buchmalerei im Überblick, 2 Bände, Wiesbaden 1993.

Spannagel 1999
Martin Spannagel: Exemplaria principis. Untersuchungen zu Entstehung und Ausstattung des Augustusforums (= Archäologie und Geschichte 9), Phil. Diss., Heidelberg 1999.

Speck 1974
Paul Speck: Die kaiserliche Universität von Konstantinopel. Präzisierungen zur Frage des höheren Schulwesens in Byzanz im 9. und 10. Jahrhundert, München 1974.

Spencer 1845
George Spencer, Duke of Marlborough: Gemmarum antiquarum delectus, ex praestantioribus desumptus, quae in dactyliothecis Ducis Malburiensis conservantur, London 1790 (Neuauflage 1845).

Spier 1993 (a)
Jeffrey Spier: Medieval Byzantine magical amulets and their tradition, in: The Journal of the Warburg and Courtauld Institutes 56 (1993), S. 25–62.

Spier 1993 (b)
Jeffrey Spier: Late Antique Cameos c. A.D. 250–600, in: Cameos in Context, The Content Lectures, hrsg. v. Michael Vickers u. Martin Henig, Oxford, 1993, S. 43–54.

Spier 1997
Jeffrey Spier: Early Christian Gems and Their Rediscovery, in: Engraved Gems: Survivals and Revivals. (= Studies in the History of Art 54), hrsg. v. Clifford Malcom Brown, Washington 1997, S. 33–43.

Spier 2003
Jeffrey Spier: Middle Byzantine (10ᵗʰ–13ᵗʰ Century AD) stamp seals in semiprecious stone, in: Through a glass brightly. Studies in Byzantine and medieval art and archeology presented to David Buckton, hrsg. v. Chris Entwisle, Oxford 2003, S. 114–126.

Spier 2007
Jeffrey Spier: Late Antique and Early Christian Gems (= Spätantike – Frühes Christentum – Byzanz. Kunst im ersten Jahrtausend. Reihe B: Studien und Perspektiven 20), Wiesbaden 2007.

Spilling 1992
Herrad Spilling: Opus magentii Hrabani Mauri in honorem sanctae crucis conditum. Hrabans Beziehungen zu seinem Werk, (= Fuldaer Hochschulschriften 18), Frankfurt am Main 1992.

Spiong 2000
Sven Spiong: Fibeln und Gewandnadeln des 8. bis 12. Jahrhunderts in Zentraleuropa. Eine archäologische Betrachtung ausgewählter Kleidungsbestandteile als Indikatoren menschlicher Identität (= Zeitschrift für Archäologie des Mittelalters, Beiheft 12), Bonn 2000.

Springer 2005
Matthias Springer: Artikel Theudebert, in: Reallexikon der Germanischen Altertumskunde 30 (2005), S. 455–459.

Squarciapino 1946/1948
Maria Floriani Squarciapino: Un nuovo ritratto di Valente, in: Bullettino della Commissione archeologica comunale di Roma 72 (1946/48), S. 95–101.

Srejović/Simivić 1958/1959
Dragoslav Srejović u. A. Simović: Portrait d'une impératrice byzantine de Balajnac, in: Starinar N.S. 9/10 (1958/1959), S. 77–87.

Staecker 1999
Jörn Staecker: Rex regum et dominus dominorum. Die wikingerzeitlichen Kreuz- und Kruzifixanhänger als Ausdruck der Mission in Altdänemark und Schweden, (= Lund studies in medieval archaeology 23), Stockholm 1999.

Stafski 1965
Heinz Stafski: Die Mittelalterlichen Bildwerke, Band 1: Die Bildwerke in Stein, Holz, Ton und Elfenbein bis um 1450 (= Kataloge des Germanischen Nationalmuseums in Nürnberg), Nürnberg 1965.

Stamm 1955
Otto Stamm: Zur karolingischen Königspfalz in Frankfurt am Main, in: Germania. Anzieger der Römisch-Germanischen Kommission des Deutschen Archäologischen Institutes 33 (1955), S. 391–401.

Stark 2000
Robert Stark: Studien zu den Schatzfunden von Szilágysomlyó. Beiträge zum edelsteinverzierten Goldschmuck in der Selbstdarstellung von Eliten spätantiker Gesellschaften, Phil. Diss., München 2000.

Stauffer 2007
Annemarie Stauffer: Zur Datierung spätantiker Gold-Purpurgewebe, in: Methods of dating ancient textiles of the 1st Millenium AD from Egypt and neighbouring countries, hrsg. v. Cäcilia Fluck u. Antoine de Moor, Antwerpen 2007.

Stein 1928
Ernst Stein: Geschichte des spätrömischen Reichs, Band 1, Wien 1928.

Stella 2003
Clara Stella (Hrsg.): Brixia. Scoperte e riscoperte, Brescia/Mailand 2003.

Stelzer 1963
Gudrun Stelzer: Neue Ausgrabungen auf der Königspfalz Werla bei Schladen in den Jahren 1957 bis 1960. Teil 3: Die Untersuchungen in den Jahren 1959 und 1960, in: Neue Ausgrabungen und Forschungen in Niedersachsen 1 (1963), S. 238–252.

Stengel 1960
Edmund E. Stengel: Abhandlungen und Untersuchungen zur mittelalterlichen Geschichte, Köln/Graz/Böhlau 1960.

Steuer 2006
Heiko Steuer: Artikel Velp, in: Reallexikon der Germanischen Altertumskunde 32 (2006), S. 122–123.

Steuerwaldt/Virgin 1855
Wilhelm Steuerwaldt u. Carl Virgin: Die mittelalterlichen Kunstschätze im Zittergewölbe der Schloßkirche zu Quedlinburg. Nebst mehreren äusseren und inneren Ansichten des vormaligen kaiserlichen freien weltlichen Stifts, Quedlinburg 1855.

Stewing 2009
Frank-Joachim Stewing (Bearb.): Handschriften und frühe Drucke aus der Zeitzer Stiftsbibliothek, hrsg. v. d. Vereinigten Domstiftern zu Merseburg und Naumburg und des Kollegiatstifts Zeitz (= Schriftenreihe der Vereinigten Domstifter zu Merseburg und Naumburg und des Kollegiatstifts Zeitz 3), Petersberg 2009.

Stichel 1982
Rudolf Stichel: Die römische Kaiserstatue am Ausgang der Antike. Untersuchungen zum plastischen Kaiserporträt seit Valentinian I. (364–375 n. Chr.), (= Archaeologica 24), Phil. Diss., Rom 1982.

Stoclet 1980
Alain Stoclet: La Descriptio basilicae sancti Dyonisii. Premiers commentaires, in: Journal des Savants 1 (1980), S. 103–117.

Stoll 1992
Oliver Stoll: Die Skulpturenausstattung römischer Militäranlagen an Rhein und Donau. Der Obergermanisch-Rätische Limes, 2 Bände, (= Pharos. Studien zur griechisch-römischen Antike 1), St. Katharinen 1992.

Stolz 2006
Yvonne Stolz: Eine kaiserliche Insignie? Der Juwelenkragen aus dem sog. Schatzfund von Assiût, in: Jahrbuch des Römisch-Germanischen Zentralmuseums 53 (2006), S. 521–603.

Stolz 2008
Yvonne Stolz: The Evidence for Jewellery Production in Constantinople in the Early Byzantine Period, in: "Intelligible Beauty". Recent Research on Byzantine Jewellery, hrsg. v. Chris Entwistle u. Noël Adams (= British Museum Research Publication 178), London 2008, S. 33–39.

Stolz 2009
Yvonne Stolz: Kaiserlich oder bürgerlich? Ein Anhänger in München, frühbyzantinische Diademe und anderer Hochzeitsschmuck, in: Mitteilungen zur spätantiken Archäologie und byzantinischen Kunstgeschichte 6 (2009), S. 115–135.

Story 2005
Joanna E. Story (Hrsg.): Charlemagne. Empire and society, Manchester 2005.

Strobel 1993
Karl Strobel: Das Imperium Romanum im 3. Jahrhundert: Modell einer historischen Krise? Zur Frage mentaler Strukturen breiterer Bevölkerungsschichten in der Zeit von Marc Aurel bis zum Ausgang des 3. Jh. n. Chr. (= Historia. Einzelschriften 75), Stuttgart 1993.

Stroux 1921
Johannes Stroux: Handschriftliche Studien zu Cicero De oratore. Die Rekonstruktion der Handschrift von Lodi. Rektoratsprogramm der Universität Basel für das Jahr 1921, Basel 1921.

Stutzinger 1986
Dagmar Stutzinger: Das Bronzebildnis einer spätantiken Kaiserin aus Balajnac im Museum von Niš, in: Jahrbuch für Antike und Christentum 29 (1986), S. 146–165.

Suckale-Redlefsen 2004
Gude Suckale-Redlefsen: Die Handschriften des 8. bis 11. Jahrhunderts der Staatsbibliothek Bamberg, 2 Bände (= Katalog der illuminierten Handschriften der Staatsbibliothek Bamberg 1,1–1,2), Wiesbaden 2004.

Sutherland 1968
Carol Humphrey Vivian Sutherland: The Roman Imperial Coinage, Band 6: From Diocletian's reform (A.D. 294) to the death of Maximinus (A.D. 313), London 1967.

Sutherland 1970
Carol Humphrey Vivian Sutherland: The Cistophori of Augustus (= Royal Numismatic Society 5), London 1970.

Sutherland 1984
Carol Humphrey Vivian Sutherland: The Roman Imperial Coinage, Band 1: From 31 B.C. to A.D. 69, London ^{2}1984.

Sveva Gai 2001
Antonella Sveva Gai: Die karolingische Pfalzanlage. Von der Dokumentation zur Rekonstruktion, in: Deutsche Königspfalzen, Band 5, hrsg. v. Lutz Fenske, Göttingen 2001, S. 71–100.

Sveva Gai 2007
Antonella Sveva Gai: Zu Rekonstruktion und Zeitstellung der spätottonischen Pfalz in Paderborn, in: Deutsche Königspfalzen, Band 7, hrsg. v. Caspar Ehlers, Jörg Jarnut u. Matthias Wemhoff, Göttingen 2007, S. 121–150.

Sveva Gai/Mecke/Käuper 2006
Antonella Sveva Gai u. Birgit Mecke: Est locus insignis …. Die Pfalz Karls des Großen in Paderborn und ihre bauliche Entwicklung bis zum Jahr 1002. Die Neuauswertung der Ausgrabungen Wilhelm Winkelmanns in den Jahren 1964–1978. Mit einem Beitrag von Sascha Käuper, 2 Bände (= Denkmalpflege und Forschung in Westfalen 40,2), Mainz 2006.

Swarzenski 1967
Hanns Swarzenski: Monuments of Romanesque Art. The art of church treasures in north-western europe, Chicago ^{2}1967.

Swoboda 1963
Franz Swoboda: Die liturgischen Kämme. Phil. Diss., Tübingen 1963 (^{2}1972).

von Sydow 1969
Wolfgang von Sydow: Zur Kunstgeschichte des spätantiken Porträts im 4. Jahrhundert n. Chr. (= Antiquitas 3,8), Bonn 1969.

Syme 2003
Ronald Syme: Die römische Revolution. Machtkämpfe im antiken Rom, hrsg. v. Christoph Selzer u. Uwe Walter, Stuttgart ^{2}2003.

Szaivert 1984
Wolfgang Szaivert: Die Münzprägung der Kaiser Tiberius und Caius (Caligula) 14–41 (= Moneta Imperii Romani 2/3), Wien 1984.

Szeiklies-Weber 1992
Ingrid Szeiklies-Weber: Kostbare Steine. Die Gemmensammlung des Kurfürsten Johann Wilhelm von der Pfalz, München 1992.

Szilágyi 1956
János Szilágyi: Aquincum, Budapest 1956.

Talbot 1954
Charles H. Talbot: Notes on the library of Pontigny, in Ana lecta Sacri Ordinis Cisterciensis 10 (1954), S. 106–168.

Tantillo 2000
Ignazio Tantillo: I munera in età tardoantica, in: Ausst.-Kat. Rom 2000, S. 120–125.

Tausend 2009
Klaus Tausend: Im Inneren Germaniens. Beziehungen zwischen den germanischen Stämmen vom 1. Jahrhundert v. Chr. bis zum 2. Jahrhundert n. Chr., Stuttgart 2009.

Tautscher 1974
Anton Tautscher: Betriebsführung und Buchhaltung in den karolingischen Königsgütern nach dem Capitulare de villis, in: Vierteljahrschrift für Sozial- und Wirtschaftsgeschichte 61 (1974), S. 1–28.

Tejral 2009
Jaroslav Tejral: Römisch-germanisch bis zum Tod. Das Königsgrab von Mušov, in: Ausst.-Kat. Haltern am See u.a. 2009, S. 128–130.

Tellenbach 1982
Gerd Tellenbach: Kaiser, Rom und Renovatio. Ein Beitrag zu einem großen Thema, in: Tradition als historische Kraft. Interdisziplinäre Forschungen zur Geschichte des frühen Mittelalters. Festschrift für Karl Hauck, hrsg. v. Norbert Kamp u. Joachim Wollasch, Berlin u.a. 1982, S. 231–253.

Tessera 2007
Miriam Rita Tessera: „Christiane signifer milicie". Chiesa, guerra e simbologia imperiale ai tempi di Ariberto, in: Ariberto da Intimiano. Fede, potere e cultura a Milano nel secolo XI, hrsg. v. Cinisello Balsamo u.a., Mailand 2007, S. 374–395.

Theuws/Nelson 2000
Frans Theuws u. Janet Loughland Nelson (Hrsg.): Rituals of power. From late antiquity to the early Middle Ages (= The Transformation of the Roman World 8), Leiden/Boston/Köln 2000.

Thiry 1939
Gertrud Thiry: Die Vogelfibeln der Germanischen Völkerwanderungszeit (= Rheinische Forschungen zur Vorgeschichte 3), Phil. Diss., Bonn 1939.

Thimme 1960
Jürgen Thimme: Neuwerbungen des Badischen Landesmuseums Karlsruhe, in: Archäologischer Anzeiger (1960), S. 36–69.

Thoresen 1996 (unpubliziert)
Lisbet Thoresen: The British Museum – Gemological examinations of forty-three ancient Gems (1996), Manuskript (unveröffentlicht) im British Museum.

Thurn 1994
Hans Thurn (Bearb.): Die Handschriften der Universitätsbibliothek Würzburg. Band 5: Bestand bis zur Säkularisierung. Erwerbungen und Zugänge bis 1803, Wiesbaden 1994.

Timpe 1995
Dieter Timpe: Romano-Germanica. Gesammelte Studien zur Germania des Tacitus, Stuttgart u.a. 1995.

Timpe 2006
Dieter Timpe: Römisch-Germanische Begegnung in der späten Republik und frühen Kaiserzeit. Voraussetzungen – Konfrontationen – Wirkungen. Gesammelte Studien, München u.a. 2006.

Tinnefeld 2011
Franz Tinnefeld: Diplomatische Kontakte zwischen Byzanz und dem Westen, in: Ausst.-Kat. Mainz 2011, S. 71–74.

Tischler 2000
Matthias M. Tischler: Neue Fragmente der spätantiken Bamberger Livius-Handschrift, (CLA VIII. 1028 Addenda), in: Scriptorium 54 (2000), S. 268–280.

Tischler 2001 (a)
Matthias M. Tischler: Einharts ‚Vita Karoli'. Studien zur Entstehung, Überlieferung und Rezeption 1–2 (= Schriften der MGH 48, 1–2), Hannover 2001.

Tischler 2001 (b)
Matthias M. Tischler: Bambergs antiker Glanz. Neue spätantike Livius-Fragmente in der Staatsbibliothek, in: Bibliotheksforum Bayern 29 (2001), S. 35–41.

Tischler 2008
Matthias M. Tischler: Orte des Unheiligen. Versuch einer Topographie der dominikanischen Mohammed-Biographik des 13. Jahrhunderts zwischen Textüberlieferung und Missionspraxis, in: Archa Verbi 5 (2008), S. 32–63.

Tischler 2010
Matthias M. Tischler: Meinhart von Bamberg. Die Physiognomie eines ‚Protointellektuellen' des 11. Jahrhunderts, in: Deutsche Texte der Salierzeit. Neuanfänge und Kontinuitäten im 11. Jahrhundert (= MittelalterStudien des Instituts zur Interdisziplinären Erforschung des Mittelalters und seines Nachwirkens 20), hrsg. v. Stephan Müller u. Jens Schneider, Paderborn 2010, S. 251–284.

Tondo 1986
Luigi Tondo: Piatto onorario di Ardabur Aspar, in: Capolavori & Restauri (Ausstellung Florenz, Palazzo Vecchio 14 dicembre 1986 – 26 Aprile 1987), Florenz 1986.

Tondo 1990
Luigi Tondo: I cammei, in: Le Gemme dei Medici e dei Lorena nel Museo Archeologico di Firenze, hrsg. v. Luigi Tondo u. Franca Maria Vanni, Florenz 1990, S. 1–154.

Topál 2002
Judit Topál: Musikalische Denkmäler in der römischen Sammlung von Aquincum (Budapest), in: Studia Musicologica Academiae Scientiarum Hungaricae 43 (2002), S. 1–15.

Töpfer 2011
Kai Michael Töpfer: Signa Militaria. Die römischen Feldzeichen in der Republik und im Prinzipat (= Monographien des Römisch-Germanischen Zentralmuseums 91), Mainz 2011.

Tormod 1998
Eide Tormod: in: Fontes Historiae Nubiorum. Band 3: from the first to the sixth century AD, hrsg. v. Eide Tormod u.a., Bergen 1998, S. 1138–1140, Nr. 314.

Török 2005
Lászlo Török: After the Pharaohs. Treasures of Coptic Art from Egyptian Collections, Budapest 2005.

Touratsoglou/Chalkia 2008
Ioannis Touratsoglou u. Eugenia Chalkia: The Kratigos, Mytilene Treasure. Coins and Valuables of the 7th Century AD, Athen 2008.

Toynbee 1973 (a)
Arnold Joseph Toynbee: Constantine Porphyrogenitus and his World, London 1973.

Toynbee 1973 (b)
Jocelyn M. C. Toynbee: Animals in Roman Life and Art, London 1973.

Traube/Ehwald 1906
Ludwig Traube u. Rudolf Ehwald: Palaeographische Forschungen 3: Jean-Baptiste Maugérard. Ein Beitrag zur Bibliotheksgeschichte, in: Abhandlungen der Historischen Klasse der Königlich Bayerischen Akademie der Wissenschaften 23 (1906), S. 301–387.

Treitinger 1969
Otto Treitinger: Die oströmische Kaiser- und Reichsidee nach ihrer Gestaltung im höfischen Zeremoniell, Jena 1938 (Nachdruck Darmstadt 1969).

Tremp 2004
Ernst Tremp: Ludwig der Deutsche und das Kloster St.Gallen, in: Ludwig der Deutsche und seine Zeit, hrsg. v. Wilfried Hartmann, Darmstadt 2004, S. 141–160.

Trillmich 1983
Walter Trillmich: Iulia Agrippina als Schwester des Caligula und Mutter des Nero, in: Hefte des Archäologischen Seminars der Universität Bern 9 (1983), S. 21–38.

Trillmich 1988
Walter Trillmich: «Münzpropaganda», in: Ausst.-Kat. Mainz 1988, S. 474–528.

Trillmich 1994
Walter Trillmich: Aspekte der Augustus-Nachfolge des Kaisers Claudius, in: Die Regierungszeit des Kaisers Claudius (41–54 n. Chr.): Umbruch oder Episode?, hrsg. v. Volker Michael Strocka, Mainz 1991.

Uhlirz 1896
Karl Uhlirz: Die Interventionen in den Urkunden Ottos III. bis zum Tode der Kaiserin Theophanu, in: Neues Archiv der Gesellschaft für Ältere deutsche Geschichte 21 (1896), S. 115–137.

Uhlirz 1957
Mathilde Uhlirz: Zu dem Mitkaisertum der Ottonen. Theophanu coimperatrix, in: Byzantinische Zeitschrift 50 (1957), S. 383–389.

Ulbert 1970
Günter Ulbert: Das römische Donau-Kastell Rißtissen, Teil 1: Die Funde aus Metall, Horn und Knochen, Stuttgart 1970.

Ulbert 1971
Günter Ulbert: Römische Bronzeknöpfe mit Reliefverzierung, in: Fundberichte aus Schwaben 19 (1971), S. 278–297.

Ulbert/Christern-Briesenick 2003
Thilo Ulbert u. Brigitte Christern-Briesenick (Hrsg.): Repertorium der christlich-antiken Sarkophage, Band 3: Frankreich, Algerien, Tunesien, Mainz 2003.

Vandersall 1965
Amy Lou Vandersall: The Ivories of the Court School of Charles the Bald, Phil. Diss., New Haven 1965.

Varner 2004
Eric R. Varner: Mutilation and transformation. Damnatio memoriae and Roman imperial portraiture (= Monumenta Graeca et Romana 10), Leiden 2004.

Verhein 1953/1954
Klaus Verhein: Studien zu den Quellen zum Reichsgut der Karolingerzeit. 1. Capitulare de Villis, Capitulare Ambrosianum, Brevium Exempla, Urbar des Reichsgutes aus Lorsch, Urbar des Reichsgutes in Rätien, in: Deutsches Archiv für Erforschung des Mittelalters 10 (1953/1954), S. 313–394.

Verhulst 1965
Adriaan Verhulst: Karolingische Agrarpolitik: Das Capitulare de Villis und die Hungersnöte von 792/93 und 805/06, in: Zeitschrift für Agrargeschichte und Agrarsoziologie 13 (1965), S. 175–189.

Vermeule 1975
Cornelius C. Vermeule: Numismatics in antiquity, in: Suiss Numismatic Review 54 (1975), S. 5–32.

Vierck 1981
Hayo Vierck: Imitatio imperii und interpretatio. Germanica vor der Wikingerzeit, in: Les pays du Nord et Byzance (Scandinavie et Byzance). Actes du colloque nordique et international de Byzantinologie tenu à Upsal 20–22 avril 1979, hrsg. v. Rudolf Zeitler, Uppsala 1981, S. 64–113.

Villetard 1900
Henri Villetard: Catalogue et description des manuscrits de Montpellier provenant du département de l'Yonne, in: Bulletin de la Société des sciences historiques et naturelles de l'Yonne 54 (1900), S. 319–382.

Visconti 1888
Carlo Lodovico Visconti: Trovamenti di oggetti d'arte e antichità figurata, in: Bullettino della Commissione archeologica comunale di Roma 16 (1888), S. 120–126.

Vogel/Elze 1963–1972
Le pontifical romano-germanique du dixième siècle, 3 Bände, hrsg. v. Cyrille Vogel u. Reinhard Elze, Vatikanstadt 1963–1972.

Vogt 2004
Simone Vogt: Die Siegesgöttin in Kaisers Diensten. Die Victoria von Fossombrone (= Staatliche Museen Kassel, Monographische Reihe 14), Kassel 2004.

Voigtländer 1989
Klaus Voigtländer: Die Stiftskirche St. Servatii zu Quedlinburg. Geschichte ihrer Restaurierung und Ausstattung, Berlin 1989.

Volbach 1969
Wolfgang Fritz Volbach: La Stauroteca di Monopoli, Rom 1969.

Volbach 1976
Wolfgang Fritz Volbach: Elfenbeinarbeiten der Spätantike und des frühen Mittelalters (= Kataloge vor- und frühgeschichtlicher Altertümer 7), Mainz 1976.

Vollenweider 1964
Marie-Louise Vollenweider: Der Jupiter-Kameo. Württembergisches Landesmuseum, Stuttgart 1964.

Vollenweider 1966
Marie-Louise Vollenweider: Die Steinschneidekunst und ihre Künstler in spätrepublikanischer und augusteischer Zeit, Baden-Baden 1966.

Vollenweider/ Avisseau-Brouset 2003
Marie-Louise Vollenweider u. Mathilde Avisseau-Brouset: Camées et intailles II. Les portraits romains du Cabinet des médailles: Catalogue raisonné, Paris ²2003.

Vondrovec 2010
Klaus Vondrovec: DN VALENS VICTOR SEMPER AVG - Eine Konsularserie des Valens, in: Schweizerische Numismatische Rundschau 88 (2010), S. 145–193.

Waitz 1839 (a)
Georg Waitz: Reise nach dem südlichen Frankreich vom August bis November 1837, in: Archiv der Gesellschaft für ältere deutsche Geschichtskunde 7 (1839), S. 183–221.

Waitz 1839 (b)
Georg Waitz: Bemerkungen über einzelne Handschriften und Urkunden, in: Archiv der Gesellschaft für ältere deutsche Geschichtskunde 7 (1839), S. 227–1021.

Walburg 2007/2008
Reinhold Walburg: EID MAR: Die Macht der visuellen Kommunikation. Rezeptioen eines antiken Motives, in: Boreas 30/31 (2007/2008) S. 111–125.

Wallace-Hadrill 2003
Andrew Wallace-Hadrill: The streets of Rome as a representation of imperial power, in: The representation and perception of Roman imperial power (= Proceedings of the third workshop of the International network Impact of Empire. (Roman empire, c. 200 B.C.–A.D. 476), Netherlands Institute in Rome, March 20–23, 2002), hrsg. v. Lukas de Blois u.a., Amsterdam 2003, S. 189–206.

Wallach 1951
Luitpold Wallach: Alcuins epitaph of Hadrian I. A study in carolingian epigraphy, in: American Journal of Philology 72 (1951), S. 128–144.

Wallmann 1989
Peter Wallmann: Triumviri rei publicae constituendae. Untersuchungen zur politischen Propaganda im Zweiten Triumvirat (43–30 v. Chr.) (= Europäische Hochschulschriften 3/383), Frankfurt am Main u.a. 1989.

Walter 1975
Christopher Walter: Raising on a shield in Byzantine iconography, in: Revue des études byzantines 33 (1975), S. 133–175.

Walter 1989/1990
Christopher Walter: The Intaglio of Solomon in the Benaki Museum and the Origins of the Iconography of Warrior Saints, in: Deltion tès Christianikès Archaiologikès Hetaireias 15 (1989–90), S. 33–42.

Walter 2003
Christopher Walter: The Warrior Saints in Byzantine Art and Tradition, Aldershot 2003.

Walter 2006
Christopher Walter: The Iconography of Constantine the Great, emperor and saint, Leiden 2006.

Walters 1899
Henry B. Walters: Catalogue of the Bronzes, Greek, Roman, and Etruscan in the Department of Greek and Roman Antiquities, British Museum, London 1899.

Walther 2004
Helmut G. Walther: Der gescheiterte Dialog. Das ottonische Reich und der Islam, in: Von der Veränderbarkeit der Welt (= Ausgewählte Aufsätze von Helmut G. Walther), hrsg. v. Stephan Freund, Klaus Krüger u. Matthias Werner, Frankfurt am Main 2004, S. 3–30.

Wamers 1994
Egon Wamers: Die frühmittelalterlichen Lesefunde aus der Löhrstraße (Baustelle Hilton II) in Mainz (= Mainzer Archäologische Schriften 1), Mainz 1994.

Wamers 2005
Egon Wamers: Gold – Epiphanie des Göttlichen und weltliche Macht, in: Ausst.-Kat. Frankfurt am Main/Hildesheim 2005, S. 73–82.

Wamers 2008
Egon Wamers: Franconofurd. Die karolingisch-ottonische Kaiserpfalz Frankfurt am Main. 3D-Computer-Rekonstruktion. DVD-Video, Darmstadt 2008.

Wanscher 1980
Ole Wanscher: Sella curulis. The folding stool: an ancient symbol of dignity, Kopenhagen 1980.

Warntjes 2007
Immo Warntjes: The Munich Computus and the 84 (14) -year Easter reckoning, in: Proceedings of the Royal Irish Academy C: Archeology, Celtic Studies, History, Linguistics, Literature 107 (2007), S. 31–85.

Weber-Dellacroce 2010
Barbara Weber-Dellacroce: Der spätantike Kameo des Ada-Evangeliars. Überlegungen zur Deutung und Datierung, in: Kurtrierisches Jahrbuch 50 (2010), S. 21–34.

Wegner 1939
Max Wegner: Die Herrscherbildnisse in antoninischer Zeit (= Das römische Herrscherbild 1,4), Berlin 1939.

Wegner 1987
Max Wegner: Verzeichnis verlässlicher oder vermeintlicher Herrscherbilder von Valentinianus I. bis Herakleios, in: Boreas 10 (1987), S. 117–132.

Wehling 1995
Ulrike Wehling: Die Mosaiken im Aachener Münster und ihre Vorstufen (= Arbeitsheft der rheinischen Denkmalpflege 46), Köln/Bonn 1995.

Weidinger 2011
Ulrich Weidinger: Die Versorgung des Königshofes mit Gütern. Das „Capitulare de villis", in: Das Reich Karls des Großen, hrsg. v. Matthias Becher, Darmstadt 2011, S. 79–85.

Weiner 1993
Andreas Weiner: Katalog der Kunstwerke um Erzbischof Egbert, in: Egbert. Erzbischof von Trier 977–993, hrsg. v. Franz Ronig, Trier 1993, Band 1, S. 17–48.

Weinfurter 1999
Stefan Weinfurter: Kaiserin Adelheid und das ottonische Kaisertum, in: Frühmittelalterliche Studien 33 (1999), S. 1–19.

Weinfurter 2002
Stefan Weinfurter: Heinrich II. (1002–1024). Herrscher am Ende der Zeiten, Regensburg ^{3}2002.

Weinfurter 2003
Stefan Weinfurter: Otto III. (983–1002), in: Die deutschen Herrscher des Mittelalters. Historische Portraits von Heinrich I. bis Maximilian I. (919–1519), hrsg. v. Stefan Weinfurter u. Bernd Schneidmüller, München 2003, S. 73–96.

Weinfurter 2008
Stefan Weinfurter: Das Reich im Mittelalter. Kleine deutsche Geschichte von 500 bis 1500, München 2008.

Weiser 2006
Wolfram Weiser: Die Tetrarchie – ein neues Regierungssystem und seine mediale Präsentation auf Münzen und Medaillons, in: Die Tetrarchie. Ein neues Regierungssystem und seine mediale Präsentation, hrsg. v. Dietrich Boschung u. Werner Eck (= Zakmira-Schriften 3), Wiesbaden 2006 205–228.

Weisser 2005
Bernhard Weisser: Der Capricornus des Augustus in Pergamon, in: XIII Congresso Internacional de Numismática Madrid 2003, hrsg. v. Alfaro Asins u.a., Madrid 2005, S. 965–971.

Weisser 2008
Bernhard Weisser: Das Goldmedaillon aus dem Schatzfund von Zagórzyn, in: Moselgold. Der römische Schatz von Machtum, hrsg. v. François Reinert, Luxembourg 2008, S. 87–90.

Weisser 2010
Bernhard Weisser: Ahnenkult in der Römischen Republik – Die Münzeninszenation des Marcus Iunius Brutus, in: Der Brutus vom Kapitol. Ein Portrait macht Weltgeschichte, hrsg. v. Agnes Schwarzmaier, Berlin 2010, S. 51–63.

Weitzmann 1935
Kurt Weitzmann: Eine Fuldaer Elfenbeingruppe, in: Das siebente Jahrzehnt. Festschrift zum 70. Geburtstag von Adolph Goldschmidt, Berlin 1935, S. 14–18.

Weitzmann 1959
Kurt Weitzmann: Ein kaiserliches Lektionar einer byzantinischen Hofschule, in: Festschrift Karl M. Swoboda zum 28. Januar 1959, Wien/Wiesbaden 1959, S. 309–320.

Weitzmann 1971
Kurt Weitzmann: The narrative and liturgical gospel illustrations, in: Studies in Classical and Byzantine Manuscript Illumination, hrsg. v. Kurt Weitzmann, Herbert Leon Kessler u. Hugo Buchthal, Chicago 1971, S. 247–270.

Weitzmann 1973
Kurt Weitzmann: The Heracles Plaques of St. Peter's Cathedra, in: The Art Bulletin 55 (1973), S. 1–37.

Weitzmann 1996
Kurt Weitzmann: Die byzantinische Buchmalerei des 9. und 10. Jahrhunderts, 2 Bände, Wien ^{2}1996.

Wemple 1985
Suzanne Fonay Wemple: S. Salvatore/S. Giulia. A case study in the endowment and patronage of a major female monastery in Northern Italy, in: Women in the Medieval World. Essays in honour of John H. Mundy, hrsg. v. Julius Kirshner u. Suzanne Fonay Wemple, Oxford 1985, S. 85–102.

Wendehorst 1962
Alfred Wendehorst (Bearb.): Die Bischofsreihe bis 1254 (= Germania Sacra, N.F. 1: Die Bistümer der Kirchenprovinz Mainz. Das Bistum Würzburg Teil 1.) Berlin 1962.

Wendehorst 2001
Alfred Wendehorst: Bischofssitz und königliche Stadt – Von der Karolingerzeit bis zum Wormser Konkordat, in: Geschichte der Stadt Würzburg, Band 1: Von den Anfängen bis zum Ausbruch des Bauernkrieges, hrsg. v. Ulrich Wagner, Stuttgart 2001, S. 62–73.

Wentzel 1957
Hans Wentzel: Die mittelalterlichen Gemmen der Staatlichen Münzsammlung zu München, in: Münchner Jahrbuch der Bildenden Kunst 3,8 (1957), S. 37–56.

Wentzel 1972
Hans Wentzel: Das byzantinische Erbe der ottonischen Kaiser. Hypothesen über den Brautschatz der Theophanu, in: Aachener Kunstblätter 43 (1972), S. 11–96.

Werner 1941
Joachim Werner: Die beiden Zierscheiben des Thorsberger Moorfundes. Ein Beitrag zur frühgermanischen Kunst- und Religionsgeschichte (= Römisch-Germanische Forschungen 16), Berlin 1941.

Wessel 1961
Klaus Wessel: Il ritratto imperiale dalla metà del V secolo all'età giustinianea, in: Corsi di cultura sull'arte Ravennate e Bizantina, Ravenna 8 (1961), S. 351–368.

Wessel 1967
Klaus Wessel: Die byzantinische Emailkunst vom 5. bis 13. Jahrhundert (= Beiträge zur Kunst des christlichen Ostens 4), Recklinghausen 1967.

Wessel 1978
Klaus Wessel: Artikel Kaiserbild, in: Reallexikon zur byzantinischen Kunst 3 (1978), Sp. 722–852.

Wessel 1981
Klaus Wessel: Ein verkanntes Denkmal der frühbyzantinischen Kaiserikonographie. Der „Apostel-Intaglio" in der Münchner Staatlichen Münzsammlung, in: Jahrbuch für Antike und Christentum 24 (1981), S. 131–139.

Wessel/Piltz/Nicolescu 1978
Klaus Wessel, Elisabeth Piltz, Elisabeth u. Corina Nicolescu: Artikel Insignien, in: Reallexikon zur Byzantinischen Kunst 3 (1978), Sp. 369–498.

Westermann-Angerhausen 1973
Hiltrud Westermann-Angerhausen: Die Goldschmiedearbeiten der Trierer Egbertwerkstatt (= Trierer Zeitschrift für Geschichte und Kunst des Trierer Landes und seiner Nachbargebiete. Beiheft 4), Trier 1973.

Westermann-Angerhausen 1995
Hiltrud Westermann-Angerhausen: Zur Entstehungszeit und zum Stil des Schmucks am Schwert der Essener Äbtissinnen, in: Das Zeremonialschwert in der Essener Domschatzkammer, hrsg. v. Alfred Pothmann, Münster 1995, S. 108–125.

Westphal 1995
Herbert Westphal: Die Untersuchung und Restaurierung des Essener Schwertes, in: Das Zeremonialschwert in der Essener Domschatzkammer, hrsg. v. Alfred Pothmann, Münster 1995, S. 33–77.

Whitting 1973
Philip D. Whitting: Münzen von Byzanz, München 1973.

Wiegand 1911
Theodor Wiegand: Siebenter vorläufiger Bericht über die von den Königlichen Museen in Milet und Didyma unternommenen Ausgrabungen, Berlin 1911.

Wilhelmy 2006
Winfried Wilhelmy: Rabanus Maurus. Auf den Spuren eines karolingischen Gelehrten, in: Rabanus Maurus. Auf den Spuren eines karolingischen Gelehrten, hrsg. v. Hans-Jürgen Kotzur (Ausstellung im Diözesanmuseum Mainz), Mainz 2006, S. §§-§§

Willer 1999
Susanne Willer: Porträt – Gordian III, in: 100 Bilder und Objekte. Archäologie und Kunst im Rheinischen Landesmuseum Bonn, hrsg. v. Frank Günter Zehnder, Köln 1999, S. 80–81.

Willer 2005
Susanne Willer: Römische Grabbauten des 2. und 3. Jahrhunderts nach Christus im Rheingebiet (= Bonner Jahrbücher, Beiheft 56), Mainz 2005.

Willer 2009 (a)
Susanne Willer: Menschenbilder. Das Porträt, in: Marcus Caelius. Tod in der Varusschlacht, hrsg. v. Hans-Joachim Schalles u. Susanne Willer, Darmstadt 2009, S. 98–103.

Willer 2009 (b)
Susanne Willer: Das Portrait Gordians III. aus Niederbieber, in: Gesichter der Macht. Kaiserbilder in Rom und am Limes, hrsg. v. Martin Kemkes u. Claudia Sarge (= Schriften des Limesmuseums Aalen 60), Esslingen a. Neckar 2009, S. 142–143.

Willer/Willer 2011
Frank Willer u. Susanne Willer: Ein archäologisches Puzzle – Großbronzen in Kleinteilen, in: Museumskunde 76/1 (2011), S. 84–89.

Williamson 2010
Paul Williamson: Medieval Ivory Carvings. Early Christian to Romanesque, London 2010.

von Wilmowsky 1888
Johann Nikolaus von Wilmowsky: Römische Mosaiken aus Trier und dessen Umgegend, Trier 1888.

Winkelmann 1970
Wilhelm Winkelmann: Die Königspfalz und die Bischofspfalz des 11. und 12. Jahrhunderts in Paderborn, in: Frühmittelalterliche Studien 4 (1970), S. 398–415.

Winkes 1995
Rolf Winkes: Livia, Octavia, Julia. Porträts und Darstellungen (= Archaeologica Transatlantica 13), Louvain-la-Neuve 1995.

Winter 1907
Ferdinand Winter: Die Kämme aller Zeiten von der Steinzeit bis zur Gegenwart. Eine Sammlung von Abbildungen mit erläuterndem Text, Leipzig 1907.

Winter 1986
Ursula Winter: Die europäischen Handschriften der Bibliothek Diez. Band 1: Die Manuscripta Dieziana B Santeniana, Leipzig 1986 (= Die Handschriftenverzeichnisse der Deutschen Staatsbibliothek zu Berlin, N.F. 1,1).

Winterer 2009
Christoph Winterer: Das Fuldaer Sakramentar in Göttingen: benediktinische Observanz und römische Liturgie, Petersberg 2009.

Winterer 2010
Christoph Winterer: Das Evangeliar der Äbtissin Hitda. Eine ottonische Prachthandschrift aus Köln, Darmstadt 2010.

Wintergerst 2007
Magnus Wintergerst: Franconofurd. Band 1: Die Befunde der karolingisch-ottonischen Pfalz aus den Frankfurter Altstadtgrabungen 1953–1993 (= Schriften des Archäologischen Museums Frankfurt 22), Frankfurt am Main 2007.

Winterling 2007
Aloys Winterling: Caligula. Eine Biographie, München 2007.

Wirth 1967
Karl-August Wirth: Bemerkungen zum Nachleben Vitruvs im 9. und 10. Jahrhundert und zu dem Schlettstädter Vitruv-Codex, in: Kunstchronik 20 (1967), S. 281–291.

Witschel 1999
Christian Witschel: Krise – Rezession – Stagnation? Der Westen des römischen Reiches im 3. Jahrhundert n. Chr., Frankfurt am Main 1999.

Witschel 2008
Christian Witschel: Die Wahrnehmung des Augustus in Gallien, im Illyricum und in den Nordprovinzen des römischen Reiches, in: Augustus – Der Blick von außen. Die Wahrnehmung des Kaisers in den Provinzen des Reiches und in den Nachbarstaaten (= Akten der internationalen Tagung an der Johannes Guttenberg-Universität Mainz, 12.–14. Oktober 2006), hrsg. v. Detlev Kreikenbom u.a., Wiesbaden 2008.

Wolf 1995
Gunther G. Wolf: Die Wiener Reichskrone (= Schriften des Kunsthistorischen Museums 1), Wien 1995.

Wölfel 2002
Claudia Wölfel: Mythos und politische Allegorie auf Tafelsilber der römischen Kaiserzeit, Phil.Diss., Berlin 2002. (Digital abrufbar unter: http://www.diss.fu-berlin.de/diss/receive/ FUDISS_thesis_000000000838– aufgerufen am 10.4.2012.).

Wolfram 1967
Herwig Wolfram: Intitulatio 1: Lateinische Königs- und Fürstentitel bis zum Ende des 8. Jahrhunderts (= Mitteilungen des Instituts für Österreichische Geschichtsforschung, Ergänzungsband 21), Graz u.a. 1967.

Wolfram 1975
Herwig Wolfram: Lateinische Herrscher- und Fürstentitel im neunten und zehnten Jahrhundert, in: Intitulatio 2, hrsg. v. Herwig Wolfram (=Mitteilungen des Instituts für Österreichische Geschichtsforschung, Ergänzungsband 24), Köln/Wien/ Graz 1973, S. 19–178.

Wolfram 1990
Herwig Wolfram: Die Goten. Von den Anfängen bis zur Mitte des 6. Jahrhunderts: Entwurf einer historischen Ethnographie, München ^{3}1990.

Wolfram 1994
Herwig Wolfram: Die Germanen, Berlin 1994.

Wolfram 2005
Herwig Wolfram: Gotisches Königtum und römisches Kaisertum von Theodosius I. bis Justinian I., in: Gotische Studien.

Volk und Herrschaft im frühen Mittelalter, hrsg. v. Herwig Wolfram, München 2005, S. 139–173.

Wolfram 2009
Herwig Wolfram: Die Goten. Von den Anfängen bis zur Mitte des sechsten Jahrhunderts. Entwurf einer historischen Ethnographie, München ^{5}2009.

Wolters 1999
Reinhard Wolters: Nummi Signati. Untersuchungen zur römischen Münzprägung und Geldwirtschaft (= Vestigia 49), München 1999.

Wolters 2000
Reinhard Wolters: Anmerkungen zur Münzdatierung spätaugusteischer Fundplätze, in: Die Fundmünzen von Kalkriese und die frühkaiserzeitliche Münzprägung, hrsg. v. Rainer Wiegels, Möhnesee 2000, S. 81–117.

Wolters 2011
Reinhard Wolters: Die Römer in Germanien, München ^{6}2011.

Wood 1999
Susan E. Wood: Imperial Woman. A study in public images, 40 BC–AD 68, Leiden u.a. 1999.

Woytek 2003
Bernhard Woytek: Arma et Nummi. Forschungen zur römischen Finanzgeschichte und Münzprägung der Jahre 49 bis 42 v. Chr., Wien 2003.

Wrede 1972
Henning Wrede: Die spätantike Hermengalerie von Welschbillig. Untersuchungen zur Kunsttradition im 4. Jahrhundert n. Chr. und zur allgemeinen Bedeutung des antiken Hermenmals (= Römisch-Germanische Forschungen 32), Berlin 1972.

Wrede 2001
Henning Wrede: Senatorische Sarkophage Roms. Der Beitrag des Senatorenstandes zur römischen Kunst der hohen und späten Kaiserzeit, Mainz 2001.

Wulf 2002/2003
Ulrike Wulf: Die Kaiserpaläste auf dem Palatin in Rom. Von den „bescheidenen Anfängen" unter Augustus zum urbanistischen Zentrum eines Weltreiches, in: Nürnberger Blätter zur Archäologie 19 (2002/2003), S. 121–136.

Wulf-Rheidt 2007
Ulrike Wulf-Rheidt: Residieren in Rom oder in der Provinz? Der Kaiserpalast Felix Romuliana im Spiegel der tetrarchischen Residenzbaukunst, in: Roms Erbe auf dem Balkan. Spätantike Kaiservillen und Stadtanlagen in Serbien, hrsg. v. Ulrich Brandl u. Miloje Vasić, Mainz 2007, S. 59–79.

Wulf-Rheidt 2011
Ulrike Wulf-Rheidt: Die Entwicklung der Residenz der römischen Kaiser auf dem Palatin vom aristokratischen Wohnhaus zum Palast, in: Bruckneudorf und Gamzigrad. Spätantike Paläste und Großvillen im Donau-Balkan-Raum, hrsg. v. Gerda v. Bülow u. Heinrich Zabehlicky (= Akten des Internationalen Kolloquiums in Bruckneudorf vom 15. bis 18. Oktober 2008), Bonn 2011, S. 1–18.

Wulf-Rheidt 2012
Ulrike Wulf-Rheidt: Nutzungsbereiche des flavischen Palastes auf dem Palatin in Rom, in Menschen – Kulturen – Traditionen. (= Studien aus den Forschungsclustern des Deutschen Archäologischen Instituts 3), hrsg. v. Felix Arnold u.a., Halle 2012, S. 97–112.

Wulf-Rheidt/Sojc 2009
Ulrike Wulf-Rheidt u. Natascha Sojc: Evoluzione strutturale del palatino sud-orientale in epoca flavia, in: Ausst.-Kat. Rom 2009, S. 268–279.

Wüstefeld 1996
Wilhelmina C. M. Wüstefeld: Catalogue, in: Ausst.-Kat. Utrecht 1996, S. 167–261.

Wyles 2008
Rosie Wyles: The Symbolism of Costume in Ancient Pantomime, in: New Directions in Ancient Pantomime, hrsg. v. Edith Hall u. Rosie Wyles, Oxford 2008, S. 61–86.

Yeroulanou 1999
Aimilia Yeroulanou: Diatrita. Gold pierced-work jewellery from the 3rd to the 7th century, Athen 1999.

Zachos/Pavlidis 2010
Kanstantinos L. Zachos u. Evangelos Pavlidis: Nikopolis, die Siegesstadt bei Actium. Die Forschungsergebnisse der letzten Jahre, in: Neue Forschungen zu griechischen Städten und Heiligtümern. Festschrift für Burkhardt Wesenberg zum 65.

Geburtstag, hrsg. v. Heide Frielinghaus u. Jutta Stroszeck, Möhnesee 2010, S. 139–160.

Zadocks/Jitta 1950
Annie N. Zadoks u. Josephus Jitta: De Romeinse medaillons van Velp, in: Jaarboek van het Koninklijk Nederlands Genootschap voor Munt- en Penningkunde 37 (1950), S. 85–93.

Zahn 1932
Robert Zahn: Ausstellung von Schmuckarbeiten in Edelmetall aus den Staatlichen Museen in Berlin, Berlin 1932.

Zanker 1965
Paul Zanker: Zwei Akroterfiguren aus Tyndaris, in: Römische Mitteilungen 72 (1965), S. 93–99.

Zanker 1968
Paul Zanker: Forum Augustum. Das Bildprogramm (= Monumenta artis antiquae 2), Tübingen 1968.

Zanker 1972
Paul Zanker: Forum Romanum. Die Neugestaltung durch Augustus (= Monumenta artis antiquae 5), Tübingen 1972.

Zanker 1975
Paul Zanker: Über die Werkstätten augusteischer Larenaltäre und damit zusammenhängende Probleme der Interpretation, in: Bullettino della Commissione archeologica comunale di Roma 82 (1975), S. 147–155.

Zanker 1979
Paul Zanker: Prinzipat und Herrscherbild, in: Gymnasium. Zeitschrift für Kultur der Antike und humanistische Bildung 86 (1979), S. 353–368.

Zanker 1983
Paul Zanker: Provinzielle Kaiserporträts. Zur Rezeption der Selbstdarstellung des Princeps (= Bayerische Akademie der Wissenschaften, Philosophisch-Historische Klasse, Abhandlungen 90), München 1983.

Zanker 1987
Paul Zanker: Augustus und die Macht der Bilder, München 1987.

Zanker 1988
Paul Zanker: Power of Images in the Age of Augustus, Ann Arbor 1988.

Zanker 1990
Paul Zanker: Augustus und die Macht der Bilder, München ^{2}1990.

Zanker 2004
Paul Zanker: Die Apotheose der römischen Kaiser. Ritual und städtische Bühne, München 2004.

Zazoff 1983
Peter Zazoff: Die antiken Gemmen, München 1983.

Zechiel-Eckes 2001
Klaus Zechiel-Eckes: Ein Blick in Pseudoisidors Werkstatt. Studien zum Entstehungsprozeß der falschen Dekretalen. Mit einem exemplarischen editorischen Anhang (Pseudo-Julius an die orientalischen Bischöfe, JK † 196), in: Francia 28/1 (2001), S. 37–90.

Zechiel-Eckes 2002
Klaus Zechiel-Eckes: Auf Pseudoisidors Spur. Oder: Versuch, einen dichten Schleier zu lüften, in: Fortschritt durch Fälschungen? Ursprung, Gestalt und Wirkungen der pseudoisidorischen Fälschungen. Beiträge zum gleichnamigen Symposium an der Universität Tübingen vom 27. und 28. Juli 2001, hrsg. v. Wilfried Hartmann u. Gerhard Schmitz (= Schriften der MGH 31), Hannover 2002, S. 1–28.

Żelazowski/Żukowski 2005
Jerzy Żelazowski u. Robert Żukowski: Deux plats en argent de l'antiquité tardive au Musée national de Varsovie, in: Archeologia LVI (2005), S. 107–118.

Zettler 1996
Alfons Zettler: Eine Beschreibung von Saint-Denis aus dem Jahre 799, in: Ausst.-Kat. Mannheim 1996, S. 435–437.

Zielinski 1991
Herbert Zielinski (Bearb.): Die Regesten des Kaiserreiches unter den Karolingern 751–918 (926/962). Band 3: Die Regesten des Regnum Italiae und der burgundischen Regna, Teil 1: Die Karolinger im Regnum Italiae 840–887 (888), (= Johann Friedrich Böhmer, Regesta Imperii I, Band 3,1), Köln/Wien 1991.

Zielinski 1998
Herbert Zielinski (Bearb.): Die Regesten des Kaiserreiches unter den Karolingern 751–918 (926/962). Band 3: Die Regesten des Regnum Italiae und der burgundischen Regna, Teil 2:

Das Regnum Italiae in der Zeit der Thronkämpfe und Reichsteilungen 888–926 (= Johann Friedrich Böhmer, Regesta Imperii I, Band 3, 2), Köln/Weimar/Wien 1998.

Ziemann 2007
Daniel Ziemann: Vom Wandervolk zur Großmacht. Die Entstehung Bulgariens im frühen Mittelalter (7.–9. Jh.), (= Kölner historische Abhandlungen 43), Köln/Weimar/Wien 2007.

Ziemssen 2012
Hauke Ziemssen: Die Kaiserresidenz Rom in der Zeit der Tetrarchie. Architektur und Zeremoniell (306–312 n.Chr.), in: Rom und Mailand in der Spätantike. Repräsentationen städtischer Räume in Literatur, Architektur und Kunst, hrsg. v. Therese Fuhrmann, Berlin/Boston 2012, S. 87–110.

Zimmermann 1962/1963
Harald Zimmermann: Ottonische Studien II: Das Privilegium Ottonianum von 962 und seine Problemgeschichte, in: Mitteilungen des Instituts für Österreichische Geschichtsforschung, Ergänzungsband 20, Graz/Köln 1962/63, S. 147–190.

Zimmermann 1974
Harald Zimmermann: Imperatores Italiae, in: Historische Forschungen für Walter Schlesinger, hrsg. v. Helmut Beumann, Köln/Wien 1974, S. 379–399.

Zimmermann 1984
Harald Zimmermann: Artikel Privilegium Ottonianum, in: Handwörterbuch zur deutschen Rechtsgeschichte 3 (1984), Sp. 2025–2027.

Zimmermann 2011
Martin Zimmermann: Die Repräsentation des kaiserlichen Rangs, in: Zwischen Strukturgeschichte und Biographie, hrgs. v. Aloys Winterling. München 2011, S. 181–205.

Zinke 2010
Detlef Zinke: Meisterwerke vom Mittelalter bis zum Barock im Augstinermuseum in Freiburg im Breisgau, Berlin/München 2010.

Zöllner 1970
Erich Zöllner: Geschichte der Franken bis zur Mitte des 6. Jahrhunderts, München 1970.

Zotz 2009
Thomas Zotz: Grundlagen, Grenzen und Probleme der Staatlichkeit im frühen Mittelalter. Zur Bedeutung und Funktion der Königspfalzen, in: Der frühmittelalterliche Staat - Europäische Perspektiven, hrsg. v. Walter Pohl u. Veronika Wieser (= Österreichische Akademie der Wissenschaften, Philosophisch-Historische Klasse, Denkschriften 386 = Forschungen zur Geschichte des Mittelalters 16), Wien 2009, S. 515–520.

Zuckerman 2004
Constantin Zuckerman: Les deux Dioscore d'Aphroditè ou les limites de la pétition, in: La pétition à Byzance (= Centre de recherche d'histoire et civilisation de Byzance, Monographies 14), hrsg. v. Denis Feissel u. Jean Gascou, Paris 2004, S. 75–92.

Zwierlein-Diehl 1969
Erika Zwierlein-Diehl: Antike Gemmen in deutschen Sammlungen, Band: Staatliche Museen Preussischer Kulturbesitz, Antikenabteilung, Berlin 1969.

Zwierlein-Diehl 1991
Erika Zwierlein-Diehl: Die antiken Gemmen des Kunsthistorischen Museums in Wien, Band 3: Die Gemmen der späten römischen Kaiserzeit, Teil 2: Masken, Masken-Kombinationen, Phantasie-und Märchentiere, München 1991.

Zwierlein-Diehl 2006
Zwierlein-Diehl: Antike Gemmen im Mittelalter. Wiederverwendung, Umdeutung, Nachahmung, in: Persistenz und Rezeption. Weiterverwendung, Wiederverwendung und Neuinterpretation antiker Werke im Mittelalter (= Schriften des Lehr- und Forschungszentrums für die antiken Kulturen des Mittelmeerraumes = Zakmira-Schriften 6), hrsg. v. Dietrich Boschung u. Susanne Wittekind, Wiesbaden 2008, S. 237–284.

Zwierlein-Diehl 2007
Erika Zwierlein-Diehl: Antike Gemmen und ihr Nachleben, Berlin 2007.

Zwierlein-Diehl 2008
Erika Zwierlein-Diehl: Magie der Steine. Antike Prunkkameen im Kunsthistorischen Museum, Wien 2008.

Leihgaben nach Aufbewahrungsort

Aachen
Domschatzkammer
Quadrigastoff, III.08a
Byzantinische Schmuckkette aus Ambraperlen: III.16
Sogenanntes Brustkreuz Karls des Großen: IV.14
Hölzerne Innenkonstruktion des Aachener Throns: V.2

Domkapitel
Plattenmosaikboden aus der Pfalzkapelle Aachen: IV.18

Aalen
Archäologisches Landesmuseum Baden-Württemberg
Zwei Beschlagbleche eines Militärgürtels: I.32a und I.32b

Amiens
Bibliothèques d'Amiens Métropole
Hrabanus Maurus: Liber de laudibus sanctae cruces mit
Widmung an Kaiser Ludwig
den Frommen: IV.34

Arles
Musée départemental Arles antique
Clipeus Virtutis: I.1

Athen
Archäologisches Nationalmuseum
Porträtkopf der Livia mit verhülltem Hinterkopf: I.23

Benaki Museum
Siegelamulett mit Darstellung König Salomons: II.25
Kamm mit Personifikationen der Städte Rom und
Konstantinopel: II.38
Schmuckapplik in Adlerform: III.10

Augsburg
Kunstsammlungen und Museen Augsburg, Römisches Museum
Bronzener Pferdekopf: I.52

Augst
Museum Augusta Raurica
Achillesplatte aus dem Kaiseraugster Silberschatz: II.19

Bamberg
Staatsbibliothek
Lucius Annaeus Seneca, Epistularum libri XIV–XX (epist.
89–124): IV.27
Historia Augusta: IV.28
Victor Vitensis, Historia persecutionis Africanae provinciae:
IV.30
Theologische Sammelhandschrift mit einem Verzeichnis der
Panzerreiter: V.6
Livius, Ab urbe condita: V.63a
Titus Livius, Ab urbe condita: V.63b
Isidor von Sevilla, De natura rerum: V.64
Historia miscella: V.78
Gaius Plinius Secundus, Naturalis historiae libri XXII–XXXVII:
IV.26
Sammelhandschrift mit den Decretales Pseudo-Isidorianae,
darin eingeheftet Text
der 'Konstantinischen Schenkung': V.11
Kanonistische Sammelhandschrift mit Lobgedicht Leos von
Vercelli auf Papst Gregor
V. und Kaiser Otto III.: V.70
Richer von Saint-Remi, Historiarum libri IV: V.71

Berlin
Staatliche Museen zu Berlin, Antikensammlung
Krieger und Victoria an einem Athena-Bildnis: I.2
Fragmente eines Frieses mit Kriegstrophäen: I.3a
Fragmente eines Frieses mit Kriegstrophäen: I.3b
Dosenspiegel mit Sesterz des Nero: I.30
Sitzstatue eines römischen Kaisers : I.39
Sarkophagdeckel (Fragment) mit Wagenfahrt eines hohen
Staatsbeamten: I.58
Statuette eines knienden Barbaren: I.59
Porträtbüste der Helena: II.12
Fragment des Porträtkopfes eines theodosianischen Kaisers:
II.27
Elfenbeintafel mit einer Personifikation: II.37
Giebel einer Stele: Präskript zu einem kaiserlichen Erlass:
II.41
Halbmondförmige Filigranohrringe: III.13
Kettenohrringe: III.14

Staatliche Museen zu Berlin, Münzkabinett
Münzen Antike: I.7
Münzen Spätantike: II.26a.i
Gefasstes Multiplum (zu neun Solidi?) des Valens: II.48a
Goldmedaillon des Valentinianus und Valens: II.48b
Münzen Byzanz: III.1a-v
Münzen Karoliner: IV.13 a-x
Münzen Ottonen: V.35a.z

Staatliche Museen zu Berlin, Skulpturensammlung und Museum für Byzantinische Kunst
Köpfchen eines Putto von der Längsseite eines kaiserlichen
Porphyrsarkophags: II.17
Elfenbeintafel mit der Fußwaschung Christi: III.23
Elfenbeintafel mit der Ausgießung des Heiligen Geistes:
III.24

Staatsbibliothek zu Berlin – Preußischer Kulturbesitz
Zeitzer Ostertafel (Ostertafeln aus Zeitz) 1 Doppelblatt:
II.31a
Handschrift zur Pferdeheilkunde (Hippiatrica): III.8
Mitteltafel eines Triptychons: Thronender Christus mit Maria
und Johannes: III.21
Kanonessammlung Papst Hadrians I.: IV.4
Sammelhandschrift grammatikalischer Lehrtexte: IV.24

Biesheim
Musée Gallo-Romain
Gemme mit Kaiser Commodus (?) als Sieger: I.54

Bonn
LVR-LandesMuseum
Silberscheibe (phalera): I.35a
Kohortentäfelchen: I.35b
Augusteisches Schwertscheidenblech: I.36
Porträt einer Frau: I.43
Porträtkopf Gordians III.: I.49
Fundkomplex Sarkophaggrab Jakobstr.: Riemenzunge:
II.45a; Zwiebelknopffibel: II.45b; Kugelabschnittschale:
II.45c; Spatha: II.45d; Messer: II.45e; Kännchen: II.45f;
Zwei Gürtelschnallen: II.45g
Sonnenuhr aus Neuss: V.66a

Braunschweig
Braunschweigisches Landesmuseum, Niedersächsische Landesmuseen Braunschweig
Pektoralkreuz: V.34b
Gusstiegel: V.34c
Punze: V.34f
Stabdorn: V.34g
Taubenfibel: V.34h

Herzog Anton Ulrich Museum, Kunstmuseum des Landes Niedersachsen
Porträtkopf des Claudius: I.19

Niedersächsisches Landesamt für Denkmalpflege, Bezirksarchäologie Braunschweig
Fließschlacke: V.34d
Schläfenschuppe: V.34i
Zwischenmuffe für Blasebalg: V.34e

Brescia
Archivio di Stato di Brescia
Die Kaiser Lothar I. und sein Sohn Ludwig II. bestätigen ihrer
Tochter und Schwester   Gisela
den lebenslänglichen Nießbrauch und die Leitung des
Klosters S. Salvatore in Brescia
(Urkunde 851 September 8, Gondreville): IV.41
Kaiser Ludwig II. gewährt der Äbtissin Amalberga des
Klosters S. Salvatore in Brescia die
Vergünstigung, den Kaufmann Ianuarius frei von Zöllen und
Abgaben Handel treiben zu
lassen (Urkunde 861 Januar 10, Brescia): IV.52
Kaiser Berengar I. erlaubt seiner Tochter Berta, Äbtissin des
Kloster S. Giulia in Brescia, auf
Klostergrund ein Kastell zu errichten und zu befestigen (D
Ber. I. 110) (Urkunde 916 Mai 25,
Senna Lodigiana): IV.56

Brescia Musei-Museo di Santa Giulia
Porträtkopf: Kaiser oder Zeitgesicht?: I.50
Brustschmuck (Balteus) eines Pferdestandbildes: I.53
Diptychonflügel der Lampadii: II.29

Budapest
Magyar Nemzeti Múzeum
Fibelpaar aus dem Schatz von Szilágysomlyó: II.49c

Történeti Múzeum
Triumph des Marc Aurel auf einer Kuchenform: I.56a
Gebäckmodel mit Marc Aurel als Reiter: I.56b

Coburg
Kunstsammlungen der Veste Coburg
Evangeliar aus Gandersheim: V.1

Compiègne
Musée Antoine Vivenel
Elfenbeintafel: Jesus im Hause des Simon: V.30b

Darmstadt
Universitäts- und Landesbibliothek
Evangelistar (Gero-Codex): V.51

Dortmund
Museum für Kunst und Kulturgeschichte der Stadt Dortmund
Schatzfund aus Dortmund: 100 spätröm. Solidi: II.44a; 2
zerbrochene Silbermünzen: II.44b;
Halsring: II.44c

Dresden
Staatliche Kunstsammlungen Dresden, Grünes Gewölbe
Elfenbeintafel mit Krönung Josephs: III.20

Staatliche Kunstsammlungen Dresden, Skulpturensammlung
Porträt des Antoninus Pius: I.40
Porträtkopf der Faustina maior: I.42

Eichenzell
Museum Schloss Fasanerie
Frauenporträt mit Nodus-Frisur: I.22
Porträtkopf Konstantins des Großen oder einer seiner
Söhne: II.1

Erlangen
Universitätsbibliothek
Evangeliar aus Fulda: IV.21
Cicero, De oratore: V.62

Essen
Domschatzkammer
Essener Schwert: V.4

Florenz
Archivio di Stato di Firenze
Diplom Kaiser Ottos III. für das Kloster S. Maria e S.
Benedetto zu Prataglia (Urkunde 1002
Januar 11, Paterno): V.74

Museo Archeologico Nazionale di Firenze
Kameo mit dem Porträt des Augustus: I.14
Kameo mit Tiberius und Livia: I.25
Largitionsplatte des Konsuls Flavius Ardabur Aspar: II.33

Museo Nazionale del Bargello
Elfenbeintafel mit triumphierenden Herrschern: IV.23

Frankfurt am Main
Archäologisches Museum Frankfurt
Zierknopf mit Bronzekettchen und Anhänger: I.33
Wangenklappe eines Reiterhelmes: I.34

Liebieghaus, Skulpturensammlung
Porträtkopf des Marc Aurel: I.41

Freiburg
Augustinermuseum, Leihgabe des Erzbischöflichen Diözesanmuseums
Bergkristallschnitt mit Kreuzigung Christi: IV.48

Fulda
Hochschul- und Landesbibliothek
Fuldaer Totenannalen: V.79

Genf
Bibliothèque de Genève
Empfehlungsschreiben aus Konstantinopel für einen
gewissen Dioskoros: II.42

Hrabanus Maurus: Kommentare zu Judith, Esther und Makkabäer: IV.35

Musée d'art et d'histoire
Largitionsplatte des Valentinian (I. oder II.): II.23

Gießen
Universitätsbibliothek
Evangeliar: V.60

Göteborg
Röhsska Museet
Textilmedaillon mit Goldwirkerei: II.4

Gotha
Forschungs- und Landesbibliothek
Festus, Eutropius und Frontinus: IV.29
Anicius Manlius Severinus Boethius: De Institutione arithmetica: V.65

Halberstadt
Stiftung Dome und Schlösser in Sachsen-Anhalt, Domschatz Halberstadt
Priscianus: Institutiones grammaticae: V.50

Halle (Saale)
Landesamt für Denkmalpflege und Archäologie Sachsen-Anhalt, Landesmuseum für Vorgeschichte
Largitionsplatte von Großbodungen: II.24
Marmorspolien: V.16
Terassae: V.17
Die Dachziegeltypen vom Magdeburger Domhügel: V.18 a-c
Magdeburger Dachdeckung in ottonischer Zeit – Präparat: V.19
Drei Teile aus Muschelkalk: V.21

Hannover
Museum August Kestner
Porträtkopf des Maxentius: II.2

Heidelberg
Universitätsbibliothek
Petershausener Sakramentar: V.52
Zweites Kaisersiegel Ottos III.: V.67

Helsiniki
Finnisches Nationalmuseum
Bleiamulett mit Kaiser Otto II. und Kaiserin Theophanu: V.53

Herning
Museum Midtjylland, Herning Museum
Fibel aus Tjørring : I.62

Herzogenburg,
Archiv des Augustiner-Chorherrenstiftes Herzogenburg
Erste Kaiserbulle Ottos III. (an Urkunde 998 April 29): V.69

Hildesheim
Dom-Museum Hildesheim
Fragment eines Kanakruges: V.49

Højbjerg
Moesgård Museum
Silberner Schildfesselbeschlag aus Illerup Ådal: I.63
Karlsruhe
Badische Landesbibliothek
Sammelhandschrift mit Beschreibung der Abteikirche von Saint-Denis: IV.1

Badisches Landesmuseum
Prinzenporträt aus der Zeit des Augustus: I.17

Kassel
Museumslandschaft Hessen Kassel, Antikensammlung
Statuette der römischen Siegesgöttin : I.4

Koblenz
Generaldirektion Kulturelles Erbe Rheinland-Pfalz, Landesarchäologie Außenstelle Koblenz
Spätantike Schatzfunde (Münzschatz Mittelstrimmig): 25.000 prägefrische Follis: II.43a; 2 grobkeramische Gefäße: II.43b; Hort mit Bronzegefäßen: II.43c

Köln
Historisches Archiv der Stadt Köln
Evangeliar aus St. Gereon: V.58

Römisch-Germanisches Museum der Stadt Köln
Miniaturporträt des Augustus: I.10
Porträtkopf des Augustus: I.11
Porträtkopf der Livia: I.24
Reliefmedaillon mit Porträt des Tiberius: I.31

Lausanne
Archives cantonales vaudoises

Drittes Kaisersiegel Ottos III.: V.68
Leiden
Rijksmuseum van Oudheden
Petition an die Kaiser Theodosius II. und Valentinian III.: II.32

Leipzig
GRASSI Museum für Angewandte Kunst
Gemme mit Porträt eines Kaisers: II.11
Elfenbeintafel mit Erzengel Michael: IV.22

Liverpool
The Board of Trustees of National Museums Liverpool, World Museum
Diptychonflügel mit der Darstellung einer Tierhatz (Venatio): II.30
Magdeburger Elfenbeintafel: Petrus fängt den Fisch : V.30c
Magdeburger Elfenbeintafel: Jesus und die Ehebrecherin: V.30d
Magdeburger Elfenbeintafel: Sendungsauftrag an die Apostel: V.30e
Konsulardiptychon des Flavius Taurus Clementinus: II.36

London
The British Library
Abschrift eines Briefes Alkuins: IV.10
Psalter Lothars I.: IV.38

The British Museum
Kameo mit Porträtkopf des Octavian: I.13
Kameo mit Porträt des Claudius: I.27
Der Kaiser auf einer Schwertscheide (Schwert des Tiberius): I.37
„Borradaile-Triptychon": III.22

Victoria and Albert Museum
Elfenbeintafel mit Kreuzigung Christi: IV.46
Elfenbeinkamm aus Pavia: IV.47
Elfenbeintafel mit Kreuzigung und Frauen am Grabe: IV.45

Lucca,
Biblioteca Capitolare
Pontifikale Romano-Germanicum: V.8

Maastricht
Basiliek Sint Servaaskerk Schatkamer
Sogenanntes Brustkreuz des heiligen Servatius: V.55
Sankt-Servatius-Schlüssel: IV.49

Magdeburg
Kulturhistorisches Museum
Solidus Justinian I.: II.26i
Histamenon Constantinnus VIII: III.1w
Korinthisches Kapitell: V.27b
Fragment eines Konsolgesimses: V.28

Kunstmuseum Kloster Unser Lieben Frauen
Säule: V.27a
Landeshauptarchiv Sachsen-Anhalt
Drittes Kaisersiegel Ottos I.: V.14
Kaiser Otto I. informiert die sächsischen Großen über die in Italien erfolgte Gründung des Magdeburger Erzbistums: V.15
Diplom Kaiser Ottos I. für die erzbischöfliche Kirche von Magdeburg (Urkunde 968 Oktober 2): V.36
Diplom Kaiser Ottos II. für die erzbischöfliche Kirche von Magdeburg (Urkunde 968 Oktober 3): V.37
Diplom Kaiser Ottos I. für die erzbischöfliche Kirche von Magdeburg (Urkunde 970 Januar 25): V.38
Diplom Kaiser Ottos III. für seine Schwester, Äbtissin Mathilde von Quedlinburg (Urkunde 999 April 26 Rom): V.48
Diplom König Ottos III. für die bischöfliche Kirche von Halberstadt (Urkunde 992 September 18): V.61

Mailand
Archivio di Stato di Milano
Diplom Kaiser Ottos III. für das Kloster San Salvatore bei Pavia vom 6. Juli 1000: V.73

Mainz
Generaldirektion Kulturelles Erbe Rheinland-Pfalz, Landesarchäologie
Pfalz Ingelheim: Kompositkapitell: IV.19a; Kämpfer: IV.19b; Goldmünze mit karolingischem Kaiser: IV.19c

Generaldirektion Kulturelles Erbe Rheinland-Pfalz, Landesmuseum Mainz
Fragment des Mainzer Königsthrons: IV.2
Heiligenfibel: IV.6a

Heiligenfibel: IV.6b
Doppelheiligenfibel: IV.6c
Münzfibel: IV.6d
Halbmondohrring: V.54

Martinus-Bibliothek – Wissenschaftliche Diözesanbibliothek
Fragment der Hrabanus Maurus-Enzyklopädie De rerum naturis: IV.36

Römisch-Germanisches Zentralmuseum
Oberarmring: III.11
Halskette: III.12

Malibu
The J. Paul Getty Museum, Villa Collection
Gürtel mit Münzen von Constans bis Theodosius I.: II.34

Manchester
John Rylands Library
Evangeliar: V.59

Marburg
Hessisches Staatsarchiv
Königssiegel Ottos des Großen (an Urkunde 936 Oktober 14): V.13a

Merseburg
Vereinigte Domstifter zu Merseburg und Naumburg und des Kollegiatsstifts Zeitz
Kaiser Otto III. schenkt seinem Kämmerer Reginher den Ort „Gubici" (Urkunde 1000 Januar 31, Regensburg): V.72
Metz
Musée de la Cour d'Or
Fragmente des Sarkophags Ludwigs des Frommen: IV.37

Mikulov
Regionální muzeum v Mikulové
Kessel mit Barbarenbüsten : I.61

Monopoli
Museo della Cattedrale
Staurothek: III.26

Montpellier
Bibliothèque Interuniversitaire
Einhard, Vita Karoli: IV.12

Moskau
Staatliches Historisches Museum
Chludov-Psalter: III.6
München
Bayerische Verwaltung der staatlichen Schlösser, Gärten und Seen, Schatzkammer der Münchner Residenz
Gebetbuch Karls des Kahlen: IV.43

Bayerisches Nationalmuseum
Elfenbeintafel mit Heimsuchung Mariä: V.30a

Staatliche Antikensammlungen und Glyptothek
Porträtkopf des Augustus mit Eichenlaubkranz: I.8

Staatliche Münzsammlung
Intaglio mit Christus und den Aposteln: III.17
Intaglio mit Kreuzverehrung und Kaiserinvestitur: III.18
Murrhardt
Carl-Schweizer-Museum
Adlerkopfschwert einer Kaiserstatue: I.38

Nancy
Bibliothèque -Médiathèque de Nancy
Kameo mit Apotheose des Nero: I.29

Cathédrale Notre-Dame-de-l'Annonciation de Nancy
Sogenannter Gauzlinuskelch: V.31a
Sogenannte Gauzlinuspatene: V.31b

Neapel
Biblioteca Nazionale di Napoli
Lektionar (Evangelistar): III.5

Museo Archeologico Nazionale di Napoli
Kameo mit Porträt der Agrippina maior: I.28
Trojanische Römer: Aeneas mit Vater und Sohn: I.5

Neuss
Clemens-Sels-Museum
Rekonstruktion einer Sonnenuhr: V.66b

Nürnberg
Germanisches Nationalmuseum
Doppelt gezahnter Kamm mit Darstellung einer Turnierszene: III.09
Pyxis (sogenannter Becher von Pettstadt): IV.5

Osnabrück
Domschatzkammer
Lithurgischer Kamm: V.32

Padua
Biblioteca Capitolare di Padova
Sakramentar: IV.39

Paris
Archives Nationales
Diplom Kaiser Ottos II. für das Kloster St-Denis (Urkunde Otto II. 980): V.44

Bibliothèque de l'Arsenal
Evangeliar aus Saint-Martin-des-Champs: IV.20

Bibliothèque nationale de France
Notitia dignitatum: II.13
Doppelblatt aus dem Codex Sinopensis: III.4
Vita des Abtes Johannes von Gorze († 973/974): V.5
Evangeliar aus der Sainte-Chapelle: V.57

Bibliothèque nationale de France, Département des monnaies, médailles et antiques
Goldring des Parakoimomenos Basileios: III.15
Kameo mit der Severischen Familie: I.47
Kameo: Opferszene mit Septimius Severus: I.48
Kameo: Sassanidenkönig Schapur I. nimmt den römischen Kaiser Valerian gefangen: I.55
Constantius I. als Augustus, Multiplum zu 8 Aurei: II.6
Kaiserbüste aus Chalcedon: II.9
Sogenannter Licinius-Kameo: II.10
Anhänger mit Medaillon des Honorius: II.28a
Anhänger mit Medaillon der Galla Placidia: II.28b
Goldmünze Ludwigs des Frommen: IV.13 z
Elfenbeintafel: Christus legitimiert Romanos II. und Eudokia: III.19
Grabfunde des Frankenkönigs Childerich: Siegelring (Replik): II.54a
Grabfunde des Frankenkönigs Childerich: Oberer Abschluss eines Zepters (Replik): II.54b
Goldmünze des merowingischen Königs Charibert II.: II.55

Musée National du Moyen Age
Riemenende: IV.15

Pavia
Musei Civici del Castello Visconteo
Faltstuhl (sella plicatilis): IV.55

Piacenza,
Biblioteca Passerini-Landi
Angilberga-Psalter: IV.53

Privatbesitz
Marmorbüste V.29

Puhlheim
LVR-Amt für Denkmalpflege im Rheinland
Wandmalerei Kaiserloge der Pfalzkapelle Aachen: Medaillons mit Büste: V.76a; Medaillons: V.76b; stehende Figuren: V.76c; Fensterlaibung: V.76d

Quedlinburg
Stiftskirche St. Servatii, Domschatz
Bergkristall-Reliquiar: V.47
Otto-Adelheid-Evangeliar: V.46

Ravenna
Basilica di Sant' Apollinare Nuovo
Mosaikporträt Kaiser Justinians: II.40

Rom
Musei Capitolini
Porträtbüste des Augustus mit Kranz: I.9
Opfer für den Genius Augusti auf einem Laren-Altar: I.6
Porträtkopf des Valentinianus I. / Valens : II.20
Porträtkopf der Kaiserin Ariadne (?): II.35
Bronzekugel vom vatikanischen Obelisken: V.75

Museo Nazionale Romano
Römisches Architekturrelief: Siegreicher Feldherr neben Hebemaschinen: I.57
Kugel aus Chalcedon: II.3a
Goldmedaillon des Theoderich: II.52

Schaffhausen
Stadtbibliothek
Regino von Prüm: Weltchronik: IV.32

Schladen
Heimathaus „Alte Mühle"
Heißluft-Auslasssteine: V.34a 1 und V.34a 2

Schleswig
Stiftung Schleswig-Holsteinische Landesmuseen Schloss

Gottorf, Archäologisches Landesmuseum
Zwei Zierscheiben aus dem Thorsberger Moor: I.64a–b
Goldbrakteat aus Büstorf (IK 37 Büstorf-C): II.51
Karolingische Münzfibel: IV.16
Reste von Glocke und Reliquiar: V.33a
Auswahl Siedlungsfunde Oldenburg: Reliquienschreinfragmente: V.33b

Sélestat
Bibliothèque Humaniste
Sammelhandschrift mit Vitruvs De architectura libri decem: IV.25

Sens
Musées de Sens
Siegelstempel eines Gemmensiegels: IV.17

Singen
Archäologisches Hegau-Museum
Goldblattkreuz: II.50

St. Gallen
Stiftsarchiv
Diplom Kaiser Ottos II. für das Kloster St. Gallen (Urkunde 972 August 18, St. Gallen): V.40

Stiftsbibliothek
Widmungsgedicht an Ludwig den Deutschen: IV.42
Goldener Psalter von St. Gallen: IV.50

Stuttgart
Landesmuseum Württemberg
Porträtbüste des Augustus: I.12
Porträtbüste des Germanicus: I.18
Porträtkopf des Nero: I.20
Porträtkopf der Livia: I.21
Porträtkopf der Agrippina minor: I.26
Kameo mit Darstellung des Marc Aurel und seiner Frau Faustina : I.44
Bronzestatuette eines stehenden Barbaren: I.60a
Bronzestatuette eines knieenden Barbaren: I.60b

Trier
Rheinisches Landesmuseum
Medaillon für Antoninus Pius: I.45
Bronzezier eines Schiffsbuges: I.46
Kaiserfibel Konstantins des Großen: II.14
Treuering für Kaiser Konstantin: II.15
Bodenbeläge der Trierer Basilika (Details): II.18a
Bodenbeläge der Trierer Basilika (Details): II.18b
Korinthisches Kapitell: II.18c
Fragment einer tordierten Säule aus der Basilika in Trier: II.18d
Säulentrommel aus der Trierer Basilika: II.18e
Lanzenspitze mit eingelegtem Dekor: II.21
Prägestempel für Solidi Valentinians II.: II.22
Grabgedicht für Hlodericus: II.46

Stadtbibliothek/Stadtarchiv
Buchdeckel des Ada-Evangeliars mit Kameo der konstantinischen Familie: II.7
Lex Alamannorum: IV.09
Fragment einer althochdeutschen Lex-Salica-Übersetzung: IV.8
Klageverse auf den verstorbenen Kaiser Otto II. aus einem Registrum Gregorii: V.56

Vatikanstadt
Archivio Segreto Vaticano
Privilegium Ottonianum: V.10*
Biblioteca Apostolica Vaticana
Fränkische Reichsannalen: IV.11
Fuldaer Totenannalen: V.81

Fabbrica di San Pietro
Alt-St. Peter in Rom: Inneres des Langhauses: V.7

Musei Vaticani
Brustkreuz: III.27
Diptychon aus Rambona: IV.54

Venedig
Basilica di San Marco
Votivkrone und Bergkristall mit Marienstatuette: III.28
Abendmahlskelch: III.29
Schale: III.30

Vercelli
Biblioteca Capitolare
Fabelgedicht Leos von Vercelli (Metrum Leonis): V.77

Verona
Museo di Castelvecchio
Schale von Isola Rizza: II.39

Washington D.C.
Dumbarton Oaks, Byzantine Collection,
Rundgefasstes Goldmedaillon Kaiser Konstantins I.: II.8
Kreuz der Kaiser Romanos II. und Basileios II: III.25

Wien
Kunsthistorisches Museum, Antikensammlung
Kameo mit Augustus als Alexander-Zeus: I.15
Kameo mit Augustus auf einem Tritonenviergespann: I.16
Treuering: II.16
Armreif mit gefassten Münzen: II.47
Siegelstein des Westgotenkönigs Alarich II.: II.53

Kunsthistorisches Museum, Münzkabinett
Neunfacher Solidus des Valens, in breiter Schmuckfassung mit Prunköse: II.49a
Barbarisiertes Medaillon mit Prunköse nach dem Vorbild des Valens: II.49b

Kunsthistorisches Museum, Weltliche Schatzkammer
Heilige Lanze: V.3*
Reichskrone: V.9*

Österreichische Nationalbibliothek, Papyrussammlung
Amtliche Siegesnachricht: II.5
Die Revolte des Heraclius gegen Kaiser Phocas: III.2
Aufsatzthemen aus dem Schulunterricht: III.3

Österreichische Nationalbibliothek, Sammlungen von Handschriften und alten Drucken
Einhardvita und Lebensbeschreibung Ludwigs des Frommen: IV.31

Wiesbaden
Landesamt für Denkmalpflege Hessen – Archäologische und Paläontologische Denkmalpflege
Fragmente einer Bronzestatue: Pferdefuß: I.51a; Teile der Anschirrung: I.51b und Schuh eines Reiters: I.51c

Wolfenbüttel
Herzog August Bibliothek
Capitulare de villis: IV.3
Theologische und rechtliche Sammelhandschrift: IV.33
Evangeliar aus Erstein: IV.40
Psalter in tironischen Noten: IV.51
Kirchenrechtliche Materialsammlung: V.12

Niedersächsisches Landesarchiv–Staatsarchiv Wolfenbüttel
Heiratsurkunde der Kaiserin Theophanu: V.39
Diplom Kaiser Ottos II. für die Kaiserin Theophanu: V.42

Würzburg
Staatsarchiv Würzburg
Kaiser Otto II. schenkt der bischöflichen Kirche von Würzburg die Kirche des St. Martin in Forchheim (Urkunde 976 Juli 5, Forchheim): V.43

Universitätsbibliothek
Homiliar mit Widmungsversen der Hrotsvit von Gandersheim: V.45

Zeitz
Vereinigte Domstifter zu Merseburg und Naumburg und des Kollegiatstifts Zeitz
Zeitzer Ostertafel, Fragmente der Zeitzer Ostertafel (3 Streifen): II.31b.d
Zeitzer Beichte: IV.7

Zürich
Schweizerisches Nationalmuseum
Elfenbeintafel mit Psalmillustrationen: IV.44a
Elfenbeintafel mit Psalmillustrationen: IV.44b

Staatsarchiv des Kantons Zürich
Diplom Kaiser Ottos I. für das Kloster Rheinau (Urkunde 972 August 18): V.41

Zentralbibliothek
Reichenauer Verbrüderungsbuch: V.80

Bildnachweis

Aachen, Domkapitel
III.08 (auch S. 310/311 und S. 328/329)
(Foto: Ann Münchow)

Aachen, Domkapitel
III.16, IV.14, IV.18, V.2 sowie Abb. 60, 64 und 73
(Foto: Pit Siebigs)

Aalen, Archäologisches Landesmuseum
Baden-Württemberg
I.32a und I.32b (Foto: Manuela Schreiner)

Amiens, Cliché CNRS-IRHT, Bibliothèque d'Amiens
Métropole
IV.34

Arles, Musée départemental Arles antique
I.1 (Foto: Cl. M. Lacanaud)

Athen, Benaki Museum
II.25, II.38 und III.10

Athen, Hellenic Ministry of Education and Religions,
Culture and Athletics/Archaeological Receipts Fund
I.23

Augsburg, Römisches Museum
I.52 und Abb. 38

Augst, Museum Augusta Raurica, Foto: Dieter Widmer,
Basel
II.19

aus: Martin Spannagel, Exemplaria Principis. Untersuchun-
gen zu Entstehung und Ausstattung des Augustusforums,
Heidelberg 1999, Taf. 1, Abb. 2
Abb. 24

aus: Asutay-Effenberger/Effenberger 2006, Abb. 11 u. 12:
Abb. 41 u. 42

Bamberg, Staatsbibliothek Bamberg, Foto: Gerald Raab
IV.26, IV.27, IV.28, IV.30, V.6, V.11, V.63a–b, V.64, V.70,
V.71, V.78 und Abb. 76

Berlin, akg-images
Abb. 20, 35b, 54 und 58; Abb. 22 (Foto: Hervé Champolli-
on); Abb. 61 (Foto: Andrea Jemolo); Abb. 5, 7 und 77
(Foto: Erich Lessing); Abb. 34 Abb. 35a (Foto: Nimatallah).

Berlin, bpk
IV.15; Abb. 6 (Foto: Félicien Faillet)

Berlin, bpk | Kupferstichkabinett, SMB
Abb. 17; Abb. 11 (Foto: Hermann Buresch);
Abb. 19, 40 und 59 (Foto: Alfredo Dagli Orti).

Berlin, bpk | Münzkabinett, SMB
I.7-1 bis I.7-26 und Abb. 66

Berlin, bpk | Antikensammlung, SMB
I.58, Abb. 18 (Foto: Jürgen Liepe); Abb. 21
(Foto: Johannes Laurentius).

Berlin, bpk | RMN
Abb. 8 und 36.

Berlin, bpk |Scala
Abb. 13, 31a, 63 und 67

Berlin, DAI, Architekturreferat
Abb. 27 und 29.

Berlin, Deutsches Historisches Museum – Bildarchiv.
Abb. 14 (Foto: Sebastian Ahlers).

Berlin, LengyelToulouse Architekten auf Grundlage des 3D
Modells von Armin Müller, Architekturreferat des DAI Berlin
Abb. 26 und 30 a-d

Berlin, Staatliche Museen Berlin, Antikensammlung
I.59 und II.37 (Foto: Ingrid Geske); I.2, I.30, I.39, I.3a, I.3b,
II.12, II.27, II.41, III.13 und III.14 (Foto: Johannes Laurentius).

Berlin, Staatliche Museen Berlin, Antikensammlung
I.39 (Foto: Jürgen Liepe).
Berlin, Staatliche Museen Berlin, Münzkabinett
I.7-1–26, II.26a–i, II.48a, II.48b, II.49, III.1a–v, IV.13 a–h
und V.35a–l

Berlin, Staatliche Museen zu Berlin, Skulpturensammlung
und Museum für Byzantinische Kunst
II.17, III.24 (Foto: Jürgen Liepe); III.23 (Foto: Jörg P. Anders).

Berlin, Staatsbibliothek zu Berlin - Preußischer Kulturbesitz
II.31a, III.8, III.21, IV.4 und IV.24.

Berlin, Ulrike Wulf-Rheidt
Abb. 25

Biesheim, Musée gallo-romain Biesheim
I.54 (Foto: Studio A Neuf-Brisach)

Bonn, LVR-LandesMuseum
I.35a–b, I.36, I.43, I.49, II.45a–g und Abb. 37; V.66a
(Foto: H.T. Gerhards).

Braunschweig, Braunschweigisches Landesmuseum,
Niedersächsische Landesmuseen Braunschweig,
V.34b V.34c, V.34f, V.34g, V.34h (Foto: Ingeborg Simon).

Braunschweig, Herzog Anton Ulrich-Museum,
Kunstmuseum des Landes Niedersachsen
I.19 (Museumsfotograf)

Braunschweig, Niedersächsisches Landesamt für
Denkmalpflege, Bezirksarchäologie Braunschweig
V.34d und V.34e (Foto: Henning Meyer); V.34i
(Foto: Silke Grefen-Peters).

Brescia, Civici Musei d'Arte e Storia
I.53 und II.29 (mit Doppelseite 176/177 u. 204/205)

Brescia, Archivio di Stato
IV.41, IV.52 und IV.56

Brescia, Civici Musei d'Arte e Storia
I.50, I.53 (mit Doppelseiten 52/53 und 72/73)

Budapest, BTM Aquincumi Múzeum,
I.56a–b (Foto: Peter Komjáthy)

Budapest, Hungarian National Museum
Abb. 46; II.49c (Foto: András Dabasi)

Coburg, Kunstsammlungen der Veste Coburg
V.1

Compiègne, Musée Antoine Vivenel
V.30b

Darmstadt, Universitäts- und Landesbibliothek
V.51 und Abb. 12

Dortmund, Museum für Kunst und Kulturgeschichte
der Stadt Dortmund
II.44a–c (Foto: Madeleine-Annette Albrecht)

Dresden, Grünes Gewölbe, Staatliche Kunstsammlungen
Dresden,
III.20 (Foto: Jürgen Karpinski)

Dresden, SLUB Dresden / Deutsche Fotothek
Abb. 72 (Foto: Regine Richter)

Dresden, Staatliche Kunstsammlungen
I.40 und I.42

Eichenzell, Hessische Hausstiftung, Museum Schloss
Fasanerie
I.22 und II.1

Erlangen, Universitätsbibliothek
IV.21 und V.62

Essen, Domschatz Essen
V.4 (Foto: Jens Nober)

Florenz, Laboratorio fotografico dell'Archivio di Stato
di Firenze
V.74

Florenz, Soprintendenza Speciale per il Patrimonio S.A.e E.
e per il Polo Museale della città di Firenze, Museo Nazionale
del Bargello
IV.23

Florenz, Su concessione della Soprintendenza per i Beni
Archeologici della Toscana
I.14, I.25 und II.33

Florenz Foto Scala, | Fondo Edofici di Culto-Ministero
dell'Intero
Abb. 32

Frankfurt am Main, Archäologisches Museum Frankfurt
I.33 und I.34

Frankfurt am Main, Liebieghaus Skulpturensammlung -
ARTOTHEK
I.41

Freiburg, Augustinermuseum-Städtische Museen Freiburg,
Leihgeber: Erzbischöfliches Diözesanmuseum Freiburg
IV.48 (Foto: Hans-Peter Fischer)

Fulda, Hochschul-und Landesbibliothek
V.79

Genf, Bibliothèque de Genève
II.42 und IV.35

Genf, Musée d'art et d'histoire, Ville de Genève
II.23 (Foto: Jean-Marc Yersin)

Gießen, Universitätsbibliothek
V.60

Göteborg, Röhsska Museet
II.4

Gotha, Forschungsbibliothek
IV.29 und V.65

Halberstadt, Stiftung Dome und Schlösser in Sachsen-
Anhalt, Domschatz Halberstadt
V.50 (Foto: Juraj Liptak)

Halle (Saale), Landesamt für Denkmalpflege und Archäologie Sachsen-Anhalt, Landesmuseum für Vorgeschichte
II.24 und V.16-23d

Hannover, Landeshauptstadt Hannover, Museum August
Kestner
II.2 (Foto: Christian Tepper)

Heidelberg, Universitätsbibliothek
V.52, V.67 und Abb. S. 12

Helsinki, Finnisches Nationalmuseum
V.53 (Foto: Outi Järvinen)

Herning, Museum Midtjylland
I.62 (Foto: Kjeld Hansen)

Herzogenburg, Archiv des Augustiner-Chorherrenstiftes
Herzogenburg
V.69

Hildesheim, Dom-Museum Hildesheim
V.49

Højbjerg, Moesgaard Museum
I.63 (Foto: Rögvi N. Johansen)

Istanbul, Archäologisches Museum
Abb. 52

Karlsruhe, Badische Landesbibliothek
IV.1

Karlsruhe, Badisches Landesmuseum
I.17

Kassel, Museumslandschaft Hessen Kassel,
Antikensammlung
I.4

Koblenz, GDKE Rheinland-Pfalz, Landesarchäologie
Außenstelle Koblenz
II.43a–c

Köln, Historisches Archiv der Stadt Köln
V.58
Köln, Römisch-Germanisches Museum der Stadt Köln/
Rheinisches Bildarchiv
I.10, I.11, I.24 und I.31

Landesmuseum Württemberg, Stuttgart
I.18 und I.20

Lausanne, Archives cantonales vaudoises
V.68

Leiden, Rijksmuseum van Oudheden
II.32

Leipzig, GRASSI Museum für Angewandte Kunst,
Foto: Christoph Sandig, Leipzig
II.11 und IV.22

Leipzig, Universitätsbibliothek
Abb. 49

Liverpool, Courtesy National Museums Liverpool
II.30, II.36, V.30c–e

London, The British Library
IV.10 und IV.38

London, The Trustees of the British Museum
I.13, I.27, I.37 und III.22 sowie Abb. 31b

London, Victoria and Albert Museum
IV.45, IV.46 und IV.47

Lucca, biblioteca Capitolare
V.8

Maastricht, Basiliek Sint Servaaskerk Schatkamer
IV.49 und V.55 (Foto: Jos Nelissen)

Madrid, Real Academia de la Historia
Abb. 33b

Magdeburg, Claudia Hartung
V.20

Magdeburg, Domgemeinde (Hans-Wulf-Kunze)
V.24*, V.25*, Doppelseite 24/25

Magdeburg, Fachdienst Stadtvermessung der
Landeshauptstadt Magdeburg, Mandy Poppe
Abb. 78

Magdeburg, Hans-Wulf Kunze
II.26i, III.1w, sowie Abb. 2 und 4

Magdeburg, Kulturhistorisches Museum
Abb. 3; V.27b und V.28 (Foto: Hans-Wulf Kunze)

Magdeburg, Kunstmuseum Kloster Unser Lieben Frauen
V.27a (Foto: Hans-Wulf-Kunze)

Magdeburg, Landeshauptarchiv Sachsen-Anhalt
V.15, V.36, V.37, V.38, V.48 und V.61; I.14,
Doppelseiten 516/517 und 548/549 sowie Titelbild
(Foto: Hans-Wulf-Kunze)

Mailand, Archivio di Stato di Milano
V.73

Mainz, Martinus-Bibliothek
IV.36

Mainz, Generaldirektion Kulturelles Erbe Rheinland-Pfalz,
Landesarchäologie Mainz
IV.19c

Mainz, Generaldirektion Kulturelles Erbe Rheinland-Pfalz,
Landesmuseum,
IV.2, IV.6a-d, IV.19a-b, V.54 (Foto: Ursula Rudischer)

Mainz, Römisch-Germanisches Zentralmuseum
III.11und III.12 (Foto: Volker Iserhardt)

Malibu, The J. Paul Getty Museum, Villa Collection
II.34

Manchester, Reproduced by courtesy of the University
Librarian and Director, The John Rylands Library,
The University of Manchester
V.59

Marburg, Hess. Staatsarchiv Marburg, Urk. 75, Nr. 65
V.13a

Merseburg, Vereinigte Domstifter, Bildarchiv Merseburg
V.72

Metz, Musée de La Cour d'Or Metz Metropole
IV.37 (Foto: Jean Munin/Laurianne Kieffer)

Mikulov, Regionální Muzeum v Mikulové
I.61 (Foto: Milan Karásek)

Monopoli, Museo della Cattedrale
III.26

Montpellier, Bibliothèque Interunivisitaire de Montpellier.
BU de médecine.
IV.12

Moskau, Puschkin-Museum: Abb. 47 (Foto: Fine Art Images)

Moskau, Staatliches Historisches Museum
III.6

München, Albrecht Berger
Abb. 51 und 53

München, Bayerische Staatsbibliothek München
Abb. 68, 71 und Abb. 9

München, Bayerische Verwaltung der stattlichen Schlösser,
Gärten und Seen München, Schatzkammer der Residenz
IV.43 (mit Doppelseiten 386/387 und 414/415)

München, Bayerisches Hauptstaatsarchiv
Abb. 74

München, Bayerisches Nationalmuseum,
V.30a (Foto: Walter Haberland)

München, Staatliche Antikensammlung und Glyptothek,
I.8 (Foto: Renate Kühling)

München, Staatliche Münzsammlung
III.17 und III.18

Murrhardt, Carl-Schweizer-Museum,
I.38 (Foto: Ulrike Bastgen)

Nancy, Bibliothèque-médiathèque de Nancy
I.29

Nancy, Französischer Staatsbesitz. Klassifiziertes Kulturgut,
Région Lorraine-Inventaire général
V.31a-b (Foto: A.George)

Neapel, Biblioteca Nazionalei Napoli
III.5 (Foto: Giorgio Di Dato)

Neapel, Soprintendenza speciale per i Beni Archeologici
di Napoli e Pompei
I.5 und I.28

Neuss, Clemens-Sels-Museum
V.66b

New York, The Metropolitan Museum of Art,
Bequest of George Blumenthal
Abb. 1 (Photo 1986:V.35a)

Nürnberg, Germanisches Nationalmuseum
III.09 und IV.5

Osnabrück, Domschatzkammer
V.32 (Foto: Christian Grovermann)

Padua, Archivio fotografico dell'Archivio diocesano di
Padova
IV.39 (Foto: Alessandro Romanin)

Paris, Archives Nationales
V.44

Paris, Bibliothèque nationale de France
I.47, I.48, I.55, II.6, II.9, II.10, II.13, II.28a-b, II.54a-b,
II.55, III.4, III.15, III.19, IV.13 z, IV.20, V.5, V.57
sowie Abb. 16, 47 und 55

Pavia, Musei Civici
IV.55

Piacenza, Bibliotheca Comunale „Passerini-Landi",
Piacenza (ITA)
IV.53

Privatbesitz
V.29

Puhlheim, LVR-Amt für Denkmalpflege im Rheinland,
V.76a-d (Foto: Silvia Wolf)

Quedlinburg, Domschatz St. Servatii
V.46 (Foto: Norbert Perner) und V.47(Foto: Janos Stekovics,
Wettin-Löbejün)

Ravenna, Opera di Religione della Diocesi di Ravenna
II.40

Rom, Bibliotheca Hertziana - Max-Plank-Institut für Kunstgeschichte Rom,
Abb. 23 (Foto: Hanno-Walter Kruft)

Rom, Deutsches Archäologisches Institut,
Abb. 39 (Felbermeyer, D-DAI-Rom 43.84) und Abb. 56
(Singer, D-DAI-Rom 71.1939)

Rom, Musei Capitolini, Archivio Fotografico
I.9, II.20, II.35 und V.75

Rom, Musei Capitolini, Centrale Montemartini
I.6

Rom, su concessione del Ministero per i Beni e le Attività
Culturali -Soprintendenza Speciale per i Beni Archeologici
di Roma
I.57, II.03, II.3a-d, II.52 und II.53

Rostock, Gyula Pápay
Karten auf den Doppelseiten S. 54/55, 180/181, 314/315,
390/391 und 518/519 sowie Abb. 69 und 70

Schaffhausen, Foto: Codices Electronici AG, www.e-
ciódices.ch
IV.32

Schaffhausen, Kanton Schaffhausen, Museum zu
Allerheiligen
Abb. 15

Schladen, Heimathaus „Alte Mühle",
V.34a 1 und V.34a 2 (Foto: Hans-Wulf-Kunze)

Schleswig, Stiftung Schleswig-Holsteinische
Landesmuseen Schloss Gottorf
I.64a-b, II.51, IV.16 und V.33a-b

Selestat, Bibliothèque humanistate
IV.25

Sens, Cl. Musées de Sens
IV.17 (Foto: E. Berry)

Singen, Archäologisches Hegau-Museum
II.50

St.Gallen, Stiftsarchiv
V.40, IV.42 und IV.50

Stuttgart, Landesmuseum Württemberg,
I.12, I.21, I.26, I.44 und I.60a-b (Foto: Peter Frankenstein,
Hendrik Zwietasch)

Trier, Lothar Schwinden
Abb. 43

Trier, Rheinisches Landesmuseum
I.45, I.46, II.14, II.15, II.18a-e, II.21, II.22 und II.46
(Foto: Thomas Zühmer)

Trier, Stadtbibliothek, Stadtarchiv
II.7, IV.09, IV.8 und V.56 (Foto: Anja Runkel)

Vatikanstadt, Biblioteca Apostolica Vaticana
IV.11, V.81 und Abb. 62

Vatikanstadt, Archivio Segreto Vaticano
V.10 (Foto: Werkblende, Leipzig)

Vatikanstadt, durch freundliche Genehmigung der
„Fabbricca di San Pietro in Vaticano"
V.7

Vatikanstadt, Musei Vaticani
III.27 und IV.54

Venedig, Archivio fotografico della Procuratoria della
Basilica di San Marco / Cameraphoto Arte
III.28

Venedig, Archivio fotografico della Procuratoria della
Basilica di San Marco
III.29 und III.30

Venedig, Biblioteca Nazionale Marciana
Abb. 48

Vercelli, Biblioteca Capitolare di Vercelli
V.77

Verona, Museo di Castelvecchio
II.39

Washington, DC, Dumbarton Oaks, Byzantine Collection
II.8 und III.25

Werlaburgdorf, Markus C. Blaich
Abb. 79

Wien, Kunsthistorisches Museum
I.15, I.16, II.16, II.47, II.49a-b, II.53, V.3, V.9 sowie
Abb. 44, 45 und 54

Wien, Österreichische Nationalbibliothek, Bildarchiv
II.5, III.2, III.3, IV.31

Wien, Österreichisches Staatsarchiv, Haus-, Hof- und
Staatsarchiv, Wien
Abb. 10

Wiesbaden, Deutsches Archäologisches Institut, Römisch-
Germanische-Kommission (RGK) Frankfurt am Main
I.51a-c (Foto: Bahlo, RGK)

Wolfenbüttel, Herzog August Bibliothek
IV.3, IV.33, IV.40, IV.51 und V.12

Wolfenbüttel, Niedersächsisches Landesarchiv – Staatsarchiv
Wolfenbüttel
V.39, Abb. 65 und 75; V.42 (Foto: Chr. Treptow-Göse)

Würzburg, Staatsarchiv
V.43

Würzburg, Universitätsbibliothek
V.45

Zeitz, Vereinigte Domstifter zu Merseburg und Naumburg
und des Kollegiatstifts Zeitz
II.31b-d und IV.7

Zossen, Brandenburgisches Landesamt für Denkmalpflege
und Archäologisches Landesmuseum, Bildarchiv.
Abb. 50

Zürich, Schweizerisches Nationalmuseum
IV.44a (DIG 34369), IV.44b (DIG 3438)

Zürich, Staatsarchiv des Kantons Zürich
V.41

Zürich, Zentalbibliothek
V.80